# Manual de Direito Processual do Trabalho

1ª edição — Fevereiro, 2008

1ª edição — 2ª tiragem, setembro, 2008

2ª edição — Fevereiro, 2009

3ª edição — Fevereiro, 2010

4ª edição — Janeiro, 2011

4ª edição — 2ª tiragem, agosto, 2011

5ª edição — Fevereiro, 2012

Com o aplicativo do QR Code instalado em seu celular ou tablet, basta direcionar a câmera para o código e você irá direto para a nossa Loja Virtual.

**MAURO SCHIAVI**

Juiz Titular da 19ª Vara do Trabalho de São Paulo.
Mestre e Doutor em Direito das Relações Sociais pela PUC/SP.
Professor Universitário (Graduação e Pós-Graduação).
Professor Convidado do Curso de Pós-Graduação da PUC/SP (COGEAE)
e da Escola Paulista de Direito (EPD).
Professor Convidado das Escolas Judiciais dos TRTs da 2ª e 15ª Regiões.
Professor do Complexo Jurídico Damásio de Jesus.
Professor de Direito Processual do Trabalho do Curso CPC Marcato.

# Manual de Direito Processual do Trabalho

5ª Edição

LTr®

**LTr EDITORA LTDA.**
© Todos os direitos reservados

Rua Jaguaribe, 571
CEP 01224-001
São Paulo, SP – Brasil
Fone: (11) 2167-1101
www.ltr.com.br

Produção Gráfica e Editoração Eletrônica: Peter Fritz Strotbek
Projeto de Capa: Fabio Giglio
Impressão: Escolas Profissionais Salesianas

Versão impressa – LTr 4573.3 – ISBN 978-85-361-2002-7
Versão digital    – LTr 7265.9 – ISBN 978-85-361-2009-6

Fevereiro, 2012

Dados Internacionais de Catalogação na Publicação (CIP)
(Câmara Brasileira do Livro, SP, Brasil)

Schiavi, Mauro
   Manual de direito processual do trabalho / Mauro Schiavi. — 5. ed. — São Paulo : LTr, 2012.

   Bibliografia.
   ISBN 978-85-361-2002-7

   1. Direito processual do trabalho 2. Direito processual do trabalho — Brasil I. Título.

12-00294                                    CDU-347.9:331

Índice para catálogo sistemático:

1. Direito processual do trabalho 347.9:331

**DEDICATÓRIA:**

À Angélica Cabral Schiavi, pelo amor, estímulo, inspiração e carinho demonstrados durante a elaboração deste livro.

À minha família: Ida Santoro Schiavi (in memoriam), Alexandre Schiavi e Alexandre Schiavi Júnior, por tudo que representam na minha vida.

**AGRADECIMENTOS:**

A Armando Casimiro Costa Filho, pela confiança neste trabalho e pelo profissionalismo e entusiasmo com que divulga a cultura jurídica.

A Mara Batista Paixão e toda a sua equipe, pelo cuidado, profissionalismo e competência na editoração desta obra.

Ao Lacier José de Rezende, pela amizade e pelo incentivo na elaboração do livro.

À Lucélia, do Curso Robortella, pelo incentivo e pela confiança no nosso trabalho.

A Leonel Maschietto e Sidnei Freire, pela amizade e incentivo na elaboração deste trabalho.

Aos caros Samuel Brandão e Beatriz de Lourdes Antonio, pelo incentivo e ajuda na divulgação desta obra.

# Sumário

Nota à quinta edição ........................................................................................................... 29

Nota à quarta edição ........................................................................................................... 31

Nota à terceira edição ........................................................................................................ 33

Nota à segunda edição ....................................................................................................... 35

Apresentação ....................................................................................................................... 37

## Capítulo I – Teoria Geral do Direito Processual do Trabalho

1. Do conflito trabalhista ................................................................................................. 39
2. Das formas de solução dos conflitos trabalhistas .................................................... 41
3. Da conciliação ............................................................................................................... 45
   3.1. Homologação de transação extrajudicial pelo Juiz do Trabalho ................... 48
   3.2. Consequências da supressão da expressão "conciliar e julgar" do art. 114 da CF ........ 48
4. Das comissões de conciliação prévia .......................................................................... 49
   4.1. Conceito ................................................................................................................ 49
   4.2. Obrigatoriedade ou facultatividade? ................................................................. 50
   4.3. Efeitos da transação na Comissão de Conciliação Prévia (eficácia da quitação) .... 56
5. Arbitragem no Direito Processual do Trabalho ......................................................... 58
6. Da jurisdição ................................................................................................................. 65
   6.1. Da lide .................................................................................................................. 65
   6.2. Da pretensão ........................................................................................................ 65
   6.3. Da demanda ......................................................................................................... 65
   6.4. Do conceito e das características da jurisdição ............................................... 66
   6.5. Princípios da jurisdição ...................................................................................... 67
   6.6. Espécies de jurisdição ........................................................................................ 68
7. Do processo ................................................................................................................... 68
   7.1. Dos pressupostos processuais ........................................................................... 70
8. Da ação .......................................................................................................................... 72
   8.1. Conceito ................................................................................................................ 72
   8.2. Das condições da ação ....................................................................................... 74
   8.3. Interesse processual ........................................................................................... 76
   8.4. Legitimidade ........................................................................................................ 77
   8.5. Possibilidade jurídica do pedido ....................................................................... 78

| | |
|---|---:|
| 8.6. Teoria da asserção quanto às condições da ação | 78 |
| 8.7. Da avaliação das condições da ação no Processo do Trabalho e a postura do Juiz do Trabalho. Aplicação da teoria da asserção | 79 |
| 8.8. Da carência da ação | 81 |
| 9. Do mérito do processo | 82 |
| 10. Dos princípios constitucionais do processo | 82 |
| 10.1. Dos princípios constitucionais do processo em espécie | 86 |
| 10.1.1. Devido processo legal | 86 |
| 10.1.2. Princípio do Juiz e do Promotor Natural | 88 |
| 10.1.3. Princípio da igualdade | 89 |
| 10.1.4. Princípio da inafastabilidade da jurisdição | 90 |
| 10.1.5. Princípio do contraditório e ampla defesa | 92 |
| 10.1.6. Princípio do duplo grau de jurisdição | 93 |
| 10.1.7. Princípio da motivação das decisões judiciais | 94 |
| 10.1.8. Princípio da publicidade | 95 |
| 10.1.9. Princípio da vedação da prova ilícita | 95 |
| 10.1.10. Princípio da duração razoável do processo | 96 |
| 11. Princípios do Processo Civil previstos na Lei Ordinária e que são aplicáveis ao Processo do Trabalho | 100 |

## Capítulo II — Do Direito Processual do Trabalho

| | |
|---|---:|
| 1. Conceito de Direito Processual do Trabalho | 105 |
| 2. Posição enciclopédica do Direito Processual do Trabalho. Autonomia do Direito Processual do Trabalho | 108 |
| 3. Dos princípios peculiares do Direito Processual do Trabalho | 113 |
| 3.1. Protecionismo temperado ao trabalhador | 113 |
| 3.2. Informalidade | 115 |
| 3.3. Conciliação | 116 |
| 3.4. Celeridade | 118 |
| 3.5. Simplicidade | 118 |
| 3.6. Oralidade | 118 |
| 3.7. Majoração dos poderes do Juiz do Trabalho na direção do processo | 122 |
| 3.8. Subsidiariedade | 123 |
| 3.9. Função social do Processo do Trabalho | 123 |
| 3.9.1. Princípio da Normatização Coletiva | 125 |
| 4. Das fontes do Direito Processual do Trabalho | 127 |
| 5. Interpretação do Direito Processual do Trabalho | 133 |
| 6. Da aplicação subsidiária do Direito Processual Civil ao Direito Processual do Trabalho e as lacunas da CLT | 136 |
| 7. Da vigência da norma processual trabalhista e as regras de direito intertemporal | 148 |
| 8. Processos em curso oriundos das Justiças Estadual e Federal quando da vigência da EC n. 45/04 e as regras de direito intertemporal | 148 |

9. Das espécies de procedimentos no Processo do Trabalho .................................................. 151
10. Do procedimento para as ações que não envolvam parcelas trabalhistas *stricto sensu* ........ 151

## Capítulo III – Organização da Justiça do Trabalho Brasileira

1. Referências históricas e evolução da Justiça do Trabalho brasileira ..................................... 155
2. Dos órgãos da Justiça do Trabalho ...................................................................................... 161
3. Das garantias da Magistratura do Trabalho ......................................................................... 161
4. Do acesso à Magistratura do Trabalho ................................................................................ 162
5. Do Juiz do Trabalho e das Varas do Trabalho ..................................................................... 168
6. Dos Tribunais Regionais do Trabalho .................................................................................. 169
7. Do Tribunal Superior do Trabalho ....................................................................................... 171
8. Dos serviços auxiliares da Justiça do Trabalho .................................................................... 172
      8.1. Dos distribuidores ........................................................................................................ 174

## Capítulo IV – Do Ministério Público do Trabalho

1. Conceito e origem ............................................................................................................... 176
2. Princípios do Ministério Público .......................................................................................... 177
3. Do Ministério Público do Trabalho ..................................................................................... 178
4. Da prerrogativa do Procurador do Trabalho de sentar-se ao lado do Juiz do Trabalho nas audiências trabalhistas ........................................................................................................ 180
5. Da competência do Ministério Público do Trabalho ........................................................... 180
6. Formas de atuação do Ministério Público do Trabalho ....................................................... 181
      6.1. Judicial ........................................................................................................................ 181
         6.1.1. Qualidade de parte ou agente ............................................................................ 181
         6.1.2. Fiscal da lei (*custos legis*) ou interveniente ....................................................... 183
      6.2. Extrajudicial ................................................................................................................. 185
         6.2.1. Inquérito Civil Público ......................................................................................... 185
         6.2.2. Termo de Ajuste de Conduta ............................................................................... 186

## Capítulo V – Competência da Justiça do Trabalho

1. Do conceito de competência ............................................................................................... 188
2. Competência material da Justiça do Trabalho brasileira após a EC n. 45/04 e competência em razão da pessoa ............................................................................................................. 191
3. Da competência material da Justiça do Trabalho ................................................................ 194
      3.1. Controvérsias oriundas e decorrentes da relação de trabalho ...................................... 194
         3.1.1. Do conceito de relação de trabalho .................................................................... 194
      3.2. Competência da Justiça do Trabalho para apreciar as lides oriundas da relação de trabalho ........................................................................................................................ 197
         3.2.1. Trabalhador autônomo ....................................................................................... 203
         3.2.2. Trabalhador eventual ......................................................................................... 203
         3.2.3. Trabalhador avulso ............................................................................................ 204
         3.2.4. Empregados de Cartórios Extrajudiciais ............................................................. 205

3.3. Competência da Justiça do Trabalho para as relações de trabalho que configuram relação de consumo .................................................................................................. 207
3.4. Servidor público. Relação estatutária .................................................................. 211
    3.4.1. Contratação temporária pela Administração Pública ................................. 213
3.5. Os contratos de empreitada e a pequena empreitada ........................................... 216
3.6. Contratos de prestação de serviços ....................................................................... 218
3.7. Entes de direito público externo ........................................................................... 220
3.8. Outras controvérsias decorrentes da relação de trabalho (inciso IX do art. 114 da CF) .... 223
4. Competência para as ações que envolvem o exercício do direito de greve .................... 225
    4.1. Da competência da Justiça do Trabalho para o julgamento da greve dos servidores públicos .................................................................................................................. 227
    4.2. Ações possessórias e interdito proibitório que decorre da greve .......................... 230
    4.3. Ações indenizatórias que decorrem da greve ....................................................... 233
5. Ações sobre representação sindical ................................................................................ 233
6. *Habeas corpus* .................................................................................................................. 237
7. Mandado de Segurança .................................................................................................. 241
8. *Habeas data* ................................................................................................................... 243
9. Competência penal da Justiça do Trabalho .................................................................. 244
10. Ações de indenização por danos morais e patrimoniais decorrentes da relação de trabalho .... 249
    10.1. Danos na fase pré-contratual ............................................................................. 252
    10.2. Danos na fase pós-contratual ............................................................................. 253
    10.3. Da competência da Justiça do Trabalho para apreciação dos danos morais decorrentes do acidente de trabalho ......................................................................................... 255
    10.4. Competência da Justiça do Trabalho para apreciar o dano moral em ricochete ............ 258
11. Penalidades administrativas impostas aos empregadores pelos órgãos da fiscalização do trabalho ......................................................................................................................... 262
    11.1. Execução fiscal das multas decorrentes da fiscalização do trabalho .................. 266
    11.2. Órgãos de fiscalização do exercício de profissões regulamentadas .................... 267
    11.3. Ações sobre o FGTS movidas em face da CEF .................................................... 267
12. Execução, de ofício, das contribuições sociais das sentenças que proferir .................. 268
13. Da competência territorial da Justiça do Trabalho brasileira ...................................... 273
    13.1. Empregado brasileiro que trabalha no estrangeiro ............................................ 278
    13.2. Foro de eleição na Justiça do Trabalho .............................................................. 280
14. Competência funcional da Justiça do Trabalho ............................................................ 281
    14.1. Competência funcional das Varas ...................................................................... 283
    14.2. Competência funcional dos Tribunais Regionais do Trabalho ........................... 284
    14.3. Competência funcional do Tribunal Superior do Trabalho ................................ 286
15. Da modificação da competência na Justiça do Trabalho ............................................. 289
16. Conflitos de competência entre órgãos que detêm jurisdição trabalhista ................... 291

# Capítulo VI – Das Partes e Procuradores no Processo do Trabalho
1. Conceito de parte .......................................................................................................... 294
2. Da capacidade para ser parte na Justiça do Trabalho ................................................... 295

3. Da representação e assistência das partes na Justiça do Trabalho .......................... 297
4. Da representação do empregado menor de 18 anos na Justiça do Trabalho ........... 299
5. Da capacidade postulatória da parte na Justiça do Trabalho — O *jus postulandi* da parte na Justiça do Trabalho. Aspectos críticos e perspectivas ....................................... 300
6. Sucessão das partes no Processo do Trabalho .......................................................... 304
7. Da substituição processual (legitimidade extraordinária) ........................................ 306
8. A substituição processual pelo sindicato no Direito Processual do Trabalho .......... 307
    8.1. Do rol de substituídos ...................................................................................... 311
    8.2. Liquidação e execução da decisão genérica ..................................................... 314
    8.3. Substituição processual e interrupção da prescrição ....................................... 315
9. Da regularização da representação processual ......................................................... 316
10. Do litisconsórcio no Processo do Trabalho ............................................................. 317
    10.1. Conceito .......................................................................................................... 317
    10.2. Do litisconsórcio previsto na CLT ................................................................. 320
    10.3. Do litisconsórcio necessário no Processo do Trabalho .................................. 321
    10.4. Intervenção *iussu iudicis* ............................................................................... 322
    10.5. Litisconsórcio multitudinário ......................................................................... 323
    10.6. Prazo em dobro para os litisconsortes com patronos diferentes (art. 191 do CPC) ......... 324
11. Do advogado na Justiça do Trabalho ....................................................................... 325
12. Da procuração .......................................................................................................... 328
13. Da procuração *apud acta* ....................................................................................... 329
14. Dos honorários advocatícios na Justiça do Trabalho que decorrem da sucumbência ......... 331
15. Dos honorários advocatícios previstos no Código Civil de 2002 e o Processo do Trabalho ......... 336
16. Da assistência judiciária e justiça gratuita no Processo do Trabalho ..................... 339
    16.1. Do deferimento da justiça gratuita ao empregador ....................................... 341
17. Dos deveres das partes e procuradores .................................................................... 345
18. Da litigância de má-fé no Processo do Trabalho .................................................... 348
19. Da possibilidade de condenação solidária do advogado por litigância de má-fé ............... 350
20. Do assédio processual .............................................................................................. 353
    20.1. Da reparação do assédio processual no âmbito trabalhista ........................... 360

# Capítulo VII – Da Intervenção de Terceiros no Direito Processual do Trabalho

1. Da intervenção de terceiros e princípios que a orientam ........................................ 363
2. Da compatibilidade da intervenção de terceiros com o procedimento trabalhista ............... 364
3. Das espécies de intervenção de terceiros e sua aplicabilidade no Direito Processual do Trabalho ... 369
    3.1. Assistência ........................................................................................................ 369
    3.2. Nomeação à autoria .......................................................................................... 370
    3.3. Oposição ........................................................................................................... 372
    3.4. Oposição em dissídio coletivo de natureza econômica ................................... 374
    3.5. Denunciação da lide ......................................................................................... 376
    3.6. Chamamento ao processo ................................................................................ 383

## Capítulo VIII – Dos Atos Processuais

1. Conceito de atos e fatos processuais............................................................. 385
2. Princípios dos atos processuais no Processo do Trabalho ........................... 386
   2.1. Publicidade ............................................................................................ 387
   2.2. Limites temporais .................................................................................. 387
   2.3. Forma ..................................................................................................... 388
   2.4. Documentação ....................................................................................... 388
   2.5. Preclusão ................................................................................................ 388
3. Da prática dos atos processuais por meios eletrônicos ................................ 390
   3.1. Da Instrução Normativa n. 30/07 do TST, que regulamenta a prática de atos processuais por meios eletrônicos ............................................................................ 392
4. Termo processual ........................................................................................... 400
5. Dos prazos processuais .................................................................................. 400
6. Da contagem dos prazos processuais ............................................................ 401
7. Privilégios de prazo ........................................................................................ 404
8. Da comunicação dos atos processuais trabalhistas: citação, notificação e intimação ........... 405
   8.1. Da comunicação dos atos processuais por intermédio de Cartas Precatórias, Rogatórias e de Ordem ................................................................................................ 407
9. Das despesas processuais no Processo do Trabalho ..................................... 408
   9.1. Custas processuais e emolumentos ...................................................... 409
10. Da suspensão do processo ............................................................................ 411

## Capítulo IX – Das Nulidades no Direito Processual do Trabalho

1. Conceito e espécies ........................................................................................ 414
2. Princípios das nulidades ................................................................................ 415
   2.1. Prejuízo ou transcendência .................................................................. 415
   2.2. Princípio da instrumentalidade das formas ........................................ 416
   2.3. Princípio da convalidação ..................................................................... 417
   2.4. Princípio da renovação dos atos processuais viciados ou saneamento das nulidades .... 419
   2.5. Princípio do aproveitamento dos atos processuais praticados .......... 420
   2.6. Princípio do interesse ........................................................................... 420

## Capítulo X – Da Prescrição no Direito Processual do Trabalho

1. Conceito e distinção com a decadência ........................................................ 422
2. Causas de interrupção, impedimento e suspensão da prescrição e o Processo do Trabalho ... 425
3. Prescrição na ação declaratória no Processo do Trabalho ........................... 429
4. Da prescrição intercorrente ........................................................................... 431
5. Do momento da arguição da prescrição no Processo do Trabalho ............. 435
6. Reconhecimento da prescrição de ofício no Direito Processual do Trabalho e aplicabilidade do § 5º do art. 219 do CPC ............................................................................ 436
7. Prescrição aplicável para as ações que não envolvem uma parcela trabalhista *stricto sensu* e das ações em curso que vieram para o Judiciário Trabalhista ........................ 442

8. Da prescrição do dano moral decorrente da relação de trabalho.......................................... 444
9. Prescrição dos danos materiais e morais decorrentes do acidente de trabalho ................... 447
10. O não decurso do prazo prescricional enquanto a responsabilidade pelo fato lesivo estiver sendo apurada no juízo criminal ...................................................................................... 451
11. Regras de transição da prescrição e processos em curso oriundos da Justiça Comum para a Justiça do Trabalho e as regras de direito intertemporal quanto às reparações civis pelo acidente de trabalho............................................................................................................ 453

## Capítulo XI – Da Petição Inicial no Direito Processual do Trabalho

1. Conceito e fundamentos................................................................................................... 459
2. Requisitos da petição inicial trabalhista .......................................................................... 461
3. Requisitos da inicial trabalhista exigidos pela CLT ......................................................... 462
4. Efeitos processuais da inicial ........................................................................................... 475
5. Da emenda e aditamento da inicial no Processo do Trabalho ......................................... 475
6. Documentos que devem acompanhar a inicial trabalhista............................................... 476
7. Do indeferimento da petição inicial no Processo do Trabalho ........................................ 477
8. Da inépcia da inicial trabalhista ...................................................................................... 480
9. Do recurso em face do indeferimento liminar da inicial no Processo do Trabalho............ 481

## Capítulo XII – Da Audiência Trabalhista

1. Conceito ........................................................................................................................... 482
2. Princípios da audiência trabalhista.................................................................................. 483
3. Peculiaridades da audiência trabalhista.......................................................................... 487
4. O procedimento da audiência trabalhista quando há o comparecimento do Juiz do Trabalho e das partes ...................................................................................................................... 491
5. Da condução da audiência pelo Juiz do Trabalho: ordem da oitiva das partes e testemunhas . 493
6. Da importância do comparecimento das partes no Processo do Trabalho ......................... 494
    6.1. Do atraso das partes e do Juiz do Trabalho à audiência ......................................... 495
7. Da ausência do advogado ................................................................................................ 498
8. Da ausência do reclamante e a possibilidade de representação do empregado ............... 499
9. Da possibilidade de aplicação da confissão ao reclamante ausente à audiência em prosseguimento........................................................................................................................ 502
10. Da ausência do reclamado .............................................................................................. 504
11. Nomeação de curador especial para o reclamado revel .................................................. 506
12. Ausência do reclamante e do reclamado......................................................................... 507
13. Da ausência do reclamado e presença do advogado (Súmula n. 122 do TST) ................. 507
14. Da representação do reclamado em audiência. Efeitos. Condição de empregado do preposto. Súmula n. 377 do C. TST e efeitos .................................................................................. 510
15. Efeitos processuais da representação do empregador por preposto que não ostenta a qualidade de empregado ................................................................................................. 519

## Capítulo XIII – Da Revelia no Direito Processual do Trabalho

1. Introdução ....................................................................................................................... 521
2. Do conceito de revelia no Direito Processual Civil e no Direito Processual do Trabalho ..... 522

3. Dos efeitos da revelia no Direito Processual do Trabalho ............................................. 525
4. Revelia e confissão no Direito Processual do Trabalho ................................................. 527
5. Elisão da revelia no Direito Processual do Trabalho ..................................................... 529
    5.1. Nulidade da citação ................................................................................................ 529
    5.2. Ausência motivada do preposto ............................................................................ 531
6. Hipóteses de não aplicabilidade dos efeitos da revelia no Direito Processual do Trabalho .... 532
    6.1. Havendo pluralidade de réus, um deles contestar a ação .................................... 533
    6.2. Se o litígio versar sobre direitos indisponíveis (art. 351 do CPC) ....................... 535
    6.3. Se a petição inicial não estiver acompanhada de documento essencial ............. 535
7. A revelia e a pessoa jurídica de direito público ............................................................. 536
8. A revelia quando há necessidade de prova pericial ...................................................... 538
9. O Juiz do Trabalho diante da revelia ............................................................................ 538

## Capítulo XIV – Da Resposta

1. Conceito ........................................................................................................................ 542
2. Da contestação .............................................................................................................. 543
    2.1. Das preliminares da contestação ........................................................................... 548
    2.2. Da compensação e da retenção como matérias de defesa .................................. 554
    2.3. Matérias que podem ser invocadas após a contestação ....................................... 555
    2.4. Da ordem de enumeração da matéria defensiva .................................................. 556
3. Das exceções ................................................................................................................. 557
    3.1. Exceções de impedimento e suspeição ................................................................. 557
    3.2. Procedimento das exceções de impedimento e suspeição ................................... 560
    3.3. Exceção de incompetência .................................................................................... 562
4. Da reconvenção ............................................................................................................. 564
    4.1. Conceito e requisitos de admissibilidade ............................................................. 564
    4.2. Do procedimento da reconvenção no Processo do Trabalho .............................. 566
    4.3. Da reconvenção nas ações de natureza dúplice na esfera processual do trabalho ..... 569
    4.4. Reconvenção de reconvenção no Processo do Trabalho ..................................... 570

## Capítulo XV – Das Provas no Processo do Trabalho

### 1ª Parte – Teoria Geral das Provas no Processo do Trabalho

1.1. Do conceito e finalidade da prova ............................................................................. 572
    1.1.1. Da verdade para fins processuais (a superação dos conceitos de verdade real e formal) ...... 574
1.2. Objeto da prova .......................................................................................................... 576
1.3. Das máximas de experiência e a prova no Processo do Trabalho ........................... 580
1.4. Da prova do Direito no Direito Processual do Trabalho .......................................... 581
1.5. Princípios da prova no Direito Processual do Trabalho ........................................... 582
    1.5.1. Necessidade da prova .......................................................................................... 582
    1.5.2. Contraditório e ampla defesa .............................................................................. 582

1.5.3. Licitude e probidade da prova ............................................................... 583
1.5.4. Oralidade ................................................................................................ 583
1.5.5. Aquisição processual da prova no Processo do Trabalho ..................... 585
1.5.6. Livre-convencimento motivado do Juiz ................................................ 585
1.5.7. Busca da verdade real ............................................................................ 585
1.5.8. Aptidão para a prova .............................................................................. 586
1.5.9. Princípio da lealdade processual e boa-fé ............................................. 588
1.6. A prova emprestada no Direito Processual do Trabalho ................................. 588
    1.6.1. Requisitos para utilização da prova emprestada no Direito Processual do Trabalho .. 592
1.7. Ônus da prova no Direito Processual do Trabalho ........................................... 594
    1.7.1. O ônus da prova e o fato negativo ......................................................... 598
1.8. Da inversão do ônus da prova no Direito Processual do Trabalho .................. 599
    1.8.1. A moderna teoria da carga dinâmica do ônus da prova ........................ 603
1.9. A revelia e a produção de provas no Direito Processual do Trabalho ............. 605
1.10. Valoração da prova no Direito Processual do Trabalho ................................. 610
    1.10.1. Da aplicação do princípio *in dubio pro operario* na valoração da prova pelo Juiz do Trabalho ........................................................................ 614
1.11. Dos poderes instrutórios do Juiz do Trabalho ................................................ 616
1.12. Da prova ilícita no Direito Processual do Trabalho ....................................... 619
    1.12.1. A prova ilícita e o Juiz do Trabalho ..................................................... 626

## 2ª Parte – Das Provas em Espécie

2.1. Interrogatório e depoimento pessoal ................................................................ 627
    2.1.1. Dos conceitos de interrogatório e depoimento pessoal ........................ 627
    2.1.2. Da compatibilidade do depoimento pessoal com o Processo do Trabalho e sua importância prática ................................................................. 630
2.2. Da confissão ...................................................................................................... 633
2.3. Da prova documental ........................................................................................ 637
    2.3.1. Da exibição de documentos ................................................................... 641
    2.3.2. Documentos trabalhistas típicos ............................................................ 642
        2.3.2.1. Carteira de Trabalho e Previdência Social ............................... 642
        2.3.2.2. Recibos de pagamento e quitação e cartões de ponto ............. 642
        2.3.2.3. Da oportunidade de juntada dos documentos .......................... 645
    2.3.3. Da autenticidade dos documentos no Processo do Trabalho ............... 647
    2.3.4. Do incidente de falsidade no Direito Processual do Trabalho ............. 649
    2.3.5. Valoração do documento no processo do trabalho .............................. 651
2.4. Da prova testemunhal no Processo do Trabalho .............................................. 652
    2.4.1. Do conceito e admissibilidade da prova testemunhal no Processo do Trabalho ......... 652
    2.4.2. Da capacidade para ser testemunha. Das incapacidades, impedimentos e suspeições das testemunhas no Processo do Trabalho ........................................ 654
    2.4.3. Depoimento da testemunha menor de 18 anos no Processo do Trabalho .......... 659
    2.4.4. Número máximo de testemunhas no Processo do Trabalho ................ 661

2.4.5. Da qualificação da testemunha. A testemunha que não porta documento poderá ser ouvida?........ 661
2.4.6. Da contradita ........ 663
2.4.7. Da substituição das testemunhas ........ 664
2.4.8. Da produção da prova testemunhal no Processo do Trabalho........ 665
2.4.9. Da acareação das testemunhas e testemunhas e partes ........ 667
    2.4.9.a. Da valoração da prova testemunhal pelo Juiz do Trabalho........ 668
    2.4.9.b. Do falso testemunho no Processo do Trabalho e o Juiz do Trabalho diante do falso testemunho........ 670
2.5. Da prova pericial........ 672
    2.5.1. Sistemática da realização das perícias ........ 675
    2.5.2. Da valoração da prova pericial........ 676
    2.5.3. Do pagamento dos honorários periciais........ 678
2.6. Da inspeção judicial no Direito Processual do Trabalho........ 684

# Capítulo XVI – Sentença e Coisa Julgada

## 1ª Parte – Da Sentença Trabalhista

1. Conceito e natureza jurídica........ 688
2. Princípios da sentença trabalhista ........ 692
3. Requisitos estruturais da sentença trabalhista........ 692
4. Classificação das sentenças........ 698
5. Nulidades da sentença ........ 699
6. Possibilidade de julgamento *extra petita* ou *ultra petita* no Processo do Trabalho — Princípio da ultrapetição........ 704
7. Da inalterabilidade da sentença após a publicação........ 705
8. Da sentença de improcedência liminar (aplicação do art. 285-A do CPC ao Processo do Trabalho)........ 707
    8.1. Da compatibilidade do art. 285-A do CPC ao Processo do Trabalho........ 710

## 2ª Parte – Da Coisa Julgada no Direito Processual do Trabalho

9. Conceito. Coisa julgada material e coisa julgada formal........ 714
10. Limites subjetivos da coisa julgada ........ 717
11. Limites objetivos da coisa julgada ........ 718
12. Dos efeitos da coisa julgada criminal no Processo do Trabalho ........ 720
13. Relativização da coisa julgada material no Processo do Trabalho ........ 722

# Capítulo XVII – Dos Ritos Sumaríssimo e Sumário no Processo do Trabalho

1. Dos ritos sumário e sumaríssimo trabalhistas ........ 726
2. Do rito sumário ........ 727
3. Do rito sumaríssimo ........ 728
    3.1. Da obrigatoriedade ou facultatividade do rito sumaríssimo ........ 729
    3.2. Da possibilidade de conversão do rito sumaríssimo para ordinário ........ 730

3.3. Da aplicabilidade do rito sumaríssimo .................................................. 731
3.4. Requisitos da petição inicial no rito sumaríssimo e possibilidade de emenda da inicial ... 732
3.5. Da citação por edital no rito sumaríssimo .................................................. 734
3.6. Aspectos do procedimento sumaríssimo .................................................. 736

## Capítulo XVIII – Recursos no Processo do Trabalho
### 1ª Parte – Teoria Geral dos Recursos Trabalhistas

1.1. Dos recursos — conceito, fundamentos e natureza jurídica ............................................... 741
1.2. Princípios dos recursos trabalhistas .................................................. 743
    1.2.1. Duplo grau de jurisdição .................................................. 744
    1.2.2. Taxatividade .................................................. 748
    1.2.3. Singularidade ou unirrecorribilidade .................................................. 749
    1.2.4. Fungibilidade .................................................. 750
    1.2.5. Proibição da *reformatio in pejus* .................................................. 752
    1.2.6. Variabilidade .................................................. 753
1.3. Da remessa necessária ou recurso de ofício .................................................. 754
1.4. Recursos e direito intertemporal .................................................. 756
1.5. Decisões irrecorríveis no Processo do Trabalho .................................................. 758
    1.5.1. Decisão interlocutória .................................................. 758
    1.5.2. Dissídios de alçada (irrecorribilidade) .................................................. 761
    1.5.3. Despachos .................................................. 763
1.6. Pressupostos recursais .................................................. 764
    1.6.1. Pressupostos recursais intrínsecos ou subjetivos .................................................. 765
        1.6.1.1. Cabimento .................................................. 765
        1.6.1.2. Legitimidade .................................................. 766
        1.6.1.3. Interesse recursal .................................................. 767
    1.6.2. Pressupostos recursais extrínsecos ou objetivos .................................................. 769
        1.6.2.1. Preparo .................................................. 769
        1.6.2.2. Depósito recursal .................................................. 770
        1.6.2.3. Regularidade formal .................................................. 783
        1.6.2.4. Assinatura .................................................. 786
        1.6.2.5. Tempestividade .................................................. 787
1.7. Efeitos dos recursos trabalhistas .................................................. 788
    1.7.1. Do efeito devolutivo .................................................. 788
    1.7.2. Efeito translativo .................................................. 792
    1.7.3. Regressivo .................................................. 793
    1.7.4. Substitutivo .................................................. 793
    1.7.5. Suspensivo .................................................. 794
1.8. Do processamento dos recursos trabalhistas .................................................. 795
1.9. Do art. 557 do CPC (majoração dos poderes do relator) .................................................. 796

## 2ª Parte – Dos Recursos Trabalhistas em Espécie

2.1. Do recurso ordinário .................................................................................................. 800
    2.1.1. Conceito e requisitos .................................................................................... 800
    2.1.2. Da Súmula impeditiva de recursos prevista no art. 518 do CPC e o recurso ordinário ...... 803
    2.1.3. O § 3º do art. 515 do CPC e a teoria da causa madura e sua aplicação no recurso ordinário trabalhista ............................................................................. 808
    2.1.4. O § 4º do art. 515 do CPC (saneamento das nulidades no recurso ordinário) ......... 812
2.2. Recurso de revista ...................................................................................................... 815
    2.2.1. Conceito ........................................................................................................ 815
    2.2.2. Requisitos específicos do recurso de revista ............................................... 818
        2.2.2.1. Pressupostos objetivos ................................................................... 818
        2.2.2.2. Pressupostos subjetivos ................................................................. 818
    2.2.3. Hipóteses de cabimento ............................................................................... 822
    2.2.4. Execução de sentença ................................................................................... 826
    2.2.5. Rejeição liminar do recurso de revista pelo relator ..................................... 827
    2.2.6. Recurso de revista no rito sumaríssimo ....................................................... 827
    2.2.7. Transcendência no recurso de revista .......................................................... 828
    2.2.8. Efeitos do recurso de revista ........................................................................ 831
        2.2.8.1. Efeito devolutivo ............................................................................ 831
        2.2.8.2. Efeito suspensivo no recurso de revista ........................................ 832
2.3. Dos embargos de declaração .................................................................................... 833
    2.3.1. Conceito e natureza jurídica ........................................................................ 833
    2.3.2. Hipóteses cabíveis ........................................................................................ 833
    2.3.3. Caráter infringente dos embargos (efeito modificativo) ............................. 835
    2.3.4. Embargos de declaração em face de decisão interlocutória ....................... 835
    2.3.5. Embargos de declaração e contraditório .................................................... 836
    2.3.6. Embargos de declaração protelatórios e multa ........................................... 837
    2.3.7. Embargos de declaração e prequestionamento ......................................... 838
    2.3.8. Do processamento dos embargos de declaração ....................................... 838
2.4. Agravo de instrumento .............................................................................................. 839
2.5. Agravo de petição ...................................................................................................... 843
    2.5.1. Delimitação das matérias objeto da controvérsia ...................................... 846
    2.5.2. Procedimento ............................................................................................... 847
2.6. Do recurso adesivo no Processo do Trabalho .......................................................... 848
    2.6.1. Compatibilidade com o Processo do Trabalho e requisitos ....................... 849
2.7. Pedido de revisão ....................................................................................................... 850
2.8. Embargos no TST ....................................................................................................... 851
    2.8.1. Embargos infringentes ................................................................................. 854
    2.8.2. Embargos de divergência ............................................................................. 855
    2.8.3. Embargos de nulidade ................................................................................. 856
    2.8.4. Processamento dos embargos no TST ........................................................ 857

2.9. Do recurso extraordinário no âmbito trabalhista ........... 858
    2.9.1. Da repercussão geral no recurso extraordinário ........... 860
    2.9.2. Do processamento do recurso extraordinário ........... 861
2.10. Do agravo regimental ........... 862

## Capítulo XIX – Da Liquidação de Sentença Trabalhista

1. Do conceito de liquidação de sentença e sua natureza jurídica ........... 865
2. Da liquidação por cálculos no Processo do Trabalho. Procedimento e impactos da Lei n. 11.232/2005 ........... 868
3. Se o reclamante não apresentar os cálculos, há prescrição intercorrente? ........... 872
4. Liquidação por arbitramento ........... 873
5. Liquidação por artigos ........... 874
6. Da revelia na liquidação de sentença trabalhista ........... 876
7. Da natureza da decisão que decide a liquidação no Processo do Trabalho e impugnabilidade ........... 877
8. Liquidação de títulos executivos extrajudiciais no Processo do Trabalho ........... 880

## Capítulo XX – Da Execução na Justiça do Trabalho

1. Introdução e aspectos críticos ........... 882
2. Do conceito de execução trabalhista ........... 883
3. Dos princípios da execução trabalhista ........... 884
    3.1. Primazia do credor trabalhista ........... 884
    3.2. Princípio do meio menos oneroso para o executado ........... 885
    3.3. Princípio do título ........... 885
    3.4. Redução do contraditório ........... 886
    3.5. Patrimonialidade ........... 887
    3.6. Efetividade ........... 887
    3.7. Utilidade ........... 887
    3.8. Disponibilidade ........... 888
    3.9. Função social da execução trabalhista ........... 888
    3.10. Subsidiariedade ........... 888
    3.11. Princípio da ausência de autonomia da execução trabalhista (procedimento sincrético) ........... 889
    3.12. Princípio do impulso oficial ........... 891
4. Dos pressupostos processuais e condições da ação na execução ........... 891
5. Do mérito da execução ........... 893
6. Do título executivo ........... 894
7. Títulos executivos judiciais ........... 897
8. Títulos executivos extrajudiciais ........... 900
9. Do procedimento da execução por títulos executivos extrajudiciais no Processo do Trabalho ... 904
10. Da competência para a execução trabalhista ........... 906

11. Legitimidade para promover a execução ..... 907
    11.1. Ativa ..... 907
    11.2. Da legitimidade ativa do espólio e sucessores ..... 908
    11.3. (Cessionário) Da cessão do crédito trabalhista ..... 909
    11.4. Do sub-rogado ..... 910
    11.5. Da legitimidade passiva ..... 911
12. Da responsabilidade patrimonial ..... 911
13. Da responsabilidade patrimonial secundária ..... 912
    13.1. Sucessão de empresas (empregadores) ..... 913
    13.2. Da responsabilidade do sócio (desconsideração da personalidade jurídica) ..... 917
    13.3. Do sócio que se retirou da sociedade há mais de 2 anos da data do ingresso da ação ..... 923
        13.3.1. Teoria inversa da desconsideração da personalidade jurídica ..... 926
    13.4. Bens do cônjuge ..... 927
    13.5. Da responsabilidade do devedor subsidiário ..... 929
    13.6. Responsabilidade da empresa do mesmo grupo econômico que não participou da fase de conhecimento ..... 932
14. Da fraude de execução no Processo do Trabalho ..... 935
    14.1. Da fraude de execução e fraude contra credores ..... 939
    14.2. Da fraude de execução (penhora de bem imóvel) ..... 941
15. Do ato atentatório à dignidade da Justiça ..... 943
16. Da execução provisória na Justiça do Trabalho ..... 946
    16.1. A nova execução provisória no Processo Civil e sua aplicabilidade no Processo do Trabalho ..... 948
    16.2. Da penhora de dinheiro na execução provisória ..... 956
    16.3. Execução provisória de obrigação de fazer ..... 959
17. Da audiência de conciliação na execução ..... 960
18. Da execução em face da massa falida e empresa em recuperação judicial ..... 961
    18.1. Da alienação de bens durante o procedimento de recuperação judicial e a sucessão para fins trabalhistas ..... 964
19. Da execução das obrigações de fazer e não fazer na Justiça do Trabalho ..... 966
20. Execução em face da Fazenda Pública ..... 970
21. Da execução de parcelas sucessivas ..... 979
22. Execução da parcela previdenciária ..... 980
23. Execução das multas administrativas aplicadas ao empregador pelos órgãos de fiscalização do trabalho ..... 987
24. Execução de sentença trabalhista por quantia certa contra devedor solvente ..... 989
    24.1. Do procedimento da CLT ..... 989
    24.2. Do início da execução trabalhista e da citação do executado ..... 991
    24.3. Do procedimento de cumprimento de sentença previsto no CPC — Art. 475-J do CPC ..... 993
    24.4. Da aplicabilidade do art. 475-J do CPC ao Processo do Trabalho ..... 995
    24.5. Protesto extrajudicial da sentença trabalhista não cumprida ..... 1009
    24.6. Da certidão negativa de débitos trabalhistas ..... 1011

25. Da penhora ... 1012
    25.1. Conceito e efeitos da penhora ... 1012
    25.2. Da indicação de bens à penhora, constrição e garantia do juízo ... 1014
    25.3. Dos bens impenhoráveis ... 1016
    25.4. Da impenhorabilidade do bem de família ... 1017
    25.5. Da penhora de dinheiro e bloqueio de contas bancárias ... 1021
    25.6. Da penhora de salário e do salário depositado em caderneta de poupança ... 1024
    25.7. Penhora de bens imóveis ... 1028
        25.7.1. Do registro da penhora do imóvel e consequências ... 1031
    25.8. Da penhora do imóvel hipotecado ... 1032
    25.9. Penhora de bem gravado com alienação fiduciária em garantia ... 1035
    25.10. Penhora de bem gravado com *leasing* ... 1037
    25.11. Penhora de crédito ... 1038
    25.12. Penhora no rosto dos autos ... 1039
    25.13. Penhora de faturamento ... 1039
    25.14. Da penhora de empresa e do estabelecimento comercial ... 1041
    25.15. Substituição de penhora ... 1042
    25.16. Mais de uma penhora sobre o mesmo bem (concurso de credores na Justiça do Trabalho) ... 1044
        25.16.1. Do arresto cautelar (art. 653 do CPC) ... 1045
    25.17. Do auto de penhora ... 1046
26. Da avaliação dos bens penhorados ... 1047
27. Do depósito dos bens penhorados e depositário ... 1050
28. Depositário infiel — prisão determinada pelo Juiz do Trabalho ... 1053
29. Dos meios de defesa do executado e terceiro em face da execução ... 1061
    29.1. Embargos à execução (título executivo judicial) ... 1061
        29.1.1. Do conteúdo dos embargos à execução ... 1063
        29.1.2. Do processamento dos embargos à execução ... 1070
30. Embargos à execução por título executivo extrajudicial ... 1073
    30.1. Parcelamento da execução (art. 745-A do CPC) e sua compatibilidade com o Processo do Trabalho ... 1073
31. Da exceção de pré-executividade na Justiça do Trabalho ... 1075
32. Dos embargos de terceiro ... 1080

## Da Fase de Expropriação de Bens

33. Da hasta pública ... 1084
34. Formalidades da hasta pública ... 1086
35. Expropriação ... 1089
    35.1. Arrematação — conceito e legitimidade para arrematar ... 1090
    35.2. Da arrematação parcelada de bens imóveis (art. 690, do CPC, com a redação dada pela Lei n. 11.382/06) e sua compatibilidade com o Processo do Trabalho ... 1093
    35.3. Adjudicação ... 1095
    35.4. Remição da execução ... 1097
    35.5. Remição de bens ... 1098

## Prioridade no Processo do Trabalho

| | |
|---|---|
| 36. Lance mínimo | 1100 |
| 37. Lance vil | 1101 |
| 38. Lance vil no Processo do Trabalho | 1105 |
| 39. Impugnação da expropriação no Processo do Trabalho | 1108 |
| 40. Da adjudicação antes da hasta pública (art. 685-A do CPC, com a redação dada pela Lei n. 11.382/06) e o Processo do Trabalho | 1111 |
| 41. Alienação por iniciativa particular (art. 685-C do CPC, com a redação dada pela Lei n. 11.382/06) e o Processo do Trabalho | 1113 |
| 42. Alienação por rede mundial de computadores | 1114 |
| 43. Suspensão e extinção da execução no Processo do Trabalho | 1115 |

## Capítulo XXI – Procedimentos Especiais Trabalhistas

| | |
|---|---|
| 1. Inquérito judicial para apuração de falta grave | 1117 |
|    1.1. Do procedimento do inquérito judicial para apuração de falta grave | 1120 |
|    1.2. Efeitos da decisão proferida no inquérito para apuração de falta grave | 1122 |
|    1.3. Inquérito judicial para apuração de falta grave (natureza dúplice) e reconvenção | 1122 |
| 2. Dissídio coletivo | 1122 |
|    2.1. Dos conflitos coletivos trabalhistas e do interesse coletivo | 1122 |
|    2.2. Do poder normativo da Justiça do Trabalho brasileira | 1124 |
|    2.3. Do dissídio coletivo — conceito e espécies | 1128 |
|    2.4. A questão do comum acordo para ajuizar o dissídio coletivo de natureza econômica | 1131 |
|    2.5. A questão do comum acordo nos dissídios de greve e a legitimidade do Ministério Público do Trabalho | 1140 |
|    2.6. Limites da competência normativa da Justiça do Trabalho brasileira | 1143 |
|    2.7. O poder normativo se transformou em arbitragem judicial após a EC n. 45/04? | 1145 |
|    2.8. Como resolver o impasse se o sindicato forte se recusa a negociar? | 1146 |
|    2.9. Do procedimento no dissídio coletivo e questões processuais | 1148 |
|       2.9.1. Da revelia no dissídio coletivo | 1151 |
|       2.9.2. Da sentença normativa, recursos e coisa julgada no dissídio coletivo | 1152 |
| 3. Da ação de cumprimento | 1155 |
|    3.1. Competência da Justiça do Trabalho para a ação de cumprimento | 1157 |
|    3.2. Legitimidade | 1158 |
|    3.3. Dilação probatória | 1160 |
|    3.4. Prescrição | 1160 |

## Capítulo XXII – Ações Civis Admissíveis no Processo do Trabalho

## Das Tutelas de Urgência Previstas no Código de Processo Civil e o Processo do Trabalho

| | |
|---|---|
| 1. Conceito e espécies | 1161 |
|    1.1. Da fungibilidade das tutelas de urgência | 1162 |

2. Da tutela antecipada e o Processo do Trabalho .................................................. 1164
   2.1. Da impugnação da medida que aprecia a tutela antecipada no Processo do Trabalho ..... 1170
   2.2. Da execução da tutela antecipada no Processo do Trabalho .......................................... 1171
   2.3. Da tutela antecipada das obrigações de fazer e não fazer e dar no Processo do Trabalho ....... 1173
   2.4. A tutela antecipada em face da Fazenda Pública ..................................................... 1174
3. Da tutela inibitória e sua aplicação no Processo do Trabalho ..................................... 1176
4. Da tutela cautelar. Medidas cautelares e o Processo do Trabalho ................................. 1177
   4.1. Teoria geral do Processo Cautelar ................................................................. 1177
   4.2. Do poder geral da cautela do Juiz do Trabalho ..................................................... 1181
   4.3. Espécies de medidas cautelares .................................................................... 1181
   4.4. Do procedimento das medidas cautelares no Processo do Trabalho .................................. 1182
   4.5. Das medidas cautelares em espécie ................................................................ 1186
5. Da ação rescisória na Justiça do Trabalho ........................................................... 1192
   5.1. Conceito e natureza jurídica ...................................................................... 1192
   5.2. Hipóteses de cabimento da ação rescisória ........................................................ 1196
   5.3. Legitimidade para propor a ação rescisória ....................................................... 1202
   5.4. Competência ...................................................................................... 1202
   5.5. Da revelia na ação rescisória .................................................................... 1203
   5.6. Procedimento na Justiça do Trabalho .............................................................. 1203
   5.7. Prazo para a propositura da ação rescisória ...................................................... 1207
6. Da Ação Civil Pública na esfera trabalhista ........................................................ 1208
   6.1. Do conceito de Ação Civil Pública. Natureza jurídica e aplicabilidade no Processo do Trabalho ............................................................................................ 1208
   6.2. Competência para as ações coletivas na Justiça do Trabalho ...................................... 1214
   6.3. Da legitimidade para a propositura da Ação Civil Pública ......................................... 1217
   6.4. Litispendência entre a Ação Civil Pública e a Ação Individual .................................... 1220
   6.5. Prescrição da pretensão nas ações coletivas trabalhistas ......................................... 1222
   6.6. Sentença e coisa julgada na Ação Civil Pública ................................................... 1223
7. Da ação civil coletiva ............................................................................. 1227
8. Da ação de consignação em pagamento na Justiça do Trabalho ........................................ 1230
9. Ação anulatória na Justiça do Trabalho ............................................................. 1234
   9.1. Ação anulatória de normas convencionais na Justiça do Trabalho .................................. 1237
      9.1.1. Legitimidade ................................................................................ 1240
      9.1.2. Competência material ........................................................................ 1245
      9.1.3. Competência hierárquica ou funcional ........................................................ 1247
10. Correição parcial na Justiça do Trabalho .......................................................... 1250
11. *Habeas corpus* na Justiça do Trabalho ............................................................ 1252
   11.1. Conceito e natureza jurídica .................................................................... 1252
   11.2. Competência da Justiça do Trabalho .............................................................. 1254
   11.3. Hipóteses de cabimento na Justiça do Trabalho ................................................... 1255
   11.4. Competência funcional e procedimento ............................................................ 1258

12. Ação Monitória.................................................................................................. 1260
    12.1. A Ação Monitória no Direito Processual do Trabalho............................ 1264
    12.2. Do procedimento da Ação Monitória na Justiça do Trabalho................ 1268
    12.3. Da Ação Monitória em face da Fazenda Pública..................................... 1269
13. Mandado de segurança na Justiça do Trabalho.................................................. 1270
    13.1. Conceito de mandado de segurança........................................................ 1270
    13.2. Do direito líquido e certo........................................................................ 1271
    13.3. Das competências material e funcional para o mandado de segurança.... 1274
    13.4. Mandado de segurança em face de decisão interlocutória e na execução da sentença trabalhista........................................................................................... 1276
    13.5. Procedimento do mandado de segurança na Justiça do Trabalho........... 1277
    13.6. Da liminar e da recorribilidade da decisão que a aprecia....................... 1282
    13.7. Da recorribilidade da decisão no mandado de segurança...................... 1284
    13.8. Do prazo para impetração do mandado de segurança........................... 1285
    13.9. Do mandado de segurança coletivo......................................................... 1286
14. O *habeas data* na Justiça do Trabalho................................................................. 1288
15. Ações Possessórias na Justiça do Trabalho......................................................... 1289
    15.1. Do interdito proibitório........................................................................... 1293

**Bibliografia** ............................................................................................................. 1295

*Há homens que lutam um dia e são bons.*
*Há outros que lutam um ano e são melhores.*
*Há os que lutam muitos anos e são muito bons.*
*Mas há os que lutam toda a vida; estes são imprescindíveis.*

(Bertold Brecht)

# Nota à Quinta Edição

Sou grato, novamente, a todos que leram esta obra, especialmente aos meus alunos, aos professores de direito processual do trabalho, aos estudantes, aos advogados, aos servidores da justiça, aos juízes, aos procuradores e aos candidatos aos concursos da área trabalhista pelo incentivo, pelas sugestões e pelas críticas, maiores responsáveis pela propagação deste livro e também pela continuidade dos meus estudos.

Esta quinta edição foi trabalhada durante todo o ano de 2011, ocasião em que concluí tese de doutorado sobre os princípios do processo do trabalho, bem como atualizei outras duas obras (Provas no Processo do Trabalho — 2ª edição — e Execução no Processo do Trabalho — 3ª edição). Esses trabalhos provocaram novas reflexões, e também o aperfeiçoamento de diversos capítulos desta obra, principalmente, os atinentes à teoria geral do Processo do Trabalho, provas e execução.

Muitas obras surgiram no ano de 2011, bem como houve várias reedições de obras já consagradas; muitas delas foram incorporadas ao texto deste livro, e outras foram lidas, analisadas e citadas na bibliografia.

Todos os capítulos da obra foram revisados, alguns alterados, outros aumentados, especialmente os capítulos sobre a teoria geral do direito processual do trabalho, provas, sentença, recursos, execução, ações coletivas e procedimentos especiais.

Foram incorporadas à obra não só as recentes alterações da CLT em matéria processual, mas também do Código de Processo Civil, e legislação processual disciplinada em leis esparsas. Também foram comentadas as novas Súmulas do STF, STJ e TST, e Enunciados da 1ª Jornada Nacional de Execução.

O capítulo sobre os princípios do processo do trabalho foi totalmente atualizado e reformulado, buscando destacar as novas tendências constitucionais dos processos, e, sobretudo, fortificar as vigas mestras e a importância da teoria geral do processo do trabalho no cenário processual.

A execução mereceu atenção especial, considerando-se os problemas que surgem no cotidiano da Justiça do Trabalho, a exemplo da penhora do bem de família, concurso de credores, prisão de depositário judicial infiel, protesto extrajudicial da sentença trabalhista, penhora de dinheiro e a possibilidade de execução de títulos executivos extrajudiciais na Justiça do Trabalho.

Houve especial atenção do autor ao caráter prático da obra, apresentando caminhos para soluções de problemas que acontecem no cotidiano da Justiça do Trabalho, e que são de difícil solução.

O livro mantém sua proposta inicial de apresentar o maior número de informações possível ao leitor, com os diversos posicionamentos da doutrina e da jurisprudência, apresentando as visões majoritária e minoritária, mas sempre destacando a opinião pessoal do autor.

Espero que a obra continue sendo útil a todos que a consultarem.

O autor
mauro.schiavi@uol.com.br

# Nota à Quarta Edição

Sou grato a todos que leram esta obra, especialmente aos meus alunos, professores de direito processual do trabalho, estudantes, advogados, servidores da justiça, juízes, procuradores e candidatos aos concursos da área trabalhista pelo incentivo e sugestões, maiores responsáveis pela propagação desta obra e também pela continuidade dos meus estudos.

A tarefa de atualizar uma obra exige muita paciência, reflexão, pesquisa e cuidado. Por isso, esta empreitada foi realizada durante todo o ano de 2010, a partir da pesquisa de novas obras, reedições de obras já existentes, alteração da legislação, análise criteriosa das novas tendências da jurisprudência trabalhista, indagações de alunos em sala de aula, questões complexas enfrentadas em processos judiciais, amadurecimento de ideias e muito trabalho.

Todos os capítulos da obra foram revisados, alguns alterados, outros, aumentados, especialmente os capítulos sobre a teoria geral do direito processual do trabalho, provas, sentença, recursos, execução, ações coletivas e procedimentos especiais.

Foram incorporadas à obra as recentes alterações da CLT em matéria processual, bem como do Código de Processo Civil, e legislação processual disciplinada em leis esparsas. Também foram comentadas as novas Súmulas do STF, STJ e TST.

O obra defende a autonomia científica do Direito Processual do Trabalho, bem como enaltece os instrumentos processuais trabalhistas que propiciam maior e melhor eficácia na aplicação e materialização do direito. Entretanto, em pontos específicos, em que a legislação processual trabalhista está com pouca efetividade ou já ultrapassada, defende-se a aplicação do Direito Processual Civil como forma de melhoria da prestação jurisdicional trabalhista, em compasso com a principiologia que rege o Direito Processual do Trabalho.

O livro mantém sua proposta inicial de apresentar o maior número de informações possíveis ao leitor com os diversos posicionamentos da doutrina e jurisprudência, sempre destacando a opinião pessoal do autor.

Espero que a obra continue sendo útil a todos que a consultarem.

O autor
*mauro.schiavi@uol.com.br*

# Nota à Terceira Edição

Novamente, agradeço a todos que os leram este livro, realizaram sugestões e críticas, contribuindo para o seu aperfeiçoamento.

Sou grato aos meus alunos, professores de direito processual do trabalho, estudantes, advogados, servidores da justiça, juízes, procuradores e candidatos aos concursos da Magistratura, Ministério Público do Trabalho e OAB pelo incentivo, maiores responsáveis pela propagação desta obra e também pela continuidade dos meus estudos.

Durante o ano de 2009, além da atualização de outros livros, dediquei-me, intensamente, à atualização da 3ª edição desta obra e também da 2ª edição do livro *Execução no Processo do Trabalho*, o que exigiu trabalho árduo de reflexão e pesquisa. Neste período, realizei inúmeros estudos de forma autônoma, e também no Curso de Doutorado na Pontifícia Universidade Católica de São Paulo, os quais foram incorporados à obra. Além disso, foram consideradas as experiências obtidas das inúmeras aulas que ministrei em cursos preparatórios, pós-graduações, palestras em congressos e seminários, e também dos milhares de processos que apreciei na condição de magistrado em São Paulo.

Várias obras de qualidade surgiram sobre o Direito Processual do Trabalho e também novas edições de obras já consagradas junto à comunidade jurídica, as quais foram incorporadas a esta nova edição.

Foram destacadas as modernas tendências da Justiça do Trabalho e do Processo do Trabalho, sem deixar de lado a doutrina clássica, a jurisprudência consolidada dos Tribunais, e a praxe das Varas e Tribunais Trabalhistas.

Houve decisões importantes do Supremo Tribunal Federal sobre a constitucionalidade da passagem do conflito trabalhista pelas Comissões de Conciliação Prévia, competência da Justiça do Trabalho para o dano moral em ricochete, e prisão do depositário infiel, as quais foram analisadas e incorporadas à presente edição.

Esta edição analisa as recentes leis processuais que alteraram o processo do trabalho (Lei n. 11.925/09), e do mandado de segurança (Lei n. 12.016/09).

Praticamente, todos os capítulos da obra foram revisados e ampliados, com a doutrina mais recente e a jurisprudência mais significativa dos tribunais.

Foi mantida a caraterística inicial da obra de apresentar as posições divergentes sobre o tema, com o maior número de informações possíveis da doutrina e jurisprudência, a fim de facilitar a pesquisa do estudante e do profissional sobre cada tema que disciplina o Direito Processual do Trabalho. Não obstante, a posição pessoal do autor sempre foi destacada e defendida.

O autor
*mauro.schiavi@uol.com.br*

# Nota à Segunda Edição

Agradeço imensamente a todos os leitores desta obra, especialmente aos professores, juízes, procuradores, advogados e estudantes de faculdades de graduação, pós-graduação e candidatos às carreiras jurídicas pelas manifestações positivas sobre a obra, críticas, sugestões e incentivo.

O rápido esgotamento da primeira edição e da segunda tiragem deste livro me incentivou a proceder à intensa revisão do texto, com correção de alguns erros, revisão de alguns pontos de vista, atualização legislativa, bem como a ampliá-la consideravelmente.

Como a obra vem sendo utilizada em cursos de graduação, pós-graduação e, principalmente, em cursos preparatórios para a Magistratura, Ministério Público do Trabalho, Exame de Ordem e Concursos de Analista nos Tribunais Regionais do Trabalho, realizei a inclusão de novas matérias que vêm sendo exigidas nos recentes Concursos da Magistratura e Ministério Público do Trabalho.

Foi realizada pesquisa das obras mais recentes de Direito Processual do Trabalho, bem como das novas edições mais recentes de obras já consagradas, assim como da jurisprudência mais significativa dos Tribunais.

Foram inseridas inúmeras ementas de jurisprudência recente, principalmente, do Tribunal Superior do Trabalho, bem como dos Tribunais Regionais do Trabalho brasileiros, com a finalidade de apresentação do recente panorama jurisprudencial de interpretação do Direito Processual do Trabalho.

Diante da importância do Direito Processual Civil no Processo do Trabalho, também foram pesquisadas obras mais recentes e reedições de obras já consagradas.

Praticamente, todos os capítulos foram ampliados com a doutrina e jurisprudência mais recentes, bem como muitas páginas e parágrafos foram reescritos com a finalidade de tornar a obra mais didática e de fácil entendimento, assim também procuramos apresentar o maior número de informações possíveis sobre cada instituto do Direito Processual do Trabalho.

Foram destacadas as modernas tendências do Processo do Trabalho à luz da moderna teoria geral do processo, bem como as controvérsias mais contundentes da atualidade do processo do trabalho, sem deixar de lado a doutrina clássica, sempre mencionando as posições antagônicas e destacando nossa posição.

Adaptamos a obra aos programas dos Editais da Magistratura, Ministério Público do Trabalho, Analista Judiciário nos TRTs, Exame de Ordem e curso de graduação e pós-graduação (*lato* e *stricto sensu*).

Espero continuar merecendo a confiança do leitor, com sinceros votos de que esta seja útil a todos que a consultarem.

O autor
mauro.schiavi@uol.com.br

# Apresentação

A presente obra é fruto de experiência acumulada em aproximadamente 15 anos de frequência diária à Justiça do Trabalho, como servidor da Justiça do Trabalho (Vara do Trabalho e TRT), nos últimos 7 anos na Magistratura do Trabalho em São Paulo, e também de intensa pesquisa doutrinária e jurisprudencial empreendida nos últimos 5 anos.

Em razão de frequência em cursos de pós-graduação *lato* e *stricto sensu* e também de termos atuado como professor de faculdades de graduação, pós-graduação e, principalmente, em cursos preparatórios para a OAB, Magistratura e Ministério Público do Trabalho, nas cidades de São Paulo e Campinas, pudemos constatar as necessidades tanto dos alunos, candidatos a concursos públicos, como dos que militam diariamente na Justiça do Trabalho e buscam soluções rápidas para os problemas do cotidiano, mas também necessitam aprofundar-se sobre as discussões doutrinárias e jurisprudenciais dos mais diversos assuntos que envolvem o Processo do Trabalho. Dessa forma, propusemo-nos a redigir o presente Manual, pesquisando e selecionando as melhores obras e melhores temas desenvolvidos por cada doutrinador, tanto do Direito Processual Civil como do Direito Processual do Trabalho, da jurisprudência mais significativa de cada tema, sempre externando nossa opinião sobre os temas de maior controvérsia.

As grandes transformações do Direito do Trabalho e os novos rumos da Justiça do Trabalho impulsionados pela EC n. 45/04 exigem que a Justiça do Trabalho tenha um processo mais efetivo, visando a dar cumprimento ao Direito do Trabalho e garantir o acesso real e célere do trabalhador à Justiça.

Diante das profundas reformas que vem sofrendo o Processo Civil em busca da celeridade e efetividade processual, principalmente na execução, são relevantes e contundentes os impactos das alterações da legislação processual civil no Processo do Trabalho, considerando a aplicação subsidiária permitida pelos arts. 769 e 889 da CLT. Por isso, podemos dizer que, a partir da EC n. 45/04 e das recentes alterações do CPC, vivemos a fase de um novo Processo do Trabalho, mais preocupado com os resultados práticos e com a duração razoável do processo.

Em razão da importância do Direito Processual Civil no Processo do Trabalho, estruturamos o livro com base nos programas de Direito Processual do Trabalho e Direito Processual Civil mencionados nos Editais dos últimos concursos da Magistratura e Ministério Público do Trabalho.

Tendo estudado a fundo o Processo do Trabalho diante das recentes alterações do Código de Processo Civil e seus impactos na esfera processual trabalhista, procuramos apresentar uma moderna visão do Processo do Trabalho, sem deixar de lado a doutrina clássica, e tudo que existe de bom na CLT, destacando os institutos e peculiaridades do Processo do Trabalho como sendo um processo de audiência, de partes, mais simples e menos burocratizado, mas também com os olhos voltados para os princípios constitucionais do processo, reconhecendo os recentes avanços do Direito Processual Civil, que podem ser transportados para o Processo do Trabalho, como medida de melhoria da prestação jurisdicional trabalhista e prestígio da dignidade da Justiça do Trabalho como instituição destinada a solucionar os conflitos que envolvem o trabalho humano.

# Capítulo I
# Teoria Geral do Direito Processual do Trabalho

## 1. Do conflito trabalhista

Não há consenso na doutrina sobre o que seja conflito[1], mas este é inerente à condição humana, principalmente em razão da escassez de bens existentes na sociedade e das inúmeras necessidades do ser humano.

*Márcio Pugliese*[2] apresenta os seguintes fatores para um modelo conflitivo da sociedade:

"a) A vida social, num determinado modo produtivo, é resultado da interação permanente de utilidades (interesses) diversas que constituem o elemento motivador fundamental para a conduta social do homem; b) O conflito de interesses é a busca de utilidade, domina a vida social e, em consequência, propicia a produção de normas, regulamentos, sistemas de repressão e lide de todo tipo; c) O consenso, também chamado equilíbrio social, é um estado precário, sendo mais um construto teórico-prático que efetivo consenso normativo generalizado; d) O consenso, no sentido de c), existe como expressão ideológica das resultantes das forças de dominação e coerção ou de exploração de uma sociedade e é, por consequência, precário e mutável; e) O conflito social favorece a divisão da sociedade em grupos de pressão, instituições (particularmente partidárias) que disputam o poder que, de fato, permanece com as elites dominantes; f) A ordem social (estado de equilíbrio do sistema) depende da natureza desse conflito, ou melhor, de sua estrutura; g) O conflito entre os contendores produz a mudança social, elemento permanente em qualquer sociedade a fim de manter o estado geral de coisas orbitando em torno de um ponto de equilíbrio (um ponto de acumulação, em sentido topológico); h) Quando o desequilíbrio excede a capacidade de o sistema obter retorno a esse ponto de acumulação, transformações serão necessárias; i) Inicialmente,

---

(1) Segundo Antonio Houaiss, o conflito é "profunda falta de entendimento entre duas ou mais partes, choque, enfrentamento" (*Dicionário Houaiss da língua portuguesa*. Rio de Janeiro: Objetiva, 2001. p. 797).

(2) PUGLIESE, Márcio. *Por uma teoria geral do direito.* Aspectos microssistêmicos. São Paulo: RCS, 2005. p. 203.

o sistema tenderá a diversificar seu funcionamento a fim de superar o desequilíbrio e, se isso não for suficiente, então, e só então, mudanças estruturais serão implementadas".

Ensina *Amauri Mascaro Nascimento*[3]:

"O vocábulo conflito, de *conflictus*, que significa combater, lutar, designa posições antagônicas. Outra palavra usada é controvérsia. Segundo a teoria, surge uma controvérsia quando alguém pretende a tutela do seu interesse, relativa à prestação do trabalho ou seu regulamento, em contraste com interesses de outrem e quando este se opõe mediante a lesão de um interesse ou mediante a contestação da pretensão, mas é possível dizer que o conflito trabalhista é toda oposição ocasional de interesses, pretensões ou atitudes entre um ou vários empresários, de uma parte, e um ou mais trabalhadores a seu serviço, por outro lado, sempre que se origine do trabalho e uma parte pretenda a solução coativa sobre outra".

O Direito do Trabalho, como é marcado por grande eletricidade social, uma vez que está por demais arraigado na vida das pessoas e sofre de forma direta os impactos das mudanças sociais e da economia, é um local fértil para eclosão dos mais variados conflitos de interesse.

Os conflitos trabalhistas podem eclodir tanto na esfera individual como na esfera coletiva. Na esfera individual, há o chamado conflito entre *patrão e empregado*, individualmente considerados, ou entre *prestador e tomador de serviços*, tendo por objeto o descumprimento de uma norma positivada, seja pela lei ou pelo contrato. Já o conflito coletivo trabalhista, também denominado *de conflito de grupo*[4] ou *de categorias*, tem por objeto não somente o descumprimento de normas positivadas já existentes (conflito jurídico ou de natureza declaratória), mas também a criação de novas normas de regulamentação da relação de trabalho (conflitos de natureza econômica). Como bem adverte *Pinho Pedreira*[5], "o bem mais comumente disputado nos conflitos de trabalho é o salário, que os trabalhadores pleiteiam seja elevado e os empregadores se recusam a aumentar, ou a fazê-lo no percentual reivindicado".

Segundo *Antonio Monteiro Fernandes*[6]: "Um dos temas mais importantes e complexos que se deparam no domínio do Direito Colectivo é o dos conflitos. Na

---

(3) NASCIMENTO, Amauri Mascaro. *Teoria geral do direito do trabalho*. São Paulo: LTr, 1998. p. 314.

(4) Conforme Wilson de Souza Campos Batalha: "Os grupos são entidades sociais que, no direito atual, assumem categorização jurídica expressiva e são dotadas de realidade processual. Alguns são inorganizados, aflorações espontâneas da coletividade, como grupos de pressão e comissão de fábrica. Outros são organizados como entidades civis ou como entidades sindicais. As associações civis são livremente organizadas e se registram no Registro de Títulos e Documentos, nos termos da Lei de Registros Públicos (Lei n. 6.015/73)" (Instrumentos coletivos de atuação sindical. *Revista Legislação do Trabalho*. São Paulo: LTr, ano 60, v. 2, 1996. p. 184).

(5) A greve sem a justiça do trabalho. *Revista Legislação do Trabalho*. São Paulo: LTr, ano 61, v. 02, 1997. p. 197.

(6) FERNANDES, Antonio Monteiro. *Direito do trabalho*. 13. ed. Coimbra: Almedina, 2006. p. 835.

verdade, 'o conflito, latente ou ostensivo é a essência das relações industriais'; a negociação colectiva não é só uma técnica de produção de normas, mas também um método de superação de conflitos actuais ou potenciais; envolve um processo jurídico e uma dinâmica social".

A doutrina costuma classificar os conflitos coletivos em conflitos *jurídicos ou de direito*, que não têm por objeto a criação de novas condições de trabalho, e os *conflitos de interesse ou econômicos*, que visam à criação de novas condições de trabalho. Conforme leciona *Octavio Bueno Magano*: "Os conflitos econômicos têm por escopo a modificação de condições de trabalho, e, por conseguinte, a criação de novas normas, enquanto os jurídicos têm por finalidade a interpretação ou aplicação de normas jurídicas preexistentes"[7].

Na esfera processual, o conflito surge quando ocorre uma pretensão resistida, o que *Carnelutti*[8] denominou de *lide*[9]. Por seu turno, segundo este consagrado processualista, pretensão é a exigência de subordinação do interesse alheio ao interesse próprio[10].

Conflito de interesse, conforme ensina *Moacyr Amaral Santos*[11], "pressupõe, ao menos, duas pessoas com interesse pelo mesmo bem. Existe quando a intensidade do interesse de uma pessoa por um determinado bem se opõe à intensidade do interesse de uma pessoa pelo mesmo bem, donde a atitude de uma tendente à exclusão da outra quanto a este".

Surge a lide trabalhista, quando há uma pretensão resistida do trabalhador ou do tomador de serviços, tendo por escopo a violação da ordem jurídica trabalhista.

## 2. Das formas de solução dos conflitos trabalhistas

Como destacam *Antonio Carlos de Araújo Cintra, Ada Pellegrini Grinover* e *Cândido Rangel Dinamarco*[12]:

"A eliminação dos conflitos ocorrentes na vida em sociedade pode-se verificar por obra de um ou de ambos os sujeitos dos interesses conflitantes, ou por

---

(7) MAGANO, Octavio Bueno. *Manual de direito do trabalho*. Direito coletivo. V. IV. 4. ed. São Paulo: LTr, 1994. p. 162.

(8) CARNELUTTI, Francesco. *Instituições do processo civil*. V. I. Campinas: Servanda, 1999. p. 77.

(9) Como destaca Patrícia Miranda Pizzol: "(...) podemos concluir que lide é o conflito de interesses qualificado por uma pretensão resistida, submetido à apreciação do Judiciário. É importante, assim, diferenciar lide de conflito de interesses — o conflito se manifesta no plano sociológico, enquanto a lide no plano processual; logo, pode não haver uma correspondência entre conflito e lide, se o autor deduzir em juízo apenas uma parte do conflito de interesses" (*Competência no processo civil*. São Paulo: RT, 2003. p. 27).

(10) Como destaca Amauri Mascaro Nascimento: "Se uma reivindicação do trabalhador é resistida pelo empregador contra o qual é dirigida, surge um conflito de trabalho" (*Teoria geral do direito do trabalho*. São Paulo: LTr, 1998. p. 314).

(11) SANTOS, Moacyr Amaral. *Primeiras linhas de direito processual civil*. São Paulo: Saraiva, 1985. p. 4.

(12) *Teoria geral do processo*. 21. ed. São Paulo: LTr, 2005. p. 22.

terceiro. Na primeira hipótese, um dos sujeitos (ou cada um deles) consente no sacrifício total ou parcial do próprio interesse (*autocomposição*) ou impõe o sacrifício do interesse alheio (*autodefesa* ou *autotutela*). Na segunda hipótese, enquadram-se a defesa de terceiro, a conciliação, mediação e o processo (estatal ou arbitral)".

Segundo nos traz a doutrina, são meios de solução dos conflitos na esfera trabalhista: *autotutela* ou *autodefesa, autocomposição* e *heterocomposição*.

## a) autotutela

A *autotutela ou autodefesa* é o meio mais primitivo de resolução dos conflitos em que uma das partes, com utilização da força, impõe sua vontade sobre a parte mais fraca. Nesta modalidade, há uma ausência do Estado na solução do conflito, sendo uma espécie de vingança privada.

Ensina *Amauri Mascaro Nascimento*[13]:

"A autodefesa pode ser autorizada pelo legislador, tolerada ou proibida (...) A solução que provém de uma das partes interessadas é unilateral e imposta. Portanto, evoca a violência, e a sua generalização importa na quebra da ordem e na vitória do mais forte e não do titular do direito. Assim, os ordenamentos jurídicos a proíbem, autorizando-a apenas excepcionalmente, porque nem sempre a autoridade pode acudir em tempo a solução dos conflitos."

Como destacam *Antonio Carlos de Araújo Cintra, Ada Pellegrini Grinover* e *Cândido Rangel Dinamaro*[14], "são fundamentalmente dois os traços característicos da autotutela: a) ausência de juiz distinto das partes; b) imposição da decisão por uma das partes à outra".

Hoje, nas legislações, ainda há resquícios da autotutela em alguns Códigos, como a legítima defesa da posse no Código Civil, ou o estado de necessidade e legítima defesa na esfera penal.

Na esfera do conflito coletivo de trabalho, temos como exemplo de autotutela a greve e o locaute, sendo este vedado no ordenamento jurídico brasileiro pelo art. 17 da Lei n. 7.783/89. Na esfera individual, temos o direito de resistência do empregado às alterações contratuais lesivas (arts. 468 e 483 da CLT) e o poder disciplinar do empregador.

## b) autocomposição

A *autocomposição* é modalidade de solução dos conflitos coletivos de trabalho pelas próprias partes interessadas sem a intervenção de um terceiro que irá ajudá-las

---

(13) NASCIMENTO, Amauri Mascaro. *Curso de direito processual do trabalho.* 22. ed. São Paulo: Saraiva, 2007. p. 06.

(14) *Teoria geral do processo.* 21. ed. São Paulo: Malheiros, 2005. p. 23.

ou até propor a solução do conflito. Como exemplos, temos: a negociação coletiva para os conflitos coletivos e o acordo ou a transação para os conflitos individuais.

No aspecto, vale destacar a seguinte ementa:

> DISSÍDIO COLETIVO DE GREVE. ACORDO CELEBRADO ENTRE AS PARTES. A finalidade principal da Justiça do Trabalho é conciliar as partes, alcançando a paz e harmonia social. Assim, tendo a empresa suscitante e o sindicato suscitado celebrado acordo dando fim ao movimento paredista, homologa-se parcialmente o acordo, com exceção da cláusula nona, em relação à qual, no termo de acordo, consta a anotação sem efeito. Processo que se extingue com resolução do mérito, nos termos do art. 269, III, do CPC – AC 00079.2010.000.17.00.6 (N.U. 0007900-89.2010.5.17.0000) – 17ª REGIÃO – Desembargador José Carlos Rizk – Relator. DJ/ES de 10.6.2010 – (DT Ago. 2010, v. 193, p. 135).

A doutrina aponta como espécies de autocomposição a desistência[15], a renúncia[16], a submissão[17] e a transação[18].

Na esfera do Direito Coletivo do Trabalho, temos como instrumentos típicos de autocomposição os acordos e convenções coletivas, que são produto de um instituto maior que é a negociação coletiva.

## c) heterocomposição

A heterocomposição exterioriza-se pelo ingresso de um agente externo e desinteressado ao litígio que irá solucioná-lo e sua decisão será imposta às partes de forma coercitiva. Como exemplo, temos a decisão judicial (dissídios individuais e coletivos) e a arbitragem.

A heterocomposição, sob a modalidade da decisão judicial (Poder Judiciário), tem sido o meio, por excelência, de solução do conflito trabalhista, pois o Brasil, de cultura romano-germânica, não tem tradição de resolução dos conflitos pela via da negociação nem da arbitragem.

Mais adiante, faremos estudo detalhado da jurisdição e da arbitragem.

## d) mediação e conciliação

Mediação é forma de solução dos conflitos por meio da qual o mediador se insere entre as partes, procurando aproximá-las para que elas próprias cheguem a uma solução consensual do conflito.

Como destaca *Amauri Mascaro Nascimento*[19], "o mediador adota não o método impositivo, mas o persuasivo. Com o que a mediação contém em sua estrutura um

---

(15) Desistência é abdicar temporariamente de um direito, não sendo em caráter definitivo.
(16) Renúncia é o abandono do direito de forma definitiva.
(17) Submissão é aceitar, voluntariamente, a vontade da outra parte do conflito.
(18) Transação consiste na resolução do conflito pelas próprias partes, mediante concessões recíprocas.
(19) NASCIMENTO, Amauri Mascaro. *Teoria geral do direito do trabalho*. São Paulo: LTr, 1998. p. 331-332.

componente autocompositivo, que é da sua substância e do qual não se pode afastar sem se descaracterizar. Pode ser combinada, como se viu, com a arbitragem, em proveito para o procedimento de composição, e, nesse caso, não será mediação e terá fisionomia híbrida de mediação-arbitragem. Originariamente, é uma técnica intermediária entre a conciliação e a arbitragem. É mais do que conciliação, na opinião predominante, porque permite uma perspectiva maior de iniciativas. É menos do que a arbitragem, porque não autoriza atos decisórios".

A conciliação é forma de solução do conflito trabalhista, mediante o ingresso do conciliador entre as partes, o qual as aproximará buscando a solução dos conflitos mediante concessões recíprocas.

Segundo a doutrina, a atividade do mediador é mais intensa que a do conciliador, pois toma mais iniciativas que o conciliador, não só realizando propostas de conciliação, mas persuadindo as partes para que cheguem a uma solução do conflito. Não obstante, o mediador, ao contrário do árbitro e do Juiz, não tem poder de decisão.

No nosso sentir, a mediação e a conciliação estão entre a autocomposição e a heterocomposição. Para alguns, são modalidades de autocomposição, pois o mediador aproxima as partes para uma solução consensual, e o conciliador faz propostas de solução do conflito que podem ou não ser aceitas pelas partes, mas tanto um quanto o outro não têm poderes para impor a solução do conflito às partes, e nem estas são obrigadas a aceitar as sugestões deles.

Para outros, são modalidades de heterocomposição, pois, ainda que não possam impor a solução do conflito, inegavelmente, o conciliador e o mediador contribuem para a solução do conflito.

Nesse sentido é a posição de *Mauricio Godinho Delgado*[20]:

"(...) Parece-nos válida, do ponto de vista científico, a tipologia proposta no presente estudo (isto é, *jurisdição, arbitragem, conciliação* e também, de certo modo, a mediação como modalidades de heterocomposição). É que a diferenciação essencial entre os métodos de solução de conflitos encontra-se, como visto, nos sujeitos envolvidos e na sistemática operacional do processo utilizado. Na autocomposição, apenas os sujeitos originais em confronto é que se relacionam na busca da extinção do conflito, conferindo origem a uma sistemática de análise e solução da controvérsia autogerida pelas próprias partes. Já na heterocomposição, ao contrário, dá-se a intervenção de um agente exterior aos sujeitos originais na dinâmica de solução do conflito, transferindo, como já exposto, em maior ou menor grau, para este agente exterior a direção dessa própria dinâmica. Isso significa que a sistemática de análise e solução da controvérsia deixa de ser exclusivamente gerida pelas partes, transferindo-se em alguma extensão para a entidade interveniente".

---

(20) DELGADO, Mauricio Godinho. *Curso de direito do trabalho*. 6. ed. São Paulo: LTr, 2007. p. 1.447.

No nosso sentir, tanto a mediação como a conciliação são modalidades de autocomposição, pois tanto o mediador como o conciliador não têm poderes para decidir o conflito e nem impor a decisão. Além disso, cumpre às partes a faculdade de aceitar, ou não, as propostas do mediador ou conciliador.

## 3. Da conciliação

Dizia *Carnelutti* que a conciliação é uma sentença dada pela partes e a sentença é uma conciliação imposta pelo juiz.

Ensina *Calmon de Passos*[21]:

"Conciliação é uma das modalidades de se pôr fim ao litígio mediante solução que lhe dão as próprias partes, apenas cumprindo ao magistrado acolhê-la. Caracteriza-se por implicar na participação do magistrado. Com ela pode-se lograr tanto uma transação, quanto o reconhecimento ou renúncia".

Somente são passíveis de conciliação os direitos patrimoniais disponíveis.

No nosso sentir, o fato de existirem normas de ordem pública no Direito do Trabalho (arts. 9º, 444, e 468, todos da CLT) não significa dizer que os Direitos Trabalhistas são indisponíveis.

Nesse diapasão, oportunas as palavras de *Américo Plá Rodriguez*[22]:

"No campo do Direito do Trabalho, surge, pois, uma distinção essencial e de suma importância: nele existem normas imperativas que não excluem a vontade privada, mas a cercam de garantias para assegurar sua livre formação e manifestação, valorizando-a como a expressão da própria personalidade humana. Ressalte-se que o Direito do Trabalho não é, no fundo, um direito obrigacional. Antes de mais nada, é direito entre pessoas, distinguindo-se não obstante do direito de família pelo grau de intensidade das relações pessoais, bem como pelo caráter temporário e precariedade dos laços pessoais. Um direito que em sua essência disciplina a conduta humana em função criadora de valores, que é a expressão da responsabilidade social e da colaboração para um fim comum, não pode excluir de seu campo a manifestação da vontade privada, mas, pelo contrário, deve traçar-lhes limites que permitam o cumprimento de sua missão".

Pertencendo ao Direito Privado e contando com uma elevada gama de normas de ordem pública e, ainda, considerando-se o estado de subordinação a que está sujeito o empregado, os Direitos Trabalhistas, durante a vigência do contrato de trabalho, são irrenunciáveis, como regra geral. Entretanto, uma vez cessados o vínculo de emprego e o consequente estado de subordinação, o empregado pode renunciar

---

(21) CALMON DE PASSOS, José Joaquim. *Comentários ao Código de Processo Civil.* 8. ed. Rio de Janeiro: Forense, 2001. p. 451.

(22) PLÁ RODRIGUEZ, Américo. *Princípios de direito do trabalho.* 3. ed. São Paulo: LTr, 2000. p. 151.

## 3.1. Homologação de transação extrajudicial pelo Juiz do Trabalho

Assevera o art. 475-N do CPC, com a redação dada pela Lei n. 11.232/2005: "São títulos executivos judiciais: V – o acordo extrajudicial, de qualquer natureza, homologado judicialmente."

Diante de tal previsão do CPC, atualmente, muito se discute sobre a possibilidade de homologação de transação extrajudicial envolvendo matéria trabalhista na Justiça do Trabalho, inclusive já há número significativo de ações dessa natureza nas Varas do Trabalho.

No nosso sentir, diante da EC n. 45/04 que disciplina a competência da Justiça do Trabalho para conhecer das controvérsias oriundas e decorrentes da relação de trabalho, parece-nos que a Justiça do Trabalho detém competência em razão da matéria para homologar acordo extrajudicial envolvendo matéria trabalhista.

De outro lado, pensamos que o Juiz do Trabalho deva tomar inúmeras cautelas para homologar eventual transação extrajudicial. Deve designar audiência, inteirar--se dos limites do litígio e ouvir sempre o trabalhador. Acreditamos que somente em casos excepcionais deve o Juiz homologar o acordo extrajudicial com eficácia liberatória geral.

## 3.2. Consequências da supressão da expressão "conciliar e julgar" do art. 114 da CF

O *caput* do art. 114 da CF, com a redação dada pela EC n. 45/04, aduz: "Compete à Justiça do Trabalho processar e julgar". A antiga redação do art. 114 da CF dizia: "Compete à Justiça do Trabalho conciliar e julgar os dissídios individuais e coletivos (...)".

No nosso sentir, o fato de a atual redação do art. 114 da CF não repetir a expressão "conciliar" não significa que a conciliação fora abolida na Justiça do Trabalho, tampouco que o Juiz não deva empregar os seus bons ofícios em sua tentativa, já que essa providência não necessita constar da Constituição Federal, pois já está prevista no art. 764 da CLT. Além disso, as formas de solução de conflitos pela via da autocomposição têm sido cada vez mais prestigiadas pelo legislador (*vide*, a propósito, a Lei n. 9.958/00). De outro lado, acreditamos que o legislador constitucional apenas pretendeu deixar claro que a Justiça do Trabalho passa, com sua nova competência, a enfrentar litígios nos casos em que não há possibilidade de conciliação, como as ações oriundas das fiscalizações do trabalho, mandados de segurança, etc.

Nesse sentido, cumpre destacar as lúcidas palavras de *Manoel Antonio Teixeira Filho*[27]:

---

(27) *Breves comentários à reforma do poder judiciário*. São Paulo: LTr, 2005. p. 124-125. No mesmo sentido é a visão de Amauri Mascaro Nascimento: "(...) Todavia, a função conciliatória não foi excluída. Foi preservada. Continua com respaldo infraconstitucional (CLT, art. 652, a)" (*Curso de direito processual do trabalho*. 22. ed. São Paulo: Saraiva, 2007. p. 205).

"Mesmo se considerarmos que, a partir da EC n. 45/2004, a Justiça do Trabalho terá competência para solucionar conflitos oriundos das relações de trabalho, em sentido amplo, e, não apenas, os ocorrentes entre trabalhadores e empregadores, a possibilidade de o juiz formular proposta de conciliação é fundamental, sob todos os aspectos que se possa examinar. É produto de manifesto equívoco a ideia de que o maior interessado na conciliação é o juiz, pois, com isso, ele teria um processo a menos para julgar ... Sendo assim, a conclusão de que, doravante, a Justiça do Trabalho não teria mais competência para conciliar os conflitos de interesses decorrentes das relações intersubjetivas do trabalho, além de outros previstos em lei, implicaria, a um só tempo: a) colocar-se na contramão da história, porquanto a Justiça do Trabalho, desde as suas origens, trouxe, como traço característico, essa vocação para sugerir, às partes, uma solução negociada, consensual, da lide; b) colocar-se contra a tendência universal, incorporada pelo próprio processo civil, de erigir-se a conciliação como uma das mais adequadas formas de solução de conflitos de interesses protegidos pela ordem jurídica (autocomposição, em vez de heterocomposição)".

## 4. Das comissões de conciliação prévia

### 4.1. Conceito

As comissões de conciliação prévia são órgãos criados no âmbito dos sindicatos ou das empresas, com a finalidade de resolução do conflito individual trabalhista por meio da autocomposição. Trata-se de um meio alternativo, extrajudicial, de solução do conflito que tem por finalidade propiciar maior celeridade à resolução da lide, sem a burocracia do Poder Judiciário Trabalhista.

Diante da presença de conciliadores, empregados e empregadores poderão, consensualmente, colocar fim ao conflito.

A criação das comissões de conciliação prévia é facultativa, e estas podem ser criadas no âmbito das empresas ou dos sindicatos, e terão o mesmo número de representantes dos empregados e dos empregadores, conforme disciplina o art. 625-A da CLT, *in verbis*: "As empresas e os sindicatos podem instituir Comissões de Conciliação Prévia, de composição paritária, com representante dos empregados e dos empregadores, com a atribuição de tentar conciliar os conflitos individuais do trabalho. Parágrafo único. As Comissões referidas no *caput* deste artigo poderão ser constituídas por grupos de empresas ou ter caráter intersindical".

Nos termos do § 1º do art. 625-D, da CLT, "a demanda será formulada por escrito ou reduzida a termo por qualquer dos membros da Comissão, sendo entregue cópia datada e assinada pelo membro aos interessados".

Conforme o § 2º do art. 625-D da CLT: "Não prosperando a conciliação, será fornecida ao empregado e ao empregador declaração da tentativa conciliatória frustrada com a descrição de seu objeto, firmada pelos membros da Comissão, que deverá ser juntada à eventual reclamação trabalhista."

"Caso exista, na mesma localidade e para a mesma categoria, Comissão de empresa e Comissão sindical, o interessado optará por uma delas para submeter a sua demanda, sendo competente aquela que primeiro conhecer do pedido" (§ 4º do art. 625-D da CLT).

As Comissões de Conciliação Prévia têm dez dias para a realização da tentativa de conciliação a partir da provocação do interessado (art. 625-F da CLT). Se o referido prazo for ultrapassado, será fornecida certidão ao reclamante, podendo este ingressar com a reclamação trabalhista.

O prazo prescricional será suspenso a partir da provocação da Comissão de Conciliação Prévia, recomeçando a fluir, pelo que lhe resta, a partir da tentativa frustrada de conciliação ou do esgotamento do prazo de 10 dias para realização da audiência (art. 625-G da CLT).

## 4.2. Obrigatoriedade ou facultatividade?

Assevera o art. 625-D da CLT:

> Qualquer demanda de natureza trabalhista será submetida à Comissão de Conciliação Prévia se, na localidade da prestação de serviços, houver sido instituída a Comissão no âmbito da empresa ou do sindicato da categoria.

Diante do referido dispositivo legal, há entendimentos na doutrina e jurisprudência de que a passagem do conflito individual trabalhista pela Comissão de Conciliação Prévia é um pressuposto processual ou uma condição da ação que devem ser preenchidos quando do ajuizamento da ação trabalhista, vale dizer: se não houver a tentativa de conciliação perante a Comissão de Conciliação Prévia, deverá o Juiz do Trabalho a requerimento, ou *ex officio*, extinguir o processo, sem resolução de mérito, nos termos do art. 267 do CPC.

Argumentam, ainda, os defensores das Comissões de Conciliação Prévia, que a tentativa de conciliação extrajudicial como condição de ingresso da reclamação trabalhista tem por objetivo estimular a conciliação, desafogar o Judiciário Trabalhista e ainda melhorar a prestação jurisdicional de Justiça do Trabalho, o que somente será possível se se entender obrigatória a tentativa de conciliação extrajudicial.

Nesse sentido é a visão de *Sergio Pinto Martins*[28]:

> "Nota-se que o procedimento instituído representa condição da ação para o ajuizamento da reclamação trabalhista. Não se trata de pressuposto processual. Pressupostos de existência do processo são jurisdição, pedido e partes. Pressupostos de validade do processo são competência, ausência de suspeição, inexistência de coisa julgada e de litispendência, capacidade processual dos litigantes, regularidade da petição inicial e da citação (...) Se o empregado não tentar a conciliação, o juiz extinguirá o processo sem julgamento de mérito

---

(28) MARTINS, Sergio Pinto. *Direito processual do trabalho*. 28. ed. São Paulo: Atlas, 2008. p. 55.

(art. 267, VI do CPC), por não atender à condição da ação estabelecida na lei. Se não houve tentativa de conciliação na Comissão, não existe pretensão resistida e não há interesse de agir da parte em postular perante o Judiciário. A reivindicação só poderá ser feita diretamente à Justiça do Trabalho caso na empresa não exista a comissão nem tenha sido ela instituída no âmbito do sindicato da categoria, porque não haveria como se passar por comissão conciliatória".

Nesse sentido, vale transcrever a seguinte ementa da mais alta Corte Trabalhista brasileira, *in verbis*:

> AUSÊNCIA DE PRESSUPOSTO DE CONSTITUIÇÃO E DE DESENVOLVIMENTO VÁLIDO E REGULAR DO PROCESSO: SUBMISSÃO DA DEMANDA À COMISSÃO DE CONCILIAÇÃO PRÉVIA. ART. 625-D DA CLT. I – A obrigatoriedade imposta no art. 625-D da Consolidação das Leis do Trabalho, inserto no Título VI-A desse diploma Legal, acrescentado pela Lei n. 9.958/2000, não afronta o princípio do livre acesso ao Poder Judiciário, até porque não impede o ajuizamento de ação visando à satisfação das pretensões ressalvadas ou a declaração de nulidade do ajuste celebrado perante a comissão. II – Aqui é bom enfatizar que a prévia tentativa de conciliação é inclusive condição para a propositura da ação coletiva (arts. 616, § 4º, da CLT e 114, § 2º, da Constituição Federal), cuja constitucionalidade já foi reconhecida pelo SFT, no julgamento do Ag-Rg-AI 166.962-4, Rel. Min. Carlos Velloso. III – Não se afigura por isso plausível que exigência semelhante, para a propositura da ação individual, possa configurar ofensa ao princípio da inderrogabilidade da jurisdição. Mesmo porque a conciliação, ainda que extrajudicial, acha-se intimamente ligada à finalidade histórica da Justiça do Trabalho, alçada à condição de princípio constitucional, a teor do art. 114 da Lei Maior. IV – É imprescindível lembrar ainda da disposição do art. 625-F da CLT, que fixa, de um lado, o prazo de 10 dias para a realização da conciliação, cujo transcurso em branco libera o empregado para a propositura da reclamação, e, de outro, o autoriza de imediato a ingressar em juízo, no caso de haver motivo relevante que o impossibilite de observar a exigência ali contida, a ser declarado na petição inicial. V – Não tendo o recorrido atendido ao pressuposto processual de válida constituição e desenvolvimento regular do processo, consubstanciado na passagem pela Comissão de Conciliação Prévia, nem ter invocado o motivo pelo qual deixara de atender à determinação contida na norma consolidada, insuscetível de ser tangenciada pelo malogro da tentativa de conciliação, promovida pelo Juízo da Vara do Trabalho, pois do contrário a exigência legal se tornaria letra morta, impõe-se a extinção do processo sem resolução do mérito, na forma do art. 267, inciso IV do CPC. VI – Recurso provido. (Processo: RR – 386/2008-001-13-00.0 Data de Julgamento: 13.5.2009, Rel. Min. Antônio José de Barros Levenhagen, 4ª Turma, Data de Divulgação: DEJT 29.5.2009)

Embora a lei diga que qualquer demanda *será submetida à Comissão*, não apresenta qualquer penalidade para o descumprimento. Se não há penalidade, não se pode concluir que há obrigatoriedade.

Como sustenta com propriedade o professor da Universidade de São Paulo, *Jorge Luiz Souto Maior*[29]:

---

(29) SOUTO MAIOR, Jorge Luiz. *Temas de processo do trabalho*. São Paulo: LTr, 2000. p. 130-131.

"Não se fixou, expressamente, que submeter-se à Comissão constitua condição para o ingresso em juízo, como havia no projeto de lei, e não há na lei, igualmente, uma penalidade específica para o descumprimento de tal procedimento, como também havia no projeto de lei. Não se pode entender que a 'declaração da tentativa de conciliação', mencionada no § 2º, do art. 625-D, seja um documento indispensável à propositura da ação trabalhista, motivando a extinção do feito, sem julgamento do mérito, sem sua apresentação com a petição inicial, já que esta pena não está prevista na lei e trata-se de princípio hermenêutico a noção de que as regras de restrição de direitos não se interpretam ampliativamente; além do que 'ninguém será obrigado a fazer ou deixar de fazer alguma coisa senão em virtude de lei' (inciso II do art. 5º da CF). De qualquer modo, mesmo que a lei fosse expressa nesse sentido sua aplicabilidade estaria obstada por ferir a garantia do acesso à justiça, prevista no inciso XXXV do art. 5º da Constituição Federal, nos seguintes termos: 'a lei não excluirá da apreciação do Poder Judiciário lesão ou ameaça a direito'".

Além disso, a conciliação pode ser tentada na audiência trabalhista pelo Juiz do Trabalho. As tentativas conciliatórias do Juiz do Trabalho suprem eventual necessidade de conciliação extrajudicial. Não nos parece ser justo e razoável o Juiz do Trabalho, após tentar a conciliação e não obtê-la, extinguir o processo em razão da falta de passagem do litígio pela Comissão de Conciliação Prévia. Tal extinção estaria negando os princípios constitucionais da duração razoável do processo, da efetividade processual e do acesso à justiça. Questiona-se: se o acordo não surgiu diante de partes, advogados e o Juiz do Trabalho, ele acontecerá na Comissão de Conciliação Prévia? Pensamos que não.

De outro lado, é da essência da Justiça do Trabalho facilitar o acesso do trabalhador à Justiça do Trabalho e a finalidade essencial do processo trabalhista é dirimir, com justiça, o conflito trabalhista. De outro lado, a vocação conciliatória da Justiça do Trabalho é histórica, inclusive por mandamento legal (art. 764 da CLT). Por isso, não há como a Justiça do Trabalho furtar-se a apreciar uma demanda em razão de falta de conciliação prévia, quando é dever do magistrado buscá-la em juízo.

Nesse sentido, vale transcrever recente julgamento do Tribunal Superior do Trabalho, vazado na seguinte ementa:

> **AGRAVO DE INSTRUMENTO. RECURSO DE REVISTA. FEITO NÃO SUBMETIDO À COMISSÃO DE CONCILIAÇÃO PRÉVIA. EFEITOS JURÍDICOS. NULIDADE SANADA PELO PRÓPRIO CURSO DO PROCESSO JUDICIAL TRABALHISTA.** A previsão do rito de passagem extrajudicial pela CCP ou NICT (arts. 625-D e 625-H, CLT), caso desconsiderada pela parte, não implica nulidade processual absoluta e insanável: é que a instigação à conciliação, dever do Magistrado no início da audiência processual trabalhista (o art. 846, *caput*, da CLT, determina ao Juiz que, na abertura da audiência, antes da apresentação da defesa, proponha a conciliação), tem o condão de sanar o vício percebido. Ora, não se declara eventual nulidade, no Direito Processual do Trabalho, se não se verificar manifesto prejuízo às partes litigantes (art. 794, CLT) ou caso seja possível suprir-se a falta ou repetir-se o ato

(art. 796, *a*, CLT). Assim, a instigação conciliatória inerente à dinâmica processual trabalhista elide eventual prejuízo resultante da omissão extrajudicial, suprindo-se esta omissão perante o próprio Juiz, a quem cabe determinar que o ato de composição se realize na audiência. Agravo de instrumento desprovido (TST – AIRR-1167/2006-004-19-40.8. – Ac. 6ª T. – Relator Min. Mauricio Godinho Delgado – DJ 26.9.2008, In: *Revista LTr* 72-09/1150).

Conforme destaca *Estevão Mallet*[30], com suporte em *Liebman*: "É suficiente que as condições da ação, eventualmente inexistentes no momento da propositura desta, sobrevenham no curso do processo e estejam presentes no momento em que a causa é decidida. Daí, que, mesmo não tentada a conciliação prévia, havendo defesa na reclamação, ou não pagamento dos valores cobrados, surge o interesse processual, diante da resistência do reclamado".

No mesmo diapasão são as conclusões de *Rafael Edson Pugliese Ribeiro*[31]: "A ausência de tentativa conciliatória extrajudicial fica então suprida pela tentativa conciliatória judicial. E não se poderia falar em nenhum tipo de nulidade, porque o nosso sistema se orienta pela teoria objetiva do nulo. Não se forma nulidade onde não haja prejuízo. Vale lembrar que desde 1967 o art. 613, V, da CLT exige, obrigatoriamente, que todas as convenções e acordos coletivos consagrem 'normas para a conciliação das divergências surgidas entre os convenentes por motivos da aplicação de seus dispositivos'. A realidade prova o contrário. A omissão dessa providência não invalidou nenhuma convenção coletiva até hoje, de que se tenha notícia. Se há ausência dessa disposição numa convenção coletiva, há presença da intenção de sobre ela nada dispor e o acesso à justiça está sempre assegurado pela Constituição Federal (CF, art. 5º, XXXV)"[32].

Nesse sentido, destacamos as seguintes ementas:

> Comissão de conciliação prévia — Submissão do conflito — Faculdade. O art. 625-D da CLT não estabeleceu nova condição da ação ou mesmo pressuposto processual, tratando-se apenas de faculdade do empregado. Pelo que, sua inobservância não acarreta a extinção do feito sem julgamento do mérito. (TRT 12ª R. – 3ª T. – ROV n. 3561/2004.018.12.00-5 – Ac. n. 13.191/05 – Relª. Lígia M. Teixeira Gouvêa – DJ 8.11.05 – p. 195) (RDT n. 12 de Dezembro de 2005).

> Passagem pela Comissão de Conciliação Prévia. Negativa de acordo em audiência. A falta de acordo em audiência, que seria judicial, supre a tentativa de acordo em órgão extrajudicial. Como o acordo judicial tem representatividade muito maior, inclusive fazendo coisa julgada, o acordo extrajudicial fica por ele abrangido. TRT/SP – 00588200404002001 – RO – Ac. 2ª T. 2005051779 – Rel. Sergio Pinto Martins – DOE 1.8.2006[33].

---

(30) In: *Revista LTr* 64-04/445.

(31) RIBEIRO, Rafael Edson Pugliese. Comissão de conciliação prévia: faculdade ou obrigatoriedade. In: *Revista Trabalho & Doutrina*, n. 26. São Paulo: Saraiva, 2002. p. 133.

(32) No mesmo sentido, Carlos Henrique Bezerra Leite: In: *Curso de direito processual do trabalho*. 5. ed. São Paulo: LTr, 2007.

(33) In: *Revista Synthesis*, n. 44/07. p. 203.

A extinção do processo sem julgamento de mérito, sob o fundamento de inobservância do art. 625-D, da CLT, antes da formação da *litiscontestatio* é providência que em nada contribui para o prestígio da Justiça do Trabalho, e ainda mais quando há pedido de reconhecimento do vínculo empregatício, o que extrapola as atribuições da comissão de conciliação prévia. TRT/SP – 03173200502802007 – RO – Ac. 1ª T. – 20060693449 – Rel. Adalberto Martins – DOE 19.9.2006[34].

Passagem pela comissão de conciliação prévia como condição da ação. Não obrigatoriedade. Princípio da instrumentalidade das formas. Matéria já pacificada neste Tribunal, através da Súmula n. 02. (TRT/SP – 01444200422102000 – RO – Ac. 3ª T. – 20090510075 – Relª. Maria de Lourdes Antonio – DOE 28.7.2009).

SUBMISSÃO DA DEMANDA À COMISSÃO DE CONCILIAÇÃO PRÉVIA. NÃO OBRIGATORIEDADE. A submissão da demanda à Comissão de Conciliação Prévia não caracteriza condição para o exercício do direito de ação, visto que o ato constitui faculdade atribuída ao empregado, com o objetivo de proporcionar a solução de controvérsias e incentivar a celebração de acordos anteriormente à prestação jurisdicional. Entendimento respaldado pela Súmula n. 02 do Egrégio Tribunal Regional do Trabalho da 2ª Região. (TRT/SP – 02113200800902001 – RS – Ac. 6ª T. – 20090223041 – Relª. Ivete Ribeiro – DOE 7.04.2009).

COMISSÃO DE CONCILIAÇÃO PRÉVIA. EXTINÇÃO DO PROCESSO SEM RESOLUÇÃO DO MÉRITO. O procedimento previsto no art. 625-D da CLT não pode constituir óbice ao princípio constitucional do acesso à Justiça, previsto no art. 5º, XXXV da Carta Magna. A interpretação do dispositivo celetista, conforme a Constituição, revela que o procedimento em questão é uma faculdade conferida à parte a fim de solucionar o conflito de forma célere, não constituindo condição da ação, nem tampouco pressuposto processual. Aplicação da Súmula n. 2 deste E. Tribunal. A Seção Especializada em Dissídios Individuais (SDI-1) do Tribunal Superior do Trabalho pôs fim à discussão, fixando o entendimento de que a ausência de tentativa de conciliação não pode obstar o exercício do direito de ação (E-RR- 28/2004-009-06-00.3). (TRT/SP – 00029200809002001 – RO – Ac. 4ª T. – 20100180129 – Rel. Ivani Contini Bramante – DOE 19.3.2010).

No mesmo, é a Súmula n. 02 do Tribunal Regional do Trabalho da 2ª Região, *in verbis*:

COMISSÃO DE CONCILIAÇÃO PRÉVIA. EXTINÇÃO DE PROCESSO. (RA n. 08/2002 – DJE 12.11.02, 19.11.2002, 10.12.2002 e 13.12.2002). O comparecimento perante a Comissão de Conciliação Prévia é uma faculdade assegurada ao obreiro, objetivando a obtenção de um título executivo extrajudicial, conforme previsto pelo art. 625-E, parágrafo único da CLT, mas não constitui condição da ação, nem tampouco pressuposto processual na reclamatória trabalhista, diante do comando emergente do art. 5º, XXXV, da Constituição Federal.

O Supremo Tribunal Federal, recentemente, em controle concentrado de constitucionalidade, fixou entendimento no sentido de não ser obrigatória a submissão do litígio trabalhista à Comissão de Conciliação Prévia como condição de ingresso na Justiça do Trabalho, conforme notícia publicada no *site* do STF[35] em 13.5.2009, conforme segue:

---

(34) *Ibidem*, p. 202.
(35) Disponível em: <http://www.stf.gov.br>.

**COMISSÕES DE CONCILIAÇÃO PRÉVIA: STF — 13.5.2009 — Liminar em Ação Direta de Inconstitucionalidade — Min. Marco Aurélio.** Quarta-feira, 13 de maio de 2009. Trabalhador pode ingressar na Justiça mesmo sem tentar conciliação prévia. Por maioria de votos, o Supremo Tribunal Federal (STF) determinou nesta quarta--feira (13) que demandas trabalhistas podem ser submetidas ao Poder Judiciário antes que tenham sido analisadas por uma comissão de conciliação prévia. Para os ministros, esse entendimento preserva o direito universal dos cidadãos de acesso à Justiça. A decisão é liminar e vale até o julgamento final da matéria, contestada em duas Ações Diretas de Inconstitucionalidade (ADIs ns. 2.139 e 2.160) ajuizadas por quatro partidos políticos e pela Confederação Nacional dos Trabalhadores do Comércio (CNTC). Tanto a confederação quanto o PC do B, o PSB, o PT e o PDT argumentaram que a regra da CLT representava um limite à liberdade de escolha da via mais conveniente para submeter eventuais demandas trabalhistas. Sete ministros deferiram o pedido de liminar feito nas ações para dar interpretação conforme a Constituição Federal ao art. 625-D da CLT (Consolidação das Leis do Trabalho), que obrigava o trabalhador a primeiro procurar a conciliação no caso de a demanda trabalhista ocorrer em local que conte com uma comissão de conciliação, seja na empresa ou no sindicato da categoria. Com isso, o empregado pode escolher entre a conciliação e ingressar com reclamação trabalhista no Judiciário. **Divergência:** Quando o julgamento dos pedidos de liminar nas ações começou, em janeiro de 2000, o ministro Marco Aurélio foi o primeiro a divergir do relator, ministro Octavio Gallotti, no sentido de deferir em parte a cautelar para dar interpretação conforme ao art. 625-D da CLT. Em agosto de 2007, foi a vez de os ministros Sepúlveda Pertence, Cármen Lúcia Antunes Rocha, Ricardo Lewandowski e Eros Grau unirem-se a Marco Aurélio. Nesta tarde, o entendimento foi sacramentado com os votos dos ministros Joaquim Barbosa e Carlos Ayres Britto. Segundo Barbosa, manter a regra do art. 625-D da CLT sem interpretação conforme a Constituição representaria uma "séria restrição do direito de acesso à Justiça para os trabalhadores". Para Ayres Britto, a solução dada pelo Plenário "estimula a conciliação e mantém uma tradição da Justiça Trabalhista de tentar a conciliação, sem sacrificar o direito universal de acesso à jurisdição [pelos cidadãos]". Ele lembrou voto do ministro Marco Aurélio no sentido de que, quando a Constituição quer excluir uma demanda do campo de apreciação do Judiciário, ela o faz de forma expressa, como ocorre, por exemplo, na área desportiva. Nesse caso, o ingresso no Judiciário somente pode ocorrer após se esgotarem as instâncias da Justiça Desportiva (§ 1º do art. 217). **Contramão da história:** Último a se pronunciar sobre a matéria, o ministro Cezar Peluso disse que a decisão do Supremo está na "contramão da história". Segundo ele, o dispositivo da CLT não representa bloqueio, impedimento ou exclusão do recurso à universalidade da jurisdição. "Eu acho que, com o devido respeito, a postura da Corte, restringindo a possibilidade da tentativa obrigatória de conciliação, está na contramão da história, porque em vários outros países hoje há obrigatoriedade do recurso às chamadas vias alternativas de resolução de conflitos, até porque o Poder Judiciário não tem dado conta suficiente da carga de processos", afirmou o ministro. Para ele, a regra da CLT representa "simplesmente uma tentativa preliminar de conciliar e de resolver pacificamente o conflito, com a vantagem de uma solução não ser imposta autoritariamente". "As soluções consensuais são, em todas as medidas, as melhores do ponto de vista social", concluiu. **Outros dispositivos:** As ações questionavam ainda outros dispositivos da CLT. No caso do art. 625-E da CLT o pedido não foi conhecido, ou seja, analisado. Esse artigo determina que o acordo lavrado na comissão de conciliação será título executivo extrajudicial. Nesse ponto, o ministro Marco Aurélio ficou vencido. O pedido de liminar contra o inciso II do art. 852-B da CLT foi negado. O dispositivo fixa que não se fará citação por edital no procedimento sumaríssimo. As decisões quanto a esses dispositivos foram tomadas quando o julgamento dos pedidos de liminar nas ações começou, em 2000.

Pelo exposto, pensamos que a passagem do conflito trabalhista pela Comissão de Conciliação Prévia é facultativa. Se a parte preferir, pode procurar diretamente a Justiça do Trabalho.

## 4.3. Efeitos da transação na Comissão de Conciliação Prévia (eficácia da quitação)

Dispõe o art. 625-E da CLT:

> Aceita a conciliação, será lavrado termo assinado pelo empregado, pelo empregador ou seu proposto e pelos membros da Comissão, fornecendo-se cópia às partes. Parágrafo único. O termo de conciliação é título executivo extrajudicial e terá eficácia liberatória geral, exceto quanto às parcelas expressamente ressalvadas. (Incluído pela Lei n. 9.958, de 12.1.2000).

Diante da redação do referido dispositivo legal, parte da doutrina e jurisprudência trabalhista assevera que os acordos firmados perante as Comissões de Conciliação Prévia têm eficácia liberatória geral, exceto quanto às parcelas expressamente ressalvadas. O que não foi ressalvado, não poderá ser discutido em juízo. Nesse sentido, destacamos a seguinte ementa:

> Acordo homologado pela comissão de conciliação prévia — Efeitos de coisa julgada. Exsurgem efeitos de coisa julgada dos acordos formalizados perante as Comissões de Conciliação Prévia, dada a similar função de composição de conflitos por parte de tais órgãos extrajudiciais. Cabe notar, inclusive, que o efeito da coisa julgada não impede, outrossim, a execução de tais títulos executivos em que se constituem os termos de conciliação prévia, já que não há exame de mérito propriamente realizado, ante a aplicação do art. 267, V, do CPC. Conciliação. Cláusula expressa de plena quitação pelo extinto contrato de trabalho. Se o acordo firmado perante a Comissão de Conciliação Prévia alcançou o "extinto contrato de trabalho", assim expressamente consignando plena quitação quanto às obrigações decorrentes do pacto laboral havido, não há, pois, como ser invocada qualquer ressalva que admita possibilidade de perseguir outras verbas, ainda que não especificadas no termo de conciliação, já que a quitação ampla e geral ao extinto contrato de trabalho alcança todas aquelas que poderiam advir do vínculo trabalhista ocorrido entre as partes, sem dar margem a que qualquer outra pudesse ser postulada, por caracterizados efeitos próprios de coisa julgada. Aplicação extensiva de precedentes jurisprudenciais do c. TST e do TRT-10. Recurso conhecido e provido, para extinguir-se o processo, sem exame de mérito, nos termos do art. 267, V, do CPC. (TRT – 10ª R. – 3ª T .– RO n. 28/2002.011.10.00-6 – Rel. Douglas A. Rodrigues – DJDF 16.5.2003 – p. 21).

> RECURSO ORDINÁRIO. TRANSAÇÃO CELEBRADA PERANTE A COMISSÃO DE CONCILIAÇÃO PRÉVIA SEM RESSALVA. VALIDADE. QUITAÇÃO GERAL E IRREVOGÁVEL. O termo de conciliação lavrado perante a Comissão de Conciliação Prévia constitui-se em título executivo extrajudicial e produz efeito liberatório geral quanto às obrigações oriundas do contrato de trabalho, salvo em relação àquelas

verbas expressamente ressalvadas. Esta é a dicção do parágrafo único do art. 625-E da CLT. Se o trabalhador não comprova qualquer vício de consentimento no acordo celebrado perante a Comissão de Conciliação Prévia, não há razão jurídica para negar validade ao termo de conciliação extrajudicial. (TRT/SP – 01299200704902000 – RO – Ac. 12ª T. – 20100365609 – Rel. Marcelo Freire Gonçalves – DOE 7.5.2010)

Outros argumentam que, em sede extrajudicial, a quitação somente abrange parcelas e valores consignados no termo de conciliação, conforme os arts. 320 do CC, 477, § 2º, da CLT e Súmula n. 330 do TST.

Nesse sentido, a seguinte ementa:

> Câmaras de conciliação trabalhista — Limites da quitação. A eficácia liberatória geral a que se reporta o parágrafo único do art. 625-E da CLT há de ser compreendida apenas em relação àquelas parcelas objeto da demanda exposta à Comissão de Conciliação, não compreendendo quitação geral do contrato de trabalho no que respeita a outras verbas trabalhistas que não tenha sido objeto expresso da conciliação. (TRT – 12ª R. – 1ª T. – Ac. n. 5290/2002 – Rel. Gérson P. T. Conrado – DJSC 21.5.2002 – p. 143) (RDT n. 6 – junho de 2002)

A finalidade das Comissões de Conciliação Prévia consiste na busca da transação, ou seja, que as partes, mediante concessões recíprocas, coloquem fim à relação jurídica duvidosa pertinente a direitos patrimoniais disponíveis (*res dubia*).

Leciona *Fabrício Zamprogna Matiello*[36]:

> "Transação é o contrato pelo qual as partes, envolvidas judicial ou extrajudicialmente em litígio ou controvérsia, previnem ou encerram a pendência através de concessões recíprocas".

Dispõe o art. 840 do CC:

> É lícito aos interessados prevenirem ou terminarem o litígio mediante concessões mútuas.

Conforme referido dispositivo legal, a transação exige concessões recíprocas e relação jurídica duvidosa. Sem a presença desses dois elementos fundamentais não há transação, mas sim renúncia ou submissão de uma parte à outra.

De outro lado, conforme dispõe o art. 841 do CC somente quanto a direitos patrimoniais de caráter privado se admite a transação.

Embora haja grande celeuma na doutrina e jurisprudência, acreditamos que a transação firmada perante a Comissão de Conciliação Prévia não tem eficácia liberatória geral, tampouco impede que as partes (trabalhadores e empregadores) venham ao judiciário discutir a transação, tanto no aspecto formal (capacidade, forma prevista em lei e manifestação espontânea da vontade), como no aspecto de fundo (mérito da transação), ou seja, se efetivamente a transação observou seus princípios fundamentais.

---

(36) MATIELLO, Fabrício Zamprogna. *Código Civil comentado*. 2. ed. São Paulo: LTr, 2005. p. 525.

Nesse sentido, concordamos integralmente com as seguintes ementas:

> Comissões de conciliação prévia — Termo de conciliação — Liberação restrita aos direitos postulados e transacionados. A interpretação do parágrafo único, do art. 625-E, inserto na CLT pela Lei n. 9.958/2000, me parece ser mais profunda do que o texto, à primeira vista, pode parecer dizer. A interpretação deve ser sistemática, pois o conteúdo literal de um dispositivo legal, contido às vezes num só artigo, não enseja a compreensão do contexto do qual é parte. Todo ato interpretativo é um ato de vontade, contém em si carga valorativa própria daquele que desenvolveu a atividade interpretativa. Não se deve obter a vontade isolada da norma, já que ao formular a lei o legislador elabora um sistema, suas normas deverão ser consideradas coesas e mutuamente imbricadas, jamais se poderá tomar alguma de forma insulada. O que buscou a lei em comento foi dar às partes a prerrogativa de eleger conciliadores para solucionar seus litígios, extrajudicialmente, sem afastar o direito de acesso ao Judiciário, corolário este que decorre da cláusula pétrea, inserto no art. 5º, inciso XXXV, da Carta Magna. A liberação do empregador pela simples inserção no termo de conciliação que o empregado dá quitação geral e absoluta de todos os direitos oriundos do contrato de trabalho, para nada mais reclamar, seja a que título for, me parece açodado e temerário. Não sendo colocados em discussão outros direitos e não havendo transação sobre o que se pleiteia judicialmente, não se pode acolher a liberação total e absoluta do reclamado, sob pena de burlar o art. 477, da CLT, pois a assistência ao trabalhador quando da quitação final de seus direitos é atribuição do sindicato de classe, ou das autoridades indicadas nos parágrafos 2º e 3º, deste dispositivo, e não da Comissão de Conciliação. Sendo assim, o ato conciliatório resta eivado de nulidade, pois objetivou impedir e fraudar a aplicação das normas obreiras, devendo ser rejeitado no que diz respeito à liberação geral do empregador, pondo a salvo os direitos não transacionados pelo trabalhador (inteligência do art. 9º da CLT). (TRT 15ª R. – 2ª T. – RO n. 27274/2003 – Rel. Dagoberto N. de Azevedo – DJSP 12.9.03 – p. 23).

> Comissão de conciliação prévia — Termo de conciliação — Eficácia liberatória. Não tem eficácia liberatória o termo de conciliação assinado perante Comissão de Conciliação Prévia, sem que tenha havido conflito entre as partes e, sim, o seu comparecimento ocorrido por iniciativa do empregador, com o objetivo único de obter quitação de parcelas trabalhistas. (TRT – 3ª R. – 4ª T. – RO n. 1.274/2003 – Rel. Luiz O. L. Renault – DJMG 22.3.2003 – p. 14) (RDT n. 4 – abril de 2003)

A homologação da transação na Comissão de Conciliação Prévia não tem o efeito de coisa julgada, tampouco impede a garantia constitucional do acesso à Justiça (art. 5º, XXXV, da CF).

## 5. Arbitragem no Direito Processual do Trabalho

A arbitragem é um meio de solução dos conflitos pelo ingresso de um terceiro imparcial (árbitro) previamente escolhido pelas partes que irá solucionar o conflito de forma definitiva. A arbitragem é considerada um meio alternativo de solução do conflito, pois o árbitro não pertence ao Estado. Alguns doutrinadores sustentam que o árbitro tem jurisdição, não a estatal, mas sim a que lhe foi outorgada pelas partes para resolução do conflito.

Ensina *Carlos Alberto Carmona*[37]:

"Trata-se de mecanismo privado de solução de litígios, através do qual um terceiro, escolhido pelos litigantes, impõe sua decisão, que deverá ser cumprida pelas partes. Esta característica impositiva da solução arbitral (meio heterocompositivo de solução de controvérsias) a distancia da mediação e da conciliação, que são meios autocompositivos de solução de litígios, de tal sorte que não existirá decisão a ser imposta às partes pelo mediador ou pelo conciliador, que sempre estarão limitados à mera sugestão (que não vincula as partes)".

Não há tradição de resolução dos conflitos trabalhistas pela via da arbitragem no Direito brasileiro, embora em muitos países de tradição anglo-saxônica este seja o principal meio de resolução de tais conflitos, principalmente o conflito coletivo de trabalho.

Diante do princípio da inafastabilidade da jurisdição (art. 5º, XXXV, da CF), a arbitragem no Direito brasileiro é um meio facultativo de solução de conflitos, vale dizer: não se pode obrigar alguém, contra sua vontade, a aceitar o procedimento arbitral.

A resolução dos conflitos pela via arbitral, conforme pacificado na doutrina e no próprio Supremo Tribunal Federal, não viola os princípios constitucionais do acesso à justiça, inafastabilidade da jurisdição e do juiz natural, pois a arbitragem é um procedimento facultativo, o árbitro é um ente imparcial escolhido previamente pelas partes. Além disso, eventuais nulidades do procedimento arbitral podem ser discutidas no Judiciário.

Dentre os argumentos favoráveis à arbitragem, podemos destacar: a) maior agilidade nas decisões, em face da inexistência de recursos; b) o árbitro é escolhido pelas partes; c) melhores condições da real dimensão do conflito pelo árbitro; d) maior celeridade de resolução do conflito; e) possibilidade de a decisão dar-se por equidade se assim convencionarem as partes.

Nos termos da Lei n. 9.307/96 que disciplina a arbitragem e traça as regras do procedimento arbitral, o procedimento arbitral é instaurado pela *convenção de arbitragem*, que compreende a *cláusula compromissória* e o *compromisso arbitral*.

A *cláusula compromissória*, prevista no art. 4º da Lei n. 9.307/96, é o negócio jurídico por meio do qual as partes se comprometem a submeter à arbitragem futuros litígios que possam surgir relativamente a um contrato. O *compromisso arbitral*, previsto no art. 9º da Lei n. 9.307/96, é o negócio jurídico de natureza contratual por meio do qual as partes submetem à arbitragem um litígio já existente.

Na esfera do Direito Coletivo do Trabalho, há autorização constitucional para que o conflito coletivo do trabalho, se assim convencionarem as partes, possa ser

---

(37) CARMONA, Carlos Alberto. *Arbitragem e processo*. 2. ed. São Paulo: Atlas, 2006. p. 51.

dirimido pela arbitragem. Nesse sentido é o art. 114, § 1º, da CF, que assim dispõe: "Frustrada a negociação coletiva, as partes poderão eleger árbitros".

Não há previsão da arbitragem para solução dos conflitos individuais trabalhistas, como existe para o conflito coletivo. Diante disso, discute-se na doutrina e jurisprudência sobre a possibilidade da arbitragem para resolução dos conflitos individuais trabalhistas.

A doutrina e a jurisprudência não têm admitido a arbitragem para a solução dos conflitos individuais trabalhistas com os seguintes argumentos:

a) acesso amplo e irrestrito do trabalhador ao Judiciário Trabalhista (art. 5º, XXXV, da CF);

b) irrenunciabilidade do crédito trabalhista;

c) hipossuficiência do trabalhador;

d) o estado de subordinação inerente ao contrato de trabalho impede que o trabalhador manifeste sua vontade ao aderir a uma cláusula compromissória.

Nesse sentido é a posição de *Carlos Henrique Bezerra Leite*[38]:

"A arbitragem, embora prevista expressamente no art. 114, §§ 1º e 2º, da CF, é raramente utilizada para solução dos conflitos coletivos trabalhistas, sendo certo que o art. 1º da Lei n. 9.307/96 vaticina que a arbitragem só pode resolver conflitos em que estejam envolvidos direitos patrimoniais disponíveis, o que, em linha de princípio, inviabiliza sua aplicação como método de solução dos conflitos individuais trabalhistas. Uma exceção seria a indicação, por consenso entre trabalhadores e empregador, de um árbitro para fixar o valor de um prêmio instituído pelo empregador".

No mesmo sentido defendem *Francisco Ferreira Jorge Neto e Jouberto de Quadros Pessoa Cavalcante*[39]:

"Parece não restar dúvidas de que se está — quando se analisa o Direito do Trabalho — diante de um direito que não comporta, em princípio, a faculdade da disponibilidade de direitos por ato voluntário e isolado do empregado. Assim, o Direito do Trabalho não se coaduna com a Lei n. 9.307/96, não admitindo a arbitragem como mecanismo de solução dos conflitos individuais de trabalho".

A jurisprudência não tem aceitado a arbitragem como meio de resolução do conflito individual trabalhista, conforme se constata da redação das seguintes ementas:

Arbitragem — Direito individual do trabalho — Incompatibilidade. "O art. 114 da Constituição Federal delimita a competência da Justiça do Trabalho e apenas quanto

---

(38) BEZERRA LEITE, Carlos Henrique. *Curso de direito processual do trabalho*. 5. ed. São Paulo: LTr, 2007. p. 110.

(39) *Direito processual do trabalho*. Tomo I. 3. ed. Rio de Janeiro: Lumen Juris, 2007. p. 158.

às questões coletivas autorizou a arbitragem. Não houve espaço constitucional para a arbitragem nas demandas individuais trabalhistas. Longe das origens do Estado Liberal, hoje as relações trabalhistas, reconhecidamente desequilibradas na ótica individual empregado-empregador, são relações que não autorizam o compromisso arbitral, afastando a jurisdição estatal. Apenas sob a ótica coletiva, juridicamente igualitária, ficou autorizada a solução extrajudicial dos conflitos através da arbitragem." (Juíza Elke Doris Just). Enquadramento sindical. A promulgação da Constituição Federal de 1988 traz a proibição da interferência estatal na organização sindical, consagrando, em seu art. 8º, I, a autonomia dos trabalhadores na formação do sindicato e no estabelecimento de suas bases e alcances. Preserva, no entanto, o conceito de categoria e o princípio da unicidade sindical. O critério, por excelência, para determinação do enquadramento sindical consiste na identificação da atividade preponderante da empresa. No entanto, dada a diversidade de atividade de algumas empresas, torna-se difícil — e, às vezes, impossível — tal detecção, tomando-se por base apenas este parâmetro. É o caso que desponta na situação *sub examen*, tornando--se, pois, mister, a utilização de outros critérios. *In casu*, os elementos conducentes à ilação, aptos a eleger a entidade de classe efetiva para a representação da categoria profissional do reclamante, assentam-se na homologação da rescisão contratual, recolhimento da contribuição sindical e ausência de firmação da suposta CCT aplicável pela entidade de classe representativa da categoria econômica correspondente. Recurso da reclamada conhecido e parcialmente provido. Recurso ordinário do reclamante parcialmente conhecido e prejudicado. (TRT 10ª R. - 3ª T. - RO n. 1247/2005.005.10.00-3 - Relª. Márcia Mazoni Cúrcio Ribeiro - DJ 10.11.06 - p. 31) (RDT n. 12 - dezembro de 2006).

Comissão de Conciliação Prévia — Tribunal de arbitragem — Sindiforte — Territorialidade — Fraude — Ineficácia — Competência — Justiça do Trabalho. A quitação outorgada por vigilante junto ao Tribunal de Arbitragem do Estado de São Paulo, em decorrência de acordo coletivo firmado pelo Sindiforte e a empresa Estrela Azul, sem a existência de qualquer lide prévia, e dentro do prazo previsto no § 6º do art. 477 da CLT, é absolutamente ineficaz e não produz nenhum efeito jurídico (arts. 9º, 625-B e 477 e §§ da CLT), principalmente quando o trabalhador prestou serviços em localidade abrangida pela base territorial de outro sindicato. Em razão disso, ela não impede o ajuizamento da reclamação trabalhista na Justiça do Trabalho, que é a única competente para dirimir a controvérsia (art. 114 da Constituição Federal). Intervalo — Supressão parcial — Remuneração — Período efetivamente suprimido. A supressão parcial do intervalo destinado à alimentação e descanso implica a remuneração do período efetivamente suprimido (§ 4º do art. 71 da CLT), até porque a sua remuneração integral contraria o princípio que veda o enriquecimento sem causa e não estimula o empregador a conceder intervalo em maior extensão ao trabalhador. Se a remuneração deverá corresponder a uma hora, em qualquer caso, que interesse teria o empregador em conceder 30, 40, 50 ou 55 minutos de intervalo? (TRT 15ª R. - 2ª T. - RO n. 142/2003.093.15.00-0 - Rel. Paulo de Tarso Salomão - DJ 16.2.07 - p. 24) (RDT n. 04 - abril de 2007)

AGRAVO DE INSTRUMENTO. RECURSO DE REVISTA. ARBITRAGEM. INAPLICABILIDADE DA LEI N. 9.307/96 NOS CONFLITOS INDIVIDUAIS DE TRABALHO. Embora o art. 31 da Lei n. 9.307/96 disponha que — a sentença arbitral produz, entre as partes e seus sucessores, os mesmos efeitos da sentença proferida pelos órgãos do Poder Judiciário e, sendo condenatória, constitui título executivo —, entendo-a inaplicável ao contrato individual de trabalho. Com efeito, o instituto da *arbitragem*, em princípio, não se coaduna com as normas imperativas do Direito Individual do Trabalho, pois parte da premissa, quase nunca identificada nas relações laborais, de que empregado e empregador negociam livremente as cláusulas que regem o contrato individual de trabalho. Nesse sentido, a posição de desigualdade (jurídica e econômica) existente entre empregado e empregador no contrato de trabalho dificulta sobremaneira que o princípio da livre manifestação da vontade das partes se faça observado. Como reforço de tese, vale destacar que o art. 114 da Constituição Federal, em seus §§ 1º e 2º, alude à possibilidade da *arbitragem* na esfera do Direito Coletivo do Trabalho, nada mencionando acerca do Direito Individual do Trabalho. Agravo de instrumento a que se nega provimento. (TST – Processo: AIRR – 415/2005-039-02-40.9 – Data de Julgamento: 17.6.2009 – Rel. Min. Horácio Raymundo de Senna Pires – 6ª Turma – Data de Divulgação: DEJT 26.6.2009)

A arbitragem, embora deva ser vista com cuidado e reservas na esfera do conflito individual do trabalho, não é proibida pela Lei, tampouco é contrária aos princípios que regem o Processo do Trabalho, entretanto, pensamos que o trabalhador somente possa aceitar uma convenção arbitral quando já cessada a relação de emprego, pois o estado de subordinação impede a manifestação livre de sua vontade. Nesse sentido, destacamos a seguinte ementa:

Conflito trabalhista. Aplicação da Lei n. 9.307/96. A lei de arbitragem tem aplicação ao Direito do Trabalho, mas exige comprovação real de objeto litigioso, não admitindo mera renúncia do empregado. Assim ocorrendo, tem-se o ato como fraude, por ausência de litígio a ensejar a transação entre as partes e livre manifestação de vontade do empregado. Recurso Ordinário a que se nega provimento. (TRT 2ª R. – RO 02741200003302003 – Ac. n. 20040118732 – 5ª T .– Rel. Pedro Paulo Teixeira Manus – DOE/SP 2.4.04)

Não obstante, diante da hipossuficiência do trabalhador brasileiro, das peculiaridades das relações de trabalho e de emprego, do caráter irrenunciável do crédito trabalhista, não há como se aplicar de forma irrestrita a arbitragem para resolução de qualquer conflito individual trabalhista, mesmo que a convenção arbitral seja firmada após a cessação do contrato individual de trabalho, pois ainda presente a hipossuficiência econômica do trabalhador. Entretanto, para algumas espécies de contratos de trabalho ou de emprego em que o trabalhador apresente hipossuficiência mais rarefeita, como os altos empregados, a arbitragem poderá ser utilizada.

Nesse diapasão, importante destacar as seguintes ementas:

Arbitragem. Dissídio Individual. Cabimento. Na seara coletiva, sem dúvida alguma, a arbitragem é um procedimento altamente salutar, reconhecido, inclusive, pela CF (art. 114, § 1º). A questão, contudo, merece maiores reflexões no que se refere ao dissídio individual. O art. 1º da Lei n. 9.307/96 é explícito ao afirmar que a arbitragem somente é cabível para dirimir litígios relativos a direitos patrimoniais disponíveis. Nesse diapasão, a doutrina e a jurisprudência têm se dividido entre aqueles que repelem totalmente o instituto, em razão da irrenunciabilidade e, consequente, indisponibilidade dos direitos trabalhistas; aqueles que o aceitam em termos e, por fim, outros que querem aplicá-lo na sua forma mais ampla. A arbitragem no campo individual trabalhista só deve ser admitida em casos excepcionalíssimos, quando envolvidos empregados graduados, executivos etc., e estabelecida por compromisso arbitral, após a eclosão do conflito, mas nunca por cláusula compromissória, quando da realização do contrato de trabalho, que é um contrato de adesão, em que o trabalhador não tem condições de negociar em condições de igualdade o que entende correto. Tais disposições não se chocam com o estatuído pelo princípio da inafastabilidade do Poder Judiciário para a lesão de qualquer direito, como preceituado no inciso XXXV, do art. 5º da CF, visto que o Poder Judiciário poderá rever a questão, desde que haja evidências da nulidade da sentença arbitral (art. 33 da Lei n. 9.307/96). (TRT – 15ª R. – Proc. 1048-2004-032-15-00-0-RO – Ac. 9.503/06 – 11ª C. – Rel. Flávio Nunes Campos – DOESP 3.3.06).

EMENTA: 1. RECURSO ORDINÁRIO. ARBITRAGEM DE DISSÍDIOS INDIVIDUAIS TRABALHISTAS. POSSIBILIDADE. A atual redação dos §§ 1º e 2º do art. 114 da CF com a alteração promovida pela Emenda Constitucional n. 45/2004 prevê expressamente a possibilidade de submissão dos conflitos coletivos entre sindicatos dos empregadores e de empregados, ou entre sindicatos de empregados e empresas, à arbitragem, nada dispondo acerca dos conflitos individuais. No entanto, o silêncio do legislador leva a crer que é possível submeter os dissídios individuais trabalhistas à arbitragem em relação aos direitos patrimoniais disponíveis. Mesmo porque a mediação que se faz através das Comissões de Conciliação Prévia, muito embora não tenha previsão constitucional, é aceita. Idêntico raciocínio deve ser empregado em relação à arbitragem. Ademais, o escopo da Lei n. 9.307/1996 de pacificação social harmoniza-se à finalidade do Direito do Trabalho. 2. RECURSO ORDINÁRIO. SUPRESSÃO DO INTERVALO INTRAJORNADA. HORA EXTRAORDINÁRIA. NATUREZA SALARIAL. O trabalho desempenhado pelo trabalhador durante o intervalo intrajornada configura tempo à disposição do empregador, devendo, portanto, ser pago como hora extraordinária. A literalidade do § 4º do art. 71, da CLT, permite concluir que esse pagamento tem natureza salarial e não indenizatória. (TRT/SP ACÓRDÃO N.: 20080203412 N. de Pauta: 073 Processo TRT/SP n.: 00417200604802005, Relator Desembargador MARCELO FREIRE GONÇALVES. In: <www. trt.jus.br> Acesso em setembro de 2008).

ARBITRAGEM. POSSIBILIDADE DE UTILIZAÇÃO PARA SOLUÇÃO DE CONFLITOS TRABALHISTAS. HIPÓTESE FÁTICA DE PRESSÃO PARA RECURSO AO JUÍZO ARBITRAL. INTERPRETAÇÃO DA LEI N. 9.307/96 À LUZ DOS FATOS. SÚMULAS NS. 126 E 221 DO TST. 1. A arbitragem (Lei n. 9.307/96) é passível de utilização para solução dos conflitos trabalhistas, constituindo, com as comissões de conciliação prévia (CLT, arts. 625-A a 625-H), meios alternativos de composição de conflitos, que desafogam o Judiciário e podem proporcionar soluções mais satisfatórias do que as impostas pelo Estado-juiz. 2. In casu, o Regional afastou a quitação do extinto contrato de trabalho por laudo arbitral, reputando-o fruto de pressão para o recurso à arbitragem. 3. Nessas condições, a decisão regional não viola os arts. 1º da Lei n. 9.307/96 e 840 do CC, uma vez que, diante da premissa fática do vício de consentimento (indiscutível em sede de recurso de revista, a teor da Súmula n. 126 do TST), a arbitragem perdeu sua natureza de foro de eleição. Portanto, a revista, no particular, encontrava óbice na Súmula n. 221 do TST. Agravo de instrumento desprovido. (Ac. da 7ª Turma do C.TST – AIRR 2547/2002-077-02-40 – Rel. Min. Ives Gandra Martins Filho – DJ 8.2.2008).

O Tribunal Superior do Trabalho, recentemente, pronunciou-se, admitindo a arbitragem para solução de conflito individual trabalhista, conforme se constata da redação das seguintes ementas:

AGRAVO DE INSTRUMENTO EM RECURSO DE REVISTA. JUÍZO ARBITRAL. COISA JULGADA. LEI N. 9.307/96. CONSTITUCIONALIDADE. O art. 5º, XXXV, da Constituição Federal dispõe sobre a garantia constitucional da universalidade da jurisdição, a qual, por definir que nenhuma lesão ou ameaça a direito pode ser excluída da apreciação do Poder Judiciário, não se incompatibiliza com o compromisso arbitral e os efeitos de coisa julgada de que trata a Lei n. 9.307/96. É que a arbitragem se caracteriza como forma alternativa de prevenção ou solução de conflitos à qual as partes aderem, por força de suas próprias vontades, e o inciso XXXV do art. 5º da Constituição Federal não impõe o direito à ação como um dever, no sentido de que todo e qualquer litígio deve ser submetido ao Poder Judiciário. Dessa forma, as partes, ao adotarem a arbitragem, tão só por isso, não praticam ato de lesão ou ameaça a direito. Assim, reconhecido pela Corte Regional que a sentença arbitral foi proferida nos termos da lei e que não há vício na decisão proferida pelo juízo arbitral, não se há de falar em afronta ao mencionado dispositivo constitucional ou em inconstitucionalidade da Lei n. 9.307/96. Despicienda a discussão em torno dos arts. 940 do Código Civil e 477 da CLT ou de que o termo de arbitragem não é válido por falta de juntada de documentos, haja vista que reconhecido pelo Tribunal Regional que a sentença arbitral observou os termos da Lei n. 9.307/96 — a qual não exige a observação daqueles dispositivos legais — e não tratou da necessidade de apresentação de documentos (aplicação das Súmulas ns. 126 e 422 do TST). Os arestos apresentados para confronto de teses são inservíveis, a teor da alínea a do art. 896 da CLT e da Súmula n. 296 desta Corte. Agravo de instrumento a que se nega provimento. (TST – Processo: AIRR – 1475/2000-193-05-00.7 – Data de Julgamento: 15.10.2008 – Rel. Min. Pedro Paulo Manus – 7ª Turma – Data de Divulgação: DEJT 17.10.2008).

RECURSO DE REVISTA — DISSÍDIO INDIVIDUAL — SENTENÇA ARBITRAL — EFEITOS — EXTINÇÃO DO PROCESSO SEM RESOLUÇÃO DO MÉRITO — ART. 267, VII, DO CPC. I – É certo que o art. 1º da Lei n. 9.307/96 estabelece ser a *arbitragem* meio adequado para dirimir litígios relativos a direitos patrimoniais disponíveis. Sucede que a irrenunciabilidade dos direitos trabalhistas não é absoluta. Possui relevo no ato da contratação do trabalhador e durante vigência do pacto laboral, momentos em que o empregado ostenta nítida posição de desvantagem, valendo salientar que o são normalmente os direitos relacionados à higiene, segurança e medicina do trabalho, não o sendo, em regra, os demais, por conta da sua expressão meramente patrimonial. Após a extinção do contrato de trabalho, a vulnerabilidade e hipossuficiência justificadora da proteção que a lei em princípio outorga ao trabalhador na vigência do contrato implica, doravante, a sua disponibilidade, na medida em que a dependência e subordinação que singularizam a relação empregatícia deixam de existir. II – O art. 114, § 1º, da Constituição não proíbe o Juízo de *arbitragem* fora do âmbito dos dissídios coletivos. Apenas incentiva a aplicação do instituto nesta modalidade de litígio, o que não significa que sua utilização seja infensa à composição das contendas individuais. III – Para que seja consentida no âmbito das relações trabalhistas, a opção pela via arbitral deve ocorrer em clima de absoluta e ampla liberdade, ou seja, após a extinção do contrato de trabalho e à míngua de vício de consentimento. IV – Caso em que a opção pelo Juízo arbitral ocorreu de forma espontânea e após a dissolução do vínculo, à míngua de vício de consentimento ou irregularidade quanto à observância do rito da Lei n. 9.307/96. Irradiação dos efeitos da sentença arbitral. Extinção do processo sem resolução do mérito (art. 267, VII, do CPC), em relação aos pleitos contemplados na sentença arbitral. MULTA PREVISTA EM INSTRUMENTO COLETIVO — AUSÊNCIA DE VIOLAÇÃO DE CLÁUSULA NORMATIVA ESPECÍFICA — MATÉRIA FÁTICA — SÚMULA N. 126 DO TST. I – A base fática da controvérsia não pode ser revolvida pelo TST (Súmula n. 126). A este órgão incumbe apenas a conclusão jurídica dela resultante, ou seja, examinar se os fatos lançados no acórdão impugnado tiveram o correto enquadramento jurídico. PARTE DETENTORA DOS BENEFÍCIOS DA JUSTIÇA GRATUITA — HONORÁRIOS PERICIAIS — ISENÇÃO. I – A exegese dos arts. 14 da Lei n. 5.584/70 e 3º, V, e 6º da Lei n. 1.060/50 garante ao destinatário da justiça gratuita a isenção de todas as despesas processuais, aí incluídos os honorários periciais. II – Recurso conhecido e provido. (TST – Processo: RR – 1799/2004-024-05-00.6 – Data de Julgamento: 3.6.2009 – Rel. Min. Antônio José de Barros Levenhagen – 4ª Turma – Data de Divulgação: DEJT 19.6.2009).

## 6. Da jurisdição

### *6.1. Da lide*

Segundo *Carnelutti*, o conflito de interesses denomina-se lide. É a pretensão resistida a um direito.

Alguns autores falam em lide como sinônimo de mérito. Lide é o conflito de interesse qualificado por uma pretensão resistida. A lide preexiste ao processo. Para *Liebman*, o objeto do processo é somente a porção da lide trazida ao Juiz.

O objeto da lide é, segundo *Dinamarco*, o bem da vida postulado.

No nosso sentir, o objeto da lide é a pretensão posta em juízo que consiste numa obrigação de dar (coisa certa ou incerta), pagar, fazer ou não fazer.

### *6.2. Da pretensão*

Segundo *Carnelutti*, pretensão é a exigência de subordinação do interesse alheio ao interesse próprio. A pretensão é um ato, não um poder, algo que alguém faz, mas não que alguém tem, uma manifestação, que não uma superioridade de tal vontade.

A pretensão pode ser aduzida tanto por quem tem quanto por quem não tem o direito. Pode ser fundada ou infundada. Pode haver pretensão sem direito, e direito sem pretensão.

Diante de uma pretensão, o autor provocará a jurisdição a fim de que o Estado, por intermédio do Poder Judiciário, obrigue o réu a satisfazê-la.

### *6.3. Da demanda*

Demanda é o ato de vir ao judiciário pedir a tutela jurisdicional. Tem por conteúdo uma pretensão de quem o realiza. É um modo de exigir. No ato de demandar, o demandante coloca a pretensão diante do Juiz, para que ele a aprecie, acolhendo-a ou rejeitando-a.

Enquanto o direito de ação é condicionado ao preenchimento das condições da ação, o direito de demandar, conforme acentua *Cândido Rangel Dinamarco*[40], é incondicionado. Por mais inadmissível que seja o julgamento do mérito (julgamento da pretensão trazida), e, por isso, o processo deva ser extinto desde logo, a nenhum Juiz é permitido deixar de apreciar a demanda, devendo, ainda que seja para indeferir a petição inicial (art. 295 do CPC). Em sede constitucional, isso está no art. 5º, inciso XXXV — princípio da inafastabilidade da jurisdição ou da demanda.

## 6.4. Do conceito e das características da jurisdição

O Poder do Estado é uno, por isso se diz que o Poder se subdivide em funções. Assim temos a função legislativa, a administrativa e a jurisdicional. Proibida a justiça com as próprias mãos, e restritas as hipóteses de autotutela, destaca-se a jurisdição que é função estatal de resolver os conflitos de interesses.

A jurisdição é a função estatal exercida pelos Juízes e tribunais, encarregada de dirimir, de forma imperativa e definitiva, os conflitos de interesses, aplicando o direito a um caso concreto, pacificando o conflito.

Assinala *Mário Guimarães*[41]: como função estatal, a jurisdição foi exercida pelos antigos reis de direito absoluto, por si ou por intermédio de delegados. Entre certos povos primitivos, cabia à assembleia, tribo ou clã, conforme prática entre os germanos, ao que nos informam as narrações de *Tácito*, e entre os gregos dos tempos homéricos, ao que diz a Odisseia.

Como bem adverte *Cândido Rangel Dinamarco*[42], assumindo que o sistema processual é impulsionado por uma série de escopos e que o Estado chama a si a atribuição de propiciar a consecução destes, uma das funções estatais é a de realizar os escopos do processo. Tal é a jurisdição, função exercida pelo Estado por meio de agentes adequados (os Juízes), com vista à solução imperativa de conflitos interindividuais ou supraindividuais e aos demais escopos do sistema processual. Entre esses escopos está o de atuação do direito material, tradicionalmente apontado como fatos aptos a dar à jurisdição uma feição própria e diferenciá-la conceitualmente das demais funções, pois nenhuma outra é exercida com o objetivo de dar efetividade ao direito material em casos concretos.

Como destaca *Daniel Amorim Assumpção Neves*[43]:

"Atualmente, a jurisdição é estudada sob três diferentes ângulos de análise: poder, função e atividade. A jurisdição entendida como poder estatal, mais

---

(40) DINAMARCO, Cândido Rangel. *Instituições de direito processual civil*. V. I. São Paulo: Malheiros, 2001. p. 313.

(41) GUIMARÃES, Mário. *O juiz e a função jurisdicional*. Rio de Janeiro: Forense, 1958. p. 1.

(42) DINAMARCO, Cândido Rangel. *Instituições de direito processual civil*. V. I. São Paulo: Malheiros, 2001. p. 305.

(43) NEVES, Daniel Amorim Assumpção. *Competência no processo civil*. São Paulo: Método, 2005. p. 15-16.

precisamente de decidir imperativamente (o que em regra ocorre no processo ou fase de conhecimento) e de impor suas decisões (o que ocorre em regra no processo ou fase de execução). Como função encara-se a jurisdição como o encargo de resolver os conflitos de interesses entre os indivíduos gerando a pacificação social. Por fim, entendida como atividade, a jurisdição representa os atos praticados pelo juiz no processo visando atingir seus escopos".

O escopo da jurisdição é a pacificação do conflito com justiça, aplicando o direito ao caso concreto.

## 6.5. Princípios da jurisdição

*a) Inércia:* a jurisdição é uma atividade provocada, pois ela não atua sem que uma parte traga uma pretensão a ser apreciada pela Justiça.

Nesse sentido dispõe o art. 2º do CPC: "Nenhum juiz prestará a tutela jurisdicional senão quando a parte ou o interessado requerer nos casos legais".

*b) Caráter publicista:* a jurisdição é estatal, ou seja, é exercida pelo Estado e é indelegável.

*c) Inafastabilidade:* uma vez trazida uma pretensão a juízo, o Estado tem de dar uma resposta à pretensão (art. 5º, XXXV, da CF). Pode haver lacuna na Lei, mas não no Direito.

Nesse sentido dispõe o art. 126 do CPC: "O juiz não se exime de sentenciar ou despachar alegando lacuna ou obscuridade da lei. No julgamento da lide caber-lhe-á aplicar as normas legais; não as havendo, recorrerá à analogia, aos costumes e aos princípios gerais de direito".

*d) Atividade substitutiva:* a jurisdição substitui a atividade das partes, que terão de se submeter à decisão.

Como destaca *Alexandre Freitas Câmara*[44], o Estado, ao exercer a função jurisdicional, está praticando uma atividade que anteriormente não lhe cabia, a defesa de interesses juridicamente relevantes. Ao agir assim, o Estado substitui a atividade das partes, impedindo a justiça privada.

*e) Imutabilidade:* a decisão judicial é imutável, formando a chamada coisa julgada material e, por isso, é definitiva.

*f) Territorialidade:* a jurisdição somente atua dentro de um limite territorial de soberania.

A jurisdição, como poder de dizer o direito, somente vale no território nacional. As decisões jurisdicionais não têm validade fora do território nacional, salvo previsão em tratados internacionais.

---

(44) CÂMARA, Alexandre Freitas. *Lições de direito processual civil.* v. I. 14. ed. Rio de Janeiro: Lumen Juris, 2006. p. 74.

## 6.6. Espécies de jurisdição

*Contenciosa:* Pressupõe a existência de lide, atuando a jurisdição de forma imperativa, dirimindo o conflito e impondo coercitivamente o cumprimento da decisão. A jurisdição contenciosa atua por meio do processo.

*Voluntária:* Caracteriza-se como Administração Pública de interesses privados. Não há partes e sim interessados, pois não há lide, uma vez que entre as partes há consenso e não conflito.

Conforme destaca *Alexandre Freitas Câmara*[45], dentre as várias teorias que tentam explicar a natureza da jurisdição voluntária, destaca-se como majoritária na doutrina a qual a jurisdição voluntária não teria natureza de jurisdição, mas sim de função administrativa.

A atividade dos órgãos do Poder Judiciário, ao exercer a jurisdição voluntária, consiste em dar validade a negócio jurídico entre particulares que, pela importância e seriedade de que se reveste o ato, necessitam da chancela judicial.

Há raros exemplos de jurisdição voluntária na Justiça do Trabalho. Como exemplos, temos os requerimentos de alvarás judiciais para saque do FGTS, e também a homologação de pedidos de demissão de empregados estáveis, conforme dispõe o art. 500 da CLT, *in verbis*: "O pedido de demissão do empregado estável só será válido quando feito com a assistência do respectivo sindicato e, se não o houver, perante autoridade local competente do Ministério do Trabalho ou da Justiça do Trabalho".

Nesse sentido dispõe o Enunciado n. 63, da 1ª Jornada de Direito Material e Processual do Trabalho do Tribunal Superior do Trabalho:

> COMPETÊNCIA DA JUSTIÇA DO TRABALHO. PROCEDIMENTO DE JURISDIÇÃO VOLUNTÁRIA. LIBERAÇÃO DO FGTS E PAGAMENTO DO SEGURO-DESEMPREGO. Compete à Justiça do Trabalho, em procedimento de jurisdição voluntária, apreciar pedido de expedição de alvará para liberação do FGTS e de ordem judicial para pagamento do seguro-desemprego, ainda que figurem como interessados os dependentes de ex-empregado falecido.

## 7. Do processo

Processo significa "marcha avante", caminhada, do latim *procedere* — seguir adiante.

O processo é indispensável à função jurisdicional. É definido pela doutrina como o instrumento por meio do qual a jurisdição opera (instrumento de positivação do poder). Por outras palavras, é o instrumento pelo qual o Estado exerce a jurisdição.

Ensina *Cândido Rangel Dinamarco*[46]:

> "Processo é *uma série de atos interligados e coordenados ao objetivo de produzir a tutela jurisdicional justa, a serem realizados no exercício de poderes ou faculdades*

---

(45) *Ibidem*, p. 78.
(46) DINAMARCO, Cândido Rangel. *Instituições de direito processual civil*. V. II. São Paulo: Malheiros, 2001. p. 25.

*ou em cumprimento a deveres ou ônus.* Os atos interligados, em seu conjunto, são o procedimento".

No nosso sentir, o processo é "o meio de solução dos conflitos e o instrumento público, previsto em lei, por meio do qual o Estado exerce a jurisdição, dirimindo conflito de interesses, aplicando o direito ao caso concreto, dando a cada um o que é seu por direito, e impondo coercitivamente o cumprimento da decisão".

O procedimento é o aspecto extrínseco (exterior) do processo pelo qual se instaura, desenvolve-se e termina. É o caminho percorrido pelo processo (conjunto de atos sucessivos), a forma pela qual o processo se exterioriza.

Ao longo dos anos, houve várias teorias sobre a natureza jurídica do processo. Dentre as principais, destacamos:

*a) contrato:* vigorou na doutrina francesa: *Rousseau* (Contrato Social): o processo era um negócio jurídico ao qual se submetiam as partes voluntariamente.

Essa doutrina tem mero significado histórico, pois parte do pressuposto, hoje falso, de que as partes se submetem voluntariamente ao processo e aos seus resultados por meio de um verdadeiro negócio jurídico de direito privado (a litiscontestação)[47];

*b) quase-contrato:* esta teoria foi desenvolvida na França no século XIX, dizendo que o processo tinha natureza jurídica privada, mas que não se equiparava ao contrato;

*c) relação jurídica: Bülow* (1868): há uma relação jurídica entre as partes e o juiz, que não se confunde com a relação jurídica de direito material controvertida.

Segundo a doutrina, há uma relação jurídica triangular no processo: *actum trium personarum*, composta por atos entre Juiz e autor; Juiz e réu, e autor e réu.

A relação jurídica de direito processual distingue-se da relação jurídica material por três aspectos: a) sujeitos: autor, Estado e Juiz; b) pelo seu objeto: prestação jurisdicional; c) pelos seus pressupostos processuais[48].

Como destaca *Cândido Rangel Dinamarco*[49]:

"A teoria do processo como relação jurídica formulada por Oskar Von Bülow e vitoriosa em todos os quadrantes da doutrina continental europeia — com notória repercussão na brasileira — jamais explicou como poderia o processo ser só uma relação processual, sem incluir em si mesmo um procedimento. Ela teve o mérito de suplantar a arcaica visão do processo como pura sequência de atos — ou seja, como mero procedimento, sem cogitações de um específico

---

(47) GRINOVER, Ada Pellegrini *et al. Teoria geral do processo.* 21. ed. São Paulo: Malheiros, 2005. p. 287.
(48) GRINOVER, Ada Pellegrini *et al. Op. cit.*, p. 288.
(49) DINAMARCO, Cândido Rangel. *Instituições de direito processual civil.* V. II. São Paulo: Malheiros, 2001. p. 27.

vínculo de direito entre seus sujeitos —, mas por sua vez acabou sendo suplantada pela percepção de que procedimento e relação processual coexistem no conceito e na realidade do processo, sem que este pudesse ser o que é se lhe faltasse um desse dois elementos".

Atualmente, a doutrina fixou a natureza jurídica do processo como uma relação complexa de direito público em que há atos entre as partes e também atos de impulso do processo praticados pelo juiz (procedimento). Há atos entre Juiz, autor e réu e também atos de impulso do processo (procedimento).

Como bem asseveram *Ovídio A. Baptista da Silva e Fábio Gomes*[50]:

"A relação jurídica processual, ou seja, o processo, é integrada por um série de atos coordenados e direcionados sempre à obtenção da tutela jurisdicional, que constitui seu objeto. E estes atos, naturalmente, serão praticados segundo uma ordem, um modo e um tempo predeterminados; não obstante a jurisdição seja sempre uma só, haverá regras sobre a competência dos juízes, bem como sobre a representação das partes e dos interessados, etc. A atividade desenvolvida pelos sujeitos da relação jurídica processual é, em última análise, a atividade do próprio Estado-prestador da jurisdição, será regulada por regras próprias e que compõem o chamado direito processual civil".

A relação jurídica processual é instrumental, uma vez que o processo é um instrumento a serviço do direito material.

O objeto da relação jurídica processual é uma decisão de mérito (prestação jurisdicional) que entregue ao autor o bem que constitui o objeto da relação jurídica de direito material controvertida (pagamento de horas extras, etc.) ou determine que o réu faça (reintegração no emprego) ou deixe de fazer alguma coisa (abstenha-se de dispensar o empregado estável). Por isso se diz que o objeto primário da relação jurídica processual é a decisão e o objeto secundário é a pretensão posta em juízo (bem da vida postulado na expressão de *Dinamarco*).

## 7.1. Dos pressupostos processuais

Ensina *Fredie Didier Júnior*[51]:

"Pressuposto é aquilo que precede o ato e se coloca como elemento indispensável à sua existência jurídica; requisito é tudo quanto integra a estrutura do ato e diz respeito à sua validade (...) Assim, é mais técnico falar em requisitos de validade, em vez de 'pressupostos de validade'. 'Pressupostos processuais' é denominação que se deveria reservar apenas aos pressupostos de existência. Sucede que 'pressupostos processuais' é expressão consagrada na doutrina,

---

(50) *Teoria geral do processo civil*. 3. ed. São Paulo: RT, 2002. p. 35.
(51) DIDIER JÚNIOR, Fredie. *Pressupostos processuais e condições da ação:* juízo de admissibilidade do processo. São Paulo: Saraiva, 2005. p. 105-106.

na lei (*vide* o inciso IV do art. 267 do CPC) e na jurisprudência. É possível, assim, falar em 'pressupostos processuais' *lato sensu*, como locução que engloba tanto os requisitos de validade como os pressupostos processuais *stricto sensu* (somente aqueles concernentes à existência do processo)".

Os pressupostos processuais são requisitos de existência e validade da relação jurídica processual. Enquanto as condições da ação são requisitos para viabilidade do julgamento de mérito, os pressupostos processuais estão atrelados à validade da relação jurídica processual. Por isso, a avaliação dos pressupostos processuais deve anteceder às condições da ação.

Dispõe o art. 267, IV do CPC:

> Extingue-se o processo, sem resolução do mérito:
>
> (...) IV – quando se verificar a ausência de pressupostos de constituição e de desenvolvimento válido e regular do processo.

Não há consenso na doutrina sobre a classificação dos pressupostos processuais. Como bem adverte *Didier Júnior*[52], não há maiores inconvenientes na adoção desta ou daquela classificação: isto é o que menos importa. O operador deve atentar, no entanto, para as consequências advindas do desrespeito a este ou àquele pressuposto.

No nosso sentir, adotando classificação da melhor doutrina, são pressupostos processuais de existência da relação processual:

*a) investidura do juiz:* O Juiz que irá julgar o processo tem de estar previamente investido na jurisdição, vale dizer: a pessoa que preenche os requisitos previstos na lei constitucional e infraconstitucional para o exercício da magistratura.

*b) demanda regularmente formulada:* A demanda está regularmente formulada quando contém: partes, o pedido, causa de pedir e quando é apresentada em juízo atendendo aos requisitos legais (art. 282, do CPC e art. 840, da CLT).

São pressupostos de validade:

*a) competência material:* Somente poderá julgar o processo o órgão jurisdicional que seja competente em razão da matéria. Se o Juiz não tiver competência material para atuar no processo, ele será nulo;

*b) imparcialidade do juiz:* A imparcialidade do Juiz é um pressuposto processual de validade do processo. Por isso, caso um Juiz impedido atue no processo, ele será nulo. Se o Juiz for suspeito, o processo será anulável;

*c) capacidades das partes:* As partes devem ter capacidade para ser parte e para estar em juízo. A capacidade de ser parte é adquirida com o nascimento com vida (capacidade de direito); já a capacidade para estar em juízo (capacidade

---

(52) *Op. cit.*, p. 110.

de fato), somente os absolutamente capazes a possuem nos termos da lei civil, podendo estar em juízo por si sós. Os absolutamente incapazes serão representados em juízo por seus pais, tutores ou curadores. Os relativamente incapazes serão assistidos em juízo.

A capacidade de postular em juízo (*jus postulandi*) é atribuída aos advogados regularmente habilitados na Ordem dos Advogados do Brasil (art. 133 da CF em cotejo com a Lei n. 8.906/94).

A lei admite que a parte possa postular em juízo sem a necessidade de advogado se for advogado, se não houver advogado na região ou se todos se recusarem a patrocinar a causa (art. 36 do CPC), no juizado especial civil, para as causas de até 20 salários mínimos (Lei n. 9.099/95) e, na Justiça do Trabalho, quando a controvérsia envolver empregados e empregadores (art. 791 da CLT);

d) *inexistência de fatos extintivos da relação jurídica processual*: Os fatos extintivos provocam a extinção prematura da relação jurídica processual. A doutrina também os denomina de pressupostos processuais negativos, quais sejam: a inexistência de perempção, litispendência, convenção de arbitragem, etc.;

e) *respeito às formalidades do processo*: Os atos processuais devem ser praticados em consonância com os requisitos previstos em lei, sob consequência de nulidade.

## 8. Da ação

### 8.1. Conceito

Como define *Arruda Alvim*[53]:

Ação "é o direito constante da lei processual cujo nascimento depende de manifestação de nossa vontade. Tem por escopo a obtenção da prestação jurisdicional do Estado, visando, diante da hipótese fático-jurídica nela formulada, à aplicação da lei (material). Esta conceituação compreende tanto os casos referentes a direitos subjetivos, quanto, também, as hipóteses de cogitação mais recentes referentes a interesses e direitos difusos, coletivos e individuais homogêneos".

Ação é o direito ao exercício da atividade jurisdicional, ou o poder de exigir esse exercício. Violado o direito, surge para o titular desta violação o direito subjetivo de ir ao Judiciário postular a satisfação do direito, que é assegurado pelo chamado *direito de ação*.

Para *Jorge Pinheiro Castelo*[54], "a ação é direito (ou poder), do demandante e não poder, função, ou atividade estatal que dá cumprimento imediato aos escopos

---

(53) ARRUDA ALVIM. *Manual de direito processual civil.* V. 1. Parte Geral. 9. ed. São Paulo: RT, 2005. p. 351.
(54) CASTELO, Jorge Pinheiro. *O direito processual do trabalho na moderna teoria geral do processo.* 2. ed. São Paulo: LTr, 2006. p. 63.

do Estado. A ação cumpre escopos internos do sistema processual, dando vida às condições necessárias ao exercício da atividade jurisdicional, enquanto a jurisdição cumpre escopos internos (jurídico) e externos (social e político) do sistema processual".

Ao longo dos anos, foram desenvolvidas várias teorias sobre a natureza jurídica do direito de ação. Dentre as mais importantes, destacamos:

a) *Teoria civilista*: (art. 85, do CC/1916 que dispunha que a todo direito existe uma ação que o assegure): Não há ação sem direito: *João Monteiro Saviny*.

b) *Teoria da ação como direito autônomo e concreto*: A ação se dirige contra o Estado, pois configura o direito de exigir a proteção jurídica, mas também contra o adversário, do qual se exige a pretensão.

c) *Teoria de Chiovenda*: A ação como direito potestativo: a ação se dirige contra o adversário. As condições da ação também são consideradas questões de mérito.

d) *Teoria da ação como direito autônomo e abstrato*: Para esta teoria, a ação se desvincula do direito material. Subsiste o direito de ação ainda que a parte não possua o direito material alegado.

Conforme *Rodrigo da Cunha Lima Freire*[55], "apesar de o reconhecimento da ação ser aclamado como o grande mérito da doutrina concretista, muitas objeções são formuladas pelos processualistas a esta teoria, merecendo destaque as seguintes: se a ação é um direito autônomo, como afirmar que o autor não possui este direito diante de uma sentença que concluiu pela não existência do direito material afirmado pelo autor em juízo? E como explicar os atos praticados até a sentença que julgou improcedente o pedido do autor? Com efeito, a ação é o direito a um pronunciamento do Estado, terceiro imparcial, diante de um pedido formulado pelo autor, e não o direito a uma sentença favorável, pois, nesta última hipótese, não haveria verdadeira autonomia da ação. É de se concluir, portanto, que existe um direito abstrato de agir em juízo, mesmo que não se possua o direito substancial que se pretende tornar efetivo em juízo".

e) Teoria eclética do direito de ação: Segundo a doutrina, esta teoria é atribuída a *Liebman*, que vincula o julgamento do mérito à presença de determinadas condições da ação.

Desde que presentes as condições da ação, o Juiz deve analisar o mérito.

Como bem adverte *Liebman*[56]: "A ação, como direito ao processo e ao julgamento do mérito, não garante um resultado favorável no processo: esse resultado depende da convicção que o juiz formar sobre a procedência da demanda proposta

---

(55) FREIRE, Rodrigo da Cunha Lima. *Condições da ação:* enfoque sobre o interesse de agir. 3. ed. São Paulo: RT, 2005. p. 54.

(56) LIEBMAN, Enrico Tullio. *Manual de direito processual civil*. V. I. 3. ed. São Paulo: Malheiros, 2005. p. 200.

(levando em consideração o direito e a situação de fato) e, por isso, poderá ser favorável ao autor ou ao réu. Só com o exercício da ação se saberá se o autor tem ou não razão: só correndo o risco de perder ele procura a vitória".

Segundo *Rodrigo da Cunha Lima Freire*[57], procurando estabelecer uma adaptação à concepção abstrata, *Liebman* acabou por elaborar uma teoria eclética, segundo a qual a ação consiste no direito (ou *poder subjetivo*) a uma sentença de mérito, mas o julgamento deste, que se encontra vazado no pedido do autor, está condicionado ao preenchimento de determinados requisitos denominados *condições da ação*.

O Código de Processo Civil vigente, segundo entendimento majoritário da doutrina, adotou a teoria de *Liebman* quanto à ação, conforme o art. 267, VI, do CPC, que assim dispõe:

> Extingue-se o processo, sem resolução de mérito: (Redação dada pela Lei n. 11.232/05 — DOU de 23.12.05) (...). VI – quando não concorrer qualquer das condições da ação, como a possibilidade jurídica, a legitimidade das partes e o interesse processual;

No aspecto, relevante destacar as seguintes ementas:

> A carência de ação só se caracteriza quando há falta de qualquer das condições da ação: a) a possibilidade jurídica do pedido; b) interesse de agir; c) qualidade para agir. Presentes todas as três condições, não há como se acolher a preliminar arguida. (TRT – 1ª R. – 2ª T. – RO n. 10162/95 – Relª. Juíza Amélia Valadão Lopes – DJRJ 05.11.97 – p. 133).

> Carência de ação — Ilegitimidade passiva *ad causam*. A ação, modernamente, é um direito autônomo e abstrato, que nada tem a ver com a procedência ou improcedência do direito material. A nossa Lei processual inspira-se na Teoria da Ação de Liebman, segundo a qual "a ação é um direito contra o Estado, para que este se manifeste sobre o mérito da causa, cabendo a qualquer pessoa que se pretenda titular de um direito, ainda que não o seja". Desta forma, a melhor posição não é aquela que analisa os requisitos do art. 3º consolidado (subordinação, continuidade, pessoalidade e remuneração) dentro das condições da ação, pois estas são requisitos instrumentais. Recurso a que se dá provimento. (TRT – 10ª R. – 2ª T. – RO n. 3092/95 – Rel. Juiz Lucas Ferreira – DJDF 29.11.96 – p. 22.137).

Quanto à natureza jurídica do direito de ação, trata-se de direito autônomo e abstrato, dirigido contra o Estado, instrumental, independente da efetiva existência do direito material violado *(Dinamarco)*.

## 8.2. Das condições da ação

Segundo *Liebman*, se a ação se refere a uma situação determinada e individualizada, deve o direito de agir estar condicionado a alguns requisitos que precisam ser examinados, como preliminares do julgamento da pretensão.

Para *Chiovenda*, as condições da ação são necessárias para se obter um pronunciamento favorável.

---

(57) FREIRE, Rodrigo da Cunha Lima. *Condições da ação:* enfoque sobre o interesse de agir. 3. ed. São Paulo: RT, 2005. p. 56.

No nosso sentir, as condições da ação são requisitos que deve conter a ação para que o Juiz possa proferir uma decisão de mérito, julgando a pretensão trazida a juízo.

Na primeira teoria de *Liebman*, as condições da ação são: legitimidade, interesse e possibilidade jurídica.

Posteriormente, *Liebman* alterou sua teoria quanto às condições da ação, para reduzi-la a duas, quais sejam: o interesse de agir e a legitimação, retirando a possibilidade jurídica do pedido como integrante das condições da ação. A possibilidade jurídica do pedido, segundo ele, integra o interesse processual, pois, se o pedido é juridicamente impossível, a parte não tem interesse processual em obtê-lo judicialmente.

O Código de Processo Civil brasileiro adotou a primeira teoria de *Liebman* quanto às condições da ação. Desse modo, no Direito Processual Civil brasileiro, as condições da ação são: legitimidade, interesse de agir e possibilidade jurídica do pedido.

Nesse sentido dispõe o art. 267, VI do CPC: Extingue-se o processo, sem resolução de mérito:

> (...) VI – quando não concorrer qualquer das condições da ação, como possibilidade jurídica do pedido, a legitimidade das partes e o interesse processual.

A moderna doutrina, acertadamente, tem alterado a visão do exame das condições da ação, de requisitos necessários para a admissibilidade da ação, para constituir requisitos de provimento final.

Nesse sentido concordamos com a visão de *Alexandre Freitas Câmara*[(58)], quando destaca:

"Não se mostra adequada a utilização da designação 'condições', uma vez que não se está aqui diante de um evento futuro e incerto a que se subordina a eficácia de um ato jurídico, sendo por esta razão preferível falar em requisitos. Ademais, não parece que se esteja aqui diante de requisitos da ação, pois esta, a nosso sentir, existe ainda que tais requisitos não se façam presentes. Mesmo quando ausente alguma das condições da ação, o que levará à prolação de sentença meramente terminativa, a qual não contém resolução do mérito, terá havido exercício de função jurisdicional, o que revela ter havido exercício do poder de ação. Assim, e considerando que a presença de tais requisitos se faz necessária para que o juízo possa proferir o provimento final do processo (a sentença de mérito no processo cognitivo, a satisfação do crédito no processo executivo, a sentença cautelar no processo dessa natureza), é que preferimos a denominação *requisitos do provimento final*".

---

(58) CÂMARA, Alexandre Freitas. *Lições de direito processual civil*. V. I. 14. ed. Rio de Janeiro: Lumen Juris, 2006. p. 124.

## 8.3. Interesse processual

Como conceito geral, interesse é utilidade. Consiste numa relação de complementaridade entre a pessoa e o bem, tendo aquela necessidade deste para a satisfação de uma necessidade da pessoa *(Carnelutti)*. Há o **interesse de agir** quando o provimento jurisdicional postulado for capaz de efetivamente ser útil ao demandante, operando uma melhora em sua situação na vida comum — ou seja, quando for capaz de trazer-lhe uma verdadeira tutela, a tutela jurisdicional[59].

Na esfera processual, o interesse processual também é denominado interesse de agir, ou interesse de exigir a atuação da jurisdição no caso concreto para solucionar o conflito.

Segundo *Liebman*[60]:

"O interesse de agir é o elemento material do direito de ação e consiste no interesse em obter o provimento solicitado. Distingue-se do interesse substancial para cuja proteção se intenta a ação, da mesma maneira como se distinguem os dois direitos correspondentes: o substancial que se afirma pertencer ao autor e o processual que se exerce para a tutela do primeiro. Interesse de agir é, por isso, um *interesse processual, secundário e instrumental* com relação ao interesse substancial primário: tem por objeto o provimento que se pede ao juiz como meio para obter a satisfação de um interesse primário lesado pelo comportamento da parte contrária, ou, mais genericamente, pela situação de fato objetivamente existente. Por ex.: o interesse primário de quem se afirma credor de 100 é obter o pagamento dessa importância; o interesse de agir surgirá se o devedor não pagar no vencimento e terá por objeto a sua condenação e, depois, a execução forçada à custa de seu patrimônio. O interesse de agir decorre da *necessidade de obter através do processo a proteção do interesse substancial*; pressupõe, por isso, a assertiva de lesão a esse interesse e a aptidão do provimento pedido para protegê-lo e satisfazê-lo".

Como destaca *Alexandre Freitas Câmara*[61], "o interesse de agir é verificado pela presença de dois elementos, que fazem com que esse requisito do provimento final seja verdadeiro binômio: 'necessidade da tutela jurisdicional' e 'adequação do provimento pleiteado'. Fala-se, assim, em 'interesse-necessidade' e "interesse-adequação'. A ausência de qualquer dos elementos componentes deste binômio implica ausência do próprio interesse de agir".

Estará presente o interesse-necessidade quando, sem o processo e sem o exercício da jurisdição, o sujeito for incapaz de obter o bem desejado[62]. Caracteriza-se quando há a pretensão resistida a um direito.

---

(59) DINAMARCO, Cândido Rangel. *Instituições de direito processual civil*. V. I. São Paulo: Malheiros, 2001. p. 300.
(60) LIEBMAN, Enrico Tullio. *Manual de direito processual civil*. V. 1. 3. ed. São Paulo: Malheiros, 2005. p. 206.
(61) CÂMARA, Alexandre Freitas. *Op. cit.*, p. 128.
(62) DINAMARCO, Cândido Rangel. *Instituições de direito processual civil*. V. I. São Paulo: Malheiros, 2001. p. 302.

Conforme destaca *Dinamarco*[63]: "O interesse-adequação liga-se à existência de múltiplas espécies de provimentos instituídos pela legislação do país, cada um deles integrando uma técnica e sendo destinados à solução de certas situações da vida indicadas pelo legislador. Em princípio, não é franqueada ao demandante a escolha do provimento e portanto da espécie de tutela a receber. Ainda quando a interferência do Estado-juiz seja necessária sob pena de impossibilidade de obter o bem devido (interesse-necessidade), faltar-lhe-á o interesse de agir quando pedir medida jurisdicional que não seja adequada segundo a lei".

O interesse-adequação está atrelado à necessidade de escolha, pelo autor, do procedimento adequado para tutelar sua pretensão. Por exemplo: não pode escolher a via do mandado de segurança para tutelar uma pretensão destinada ao pagamento de horas extras, uma vez que a via procedimental eleita não está correta para a tutela de uma pretensão condenatória.

## 8.4. Legitimidade

Ensina *Liebman*[64]:

"Legitimação para agir *(legitimatio ad causam)* é a titularidade ativa e passiva da ação. O problema da legitimação consiste em individualizar a pessoa a quem pertence o interesse de agir (e, pois, a ação) e a pessoa com referência à qual *(nei cui onfronti)* ele existe; em outras palavras, é um problema que decorre da distinção entre a existência objetiva do interesse de agir e a sua pertinência subjetiva".

Conforme *Dinamarco*[65]: "A legitimidade *ad causam* é qualidade para estar em juízo como demandante e demandado, em relação a determinado conflito trazido ao exame do juízo. É a relação de legítima adequação entre o sujeito e a causa e traduz-se na relevância que o resultado desta virá a ter sobre sua esfera de direitos, seja para favorecê-la ou para restringi-la".

É a legitimidade, conforme a doutrina, a pertinência subjetiva da ação, ou seja, quais pessoas têm uma qualidade especial para postular em juízo, pois têm ligação direta com a pretensão posta em juízo. No processo de conhecimento a legitimidade deve ser aferida no plano abstrato. Desse modo, está legitimado aquele que se afirma titular do direito e em face de quem o direito é postulado.

Conforme classificação da doutrina, a legitimidade pode ser:

a) *exclusiva*: uma só pessoa tem legitimidade para atuar em determinada causa;

b) *concorrente*: caracteriza-se quando a lei faculta a mais de uma pessoa defender o mesmo direito;

---

(63) *Op. cit.*, p. 302-303.
(64) LIEBMAN, Enrico Tullio. *Manual de direito processual civil.* v. I, 3. ed. São Paulo: Malheiros, 2005. p. 208.
(65) DINAMARCO, Cândido Rangel. *Instituições de direito processual civil.* V. I. São Paulo: Malheiros, 2001. p. 303.

c) *extraordinária*: caracteriza-se quando alguém, autorizado por lei, pode vir a juízo postular, em nome próprio, direito alheio (art. 6º do CPC).

## 8.5. Possibilidade jurídica do pedido

Ensina *Cândido Rangel Dinamarco*(66):

"A demanda é juridicamente impossível quando de algum modo colide com regras superiores do direito nacional e, por isso, sequer comporta apreciação mediante exame de seus elementos concretos. Já *a priori* ela se mostra inadmissível e o autor carece de ação por impossibilidade jurídica da demanda. A possibilidade jurídica é a admissibilidade em tese e, sem ela, sequer se indagará se o demandante é parte legítima, se o provimento que pede é adequado, se é apto a lhe trazer proveito ou se ele tem razão ou não pelo mérito (...)".

Conforme *Nelson Nery Júnior*(67):

"O pedido é juridicamente possível quando o ordenamento não o proíbe expressamente. Deve entender-se o termo 'pedido' não em seu sentido estrito do mérito, pretensão, mas conjugado com a causa de pedir. Assim, embora o pedido de cobrança, estritamente considerado, seja admissível pela lei brasileira, não o será se tiver como *causa petendi* dívida de jogo (CC 814 *caput*)".

Conforme nos traz a doutrina, o pedido é juridicamente possível quando, em tese, é tutelado pelo ordenamento jurídico, não havendo vedação para que o judiciário aprecie a pretensão posta em juízo.

## 8.6. Teoria da asserção quanto às condições da ação

Em razão dos princípios do acesso à justiça, da inafastabilidade da jurisdição e o caráter instrumental do processo, a moderna doutrina criou a chamada *teoria da asserção* de avaliação das condições da ação, também chamada de aferição *in statu assertionis*. Segundo essa teoria, a aferição das condições da ação deve ser realizada mediante a simples indicação da inicial, independentemente das razões da contestação e também de prova do processo. Se, pela indicação da inicial, estiverem presentes a legitimidade, o interesse de agir e a possibilidade jurídica do pedido, deve o Juiz proferir decisão de mérito.

Nesse sentido ensina *Kazuo Watanabe*(68):

"O juízo preliminar de admissibilidade do exame do mérito se faz mediante o simples confronto entre a afirmativa feita na inicial pelo autor, considerada *in statu assertionis*, e as condições da ação, que são possibilidade jurídica, interesse

---

(66) *Ibidem*, p. 298.
(67) NERY JÚNIOR, Nelson. *Comentários ao Código de Processo Civil*. 10. ed. São Paulo: RT, 2007. p. 504.
(68) WATANABE, Kazuo. *Da cognição no processo civil*. 2. ed. Campinas: Bookseller, 2000. p. 62.

de agir e legitimidade para agir. Positivo que seja o resultado dessa aferição, a ação estará em condições de prosseguir e receber o julgamento do mérito".

No mesmo diapasão é a visão de *Jorge Pinheiro Castelo*[69]:

"(...) é errônea a noção de que as condições da ação devam ser aferidas segundo o que vier a ser concretamente comprovado no processo, após o exame das provas, em vez de aferidas tendo em conta a afirmativa feita pelo autor na exordial, com abstração da situação de direito material efetivamente existente. As condições da ação como requisitos para o julgamento do mérito, consoante ensina a reelaborada teoria do direito abstrato de agir, devem ser aferidas *in statu assertionis*, ou seja, à vista do que se afirmou na exordial. Positivo que seja este exame, a decisão jurisdicional estará pronta para julgar o mérito da ação".

*Dinamarco*[70] critica a teoria da asserção dizendo que não basta que o demandante descreva formalmente uma situação em que estejam presentes as condições da ação. É preciso que elas existam. Assevera que só advogados despreparados iriam incorrer em carência da ação.

## 8.7. Da avaliação das condições da ação no Processo do Trabalho e a postura do Juiz do Trabalho. Aplicação da teoria da asserção

Ainda há entendimentos na doutrina e jurisprudência no sentido de que as condições da ação, no Processo do Trabalho, devem ser avaliadas em concreto, segundo a prova dos autos.

Nesse sentido a seguinte ementa:

> Vínculo de emprego — Carência de ação. Se a prova produzida aponta no sentido de que a relação havida entre as partes era outra que não a de emprego, nos moldes do art. 3º da CLT, o reclamante deve ser considerado carecedor de ação trabalhista, por impossibilidade jurídica dos pedidos formulados contra o pretenso empregador. Se não existe contrato de emprego regido pela CLT, os direitos trabalhistas são juridicamente inexistentes. (TRT 3ª R. – 3ª T. – RO n. 73/2005.152.03.00-5 – Rel. Bolívar Viegas Peixoto – DJMG 4.2.06 – p. 3) (RDT n. 03 – março de 2006)

Entretanto, tal posicionamento não é mais dominante na doutrina e jurisprudência atuais. A prática na Justiça do Trabalho nos tem mostrado que foi adotada, no processo trabalhista, a teoria da asserção para aferição das condições da ação.

Desse modo, desde que, pela indicação da inicial, o Juiz possa avaliar se há a legitimidade, o interesse e a possibilidade jurídica do pedido, independentemente da prova do processo e das alegações de defesa, deve enfrentar as questões de mérito.

Ao valorar a prova e se convencer de que não estão presentes os requisitos do vínculo de emprego, no nosso sentir, deverá o Juiz do Trabalho julgar improcedentes

---

(69) CASTELO, Jorge Pinheiro. *Direito processual do trabalho na moderna teoria geral do processo.* 2. ed. São Paulo: LTr, 1996. p. 161.

(70) *Op. cit.*, p. 313-315.

*Mais útil decretar a improcedência dos pedidos do que a carência e ação, que é sem resolução de mérito – insegurança jurídica.*

os pedidos que têm suporte na pretendida declaração do vínculo de emprego e não decretar a carência da ação, pois esta decisão é extintiva do processo sem resolução de mérito, provocando insegurança jurídica. Considerando-se que ainda há acirradas discussões na doutrina e jurisprudência se a decisão que extingue o processo sem resolução de mérito por carência da ação, mas após a análise do quadro probatório do processo, terá, ou não, a qualidade da coisa julgada material, é mais seguro, efetivo, e ainda prestigia a jurisdição, o Juiz decretar a improcedência.

Temos observado, na prática, em muitas ocasiões nas quais o Juiz do Trabalho se convenceu de que não havia vínculo de emprego, mas, ao invés de julgar improcedente o pedido, decretou a carência, o reclamante renovar o processo em outra Vara e obter sucesso em sua pretensão, o que desprestigia a Justiça, pois haverá, na verdade, dois pronunciamentos de mérito sobre a mesma questão[71].

No nosso sentir, a teoria da asserção (*in statu assertionis*) é a que melhor se adapta ao processo trabalhista, considerando-se os princípios da celeridade, efetividade, simplicidade e acesso do trabalhador à justiça. Além disso, sempre que possível, deve o Juiz do Trabalho apreciar o mérito do pedido. Não há decisão mais frustrante para o jurisdicionado que buscar a tutela de sua pretensão, e também para a parte que resiste à pretensão do autor, receber como resposta jurisdicional uma decisão sem apreciação do mérito quando for possível ao Juiz apreciá-lo. Somente a decisão de mérito é potencialmente apta a pacificar o conflito. Como adverte *Calamandrei*: *Pacificar o conflito é muito mais que aplicar a lei*.

Como bem assevera *Kazuo Watanabe*[72]:

"As 'condições da ação' são aferidas no plano lógico e da mera asserção do direito, a cognição a que o juiz procede consiste em simplesmente confrontar a afirmativa do autor com o esquema abstrato da lei. Não se procede, ainda, ao acertamento do direito afirmado. (...) São razões de economia processual que determinam a criação de técnicas processuais que permitam o julgamento antecipado, sem a prática de atos processuais inteiramente inúteis ao julgamento da causa. As 'condições da ação' nada mais constituem que técnica processual instituída para a consecução desse objetivo".

Nesse sentido, é a visão de *Carlos Henrique Bezerra Leite*[73]:

"Pensamos, assim, que a questão da legitimação deve ser aferida, em princípio, *in abstracto*. Se o autor alega que era empregado da ré, o caso é de se rejeitar a

---

(71) Nesse sentido adverte Jorge Pinheiro Castelo: "Evidentemente que o erro de terminologia, quando se fala em carência da ação, quando é caso de improcedência, não afetará a materialidade da improcedência e da existência de uma decisão, na realidade de mérito" (*Op. cit.*, p. 438). No mesmo sentido é a visão de Ísis de Almeida, pugnando pela improcedência, reformulando pensamento anterior (*Manual de direito processual do trabalho*. 1. V. 9. ed. São Paulo: LTr, 1998. p. 274).

(72) WATANABE, Kazuo. *Da cognição no processo civil*. 2. ed. Campinas: Bookseller, 2000. p. 94.

(73) BEZERRA LEITE, Carlos Henrique. *Curso de direito processual do trabalho*. 5. ed. São Paulo: LTr, 2007. p. 300.

preliminar de ilegitimidade ativa ou passiva, devendo o juiz enfrentar, através da instrução probatória, se a referida alegação era ou não verdadeira. Se as provas revelarem inexistência de relação empregatícia, o caso é de improcedência do pedido e não de carência do direito de ação".

## 8.8. Da carência da ação

Há a carência de ação quando não está presente qualquer das condições da ação, como legitimidade, interesse e possibilidade jurídica do pedido.

Nesse sentido, destacamos a seguinte ementa:

> A carência de ação só se caracteriza quando há falta de qualquer das condições da ação: a) a possibilidade jurídica do pedido; b) interesse de agir; c) qualidade para agir. Presentes todas as três condições, não há como se acolher a preliminar arguida. (TRT – 1ª R. – 2ª T. – RO n. 10162/95 – Relª. Juíza Amélia Valadão Lopes – DJRJ 5.11.97 – p. 133).

A carência da ação pode ser invocada pelo réu a qualquer momento, antes do trânsito em julgado, mas o momento típico é o da contestação (arts. 300 e 301 do CPC). Por ser matéria de ordem pública, o Juiz ou o Tribunal também podem conhecê-la de ofício. Nesse sentido, destacamos a seguinte ementa:

> Carência da ação — Ilegitimidade ativa — Declaração *ex officio* — Embargos de terceiro — Empresa sucessora. As condições da ação devem ser analisadas de ofício pelo juiz (art. 301, § 4º, do CPC). Ocorre carência da ação quando não estão presentes suas condições, quais sejam: possibilidade jurídica do pedido, legitimidade (ativa e passiva) e interesse de agir. A lei processual estabelece, como condição *sine qua non* para o exercício da ação de embargos de terceiro, a não participação na relação processual. Declarada a condição de sucessora da agravante, no processo principal, tornou-se parte na ação. Sendo parte na ação, não detém a embargante a condição de terceiro, indispensável para o exame do mérito da ação. Os sucessores do devedor são sujeitos passivos na execução e, como tal, o ordenamento jurídico lhes outorga a possibilidade de discutir eventuais contendas por meio de remédio processual próprio, qual seja, os embargos à execução (art. 568, II, do CPC). Processo extinto sem exame do mérito, por ilegitimidade ativa *ad causam* (art. 267, VI, do CPC). (TRT Ap. n. 1.264/2000, Ac. 3ª Turma, Revisora e Redatora Designada Juíza Cilene Ferreira Amaro Santos, in DJU de 1º.6.2001). Processo que se julga extinto, sem julgamento do mérito (CPC, art. 267, incisos I e VI). Precedente. (TRT 10ª R. – 3ª T. – Ap. n. 1142/2002.009.10.00-7 – Relª. Márcia M. C. Ribeiro – DJDF 11.7.03 – p. 20) (RDT n. 8 – agosto de 2003)

Como bem adverte *Dinamarco*[74], o réu jamais carece de ação, pela simples razão de que esse é um direito que o autor precisa ostentar para que tenha direito ao processo e ao provimento jurisdicional. A falta de legitimidade passiva constitui fundamento que o réu poderá utilizar na defesa (art. 301, X, do CPC).

---

(74) DINAMARCO, Cândido Rangel. *Instituições de direito processual civil.* v. II. São Paulo: Malheiros, 2001. p. 304.

## 9. Do mérito do processo

Para *Dinamarco*, o objeto do processo é a pretensão a um bem da vida, quando apresentada ao Estado Juiz em busca de reconhecimento ou satisfação. Mérito é a pretensão ajuizada que em relação ao processo é seu objeto.

Alguns autores falam em lide como sinônimo de mérito. No nosso sentir, a lide preexiste ao processo, pois é o conflito de interesse qualificado por uma pretensão resistida. Para *Liebman*, o objeto do processo é somente a porção da lide trazida ao Juiz.

Na fase de conhecimento, o mérito consiste na pretensão posta em juízo, consistente em impor uma obrigação ao réu de pagar, dar, fazer ou não fazer. Na execução, o mérito consiste na pretensão de obrigar o devedor a satisfazer a obrigação consagrada no título que detém força executiva.

## 10. Dos princípios constitucionais do processo

Ensina *Celso Antonio Bandeira de Mello*[75] que princípio "é, por definição, mandamento nuclear de um sistema, verdadeiro alicerce dele, disposição fundamental que se irradia sobre diferentes normas, compondo-lhes o espírito e servindo de critério para sua exata compreensão e inteligência, exatamente por definir a lógica e a racionalidade do sistema normativo, no que lhe confere a tônica e lhe dá sentido harmônico".

Segundo a doutrina clássica, os princípios têm quatro funções: a) inspiradora do legislador; b) interpretativa; c) suprimento de lacunas; d) sistematização do ordenamento, dando suporte a todas as normas jurídicas, possibilitando o equilíbrio do sistema.

Quanto à função inspiradora, o legislador costuma buscar nos princípios inspiração para a criação de normas. Muitos princípios, hoje, estão positivados na lei.

Na função interpretativa, os princípios ganham especial destaque, pois eles norteiam a atividade do intérprete na busca da real finalidade da lei e também se ela está de acordo com os princípios constitucionais. Segundo a doutrina, violar um princípio é muito mais grave do que violar uma norma, pois é desconsiderar todo o sistema de normas.

Os princípios também são destinados ao preenchimento de lacunas na legislação processual. Há lacuna quando a lei não disciplina determinada matéria. Desse modo, os princípios, ao lado da analogia, do costume, serão um instrumento destinado a suprir as omissões do ordenamento jurídico processual.

De outro lado, os princípios têm a função de sistematização do ordenamento processual trabalhista, dando-lhe suporte, sentido, harmonia e coerência.

---

(75) MELLO, Celso Antonio Bandeira de. *Curso de direito administrativo*. 8. ed. São Paulo: Malheiros, 1997. p. 573.

Os princípios dão equilíbrio ao sistema jurídico, propiciando que este continue harmônico toda vez que há alteração de suas normas, bem como em razão das mudanças da sociedade.

Em países de tradição romano germânica como o Brasil, há tradição positivista, com prevalência de normas oriundas da Lei, com Constituição Federal rígida, havendo pouco espaço para os princípios. Estes atuam, na tradição da legislação, de forma supletiva, para preenchimento das lacunas da legislação. Nesse sentido, destacam-se os arts. 4º, da LICC, 8º, da CLT e 126 do CPC.

Não obstante, diante o Estado Social, que inaugura um novo sistema jurídico, com a valorização do ser humano e necessidade de implementação de direitos fundamentais para a garantia da dignidade humana, a rigidez do positivismo jurídico, paulatinamente, vai perdendo terreno para os princípios, que passam a ter caráter normativo, assim, como as regras positivadas, e também passam a ter primazia sobre elas, muitas vezes sendo o fundamento das regras e outras vezes propiciando que elas sejam atualizadas e aplicadas à luz das necessidades sociais.

A partir do constitucionalismo social, que se inicia após a 2ª Guerra Mundial, os direitos humanos passam a figurar de forma mais contundente e visível nas Constituições de inúmeros países, dentre os quais o Brasil. Esses direitos humanos, quando constantes do texto constitucional, adquirem o *status* de direitos fundamentais, exigindo uma nova postura do sistema jurídico, com primazia dos princípios.

Como bem advertiu *José Joaquim Gomes Canotilho*[76]:

"O Direito do estado de direito do século XXIX e da primeira metade do século XX é o direito das regras dos códigos; o direito do estado constitucional e de direito leva a sério os princípios, é o direito dos princípios (...) o tomar a sério os princípios implica uma mudança profunda na metódica de concretização do direito e, por conseguinte, na actividade jurisdicional dos juízes".

Diante disso, há, na Doutrina, tanto nacional como estrangeira, uma redefinição dos princípios, bem como suas funções no sistema jurídico. Modernamente, a doutrina, tem atribuído caráter normativo dos princípios (*força normativa dos princípios*), vale dizer: os princípios são normas, atuando não só como fundamento das regras ou para suprimento da ausência legislativa, mas para ter eficácia no ordenamento jurídico como as regras positivadas.

Nesse sentido, a visão de *Norberto Bobbio*[77]:

"Os princípios gerais, a meu ver, são apenas normas fundamentais ou normas generalíssimas do sistema. O nome 'princípios' induz a erro, de tal forma que é antiga questão entre os juristas saber se os princípios gerais são normas.

---

(76) CANOTILHO, José Joaquim Gomes. A principialização da jurisprudência através da Constituição. In: *Revista de Processo*, São Paulo, RT, Repro. v. 98, p. 84.

(77) BOBBIO, Norberto, *Teoria geral do Direito*. 3. ed. São Paulo: Martins Fontes, 2010. p. 309.

Para mim não resta dúvida: os princípios gerais são normas como todas as outras. E essa é também a tese sustentada pelo estudioso que se ocupou mais amplamente do problema Crisafulli. Para sustentar que os princípios gerais são normas, os argumentos são dois, e ambos válidos: em primeiro lugar, se são normas aquelas das quais os princípios gerais são extraídos, mediante um procedimento de generalização excessiva, não há motivo para que eles também não sejam normas: se abstraio de espécies animais, obtenho sempre animais e não flores e estrelas. Em segundo lugar, a função pela qual são extraídos e usados é igual àquela realizada por todas as normas, ou seja, a função de regular um caso. Com que objetivo são extraídos em caso de lacuna? Para regular um comportamento não regulado, é claro: mas então servem ao mesmo objetivo a que servem as normas expressas. E por que não deveriam ser normas?".

Na opinião de *Ronald Dworkin*[78]:

"A diferença entre princípios e regras é de natureza lógica. Os dois conjuntos de padrões apontam para decisões particulares acerca da obrigação jurídica em circunstâncias específicas, mas distinguem-se quanto à natureza da orientação que oferecem. As regras são aplicadas à maneira do tudo ou nada. Dados os fatos que uma regra estipula, então ou a regra é válida, e neste caso a resposta que ela fornece deve ser aceita, ou não é válida, e neste caso em nada contribui para a decisão (...). Os princípios possuem uma dimensão que as regras não têm — a dimensão de peso ou importância. Quando os princípios se intercruzam (por exemplo, a política de proteção aos compradores de automóveis se opõe aos princípios de liberdade de contrato), aquele que via resolver o conflito tem de levar em conta a força relativa de cada um".

Pensamos ser os princípios diretrizes fundamentais sistema, com caráter normativo, podendo estar presentes nas regras ou não, de forma abstrata ou concreta no ordenamento jurídico, com a função de ser o fundamento do sistema jurídico e também mola propulsora de sua aplicação, interpretação, sistematização e atualização do sistema. De nossa parte, o caráter normativo dos princípios, é inegável.

Não obstante, não pensamos ser os princípios absolutos, pois, sempre que houver conflitos entre dois princípios na hipótese concreta, deve o intérprete guiar-se pela regra de ponderação, sacrificando um princípio em prol de outro que se encaixa com maior justiça e efetividade ao caso concreto. De outro lado, os princípios têm prevalência sobre as regras.

Segundo a moderna teoria geral do direito, os princípios de determinado ramo do direito têm de estar em compasso com os princípios constitucionais do processo. Por isso, deve o intérprete, ao estudar determinado princípio ou norma infraconstitucional, realizar a chamada filtragem constitucional, isto é, ler a norma infraconstitucional com os olhos da Constituição Federal.

---

(78) DWORKIN, Ronald. *Levando os direitos a sério*. Trad. Nélson Boeira. São Paulo: Martins Fontes, 2010. p. 42.

Com a mudança de paradigma do Estado Liberal para o Estado Social, houve o que a doutrina denomina de *constitucionalização do direito processual*, ou seja, a Constituição passa a disciplinar os institutos fundamentais do direito processual, bem como seus princípios basilares. Desse modo, todos os ramos da ciência processual, inclusive o direito processual do trabalho, devem ser lidos e interpretados a partir da Constituição Federal e dos direitos fundamentais.

Como destaca *Marcelo Lima Guerra*[79]: "Em toda a sua atuação jurisdicional, a atividade hermenêutica do juiz submete-se ao princípio da interpretação conforme a Constituição, no seu duplo sentido de impor que a lei infraconstitucional seja sempre interpretada, em primeiro lugar, tendo em vista a sua compatibilização com a Constituição, e, em segundo lugar, de maneira a adequar os resultados práticos ou concretos da decisão o máximo possível ao que determinam os direitos fundamentais em jogo".

No mesmo sentido, manifesta-se *Willis Santiago Guerra Filho*[80]: "Princípio da interpretação conforme a Constituição, que afasta interpretações contrárias a alguma das normas constitucionais, ainda que favoreça o cumprimento de outras delas. Determina, também, esse princípio, a conservação de norma, por inconstitucional, quando seus fins possam se harmonizar com preceitos constitucionais, ao mesmo tempo em que estabelece como limite à interpretação constitucional às próprias regras infraconstitucionais, impedindo que ela resulte numa interpretação *contra legem*, que contrarie a letra e o sentido dessas regras"[81].

Os princípios constitucionais do processo constituem direitos fundamentais do cidadão, por constarem no rol do art. 5º que trata dos direitos individuais fundamentais (art. 60, § 4º, da CF) e constituem postulados básicos que irradiam efeitos

---

(79) GUERRA, Marcelo Lima. *Execução indireta*. São Paulo: RT, 1998. p. 52-53.

(80) GUERRA FILHO, Willis Santiago. *Processo constitucional e direitos fundamentais*. 4. ed. São Paulo: RCS, 2005. p. 80.

(81) Para J. J. Gomes Canotilho: "O princípio da interpretação das leis em conformidade com a Constituição é fundamentalmente um princípio de controlo (tem como função assegurar a constitucionalidade da interpretação) e ganha relevância autónoma quando a utilização dos vários elementos interpretativos não permite a obtenção de um sentido inequívoco dentre os vários significados da norma. Daí a sua formulação básica: no caso de normas polissémicas ou plurissignificativas deve dar-se preferência à interpretação que lhe dê um sentido em conformidade com a Constituição. Esta formulação comporta várias dimensões: 1) *o princípio da prevalência da Constituição* impõe que, dentre as várias possibilidades de interpretação, só deve escolher-se uma interpretação não contrária ao texto e programa da norma ou normas constitucionais; 2) *o princípio da conservação de normas* afirma que uma norma não deve ser declarada inconstitucional quando, observados os fins da norma, ela pode ser interpretada em conformidade com a Constituição; 3) *o princípio da exclusão da interpretação conforme a Constituição, mas 'contra legem'*, impõe que o aplicador de uma norma não pode contrariar a letra e o sentido dessa norma através de uma interpretação conforme a Constituição, mesmo que através desta interpretação consiga uma concordância entre a norma infraconstitucional e as normas constitucionais. Quando estiverem em causa duas ou mais interpretações — todas em conformidade com a Constituição — deverá procurar-se a interpretação considerada como a melhor orientada para a Constituição" (CANOTILHO, J. J. Gomes. *Direito constitucional e teoria da Constituição*. 7. ed. Coimbra: Almedina, 2003. p. 1.226).

em todos os ramos do processo, bem como norteiam toda a atividade jurisdicional. Tais princípios constituem o núcleo de todo o sistema processual brasileiro. Em razão disso, muitos autores já defendem a existência de um chamado Direito Constitucional Processual ou Processo Constitucional[82] que irradia seus princípios e normas a todos os ramos do direito processual, dentre eles o Processo do Trabalho. Desse modo, atualmente, os princípios e normas do Direito Processual do Trabalho devem ser lidos em compasso com os princípios constitucionais do processo, aplicando-se a hermenêutica da interpretação conforme a Constituição. Havendo, no caso concreto, choque entre um princípio do Processo do Trabalho previsto em norma infraconstitucional e um princípio constitucional do processo, prevalece este último.

Nesse sentido, ensina *Nelson Nery Júnior*[83]:

"Naturalmente, o direito processual se compõe de um sistema uniforme, que lhe dá homogeneidade, de sorte a facilitar sua compreensão e aplicação para a solução das ameaças e lesões a direito. Mesmo que se reconheça essa unidade processual, é comum dizer-se didaticamente que existe um Direito Constitucional Processual, para significar o conjunto das normas de Direito Processual que se encontra na Constituição Federal, ao lado de um Direito Processual Constitucional, que seria a reunião dos princípios para o fim de regular a denominada jurisdição constitucional. Não se trata, portanto, de ramos novos do direito processual".

Como bem adverte *Fredie Didier Júnior*[84]: "Encarados os princípios constitucionais processuais como garantidores de verdadeiros direitos fundamentais processuais e tendo em vista a dimensão objetiva já mencionada, tiram-se as seguintes consequências: a) o magistrado deve interpretar esses direitos como se interpretam os direitos fundamentais, ou seja, de modo a dar-lhes o máximo de eficácia; b) o magistrado poderá afastar, aplicado o princípio da proporcionalidade, qualquer regra que se coloque como obstáculo irrazoável/desproporcional à efetivação de todo direito fundamental; c) o magistrado deve levar em consideração, 'na realização de um direito fundamental, eventuais restrições a este impostas pelo respeito a outros direitos fundamentais'".

## 10.1. Dos princípios constitucionais do processo em espécie

### 10.1.1. Devido processo legal

Diz o art. 5º, LIV, da CF: "Ninguém será privado da liberdade ou de seus bens sem o devido processo legal".

---

(82) Alguns autores preferem a expressão "Constitucionalização do Processo".

(83) NERY JÚNIOR, Nelson. *Princípios de processo civil na Constituição Federal*. 8. ed. São Paulo: RT, 2004. p. 26.

(84) DIDIER JÚNIOR, Fredie. *Curso de direito processual civil*: teoria geral do processo e processo de conhecimento. 7. ed. Salvador: Editora Podivm, 2007. p. 26.

Conforme sustenta *Nelson Nery Júnior*[85], "o primeiro ordenamento que teria feito menção a esse princípio foi a *Magna Charta* de João Sem-Terra, do ano de 1215, quando se referiu à *law of the land* (art. 39), sem, ainda, ter mencionado expressamente a locução *devido processo legal*. O termo hoje consagrado, *due process of law*, foi utilizado somente em lei inglesa de 1354, baixada no reinado de Eduardo III. (...) Embora a *Magna Charta* fosse instrumento de acentuado e deliberado reacionarismo, criado como uma espécie de garantia dos nobres contra os abusos da coroa inglesa, continha exemplos de institutos originais e eficazes do ponto de vista jurídico, que até hoje têm provocado a admiração dos estudiosos da história do direito e historiografia do direito constitucional".

O devido processo legal consiste no direito que tem o cidadão de ser processado por regras já existentes e que sejam devidamente observadas pelo Judiciário.

Como sustenta com propriedade *Nelson Nery Júnior*[86]:

"Trata-se do postulado fundamental do direito (gênero), do qual derivam todos os outros primeiros (espécies). Genericamente a cláusula *due process* se manifesta pela proteção à *vida-liberdade-propriedade* em sentido amplo".

Pelo princípio do devido processo legal, ao cidadão deve ser concedido um conjunto prévio de regras processuais, previstas na lei, a fim de que ele possa postular sua pretensão em juízo e o réu possa apresentar seu direito de defesa, valendo-se dos instrumentos processuais previstos em lei, não podendo ser surpreendido pela arbitrariedade do julgador.

Do princípio do devido processo legal derivam, praticamente, todos os princípios constitucionais do processo, como da igualdade, juiz natural, motivação das decisões, vedação das provas obtidas por meios ilícitos, etc.

Como bem adverte *Nelson Nery Júnior*[87]: "Em nosso parecer, bastaria a norma constitucional haver adotado o princípio do *due process of law* para que daí decorram todas as consequências processuais que garantam aos litigantes o direito a um processo e a uma sentença justa. É, por assim dizer, o gênero do qual todos os demais princípios constitucionais do processo são espécies".

Tanto o processo civil como o processo do trabalho devem ser lidos e interpretados à luz do presente princípio. Entretanto, ele não é estático, uma vez que deve ser interpretado e aplicado, considerando-se a unidade sistêmica da Constituição Federal, em compasso com os princípios do acesso à justiça, efetividade e duração razoável. Por isso, não pode o intérprete apegar-se apenas à previsibilidade das regras processuais, e sua previsão em lei, mas considerar também o resultado prático que elas propiciam e, inclusive, a razoabilidade temporal na tramitação do processo.

---

(85) NERY JÚNIOR, Nelson. *Princípios de processo civil na Constituição Federal*. 8. ed. São Paulo: RT, 2004. p. 61.
(86) NERY JÚNIOR, Nelson. *Constituição Federal comentada*. São Paulo: RT, 2006. p. 134.
(87) NERY JÚNIOR, Nelson. *Princípios de processo civil na Constituição Federal*. 8. ed. São Paulo: RT, 2004. p. 60.

De outro lado, o devido processo legal deve ser adequado às necessidades atuais da sociedade e também às necessidades do processo do trabalho, considerando-se a dificuldade de acesso à justiça do trabalhador, a necessidade de celeridade na tramitação do processo e a justiça do procedimento.

Na atualidade, não deve o Juiz do Trabalho apegar-se ao formalismo processual e também insistir em formalidades já superadas pela praxe e pela tecnologia. O formalismo do processo deve ser adaptado não só às necessidades da tutela da pretensão posta em juízo, mas também da justiça da decisão. Por isso, o formalismo processual deve sempre ser valorado e interpretado, e não aplicado de forma literal.

## 10.1.2. Princípio do Juiz e do Promotor Natural

Como bem destaca *José Augusto Rodrigues Pinto*[88], a essência do princípio do juiz natural encerra a ideia de que nenhum litígio poderá ser julgado sem prévia existência legal de juízo determinado. Por anteposição, vai significar que nenhum sistema processual tolera a criação de tribunais especiais, de exceção ou de ocasião, sempre de inspiração política e autoritária, para o exercício do poder jurisdicional pelo Estado.

Conforme *Nelson Nery Júnior*[89], a garantia do juiz natural é tridimensional. Significa que 1. não haverá juízo ou tribunal *ad hoc*, isto é, tribunal de exceção; 2. todos têm o direito de submeter-se a julgamento (civil ou penal) por juiz competente, pré-constituído na forma da lei; 3. o juiz competente tem de ser imparcial.

Por este princípio, são proibidos os chamados tribunais de exceção (art. 5º, XXXVII), ou seja, tribunais criados posteriormente ao fato. Como destaca *Nelson Nery Júnior*[90], "Tribunal de exceção é aquele designado ou criado por deliberação legislativa ou não, para julgar determinado caso, tenha ele já ocorrido ou não, irrelevante a existência prévia do Tribunal. Diz-se que o Tribunal é de exceção quando de encomenda, isto é, *ex post facto*, para julgar num ou noutro sentido, com parcialidade, para prejudicar ou beneficiar alguém, tudo acertado previamente. Enquanto o juiz natural é aquele previsto abstratamente, o juízo de exceção é aquele designado para atuar no caso concreto ou individual".

No tocante à competência do Juiz, diz a Constituição Federal que ninguém será processado, nem sentenciado, senão pela autoridade competente (art. 5º, LIII).

O Juiz deve ter competência para processar e julgar, ou seja, o poder legal para apreciar a matéria trazida em juízo (competência material).

---

(88) RODRIGUES PINTO, José Augusto. *Processo trabalhista de conhecimento*. 7. ed. São Paulo: LTr, 2005. p. 62.

(89) NERY JÚNIOR, Nelson. *Princípios de processo civil na Constituição Federal*. 8. ed. São Paulo: RT, 2004. p. 97-98.

(90) *Op. cit.*, p. 98.

Como bem adverte *Nelson Nery Júnior*[91]: "É importante salientar que o princípio do juiz natural, como mandamento constitucional, aplica-se no processo civil, somente à hipótese de competência absoluta, já que preceito de ordem pública. Assim, não se pode admitir a existência de mais de um juiz natural, como corretamente decidiu a corte constitucional italiana. A competência cumulada ou alternativa somente é compatível com os critérios privatísticos de sua fixação, isto é, em se tratando de competência relativa".

Quanto à imparcialidade, cumpre destacar que o Juiz está entre as partes, mas acima delas. O termo Magistrado, do latim *magis estratum*, significa aquele que está em patamar mais alto. A imparcialidade é uma garantia das partes e do Estado Democrático de Direito.

Não obstante, conforme vem defendendo a moderna doutrina processual, imparcialidade não significa neutralidade. Modernamente, o Juiz não é mais um convidado de pedra no processo, pois deve assegurar às partes igualdades reais de oportunidades, bem como direcionar sua atividade não só para os resultados práticos do processo, mas também para que a decisão reflita realidade e justiça, dando a cada um o que é seu por direito.

A partir da Constituição de 1988, ficou consagrado que o Ministério Público é Instituição Autônoma e independente, não estando vinculada a qualquer outro poder. Em razão disso, autores defendem a existência do princípio do promotor natural, que tem as mesmas razões do princípio do Juiz natural.

Como menciona *Carlos Henrique Bezerra Leite*[92]: "O princípio do promotor natural decorre da interpretação sistêmica do Texto Constitucional. Vale dizer, o princípio do promotor natural está albergado nos arts. 5º, XXXVI e LIII, 127 e 129, I, da Constituição Federal, e assenta-se nas cláusulas da independência funcional e da inamovibilidade dos membros da instituição. Além disso, esse princípio 'quer significar que o jurisdicionado tem a garantia constitucional de ver-se processado e julgado pelas autoridades competentes previamente estabelecidas nas leis processuais e de organização judiciária".

### 10.1.3. Princípio da igualdade

O princípio da igualdade deriva do próprio princípio da isonomia previsto no art. 5º, *caput*, da CF. Dizia *Aristóteles* que a verdadeira igualdade consiste em tratar os iguais na medida das suas igualdades e os desiguais na medida das suas desigualdades.

Esse princípio também está expresso no art. 125, I do CPC o qual assevera que cabe ao Juiz assegurar às partes igualdade de tratamento. Como destaca *Nelson*

---
(91) *Op. cit.*, p. 100.
(92) BEZERRA LEITE, Carlos Henrique. *Curso de direito processual do trabalho*. 5. ed. São Paulo: LTr, 2007. p. 56.

*Nery Júnior*[93], "compete ao juiz, como diretor do processo, assegurar às partes tratamento isonômico (art. 5º, *caput*). A igualdade de que fala o texto constitucional é real, substancial, significando que o juiz deve tratar igualmente os iguais e desigualmente os desiguais na exata medida de suas desigualdades".

Em razão desse princípio, no processo, as partes devem ter as mesmas oportunidades, ou seja: *a paridade de armas*[94], cumprindo ao Juiz zelar para que isso seja observado. De outro lado, cumpre ao Juiz, como diretor do processo, assegurar que o ligante mais forte não entorpeça o litigante mais fraco no processo.

Têm entendido a doutrina e a jurisprudência que estabelecimento de prazos processuais diferenciados ao Ministério Público e à Fazenda Pública não viola o princípio da isonomia, em razão da supremacia do interesse público que norteia a atuação de tais entes no Processo.

## 10.1.4. Princípio da inafastabilidade da jurisdição

O art. 5º, XXXV, da CF consagra o chamado princípio da inafastabilidade da jurisdição ou do acesso à justiça. Dispõe o referido dispositivo constitucional:

"A lei não excluirá da apreciação do Poder Judiciário lesão ou ameaça a direito.

Conforme *Mauro Cappelletti* e *Bryant Garth*[95]: "O enfoque sobre o acesso — o modo pelo qual os direitos se tornam efetivos — também caracteriza crescentemente estudo do moderno processo civil. A discussão teórica, por exemplo, das várias regras do processo civil e de como elas podem ser manipuladas em várias situações hipotéticas pode ser instrutiva, mas, sob essas descrições neutras, costuma ocultar-se o modelo frequentemente irreal de duas (ou mais) partes em igualdade de condições perante a corte, limitadas apenas pelos argumentos jurídicos que os experientes advogados possam alinhar. O processo, no entanto, não deveria ser colocado no vácuo. Os juristas precisam, agora, reconhecer que as técnicas processuais servem a funções sociais; que as cortes não são a única forma de solução de conflitos a ser considerada e que qualquer regulamentação processual, inclusive a criação ou o encorajamento de alternativas ao sistema judiciário, tem um efeito importante sobre a forma como opera a lei substantiva — com que frequência ela é executada, em benefício de quem e com que impacto social. Uma tarefa básica dos processualistas modernos é expor o impacto substantivo dos vários mecanismos de processamento de litígios. Eles precisam, consequentemente, ampliar sua pesquisa para além dos tribunais e utilizar os métodos de análise da sociologia, da política, da psicologia e da economia, e ademais, aprender através de outras culturas. O 'acesso' não é apenas um direito social fundamental, crescentemente reconhecido;

---

(93) NERY JÚNIOR, Nélson. *Código de Processo Civil comentado*. 10. ed. São Paulo: RT, 2007. p. 384.

(94) Esta expressão é utilizada por Ada Pellegrini Grinover.

(95) CAPPELLETTI, Mauro; GARTH, Bryant. *Acesso à justiça*. Tradução de Ellen Gracie Northfleet. Porto Alegre: Sérgio Antonio Fabris, 2002. p. 12-13.

ele é, também necessariamente, o ponto central da moderna processualística. Seu estudo pressupõe um alargamento e aprofundamento dos objetivos e métodos da moderna ciência jurídica".

Como bem adverte *Nelson Nery Júnior*[96], "embora o destinatário principal desta norma seja o legislador, o comando constitucional atinge a todos indistintamente, vale dizer, não pode o legislador e ninguém mais impedir que o jurisdicionado vá a juízo deduzir pretensão".

No Direito brasileiro, há a chamada jurisdição única ou una, pois a lei não pode excluir o direito de postular em juízo a qualquer pessoa, por mais absurdo ou inviável o direito postulado.

Mesmo em casos em que a parte não preencha os pressupostos processuais e as condições da ação, desaguando na extinção do processo sem resolução de mérito, terá havido o direito de ação e, portanto, não há ofensa ao princípio constitucional da inafastabilidade da jurisdição na decisão que não aprecia o mérito da causa.

De outro lado, em razão do princípio ora estudado, não pode o juiz se eximir de sentenciar. Havendo lacuna na legislação, deve aplicar a analogia, os costumes e os princípios gerais de direito para solucionar o conflito (arts. 127 do CPC e 4º da LICC).

Como decorrência de tal princípio, temos o disposto no art. 5º, LXXIV, da CF, que assim dispõe:

> O Estado prestará assistência jurídica integral e gratuita aos que comprovarem insuficiência de recursos.

Desse modo, o acesso à justiça não pode ser inviabilizado em razão da insuficiência de recursos financeiros da parte. Para os pobres, que comprovarem tal situação, o Estado deve assegurar um advogado gratuito, custeado pelo Estado, que promoverá a ação.

Como bem adverte *Nelson Nery Júnior*[97], a garantia constitucional do acesso à justiça não significa que o processo deva ser gratuito. No entanto, se a taxa judiciária for excessiva de modo que crie obstáculo ao acesso à justiça, tem-se entendido ser ela inconstitucional por ofender o princípio da inafastabilidade da jurisdição.

O acesso à justiça não deve ser entendido e interpretado apenas como o direito a ter uma demanda apreciada por um Juiz imparcial, mas sim como acesso à ordem jurídica justa[98], composta por princípios e regras justas e razoáveis que possibilitem ao cidadão, tanto no polo ativo, como no passivo de uma demanda, ter acesso a um conjunto de regras processuais que sejam aptas a possibilitar o ingresso da demanda

---

(96) *Op. cit.*, p. 130-131.
(97) *Op. cit.*, p. 138.
(98) Esta expressão é utilizada pelo jurista Kazuo Watanabe.

em juízo, bem como a possibilidade de influir na convicção do juízo de recorrer da decisão, bem como de materializar, em prazo razoável, o direito concedido na sentença.

## 10.1.5. Princípio do contraditório e ampla defesa

Dispõe o art. 5º, LV, da CF:

> Aos litigantes, em processo judicial ou administrativo, e aos acusados em geral são assegurados o contraditório e ampla defesa, com os meios e recursos a ela inerentes.

O princípio do contraditório tem raízes no adágio latino *audiatur et altera pars*, ou seja, ambas as partes devem ser ouvidas.

O contraditório tem suporte no caráter bilateral do processo. O autor propõe a ação (tese), o réu, a defesa (antítese) e o juiz profere a decisão (síntese). Dois elementos preponderam no contraditório: a) informação; b) reação. Desse modo, a parte deve ter ciência dos atos processuais e a faculdade de praticar os atos que a lei lhe permite.

Ensina *Nelson Nery Júnior*[99]:

"Por contraditório deve entender-se, de um lado, a necessidade de dar conhecimento da existência da ação e de todos os atos do processo às partes, e, de outro, a possibilidade de as partes reagirem aos atos que lhe sejam desfavoráveis. Os contendores têm direito de deduzir suas pretensões e defesas, de realizar as provas que requererem para demonstrar a existência de seu direito, em suma, direito de serem ouvidos paritariamente no processo em todos os seus termos".

Discute-se na doutrina se a concessão de liminares sem a oitiva da parte contrária (*inaudita altera parte*) viola o princípio do contraditório.

Conforme, acertadamente, se posicionam a doutrina e a jurisprudência, a concessão de liminares sem a oitiva da parte contrária não viola o contraditório, pois se trata de situações emergenciais. Além disso, o contraditório não resta desconsiderado, apenas, não será exercido previamente. De outro lado, a Constituição não diz que o contraditório necessita ser prévio. Além disso, diante de uma situação de risco, em razão da efetividade processual e do risco de perecimento do direito, o Juiz, atento à razoabilidade e à equidade, realizando um juízo de ponderação, poderá conceder a tutela liminar.

Como destaca *Nelson Nery Júnior*[100], como decorrência do princípio da paridade das partes, o contraditório significa dar as mesmas oportunidades para as partes e os mesmos instrumentos processuais para que possam fazer valer os seus direitos e pretensões, ajuizando ação, deduzindo pretensões, requerendo e realizando

---

(99) NERY JÚNIOR, Nelson. *Princípios de processo civil na Constituição Federal*. 8. ed. São Paulo: RT, 2004. p. 172.

(100) *Princípios de processo civil na Constituição Federal*. 8. ed. São Paulo: RT, 2004. p. 188.

provas, recorrendo das decisões judiciais, etc. Essa igualdade de armas não significa, entretanto, paridade absoluta, mas somente nos casos em que as partes estiverem diante da mesma realidade em igualdade de situações processuais.

A doutrina tem destacado que a ampla defesa compõe o contraditório, sendo o direito do réu de resistir, em compasso com os instrumentos processuais previstos na legislação processual, à pretensão do autor.

Alguns autores sustentam que a Constituição ao aludir à "ampla defesa" quis dizer ampla defesa do direito, tanto pelo autor como pelo réu. Desse modo, pode haver cerceamento de defesa tanto para o autor como para o réu.

## 10.1.6. Princípio do duplo grau de jurisdição[101]

O princípio do duplo grau de jurisdição assenta-se na possibilidade de controle dos atos jurisdicionais dos órgãos inferiores pelos órgãos judiciais superiores e também na possibilidade de o cidadão poder recorrer contra um provimento jurisdicional que lhe foi desfavorável, aperfeiçoando, com isso, as decisões do Poder Judiciário.

Em sentido contrário, argumenta-se que o duplo grau de jurisdição provoca uma demora desnecessária na tramitação do processo, propiciando, principalmente, ao devedor inadimplente, uma desculpa para não cumprir sua obrigação.

Diz o art. 5º, LV, da CF:

> Aos litigantes, em processo judicial ou administrativo, e aos acusados em geral são assegurados o contraditório e ampla defesa, com os meios e recursos a ela inerentes.

Diante do referido dispositivo legal, alguns autores asseveram que o duplo grau de jurisdição está consagrado na Constituição Federal, pois o art. 5º, LV, da Constituição consagra os recursos inerentes ao contraditório e, desse modo, o princípio do duplo grau de jurisdição tem guarida Constitucional.

Para outros doutrinadores, o duplo grau de jurisdição estaria implícito na Constituição Federal, não em razão do art. 5º, LV, mas dos arts. 102 e 105, que regulamentam os recursos extraordinário e especial.

Tem prevalecido o entendimento, no nosso sentir, correto, de que o duplo grau de jurisdição não é um princípio constitucional, pois a Constituição não o prevê expressamente, tampouco decorre do devido processo legal, do contraditório ou da inafastabilidade da jurisdição. O acesso à Justiça e o contraditório são princípios constitucionalmente consagrados, mas não o duplo grau de jurisdição, pois o art. 5º, LV, da CF alude aos meios e recursos inerentes ao contraditório e ampla defesa. O termo recursos não está sendo empregado no sentido de ser possível recorrer de uma decisão favorável, mas dos recursos previstos em lei para o exercício do contraditório e ampla defesa. Portanto, o direito de recorrer somente pode ser exercido quando a Lei o disciplinar e forem observados os pressupostos.

---

(101) Este princípio está desenvolvido com profundidade no capítulo dos recursos.

## 10.1.7. Princípio da motivação das decisões judiciais

Consiste tal princípio na obrigatoriedade de o Juiz expor as razões de decidir, ou seja, demonstrar quais as razões de fato e de direito que embasaram sua decisão.

É uma garantia da cidadania, direito das partes e também da sociedade saber como o Juiz chegou ao raciocínio lógico. Sua falta é causa de nulidade absoluta (arts. 93, IX, da CF, 458, do CPC e 832, da CLT).

Dispõe o art. 93, IX, da CF:

> Todos os julgamentos dos órgãos do Poder Judiciário serão públicos, e fundamentadas todas as decisões, sob pena de nulidade, podendo a lei limitar a presença, em determinados atos, às próprias partes e a seus advogados, ou somente a estes, em casos nos quais a preservação do direito à intimidade do interessado no sigilo não prejudique o interesse público à informação.

A fundamentação das decisões é necessária para se saber o itinerário percorrido pelo Juiz na decisão, bem como a argumentação utilizada por ele para acolher ou rejeitar o pedido, possibilitando, com isso, verificar o acerto ou o desacerto da decisão.

Nas palavras de *Calamandrei*[102]:

> "A fundamentação da sentença é sem dúvida uma grande garantia de justiça, quando consegue reproduzir exatamente, como num levantamento topográfico, o itinerário lógico que o juiz percorreu para chegar à conclusão, pois se esta é errada, pode facilmente encontrar-se, através dos fundamentos, em que altura o caminho do magistrado se desorientou".

Segundo o princípio da persuasão racional adotado pela legislação processual civil (art. 131 do CPC), o Juiz tem ampla liberdade na interpretação do direito e na valoração da prova dos autos, entretanto, deve fundamentar a decisão, expondo as razões de fato e de direito que o levaram a decidir num determinado sentido. Sem fundamentação é impossível se compreender o raciocínio do Juiz e também há prejuízo do direito de recorrer, pois é em cima das razões da decisão que a parte aduzirá as razões do recurso.

Conforme destaca *Nelson Nery Júnior*[103]:

> "A motivação da sentença pode ser analisada por vários aspectos, que vão desde a necessidade de comunicação judicial, exercício de lógica e atividade intelectual do juiz, até a sua submissão, como ato processual, ao estado de direito e às garantias constitucionais estampadas no art. 5º, CF, trazendo consequentemente a exigência da imparcialidade do juiz, a publicidade das decisões judiciais, a legalidade da mesma decisão, passando pelo princípio constitucional da independência jurídica do magistrado, que pode decidir de acordo com sua livre convicção, desde que motive as razões de seu convencimento (*princípio do livre convencimento motivado*)".

---

(102) CALAMANDREI, Piero. *Eles, os juízes, vistos por nós, os advogados*. 5. ed. Lisboa: Livraria Clássica. p. 143.
(103) *Op. cit.*, p. 217-218.

Nos casos de extinção do processo sem resolução de mérito, a decisão pode ser prolatada de forma concisa (art. 459 do CPC), e os despachos de mero expediente, por não encerrarem conteúdo decisório, não necessitam de fundamentação (art. 504 do CPC). Não obstante, parte da doutrina assegura que, mesmo para os despachos de expediente, há necessidade de fundamentação, ainda que de forma concisa.

### 10.1.8. Princípio da publicidade

O princípio da publicidade está estampado no já referido art. 93, IX, da CF, que assim dispõe:

> Todos os julgamentos dos órgãos do Poder Judiciário serão públicos, e fundamentadas todas as decisões, sob pena de nulidade, podendo a lei limitar a presença, em determinados atos, às próprias partes e a seus advogados, ou somente a estes, em casos nos quais a preservação do direito à intimidade do interessado no sigilo não prejudique o interesse público à informação.

A publicidade é uma garantia preciosa da cidadania, de saber, com transparência, como são os julgamentos realizados pelo Poder Judiciário. A presença do público nas audiências e a possibilidade do exame dos autos por qualquer pessoa representam um seguro instrumento de fiscalização popular sobre a obra dos juízes. Conforme a expressão popular: "o povo é o juiz dos juízes".

Este princípio não está expressamente previsto no art. 5º da CF, mas trata-se de um direito fundamental, pois decorre do princípio do devido processo legal.

O princípio da publicidade não é absoluto, pois, quando a causa estiver discutindo questões que envolvem a intimidade das partes, o Juiz poderá restringir a publicidade da audiência. Nesse sentido, dispõe o art. 5º, LX, da CF: "a lei só poderá restringir a publicidade dos atos processuais quando a defesa da intimidade ou o interesse social o exigirem".

No mesmo sentido, dispõe o art. 155 do CPC, que resta aplicável ao Direito Processual do Trabalho:

> Os atos processuais são públicos. Correm, todavia, em segredo de justiça os processos: I – em que o exigir o interesse público; II – que dizem respeito a casamento, filiação, separação dos cônjuges, conversão desta em divórcio, alimentos e guarda de menores. (Redação dada pela Lei n. 6.515, de 1977). Parágrafo único. O direito de consultar os autos e de pedir certidões de seus atos é restrito às partes e a seus procuradores. O terceiro, que demonstrar interesse jurídico, pode requerer ao juiz certidão do dispositivo da sentença, bem como de inventário e partilha resultante do desquite.

### 10.1.9. Princípio da vedação da prova ilícita[104]

Dispõe o art. 5º, LVI, da CF: "São inadmissíveis, no processo, as provas obtidas por meios ilícitos".

A proibição constitucional da produção de provas obtidas por meios ilícitos constitui direito fundamental, não só para assegurar os direitos fundamentais do

---

(104) Este princípio está desenvolvido com profundidade no capítulo das provas.

cidadão, mas também para garantia do devido processo legal e dignidade do processo. Mesmo na vigência da Constituição anterior, a doutrina e jurisprudência já pugnavam pela vedação da prova por meio ilícito (art. 332 do CPC). Por ser uma norma pertinente à Teoria Geral do Direito, aplica-se a todos os ramos do processo, inclusive ao Direito Processual do Trabalho.

Em determinadas situações, a jurisprudência, utilizando-se do princípio da proporcionalidade, tem admitido a produção da prova obtida por meio ilícito no processo.

## 10.1.10. Princípio da duração razoável do processo

Assevera o art. 5º, inciso LXXVIII, da CF:

> A todos, no âmbito judicial e administrativo, são assegurados a razoável duração do processo e os meios que garantam a celeridade de sua tramitação.

Trata-se de princípio inserido como uma garantia fundamental processual a fim de que a decisão seja proferida em tempo razoável. Dizia *Carnelluti* que o tempo é um inimigo no processo, contra o qual o Juiz deve travar uma grande batalha. Para *Rui Barbosa*, a justiça tardia é injustiça manifesta.

*Nelson Nery Júnior*[105], ao comentar o presente princípio, ensina-nos:

"Trata-se de desdobramento do princípio do direito de ação (CF 5º XXXV) que definimos como garantidor do direito de obter-se a tutela jurisdicional adequada. O Pacto de San José da Costa Rica (Convenção Interamericana de Direitos Humanos), de 22.11.1969, aprovado pelo Congresso Nacional por meio do Decreto Legislativo n. 27/92 e mandado executar pelo Decreto n. 678/92, prevê a garantia de que todos devem ser ouvidos em prazo razoável, o que não significa automática adoção do princípio da duração razoável do processo".

Prossegue o professor *Nery*[106]:

"O prazo razoável é garantido para que o processo se inicie e termine, incluída, portanto, a fase recursal, já que só se pode entender como terminado o processo no momento em que ocorre o trânsito em julgado, isto é, quando não couber mais recurso contra a última decisão proferida no processo. O tempo no processo assume importância vital nos dias de hoje, porquanto a aceleração das comunicações via *web* (*internet, e-mail*), fax, celulares, em conjunto com a globalização social, cultural e econômica, tem feito com que haja maior cobrança dos jurisdicionados e administrados para que haja solução rápida dos processos judiciais e administrativos. Essa globalização deu mais visibilidade às vantangens e desvantagens, acertos e equívocos dos poderes públicos em

---

(105) NERY JÚNIOR, Nelson. *Princípios do processo na Constituição Federal*. 9. ed. São Paulo: LTr, 2009. p. 311.

(106) *Op. cit.*, p. 314-315.

virtude da exposição a que eles estão sujeitos, situação que é decorrente da transparência que deve existir no estado democrático de direito. Se, numa demonstração de retórica jurídica, se podia dizer que 'no processo o tempo é algo mais que ouro: é justiça', com muito maior razão se pode afirmar que a justiça tem de ser feita de forma mais rápida possível, sempre observados os preceitos constitucionais que devem ser agregados ao princípio da celeridade e razoável duração do processo, como o devido processo legal, a isonomia, o contraditório e ampla defesa, o juiz natural (administrativo e judicial), etc."

No nosso sentir, não se trata de regra apenas programática, mas sim de um princípio fundamental que deve nortear toda a atividade jurisdicional, seja na interpretação da legislação, seja para o próprio legislador ao editar normas. A eficácia deste princípio é imediata nos termos do § 1º do art. 5º da CF, não necessitando de lei regulamentadora.

Conforme destaca *Nelson Nery Júnior*: "Razoável duração do processo é conceito legal indeterminado que deve ser preenchido pelo juiz no caso concreto, quando há garantia invocada".

Como delineado pelo professor *Nery*, a duração razoável do processo deve ser avaliada no caso concreto, segundo o volume de processos em cada órgão jurisdicional, a quantidade de funcionários, condições materiais e quantidade de magistrados. Não obstante, devem os Poderes Executivo e Legislativo aparelhar o Judiciário com recursos suficientes para que o princípio seja efetivado.

Sob outro enfoque, o Juiz como condutor do processo deve sempre ter em mente que este deve tramitar em prazo compatível com a efetividade do direito de quem postula e buscar novos caminhos e interpretação da lei no sentido de materializar este mandamento constitucional. Em razão disso, atualmente, a moderna doutrina vem defendendo um diálogo maior entre o Processo do Trabalho e o Processo Civil, a fim de buscar, por meio de interpretação sistemática e teleológica, os benefícios obtidos na legislação processual civil e aplicá-los ao Processo do Trabalho. Não pode o Juiz do Trabalho fechar os olhos para normas de direito processual civil mais efetivas que a CLT, e omitir-se sob o argumento de que a legislação processual do trabalho não é omissa, pois estão em jogo interesses muito maiores que a aplicação da legislação processual trabalhista e sim a importância do direito processual do trabalho, como sendo um instrumento célere, efetivo, confiável, que garanta, acima de tudo, a efetividade da legislação processual trabalhista e a dignidade da pessoa humana.

Caso a demora do processo seja atribuída ao próprio Poder Judiciário, a parte prejudicada poderá intentar ação indenizatória em face do Estado.

Se a demora do processo for provocada pelo réu, o autor poderá propor ação indenizatória em face dele, inclusive danos morais, por violação de um direito fundamental do cidadão que é a duração razoável do processo, a fim de proteção da dignidade da pessoa humana.

Dando efetividade ao referido princípio constitucional, destacamos o Enunciado n. 71, da 1ª Jornada de Direito Material e Processual do Trabalho do Tribunal Superior do Trabalho, *in verbis*:

> ART. 475-J DO CPC. APLICAÇÃO NO PROCESSO DO TRABALHO. A aplicação subsidiária do art. 475-J do CPC atende às garantias constitucionais da razoável duração do processo, efetividade e celeridade, tendo, portanto, pleno cabimento na execução trabalhista.

Com bem destaca *Luiz Eduardo Gunther*[107]:

"Ocorrendo a demora na prestação jurisdicional por medidas procrastinatórias tomadas pelos litigantes e seus procuradores, deve o juiz tomar as medidas necessárias para a responsabilização adequada. Existem as penas por litigância de má-fé, e, ainda, a possibilidade de 'encaminhamento de denúncia, se for o caso, ao Tribunal da Ordem dos Advogados do Brasil (OAB), quando for perceptível a intenção do advogado de adiar o término do processo. Poderão considerar-se desrespeito à garantia da prestação jurisdicional em prazo razoável as 'situações em que o órgão jurisdicional não toma as medidas cabíveis (...) De nada adiantaria, contudo, prever-se a norma constitucional, de forma cogente, se não fossem fixadas as sanções pelo descumprimento. Dessa forma, ultrapassado o limite do razoável para a finalização do processo, abre-se oportunidade para a caracterização da responsabilidade civil em relação aos danos que a demora injustificada provocar. Sendo o agente causador a Administração ou o próprio órgão jurisdicional, por seus representantes, visualiza-se a responsabilidade civil do Estado, que é objetiva, aliás".

No aspecto, relevante destacar as palavras de *Francisco Antonio de Oliveira*[108]:

"Entramos na era em que o resultado deve ceder lugar ao formalismo exagerado e aos princípios teóricos, que muitas vezes se apresentam como verdadeiras armadilhas ao jurisdicionado. O Estado-juiz não pode depender do maior ou menor preparo do advogado para que o processo ande. A prestação jurisdicional é dever do Estado, que se consubstancia como função dos órgãos jurisdicionais e como atividade direta dos juízes, que nada mais são do que agentes públicos ou parcelas do próprio poder-Estado. Se a parte, por meio do seu advogado, não consegue fazer o processo andar, dando dinâmica ao procedimento, deve o juiz, representante do Estado que substitui a parte com o poder jurisdicional, fazê-lo para que mais rapidamente se resolva a lide (...) O processo no mundo moderno deve corresponder às exigências de uma sociedade globalizada, onde as coisas acontecem e se desenvolvem com muita rapidez. O Estado moderno tem a obrigação de responder a tais exigências agindo de ofício, sempre que isso se fizer necessário."

---

(107) GUNTHER, Luiz Eduardo. Aspectos principiológicos da execução incidentes no processo do trabalho. In: SANTOS, José Aparecido. *Execução trabalhista:* homenagem aos 30 anos AMATRA IX. São Paulo: LTr, 2008. p. 29.

(108) OLIVEIRA, Francisco Antonio de. *Tratado de direito processual do trabalho.* São Paulo: LTr, 2008. v. II, p. 1.517.

Por fim, cumpre destacar a seguinte ementa:

> PROCESSO DO TRABALHO — O FREUD DA CIÊNCIA PROCESSUAL — PROCESSO CIVIL — O LACAN DA CIÊNCIA PROCESSUAL — ANSIEDADE E FRUSTRAÇÃO — COMO LIDAR COM ESSES SENTIMENTOS? — EFICÁCIA MATERIAL QUE "UM MURO ALTO PROÍBE" O QUE O(A) JUIZ(A) SOCIAL DO TRABALHO PODE E DEVE FAZER — O PROCESSO À FLOR DA PROVA. Quando se fala em acesso à Justiça, não se pretende designar mais do que um serviço público colocado à disposição do cidadão, que paga os seus impostos e que deseja um resultado célere, eficaz e útil do processo, instrumento apto para a solução das controvérsias. No entanto, da mesma forma que se luta por um acesso digno à Justiça, deve-se lutar também por uma saída digna, o que não significa necessariamente ganhar a demanda. A questão é outra: eficiência, em cujo hemisfério se inserem a Justiça, a celeridade e a economia. Certo, quem tem razão deve obter êxito, embora, infelizmente, isso nem sempre aconteça. O processo é técnica jurídica, alicerçado em sólidas bases científicas, adstrita a solução do litígio a vários fatores, alguns deles alheios à vontade do Estado. Neste contexto, solução digna de determinada controvérsia significa, antes de mais nada, a tramitação definitiva do processo dentro de um prazo razoável, conforme previsão constitucional do art. 5º, inciso LXXVIII. Sem essa qualidade, as demais ficam comprometidas. O legislador trabalhista foi extremamente sábio — direito material e direito processual na mesma lei; poucas palavras, concisão e clareza, com objetivo lúcido a ser alcançado, força e equilíbrio, qualidades superiores da linguagem jurídica. Fez mais: fase de conhecimento e fase de execução no mesmo processo. E não parou nisso: poucas normas processuais, cujo núcleo é indiscutivelmente o art. 765/CLT, para que o(a) juiz(a) social tivesse a indispensável liberdade (equilibrada, prudente e fundamentada) na condução do processo, que possui uma ambientação instrumental essencialmente direcionada para a sua efetividade material-alimentar. O Processo do Trabalho é o Freud da ciência processual, profundidade e clareza; eficiência e articulação técnica, em proveito do mundo interior e exterior da pessoa humana. Por outro lado, a dogmática Lacaniana invadiu, com reflexos no Processo do Trabalho, o Processo Civil, que de tanta contradição com o seu propósito, resolveu modernizar-se, mas que ainda peca pelo excessivo formalismo, por hermetismos e obscurantismos, o que lhe impede a obtenção de efeitos práticos visíveis. A parte que utiliza o serviço público prestado pelo Poder Judiciário não merece ser tomado pela ansiedade, que, em um segundo momento, se torna uma frustração, consumida a sua esperança pelo tempo, que corrói a esperança e a paciência da sociedade composta em sua grande maioria por pessoas simples, que trabalham para a sua digna subsistência, assim como de sua família. Ao lado da conciliação, é preciso investir também na simplificação da legislação processual, sem muitas mudanças normativas. O juiz social do trabalho é o primeiro agente desta mudança, porque o Estado assim quer e a sociedade lhe dá o necessário respaldo e legitimidade. É indispensável retomar a simplicidade do Processo do Trabalho, reconhecendo-se ao juiz(a) o efetivo poder de condução do processo, sem que as suas rédeas sejam divididas por quem não deseja que o procedimento tenha a sua tramitação em prazo razoável, pouco importando se o empregado ou a empregadora. O processo, como ciência instrumental-substancial, ao invés de indiretamente repercutir no estímulo ao descumprimento da legislação trabalhista, tendo em vista alguns fatores, como a morosidade; a prescrição; a conciliação; os juros de 1% ao mês; o risco da demanda; o risco da prova que com o passar do tempo pode passar, isto é, se desfazer ou se fazer mais difícil, deveria contribuir fortemente para o cumprimento da lei, atribuindo ao juiz um real poder-dever, cercado de grave responsabilidade, na condução célere

do processo. Isso ocorreria se fosse eficiente, interna e externamente, a começar no tocante à produção de provas. O processo não é onívoro. Provar é reconstituir parte da história da vida do empregado e da empregadora, a fim de que o magistrado julgue a controvérsia fundamentadamente. Prova não é, por conseguinte, quantidade, mas qualidade de informações. O excesso pode ser até prejudicial. Oitiva de testemunha referida, oitiva de seis, cinco, quatro testemunhas não são a certeza da verdade. A convicção do (a) juiz(a) tem um substrato relevantíssimo: a fundamentação. Nela é que se concentra a seiva do acerto ou do equívoco. É extremamente perturbador enxergar o processo como a promessa de uma sentença, que se deseja, mas que um muro alto proíbe. Acerto da MM. Juíza Maria de Lourdes Sales Calvelhe. (TRT 3ª R. Quarta Turma – 00202-2009-072-03-00-5 – RO – Recurso Ordinário – Rel. Desembargador Luiz Otávio Linhares Renault – DEJT 27.7.2009 – p. 62)

## 11. Princípios do Processo Civil previstos na Lei Ordinária e que são aplicáveis ao Processo do Trabalho

Os princípios constitucionais do processo se aplicam a todos os ramos do Direito Processual. Não obstante, há princípios do processo civil previstos na lei infraconstitucional, preponderantemente, no Código de Processo Civil, que norteiam o chamado *processo não penal*, ou seja, o processo destinado ao julgamento de matérias de natureza civil, que são aplicáveis integralmente ao Direito Processual do Trabalho, por força do art. 769 da CLT.

Dentre os princípios mais relevantes do Direito Processual Comum, podemos destacar:

### a) Princípio da ação, demanda ou da inércia do judiciário

Também chamado de princípio da demanda ou da ação, indica a atribuição à parte da iniciativa de provocar a jurisdição, pois esta é inerente, nos termos do art. 2º do CPC:

> Nenhum juiz prestará a tutela jurisdicional senão quando a parte ou o interessado a requerer, nos casos e forma legais.

Como destaca *Nelson Nery Júnior*[109], há alguns procedimentos que o Juiz pode iniciar de ofício por expressa autorização legal: inventário (CPC, art. 989), exibição de testamento (CPC, art. 1.129), arrecadação de bens de herança jacente (CPC, art. 1.142), arrecadação de bens de ausentes (CPC, art. 1.160). O juiz pode, de ofício, ainda, suscitar conflito de competência (CPC, art. 116) e incidente de uniformização de jurisprudência (CPC, art. 476). No processo trabalhista, o juiz pode dar início à execução de sentença (CLT, art. 878).

### b) Princípio da disponibilidade ou dispositivo

Denomina-se princípio do dispositivo a liberdade que as partes têm, no processo, de praticar ou não os atos processuais que a lei lhes faculta, e também a possibilidade de apresentar ou não uma pretensão em juízo.

---

(109) NERY JÚNIOR, Nelson. *Comentários ao Código de Processo Civil*. 10. ed. São Paulo: RT, 2007. p. 167.

Desse modo, o Juiz dependerá, na instrução da causa, da iniciativa das partes, quanto às provas e às alegações em que se fundamentará a decisão. Deverá o Juiz decidir segundo o que foi alegado e o que foi provado pelas partes (*iudex secundum allegata et probata partium iudicare debet*).

A moderna doutrina, diante do caráter publicista do processo, vem defendendo uma postura mais ativa do Juiz, não podendo este ser mantido como mero espectador da batalha judicial, cumprindo ao magistrado não só impulsionar o andamento da causa, mas também determinar provas, conhecer *ex officio* circunstâncias que até então dependiam de prova, dialogar com as partes, e reprimir-lhes eventuais condutas.

Concordamos, no aspecto, com as conclusões de *Júlio César Bebber*[110], quando assevera:

"Temos, então, que o princípio dispositivo, em sua moderna configuração, deve ser visto sob a seguinte ótica: a) é das partes a iniciativa das alegações e dos pedidos, ou seja, as partes limitam a atuação investigativa do juiz aos fatos por elas levados aos autos; b) a iniciativa das provas não é privativa das partes, tendo o juiz ampla liberdade para determinar qualquer diligência necessária ao integral esclarecimento dos fatos".

## c) Princípio do impulso processual

Conforme já destacamos, o processo começa por iniciativa da parte, uma vez que o Juiz não pode exercer a jurisdição de ofício. Não obstante, uma vez proposta a ação, ela se desenvolverá por impulso oficial até o final. As fases do processo vão sendo ultrapassadas pelo instituto da preclusão[111], e assim se chegará a um resultado final, seja de mérito ou não.

Nesse sentido dispõe o art. 262 do CPC, *in verbis*: "O processo civil começa por iniciativa da parte, mas se desenvolve por impulso oficial".

Como bem adverte *Júlio César Bebber*[112], "embora inerte, a jurisdição não é inócua. O Estado é o maior interessado em que a ordem jurídica se realize de modo célere e efetivo. Dessa forma, sendo dado início ao processo, o mesmo passa a ser desenvolvido por impulso oficial. O juiz, como primeiro interessado no andamento do processo e na justa composição do mesmo, o propulsionará até a sua extinção, independentemente da vontade das partes".

---

(110) BEBBER, Júlio César. *Princípios do processo do trabalho*. São Paulo: LTr, 1997. p. 439.
(111) A preclusão consiste na perda de se praticar uma faculdade processual por ter a parte deixado escoar o prazo para realizá-la (preclusão temporal); por já ter praticado o ato (preclusão consumativa); ou por ter praticado um ato incompatível com outro ato que pretende praticar (lógica).
(112) BEBBER, Júlio César. *Op. cit.*, p. 311.

### d) Princípio da oralidade

Ensina *Jorge Luiz Souto Maior*[113]:

"A ideia de oralidade, nos países de *civil law*, surge como reação aos defeitos do processo romano-canônico e comum, como símbolo do movimento de crítica e de reforma radical àquele tipo de procedimento. A exclusividade do elemento escrito no processo conduziu ao aforismo, *'quod non est in actis non est in mundo'* (o que não está nos autos não está no mundo'), que foi levado a extremos por obra da famosa Decretal do Papa Inocêncio III, em 1216, segundo a qual a sentença deve pautar-se sempre pelos escritos dos autos, não eram colhidas pelo juiz e sim por terceiro ou terceiros interrogadores. Consequentemente, também, os processos não eram públicos. Além disso, os processos eram longos, fragmentados e complicados, pois os escritos provocam sempre contraescritos. Assim havia a contestação, a réplica, a tréplica e assim por diante... Porque o juiz não intervinha diretamente no desenvolvimento do processo, este se apresentava como 'coisa das partes', com todos os abusos que esta situação podia resultar. Assim, não só as partes que quisessem retardar o procedimento encontravam neste tipo de procedimento meios de fazê-lo, como juízes e advogados acabavam agindo da mesma forma para atender a interesses pessoais. (...) Além disso, havia a possibilidade de recurso imediato de qualquer decisão do juiz, o que, evidentemente, contribuía para o prolongamento dos feitos. Por fim, destaque-se que o processo era marcado pelo sistema da prova legal, pelo qual uma prova somente era admitida e valorada nos moldes traçados pela lei".

Conforme *Nelson Nery Júnior*[114], "o princípio da oralidade consiste no conjunto de subprincípios que interagem entre si, com o objetivo de fazer com que seja colhida oralmente a prova e julgada a causa pelo juiz que a colheu".

O princípio da oralidade é próprio do Direito Processual Civil, embora no Processo do Trabalho ele tenha maior destaque em razão de ser o Processo do Trabalho, nitidamente, um procedimento de audiência e de partes.

Segundo a doutrina, a oralidade decompõe-se nos seguintes subprincípios:

a) identidade física do Juiz: Segundo este princípio, o Juiz que instruiu o processo, que colheu diretamente a prova, deve julgá-lo, pois possui melhores possibilidades de valorar a prova, uma vez que colheu diretamente, tomou contato direto com as partes e testemunhas.

Nesse sentido dispõe o art. 132 do CPC:

> O juiz, titular ou substituto, que concluir a audiência julgará a lide, salvo se estiver convocado, licenciado, afastado por qualquer motivo, promovido ou aposentado,

---

(113) SOUTO MAIOR, Jorge Luiz. *Direito processual do trabalho:* efetividade, a acesso à justiça, procedimento oral. São Paulo: LTr, 1998. p. 37-38.

(114) NERY JÚNIOR, Nelson. *Código de Processo Civil comentado.* 10. ed. São Paulo: RT, 2007. p. 392.

casos em que passará os autos ao seu sucessor. Parágrafo único. Em qualquer hipótese, o juiz que proferir a sentença, se entender necessário, poderá mandar repetir as provas já produzidas.

b) prevalência da palavra oral sobre a escrita: A palavra falada prevalece sobre a escrita, priorizando-se o procedimento de audiência, onde as razões das partes são aduzidas de forma oral, bem como a colheita da prova. Não obstante, os atos de documentação do processo devem ser escritos.

c) concentração dos atos processuais em audiência: por tal característica, os atos do procedimento devem-se desenvolver num único ato, máxime a instrução probatória que deve ser realizada em audiência única.

d) imediatidade do Juiz na colheita da prova: Segundo *Souto Maior*[115], por imediatidade entende-se a necessidade de que a realização dos atos instrutórios deva dar-se perante a pessoa do Juiz, que assim poderá formar melhor seu convencimento, utilizando-se, também, de impressões obtidas das circunstâncias nas quais as provas se realizam.

e) irrecorribilidade das decisões interlocutórias: Esta característica do princípio da oralidade tem por objetivo imprimir maior celeridade ao processo e prestigiar a autoridade do Juiz na condução do processo, impedindo que as decisões interlocutórias, quais sejam: as que decidem questões incidentes, sem encerrar o processo, sejam irrecorríveis de imediato, podendo ser questionadas quando do recurso cabível em face da decisão definitiva.

# e) Princípio da instrumentalidade das formas

O princípio da instrumentalidade das formas se assenta no fundamento de não ser o processo um fim em si mesmo, sendo um instrumento a serviço do direito e também da justiça.

Diante do caráter publicista do processo de ser um instrumento destinado à justa composição da lide e a produzir resultados efetivos, as regras processuais não são absolutas. Desse modo, deve o Juiz conduzir o processo de modo que ele, efetivamente, seja um instrumento de pacificação social com justiça, dando a cada um o que é seu por direito.

Conforme destaca *Júlio César Bebber*[116]: "O princípio instrumental, como princípio informativo, tem ligação direta com a publicização do processo, uma vez que se volta para o atendimento de interesses coletivos e difusos de uma sociedade de massa, e não para o atendimento de preocupações individuais. É necessário ter em mente que o processo não é mero instrumento técnico a serviço da ordem jurídica. É ele um instrumento de força dotado de dialeticidade e ética, destinado a servir à sociedade".

---

(115) *Op. cit.*, p. 69.
(116) BEBBER, Júlio César. *Princípios do processo do trabalho.* São Paulo: LTr, 1997. p. 128.

Nesse sentido dispõe o art. 244 do CPC:

> Quando a lei prescrever determinada forma, sem cominação de nulidade, o juiz considerará válido o ato se, realizado de outro modo, lhe alcançar a finalidade.

O referido dispositivo consagra o que a doutrina chama de aproveitamento dos atos processuais que atingiram a finalidade, ainda que não praticados sob a forma prescrita em lei. Desse modo, somente haverá nulidade se houver prejuízo às partes (arts. 794 da CLT e 243 do CPC).

# Capítulo II
# Do Direito Processual do Trabalho

## 1. Conceito de Direito Processual do Trabalho

Conforme destaca *Mário Pasco*[1], "o Direito Processual do Trabalho é, por definição objetiva, um direito instrumental; sua finalidade 'é de atuar, na prática, tornando efetivo e real o Direito Substantivo do Trabalho' (*Giglio*, 1984, p. 374). Para esse fim, o processo deve guardar adequação com a natureza dos direitos que nele se controvertem; e se as controvérsias e conflitos trabalhistas são intrinsecamente distintos das controvérsias comuns, é indispensável a existência de um direito processual que, atento a essa finalidade, seja adequado à natureza e caracteres daqueles".

Na visão de *Amauri Mascaro Nascimento*[2]:

"Direito Processual do Trabalho é o ramo do direito processual destinado à solução judicial dos conflitos trabalhistas. As normas jurídicas nem sempre são cumpridas espontaneamente, daí a necessidade de se pretender, perante os tribunais, o seu cumprimento, sem o que a ordem jurídica tornar-se-ia um caos. A atuação dos tribunais também é ordenada pelo direito, mediante leis coordenadas num sistema, destinadas a determinar a estrutura e o funcionamento dos órgãos do Estado, aos quais é conferida a função de resolver os litígios ocorridos na sociedade, bem como os atos que podem ser praticados não só por esses órgãos, mas também pelas partes do litígio. O direito processual tem por finalidade principal evitar, portanto, a desordem e garantir aos litigantes um pronunciamento do Estado para resolver a pendência e impor a decisão".

Segundo *Luigi de Litala*[3], o Direito Processual do Trabalho é o "ramo das ciências jurídicas que dita normas instrumentais para a atuação do Juiz e das partes, em todos os procedimentos concernentes à matéria do trabalho".

---

(1) PASCO, Mário. *Fundamentos do direito processual do trabalho*. Revisão Técnica de Amauri Mascaro Nascimento. São Paulo: LTr, 1997. p. 51.

(2) NASCIMENTO, Amauri Mascaro. *Curso de direito processual do trabalho*. 22. ed. São Paulo: Saraiva, 2007. p. 59.

(3) DE LITALA, Luigi. *Derecho procesal del trabajo*, v. I, p. 25, *apud* ALMEIDA, Cléber Lúcio de (*Direito processual do trabalho*. Belo Horizonte: Del Rey, 2006. p. 14).

Para *Sergio Pinto Martins*[4]: "Direito Processual do Trabalho é o conjunto de princípios, regras e instituições destinado a regular a atividade dos órgãos jurisdicionais na solução dos dissídios, individuais ou coletivos, pertinentes à relação de trabalho".

Na definição de *Eduardo Gabriel Saad*[5]: "É chamado Direito Processual do Trabalho o complexo de princípios e normas legais que regula: a) o processo; b) as atividades das partes; c) o órgão jurisdicional e seus agentes".

Segundo *Cléber Lúcio de Almeida*[6]:

"O direito processual do trabalho é, assim, o conjunto de normas e princípios que organizam e disciplinam a solução judicial dos conflitos de interesses de natureza trabalhista (entendendo-se como tais os que decorrem de uma relação de trabalho ou que sejam conexos à relação de emprego)".

Para *Carlos Henrique Bezerra Leite*:

"Modestamente, e para nos adaptarmos à nova ordem constitucional reinaugurada pela EC n. 45/04, passamos a conceituar o direito processual do trabalho brasileiro como o ramo da ciência jurídica, constituído por um sistema de normas, princípios, regras e instituições próprios que tem por objetivo promover a pacificação justa dos conflitos individuais, coletivos e difusos decorrentes direta ou indiretamente das relações de emprego e de trabalho, bem como regular o funcionamento dos órgãos que compõem a Justiça do Trabalho"[7].

Para nós, o Direito Processual do Trabalho conceitua-se como o conjunto de princípios, normas e instituições que regem a atividade da Justiça do Trabalho, com o objetivo de dar efetividade à legislação trabalhista e social, assegurar o acesso do trabalhador à Justiça e dirimir, com justiça, o conflito trabalhista.

Da definição que adotamos, destacamos:

a) O conjunto nos dá a ideia de um todo, composto de várias partes, formando um sistema, cujo núcleo é constituído pelos princípios;

b) Como ciência autônoma, o Direito Processual do Trabalho apresenta seus princípios peculiares que lhe dão sentido e razão de ser. Os princípios são as diretrizes básicas, positivadas, ou não, que norteiam a aplicação do Direito Processual do Trabalho;

---

(4) MARTINS, Sergio Pinto. *Direito processual do trabalho*. 26. ed. São Paulo: Atlas, 2006. p. 18.
(5) SAAD, Eduardo Gabriel. *Curso de direito processual do trabalho*. 5. ed. São Paulo: LTr, 2007. p. 40.
(6) ALMEIDA, Cléber Lúcio de. *Direito processual do trabalho*. Belo Horizonte: Del Rey, 2006. p. 13.
(7) Na definição de Renato Saraiva: "Direito Processual do Trabalho é o ramo da ciência jurídica, dotado de normas e princípios próprios para a atuação do direito do trabalho e que disciplina a atividade das partes, juízes e seus auxiliares, no processo individual e coletivo do trabalho" (*Curso de direito processual do trabalho*. 4. ed. São Paulo: Método, 2007. p. 27).

c) As normas são condutas processuais que dizem o que deve ser e o que não deve ser positivados no sistema jurídico pela Lei, pelo costume, pela jurisprudência ou pelos próprios princípios (caráter normativo dos princípios);

d) As instituições são entidades reconhecidas pelo Direito encarregadas de aplicar e materializar o cumprimento do Direito Processual do Trabalho. Constituem os órgãos que aplicam o Direito do Trabalho, como os Tribunais e os Juízes do Trabalho;

e) O Direito Processual do Trabalho, como Direito Instrumental, existe para dar efetividade ao Direito Material do Trabalho e também para facilitar o acesso do trabalhador ao Judiciário.

Além disso, o Direito Processual do Trabalho tem por objetivo solucionar, com justiça, o conflito trabalhista, tanto o individual (empregado e empregador, ou prestador de serviços e tomador), como o conflito coletivo (do grupo, da categoria, e das classes profissional e econômica).

Desde o surgimento dos primeiros órgãos de solução dos conflitos trabalhistas, na Itália e na França, houve preocupação em propiciar ao trabalhador facilidade na defesa de seus direitos, sem a burocracia da Justiça Comum.

A legislação processual trabalhista visa a impulsionar o cumprimento da legislação trabalhista, e também da legislação social que não se ocupa só do trabalho subordinado, mas do trabalhador, ainda que não tenha um vínculo de emprego, mas que vive de seu próprio trabalho. Nesse sentido foi a dilatação da competência material da Justiça do Trabalho dada pela EC n. 45/04 para abranger as controvérsias oriundas e decorrentes da relação de trabalho.

Assim como o Direito do Trabalho visa à proteção do trabalhador e à melhoria de sua condição social (art. 7º, *caput*, da CF), o Direito Processual do Trabalho tem sua razão de existência em propiciar o acesso dos trabalhadores à Justiça, visando a garantir os valores sociais do trabalho, a composição justa do conflito trabalhista, bem como resguardar a dignidade da pessoa humana do trabalhador.

De outro lado, a função do processo do trabalho, na modernidade, é pacificar, com justiça, o conflito trabalhista, devendo considerar as circunstâncias do caso concreto e também os direitos fundamentais do empregador ou do tomador de serviços.

O Direito Processual do Trabalho tem os seguintes objetivos:

a) assegurar o acesso do trabalhador à Justiça do Trabalho;

b) impulsionar o cumprimento da legislação trabalhista e da social;

c) dirimir, com justiça, o conflito trabalhista.

## 2. Posição enciclopédica do Direito Processual do Trabalho. Autonomia do Direito Processual do Trabalho

Ainda há acirradas discussões na doutrina sobre possuir, ou não, o Direito Processual do Trabalho princípios próprios, vale dizer: se o Direito Processual do Trabalho é ou não uma ciência autônoma do Direito Processual.

Para se aquilatar a autonomia de determinado ramo do direito, necessário avaliar se tem princípios próprios, uma legislação específica, um razoável número de estudos doutrinários a respeito e um objeto de estudo próprio.

Ensina-nos, neste sentido, *Jorge Luiz Souto Maior*[8]:

"O direito é um conjunto de normas e princípios voltado à regulação da vida social. Para falar de um direito autônomo, um ramo do direito distinto do direito comum, é preciso que se tenha um razoável número de normas voltadas para um fato social específico e que se identifiquem nestas leis princípios próprios que lhe deem uma noção de conjunto, fornecendo-lhe uma lógica particular e uma finalidade distinta".

Inegavelmente, o Direito Processual do Trabalho observa muitos princípios do Direito Processual Civil, como, por exemplo, os princípios da inércia, da instrumentalidade das formas, oralidade, impulso oficial, eventualidade, preclusão, conciliação e economia processual.

Na doutrina, autores há que sustentam a autonomia do Direito Processual do Trabalho em face do Direito Processual Civil, também chamados *dualistas*. Outros sustentam que o Direito Processual do Trabalho não tem autonomia em face do Direito Processual Civil, sendo um simples desdobramento deste, também chamados *monistas*. Outros autores defendem autonomia relativa do direito processual do trabalho em face do Direito Processual Civil em razão da possibilidade de aplicação subsidiária do Processo Civil ao Processo do Trabalho.

Há quem sustente que os princípios do Direito Processual do Trabalho são os mesmos do Direito Material do Trabalho, máxime o princípio protetor.

Ensina *Américo Plá Rodriguez*: o fundamento do princípio protetor "está ligado à própria razão de ser do Direito do Trabalho. Historicamente, o Direito do Trabalho surgiu como consequência de que a liberdade de contrato entre pessoas com poder e capacidade econômica desiguais conduzia a diferentes formas de exploração. Inclusive as mais abusivas e iníquas. O legislador não pôde mais manter a ficção de igualdade existente entre as partes do contrato de trabalho e inclinou-se para uma compensação dessa desigualdade econômica desfavorável ao trabalhador com uma proteção jurídica a ele favorável. O Direito do Trabalho responde fundamentalmente ao propósito de nivelar desigualdades. Como dizia Couture: 'o procedimento lógico de

---

(8) SOUTO MAIOR, Jorge Luiz. A fúria. In: *Revista Trabalhista Direito e Processo*, Rio de Janeiro, Forense, jul./set. 2002. p. 71.

corrigir desigualdades é o de criar outras desigualdades'"[9]. O princípio protetor desdobra-se em três regras básicas: a) regra da norma mais benéfica: no choque entre duas normas que regulamentam a mesma matéria, deve-se prestigiar a regra que favoreça o empregado; b) regra da condição mais benéfica ou de direito adquirido do empregado: segundo *Plá Rodriguez*, trata-se de um "critério pelo qual a aplicação de uma nova norma trabalhista nunca deve servir para diminuir as condições mais favoráveis em que se encontrava um trabalhador"[10]. Nosso Direito do Trabalho encampou esta regra no art. 468 da CLT e no Enunciado n. 51 do C. TST; c) regra do *in dubio pro operario*: quando a norma propiciar vários sentidos de interpretações possíveis, deve-se prestigiar a interpretação mais favorável ao empregado. Segundo a doutrina dominante, esse critério não se aplica no terreno processual, devendo o juiz, em caso de dúvida, julgar contra o litigante que detinha o ônus probatório. A doutrina alinha outros princípios fundamentais do Direito do Trabalho, como os princípios da primazia da realidade, da continuidade da relação de emprego, da irrenunciabilidade de direitos, da irredutibilidade de salários, da boa-fé, da razoabilidade, da dignidade da pessoa humana, da justiça social e da equidade.

Nesse sentido é a posição de *Trueba Urbina*[11]: "Tanto as normas substantivas como as processuais são essencialmente protecionistas e tutelares dos trabalhadores".

Para *Couture*, o primeiro princípio fundamental do processo trabalhista é relativo ao fim a que se propõe, como "procedimento lógico de corrigir as desigualdades" criando outras desigualdades. O Direito Processual do Trabalho é elaborado totalmente com o propósito de evitar que o litigante mais poderoso possa desviar e entorpecer os fins da Justiça[12].

Outros autores sustentam que o Direito Processual do Trabalho é autônomo em face do Direito Material do Trabalho, e também em face do Direito Processual Civil *(dualistas)*, mas o Processo do Trabalho encontra-se também impregnado pelo princípio protetor.

No Direito Processual do Trabalho brasileiro, *Sergio Pinto Martins*[13] afirma que:

"O verdadeiro princípio do processo do trabalho é o protecionista. Assim como no Direito do Trabalho, as regras são interpretadas mais favoravelmente ao empregado, em caso de dúvida, no processo do trabalho também vale o princípio protecionista, porém analisado sob o aspecto do direito instrumental". Prossegue o citado autor: "Não é a Justiça do Trabalho que tem cunho paternalista

---

(9) *Princípios de direito do trabalho*. 3. ed. São Paulo: LTr, 2000. p. 85.

(10) *Op. cit.*, p. 86.

(11) *Apud* NASCIMENTO, Amauri Mascaro. Dos princípios do direito processual do trabalho. In: *Estudos relevantes de direito material e processual do trabalho*. Estudos em Homenagem ao Prof. Pedro Paulo Teixeira Manus. São Paulo: LTr, 2000. p. 26.

(12) NASCIMENTO, Amauri Mascaro. *Op. cit.*, p. 27.

(13) MARTINS, Sergio Pinto. *Direito processual do trabalho*. 16. ed. São Paulo: Atlas, 2001. p. 66.

ao proteger o trabalhador, ou o juiz que sempre pende para o lado do empregado, mas a lei que assim o determina. Protecionista é o sistema adotado pela lei. Isso não quer dizer, portanto, que o juiz seja sempre parcial em favor do empregado, ao contrário: o sistema visa a proteger o trabalhador".

No mesmo sentido defende *Carlos Henrique Bezerra Leite*[14]:

"O princípio da proteção deriva da própria razão de ser do processo do trabalho, o qual foi concebido para realizar o Direito do Trabalho, sendo este ramo da árvore jurídica criado exatamente para compensar a desigualdade real existente entre empregado e empregador, naturais litigantes do processo laboral".

Autores há que não conseguem enxergar princípios próprios no Direito Processual do Trabalho (monistas), asseverando que seus princípios são os mesmos do Direito Processual Civil.

Nesse sentido é a posição, entre outros, de *Valentin Carrion*[15]:

"O direito processual se subdivide em processual penal e processual civil (em sentido lato, ou não penal). As subespécies deste são o processual trabalhista, processual eleitoral, etc. Todas as subespécies do direito processual civil se caracterizam por terem em comum a teoria geral do processo; separam-se dos respectivos direitos materiais (direito civil, direito do trabalho, etc.) porque seus princípios e institutos são diversos. São direitos instrumentais que, eles sim, possuem os mesmos princípios e estudam os mesmos institutos. Os princípios de todos os ramos do direito não penal são os mesmos (celeridade, oralidade, simplicidade, instrumentalidade, publicidade etc.), e os institutos também (relação jurídica processual, revelia, confissão, coisa julgada, execução definitiva, etc.). Assim, do ponto de vista jurídico, a afinidade do direito processual do trabalho com o direito processual comum (civil, em sentido lato) é muito maior (de filho para pai) do que com o direito do trabalho (que é objeto de sua aplicação). Assim acontece com o cirurgião de estômago, cuja formação principal pertence à clínica cirúrgica, mais do que à clínica médica, que estuda o funcionamento e tratamento farmacológico daquele órgão. Isso leva à conclusão de que o direito processual do trabalho não é autônomo com referência ao processual civil e não surge do direito material laboral. O direito processual do trabalho não possui princípio próprio algum, pois todos os que o norteiam são do processo civil (oralidade, celeridade, etc.); apenas deu (ou pretendeu dar) a alguns deles maior ênfase e relevo".

No mesmo sentido é a posição de *Christovão Piragibe Tostes Malta*[16]:

"A maioria dos doutrinadores sustenta que o processo trabalhista é autônomo relativamente ao processo civil, porém essa opinião encontra pesados argumentos

---

(14) BEZERRA LEITE, Carlos Henrique. *Curso de direito processual do trabalho*. 5. ed. São Paulo: LTr, 2007. p. 73.

(15) CARRION, Valentin. *Comentários à Consolidação das Leis do Trabalho*. 30. ed. São Paulo: Saraiva, 2005. p. 578-579.

(16) TOSTES MALTA, Christovão Piragibe. *Prática do processo trabalhista*. 34. ed. São Paulo: LTr, 2007. p. 28-30.

em contrário. Sustenta-se a autonomia pretendendo que o direito processual do trabalho tem campo, fundamentos e princípios que não se confundem, ao menos em parte, com os princípios pertinentes ao processo civil (...). A circunstância de o processo trabalhista poder apresentar peculiaridades, no entanto, não justifica a conclusão de que é autônomo quando simultaneamente se proclama que existe autonomia de um ramo do direito se possui campo, princípios e fundamentos próprios, o que não sucede confrontando-se os processos civil e trabalhista (...). Os princípios processuais, aliás, são, como regra geral, universais, e o processo do trabalho na maioria dos países é o processo civil, o que mostra que no máximo se poderia falar em autonomia do direito processual do trabalho brasileiro em paralelo com o direito processual civil brasileiro. Não se encontram, ainda, evidenciados fundamentos processuais trabalhistas diferentes dos fundamentos do direito processual civil. O estudo dos institutos processuais básicos (ação, processo, jurisdição, etc.) bem mostra que a estrutura do direito processual trabalhista é a mesma do direito processual civil. São, por exemplo, tratadas no processo civil e trabalhista de modo análogo as questões concernentes à contagem de prazo, preclusão, partes, coisa julgada e muitas outras (...). A circunstância de poder aplicar-se o direito processual civil ao trabalhista, quando não houver incompatibilidade entre ambos, também contribui para proclamar-se que o direito processual trabalhista não é autônomo".

No mesmo sentido é a visão de *Jorge Luiz Souto Maior*[17], que empreendeu exaustivo estudo a respeito, apresentado na Universidade de São Paulo:

"(...) verifica-se que o processo do trabalho possui, realmente, características especiais, mas que são ditadas pelas peculiaridades do direito material que ele instrumentaliza. Esses pressupostos de instrumentalização, especialização, simplificação, voltados para a efetividade da técnica processual, são encontrados, — e bastante desenvolvidos — na teoria geral do processo civil, razão pela qual, no fundo, há de se reconhecer a unicidade do processo". Conclui o ilustre professor da Universidade de São Paulo[18], que o direito processual do trabalho "não é autônomo perante o processo civil, mas possui características que lhe são bastante peculiares no que se refere a seu procedimento".

Outros autores sustentam a autonomia relativa do Direito Processual do Trabalho, em razão de o art. 769 da CLT possibilitar a aplicação subsidiária do Direito Processual Comum na fase de conhecimento e o art. 889 da CLT possibilitar a aplicação da Lei dos Executivos Fiscais na fase de execução e também do Código de Processo Civil, como forma de preenchimentos de lacunas na CLT.

---

(17) SOUTO MAIOR, Jorge Luiz. *Direito processual do trabalho:* efetividade, acesso à justiça, procedimento oral. São Paulo: LTr, 1998. p. 25.

(18) *Op. cit.*, p. 26.

Nesse sentido é a posição de *Wilson de Souza Campos Batalha*. Aduz o jurista[19]:

"O Direito Processual do Trabalho tem características próprias que lhe asseguram relativa autonomia (...). Bastaria uma referência ao art. 769 da nossa Consolidação das Leis do Trabalho para tornar fora de dúvida a relatividade da autonomia do Direito Processual do Trabalho (...). Autonomia, como obtempera De Litala (*Op. cit.*, p. 19), de uma disciplina jurídica não significa independência absoluta em relação às outras disciplinas. Assim, não obstante dotado de autonomia, o direito processual do trabalho está em situação de interdependência com as ciências processuais particulares, notadamente com o direito processual civil, com o qual tem muitíssimos pontos de contato".

Estamos convencidos de que, embora o Direito Processual do Trabalho, hoje, esteja mais próximo do Direito Processual Civil e sofra os impactos dos Princípios Constitucionais do Processo, não há como se deixar de reconhecer alguns princípios peculiares do Direito Processual do Trabalho os quais lhe dão autonomia e o distinguem do Direito Processual Comum.

De outro lado, embora alguns princípios do Direito Material do Trabalho, tais como primazia da realidade, razoabilidade, boa-fé, sejam aplicáveis também ao Direito Processual do Trabalho, a nosso ver, os Princípios do Direito Material do Trabalho não são os mesmos do Processo, uma vez que o processo tem caráter instrumental e os princípios constitucionais da isonomia e imparcialidade, aplicáveis ao Processo do Trabalho, impedem que o Direito Processual do Trabalho tenha a mesma intensidade de proteção do trabalhador própria do Direito Material do Trabalho. Não obstante, não há como se negar um certo caráter protecionista no Direito Processual do Trabalho, que para alguns é princípio peculiar do Processo do Trabalho e para outros características do procedimento trabalhista, para assegurar o acesso efetivo do trabalhador à Justiça do Trabalho e também a uma ordem jurídica justa.

Também milita em prol da autonomia do Direito Processual do Trabalho, o Brasil possuir um ramo especializado do judiciário para dirimir as lides trabalhistas, uma legislação própria que disciplina o Processo do Trabalho (CLT, Lei n. 5.584/70 e Lei n. 7.701/88), um objeto próprio de estudo e vasta bibliografia sobre a matéria[20].

Reconhecemos, por outro lado, que as ciências processuais devem caminhar juntas, e o Processo do Trabalho, em razão dos princípios da subsidiariedade, do acesso à justiça, da duração razoável do processo, pode se aproveitar dos benefícios obtidos pelo Processo Comum.

Além disso, a autonomia do direito processual do trabalho não pode ser motivo para isolamento e acomodação do intérprete. Há necessidade de constante

---

(19) BATALHA, Wilson de Souza Campos. *Tratado de direito judiciário do trabalho*. 2. ed. São Paulo: LTr, 1985. p. 139.

(20) Atualmente há estudos publicados sobre todos os institutos do Direito Processual do Trabalho. A LTr Editora, por exemplo, apresenta vasto catálogo de obras sobre o Processo do Trabalho.

diálogo entre o direito processual do trabalho e os outros ramos do direito processual, principalmente com os princípios fundamentais do processo consagrados na Constituição Federal.

Desse modo, pensamos ser o Direito Processual do Trabalho autônomo em face do Direito Material do Trabalho e também do Direito Processual Civil[21].

## 3. Dos princípios peculiares do Direito Processual do Trabalho

Embora o Processo do Trabalho esteja sujeito aos princípios constitucionais do processo e também acompanhe os princípios do Direito Processual Civil, no nosso sentir, alguns princípios são típicos do Direito Processual do Trabalho, que lhe dão autonomia e razão de existência. São eles:

### 3.1. Protecionismo temperado ao trabalhador

Como visto, considerando-se a natureza do direito processual do trabalho, que é instrumental, destinado à aplicação das normas trabalhistas em um caso concreto, muitos autores defendem a existência do princípio protetor no Processo do Trabalho, como sendo, na verdade, o pilar de sustentação das normas processuais trabalhistas.

Argumentam os doutrinadores que o trabalhador, quando vai à Justiça postular seus direitos, se encontra em posição desfavorável em face do tomador de seus serviços, nos aspectos econômico, técnico e probatório, pois o empregado dificilmente consegue pagar a um bom advogado, não conhece as regras processuais, e tem maior dificuldade em produzir as provas em juízo.

Autores há que denominam o presente princípio de protetor visto sob o aspecto processual ou instrumental, princípio da compensação de desigualdades, princípio da isonomia sob o aspecto real ou substancial, considerando que o trabalhador, como regra, é o litigante mais fraco no Processo do Trabalho.

De nossa parte, o Processo do Trabalho tem característica protetiva ao litigante mais fraco, que é o trabalhador, mas sob o aspecto da relação jurídica processual (instrumental) a fim de assegurar-lhe algumas prerrogativas processuais para compensar eventuais entraves que enfrenta ao procurar a Justiça do Trabalho, devido à sua hipossuficiência econômica e, muitas vezes, à dificuldade em provar suas alegações, pois, via de regra, os documentos da relação de emprego ficam na posse do empregador. De outro lado, o processo do trabalho deve observar os princípios

---

(21) No sentido da autonomia do Direito Processual do Trabalho, defendem autores de nomeada: Amauri Mascaro Nascimento (*Curso de direito processual do trabalho*. São Paulo: Saraiva); Sergio Pinto Martins (*Direito processual do trabalho*. São Paulo: Atlas); Mozart Victor Russomano (*Comentários à Consolidação das Leis do Trabalho*. Rio de Janeiro: Forense); José Augusto Rodrigues Pinto (*Processo trabalhista de conhecimento*. São Paulo: LTr); Wagner D. Giglio (*Direito processual do trabalho*. São Paulo: Saraiva); Coqueijo Costa (*Direito judiciário do trabalho*. Rio de Janeiro: Forense); Renato Saraiva (*Curso de direito processual do trabalho*. São Paulo: Método) e Cléber Lúcio de Almeida (*Direito processual do trabalho*. Belo Horizonte: Del Rey).

constitucionais do processo que asseguram equilíbrio aos litigantes. Por isso, denominamos essa intensidade protetiva do processo do trabalho de princípio da *proteção temperada ao trabalhador*.

Modernamente, poderíamos chamar esse protecionismo do processo trabalhista de princípio da *igualdade substancial nas partes no processo trabalhista*, que tem esteio constitucional (art. 5º, *caput*, e inciso XXXV, ambos da CF), pois o Juiz do Trabalho deve tratar igualmente os iguais e desigualmente os desiguais. A correção do desequilíbrio é eminentemente processual e deve ser efetivada pelo julgador, considerando não só as regras do procedimento, mas também os princípios constitucionais e infraconstitucionais do processo do trabalho, as circunstâncias do caso concreto e o devido processo legal justo e efetivo.

Por outro lado, o Juiz do Trabalho deve, sempre, ser imparcial, dirigir o processo com equilíbrio e razoabilidade, buscando uma decisão justa e que seja apta a pacificar o conflito.

Esta intensidade protetiva do processo trabalhista também é encontrada no Código de Defesa do Consumidor, a fim de facilitar o acesso real à Justiça da parte vulnerável na relação jurídica de consumo, com regras de inversão do ônus da prova. Nesse sentido é o art. 6º, VIII, da Lei n. 8.078/90, *in verbis*:

> A facilitação da defesa de seus direitos, inclusive com a inversão do ônus da prova, a seu favor, no Processo Civil, quando, a critério do Juiz, for verossímil a alegação ou quando for ele hipossuficiente, segundo as regras ordinárias de experiências.

Na legislação processual trabalhista, encontramos os seguintes exemplos que consagram o protecionismo processual:

a) art. 844 da CLT, que prevê hipótese de arquivamento da reclamação trabalhista em caso de ausência do reclamante, mas, se ausente o reclamado, haverá a revelia;

b) Inversão do ônus da prova em favor do empregado e também a existência de diversas presunções favoráveis ao trabalhador;

c) existência do *jus postulandi* da parte (art. 791 da CLT);

d) gratuidade processual, com amplas possibilidades de deferimento ao empregado dos benefícios da justiça gratuita;

e) depósito recursal (art. 899 da CLT): A exigência de depósito recursal para o reclamado poder recorrer também se trata de regra protetiva ao trabalhador, visando a bloquear recursos e garantir futura execução por quantia;

f) maior poder do Juiz do Trabalho na direção do processo, tanto na fade de conhecimento (art. 765 da CLT), como na execução (art. 878 da CLT);

g) competência territorial fixada em razão do local de prestação de serviços (art. 651 da CLT);

h) poder normativo da justiça do trabalho, destinado a dirimir, com justiça e equidade, o conflito coletivo de trabalho (art. 114, § 2º, da Constituição Federal).

No nosso sentir, este protecionismo ao trabalhador não é suficiente para alterar o chamado *princípio da paridade das armas*[22] do Processo do Trabalho. Diante deste princípio, as partes no Processo do Trabalho devem ter as mesmas oportunidades.

Nesse diapasão, concordamos com os contundentes argumentos de *Jorge Luiz Souto Maior*[23]:

"(...) O agente causador dos conflitos que dão origem aos dissídios, que são elevados, concretamente, à esfera jurisdicional trabalhista, normalmente é o empregador. Demonstra bem essa assertiva o fato de que no processo do trabalho o réu (reclamado) é sempre, ou quase sempre, o empregador. Essa característica da relação jurídica processual trabalhista, aliada ao reconhecimento da desigualdade material entre empregado e empregador, faz com que o seu procedimento seja construído por técnicas tendentes a dar guarida às pretensões dos empregados que foram resistidas por ato do empregador, ou seja, fazer atuar os direitos sociais, e a equilibrar a posição desses desiguais perante o órgão jurisdicional. Não se deve ter qualquer preconceito contra essa id, como que se ela representasse negação da garantia do devido processo legal. Isso somente seria correto afirmar se se entendesse o processo nos seus moldes tradicionais, ou seja, como negócio das partes, no qual ao juiz cabe atuar nos limites estabelecidos pelas partes. A noção atual de processo — social — já está muito à frente disso. Reconhece a doutrina moderna que o processo tem escopos inclusive políticos — que não se confundem com político-partidários. Nesse novo processo o juiz atua, ativamente, na busca da verdade, funcionando assistencialmente a favor da parte considerada mais fraca, o que faz até mesmo em prol tanto do contraditório quanto de sua imparcialidade".

## 3.2. Informalidade

O princípio da informalidade do Processo do Trabalho, defendido por muitos autores e também por nós, significa que o sistema processual trabalhista é menos burocrático, mais simples e mais ágil que o sistema do processo comum, com linguagem mais acessível ao cidadão não versado em direito, bem como a prática de

---

(22) Ensina João Batista Lopes: a ideia da *paridade das armas* teve ressonância em vários países como a Espanha, a Argentina e o Brasil. A doutrina a ela se refere no sentido de que sejam garantidas às partes e aos intervenientes não só as mesmas oportunidades de atuação no processo, com alegações e requerimentos, mas também os mesmos instrumentos de ataque e de defesa para que o juiz possa, ao final, proclamar a solução mais justa e equânime da causa (Contraditório, paridade das armas e motivação da sentença. In: MEDINA, José Miguel Garcia *et al.* (Coords). *Os poderes do juiz e o controle das decisões judiciais*: estudos em homenagem à professora Teresa Arruda Alvim Wambier. São Paulo: RT, 2008. p. 266).

(23) SOUTO MAIOR, Jorge Luiz. *Op. cit.*, p. 24-25.

atos processuais ocorre de forma mais simples e objetiva, propiciando maior participação das partes, celeridade no procedimento e maiores possibilidades de acesso à justiça ao trabalhador mais simples.

Embora o procedimento seja de certa forma informal, isso não significa que certas formalidades não devam ser observadas, inclusive sobre a documentação do procedimento, que é uma garantia da seriedade do processo.

Esse caráter menos burocrático do processo do trabalho tem produzido bons resultados, inclusive servindo de paradigma para o processo comum, entretanto, diante da introdução a cada dia mais frequente da informática no sistema judiciário, diversas formalidades têm sido inseridas no processo do trabalho, como cadastramentos eletrônicos de petições iniciais, diários oficiais eletrônicos, assinaturas digitais, etc., que sempre ser avaliados sob as características do Processo do Trabalho e também do acesso à justiça do trabalhador.

Como exteriorização do princípio da informalidade na legislação processual trabalhista, podemos citar os seguintes exemplos:

a) petição inicial e contestação verbais (arts. 840 e 846 da CLT);

b) comparecimento das testemunhas independentemente de intimação (art. 825 da CLT);

c) ausência de despacho de recebimento da inicial, sendo a notificação da inicial ato próprio da Secretaria (art. 841 da CLT);

d) recurso por simples petição (art. 899 da CLT);

e) *jus postulandi* (art. 791 da CLT);

f) imediatidade entre o Juiz e a parte na audiência;

g) linguagem mais simplificada do processo do trabalho.

### 3.3. Conciliação

Dispõe o art. 764 da CLT:

> Os dissídios individuais ou coletivos submetidos à apreciação da Justiça do Trabalho serão sempre sujeitos à conciliação. § 1º Para os efeitos deste artigo, os juízes e Tribunais do Trabalho empregarão sempre os seus bons ofícios e persuasão no sentido de uma solução conciliatória dos conflitos. § 2º Não havendo acordo, o juízo conciliatório converter-se-á obrigatoriamente em arbitral, proferindo decisão na forma prescrita neste Título. § 3º É lícito às partes celebrar acordo que ponha termo ao processo, ainda mesmo depois de encerrado o juízo conciliatório.

A Justiça do Trabalho, tradicionalmente, é a *Justiça da Conciliação*. Historicamente, os primeiros órgãos de composição dos conflitos trabalhistas foram, eminentemente, de conciliação.

Por mandamento do referido art. 764 da CLT, os Juízes do Trabalho devem envidar seus bons ofícios e persuasão para tentar obter a conciliação.

Dizia *Carnelutti* que a conciliação é uma sentença dada pelas partes e a sentença é uma conciliação imposta pelo juiz.

Sem dúvida, a conciliação é a melhor forma de resolução do conflito trabalhista, pois é solução oriunda das próprias partes que sabem a real dimensão do conflito, suas necessidades e possibilidades para melhor solução. Muitas vezes, a sentença desagrada a uma das partes e até mesmo às duas partes.

A CLT determina que a conciliação seja tentada, obrigatoriamente, em dois momentos: antes do recebimento da defesa, conforme o art. 846 da CLT[24], e após as razões finais (art. 850 da CLT[25]).

Em razão do princípio da conciliação, parte significativa da jurisprudência trabalhista tem sustentado a nulidade do processo, caso o Juiz do Trabalho não tente, ao menos, a última proposta de conciliação em audiência.

Nesse sentido, destacam-se as seguintes ementas:

> A proposta final de conciliação, nos termos do art. 850 da CLT, é indispensável. A sua ausência, portanto, gera a nulidade do processo, uma vez que retira da Junta o poder de decidir sobre a matéria controvertida. (TRT – 6ª R. – 2ª T. – RO n. 7973/97 – Relª. Juíza Josélia Morais da Costa – DJPE 6.2.98 – p. 25)

> Nulidade – Ausência da segunda proposta conciliatória e de razões finais. Por faltar formalidade essencial para a validade do ato, no caso, a formulação de razões finais e da segunda proposta conciliatória, ocorre nulidade da sentença. (TRT – 12ª R. – 3ª T. – Ac. n. 6.439/99 – Rel. Juiz Marcus Pina Mugnaini – DJSC 1.7.99 – p. 85) (RDT 08/99, p. 57)

> Nulidade do processo — Ausência de proposta conciliatória. A tentativa ou proposta de conciliação pode ser feita em qualquer fase do processo, porém é obrigatória em dois momentos: após a apresentação da defesa e antes do julgamento do feito. A falta da primeira não gera, consoante entendimento jurisprudencial predominante, qualquer nulidade, em razão de que pode ser suprida pela segunda. A ausência desta última, contudo, gera a nulidade de todos os demais atos processuais praticados. (TRT – 9ª R. – 2ª T. – Ac. n. 3407/97 – Rel. Juiz Eduardo Gunther – DJPR 21.2.97 – p. 303)

No nosso sentir, a ausência da última proposta conciliatória não acarreta nulidade, pois necessário avaliar se há prejuízo. Além disso, as partes podem conciliar-se a qualquer momento e também o Tribunal ao julgar o recurso poderá tentar a

---

(24) Art. 846 da CLT: Aberta a audiência, o juiz ou presidente proporá a conciliação. § 1º Se houver acordo lavrar-se-á termo, assinado pelo presidente e pelos litigantes, consignando-se o prazo e demais condições para seu cumprimento. § 2º Entre as condições a que se refere o parágrafo anterior, poderá ser estabelecida a de ficar a parte que não cumprir o acordo obrigada a satisfazer integralmente o pedido ou pagar uma indenização convencionada, sem prejuízo do cumprimento do acordo.

(25) Art. 850 da CLT: Terminada a instrução, poderão as partes aduzir razões finais, em prazo não excedente de dez minutos para cada uma. Em seguida, o juiz ou presidente renovará a proposta de conciliação, e não se realizando estas, será proferida a decisão. Parágrafo único. O presidente da Junta, após propor a solução do dissídio, tomará os votos dos vogais e, havendo divergência entre estes, poderá desempatar ou proferir decisão que melhor atenda ao cumprimento da lei e ao justo equilíbrio entre os votos divergentes e ao interesse social.

conciliação. De outro lado, o Juiz do Trabalho poderá chamar as partes em juízo a qualquer tempo e tentar a conciliação, suprindo a proposta conciliatória que não fora realizada em audiência.

Nesse sentido a seguinte ementa:

> Proposta conciliatória após razões finais — Ausência — Efeitos. A ausência da segunda proposta conciliatória após as razões finais não implica, de imediato, nulidade, exceto quando demonstrado o efetivo prejuízo. Supre a exigência legal a efetivação de proposta conciliatória em dois momentos distintos. Revelia/litisconsórcio. Efeitos. Elisão. Aplicabilidade do art. 320 do CPC. A contestação apresentada pelo litisconsorte (tomadora de serviços) com impugnação específica dos termos da inicial afasta os efeitos da revelia, conforme previsto no art. 320 do CPC, não havendo que se falar em confissão ficta. (TRT 10ª R. – 2ª T. – RO n. 652/2002.801.10.00-1 – Relª. Mª. Piedade B. Teixeira – DJDF 24.10.03 – p. 22) (RDT n. 11 – Novembro de 2003)

## 3.4. Celeridade

Embora não seja uma característica exclusiva do Direito Processual do Trabalho, nele tal característica se mostra mais acentuada, uma vez que o trabalhador postula um crédito de natureza alimentar.

## 3.5. Simplicidade

Não há como negar que o Processo do Trabalho é mais simples e menos burocrático que o Processo Civil. Como bem adverte *Júlio César Bebber*[26]: "Os formalismos e a burocracia são os piores vícios com capacidade absoluta de entravar o funcionamento do processo. Os tentáculos que deles emanam são capazes de abranger e de se instalar com efeitos nefastos, pelo que exige-se que a administração da justiça seja estruturada de modo a aproximar os serviços das populações de forma simples, a fim de assegurar a celeridade, a economia e a eficiência das decisões".

## 3.6. Oralidade

O Processo do Trabalho é essencialmente um procedimento oral. Embora este princípio também faça parte do Direito Processual Comum, no Processo do Trabalho ele se acentua, com a primazia da palavra; concentração dos atos processuais em audiência; maior interatividade ente juiz e partes; irrecorribilidade das decisões interlocutórias e identidade física do juiz.

Sob a ótica do processo do trabalho, o princípio da oralidade constitui um conjunto de regras destinadas a simplificar o procedimento, priorizando a palavra falada, concentração dos atos processuais, com um significativo aumento dos poderes do Juiz na direção do processo, imprimindo maior celeridade ao procedimento e efetividade da jurisdição, destacando o caráter publicista do processo.

---

(26) BEBBER, Júlio César. *Princípios do processo do trabalho*. São Paulo: LTr, 1997. p. 132.

Ensina *Jorge Luiz Souto Maior*:

"A CLT, expressamente, privilegiou os princípios basilares do procedimento oral: a) primazia da palavra (arts. 791 e 839, *a* — apresentação de reclamação diretamente pelo interessado; 840 — reclamação verbal; 843 e 845 — presença obrigatória das partes em audiência; 847 — apresentação de defesa oral, em audiência; 848 — interrogatório das partes; 850 — razões finais orais; 850, parágrafo único — sentença após o término da instrução); b) imediatidade (arts. 843, 845 e 848); c) identidade física do juiz (corolário da concentração dos atos determinada nos arts. 843 a 852); d) irrecorribilidade das interlocutórias (§ 1º do art. 893); e) maiores poderes instrutórios ao juiz (arts. 765, 766, 827 e 848); e f) possibilidade de solução conciliada em razão de uma maior interação entre o juiz e as partes (arts. 764, §§ 2º e 3º; 846 e 850). Assim, muitas das lacunas apontadas do procedimento trabalhista não são propriamente lacunas, mas um reflexo natural do fato de ser este oral. Lembre-se, ademais, de que o CPC foi alterado em 1973, e, em termos de procedimento, adotou um critério misto, escrito até o momento do saneamento, e oral, a partir da audiência, quando necessária. Nestes termos, a aplicação subsidiária de regras do procedimento ordinário do CPC à CLT mostra-se naturalmente equivocada, por incompatibilidade dos tipos de procedimentos adotados por ambos"[27].

Segundo a doutrina, a oralidade decompõe-se nos seguintes subprincípios:

**3.6.1. Identidade física do Juiz:** Segundo este princípio, o Juiz que instruiu o processo, que colheu diretamente a prova, deve julgá-lo, pois possui melhores possibilidades de valorar a prova, uma vez a que colheu diretamente, tomou contato direto com as partes e testemunhas. Nesse sentido dispõe o art. 132 do CPC:

"O juiz, titular ou substituto, que concluir a audiência julgará a lide, salvo se estiver convocado, licenciado, afastado por qualquer motivo, promovido ou aposentado, casos em que passará os autos ao seu sucessor. Parágrafo único. Em qualquer hipótese, o juiz que proferir a sentença, se entender necessário, poderá mandar repetir as provas já produzidas".

Embora a Súmula n. 136 do C. TST diga que não se aplica ao Processo do Trabalho o princípio da identidade física do Juiz, acreditamos que, com a extinção da representação classista na Justiça do Trabalho pela EC n. 24/99, a Súmula n. 136 do C. TST restou tacitamente revogada.

A identidade física do Juiz é de grande importância para a efetividade das decisões de primeiro grau e também para a melhoria da prestação jurisdicional trabalhista, uma vez que o Juiz de primeiro grau, ao decidir, pode se apoderar de todo o corpo processual, constatar as expressões e os comportamentos das partes e das testemunhas, bem como sentir o conflito com maior clareza e sensibilidade.

---

(27) SOUTO MAIOR, Jorge Luiz. Ampliação da competência: procedimento e princípios do direito do trabalho. In: *Revista do Tribunal Superior do Trabalho*, ano 71, n. 1 – jan./abr. 2005, Porto Alegre: Síntese, 2005. p. 223.

Por isso, estamos convencidos de que o princípio da identidade física do juiz deve ser implementado e impulsionado no processo do trabalho para que a valoração da prova seja realizada com efetividade e a decisão reflita justiça e realidade.

No aspecto, vale destacar a seguinte ementa:

> Identidade física do juiz — Processo do Trabalho. Em tese, o juiz que instrui o processo encontra-se em condição mais favorável de proferir a sentença. Contudo, é cediço que, nesta Especializada, a identidade física do juiz é norma relativizada, considerando as especificidades do processo do trabalho. O entendimento majoritário sedimentado na Corte Superior, em sua Súmula n. 136, é de que "não se aplica às Varas do Trabalho o princípio da identidade física do juiz". E sendo assim, não cabe, em dissídio individual, alterar o modo da atuação jurisdicional, sob pena de desestabilizar as relações processuais. (TRT 3ª R. – 10ª T. – Relª. Juíza Taísa Maria Macena de Lima (convocada) – 18.5.10 – p. 122 – Processo RO n. 547/2009.006.03.00-3) (RDT n. 6 – junho de 2010).

Os próprios Tribunais Regionais do Trabalho, ao avaliar que a prova oral foi dividida, têm tido a tendência de manter a sentença de primeiro grau, uma vez que o Juiz da Vara teve contato direto com as partes e testemunhas, tendo maiores possibilidade de avaliar a melhor prova.

Nesse sentido, vale destacar as seguintes ementas:

> Testemunhos — Colisão — Prova dividida. Em havendo depoimentos contraditórios, a jurisprudência desta Corte regional tem se inclinado, ante o princípio da imediatidade, a prestigiar, quando dotada de razoabilidade, a solução encontrada pelo juiz que colheu a prova, eis que foi a autoridade que teve contato direto com as partes e testemunhas e, por isso mesmo, mais habilitado para extrair conclusões mais precisas sobre as declarações divergentes, até porque lhe é possível sopesar, valendo-se de impressões e do seu talento sensitivo, dados que escapam de registros formais. (TRT 10ª R. – 2ª T. – Rel. Juiz João Luis Rocha Sampaio – DJe n. 497 – 10.6.10 – p. 85 – Processo RO n. 76200-23/2009.5.10.0101) (RDT n. 7 – julho de 2010).

> Prova testemunhal — Valoração. Prevalência, como regra, do convencimento do Juiz que colheu a prova. Deve ser prestigiado, como regra, o convencimento do juiz que colheu a prova. Ele, afinal, é que manteve o contato vivo, direto e pessoal com as partes e testemunhas, mediu-lhes as reações, a segurança, a sinceridade, a postura. Aspectos, aliás, que nem sempre se exprimem, que a comunicação escrita, dados os seus acanhados limites, não permite traduzir. O juízo que colhe o depoimento "sente" a testemunha. É por assim dizer um testemunho do depoimento. Convencimento, portanto, melhor aparelhado e que, por isso, deve ser preservado, salvo se houver elementos claros e contundentes em contrário. Recurso da autora a que se nega provimento. (TRT/SP – 00112006920105020261 (00112201026102006) – RO – Ac. 11ª T. 20101279889 – Rel. Eduardo de Azevedo Silva – DOE 18.1.2011).

**3.6.2. Prevalência da palavra oral sobre a escrita:** A palavra falada prevalece sobre a escrita, priorizando-se o procedimento de audiência, em que as razões das partes são aduzidas de forma oral, bem como a colheita da prova. Não obstante, os atos de documentação do processo devem ser escritos.

Conforme destaca *Jorge Luiz Souto Maior*[28], com suporte em *Platão*, "a escrita é morta e não transmite pensamento senão na significação descolorida e imperfeita dos signaes, ao passo que na viva voz fallam a physionomia, os olhos, a côr, o movimento, o tom, o modo de dizer e tantas outras diversas circunstancias, que modificam e desenvolvem o sentido das palavras, facilitando-lhes a inteira e exacta compreensão".

Segundo *Júlio César Bebber*[29], "a prevalência da palavra oral se revela em audiência, quando as partes se dirigem direta e oralmente ao magistrado, formulando requerimento, perguntas, protestos, contraditas, produzindo razões finais (debates orais), etc. E, assim como as partes, o magistrado, também oralmente, decidirá as questões em audiência, mandando fazer o registro em ata. Nos tribunais, a oralidade se dá na sessão de julgamento, iniciando-se pela leitura do relatório, seguindo da sustentação oral, e da votação, também oral, dos membros do corpo julgador".

**3.6.3. Concentração dos atos processuais:** por tal característica, os atos do procedimento devem desenvolver-se num único momento, na chamada audiência uma ou única, máxime a instrução probatória (art. 849 da CLT).

No processo do trabalho, em audiência única, praticamente todos os atos do procedimento são praticados. Nessa ocasião, o Juiz do Trabalho toma contato com a petição inicial, formula a primeira proposta de conciliação; o reclamado poderá apresentar sua resposta, os incidentes processuais são resolvidos, o processo é instruído e, posteriormente, julgado.

Como destaca *Jefferson Carús Guedes*[30], " pelo princípio da concentração se objetiva a produção de maior número de fases processuais ou de parte delas, num menor espaço de tempo, seja realizando número reduzido de audiências ou reunindo instrução e julgamento, resultando na convergência dos atos para um curto espaço de tempo temporal".

Os benefícios da concentração são visíveis, como celeridade no procedimento e economia dos atos processuais. Além disso, há possibilidade de maior compreensão da dimensão do litígio pelo Juiz do Trabalho, pois, numa única audiência, analisa o pedido e a defesa, bem como as provas produzidas.

Além disso, a concentração propicia poderes mais acentuados do Juiz na direção do processo, saneamento mais efetivo de defeitos processuais na presença das partes e melhores condições para solução negociada do conflito.

**3.6.4. Imediatidade:** Segundo *Souto Maior*[31], por imediatidade "entende-se a necessidade de que a realização dos atos instrutórios deva dar-se perante a pessoa do

---

(28) SOUTO MAIOR, Jorge Luiz. *Direito processual do trabalho:* efetividade, a acesso à justiça, procedimento oral. São Paulo: LTr, 1998. p. 37-38.
(29) BEBBER, Júlio César. *Princípios do processo do trabalho.* São Paulo: LTr, 1997. p. 439.
(30) GUEDES, Jefferson Carús. *O princípio da oralidade.* São Paulo: RT, 2003. p. 63.
(31) *Op. cit.*, p. 69.

Juiz, que assim poderá formar melhor seu convencimento, utilizando-se, também, de impressões obtidas das circunstâncias nas quais as provas se realizam".

Pelo princípio da imediatidade, no processo do trabalho, há maior interação entre Juiz e partes e também entre Juiz e testemunhas; há comunicação direta entre as partes e partes e Juiz na audiência, maior concentração do processo na figura do Juiz e possibilidade de exercício de amplos poderes instrutórios em audiência.

A imediatidade propicia maior participação das partes no procedimento, dando efetividade ao contraditório real, e também maior democratização do processo. Como bem adverte *Jefferson Carús Guedes*[32], "(...) se afirma ser a imediatidade o ponto de sobrevivência e de valorização do 'humano' no processo, que teria na absorção de máquinas ou assemelhados uma ameaça (...). Vale obtemperar que a reflexão destaca um outro aspecto da imediativdade, representado pela humanização do Estado, que se faz representar pela figura do juiz, em audiência".

**3.6.5. Irrecorribilidade das decisões interlocutórias:** Essa característica do princípio da oralidade tem por objetivo imprimir maior celeridade ao processo e prestigiar a autoridade do Juiz na condução do processo, impedindo que as decisões interlocutórias, aquelas que decidem questões incidentes, sem encerrar o processo, sejam irrecorríveis de imediato, podendo ser questionadas quando do recurso cabível em face da decisão definitiva.

O princípio da irrecorribilidade das decisões interlocutórias no Processo do Trabalho decorre do princípio da oralidade, a fim de atribuir maior agilidade ao procedimento, bem como propiciar maior celeridade processual.

De outro lado, não é bem verdade que as decisões interlocutórias são irrecorríveis, uma vez que não o são de imediato, mas podem ser questionadas quando do recurso interposto da decisão final.

## 3.7. Majoração dos poderes do Juiz do Trabalho na direção do processo

Diante dos novos rumos constitucionais do acesso à justiça, efetividade da decisão e solução do processo em tempo razoável, há necessidade de o Juiz moderno tomar postura mais ativa na direção do processo, não sendo apenas um mero espectador ou um convidado de pedra na relação jurídica processual. Deve ele ter postura imparcial, equilibrada, mas ativa, impulsionando o processo, fazendo escolhas que, ao mesmo tempo, garantam a paridade de armas às partes, e propiciem resultado e economia de atos processuais.

Diante do caráter publicista da jurisdição, do forte interesse social na resolução dos conflitos trabalhistas e da própria dinâmica do direito processual do trabalho, o Juiz do Trabalho tem majorados seus poderes na direção do processo, como forma de equilibrar a relação jurídica processual e resolver, com justiça, o conflito trabalhista.

---

(32) *Op. cit.*, p. 62.

De outro lado, não se trata o processo do trabalho de um procedimento inquisitivo, instaurado de ofício pelo Juiz e movimentado sem ampla possibilidade de discussão da causa pelas partes. Ao contrário, trata-se de procedimento nitidamente contraditório, com ampla participação das partes, não sendo possível ao magistrado instaurá-lo de ofício. Não obstante, uma vez instaurado o processo pelas partes, a participação do Juiz do trabalho na relação jurídica processual é mais ativa.

Como destaca *Amauri Mascaro Nascimento*[33]:

"O juiz do trabalho comanda a prova de modo mais amplo que o juiz de direito, sendo comum ordenar ao empregador a demonstração de fatos que beneficiam o empregado por considerar desiguais as posições das partes e por entender que a empresa sempre está mais bem aparelhada para os esclarecimentos necessários, e, se não atendido, presume verdadeiras as alegações da inicial do reclamante (ex.: apresentação de cartões de ponto, sob pena de aceitação dos horários indicados na inicial)".

O art. 765 da CLT possibilita ao Juiz do Trabalho maiores poderes na direção do processo, podendo, *ex officio*, determinar qualquer diligência processual para formar seu convencimento em busca da verdade, inclusive são amplos os poderes instrutórios do Juiz do Trabalho.

Conforme o art. 878 da CLT, a execução da sentença trabalhista poderá ser promovida de ofício pelo Juiz do Trabalho.

## 3.8. Subsidiariedade

Na fase de conhecimento, o art. 769 da CLT assevera que o Direito Processual comum é fonte do Direito Processual do Trabalho e, na fase de execução, o art. 889 da CLT determina que, nos casos omissos, deverá ser aplicada no Processo do Trabalho a Lei de Execução Fiscal (Lei n. 6.830/80)[34] e, posteriormente, o Código de Processo Civil.

## 3.9. Função social do Processo do Trabalho

Em razão do caráter publicista do processo do trabalho e do relevante interesse social envolvido na satisfação do crédito trabalhista, a moderna doutrina tem defendido a existência do princípio da função social do processo trabalhista.

---

(33) NASCIMENTO, Amauri Mascaro. *Curso de Direito Processual do Trabalho.* 24. ed. São Paulo: Saraiva, 2009. p. 104.

(34) Como bem advertem Pedro Paulo Teixeira Manus e Carla Teresa Martins Romar: "A aplicação da norma processual civil no processo do trabalho só é admissível se houve omissão da CLT. Ademais, ainda que ocorra, caso a caso é preciso verificar se a aplicação do dispositivo do processo civil não gera incompatibilidade com os princípios e nem as peculiaridades do processo do trabalho. Se assim ocorrer, há de se proceder à aplicação do Instituto do processo comum, adaptando-o à realidade. Tal circunstância implica critérios nem sempre uniformes entre os vários juízos, ensejando discussões e divergências até certo ponto inevitáveis" (*CLT e legislação complementar em vigor.* 6. ed. São Paulo: Malheiros, 2006. p. 219).

Desse modo, deve o Juiz do Trabalho direcionar o processo no sentido de que este caminhe de forma célere, justa e confiável, assegurando-se às partes igualdades de oportunidades, dando a cada um o que é seu por direito, bem como os atos processuais sejam praticados de forma razoável e previsível, garantindo-se a efetividade processual, mas preservando-se, sempre, a dignidade da pessoa humana tanto do autor como do réu, em prestígio da supremacia do interesse público.

Nesse sentido dispõe o art. 8º da CLT:

> As autoridades administrativas e a Justiça do Trabalho, na falta de disposições legais ou contratuais, decidirão, conforme o caso, pela jurisprudência, por analogia, por equidade e outros princípios e normas gerais de direito, principalmente do direito do trabalho, e, ainda, de acordo com os usos e costumes, o direito comparado, mas sempre de maneira que *nenhum interesse de classe ou particular prevaleça sobre o interesse público* (grifou-se).

Ao contrário do Juiz de outras épocas, o Juiz da atualidade está comprometido com a efetividade dos atos processuais, bem como com a realidade e justiça da decisão. A sociedade não tem tolerado decisões injustas, fora da realidade ou que não tenham resultados práticos.

Conforme a clássica frase de *Chiovenda*: "o processo precisa ser apto a dar a quem tem um direito, na medida do que for praticamente possível, tudo aquilo a que tem direito e precisamente aquilo a que tem direito".

O princípio da função social do processo do trabalho encontra suporte nos princípios constitucionais da função social da propriedade e no da função social do contrato previsto no art. 421 do CC[35].

Sobre as funções sociais da propriedade e do processo, *Miguel Reale* ensinava que elas são atingidas quando já há efetividade do princípio da igualdade real previsto no art. 5º da CF e observada a dignidade da pessoa humana (art. 1º, III, da CF).

Conforme destaca *Ingo Wolfgang Sarlet*[36]:

"Temos por dignidade da pessoa humana a qualidade intrínseca e distintiva reconhecida em cada ser humano que o faz merecedor do mesmo respeito e consideração por parte do Estado e da comunidade, implicando, neste sentido, um complexo de direitos e deveres fundamentais que assegurem a pessoa tanto contra todo e qualquer ato de cunho degradante e desumano, como venham a lhe garantir as condições existenciais mínimas para uma vida saudável, além de propiciar e promover sua participação ativa e corresponsável nos destinos da própria existência e da vida em comunhão com os demais seres humanos".

---

(35) Art. 421 do CC: A liberdade de contratar será exercida em razão e nos limites da função social do contrato.

(36) SARLET, Ingo Wolfgang. *Dignidade da pessoa humana e direitos fundamentais*. 4. ed. Porto Alegre: Livraria do Advogado. p. 60.

Como destaca *Luiz Eduardo Gunther*[37]:

"Ora, se há uma efetiva função social do processo, como há na propriedade e no contrato, incumbe ao juiz estar atento para poder garantir, na medida do possível, segurança e previsibilidade ao conviver dos homens. Impõe-se o reconhecimento dessa função social do processo como forma de admitir a realidade da construção de um Estado Democrático, que fundamenta essencialmente a atividade jurisdicional".

Existindo, no processo do trabalho, o princípio da função social, há de se admitir, por consequência, o princípio da *vedação do retrocesso social*.

Pelo princípio da vedação do retrocesso social do processo do trabalho, ele deve sempre estar em evolução, acompanhando os direitos fundamentais do cidadão, bem como propiciar a efetividade do direito fundamental do acesso do trabalhador à Justiça do Trabalho. Por isso, são relevantes o papéis da doutrina e jurisprudência para a melhoria constante do processo do trabalho, como forma de assegurar o princípio da melhoria da condição social do trabalhador (art. 7º, *caput*, da CF).

Manifestando-se sobre o presente princípio, destaca *Carlos Henrique Bezerra Leite*[38]:

"Este princípio encontra-se implícito no nosso sistema constitucional e decorre, como leciona Ingo Wolfgang Sarlet, de outros princípios e argumentos de matriz jurídico-constitucional, como o princípio do Estado Democrático e Social de Direito, que impõe um patamar mínimo de segurança jurídica; o princípio da dignidade da pessoa humana; o princípio da máxima efetividade dos direitos fundamentais. Acrescentamos que o princípio da segurança é, ao mesmo tempo, um direito humano de primeira dimensão (CF, art. 5º, *caput*) e um direito humano de segunda dimensão (CF, art. 6º), valendo lembrar o disposto no *caput* do art. 7º da CF, que aponta sempre no sentido de melhoria (nunca de retrocesso) das condições sociais dos trabalhadores".

### 3.9.1. Princípio da Normatização Coletiva

O princípio da normatização coletiva constitui a competência material atribuída à Justiça do Trabalho para, uma vez solucionando o conflito coletivo de interesses (abstrato), criar, dentro de determinado parâmetros constitucionais, normas aplicáveis no âmbito das categorias profissional e econômica envolvidas no conflito.

Esse princípio se exterioriza pelo chamado *Poder Normativo da Justiça do Trabalho*, que se trata de uma competência anômala conferida à Justiça do Trabalho para, uma

---

(37) GUNTHER, Luiz Eduardo. Aspectos principiológicos da execução incidentes no processo do trabalho. In: SANTOS, José Aparecido dos (Coord.). *Execução trabalhista:* homenagem aos 30 anos da AMATRA IX. São Paulo: LTr, 2008. p. 21.

(38) BEZERRA LEITE, Carlos Henrique. *Curso de direito processual do trabalho.* 7. ed. São Paulo: LTr, 2009. p. 845-846.

vez solucionando o conflito de interesse, criar normas que irão regular as relações entre as categorias profissional e econômica. Não se trata apenas de aplicar o direito preexistente, mas de criar, dentro de determinados parâmetros, normas jurídicas. Por isso se diz que o poder normativo da Justiça do Trabalho atua no vazio da lei, ou seja, quando não há lei dispondo sobre a questão. Em razão disso, a Justiça do Trabalho detém a competência constitucional para criar normas por meio da chamada *sentença normativa*.

Desde a origem da Justiça do Trabalho, há divergência sobre a necessidade do Poder Normativo da Justiça do Trabalho.

*Amauri Mascaro Nascimento*[39] menciona os debates entre Waldemar Ferreira e Oliveira Viana quando da criação da Justiça do Trabalho. O primeiro, em seu livro *Princípios de Legislação Social e Direito Judiciário do Trabalho* (São Paulo, 1938), era contra o Poder Normativo, pois este contrariava princípios constitucionais, uma vez que sentença de caráter geral, aplicável de modo abstrato a pessoas não discriminadas, com o que a Justiça do Trabalho invadiria a esfera do Poder Legislativo. De outro lado, Oliveira Viana, em sua obra *Problemas de Direito Corporativo* (Rio de Janeiro: José Olympio, 1938), contestou Waldemar Ferreira, afirmando que o juiz, segundo a escola sociológica do direito colabora para a construção das normas jurídicas, não se limitando a ser mero intérprete gramatical dos textos legais e aplicador dos comandos legais como autômato diante da lei. A função do juiz é criativa, sem o que não é cumprida integralmente a sua missão. Mostrou também que havia novas realidades a ser atendidas mediante técnicas próprias, afirmando a compatibilidade entre a função normativa e a função judiciária.

Há argumentos favoráveis e desfavoráveis ao poder normativo da Justiça do Trabalho brasileira.

Dentre os argumentos favoráveis ao poder normativo, podemos apontar: a) acesso à Justiça do Trabalho; b) garantia de efetividade dos direitos trabalhistas; c) garantia de equilíbrio na solução do conflito coletivo, máxime quando uma das categorias é fraca; d) tradição dos países de Terceiro Mundo em solucionar o conflito por meio do Poder Judiciário; e) não impedimento de trabalhadores e empregadores criarem consciência de classe e regular seus próprios interesses; f) redução da litigiosidade e pacificação social; g) sindicalização por categoria e unicidade sindical; h) fragilidade do movimento sindical brasileiro; i) tendência universal do acesso à Justiça para a defesa dos interesses difusos, coletivos e individuais homogêneos.

Dentre os argumentos desfavoráveis à existência do Poder Normativo, destacamos: a) interferência indevida do Poder Judiciário na atividade legislativa; b) morosidade do judiciário trabalhista; c) falta de efetividade da sentença normativa, pois muitas vezes divorciada da realidade; d) despreparo técnico dos juízes em conhecer

---

(39) NASCIMENTO, Amauri Mascaro. *Curso de Direito Processual do Trabalho*. 24. ed. São Paulo: Saraiva, 2009, p. 52-54.

efetivamente o conflito coletivo e a realidade da categoria; e) engessamento da negociação coletiva; f) acomodação das categorias profissional e econômica.

Apesar das críticas e de ter sido mitigado pela Emenda Constitucional n. 45/04, o Poder Normativo da Justiça do Trabalho foi mantido[40].

## 4. Das fontes do Direito Processual do Trabalho

Um dos significados da palavra fonte é o de princípio ou causa donde provêm efeitos[41].

Ensina *Cândido Rangel Dinamarco*[42]:

"Fontes formais do direito são os canais pelos quais as normas vêm ao mundo jurídico, oriundas da vontade do ente capaz de ditá-las e impô-las ou exigir sua observância. São, por esse aspecto, as formas de expressão do direito positivo. Direito é o sistema normativo de um Estado ou de alguma comunidade ou menos mais ampla. É composto pelas normas positivadas através das diversas fontes formais, mais os valores que lhes estão à base e devem transparecer no exame de cada fato relevante para a vida das pessoas ou grupos".

O Direito Processual do Trabalho pertence ao ramo do Direito Público, sendo suas normas preponderantemente cogentes, isto é, não podem ser alteradas pela vontade das partes. Além disso, nos termos do art. 22, I, da CF, a União tem competência exclusiva para legislar sobre Direito Processual do Trabalho. Por isso, na esfera processual, não há muito espaço para atuarem outras fontes do direito que não as emanadas do Estado, mediante lei federal.

As fontes do Direito Processual não previstas na lei são denominadas pela doutrina como fontes subsidiárias do Processo do Trabalho, tendo a finalidade de preenchimento das lacunas da legislação processual trabalhista. São elas: costumes, os princípios gerais de direito, a equidade e a jurisprudência.

Como destaca *Arruda Alvim*[43], fontes subsidiárias do Direito são os instrumentos de que se serve o próprio legislador, para que, não prevendo a lei especificamente todas as hipóteses, não seja prejudicada a ideia vital e realidade matriz do sistema, qual seja, a da plenitude do ordenamento jurídico.

Nesse sentido, dispõe o art. 126 do CPC:

> O juiz não se exime de sentenciar ou despachar alegando lacuna ou obscuridade da lei. No julgamento da lide caber-lhe-á aplicar as normas legais; não as havendo, recorrerá à analogia, aos costumes e aos princípios gerais de direito.

---

(40) A questão do Poder Normativo da Justiça do Trabalho está analisada com profundidade no capítulo referente ao Dissídio Coletivo.

(41) ARRUDA ALVIM. *Manual de direito processual.* v. 1, 9. ed. São Paulo: RT, 2005. p. 120.

(42) DINAMARCO, Cândido Rangel. *Instituições de direito processual civil.* v. I. São Paulo: Malheiros, 2001. p. 70.

(43) *Op. cit.*, p. 131.

No mesmo sentido é o art. 8º da CLT:

> As autoridades administrativas e a Justiça do Trabalho, na falta de disposições legais ou contratuais, decidirão, conforme o caso, pela jurisprudência, por analogia, por equidade e outros princípios e normas gerais de direito, principalmente do direito do trabalho, e, ainda, de acordo com os usos e costumes, o direito comparado, mas sempre de maneira que nenhum interesse de classe ou particular prevaleça sobre o interesse público.

São fontes do Direito Processual do Trabalho:

*a) Lei:*

Ensina *Cândido Rangel Dinamarco*[44]:

"Leis, com a amplitude que o vocábulo se empresta nesse contexto, são os textos normativos elaborados segundo as competências e o processo legislativo definidos na Constituição e nas leis pertinentes, sempre com a participação do Poder Legislativo. São processuais as leis portadoras de normas gerais e abstratas alusivas ao processo, disciplinando o exercício da jurisdição, da ação e da defesa mediante os atos e formas processuais".

a.1) Constituição Federal: É norma fundamental do Processo do Trabalho. Nela estão as regras e princípios fundamentais do processo (art. 5º); a estrutura do Poder Judiciário (arts. 93 e seguintes) e toda a estrutura do Judiciário Trabalhista (arts. 111 a 116);

a.2) Leis Processuais Trabalhistas: Estão disciplinadas na Consolidação das Leis do Trabalho (arts. 643 e seguintes); Lei n. 5.584/70 (disciplina regras do Processo do Trabalho) e a Lei n. 7.701/88, que dispõe sobre a competência do Tribunal Superior do Trabalho;

a.3) Código de Processo Civil e Leis Processuais Civis: O Código de Processo Civil e as Leis Processuais Civis são chamadas de fontes subsidiárias do Direito Processual do Trabalho para preenchimento de suas lacunas, também chamadas de "lacunas normativas".

No nosso sentir, não só o Código de Processo Civil é fonte subsidiária para preenchimento de lacunas da CLT na esfera processual, mas toda a legislação processual compatível com os princípios do Processo do Trabalho, como a Lei n. 8.078/90 (Código de Defesa do Consumidor), a Lei n. 7.347/85 (Lei da Ação Civil Pública), etc.

Até mesmo alguns dispositivos do Código de Processo Penal são aplicáveis ao Processo do Trabalho, pois o art. 769 da CLT utiliza a expressão *direito processual comum*, e este também abrange o Processo Penal. Como exemplos, temos a possibilidade de prisão em flagrante da testemunha que comete delito de falso testemunho,

---

(44) *Instituições de direito processual civil.* v. I. São Paulo: Malheiros, 2001. p. 73.

determinada pelo Juiz do Trabalho, a obrigatoriedade de comunicação à autoridade competente sobre crimes ocorridos nos autos do processo trabalhista, que são disposições previstas no Código de Processo Penal.

*b) Regimentos Internos dos Tribunais:*

Conforme definição de *Cléber Lúcio de Almeida*[45], "os regimentos internos dos tribunais representam manifestação do autogoverno dos tribunais e têm suma importância, em especial na definição da competência material e funcional dos seus órgãos".

Os Regimentos Internos dos Tribunais dispõem sobre matérias administrativas e também do funcionamento interno da Justiça do Trabalho, destacando-se a competência funcional de cada órgão do Tribunal, e também sobre uniformização de procedimentos dentro de cada órgão da Justiça do Trabalho.

No Regimento, há também regulamentação das leis e resoluções, para cobrir-lhes as lacunas, completar os preceitos vagos ou genéricos, sobretudo quando consta remissão expressa neste sentido, da norma hierarquicamente superior, como se dá, por exemplo, no caso do art. 479 do CPC[46].

*c) Costume:*

É constituído pelo uso reiterado de determinada conduta processual (elemento objetivo) e do elemento subjetivo que é convicção de sua obrigatoriedade.

Como destaca *Amauri Mascaro Nascimento*[47]: "O costume é fonte do Direito Processual geral, e, portanto, também do Direito Processual do Trabalho, nos termos da Lei de Introdução ao Código Civil, art. 4º, do Código de Processo Civil, art. 126 e da CLT, art. 8º, dispositivos legais que o incluem como fonte formal do direito e do direito do trabalho, respectivamente. O costume não pode, porém, contrariar a lei diante da primazia daquela decorrente da sua natureza cogente. É legítima a sua invocação, mas é preciso reconhecer que a matéria processual é coberta por normas elaboradas pelo Estado, sendo difícil a possibilidade de sua formação consuetudinária. Alguns juristas, como Juan M. Pidal e Lopes, o admitem como fonte formal do direito processual trabalhista".

O costume tem sido utilizado no processo na chamada praxe forense da Justiça do Trabalho. Como exemplos, temos:

1. apresentação da contestação escrita em audiência;

2. o protesto em face de decisão interlocutória proferida pelo Juiz do Trabalho que causa gravame à parte, máxime em audiência;

3. a procuração tácita passada em audiência ou *apud acta.*

---

(45) ALMEIDA, Cléber Lúcio de. *Direito processual do trabalho.* Belo Horizonte: Del Rey, 2006. p. 18.

(46) MARQUES, José Frederico. *Manual de direito processual do trabalho.* v. I. Campinas: Bookseller, 1997. p. 62.

(47) NASCIMENTO, Amauri Mascaro. *Curso de direito do trabalho.* 22. ed. São Paulo: Saraiva, 2007. p. 81-82.

*d) Princípios:*

Os princípios são fonte do Direito Processual do Trabalho, principalmente os princípios constitucionais do processo e do Direito Processual do Trabalho, que norteiam a atividade do intérprete, servindo, também, para preenchimento de lacunas (art. 8º da CLT).

*e) Jurisprudência:*

Em épocas marcadas por grandes codificações, seguindo o sistema romano-germânico de legislação escrita e rígida, o juiz, praticamente, não podia interpretar a lei, somente podendo aplicá-la, subsumindo os fatos ao prévio catálogo de lei. O juiz era apenas a voz e a boca da lei (*bouche de la loi*). Se tornou clássica a frase *in claris cessat interpretatio* do Código Civil francês.

Na visão de Montesquieu, os juízes eram seres inanimados, que não podiam moderar nem a sua força (a Lei) nem o seu rigor. O juiz nada criaria apenas aplicaria o direito (já previamente elaborado pelo legislador) ao caso concreto. O catálogo de todas as soluções possíveis já preexistiria ao caso litigioso. Ao juiz nada mais se pediria do que confrontar o fato com tal catálogo, até localizar a regra legal que resolveria o problema. Sua atividade mental seria apenas silogística[48].

Atualmente, o sistema constitucional brasileiro, fruto do Estado Social, reconhece a liberdade de convicção do magistrado como sendo não só uma garantia da cidadania, mas também um pilar de sustentação do regime democrático de tripartição de poderes.

A doutrina tem destacado importante papel do Judiciário Trabalhista na concretização e efetivação dos direitos fundamentais do trabalhador, não sendo este apenas a chamada "boca da lei", mas livre para realizar interpretações construtivas e evolutivas do direito, a partir dos princípios constitucionais, com a finalidade de encontrar equilíbrio entre a livre-iniciativa e a dignidade da pessoa humana do trabalhador.

Não há consenso na doutrina de ser, efetivamente, a jurisprudência fonte do Direito Processual do Trabalho, pois o Brasil tem a tradição romano-germânica que prioriza o Direito positivado na lei. Entretanto, no Processo do Trabalho, a própria CLT reconhece a jurisprudência como fonte tanto do Direito do Trabalho como do Direito Processual do Trabalho (art. 8º).

A jurisprudência compõe o conjunto de decisões dos Tribunais, englobando os Tribunais Superiores, os de 2º grau de jurisdição e também os órgãos de 1º grau de jurisdição (Varas do Trabalho). Quando há reiteradas decisões num mesmo sentido, diz-se que há jurisprudência predominante sobre determinada matéria.

---

(48) FACCHINI NETO, Eugênio. Reflexões histórico-evolutivas sobre a constitucionalização do direito privado. In: SARLET, Ingo Wolfgang (Coord.). *Constituição, Direitos Fundamentais e Direito Privado*. Rio de Janeiro: Renovar, 2004. p. 23.

Como bem adverte *Tércio Sampaio Ferraz Júnior*[49]:

"Se é verdade que o respeito à lei e a proibição da decisão *contra legem* constituem regras estruturais fortes do sistema, não podemos desconhecer, de um lado, a formação de interpretações uniformes e constantes que, se não inovam a lei, dão-lhe um sentido geral de orientação; é a chamada jurisprudência pacífica dos tribunais, que não obriga, mas de fato acaba por prevalecer".

A jurisprudência uniforme dos Tribunais dá ensejo à edição de Súmulas, que constituem o resumo da interpretação pacífica de determinado Tribunal sobre uma matéria jurídica.

Como destaca *Amauri Mascaro Nascimento*[50]:

"A palavra *súmula* designa cada uma das decisões que constam no conjunto da jurisprudência. Houve, assim, sucessivas transformações de nomenclatura dos resumos da jurisprudência do Tribunal Superior do Trabalho, passando de prejulgados, com força obrigatória, para súmulas e depois enunciados, sem esse efeito, e agora, novamente súmulas".

São inúmeras as Súmulas do Tribunal Superior do Trabalho, disciplinando matéria processual, principalmente sobre matérias de aplicação subsidiária do Código de Processo Civil ao Processo do Trabalho.

A EC n. 45/04 criou a Súmula Vinculante, que pode ser editada pelo Supremo Tribunal Federal, mediante procedimento disciplinado por lei (Lei n. 11.417/06).

Nesse sentido, dispõe o art. 103-A da CF:

> O Supremo Tribunal Federal poderá, de ofício ou por provocação, mediante decisão de dois terços dos seus membros, após reiteradas decisões sobre matéria constitucional, aprovar súmula que, a partir de sua publicação na imprensa oficial, terá efeito vinculante em relação aos demais órgãos do Poder Judiciário e à Administração Pública direta e indireta, nas esferas federal, estadual e municipal, bem como proceder à sua revisão ou cancelamento, na forma estabelecida em lei. § 1º – A súmula terá por objetivo a validade, a interpretação e a eficácia de normas determinadas, acerca das quais haja controvérsia atual entre órgãos judiciários ou entre esses e a Administração Pública que acarrete grave insegurança jurídica e relevante multiplicação de processos sobre questão idêntica. § 2º – Sem prejuízo do que vier a ser estabelecido em lei, a aprovação, revisão ou cancelamento de súmula poderá ser provocada por aqueles que podem propor a Ação Direta de Inconstitucionalidade. § 3º – Do ato administrativo ou decisão judicial que contrariar a súmula aplicável ou que indevidamente a aplicar, caberá reclamação ao Supremo Tribunal Federal que, julgando-a procedente, anulará o ato administrativo ou cassará a decisão judicial reclamada, e determinará que outra seja proferida com ou sem a aplicação da súmula, conforme o caso.

Em havendo Súmula Vinculante do Supremo Tribunal em matéria da competência da Justiça do Trabalho, os órgãos da Justiça do Trabalho (Juízes do Trabalho,

---

(49) FERRAZ JÚNIOR, Tércio Sampaio. *Introdução ao estudo do direito*. 5. ed. São Paulo: Atlas, 2007. p. 245.

(50) NASCIMENTO, Amauri Mascaro. *Curso de direito processual do trabalho*. 22. ed. São Paulo: Saraiva, 2007. p. 73.

TRTs e TST) terão de observá-la. Portanto, as Súmulas Vinculantes em matéria processual são fontes do Direito Processual do Trabalho.

*f) Equidade*:

Ensina *Nelson Nery Júnior*[51]:

"Na concepção aristotélica, equidade não é o legalmente justo, mas sim a correção da justiça legal. O equitativo é o justo".

A equidade é fonte subsidiária tanto do Direito Processual Civil (art. 126 do CPC) como também do Direito Processual do Trabalho (art. 8º da CLT).

A doutrina costuma diferenciar o julgamento *por* equidade e o julgamento *com* equidade.

O julgamento por equidade constitui decisão baseada em critérios de justiça e razoabilidade, isto é, deixando de lado a lei e aplicando-se uma norma criada pelo julgador no caso concreto. Não obstante, o julgamento por equidade somente será possível quando houver autorização legal.

Nesse sentido é o disposto no art. 127 do CPC:

> O juiz só decidirá por equidade nos casos previstos em lei.

No Processo do Trabalho, o julgamento por equidade é possível nos dissídios coletivos de natureza econômica (art. 766 da CLT) e na arbitragem, que pode ser de direito ou por equidade (Lei n. 9.307/96).

O julgamento *com* equidade não significa desconsiderar a lei, mas interpretá-la de forma justa e razoável, abrandando o seu rigor a fim de que se encaixe ao caso concreto, observando-se a finalidade social da norma.

Como exemplo de julgamento com equidade, encontramos o disposto no art. 852-I, § 1º, da CLT:

> O juízo adotará em cada caso a decisão *que reputar mais justa e equânime, atendendo aos fins sociais da lei e as exigências do bem comum.*

*g) Doutrina*:

A doutrina consiste no conjunto de apreensões e leituras sitematizadas da ordem jurídica pelos juristas e estudiosos do Direito em geral, que informam a compreensão do sistema jurídico e de seus ramos, institutos e diplomas normativos, auxiliando o processo de aplicação concreta do Direito[52].

Muitos autores negam que a doutrina seja fonte do Direito Processual, pois não é emanada de um órgão de poder. Outros afirmam que ela é fonte mediata do Direito, vale dizer: secundária.

---

(51) NERY JÚNIOR, Nelson. *Código de Processo Civil comentado*. 10. ed. São Paulo: RT, 2007. p. 386.
(52) DELGADO, Mauricio Godinho. *Curso de direito do trabalho*. 7. ed. São Paulo: LTr, 2008. p. 172.

Mesmo não sendo fonte formal do Direito Processual do Trabalho, inegável a importância dos estudos doutrinários na aplicação e interpretação das normas processuais trabalhistas. Muitas vezes, os entendimentos doutrinários influenciam a jurisprudência e servem de suporte à criação de normas jurídicas.

## 5. Interpretação do Direito Processual do Trabalho

Ensina *Carlos Maximiliano*[53]:

"Interpretar é explicar, esclarecer; dar o significado de vocábulo, atitude ou gesto; reproduzir por outras palavras um pensamento exteriorizado; mostrar o sentido verdadeiro de uma expressão; extrair, de frase, sentença ou norma, tudo o que na mesma se contém".

Conforme menciona *Tércio Sampaio Ferraz Júnior*[54], a norma jurídica trata-se de uma proposição que diz como deve ser o comportamento, isto é, uma proposição de dever-ser. Promulgada a norma, ela passa a ter vida própria, conforme o sistema de normas no qual está inserida.

Desse modo, a lei, uma vez publicada e inserida no sistema de normas, adquire vida própria, desvinculando-se do seu criador e dos motivos que ensejaram sua edição. Por isso, deve ser livremente interpretada em compasso com as demais normas do sistema e do momento social em que ela se insere e, principalmente, confrontada com os princípios constitucionais do processo. Atualmente, doutrina e jurisprudência admitem ampla liberdade do Juiz na interpretação das normas processuais como decorrência do princípio do livre convencimento motivado e da imparcialidade.

Toda norma deve ser interpretada, não se aplicando mais atualmente o princípio *in claris cessat interpretatio*. Nesse sentido, destacamos a seguinte ementa:

> Interpretação da lei — Limites. Ao Poder Judiciário compete decidir as demandas dentro dos parâmetros legais, adaptando a solução à realidade social de um momento histórico. As minudências técnicas da lei devem ser humanizadas pela sensibilidade do juiz, homem que, vivendo na comunidade que lhe é jurisdicionada, deve cuidar para que a solução da lide não se apegue às regras frias. Além disto, a solução proposta pela sentença não deve limitar-se a resolver a questão suscitada pelos litigantes, atendo-se ao aspecto exclusivamente individualista, mas ter em vista as consequências sociais mais abrangentes, sobretudo quando se trata de questões trabalhistas. (TRT – 10ª R. – 1ª T. – RO n. 4950/98 – Rel. Juiz Fernando A. V. Damasceno – DJDF 19.5.2000 – p. 6) (RDT 06/00, p. 61).

Conforme já nos posicionamos, a interpretação da legislação processual do trabalho deve estar em compasso com os princípios constitucionais do processo (interpretação conforme a Constituição Federal). Desse modo, toda norma que rege

---

(53) MAXIMILIANO, Carlos. *Hermenêutica e aplicação do direito*. 19. ed. Rio Janeiro: Forense, 2003. p. 07.
(54) FERRAZ JÚNIOR, Tércio Sampaio. *Introdução ao estudo do direito*. 5. ed. São Paulo: Atlas, 2007. p. 100.

o Processo do Trabalho deve ser lida com os olhos da Constituição Federal, buscando sempre a máxima eficiência das normas e princípios constitucionais do processo.

Nesse sentido ensina *Luiz Guilherme Marinoni*[55]:

"Não há mais qualquer legitimidade na velha ideia de jurisdição voltada à atuação da lei; não é mais possível esquecer que o judiciário deve compreendê-la e interpretá-la a partir dos princípios constitucionais de justiça e dos direitos fundamentais (...). Diante disso, alguém poderia pensar que o princípio da legalidade simplesmente sofreu um desenvolvimento, já que a subordinação à lei passou a significar subordinação à Constituição, ou melhor, que a subordinação do Estado à lei foi levada a uma última consequência, consistente na subordinação da própria legislação à Constituição, que nada mais seria do que a 'lei maior' (...). A obrigação do jurista não é mais apenas a de revelar as palavras da lei, mas sim a de projetar uma imagem, corrigindo-a e adequando-a aos princípios de justiça e aos direitos fundamentais. Aliás, quando essa correção ou adequação não for possível, só lhe restará demonstrar a inconstitucionalidade da lei — ou, de forma figurativa, comparando-se a sua atividade com a de um fotógrafo, descartar a película por ser impossível encontrar uma imagem compatível. Não há como negar, hoje, a eficácia normativa ou a normatividade dos princípios constitucionais de justiça. Atualmente, esses princípios e os direitos fundamentais têm qualidade de normas jurídicas e, assim, estão muito longe de significar simples valores. Aliás, mesmo os princípios constitucionais não explícitos e os direitos fundamentais não expressos têm plena eficácia."

Os meios de interpretação da legislação processual do trabalho são os mesmos pertencentes à teoria geral do direito. Nesse sentido, bem adverte *José Frederico Marques*[56]: "A interpretação da lei processual civil não apresenta nenhuma particularidade na esfera da hermenêutica, uma vez que segue a metodologia das demais ciências do direito. Há, no Direito Processual Civil, a interpretação extensiva e a restritiva, bem como pode chegar-se ao entendimento do preceito escrito ou pela interpretação literal, ou por aquele de caráter sistemático, ou ainda a interpretação teleológica".

Há certo consenso na doutrina de que os principais métodos de interpretação da legislação processual trabalhista são: literal ou gramatical, histórico, teleológico, sistemático, restritivo e extensivo.

a) literal ou gramatical: Leva em consideração o significado das palavras para se chegar à interpretação da lei. Como destaca *Tércio Sampaio Ferraz Júnior*[57], quando se enfrenta uma questão léxica, a doutrina costuma falar em interpretação gramatical. Parte-se do pressuposto de que a ordem das palavras e

---

(55) MARINONI, Luiz Guilherme. *Teoria geral do processo*. São Paulo: RT, 2006. p. 44-45.

(56) MARQUES, José Frederico. *Manual de direito processual civil*. v. I. Campinas: Bookseller, 1997. p. 70-71.

(57) *Introdução ao estudo do direito*. 5. ed. São Paulo: Atlas, 2007. p. 289.

o modo como elas estão conectadas são importantes para obter-se o correto significado da norma.

O método gramatical é o primeiro recurso a ser usado na interpretação, mas não deve ser o único, devendo sempre o Juiz do Trabalho utilizar os demais métodos de interpretação para chegar ao real significado da norma.

b) histórico: O método histórico investiga os motivos sociológicos que deram origem à edição de determinada norma, buscando as principais discussões que se travaram nas assembleias legislativas para a edição de determinada lei processual.

c) Teleológico: Este método busca investigar a finalidade social da norma, ou seja: o seu objetivo e fim social.

Como bem adverte *José Frederico Marques*[58]:

"Tendo em vista os critérios de justiça, segurança ou oportunidade, o intérprete adotará o método que lhe pareça mais acertado para o caso. Na há sistemas rígidos de interpretação. O entendimento mais razoável é o que deve prevalecer, pouco importando que tenha sido deduzido da interpretação exegética, da sistemática ou da teleológica. O logos *del razonable*, como destaca *Recaséns Siches*, é que deve orientar o intérprete, visto que na aplicação do direito não se depara com a uniformidade lógica do raciocínio matemático e sim com a flexibilidade ou compreensão razoável da norma do *ius scriptum*. Com essa orientação pautou-se precedente do Superior Tribunal de Justiça, em cuja mente oficial se assentou que 'a melhor interpretação da lei é a que se preocupa com a solução justa, não podendo o seu aplicador esquecer que o rigorismo na exegese dos textos legais pode levar a injustiças'".

Nesse sentido dispõe o art. 852-I da CLT:

> A sentença mencionará os elementos de convicção do juízo, com resumo dos fatos relevantes ocorridos em audiência, dispensado o relatório. § 1º – O juízo adotará em cada caso a decisão que reputar mais justa e equânime, atendendo aos fins sociais da lei e as exigências do bem comum.

No mesmo sentido é o art. 5º da LICC, que determina que o Juiz ao aplicar a lei atente para os fins sociais a que ela se dirige e às exigências do bem comum.

d) Sistemático: O método sistemático constitui forma de interpretação da lei em cotejo com o sistema de normas no qual ela se insere, cotejando-a com as demais regras e princípios que disciplinam determinado instituto processual.

Ensina *Carlos Maximiliano*[59]: "Consiste o Processo Sistemático em comparar o dispositivo sujeito a exegese, com outros do mesmo repositório ou de leis diversas,

---

(58) *Op. cit.*, p. 71.
(59) *Op. cit.*, p. 104.

mas referentes ao mesmo objeto. Por umas normas se conhece o espírito de outras. Procura-se conciliar as partes antecedentes com as consequentes, e do exame das regras em conjunto deduzir o sentido de cada uma".

O método sistemático parte da ideia de ser o ordenamento jurídico processual um sistema harmônico de normas. Como destaca *Tércio Sampaio Ferraz Júnior*[60]: "Quando se enfrentam as questões de compatibilidade num todo estrutural, falemos em interpretação sistemática (*stricto sensu*). A pressuposição hermenêutica é a da unidade do sistema jurídico do ordenamento".

e) Restritivo: Neste método se restringe o alcance de determinada lei processual, para que a regra somente incida nas hipóteses taxativas que disciplina.

Como destaca *Carlos Maximiliano*[61], a exegese restrita atinge menos do que a letra, à primeira vista, traduz.

No processo as normas que implicam restrições de direito são interpretadas restritivamente, como a renúncia e transação, bem como as regras proibitivas.

f) Extensivo: Por este método se dilata o alcance de determinada regra processual para disciplinar hipóteses não descritas expressamente na lei.

Como adverte *Carlos Maximiliano*[62], a exegese extensiva objetiva extrair do texto mais do que as palavras parecem indicar.

## 6. Da aplicação subsidiária do Direito Processual Civil ao Direito Processual do Trabalho e as lacunas da CLT

O art. 769 da CLT disciplina os requisitos para aplicação subsidiária do Direito Processual Comum ao Processo do Trabalho, com a seguinte redação:

> Nos casos omissos, o direito processual comum será fonte subsidiária do direito processual do trabalho, exceto naquilo em que for incompatível com as normas deste Título.

Conforme a redação do referido dispositivo legal, são requisitos para a aplicação do Código de Processo Civil ao Processo do Trabalho:

a) omissão da CLT: quando a CLT e as legislações processuais trabalhistas extravagantes (Leis ns. 5.584/70 e 7.701/88) não disciplinam a matéria;

b) compatibilidade com os princípios que regem o processo do trabalho. Vale dizer: a norma do CPC, além de ser compatível com as regras que regem o Processo do Trabalho, deve ser compatível com os princípios que norteiam o Direito Processual do Trabalho, máxime o acesso do trabalhador à Justiça.

---

(60) *Op. cit.*, p. 293.
(61) *Op. cit.*, p. 163.
(62) *Op. cit.*, p. 163.

Nesse sentido, as seguintes ementas:

> Código de Processo Civil — Aplicação subsidiária. O Código de Processo Civil pode ser aplicado, subsidiariamente, ao processo do trabalho, quando neste existem lacunas e as regras instrumentais do Direito comum não forem incompatíveis com os princípios que norteiam este ramo especializado do Direito, conforme infere-se do art. 769 da CLT. (TRT – 12ª R. – 3ª T. – Ac. n. 4.750/2001 – Rel. Marcus P. Mugnaini – DJSC 17.5.2001 – p. 112) (RDT n. 6/2001, p. 60)

> Preparo recursal — Art. 511, § 2º, do CPC — Inaplicável no processo do trabalho. Nos termos do art. 769 da CLT, somente nos casos omissos e quando compatível, o direito processual comum será fonte subsidiária do direito processual do trabalho. No particular, a legislação trabalhista (art. 789, § 4º, da CLT) determina o pagamento das custas, sob pena de deserção, sem cogitar da possibilidade de intimação do recorrente para suprir sua falta. Logo, inexiste lacuna legal, sendo, portanto, inaplicável ao processo trabalhista o art. 511, § 2º, do CPC. (Instrução Normativa n. 17/2000 do TST, item III). Agravo regimental a que se nega provimento. (TST – 5ª T. – AGRR n. 375070/97-3 – Rel. Min. Walmir O. da Costa – DJ 24.5.2001 – p. 508) (RDT n. 6/2001, p. 60).

A questão das lacunas do Direito Processual do Trabalho e da incompletude do sistema processual sempre foi um assunto polêmico.

Conforme destaca *Luciano Athayde Chaves*[63], com suporte em *Maria Helena Diniz*:

"Examinando uma série importante de classificações sobre o tema, concluiu Maria Helena Diniz pela síntese do problema das lacunas, a partir da dimensão do sistema jurídico (fatos, valores e normas), numa tríplice e didática classificação: lacunas normativas, axiológicas e ontológicas. As lacunas normativas estampam ausência de norma sobre determinado caso, conceito que se aproxima das lacunas primárias, de Engisch. As lacunas ontológicas têm lugar mesmo quando presente uma norma jurídica a regular a situação ou caso concreto, desde que tal norma não estabeleça mais isomorfia ou correspondência com os fatos sociais, com o progresso técnico, que produziram o envelhecimento, 'o ancilosamento da norma positiva' em questão. As lacunas axiológicas também sucedem quando existe um dispositivo legal aplicável ao caso, mas se aplicado 'produzirá uma solução insatisfatória ou injusta'".

Conforme o texto acima mencionado, com cuja classificação concordamos, as lacunas da legislação processual podem ser:

*a) normativas*: quando a lei não contém previsão para o caso concreto. Vale dizer: não há regulamentação da lei sobre determinado instituto processual;

*b) ontológicas*: quando a norma não mais está compatível com os fatos sociais, ou seja, está desatualizada. Aqui, a norma regulamenta determinado instituto processual, mas ela não encontra mais ressonância na realidade, não há efetividade da norma processual existente;

*c) axiológicas*: quando as normas processuais levam a uma solução injusta ou insatisfatória. Existe a norma, mas sua aplicação leva a uma solução incompatível com os valores de justiça e equidade exigíveis para a eficácia da norma processual.

---

(63) CHAVES, Luciano Athayde. *Direito processual do trabalho:* reforma e efetividade. São Paulo: LTr, 2007. p. 68-69.

Atualmente, diante das recentes alterações do Código de Processo Civil, levadas a efeito, principalmente, pelas Leis ns. 11.187/05, 11.232/05, 11.276/06, 11.277/06, 11.280/06 e 11.382/06, que imprimiram maior efetividade e simplicidade ao processo civil, crescem as discussões sobre a aplicação subsidiária do Código de Processo Civil ao Processo do Trabalho, e se é possível a aplicação da regra processual civil se há regra expressa em sentido contrário na CLT.

Há duas vertentes de interpretação sobre o alcance do art. 769 da CLT. São elas:

a) *restritiva*: somente é permitida a aplicação subsidiária das normas do Processo Civil quando houver omissão da legislação processual trabalhista. Desse modo, somente se admite a aplicação do CPC, quando houver a chamada lacuna normativa. Essa vertente de entendimento sustenta a observância do princípio do devido processo legal, no sentido de não surpreender o jurisdicionado com outras regras processuais, bem como na necessidade de preservação do princípio da segurança jurídica. Argumenta que o processo deve dar segurança e previsibilidade ao jurisdicionado;

b) *evolutiva (também denominada sistemática ou ampliativa)*: permite a aplicação subsidiária do Código de Processo Civil ao Processo do Trabalho quando houver as lacunas ontológicas e axiológicas da legislação processual trabalhista. Além disso, defende a aplicação da legislação processual civil ao processo do trabalho quando houver maior efetividade da jurisdição trabalhista. Essa vertente tem suporte nos princípios constitucionais da efetividade, duração razoável do processo e acesso real e efetivo do trabalhador à Justiça do Trabalho, bem como no caráter instrumental do processo.

Juristas de nomeada, como *Manoel Antonio Teixeira Filho*, mostram-se frontalmente contrários à aplicação do CPC quando a CLT tem regra própria. Aduz o jurista[64]:

"Todos sabemos que o art. 769, da CLT, permite a adoção supletiva de normas do processo civil desde que: a) a CLT seja omissa quanto à matéria; b) a norma do CPC não apresente incompatibilidade com a letra ou com o espírito do processo do trabalho. Não foi por obra do acaso que o legislador trabalhista inseriu o 'requisito da omissão, antes da compatibilidade: foi, isto sim, em decorrência de um propositai critério lógico-axiológico. Desta forma, para que se possa cogitar da compatibilidade, ou não, de norma do processo civil com a do trabalho é absolutamente necessário, *ex vi legis*, que, antes disso, se verifique, se a CLT se revela omissa a respeito da matéria. Inexistindo omissão, nenhum intérprete estará autorizado a perquirir sobre a mencionada compatibilidade. Aquela constitui, portanto, pressuposto fundamental desta".

No mesmo sentido, pronuncia-se *Pedro Paulo Teixeira Manus*[65]:

---

(64) TEIXEIRA FILHO, Manoel Antonio. Processo do trabalho – embargos à execução ou impugnação à sentença? (A propósito do art. 475-J, do CPC). In: *Revista LTr* 70-10/1180.

(65) MANUS, Pedro Paulo Teixeira. A execução no processo do trabalho. O devido processo legal, a efetividade do processo e as novas alterações do Código de Processo Civil. In: *Revista do Tribunal Superior do Trabalho*, v. 73, n. 1, jan./mar. 2007. Rio Grande do Sul: Síntese, 2007. p. 44.

"O art. 769 da CLT dispõe que 'nos casos omissos o direito processual comum será fonte subsidiária do direito processual do trabalho, exceto naquilo em que for incompatível com as normas deste Título'. Referida regra tem aplicação somente na fase de conhecimento ao colocar o CPC como fonte subsidiária primeira do processo do trabalho. Já na fase de execução no processo do trabalho, a regra de aplicação da lei subsidiária é aquela prescrita no art. 889, da CLT que afirma que 'aos trâmites e incidentes do processo da execução são aplicáveis, naquilo em que não contravierem ao presente Título, os preceitos que regem o processo dos executivos fiscais para a cobrança judicial da dívida da Fazenda Pública Federal'. Desse modo, como sabemos, a lei estabelece a regra específica a se aplicar tanto na fase de conhecimento quanto na execução. E há em comum na aplicação de ambas as leis o requisito da omissão pela CLT, o que desde logo exclui aplicação de norma subsidiária quando aquela disciplinar a matéria. A regra estabelecida em ambos os artigos acima transcritos configura princípio típico do processo do trabalho, que garante o respeito ao devido processo legal, na medida em que o jurisdicionado tem a segurança de que não será surpreendido pela aplicação de norma diversa sempre que houver a solução do texto consolidado. É sob esta ótica que devemos examinar, a nosso ver, as modificações que se processam no Código de Processo Civil e a possibilidade de sua aplicação ao processo do trabalho".

Outros juristas de igual nomeada, como, por exemplo, *Jorge Luiz Souto Maior*[66], são favoráveis à aplicabilidade do CPC ao Processo do Trabalho, observados os requisitos da efetividade processual e melhoria da prestação jurisdicional trabalhista, com os seguintes argumentos:

"Das duas condições fixadas no art. 769, da CLT, extrai-se um princípio, que deve servir de base para tal análise: a aplicação de normas do Código de Processo Civil no procedimento trabalhista só se justifica quando for necessária e eficaz para melhorar a efetividade da prestação jurisdicional trabalhista. (...) O direito processual trabalhista, diante do seu caráter instrumental, está voltado à aplicação de um direito material, o direito do trabalho, que é permeado de questões de ordem pública, que exigem da prestação jurisdicional muito mais que celeridade; exigem que a noção de efetividade seja levada às últimas consequências. O processo precisa ser rápido, mas, ao mesmo tempo, eficiente para conferir o que é de cada um por direito, buscando corrigir os abusos e obtenções de vantagens econômicas que se procura com o desrespeito à ordem jurídica. Pensando no aspecto instrumental do processo, vale lembrar que o direito material trabalhista é um direito social por excelência, cuja ineficácia pode gerar graves distúrbios tanto de natureza econômica quanto social. (...) Ainda nesta linha, de fixar pressupostos teóricos necessários para a análise da questão da subsidiariedade do processo comum ao processo do trabalho, partindo do princípio de que se deve priorizar a melhoria da prestação jurisdicional, é importante, por fim, deixar claro que sendo a inovação do processo

---

(66) SOUTO MAIOR, Jorge Luiz. Reflexos das alterações no Código de Processo Civil no processo do trabalho. In: *Revista LTr* 70-08/920.

civil efetivamente eficaz, não se poderá recusar sua aplicação no processo do trabalho com o argumento de que a CLT não é omissa. Ora, se o princípio é o da melhoria contínua da prestação jurisdicional, não se pode utilizar o argumento de que há previsão a respeito na CLT, como forma de rechaçar algum avanço que tenha havido neste sentido no processo civil, sob pena de se negar a própria intenção do legislador ao fixar os critérios da aplicação subsidiária do processo civil. Notoriamente, o que se pretendeu (daí o aspecto teleológico da questão) foi impedir que a irrefletida e irrestrita aplicação das normas do processo civil evitasse a maior efetividade da prestação jurisdicional trabalhista que se buscava com a criação de um procedimento próprio na CLT (mais célere, mais simples, mais acessível). Trata-se, portanto, de uma regra de proteção, que se justifica historicamente. Não se pode, por óbvio, usar a regra de proteção do sistema como óbice ao seu avanço. Do contrário, pode-se ter por efeito um processo civil mais efetivo que o processo do trabalho, o que é inconcebível, já que o crédito trabalhista merece tratamento privilegiado no ordenamento jurídico como um todo. Em suma, quando há alguma alteração no processo civil o seu reflexo na esfera trabalhista só pode ser benéfico, tanto no prisma do processo do trabalho quanto do direito do trabalho, dado o caráter instrumental da ciência processual"[67].

Nesse mesmo sentido é a visão de *Carlos Henrique Bezerra Leite*[68]:

"A heterointegração pressupõe, portanto, existência não apenas das tradicionais lacunas normativas, mas também das lacunas ontológicas e axiológicas. Dito de outro modo, a heterointegração dos dois subsistemas (processo civil e trabalhista) pressupõe a interpretação evolutiva do art. 769 da CLT, para permitir a aplicação subsidiária do CPC não somente na hipótese (tradicional) de lacuna normativa ao processo laboral, mas também quando a norma do processo trabalhista apresenta manifesto envelhecimento que, na prática, impede ou dificulta a prestação jurisdicional justa e efetiva deste processo especializado (...) De outro lado, é imperioso romper com o formalismo jurídico e estabelecer o diálogo das fontes normativas infraconstitucionais do CPC e da CLT, visando à concretização do princípio da máxima efetividade das normas (princípios e regras) constitucionais de direito processual, especialmente o novel princípio da 'duração razoável do processo com os meios que garantam a celeridade de sua tramitação' (EC n. 45/2004, art. 5º, LXXVIII)".

---

(67) Nesse mesmo sentido, fundamentando a possibilidade de aplicação da regra mais efetiva do CPC, mesmo não havendo omissão da CLT, com suporte nos princípios constitucionais do processo, é a visão de Élisson Miessa dos Santos, com suporte, ainda, na própria Emenda Constitucional n. 45/04, que introduziu como direitos fundamentais os princípios da celeridade e efetividade processual e também no caráter instrumental da ciência processual (A multa do art. 475-J do CPC e sua aplicação no processo do trabalho. In: *Suplemento Trabalhista* 103/06, p. 438-439). No mesmo sentido se posiciona Marcelo Freire Sampaio Costa (*Reflexos da reforma do CPC no processo do trabalho:* leitura constitucional do princípio da subsidiariedade. São Paulo: Método, 2007. p. 32-33).

(68) BEZERRA LEITE, Carlos Henrique. *Curso de direito processual do trabalho.* 6. ed. São Paulo: LTr, 2008. p. 107-101.

No nosso sentir, por primeiro, destaca-se que o Direito Processual do Trabalho foi criado para propiciar um melhor acesso do trabalhador à Justiça, bem como suas regras processuais devem convergir para tal finalidade.

Os princípios basilares do Direito Processual do Trabalho devem orientar o intérprete a todo momento. Não é possível, à custa de se manter a autonomia do Processo do Trabalho e a vigência de suas normas, sacrificar o acesso do trabalhador à Justiça do Trabalho, bem como o célere recebimento de seu crédito alimentar.

Diante dos princípios constitucionais que norteiam o processo[69] e também da força normativa dos princípios constitucionais, não é possível uma interpretação isolada da CLT, vale dizer: divorciada dos princípios constitucionais do processo, máxime o do acesso efetivo e real à Justiça do Trabalho, duração razoável do processo, acesso à ordem jurídica justa, para garantia, acima de tudo, da dignidade da pessoa humana[70] do trabalhador e melhoria da sua condição social[71].

---

(69) Como bem adverte Daniel Sarmento: "Na verdade, os princípios não possuem *fattispecie*, razão pela qual não permitem subsunções. Por isso, não podem ser aplicados mecanicamente, exigindo um esforço interpretativo maior do seu aplicador. Como afirmou Sagrebelsky, se o ordenamento não contivesse princípios e fosse todo composto apenas por regras, seria vantajoso substituir todos os juízes por computadores, diante do automatismo do processo de aplicação do direito" (*Direitos fundamentais e relações privadas*. Rio de Janeiro: Lumen Juris, 2004. p. 82/83).

(70) Ensina Ingo Wolfgang Sarlet: "Temos por dignidade da pessoa humana a qualidade intrínseca e distintiva reconhecida em cada ser humano que o faz merecedor do mesmo respeito e consideração por parte do Estado e da comunidade, implicando, neste sentido, um complexo de direitos e deveres fundamentais que assegurem a pessoa tanto contra todo e qualquer ato de cunho degradante e desumano, como venham a lhe garantir as condições existenciais mínimas para uma vida saudável, além de propiciar e promover sua participação ativa e corresponsável nos destinos da própria existência e da vida em comunhão com os demais seres humanos" (SARLET, Ingo Wolfgang. *Dignidade da pessoa humana e direitos fundamentais*. 4. ed. Porto Alegre: Livraria do Advogado, 2006. p. 60). Fábio Konder Comparato, referindo-se à filosofia Kantiana, adverte com propriedade: "Ora, da dignidade a pessoa não consiste apenas no fato de ser ela, diferentemente das coisas, um ser considerado e tratado, em si mesmo, como um fim em si e nunca como meio para a consecução de determinado resultado. Ela resulta também do fato de que, pela sua vontade racional, só a pessoa vive em condições de autonomia, isto é, como ser capaz de guiar-se pelas leis que ele próprio edita. Daí decorre, como assinalou o filósofo, que todo homem tem dignidade e não um preço, como as coisas. A humanidade como espécie, e cada ser humano em sua individualidade, é propriamente insubstituível: não equivale, não pode ser trocado por coisa alguma" (*A afirmação histórica dos direitos humanos*. 3. ed. São Paulo: Saraiva, 2004. p. 22). A dignidade da pessoa humana está prevista no art. 1º, III, da CF como um dos fundamentos da República Federativa do Brasil e constitui um legado incontestável das filosofias de São Tomás de Aquino e de Kant. O ser humano é um fim em si mesmo e, jamais, um meio para atingir determinado fim. O ser humano é um sujeito de direito e não objeto do direito. Além disso, a nosso ver, o ser humano é o fundamento e o fim último do Direito e de toda ciência humana. Por isso, em toda atividade criativa ou interpretativa do Direito, deve-se sempre adaptar o Direito ao ser humano e não o ser humano ao Direito. A Constituição brasileira assegura, em vários artigos, a proteção do ser humano, seja fazendo referência ao princípio da dignidade da pessoa humana, seja protegendo a vida, a saúde, garantindo a igualdade, a liberdade, a segurança e as condições dignas de sobrevivência por meio da proteção à maternidade e à infância. Igualmente, estende-se a proteção ao ambiente ecologicamente equilibrado e à sadia qualidade de vida a ser assegurada às gerações presente e futura (O art. 1º, inciso III; o art. 5º, *caput*; o art. 203, inciso I e o art. 225 da Constituição Federal de 1988).

(71) O Direito do Trabalho é um produto do século XIX e surge para garantir a melhoria da condição social do trabalhador, nivelando as desigualdades entre o capital e o trabalho e, acima de tudo, consagrar a

Assim como o Direito Material do Trabalho adota o princípio protetor, que tem como um dos seus vetores a regra da norma mais benéfica, o Direito Processual do Trabalho, por ter um acentuado grau protetivo, e por ser um direito, acima de tudo, instrumental, com maiores razões que o direito material, pode adotar o princípio da norma mais benéfica, e diante de duas regras processuais que possam ser aplicadas à mesma hipótese, escolher a mais efetiva, ainda que seja a do Direito Processual Civil e seja aparentemente contrária à CLT.

Para escolher dentre duas regras a mais efetiva, o intérprete deve-se valer dos princípios da equidade, razoabilidade e proporcionalidade. Adverte com propriedade *João Batista Lopes*, referindo-se ao princípio da proporcionalidade na seara processual: "No campo do processo civil, é intensa sua aplicação, tanto no processo de conhecimento como no de execução e no cautelar. No dia a dia forense, vê-se o juiz diante de princípios em estado de tensão conflitiva, que o obrigam a avaliar os interesses em jogo para adotar a solução que mais se ajuste aos valores consagrados na ordem jurídica. O princípio da proporcionalidade tem íntima relação com a efetividade do processo na medida em que, ao solucionar o conflito segundo os ditames da ordem constitucional, está o juiz concedendo a adequada proteção ao direito e atendendo aos escopos do processo[72]".

Como destacado, alguns autores mais tradicionais tecem severas críticas à aproximação do Direito Processual do Trabalho ao Direito Processual Civil, o que denominam de *civitização*[73] do processo do trabalho, acarretando perda de identidade deste ramo especializado da ciência processual. Asseveram que os conflitos que chegam diariamente à Justiça do Trabalho devem ser resolvidos à luz da CLT.

---

dignidade da pessoa humana do trabalhador, bem como ressaltar os valores sociais do trabalho, como fundamentos para uma sociedade justa e solidária. Na clássica definição de Octavio Bueno Magano, o direito do trabalho "conceitua-se como o conjunto de princípios, normas e instituições, que se aplicam à relação de trabalho, tendo em vista a proteção do trabalhador e a melhoria de sua condição social". (*ABC do direito do trabalho*. 1. ed. São Paulo: RT, 1998. p. 10). Ensina Magano que a referência à melhoria da condição social do trabalhador indica o fundamento do Direito do Trabalho, o fim para o qual convergem suas normas e instituições (*Op. cit.*, p. 11).

(72) LOPES, João Batista. Princípio de proporcionalidade e efetividade do processo civil. In: MARINONI, Luiz Guilherme (Coord.). *Estudos de direito processual civil*. Homenagem ao professor Egas Dirceu Moniz de Aragão. São Paulo: RT, 2005. p. 135.

(73) Nos ensina o jurista Francisco Gérson Marques de Lima: "a tônica e o uso frequente do processo civil do processo do trabalho provoca a chamada *civitização*". Segundo citado autor: "alguns operadores jurídicos, por dominarem o Processo Civil e com ele terem afinidade, incorporam seus princípios e os aplicam generalizadamente, em detrimento da identidade do Processo do Trabalho (é a civitização). O erro vem logo desde o concurso para a Magistratura, cuja sentença, p. ex., exige muito conhecimento de Processo Civil e pouco do histórico do Processo do Trabalho. Então, muitas vezes, os candidatos aprovados são os processualistas civis, que conhecem o Processo do Trabalho só na sua superficialidade e caem de para-quedas na Justiça do Trabalho. O resultado prático é encontrado em certos absurdos forenses, que o autor poupará esta obra do desprazer de citá-los (...)" (*Fundamentos do Processo do Trabalho*. São Paulo: Malheiros, 2010. p. 161).

Em que pese o respeito que merecem, com eles não concordamos, pois o processo do trabalho foi idealizado, originalmente, na década de 1940, quando a sociedade brasileira era diversa e as necessidades dos jurisdicionados também. Além disso, a complexidade dos conflitos trabalhistas não tinha a mesma intensidade dos de hoje. Atualmente, diante de fatores como a flexibilização, terceirização e horizontalização das empresas, nos processos trabalhistas, são enfrentadas complexas questões processuais como a presença de diversos reclamados no polo passivo da ação. Além disso, a falta de efetividade dos dispositivos processuais trabalhistas na execução é manifesta.

A CLT e a legislação processual trabalhista, em muitos aspectos, funcionam bem e devem ser mantidas. O procedimento oral, as tentativas obrigatórias de conciliação, a maior flexibilidade do procedimento, a majoração dos poderes do Juiz do Trabalho na condução do processo e a irrecorribilidade imediata das decisões interlocutórias têm obtido resultados excelentes. Não obstante, em alguns aspectos, a exemplo dos capítulos dos recursos e da execução, deve-se permitir ao Juiz do Trabalho buscar a melhoria constante da prestação jurisdicional trabalhista nos dispositivos do Código de Processo Civil e da Teoria Geral do Processo.

Vale lembrar que a jurisdição do Estado é una e todos os ramos da ciência processual seguem os princípios constitucionais da jurisdição e do processo. A segmentação da jurisdição nos diversos ramos do Poder Judiciário tem à vista propiciar melhores resultados na efetividade do direito.

A maior aproximação do Processo do Trabalho ao Processo Civil não desfigura a principiologia do Processo do Trabalho, tampouco provoca retrocesso social à ciência processual trabalhista. Ao contrário, possibilita evolução conjunta da ciência processual. O próprio processo civil, muitas vezes, se inspira no Processo do Trabalho para evoluir em muitos de seus institutos.

Propiciar ao Juiz do Trabalho maior flexibilidade em aplicar normas processuais civis, no nosso entendimento, freia arbitrariedades ao tomar providências processuais sem fundamentação, adequada, com suporte apenas na equidade e nos amplos poderes de direção do processo conferidos pelo art. 765, da CLT.

Além disso, as normas processuais do CPC quando aplicadas ao Processo do Trabalho são, necessariamente, adaptadas às contingências do Direito Processual do Trabalho bem como compatibilizadas com a principiologia deste. Vale dizer: o Juiz do Trabalho aplica e interpreta as normas processuais civis com os olhos da sistemática processual trabalhista.

No aspecto, vale destacar a seguinte ementa:

> Processo do trabalho grávido de si mesmo — Inchaço e gestação que se projetam no tempo pela busca da efetividade — Avanços necessários para sair da sua mórbida ineficiência — Hipoteca judicial. Dizer que o processo está grávido de si mesmo é reconhecer o seu anacronismo. Vale dizer, é aceitar que ele inchou, desnecessariamente. A simplicidade cedeu lugar à complexidade. A sentença, resultado de sua gestação,

não pode ser ineficaz, nem demora pode haver na entrega do bem tutelado a que o empregado eventualmente tenha direito. Avanços precisam ser feitos para a superação de sua mórbida ineficiência, reconhecida por todos — seus agentes e a sociedade, a que se destinam todas as suas funções jurisdicionais. Herdamos o espírito burocrático e cartorial do Império, que dominou as praxes forenses durante séculos. Intempéries acenam que é indispensável uma mudança de rota. A sociedade industrial cedeu espaço para a sociedade informacional, na qual quase tudo se faz em tempo real, com boa qualidade, e a custos cada vez menores. Sem vencer a burocracia, o processo eletrônico continuará o mesmo. De nada adianta transportar a burocracia do processo físico para o e-processo. Haverá apenas a substituição do papel pela virtualidade; mas não haverá significativa alteração do resultado. O processo é mais do que instrumental; é finalístico em sua substância. A sociedade pós-moderna não lida com perdas expressivas, nem de tempo nem de dinheiro, porque o bem-estar social está abertamente atrelado aos resultados, à economia de gastos com a burocracia e com investimentos em educação, pesquisa, saúde, moradia, saneamento básico e produção. Ultrapassada, parcialmente, a fase de positivação de direitos sociais; não é mais possível adiar-se a sua efetividade, incumbência do Estado em face dos direitos fundamentais. Precisamos reconhecer que o tempo passou e o processo ficou parado, vencido pela dinâmica da vida social. Todos somos atores da época em que vivemos, e alguns do futuro. Todavia, permitido não nos é que sejamos atores do passado. Os juízes possuem um compromisso maior com a sociedade. Os juízes do Trabalho mais ainda. Vencer a burocracia do papel e dotar o processo de princípios condizentes com o momento histórico é obrigação de todos: advogados, juízes, procuradores, servidores. Nos últimos tempos, a impressão que se tem é a de o mérito da questão se tornou um tesouro escondido, trancado com sete mil chaves, de modo que para a ele se chegar e examinar o mérito pedido, que normalmente é muito simples, faz--se necessário vencer etapas e mais etapas de fórmulas e formalismos. Não existe fórmula mágica para a solução de questões de fundo muito simples. O processo tem de readquirir a sua simplicidade, da qual decorrerão a eficiência, a eficácia, a celeridade e a economia. Além das multas e da competência penal, pela qual devemos lutar, existem técnicas processuais que podem auxiliar à celeridade e à efetividade das decisões: a hipoteca judicial é uma delas. (TRT 3ª R. – 4ª T. – Rel. Des. Luiz Otávio Linhares Renault – 8.9.09 – p. 24 – Processo RO n. 64/2009.089.03.00-6) (RDT n. 10 – out. 2009)

Embora se possa questionar: aplicando-se as regras do CPC, ao invés da CLT, o Juiz estaria desconsiderando o devido processo legal e surpreendendo o jurisdicionado com alteração das regras, pensamos que tal não ocorre, pois o Juiz do Trabalho, aplicando o CPC, não está criando regras, está apenas aplicando uma regra processual legislada mais efetiva que a CLT, e é sabido que a lei é de conhecimento geral (art. 3º, LICC). Se há regras expressas processuais no CPC que são compatíveis com os princípios do Processo do Trabalho, pensamos não haver violação do devido processo legal. Além disso, as regras do CPC observam o devido processo legal e também os princípios do Direito Processual do Trabalho.

Conforme Ísis de Almeida[74], se é certo que um direito processual sempre contém princípios básicos de fundo e de forma comuns a outras espécies de direito

---

(74) ALMEIDA, Ísis de. *Manual de direito processual do trabalho.* v. 1, 9. ed. São Paulo: LTr, 1998. p. 19.

adjetivo, é certo, por outro lado, que, na interpretação e na aplicação desses princípios, o juiz ou jurista tem de levar em conta a índole do direito substantivo a que correspondem as regras em exame. Torna-se, portanto, necessário que se estabeleçam normas de direito positivo capazes de delimitar a liberdade criativa que se outorga ao intérprete ou ao aplicador. Não há direito especial sem Juiz próprio, nem matéria jurídica especial sem um direito autônomo.

Vale mencionar que há projeto de lei em trâmite no Congresso Nacional visando à alteração do art. 769 da CLT (PN. n. 7.152/2006, que acrescenta o parágrafo único ao art. 769), com a seguinte redação:

> Parágrafo único do art. 769, da CLT: O direito processual comum também poderá ser utilizado no processo do trabalho, inclusive na fase recursal ou de execução, naquilo que permitir maior celeridade ou efetividade de jurisdição, ainda que exista norma previamente estabelecida em sentido contrário.

Parece-nos que o presente projeto de lei vai ao encontro do que procuramos defender. Nota-se que, se o projeto for aprovado, o legislador estará dando um grande passo para a efetividade e celeridade do processo, bem como melhoria do acesso do trabalhador à Justiça do Trabalho. Não queremos defender a desconsideração do processo do trabalho, ou a sua extinção, até mesmo porque o Processo do Trabalho apresenta um procedimento simples, efetivo e que tem obtido resultados satisfatórios, mas sim aperfeiçoá-lo, para que continue efetivo e produzindo resultados satisfatórios.

Como destaca *Luciano Athayde Chaves*[75] em brilhante estudo sobre o tema:

> "A progressiva e dinâmica interpretação do ordenamento jurídico atende a igual *status* da própria sociedade, da própria casuística, portanto, o enfrentamento de novos desafios, a partir de uma compreensão mais aberta do ordenamento jurídico, inclusive processual, não pode ser concebido como uma distorção do sistema judiciário, uma vez que tal processo de desenvolvimento e interpretação é próprio do Direito (...). A abertura do sistema jurídico, a partir da Constituição, não reproduz, é certo — e isso já de um bom tempo —, uma única e monolítica interpretação do ordenamento jurídico. Pelo contrário, permite-se, considerando os graus de aceitabilidade, câmbios e ajustes de acordo com a marcha histórica e cultural de um povo, de uma nação (...). Nesses dias, em que fazemos, todos nós, relevantes reflexões sobre reformas processuais, é fundamental o debate e a construção de uma jurisprudência crítica, que sinalize os parâmetros de aceitabilidade interpretativa e construtiva no Direito Processual, como sempre sucedeu (...). Não precisamos, pois, temer a evolução do nosso Direito Processual do Trabalho. Temos que olhar de frente o desafio de mudar quando preciso for, bem assim de defender os seus institutos quando estes se

---

(75) CHAVES, Luciano Athayde. As lacunas no direito processual do trabalho. In: *Direito processual do trabalho: reforma e efetividade*. São Paulo: LTr, 2007. p. 90-92.

mostrem ainda com vigor e em contato com os princípios e valores do subsistema processual trabalhista. A segurança que devemos oferecer ao cidadão brasileiro que busca e confia no Judiciário Trabalhista deve ser aquela que se traduza em efetividade e em celeridade processuais, escopos que devem se constituir em verdadeiro compromisso entre o Estado-Juiz e o jurisdicionado (...)".

Sob outro enfoque, o Juiz, como condutor do Processo do Trabalho, encarregado de zelar pela dignidade do processo e pela efetividade da jurisdição trabalhista, conforme já nos posicionamos, deve ter em mente que o processo deve tramitar em prazo compatível com a efetividade do direito de quem postula, uma vez que a duração razoável do processo foi erigida a mandamento constitucional, e buscar novos caminhos e interpretação da lei no sentido de materializar este mandamento constitucional.

Além disso, atualmente, a moderna doutrina[76] vem defendendo um diálogo maior entre o Processo do Trabalho e o Processo Civil, a fim de buscar, por meio de interpretação sistemática e teleológica, os benefícios obtidos na legislação processual civil e aplicá-los ao Processo do Trabalho. Não pode o Juiz do Trabalho fechar os olhos para normas de Direito Processual Civil mais efetivas que a CLT, e se omitir sob o argumento de que a legislação processual do trabalho não é omissa, pois estão em jogo interesses muito maiores que a aplicação da legislação processual trabalhista e sim a importância do Direito Processual do Trabalho, como sendo um instrumento célere, efetivo, confiável, que garanta, acima de tudo, a efetividade da legislação processual trabalhista e a dignidade da pessoa humana.

Nesse sentido é a visão de *Maria Helena Diniz*[77]:

"O juiz, ao solucionar uma questão de direito civil, não ficará adstrito apenas às normas contidas no Código Civil; recorrerá também às leis ou normas esparsas concernentes ao tema, podendo até lançar mão de disposições pertencentes a sistemas normativos de outros ramos jurídicos: processual, constitucional, comercial, etc."

A teoria geral do processo e também a moderna teoria geral do processo do trabalho vêm defendendo um Processo do Trabalho mais ágil, que tenha resultados. Por isso, vive-se hoje um Processo do Trabalho de resultado que seja capaz de garantir não só o cumprimento da legislação social, mas, sobretudo, da expansão do Direito Material do Trabalho. Como bem adverte *Dinamarco*[78], não basta o belo enunciado de uma sentença bem estruturada e portadora de afirmações inteiramente favoráveis

---

(76) Nesse sentido, destacam-se notáveis processualistas da área trabalhista que empreenderam brilhantes estudos sobre o tema como os Jorge Luiz Souto Maior, Carlos Henrique Bezerra Leite, Cléber Lúcio de Almeida, Francisco Antonio de Oliveira, Luciano Athayde Chaves, Júlio César Bebber e Marcelo Freire Sampaio Costa.

(77) DINIZ, Maria Helena. *As lacunas no direito*. 5. ed. São Paulo: Saraiva, 1999. p. 78-79.

(78) DINAMARCO, Cândido Rangel. *Instituições de direito processual civil*. v. I. São Paulo: Malheiros, 2001. p. 108.

ao sujeito, quando o que ela dispõe não se projetar utilmente na vida deste, eliminando a insatisfação que o levou a litigar e propiciando-lhe sensações felizes pela obtenção da coisa ou da situação postulada. "Na medida do que for praticamente possível, o processo deve propiciar a quem tem um direito tudo aquilo e precisamente aquilo que ele tem o direito de receber" (*Chiovenda*).

Conforme *Luiz Guilherme Marinoni*[79], a concretização da norma processual deve tomar em conta as necessidades de direito material reveladas no caso, mas a sua instituição decorre, evidentemente, do direito fundamental à tutela jurisdicional efetiva. O legislador atua porque é ciente de que a jurisdição não pode dar conta das variadas situações concretas sem a outorga de maior poder e mobilidade, ficando o autor incumbido da identificação das necessidades concretas para modelar a ação processual, e o juiz investido do poder-dever de, mediante argumentação própria e expressa na fundamentação da sua decisão, individualizar a técnica processual capaz de permitir-lhe a efetiva tutela do direito. A lei processual não pode antever as verdadeiras necessidades de direito material, uma vez que estas não apenas se transformam diariamente, mas igualmente assumem contornos variados, conforme os casos concretos. Diante disso, chegou-se naturalmente à necessidade de uma norma processual destinada a dar aos jurisdicionados e ao juiz o poder de identificar, ainda que dentro de sua moldura, os instrumentos processuais adequados à tutela dos direitos.

Por fim, cumpre destacar as lúcidas palavras de *Cândido Rangel Dinamarco*[80]:

"Para o adequado cumprimento da função jurisdicional, é indispensável boa dose de sensibilidade do juiz aos valores sociais e às mutações axiológicas da sua sociedade. O juiz há de estar comprometido com esta e com as suas preferências. Repudia-se um juiz indiferente, o que corresponde a repudiar também o pensamento do processo como instrumento meramente técnico. Ele é um instrumento político de muita conotação ética, e o juiz precisa estar consciente disso. As leis envelhecem e também podem ter sido malfeitas. Em ambas as hipóteses carecem de legitimidade as decisões que as considerem isoladamente e imponham o comando emergente da mera interpretação gramatical. Nunca é dispensável a interpretação dos textos legais no sistema da própria ordem jurídica positiva em consonância com os princípios e garantias constitucionais (interpretação sistemática) e sobretudo à luz dos valores aceitos (interpretação sociológica, axiológica)".

Pelo exposto, concluímos que o Direito Processual Civil pode ser aplicado ao Processo do Trabalho, nas seguintes hipóteses:

---

(79) MARINONI, Luiz Guilherme. A legitimidade da atuação do juiz a partir do direito fundamental à tutela jurisdicional efetiva. In: *Os poderes do juiz e o controle das decisões judiciais:* estudos em homenagem à professora Teresa Arruda Alvim Wambier. Coords. José Miguel Garcia Medina; Luana Pedrosa de Figueiredo Cruz; Luís Otávio Sequeira de Cerqueira; Luiz Manoel Gomes Júnior. São Paulo: RT, 2008. p. 230-231.

(80) *A instrumentalidade do processo*. 12. ed. São Paulo: Malheiros, 2005. p. 361.

a) omissão da CLT (lacunas normativas, ontológicas e axiológicas); compatibilidade das normas do Processo Civil com os princípios do Direito Processual do Trabalho;

b) ainda que não omissa a CLT, quando as normas do Processo Civil forem mais efetivas que as da CLT e compatíveis com os princípios do Processo do Trabalho.

Nesse mesmo sentido, é o Enunciado n. 66, da 1ª Jornada de Direito Material e Processual do Trabalho do Tribunal Superior do Trabalho, *in verbis*:

> APLICAÇÃO SUBSIDIÁRIA DE NORMAS DO PROCESSO COMUM AO PROCESSO TRABALHISTA. OMISSÕES ONTOLÓGICA E AXIOLÓGICA. ADMISSIBILIDADE. Diante do atual estágio de desenvolvimento do processo comum e da necessidade de se conferir aplicabilidade à garantia constitucional da duração razoável do processo, os arts. 769 e 889 da CLT comportam interpretação conforme a Constituição Federal, permitindo a aplicação de normas processuais mais adequadas à efetivação do direito. Aplicação dos princípios da instrumentalidade, efetividade e não retrocesso social.

## 7. Da vigência da norma processual trabalhista e as regras de direito intertemporal

Constituem princípios da aplicação da Lei Processual: irretroatividade da lei; vigência imediata da lei aos processos em curso; impossibilidade de renovação das fases processuais já ultrapassadas pela preclusão (também chamada pela doutrina de teoria do isolamento dos atos processuais já praticados).

A Consolidação das Leis do Trabalho disciplina a questão da vigência da Lei nos arts. 912 e 915, *in verbis*: Art. 912. "Os dispositivos de caráter imperativo terão aplicação imediata às relações iniciadas, mas não consumadas, antes da vigência desta Consolidação". Art. 915. "Não serão prejudicados os recursos interpostos com apoio em dispositivos alterados ou cujo prazo para interposição esteja em curso à data da vigência desta Consolidação".

No mesmo diapasão é o art. 1.211 do CPC, que assim dispõe: "Este Código regerá o processo civil em todo o território brasileiro. Ao entrar em vigor, suas disposições aplicar-se-ão desde logo aos processos pendentes".

## 8. Processos em curso oriundos das Justiças Estadual e Federal quando da vigência da EC n. 45/04 e as regras de direito intertemporal

Quanto aos processos nas Justiças Federal e Estadual que estavam em curso quando da entrada em vigor da EC n. 45/04, em que pese a opinião de alguns doutrinadores e parte da jurisprudência[81], eles devem ser remetidos imediatamente

---

(81) "AÇÃO DE INDENIZAÇÃO POR DANOS MATERIAIS E MORAIS DECORRENTES DE ACIDENTE DE TRABALHO PROCESSADA E JULGADA NA JUSTIÇA ESTADUAL COMUM. SENTENÇA DE MÉRITO PROFERIDA ANTES

à Justiça do Trabalho, pois, uma vez cessada a competência material, o juiz não poderá mais atuar no processo, pois falta um pressuposto processual de validade da relação jurídica processual, que é a competência material.

Como destaca *Estêvão Mallet*: "(...) os autos dos processos em tramitação perante a Justiça Comum Estadual ou Federal, ao tempo da publicação da Emenda Constitucional n. 45, doravante de competência da Justiça do Trabalho, devem ser a esta última remetidos de imediato, independentemente da fase processual em que se encontrem. Se a sentença condenatória foi proferida pela Justiça Comum, na altura competente para julgamento da causa, deslocada a competência, à Justiça do Trabalho cabe a execução do respectivo pronunciamento, como já firmado, aliás, pela Súmula n. 10 do Superior Tribunal de Justiça. O disposto no art. 575, II do CPC não prevalece em caso de modificação de competência absoluta" (*Direito, trabalho e processo em transformação*. São Paulo: LTr, 2005. p. 188).

Nesse sentido, destacamos a seguinte ementa:

> COMPETÊNCIA DA JUSTIÇA DO TRABALHO. ALTERAÇÃO. VIGÊNCIA DA EC N. 45/04. NULIDADE DE DECISÃO PROFERIDA PELA JUSTIÇA COMUM. A Emenda Constitucional n. 45, de 8.12.04, publicada em 31.12.04, alterou a redação do art. 114 da Constituição Federal de 1988, e definiu em seu inciso III, que compete à Justiça do Trabalho processar e julgar as ações de indenização por dano moral ou patrimonial, decorrentes da relação de trabalho. Nos termos do art. 87 do CPC, a competência é determinada no momento da propositura da ação, salvo quando houver alteração de competência em razão da matéria ou da hierarquia, bem como no caso de supressão do correspondente órgão judiciário. A ampliação de competência é inequívoca, e a norma constitucional tem aplicação e eficácia imediatas. O novo texto constitucional, portanto, alcança de imediato os processos em andamento. A partir da alteração constitucional, a ação deveria ter prosseguido perante o juízo instituído pela lei nova, no caso, a Justiça do Trabalho. A r. sentença proferida na Justiça Comum em maio/2005 está eivada de nulidade, porquanto proferida por juiz incompetente, por expressa previsão constitucional. TRT/SP – 00066200637302007 – RO – Ac. 4ª T. – 20060979520 – Rel. Sergio Winnik – DOE 12.12.2006.

Nesse sentido, ensina com propriedade *Enrico Tullio Liebman*[82]:

"A competência é um pressuposto processual, ou seja, requisito de validade do processo e de seus atos, no sentido de que o juiz sem competência não pode realizar atividade alguma e deve apenas declarar sua própria incompetência (...). Seus atos são nulos".

Não se aplica à hipótese o princípio da *perpetuatio jurisdiccionis*, previsto no art. 87, do CPC, pois neste próprio artigo há exceção quanto à competência em razão da matéria.

---

DA EMENDA CONSTITUCIONAL N. 45/2004. RECURSO DE APELAÇÃO. COMPETÊNCIA DA JUSTIÇA ESTADUAL. Não é de competência desta Justiça Especializada o julgamento de recurso contra sentença de mérito prolatada antes da promulgação da EC n. 45/04, por Juiz da Justiça Estadual." TRT/SP – 02365200537202009 – RO – Ac. 12ª T. – 20060939596 – Relª. Sonia Maria Prince Franzini – DOE 1º.12.2006.

(82) LIEBMAN, Enrico Tullio. *Manual de direito processual civil*. Tradução e notas de Cândido Rangel Dinamarco. 3. ed. São Paulo: Malheiros: 2005. v. I, p. 82.

Além disso, as regras de competência previstas na Constituição Federal têm aplicação imediata, pois não houve qualquer ressalva, por parte da Emenda n. 45, quanto aos processos em curso.[83]

Mesmo os processos com recurso pendente de julgamento e em fase de execução, com o trânsito em julgado da decisão, devem ser encaminhados à Justiça do Trabalho, não se aplicando à hipótese o art. 575, II, do CPC, pois o referido dispositivo somente disciplina a competência funcional para o processo de execução.

Não obstante os argumentos acima mencionados, o Colendo STJ sumulou a matéria em sentido contrário, entendendo que se o processo já foi sentenciado, mesmo havendo alteração da competência em razão da matéria, ele deve ser executado no juízo que prolatou a sentença, conforme se constata da redação da Súmula n. 367 da sua jurisprudência, abaixo transcrita:

> EMENDA CONSTITUCIONAL N. 45/2004 — COMPETÊNCIA — PROCESSOS JÁ SENTENCIADOS – NÃO ALCANCE. A competência estabelecida pela EC n. 45/04 não alcança os processos já sentenciados (DJe 26.11.08).

Nesse mesmo sentido é a Súmula Vinculante n. 22 do STF, *in verbis*:

> A Justiça do Trabalho é competente para processar e julgar as ações de indenização por dano morais e patrimoniais decorrentes de acidente de trabalho propostas por empregado contra empregador, inclusive aquelas que ainda não possuíam sentença de mérito em primeiro grau quando da promulgação da Emenda Constitucional n. 45/04.

No mesmo sentido vem-se pronunciando a jurisprudência, conforme as ementas:

> AÇÃO DE EXECUÇÃO FISCAL. MULTA ADMINISTRATIVA. JULGAMENTO PELA JUSTIÇA FEDERAL ANTES DO ADVENTO DA EMENDA CONSTITUCIONAL N. 45/2004. A ALTERAÇÃO SUPERVENIENTE DA COMPETÊNCIA, AINDA QUE DETERMINADA POR NORMA CONSTITUCIONAL, NÃO INVALIDA A SENTENÇA ANTERIORMENTE PROFERIDA. MANTÉM-SE A COMPETÊNCIA DA JUSTIÇA FEDERAL PARA JULGAR O APELO. A r. sentença de primeiro grau, prolatada pelo Juízo da 6ª Vara Especializada de Execuções Fiscais da Justiça Federal, julgou o feito acatando a legalidade da multa impetrada, proferindo julgamento de mérito, quando vigorava previsão constitucional da competência da Justiça Federal. Na esteira da inteligência do Egrégio Supremo Tribunal Federal, a competência não é desta Justiça Especializada; fica mantida a competência da Justiça Federal para julgamento do recurso. SUSCITADO CONFLITO NEGATIVO DE COMPETÊNCIA, com determinação de remessa dos autos ao Egrégio Superior Tribunal de Justiça para julgamento do conflito. (TRT/SP – 00509200609002000 – RO – Ac. 10ª T. – 20090206970 – Relª. Marta Casadei Momezzo – DOE 7.4.2009).

> COMPETÊNCIA EM RAZÃO DA MATÉRIA ALTERADA PELA EMENDA CONSTITUCIONAL N. 45/04. As ações que tramitavam tanto na Justiça Estadual como na

---

(83) Nesse sentido foi o entendimento firmado pelo C. STJ, conforme a redação da Súmula n. 10: "Instalada a Junta de Conciliação e Julgamento, cessa a competência do Juiz de Direito em matéria trabalhista, inclusive para a execução das sentenças por ele proferidas".

Justiça Federal com sentença de mérito anterior à promulgação da Emenda Constitucional n. 45/04 lá continuam até o trânsito em julgado e correspondente execução. Aplicação analógica do entendimento do Supremo Tribunal Federal, segundo o qual o princípio da segurança jurídica admite seja atribuída eficácia prospectiva às suas decisões, com a delimitação precisa dos respectivos efeitos, toda vez que proceder a revisões de jurisprudência definidora de competência em razão da matéria. (TRT/SP – 03336200608302004 – RO – Ac. 5ª T. – 20090412308 – Rel. José Ruffolo – DOE 19.6.2009).

## 9. Das espécies de procedimentos no Processo do Trabalho

O procedimento, como já visto, é o aspecto exterior do processo, o meio pelo qual ele se desenvolve ou se praticam os atos processuais. É o iter processual.

Atualmente, há quatro ritos processuais tipicamente trabalhistas. São eles:

*a) ordinário:* Também é denominado o procedimento trabalhista comum. Resta aplicável para as causas acima de 40 salários mínimos;

*b) sumário:* É regido pela Lei n. 5.584/70 para as causas de até 2 salários mínimos;

*c) sumaríssimo:* É regido pela Lei n. 9.957/00 para as causas cujos valores oscilam entre 2 e 40 salários mínimos. Está previsto na própria Consolidação;

*d) especiais:* São procedimentos que têm características especiais, previstos no próprio texto da CLT. São eles: Inquérito Judicial para Apuração de Falta Grave (arts. 853, e seguintes da CLT); Dissídio Coletivo (arts. 856 e seguintes da CLT) e Ação de Cumprimento (art. 872, da CLT).

## 10. Do procedimento para as ações que não envolvam parcelas trabalhistas *stricto sensu*

Com a nova redação do art. 114 da CF dada pela EC n. 45/04, muitas dúvidas há sobre qual o procedimento aplicável para as ações que não envolvem pedidos decorrentes da relação de emprego e sim da relação de trabalho, ou seja, ações cujos objetos não são uma verba trabalhista *stricto sensu*.

O procedimento da CLT deve ser aplicado para as ações da competência da Justiça do Trabalho, exceto para as ações que têm rito especial disciplinado por lei específica, como o mandado de segurança, o *habeas corpus*, o *habeas data,* as ações possessórias, as ações rescisórias, medidas cautelares, ações de consignação em pagamento, entre outras.

O procedimento celetista se justifica por ser rápido e eficaz e propiciar o acesso célere e efetivo do trabalhador à Justiça do Trabalho. Por outro lado, o procedimento a ser seguido é o da Justiça competente para apreciar a pretensão, e não o que rege a relação jurídica de direito material. Além disso, em face do caráter instrumental do processo, não há qualquer prejuízo em se aplicarem as regras da CLT. De nada adiantaria o legislador constitucional ter dilatado a competência da Justiça do Trabalho, se formos utilizar um procedimento burocrático que inviabilize o próprio funcionamento da Justiça do Trabalho. De se destacar ainda que há previsão na CLT (art. 652, III) para competência da Justiça do Trabalho para apreciar os dissídios que não envolvem a relação de emprego, sendo o procedimento para dirimir tais controvérsias o regulado nos arts. 763 e seguintes da CLT.

A dilatação da competência da Justiça do Trabalho teve por escopo facilitar o acesso à Justiça do trabalhador pessoa física, bem como dar efetividade ao princípio da dignidade da pessoa humana do trabalhador. Não podemos olvidar que praticamente 60% da mão de obra economicamente ativa da classe trabalhadora hoje está na informalidade, ou prestando serviços por meio de contratos muito próximos da relação de emprego. Por isso, tanto ao empregado quanto ao trabalhador devem ser aplicadas as mesmas regras processuais.

Nesse diapasão, adverte com propriedade *Pedro Paulo Teixeira Manus*[84]:

"O eixo da reforma promovida pela Emenda Constitucional n. 45/04, contudo, consiste na sensível ampliação da competência da Justiça do Trabalho, buscando unidade de posicionamento da jurisprudência sobre temas conexos. Ademais, tratando-se o processo do trabalho de um processo menos formal e mais ágil, buscou o legislador trazer para cá as ações envolvendo prestação de serviço que representam a busca pelo sustento do prestador, que à semelhança do empregado vive do resultado do seu trabalho, daí por que convém colocar a sua disposição um procedimento menos demorado"[85].

Embora a utilização do procedimento da CLT seja a providência mais razoável e efetiva, isso não significa que não possamos importar alguns dispositivos do CPC, máxime quando a CLT for omissa e houver compatibilidade com os princípios que regem o Processo do Trabalho (art. 769 da CLT), a fim de dar mais efetividade ao procedimento, e até garantir a efetividade do próprio crédito postulado pelo reclamante[86].

---

(84) MANUS, Pedro Paulo Teixeira; ROMAR, Carla Teresa Martins; GITELMAN, Suely Ester. *Competência da Justiça do Trabalho e a EC n. 45/04*. São Paulo: Atlas, 2006. p. 90.

(85) Em sentido contrário se manifesta Rogéria Dotti Doria com os seguintes argumentos: "A mera circunstância de a competência pertencer atualmente à Justiça do Trabalho não pode alterar o direito a ser aplicado à controvérsia. Aliás, lembrando decisão do próprio STF, uma vez fixada a competência, 'pouco importa o ramo do direito a ser aplicado'. Com efeito, se a competência foi atribuída à Justiça do Trabalho (uma parte aliás da jurisdição estatal), incumbirá aos juízes trabalhistas, sempre que estiverem diante de ações de indenização, aplicar as regras do direito civil e do direito processual civil. Daí a necessidade de romper antigos dogmas e tradições"(O direito processual civil e a ampliação de competência da Justiça do Trabalho. In: *Processo e Constituição*. Estudos em Homenagem ao Professor José Carlos Barbosa Moreira. Coordenação de Luiz Fux, Nelson Nery Júnior e Teresa Arruda Alvim Wambier. São Paulo: RT, 2006. p. 282-283).

(86) Nesse sentido é a opinião de Flávio Luiz Yarshell e Pedro Carlos Sampaio Garcia: "Em suma, aos processos agora transferidos à competência da Justiça do Trabalho, há que se aplicar o processo disciplinado pela Consolidação das Leis do Trabalho, o que, de outro lado, não exclui a aplicação subsidiária do Código de Processo Civil, conforme já ocorria e conforme, inclusive, talvez passe a ocorrer ainda com maior intensidade, sem que, contudo, altere-se o regime básico da legislação 'especial'". (Competência da justiça do

Portanto, o procedimento a ser utilizado para as ações oriundas da relação de trabalho é o da CLT, previsto nos arts. 763[87] e seguintes da CLT.

Nesse sentido, o C. Tribunal Superior do Trabalho, por meio da Instrução Normativa n. 27 (Resolução n. 126/2005 – DJ 22.2.2005), disciplinou a questão, *in verbis*[88]:

> Ementa
>
> Dispõe sobre normas procedimentais aplicáveis ao processo do trabalho em decorrência da ampliação da competência da Justiça do Trabalho pela Emenda Constitucional n. 45/2004.
>
> Art. 1º – As ações ajuizadas na Justiça do Trabalho tramitarão pelo rito ordinário ou sumaríssimo, conforme previsto na Consolidação das Leis do Trabalho, excepcionando-se, apenas, as que, por disciplina legal expressa, estejam sujeitas a rito especial, tais como o Mandado de Segurança, *Habeas Corpus*, *Habeas Data*, Ação Rescisória, Ação Cautelar e Ação de Consignação em Pagamento.
>
> Art. 2º – A sistemática recursal a ser observada é a prevista na Consolidação das Leis do Trabalho, inclusive no tocante à nomenclatura, à alçada, aos prazos e às competências.
>
> Parágrafo único. O depósito recursal a que se refere o art. 899 da CLT é sempre exigível como requisito extrínseco do recurso, quando houver condenação em pecúnia.
>
> Art. 3º – Aplicam-se quanto às custas as disposições da Consolidação das Leis do Trabalho.
>
> § 1º – As custas serão pagas pelo vencido, após o trânsito em julgado da decisão.
>
> § 2º – Na hipótese de interposição de recurso, as custas deverão ser pagas e comprovado seu recolhimento no prazo recursal (arts. 789, 789-A, 790 e 790-A da CLT).
>
> § 3º – Salvo nas lides decorrentes da relação de emprego, é aplicável o princípio da sucumbência recíproca, relativamente às custas.
>
> Art. 4º – Aos emolumentos aplicam-se as regras previstas na Consolidação das Leis do Trabalho, conforme previsão dos arts. 789-B e 790 da CLT.
>
> Parágrafo único. Os entes públicos mencionados no art. 790-A da CLT são isentos do pagamento de emolumentos. (acrescentado pela Resolução n. 133/2005)
>
> Art. 5º – Exceto nas lides decorrentes da relação de emprego, os honorários advocatícios são devidos pela mera sucumbência.
>
> Art. 6º – Os honorários periciais serão suportados pela parte sucumbente na pretensão objeto da perícia, salvo se beneficiária da justiça gratuita.

---

trabalho nas ações decorrentes da relação de trabalho. In: *Suplemento Trabalhista*. São Paulo: LTr, v. 48/05, 2005. p. 199).

(87) Art. 763 da CLT: "O processo da Justiça do Trabalho, no que concerne aos dissídios individuais e coletivos e à aplicação de penalidades, reger-se-á, em todo o território nacional, pelas normas estabelecidas neste título".

(88) Disponível em: <http://www.tst.gov.br> Acesso em: 1º mar. 2007.

Parágrafo único. Faculta-se ao juiz, em relação à perícia, exigir depósito prévio dos honorários, ressalvadas as lides decorrentes da relação de emprego.

Art. 7º – Esta Resolução entrará em vigor na data da sua publicação.

Embora se possa invocar a inconstitucionalidade da referida Instrução Normativa, pois, nos termos do art. 22 da CF, compete à União legislar sobre Processo do Trabalho, no nosso sentir, foi extremamente oportuna a regulamentação do procedimento pelo Tribunal Superior do Trabalho, evitando que cada Vara adotasse um procedimento diferente para cada processo que não envolva controvérsias sobre a relação de emprego. Além disso, o procedimento da CLT tem-se mostrado eficaz para resolver os conflitos trabalhistas e não há motivos para não aplicá-lo às controvérsias que envolvem a relação de trabalho.

Nesse sentido é o Enunciado n. 65 da 1ª Jornada de Direito Material e Processual do Trabalho do TST, *in verbis*:

> AÇÕES DECORRENTES DA NOVA COMPETÊNCIA DA JUSTIÇA DO TRABALHO — PROCEDIMENTO DA CLT. I – Excetuadas as ações com procedimentos especiais, o procedimento a ser adotado nas ações que envolvam as matérias da nova competência da Justiça do Trabalho é o previsto na CLT, ainda que adaptado. II – As ações com procedimentos especiais submetem-se ao sistema recursal do processo do trabalho.

# Capítulo III
# Organização da Justiça do Trabalho Brasileira

## 1. Referências históricas e evolução da Justiça do Trabalho brasileira

A Justiça do Trabalho surgiu em razão do próprio surgimento do Direito do Trabalho e do grande número de conflitos trabalhistas.

Conforme *Wagner D. Giglio*[1]: "A Revolução Industrial determinou profundas mudanças nas condições de trabalho. A utilização de máquinas que faziam, como o tear, o serviço de vários trabalhadores causou o desemprego em massa. O aumento da oferta de mão de obra, diante da pequena procura por trabalhadores, acarretou o aviltamento dos salários. O grande lucro propiciado pelas máquinas trouxe como consequência a concentração de riqueza nas mãos dos poucos empresários e o empobrecimento generalizado da população. Aglomerados em pequenas áreas industrializadas, os trabalhadores tomaram consciência da identidade de seus interesses. Insatisfeitos, uniram-se reagindo contra tal situação em movimentos reivindicatórios violentos, frequentemente sangrentos, as greves. Para forçar os donos das máquinas a lhes pagar melhores salários, a reduzir a jornada e a fornecer ambiente de trabalho menos insalubre, os operários se recusavam a desempenhar suas tarefas".

Não há consenso sobre quando surgiram os primeiros órgãos da Justiça do Trabalho, mas os primeiros órgãos destinados à solução dos conflitos trabalhistas foram, eminentemente, de conciliação.

Segundo *Amauri Mascaro Nascimento*[2], os primeiros órgãos da Justiça do Trabalho foram os *Conseils de Prud'hommes* (França)[3] e os *probiviri* (Itália)[4].

---

(1) GIGLIO, Wagner D. *Direito processual do trabalho*. 15. ed. São Paulo: Saraiva, 2005. p. 1.

(2) NASCIMENTO, Amauri Mascaro. *Curso de direito processual do trabalho*. 22. ed. São Paulo: Saraiva, 2007. p. 33.

(3) O vocábulo *prud'homme* significa homem sisudo, prudente, íntegro, versado em alguma coisa. A expressão é encontrada no período dos grêmios e corporações de ofício para designar os homens que, gozando de especial consideração entre os seus pares, eram eleitos para a administração desses organismos que resolviam os conflitos entre fabricantes e comerciantes; mais tarde foram ampliados para resolver as questões entre industriais e seus operários (NASCIMENTO, Amauri Mascaro. *Op. cit.*, p. 36).

(4) Foram instituídos na Itália em 1800. A expressão probivir equivale aos prud'hommes franceses. Eram tripartites, integrados por representantes do governo, dos empregados e empregadores e competentes para conhecer as diferentes controvérsias das indústrias (NASCIMENTO, Amauri Mascaro. *Op. cit.*, p. 37-38).

Na Itália, *Francesco Carnelutti* afirma que a conciliação precedeu a jurisdição nos conflitos coletivos, e esta, neste tipo de conflito, representa, historicamente, o último escalão de uma lenta evolução que tem na conciliação a sua forma intermediária, facultativa e obrigatória, e a arbitragem facultativa, para liberar a formação do regulamento coletivo da crise, violenta e perigosa da greve e do locaute[5].

Como destaca *Amauri Mascaro Nascimento*[6]:

"É possível dizer que nos primórdios das estruturas decisórias sobre questões trabalhistas combinaram-se técnicas autodefensivas, autocompositivas e órgãos de conciliação, de que se valiam empregados e empregadores na época em que o Estado se omitia diante da questão trabalhista: o início da história do direito processual trabalhista identifica-se, de algum modo, com o período no qual o Estado corporativo instituiu uma magistratura trabalhista: desvinculou-se, em outros países, dessas origens, tendo motivações próprias".

No Brasil, a resolução das questões trabalhistas passou por diversas fases. Primeiramente, eram os Juízes de Direito que apreciavam as questões trabalhistas. Conforme *Júlio Assumpção Malhadas*[7], as leis de 13 de setembro de 1830 e de 11 de outubro de 1837 estabeleceram rito sumaríssimo para as causas derivadas dos contratos de locação de serviços nos casos nelas previstos (e o trabalho subordinado, ao tempo, era regido pelas normas relativas à locação de serviços), continuando, porém, seu julgamento afeto à Justiça comum. O Regulamento n. 737, de 15 de novembro de 1850, determinou o rito sumário para as ações resultantes do contrato de trabalho seguindo as normas comuns da organização judiciária.

Os primeiros órgãos da Justiça do Trabalho brasileira foram os Tribunais Rurais em 1922, destinados à apreciação das demandas trabalhistas.

Nesse sentido assevera *Amauri Mascaro Nascimento*[8]:

"No Brasil, a primeira experiência de instituição de um órgão especializado para dirimir litígios trabalhistas surgiu no Estado de São Paulo, em 1922, com a constituição de tribunais rurais compostos pelo Juiz de Direito da Comarca, um representante dos trabalhadores e outro, dos fazendeiros".

Por que Tribunal Rural e não Tribunal Industrial? Porque à época a economia do Estado de São Paulo era preponderantemente rural; o Estado vivia, praticamente, do café; a indústria e o comércio utilizavam pouca mão de obra; portanto era o trabalho

---

(5) NASCIMENTO, Amauri Mascaro. *Curso de direito processual do trabalho*. 22. ed. São Paulo: Saraiva, 2007. p. 33-34.

(6) *Op. cit.*, p. 35.

(7) MALHADAS, Júlio Assumpção. *Justiça do Trabalho:* sua história. Sua composição. Seu funcionamento. v. I. São Paulo: LTr, 1997. p. 106.

(8) *Op. cit.*, p. 03.

rural, daí a criação dos Tribunais Rurais. O Tribunal examinaria a reclamação, a defesa, ouviria testemunhas e julgaria[9].

A experiência dos Tribunais Rurais fracassou. Como relata *Waldemar Martins Ferreira*[10], a razão do fracasso da ideia foi que praticamente a decisão seria do Juiz de Direito, uma vez que cada um dos árbitros iria, naturalmente, decidir em prol de quem o indicara, receando ser tido por traidor.

Após a Revolução de 1930 e o início da industrialização brasileira, ocorreram várias mudanças nas relações de trabalho; em 1932, foram criadas as Juntas de Conciliação e Julgamento e as Comissões Mistas de Conciliação, sendo órgãos administrativos vinculados ao poder executivo.

Conforme *Amauri Mascaro Nascimento*[11], como as atribuições das comissões mistas de conciliação restringiam-se aos conflitos coletivos do trabalho, foram instituídos órgãos destinados a dirimir os dissídios individuais: as Juntas de Conciliação e Julgamento (1932). Somente os empregados sindicalizados tinham direito de ação. Constituíam as Juntas instância única de julgamento, e suas decisões valiam como título de dívida líquida e certa para execução judicial.

As Constituições de 1934 e de 1937 referiram-se à instituição de uma Justiça do Trabalho, mas não a estruturaram, embora, desde logo, a excluíssem expressamente do Poder Judiciário e a Carta Magna de 1934 já mencionasse a formação da Justiça por meio de Tribunais do Trabalho e Comissões de Conciliação, com a eleição de seus membros, metade pelas associações representativa dos empregados e metade pelas dos empregadores, sendo o presidente de livre nomeação do Governo[12].

Dispunha o art. 139 da CF de 1946:

> Para dirimir os conflitos oriundos das relações entre empregadores e empregados, reguladas na legislação social, é instituída a Justiça do Trabalho, que será regulada em lei e à qual não se aplicam as disposições desta Constituição relativas à competência, ao recrutamento e às prerrogativas da Justiça Comum.

Segundo *Ives Gandra Martins Filho*[13], diante do referido dispositivo legal, acirrada polêmica se travou, então, sobre se o dispositivo constitucional retirava, ou não, o caráter jurisdicional da instituição. Os que defenderam a função judicante da Justiça do Trabalho argumentaram que as garantias poderiam ser outorgadas por lei, ainda que distintas da magistratura comum, já que constituiria uma Justiça

---

(9) MALHADAS, Júlio Assumpção. *Justiça do Trabalho:* sua história. Sua composição. Seu funcionamento. São Paulo: LTr, 1997. p. 107.

(10) FERREIRA, Waldemar Martins. *Princípios de legislação social e direito judiciário do trabalho.* São Paulo: Freitas Bastos, 1938. p. 89.

(11) *Op. cit.*, p. 50.

(12) ALMEIDA, Ísis de. *Manual de direito processual civil.* 1. v., 9. ed. São Paulo: LTr, 1998. p. 198.

(13) MARTINS FILHO, Ives Gandra. *História do trabalho, do direito do trabalho e da justiça do trabalho.* Irany Ferrari, Amauri Mascaro Nascimento e Ives Gandra da Silva Martins Filho. 2. ed. São Paulo: LTr, 2002. p. 204.

Especializada, com suas características próprias, dentre as quais não deixaria de ser a menor o fato de dirimir controvérsias, aplicando o direito ao caso concreto.

Ives Gandra[14] destaca acórdão oriundo do Supremo Tribunal Federal, datado de 30.9.43 (STF-RE n. 6.310), reconhecendo o caráter jurisdicional das cortes trabalhistas, assim ementado:

> A natureza da atividade dos Tribunais do Trabalho não é administrativa, mas sim, e essencialmente jurisdicional. O juiz do trabalho, embora sem as prerrogativas do magistrado comum, é juiz, proferindo verdadeiros julgamentos na solução de determinados litígios (*Revista LTr* de dezembro de 1943, p. 475-480).

Foi somente com a Constituição Federal de 1946 que a Justiça do Trabalho passou a integrar o Poder Judiciário. Dispunha o art. 123 da CF de 1946:

> Compete à Justiça do Trabalho conciliar e julgar os dissídios individuais e coletivos entre empregados e empregadores, e, as demais controvérsias oriundas de relações do trabalho regidas por legislação especial.

Conforme o referido dispositivo, foi mantida a tradição conciliatória da Justiça do Trabalho e a competência para as controvérsias entre empregados e empregadores e demais relações de trabalho, cuja lei infraconstitucional disciplinasse a competência da Justiça do Trabalho.

Na Constituição de 1967, dizia o art. 142:

> Compete à Justiça do Trabalho conciliar e julgar os dissídios individuais e coletivos entre empregados e empregadores e, mediante lei, outras controvérsias oriundas da relação de trabalho.

O art. 114 da CF de 1988, antes da EC n. 45/04, tinha a seguinte redação:

> Compete à Justiça do Trabalho conciliar e julgar os dissídios individuais e coletivos entre trabalhadores e empregadores, abrangidos os entes de direito público externo e da administração pública direta e indireta dos Municípios, do Distrito Federal, dos Estados e da União e, na forma da lei, outras controvérsias decorrentes da relação de trabalho, bem como os litígios que tenham origem no cumprimento de suas próprias sentenças, inclusive coletivas.

Desde o seu nascimento, a Justiça do Trabalho contou com a representação paritária em todos os seus órgãos, vale dizer: com a presença de juízes classistas leigos, também denominados "vogais" recrutados nos Sindicatos, ao lado de um Juiz com formação jurídica. Os Juízes classistas atuavam majoritariamente na fase de conciliação e votavam nos julgamentos, uma vez que conheciam a fundo a realidade das categorias profissional e econômica que representavam. Havia um representante classista dos empregados e outro dos empregadores nas Juntas de Conciliação e Julgamento. Nos Tribunais Regionais do Trabalho e no Tribunal Superior do Trabalho, os classistas compunham as turmas, sendo em igualdade os representantes dos empregados e dos empregadores.

---

(14) *Op. cit.*, p. 204.

Todo o Processo do Trabalho previsto na CLT, na fase de conhecimento, foi idealizado para o funcionamento dos órgãos da Justiça do Trabalho com a presença dos Juízes Classistas.

Waldemar Ferreira defendia a presença dos Juízes leigos na Justiça do Trabalho[15], com os seguintes argumentos:

"Juízes leigos, embora jejunos em ciência jurídica, recrutados nos sindicatos ou, associações de classe, por via de eleição, dariam a segurança de mister. Conhecedores dos pormenores da vida profissional, estariam mais aptos a dirigir as questões entre empregados e empregadores, regidas pela legislação social. Desapegados de preconceitos, destituídos do chamado senso judiciário, mais prontamente decidiriam as controvérsias, em regra oriundas da interpretação ou da aplicação dos contratos de trabalho. Resolveriam como técnicos, com mais sagacidade e com maior espírito de equidade, sob a vigilância permanente do representante do Poder Executivo, como presidente das comissões e tribunais paritários de conciliação e arbitragem ou de julgamento. São esses os motivos por que a Justiça do Trabalho ficou à margem do Poder Judiciário, insubmissa à sua disciplina. Nem por isso, entretanto, independe das fórmulas processuais para o debate das controvérsias, a prolação das decisões e a execução dos julgados".

A Consolidação das Leis do Trabalho dispunha de um capítulo específico sobre os Juízes classistas, do qual destacamos os seguintes artigos:

Art. 647 – *Cada Junta de Conciliação e Julgamento terá a seguinte composição: a) um juiz do trabalho, que será seu presidente; b) dois vogais, sendo um representante dos empregadores, e outro, dos empregados. Parágrafo único. Haverá um suplente para cada vogal.*

Art. 660 – *Os juízes classistas temporários das Juntas são designados pelo Presidente do Tribunal Regional da respectiva jurisdição.*

Art. 661 – *Para o exercício da função de juiz classista temporário da Junta ou suplente deste são exigidos os seguintes requisitos:*

a) ser brasileiro; b) ser maior de 25 (vinte e cinco) anos e ter menos de 70 (setenta) anos; c) estar no gozo dos direitos civis e políticos; d) estar quite com o serviço militar; e) contar mais de 2 (dois) anos de efetivo exercício na profissão e ser sindicalizado. Parágrafo único. A prova da qualidade profissional a que se refere a alínea *f* deste artigo é feita mediante declaração do respectivo Sindicato.

Art. 663 – *A investidura dos vogais das Juntas e seus suplentes é de 3 (três) anos, podendo, entretanto, ser dispensado, a pedido, aquele que tiver servido, sem interrupção, durante metade desse período.*

§ 1º – Na hipótese da dispensa do vogal a que alude este artigo, assim como nos casos de impedimento, morte ou renúncia, sua substituição far-se-á pelo suplente, mediante convocação do presidente da Junta.

§ 2º – Na falta do suplente, por impedimento, morte ou renúncia, serão designados novo vogal e o respectivo suplente, dentre os nomes constantes das listas a que se refere o art. 662, servindo os designados até o fim do período.

---

(15) FERREIRA, Waldemar. Princípios de legislação social e direito judiciário do trabalho. *Apud* NASCIMENTO, Amauri Mascaro. *Curso de direito do trabalho.* 22. ed. São Paulo: Saraiva, 2007. p. 52-53.

Art. 667 – São prerrogativas dos vogais das Juntas, além das referidas no art. 665:

a) tomar parte nas reuniões do tribunal a que pertençam;

b) aconselhar às partes a conciliação;

c) votar no julgamento dos feitos e nas matérias de ordem interna do tribunal, submetidas às suas deliberações;

d) pedir vista dos processos pelo prazo de vinte e quatro horas;

e) formular, por intermédio do presidente, aos litigantes, testemunhas e peritos, as perguntas que quiserem fazer, para esclarecimento do caso.

Com o passar dos anos, diante do crescimento dos conflitos de trabalho, sendo que a cada dia a Justiça do Trabalho foi tornando-se mais técnica, houve o desprestígio da representação classista, pois os classistas já não conheciam mais a realidade das categorias profissional e econômica, e a cada dia as decisões da Justiça do Trabalho foram dependendo mais do conhecimento técnico do Juiz formado em direito do que dos conhecimentos práticos dos Juízes classistas.

A EC n. 24/99 extinguiu a representação classista na Justiça do Trabalho, transformando as antigas Juntas de Conciliação e Julgamento em Varas do Trabalho. Tanto nas Varas, nos TRTs e no TST somente passaram a atuar magistrados com formação jurídica.

A EC n. 45/04 prestigiou a Justiça do Trabalho, dilatando-lhe a competência para apreciar, além das controvérsias entre empregados e empregadores, as controvérsias oriundas e decorrentes da relação de trabalho, e também as questões que circundam a relação de emprego, como as sindicais, da greve, entre outras especificadas no art. 114 da CF.

Dispõe o art. 114 da CF com a redação dada pela EC n. 45/04:

> Compete à Justiça do Trabalho processar e julgar: I – as ações oriundas da relação de trabalho, abrangidos os entes de direito público externo e da Administração Pública direta e indireta da União, dos Estados, do Distrito Federal e dos Municípios; II – as ações que envolvam exercício do direito de greve; III – as ações sobre representação sindical, entre sindicatos, entre sindicatos e trabalhadores, e entre sindicatos e empregadores; IV – os mandados de segurança, *habeas corpus* e *habeas data*, quando o ato questionado envolver matéria sujeita à sua jurisdição; V – os conflitos de competência entre órgãos com jurisdição trabalhista, ressalvado o disposto no art. 102, I, *o*; VI – as ações de indenização por dano moral ou patrimonial, decorrentes da relação de trabalho; VII – as ações relativas às penalidades administrativas impostas aos empregadores pelos órgãos de fiscalização das relações de trabalho; VIII – a execução, de ofício, das contribuições sociais previstas no art. 195, I, *a*, e II, e seus acréscimos legais, decorrentes das sentenças que proferir; IX – outras controvérsias decorrentes da relação de trabalho, na forma da lei. § 1º – Frustrada a negociação coletiva, as partes poderão eleger árbitros. § 2º – Recusando-se qualquer das partes à negociação coletiva ou à arbitragem, é facultado às mesmas, de comum acordo, ajuizar dissídio coletivo de natureza econômica, podendo a Justiça do Trabalho decidir o conflito, respeitadas as disposições mínimas legais de proteção ao trabalho, bem como as

convencionadas anteriormente. § 3º – Em caso de greve em atividade essencial, com possibilidade de lesão do interesse público, o Ministério Público do Trabalho poderá ajuizar dissídio coletivo, competindo à Justiça do Trabalho decidir o conflito.

Atualmente, como destaca *Amauri Mascaro Nascimento*[16], a Justiça do Trabalho enfrenta grandes desafios, dentre os quais se destacam: a sobrecarga de processos; a ampliação da sua competência (EC n. 45/04) e o crescimento da litigiosidade na sociedade pós-industrial.

Diante destes desafios mencionados pelo professor *Mascaro Nascimento*, a cada dia a Justiça do Trabalho necessita de instrumentos processuais mais ágeis e efetivos para continuar solucionando de forma célere e efetiva os mais diversos conflitos trabalhistas. Neste quadro, a Justiça do Trabalho necessita do aumento do número de Varas, de juízes, de servidores e da tecnologia para que possa dar vazão ao número cada vez maior de conflitos que chegam diariamente às Varas e Tribunais Trabalhistas.

## 2. Dos órgãos da Justiça do Trabalho

Dispõe o art. 111 da CF:

> São órgãos da Justiça do Trabalho:
> 
> I – o Tribunal Superior do Trabalho;
> 
> II – os Tribunais Regionais do Trabalho;
> 
> III – Juízes do Trabalho.

A Justiça do Trabalho integra o Poder Judiciário da União, tendo sua estrutura federalizada. Os órgãos de primeiro grau são os Juízes do Trabalho que atuam nas Varas do Trabalho. Os órgãos de segundo grau de jurisdição são os Tribunais Regionais do Trabalho, compostos pelos Juízes dos TRTs. O órgão de terceiro grau de jurisdição é o Tribunal Superior do Trabalho composto pelos Ministros do TST.

Alguns Tribunais Regionais do Trabalho outorgaram, via regimento interno, o título de Desembargador Federal do Trabalho aos seus Juízes, entretanto, o projeto da lei que alterava a denominação dos Juízes de segundo grau para desembargadores ainda está em trâmite no Congresso Nacional.

## 3. Das garantias da Magistratura do Trabalho

Para que possa bem exercer a jurisdição, com imparcialidade e independência, a Constituição Federal outorga algumas garantias aos Juízes, que não são garantias pessoais, mas do cargo. Não obstante, tais garantias são do próprio cidadão, que terá sua causa examinada por um Juiz imparcial e independente.

Dispõe o art. 95 da CF:

> Os juízes gozam das seguintes garantias: I – vitaliciedade, que, no primeiro grau, só será adquirida após dois anos de exercício, dependendo a perda do cargo, nesse

---

(16) *Op. cit.*, p. 56.

período, de deliberação do tribunal a que o juiz estiver vinculado, e, nos demais casos, de sentença judicial transitada em julgado; II – inamovibilidade, salvo por motivo de interesse público, na forma do art. 93, VIII; III – irredutibilidade de subsídio, ressalvado o disposto nos arts. 37, X e XI, 39, § 4º, 150, II, 153, III, e 153, § 2º, I.

São garantias da magistratura:

*a) vitaliciedade:* após dois anos de efetivo exercício, o juiz adquire a vitaliciedade, somente podendo perder o cargo mediante sentença judicial transitada em julgado;

*b) irredutibilidade de vencimento:* o salário do Juiz, chamado atualmente de subsídio (redação dada pela EC n. 19/98), é irredutível. Mas tal redução é apenas nominal, vale dizer: na sua expressão numérica e não real (poder de compra). Além disso, os salários dos Juízes somente podem ser majorados mediante lei. De outro lado, os Juízes também estão sujeitos aos descontos de imposto de renda e contribuição previdenciária;

*c) inamovibilidade:* o Juiz não pode ser removido da comarca em que é titular, salvo a requerimento ou por motivo de interesse público, mediante voto da maioria absoluta do Tribunal ou do Conselho Nacional de Justiça, assegurada a ampla defesa.

Nesse sentido dispõe o art. 93, VIII, da CF:

> O ato de remoção, disponibilidade e aposentadoria do magistrado, por interesse público, fundar-se-á em decisão por voto de maioria absoluta do respectivo tribunal ou do Conselho Nacional de Justiça, assegurada ampla defesa.

De outro lado, para que possa desempenhar suas atividades com qualidade, celeridade e imparcialidade, a Constituição Federal impõe vedações ao exercício de certas atividades pelos Juízes.

Nesse sentido assevera o parágrafo único do art. 95, da CF, *in verbis*:

> Aos juízes é vedado:
>
> I – exercer, ainda que em disponibilidade, outro cargo ou função, salvo uma de magistério;
>
> II – receber, a qualquer título ou pretexto, custas ou participação em processo;
>
> III – dedicar-se à atividade político-partidária;
>
> IV – receber, a qualquer título ou pretexto, auxílios ou contribuições de pessoas físicas, entidades públicas ou privadas, ressalvadas as exceções previstas em lei;
>
> V – exercer a advocacia no juízo ou tribunal do qual se afastou, antes de decorridos três anos do afastamento do cargo por aposentadoria ou exoneração.

## 4. Do acesso à Magistratura do Trabalho

Em primeiro grau de jurisdição, o acesso à carreira da Magistratura do Trabalho se dá por meio de concurso público de provas e títulos, com a participação da Ordem dos Advogados do Brasil. Nesse sentido dispõe o inciso I do art. 93, da CF, com a redação dada pela EC n. 45/04:

> Lei complementar, de iniciativa do Supremo Tribunal Federal, disporá sobre o Estatuto da Magistratura, observados os seguintes princípios:
>
> I – ingresso na carreira, cujo cargo inicial será o de juiz substituto, mediante concurso público de provas e títulos, com a participação da Ordem dos Advogados do Brasil em todas as fases, exigindo-se do bacharel em Direito, no mínimo, três anos de atividade jurídica e obedecendo-se, nas nomeações, à ordem de classificação.

A Resolução n. 75, de 12 de maio de 2009, do Conselho Nacional de Justiça regulamenta o concurso de ingresso na Magistratura do Trabalho. Atualmente, o concurso apresenta quatro fases eliminatórias (preambular, dissertativa, prática de sentença e oral) e uma classificatória (títulos).

Para poder ingressar na carreira, o candidato deve ser bacharel em direito e possuir três anos, no mínimo, de atividade jurídica.

Quanto ao requisito da prática jurídica, há controvérsia na doutrina sobre ser, ou não, o referido inciso I do art. 93 da CF autoaplicável ou se somente o será após a edição de Lei Complementar.

Ao contrário do que pensam alguns doutrinadores, acreditamos que o inciso I do art. 93 da CF ao exigir os três anos de atividade jurídica, é autoaplicável, vale dizer: não depende de lei complementar para ter eficácia, sendo norma de eficácia contida, uma vez que sua redação é clara ao exigir três anos de prática jurídica, podendo este requisito, enquanto não houver a edição de lei complementar específica a respeito, ser regulamentado nos Editais dos concursos pelos Tribunais ou, preferencialmente, como foi realizado, pelo Conselho Nacional de Justiça, desde que a interpretação seja justa e razoável e não impeça o acesso do bacharel aos quadros da magistratura.

Acreditamos que a finalidade social da norma ao exigir três anos de prática jurídica tem por escopo buscar maior amadurecimento do bacharel que pretende ingressar nos quadros da magistratura, diante da responsabilidade do cargo que exige não só o conhecimento jurídico, mas também conhecimento do ser humano, pois o Direito existe em razão dele. De outro lado, pensamos correta a interpretação de que os três anos se computam a partir da formatura do bacharel e devem ser preenchidos na data da posse do candidato.

Atualmente, a Resolução n. 75/09 do Conselho Nacional da Justiça do Trabalho regulamentou a questão, nos arts. 58 e 59, *in verbis*:

> Art. 58. Requerer-se-á a inscrição definitiva ao presidente da Comissão de Concurso, mediante preenchimento de formulário próprio, entregue na secretaria do concurso.
>
> § 1º O pedido de inscrição, assinado pelo candidato, será instruído com:
>
> a) cópia autenticada de diploma de bacharel em Direito, devidamente registrado pelo Ministério da Educação;

b) certidão ou declaração idônea que comprove haver completado, à data da inscrição definitiva, 3 (três) anos de atividade jurídica, efetivo exercício da advocacia ou de cargo, emprego ou função, exercida após a obtenção do grau de bacharel em Direito;

c) cópia autenticada de documento que comprove a quitação de obrigações concernentes ao serviço militar, se do sexo masculino;

d) cópia autenticada de título de eleitor e de documento que comprove estar o candidato em dia com as obrigações eleitorais ou certidão negativa da Justiça Eleitoral;

e) certidão dos distribuidores criminais das Justiças Federal, Estadual ou do Distrito Federal e Militar dos lugares em que haja residido nos últimos 5 (cinco) anos;

f) folha de antecedentes da Polícia Federal e da Polícia Civil Estadual ou do Distrito Federal, onde haja residido nos últimos 5 (cinco) anos;

g) os títulos definidos no art. 67;

h) declaração firmada pelo candidato, com firma reconhecida, da qual conste nunca haver sido indiciado em inquérito policial ou processado criminalmente ou, em caso contrário, notícia específica da ocorrência, acompanhada dos esclarecimentos pertinentes;

i) formulário fornecido pela Comissão de Concurso, em que o candidato especificará as atividades jurídicas desempenhadas, com exata indicação dos períodos e locais de sua prestação, bem como as principais autoridades com quem haja atuado em cada um dos períodos de prática profissional, discriminados em ordem cronológica;

j) certidão da Ordem dos Advogados do Brasil com informação sobre a situação do candidato advogado perante a instituição.

§ 2º Os postos designados para o recebimento dos pedidos de inscrição definitiva encaminharão ao presidente da Comissão de Concurso os pedidos, com a respectiva documentação.

Art. 59. Considera-se atividade jurídica, para os efeitos do art. 58, § 1º, alínea i:

I – aquela exercida com exclusividade por bacharel em Direito;

II – o efetivo exercício de advocacia, inclusive voluntária, mediante a participação anual mínima em 5 (cinco) atos privativos de advogado (Lei n. 8.906, 4 de julho de 1994, art. 1º) em causas ou questões distintas;

III – o exercício de cargos, empregos ou funções, inclusive de magistério superior, que exija a utilização preponderante de conhecimento jurídico;

IV – o exercício da função de conciliador junto a tribunais judiciais, juizados especiais, varas especiais, anexos de juizados especiais ou de varas judiciais, no mínimo por 16 (dezesseis) horas semanais e durante 1 (um) ano;

V – o exercício da atividade de mediação ou de arbitragem na composição de litígios.

§ 1º É vedada, para efeito de comprovação de atividade jurídica, a contagem do estágio acadêmico ou qualquer outra atividade anterior à obtenção do grau de bacharel em Direito.

§ 2º A comprovação do tempo de atividade jurídica relativamente a cargos, empregos ou funções não privativos de bacharel em Direito será realizada mediante certidão circunstanciada, expedida pelo órgão competente, indicando as respectivas atribuições e a prática reiterada de atos que exijam a utilização preponderante de conhecimento jurídico, cabendo à Comissão de Concurso, em decisão fundamentada, analisar a validade do documento.

Pensa *Carlos Henrique Bezerra Leite* ser inconstitucional a regulamentação do requisito da atividade jurídica de forma administrativa pelos Tribunais, ou pelo CNJ, com os seguintes argumentos:

"a) o inciso I do art. 93 da CF somente pode ser regulamentado por lei complementar, o que afasta a recepção do art. 654, § 3º da CLT que é norma equiparada à lei ordinária; b) iniciativa da referida lei complementar é exclusiva do STF e de nenhum outro órgão do Poder Judiciário; c) somente a lei — princípio da reserva legal — pode estabelecer os critérios de investidura em qualquer cargo público (CF, art. 37, I e II)".

Não obstante os sólidos e contundentes argumentos do professor *Bezerra Leite*, conforme já nos manifestamos, não pensamos ser a Resolução n. 75/09 do CNJ inconstitucional, pois o art. 93, I, da CF tem vigência imediata, uma vez que é norma de eficácia contida, vale dizer: a lei infraconstitucional pode dilatar ou restringir seu alcance. Além disso, pensamos que o TST disciplinou de forma justa e razoável o requisito dos três anos de prática jurídica, não inibindo o acesso do bacharel à Magistratura. De outro lado, acreditamos que a exigência dos três anos de prática jurídica é um requisito que decorre do devido processo legal (art. 5º da CF), sendo um direito fundamental do cidadão ser julgado por um magistrado que, além do conhecimento jurídico, apresenta amadurecimento por possuir maior experiência em razão dos três anos de prática jurídica.

Acreditamos que, enquanto não houver a edição de Lei Complementar para regulamentar os três anos de atividade jurídica, possa o Conselho Nacional de Justiça regulamentar os requisitos para ingresso na carreira da Magistratura, pois, além de uniformizar os procedimentos dos Editais dos Tribunais, torna mais transparente o processo seletivo.

Neste sentido, recentemente se pronunciou o Tribunal Superior do Trabalho, no Proc. n. TST-RXOF e ROMS-80086/2005-000-02-00.8 Ac. TP, Rel. Min. Vieira de Mello Filho, DJU 24.11.06:

Ementa:

REMESSA OFICIAL E RECURSO ORDINÁRIO EM MANDADO DE SEGURANÇA — CONCURSO DA MAGISTRATURA — ATIVIDADE JURÍDICA — EMENDA CONSTITUCIONAL N. 45/2004. A LOMAN Lei Complementar n. 35, de 1979, foi recepcionada pela Emenda Constitucional n. 45/2004, no que com ela for compatível. No entanto, não ostenta densidade suficiente para a plena eficácia do art. 93 da Constituição da República. A autonomia dos Tribunais está limitada pelos princípios da Constituição Federal, aos quais eles estão vinculados, como também à prevalência da lei complementar (LOMAN LC n. 35/79 ainda vigente). Até que seja editada a lei complementar com o novo Estatuto da Magistratura, a abertura do art. 93 poderá ser densificada por outras fontes normativas, oriundas do Conselho Nacional de Justiça. O Conselho pode, como assim o fez, expedir regulamento com o fim de zelar pela autonomia do Poder Judiciário e pelo cumprimento do Estatuto da Magistratura (art. 103-B, § 4º, inciso I), no âmbito de sua alta função política de aprimoramento do autogoverno do Judiciário, a que se atribuiu o reclamado papel de órgão formulador de uma indeclinável política judiciária nacional (Min. Cezar Peluso – ADIN 3367-1 – p. 24-25 – DJ 17.3.2006).

Do corpo do acórdão, destacamos:

APLICABILIDADE E EFICÁCIA DAS DIRETRIZES DO ART. 93 DA CONSTITUIÇÃO DA REPÚBLICA. A respeito da norma que trata da exigência de três anos de atividade jurídica, estabelecida pela Emenda Constitucional n. 45/2004, existem duas correntes acerca de sua autoaplicabilidade, ou seja, de que são normas constitucionais de eficácia plena e aplicabilidade imediata ou de que são normas constitucionais de eficácia limitada. Nesta primeira hipótese, em que se entende ser a norma Constitucional de eficácia plena e aplicabilidade imediata, sustenta-se ser prescindível qualquer norma posterior para que tal requisito seja exigido, pois esta contém todos elementos para sua eficácia direta.

Segundo José Afonso da Silva, as normas de eficácia plena são aquelas que não exigem a elaboração de novas normas legislativas que lhes completem o alcance e o sentido, ou lhes fixem o conteúdo, porque já se apresentam suficientemente explícitas na definição dos interesses nela regulados (SILVA, José Afonso da. *Aplicabilidade das normas constitucionais*. 5. ed. São Paulo: Malheiros, 2001. p. 101).

Por seu turno, a limitação da eficácia, segundo sustentam, vincula-se na necessidade de lei posterior para regulamentar o que foi apenas enunciado como requisito, esse argumento se baseia no princípio da legalidade, segundo o qual somente a lei poderá restringir direitos, não decisão discricionária de comissão de concurso. Deste intróito, exsurgem aspectos que devem ser melhor equacionados para a total compreensão dos contornos e da interpretação a ser estabelecida no tocante ao novo texto constitucional. O dispositivo, incrementado pela edição da Emenda Constitucional n. 45/2004, encerra em seu conteúdo princípios constitucionais.

Sabe-se que os princípios, ao lado das regras, são normas jurídicas, os princípios, porém, exercem dentro do sistema normativo um papel diferente dos das regras. Estas, por descreverem fatos hipotéticos, possuem a nítida função de regular, direta ou indiretamente, as relações jurídicas que se enquadrem nas molduras típicas por elas descritas. Assim não o é com os princípios, que são normas generalíssimas dentro do sistema. Pelo que se entoa terem os princípios eficácia positiva e negativa: 'por eficácia positiva dos princípios, entende-se a inspiração, a luz hermenêutica e normativa lançadas no ato de aplicar o Direito, que conduz a determinadas soluções em cada caso, segundo a finalidade perseguida pelos princípios incindíveis no mesmo; por eficácia negativa dos princípios, entende-se que decisões, regras, ou mesmo, subprincípios que se contraponham a princípios serão inválidos, por contraste normativo' (ESPÍNDOLA, Ruy Samuel. Conceito de princípios constitucionais. In: *Revista dos Tribunais*, São Paulo, 1999. p. 55.) Tem-se, ainda, servir o princípio como limite de atuação do jurista, ou seja, no mesmo instante que exerce a função de vetor de interpretação, o princípio tem como função limitar a vontade subjetiva do aplicador do direito, vale dizer, os princípios estabelecem balizamentos dentro dos quais o jurista exercitará sua criatividade, seu senso do razoável e sua capacidade de fazer a justiça do caso concreto. O princípio, enquanto 'mandamento nuclear de um sistema' (Celso Antônio Bandeira de Mello. *Curso de direito administrativo*. p. 450-451), exerce a importante função de fundamentar a ordem jurídica em que se insere, fazendo com que todas as relações jurídicas que adentram ao sistema busquem na principiologia constitucional 'o berço das estruturas e instituições jurídicas'. Os princípios são, por conseguinte, enquanto valores, 'a pedra de toque ou o critério com que se aferem os conteúdos constitucionais em sua dimensão normativa mais elevada' (BONAVIDES, Paulo. *Curso de direito constitucional*. 7. ed. São Paulo: Malheiros, 1998).

Neste diapasão, temos os princípios como sendo verdades primeiras, não necessariamente objetivadas, que decorrem de um conjunto jurídico mais amplo, e que desempenham a função de dar base à Ciência do Direito, bem como exercer uma função estruturante de todo o sistema. Neste passo, e delimitada a natureza dos princípios constitucionais, torna-se necessária a avaliação *prima facie* de quais princípios estão alicerçando a norma e, em segundo, o exame da eficácia plena dos princípios contidos na nova ordem constitucional em debate (art. 93, inciso I da Constituição da República). Os princípios, ali inscritos, seriam os da universalidade, da moralidade e da democratização. O princípio da universalidade, que tem a ver com o imperativo categórico de Kant reformulado — a norma é correta quando apresentada a um exame discursivo de sua validade; o princípio do discurso: a norma é correta quando é racional-comunicativa, ou seja, racional no contexto da linguagem e da hermenêutica, porque pensada dentro da consciência, intersubjetivamente compartilhada, consensual, e, por isto, aceita por todos; e o princípio da democracia, que vai exigir determinados pressupostos que conduzem à retitude da norma jurídica, a qual se torna correta quando concorda com os condicionantes sociológicos que a sustentam.

Nos Tribunais Regionais do Trabalho e no Tribunal Superior do Trabalho, há o chamado *quinto constitucional*, vale dizer: um quinto das vagas desses tribunais será ocupada por advogados e membros do Ministério Público do Trabalho, ambos com mais de dez anos de exercício profissional, de notório saber jurídico e reputação ilibada, que não prestam concurso, sendo nomeados pelo Presidente da República em listas sêxtuplas elaboradas pelos próprios tribunais.

A inclusão de ministros provenientes da Advocacia e do Ministério Público foi ordenada pela Constituição de 1967 (art. 141, § 1º, *a*, da EC n. 1, de 1969), estendendo a tradição prevalente nos demais Tribunais à Justiça do Trabalho, e mantida pela Carta Constitucional de 1988[17]. A existência do *quinto constitucional* é fundada na democratização dos Tribunais em razão do ingresso de membros oriundos de outras esferas jurídicas que podem contribuir para o aperfeiçoamento da Instituição.

Nesse sentido, o art. 94 da CF, *in verbis*:

> Um quinto dos lugares dos Tribunais Regionais Federais, dos Tribunais dos Estados, e do Distrito Federal e Territórios será composto de membros do Ministério Público, com mais de dez anos de carreira, e de advogados de notório saber jurídico e de reputação ilibada, com mais de dez anos de efetiva atividade profissional, indicados em lista sêxtupla pelos órgãos de representação das respectivas classes. Parágrafo

---

(17) GIGLIO, Wagner D. *Direito processual do trabalho*. 15. ed. São Paulo: Saraiva, 2005. p. 07.

único. Recebidas as indicações, o tribunal formará lista tríplice, enviando-a ao Poder Executivo, que, nos vinte dias subsequentes, escolherá um de seus integrantes para nomeação.

Os Juízes do quinto constitucional ingressam diretamente nos tribunais tendo o mesmo *status*, competência e prerrogativas dos Juízes de carreira, sendo vitalícios a partir da posse, conforme previsão na Lei Orgânica da Magistratura. Não obstante, não progridem na carreira, ou seja, não podem ser promovidos para outro cargo em outro tribunal.

## 5. Do Juiz do Trabalho e das Varas do Trabalho

O Juiz do Trabalho atua nas Varas do Trabalho, seja como titular ou substituto.

Nesse sentido dispõe o art. 116 da CF: "Nas Varas do Trabalho, a jurisdição será exercida por um juiz singular". As Varas do Trabalho são os órgãos de primeiro grau de jurisdição da Justiça do Trabalho.

Nos termos do art. 112 da CF, a lei criará Varas da Justiça do Trabalho, podendo, nas comarcas não abrangidas por sua jurisdição, atribuí-la aos Juízes de Direito, com recurso para o respectivo Tribunal Regional do Trabalho.

Desse modo, nas localidades em que não há Varas do Trabalho, o Juiz de Direito acumula a jurisdição trabalhista. Das decisões proferidas pelo Juiz de Direito em causas trabalhistas caberá recurso ordinário para o Tribunal Regional do Trabalho do Estado.

Conforme o art. 113 da CF, a lei disporá sobre a constituição, investidura, jurisdição, competência, garantias e condições de exercício dos órgãos da Justiça do Trabalho.

O Juiz do Trabalho substituto é o que não é titular, pois substitui ou auxilia o Juiz Titular das Varas do Trabalho. Entretanto, enquanto estiver substituindo ou auxiliando, tem as mesmas prerrogativas e deveres do Juiz Titular. O Juiz Titular fica fixo em uma determinada Vara do Trabalho.

Conforme destaca *Amauri Mascaro Nascimento*[18]:

"O juiz é bacharel em direito que ingressa na magistratura trabalhista por meio de concurso de provas e títulos realizado perante o Tribunal Regional, válido por dois anos. Aprovado no concurso, o juiz é nomeado para as vagas que se abrem no quadro de juízes substitutos da região e, por antiguidade e merecimento, alternadamente, tem acesso ao cargo de juiz titular da Vara (...). A posse dos juízes é dada pelo presidente do Tribunal Regional. Os juízes devem residir nos limites da sua jurisdição, manter perfeita conduta pública e privada, abster-se de atender a solicitações ou recomendações relativamente

---

(18) NASCIMENTO, Amauri Mascaro. *Curso de direito processual do trabalho*. 22. ed. São Paulo: Saraiva, 2007. p. 172.

aos feitos que haja sido ou tenham de ser submetidos à sua apreciação e manter pontualidade, sob pena de descontos de vencimento, no cumprimento das atribuições do seu mister".

A Consolidação das Leis do Trabalho disciplina a carreira do Juiz do Trabalho, que deve ser lida em conjunto com a Lei Orgânica da Magistratura.

O Juiz do Trabalho ingressará na carreira como Juiz do Trabalho Substituto, após aprovação em concurso de provas e títulos, sendo designado pelo Presidente do TRT para auxiliar ou substituir nas Varas do Trabalho. Após dois anos de exercício, o Juiz do Trabalho Substituto torna-se vitalício. Alternativamente, por antiguidade ou merecimento, o Juiz será promovido a Juiz Titular de Vara do Trabalho e, posteriormente, pelo mesmo critério, a Juiz de Tribunal Regional do Trabalho. Além disso, pode chegar ao posto de Ministro do Tribunal Superior do Trabalho desde que preencha os requisitos constitucionais.

## 6. Dos Tribunais Regionais do Trabalho

Os Tribunais Regionais do Trabalho são órgãos de segundo grau de jurisdição, compostos por Juízes do Trabalho de carreira, promovidos por antiguidade e merecimento, sendo que um quinto dos seus assentos será ocupado por membros do Ministério Público e da classe dos advogados, com mais de dez anos de exercício profissional, observado o disposto no art. 94 da CF.

Dispõe o art. 115 da CF:

> Os Tribunais Regionais do Trabalho compõem-se de, no mínimo, sete desembargadores federais do trabalho, recrutados, quando possível, na respectiva região, e nomeados pelo Presidente da República dentre brasileiros com mais de trinta e menos de sessenta e cinco anos, sendo:
> 
> I – um quinto dentre advogados com mais de dez anos de efetiva atividade profissional e membros do Ministério Público do Trabalho com mais de dez anos de efetivo exercício, observado o disposto no art. 94;
> 
> II – os demais, mediante promoção de juízes do trabalho por antiguidade e merecimento, alternadamente.
> 
> § 1º – Os Tribunais Regionais do Trabalho instalarão a justiça itinerante, com a realização de audiências e demais funções de atividade jurisdicional, nos limites territoriais da respectiva jurisdição, servindo-se de equipamentos públicos e comunitários.
> 
> § 2º – Os Tribunais Regionais do Trabalho poderão funcionar descentralizadamente, constituindo Câmaras regionais, a fim de assegurar o pleno acesso do jurisdicionado à Justiça em todas as fases do processo.

Como destaca *Amauri Mascaro Nascimento*[19]:

"Não é uniforme a composição dos Tribunais Regionais, porque não é igual o número de seus membros, são: – integrados por, no mínimo, sete juízes,

---
(19) *Op. cit.*, p. 167.

recrutados, quando possível, na respectiva região, e nomeados pelo Presidente da República dentre brasileiros com mais de trinta e menos de sessenta e cinco anos; – divididos ou não em Turmas, estas com, no mínimo, três magistrados; – seus juízes são recrutados entre magistrados de carreira, advogados e membros do Ministério Público".

Compete aos Tribunais Regionais do Trabalho julgar os recursos ordinários interpostos em face das decisões das Varas e também, originariamente, as ações rescisórias, dissídios coletivos e de greve, mandados de segurança impetrados em face de juízes de Varas do Trabalho, entre outras ações previstas na lei e no seu Regimento Interno.

Atualmente, há, no Brasil, 24 Tribunais Regionais do Trabalho, sendo um em cada Estado, exceção ao Estado de São Paulo que possui dois Tribunais Regionais do Trabalho, o da 2ª Região, que abrange a capital de São Paulo, região metropolitana de São Paulo e Baixada Santista, e o da 15ª Região, que abrange a cidade de Campinas e as cidades do interior do Estado de São Paulo.

Os 24 Tribunais Regionais do Trabalho brasileiros abrangem os seguintes Estados:

1ª Região: Estado do Rio de Janeiro. Sede: Rio de Janeiro;

2ª Região: abrange o Estado de São Paulo: Capital de São Paulo, região metro politana de São Paulo e baixada santista. Sede: São Paulo;

3ª Região: abrange o Estado de Minas Gerais. Sede: Belo Horizonte;

4ª Região: Estado do Rio Grande do Sul. Sede: Porto Alegre;

5ª Região: Estado da Bahia. Sede: Salvador;

6ª Região: compreende o Estado de Pernambuco. Sede: Recife;

7ª Região: compreende o Estado do Ceará. Sede: Fortaleza;

8ª Região: compreende os Estados do Pará e Amapá. Sede: Belém do Pará;

9ª Região: Estado do Paraná. Sede: Curitiba;

10ª Região: compreende Brasília, Tocantins e Distrito Federal. Sede: Brasília;

11ª Região: compreende os Estados do Amazonas e Roraima. Sede: Manaus;

12ª Região: Estado de Santa Catarina. Sede: Florianópolis;

13ª Região: compreende o Estado da Paraíba. Sede: João Pessoa;

14ª Região: compreende os Estados de Rondônia e Acre. Sede: Porto Velho;

15ª Região: abrange as cidades do interior do Estado de São Paulo que não estão sob jurisdição da 2ª Região. Sede: Campinas;

16ª Região: Estado do Maranhão. Sede: São Luiz;

17ª Região: Estado do Espírito Santo. Sede: Vitória;

18ª Região: Estado de Goiás. Sede: Goiânia;

19ª Região: Estado de Alagoas. Sede: Maceió;

20ª Região: Estado de Sergipe. Sede: Aracaju;

21ª Região: Estado do Rio Grande do Norte. Sede: Natal;

22ª Região: Estado do Piauí. Sede: Teresina;

23ª Região: Estado do Mato Grosso. Sede: Cuiabá;

24ª Região: Estado do Mato Grosso do Sul. Sede: Campo Grande.

## 7. Do Tribunal Superior do Trabalho

O Tribunal Superior do Trabalho é o órgão de cúpula da Justiça do Trabalho com jurisdição em todo território nacional, composto por 27 ministros, cabendo-lhe uniformizar a interpretação da legislação trabalhista no âmbito da competência da Justiça do Trabalho, cumprindo ainda dar a última palavra nas questões de ordem administrativa da Justiça do Trabalho.

Dispõe o art. 111-A, da CF, com a redação dada pela EC n. 45/04:

> O Tribunal Superior do Trabalho compor-se-á de vinte e sete Ministros, escolhidos dentre brasileiros com mais de trinta e cinco e menos de sessenta e cinco anos, nomeados pelo Presidente da República após aprovação pela maioria absoluta do Senado Federal, sendo:
>
> I – um quinto dentre advogados com mais de dez anos de efetiva atividade profissional e membros do Ministério Público do Trabalho, observado o disposto no art. 94;
>
> II – os demais dentre juízes dos Tribunais Regionais do Trabalho, oriundos da magistratura da carreira, indicados em lista tríplice elaborada pelo próprio Tribunal Superior.
>
> § 1º – A lei disporá sobre a competência do Tribunal Superior do Trabalho.
>
> § 2º – Funcionarão junto ao Tribunal Superior do Trabalho:
>
> I – a Escola Nacional de Formação e Aperfeiçoamento de Magistrados do Trabalho, cabendo-lhe, dentre outras funções, regulamentar os cursos oficiais para o ingresso e promoção na carreira;
>
> II – o Conselho Superior da Justiça do Trabalho, cabendo-lhe exercer, na forma da lei, a supervisão administrativa, orçamentária, financeira e patrimonial da Justiça do Trabalho de primeiro e segundo graus, como órgão central do sistema, cujas decisões terão efeito vinculante.

A composição, as seções e o funcionamento das turmas do TST estão disciplinados na CLT e, principalmente, no Regimento Interno do TST[20].

---

(20) No capítulo Competência da Justiça do Trabalho, no item Competência funcional do TST, está detalhada a competência de cada órgão do Tribunal Superior do Trabalho.

Os Ministros do TST são oriundos dos Juízes dos Tribunais Regionais do Trabalho, nomeados pelo Presidente da República após figurarem em listas tríplices elaboradas pelo próprio tribunal.

Um quinto dos Ministros do TST é oriundo do chamado "quinto constitucional", sendo 1/10 de advogados e 1/10 de membros do Ministério Público do Trabalho, ambos com mais de dez anos de exercício profissional, observado o disposto no art. 94 da CF.

Junto ao Tribunal Superior do Trabalho funcionam a Escola Nacional da Magistratura do Trabalho encarregada do aperfeiçoamento dos magistrados trabalhistas.

Também junto ao Tribunal Superior do Trabalho funciona o Conselho Superior da Justiça do Trabalho, cabendo-lhe exercer, na forma da lei, a supervisão administrativa, orçamentária, financeira e patrimonial da Justiça do Trabalho de primeiro e segundo graus, como órgão central do sistema, cujas decisões terão efeito vinculante.

Conforme *Amauri Mascaro Nascimento*[21], "o Conselho Superior da Justiça do Trabalho, como órgão central do sistema, cujas decisões têm efeito vinculante, criado em 24 de agosto de 2000 pelo Pleno do Tribunal, e instalado em 26 de dezembro de 2000, reafirmado pela EC n. 45 (2004), tendo por incumbência a supervisão administrativa, financeira e orçamentária e patrimonial dos órgãos da Justiça do Trabalho, integrado por nove membros, dos quais, o presidente, o vice-presidente e o corregedor-geral da Justiça do Trabalho, mais três Ministros do Tribunal e três Juízes-presidentes dos Tribunais Regionais do Trabalho; reúne-se ordinariamente uma vez a cada trimestre e extraordinariamente quando necessário; para operacionalizar sua atividade foram criadas, em seu âmbito, a Unidade de Controle Interno para apoio técnico, a Comissão de Ética para apreciar questões de ética dos magistrados de qualquer grau, tanto no exercício da atividade administrativa como judicante, composto por seis membros, competindo-lhe receber a apurar denúncias".

## 8. Dos serviços auxiliares da Justiça do Trabalho

Além dos Juízes do Trabalho, as Varas e os Tribunais contam com a presença dos servidores da Justiça do Trabalho e dos órgãos de auxílio, que realizam os atos processuais e os serviços burocráticos da Justiça, também chamadas de Secretarias.

Nos Tribunais, também há as Secretarias e os funcionários dos gabinetes dos Juízes dos TRTs e Ministros do TST, encarregadas dos serviços de assessoramento, burocráticos e documentação do processo.

A CLT, acertadamente, dedica um capítulo aos serviços auxiliares da Justiça do Trabalho (Capítulo VI, arts. 710 a 717).

Nesse sentido dispõe o art. 710 da CLT, *in verbis*:

> Cada Junta terá uma secretaria, sob a direção de funcionário que o presidente designar, para exercer a função de chefe de secretaria, e que receberá, além dos vencimentos correspondentes ao seu padrão, a gratificação de função fixada em lei.

---

(21) *Op. cit.*, p. 155.

Conforme o referido dispositivo, as Secretarias das Varas do Trabalho são dirigidas por um chefe, atualmente chamado de Diretor de Secretaria, a quem cabe gerenciar a Secretaria, dirigindo os funcionários, sob a supervisão do Juiz, bem como realizar todos os atos determinados pelo Juiz e praticar os atos processuais de sua competência, como autuação, notificações, atendimento aos advogados, etc.[22]

Conforme o art. 711 da CLT:

> Compete à secretaria das Juntas: a) o recebimento, a autuação, o andamento, a guarda e a conservação dos processos e outros papéis que lhe forem encaminhados; b) a manutenção do protocolo de entrada e saída dos processos e demais papéis; c) o registro das decisões; d) a informação, às partes interessadas e seus procuradores, do andamento dos respectivos processos, cuja consulta lhes facilitará; e) a abertura de vista dos processos às partes, na própria secretaria; f) a contagem das custas devidas pelas partes, nos respectivos processos; g) o fornecimento de certidões sobre o que constar dos livros ou do arquivamento da secretaria; h) a realização das penhoras e demais diligências processuais; i) o desempenho dos demais trabalhos que lhe forem cometidos pelo presidente da Junta, para melhor execução dos serviços que lhe estão afetos.

As Secretarias das Varas são compostas pelo Diretor de Secretaria, pelo Assistente de Diretor (que substitui o diretor em suas ausências), um assistente de Juiz (que auxilia o Juiz diretamente), um Secretário de Audiências, também chamado de datilógrafo das audiências, a quem compete secretariar as audiências e digitar as atas, um assistente de cálculos (a quem compete auxiliar o Juiz na elaboração e conferência dos cálculos de liquidação); o oficial de justiça avaliador, a quem compete o cumprimento dos mandados e diligências solicitadas pelo Juiz, e pelos demais funcionários da Justiça do Trabalho (analistas e técnicos judiciários[23]), que ingressam mediante concurso público de provas.

A Secretaria, sob responsabilidade do Diretor, também pode proferir alguns despachos no processo, como mera juntada de documentos e concessão de prazos para manifestação, sob supervisão do Juiz, conforme dispõe o § 4º do art. 162 do CPC.

---

(22) Nesse sentido dispõe o art. 712 da CLT, *in verbis:* "Compete especialmente aos chefes de secretaria das Juntas de Conciliação e Julgamento: a) superintender os trabalhos da secretaria, velando pela boa ordem do serviço; b) cumprir e fazer cumprir as ordens emanadas do presidente e das autoridades superiores; c) submeter a despacho e assinatura do presidente o expediente e os papéis que devam ser por ele despachados e assinados; d) abrir a correspondência oficial dirigida à Junta e ao seu presidente, a cuja deliberação será submetida; e) tomar por termo as reclamações verbais nos casos de dissídios individuais; f) promover o rápido andamento dos processos, especialmente na fase de execução, e a pronta realização dos atos e diligências deprecadas pelas autoridades superiores; g) secretariar as audiências da Junta, lavrando as respectivas atas; h) subscrever as certidões e os termos processuais; i) dar aos litigantes ciência das reclamações e demais atos processuais de que devam ter conhecimento, assinando as respectivas notificações; j) executar os demais trabalhos que lhe forem atribuídos pelo presidente da Junta. Parágrafo único. Os serventuários que, sem motivo justificado, não realizarem os atos, dentro dos prazos fixados, serão descontados em seus vencimentos, em tantos dias quantos os do excesso."

(23) Os técnicos judiciários prestam concurso público, cujo requisito para ingresso é possuir o ensino médio. Já para o concurso de analista se exige o curso superior completo.

Atualmente, não só a doutrina como a jurisprudência vêm defendendo maior aperfeiçoamento e prestígio dos servidores da Justiça do Trabalho, como medida para melhorar a tramitação processual e até mesmo a efetividade do processo.

A experiência nos tem mostrado que um grupo de funcionários valorizados e motivados contribui, em muito, para o aperfeiçoamento dos serviços, bem como para a melhoria da tramitação processual e dos serviços judiciários como um todo.

A hipertrofia dos serviços judiciais nas mãos do magistrado, diante do aumento significativo do número de processos, não tem trazido bons resultados. Por isso, paulatinamente, *de lege ferenda,* os servidores da Justiça do Trabalho, muitos de grande competência e produtividade, após um período de treinamento, poderiam assumir uma parcela dos serviços que envolvem pequenas decisões no processo (despachos com algum conteúdo decisório), sob supervisão do magistrado, bem como ser mais bem aproveitados no assessoramento dos Juízes das Varas.

Como bem adverte *Amauri Mascaro Nascimento*[24]:

"A sobrecarga do juiz vem contribuindo para o crescimento das atribuições da sua assessoria, não só com a atribuição, ao diretor de secretaria, de lançar despachos ordinatórios, mas, também nos tribunais, para a atuação de assessores do juiz que se encarregam da seleção dos recursos, da verificação do cumprimento pelo recorrente dos pressupostos recursais e, às vezes, da redação preliminar de votos do juiz a serem apresentados nos julgamentos, a serem analisados e conferidos".

## 8.1. Dos distribuidores

Nas localidades em que há mais de uma Vara e também nos Tribunais em que há mais de uma turma, há um órgão distribuidor, encarregado de fazer a distribuição das reclamações trabalhistas e dos processos que chegam aos tribunais.

Nesse sentido dispõe o art. 713 da CLT, *in verbis:*

> Nas localidades em que existir mais de uma Junta de Conciliação e Julgamento haverá um distribuidor.

Diante do excesso de serviços nas Varas do Trabalho, em muitas regiões, além da distribuição, os órgãos distribuidores realizam também a marcação da audiência e notificação das partes para nela comparecerem.

Conforme *Amauri Mascaro Nascimento*[25]:

"A distribuição é a definição da Vara ou da Turma, ou Seção do Tribunal, dentre diversos igualmente competentes, para os quais o processo será encaminhado

---

(24) NASCIMENTO, Amauri Mascaro. *Curso de direito processual do trabalho.* 22. ed. São Paulo: Saraiva, 2007. p. 177.

(25) *Op. cit.,* p. 178-179.

e que será, daí por diante, funcionalmente competente para o julgamento. É ato da maior importância, cercado de garantias, presidido por um magistrado, e por meios eletrônicos para que haja a certeza de imparcialidade na distribuição".

Nos termos do art. 714 da CLT, compete ao distribuidor:

a) a distribuição, pela ordem rigorosa de entrada, e sucessivamente a cada Junta, dos feitos que, para esse fim, lhe forem apresentados pelos interessados;

b) o fornecimento, aos interessados, do recibo correspondente a cada feito distribuído;

c) a manutenção de dois fichários dos feitos distribuídos, sendo um organizado pelos nomes dos reclamantes e o outro dos reclamados, ambos por ordem alfabética;

d) o fornecimento a qualquer pessoa que o solicite, verbalmente ou por certidão, de informações sobre os feitos distribuídos;

e) a baixa na distribuição dos feitos, quando isto lhe for determinado pelos presidentes das Juntas, formando, com as fichas correspondentes, fichários à parte, cujos dados poderão ser consultados pelos interessados, mas não serão mencionados em certidões.

Conforme o art. 715 da CLT, "os distribuidores são designados pelo presidente do Tribunal Regional, dentre os funcionários das Juntas e do Tribunal Regional, existentes na mesma localidade, e ao mesmo presidente diretamente subordinados".

## Capítulo IV
# Do Ministério Público do Trabalho

## 1. Conceito e origem

Como destaca *Hugo Nigro Mazzilli*[1], a expressão "ministério público" já se encontrava em textos romanos clássicos. No sentido, porém, de referir-se à instituição, a expressão francesa *ministère public* passou a ser usada com frequência nos provimentos legislativos do século XVIII, ora para designar as funções próprias daquele ofício público, ora para referir-se a um magistrado específico, incumbido do poder-dever de exercitá-lo, ora, enfim, para dizer respeito ao seu ofício.

Ensina *Carlos Henrique Bezerra Leite*[2]:

"No início, a figura do Ministério Público relacionava-se à dos agentes do rei *(les gens du roi)*, isto é, à 'mão do rei' e, atualmente, para manter a metáfora, à 'mão da lei'. A expressão *parquet*, bastante utilizada com referência ao Ministério Público, advém da tradição francesa, assim como 'magistratura de pé' e *les gens du roi*. Com efeito, os procuradores do rei, antes de adquirir a condição de magistrados e ter assento ao lado de juízes, ficavam, incialmente, sobre o assoalho *(parquet)* da sala de audiências, e não sobre o estrado, lado a lado à 'magistratura sentada'".

Não há uniformidade na doutrina sobre quando surgiu o Ministério Público. Para alguns, foi no Egito, para outros, na França, mas o certo é que ao longo dos anos a instituição foi crescendo e adquirindo importância vital na defesa da ordem jurídica, dos direitos indisponíveis e do Estado Democrático de Direito.

Conforme as palavras de *Calamandrei*, no Ministério Público se exerce a magistratura e a advocacia ao mesmo tempo, pois o promotor é tão imparcial como o juiz na defesa do ordenamento jurídico, mas tão combativo como o advogado quando postula um direito.

---

(1) MAZZILLI, Hugo Nigro. *Introdução ao Ministério Público*. São Paulo: Saraiva, 1997. p. 2.
(2) BEZERRA LEITE, Carlos Henrique. *Ministério Público do Trabalho:* doutrina, jurisprudência e prática. 2. ed. São Paulo: LTr, 2002. p. 29.

Conforme o art. 127 da CF, "o Ministério Público é instituição permanente, essencial à função jurisdicional do Estado, incumbindo-lhe a defesa da ordem jurídica, do regime democrático e dos interesses sociais e individuais indisponíveis".

A Constituição de 1988 desvinculou o Ministério Público do poder executivo, transformando-o em uma instituição autônoma e permanente. Por isso, alguns sustentam ser ele o quarto poder da República.

Longe de se limitar ao papel a ele tradicionalmente reservado na persecução criminal, e ao contrário de sustentar interesses individuais ou dos governantes, o Ministério Público está hoje consagrado, com autonomia e independência funcional da instituição e de seus órgãos, à defesa dos interesses sociais e individuais indisponíveis, da ordem jurídica e do regime democrático. Passou, pois, a ser órgão de proteção das liberdades públicas constitucionais, da defesa de direitos indisponíveis, da garantia do contraditório[3].

## 2. Princípios do Ministério Público

Dispõe o § 1º do art. 127 da CF:

> São princípios institucionais do Ministério Público a unidade, a indivisibilidade e a independência funcional.

Conforme o referido dispositivo, são princípios do Ministério Público:

*a) Unidade:* Os membros do Ministério Público pertencem a um só órgão, sob direção de uma única chefia;

*b) Indivisibilidade:* Conforme destaca *Hugo Nigro Mazzilli*[4], indivisibilidade significa que seus membros podem ser substituídos uns pelos outros não arbitrariamente, mas segundo a forma estabelecida na lei. Nesse sentido, não há unidade ou indivisibilidade entre os membros de Ministérios Públicos diversos, só dentro de cada Ministério Público;

*c) Independência funcional:* O Ministério Público possui autonomia para atuar nos limites da sua competência constitucional na defesa do interesse público. De outro lado, não há hierarquia entre os membros da instituição. Como adverte *Bezerra Leite*[5]: apenas no aspecto administrativo, ante a natural chefia exercida pelo procurador-geral (poderes de designação, disciplina funcional, etc.), bem como (por delegação) pelos procuradores-chefes, é que se pode falar em hierarquia, e, ainda assim, desde que observadas as prescrições legais, em virtude do princípio da legalidade, que norteia os atos da Administração Pública;

*d) Princípio do promotor natural:* Por ser o Ministério Público instituição autônoma e independente, não estando vinculado a qualquer outro poder, autores defendem

---

(3) MAZZILLI, Hugo Nigro. *Introdução ao Ministério Público do Trabalho*. São Paulo: Saraiva, 1997. p. 21.

(4) *Op. cit.*, p. 23.

(5) *Op. cit.*, p. 52.

a existência do princípio do promotor natural, que tem as mesmas razões do princípio do juiz natural.

Como menciona *Carlos Henrique Bezerra Leite*[6], "o princípio do promotor natural decorre da interpretação sistêmica do Texto Constitucional. Vale dizer, o princípio do promotor natural está albergado nos arts. 5º, XXXVI e LIII, 127 e 129, I, da Constituição Federal, e assenta-se nas cláusulas da independência funcional e da inamovibilidade dos membros da instituição. Além disso, esse princípio 'quer significar que o jurisdicionado tem a garantia constitucional de ver-se processado e julgado pelas autoridades competentes previamente estabelecidas nas leis processuais e de organização judiciária".

Nos termos do § 2º do art. 127 da CF, "ao Ministério Público é assegurada autonomia funcional e administrativa, podendo, observado o disposto no art. 169, propor ao Poder Legislativo a criação e extinção de seus cargos e serviços auxiliares, provendo-os por concurso público de provas ou de provas e títulos, a política remuneratória e os planos de carreira; a lei disporá sobre sua organização e funcionamento".

## 3. Do Ministério Público do Trabalho

Dispõe o art. 128 da CF:

O Ministério Público abrange:

I – o Ministério Público da União, que compreende:

a) o Ministério Público Federal;

b) o Ministério Público do Trabalho;

c) o Ministério Público Militar;

d) o Ministério Público do Distrito Federal e Territórios;

II – os Ministérios Públicos dos Estados.

§ 1º – O Ministério Público da União tem por chefe o Procurador-Geral da República, nomeado pelo Presidente da República dentre integrantes da carreira, maiores de trinta e cinco anos, após a aprovação de seu nome pela maioria absoluta dos membros do Senado Federal, para mandato de dois anos, permitida a recondução.

Conforme dispõe o citado dispositivo constitucional, o Ministério Público do Trabalho faz parte do Ministério Público da União, tendo sua estrutura federalizada, sendo regido pela Constituição Federal e pela LC n. 75/93, que dispõe sobre o Ministério Público da União, a qual revogou tacitamente os arts. 736 a 757 da CLT.

Conforme o § 5º do art. 128 da CF, os membros do Ministério Público do Trabalho têm as mesmas garantias da magistratura, quais sejam:

*a) vitaliciedade:* após dois anos de exercício, não podendo perder o cargo senão por sentença judicial transitada em julgado;

---

(6) BEZERRA LEITE, Carlos Henrique. *Curso de direito processual do trabalho.* 5. ed. São Paulo: LTr, 2007. p. 56.

*b) inamovibilidade:* salvo por motivo de interesse público, mediante decisão do órgão colegiado competente do Ministério Público, pelo voto da maioria absoluta de seus membros, assegurada ampla defesa;

*c) irredutibilidade de subsídio:* fixado na forma do art. 39, § 4º, e ressalvado o disposto nos arts. 37, X e XI, 150, II, 153, III, 153, § 2º, I.

Outrossim, estão sujeitos às seguintes vedações:

a) receber, a qualquer título e sob qualquer pretexto, honorários, percentagens ou custas processuais;

b) exercer a advocacia;

c) participar de sociedade comercial, na forma da lei;

d) exercer, ainda que em disponibilidade, qualquer outra função pública, salvo uma de magistério;

e) exercer atividade político-partidária;

f) receber, a qualquer título ou pretexto, auxílios ou contribuições de pessoas físicas, entidades públicas ou privadas, ressalvadas as exceções previstas em lei.

São órgãos do Ministério Público do Trabalho, segundo o art. 85 da LC n. 75/93:

I – o Procurador-Geral do Trabalho;

II – o Colégio de Procuradores do Trabalho;

III – o Conselho Superior do Ministério Público do Trabalho;

IV – a Câmara de Coordenação e Revisão do Ministério Público do Trabalho;

V – a Corregedoria do Ministério Público do Trabalho;

VI – os Subprocuradores-Gerais do Trabalho;

VII – os Procuradores Regionais do Trabalho;

VIII – os Procuradores do Trabalho.

Conforme o art. 86 da LC n. 75/93, a carreira do Ministério Público do Trabalho será constituída pelos cargos de Subprocurador-Geral do Trabalho, Procurador Regional do Trabalho e Procurador do Trabalho.

O cargo inicial da carreira é o de Procurador do Trabalho e o do último nível o de Subprocurador-Geral do Trabalho.

O ingresso na carreira do Ministério Público, conforme o § 3º, do art. 129, da CF, far-se-á mediante concurso público de provas e títulos, assegurada a participação da Ordem dos Advogados do Brasil em sua realização, exigindo-se do bacharel em Direito, no mínimo, três anos de atividade jurídica e observando-se, nas nomeações, a ordem de classificação.

Os procuradores do trabalho são efetivos a partir da posse, não havendo a existência do cargo de procurador do trabalho substituto. Entretanto, a vitaliciedade somente é adquirida após dois anos de exercício no cargo.

## 4. Da prerrogativa do Procurador do Trabalho de sentar-se ao lado do Juiz do Trabalho nas audiências trabalhistas

Dispõe o art. 18, I, *a*, da LC n. 75/93, ser prerrogativa dos membros do MPU:

> Sentar-se no mesmo plano e imediatamente à direita dos juízes singulares ou presidentes dos órgãos judiciários perante os quais oficiem.

O referido dispositivo não faz distinção quanto à atuação do Ministério Público como parte ou fiscal da lei (*custos legis*). Desse modo, há forte corrente doutrinária e jurisprudencial no sentido de que o membro do Ministério Público do Trabalho deve sentar-se sempre à direita e no mesmo patamar do Juiz em razão de defender sempre o interesse público e a ordem jurídica, em qualquer modalidade de sua atuação.

Nesse sentido destaca-se a seguinte ementa:

> Prerrogativas do Ministério Público. Assento em audiência. Órgão-agente e fiscal da lei. Não encontra respaldo legal ou jurídico o entendimento esposado pela autoridade, tida como coatora, no sentido de que o Ministério Público, quando ajuíza ação civil pública, na defesa de interesses, quer coletivos quer difusos, 'deve estar sujeito a todos os princípios norteadores do processo'. O ato praticado com base nessa assertiva caracteriza cerceamento ao exercício constitucional das atribuições do Ministério Público, sendo correto concluir que o gozo das prerrogativas institucionais é indispensável ao desenvolvimento desse mister. Mandado de segurança concedido (TRT – 18ª R. – MS n. 054/94 – Ac. 1.158/95 – Relª. Juíza Ialbaluza Guimarães Mello). In: *LTr* 59-07/993.

No nosso sentir, embora a lei não faça distinção da atuação do Ministério Público como parte ou fiscal da lei, acreditamos que a interpretação do dispositivo deve ser no sentido de que somente o Procurador do Trabalho sentará ao lado do Juiz nas audiências quando atuar como fiscal da lei, pois, como parte, embora defenda o interesse público, o órgão do MP deve sentar no mesmo patamar da parte contrária, em razão do princípio da imparcialidade do Juiz e também da igualdade de tratamento às partes.

No nosso sentir, o art. 18 da LC n. 75/93 deve ser lido em cotejo com os princípios constitucionais do processo, realizando-se a chamada interpretação em conformidade com a Constituição (filtragem constitucional). Desse modo, quando atuar como parte, o Ministério Público, por mais relevante o interesse que defenda, não poderá estar no mesmo patamar do órgão julgador.

O fato de sentar-se ao lado da parte contrária quando atua como parte não diminui a importância do Ministério Público, tampouco suas prerrogativas funcionais, pois não há hierarquia entre Juiz, parte e advogados.

## 5. Da competência do Ministério Público do Trabalho

As hipóteses de atuação do Ministério Público do Trabalho (competências) estão basicamente elencadas no art. 83, da LC n. 75/93, que assim dispõe:

Compete ao Ministério Público do Trabalho o exercício das seguintes atribuições junto aos órgãos da Justiça do Trabalho:

I – promover as ações que lhe sejam atribuídas pela Constituição Federal e pelas leis trabalhistas;

II – manifestar-se em qualquer fase do processo trabalhista, acolhendo solicitação do juiz ou por sua iniciativa, quando entender existente interesse público que justifique a intervenção;

III – promover a ação civil pública no âmbito da Justiça do Trabalho, para defesa de interesses coletivos, quando desrespeitados os direitos sociais constitucionalmente garantidos;

IV – propor as ações cabíveis para declaração de nulidade de cláusula de contrato, acordo coletivo ou convenção coletiva que viole as liberdades individuais ou coletivas ou os direitos individuais indisponíveis dos trabalhadores;

V – propor as ações necessárias à defesa dos direitos e interesses dos menores, incapazes e índios, decorrentes das relações de trabalho;

VI – recorrer das decisões da Justiça do Trabalho, quando entender necessário, tanto nos processos em que for parte, como naqueles em que oficiar como fiscal da lei, bem como pedir revisão dos Enunciados da Súmula de Jurisprudência do Tribunal Superior do Trabalho;

VII – funcionar nas sessões dos Tribunais Trabalhistas, manifestando-se verbalmente sobre a matéria em debate, sempre que entender necessário, sendo-lhe assegurado o direito de vista dos processos em julgamento, podendo solicitar as requisições e diligências que julgar convenientes;

VIII – instaurar instância em caso de greve, quando a defesa da ordem jurídica ou o interesse público assim o exigir;

IX – promover ou participar da instrução e conciliação em dissídios decorrentes da paralisação de serviços de qualquer natureza, oficiando obrigatoriamente nos processos, manifestando sua concordância ou discordância, em eventuais acordos firmados antes da homologação, resguardado o direito de recorrer em caso de violação à lei e à Constituição Federal;

X – promover mandado de injunção, quando a competência for da Justiça do Trabalho;

XI – atuar como árbitro, se assim for solicitado pelas partes, nos dissídios de competência da Justiça do Trabalho;

XII – requerer as diligências que julgar convenientes para o correto andamento dos processos e para a melhor solução das lides trabalhistas;

XIII – intervir obrigatoriamente em todos os feitos nos segundo e terceiro graus de jurisdição da Justiça do Trabalho, quando a parte for pessoa jurídica de Direito Público, Estado estrangeiro ou organismo internacional.

# 6. Formas de atuação do Ministério Público do Trabalho
## 6.1. Judicial
### 6.1.1. Qualidade de parte ou agente

Em juízo, na qualidade de parte (ou agente), cumpre ao Ministério Público as seguintes atribuições, nos termos do art. 83 da LC n. 75/93:

a) promover as ações que lhe sejam atribuídas pela Constituição Federal e pelas leis trabalhistas;

b) promover a ação civil pública no âmbito da Justiça do Trabalho, para defesa de interesses coletivos, quando desrespeitados os direitos sociais constitucionalmente garantidos;

c) propor as ações cabíveis para declaração de nulidade de cláusula de contrato, acordo coletivo ou convenção coletiva que viole as liberdades individuais ou coletivas ou os direitos individuais indisponíveis dos trabalhadores;

d) propor as ações necessárias à defesa dos direitos e interesses dos menores, incapazes e índios, decorrentes das relações de trabalho;

e) recorrer das decisões da Justiça do Trabalho, quando entender necessário, tanto nos processos em que for parte, como naqueles em que oficiar como fiscal da lei, bem como pedir revisão dos Enunciados da Súmula de Jurisprudência do Tribunal Superior do Trabalho;

f) instaurar instância em caso de greve, quando a defesa da ordem jurídica ou o interesse público assim o exigir;

g) promover mandado de injunção, quando a competência for da Justiça do Trabalho.

Em juízo, destaca-se a atuação do Ministério Público do Trabalho na defesa dos interesses difusos e coletivos por meio da ação civil pública.

Acreditamos, embora haja divergência na doutrina e jurisprudência, que possa o Ministério Público defender, por meio de ação coletiva, interesses individuais homogêneos, que são subespécies de interesses transindividuais (art. 81 da Lei n. 8.078/90).

Constitui função institucional do Ministério Publico, conforme disposto no inciso III do art. 129 da CF, *in verbis*:

> Promover o inquérito civil e a ação civil pública, para a proteção do patrimônio público e social, do meio ambiente e de outros interesses difusos e coletivos;

Acreditamos que o referido dispositivo ao aludir a *outros interesses difusos e coletivos* quis abranger os interesses individuais homogêneos.

Nesse sentido destacamos a seguinte ementa:

> Ministério Público — Ilegitimidade ativa *ad causam*. O papel do Ministério Público, na defesa da ordem jurídica e dos interesses difusos e coletivos dos hipossuficientes, vem sendo realçado cada vez mais na nova legislação. A jurisprudência, inclusive, vem admitindo a legitimidade do *Parquet*, quando se trata de defender direitos individuais homogêneos, que são aqueles que têm a mesma origem no tocante aos fatos geradores, origem idêntica essa que recomenda a defesa de todos a um só tempo. Destina-se ao Ministério Público um extraordinário valor na defesa da cidadania, numa sociedade marcadamente de massa e sob os influxos de uma nova atmosfera

cultural. No entanto, não havendo o intuito de preservação da ordem jurídica, do interesse difuso e coletivo e não sendo o caso de direitos individuais homogêneos, não há como reconhecer a legitimidade do Ministério Público para esta ação, uma vez que cada um dos empregados pode ser individualizado e apresentar características de trabalho diferentes, inexistindo prova de que todos exerciam a mesma função dita insalubre. (TRT – 10ª R. – 1ª T. – Ac. n. 1555.2001.801.10.00-5 – Rel. Pedro Luís V. Foltran – DJDF 10.1.2003 – p. 7)

Temos assistido à maciça atuação do Ministério Público do Trabalho, por meio da ação civil pública, nos seguintes segmentos:

a) combate ao trabalho em situações degradantes;

b) erradicação do trabalho infantil;

c) combate às cooperativas fraudulentas;

d) proteção ao meio ambiente do trabalho;

e) proteção à dignidade e à saúde do trabalhador;

f) combate às contratações da Administração Pública sem concurso público;

g) combate a todas as formas de desvirtuamento da relação de emprego: trabalhadores contratados por intermédio de pessoa jurídica, falsos autônomos, eventuais, prestadores de serviços, etc.

Além disso, o Ministério Público do Trabalho tem tido relevante papel na representação dos menores em juízo (art. 793 da CLT), propositura de ações rescisórias, quando há colusão das partes para fraudar a lei, propositura de ações anulatórias de cláusulas de acordos e convenções coletivas quando elas violem os direitos fundamentais do trabalhador e as garantias mínimas trabalhistas, e nos dissídios de greve em atividades essenciais (art. 114, § 3º, da CF), em que atuam maciçamente na defesa da ordem jurídica, buscando a solução do conflito coletivo.

## 6.1.2. Fiscal da lei (*custos legis*) ou interveniente

Como fiscal da lei (*custos legis*), o Ministério não atuará como parte, mas interveniente, a fim de que o ordenamento jurídico seja cumprido, bem como o interesse público.

Na qualidade de *custos legis*, o Ministério Público fará manifestações nos autos, na forma de parecer, bem como poderá fazer requerimentos e recorrer da decisão.

Nos termos do art. 83 da LC n. 75/93, são hipóteses de atuação do Ministério Público do Trabalho na qualidade de fiscal da lei:

a) manifestar-se em qualquer fase do processo trabalhista, acolhendo solicitação do juiz ou por sua iniciativa, quando entender existente interesse público que justifique a intervenção;

b) recorrer das decisões da Justiça do Trabalho, quando entender necessário, tanto nos processos em que for parte, como naqueles em que oficiar como fiscal da lei, bem como pedir revisão dos Enunciados da Súmula de Jurisprudência do Tribunal Superior do Trabalho;

c) funcionar nas sessões dos Tribunais Trabalhistas, manifestando-se verbalmente sobre a matéria em debate, sempre que entender necessário, sendo-lhe assegurado o direito de vista dos processos em julgamento, podendo solicitar as requisições e diligências que julgar convenientes;

d) intervir obrigatoriamente em todos os feitos nos segundo e terceiro graus de jurisdição da Justiça do Trabalho, quando a parte for pessoa jurídica de Direito Público, Estado estrangeiro ou organismo internacional.

Como fiscal da lei, o Ministério Público do Trabalho tem a independência e discricionariedade para avaliar a pertinência de intervir ou não no feito.

As hipóteses de intervenção do Ministério Público do Trabalho mencionadas no art. 83 da LC n. 75/93 são exemplificativas, pois há inúmeras outras hipóteses em que ele pode atuar buscando o cumprimento da lei e do ordenamento jurídico.

Nesse sentido o inciso II do art. 83 da LC n. 75/93:

> Manifestar-se em qualquer fase do processo trabalhista, acolhendo solicitação do juiz ou por sua iniciativa, quando entender existente interesse público que justifique a intervenção;

No aspecto, relevante destacar as seguintes ementas:

> Ministério Público do Trabalho — Ilegitimidade para recorrer. A atuação do Ministério Público do Trabalho é obrigatória nos feitos de jurisdição da Justiça do Trabalho apenas quando a parte for pessoa jurídica de direito público, estado estrangeiro ou organismo internacional ou, ainda, como fiscal da lei, quando existir interesse público que justifique a sua intervenção, nos exatos termos em que estabelecem os arts. 127, *caput*, da CF/88, e 83, inciso VI, da Lei Complementar n. 75/93. Na hipótese dos autos, o Ministério Público do Trabalho não tem legitimidade para recorrer, pois interpôs revista para defender interesse privado da Petróleo Brasileiro S.A. — Petrobrás, sociedade de economia mista, dotada de personalidade jurídica de direito privado, que se encontra regularmente representada por advogado que manifestou recurso contra o acórdão do Tribunal Regional. Recurso de revista provido para restabelecer a decisão proferida pelo TRT. (TRT – SBDI1 – E-RR n. 325272/96-5 – Rel. Min. Rider Nogueira de Brito – DJ 3.8.2001 – p. 407) (RDT 09/2001 – p. 76).

> Ministério Público do Trabalho — Intervenção obrigatória. Nos termos do inciso II do art. 83 da Lei Complementar n. 75/93, compete ao Ministério Público do Trabalho intervir no processo trabalhista, em qualquer fase em que se encontre, por solicitação do juiz ou por sua iniciativa, quando entender que há interesse público a proteger. Se no processo de cognição, a intervenção não se verificou, vindo a ser efetivada apenas na fase executória, por duas vezes, sendo a 1ª através de vista concedida pelo Juiz e a 2ª quando da emissão de parecer no agravo de petição, a irregularidade foi sanada. (TRT – 3ª R. – SE – Ap. n. 1482/98 – Relª. Juíza Alice Monteiro de Barros – DJMG 27.11.98 – p. 4) (RDT 1/99 – p. 63)

## 6.2. Extrajudicial

As hipóteses de atuação extrajudicial do Ministério Público do Trabalho estão previstas, exemplificativamente, no art. 84 da LC n. 75/93, que assim dispõe:

> Incumbe ao Ministério Público do Trabalho, no âmbito das suas atribuições, exercer as funções institucionais previstas nos Capítulos I, II, III e IV do Título I, especialmente:
>
> I – integrar os órgãos colegiados previstos no § 1º do art. 6º, que lhes sejam pertinentes; II – instaurar inquérito civil e outros procedimentos administrativos, sempre que cabíveis, para assegurar a observância dos direitos sociais dos trabalhadores; III – requisitar à autoridade administrativa federal competente, dos órgãos de proteção ao trabalho, a instauração de procedimentos administrativos, podendo acompanhá-los e produzir provas; IV – ser cientificado pessoalmente das decisões proferidas pela Justiça do Trabalho, nas causas em que o órgão tenha intervindo ou emitido parecer escrito; V – exercer outras atribuições que lhe forem conferidas por lei, desde que compatíveis com sua finalidade.

Temos assistido a uma atuação extrajudicial intensa do Ministério Público do Trabalho por meio de dois instrumentos: o inquérito civil público e o termo de ajuste de conduta.

### 6.2.1. Inquérito Civil Público

O inquérito civil público consiste num procedimento extrajudicial de natureza inquisitória, em que o Ministério Público do Trabalho busca provas e dados para propor eventual ação civil pública ou tentar firmar um termo de ajuste de conduta.

Na visão de *Hugo Nigro Mazzilli*[7], "o inquérito civil é uma investigação administrativa prévia a cargo do Ministério Público, que se destina a colher elementos de convicção para que o próprio órgão ministerial possa identificar se ocorre circunstância que enseja eventual propositura de ação civil pública ou coletiva".

O inquérito civil público é peça facultativa para o Ministério Público, pois caso já tenha elementos suficientes, poderá instaurar ação civil pública sem ele. Nesse sentido dispõe o § 1º do art. 8º da Lei n. 7.347/85: "O Ministério Público poderá instaurar, sob sua presidência, inquérito civil, ou requisitar, de qualquer organismo público ou particular, certidões, informações, exames ou perícias, no prazo que assinalar, o qual não poderá ser inferior a 10 (dez) dias úteis".

Há discussões na doutrina e jurisprudência sobre estar o inquérito civil público sujeito ao chamado *crivo do contraditório*. Autores há que sustentam a necessidade do contraditório, pois se trata de um procedimento administrativo. Outros autores, aos quais nos filiamos, defendem a inaplicabilidade do contraditório no inquérito, pois se trata, na verdade, de sindicância de natureza inquisitiva e não de um procedimento administrativo. Além disso, o inquérito poderá ser integralmente impugnado em juízo quando do ingresso da Ação Civil Pública. De outro lado, a natureza inquisitiva do

---

(7) MAZZILLI, Hugo Nigro. *O inquérito civil*. São Paulo: Saraiva, 1999. p. 46.

Inquérito Civil Público se justifica para que os elementos de prova e convicção do Procurador do Trabalho possam ser obtidos com maior celeridade e efetividade.

Nesse sentido é visão de *Raimundo Simão de Melo*[8]:

> "De modo contrário, sustenta Ibraim Rocha que o inquérito civil é mais que mero procedimento, é autêntico processo administrativo, em sentido amplo, nele devendo existir o contraditório, embora mitigado porque presente um dos sujeitos abrangidos pela nova categoria constitucional dos acusados em geral, já que passível de composição dos conflitos, compreendido no substrato do contrato e consenso legitimador da atual Carta Constitucional. Mas, *data venia*, parece elastecedora demais a interpretação do ilustre autor, baseada, como se vê, na possibilidade de composição do conflito como sustentáculo do contraditório. É que, como já aludido e é basilar, a composição feita nos autos de um inquérito civil ou de qualquer outro procedimento administrativo, inclusive a cargo dos outros órgãos públicos legitimados (art. 5º, § 6º, da LACP), não é *obrigatória*".

### 6.2.2. Termo de Ajuste de Conduta

O termo de ajuste de conduta consiste num instrumento por meio do qual o Ministério Público do Trabalho e a pessoa, normalmente uma empresa, que está descumprindo direitos metaindividuais de natureza trabalhista (difusos, coletivos e individuais homogêneos — art. 81, da Lei n. 8.078/90), pactuam um prazo e condições para que a conduta do ofensor seja adequada ao que dispõe a lei.

Não se trata de transação, pois o MP não pode dispor do interesse público, mas, inegavelmente, há algumas concessões por parte do órgão ministerial, como a concessão de prazo ou o perdão de eventuais multas, a fim de que a conduta do agente que está descumprindo o ordenamento jurídico possa passar a cumpri-lo com maior facilidade. O Termo de Ajustamento de Conduta (TAC) deve vir acompanhado de multa pecuniária pelo seu descumprimento ("astreintes") e tem a qualidade de título executivo extrajudicial (art. 876 da CLT).

Nesse sentido, dispõe o § 6º do art. 5º da Lei n. 7.347/85:

> Os órgãos públicos legitimados poderão tomar dos interessados compromisso de ajustamento de sua conduta às exigências legais, mediante cominações, que terá eficácia de título executivo extrajudicial.

Na visão de *Luciana Aboim Machado Gonçalves da Silva*[9], o termo de ajuste de conduta é um instituto jurídico que soluciona conflitos metaindividuais, firmado por algum ou alguns dos órgãos públicos legitimados para ajuizar ação civil pública e pelo investigado (empregador), no qual se estatui, de forma voluntária, o modo,

---

(8) SIMÃO DE MELO, Raimundo. *Ação civil pública na Justiça do Trabalho*. 3. ed. São Paulo: LTr, 2008. p. 52.

(9) *Termo de ajuste de conduta*. São Paulo: LTr, 2004. p. 19.

lugar e prazo em que o inquirido deve adequar sua conduta aos preceitos normativos, mediante cominação, sem que, para tanto, *a priori*, necessite de provocação do Poder Judiciário, com vistas à natureza jurídica de título executivo extrajudicial.

Quanto à natureza jurídica do termo de ajuste de conduta, destaca com propriedade *Hugo Nigro Mazzilli*[10]:

> "O compromisso de ajustamento de conduta não é um contrato; nele o órgão público legitimado não é o titular do direito transindividual, e, como não pode dispor do direito material, não pode fazer concessões quanto ao conteúdo material da lide. É, pois, o compromisso de ajustamento de conduta um ato administrativo negocial por meio do qual só o causador do dano se compromete, exceto implicitamente, a não propor ação de conhecimento para pedir aquilo que já está reconhecido no título".

O termo de ajuste de conduta, conforme tem sustentado a moderna doutrina, não importa em remissão de infrações anteriores, principalmente fixadas pelos órgãos de fiscalização do trabalho.

Nesse sentido o Enunciado n. 55, da 1ª Jornada de Direito Material e Processual do Trabalho realizada no Tribunal Superior do Trabalho, *in verbis*:

> TERMO DE AJUSTE DE CONDUTA — ALCANCE. A celebração de TAC não importa em remissão dos atos de infração anteriores, os quais têm justa sanção pecuniária como resposta às irregularidades trabalhistas constatadas pela DRT.

---

(10) MAZZILLI, Hugo Nigro. *A defesa dos interesses difusos em juízo* — meio ambiente, consumidor, patrimônio cultural e outros interesses. 18. ed. São Paulo: Saraiva, 2005. p. 359.

# Capítulo V
# Competência da Justiça do Trabalho

## 1. Do conceito de competência

Diante da multiplicidade de conflitos existentes na sociedade, houve necessidade de se criarem critérios para que os conflitos fossem distribuídos de forma uniforme aos juízes a fim de que a jurisdição pudesse atuar com maior efetividade e também propiciar ao jurisdicionado um acesso mais célere e efetivo à jurisdição. Em razão disso, foi criado um critério de *distribuição da jurisdição* entre os diversos juízes, que é a competência[1].

Como adverte *Piero Calamandrei*[2]: "A competência é acima de tudo uma determinação dos poderes judiciais de cada um dos juízes. (...) Perguntar qual é a competência de um juiz equivale, por conseguinte, a perguntar quais são os tipos de causas sobre as quais tal juiz é chamado a prover".

Ensina *Carnelutti*[3]: "O instituto da competência tem origem na distribuição do trabalho entre os diversos ofícios judiciais ou entre seus diversos componentes. Já que o efeito de tal distribuição se manifesta no sentido de que a massa das lides ou negócios se dividia em tantos grupos, cada um dos quais é designado a cada um dos ofícios, a potestade de cada um deles se limita praticamente às lides ou aos negócios compreendidos pelo mesmo grupo. Portanto, a competência significa a pertinência a um ofício, a um oficial ou a um encarregado de postestade a respeito de uma lide ou de um negócio determinado; naturalmente, tal pertinência é um requisito de validade do ato processual, em que a potestade encontra seu desenvolvimento".

Como destaca *Athos Gusmão Carneiro*[4]: "Todos os juízes exercem jurisdição, mas a exercem numa certa medida, dentro de certos limites. São, pois 'competentes' somente para processar e julgar determinadas causas. A 'competência', assim, 'é a medida da jurisdição', ou ainda, é a jurisdição na medida em que pode e deve ser exercida pelo juiz".

---

(1) Semelhante conceito temos no Direito português, conforme a visão de Augusto Pais de Amaral: "A competência é a parcela de jurisdição que é atribuída a cada um dos órgãos jurisdicionais. Por outras palavras, a competência é fracção do poder jurisdicional que cabe a cada tribunal" (*Direito processual civil*. 3. ed. Lisboa: Almedina, 2002. p. 104).

(2) CALAMANDREI, Piero. *Instituições de direito processual civil*. v. II, 2. ed. Campinas: Bookseller, 2002. p. 108.

(3) CARNELUTTI, Francesco. *Instituições do processo civil*. v. I. Campinas: Servanda, 1999. p. 256.

(4) CARNEIRO, Athos Gusmão. *Jurisdição e competência*. São Paulo: Saraiva, 2005. p. 22.

Na feliz síntese de *Mário Guimarães*[5]: "A jurisdição é um todo. A competência uma fração. Pode um juiz ter jurisdição sem competência. Não poderá ter competência sem jurisdição".

Para melhor aparelhamento da atividade jurisdicional, a jurisdição foi separada em partes, ou seja: em matérias. Desse modo, cada ramo do Poder Judiciário julgará determinadas matérias, a fim de que a atividade jurisdicional de aplicação do direito possa ser efetivada com eficiência e qualidade. Em razão disso, todo Juiz possui jurisdição, mas nem todo Juiz possui competência.

*Chiovenda*[6] enumerou três critérios para distribuição da competência, que influenciaram o ordenamento jurídico brasileiro. São eles:

1. Critério objetivo;

2. Critério funcional;

3. Critério territorial.

Segundo *Chiovenda*[7], "o critério objetivo ou do valor da causa (competência pelo valor) ou da natureza da causa (competência por matéria). O critério extraído da natureza da causa refere-se, em geral, ao conteúdo especial da relação jurídica em lide (...) o critério funcional extrai-se da natureza especial e das exigências especiais das funções que se chama o magistrado a exercer num processo (...) o critério territorial relaciona-se com a circunscrição territorial designada à atividade de cada órgão jurisdicional".

Há um certo consenso na doutrina processual brasileira de que os critérios da competência são:

a) competência em razão da natureza da relação jurídica (competência em razão da matéria ou objetiva): Nesta espécie é determinante a natureza da relação jurídica controvertida para aferição da competência. Na Justiça do Trabalho, a competência material vem disciplinada no art. 114 da CF e também no art. 652 da CLT;

b) em razão da qualidade das partes envolvidas na relação jurídica controvertida (competência em razão da pessoa):

Como destaca *Cândido Rangel Dinamarco*[8]: "Certas qualidades das pessoas litigantes são levadas em conta pela Constituição e pela lei, muitas vezes na fixação das regras da chamada competência em razão da pessoa (*ratione personae*)". Como

---

(5) GUIMARÃES, Mário. *O juiz e a função jurisdicional*. Rio de Janeiro: Forense, 1958. p. 56.
(6) CHIOVENDA, Giuseppe. *Instituições de direito processual civil*. v. II, 3. ed. Campinas: Bookseller, 2002. p. 184.
(7) CHIOVENDA, Giuseppe. *Op. cit.*, p. 184-185.
(8) *Instituições de direito processual civil*. v. I. São Paulo: Malheiros, 2001.

veremos no item "Competência Material da Justiça do Trabalho brasileira após a EC n. 45/04 e competência em razão da pessoa", a Constituição Federal manteve algumas hipóteses de competência em razão da pessoa na Justiça do Trabalho;

c) competência em razão do lugar (competência territorial): Conforme *Patrícia Miranda Pizzol*[9], "a expressão competência territorial se deve à necessidade de fixar um juiz entre a pluralidade de outros da mesma espécie ou com o mesmo grau de jurisdição, atribuindo-se a ele uma porção territorial, dentro da qual está sua sede". No Processo do Trabalho, a competência territorial vem disciplinada no art. 651, da CLT, sendo a regra geral o local da prestação de serviços;

d) em razão do valor da causa: A competência em razão do valor leva em consideração o montante pecuniário da pretensão, ou seja, o valor do pedido. É relativa à luz do Código de Processo Civil. No Processo do Trabalho, o valor dos pedidos serve para determinar o rito processual: se até dois salários mínimos, o rito será Sumário (Lei n. 5.584/70); de 2 a 40 salários mínimos, o rito será o sumaríssimo (Lei n. 9.957/00) e rito ordinário (acima de 40 salários mínimos).

Na Justiça do Trabalho, por não existirem órgãos especiais destinados a demandas de pequenas causas, como acontece nos juizados especiais cíveis e criminais (estaduais e federais), o valor da causa não determina a competência do órgão jurisdicional, pois tanto as causas sujeitas ao rito ordinário como ao sumaríssimo são processadas pelo mesmo órgão jurisdicional;

e) em razão da hierarquia dos órgãos judiciários, também denominada de competência interna ou funcional: Segundo destaca *Patrícia Miranda Pizzol*, a competência funcional se dá em razão da "natureza e exigências especiais das funções exercidas pelo juiz no processo"[10]. No Processo do Trabalho, a competência funcional vem disciplinada na CLT e também nos Regimentos Internos dos TRT's e TST.

As competências em razão da matéria, da pessoa e funcional são absolutas. Portanto, o Juiz delas poderá conhecer de ofício, não havendo preclusão para a parte ou para o Juiz, podendo a parte invocá-la antes do trânsito em julgado da decisão.

A competência em razão do território é relativa, devendo a parte invocá-la por meio de exceção de incompetência. Caso não invocada pela parte no momento processual oportuno, prorroga-se a competência (art. 114 do CPC).

Quanto à competência em razão do valor, o Código de Processo Civil (art. 102) diz ser ela relativa, entretanto, se ela determina o rito processual, como o sumaríssimo, tem dito a doutrina ser ela absoluta. No Processo do Trabalho, como já nos pronunciamos, não há competência em razão do valor da causa.

---

(9) *Competência no processo civil.* São Paulo: RT, 2003. p. 155.

(10) *Op. cit.*, p. 139-140.

Nesse sentido dispõe o art. 111 do CPC:

> A competência em razão da matéria e da hierarquia é inderrogável por convenção das partes; mas estas podem modificar a competência em razão do valor e do território, elegendo foro onde serão propostas as ações oriundas de direitos e obrigações.

## 2. Competência material da Justiça do Trabalho brasileira após a EC n. 45/04 e competência em razão da pessoa

Após longa tramitação no Congresso Nacional, foi aprovada a Emenda de Reforma do Judiciário (EC n. 45, de 8 de dezembro de 2004). Dentre as várias alterações na estrutura do Poder Judiciário, houve um aumento considerável na competência material da Justiça do Trabalho. O art. 114, da CF, após significativas alterações, apresenta a seguinte redação:

> Art. 114. Compete à Justiça do Trabalho processar e julgar: I – as ações oriundas da relação de trabalho, abrangidos os entes de direito público externo e da administração pública direta e indireta da União, dos Estados, do Distrito Federal e dos Municípios; II – as ações que envolvam exercício do direito de greve; III – as ações sobre representação sindical, entre sindicatos, entre sindicatos e trabalhadores, e entre sindicatos e empregadores; IV – os mandados de segurança, *habeas corpus* e *habeas data*, quando o ato questionado envolver matéria sujeita à sua jurisdição; V – os conflitos de competência entre órgãos com jurisdição trabalhista, ressalvado o disposto no art. 102, I, *o*; VI – as ações de indenização por dano moral ou patrimonial, decorrentes da relação de trabalho; VII – as ações relativas às penalidades administrativas impostas aos empregadores pelos órgãos de fiscalização das relações de trabalho; VIII – a execução, de ofício, das contribuições sociais previstas no art. 195, I, *a*, e II, e seus acréscimos legais, decorrentes das sentenças que proferir; IX – outras controvérsias decorrentes da relação de trabalho, na forma da lei. § 1º – Frustrada a negociação coletiva, as partes poderão eleger árbitros. § 2º – Recusando-se qualquer das partes à negociação coletiva ou à arbitragem, é facultado às mesmas, de comum acordo, ajuizar dissídio coletivo de natureza econômica, podendo a Justiça do Trabalho decidir o conflito, respeitadas as disposições mínimas legais de proteção ao trabalho, bem como as convencionadas anteriormente. § 3º – Em caso de greve em atividade essencial, com possibilidade de lesão do interesse público, o Ministério Público do Trabalho poderá ajuizar dissídio coletivo, competindo à Justiça do Trabalho decidir o conflito.

Conforme se denota da redação do referido artigo, a EC n. 45/04 trouxe significativas mudanças na competência material da Justiça do Trabalho brasileira. Tradicionalmente, esta Justiça Especializada julgava os conflitos oriundos *da relação entre empregados e empregadores* e, excepcionalmente, as controvérsias decorrentes da relação de trabalho[11]. O critério da competência da Justiça do Trabalho, que era

---

(11) O art. 114 da Constituição Federal de 1988 tinha a seguinte redação: "Compete à Justiça do Trabalho conciliar e julgar os dissídios individuais e coletivos entre trabalhadores e empregadores, abrangidos os entes de direito público externo e da administração pública direta e indireta dos Municípios, do Distrito Federal, dos Estados e da União e, na forma da lei, outras controvérsias decorrentes da relação de trabalho, bem como os litígios que tenham origem no cumprimento de suas próprias sentenças, inclusive coletivas".

eminentemente pessoal, ou seja, em razão das pessoas de *trabalhadores e empregadores*, passou a ser em razão de uma relação jurídica, que é a de trabalho.

A competência em razão da pessoa é fixada em virtude da qualidade que ostenta a parte numa determinada relação jurídica de direito material. Alguns autores negam a existência da competência em razão da pessoa na Justiça do Trabalho, pois, mesmo quando a lei se refere a determinada pessoa, há subjacente uma relação jurídica básica que une esta pessoa a outra ou a determinado bem. Desse modo, mesmo tendo a lei mencionado a competência em razão do *status* jurídico que ostenta a pessoa, a competência se dá em razão da matéria e não da pessoa[12].

No nosso sentir, a competência em razão da pessoa é uma subdivisão da competência em razão da matéria, pois, quando o legislador constitucional a ela se refere, pretende enfatizar o *status* que determinada pessoa ostenta diante de uma relação jurídica de direito material.

Apesar de a EC n. 45/04 priorizar o critério material da competência, a competência em razão da pessoa ainda foi mantida em alguns incisos e no § 3º do art. 114, quais sejam: entes de direito público externo, União, Estados, Distrito Federal e Município (inciso I); sindicatos (inciso III); órgãos de fiscalização das relações de trabalho (inciso VII) e Ministério Público do Trabalho (§ 3º). Não obstante, no nosso sentir, mesmo nas hipóteses em que a Constituição Federal continua mencionando competência em razão das pessoas, primeiramente, o conflito deve *ser oriundo ou decorrente* de uma relação jurídica básica que é a relação de trabalho. Desse modo, o critério da competência em razão das pessoas passou a ser secundário[13].

Com a EC n. 45/04, houve uma alteração no eixo central da competência da Justiça do Trabalho, pois, o que antes era exceção, ou seja, apreciar as controvérsias que envolvem a relação de trabalho, agora passou a ser a regra geral. A Justiça do Trabalho brasileira, seguindo o que já ocorre em alguns países, passou a ser o ramo do judiciário encarregado de apreciar praticamente todas as controvérsias que envolvem e circundam o trabalho humano, o que é salutar, pois favorece a efetividade e aplicabilidade da legislação social e facilita o acesso daqueles que vivem do próprio trabalho ao Judiciário Trabalhista.

Algumas matérias que foram explicitadas no art. 114, da CF, praticamente, já estavam pacificadas na Jurisprudência, tanto do STF, STJ e TST, como a competência

---

(12) Como destaca Carlos Alberto Begalles: "Quanto à competência em razão das pessoas, também não existe essa espécie de competência na Justiça do Trabalho, pois todos aqueles que laboram na chamada 'relação de trabalho', conforme art. 114, I, da CF, terão suas demandas julgadas pela Justiça do Trabalho, seja o particular, seja o Estado, sejam as pessoas jurídicas de Direito Público, etc." (*Lições de direito processual do trabalho*. Processo de conhecimento e recursos. São Paulo: LTr, 2005. p. 47).

(13) Como bem adverte José Augusto Rodrigues Pinto: "Entenda-se logo que a *competência pessoal*, em princípio, se associa à material, em face da evidente interação das relações jurídicas de direito material com os sujeitos que a constituem" (*Processo trabalhista de conhecimento*. 7. ed. São Paulo: LTr, 2005. p. 157).

para apreciar *habeas data, habeas corpus,* mandados de seguranças, danos morais e patrimoniais decorrentes da relação de trabalho.

Outras matérias foram repetidas, como a competência material executória das contribuições previdenciárias oriundas das sentenças trabalhistas, e a competência para dirimir os conflitos de competência.

De outro lado, algumas matérias que circundam a relação de trabalho, mas estão umbilicalmente ligadas à relação de trabalho e ao contrato de emprego, vieram para a competência da Justiça do Trabalho, como as ações que envolvem matéria sindical e as decorrentes da fiscalização do trabalho.

Quanto à competência para criar normas, houve, inegavelmente, um aspecto restritivo na competência material da Justiça do Trabalho, pois a Emenda condicionou o ajuizamento do dissídio coletivo à existência de comum acordo das partes.

Sob o ponto de vista institucional, a nova competência fortalece a Justiça do Trabalho como instituição e ressalta sua importância social, inclusive como uma das mais importantes instituições de distribuição de renda do país.

Apesar do grande aumento da competência da Justiça do Trabalho dado pela EC n. 45/04, e de ser anseio de boa parte dos juristas, não vieram para a Justiça do Trabalho as ações previdenciárias, em que se buscam benefícios previdenciários em face do INSS. Também não vieram as ações criminais movidas pelo Estado em razão dos crimes contra a organização do trabalho. De outro lado, o C. STF suspendeu a parte final do inciso I do art. 114, com relação à competência da Justiça do Trabalho para apreciar as relações de trabalho entre o Poder Público e seus servidores, que seguem o regime estatutário.

Alguns autores já sistematizaram princípios da nova competência da Justiça do Trabalho. Acompanhamos, no aspecto, a classificação de *Amauri Mascaro Nascimento*[14], para quem são princípios da competência material trabalhista os seguintes: a) princípio da competência específica; b) princípio da competência decorrente; e c) princípio da competência executória. O primeiro princípio se traduz na atribuição à Justiça do Trabalho da competência atinente às ações oriundas da relação de trabalho, bem como as matérias que circundam o contrato de trabalho previstas nos primeiros sete incisos do art. 114 da CF. O segundo reporta-se à competência da Justiça do Trabalho para julgar, na forma da lei, outras controvérsias decorrentes da relação de trabalho (inciso IX do art. 114) e o terceiro refere-se à competência da Justiça do Trabalho para executar as contribuições sociais oriundas das conciliações e sentenças que proferir (inciso VIII, do art. 114)[15].

---

(14) NASCIMENTO, Amauri Mascaro. *Curso de direito processual do trabalho.* 22. ed. São Paulo: Saraiva, 2007. p. 205-206.

(15) No mesmo sentido é a visão de Carlos Henrique Bezerra Leite: "A leitura atenta do art. 114, da CF, com a nova redação dada pela EC n. 45/04, revela-nos a existência de três regras constitucionais básicas de competência material da Justiça do Trabalho, que podem ser assim sistematizadas: competência material

## 3. Da competência material da Justiça do Trabalho
### 3.1. *Controvérsias oriundas e decorrentes da relação de trabalho*
### 3.1.1. Do conceito de relação de trabalho

Segundo *Paulo Emílio Ribeiro de Vilhena*[16], é elementar em Teoria Geral do Direito que não emerge uma relação jurídica se na sua montagem não se configuram dois polos subjetivos: o credor (polo ativo) e o devedor (polo passivo), cujas posições se entrecruzam (credor-devedor *versus* devedor-credor), porque se trocam prestações (contraprestações). É importante, fique-se atento a isso, em qualquer situação jurídica que se queira examinar ou enfrentar.

A doutrina designa a expressão "contratos de atividade" para os contratos que tenham por objeto a atividade do homem. Para *Jean Vicent*[17], essa expressão designa todos os contratos nos quais a atividade pessoal de uma das partes constitui o objeto da convenção ou uma das obrigações que ele comporta. Destaca *Ribeiro de Vilhena*[18] que "os contratos de atividade preenchem-se com trabalho por conta alheia (representação, prestação livre de serviços, empreitada, etc.)".

Em outra obra, o professor *Ribeiro de Vilhena*[19] salienta que, para o trabalho ser objeto de uma relação jurídica, torna-se indispensável que ele seja por conta alheia. Segundo o referido mestre mineiro:

"Define-se o trabalho por conta alheia como aquele que se presta a outrem, a quem, em princípio, cabem os resultados e os riscos. A divisão trabalho por conta própria e trabalho por conta alheia esgotadas as categorias de situações jurídicas. No trabalho por conta própria não se estabelece uma relação jurídica fundada no trabalho em si, mas uma situação de poder sobre a coisa, o objeto trabalhado, o resultado do trabalho, como relação de direito real-factual. No trabalho por conta alheia os nexos jurídicos nascem no próprio trabalho, ainda que se tenham em vista os resultados ou a atividade em si. No primeiro caso, a relação jurídica é ulterior ao trabalho e decorre de um ato de disposição ou outro qualquer de natureza modificadora do ens ou da situação da coisa concernente à pessoa que a produziu ou de que resultou acabada (ato jurídico unilateral, como abandono; negócio jurídico unilateral, como a doação; ou bilateral, como o arrendamento, a troca ou a venda). Entendemos mais límpida

---

original, competência material derivada e competência material executória" (*Curso de direito processual do trabalho*. 5. ed. São Paulo: LTr, 2007. p. 181).

(16) RIBEIRO DE VILHENA, Paulo Emílio. *Relação de emprego, estrutura legal e supostos*. 2. ed. São Paulo: LTr, 1999. p. 400-401.

(17) "La dissolution du contrat de travail", *apud* GOMES, Orlando; GOTTSCHALK, Elson. *Curso de direito do trabalho*. 16. ed. Rio de Janeiro: Forense, 2000. p. 117.

(18) RIBEIRO DE VILHENA, Paulo Emílio. *Op. cit.*, p. 400.

(19) RIBEIRO DE VILHENA, Paulo Emílio. *Contrato de trabalho com o Estado*. São Paulo: LTr, 2002. p. 26.

e precisa a distinção elaborada por Alonso García, pois o elemento risco não é susceptível de isolamento perfeito, como característico de uma ou outra forma de trabalho, já que há prestações de trabalho por conta alheia, em que o prestador participa dos riscos e dos resultados. Mas a recíproca não é verdadeira: não há trabalho por conta própria, em que o prestador divida riscos ou resultados. Admiti-lo será caminhar para formas societárias de trabalho".

Diante da doutrina acima, concluímos que o termo *relação de trabalho* pressupõe trabalho prestado por conta alheia, em que o trabalhador (pessoa física) coloca sua força de trabalho em prol de outra pessoa (física ou jurídica), podendo o trabalhador correr ou não os riscos da atividade. Desse modo, estão excluídas as modalidades de relação de trabalho em que o trabalho for prestado por pessoa jurídica[20], porquanto nessas modalidades, embora haja relação de trabalho, o trabalho humano não é o objeto dessas relações jurídicas e sim um contrato de natureza cível ou comercial.

Mostra-se discutível se o requisito pessoalidade é exigível para que tenhamos uma relação de trabalho *lato sensu*. A pessoalidade é requisito indispensável da relação de emprego, já que a prestação pessoal de serviços se dá em caráter personalíssimo *intuitu personae*.

*Manuel Alonso Olea*, citado por *Amauri Mascaro Nascimento*[21], destaca que a prestação do trabalho é estritamente personalíssima, sendo em duplo sentido. Primeiramente, porque pelo seu trabalho compromete o trabalhador sua própria pessoa, enquanto destina parte das energias físicas e mentais que dele emanam, e que são constitutivas de sua personalidade, à execução do contrato, isto é, ao cumprimento da obrigação que assumiu contratualmente. Em segundo lugar, sendo cada pessoa um indivíduo distinto dos demais, cada trabalhador difere de outro qualquer, diferindo também as prestações de cada um deles, enquanto expressão de cada personalidade em singular. Em vista disso, o contrato de trabalho não conserva sua identidade se ocorrer qualquer alteração na pessoa do trabalhador. A substituição deste implica um novo e diferente contrato com o substituto.

Entendemos que o requisito da pessoalidade também deve ser preponderante para que ocorra a relação de trabalho, embora possa haver uma substituição ocasional, com a concordância do tomador[22], sob pena de configurar, como acontece na relação de

---

(20) Se houver prestação de trabalho por intermédio de pessoa jurídica apenas para mascarar a relação de emprego ou relação de trabalho pessoal, também se faz presente a competência da Justiça do Trabalho.

(21) NASCIMENTO, Amauri Mascaro. *Curso de direito do trabalho*. 19. ed. São Paulo: Saraiva, 2004. p. 579.

(22) "Ocasionalmente, a prestação pessoal de serviços pode ser deferida a outrem, que não o empregado. Desde que haja pactuação expressa, o empregado, com o consentimento do empregador, pode se fazer substituir na prestação pessoal do serviço contratado. No entanto, quando a substituição se torna regra, passando o pretenso empregado a ser substituído de forma permanente, não há que se falar mais em nexo empregatício. Falta a pessoalidade do exercício. Desnatura-se o liame. O contrato perde a sua característica típica, que é a subordinação" (TRT/SP Ac. n. 1.698/62, rel. Juiz Hélio de Miranda Guimarães), *apud* NASCIMENTO, Amauri Mascaro. *Curso de direito do trabalho*. 19. ed. São Paulo: Saraiva, 2004. p. 578-579.

emprego, uma nova relação de trabalho entre o substituto do trabalhador e o tomador dos serviços. De outro lado, também o trabalho prestado por vários trabalhadores ao mesmo tempo pode configurar a prestação de serviços por intermédio de uma sociedade de fato ou de uma empresa, o que descaracteriza a relação de trabalho[23].

No que tange à onerosidade[24] na prestação pessoal de serviços, a doutrina é tranquila no sentido de não ser a onerosidade requisito essencial para a configuração de uma relação de trabalho. Desse modo, o trabalho objeto da relação de trabalho pode ser oneroso ou gratuito[25]. Há uma regulamentação específica de trabalho gratuito na Lei n. 9.608/98[26] que trata do trabalho voluntário.

Sob outro enfoque, para que haja uma relação de trabalho, o trabalho poderá ser prestado de forma subordinada ou autônoma. Se for de forma subordinada, poderemos estar diante de um contrato de emprego, já que a subordinação é um dos elementos do contrato de emprego (art. 3º da CLT), se o trabalho for prestado de forma autônoma, estaremos diante de um contrato de trabalho ou de prestação de serviços.

Sobre a diferenciação entre trabalhador autônomo e subordinado, ensina com propriedade *Mauricio Godinho Delgado*[27]: "A diferenciação central entre as figuras situa-se, porém, repita-se, na subordinação. Fundamentalmente, trabalho autônomo é aquele que se realiza sem subordinação do trabalhador ao tomador dos serviços. Autonomia é conceito antitético ao de subordinação. Enquanto esta traduz a circunstância juridicamente assentada de que o trabalhador acolhe a direção empresarial no

---

(23) Nesse sentido, destacamos a seguinte ementa: "Incompetência material da Justiça do Trabalho — Natureza Jurídica do vínculo havido entre as partes — Representação comercial entre pessoas jurídicas — Constatado que houve contrato de representação comercial entre duas pessoas jurídicas, flagrante é a incompetência desta Justiça Especializada para processar e julgar a matéria, tendo em vista que não se enquadra no conceito de 'relação de trabalho', inserto na redação do art. 114, I, da CF/88, outorgado pela EC n. 45/2004, o que requer no mínimo que a prestação de serviços seja realizada por pessoa física. Por outro lado, restando demonstrado pelo conjunto probatório dos autos que em período posterior o Recorrente prestou serviços de representação comercial como pessoa natural à Reclamada, sem a subordinação necessária à configuração da relação de emprego, imperiosa a manutenção da r. decisão de origem que afastou o pretendido liame empregatício, deferindo-lhes apenas os pleitos iniciais inerentes à representação mercantil devidos no referido período. Recurso Ordinário ao qual se nega provimento" – TRT 23ª R. – RO 00115.2005.009.23.00-9 – (Sessão 11/06) – Rel. Juiz Bruno Weiler – DJE/TRT 23ª RO. n. 108/06 – 18.10.06 – p. 4.

(24) Ensina Amauri Mascaro Nascimento que onerosidade "é um encargo bilateral próprio da relação de emprego. Significa, para o empregado, o dever de exercer uma atividade por conta alheia cedendo antecipadamente ao beneficiário os direitos que eventualmente teria sobre os resultados da produção em troca de uma remuneração" (*Op. cit.*, p. 579).

(25) Segundo a moderna doutrina trabalhista, não é necessário que o empregado receba efetivamente os salários para que haja configurado o requisito da onerosidade, basta apenas que ele faça jus ao salário.

(26) Diz o art. 1º da Lei n. 9.608/98: "Considera-se serviço voluntário, para os fins desta Lei, a atividade não remunerada, prestada por pessoa física a entidade pública de qualquer natureza, ou a instituição privada de fins não lucrativos, que tenha objetivos cívicos, culturais, educacionais, científicos, recreativos ou de assistência social, inclusive mutualidade".

(27) DELGADO, Mauricio Godinho. *Curso de direito do trabalho*. 4. ed. São Paulo: LTr, 2005. p. 334.

tocante ao modo de concretização cotidiana de seus serviços, a autonomia traduz a noção de que o próprio prestador é que estabelece e concretiza, cotidianamente, a forma de realização dos serviços que pactuou prestar. Na subordinação, a direção central do modo cotidiano de prestação de serviços transfere-se ao tomador; na autonomia, a direção central do modo cotidiano de prestação de serviços preserva-se com o prestador de trabalho"[28].

Por fim, o trabalho, para configurar uma relação de trabalho, pode ser eventual ou não eventual. Se for não eventual, poderemos estar diante de um contrato de emprego[29], se for eventual, estaremos diante de um contrato de trabalho.

A doutrina diverge quanto ao requisito da não eventualidade para a caracterização da relação de emprego. Para alguns, não eventual significa contínuo. Para outros, o trabalho não eventual é o relacionado com os fins da atividade econômica do empregador. Outros ainda sustentam que o trabalhador eventual não socorre uma necessidade permanente do empregador. Acreditamos que o requisito da não eventualidade se faz presente quando o trabalhador se fixa a um determinado tomador de serviços de forma habitual, ou seja, por um lapso de tempo razoável[30].

À guisa de conclusão, entendemos que o termo relação de trabalho significa:

O trabalho prestado por conta alheia, em que o trabalhador (pessoa física) coloca, em caráter preponderantemente pessoal, de forma eventual ou não eventual, gratuita ou onerosa, de forma autônoma ou subordinada, sua força de trabalho em prol de outra pessoa (física ou jurídica, de direito público ou de direito privado), podendo o trabalhador correr ou não os riscos da atividade que desempenhará.

## 3.2. Competência da Justiça do Trabalho para apreciar as lides oriundas da relação de trabalho

Atualmente, tanto a doutrina como a jurisprudência se esforçam para definir o alcance do termo "relação de trabalho" para fins da competência material da Justiça

---

(28) Para Jean-Claude Javillier, "no regime capitalista o empregador assume todo o risco econômico. O empregado nenhum. A subordinação é, portanto, o reflexo dessa relação de produção" (Manuel de droit du travail. Paris: LGDJ, 1978. p. 50, *apud* SÜSSEKIND, Arnaldo. *Curso de direito do trabalho*. Rio de Janeiro: Renovar, 2002. p. 227).

(29) Utilizamos a expressão *pode configurar um contrato de emprego*, porque há modalidades de prestação de serviços contínuas que não configuram relação de emprego. A não eventualidade tem de ser conjugada com os outros requisitos da relação de emprego, quais sejam: pessoalidade, subordinação e onerosidade (arts. 2º e 3º, da CLT) para que configure um contrato de emprego.

(30) Nesse sentido, sustenta Otávio Pinto e Silva: "A terceira das enunciadas características do contrato de trabalho é a sua continuidade: ao contrário do que sucede nos contratos instantâneos, em que a execução coincide com a própria celebração (como a compra e venda), o decurso do tempo constitui condição para que o contrato de trabalho produza os efeitos desejados pelas partes, satisfazendo as necessidades que as induziram a contratar. Por isso, classifica-se entre os contratos de duração (ou de trato sucessivo)". (*Subordinação, autonomia e parassubordinação nas relações de trabalho*. São Paulo: LTr, 2004. p. 21).

do Trabalho, o que de certa forma é até salutar, pois divergências de interpretação são próprias do Direito, em especial do Direito e do Processo do Trabalho que são ramos do Direito em constante evolução, marcados por forte eletricidade social.

Antes da EC n. 45/04, que dilatou a competência da Justiça do Trabalho, a definição do alcance da expressão relação de trabalho não tinha grande interesse para fins de competência, porque a Justiça do Trabalho, exceto no contrato de pequena empreitada, praticamente, só se ocupava das controvérsias atinentes à relação de emprego. Grande parte da doutrina limitava-se a dizer que relação de trabalho é gênero, do qual relação de emprego é espécie. A própria doutrina, muitas vezes, utilizava as expressões relação de trabalho e relação de emprego para designar o trabalho prestado sob o prisma dos arts. 2º e 3º, ambos da CLT[31]. A CLT utiliza indistintamente as expressões relação de emprego e contrato de trabalho[32] (*vide* os arts. 442, 443, 447 e 448). Também a Constituição Federal, no art. 7º, *caput* e inciso XXIX, utiliza as expressões *trabalhadores* e *relação de trabalho*, como sinônimas de empregados e relação de emprego, respectivamente.

Dirimido o significado da expressão "relação de trabalho" no tópico anterior, resta saber se a competência material da Justiça do Trabalho após a EC n. 45/04 abrange todas as modalidades de relações de trabalho ou somente algumas delas.

Atualmente, podemos dizer que há três posições preponderantes na doutrina sobre o alcance da expressão *relação de trabalho*. Resumidamente, são elas:

a) nada mudou com a EC n. 45. O termo "relação de trabalho" significa o mesmo que relação de emprego e a competência da Justiça do Trabalho se restringe ao contrato de emprego;

b) exige que a relação de trabalho tenha semelhanças com o contrato de emprego, ou seja, que o prestador esteja sob dependência econômica do tomador dos serviços, haja pessoalidade, onerosidade e continuidade na prestação. De outro lado, para as relações regidas por leis especiais, como a relação de trabalho que é qualificada como relação de consumo, estão fora do alcance da competência da Justiça do Trabalho;

c) admite qualquer espécie de prestação do trabalho humano, seja qual for a modalidade do vínculo jurídico que liga o prestador ao tomador, desde que haja prestação pessoal de serviços de uma pessoa natural em favor de pessoa natural ou jurídica.

---

(31) *Vide*, a propósito, a definição de Mário de La Cueva para o termo relação de trabalho. O renomado doutrinador mexicano explica a relação de trabalho como situação jurídica objetiva, estabelecida entre um trabalhador e um empregador, para a prestação de um serviço subordinado, qualquer que seja o ato ou a causa de sua origem (CUEVA, Mario de la. *El nuevo derecho mexicano del trabajo*. México: Porrua, 1972. p. 185, *apud* MAGANO, Octavio Bueno. *Manual de direito do trabalho*. v. II. 2. ed. São Paulo: LTr, 1988. p. 20).

(32) José Martins Catharino sempre criticou a expressão contrato de trabalho a que alude a CLT. Para o referido jurista, o termo correto é "contrato de emprego".

No nosso sentir, para se saber o alcance exato da expressão relação de trabalho para fins de competência da Justiça do Trabalho, de início, mister se fazer uma incursão nas Constituições anteriores e aplicar o método de interpretação histórica da Constituição Federal.

As Constituições de 1934, 1946, 1967 e 1988[33] não mencionam a competência material da Justiça do Trabalho para as controvérsias *oriundas da relação de trabalho*. A atual redação do art. 114, da CF, dada pela EC n. 45/04, é a seguinte: "Compete à Justiça do Trabalho processar e julgar: I – as ações oriundas da relação de trabalho, abrangidos os entes de direito público externo e da administração pública direta e indireta da União, dos Estados, do Distrito Federal e dos Municípios".

Da análise das Constituições de 1934, 1946, 1967 e 1988, constata-se que a atual redação do art. 114, I, da CF, não faz alusão às *controvérsias entre empregados e empregadores*, mas sim às "ações oriundas da relação de trabalho", independentemente das pessoas envolvidas no litígio. Ora, não podemos olvidar que a lei não contém palavras inúteis[34]. Se a Constituição alude à *relação de trabalho*, é porque quis dilatar a competência da Justiça do Trabalho. Em que pesem as opiniões em sentido contrário, parece-nos que não há como se sustentar, diante da interpretação histórica da Constituição Federal, que o termo relação de trabalho é o mesmo que relação de emprego. Mesmo antes da EC n. 45/04, a Justiça do Trabalho, mediante lei, poderia apreciar controvérsias diversas da relação de emprego, como o caso dos avulsos e da pequena empreitada (art. 652, III e V, ambos da CLT). O intérprete, segundo a moderna teoria geral do direito, tem de realizar a interpretação da norma constitucional em conformidade com a Constituição Federal.

Nesse sentido, ensina *Marcelo Lima Guerra*[35]:

"Em toda a sua atuação jurisdicional, a atividade hermenêutica do juiz submete-se ao princípio da interpretação conforme a Constituição, no seu duplo

---

(33) A Constituição de 1934 criou a Justiça do Trabalho "para dirimir questões entre empregadores e empregados, regidos pela legislação social" (*apud* GIGLIO, Wagner D. Nova competência da justiça do trabalho: aplicação do processo civil ou trabalhista? In: *Revista LTr* 69-03/291). O art. 123, da Constituição Federal de 1946, tinha a seguinte redação: "Compete à Justiça do Trabalho conciliar e julgar os dissídios individuais e coletivos entre empregados e empregadores, e as demais controvérsias oriundas de relações do trabalho regidas por legislação especial". Na Constituição de 1967, com a EC n. 01/69, dizia o art. 142: "Compete à Justiça do Trabalho conciliar e julgar os dissídios individuais e coletivos entre empregados e empregadores e, mediante lei, outras controvérsias oriundas da relação de trabalho". O art. 114, da Constituição Federal de 1988, antes da EC n. 45/04, tinha a seguinte redação: "Compete à Justiça do Trabalho conciliar e julgar os dissídios individuais e coletivos entre trabalhadores e empregadores, abrangidos os entes de direito público externo e da administração pública direta e indireta dos Municípios, do Distrito Federal, dos Estados e da União e, na forma da lei, outras controvérsias decorrentes da relação de trabalho, bem como os litígios que tenham origem no cumprimento de suas próprias sentenças, inclusive coletivas".

(34) Carlos Maximiliano, ao se referir à interpretação gramatical, ensina que se presume que a lei não contenha palavras supérfluas; devem todas ser entendidas como escritas adrede para influir no sentido da frase respectiva (*Hermenêutica e aplicação do direito*. Rio de Janeiro: Forense, 2003. p. 91).

(35) GUERRA, Marcelo Lima. *Execução indireta*. São Paulo: RT, 1998. p. 52-53.

sentido de impor que a lei infraconstitucional seja sempre interpretada, em primeiro lugar, tendo em vista a sua compatibilização com a Constituição, e, em segundo lugar, de maneira a adequar os resultados práticos ou concretos da decisão o máximo possível ao que determinam os direitos fundamentais em jogo".

Interpretando-se o art. 114, I, da CF em conformidade com a Constituição ou com os "olhos da Constituição", chega-se à conclusão de que o alcance do termo relação de trabalho é mais amplo que relação de emprego. Além disso, toda a legislação infraconstitucional, como a CLT e demais leis especiais que regulam a relação de trabalho, deve ser lida em compasso com a Constituição e o consequente aumento de competência.

No nosso sentir, a dilatação da competência da Justiça do Trabalho se deve a vários fatores. Os principais são as transformações do Direito do Trabalho em razão do desenvolvimento tecnológico, da globalização e também da sua natural vocação social para apreciar controvérsias que circundam o contrato de trabalho. Atualmente, o desemprego e a informalidade no Brasil atingiram números alarmantes. Estima-se que hoje 60% dos trabalhadores economicamente ativos vivem na informalidade ou em empregos precários. Também segundo as estatísticas, o desemprego atingiu 21,7%[36]. Diante dos números acima, constata-se que apenas 40% dos trabalhadores economicamente ativos trabalham sob o regime da CLT. Os demais prestam serviços sob as mais diversas modalidades de relação de trabalho, tais como o trabalho autônomo, eventual, locação de serviços, cooperados, informais, etc.[37]

Desse modo, diante das transformações das relações de trabalho, oriundas da globalização e do incremento da tecnologia, parece-nos que o aumento da competência da Justiça do Trabalho é um fator de sua natural vocação social, já que as relações de trabalho regidas pela CLT já não são preponderantes, estando os demais trabalhadores, que trabalham sem vínculo de emprego, impedidos de postular seus direitos na Justiça do Trabalho, que é Justiça encarregada de preservar os valores sociais do trabalho e a dignidade da pessoa humana do trabalhador.

Vale lembrar ainda que a competência da Justiça do Trabalho é fixada na Constituição Federal de forma taxativa, não podendo o intérprete distinguir onde a lei não distingue[38].

---

(36) Segundo José Pastore, dos 75 milhões de brasileiros que trabalham, 45 milhões estão na informalidade, vale dizer, em torno de 60% (PASTORE, José. Onde estão os trabalhadores informais? In: *O Estado de S. Paulo*, Economia, 3.6.2003. p. B2).

(37) É bem verdade que de todos esses informais, a grande maioria trabalha sob um autêntico contrato de emprego que é mascarado sob outras denominações como "cooperados", "autônomos", etc.

(38) Ensina Carlos Maximiliano: "Quando o texto menciona o gênero, presumem-se incluídas as espécies respectivas; se faz referência ao masculino, abrange o feminino; quando regula o todo, compreendem-se também as partes. Aplica-se a regra geral aos casos especiais, se a lei não determina evidentemente o contrário. *Ubi lex non distinguit nec nos distinguere debemus*: 'Onde a lei não distingue, não pode o intérprete distinguir'" (*Op. cit.*, p. 201).

Por derradeiro, cumpre destacar que a regra da nova competência da Justiça do Trabalho, fixada no art. 114, I, da CF, deve ser interpretada em compasso com o princípio da máxima efetividade das normas constitucionais.

Em razão disso, interpretando-se a expressão *relação de trabalho* em cotejo com os princípios constitucionais da máxima eficiência das normas e do acesso do trabalhador à Justiça do Trabalho, e ainda utilizando-se a regra hermenêutica da interpretação em conformidade com a Constituição, no nosso sentir, o alcance do inciso I do art. 114 da CF abrange todas as modalidades de prestação de trabalho humano, desempenhado de forma pessoal em prol de um tomador.

Não há como se excluir da competência material da Justiça do Trabalho as relações de trabalho regidas por lei especial, como as dos servidores estatutários, e as regidas pela lei do consumidor, já que a Constituição não excepciona a competência para as relações de trabalho regidas por lei especial. De outro lado, não podemos olvidar que muitas relações de emprego são regidas por leis especiais, como as dos domésticos, do rural, dos engenheiros, do jogador de futebol, etc., e nunca foi questionado a Justiça do Trabalho se seria competente para dirimir as controvérsias referentes às aludidas relações de emprego.

Diante do acima exposto, entendemos que a interpretação da expressão "relação de trabalho", para fins da competência material da Justiça do Trabalho, abrange:

"As lides decorrentes de qualquer espécie de prestação de trabalho humano, preponderantemente pessoal, seja qualquer a modalidade do vínculo jurídico, prestado por pessoa natural em favor de pessoa natural ou jurídica. Abrange tanto as ações propostas pelos trabalhadores, como as ações propostas pelos tomadores dos seus serviços."

Diante da ampliação da competência da Justiça do Trabalho, há a possibilidade de o trabalhador, com base num contrato de prestação de serviços, postular o reconhecimento do vínculo de emprego e as verbas trabalhistas dele decorrentes e, na impossibilidade do reconhecimento do vínculo de emprego, formular pedido sucessivo de pagamento das parcelas oriundas do contrato de prestação de serviços, o que facilita, em muito, o acesso do trabalhador à Justiça.

A dilatação da competência da Justiça do Trabalho para abranger todas as relações de trabalho prestado por pessoas físicas facilita o acesso à Justiça do trabalhador, impõe maior respeito a todas as modalidades de trabalho prestado por pessoa natural, fortalece a Justiça do Trabalho, enquanto instituição encarregada de dirimir todas as controvérsias decorrentes do trabalho humano[39], dignifica o trabalho humano e dá maior cidadania ao trabalhador.

---

(39) Conforme destaca João Oreste Dalazen: "Desse modo, valoriza-se e moderniza-se a Justiça do Trabalho, bem assim retira-se o máximo de proveito social de sua formidável estrutura. Afora isso, supera-se a arraigada e superada concepção de constituir a Justiça do Trabalho meramente uma Justiça do emprego" (A reforma do Judiciário e os novos marcos da competência material da Justiça do Trabalho no Brasil. In: *Revista do Tribunal Superior do Trabalho*. Porto Alegre: Síntese, v. 71, 2005. p. 47).

Nesse sentido, destacamos as seguintes ementas:

> Conflito — Profissional Liberal — Pessoa física — Tomador de serviços — Relação de Trabalho — Justiça do Trabalho — Competência — Justiça do Trabalho — Inarredável a competência desta Justiça Especializada para dirimir conflito entre profissional liberal prestador de serviços e tomador, nos exatos termos do novo art. 114, inciso I da CF, posto que a expressão 'ações oriundas da relação de trabalho' tem caráter genérico e, por corolário, reúne todas as formas de prestação de serviços conhecidas[40].

> Competência — Representação Comercial — EC n. 45/2004 — Restando provado que o trabalho de representação comercial foi executado pessoalmente pelo recorrente, a competência para julgar os litígios decorrentes dessa relação será a Justiça do Trabalho, por força do inciso I, do art. 114, da CF, conforme nova redação dada pela Emenda Constitucional n. 45.[41]

A efetividade na nova competência dependerá em muito do tratamento que lhe será dado pelos Juízes do Trabalho. Por isso, entendemos que os Juízes não devem bloquear o andamento dos processos cujo objeto seja um pedido decorrente de uma relação de trabalho. Há necessidade de se experimentar novos horizontes e constatar, de forma pragmática, o acerto ou não do legislador constitucional ao dilatar a competência da Justiça do Trabalho. A jurisprudência tem de ser sedimentada de baixo para cima e não de cima para baixo, com a edição de uma Súmula de forma apressada para dirimir o alcance da expressão *relação de trabalho*.

Atualmente, ainda parece longe de estar pacificado pela doutrina e jurisprudência o alcance da expressão "relação de trabalho", para fins da nova competência da Justiça do Trabalho. No entanto, as previsões pessimistas[42], no sentido de que haveria um congestionamento vultoso da Justiça do Trabalho, não se concretizaram[43]. Parece-nos que a Justiça do Trabalho vem dirimindo, sem maiores dificuldades, as lides decorrentes da relação de trabalho *lato sensu*, sem perder a sua Especialização e facilitando o acesso do trabalhador à Justiça. A Justiça do Trabalho, apesar de todas as vicissitudes que enfrenta, continua cumprindo, com qualidade, sua elevada função social.

---

(40) TRT 15ª R. – Campinas SP – RO n. 0798-2005-123-15-00-2 – Ac. 54526/06-PATR – 10ª C. – Relª. Juíza Elency Pereira Neves – DJSP 24.11.06 – p. 60.

(41) TRT 18ª R. – RO n. 00344-2006-001-18-00-0 – Relª. Juíza Ialba-Luíza Guimarães Melo – DJGO 1.8.06 – p. 77.

(42) As mesmas previsões pessimistas foram feitas diante da EC n. 20/98 que atribui competência à Justiça do Trabalho para executar as contribuições de INSS das sentenças que profere. Hoje, a Justiça do Trabalho vem dando conta com efetividade de tal atribuição, inclusive com grande repercussão social dessa competência e um volume gigantesco de arrecadação para a União a título de contribuições sociais.

(43) Tendo acompanhado de perto a quantidade de feitos que envolvem pedidos que não guardam nexo causal com a relação de trabalho, na Capital de São Paulo, nos anos de 2005 e 2006 (período em que exercemos judicatura na Capital e em uma das dez Varas que receberam toda a distribuição da Capital), no período de janeiro a março de 2006, constatamos que o número de processos que se reportam à relação diversa da relação de emprego é muito pequeno, pois, na maioria, o contrato de emprego é mascarado por um contrato qualquer, e os pedidos se dirigem ao reconhecimento de vínculo de emprego e às verbas trabalhistas dele decorrentes.

Acreditamos que, mesmo diante dos problemas que pode enfrentar o trabalhador para saber qual a Justiça competente para apreciar sua demanda, o conceito de *relação de trabalho* deve ser amadurecido pela jurisprudência, principalmente do primeiro grau de jurisdição que sente o conflito mais de perto, sendo, a nosso ver, prematura a edição de uma Súmula a respeito pelo Tribunal Superior do Trabalho ou até mesmo uma lei específica que preveja, de forma taxativa, quais as relações de trabalho serão objeto da competência material da Justiça do Trabalho.

### 3.2.1. Trabalhador autônomo

Trabalhador autônomo é aquele que dirige sua própria atividade, não se subordinando ao tomador dos seus serviços. Tem discricionariedade para escolher para quem trabalhar, a forma da prestação de serviços e a maneira de realização. Na linguagem popular, é o "patrão de si mesmo".

O trabalhador autônomo é senhor de sua atividade e, como regra geral, corre os riscos da atividade que desempenha. São indícios de ser o trabalho autônomo: fixação do preço pelo trabalhador do valor do serviço, não cumprimento de jornada, serviço especializado e de curta duração, correr o trabalhador o risco do negócio e não estar inserido na dinâmica empresarial. De outro lado, o empregado nunca corre os riscos da atividade que desempenha e está sujeito ao poder diretivo do empregador.

O trabalhador autônomo não está sob tutela do Direito do Trabalho. Seus serviços, como regra, são regidos pelo Código Civil (Contrato de Locação de Serviços) ou pelo Código de Defesa do Consumidor.

Sobre a diferenciação entre trabalhador autônomo e subordinado, ensina com propriedade *Mauricio Godinho Delgado*[44]:

> "A diferenciação central entre as figuras situa-se, porém, repita-se, na subordinação. Fundamentalmente, trabalho autônomo é aquele que se realiza sem subordinação do trabalhador ao tomador dos serviços. Autonomia é conceito antitético ao de subordinação. Enquanto esta traduz a circunstância juridicamente assentada de que o trabalhador acolhe a direção empresarial no tocante ao modo de concretização cotidiana de seus serviços, a autonomia traduz a noção de que o próprio prestador é que estabelece e concretiza, cotidianamente, a forma de realização dos serviços que pactuou prestar. Na subordinação, a direção central do modo cotidiano de prestação de serviços transfere-se ao tomador; na autonomia, a direção central do modo cotidiano de prestação de serviços preserva-se com o prestador de trabalho"[45].

### 3.2.2. Trabalhador eventual

Como já assinalamos, o requisito da não eventualidade é necessário para o reconhecimento da relação de emprego. O trabalhador eventual presta serviços de forma pessoal, subordinada e onerosa, mas não se fixa a um determinado tomador.

---

(44) DELGADO, Mauricio Godinho. *Curso de direito do trabalho.* 4. ed. São Paulo: LTr, 2005. p. 334.

(45) *Idem.*

Há várias teorias sobre o trabalhador eventual, conforme elenca *Amauri Mascaro Nascimento*[46], quais sejam: a) *descontinuidade na prestação de serviços*: o trabalhador eventual presta serviços de forma ocasional; b) *teoria dos fins da empresa*: o trabalhador eventual socorre uma atividade relacionada com os fins normais da empresa; c) *fixação*: o trabalhador eventual não se fixa a um tomador; d) *teoria do evento*: o trabalhador eventual socorre uma atividade específica de curta duração.

Pensamos que o trabalhador eventual é aquele que não se fixa a um determinado tomador de serviços e presta serviços de curta duração.

### 3.2.3. Trabalhador avulso

Conforme *Mauricio Godinho Delgado*: "O obreiro avulso corresponde à modalidade de trabalhador eventual, que oferta sua força de trabalho, por curtos períodos de tempo, a distintos tomadores, sem se fixar especificamente a qualquer deles"[47].

Historicamente, o trabalho avulso surgiu nos portos, sendo os trabalhadores arregimentados pelo sindicato para prestar serviços para os diversos operadores portuários.

A Constituição Federal igualou os direitos do trabalhador avulso as do trabalhador regido pela legislação trabalhista. Nesse sentido, é o art. 7º, XXXIV, da CF, quando assevera "igualdade de direitos entre o trabalhador com vínculo empregatício permanente e o trabalhador avulso". Não obstante, apesar de fazer jus a todos os direitos trabalhistas, não tem o registro em carteira de trabalho.

Atualmente, o trabalho avulso é regido pela Lei n. 8.630/93, sendo o trabalhador avulso arregimentado para prestar serviços aos Operadores Portuários pelo Órgão Gestor de Mão de Obra (OGMO).

Nos termos do art. 18, da Lei n. 8.630/93: "Os operadores portuários devem constituir, em cada porto organizado, um órgão de gestão de mão de obra do trabalho portuário, tendo como finalidade: I – administrar o fornecimento da mão de obra do trabalhador portuário e do trabalhador portuário avulso; II – manter, com exclusividade, o cadastro do trabalhador portuário e o registro do trabalhador portuário avulso; III – promover o treinamento e a habilitação profissional do trabalhador portuário, inscrevendo-o no cadastro; IV – selecionar e registrar o trabalhador portuário avulso; V – estabelecer o número de vagas, a forma e a periodicidade para acesso ao registro do trabalhador portuário avulso; VI – expedir os documentos de identificação do trabalhador portuário; VII – arrecadar e repassar, aos respectivos beneficiários, os valores devidos pelos operadores portuários, relativos à remuneração do trabalhador portuário avulso e aos correspondentes encargos fiscais, sociais e previdenciários".

---

(46) NASCIMENTO, Amauri Mascaro. *Iniciação ao direito do trabalho*. 33. ed. São Paulo: LTr, 2007. p. 168.

(47) DELGADO, Mauricio Godinho. *Curso de direito do trabalho*. 7. ed. São Paulo: LTr, 2008. p. 341.

Nos termos da Lei n. 8.630/93, o órgão gestor de mão de obra organizará e manterá cadastro de trabalhadores portuários habilitados ao desempenho das atividades, bem como o registro dos trabalhadores portuários avulsos, para o exercício das atividades de capatazia, estiva, conferência de carga, conserto de carga, bloco e vigilância de embarcações.

O tomador dos serviços (Operador Portuário), bem como o Órgão Gestor de Mão de Obra, responderão solidariamente pelos direitos trabalhistas do trabalhador avulso, pois ambos são destinatários e beneficiários da mão de obra do trabalhador avulso, restando aplicável analogicamente os arts. 455 da CLT e 942 do CC.

A competência da Justiça do Trabalho para as controvérsias que envolvem o trabalhador avulso decorre da própria CLT, em seu art. 643, que assim dispõe:

> Os dissídios, oriundos das relações entre empregados e empregadores, bem como de trabalhadores avulsos e seus tomadores de serviços, em atividades reguladas na legislação social, serão dirimidos pela Justiça do Trabalho, de acordo com o presente Título e na forma estabelecida pelo processo judiciário do trabalho. (Redação dada pela Lei n. 7.494, de 17.6.86, DOU 19.6.86)

Nesse sentido, também vale transcrever as seguintes ementas:

> Trabalhador avulso — Competência. A competência da Justiça do Trabalho para dirimir controvérsias estabelecidas entre o trabalhador avulso e a Administradora do Porto está fulcrada no art. 643 da CLT. Inclusive a Constituição Federal firmou a igualitariedade de direitos entre os trabalhadores avulsos e os trabalhadores com vínculo empregatício, em seu art. 7º, inciso XXXIV, o que reforça a competência da mesma para apreciar as questões de tais trabalhadores. Ademais, a pacificação da questão foi firmada pela Lei n. 8.630/93 que, em seu art. 19, § 2º, estabelece a responsabilidade solidária do órgão gestor, com os operadores portuários, estando, assim, em face do que dispõe o art. 114 da Constituição Federal, albergados pela competência retrocitada. (TRT – 12ª R. – 1ª T. – Ac. n. 5.535/98 – Rel. Juiz José F. de Oliveira – DJSC 2.7.98 – p. 165)

> Competência — Trabalhador avulso. Ainda que reconheçamos a competência desta Especializada, conforme disposto no art. 643 da CLT, o fato é que o Tribunal Regional, consoante leitura da decisão de fls. 125-7, soberano na análise das provas dos autos, afirmou inexistir os requisitos que caracterizam a formação do vínculo de emprego. Assim de nada adiantaria determinar o retorno dos autos ao Regional para exame da existência do liame, quando este pronunciamento já ocorreu. Recurso não conhecido. (TST – 1ª T. – RR n. 490501/98-0 – Rel. Min. Wagner Pimenta – DJ 13.9.2002 – p. 463) (RDT n. 10 – outubro de 2002)

### 3.2.4. Empregados de Cartórios Extrajudiciais

Dispõe o art. 236 da CF: "Os serviços notariais e de registro são exercidos em caráter privado, por delegação do Poder Público. § 1º Lei regulará as atividades, disciplinará a responsabilidade civil e criminal dos notários, dos oficiais de registro e de seus prepostos, e definirá a fiscalização de seus atos pelo Poder Judiciário. § 2º Lei federal estabelecerá normas gerais para fixação de emolumentos relativos aos atos praticados pelos serviços notariais e de registro. § 3º O ingresso na atividade notarial e de registro depende de concurso público de provas e títulos, não se permitindo que qualquer serventia fique vaga, sem abertura de concurso de provimento ou de remoção, por mais de seis meses".

Há entendimentos de que o Cartório Extrajudicial não é o empregador, mas sim o titular da serventia, que administra o cartório por meio de concurso público. Esse entendimento encontra eco no art. 21 da Lei n. 8.935/94:

> O gerenciamento administrativo e financeiro dos serviços notariais e de registro é da responsabilidade exclusiva do respectivo titular, inclusive no que diz respeito às despesas de custeio, investimento e pessoal, cabendo-lhe estabelecer normas, condições e obrigações relativas à atribuição de funções e de remuneração de seus prepostos de modo a obter a melhor qualidade na prestação dos serviços.

Não obstante, pensamos que o Cartório, apesar de ser um ente despersonalizado, tem fundo de comércio, pois é uma entidade privada com estrutura fiscalizada pelo Poder Judiciário. Desse modo, pensamos que a hipótese se enquadra na do § 1º, do art. 2º, da CLT.

O regime de contratação dos empregados após a Lei n. 8.935/94 é o da CLT. Nesse sentido dispõe o art. 20 da citada Lei:

> Os notários e os oficiais de registro poderão, para o desempenho de suas funções, contratar escreventes, dentre eles escolhendo os substitutos, e auxiliares como empregados, com remuneração livremente ajustada e sob o regime da legislação do trabalho.

Havendo alteração do titular da serventia, haverá sucessão para fins trabalhistas, ou seja, o atual titular da serventia responderá pelos contratos de trabalho do antigo titular.

Nesse sentido, concordamos com a posição de *Alice Monteiro de Barros*, quando sustenta: "Outros sustentam que empregador é empresa, vista sob o prisma da atividade organizada, a qual não se confunde com o seu titular. Como a atividade cartorária é por excelência privada, apesar da ingerência pública, e considerando que a empresa é atividade, o fato de o cartório ter pertencido a vários gestores ou responsáveis não impede a sucessão. Essa é a nossa posição" (*Curso de direito do trabalho*. 4. ed. São Paulo: LTr, 2008. p. 376).

No aspecto, cumpre destacar a seguinte ementa:

> CARTÓRIO COMO EMPREGADOR TRABALHISTA. LEGITIMIDADE DE PARTE DO NOTÁRIO. A atividade cartorária é por excelência privada, apesar da ingerência pública pela relevância do serviço prestado (art. 236, *caput*, CF). O autor laborou de 1993 a 2001 em prol dessa atividade notarial, sendo que a atividade teve vários gestores ou responsáveis. Dentro da sistemática legal brasileira, empregador poderá ser pessoa física ou jurídica, bem como outras entidades que, mesmo não tendo personalidade, utilizam o trabalho subordinado. O fato de o cartório não ter personalidade jurídica não implica, necessariamente, no argumento de que não possa ser rotulado como empregador. A lei brasileira não exige a formalização da atividade organizada, como pessoa jurídica, para fins da imputação da norma jurídico-trabalhista.

O empregador é a empresa, vista pelo prisma da atividade organizada, logo, não se confunde com o seu titular. Como já houve a definição de que a atividade, como empresa, é o efetivo empregador, como instituição que tenha empregador, entendo que é possível a caracterização da sucessão nas atividades notariais ou de registro. Portanto, rejeito a tese de ilegitimidade de parte como o chamamento ao processo dos outros ex-responsáveis pelo cartório. (TRT/SP. Ac. 20040482965 – 7ª T. – Rel. Juiz Francisco Ferreira Jorge Neto – DOESP 1º.10.04).

Desse modo, como o empregado do cartório extrajudicial tem seu vínculo regido pela CLT, resta incontestável a competência material da Justiça do Trabalho para dirimir as controvérsias entre trabalhador e cartório extrajudicial.

## 3.3. Competência da Justiça do Trabalho para as relações de trabalho que configuram relação de consumo

Diz o art. 2º da Lei n. 8.078/90: "Consumidor é toda pessoa física ou jurídica que adquire ou utiliza produto ou serviço como destinatário final".

O art. 3º da referida lei assim preconiza: "Fornecedor é toda pessoa física ou jurídica, pública ou privada, nacional ou estrangeira, bem como os entes despersonalizados, que desenvolvem atividades de produção, montagem, criação, construção, transformação, importação, exportação, distribuição ou comercialização de produtos ou prestação de serviços. § 1º – Produto é qualquer bem, móvel ou imóvel, material ou imaterial. § 2º – Serviço é qualquer atividade fornecida no mercado de consumo, mediante remuneração, inclusive as de natureza bancária, financeira, de crédito e securitária, salvo as decorrentes das relações de caráter trabalhista"[48].

*Rizzatto Nunes*[49] assim define serviço: "Serviço é, tipicamente, atividade. Esta ação humana que tem em vista uma finalidade. Ora, toda ação se esgota tão logo praticada. A ação se exerce em si mesma". Prossegue o citado autor[50]: "O CDC definiu serviço no § 2º, do art. 3º e buscou apresentá-lo de forma a mais completa possível. Porém, na mesma linha de princípios por nós já apresentada, é importante lembrar que a enumeração é exemplificativa, realçada pelo uso do pronome 'qualquer'. Dessa maneira, como bem a lei o diz, serviço é qualquer atividade fornecida ou, melhor dizendo, prestada no mercado de consumo".

Segundo *Geraldo Brito Filomeno*[51], não poderão ser igualmente objeto das chamadas "relações de consumo" os interesses de caráter trabalhista, exceção feita às empreitadas de mão de obra ou empreitadas mistas (mão de obra mais materiais), exceção tal presente nos diplomas legais de todos os países que dispõem de leis ou

---

(48) A doutrina tem entendido que somente estão fora do alcance do Direito do Consumidor as prestações pessoais de serviço onde há o vínculo trabalhista (arts. 2º e 3º da CLT).

(49) RIZZATTO NUNES. *Curso de direito do consumidor.* São Paulo: Saraiva, 2004. p. 96.

(50) *Ibidem*, p. 95.

(51) FILOMENO, Geraldo Brito *et al. Código de Defesa do Consumidor comentado pelos autores do anteprojeto.* 7. ed. Rio de Janeiro: Forense Universitária, 2001. p. 51-52.

Códigos de Defesa do Consumidor, como, por exemplo, Portugal, Espanha, México, Venezuela e outros.

De outro lado, com bem adverte *Rizzato Nunes*[52]: "O CDC define serviço como aquela atividade fornecida mediante 'remuneração'. Antes de mais nada, consigne-se que praticamente nada é gratuito no mercado de consumo. Tudo tem, na pior das hipóteses, um custo, e este acaba, direta ou indiretamente, sendo repassado ao consumidor. Assim, se, por exemplo, um restaurante não cobra pelo cafezinho, por certo seu custo já está embutido no preço cobrado pelos demais produtos".

Diante da doutrina acima esposada, entendemos que há relação de consumo de interesse para a competência da Justiça do Trabalho: quando há prestação pessoal de serviços por uma pessoa natural que coloca seus serviços no mercado de consumo e os executa de forma preponderantemente pessoal, sem vínculo empregatício, mediante remuneração, em prol de um consumidor, pessoa física ou jurídica, que é destinatária final destes serviços[53].

Atualmente, muito se tem questionado se a competência da Justiça do Trabalho abrange as relações de consumo em que o prestador dos serviços é pessoa física e o tomador (consumidor) é pessoa física ou jurídica.

Muitos autores têm sustentado que a relação de consumo é regida por lei especial e tem princípios diversos da relação de trabalho, porquanto o Direito do Consumidor protege o tomador dos serviços, enquanto o Direito do Trabalho protege a figura do prestador, que é o trabalhador.

Defendendo a exclusão das relações de consumo em que há um prestador pessoa natural, cita-se, por todos, o posicionamento de *Otávio Amaral Calvet*[54]: "Se é pacífico que a doutrina trabalhista vê na relação de consumo questões similares à relação de emprego (em sentido estrito), pela hipossuficiência de uma das partes e pela concessão de benefícios a ela em busca de uma igualdade substantiva, há de se ressaltar que, na relação de consumo, o protegido é o consumidor e, em hipótese alguma, o prestador dos serviços, este aparecendo como o detentor do poder econômico que oferece publicamente seus préstimos, auferindo ganhos junto aos consumidores. Transportando para as relações de trabalho em sentido lato, seria no mínimo estranho imaginar-se o deferimento de uma tutela especial ao consumidor que, no caso, apareceria também como tomador dos serviços, reconhecendo-se-lhe, simultaneamente, duas posições que se afiguram incompatíveis ontologicamente: a de fragilizado consumidor com a de contratante beneficiado pela energia de trabalho

---

(52) RIZZATTO NUNES, Luiz Antonio. *Comentários ao Código de Defesa do Consumidor*. São Paulo: Saraiva, 2000. p. 100.

(53) A doutrina define o conceito de destinatário final quanto à pessoa física quando esta adquire um serviço para satisfazer uma necessidade pessoal e, quanto à pessoa jurídica, quando esta adquire um serviço para uso próprio, sem a finalidade de produção de outros produtos ou serviços.

(54) CALVET, Otávio Amaral. Nova competência da justiça do trabalho: relação de trabalho x relação de consumo. In: *Revista Legislação do Trabalho*. São Paulo: LTr, ano 69, v. 01, 2005. p. 56-57.

(tomador de serviços). Assim, resta fixada a segunda premissa para caracterização das relações de trabalho da competência da Justiça do Trabalho: o tomador dos serviços não pode ser o usuário final, mas mero utilizador da energia de trabalho para consecução da sua finalidade social (ainda que seja o tomador pessoa natural ou ente despersonalizado)"[55].

Outros defendem uma divisão de competência nas relações de consumo em que há prestação pessoal de serviços, qual seja: o prestador dos serviços, mesmo que haja uma relação de consumo, pode acionar a Justiça do Trabalho em face do tomador de seus serviços, vez que há nítida relação de trabalho entre eles, mas o tomador dos serviços, na relação de consumo, somente pode acionar o prestador na Justiça Comum, vez que entre eles há uma autêntica relação de consumo pura e não relação de trabalho.

Para nós, a razão está com a vertente interpretativa no sentido de que tanto as ações propostas pelo prestador de serviços no mercado de consumo, quanto as ações em face deles propostas pelos consumidores tomadores, são da competência da Justiça do Trabalho. Em que pesem os argumentos mencionados acima, não teria razão a Justiça do Trabalho apreciar um pedido em que o prestador postula o valor dos serviços não pagos e não poder apreciar uma reconvenção do destinatário dos serviços, alegando que não realizou o pagamento porque os serviços não foram executados de acordo com o contrato. Esse entendimento gera insegurança jurídica e a possibilidade de decisões conflitantes. Por exemplo, a Justiça do Trabalho entende que a relação é de consumo e a Justiça Comum não, ou, ainda, há a possibilidade de se suscitarem inúmeros conflitos positivos e negativos de competência.

Entretanto, não vem sendo este o entendimento do Superior Tribunal de Justiça, que pacificou a questão por meio da Súmula n. 363, que assim dispõe:

> Compete à Justiça estadual processar e julgar a ação de cobrança ajuizada por profissional liberal contra cliente.

O Tribunal Superior do Trabalho vem entendendo que se a relação de trabalho configurar também uma relação de consumo, a competência não é do Judiciário Trabalhista, conforme a fundamentação do acórdão que segue:

> O contrato de prestação de serviços advocatícios envolve relação de índole civil. Com esse entendimento a Seção I Especializada em Dissídios Individuais (SDI-1) declarou a incompetência da Justiça do Trabalho para julgar ação de cobrança de honorários

---

(55) No mesmo sentido se posicionou Carlos Henrique Bezerra Leite: "É preciso advertir, porém, que não são da competência da Justiça do Trabalho as ações oriundas da relação de consumo. Vale dizer, quando o trabalhador autônomo se apresentar como fornecedor de serviços e, como tal, pretender receber honorários de seu cliente, a competência para a demanda é da Justiça Comum, e não da Justiça do Trabalho, pois a matéria diz respeito à relação de consumo, e não à de trabalho. Do mesmo modo, se o tomador do serviço se apresentar como consumidor e pretender devolução do valor pago pelo serviço prestado, a competência também será da Justiça Comum. Isso porque relação de trabalho e relação de consumo são inconfundíveis"(*Curso de direito processual do trabalho*. 3. ed. São Paulo: LTr, 2005. p. 161).

advocatícios. A Seção aceitou recurso da Cooperativa de Crédito dos Médicos de Santa Rosa (RS). Contratado pela cooperativa para prestar assessoria jurídica, um advogado buscou na Justiça do Trabalho o recebimento de verbas honorárias consideradas devidas pela prestação de seus serviços. As instâncias anteriores (21ª Vara do Trabalho de Porto Alegre e o Tribunal Regional da 4ª Região (RS) declararam a incompetência da Justiça do Trabalho para julgar a questão e extinguiram o processo sem julgamento de mérito. Diante disso, o advogado recorreu ao TST. Ao analisar o recurso de revista, a Terceira Turma do TST considerou a Justiça do Trabalho competente para julgar a cobrança de honorários advocatícios. Para a Turma, o caso se enquadra na relação de trabalho remunerado, cuja competência é da justiça trabalhista, conforme a nova redação do art. 114, IX, da Constituição Federal. Com o advento da Emenda Constitucional n. 45/2004, ampliou-se a competência da Justiça do Trabalho, que passou a processar e julgar outras controvérsias decorrentes das relações de trabalho. Assim, a cooperativa interpôs recurso de embargos à SDI-1, reafirmando a incompetência da justiça trabalhista para apreciar essas ações. O relator do recurso na seção, ministro Luiz Philippe Vieira de Mello Filho, deu ao caso entendimento diverso da Terceira Turma. Em sua análise, a ação de cobrança de honorários não se insere no conceito de relação de trabalho. Trata-se, sim, de vínculo contratual (profissional liberal e cliente) de índole eminentemente civil, não guardando nenhuma pertinência com a relação de trabalho de que trata o art. 114, incisos I e IX , da Constituição Federal. Vieira de Mello Filho apresentou, também, duas decisões da SDI nesse mesmo sentido. Ainda segundo o ministro, o Superior Tribunal de Justiça (STJ), que detém a competência para decidir conflito de competência (art. 105, I, *d*), firmou entendimento, por meio de Súmula n. 363, de que compete à Justiça Estadual processar e julgar a ação de cobrança ajuizada por profissional liberal contra cliente. Assim, seguindo o voto do relator, a SDI-1, por unanimidade, deu provimento ao recurso de embargos da cooperativa, reconhecendo a incompetência da Justiça do Trabalho e determinou a remessa do processo à Justiça Comum Estadual para julgar a ação. Ressalvaram entendimento o ministro João Oreste Dalazen e a ministra Maria de Assis Calsing. (RR-75500-03. 2002.5.04. 0021-Fase Atual: E). Disponível em: <www.tst.jus.br> Acesso em: 10 set. 2010.

Não obstante as respeitáveis opiniões em contrário, entendemos, salvo melhor juízo, que a relação de trabalho que também der origem a uma relação de consumo será da competência material da Justiça do Trabalho, tanto as ações propostas pelo prestador pessoa natural, como pelo destinatário final dos serviços, pelos seguintes argumentos: a) A Constituição Federal não exclui a competência da Justiça do Trabalho para as lides que envolvam relações de consumo; b) A relação de trabalho é gênero, do qual a relação de consumo que envolva a prestação de trabalho humano é espécie; c) O Juiz do Trabalho, ao decidir uma relação de consumo que envolva prestação pessoal de trabalho, aplicará o CDC (Lei n. 8.078/90) e o Código Civil para dirimi-la e não o Direito do Trabalho; d) Na Justiça do Trabalho, não vigora o princípio protetor, próprio do Direito do Trabalho. Portanto, não há choque de princípios entre o Direito do Consumidor (que tutela a parte vulnerável da relação jurídica de consumo, que é o consumidor) e o Direito do Trabalho (que tutela a parte hipossuficiente da relação jurídica de trabalho, que é o trabalhador); e) Na relação de consumo, cujo trabalho é prestado por pessoa física, em muito se assemelha ao trabalho autônomo, porquanto a responsabilidade do profissional liberal é subjetiva.

Portanto, resta mitigado o princípio da vulnerabilidade do consumidor (art. 14º, § 4º do CDC[56]); f) A CLT, no art. 652, III, atribui competência à Justiça do Trabalho para dirimir controvérsias atinentes à pequena empreitada, que é nitidamente um contrato de consumo, já que o pequeno empreiteiro oferece seus serviços no mercado de consumo em geral; g) A Justiça do Trabalho saberá equalizar o Direito do Consumidor, que protege o destinatário dos serviços, e o prestador pessoa física, enquanto cidadão[57].

Nesse sentido o Enunciado n. 64 da 1ª Jornada de Direito Material e Processual do Trabalho realizada no TST, em novembro de 2007, *in verbis*:

> COMPETÊNCIA DA JUSTIÇA DO TRABALHO. PRESTAÇÃO DE SERVIÇO POR PESSOA FÍSICA. RELAÇÃO DE CONSUMO SUBJACENTE. IRRELEVÂNCIA. Havendo prestação de serviços por pessoa física a outrem, seja a que título for, há relação de trabalho incidindo a competência da Justiça do Trabalho para os litígios dela oriundos (CF, art. 114, I), não importando qual o direito material que será utilizado na solução da lide (CLT, CDC, CC etc.).

### 3.4. Servidor público. Relação estatutária

Sob a égide da redação antiga do art. 114 da CF/88, o STF Pleno fixou entendimento no sentido de que a competência da Justiça do Trabalho não abrangia os servidores estatutários.

Com a nova redação do art. 114, I, da CF[58], dada pela EC n. 45/04, restou inconteste a competência da Justiça do Trabalho para apreciar as lides entre trabalhadores com vínculo estatutário e o Estado.

Entretanto, a aplicação do inciso I, do art. 114, da CF, no que concerne aos servidores estatutários, está suspensa por força da ADIn n. 3.395, cuja liminar foi dada pelo Ministro Nelson Jobim, suspendendo *ad referendum*[59] toda e qualquer interpretação dada ao inciso I, do art. 114 da CF, na redação dada pela EC n. 45/04 que

---

(56) Art. 14, § 4º, da Lei n. 8.078/90: "A responsabilidade pessoal dos profissionais liberais será apurada mediante a verificação de culpa".

(57) Nesse sentido leciona com propriedade Antônio Álvares da Silva: "Agora, diante da nova redação do art. 114, I, da CF — ações oriundas da relação de trabalho —, a relação de consumo de prestação de serviços foi indiscutivelmente atraída para a competência trabalhista, pois se trata de relação de trabalho que, a exemplo das demais, se enquadra na nova competência trabalhista. As vantagens dessa integração são evidentes. A 'vulnerabilidade' do consumidor na relação de consumo não é diferente da 'inferioridade' do empregado na relação de emprego. Ambos necessitam de tutela, para compensar-lhes o estado de desproteção social. Com o fortalecimento jurídico que lhes dá o CDC e a CLT, readquirem, ainda que em parte, a desigualdade perdida em razão da diferença econômica que os separa da outra parte do contrato" (*Pequeno tratado da nova competência trabalhista*. São Paulo: LTr, 2005. p. 396-397).

(58) Art. 114 da CF: " Compete à Justiça do Trabalho processar e julgar: I – as ações oriundas da relação de trabalho, abrangidos os entes de direito público externo e da administração pública direta e indireta da União, dos Estados, do Distrito Federal e dos Municípios".

(59) Posteriormente, a liminar foi ratificada pelo Pleno do STF.

inclua na competência da Justiça do Trabalho as ações entre os servidores públicos regidos pelo regime estatutário e o Estado[60], esvaziando a competência da Justiça do Trabalho.

Posteriormente, o Supremo Tribunal Federal manteve a mesma posição, conforme se constata pela seguinte ementa:

> Inconstitucionalidade. Ação direta. Competência. Justiça do Trabalho. Incompetência reconhecida. Causas entre o Poder Público e seus servidores estatutários. Ações que não se reputam oriundas de relação de trabalho. Conceito estrito desta relação. Feitos da competência da Justiça Comum. Interpretação do art. 114, inc. I, da CF, introduzido pela EC n. 45/2004. Precedentes. Liminar deferida para excluir outra interpretação. O disposto no art. 114, I, da Constituição da República, não abrange as causas instauradas entre o Poder Público e servidor que lhe seja vinculado por relação jurídico-estatutária[61].

No mesmo sentido a seguinte ementa:

> INCOMPETÊNCIA ABSOLUTA DA JUSTIÇA DO TRABALHO. SERVIDOR PÚBLICO ESTATUTÁRIO. Em 1º.2.05, foi concedida liminar pelo Supremo Tribunal Federal, com efeito *ex tunc* e eficácia *erga omnes*, na ADIN n. 3.395-6, Relator Cezar Peluso, suspendendo *ad referendum* qualquer interpretação dada ao inciso I do art. 114 da Constituição Federal, na redação dada pela Emenda Constitucional n. 45/04, que inclua, na competência desta Especializada, a apreciação de causas entre servidores e o Poder Público, de ordem estatutária ou jurídico-administrativa. Trata-se a reclamada de autarquia municipal e, portanto, de ente jurídico de direito público interno, tendo sido o reclamante, inicialmente, admitido pelo regime celetista, passando, após, a funcionário público concursado, sob o regime estatutário. Por conseguinte, anulo o processado a partir da prolação da sentença, determinando a remessa dos autos a uma das Varas da Justiça Comum. (TRT/SP – 02372200531102000 – RE – Ac. 2ª T. – 20090450307 – Relª. Odette Silveira Moraes – DOE 30.6.2009).

Mesmo antes da EC n. 45/04, nunca conseguimos entender por que a Justiça do Trabalho não tinha competência para apreciar as demandas que envolvem servidores estatutários. Ora, os servidores estatutários trabalham de forma pessoal, não eventual, subordinada e com onerosidade, ou seja, ainda que o vínculo entre servidor e Estado seja regido pelo regime administrativo, trata-se de uma autêntica relação de emprego, presentes todos os requisitos dos arts. 2º e 3º, ambos da CLT. Além disso, praticamente os direitos dos servidores estatutários são os mesmos direitos trabalhistas previstos na Constituição (*vide* art. 39, § 3º, da CF). Praticamente, o servidor público só não tem direito ao FGTS, mas, em troca, tem a estabilidade prevista no art. 41 da CF. De outro lado, a Justiça do Trabalho sempre esteve mais bem municiada para apreciar as lides que envolvam trabalho subordinado, o que, muitas vezes, não é a rotina das Justiças Estaduais e Federal[62].

---

(60) *Vide* Brasil. Supremo Tribunal Federal. ADIn n. 3395-1/DF, DJ 4.2.2005. Disponível em: <http://www.stf.gov.br> Acesso em: 30 jan. 2005.

(61) MC Ação Direta de Inconst. n. 3.395-6 DF – STF – Cezar Peluso – Ministro Relator. DJU de 10.11.2006 – (DT – Janeiro/2007 – vol. 150. p. 114).

(62) Para Antônio Álvares da Silva: "O erro é enorme e o STF manteve jurisprudência anterior, firmada com base na redação anterior do art. 114, não atentando para a nova redação dada pela EC n. 45 e a profunda

Sob outro enfoque, mesmo antes da EC n. 45/04, não havia vedação para a Justiça do Trabalho apreciar relações de índole estatutária. Havia apenas uma filigrana interpretativa no sentido de que a relação estatutária é de ordem administrativa e não relação de emprego. Não faz sentido a Justiça do Trabalho apreciar as lides em que o Estado contrata pelo regime da CLT, mediante concurso, e não ter competência quando o Estado contrata, mediante concurso, por regime estatutário.

### 3.4.1. Contratação temporária pela Administração Pública

Dispõe o art. 37, IX da CF:

> A lei estabelecerá os casos de contratação por tempo determinado para atender a necessidade temporária de excepcional interesse público.

Não há consenso na doutrina sobre a natureza do vínculo de emprego que disciplina a contratação temporária do trabalhador para atender o excepcional interesse público.

Há quem sustente que a natureza do vínculo entre trabalhador temporário e Administração Pública é regido pelo direito administrativo, e não pela CLT, o que afastaria a competência da Justiça do Trabalho.

Nesse sentido, a seguinte ementa:

> Contratação de servidor temporário — Incompetência da Justiça do Trabalho. O art. 106 da Constituição Federal de 1969 possibilitava à Administração Pública contratar servidores em caráter temporário ou para o exercício de funções técnicas especializadas, cuja regulamentação seria feita por lei especial estadual ou municipal. A relação jurídica, nesse caso, é de natureza administrativa, conforme disposto no Enunciado n. 123 do TST. Ainda que os termos da lei especial não tenham sido observados pela Administração Pública, não há como se reconhecer a competência da Justiça do Trabalho para examinar a lide. A Justiça Comum Estadual, no caso, é que, primeiramente, há de examinar os termos da lei dita não observada, em face da natureza administrativa da norma, bem assim definir os efeitos de seu descumprimento na relação ocorrida entre as partes. Embargos conhecidos e providos para, declarando a incompetência desta Justiça Especializada para apreciar a ação, determinar a remessa dos autos à Justiça Comum do Estado de São Paulo, a fim de que aprecie o pedido da autora, como entender de direito. (TST – SBDI-1 – E-RR n. 363.576/1997-2 – Rel. Min. Rider N. de Brito – DJ 9.5.2003 – p. 858) (RDT n. 6 – junho de 2003)

---

alteração que trouxe ao citado artigo". Prossegue o mestre mineiro: "Mais uma vez, se há de repetir. O que a Constituição fez não foi equiparar a relação de serviço público com a trabalhista, nem se pode confundir os campos diversos em que se situam: a primeira, no Direito Público, e a segunda, no Direito Privado. O que se pretendeu, a exemplo das demais hipóteses de ampliação, foi trazer para o processo do trabalho questões que, pelo seu significado social, precisam de julgamentos rápidos, imediatos e objetivos. Ao decidir causas de servidor público, a Justiça do Trabalho não vai revogar a Lei n. 8.112/90 para aplicar-lhes a CLT. O servidor público vai continuar sendo regido pela lei própria, mas terá as vantagens do processo. Não há de confundir o processo, que tem natureza instrumental, com as leis materiais, que regulam os bens da vida e as relações humanas" (*Pequeno tratado da nova competência da Justiça do Trabalho*. São Paulo: LTr, 2005. p. 131-132).

Não obstante, em nossa visão, o trabalhador temporário não presta concurso público e, em razão disso, não detém estabilidade no emprego. Além disso, o servidor temporário não se integra ao organismo da Administração. Desse modo, o regime que liga o referido trabalhador à administração pública não é o regime administrativo, mas sim o do setor privado, que é o da CLT. Portanto, no nosso entendimento, a competência para dirimir conflitos entre trabalhador temporário e Administração Pública é da Justiça do Trabalho (art. 114, I, da CF).

No aspecto, a seguinte ementa:

> Contratação temporária — Competência da Justiça do Trabalho — Município de Jaraguá do Sul. O art. 2º da Lei n. 1.777/93, combinado com o art. 4º da Lei n. 2.003/95, autoriza que a contratação temporária seja feita pelo Município de Jaraguá do Sul com base na CLT, o que atrai a competência desta Justiça do Trabalho. Com maior suporte justifica-se a aceitação da CLT para regular a contratação temporária após a vigência da Emenda Constitucional n. 19/98, que lançou por terra as interpretações lineares acerca da abrangência do conceito de regime jurídico único. (TRT – 12ª R. – 1ª T. – Ac. n. 182/00 – Rel. Juiz Joemar Antônio Martini – DJSC 17.1.2000 – p. 53)

No mesmo sentido é a OJ n. 205, da SDI-I, do C. TST, *in verbis*:

> COMPETÊNCIA MATERIAL. JUSTIÇA DO TRABALHO. ENTE PÚBLICO. CONTRATAÇÃO IRREGULAR. REGIME ESPECIAL. DESVIRTUAMENTO. (nova redação, DJ 20.4.2005)
>
> I – Inscreve-se na competência material da Justiça do Trabalho dirimir dissídio individual entre trabalhador e ente público se há controvérsia acerca do vínculo empregatício.
>
> II – A simples presença de lei que disciplina a contratação por tempo determinado para atender a necessidade temporária de excepcional interesse público (art. 37, inciso IX, da CF/1988) não é o bastante para deslocar a competência da Justiça do Trabalho se se alega desvirtuamento em tal contratação, mediante a prestação de serviços à Administração para atendimento de necessidade permanente e não para acudir a situação transitória e emergencial.

Não obstante, o C. Tribunal Superior do Trabalho, recentemente, cancelou a OJ n. 205, da SDI-I, do C. TST, sinalizando no sentido da incompetência da Justiça do Trabalho para dirimir os litígios entre trabalhador temporário e Administração Pública.

O Supremo tem se posicionado pela incompetênica da Justiça do Trabalho, conforme se constata da redação das seguintes ementas:

> EMENTA: RECLAMAÇÃO CONSTITUCIONAL. AUTORIDADE DE DECISÃO PROFERIDA PELO SUPREMO TRIBUNAL FEDERAL: ART. 102, INCISO I, ALÍNEA L, DA CONSTITUIÇÃO DA REPÚBLICA. MEDIDA CAUTELAR NA AÇÃO DIRETA DE INCONSTITUCIONALIDADE N. 3.395. CONTRATAÇÃO TEMPORÁRIA DE SERVIDORES PÚBLICOS: ART. 37, INCISO IX, DA CONSTITUIÇÃO DA REPÚBLICA. AÇÕES AJUIZADAS POR SERVIDORES TEMPORÁRIOS CONTRA A ADMINISTRAÇÃO PÚBLICA: COMPETÊNCIA DA JUSTIÇA COMUM. CAUSA DE PEDIR RELACIONADA A UMA RELAÇÃO JURÍDICO-ADMINISTRATIVA.

AGRAVO REGIMENTAL PROVIDO E RECLAMAÇÃO PROCEDENTE. 1. O Supremo Tribunal Federal decidiu no julgamento da Medida Cautelar na Ação Direta de Inconstitucionalidade n. 3.395 que "o disposto no art. 114, I, da Constituição da República, não abrange as causas instauradas entre o Poder Público e servidor que lhe seja vinculado por relação jurídico-estatutária". 2. Apesar de ser da competência da Justiça do Trabalho reconhecer a existência de vínculo empregatício regido pela legislação trabalhista, não sendo lícito à Justiça Comum fazê-lo, é da competência exclusiva desta o exame de questões relativas a vínculo jurídico-administrativo. 3. Se, apesar de o pedido ser relativo a direitos trabalhistas, os autores da ação suscitam a descaracterização da contratação temporária ou do provimento comissionado, antes de se tratar de um problema de direito trabalhista a questão deve ser resolvida no âmbito do direito administrativo, pois para o reconhecimento da relação trabalhista terá o juiz que decidir se teria havido vício na relação administrativa a descaracterizá-la. 4. No caso, não há qualquer direito disciplinado pela legislação trabalhista a justificar a sua permanência na Justiça do Trabalho. 5. Precedentes: Reclamação n. 4.904, Relª Ministra Cármen Lúcia, Plenário, DJe 17.10.2008 e Reclamações n. 4.489-AgR, 4.054 e 4.012, Plenário, DJe 21.11.2008, todos Redatora para o acórdão a Ministra Cármen Lúcia. 6. Agravo regimental a que se dá provimento e reclamação julgada procedente. (STF Rcl 8107 AgR/GO – GOIÁS – AG.REG.NA RECLAMAÇÃO Relator(a): Min. MARCO AURÉLIO. Relª. p/ Acórdão: Min. CÁRMEN LÚCIA. Julgamento: 8.10.2009 – Órgão Julgador: Tribunal Pleno Publicação DJe-223 – Divulg. 26.11.2009 – Public. 27.11.2009 Ent. Vol. 02384-01 – p. 00171)

AGRAVO REGIMENTAL EM RECLAMAÇÃO. OFENSA À DECISÃO PROFERIDA NA AÇÃO DIRETA DE INCONSTITUCIONALIDADE N. 3.395/DF. CONTRATAÇÃO TEMPORÁRIA PARA O EXERCÍCIO DE FUNÇÃO PÚBLICA. REGIME JURÍDICO-ADMINISTRATIVO. INCOMPETÊNCIA DA JUSTIÇA DO TRABALHO PARA EXAMINAR EVENTUAL NULIDADE DA CONTRATAÇÃO. COMPETÊNCIA DA JUSTIÇA COMUM ESTADUAL. 1. A Justiça do Trabalho não detém competência para processar e julgar causas que envolvam o Poder Público e servidores a ele vinculados, mesmo que por contrato temporário com prazo excedido, por se tratar de relação jurídico-administrativa. 2. Ainda que possa ter ocorrido desvirtuamento da contratação temporária para o exercício de função pública, não cabe à Justiça do Trabalho analisar a nulidade desse contrato. 3. Existência de precedentes desta Corte nesse sentido. 4. Agravo regimental ao qual se nega provimento. (STF Rcl n. 7.028 AgR/MG – Minas Gerais – AG. Reg. na Reclamação Relª. Min. Ellen Gracie – Julgamento: 16.9.2009 – Órgão Julgador: Tribunal Pleno – Publicação DJe-195 – Divulg. 15.10.2009 – Public. 16.10.2009 – Ement. v. 02378-02 – p. 00206)

A matéria, entretanto, ainda está sendo discutida no Supremo Tribunal Federal (Processo Rcl n. 4.351, conforme o Informativo n. 596/10), *in verbis*:

TÍTULO: Contratação de **Servidores Temporários** e **Competência**. ARTIGO. O Tribunal iniciou julgamento de agravo regimental interposto contra decisão do Min. Marco Aurélio, que indeferira medida acauteladora requerida em reclamação, da qual relator, ajuizada pelo Município do Recife com o objetivo de suspender ação civil pública proposta pelo Ministério Público do Trabalho perante vara trabalhista. No caso, o *parquet* pretende a anulação de contratações e de credenciamentos de profissionais — ditos empregados públicos — sem a prévia aprovação em concurso público. O relator, na ocasião, não vislumbrara ofensa ao que decidido na ADI n. 3.395 MC/DF (DJU de 10.11.2006) — que afastara interpretação do inciso I do art. 114 da

CF, na redação dada pela EC n. 45/2004, que implicasse reconhecimento da Justiça do Trabalho para apreciar conflitos a envolver regime especial, de caráter jurídico-administrativo —, por reputar que, na situação dos autos, a contratação temporária estaria ligada à Consolidação das Leis do Trabalho — CLT. O Min. Marco Aurélio, na presente assentada, desproveu o recurso. Aduziu que a **competência** se definiria de acordo com a ação proposta (causa de pedir e pedido) e que, na espécie, a causa de pedir seria única: a existência de relação jurídica regida pela CLT. Ademais, consignou que apenas caberia perquirir se o curso da ação civil pública, tal como proposta, considerada a causa de pedir e o pedido, discreparia, ou não, da interpretação do art. 114 da CF afastada pelo Plenário quando da apreciação do pedido de medida cautelar na citada ADI. Após, pediu vista dos autos o Min. Dias Toffoli. Rcl n. 4.351 AgR-MC/PE, Rel. Min. Marco Aurélio, 18.8.2010. (Rcl-4351)

## 3.5. Os contratos de empreitada e a pequena empreitada

O Código Civil de 2002 disciplina o contrato de empreitada nos arts. 610 a 626. Diz o art. 610 do CC: "O empreiteiro de uma obra pode contribuir para ela só com o seu trabalho ou com ele e os materiais".

Ensina *Maria Helena Diniz*[63] que "a empreitada ou locação de obra é o contrato pelo qual um dos contratantes (empreiteiro) se obriga, sem subordinação, a realizar, pessoalmente, ou por meio de terceiro, certa obra (p. ex., construção de uma casa, represa ou ponte; composição de uma música) para o outro (dono da obra), com material próprio ou por este fornecido, mediante remuneração determinada ou proporcional ao trabalho executado".

Para fins civis, o empreiteiro pode ser pessoa física ou jurídica e se obriga, mediante contrato, sem subordinação, e mediante o pagamento de remuneração, a construir uma obra. A empreitada pode ser de trabalho (lavor) ou mista em que o empreiteiro se compromete a fornecer o serviço e o material.

A questão dos contratos de empreitada e da competência da Justiça do Trabalho sempre foi polêmica, pois a CLT e o Direito do Trabalho sempre se ocuparam do trabalho subordinado, por conta alheia, regido pelos arts. 2º e 3º da CLT, e não do trabalho autônomo em que o empreiteiro corre os riscos de sua atividade.

A doutrina trabalhista apontou como nota de diferenciação do contrato de empreitada ao contrato de trabalho *stricto sensu* ou contrato de emprego, na expressão de *José Martins Catharino*, a subordinação jurídica, pois o empreiteiro é um profissional autônomo, que corre os riscos da sua atividade econômica, enquanto o empregado, mesmo recebendo por obra, não corre os riscos de sua atividade e transfere ao empregador a direção do seu trabalho. Como bem destaca *Mauricio Godinho Delgado*[64], "sendo pacto autônomo, civil, a empreitada preserva com o próprio profissional prestador de serviços a direção do cotidiano da prestação laborativa,

---

(63) DINIZ, Maria Helena. *Código Civil anotado*. 11. ed. São Paulo: Saraiva, 2005. p. 523.

(64) DELGADO, Mauricio Godinho. *Curso de direito do trabalho*. 4. ed. São Paulo: LTr, 2005. p. 336-337.

no cumprimento de obra pactuada. Não se transfere a direção para o tomador de serviços. Não há, pois, subordinação nessa prestação de trabalho".

A CLT disciplina a competência da Justiça do Trabalho para os contratos de empreitada. Com efeito, diz o art. 652: "Compete às Varas do Trabalho: a) conciliar e julgar: (...) III – os dissídios resultantes de contratos de empreitadas em que o empreiteiro seja operário ou artífice".

A doutrina e jurisprudência denominam o contrato de empreitada referido no inciso III do art. 652 da CLT de *pequena empreitada*. Muitos autores fixaram entendimento no sentido de que o conceito de pequena empreitada para fins do art. 652, *a*, III, da CLT significa o serviço prestado por um empreiteiro de forma autônoma junto com alguns ajudantes ou empregados, sendo a obra de pequeno vulto econômico. Outros asseveram que o empreiteiro tem de trabalhar com pessoalidade, sem a ajuda de outros trabalhadores, independentemente do valor final da obra.

No nosso sentir, o conceito de pequena empreitada previsto no art. 652 da CLT se refere ao trabalhador pessoa física. Esta modalidade contratual não se reporta ao vulto econômico da empreitada, pois o referido inciso III não vincula a empreitada ao valor do serviço, tampouco à sua duração, mas sim ao fato de o empreiteiro ser operário ou artífice. Ora, operário ou artífice é aquele trabalhador autônomo, podendo ser especializado ou não em um determinado serviço, que vive do seu próprio trabalho e que tem suas próprias ferramentas ou instrumentos de trabalho, prestando serviços com pessoalidade. Mostra-se perigosa a interpretação no sentido de que o empreiteiro pode estar acompanhado de outros trabalhadores e até constituir pessoa jurídica, sob consequência de se aplicar por analogia o conceito de pequena empreitada para outras espécies de prestação de serviços por pessoa jurídica ou até para microempresas. Além disso, a pequena empreitada é espécie do gênero relação de trabalho e, portanto, somente será admissível a pequena empreitada se o empreiteiro prestar serviços de forma pessoal. Não importa, a nosso ver, se o contrato de empreitada tem elevado vulto financeiro[65], ou se perdurará meses ou anos[66], o importante é que o empreiteiro trabalhe com pessoalidade[67],

---

(65) Nesse sentido, exemplifica Ísis de Almeida: "Uma obra artesanal, por exemplo, encomendada expressamente mediante um contrato de empreitada (verbal ou escrito), e que tem de ser realizada por um artífice, pode ter preço bem elevado, e isto não modificará o entendimento que torna aplicável o inciso III, da letra *a* do art. 652, da CLT" (*Manual de direito processual do trabalho*. 1. v., 9. ed. São Paulo: LTr, 1998. p. 219).

(66) No nosso sentir, vincular o contrato de pequena empreitada à capacidade econômica do trabalhador, ou da obra, viola o princípio constitucional da isonomia e não discriminação (arts. 5º, *caput*, e 7º, XXX, ambos da CF).

(67) No mesmo sentido destaca-se a seguinte ementa: "A prestação jurisdicional trabalhista só se legitima, em face do art. 652, *a*, III, da CLT, quando se trata de operário ou artífice que trabalhe pessoalmente, embora sob forma de empreitada. Mas se o reclamante possui firma organizada, com quadro de empregados inscritos na Previdência Social, explorando atividades de construção civil, com a colaboração dos mesmos, a quem contrata e remunera, há que ser julgado carecedor de ação trabalhista" (Ac. de 26.9.72 – RR. 1.108/72 – Relator Ministro C. A. Barata Silva – *Revista do TST* – 1972. p. 211).

de forma autônoma, sem a ajuda de outros trabalhadores[68] e se comprometa a realizar uma obra acabada. Desse modo, no nosso sentir, o art. 652, III da CLT, à luz do art. 114, I, da CF, deve ser interpretado restritivamente, em conformidade com a Constituição Federal.

Sendo assim, lendo o art. 652, *a*, III, da CLT com os olhos voltados para Constituição Federal (art. 114, I), a nosso ver, a pequena empreitada tem a seguinte definição:

> Um contrato de atividade em que o empreiteiro, operário ou artífice, pessoa física, sem a ajuda de outros trabalhadores, se compromete a realizar uma obra (material ou imaterial), de forma pessoal, sem subordinação, mediante o pagamento do preço ajustado no contrato (escrito ou verbal).

A competência da Justiça do Trabalho justifica-se para o pequeno empreiteiro a fim de facilitar-lhe o acesso à Justiça do Trabalho e de garantir-lhe a dignidade e os valores sociais do trabalho. O empreiteiro, salvo se o contrato de empreitada mascara uma verdadeira relação de emprego, não cobrará na Justiça créditos trabalhistas previstos na CLT e legislação extravagante, mas sim as parcelas e obrigações ajustadas no contrato de empreitada. Outrossim, também pode o pequeno empreiteiro postular na Justiça do Trabalho a nulidade do contrato de empreitada e o decorrente reconhecimento do vínculo de emprego, com o pagamento dos consectários trabalhistas, e, sucessivamente, caso não reconhecido o liame de emprego, as parcelas oriundas do contrato de empreitada.

## 3.6. Contratos de prestação de serviços

A partir do advento da Legislação Trabalhista, o contrato de prestação de serviços passou a ocupar um espaço menor nos contratos de atividade, pois o contrato de emprego havia absorvido um número significativo de contratos que envolvem a atividade humana. Desse modo, toda prestação pessoal de serviços que não preencha todos os requisitos da relação de emprego, previstos nos arts. 2º e 3º, da CLT, quais sejam: pessoalidade, não eventualidade, subordinação e onerosidade, ou que seja regulada por Leis Especiais, será regulada pelo Código Civil (arts. 593 a 609)[69].

O art. 593 do CC/2002 sinaliza uma interpretação conjunta do contrato de emprego e o de prestação de serviços. Com efeito, aduz o referido dispositivo legal: "A prestação de serviço, que não estiver sujeita às leis trabalhistas ou lei especial, reger-se-á pelas disposições deste Capítulo".

---

(68) Nesse mesmo sentido, destacamos a posição de Eduardo Gabriel Saad: "Empreiteiro, nesse dispositivo consolidado, é o artesão, o profissional que trabalha sozinho. Se o empreiteiro chefia uma equipe de empregados, está impedido de utilizar a referida norma para dirimir controvérsia com o tomador dos seus serviços" (*Direito processual do trabalho*. 3. ed. São Paulo: LTr, 2002. p. 282).

(69) Diz o art. 594 do CC: "Toda espécie de serviço ou trabalho lícito, material ou imaterial, pode ser contratada mediante retribuição".

Como bem adverte *Amauri Mascaro Nascimento*[70]: "Foi introduzido na lei o que já se fazia na prática para distinguir, em cada caso, o trabalho autônomo — contrato de prestação de serviços — e o trabalho do empregado — relação de emprego —, como a ordem preferencial agora fixada por lei porque primeiro examinar-se-á se há relação de emprego e só diante da ausência dos seus elementos constitutivos é que será verificado se existe um contrato de prestação de serviços autônomos. Aquele exclui este. Portanto, será a perspectiva trabalhista o primeiro enfoque da questão, de modo excludente das demais, mesmo que entre as partes tenha sido celebrado um contrato escrito de prestação de serviços".

Diante da ampliação da competência da Justiça do Trabalho, há a possibilidade de o trabalhador, com base num contrato de prestação de serviços, postular o reconhecimento do vínculo de emprego e as verbas trabalhistas dele decorrentes e, na impossibilidade do reconhecimento do vínculo de emprego, formular pedido sucessivo de pagamento das parcelas oriundas do contrato de prestação de serviços[71], o que facilita, em muito, o acesso do trabalhador à Justiça.

No nosso sentir, para qualquer espécie de prestação de serviços, que envolva um prestador pessoa física, que realize seu trabalho em caráter pessoal em prol de uma pessoa física ou jurídica, a competência será da Justiça do Trabalho, ainda que se trate de serviços de natureza advocatícia ou médica.

Nesse sentido, destacamos as seguintes ementas:

> 1. Ação de cobrança de honorários advocatícios. Competência da Justiça do Trabalho. Compete à Justiça do Trabalho processar e julgar ação de cobrança de honorários advocatícios, pois o conceito de relação de trabalho, insculpida no inc. I do art. 114 da Constituição Federal, inclui os serviços prestados por pessoas físicas, pessoalmente, inclusive os profissionais liberais, desde que a atividade seja exercida com o dispêndio pessoal das energias do prestador para produção de bens incorpóreos ou imateriais. 2. Contrato de honorários advocatícios. Fixação do valor. Equidade. Para aplicação, por equidade, do contrato celebrado entre o advogado e seu cliente, impõe-se entendimento de que a celebração do acordo diretamente entre as partes corresponde à desistência da ação. 3. Contrato de honorários advocatícios. Previsão de multa. Acordo firmado diretamente pela parte. Ilegalidade. Ilícita a cláusula contratual, estabelecida em contrato de honorários advocatícios, que prevê a imposição de multa na hipótese de transigir o contratante diretamente com a parte em litígio. Proc. 00661.2005.132.17.00.8 RO – Ac. 05422/2006 – 17ª Região – ES – Juiz Gerson Fernando da Sylveira Novais – Relator. DJ/ES de 19.7.2006 – (DT – Dezembro/2006 – vol. 149, p. 70)

> Advogado. Consultoria jurídica. Incidência de lei específica (Estatuto da OAB). Inaplicabilidade do Código de Defesa do Consumidor. Relação de trabalho. Competência da Justiça do Trabalho. O enquadramento da atividade de consultoria jurídica como relação de consumo é um grave equívoco, resultante da desconsideração das raízes do

---

(70) NASCIMENTO, Amauri Mascaro. *Op. cit.*, p. 46.
(71) Quando a questão versar sobre matéria diversa do contrato de emprego, a Justiça do Trabalho aplicará o Direito Comum que a disciplinar e não a CLT.

Direito do Trabalho e da própria evolução deste ao longo dos anos, a qual culminou, inclusive, com a ascensão da valorização do trabalho à condição de fundamento da República Federativa do Brasil (Constituição Federal, art. 1º, inciso IV). Entender a atividade dos profissionais liberais como essencialmente ínsita a uma relação de consumo é um infeliz retrocesso aos primórdios do capitalismo, por atribuir ao trabalho desses profissionais a condição de mercadoria, ideia repelida veementemente já pelo Tratado de Versalhes, em sua parte XIII (Du Travail), que constituiu a Organização Internacional do Trabalho sob a premissa essencial de não ser o trabalho humano uma mercadoria (art. 427). É de trabalho, então, a relação mantida entre um profissional liberal e seu cliente, sujeitando-se a lide em torno dela estabelecida à competência da Justiça do Trabalho. Essa a hipótese dos autos, em que o autor, enquanto advogado, sujeita-se aos ditames da Lei n. 8.906/94, a qual, regulando sua atividade, impede seja tida como de consumo a relação por ele mantida com terceiro que se vale de seus serviços, como se vê, por exemplo, dos arts. 31, § 1º e 34, incisos III e IV, que vedam a captação de causas e o uso de agenciador, evidenciando natureza incompatível com a atividade de consumo. Recurso provido para, em reformando a sentença, declarar a competência da Justiça do Trabalho para processar e julgar a presente demanda, determinando a baixa dos autos à Vara de origem para que seja proferida decisão enfrentando o mérito da pretensão autoral, decidindo-se como de direito. Proc. 01261-2005-063-01-00-7 (RO) – 3ª T. 1ª R. – RJ – Juiz Mello Porto – Relator. DJ/RJ de 17.7.2006 – (DT – Janeiro/2007 – vol. 150, p. 82)

## 3.7. Entes de direito público externo

Conforme o inciso I do art. 114 da CF, compete à Justiça do Trabalho processar e julgar: "as ações oriundas da relação de trabalho, abrangidos os entes de direito público externo e da Administração Pública direta e indireta da União, dos Estados, do Distrito Federal e dos Municípios".

Sempre foi polêmica a questão da competência da Justiça do Trabalho para ações movidas por empregados que prestam serviços em prol de entes de direito público externo situados no território brasileiro, uma vez que estes entes têm imunidade de jurisdição, não estando sujeitos, portanto, à jurisdição brasileira, mas sim à dos seus países de origem. A imunidade de jurisdição também abrange a imunidade de execução de eventual sentença da Justiça brasileira.

Como ensina *Wagner D. Giglio*[72]:

A imunidade de jurisdição se estende às organizações internacionais, como os entes reconhecidos de Direito Internacional Público. 'Tecnicamente, esses entes são associações de Estado, constituídos através de tratados, dotados de personalidade jurídica própria, distinta da de seus membros, que se unem com objetivos comuns e definidos, segundo ensina Georgenor de Sousa Franco Filho, um dos maiores conhecedores do assunto, entre nós (*Imunidade de jurisdição trabalhista dos entes de direito público internacional*, p. 65). É o que acontece com a Agência Europeia de Energia Atômica — EURATOM, a Comunidade Europeia de Carvão e do Aço — CECA, a Organização Mundial de

---

(72) GIGLIO, Wagner D. *Direito processual do trabalho*. 15. ed. São Paulo: Saraiva, 2005. p. 29.

Saúde — OMS, o Fundo Monetário Internacional — FMI, a União Europeia — UE e a Organização dos Estados Americanos — OEA, para lembrar apenas as mais conhecidas.

O inciso I do art. 114 da CF disciplina a competência da Justiça do Trabalho para as demandas trabalhistas oriundas da relação de trabalho, tendo em um dos polos um ente de direito público externo que tem domicílio no Brasil.

Diante da previsão do texto constitucional, resta claro que se um ente de direito público externo, como, por exemplo, uma embaixada situada no Brasil, contratar um trabalhador, a competência para dirimir eventual reclamação trabalhista envolvendo a embaixada será da Justiça do Trabalho brasileira, uma vez que este ente, quando contratar um empregado, no território brasileiro, estará sujeito à legislação trabalhista brasileira e também à Justiça do Trabalho brasileira. Caso contrário, um trabalhador brasileiro que prestasse serviço, no território brasileiro, para um ente de direito público externo, teria de ingressar com um processo trabalhista fora do território nacional, o que, praticamente, inviabilizaria o acesso à Justiça e o cumprimento da legislação trabalhista brasileira.

Em razão disso, a jurisprudência brasileira, a partir de entendimento firmado pelo Supremo Tribunal Federal, tem entendido, acertadamente, que os entes de direito público externo, quando contratam empregados brasileiros, praticam atos de gestão não abrangidos pela imunidade de jurisdição que compreende apenas os atos de império.

Nesse sentido, destacamos as seguintes ementas:

> Reclamação trabalhista — Consulado — Imunidade de jurisdição. As Convenções de Viena firmadas em 1961 e 1963, que regulamentam, respectivamente, os serviços diplomático e consular, não garantiam a imunidade de jurisdição do Estado, mas tão somente de seus representantes (diplomatas e cônsules). A imunidade do Estado decorria de norma consuetudinária advinda da máxima *par in parem non habet judicium* (entre iguais não há jurisdição). Atento a essa prática costumeira na esfera internacional, o Excelso Supremo Tribunal Federal inclinava-se pela extensão da imunidade de jurisdição ao próprio Estado estrangeiro. A partir da década de 1970, essa tendência caminhou em sentido contrário, com a edição da Convenção Europeia, em 1972, a qual afasta a imunidade no caso de demanda trabalhista ajuizada por súdito, ou pessoa residente no território local, contra representação diplomática estrangeira (art. 5º). Na mesma década, veio a lume lei norte-americana (1976), abolindo a imunidade nos feitos relacionados com danos, ferimentos ou morte, produzidos pelo Estado estrangeiro no território local. A Grã-Bretanha também promulgou legislação semelhante (1978), baseada nos dois textos mencionados acima. A partir dessa época, portanto, a imunidade deixou de ser absoluta no plano internacional. Na esteira desse entendimento, o Excelso Supremo Tribunal Federal alterou o posicionamento até então adotado, passando a se manifestar pelo afastamento da imunidade absoluta. O entendimento que tem prevalecido, desde essa época, é o de que o ente de direito público externo está sujeito a cumprir a legislação trabalhista na hipótese de contratação de empregados. Apenas os atos de império atraem a imunidade de jurisdição.

Os atos de gestão, como, por exemplo, a contratação de pessoas residentes ou domiciliadas no país acreditado, não estão abrangidos pela referida imunidade. Logo, o Poder Judiciário não deverá negar a prestação jurisdicional devida a brasileiros que venham alegar lesão a seus direitos trabalhistas pela atuação de Estados estrangeiros, dentro do território nacional. (TRT – 3ª R. – 2ª T. – RO n. 885/2002 – Relª. Alice M. de Barros – DJMG 1º.5.2002 – p. 8 (RDT n. 6 – junho de 2002)

Imunidade de jurisdição — Unesco — Organismo internacional — Agência especializada vinculada à ONU — Relação de natureza privada — Inexistência. A doutrina de direito público internacional vem evoluindo no sentido de relativizar a imunidade de jurisdição reconhecida a entes públicos estrangeiros, dosando-a de acordo com a natureza do ato em que se assenta o conflito de interesses e não a admitindo quando verificado que decorre de atuação de índole privada. Precedentes do STF e TST. Busca-se, com tal interpretação, conciliar regras de direito internacional público com aquelas do complexo normativo interno que disciplinam, em geral, as relações privadas mantidas no território nacional, a preservar valores igualmente relevantes para a comunidade local, até porque, no dizer de Bustamante, 'a administração da justiça é um dos poderes fundamentais do Estado, constituindo, para ele, ao mesmo tempo, um direito e um dever'. Por isso mesmo é que não pode o Estado renunciar, por completo, ao seu direito-dever de prestar jurisdição nos conflitos de interesses estabelecidos entre os seus nacionais e organismo estrangeiro decorrentes de relações estritamente privadas, o que afrontaria, de resto, o princípio da inafastabilidade da jurisdição consagrado no inciso XXXV do art. 5º da Constituição Federal, cuja garantia é insuscetível de ser atingida por convenção internacional, que, no plano interno, equivale a lei ordinária. Recurso provido. (TRT – 10ª R. – 3ª T. – RO n. 463/2002 – Rel. João Luís R. Sampaio – DJDF 20.9.2002 – p. 17) (RDT n. 10 – outubro de 2002)

Organismo internacional — Imunidade de jurisdição. Também a relação de trabalho (e seu alcance contratual) entre os organismos internacionais e os obreiros que lhes prestam serviços em território pátrio se amoldam aos atos chamados de mera gestão, não havendo razão ontológica que impeça a extensão, a tais organismos, da flexibilização iniciada pelo pretório excelso em seu acórdão plenário de número 9696-3-SP, julgado em 31.5.89, e relatado pelo Exmo. Sr. Min. Sydney Sanches. Mesmo a competência material constitucionalmente outorgada a esta Justiça Especializada, ao tratar sobre o tema, fê-lo sob o genérico prisma da competência incidente sobre lides entre as pessoas de direito público externo (em geral) e seus obreiros (CF, art. 114, *caput*). Pouco lógica seria a previsão expressa, no Texto Constitucional, de competência desta magnitude se houvesse já de prevalecer, ao ver do constituinte, a absoluta imunidade jurisdicional dos organismos internacionais. Se competência é a medida do exercício da jurisdição, bem cabe a pergunta: fosse absoluta a imunidade jurisdicional dos organismos internacionais, de que jurisdição estaria a cuidar o art. 114 da Carta Federal, ao outorgar, de forma específica, à Justiça do Trabalho, a competência para apreciar lides entre tais organismos e seus laboristas? Não é por outra razão que o c. Tribunal Superior do Trabalho, em julgados posteriores à edição da Carta Federal de 1988, vem reconhecendo o fato de que também os organismos internacionais sujeitam-se à jurisdição cognitiva desta Justiça Especializada, no que tange às pretensões oriundas dos contratos de trabalho havidos para com os obreiros que lhes prestam serviços. Recurso ordinário da parte reclamante conhecido e provido. (TRT 10ª R. – 3ª T. – RO n. 424/2005.018.10.00-0 – Rel. Paulo Henrique Blair – DJDF 13.1.06 – p. 45) (RDT n. 2 – fevereiro de 2006)

A imunidade de jurisdição também abrange a imunidade de execução, sendo discutível na doutrina e jurisprudência se a Justiça do Trabalho brasileira pode realizar a penhora de bens dos entes de direito público internacional em eventual execução de sentença trabalhista.

Nesse sentido a visão de *Francisco Ferreira Jorge Neto* e *Jouberto de Quadros Pessoa Cavalcante*[73]:

> "A jurisprudência entende que não é possível a execução contra entes de direito público externo, exceto se for o caso de renúncia expressa. Como não é possível a penhora em território nacional, a execução deve ser processada por meio de carta rogatória. A execução forçada na Justiça do Trabalho não é possível".

Em que pese o respeito que merece o entendimento acima mencionado, com ele não concordamos. Com efeito, a Constituição não restringe, no inciso I, a competência da Justiça do Trabalho para processar e julgar as demandas oriundas da relação de trabalho que envolvem as pessoas jurídicas de direito público externo. Se há a competência para processar, também haverá para executar a decisão. De que adianta a Justiça do Trabalho poder condenar se não puder executar. Ou a demanda trabalhista se processa por inteiro, ou então a Justiça do Trabalho somente atuará pela metade. No nosso sentir, quando um ente de direito público externo contrata um empregado brasileiro, dentro do território brasileiro, pelo regime de CLT, despe-se do poder de império para se equiparar ao empregador privado.

Nesse sentido, destacamos a seguinte ementa:

> Norma jurídica. Conflito internacional (jurisdicional). Imunidade de jurisdição e de execução. Ente de Direito Público externo. Consulado. O ente de direito público externo que pratica atos de gestão não se beneficia da imunidade, quer de jurisdição quer de execução. Se há competência para o Judiciário Trabalhista julgar a hipótese, por exonerável decorrência, também há para executar o próprio julgado. Inteligência do art. 114, da Constituição da República Federativa do Brasil (TRT – 2ª R. – RO n. 20010423103 – Ac. n. 20020469165 – 6ª T. – Relª. Maria Aparecida Duenhas – DOESP 26.7.2002).

## 3.8. Outras controvérsias decorrentes da relação de trabalho (inciso IX do art. 114 da CF)

Na Constituição de 1988, dizia o art. 114: "Compete à Justiça do Trabalho conciliar e julgar os dissídios individuais e coletivos entre trabalhadores e empregadores, abrangidos os entes de direito público externo e da administração pública direta e indireta dos Municípios, do Distrito Federal, dos Estados e da União, *e, na forma da lei, outras controvérsias oriundas da relação de trabalho,* bem como litígios que tenham origem no cumprimento de suas próprias sentenças, inclusive coletivas". (os grifos são nossos)

---

(73) *Direito processual do trabalho.* T. I, 3. ed. Rio de Janeiro: Lumen Juris, 2007. p. 277-278.

Com suporte no referido dispositivo, a doutrina e a jurisprudência sustentavam a competência da Justiça do Trabalho para apreciar controvérsias em que não havia a configuração da relação de emprego (por exemplo, o art. 643 da CLT, que atribui competência à Justiça do Trabalho para as controvérsias entre trabalhadores avulsos e tomadores de serviços; o art. 652, III, da CLT, que trata da pequena empreitada), uma vez que o núcleo central da competência da Justiça do Trabalho era destinado às controvérsias entre trabalhadores e empregadores, e somente mediante lei a Justiça do Trabalho poderia apreciar controvérsias sobre relações de trabalho.

Com a redação dada pela EC n. 45/04, diz o inciso IX do art. 114, da CF competir à Justiça do Trabalho processar e julgar *outras controvérsias decorrentes da relação de trabalho*.

Alguns doutrinadores têm sustentado a desnecessidade do inciso IX do art. 114, pois o inciso I do art. 114, ao prever que a Justiça do Trabalho tem competência para as controvérsias oriundas da relação de trabalho, já basta em si mesmo.

Outros autores sustentam que o inciso IX do art. 114 da CF se harmoniza com o inciso I do mesmo dispositivo legal.

Nesse sentido argumenta *Estêvão Mallet*[74]: "A previsão de hipótese aberta de competência da Justiça do Trabalho, para julgamento de 'outras controvérsias decorrentes da relação de trabalho' conforme o disposto em lei, nos termos do inciso IX, do art. 114, fica em grande medida esvaziada pela amplitude da regra do inciso I do mesmo dispositivo. Há, contudo, como dar sentido à norma, entendendo-se que, por meio de lei, cabe atribuir à Justiça do Trabalho outras competências ainda não contidas em nenhum dos incisos do novo art. 114. Um exemplo corresponde ao julgamento da legalidade dos atos administrativos relacionados com tomadores de serviço que não sejam, no caso, empregadores, hipótese que, como dito anteriormente, não está compreendida no inciso VII e não pode ser estabelecida por meio de interpretação ampliativa ou corretiva".

Não obstante a redação primitiva do art. 114, I, se referir a controvérsias oriundas da relação de emprego, o inciso IX do referido dispositivo tem de ser interpretado no sentido da máxima eficiência da Constituição Federal e que possibilite aplicabilidade. Como destaca a melhor doutrina, a lei, uma vez editada, ganha vida própria, desvinculando-se do seu criador. Nas lições de *Maximiliano*, a lei não contém palavras inúteis. Além disso, diante dos princípios da unidade da Constituição e razoabilidade e proporcionalidade, o intérprete deve buscar o resultado mais efetivo da norma constitucional.

No nosso sentir, a razão está com os que pensam que as ações *oriundas* da relação de trabalho envolvem diretamente os prestadores e tomadores de serviços e as ações *decorrentes* envolvem controvérsias paralelas, em que não estão diretamente envolvidos tomador e prestador, mas terceiros. Até mesmo a lei ordinária poderá

---

(74) MALLET, Estêvão. *Op. cit.*, p. 184.

dilatar a competência da Justiça do Trabalho para outras controvérsias que guardam nexo causal com o contrato de trabalho. Não há contradição ou desnecessidade da existência do inciso IX, pois o legislador, prevendo um maior crescimento da Justiça do Trabalho e maior desenvolvimento das relações laborais, deixou a cargo da lei ordinária futura dilatar a competência da Justiça do Trabalho, desde que dentro dos parâmetros disciplinados pelos incisos I a VIII do art. 114 da CF.

Assim, por exemplo, a nosso ver, a lei ordinária pode atribuir novas competências à Justiça do Trabalho, como, por exemplo: a) aplicar multas administrativas, de ofício, nas decisões que proferir aos empregadores que descumprem normas de proteção do trabalho; b) executar de ofício o imposto de renda das decisões que proferir; c) decidir as controvérsias sobre cadastramento de empregado no PIS; d) julgar as ações referentes a multas administrativas dos órgãos fiscalizadores do exercício de profissões regulamentadas como CREA, OAB, CRM, etc.; e) deliberar sobre controvérsias que envolvem terceiros que não os envolvidos diretamente na relação de trabalho (tomador e prestador), como, por exemplo, a ação de reparação de danos movida por uma vítima decorrente de um ato culposo de um empregado em horário de trabalho.

## 4. Competência para as ações que envolvem o exercício do direito de greve

A greve guarda raízes com o próprio surgimento do Direito do Trabalho, pois foi por meio da coalizão da classe trabalhadora que começaram a surgir as primeiras normas de proteção ao trabalho humano. Já foi considerada um delito. Lembra *Renato Rua de Almeida*[75], que o Código Penal francês penalizou, em 1810, toda forma de organização associativa ou ação coletiva dos trabalhadores.

Foi somente em 1825, na Inglaterra, e em 1864, na França, que as coalizações de trabalhadores por melhores condições de trabalho deixaram de ser consideradas como crime, embora a greve propriamente dita ainda continuasse como um delito[76].

A Constituição Federal de 1946, no art. 158, reconheceu o direito de greve, a ser regulado por lei. Atualmente, o art. 9º, da Constituição Federal de 1988, assegura o direito de greve, como sendo um direito social da classe trabalhadora.

Embora seja um direito social, e também um direito fundamental da classe trabalhadora, não se trata de um direito ilimitado, porquanto o § 2º, do art. 9º, da CF, assevera que os abusos sujeitam os responsáveis às penas da lei.

Como bem assevera *Raimundo Simão de Melo*[77], "(...) independente de ser um direito, é a greve um fato social, uma liberdade pública consistente na suspensão

---

(75) ALMEIDA, Renato Rua de. Visão histórica da liberdade sindical. In: *Revista Legislação do Trabalho*. São Paulo: LTr, ano 70, v. 03, 2006. p. 363.

(76) MELO, Raimundo Simão de. *A greve no direito brasileiro*. São Paulo: LTr, 2006. p. 21.

(77) *Op. cit.*, p. 44.

do trabalho, quer subordinado ou não, com o fim de se obter algum benefício de ordem econômica, social ou humana. É em suma o direito de não trabalhar".

A greve não é propriamente um meio de solução dos conflitos coletivos de trabalho[78], mas uma forma de pressionar o empregador a negociar, ou até mesmo levar o conflito à Justiça do Trabalho (Lei n. 7.783/89 e § 3º, do art. 114 da CF).

Inegavelmente, o exercício do direito de greve tem reflexos em toda a sociedade, e muitas vezes é nefasto ao empregador, mas é um importante instrumento de pressão da classe trabalhadora. Lembra *Pedro Paulo Teixeira Manus*[79], "diz-se que o sucesso será, em tese, quanto maior o poder de pressão dos trabalhadores, pois a despeito deste poder de certa categoria, é possível que em determinado momento a greve deflagrada não surta o efeito pretendido, por inúmeros fatores". Continua o referido autor[80]: "O sucesso da greve, assim como da guerra, depende muito mais da mobilização e da força do movimento do que da procedência ou relevância das reivindicações".

A Justiça do Trabalho, tradicionalmente, apreciava os conflitos de greve envolvendo direitos das classes trabalhadora e patronal, no chamado *dissídio coletivo de greve*[81], seja apreciando a abusividade do movimento e garantia de funcionamento das atividades essenciais, seja apreciando as cláusulas econômicas. Não apreciava a Justiça Especializada as controvérsias periféricas que envolviam a greve, como as ações possessórias e as ações indenizatórias, em razão do movimento grevista envolvendo as próprias partes que participam do movimento, bem como direitos de terceiros.

Atualmente, diz o art. 114, II, da CF, com a redação dada pela EC n. 45/04, competir à Justiça do Trabalho processar e julgar as ações *que envolvam exercício do direito de greve*.

Envolver o exercício do direito de greve significa algo bem mais amplo do que as controvérsias oriundas e decorrentes da relação de trabalho, uma vez que a greve é mais que um direito trabalhista, é um direito social. Como destaca *Reginaldo Melhado*[82], "envolver é cercar, rodear, é vestir ou cobrir enrolando (...). Envolver,

---

(78) Nesse sentido adverte Pedro Paulo Teixeira Manus: "Trata-se de forma de solução do conflito coletivo de trabalho no sentido genérico da expressão, pois o exercício em si do direito de greve não significa a própria solução do conflito coletivo. Com efeito, podem os trabalhadores lançar mão da greve, que pode inclusive ser vitoriosa e nem por isso apresentar a solução para o conflito" (*Negociação coletiva e contrato individual de trabalho*. São Paulo: Atlas, 2001. p. 37).

(79) MANUS, Pedro Paulo Teixeira. *Negociação coletiva e contrato individual de trabalho*. São Paulo: Atlas, 2001. p. 38

(80) *Op. cit.*, p. 43.

(81) Segundo a melhor doutrina, o dissídio de greve tem natureza híbrida. É de conteúdo declaratório ou jurídico quando a Justiça do Trabalho aprecia a razoabilidade e licitude do movimento. É de natureza econômica quando, uma vez declarada a licitude do movimento paredista, a Justiça do Trabalho passa a apreciar as cláusulas econômicas.

(82) MELHADO, Reginaldo. *Metamorfoses do capital e do trabalho*. São Paulo: LTr, 2006. p. 249-250.

aqui, significa relacionar-se direta ou indiretamente com o exercício do direito de greve. Podem ser partes os empregados, os empregadores, o Ministério Público, o Poder Público, os trabalhadores não empregados, o vizinho afetado pela greve. Já não pode mais haver dúvida sobre o juízo competente nessa matéria".

No nosso sentir, diante da EC n. 45/04, a Justiça do Trabalho detém competência material para todas as ações que sejam relacionadas, quer direta, quer indiretamente, ao exercício do direito de greve. Portanto, tanto as ações prévias (inibitórias), para assegurar o exercício do direito de greve para a classe trabalhadora, como as ações possessórias, para defesa do patrimônio do empregador, como as ações para reparação de danos, tanto aos trabalhadores como aos empregadores, e até danos causados aos terceiros, são da competência da Justiça do Trabalho.

## 4.1. Da competência da Justiça do Trabalho para o julgamento da greve dos servidores públicos

Há muitas discussões, tanto na doutrina como na jurisprudência, sobre a regulamentação da greve dos servidores públicos. Para alguns, como tem sido o entendimento predominante do STF, o direito não está regulamentado, pois depende da edição de lei específica. Para outros, aos quais nos filiamos, o Direito de Greve, por ser fundamental (art. 9º da CF), tem aplicabilidade imediata, inclusive para o servidor público[83]. Por isso, a lei específica a ser editada somente pode disciplinar e traçar requisitos para o exercício do direito, mas ele já tem aplicabilidade. Enquanto não houver a edição da lei específica, aplica-se, por analogia, a lei de greve (Lei n. 7.783/89). Portanto, no nosso sentir, o art. 37, VII, da Constituição encerra norma de eficácia contida e não de eficácia limitada.

O Supremo Tribunal Federal, em decisão histórica, recentemente, regulamentou, por meio do mandado de injunção n. 712-8, o direito de greve do servidor público da seguinte forma:

> MANDADO DE INJUNÇÃO 712-8 PARÁ
>
> RELATOR: MIN. EROS GRAU
>
> IMPETRANTE(S): SINDICATO DOS TRABALHADORES DO PODER JUDICIÁRIO DO ESTADO DO PARÁ — SINJEP
>
> ADVOGADO(A/S): EDUARDO SUZUKI SIZO E OUTRO(A/S)
>
> IMPETRADO(A/S): CONGRESSO NACIONAL
>
> **RELATÓRIO**
>
> (...) Art. 1º É assegurado o direito de greve, competindo aos trabalhadores decidir sobre a oportunidade de exercê-lo e sobre os interesses que devam por meio dele defender.

---

(83) O art. 5º, § 1º, da CF determina que os direitos e garantias fundamentais têm aplicação imediata, independentemente de norma regulamentar. O referido dispositivo consagra as chamadas ações afirmativas para a defesa de direitos fundamentais, evitando que as normas atinentes a direitos fundamentais fiquem em sede programática.

Parágrafo único. O direito de greve será exercido na forma estabelecida nesta Lei.

Art. 2º Para os fins desta Lei, considera-se legítimo exercício do direito de greve a suspensão coletiva, temporária e pacífica, parcial, de prestação pessoal de serviços a empregador.

Art. 3º Frustrada a negociação ou verificada a impossibilidade de recursos via arbitral, é facultada a cessação parcial do trabalho.

Parágrafo único. A entidade patronal correspondente ou os empregadores diretamente interessados serão notificados, com antecedência mínima de 72 (setenta e duas) horas, da paralisação.

Art. 4º Caberá à entidade sindical correspondente convocar, na forma do seu estatuto, assembleia geral que definirá as reivindicações da categoria e deliberará sobre a paralisação parcial da prestação de serviços.

§ 1º O estatuto da entidade sindical deverá prever as formalidades de convocação e o *quorum* para a deliberação, tanto da deflagração quanto da cessação da greve.

§ 2º Na falta de entidade sindical, a assembleia geral dos trabalhadores interessados deliberará para os fins previstos no *caput*, constituindo comissão de negociação.

Art. 5º A entidade sindical ou comissão especialmente eleita representará os interesses dos trabalhadores nas negociações ou na Justiça do Trabalho.

Art. 6º São assegurados aos grevistas, dentre outros direitos:

I – o emprego de meios pacíficos tendentes a persuadir ou aliciar os trabalhadores a aderirem à greve;

II – a arrecadação de fundos e a livre divulgação do movimento.

§ 1º Em nenhuma hipótese, os meios adotados por empregados e empregadores poderão violar ou constranger os direitos e garantias fundamentais de outrem.

§ 2º É vedado às empresas adotar meios para constranger o empregado ao comparecimento ao trabalho, bem como capazes de frustrar a divulgação do movimento.

§ 3º As manifestações e atos de persuasão utilizados pelos grevistas não poderão impedir o acesso ao trabalho nem causar ameaça ou dano à propriedade ou pessoa.

Art. 7º Observadas as condições previstas nesta Lei, a participação em greve suspende o contrato de trabalho, devendo as relações obrigacionais, durante o período, ser regidas pelo acordo, convenção, laudo arbitral ou decisão da Justiça do Trabalho.

Parágrafo único. É vedada a rescisão de contrato de trabalho durante a greve, exceto na ocorrência da hipótese prevista no art. 14.

Art. 8º A Justiça do Trabalho, por iniciativa de qualquer das partes ou do Ministério Público do Trabalho, decidirá sobre a procedência, total ou parcial, ou improcedência das reivindicações, cumprindo ao Tribunal publicar, de imediato, o competente acórdão.

Art. 9º Durante a greve, o sindicato ou a comissão de negociação, mediante acordo com a entidade patronal ou diretamente com o empregador, manterá em atividade equipes de empregados com o propósito de assegurar a regular continuidade da prestação do serviço público.

Parágrafo único. É assegurado ao empregador, enquanto perdurar a greve, o direito de contratar diretamente os serviços necessários a que se refere este artigo.

Art. 14. Constitui abuso do direito de greve a inobservância das normas contidas na presente Lei, em especial o comprometimento da regular continuidade na prestação do serviço público, bem como a manutenção da paralisação após a celebração de acordo, convenção ou decisão da Justiça do Trabalho.

Parágrafo único. Na vigência de acordo, convenção ou sentença normativa não constitui abuso do exercício do direito de greve a paralisação que:

I – tenha por objetivo exigir o cumprimento de cláusula ou condição;

II – seja motivada pela superveniência de fato novo ou acontecimento imprevisto que modifique substancialmente a relação de trabalho.

Art. 15. A responsabilidade pelos atos praticados, ilícitos ou crimes cometidos, no curso da greve, será apurada, conforme o caso, segundo a legislação trabalhista, civil ou penal.

Parágrafo único. Deverá o Ministério Público, de ofício, requisitar a abertura do competente inquérito e oferecer denúncia quando houver indício da prática de delito.

Art. 17. Fica vedada a paralisação das atividades, por iniciativa do empregador, com o objetivo de frustrar negociação ou dificultar o atendimento de reivindicações dos respectivos empregados (*lockout*).

Parágrafo único. A prática referida no *caput* assegura aos trabalhadores o direito à percepção dos salários durante o período de paralisação".

Em face de tudo, conheço do presente mandado de injunção, para, reconhecendo a falta de norma regulamentadora do direito de greve no serviço público, remover o obstáculo criado por essa omissão e, supletivamente, tornar viável o exercício do direito consagrado no art. 37, VII da Constituição do Brasil, nos termos do conjunto normativo enunciado neste voto (...).

Estando o direito de greve do servidor público regulamentado, aplicando, preponderantemente, as disposições da Lei n. 7.783/89, questiona-se: tem a Justiça do Trabalho competência para apreciar greve dos servidores públicos estatutários?

Como mencionamos anteriormente, o E. STF suspendeu a vigência do inciso I do art. 114 da CF com relação à competência da Justiça do Trabalho para apreciar as relações de trabalho de natureza estatutária, envolvendo a União, os Estados, o Distrito Federal e os Municípios.

Considerando-se que a Justiça do Trabalho, por força de decisão do Supremo Tribunal Federal, não tem competência para apreciar as controvérsias envolvendo servidor público estatutário e Estado, a Justiça do Trabalho não seria competente para apreciar a greve destes trabalhadores, uma vez que, se o judiciário trabalhista não pode apreciar as controvérsias oriundas da relação de trabalho do servidor estatutário, também não pode apreciar as greves, pois a greve também é uma controvérsia oriunda da relação de trabalho[84].

---

(84) Nesse sentido pensa Raimundo Simão de Melo: "Diante dos métodos de interpretação constitucional (da unidade da Constituição, da coerência valorativa interna e do lógico-sistemático), é realmente difícil

Sob outro enfoque, é possível justificar a competência da Justiça do Trabalho, pois o art. 114, II, da CF atribui competência à Justiça do Trabalho para as ações que envolvam o exercício do direito de greve, e o Direito de Greve é um direito social previsto no art. 9º da CF. O referido inciso II do art. 114 não faz qualquer distinção entre greve de servidores celetistas ou estatutários.

No nosso sentir, em que pese o respeito que merece a decisão do STF, conjugando-se o inciso I com o inciso II do art. 114, resta incontestável a competência da Justiça do Trabalho para apreciar todos os dissídios de greve, sejam entre servidores celetistas e Estado ou entre servidores estatutários e Estado. Além disso, o Direito de Greve, por ser um direito fundamental e social previsto no art. 9º da CF, é autoaplicável para o servidor público, sendo certo que o art. 114, II, da CF fixou de forma expressa e literal a competência da Justiça do Trabalho para as ações que envolvam o exercício do Direito de Greve, independentemente do regime jurídico que rege a relação de trabalho.

No entanto, diante da decisão do STF de excluir da Justiça do Trabalho a competência para as ações que decorrem da relação de trabalho envolvendo o servidor público estatutário, ficamos vencidos, mas não convencidos, pois, se a Justiça do Trabalho não tem competência para apreciar as relações de trabalho envolvendo relações estatutárias, também não a terá para apreciar o dissídio de greve do servidor público estatutário.

Diante do exposto, concluímos que a Justiça do Trabalho não detém competência material para julgar dissídios de greve que envolvam servidores estatutários, permanecendo a competência para os servidores públicos, cujo regime é o celetista.

## 4.2. Ações possessórias e interdito proibitório que decorre da greve

A greve, como sendo não só um fato trabalhista, mas social, pode abranger uma multiplicidade de controvérsias que envolvem terceiros, os quais não participam do movimento paredista, mas que têm direitos afetados em razão deste movimento — por exemplo, os vizinhos ou empresas vizinhas do local onde eclode o movimento paredista. O Poder Público pode ser afetado e também a população pode ser significativamente afetada com o movimento grevista nos serviços essenciais, como, por exemplo, a greve dos serviços de transportes.

No nosso sentir, tanto as ações coletivas como individuais que envolvem o exercício do direito de greve são da competência da Justiça do Trabalho, sejam entre as partes diretamente envolvidas, sejam entre os que sofrem os efeitos do movimento grevista, mas não participam da greve.

---

sustentar a competência da Justiça do Trabalho apenas com base no aludido inciso II, considerado isoladamente do contexto constitucional, o qual, inicialmente, tinha como pressuposto, pela redação do inciso I, incluir na competência trabalhista a solução de todos os conflitos envolvendo servidores públicos, inclusive estatutários" (*Op. cit.*, p. 123).

A Justiça do Trabalho sempre conviveu com as questões possessórias que eram conexas a um contrato de emprego, como, por exemplo, a moradia cedida pelo empregador para o empregado caseiro, para melhor comodidade na prestação do trabalho, ou a residência concedida a um alto empregado para exercer sua função fora do seu domicílio[85]. Uma vez cessado o vínculo de emprego, muitas vezes, diante da recusa do empregado em devolver a moradia, o empregador ingressa com reclamações trabalhistas ou reconvenções para a reintegração da posse.

Durante o movimento paredista, são comuns as ações possessórias, quando já há a efetiva turbação ou esbulho da posse, ou as ações preventivas, como o interdito proibitório. Para apreciar tais ações, a Justiça do Trabalho sempre aplicou o Direito Civil e o Código de Processo Civil, por força dos arts. 8º e 769 da CLT.

No nosso sentir, mesmo as ações possessórias movidas por terceiros que não fazem parte do movimento paredista, são agora da competência material da Justiça do Trabalho, pois são ações relacionadas ao exercício do direito de greve. Cumpre destacar que o inciso II não vincula as ações decorrentes da greve às controvérsias oriundas da relação de trabalho. Vale dizer, não restringe a competência para as ações movidas pelas partes que estão envolvidas na greve[86].

Os interditos proibitórios propostos em razão da greve, embora não tenha sido esta a posição do C. STJ[87], também são da competência material da Justiça do Trabalho[88].

---

(85) Nesse sentido, destacamos a seguinte ementa: "Conflito positivo de competência — Reintegração de posse — Reclamação trabalhista — Comodato — Relação de trabalho. Compete à Justiça do Trabalho apreciar e julgar controvérsia relativa à posse do imóvel cedido em comodato para moradia durante o contrato de trabalho, entendimento firmado em virtude das alterações introduzidas pela Emenda Constitucional n. 45/04, art. 114, inciso VI, da Constituição Federal." Conflito conhecido para declarar competente o Juízo da Vara do Trabalho de Araucária/PR. STJ CC 57.524 – PR (2005/214814-0) – Ac. 2ª S., 27.9.06 Relator: Ministro Carlos Alberto Menezes Direito. In: *Revista LTr* 70-11/1365.

(86) Não admitindo a competência para as ações que envolvem terceiros e não as partes envolvidas no movimento grevista, temos a posição de Pedro Paulo Teixeira Manus: "Diversa a nosso ver a situação se mesmo em razão de greve houver ameaça, turbação ou esbulho possessório envolvendo terceiro que não seja o empregador, caso em que a competência remanesce na Justiça Estadual. Eis aí outra questão que deverá com brevidade ser equacionada" (*Competência da Justiça do Trabalho e a EC n. 45/04*. São Paulo: Atlas, 2006. p. 95).

(87) "Interdito proibitório — Piquete — Grevista em porta de empresa — Ação que busca garantir livre acesso a funcionários e clientes — Ação de natureza possessória — Questão de direito privado — Competência da justiça comum — Litigância de má-fé — Ocorrência — Súmula n. 7-STJ. – I. É de competência da Justiça Comum estadual processar e julgar ação em que se busca garantir livre acesso a funcionários e clientes junto à empresa, na medida em que o pedido e a causa de pedir do interdito proibitório não envolva matéria trabalhista. Procedentes. II. *A pretensão de simples reexame de provas não enseja recurso especial*. III. Agravo regimental que se nega provimento". AgRg no Agravo de Instrumento n. 720.362 – SP (2005/0187156-1) – Ac. 4ª T. – 7.2.06 – Rel. Min. Aldir Passarinho Júnior. In: *Revista LTr* 70-04/484.

(88) Destaca-se, no aspecto, a seguinte ementa: "Competência material da Justiça do Trabalho — Ação de interdito proibitório — Greve em porta de agência bancária — *Justo receio de turbação ou esbulho possessório* — *Garantia de livre acesso a funcionários e clientes* — É de competência da Justiça do Trabalho

Nesse sentido, cumpre destacar a seguinte ementa:

> INTERDITO PROIBITÓRIO — JUSTIÇA DO TRABALHO — COMPETÊNCIA — Ainda que não sufragada pela Justiça Comum, é de se ressaltar que o E.STF tem entendimento, unânime, no sentido de ser da competência desta Justiça Especializada a análise e o julgamento do interdito possessório originado de uma questão afeta à relação de emprego. Precedente. INTERDITO PROIBITÓRIO — AJUIZAMENTO — IMINÊNCIA DE GREVE — POSSIBILIDADE — O interdito proibitório, como disposto no art. 932 do Código Processual Civil, é a proteção possessória adequada, de forma essencial, para as hipóteses de ameaça de turbação ou esbulho da posse de quem detém determinado bem, na condição de possuidor direto ou indireto, desde que presente o justo receio da concretização da ameaça. A ação em comento pode ser ajuizada nesta Justiça Especializada em face de uma greve ou da sua ameaça. Se por um lado o art. 9º da Magna Carta assegura direito de *greve*, por outro assegura a inviolabilidade da *propriedade* (art. 5º, *caput*), aqui utilizada no seu sentido amplo, incluindo a posse. Estando tais direitos, constitucionalmente garantidos, em choque, deverá o aplicador do direito, através de técnicas integrativas, levá-los a um patamar comum, lhes garantindo a coexistência. Assim, a ação sob enfoque e no âmbito de uma greve ou da ameaça de sua realização terá como objetivo garantir ao seu autor a resguarda da sua posse sobre determinado bem, coibindo-se qualquer excesso provocado pelo movimento paredista. Destarte, o procedimento escolhido pela empresa, em tese, atende à natureza da causa ainda que conexo a um estado de greve, devendo esta Justiça Especializada passar para a análise dos seus pressupostos processuais, das condições da ação e, se possível, do seu mérito. Não estando a questão fundada em matéria exclusivamente de direito (art. 515, § 3º, da CLT), é de rigor determinar a remessa dos autos à instância originária para a continuidade no seu julgamento. Prejudicada, com isso, a apreciação das demais matérias recorridas. Recurso provido. TRT – 15ª Reg. (Campinas/SP) – RO 1450-2006-014-15-00-4 – (Ac. 140/08 – PADC, SDC). – Rel. Flávio Nunes Campos – DOE 27.6.08, p. 06. In: Irany Ferrari e Melchíades Rodrigues Martins. *Suplemento de Jurisprudência* n. 35/08. São Paulo: LTr, 2008.

O Supremo Tribunal Federal, recentemente, fixou entendimento de ser a Justiça do Trabalho competente para apreciar os interditos possessórios em razão de greve dos trabalhadores da inicitiva privada, conforme se constata da redação da Súmula Vinculante n. 23 do Supremo Tribunal Federal, abaixo transcrita:

> A Justiça do Trabalho é competente para processar e julgar ação possessória ajuizada em decorrência do exercício do direito de greve pelos trabalhadores da iniciativa privada.

---

apreciar e julgar ações de interdito proibitório, em que se busca garantir livre acesso a funcionários e clientes junto às agências bancárias, porquanto, após a Emenda Constitucional n. 45, de 8.12.2004, esta Especializada passou a ser competente para dissídios que envolvam empresas e sindicatos, além das questões relacionadas ao direito de greve, já prevista originalmente, em que pese o fato de o Superior Tribunal de Justiça vir decidindo atribuí-la à Justiça Comum estadual em casos tais, ao entendimento de que a EC n. 45/04 em nada modificou" (confira-se: Ag. Rg. 720362/SP – 4ª T. – Min. Rel. Aldir Passarinho Júnior – DJ 20.3.06; AG 652.479/RJ – Rel. Min. Castro Filho – DJ 13.12.05; AG 509.113/MG – Rel. Min. Humberto Gomes de Barros – DJ de 28.10.2005; dentre outros julgados) (TRT 3ª R. – RO 00737-2006-114-03-00-0 – (Ac. 3ª T.) – Rel. Juiz Irapuan de Oliveira Teixeira Lyra – DJMG 11.11.06 – p. 4).

## 4.3. Ações indenizatórias que decorrem da greve

Diante da EC n. 45/04, no nosso sentir, as ações de reparação de danos que envolvem a greve são da competência material da Justiça do Trabalho. Cabem tanto ações por danos morais e materiais, movidas por sindicatos, trabalhadores e empregadores ou terceiros, como ações civis públicas, movidas tanto pelo Ministério Público do Trabalho, como pela Procuradoria-Geral do Estado.

Desse modo, eventuais reparações de danos sofridos pelas partes que participam do movimento paredista, como por terceiros afetados pela greve, devem ser postuladas na Justiça do Trabalho, uma vez que o inciso II não restringe a competência da Justiça do Trabalho para as ações que envolvam as partes no movimento paredista.

Entendemos que a intenção da lei e do próprio legislador no inciso II do art. 114 foi trazer para a Justiça do Trabalho todas as ações que guardam nexo de causalidade com o movimento grevista, vale dizer: as causas em que a greve seja o motivo principal da violação de um direito.

Nesse sentido destaca *Reginaldo Melhado*[89]: "A responsabilidade dos trabalhadores e dos seus sindicatos, diante dos danos causados em razão do movimento paredista, só poderá ser buscada na Justiça do Trabalho. Eram comuns, até recentemente, as ações de indenização por dano material e moral, contra sindicatos e trabalhadores na Justiça Comum".

## 5. Ações sobre representação sindical

O Direito Sindical, indiscutivelmente, integra o Direito do Trabalho. Por isso, toda a matéria que envolve os Sindicatos, bem como todas as ações em que se discutam questões sindicais, deve ser apreciada pelo Judidicário Trabalhista. Isso se deve inclusive por razões históricas, uma vez que o reconhecimento do direito de união e das associações de trabalhadores foram fatos que impulsionaram o próprio surgimento do Direito do Trabalho.

Conforme nos ensina *Amauri Mascaro Nascimento*[90]:

"O direito sindical está consolidado na vida dos povos e nos ordenamentos jurídicos. São quatro, segundo a melhor doutrina, as partes de que se compõe: a) a organização sindical; b) a ação e funções dos entes sindicais, em especial a negociação coletiva e os contratos coletivos de trabalho; c) os conflitos coletivos de trabalho e suas formas de composição; e d) representação não sindical ou mista dos trabalhadores na empresa".

De nossa parte, o Direito Sindical faz parte do Direito Coletivo do Trabalho, que abrange, além das questões sindicais, as referentes à solução dos conflitos coletivos do trabalho, greves e o Poder Normativo da Justiça do Trabalho.

---

(89) MELHADO, Reginaldo. *Op. cit.*, p. 249.
(90) *Compêndio de direito sindical*. 5. ed. São Paulo: LTr, 2008. p. 30.

Pela antiga redação do art. 114 da CF, a Justiça do Trabalho não detinha competência para dirimir conflitos entre sindicatos, pois a CF falava em dissídios envolvendo empregados e empregadores. Antes da EC n. 45/04, a Justiça do Trabalho pronunciava-se sobre tais questões *incidenter tantum* em dissídios coletivos, por força do inciso III do art. 469 do CPC — por exemplo, oposição em dissídio coletivo de natureza econômica em que um sindicato opoente postulava a representação de uma das categorias envolvidas no dissídio coletivo.

No sistema da Constituição de 1988, a Justiça do Trabalho somente apreciava as questões envolvendo os Sindicatos na defesa de direitos dos trabalhadores (representação ou substituição processual), nos termos do art. 8º, III, da CF. Não tinha a Justiça do Trabalho competência para apreciar questões sindicais envolvendo direito próprio dos Sindicatos, nem questões *interna corporis* envolvendo matéria sindical como as de registro sindical, eleições sindicais, remuneração de dirigente sindical, etc.

Posteriormente, veio a Lei n. 8.984/95, cujo art. 1º dispõe:

> Compete à Justiça do Trabalho conciliar e julgar os dissídios que tenham origem no cumprimento de convenções coletivas de trabalho ou acordos coletivos de trabalho, mesmo quando ocorram entre sindicatos ou entre sindicatos de trabalhadores e empregador.

Com suporte no citado dispositivo, o STJ havia firmado jurisprudência no sentido de que não competiam à Justiça do Trabalho as controvérsias sobre a contribuição sindical previstas em lei. Nesse sentido a Súmula n. 222 do STJ: "Compete à Justiça Comum processar e julgar as ações relativas à Contribuição Sindical prevista no art. 578 da CLT".

No mesmo sentido, fora a jurisprudência do C. Tribunal Superior do Trabalho, conforme a OJ n. 290, da SDI-I, do C. TST: "Contribuição Sindical Patronal. Ação de Cumprimento. Incompetência da Justiça do Trabalho. É incompetente a Justiça do Trabalho para apreciar a lide entre sindicato patronal e a respectiva categoria econômica, objetivando cobrar a respectiva contribuição assistencial".

Atualmente, o art. 114, III, da CF, com a redação dada pela EC n. 45/04, tem a seguinte redação: "as ações sobre representação sindical, entre sindicatos, entre sindicatos e trabalhadores, e entre sindicatos e empregadores".

Como destaca *Wagner D. Giglio*[91]: "O sindicato sempre teve larga atuação na Justiça do Trabalho como defensor dos interesses da categoria representada. A ampliação da competência ditada pela Emenda Constitucional n. 45/2004 visou a outorgá-la para os processos em que o sindicato atue em interesse próprio, em conflitos contra outras entidades sindicais sobre filiação ou a representação da classe (já antevendo essa questão, comum no regime de pluralidade sindical), ou sobre a maior representatividade para fins de negociação com a empresa ou ramo econômico".

---

(91) GIGLIO, Wagner D. *Direito processual do trabalho.* 15. ed. São Paulo: Saraiva, 2005. p. 50.

O termo *Sindicato*, a nosso ver, deve ser interpretado de forma ampla para abranger todas as entidades de natureza sindical. No nosso sistema sindical confederativo, são entidades sindicais de qualquer grau: sindicato, federação, confederação e até centrais sindicais, desde que as ações versem sobre alguma das matérias do art. 114 da CF e também sobre a representação sindical. Também a nosso ver, estão inseridas no conceito de representação sindical as ações que envolvam comitês de empresa ou representação no local de trabalho (art. 11 da CF), ou de grupo de trabalhadores que participarão da gestão da empresa (art. 7º, XI, da CF).

Atualmente, há duas vertentes preponderantes de interpretação do inciso III do art. 114 da CF: uma restritiva, no sentido de que somente há competência da Justiça do Trabalho para as ações que versem sobre representação sindical (disputa entre sindicatos pela representação da categoria e fixação de base territorial), não abrangendo as controvérsias entre sindicatos e terceiros e também entre empregados e empregadores envolvendo o exercício da representação sindical.

Outra corrente ampliativa, no sentido de que a competência da Justiça do Trabalho não está restrita às ações sobre representação sindical, mas sim às ações que envolvem matéria sindical, entre sindicatos e empregados e sindicatos e empregadores, pois o referido inciso III do art. 114, da CF não restringe a competência para as ações sobre representação sindical, uma vez que há uma vírgula após o termo *ações sobre representação sindical*.

No nosso sentir, o inciso III do art. 114 da CF abrange todas as ações que envolvem matéria sindical no âmbito trabalhista, uma vez que se tratam de ações envolvendo matéria trabalhista. Tanto isso é verdade, que a organização sindical vem disciplinada nos arts. 8º e seguintes da Constituição Federal e 511 e seguintes, da CLT. De outro lado, o inciso III do art. 114 da CF não pode ser interpretado isoladamente mas sim em cotejo com os incisos I e IX do próprio art. 114. Sendo assim, como a matéria sindical está umbilicalmente ligada à relação de emprego e também à relação de trabalho, a melhor leitura do referido inciso III do art. 114 da CF, visando à maior eficiência deste dispositivo Constitucional, sinaliza no sentido de que a competência da Justiça do Trabalho abrange todas as questões envolvendo matéria sindical, sejam entre sindicatos entre si, sindicatos e empregados, sindicatos e empregadores, e também as controvérsias envolvendo terceiros, como, por exemplo, o Ministério do Trabalho, nas questões de registro sindical.

Podemos classificar os dissídios relacionados aos Sindicatos em: a) coletivos: que envolvem os dissídios coletivos. Nessa hipótese, a competência da Justiça do Trabalho é disciplinada no art. 114, § 2º; b) intersindicais não coletivos: que envolvem os conflitos entre sindicatos; c) intrassindicais, que envolvem as questões *interna corporis* do sindicato; e d)dissídios sobre contribuições sindicais.

Nesse sentido é o Enunciado n. 24 da 1ª Jornada de Direito Material e Processual do Trabalho realizada no TST:

> COMPETÊNCIA DA JUSTIÇA DO TRABALHO. CONFLITOS INTER E INTRASSINDICAIS. Os conflitos inter e intrassindicais, inclusive os que envolvam sindicatos de servidores públicos (estatutários e empregados públicos), são da competência da Justiça do Trabalho.

## a) lides intersindicais não coletivas

Os conflitos intersindicais não coletivos envolvem dissídios entre dois ou mais sindicatos sobre representação de determinada categoria. Não se trata aqui de defesa de direitos da categoria, e sim do sindicato defendendo direito próprio. Conforme *João Oreste Dalazen*[92], são exemplos emblemáticos dessa categoria: a) os de representatividade; b) os declaratórios de vínculo jurídico-sindical entre sindicato e federação; c) os cautelares, como o que objetiva sustar os efeitos de convenção coletiva de trabalho.

Também, a nosso ver, aqui são cabíveis os litígios referentes à fusão e ao desmembramento de categorias.

Nesta espécie de conflitos, são cabíveis ações constitutivas ou declaratórias de representação da categoria.

## b) lides intrassindicais

Com relação aos conflitos intrassindicais, estes envolvem todas as questões do Sindicato considerado em si mesmo e não em conflito com outro sindicato.

Nesta modalidade, estão abrangidos os conflitos envolvendo o próprio sindicato e seus associados, como entre sindicato e terceiros, por exemplo, o sindicato em face do Cartório de Registro de Pessoas Jurídicas e o Ministério do Trabalho, referente a questões sobre o registro sindical.

No nosso sentir, os conflitos intrassindicais abrangem:

a) legalidade de criação. Inclusive ações que versem sobre o registro sindical e também os atos constitutivos em cartório;

b) convocação de Assembleia;

c) eleições sindicais[93] e também sobre os cargos de direção (art. 522 da CLT e Súmula n. 197 do STF), registro da candidatura, etc. Por isso, parece-nos que a Súmula n. 4 do STJ[94] não foi recepcionada pela EC n. 45/04;

---

(92) *Op. cit.*, p. 58.

(93) Nesse sentido, destacamos a seguinte ementa: "Conflito de competência — Federação das Indústrias do Estado do Maranhão — FIEMA — Processo eleitoral sindical — Representação sindical — Art. 114, inciso III, da CF — Alteração introduzida pela EC n. 45/2004 — Aplicação imediata — Competência da Justiça do Trabalho — As novas disposições do art. 114, inciso III, da Constituição Federal, introduzidas com a promulgação da Emenda Constitucional n. 45/04, têm aplicação imediata e atingem os processos em curso. Diante do alcance do texto constitucional *sub examine* as ações relacionadas com processo eleitoral sindical, conquanto sua solução envolva questões de direito civil, inserem-se no âmbito da competência da Justiça do Trabalho, uma vez que se trata de matéria subjacente à representação sindical". Conflito conhecido para declarar a competência do Juízo da 2ª Vara do Trabalho de São Luís (MA) – STJ CC 48.372 – MA (2005/0040784-8) – Ac. 1ª S. – 22.6.05 – Rel. Min. João Otávio de Noronha. In: *Revista LTr* 69-10/1255)

(94) Súmula n. 4 do STJ: "Compete à Justiça Estadual julgar causa decorrente do processo eleitoral Sindical".

d) ação do dirigente sindical para pagamento de seus créditos e honorários junto à entidade sindical.

## c) conflitos sobre contribuições sindicais

Quanto aos conflitos referentes a contribuições sindicais, a competência da Justiça do Trabalho abrange todas as espécies de contribuições, tanto as compulsórias: imposto sindical (art. 578 da CLT)[95], como as de caráter contratual: contribuição confederativa, contribuição assistencial, mensalidades sindicais e também eventuais taxas por participação dos sindicatos nas negociações coletivas, entre outras.

Quanto à contribuição sindical prevista em lei (imposto sindical), alguns sustentam a possibilidade de execução direta, com suporte no art. 606, § 2º, da CLT. Outros autores sustentam a possibilidade de Ação Monitória.

As ações de consignação em pagamento de contribuições sindicais promovidas por empregados ou empregadores, quando há dúvida sobre a exigibilidade da contribuição sindical ou de qual o sindicato seja o credor, também passaram para a competência da Justiça do Trabalho.

Destaca-se, no aspecto, a seguinte ementa:

> Direito sindical — Ação de cobrança — Contribuição sindical — Confederação Nacional da Agricultura e Pecuária — CNA — EC n. 45/04 — Art. 114, III, da CF/88 — Competência da Justiça do Trabalho. Após a Emenda Constitucional n. 45/04, a Justiça do Trabalho passou a deter competência para processar e julgar não só as ações sobre representação sindical (externa — relativa à legitimidade sindical e interna — relacionada à escolha dos dirigentes sindicais), como também aos feitos intersindicais e os processos que envolvam sindicatos e empregadores ou sindicatos e trabalhadores. As ações de cobrança de contribuição sindical propostas pelo sindicato, federação ou confederação respectiva contra o empregador, após a Emenda, devem ser processadas e julgadas pela Justiça Laboral. Precedentes da Primeira Seção. A regra de competência prevista no art. 114, III, da CF/88 produz efeitos imediatos, a partir da publicação da EC n. 45/04, atingindo os processos em decurso, ressalvado o que já fora decidido sob a regra de competência anterior. Diante da incompetência deste Superior de Justiça para processar e julgar o recurso após a publicação da EC n. 45/04, devem ser remetidos os autos ao TST. Agravo de Instrumento prejudicado[96].

## 6. *Habeas corpus*

Nossa Constituição Federal consagra o *habeas corpus* no art. 5º, inciso LXVIII, como um direito fundamental e uma garantia que tutela o bem mais caro do ser humano, que é a liberdade. Aduz o referido dispositivo constitucional: "Conceder-se-á *habeas*

---

(95) Diante da EC n. 45/04, o C. STJ cancelou a Súmula n. 222 de sua jurisprudência, que tinha a seguinte redação: "Competência — Contribuição sindical prevista no art. 578 da CLT. Compete à Justiça Comum processar e julgar as ações relativas à Contribuição Sindical prevista no art. 578 da CLT" (DJ 2.8.99).

(96) STJ AI 684.622-PR (2005.0092950-0), Ac., 20.6.2005, Rel. Min. Castro Meira. In: *Revista LTr* 69-08/993.

*corpus* sempre que alguém sofrer ou se achar ameaçado de sofrer violência ou coação em sua liberdade de locomoção, por *ilegalidade ou abuso de poder*".

Conforme *Júlio César Bebber*: "O habeas corpus é, na verdade, ação mandamental, que integra a chamada jurisdição constitucional das liberdades e que tem por escopo a proteção da liberdade de locomoção, quando coarctada (limitada, restringida, reprimida) ou ameaçada de sê-lo, por ilegalidade ou abuso do Poder Público"[97].

Para nós, "o *habeas corpus* é um remédio constitucional, exercido por meio de uma ação mandamental, que tem por objetivo a tutela da liberdade do ser humano, assegurando-lhe o direito de ir, vir e ficar, contra ato de ilegalidade ou abuso de poder. Pode ser preventivo, quando há iminência da lesão do direito de liberdade, ou repressivo, quando já tolhida a liberdade".

Quanto à natureza jurídica do *habeas corpus*, em que pese a opinião majoritária da doutrina e jurisprudência em sentido contrário[98], não se trata de uma ação criminal[99], mas sim de um remédio constitucional para tutelar a liberdade de locomoção contra ato ilegal ou de abuso de poder, não sendo exclusivamente uma ação de natureza penal. Nesse sentido é a posição de *Estêvão Mallet*[100]:

"O *habeas corpus* não é ação penal. Defini-lo assim é inaceitável. Diminui sua relevância, teórica e prática. Caracteriza o *habeas corpus*, na verdade, 'privilege', como referido no art. I, Seção IX, n. 2, da Constituição dos Estados Unidos da América, ou *'safeguard of personal liberty'*, segundo a doutrina, ou, se se quiser, remédio ou garantia constitucional. Aliás, nem a origem do *habeas corpus* permite vinculá-lo apenas ao direito penal, já que surgiu o *writ* como processo de caráter mais amplo, *'by wich courts compelled the attendance of partis whoese presence would facilitate their proceedings'*".

Partindo-se da premissa de que o *habeas corpus* tem natureza de ação penal, parte significativa da jurisprudência anterior à EC n. 45/04 entendia que a Justiça do Trabalho não tinha competência para apreciá-lo, mesmo que a prisão emanasse de ato de Juiz do Trabalho, devendo a Justiça Federal apreciar o *writ*.

Nesse sentido a seguinte ementa:

Sendo o *habeas corpus*, desenganadamente, uma ação de natureza penal, a competência para seu processamento e julgamento será sempre de juízo criminal, ainda que a

---

(97) EBBER, Júlio César. *Mandado de segurança. Habeas corpus. Habeas data na Justiça do Trabalho*. São Paulo: LTr, 2006. p. 167.

(98) Por todos, destacamos a opinião de Alexandre de Moraes: "O *habeas corpus* é uma ação constitucional de caráter penal e de procedimento especial, isenta de custas e que visa a evitar ou cessar violência ou ameaça na liberdade de locomoção, por ilegalidade ou abuso de poder. Não se trata, portanto, de uma espécie de recurso, apesar de regulamentado no capítulo a eles destinado no Código de Processo Penal (*Direito constitucional*. 15. ed. São Paulo: Atlas, 2004. p. 141).

(99) Talvez a doutrina majoritária fixe a natureza jurídica criminal do *habeas corpus*, em razão de seu procedimento estar regulamentado no Código de Processo Penal (arts. 647 a 667).

(100) MALLET, Estêvão. *Direito, trabalho e processo em transformação*. São Paulo: LTr, 2005. p. 177.

questão material subjacente seja de natureza civil, como no caso de infidelidade do depositário, em execução de sentença. Não possuindo a Justiça do Trabalho, onde se verificou o incidente, competência criminal, impõe-se reconhecer a competência do Tribunal Regional Federal para o feito (STF-CC 6979-DF – Ac. TP, 15.8.91, Relator Min. Ilmar Galvão).

Após a EC n. 45/04, não há mais dúvidas de que a Justiça do Trabalho tem competência para apreciar *o habeas corpus*, para as matérias sujeitas à sua jurisdição.

Com efeito, assevera o art. 114, IV, da CF competir à Justiça do Trabalho, processar e julgar os mandados de segurança, *habeas corpus* e *habeas data*, quando o ato questionado envolver matéria sujeita à sua jurisdição.

Pela dicção do referido dispositivo legal, cabe o *habeas corpus* na Justiça do Trabalho toda vez que o ato envolver a jurisdição trabalhista, vale dizer: estiver sujeito à competência material da Justiça do Trabalho.

O eixo central da competência da Justiça do Trabalho, após a EC n. 45/04, encontra suporte na relação de trabalho (inciso I do art. 114 da CF) e também nas demais matérias mencionadas nos incisos I a VIII do art. 114 da CF.

Na Justiça do Trabalho, as hipóteses de prisões determinadas pelo Juiz do Trabalho são em decorrência ou do descumprimento de uma ordem judicial para cumprimento de uma obrigação de fazer ou não fazer, ou do depositário infiel.

Inegavelmente, a hipótese mais comum da utilização do *habeas corpus* na Justiça do Trabalho é em decorrência da prisão do depositário infiel, que se dá na fase de execução de sentença trabalhista.

Há, a nosso ver, a possibilidade de impetração de *habeas corpus* na Justiça do Trabalho quando o empregador ou tomador de serviços restringirem a liberdade de locomoção do empregado ou trabalhador por qualquer motivo, como, por exemplo, em razão de não pagamento de dívidas. A Justiça do Trabalho neste caso não está apreciando matéria criminal, ou se imiscuindo em atividade policial, mas julgando ato que está dentro de sua competência material, pois cumpre à Justiça do Trabalho defender a liberdade ao trabalho, os valores sociais do trabalho e a dignidade da pessoa humana do trabalhador (art. 1º, incisos III e IV, da CF). Nesta hipótese, o *habeas corpus* é cabível contra ato de ilegalidade.

A doutrina e jurisprudência têm entendido que é possível a impetração de *habeas corpus* se o constrangimento emanar de ato de particular[101], pois o inciso

---

(101) Nesse sentido, destacamos as seguintes ementas: STJ: "O HC é ação constitucional destinada a garantir o direito de locomoção, em face de ameaça ou de efetiva violação por ilegalidade ou abuso de poder. Do teor da cláusula constitucional pertinente (art. 5º, LXVIII) exsurge o entendimento no sentido de admitir-se que o uso da garantia provenha de ato de particular, não se exigindo que o constrangimento seja exercido por agente do Poder Público. Recurso ordinário provido"(RT n. 735/521). No mesmo sentido (RT n. 577/329) e (RT n. 574/400). Internação em hospital — TJSP: "Constrangimento ilegal. Filho que interna os pais octogenários, contra a vontade deles em clínica geriátrica. Pessoas não interditadas, com casa onde residir. Decisão concessiva de *habeas corpus* mantida" (RT n. 577/329).

LXVIII, do art. 5º, da CF não fala em ato de autoridade. Nesse mesmo diapasão, destacamos a posição de *Edilton Meirelles*: "(...) o constituinte derivado assegurou a competência da Justiça do Trabalho para conhecer do *habeas corpus* 'quando o ato questionado envolver matéria sujeita à sua jurisdição'. Logo, essa competência não envolve tão somente os atos praticados pela autoridade judiciária, mas de qualquer autoridade ou pessoa que esteja, ilegalmente ou em abuso do poder, restringindo a liberdade de outrem. Assim, como já exemplificado, tem-se a possibilidade da Justiça do Trabalho julgar o *habeas corpus* impetrado em face do empregador que restringe a liberdade de locomoção do empregado mantém o empregado no ambiente de trabalho, quando do movimento grevista em face dos atos por este praticado durante o movimento paredista (ação que envolve o exercício do direito de greve, aliás); o remédio heroico em face da autoridade pública que restringe a liberdade de locomoção do servidor público (impede, ilegalmente ou em abuso do poder, dele se ausentar da cidade, da localidade, etc.). Em suma, alargou-se a competência da Justiça do Trabalho para julgar o *habeas corpus* para além dos atos praticados pela autoridade judiciária trabalhista"[102].

Quanto à competência funcional, se o *habeas corpus* foi impetrado contra ato de particular, a competência hierárquica será das Varas do Trabalho, sendo apreciado pelo Juiz monocrático.

O TRT julga *habeas corpus* impetrado em face de ato de Juiz do Trabalho de Vara do Trabalho (art. 666 do CPC).

O TST julga *habeas corpus* impetrado em face de Tribunal Regional do Trabalho. Diante da EC n. 45/04 (art. 114, IV, da CF), a nosso ver, o STJ não tem mais competência para apreciar *habeas corpus* impetrado contra ato de Juiz de Tribunal Regional do Trabalho, restando derrogado o art. 105, I, *c*, da CF. Como destaca *Júlio César Bebber*[103], "a incompatibilidade entre as duas regras constitucionais, obrigatoriamente, exclui a primeira em favor da mais moderna".

O STF julga *habeas corpus* impetrado em face de atos dos Ministros do TST (art. 102, I, *i*, da CF).

Com relação ao procedimento, cumpre destacar que o *habeas corpus* é uma ação de natureza mandamental e de rito especial. Por isso, mesmo sendo a Justiça do Trabalho que irá apreciá-lo, o Juiz do Trabalho não aplicará o procedimento da CLT (arts. 643 e seguintes), mas sim o procedimento previsto no Código de Processo Penal (arts. 647 e seguintes), por força do art. 769, da CLT, uma vez que a CLT é omissa a respeito, e o Código de Processo Penal tem natureza de direito processual comum e se mostra efetivo para tutelar a liberdade da pessoa se o ato estiver sujeito à jurisdição trabalhista.

---

(102) MEIRELLES, Edilton. Competência e procedimento na *Justiça do Trabalho:* primeiras linhas da reforma do judiciário. São Paulo: LTr, 2005. p. 70.

(103) BEBBER, Júlio César. *Op. cit.*, p. 202.

## 7. Mandado de Segurança

Diz o art. 5º, LXIX, da CF:

> Conceder-se-á mandado de segurança para proteger direito líquido e certo, não amparado por *habeas corpus* ou *habeas data*, quando o responsável pela ilegalidade ou abuso de poder for autoridade pública ou agente de pessoa jurídica no exercício de atribuições do Poder Público.

Ensina *Hely Lopes Meirelles*[104]: "Mandado de segurança é o meio constitucional posto à disposição de toda pessoa física ou jurídica, órgão com capacidade processual, ou universalidade reconhecida por lei, para a proteção de direito individual ou coletivo, líquido e certo, não amparado por *habeas corpus* ou *habeas data*, lesado ou ameaçado de lesão, por ato de autoridade, seja de que categoria for e sejam quais forem as funções que exerça".

A doutrina tem classificado o mandado de segurança como sendo uma ação constitucional, de natureza mandamental[105], processada por rito especial destinada a tutelar direito líquido e certo[106] contra ato de autoridade praticado com ilegalidade ou abuso de poder.

Antes da EC n. 45/04, praticamente, o mandado de segurança era utilizado tão somente contra ato judicial e apreciado pelo Tribunal Regional do Trabalho. Somente em algumas hipóteses restritas, como, por exemplo, o Diretor de Secretaria, praticando um ato de sua competência exclusiva, poderia figurar como autoridade coatora, quando se recusasse, injustificadamente, a conceder carga do processo a um advogado que está no seu prazo para falar nos autos[107].

---

(104) MEIRELLES, Hely Lopes. *Mandado de segurança*. 22. ed. São Paulo: Malheiros, 2000. p. 21-22.

(105) Tem natureza mandamental, pois ato contínuo à decisão se expede uma ordem de execução.

(106) Conforme a clássica definição de Hely Lopes Meirelles, "*direito líquido e certo* é o que se apresenta manifesto na sua existência, delimitado na sua extensão e apto a ser exercido no momento da impetração. Por outras palavras, o direito invocado, para ser amparável por mandado de segurança, há de vir expresso em norma legal e trazer em si todos os requisitos e condições de sua explicação ao impetrante: se sua existência for duvidosa, se sua extensão ainda não estiver delimitada, se seu exercício depender de situações e fatos ainda indeterminados, não rende ensejo à segurança embora possa ser defendido por outros meios judiciais" (*Op. cit.*, p. 36).

(107) Em razão de o art. 114 da CF/88 se referir a dissídios entre trabalhadores e empregadores, a Justiça do Trabalho não tinha competência para Mandados de Segurança, cujas autoridades coatoras fossem outras autoridades federais. Nesse sentido, destacamos a seguinte ementa: "Conflito negativo de competência. Justiça do Trabalho e Justiça Federal. Mandado de segurança contra delegados regionais do trabalho. Relação empregatícia. Não caracterização. Competência da Justiça Federal. 1. O julgamento de mandado de segurança impetrado contra atos de Delegados Regionais do Trabalho, consistentes na fiscalização e aplicação de sanções administrativas, não é da competência da Justiça Trabalhista, pois não se relaciona à demanda entre empregado e empregador. Portanto, compete à Justiça Federal apreciá-lo e julgá-lo. 2. Conflito conhecido e declarada a competência do Juízo Federal da 8ª Vara da Seção Judiciária do Estado de Minas Gerais, o suscitado". (STJ, CC 40216, Proc. n. 200301678278, MG, Rel. Min. Teori Albino Zavascki, v. u., DJU. 2.8.04).

No Processo do Trabalho, em razão de não haver recurso para impugnar decisões interlocutórias (art. 893, § 1º, da CLT), o mandado de segurança tem feito as vezes do recurso em face de decisão interlocutória que viole direito líquido e certo da parte, como no deferimento de liminares em Medidas Cautelares e Antecipações de Tutela, embora não seja esta sua finalidade constitucional[108].

Em razão do aumento da competência da Justiça do Trabalho, os Mandados de Segurança passam a ser cabíveis contra atos de outras autoridades, além das judiciárias, como nas hipóteses dos incisos III e IV do art. 114, da CF, em face dos Auditores Fiscais e Delegados do Trabalho, Oficiais de Cartório que recusam o registro de entidade sindical, e até mesmo atos dos membros do Ministério Público do Trabalho em Inquéritos Civis Públicos, uma vez que o inciso IV do art. 114 diz ser da competência da Justiça trabalhista o *mandamus* quando o *ato questionado envolver matéria sujeita à sua jurisdição.*

Nesse mesmo sentido é a visão de *Sergio Pinto Martins*[109]: "O mandado de segurança poderá ser impetrado contra auditor fiscal do trabalho ou o Delegado Regional do Trabalho em decorrência de aplicação de multas provenientes da fiscalização das relações de trabalho (art. 114, VII, da Constituição), na interdição de estabelecimento ou setor, de máquina ou equipamento, no embargo à obra (art. 161 da CLT), será proposta na primeira instância e não no TRT".

Sob outro enfoque, embora o art. 114, IV, da CF diga caber o mandado de segurança quando o ato questionado estiver sob o crivo da jurisdição trabalhista, também se a matéria for administrativa[110] *interna corporis* o mandado será cabível. Não há como se interpretar o referido inciso de forma literal. Como destaca *Antônio Álvares da Silva*[111]: "Seria o maior dos absurdos que os tribunais do trabalho não pudessem julgar, por exemplo, um mandado de segurança impetrado contra seu presidente, numa questão administrativa, nem que ao órgão especial não pudesse ser dada competência para julgar questões administrativas internas em geral".

A competência para o mandado de segurança se dá como regra geral em razão da qualidade da autoridade coatora. Nesse sentido é a visão de *Hely Lopes Meirelles*[112] que foi consagrada pelos Tribunais: "A competência para julgar mandado de segurança define-se pela categoria da autoridade coatora e pela sua sede funcional".

---

(108) Principalmente, o mandado de segurança é manejado no Processo do Trabalho na fase de execução, muitas vezes de forma abusiva, dificultando a celeridade e efetividade da execução. De outro lado, há uma tolerância bem acentuada da jurisprudência, inclusive muitas vezes se aprecia o próprio mérito da questão no *mandamus*.

(109) MARTINS, Sergio Pinto. *Direito processual do trabalho*. 26. ed. São Paulo: Atlas, 2006. p. 119.

(110) Ensina Lúcia Figueiredo do Valle que ato administrativo "é norma concreta, emanada pelo Estado ou por quem esteja no exercício de função administrativa, que tem por finalidade criar, modificar, extinguir ou declarar relações entre este (o Estado) e o administrado, suscetível de ser contrastada pelo Poder Judiciário" (*Curso de direito administrativo*. 4. ed. São Paulo: Malheiros, 2000. p. 151-152).

(111) SILVA, Antônio Álvares da. *Op. cit.*, p. 208.

(112) MEIRELLES, Hely Lopes. *Op. cit.*, p. 65.

No mesmo sentido, destacamos a seguinte ementa:

> Irrelevante, para fixação da competência, a matéria a ser discutida em Mandado de Segurança, posto que é em razão da autoridade da qual emanou o ato, dito lesivo, que se determina qual o Juízo a que deve ser submetida a causa[113].

Na Justiça do Trabalho, a competência para o mandado de segurança se fixa, diante da EC n. 45/04, em razão da matéria, ou seja, que o ato praticado esteja submetido à jurisdição trabalhista. O critério determinante não é a qualidade da autoridade coatora, e sim a competência jurisdicional para desfazer o ato praticado. Desse modo, ainda que a autoridade coatora seja Municipal, Estadual ou Federal, se o ato questionado estiver sujeito à jurisdição trabalhista, a competência será da Justiça do Trabalho e não das Justiças Estadual ou Federal.

Não obstante, fixada a competência material da Justiça do Trabalho, a competência funcional será da Vara do Trabalho do foro do domicílio da autoridade coatora, salvo as hipóteses de foro especial, conforme disciplinado na Constituição Federal[114]. Se o ato impugnado for de autoridade judiciária, a competência estará disciplinada nos arts. 678 e seguintes, da CLT e Lei n. 7.701/88, bem como nos Regimentos Internos dos TRTs e TST.

Na Justiça do Trabalho, o mandado de segurança é processado pelo rito da Lei n. 12.016/09, não se aplicando o procedimento da CLT.

## 8. Habeas data

Diz o inciso LXXII do art. 5º da CF: "Conceder-se-á *habeas data*: a) para assegurar o conhecimento de informações relativas à pessoa do impetrante, constantes de registros ou bancos de dados de entidades governamentais ou de caráter público; b) para retificação de dados, quando não se prefira fazê-lo por processo sigiloso, judicial ou administrativo".

Ensina *Alexandre de Moraes*[115]: "Pode-se definir o *habeas data* como direito que assiste a todas as pessoas de solicitar judicialmente a exibição dos registros públicos ou privados, nos quais estejam incluídos seus dados pessoais, para que deles tome conhecimento e, se necessário for, sejam retificados os dados inexatos ou obsoletos ou que impliquem em discriminação".

O *habeas data* tem raríssima utilização, pois, na maioria dos casos, o mandado de segurança resolve o problema. Na esfera trabalhista, por exemplo, podem ocorrer

---

(113) STJ, CComp n. 17.438-MG, Rel. Min. Felix Fischer, DJ 20.10.97. p. 52.969.

(114) Como destaca Júlio César Bebber: "É das Varas do Trabalho a competência para julgar mandados de segurança contra atos administrativos praticados no âmbito ou em decorrência da relação de trabalho, em que seja questionada manifestação ou omissão de autoridade pública ou agente de pessoa jurídica no exercício de atribuições do Poder Público" (A competência da Justiça do Trabalho e a nova ordem constitucional. In: COUTINHO, Grijalbo Fernandes; FAVA, Marcos Neves (Coord.). *Nova competência da Justiça do Trabalho*. São Paulo: LTr, 2005. p. 258).

(115) MORAES, Alexandre de. *Direito constitucional*. 15. ed. São Paulo: Atlas, 2004. p. 154.

hipóteses de utilização, como, por exemplo, um determinado empregador que não tem acesso a uma lista de "maus empregadores" do Ministério do Trabalho[116], ou um servidor celetista que não tem acesso ao seu prontuário no Estado.

Em face de empregador (pessoa física ou jurídica de direito privado)[117], diante da redação do texto constitucional, não cabe o *habeas data*. Como destaca *Sergio Pinto Martins*[118]: " Se a Justiça do Trabalho fosse competente para analisar questões de funcionários públicos, seria razoável a retificação de banco de dados de entidades governamentais ou de caráter público (art. 5º, LXXII, da Lei Maior). O empregador não tem esse banco de dados ou informações constantes de registros públicos. Seus dados ou registros são privados. A Lei n. 9.507/97 mostra que o banco de dados é público. Faz referência à autoridade coatora, que é um agente público e não privado. Não penso que o *habeas data* servirá para obtenção de dados da empresa para fins do estabelecimento de participação nos lucros. O empregado poderá se utilizar de medida cautelar de exibição de documentos para obter certas informações da empresa constantes de documentos".

Entretanto, há entendimento contrário, sustentando a possibilidade de impetração de *habeas data* em face do empregador privado, conforme se constata da redação da seguinte ementa:

> *HABEAS DATA* — Via Eleita — O *habeas data* é o remédio constitucional para obtenção ou correção de dados pessoais, oponível não apenas contra os entes governamentais, mas também as entidades de caráter público, como no caso em tela, e contra entidades privadas que possam divulgar dados a terceiros, o que leva a entender que o instrumento pode ser utilizado inclusive contra o empregador privado, quando se recuse a fornecer dados pessoais de seu empregado ou informações sobre sua vida profissional. Recurso ordinário a que se nega provimento. (TRT/SP – 00730008020065020086 (00730200608602000) – RO – Ac. 1ª T 20110450838 – Relª. Maria Inês Moura Santos Alves da Cunha – DOE 25.4.2011)

Quanto ao procedimento do *habeas data* na Justiça do Trabalho, aplica-se a Lei n. 9.507/97, por ser uma ação constitucional de natureza civil regida por lei especial.

## 9. Competência penal da Justiça do Trabalho

Os ramos do Direito não são estanques, cada ramo do Direito apresenta pontos de contato com outros ramos, como um sistema de vasos comunicantes. Assim também

---

(116) Nesse sentido, destaca Júlio César Bebber: "Dar-se-á habeas data, entretanto, para conhecimento, retificação e complementação de informações, bem como para anotação de contestação ou explicação, sobre dados registrados pelo Ministério do Trabalho e Emprego constantes do *'cadastro de empregadores que tenham mantido trabalhadores em condições análogas às de escravo'* (Portaria n. 540 de 15.10.2004)" (*Mandado de segurança. Habeas corpus. Habeas data na Justiça do Trabalho*. São Paulo: LTr, 2006. p. 228).

(117) Nesse sentido a seguinte ementa: "*Habeas data*. Ilegitimidade passiva do Banco do Brasil S.A. para revelação a ex-empregada, do conteúdo da filha de pessoal, por não se tratar, no caso, de registro de caráter público, nem atual o impetrado na condição de entidade governamental" (RE 165304-MG, TP, Rel. Min. Octavio Gallotti, DJU 15.12.2000. p. 105).

(118) MARTINS, Sergio Pinto. Competência da Justiça do Trabalho para analisar mandados de segurança, *habeas corpus* e *habeas data*. In: *Revista Legislação do Trabalho*. São Paulo: LTr, ano 69, v. 7, 2005. p. 180.

acontece com o Direito Material e Processual do Trabalho e o Direito Material e Processual Penal. Muitas vezes, o Juiz do Trabalho se vale de vários conceitos do Direito Penal, como dolo, culpa, legítima defesa, etc., para enfrentar questões de justa causa (art. 482 da CLT). No Processo do Trabalho, há a eclosão de delitos, como falso testemunho, fraude processual e também delitos contra a organização do trabalho. Embora a Justiça do Trabalho seja uma Justiça Especializada, e o Juiz do Trabalho encarregado de garantir o cumprimento e efetividade do Direito do Trabalho, há também uma gama de tipos penais que visam a garantir o cumprimento e efetividade da legislação trabalhista, os valores sociais do trabalho e a dignidade da pessoa humana do trabalhador.

Inegavelmente, o Juiz do Trabalho exerce atividades penais periféricas, incidentais em sua atuação jurisdicional, pois tem o dever de zelar pela dignidade do processo e pelo cumprimento da legislação, inclusive a criminal. Por exemplo, deve o Juiz do Trabalho comunicar aos órgãos competentes a ocorrência de delito nos autos do processo (art. 40 do CPP), pode dar voz de prisão, inclusive à testemunha que comete delito de falso testemunho ou em caso de desacato à sua autoridade. Como destaca *Guilherme Guimarães Feliciano*[119]: "Os Juízes do Trabalho exercitam, todavia, funções penais periféricas de ordem correicional e administrativa, que podem ser condensadas em três paradigmas, a saber, os institutos penais afins, o dever de noticiar (notícia-crime judicial compulsória — art. 40 do CPP) e a prisão em flagrante. Sobre esta última, entendemos aplicar-se ao Juiz do Trabalho, como a todo Juiz investido de jurisdição no local dos fatos, o ditame do art. 307 do CPP".

O Código Penal apresenta um capítulo dedicado aos crimes contra a organização do trabalho e também um capítulo dedicado aos crimes contra a organização da Justiça do Trabalho. Em leis esparsas, como a Lei de Greve, também há previsão de condutas criminosas pelos abusos praticados durante o movimento paredista (art. 15, da Lei n. 7.783/89).

Diante da redação dos incisos I e IX do art. 114 da CF, vozes da doutrina já estão sustentando a competência criminal da Justiça do Trabalho para apreciar os delitos contra a organização do trabalho e contra a administração da Justiça do Trabalho, pois, antes da EC n. 45/04, o art. 114 da CF atribuía competência à Justiça do Trabalho para os dissídios entre empregados e empregadores. Agora, o eixo central da competência deixou de ser as pessoas que compõem a relação de trabalho, para ser, objetivamente, a relação jurídica de trabalho.

Nesse sentido, a posição de *José Eduardo de Resende Chaves Júnior*[120]: "Após a Emenda Constitucional n. 45 a situação ganhou contornos bem distintos. Com

---

(119) FELICIANO, Guilherme Guimarães. Aspectos penais da atividade jurisdicional do juiz do trabalho. In: *Revista Legislação do Trabalho*. São Paulo: LTr, ano 66, v. 12, 2000. p. 1487.

(120) CHAVES JÚNIOR, José Eduardo de Resende. A Emenda Constitucional n. 45/2004 e a competência penal da Justiça do Trabalho. In: COUTINHO, Grijalbo Fernandes; FAVA, Marcos Neves (Coords.). *Nova competência da Justiça do Trabalho*. São Paulo: LTr, 2005. p. 222.

a elisão dos vocábulos 'empregador' e 'trabalhador' do art. 114 da Constituição, a competência da Justiça do Trabalho deixou de se guiar pelo aspecto subjetivo (sujeitos ou pessoas envolvidas na relação de emprego), para se orientar pelo aspecto meramente objetivo, qual seja, as ações oriundas da relação de trabalho, sem qualquer referência à condição jurídica das pessoas envolvidas no litígio. Assim, a ação penal oriunda da relação de trabalho, que processualmente se efetiva entre Ministério Público e réu, passou a ser da competência da Justiça do Trabalho, em decorrência da referida mutação do critério de atribuição. Isso porque o critério objetivo, dessa forma, se comunica com a natureza da infração, que é uma das formas de fixação da competência nos termos do art. 69, III, do Código de Processo Penal".

Argumentam ainda os defensores da competência criminal da Justiça do Trabalho que o inciso IV do art. 114 já atribuiu competência penal à Justiça do Trabalho, pois o *habeas corpus* é uma ação de índole penal e que o julgamento dos crimes contra a organização do trabalho e contra a administração da Justiça do Trabalho fortalece a instituição e dá maior respeitabilidade a este ramo especializado do Poder Judiciário[121]. Além disso, sustentam que os referidos delitos estão afeitos à seara trabalhista e que o julgamento, pelo judiciário trabalhista, impulsionará maior cumprimento da legislação trabalhista e efetividade do Direito do Trabalho.

Em que pesem as respeitáveis posições em contrário, a EC n. 45/04 não atribuiu competência penal à Justiça do Trabalho, uma vez que não o fez expressamente. Não há como se concluir que está implícita a competência da Justiça do Trabalho para julgar os crimes contra a organização do trabalho, em razão de serem controvérsias oriundas da relação de trabalho.

De outro lado, conforme sustentamos alhures, o *habeas corpus* não se trata de uma ação criminal, mas sim de um remédio constitucional para tutelar a liberdade de locomoção contra ato ilegal ou de abuso de poder.

As prisões determinadas pelo Juiz do Trabalho decorrem do cumprimento das decisões trabalhistas, são de natureza cautelar e não penal. Não se trata de aplicação de pena e sim de dar efetividade às decisões judiciais. Ainda que se possa ventilar

---

(121) Neste sentido temos a visão de Antônio Álvares da Silva: "A competência penal seria a mais eficiente ferramenta de afirmação da Justiça do Trabalho e a mais potente arma para combater as violações à lei trabalhista. Hoje ela não dispõe de sanção, apenas condena patrimonialmente. Como os juros são insignificantes e a demanda pode demorar vários anos, a condenação perde significado" (*Competência penal trabalhista*. São Paulo: LTr, 2006. p.19). No mesmo sentido, defendendo a competência penal trabalhista, assevera Marcelo José Ferlin D'Ambroso: "A competência da Justiça do Trabalho em matéria criminal resgata a dignidade da jurisdição trabalhista e consolida o respeito aos direitos sociais conquistados e à atuação do órgão defensor da sociedade por excelência, o Ministério Público do Trabalho. O exercício da ação penal trabalhista na Justiça do Trabalho possibilitará, em curto prazo, diminuir sensivelmente as ocorrências de investidas criminosas comuns nas relações de trabalho concernentes a trabalho e salário sem registro, *truck-system*, cooperativismo irregular, discriminações e fraudes diversas, acarretando diminuição de ações trabalhistas e acrescendo elemento de valor e qualidade à jurisdição especializada" (Competência criminal na Justiça do Trabalho e legitimidade do Ministério Público do Trabalho em matéria penal: elementos para reflexão. In: *Revista Legislação do Trabalho*. São Paulo: LTr, ano 70, v. 2, 2006. p. 195).

que o *habeas corpus* tem natureza de ação criminal, o art. 114, IV atribui competência restritiva penal à Justiça do Trabalho para esta ação, não podendo estender-se tal competência para outras ações de índole penal.

Além disso, não foi revogado o art. 109, VI[122], da CF, que atribui competência à Justiça Federal para os crimes contra a organização do trabalho[123]. Como é curial, quando a Constituição fixa a competência penal de forma expressa de um determinado órgão jurisdicional, como a Justiça Federal, a competência criminal dos demais órgãos é residual.

De outro lado, não nos parece que a Justiça do Trabalho está afeita às ações criminais, uma vez que seu foco é o acesso do trabalhador à Justiça e a garantia dos direitos fundamentais para a dignidade da pessoa do trabalhador e dos valores sociais do trabalho. Acreditamos que não é missão institucional da Justiça Trabalhista propiciar que o Estado ingresse com ações criminais para exercer o seu poder punitivo, porquanto, a ação criminal tem como partes o Estado (ativa) e uma pessoa física no polo passivo (réu). Ainda que a ação penal se inicie por iniciativa do ofendido (queixa-crime) ou por representação da vítima, o *jus puniendi* pertence ao Estado.

A expressão "relação de trabalho" envolve a prestação de trabalho de uma pessoa física em prol de outra pessoa física ou jurídica, não abrangendo terceiros como o Estado, que é titular exclusivo do direito de punir. Ainda que o inciso IX do art. 114 da CF atribua à lei ordinária disciplinar outras controvérsias decorrentes da relação de trabalho, esta futura lei, a nosso ver, não tem o condão de atribuir competência criminal à Justiça do Trabalho, pois somente a Constituição Federal poderá atribuir tal competência ao Judiciário Trabalhista, como o inciso VI, do art. 109 da CF, atribuiu competência material à Justiça Federal para os crimes contra a organização do trabalho[124]. No nosso sentir, o art. 69, III, do CPP não regulamenta

---

(122) Art. 109 da Constituição Federal: "Aos Juízes Federais compete processar e julgar: (...) VI – os crimes contra a organização do trabalho e, nos casos determinados por lei, contra o sistema financeiro e a ordem econômico-financeira".

(123) A jurisprudência firmou entendimento de que se os crimes contra a organização do trabalho ofenderem uma coletividade de trabalhadores, a competência será da Justiça Federal, se atingir um único trabalhador, a competência será da Justiça Estadual. Nesse sentido, Fernando Capez, citando a jurisprudência a respeito: "Crime contra a organização do trabalho: depende. Se ofender a organização do trabalho como um ato, a competência será da Justiça Federal (STJ, 3ª Séc., CComp 10.255/RS, rel. Min. Edson Vidigal, v. u., DJ, 20 fev. 1995); se atingir direito individual do trabalho, a competência será da Justiça comum estadual (STJ, 3ª Séc., CComp 388, DJU, 16 out. 1989. p. 15854; CComp 1.182, RSTJ, 18/2001)" (*Curso de processo penal*. 6. ed. São Paulo: Saraiva, 2001. p. 2001). A Súmula n. 62 do STJ diz que "compete à Justiça Estadual processar e julgar o crime de falsa anotação na Carteira de Trabalho e Previdência Social, atribuído à empresa privada". A Súmula n. 200 do extinto TFR aduz: "Compete à Justiça Federal processar e julgar o crime de falsificação ou o uso de documento perante a Justiça do Trabalho". Quanto ao delito de falso testemunho, assevera a Súmula n. 165 do STJ que "compete à Justiça Federal processar e julgar crime de falso testemunho cometido no processo trabalhista".

(124) Júlio César Bebber, contrariando os argumentos em prol da competência penal da Justiça do Trabalho, destaca que "a competência penal é sempre expressa, nunca presumida. Tanto é assim que a competência civil é definida por exclusão. Somente quando não for definida como penal é que a competência será civil"

o inciso IX, do art. 114, da CF e não altera a regra Constitucional da competência da Justiça Federal.

Neste sentido, destacamos a seguinte ementa:

> Ação penal pública — Incompetência da Justiça do Trabalho. Ementa: Agravo regimental — Incompetência da Justiça do Trabalho — Ação penal pública — Embora o art. 114, da *Lex Mater*, com a nova redação dada pela Emenda Constitucional n. 45/2004, estabeleça que esta Justiça Especializada é competente para dirimir as ações oriundas da relação de trabalho, inclusive os *habeas corpus* (quando o ato questionado envolver matéria sujeita à sua jurisdição), não estendeu à Justiça do Trabalho competência penal *stricto sensu*. TRT – 12ª R. – AG-REG 0891-2005-000-12-00-1 – (Ac. TP 13274/06 – 28.8.06) – Relª. Juíza Maria do Céo de Avelar – DJSC 26.9.06 – p. 57)

Por derradeiro, cumpre destacar que a Justiça do Trabalho apresenta um processo simplificado, voltado para a satisfação rápida dos direitos do trabalhador. Em se admitindo a competência criminal, inegavelmente, para o julgamento de crimes, a Justiça do Trabalho teria de aplicar o Código de Processo Penal, que é norteado pelo princípio constitucional da presunção de inocência do réu, e a decisão somente poderia ser proferida mediante um processo formal, balizado pelo princípio da verdade real, o que difere, em muito, dos princípios do Direito Processual do Trabalho.

Em que pesem as boas intenções daqueles que defendem a competência criminal da Justiça do Trabalho, no nosso sentir, tal competência não trará benefícios à Justiça do Trabalho e nem ao Processo do Trabalho, tampouco um maior cumprimento da Legislação Trabalhista, pois as vicissitudes enfrentadas pela Justiça Comum e pela Justiça Federal serão as mesmas enfrentadas pela Justiça do Trabalho. Além disso, a função da Justiça do Trabalho sempre foi a de facilitar o acesso do trabalhador à Justiça, o que ficaria significativamente comprometido com a competência criminal.

Diante do exposto, em que pese o respeito que merecem as opiniões em contrário, a EC n. 45/04, ao alterar o eixo central da competência material da Justiça do Trabalho para as controvérsias oriundas e decorrentes da relação de trabalho, não atribuiu competência penal à Justiça do Trabalho. Tal competência somente será possível por meio de Emenda Constitucional[125].

---

(*Mandado de segurança*. Habeas corpus. Habeas data *na Justiça do Trabalho*. São Paulo: LTr, 2006. p. 168).

(125) Nesse sentido se pronunciou recentemente o STF, deferindo a liminar em MEDIDA CAUTELAR EM AÇÃO DIRETA DE INCONSTITUCIONALIDADE n. 3.684-0 (1), conforme noticiado pelo STF: "1º.2.2007 — 19:15 — Justiça do Trabalho não tem competência para julgar ações penais. O plenário do Supremo Tribunal Federal (STF) deferiu, por unanimidade, liminar na Ação Direta de Inconstitucionalidade (ADI) 3684, ajuizada pelo procurador-geral da República contra os incisos I, IV e IX do art. 114 da Constituição Federal, introduzidos pela Emenda Constitucional (EC) n. 45/04. Esses dispositivos, ao tratarem da competência da Justiça do Trabalho para solucionar conflitos entre trabalhadores e empregadores, teriam atribuído jurisdição em matéria criminal à Justiça do Trabalho. De acordo com a ADI, o texto da Reforma do Judiciário aprovado pela Câmara foi alterado posteriormente no Senado. O procurador-geral sustenta que, após a alteração feita no Senado, a matéria deveria ter retornado à Câmara dos Deputados, o que não teria ocorrido, configurando a inconstitucionalidade formal do inciso I do art. 114. Aponta ainda que o dispositivo afronta

No aspecto, vale transcrever entendimento recente do Supremo Tribunal vazado na seguinte ementa:

> COMPETÊNCIA CRIMINAL. Justiça do Trabalho. Ações penais. Processo e julgamento. Jurisdição Genérica. Inexistência. Interpretação conforme o art. 114, incs. I, IV e IX da CF, acrescidos pela EC n. 45/2004. Ação direta de inconstitucionalidade. Liminar deferida com efeito *ex tunc*. O diposto no art. 114, incisos I, IV e IX, da Constituição da República, acredidos pela Emenda Constitucional n. 45, não atribuiu à Justiça do Trabalho competência para processar e julgar ações penais ( STF, ADI n. 3684-MC, TP, Rel. Min. Cezar Peluso, Tribunal Pleno, J. 1º.2.2007, DJe-072, publ. 3.8.2007; LEXSTF V. 29, N. 344, 2007, P. 69-86)

## 10. Ações de indenização por danos morais e patrimoniais decorrentes da relação de trabalho

Dano, do latim *damnum*, termo bastante amplo para significar qualquer prejuízo material ou moral causado a uma pessoa. Em síntese, pode-se dizer que o dano é a lesão a um bem jurídico. É a lesão a um patrimônio[126].

---

os arts. 60, §§ 2º e 4º, inciso IV, e o art. 5º, *caput* e inciso LIII da Constituição Federal. O PGR alega que, em decorrência da EC n. 45, o Ministério Público do Trabalho e a Justiça do Trabalho estão praticando atos relativos a matéria penal. Diante dos argumentos, o procurador-geral requer, na ADI, a suspensão da eficácia do inciso I do art. 114 ou que seja dada interpretação conforme a Constituição. Pede também o afastamento de qualquer entendimento que reconheça a competência penal da Justiça do Trabalho e a interpretação conforme o texto constitucional dos incisos IV e IX do art. 114, acrescentado pela EC n. 45/04. No mérito, que seja declarada a inconstitucionalidade dos dispositivos impugnados. Voto: Em seu voto, o relator da ação, ministro Cezar Peluso, afirmou que o inciso IV do art. 114 determina a competência da justiça do trabalho para julgar *Habeas Corpus*, *Habeas Data* e Mandados de Segurança, 'quando o ato questionado envolver matéria sujeita a sua jurisdição'. Ele lembra, porém, que o pedido de *habeas* pode ser usado 'contra atos ou omissões praticados no curso de processos de qualquer natureza', e não apenas em ações penais. Se fosse a intenção da Constituição outorgar à justiça trabalhista competência criminal ampla e inespecífica, não seria preciso prever, textualmente, competência para apreciar *habeas*. O relator ressalta que a Constituição 'circunscreve o objeto inequívoco da competência penal genérica', mediante o uso dos vocábulos 'infrações penais' e 'crimes'. No entanto, a competência da Justiça do Trabalho para o processo e julgamento de ações oriundas da relação trabalhista se restringe apenas às ações destituídas de natureza penal. Ele diz que a aplicação do entendimento que se pretende alterar violaria frontalmente o princípio do juiz natural, uma vez que, segundo a norma constitucional, cabe à justiça comum — estadual ou federal, dentro de suas respectivas competências, julgar e processar matéria criminal. Quanto à alegada inconstitucionalidade formal, Peluso argumenta que a alteração no texto da EC n. 45, durante sua tramitação no Legislativo, 'em nada alterou o âmbito semântico do texto definitivo', por isso não haveria a violação ao § 2º, art. 60 da Constituição. Assim, por unanimidade, foi deferida a liminar na ADI, com efeitos *ex tunc* (retroativo), para atribuir interpretação conforme a Constituição, aos incisos I, IV e IX de seu art. 114, declarando que, no âmbito da jurisdição da Justiça do Trabalho, não está incluída competência para processar e julgar ações penais. Diante do exposto, no nosso sentir, em que pese o respeito que merecem as opiniões em contrário, a EC n. 45/04, ao alterar o eixo central da competência material da Justiça do Trabalho, para as controvérsias oriundas e decorrentes da relação de trabalho, não atribuiu competência penal à Justiça do Trabalho. Tal competência somente será possível por meio de Emenda Constitucional" (Disponível em: <http://www.stf.com.br> Acesso em: 13 fev. 2007).

(126) FLORINDO, Valdir. *Dano moral e o direito do trabalho*. 4. ed. São Paulo: LTr, 2002. p. 29.

Ensina *Agostinho Alvim*[127]: "Nós entendemos que o termo dano, em sentido amplo, vem a ser a lesão de qualquer bem jurídico, e aí se inclui o dano moral. Mas, em sentido estrito, dano é, para nós, a lesão do patrimônio; e patrimônio é o conjunto das relações jurídicas de uma pessoa, apreciáveis em dinheiro. Aprecia-se o dano tendo em vista a diminuição sofrida no patrimônio. Logo, a matéria do dano prende-se à da indenização, de modo que só interessa o estudo do dano indenizável".

O dano é a lesão de um bem jurídico, material ou imaterial ou ainda moral, tutelado pelo direito, que acarreta prejuízo à vítima.

O dano que causa prejuízo ao patrimônio da pessoa é considerado material e é reparado por um montante em pecúnia para tornar indene o prejuízo sofrido, ressarcindo o lesado dos danos emergentes (imediatos e atuais) e lucros cessantes (mediatos e futuros), ou seja, o que o lesado razoavelmente ganharia se não houvesse o dano.

Quanto ao dano moral, não é fácil a tarefa de definir o conceito exato. Não obstante as dificuldades de definir, a doutrina tem traçado alguns conceitos objetivos de dano moral, máxime para diferenciá-lo do dano patrimonial, já que, atualmente, o chamado dano moral puro, ou seja, aquele que não tem qualquer reflexo patrimonial, é objeto de reparação pelo Direito. Muitos conceitos partem da definição por exclusão do dano patrimonial, vale dizer: todo dano que não é patrimonial, é moral, ou extrapatrimonial. Não obstante, nem tudo que não é dano patrimonial pode ser encarado como dano moral.

A moderna doutrina vem dando amplitude mais acentuada ao dano moral para abranger todo dano que viole um direito da personalidade e a dignidade da pessoa humana, não podendo o conceito de dano moral ficar exclusivamente balizado ao preço da dor e aos danos do *Mundo Interior*. A nosso ver, diante da atual Constituição Federal (art. 5º, V e X) e também do Código Civil (arts. 10 e seguintes), atualmente, o conceito de dano moral tem caráter mais amplo do que os chamados "danos da alma" ou danos do mundo interior, pois abranje todo dano à pessoa, seja no aspecto interior (honra, intimidade, privacidade), seja no aspecto exterior (imagem, boa fama, estética), que não tenha natureza econômica, e que abale a dignidade da pessoa. Quanto às pessoas jurídicas, por não possuírem intimidade e não terem sentimentos, o dano moral se configura quando há violação à sua honra objetiva, seu nome, reputação e imagem.

O próprio STJ, recentemente, por meio da Súmula n. 387, tem ampliado a tutela dos direitos da personalidade para reconhecer a reparação do chamado *dano estético puro*, que se configura quando há alteração morfológica na pessoa, acarretando enfeiamento, deformação ou aleijão. Com efeito, dispõe a citada Súmula do STJ: "É lícita a cumulação das indenizações de dano estético e dano moral." (DJeletrônico 1º.9.2009).

---

(127) ALVIM, Agostinho. *Da inexecução das obrigações*. 3. ed. São Paulo: Jurídica e Universitária, 1965. p. 171.

No nosso sentir, o dano moral configura-se independentemente de seus efeitos, até mesmo porque os efeitos não são passíveis de ser demonstrados. Basta que ocorra violação efetiva a um direito da personalidade para que o dano moral esteja configurado.

Acreditamos, apesar de pronunciamentos em contrário, que o chamado *dano moral trabalhista*[128] não difere ontologicamente do dano moral civil, apenas o primeiro tem nexo causal com a relação de emprego e o segundo não. Por isso, o dano moral que eclode de uma relação de trabalho, embora topograficamente inserido numa relação de ordem trabalhista, não perde sua natureza jurídica de ser uma reparação de índole constitucional e civil. Desse modo, em que pesem as abalizadas opiniões em contrário, não há o chamado *dano moral trabalhista*, mas sim, um dano moral decorrente da relação de trabalho, pois a reparação por danos morais não é uma parcela trabalhista *stricto sensu* e nem se confunde com as indenizações trabalhistas, previstas no art. 7º da CF e na Consolidação das Leis do Trabalho[129].

Já na antiga redação do art. 114 da CF a jurisprudência trabalhista havia fixado entendimento no sentido de ser a Justiça do Trabalho competente para dirimir controvérsias sobre a reparação do dano moral decorrente da relação de trabalho. Nesse sentido a OJ n. 327, da SDI-I, do C. TST assim redigida: "Dano moral. Competência da Justiça do Trabalho. Nos termos do art. 114 da CF/88, a Justiça do Trabalho é competente para dirimir controvérsias referentes à indenização por dano moral, quando decorrentes da relação de trabalho".

Sob esse enfoque, também já se havia pronunciado o E. STF, consoante voto da lavra do Ministro Sepúlveda Pertence, que segue: "Justiça do Trabalho. Competência. Ação de reparação de danos decorrentes da imputação caluniosa irrogada ao trabalhador pelo empregador a pretexto de justa causa para a despedida e, assim, decorrente da relação de trabalho, não importando deva a controvérsia ser dirimida à luz do Direito Civil" (RE n. 238.737-SP) julg. 17.11.98[130].

---

(128) Muitos autores sustentam a existência do chamado *dano moral trabalhista*, ou seja, o dano moral próprio do Direito do Trabalho, que está umbilicalmente ligado a uma relação de trabalho ou de emprego. Nesse sentido é a visão de João Oreste Dalazen: "Reputo *dano moral trabalhista*, por conseguinte, o agravo ou constrangimento moral infligido quer ao empregado, quer ao empregador, mediante violação a direitos ínsitos à personalidade, como consequência da relação de emprego" (Aspectos do dano moral trabalhista. In: *Revista Legislação Trabalhista*. São Paulo: LTr, ano 64, v. 01, 2000. p. 07). No mesmo sentido é a posição de Guilherme Augusto Caputo Bastos: "O dano moral trabalhista configura-se, portanto, pelo enquadramento do ato ilícito perpetrado em uma das hipóteses de violação aos bens juridicamente tutelados pelo art. 5º, X, da Constituição da República de 1988. E para que o direito à reparação financeira se concretize, faz-se imprescindível a associação de três elementos básicos caracterizadores da responsabilidade civil: o impulso do agente, o resultado lesivo (dano) e o nexo de causalidade entre o dano e a ação"(*O dano moral no direito do trabalho*. São Paulo: LTr, 2003. p. 72).

(129) Nesse sentido se pronuncia Amauri Mascaro Nascimento: "Dano moral, que é o efeito da agressão moral, do assédio moral e do assédio sexual, é um só e mesmo conceito, no direito civil e no direito do trabalho, não existindo um conceito de dano moral trabalhista que, assim, vai buscar no direito civil os elementos da sua caracterização" (*Curso de direito do trabalho*. 19. ed. São Paulo: Saraiva, 2004. p. 466).

(130) Diário da Justiça n. 226, Seção 1, 25.11.98. p. 22. No mesmo sentido também se pronunciou o STF. RE 269.309-0, Rel. Nelson Jobim, DJ n. 218, 13.11.2000, Seção 1. p. 35.

Atualmente, o art. 114, VI, da CF dispõe sobre a competência da Justiça do Trabalho para as ações de reparação por danos patrimoniais e morais decorrentes da relação de trabalho. Diz o referido dispositivo legal: "Compete à Justiça do Trabalho processar e julgar: (...) VI – as ações de indenização por dano moral ou patrimonial, decorrentes da relação de trabalho".

Desse modo, a Justiça do Trabalho apreciará os danos morais e patrimoniais, que não têm natureza jurídica de verba trabalhista *stricto sensu*, mas que decorrem da relação de trabalho.

## 10.1. Danos na fase pré-contratual

Os danos, tanto morais, como patrimoniais, podem ocorrer na fase pré-contratual, na fase contratual e na fase pós-contratual. Quanto à fase contratual, não há discussões sobre a competência da Justiça do Trabalho (art. 114, VI, da CF). Já quanto às fases pré-contratual e pós-contratual, surgem dúvidas, pois o dano não se verifica durante a relação de emprego.

Não admitindo a competência da Justiça do Trabalho na fase pré-contratual, destacamos a opinião de *Antonio Lamarca*[131]: "Mais difícil se torna o tema quando pretendemos resolver questiúnculas originadas de um 'pré-contrato', que sequer chegou a ser concretizado. Sem aderir à teoria do 'contrato-realidade', procuramos demonstrar, em Manual das Justas Causas, a falsidade dessa teoria. A relação de emprego é consequência direta da relação jurídica que se estabelece entre as partes que prometem respectivamente, 'atividade laborativa' e 'contraprestação salarial'; no pré-contrato, ainda não há incidência das leis laborais e ainda não existe um 'contrato individual' de trabalho, que somente adquire vida e dinamismo através de sua execução. Se, por acaso, há inadimplência, a competência é da Justiça comum e não da Justiça do Trabalho".

No mesmo sentido é a opinião de *Rodolfo Pamplona Filho*[132]: "O período das tratativas para a eventual formação de um contrato de trabalho, ainda que possa estar propenso à ocorrência de danos morais, não deve estar sob a competência da Justiça do Trabalho pelo argumento dogmático de que inexiste, neste momento, a qualificação jurídica necessária dos sujeitos, qual seja, a condição de empregados e empregadores"[133].

---

(131) LAMARCA, Antonio. *Op. cit.*, p. 118-119.

(132) PAMPLONA FILHO, Rodolfo. *O dano moral na relação de emprego*. 2. ed. São Paulo: LTr, 1999. p. 116.

(133) No mesmo diapasão é a opinião de Luiz de Pinho Pedreira: "Na fase pré-contratual, conforme dito em capítulo anterior, reconsideramos a nossa opinião no sentido da competência, que passamos a rejeitar, porque, nos termos do art. 114 da Constituição, ela está subordinada à extinção da relação de trabalho e esta, no período em questão, ainda não se perfez. É certo que Wilson de Souza Campos Batalha considera competente a Justiça do Trabalho inclusive para as ações relativas à fase pós-contratual, todavia sem justificar. Em concordância com o nosso atual ponto de vista situa-se Miriam Tereyama, em estudo sobre o dano moral trabalhista, sustentando que se trata de mera expectativa de celebração futura de contrato para estabelecimento de relação de trabalho, excluída da expressão constitucional e, portanto, da competência

Em que pesem os argumentos dos citados doutrinadores, entendemos que a razão está com os que pensam ser a Justiça do Trabalho competente para dirimir os danos que eclodem na fase pré-contratual, pois decorrem de um futuro contrato de trabalho. De outro lado, a controvérsia decorre da relação de trabalho e se embasa na culpa *in contrahendo*. O fato de não existir ainda a relação de emprego não é suficiente para afastar a competência da Justiça do Trabalho, pois só houve o dano em razão de um futuro contrato de trabalho, se não fosse a relação de emprego ou de trabalho, que é o objeto do negócio jurídico, não haveria o dano.

Nesse mesmo diapasão, destacamos a seguinte ementa:

> A Justiça do Trabalho é competente para apreciar e decidir pedido de reparação de dano causado pelo descumprimento da promessa de celebrar contrato de trabalho, por tratar-se de controvérsia decorrente de uma relação de trabalho prometida e que não teria se consumado por culpa de uma das partes. Embora refutada por muitos, existe a chamada responsabilidade pré-contratual, decorrente de ação ou omissão culposas ocorridas entre a proposta e a aceitação. Se a aceitação da proposta é manifestada no tempo oportuno, o contrato estará perfeito e acabado pelo simples acordo de vontades. Mas em se tratando de proposta que não exige aceitação imediata, pode o policitante retratar-se antes de manifestar a sua vontade. Entretanto, se este foi ilaqueado em sua boa-fé e frustrado em sua fundada esperança de contratar, tem ele o direito à reparação dos prejuízos sofridos. O dever de indenizar, no caso, explica-se, segundo alguns, pela teoria da culpa *in contrahendo* ou, segundo outros, pelo abuso de direito, mesmo que nessa fase não se entenda já existirem direito (TRT, 3ª R. – 4ª T. – Rel. Luiz Otávio Linhares Renault – Ac. 1383 – RO 17739/00 – DJMG 25.11.00 – p. 32).

## 10.2. Danos na fase pós-contratual

Quanto à fase pós-contratual, parte da doutrina se pronuncia pela incompetência da Justiça do Trabalho, por já extinta a relação de emprego e pelas partes já não ostentarem mais o *status* de empregado e empregador. Entretanto, pensamos de forma diversa, pois, se os danos eclodiram em razão da antiga existência do contrato de trabalho e com ele estão relacionados, a competência da Justiça do Trabalho se mantém, por força do art. 114, VI da CF, que menciona a competência da Justiça do Trabalho para as ações decorrentes *da relação de trabalho*.

O termo *decorrentes* significa que as ações se originam de uma relação de trabalho, vale dizer: que foi em razão desta relação que o dano eclodiu, independentemente se a relação de trabalho ou emprego ainda está vigente ou não, pois a Constituição assim não distinguiu. Se dúvidas podem surgir quanto à competência da Justiça do Trabalho para apreciar o dano decorrente da fase pré-contratual, parece fora de dúvida que a competência para apreciar os danos decorrentes da fase pós-contratual é da Justiça especializada trabalhista, desde que relacionados

---

da Justiça Comum, porque inexistente ainda relação empregatícia" (*A reparação do dano moral no direito do trabalho*. São Paulo: LTr, 2004. p. 123-124).

à relação de trabalho[134] — por exemplo, se um empregador manda uma carta a uma empresa que pretende contratar seu antigo empregado, contendo informações desabonadoras a respeito da conduta do trabalhador, por fatos ocorridos durante a antiga relação de emprego. Ora, neste caso, a matéria está umbilicalmente atrelada ao antigo contrato de trabalho, restando forçosa a aplicação do art. 114 da CF.

Nesse diapasão, é praticamente pacífica a jurisprudência do Tribunal Superior do Trabalho com relação aos pedidos fundamentados em Complementação de Aposentadoria postulados em face do ex-empregador após a extinção do contrato de trabalho, conforme se constata da redação das seguintes ementas:

> Competência da Justiça do Trabalho — Complementação de pensão — Viúva de ex-empregado da CEF — OJ n. 26 da SBDI-1 do TST — Art. 114, CF/88. 1. A jurisprudência maciça do Tribunal Superior do Trabalho, consubstanciada na Orientação Jurisprudencial n. 26 da SBDI-1, ao declarar a competênica da Justiça do Trabalho para apreciar pedido de complementação de pensão percebida por viúva de ex-empregado da CEF, ajusta-se às disposições do art. 114 da Constituição Federal de 1988. 2. O entendimento perfilhado na aludida Orientação Jurisprudencial parte do pressuposto de que a adesão do ex-empregado ao plano de complementação de aposentadoria deu-se em razão do contrato de trabalho firmado com a Caixa Econômica Federal. 3. Agravo de instrumento a que se nega provimento. (TST – 1ª T. – AIRR n. 1540/2002.014.03.00-7 – Rel. Min. João Oreste Dalazen – DJ 2.9.05 – p. 760) (RDT n. 9 de Setembro de 2005)

> Incompetência da Justiça do Trabalho — Complementação de aposentadoria. Por força do contrato de emprego, a empregadora Celesc transmite obrigação à entidade de previdência privada fechada Celos, que instituiu aos seus aposentados complementação de aposentadoria. A questão posta aqui consiste em saber se compete à Justiça do Trabalho dirimir controvérsia cujo objeto seja o desconto da contribuição paga à Celos posteriormente à aposentadoria, considerando as disposições dos regulamentos da entidade (Planos Transitório e Misto). O direito postulado é proveniente de regulamento empresarial que integra o contrato de trabalho celebrado entre as partes. Assim, cuidando-se de direito originário do contrato de trabalho, a teor do art. 114 da Constituição da República de 1988, é competente a Justiça do Trabalho para dirimir a controvérsia. Recurso provido. (TST – 4ª T. – RR n. 7364/2002.036.12.00-5 – Rel. Min. Antônio José de B. Levenhagem – DJ 2.9.05 – p. 921) (RDT n. 09 – Setembro de 2005)

Como bem assevera *José Affonso Dallegrave Neto*[135]: "A competência material para apreciar o dano moral oriundo da violação de deveres de lealdade, proteção e informação é da Justiça do Trabalho, vez que resultante de dever de conduta anexo ao contrato de trabalho, ainda que de um contrato findo. Ademais, corrobora este

---

(134) Nesse sentido, destacamos a posição de Antonio Lamarca: "Compromissados empregados e compromissados empregadores não podem reclamar perante a Justiça do Trabalho: podem fazê-lo os *atuais* empregados e os *atuais* empregadores, bem como os *passados* empregados ou empregadores (extinta relação), como consequência, como decorrência, como corolário de uma relação jurídica complexa denominada 'contrato individual do trabalho' e cuja natureza jurídica perquirimos, à exaustão, em nosso *Manual das Justas Causas*" (*O livro da competência*. São Paulo: RT, 1979. p. 119).

(135) DALLEGRAVE NETO, José Affonso. *Responsabilidade civil no direito do trabalho*. São Paulo: LTr, 2005. p. 95.

entendimento o fato do agente, ao ofender a vítima, agir não na condição de um sujeito qualquer que afronta a personalidade de outrem, mas especificamente de um ex-empregador que difama ou calunia seu ex-empregado com informações distorcidas atinentes ao contrato de trabalho ou vice-versa. O *status* jurídico do agente (ex-empregador) e da vítima (ex-empregado) são fundamentais para a classificação de um direito relativo e da responsabilidade do tipo contratual, máxime porque o novo art. 114, VI, da CF, fixa expressamente a competência da Justiça do Trabalho para as ações de indenização decorrentes de toda e qualquer relação de trabalho".

Nesse diapasão, destacamos a seguinte ementa:

> A competência da Justiça do Trabalho para dirimir os dissídios motivados por dano moral não se estabelece linearmente, mas em decorrência da situação jurídica em que se encontra o trabalhador nos períodos pré-contratual, contratual e pós-contratual e do nexo de causa e efeito entre a lesão perpetrada e o vínculo de emprego. Revista conhecida e provida (TST – RR 439272-1998 – 4ª T. – Rel. Min. Antônio José de Barros Levenhagen – DJ 6.4.01 – p. 685).

## 10.3. Da competência da Justiça do Trabalho para apreciação dos danos morais decorrentes do acidente de trabalho

Sob os prismas do art. 109, I, da CF e Súmulas n. 15, do STJ[136], e 501 do STF[137], vinham os pretórios, majoritariamente, afastando a competência da Justiça do Trabalho para apreciação de litígio atinente a danos morais e patrimoniais decorrentes do acidente de trabalho.

*Antonio Lamarca*[138], em 1979, prevendo os novos horizontes da Justiça do Trabalho, fazia as seguintes indagações:

> "Por que razão o legislador ordinário não defere a uma Justiça semigratuita e perfeitamente aparelhada a resolução de conflitos do trabalho não resultantes de uma relação não empregatícia? Por que a Justiça do Trabalho não pode decidir as lides consequentes aos acidentes do trabalho e à previdência social? Há muito combatemos essa aparentemente inexplicável quebra de competência. A Justiça do Trabalho custa muito dinheiro aos cofres públicos, mas funciona melhor que qualquer outro setor do Judiciário brasileiro. Tanto isso é verdade que a Reforma Judiciária, de abril de 1977, praticamente não tocou nela. Seria razoável, portanto, que a ela se deferisse acompanhar toda a vida do trabalhador, em todos os aspectos ligados, direta ou indiretamente, ao seu trabalho. Não

---

(136) Súmula n. 15 do C. STJ: "Acidente do trabalho — Competência: justiça comum. Compete à Justiça Estadual processar e julgar os litígios decorrentes de acidente do trabalho" (DJ 14.11.90).

(137) Súmula n. 501 do E. STF: "Acidente do trabalho — Competência da justiça ordinária estadual. Compete à Justiça ordinária estadual o processo e o julgamento, em ambas as instâncias, das causas de acidentes do trabalho, ainda que promovidas contra a União, suas autarquias, empresas públicas ou sociedades de economia mista".

(138) LAMARCA, Antonio. *O livro da competência*. São Paulo: RT, 1979. p. 02.

é assim, porém. Parece-me que o grande mal da Justiça do Trabalho reside, paradoxalmente, na sua eficiência. Fosse ela lenta, como a Justiça ordinária, e certamente, não teria voltada contra si a ira injustificada dos setores mais reacionários do país. Nem sempre interessa o destino de determinadas questões... Outra razão dos que vivem assentando baterias contra ela é o sentimento de humanidade, que domina os seus juízes, mais preocupados em fazer 'Justiça' que legalidade. O sentimentalismo da jurisprudência acientífica não agrada a certos setores sociais. Mas tudo isso é inconcebível, pois a organização paritária da Justiça Obreira constitui a mais lídima garantia de imparcialidade das decisões. O Juiz apenas representa a neutralidade do Estado, na solução das delicadas questões sociais".

A nosso ver, mesmo antes da EC n. 45/04, era da Justiça do Trabalho a competência para apreciar os danos morais e patrimoniais que decorrem do acidente de trabalho.

Por primeiro, cumpre destacar que o direito à indenização por acidente de trabalho, quando houver dolo ou culpa do empregador, está previsto no rol dos direitos trabalhistas[139], como uma garantia ao trabalhador (art. 7º, *caput*, da CF)[140].

De outro lado, cotejando-se a primeira parte do inciso I, do art. 109, da CF com a parte final, conclui-se que somente são excluídas da Justiça Federal as causas acidentárias em que a União, Entidade Autárquica ou empresas públicas forem interessadas, consoante a própria redação do dispositivo legal ora enfocado que assim dispõe: "*As causas em que a União, entidade autárquica ou empresa pública federal forem interessadas na condição de autoras, rés,* assistentes ou oponentes, *exceto as de falência, as de acidentes de trabalho* e as sujeitas à Justiça Eleitoral e à Justiça do Trabalho" (os grifos são nossos).

Quando já parecia que era incontestável a competência da Justiça do Trabalho para apreciar os danos morais e materiais decorrentes do acidente de trabalho, o STF, surpreendentemente, fixou entendimento após a EC n. 45/04 de não competir à Justiça do Trabalho processar e julgar as ações de danos patrimoniais e morais decorrentes do acidente de trabalho, conforme as seguintes ementas:

> Dano moral — Indenização — Acidente de trabalho — Justiça Comum (Decisão Monocrática) — Ementa: Compete à Justiça dos Estados-membros e do Distrito Federal, e não à Justiça do Trabalho, o julgamento das ações de indenização resultantes de acidente do trabalho, ainda que fundadas no direito comum e ajuizadas em face do empregador (STF-RE 371.866-5 (559) – MG – Rel. Min. Celso de Mello – DJU 22.3.05 – p. 77).

---

(139) "Art. 7º, XXVIII – Seguro contra acidentes de trabalho, a cargo do empregador, sem excluir a indenização a que este está obrigado, quando incorrer em dolo ou culpa".

(140) "Art. 7º – São direitos dos trabalhadores urbanos e rurais, além de outros que visem à melhoria de sua condição social: ..."

Competência: Justiça Comum: ação de indenização fundada em acidente de trabalho, ainda quando movida contra empregador. 1. É da jurisprudência do STF que, em geral, compete à Justiça do Trabalho conhecer de ação indenizatória por danos decorrentes da relação de emprego, não importando deva a controvérsia ser dirimida à luz do direito comum e não do Direito do Trabalho. 2. Da regra geral são de excluir-se, porém, por força do art. 109, I, da Constituição, as ações fundadas em acidente de trabalho, sejam as movidas contra a autarquia seguradora, sejam as propostas contra o empregador (RTJ 188/740, Rel. Min Sepúlveda Pertence).

Posteriormente, o STF reformulou seu entendimento para fixar a competência da Justiça do Trabalho para apreciar os danos morais e patrimoniais decorrentes do acidente de trabalho[141], devido ao grande trabalho das Associações de Magistrados Trabalhistas, principalmente da ANAMATRA (Associação Nacional dos Magistrados do Trabalho).

Em outros julgamentos, o STF vem entendendo no mesmo sentido, conforme as seguintes ementas:

> Constitucional. Ação indenizatória por acidente de trabalho. Competência. Art. 114, VI, da CF/88, redação dada pela EC n. 45/2004. Orientação firmada pelo STF no Julgamento do CC 7.204/MG. Efeitos temporais. I – O Plenário do Supremo Tribunal Federal, ao julgar o CC n. 7.204/MG, Rel. Min. Carlos Britto, decidiu que a competência para processar e julgar ação de indenização por danos morais e patrimoniais decorrentes de acidente de trabalho é da Justiça do Trabalho. Precedentes. II – A nova orientação alcança os processos em trâmite pela Justiça comum estadual, desde que

---

(141) O STF mudou seu entendimento a respeito da matéria, conforme notícia constante do *site* do Tribunal Regional do Trabalho da 2ª Região de 30.6.2005: "O Plenário do Supremo Tribunal Federal (STF) reformulou entendimento anterior e declarou que a competência para julgar ações por dano moral e material decorrentes de acidente de trabalho é da Justiça Trabalhista. A decisão unânime foi tomada nesta quarta- -feira (29), durante análise do Conflito negativo de Competência (CC n. 7.204) suscitado pelo Tribunal Superior do Trabalho contra o Tribunal de Alçada de Minas Gerais. Os ministros acompanharam o voto do relator, ministro Carlos Ayres Britto, que considerou 'que o inciso I do art. 109 da Constituição não autoriza concluir que a Justiça Comum Estadual detém a competência para apreciar as ações que o empregado propõe contra seu empregador, pleiteando reparação por danos morais e patrimoniais'. Em seu voto, o ministro salientou que o caso é diferente para as ações em que a União, autarquias ou empresas públicas federais são partes interessadas nas causas entre o INSS e pessoas que buscam o recebimento de benefício previdenciário decorrente de acidente de trabalho. Nesse caso, Ayres Britto ressaltou que a competência é da Justiça Comum dos estados, conforme estabelecido na Súmula n. 501 do Supremo. No entanto, o ministro afirmou que no caso de ação acidentária reparadora de danos que envolva um empregado contra o empregador, onde não há interesse da União, nem de autarquias e ou de empresa pública federal, a competência deve ser da Justiça Trabalhista. Segundo Carlos Ayres Britto, na ação o interesse diz respeito, apenas, ao empregado e seu empregador, sendo desses dois únicos protagonistas a legitimidade processual para figurar nos polos ativo e passivo da ação. Ayres Britto defendeu que se a vontade objetiva do texto constitucional fosse excluir a competência da Justiça do Trabalho, teria feito isso no âmbito do art. 114, 'jamais no contexto do art. 109, versante este último sobre a competência de uma outra categoria de juízes'. Para o ministro, como a situação não se encaixa no inciso I do art. 109, tais ações devem ser regidas pelo art. 114 da Carta Magna, que trata das atribuições da Justiça Especial do Trabalho" (Disponível em: <http://www.trt02.gov.br> Acesso em: 30 jun. 2005). A íntegra do acórdão STF CC 7.204/MG – Ac. TP, 29.6.05. Rel. Ministro Carlos Ayres Britto encontra-se publicada na *Revista Legislação do Trabalho*. São Paulo: LTr, ano 69, v. 12, 2005. p. 1477.

pendentes de julgamento de mérito. III – Agravo improvido. AG. REG. no REXTRA 465.742-2 MINAS GERAIS – STF – Ricardo Lewandowski – Ministro Relator. DJU de 27.10.2006 – (DT – Dezembro/2006 – vol. 149 – p. 83).

Constitucional. Competência. Acidente do trabalho. Ação de indenização. Danos morais e patrimoniais. EC 45/2004. CF, art. 114, VI. Justiça do Trabalho. Orientação firmada pelo plenário do Supremo Tribunal Federal no Julgamento do CC 7.204/MG. Efeitos para o futuro. I. Compete à Justiça do Trabalho o julgamento das ações de indenização por danos morais e patrimoniais decorrentes de acidente de trabalho. CC n. 7.204/MG, Plenário, Relator Ministro Carlos Britto. II. Atribuição de efeito *ex nunc* à nova orientação, que somente será aplicada às causas ajuizadas após a vigência da EC n. 45/2004, iniciada em 31.12.2004. III. Agravo não provido. AG. REG. no AI 540.190-1 SP – STF – Carlos Velloso – Presidente e Relator. DJU de 25.11.2005 – (DT – Janeiro/2006 – vol. 138 – p. 44).

Recentemente, o Supremo Tribunal Federal pacificou entendimento a respeito conforme a Súmula Vinculante n. 22, abaixo transcrita:

> A Justiça do Trabalho é competente para processar e julgar as ações de indenização por danos morais e patrimoniais decorrentes de acidente de trabalho propostas por empregado contra empregador, inclusive aquelas que ainda não possuíam sentença de mérito em primeiro grau quando da promulgação da Emenda Constitucional n. 45/04.

## 10.4. Competência da Justiça do Trabalho para apreciar o dano moral em ricochete

Dano moral reflexo ou em ricochete é o que também atinge pessoa diversa da que sofre diretamente o dano moral, ou seja: é o dano que reflete em pessoa que tem convivência muito próxima, ou laços efetivos com a vítima do dano.

Como destaca *Caio Mário da Silva Pereira*[142], a situação aqui examinada é a de uma pessoa que sofre reflexos de um dano causado a outra pessoa.

Alguns autores negam a existência do dano moral em ricochete, sustentando que o terceiro, na verdade, tem direito próprio à reparação do dano, vale dizer: sofre dano moral de forma direta, uma vez que tem abalo em sua personalidade em razão dos laços afetivos que possui com a vítima do dano moral.

Conforme *Nehemias Domingos de Melo*[143], referindo-se ao dano reflexo: "No tocante à questão dos danos morais, a situação fica mais clara, porquanto é perfeitamente compreensível que a agressão perpetrada contra uma determinada pessoa possa vir a repercutir no íntimo de uma outra ou mesmo de uma coletividade. Não há dúvidas quanto ao sofrimento que os pais experimentam em razão da morte de um filho; ou da esposa pela perda de seu marido; ou, ainda, de parentes próximos pela perda do ente querido". Prossegue o referido autor[144]: "O dano reflexo, em

---

(142) PEREIRA, Caio Mário da Silva. *Responsabilidade civil*. 6. ed. Rio de Janeiro: Forense, 1995. p. 43.
(143) MELO, Nehemias Domingos de. *Dano moral trabalhista*. São Paulo: Atlas, 2007. p. 37.
(144) *Op. cit.*, p. 39.

seara trabalhista, não decorre unicamente do evento lesivo morte. Pode também ocorrer em razão de dano estético deformante ou incapacitante. Cabe esclarecer que, embora a legitimidade de propositura da ação de indenização por dano estético seja exclusiva da vítima, a regra comporta exceção para contemplar a possibilidade de os parentes próximos sofrerem o dano moral dito reflexo ou em ricochete, decorrente de uma lesão estética imposta a um ente querido. Situações haverá em que o dano estético causado à vítima repercutirá no seio familiar. Contudo, o que se estará buscando indenizar não será o dano estético, mas sim o dano moral, que, neste caso, será reflexo ou em ricochete".

No nosso sentir, o dano moral em ricochete ou reflexo é o que atinge outras pessoas, além da vítima direta do dano, em razão dos laços afetivos que possui com esta. Inegavelmente, o terceiro tem direito próprio à reparação, entretanto, o seu dano se originou de ofensa a terceiro. Por isso, o dano moral reflexo deve ser avaliado, considerando-se que o terceiro não o sofreu diretamente, devendo o *quantum* da reparação ser mais reduzido do que o valor devido à vítima direta do dano.

A jurisprudência trabalhista vem admitindo o dano moral em ricochete decorrente do contrato de trabalho, conforme a redação da seguinte ementa:

> Dano moral — Empregado vítima de acidente do trabalho — Legitimidade ativa. Qualquer pessoa, com ou sem parentesco, está apto a pleitear, em juízo, compensação monetária pela dor oriunda da perda de um ente querido. No entanto, inimaginável supor que cada um dos conhecidos da vítima, aí se incluindo, por óbvio, os pais, avós, tios, irmãos, amigos, namorada, vizinhos, pudessem acionar o Judiciário buscando do empregador indenização financeira pela dor sentida com a morte do ex-empregado. Nesse contexto, conforme o i. jurista Arnaldo Rizardo, "se os pais já buscaram idêntica indenização por dano moral, com o pagamento efetuado, entende--se que no montante já se encontrava incluída a quantia para reparação por danos sofridos a todos os membros da família" e pessoas queridas. (*Juiz — Jurisprudência Informatizada Saraiva*, CD n. 11). Entendimento diverso leva ao absurdo, o que não se tolera, por obediência ao princípio constitucional da razoabilidade. (TRT – 3ª R. – 5ª T. – RO n. 374/2006.046.03.00-0 – Rel. Fernando Luiz G. Rios Neto – DJ 2.12.06 – p. 19) (RDT n. 01 – Janeiro de 2007)

O antigo art. 114, da CF, falava em ações oriundas e o inciso VI fala em ações de indenização por danos morais e patrimoniais *decorrentes da relação de trabalho*.

A atual redação do art. 114 disciplina a competência em razão da matéria e não mais em razão das pessoas. Por isso, acreditamos que, se o dano moral refletiu em terceiros (por exemplo, a esposa do trabalhador que sofre danos morais em razão da morte de seu marido, ex-empregado vítima de acidente de trabalho) e eclodiu da relação de trabalho, a competência da Justiça do Trabalho se mostra inarredável. Além disso, o art. 114, VI, da CF menciona que a Justiça do Trabalho tem competência para as ações de indenização por danos morais que decorrem da relação de trabalho, vale dizer: que têm origem em uma relação de trabalho, ou seja, que dela derivam. Desse modo, as pessoas que sofrem o dano moral não precisam ser os atores sociais da relação de emprego ou de trabalho para postularem a reparação de danos morais na Justiça do Trabalho, basta que o fato decorra dessa relação.

Nesse sentido, destacamos a seguinte ementa:

> INDENIZAÇÃO POR DANO MORAL E PATRIMONIAL DECORRENTES DE ACIDENTE DE TRABALHO COM RESULTADO MORTE — A competência da Justiça do Trabalho para instruir e julgar a ação que englobe pedido de indenização por danos morais e materiais é indiscutível, vez que o art. 114 da Constituição, ao dispor sobre a competência da justiça especializada, acrescentou "outras controvérsias oriundas da relação de trabalho" (art. 114, 2ª parte, CR). Assim, ainda que o pedido de indenização esteja relacionado com o acidente de trabalho que resultou na morte do trabalhador e que os beneficiados deste sejam sua mulher e filhos, é indiscutível que a situação fática ensejadora do dano ocorreu no contexto de uma relação de emprego; pelo que impõe-se a apreciação por esta esfera jurisdicional, pois a intenção do legislador constitucional no já citado art. 114 não tem o escopo de limitar a atuação da justiça do trabalho, mas direcionar a sua competência. Ademais, o excelso pretório elucida a matéria ao consignar na Súmula n. 736: "compete à justiça do trabalho julgar as ações que tenham como causa de pedir o descumprimento de normas trabalhistas relativas à segurança, higiene e saúde dos trabalhadores" (DJ 9.12.03) (TRT – 23ª R. – RO 01745.2002.021.23.00-1 – Rel. Juiz Tarcísio Valente – DJMT 1º.9.2004 – p. 34).

Nesse sentido o Enunciado n. 36, da 1ª Jornada de Direito Material e Processual do Trabalho realizada no Tribunal Superior do Trabalho:

> ACIDENTE DO TRABALHO. COMPETÊNCIA. AÇÃO AJUIZADA POR HERDEIRO, DEPENDENTE OU SUCESSOR. Compete à Justiça do Trabalho apreciar e julgar ação de indenização por acidente de trabalho, mesmo quando ajuizada pelo herdeiro, dependente ou sucessor, inclusive em relação aos danos em ricochete.

Entretanto, este não vinha sendo o entendimento da jurisprudência do C. TST, conforme a seguinte ementa:

> AÇÃO RESCISÓRIA. PAGAMENTO DE INDENIZAÇÃO POR DANOS MORAIS E MATERIAIS DECORRENTES DE ACIDENTE DE TRABALHO. COMPETÊNCIA DA JUSTIÇA DO TRABALHO. Decisão rescindenda em que, após a declaração de incompetência do Juízo Cível para julgar a ação de indenização, a Vara do Trabalho da Comarca de Rio Verde – GO condenou a Reclamada a pagar à esposa e à filha do empregado falecido indenização por danos morais e materiais decorrentes de acidente de trabalho que levou aquele a óbito. Ação rescisória ajuizada com fundamento no art. 485, II, do CPC. Constatação de que as Autoras do processo originário formularam dupla pretensão de indenização, a saber: um, por dano material, por meio do qual se pretendeu a condenação da Ré ao pagamento do seguro de vida obrigatório previsto no art. 7º, XXVIII, da Constituição Federal; e outro por dano moral, resultante da dor e sofrimento causado às Autoras pela morte de seu pai e marido. Competência da Justiça do Trabalho quanto à primeira pretensão, haja vista que a obrigação de contratar seguro contra acidentes de trabalho pressupõe a existência de um contrato de trabalho ou relação de emprego. No que respeita ao segundo pedido, não detém esta Justiça Especial competência para apreciá-lo, na medida em que as Autoras invocam como causa de pedir a dor sofrida pelo falecimento do empregado. O alegado trauma emocional guarda relação com perda do ente querido, ou seja, o que se invoca é o sofrimento próprio das Autoras, e, não, qualquer direito

sonegado pertencente ao *de cujus*. Recurso ordinário a que se dá provimento parcial, a fim de julgar parcialmente procedente a pretensão desconstitutiva, tendo em vista a incompetência da Justiça do Trabalho para apreciar pedido de dano moral, feito em nome próprio pelas Autoras. Determinação de remessa dos autos ao MM. Juízo Cível, para que aprecie a pretensão de indenização decorrente de danos morais, como entender de direito (TST-ROAR-307/2003-000-18-00.3 – (Ac. SBDI 2) – 18ª R. – Rel. Min. Gelson de Azevedo – DJU 26.5.06 – p. 871).

No mesmo sentido posiciona-se *Carlos Henrique Bezerra Leite*[145]:

"Não obstante a consagração do entendimento de que as demandas que veiculem responsabilidade civl decorrente de acidente do trabalho são da competência da Justiça Obreira, há casos em que a competência será da Justiça Comum estadual, como na hipótese em que a pretensão vem deduzida por parentes do trabalhador (dano moral em ricochete), postulando danos morais, portanto direito próprio, com base na legislação constitucional e comum, de natureza exclusivamente civil. É o que ocorre, por exemplo, quando a viúva pleiteia indenização por dano material ou moral decorrente apenas do próprio ato da morte (a perda de um ente querido), e não do direito (acidente do trabalho) nascido da relação de emprego entre o falecido e a empresa ré".

O STJ também fixou posionamento nesse sentido, conforme a Súmula n. 366, de sua jurisprudência, *in verbis*:

> Compete à Justiça estadual processar e julgar ação indenizatória proposta por viúva e filhos de empregado falecido em acidente de trabalho.

Não obstante, recentemente, o Supremo Tribunal Federal fixou em decisão plenária serem da competência da Justiça do Trabalho as ações para reparação por danos morais em ricochete derivados do acidente de trabalho, conforme a seguinte ementa:

> EMENTA: CONFLITO DE COMPETÊNCIA. CONSTITUCIONAL. JUÍZO ESTADUAL DE PRIMEIRA INSTÂNCIA E TRIBUNAL SUPERIOR. COMPETÊNCIA ORIGINÁRIA DO SUPREMO TRIBUNAL FEDERAL PARA SOLUÇÃO DO CONFLITO. ART. 102, I, *O*, DA CB/88. JUSTIÇA COMUM E JUSTIÇA DO TRABALHO. COMPETÊNCIA PARA JULGAMENTO DA AÇÃO DE INDENIZAÇÃO POR DANOS MORAIS E MATERIAIS DECORRENTES DE ACIDENTE DO TRABALHO PROPOSTA PELOS SUCESSORES DO EMPREGADO FALECIDO. COMPETÊNCIA DA JUSTIÇA LABORAL. 1. Compete ao Supremo Tribunal Federal dirimir o conflito de competência entre Juízo Estadual de primeira instância e Tribunal Superior, nos termos do disposto no art. 102, I, *o*, da Constituição do Brasil. Precedente (CC n. 7.027, Relator o Ministro Celso de Mello, DJ de 1º.9.95) 2. A competência para julgar ações de indenização por danos morais e materiais decorrentes de acidente de trabalho, após a edição da EC n. 45/04, é da Justiça do Trabalho. Precedentes (CC n. 7.204, Relator o Ministro Carlos Britto, DJ de 9.12.05 e AgR-RE n. 509.352, Relator o Ministro Menezes Direito, DJe de 1º.8.08). 3. O ajuizamento da ação de indenização pelos sucessores não altera a competência da Justiça especializada. A transferência do direito patrimonial em

---

(145) BEZERRA LEITE, Carlos Henrique. *Curso de direito processual do trabalho*. 7. ed. São Paulo: LTr, 2009. p. 171.

decorrência do óbito do empregado é irrelevante. Precedentes. (ED-RE n. 509.353, Relator o Ministro Sepúlveda Pertence, DJ de 17.8.07; ED-RE n. 482.797, Relator o Ministro Ricardo Lewandowski, DJe de 27.6.08 e ED-RE n. 541.755, Relator o Ministro Cézar Peluso, DJ de 7.3.08). Conflito negativo de competência conhecido para declarar a competência da Justiça do Trabalho. (CC 7545, Relator: Min. Eros Grau, Tribunal Pleno, julgado em 3.6.2009, DJe-152, Divulgado em 13.8.2009, Publicado em 14.8.2009, Ement. VOL-02369-04, PP-00769).

No mesmo sentido, a seguinte ementa, com cujo conteúdo concordamos integralmente:

> DA AÇÃO DE INDENIZAÇÃO POR DANOS MORAIS E MATERIAIS PROPOSTA PELOS HERDEIROS. COMPETÊNCIA DA JUSTIÇA DO TRABALHO. A causa de pedir e o pedido decorrem da relação de emprego, mesmo que os herdeiros estejam pleiteando direitos próprios, como é o caso dos autos. Nesse sentido, o seguinte julgado do STF: EMENTA: CONSTITUCIONAL. EMBARGOS DE DECLARAÇÃO EM RECURSO EXTRAORDINÁRIO. CONVERSÃO EM AGRAVO REGIMENTAL. CONSTITUCIONAL. COMPETÊNCIA PARA JULGAR AÇÕES DE INDENIZAÇÃO DECORRENTE DE ACIDENTE DE TRABALHO PROPOSTA PELOS SUCESSORES. COMPETÊNCIA DA JUSTIÇA LABORAL. AGRAVO IMPROVIDO. I – É irrelevante para definição da competência jurisdicional da Justiça do Trabalho que a ação de indenização não tenha sido proposta pelo empregado, mas por seus sucessores. II – Embargos de declaração convertidos em agravo regimental a que se nega provimento (RE n. 482.797 ED/SP – 1ª Turma, Relator: Ministro Ricardo Lewandowski, julg. em 13.5.2008) (TRT/SP – 00450004920085020038 (00450200803802000) – RO – Ac. 4ª T. 20110198667 – Rel. Ivani Contini Bramante – DOE 4.3.2011)

Diante do atual posicionamento do STF, o STJ, em setembro de 2009, cancelou a referida Súmula n. 366 de sua jurisprudência.

Atualmente, a jurisprudência do TST vem se alinhando junto ao Supremo Tribunal Federal, conforme a ementa que segue abaixo:

> RECURSO DE REVISTA DO RECLAMADO — COMPETÊNCIA DA JUSTIÇA DO TRABALHO — ACIDENTE DE TRABALHO — MORTE DO EMPREGADO — AÇÃO DE INDENIZAÇÃO POR DANOS MATERIAIS E MORAIS AJUIZADA POR DEPENDENTES DA OBREIRA FALECIDA. Tendo como origem o vínculo de emprego, bem assim os fatos que dele decorreram, não há como se afastar a competência da Justiça do Trabalho para apreciar os pedidos ajuizados por dependentes da vítima, atuando em nome próprio, através dos quais buscam indenização por danos morais e materiais decorrentes de acidente de trabalho que ocasionou a morte do empregado (Precedentes da SBDI-1 do TST). Incidência à hipótese do óbice contido na Súmula n. 333 do TST. Recurso de revista não conhecido. (TST. Processo: RR – 42800-24.2009.5.03.0065 Data de Julgamento: 8.6.2011, Relª. Juíza Convocada: Maria Doralice Novaes, 7ª Turma, Data de Publicação: DEJT 17.6.2011)

## 11. Penalidades administrativas impostas aos empregadores pelos órgãos da fiscalização do trabalho

Diz o inciso VII do art. 114 da Constituição que compete à Justiça do Trabalho processar e julgar "as ações relativas às penalidades administrativas impostas aos empregadores pelos órgãos de fiscalização das relações do trabalho".

Como o dispositivo faz menção às penalidades impostas aos empregadores, tais cominações são as previstas na CLT nos arts. 626 a 653.

Estas ações, antes da EC n. 45/04, estavam sendo julgadas pela Justiça Federal, pois, nos termos do art. 109 da CF, eram causas promovidas em face da União Federal.

Embora sejam ações diretamente ligadas ao contrato de trabalho e ao Direito do Trabalho, inclusive com regramento na CLT, elas não eram julgadas pela Justiça do Trabalho, pois o art. 114, com a redação dada pela EC n. 45/04, falava em controvérsias envolvendo "empregados e empregadores", e estas ações envolvem a União. Ao lado das ações que envolvem representação sindical (art. 114, III, da CF), são trabalhistas por excelência, pois decorrem diretamente da relação de trabalho. Além disso, a divisão de competência entre a Justiça do Trabalho e a Justiça Federal provocava, muitas vezes, decisões conflitantes sobre a mesma questão. Por exemplo, o auditor fiscal do trabalho multava a empresa, por não recolher o FGTS sobre uma parcela que entendia ser salarial, como um bônus pago pelo empregador. Em eventual ação anulatória, a Justiça Federal confirmava a autuação. Posteriormente, um empregado desta mesma empresa ingressava com uma reclamação trabalhista, pretendendo a integração do referido bônus ao salário, e a Justiça do Trabalho entendia que o bônus não tinha natureza salarial, pois pago de forma eventual e vinculado ao atingimento de certas metas por parte do empregado. Por outro lado, a Justiça do Trabalho está mais vocacionada para apreciar as matérias que envolvem o descumprimento da legislação trabalhista por parte do empregador.

Embora o inciso VII do art. 114 da CF fale em *penalidades administrativas* impostas aos *empregadores*, é possível, por meio de interpretações teleológica e sistemática dos incisos I, VII e IX, do art. 114 da CF, entender que a competência da Justiça do Trabalho abrange também as ações referentes às penalidades administrativas impostas aos tomadores de serviços, desde que, evidentemente, o prestador seja pessoa física e preste o serviço em caráter pessoal, e também as ações que decorrem de atos[146] dos órgãos de fiscalização do trabalho.

Nesse sentido, destacamos a opinião de Estêvão Mallet[147]: "De um lado, estendida a competência da Justiça do Trabalho para julgamento da relação de trabalho, nos termos do inciso I, não se compreendem as razões para que, no inciso VII, fique essa mesma competência limitada ao exame das penalidades impostas aos empregadores.

---

(146) Como destaca Marcos Neves Fava: "Em lugar de 'penalidades', pois, a interpretação mais adequada sugere a leitura de 'atos' dos órgãos de fiscalização das relações do trabalho, hermenêutica de consequências bem mais abrangentes. Abonando tal conclusão, vem o inciso IV do mesmo art. 114 da Constituição da República, reformado pela EC n. 45, atribuir à Justiça do Trabalho ocupação para decidir os *mandamus* relativos à matéria de 'sua jurisdição'"(As ações relativas às penalidades administrativas impostas aos empregadores pelos órgãos de fiscalização das relações de trabalho — Primeira leitura do art. 114, VII, da Constituição da República. In: COUTINHO, Grijalbo Fernandes; FAVA, Marcos Neves. *Justiça do Trabalho: competência ampliada*. São Paulo: LTr, 2005. p. 384).

(147) MALLET, Estêvão. *Op. cit.*, p. 182.

Mais correto seria a extensão da competência ao exame das penalidades impostas aos tomadores de serviço em geral, abrangidos empregadores e contratantes de serviço autônomo".

De outro lado, embora sejam mais restritas, as ações sobre penalidades administrativas aplicadas aos empregados por órgãos de fiscalização do trabalho são da competência da Justiça do Trabalho, em razão do princípio da isonomia.

Não veio para a Justiça do Trabalho a competência para impor multas ao empregador em processos trabalhistas, nos quais foram constatadas a ocorrência de infrações a dispositivos da Consolidação que tutelam direitos trabalhistas. Desse modo, se nos autos do processo trabalhista o Juiz do Trabalho constatar que o empregador está sujeito às multas previstas na CLT, deverá oficiar o órgão competente para aplicá-las, como a multa administrativa pela falta de registro em CTPS, que é cobrada pelo Ministério do Trabalho. Em que pese a opinião contrária de alguns[148], o art. 652, alínea d, da CLT[149], não atribuiu competência à Justiça do Trabalho para impor multas a empregadores, porquanto o referido dispositivo legal fala em impor multas e demais penalidades para atos de sua competência, como, por exemplo, aplicar multas para o descumprimento da decisão judicial e as *astreintes* (arts. 461 e seguintes do CPC). São as penalidades previstas nos arts. 722 a 733, da CLT, como, por exemplo: aplicar multa à testemunha que faltou sem justificação (art. 730 da CLT), ao empregador que se recusa a reintegrar empregado estável (art. 729 da CLT), etc.

---

[148] Defendendo a competência da Justiça do Trabalho para impor, de ofício, penalidades administrativas aos empregadores por descumprimento de normas da CLT, destacamos a seguinte ementa: "Multas administrativas — Competência da Justiça do Trabalho. A Justiça do Trabalho, na forma do art. 114, da CF, é competente para aplicar multas da alçada da autoridade administrativa, quando a violação de norma trabalhista estiver provada nos autos. Nos dissídios entre empregados e empregadores compreende-se também a competência para aplicação de multas (CLT, art. 652, d). Se é da competência da Justiça do Trabalho decidir sobre direito trabalhista, é claro que é ela competente, por natural ilação para aplicar multa que derive do direito reconhecido em sua sentença, pois se trata de um dissídio típico entre empregado e empregador, derivado da relação de trabalho. Apenas se diferencia do dissídio comumente decidido num aspecto: em vez de ter uma função ressarcitória, a multa possui finalidade punitiva. Esta função é na prática tão importante quanto a condenação patrimonial, para garantia do ordenamento trabalhista. Como os mecanismos ressarcitórios são insuficientes, a multa reforça a condenação e ajuda no estabelecimento de um quadro desfavorável ao demandismo, pois a prolação passa a ser um ônus e não uma vantagem para o devedor. Só assim se extinguirá a litigiosidade absurda que hoje se cultiva na Justiça do Trabalho, sem dúvida, a maior e mais cara do mundo. Além do mais, se garantirá o efeito educativo da lei, com a reversão da expectativa que hoje reina no fórum trabalhista: É melhor cumpri-la e pagar o débito, do que empurrá-lo anos afora, pelo caminho tortuoso e demorado dos recursos trabalhistas. Os juros reais e as multas desestimularão o negócio que hoje se pratica, em nome da controvérsia trabalhista e à custa do crédito do trabalhador". (TRT 3ª R. – RO 01239-2004-048-03-00-2 – (AC. 4ª T.) – Rel. Juiz Antônio Álvares da Silva – SJMG 22.10.2005 – p. 14, apud MARTINS, Melchíades Rodrigues. *Fiscalização trabalhista*. São Paulo: LTr, 2006. p. 19).

[149] Art. 652, d, da CLT: "Compete às Varas do Trabalho: (...) d) impor multas e demais penalidades relativas aos atos de sua competência".

Nesse sentido, destacamos a opinião abalizada de *Valentin Carrion*[150]:

"É insustentável defender aplicação de multas por parte da primeira instância, pela infringência de normas materiais do Direito do Trabalho, que são de exclusividade dos órgãos da fiscalização do Ministério do Trabalho. No texto legal, na expressão 'multas ... relativas aos atos de sua competência', não se vislumbra outra atribuição senão a dos próprios atos da magistratura no processo e da administração específica de seu mister judiciário; para os demais, o magistrado oficia aos órgãos competentes".

No mesmo sentido, destacamos ementa recente oriunda do Tribunal Superior do Trabalho, *in verbis*:

"RECURSO DE REVISTA. MULTA ADMINISTRATIVA. INCOMPETÊNCIA DA JUSTIÇA DO TRABALHO. A Justiça do Trabalho é incompetente para aplicar multas administrativas previstas na legislação trabalhista, a teor do que dispõem os arts. 156, III, e 652, alínea *d*, da CLT. Este o entendimento firmado nesta Colenda Corte Superior. Recurso de revista a que se dá provimento para excluir da condenação a multa administrativa imposta pelo eg. Tribunal Regional do Trabalho. Recurso de revista conhecido e provido. HIPOTECA JUDICIÁRIA. Ao lançar mão do instituto da hipoteca judiciária, visou à garantia dos créditos devidos ao autor a que foi condenada a ré, sem com isso ofender a ampla defesa e o contraditório, uma vez que a recorrente deles tem se valido no seu intento de alterar o desfecho do decidido. Vale frisar que a penhora foi efetuada com absoluta observância à gradação legal prevista no art. 655 do CPC, conforme afirmado pelo Eg. Tribunal Regional. Violação legal não verficada. Recurso de revista não conhecido. MULTA POR EMBARGOS PROTELATÓRIOS. Não demonstrada violação a dispositivo legal ou constitucional, inviável a reforma da v. decisão que determinou o pagamento de multa por embargos de declaração protelatórios. INTERVALO INTRAJORNADA. REDUÇÃO/SUPRESSÃO POR NORMA COLETIVA. OJ N. 342 DA SDI-1/TST. É inválida cláusula de acordo ou convenção coletiva de trabalho contemplando a supressão ou redução do intervalo intrajornada porque este constitui medida de higiene, saúde e segurança do trabalho, garantido por norma de ordem pública (art. 71 da CLT e art. 7º, XXII, da CF/1988), infenso à negociação coletiva. Recurso de revista não conhecido. MULTA DO ART. 477, § 8º, DA CLT. QUITAÇÃO DAS VERBAS RESCISÓRIAS. PAGAMENTO A MENOR. A aplicação da multa de que cogita o art. 477 da CLT tem pertinência quando o empregador não cumpre o prazo ali estabelecido para a quitação das verbas rescisórias. Sendo incontroverso que a quitação das verbas rescisórias ocorreu dentro do prazo previsto no § 6º do art. 477 da CLT, a mera existência de diferenças em favor do empregado não torna devido o pagamento da multa. Recurso de revista conhecido e provido no tema. HORAS *IN ITINERE* E REFLEXOS. SÚMULA N. 90 DO TST. Para se chegar à conclusão de que havia transporte público regular e da incompatibilidade de horários, seria necessário o revolvimento de matéria fática. Óbice da Súmula n. 126 deste Tribunal. Recurso de revista não conhecido." (TST – Processo: RR – 571/2006-092-03-00.0 Data de Julgamento: 10.6.2009, Rel. Min. Aloysio Corrêa da Veiga, 6ª Turma, Data de Divulgação: DEJT 26.6.2009)

---

(150) CARRION, Valentin. *Comentários à Consolidação das Leis do Trabalho*. 25. ed. São Paulo: Saraiva, 2005. p. 510.

Como bem adverte *Reginaldo Melhado*[155]: "(...) Se não reconhecesse essa competência para a ação que visa à cobrança ou execução do próprio depósito do Fundo de Garantia, haveria uma insólita e absurda situação: as multas seriam discutidas no Judiciário do Trabalho e o principal, na Justiça Federal".

Desse modo, no nosso sentir, as ações movidas por empregados e empregadores em face da Caixa Econômica Federal que envolvam o FGTS são da competência da Justiça do Trabalho, por interpretação sistemática dos incisos I e VII, do art. 114, da CF.

Nesse sentido, destaca-se a seguinte ementa:

> Alvará. FGTS. Emenda Constitucional n. 45/2004. Competência da Justiça do Trabalho. Nos moldes de decisão proferida pelo C. TST, em Incidente de Uniformização de Jurisprudência: 1. Inscreve-se na competência material da Justiça do Trabalho, no exercício de jurisdição voluntária, apreciar pretensão de ex-empregado de expedição de alvará judicial para fins de saque dos depósitos do FGTS junto à CEF, tendo em vista a vinculação do pleito a uma relação de emprego, espécie de relação de trabalho de que cogita o novel art. 114, inciso I, da Constituição Federal de 1988, com a redação da Emenda Constitucional n. 45/04. 2. O aspecto central para a determinação da nova competência material da Justiça do Trabalho, desde o advento da EC n. 45/04, repousa na circunstância de o pedido e a causa de pedir dimanarem de uma relação de trabalho, ainda que não entre os respectivos sujeitos. Superada a estreita e arraigada vinculação de tal competência meramente aos dissídios entre empregado e empregador. Recurso provido por maioria. Proc. 01850/2005-005-24-00-9-RO.1 – 24ª R. – MS – João de Deus Gomes de Souza – Juiz Relator. DO/MS de 18.8.2006 – (DT – Novembro/2006 – vol. 148, p. 72).

## 12. Execução, de ofício, das contribuições sociais das sentenças que proferir

Neste tópico, não houve alteração da competência da Justiça do Trabalho pela EC n. 45/04, pois tal disposição constava do § 3º do art. 114 da CF com a redação dada pela EC n. 20/1998.

Na ocasião, alguns se mostraram pessimistas com o aumento da competência da Justiça do Trabalho para abranger a execução de parcelas que não pertencem ao empregado e sim ao INSS. Outros se mostraram otimistas, uma vez que a execução de ofício das contribuições previdenciárias propicia grande arrecadação de contribuições sociais para a previdência e maior eficiência da jurisdição trabalhista.

Em que pesem as críticas sobre a constitucionalidade do inciso VIII do art. 114 da CF e também da Lei n. 10.035/2000 (que regulamenta a execução previdenciária na Justiça do Trabalho), a nosso ver, a execução de ofício das contribuições do INSS está em compasso com o caráter social da Justiça do Trabalho e também com a melhoria da condição social do trabalhador.

---

(155) MELHADO, Reginaldo. *Metamorfoses do capital e do trabalho.* São Paulo: LTr, 2006. p. 186-187.

Ainda que a autarquia federal não tenha participado do processo na fase de conhecimento, a nosso ver, não há irregularidade e também não haveria interesse em tal participação, pois é na sentença que o Juiz do Trabalho deferirá as parcelas postuladas e haverá a incidência do INSS sobre as parcelas que deferiu.

Conforme assevera com propriedade *Antônio Álvares da Silva*[156]:

> "Não é certa a afirmativa de que a Justiça do Trabalho execute alguém que não tomou parte no processo de conhecimento. O reclamado fez, sim, parte do processo de conhecimento. Foi condenado e pagará o que a sentença reconheceu devido. Só que, além do débito trabalhista, tornou-se também devedor de parcelas previdenciárias, cujo fato gerador é a mesma sentença. Seria um absurdo que se iniciasse um outro processo para cobrar a contribuição previdenciária, simplesmente porque o credor é o Estado e não o reclamante. O fato é um só. As partes são as mesmas. Mandar um ofício ao INSS para exigir o débito previdenciário seria um formalismo elevado à última potência. É regra elementar, em qualquer atividade humana, que se obtenha um resultado com a maior rapidez e com o menor dispêndio. Ora, se o próprio Estado, representado pelo juiz, é credor da contribuição, por que não exigi-la de ofício, já que se trata de débito de natureza tributária, que interessa ao Estado e não precisa de solicitação da parte para executar-se".

Com a competência para executar as contribuições sociais de ofício, há o fortalecimento da Justiça do Trabalho enquanto instituição encarregada não só de resguardar o cumprimento dos direitos sociais, mas também em garantir o futuro do trabalhador e de contribuir para a arrecadação de contribuições sociais que servem para a melhoria da sociedade como um todo.

Além disso, os resultados da competência da Justiça do Trabalho para executar as contribuições previdenciárias das sentenças que profere têm sido excelentes, com um pequeno gasto para a União.

Atualmente, há grande celeuma na doutrina e jurisprudência sobre a competência da Justiça do Trabalho para executar as contribuições previdenciárias incidentes sobre as sentenças declaratórias do vínculo de emprego, vale dizer: das decisões meramente declaratórias sem conteúdo condenatório.

A jurisprudência do TST num primeiro momento respondeu afirmativamente, conforme a seguinte ementa:

> COMPETÊNCIA DA JUSTIÇA DO TRABALHO — EXECUÇÃO DE CONTRIBUIÇÃO PREVIDENCIÁRIA — ART. 114, § 3º, DA CONSTITUIÇÃO FEDERAL — RECONHECIMENTO DE VÍNCULOS EMPREGATÍCIOS — SALÁRIOS PAGOS NO CURSO DA RELAÇÃO DE EMPREGO. Ainda que a decisão trabalhista tenha se limitado a reconhecer o vínculo empregatício, com efeito meramente declaratório, a competência é desta Justiça Especializada para executar a contribuição incidente

---

(156) SILVA, Antônio Álvares da. *Op. cit.*, p. 282/283.

sobre as parcelas pagas no curso da relação de emprego, pois, se houve anotação na CPTS, como consequência da decisão trabalhista, são devidas as contribuições previdenciárias decorrentes do reconhecimento desse vínculo, na esteira do disposto no art. 114, § 3º, da Constituição Federal. É irrelevante que a decisão judicial não tenha estabelecido o pagamento de verbas salariais propriamente ditas em razão dessa anotação, pois a simples declaração do vínculo já basta para caracterizar a obrigação previdenciária, cobrável judicialmente perante esta Justiça Especializada. A identificação do fato gerador é o reconhecimento do vínculo do qual derivam os salários, cuja natureza jurídica não pode ser outra que não a declaração da existência do liame entre empregado e empregador, valendo a sentença trabalhista como decisão administrativa e judicial da existência de débito previdenciário, que se torna automaticamente executável pela Justiça Trabalhista. Recurso de revista conhecido e provido (TST – RR 478 – 4ª T. – Rel. Min Ives Gandra Martins Filho – DJU 21.11.2003).

Posteriormente, houve alteração do posicionamento do C. TST, sumulando a matéria, por meio do verbete 368, abaixo transcrito:

Súmula n. 368 – TST – Res. n. 129/2005 – DJ 20.4.2005 – Conversão das Orientações Jurisprudenciais ns. 32, 141 e 228 da SDI-1 — I. A Justiça do Trabalho é competente para determinar o recolhimento das contribuições previdenciárias e fiscais. A competência da Justiça do Trabalho, quanto à execução das contribuições previdenciárias, limita-se às sentenças condenatórias em pecúnia que proferir e aos valores objeto de acordo homologado que integrem o salário de contribuição. (ex-OJ n. 141 – Inserida em 27.11.1998). II. É do empregador a responsabilidade pelo recolhimento das contribuições previdenciárias e fiscais, resultante de crédito do empregado oriundo de condenação judicial, devendo incidir, em relação aos descontos fiscais, sobre o valor total da condenação, referente às parcelas tributáveis, calculado ao final, nos termos da Lei n. 8.541/1992, art. 46 e Provimento da CGJT n. 01/1996. (ex-OJ n. 32 – Inserida em 14.3.1994 e OJ n. 228 – Inserida em 20.6.2001). III. Em se tratando de descontos previdenciários, o critério de apuração encontra-se disciplinado no art. 276, § 4º, do Decreto n. 3.048/99 que regulamentou a Lei n. 8.212/91 e determina que a contribuição do empregado, no caso de ações trabalhistas, seja calculada mês a mês, aplicando-se as alíquotas previstas no art. 198, observado o limite máximo do salário de contribuição. (ex-OJ n. 32 – Inserida em 14.3.1994 e OJ n. 228 – Inserida em 20.6.2001)

No sentido da referida Súmula, destacamos a seguinte ementa:

RECURSO DE REVISTA — COMPETÊNCIA DA JUSTIÇA DO TRABALHO — EXECUÇÃO DE CONTRIBUIÇÃO PREVIDENCIÁRIA — RECONHECIMENTO DE VÍNCULO EMPREGATÍCIO — SALÁRIOS PAGOS. A competência da Justiça do Trabalho, no tocante à contribuição previdenciária, restringe-se à cobrança das contribuições previdenciárias oriundas das sentenças trabalhistas que tiverem por objeto provimento de natureza condenatória ou homologatória, contendo parcelas salariais. Todavia, não abrange a execução de débito previdenciário advindo de parcelas salariais pagas no transcurso do contrato de trabalho, na época própria e sem intervenção judicial, ainda que o vínculo empregatício tenha sido reconhecido somente em juízo. Neste caso, as contribuições previdenciárias devidas deverão ser apuradas e lançadas no âmbito administrativo do Instituto Recorrente, consoante disposição do art. 37 e parágrafos da Lei n. 8.212/91, e se não quitadas no prazo estipulado para reconhecimento, inscritas na dívida ativa e executadas na esfera da justiça competente, que é a Federal, por expressa disposição do art. 109, inciso I, da Constituição Federal. Recurso não conhecido. (TST – RR 280 – 1ª T. – Relª. Minª. Conv. Eneida Melo – DJU 21.11.2003).

No nosso sentir, a interpretação do inciso VIII, do art. 114, da CF não pode ser restritiva, abrangendo também os recolhimentos pretéritos que não foram realizados pelo empregador, atinentes às parcelas de índole salarial, conforme o art. 28, da Lei n. 8.212/91. Se a Justiça do Trabalho declara o vínculo de emprego, deve executar as contribuições pretéritas desse reconhecimento, pois isso possibilita não só maior efetividade da jurisdição, como também a eficácia social da norma. De outro lado, propiciará que o empregado obtenha futuramente a aposentadoria sem maiores transtornos, pois são notórias as vicissitudes que enfrenta o trabalhador quando vai averbar o tempo de serviço reconhecido em sentença trabalhista, mas os recolhimentos previdenciários não foram realizados.

Nesse sentido é o Enunciado n. 73, da 1ª Jornada de Direito Material e Processual do Trabalho realizada no Tribunal Superior do Trabalho:

> EXECUÇÃO DE CONTRIBUIÇÕES PREVIDENCIÁRIAS. REVISÃO DA SÚMULA N. 368 DO TST.
>
> I – Com a edição da Lei n. 11.457/2007, que alterou o parágrafo único do art. 876 da CLT, impõe-se a revisão da Súmula n. 368 do TST: é competente a Justiça do Trabalho para a execução das contribuições à Seguridade Social devidas durante a relação de trabalho, mesmo não havendo condenação em créditos trabalhistas, obedecida a decadência.
>
> II – Na hipótese, apurar-se-á o montante devido à época do período contratual, mês a mês, executando-se o tomador dos serviços, por força do art. 33, § 5º, da Lei n. 8.212/91, caracterizada a sonegação de contribuições previdenciárias, não devendo recair a cobrança de tais contribuições na pessoa do trabalhador.
>
> III – Incidem, sobre as contribuições devidas, os juros e a multa moratória previstos nos arts. 34 e 35 da Lei n. 8.212/91, a partir da data em que as contribuições seriam devidas e não foram pagas.

Este posicionamento restou consagrado pelo parágrafo único do art. 876 da CLT, com a redação dada pela Lei n. 11.457, de 15 de março de 2007, que assim dispõe:

> Serão executadas *ex officio* as contribuições sociais devidas em decorrência de decisão proferida pelos Juízes e Tribunais do Trabalho, resultantes de condenação ou homologação de acordo, inclusive sobre os salários pagos durante o período contratual reconhecido.

O Supremo Tribunal Federal, entretanto, fixou posição contrária, entendendo que a competência da Justiça do Trabalho abrange somente a parcela previdenciária das decisões condenatórias, não incidindo sobre os salários pagos durante o vínculo de emprego, conforme se constata de seu Informativo n. 519/08, *in verbis*:

> JUSTIÇA DO TRABALHO: EXECUÇÃO DE OFÍCIO DE CONTRIBUIÇÕES PREVIDENCIÁRIAS E ALCANCE. A competência da Justiça do Trabalho, nos termos do disposto no art. 114, VIII, da CF, limita-se à execução, de ofício, das contribuições

sociais previstas no art. 195, I, *a*, e II, e seus acréscimos legais, decorrentes das sentenças condenatórias em pecúnia que proferir e aos valores objeto de acordo homologado que integrem o salário de contribuição, não abrangendo, portanto, a execução de contribuições atinentes ao vínculo de trabalho reconhecido na decisão, mas sem condenação ou acordo quanto ao pagamento das verbas salariais que lhe possam servir como base de cálculo ('Art. 114. [...] VIII – a execução, de ofício, das contribuições sociais previstas no art. 195, I, *a*, e II, e seus acréscimos legais, decorrentes das sentenças que proferir;'). Com base nesse entendimento, o Tribunal desproveu recurso extraordinário interposto pelo INSS em que sustentava a competência da Justiça especializada para executar, de ofício, as contribuições previdenciárias devidas, incidentes sobre todo o período de contrato de trabalho, quando houvesse o reconhecimento de serviços prestados, com ou sem vínculo trabalhista, e não apenas quando houvesse o efetivo pagamento de remunerações. Salientou-se que a decisão trabalhista que não dispõe sobre pagamento de salário, mas apenas se restringe a reconhecer a existência do vínculo empregatício, não constitui título executivo no que se refere ao crédito de contribuições previdenciárias. Assim, considerou-se não ser possível admitir uma execução sem título executivo. Asseverou-se que, em relação à contribuição social referente ao salário cujo pagamento foi determinado em decisão trabalhista, é fácil identificar o crédito exequendo e, por conseguinte, admitir a substituição das etapas tradicionais de sua constituição por ato típico, próprio, do magistrado. Ou seja, o lançamento, a notificação, a apuração são todos englobados pela intimação do devedor para o seu pagamento, porque a base de cálculo para essa contribuição é o valor mesmo do salário que foi objeto da condenação. Já a contribuição social referente ao salário cujo pagamento não foi objeto da sentença condenatória, e, portanto, não está no título exequendo, ou não foi objeto de algum acordo, dependeria, para ser executada, da constituição do crédito pelo magistrado sem que este tivesse determinado o pagamento do salário, que é exatamente a causa e a base da sua justificação. O Min. Ricardo Lewandowski, em acréscimo aos fundamentos do relator, aduziu que a execução de ofício de contribuição social antes da constituição do crédito, apenas com base em sentença trabalhista que reconhece o vínculo empregatício sem fixar quaisquer valores, viola também o direito ao contraditório e à ampla defesa. Em seguida, o Tribunal, por maioria, aprovou proposta do Min. Menezes Direito, relator, para edição de súmula vinculante sobre o tema, e cujo teor será deliberado nas próximas sessões. Vencido, no ponto, o Min. Marco Aurélio, que se manifestava no sentido da necessidade de encaminhamento da proposta à Comissão de Jurisprudência. (RE n. 569.056/PR, Rel. Min. Menezes Direito, 11.9.2008)

Conforme já nos pronunciamos acima, em que pese o alto respeito que merece, não concordamos com o posicionamento do Colendo STF, pois o art. 114, VIII, da CF, não restringe a competência às decisões de natureza condenatória.

Nesse sentido é a posição de *Luciano Athayde Chaves*[157]:

"Não estou de acordo, com o respeito merecido, com a orientação apresentada pelo Supremo Tribunal Federal para o problema. Ora, mesmo as sentenças condenatórias não logram indicar, em seu texto, os exatos limites dos salários de contribuição que serão tomados em referência para a apuração do montante

---

(157) CHAVES, Luciano Athayde. *Estudos de direito processual do trabalho*. São Paulo: LTr, 2009. p. 170-171.

das contribuições sociais que haverão de ser cobradas nos mesmos autos do processo trabalhista. A fase de acertamento e quantificação se destina a este fim, e lá também são assegurados a ampla defesa e o contraditório. Assim, não vislumbro ofensa ao direito fundamental ao devido processo legal quando se empresta trânsito executivo à decisão declaratória de reconhecimento de vínculo de emprego (...)."

O ideal seria, no nosso sentir, que o art. 114, VIII, da CF, atribuísse, *de lege ferenda,* competência à Justiça do Trabalho para, além de executar as contribuições oriundas do reconhecimento do vínculo de emprego, competência para determinar a averbação do tempo de serviço do empregado junto ao INSS, buscando, assim, maior eficácia da jurisdição trabalhista e também maior efetividade social da norma. Nesse sentido, destaca-se a seguinte ementa:

> INSS. Averbação do tempo de serviço. Competência da Justiça do Trabalho. É competente a Justiça do Trabalho para determinar ao INSS o reconhecimento e a averbação de tempo de serviço apurado nos autos de Reclamação Trabalhista, por se tratar de corolário da competência material fixada pela Constituição Federal para executar de ofício as contribuições devidas em razão das sentenças proferidas na Justiça do Trabalho (Proc. RO 01160-2005-005-20-00-1 – 20ª R. – SE – Eliseu Pereira do Nascimento – Desembargador Redator – DJ/SE de 27.9.2006) (DT – Janeiro/2007 – vol. 150, p. 202).

## 13. Da competência territorial da Justiça do Trabalho brasileira

A competência territorial (*ratione loci*), também chamada de competência de foro, leva em consideração o limite territorial da competência de cada órgão que compõe a Justiça do Trabalho. Como destaca *José Augusto Rodrigues Pinto*[158], "essa manifestação da competência liga-se aos *limites geográficos* do exercício da jurisdição".

Ensina *Cândido Rangel Dinamarco*[159]:

"Sabido que foro é cada uma das porções em que se divide o território nacional para o exercício da jurisdição, competência territorial (ou de foro) é a quantidade de jurisdição cujo exercício se atribui aos órgãos de determinada Justiça situados em determinada base territorial (foro)".

A competência territorial é relativa, pois prevista no interesse da parte. Portanto, o Juiz não pode conhecê-la de ofício. Caso não impugnada pelo reclamado no prazo da resposta (exceção de incompetência em razão do lugar – arts. 799 e seguintes da CLT), prorroga-se a competência.

Nesse sentido destacamos a seguinte ementa:

> Conflito de competência — Competência territorial. Sendo a competência *ratione loci* de natureza relativa, a declaração de incompetência depende de provocação da

---

(158) RODRIGUES PINTO, José Augusto. *Processo trabalhista de conhecimento.* 7. ed. São Paulo: LTr, 2005. p. 159.
(159) DINAMARCO, Cândido Rangel. *Instituições de direito processual civil.* v. 1. São Paulo: Malheiros, 2001. p. 479-480.

parte interessada por meio de exceção, conforme disposto no art. 112 do CPC. Se inexistir a arguição, a competência pode ser prorrogada e os limites territoriais da jurisdição podem ser dilatados, sem qualquer vício de nulidade. Inaceitável, pois, a declaração *ex officio* de incompetência em razão do lugar" (TRT – 10ª R. – Pleno – CC n. 174/98 – Rel. Juiz João Mathias de Souza Filho – DJDF 31.7.98 – p. 6)

Dispõe o art. 651 da CLT:

> A competência das Juntas de Conciliação e Julgamento é determinada pela localidade onde o empregado, reclamante ou reclamado, prestar serviços ao empregador, ainda que tenha sido contratado noutro local ou no estrangeiro.
>
> § 1º – Quando for parte no dissídio agente ou viajante comercial, a competência será da Junta da localidade em que a empresa tenha agência ou filial e a esta o empregado esteja subordinado e, na falta, será competente a Junta da localização em que o empregado tenha domicílio ou a localidade mais próxima. (Redação dada pela Lei n. 9.851/99 – DOU 28.10.99)
>
> § 2º – A competência das Juntas de Conciliação e Julgamento, estabelecida neste artigo, estende-se aos dissídios ocorridos em agência ou filial no estrangeiro, desde que o empregado seja brasileiro e não haja convenção internacional dispondo em contrário.
>
> § 3º – Em se tratando de empregador que promova realização de atividades fora do lugar do contrato de trabalho, é assegurado ao empregado apresentar reclamação no foro da celebração do contrato ou da prestação dos respectivos serviços.

Conforme o referido dispositivo legal, a competência territorial é determinada pelo local da prestação de serviços do reclamante. A finalidade teleológica da lei ao fixar a competência pelo local da prestação de serviços consiste em facilitar o acesso do trabalhador à Justiça, pois no local da prestação de serviço, presumivelmente, o empregado tem maiores possibilidades de produção das provas, trazendo suas testemunhas para depor. Além disso, neste local, o empregado pode comparecer à Justiça sem maiores gastos com locomoção.

No aspecto, concordamos com as preciosas palavras de *Gérson Marques*[160]:

> "O apego arraigado ao art. 651, da CLT, pode, em alguns casos, conduzir à denegação da Justiça, mediante o negatório do acesso ao Judiciário, princípio este insculpido no art. 5º, XXXV, CF. Desta sorte, a interpretação da norma processual há de se pautar no asseguramento real e efetivo do acesso à Justiça. Esta ilação, pondere-se, *en passant*, robustece-se ao lume do Direito Obreiro, onde se prima pela proteção do hipossuficiente (na expressão de Cezarino Jr.)".

Se o empregador promover sua atividade em várias localidades, nos termos do § 3º do art. 651 da CLT, é assegurado ao empregado apresentar reclamação no foro da celebração do contrato ou da prestação dos respectivos serviços. Trata-se de critério de competência, cuja escolha é discricionária do empregado, podendo este optar entre o local da contratação ou da prestação dos serviços.

---

(160) MARQUES, Gérson. *Processo do trabalho anotado*. São Paulo: RT, 2001. p. 47.

Nesse sentido destacamos as seguintes ementas:

> Exceção de incompetência em razão do lugar. No processo trabalhista, a competência em razão do lugar é estabelecida, em regra, pelo local da prestação do serviço (*caput* do art. 651 da CLT). No entanto, quando o empregador realizar atividades fora do lugar do contrato de trabalho, é assegurado ao empregado propor ação no foro da celebração do contrato ou no da prestação dos serviços (§ 3º do art. 651 da CLT). Com efeito, a opção concedida ao trabalhador decorre da finalidade da norma, visando melhor acesso ao processo, com adoção de medidas que possibilitem ao empregado demandar sem prejuízo de seu sustento. (TRT – 3ª R. – 4ª T. – RO n. 16556/99 – Rel. Juiz Mauricio J. G. Delgado – DJMG 1.4.2000 – p. 14) (RDT 05/00 – p. 53)

> Competência da Justiça do Trabalho — Empregado estrangeiro que prestou serviços no Brasil – Faculdade prevista no art. 651, § 3º, da CLT — Local da contratação ou da prestação dos serviços. Discute-se a competência da Justiça do Trabalho para conhecer e julgar Reclamação Trabalhista ajuizada por empregado estrangeiro que prestou serviços no Brasil. *In casu*, além da prestação e remuneração de serviços, houve comprovada regulação do vínculo, pela CLT, e termo de rescisão e quitação do contrato de trabalho havido entre 1986 e 1993. O *caput* do art. 651 da CLT estabelece que a competência é determinada pela localidade em que o empregado prestar serviços ao empregador, "(...) ainda que tenha sido contratado noutro local ou no estrangeiro". O § 3º do mesmo art. 651, por seu turno, faculta ao empregado eleger o foro onde promoverá a ação trabalhista: "Em se tratando de empregador que promova realização de atividades fora do lugar do contrato de trabalho, é assegurado ao empregado apresentar reclamação no foro da celebração do contrato ou no da prestação dos respectivos serviços." É inegável, portanto, que o autor — ao ajuizar a ação perante a Justiça brasileira — exerceu faculdade amparada pelo preceito legal, exsurgindo a competência do Judiciário Trabalhista nacional para conhecer e julgar a Reclamação. Recurso conhecido e provido. (TST – 3ª T. – RR n. 478490/98-9 – Relª. Minª. Maria Cristina I. Peduzzi – DJ 21.6.2002 – p. 693) (RDT n. 7, 31 de julho de 2002)

Mostra-se polêmica a seguinte questão: Se o reclamante trabalhou em várias localidades, qual será a Vara competente em razão do lugar para apreciar o processo?

Doutrina e jurisprudência se inclinam em dizer que, neste caso, prevalece a competência do último local de prestação de serviços.

Nesse sentido se tornou clássica a posição do saudoso *Valentin Carrion*[161]:

"Na hipótese de ter havido vários locais de trabalho, a competência será do último".

No mesmo sentido se pronuncia *Carlos Henrique Bezerra Leite*[162]:

"Caso o empregado tenha trabalhado em diversos estabelecimentos em locais diferentes, a competência territorial da Vara do Trabalho deve ser fixada em razão do derradeiro lugar da execução do contrato de trabalho, e não de cada local dos estabelecimentos da empresa na qual tenha prestado serviços".

---
(161) CARRION, Valentin. *Comentários à Consolidação das Leis do Trabalho*. 30. ed. São Paulo: Saraiva, 2005. p. 505.
(162) BEZERRA LEITE, Carlos Henrique. *Curso de direito do trabalho*. 5. ed. São Paulo: LTr, 2007. p. 267.

Argumentam, ainda, que a competência, como sendo o último local do trabalho, adota critério objetivo, facilita o acesso à justiça e prestigia a segurança jurídica.

Em que pese o respeito que merecem os juristas acima mencionados, com eles não concordamos. Com efeito, se o reclamante trabalhou em vários locais, pensamos que a competência das Varas do Trabalho de cada local trabalhado é concorrente, já que todas as Varas são competentes, cabendo a escolha do local da propositura da ação ao reclamante, uma vez que a competência em razão do lugar se fixa tendo por escopo facilitar o acesso do trabalhador à Justiça. Portanto, no nosso sentir, a competência neste caso se dá pela prevenção, sendo competente a Vara do local em que a reclamatória foi proposta em primeiro lugar.

De outro lado, regra do art. 651 da CLT, como já mencionado, consagra característica protetiva do processo trabalhista ao trabalhador e não ao empregador ou ao tomador de serviços. Desse modo, havendo dúvida na intepretação, deve-se prestigiar a intepretação que favoreça o acesso à justiça do trabalhador.

Acompanhando o mesmo raciocínio, temos a opinião de *Leone Pereira*[163]:

"Nem sempre o último local de prestação dos serviços representa o melhor lugar de ajuizamento da reclamatória, ou seja, aquele que representará o acesso facilitado, real e efetivo à Justiça do Trabalho. Tomamos uma situação hipotética em que o empregado é contratado na localidade A para prestar serviços no local B, onde trabalhou durante 20 anos. Foi transferido para o lugar C, onde prestou serviços por 1 mês e foi despedido sem justa causa. Não é difícil imaginar que, adotando-se a primeira corrente, a ação trabalhista deverá ser ajuizada na localidade C, e praticamente toda a instrução probatória será realizada mediante a expedição de cartas precatórias, não se coadunando com a finalidade teleológica de facilitação de acesso do trabalhador à Justiça do Trabalho. Assim, o empregado terá a opção de ajuizar a reclamação trabalhista em qualquer lugar de prestação de serviços, à sua escolha, consubstanciando competência concorrente entre as respectivas Varas do Trabalho".

Nesse sentido, destacamos as seguintes ementas:

> Competência em razão do local da prestação dos serviços — Art. 651, § 3º, da CLT — Exceção de incompetência. A opção concedida ao empregado prevista no § 3º do art. 651 consolidado é devida, ainda que o foro escolhido não tenha sido o último local da prestação dos serviços. A regra geral para a fixação da competência, no processo trabalhista, é a da prestação dos serviços, isso porque — entendimento contrário — se estaria propiciando ao empregador quase que a totalidade do direito de escolha do foro, já que é este detentor, em tese, do direito da transferência do empregado. O Direito Processual do Trabalho, em primeiro lugar, preza a celeridade e simplicidade de procedimento, o que possibilita que as exceções, que não são de suspeição e incompetência, não importem na suspensão do feito, teor da inteligência do art. 799 da CLT. O fato de a exceção de incompetência não ser alegada como matéria de

---

(163) PEREIRA, Leone. *Manual de processo do trabalho*. São Paulo: Saraiva, 2011. p. 205-206.

defesa se resume ao possibilitar a suspensão do feito, e não o seu oferecimento em qualquer tempo, além do momento da defesa. A incompetência em razão do lugar (local da prestação dos serviços), por se tratar de incompetência relativa, deve ser arguida por meio de exceção, prorrogando-se a competência para onde proposta a ação em caso de falta de oposição da aludida exceção (art. 112 c/c art. 114 do CPC). Considerando que no momento da apresentação da defesa (primeiro julgamento) não foi apresentada a exceção de incompetência nos moldes legais, prorrogou-se a competência, mantendo-se a 3ª JCJ de origem. Conflito de competência acolhido para determinar a remessa dos autos à 3ª JCJ de Fortaleza-CE. (TST – SBDI-2 – CC n. 529189/99-6 – Rel. Min. Francisco Fausto – DJ 21.5.99 – p. 93).

Conflito de competência — Aplicação do art. 651, § 3º, da CLT. O objetivo é conferir acessibilidade à Justiça do Trabalho. Se esta é a tônica da legislação e se o reclamante também prestou serviços no Distrito Federal e cidades do entorno, sendo-lhe esta cidade mais acessível para ingressar em juízo e defender seus alegados direitos, parece-me que se deva assegurar-lhe a opção prevista no § 3º do art. 651 da CLT, qual seja, o foro da celebração do contrato ou qualquer das localidades em que houve efetiva prestação de serviço. Conflito julgado procedente. (TST – SBDI2 – CC n. 455235/98-5 – Rel. Min. Ângelo Mário de C. e Silva – DJ 4.12.98 – p. 107) (RDT 1/99 – p. 55)

Relevante destacar, no aspecto, entendimento firmado perante a 1ª Jornada de Direito Material e Processual do Trabalho realizada no TST, vazado no Enunciado n. 07, *in verbis*:

ACESSO À JUSTIÇA. CLT, ART. 651, § 3º. INTERPRETAÇÃO CONFORME A CONSTITUIÇÃO. ART. 5º, INC. XXXV, DA CONSTITUIÇÃO DA REPÚBLICA. Em se tratando de empregador que arregimente empregado domiciliado em outro município ou outro Estado da federação, poderá o trabalhador optar por ingressar com a reclamatória na Vara do Trabalho de seu domicílio, na do local da contratação ou na do local da prestação dos serviços.

Nos termos do § 1º do art. 651 da CLT, quando for parte no dissídio agente ou viajante comercial, a competência será da Vara da localidade em que a empresa tenha agência ou filial e a esta o empregado esteja subordinado e, na falta, será competente a Junta da localização em que o empregado tenha domicílio ou a localidade mais próxima.

Conforme o referido dispositivo legal, se o reclamante for viajante ou agente comercial, realizando atividades em várias localidades sem se fixar em nenhuma delas, a fim de facilitar o acesso do trabalhador à Justiça, determina a CLT que a reclamação possa ser proposta onde a empresa tenha agência ou filial e esteja o empregado a ela subordinado ou no local em que o autor tenha domicílio e, caso não tenha domicílio, na localidade mais próxima em que o empregado se encontra.

Diante da competência dada pela EC n. 45/04, pensamos que a presente regra também se aplica ao representante comercial autônomo (Lei n. 4.886/65) e também ao vendedor externo autônomo que não seja representante (art. 114, I, da CF).

Nos termos da redação do citado § 1º, doutrina e jurisprudência têm-se posicionado no sentido de que, primeiramente, a competência territorial é do foro em que a empresa tenha agência ou filial e o empregado esteja a ela subordinado e, sucessivamente, o local do domicílio do empregado ou a localidade mais próxima.

Nesse diapasão é a visão de *Sergio Pinto Martins*[(164)]:

"Somente será aplicada a orientação de que a ação deve ser proposta no local do domicílio do empregado ou na localidade mais próxima, quando o obreiro não esteja subordinado à agência ou filial. A lei indica essa orientação ao usar a expressão 'na falta'".

Nesse sentido destacamos as seguintes ementas:

> Competência em razão do lugar. A competência das Juntas de Conciliação e Julgamento é firmada pelo local da prestação de serviços. No entanto se, como no presente caso, o processo está sendo remetido para julgamento em Junta em cuja jurisdição não está incluído o município em que o trabalho foi executado, melhor será que seja julgado em Manaus, onde reside o reclamante e onde a empresa possui filial. (TRT – 11ª R. – Ac. n. 4078/97 – Relª. Vera Lúcia Câmara de Sá Peixoto – DJPR 10.12.97 – p. 9)

> Competência — Local do contrato. Na forma do § 1º do art. 651 da CLT, "quando for parte no dissídio agente ou viajante, é competente a Junta da localidade onde o empregador tiver o seu domicílio, salvo se o empregado estiver imediatamente subordinado à agência, ou filial, caso em que será competente a Junta em cuja jurisdição estiver situada a mesma agência ou filial". *In casu*, desenvolvendo as suas atividades em unidade móvel e prestando serviços em diversos municípios do Estado, é competente para o julgamento da reclamatória trabalhista uma das Juntas da Capital, uma vez que o reclamante se encontrava subordinado ao Departamento Regional, com sede na capital onde foi contratado. (TRT – 12ª R. – 3ª T. – Ac. n. 10675/99 – Rel. Luiz Hamílton Adriano – DJSC 15.10.99 – p. 225) (RDT 11/99 – p. 54).

Embora o § 1º do art. 651 da CLT diga que a competência será da filial e, na falta, do domicílio do empregado ou da localidade mais próxima, pensamos que a finalidade teleológica da lei seja facilitar o acesso do trabalhador à Justiça do Trabalho, e a presente regra fora idealizada em benefício do trabalhador. Portanto, a interpretação não pode ser literal, mas sim teleológica.

Desse modo, pensamos que o § 1º do art. 651 da CLT deva ser lido da seguinte forma:

> Quando for parte no dissídio agente ou viajante comercial, a competência será da Vara da localidade em que a empresa tenha agência ou filial e a esta o empregado esteja subordinado, na localidade em que o empregado tenha domicílio, ou na localidade mais próxima, à escolha do trabalhador.

## 13.1. Empregado brasileiro que trabalha no estrangeiro

Dispõe o § 2º do art. 651 da CLT:

> A competência das Juntas de Conciliação e Julgamento, estabelecida neste artigo, estende-se aos dissídios ocorridos em agência ou filial no estrangeiro, desde que o empregado seja brasileiro e não haja convenção internacional dispondo em contrário.

---

(164) No mesmo sentido é a posição de Sergio Pinto Martins (*Direito processual do trabalho*. 26. ed. São Paulo: Atlas, 2006. p. 126).

Conforme o referido dispositivo legal, restou consagrada a chamada "competência internacional" da Justiça do Trabalho para dirimir controvérsias decorrentes da relação de trabalho desde que o empregado seja brasileiro e não haja convenção internacional em contrário. Mostra-se discutível a aplicabilidade do referido dispositivo legal se a empresa reclamada não tiver agência ou filial no Brasil, diante das vicissitudes que pode enfrentar o processo para citação da empresa, e também de aplicabilidade da jurisdição trabalhista em outro país. Em razão disso, pensamos que a competência da Justiça do Trabalho brasileira, salvo convenção internacional em sentido contrário, somente se aplicará se a empresa reclamada tiver agência ou filial no Brasil, caso contrário, não haverá possibilidade de imposição da jurisdição trabalhista em território sujeito a outra soberania (princípio da territorialidade da jurisdição). Pensamos que a expressão "empresa que tenha agência ou filial no estrangeiro" deva ser lida no sentido de que a empresa também tenha sede no Brasil. Sob outro enfoque, como o referido dispositivo configura exceção à competência do local da prestação de serviços, a interpretação deve ser restritiva.

No aspecto, concordamos com *Sergio Pinto Martins*[165], quando assevera:

"A ação deverá ser proposta perante a Vara onde o empregador tenha sede no Brasil ou também onde o empregado foi contratado antes de ir para o exterior. Se a empresa não tiver sede no Brasil, haverá impossibilidade da propositura da ação, pois não será possível sujeitá-la à decisão de nossos tribunais".

Em sentido contrário, argumenta *Carlos Henrique Bezerra Leite*[166]:

"Pouco importa se a empresa é brasileira ou estrangeira, pois o critério subjetivo adotado pelo art. 651, § 2º, da CLT diz respeito ao brasileiro, nato ou naturalizado, que prestar serviços no estrangeiro (...). Cremos, porém, que, não obstante os obstáculos operacionais para a propositura da demanda em face de empresa que não tenha sede ou filial no Brasil, mostra-se perfeitamente possível a notificação do empregador por carta rogatória, sendo competente a Vara do Trabalho, por aplicação analógica do art. 88, I e II, do CPC. Se ele aceitará ou não submeter-se à jurisdição da Justiça laboral brasileira já é problema alheio à questão da competência".

Havendo competência da Justiça brasileira, a legislação aplicável será a do país do local da prestação de serviços, conforme o princípio da aplicação da lei do local da prestação de serviços (*lex loci executionis*), que restou consagrado pela jurisprudência brasileira, conforme a redação da Súmula n. 207 do TST, *in verbis*:

> Conflitos de leis trabalhistas no espaço. Princípio da *lex loci executionis* — A relação jurídica trabalhista é regida pelas leis vigentes no país da prestação de serviço e não por aquelas do local da contratação.

---

(165) MARTINS, Sergio Pinto. *Direito processual do trabalho*. 26. ed. São Paulo: Atlas, 2006. p. 128.

(166) BEZERRA LEITE, Carlos Henrique. *Curso de direito processual do trabalho*. 5. ed. São Paulo: LTr, 2007. p. 269-270.

Nesse sentido, destacamos a seguinte ementa:

> Conflitos de leis trabalhistas no espaço — Princípio da *lex loci executionis*. O entendimento jurisprudencial cristalizado na Súmula n. 207 do col. TST consagra o princípio da *lex loci executionis*, no sentido de que "a relação jurídica trabalhista é regida pelas leis vigentes no país da prestação de serviço e não por aquelas do local da contratação". Não comprovado pelo empregado a existência de previsão do alegado direito na legislação do país da prestação de serviços, resta infactível a condenação requerida. Recurso do reclamante e do reclamado integralmente conhecidos e, no mérito, parcialmente providos. (TRT 10ª R. – 3ª T. – Relª. Desª. Heloisa Pinto Marques – DJe n. 158 – 22.1.09 – p. 89 – RO n. 435/2008.021.10.00-6) (RDT n. 2 – fevereiro de 2009)

## 13.2. Foro de eleição na Justiça do Trabalho

O foro de eleição é o local escolhido, consensualmente, pelas partes para apreciar eventual demanda trabalhista.

Dispõe o art. 111 do CPC:

> A competência em razão da matéria e da hierarquia é inderrogável por convenção das partes; mas estas podem modificar a competência em razão do valor e do território, elegendo foro onde serão propostas as ações oriundas de direitos e obrigações. § 1º – O acordo, porém, só produz efeito, quando constar de contrato escrito e aludir expressamente a determinado negócio jurídico. § 2º – O foro contratual obriga os herdeiros e sucessores das partes.

No nosso sentir, o foro de eleição é incompatível com o Processo do Trabalho, considerando-se a hipossuficiência do reclamante, bem como eventual estado de subordinação do empregado ao aceitar determinada localidade para propositura da demanda trabalhista. Além disso, as normas que consagram a competência territorial da Justiça do Trabalho não podem ser alteradas por consenso das partes.

Nesse sentido destacamos as seguintes ementas:

> Justiça do Trabalho — Competência territorial — Foro de eleição — Dissídio individual — Art. 651, § 3º, da CLT. 1. Ilegal e inoperante no processo trabalhista a eleição de foro em detrimento do empregado, eis que imperativas e de ordem pública as normas do art. 651 da CLT, ditadas no escopo manifesto de propiciar acessibilidade e facilidade na produção da prova ao litigante economicamente hipossuficiente. 2. O empregado demandante pode optar entre o foro da celebração do contrato e o da efetiva prestação do trabalho (art. 651, § 3º, da CLT). 3. Havendo pré-contratação verbal do empregado, em determinada localidade, na qual é recrutado, selecionado, informado através de palestras sobre a remuneração, bem assim onde ocorrerá o futuro treinamento, tem-se esta como localidade da celebração do contrato de trabalho, para efeito de fixação da competência territorial, ainda que a formalização do contrato dê-se em outro município. (TST – SBDI2 – Ac. n. 5167/97 – Rel. Min. João Oreste Dalazen – DJ 6.3.98 – p. 243)

> Processo civil e do trabalho — Competência territorial em ação civil pública — Competência concorrente que se resolve pela prevenção. O art. 2º da Lei n. 7.347/85 fixa a competência do Juízo em face do local de ocorrência do dano, prevenindo a jurisdição em relação às ações posteriores. A OJ n. 130, SBDI-2, c. TST, aplicando subsidiariamente o Código de Defesa do Consumidor, art. 93, II, fixa o entendimento

de que se a extensão do dano a ser reparado for de âmbito regional, a competência será de uma das varas do trabalho da capital do estado; se for de âmbito suprarregional ou nacional, será do Distrito Federal. Trata-se, ante a especialidade da lei da ação civil pública, de competência territorial concorrente, que se resolve pela prevenção, *in casu*, do juízo local, em face de não se tratar propriamente de dano de âmbito regional, mas, sim, de dano local que espraia por mais de uma comarca. Recurso provido, para afastar a incompetência em razão do local. (TRT 15ª R. – 2ª T. – RO n. 1863/2004.055.15.00-2 – Relª. Luciane Storel da Silva – DJ 14.7.06 – p. 21) (RDT n. 8 – agosto de 2006).

O art. 112 do CPC, com a redação dada pela Lei n. 11.280/06, possibilita ao Juiz do Trabalho decretar, de ofício, a nulidade do foro de eleição em contrato de adesão. Assevera o referido dispositivo legal:

> Argui-se, por meio de exceção, a incompetência relativa.
>
> Parágrafo único. A nulidade da cláusula de eleição de foro, em contrato de adesão, pode ser declarada de ofício pelo juiz, que declinará de competência para o juízo de domicílio do réu (Inserido pela Lei n. 11.280/06 – DOU de 17.2.06).

Pensamos que o art. 112 do CPC se aplica ao Processo do Trabalho, com a seguinte adaptação: "A nulidade da cláusula de eleição de foro, em contrato de trabalho, pode ser declarada de ofício pelo juiz, que declinará de competência para o juízo do local da prestação de serviços."

Nesse sentido, concordamos com as conclusões de *Carlos Henrique Bezerra Leite*[167] ao comentar o art. 112 do CPC:

> "Trata-se, pois, de uma exceção à vedação de decretação de ofício pelo juiz de uma competência em razão do território (relativa). A nova norma, portanto, permite ao juiz, caso entenda nula a cláusula de eleição de foro — competência territorial, portanto — prevista em contrato de adesão, declinar de sua competência para o juízo do domicílio do réu. Trata-se, a nosso ver, de norma que poderá ter aplicação no processo do trabalho nas ações oriundas da relação de trabalho diversas da relação de emprego".

## 14. Competência funcional da Justiça do Trabalho

A competência funcional também é denominada *hierárquica* ou *interna*. Trata-se da competência dos órgãos de 1º, 2º ou 3º graus, dentro de um mesmo segmento do Poder Judiciário. Por esse critério, fixa-se a competência dos órgãos da Justiça do Trabalho para atuar no processo, durante as suas diversas fases.

Priorizando o critério hierárquico da competência funcional, assim se manifesta *Wilson de Souza Campos Batalha*[168]:

> "A competência funcional é a que deflui da hierarquia dos órgãos judiciários. É a competência em razão dos graus de jurisdição, ou das instâncias a que cabe conhecer da matéria (instâncias de conhecimento)".

---

(167) BEZERRA LEITE, Carlos Henrique. *Curso de direito do trabalho*. 5. ed. São Paulo: LTr, 2007. p. 273.
(168) BATALHA, Wilson de Souza Campos. *Tratado de direito judiciário do trabalho*. 2. ed. São Paulo: LTr, 1985. p. 186.

*Cândido Rangel Dinamarco*[169] adota a nomenclatura da competência interna. Ensina o mestre paulista:

"Competência interna é a quantidade de jurisdição cujo exercício se atribuiu a cada um dos juízes ou grupos de juízes que compõem cada órgão judiciário. O fenômeno da distribuição interna da competência existe principalmente nos tribunais — órgãos colegiados por excelência —, mas também, ainda que em dimensão menor, nos juízes de primeiro grau".

No nosso sentir, a competência funcional adota o critério do exercício das funções do Juiz em determinado processo, vale dizer: quais atos pode praticar o Juiz num determinado processo.

Como bem adverte *José Augusto Rodrigues Pinto*[170], "o que nos parece mais importante, porque de irradiação mais ampla da noção de *competência funcional* do que a simples hierarquia dos órgãos, reside em seu sentido de atribuições conferidas a cada órgão, assim entendida a soma de atos processuais autorizados no exercício de seu poder".

Quando se fala em competência funcional dos diversos órgãos que compõem determinado segmento do Poder Judiciário, num primeiro plano se avalia se tal órgão detém competência material para a causa. Desse modo, a competência funcional, no nosso sentir, é avaliada após a análise da competência em razão da matéria. A competência funcional é absoluta, por isso, pode ser conhecida de ofício, ainda que não invocada pelas partes.

Pensamos que a competência funcional pode ser originária, recursal ou executória:

*a) Originária:* é a competência para conhecer da causa em primeiro plano. Salvo regra expressa em sentido contrário, o processo inicia-se no primeiro grau de jurisdição. Na Justiça do Trabalho, perante as Varas do Trabalho;

*b) Recursal:* é a competência para praticar determinados atos dos processos, em havendo recurso das partes, como, por exemplo, a competência dos Tribunais para julgamento dos Recursos;

*c) Executória:* é a competência, fixada na lei processual, para realizar a execução do processo, seja por títulos executivos judiciais ou extrajudiciais. Na CLT, a matéria está prevista nos arts. 877 e 877-A, que assim dispõem:

> Art. 877. É competente para a execução das decisões o juiz ou presidente do tribunal que tiver conciliado ou julgado originariamente o dissídio.
>
> Art. 877-A. É competente para a execução de título executivo extrajudicial o juiz que teria competência para o processo de conhecimento relativo à matéria. (Redação dada pela Lei n. 9.958/2000 – DOU 13.1.2000)

---

(169) DINAMARCO, Cândido Rangel. *Instituições de direito processual civil*. v. 1. São Paulo: Malheiros, 2001. p. 552.

(170) RODRIGUES PINTO, José Augusto. *Processo trabalhista de conhecimento*. 7. ed. São Paulo: LTr, 2005. p. 160.

## 14.1. Competência funcional das Varas

A competência funcional das Varas do Trabalho está prevista na Consolidação das Leis do Trabalho.

A redação da CLT, no aspecto, foi idealizada para a existência do órgão colegiado em primeiro grau, com a atuação dos juízes classistas. A EC n. 24/99 extinguiu a representação classista em primeiro grau nas Varas do Trabalho e, portanto, todas as atribuições que eram do órgão colegiado em primeiro grau (antigas Juntas) passaram a ser do Juiz monocrático, pois, hoje, somente atua nas Varas um único Juiz, tanto na fase de conhecimento, como na de execução. Portanto, quando a CLT se refere às Juntas, tal expressão deve ser lida como se disciplinasse a competência das Varas do Trabalho, atuando um único Juiz do Trabalho, seja titular ou substituto. Também não existe mais, nas Varas, a figura do *Juiz Presidente da Junta*, tal expressão deve ser lida como Juiz do Trabalho titular ou substituto das Varas.

O art. 652 da CLT disciplina a competência funcional das Varas do Trabalho, assim redigido:

> Compete às Juntas de Conciliação e Julgamento:
>
> a) conciliar e julgar:
>
> I – os dissídios em que se pretenda o reconhecimento da estabilidade de empregado;
>
> II – os dissídios concernentes a remuneração, férias e indenizações por motivo de rescisão do contrato individual de trabalho;
>
> III – os dissídios resultantes de contratos de empreitadas em que o empreiteiro seja operário ou artífice;
>
> IV – os demais dissídios concernentes ao contrato individual de trabalho;
>
> V – as ações entre trabalhadores portuários e os operadores portuários ou o Órgão Gestor de Mão de Obra — OGMO decorrentes da relação de trabalho; (Redação dada pela MP n. 2.164-41/01).
>
> b) processar e julgar os inquéritos para apuração de falta grave;
>
> c) julgar os embargos opostos às suas próprias decisões;
>
> d) impor multas e demais penalidades relativas aos atos de sua competência. (Redação de acordo com o Decreto-lei n. 6.353/44 – DOU 23.3.44, que também suprimiu a alínea *e*);
>
> Parágrafo único – Terão preferência para julgamento os dissídios sobre pagamento de salário e aqueles que derivarem da falência do empregador, podendo o presidente da Junta, a pedido do interessado, constituir processo em separado, sempre que a reclamação também versar sobre outros assuntos.

Dispõe o art. 653 da CLT competir, ainda, às Varas do Trabalho:

> Compete, ainda, às Juntas de Conciliação e Julgamento:
>
> a) requisitar às autoridades competentes a realização das diligências necessárias ao esclarecimento dos feitos sob sua apreciação, representando contra aquelas que não atenderem a tais requisições;

b) realizar as diligências e praticar os atos processuais ordenados pelos Tribunais Regionais do Trabalho ou pelo Tribunal Superior do Trabalho; (Redação dada pelo Decreto-lei n. 6.353/44 – DOU 23.3.44);

c) julgar as suspeições arguidas contra os seus membros;

d) julgar as exceções de incompetência que lhes forem opostas;

e) expedir precatórias e cumprir as que lhes forem deprecadas;

f) exercer, em geral, no interesse da Justiça do Trabalho, quaisquer outras atribuições que decorram da sua jurisdição.

Dispõe o art. 659 da CLT competir ao Juízes do Trabalho:

Competem privativamente aos Presidentes das Juntas, além das que lhes forem conferidas neste Título e das decorrentes de seu cargo, as seguintes atribuições:

I – presidir às audiências das Juntas;

II – executar as suas próprias decisões, as proferidas pela Junta e aquelas cuja execução lhes for deprecada;

III – dar posse aos juízes classistas temporários nomeados para a Junta, ao chefe de Secretaria e aos demais funcionários da Secretaria;

IV – convocar os suplentes dos juízes classistas, no impedimento destes;

V – representar ao Presidente do Tribunal Regional da respectiva jurisdição, no caso de falta de qualquer juiz classista a 3 (três) reuniões consecutivas, sem motivo justificado, para os fins do art. 727;

VI – despachar os recursos interpostos pelas partes, fundamentando a decisão recorrida antes da remessa ao Tribunal Regional, ou submetendo-os à decisão da Junta, no caso do art. 894;

VII – assinar as folhas de pagamento dos membros e funcionários da Junta;

VIII – apresentar ao Presidente do Tribunal Regional, até 15 de fevereiro de cada ano, o relatório dos trabalhos do ano anterior;

IX – conceder medida liminar, até decisão final do processo em reclamações trabalhistas que visem a tornar sem efeito transferência disciplinada pelos parágrafos do art. 469 desta Consolidação; (Acrescentado pela Lei n. 6.203/75 – DOU 18.4.75)

X – conceder medida liminar, até decisão final do processo, em reclamações trabalhistas que visem a reintegrar no emprego dirigente sindical afastado, suspenso ou dispensado pelo empregador. (Acrescentado pela Lei n. 9.270/96 – DOU 18.4.96).

## 14.2. Competência funcional dos Tribunais Regionais do Trabalho

A competência funcional dos Tribunais Regionais do Trabalho está fixada na Consolidação das Leis do Trabalho e, principalmente, nos Regimentos Internos dos Tribunais, as questões referentes à competência de cada uma das turmas e seções dos Tribunais.

Os Tribunais Regionais do Trabalho podem ser divididos em Turmas ou não. Frequentemente, estão divididos em turmas os Regionais que têm maior número de Juízes.

Dispõe o art. 678 da CLT:

> Aos Tribunais Regionais, quando divididos em Turmas, compete:
>
> I – ao Tribunal Pleno, especialmente:
>
> a) processar, conciliar e julgar originariamente os dissídios coletivos;
>
> b) processar e julgar originariamente:
>
> 1. as revisões de sentenças normativas;
>
> 2. a extensão das decisões proferidas em dissídios coletivos;
>
> 3. os mandados de segurança;
>
> 4. as impugnações à investidura de juízes classistas e seus suplentes nas Juntas de Conciliação e Julgamento;
>
> c) processar e julgar em última instância:
>
> 1. os recursos das multas impostas pelas Turmas;
>
> 2. as ações rescisórias das decisões das Juntas de Conciliação e Julgamento, dos juízes de direito investidos na jurisdição trabalhista, das Turmas e de seus próprios acórdãos;
>
> 3. os conflitos de jurisdição entre as suas Turmas, os juízes de direito investidos na jurisdição trabalhista, as Juntas de Conciliação e Julgamento, ou entre aqueles e estas;
>
> d) julgar em única ou última instância:
>
> 1. os processos e os recursos de natureza administrativa atinentes aos seus serviços auxiliares e respectivos servidores;
>
> 2. as reclamações contra atos administrativos de seu presidente ou de quaisquer de seus membros, assim como dos juízes de primeira instância e de seus funcionários;
>
> II – às Turmas:
>
> a) julgar os recursos ordinários previstos no art. 895, *a*;
>
> b) julgar os agravos de petição e de instrumento, estes de decisões denegatórias de recursos de sua alçada;
>
> c) impor multas e demais penalidades relativas a atos de sua competência jurisdicional, e julgar os recursos interpostos das decisões das Juntas e dos Juízes de Direito que as impuserem.
>
> Parágrafo único. Das decisões das Turmas não caberá recurso para o Tribunal Pleno, exceto no caso do inciso I da alínea *c* do item 1 deste artigo.

Dispõe o art. 679 da CLT sobre a competência dos Tribunais Regionais não divididos em turmas:

> Aos Tribunais Regionais não divididos em Turmas, compete o julgamento das matérias a que se refere o artigo anterior, exceto a de que trata o inciso 1 da alínea *c* do item I, como os conflitos de jurisdição entre Turmas. (Redação dada pela Lei n. 5.442/68 – DOU 28.5.68).

Dispõe o art. 680 da CLT sobre a competência funcional dos Tribunais Regionais do Trabalho divididos em Turmas:

> Compete, ainda, aos Tribunais Regionais, ou suas Turmas:
>
> a) determinar às Juntas e aos juízes de direito a realização dos atos processuais e diligências necessárias ao julgamento dos feitos sob sua apreciação;

b) fiscalizar o cumprimento de suas próprias decisões;

c) declarar a nulidade dos atos praticados com infração de suas decisões;

d) julgar as suspeições arguidas contra seus membros;

e) julgar as exceções de incompetência que lhes forem opostas;

f) requisitar às autoridades competentes as diligências necessárias ao esclarecimento dos feitos sob apreciação, representando contra aquelas que não atenderem a tais requisições;

g) exercer, em geral, no interesse da Justiça do Trabalho, as demais atribuições que decorram de sua jurisdição.

## 14.3. Competência funcional do Tribunal Superior do Trabalho

O Tribunal Superior do Trabalho é o órgão de cúpula da Justiça do Trabalho com jurisdição em todo território nacional, cuja competência funcional está prevista na CLT, na Lei n. 7.701/88 e, principalmente, no seu Regimento Interno. A competência do Pleno, das Seções Especializadas em Dissídios Coletivos, das Seções Especializadas em Dissídios Individuais I e II, bem como da Seção Administrativa, é detalhada no Regimento Interno do Tribunal Superior do Trabalho.

Dispõe o art. 67 do Regimento Interno do TST sobre a competência originária e recursal do Tribunal Superior do Trabalho:

> Compete ao Tribunal Superior do Trabalho processar, conciliar e julgar, na forma da lei, em grau originário ou recursal ordinário ou extraordinário, as demandas individuais e os dissídios coletivos entre trabalhadores e empregadores que excedam a jurisdição dos Tribunais Regionais, os conflitos de direito sindical, bem assim outras controvérsias decorrentes de relação de trabalho e os litígios relativos ao cumprimento de suas próprias decisões, de laudos arbitrais e de convenções e acordos coletivos.

### a) Da competência do Tribunal Pleno

Dispõe o art. 68 do Regimento Interno do TST:

> Compete ao Tribunal Pleno:
>
> I – eleger, por escrutínio secreto, o Presidente e o Vice-Presidente do Tribunal Superior do Trabalho, o Corregedor-Geral da Justiça do Trabalho, os sete Ministros para integrar o Órgão Especial, o Diretor, o Vice-Diretor e os membros do Conselho Consultivo da Escola Nacional de Formação e Aperfeiçoamento de Magistrados do Trabalho — ENAMAT, os Ministros membros do Conselho Superior da Justiça do Trabalho — CSJT e respectivos suplentes e os membros do Conselho Nacional de Justiça;
>
> II – dar posse aos membros eleitos para os cargos de direção do Tribunal Superior do Trabalho, aos Ministros nomeados para o Tribunal, aos membros da direção e do Conselho Consultivo da Escola Nacional de Formação e Aperfeiçoamento de Magistrados do Trabalho — ENAMAT;
>
> III – escolher os integrantes das listas para preenchimento das vagas de Ministro do Tribunal;

IV - deliberar sobre prorrogação do prazo para a posse no cargo de Ministro do Tribunal Superior do Trabalho e o início do exercício;

V - determinar a disponibilidade ou a aposentadoria de Ministro do Tribunal;

VI - opinar sobre propostas de alterações da legislação trabalhista, inclusive processual, quando entender que deve manifestar-se oficialmente;

VII - aprovar, modificar ou revogar, em caráter de urgência e com preferência na pauta, Súmula da Jurisprudência predominante em Dissídios Individuais e os Precedentes Normativos da Seção Especializada em Dissídios Coletivos;

VIII - julgar os Incidentes de Uniformização de Jurisprudência;

IX - decidir sobre a declaração de inconstitucionalidade de lei ou ato normativo do Poder Público, quando aprovada a arguição pelas Seções Especializadas ou Turmas; e

X - aprovar e emendar o Regimento Interno do Tribunal Superior do Trabalho.

## b) Da competência da Seção Especializada em Dissídios Coletivos (SDC)

Dispõe o art. 70 do Regimento Interno do TST:

À Seção Especializada em Dissídios Coletivos compete:

I - originariamente:

a) julgar os dissídios coletivos de natureza econômica e jurídica, de sua competência, ou rever suas próprias sentenças normativas, nos casos previstos em lei;

b) homologar as conciliações firmadas nos dissídios coletivos;

c) julgar as ações anulatórias de acordos e convenções coletivas;

d) julgar as ações rescisórias propostas contra suas sentenças normativas;

e) julgar os agravos regimentais contra despachos ou decisões não definitivas, proferidos pelo Presidente do Tribunal, ou por qualquer dos Ministros integrantes da Seção Especializada em Dissídios Coletivos;

f) julgar os conflitos de competência entre Tribunais Regionais do Trabalho em processos de dissídio coletivo;

g) processar e julgar as medidas cautelares incidentais nos processos de dissídio coletivo; e

h) processar e julgar as ações em matéria de greve, quando o conflito exceder a jurisdição de Tribunal Regional do Trabalho.

II - em última instância, julgar:

a) os recursos ordinários interpostos contra as decisões proferidas pelos Tribunais Regionais do Trabalho em dissídios coletivos de natureza econômica ou jurídica;

b) os recursos ordinários interpostos contra decisões proferidas pelos Tribunais Regionais do Trabalho em ações rescisórias e mandados de segurança pertinentes a dissídios coletivos e a direito sindical e em ações anulatórias de acordos e convenções coletivas;

c) os embargos infringentes interpostos contra decisão não unânime proferida em processo de dissídio coletivo de sua competência originária, salvo se a decisão embargada estiver em consonância com precedente normativo do Tribunal Superior do Trabalho, ou com Súmula de sua jurisprudência predominante; e

d) os agravos de instrumento interpostos contra despacho denegatório de recurso ordinário nos processos de sua competência.

## c) Da competência da Seção Especializada em Dissídios Individuais (SDI-I e SDI-II)

Dispõe o art. 71 do Regimento Interno do TST:

> À Seção Especializada em Dissídios Individuais, em composição plena ou dividida em duas Subseções, compete:
>
> I – em composição plena, julgar, em caráter de urgência e com preferência na pauta, os processos nos quais tenha sido estabelecida, na votação, divergência entre as Subseções I e II da Seção Especializada em Dissídios Individuais, quanto à aplicação de dispositivo de lei federal ou da Constituição da República;
>
> II – à Subseção I:
>
> a) julgar os embargos interpostos contra decisões divergentes das Turmas, ou destas que divirjam de decisão da Seção de Dissídios Individuais, de Orientação Jurisprudencial ou de Súmula; e b) julgar os agravos e os agravos regimentais interpostos contra despacho exarado em processos de sua competência.
>
> III - à Subseção II:
>
> a) **originariamente**:
>
> 1. julgar as ações rescisórias propostas contra suas decisões, as da Subseção I e as das Turmas do Tribunal;
>
> 2. julgar os mandados de segurança contra os atos praticados pelo Presidente do Tribunal, ou por qualquer dos Ministros integrantes da Seção Especializada em Dissídios Individuais, nos processos de sua competência;
>
> 3. julgar as ações cautelares; e
>
> 4. julgar os *habeas corpus*.
>
> b) **em única instância**:
>
> 1. julgar os agravos e os agravos regimentais interpostos contra despacho exarado em processos de sua competência; e
>
> 2. julgar os conflitos de competência entre Tribunais Regionais e os que envolvam Juízes de Direito investidos da jurisdição trabalhista e Varas do Trabalho em processos de dissídios individuais.
>
> c) **em última instância**:
>
> 1. julgar os recursos ordinários interpostos contra decisões dos Tribunais Regionais em processos de dissídio individual de sua competência originária; e
>
> 2. julgar os agravos de instrumento interpostos contra despacho denegatório de recurso ordinário em processos de sua competência.

## d) Da competência das Turmas do TST

Dispõe o art. 72 do Regimento Interno do TST:

> Compete a cada uma das Turmas julgar:

I – os recursos de revista interpostos contra decisão dos Tribunais Regionais do Trabalho, nos casos previstos em lei;

II – os agravos de instrumento dos despachos de Presidente de Tribunal Regional que denegarem seguimento a recurso de revista;

III – os agravos e os agravos regimentais interpostos contra despacho exarado em processos de sua competência; e

IV – os recursos ordinários em ação cautelar, quando a competência para julgamento do recurso do processo principal for atribuída à Turma.

## 15. Da modificação da competência na Justiça do Trabalho

Dentro da competência relativa da Justiça do Trabalho, esta pode ser modificada em razão da conexão e continência.

Nesse sentido, dispõe o art. 102 do CPC que resta aplicável ao Processo do Trabalho, por força do art. 769 da CLT:

> A competência, em razão do valor e do território, poderá modificar-se pela conexão ou continência, observado o disposto nos artigos seguintes.

Nos termos do art. 103 do CPC, "reputam-se conexas duas ou mais ações, quando lhes for comum o objeto ou a causa de pedir".

Na Justiça do Trabalho, é comum haver conexão entre demandas trabalhistas que apresentem em comum mesmo pedido ou causa de pedir. Por exemplo, diversos trabalhadores realizam um mesmo pedido que tem suporte em norma coletiva comum.

Conforme o art. 104 do CPC: "Dá-se a continência entre duas ou mais ações sempre que há identidade quanto às partes e à causa de pedir, mas o objeto de uma, por ser mais amplo, abrange o das outras".

No Processo do Trabalho, é comum haver continência entre as demandas. Por exemplo, o reclamante propõe duas reclamações trabalhistas em face de uma mesma empregadora, mas o rol de pedidos de uma é mais abrangente do que o da outra.

Havendo conexão ou continência, a reunião dos processos para julgamento simultâneo[171] é faculdade do Juiz do Trabalho, devendo este sempre avaliar o custo-benefício em deferi-la sempre atento à celeridade e efetividade da relação jurídica processual. Nesse sentido dispõe o art. 105 do CPC, *in verbis*:

> Havendo conexão ou continência, o juiz, de ofício ou a requerimento de qualquer das partes, pode ordenar a reunião de ações propostas em separado, a fim de que sejam decididas simultaneamente.

Havendo conexão ou continência, o juízo competente será aquele que despachou a inicial em primeiro lugar (Processo Civil) e no Processo do Trabalho, o do local

---

(171) Quando há reunião dos processos para julgamento simultâneo, a praxe judiciária diz que houve apensamento de um processo no outro.

onde a inicial trabalhista foi distribuída em primeiro lugar, pois no Processo do Trabalho não há o despacho da inicial (art. 841 da CLT). Nesse sentido dispõe o art. 106 do CPC, *in verbis*:

> Correndo em separado ações conexas perante juízes que têm a mesma competência territorial, considera-se prevento aquele que despachou em primeiro lugar.

Para o reconhecimento da conexão ou continência, há necessidade de que as duas ações estejam em curso e ainda não haja sentença de mérito prolatada em uma delas.

Nesse sentido, a seguinte ementa:

> Conflito de competência — Continência entre ações — Processo arquivado. Mesmo havendo duas ações com identidade de partes e de causa de pedir, o objeto da segunda, ajuizada pelo consignatário na primeira, sendo mais amplo e abrangendo o daquela, não se configura a continência se em uma das ações foi proferida decisão e o processo já se encontra arquivado, o que afasta a finalidade prática de se declarar prevento o Juízo, prescindindo da reunião de processos prevista no art. 115, III, do Código de Processo Civil. (TRT 3ª R. – 1ª Seção Especializada de Dissídios Individuais – Rel. Des. Ricardo Antonio Mohallem – DJ n. 33 – 20.2.09 – p. 8 – CC n. 940/2008.101.03.00-2) (RDT n. 03 – março de 2009)

A competência também pode ser modificada pelo critério da prevenção, o que se dá quando dois ou mais juízos são competentes para apreciar a causa (competência concorrente), sendo o competente aquele que recebeu o processo em primeiro lugar.

*José Augusto Rodrigues Pinto*[172], com suporte de Plácido e Silva, nos ensina que prevenção "é o ato pelo qual se toma a dianteira, se antecipa, ou se vem em primeiro lugar. Por ele se fixa o foro a que se foi primeiro, se é também competente. E nele se pode tratar a questão sobre a que versa a ação".

Nesse sentido, dispõe o art. 106 do CPC, *in verbis*:

> Correndo em separado ações conexas perante juízes que têm a mesma competência territorial, considera-se prevento aquele que despachou em primeiro lugar.

No processo do trabalho, como não há despacho de recebimento da petição inicial, sendo a marcação de audiência e a notificação inicial do reclamado atos da Secretaria (art. 841 da CLT), os efeitos da prevenção, ao contrário do Processo Civil, ocorrem com a simples propositura da ação, sendo o juízo prevento aquele em que a primeira ação fora distribuída em primeiro lugar.

Como bem adverte *Carlos Henrique Bezerra Leite*[173], a rigor, a prevenção não é causa de modificação da competência, mas efeito da existência da conexão.

Havendo conexão, continência ou prevenção entre demandas às quais figurem as memas partes nos polos ativo e passivo, haverá a distribuição por dependência,

---

(172) *Processo trabalhista de conhecimento*. 7. ed. São Paulo: LTr, 2005. p. 183.

(173) *Curso de direito processual do trabalho*. 8. ed. São Paulo: LTr, 2010. p. 274.

estando prevento o juízo que recebeceu a primeira demanda, nos termos do art. 253 do CPC, aplicável subsidiariamente ao processo do trabalho, por força do art. 769 da CLT, *in verbis*:

> Distribuir-se-ão por dependência as causas de qualquer natureza: I – quando se relacionarem, por conexão ou continência, com outra já ajuizada; II – quando, tendo sido extinto o processo, sem julgamento de mérito, for reiterado o pedido, ainda que em litisconsórcio com outros autores ou que sejam parcialmente alterados os réus da demanda; (Redação dada pela Lei n. 11.280/06 – DOU de 17.2.06); III – quando houver ajuizamento de ações idênticas, ao juízo prevento. Parágrafo único. Havendo reconvenção ou intervenção de terceiro, o juiz, de ofício, mandará proceder à respectiva anotação pelo distribuidor.

## 16. Conflitos de competência entre órgãos que detêm jurisdição trabalhista

Há o conflito de competência, positivo ou negativo, entre dois órgãos judiciais, quando dois ou mais juízes se consideram, simultaneamente, competentes ou incompetentes para apreciar determinada causa[174].

Assevera o art. 114, V, da CF que compete à Justiça do Trabalho processar e julgar os conflitos de competência entre órgãos com jurisdição trabalhista, ressalvado o disposto no art. 102, I, *o*.

Assevera o art. 102, I, *o*, da CF competir ao STF, precipuamente, a guarda da Constituição, cabendo-lhe processar e julgar originariamente os conflitos de competência entre o Superior Tribunal de Justiça e quaisquer tribunais, entre Tribunais Superiores, ou entre estes e qualquer outro tribunal.

Os órgãos com jurisdição trabalhista, por força do art. 111 da CF, são o Tribunal Superior do Trabalho, os Tribunais Regionais do Trabalho e os Juízes do Trabalho. Excepcionalmente, a jurisdição trabalhista é atribuída aos juízes de direito, nas comarcas não abrangidas pela jurisdição trabalhista (art. 112 da CF).

Ao contrário do que já estão pensando alguns doutrinadores[175], o inciso V do art. 114 da CF não atribuiu competência à Justiça do Trabalho para apreciar conflitos entre juízes vinculados a Tribunais diversos, como entre Juiz de Trabalho e Juiz de Direito, ainda que a matéria seja trabalhista, uma vez que o referido inciso V fala *em órgãos com jurisdição trabalhista* e não conflito sobre *matéria trabalhista*. De outro

---

(174) Diz o art. 115 do CPC: "Há o conflito de competência: I – quando dois ou mais juízes se declaram competentes; II – quando dois ou mais juízes se consideram incompetentes; III – quando entre dois ou mais juízes surgem controvérsias acerca da reunião ou separação de processos".

(175) Nesse sentido pensa Francisco Antonio de Oliveira: "Os conflitos de jurisdição havidos entre Varas do Trabalho e juízes de direito ou juízes federais serão de competência do Tribunal Superior do Trabalho (art. 114, V, com a redação dada pela EC n. 45/2004). Os conflitos havidos entre os Tribunais Superiores ou entre este e qualquer outro tribunal inferior, aí incluídas as Turmas, Câmaras e Varas, serão de competência do Supremo Tribunal Federal (art. 102, I, letra *o*, CF)" (*Comentários à Consolidação das Leis do Trabalho*. 3. ed. São Paulo: RT, 2005. p. 682).

lado diz o art. 105, I, da CF competir ao Superior Tribunal de Justiça processar e julgar os conflitos de competência entre quaisquer Tribunais, ressalvado o disposto no art. 102, I, *o*, bem como entre Tribunal e Juízes a ele não vinculados e entre Juízes vinculados a Tribunais diversos. Desse modo, pelo texto constitucional, ainda que a matéria seja trabalhista, se os juízes estiverem vinculados a Tribunais diversos, a competência para dirimir o conflito será do STJ[176].

Os conflitos podem ocorrer entre os próprios órgãos que compõem o judiciário trabalhista, como os conflitos entre Varas do Trabalho ou entre Juízes do Trabalho e Juízes de Direito investidos na jurisdição trabalhista, e entre Tribunais Regionais do Trabalho. Em razão da hierarquia funcional[177] entre os órgãos que compõem a Justiça do Trabalho, não há conflito de jurisdição entre Varas e TRT's, nem entre TST e TRT's, pois prevalece o entendimento do Tribunal hierarquicamente superior.

— Se os conflitos forem entre duas Varas do Trabalho, ou entre Juiz do Trabalho e Juiz de Direito com jurisdição trabalhista, o TRT julgará o conflito (art. 809, *a*, da CLT).

— Se o conflito for entre regionais, o TST julgará (art. 808, *b*, da CLT).

— Se o conflito se der entre Juiz do Trabalho e Juiz de Direito, ou entre Juiz do Trabalho e Juiz Federal, o STJ decidirá (art. 105, I, *d*, da CF).

— Se o conflito se der entre TST e TJ, ou TRF, o STF julgará o conflito (art. 102, I, *o*, da CF).

— Se o conflito se der entre TRT e Juiz de Direito ou Federal, o STJ resolverá o conflito, nos termos do art. 105, I, *d*, da CF.

Provavelmente, se a matéria não chegar ao Supremo Tribunal Federal, o Superior Tribunal de Justiça é que irá dizer da competência da Justiça do Trabalho quando houver conflitos de competência entre Juiz de Direito, Juiz Federal e Juiz do Trabalho. Entretanto, a palavra final sobre a competência material da Justiça do Trabalho será dada pelo STF, conforme o art. 102, I, *o*, da CF.

Efetivamente, a prática tem demonstrado que há demora significativa nos julgamentos de conflitos de competência, com grande prejuízo ao jurisdicionado

---

(176) Nesse sentido a posição de Edilton Meirelles: "É certo, outrossim, que, mesmo não havendo referência no dispositivo em comento, por óbvio, por envolver conflito com órgão não integrante da Justiça do Trabalho, permanece a regra de que compete ao STJ, com base no art. 105, inciso I, alínea *d*, da CF, julgar o conflito (...)" (*Competência e procedimento na Justiça do Trabalho:* primeiras linhas da reforma do judiciário. São Paulo: LTr, 2005. p. 76).

(177) Como destaca Francisco Antonio de Oliveira, "pelo princípio da hierarquia não poderá haver conflito entre órgãos pertencentes ao mesmo ramo de jurisdição. Disso resulta que a Vara do Trabalho não poderá suscitar conflito com Turma do Regional. A Turma do Regional não poderá fazê-lo com a Seção do Dissídio Individual do TST e nenhum Regional poderá suscitar conflito com o TST" (*Comentários à Consolidação das Leis do Trabalho.* 3. ed. São Paulo: RT, 2005. p. 683).

e em desprestígio do próprio poder judiciário, por isso, o ideal *(de lege ferenda)* seria que a Justiça do Trabalho apreciasse todos os conflitos de competência que envolvessem matéria trabalhista, mesmo entre órgãos com jurisdição trabalhista e outro vinculado a jurisdição diversa[178], uma vez que a Justiça do Trabalho está mais bem aparelhada para dizer se a questão é trabalhista ou não[179]. Também há necessidade premente de reforma da legislação processual, para que sejam agilizados de forma significativa os julgamentos dos conflitos de competência pelos Tribunais.

---

(178) Não obstante, o art. 105, I, da CF diz competir ao Superior Tribunal de Justiça processar e julgar os conflitos de competência entre quaisquer Tribunais, ressalvado o disposto no art. 102, I, *o*, bem como entre Tribunal e Juízes a ele não vinculados e entre Juízes vinculados a Tribunais diversos.

(179) Nesse sentido é a opinião de Antônio Álvares da Silva: "Sempre que o conflito de competência envolva matéria trabalhista, mesmo entre um órgão com jurisdição trabalhista e outro a ela estranha, entendo que a competência para decidir deva ser da Justiça do Trabalho. A razão é simples: o juiz do trabalho está em melhores condições de dizer negativamente que a questão não é trabalhista, remetendo-a à jurisdição comum, federal ou cível, do que um órgão da Justiça Comum, que tenha de dizer, positivamente, se a matéria é ou não trabalhista. Falta-lhe experiência e conhecimento especializado. O exemplo está no dano moral. O STJ entendeu que a matéria era de 'direito civil', negando competência à Justiça do Trabalho, até que o STF corrigisse o erro. Finalmente, a questão foi prevista na própria Constituição. É de toda conveniência que o legislador infraconstitucional estabeleça regras objetivas e claras, que permitam um julgamento rápido dos conflitos de competência" (*Pequeno tratado da nova competência da Justiça do Trabalho*. São Paulo: LTr, 2005. p. 226).

# Capítulo VI
# Das Partes e Procuradores no Processo do Trabalho

## 1. Conceito de parte

Sujeitos do processo são todas as pessoas que nele atuam (partes, juiz, perito, servidores da justiça, etc.). Em sentido processual, partes são quem ajuíza uma ação e em face de quem a ação é ajuizada. É quem pede a tutela jurisdicional trazendo uma pretensão a juízo e quem resiste a esta pretensão. O Juiz é sujeito do processo e não parte[1].

Conforme destaca *Nelson Nery Júnior*[2]:

"Em sentido processual parte é aquele que pede (autor) e em face de quem se pede (réu) a tutela jurisdicional. O juiz e as partes são sujeitos do processo, isto é, os integrantes da relação jurídica processual. Quando atua como fiscal da lei (CPC 82) o Ministério Público é interveniente. O substituto processual (CPC 6º) é parte. Os terceiros que intervêm no processo já instaurado deixam de ser terceiros e passam (...) Os auxiliares da justiça (perito, oficial de justiça etc.) não são parte".

No Processo do Trabalho, as partes recebem a denominação de reclamante (demandante) e reclamado (demandado). Tal denominação vem da época em que a Justiça do Trabalho era administrativa, não pertencendo ao Poder Judiciário.

Assevera a melhor doutrina que o termo correto de qualificação das partes é demandante e demandado, pois o ato de demandar é incondicionado. Por mais absurda ou ilegítima a pretensão, haverá o direito de demandar.

Com a propositura da inicial, são qualificadas as partes e fixados os limites subjetivos da lide (individualizados os polos ativo e passivo da relação jurídica processual), pois a decisão a ser proferida vinculará apenas as partes do processo (art. 472 do CPC).

---

(1) Em algumas situações, a doutrina sustenta que o Juiz ostenta a qualidade de parte, como nas exceções de impedimento e suspeição e nos conflitos de competência.

(2) NERY JÚNIOR, Nelson. *Código de Processo Civil comentado*. 10. ed. São Paulo: RT, 2007. p. 1007.

## 2. Da capacidade para ser parte na Justiça do Trabalho

A capacidade, segundo a doutrina civil, é a aptidão para adquirir direitos e obrigações. Adquirida a personalidade com o nascimento com vida, toda pessoa passa a ser capaz de direitos e obrigações.

Como bem destaca *Nelson Nery Júnior*[3]: "Capacidade processual é pressuposto processual e significa aptidão para praticar atos processuais. Tem *legitimatio ad causam*, conceito de direito material, aquele que for titular do direito material discutido em juízo. No plano processual, tem *legitimatio ad causam* aquele que afirma e em face de que se afirma a titularidade do direito discutido em juízo".

Segundo a classificação da doutrina, a capacidade, para fins processuais subdivide-se em:

a) *capacidade de direito ou de ser parte*: toda pessoa, desde que tenha adquirido a personalidade, tem capacidade de ser parte, para figurar nos polos ativo ou passivo de uma reclamação trabalhista.

Nesse sentido dispõem os arts. 1º e 2º do CCb, *in verbis*:

> Art. 1º do CC. Toda pessoa é capaz de direitos e deveres na ordem civil.

> Art. 2º do CC. A personalidade civil da pessoa começa do nascimento com vida; mas a lei põe a salvo, desde a concepção, os direitos do nascituro.

b) *capacidade de fato* ou *ad processum*: é a capacidade de estar em juízo sem necessidade de representação ou assistência (é denominada também pela doutrina de *legitimatio ad processum*), ou seja, de estar em juízo por si só.

Somente têm capacidade para estar em juízo, na Justiça do Trabalho, as pessoas maiores de 18 anos. Os incapazes serão representados e os relativamente incapazes serão assistidos, nos termos da lei civil.

Nesse sentido dispõe o art. 7º do CPC, *in verbis*:

> Toda pessoa que se acha no exercício dos seus direitos tem capacidade para estar em juízo.

No mesmo sentido é o art. 792 da CLT: "Os maiores de 18 anos e menores de 21 anos e as mulheres casadas poderão pleitear perante a Justiça do Trabalho sem assistência de seus pais, tutores e maridos".

O referido art. 792 encontra-se parcialmente revogado pelo art. 5º, da CF, que igualou homens e mulheres em direitos e obrigações, e também o art. 5º do CC de 2002, que reduziu a maioridade para 18 anos.

Os menores emancipados também têm a capacidade *ad processum*, nos termos do art. 5º do CCb que resta aplicável ao Direito Material e Processual do Trabalho (arts. 8º e 769 da CLT).

---

(3) *Código de Processo Civil comentado*. 10. ed. São Paulo: RT, 2007. p. 189.

Dispõe o art. 5º do CCb:

> A menoridade cessa aos dezoito anos completos, quando a pessoa fica habilitada à prática de todos os atos da vida civil.
>
> Parágrafo único. Cessará, para os menores, a incapacidade:
>
> I – pela concessão dos pais, ou de um deles na falta do outro, mediante instrumento público, independentemente de homologação judicial, ou por sentença do juiz, ouvido o tutor, se o menor tiver dezesseis anos completos; II – pelo casamento; III – pelo exercício de emprego público efetivo; IV – pela colação de grau em curso de ensino superior; V – pelo estabelecimento civil ou comercial, ou pela existência de relação de emprego, desde que, em função deles, o menor com dezesseis anos completos tenha economia própria.

Quanto ao inciso V do art. 5º do CC que prevê a emancipação do menor em razão da relação de emprego e desde que, em razão dela, o menor tenha economia própria, pensamos que a menoridade cessará pela existência do vínculo de emprego, caso o menor receba um salário mínimo por mês. Embora se possa dizer que o menor que recebe apenas um salário mínimo não tem economia própria, acreditamos que a finalidade da lei ao conceder a emancipação legal foi no sentido de deferir a emancipação ao menor que apresenta maior maturidade em razão das responsabilidades inerentes ao contrato de emprego.

Portanto, desde que receba um salário mínimo e exista a relação de emprego, o menor de 18 anos e maior de 16 anos estará emancipado de pleno direito, inclusive para postular em juízo sem necessidade de representação ou assistência, independentemente de declaração judicial de emancipação.

No nosso sentir, apesar de o salário mínimo ser muito baixo no Brasil, segundo disposição constitucional, ele atende às necessidades do trabalhador (art. 7º, IV, da CF). De outro lado, o menor empregado estará emancipado a partir de 16 anos completos, pois o trabalho é proibido antes dessa idade (art. 7º, XXIII, da CF).

c) *capacidade postulatória* ou *jus postulandi*: é a capacidade para postular em juízo, em causa própria ou defendendo terceiros. Como bem adverte *Nelson Nery Júnior*[4]: "A capacidade processual não se confunde com a capacidade postulatória, que é a aptidão que se tem para procurar em juízo. O profissional regularmente inscrito no quadro de advogados da OAB tem capacidade postulatória (CPC, 36; EOAB, 8º, § 1º e ss.). Também o membro do MP tem capacidade postulatória, tanto no processo penal (...) Nos juizados especiais cíveis há dispensa da capacidade postulatória para o ajuizamento de pretensão de valor não superior a vinte salários mínimos (LJE 9º, *caput*) (...) Na justiça do trabalho o empregado pode postular pessoalmente, sem a necesidade de advogado (CLT 791, *caput*)".

---

(4) *Op. cit.*, p. 188.

## 3. Da representação e assistência das partes na Justiça do Trabalho

Ensina *Amauri Mascaro Nascimento*[5]: "Representante é exatamente aquele que surge no lugar de quem não pode desempenhar. Representação é o ato ou a ação, mas também a qualidade atribuída para o fim de agir no lugar de outrem".

Há a representação processual quando alguém vem a juízo, autorizado por lei, a postular em juízo em nome de outrem, defendendo em nome alheio interesse alheio.

Pensamos que a Consolidação adotou o gênero representação (v. arts. 791 e 793 da CLT), cujas espécies são a representação *stricto sensu*, dos incapazes, e a assistência, para os relativamente incapazes.

Como destaca com propriedade *Wagner D. Giglio*[6]:

"A Consolidação das Leis do Trabalho não prima pela correção terminológica, e, por vezes, embaralha conceitos. Não se confundem representação e assistência. Ensina Lamarca, com base na lição de Carnelutti, que há representação 'quando as pessoas a quem se atribui o poder de manifestar a vontade decisiva a respeito de um interesse determinado sejam distintas do titular deste mesmo interesse (representação acumulativa ou complexa, por ex., nas pessoas jurídicas); dá-se a assistência quando a lei atribua eficácia decisiva para a tutela de um interesse determinado à vontade do próprio interessado junto à vontade de um terceiro (por exemplo, nos casos de semicapacidade processual, insuficiência de idade ou saúde)'".

Conforme o art. 8º do CPC: "Os incapazes serão representados ou assistidos por seus pais, tutores ou curadores, na forma da lei civil".

Os incapazes, absolutamente, serão representados em juízo, pois não possuem aptidão para praticar, por si mesmos, os atos do processo. O Código Civil brasileiro elenca os incapazes no art. 3º, que assim dispõe:

> São absolutamente incapazes de exercer pessoalmente os atos da vida civil: I – os menores de dezesseis anos; II – os que, por enfermidade ou deficiência mental, não tiverem o necessário discernimento para a prática desses atos; III – os que, mesmo por causa transitória, não puderem exprimir sua vontade.

Os relativamente incapazes, por possuírem um grau maior de discernimento, poderão manifestar suas vontades, mas devem estar assistidos em juízo. O assistente não representa o relativamente incapaz, apenas o assiste, o auxilia para que manifeste sua vontade com maior discernimento.

Nesse sentido, sustentam *Rodolfo Pamplona Filho* e *Pablo Stolze Gagliano*[7]: o suprimento da incapacidade relativa dá-se por meio da assistência. Diferentemente

---

(5) NASCIMENTO, Amauri Mascaro. *Curso de direito processual do trabalho*. 22. ed. São Paulo: Saraiva, 2007. p. 372.
(6) GIGLIO, Wagner D. *Direito processual do trabalho*. 15. ed. São Paulo: Saraiva, 2005. p. 123.
(7) *Novo curso de direito civil*. Parte geral. 4. ed. São Paulo: Saraiva, 2003. p. 107.

dos absolutamente incapazes, o relativamente incapaz pratica o ato jurídico juntamente com o seu assistente (pais, tutor ou curador), sob pena de anulabilidade.

Os relativamente incapazes estão elencados no art. 4º do CC que assim dispõe:

> São incapazes, relativamente a certos atos, ou à maneira de os exercer: I – os maiores de dezesseis e menores de dezoito anos; II – os ébrios habituais, os viciados em tóxicos, e os que, por deficiência mental, tenham o discernimento reduzido; III – os excepcionais, sem desenvolvimento mental completo; IV – os pródigos. Parágrafo único. A capacidade dos índios será regulada por legislação especial.

O empregado, por ser pessoa física, deve figurar no polo ativo e o empregador, pessoa física ou jurídica, deve figurar no polo passivo, podendo, em audiência, ser representados, nos termos do art. 843 da CLT[8].

Dispõe o § 1º do art. 791 da CLT:

> Nos dissídios individuais os empregados e empregadores poderão fazer-se representar por intermédio do sindicato, advogado, solicitador ou provisionado, inscrito na Ordem dos Advogados do Brasil[9].

O referido dispositivo não trata de representação legal para suprir incapacidade mas sim da representação voluntária ou convencional, cumprindo às pessoas mencionadas no § 1º do art. 791, da CLT atuar em nome do empregado ou empregador em juízo, desde que autorizadas por ele. Nesse sentido, ensinam *Pablo Stolze Gagliano* e *Rodolfo Pamplona Filho*[10]: não se pode confundir a representação legal com a representação voluntária ou convencional, a exemplo do que ocorre no mandato. Neste caso, uma parte (mandante) cuida de outorgar, por ato de vontade, mediante procuração (instrumento do mandato), poderes gerais ou específicos para que a outra (mandatário) pratique atos jurídicos em seu nome e no seu interesse.

Em se tratando de reclamação plúrima, qual seja: vários reclamantes no polo ativo postulando matéria comum (mesmos pedidos que têm suporte em causa de pedir comum), que não exigir dilação probatória, a jurisprudência tem admitido que um reclamante compareça em audiência representando os demais, ou seja formada uma comissão de reclamantes representando os demais.

Nesse sentido é a visão de *Carlos Henrique Bezerra Leite*[11]:

> "(...) no litisconsórcio o sindicato não representa os litisconsortes; geralmente quem o faz é o advogado do próprio sindicato. Mas se tornou costume, decorrente

---

(8) No Capítulo "Da audiência trabalhista", analisamos, com profundidade, a representação do empregado e do empregador em audiência.

(9) Como bem adverte Wagner D. Giglio: "Lembramos, inicialmente, que o art. 18 da Lei n. 5.584, de 26 de junho de 1970, revogou parcialmente o art. 791, § 1º, da Consolidação, na sua parte final, ao dispor que 'a assistência judiciária, nos termos da presente Lei, será restada ao trabalhador ainda que não seja associado do respectivo Sindicato'. Não subsiste, portanto, a exigência de a representação ser conferida apenas ao associado da entidade de classe" (*Direito processual do trabalho*. 15. ed. São Paulo: Saraiva, 2005. p. 127).

(10) *Novo curso de direito civil*. Parte geral. 4. ed. São Paulo: Saraiva, 2003. p. 106.

(11) BEZERRA LEITE, Carlos Henrique. *Curso de direito processual do trabalho*. 5. ed. São Paulo: LTr, 2007. p. 380.

da praxe forense, a aceitação pelos juízes da chamada 'comissão de representantes' dos litisconsortes ou dos substituídos, principalmente quando há um número grande de trabalhadores, que compareçam juntamente com o sindicato à audiência"[12].

Constituindo o empregador empresa, deverá ser representado por seus sócios ou quem determinar seus estatutos.

O art. 12 do CPC, que trata da representação para fins processuais, aplica-se integralmente ao Processo do Trabalho. Dispõe o referido dispositivo legal:

> Serão representados em juízo, ativa e passivamente:
>
> I – a União, os Estados, o Distrito Federal e os Territórios, por seus procuradores;
>
> II – o Município, por seu Prefeito ou procurador;
>
> III – a massa falida, pelo síndico;
>
> IV – a herança jacente ou vacante, por seu curador;
>
> V – o espólio, pelo inventariante;
>
> VI – as pessoas jurídicas, por quem os respectivos estatutos designarem, ou, não os designando, por seus diretores;
>
> VII – as sociedades sem personalidade jurídica, pela pessoa a quem couber a administração dos seus bens;
>
> VIII – a pessoa jurídica estrangeira, pelo gerente, representante ou administrador de sua filial, agência ou sucursal aberta ou instalada no Brasil (art. 88, parágrafo único);
>
> IX – o condomínio, pelo administrador ou pelo síndico.
>
> § 1º Quando o inventariante for dativo, todos os herdeiros e sucessores do falecido serão autores ou réus nas ações em que o espólio for parte.
>
> § 2º As sociedades sem personalidade jurídica, quando demandadas, não poderão opor a irregularidade de sua constituição.
>
> § 3º O gerente da filial ou agência presume-se autorizado, pela pessoa jurídica estrangeira, a receber citação inicial para o processo de conhecimento, de execução, cautelar e especial.

## 4. Da representação do empregado menor de 18 anos na Justiça do Trabalho

Dispõe o art. 793 da CLT:

> A reclamação trabalhista do menor de 18 anos será feita por seus representantes legais e, na falta destes, pela Procuradoria da Justiça do Trabalho, pelo Sindicato, pelo Ministério Público estadual ou curador nomeado pelo juízo.

Conforme o referido dispositivo legal, o menor de 18 anos será representado na Justiça do Trabalho.

---

(12) No mesmo sentido é a visão de Wagner D. Giglio (*Direito processual do trabalho*. 15. ed. São Paulo: Saraiva, 2005. p. 129).

A Consolidação das Leis do Trabalho não faz distinção entre assistência e representação. No entanto, conforme já nos posicionamos, o art. 793 da CLT adota o gênero representação, que envolve a representação e a assistência. Desse modo, pensamos que o menor entre 16 anos e 18 anos será assistido na Justiça do Trabalho por seus representantes legais e, na falta destes, pela Procuradoria da Justiça do Trabalho, pelo Ministério Público Estadual ou curador nomeado pelo juízo. O menor de 16 anos será representado em juízo pelas referidas pessoas.

Parte da doutrina tem defendido a desnecessidade da intervenção do Ministério Público do Trabalho quando o menor estiver devidamente assistido ou representado pelos seus representantes legais. Outros defendem que, mesmo quando o menor tiver representante legal, o Juiz do Trabalho deve provocar a intervenção do Ministério Público do Trabalho como *custos legis* nos termos do art. 82, I, do CPC.

Pensamos que, se o menor estiver devidamente representado ou assistido em juízo, o Juiz do Trabalho somente deverá provocar a intervenção do Ministério Público do Trabalho quando os interesses do menor colidirem com os de seu representante.

Se o menor não tiver representante legal, não houver Procuradoria da Justiça do Trabalho, ele será representado pelo Ministério Público Estadual ou por curador nomeado em juízo.

Em alguns casos, em localidades distantes, se o menor não tiver representante, a jurisprudência tem admitido que o advogado possa atuar como curador nomeado pelo próprio Juiz do Trabalho, representando o menor em todos os atos processuais.

## 5. Da capacidade postulatória da parte na Justiça do Trabalho — O *jus postulandi* da parte na Justiça do Trabalho. Aspectos críticos e perspectivas

Sempre foi polêmica a questão do *jus postulandi* da parte na Justiça do Trabalho. Há quem o defenda, argumentando que é uma forma de viabilizar o acesso do trabalhador à Justiça, principalmente aquele que não tem condições de contratar um advogado. Outros defendem sua extinção, argumentando que, diante da complexidade do Direito Material do Trabalho e do Processo do Trabalho, já não é possível a parte postular sem advogado, havendo uma falsa impressão de acesso à justiça deferir à parte a capacidade postulatória.

No nosso sentir, com a EC n. 45/04 e a vinda de outras ações para a Justiça do Trabalho que não são oriundas da relação de emprego, não mais se justifica a existência do *jus postulandi*, até mesmo pelo fato da complexidade das relações jurídicas que decorrem da relação de emprego.

A manutenção do art. 791 da CLT, em razão de que em algumas regiões do país não há número suficiente de advogados, o que inviabilizaria o acesso do trabalhador à Justiça, não se justifica, pois o próprio Código de Processo Civil já prevê a solução para tal situação. Com efeito, dispõe o art. 36 do CPC: "A parte será representada em juízo por advogado legalmente habilitado. Ser-lhe-á lícito, no entanto, postular em causa própria, quanto tiver habilitação legal ou, não a tendo, no caso de falta de advogado no lugar ou recusa ou impedimento dos que houver".

Parte significativa da doutrina tem defendido a manutenção do *jus postulandi* da parte na Justiça do Trabalho a fim de facilitar o acesso do trabalhador à justiça. Por todos, destacamos a posição de *José Roberto Freire Pimenta*:

> "É preciso observar, no entanto, que a possibilidade de atuar em Juízo pessoalmente tem sido tradicionalmente considerada como uma das mais importantes medidas de ampliação do acesso à justiça para os jurisdicionados em geral e uma das notas características positivas da própria Justiça Laboral, sendo no mínimo paradoxal que as pequenas causas de valor até 20 (vinte) salários mínimos, que nos Juizados Especiais Cíveis também não contam com o patrocínio obrigatório de advogados (art. 9º da Lei n. 9.099/95), passem a exigi-lo apenas porque passaram para a competência material da Justiça do Trabalho. Ademais, não se pode ignorar que até antes da promulgação da Emenda Constitucional n. 45/2004, em todas as causas não decorrentes da relação de emprego que já tramitavam na Justiça do Trabalho por força de norma legal expressa, sempre foram pacificamente tidos por aplicáveis tanto o disposto no *caput* do art. 791 quanto o referido entendimento jurisprudencial sobre os honorários advocatícios, sendo de se questionar se haveria motivos suficientes para tão significativa alteração"[13].

Nesse sentido a seguinte ementa:

> Processo trabalhista – Princípio do *jus postulandi*. No processo do trabalho vigora o *jus postulandi*. Não é obrigatório, portanto, que a parte se faça acompanhar por procurador. É o que se infere da CLT, art. 843: "na audiência de julgamento deverão estar presentes o reclamante e o reclamado, independentemente do comparecimento de seu representante (...)". (grifou-se). (TRT 3ª R. – 6ª T. – RO n. 778/2005.084.03.00-4 – Rel. Ricardo Antônio Mohallem – DJ 8.6.06 – p. 13) (RDT n. 7 – julho de 2006).

Em que pese o respeito que merece o entendimento acima, pensamos que o empregado assistido por advogado tem maiores possibilidades de êxito no processo, assegurando o cumprimento do princípio constitucional do acesso real à Justiça do Trabalho, e também a uma ordem jurídica justa. Não se pode interpretar a lei pelas exceções. Hoje, a parte não estar assistida por advogado na Justiça do Trabalho é exceção. De outro lado, diante da complexidade das matérias que envolvem o cotidiano do Direito do Trabalho e da Justiça do Trabalho, a não assistência por advogado, ao invés de facilitar, acaba dificultando o acesso, tanto do trabalhador como do tomador de serviços, à Justiça.

---

(13) A nova competência da justiça do trabalho para lides não decorrentes da relação de emprego: aspectos processuais e procedimentais. In: COUTINHO, Grijalbo Fernandes; FAVA, Marcos Neves. (Coords.). *Justiça do trabalho:* competência ampliada. São Paulo: LTr, 2005. p. 270-271.

Nossa experiência prática com o *jus postulandi* na Justiça do Trabalho não nos anima a defendê-lo, pois, quando as duas partes estão sem advogado, dificilmente a audiência não se transforma numa discussão entre reclamante e reclamado por desentendimentos pessoais alheios ao processo e dificilmente se consegue conter os ânimos das partes.

Como bem destaca *Francisco Antonio de Oliveira*[14]:

"Não se pode relegar ao oblívio que o processo do trabalho no seu estágio atual recebe sopro benfazejo de ventos atualizantes para que possa cumprir a sua finalidade em consonância com uma nova realidade. E desconhecer essa realidade em constante efervescência é calcar-se no vazio e quedar-se em isolamento franciscano. A capacidade postulatória das partes na Justiça do Trabalho é ranço pernicioso originário da fase administrativa e que ainda hoje persiste em total discrepância com a realidade atual. O Direito do Trabalho constitui hoje, seguramente, um dos mais, senão o mais dinâmico ramo do direito e a presença do advogado especializado já se faz necessária. Exigir-se de leigos que penetrem nos meandros do processo, que peticionem, que narrem fatos sem transformar a lide em desabafo pessoal, que cumpram prazos, que recorram corretamente, são exigências que não mais se afinam com a complexidade processual, onde o próprio especialista, por vezes, tem dúvidas quanto à medida cabível em determinados momentos. E é a esse mesmo leigo formular perguntas em audiência, fazer sustentação oral de seus recursos perante os tribunais".

De outro lado, conforme o art. 791 da CLT[15], o *jus postulandi* na Justiça do Trabalho somente é observado para as ações relativas à relação de emprego e também para a pequena empreitada (art. 652, III, da CLT). Para as demais ações relativas à relação de trabalho, em nosso sentir, o trabalhador necessita de advogado.

No aspecto, concordamos com *Pedro Paulo Teixeira Manus* e *Carla Teresa Martins Romar*[16], quando asseveram:

"Note-se, contudo, que a faculdade legal é restrita a empregados e empregadores, o que equivale a dizer que terceiros que ingressem no processo (terceiro embargante, o perito, o litisconsorte e outros que tenham legítimo interesse), que não sejam empregados e empregadores, não têm capacidade postulatória".

Em sentido contrário, posicionou-se a 1ª Jornada de Direito Material e Processual do Trabalho, realizada no TST em novembro de 2007, por meio do Enunciado n. 67, a seguir transcrito:

---

(14) OLIVEIRA, Francisco Antonio de. *Comentários à Consolidação das Leis do Trabalho*. 3. ed. São Paulo: RT, 2005. p. 667.

(15) Art. 791 da CLT: "Os empregados e os empregadores poderão reclamar pessoalmente perante a Justiça do Trabalho e acompanhar as suas reclamações até o final".

(16) *Op. cit.*, p. 226.

*JUS POSTULANDI*. ART. 791 DA CLT. RELAÇÃO DE TRABALHO. POSSIBILIDADE. A faculdade de as partes reclamarem, pessoalmente, seus direitos perante a Justiça do Trabalho e de acompanharem suas reclamações até o final, contida no art. 791 da CLT, deve ser aplicada às lides decorrentes da relação de trabalho.

O Tribunal Superior do Trabalho, recentemente, fixou entendimento de ser necessária a presença do advogado para postular junto ao TST, conforme notícia publicada em sua página na *internet* (<http://www.tst.gov.br>) em 13.10.09, abaixo transcrita:

> Terminou agora há pouco, em torno das 15h30, o julgamento do recurso em que o autor de uma ação pretendia continuar no processo, no âmbito do Tribunal Superior do Trabalho, sem a intermediação de advogado. Por maioria de votos — 17 a 7 — o Tribunal Pleno (órgão colegiado que reúne todos os ministros do TST) negou a prática do *jus postulandi* em matérias que se encontram tramitando na Corte superior. Essa prática tem sido corrente na Justiça do Trabalho, mas apenas nas instâncias anteriores — ou seja, nas Varas do Trabalho, onde se dá o início do processo, e nos Tribunais Regionais do Trabalho, onde são apreciados os recursos ordinários. A partir daí, quando há recurso ao TST, não mais estão em discussão aspectos relacionados com os fatos e provas da ação, mas sim questões técnicas e jurídicas do processo. O que esteve em discussão hoje foi exatamente a possibilidade de a parte continuar a atuar em causa própria no TST. A matéria já havia sido votada pela Seção Especializada em Dissídios Individuais (SDI-1), quando o então relator, ministro Milton de Moura França, atual presidente do Tribunal, manifestou-se pela impossibilidade de adotar o *jus postulandi* no âmbito do TST. O ministro Brito Pereira abriu divergência, sendo seguido por outros membros da SDI-1. Com isso, a discussão acabou sendo remetida ao Pleno, por sugestão do ministro Vantuil Abdala, que propôs a votação de um incidente de uniformização de jurisprudência, instrumento pelo qual o TST adota um posicionamento único sobre determinado tema. No Pleno, coube ao ministro Brito Pereira assumir a relatoria, mantendo, portanto, o entendimento adotado na SDI-1, ou seja, a favor do *jus postulandi* no TST. Prevaleceu, entretanto, o voto em sentido contrário, do ministro João Oreste Dalazen, vice-presidente do TST, com 17 votos favoráveis e 7 contra. (E-AIRR e RR 85581/03-900.02.00-5).

Atualmente, a questão está disciplinada na Súmula n. 425 do Tribunal Superior do Trabalho, a qual tem a seguinte redação:

> *JUS POSTULANDI* NA JUSTIÇA DO TRABALHO. ALCANCE — Res. n. 165/2010, DEJT divulgado em 30.4.2010 e 3 e 4.5.2010.
>
> O *jus postulandi* das partes, estabelecido no art. 791 da CLT, limita-se às Varas do Trabalho e aos Tribunais Regionais do Trabalho, não alcançando a ação rescisória, a ação cautelar, o mandado de segurança e os recursos de competência do Tribunal Superior do Trabalho.

Doravante, se o trabalhador não tiver condições financeiras de contratar um advogado e o Sindicato de sua categoria não puder atendê-lo, o Estado, por meio de seus órgãos de prestação de assistência judiciária gratuita, deverá prestar assistência jurídica gratuita ao trabalhador para propositura de recursos de revista e embargos junto ao TST, mandados de segurança, ações cautelares e rescisórias.

## 6. Sucessão das partes no Processo do Trabalho

A sucessão das partes configura-se quando há a extinção da pessoa natural pela morte (*causa mortis*), ou a transferência do direito em que se funda a ação (*inter vivos*). Há sucessão de empresas quando há a transferência do fundo de comércio para outra empresa ou alteração na sua estrutura jurídica (arts. 10 e 448 da CLT).

Conforme *Renato Saraiva*[17]: "A sucessão processual consiste na substituição das partes no processo, podendo decorrer de ato *inter vivos* ou *causa mortis*. A sucessão processual não se confunde com a substituição processual, uma vez que na sucessão uma pessoa sucede a outra na relação processual, assumindo a titularidade da ação, seja no polo ativo ou passivo, enquanto na substituição processual, o substituto pleiteia, em nome próprio, direito alheio".

Se o reclamante for falecido, o espólio[18] promoverá a reclamação trabalhista representado pelo inventariante. Nesse sentido, concordamos com *Wagner D. Giglio*[19], quando assevera:

> "Se o trabalhador falecido, subordinado ou não, ou seus herdeiros, pretendiam reivindicar direitos, seu espólio deverá ser representado pelo inventariante, nos termos da legislação processual, sob pena de a irregularidade da representação invalidar qualquer pagamento efetuado em juízo com o aval do magistrado. Pense-se no caso de prejuízo de filhos de um primeiro casamento, não inscritos como beneficiários na Previdência Social, se apenas os filhos do segundo casamento, estes sim, inscritos, receberem todos os direitos do *de cujus*".

Quando a morte do reclamante ocorrer no curso do processo, o Juiz do Trabalho deverá suspender o processo (art. 265, I, do CPC) e determinar um prazo razoável para habilitação dos sucessores.

A habilitação dos sucessores, conforme lembra *Manoel Antonio Teixeira Filho*[20], é realizada de forma extremamente simples, adotando-se como diretriz legal o art. 1.060 do CPC, devendo ser juntadas aos autos a certidão de óbito do *de cujus*, a certidão de que o habilitante foi incluído, sem qualquer oposição, no inventário. Essa habilitação, despida de solenidade, independe de sentença, sendo, pois, admitida por simples despacho.

A jurisprudência trabalhista tem admitido a habilitação dos sucessores do credor trabalhista por meio de certidão de dependentes junto à Previdência Social (art. 1º da Lei n. 6.858/1980), ou de alvará judicial, obtido na Justiça Comum. Não obstante, se houver dúvidas sobre a legitimidade dos sucessores, deverá o Juiz do Trabalho aguardar o desfecho do inventário na Justiça Comum.

---

(17) SARAIVA, Renato. *Curso de direito processual do trabalho*. 4. ed. São Paulo: Método, 2007. p. 216.
(18) Espólio é o conjunto de bens que alguém, morrendo, deixou.
(19) *Op. cit.*, p. 141.
(20) TEIXEIRA FILHO, Manoel Antonio. *Execução no processo do trabalho*. 9. ed. São Paulo: LTr, 2005. p. 133.

Nesse sentido, destacamos as seguintes ementas:

Ilegitimidade ativa Herdeiro. Não havendo demonstração da legitimação para a causa, imprescindível a habilitação perante a Previdência Social ou a declaração de sucessora, pela via de Alvará Judicial. Entretanto, a extinção do processo sem julgamento do mérito permite o ajuizamento de nova ação. (TRT 3ª R. – 4ª T. – RO n. 4.643/96 – Rel. Marcos Calvo – DJMG 24.8.96 – p. 30).

Os herdeiros detêm legitimidade de parte, porque titulares do direito deixado pelo falecido; no entanto, estarão capacitados a atuar no Juízo trabalhista (*legitimatio ad processum*) quando habilitados pela Previdência na forma da Lei n. 6.858/80, atendendo ao pressuposto processual de desenvolvimento válido e regular do processo. Não tem pertinência exigir tal regularização por aplicação do ordenamento processual comum (art. 12 do CPC). (TRT – 10ª R. – 1ª T. – Ac. n. 2.297/95 – Relª Juíza Kineipp Oliveira – DJDF 13.10.95 – p. 14.965).

A exigência de abertura de inventário negativo é burocratizante, além de criar despesas desnecessárias para a parte menos favorecida, que é o trabalhador. O empregado que falece no curso da ação trabalhista, deixando viúva e filhos menores, é automaticamente por ela substituído. (TRT – 12ª R. – 3ª T. – Ac. n. 003.740/95 – Rel. Juiz F. Alano – DJSC 14.6.95 – p. 131).

Representação processual — Espólio. A viúva tem legitimidade para representar os filhos ou o espólio nas ações, perante a Justiça do Trabalho, que visam ao recebimento de verbas de natureza salarial. Inexiste, neste aspecto, atrito entre a Lei n. 6.858/80 e as disposições do CPC, uma vez que qualquer dependente legalmente habilitado, na forma prevista na referida lei, poderá reclamar a sua quota do espólio. (TRT – 18ª R. – Pleno – Ac. n. 1392/98 – Rel. Juiz Octávio José Maldonado – DJGO 17.6.98 – p. 51).

Em havendo morte do sócio da empresa, não haverá alteração do polo passivo, pois quem nele figura é a empresa.

Como bem adverte *Wagner D. Giglio*[21], "responsável pelo pagamento da condenação é, portanto, a empresa, ou seja, o conjunto de bens materiais (prédios, máquinas, produtos, instalações, etc.) e imateriais (crédito, renome, etc.) que compõe o empreendimento. São esses bens que, em última análise, serão arrecadados por meio da penhora, para satisfazer a condenação, pouco importando quais são as pessoas físicas detentoras ou proprietárias deles".

Não obstante, se o reclamado for pessoa física ou firma individual, haverá sucessão *causa mortis* no polo passivo, devendo o Juiz suspender o processo para regularização do espólio (art. 265, I, do CPC). Como bem adverte *Wagner D. Giglio*[22], se os herdeiros do reclamado não providenciarem a abertura de inventário, poderá fazê-lo o trabalhador, para que, nomeado o inventariante pelo juízo competente, venha ele a representar o espólio reclamado, no Processo Trabalhista.

Em havendo sucessão de empresas, no nosso sentir, o sucessor trabalhista deve responder integralmente pela dívida, pois é o patrimônio da empresa que responde

---

(21) GIGLIO, Wagner D. *Direito processual do trabalho*. 15. ed. São Paulo: Saraiva, 2005. p. 537.
(22) *Op. cit.*, p. 141.

pela dívida. Segundo bem assevera a moderna doutrina, não há necessidade de o empregado ou o reclamante em Processo Trabalhista ter prestado serviços para a empresa sucessora, basta apenas que tenha havido a transferência total ou parcial de uma unidade de produção de uma empresa para outra, para que esteja configurada a sucessão para fins trabalhistas.

O sucessor responderá pela integralidade da dívida, salvo em caso de fraude em que a empresa sucedida responderá solidariamente, nos termos do art. 9º da CLT e 942 do CC.

Eventual cláusula no contrato de sucessão de irresponsabilidade da empresa sucessora pelos débitos trabalhistas da empresa sucedida não tem validade perante a legislação trabalhista, pois as normas dos arts. 10 e 448 da CLT são de ordem pública. Nesse sentido sustenta *Amauri Mascaro Nascimento*[23]: "Não tem eficácia cláusula de exoneração de responsabilidade eventualmente ajustada entre os dois titulares, o antigo e o novo. Os direitos trabalhistas são garantias impostas imperativamente, daí falarem alguns autores que uma exigência de ordem pública traz a ineficácia de disposições de vontade nesses termos".

## 7. Da substituição processual (legitimidade extraordinária)

A substituição processual, também chamada de legitimidade extraordinária ou anômala, consiste na possibilidade de alguém vir a juízo postular em nome próprio direito alheio. Tal instituto não se confunde com a representação processual, pois o substituto age em nome próprio.

Dispõe o art. 6º do CPC:

> Ninguém poderá pleitear, em nome próprio, direito alheio, salvo quando autorizado por lei.

Diz-se da legitimidade ordinária quando há coincidência entre a legitimação de direito material e a legitimidade para estar em juízo. Na legitimidade extraordinária, aquele que tem legitimidade para estar no processo como parte não é o que se afirma titular do direito material discutido em juízo. A dicotomia entre legitimação ordinária e extraordinária só tem pertinência no direito individual, no qual existe pessoa determinada a ser substituída[24].

Conforme destaca *Regina Maria Vasconcelos Dubugras*[25]:

"A definição clássica segundo a qual o substituto processual está legitimado a agir em nome próprio em defesa do direito alheio foi retirada das lições de Chiovenda. Conferir legitimidade para agir em nome próprio, significa atribuir-lhe

---

(23) NASCIMENTO, Amauri Mascaro. *Curso de direito do trabalho*. 19. ed. São Paulo: Saraiva, 2004. p. 687
(24) NERY JÚNIOR, Nelson. *Código de Processo Civil comentado*. 10. ed. São Paulo: RT, 2007. p. 178.
(25) DUBUGRAS, Regina Maria Vasconcelos. *Substituição processual no processo do trabalho*. São Paulo: LTr, 1998. p. 34.

pessoalmente o complexo de poderes, direitos, obrigações e ônus que decorrem do processo; é reconhecer a qualidade de 'parte' no sentido processual, seja como autor ou como réu. Defesa de direito alheio significa que o legitimado não é titular do direito afirmado na pretensão, ou não corresponde àquele a que ela resiste, logo, não é titular da relação de direito material ou substancial".

Como bem adverte *Amauri Mascaro Nascimento*[26], a substituição processual trata-se de uma transferência da titularidade do direito de ação. Por se tratar de transferência do referido direito, sua pertinência é restrita e extraordinária. Justifica-se para alguns quando há uma correlação de interesses entre substituto e o substituído. Outros entendem, de modo mais amplo, desnecessária a correlação. A substituição seria, nesse caso, mera opção legislativa. Basta que a lei permita e poderá ocorrer.

No nosso sentir, diante da falta de exigência legal, basta que a lei autorize, para que o substituto processual possa atuar em juízo, independentemente de qualquer relação jurídica de direito material entre substituído e substituto.

O Direito Processual Civil brasileiro somente permite a substituição processual legal, sendo inválida cláusula contratual que obrigue o substituto a agir.

O substituto, defendendo direito alheio, poderá praticar todos os atos processuais (postular, responder, recorrer, executar a decisão), exceto transigir, renunciar e reconhecer juridicamente o pedido, pois o direito não lhe pertence. De outro lado, havendo anuência do substituído, o substituto poderá renunciar ou transigir.

A legitimidade do substituído é concorrente (pois o direito lhe pertence), podendo integrar a lide na qualidade de assistente litisconsorcial.

O referido instituto não se confunde com representação processual, pois o representante defende em nome alheio direito alheio, vale dizer: age como verdadeiro mandatário da parte. Já o substituto defende em nome próprio direito alheio.

## 8. A substituição processual pelo sindicato no Direito Processual do Trabalho

Dispõe o art. 8º, III, da CF:

> Ao sindicato cabe a defesa dos direitos e interesses coletivos ou individuais da categoria, inclusive em questões judiciais ou administrativas.

Durante muito tempo, a jurisprudência, principalmente, do Tribunal Superior, foi refratária ao admitir que o referido dispositivo constitucional consagrava a substituição processual pelo Sindicato, argumentando que o Sindicato somente poderia substituir processualmente os membros da categoria mediante autorização de lei infraconstitucional.

---

(26) NASCIMENTO, Amauri Mascaro. *Curso de direito processual do trabalho.* 22. ed. São Paulo: Saraiva, 2007. p. 392-393.

Nesse sentido, dispunha a Súmula n. 310 do C. TST, hoje cancelada, *in verbis*:

> SUBSTITUIÇÃO PROCESSUAL. SINDICATO. CANCELADA — Res. n. 119/2003, DJ 1.10.2003 – I – O art. 8º, inciso III, da Constituição da República não assegura a substituição processual pelo sindicato; II – A substituição processual autorizada ao sindicato pelas Leis ns. 6.708, de 30.10.1979, e 7.238, de 29.10.1984, limitada aos associados, restringe-se às demandas que visem aos reajustes salariais previstos em lei, ajuizadas até 3.7.1989, data em que entrou em vigor a Lei n. 7.788; III – A Lei n. 7.788/1989, em seu art. 8º, assegurou, durante sua vigência, a legitimidade do sindicato como substituto processual da categoria; IV – A substituição processual autorizada pela Lei n. 8.073, de 30.7.1990, ao sindicato alcança todos os integrantes da categoria e é restrita às demandas que visem à satisfação de reajustes salariais específicos resultantes de disposição prevista em lei de política salarial; V – Em qualquer ação proposta pelo sindicato como substituto processual, todos os substituídos serão individualizados na petição inicial e, para o início da execução, devidamente identificados pelo número da Carteira de Trabalho e Previdência Social ou de qualquer documento de identidade; VI – É lícito aos substituídos integrar a lide como assistente litisconsorcial, acordar, transigir e renunciar, independentemente de autorização ou anuência do substituto; VII – Na liquidação da sentença exequenda, promovida pelo substituto, serão individualizados os valores devidos a cada substituído, cujos depósitos para quitação serão levantados através de guias expedidas em seu nome ou de procurador com poderes especiais para esse fim, inclusive nas ações de cumprimento; VIII – Quando o sindicato for o autor da ação na condição de substituto processual, não serão devidos honorários advocatícios.

Posteriormente, em razão de vários pronunciamentos do Supremo Tribunal em sentido contrário, e também da posição majoritária da doutrina, o Tribunal Superior do Trabalho acabou por cancelar a referida Súmula n. 310, sendo o entendimento atual da jurisprudência trabalhista no sentido de que o inciso III, do art. 8º, da CF consagrou a substituição processual pelo Sindicato de forma ampla no Processo do Trabalho.

Nesse sentido, destacamos a seguinte ementa:

> CONSTITUCIONAL. SUBSTITUIÇÃO PROCESSUAL. SINDICATO. ART. 8º, III, DA CF/88. PRECEDENTE DO PLENÁRIO. ACÓRDÃO NÃO PUBLICADO. ALTERAÇÃO NA COMPOSIÇÃO DO STF. ORIENTAÇÃO MANTIDA PELA CORTE.
>
> I – O Plenário do Supremo Tribunal Federal deu interpretação ao art. 8º, III, da Constituição, e decidiu que os sindicatos têm legitimidade processual para atuar na defesa de todos e quaisquer direitos subjetivos individuais e coletivos dos integrantes da categoria por ele representada.
>
> II – A falta de publicação do precedente mencionado não impede o julgamento imediato de causas que versem sobre a mesma controvérsia, em especial quando o entendimento adotado é confirmado por decisões posteriores.
>
> III – A nova composição do Tribunal não ensejou a mudança da orientação seguida.
>
> IV – Agravo improvido. AG. REG. NO RECXTRA 189.264-1 DF – STF – Ricardo Lewandowski – Ministro Relator. DJU de 23.2.2007 – (DT – Abril/2007 – vol. 153, p. 256). Parte inferior do formulário.

Desse modo, de acordo com a atual posição do STF, pensamos que o art. 8º, III, consagrou a substituição processual dos membros da categoria (associados e não associados) para os direitos individuais homogêneos dos substituídos, vale dizer: os que têm origem comum, pois se originam do mesmo fato, cujos titulares são determinados e o interesse é divisível.

Nesse sentido ensina *Nelson Nery Júnior*[27]: "A figura da substituição processual pertence exclusivamente ao direito singular, e, no âmbito processual, ao direito processual civil individual. Só tem sentido falar-se em substituição processual diante da discussão sobre um direito subjetivo (singular), objeto da substituição; o substituto substitui pessoa determinada, defendendo em seu nome o direito alheio do substituído".

O art. 81 da Lei n. 8.078/90, que é aplicável ao Processo do Trabalho (art. 769 da CLT), define, por meio de interpretação autêntica, os interesses individuais homogêneos. Com efeito, aduz o referido dispositivo legal:

> A defesa dos interesses e direitos dos consumidores e das vítimas poderá ser exercida em juízo individualmente, ou a título coletivo.
>
> Parágrafo único. A defesa coletiva será exercida quando se tratar de:
>
> (...) III – interesses individuais homogêneos, assim entendidos os decorrentes de origem comum[28].

Como exemplos de interesses ou direitos individuais homogêneos na esfera trabalhista, objeto de defesa pelo Sindicato por meio da substituição processual, temos pedidos de pagamento de adicionais de periculosidade e insalubridade a trabalhadores de uma empresa, pagamento de horas extras, etc.

Para a defesa dos interesses coletivos e difusos, a doutrina tem-se posicionado no sentido de ser autônoma a legitimação do sindicato por força do inciso III do art. 8º, da CF, vale dizer: atuar o Sindicato como representante legal da categoria, cujo mandato é dado pela lei (*ad liten*)[29].

Nesse sentido, destacamos as seguintes ementas:

> Substituição processual — Amplitude — Legitimação sindical. A teor da Carta Magna de 1988 (art. 8º, III) é ampla a prerrogativa de substituição processual pelo sindicato, abrangendo, subjetivamente, os integrantes da categoria, e, objetivamente, seus direitos individuais homogêneos, a par dos direitos coletivos da comunidade de trabalhadores. A interpretação restritiva da Súmula n. 310/TST foi

---

(27) *Op. cit.*, p. 178.

(28) Tanto o inciso VI do art. 6º como o art. 81, ambos da Lei n. 8.078/90, são aplicáveis ao Direito Material e ao Direito Processual do Trabalho, por força dos arts. 8º e 769, ambos da CLT.

(29) Nesse sentido é a visão de Nelson Nery Júnior: "Para a propositura de ação civil pública na defesa de direitos difusos ou coletivos, têm os sindicatos legitimidade autônoma para condução do processo, já que possuem natureza jurídica de associação civil (LACP 5º, LV, CDC 82 IV)" (*Código de Processo Civil comentado*. 10. ed. São Paulo: RT, 2007. p. 181).

cancelada pelo Tribunal Superior do Trabalho. (TRT 3ª R. – 1ª T. – RO na defesa n. 503/2005.061.03.00-1 – Rel. Mauricio J. Godinho Delgado – DJMG 3.2.06 – p. 3) (RDT 03 – março de 2006).

Substituição processual — Sindicato. A substituição processual assegurada ao sindicato abrange não só a defesa dos interesses coletivos da categoria, como também os interesses individuais homogêneos dos trabalhadores que a integram, considerados como direitos subjetivos, cujos titulares são determinados ou determináveis. Este instituto representa considerável avanço na solução judicial das lesões de massa, ao permitir o exame da violação que atinge várias pessoas em um único processo e tem como fundamento três princípios: 1) facilitação do acesso à Justiça; 2) harmonização das decisões judiciais; 3) economia dos atos processuais. O ajuizamento de várias ações de cumprimento pelo sindicato, como substituto processual, com identidade de partes, pedido e causa de pedir mediante indicação de um número muito reduzido de substituídos, contraria todos os princípios acima. A conduta importará elevação excessiva no número de casos a ser apreciados, além de conduzir a decisões conflitantes. Considera-se, por isso, que o ajuizamento da ação nessas condições não consubstancia substituição processual, mas apenas ação plúrima, de molde a exigir procuração firmada pelos titulares. Ausente esse documento, o processo há de ser extinto, sem julgamento do mérito, nos termos do art. 267, IV, do CPC. (TRT – 3ª R. – 6ª T. – RO n. 863/2005.034.03.00-0 – Rel. Rodrigo Ribeiro Bueno – DJMG 2.2.06 – p. 13) (RDT 03 – março de 2006).

Pensamos que a finalidade teleológica do inciso III do art. 8º da CF foi de, efetivamente, conferir ao Sindicato a possibilidade de atuar de forma ampla na qualidade de substituto processual dos direitos individuais homogêneos da categoria, visando a:

a) conferir máxima efetividade ao dispositivo constitucional;

b) facilitar o acesso à Justiça do Trabalho dos trabalhadores;

c) evitar a proliferação de ações individuais sobre a mesma matéria;

d) impedir que o empregado sofra retaliações do empregador ao ingressar com uma ação individual durante a vigência do contrato de trabalho;

e) promover a efetividade dos direitos sociais previstos na Constituição Federal e resguardar a dignidade da pessoa humana do trabalhador e os valores sociais do trabalho.

Ao contrário do que entendem alguns, acreditamos que o Sindicato não possa substituir processualmente um único trabalhador, pois é missão institucional e constitucional do Sindicato defender os interesses individuais e coletivos da categoria (art. 8º, III, da CF) e não um único trabalhador. Para tal desiderato, existe o instituto da representação processual (art. 791, § 1º, da CLT) e também a prestação da assistência judiciária pelo Sindicato.

Proposta a Ação para a defesa de interesses individuais homogêneos, o Sindicato deve publicar Editais e dar ciência a todos os membros da categoria para que, se quiserem, possar intervir no feito, ou requererem a suspensão de suas ações individuais sobre a mesma matéria para aguardar o desfeho da ação coletiva, nos termos do art. 94 da Lei n. 8.078/90, *in verbis*:

> Proposta a ação, será publicado edital no órgão oficial, a fim de que os interessados possam intervir no processo como litisconsortes, sem prejuízo de ampla divulgação pelos meios de comunicação social por parte dos órgãos de defesa do consumidor.

## 8.1. Do rol de substituídos

Dispunha o inciso V da Súmula n. 310, V, do C. TST, hoje revogado:

> Em qualquer ação proposta pelo sindicato como substituto processual, todos os substituídos serão individualizados na petição inicial e, para o início da execução, devidamente identificados pelo número da Carteira de Trabalho e Previdência Social ou de qualquer documento de identidade.

Atualmente, a jurisprudência não vem exigindo o rol de substituídos juntado à inicial quando o Sindicato atua como substituto processual dos trabalhadores da categoria, em razão da autorização constitucional para a defesa de direitos individuais homogêneos. Além disso, não há efetividade em se exigir a individualização dos substituídos na inicial, pois tal acontecerá na liquidação e futura execução. De outro lado, a finalidade da substituição processual é a obtenção de sentença genérica, não obstando o direito individual de ação do substituído.

Nesse sentido o Enunciado n. 77, da 1ª Jornada de Direito Material e Processual do Trabalho realizada no TST:

> AÇÃO CIVIL PÚBLICA. INTERESSES INDIVIDUAIS HOMOGÊNEOS. LEGITIMAÇÃO DOS SINDICATOS. DESNECESSIDADE DE APRESENTAÇÃO DE ROL DOS SUBSTITUÍDOS.
>
> I – Os sindicatos, nos termos do art. 8º, III, da CF, possuem legitimidade extraordinária para a defesa dos direitos e interesses — individuais e metaindividuais — da categoria respectiva em sede de ação civil pública ou outra ação coletiva, sendo desnecessária a autorização e indicação nominal dos substituídos.
>
> II – Cabe aos sindicatos a defesa dos interesses e direitos metaindividuais (difusos, coletivos e individuais homogêneos) da categoria, tanto judicialmente quanto extrajudicialmente.
>
> III – Na ausência de sindicato, é da federação respectiva a legitimidade extraordinária para a defesa dos direitos e interesses da categoria e, na falta de ambos, da confederação.
>
> IV – O art. 16 da Lei da ação civil pública contraria toda a filosofia e sistemática das ações coletivas. A decisão proferida nas ações coletivas deve ter alcance, abrangência e eficácia em toda área geográfica afetada, seja em todo o território nacional (âmbito nacional) ou em apenas parte dele (âmbito suprarregional), conforme a extensão do ato ilícito e/ou do dano causado ou a ser reparado.

No mesmo sentido, adverte *Ronaldo Lima dos Santos*[30]:"As ações coletivas para defesa de interesses individuais homogêneos caracterizam-se pela nota da

---

(30) SANTOS, Ronaldo Lima dos. *Sindicatos e ações coletivas*. 2. ed. São Paulo: LTr, 2008. p. 416.

despersonalização dos verdadeiros titulares das pretensões deduzidas em juízo. O legitimado ativo figura como parte na relação jurídica processual, embora não o seja na relação jurídica material, na condição de substituto processual. A ação desenvolve-se de forma abstrata e despersonalizada, em caráter eminentemente coletivo; sem necessidade de nominação dos beneficiários ou apresentação do rol de substituídos; somente nas fases de liquidação e execução que se identificam os lesados individualmente".

De outro lado, pensamos que em algumas situações, máxime quando a substituição processual pelo Sindicato não envolver direitos individuais homogêneos e sim direitos de alguns trabalhadores da categoria, mormente quando houver necessidade de produção de prova oral e envolver situação pessoal, o rol de substituídos poderá ser exigido pelo Juiz, para a possibilidade de maior conhecimento da causa e não inviabilizar o direito de defesa do reclamado.

Nesse sentido, destacamos a seguinte ementa:

> SUBSTITUIÇÃO PROCESSUAL. DECLARAÇÃO DE RELAÇÃO DE EMPREGO. DIREITO INDIVIDUAL SEM DIMENSÃO COLETIVA. INADEQUAÇÃO DO PROCEDIMENTO DO CÓDIGO DE DEFESA DO CONSUMIDOR. NECESSIDADE DE IDENTIFICAÇÃO DOS SUBSTITUÍDOS. A declaração da existência do vínculo de emprego pressupõe a investigação da situação pessoal de cada um dos substituídos, já que para a efetividade do provimento é imprescindível averiguar o concurso dos requisitos do art. 3º da Consolidação. A situação não envolve *direito individual homogêneo*, que, além da *origem comum*, pressupõe a *prevalência das questões comuns sobre as questões individuais* de cada substituído. A hipótese é de *direito individual puro ou heterogêneo*, que não tem *dimensão coletiva* porque as questões individuais prevalecem sobre as questões comuns. Ao contrário do que ocorre com o *direito individual homogêneo*, em que a predominância das questões comuns conduz a situação de uniformidade que permite a emissão de provimento genérico e torna desnecessária a identificação dos substituídos até o momento de liquidação da sentença, a efetividade da declaração da existência de vínculo de emprego exige a prévia identificação dos substituídos, já que a eliminação da crise de certeza a que se destina o provimento declaratório depende da cognição de questões individuais de cada um dos trabalhadores. Sem a identificação dos substituídos, o pedido é indeterminado e, de consequência, sua apreciação conduziria a provimento desprovido de qualquer utilidade. Apelo da entidade sindical ao qual se nega provimento para o fim de confirmar a extinção do processo sem resolução do mérito por inadequação da via processual (TRT/SP – ACÓRDÃO n. 20080226358 – Proc. n. 00825200600302006 – Relator: Salvador Franco de Lima Laurino. In: <www.trt.jus.br> Acesso em 10 nov. 2008).

Do corpo do acórdão, vale destacar a seguinte fundamentação:

> Na condição de substituto processual, a entidade sindical busca o reconhecimento judicial do vínculo de emprego de trabalhadores que não foram identificados e que prestariam serviços para o recorrido sem anotação do contrato na carteira de trabalho.
>
> A declaração da existência ou não do vínculo de emprego pressupõe a investigação da situação pessoal de cada um dos substituídos, o que constitui premissa lógica necessária para averiguar se no plano dos fatos há ou não o concurso dos requisitos do art. 3º da Consolidação.

É situação que não envolve *direito individual homogêneo*, que, além da *origem comum*, pressupõe a *prevalência das questões comuns sobre as questões individuais* de cada substituído (Cf. GRINOVER, Ada Pellegrini. Da *class action for damages* à ação de classe brasileira: os requisitos de admissibilidade. In: *Ação civil pública* — 15 anos. São Paulo: Revista dos Tribunais, 2002).

A pretensão ao reconhecimento do vínculo de emprego envolve *direito individual puro ou heterogêneo*, que não tem *dimensão coletiva* porque as questões individuais prevalecem sobre as questões comuns, para a qual a via processual do Código de Defesa do Consumidor é inadequada.

Ao contrário do *direito individual homogêneo*, em que a prevalência das questões comuns sobre as individuais conduz a uma situação de uniformidade que permite a emissão de provimento genérico e torna desnecessária a identificação dos substituídos até a liquidação da sentença, a declaração da existência de vínculo de emprego exige a prévia identificação dos substituídos, já que a eliminação da crise de certeza a que se destina o provimento declaratório depende da análise das questões individuais de cada um dos trabalhadores.

A substituição processual para a defesa judicial de direitos individuais puros, cujo cabimento é reconhecido pela moderna jurisprudência do Supremo Tribunal Federal, configura situação análoga a um *litisconsórcio* por iniciativa do sindicato, em que a efetividade da prestação jurisdicional, bem como do direito de defesa do réu, depende da identificação de cada um dos substituídos para o fim de apurar, caso a caso, se houve ou não o ajuste da situação de fato narrada na demanda à hipótese da lei.

Com as adaptações necessárias, a situação é semelhante à liquidação da sentença genérica proferida em demanda coletiva destinada à defesa de direito individual homogêneo de consumidores lesados por determinado bem ou serviço, momento em que as questões individuais passam a prevalecer sobre as questões comuns que até então eram predominantes.

Como explica Cândido Dinamarco, "A homogeneidade, que se limita à *origem comum*, não chega a abranger todos os fatos constitutivos desses direitos. Coloca-se como um tronco, no qual têm origem muitos galhos, cada qual com suas características próprias. Legitimava-se o trato *coletivo* enquanto se cuidava de definir a origem de todos, ou o *tronco comum*. Agora que se examina cada um dos galhos em particular, o trato judiciário há de ser necessariamente *individualista*... Cada um dos possíveis liquidantes apresentará necessariamente a sua situação pessoal, com as peculiaridades que a cercam. Precisa ter adquirido ou consumido o bem ou o serviço cuja potencialidade danosa a sentença genérica afirmou. Cada um precisa ter suportado um dano em decorrência desse consumo, presente a relação de causalidade em cada caso. Cada um desses terá natureza e intensidade diversas dos danos suportados pelos demais. No máximo poderão unir-se em *litisconsórcio ativo*, mas o litisconsórcio é fenômeno inerente à tutela individual e não coletiva" (Cf. As três figuras de liquidação de sentença. In: *Fundamentos do processo civil moderno*. São Paulo: Malheiros, 2000. p. 1.255 e 1.259).

Daí que, sem a identificação dos substituídos, o pedido formulado pelo sindicato é indeterminado e, de consequência, levaria a um provimento desprovido de qualquer utilidade prática, razão por que o MM. Juízo de origem andou bem em extinguir o processo sem resolução do mérito.

## 8.2. Liquidação e execução da decisão genérica

A sentença proferida na ação em que se postula a defesa de interesses individuais homogêneos é genérica, conforme dispõe o art. 95 da Lei n. 8.078/90, *in verbis*:

> Em caso de procedência do pedido, a condenação será genérica, fixando a responsabilidade do réu pelos danos causados.

Cumpre destacar, entretanto, que a generalidade da sentença se dá quanto ao valor (*quantum debeatur*) e quanto aos titulares individuais do direito, mas quanto à obrigação de indenizar ela é certa (*an debeatur*). Nos termos do art. 97 da Lei n. 8.078/90, a liquidação e a execução de sentença poderão ser promovidas pela vítima e por seus sucessores, assim como pelos legitimados de que trata o art. 82.

*Nelson Nery Júnior*[31], ao comentar o citado dispositivo legal, assevera: "Na verdade, trata-se de verdadeira hipótese de habilitação dos interessados. Nada tem a ver com a habilitação de que trata o CPC 1055. Assemelha-se à habilitação na ação de cumprimento (art. 872, da CLT), embora esta seja de conhecimento, sendo que a de que trata a norma sob comentário (liquidação ou execução) é oriunda de sentença condenatória. O *an debeatur* já restou fixado na sentença de condenação genérica proferida na ação coletiva. Aqui, o objetivo é a fixação do *quantum debeatur*".

Conforme o citado art. 97, a liquidação e a execução para os direitos individuais homogêneos, podem ser coletivas ou individuais. Se coletivas, os legitimados a propor a ação de conhecimento (art. 82 da Lei n. 8.078/90) poderão liquidar a decisão e executá-la, na qualidade de substitutos processuais.

Para muitos autores, a liquidação da ação coletiva para a defesa de interesses individuais homogênos deve ser realizada, necessariamente, por artigos[32], pois há necessidade de se alegar e provar fato novo. Nesse sentido, determinava o art. 97, parágrafo único, da Lei n. 8.078/90, que foi vetado pelo Presidente da República.

No mesmo sentido é a opinião de *Octavio Amaral Calvet*[33]:

> "Assim, como instituído no parágrafo único do art. 97 do CDC, que restou vetado, a liquidação individual deve ser por artigos, pois do comando genérico da sentença haverá necessidade de cada suposto vitimado demonstrar fato novo concernente à existência do dano, sua extensão e o nexo de causalidade. O veto presidencial, portanto, mais uma vez demonstra-se totalmente ineficaz, pois havendo necessidade de se liquidar individualmente o dano reconhecido na sentença coletiva genérica e pela aplicação subsidiária do CPC (bem como da CLT), a única forma possível de se verificar que cada vítima ou seu sucessor

---

(31) NERY JÚNIOR, Nelson; NERY, Rosa Maria de Andrade. *Código Civil e legislação extravagante*. 3. ed. São Paulo: RT, 2005. p. 1021.

(32) Os sistemas de liquidação por cálculos, arbitramento e artigos estão desenvolvidos no capítulo da liquidação.

(33) A liquidação da sentença coletiva trabalhista. Disponível em: <www.calvet.pro.br> Acesso em: jun. 2011.

tem direito a receber a indenização equivalente é procedendo-se à apuração de prova quanto à ocorrência do dano individual e seu nexo de causalidade com a responsabilidade reconhecida no comando coletivo. Logo, dentre as modalidades de liquidação, a por artigos apresenta-se como única alternativa possível de se apurar o dano individualizado em ações que tutelam interesses individuais homogêneos, disciplina esta aplicável tanto ao processo comum quanto ao trabalhista".

De nossa parte, a liquidação para os interesses individuais homogêneos pode ser realizada por cálculos, artigos ou arbitramento, devendo o Juiz condutor da liquidação optar pelo meio mais eficaz no caso concreto ou até mesmo utilizar mais de uma modalidade de liquidação.

Aplicáveis, também, na hipótese, os sistemas da Constituição Federal, da Lei de Ação Civil Pública e, principalmente, do Código de Defesa do Consumidor, conforme o Enunciado n. 8 da Jornada Nacional de Execução Trabalhista, *in verbis*:

> AÇÕES COLETIVAS. LIQUIDAÇÃO DE SENTENÇA. Na liquidação de sentença nas ações coletivas para tutela de interesses individuais homogêneos (substituição rocessual), aplica-se o microssistema do processo coletivo brasileiro (Constituição Federal arts. 8º, 129, III, § 1º; Lei n. 7.347/1985 e Lei n. 8.078/1990).

Como na decisão os substituídos não são nominados, eles devem ser individualizados na liquidação e na subsequente execução.

Embora a Súmula n. 310 tenha sido cancelada, pensamos que, na liquidação, deva ser aplicado o entendimento vazado no seu inciso VII, que assim dispõe: "Na liquidação da sentença exequenda, promovida pelo substituto, serão individualizados os valores devidos a cada substituído, cujos depósitos para quitação serão levantados através de guias expedidas em seu nome ou de procurador com poderes especiais para esse fim, inclusive nas ações de cumprimento."

Sendo assim, transitada em julgado a decisão, o Juiz do Trabalho deverá conceder um prazo razoável para que todos os substituídos sejam individualizados e especificados os créditos de cada um na liquidação. Os que não se habilitarem não perderão o direito, apenas não poderão executar o crédito no processo em questão.

Fixados os valores de cada substituído, a execução deve prosseguir pelo rito da CLT (execução por quantia).

## 8.3. *Substituição processual e interrupção da prescrição*

Há respeitáveis entendimentos no sentido de que, atuando o sindicato como substituto processual, a ação coletiva não tem o condão de interromper a prescrição para o substituído que pretende postular o mesmo direito em ação individual. Argumentam que o Sindicato, na referida ação, não é parte no sentido material, mas sim no sentido formal e, portanto, o direito discutido em juízo não lhe pertence.

Nesse sentido defende *Cléber Lúcio de Almeida*[34]:

> "(...) a ação do sindicato não afasta a omissão do trabalhador quanto à manifestação em juízo de sua pretensão. Sendo assim, a ação do sindicato não interrompe a prescrição em relação a cada um dos substituídos".

Não obstante o respeito que merece o entendimento acima, pensamos de forma diversa. Com efeito, mesmo havendo substituição processual, o direito do substituído foi posto em juízo. Embora a parte em sentido material não tenha vindo ao Judiciário, sua pretensão foi defendida pelo Sindicato que tem autorização legal (arts. 8º, III, *a* da CF e 6º do CPC) para postulá-la em juízo e, portanto, este ato do Sindicato é suficiente para interromper a prescrição. Além disso, tal entendimento está em consonância com o princípio da melhoria da condição social do trabalhador (art. 7º, *caput*, da CF) e do acesso deste ao judiciário trabalhista (art. 5º, XXXV, da CF).

Portanto, a ação movida pelo Sindicato, na qualidade de substituto processual, tem o condão de interromper a prescrição para as ações individuais propostas pelos substituídos com o mesmo objeto.

Nesse sentido, a OJ n. 359, da SDI-I, do C. TST:

> SUBSTITUIÇÃO PROCESSUAL. SINDICATO. LEGITIMIDADE. PRESCRIÇÃO. INTERRUPÇÃO. DJ 14.3.2008. A ação movida por sindicato, na qualidade de substituto processual, interrompe a prescrição, ainda que tenha sido considerado parte ilegítima *ad causam*.

## 9. Da regularização da representação processual

A irregularidade na representação processual acarreta a extinção do processo sem resolução do mérito, por ausência de pressuposto processual de validade da relação jurídica processual (art. 267, IV, do CPC).

Quando o Juiz do Trabalho verificar ausência de representação ou defeito desta, deverá conceder prazo razoável (de 5 a 10 dias) para que a parte realize a regularização da representação processual, restando perfeitamente aplicável ao Processo do Trabalho (art. 769 da CLT) o disposto no art. 13 do CPC, *in verbis*:

> Verificando a incapacidade processual ou a irregularidade da representação das partes, o juiz, suspendendo o processo, marcará prazo razoável para ser sanado o defeito. Não sendo cumprido o despacho dentro do prazo, se a providência couber: I – ao autor, o juiz decretará a nulidade do processo; II – ao réu, reputar-se-á revel; III – ao terceiro, será excluído do processo.

Nas audiências trabalhistas, é comum o Juiz do Trabalho conceder prazo de 48 horas para a reclamada juntar carta de preposição aos autos ou a procuração, quando o empregador não as apresenta em audiência. Embora a lei não exija que o preposto apresente carta de preposição, a praxe trabalhista consagrou tal obrigatoriedade em

---

(34) ALMEIDA, Cléber Lúcio de. *Direito processual do trabalho*. 2. ed. Belo Horizonte: Del Rey, 2008. p. 289.

razão das consequências que a atuação do preposto em audiência pode acarretar ao empregador.

A jurisprudência não tem admitido, acertadamente, a regularização da representação processual na fase recursal, conforme se constata da redação da Súmula n. 383 do C. TST, *in verbis*:

> MANDATO. ARTS. 13 E 37 DO CPC. FASE RECURSAL. INAPLICABILIDADE. I – É inadmissível, em instância recursal, o oferecimento tardio de procuração, nos termos do art. 37 do CPC, ainda que mediante protesto por posterior juntada, já que a interposição de recurso não pode ser reputada ato urgente; II – Inadmissível na fase recursal a regularização da representação processual, na forma do art. 13 do CPC, cuja aplicação se restringe ao Juízo de 1º grau.

No mesmo sentido, destacam-se as seguintes ementas:

> Representação processual. Indefere-se o pedido de concessão de prazo para a regularização da representação processual em face da não incidência do art. 13 do Código de Processo Civil na fase recursal, não sendo outro o r. entendimento consubstanciado na Orientação Jurisprudencial n. 149 da SDI-1 do e. TST. (TRT 15ª R. – 1ª T. – AIRO n. 350/2002.093.15.00-9 – Rel. Eduardo Benedito de O. Zanella – DJSP 3.9.04 – p. 11) (RDT n. 10 – Outubro de 2004)

> Nulidade — Art. 795 da CLT — Incidência — Preclusão. A parte que pretende ver declarada nulidade da representação processual deve argui-la na primeira oportunidade em que falar nos autos, conforme preconizado no art. 795 da CLT — Deixando de fazê-lo, resta suplantada a matéria pela preclusão — Relação de emprego — Ônus da prova. A CLT considera empregado "toda pessoa física que prestar serviços de natureza não eventual a empregador, sob dependência deste e mediante salário" (art. 3º). Necessário, pois, que tais elementos estejam presentes em um contrato de trabalho que, na definição de Orlando Gomes, é "(...) a convenção pela qual um ou vários empregados, mediante certa remuneração e em caráter não eventual, prestam trabalho pessoal em proveito e sob direção de empregador" (in Contrato Individual de Trabalho, Forense, 1994, p. 118). A negativa peremptória de labor em benefício da empresa devolve ao reclamante a incumbência de provar a ocorrência dos requisitos expostos no art. 3º da CLT (art. 818 da CLT c/c art. 333, I, do CPC), ônus do qual não se desincumbiu. Infrutífera a prova operária, não há falar em reconhecimento da relação de emprego. Recurso parcialmente conhecido e desprovido. (TRT 10ª R. – 3ª T. – RO n. 809.2003.017.10.00-0 – Relª Márcia M. C. Ribeiro – DJDF 28.5.04 – p. 39) ( RDT n. 6 – junho de 2004).

## 10. Do litisconsórcio no Processo do Trabalho

### *10.1. Conceito*

O litisconsórcio consiste na autorização legal para que mais de uma pessoa figure no polo ativo, no polo passivo ou em ambos os polos da relação jurídica processual. Desse modo, teremos nos polos ativo, passivo, ou nos dois, mais de um autor ou mais de um réu.

Ensina *Cândido Rangel Dinamarco*[35]:

> *Litisconsórcio é a presença de duas ou mais pessoas na posição de autores ou de réus (Chiovenda); é um fenômeno de pluralidade de partes, em que o esquema da relação jurídica substancial vai além do mínimo indispensável para ter mais de uma pessoa no polo ativo ou no passivo ou em ambos (litisconsórcio bilateral). Os sujeitos que se agrupam em um dos polos da relação processual são, entre si, litisconsortes.*

No processo civil, vigora o princípio da singularidade das partes, vale dizer: somente podem postular em juízo um autor e um réu. Somente quando a lei autorizar, mais de uma parte poderá litigar nos polos ativo, passivo ou em ambos.

Segundo a doutrina, o litisconsórcio subdivide-se:

a) *quanto à formação:*

1. Inicial: quando ele está formado já na propositura da ação;

2. Ulterior: forma-se quando já instaurado processo. Por exemplo, quando há intervenção de terceiros espontânea ou provocada.

b) *quanto à obrigatoriedade:*

1. Facultativo: quando a formação do litisconsórcio se dá por opção das partes.

O litisconsórcio facultativo está disciplinado no art. 46 do CPC, *in verbis*:

> Duas ou mais pessoas podem litigar, no mesmo processo, em conjunto, ativa ou passivamente, quando: I – entre elas houver comunhão de direitos ou de obrigações relativamente à lide; II – os direitos ou as obrigações derivarem do mesmo fundamento de fato ou de direito; III – entre as causas houver conexão pelo objeto ou pela causa de pedir; IV – ocorrer afinidade de questões por um ponto comum de fato ou de direito.

No que tange ao inciso I, conforme *Vicente Greco Filho*[36], há comunhão de direitos ou de obrigações quando duas ou mais pessoas possuem o mesmo bem jurídico ou têm o devedor da mesma prestação.

O inciso II do art. 46 reporta-se aos direitos que têm suporte no mesmo fundamento de fato ou de direito, vale dizer: têm suporte na mesma causa de pedir. Por exemplo: dois trabalhadores postulando diferenças salariais que encontram fundamento na mesma cláusula de norma coletiva.

Quanto ao inciso III, há conexão quando duas causas apresentarem o mesmo pedido ou causa de pedir (art. 103 do CPC).

Com relação ao inciso IV, conforme *Vicente Greco Filho*[37], é o mais amplo e que, na verdade, engloba todos os demais: basta para o litígio consorciado a afinidade

---

(35) DINAMARCO, Cândido Rangel. *Instituições de direito processual civil*. V. II. São Paulo: Malheiros, 2001. p. 329.

(36) GRECO FILHO, Vicente. *Direito processual civil brasileiro*. v. 1. 14. ed. São Paulo: Saraiva, 1999. p. 119.

(37) *Op. cit.*, p. 121.

de questões por um ponto comum de fato ou de direito. O dispositivo justifica-se porque a identidade de um ponto de fato ou de direito pode levar a uma prova única ou a uma solução análoga para casos semelhantes, com economia processual e prevenção do perigo de decisões logicamente conflitantes.

2. Necessário: quando a lei exige a presença de mais de um litigante no processo, compondo os polos ativo, passivo ou ambos, como condição de validade do processo.

c) *quanto aos polos:*

1. Ativo: mais de um litigante no polo ativo;

2. Passivo: mais de um litigante no polo passivo;

3. Misto: mais de um litigante nos dois polos do processo.

d) *quanto aos efeitos:*

1. Simples: a decisão pode ser diferente para ambos os litisconsortes;

2. Unitário: decisão uniforme para ambos os liticonsortes.

A doutrina ainda elenca o *litisconsórcio alternativo ou eventual*, que encontra suporte na interpretação extensiva do art. 289 do CPC, que assim dispõe:

> É lícito formular mais de um pedido em ordem sucessiva, a fim de que o juiz conheça do posterior, em não podendo acolher o anterior.

Sendo assim, o autor pode formular pedidos em face de dois ou mais réus, pedindo ao Juiz que se não for possível condenar o primeiro que condene o segundo e assim sucessivamente.

Como nos ensina *Cândido Rangel Dinamarco*[38]:

"Tem-se o *cúmulo eventual*, quando uma ação é proposta para o evento de que outra seja rejeitada. O autor formula duas demandas, tendo preferência pela primeira, mas pedindo ao juiz que conheça e escolha a segunda (que por isso mesmo se considera subsidiária) no caso de não poder a primeira ser atendida. No direito positivo brasileiro há uma norma genérica sobre essa forma de cumulação (CPC, art. 289) e ao menos uma específica; admitindo que o cúmulo eventual seja feito de forma tal que, sendo julgada improcedente a ação quanto a um dos réus, passe a ser apreciada a pretensão do autor quanto ao outro litisconsorte passivo".

No mesmo sentido, é a visão de *Daniel Amorim Assumpção Neves*[39]:

"O instituto do litisconsórcio alternativo representa a possibilidade aberta ao autor para demandar duas ou mais pessoas quando tenha dúvidas fundadas

---

(38) *Litisconsórcio.* 8. ed. São Paulo: Malheiros, 2009. p. 459-460.
(39) *Manual de direito processual civil.* São Paulo: Método, 2009. p. 170.

a respeito de qual delas, efetivamente, deveria participar do polo passivo da demanda. Na verdade, a construção do instituto do litisconsórcio alternativo atinge também o polo ativo, quando exista dúvida fundada a respeito de quem seja o titular do direito a ser discutido no processo. O que caracteriza, fundamentalmente, o litisconsórcio alternativo é a definição a respeito do sujeito legitimado, seja no polo ativo, seja no polo passivo da demanda".

Dispõe o art. 48 do CPC:

> Salvo disposição em contrário, os litisconsortes serão considerados, em suas relações com a parte adversa, como litigantes distintos; os atos e as omissões de um não prejudicarão nem beneficiarão os outros.

Conforme o referido dispositivo legal, os litisconsortes são tratados como litigantes distintos em relação à parte contrária, entretanto, os atos de um litisconsorte podem beneficiar o outro, caso a matéria seja comum. Por exemplo, no caso de revelia de um litisconsorte, se o outro litisconsorte contestar a lide, sendo comum a matéria, não se aplicarão, em face do litisconsorte ausente, os efeitos da revelia (art. 320, I, do CPC[40]). O mesmo se dá em face do recurso interposto por um dos litisconsortes quando a matéria for comum (art. 509 do CPC[41]). Entretanto, as omissões de um dos litisconsortes não prejudicam os demais.

Conforme o art. 49 do CPC, cada litisconsorte tem o direito de promover o andamento do processo e todos devem ser intimados dos respectivos atos.

## 10.2. Do litisconsórcio previsto na CLT

A Consolidação das Leis do Trabalho tem um único artigo que trata do tema, que é o art. 842, *in verbis*:

> Sendo várias as reclamações e havendo identidade de matéria, poderão ser acumuladas num só processo, se se tratar de empregados da mesma empresa ou estabelecimento.

No nosso sentir, dispõe o referido dispositivo sobre o litisconsórcio ativo facultativo, pois a opção pelo litisconsórcio é faculdade dos trabalhadores.

Em razão de o Processo do Trabalho, como regra, apresentar vários pedidos decorrentes de um mesmo contrato de trabalho, pensamos que o litisconsórcio ativo somente possa ser admitido quando houver identidade de matérias (causa de pedir) e identidade de pedidos. Caso contrário, haverá o comprometimento da rápida solução do processo e dificuldade na produção da prova.

Caso vários trabalhadores postulem direitos diferentes, ainda que em face do mesmo reclamado, pensamos que deva o Juiz do Trabalho determinar o desmembramento

---

(40) Art. 320 do CPC: "A revelia não induz, contudo, o feito mencionado no artigo antecedente: (...) I – se, havendo pluralidade de réus, algum deles contestar a ação".

(41) Art. 509 do CPC: "O recurso interposto por um dos litisconsortes a todos aproveita, salvo se distintos ou opostos os seus interesses".

da reclamação, pois a instrução de pedidos diversos no mesmo processo comprometerá a rápida solução da lide.

Por força do permissivo do art. 769 da CLT, aplicam-se ao Processo do Trabalho as disposições do litisconsórcio previstas no Código de Processo Civil.

## 10.3. Do litisconsórcio necessário no Processo do Trabalho

Dispõe o art. 47 do CPC:

> Há litisconsórcio necessário, quando, por disposição de lei ou pela natureza da relação jurídica, o juiz tiver de decidir a lide de modo uniforme para todas as partes; caso em que a eficácia da sentença dependerá da citação de todos os litisconsortes no processo.
>
> Parágrafo único. O juiz ordenará ao autor que promova a citação de todos os litisconsortes necessários, dentro do prazo que assinar, sob pena de declarar extinto o processo.

Ensina *Moacyr Amaral Santos*[42]:

> "Litisconsórcio necessário, dito também indispensável, se dá na ação que somente pode ser intentada pró ou contra duas ou mais pessoas, seja por disposição de lei, seja em razão da natureza da relação jurídica material posta em juízo".

O litisconsórcio necessário justifica-se quando a lei exige, ou em razão da natureza da relação jurídica[43], ou dos efeitos da decisão que possa ter efeitos na esfera jurídica de terceiros, que eles figurem ou no polo ativo ou no polo passivo do processo.

No Processo do Trabalho, não é frequente a exigência do litisconsórcio necessário. Como exemplo, podemos citar a Ação Anulatória de Normas Convencionais, em que devem figurar como litisconsortes necessários os sindicatos que firmaram o instrumento normativo coletivo; no mandado de segurança, deve figurar como litisconsorte necessário a parte a quem a concessão da ordem de segurança pode prejudicar.

Discute-se na doutrina como resolver o impasse se a lei exigir que mais de um litigante figure no polo ativo da relação jurídica processual como condição de validade do processo, uma vez que ninguém pode ser obrigado a litigar contra sua vontade. Nesta hipótese, têm entendido a doutrina e a jurisprudência que basta que o litisconsorte necessário, que deve figurar no polo ativo, seja citado para participar do processo, para que o requisito da lei esteja suprido. Nesse sentido, por todos,

---

(42) SANTOS, Moacyr Amaral. *Primeiras linhas de direito processual civil.* 24. ed. São Paulo: Saraiva, 2008. p. 04.

(43) Como destaca Nelson Nery Júnior, são exemplos de litisconsórcio por força de relação jurídica: a) todos os partícipes de um contrato, para a ação anulatória do mesmo contrato, porque a sentença que decidir a lide não poderá anular o contrato para um dos contratantes e declará-lo válido para os demais que eventualmente não estivessem no processo como partes (*Código de Processo Civil comentado.* 10. ed. São Paulo: RT, 2007. p. 258).

destacamos a visão de *Moacyr Amaral*[44]: "Entendemos que a aludida citação no referido parágrafo único do art. 47 também abrange a dos litisconsortes ativos".

Dispõe o art. 47 do CPC que a decisão do litisconsórcio necessário deve ser unitária para ambos os litisconsortes. Portanto, a decisão deve ser única para todos os litisconsortes. Não obstante, em algumas hipóteses de litisconsórcio necessário, a decisão pode ser diversa para ambos os litisconsortes (ação de usucapião em que devem ser citados todos os vizinhos), ou seja, não será uniforme), vale dizer: litisconsórcio simples. Como bem adverte *Nelson Nery Júnior*[45], "ao contrário do litisconsórcio necessário, cuja obrigatoriedade da formação pode decorrer da lei ou da relação jurídica, a unitariedade litisconsorcial somente existe em função da natureza da relação jurídica discutida em juízo". Desse modo, pode existir o litisconsórcio unitário facultativo, como na hipótese, por exemplo: de ação de declaração de nulidade de assembleia sindical que pode ser proposta por vários legitimados (sindicatos, ou associados), mas a decisão de anulação será uniforme para todos. Por isso, concordamos com a frase da doutrina quando dispõe que: nem todo litisconsórcio necessário é unitário e que o litisconsórcio facultativo pode ser unitário.

A jurisprudência tem sido rígida quanto à necessidade de intervenção do litisconsorte passivo necessário no Processo do Trabalho, conforme se constata pela redação das seguintes ementas:

> Ação rescisória — Litisconsórcio passivo necessário — Citação por edital. Tratando-se de litisconsorte passivo necessário, a negligência processual da parte quanto ao atendimento dos requisitos da citação por edital, consagrados no art. 232 do CPC, impede o regular fluxo do procedimento, tornando impositiva a extinção *in totum* do processo, sem exame do mérito, por aplicação dos arts. 47, parágrafo único, e 267, IV, ambos do CPC. (TRT 10ª R. – TP – AG n. 865/1996.000.10.40-7 – Rel. Douglas A. Rodrigues – DJDF 15.8.03 – p. 2) (RDT n. 9 – Setembro de 2003).

> Litisconsórcio passivo necessário. Deve ser mantida a decisão de primeiro grau que julgou extinto o processo sem o julgamento do mérito, porquanto a autora não providenciou a integração à lide da litisconsorte passiva necessária, por ela indicada na própria petição inicial, inclusive com requerimento expresso para que a mesma fosse citada. Não se deve olvidar que a causa deve ser processada e decidida levando-se em consideração os termos em que é proposta. Recurso conhecido e não provido. As partes apeladas são da lavra da Exma. Juíza-relatora". (TRT 10ª R. – 2ª T. – AP n. 1355/1997.019.10.00-8 – Relª Heloísa P. Marques – DJDF 1º.8.03 – p. 22) (RDT n. 9 – Setembro de 2003).

### 10.4. Intervenção iussu iudicis

Conforme leciona *Vicente Greco Filho*[46]: "Se, desde logo, não estiverem presentes todos aqueles que a lei determina, no caso de litisconsórcio necessário,

---

(44) *Op. cit.*, p. 07.
(45) *Op. cit.*, p. 261.
(46) *Op. cit.*, p. 123.

compete ao juiz determinar ao autor que lhes promova a citação, sob pena de, não o fazendo, declarar extinto o processo, sem julgamento de mérito. Este chamamento de pessoas determinadas pelo juiz denomina-se de intervenção *iussu iudicis*, isto é, intervenção por ordem do juiz".

Discute-se, na doutrina, se ainda existe tal previsão de determinação da intervenção de alguma parte do processo por determinação do Juiz, sendo o entendimento atual de que o Juiz somente possa determinar a intervenção no processo de litisconsorte necessário (art. 47 do CPC).

No Processo do Trabalho, assistimos muitas vezes, por arbitrariedade do Juiz do Trabalho, em algumas situações, à determinação, de ofício, para inclusão de empresas responsáveis (solidária ou subsidiária) no polo passivo como tomadores de serviços e até mesmo de empresas de intermediação de mão de obra (por exemplo: cooperativas) quando o vínculo de emprego é postulado diretamente com o tomador. Pensamos que o Juiz do Trabalho somente possa determinar a inclusão de algum litigante no processo quando se tratar de litisconsorte necessário, ou, em razão dos princípios da simplicidade e celeridade que norteiam o Processo do Trabalho, determinar a inclusão de determinada empresa no polo passivo como medida de correção do polo deste passivo. Por exemplo: o autor postula o vínculo em face do dono da obra, mas a instrução demonstra claramente que o empregador foi o empreiteiro.

## 10.5. Litisconsórcio multitudinário

O litisconsórcio multitudinário (expressão de *Cândido Rangel Dinamarco*) configura-se quando o excessivo número de litigantes no litisconsórcio ativo facultativo pode comprometer a rápida tramitação do processo e provocar tumultos no bom andamento da relação processual.

Ensina *Cândido Rangel Dinamarco*[47]:

"A admissibilidade do litisconsórcio sofre uma restrição, imposta de modo explícito pela lei, em razão à quantidade de pessoas que se reúnem para propor demanda conjunta como autores ou que estejam reunidas na condição de réus em um processo único (litisconsórcio ativo ou passivo). Os *litisconsórcios multitudinários*, compostos de um número insuportavelmente grande de colitigantes, constituem fator de tumulto processual e por isso prejudicam a qualidade do serviço jurisdicional, a sua celeridade e a defesa do adversário (...)".

Nesse sentido, dispõe o parágrafo único do art. 46 do CPC:

> O juiz poderá limitar o litisconsórcio facultativo quanto ao número de litigantes, quando este comprometer a rápida solução do litígio ou dificultar a defesa. O pedido de limitação interrompe o prazo para resposta, que recomeça da intimação da decisão. (Acrescido pela Lei n. 8.952/94)

---

(47) DINAMARCO, Cândido Rangel. *Instituições de direito processual civil*. V. II. São Paulo: Malheiros, 2001. p. 337-338.

Nesse sentido, destacamos as seguintes ementas:

> Litisconsórcio — Formação. O art. 842 da CLT faculta aos empregados a acumulação de ações contra o mesmo empregador desde que com o mesmo objeto. É verdade que o juiz pode limitar o litisconsórcio facultativo quanto ao número de litigantes, quando este comprometer a rápida solução do litígio ou dificultar a defesa (art. 46, parágrafo único, do CPC). Contudo, se o juiz entender inviável a formação do litisconsórcio, não pode declarar a extinção do processo, posto que este provimento não se harmoniza com os preceitos legais que regem a espécie, com virtual ofensa à norma prevista no art. 5º, inciso XXXV, da Constituição Federal. Recurso provido parcialmente, para determinar o desmembramento da reclamatória plúrima em ações individuais. (TRT 12ª R. – 2ª T. – RO n. 778/2003.015.10.00-4 – Rel. José Ribamar O. Lima Júnior – DJDF 14.11.03 – p. 6) (RDT n. 1 – Janeiro de 2004).

> LITISCONSÓRCIO ATIVO. DESMEMBRAMENTO. EXTINÇÃO SEM RESOLUÇÃO DE MÉRITO. RECURSO ORDINÁRIO. CABIMENTO. 2. DECISÃO QUE DETERMINA DESMEMBRAMENTO. FACULDADE DO JUIZ. PARÁGRAFO ÚNICO DO ART. 46 DO CPC. 1. A decisão que extingue o feito em relação a todos os demais reclamantes, exceção daquele que "encabeça", não é interlocutória, pois põe fim à pretensão daqueles outros à obtenção do bem da vida que pretendem seja tutelado. Dá-se provimento ao Agravo de Instrumento, para o efeito de dar prosseguimento ao conhecimento do recurso ordinário. 2. O desmembramento é faculdade do juiz, nos termos do parágrafo único do art. 46 do Código de Pocesso Civil, o qual analisa as características e peculiaridades da ação, assim sendo contratos com prazos de vigências diversos, valores diversos dos benefícios percebidos, e via de consequência, tornaria complexa a liquidação. Apelo improvido. (TRT/SP – 02270200907302013 – AIRO – Ac. 1ª T. – 20100427086 – Rel. Celso Ricardo Peel Furtado de Oliveira – DOE 10.6.2010)

## 10.6. Prazo em dobro para os litisconsortes com patronos diferentes (art. 191 do CPC)

Dispõe o art. 191 do CPC:

> Quando os litisconsortes tiverem diferentes procuradores, ser-lhes-ão contados em dobro os prazos para contestar, para recorrer e, de modo geral, para falar nos autos.

A jurisprudência, no nosso sentir acertadamente, firmou entendimento de não ser aplicável o disposto no art. 191 do CPC ao Processo do Trabalho em razão dos princípios da celeridade e simplicidade que norteiam o Processo do Trabalho. Nesse sentido, destacamos a OJ n. 310, da SDI-I, do C. TST, *in verbis*:

> Litisconsortes. Procuradores distintos. Prazo em dobro. Art. 191 do CPC. Inaplicável ao Processo do Trabalho. A regra contida no art. 191 do CPC é inaplicável ao Processo do Trabalho, em face da sua incompatibilidade com o princípio da celeridade inerente ao Processo do Trabalho.

No mesmo sentido, a seguinte ementa:

> Agravo de instrumento — Recurso — Litisconsortes passivos — Procuradores distintos — Prazo em dobro — Inaplicabilidade do art. 191 do CPC. 1. Hipótese em que a segunda reclamada interpõe embargos sustentando a tempestividade do recurso de

revista, por entender que dispunha, à luz do art. 191 do CPC, de prazo em dobro para recorrer, uma vez que conta com procurador diverso do procurador de sua litisconsorte. 2. O Direito Processual Comum apenas poderá ser aplicado subsidiariamente ao Processo do Trabalho naquilo em que estiver em perfeita consonância com as normas e princípios processuais trabalhistas. Assim, inaplicável ao Processo do Trabalho a regra que consagra o prazo em dobro para recorrer aos litisconsortes com procuradores distintos, dada sua incompatibilidade com o princípio da celeridade que norteia todo o Processo do Trabalho. 3. Se o legislador pretendesse conferir tratamento diferenciado aos litisconsortes com procuradores diferentes em relação aos prazos recursais, tê-lo-ia feito de forma expressa, tal qual a disposição que confere o prazo em dobro aos entes da Administração Pública direta, autárquica e fundacional (art. 1º, inciso III, do Decreto-Lei n. 779/69) (TST; ERR n. 589260/99; Ac. SDI-1; Rel. Min. João Oreste Dalazen; in DJ 9.5.03). Agravo de instrumento conhecido e desprovido. (TST – 3ª T. – AIRR n. 26.292/2002.900.04.00-2 – Rel. Alberto Luiz B. de F. Pereira – DJ 22.8.03 – p. 533) (RDT n. 9 – Setembro de 2003).

## 11. Do advogado na Justiça do Trabalho

O advogado compõe a categoria dos sujeitos do processo, pois atua na relação jurídica processual, praticando atos de representação da parte, mas não se confunde com esta.

Ensina *Moacyr Amaral Santos*[48]:

"Figura singular a do advogado, a um tempo servidor da justiça, assistente técnico e procurador do cliente. Seu traço característico é o de servir à Justiça, como técnico do direito. E porque serve ao Estado, e porque função específica deste é a de fazer justiça, no exercício de sua profissão exerce o advogado um múnus público. Por reconhecer-lhe essa característica é que o Estado lhe confere o privilégio do exercício do *jus postulandi*".

Dispõe o art. 133 da CF:

O advogado é indispensável à administração da Justiça, sendo inviolável por seus atos e manifestações no exercício da profissão, nos limites da lei.

No nosso sentir, como é frase já consagrada na Ordem dos Advogados do Brasil, *não se faz justiça sem advogado*. Além de ele ser indispensável à Administração da Justiça, também é indispensável ao acesso real e efetivo do cidadão à Justiça, principalmente na Justiça do Trabalho, onde a cada dia as questões de direito material do trabalho se tornam mais complexas e também o Processo do Trabalho a cada dia se torna mais sofisticado.

De outro lado, o advogado, como primeiro juiz da causa, tem a missão de orientar o cliente e até mesmo avaliar se a demanda deve ser proposta ou não, evitando que a parte possa ingressar com um processo sem qualquer possibilidade de êxito, e também cumpre a ele esclarecer à parte sobre os riscos e benefícios do processo.

---

(48) SANTOS, Moacyr Amaral. *Primeiras linhas de direito processual civil*. 25. ed. São Paulo: Saraiva, 2007. p. 380.

Como já nos posicionamos anteriormente, a parte sem a assistência do advogado na Justiça do Trabalho tem uma falsa ilusão de acesso à Justiça, quando, na verdade, está ingressando num Mundo de regras e prazos rígidos, em que o desconhecimento do processo pode comprometer seriamente o direito de quem postula.

Nesse sentido, destacamos as seguintes ementas:

> Advogado — Atuação imprescindível para a administração da Justiça. O advogado, indispensável à administração da Justiça, é defensor do Estado Democrático de Direito, da cidadania, da moralidade pública, da justiça e da paz social, subordinando a atividade do seu Ministério privado à elevada função pública que exerce, e tem como deveres: preservar, em sua conduta, a honra, a nobreza e a dignidade da profissão, zelando pelo seu caráter de essencialidade e indispensabilidade; atuar com destemor, independência, honestidade, decoro, veracidade, lealdade, dignidade e boa-fé; velar por sua reputação pessoal e profissional (art. 2º e parágrafo único do Código de Ética do Advogado). (TRT – 12ª R. – 3ª T. – Ac. n. 1264/2002 – Relª Ione Ramos – DJSC 7.2.2002 – p. 173).

> Advogado — Participação obrigatória nos processos judiciais — *Jus Postulandi*. A instituição do contraditório em todo o processo judicial (CF, art. 5º, LV), em confronto com a sua existência anterior exclusivamente na instrução criminal (CF de 1969, arts. 15 e 16), resulta na obrigatoriedade da participação do advogado em qualquer processo judicial, de sorte que não haverá contraditório e ampla defesa sem um profissional técnico para exercê-los. A defesa judicial — ataque e contra-ataque — somente pode ser exercida validamente por profissional habilitado e com conhecimento técnico-jurídico. (TRT – 12ª R. – 1ª T. – Ac. n. 11307/96 – Rel. Juiz Facioli Chedid – DJSC 18.12.96 – p. 183).

Como bem advertem *Francisco Ferreira Jorge Neto* e *Jouberto de Quadros Pessoa Cavalcante*[49], o advogado é independente no exercício da profissão, não devendo ter nenhum receio de desagradar ao magistrado ou a qualquer autoridade, nem mesmo seu prestígio pessoal. Não se trata de uma profissão cheia de louros ou mesmo glória, como muitos possam pensar, mas cheia de sacrifícios e renúncias sempre em uma busca incansável, em que cada dia o profissional é obrigado a dar mais de si, privando-se de suas vontades pessoais.

Não obstante, conforme já pacificado pela Jurisprudência, o advogado, na Justiça do Trabalho, é dispensável, diante da redação do art. 791, da CLT, sendo facultativa a sua contratação pela parte, consoante assevera o § 1º do art. 791 da CLT, *in verbis*:

> Nos dissídios individuais os empregados e os empregadores poderão fazer-se representar por intermédio do sindicato, advogado, solicitador ou provisionado, inscrito na Ordem dos Advogados do Brasil.

Embora o § 1º do art. 791 da CLT faça menção a provisionado, ele equivale, hoje, ao estagiário. Como destaca *Valentin Carrion*[50], "os provisionados (antigos

---

(49) *Direito processual do trabalho*. T. I. 3. ed. Rio de Janeiro: Lumen Juris: 2007. p. 562.

(50) CARRION, Valentin. *Comentários à Consolidação das Leis do Trabalho*. 30. ed. São Paulo: Saraiva, 2005. p. 601.

práticos em Direito, não bacharéis) podiam exercer a advocacia sem restrição (Lei n. 7.346/85)". O estagiário não pode atuar em juízo sem a presença do advogado e, portanto, não pode representar a parte na Justiça do Trabalho, uma vez que a postulação em juízo é ato privativo do bacharel em Direito regularmente inscrito na Ordem dos Advogados do Brasil (art. 1º, da Lei n. 8.906/94). O estagiário, que porta a carteira, inscrito na OAB, pode praticar atos processuais acompanhado do advogado e sob responsabilidade deste (art. 3º, § 2º, da Lei n. 8.906/94). Desacompanhado, o estagiário poderá somente fazer carga do processo (retirá-lo da secretaria) e requerer a juntada de documentos aos autos.

O Tribunal Superior do Trabalho, recentemente, publicou a Súmula n. 425, estabelecendo os limites do *jus postulandi* na Justiça do Trabalho. Com efeito, dispõe o referido verbete sumular:

> *JUS POSTULANDI* NA JUSTIÇA DO TRABALHO. ALCANCE – Res. n. 165/2010, DEJT divulgado em 30.4.2010 e 3 e 4.5.2010. O *jus postulandi* das partes, estabelecido no art. 791 da CLT, limita-se às Varas do Trabalho e aos Tribunais Regionais do Trabalho, não alcançando a ação rescisória, a ação cautelar, o mandado de segurança e os recursos de competência do Tribunal Superior do Trabalho.

Conforme o referido verbete sumular, o Tribunal Superior do Trabalho fixou entendimento no sentido de que o *jus postulandi* na Justiça do Trabalho se exaure nas instâncias ordinárias, não se aplicando os recursos interpostos para o Tribunal Superior do Trabalho, quais sejam: recurso de revista e embargos para o TST.

Quanto aos recursos para o Tribunal Superior do Trabalho, a súmula encontra fortes argumentos no sentido de que tais recursos são de natureza extraordinária, exigindo argumentação técnica e, portanto, a exigência de profissional habilitado em direito para a redação da peça recursal se impõe. Além disso, a assistência de advogado facilita o acesso à justiça da parte.

Não obstante, o referido art. 791, da CLT, faculta às partes acompanhar as reclamações trabalhistas até o final, o que inclui os recursos de natureza extraordinária.

Embora se possa argumentar também que a referida Súmula n. 425 do TST estabeleça distinção entre as instâncias do Judiciário Trabalhista quanto à presença do advogado, sem previsão legal, no nosso sentir, entre os argumentos prós e contra a existência do *jus postulandi* no TST, pensamos que o Tribunal Superior do Trabalho acabou por trilhar o melhor caminho, a fim de não inviabilizar o acesso aos recursos para o TST.

Quanto à ação rescisória, à ação cautelar e ao mandado de segurança, estas constituem ações de procedimento especial cível, regradas pelo Código de Processo Civil e em leis especiais, não sendo controvérsias típicas de empregado e empregador (art. 791, da CLT). Portanto, correto o entendimento do TST pela exigência do advogado.

## 12. Da procuração

A procuração é o instrumento do mandato. O advogado somente pode postular em juízo se possuir procuração assinada pelo cliente (mandante).

Excepcionalmente, o advogado pode postular em juízo sem procuração a fim de evitar perecimento do direito, comprometendo-se a juntar a procuração no prazo máximo de 15 dias.

Nesse sentido dispõe o art. 37 do CPC, que resta aplicável ao Processo do Trabalho, por força do art. 769 da CLT, *in verbis*:

> Sem instrumento de mandato, o advogado não será admitido a procurar em juízo. Poderá, todavia, em nome da parte, intentar ação, a fim de evitar decadência ou prescrição, bem como intervir, no processo, para praticar atos reputados urgentes. Nestes casos, o advogado se obrigará, independentemente de caução, a exibir o instrumento de mandato no prazo de 15 (quinze) dias, prorrogável até outros 15 (quinze), por despacho do juiz. Parágrafo único. Os atos, não ratificados no prazo, serão havidos por inexistentes, respondendo o advogado por despesas e perdas e danos.

A procuração passada ao advogado com a cláusula *ad judicia* confere-lhe amplos poderes para postular em juízo, não necessitando de reconhecimento de firma do outorgante. Não obstante, para receber citação inicial, confessar, reconhecer a procedência do pedido, transigir, desistir, renunciar ao direito sobre que se funda a ação, receber, dar quitação e firmar compromisso, os poderes devem estar expressos na procuração.

Dispõe o art. 38 do CPC:

> A procuração geral para o foro, conferida por instrumento público, ou particular assinado pela parte, habilita o advogado a praticar todos os atos do processo, salvo para receber citação inicial, confessar, reconhecer a procedência do pedido, transigir, desistir, renunciar ao direito sobre que se funda a ação, receber, dar quitação e firmar compromisso.

A Lei n. 11.419/06, que acrescentou o parágrafo único ao art. 38 do CPC, possibilita a certificação digital da assinatura na procuração. Dispõe o referido dispositivo legal:

> A procuração pode ser assinada digitalmente com base em certificado emitido por Autoridade Certificadora credenciada, na forma da lei específica.

O advogado se compromete a informar, em juízo, eventuais alterações no seu endereço para recebimento de intimações, conforme dispõe o art. 39 do CPC, aplicável ao Processo do Trabalho, por força do art. 769 da CLT:

> Compete ao advogado, ou à parte quando postular em causa própria: I – declarar, na petição inicial ou na contestação, o endereço em que receberá intimação; II – comunicar ao escrivão do processo qualquer mudança de endereço. Parágrafo único. Se o advogado não cumprir o disposto no § 1º deste artigo, o juiz, antes de determinar a citação do réu, mandará que se supra a omissão no prazo de 48 (quarenta e oito) horas, sob

pena de indeferimento da petição; se infringir o previsto no § 2º, reputar-se-ão válidas as intimações enviadas, em carta registrada, para o endereço constante dos autos.

Nos termos recentes da Súmula n. 427 do Tribunal Superior do Trabalho, havendo pedido expresso de que as intimações e as publicações sejam realizadas exclusivamente em nome de determinado advogado, a comunicação em nome de outro profissional constituído nos autos é nula, salvo se constatada a inexistência de prejuízo.

A procuração pode ser substablecida a outro advogado, ou seja, transferida para que outro advogado possa atuar no feito. O substabelecimento pode se dar com reserva de poderes, continuando o advogado anterior a atuar no processo, ou sem reservas de poderes, deixando o advogado anterior de atuar no processo. Nesse aspecto o TST editou a OJ n. 349, da SDI-I do C. TST, *in verbis*:

> A juntada de nova procuração aos autos, sem ressalva de poderes conferidos ao antigo patrono, implica revogação tácita do mandato anterior.

Nos termos da OJ n. 373, da SDI-I do C. TST, é inválido o instrumento de mandato firmado em nome de pessoa jurídica que não contenha, pelo menos, o nome da entidade outorgante e do signatário da procuração, pois esses dados constituem elementos que os individualizam.

Sobre o substabelecimento da procuração, o Tribunal Superior do Trabalho uniformizou jurisprudência a respeito, por meio da Súmula n. 395, que segue:

> MANDATO E SUBSTABELECIMENTO. CONDIÇÕES DE VALIDADE (conversão das Orientações Jurisprudenciais ns. 108, 312, 313 e 330 da SBDI-1) – Res. n. 129/2005, DJ 20, 22 e 25.4.2005
>
> I – Válido é o instrumento de mandato com prazo determinado que contém cláusula estabelecendo a prevalência dos poderes para atuar até o final da demanda. (ex-OJ n. 312 da SBDI-1 – DJ 11.8.2003)
>
> II – Diante da existência de previsão, no mandato, fixando termo para sua juntada, o instrumento de mandato só tem validade se anexado ao processo dentro do aludido prazo. (ex-OJ n. 313 da SBDI-1 – DJ 11.8.2003)
>
> III – São válidos os atos praticados pelo substabelecido, ainda que não haja, no mandato, poderes expressos para substabelecer (art. 667, e parágrafos, do Código Civil de 2002). (ex-OJ n. 108 da SBDI-1 – inserida em 1º.10.1997)
>
> IV – Configura-se a irregularidade de representação se o substabelecimento é anterior à outorga passada ao substabelecente. (ex-OJ n. 330 da SBDI-1 – DJ 9.12.2003)

## 13. Da procuração *apud acta*

A procuração *apud acta*, também chamada de tácita, é o mandato passado em audiência perante o Juiz do Trabalho. Na praxe forense trabalhista, a procuração *apud acta* sempre fora reconhecida em prestígio à celeridade, economia e simplicidade processuais.

Desse modo, na presença do Juiz, em audiência, há consignação em ata da procuração passada *apud acta*.

Pensamos, em razão de ser passada perante o Juiz do Trabalho, que tal procuração somente poderá conter os poderes inerentes à cláusula *ad judicia*. Os poderes especiais do art. 38 do CPC, para transigir, renunciar, etc., devem estar expressos na ata de audiência no ato de nomeação.

Alguns autores distinguem o mandato tácito da procuração *apud acta*, não obstante, pensamos que ambos têm o mesmo significado.

Defendendo a distinção, vale consignar a opinião de *Carlos Henrique Bezerra Leite*[51]:

"Embora a jurisprudência majoritária não faça distinção entre mandato tácito e mandato *apud acta*, parece factível dizer que o mandato tácito decorre de um conjunto de atos praticados pelo advogado em nome da parte ou da sua simples presença em audiência, embora nos autos não conste o instrumento de mandato. No mandato tácito, o mandatário, isto é, o advogado, estará autorizado apenas a praticar os atos inerentes aos poderes da cláusula *ad judicia* (...). Já o mandato *apud acta* exsurge pela presença do advogado em juízo em nome da parte, desde que o ato de nomeação do patrono da parte seja somente registrado na data correspondente. No mandato *apud acta* também devem ser observadas as restrições do art. 38 do CPC, em função de que os poderes do advogado são apenas os da cláusula *ad judicia*, salvo se houver previsão expressa de outorga de poderes especiais no própria ata de audiência".

O TST, acertadamente, não permite o substabelecimento da procuração tácita, aplicando-se o mesmo raciocínio para procuração *apud acta*, conforme a OJ n. 200, da SDI-I, do C. TST, *in verbis*:

> Mandato tácito. Substabelecimento inválido.

A CLT, recentemente alterada pela Lei n. 12.437, de julho de 2011, passou a disciplinar o instituto no § 3º do art. 791, *in verbis*:

> A constituição de procurador com poderes para o foro em geral poderá ser efetivada, mediante simples registro em ata de audiência, a requerimento verbal do advogado interessado, com anuência da parte representada.

Diante da redação do referido dispositivo legal, a procuração *apud acta* depende de requerimento do advogado em audiência, concordância da parte representada, e registro na ata de audiências, outorgando-se ao advogado os poderes para o foro em geral, sem os poderes especiais para receber citação inicial, confessar, reconhecer a procedência do pedido, transigir, desistir, renunciar ao direito sobre que se funda a ação, receber, dar quitação e firmar compromisso.

---

(51) BEZERRA LEITE, Carlos Henrique. *Curso de direito processual do trabalho*. 5. ed. São Paulo: LTr, 2007. p. 388-389.

## 14. Dos honorários advocatícios na Justiça do Trabalho que decorrem da sucumbência

Quanto aos honorários advocatícios, em razão do *jus postulandi* da parte previsto no art. 791 da CLT, o Tribunal Superior do Trabalho firmou jurisprudência, mesmo após a Constituição de 1988 (o art. 133 da CF[52] diz ser o advogado essencial à administração da Justiça), no sentido de não haver necessidade de a parte estar assistida por advogado na Justiça do Trabalho.

Conforme o posicionamento da jurisprudência, os honorários advocatícios não decorrem da sucumbência, salvo nas hipóteses do art. 14, § 1º, da Lei n. 5.584/70, que assim dispõe:

> Na Justiça do Trabalho, a assistência judiciária a que se refere a Lei n. 1.060, de 5 de fevereiro de 1950, será prestada pelo sindicato da categoria profissional a que pertencer o trabalhador.
>
> § 1º – A assistência é devida a todo aquele que perceber salário igual ou inferior ao dobro do mínimo legal, ficando assegurado igual benefício ao trabalhador de maior salário, uma vez provado que sua situação econômica não lhe permite demandar, sem prejuízo do sustento próprio ou da família[53].

Segundo o referido artigo, são requisitos para o deferimento dos honorários advocatícios na Justiça do Trabalho:

a) o empregado estar assistido por Advogado do Sindicato de sua categoria. Nos termos do art. 18, da Lei n. 5.584/70, o empregado não precisa ser associado do Sindicato que lhe prestará assistência judiciária;

b) apresentar declaração de insuficiência econômica, nos moldes do art. 1º da Lei n. 7.115/83[54] pessoalmente ou por intermédio de seu advogado (OJ n. 331, da SDI-I, do C. TST[55]) ou receber salário não superior a dois mínimos (art. 790, § 3º, da CLT[56]).

---

(52) Art. 133 da CF: "O advogado é indispensável à administração da Justiça, sendo inviolável por seus atos e manifestações no exercício da profissão, nos limites da lei".

(53) Em havendo assistência pelo Sindicato e presentes os requisitos para a assistência judiciária gratuita, os honorários advocatícios, pagos pelo empregador, caso vencido, reverterão em favor do sindicato assistente, conforme o art. 16, da Lei n. 5.584/70.

(54) Art. 1º, da Lei n. 7.115/83: "A declaração destinada a fazer prova de vida, residência, pobreza, dependência econômica, homonímia ou bons antecedentes, quando firmada pelo próprio interessado ou por procurador bastante e sob as penas da lei, presume-se verdadeira".

(55) OJ n. 331, da SDI-I, do C. TST: "Desnecessária a outorga de poderes especiais ao patrono da causa para firmar declaração de insuficiência econômica, destinada à concessão dos benefícios da Justiça Gratuita".

(56) Art. 790, § 3º, da CLT: "É facultado aos juízes, órgãos julgadores e presidentes dos tribunais do trabalho de qualquer instância conceder, a requerimento ou de ofício, o benefício da Justiça gratuita, inclusive quanto a traslados e instrumentos, àqueles que perceberem salário igual ou inferior ao dobro do mínimo legal ou declararem, sob as penas da lei, que não estão em condições de pagar as custas do processo sem prejuízo do sustento próprio ou de sua família".

Nesse sentido, dispõe a Súmula n. 219 do C. TST, *in verbis*:

> HONORÁRIOS ADVOCATÍCIOS. HIPÓTESE DE CABIMENTO (nova redação do item II e inserido o item III à redação) – Res. n. 174/2011, DEJT divulgado em 27, 30 e 31.5.2011.
>
> I – Na Justiça do Trabalho, a condenação ao pagamento de honorários advocatícios, nunca superiores a 15% (quinze por cento), não decorre pura e simplesmente da sucumbência, devendo a parte estar assistida por sindicato da categoria profissional e comprovar a percepção de salário inferior ao dobro do salário mínimo ou encontrar-se em situação econômica que não lhe permita demandar sem prejuízo do próprio sustento ou da respectiva família. (ex-Súmula n. 219 – Res. n. 14/1985, DJ 26.9.1985)
>
> II – É cabível a condenação ao pagamento de honorários advocatícios em ação rescisória no processo trabalhista.
>
> III – São devidos os honorários advocatícios nas causas em que o ente sindical figure como substituto processual e nas lides que não derivem da relação de emprego.

No mesmo sentido, a Súmula n. 329 do C. TST:

> Honorários advocatícios. Art. 133 da CF/1988. Mesmo após a promulgação da CF/1988, permanece válido o entendimento consubstanciado no Enunciado n. 219 do Tribunal Superior do Trabalho.

No mesmo sentido, destacamos as seguintes ementas:

> Honorários advocatícios. Quando são devidos na Justiça do Trabalho. O art. 133 da Constituição Federal tão somente põe em relevo a natureza pública das funções exercidas pelo advogado, não tornando sua presença obrigatória na Justiça do Trabalho e, tampouco, pondo fim ao *jus postulandi* no Processo Trabalhista. Em tais condições, só são devidos honorários advocatícios no Processo do Trabalho na hipótese prevista no art. 16 da Lei n. 5.584/70. (TRT 2ª R. – 6ª T. – Ac. n. 2970176607 – Rel. Paes de Almeida – DJSP 30.5.97 – p. 70).

> Honorários advocatícios. A matéria recursal se encontra superada pela Jurisprudência sumulada do colendo TST (Enunciados ns. 329 e 310). Na Justiça do Trabalho só são cabíveis honorários advocatícios quando se tratar de assistência judiciária na forma prevista na Lei n. 5.584/70, porque a verba não decorre pura e simplesmente da sucumbência, não havendo previsão para verba honorária a cargo do empregado, neste foro. (TRT – 1ª R. – 2ª T. – RO n. 28092/94 – Rel. Juiz Felix de Souza – DJRJ 3.12.96 – p. 106)

Nesse mesmo sentido são as Orientações Jurisprudenciais ns. 304 e 305 da SDI-I do C. TST, *in verbis*:

> OJ-SDI1-304: HONORÁRIOS ADVOCATÍCIOS. ASSISTÊNCIA JUDICIÁRIA. DECLARAÇÃO DE POBREZA. COMPROVAÇÃO. DJ 11.8.20003.
>
> Atendidos os requisitos da Lei n. 5.584/70 (art. 14, § 2º), para a concessão da assistência judiciária, basta a simples afirmação do declarante ou de seu advogado, na petição inicial, para se considerar configurada a sua situação econômica (art. 4º, § 1º, da Lei n. 7.510/86, que deu nova redação à Lei n. 1.060/50).
>
> OJ-SDI1-305: HONORÁRIOS ADVOCATÍCIOS. REQUISITOS. JUSTIÇA DO TRABALHO. DJ 11.8.2003.

Na Justiça do Trabalho, o deferimento de honorários advocatícios sujeita-se à constatação da ocorrência concomitante de dois requisitos: o benefício da justiça gratuita e a assistência por sindicato.

Para as lides que não envolvem relação de emprego, dispõe o art. 5º da Instrução Normativa n. 27/05 do TST: "Exceto nas lides decorrentes da relação de emprego, os honorários advocatícios são devidos pela mera sucumbência". No mesmo sentido, o recente e já citado inciso III da Súmula n. 219 do Tribunal Superior do Trabalho.

Nas ações rescisórias, os honorários advocatícios também são cabíveis em razão da scucumbência, nos termos do inciso II da Súmula n. 219 do C. TST, que observará as diretrizes dos arts. 20 e seguintes do CPC.

Sendo assim, os honorários advocatícios que decorrem da sucumbência restam aplicáveis para todas as ações propostas na Justiça do Trabalho, que não sejam as referentes às controvérsias diretas entre empregados e empregadores. Nas reclamações trabalhistas regidas pela CLT (relação de emprego), somente são cabíveis os honorários advocatícios nas hipóteses do art. 14 da Lei n. 5.584/70.

Embora sejamos contrários ao *jus postulandi*, a EC n. 45/04 e a Instrução n. 27/05 do C. TST não revogaram o art. 791 da CLT.

De outro lado, acreditamos que há necessidade de reformulação da jurisprudência após a EC n. 45/04 e do atual momento em que vive o Processo do Trabalho, a fim de que seja alterada a visão do Tribunal Superior do Trabalho para que sejam devidos os honorários advocatícios em razão da sucumbência, pois esta existe em todas as esferas do direito processual e também no Processo do Trabalho (ex.: pagamentos de custas e honorários periciais).

Nesse sentido, destacamos a seguinte ementa:

> Honorários. Em uma feliz expressão do pensamento, o ilustre jurista Chiovenda resumiu a necessidade da aplicação da sucumbência quanto aos honorários advocatícios, quando disse: A atuação da lei não deve representar uma diminuição patrimonial para a parte a cujo favor se efetiva; por ser interesse do Estado que o emprego do processo não se resolva em prejuízo de quem tem razão, e por ser, de outro turno, interesse do comércio jurídico que os direitos tenham um valor tanto quanto possível nítido e constante (Chiovenda. Instituições de Direito Processual Civil. 1. ed. p. 285-286). Concordamos com tal posicionamento, para entender que a sucumbência, quanto aos honorários advocatícios e o instituto jurídico do *ius postulandi*, devem coexistir no Processo Trabalhista, uma vez que existem situações bastante nítidas nesse singular ramo do Direito, nas quais os institutos mencionados podem ser aplicados, separados ou concomitantemente. (TRT 6ª R. – 1ª T. – RO n. 5.986/96 – Rel. Juiz Paulo Alcântara – DJPE 11.6.97 – p. 23).

De outro lado, há entendimentos na doutrina, ao nosso ver, corretos, no sentido de que o art. 14 da Lei n. 5.584/70 foi revogado, devendo a assistência judiciária gratuita e os honorários advocatícios assistenciais observarem o disposto na Lei n. 1.060/50.

Com efeito, a Lei n. 10.288/01 revogou, tacitamente, o art. 14 da Lei n. 5.584/70, disciplinando integralmente a matéria anteriormente, no § 10 do art. 789 da CLT, com a seguinte redação: "O sindicato da categotoria profissional prestará assistência judiciária gratuita ao trabalhador desempregado ou que perceber salário inferior a cinco salários mínimos ou que declare, sob responsabilidade, não possuir, em razão dos encargos próprios e familiares, condições econômicas de prover a demanda".

Entretanto, a Lei n. 10.288/01 foi revogada expressamente pela Lei n. 10.537/02, sem repristinar expressamente a vigência do citado art. 14 da Lei n. 5.584/70. Portanto, no atual sistema normativo processual trabalhista, a assistência judiciária deixou de ser monopólio do Sindicato.

Confessamos que não tínhamos percebido, espontaneamente, a citada revogação. Fomos alertados pela obra do jurista *José Affonso Dallegrave Neto*[57], que, com razão, sustenta:

> "Diante do ocorrido, resta saber se a revogação da lei nova (parágrafo 10, art. 789, CLT) tem o condão de restaurar a eficácia da lei velha (Lei n. 5.584/70). Tal fenômeno, chamado de repristinação, encontra-se regulamentado na LICC, sem seu art. 2º, § 3º: 'Salvo disposição em contrário, a lei revogada não se restaura por ter a lei revogadora perdido a vigência'. No caso em exame, não houve repristinação expressa, ficando, pois, revogado tanto o § 10, do art. 789, da CLT, quanto os arts. 14 a 20 da Lei n. 5.584/70. Com base nesse silogismo, o TST deve cancelar a Súmula n. 219, I, e os órgãos judicantes devem se atendar para o fato de que o único diploma legal que ainda se encontra em vigor sobre esse tema é a ainga Lei n. 1.060/50. Assim, em sendo os honorários advocatícios uma das isenções decorrentes da assistência judiciária gratuita e, ainda considerando que a Lei n. 1.060/50 não impõe o patrocínio sindical como requisito ao cabimento dos honorários advocatícios, mas apenas o estado de carência econômica (art. 3º, parágrafo único), conclui-se que o direito à verba honorária se estende a qualquer empregado que declare não estar em condições de pagar as custas do processo e os honorários de advogado sem prejuízo do sustento próprio ou da família".

No mesmo sentido a seguinte ementa:

> Honorários advocatícios. No processo do trabalho são devidos apenas com base, atualmente, na Lei n. 1.060/50, na medida em que a Lei n. 10.537/02 revogou o art. 14 da Lei n. 5.584/70. Assim, quando o trabalhador ou quem o representa, mesmo de forma sintética, declara sua dificuldade econômica para demandar, e tal assertiva não é desconstituída, conforme autoria a Lei n. 7.510/86 que alterou a de n. 1060/50, são devidos honorários advocatícios, na base de 15% sobre o montante da condenação (TRT-PR-00404-2003-069-09-00-6-ACO-4754-2004 – Rel. Luiz Eduardo Gunther – DJPR 12.3.2004).

Pelo exposto, a Súmula n. 219 do Tribunal Superior do Trabalho deve ser repensada para adequar a jurisprudência ao sistema legislativo processual trabalhista atual,

---

(57) *Responsabilidade civil no direito do trabalho*. 4. ed. São Paulo: LTr, 2010. p. 220.

bem como para dar efetividade aos princípios constitucionais do devido processo legal e do acesso à ordem jurídica justa, prestigiando o princípio da restituição integral do crédito trabalhista.

Desse modo, atualmente, os honorários advocatícios assistencais são devidos na Justiça do Trabalho, em razão da sucumbência, quando o autor for beneficiário da justiça gratuita, independentemente de assistência sindical, nos termos dos arts. 3º e 4º da Lei n. 1.060/50, que dispõem:

> Art. 3º A assistência judiciária compreende as seguintes isenções:
>
> I – das taxas judiciárias e dos selos;
>
> II – dos emolumentos e custas devidos aos Juízes, órgãos do Ministério Público e serventuários da justiça;
>
> III – das despesas com as publicações indispensáveis no jornal encarregado da divulgação dos atos oficiais;
>
> IV – das indenizações devidas às testemunhas que, quando empregados, receberão do empregador salário integral, como se em serviço estivessem, ressalvado o direito regressivo contra o poder público federal, no Distrito Federal e nos Territórios; ou contra o poder público estadual, nos Estados;
>
> V – dos honorários de advogado e peritos.
>
> VI – das despesas com a realização do exame de código genético — DNA que for requisitado pela autoridade judiciária nas ações de investigação de paternidade ou maternidade. (Inciso incluído pela Lei n. 10.317, de 6.12.2001)
>
> VII – dos depósitos previstos em lei para interposição de recurso, ajuizamento de ação e demais atos processuais inerentes ao exercício da ampla defesa e do contraditório. (Incluído pela Lei Complementar n. 132, de 7/10/2009)
>
> Parágrafo único. A publicação de edital em jornal encarregado de divulgação de atos oficiais, na forma do inciso III, dispensa a publicação em outro jornal. (Incluído pela Lei n. 7.288, de 18.12.1984)
>
> Art. 4º A parte gozará dos benefícios da assistência judiciária, mediante simples afirmação, na própria petição inicial, de que não está em condições de pagar as custas do processo e os honorários de advogado, sem prejuízo próprio ou de sua família. (Redação dada pela Lei n. 7.510, de 4.7.1986)
>
> § 1º Presume-se pobre, até prova em contrário, quem afirmar essa condição nos termos desta lei, sob pena de pagamento até o décuplo das custas judiciais. (Redação dada pela Lei n. 7.510, de 4.7.1986)
>
> § 2º A impugnação do direito à assistência judiciária não suspende o curso do processo e será feita em autos apartados. (Redação dada pela Lei n. 7.510, de 4.7.1986)
>
> § 3º A apresentação da carteira de trabalho e previdência social, devidamente legalizada, onde o juiz verificará a necessidade da parte, substituirá os atestados exigidos nos §§ 1º e 2º deste artigo. (Incluído pela Lei n. 6.654, de 30.5.1979)

Quando o Sindicato atua como substituto processual, tem a jurisprudência entendido que não são cabíveis os honorários advocatícios, conforme se constata da redação da seguinte ementa:

I — Substituição processual — Ação de cumprimento — Extensão aos não associados. 1. As hipóteses legalmente previstas para a substituição processual, anteriores à Carta Magna de 1988, contemplavam apenas a substituição dos associados do sindicato, enquanto as posteriores, como ocorre com a Lei n. 8.984/95 (CLT, art. 872, parágrafo único), que ampliou a competência da Justiça Especializada do Trabalho para julgar a ação de cumprimento, sinalizam para a substituição de toda a categoria. 2. Ora, levando-se em conta os elementos suprarreferidos, não há como fugir de duas conclusões: a) o art. 8º, III, da Constituição Federal contempla hipótese de legitimação extraordinária, reconhecida como de substituição processual, que abrange, sob o enfoque objetivo, todo e qualquer interesse e direito individual e coletivo, e não apenas aqueles referidos em leis esparsas; b) o mencionado dispositivo constitucional e a legislação particular pós-Constituição Federal de 1988, sob o enfoque subjetivo, tratam da substituição processual sindical como abrangente de toda a categoria. Nessa esteira, há que ser mantida a decisão regional que admitiu a substituição processual ampla, abrangendo não apenas os associados. II — Honorários advocatícios — Sindicato — Substituto processual — Súmula n. 126 do TST. 1. A Quarta Turma desta Corte Superior tem reiteradamente decidido que, a partir do momento em que a Súmula n. 310, VIII, do TST foi cancelada, é possível deferir honorários advocatícios ao sindicato substituto processual, devendo-se examinar se os substituídos atenderam ou não aos requisitos estabelecidos no art. 14 da Lei n. 5.584/70. 2. No entanto, emerge como obstáculo à revisão pretendida o óbice da Súmula n. 126 do TST, na medida em que o Regional não consignou se foram observados os requisitos legais para a concessão de honorários advocatícios, de modo que somente pelo reexame do conjunto fático-probatório é que se poderia, em tese, modificar a decisão recorrida. Recurso de revista não conhecido. (TST – 4ª T. – RR n. 1.001/2005.099.03.00-0 – Rel. Min. Ives Gandra M. Filho – DJ 13.10.06 – p. 1007) (RDT n. 11 – novembro de 2006)

## 15. Dos honorários advocatícios previstos no Código Civil de 2002 e o Processo do Trabalho

Dispõe o art. 389 do CC:

> Não cumprida a obrigação, responde o devedor por perdas e danos, mais juros e atualização monetária segundo índices oficiais regularmente estabelecidos, e honorários de advogado.

No mesmo sentido é o art. 404 do CC:

> As perdas e danos, nas obrigações de pagamento em dinheiro, serão pagas com atualização monetária segundo índices oficiais regularmente estabelecidos, abrangendo juros, custas e honorários de advogado, sem prejuízo da pena convencional.

Os honorários advocatícios previstos no Código Civil (arts. 389 e 404) têm natureza jurídica indenizatória, pois visam à compensação à parte do montante do crédito que despenderá com o pagamento de advogado particular. Caso a parte tenha contratado advogado particular, terá de destinar parte do seu crédito ao pagamento deste e, portanto, não terá o seu direito reparado integralmente, desse modo, mostra-se justo e razoável o deferimento dos honorários advocatícios no Processo do Trabalho com suporte no Código Civil, por força do permissivo dos arts. 8º e 769 da CLT.

Nesse sentido é a visão de *José Affonso Dallegrave Neto*[58]:

"(...) Não há dúvida de que a partir da vigência do atual Código Civil, os honorários de advogado são devidos como forma de prestigiar a *restitutio in integrum*, ou seja, salvaguardar ao lesado a indenização integral. (...) Reconheçamos, pois, que o novo direito material contempla, expressa e independentemente da sorte dos honorários sucumbenciais (jungidos ao direito processual), a plenitude da indenização, há muito prejudicada pelo usual comprometimento de seu alcance diante da assunção pelo credor do aumento de seu passivo decorrente da contratação de advogado".

Não obstante, há quem entenda incompatíveis as disposições dos honorários advocatícios previstas no Código Civil com o Processo do Trabalho. Nesse sentido a seguinte ementa:

> Honorários advocatícios previstos no Código Civil e a Justiça do Trabalho — Processo do trabalho — Honorários advocatícios — Arts. 389 e 395 do novo Código Civil — Impossibilidade. A aplicação dos arts. 389 e 395 do novo Código Civil, com o intuito de ver deferidos honorários advocatícios no Processo do Trabalho, não é viável diante do que rezam os arts. 8º e 769 da CLT, que admitem a aplicação subsidiária do Direito Comum, Material ou Processual, apenas no caso de omissão e de compatibilidade com os princípios e normas trabalhistas, o que não se verifica, diante da regulamentação vigente (art. 791 da CLT e Lei n. 5.584/70 — Enunciados ns. 219 e 329 do c. TST). Sustentação oral: Compareceu para sustentar, oralmente, o Dr. Adilson Bassalho Pereira. (TRT 15ª R. – 2ª T. – APPS n. 721/1999.105.15.00-1 – Relª Mariane K. F. do Nascimento – DJ 12.3.04 – p. 61) (RDT n. 4 – Abril de 2004).

Não obstante, pensamos perfeitamente aplicável ao Processo do Trabalho os honorários advocatícios previstos no Código Civil por compatível com o princípio do acesso real e efetivo do empregado à Justiça, bem como à restituição integral do crédito trabalhista.

Como bem destacam *Francisco Ferreira Jorge Neto* e *Jouberto de Quadros Pessoa Cavalcante*[59]:

> "O trabalhador, quando é parte vencedora na demanda trabalhista, deve auferir os seus créditos na sua totalidade, não podendo ser prejudicado por eventual acerto com o seu advogado. Essa imposição é uma questão de justiça e se sobrepõe ao texto arcaico da CLT, o que não mais corresponde à realidade das relações trabalhistas, precipuamente, pelas complexidades técnicas do Direito Material e Processual do Trabalho. Diante da violação de seus direitos, não só em eventuais situações extrajudiciais como judiciais, o trabalhador deve ser indenizado pelas despesas havidas com o seu advogado, sob pena de violação

---

(58) DALLEGRAVE NETO, José Affonso. *Responsabilidade civil no direito do trabalho*. 3. ed. São Paulo: LTr, 2008. p. 176.

(59) JORGE NETO, Francisco Ferreira; CAVALCANTE, Jouberto de Quadros Pessoa. *Direito processual do trabalho*. T. I. 3. ed. Rio de Janeiro: Lumen Juris, 2007. p. 558.

da própria razão de ser do Direito do Trabalho, ou seja, de sua própria origem protetora. A restituição do seu crédito há de ser integral, como bem assevera o disposto no art. 389, do novo CC, ou seja, as perdas e danos, nas obrigações de pagamento em dinheiro, serão pagas com atualização monetária segundo índices oficiais regularmente estabelecidos, abrangendo juros, custas e honorários de advogado, sem prejuízo da pena convencional".

Por isso, pensamos correta as seguintes ementas:

> Honorários advocatícios de acordo com o Código Civil — Manutenção da r. sentença. Com a edição do novo Código Civil, em vigor a partir de janeiro de 2003, por meio do seu art. 389, estabeleceu-se que os honorários advocatícios não mais decorreriam somente da sucumbência, mas, agora, do inadimplemento da obrigação. Assim, seria violar os princípios elementares de direito, concluir que, para as dívidas civis, o devedor deveria pagar honorários advocatícios, ao passo que para as verbas trabalhistas não, ainda que seja inegável sua natureza alimentar. Considerando-se que o reclamante deve ser reparado pelo gasto que teve com a contratação de advogado para receber seus direitos trabalhistas, inadimplidos pela reclamada, com base nos arts. 389 e 404, entendo cabíveis os honorários advocatícios. (TRT 15ª R. – 3ª T. – RO n. 1.189/2005.136.15.00-7 – Rel. Luiz Carlos de Araújo – DJ 4.12.06 – p. 37) (RDT n. 01 – Janeiro de 2007).
>
> HONORÁRIOS ADVOCATÍCIOS. JUSTIÇA DO TRABALHO. CABIMENTO. Os Princípios do Acesso à Justiça, da ampla defesa e do contraditório (arti. 5º, incisos XXXV e LV da Constituição Federal) pressupõem a defesa técnica do trabalhador, por profissional qualificado, não sendo possível restringir o direito do mesmo em optar pela nomeação de advogado particular, nos termos do art. 133 da Carta Magna. Em que pese a inaplicabilidade do princípio da sucumbência e a possibilidade do *jus postulandi* no Processo do Trabalho, a condenação em honorários advocatícios tem amparo no princípio da restituição integral, expresso nos arts. 389, 404 e 944 do Código Civil. Além disso, a Lei n. 10.288/2001 revogou o art. 14 da Lei n. 5.584/70, não havendo óbice legal para a condenação em honorários advocatícios, nos casos em que o reclamante não estiver assistido pelo sindicato, nos termos da Lei 10.537/2002, que acrescentou o § 3º ao art. 790 da CLT. (TRT/SP – 01411200720202005 – RO – Ac. 4ª T. – 20091032940 – Rel. Ivani Contini Bramante – DOE 18.12.2009).
>
> Honorários advocatícios. Indenização. Contratação de advogado particular. Cabimento. Foge à razoabilidade o fato de que o empregado prejudicado pelo inadimplemento das obrigações trabalhistas pelo empregador venha socorrer-se do Poder Judiciário e, caso comprovado o seu direito, este não seja restituído integralmente, pois parte do crédito será destinada ao pagamento dos honorários contratuais de seu advogado. Assim, faz jus o reclamante ao pagamento de indenização em virtude dos honorários advocatícios contratados, eis que decorrem do inadimplemento de obrigação trabalhista, por aplicação subsidiária dos arts. 389, 395 e 404 do Código Civil, como forma de reparação dos prejuízos causados. Horas extras. Presunção da veracidade da jornada declinada na inicial. Tendo a empresa juntado cartões de ponto excessivamente simétricos, autorizando concluir por sua artificialidade, incorre na presunção de veracidade prevista na Súmula n. 38, III do TST, o que vale também para o intervalo para refeição e descanso. Recurso Ordinário provido em tais aspectos. (TRT/SP – 01694200707802008 – RO – Ac. 14ª T. – 20100515295 – Rel. Davi Furtado Meirelles – DOE 9.6.2010).

Honorários advocatícios. Indenização. Restituição integral devida. Na maioria das vezes, os trabalhadores têm de arcar com o valor correspondente aos honorários advocatícios, que serão descontados de seu crédito, de natureza alimentar, restando-lhes evidente prejuízo. Prejuízo este decorrente do inadimplemento das obrigações trabalhistas pelo empregador. Assente que, em direito, aquele que causa prejuízo a outrem, deve ressarcir integralmente a parte contrária, à luz do que dispõem os arts. 389, 404 e 927 do Código Civil que consagram o princípio da *restitutio in integrum*. Desta feita, devido o pagamento de indenização pelos honorários despendidos. (TRT/SP – 02018008420085020045 (02018200804502001) – RO – Ac. 4ª T. – 20110377480 – Rel. Sergio Winnik – DOE 1º.4.2011).

No mesmo sentido, recente decisão do Superior Tribunal de Justiça:

> DIREITO CIVIL E PROCESSUAL CIVIL. PREQUESTIONAMENTO. AUSÊNCIA. SÚMULA 211/STJ. DISSÍDIO JURISPRUDENCIAL. COTEJO ANALÍTICO E SIMILITUDE FÁTICA. AUSÊNCIA. VIOLAÇÃO DA COISA JULGADA. RECLAMAÇÃO TRABALHISTA. HONORÁRIOS CONVENCIONAIS. PERDAS E DANOS. PRINCÍPIO DA RESTITUIÇÃO INTEGRAL. APLICAÇÃO SUBSIDIÁRIA DO CÓDIGO CIVIL. 1. A ausência de decisão acerca dos dispositivos legais indicados como violados, não obstante a interposição de embargos de declaração, impede o conhecimento do recurso especial.2.O dissídio jurisprudencial deve ser comprovado mediante o cotejo analítico entre acórdãos que versem sobre situações fáticas idênticas. 3. A quitação em instrumentos de transação tem de ser interpretada restritivamente. 4. Os honorários convencionais integram o valor devido a título de perdas e danos, nos termos dos arts. 389, 395 e 404 do CC/02. 5. O pagamento dos honorários extrajudiciais como parcela integrante das perdas e danos também é devido pelo inadimplemento de obrigações trabalhistas, diante da incidência dos princípios do acesso à justiça e da restituição integral dos danos e dos arts. 389, 395 e 404 do CC/02, que podem ser aplicados subsidiariamente no âmbito dos contratos trabalhistas, nos termos do art. 8º, parágrafo único, da CLT. 6. Recurso especial ao qual se nega provido – RECESP n. 1.027.797-MG (2008/0025078-1) – STJ – Minª Nancy Andrighi – Relatora. DJe de 23.2.2011. (DT – Abril/2011 – vol. 201, p. 138).

No mesmo sentido, o Enunciado n. 53 da 1ª Jornada de Direito Material e Processual do Trabalho, realizada no TST, *in verbis*:

> **REPARAÇÃO DE DANOS — HONORÁRIOS CONTRATUAIS DE ADVOGADO.** Os arts. 389 e 404 do Código Civil autorizam o Juiz do Trabalho a condenar o vencido em honorários contratuais de advogado, a fim de assegurar ao vencedor a inteira reparação do dano.

# 16. Da assistência judiciária e justiça gratuita no Processo do Trabalho

O art. 5º, XXXV, da CF consagra o chamado princípio da inafastabilidade da jurisdição ou do acesso à Justiça.

Como bem adverte *Jorge Luiz Souto Maior*[60], o acesso à Justiça pressupõe a efetividade do processo. Mas efetividade é algo vago. Para dar substância a esta ideia,

---

(60) SOUTO MAIOR, Jorge Luiz. *Direito processual do trabalho*. São Paulo: LTr, 1998. p. 123-126.

traduz-se a efetividade em igualdade de armas, como garantia de que o resultado final de uma demanda dependa somente do mérito dos direitos discutidos e não de forças externas. As reformas propostas pelo movimento do acesso à Justiça devem ser pensadas com a mente carregada dos riscos que delas podem decorrer, além de não se perder de vista as suas próprias limitações. A meta não é fazer uma Justiça do pobre, mas uma justiça a que todos tenham acesso, inclusive o pobre.

Diz o art. 5º, LXXIV, da CF que o Estado prestará assistência judiciária gratuita aos que comprovarem insuficiência de recursos.

A doutrina costuma diferenciar a *assistência judiciária gratuita* da *Justiça gratuita*. Segundo a doutrina, a assistência judiciária é gênero do qual a justiça gratuita é espécie.

A Assistência Judiciária Gratuita é o direito da parte de ter um advogado do Estado gratuitamente, bem como estar isenta de todas as despesas e taxas processuais.

A Justiça gratuita é o direito à gratuidade de taxas judiciárias, custas, emolumentos, honorários de perito, despesas com editais, etc. Não terá a parte direito a advogado do Estado, mas não pagará as despesas do processo.

Ensina *José Augusto Rodrigues Pinto*[61]:

"*Gratuidade da Justiça* ou *Justiça Gratuita* é a concessão legal, à parte que não dispõe de recursos financeiros para prover as despesas obrigatórias do processo, de litigar com dispensa do respectivo encargo. *Assistência Judiciária Gratuita* é a concessão legal, à parte que não dispõe de recursos financeiros para suportar o pagamento de honorários advocatícios, de ser assistida por advogado sem ter que suportar o respectivo encargo".

Nos termos do art. 3º da Lei n. 1.060/50, a assistência judiciária compreende as taxas judiciárias, os emolumentos, despesas com publicações, transporte de testemunhas, honorários de advogado e peritos.

No Processo do Trabalho, a Assistência Judiciária Gratuita está disciplinada no art. 14, § 1º, da Lei n. 5.584/70, que assim dispõe:

> Na Justiça do Trabalho, a assistência judiciária a que se refere a Lei n. 1.060, de 5 de fevereiro de 1950, será prestada pelo sindicato da categoria profissional a que pertencer o trabalhador.
>
> § 1º – A assistência é devida a todo aquele que perceber salário igual ou inferior ao dobro do mínimo legal, ficando assegurado igual benefício ao trabalhador de maior salário, uma vez provado que sua situação econômica não lhe permite demandar, sem prejuízo do sustento próprio ou da família[62].

---

(61) RODRIGUES PINTO, José Augusto. *Processo trabalhista de conhecimento*. 7. ed. São Paulo: LTr, 2005. p. 304.

(62) Em havendo assistência pelo Sindicato e presentes os requisitos para a assistência judiciária gratuita, os honorários advocatícios, pagos pelo empregador, caso vencido, reverterão em favor do Sindicato assistente, conforme o art. 16 da Lei n. 5.584/70.

Desse modo, desde que preenchidos os requisitos do referido dispositivo, quais sejam: declaração de miserabilidade, ou percepção de salário não superior a dois mínimos, a assistência judiciária será prestada pelo Sindicato da categoria, sendo o empregado associado ou não.

Para fazer jus à Justiça gratuita, o empregado deve receber salário não superior a dois mínimos ou fazer declaração de seu estado de miserabilidade, de próprio punho ou por seu advogado.

Nesse sentido é o art. 1º, da Lei n. 7.115/83: "A declaração destinada a fazer prova de vida, residência, pobreza, dependência econômica, homonímia ou bons antecedentes, quando firmada pelo próprio interessado ou por procurador bastante e sob as penas da lei, presume-se verdadeira".

No mesmo sentido a OJ n. 331, da SDI-I, do C. TST: "Desnecessária a outorga de poderes especiais ao patrono da causa para firmar declaração de insuficiência econômica, destinada à concessão dos benefícios da Justiça Gratuita".

A CLT, no art. 790, § 3º, possibilita ao Juiz do Trabalho conceder o benefício ao empregado que receba salário não superior a dois mínimos. Dispõe o referido dispositivo legal:

> É facultado aos juízes, órgãos julgadores e presidentes dos tribunais do trabalho de qualquer instância conceder, a requerimento ou de ofício, o benefício da Justiça gratuita, inclusive quanto a traslados e instrumentos, àqueles que perceberem salário igual ou inferior ao dobro do mínimo legal, ou declararem, sob as penas da lei, que não estão em condições de pagar as custas do processo sem prejuízo do sustento próprio ou de sua família.

O benefício da justiça gratuita deve ser requerido, como regra, na inicial ou na defesa, pois o requerimento está sujeito à impugnação pela parte contrária. Entretanto, a jurisprudência majoritária posicionou-se no sentido de que o requerimento pode ser formulado em qualquer fase do processo, pois a ruína financeira da parte pode ocorrer a qualquer momento. Nesse sentido é a OJ n. 269, da SDI-I, do TST, *in verbis*:

> **Justiça gratuita. Requerimento de isenção de despesas processuais. Momento oportuno.** (Inserida em 27.9.2002) O benefício da justiça gratuita pode ser requerido em qualquer tempo ou grau de jurisdição, desde que, na fase recursal, seja o requerimento formulado no prazo alusivo ao recurso. ERR n. 664.289/00 – Min. Milton de Moura França – DJ 14.6.02 – Decisão por maioria. ROAR n. 678.061/00 – Min. José Simpliciano – DJ 5.4.02 – Decisão unânime. AIRO n. 813.821/01 – Juíza Conv. Anelia Li Chum – DJ 5.4.02 – Decisão unânime. EDAIRO n. 475.856/98 – Min. Ronaldo Lopes Leal – DJ 17.8.01 – Decisão unânime. AIRO n. 643.622/00 – Min. Ives Gandra – DJ 25.8.00 – Decisão unânime. RR n. 589.286/99 – 3ª T. – Juíza Conv. Eneida Melo – DJ 9.8.02 – Decisão unânime. RR n. 457.565/98 – 5ª T. – Min. Rider de Brito – DJ 16.11.01 – Decisão por maioria.

## 16.1. Do deferimento da justiça gratuita ao empregador

A Constituição Federal não restringe, para efeitos de concessão da assistência judiciária gratuita, os polos em que as partes se encontram no Processo, seja ativo ou passivo. Por isso, pensamos ser inconstitucional não se deferir à parte que figura no polo passivo de reclamação trabalhista os benefícios da Justiça Gratuita quando presentes os pressupostos legais. Além disso, na prática, temos observado que, muitas vezes, o reclamado está em pior situação econômica que o reclamante.

Não obstante, a jurisprudência trabalhista, inclusive do TST, firmou-se no sentido de não ser devida a assistência judiciária gratuita ao empregador diante da disposição do art. 14 da Lei n. 5.584/70, que diz ser devida a assistência judiciária gratuita apenas ao trabalhador que ganhe até dois salários mínimos ou comprove seu estado de miserabilidade.

No aspecto, relevante destacar as seguintes ementas:

> Benefício da Justiça gratuita ao empregador — Impossibilidade — Deserção. Pela disposição literal do parágrafo único do art. 2º da Lei n. 1.060/50 (Considera-se necessitado, para os fins legais, todo aquele cuja situação econômica não lhe permita pagar as custas do processo e os honorários de advogados, sem prejuízo do sustento próprio ou da família — grifei), não é possível concluir que as pessoas jurídicas sejam beneficiárias da gratuidade dos serviços judiciários. A referência ao próprio sustento ou da família não legitima interpretação ampliativa como pretende a recorrente, porque é extreme de dúvida que a garantia constitucional é restrita à pessoa natural ou física. O princípio da igualdade não socorre o inconformismo da parte, porque a norma constitucional do art. 5º, *caput* e LXXIV cogita da igualdade substancial, e não à mera igualdade formal. Por outro lado, não há óbice ao exercício do direito constitucional de ação ou qualquer afronta ao princípio de acesso à justiça; foi respeitado o princípio do devido processo legal dentro dos parâmetros estabelecidos pelo legislador que estabeleceu os limites, pressupostos e requisitos para seu exercício, frente à instrumentalidade do processo. Assim, as eventuais dificuldades financeiras da pessoa jurídica não a dispensam da realização do depósito recursal. Nesse sentido, importa reconhecer que o art. 5º, inciso LV, da Constituição Federal, ao assegurar às partes o direito à ampla defesa e à utilização dos recursos a ela inerentes, não pode ser interpretado de forma literal, já que o termo recursos engloba, no caso, toda a atividade processual, reunindo o direito à produção de provas e o regular exercício do contraditório, sendo certo que a definição de quais meios serão utilizados para o exercício da ampla defesa são determinados, em cada caso, pela legislação infraconstitucional. Destarte, ausentes pressupostos objetivos de admissibilidade do recurso, tendo em vista que a agravante não recolheu o depósito recursal. Recurso conhecido e não provido. (TRT – 15ª R. – 5ª T. – AIRO n. 1194/2005.136.15.01-2 – Rel. José Antônio Pancotti – DJ 6.10.06 – p. 46) (RDT n. 11 – novembro de 2006).

> Justiça gratuita — Concessão do benefício ao empregador. Na Justiça do Trabalho, o benefício da justiça gratuita deve ser concedido somente ao empregado, por expressa disposição legal (art. 790, § 3º, CLT c/c art. 14, § 1º, Lei n. 5.584/70), pois é ele quem recebe salários. Ao empregador somente será deferido em se tratando de microempresa onde o patrimônio pessoal se confunde com aquele da pessoa jurídica, mas este não é o caso dos autos. De outra sorte, é relevante destacar que, ainda que ao empregador fosse deferido o benefício pretendido, a gratuidade o eximiria tão somente do pagamento das despesas processuais, aí incluídas as custas, mas nunca o isentaria de proceder ao depósito recursal, pois se trata de garantia do juízo. Agravo de instrumento não provido. (TRT – 15ª R. – 3ª T. – AIRO n. 2190/2004.003.15.01-1 – Rel. Lorival Ferreira dos Santos – DJ 4.5.07 – p. 28) (RDT n. 06 – junho de 2007).

Pensamos que o art. 14 da Lei n. 5.584/70 não veda que se conceda a Justiça Gratuita ao empregador, pois esta não se confunde com a assistência judiciária gratuita, que é mais ampla, sendo o direito ao patrocínio profissional de um advogado em juízo custeado pelo Estado e na esfera do Processo do Trabalho, pelo Sindicato. De outro lado, o § 3º do art. 790 da CLT não restringe o benefício da Justiça gratuita ao empregado.

Ora, a Justiça Gratuita é o direito à gratuidade das taxas judiciárias, custas, emolumentos, honorários de perito, despesas com editais, etc. Para obtê-la, deve a parte comprovar a miserabilidade por declaração pessoal (Lei n. 7.115/83 ou por declaração do advogado — Lei n. 1.060/50 e OJ n. 331, da SDI-I, do C. TST). Desse modo, se o empregador demonstrar que está em ruína financeira, o benefício da Justiça Gratuita deverá ser-lhe deferido.

Nesse sentido também a visão de *Carlos Henrique Bezerra Leite*[63]:

"Parece-nos viável, porém, com base no art. 5º, LXXIV, da CF, a concessão do benefício da gratuidade (justiça gratuita) quando se tratar de empregador pessoa física que declarar, sob as penas da lei, não possuir recursos para o pagamento das custas, sem prejuízo do sustento próprio ou de sua família, como nos casos de empregador doméstico, trabalhadores autônomos quando figurarem como empregadores ou pequenos empreiteiros na mesma condição".

No sentido do deferimento dos benefícios da Justiça Gratuita ao empregador, relevante destacar a seguinte ementa:

> Justiça gratuita — Concessão à pessoa jurídica — Possibilidade — Depósito recursal — Exigibilidade. Conquanto admissível a concessão das benesses da Justiça gratuita a sujeito integrante do polo empresarial da relação de emprego (art. 5º, LXXIV, da CF), a tal modo liberando-o do pagamento das custas processuais, entre os benefícios contemplados na Lei n. 1.060/50 (art. 3º) não se inclui o depósito recursal exigido no art. 899 da CLT. Por isso, enquanto não sobrevenha legislação em contrário (CF, art. 5º, II), o depósito recursal haverá de ser observado, sob pena de não conhecimento dos recursos interpostos pelos sujeitos a tanto obrigados. Recurso parcialmente conhecido e parcialmente provido. (TRT – 10ª R. – 3ª T. – RO n. 157/2007.008.10.00-6 – Rel. Juiz Douglas Alencar Rodrigues – DJ 4.4.08 – p. 1109) (RDT n. 05 – maio de 2008)

Beneficiário da Justiça Gratuita, o empregador não pagará as custas[64] para recorrer, mas não ficará isento do depósito recursal, que não tem natureza jurídica de taxa processual e sim de um pressuposto objetivo do recurso, não estando englobado pelos benefícios da Justiça Gratuita. Além disso, o art. 5º, LV, da CF, não assegura o princípio do duplo grau de jurisdição, devendo a parte, quando recorrer, observar os pressupostos objetivos e subjetivos de recorribilidade.

---

(63) BEZERRA LEITE, Carlos Henrique. *Curso de direito processual do trabalho*. 5. ed. São Paulo: LTr, 2007. p. 395.

(64) As custas processuais fazem parte das chamadas *despesas processuais*, que são as taxas devidas do Poder Judiciário em razão do uso específico do serviço da prestação jurisdicional.

Nesse sentido, cumpre destacar as seguintes ementas:

> Agravo de instrumento — Recurso de revista — Justiça gratuita — Empregador — Deserção. Na Justiça do Trabalho, a concessão da justiça gratuita está relacionada à figura do empregado, conforme se infere do art. 14 da Lei n. 5.584/70. Assim, a justiça gratuita, também prevista no art. 790, § 3º, da CLT, é benefício concedido ao hipossuficiente que não puder demandar sem o comprometimento do sustento próprio e de sua família. Embora excepcionalmente admite-se a hipótese de extensão dessa benesse ao empregador pessoa física que não explore atividade econômica, é imprescindível a comprovação da hipossuficiência, já que, não se tratando de empregado, a parte não se beneficia da presunção legal de pobreza. Mesmo se se entendesse que a Lei n. 1.060/50 não tivesse excluído o empregador do benefício da assistência judiciária, certo que ela, em seu art. 3º, isenta o beneficiário apenas do pagamento das despesas processuais, não alcançando o depósito recursal (art. 899, § 1º, da CLT), que tem por escopo a garantia do juízo. Em vista dessa particularidade, não se há falar que o não recebimento do recurso, por deserto, implica afronta a regras constitucionais, que, embora garantam a apreciação, pelo Poder Judiciário, de lesão ou ameaça de direito, não excluem as normas infraconstitucionais que regulamentam a interposição de recurso. Agravo de instrumento desprovido. (TST – 6ª T. – AIRR n. 720/2004.004.21.40-2 – Rel. Min. Maurício Godinho Delgado – DJ 6.6.08 – p. 223) (RDT n. 08 – agosto de 2008).

> Justiça gratuita — Depósito recursal. De ordinário, no processo do trabalho, a isenção do pagamento das custas é concedida apenas ao trabalhador que perceba até dois salários mínimos, ou que comprove, na forma da lei, a impossibilidade de assumir as despesas processuais, sem prejuízo do sustento próprio e da família, como se infere da inteligência do art. 14 da Lei n. 5.584/70, § 3º, do art. 790 da CLT, com a redação dada pela Lei n. 10.537/02 e OJ's ns. 304 e 331, ambas da SDI-I do TST. Em casos especialíssimos, timidamente, a jurisprudência tem se inclinado a flexibilizar a regra legal, ainda assim, limitada à isenção das custas processuais, porquanto não se pode estender o benefício ao depósito recursal, já que esse tem finalidade própria, de garantia da execução, diversa de taxa judiciária ou quaisquer outras despesas previstas em lei, para efeito de assistência judiciária. Não comprovado o respectivo recolhimento, nega-se provimento ao agravo de instrumento que pretendeu destrancar recurso ordinário deserto. (TRT – 3ª R. – 2ª T. – AIRO n. 2439/2006.147.03.40-0 – Rel. Anemar Pereira Amaral – DJ 3.10.07 – p. 11) (RDT n. 11 – novembro de 2007).

> JUSTIÇA GRATUITA — EMPREGADOR DOMÉSTICO — ALCANCE, APENAS, DAS CUSTAS PROCESSUAIS — OBRIGATORIEDADE DO DEPÓSITO RECURSAL. De acordo a iterativa jurisprudência do C. TST, embora seja cabível, em tese, a concessão de gratuidade de justiça aos empregadores domésticos que declaram validamente a sua situação de miserabilidade jurídica, o certo é que o referido benefício limita-se às custas, que são despesas processuais, não alcançando, entretanto, o depósito recursal, que visa à garantia do Juízo da causa. Recurso Ordinário patronal não conhecido, por deserto. (TRT/SP — 02448200847102002 — RO — Ac. 5ª T. 20100305991 — Rel. Anelia Li Chum — DOE 23.4.2010)

Não obstante, cumpre destacar que, em casos excepcionais, no caso de empregador pessoa física ou firma individual em estado de insuficiência econômica, poderá o Tribunal dispensar o empregador do depósito recursal, valendo-se dos princípios da proporcionalidade e razoabilidade e do acesso à justiça no caso concreto[65].

Nesse sentido, cumpre destacar a seguinte ementa da mais alta Corte trabalhista brasileira:

> Ementa: I) AGRAVO DE INSTRUMENTO — BENEFÍCIO DA JUSTIÇA GRATUITA — EMPREGADOR PESSOA FÍSICA — ISENÇÃO DO DEPÓSITO RECURSAL — POSSIBILIDADE. 1. A Lei n. 1.060/50, que estabelece as normas para a concessão da assistência judiciária gratuita aos necessitados, assenta no parágrafo único do art. 2º que, para os fins legais, considera-se necessitado aquele cuja situação econômica não lhe permita pagar as custas do processo e os honorários de advogado sem prejuízo do sustento próprio. 2. Na hipótese vertente, o Reclamado, pessoa física, postulou o direito à gratuidade de justiça e apresentou declaração de que não pode arcar com as despesas do processo sem prejuízo do sustento próprio, com fulcro na referida lei. 3. O Regional negou o pedido, ao fundamento de que a jurisprudência do TST segue no sentido da inaplicabilidade da justiça gratuita com relação ao depósito recursal. 4. Quanto ao tema, vale destacar que esta Turma entendeu possível a dispensa do referido depósito na hipótese de insuficiência econômica do empregador pessoa física, conforme consta dos autos do PROC. TST-RR-932/2004-043-12-40.1, assentando que a dispensa do depósito recursal se justifica, na hipótese de insuficiência econômica, como sendo condição de revisão de eventual sentença injusta ou ilegal, representando apenas a não exigência temporária do pagamento dos débitos trabalhistas que forem judicialmente reconhecidos, até que transite em julgado a decisão, em situação análoga à da multa do art. 557, § 2º, do CPC. 5. Assim, tendo o Reclamado, pessoa física, postulado o direito à gratuidade de justiça e apresentado declaração de que não pode arcar com as despesas do processo sem prejuízo do sustento próprio, com fundamento na Lei n. 1.060/50, verifica-se a possibilidade de deferimento do pleito. II) DECISÃO INTERLOCUTÓRIA — IRRECORRIBILIDADE IMEDIATA — RAZÕES RECURSAIS QUE NÃO ATACAM OS FUNDAMENTOS DO DESPACHO DENEGATÓRIO DO SEGUIMENTO DO RECURSO DE REVISTA — DESFUNDAMENTAÇÃO — ÓBICE DA SÚMULA N. 422 DO TST. Não tendo o agravo de instrumento investido contra o fundamento do despacho denegatório do seguimento do recurso de revista (no caso, a Súmula n. 214 do TST, em face da decisão recorrida ser interlocutória), falta-lhe a necessária motivação, tropeçando no óbice da Súmula n. 422 do TST, porque desfundamentado. Agravo de instrumento desprovido. (AIRR – 435/2006-071-03-40.3 – Data de Julgamento: 24.6.2008 – Relator Ministro: Ives Gandra Martins Filho – 7ª T. – DJ 15.8.2008).

## 17. Dos deveres das partes e procuradores

Na linguagem popular, diz-se que o processo não é instrumento para se levar vantagem, por isso, todos os sujeitos que nele atuam, principalmente os atores principais (juiz, advogados, autores e réus), devem pautar-se acima de tudo pela ética e honestidade. Assim, os capítulos do Código de Processo Civil que tratam dos deveres das partes e dos procuradores, bem como da litigância de má-fé, ganham destaque na Justiça do Trabalho, como inibidores e sancionadores de condutas que violem os princípios da lealdade e boa-fé processual.

---

(65) A matéria está melhor desenvolvida no Capítulo dos Recursos no item depósito recursal.

Como destaca *Calamandrei,* o processo se aproximará da perfeição quando tornar possível, entre juízes e advogados, aquela troca de perguntas e respostas que se desenrola normalmente entre pessoas que se respeitam, quando, sentadas em volta de uma mesa, buscam, em benefício comum, esclarecer reciprocamente as ideias.

Lealdade é conduta honesta, ética, segundo os padrões de conduta aceitos pela sociedade, é agir com seriedade e boa-fé.

*Leonel Maschietto*[66], em excelente obra sobre o tema, nos define o conceito de boa-fé:

> "Conceituar-se boa-fé não se faz por tarefa fácil, principalmente por se tratar de questão do ramo metafísico, cuja existência varia de acordo com os juízos de valor de cada comunidade jurídica. Na definição de Aurélio Buarque de Holanda Ferreira, a boa-fé nada mais é do que a certeza de agir com amparo da lei, ou sem ofensa a ela, com ausência de intenção. É a ausência de intenção dolosa. É sinceridade, lisura".

Prossegue o professor *Maschietto*[67], diferenciando a boa-fé subjetiva da objetiva, a qual foi acolhida pelo Código Civil brasileiro de 2002: *"Boa-fé subjetiva,* envolve conteúdo psicológico, confundindo-se com o instituto da lealdade e fundamentada na própria consciência do indivíduo, que teria sua íntima e particular convicção, certa ou errada, acerca do Direito; *boa-fé objetiva,* instituto que engloba toda gama de valores morais da sociedade, adicionados à objetividade da atenta avaliação e do estudo das relações sociais".

Conforme *Ernesto Eduardo Borba,* citado por *Américo Plá Rodriguez*[68]: "A boa-fé não é uma norma — nem se reduz a uma ou mais obrigações —, mas é um princípio jurídico fundamental, isto é, algo que devemos admitir como premissa de todo o ordenamento jurídico. Informa sua totalidade e aflora de maneira expressa em múltiplas e diferentes normas, ainda que nem sempre se menciona de forma explícita".

A boa-fé é um princípio geral de Direito, aplicável principalmente na esfera do Direito Material do Trabalho, mas também se destaca na esfera do direito processual do trabalho, considerando-se o caráter publicista da relação jurídica processual trabalhista e também do prestígio do processo do trabalho na sociedade capitalista moderna, como sendo um meio confiável e ético de resolução dos conflitos trabalhistas.

O Código Civil brasileiro disciplina a boa-fé como princípio fundamental dos contratos. Com efeito, dispõe o art. 422 do CCb:

> Os contratantes são obrigados a guardar, assim na conclusão do contrato, como em sua execução, os princípios de probidade e boa-fé.

---

(66) MASCHIETTO, Leonel. *A litigância de má-fé na Justiça do Trabalho:* princípios, evolução histórica, preceitos legais e análise da responsabilização do advogado. São Paulo: LTr, 2007. p. 19-20.

(67) *Op. cit.,* p. 20.

(68) RODRIGUEZ, Américo Plá. *Princípios de direito do trabalho.* 3. ed. São Paulo: LTr, 2000. p. 420.

Ficou expressamente normatizado o princípio da boa-fé objetiva. No aspecto ensina *Maria Helena Diniz*[69]: "A boa-fé subjetiva é atinente ao fato de se desconhecer algum vício do negócio jurídico. E a boa-fé objetiva, prevista no artigo *sub examine*, é alusiva a um padrão comportamental a ser seguido baseado na lealdade e na probidade (integridade de caráter), impedindo o exercício abusivo de direito por parte de um dos contratantes, no cumprimento não só da obrigação principal, mas também das acessórias, inclusive do dever de informar, de colaborar e de atuação diligente".

Dispõe o art. 14 do CPC:

> São deveres das partes e de todos aqueles que de qualquer forma participam do processo: I – expor os fatos em juízo conforme a verdade; II – proceder com lealdade e boa-fé; III – não formular pretensões, nem alegar defesa, cientes de que são destituídas de fundamento; IV – não produzir provas, nem praticar atos inúteis ou desnecessários à declaração ou defesa do direito; V – cumprir com exatidão os provimentos mandamentais e não criar embaraços à efetivação de provimentos judiciais, de natureza antecipatória ou final. Parágrafo único. Ressalvados os advogados que se sujeitam exclusivamente aos estatutos da OAB, a violação do disposto no inciso V deste artigo constitui ato atentatório ao exercício da jurisdição, podendo o juiz, sem prejuízo das sanções criminais, civis e processuais cabíveis, aplicar ao responsável multa em montante a ser fixado de acordo com a gravidade da conduta e não superior a vinte por cento do valor da causa; não sendo paga no prazo estabelecido, contado do trânsito em julgado da decisão final da causa, a multa será inscrita sempre como dívida ativa da União ou do Estado.

A CLT não contém disposição semelhante a respeito, portanto, pensamos inteiramente aplicável ao Processo do Trabalho o disposto no art. 14 do CPC, uma vez que há compatibilidade com os princípios que norteiam esta esfera do Direito Processual. Como bem adverte *Ricardo Verta Ludovice*[70], "ética e justiça, ambas entendidas em seu sentido mais lato, hão sempre de caminhar de mãos dadas. Portanto, a aplicação subsidiária do art. 14 do CPC é, para dizer, no mínimo, inquestionável".

No mesmo diapasão, sustenta com propriedade *Carlos Henrique Bezerra Leite*[71]: "O conteúdo ético do processo encontra fundamento no princípio da probidade processual. A CLT é omissa a respeito da ética processual, razão pela qual impõe-se, a nosso ver, a aplicação subsidiária do CPC".

Nesse sentido, destacamos a seguinte ementa:

> Litigância de má-fé — Aplicação no processo do trabalho. O princípio da lealdade processual, com a consequente sanção pela conduta temerária ou protelatória da parte, tem plena aplicação no processo do trabalho, por força da subsidiariedade dos arts. 14 e 17 do CPC. Recurso conhecido e desprovido. (TST – 2ª T. – Ac. n. 11170/97 – Rel. Min. Moacyr Roberto Tesch – DJ 28.11.97 – p. 62.432)

---

(69) DINIZ, Maria Helena. *Código Civil anotado*. 11. ed. São Paulo: Saraiva, 2005. p. 406.

(70) *Lealdade processual trabalhista*. Tese de Doutorado. São Paulo: Pontifícia Universidade Católica-PUC, 2003. p. 150.

(71) *Op. cit.*, p. 399.

Conforme o art. 15 do CPC, "é defeso às partes e seus advogados empregar expressões injuriosas nos escritos apresentados no processo, cabendo ao Juiz, de ofício ou a requerimento do ofendido, mandar riscá-las. Parágrafo único. Quando as expressões injuriosas forem proferidas em defesa oral, o Juiz advertirá o advogado que não as use, sob pena de lhe ser cassada a palavra".

## 18. Da litigância de má-fé no Processo do Trabalho

A litigância de má-fé caracteriza-se como a conduta da parte, tipificada na lei processual (art. 17 do CPC), que viola os princípios da lealdade e boa-fé processual, bem como atenta contra a dignidade e seriedade da relação jurídica processual.

Conforme *Nelson Nery Júnior*[72], má-fé "é a intenção malévola e prejudicial equiparada à culpa grave ou erro grosseiro. O art. 17 do CPC define casos objetivos de má-fé. É difícil de ser provada, podendo o juiz inferi-la das circunstâncias e dos indícios existentes nos autos".

A pena por litigância de má-fé é a sanção, prevista na lei processual, que tem a finalidade de inibir (prevenir) e reprimir os atos do litigante de má-fé[73].

Ao contrário do que sustentam alguns, o título da litigância de má-fé, previsto no CPC, é integralmente compatível com o Processo do Trabalho, por força do art. 769 da CLT. Aplica-se tanto ao reclamante como ao reclamado, pois a finalidade da lei é assegurar a dignidade do processo, como um instrumento público e confiável de materialização da justiça.

Ainda que se possa sustentar a hipossuficiência do reclamante no processo do trabalho, este argumento, *data venia*, não pode ser utilizado como escudo para se permitir a lide temerária do trabalhador na Justiça do Trabalho, pretensões formuladas fora da razoabilidade, ou de forma abusiva. No cotidiano da Justiça do Trabalho, constatamos muitos exemplos de má-fé por parte do próprio trabalhador, e esse fato se potencializa considerando-se a expectativa da revelia do reclamado, ou até mesmo um acordo mais vantajoso para o trabalhador.

Nesse sentido, destacamos a seguinte ementa:

> Litigância de má-fé. Aplicação subsidiária do processo civil. Finalidade primordial. Ficando evidenciado, especialmente pelas matérias abordadas no recurso, que a parte se valeu do processo para a prática de atos protelatórios que obviamente atentam contra os princípios éticos que informam e devem presidir as relações em juízo (arts. 14 e 17 do CPC), deve ser penalizada com as decorrências da litigância de má-fé, previstas no art. 18 do Código de Processo Civil, de aplicação subsidiária e obrigatória no processo do trabalho, como fatores de moralização e voltados à defesa da dignidade do próprio Poder Judiciário. (TRT 12ª R. – 1ª T. – Ac. n. 2.806/97 – Rel. Juiz César de Souza – DJSC 7.4.97, p. 176).

---

(72) *Op. cit.*, p. 213.

(73) Nesse sentido dispõe o art. 16 do CPC, *in verbis*: "Responde por perdas e danos aquele que pleitear de má-fé como autor, réu ou interveniente".

O art. 17 do CPC apresenta o rol que tipifica a litigância de má-fé. Dispõe o referido dispositivo:

> Reputa-se litigante de má-fé aquele que: I – deduzir pretensão ou defesa contra texto expresso de lei ou fato incontroverso; II – alterar a verdade dos fatos; III – usar do processo para conseguir objetivo ilegal; IV – opuser resistência injustificada ao andamento do processo; V – proceder de modo temerário em qualquer incidente ou ato do processo; VI – provocar incidentes manifestamente infundados; VII – interpuser recurso com intuito manifestamente protelatório.

O referido dispositivo aplica-se integralmente ao Processo do Trabalho, por força do art. 769 da CLT. Adverte *Leonel Maschietto*[74]: "Como já é sabido, na prática trabalhista são comuns os casos em que a intenção de agir de modo desleal se manifesta. Pode-se citar, por exemplo, o caso daquele empregador que se recusou a receber intimação via postal, caso típico de oposição de resistência injustificada ao andamento do processo; o empregado que exagera na descrição de um suposto horário extraordinário, objetivando com isso persuadir a empresa a oferecer uma proposta de acordo em valor mais elevado, alterando, assim, a verdade dos fatos; a apresentação de contradita de testemunha, destituída de fundamento real, provocando incidente manifestamente protelatório".

Conforme o art. 18 do CPC: "O juiz ou tribunal, de ofício ou a requerimento, condenará o litigante de má-fé a pagar multa não excedente a um por cento sobre o valor da causa e a indenizar a parte contrária dos prejuízos que esta sofreu, mais os honorários advocatícios e todas as despesas que efetuou. § 1º – Quando forem dois ou mais os litigantes de má-fé, o juiz condenará cada um na proporção do seu respectivo interesse na causa, ou solidariamente aqueles que se coligaram para lesar a parte contrária. § 2º – O valor da indenização será desde logo fixado pelo juiz, em quantia não superior a 20% (vinte por cento) sobre o valor da causa, ou liquidado por arbitramento" (Redação dada pela Lei n. 8.952, de 1994).

A multa de 1% e a indenização decorrente da litigância de má-fé, segundo entendimento dominante, somente são cabíveis em caso de conduta dolosa da parte, vale dizer: com a intenção de tumultuar o processo ou obter vantagem indevida por meio dele, uma vez que o CPC não prevê modalidade culposa.

Nesse sentido, destacamos a seguinte ementa:

> Litigância de má-fé — Princípio da lealdade processual. As partes devem proceder em juízo com lealdade e boa-fé. O desrespeito ao dever de lealdade processual traduz-se em ilícito processual, ao qual correspondem sanções processuais. É o que está previsto nos arts. 17 e 18 do Código de Processo Civil. Entretanto, tais disposições devem ser interpretadas cuidadosamente para que sejam evitadas lesões ao princípio do contraditório e da ampla defesa assegurado constitucionalmente, pelo qual a parte tem o direito de se utilizar de todos os recursos e meios legais. Observe-se que na enumeração contida no art. 17 não há mais previsão para a conduta meramente culposa, sendo imprescindível a presença de dolo para que se considere que a parte

---

(74) *Op. cit.*, p. 79.

praticou um ilícito processual. O fato de a parte sucumbir não a torna litigante de má-fé, ainda que fatos alegados não tenham sido comprovados. (TST – 1ª T. – RR n. 438.730/1998-9 – Rel. Aloysio S. Corrêa da Veiga – DJ 27.2.04 – p. 588) (RDT n. 3 – março de 2004).

O Juiz do Trabalho aplicará a pena por litigância de má-fé de ofício ou a requerimento da parte, em decisão devidamente fundamentada (art. 93, IX, da CF). A multa é fixada em 1% sobre o valor da causa, além de indenização não superior a 20% sobre o valor da causa.

Conforme o art. 35 do CPC, de aplicação subsidiária (art. 769 da CLT), as sanções impostas às partes em consequência de má-fé serão contadas como custas e reverterão em benefício da parte contrária; as impostas aos serventuários pertencerão ao Estado.

O Tribunal Superior do Trabalho, entretanto, firmou jurisprudência em sentido contrário, conforme a OJ n. 409, da SDI-I do C. TST, *in verbis*: "o recolhimento do valor da multa imposta por litigância de má-fé, nos termos do art. 18 do CPC, não é pressuposto objetivo para interposição dos recursos de natureza trabalhista. Assim, resta inaplicável o art. 35 do CPC como fonte subsidiária, uma vez que, na Justiça do Trabalho, as custas estão reguladas pelo art. 789 da CLT".

## 19. Da possibilidade de condenação solidária do advogado por litigância de má-fé

A doutrina e jurisprudência têm sido refratárias à condenação solidária do advogado por litigância de má-fé nos próprios autos da reclamação trabalhista. Dentre os argumentos expostos para tal entendimento, destacamos a independência funcional do advogado, e o Estatuto da OAB (Lei n. 8.906/94), que dispõe no art. 32, parágrafo único, *in verbis*: "Em caso de lide temerária, o advogado será solidariamente responsável com seu cliente, desde que coligado com este para lesar a parte contrária, o que será apurado em ação própria". Desse modo, a responsabilidade do advogado por litigância de má-fé, segundo o referido dispositivo legal, somente pode ser aplicada em ação própria de indenização, a ser proposta na Justiça Comum.

Nesse sentido, destacamos as seguintes ementas:

> Litigância de má-fé. O dever de indenizar, decorrente da litigância de má-fé, é inerente à qualidade de parte da relação jurídica processual, não se aplicando, pois, aos patronos da causa. Ademais, a Lei n. 8.906, de 4.7.94, ao admitir a responsabilidade solidária do advogado, no caso da lide temerária, demanda a verificação da existência de conluio entre este último e o cliente, com o objetivo de lesar a parte contrária, a ser apurado em ação própria (art. 32, parágrafo único, do citado diploma legal). Portanto, impossível atribuir-se responsabilidade solidária aos patronos do reclamante, sem a verificação dos pressupostos que a caracterizam, através da ação própria, onde será assegurado o contraditório e a amplitude de defesa. (TRT – 23ª R. – TP – Ac. n. 2036/97 – Rel. Juiz Alexandre Furlan – DJMT 3.7.97 – p. 9).

Litigante de má-fé. Aplicação com responsabilidade solidária do advogado da parte. Ofensa ao princípio do devido processo legal. Afastamento. O novo Estatuto da Advocacia e Ordem dos Advogados do Brasil (Lei n. 8.906/94) trouxe novas luzes às relações singulares estabelecidas pelo advogado no exercício da profissão. Relações estas que se materializam não só com o cliente, mas também com a parte diversa, o colega, e ainda, com o próprio Estado, na medida em que este realiza sua exclusiva atividade jurisdicional por meio do Poder Judiciário. Dá-se especial relevo, não só pela novidade, mas pelas repercussões e implicações do art. 32 da referida Lei, o qual imputou a responsabilidade solidária entre advogado e o cliente nos casos de lide temerária. Todavia, a simples leitura do artigo suso nos revela que para o reconhecimento da solidariedade são necessários dois requisitos: primeiro é haver coligação, conluio entre o advogado e o cliente com intenção de lesar a parte adversa e, segundo, é que tal apuração se dê em ação própria. O escopo do legislador, certamente, foi assegurar o devido processo legal (art. 5º, inc. LV, CF). Desatendidos esses requisitos, afronta-se a Constituição Federal. (TRT 15ª R. – 5ª T. – Ac. n. 3.194/97 – Rel. Sotero da Silva – DJSP – 31.3.97 – p. 43)

Violação ao art. 5º, XXXV, da Constituição Federal. Da análise dos autos, observa-se que a inicial foi devidamente analisada, assim como foi oportunizada ao reclamante a interposição de todos os recursos previstos no processo trabalhista, nos quais tem defendido seus interesses, conforme entende de direito. Dessa forma, não há como se vislumbrar, na hipótese, violação direta e literal do art. 5º, XXXV, da Carta Magna. Recurso não conhecido. Responsabilidade solidária do advogado — Indenização por litigância de má-fé. Nos termos do parágrafo único do art. 32 da Lei n. 8.906/94, é incabível a condenação solidária do advogado nos próprios autos em que constatada a litigância de má-fé, devendo a conduta do causídico ser apurada em ação própria, perante o Juízo competente. Recurso conhecido e provido. Honorários advocatícios. Não há como prosperar o Apelo, em face do que estabelece a jurisprudência pacificada desta Corte, nos termos da Súmula n. 221, I, e da OJ n. 111/SBDI-1. Recurso não conhecido. Valor da causa e percentual da indenização. Quanto ao único aresto trazido para colação, por ser oriundo do mesmo Regional que prolatou a decisão recorrida, desserve ao fim pretendido, nos termos da OJ n. 111/SBDI-1 do TST. E também não há de se falar em ofensa à literalidade dos arts. 944 e 945 do Novo Código Civil, haja vista que não tratam de indenização por litigância de má-fé. Recurso não conhecido. Litigância de má-fé. No que concerne à referida matéria, verifica-se que a Revista encontra-se desfundamentada, haja vista que não há indicação de violação legal ou constitucional, tampouco foram trazidos arestos para colação. Recurso não conhecido. Horas extras. A controvérsia envolve o reexame do conjunto fático-probatório, o que é vedado nesta Instância Extraordinária, nos termos da Súmula n. 126/TST. Ademais, vale ressaltar que o eg. Tribunal *a quo*, mesmo instado via Declaratórios, não se manifestou acerca da questão. Dessarte, cabia ao autor suscitar a nulidade do Acórdão que apreciou os Embargos de Declaração, por negativa de prestação jurisdicional, para que os autos retornassem ao Tribunal de origem a fim de que o referido tema pudesse ser examinado. Todavia, a parte optou por acatar a decisão regional, permitindo, assim, que a presente questão fosse atingida pela preclusão. Recurso não conhecido. (TST – 2ª T. – RR n. 124/2004.193.05.00-2 – Rel. José Simpliciano F. de F. Fernandes – DJ 14.12.07 – p. 1011) (RDT n. 02 – fevereiro de 2008)

 Em que pesem os argumentos acima, pensamos que, em casos excepcionais, em que ficar evidenciado no processo que a litigância de má-fé partiu do advogado ou que ele colaborou de forma decisiva para sua eclosão, deva o Juiz do Trabalho, após propiciar o contraditório ao patrono da parte (devendo ser intimado para esclarecer os fatos), caso esteja devidamente convencido, condenar solidariamente o advogado nos próprios autos do processo, diante da relevância e importância da função deste no processo e dos deveres de lealdade e boa-fé processual que possui.

Como destaca *Leonel Maschietto*[75]:

"Não há no ordenamento jurídico, principalmente o processual, qualquer fundamento para a não condenação do advogado litigante de má-fé (...) Ao contrário do que consta na lei processual, nos arts. 14 (partes e todos aqueles que de qualquer forma participam do processo), 15 (partes e seus advogados) e 16 (autor, réu ou interveniente), nos arts. 17 e 18 o legislador utilizou-se do termo genérico 'litigante de má-fé' para incluir todas as pessoas que de alguma forma participam do processo, inclusive o próprio Juiz. Por essas razões é que o advogado deve, sim, ser efetivamente condenado quando for litigante de má-fé e, segundo Christovão Piragibe Tostes Malta, a sanção por litigância de má-fé pode ser aplicada sim aos advogados cuja responsabilidade tem disciplina no art. 32 da Lei n. 8.906/94".

Como já nos posicionamos anteriormente, a função do advogado no Processo do Trabalho é primordial e, por isso, como primeiro Juiz da causa e encarregado de efetivar as promessas constitucionais do acesso à Justiça e efetividade processual, deve ele se pautar pela ética e honestidade. Uma disposição isolada no art. 32 da Lei n. 8.906/94 não deve ser obstáculo para o Juiz reprimir os atos dolosos do advogado que, em conluio com a parte, visa a desviar a finalidade do processo. Os arts. 14 e 17 do CPC também se dirigem ao Advogado, pois constantes do Capítulo do CPC que trata das partes e dos procuradores. Além disso, a interpretação sistemática do parágrafo único do art. 14 do CPC com os demais incisos do art. 17 do mesmo diploma legal, em cotejo com o caráter publicista do Processo do Trabalho, resguardo da dignidade da jurisdição trabalhista, possibilitam a condenação solidária do advogado, nos próprios autos da reclamação trabalhista.

No mesmo sentido é a posição de *Renato Dote*:

"Acreditamos não fazer sentido ajuizar nova ação, agora na Justiça Comum, para pleitear indenização. Afastar-se-ia o princípio da economia processual, tão almejado na busca pela prestação jurisdicional. Além do mais, tornar-se-ia mais célere a execução da multa em questão nos próprios autos da reclamação trabalhista, o que inibiria outras condutas nesse particular do processo. A bem da verdade, é o advogado que possui conhecimento técnico e discernimento suficientes para distinguir se o ato a ser realizado será ou não reputado de má-fé. O advogado na condução do processo é quem deve orientar seu cliente, ensejando, portanto, sua responsabilidade"[76].

---

(75) *Op. cit.*, p. 125-128.
(76) DOTE, Renato. Boa-fé no processo do trabalho. In: *O direito material e processual do trabalho dos novos tempos*. Estudos em homenagem a Estevão Mallet. São Paulo: LTr, 2009. p. 553.

Nesse sentido, destacamos as seguintes ementas:

> Litigância de má-fé aplicada ao procurador da parte — Possibilidade. Em se tratando de execução da parcela relativa aos honorários assistenciais, o advogado beneficiado pode sofrer a cominação da multa prevista no art. 17 do CPC, se desrespeitar os deveres de lealdade e de probidade processual. (TRT 12ª R. – 1ª T. – AG-PET n. 448/1994.032.12.85-4 – Relª. Mª. do Céo de Avelar – DJSC 13.1.04 – p. 91) (RDT n. 2 – Fevereiro de 2004)

> Litigância de má-fé — Caracterização — Responsabilidade solidária do advogado. Interposto agravo de instrumento para elidir intempestividade de recurso ordinário protocolizado somente após decorridos 23 dias da intimação da sentença, caracterizada está a litigância de má-fé. O advogado da agravante deverá responder solidariamente. O art. 32 da Lei n. 8.906/94, que exige apuração em ação própria, só se aplica na hipótese do inciso V, do art. 17 do CPC. Descabe interpretação ampliativa para acobertar conduta ilícita. (TRT – 2ª Região, Proc. AI 00137-2003-064-02-00-3, AC 20040477848 – 9ª T., Rel. Antonio Ricardo. DOE/SP: 24.9.2004)

## 20. Do assédio processual

O assédio processual origina-se de um instituto muito estudado na atualidade no Direito do Trabalho: o assédio moral.

ASSÉDIO: Segundo o Dicionário *Houaiss*, é insistência impertinente, perseguição, sugestão ou pretensão constante em relação a alguém. MORAL: Conforme *Houaiss,* é o conjunto de valores como a honestidade, a bondade, a virtude, etc., considerados universalmente como norteadores das relações sociais e da conduta dos homens.

A sociologia, a medicina e a psicologia o definem como terror psicológico gerado por atitudes constantes do agressor à vítima, muitas vezes de forma velada, destinadas a destruir sua autoestima.

Na definição precisa de *Marie-France Hirigoyen*[77], "o assédio moral no trabalho é definido como qualquer conduta abusiva (gesto, palavras, comportamento, atitude...) que atente, por sua repetição ou sistematização, contra a dignidade ou integridade psíquica ou física de uma pessoa, ameaçando o seu emprego ou degradando o clima de trabalho".

Para *Couce de Menezes*[78], "o assédio é um processo, conjunto de atos, procedimentos destinados a expor a vítima a situações incômodas e humilhantes. De regra, é sutil, no estilo 'pé de ouvido'. A agressão aberta permite um revide, desmascara a estratégia insidiosa do agente provocador".

De forma mais simples, podemos dizer que o assédio moral é a repetição de atitudes humilhantes praticadas contra uma pessoa, muitas vezes pequenos ataques que, pela repetição, vão minando sua autoestima.

---

(77) HIRIGOYEN, Marie-France. *Mal-estar no trabalho:* redefinindo o assédio moral. Tradução de Rejane Janowitzer. 2. ed. Rio de Janeiro: Bertrand Brasil, 2005. p. 17.

(78) *Ibidem,* p. 292.

O Código de Trabalho de Portugal, no art. 24, tipifica a conduta do assédio moral no âmbito das relações de trabalho, *in verbis*:

Art. 24

(Assédio)

1. Constitui discriminação o assédio a candidato e a trabalhador. 2. Entende-se por assédio todo o comportamento indesejado relacionado com um dos factores indicados no n. 1 do artigo anterior, praticados quando do acesso ao emprego ou no próprio emprego, trabalho ou formação profissional com o objectivo ou efeito de afectar a dignidade da pessoa ou criar um ambiente intimidativo, hostil, degradante, humilhante ou desestabilizador. 3.Constitui, em especial, assédio todo o comportamento indesejado de caráter sexual, sob forma verbal, não verbal ou física, com o objectivo ou efeito referidos no número anterior.

Art. 23

(Proibição de discriminação)

1. O empregador não pode praticar qualquer discriminação, directa ou indirecta, nomeadamente, na ascendência, idade, sexo, orientação sexual, estado civil, situação familiar, patrimônio genético, capacidade de trabalho reduzida, deficiência ou doença crônica, nacionalidade, origem étnica, religião, convicções políticas ou ideológicas e filiação sindical[79].

Diante da ausência de previsão legal do assédio moral na CLT, o Juiz do Trabalho poderá orientar-se pela legislação portuguesa acima citada, pois o Direito Comparado é fonte do Direito do Trabalho, conforme previsão expressão do art. 8º da CLT. Não obstante, embora muitos autores defendam a edição de uma Lei específica para tipificar o assédio moral na esfera das relações de trabalho, pensamos, embora tal seja conveniente[80], considerando-se a tradição romano-germânica brasileira do direito positivado por meio de legislação minuciosa, já existem instrumentos tanto no texto constitucional, como na CLT, no Código Civil, no Código Penal, que tutelam a liberdade psíquica do empregado no ambiente de trabalho.

Voltando ao aspecto processual, por primeiro, deve ser destacado que a Constituição Federal apresenta uma gama de princípios processuais aplicáveis a todos os ramos da esfera processual que têm por objetivo resguardar a efetividade e a dignidade do processo como um instrumento de acesso efetivo, ético e moral do cidadão à justiça.

Os princípios constitucionais do processo constituem direitos fundamentais do cidadão, por constarem no rol do art. 5º que trata dos direitos individuais fundamentais (art. 60, § 4º, da CF), e constituem postulados básicos que irradiam efeitos

---

(79) CÓDIGO DO TRABALHO. Instituto de Direito do Trabalho da Faculdade de Direito da Universidade de Lisboa. Lisboa: Principia, 2005. p. 47.

(80) De qualquer forma, diante da dinâmica da relação de trabalho e das mutações constantes do mercado de trabalho, dificilmente uma lei conseguirá abarcar todas as hipóteses de eclosão do assédio moral nas relações de trabalho.

em todos os ramos do processo, bem como norteiam toda a atividade jurisdicional. Tais princípios constituem o núcleo de todo o sistema processual brasileiro.

Nesse sentido, ensina *Nelson Nery Júnior*[81]:

"Naturalmente, o direito processual se compõe de um sistema uniforme, que lhe dá homogeneidade, de sorte a facilitar sua compreensão e aplicação para a solução das ameaças e lesões a direito. Mesmo que se reconheça essa unidade processual, é comum dizer-se didaticamente que existe um Direito Constitucional Processual, para significar o conjunto das normas de Direito Processual que se encontra na Constituição Federal, ao lado de um Direito Processual Constitucional, que seria a reunião dos princípios para o fim de regular a denominada jurisdição constitucional. Não se trata, portanto, de ramos novos do direito processual".

Sob o espetro do assédio processual, devem ser destacados alguns princípios constitucionais do processo que se relacionam mais diretamente ao tema. São eles: a) devido processo legal; b) princípio da igualdade; c) princípio do contraditório e ampla defesa; d) princípio da duração razoável do processo.

Em razão do caráter publicista do Processo do Trabalho e do grande interesse na manutenção de sua dignidade, bem como em mantê-lo como um instrumento confiável e eficaz para a solução dos conflitos trabalhistas, a moderna doutrina processual tem estudado o instituto do assédio processual, com a finalidade de inibir e repelir condutas que possam violar a dignidade das partes envolvidas na relação jurídica processual.

Não é fácil se constatar o assédio processual, tampouco defini-lo com exatidão, mas sua existência se mostra inegável.

Na visão de *Mauro Vasni Paroski*[82]:

"Entende-se, em linhas gerais, que assédio desta natureza consiste no exercício abusivo de faculdades processuais, da própria garantia da ampla defesa e do contraditório, pois, a atuação da parte não tem a finalidade de fazer prevalecer um direito que se acredita existente, apesar da dificuldade em demonstrá-lo em juízo, nem se cuida de construção de teses sobre assuntos em relação aos quais reina discórdia nos tribunais, a exemplo de uma matéria de direito, de interpretação jurídica, complexa e de alta indagação. Nada disso. O verdadeiro propósito do litigante é dissimulado, pois, sob a aparência de exercício regular das faculdades processuais, deseja um resultado ilícito ou reprovável moral e eticamente, procrastinando a tramitação dos feitos e causando prejuízos à parte que tem razão, a quem se destina a tutela jurisdicional, além de colaborar

---

(81) NERY JÚNIOR, Nelson. *Princípios de processo civil na Constituição Federal.* 8. ed. São Paulo: RT, 2004. p. 26.

(82) PAROSKI, Mauro Vasni. Reflexões sobre a morosidade e o assédio processual na Justiça do Trabalho. In: *Revista LTr* 72-01/38.

para a morosidade processual, aumentando a carga de trabalho dos órgãos judiciários e consumindo recursos públicos com a prática de atos processuais que, sabidamente, jamais produzirão feitos (supostamente lícitos) desejados pelo litigante assediador. Em assim agindo, o litigante que pratica o assédio processual compromete a realização do processo justo".

Valendo-nos dos conceitos e distinções entre o assédio moral, litigância de má-fé e ato atentatório, podemos definir o assédio processual da seguinte forma: Todo ato processual praticado de forma reiterada, insidiosa, por um dos sujeitos que atuam no processo (juiz, partes, servidores, etc.), que tem por objetivo minar a autoestima de uma das partes litigantes, degradando o processo.

O assédio processual aproxima-se da litigância de má-fé e do ato atentatório à dignidade da justiça, mas com eles não se confunde, pois os atos de litigância de má-fé e ato atentatório têm tipificação legal e se consumam num único ou por alguns atos processuais praticados pela parte. Já o assédio processual é conduta insidiosa, não prevista em lei, mas que tem por objetivo minar a resistência do litigante, atentando contra sua dignidade, desencorajando-o a litigar.

São elementos do assédio processual:

a) ato reiterado de um dos sujeitos do processo;

b) o ato praticado não precisa ser necessariamente ilícito;

c) estratégia perversa do agressor;

d) tem por objetivo minar a dignidade e autoestima de uma das partes litigantes.

São exemplos de assédio processual: Recusar-se o reclamado reiteradamente a receber a notificação inicial, ocultando-se maliciosamente; procrastinação do processo por uma das partes; negar abusivamente e de forma reiterada o cumprimento da decisão; propositura pelo reclamante de diversas reclamações trabalhistas idênticas em face do mesmo reclamado, com a finalidade de obstar o direito de defesa; requerimentos sucessivos de provas desnecessárias ao bom andamento do processo; interposição sucessiva de recursos com finalidade protelatória.

Até mesmo o Juiz do Trabalho pode praticar em algumas situações o assédio processual contra uma ou ambas as partes. São exemplos: tentativas abusivas e reiteradas de conciliação pelo Juiz, exemplificativamente, com os seguintes argumentos: o processo vai demorar demais; há chances de o reclamante não receber nada; a condenação vai *quebrar* a empresa, etc., visando a minar a resistência das partes e obrigá-las a aceitar a conciliação contra a vontade.

Nesse sentido, também é a visão de Luís Carlos Moro[83]:

"Não são poucas as oportunidades em que os próprios magistrados, atuando como mediadores de um eventual acordo, durante a fase conciliatória das

---

(83) MORO, Luís Carlos. Assédio processual, ato atentatório à dignidade da Justiça e litigância de má-fé no processo do trabalho. In: *Revista do Advogado*, ano XXVIII, maio 2008, n. 97. AASP, p. 132.

audiências advertem os postulantes acerca das dificuldades processuais vindouras, do tempo de espera. E, se é certo que não estão incorrendo em prestação de qualquer informação inverídica, por outro lado, influenciam negativamente o ânimo dos postulantes em obter o que lhes assegura a lei".

Pensamos que o requisito da repetição da conduta ou habitualidade para configuração do assédio processual tem de ser aferido conforme o caso concreto, as características do ofensor, da vítima, as condições de tempo e lugar, o nível de instrução da vítima, e as características da conduta do ofensor. Desse modo, conforme o caso concreto, uma conduta repetida de forma sistemática em um único dia pode configurar o assédio processual.

A jurisprudência já começou a se manifestar sobre o assédio processual.

Vale transcrever trechos da brilhante sentença prolatada pela MMa. Juíza Mylene Pereira Ramos, da 63ª VT, no Processo n. 2.784/2002, em 8 de abril de 2005[84]:

> (...) DO DANO MORAL
>
> O pedido é parcialmente procedente. Pretende o autor ser indenizado pelos danos morais e materiais sofridos pelo descumprimento de acordo judicial celebrado com o réu em reclamação trabalhista, e pela demora em seu recebimento por meio de execução, motivada por inúmeros incidentes e recursos interpostos pelo réu.
>
> O pedido é procedente.
>
> Praticou a ré "assédio processual", uma das muitas classes em que se pode dividir o assédio moral. Denomino assédio processual a procrastinação por uma das partes no andamento de processo, em qualquer uma de suas fases, negando-se a cumprir decisões judiciais, amparando-se ou não em norma processual, para interpor recursos, agravos, embargos, requerimentos de provas, petições desproposidadas, procedendo de modo temerário e provocando incidentes manifestamente infundados, tudo objetivando obstaculizar a entrega da prestação jurisdicional à parte contrária.
>
> A ré, ao negar-se a cumprir o acordo judicial que celebrou com o autor, por mais de quinze anos, interpondo toda sorte de medidas processuais de modo temerário, e provocando incidentes desprovidos de fundamento, na tentativa de postergar ou impedir o andamento do feito, praticou autêntico "assédio processual" contra o autor e o Poder Judiciário.
>
> Ante todo o conjunto probatório, torna-se evidente a conduta dolosa do réu, objetivando o não cumprimento de decisão judicial, ofendendo a dignidade do autor como pessoa humana.
>
> Com efeito, em acordo homologado em 20 de novembro de 1985 (fls. 52 e ss.), nos autos da reclamatória trabalhista n. 2.475/81, o réu comprometeu-se em cumprir obrigações de pagar a quantia acordada e de complementar os proventos de aposentadoria do autor.
>
> Ainda no ano 2000 (fls. 373), o autor suplicava ao Judiciário o cumprimento do prometido, na tentativa de receber do réu o que lhe era devido. Isso porque o réu

---

(84) Disponível em: <www.trtsp.jus.br> Acesso em: 10 set. 2008.

por várias vezes descumpriu decisões judiciais demonstrando desrespeito também para com o Poder Judiciário. Exemplo disto é a petição às fls. 181 onde afirma que suspendeu o pagamento da complementação de aposentadoria do autor, alegando como fundamento diploma legal vigente desde 1977, sete anos antes da celebração do acordo. Somado a isto, utilizou-se dos meios processuais disponíveis para dificultar o andamento do feito, interpondo toda sorte de recursos — ordinário, embargos, agravo de petição —, criando obstáculos ao cumprimento do acordo, e consequentemente, das obrigações que sabia era devedora. Agiu dolosamente, contra direito de empregado aposentado que iniciou a prestação de serviços em 12.9.1995 (fls. 603).

As decisões reprovando os atos praticados pelo banco réu foram diversas, a exemplo das exaradas às fls. 248 e 265/267. Até mesmo o Egrégio Tribunal Regional do Trabalho da 2ª Região, em sede de embargos de declaração interposto pelo réu (fls. 138), foi compelido a explicar-lhe que o banco estava infringindo seu dever de respeitar o ato jurídico perfeito — in casu o acordo de fls. 52 e ss. —, o direito adquirido do autor em ver cumprido o quanto avençado, e a coisa julgada, ou seja, a decisão judicial que homologou o acordo.

Outro exemplo dos muitos obstáculos criados pela ré está às fls. 352, quando, após requerer dilação de prazo para cálculos, apresentou-os (fls. 353/355), porém não depositou sequer a parte incontroversa.

O autor laborou por 30 anos ininterruptamente, e após celebrar acordo judicial com o réu, foi tratado em condições ofensivas à dignidade humana.

O réu, uma das maiores instituições financeiras do país, utilizou-se de todo seu aparato jurídico para massacrar os direitos, a honra e a imagem do autor que, repise-se, lá laborou desde 12.9.1995.

Frágil, perante o poderio econômico do réu, e atado o Poder Judiciário pelas malhas das normas processuais que permitiram ao réu delongar o cumprimento de sua obrigação por mais de quinze anos, nada restou ao sofrido autor do que esperar. Neste ínterim, sofreu a vergonha e a humilhação de um empregado que após 30 anos de trabalho à mesma instituição se vê por ela massacrado.

A estratégia processual adotada pela ré arrastou pela via crucis não só o autor, mas também muitos outros empregados, que, pelo imenso volume de processos em andamento, não conseguem receber suas verbas de natureza alimentar. Dito de outra forma, o réu onerou o Poder Judiciário, concorrendo para o sobrecarregamento da Vara, requerendo o labor de vários servidores para a movimentação do processo, atrasando o andamento dos demais.

Por certo, o autor tem direito à indenização por dano moral. Atingido em seus direitos individuais, sofreu a angústia daquele que sente-se ofendido, até mesmo em sua alma, esta última, um dos bens jurídicos que devem ser protegidos do assédio moral nas palavras de Francisco González Navarro.

O sofrimento humano é bem definido por José Ortega y Gasset in El Espectador, Revista de Occidente, Madrid, 1960, quando diz:

"Cuando no hay alegría el alma se retira a un rincón de nuestro cuerpo hace de él su cubil (...) para alimentar su dolor y sostener en pie su desesperación."

A norma positiva ampara o autor. A Declaração Universal dos Direitos, a Constituição Federal em seu art. 1º, inciso III e 5º, inciso X, bem como o Código Civil, em seus arts. 11 a 21, vedam ofensas à dignidade e à honra do indivíduo, estabelecendo o mesmo art. 5º da Carta Magna, incisos V e X, o dever de indenizar o ofendido, direito regulamentado pelas disposições do art. 927, parágrafo único e 944 e seguintes do Código Civil.

No mesmo sentido, vale transcrever as seguintes ementas:

> SENTENÇA LÍQUIDA. IMPUGNAÇÃO AOS CÁLCULOS. PRECLUSÃO TEMPORAL. Verifica-se que o agravo de petição busca debater os cálculos de liquidação aos quais integraram a sentença prolatada, sendo certo que deveria ter sido atacada por meio processual adequado ao caso, qual seja, recurso ordinário interposto no prazo e forma legal. Não aviado o recurso ordinário, houve o trânsito em julgado da r. sentença em 26.2.08, abarcando os cálculos da liquidação. Agravo de Petição do executado não provido. Contraminuta do Exequente. Assédio processual. Configurado. Verifica-se que o executado, intimado da decisão prolatada nos presentes autos, quedou-se inerte, dormitando em seu direito de apresentar Recurso Ordinário. Oportuno assentar que à parte não é dado recorrer simplesmente pelo direito de acionar o Judiciário para analisar sua pretensão. É necessário que essa pretensão esteja ainda em discussão, em evidência para investigação, sem a cobertura do manto protetor da coisa julgada, o que não é o caso. Assevera-se que o executado interpôs Agravo de Petição enfrentando matéria que não comporta mais debate, agindo consciente desta preclusão temporal, porém imbuído pelo intuito de protelar a execução efetiva da sentença, impondo ao exequente o 'tempo' desnecessário ao percebimento de seu direito, já amparado por decisão judicial. O inconformismo 'tardio' do executado com a decisão *a quo* não lhe confere o direito de trazê-lo a esta Corte em momento processual executório, interferindo na marcha processual ordinária do feito e onerando a máquina judiciária em favor de seu interesse particular de adiar a transferência do montante devido ao exequente. O descumprimento, pelo executado, da determinação judicial constante da sentença, que lhe rende a aplicação da multa de 10%, referenda a constatação de que o executado tem se oposto à efetiva execução da decisão judicial. Assim, conclui--se que a interposição do presente Agravo de Petição tem tão somente o desígnio de protelar a entrega da prestação jurisdicional ao exequente, o que, efetivamente, não é compatível com os princípios afeitos a esta Justiça Especializada. Reconhece-se, portanto, que a atitude do executado afronta os termos do art. 14, V, e do art. 600, III, ambos do CPC, incorrendo em assédio processual, cabendo a aplicação de multa, nos termos do parágrafo único do art. 14 e do arts. 601 do CPC. Pleito do Exequente trazido em contrarrazões, ao qual se dá provimento. (TRT 23ª Reg. – AP 0015.2005.005.23.00-8 – AC 2ª T. – Rel. Des. Luiz Alcântara. DOE/ TRT – 18ª Reg., n. 581, ano 08, 24.10.08 (Div.) p. 36. In: FERRARI, Irany; MARTINS, Melchíades Rodrigues. *Suplemento de Jurisprudência LTr* n. 06/09, p. 43)

Assédio processual. Indenização. Retardamento do processo. Conduta reprovável (TRT – 9ª Região – 00511-2006-562.09.00-3 – AC 33280/2008. Rel. Tobias de Macedo Filho – DJPR 16.9.2008).

A prática do assédio processual deve ser rechaçada com toda a energia pelo Judiciário. Os Tribunais brasileiros, sobretudo os Tribunais Superiores, estão abarrotados de demandas retóricas, sem a menor perspectiva científica de sucesso. Essa prática é perversa, pois além de onerar sobremaneira o erário público torna todo o sistema brasileiro de justiça mais lento e por isso injusto. Não foi por outro motivo que a duração razoável do processo teve de ser guindada ao nível constitucional (...). O processo é um instrumento dialógico por excelência, o que não significa que possa admitir toda ordem de argumentação (TRT – 3ª R. – 4ª T. – Processo 00760-2008-112-03-00-4 RO – Rel Juiz José Eduardo de R. C. Júnior – DJMG 21.2.09).

## 20.1. Da reparação do assédio processual no âmbito trabalhista

Deve o Juiz do Trabalho, como diretor do processo, direcionar os atos processuais a fim de assegurar a ambas as partes as mesmas oportunidades, evitando que uma das partes possa ter vantagem sobre a outra, bem como tomar todas as cautelas e medidas processuais para que o assédio processual não ocorra. Entretanto, caso ele aconteça, deve-se imediatamente neutralizá-lo, devendo o magistrado, como diretor do processo, agir imediatamente, de ofício, a fim de fazer cessar o estado de assédio.

Uma vez caracterizado o assédio processual, a parte lesada tem direito à reparação. Esta reparação não é tarifada, tampouco se confunde com as cominações de litigância de má-fé e ato atentatório à dignidade da justiça, pois não é possível quantificar a extensão do dano, tampouco indenizar a violação de um direito da personalidade da parte litigante, pois o assédio atenta contra sua dignidade. Desse modo, a indenização pelo assédio moral deve ser fixada conforme a reparação por danos morais.

De outro lado, deve ser destacado que a reparação do assédio processual tem caráter publicista, pois visa não só a compensar a parte lesada, mas também a resguardar a dignidade do processo. Por isso, é relevante a função do Judiciário não só em prevenir o assédio processual, mas também em repará-lo devidamente.

No nosso sentir, a ausência de uma reparação tarifada é própria e inerente ao instituto do dano moral. Acreditamos que não há como tarifá-lo, deixando o montante da reparação ao prudente arbítrio do juiz, segundo o caso concreto, mas isso não significa que o Juiz do Trabalho não se possa pautar por alguns critérios de ordem objetiva.

O C. STJ pacificou a questão no sentido de não ser tarifada a reparação por danos morais, por meio da Súmula n. 281, *in verbis*:

> A indenização por dano moral não está sujeita à tarifação prevista na Lei de Imprensa.

No mesmo sentido é o Enunciado n. 51 da 1ª Jornada de Direito Material e Processual do Trabalho, realizada no TST, *in verbis*:

> RESPONSABILIDADE CIVIL. DANOS MORAIS. CRITÉRIOS PARA ARBITRAMENTO. O valor da condenação por danos morais decorrentes da relação de trabalho será arbitrado pelo juiz de maneira equitativa, a fim de atender ao seu caráter compensatório, pedagógico e preventivo.

Acreditamos que o *quantum* da reparação deve estar balizado pelos seguintes critérios: a) reconhecer que o dano moral não pode ser valorado economicamente; b) valorar o dano no caso concreto, segundo as características de tempo e lugar onde ocorreu; c) analisar o perfil da vítima e do ofensor; d) analisar se a conduta do ofensor foi dolosa ou culposa, bem como a intensidade da culpa; e) considerar não só os danos atuais, mas também os prejuízos futuros, como a perda de uma chance; f) guiar-se o juiz pela razoabilidade, equidade e justiça; g) considerar a efetiva proteção à dignidade da pessoa humana; h) considerar o tempo de serviço do trabalhador, sua remuneração; i) atender à função social do contrato de trabalho, da propriedade e função social da empresa; j) inibir que o ilícito se repita; k) chegar ao acertamento mais próximo da reparação, mesmo sabendo que é impossível conhecer a dimensão do dano. Por isso, deve apreciar não só os danos atuais como os futuros (perda de uma chance); l) considerar a situação econômica do País e o custo de vida da região em que reside o lesado[85].

Relevante, no aspecto, destacar as seguintes ementas:

> Indenização por danos morais — Critérios de arbitramento. Não há parâmetro rigoroso insculpido na lei para o arbitramento da indenização por danos morais, pelo que o valor da reparação há de ser arbitrado por um juízo de equidade, levando-se em consideração alguns critérios, tais como: a gravidade do ato danoso, a intensidade da sua repercussão na comunidade, o desgaste provocado no ofendido, a posição socio-econômica do ofensor etc. (TRT 3ª R. – 1ª T. – RO n. 455/2004.031.03.00-9 – Rel. Mauricio J. Godinho Delgado – DJ 7.10.05 – p. 5) (RDT n. 11 de Novembro de 2005)

> Dano moral — Valor da indenização. A indenização decorrente de dano moral está assegurada pelo inciso X do art. 5º da Constituição Federal. O que deve ser levado em conta para fixar o valor da indenização é a vida profissional e econômica do empregado e as condições do próprio empregador. (TRT 12ª R. – 2ª T. – ROV n. 2494/2001.007.12.85-8 – Ac. n. 12486/05 – Relª Ione Ramos – DJ 13.10.05 – p. 287) (RDT n. 11 – Novembro de 2005)

> Dano moral — Valor da indenização. O dano moral não é mensurável matematicamente, mesmo porque atinge aquilo que o ser humano tem de mais precioso: sua honra, moral e intimidade. E, por isso mesmo, o instituto não pode ser desvirtuado, de modo a se transformar numa fonte de renda. A solidez econômica do empreendimento, o porte da empresa, seu capital social e a existência de diversas filiais, não podem ser considerados para efeito da fixação do valor da indenização. A punição do ofensor se caracteriza pela intervenção do Estado, através da sentença condenatória, e não pelo valor da condenação propriamente dita, muito embora este também não possa ser inexpressivo, sob pena de tornar inócua a reação. (TRT 15ª R. – 2ª T. – RO n. 568/2002.058.15.00-6 – Rel. Paulo de T. Salomão – DJSP 7.5.04 – p. 16) ( RDT n. 6 – junho de 2004)

> Danos morais — *Quantum* indenizatório. Ratifica-se o valor indenizatório arbitrado em primeiro grau, que levou em conta as sequelas do acidente de trabalho e a omissão do empregador em não proporcionar equipamento de segurança ao obreiro, além das dificuldades que certamente virão, quando do retorno do empregado de sua licença previdenciária, devido à perda de 30% de suas habilidades manuais de forma definitiva. (TRT 3ª R. – 4ª T. – RO n. 538/2002.090.03.00-3 – Rel. Antônio A. da Silva – DJMG 15.5.04 – p. 9) ( RDT n. 6 – junho de 2004).

---

(85) Para maiores detalhes, indicamos: SCHIAVI, Mauro. *Ações de reparação por danos morais decorrentes da relação de trabalho*. 3. ed. São Paulo: LTr, 2009.

A indenização pelo dano decorrente do assédio processual poderá ser apurada, liquidada e executada nos próprios autos do processo em que ele eclodiu, inclusive o Juiz do Trabalho, *ex officio*, poderá determinar a indenização.

Nesse mesmo sentido sustenta *Mauro Vasni Paroski*[86]:

"A imposição da obrigação de reparar os danos ao litigante que comete assédio processual não depende de requerimento do lesado, porque antes de visar compensar os transtornos causados a este, tem por escopo preservar e defender o exercício da jurisdição e a autoridade que deve ser creditada às decisões jurisdicionais".

---

(86) In: *Revista LTr* 72-01/43.

# Capítulo VII
# Da Intervenção de Terceiros no Direito Processual do Trabalho

## 1. Da intervenção de terceiros e princípios que a orientam

Alguns autores utilizam a expressão *participação em processo*, que significa o gênero do qual o litisconsórcio e a intervenção de terceiros são espécies.

Ensina *Cândido Rangel Dinamarco*[1]: "Intervenção de terceiros é o ingresso de um sujeito em processo pendente, entre outros, como parte".

Intervir é entrar no meio. Por isso, intervir em um processo significa ingressar na relação processual, fazendo-se parte: não constituem intervenções certos casos em que o terceiro toma alguma iniciativa paralela à das partes do processo pendente, mas dando formação a um processo novo, sem ingressar naquele[2].

No tocante às partes no processo, vigora, no direito processual civil brasileiro, o princípio da singularidade. De acordo com este princípio, compõem os polos da relação jurídica processual somente autor e réu. Nos casos expressamente previstos na legislação, cabe a intervenção de outras pessoas no processo.

Conforme *Luiz Guilherme Marinoni* e *Sérgio Cruz Arenhart*[3]: "Parte é aquele que demandar em seu nome (ou em nome de quem for demandada) a atuação de uma ação de direito material e aquele outro em face de quem essa ação deve ser atuada. Terceiro interessado será, por exclusão, aquele que não efetivar semelhante demanda no processo, mas, por ter interesse jurídico próprio na solução do conflito (ou, ao menos, afirmar possuí-lo), é autorizado a dele participar sem assumir a condição de parte".

Terceiro é rigorosamente toda pessoa que não seja parte no processo. Todos aqueles que não são partes consideram-se, em relação àquele processo, terceiros *(Liebman)*. São terceiros interessados, por exemplo: o sócio que se retirou da sociedade há menos de 2 anos; seguradora que vem ajudar o segurado.

---

(1) DINAMARCO, Cândido Rangel. *Instituições de direito processual civil.* V. II. São Paulo: Malheiros, 2001. p. 365.
(2) *Ibidem*, p. 369.
(3) *Manual do processo de conhecimento.* 4. ed. São Paulo: RT, 2005. p. 164.

O fundamento da intervenção de terceiros é a proximidade entre certos terceiros e o objeto da causa, podendo-se prever que por algum modo o julgamento desta projetará algum efeito indireto sobre sua esfera de direito[4].

Como bem adverte *Wagner D. Giglio*[5], "não seria razoável multiplicar o número de processos e exigir que terceiros que tenham interesse jurídico na solução de uma lide devam mover outra ação. É por isso que terceiros, nessas circunstâncias, podem intervir em processo já existente, a título de economia processual".

Para *Athos Gusmão Carneiro*[6], terceiro só o é até que intervenha; ao intervir, converte-se em parte.

A intervenção pode ser:

a) espontânea (voluntária): assistência[7], oposição;

b) provocada (ou coacta): denunciação à lide, chamamento ao processo, nomeação à autoria.

## 2. Da compatibilidade da intervenção de terceiros com o procedimento trabalhista

Como visto, o procedimento trabalhista é oral, sintético e célere, visando à rápida satisfação do crédito do trabalhador. Atualmente, podemos dizer que há, na Justiça do Trabalho, três tipos de procedimentos: o ordinário (comum)[8], o sumaríssimo[9] e o especial[10].

---

(4) DINAMARCO, Cândido Rangel. *Op. cit.*, p. 366.

(5) GIGLIO, Wagner D. *Direito processual do trabalho.* 15. ed. São Paulo: Saraiva, 2005. p. 142.

(6) CARNEIRO, Athos Gusmão. *Intervenção de terceiros.* 12. ed. São Paulo: Saraiva, 2001. p. 51.

(7) Embora a Assistência não esteja arrolada no CPC nas hipóteses de intervenção de terceiros, a doutrina é praticamente uníssona no sentido de que a assistência é uma hipótese típica de intervenção de terceiros. Nesse diapasão, cita-se, por todos, a visão de Costa Machado: "Apesar de vinculada ao litisconsórcio, neste Capítulo V, a assistência é modalidade típica de intervenção de terceiros. É o instituto que permite alguém intervir em processo instaurado *inter alios,* sem exercer ação ou exceção, com o intuito de, apenas, prestar auxílio a uma das partes no embate judicial. A assistência é simples ou adesiva (arts. 51 a 53) ou qualificada ou litisconsorcial (art. 54)" (*Código de Processo Civil interpretado e anotado.* São Paulo: Manole, 2006. p. 357).

(8) O procedimento comum, também chamado ordinário, está disciplinado nos arts. 837 a 852 da CLT.

(9) Atualmente, a nosso ver, há duas espécies de procedimentos sumaríssimos na Justiça do Trabalho, o sumaríssimo disciplinado pelos arts. 852-A a 852-I da CLT (Lei n. 9.957/00) e o disciplinado pela Lei n. 5.584/70, também denominado pela doutrina como procedimento sumário. Conforme entendimento da doutrina majoritária, ao qual nos filiamos, a Lei n. 9.957/00 não revogou ou ab-rogou a Lei n. 5.584/70, pois com ela não é incompatível, não regulamentou integralmente a matéria, tampouco disse expressamente (art. 2º da LICC).

(10) Quanto aos procedimentos especiais, a CLT disciplina três espécies: o inquérito judicial para apuração de falta grave (arts. 853 a 855), o dissídio coletivo (arts. 856 a 875) e a ação de cumprimento (art. 872).

Em razão das peculiaridades do processo do trabalho, principalmente de seus princípios basilares, muitos questionam a possibilidade da intervenção de terceiros no processo do trabalho.

No procedimento sumaríssimo trabalhista, não cabe tal intervenção em razão dos princípios da celeridade e da simplicidade do referido procedimento. Embora a Lei n. 9.957/00 não vede expressamente a possibilidade de intervenção de terceiros, o art. 10, da Lei n. 9.099/95[11], aplicável subsidiariamente ao procedimento sumaríssimo trabalhista, veda expressamente tal intervenção[12].

No rito ordinário, há grandes controvérsias sobre a possibilidade ou não da intervenção de terceiros.

Na doutrina, alguns autores sustentam a viabilidade da intervenção de terceiros no Processo do Trabalho mesmo antes da edição da EC n. 45/04. Dentre eles destacamos a posição de *Ísis de Almeida*[13]:

> "Em sucessivas edições do nosso 'Manual de Direito Processual do Trabalho' (1º Volume), vimos afirmando que não haveria como negar a possibilidade de uma intervenção de terceiro no processo trabalhista, do momento em que a coisa ou direito a elas referentes, em litígios, estivessem vinculados a um contrato de trabalho, havendo, portanto, empregado e empregador na lide. A tal respeito devem acrescentar aqui que a entrada do terceiro não poderia implicar o deslocamento ou a aplicação da demanda, no sentido de ter o juízo de pronunciar-se sobre qualquer questão, entre o empregador e o integrante da lide, que não estivesse diretamente afetada pela execução ou dissolução do contrato de emprego. Enfim, o terceiro teria de estar, de alguma forma, inserido também na relação jurídico-processual das partes originais, e seu interesse, conexo com o interesse delas, ao ponto de a decisão definitiva, a ser proferida, vir a afetar seus direitos e seu patrimônio. Como é fácil concluir, tudo estaria dependendo de poder-se manter a competência material da Justiça do Trabalho, e uma íntima conexão entre a pretensão do terceiro e das partes (...) O fato é que diversas situações previstas na lei material o exigem, tais como: a solidariedade do § 2º do art. 2º, da CLT; a sucessão, deduzida dos arts. 10 e 448 também da CLT; o *factum principis* do art. 486; a responsabilidade subsidiária do empreiteiro principal nos contratos de trabalho concluídos por seus subempreiteiros, como consta do art. 455, etc."

---

(11) Art. 10 da Lei n. 9.099/95: "Não se admitirá, no processo, qualquer forma de intervenção de terceiros nem de assistência. Admitir-se-á o litisconsórcio".

(12) Nesse mesmo diapasão, José Antônio Ribeiro de Oliveira Silva: "(...) pensamos não ser admissível no rito sumaríssimo trabalhista qualquer espécie de intervenção de terceiros, inclusive a assistência, para não comprometimento do ideal de celeridade da lei, como aliás ocorre no Juizado Especial Cível, consoante disposição contida no art. 10 da Lei n. 9.099/95" (*Questões relevantes do procedimento sumaríssimo — 100 perguntas e respostas*. São Paulo: LTr, 2000. p. 61). Nesse mesmo sentido, Júlio César Bebber (*Procedimento sumaríssimo no processo do trabalho*. São Paulo: LTr, 2000. p. 91).

(13) ALMEIDA, Ísis de. *Manual de direito processual do trabalho*. 1. vol., 9. ed. São Paulo: LTr, 1998. p. 179.

No mesmo sentido, vale transcrever a opinião de *Amauri Mascaro Nascimento*[14]:

"É cabível na Justiça do Trabalho a intervenção de terceiros em face do princípio da subsidiariedade, uma vez que, sendo o direito processual comum fonte subsidiária do processo do trabalho (CLT, art. 769) e diante da omissão e inexistência de incompatibilidade, segue-se que rejeitá-la implicaria descumprir a lei. A lide denominada paralela na verdade não o é, mas mera questão incidental a ser resolvida pela Justiça do Trabalho, como tantas outras com que se defronta e decide até mesmo em dissídios coletivos, quando um sindicato ingressa no processo para afastar sindicato que dele figura como parte, por entender que detém a legitimidade da representação da categoria. Os tribunais do trabalho vêm decidindo sem controvérsia essas questões, em caráter incidental, embora sabidamente a competência originária para sua apreciação venha a ser a justiça comum. (...) Acrescentem-se a funcionalidade do processo e o princípio da economia processual, recomendando a utilização no processo do maior número possível dos conflitos que surgirem para evitar a inútil reprodução de feitos. O fracionamento das questões para que viessem a ser resolvidas em processo e perante justiças diferentes desatenderia a esses princípios e eternizaria as demandas, subordinando o exercício da jurisdição trabalhista à comum enquanto esta não viesse a decidir a questão entre terceiro e parte".

Antes da EC n. 45/04, a jurisprudência havia-se firmado no sentido do não cabimento, como regra geral, do Instituto da Intervenção de Terceiros no Direito Processual do Trabalho. Nesse sentido, destacamos as seguintes ementas:

> Denunciação à lide — Justiça do Trabalho — Incompatibilidade. A intervenção de terceiros de denunciação à lide é procedimento incompatível com o processo do trabalho, pois tal ato implicaria a necessidade de dirimir a relação jurídica de natureza civil controvertida entre denunciante e denunciado, refugindo-se, pois, da competência desta Justiça Especializada, nos termos do art. 114 do Texto Fundamental. (TRT 10ª R. – 2ª T. – RO n. 759/2003.018.10.00-7 – Relª Flávia S. Falcão – DJDF 8.10.04 – p. 19) (RDT n. 11 – Novembro de 2004)

> Denunciação da lide — Inviável no processo do trabalho. A denunciação da lide constitui ação incidental proposta por uma das partes (da ação principal), em geral contra terceiro, pretendendo a condenação deste à reparação do prejuízo decorrente de sua eventual derrota na causa por lhe assistir direito regressivo previsto em lei ou em contrato. Contudo, não é cabível na Justiça do Trabalho, por ser esta incompetente para resolver a controvérsia decorrente de contrato de natureza civil, firmado entre duas empresas, ou seja, entre o denunciante e o denunciado. (TRT 12ª R. – 3ª T. – RO-V n. 1247/2003.006.12.00-7 – Ac. n. 8.717/04 – Relª Lília L. Abreu – DJSC 12.8.04 – p. 215).

Mesmo após a EC n. 45/04, autores há que se mostram totalmente contrários à admissão da intervenção de terceiros. Nesse sentido é a opinião de *Manoel Carlos Toledo Filho*[15]:

---

(14) NASCIMENTO, Amauri Mascaro. *Curso de direito processual do trabalho*. 20. ed. São Paulo: Saraiva, 2001. p. 348.

(15) TOLEDO FILHO, Manoel Carlos. *Fundamentos e perspectivas do processo trabalhista brasileiro*. São Paulo: LTr, 2006. p. 108.

"A nosso juízo, contudo, sequer da possibilidade de assistência se deve no procedimento trabalhista cogitar. E isto porque ela, afinal, assim como todas as demais modalidades de intervenção, introduz na lide laboral questões novas, adstritas a interessados outros, alheios ao âmago da relação de Direito Material, que poderão ao processo se apresentar inclusive em grande número, tudo isto dificultando a apreciação célere e concentrada da demanda, que é justamente a preocupação central a ser perseguida pelo legislador. Neste passo, é oportuno trazer à baila aquilo que existe no procedimento estatuído para os Juizados Especiais Cíveis".

Dentre os argumentos contrários à intervenção de terceiros no Processo do Trabalho apontados pela doutrina e jurisprudência anterior à EC n. 45/04, destacamos:

a) a Justiça do Trabalho não tinha competência para resolver controvérsias entre terceiros, estranhos às controvérsias entre empregados e empregadores;

b) incompatibilidade da intervenção de terceiros com os princípios do processo do trabalho, máxime dos princípios da celeridade, simplicidade e oralidade;

c) criação de complicadores no procedimento que impeça que o processo tenha uma tramitação ágil e perca o seu foco central, que é assegurar a efetividade do crédito trabalhista[16];

d) obrigar o reclamante a litigar contra quem não pretende.

De outro lado, muitos sustentavam a possibilidade da intervenção de terceiros no processo do trabalho, com os seguintes argumentos:

a) compatibilidade do instituto com o procedimento trabalhista;

b) omissão da CLT, podendo ser aplicado o instituto processual por força do art. 769 da CLT;

c) competência da Justiça do Trabalho para apreciar outras controvérsias decorrentes da relação de trabalho (parte final do art. 114, da CF, com a redação anterior à EC n. 45/04);

d) economia processual;

e) maior efetividade do processo e pacificação dos conflitos que circundam a relação de trabalho;

f) possibilidade de decisões conflitantes entre a Justiça do Trabalho e a Justiça comum sobre a mesma controvérsia;

g) razões de justiça e equidade.

---

(16) Nesse sentido é a visão de Jorge Luiz Souto Maior: "(...) há de se reconhecer que a intervenção de terceiros no processo do trabalho serve apenas para inserir complicadores no litígio, que impedem a efetivação do procedimento oral e seus objetivos, sem trazer qualquer vantagem processual para partes, intervenientes e Justiça" (*Direito processual do trabalho*. Efetividade, acesso à Justiça processual para partes e procedimento oral. São Paulo: LTr, 1998. p. 298).

Após a EC n. 45/04, muitos já estão admitindo a intervenção de terceiros de forma ampla no Processo do Trabalho, uma vez que a competência da Justiça do Trabalho já não está mais restrita às controvérsias entre empregados e empregadores. Outros dizem, por outro lado, que nada foi alterado e que, somente mediante lei específica, a intervenção de terceiros pode ser admitida no Processo do Trabalho (art. 114, IX, da CF).

No nosso sentir, diante da EC n. 45/04, o instituto da intervenção de terceiros passa a ser admitido com maior flexibilidade no Processo do Trabalho, máxime quando não se postula um crédito oriundo da relação de emprego. Entretanto, cabe ao juiz do trabalho, como diretor do processo, zelar pela celeridade e efetividade do procedimento (arts. 765 da CLT e 130 do CPC), avaliar o custo-benefício da intervenção de terceiros e indeferi-la quando não traga benefícios aos litigantes, não iniba o direito de regresso e gere complicadores desnecessários ao rápido andamento do processo[17].

A jurisprudência trabalhista tem admitido, após a EC n. 45/04, a intervenção de terceiros no Processo do Trabalho para o fim de fixação de responsabilidade ao terceiro, tendo por objetivo assegurar a garantia de solvabilidade do crédito trabalhista e maior efetividade da jurisdição trabalhista.

Nesse sentido, o Enunciado n. 68 da 1ª Jornada de Direito Material e Processual do Trabalho do Tribunal Superior do Trabalho, *in verbis*:

> INTERVENÇÃO DE TERCEIROS.
>
> I – Admissibilidade da intervenção de terceiros nos processos submetidos à jurisdição da Justiça do Trabalho.
>
> II – Nos processos que envolvem crédito de natureza privilegiada, a compatibilidade da intervenção de terceiros está subordinada ao interesse do autor, delimitado pela utilidade do provimento final.
>
> III – Admitida a denunciação da lide, é possível à decisão judicial estabelecer a condenação do denunciado como corresponsável.

Em sendo acolhida a intervenção de terceiros provocada (nomeação à autoria, chamamento ao processo e denunciação da lide), deverá o Juiz do Trabalho adiar a audiência e propiciar a notificação do terceiro para que, em querendo, compareça na audiência de instrução e julgamento, apresentando defesa e as provas que pretende produzir. Caso a intervenção seja espontânea (assistência e oposição), deverá o Juiz do Trabalho notificar o terceiro para, em querendo, participar da audiência de instrução e julgamento, devendo ser intimado para participar do processo nos seus ulteriores atos. A decisão que defere a intervenção de terceiros tem natureza de decisão interlocutória, não sendo recorrível de imediato (art. 893, § 1º, da CLT). Não obstante, havendo ilegalidade na decisão ou se ela tumultuar o processo, a parte prejudicada poderá impetrar Mandado de Segurança ou propor a Correição Parcial.

---

(17) Não deve o Juiz do Trabalho deferir a intervenção de terceiro quando a empresa chamada a fazer parte do processo estiver sumida ou em notório estado de insolvência. Nestes casos, a intervenção somente complicará o Processo.

## 3. Das espécies de intervenção de terceiros e sua aplicabilidade no Direito Processual do Trabalho

### 3.1. Assistência

Dispõe do art. 50 do CPC:

> Pendendo uma causa entre duas ou mais pessoas, o terceiro, que tiver interesse jurídico em que a sentença seja favorável a uma delas, poderá intervir no processo para assisti-la. Parágrafo único. A assistência tem lugar em qualquer dos tipos de procedimento e em todos os graus da jurisdição; mas o assistente recebe o processo no estado em que se encontra.

Assistência é, em si, a ajuda que uma pessoa presta a uma das partes principais do processo, com vista a melhorar suas condições para obter a tutela jurisdicional. Na disciplina das intervenções de terceiros, chama-se a assistência de ingresso voluntário de um terceiro no processo, com a finalidade de ajudar uma das partes[18].

O interesse que legitima a intervenção de terceiros é o jurídico. Interesse jurídico configura-se quando o resultado do processo possa projetar efeitos sobre a esfera de direitos do terceiro, ou seja, o terceiro possa, de algum modo, sofrer os efeitos da coisa julgada material — por exemplo, o fiador, sócio que se retirou da empresa há menos de dois anos (art. 1.102 do CC), seguradora. O interesse meramente econômico não legitima a assistência.

Ao intervir, o terceiro adquire o *status* de parte. Mas o litígio não é seu, o assistente não tem poderes de disposição do processo. Por isso, é chamado de parte auxiliar. Também o ingresso do assistente não altera o objeto do processo, uma vez que ele se limita a aderir à pretensão do assistido, sem formular demanda nova. O mérito tem o mesmo contorno com a assistência e sem ela[19].

A assistência cabe em qualquer espécie de processo, mesmo executivo (embargos à execução e de terceiro), mas o assistente recebe o processo no estado em que se encontra (art. 50, parágrafo único do CPC). Cabe no rito sumário (art. 280 do CPC); não cabe no sumaríssimo (art. 10 da Lei n. 9.099/95) e também não cabe no rito sumaríssimo trabalhista da Lei n. 9.957/00 em razão da celeridade e da aplicação analógica da Lei n. 9.099/95.

A assistência pode ser simples ou litisconsorcial. Litisconsorcial (ou qualificada): Quando a sentença houver de influir na relação jurídica entre ele e o adversário do assistido (art. 54 do CPC[20]). *Dinamarco*[21] critica a expressão litisconsortes, pois o assistente litisconsorcial terá as mesmas faculdades da parte principal. Ele não é

---

(18) DINAMARCO, Cândido Rangel. *Op. cit.*, p. 383.
(19) *Ibidem*, p. 385.
(20) O litisconsórcio a que alude o art. 54 do CPC é o facultativo.
(21) DINAMARCO, Cândido Rangel. *Op. cit.*, p. 388.

parte, pois não traz ao processo demanda alguma a ser julgada, nem em face dele foi proposta qualquer demanda a ser julgada. A procedência da demanda inicial não lhe atribuirá bem algum, nem ele sofrerá condenação.

A assistência, tanto sob a modalidade simples como a litisconsorcial, é compatível com o Processo do Trabalho, inclusive a Súmula n. 82 do C. TST a admite. Diz o referido verbete Sumular:

> ASSISTÊNCIA. A intervenção assistencial, simples ou adesiva, só é admissível se demonstrado o interesse jurídico e não o meramente econômico.

Embora a jurisprudência amplamente admita a assistência no Processo do Trabalho, não são muitas as hipóteses de sua ocorrência. Podemos citar, por exemplo, o sócio que ingressa como assistente para ajudar a empresa; a empresa do mesmo grupo econômico de outra empresa que figura como reclamada e vem ajudá-la no processo (assistência litisconsorcial); o empregador que ingressa como assistente em ação coletiva promovida pelo sindicato em que este figura como substituto processual (Súmula n. 310 do C. TST).

Lembra *Sergio Pinto Martins*[22] que a hipótese mais comum de assistência no processo do trabalho é a que envolve a participação do sindicato, assistindo o empregado em juízo. O substituído também poderá figurar no processo como assistente litisconsorcial.

## 3.2. Nomeação à autoria

Dispõe o art. 62 do CPC:

> Aquele que detiver a coisa em nome alheio, sendo-lhe demandada em nome próprio, deverá nomear à autoria o proprietário ou o possuidor.

Ensina *Cândido Rangel Dinamarco*[23]: "Nomeação à autoria é o pedido feito pelo réu, de ser excluído da relação processual por ilegitimidade *ad causam*, sendo sucedido por terceiro. O réu nomeia-o à autoria, indicando o verdadeiro responsável".

Cabe somente no processo de conhecimento. No processo de execução ela não é cabível. Se o réu não o fizer, deverá ressarcir perdas e danos. Com relação ao juiz, a nomeação não tem efeitos sobre o poder do juiz de livremente apreciar a legitimidade *ad causam*. A oportunidade para a nomeação à autoria é o prazo da resposta.

A utilidade da nomeação consiste em antecipar soluções para a questão da legitimidade passiva mediante um incidente razoavelmente simples em que o autor, alertado, tem oportunidade de retificar a mira da demanda proposta[24].

As hipóteses de nomeação à autoria vêm previstas nos arts. 62 e 63 do CPC. O art. 62 trata da hipótese em que o réu é acionado em ação real, mas simplesmente

---

(22) MARTINS, Sergio Pinto. *Direito processual do trabalho*. 26. ed. São Paulo: Atlas, 2006. p. 211.

(23) DINAMARCO, Cândido Rangel. *Op. cit.*, p. 392.

(24) *Ibidem*, p. 394.

detém a coisa, não sendo seu proprietário ou possuidor. O art. 63 aduz ser aplicável o disposto no art. 62 à ação de indenização, intentada pelo proprietário ou pelo titular de um direito sobre a coisa, toda vez que o responsável pelos prejuízos alegar que praticou o ato por ordem, ou em cumprimento de instruções de terceiro.

Para significativa parte da doutrina, a nomeação à autoria não tem aplicabilidade em sede trabalhista.[25]

Nesse diapasão é a opinião de *Sergio Pinto Martins*:

"O ato praticado contra quem ingressou com ação na Justiça do Trabalho, v. g., o gerente da empresa, não poderá nomear à autoria o verdadeiro empregador. Na verdade, será parte ilegítima no polo passivo da ação, devendo o processo ser extinto sem julgamento de mérito (art. 267, VI, do CPC), que inclusive pode ser decretado de ofício pelo julgador (arts. 295, II, c/c art. 301, § 4º, do CPC). Seguindo essa orientação, a nomeação à autoria é inaplicável ao processo do trabalho"[26].

*Christovão Piragibe Tostes Malta*[27] tem opinião diversa. Para o renomado processualista, "o empregador, por exemplo, pode ajuizar ação visando a compelir o empregado a devolver-lhe mostruário que, conforme alegado na inicial, o segundo detém como decorrência do contrato de trabalho. O empregado, eis outros exemplos que se apontam como justificando o cabimento da nomeação à autoria, no processo trabalhista, pode reclamar, alegando que são suas as ferramentas que a empresa não devolveu, conquanto o contrato de trabalho que vinculou os litigantes esteja extinto. Na primeira hipótese, pode suceder que o empregado sustente que não detém o mostruário em nome do empregador, mas sim em nome de terceiros".

Para *Amauri Mascaro Nascimento*[28], "nomeação à autoria é o modo pelo qual aquele que detém coisa em nome alheio suscita a integração, no processo, do proprietário ou possuidor. Penhorados os bens em decorrência de execução trabalhista, cabe a nomeação à autoria do proprietário ou possuidor, pelo simples detentor".

A nosso ver, a nomeação à autoria, embora de difícil ocorrência no Processo do Trabalho, não é com ele incompatível. O referido instituto pode ser compatibilizado com o Processo do Trabalho (art. 769 da CLT), inclusive para beneficiar o próprio reclamante, mesmo sem os contornos dos arts. 62 e 63 do CPC, mas como medida de correção do polo passivo da ação, sem a necessidade de extinção prematura do

---

(25) Nesse sentido, Campos Batalha. *Tratado de direito judiciário do trabalho*. 2. ed. São Paulo: LTr, 1985. p. 350.

(26) Nesse sentido, Campos Batalha (*Tratado de direito judiciário do trabalho*. 2. ed. São Paulo: LTr, 1985. p. 350) e Manoel Antonio Teixeira Filho (*Litisconsórcio, assistência e intervenção de terceiros*. Curso de processo do trabalho. Perguntas e respostas sobre assuntos polêmicos em opúsculos específicos. v. 4. São Paulo: LTr, 1997. p. 39).

(27) TOSTES MALTA, Christovão Piragibe. *Prática do processo trabalhista*. 31. ed. São Paulo: LTr, 2002. p. 347-348.

(28) NASCIMENTO, Amauri Mascaro. *Curso de direito processual do trabalho*. 20. ed. São Paulo: Saraiva, 2001. p. 350.

processo em razão de ilegitimidade. Muitas vezes, o autor postula verbas trabalhistas em face do reclamado que não é o empregador, e este em defesa indica quem é o verdadeiro empregador. Desse modo, havendo concordância do reclamante ou até se estiver convencido o juiz, este poderá determinar o acertamento do polo passivo, sem precisar extinguir o processo por ilegitimidade *ad causam* do demandado. Em hipóteses de terceirização ou contrato de subempreitada, é comum o reclamante postular o vínculo de emprego em face de um determinado empregador, e este indicar, em defesa, o verdadeiro empregador.

Sob o enfoque das hipóteses previstas nos arts. 62 e 63, do CPC, concordamos com as posições e os exemplos de *Tostes Malta* e *Amauri Mascaro Nascimento* no sentido de haver compatibilidade entre a nomeação à autoria e o procedimento trabalhista.

### 3.3. Oposição

Dispõe o art. 56 do CPC:

> Quem pretender, no todo ou em parte, a coisa ou o direito sobre que controvertem autor e réu, poderá, até ser proferida a sentença, oferecer oposição contra ambos.

Ensina *Costa Machado*[29]: "Oposição é uma ação incidental proposta por alguém que está fora do processo em face das duas partes, assumindo estas, então, a condição de litisconsortes no polo passivo. Deduzida a oposição, nasce um segundo processo, ou seja, uma outra relação processual — envolvendo o oponente, de um lado, e os opostos, do outro — e, também, um procedimento autônomo, já que a atuação é separada (em apenso aos autos principais). Observe-se que o oponente é terceiro apenas num sentido cronológico, mas não técnico".

Caracteriza-se a pretensão do oponente pelo pedido de tutela jurisdicional em relação ao mesmo bem que as partes originárias disputam. Caso o oponente não venha a juízo, a coisa julgada proferida na ação entre as partes originárias não o vinculará, em razão dos limites subjetivos da coisa julgada material (art. 472 do CPC). A razão de ser da oposição é a incompatibilidade entre a pretensão do terceiro e a das partes originárias.

A petição inicial deve preencher os requisitos dos arts. 282 e 283, ambos do CPC. A oposição não pode ter objeto mais amplo que a coisa ou o direito controvertido entre autor e réu, neste caso, deve o interessado propor ação autônoma. A oposição deve ser julgada primeiro que a ação, sob pena de nulidade da sentença.

Cabendo ao juiz decidir simultaneamente a ação e a oposição (como no caso do art. 59), desta conhecerá em primeiro lugar (CPC, art. 61), pois, julgando procedente a oposição, aplicará no processo principal as consequências: é a prejudicialidade referida. *A contrario sensu*, quando ele não tiver de decidir simultaneamente, porque

---

(29) *Op. cit.*, p. 363.

a tanto não obrigado pela lei, poderá julgar antes a ação e depois a oposição. *Celso Agrícola Barbi* lembra que, sendo a oposição uma ação, ocasiona despesas judiciais, devendo o juiz resolver quanto às custas e honorários advocatícios, na forma prevista no Código[30].

Ainda há acirradas dúvidas sobre a possibilidade da oposição no Processo do Trabalho.

O entendimento majoritário anterior à EC n. 45/04 era no sentido da incompetência da Justiça do Trabalho.

Nesse diapasão, a opinião abalizada de *Manoel Antonio Teixeira Filho*[31]: "... é necessário deixarmos, agora, suficientemente definido o nosso parecer acerca do assunto: repelimos a possibilidade de oposição no processo do trabalho em virtude de ela acarretar, invariavelmente, a incompetência dessa Justiça Especializada, no que tange à solução do conflito de interesses que acaba se estabelecendo entre trabalhadores. Se, em certo caso, essa incompetência não aflorar é porque estaremos diante de uma falsa oposição (ou de uma oposição aparente), tal como acontece quando alguém se intromete em processo alheio não na qualidade formal e típica de oponente, mas sim de pessoa que deduz pretensões conexas com as formuladas pelo autor, mesmo que contrastantes entre si e sabendo-se que apenas as de um deles poderão ser acolhidas"[32].

No mesmo sentido, destaca-se a seguinte ementa:

> Intervenção de terceiros — Oposição — Incompatibilidade com o processo do trabalho. Se a controvérsia estabelecida em oposição ofertada incidentalmente em dissídio coletivo gravita em torno da legitimidade da representação sindical processada — envolvendo, portanto, entidades sindicais diversas —, não há espaço para a Justiça do Trabalho solucionar o impasse, em face dos limites definidos no art. 114 da CF. Nessa hipótese, e sem embargo da possibilidade de exame de ofício da questão afeta à legitimidade ativa ou passiva *ad causam* do ente sindical impugnado, por ocasião do julgamento do dissídio coletivo apresentado, será impositiva a extinção do processo incidental, sem exame do mérito, na forma do art. 267, IV, do CPC c/c o art. 769 da CLT (TRT 10ª R. – TPOP n. 377.2003.000.10.00-5 – Rel. Douglas A. Rodrigues – DJDF 12.3.04 – p. 3).

No dissídio individual do trabalho, em que pesem as opiniões em contrário, não vemos óbice, máxime após a EC n. 45/04 que atribuiu à Justiça do Trabalho

---

(30) COSTA, Carlos Coqueijo. *Direito judiciário do trabalho.* Rio de Janeiro: Forense, 1978. p. 156.

(31) TEIXEIRA FILHO, Manoel Antonio. *Litisconsórcio, assistência e intervenção de terceiros no processo do trabalho.* 3. ed. São Paulo: LTr, 1995. p. 185.

(32) A esta mesma conclusão chega o renomado Wilson de Souza Campos Batalha: "A oposição não tem cabimento no foro trabalhista. Normalmente, ocorre ela nas hipóteses de ação com direção real (ações reais, *reipersecutórias*, ou pessoais *in rem scriptae*). Pode ocorrer, também, na hipótese de cessão de direitos litigiosos, mas esta se nos afigura impossível em face do Direito do Trabalho (os direitos conferidos pela legislação trabalhista não podem ser objeto de negociação em terceiros)" (*Tratado de direito judiciário do trabalho.* 2. ed. São Paulo: LTr, 1985. p. 347).

competência para as ações oriundas e decorrentes da relação de trabalho (art. 114, incisos I e IX[33]). Desse modo, a oposição, embora sejam reduzidas suas hipóteses, é compatível com os princípios que norteiam o Processo do Trabalho (art. 769 da CLT).

Conforme *Isís de Almeida*[34], "a doutrina também vem resistindo a admiti-la, mas é um incidente que pode ocorrer em relação, por exemplo, a instrumentos de trabalho, como coisa em litígio, ou a um direito à parcela remuneratória que se discuta, quando o oponente também pode fazer jus à mesma, por força de trabalho conjunto, ou em equipe (sem desconfiguração do contrato de trabalho com os respectivos participantes)".

*Cléber Lúcio de Almeida*[35] menciona o seguinte exemplo de cabimento da oposição no Processo do Trabalho: "Admite-se a oposição, porém, quando um sindicato ajuíza ação pleiteando o recebimento de contribuição sindical e outro sindicato apresenta oposição, afirmando que a contribuição sindical lhe deve ser revertida, por ser o legítimo representante da categoria a que pertence o trabalhador".

O professor *Amauri Mascaro Nascimento*[36], também admitindo a oposição nos dissídios individuais trabalhistas, traz a seguinte hipótese: "Se empregado e empregador discutem direitos sobre invenção de empregado no curso do contrato de trabalho, terceiro que se julga com direitos sobre a invenção pode ingressar no processo".

### 3.4. Oposição em dissídio coletivo de natureza econômica

Leciona *Amauri Mascaro Nascimento*: "A forma processual de ingresso de sindicato em dissídio coletivo para avocar a sua legitimidade em detrimento do sindicato que figura na relação jurídica processual é a oposição. Não é prevista pela legislação processual trabalhista. Todavia, diante da subsidiariedade do Direito Processual Comum, nada impede que seja admitida no dissídio coletivo porque não há restrições legais nem é incompatível com o mesmo, como forma de intervenção de terceiro no processo judicial"[37].

---

(33) Concordamos com a posição de Rodolfo Pamplona Filho, quando sustenta que "o inciso IX do art. 114, ao explicitar ser da competência da Justiça do Trabalho 'outras controvérsias decorrentes da relação de trabalho na forma da lei', não contradiz a regra geral do inciso I, mas, sim, ao contrário, a reafirma, ao admitir a existência de outras demandas decorrentes da relação de trabalho, em que os sujeitos não estejam na qualificação jurídica de trabalhador e tomador do serviço" (A nova competência da justiça do trabalho. Uma contribuição para a compreensão dos limites do novo art. 114 da Constituição Federal, *Revista LTr*, 70-01/49).

(34) ALMEIDA, Ísis de. *Manual de direito processual do trabalho*. 1. v., 9. ed. São Paulo: LTr, 1998. p. 185.

(35) ALMEIDA, Cléber Lúcio de. *Direito processual do trabalho*. Belo Horizonte: Del Rey, 2006. p. 371.

(36) NASCIMENTO, Amauri Mascaro. *Op. cit.*, p. 350.

(37) NASCIMENTO, Amauri Mascaro. Problemas atuais do direito e do processo do trabalho. In: *Revista LTr* 55-8, São Paulo: LTr, 1991. p. 415.

No mesmo sentido é a visão de *Ives Gandra Martins Filho*[38]:

"Entendemos que, das quatro formas elencadas pelo Código de Processo Civil (Livro I, Capítulo VI) como de intervenção de terceiros no processo (oposição, nomeação à autoria, denunciação da lide e chamamento ao processo), a única aproveitável como instituto no Processo Coletivo do Trabalho seria a da oposição, com a devida adequação à natureza especial do processo coletivo, de forma a garantir que um terceiro possa vir a integrar uma lide já constituída, contestando o direito de uma das partes estar em juízo.

Nesse caso, caberia ao Tribunal, antes de apreciar o mérito da ação coletiva, decidir sobre a oposição existente, declarando qual dos dois sindicatos em litígio possui a legitimidade ativa para figurar no dissídio coletivo como representante da categoria. O TST, em matéria de conflito de representação, tem decidido, em caráter incidental, com decisão válida apenas para o processo em curso, no sentido da legitimidade do sindicato mais antigo, se o conflito suscitado perante a Justiça Comum ainda não tiver sido dirimido".

Após a EC n. 45/04, é a mesma a opinião de *Sergio Pinto Martins*[39]: "Cabe oposição em dissídio coletivo, o opoente deverá fazer seu pedido, atendendo aos requisitos do art. 282. A oposição é distribuída por dependência, devendo os opostos ser citados pessoalmente ou por seus advogados para contestar a ação na audiência que for designada".

Com a redação dada ao art. 114, III, da CF, não há como se interpretar isoladamente o referido inciso, mas sim em cotejo com os incisos I, II, IX e §§ 2º e 3º, todos da CF. No referido dispositivo, há dois núcleos: a) ações sobre representação sindical; b) ações entre sindicatos, entre sindicatos e trabalhadores, e entre sindicatos e empregadores.

A nosso ver, no estágio atual da competência da Justiça do Trabalho, não cabe mais a oposição em dissídio coletivo, pois, se houver controvérsias sobre a representação da categoria, deverá o sindicato oponente postular ação declaratória junto à Justiça do Trabalho, no primeiro grau de jurisdição, e pretender a suspensão do dissídio coletivo enquanto tramitar a ação declaratória, por meio de medida cautelar, podendo o relator do dissídio coletivo, se entender cabível, suspender o processo até a decisão da ação declaratória, nos termos do art. 265 do CPC.

Ainda que se possa argumentar que caberia a oposição no dissídio coletivo, a decisão nele proferida ser *incidenter tantum* sobre a representatividade da categoria e não adquira contornos de coisa julgada material, a nosso ver, com a competência da Justiça do Trabalho dada pela EC n. 45/04, isso já não é possível, pois o TRT não pode julgar, originariamente, ações sobre representação sindical, já que tal

---

(38) MARTINS FILHO, Ives Gandra. *Processo coletivo do trabalho*. 3. ed. São Paulo: LTr, 2003. p. 118-119.
(39) MARTINS, Sergio Pinto. *Direito processual do trabalho*. 26. ed. São Paulo: Atlas, 2006. p. 213.

competência é do primeiro grau de jurisdição. Além disso, o sindicato oponente não poderá ingressar no dissídio coletivo sem a anuência dos outros sindicatos, pois o § 2º, do art. 114, da CF exige o "comum acordo" para instauração do dissídio coletivo de natureza econômica[40].

Nesse diapasão, oportunas as palavras de *Manoel Antonio Teixeira Filho*[41]:

"Ainda que se admita, simplesmente para argumentar, que o sindicato poderia intervir como opoente, ficaria sem resposta satisfatória uma outra questão relevante. Com efeito, se o pressuposto para o exercício da ação coletiva é o insucesso da negociação (Constituição Federal, art. 114, § 2º), eventual decisão favorável ao opoente (por entender-se que é o legítimo representante da categoria) faria com que a tentativa de negociação ficasse invalidada, por haver sido realizada por sindicato que não representa a categoria. Com isso, deveria ser extinto o processo de dissídio coletivo, sem julgamento do mérito, por falta de atendimento a um pressuposto constitucional indispensável".

### 3.5. Denunciação da lide

Trata-se de forma de intervenção de terceiros provocada ou coacta.

Diz o CPC (art. 74) que o terceiro figura como litisconsorte, mas, segundo *Dinamarco*, isso está incorreto, pois o denunciado nada pede para si e também quanto a ele nada é pedido.

Pode dar-se tanto pelo autor como pelo réu. É exclusiva do processo de conhecimento, não sendo admitida no processo executivo ou cautelar.

Ensina *Renato Saraiva*[42]: "Denunciação da lide é espécie de intervenção forçada, mediante convocação do autor ou do réu (hipótese mais comum), com o objetivo de assegurar o direito de regresso contra o denunciado (terceiro), na própria sentença que impôs a condenação contra o denunciante. Nesta esteira, na denunciação da lide serão julgadas tanto a demanda entre as partes primitivas quanto a lide decorrente da denunciação (art. 76 do CPC), possuindo a sentença, portanto, dupla finalidade".

A denunciação à lide está prevista no art. 70 do CPC, que tem a seguinte redação:

---

(40) A nosso ver, o Poder Normativo da Justiça do Trabalho não foi extinto pela EC n. 45/04. Apenas fora criado um óbice para o ingresso do Dissídio que é o "comum acordo". Trata-se esta expressão de um pressuposto processual para alguns ou de uma condição da ação para outros, ou até um requisito preliminar para a moderna doutrina que engloba os pressupostos processuais e condições da ação numa mesma categoria de *requisitos preliminares*.

(41) TEIXEIRA FILHO, Manoel Antonio. *Litisconsórcio, assistência e intervenção de terceiros*. Curso de processo do trabalho. Perguntas e respostas sobre assuntos polêmicos em opúsculos específicos. v. 4. São Paulo: LTr, 1997. p. 37.

(42) SARAIVA, Renato. *Curso de direito processual do trabalho*. 3. ed. São Paulo: Método, 2006. p. 238-239.

A denunciação da lide é obrigatória:

I – ao alienante, na ação em que terceiro reivindica a coisa, cujo domínio foi transferido à parte, a fim de que esta possa exercer o direito que da evicção resulta;

II – ao proprietário ou ao possuidor indireto quando, por força de obrigação ou direito, em casos como do usufrutuário, do credor pignoratício, do locatário, o réu, citado em nome próprio, exerça a posse direta da coisa demandada;

III – àquele que estiver obrigado, pela lei ou pelo contrato, a indenizar, em ação regressiva, o prejuízo do que perder a demanda.

A nosso ver, malgrado o referido dispositivo legal mencione que a denunciação é obrigatória para todos os casos, nas hipóteses dos incisos II e III, se o réu não ofertar o requerimento de denunciação, não perderá o direito de regresso, podendo fazê-lo em processo autônomo, já que a norma de direito material não dispõe sobre a modalidade de se postular o direito de regresso. Entendimento diverso violaria o art. 5º, XXXV, da CF (acesso à justiça) e também provocaria injustiça manifesta. Portanto, nas hipóteses dos incisos II e III do art. 70 do CPC, a ausência da denunciação somente faria o denunciante perder o direito de regresso na mesma relação jurídica processual.

Nesse sentido, lecionam *Nelson Nery Júnior e Rosa Maria de Andrade Nery*[43]:

"Como o direito material é omisso quanto à forma e modo de obter indenização, relativamente às demais hipóteses de denunciação da lide, não se pode admitir que a não denunciação, nos casos do CPC 70, II e III, acarretaria a perda da pretensão material de regresso. Norma restritiva de direito interpreta-se de forma restritiva, não comportando ampliação. O desatendimento de ônus processual somente pode ensejar preclusão ou nulidade do ato, razão pela qual a falta de denunciação nas hipóteses do CPC 70, I e III não traz como consequência a perda do direito material de indenização, mas apenas impede que esse direito seja exercido no mesmo processo onde deveria ter ocorrido a denunciação".

Os incisos I e II do referido dispositivo não se aplicam ao Direito Processual do Trabalho por serem matérias que não decorrem da relação de trabalho. Quanto ao inciso III, há divergências sobre sua aplicabilidade no Processo do Trabalho.

A doutrina e a jurisprudência, salvo algumas vozes em sentido contrário, sempre foram refratárias em admitir o instituto da intervenção de terceiros no Processo do Trabalho, diante da celeridade do rito processual trabalhista e da falta de competência material da Justiça do Trabalho para dirimir controvérsias atinentes a direito de regresso entre terceiros, que não guardam relação direta com o contrato de trabalho.

---

(43) NERY JÚNIOR, Nelson; NERY, Rosa Maria de Andrade. *Código de Processo Civil comentado e legislação extravagante*. 7. ed. São Paulo: RT, 2003. p. 436.

Autores de nomeada, como *Amauri Mascaro Nascimento*, admitiam a denunciação à lide no Processo do Trabalho, como modalidade defensiva. Aduz o referido jurista[44]:

"É evidente que a denunciação da lide, quando cabível no processo trabalhista, só pode ser concebida como medida de defesa em juízo, daí por que aqueles que a concebem como meio de ataque para que o denunciante possa, nela, obter a condenação do denunciado certamente encontrarão enormes dificuldades em admiti-la na Justiça do Trabalho, porque é pacífico que esta, certamente, não pode impor condenações ao denunciado para indenizar o denunciante. Assim, a sua admissibilidade no processo trabalhista só pode ser concebida à luz da concepção de defesa, para permitir ao juiz no processo, com a presença do denunciado, melhor conferir, de modo mais sólido e claro, o problema que lhe foi proposto pelo denunciante"[45].

No mesmo diapasão é a visão de *Luiz Carlos Amorim Robortella*[46]: "(...) cabe ao sucessor, ao ser acionado em juízo pelo empregador, denunciar a lide ao sucedido, para resguardo de seus direitos, oferecendo à sentença judicial a abrangência subjetiva que a matéria impõe e a oportunidade de compor a lide mediante aplicação dos arts. 10 e 448 da CLT. Também a medida se impõe por economia processual, eis que permite o exercício do direito regressivo do sucessor contra o sucedido nos próprios autos da reclamatória trabalhista".

O Tribunal Superior do Trabalho, diante da EC n. 45/04, cancelou a OJ n. 227, da SDI-I[47], que proibia a denunciação à lide no Processo do Trabalho. Os argumentos, da doutrina e jurisprudência, antes da EC n. 45/04, eram no sentido de que a Justiça do Trabalho não detinha competência para apreciar a relação jurídica entre terceiros, máxime o direito de regresso, pois a antiga redação do art. 114 da CF falava em dissídios entre empregados e empregadores.

Nesse sentido, também já se pronunciou o C. TST, conforme a dicção da seguinte ementa:

> Em se tratando de denunciação da lide, a sentença, sob pena de nulidade, deve decidir não só a questão entre autor e réu, como entre este (denunciante) e o terceiro (denunciado), em face do que preconiza o art. 76, do CPC, aplicável subsidiariamente ao Processo do Trabalho. Destarte, se a prestação jurisdicional deve dispor sobre ambas as demandas, sob pena de se revelar incompleta e, como tal, nula, é imperativa a conclusão de que, na relação jurídica de natureza instrumental e material, estabelecida entre empregado e empregador, não há lugar para terceiro, na condição

---

(44) NASCIMENTO, Amauri Mascaro. *Curso de direito processual do trabalho*. 20. ed. São Paulo: Saraiva, 2001. p. 351.

(45) No mesmo sentido, Coqueijo Costa. *Direito processual do trabalho*. Rio de Janeiro: Forense, 1984. p. 191.

(46) ROBORTELLA, Luiz Carlos Amorim. Sucessão trabalhista e denunciação da lide. In: *Temas relevantes de direito material e processual do trabalho*. Estudos em homenagem a Pedro Paulo Teixeira Manus. São Paulo: LTr, 2000. p. 110.

(47) OJ n. 227 da SDI-I, do C. TST: "Denunciação da Lide. Processo do Trabalho. Incompatibilidade" (Cancelada, DJ 22.11.2005).

de denunciado, quando sua pretensão é de natureza civil. Vê-se, portanto, que a discussão entre o sucessor denunciante e o sucedido denunciado escapa totalmente à competência da Justiça do Trabalho, adstrita, por força do que disposto no art. 114, da Constituição Federal, tão somente à composição dos litígios entre trabalhadores e empregadores, levando à inafastável conclusão acerca do não cabimento da denunciação da lide no âmbito do Processo do Trabalho. Revista não conhecida (TST RR 288.545/96.7 – Ac. 4ª T., 18.11.98 – Rel. Ministro Milton de Moura França, in *Revista LTr* 63-05/652).

Atualmente, o art. 114, incisos VI e IX, da CF, falam em ações decorrentes da relação de trabalho. Portanto, a espinha dorsal da competência da Justiça do Trabalho não são mais os dissídios entre empregados e empregadores, e sim as controvérsias decorrentes da relação de trabalho, que podem envolver terceiros, que não prestador e tomador de serviços, como se dá nas ações de reparação por danos morais e patrimoniais decorrentes da relação de trabalho e também nas hipóteses de sucessão de empresas.

Como pondera *José Roberto Freire Pimenta*[48], referindo-se à possibilidade de intervenção de terceiros no Processo do Trabalho, "trata-se aqui de uma das mais relevantes consequências processuais acarretadas pela ampliação de competência da Justiça do Trabalho (alcançando, inclusive, os processos que tenham por objeto principal as lides decorrentes da relação de emprego, mas que, acessoriamente, atraiam a participação de terceiros na defesa de seus próprios direitos e interesses)"[49].

Por isso, acreditamos que, no atual estágio da competência da Justiça do Trabalho, seja compatível a denunciação à lide nas ações reparatórias de danos morais e patrimoniais, podendo o empregador, por exemplo, denunciar à lide a seguradora, em eventual ação de reparação de dano oriundo de acidente de trabalho, ou em caso de responsabilidade do empregador por ato de seu preposto ou empregado, denunciar a lide o empregado que causou diretamente o dano (arts. 932, III, 933 e 942, todos do Código Civil).

---

(48) PIMENTA, José Roberto Freire. A nova competência da Justiça do Trabalho para as lides não decorrentes da relação de emprego: Aspectos processuais e procedimentais. In: *Revista do Tribunal Superior do Trabalho*, ano 71, n. 1, jan./abr. 2005, Porto Alegre: Síntese, 2005. p. 129-130.

(49) No mesmo sentido é a opinião de Carlos Alberto Begalles: "O Tribunal Superior do Trabalho, mediante OJ n. 227, da SDI-I, entende incabível a denunciação da lide no Processo do Trabalho. Todavia, parece equivocado esse entendimento de forma generalizada, pois é possível admitir-se a denunciação da lide no Processo do Trabalho, em alguns casos, como por exemplo: se uma empresa é acionada por uma ex-empregada, sob a alegação de que o gerente cometeu assédio sexual em face dela, poderá a empresa denunciar à lide o gerente, para se ressarcir de eventuais danos morais e materiais deferidos em favor da reclamante, por ter praticado o ato com dolo ou culpa. Nesse caso se está diante de uma lide entre empregado e empregador (ex-empregada e empresa) e na denunciação da lide também entre empregado e empregador (empresa denunciante e gerente denunciado). Nos dois casos se está diante de uma relação de emprego. Ademais, com a promulgação e publicação da Emenda Constitucional n. 45/04, como a Justiça do Trabalho tem competência para julgar lides que não envolvem somente empregado e empregador, mas também pessoas jurídicas (representatividade sindical), penalidades administrativas etc., pode-se admitir a denunciação da lide no Processo do Trabalho" (*Lições de direito processual do trabalho*. São Paulo: LTr, 2005. p. 109-110).

A CLT disciplina, no art. 486⁽⁵⁰⁾, o chamado fato príncipe, que é uma espécie do gênero força maior. Embora o § 1º do referido artigo faça alusão ao chamamento à autoria, a doutrina é praticamente pacífica no sentido de que se trata de hipótese de denunciação à lide.

O chamamento à autoria é figura que existia no CPC de 1939 e, atualmente, não mais está prevista no CPC de 1973. A figura se reporta à denunciação da lide do atual CPC de 1973.

O empregador continuará no polo passivo, sendo denunciada à lide a autoridade competente que praticou o fato príncipe, uma vez que é a responsável direta pelo pagamento dos títulos trabalhistas.

Nesse sentido, concordamos com os contundentes argumentos expendidos por *Jorge Luiz Souto Maior*:

"A qualificação processual da autoridade, como chamada à autoria, teve à vista a terminologia do Código de Processo de Processo Civil de 39, vigente na época da redação do citado parágrafo. Como o advento do Código de Processo Civil de 73 o denominado 'chamamento à autoria', conforme lição dos mestres da ciência processual civil, passou a chamar-se 'denunciação da lide', com algumas alterações, mas guardando suas características essenciais. Dessa forma, por uma atualização hermenêutica, forçosamente deve-se considerar que a autoridade mencionada passará a integrar a lide como 'denunciada'. Ou seja, a figura da intervenção de terceiros pertinente à ocorrência de *factum principis* é a denunciação da lide"[51].

Com a redação dada ao art. 114 pela EC n. 45/04, não resta dúvida de que a competência para apreciar a lide, quando houver a denunciação da pessoa de direito público responsável pelo fato, é da Justiça do Trabalho, nos termos dos incisos I e IX do art. 114 da CF.

Não há por que se deslocar a competência para a Justiça Estadual ou Federal (conforme a natureza da autoridade pública), pois se trata de controvérsia oriunda

---

(50) Art. 486 da CLT: "No caso de paralisação temporária ou definitiva do trabalho, motivada por ato de autoridade municipal, estadual ou federal, ou pela promulgação de lei ou resolução que impossibilite a continuação da atividade, prevalecerá o pagamento da indenização, que ficará a cargo do governo responsável. (Redação dada pela Lei n. 1.530/51 – DOU 28.12.51). § 1º Sempre que o empregador invocar em sua defesa o preceito do presente artigo, o tribunal do trabalho competente notificará a pessoa de direito público apontada como responsável pela paralisação do trabalho, para que, no prazo de 30 dias, alegue o que entender devido, passando a figurar no processo como chamada à autoria. (Redação dada pelo Decreto-lei n. 6.110/43 – DOU 18.12.43). § 2º Sempre que a parte interessada, firmada em documento hábil, invocar defesa baseada na disposição deste artigo e indicar qual o juiz competente, será ouvida a parte contrária, para, dentro de três dias, falar sobre essa alegação. § 3º Verificada qual a autoridade responsável, a Junta de Conciliação ou Juiz dar-se-á por incompetente, remetendo os autos ao Juiz Privativo da Fazenda, perante o qual correrá o feito, nos termos previstos no processo comum."

(51) SOUTO MAIOR, Jorge Luiz. *Curso de direito do trabalho*. Vol. II. São Paulo: LTr, 2008. p. 508.

da relação de trabalho (art. 114, I, da CF) e, portanto, compete ao Judiciário Trabalhista dirimir integralmente a questão.

No mesmo sentido, pensa *Jorge Luiz Souto Maior*[52]:

"(...) O art. 114 da CF/88 ampliou a competência da Justiça do Trabalho para julgar ações em que o ente público figurasse na relação jurídica como empregador, relação essa regida pela legislação trabalhista. O art. 109, I, que trata da competência dos juízes federais, por sua vez excluiu da competência daquele juízo as causas sujeitas à Justiça do Trabalho, mesmo quando fosse parte a União, entidade autárquica ou empresa pública federal. Conclui-se, assim, que os litígios decorrentes de relação de trabalho, mesmo com interferência de entes públicos, como partes ou oponentes, a competência para julgamento é da Justiça do Trabalho, aliás como já vem disposto no art. 69 do Decreto n. 99.684/90"[53].

Nesse sentido, destaca-se a seguinte ementa:

> Denunciação da lide. Não há dúvidas quanto ao abrigo da denunciação pelo Processo Trabalhista em face do art. 486, § 1º, da CLT ... Cabe a denunciação àquele que estiver obrigado, por contrato ou lei, a indenizar, em ação regressiva, o prejuízo de quem perder a demanda. Revista provida (TST 4ª Turma, RR 34966/91.4, Rel. Min. Marcelo Pimentel, DJU 19.3.93).

Tanto nas hipóteses das ações de reparação por danos morais e patrimoniais como nas hipóteses de sucessão de empresas, ou do fato príncipe, cabe à Justiça do Trabalho apreciar o direito de regresso entre denunciante e denunciado (art. 76 do CPC), uma vez que são controvérsias que decorrem da relação de trabalho.

Nesse sentido, destacamos a seguinte ementa:

> DENUNCIAÇÃO À LIDE. CONTRATO DE SEGURO. COMPETÊNCIA. Trata-se de questão *sui generis*, nascida com o momento de transição que se originou com a EC 45/2004. De fato, a análise da cobertura prevista no contrato de seguro ressoa como matéria estranha à relação de trabalho. Mas, por outro lado, não deixa de ter se originado em processo que visava à pacificação social no bojo de ação indenizatória de acidente de trabalho. A questão da possibilidade ou não da denunciação à lide no processo do trabalho, frente às novas competências, por certo resultará em debates da doutrina e jurisprudência. No entanto, no presente caso, a denunciação já foi deferida, e, a nosso ver, sem embargo de posicionamentos contrários, parece-nos menos prejudicial ao jurisdicionado que estas questões sejam integralmente julgadas por esta Justiça Especializada, até porque o pagamento do prêmio teve origem no acidente de trabalho ocorrido no bojo da relação empregatícia. COBERTURA DO CONTRATO DE SEGURO. COBERTURA DOS "DANOS MORAIS" NA EXPRESSÃO "DANOS PESSOAIS". Ainda que não haja na apólice de seguro a previsão para pagamento de "danos morais", esta obrigação contratual está adstrita à expressão "danos pessoais", eis que o dano à honra, à imagem, aos sentimentos mais caros ao ser humano estão de fato englobados no gênero "dano pessoal".

---

(52) *Op. cit.*, p. 509.
(53) No mesmo sentido é a visão de SAAD, Eduardo Gabriel (*CLT Comentada*. 42. ed. São Paulo, LTr, 2009. p. 666).

ACIDENTE DO TRABALHO COM MORTE. PAI DE FAMÍLIA. DANO MORAL. PRESUNÇÃO *JURE ET DE JURE*. O dano moral decorrente do falecimento do empregado pai de família deriva de presunção *jure et de jure*. Não há como ser diferente. A ninguém é permitido negar a dor espiritual da esposa que perde seu cônjuge, bem como o sofrimento dos filhos que perdem um dos genitores ainda quando em idade impúbere. Observemos que no caso, o *de cujus* possuía à época do acidente 05 (cinco) filhos menores. O solapar da vida, causada pelo infortúnio, ceifou-lhes a oportunidade de convivência com o genitor nos períodos da vida nos quais mais necessitaram do conforto paterno. Inegavelmente, este trecho dramático das suas vidas jamais será apagado. Assim como o sulco que a água pretérita e diuturna deixa nas rochas, a marca indelével em sua consciência, da perda do genitor, é causa de frustração duradoura e permanente no espírito maculado dos filhos e também da esposa, que no decorrer dos anos posteriores carregou pesadíssimo fardo, pois acumulou a responsabilidade da educação e da manutenção de cinco filhos. O que dizer da ausência paterna nos momentos da infância, nos momentos de descoberta da vida, de suas curiosidades, de suas dúvidas e da própria formação educacional, moral e espiritual dos filhos? De fato, imaginemos que não foi fácil para a genitora levar estes pesados anos, de maneira desacompanhada do pai dos autores. Assim, nesta quadra, assumimos integralmente a conclusão posta na r. sentença recorrida, porque, de fato, há no caso dano moral, dor espiritual que não será apaziguada com o pagamento de indenização, senão de forma diáfana compensada. Considerando-se o porte econômico da ré, as consequências gravíssimas do acidente resta majorado o valor da indenização. 99528-2006-002-09-00-5 (RIND) – 9ª Região – Ana Carolina Zaina – Relatora. DJ/PR de 23.2.2007 – (DT – Março/2007 – vol. 152, p. 119).

A jurisprudência trabalhista vem se pronunciando a respeito, ora admitindo ora rejeitando a denunciação da lide no Processo do Trabalho, conforme se constata da redação das seguintes ementas:

> Denunciação da lide — Cabimento na Justiça do Trabalho. O fato de ter havido o cancelamento da OJ n. 227 da SDI-1/TST não implica no cabimento de toda e qualquer denunciação da lide no âmbito da Justiça do Trabalho, o que só é admissível quando referida Justiça especializada detiver competência também para apreciar a lide entre denunciante e denunciado. Assim, não é cabível a denunciação da lide pretendida, quando, nos termos do art. 114/CF, a Justiça do Trabalho não detém competência para julgar a lide entre denunciante e denunciado, como é o caso dos autos, em que eventual ação regressiva da empresa contra ex-sócios deve ser ajuizada no âmbito da Justiça Comum. (TRT 3ª R. – 10ª T – Relª Juíza Maria Cecília Alves Pinto (convocada) – 30.9.09 – p. 205 – Processo RO n. 342/2009.020.03.00-4) (RDT n. 10 – out. 2009).

> Denunciação da lide no processo do trabalho — Reclamação baseada em relação de emprego — Inadmissibilidade. Em se tratando de reclamação trabalhista oriunda de vínculo empregatício (e não relação de trabalho lato sensu), não se admite "o instituto da intervenção de terceiros no Processo do Trabalho, diante da celeridade do rito processual trabalhista e da falta de competência material da Justiça do Trabalho para dirimir controvérsias atinentes a direito de regresso entre terceiros, que não guardam relação direta com o contrato de trabalho". (TRT 5ª R. – 4ª T. – Rel. Des. Roberto Pessoa – 17.9.09 – Processo RO n. 1136/2008.027.05.00-4) (RDT n. 10 – out. 2009).

## 3.6. Chamamento ao processo

Dispõe o art. 77 do CPC:

> É admissível o chamamento ao processo: (Redação dada pela Lei n. 5.925, de 1973) I – do devedor, na ação em que o fiador for réu (Redação dada pela Lei n. 5.925, de 1973); II – dos outros fiadores, quando para a ação for citado apenas um deles (Redação dada pela Lei n. 5.925, de 1973); III – de todos os devedores solidários, quando o credor exigir de um ou de alguns deles, parcial ou totalmente, a dívida comum. (Redação dada pela Lei n. 5.925, de 1973)

Ensina *Cândido Rangel Dinamarco*[54]: "Chamamento ao processo é o ato com que o réu pede a integração de terceiro ao processo para que, no caso de ser julgada procedente a demanda inicial do autor, também aquele seja condenado e a sentença valha como título executivo em face dele".

Trata-se de uma modalidade de intervenção de terceiro provocada, não cabendo, segundo posição majoritária, ao chamado a possibilidade de recusa. É exclusiva do processo de conhecimento, sendo incompatível com o executivo e o cautelar porque visa sempre a obter a condenação do terceiro na sentença, o que só ocorre no processo de conhecimento.

O chamamento ao processo assemelha-se à denunciação à lide, mas com ela não se confunde, pois se trata de figura específica prevista no CPC para que o chamado à lide venha a responder conjuntamente com o devedor solidário, ou para que o devedor principal venha a ser chamado para responder quando demandado o fiador. O chamamento ao processo, ao contrário das hipóteses de denunciação à lide, não é obrigatório, tampouco inviabiliza o direito de regresso para a parte que não o fizer.

Como bem adverte *Cândido Rangel Dinamarco*[55]:

> "Ligado à denunciação da lide por uma grande afinidade, é natural que o chamamento ao processo se reja por preceitos em parte coincidentes com os que dizem respeito àquela. Mesmo as hipóteses legais de sua admissibilidade, como se viu, são em parte superpostas, definindo-se a adequação de cada um desses modos de provocar a intervenção de terceiro por um critério de especialidade: as descrições típicas contidas nos incisos do art. 77, sendo específicas, determinam o cabimento do chamamento ao processo e excluem a denunciação da lide, não obstante todas elas estejam contidas na formulação ampla e genérica do inciso III do art. 70 (*Lex especialis derogat lege generale*)".

Nos termos do art. 78 do CPC, "para que o juiz declare, na mesma sentença, as responsabilidades dos obrigados, a que se refere o artigo antecedente, o réu requererá, no prazo para contestar, a citação do chamado".

Conforme o art. 80 do CPC, "a sentença, que julgar procedente a ação, condenando os devedores, valerá como título executivo, em favor do que satisfizer a dívida, para exigi-la, por inteiro, do devedor principal, ou de cada um dos codevedores a sua quota, na proporção que lhes tocar".

---

(54) DINAMARCO, Cândido Rangel. *Op. cit.*, p. 409.
(55) DINAMARCO, Cândido Rangel. *Intervenção de terceiros*. 5. ed. São Paulo: Malheiros. 2009. p. 177.

Como bem destaca *Cléber Lúcio de Almeida*[56], o que se pretende, ao permitir o chamamento ao processo, é que neste seja proferida sentença única, que, se condenatória, valerá como título executivo para o devedor que satisfizer a dívida (art. 80 do CPC). Chama-se alguém ao processo antes da condenação para que, se ela sobrevier, a sentença passe a valer como título executivo para o devedor que pagar a dívida, em relação ao devedor principal ou aos demais devedores. O chamamento ao processo, a nosso ver, é compatível com o Processo do Trabalho e, muitas vezes, pode ser útil ao reclamante, pois haverá o ingresso de outro réu que irá garantir, juntamente com o outro devedor, o crédito do reclamante.

Pelos mesmos motivos que sustentamos a possibilidade da denunciação da lide, acreditamos ser possível o chamamento ao processo na Justiça do Trabalho, com uma flexibilidade maior que a denunciação, pois o chamamento visa a uma maior garantia de pagamento do crédito do reclamante.

De outro lado, cabe ao juiz do trabalho, como diretor do processo, avaliar o custo-benefício do chamamento e indeferi-lo quando não trouxer benefícios ao processo e também demora demasiada à resolução da lide.

As hipóteses mais comuns de chamamento no Processo do Trabalho são as do sócio, quando a empresa está insolvente, empresa do mesmo grupo econômico da reclamada; do subempreiteiro, quando a demanda é proposta em face do empreiteiro principal; da empresa tomadora dos serviços, quando se postula o vínculo de emprego em face da cooperativa; ou da empresa prestadora, quando se postulam verbas trabalhistas em face da tomadora de serviços em hipótese de terceirização (Súmula n. 331 do C. TST).

Para *José Augusto Rodrigues Pinto*[57], "das hipóteses de cabimento que formam o elenco da lei processual civil só se coaduna com o Dissídio Individual do Trabalho do art. 77, III, relacionada com a solidariedade passiva em sentido amplo, a exemplo das ações de empregado contra subempreiteiro, que chama ao processo o empreiteiro principal (CLT, art. 455)".

A doutrina processual trabalhista vem evoluindo no sentido da admissibilidade do chamamento ao processo no Direito Processual do Trabalho.

Destaca-se a posição de *Wagner D. Giglio*[58]:

"Revertendo posição adotada nas edições anteriores desta obra, novos estudos nos convenceram de que a razão está com C. P. Tostes Malta. Com base na lição deste, transcrita por Coqueijo Costa (*Direito judiciário do trabalho*, cit., p. 166), passamos a admitir o cabimento do chamamento ao processo nos casos de o empregador ser uma sociedade de fato ou um condomínio irregular, ainda inexistente síndico ou administrador, a fim de que venham a integrar *a lide* todos os sócios ou condôminos, se apenas um deles foi citado ou se somente alguns o foram".

---

(56) ALMEIDA, Cléber Lúcio de. *Direito processual do trabalho*. 3. ed. Belo Horizonte: Del Rey, 2009. p. 409.
(57) RODRIGUES PINTO, José Augusto. *Processo trabalhista de conhecimento*. 7. ed. São Paulo: LTr, 2005. p. 277.
(58) GIGLIO, Wagner D. *Direito processual do trabalh*o. 15. ed. São Paulo: LTr, 2005. p. 154.

# Capítulo VIII
# Dos Atos Processuais

## 1. Conceito de atos e fatos processuais

O processo, como vimos, é uma relação jurídica complexa que envolve atos das partes, do Juiz e atos de impulso processual (praticados de ofício pelo Juiz ou pelos auxiliares da justiça), a fim de que a relação jurídica processual possa ter início, meio e fim.

Ensina *Moacyr Amaral Santos*[1]:

"Atos processuais são atos do processo. A relação jurídica processual que se contém no processo se reflete em atos. São atos processuais os atos que têm importância jurídica para a relação processual, isto é, aqueles atos que têm por efeito a constituição, a conservação, o desenvolvimento, a modificação ou cessação da relação processual".

Segundo a doutrina, fato jurídico em sentido amplo é todo acontecimento decorrente da vontade das partes, ou da própria natureza, que tem por objetivo criar, modificar ou extinguir direitos. No sentido estrito, fato jurídico é um acontecimento natural, e o ato jurídico decorre da vontade humana.

Os atos processuais são praticados pelas partes ou pelo Juiz, pois decorrem da vontade humana visando a um determinado efeito processual — por exemplo, a petição inicial, o recurso, a sentença, etc. Não diferem dos atos jurídicos em geral, pois, enquanto estes têm por objeto criar, extinguir ou modificar direitos, os atos processuais têm por objetivo um efeito processual.

Os fatos processuais são acontecimentos naturais, não decorrentes da vontade humana, mas que produzem efeitos processuais — como exemplos, temos a morte de uma das partes, a revelia, a peremção, etc.

Autores há que incluem a possibilidade da existência de negócios jurídicos processuais. Nesse sentido a visão de *Nelson Nery Júnior*[2]:

"Na seara do direito processual civil, por certo, a possibilidade de os efeitos jurídicos dos atos praticados pelas partes serem ditados pela vontade dos autores

---

(1) SANTOS, Moacyr Amaral. *Primeiras linhas de direito processual civil*. 1. vol., 18. ed. São Paulo: Saraiva, 1995. p. 275.

(2) NERY JÚNIOR, Nelson. *Código de Processo Civil comentado*. 10. ed. São Paulo: RT, 2007. p. 425.

da declaração da vontade é bem menor, obviamente, do que no direito privado, onde as relações jurídicas têm objeto jurídico, em regra disponível. Contudo, no processo, existe a possibilidade de realização de negócios jurídicos processuais. É o caso de a parte desistir da ação (CPC, art. 267, VIII); revogar mandato conferido ao seu advogado (CPC, art. 44); transacionar em juízo (CPC, art. 269, III). Os dois primeiros casos são identificados como negócio jurídico processual unilateral. O último como de negócio jurídico processual bilateral ou contrato processual".

Os atos processuais praticados pelo Juiz no Processo estão mencionados, exemplificativamente, no art. 162 do CPC:

> Os atos do juiz consistirão em sentenças, decisões interlocutórias e despachos. § 1º – Sentença é o ato do juiz que implica alguma das situações previstas nos arts. 267 e 269 desta Lei. (Redação dada pela Lei n. 11.232/05 – DOU de 23.12.05). § 2º – Decisão interlocutória é o ato pelo qual o juiz, no curso do processo, resolve questão incidente. § 3º – São despachos todos os demais atos do juiz praticados no processo, de ofício ou a requerimento da parte, a cujo respeito a lei não estabelece outra forma. § 4º – Os atos meramente ordinatórios, como a juntada e a vista obrigatória, independem de despacho, devendo ser praticados de ofício pelo servidor e revistos pelo juiz quando necessários.

Há outros atos processuais, não mencionados no referido dispositivo legal, que são privativos do Juiz, como presidir às audiências, supervisionar os trabalhos da Secretaria, atender os advogados, etc.

Os atos da parte estão mencionados, de forma exemplificativa, no art. 158 do CPC, *in verbis*:

> Os atos das partes, consistentes em declarações unilaterais ou bilaterais de vontade, produzem imediatamente a constituição, a modificação ou a extinção de direitos processuais. Parágrafo único. A desistência da ação só produzirá efeito depois de homologada por sentença.

Como exemplos de atos das partes, temos: petição inicial, contestação, recursos, depoimentos pessoais, transação, entre outros.

Como exemplos de atos dos servidores da Justiça (auxiliares) temos a notificação inicial, que é ato do diretor de secretaria (art. 841 da CLT), a penhora praticada pelo oficial de justiça avaliador (art. 883 da CLT), a perícia realizada pelo perito do juízo (art. 195 da CLT), etc.

A Consolidação disciplina os atos processuais nos arts. 770 a 790-B, incluindo os prazos e despesas processuais, permitindo-se a aplicação subsidiária do CPC naquilo em que houver compatibilidade com o Processo do Trabalho (art. 769 da CLT).

## 2. Princípios dos atos processuais no Processo do Trabalho

Os atos processuais, para terem validade no processo, devem obedecer às diretrizes básicas fixadas na CLT, as quais denominamos princípios dos atos processuais. São eles:

## 2.1. Publicidade

Dispõe o art. 770 da CLT:

> Os atos processuais serão públicos salvo quando o contrário determinar o interesse social, e realizar-se-ão nos dias úteis das 6 às 20 horas.

No mesmo sentido é o art. 779 da CLT:

> As partes, ou seus procuradores, poderão consultar, com ampla liberdade, os processos nos cartórios ou secretarias.

Segundo *Moacyr Amaral Santos*[3], na publicidade dos atos processuais está uma das garantias de ordem pública, pois que tem por finalidade permitir o controle da opinião pública nos serviços da Justiça. Por isso, as audiências são públicas, as sentenças são publicadas, delas podendo-se pedir certidões. É a razão pela qual as sentenças podem ser publicadas em jornais e revistas.

Como já nos pronunciamos, o princípio da publicidade não é absoluto, pois quando a causa estiver discutindo questões que envolvem a intimidade das partes, o Juiz poderá restringir a publicidade da audiência. Nesse sentido dispõe o art. 5º, LX, da CF: "A lei só poderá restringir a publicidade dos atos processuais quando a defesa da intimidade ou o interesse social o exigirem".

## 2.2. Limites temporais

Conforme o citado art. 770 da CLT, os atos processuais realizar-se-ão nos dias úteis das 6 às 20 horas. Não obstante, sendo necessário[4], mediante autorização judicial, os atos processuais podem ser praticados fora do limite temporal acima mencionado, aplicando-se o disposto no art. 172 do CPC, que resta compatível com o Processo do Trabalho. Dispõe o referido dispositivo legal:

> Os atos processuais realizar-se-ão em dias úteis, das 6 (seis) às 20 (vinte) horas. § 1º – Serão, todavia, concluídos depois das 20 (vinte) horas os atos iniciados antes, quando o adiamento prejudicar a diligência ou causar grave dano. § 2º – A citação e a penhora poderão, em casos excepcionais, e mediante autorização expressa do juiz, realizar-se em domingos e feriados, ou nos dias úteis, fora do horário estabelecido neste artigo, observado o disposto no art. 5º, inciso XI, da Constituição Federal. § 3º – Quando o ato tiver que ser praticado em determinado prazo, por meio de petição, esta deverá ser apresentada no protocolo, dentro do horário de expediente, nos termos da lei de organização judiciária local. (Incluído pela Lei n. 8.952, de 1994)

Conforme o parágrafo único do art. 770 da CLT, a penhora poderá realizar-se em domingo ou dia feriado, mediante autorização expressa do Juiz do Trabalho.

Segundo dispõe o § 2º do art. 172 do CPC, os atos processuais praticados, com autorização judicial, em domingos e feriados, devem respeitar o disposto no art. 5º, XI, que assim dispõe:

---

(3) *Op. cit.*, p. 278.
(4) Normalmente, tal ocorre com a notificação inicial e a penhora.

> A casa é asilo inviolável do indivíduo, ninguém nela podendo penetrar sem consentimento do morador, salvo em caso de flagrante delito ou desastre, ou para prestar socorro, ou, durante o dia, por determinação judicial.

Conforme o referido dispositivo constitucional, inserido nas garantias fundamentais do cidadão, portanto cláusula pétrea da Constituição Federal, não é possível ingressar na casa de alguém, mesmo com ordem judicial, durante o período noturno. Durante o dia, é possível o ingresso, mediante autorização judicial.

De outro lado, em casos excepcionais, no Processo do Trabalho, nos quais o reclamado ou executado, somente forem encontrados no período noturno, o Juiz do Trabalho, valendo-se dos princípios da razaobilidade e proporcionalidade, a fim de materializar o direito fundamental do acesso à justiça (art. 5º, XXXV, da CF), poderá determinar a realização do ato processual no período noturno, após às 20 horas, em horário razoável que não comprometa o direito ao repouso noturno.

Dias úteis são aqueles em que há funcionamento do fórum. Somente o domingo é considerado feriado (art. 175 do CPC). Desse modo, os fatos processuais podem ser praticados de segunda a sábado. Entretanto, para fins de contagem do prazo processual, o sábado não é computado, pois não há expediente forense (art. 184 do CPC).

## 2.3. Forma

Os atos processuais devem ser praticados conforme a forma prevista na lei. A lei processual trabalhista determina a forma escrita. Nesse sentido dispõe o art. 771 da CLT, *in verbis*:

> Os atos e termos processuais poderão ser escritos a tinta, datilografados ou a carimbo.

## 2.4. Documentação

Todos os atos processuais serão documentados e juntados aos autos do processo[5].

Conforme o art. 772 da CLT: "Os atos e termos processuais, que devam ser assinados pelas partes interessadas, quando estas, por motivo justificado, não possam fazê-lo, serão firmados a rogo, na presença de duas testemunhas, sempre que não houver procurador legalmente constituído."

Nos termos do art. 773 da CLT, "Os termos relativos ao movimento dos processos constarão de simples notas, datadas e rubricadas pelos Chefes de Secretaria ou escrivães".

## 2.5. Preclusão

Diante do caráter público da norma processual, para que o processo atinja sua meta ou seu objetivo, qual seja, a justa composição da lide, necessário que supere

---

(5) Nesse sentido dispõe o art. 777 da CLT: "Os requerimentos e documentos apresentados, os atos e termos processuais, as petições ou razões de recursos e quaisquer outros papéis referentes aos feitos formarão os autos dos processos, os quais ficarão sob a responsabilidade dos escrivães ou chefes de Secretaria".

algumas fases processuais. Impensável, modernamente, se chegar ao término da relação processual sem o instituto da preclusão, que se define pela perda do direito de se praticar uma faculdade processual, seja pelo seu não exercício no prazo previsto pela lei (temporal), seja por já ter exercido o ato (consumativa), ou por ter praticado um ato incompatível com o ato que já se praticou (lógica).

Ensina *José Frederico Marques*[6]:

"Um dos institutos processuais que possibilitam, com mais eficácia, o impulso *ex officio* do procedimento, é o da preclusão. O *nomen juris* do instituto é devido a Chiovenda, que se valeu para isso, conforme ele próprio o confessa, da palavra encontrada 'nas fontes', na *poena preclusi* do direito comum". Prossegue o festejado jurista[7]: "Sob o ponto de vista objetivo, a preclusão é um fato impeditivo, destinado a garantir o avanço progressivo da relação processual e a obstar o seu retorno para fases anteriores do procedimento. Do ponto de vista subjetivo, é a perda de uma faculdade ou direito processual que, por se haver esgotado ou por não ter sido exercido em tempo e momento oportuno, fica praticamente extinto".

Sendo assim, para que o Processo tenha início, meio e fim, a preclusão torna-se essencial para a solução da lide.

No aspecto constitucional, os princípios da inafastabilidade e inevitabilidade da jurisdição previstos no art. 5º da CF asseguram o prosseguimento do Processo até que atinja uma solução final.

Nesse sentido, destacam-se as seguintes ementas:

> Ato processual — Preclusão. Para garantir a tranquilidade das partes e a ordem processual invocamos a teoria dos prazos, com destaque para a preclusão temporal, que significa a perda da faculdade de se praticar determinado ato por não tê-lo feito no momento adequado. Se a parte deixa de apresentar insurgência no momento processual oportuno, por não se lembrar de texto de lei ou não conhecer a existência de norma que poderia reverter a situação que lhe era desfavorável, não poderá fazê-lo posteriormente, principalmente se não se tratar de regra jurídica nova, permissiva de arguição a qualquer momento processual. (TRT – 10ª R. – 1ª T. – AP n. 1.522/1991.006.10.85-1 – Rel. Pedro Luís V. Foltran – DJDF 21.5.04 – p. 3) ( RDT n. 6 – junho de 2004).

> Preclusão *pro judicato*. O art. 836 da CLT veda aos órgãos judiciais trabalhistas conhecer de questões já decididas. Embargos de declaração julgados duas vezes, tem-se que a segunda decisão é nula, por afronta ao art. 863 da CLT. Assim, tendo a primeira decisão considerado intempestivos os embargos, consequentemente, deixou de se operar a interrupção do prazo recursal, de que trata o art. 538 do CPC. Recurso não conhecido. (TRT – 10ª R. – 2ª T. – Ap. n. 1.854/1990.007.10.00-9 – Rel. Mário M. F. Caron – DJDF 11.7.03 – p. 10) (RDT n. 8 – agosto 2003)

---

(6) MARQUES, José Frederico. *Instituições de direito processual civil.* v. II. Campinas: Millennium, 2000. p. 346.

(7) *Ibidem*, p. 347.

## 3. Da prática dos atos processuais por meios eletrônicos

A Lei n. 9.800/99, com a finalidade de agilizar a prática dos atos processuais, permitiu o envio de petições por *fax* às Secretarias das Varas e Tribunais, desde que os originais sejam encaminhados no prazo de cinco dias.

O TST disciplinou a questão por meio da Súmula n. 387, *in verbis*:

> RECURSO. FAC-SÍMILE. LEI N. 9.800/1999. I – A Lei n. 9.800/1999 é aplicável somente a recursos interpostos após o início de sua vigência; II – A contagem do quinquídio para apresentação dos originais de recurso interposto por intermédio de fac-símile começa a fluir do dia subsequente ao término do prazo recursal, nos termos do art. 2º da Lei n. 9.800/1999, e não do dia seguinte à interposição do recurso, se esta se deu antes do termo final do prazo; III – Não se tratando a juntada dos originais de ato que dependa de notificação, pois a parte, ao interpor o recurso, já tem ciência de seu ônus processual, não se aplica a regra do art. 184 do CPC quanto ao *dies a quo*, podendo coincidir com sábado, domingo ou feriado. (Res. 129/2005 – DJ 22.4.2005).

A Instrução Normativa n. 28/05 do TST possibilita a prática de atos processuais por meio eletrônico e muitos TRTs editaram Provimentos disciplinando a prática de atos processuais pela *internet* (recebimento de petições, recursos, etc.), com certificação digital da assinatura do advogado.

A recente Lei n. 11.419/06 disciplinou a utilização do sistema eletrônico para a prática de atos processuais, bem como de comunicação de tais atos. Mediante cadastro prévio nos Tribunais, com a certificação da assinatura digital, todos os atos processuais, que não dependam do comparecimento da parte em juízo, poderão ser praticados pela *internet*, como distribuição da inicial, recursos, petições, etc. Ficou assim instituído o chamado *processo eletrônico*[8] que muito contribuirá para a celeridade e efetividade do processo.

Dispõe o art. 1º da Lei n. 11.419/06:

> O uso de meio eletrônico na tramitação de processos judiciais, comunicação de atos e transmissão de peças processuais será admitido nos termos desta Lei. § 1º – Aplica-se o disposto nesta Lei, indistintamente, aos processos civil, penal e trabalhista, bem como aos juizados especiais, em qualquer grau de jurisdição. § 2º – Para o disposto nesta Lei, considera-se: I – meio eletrônico qualquer forma de armazenamento ou

---

(8) Dispõe o art. 8º da Lei n. 11.419/06: "Os órgãos do Poder Judiciário poderão desenvolver sistemas eletrônicos de processamento de ações judiciais por meio de autos total ou parcialmente digitais, utilizando, preferencialmente, a rede mundial de computadores e acesso por meio de redes internas e externas. Parágrafo único. Todos os atos processuais do processo eletrônico serão assinados eletronicamente na forma estabelecida nesta Lei."
Art. 9º da Lei n. 11.419/06: "No processo eletrônico, todas as citações, intimações e notificações, inclusive da Fazenda Pública, serão feitas por meio eletrônico, na forma desta Lei. § 1º – As citações, intimações, notificações e remessas que viabilizem o acesso à íntegra do processo correspondente serão consideradas vista pessoal do interessado para todos os efeitos legais. § 2º – Quando, por motivo técnico, for inviável o uso do meio eletrônico para a realização de citação, intimação ou notificação, esses atos processuais poderão ser praticados segundo as regras ordinárias, digitalizando-se o documento físico, que deverá ser posteriormente destruído."

tráfego de documentos e arquivos digitais; II – transmissão eletrônica toda forma de comunicação a distância com a utilização de redes de comunicação, preferencialmente a rede mundial de computadores; III – assinatura eletrônica as seguintes formas de identificação inequívoca do signatário:

a) assinatura digital baseada em certificado digital emitido por Autoridade Certificadora credenciada, na forma de lei específica;

b) mediante cadastro de usuário no Poder Judiciário, conforme disciplinado pelos órgãos respectivos.

Nos termos do art. 2º da Lei n. 11.419/06:

> O envio de petições, de recursos e a prática de atos processuais em geral por meio eletrônico serão admitidos mediante uso de assinatura eletrônica, na forma do art. 1º desta Lei, sendo obrigatório o credenciamento prévio no Poder Judiciário, conforme disciplinado pelos órgãos respectivos. § 1º – O credenciamento no Poder Judiciário será realizado mediante procedimento no qual esteja assegurada a adequada identificação presencial do interessado. § 2º – Ao credenciado será atribuído registro e meio de acesso ao sistema, de modo a preservar o sigilo, a identificação e a autenticidade de suas comunicações. § 3º – Os órgãos do Poder Judiciário poderão criar um cadastro único para o credenciamento previsto neste artigo.

Como destaca *Renato Saraiva*[9], pela Lei n. 11.419/06, os tribunais poderão criar Diários de Justiça Eletrônicos, disponibilizando em sítio da rede mundial de computadores a publicação de atos judiciais e administrativos próprios e dos órgãos a eles subordinados, bem como comunicações em geral. Com a criação do Diário da Justiça eletrônico, as intimações serão feitas por meio eletrônico em portal próprio aos que se cadastrarem na forma da lei, dispensando-se a publicação no órgão oficial, inclusive eletrônico.

O processo eletrônico deve ser estimulado e impulsionado pelos Tribunais do Trabalho e também utilizado pelos advogados e partes, como medidas de celeridade, simplicidade, de desburocratização do procedimento. Entretanto, o processo eletrônico não pode inviabilizar o acesso à justiça do trabalho, principalmente do jurisdicionado de baixa renda e que não tenha acesso a equipamentos de informática. De outro lado, há de se considerar na Justiça do Trabalho a manutenção do *jus postulandi* da parte.

Como bem adverte *Bezerra Leite*[10], "a utilização de meio eletrônico na tramitação de processos judiciais, a comunicação de atos processuais e a transmissão de peças processuais por meios eletrônicos constitui faculdade dos jurisdicionados em qualquer processo judicial e em qualquer grau de jurisdição (...)". Desse modo, os Tribunais não podem obrigar que os atos processuais sejam praticados por meios eletrônicos pelas partes e advogados, nem estas podem exigir que a Justiça do Trabalho os pratique.

---

(9) SARAIVA, Renato. *Curso de direito processual do trabalho*. 4. ed. São Paulo: Método, 2007. p. 169.

(10) BEZERRA LEITE, Carlos Henrique. *Curso de direito processual do trabalho*. 7. ed. São Paulo: LTr, 2009. p. 323.

A prática de atos processuais por meios eletrônicos tem sido utilizada na Justiça do Trabalho, conforme se constata da análise das seguintes ementas:

RECURSO DE REVISTA. NÃO CONHECIMENTO DO RECURSO ORDINÁRIO. PETICIONAMENTO ELETRÔNICO. ÚLTIMO DIA DO PRAZO. HORÁRIO DE ENVIO. O recurso ordinário do reclamante foi interposto no último dia do prazo (7.4.2008), mediante peticionamento eletrônico, às 18h35, portanto, dentro do prazo recursal e do horário estabelecido pela Lei n. 11.419/2006. O parágrafo único do art. 3º da Lei n. 11.419/2006 dispõe expressamente que os recursos apresentados na forma daquela lei, até as 24 horas do último dia do prazo recursal, são tempestivos. Recurso de revista a que se dá provimento. (Processo: RR – 1565/2007-011-02-00.1 – Data de Julgamento: 12.8.2009, Relª Min. Kátia Magalhães Arruda, 5ª Turma, Data de Divulgação: DEJT 28.8.2009)

AGRAVO DE INSTRUMENTO — NÃO CONHECIMENTO — DEFICIÊNCIA NO TRASLADO DE PEÇA OBRIGATÓRIA — CÓPIA EXTRAÍDA DA *INTERNET* — INTELIGÊNCIA DO ART. 897, ALÍNEA B, § 5º, INCISO I, DA CLT E DOS ITENS III E X DA IN n. 16 DO TST — SÚMULA N. 337 DO TST. I – Cumpre às partes providenciar a correta formação do instrumento, não comportando a omissão em conversão em diligência para suprir a ausência de peças, ainda que essenciais. (inciso X da IN n. 16/99). II – Não supre a deficiência constatada cópia extraída da página do TRT na *internet*, já que o permissivo consolidado, art. 897, não contempla tal permissão, pois seu § 5º, inciso I, dispõe textualmente sobre a obrigatoriedade do traslado de cópia da decisão originária, sem especificar a possibilidade de tal consideração. III – A inovação introduzida no art. 365 do Código de Processo Civil é textual, acrescentando, expressamente, a possibilidade de reproduções digitalizadas de qualquer documento, público ou particular, quando juntado aos autos. Esse inciso foi introduzido pela Lei n. 11.419, de 19.12.06, que dispõe sobre o Processo Eletrônico. Tal diploma legal consigna que a validade dos documentos emitidos para fins de prática de atos processuais está condicionada à aposição de assinatura eletrônica, o que de qualquer sorte, mesmo que se pudesse suplantar o primeiro óbice detectado, não é o caso dos autos. IV – A alteração do Regimento Interno desta Corte (art. 226) consigna que os sítios na *internet* estão incluídos no rol das fontes oficiais de publicação para efeito de comprovação de divergência jurisprudencial na admissibilidade do recurso de revista. Não há nenhuma norma inovatória pertinente, pelo menos por enquanto, referente ao traslado de peças para formação do agravo de instrumento. V – Agravo de instrumento não conhecido. (Processo: AIRR – 1020/2006-802-10-40.0 – Data de Julgamento: 26.11.2008, Rel. Min. Antônio José de Barros Levenhagen, 4ª Turma, Data de Divulgação: DEJT 5.12.2008)

## 3.1. Da Instrução Normativa n. 30/07 do TST, que regulamenta a prática de atos processuais por meios eletrônicos

INSTRUÇÃO NORMATIVA N. 30 de 2007

Editada pela Resolução n. 140

Publicada no Diário da Justiça por 30 dias a partir de 18.9.2007

**Regulamenta, no âmbito da Justiça do Trabalho, a Lei n. 11.419, de 19 de dezembro de 2006, que dispõe sobre a informatização do processo judicial.**

## CAPÍTULO 1º

### INFORMATIZAÇÃO DO PROCESSO JUDICIAL NO ÂMBITO DA JUSTIÇA DO TRABALHO

**Art. 1º** O uso de meio eletrônico na tramitação de processos judiciais, comunicação de atos e transmissão de peças processuais, na Justiça do Trabalho, será disciplinado pela presente instrução normativa.

**Art. 2º** Os Tribunais Regionais do Trabalho disponibilizarão em suas dependências e nas Varas do Trabalho, para os usuários dos serviços de peticionamento eletrônico que necessitarem, equipamentos de acesso à rede mundial de computadores e de digitalização do processo, para a distribuição de peças processuais.

**Parágrafo único.** Os Tribunais Regionais do Trabalho terão o prazo de um ano da publicação da presente instrução normativa para atenderem ao disposto no presente artigo.

## CAPÍTULO 2º

### ASSINATURA ELETRÔNICA

**Art. 3º** No âmbito da Justiça do Trabalho, o envio de petições, de recursos e a prática de atos processuais em geral por meio eletrônico serão admitidos mediante uso de assinatura eletrônica.

**Art. 4º** A assinatura eletrônica, no âmbito da Justiça do Trabalho, será admitida sob as seguintes modalidades:

1º – assinatura digital, baseada em certificado digital emitido pelo ICP-Brasil, com uso de cartão e senha;

2º – assinatura cadastrada, obtida perante o Tribunal Superior do Trabalho ou Tribunais Regionais do Trabalho, com fornecimento de *login* e senha.

§ 1º Para o uso de qualquer das duas modalidades de assinatura eletrônica, o usuário deverá se credenciar previamente perante o Tribunal Superior do Trabalho ou o Tribunal Regional do Trabalho com jurisdição sobre a cidade em que tenha domicílio, mediante o preenchimento de formulário eletrônico, disponibilizado no Portal da Justiça do Trabalho (Portal-JT).

§ 2º No caso de assinatura digital, em que a identificação presencial já se realizou perante a Autoridade Certificadora, o credenciamento se dará pela simples identificação do usuário por meio de seu certificado digital e remessa do formulário devidamente preenchido.

§ 3º No caso da assinatura cadastrada, o interessado deverá comparecer, pessoalmente, perante o órgão do Tribunal no qual deseje cadastrar sua assinatura eletrônica, munido do formulário devidamente preenchido, obtendo senhas e informações para a operacionalização de sua assinatura eletrônica.

§ 4º Ao credenciado será atribuído registro e meio de acesso ao sistema, de modo a preservar o sigilo (mediante criptografia de senha), a identificação e a autenticidade de suas comunicações.

§ 5º Alterações de dados cadastrais poderão ser feitas pelos usuários, a qualquer momento, na seção respectiva do Portal-JT.

§ 6º O credenciamento implica a aceitação das normas estabelecidas nesta Instrução Normativa e a responsabilidade do credenciado pelo uso indevido da assinatura eletrônica.

## CAPÍTULO 3º
### SISTEMA DE PETICIONAMENTO ELETRÔNICO

Art. 5º A prática de atos processuais por meio eletrônico pelas partes, advogados e peritos será feita, na Justiça do Trabalho, através do Sistema Integrado de Protocolização e Fluxo de Documentos Eletrônicos (*e-DOC*).

§ 1º O *e-DOC* é um serviço de uso facultativo, disponibilizado no Portal-JT, na *Internet*.

§ 2º É vedado o uso do *e-DOC* para o envio de petições destinadas ao Supremo Tribunal Federal.

§ 3º O sistema do *e-DOC* deverá buscar identificar, dentro do possível, os casos de ocorrência de prevenção, litispendência e coisa julgada.

§ 4º A parte desassistida de advogado que desejar utilizar o sistema do *e-DOC* deverá se cadastrar, antes, nos termos desta Instrução Normativa.

Art. 6º As petições, acompanhadas ou não de anexos, apenas serão aceitas em formato PDF (*Portable Document Format*), no tamanho máximo, por operação, de 2 Megabytes.

**Parágrafo único**. Não se admitirá o fracionamento de petição, tampouco dos documentos que a acompanham, para fins de transmissão.

Art. 7º O envio da petição por intermédio do *e-DOC* dispensa a apresentação posterior dos originais ou de fotocópias autenticadas, inclusive aqueles destinados à comprovação de pressupostos de admissibilidade do recurso.

Art. 8º O acesso ao *e-DOC* depende da utilização, pelo usuário, da sua assinatura eletrônica.

**Parágrafo único**. Salvo impossibilidade que comprometa o acesso à justiça, a parte deverá informar, ao distribuir a petição inicial de qualquer ação judicial em meio eletrônico, o número no cadastro de pessoas físicas ou jurídicas, conforme o caso, perante a Secretaria da Receita Federal.

Art. 9º O Sistema Integrado de Protocolização e Fluxo de Documentos Eletrônicos (*e-DOC*), no momento do recebimento da petição, expedirá recibo ao remetente, que servirá como comprovante de entrega da petição e dos documentos que a acompanharam.

§ 1º Constarão do recibo as seguintes informações:

1º – o número de protocolo da petição gerado pelo Sistema;

2º – o número do processo e o nome das partes, se houver, o assunto da petição e o órgão destinatário da petição, informados pelo remetente;

3º – a data e o horário do recebimento da petição no Tribunal, fornecidos pelo Observatório Nacional;

4º – as identificações do remetente da petição e do usuário que assinou eletronicamente o documento.

§ 2º A qualquer momento o usuário poderá consultar no *e-DOC* as petições e documentos enviados e os respectivos recibos.

**Art. 10.** Incumbe aos Tribunais, por intermédio das respectivas unidades administrativas responsáveis pela recepção das petições transmitidas pelo *e-DOC*:

1º – Imprimir as petições e seus documentos, caso existentes, anexando-lhes o comprovante de recepção gerado pelo Sistema, enquanto não generalizada a virtualização do processo, que dispensará os autos físicos;

2º – verificar, diariamente, no sistema informatizado, a existência de petições eletrônicas pendentes de processamento.

**Art. 11.** São de exclusiva responsabilidade dos usuários:

1º – o sigilo da assinatura digital, não sendo oponível, em qualquer hipótese, alegação de seu uso indevido;

2º – a equivalência entre os dados informados para o envio (número do processo e unidade judiciária) e os constantes da petição remetida;

3º – as condições das linhas de comunicação e acesso ao seu provedor da *Internet*;

4º – a edição da petição e anexos em conformidade com as restrições impostas pelo serviço, no que se refere à formatação e tamanho do arquivo enviado;

5º – o acompanhamento da divulgação dos períodos em que o serviço não estiver disponível em decorrência de manutenção no sítio do Tribunal.

§ 1º A não obtenção, pelo usuário, de acesso ao Sistema, além de eventuais defeitos de transmissão ou recepção de dados, não serve de escusa para o descumprimento dos prazos legais.

§ 2º Deverão os Tribunais informar, nos respectivos sítios, os períodos em que, eventualmente, o sistema esteve indisponível.

**Art. 12.** Consideram-se realizados os atos processuais por meio eletrônico no dia e hora do seu recebimento pelo sistema do *e-DOC*.

§ 1º Quando a petição eletrônica for enviada para atender prazo processual, serão consideradas tempestivas as transmitidas até as 24 (vinte e quatro) horas do seu último dia.

§ 2º Incumbe ao usuário observar o horário estabelecido como base para recebimento, como sendo o do Observatório Nacional, devendo atender para as diferenças de fuso horário existente no país.

§ 3º Não serão considerados, para efeito de tempestividade, o horário da conexão do usuário à *Internet*, o horário do acesso ao sítio do Tribunal, tampouco os horários consignados nos equipamentos do remetente e da unidade destinatária, mas o de recebimento no órgão da Justiça do Trabalho.

**Art. 13.** O uso inadequado do *e-DOC* que venha a causar prejuízo às partes ou à atividade jurisdicional importa bloqueio do cadastramento do usuário, a ser determinado pela autoridade judiciária competente.

## CAPÍTULO 4º
## COMUNICAÇÃO E INFORMAÇÃO DOS ATOS PROCESSUAIS NO PORTAL DA JUSTIÇA DO TRABALHO

**Art. 14.** O Portal da Justiça do Trabalho (Portal-JT) é o sítio corporativo da instituição, abrangendo todos os Tribunais trabalhistas do país, gerenciado pelo Conselho Superior da Justiça do Trabalho e operado pelo Tribunal Superior do Trabalho e pelos Tribunais Regionais do Trabalho, incluindo, entre outras funcionalidades:

1º – o Diário da Justiça do Trabalho Eletrônico (DJT), para publicação de atos judiciais e administrativos dos Tribunais e Varas do Trabalho;

2º – Sistemas de Pesquisa de Jurisprudência, de Legislação Trabalhista e Atos Normativos da Justiça do Trabalho, de acompanhamento processual, de acervo bibliográfico, com Banco de Dados Geral integrado pelos julgados e atos administrativos de todos os Tribunais trabalhistas do país;

3º – Informações gerais sobre os Tribunais e Varas do Trabalho, incluindo memória da Justiça do Trabalho, dados estatísticos, magistrados, concursos e licitações, entre outros;

4º – Informações sobre o Conselho Superior da Justiça do Trabalho (CSJT), incluindo seu Regimento Interno, suas resoluções e decisões, além de seus integrantes e estrutura do órgão;

5º – Informações sobre a Escola Nacional de Formação e Aperfeiçoamento de Magistrados do Trabalho (ENAMAT), incluindo quadro diretivo, de professores, de alunos e de cursos, bem como disponibilizando ambiente para o ensino a distância;

6º – Sistemas de Assinatura Eletrônica, Peticionamento Eletrônico (*e-DOC*) e de Carta Eletrônica (CE).

7º – Informações sobre a Corregedoria-Geral da Justiça do Trabalho.

**Parágrafo único.** O conteúdo das publicações de que trata este artigo deverá ser assinado digitalmente, na forma desta Instrução Normativa.

**Art. 15.** A publicação eletrônica no DJT substitui qualquer outro meio e publicação oficial, para quaisquer efeitos legais, à exceção dos casos que, por lei, exigem intimação ou vista pessoal.

§ 1º Os atos processuais praticados pelos magistrados trabalhistas a serem publicados no DJT serão assinados digitalmente no momento de sua prolação.

§ 2º Considera-se como data da publicação o primeiro dia útil seguinte ao da disponibilização da informação no DJT.

§ 3º Os prazos processuais terão início no primeiro dia útil que seguir ao considerado como data da publicação.

**Art. 16.** As intimações serão feitas por meio eletrônico no Portal-JT aos que se credenciarem na forma desta Instrução Normativa, dispensando-se a publicação no órgão oficial, inclusive eletrônico.

§ 1º Considerar-se-á realizada a intimação no dia em que o intimando efetivar a consulta eletrônica ao teor da intimação, certificando-se nos autos a sua realização.

§ 2º Na hipótese do § 1º deste artigo, nos casos em que a consulta se dê em dia não útil, a intimação será considerada como realizada no primeiro dia útil seguinte.

§ 3º A consulta referida nos §§ 1º e 2º deste artigo deverá ser feita em até 10 (dez) dias corridos contados da data do envio da intimação, sob pena de considerar-se a intimação automaticamente realizada na data do término desse prazo.

§ 4º A intimação de que trata este artigo somente será realizada nos processos em que todas as partes estejam credenciadas na forma desta Instrução Normativa, de modo a uniformizar a contagem dos prazos processuais.

§ 5º Nos casos urgentes em que a intimação feita na forma deste artigo possa causar prejuízo a quaisquer das partes ou nos casos em que for evidenciada qualquer tentativa de burla ao sistema, o ato processual deverá ser realizado por outro meio que atinja a sua finalidade, conforme determinado pelo juiz.

§ 6º As intimações feitas na forma deste artigo, inclusive da Fazenda Pública, serão consideradas pessoais para todos os efeitos legais.

§ 7º Observadas as formas e as cautelas deste artigo, as citações, inclusive da Fazenda Pública, poderão ser feitas por meio eletrônico, desde que a íntegra dos autos seja acessível ao citando.

Art. 17. As cartas precatórias, rogatórias e de ordem, no âmbito da Justiça do Trabalho, serão transmitidas exclusivamente de forma eletrônica, através do Sistema de Carta Eletrônica (CE) já referido, com dispensa da remessa física de documentos.

§ 1º A utilização do Sistema de Carta Eletrônica fora do âmbito da Justiça do Trabalho dependerá da aceitação pelos demais órgãos do Poder Judiciário.

§ 2º Eventuais falhas na transmissão eletrônica dos dados não desobrigam os magistrados e serventuários do cumprimento dos prazos legais, cabendo, nesses casos, a utilização de outros meios previstos em lei para a remessa das cartas.

Art. 18. As petições e demais documentos referentes às cartas precatórias, rogatórias e de ordem, não apresentados pelas partes em meio eletrônico, serão digitalizados e inseridos no Sistema de Carta Eletrônica.

Art. 19. Os documentos em meio físico, em poder do Juízo deprecado, deverão ser adequadamente organizados e arquivados, obedecidos os critérios estabelecidos na Lei n. 8.159, de 8 de janeiro de 1991, e no Decreto n. 4.073, de 3 de janeiro de 2002.

Parágrafo único. Poderá o Juízo deprecante, em casos excepcionais, solicitar o documento físico em poder do Juízo deprecado.

Art. 20. Serão certificados nos autos principais todos os fatos relevantes relativos ao andamento da carta, obtidos junto ao sistema Carta Eletrônica (CE), com impressão e juntada apenas dos documentos essenciais à instrução do feito, nos casos de autos em papel.

Art. 21. Os Tribunais Regionais do Trabalho ficarão obrigados a comunicar à Presidência do Conselho Superior da Justiça do Trabalho qualquer alteração na competência territorial de suas Varas do Trabalho.

## CAPÍTULO 5º

### PROCESSO ELETRÔNICO

Art. 22. Na Justiça do Trabalho, os atos processuais do processo eletrônico serão assinados eletronicamente na forma estabelecida nesta Instrução Normativa.

**Art. 23.** No processo eletrônico, todas as citações, intimações e notificações, inclusive da Fazenda Pública, serão feitas por meio eletrônico.

§ 1º As citações, intimações, notificações e remessas que viabilizem o acesso à íntegra do processo correspondente serão consideradas vista pessoal do interessado para todos os efeitos legais.

§ 2º Quando, por motivo técnico, for inviável o uso do meio eletrônico para a realização de citação, intimação ou notificação, esses atos processuais poderão ser praticados segundo as regras ordinárias, digitalizando-se o documento físico, que deverá ser posteriormente destruído.

**Art. 24.** A distribuição da petição inicial e a juntada da contestação, dos recursos e das petições em geral, todos em formato digital, nos autos de processo eletrônico, podem ser feitas diretamente pelos advogados públicos e privados, sem necessidade da intervenção do cartório ou secretaria judicial, situação em que a autuação deverá se dar de forma automática, fornecendo-se o recibo eletrônico de protocolo.

§ 1º Quando o ato processual tiver que ser praticado em determinado prazo, por meio de petição eletrônica, serão considerados tempestivos os efetivados até as 24 (vinte e quatro) horas do último dia.

§ 2º No caso do § 1º deste artigo, se o serviço respectivo do Portal-JT se tornar indisponível por motivo técnico que impeça a prática do ato no termo final do prazo, este fica automaticamente prorrogado para o primeiro dia útil seguinte à resolução do problema.

**Art. 25.** Os documentos produzidos eletronicamente e juntados aos processos eletrônicos com garantia da origem e de seu signatário, na forma estabelecida nesta Instrução Normativa, serão considerados originais para todos os efeitos legais.

§ 1º Os extratos digitais e os documentos digitalizados e juntados aos autos pelos órgãos da Justiça do Trabalho e seus auxiliares, pelo Ministério Público e seus auxiliares, pelas procuradorias, pelas autoridades policiais, pelas repartições públicas em geral e por advogados públicos e privados têm a mesma força probante dos originais, ressalvada a alegação motivada e fundamentada de adulteração antes ou durante o processo de digitalização.

§ 2º A arguição de falsidade do documento original será processada eletronicamente na forma da lei processual em vigor.

§ 3º Os originais dos documentos digitalizados, mencionados no § 1º deste artigo, deverão ser preservados pelo seu detentor até o trânsito em julgado da sentença ou, quando admitida, até o final do prazo para interposição de ação rescisória.

§ 4º Os documentos cuja digitalização seja tecnicamente inviável devido ao grande volume ou por motivo de ilegibilidade deverão ser apresentados ao cartório ou secretaria no prazo de 10 (dez) dias contados do envio de petição eletrônica comunicando o fato, os quais serão devolvidos à parte após o trânsito em julgado.

§ 5º Os documentos digitalizados juntados em processo eletrônico somente estarão disponíveis para acesso por meio da rede externa para suas respectivas partes processuais e para o Ministério Público, respeitado o disposto em lei para as situações de sigilo e de segredo de justiça.

**Art. 26.** A conservação dos autos do processo poderá ser efetuada total ou parcialmente por meio eletrônico.

1º Os autos dos processos eletrônicos serão protegidos por meio de sistemas de segurança de acesso e armazenados de forma a preservar a integridade dos dados, sendo dispensada a formação de autos suplementares.

§ 2º Os autos de processos eletrônicos que tiverem de ser remetidos a outro juízo ou instância superior que não disponham de sistema compatível deverão ser impressos em papel e autuados na forma dos arts. 166 a 168 do CPC.

§ 3º No caso do § 2º deste artigo, o escrivão ou o chefe de secretaria certificará os autores ou a origem dos documentos produzidos nos autos, acrescentando, ressalvada a hipótese de existir segredo de justiça, a forma pela qual o banco de dados poderá ser acessado para aferir a autenticidade das peças e das respectivas assinaturas digitais.

§ 4º Feita a autuação na forma estabelecida no § 2º deste artigo, o processo seguirá a tramitação legalmente estabelecida para os processos físicos.

§ 5º A digitalização de autos em mídia não digital, em tramitação ou já arquivados, será precedida de publicação de editais de intimações ou da intimação pessoal das partes e de seus procuradores, para que, no prazo preclusivo de 30 (trinta) dias, se manifestem sobre o desejo de manterem pessoalmente a guarda de algum dos documentos originais.

Art. 27. O magistrado poderá determinar que sejam realizados por meio eletrônico a exibição e o envio de dados e de documentos necessários à instrução do processo.

§ 1º Consideram-se cadastros públicos, para os efeitos deste artigo, dentre outros existentes ou que venham a ser criados, ainda que mantidos por concessionárias de serviço público ou empresas privadas, os que contenham informações indispensáveis ao exercício da função judicante.

§ 2º O acesso de que trata este artigo dar-se-á por qualquer meio tecnológico disponível, preferentemente o de menor custo, considerada sua eficiência.

## CAPÍTULO 6º
### DISPOSIÇÕES GERAIS, FINAIS E TRANSITÓRIAS

Art. 28. Os credenciamentos de assinatura eletrônica já feitos pelos Tribunais Regionais do Trabalho antes da publicação desta Instrução Normativa e que estejam em desacordo com as regras nela estabelecidas terão validade por 180 (cento e oitenta) dias da última publicação desta Resolução, devendo os interessados promover o credenciamento adequado até essa data.

Art. 29. Os casos omissos desta Instrução Normativa serão resolvidos pelos Presidentes dos Tribunais, no âmbito de suas esferas de competência.

Art. 30. Para efeito do disposto no § 5º do art. 4º da Lei n. 11.419, de 19 de dezembro de 2006, a presente Instrução Normativa será publicada durante 30 (trinta) dias no Diário Oficial em uso, dando-lhe ampla divulgação.

Art. 31. A presente Instrução Normativa entra em vigor 90 (noventa) dias após a sua última publicação, revogada a Instrução Normativa n. 28 desta Corte.

Sala de sessões, 13 de setembro de 2007.

*ANA LÚCIA REGO QUEIROZ*

Secretária do Tribunal Pleno e da Seção Especializada em Dissídios Coletivos

## 4. Termo processual

Conforme definição de *Moacyr Amaral Santos*[11]:

"Termo é a documentação de um ato. O escrivão lavra um termo, ou toma por termo, a fim de documentar uma atividade, um ato processual. Essa documentação é sempre por escrito: documentação escrita. Além de escrita, autêntica. Um documento se diz autêntico quando nele se reconhece seu autor. Autenticidade é a certeza de que o documento provém do autor nele indicado. O termo documenta o ato e torna certo o autor da documentação. O documentador, o serventuário da justiça, tem fé pública, e, autenticando a documentação, autentica o ato documentado".

Os termos processuais são atos de documentação do processo, vale dizer: o instrumento pelo qual o ato processual será retratado e juntado aos autos.

Dispõe o art. 771 da CLT que os termos processuais poderão ser escritos a tinta, datilografados ou a carimbo.

Conforme o art. 772 da CLT, "os atos e termos processuais, que devam ser assinados pelas partes interessadas, quando estas, por motivo justificado, não possam fazê-lo, serão firmados a rogo, na presença de duas testemunhas, sempre que não houver procurador legalmente constituído".

Nos termos do art. 773 da CLT, "os termos relativos ao movimento dos processos constarão de simples notas, datadas e rubricadas pelos Chefes de Secretaria ou escrivães".

Os termos processuais devem ainda ser redigidos em língua portuguesa, utilizando-se o vernáculo.

## 5. Dos prazos processuais

Ensina *Amauri Mascaro Nascimento*[12]:

"Prazo é o tempo no qual deve ser praticado um ato processual. A fixação de prazos é necessária como condição de desenvolvimento do processo. Sem a rígida determinação de prazos, o processo poderia ser comprometido pela inércia das pessoas que nele figuram. Assim, os prazos resultam da exigência própria do processo, que é um movimento traçado para o futuro. A inexistência de prazos traria, como consequência, a impossibilidade de andamento do processo".

Entendemos por prazo o limite temporal estabelecido pela lei, pelas partes ou pelo Juiz, para a prática de um ato processual, sob consequência da preclusão temporal. Não obstante, há prazos preclusivos, também denominados peremptórios

---

(11) *Op. cit.*, p. 285.
(12) NASCIMENTO, Amauri Mascaro. *Curso de direito processual do trabalho*. 22. ed. São Paulo: Saraiva, 2007. p. 441.

ou fatais, e outros não, também denominados dilatórios — por exemplo, são preclusivos os prazos para contestar, recorrer. Não são preclusivos os prazos para invocar exceção de incompetência absoluta, prescrição, etc.

Adotando-se a classificação da melhor doutrina, os prazos processuais são os seguintes:

*a) Legais:* São os fixados na lei processual, como, por exemplo, o prazo de 20 minutos para apresentação da contestação em audiência (art. 847 da CLT), o prazo de oito dias para interposição do recurso ordinário (art. 895 da CLT), etc.

*b) Judiciais:* São fixados pelo Juiz quando a lei for omissa, por exemplo, o prazo de 48 horas concedido pelo Juiz para a reclamada juntar aos autos carta de preposição; o prazo de cinco dias para o reclamante manifestar-se sobre a contestação e documentos, etc.

*c) Convencionais:* São os prazos fixados pelas próprias partes de comum acordo. Somente os prazos dilatórios podem ser fixados pelas partes. Como exemplos: a suspensão do processo a requerimento das partes pelo prazo por elas fixado, diante da possibilidade de tentativa de acordo.

Nesse sentido dispõe o art. 177 do CPC:

> Os atos processuais realizar-se-ão nos prazos prescritos em lei. Quando esta for omissa, o juiz determinará os prazos, tendo em conta a complexidade da causa.

*d) Peremptórios:* Também denominados fatais. São os prazos de natureza preclusiva, os quais não podem ser alterados por vontade das partes. Tais prazos não se prorrogam.

Nesse sentido dispõe o art. 182 do CPC: "É defeso às partes, ainda que todas estejam de acordo, reduzir ou prorrogar os prazos peremptórios. O Juiz poderá, nas comarcas onde for difícil o transporte, prorrogar quaisquer prazos, mas nunca por mais de 60 (sessenta) dias. Parágrafo único. Em caso de calamidade pública, poderá ser excedido o limite previsto neste artigo para a prorrogação de prazos."

*e) Dilatórios:* São os prazos não preclusivos. Admitem prorrogação pela solicitação da parte ou por determinação do juiz. Outrossim, podem ser fixados pelas partes em comum acordo.

Nesse sentido dispõe o art. 181 do CPC:

> Podem as partes, de comum acordo, reduzir ou prorrogar o prazo dilatório; a convenção, porém, só tem eficácia se, requerida antes do vencimento do prazo, se fundar em motivo legítimo. § 1º – O juiz fixará o dia do vencimento do prazo da prorrogação. § 2º – As custas acrescidas ficarão a cargo da parte em favor de quem foi concedida a prorrogação.

## 6. Da contagem dos prazos processuais

Os prazos processuais são contados, como regra geral, excluindo-se o dia do começo e incluindo-se o dia do vencimento. Se o dia do vencimento for feriado ou dia não útil, o término prorroga-se para o primeiro dia útil. Caso o dia do início seja feriado ou não útil, o prazo somente se inicia no primeiro dia útil subsequente. Assim, por exemplo, se o prazo começar a fluir na sexta-feira, como sábado e domingo não são considerados dias úteis, a contagem somente se inicia na segunda-feira subsequente.

Nesse sentido a seguinte ementa:

> Agravo de instrumento — Prazo judicial — Notificação ou intimação em sábado — Enunciado n. 262/TST. Intimada ou notificada a parte no sábado, o início do prazo se dará no primeiro dia útil imediato e a contagem, no subsequente. Agravo de instrumento a que se nega provimento. (TRT – 3ª R. – 1ª T. – AI n. 295/2001.022.03.40-9 – Relª Mª Laura F. Lima de Faria – DJMG 19.12.03 – p. 8) (RDT n. 2 – Fevereiro de 2004).

No mesmo sentido a Súmula n. 01 do TST:

> PRAZO JUDICIAL – Quando a intimação tiver lugar na sexta-feira, ou a publicação com efeito de intimação for feita nesse dia, o prazo judicial será contado da segunda-feira imediata, inclusive, salvo se não houver expediente, caso em que fluirá no dia útil que se seguir. (RA n. 28/1969, DO-GB 21.8.1969)

Nesse mesmo sentido também a Súmula n. 385 do C. TST:

> FERIADO LOCAL. AUSÊNCIA DE EXPEDIENTE FORENSE. PRAZO RECURSAL. PRORROGAÇÃO. COMPROVAÇÃO. NECESSIDADE. Cabe à parte comprovar, quando da interposição do recurso, a existência de feriado local ou de dia útil em que não haja expediente forense, que justifique a prorrogação do prazo recursal.

A CLT disciplina a contagem dos prazos nos arts. 774 a 776, que assim dispõem:

Art. 774 da CLT:

> Salvo disposição em contrário, os prazos previstos neste Título contam-se, conforme o caso, a partir da data em que for feita pessoalmente, ou recebida a notificação, daquela em que for publicado o edital no jornal oficial ou no que publicar o expediente da Justiça do Trabalho, ou, ainda, daquela em que for afixado o edital, na sede da Junta, Juízo ou Tribunal.
>
> Parágrafo único. Tratando-se de notificação postal, no caso de não ser encontrado o destinatário ou no de recusa de recebimento, o Correio ficará obrigado, sob pena de responsabilidade do servidor, a devolvê-la, no prazo de 48 horas, ao Tribunal de origem.

Art. 775 da CLT:

> Os prazos estabelecidos neste Título contam-se com exclusão do dia do começo e inclusão do dia do vencimento, e são contínuos e irreleváveis, podendo, entretanto, ser prorrogados pelo tempo estritamente necessário pelo juiz ou Tribunal, ou em virtude de força maior, devidamente comprovada. Parágrafo único. Os prazos que vencerem em sábado, domingo ou dia feriado, terminarão no primeiro dia útil seguinte.

Art. 776 da CLT:

> O vencimento dos prazos será certificado nos processos pelos escrivães ou chefes de Secretaria.

Conforme o art. 775 da CLT, os prazos processuais são contínuos, entretanto, há possibilidade de suspensão e interrupção dos prazos.

Suspensão e interrupção dos prazos são eventos que provocam a paralisação do curso do prazo processual.

Na suspensão, a contagem paralisa-se pelo tempo correspondente ao fato determinante, retomando-se do ponto da paralisação pelo que faltar. Na interrupção, a contagem é inutilizada, recomeçando a ser feita quando cessar a causa determinante da paralisação[13].

Como exemplos de suspensão, temos as férias e o recesso forense.

Quanto ao recesso forense, cumpre destacar que há controvérsia sobre sua natureza jurídica de ser, efetivamente, suspensão dos prazos processuais.

Nos termos da Lei n. 5.010/66, que criou o recesso forense na Justiça do Trabalho, em seu art. 62, atribuiu-se ao recesso, que se realiza entre 20 de dezembro e 6 de janeiro, a natureza jurídica de feriado. Sendo feriado, não há supensão do trabalho.

Não obstante, o Tribunal Superior do Trabalho fixou a natureza jurídica do recesso forense como de suspensão dos prazos processuais, conforme a sua Súmula n. 262, *in verbis*:

> PRAZO JUDICIAL. NOTIFICAÇÃO OU INTIMAÇÃO EM SÁBADO. RECESSO FORENSE (incorporada a Orientação Jurisprudencial n. 209 da SBDI-1) – Res. n. 129/2005, DJ 20, 22 e 25.4.2005
>
> I – Intimada ou notificada a parte no sábado, o início do prazo se dará no primeiro dia útil imediato e a contagem, no subsequente. (ex-Súmula n. 262 – Res. n. 10/1986, DJ 31.10.1986)
>
> II – O recesso forense e as férias coletivas dos Ministros do Tribunal Superior do Trabalho (art. 177, § 1º, do RITST) suspendem os prazos recursais. (ex-OJ n. 209 da SBDI-1 — inserida em 8.11.2000).

No aspecto, relevante destacar as seguintes ementas:

> Na Justiça do Trabalho, o período de recesso, de 20 de dezembro a 6 de janeiro, é considerado como de férias para efeitos do art. 179 do CPC" (TST – 1ª T. – RR 303.838/96.7 – Ac. 903/97 – Rel. Min. Ursulino Santos). In: *LTr* 61-8/1092.
>
> "Prazo recursal — Recesso forense — Suspensão — Inteligência do inciso I, art. 62, Lei n. 5.010/66, art. 179, CPC e OJ n. 209 — TST. Com a superveniência do recesso (feriados forenses — 20 de dezembro a 6 de janeiro, inclusive), conforme estatuído pelo art. 62, I, da Lei n. 5.010/66, suspende-se o prazo para a prática de ato processual, que só volta a fluir no primeiro dia útil seguinte, por aplicação do art. 179 do CPC, Súmula n. 105 do extinto TFR e OJ n. 209 – SDI-1 – TST. (TRT – 15ª R. – 2ª T. – AIRO n. 12506/2003 – Rel. Luís Carlos Cândido M. S. da Silva – DJSP 16.5.2003 – p. 17) (RDT n. 6 – junho de 2003)

---

(13) RODRIGUES PINTO, José Augusto. *Processo trabalhista de conhecimento.* 7. ed. São Paulo: LTr, 2005. p. 223.

Agravo de instrumento — Recesso forense — Prazo recursal. O recesso forense suspende o prazo recursal, que recomeça seu curso no primeiro dia útil após o término das férias. Entendimento consagrado pela jurisprudência e disposto na Orientação Jurisprudencial n. 209 do c. TST/SDI-1. (TRT – 12ª R. – 3ª T. – AIRO n. 5021/2003 – Rel. Gérson P. T. Conrado – DJSC 29.5.2003 – p. 156) (RDT n. 6 – junho de 2003)

Recesso forense — Contagem do prazo recursal. Nos termos do art. 179 do Código de Processo Civil, sobrevindo o recesso forense o curso do prazo recursal suspende-se, reiniciando a recontagem do prazo recursal remanescente após o seu término. Recurso de revista provido. (TST – 1ª T. – Ac. n. 8506/97 – Rel. Min. João Oreste Dalazen – DJ 17.10.97 – p. 52783)

Conforme o art. 179 do CPC:

A superveniência de férias suspenderá o curso do prazo; o que lhe sobejar recomeçará a correr do primeiro dia útil seguinte ao termo das férias.

Os prazos também serão suspensos em razão de morte ou perda da capacidade. Nesse sentido dispõe o art. 180 do CPC, *in verbis*:

Suspende-se também o curso do prazo por obstáculo criado pela parte ou ocorrendo qualquer das hipóteses do art. 265, I e III; casos em que o prazo será restituído por tempo igual ao que faltava para a sua complementação.

No aspecto, cumpre destacar a seguinte ementa:

Prazo processual — Suspensão dos prazos por portaria do juízo — Contagem. Determinada a suspensão de prazos processuais por portaria do juízo, o prazo da parte intimada durante tal período só tem início no dia seguinte à publicação do ato de revogação. Isso porque não se pode contar prazo sem a prévia ciência da parte da revogação do ato suspensivo. Agravo conhecido e provido. Agravo de petição. Critérios de cálculos. Constatada a incorreção dos cálculos, deve ser provido o recurso para determinar as correções cabíveis. (TRT – 10ª R. – 1ª T. – AIAP n. 356/2003.003.10.01-1 – Relª Cilene Ferreira A. Santos – DJDF 12.11.04 – p. 2) (RDT n. 12 – Dezembro de 2004)

Como exemplo de interrupção, destacamos a oposição dos embargos de declaração, que interrompem o prazo recursal (art. 897-A da CLT c/c art. 538 do CPC).

## 7. Privilégios de prazo

Dispõe o art. 188 do CPC:

Computar-se-á em quádruplo o prazo para contestar e em dobro para recorrer quando a parte for a Fazenda Pública ou o Ministério Público.

O presente dispositivo, conforme já sedimentado na doutrina e jurisprudência, é constitucional, em razão dos princípios da proporcionalidade e isonomia, pois, em razão das relevantes funções que desempenha o Ministério Público na defesa do interesse público e da importância da Fazenda Pública, se justifica o privilégio de prazo para estes entes. O referido dispositivo, por força do art. 769 da CLT, é aplicável ao Processo do Trabalho. Cumpre advertir que o privilégio é apenas para contestar e recorrer e não para a prática de outros atos processuais.

A praxe trabalhista consagrou, em razão da aplicação do art. 188 do CPC ao processo do trabalho, que tanto a Fazenda Pública como o Ministério Público do Trabalho deverão ser notificados para apresentação de resposta em audiências unas ou iniciais com o prazo mínimo de 20 dias de antecedência, em razão da multiplicação por quatro do prazo previsto no art. 841 da CLT, que é de cinco dias.

Dispõe o art. 191 do CPC:

> Quando os litisconsortes tiverem diferentes procuradores, ser-lhes-ão contados em dobro os prazos para contestar, para recorrer e, de modo geral, para falar nos autos.

A jurisprudência do TST, no nosso sentir acertadamente, firmou entendimento de não ser aplicável o disposto no art. 191 do CPC ao Processo do Trabalho em razão dos princípios da celeridade e simplicidade que norteiam o Processo do Trabalho. Nesse sentido, destacamos a OJ n. 310 da SDI-I, do C. TST, *in verbis*:

> Litisconsortes. Procuradores distintos. Prazo em dobro. Art. 191 do CPC. Inaplicável ao Processo do Trabalho. A regra contida no art. 191 do CPC é inaplicável ao Processo do Trabalho, em face da sua incompatibilidade com o princípio da celeridade inerente ao Processo do Trabalho.

## 8. Da comunicação dos atos processuais trabalhistas: citação, notificação e intimação

Como destaca *Amauri Mascaro Nascimento*[14]:

"Os atos processuais são revestidos de publicidade e devem ser conhecidos pelas partes ou, às vezes, mesmo por terceiro, impondo-se, como necessidade prática da realização do princípio, a sua divulgação, que, no processo trabalhista, é feita pelas formas clássicas do direito processual comum".

A comunicação dos atos processuais é levada a efeito por dois institutos principais: a citação e a intimação.

Citação é o ato pelo qual se dá ciência a alguém de que contra si há uma ação em curso, para, em querendo, venha se defender.

Nesse sentido, dispõe o art. 213 do CPC:

> Citação é o ato pelo qual se chama a juízo o réu ou o interessado a fim de se defender.

Intimação é ato pelo qual se dá ciência a alguém de um ato processual para que pratique ou deixe de praticar um ato.

Nesse sentido, dispõe o art. 234 do CPC:

> Intimação é o ato pelo qual se dá ciência a alguém dos atos e termos do processo, para que faça ou deixe de fazer alguma coisa.

---

(14) NASCIMENTO, Amauri Mascaro. *Curso de direito processual do trabalho*. 22. ed. São Paulo: Saraiva, 2007. p. 440.

No Processo do Trabalho, utiliza-se a expressão *notificação*, que é o gênero que abrange tanto a citação como a notificação. A citação no Processo do Trabalho é denominada *notificação inicial*.

No Processo do Trabalho, a notificação inicial é realizada pela Secretaria da Vara, pelo Diretor de Secretaria, e, ao contrário do processo civil, não necessita ser pessoal.

Nesse sentido, dispõe o art. 841 da CLT:

> Recebida e protocolada a reclamação, o escrivão ou chefe da Secretaria, dentro de 48 horas, remeterá a segunda via da petição, ou do termo, ao reclamado, notificando-o, ao mesmo tempo, para comparecer à audiência de julgamento, que será a primeira desimpedida, depois de cinco dias.

No mesmo diapasão a seguinte ementa:

> A jurisprudência admite que a notificação ou citação inicial por via postal (art. 841, § 1º, da CLT) presume-se realizada quando tenha sido entregue na empresa a empregado do réu, a zelador do prédio comercial ou depositada em caixa postal da empresa. O objeto central da disposição legal é a presunção de recebimento da notificação inicial pela empresa, tendo em vista a relevância da citação que deve ter eficácia incontestável. Esta presunção não se confirma quando a citação se dá em pessoa ao réu. Neste sentido, E-RR n. 73.124/93-7, Vantuil Abdala, Ac. SBDI1 2144/96. Revista não provida. (TST – 4ª T. – Ac. n. 14.127/97 – Relª Minª Cnéa Moreira – DJ 6.3.98 – p. 438)

Como regra geral, a notificação será encaminhada pelo Correio, com aviso de recebimento.

Nos lugares em que não houver circulação do Correio, a notificação inicial se fará por meio de oficial de justiça. Se o reclamado estiver em local incerto ou não sabido, a notificação se fará por Edital. Nesse sentido, dispõe o § 1º do art. 841 da CLT:

> A notificação será feita em registro postal com franquia. Se o reclamado criar embaraços ao seu recebimento ou não for encontrado, far-se-á a notificação por edital, inserto no jornal oficial ou no que publicar o expediente forense, ou, na falta, afixado na sede da Junta ou Juízo.

Em razão dos princípios do acesso à Justiça, da ampla defesa, e da garantia do contraditório, e considerando-se que a notificação por Edital não tem sido efetiva, a jurisprudência, acertadamente, vem-se posicionando no sentido de que, antes de se expedir o Edital, sejam esgotados os meios de intimação da parte, como a notificação na pessoa do sócio.

Nesse sentido, destacam-se as seguintes ementas:

> Notificação por via editalícia. Para que seja observada a garantia à ampla defesa, constitucionalmente prevista, deve o Juízo esgotar todas as possibilidades de cientificar a parte da ação que contra si corre, antes de proceder à notificação por edital. Não restando suficientemente evidenciados os elementos subjetivo e objetivo aos quais se refere o § 1º do art. 841, da CLT, há que ser anulada a citação levada a efeito através da referida via. (TRT – 23ª R. – TP – Ac. n. 1875/96 – Relª Juíza Mª Berenice – DJMT 18.9.96 – p. 13).

Citação por edital — Empresa com endereço certo — Nulidade que se declara. É inválida a citação quando tendo endereço certo a parte foi o ato realizado por via de edital. Há de ser distinguido endereço não conhecido e ausência por encontrar-se a parte em local incerto e não sabido. Ao ausente que se encontra em local incerto e não sabido se fará o chamamento a Juízo por via de edital. À parte com endereço certo, mas desconhecido, não é possível a mesma forma procedimental. Antes é obrigação do interessado diligenciar para a perfeita realização do ato citatório. (TRT – 12ª R. – 1ª T. – Ac. n. 14.220/2000 – Relª Juíza Sandra Márcia Wambier – DJSC 2.10.2000 – p. 95) (RDT 10/00 – p. 57)

As intimações aos advogados se fazem por meio do Diário Oficial, e às partes pelo Correio, por intermédio de Oficial de Justiça ou até mesmo por Edital, se a parte estiver em local incerto ou não sabido.

A intimação ao órgão do Ministério Público do Trabalho, quando atue como parte ou fiscal da lei no Processo do Trabalho, far-se-á pessoalmente, por meio de oficial de justiça (art. 84, IV da LC n. 75/93).

## 8.1. Da comunicação dos atos processuais por intermédio de Cartas Precatórias, Rogatórias e de Ordem

Cada Vara do Trabaho e os Tribunais Regionais do Trabalho detêm competência para prática de atos processuais nos limites territoriais de suas jurisdições. Caso o ato a praticar não esteja nos limites da competência territorial do órgão judiciário, ele deverá solicitar a prática a outro órgão judiciário. A possibilidade de prática de atos processuais por outro juízo, diverso do que tramita a causa, decorre dos deveres de colaboração dos órgãos judiciários e efetiva-se por meio das Cartas Precatória, Rogatória e de Ordem.

Conforme destaca *Marinoni*[15], três são as espécies de cartas: Carta de Ordem, que pressupõe a existência de vinculação funcional entre o tribunal que a expede e o juiz que a recebe; a Carta Rogatória, que serve para cooperação jurisdicional entre autoridades judiciárias de países diferentes; e a Carta Precatória, cuja função está em possibilitar o cumprimento de atos processuais ordenados por um órgão jurisdicional em comarca ou subseção judiciária nacional diversa daquela onde exerce jurisdição. As Cartas podem ter por objeto a prática de atos processuais de comunicação, instrução e constrição.

A Carta Rogatória tem por objeto a prática de atos processuais em país diverso do órgão judiciário onde tramita o processo.

Nos termos do art. 210 do CPC, a Carta Rogatória obedecerá, quanto à sua admissibilidade e modo de cumprimento, ao disposto na convenção internacional; à falta desta, será remetida à autoridade judiciária estrangeira, por via diplomática, depois de traduzida para a língua do país em que há de praticar-se o ato.

---

(15) MARINONI, Luiz Guilherme; MITIDIERO, Daniel. *Código de Processo Civil*: comentado artigo por artigo. São Paulo: RT, 2008. p. 213.

A concessão de exequibilidade às Cartas Rogatórias das Justiças estrangeiras obedecerá ao disposto no Regimento Interno do Supremo Tribunal Federal (art. 211 do CPC). Não obstante, após a EC n. 45/04, a competência para concessão de exequibilidade às Cartas Rogatórias é do Superior Tribunal de Justiça, conforme o art. 105, I, i, da CF, *in verbis*:

> Compete ao Superior Tribunal de Justiça: I – processar e julgar, originariamente: (...) i) a homologação de sentenças estrangeiras e a concessão de *exequatur* às cartas rogatórias; (Redação dada pela EC n. 45/04 – DOU 31.12.04)

Conforme o art. 202 do CPC, "são requisitos essenciais da Carta de Ordem, da Carta Precatória e da Carta Rogatória: I – a indicação dos juízes de origem e de cumprimento do ato; II – o inteiro teor da petição, do despacho judicial e do instrumento do mandato conferido ao advogado; III – a menção do ato processual, que lhe constitui o objeto; IV – o encerramento com a assinatura do juiz".

Nos termos do § 3º do art. 202 do CPC, "a Carta de Ordem, Carta Precatória ou Carta Rogatória pode ser expedida por meio eletrônico, situação em que a assinatura do juiz deverá ser eletrônica, na forma da lei".

Em todas as cartas, o juiz fixará o prazo para o cumprimento da diligência, segundo a natureza do ato processual a ser praticado.

A carta tem caráter itinerante. Desse modo, se o juízo para o qual a carta foi encaminhada não for competente para praticar o ato solicitado, poderá encaminhar-se a carta ao juízo diretamente, sem a necessidade de devolvê-la ao juízo deprecante.

## 9. Das despesas processuais no Processo do Trabalho

O acesso à Justiça é um mandamento constitucional e um direito fundamental do cidadão. Entretanto, para se valer dos serviços do Poder Judiciário, a parte, salvo se beneficiária de Justiça gratuita, deve pagar as despesas processuais.

Ensina *José Augusto Rodrigues Pinto*[16]:

> "Despesas processuais são todos os gastos que as partes realizem dentro ou fora do processo, para prover-lhe o andamento ou atender com mais segurança a seus interesses na demanda".

O conceito de despesa processual abrange todos os gastos com o processo, como locomoção, pagamento de honorários com assistentes técnicos, honorários advocatícios, despesas com locomoção de testemunhas, custas processuais, edital, emolumentos, etc.

Adotando a classificação de *Rodrigues Pinto*[17], no Processo há despesas processuais obrigatórias, que devem ser pagas pelas partes. São elas:

---

(16) RODRIGUES PINTO, José Augusto. *Op. cit.*, p. 291.

(17) *Op. cit.*, p. 293.

*a) taxa judiciária:* É uma espécie de tributo, que se paga em razão de um serviço público específico que é o serviço jurisdicional. Por isso é compulsória;

*b) custas processuais:* Conforme *Amauri Mascaro Nascimento*[18], custas são as despesas relativas ao expediente e movimentação das causas, contadas de acordo com o seu respectivo regimento (*Gabriel de Rezende*). Não têm a natureza dos honorários de advogado, previstos em algumas decisões, apesar de sua natureza de despesa processual;

*c) emolumentos:* Conforme *Rodrigues Pinto*[19], é o ressarcimento de despesas provocadas ao órgão jurisdicional para obtenção de traslados, certidões, etc., do interesse do requerente.

## 9.1. Custas processuais e emolumentos

A CLT disciplina as custas processuais nos arts. 789 e seguintes.

Dispõe o art. 789 da CLT:

> Nos dissídios individuais e nos dissídios coletivos do trabalho, nas ações e procedimentos de competência da Justiça do Trabalho, bem como nas demandas propostas perante a Justiça Estadual, no exercício da jurisdição trabalhista, as custas relativas ao processo de conhecimento incidirão à base de 2% (dois por cento), observado o mínimo de R$ 10,64 (dez reais e sessenta e quatro centavos), e serão calculadas:
>
> I – quando houver acordo ou condenação, sobre o respectivo valor;
>
> II – quando houver extinção do processo, sem julgamento do mérito, ou julgado totalmente improcedente o pedido, sobre o valor da causa;
>
> III – no caso de procedência do pedido formulado em ação declaratória e em ação constitutiva, sobre o valor da causa;
>
> IV – quando o valor for indeterminado, sobre o que o juiz fixar.
>
> § 1º – As custas serão pagas pelo vencido, após o trânsito em julgado da decisão. No caso de recurso, as custas serão pagas e comprovado o recolhimento dentro do prazo recursal.
>
> § 2º – Não sendo líquida a condenação, o juízo arbitrar-lhe-á o valor e fixará o montante das custas processuais.
>
> § 3º – Sempre que houver acordo, se de outra forma não for convencionado, o pagamento das custas caberá em partes iguais aos litigantes.
>
> § 4º – Nos dissídios coletivos, as partes vencidas responderão solidariamente pelo pagamento das custas, calculadas sobre o valor arbitrado na decisão, ou pelo Presidente do Tribunal.

No Processo do Trabalho, na fase de conhecimento, as custas serão sempre pagas ao final e incidirão no percentual de 2% sobre o valor da condenação, em

---

(18) *Op. cit.*, p. 455.
(19) *Op. cit.*, p. 293.

caso de procedência ou procedência em parte do pedido, e sobre o valor do acordo, em caso de conciliação. Em caso de improcedência, arquivamento ou desistência, o valor será de 2% calculados sobre o valor atribuído à causa.

Responderão pelas custas no Processo do Trabalho:

a) acordo: as partes, no importe de 1% cada uma. Se o autor é beneficiário de Justiça gratuita, normalmente fica isento de sua cota-parte;

b) procedência ou procedência em parte: o reclamado paga as custas;

c) arquivamento: o reclamante;

d) desistência ou abandono: a parte que desistiu ou abandonou.

Nos termos do § 4º do art. 789 da CLT, "nos dissídios coletivos, as partes vencidas responderão solidariamente pelo pagamento das custas, calculadas sobre o valor arbitrado na decisão, ou pelo Presidente do Tribunal".

Na execução, o art. 789-A da CLT disciplina a questão, assim dispondo:

> No processo de execução são devidas custas, sempre de responsabilidade do executado e pagas ao final, de conformidade com a seguinte tabela:
>
> I – autos de arrematação, de adjudicação e de remição: 5% (cinco por cento) sobre o respectivo valor, até o máximo de R$ 1.915,38 (um mil, novecentos e quinze reais e trinta e oito centavos);
>
> II – atos dos oficiais de justiça, por diligência certificada:
>
> a) em zona urbana: R$ 11,06 (onze reais e seis centavos);
>
> b) em zona rural: R$ 22,13 (vinte e dois reais e treze centavos);
>
> III – agravo de instrumento: R$ 44,26 (quarenta e quatro reais e vinte e seis centavos);
>
> IV – agravo de petição: R$ 44,26 (quarenta e quatro reais e vinte e seis centavos);
>
> V – embargos à execução, embargos de terceiro e embargos à arrematação: R$ 44,26 (quarenta e quatro reais e vinte e seis centavos);
>
> VI – recurso de revista: R$ 55,35 (cinquenta e cinco reais e trinta e cinco centavos);
>
> VII – impugnação à sentença de liquidação: R$ 55,35 (cinquenta e cinco reais e trinta e cinco centavos);
>
> VIII – despesa de armazenagem em depósito judicial — por dia: 0,1% (um décimo por cento) do valor da avaliação;
>
> IX – cálculos de liquidação realizados pelo contador do juízo — sobre o valor liquidado: 0,5% (cinco décimos por cento) até o limite de R$ 638,46 (seiscentos e trinta e oito reais e quarenta e seis centavos).

Os emolumentos estão disciplinados no art. 789-B da CLT, que assim dispõe:

> Os emolumentos serão suportados pelo requerente, nos valores fixados na seguinte tabela:
>
> I – autenticação de traslado de peças mediante cópia reprográfica apresentada pelas partes — por folha: R$ 0,55 (cinquenta e cinco centavos de real);

II – fotocópia de peças — por folha: R$ 0,28 (vinte e oito centavos de real);

III – autenticação de peças — por folha: R$ 0,55 (cinquenta e cinco centavos de real);

IV – cartas de sentença, de adjudicação, de remição e de arrematação — por folha: R$ 0,55 (cinquenta e cinco centavos de real);

V – certidões — por folha: R$ 5,53 (cinco reais e cinquenta e três centavos).

Nos termos do art. 790-A da CLT, "são isentos do pagamento de custas, além dos beneficiários de Justiça gratuita: I – a União, os Estados, o Distrito Federal, os Municípios e respectivas autarquias e fundações públicas federais, estaduais ou municipais que não explorem atividade econômica; II – o Ministério Público do Trabalho. Parágrafo único. A isenção prevista neste artigo não alcança as entidades fiscalizadoras do exercício profissional, nem exime as pessoas jurídicas referidas no inciso I da obrigação de reembolsar as despesas judiciais realizadas pela parte vencedora".

Sobre as custas, relevante destacar ainda as seguintes Súmulas do Tribunal Superior do Trabalho:

Súmula n. 25:

CUSTAS – A parte vencedora na primeira instância, se vencida na segunda, está obrigada, independentemente de intimação, a pagar as custas fixadas na sentença originária, das quais ficara isenta a parte então vencida. (RA n. 57/1970, DO-GB 27.11.1970)

Súmula n. 36:

CUSTAS – Nas ações plúrimas, as custas incidem sobre o respectivo valor global. (RA n. 57/1970, DO-GB 27.11.1970)

Súmula n. 86:

DESERÇÃO. MASSA FALIDA. EMPRESA EM LIQUIDAÇÃO EXTRAJUDICIAL. Não ocorre deserção de recurso da massa falida por falta de pagamento de custas ou de depósito do valor da condenação. Esse privilégio, todavia, não se aplica à empresa em liquidação extrajudicial. (Res. n. 129/2005 – DJ 22.4.2005)

## 10. Da suspensão do processo

Suspensão do processo é a paralisação temporária da relação jurídica processual em razão de um acontecimento relevante disciplinado em lei. Segundo a doutrina, a suspensão do processo depende de decisão judicial, que deve fixar o prazo de sua duração.

Lembra *Cléber Lúcio de Almeida*[20], que "a CLT prevê suspensão do processo por força de oposição de exceção de suspeição ou incompetência (art. 799), e em razão de motivo relevante (art. 844, parágrafo único)".

---

(20) ALMEIDA, Cléber Lúcio de. *Direito processual do trabalho*. 3. ed. Belo Horizonte: Del Rey, 2009. p. 334.

Dispõe o art. 265 do CPC:

> Suspende-se o processo: I – pela morte ou perda da capacidade processual de qualquer das partes, de seu representante legal ou de seu procurador; II – pela convenção das partes; III – quando for oposta exceção de incompetência do juízo, da câmara ou do tribunal, bem como de suspeição ou impedimento do juiz; IV – quando a sentença de mérito: a) depender do julgamento de outra causa, ou da declaração da existência ou inexistência da relação jurídica, que constitua o objeto principal de outro processo pendente; b) não puder ser proferida senão depois de verificado determinado fato, ou de produzida certa prova, requisitada a outro juízo; c) tiver por pressuposto o julgamento de questão de estado, requerido como declaração incidente; V – por motivo de força maior; VI – nos demais casos, que este Código regula. § 1º No caso de morte ou perda da capacidade processual de qualquer das partes, ou de seu representante legal, provado o falecimento ou a incapacidade, o juiz suspenderá o processo, salvo se já tiver iniciado a audiência de instrução e julgamento; caso em que: a) o advogado continuará no processo até o encerramento da audiência; b) o processo só se suspenderá a partir da publicação da sentença ou do acórdão. § 2º No caso de morte do procurador de qualquer das partes, ainda que iniciada a audiência de instrução e julgamento, o juiz marcará, a fim de que a parte constitua novo mandatário, o prazo de 20 (vinte) dias, findo o qual extinguirá o processo sem julgamento do mérito, se o autor não nomear novo mandatário, ou mandará prosseguir no processo, à revelia do réu, tendo falecido o advogado deste. § 3º A suspensão do processo por convenção das partes, de que trata o n. II, nunca poderá exceder 6 (seis) meses; findo o prazo, o escrivão fará os autos conclusos ao juiz, que ordenará o prosseguimento do processo. § 4º No caso do n. III, a exceção, em primeiro grau da jurisdição, será processada na forma do disposto neste Livro, Título VIII, Capítulo II, Seção III; e, no tribunal, consoante lhe estabelecer o regimento interno. § 5º Nos casos enumerados nas letras *a*, *b* e *c* do n. IV, o período de suspensão nunca poderá exceder 1 (um) ano. Findo este prazo, o juiz mandará prosseguir no processo.

O art. 265 do CPC encaixa-se perfeitamente ao processo do trabalho em razão da falta de previsão da hipótese na legislação processual trabalhista e compatibilidade com a principiologia do procedimento trabalhista (art. 769 da CLT).

Nesse sentido, relevante destacar as seguintes ementas:

> Morte de um dos representantes da parte — Prazos — Suspensão do processo — Art. 265, inciso I, do CPC — Inaplicabilidade. 1. É correta a afirmativa — não implicando ofensa à literalidade do art. 265, inciso I, do CPC — de que a morte de um dos advogados da parte, ainda no caso de ser aquele em nome do qual as notificações eram feitas, não tem o condão de suspender o processo e, por conseguinte, a contagem dos prazos recursais, quando o segundo causídico já havia participado no processo, tendo, inclusive, oferecido memorial constando razões finais da reclamada. É evidente, portanto, que a morte de um dos advogados não causou danos diretos à parte, pois mantida a oportunidade de produção de alegações e de defesa, cujo exercício, substancialmente, buscou o legislador preservar, quando da edição do art. 265, *i*, do CPC. 2. Agravo de instrumento desprovido. (TST – 1ª T. – AIRR n. 1.229/2000.024.04.40-2 – Rel. Emmanoel Pereira – DJ 20.6.05 – p. 872) (RDT n. 06 – Junho de 2005)

> Impõe-se a suspensão do processo quando a sentença de mérito depender de declaração da existência ou inexistência da relação jurídica que constitua o objeto principal de outro processo pendente. Inobservado tal preceito, contido no art. 265, IV, *a*, do Código de Processo Civil, a sentença deverá ser anulada pelo Tribunal, retornando os autos à origem, para que se observe a suspensão do processo. (TRT – 12ª R. – 1ª T. – Ac. n. 007079/95 – Rel. Juiz Darci Fuga – DJSC 22.9.95 – p. 53)
>
> A suspensão do processo, em razão de morte de uma das partes, é automática e se inicia no momento em que se dá a ocorrência do fato, tendo a decisão que a declara efeito *ex tunc*. (TRT – 1ª R. – 4ª T. – RO n. 1391/2001 – Rel. Célio J. Cavalcante – DJRJ 18.12.2002 – p. 170) (RDT n. 01 – janeiro de 2003)

Quanto à morte do advogado, pode-se argumentar, no processo do trabalho, diante da existência do *jus postulandi*, que ela não é causa de suspensão do processo, exceto nas lides que decorrem da relação de trabalho e não de emprego. Não obstante, pensamos de forma diversa, pois, se a parte optou por contratar advogado no processo do trabalho, ou está assistida por advogado do sindicato (art. 14, da Lei n. 5.584/70), deve ter assistência profissional a fim de que seu acesso à justiça seja efetivado com maior qualidade. Desse modo, diante da morte de seu patrono, o Juiz do Trabalho deverá suspender o processo, a fim de que ela nomeie outro advogado, ou findo o prazo de suspensão, pratique os atos processuais, valendo-se do *jus postulandi*.

Conforme o art. 266 do CPC, "durante a suspensão é defeso praticar qualquer ato processual; poderá o juiz, todavia, determinar a realização de atos urgentes, a fim de evitar dano irreparável".

Nos termos do art. 110 do CPC, se o conhecimento da lide depender necessariamente da verificação da existência de fato delituoso, pode o juiz mandar sobrestar no andamento do processo até que se pronuncie a Justiça Criminal. Parágrafo único. Se a ação penal não for exercida dentro de 30 (trinta) dias, contados da intimação do despacho de sobrestamento, cessará o efeito deste, decidindo o juiz cível a questão prejudicial".

O presente dispositivo, compatível com o processo do trabalho (art. 769 da CLT), disciplina a possibilidade de o Juiz do Trabalho sobrestar o andamento do feito quando o mesmo fato discutido no processo trabalhista for objeto também de processo criminal, a fim de se evitar decisões conflitantes sobre o mesmo fato. Entretanto, o sobrestamento é faculdade do Juiz, não sendo direito da parte. Nesse sentido, cumpre destacar a seguinte ementa:

> Mandado de segurança — Sobrestamento da reclamação trabalhista ante o ajuizamento de processo criminal contra o reclamante. Não há ilegalidade do ato que indefere o sobrestamento da reclamação trabalhista ante o ajuizamento de processo criminal contra o reclamante, pois o julgamento de ação criminal, favorável ou não a qualquer das partes, não obriga o Judiciário trabalhista. Segurança denegada. (TRT 2ª R. – SDI-1 – Relª Maria Aparecida Duenhas – DJe n. 1.568 – 9.12.08 – p. 4 – SDI-1 14162200600002008) (RDT n. 01 – Janeiro de 2009).

# Capítulo IX
# Das Nulidades no Direito Processual do Trabalho

## 1. Conceito e espécies

Nulidade, segundo a melhor doutrina, é a privação dos efeitos de um ato jurídico. Na esfera processual, a nulidade acarreta perda do efeito de um ato processual, vale dizer: o ato processual não produzirá os efeitos pretendidos.

Autores há que preferem a expressão *invalidade processual*. Nesse sentido é a visão de *Aldacy Rachid Coutinho*[1]:

"Mais coerente é a visão da invalidade como a atipicidade do ato ou a qualidade do ato viciado, que resulta em uma tendência à ineficácia, desde que seja alegada e não estejam presentes fatores impeditivos, ou ainda, se não ministrado nenhum remédio jurídico que tenha sanado o defeito".

Pensamos ser invalidade gênero, do qual as nulidades absolutas e relativas são espécies.

É consenso na doutrina que as nulidades dos atos processuais podem ser absolutas, relativas, ou até mesmo o ato processual pode ser inexistente. De outro lado, há as chamadas irregularidades processuais, que são uma espécie de nulidade de menor potencial.

São nulos os atos processuais quando violem normas de ordem pública e interesse social. O ato nulo não está sujeito à preclusão e pode ser declarado de ofício pelo Juiz. São relativas as nulidades quando não violem normas de ordem pública. Dependem da iniciativa da parte, não podendo ser conhecidas de ofício.

Os chamados atos inexistentes contêm um vício tão acentuado que não chegam a produzir efeitos. Entretanto, a doutrina tem dito que mesmo os atos inexistentes devem ter seus efeitos cassados por decisão judicial. Portanto, os atos inexistentes seguem o mesmo regime das nulidades absolutas.

Nesse sentido *Teresa Arruda Alvim Wambier*: "Cremos que se deve repetir em relação aos atos inexistentes o que foi dito com respeito aos atos nulos: há necessidade,

---

(1) *Invalidade processual:* um estudo para o processo do trabalho. Rio de Janeiro: Renovar, 2000. p. 121.

em princípio, de pronunciamento judicial, provocado por ação meramente declaratória, para que tal 'vida artificial', há pouco referida, tenha fim"[2].

A irregularidade não retira os efeitos dos atos, tampouco enseja declaração de nulidade. Nesse sentido ensina *Vicente Greco Filho*[3]:

> "A mera irregularidade representa a violação da norma instituidora do modelo e que não acarreta ineficácia. Ora a mera irregularidade não tem qualquer sanção, como, por exemplo, a violação da norma contida no art. 169, que prescreve que os atos devem ser escritos com tinta escura e indelével ou que é vedado usar abreviaturas, ora a sanção é extraprocessual, não interferindo no andamento do processo, como, por exemplo, o excesso de prazo praticado pelo juiz, que pode acarretar-lhe sanções disciplinares, não invalidando, porém, o ato praticado fora do tempo".

## 2. Princípios das nulidades

### 2.1. Prejuízo ou transcendência

O eixo central da declaração das nulidades, tanto no Direito Processual Civil como no Processual do Trabalho, é a existência de prejuízo *(pas de nullité san grief)*. Este princípio é oriundo do art. 114, 2ª parte do Código de Processo Civil francês. Se o ato processual, embora defeituoso e contenha vícios, não causou prejuízos a uma das partes, não deve ser anulado. A regra vale tanto para as hipóteses de nulidade como anulabilidade.

Conforme *Carlos Henrique Bezerra Leite*[4]: "O princípio do prejuízo, também chamado de princípio da transcendência, está intimamente ligado ao princípio da instrumentalidade das formas. Significa que não haverá nulidade sem prejuízo manifesto às partes interessadas. O princípio do prejuízo é inspirado no sistema francês *(pas de nullité san grief)*".

Nesse sentido dispõe o art. 794 da CLT, *in verbis*:

> Nos processos sujeitos à apreciação da Justiça do Trabalho só haverá nulidade quando resultar dos atos inquinados manifesto prejuízo às partes litigantes.

Como bem adverte *Aldacy Rachid Coutinho*[5], o prejuízo atua, em verdade, como um impeditivo de declaração, ou seja: o ordenamento jurídico garante a eficácia daquele ato que, mesmo sendo inválido, emana efeitos na ordem processual. É sabido que mesmo os atos nulos geram efeitos. Atua o prejuízo, então, como uma vedação dirigida ao Juiz para que não declare a invalidade (preexistente à declaração),

---

(2) WAMBIER, Teresa Arruda Alvim. *Nulidades do processo e da sentença*. 6. ed. São Paulo: RT, 2007. p. 157.
(3) GRECO FILHO, Vicente. *Direito processual civil brasileiro*. 2. vol., 11. ed. São Paulo: Saraiva, 1996. p. 45.
(4) *Curso de direito processual do trabalho*. 5. ed. São Paulo: LTr, 2007. p. 359.
(5) *Op. cit.*, p. 282.

deixando o ato desconforme tal como se encontra e garantindo que aqueles efeitos gerados não mais serão atacados. Portanto, sem prejuízo, há nulidade com eficácia permanente e preservada.

No mesmo diapasão, destacamos as seguintes ementas:

> Aplicação do rito sumaríssimo. No sistema adotado pelo Código de Processo Civil, aplicado subsidiariamente na Justiça do Trabalho, a anulação do ato processual viciado obedece a certas regras, contidas na lei ou impostas pelos princípios gerais, que dão uma feição à teoria da nulidade. Tais regras compreendem o princípio da instrumentalidade das formas, contido no brocardo *pas de nullité sans grief*, segundo o qual só devem ser anulados os atos imperfeitos se o objetivo não tiver sido alcançado, pois o que interessa é o objetivo do ato e não o ato em si mesmo. Tal princípio encontra-se formulado no § 1º do art. 249 do CPC, que diz: 'O ato não se repetirá nem se lhe suprirá a falta quando não prejudicar a parte'. No caso dos autos, não obstante tenha o Tribunal Regional convertido o rito processual para o sumaríssimo quando da análise do recurso ordinário, tal procedimento não importou em prejuízo às partes, tendo em vista que aquela Corte apreciou toda a matéria submetida a julgamento, ocasião em que fundamentou a decisão com suas razões de decidir, não inviabilizando, assim, o reexame da controvérsia nesta esfera recursal. (TST – 1ª T. – RR n. 1.511/1998.071.15.00-7 – Rel. Luiz Philippe V. de M. Filho – DJ 4.4.2003 – p. 623) (RDT n. 5 – maio de 2003)

> Nulidade processual – CLT, art. 795. "Não se reconhecerá a nulidade do ato processual, sem demonstração de manifesto prejuízo e motivada fundamentação da impugnação, por ausência de interesse jurídico" (CLT, art. 795), à luz da Moderna Escola Processual, que vem, progressivamente, revelando a natureza instrumental do processo, em prestígio da tutela urgente do direito material e consumação dos direitos fundamentais. (TRT – 15ª R. – 2ª T. – Ac. n. 42.104/97 – Rel. José Pitas – DJSP 12.01.98 – p. 30)

> Nulidade processual — Poder diretivo do juiz. Constitui moderna tendência evolutiva do Direito Processual a concentração cada vez maior de poderes diretivos e instrutórios nas mãos dos Órgãos Estatais encarregados de prestar a jurisdição, o que, de um lado, permite a apuração o quanto mais próxima da verdade real e, de outro, autoriza a inibição da prática de atos desnecessários e diligências inúteis. Tais poderes hão de ser exercidos dentro de limites éticos, de modo fundamentado e sempre em busca da efetividade do processo. No caso presente, as provas que pretendia produzir o reclamante, destinadas a comprovar os fatos constitutivos dos direitos postulados, não eram inúteis e tampouco desnecessárias, sendo, ao contrário, imprescindíveis para o deslinde das controvérsias postas em juízo. Recurso ordinário provido. (TRT 15ª R. – 1ª T. – RO n. 587/2002.016.15.00-0 – Rel. Marcos da S. Pôrto – DJSP 10.09.04 – p. 18) (RDT n. 10 – Outubro de 2004)

## 2.2. Princípio da instrumentalidade das formas

O princípio da instrumentalidade das formas, também chamado pela doutrina de *princípio da finalidade*, tem por objetivo conservar os atos processuais praticados de forma diversa da prescrita na lei, mas que atingiram sua finalidade e produziram os efeitos processuais previstos na lei. Tal princípio se assenta no fato de o processo não ser um fim em si mesmo, mas um instrumento de realização da justiça.

Nesse sentido, dispõe o art. 244 do CPC:

> Quando a lei prescrever determinada forma, sem cominação de nulidade, o juiz considerará válido o ato se, realizado de outro modo, lhe alcançar a finalidade.

No mesmo diapasão é o art. 154 do CPC:

> Os atos e termos processuais não dependem de forma determinada senão quando a lei expressamente o exigir, reputando-se válidos os que, realizados de outro modo, lhe preencham a finalidade essencial.

Como bem adverte *Nelson Nery Júnior*[6], o Juiz deve desapegar-se do formalismo, procurando agir de modo a propiciar às partes o atingimento da finalidade do processo. Mas deve obedecer às formalidades do processo, garantia do estado de direito.

## 2.3. Princípio da convalidação

Ensina *Aldacy Rachid Coutinho*[7]:

> "Diz-se que convalescer é recuperar saúde, permitindo inclusive certa confusão com os denominados 'remédios jurídicos'. Neles são abordadas as hipóteses, por conseguinte, em que aquela situação anormal de debilidade do ato é recuperada, ou seja, restabelecida para a normalidade. A adoção de uma outra 'forma' ou 'meio' de convalescença implica, portanto, mais do que em qualquer outro princípio, a visualização e identificação de que conceito de invalidade se trata. O sistema das nulidades adotado pela Consolidação das Leis do Trabalho — e ainda o do Código de Processo Civil — é todo ele voltado para proteção dos atos processuais e seus efeitos, estabelecendo critérios impeditivos da sua alegação ou da sua decretação".

Pelo presente princípio, se as nulidades não forem invocadas no momento processual oportuno, haverá a convalidação do ato inválido, também chamada pela doutrina de preclusão de se invocar a nulidade.

De outro lado, somente a nulidade relativa, ou seja, a que interessa apenas à parte, deve ser invocada no momento processual oportuno, já a nulidade absoluta pode ser invocada a qualquer tempo, inclusive de ofício, não estando abrangida pelo princípio da convalidação[8].

Nesse sentido, destacamos as seguintes ementas:

> A irresignação quanto a nulidade no processo deve ser manifestada de imediato (art. 795, CLT, c/c art. 245, CPC). Precluiu (eficácia preclusiva — art. 473, CPC) no seu direito

---

(6) *Código de Processo Civil comentado e legislação processual extravagante*. 10. ed. São Paulo: RT, 2007. p. 491.

(7) *Op. cit.*, p. 273.

(8) Nesse sentido, dispõe o art. 245 do CPC, *in verbis*: "A nulidade dos atos deve ser alegada na primeira oportunidade em que couber à parte falar nos autos, sob pena de preclusão. *Parágrafo único. Não se aplica esta disposição às nulidades que o juiz deva decretar de ofício, nem prevalece a preclusão, provando a parte legítimo impedimento*" (o grifo é nosso).

a parte que deixa transcorrer, *in albis*, o prazo para formular razões finais ou nessa ocasião nenhuma alusão faz à matéria. Impede, com sua omissão, o exame da questão e a prolação de decisão, posto que conformada com tudo como se realizou. Fecha, assim, a porta para o reexame da questão em sede de grau de recurso. (TRT/SP n. 02970173659 – Ac. 6ª T. – n. 02980301498 – Rel. Gézio Duarte Medrado – DOE 19.6.98) (RDT 10/98 – p. 48).

Nulidades — Momento da arguição. No processo do trabalho, as nulidades somente são declaradas quando a parte argui-la à primeira vez em que tiver de falar em audiência ou nos autos (inteligência do art. 795 da CLT). (TRT – 1ª R. – 1ª T. – AP n. 2.040/99 – Rel. Juiz Luís Carlos T. Bomfim – DJRJ 15.9.99 – p. 143) (RDT 10/99 – p. 54)

Nulidade — Arguição pela parte — Momento. No processo do trabalho, as nulidades não são declaradas senão por provocação das partes, que deverão argui-las a primeira vez em que tiverem de falar em audiência ou nos autos (art. 795 da CLT). Se o ato pretensamente nulo ocorre em audiência, a primeira vez que a parte tem a oportunidade de se manifestar é imediatamente após sua prática, vez que sempre tem a faculdade de se manifestar pela ordem até mesmo durante o julgamento (aplicação analógica do art. 89-X da Lei n. 4.215/63). (TRT – 10ª R. – 1ª T. – RO n. 4.170/99 – Rel. Juiz Fernando A. V. Damasceno – DJDF 25.2.2000 – p. 12)

Nulidade — Arguição — Oportunidade. Se a parte, que entende estar desfundamentada a decisão, não interpõe embargos declaratórios visando a sanar o vício, não há como se admitir, em sede de recurso, a arguição de nulidade em razão da omissão, porque operada a preclusão, nos termos do art. 795 da CLT. Recurso ordinário a que se nega provimento. (TRT – 1ª R. – 9ª T. – RO n. 8271/98 – Rel. Juiz Ideraldo C. de B. Gonçalves – DJRJ 10.4.2000 – p. 216) (RDT 05/00 – p. 61)

Nesse sentido, dispõe o art. 795 da CLT:

As nulidades não serão declaradas senão mediante provocação das partes, as quais deverão argui-las à primeira vez em que tiverem de falar em audiência ou nos autos.

§ 1º – Deverá, entretanto, ser declarada *ex officio* a nulidade fundada em incompetência de foro. Nesse caso, serão considerados nulos os atos decisórios.

§ 2º – O juiz ou Tribunal que se julgar incompetente determinará, na mesma ocasião, que se faça remessa do processo, com urgência, à autoridade competente, fundamentando sua decisão.

A incompetência a que alude o § 1º do art. 795 da CLT é incompetência em razão da matéria e não do lugar. A palavra *foro* está sendo utilizada como sendo o foro *cível, criminal, trabalhista*, etc. Conforme o § 2º do art. 795 da CLT, o Juiz incompetente em razão da matéria deverá remeter os autos ao Juiz competente, em atenção aos princípios da economia processual e efetividade da jurisdição.

Diante do que preconiza o art. 795 da CLT, já é prática costumeira incorporada ao Processo do Trabalho pela doutrina e jurisprudência o chamado *protesto,* que tem suporte na interpretação sistemática dos arts. 794 e 795 da CLT, a fim de se evitar a preclusão das nulidades processuais. Desse modo, havendo uma decisão proferida no curso do processo que cause prejuízo à parte, mas não possa ser recorrível de imediato, a parte lesada deverá registrar os protestos a fim de evitar a preclusão da questão e eventual convalidação da nulidade.

Nesse sentido, destacamos a seguinte ementa:

> Nulidade — Momento para arguir. Nos termos do art. 795, *in fine*, da CLT, a parte ofendida deve se manifestar sobre a nulidade na primeira oportunidade em que atuar nos autos. Dessa forma, deve ela consignar seu protesto em audiência, tão logo vislumbre qualquer circunstância que possa gerar a nulidade do ato processual, pois seu silêncio acarreta a preclusão. (TRT – 12ª R. – 2ª T. – Ac. n. 12.029/98 – Rel. Juiz Roberto B. Leite – DJSC 3.12.98 – p. 92).

Nos termos do § 2º do referido art. 795 da CLT, deve o Juiz do Trabalho, ao declarar a incompetência absoluta da Justiça do Trabalho, remeter o Processo ao Juízo competente, para celeridade e efetividade da jurisdição. Entretanto, no Processo do Trabalho, como a regra geral é a cumulação de pedidos, o Juiz do Trabalho somente deverá remeter os autos a outro juízo se for incompetente para todos os pedidos, uma vez que não há como se desmembrar o processo. Se for competente para um dos pedidos, deverá instruí-lo e julgá-lo, e para os que não for competente, deverá extingui-los, sem resolução de mérito, nos termos do art. 267, IV, do CPC, uma vez que a competência é um pressuposto processual de validade do processo.

## 2.4. Princípio da renovação dos atos processuais viciados ou saneamento das nulidades

O presente princípio também é denominado pela doutrina *princípio da economia processual*, pois visa a aproveitar ao máximo a relação jurídica processual, renovando os atos processuais defeituosos, sem a necessidade de extinção prematura do processo.

Dispõe o art. 796 da CLT:

> A nulidade não será pronunciada:
>
> a) quando for possível suprir-se a falta ou repetir-se o ato.

É possível repetir o ato nulo ou anulável, desde que não haja demora significativa no processo, ausência de prejuízo às partes e efetividade do ato processual. O dispositivo (art. 796, *b*, da CLT) não restringe a renovação do ato por nulidade absoluta. Nesse sentido, ensina *Nelson Nery Júnior*[9]: "A distinção entre nulidade e anulabilidade é irrelevante no processo civil, para determinar-se sua sanção, já que não se afigura correto afirmar-se que a nulidade absoluta é insanável. Tanto as nulidades absolutas quanto as anulabilidades são passíveis de sanação pela incidência do princípio da instrumentalidade das formas".

No mesmo sentido ensina *Teresa Arruda Alvim Wambier*[10]:

> "(...) observamos que um dos princípios que regem o sistema de nulidades processuais, referido no art. 249 e em outros dispositivos do CPC, é o de

---

(9) NERY JÚNIOR, Nelson *et al. Código de Processo Civil comentado.* 7. ed. São Paulo: RT, 2007. p. 618.

(10) *Op. cit.*, p. 255.

que, no processo civil — à diferença do que ocorre no direito civil — tanto as nulidades quanto as anulabilidades se sanam. No processo, a propósito, *sana-se até mesmo a inexistência jurídica* (v. por exemplo, o art. 37, parágrafo único, do CPC)".

Sob outro enfoque, hipóteses há em que a nulidade do ato processual não pode ser sanada, como, por exemplo: nulidade da citação, inépcia da inicial, por conter os vícios elencados no parágrafo único do art. 295 do CPC, falta de uma das condições da ação, como ilegitimidade das partes, ou falta de interesse processual, etc.

## 2.5. Princípio do aproveitamento dos atos processuais praticados

Aproveitar é tornar útil, proveitoso. Conservar é manter, preservar[11].

Este princípio também é denominado conservação dos atos processuais úteis. Conforme o brocardo latino *utile per inutile non viciatur*: o útil não se vicia pelo inútil. Desse modo, a declaração da nulidade não pode estender-se, tampouco retroagir aos atos validamente praticados.

Como bem adverte *Aldacy Rachid Coutinho*[12], a estrutura do Processo faz com que os atos que o compõem não se revelem de forma isolada, mas, ao contrário, se impliquem mutuamente no tempo e no conteúdo, de forma que possibilite a realização do fim específico a que se propõe, gerando os efeitos próprios. A invalidade de um ato, assim, pode causar um impacto maior no Processo do que causaria no direito material.

Nesse sentido, dispõe o art. 248 do CPC:

> Anulado o ato, reputam-se de nenhum efeito todos os subsequentes, que dele dependam; todavia, a nulidade de uma parte do ato não prejudicará as outras, que dela sejam independentes.

Nesse mesmo sentido o art. 797 da CLT:

> O juiz ou tribunal que pronunciar a nulidade declarará os atos a que ela se estende.

Conforme o art. 798 da CLT, "a nulidade do ato não prejudicará senão os posteriores que dele dependam ou sejam consequência".

## 2.6. Princípio do interesse

Este princípio está previsto no art. 796, *b*, da CLT, que assim dispõe:

> A nulidade não será pronunciada:
>
> (...) b) quando arguida por quem lhe tiver dado causa.

---

(11) COUTINHO, Aldacy Rachid. *Invalidade processual:* um estudo para o processo do trabalho. Rio de Janeiro: Renovar, 2000. p. 313.

(12) *Op. cit.*, p. 313.

Desse modo, somente terá interesse de postular a declaração da nulidade a parte que foi prejudicada, mas que não deu causa a ela.

Este princípio decorre do princípio geral de direito segundo o qual a ninguém é lícito alegar a própria torpeza em juízo, sendo um meio de moralização da relação jurídica processual, destacando-se o caráter publicista do Processo.

Como bem adverte *Carlos Henrique Bezerra Leite*[13], o princípio do interesse só alcança, evidentemente, as nulidades relativas, pois as nulidades absolutas constituem matéria de ordem pública.

---

(13) *Op. cit.*, p. 365.

# Capítulo X
# Da Prescrição no Direito Processual do Trabalho

## 1. Conceito e distinção com a decadência

Segundo *Pontes de Miranda*[1], "a prescrição é a exceção, que alguém tem, contra o que não exerceu, durante certo tempo, que alguma regra jurídica fixa a sua pretensão ou ação. Serve à segurança e à paz públicas, para limite temporal à eficácia das pretensões e das ações".

Dispõe o art. 189 do CC:

> Violado o direito, nasce para o titular a pretensão, a qual se extingue pela prescrição, nos prazos a que aludem os arts. 205 e 206.

Conforme o referido dispositivo legal, o Código Civil brasileiro adota o conceito de prescrição como sendo a perda da pretensão, que é, segundo *Carnelutti*, a exigência de subordinação do interesse alheio ao interesse próprio. Estando prescrita a pretensão, não se pode exigir em juízo o direito violado, tampouco invocá-lo em defesa, pois a exceção prescreve no mesmo prazo que a pretensão, segundo o art. 190 do CC.

Conforme *Carlos Roberto Gonçalves*[2], "o novo Código Civil, evitando essa polêmica, adotou o vocábulo 'pretensão' para indicar que não se trata do direito subjetivo público abstrato de ação. E, no art. 189, enunciou que a prescrição se inicia no momento em que há violação do direito". Prossegue o autor[3]: "Hoje predomina o entendimento na moderna doutrina, de que a prescrição extingue a pretensão, que é a exigência de subordinação de um interesse alheio ao interesse próprio. O direito material, violado, dá origem à pretensão (CC, art. 189), que é deduzida em juízo por meio da ação. Extinta a pretensão, não há ação. Portanto, a prescrição extingue a pretensão, atingindo também a ação. O instituto que extingue somente a ação, conservando o direito material e a pretensão, que só podem ser opostos em defesa, é perempção".

A decadência consiste na perda do direito em razão da inércia de seu titular.

---

(1) MIRANDA, Pontes de. *Tratado de direito privado*. v. 6. Campinas: Bookseller, 2000. p. 135.
(2) GONÇALVES, Carlos Roberto. *Direito civil*. Parte Geral. v. 1. 10. ed. São Paulo: Saraiva, 2003. p. 181.
(3) *Ibidem*, p. 183.

Ensinam *Rodolfo Pamplona Filho* e *Pablo Stolze Gagliano*[4] que a decadência "consiste na perda efetiva de um direito potestativo, pela falta de seu exercício, no período de tempo determinado em lei ou pela vontade das próprias partes. Sendo, literalmente, a extinção do direito é também chamada, em sentido estrito, consoante já se disse, de caducidade, não remanescendo qualquer sombra de direito em favor do titular, que não terá como exercer mais, de forma alguma, o direito caduco".

No Processo do Trabalho, destacam-se três prazos decadenciais típicos, quais sejam:

a) 30 dias para instauração do inquérito judicial para apuração de falta grave, tendo havido a prévia suspensão do empregado;

b) 2 anos para propor a ação rescisória, contados do trânsito em julgado da decisão;

c) 120 dias para proposição do Mandado de Segurança, contatos a partir da ciência do ato de autoridade praticado com ilegalidade ou abuso de poder.

Segundo a melhor doutrina, a prescrição extingue a pretensão e por via oblíqua o direito, enquanto a decadência extingue o direito e por via oblíqua a pretensão. O prazo decadencial pode ser fixado na lei ou pela vontade das partes (contrato), enquanto os prazos prescricionais somente são fixados em lei. O prazo decadencial corre contra todos, não sendo objeto de suspensão, interrupção ou de causa impeditiva, já a prescrição pode não correr contra algumas pessoas (incapazes, por exemplo), pode sofrer causas de impedimento, suspensão ou interrupção. A prescrição, uma vez consumada, pode ser objeto de renúncia. A decadência é irrenunciável.

Nesse diapasão, relevante destacar a seguinte ementa:

> Prescrição x decadência — Biênio para ajuizamento de reclamação trabalhista — Prazo prescricional — Reconhecimento. A distinção entre prescrição e decadência tem sido, desde longa data, objeto de inúmeros combates doutrinários, envolvendo juristas de renome, no escopo de se delinear, com exatidão, o campo de incidência de ambos os institutos. Sob a égide do Código Civil revogado, firmou-se a clássica distinção de que a decadência extinguia o direito em si, ao passo que a prescrição extinguiria a ação. Entretanto, é verdade que a fórmula tradicional não era suficiente para explicar a complexidade do fenômeno, reclamando assim uma melhor definição daquelas hipóteses. Nesse contexto, adotou o legislador contemporâneo, nos termos do art. 189 do Novo Código Civil, a concepção de que "violado o direito, nasce para o titular a pretensão, a qual se extingue, pela prescrição", nos prazos definidos em lei, repetindo a sistemática já introduzida nos arts. 26 e 27 da Lei n. 8.078/90 — Código de Defesa do Consumidor. Vale dizer, hodiernamente, encontra a prescrição seu melhor conceito enquanto causa de extinção temporal da pretensão de ver condenado o violador de um direito à sua justa reparação, distanciando-se, assim, da decadência, hipótese de extinção de um direito não reclamado no prazo legal. (TRT – 15ª R. – 2ª T. – RO n. 1.484/2003.122.15.00-9 – Rel. Luís Carlos C. M. S. da Silva – DJSP 18.6.04 – p. 18) (RDT n. 7 – Julho de 2004).

---

(4) *Novo curso de direito processual civil*. v. 1, 4. ed. São Paulo: Saraiva, 2003. p. 480.

Diante da sua importância para o direito do trabalho, a prescrição trabalhista está prevista no art. 7º, XXIX, da Constituição, que trata dos direitos fundamentais trabalhistas, tendo a seguinte redação:

> "Ação, quanto aos créditos resultantes das relações de trabalho, com prazo prescricional de cinco anos para os trabalhadores urbanos e rurais, até o limite de dois anos após a extinção do contrato de trabalho".

O prazo mencionado no citado artigo aplica-se tanto ao empregado como ao empregador quando este for ingressar com uma reclamação trabalhista em face do empregado. Nesse sentido, advertem *Irany Ferrari* e *Melchíades Rodrigues Martins*[5]: "Aplica-se o mesmo prazo prescricional previsto para os trabalhadores (arts. 7º, XXIX, da CF e 11, da CLT) ao empregador quando a questão em discussão envolve conflito deste com o empregado ou ex-empregado, cuja matéria tem pertinência com o contrato de trabalho. A regra vale, portanto, para ambos, empregado e empregador, mesmo porque a competência no caso é da Justiça do Trabalho".

A Constituição Federal traça dois prazos prescricionais: um após a extinção do contrato de trabalho (prescrição bienal) e outro durante o contrato de trabalho (prescrição quinquenal). Estes prazos são distintos, não obstante, uma vez extinto o contrato de trabalho, deve o trabalhador trazer sua pretensão a juízo dentro do prazo de dois anos contados da data da terminação do contrato. Caso este prazo seja observado, terá direito de postular as verbas trabalhistas dos últimos cinco anos, contados retroativamente da data da propositura da reclamação trabalhista.

Nesse sentido, dispõe a Súmula n. 308 do TST, *in verbis*:

> PRESCRIÇÃO QUINQUENAL. I – Respeitado o biênio subsequente à cessação contratual, a prescrição da ação trabalhista concerne às pretensões imediatamente anteriores a cinco anos, contados da data do ajuizamento da reclamação e, não, às anteriores ao quinquênio da data da extinção do contrato; II – A norma constitucional que ampliou o prazo de prescrição da ação trabalhista para 5 (cinco) anos é de aplicação imediata e não atinge pretensões já alcançadas pela prescrição bienal quando da promulgação da CF/1988.

No mesmo sentido, destaca-se a seguinte ementa:

> "Prescrição trabalhista. Reclamatória proposta após o contrato. Direitos atingidos e não atingidos. Os prazos que, embora quinquenais, chegaram ao seu término antes do decurso do biênio pós-contrato sem a ação reparadora, por simples lógica, não estão sujeitos ao limite a que se refere a Constituição, pois que encerraram definitivamente a possibilidade do socorro judicial. Assim, inaceitável se mostra a tese de que todos os direitos situados nos últimos cinco anos da contratualidade possam estar a salvo da prescrição, desde que proposta a reclamatória dentro do biênio posterior à terminação do contrato, independentemente da data". (TST – 5ª T. – Ac. n. 1485/97 – Rel. Min. Armando de Brito – DJ 30.5.97 – p. 23.622).

---

(5) *CLT:* doutrina – jurisprudência predominante e procedimentos administrativos. Introdução arts. 1º a 12. São Paulo: LTr, 2006. p. 131.

De outro lado, há entendimento no sentido de que o prazo da prescrição quinquenal deve ser contado a partir da extinção do contrato de trabalho, se proposta a reclamação trabalhista dentro do prazo de dois anos. Neste sentido, destaca-se a seguinte ementa:

> O prazo de dois anos após a extinção do contrato de trabalho, previsto no art. 7º, item XXIX, letra *a* da CF/88, é o limite dado pelo legislador constitucional ao trabalhador urbano para propor ação em que reivindicará direitos trabalhistas até os últimos 5 anos. Portanto, não se pode incluí-lo neste lapso temporal, pois ele seria diminuído para 3, contrariando, desta forma, a vontade expressa do legislador constitucional, que foi a de conferir ao trabalhador o prazo prescricional de 5 anos para fazer valer direitos oriundos da relação de emprego. Ao intérprete não cabe limitar a eficácia das normas constitucionais de tutela ao empregado através de exegese restritiva, principalmente quando se trata de prescrição de créditos provenientes de relação de trabalho, de natureza alimentar e considerado por ela própria como valor fundamental da República Federativa (art. 5º, § 1º, item IV), base da ordem econômica (art. 170) e primado da ordem social (art. 193). (TRT – 3ª R. – 3ª T. – RO 16.634/94 – Rel. Álvares da Silva – DJMG 7.3.95 – p. 58).

Há entendimentos no sentido de que o prazo de dois anos contados da extinção do contrato de trabalho tem natureza decadencial, podendo, por isso, o Juiz do Trabalho conhecê-lo de ofício, pois o referido art. 7º, XXIX, da CF dispõe que o prazo de dois anos é o limite para postulação de eventuais direitos trabalhistas. Não obstante, pensamos que o prazo de dois anos tem natureza prescricional, pois a própria Constituição assim determina. Além disso, a interpretação no sentido de ser um prazo prescricional é mais benéfica ao trabalhador. De outro lado, como os institutos da prescrição e decadência visam à extinção de direitos, a interpretação deve ser restritiva, não cabendo ao intérprete distinguir onde a lei não distingue.

## 2. Causas de interrupção, impedimento e suspensão da prescrição e o Processo do Trabalho

Há causas que impedem o início do curso do prazo prescricional, chamadas impeditivas. Ocorrendo uma destas hipóteses, o prazo prescricional não se inicia.

Quanto às causas suspensivas, nestas, o prazo prescricional que começou a fluir fica suspenso a partir de um evento que o suspende, voltando a correr o prazo pelo período faltante, expirado o evento que lhe suspendeu o curso do prazo.

O Código Civil brasileiro disciplina as causas impeditivas e suspensivas da prescrição nos arts. 197 a 199, que restam aplicáveis ao Processo do Trabalho. Dispõem os referidos dispositivos legais:

> Art. 197 do CC: Não corre a prescrição: I – entre os cônjuges, na constância da sociedade conjugal; II – entre ascendentes e descendentes, durante o poder familiar; III – entre tutelados ou curatelados e seus tutores ou curadores, durante a tutela ou curatela.

> Art. 198 do CC: Também não corre a prescrição: I – contra os incapazes de que trata o art. 3º; II – contra os ausentes do País em serviço público da União, dos Estados ou dos Municípios; III – contra os que se acharem servindo nas Forças Armadas, em tempo de guerra.

Art. 199 do CC: Não corre igualmente a prescrição: I – pendendo condição suspensiva; II – não estando vencido o prazo; III – pendendo ação de evicção.

A CLT contém causa impeditiva do prazo prescricional no art. 440, *in verbis*:

> Contra os menores de 18 anos não corre nenhum prazo de prescrição.

Desse modo, para o menor empregado, não corre a prescrição enquanto ele não fizer 18 anos. O art. 440 da CLT não se aplica ao caso em que o menor é herdeiro de um empregado falecido. Nesta hipótese, aplica-se o Código Civil.

Segundo o Código Civil, quanto aos absolutamente incapazes, não haverá o curso da prescrição, conforme o art. 198, I, do CC. Quanto aos incapazes, relativamente, correrá a prescrição, aplicando-se a regra do art. 195 do CC, que assim dispõe: "Os relativamente incapazes e as pessoas jurídicas têm ação contra os seus assistentes ou representantes legais, que derem causa à prescrição, ou não a alegarem oportunamente."

Nesse sentido, destacam-se as seguintes ementas:

> Prescrição da ação trabalhista. Herdeiro menor de idade. Norma aplicável. Em se tratando de créditos decorrentes das relações de trabalho, a ação deve ser ajuizada nos prazos assinalados no inciso XXIX do art. 7º da Constituição Federal, sob pena de ser consumada a respectiva prescrição. Todavia, contra menores de idade não há fluência dos referidos prazos, segundo o que dispõe o art. 440 da CLT e art. 198, I, do atual Código Civil, esse último de aplicação subsidiária ao direito do trabalho, como previsto no parágrafo único do art. 8º da CLT. Sendo a ação trabalhista ajuizada pelo próprio trabalhador a esse menor de dezoito anos, a norma aplicável é o art. 440 da CLT. Por outro lado, se a ação for apresentada por herdeiros de empregado já falecido e sendo eles menores, aplica-se a lei civil. TRT – 10ª R. – RO 00949-2004-811-10-00-6 – (Ac. 1ª/05) – Rel. Juiz Pedro Vicentin Foltran – DJU 2.8.05, p. 18[(6)].

> Prescrição — Menor integrante de espólio. 1. Divergência jurisprudencial não caracterizada. 2. Não se caracteriza a propalada violação ao art. 169 do Código Civil de 1916, porque inaplicável ao Direito do Trabalho que dispõe de normas específicas regendo a matéria — arts. 11 e 440 da CLT e 7º, XXIX, da Constituição. No caso, não se discute direito de empregado menor, mas sim, direito de espólio integrado por menor. Por esse motivo, não se aplica ao caso o art. 440 da CLT. Sendo assim, a ação deveria ter sido ajuizada dentro do biênio legal que sucedeu a extinção do contrato de trabalho. Recurso não conhecido. (TST – 4ª T. – RR n. 276/2002.654.09.00-0 – Rel. Min. Antônio José de B. Levenhagen – DJ 11.4.06 – p. 715) (RDT n. 05 – maio de 2006).

A CLT contém causa de suspensão da prescrição no art. 625-G, que assim dispõe:

> O prazo prescricional será suspenso a partir da provocação da Comissão de Conciliação Prévia, recomeçando a fluir, pelo que lhe resta, a partir da tentativa frustrada de conciliação ou do esgotamento do prazo previsto no art. 625-F.

Desse modo, uma vez provocada a Comissão de Conciliação Prévia, o prazo prescricional ficará suspenso até que a Comissão designe audiência para tentativa de conciliação, ou se transcorrer o prazo de 10 dias para tal finalidade.

---

(6) In: FERRARI, Irany; MARTINS, Melchíades Rodrigues. *Op. cit.*, p. 114.

No mesmo sentido a seguinte ementa:

> Prazo prescricional. Submissão da controvérsia à Comissão de Conciliação Prévia. Suspensão do prazo prescricional. A submissão da controvérsia à Comissão de Conciliação Prévia tem o condão de suspender o prazo prescricional, na forma do que dispõe o art. 635-G da CLT, que recomeçará a fluir pelo que lhe resta a partir da data da sessão da tentativa conciliatória, salvo se esgotado prazo de 10 dias. TRT – 12ª R. – RO-V 01197- 2005-009-12-00-9 – (Ac. 3ª T. 06297/06, 4.4.06) – Rel. Gracio Ricardo Barboza Petrone. DJSC 25.5.06, p. 245[7].

Discute-se na doutrina e jurisprudência: enquanto suspenso o contrato de trabalho, o prazo prescricional também se suspenderá?

Segundo a doutrina, na suspensão do contrato de trabalho, todas as cláusulas contratuais permanecem paralisadas (v. arts. 471 e ss. da CLT), ou seja, cessam tanto as obrigações do empregado como as do empregador. Não obstante, o contrato de trabalho permanece vigente. Portanto, o empregador não pode exercer o seu direito potestativo de dispensar o empregado imotivadamente, durante o prazo de suspensão contratual (art. 7º, I, da CF), pois as cláusulas contratuais se encontram paralisadas. A doutrina admite a possibilidade de dispensa motivada (justa causa) se o empregado cometer alguma das condutas do art. 482 da CLT, pois o contrato de trabalho ainda está vigente, assim como as obrigações assessórias do contrato de trabalho como o respeito recíproco, durante a suspensão contratual.

Há duas vertentes de entendimento sobre a suspensão do prazo prescricional no período de suspensão do contrato de trabalho.

Argumentam alguns que a Lei não prevê a possibilidade de suspensão do prazo prescricional durante a suspensão do contrato de trabalho, nem a CLT nem o Código Civil tratam da matéria. Além disso, o contrato de trabalho continua vigente no período de suspensão do contrato.

Em que pesem as razões acima, pensamos que durante a suspensão do contrato de trabalho, máxime em razão de doença do empregado, o prazo prescricional ficará suspenso, por aplicação do art. 199, I do CC.

Nesse sentido, destacamos a seguinte ementa:

> Prescrição — Suspensão do contrato de trabalho. Estando suspenso o contrato de trabalho, em virtude de percepção de auxílio-doença acidentário, não corre prescrição (art. 199, I, do novo CCB, de aplicação subsidiária). (TRT – 3ª R. – 8ª T. – RO n. 3.439/2002.079.03.00-6 – Rel. José M. de Freitas – DJMG 9.8.03 – p. 18)

Concordamos, no aspecto, com *Valentin Carrion*[8], quando preconiza:

"As circunstâncias fáticas que rodeiam o trabalhador, quando da licença por doença, na realidade lhe impedem de ajuizar a ação que ponha termo à prescrição.

---

(7) In: FERRARI, Irany; MARTINS, Melchíades Rodrigues. *Op. cit.*, p. 115.
(8) CARRION, Valentin. *Comentários à Consolidação das Leis do Trabalho*. 32. ed. São Paulo: Saraiva, 2007. p. 75.

Isso em virtude não só de suas dificuldades primárias, como a de arcar com os custos dos remédios, de subsistência, de locomoção e de incertezas de saúde, como pela sua inexperiência e isolamento de seu mundo laborativo, que é mais evoluído do que o de seu círculo pessoal. Tudo isso convence para que essa anomalia, a da licença por doença, deve ser incluída como de impedimento. Tal como ocorre com outras situações previstas pelo CC, art. 197 (incapacidade jurídica, ausência do País, etc.). Não se interrompe a prescrição, mas se suspende, contando-se o período anterior e continuando a fluir depois que cessar o impedimento".

Nesse sentido, destacamos a seguinte ementa:

> Prescrição. Afastamento previdenciário. Contrato de trabalho suspenso por motivo de doença. O efeito suspensivo das obrigações contratuais remonta a motivos de ordem prática e humana, deles não se dissociando a aferição do prazo prescricional que vincula, tal como o contrato, uma atitude comissiva, uma atividade que exige ação do sujeito de direito. Paralisado no tempo o contrato de trabalho, fica igualmente paralisada a fluência da prescrição por força suspensiva prevista no art. 199, I, do Código Civil. A prescrição parcial não é contada do ajuizamento da ação, mas do dia anterior à data do afastamento (suspensão contratual) (TRT/SP – 01235200938202000 – RO – Ac. 6ª T. – 20100146435 – Rel. Rafael E. Pugliese Ribeiro – DOE 17.3.2010).

O Tribunal Superior do Trabalho, recentemente, se pocionou no sentido de que a suspensão do contrato de trabalho não acarreta a suspensão do prazo prescricional, salvo impossibilidade do empregado, ou do trabalhador, procurar o Judiciário Trabalhista, conforme se constata da OJ n. 375, de sua SDI-I, *in verbis*:

> OJ n. 375. Auxílio-doença. Aposentadoria por invalidez. Suspensão do contrato de trabalho. Prescrição. Contagem. (Divulgada em 19.4.2010 e publicada DeJT 20.4.2010)

A suspensão do contrato de trabalho, em virtude da percepção do auxílio-doença ou da aposentadoria por invalidez, não impede a fluência da prescrição quinquenal, ressalvada a hipótese de absoluta impossibilidade de acesso ao Judiciário.

As causas de interrupção bloqueiam o curso do prazo prescricional já iniciado, voltando o prazo a correr por inteiro, uma vez expirada a causa de interrupção.

Como destacam *Rodolfo Pamplona Filho* e *Pablo Stolze Gagliano*[9]:

"A diferença entre a interrupção e a suspensão da prescrição é que, enquanto na segunda o prazo fica paralisado, na primeira 'zera-se' todo o prazo decorrido, recomeçando a contagem da 'data do ato que a interrompeu, ou do último ato do processo para interromper'".

Assevera o art. 202 do CC:

> A interrupção da prescrição, que somente poderá ocorrer uma vez, dar-se-á: I – por despacho do juiz, mesmo incompetente, que ordenar a citação, se o interessado a

---

(9) *Novo curso de direito civil*. v. I, 4. ed. São Paulo: Saraiva, 2003. p. 497.

promover no prazo e na forma da lei processual; II – por protesto, nas condições do inciso antecedente; III – por protesto cambial; IV – pela apresentação do título de crédito em juízo de inventário ou em concurso de credores; V – por qualquer ato judicial que constitua em mora o devedor; VI – por qualquer ato inequívoco, ainda que extrajudicial, que importe reconhecimento do direito pelo devedor. Parágrafo único – A prescrição interrompida recomeça a correr da data do ato que a interrompeu, ou do último ato do processo para a interromper.

Pelo referido dispositivo, a prescrição interrompe-se somente uma vez. Pensamos que tal dispositivo se mostra compatível com o Processo do Trabalho (art. 769 da CLT), como medida moralizadora da Jurisdição Trabalhista, evitando abusos e também a perpetuação do conflito.

Dispõe a Súmula n. 268 do TST:

> PRESCRIÇÃO. INTERRUPÇÃO. AÇÃO TRABALHISTA ARQUIVADA – A ação trabalhista, ainda que arquivada, interrompe a prescrição somente em relação aos pedidos idênticos.

Conforme sedimentado pela mais alta Corte Trabalhista do país, a ação trabalhista, ainda que arquivada, sem a necessidade de citação válida do reclamado, interrompe a prescrição. Pensamos que o Tribunal Superior do Trabalho seguiu a melhor diretriz, pois a partir da propositura da ação já há interações entre Juiz e parte, e há ato inequívoco do credor trabalhista pretendendo a satisfação do seu direito.

Não obstante, a interrupção se dá somente com relação às verbas expressamente postuladas, e não em face de outras parcelas, ainda que decorram de um mesmo contrato de trabalho.

## 3. Prescrição na ação declaratória no Processo do Trabalho

Como visto, a ação declaratória tem por objeto exclusivamente declarar a existência ou não de um fato, uma relação jurídica ou a autenticidade ou não de um determinado documento.

Se o pedido for exclusivamente declaratório, segundo tem defendido a melhor doutrina, não há se falar em prescrição, pois despido de sanção (*Pontes de Miranda, Ferrara e Liebman*). Embora se possa argumentar, no Processo do Trabalho, por exemplo, que o reconhecimento da vinculação empregatícia gera o direito à anotação na CTPS do empregado (que é obrigação de fazer), tal providência pode ser levada a efeito pela Secretaria da Vara (§ 1º do art. 39 da CLT).

Consoante sustenta com propriedade *Celso Agrícola Barbi*[10]: "A prescrição tem por finalidade consolidar um estado de fato contrário ao direito, ou um estado jurídico defeituoso, consolidação essa decorrente do curso de certo tempo e da inércia do titular do direito. Como a ação declaratória não tem por finalidade fazer

---

(10) BARBI, Celso Agrícola. *Comentários ao Código de Processo Civil*. v. 1, 11. ed. Rio de Janeiro: Forense, 2002. p. 54.

cessar um estado de fato contrário ao direito, e sim declarar qual o estado de fato conforme o direito, conclui-se que não há na declaratória esse elemento básico do instituto da prescrição".

Nesse sentido, o § 1º do art. 11 da CLT, *in verbis*: "O disposto neste artigo não se aplica às ações que tenham por objeto anotações para fins de prova junto à Previdência Social".

No mesmo diapasão, destacamos as seguintes ementas:

> Prescrição — Ação declaratória. 1. Indiferente à tese inconvincente da recorrente sobre a prescritibilidade da ação declaratória, visto que a prescrição só se opera em relação aos efeitos patrimoniais eventualmente dela decorrentes, encontra-se consagrado nesta Corte, por meio da Súmula n. 156 do TST, o entendimento de que, da extinção do último contrato, começa a fluir o prazo prescricional do direito de ação em que se objetiva a soma de períodos descontínuos de trabalho. 2. Assim, tendo sido reconhecida a unicidade do contrato de trabalho, por conta da *acessio temporis* do art. 453 da CLT, revela-se irrelevante a discussão em torno da existência de pedido condenatório em relação ao período anterior a 1985, por ter sido pronunciada a prescrição quinquenal contada da propositura da ação, incidindo a obstaculizar a admissibilidade do recurso a Súmula n. 156 do TST. 3. Recurso não conhecido. (TST – RR n. 1050/1999.013.04.00-2 – Rel. Min. Antônio José de B. Levenhagem – DJ 1.9.06 – p. 1.095) (RDT n. 10 – Outubro de 2006).

> Prescrição — Ação declaratória — Ação de natureza puramente declaratória visa tão somente ao pronunciamento judicial sobre contornos e definições de determinado estado de fato ou de direito, interrompendo a incerteza jurídica, segundo leciona 'Chiovenda'. Não buscando a cessação de determinado litígio 'que pede condenação', o decurso do tempo não se revela deformador do direito de ação do interessado. Por isso, a figura do interesse processual e, com ele, uma condição da ação cujo nascimento detona o curso da prescrição, está adjungido à esfera intestina e subjetiva do autor, sem a presença do elemento exógeno, qual 'a violação de direito determinado', sendo que daí decorre 'a imprescritibilidade das ações declaratórias', como várias vezes se pronunciou 'Liebman'. O caso trazido a enfrentamento pôde conceder parcial legitimidade e interesse em postular, em face da empresa, particularidades declarativas acerca do ambiente de trabalho com envolvimento de perigo ou insalubridade, não pagamento, seja a que título for, pois assim se perde o cunho declaratório. (TRT – 3ª R. – 6ª T. – RO n. 553/2006.058.03.00-7 – Relª Emília Facchini – DJ 7.9.06 – p. 13) (RDT n. 10 – Outubro de 2006)

Conforme, recentemente, vem defendendo a jurisprudência, a propositura de ação declaratória referente à mesma relação jurídica, tem o condão de interrromper a prescrição para a futura ação condenatória.

Nesse sentido, a Orientação Jurisprudencial n. 401, de SDI-I, do C. TST, *in verbis*:

> Prescrição. Marco inicial. Ação condenatória. Trânsito em julgado da ação declaratória com mesma causa de pedir remota ajuizada antes da extinção do contrato de trabalho. (DeJT 2.8.2010) O marco inicial da contagem do prazo prescricional para o ajuizamento de ação condenatória, quando advém a dispensa do empregado no curso de ação declaratória que possua a mesma causa de pedir remota, é o trânsito em julgado da decisão proferida na ação declaratória e não a data da extinção do contrato de trabalho.

## 4. Da prescrição intercorrente

Chama-se intercorrente a prescrição que se dá no curso do processo, após a propositura da ação, mais especificamente após o trânsito em julgado, pois, na fase de conhecimento, se o autor não promover os atos do processo, o Juiz o extinguirá sem resolução do mérito, valendo-se do disposto no art. 267 do CPC.

Nesse sentido, ensinam *Irany Ferrari* e *Melchíades Rodrigues Martins*[11]:

"A prescrição intercorrente é aquela que se verifica no curso da execução, portanto, depois do trânsito em julgado da decisão. Sua aplicação tem por objetivo não só evitar a delonga do processo de execução, mas também a de estimular a parte credora de se valer do seu direito".

Sempre foi polêmica a questão da prescrição intercorrente no Processo do Trabalho, diante da natureza alimentar do crédito trabalhista e do princípio da irrenunciabilidade do crédito trabalhista.

Autores há que distinguem a prescrição intercorrente de prescrição da execução. Nesse sentido é a posição de *Manoel Jorge e Silva Neto*[12]:

"Aqui, torna-se necessário informar que duas espécies de prescrição são mencionadas no contexto do processo trabalhista: a prescrição da execução e a prescrição intercorrente. A primeira conta-se a partir do trânsito em julgado da decisão. A segunda se refere à inércia prolongada da parte no curso da ação."

De nossa parte, estamos convencidos de que prescrição intercorrente e prescrição da execução são expressões sinônimas no processo do trabalho, pois, na fase de conhecimento, se houver inércia do reclamante, o Juiz do Trabalho extinguirá a relação jurídica processo sem resolução de mérito (vide a respeito os arts. 732, 844, ambos da CLT, e 267, do CPC), não havendo espaço para reconhecimento de prescrição intercorrente. A prescrição intercorrente somente se verifica no curso da execução.

Sempre foi polêmica a questão da prescrição intercorrente no Processo do Trabalho, diante da natureza alimentar do crédito trabalhista e do princípio da irrenunciabilidade do crédito trabalhista.

Em favor da não aplicabilidade da prescrição intercorrente no Processo do Trabalho, é invocado o argumento de que a execução é promovida de ofício pelo Juiz do Trabalho, nos termos do art. 878 da CLT, não havendo espaço para a aplicabilidade de tal instituto.

Além disso, também é possível invocar aqui o princípio protetor, visto sob o aspecto instrumental (igualdade substancial das partes no processo do trabalho), e a existência do *jus postulandi* da parte na execução trabalhista, como argumentos aptos a inviabilizar o reconhecimento da prescrição intercorrente no processo trabalhista.

---

(11) *CLT:* doutrina — jurisprudência predominante e procedimentos administrativos. São Paulo: LTr, 2006. p. 121.

(12) *Constituição e Processo do Trabalho.* São Paulo: LTr, 2007, p. 118.

Nesse sentido, a Súmula n. 114 do C. TST, *in verbis*:

Prescrição intercorrente. É inaplicável na Justiça do Trabalho a prescrição intercorrente.

Destacamos, no aspecto, as seguintes ementas:

PRESCRIÇÃO INTERCORRENTE — NÃO APLICÁVEL AO PROCESSO TRABALHISTA. O procedimento jurisdicional trabalhista sempre foi caracterizado pelo fato de que na execução não se inicia novo processo, mas apenas ocorre desdobramento da fase cognitiva, para o fito de cumprimento da *res judicata*. O art. 878 da CLT é de clareza solar ao estipular que dentre as várias formas, a execução trabalhista poderá ser promovida *ex officio* pelo próprio Juiz, em harmonia ao princípio do impulso oficial nas execuções trabalhistas. Não é por outro motivo que a mais alta Corte Trabalhista do país editou a Súmula n. 114, a qual sedimentou o entendimento majoritário de que não é aplicável a prescrição intercorrente, por incompatibilidade lógica e jurídica com o procedimento jurisdicional trabalhista. Finalmente, deve ser enfatizado que a par da dicção da regra trazida pelo art. 884, § 1º, da CLT, questão em apreço somente poderia ser apreciada se invocada pela parte executada, e não *ex officio*. (TRT/SP – 01138199501902000 – AP – Ac. 4ª T. – 20080253630 – Rel. Paulo Augusto Camara – DOE 11.4.2008)

Prescrição intercorrente no processo do trabalho — Cabimento e pressupostos. O juiz do trabalho tem o dever de conduzir o processo de execução independentemente de provocação da parte, como estatui a regra do art. 878 da CLT. Tal disposição decorre do interesse público que existe no sentido de que a execução da sentença seja feita, como modo de afirmação da soberania e eficácia das decisões judiciais, e aplica-se plenamente ao processo trabalhista, ainda que a parte esteja assistida por advogado, não restando revogada pelo art. 4º da Lei n. 5.584/70. Por isso, inviável a aplicação da prescrição intercorrente, porque eventual inércia do credor haveria que ser suprida pela iniciativa judicial. É possível, porém, que tal ocorra em situações em que o processo foi paralisado por ato que dependia exclusivamente da parte, sendo impossível ao juiz adotar qualquer medida. A paralisação do processo pelo desaparecimento do devedor é um fato que independe da vontade do credor, e por isso não pode ser a ele imputado como motivador da sua inércia. Não se opera, nesse caso, a prescrição intercorrente, a qual, inclusive, precisa ser alegada pelo interessado, nos termos do art. 166 do CPC (TRT – 15ª R. – 3ª T. – Ac. n. 6803/2002 – Rel. Carlos Eduardo O. Dias – DJSP 18.2.2002 – p. 79).

Agravo de Petição — Prescrição intercorrente — Aplicabilidade da Lei de Execução Fiscal e Súmula n. 114, do C. TST. A Lei n. 6.830/80 é fonte subsidiária da legislação trabalhista e o art. 40 dessa norma dá suporte jurídico para que o juiz suspenda o curso da execução, enquanto não forem encontrados bens do devedor sobre os quais possa recair a penhora, não havendo que se falar em prescrição intercorrente na fase executória, a teor da Súmula n. 114 do C. TST. (TRT/SP. TIPO: AGRAVO DE PETIÇÃO. Data de julgamento: 12.5.2009. Relª. Maria Aparecida Duenhas. Revisora: Maria Cristina Fisch. Acórdão n. 20090359784. Processo n. 00048-1998-471-02-00-0 – Ano: 2009. 11ª Turma – Publicação: 26.5.2009)

De nossa parte, embora em raras hipóteses, a prescrição intercorrente se aplica ao processo do trabalho, após o trânsito em julgado, nas fases processuais em que a iniciativa de promover os atos do processo dependem exclusivamente do autor, como na fase em que o reclamante é intimado para apresentar os cálculos[13] e se mantém inerte pelo prazo de dois anos[14]. Já na execução propriamente dita, por exemplo, a não apresentação pelo reclamante dos documentos necessários para o registro da penhora, no prazo de dois anos após a intimação judicial, faz gerar a prescrição intercorrente.

Nesse sentido, é a própria redação do art. 884 da CLT que disciplina em seu § 1º a prescrição como sendo uma das matérias passíveis de alegação nos embargos à execução. Ora, a prescrição prevista no § 1º do art. 884 da CLT, só pode ser a intercorrente, pois a prescrição própria da pretensão deve ser invocada antes do trânsito em julgado da decisão (Súmula n. 153 do C. TST).

Nesse sentido a Súmula n. 327 do C. STF:

> Prescrição Intercorrente. O direito trabalhista admite prescrição intercorrente.

Por outro lado, ainda há o art. 40 da Lei n. 6.830/80, recentemente alterado, que admite a prescrição intercorrente. O referido dispositivo pode ser aplicado à execução trabalhista, por fora do permissivo do art. 889 da CLT. Com efeito, dispõe o referido dispositivo legal:

> O Juiz suspenderá o curso da execução, enquanto não for localizado o devedor ou encontrados bens sobre os quais possa recair a penhora, e, nesses casos, não correrá o prazo de prescrição. § 1º Suspenso o curso da execução, será aberta vista dos autos ao representante judicial da Fazenda Pública. § 2º Decorrido o prazo máximo de 1 (um) ano, sem que seja localizado o devedor ou encontrados bens penhoráveis, o Juiz ordenará o arquivamento dos autos. § 3º Encontrados que sejam, a qualquer tempo, o devedor ou os bens, serão desarquivados os autos para prosseguimento da execução. § 4º Se da decisão que ordenar o arquivamento tiver decorrido o prazo prescricional, o juiz, depois de ouvida a Fazenda Pública, poderá, de ofício, reconhecer a prescrição intercorrente e decretá-la de imediato. (Incluído pela Lei n. 11.051, de 2004) § 5º A manifestação prévia da Fazenda Pública prevista no § 4º deste artigo será dispensada no caso de cobranças judiciais cujo valor seja inferior ao mínimo fixado por ato do Ministro de Estado da Fazenda. (Incluído pela Lei n. 11.960, de 2009).

*Homero Batista Mateus da Silva*[15], com razão, após brilhante arrazoado, propõe que as Súmulas ns. 114 do TST e 327 do STF sejam lidas em conjunto, com os seguintes argumentos:

> "Então, uma solução intermediária propõe que as duas súmulas sejam lidas sob a mesma premissa. A redução da Súmula n. 114 do Tribunal Superior

---

(13) Embora, tecnicamente a liquidação não faça parte da execução e sim de fase cognitiva que antecede a execução, a CLT, no art. 879, por opção legislativa, incluiu a liquidação no Capítulo da Execução (*vide* CAPÍTULO V, DA EXECUÇÃO, SEÇÃO I).

(14) Exceção a respeito se reporta à hipótese do autor estar sem advogado, valendo-se do *jus postulandi*. Nessa hipótese, o Juiz deverá determinar de ofício a realização dos cálculos de liquidação ou pela Secretaria, ou por um perito contador. Entendimento em sentido contrário, praticamente, inviabiliza o acesso à justiça do trabalhador.

(15) *Curso de Direito do Trabalho aplicado:* execução trabalhista. São Paulo: Campus, 2010. p. 242.

do Trabalho passaria a ser: É inaplicável na Justiça do Trabalho a prescrição intercorrente, supondo-se que a providência seja concorrente, ao passo que a Súmula n. 327 do Supremo Tribunal Federal ficaria assim: O direito trabalhista admite a prescrição intercorrente, supondo que a providência seja exclusiva da parte. Afinal foram realmente essas premissas sobre as quais as súmulas se assentaram em suas origens, mas, por falta de maior clareza, a redação dos verbetes ficou incompleta, gerando a ambiguidade. Conclui-se, sem medo de errar, que ambas as súmulas trazem a mesma mensagem, mas representam um raro caso de discórdia na aparência e concórdia no subterrâneo".

No mesmo diapasão, destacamos as seguintes ementas:

Prescrição intercorrente — Aplicação na Justiça trabalhista. A prescrição intercorrente é aplicável ao processo do trabalho, eis que amparada no disposto no § 1º do art. 884 da CLT, conforme entendimento consagrado no STF através da Súmula n. 327, não sendo, contudo, aplicada nos casos em que, iniciada a execução, esta fica paralisada por não se encontrar o devedor ou bens a serem penhorados ou por algum motivo que independa da vontade da parte. Portanto, a prescrição intercorrente na esfera trabalhista opera-se na hipótese em que a paralisação do processo vincula-se à prática de atos de incumbência exclusiva do exequente, conforme se extrai dos arts. 878 e 765 da CLT e art. 40 da Lei n. 6.830/80, aplicável subsidiariamente. Agravo de petição provido. (TRT – 15ª R. – 3ª T. – Ap. n. 916/1983.007.15.00-9 – Rel. Lorival F. dos Santos – DJSP 19.11.04 – p. 71) (RDT, 1º de janeiro de 2005)

Prescrição intercorrente — Aplicação na Justiça do Trabalho — Enunciado n. 114 do c. TST. Na Justiça do Trabalho, salvo raras exceções, é inaplicável prescrição intercorrente, conforme entendimento sedimentado no Enunciado n. 114 do c. TST. (TRT – 12ª R. – 1ª T. – AG-PET n. 3848/1991.014.12.85-7 – Ac. n. 3273/05 – Rel. Marcus P. Mugnaini – DJSC 4.4.05 – p. 253) (RDT n. 5 de maio de 2005)

Execução — Prescrição intercorrente — Aplicação ao processo do trabalho. O art. 884, § 1º, da CLT autoriza que seja alegada, em execução, a "prescrição da dívida" que, por óbvio, nada mais é do que a prescrição intercorrente, vez que inadmissível a alegação, na fase executória, de questão não levantada, ou rechaçada, no processo de conhecimento. Admitir-se o contrário seria permitir que o devedor, na execução, afrontasse a coisa julgada material, arguindo prescrição porventura já afastada no processo de conhecimento. Agravo a que se nega provimento. (TRT – 10ª R. – 2ª T. – Ap. n. 949/99 – Relª. Juíza Heloísa P. Marques – DJDF 28.4.2000 – p. 48) (RDT 05/00, p. 56).

Prescrição da execução trabalhista e prescrição intercorrente. A prescrição intercorrente somente pode ocorrer no curso da execução trabalhista, em havendo paralisação da mesma, por mais de dois anos, por culpa exclusiva do autor. Ainda que o entendimento jurisprudencial sedimentado no Enunciado n. 114 do c. TST seja no sentido de ser aquela inaplicável na Justiça do Trabalho, entendemos que a mesma foi expressamente contemplada pelo legislador no § 1º do art. 884 da CLT, ao dispor que a matéria de defesa será restrita às alegações de cumprimento da decisão ou do acordo, quitação ou prescrição da dívida (grifo nosso), eis que o dispositivo somente pode referir-se à prescrição intercorrente, haja vista que a ordinária apenas pode ser arguida na fase de conhecimento — inadmissível que é a modificação ou inovação da sentença exequenda, na fase de liquidação do julgado —, *ex vi* do § 1º do art. 879

da CLT. Tratando-se, porém, de reclamatória em que sequer foi dado início aos atos de liquidação de julgado, em face da inércia do reclamante em apresentar os cálculos pertinentes, por quase nove (9) anos, a hipótese é de prescrição da execução trabalhista, cujo termo inicial é o trânsito em julgado da sentença exequenda e que se finda após o lapso temporal de dois anos, de acordo com o disposto no art. 7º, XXIX, da Constituição Federal. Inteligência da Súmula n. 150 do c. STF. (TRT – 15ª R. – 3ª T. – Ac. n. 9264/2003 – PATR – Rela Ana Paula P. Lockmann – DJSP 11.4.2003 – p. 23) (RDT n. 5 – maio de 2003).

## 5. Do momento da arguição da prescrição no Processo do Trabalho

A prescrição é matéria de mérito, conforme dispõe o art. 269, IV, do CPC. Partindo-se dessa premissa, muitos sustentam que o momento de se invocar a prescrição é na contestação.

Não obstante, o Código Civil dispõe no art. 193: "A prescrição pode ser alegada em qualquer grau de jurisdição, pela parte a quem aproveita".

Conforme *Nelson Nery Júnior*[16]:

"A expressão 'em qualquer grau de jurisdição', constante da norma sob comentário, deve ser entendida acrescida da locução 'ordinária', porque não se pode alegar a prescrição, pela primeira vez, em grau de recurso especial nem de recurso extraordinário. A CF 102, III e 105, III exigem, para a admissibilidade do RE e do REsp, que a matéria tenha sido decidida em única ou última instância, razão por que o STF e o STJ, apreciando o RE e o REsp, só podem rejulgá-la e nunca julgá-la. Esta é a razão pela qual se a prescrição não tiver sido efetivamente decidida nas instâncias ordinárias, não poderá ser apreciada em grau de recursos excepcionais".

Nesse sentido, dispõe a Súmula n. 153 do C. TST:

PRESCRIÇÃO — Não se conhece de prescrição não arguida na instância ordinária.

Mesmo diante do art. 193 do CC, pensamos que a referida Súmula n. 153 permanece inalterável, pois a prescrição somente poderá ser invocada até o segundo grau de jurisdição, ou seja, até o recurso ordinário, ou, no máximo, nas contrarrazões ao recurso ordinário, mas não no recurso de revista (3º grau de jurisdição), pois, para o conhecimento deste recurso de natureza extraordinária, a matéria deve estar prequestionada no segundo grau de jurisdição.

No mesmo sentido, vale transcrever a seguinte ementa oriunda da mais alta Corte Trabalhista do País, *in verbis*:

Recurso de revista — Prescrição. A admissibilidade do recurso de natureza extraordinária pressupõe demonstração inequívoca de afronta à literalidade de preceito constitucional, de dispositivo de lei federal, contrariedade a Súmula de jurisprudência do TST ou divergência jurisprudencial válida. Incidência do disposto no art. 896

---

(16) *Código Civil comentado*. 3. ed. São Paulo: RT, 2005. p. 288.

da Consolidação das Leis do Trabalho. Recurso de revista não conhecido. Auxílio-alimentação. As cláusulas regulamentares, que revoguem ou alterem vantagens deferidas anteriormente, só atingirão os trabalhadores admitidos após a revogação ou alteração do regulamento (item I da Súmula n. 51). "A determinação de supressão do pagamento de auxílio-alimentação aos aposentados e pensionistas da Caixa Econômica Federal, oriunda do Ministério da Fazenda, não atinge aqueles ex-empregados que já percebiam o benefício" (Orientação Jurisprudencial Transitória n. 51 da SBDI-1 do TST). Recurso de revista não conhecido. Honorários advocatícios. I – Na Justiça do Trabalho, a condenação ao pagamento de honorários advocatícios, nunca superiores a 15% (quinze por cento), não decorre pura e simplesmente da sucumbência, devendo a parte estar assistida por sindicato da categoria profissional e comprovar a percepção de salário inferior ao dobro do salário mínimo ou encontrar-se em situação econômica que não lhe permita demandar sem prejuízo do próprio sustento ou da respectiva família. II – É incabível a condenação ao pagamento de honorários advocatícios em ação rescisória no processo trabalhista, salvo se preenchidos os requisitos da Lei n. 5.584/70 (Súmula n. 219 do TST). Mesmo após a promulgação da CF/1988, permanece válido o entendimento consubstanciado na Súmula n. 219 do Tribunal Superior do Trabalho. (Súmula n. 329 do TST. Recurso de revista conhecido e provido. (TST – 2ª T. – RR n. 2195/2001.011.07.00-7 – Rel. Min. Renato de Lacerda Paiva – DJ 5.10.07 – p. 1.323) (RDT n. 11 – nov. 2007).

## 6. Reconhecimento da prescrição de ofício no Direito Processual do Trabalho e aplicabilidade do § 5º do art. 219 do CPC

Atualmente, com a entrada em vigor do § 5º do art. 219 do CPC[17], que revogou o art. 194 do CC[18], a prescrição pode ser conhecida de ofício pelo Juiz de Direito. Desse modo, independentemente de requerimento do réu, a prescrição pode ser reconhecida pelo juiz em qualquer grau de jurisdição.

Inegavelmente, com o conhecimento de ofício pelo Juiz da prescrição, esta ganhou contornos de matéria de ordem pública e interesse social, de modo que a prescrição deixa de ser um instituto renunciável, para adquirir contornos de irrenunciabilidade, destacando o caráter publicista do processo.

Nota-se que o legislador, motivado pelos novos rumos da celeridade e efetividade processual, priorizou a segurança e estabilidade das relações jurídicas, bem como a tranquilidade do devedor, em detrimento do titular da pretensão.

Como destaca *Luciano Athayde Chaves*[19], "o atual desenho da prescrição no plano processual, como matéria afeta à defesa indireta contra o mérito da causa, apresenta-se como mais uma demonstração da tendência publicista que se incorpora à atuação jurisdicional, atribuindo ao Juiz um papel mais ativo na composição dos conflitos".

---

(17) Art. 219, § 5º, do CPC: "O juiz pronunciará de ofício a prescrição".

(18) Art. 194 do CC/2002: "O juiz não pode suprir, de ofício, a alegação da prescrição, salvo se favorecer absolutamente incapaz".

(19) CHAVES, Luciano Athayde. *A recente reforma no processo comum*. Reflexos no direito judiciário do trabalho. São Paulo: LTr, 2006. p. 136.

Pode-se questionar o acerto do legislador em alterar a natureza jurídica da prescrição para matéria de ordem pública, pois a prescrição é um instituto que beneficia o réu, pode ser renunciada, ainda que tacitamente; é matéria de mérito (art. 269, IV, do CPC) e, portanto, deve ser invocada em defesa; pode, ainda, em determinadas hipóteses legais, sofrer suspensão e interrupção. Além disso, pode-se até invocar o fato de quebra da imparcialidade do Juiz ao pronunciar de ofício a prescrição, aniquilando a pretensão do autor e por via reflexa o próprio mérito.

Mesmo sendo aplicável de ofício a prescrição pelo Juiz de Direito, acreditamos que ele deva tomar algumas cautelas ao adotar tal providência. Acredito que deva propiciar o contraditório e observar as hipóteses de interrupção e suspensão da prescrição, bem como, se o direito for patrimonial disponível, tentar a conciliação, uma vez que a finalidade do processo, diante do seu caráter publicista de ser um instrumento de pacificação social, sempre que possível, deve o Juiz tentar a conciliação, objetivando a pacificação do conflito, ao invés de aplicar, de forma incisiva, a legislação processual.

Não obstante os argumentos acima destacados, diante da clareza do § 5º, do art. 219, do CPC, não há como se negar que a prescrição adquiriu contornos de matéria de ordem pública.

Com a mudança do CPC, a prescrição de ofício pode ser pronunciada pelo Juiz do Trabalho?

Talvez esta seja uma das questões mais polêmicas tanto do Direito Material como do Processual do Trabalho da atualidade.

Em trabalho anterior, com suporte nas primeiras manifestações da doutrina e das primeiras reflexões a respeito, sustentamos a possibilidade de o Juiz do Trabalho pronunciar de ofício a prescrição, pelos seguintes argumentos[20]:

a) no Processo do Trabalho não se aplica o princípio da irrenunciabilidade de direitos;

b) a prescrição ganhou contornos de matéria de ordem pública e interesse social;

c) a CLT é omissa a respeito do momento em que se deve pronunciar a prescrição e quem pode invocá-la, restando aplicáveis as regras do CC (art. 8º da CLT e art. 769 da CLT);

d) embora a prescrição tenha natureza jurídica de mérito e pertença ao Direito Material, é a lei processual que deverá dizer o momento de sua alegação em juízo;

e) se, em razão da natureza irrenunciável do crédito trabalhista, não se puder invocar a prescrição de ofício, também não poderemos aplicar a decadência,

---

(20) SCHIAVI, Mauro. *A revelia no direito processual do trabalho:* legalidade, justiça e poderes do juiz na busca da verdade. São Paulo: LTr, 2006. p. 94.

diante das similitudes entre os dois institutos[21], já que a prescrição fulmina a pretensão e a decadência, o próprio direito;

f) há compatibilidade da norma processual civil com o Processo do Trabalho, pois a CLT é omissa e não há violação dos princípios que regem o Direito Processual do Trabalho, restando aplicável o art. 769 da CLT[22].

Acolhendo a possibilidade de declaração de ofício da prescrição, destacamos a seguinte ementa:

> Prescrição intercorrente. Possibilidade de decretação de ofício. Nova redação do § 5º do art. 219 do CPC. Nos termos do art. 219, § 5º do CPC, com a nova redação dada pela Lei n. 11.280, de 16.2.06, o juiz pronunciará de ofício a prescrição. Essa nova disposição legal, somada ao fato de que é aplicável a prescrição intercorrente ao processo do trabalho, na fase de execução, impõe manter a r. sentença que determinou a extinção da execução pela ocorrência da prescrição. (TRT – 18ª R. – AP 01234-2005-007-18-00-3 – Rel. Juiz Gentil Pio de Oliveira. DJGO 23.6.06 – p. 56)

Após muita reflexão a respeito, e estudos mais aprofundados sobre o tema, estamos convencidos de que o Juiz do Trabalho não deve pronunciar de ofício a prescrição.

Com efeito, primeiramente, destaca-se que a prescrição tem natureza híbrida, pois se entrelaçam tanto o direito material como o processual do trabalho. Embora, hoje, o conceito de prescrição esteja vinculado à extinção de uma pretensão, tal efeito provoca a inexigibilidade do direito, acarretando a extinção do processo com resolução de mérito.

Em tendo o instituto contornos de Direito Material, a interpretação da prescrição no Direito Material do Trabalho não pode estar divorciada dos princípios do Direito Material do Trabalho, dos quais se destacam os da proteção tutelar e irrenunciabilidade de direitos.

Ensina *Américo Plá Rodriguez*[23] que o fundamento do princípio protetor "está ligado à própria razão de ser do Direito do Trabalho. Historicamente, o Direito do Trabalho surgiu como consequência de que a liberdade de contrato entre pessoas

---

(21) Como adverte com propriedade Manoel Antonio Teixeira Filho referindo-se à atual redação do § 5º, do art. 219 do CPC, "o texto legal em exame é de grande importância prática para o réu, por evitar que ele seja prejudicado pelo fato de não alegar a prescrição (extintiva). A norma incidirá no processo do trabalho, pelo mesmo motivo que o art. 219, § 5º, do CPC, em sua redação anterior, era pacificamente aplicado ao processo do trabalho. Não haverá antagonismo com o art. 7º, inciso XXIX, da Constituição Federal (As novas leis alterantes do processo civil e sua repercussão no processo do trabalho. In: *Revista LTr* 70-03/298).

(22) No sentido da aplicabilidade do instituto do reconhecimento da prescrição de ofício ao Processo do Trabalho, encontramos os recentes estudos de Sebastião Geraldo de Oliveira (Prescrição nas ações indenizatórias decorrentes de acidente de trabalho ou doença ocupacional. In: *Revista LTr* 70-05/523); José Augusto Rodrigues Pinto (Reconhecimento *ex officio* da prescrição e processo do trabalho. In: *Revista LTr* 70-04/391); Francisco Antonio de Oliveira (Prescrição com nova cara. In: *Revista LTr* 70-05/519).

(23) RODRIGUEZ, Américo Plá. *Princípios de direito do trabalho*. 3. ed. São Paulo: LTr, 2000. p. 85.

com poder e capacidade econômica desiguais conduzia a diferentes formas de exploração. Inclusive as mais abusivas e iníquas. O legislador não pôde mais manter a ficção de igualdade existente entre as partes do contrato de trabalho e inclinou-se para uma compensação dessa desigualdade econômica desfavorável ao trabalhador com uma proteção jurídica a ele favorável. O Direito do Trabalho responde fundamentalmente ao propósito de nivelar desigualdades. Como dizia Couture: 'o procedimento lógico de corrigir desigualdades é o de criar outras desigualdades'".

Quanto à irrenunciabilidade de direitos, este princípio impede que o trabalhador abandone um direito, de forma definitiva, que já está incorporado ao seu patrimônio jurídico.

Deve ser destacado que o Processo do Trabalho e o judiciário trabalhista têm por finalidade e função institucional dar efetividade aos direitos trabalhistas e garantir a dignidade da pessoa humana do trabalhador, bem como facilitar o acesso do trabalhador à Justiça do Trabalho. Estes fatores, que são a razão da existência da Justiça do Trabalho, impedem que a prescrição seja pronunciada de ofício pelo Juiz do Trabalho.

Por outro lado, embora o Direito do Trabalho e o Processo do Trabalho sempre se tenham valido tanto do Código Civil (art. 8º da CLT), como do Código de Processo Civil (art. 769, da CLT) para disciplinar as hipóteses de interrupção, suspensão e até o momento da alegação da prescrição pelo demandado, esse argumento não autoriza que o § 5º do art. 219 do CPC seja automaticamente aplicável ao Processo do Trabalho, pois, embora a CLT, aparentemente, não discipline tais questões, há necessidade de uma filtragem prévia pelo Juiz acerca da compatibilidade de tal instituto com os princípios que regem o Direito Processual do Trabalho e o Direito Material do Trabalho.

Além disso, o reconhecimento da prescrição, de ofício, pelo Juiz do Trabalho, não propicia a melhoria da condição social do trabalhador[24], prevista no *caput* do art. 7º da CF[25]. Vale lembrar que a prescrição é um direito social da classe trabalhadora previsto no inciso XXIX do art. 7º da CF. Parece haver uma antinomia entre o *caput* do art. 7º da CF e seu inciso XXIX, pois a prescrição extingue direito, e se extingue, como se trata de um direito? Considerando-se os princípios da interpretação constitucional da máxima efetividade e da unidade da Constituição, o fato

---

(24) Como destaca Jorge Luiz Souto Maior: "A prescrição, dizem, é um mal necessário. No que diz respeito ao direito do trabalho é apenas um mal. Não há necessidade nenhuma para a sociedade em geral, que direitos trabalhistas percam efetividade pela regra da prescrição" (Reflexos das alterações do Código de Processo Civil no processo do trabalho. In: *Revista LTr* 70-08/928). No mesmo sentido, sustentando a aplicabilidade do princípio protetor, *vide* José Antonio R. Oliveira Silva. In: *Revista LTr* 70-12/484.

(25) Conforme a definição clássica de Octavio Bueno Magano, o direito do trabalho "conceitua-se como o conjunto de princípios, normas e instituições, que se aplicam à relação de trabalho, tendo em vista a proteção do trabalhador e a melhoria de sua condição social". Ensina Magano que "a referência à melhoria da condição social do trabalhador indica o fundamento do direito do trabalho, o fim para o qual convergem suas normas e instituições" (*Abc do direito do trabalho*. São Paulo: RT, 1998. p. 10-11).

de a prescrição constar no rol dos direitos sociais do trabalhador significa dizer que esse prazo não pode ser reduzido por lei ordinária e até mesmo por Emenda Constitucional, pois se trata de uma garantia fundamental do trabalhador.

No nosso sentir, além dos argumentos principiológicos acima mencionados, há um dispositivo previsto na CLT que pode impedir o alento subsidiário do § 5º do art. 219 do CPC. Trata-se do § 1º do art. 884, que tem a seguinte redação: "A matéria de defesa será restrita às alegações de cumprimento da decisão ou do acordo, quitação ou prescrição da dívida". Embora o referido dispositivo trate dos embargos à execução e à fase de execução, pode ser transportado para a fase de conhecimento por meio da interpretação analógica, e se afirmar que, no Processo do Trabalho, por força do citado dispositivo consolidado, a prescrição depende de iniciativa do demandado, não havendo lacuna na legislação, o que impediria a aplicação do § 5º do art. 219 do CPC.

Por derradeiro, ao aplicar a lei, o Juiz deve atender aos fins sociais a que ela se destina e às exigências do bem comum (art. 5º da LICC). Ainda que se possa sustentar que há compatibilidade entre o § 5º do art. 219 do CPC e o Direito Processual do Trabalho, acreditamos que o Juiz do Trabalho possa deixar de aplicá-lo, por ser socialmente inadequado e injusto, considerando-se os princípios do Direito Material e Processual do Trabalho. Como destaca *Vicente Ráo*[26], sem dúvida, casos ocorrem nos quais o Juiz pode encontrar-se diante de lei manifestamente injusta, a qual não corresponde às condições sociais do momento e cuja aplicação rígida poderá causar dano à ordem pública ou social. Nessa hipótese, melhor será considerar a lei inadaptável ao caso concreto, por dissonância com os elementos de fato, e socorrer-se, para a solução do conflito, das demais fontes do direito.

No mesmo sentido pronuncia-se o jurista *Mauricio Godinho Delgado*[27], ao comentar a aplicação do novel § 5º do art. 219 do CPC ao Processo do Trabalho, com os seguintes argumentos:

"O novo dispositivo não tem qualquer compatibilidade com o estuário normativo do Direito do Trabalho — e mesmo Direito Processual do Trabalho — a par de agredir a própria Constituição, que no *caput* de seu art. 7º (onde se inclui a prescrição: inciso XXIX) repele norma menos favorável ('... direitos dos trabalhadores urbanos e rurais, além de outros que visem à melhoria de sua condição social' — grifo acrescido) (...) A pronúncia oficial da prescrição pelo Juiz, principalmente em situações que não envolvam o patrimônio público, subverte toda a estrutura normativa do Direito Material e Processual do Trabalho, não só seus princípios como também a lógica que cimenta suas regras jurídicas. Tão grave quanto tudo isso — se tal não fosse suficiente — atinge

---

(26) RÁO, Vicente. *O direito e a vida dos direitos*. v. 1, 3. ed. São Paulo: RT, 1991. p. 68.

(27) DELGADO, Mauricio Godinho. A prescrição na Justiça do Trabalho: Novos desafios. In: *Revista do Tribunal Superior do Trabalho*. Porto Alegre: Magister, 2008. p. 52-53.

postura diretora do Magistrado no processo trabalhista, em contraposto às próprias razões de existência do Direito do Trabalho e Direito Processual do Trabalho".

Pela impossibilidade da decretação de ofício da prescrição no Processo do Trabalho, destacamos a seguinte ementa:

> PRESCRIÇÃO. PRONÚNCIA DE OFÍCIO. INAPLICABILIDADE, NO PROCESSO DO TRABALHO. A proteção ao hipossuficiente — princípio basilar do Direito do Trabalho — tem por escopo atenuar, na esfera jurídica, a desigualdade socioeconômica e de poder existente, no plano fático da relação de emprego. Diante disso, pode-se afirmar que a norma do § 5º do art. 219 do CPC é incompatível com tal princípio protetivo, visto que a pronúncia da prescrição, de ofício, pelo Juiz do Trabalho, beneficiará, apenas, um dos sujeitos da relação empregatícia – no caso, o empregador inadimplente. Conclui-se, portanto, pela inaplicabilidade, no processo trabalhista, da nova regra do processo comum, em face de sua incompatibilidade com os princípios que informam o Direito do Trabalho – sob pena de comprometer-se a própria essência da função teleológica desse ramo jurídico especializado. (TRT – 3ª R. – 1ª T. – RO 0081-2006-029-03-00-7 – Rel. Manuel Cândido Rodrigues – DJMG 18.10.06 – p. 5)

No mesmo sentido, decidiu, recentemente, a mais alta Corte Trabalhista Brasileira, cujas ementas seguem abaixo:

> RECURSO DE REVISTA. PRESCRIÇÃO. ART. 219, § 5º, DO CPC. INCOMPATIBILIDADE COM O PROCESSO DO TRABALHO. DESPROVIMENTO. A prescrição é a perda da pretensão pela inércia do titular no prazo que a lei considera ideal para o exercício do direito de ação. Não se mostra compatível com o processo do trabalho a nova regra processual inserida no art. 219, § 5º, do CPC, que determina a aplicação da prescrição, de ofício, em face da natureza alimentar dos créditos trabalhistas. Ao contrário da decadência, onde a ordem pública está a anteer a estabilidade das relações jurídicas no lapso temporal, a prescrição tem a mesma finalidade de estabilidade apenas que entre as partes. Deste modo, necessário que a prescrição seja arguida pela parte a quem a aproveita. Recurso de revista conhecido e desprovido (TST RR – 404/2006-028-03-00 – 6ª T. – Rel. Ministro Aloysio Corrêa da Veiga – DJ 28.3.2008).

> DECRETAÇÃO DE OFÍCIO — RECURSO DE REVISTA. 1. PRESCRIÇÃO. DECRETAÇÃO DE OFÍCIO. INAPLICABILIDADE DO ART. 219, § 5º, DO CPC NO PROCESSO DO TRABALHO. 1.1. A estrutura normativa do Direito do Trabalho parte do pressuposto da diferenciação social, econômica e política entre os partícipes da relação de emprego, empregados e empregadores, o que faz emergir direito protetivo, orientado por normas e princípios que trazem o escopo de reequilibrar, juridicamente, a relação desigual verificada no campo fático. Esta constatação medra já nos esboços do que viria a ser o Direito do Trabalho e deu gestação aos princípios que orientam o ramo jurídico. O soerguer de desigualdade favorável ao trabalhador compõe a essência do princípio protetivo, vetor inspirador de todo o seu complexo de regras, princípios e institutos. 1.2. O art. 7º, inciso XXIX, da Constituição Federal, para muito além de fixar prazos prescricionais, assegura direito de ação. 1.3. Ainda que se a possa vincular à garantia de duração razoável do processo (Constituição Federal, art. 5º, LXXVIII), a autorização para incidência do art. 219, § 5º, do CPC, no Processo do

Trabalho, representaria corte de maior outorga constitucional, fazendo-se, pela via ordinária, apara de texto hierarquicamente superior. 1.4. O objetivo de pacificação social, atribuído à Justiça do Trabalho, *pari passu* ao caráter eminentemente tuitivo das regras que orientam o Direito Material correlato, rejeitam a compatibilidade do quanto disposto no art. 219, § 5º, do CPC com o Processo do Trabalho. Precedentes. Recurso de revista conhecido e provido. 2. CAIXA ECONÔMICA FEDERAL — AUXÍLIO ALIMENTAÇÃO — SUPRESSÃO. A determinação de supressão do pagamento de auxílio-alimentação aos aposentados e pensionistas da Caixa Econômica Federal, oriunda do Ministério da Fazenda, não atinge aqueles ex-empregados que já percebiam o benefício (OJ n. 51 Transitória da SBDI-1 desta Corte). Recurso de revista conhecido e provido. (TST – RR/487100-18.2007.5.12.0035 – TRT 12ª R. – 3º T. – Rel. Ministro Alberto Luiz Bresciani de Fontan Pereira – DEJT 9.9.2010 – p. 799)

## 7. Prescrição aplicável para as ações que não envolvem uma parcela trabalhista *stricto sensu* e das ações em curso que vieram para o Judiciário Trabalhista

Partindo-se da premissa de que a prescrição é regida pela competência do órgão julgador, parte considerável da doutrina vem-se posicionando no sentido de que a prescrição para as ações que não envolvem uma parcela trabalhista *stricto sensu*, vale dizer, que não decorrem de uma relação de emprego, é a mesma disciplinada no art. 7º, inciso XXIX, da CF e art. 11, da CLT.

Para se aquilatar qual o prazo prescricional de determinado direito, mister se faz investigar, primeiramente, a natureza da relação jurídica controvertida. Se a relação jurídica for trabalhista, aplica-se a prescrição prevista no Direito do Trabalho (art. 7º, XXIX, da CF e art. 11 da CLT). Se a natureza for civil, aplicam-se as regras disciplinadas no Código Civil.

Nesse sentido, a lição abalizada de *Pontes de Miranda*[28]: "O ramo do direito em que nasce a pretensão é o que lhe marca a prescrição, ou estabelece prazo preclusivo ao direito. Se essa regra jurídica não foi prevista, rege o que o ramo do direito aponta como fundo comum a ele e a outros ramos do direito. No plano internacional, o sistema jurídico que é estatuto da pretensão também é da prescrição".

Desse modo, julgando uma controvérsia que não é oriunda de uma relação de emprego, o juiz do trabalho deverá aplicar a prescrição referente ao ramo do direito ao qual pertence a pretensão. Se a relação de trabalho tiver natureza jurídica civil (contrato de empreitada ou prestação de serviços), o Juiz do Trabalho aplicará a prescrição prevista no Código Civil, e se a natureza jurídica da relação de trabalho for de consumo, o Juiz do Trabalho aplicará a prescrição prevista na Lei n. 8.078/90, e assim por diante.

Nesse sentido é a opinião de *José Hortêncio Ribeiro Júnior*[29]: "(...) Estando a regra do art. 7º, inciso XXIX, da Constituição Federal voltada às relações de emprego,

---

(28) MIRANDA, Pontes de. *Op. cit.*, p. 136.

(29) RIBEIRO JÚNIOR, José Hortêncio. Competência laboral — aspectos processuais. In: COUTINHO, Grijalbo Fernandes; FAVA, Marcos Neves (Coord.). *Nova competência da Justiça do Trabalho*. São Paulo: LTr, 2005. p. 247-284.

não seria aplicável às novas relações jurídicas inseridas no espectro da competência da Justiça do Trabalho. Para estas causas, teremos que observar os prazos prescricionais previstos para as relações jurídicas materiais, podendo, portanto, reclamar incidência das regras dos arts. 205 e 206 do Código Civil".

Quanto aos processos em curso nas Justiças Estadual e Federal, a nosso ver, não há como o Juiz do Trabalho aplicar a prescrição trabalhista a tais ações, pois há manifesta injustiça em se pronunciar a prescrição para a parte que propôs a ação na Justiça que era competente e, no curso do processo, ser aplicado outro lapso prescricional em razão da alteração da competência material. Malgrado a EC n. 45/04 tenha efeito imediato e atinja os processos em curso, o próprio STF, no conflito de competência 7.204-1/MG, reconheceu a competência da Justiça do Trabalho para apreciação das lides atinentes à indenização por acidente de trabalho somente a partir da vigência da EC n. 45/04.

Como bem adverte *Amauri Mascaro Nascimento*[30]: "Quando da propositura da ação o prazo prescricional foi observado e essa fase processual já está consumada, de modo que aplicar a prescrição da Justiça do Trabalho implicaria retroatividade da lei para alcançar ato jurídico perfeito e acabado na vigência da lei antiga. Essa razão leva-nos a concluir que a Justiça do Trabalho não deve acolher pedido de prescrição se esta foi observada à época do ajuizamento da ação perante a Justiça Comum com a observância dos prazos vigentes"[31].

---

(30) NASCIMENTO, Amauri Mascaro. *Curso de direito processual do trabalho*. 22. ed. São Paulo: Saraiva, 2007. p. 208.

(31) Nesse sentido, destacamos a seguinte ementa: "EMENTA: PRESCRIÇÃO. ACIDENTE DO TRABALHO. EC N. 45/2004. PROCESSOS EM ANDAMENTO. Nas indenizações por acidente do trabalho, o prazo prescricional previsto no art. 7º, inciso XXIX, da Constituição da República deve ser adotado para as ações ajuizadas após a Emenda Constitucional n. 45, aplicando-se o prazo do Direito Civil para as ações propostas antes da vigência da citada Emenda. É certo que a indenização por acidente do trabalho é um crédito resultante da relação de emprego, ainda que atípico, porquanto proveniente de um ilícito trabalhista a teor do disposto no art. 7º, inciso XXVIII, da Constituição da República, que estabelece que: 'São direitos dos trabalhadores urbanos e rurais, além de outros que visem à melhoria de sua condição social: (...) XXVIII – seguro contra acidentes de trabalho, a cargo do empregador, sem excluir a indenização a que este está obrigado, quando incorrer em dolo ou culpa'. Todavia, em face da nova redação dada ao art. 114 da Constituição da República, o Supremo Tribunal Federal, no julgamento do Conflito de Competência n. 7.204-1/MG, estabeleceu a vigência da citada emenda constitucional como marco temporal para a competência trabalhista. Assim, deve-se ater para o fato de que, anteriormente, a natureza jurídica do direito à indenização por danos decorrentes de acidente do trabalho era controvertida, pois os tribunais superiores divergiam acerca do seu caráter cível ou trabalhista, predominando o entendimento no primeiro sentido. Por conseguinte, considerando que a prescrição fulmina a pretensão de mérito, a sua aplicação ao caso concreto deve ser realizada com cautela, em respeito ao valor maior da segurança jurídica, especialmente para os processos em andamento no advento da Emenda n. 45, sob pena de surpreender a parte com a extinção automática do seu direito. Isso porque, antes da mudança de competência, era razoável entender, com amparo nas decisões da Suprema Corte, que a prescrição aplicável era a cível. Em síntese, deve-se adotar o prazo prescricional previsto no Código Civil para as ações propostas antes da entrada em vigor da EC n. 45/2004 e o prazo previsto no art. 7º, inciso XXIX, da Constituição Federal, para as ações ajuizadas após a vigência da citada Emenda Constitucional" (TRT 3ª R. – Processo 00894-2005-102-03-00-5 – RO – 29.3.2006 – DJMG 9.4.06 – 2ª T. – Juiz Relator Sebastião Geraldo de Oliveira – Juiz Revisor Ademar Pereira Amaral).

## 8. Da prescrição do dano moral decorrente da relação de trabalho

Partindo-se da premissa de que a prescrição é regida pela competência do órgão julgador, parte considerável da doutrina vem-se posicionando no sentido de que a prescrição do dano moral oriundo da relação de trabalho é a mesma prevista para os demais direitos trabalhistas, ou seja, a disciplinada no art. 7º, inciso XXIX, da CF e art. 11 da CLT.

Sob esse prisma, sustenta *Rodolfo Pamplona Filho*[32]: "Se a competência fosse da Justiça comum, a prescrição aplicável seria a vintenária, prevista no art. 177, do vigente Código Civil Brasileiro. Contudo, reconhecida a competência da Justiça do Trabalho para apreciar e julgar tal pedido, a prescrição aplicável a este crédito deve ser a ordinária trabalhista, atualmente prevista no art. 7º, XXIX, da Constituição Federal de 1988 (...)".

Há ainda entendimentos no sentido de que o dano moral oriundo da relação de trabalho tem índole de verba trabalhista e, desse modo, deve-se aplicar a prescrição do inciso XXIX, do art. 7º, da CF. Ilustrando o entendimento *supra*, colhem-se as seguintes ementas:

> A indenização do dano moral, na Justiça do Trabalho, é considerada crédito trabalhista por ser decorrente da violação de um direito imaterial do trabalhador, durante uma relação de emprego ou de trabalho. Sendo crédito trabalhista, esta indenização fica sujeita à prescrição bienal prevista no art. 7º, inciso XXIX, da Carta Política de 1988. (TRT 9ª R. – RO 15.384/97 – Ac. 2ª T. – 013741/98 – Rel. Juiz Eduardo Gunther[33]).

> DANO MORAL. PRESCRIÇÃO. O legislador estabeleceu, no art. 7º, inciso XXIX, da Constituição Federal, um único prazo prescricional para todos os títulos decorrentes da relação de trabalho, o que inclui a indenização por dano moral, mesmo que seu pedido esteja fundamentado no Direito Civil. O dano alegado pelo autor teria ocorrido em razão do contrato de trabalho e no âmbito deste. Por isso, ele deve se adequar às normas aplicáveis a esta relação. E, neste sentido, o constituinte limitou o prazo prescricional a dois anos após o término da relação de emprego. Logo, a demanda que deixou de observar o prazo bienal encontra-se fulminada pela prescrição total. Recurso a que se nega provimento. (Proc. RO n. 01093. 2004.065.02.00-6 – Ac. 20060205002 – 2ª R. – SP – Antônio José Teixeira de Carvalho – Juiz Relator. – DJ/SP de 11.4.2006) (DT – Julho/2006 – vol. 144, p. 131).

*Data venia* o posicionamento acima mencionado, para se aquilatar qual o prazo prescricional para determinado direito, mister se faz investigar, primeiramente, a natureza da relação jurídica controvertida. Se a relação jurídica for trabalhista, aplica-se a prescrição prevista no Direito do Trabalho (art. 7º, XXIX, da CF e art. 11 da CLT). Se a natureza foi civil, aplicam-se as regras disciplinadas no Código Civil.

---

(32) PAMPLONA FILHO, Rodolfo. *O dano moral na relação de emprego*. 2. ed. São Paulo: LTr, 1999. p. 128. No mesmo sentido: FLORINDO, Valdir. *Dano moral e o direito do trabalho*. 4. ed. São Paulo: LTr, 2002. p. 331.

(33) In: *Revista LTr* n. 62-09/1.282/1.283.

Quando o dano moral decorre da relação de trabalho, a competência, como vimos, é da Justiça do Trabalho, entretanto, o Juiz do Trabalho deve aplicar a prescrição disciplinada no Código Civil, pois a natureza da relação jurídica é de direito constitucional (art. 5º, V e X, da CF) e civil (arts. 11 e ss. do CC e 186 do CC), pois o dano moral não é um crédito trabalhista.

O próprio Supremo Tribunal Federal, ao atribuir competência a esta Justiça Especializada para a apreciação do dano moral, consignou que a controvérsia deve ser dirimida à luz do Direito Civil, consoante voto da lavra do Ministro Sepúlveda Pertence, que segue: "Justiça do Trabalho. Competência. Ação de reparação de danos decorrentes da imputação caluniosa irrogada ao trabalhador pelo empregador a pretexto de justa causa para a despedida e, assim, decorrente da relação de trabalho, não importando deva a controvérsia ser dirimida à luz do Direito Civil".[34] (RE n. 238.737-SP – julg. 17.11.98)

Ora, se a matéria tem índole constitucional-civil e será dirimida à luz do Direito Constitucional e Direito Civil, a prescrição deverá ser a deste último diploma legal.

O dano moral nem sequer é indenizável, mas sim compensável, porquanto a dor, o sofrimento, a imagem, etc., não são suscetíveis de valoração econômica. Conclui-se, pois, que o dano moral não é um crédito trabalhista, mas sim uma compensação pelo sofrimento, que tem índole de Direito Civil.

A competência da Justiça do Trabalho justifica-se por estar mais bem aparelhada para apreciação do dano moral, oriundo das relações de trabalho, em face das peculiaridades do trabalho subordinado, entretanto, isso não quer dizer que o dano moral deva ser encarado como verba trabalhista. Desse modo, deve-se aplicar a prescrição do Código Civil. Entendimento diverso levaria à antinomia de haver dois prazos prescricionais, sobre a mesma matéria, quais sejam: 2 anos após a extinção do contrato e cinco anos durante o contrato de trabalho, se se entender que a competência é da Justiça do Trabalho, e 10 anos (pois o dano moral se encaixa no conceito de dano pessoal, sendo, portanto, um direito pessoal, restando aplicável a regra geral do art. 205 do CC), se se entender que a controvérsia é da competência da Justiça Comum.

Nesse sentido, também se posiciona *Raimundo Simão de Melo*[35]:

"... Com o devido respeito àqueles que pensam de forma contrária, o entendimento mais adequado e consentâneo para o caso é de que a prescrição do dano moral praticado pelo empregado ou empregador em decorrência da relação de emprego é vintenária. Dessa maneira, o prazo para acionar o autor do dano moral é de vinte anos, seja perante a Justiça comum, seja perante a Justiça do Trabalho, porque: a) a importância da reparação do dano moral, que não tem natureza trabalhista, interessa não somente ao ofendido, mas a toda a sociedade,

---

(34) RE n. 238.737-SP, julg. 17.11.98.
(35) MELO, Raimundo Simão de. In: *Revista LTr* n. 64-11/1375.

como reconhece a melhor doutrina; b) prazo prescricional do direito de ação não se afirma pela competência do órgão julgador, mas em razão da natureza da matéria discutida; c) a Constituição Federal, quando fala em créditos resultantes da relação de trabalho, está a se referir aos créditos trabalhistas *stricto sensu*; d) a indenização do dano moral constitui crédito de natureza pessoal; e) um dos mais importantes princípios que informam o Direito do Trabalho é o da norma favorável ao trabalhador, que ainda deve continuar norteando o intérprete moderno; a subordinação, como marca deste ramo do Direito, nunca vai desaparecer, apenas pode diminuir conforme a atividade desempenhada pelo trabalhador; f) finalmente, embora adaptados a uma nova realidade, é preciso superar preconceitos e resgatar os princípios informadores do Direito do Trabalho, na busca da dignificação da pessoa humana".

Nesse sentido, cumpre destacar as seguintes ementas:

DANO MORAL — PRESCRIÇÃO VINTENÁRIA — JUSTIÇA DO TRABALHO. O prazo prescricional aplicável à reparação dos danos morais é de 20 anos (art. 177 do Código Civil), mesmo quando ajuizada a ação na Justiça do Trabalho. A definição dos prazos prescricionais decorre da natureza do direito material controvertido, pouco importando a competência do órgão que irá julgar a ação. (TRT – 13ª R. – RO n. 00095/2001 – Relator Juiz Edvaldo de Andrade – j. 3.4.2001)[36]

DANO MORAL — 1. Em sendo o dano moral resultante da relação de emprego, é competente a Justiça do Trabalho para apreciar o pedido formulado. Embora a competência seja da Justiça Obreira, a prescrição a ser aplicada é a do Código Civil, por não se tratar de verba trabalhista propriamente dita (...) (TRT – 21ª R. – RO n. 27-00378-96-5 – Relª Juíza Ceneide Maria Maia de Oliveira).[37]

INDENIZAÇÃO POR DANOS MORAIS. PRESCRIÇÃO. Observada a natureza civil do pedido de reparação por danos morais, pode-se concluir que a indenização deferida a tal título, em lide cujo trâmite se deu na Justiça do Trabalho, não constitui crédito trabalhista, mas crédito de natureza civil resultante de ato praticado no curso da relação de trabalho. Assim, ainda que justificada a competência desta Especializada para processar a lide, não resulta daí, automaticamente, a incidência da prescrição trabalhista. A circunstância de o fato gerador do crédito de natureza civil ter ocorrido na vigência do contrato de trabalho, e decorrer da prática de ato calunioso ou desonroso praticado por empregador contra trabalhador, não transmuda a natureza do direito, uma vez que o dano moral se caracteriza pela projeção de um gravame na esfera da honra e da imagem do indivíduo, transcendendo os limites da condição de trabalhador do ofendido. Dessa forma, aplica-se, na hipótese, o prazo prescricional de 20 anos previsto no art. 177 do Código Civil, em observância ao art. 2.028 do novo Código Civil Brasileiro, e não o previsto no ordenamento jurídico-trabalhista, consagrado no art. 7º, XXIX, da Constituição Federal ( TST – E-RR – 8871/2002-900-02-00.4 – SDI-I – Rel. Min. Lélio Bentes Corrêa – DJ 5.3.2004).

PRESCRIÇÃO. DANO MORAL E MATERIAL TRABALHISTA. 1. O prazo de prescrição do direito de ação de reparação por dano moral e material trabalhista é o

---

(36) ANDRADE, Edvaldo de. In: *Revista trabalhista direito e processo*. v. 1. Rio de Janeiro: Forense, 2002. p. 272.
(37) DOERN 15.1.99.

previsto no Código Civil. 2. À Justiça do Trabalho não se antepõe qualquer obstáculo para que aplique prazos prescricionais diversos dos previstos nas leis trabalhistas, podendo valer-se das normas do Código Civil e da legislação esparsa. 3. De outro lado, embora o dano moral trabalhista encontre matizes específicos no Direito do Trabalho, a indenização propriamente dita resulta de normas de Direito Civil, ostentando, portanto, natureza de crédito não trabalhista. 4. Por fim, a prescrição é um instituto de direito material e, portanto, não há como olvidar a inarredável vinculação entre a sede normativa da pretensão de direito material e as normas que regem o respectivo prazo prescricional. 5. Recurso de revista de que se conhece e a que se dá provimento (TST-RR-1162/2002-014-03-00.1 – 1ª T. – Rel. Min. João Oreste Dalazen – DJ 11.11.05).

Portanto, no nosso sentir, a prescrição do dano moral decorrente da relação de trabalho é a do Código Civil e o prazo é de 10 anos, pelas seguintes conclusões:

a) trata-se de reparação de índole constitucional e civil;

b) a natureza da reparação é referente a um dano pessoal.

## 9. Prescrição dos danos materiais e morais decorrentes do acidente de trabalho

Há entendimentos no sentido de que a indenização pelos danos morais e materiais oriundos do acidente de trabalho tem índole de verba trabalhista por ser um direito previsto no art. 7º, XXVIII, da CF. Ilustrando o entendimento *supra*, colhe-se a seguinte ementa: "A indenização do dano moral, na Justiça do Trabalho, é considerada crédito trabalhista por ser decorrente da violação de um direito imaterial do trabalhador, durante uma relação de emprego ou de trabalho. Sendo crédito trabalhista, esta indenização fica sujeita à prescrição bienal prevista no art. 7º, inciso XXIX, da Carta Política de 1988". (TRT – 9ª R. – RO 15.384/97 – Ac. 2ª T. – 013741/98 – Rel. Juiz Eduardo Gunther[38]).

No mesmo sentido, destacamos as seguintes ementas:

> Indenização por dano material e moral — Acidente de trabalho — Prescrição aplicável. A prescrição constitucional para o exercício do direito de ação quanto a créditos resultantes das relações de trabalho é de 5 (cinco) anos, até o limite de 2 (dois) anos após a extinção do contrato de trabalho. O pleito de indenização por dano moral e material decorrente de acidente de trabalho refere-se à obrigação, não de natureza pessoal, advinda do ramo civil do direito das obrigações ou dos contratos em geral, mas vinculada ao trabalho, conforme preceituado no inciso XXIX do art. 7º da CF/88. Mesmo que o juízo, adentrando o mérito do pedido, deva examinar, de forma incidental, questões afetas à legislação previdenciária, socorrendo-se, doutro lado, da legislação civil, para avaliação de eventual dano e da responsabilidade civil, como resultado da tutela estatal dos direitos de personalidade, tudo isso, por si só, é incapaz de estabelecer prescrição trabalhista diferenciada, na forma como está positivado o direito instrumental do trabalho. (TRT – 3ª R. – 2ª T. – RO n. 1053/2004.019.03.00-8 – Rel. Anemar Pereira Amaral – DJMG 1º.2.06 – p. 9) (RDT 03 – março de 2006).

---

(38) In: *Revista LTr* 62-09/1.282/1.283.

Indenização por danos morais — Prazo prescricional. Tratando-se de indenização por danos morais decorrente da relação de emprego havido entre as partes, a prescrição a ser aplicada é a preconizada no art. 7º, inciso XXIX, da Constituição Federal de 1988 e não aquela prevista no Código Civil Brasileiro de 2002. Recurso da reclamante ao qual se nega provimento. (TRT – 15ª R. – 4ª T. – RO n. 424/2003.090.15.00-9 – Rel. Manuel Soares F. Carradita – DJSP 19.12.05 – p. 56) (RDT n. 01 – janeiro de 2006)

Prescrição — Acidente do trabalho — Danos morais e materiais. Sendo a indenização por danos morais e materiais um crédito resultante da relação de trabalho, aplica-se o prazo prescricional previsto no art. 7º, XXIX, da Constituição da República. (TRT – 3ª R. – 4ª T. – RO n. 769/2005.089.03.00-0 – Rel. Antônio Álvares da Silva – DJ 1º.4.06 – p. 15) (RDT n. 05 – maio de 2006).

Nesse mesmo diapasão, foram as conclusões de *Eduardo Fornazzari Alencar*[39], ao defender tese sobre o tema, com os seguinte argumentos:

"A pretensão da reparação de dano moral defluente de acidente do trabalho a que alude o inciso XXVIII do art. 7º, da Constituição, consiste em um direito (crédito — no sentido lato) do trabalhador resultante da relação de trabalho, de modo que a prescrição aplicável é a prevista no inciso XXIX, do mesmo preceito constitucional;

Não há razão para aplicação supletiva ou subsidiária do prazo prescricional estabelecido pelo Código Civil (velho e novo), mormente porque a norma constitucional que prevê a prescrição trabalhista, ao encerrar um único prazo prescricional para as pretensões deduzidas perante a Justiça do Trabalho, não permite a invocação de outros prazos fixados pelo diploma civil;

O prazo da prescrição trabalhista (de 5 anos durante o contrato, até 2 anos após a extinção deste) se mostra preferível ao trabalhador, notadamente em relação àquele atualmente previsto pelo Código Civil (3 anos)"[40].

Em que pesem os posicionamentos acima mencionados, para se aquilatar qual o prazo prescricional para determinado direito, mister se faz investigar, primeiramente, a natureza da relação jurídica controvertida. Se a relação jurídica for trabalhista, aplica-se a prescrição prevista no Direito do Trabalho (art. 7º, XXIX, da CF e art. 11 da CLT). Se a natureza for civil, aplicam-se as regras disciplinadas no Código Civil.

Para nós, o dano decorrente do acidente de trabalho, seja moral, patrimonial ou estético, trata-se de um dano de ordem pessoal, cuja natureza é um misto de Direito Constitucional (arts. 1º, III, IV e 5º, V e X, da CF) e Civil (arts. 11 a 21, 186, 927 e ss. do CC). Em que pese estar topograficamente mencionado no art. 7º, XXVIII, da CF "seguro contra acidentes de trabalho, a cargo do empregador, sem

---

(39) ALENCAR, Eduardo Fornazzari. *A prescrição do dano moral decorrente de acidente de trabalho*. São Paulo: LTr, 2004. p. 127.

(40) A esta mesma conclusão chega Sebastião Geraldo de Oliveira (*Indenizações por acidente do trabalho ou doença ocupacional*. São Paulo: LTr, 2005).

excluir a indenização a que este está obrigado, quando incorrer em dolo ou culpa", de direito trabalhista não se trata, pois o referido inciso visou apenas a não excluir a indenização decorrente de culpa do empregador quando o empregado recebe uma parcela decorrente da Previdência Social. Vale dizer: objetivou o Constituinte assegurar que a indenização decorrente de culpa *lato sensu* do empregador tem natureza distinta da indenização devida pela Previdência Social. Portanto, para nós, a prescrição aplicável é a decenal do art. 205 do CC, por tratar-se de dano pessoal[41], e não os prazos previstos no art. 206, § 3º, V do CC, tampouco a prescrição trabalhista, prevista nos arts. 7º, XXIX, da CF e 11 da CLT[42].

Ainda que se possa ventilar a existência de dúvida objetiva sobre a efetiva natureza jurídica da indenização decorrente do acidente de trabalho por culpa *lato sensu* do empregador ser um direito pessoal ou um direito trabalhista, resta aplicável à hipótese o princípio do *in dubio pro operario* e, desse modo, aplica-se à hipótese o lapso prescricional mais benéfico ao trabalhador, que é o prazo de 10 anos previsto no Código Civil.

Na visão de *Raimundo Simão de Melo*[43], "no caso dos acidentes de trabalho, os danos causados são pessoais, com prejuízo à vida, à saúde física e/ou psíquica, à imagem, à intimidade etc. do cidadão trabalhador, porquanto assegura a Constituição Federal, como fundamentos da República Federativa do Brasil e da livre iniciativa, a dignidade da pessoa humana, os valores sociais do trabalho, o trabalho com qualidade e o respeito ao meio ambiente (arts. 1º e 170), além de assegurar a redução dos riscos inerentes ao trabalho, por meio de normas de saúde, higiene e segurança.

Portanto, se não se trata de direito de natureza trabalhista nem civil, e como não existe qualquer dispositivo legal regulando de outra forma o prazo de prescrição para as pretensões decorrentes, por exclusão aplica-se o prazo geral de 10 anos, como previsto no art. 205 do Código Civil. O Código Civil está sendo aplicado,

---

(41) "Estamos a falar de direitos humanos fundamentais decorrentes da violação dos direitos da personalidade (integridade física e psíquica, intimidade, vida privada, dor, vergonha, honra e imagem das pessoas) a quem a Constituição Federal, pela primeira vez, assegurou o direito à indenização pelo dano material, moral ou estético pertinente" (MELO, Raimundo Simão de. *Direito ambiental do trabalho e a saúde do trabalhador.* São Paulo: LTr, 2004. p. 462).

(42) Nesse sentido, destacam-se as seguintes ementas: "DANO MORAL — PRESCRIÇÃO VINTENÁRIA — JUSTIÇA DO TRABALHO. O prazo prescricional aplicável à reparação dos danos morais é de 20 anos (art. 177 do Código Civil), mesmo quando ajuizada a ação na Justiça do Trabalho. A definição dos prazos prescricionais decorre da natureza do direito material controvertido, pouco importando a competência do órgão que irá julgar a ação". (TRT – 13ª R. – RO n. 00095/2001 – Rel. Juiz Edvaldo de Andrade – j. 3.4.2001). DANO MORAL – 1. Em sendo o dano moral resultante da relação de emprego, é competente a Justiça do Trabalho para apreciar o pedido formulado. Embora a competência seja da Justiça Obreira, a prescrição a ser aplicada é a do Código Civil, por não se tratar de verba trabalhista propriamente dita (...)" (TRT – 21ª R. – RO n. 27-00378-96-5 – Relª Juíza Ceneide Maria Maia de Oliveira).

(43) MELO, Raimundo Simão de. *Direito ambiental do trabalho e a saúde do trabalhador.* São Paulo: LTr, 2004. p. 462.

repita-se, não porque se trata de uma pretensão de reparação civil no sentido estrito, mas porque é a lei civil que socorre nos casos de omissão regulatória sobre a prescrição no Direito brasileiro".

Nesse sentido, dispõe o Enunciado n. 45 da 1ª Jornada de Direito Material e Processual do Trabalho, realizada no TST, *in verbis*:

> RESPONSABILIDADE CIVIL. ACIDENTE DO TRABALHO. PRESCRIÇÃO. A prescrição da indenização por danos materiais ou morais resultantes de acidente do trabalho é de 10 anos, nos termos do art. 205, ou de 20 anos, observado o art. 2.028 do Código Civil de 2002.

No mesmo sentido, mas sustentando a imprescritibilidade da indenização, a visão de *Jorge Luiz Souto Maior*[44]:

"Quanto à prescrição do dano moral decorrente do acidente do trabalho, importante destacar que o bem jurídico protegido é um direito da personalidade. O direito à personalidade decorre da relação jurídica básica que cada cidadão possui com todos os outros, independentemente da existência de uma relação jurídica específica. A pessoa não perde esse direito quando se integra a uma relação jurídica específica. O empregador é responsável por reparar o dano moral não por ser o empregador, juridicamente qualificado, mas por ser responsável pela reparação, na medida em que o empregado está sob sua subordinação. Não se trata, portanto, de um crédito trabalhista, mas de um bem jurídico a que todos os cidadãos têm direito, inclusive o empregado. A reparação deste bem não é uma reparação civil, pois seu fundamento é constitucional (art. 5º). Basta avaliar as hipóteses mencionadas no § 3º, do art. 206 do CC, para verificar que não se autoriza vincular os danos ali mencionados ao dano decorrente do acidente de trabalho, cuja reparação está na própria origem do Estado Social e dos direitos humanos. No aspecto do benefício previdenciário, aliás, a ideia é a da imprescritibilidade do benefício, prescrevendo-se apenas as parcelas, mas jamais o direito de pleitear o benefício (auxílio-doença). Não cabe, portanto, a tese de que a prescrição, no Direito Civil, é de três anos, para os acidentes do trabalho e que, por isto, a trabalhista quinquenal é mais benéfica. A reparação do dano pessoal, decorrente de agressão a direito da personalidade, é, portanto, imprescritível. E, não se querendo ver isto, a prescrição, na pior das hipóteses, é vintenária, para os casos anteriores à edição do Código Civil ou decenária, para as ações posteriores".

Sob outro enfoque, a nosso ver, o prazo prescricional da ação para reparação de danos morais decorrentes do acidente de trabalho tem início a partir da consolidação das lesões.

Nesse sentido é a Súmula n. 278 do STJ: "O termo inicial do prazo prescricional, na ação de indenização, é a data em que o segurado teve inequívoca ciência da incapacidade laboral".

---

(44) SOUTO MAIOR, Jorge Luiz. Em defesa da ampliação da competência da Justiça do Trabalho. In: *RDT* 11-08. Brasília, 2005. p. 15.

De outro lado, para os que entendem que a prescrição aplicável é a trabalhista, prevista nos arts. 7º, XXIX, da CF, e 11 da CLT, o prazo é de cinco anos até o limite de dois anos após a rescisão do contrato de trabalho, vez que as lesões do acidente ou doença profissionais, aptas a gerar o dano moral, são sucessivas, não se aplicando à hipótese a Súmula n. 294 do C. TST, que trata da prescrição do ato único. Além disso, o direito à reparação está albergado por lei, o que também afasta a aplicação da referida Súmula.

## 10. O não decurso do prazo prescricional enquanto a responsabilidade pelo fato lesivo estiver sendo apurada no juízo criminal

Pela teoria da *actio nata*, o prazo prescricional para se pleitear a indenização (*rectius* compensação) pelo dano moral começa a fluir a partir da lesão do direito. Por isso, quando há sentença afastando a justa causa imputada ao empregado, não flui a partir do trânsito em julgado que afastou a justa causa, e sim do próprio ato do empregador que comunicou a justa causa ao empregado. Nesse caso, a sentença trabalhista não cria o direito, somente o reconhece, vale dizer: declara uma situação preexistente, qual seja, a ausência de justa causa.

De outro lado, quando a justa causa imputada ao empregado também ensejar processo criminal, o empregado não deve aguardar a solução do referido processo para postular a reparação do dano moral na esfera trabalhista, porquanto a responsabilidade civil é independente da penal (art. 935 do CC).

O Juiz do Trabalho poderá sobrestar o andamento do processo trabalhista até a solução do processo criminal, a fim de se evitar decisões conflitantes, nos termos dos arts. 265, IV, alínea *a* do CPC, e 110, do mesmo Diploma Legal. No mesmo sentido, a seguinte ementa:

> DANO MORAL — IMPUTAÇÃO DE CRIME AO EMPREGADO — PRESCRIÇÃO. Em se tratando de crédito advindo da relação de emprego, a ação relativa à compensação de dano moral está sujeita à prescrição do art. 7º, XXIX, da Constituição Federal, e não ao prazo prescricional de vinte anos a que alude o art. 177 do Código Civil. Entendo que, mesmo quando o pedido de indenização por dano moral decorre de imputação de crime ao empregado, cuja apuração está sendo feita em outro segmento do Judiciário, a ação trabalhista deverá ser ajuizada dentro do prazo prescricional de 02 anos a contar do término da relação de emprego, podendo ser posteriormente suspensa, se o caso, na forma prevista no art. 265, IV, do CPC. Admitir que a prescrição só começará a fluir após solucionado o processo criminal implicaria em reconhecer uma causa impeditiva da prescrição diversa daquela enumerada pelo Código Civil, o que não é possível, dado o caráter taxativo daquela enumeração. No caso dos autos, a ação foi ajuizada quando já transcorridos 4 anos do término do contrato de trabalho. Logo, deverá ser acolhida a prescrição total, extinguindo-se o feito com julgamento de mérito, nos termos dos arts. 269, IV, do CPC.[45]

---

(45) TRT 3ª R. – RO n. 1.896/02 – Ac. 2ª T. – 1.486/2001 – 2.4.02. Relª Juíza Alice Monteiro de Barros. In: *Revista LTr* 66-10/1259.

Sob outro enfoque, no nosso sentir, quando a culpa ou existência do fato do acidente de trabalho, ou algum crime que tenha nexo causal com o dano moral decorrente da relação de trabalho, estiverem sendo apuradas no juízo criminal, a prescrição não correrá em relação à ação de reparação por danos morais e materiais a ser proposta na Justiça do Trabalho. Em que pese a disposição do art. 935 do CC, no sentido de serem independentes as responsabilidades criminal e civil, quando se apura a culpa na esfera criminal, esta não mais precisa ser demonstrada no juízo trabalhista, tampouco a existência do fato ou quem seja o seu autor. Também, na esfera criminal, que é pautada pela verdade real, a valoração da culpa tem rigor mais acentuado do que na esfera trabalhista. Além disso, uma vez fixada a culpa do empregador no juízo criminal, a obrigação de reparar os prejuízos civis está constituída de pleno direito, podendo a sentença criminal ser executada na Justiça do Trabalho, e a liquidação dar-se por artigos na esfera trabalhista, já que a sentença penal condenatória é título executivo judicial na esfera cível à luz do art. 584, II, do CPC[46].

Pelos argumentos acima mencionados, entendemos que vítima do acidente de trabalho pode propor diretamente a ação trabalhista na Justiça do Trabalho, mesmo que haja procedimento criminal em curso, ou esperar o resultado da ação criminal e depois propor a execução dos danos civis na esfera trabalhista valendo-se do permissivo do art. 200 do CC, assim redigido: "Quando a ação se originar de fato que deva ser apurado no juízo criminal, não correrá a prescrição antes da respectiva sentença condenatória".

Nesse mesmo diapasão, cumpre destacar a visão de *Rui Stocco*[47], ao comentar o art. 200 do CC:

"O texto apenas assegurou que a prescrição não corre antes da sentença penal transitada em julgado.

Todavia, não impede que o interessado ingresse com a ação civil, independentemente do resultado da ação penal, por força do princípio da independência das instâncias, sendo certo, ainda, que o ilícito civil é um *minus* em relação ao ilícito penal, de modo que a conduta pode não configurar ilícito penal, mas caracterizar ilícito civil.

Entretanto, se esse interessado preferir aguardar o desfecho da ação penal, para, só então, ingressar no juízo cível, apenas para executar o valor da reparação,

---

(46) Em razão disso, entendemos que a competência da Justiça do Trabalho para as ações de reparação de danos materiais e morais decorrentes da relação de trabalho, aí inclusas as ações indenizatórias decorrentes do acidente de trabalho, fez gerar mais um título executivo judicial na Justiça do Trabalho, que é a sentença penal condenatória em apuração de responsabilidade criminal do empregador pelo mesmo fato a ser apurado também na esfera trabalhista.

(47) STOCCO, Rui. *A responsabilidade civil*. O novo Código Civil. Estudo em Homenagem a Miguel Reale. Coords. Domingos Franciulli Netto, Gilmar Ferreira Mendes e Ives Gandra da Silva Martins. São Paulo: LTr, 2003. p. 796-797.

nos termos do art. 63 do Código de Processo Penal, terá assegurado que o prazo prescricional não terá início até o julgamento definitivo no âmbito criminal.

Pensamos que a previsão contida no art. 200 traduz o reconhecimento do legislador do que os nossos pretórios já haviam assentado, como se verifica em inúmeros julgados dos tribunais superiores, notadamente da Suprema Corte.

'Se o pedido de reintegração do servidor público se funda na absolvição criminal, desta última é que se conta o prazo de prescrição'[48].

'A prescrição da ação contra demissão de funcionário público por motivo de infração penal só começa a correr a partir da sentença proferida na ação criminal'[49]".

O Tribunal Superior do Trabalho, recentemente, apreciou a questão, cuja ementa vale ser transcrita:

> RECURSO DE REVISTA. PRESCRIÇÃO. DANO MORAL. INÍCIO DA CONTAGEM DO PRAZO. ARQUIVAMENTO DO INQUÉRITO POLICIAL. SUSPENSÃO DO PRAZO. FATO QUE DEPENDE DE APURAÇÃO NO JUÍZO CRIMINAL. Em ação de indenização por danos morais decorrentes de lesão que se perpetua no tempo, para além da data de extinção do contrato de trabalho, não viola a literalidade dos arts. 7º, XXIX, da Constituição da República e 11 da CLT, a decisão regional que fixa como termo *a quo* do prazo prescricional bienal a data do arquivamento do inquérito policial, em 20.1.2003, e não a da extinção do contrato de trabalho por iniciativa do empregado (pedido de demissão), em 1997, em interpretação razoável, ainda, do art. 200 do CC, atrativa da Súmula n. 221, II, do TST, datando a propositura da demanda de 2004. Aplicação da Súmula n. 296/TST quanto aos arestos válidos para o cotejo. SUPRESSÃO DE INSTÂNCIA. CERCEAMENTO DE DEFESA. ÔNUS DA PROVA. A Corte de Origem, ao adentrar a matéria de fundo, consignando estarem presentes as condições para o imediato julgamento da lide, não ofendeu os arts. 5º, LV, da Constituição da República e 515, §§ 1º e 3º, do CPC, porquanto também aplicável o parágrafo terceiro do art. 515 do CPC à hipótese de extinção do processo com resolução de mérito. Não dirimida, a lide, pela Corte regional, à luz dos princípios disciplinadores da repartição do ônus da prova, e sim com base na prova produzida, não há falar em violação dos arts. 818 da CLT e 333 do CPC (TST. 3ª Turma. Proc. n. TST-RR-7179/2004-013-09-00.5. Relª Minª. Rosa Maria Weber Candiota da Rosa. Publicação: DEJT 29.10.2009).

## 11. Regras de transição da prescrição e processos em curso oriundos da Justiça Comum para a Justiça do Trabalho e as regras de direito intertemporal quanto às reparações civis pelo acidente de trabalho

Quanto aos processos em curso na Justiça comum, a nosso ver, não há como o Juiz aplicar a prescrição trabalhista, já que antes da EC n. 45/04 era muito controvertida

---

(48) STF – 1ª T. – RE – Rel. Min. Rafael Mayer – RJTJSP 82/162.

(49) STF – 1ª T. – RE – Rel. Min. Oscar Corrêa – j. 15.4.1968 – DJU 2.5.1996 – RT 608/258. No mesmo sentido: STF – RTJ n. 53/820 e RJTJSP n. 45/95.

a competência da Justiça do Trabalho para apreciar as lides indenizatórias decorrentes do acidente de trabalho. Além disso, há manifesta injustiça em se pronunciar a prescrição para a parte que propôs a ação na Justiça que entendia competente e, no curso do processo, ser aplicado outro lapso prescricional em razão da alteração da competência material. Malgrado a EC n. 45/04 tenha efeito imediato e atinja os processos em curso, o próprio STF, no Conflito de Competência n. 7.204-1/MG, reconheceu a competência da Justiça do Trabalho para apreciação das lides atinentes à indenização por acidente de trabalho somente a partir da vigência da EC n. 45/04.

Nesse sentido, destacamos as seguintes ementas:

> Danos morais — Ajuizamento perante a Justiça comum — Imprescritibilidade. É imprescrita a ação de danos morais, oriundos da relação de trabalho, ajuizada perante a Justiça comum, nos prazos ali previstos e encaminhada a esta Especializada, após manifestação de incompetência daquela. (TRT – 3ª R. – 2ª T. – RO n. 6368/2000 – Rel. Juiz Wanderson A. da Silva – DJMG 8.11.2000 – p. 13).

> EMENTA: PRESCRIÇÃO. ACIDENTE DO TRABALHO. EC N. 45/2004. PROCESSOS EM ANDAMENTO. Nas indenizações por acidente do trabalho, o prazo prescricional previsto no art. 7º, inciso XXIX, da Constituição da República deve ser adotado para as ações ajuizadas após a Emenda Constitucional n. 45, aplicando-se o prazo do Direito Civil para as ações propostas antes da vigência da citada Emenda. É certo que a indenização por acidente do trabalho é um crédito resultante da relação de emprego, ainda que atípico, porquanto proveniente de um ilícito trabalhista a teor do disposto no art. 7º, inciso XXVIII, da Constituição da República, que estabelece que: 'São direitos dos trabalhadores urbanos e rurais, além de outros que visem à melhoria de sua condição social: (...) XXVIII – seguro contra acidentes de trabalho, a cargo do empregador, sem excluir a indenização a que este está obrigado, quando incorrer em dolo ou culpa'. Todavia, em face da nova redação dada ao art. 114 da Constituição da República, o Supremo Tribunal Federal, no julgamento do Conflito de Competência n. 7.204-1/MG, estabeleceu a vigência da citada emenda constitucional como marco temporal para a competência trabalhista. Assim, deve-se ater para o fato de que, anteriormente, a natureza jurídica do direito à indenização por danos decorrentes de acidente do trabalho era controvertida, pois os tribunais superiores divergiam acerca do seu caráter cível ou trabalhista, predominando o entendimento no primeiro sentido. Por conseguinte, considerando que a prescrição fulmina a pretensão de mérito, a sua aplicação ao caso concreto deve ser realizada com cautela, em respeito ao valor maior da segurança jurídica, especialmente para os processos em andamento no advento da Emenda n. 45, sob pena de surpreender a parte com a extinção automática do seu direito. Isso porque, antes da mudança de competência, era razoável entender, com amparo nas decisões da Suprema Corte, que a prescrição aplicável era a cível. Em síntese, deve-se adotar o prazo prescricional previsto no Código Civil para as ações propostas antes da entrada em vigor da EC n. 45/2004 e o prazo previsto no art. 7º, inciso XXIX, da Constituição Federal, para as ações ajuizadas após a vigência da citada Emenda Constitucional (TRT – 3ª R. – Processo n. 00894-2005-102-03-00-5 – RO – Data de Publicação 29.3.2006 – DJMG Página: 9 – Órgão Julgador Segunda Turma – Juiz Relator Sebastião Geraldo de Oliveira – Juiz Revisor Anemar Pereira Amaral).

> RECURSO DE EMBARGOS. ACIDENTE DE TRABALHO. DANOS MORAIS E MATERIAIS. AÇÃO AJUIZADA NA JUSTIÇA COMUM E REMETIDA À JUSTIÇA DO

TRABALHO APÓS A EMENDA CONSTITUCIONAL N. 45/2004. DIREITO INTERTEMPORAL. SEGURANÇA JURÍDICA. REGRA DE TRANSIÇÃO. APLICAÇÃO DA PRESCRIÇÃO CÍVEL. A prescrição de dois anos, para ajuizamento de ação na Justiça do Trabalho, como determina o art. 7º, XXIX, da Constituição Federal, não alcança ações cuja data da lesão já transcorrera em mais da metade pela regra da prescrição de vinte anos, conforme determina o art. 2.028 do Código Civil de 2002. A alteração da competência para o julgamento das ações relativas a acidente de trabalho, conforme EC n. 45/2004, não possibilita a aplicação imediata da regra de prescrição trabalhista, pois quando da redução dos prazos prescricionais (arts. 205 e inc. V do art. 206), estabeleceu-se a regra de transição, com o objetivo de assegurar o princípio da segurança jurídica. Considerando que a ação foi interposta após janeiro de 2003 (data da vigência do Código Civil de 2002) e que já havia transcorrido mais de dez anos da ciência do dano, o prazo aplicável ao caso sob exame é o de vinte anos, razão por que não se encontra prescrita a pretensão ao pagamento da indenização correspondente. Proposta a ação em 2004, antes da vigência da EC n. 45/2004, na Justiça Comum em relação a contrato extinto em 1988, com a aposentadoria do reclamante em virtude de acidente de trabalho, e apenas e tão somente declinada a competência para a Justiça do Trabalho em 2005, não pode o autor ser surpreendido pela mudança da competência, adotando prazo prescricional de dois anos, pois já tinha adquirido o direito a ver a sua pretensão julgada sob a regra de prescrição anterior. Embargos conhecidos e providos. (E-RR – 2917/2005-342-01-00.2 – Data de Julgamento: 28.4.2008 – Relator Ministro Aloysio Corrêa da Veiga – Subseção I Especializada em Dissídios Individuais – DJ 16.5.2008)

Dano Moral decorrente de fatos acontecidos na execução do contrato de trabalho/ Competência da Justiça do Trabalho, antes e depois da Emenda Constitucional n. 45/2004. Ação iniciada na Justiça Comum e cumprindo várias etapas processuais naquela Justiça, deve ter a aplicação da legislação processual comum, quanto à prescrição. Inaplicável, após a vinda dos autos a esta Justiça do Trabalho, a prescrição trabalhista de dois anos, mesmo porque trata-se de matéria relativa a dano moral, em que havia razoável dúvida — antes da Emenda Constitucional n. 45/2004 — sobre a competência desta Justiça. O ônus da prova sobre o dano moral sofrido é da autora da demanda. A simples ida da empresa à Delegacia de Polícia para a abertura de inquérito para investigação criminal representa exercício de direito que pode ser exercido por qualquer pessoa física ou jurídica diante de fatos que considere graves e criminosos, contra si acontecidos. Não tal possibilidade não redunda, *de per si*, dano moral para a parte que se viu envolvida na investigação policial. 1. Entendemos que efetivamente, com a Emenda Constitucional n. 45/2004, a competência para conhecer e julgar ação por dano moral decorrente do contrato de emprego, e mesmo da relação de trabalho, passou a ser da Justiça do Trabalho. Aliás quanto àquela — dano moral decorrente de fatos que tiveram por base o contrato de emprego — já eram, antes da Emenda Constitucional n. 45/2004, no entender deste relator, de competência desta Justiça. As decisões contrárias de relatores da Justiça Comum, a que se refere a autora, ocorreram antes da Emenda Constitucional n. 45/2004. A matéria já está sedimentada, na doutrina e na jurisprudência. Por outro lado, embora seja matéria de ordem pública, e que pode ser examinada por este julgador, mesmo sem provocação das partes, é fato que no seu recurso ordinário a autora não faz tal provocação, apenas alegando, de passagem, como aditivo à sua argumentação, o fato. A matéria, neste aspecto sobre a competência, está assentada e definida, sendo competente esta Justiça para conhecer e julgar os fatos e conflitos decorrentes da acusação de dano causado pelo réu, em face de atos praticados em virtude de acontecimentos consequentes à atuação da autora como empregada. 2. Deve ser aplicada a regra vigente para a prescrição, do art. 206, § 3º, inciso V, prescrevendo o direito de agir em três anos para a pretensão de reparação civil. A autora distribuiu o feito em julho de 2000, enquanto que a ação trabalhista com trânsito em julgado, que examinou fatos correlatos à justa causa, terminou em 12.8.2004, sendo que o último fato noticiado — inquérito policial — é de junho de 1999. Portanto, o fez dentro daquele prazo, levando-se em conta as regras do Código Civil. A mudança da competência da ação para a Justiça do Trabalho não faz prevalecer a prescrição trabalhista para ações que à época possuíam outro período prescricional, mais favorável ao que busca a prestação jurisdicional. Observe-se que o contrato de trabalho da autora já havia se encerrado e o conflito dele decorrente também fora amplamente discutido, provado e decidido em processo perante esta Justiça. Observa-se, ainda que, apesar desta Justiça, naquele processo, ter acolhido a tese da justa causa, por abandono de emprego, os fatos que ensejaram o pedido de dano moral foram o sofrimento, vexame e humilhação, que diz ter a autora sofrido, em decorrência dos procedimentos anteriores e posteriores à justa causa, cujo termo final deu-se em junho de 1999. Assim, embora haja uma conexão em relação aos fatos do contrato de trabalho, o pleito desprende-se da questão meramente contratual ao acionar a Justiça Comum por dano específico, cuja causa de pedir não é a dissolução contratual injusta, mas a forma pela qual os fatos foram conduzidos pela ré e seus prepostos. 3. O ônus da prova, em relação aos fatos que alega para a obtenção do dano moral, era da autora (arts. 818 da CLT e 333, I do CPC) que dele não se desincumbiu, observando-se que a abertura do inquérito policial, com a 'notitia criminis' dada pelo réu, revelou-se exercício regular de direito e, por si só, não implicou no propalado dano moral. Os fatos levados à Delegacia de Polícia ficaram no âmbito administrativo-judiciário. Não houve por parte do réu qualquer procedimento, ato ou fato que visasse ofender a honra subjetiva da autora. Não se conclui por existência de situações sociais vexatórias provocadas pelo réu, nem se pode afirmar que as ações impetradas por seus prepostos e/ou por envolvidos ligados diretamente à instituição financeira tivessem prejudicado a autora, salvo dentro dos estritos limites do procedimento legal amparado pelo Direito, de procurar a investigação policial para a apuração dos fatos, sem prejudicar a possibilidade de defesa e manifestação da autora e de acompanhamento de serviços jurídicos, se necessários. Portanto, feliz ou infelizmente — e aqui não está em julgamento os atos e fatos que envolveram criminalmente a autora e a autoria —, a recorrente expôs-se aos acontecimentos, por ato de vontade própria ou por força das circunstâncias, e o réu não pode ser condenado por agir dentro da lei. Por tais motivos, rejeito o pedido de indenização por dano moral. (TRT/SP n. 00912200608402008, Ac. 20080173394. Rel. Carlos Roberto Husek, DOE 14.3.09)

Como a prescrição para nós é a do Código Civil, sendo o prazo de 10 anos (art. 205 do CC), não há essa problemática de aplicabilidade das regras de prescrição aos processos oriundos da Justiça Comum.

O art. 2.028 do CC disciplina as regras de direito intertemporal quanto à prescrição.

Aduz o referido dispositivo legal: "Serão os da lei anterior os prazos, quando reduzidos por este Código, e se, na data de sua entrada em vigor, já houver transcorrido mais da metade do tempo estabelecido na lei revogada".

Conforme o referido dispositivo legal, se já havia transcorrido mais da metade do prazo prescricional sob a vigência da lei antiga, quando da vigência da lei nova, o prazo prescricional será regido pela lei velha. Dúvidas existem se, quando da vigência da lei nova, havia transcorrido menos da metade do prazo sob a vigência da lei velha.

Há consenso na doutrina de que não há direito adquirido sobre a prescrição em curso e que as novas regras dos prazos prescricionais têm aplicabilidade imediata.

A nosso ver, à luz das regras de que não há direito adquirido sobre a prescrição em curso e da vigência imediata da lei nova, quando o prazo prescricional sob a vigência da lei antiga ainda não tiver transcorrido pela metade, aplicar-se-á a lei nova, iniciando-se o prazo novo a partir da vigência do Código Civil de 2002.

Nesse sentido é a opinião de *Nelson Nery Júnior* e *Rosa Maria de Andrade Nery*[50]:

Prazo diminuído pela lei nova. Menos da metade. Quando tiver decorrido menos da metade do prazo de prescrição regulado pelo CC, art. 1.916 (ou por lei extravagante) e esse mesmo prazo tiver sido diminuído pela lei nova (CC/2002), aplica-se a regra da lei nova, a partir de sua vigência (12.1.2003), desprezando-se o tempo que já tinha fluído sob a égide da lei revogada[51].

No mesmo diapasão, acórdão do Supremo Tribunal Federal, proferido em 4.4.1963, proferido no RE 51.706-MG, cujo relator fora o Ministro Octávio Gallotti: Tratando-se de lei que encurtou o prazo da prescrição, ela é aplicável às prescrições em curso, mas contando-se o novo prazo da data em que mesma lei começou a vigorar (p. ex. acórdão do Supremo no Arquivo Judiciário, vol. 20, p. 3 e vol. 27, p. 239)[52].

*Maria Helena Diniz*[53] assevera que melhor teria sido que se seguisse a esteira do atual CC português, que, no art. 297º, 1, assim dispõe: "A lei que estabelecer, para qualquer efeito, um prazo mais curto que o fixado na lei anterior é também aplicável aos prazos que já estiverem em curso, mas o prazo só se conta a partir da entrada em vigor da nova lei, a não ser que, segundo a lei antiga, falte menos tempo para o prazo se completar", ou a do art. 19 das Disposições Transitórias do CC Suíço, que ordena "contar o tempo decorrido sob uma e outra norma, proporcionalmente: p. ex.: em havendo o decurso de dez anos, quando o prazo era de vinte e foi limitado a cinco; como se completou a metade do período fixado outrora, deve

---

(50) *Código Civil comentado e legislação extravagante*. 3. ed. São Paulo: RT, 2005. p. 897.

(51) PRESCRIÇÃO. AÇÃO DE REPARAÇÃO DE DANOS. JORNADA I STJ 50: "A partir da vigência do novo Código Civil, o prazo prescricional das ações de reparação de dano que não houver atingido a metade do tempo previsto no art. 1919 do CC fluirá por inteiro, nos termos da nova lei (CC, art. 206)" (*Apud* NERY JR., Nelson; NERY, Rosa Maria de Andrade. *Código civil comentado e legislação extravagante*. 3. ed. São Paulo: RT, 2005. p. 897).

(52) *Apud* SANTOS, Antonio Jeová. *Direito intertemporal e o novo Código Civil*. São Paulo: RT, 2003. p. 108.

(53) DINIZ, Maria Helena, *Código Civil anotado*. 11. ed. São Paulo: Saraiva, 2005. p. 1618-1619.

fluir a metade, também, do novo trato, isto é, dois anos e meio". Ou, então, que o artigo ora comentado prescrevesse que a contagem do prazo menor se desse a partir da vigência do novo Código Civil.

Diante do exposto, entendemos precisas as conclusões de *Antonio Jeová Santos*[54]:

"Em suma, a prescrição que ainda não foi consumada está despida das características do direito adquirido, donde será aplicável o art. 2.028 do CC/2002. Quando dos prazos prescricionais previstos no novel Código foram abreviados, mas já ultrapassado menos da metade do tempo previsto no Código Beviláqua, contar-se-á o novo prazo — diminuído — a começar da data em que o novo Código entrou em vigor, desprezando o tempo que fluiu. Se o prazo, apesar de abreviado pelo Código Civil de 2002, tiver escoado mais da metade do tempo previsto no Código Civil de 1916, aquele prazo agigantando continuará seu fluxo normal, sem a incidência das novas regras".

No mesmo sentido, cumpre destacar a seguinte ementa:

> Acidente de Trabalho PRESCRIÇÃO. TERMO INICIAL. PRAZOS. AÇÃO DE INDENIZAÇÃO POR DANO MORAL E MATERIAL DECORRENTES DE ACIDENTE DO TRABALHO/DOENÇA PROFISSIONAL. A regra de prescrição a ser aplicada em casos de indenização por acidente ou moléstia não é a do art. 7º, inciso XXIX da Constituição Federal, pois rege a contagem quanto aos créditos oriundos das relações de trabalho, devendo ser considerado estritamente, o que exclui indenização por acidente, que não é contraprestação pela execução contratual. Em se tratando de reparações de infortúnio, o termo inicial da contagem do prazo da prescrição é a partir da ciência inequívoca da lesão por parte do trabalhador (Súmula n. 278 do STJ, Súmula n. 230 do STF e art. 189 do Novo Código Civil). Considera-se o velho prazo de prescrição de 20 anos para os acidentes de trabalho ocorridos na vigência do Código Civil de 1916 (art. 177), com a observância da regra de direito intertemporal prevista no art. 2028 (Código Civil de 2003), ou 10 anos, aplicando-se o novo prazo reduzido de prescrição (regra geral do art. 205 do Código Civil de 2003), por não previsão de prazo específico, que começa a fluir, por inteiro, a contar da vigência do Novo Código. Recurso Ordinário provido. (TRT/SP – 00559200526202004 – RO – Ac. 14ª T. – 20100514590 – Rel. Davi Furtado Meirelles – DOE 9.6.2010)

---

(54) SANTOS, Antonio Jeová. *Direito intertemporal e o novo Código Civil.* São Paulo: RT, 2003. p. 108.

# Capítulo XI
# Da Petição Inicial no Direito Processual do Trabalho

## 1. Conceito e fundamentos

Petição inicial é a "peça escrita em que o demandante formula a demanda a ser objeto de apreciação do juiz e requer a realização do processo até final provimento que lhe conceda a tutela jurisdicional"[1].

No dizer de *Arruda Alvim*[2], a petição inicial é o edifício do processo. Nela se expressam e se condensam, já no limiar do processo, todas as linhas básicas sobre as quais se desenvolverá, constituindo-se a expressão relatada dos fatos, a que deve se opor a outra parte. Com base nesse contraditório, de fato, é que será proferida a sentença.

Diante do princípio da inércia da jurisdição, a petição inicial é a peça formal de ingresso do demandante em juízo, em que apresenta seu pedido, declina a pessoa que resiste ao seu direito, explica os motivos pelos quais pretende a atuação jurisdicional e pede ao Estado-Juiz a tutela do seu direito.

Do conceito que adotamos, a petição inicial apresenta as seguintes características:

a) peça formal: A petição inicial é peça formal, pois deve ser elaborada, observados os requisitos previstos em lei (arts. 840 da CLT, 282, do CPC)[3]. Ainda que a

---

(1) DINAMARCO, Cândido Rangel. *Instituições de direito processual civil*. V. III. São Paulo: Malheiros, 2001. p. 355.

(2) Deveres das partes e dos procuradores no direito processual civil brasileiro — A lealdade do processo. In: *Revista de Processo* n. 69, ano 18, jan./mar. 93. São Paulo: RT, 1993. p. 11.

(3) Nesse sentido, destacamos a seguinte ementa: "Petição inicial — Instrumento formal — Pedido de incidência das comissões no RSR. A petição inicial é o instrumento formal específico de que o indivíduo se utiliza para provocar o exercício da função jurisdicional, representando, assim, o elemento delimitador da extensão da entrega da prestação jurisdicional invocada. Tem-se afirmado, no universo doutrinário, em razão disso, que essa peça inaugural corresponde a uma espécie de projeto do provimento jurisdicional que o autor deseja obter, não podendo o juiz proferir sentença, em prol do autor, de natureza diversa da solicitada, nem condenar o réu em quantidade superior do que foi denunciado. Na hipótese dos autos, o pedido de pagamento de comissão não se fez acompanhar do pleito de incidência do RSR sobre o mesmo, decidindo, assim, a Junta de origem nos limites em que foi proposta a ação. Não há, pois, qualquer reparo a ser feito na decisão recorrida" (TRT – 10ª R. – 3ª T. – RO n. 6.317/97 – Relª Juíza Ana Maria de Castro – DJDF 27.3.98 – p. 50).

CLT admita a petição inicial verbal, ela deve ser reduzida a termo, conforme o § 2º, do art. 840 da CLT;

b) rompe a inércia do Judiciário: pela petição inicial se provoca o exercício da jurisdição, que deve dar uma resposta à pretensão que foi trazida a juízo[4];

c) individualiza os sujeitos da lide: é estabelecido o limite subjetivo da lide, ou seja, em face de quais pessoas a jurisdição atuará;

A petição inicial deve individualizar as partes do conflito trabalhista, que no Processo do Trabalho são denominadas: reclamante e reclamado.

d) motivo da lide e pedido: o demandante deve dizer os motivos pelos quais há resistência de seu direito e em razão dos quais pede a tutela jurisdicional.

Também deve o demandante fazer o pedido, que é o objeto da lide, o bem da vida pretendido. O pedido balizará toda a atuação jurisdicional.

Como bem adverte *Jorge Luiz Souto Maior*[5]: a petição inicial é a materialização do ato (no sentido de manifestação de vontade) de se exercer o direito de ação e é, ao mesmo tempo, ato introdutório do processo. Apresentada a um juiz ou simplesmente distribuída em um órgão jurisdicional, por quem tenha capacidade de ser parte, considera-se proposta a ação e instaurado o processo. A petição inicial, materialização do direito de ação, é, assim, um dos pressupostos processuais ou requisito extrínseco do processo.

A importância da inicial é vital para o processo, pois é ela que baliza a sentença, que não pode divorciar-se dos limites do pedido (arts. 128 e 460 do CPC)[6], e é em cima dela que o réu formulará sua resposta, resistindo ao direito do autor.

---

(4) Como adverte Calmon de Passos: "Por força do princípio do dispositivo, que impede o juiz proceder de ofício no campo da jurisdição contenciosa, cumpre ao interessado provocar o Estado no sentido de que este preste sua atividade jurisdicional, vale dizer: cumpre ao interessado exercitar o seu direito público subjetivo de ação"(*Comentários ao Código de Processo Civil*. V. III. 8. ed. Rio de Janeiro: Forense, 2001. p. 153).

(5) SOUTO MAIOR, Jorge Luiz. *Petição inicial:* no processo civil, no processo do trabalho. São Paulo: LTr, 1996. p. 83-84.

(6) Nesse sentido, destacamos as seguintes ementas: "Petição inicial — Limites da lide. A petição inicial é a peça processual que revela a pretensão do autor e fixa os limites da lide e da causa de pedir, não podendo o Magistrado considerar fatos não apresentados no libelo, sob pena de nulidade da sentença. Se a exordial contém a jornada realizada durante o pacto laboral e a menção de que os controles de frequência são fidedignos, a alegação recursal de que as horas decorrentes da participação em reuniões mensais não eram registradas nos cartões de ponto constitui inovação e é vedada por lei, ante a ofensa aos princípios constitucionais do contraditório e da ampla defesa" (TRT – 12ª R. – 1ª T. – Ac. n 3.598/2000 – Relª Juíza Sandra Márcia Wambier – DJSC 4.5.2000 – p. 249) (RDT 06/00, p. 63). "Petição inicial – Limites da lide. O Juiz fica adstrito aos limites da lide traçados pelo reclamante na petição inicial, sendo-lhe vedado proferir julgamento sem correlação entre pedido e causa de pedir" (TRT – 12ª R. – 3ª T. – Ac. n. 855/2001 – Relª Ione Ramos – DJSC 31.1.2001 – p. 166) (RDT 03/2001, p. 62). "Petição inicial – Limites da lide. Estando o magistrado adstrito a decidir nos limites da lide (art. 128 do CPC), intacável a decisão de 1º grau que excluiu do polo passivo empresa que não consta da inicial como reclamada" (TRT 12ª R. – 2ª T. – RO n. 6698/03– Rel. Dilnei A. Biléssimo – DJSC 11.7.03 – p. 181) (RDT n. 8 – agosto de 2003).

Pelo princípio do dispositivo que norteia o Processo, todas as pretensões que pretende o reclamante postular no Processo devem ser articuladas no corpo da inicial (princípio da eventualidade da inicial), sob consequência de, salvo quando a lei permitir (aditamento ou emenda da inicial), não poder mais alegar qualquer outra matéria na mesma causa (preclusão consumativa). De outro lado, se a matéria não estiver prescrita, o reclamante poderá, em outro processo, mesmo com suporte em idêntica causa de pedir do processo anterior, aduzir novas pretensões, mediante nova petição inicial.

A experiência tem-nos demonstrado que a inicial baliza os destinos do processo, pois uma petição inicial bem articulada possibilita o exercício do direito de defesa e propicia a exata compreensão da lide pelo juiz. De outro lado, uma petição inicial mal formulada pode comprometer o direito do demandante, inviabilizar o direito de defesa e dificultar por demais a tarefa do Juiz ao sentenciar.

Como bem adverte *Wagner D. Giglio*[7], "a petição inicial constitui peça de fundamental importância. Dela depende, em boa parte, o êxito da ação. Deve, por isso, ser cuidadosamente redigida, sopesando-se cada palavra, o encadeamento lógico da exposição e a correta formulação do pedido, inclusive quanto aos cálculos matemáticos, para eliminar dúvidas e facilitar a execução. Sua redação deve obedecer aos requisitos do estilo: clareza, precisão e concisão. E deve, finalmente, vir acompanhada dos documentos que a informam".

## 2. Requisitos da petição inicial trabalhista

Requisito, do latim *requisitu*, significa, segundo consta da definição do Dicionário Aurélio, uma "exigência legal necessária para certos efeitos"[8].

Os requisitos da inicial são os elementos que ela deve conter, disciplinados na lei, como condição de validade da inicial e viabilidade de prosseguimento da relação jurídica processual. A petição inicial apta, ou seja, a que preenche os requisitos legais, constitui pressuposto processual de validade e desenvolvimento do processo.

Como lembra *Jorge Luiz Souto Maior*[9], os requisitos da petição inicial, como elementos de constituição válida e regular do processo, podem ser analisados a qualquer tempo e, uma vez verificada a irregularidade na formulação da pretensão, há a possibilidade da extinção do processo, sem julgamento do mérito, desta feita com base no inciso IV do mesmo artigo. Daí a pertinência que se deve ver na inserção desses dois incisos na lei, visto que a lei não possui palavras inúteis. Por isso, uma vez deferida a inicial, deferida está. O mesmo, no entanto, não se pode dizer quanto ao indeferimento, que pode ser reformado, mesmo em primeira instância (art. 296 do CPC).

---

(7) GIGLIO, Wagner D. *Direito processual do trabalho*. 15. ed. São Paulo: Saraiva, 2005. p. 175.
(8) SOUTO MAIOR, Jorge Luiz. *Petição inicial*. São Paulo: LTr, 1996. p. 84.
(9) *Ibidem*, p. 85.

Segundo destaca a doutrina, a inicial deve observar os requisitos estruturais, extrínsecos e formais:

a) Requisitos estruturais: são os previstos no art. 840 da CLT, aplicando-se, no que for compatível com os princípios do Processo do Trabalho, os requisitos do art. 282 do CPC (art. 769 da CLT);

b) Requisitos extrínsecos: não se referem à inicial, mas à propositura da demanda: documentos que devem acompanhá-la (art. 283 do CPC) e à procuração *ad judicia*, o preparo (ação rescisória), etc.;

c) Requisitos formais: conforme a CLT, a petição inicial pode ser escrita ou verbal. A petição escrita geralmente é elaborada por advogado e a petição verbal, pelo funcionário da Secretaria da Vara, que redige a termo a reclamação verbal formulada pelo trabalhador. Não obstante, mesmo a verbal, deve ser redigida, pois o Juiz do Trabalho somente tomará contato com a petição inicial escrita.

A inicial do inquérito para apuração de falta grave (art. 853, da CLT), bem como do dissídio coletivo (art. 856 da CLT), por imperativo legal, deve ser escrita.

Também a inicial deverá ser elaborada em duas vias, pois uma via irá para o Processo e a outra para o reclamado.

A inicial também deve vir acompanhada dos documentos que o autor pretende juntar como prova no Processo (arts. 283 do CPC, 787 e 845 da CLT).

A inicial trabalhista deve ser assinada pela parte ou pelo advogado. Sem a assinatura a petição inicial é inexistente. Entretanto, pensamos que o Juiz do Trabalho deva conceder o prazo de 10 dias (art. 284 do CPC) para que o signatário compareça em Secretaria para assinar a inicial, sanando este vício processual, considerando-se, caso haja a assinatura, a demanda proposta na data da propositura.

## 3. Requisitos da inicial trabalhista exigidos pela CLT

Diz o art. 840 da CLT:

> A reclamação poderá ser escrita ou verbal. § 1º – Sendo escrita, a reclamação deverá conter a designação do Presidente da Junta, ou do juiz de direito a quem for dirigida, a qualificação do reclamante e do reclamado, uma breve exposição dos fatos de que resulte o dissídio, o pedido, a data e a assinatura do reclamante ou de seu representante. § 2º – Se verbal, a reclamação será reduzida a termo, em 2 (duas) vias datadas e assinadas pelo escrivão ou secretário, observado, no que couber, o disposto no parágrafo anterior.

No Processo Civil, o art. 282 do CPC traça os requisitos da inicial. Dispõe o referido dispositivo legal:

> A petição inicial indicará: I – o juiz ou tribunal, a que é dirigida; II – os nomes, prenomes, estado civil, profissão, domicílio e residência do autor e do réu; III – o fato e os fundamentos jurídicos do pedido; IV – o pedido, com as suas especificações; V – o valor da causa; VI – as provas com que o autor pretende demonstrar a verdade dos fatos alegados; VII – o requerimento para a citação do réu.

Sendo escrita ou verbal, a petição inicial trabalhista deve conter os requisitos do art. 840, § 1º, da CLT, quais sejam: o endereçamento, a qualificação do reclamante e do reclamado, uma breve exposição dos fatos de que resulte o dissídio, o pedido, a data e a assinatura do reclamante ou de seu representante. Confrontando-se os requisitos da petição inicial trabalhista com os do Processo Civil, constatamos que a CLT contém menos exigências que o CPC, para a inicial, pois não se exige que o reclamante apresente os fundamentos jurídicos do pedido, o requerimento de produção de provas, da citação do reclamado e do valor da causa. Quanto aos fundamentos jurídicos do pedido e indicação do valor da causa, há divergências na doutrina e jurisprudência. Alguns sustentam que eles devem estar presentes na inicial trabalhista por aplicação do art. 282 do CPC, outros argumentam que a CLT não os exige e, portanto, não há omissão.

De outro lado, os requisitos da inicial trabalhista exigidos no art. 840 da CLT são compatíveis com os princípios da oralidade e simplicidade do Processo do Trabalho, sendo a petição inicial trabalhista mais simples e menos formal que a do Processo Civil.

São requisitos da petição inicial trabalhista, conforme o § 1º do art. 840 da CLT:

### a) Endereçamento

O endereçamento está previsto no art. 840 da CLT. Nos termos do § 1º, do art. 840, da CLT, "a reclamação deverá conter a designação do Presidente da Junta, ou do Juiz de Direito a quem for dirigida (...)".

No endereçamento, indica-se a Vara do Trabalho ou órgão judiciário (Tribunal Regional do Trabalho ou Tribunal Superior do Trabalho) para o qual a ação se dirige. A invocação é dirigida ao órgão e não ao seu ocupante, dado o caráter impessoal do exercício da jurisdição.

Com o endereçamento, o reclamante já declina a competência em razão da matéria, do lugar e funcional.

Conforme destaca *Jorge Luiz Souto Maior*[10], "a importância desse requisito é estabelecer, de modo inequívoco, a qual órgão julgador o reclamante requer a apreciação de sua pretensão. Daí dizer-se que o reclamante é o primeiro a apreciar a regra processual da competência, isto é, deverá dirigir sua pretensão ao órgão competente para julgar seu pedido, pois, do contrário, poderá sofrer os efeitos processuais de seu equívoco. A menção ao 'presidente da Junta' não deve, por isso, ser confundida com a menção à pessoa física do Juiz".

### b) Qualificação das partes

A CLT exige que as partes sejam qualificadas, devendo o reclamante indicar seu nome completo, CPF, RG, número da CTPS, endereço, nome do reclamado, endereço, CNPJ da empresa, etc.

---

(10) SOUTO MAIOR, Jorge Luiz. *Petição inicial:* no processo civil, no processo do trabalho. São Paulo: LTr, 1996. p. 255.

Como bem destaca *Tostes Malta*[11]:

"A petição inicial deve conter a qualificação do reclamante e do reclamado, isto é, deve esclarecer sua individualização, ensejando saber quem são (CLT, art. 840). Como a CLT é omissa quanto a essa qualificação, recorre-se ao CPC, cujo art. 282, II, determina que a petição inicial contenha o nome, o prenome, o estado civil, a profissão, o domicílio e a residência do autor e do réu".

Com a qualificação, individualizam-se reclamante e reclamado, fixando-se o elemento subjetivo da lide e as partes sobre as quais a jurisdição irá incidir.

Conforme destaca *Jorge Luiz Souto Maior*[12], "o reclamante, na petição inicial, tem o dever de se identificar e o de identificar o reclamado, fornecendo os dados necessários para localização sua e do reclamado. Como irá fazê-lo não importa, desde que esses objetivos sejam alcançados, conforme antiga lição de Pontes de Miranda. Será sempre útil, no entanto, a indicação do domicílio, pois com o seu conhecimento ameniza-se a tarefa de procurar as partes".

## c) Causa de pedir (breve exposição dos fatos de que resulte o dissídio)

A doutrina costuma denominar a exposição dos fatos e fundamentos jurídicos do pedido como causa de pedir ou *causa petendi*. É constituída da: a) narrativa dos fatos que segundo o autor geraram as consequências jurídicas pretendidas; b) proposta de enquadramento do fato numa norma jurídica ou no ordenamento jurídico.

Ensina *Joel Dias Figueira Júnior*[13]:

"A causa de pedir representa o núcleo da petição inicial, à medida que haverá de corresponder à parcela do conflito sociológico apresentado à cognição do Estado-Juiz, em forma de lide jurídica, que, por sua vez, significa o mérito da demanda a ser conhecido e resolvido por intermédio de sentença (art. 269, CPC)".

Não há necessidade de indicar os dispositivos legais, pois o Juiz conhece o direito *(juria novit curia)*[14]. De outro lado, não fica o Juiz vinculado à qualificação jurídica dos fatos dada pela parte, pois pode qualificá-los de outra maneira.

Nesse sentido, destacamos a seguinte ementa:

> Petição inicial — Requisitos. A reclamação trabalhista (que pode ser até verbal), em sendo escrita, deve conter a designação do presidente da Vara, a qualificação do reclamante e do reclamado, uma breve exposição dos fatos de que resulte o dissídio, o pedido, a data e a assinatura do reclamante ou de seu representante (art. 840, § 1º,

---

(11) TOSTES MALTA, Christovão Piragibe. *Prática do processo trabalhista*. 34. ed. São Paulo: LTr, 2007. p. 154.
(12) *Op. cit.*, p. 261.
(13) FIGUEIRA JR., Joel Dias. *Comentários ao Código de Processo Civil*. V. 4 – T. II. 2. ed. São Paulo: RT, 2007. p. 49.
(14) Em algumas ações como o Mandado de Segurança e a Ação Rescisória, cujo motivo é a violação literal de lei, a jurisprudência tem exigido que a parte indique, na inicial, os dispositivos legais violados.

da CLT). E só. Não se exige, portanto, do empregado, especificamente em se tratando de horas extras, que indique todos os dispositivos legais ou todos os Enunciados aplicáveis à espécie. Compete ao Juízo, diante dos fatos narrados, dizer o direito aplicável (*iura novit curia*), indicando os motivos que lhe formaram o convencimento, na forma do art. 131 do CPC. (TRT – 3ª R. – 1ª T .– Ap. n. 6277/2002 – Relª Mª Laura F. L. de Faria – DJMG 8.11.2002 – p. 7) (RDT n. 12, dezembro de 2002)

Segundo a doutrina, os fundamentos de fato são a causa próxima e os fundamentos de direito a causa de pedir remota.

O Código de Processo Civil brasileiro, segundo entendimento dominante da doutrina, adotou, quanto à causa de pedir, a teoria da substanciação, pois exige os fundamentos de fato e jurídicos do pedido.

Teoria da individualização: exige apenas os fundamentos jurídicos do pedido.

Os fundamentos de fato compõem a causa de pedir próxima. É o inadimplemento, a ameaça ou a violação do direito (fatos) que caracterizam o interesse processual imediato. Os fundamentos jurídicos compõem causa de pedir remota. É o que mediatamente autoriza o pedido. Fundamento jurídico é a autorização e a base que o ordenamento dá ao autor para que possa deduzir pretensão junto ao poder judiciário. É o título do pedido. Basta que o autor dê concretamente os fundamentos de fato para que o Juiz possa dar-lhe o direito.

Quanto à causa de pedir, o § 1º do art. 840 da CLT apenas exige uma breve exposição dos fatos, sem a necessidade de se indicar os fundamentos jurídicos do pedido.

Defendendo a redação do § 1º do art. 840 da CLT, sustentando a desnecessidade de se indicarem os fundamentos jurídicos do pedido, temos a posição de *Wilson de Souza Campos Batalha*[15]:

"No sistema processual trabalhista, o ato introdutório do dissídio individual é a petição escrita ou o termo de reclamação verbal, com os requisitos enumerados na CLT, art. 840. Se a reclamação for escrita, deve ser formulada em duas vias e desde logo acompanhada dos documentos em que se fundar (CLT, art. 787). Note-se que a CLT não formula exigências análogas às do CPC/73, justificando-se a dispensa de vários dos requisitos: a) porque os fundamentos jurídicos do pedido dependem da livre apreciação judicial, máxime em sistema processual que permite a leigos postularem em juízo (...)".

No mesmo sentido argumenta, em trabalho exaustivo sobre o tema, *Jorge Luiz Souto Maior*[16]: "A petição inicial trabalhista não precisa, como regra, indicar os fatos constitutivos da relação de emprego, bastando que identifique a relação com datas de início, término (se houver) e valor (normalmente, e a quantia referente

---

(15) CAMPOS BATALHA, Wilson de Souza. *Tratado de direito judiciário do trabalho.* 2. ed. São Paulo: LTr, 1985. p. 443.

(16) *Petição inicial.* São Paulo: LTr, 1996. p. 286-287.

ao último salário). Portanto, a ausência de indicação da fundamentação jurídica, como um dos requisitos da petição inicial nos dissídios individuais, permite ao Juiz julgar o pedido pelos fundamentos que melhor lhe pareçam aplicáveis à espécie, independentemente da eleição formulada pelo reclamante, ou mesmo no caso de omissão a respeito."

Nesse mesmo sentido, a seguinte ementa:

> Justiça do Trabalho — Teoria da individuação. 1. Nessa Justiça Especializada, por força do disposto no § 1º do art. 840 da CLT, prevalece a teoria da individuação, segundo a qual basta a indicação, como causa de pedir, da relação jurídica que enseja o pedido de reparação judicial, sem que seja preciso indicar, precisamente, qual o fato jurídico causador da respectiva lesão, e não substanciação, esta afeta ao disposto no inciso III do art. 282 do CPC, na qual se exige do demandante indicar qual o fato jurídico e qual a relação jurídica dele decorrente. 2. Claramente exposto na inicial que horas extras não eram pagas, não reconhecida a jornada de 06 (seis) horas, por força de entendimento consolidado na jurisprudência do TST e em farta doutrina, tal alegação também aproveita ao pedido sucessivo de pagamento como extras das excedentes da 8ª diária. 3. Entendimento em sentido contrário, por excessivamente rigoroso, implica em, a um só tempo, vulnerar o princípio da simplicidade e subtrair da parte o direito de acesso ao Poder Judiciário, que lhe é constitucionalmente assegurado. 4. Matéria que envolve a análise da prova, não sendo, portanto, exclusivamente de direito, a teor do previsto no § 3º do art. 515 do CPC, impõe-se a devolução dos autos à origem, a fim de que seja complementada a prestação jurisdicional. (TRT 12ª R. – 3ª T. – RO n. 1743/2005.003.12.00-3 – Doc. n. 720870 em 27.2.08).

Outros autores defendem a aplicação da teoria da substanciação da causa de pedir na inicial trabalhista. Nesse sentido, destacamos a posição de *Jorge Pinheiro Castelo*[17]:

> "Julgamos que a leitura do § 1º do art. 840 da CLT pode e deve ser feita à luz da teoria da substanciação, visto que o dispositivo legal citado exige que a reclamatória apresente: 'uma breve exposição dos fatos de que resulte o dissídio ...' Clara, pois, a indicação da norma Consolidada no sentido de que além da apresentação do dissídio, ou seja, do direito (do título ou relação jurídica) e sua contestação, violação ou não constituição — *causa petendi* próxima ativa e *causa petendi* próxima passiva —, deve-se, também, apontar os fatos constitutivos do próprio título que habilita o dissídio '*causa petendi* remota ativa'".

Nesse mesmo diapasão é a visão de *Ísis de Almeida*[18]:

> "Apesar da exiguidade das disposições consolidadas a respeito da petição inicial, é de entender-se, pelo disposto no § 1º do art. 840, que a exposição dos fatos de que resulte o dissídio e o pedido são os seus elementos essenciais. Não se exige que figurem os fundamentos jurídicos do pedido, como o faz o CPC, no inciso III do art. 282, a respeito de um item que se reputaria indispensável no

---

(17) CASTELO, Jorge Pinheiro. *O direito processual do trabalho na moderna teoria geral do direito*. 2. ed. São Paulo: LTr, 1996. p. 183.

(18) ALMEIDA, Ísis de. *Manual de direito processual do trabalho*. 2. v. 9. ed. São Paulo: LTr, 1998. p. 22.

elenco de requisitos da petição inicial. Parece, entretanto, que a CLT apenas deixou de referi-los expressamente, podendo-se admitir que estariam implícitos na conjugação dos dois dados que mencionamos *supra* e julgamos essenciais".

No nosso sentir, embora o art. 840 da CLT exija apenas uma breve exposição dos fatos, há necessidade de se indicarem os fundamentos jurídicos dos pedidos, aplicando-se à hipótese, subsidiariamente, pois compatível com o Processo do Trabalho (art. 769 da CLT), o disposto no art. 282, III, do CPC. De outro lado, dificilmente o reclamante conseguirá individualizar sua pretensão em juízo e obter sucesso na sua demanda sem aduzir os fundamentos jurídicos do pedido. Além disso, todo fato declinado na inicial deve gerar uma consequência jurídica que dá suporte ao pedido. Sem a qualificação jurídica dos fatos há grandes transtornos para o reclamado elaborar a defesa e o Juiz do Trabalho apreciar o pedido — por exemplo, quando postula horas extras, não basta declinar que trabalhou em sobrejornada, deve detalhar a jornada cumprida, demonstrando, assim, o fundamento jurídico do pedido.

No aspecto, relevante destacar a seguinte ementa:

APLICAÇÃO DA TEORIA DA SUBSTANCIAÇÃO NO DIREITO PROCESSUAL DO TRABALHO. Teoria da Substanciação — Aplicação no Direito do Trabalho — Pedido mediato e imediato. A Teoria da Substanciação, enunciada pelo brocardo 'dá-me os fatos que eu te darei o direito', deve ser observada no Processo Trabalhista de forma subsidiária, eis que prevista no art. 282, inciso III, do CPC. Segundo esta teoria, a petição inicial deve indicar os fundamentos de fato (causa de pedir próxima) e os fundamentos de direito (causa de pedir remota) do pedido, e estes sim devem ser considerados para o fim de se aferir a competência do órgão julgador. Tais requisitos nada mais são que a indicação, pelo autor, do porquê de seu pedido de provimento jurisdicional, tornando assim irrelevante o simples nome dado à ação intentada. (TRT 15ª R. – SDC-AA n. 1697/2004.000.15.00-6 – Relª Elency P. Neves – DJSP 18.03.05 – p. 3) (RDT n. 04 – Abril de 2005)

Pensamos que a adoção da teoria da substanciação no Processo do Trabalho encontra os seguintes fundamentos:

1. Complexidade das relações de trabalho;

2. Possibilitar a exata compreensão da lide pelo Juiz;

3. Possibilitar ampla oportunidade defensiva para a reclamada;

4. Facilitar a produção da prova;

5. Refletir mais seriedade e honestidade à pretensão.

### d) Do pedido e o princípio da extrapetição no Processo do Trabalho

Ensina *Cândido Rangel Dinamarco*[19]: "*Pedido* é a manifestação de vontade de obter do Estado/Juiz o provimento jurisdicional de determinada natureza sobre

---

(19) DINAMARCO, Cândido Rangel. *Instituições de direito processual civil*. v. III. São Paulo: Malheiros, 2001. p. 363.

Conforme as regras de hermenêutica, o pedido se interpreta restritivamente, pois, diante do princípio do dispositivo, o reclamante não é obrigado a pedir o que não pretende, tampouco pode o Juiz julgar fora do que foi postulado.

Nesse sentido, dispõe o art. 293 do CPC, *in verbis*: "Os pedidos são interpretados restritivamente, compreendendo-se, entretanto, no principal, os juros legais".

Não obstante, a doutrina tem admitido os chamados pedidos implícitos, quais sejam: não estão postulados expressamente, como juros e correção monetária e também os honorários advocatícios que decorrem da sucumbência, uma vez que tais parcelas decorrem da própria procedência do pedido.

Nesse sentido, sustenta *Nelson Nery Júnior*[25]:

"Há alguns pedidos que se encontram compreendidos na petição, como se fossem pedidos implícitos. Isto porque seu exame decorre da lei, prescindindo de alegação expressa do autor. São eles os de: a) juros legais (CPC, art 293); b) juros de mora (CPC, art. 219); c) correção monetária (LCM), por mera atualização da moeda não se constituindo em nenhuma vantagem para o autor que não a pediu; d) despesas e honorários advocatícios (CPC, art. 20); e) pedido de prestações vincendas (CPC, art. 290)".

O art. 287 do CPC dispõe sobre o pedido cominatório. Dispõe o referido dispositivo legal:

> Se o autor pedir que seja imposta ao réu a abstenção da prática de algum ato, tolerar alguma atividade, prestar ato ou entregar coisa, poderá requerer cominação de pena pecuniária para o caso de descumprimento da sentença ou da decisão antecipatória de tutela (arts. 461, § 4º, e 461-A).

Conforme destaca *Nelson Nery Júnior*[26], a norma comentada permite ao autor fazer pedido de preceito cominatório. A pena pecuniária se aplica quando houve descumprimento da sentença ou da decisão que antecipa a tutela.

Aplica-se o referido dispositivo no Processo do Trabalho nos pedidos que envolvem obrigações de fazer (por exemplo: reintegração de empregado estável); não fazer (obrigar a empresa a não dispensar determinado empregado); ou entregar alguma coisa (por exemplo: determinar que a empresa entregue ao empregado carta de referência).

### d.1.) Da cumulação de pedidos

Assevera o art. 292 do CPC:

> É permitida a cumulação, num único processo, contra o mesmo réu, de vários pedidos, ainda que entre eles não haja conexão.

---

(25) NERY JÚNIOR, Nelson. *Código de Processo Civil comentado*. 10. ed. São Paulo: RT, 2007. p. 560.

(26) *Op. cit.*, p. 557.

§ 1º – São requisitos de admissibilidade da cumulação:

I – que os pedidos sejam compatíveis entre si;

II – que seja competente para conhecer deles o mesmo juízo;

III – que seja adequado para todos os pedidos o tipo de procedimento.

§ 2º – Quando, para cada pedido, corresponder tipo diverso de procedimento, admitir-se-á a cumulação, se o autor empregar o procedimento ordinário.

O referido dispositivo encaixa-se perfeitamente ao Processo do Trabalho, que adota como regra geral a cumulação de pedidos num único processo (cumulação objetiva), pois diversas parcelas trabalhistas derivam de um mesmo contrato de trabalho.

## d.2.) Pedido alternativo

Diz-se alternativo o pedido quando o autor pretende um ou outro bem como objeto do processo.

Ensina *Nelson Nery Júnior*[27]:

"Pedido alternativo é aquele que versa sobre obrigação alternativa do réu (art. 252; CC/ 1916, 884). A qualificação do pedido é dada pela natureza da obrigação exigida do réu. A regra é o autor pedir a condenação do réu no cumprimento da obrigação, de forma alternativa, como previsto na lei ou contrato. Mas, ainda que o autor não faça pedido alternativo, o Juiz, ao julgar procedente o pedido, facultará ao réu o cumprimento da obrigação de forma alternativa. A alternatividade respeita ao réu, pois é ele quem deve cumprir a obrigação de forma alternativa".

Nesse sentido, dispõe o art. 288 do CPC, *in verbis*:

> O pedido será alternativo, quando, pela natureza da obrigação, o devedor puder cumprir a prestação de mais de um modo. Parágrafo único. Quando, pela lei ou pelo contrato, a escolha couber ao devedor, o juiz lhe assegurará o direito de cumprir a prestação de um ou de outro modo, ainda que o autor não tenha formulado pedido alternativo.

Como exemplos, temos os pedidos alternativos de adicionais de insalubridade ou periculosidade, nulidade da alteração contratual ilícita (art. 468 da CLT) ou rescisão indireta do contrato de trabalho (art. 483 do CLT).

Nesse sentido, dispõe a seguinte ementa:

> Responsabilidade solidária ou subsidiária — Pedido alternativo — Ente público. Contendo a inicial pedido alternativo quanto à responsabilidade solidária ou subsidiária do ente público pelo adimplemento das obrigações dos contratos de trabalho das reclamantes, celebrados originariamente com a Irmandade do Hospital de Misericórdia e acolhida pelo julgador de origem a responsabilidade subsidiária, ante a interposição

---

(27) NERY JÚNIOR, Nelson. *Código de Processo Civil comentado*. 10. ed. São Paulo: RT, 2007. p. 557.

do recurso ordinário por elas cabe à egrégia Turma o reexame também da questão da responsabilidade solidária, nos termos do art. 515, § 2º, do CPC, de aplicação subsidiária (TRT 15ª R. – 3ª T. – REO-RO n. 411/2003.106.15.00-0 – Rel. Lorival F. dos Santos – DJSP 13.8.04 – p. 25) (RDT n. 9 – Setembro de 2004).

### d.3.) Pedido sucessivo

Dispõe o art. 289 do CPC:

> É lícito formular mais de um pedido em ordem sucessiva, a fim de que o juiz conheça do posterior, em não podendo acolher o anterior.

Conforme destaca *Nelson Nery Júnior*[28]:

"O autor pode deduzir dois ou mais pedidos em ordem sucessiva. Pedido sucessivo é a pretensão subsidiária deduzida pelo autor, no sentido de que, não podendo o juiz acolher o pedido principal, passa a examinar o sucessivo (...). O pedido sucessivo só é examinado pelo juiz se não puder ser deferido, no mérito, o pedido principal".

Os pedidos sucessivos são comuns no Processo do Trabalho, nas hipóteses de estabilidades provisórias no emprego em que se postula a reintegração e, sucessivamente, caso já transcorrido o prazo estabilitário, indenização pelo período estabilitário.

Também diante da EC n. 45/04, que dilatou a competência da Justiça do Trabalho para as lides que envolvem a relação de trabalho (art. 114, I, da CF), é possível formular-se um pedido de reconhecimento de vínculo de emprego, com as verbas dele decorrentes e, sucessivamente, caso não reconhecido o vínculo de emprego, postular verbas decorrentes da relação de trabalho (contrato de prestação de serviços, representação comercial, etc.).

### e) Do valor da causa no Processo do Trabalho

Valor da causa é a expressão econômica dos pedidos formulados pelo reclamante no processo. A exigência de declará-lo no ato da propositura da reclamação tem duas finalidades, quais sejam:

a) servir de base de cálculo para as custas e demais taxas judiciárias;

b) indicar o procedimento a ser seguido (sumário ou ordinário ou sumaríssimo).

Dispõe o art. 258 do CPC:

> A toda causa será atribuído um valor certo, ainda que não tenha conteúdo econômico imediato.

Como o art. 840 da CLT não exige que o reclamante decline o valor da causa, parte da doutrina entende que ele é desnecessário no Processo do Trabalho.

---

(28) *Op. cit.*, p. 558.

Embora o art. 840 da CLT não exija que o reclamante decline o valor da causa, acreditamos que ele deva ser indicado pelo reclamante, pois o valor da causa determina o procedimento a ser seguido: Ordinário (CLT), Sumário (Lei n. 5.584/70) ou Sumaríssimo (Lei n. 9.957/00). Embora alguns sustentem que não há tal obrigação da parte, pois ele pode ser fixado pelo Juiz do Trabalho, conforme a Lei n. 5.584/70, acreditamos que tal argumento não seja suficiente, uma vez que, após a Lei n. 9.957/00, fica muito difícil sustentar tal entendimento, já que a parte deve, nas causas cujo valor atinja até 40 salários mínimos, liquidar os pedidos[29].

No mesmo sentido se posiciona a doutrina majoritária. Por todos, destacamos a posição de *Gérson Marques*[30]:

"Embora este dispositivo celetiano não faça expressa referência ao valor da causa, é ele de suma importância, tanto para efeitos de custas (a serem pagas ao final), quanto para fins de fixação da alçada, pois as causas de valor até dois salários mínimos têm suas sentenças irrecorríveis, salvo em se tratando de matéria de índole constitucional (art. 1º, § 4º, Lei n. 5.584/70)".

Para cálculo do valor da causa no Processo do Trabalho, deve ser aplicado o art. 259 do CPC, que tem a seguinte redação:

> O valor da causa constará sempre da petição inicial e será: I – na ação de cobrança de dívida, a soma do principal, da pena e dos juros vencidos até a propositura da ação; II – havendo cumulação de pedidos, a quantia correspondente à soma dos valores de todos eles; III – sendo alternativos os pedidos, o de maior valor; IV – se houver também pedido subsidiário, o valor do pedido principal; V – quando o litígio tiver por objeto a existência, validade, cumprimento, modificação ou rescisão de negócio jurídico, o valor do contrato; VI – na ação de alimentos, a soma de 12 (doze) prestações mensais, pedidas pelo autor; VII – na ação de divisão, de demarcação e de reivindicação, a estimativa oficial para lançamento do imposto.

### e.1.) Impugnação do valor atribuído à causa e controle judicial sobre o valor atribuído à causa no Processo do Trabalho

Assevera o art. 261, do CPC:

> O réu poderá impugnar, no prazo da contestação, o valor atribuído à causa pelo autor. A impugnação será autuada em apenso, ouvindo-se o autor no prazo de 5 (cinco) dias. Em seguida o juiz, sem suspender o processo, servindo-se, quando

---

(29) No rito ordinário, pensamos que há necessidade de se indicar o valor da causa, mas não liquidar os pedidos. Nesse sentido: "Procedimento ordinário — Petição inicial — Desnecessidade de indicação dos valores correspondentes aos pedidos. Em se tratando de procedimento ordinário, que é a regra geral, o autor não está obrigado a indicar, na petição inicial, os valores correspondentes a cada pedido, incidindo em negativa de prestação jurisdicional a decisão que extingue o processo sem julgamento do mérito por não ter o autor atendido determinação para emendar a petição inicial, liquidando os pedidos" (TRT 15ª R. – 1ª T. – RO n. 1378/2004.109.15.00-6 – Rel. João Batista da Silva – DJSP 1º.4.05 – p. 12) (RDT n. 05 – Maio de 2005).

(30) MARQUES, Gérson. *Processo do trabalho comentado*. São Paulo: RT, 2001. p. 267.

necessário, do auxílio de perito, determinará, no prazo de 10 (dez) dias, o valor da causa. Parágrafo único. Não havendo impugnação, presume-se aceito o valor atribuído à causa na petição inicial.

O art. 261 aplica-se ao Processo do Trabalho, por força do art. 769 da CLT. Não obstante, no Processo do Trabalho, a impugnação ao valor da causa pode ser articulada no bojo da contestação.

O valor pode ser fixado de ofício pelo Juiz do Trabalho no rito sumário (art. 2º da Lei n. 5.584/70).

O objetivo do valor da causa é fixar a base de cálculo para incidência das taxas judiciárias, que tem natureza de tributo vinculado a um serviço específico, que é atividade jurisdicional, bem como determinar o procedimento (sumário, sumaríssimo e o ordinário).

Desse modo, parte da doutrina entende que há forte interesse do Juiz em interferir no valor atribuído à causa.

Outros argumentam que o Juiz não poderá alterar de ofício o valor atribuído à causa, pois a impugnação do valor atribuído à inicial é providência do reclamado que deve vir no bojo da defesa (art. 261 do CPC) ou no pedido de revisão (Lei n. 5.584/70) se o valor for fixado pelo Juiz do Trabalho no rito sumário.

Outros argumentam que o Juiz do Trabalho poderá corrigir, de ofício, o valor da causa em razão do conteúdo ético do processo e em razão de atuar o Juiz como *custos legis* sobre a incidência das taxas judiciárias que têm por base de cálculo o valor da causa. Argumentam ainda que a questão é de ordem pública, não incidindo, no aspecto, a preclusão.

Pensamos que não seja função do Juiz do Trabalho fiscalizar o valor da causa, tampouco possa ele, em qualquer hipótese, alterar o valor que foi atribuído pelo reclamante. Somente em casos extremos, quando o valor atribuído à causa for excessivamente reduzido em face do montante dos pedidos ou excessivamente alto, o Juiz do Trabalho deverá atuar como fiscal da lei, corrigindo o valor.

## f) Assinatura da petição inicial

Ao contrário da petição inicial no Processo Civil (art. 282 do CPC), a CLT exige que a petição inicial esteja assinada pelo reclamante ou por seu advogado. Nesse sentido, dispõe o § 1º do art. 840 da CLT, *in verbis*: Sendo escrita, a reclamação deverá conter a designação do presidente da Junta, ou do Juiz de Direito, a quem for dirigida, a qualificação do reclamante e do reclamado, uma breve exposição dos fatos de que resulte o dissídio, o pedido, a data e *a assinatura do reclamante ou de seu representante*. (o grifo é nosso)

## g) Requisitos não exigidos na inicial trabalhista

Não se exige que na inicial trabalhista conste o requerimento de provas, pois estas são produzidas em audiência (arts. 787 e 845 da CLT); e o requerimento de citação do reclamado, pois, no Processo do Trabalho, a notificação inicial, que equivale à citação, é realizada automaticamente, por ato do Diretor de Secretaria ou por funcionário por ele designado (art. 841 da CLT).

## 4. Efeitos processuais da inicial

Conforme a doutrina, a propositura da inicial gera os seguintes efeitos processuais:

a) determina os limites da lide (pedido e causa de pedir) e também a natureza do provimento jurisdicional (arts. 128 e 460, ambos do CPC);

b) serve de parâmetro para confronto com outras demandas já propostas (litispendência, conexão ou coisa julgada);

c) fixa a competência em razão da matéria, funcional e territorial;

d) influi no procedimento a ser adotado no Processo.

## 5. Da emenda e aditamento da inicial no Processo do Trabalho

Emendar a inicial significa corrigi-la. Aditar significa adicionar. Adita-se a inicial para acrescentar pedidos.

A CLT não disciplina as hipóteses de aditamento da inicial. Desse modo, aplica-se à hipótese o Código de Processo Civil (arts. 264 e 294), por força do art. 769 da CLT.

O art. 294 do CPC possibilita ao autor aditar a inicial antes da citação do réu, assim dispondo:

> Antes da citação, o autor poderá aditar o pedido, correndo à sua conta as custas acrescidas em razão dessa iniciativa.

O art. 264 do CPC veda a correção ou aditamento da inicial após a citação, salvo com a concordância do réu. Dispõe o referido dispositivo:

> Feita a citação, é defeso ao autor modificar o pedido ou a causa de pedir, sem o consentimento do réu, mantendo-se as mesmas partes, salvo as substituições permitidas por lei. Parágrafo único. A alteração do pedido ou da causa de pedir em nenhuma hipótese será permitida após o saneamento do processo.

Defendendo a aplicabilidade integral dos arts. 264 e 294 do CPC ao Processo do Trabalho, destacamos a posição de *Amauri Mascaro Nascimento*[31]:

> "Há um prazo máximo para o aditamento e a modificação da inicial. Porém não decorre da CLT, que é omissa, mas do CPC (art. 264) (...). O Código revogado permitia o aditamento até a contestação. Agora, com a nova lei, modifica-se o prazo. Inadmissível é o aditamento da inicial em audiência porque

---

(31) NASCIMENTO, Amauri Mascaro. *Curso de direito processual do trabalho.* 22. ed. São Paulo: Saraiva, 2007. p. 471.

por ocasião da sua realização a citação já está cumprida. Com a expedição da citação postal no processo trabalhista e o seu recebimento pelo destinatário, torna-se imodificável o pedido".

Nesse sentido, destacamos a seguinte ementa:

> Aditamento da petição inicial — Possibilidade. De acordo com o art. 294 do CPC, de aplicação subsidiária no Processo do Trabalho, o autor só poderá aditar o pedido antes da citação. Nesse diapasão, o pedido aditado após a audiência inaugural só poderá ser analisado pelo Juízo com o consentimento do réu, a teor do disposto no art. 264 do CPC, também aplicado subsidiariamente à espécie. (TRT 3ª R. – 2ª T. – RO n. 891/2005.007.03.00-5 – Rel. Sebastião Geraldo de Oliveira – DJ 13.9.06 – p. 11) (RDT n. 10 – outubro de 2006)

No Processo do Trabalho, ao contrário do Processo Civil, o Juiz do Trabalho somente toma contato com inicial em audiência, uma vez que a citação (*rectius* — notificação) é ato do Diretor de Secretaria (art. 841 da CLT). Portanto, acreditamos, ao contrário do que ocorre no Processo Civil, que o reclamante poderá aditar ou emendar a inicial, sem anuência da parte contrária, na audiência, antes do recebimento da defesa, ou antes de decorrido o prazo para resposta (art. 847 da CLT). Entretanto, ao reclamado deverá ser concedido o prazo para complementar defesa, devendo a audiência ser adiada para tal finalidade, e a nova audiência ser designada em prazo não inferior a cinco dias (art. 841 da CLT). Após recebida a defesa, o aditamento somente será possível com a concordância do reclamado.

Nesse sentido é a visão de *Cléber Lúcio de Almeida*[32], com a qual concordamos integralmente:

> No processo do trabalho, a modificação do pedido ou da causa de pedir é possível, mesmo sem concordância do reclamado, até o recebimento da defesa, como forma de propiciar a mais rápida solução do litígio. Ao reclamado deve ser assegurada, no entanto, a oportunidade para adequação de sua defesa à nova realidade da demanda, na própria audiência ou em nova oportunidade, para que se evite cerceamento de seu direito de defesa. No processo do trabalho, a estabilização da demanda se dá com o recebimento da defesa.

No mesmo sentido destacamos a seguinte ementa:

> Emenda ou aditamento à petição inicial. No processo do trabalho, inexiste vedação para que, antes do oferecimento da contestação, o autor adite ou emende o pedido inicial. (TRT – 1ª R. – 6ª T. – RO n. 15.275/99 – Relª Dóris Castro Neves – DJRJ 7.8.2002 – p. 226) (RDT n. 09 – setembro 2002).

## 6. Documentos que devem acompanhar a inicial trabalhista

São documentos indispensáveis à propositura da demanda apenas aqueles sem os quais o mérito da causa não possa ser julgado, como a certidão de casamento na

---

[32] ALMEIDA, Cléber Lúcio de. *Direito processual do trabalho*. Belo Horizonte: Del Rey, 2006. p. 408.

separação judicial, a escritura pública, a norma coletiva, o instrumento de contrato quando pedir a anulação, etc.

A CLT dispõe sobre a questão no art. 787, *in verbis*:

> A reclamação escrita deverá ser formulada em duas vias e desde logo acompanhada dos documentos em que se fundar.

No mesmo diapasão, dispõe o art. 845 da CLT, assim redigido:

> O reclamante e o reclamado comparecerão à audiência acompanhados das suas testemunhas, apresentando, nesta ocasião, as demais provas.

## 7. Do indeferimento da petição inicial no Processo do Trabalho

Indeferir a inicial significa rejeitá-la liminarmente, antes do recebimento da defesa.

Ensina *Nelson Nery Júnior*[33] que indeferimento significa "trancar liminarmente a petição inicial, sem dar prosseguimento ao pretendido pelo autor. O ato do Juiz que indefere a petição inicial é sentença, impugnável pelo recurso de apelação. Salvo no caso de pronúncia de decadência e prescrição, todas as demais sentenças de indeferimento da petição inicial são de extinção do processo sem resolução do mérito (CPC, art. 267, I)".

Dispõe o art. 284 do CPC:

> Verificando o juiz que a petição inicial não preenche os requisitos exigidos nos arts. 282 e 283, ou que apresenta defeitos e irregularidades capazes de dificultar o julgamento de mérito, determinará que o autor a emende, ou a complete, no prazo de 10 (dez) dias. Parágrafo único. Se o autor não cumprir a diligência, o juiz indeferirá a petição inicial.

O referido dispositivo legal determina que o Juiz, verificando que a inicial contém nulidade sanável (que pode ser corrigida facilmente, sem alteração da substância da inicial, como, por exemplo: erros materiais, falta de juntada de documentos, qualificação errônea das partes, endereçamento incorreto, esclarecimento sobre qual parte pretende o vínculo de emprego, quando não estiver especificado e houver mais de um reclamado no polo passivo, etc.), deverá conceder à parte prazo para emendá-la. Segundo a jurisprudência, a concessão do prazo para a emenda não fica ao critério discricionário do Juiz, sendo um direito subjetivo processual da parte.

Quando for determinar a emenda, deverá o Juiz esclarecer à parte qual o ponto incorreto que deverá ser corrigido.

Nesse sentido, destacamos as seguintes ementas:

> Agravo de petição — Indeferimento da inicial. Verificando o juiz que a petição inicial não preenche os requisitos exigidos nos arts. 282 e 283, ou que apresenta defeitos e

---

(33) *Op. cit.*, p. 561.

irregularidades capazes de dificultar o julgamento de mérito, é mister que determine que o autor a emende, ou a complete, no prazo de 10 (dez) dias, sob pena de cercear o direito da parte. (TRT – 4ª R. – 5ª T. – Ap. n. 80249241/97-8 – Rel. Juiz Fernando Krieg da Fonseca – DJRS 18.5.98)

Requisitos da petição inicial da ação trabalhista — Arts. 840 e 852-B, I, da CLT — Inaplicabilidade do art. 284 do CPC. A ausência da liquidação do pedido em procedimento sumaríssimo (art. 852-B, I, da CLT) e da assinatura na petição inicial (art. 840, § 1º, do mesmo diploma) implica a extinção da ação nos termos do art. 267, I, do CPC. O art. 284 do Código Buzaid, que prevê a abertura de prazo pelo Juiz para a supressão da falta antes de indeferir a petição inicial, é inaplicável no processo do trabalho. Neste não há despacho saneador, e a análise da petição é feita na audiência em que é apresentada a defesa, após a qual é impossível a determinação de providências. (TRT 12ª R. – 2ª T. – ROV n. 7486/2004.037.12.01-2 – Ac. n. 9549/05 – Relª Marta M. V. Fabre – DJSC 5.8.05 – p. 169) (RDT n. 09 – Setembro de 2005).

Petição inicial — Indeferimento — Instrução obrigatória deficiente. Salvo nas hipóteses do art. 295 do CPC, o indeferimento da petição inicial, por encontrar-se desacompanhada de documento indispensável à propositura da ação ou não preencher outro requisito legal, somente é cabível se, após intimada para suprir a irregularidade em 10 (dez) dias, a parte não o fizer (Súmula n. 263 do colendo TST). (TRT 10ª R. – 1ª T. – RO n. 499/2005.017.10.00-8 – Rel. André R. P. V. Damasceno – DJDF 20.1.06 – p. 19) (RDT n. 2 – fevereiro de 2006).

Nesse sentido é a Súmula n. 263 do C. TST, *in verbis*:

PETIÇÃO INICIAL. INDEFERIMENTO. INSTRUÇÃO OBRIGATÓRIA DEFICIENTE — Salvo nas hipóteses do art. 295 do CPC, o indeferimento da petição inicial, por encontrar-se desacompanhada de documento indispensável à propositura da ação ou não preencher outro requisito legal, somente é cabível se, após intimada para suprir a irregularidade em 10 (dez) dias, a parte não o fizer.

Conforme a referida Súmula, a inicial somente deverá ser indeferida, sem possibilidade de emenda, se contiver os vícios insanáveis. Os vícios insanáveis são os constantes do art. 295 do CPC.

Nesse sentido, destacamos a seguinte ementa:

Petição inicial — Prazo para emenda — Inépcia. A concessão do prazo previsto no art. 284 do CPC somente tem lugar quando faltarem à inicial os requisitos exigidos nos arts. 282 e 283 do mesmo diploma legal, ou diante de defeito que dificulte o julgamento do mérito, o que também não se verificou nesse caso. A emenda destina-se a esclarecer pontos obscuros da inicial, e não alterar o pedido ou a causa de pedir. A previsão relacionada com a emenda da inicial não contempla a hipótese de inépcia decorrente dos defeitos enumerados pelo art. 295 do CPC, os quais levam ao pronto indeferimento da inicial. Confira-se a respeito os ensinamentos de José Joaquim Calmon de Passos (Comentários ao Código de Processo Civil, v. III, Forense, 6. ed., p. 283-284); Wilson de Souza Campos Batalha (Tratado de Direito Judiciário do Trabalho, LTr); e Jorge Luiz Souto Maior (Petição Inicial, LTr, p.153). (TRT – 3ª R. – SE – ARG n. 9/99 – Relª Juíza Alice M. de Barros – DJMG 7.5.99 – p. 7) (RDT 06/99, p. 66)

Dispõe o art. 295 do CPC:

> A petição inicial será indeferida:
>
> I – quando for inepta;
>
> II – quando a parte for manifestamente ilegítima;
>
> III – quando o autor carecer de interesse processual;
>
> IV – quando o juiz verificar, desde logo, a decadência ou a prescrição (art. 219, § 5º);
>
> V – quando o tipo de procedimento, escolhido pelo autor, não corresponder à natureza da causa, ou ao valor da ação; caso em que só não será indeferida, se puder adaptar-se ao tipo de procedimento legal;
>
> VI – quando não atendidas as prescrições dos arts. 39, parágrafo único, primeira parte, e 284.
>
> Parágrafo único. Considera-se inepta a petição inicial quando:
>
> I – lhe faltar pedido ou causa de pedir;
>
> II – da narração dos fatos não decorrer logicamente a conclusão; (Redação dada pela Lei n. 5.925, de 1973);
>
> III – o pedido for juridicamente impossível;
>
> IV – contiver pedidos incompatíveis entre si.

Ensina *Nelson Nery Júnior*[34]:

"Quando inicial não estiver apta a ser processada, ocorre sua inépcia, ou seja, sua inaptidão. O contrário de petição inepta é petição apta. Os casos de inépcia da petição inicial estão arrolados no CPC, art. 295, parágrafo único em *numerus clausus*. O réu deverá alegar inépcia como preliminar de contestação (CPC, art. 301, III)".

Conforme já mencionado, inclusive com suporte na Súmula n. 263 do C. TST, se a inicial trabalhista contiver os vícios mencionados no art. 295 do CPC, o Juiz do Trabalho deverá indeferi-la de plano, sem concessão do prazo mencionado no art. 284 do CPC.

Caso o Juiz não indefira de plano a inicial, poderá, na sentença final, decretar a extinção do processo sem resolução de mérito no aspecto (art. 267, I, do CPC), por conter a inicial um defeito previsto no art. 295 do CPC.

Como no Processo do Trabalho, dificilmente, o Juiz do Trabalho toma contato com a inicial antes da audiência, pois não há o despacho saneador, costumeiramente, a apreciação dos vícios da inicial é deixada para a sentença final, após a dilação probatória.

Quando a inicial for inepta; quando a parte for manifestamente ilegítima; quando o autor carecer de interesse processual; quando o tipo de procedimento,

---

(34) *Op. cit.*, p. 561.

escolhido pelo autor, não corresponder à natureza da causa, ou ao valor da ação, caso em que só não será indeferida, se puder adaptar-se ao tipo de procedimento legal; quando não atendidas as prescrições dos arts. 39, parágrafo único, primeira parte, e 284, ambos do CPC, o Juiz do Trabalho extinguirá o processo sem resolução de mérito (art. 267, I, do CPC).

Quando pronunciar prescrição ou decadência, extinguirá o processo, com resolução de mérito, nos termos do art. 269, IV, do CPC.

## 8. Da inépcia da inicial trabalhista

A petição apta é aquela que contém os requisitos do art. 840 da CLT e não contém os vícios do art. 295 do CPC. Inépcia da inicial significa defeito, falta de aptidão da inicial, impedindo que a relação jurídica processual prossiga com o pronunciamento sobre o mérito da causa.

Como bem adverte *Calmon de Passos*[35], "de logo se observa girar a inépcia em torno de feitos vinculados à causa de pedir e ao pedido, isto é, ao mérito da causa. Não se cuida, como no art. 284, de defeito capaz de dificultar o julgamento do mérito, mas sim de defeito que obsta, impede, torna impossível o exame do mérito".

Quando a inicial se apresenta inepta, não há como corrigi-la ou emendá-la, pois o vício apresentado é insanável, devendo o Juiz do Trabalho indeferi-la desde logo.

O parágrafo único do art. 295 do CPC dispõe sobre as hipóteses de inépcia da inicial. Dispõe o referido dispositivo legal:

Considera-se inepta a petição inicial quando:

I – lhe faltar pedido ou causa de pedir;

II – da narração dos fatos não decorrer logicamente a conclusão;

III – o pedido for juridicamente impossível;

IV – contiver pedidos incompatíveis entre si.

As hipóteses do parágrafo único do art. 295 do CPC se aplicam ao Processo do Trabalho (art. 769 da CLT), entretanto, a jurisprudência tem tido tolerância maior para declarar a inépcia da inicial, principalmente na aferição do inciso III do parágrafo único do art. 295 do CPC, considerando-se o *jus postulandi* da parte e os princípios da simplicidade e informalismo do Processo do Trabalho, não obstante a inicial trabalhista inepta, além de prejudicar todo o andamento do processo, torna a compreensão da inicial muito dificultosa e, muitas vezes, inviabiliza a defesa do reclamado. Por isso, no nosso sentir, se a inicial trabalhista contiver os vícios do parágrafo único do art. 295 do CPC, deverá o Juiz do Trabalho indeferi-la de plano.

A inicial contém pedidos incompatíveis entre si quando um pedido formulado excluir outro também formulado na inicial. Por exemplo: o autor pretende rescisão indireta do contrato de trabalho e em seguida reintegração no emprego.

---

(35) CALMON DE PASSOS, José Joaquim. *Comentários ao Código de Processo Civil*. 8. ed. Rio de Janeiro: Forense, 2001. p. 213.

Quando da narração do fato não decorrer logicamente a conclusão, deverá o Juiz do Trabalho decretar inépcia — por exemplo, o autor narra na causa de pedir que sofre danos de ordem moral, pois fora ofendido e, no pedido, postula danos materiais.

Se a inicial não contiver pedido ou causa de pedir, a parte contrária não poderá defender-se e o Juiz do Trabalho não poderá compreender a lide, razão pela qual deverá decretar a inépcia.

No aspecto, vale destacar a seguinte ementa:

> AUSÊNCIA DE PEDIDO DESTITUÍDO DE QUALQUER FUNDAMENTAÇÃO. A petição inicial deve preencher todos os requisitos dispostos no parágrafo único, do art. 295, do CPC, com pedido claro, escorreito e preciso. Para tanto, não se exige excesso de formalismo, que é medida que não se coaduna com o Processo do Trabalho — Simples e informal. A petição inicial deve trazer, entretanto, os fatos ensejadores da pretensão, ainda que de forma resumida — Principalmente, se a parte encontra-se assistida por advogado, devidamente constituído. A breve exposição dos fatos, de que trata o § 1º, do art. 840, da CLT, não pode ser tida como ausência de pedido, ou de fundamentação para o pedido. (TRT – 3ª R – RO 532/2009-017-03-00.9 – Rel. Des. Manuel Candido Rodrigues – DJe 19.3.2010 – p. 64)

## 9. Do recurso em face do indeferimento liminar da inicial no Processo do Trabalho

A decisão que indefere a inicial tem natureza terminativa, pois extingue o processo, sem resolução de mérito (art. 267, I, do CPC). Desse modo, no Processo do Trabalho, tal decisão desafia a interposição de Recurso Ordinário (art. 895 da CLT).

Pensamos, em razão da omissão da CLT e compatibilidade com os princípios do Processo do Trabalho da efetividade e celeridade (art. 769 da CLT), o art. 296 do CPC que assim dispõe:

> Indeferida a petição inicial, o autor poderá apelar, facultado ao juiz, no prazo de 48 (quarenta e oito) horas, reformar sua decisão. (Redação dada pela Lei n. 8.952, de 1994). Parágrafo único. Não sendo reformada a decisão, os autos serão imediatamente encaminhados ao tribunal competente. (Redação dada pela Lei n. 8.952, de 1994).

Desse modo, se o Juiz do Trabalho indeferir a inicial, o reclamante poderá recorrer, no prazo de oito dias, facultando-se a retratação do Juiz, deferindo o recebimento da inicial.

Cabe destacar que a aplicabilidade do art. 296 do CPC se refere apenas ao indeferimento liminar da inicial. Se a inicial for indeferida após designação da audiência e oferecimento da defesa, o recurso cabível será apenas o Ordinário, sem possibilidade de retratação do Juiz do Trabalho.

Se o Juiz decretar a inépcia de eventual pedido após a devida instrução do processo, a parte poderá interpor recurso ordinário questionando a inépcia, juntamente com as demais matérias recursais.

## Capítulo XII
# Da Audiência Trabalhista

## 1. Conceito

Ensinam *Márcio Túlio Viana e Luiz Otávio Linhares Renault*[1]:

"A palavra 'audiência' vem de *audire*, e literalmente significa 'coisas (que são) ouvidas'. De um modo geral, serve para que as autoridades possam ouvir os que querem lhes falar. Em Roma, as audiências tinham regras variadas, segundo o *status* das pessoas. Com o tempo se tornaram cada vez mais solenes e minuciosas, com porteiros, criados de câmara, *nomenclatores* para identificar os presentes e *velarii* para correr as cortinas"[2].

A audiência trabalhista é um ato formal, solene, que conta com o comparecimento das partes, advogados, funcionários da Justiça e do Juiz do Trabalho, em que são realizadas as tentativas de conciliação, o reclamado poderá apresentar sua resposta (contestação, exceção e reconvenção), se ouvem as partes e testemunhas e se profere a decisão.

Distingue-se a audiência da sessão. Sessão é a realização de várias audiências ou julgamentos, em que são decididos vários processos[3].

Como destaca *Erotilde Ribeiro S. Minharro*[4]:

"Audiência é a sessão solene, a princípio pública, na qual o juiz ouvirá as partes, as testemunhas ou os peritos e praticará todos os atos destinados a solucionar o feito, solução esta que pode ser negociada — conciliação — ou imposta — julgamento do efeito".

---

(1) *Manual da audiência trabalhista*. São Paulo: LTr, 1997. p. 11.

(2) Segundo Francisco Antonio de Oliveira, "o termo 'audiência' (*audientia*) provém do verbo *audire*, cujo significado é ouvir, atender a quem deve, ou quer e vai falar. Define-se como a sessão pública que o magistrado preside em dias previamente designados, para ouvir as partes, por si e por seus procuradores, bem como para realização de certas formalidades do processo que a lei exigia fossem praticadas em audiência"(*Manual das audiências trabalhistas*. 2. ed. São Paulo: RT, 1999. p. 18).

(3) MARTINS, Sergio Pinto. *Direito processual do trabalho*. 26. ed. São Paulo: Atlas, 2006. p. 264.

(4) MINHARRO, Erotilde Ribeiro S. In: *CLT interpretada:* artigo por artigo, parágrafo por parágrafo. Organizador: Costa Machado. Coordenador: Domingos Sávio Zainaghi. São Paulo: Manole, 2007. p. 767.

Segundo *Athos Gusmão Carneiro*[5]:

"na audiência, segundo a definição de Eliézer, *se instrui, discute e decide a causa*. Sem dúvida, em audiência se instrui a causa, no caso de recepção de prova oralmente produzida, sob os princípios da imediação e concentração; já nem sempre se discute a causa em audiência, face à permissão da substituição do debate oral pelas razões finais escritas; e a prolação de sentença, o comando decisório, poderá ser realizada após o encerramento da audiência. Em audiência, igualmente, a segunda tentativa de conciliação, de autocomposição da lide, atuando o julgador como qualificado mediador entre os litigantes".

O Processo do Trabalho, na expressão popular, é um *processo de audiência*, pois os atos principais da fase de conhecimento se desenvolvem neste ato. Além disso, a lei determina que todos os atores principais do processo estejam presentes na audiência.

De outro lado, o Juiz do Trabalho, como regra geral, toma contato com a inicial pela primeira vez na audiência e também a defesa, que é apresentada em audiência (escrita ou verbal), tenta a conciliação, instrui e julga a causa.

## 2. Princípios da audiência trabalhista

A audiência trabalhista tem princípios próprios. São eles:

*a) Presença obrigatória das partes:*

Já é frequente na doutrina se dizer que o Processo do Trabalho é um *processo de partes*, diante da importância do comparecimento destas para o Processo.

A CLT exige o comparecimento pessoal das partes em audiência (arts. 843 e 844 da CLT), somente admitindo a ausência em casos específicos e justificados. Além disso, se o empregador for se fazer substituir por preposto, este deve ter conhecimento dos fatos (art. 843, § 1º, da CLT).

*b) Concentração dos atos processuais numa única audiência (audiência una):*

Como destaca *José Augusto Rodrigues Pinto*[6]:

"A audiência, por seu lado, é o ato unitário e contínuo determinado pelo Juízo processante para conhecer, instruir e julgar dissídio individual de sua competência. Logo, uma vez aberta, não se interrompe, devendo prosseguir até o desfecho do processo, ocupando tantas datas sucessivas quantas sejam necessárias. É possível suspendê-la, diante da ocorrência de fatores diversos, como a falta material de tempo para concluí-la, a realização de diligências, a realizar fora de seu recinto, a exemplo da prova técnica etc. Mas, diante da ideia

---

(5) CARNEIRO, Athos Gusmão. *Audiência de instrução e julgamento e audiências preliminares*. 12. ed. Rio de Janeiro: Forense, 2005. p. 13.

(6) RODRIGUES PINTO, José Augusto. *Processo trabalhista de conhecimento*. 7. ed. São Paulo: LTr, 2005. p. 389.

de unidade que lhe é adequada, a audiência só tem dois extremos, de abertura e de encerramento, o que subtrai seu fracionamento de qualquer significado de pluralidade em relação a um mesmo dissídio".

Pela sistemática da CLT, a audiência é una ou única, na qual o Juiz do Trabalho toma conhecimento da inicial, faz a proposta de conciliação, o reclamado apresenta a defesa, são produzidas as provas e, em seguida, é prolatada a sentença.

Não obstante, se não for possível concluir a audiência no mesmo dia, a CLT possibilita que ela seja adiada para data posterior. Nesse sentido o art. 849 da CLT, *in verbis*:

> A audiência de julgamento será contínua; mas, se não for possível, por motivo de força maior, concluí-la no mesmo dia, o juiz ou presidente marcará a sua continuação para a primeira desimpedida, independentemente de nova notificação.

Embora o referido dispositivo se refira à *força maior*, a jurisprudência e a praxe trabalhista têm flexibilizado a interpretação do art. 849 consolidado para possibilitar que o Juiz adie as audiências ou até as fracione em inicial, instrução e julgamento, quando o número de processos na Vara impeça a realização de audiências unas ou até mesmo quando a matéria for complexa e exija um estudo mais apurado do Processo.

O Juiz do Trabalho, como diretor do Processo (arts. 130 do CPC e 765 da CLT), deve avaliar o custo-benefício e, discricionariamente, decidir pela unicidade ou fracionamento das audiências, embora seja conveniente, sempre que possível, adotar a audiência una.

Nesse sentido, destaca-se a seguinte ementa:

> Audiência contínua — Previsão legal contida na CLT — Inexistência de nulidade. No processo trabalhista a audiência é contínua. O art. 849 admite, por motivo de força maior, continuação em outra data. Límpido, portanto, que o legislador pretendeu procedimento célere e, sempre que possível, conciso. Assim, receber defesa e ouvir as partes na mesma data é seguir a lei, não é ofendê-la. (TRT – 10ª R. – 2ª T. – RO n. 2241/96 – Rel. Juiz Libânio Cardoso – DJDF 10.10.97 – p. 24.111).

De outro lado, há algumas situações em que a audiência tem de ser adiada em razão do não comparecimento de testemunha (art. 825 da CLT), para realização da prova pericial, ou por ausência justificada das partes (arts. 843 e 844, ambos da CLT).

c) *Publicidade:*

O princípio da publicidade dos atos processuais e da audiência é um mandamento constitucional, conforme dispõe o art. 93, IX, da CF, *in verbis*: "Todos os julgamentos dos órgãos do Poder Judiciário serão públicos, e fundamentadas todas as decisões, sob pena de nulidade, podendo a lei limitar a presença, em determinados atos, às próprias partes e a seus advogados, ou somente a estes, em casos nos quais a preservação do direito à intimidade do interessado no sigilo não prejudique o interesse público à informação".

Como destaca *Cândido Rangel Dinamarco*[7]:

> "Como toda audiência, a de instrução e julgamento é sempre um ato público, pelo simples fato de ser um ato do processo, o qual em si mesmo é uma instituição de direito público. Mas ela é também pública, no sentido de que deve ser realizada a portas abertas, com livre ingresso de quem queria assistir a ela, ressalvados os casos de segredo de justiça e de circunstâncias que possam conturbar os trabalhos (...)".

Desse modo, qualquer pessoa pode ingressar nos recintos da audiência e assisti-la.

Não obstante, o princípio da publicidade não é absoluto, pois a própria Constituição Federal determina que em certas hipóteses ele pode deixar de ser observado, para proteção da intimidade de uma das partes ou de ambas.

No mesmo sentido é a redação do art. 155 do CPC:

> Os atos processuais são públicos. Correm, todavia, em segredo de justiça os processos: I – em que o exigir o interesse público; II – que dizem respeito a casamento, filiação, separação dos cônjuges, conversão desta em divórcio, alimentos e guarda de menores. (Redação dada pela Lei n. 6.515, de 1977). Parágrafo único. O direito de consultar os autos e de pedir certidões de seus atos é restrito às partes e a seus procuradores. O terceiro, que demonstrar interesse jurídico, pode requerer ao juiz certidão do dispositivo da sentença, bem como de inventário e partilha resultante do desquite.

Conforme o referido dispositivo do CPC, o Juiz também pode decretar o chamado "segredo de justiça" quando o exigir o *interesse público*. Acreditamos que a expressão *interesse público* deva ser avaliada discricionariamente pelo magistrado considerando as circunstâncias do caso concreto e o bom andamento do processo. Desse modo, em casos em que não haja violação da intimidade das partes, mas a presença do público possa atrapalhar o bom andamento da audiência e a qualidade da instrução do processo, poderá o Juiz decretar o "segredo de justiça", com suporte no poder de polícia que possui sobre as audiências (art. 446, I, do CPC).

Na esfera das relações de trabalho, há muitas hipóteses em que o Juiz do Trabalho pode determinar o chamado *segredo de justiça* e impedir que outras pessoas, além de partes e procuradores ingressem na sala de audiências, como nas hipóteses em que se instrui "assédio sexual" no âmbito trabalhista, casos de incontinência de conduta, empregados portadores do vírus HIV, etc., mas sempre avaliando a necessidade do segredo.

O segredo de Justiça pode ser determinado de ofício pelo Juiz ou a requerimento das partes em decisão irrecorrível.

*d) Oralidade:*

A audiência trabalhista é oral, em que a defesa é apresentada de forma oral, são ouvidas as testemunhas e são apresentadas as razões finais orais.

---

(7) DINAMARCO, Cândido Rangel. *Instituições de direito processual civil*. V. III. São Paulo: Malheiros, 2001. p. 633.

Tanto o Juiz como partes e advogados se utilizam das palavras para praticar os atos processuais em audiência.

Deve o Juiz do Trabalho, de forma oral, sempre que possível, sanear o processo na audiência, resolver eventuais incidentes e fixar os pontos controvertidos para a produção da prova.

Além disso, no Processo do Trabalho, a defesa é oral (art. 847 da CLT), o Juiz inquire diretamente as testemunhas, bem como o advogado tem direito a reperguntas (art. 820 da CLT), assim também as razões finais são orais (art. 850 a CLT).

*e) Imediatidade:*

Por este princípio, o Juiz do Trabalho aproxima-se mais das partes, tendo um contato mais estreito com elas em audiência, principalmente quando estas postulam sem advogado.

A Justiça do Trabalho, na expressão do cotidiano, é uma Justiça Popular, em que o Juiz do Trabalho tem um contato maior com as partes, buscando o esclarecimento dos fatos da causa e também a conciliação.

*f) Poderes mais acentuados ao Juiz do Trabalho na condução da audiência (inquisitivo):*

O Juiz do Trabalho tem ampla liberdade na direção da audiência. Ele preside as sessões e também os atos que se praticam durante a audiência.

Nesse sentido são os arts. 765 da CLT[8] e 852-D da CLT[9].

*g) Conciliação:*

Mesmo a EC n. 45/04 tendo retirado do *caput* do art. 114 da Constituição a expressão "conciliar e julgar", a conciliação continua sendo um mandamento da CLT, conforme se constata da redação do art. 764 consolidado:

> Os dissídios individuais ou coletivos submetidos à apreciação da Justiça do Trabalho serão sempre sujeitos à conciliação.

O Juiz do Trabalho deve envidar os seus bons esforços em busca da conciliação, exigindo a Lei que faça a primeira proposta conciliatória antes do recebimento da defesa (art. 846 da CLT) e após as razões finais (art. 850 da CLT).

Mesmo determinando o art. 846 da CLT que o Juiz proponha a conciliação antes de receber a defesa, já na abertura da audiência, pensamos que o Juiz do Trabalho deva fazer a primeira proposta de conciliação após a leitura da inicial e

---

(8) Art. 765 da CLT: "Os Juízos e Tribunais do Trabalho terão ampla liberdade na direção do processo e velarão pelo andamento rápido das causas, podendo determinar qualquer diligência necessária ao esclarecimento delas".

(9) Art. 852-D da CLT: "O Juiz dirigirá o processo com liberdade para determinar as provas a serem produzidas, considerando o ônus probatório de cada litigante, podendo limitar ou excluir as que considerar excessivas, impertinentes ou protelatórias, bem como para apreciá-las e dar especial valor às regras de experiência comum ou técnica".

também da defesa, a fim de que, após analisadas as pretensões e razões de defesa, possa formulá-la com maior objetividade, atento ao que consta dos autos. A experiência tem demonstrado que dificilmente o Juiz consegue realizar uma proposta de acordo justa e razoável sem a análise da inicial e da defesa.

A tentativa de acordo pode ser realizada a qualquer momento pelo Juiz, mesmo durante a inquirição das partes e testemunhas. Muitas vezes a conciliação é obtida durante a inquirição das partes e testemunhas.

De outro lado, deve o Juiz do Trabalho adotar postura neutra, mas não passiva, na conciliação. Deve buscar uma proposta equilibrada e que realmente observe a reciprocidade de concessões e a efetividade do direito do trabalho.

Também não deve o Juiz do Trabalho tentar a conciliação a qualquer custo, utilizando-se de argumentos para intimidar as partes.

Caso a proposta não seja razoável ou lese o direito do reclamante, deve o Juiz do Trabalho deixar de homologá-la e prosseguir na instrução.

## 3. Peculiaridades da audiência trabalhista

*a) Designação. Prazos:*

No Processo do Trabalho, não existe o despacho de recebimento da inicial, quem a recebe é o Diretor de Secretaria (art. 841 da CLT), ou o funcionário por ele designado. O Juiz do Trabalho somente toma contato com a petição inicial em audiência.

Por isso, ao receber a inicial, o Diretor de Secretaria deve designar a data da audiência, notificando as partes da data, bem como sobre as consequências do não comparecimento e também sobre o comparecimento das testemunhas.

Na própria notificação, o autor sai ciente de que, se não comparecer, o Processo será arquivado, podendo ser responsabilizado pelo pagamento das custas processuais. O reclamado fica notificado de que, se não comparecer, haverá a revelia, além da confissão quanto à matéria de fato (art. 844 da CLT).

Nas grandes regiões como São Paulo, o próprio Distribuidor, eletronicamente, após a distribuição, já designa a audiência e o reclamante já sai notificado da data.

Entre a ciência da audiência e a realização desta, deve existir um prazo mínimo de 5 dias para o reclamado poder apresentar defesa e contactar as testemunhas. Nesse sentido, dispõe o art. 841, *caput*, da CLT:

> Recebida e protocolada a reclamação, o escrivão ou chefe de Secretaria, dentro de 48 horas, remeterá a segunda via da petição, ou do termo, ao reclamado, notificando-o ao mesmo tempo, para comparecer à audiência de julgamento, que será a primeira desimpedida, depois de cinco dias.

*b) Limites temporais:*

Diz o art. 813 da CLT:

> As audiências dos órgãos da Justiça do Trabalho serão públicas e realizar-se-ão na sede do Juízo ou Tribunal em dias úteis previamente fixados entre 8 e 18 horas, não podendo ultrapassar cinco horas seguidas, salvo quando houver matéria urgente.

Conforme o referido dispositivo legal, as audiências trabalhistas devem ser realizadas no horário entre 8 e 18 horas. O referido horário, no nosso sentir, por ser específico, prevalece sobre a regra geral de prática dos atos processuais do art. 770 da CLT[10].

Pensamos que a melhor interpretação do art. 813 da CLT sinaliza no sentido de que o prazo máximo de 5 horas é aplicável para todas as audiências da pauta e não a uma única audiência, pois, se cada audiência puder durar no máximo até 5 horas, dificilmente o Juiz do Trabalho conseguirá realizar todas as audiências da pauta. Além disso, o art. 813 da CLT utiliza o termo *audiências* e não *audiência*, o que denota que quis se referir à sessão das audiências do dia[11].

Como bem adverte *Francisco Antonio de Oliveira*[12], "em se cuidando de trabalho intelectual e de certa forma estafante, posto que exige do Juiz e dos advogados o acompanhamento constante dos depoimentos e com maior razão em relação ao juiz presidente que terá sempre uma pauta com mais de uma dezena de processos, além dos despachos normais e dos julgamentos, a presença em audiência em mais de 5 horas teria como consequência o prejuízo dos demais afazeres do magistrado".

Nesse sentido também a opinião de *Antonio Lamarca*.

*c) Local de realização:*

Nos termos do art. 813, *caput*, da CLT, as audiências se realizam na sede do Juízo ou Tribunal. Excepcionalmente, nos termos do § 1º da CLT, poderá ser designado outro local para a realização das audiências, mediante edital afixado na sede do Juízo ou Tribunal, com a antecedência mínima de 24 horas.

Para que as partes não sejam supreendidas, é conveniente que na notificação conste o local de realização da audiência com o endereço completo, telefones do fórum, etc. Se o local da audiência for alterado, também pensamos que as partes devam ser notificadas da alteração, pois dificilmente as partes terão contato com o Edital na sede do juízo, no prazo mínimo de 24 horas.

---

(10) Art. 770 da CLT: "Os atos processuais serão públicos, salvo quando o contrário determinar o interesse social, e realizar-se-ão nos dias úteis das 6 às 20 horas".

(11) Em sentido contrário pensa Erotilde Ribeiro S. Minharro ao comentar o art. 813 da CLT, argumentando que o prazo de 05 horas é para uma única audiência e não para todas as audiências da pauta (In: *CLT interpretada:* artigo por artigo, parágrafo por parágrafo. Costa Machado (Org.) e Domingos Sávio Zainaghi (Coord). São Paulo: Manole, 2007. p. 768).

(12) OLIVEIRA, Francisco Antonio de. *Manual de audiências trabalhistas.* 2. ed. São Paulo: RT, 1999. p. 90.

Como destacam *Eduardo Gabriel Saad, José Eduardo Saad* e *Ana Maria Saad Castelo Branco*[13]:

> "Em grandes cidades como Rio de Janeiro, São Paulo, Recife, Salvador e outras, a comunicação de transferência do local da audiência por meio de edital colocado à porta da Vara do Trabalho ou Tribunal, mesmo com a antecedência mínima de 24 horas, não produzirá qualquer efeito prático, pois as partes e seus advogados dificilmente passarão por esse local para se cientificarem do conteúdo do referido edital. Estamos que as Varas e os Tribunais, no caso em exame, utilizarão, com certeza, outros meios de comunicação".

Acreditamos que, se o local da audiência for transferido para local mais distante do centro da cidade, o prazo de 24 horas deverá ser dilatado pelo Juiz, a fim de não bloquear o acesso das partes à justiça.

*d) Poder de Polícia do Juiz:*

Diz o art. 445 do CPC: "O juiz exerce o poder de polícia, competindo-lhe: I – manter a ordem e o decoro na audiência; II – ordenar que se retirem da sala da audiência os que se comportarem inconvenientemente; III – requisitar, quando necessário, a força policial".

O referido dispositivo consagra o que se costuma chamar na doutrina de "poder de polícia do juiz" nas audiências. Por esse poder, o magistrado que preside as audiências deve zelar pelo bom andamento dos trabalhos. Embora o Juiz possa mandar que as pessoas que estejam atrapalhando as audiências se retirem, deve, acima de tudo, o Juiz tratar as partes com urbanidade, exortando as partes e advogado para esta finalidade (art. 446 do CPC[14]).

No mesmo sentido é a redação do art. 816 da CLT:

> O juiz ou presidente manterá a ordem nas audiências, podendo mandar retirar do recinto os assistentes que a perturbarem.

Como bem destaca *Francisco Antonio de Oliveira*[15]: "A audiência deverá ser realizada em ambiente de ordem e serenidade em conformidade com a elevação e importância desse ato judicial. As partes, certamente, angustiadas, qualquer que seja o polo em que se coloquem, deverão ter tranquilidade perante o magistrado, bem assim os seus advogados. O clima há de ser de confiança. E para tanto espera-se do magistrado condutor a energia necessária, temperada com moderação, dos que detêm o poder sem tentação do arbítrio. O verdadeiro magistrado saberá sempre

---

(13) *Curso de direito processual do trabalho.* 5. ed. São Paulo: LTr, 2005. p. 525.

(14) Art. 446 do CPC: "Compete ao juiz em especial: I – dirigir os trabalhos da audiência; II – proceder direta e pessoalmente à colheita das provas; III – exortar os advogados e o órgão do Ministério Público a que discutam a causa com elevação e urbanidade. Parágrafo único. Enquanto depuserem as partes, o perito, os assistentes técnicos e as testemunhas, os advogados não podem intervir ou apartear, sem licença do juiz".

(15) OLIVEIRA, Francisco Antonio de. *Manual de audiências trabalhistas.* 2. ed. São Paulo: RT, 1999. p. 19.

temperar e dosar a energia e a moderação sem nunca resvalar para o arbítrio. O poder de polícia de que cuidam os arts. 816 da CLT e 445 do CPC dizem respeito ao policiamento externo através da polícia preventiva e repressiva".

*e) Hipóteses de adiamento:*

Dispõe o art. 844, parágrafo único, da CLT:

> Ocorrendo, entretanto, motivo relevante, poderá o presidente suspender o julgamento, designando nova data.

Se as partes ou uma das partes não comparecerem à audiência, conforme o referido dispositivo, ocorrendo motivo relevante, a audiência poderá ser adiada pelo Juiz. Pensamos que motivo relevante se refere a caso fortuito ou força maior e também um motivo ponderável, como greve dos sistemas de transporte, alagamentos, doença, entre outros.

O Código de Processo Civil tem disposição a respeito no art. 453, *in verbis*:

> A audiência poderá ser adiada: I – por convenção das partes, caso em que só será admissível uma vez; II – se não puderem comparecer, por motivo justificado, o perito, as partes, as testemunhas ou os advogados. § 1º Incumbe ao advogado provar o impedimento até a abertura da audiência; não o fazendo, o juiz procederá à instrução. § 2º Pode ser dispensada pelo juiz a produção das provas requeridas pela parte cujo advogado não compareceu à audiência.

Parte da doutrina sustenta que, diante da disposição expressa do § 1º do art. 844 da CLT, não há espaço para aplicação do art. 453 do CPC, pois a CLT tem regra expressa a respeito.

Pensamos ser aplicável o art. 453 do CPC ao Processo do Trabalho, pois trata de hipóteses relevantes para o adiamento da audiência, exceto a questão da ausência do advogado, que, segundo a doutrina e jurisprudência majoritárias, não é motivo para adiamento da audiência, uma vez que, no Processo do Trabalho, a parte detém o *jus postulandi* (art. 791 da CLT).

Nesse sentido:

> Audiência — Ausência dos advogados — Efeitos. A realização da audiência sem a presença dos advogados das partes não implica em sua nulidade, haja vista a subsistência do *jus postulandi* das partes após a promulgação da Constituição Federal de 1988. Recurso ordinário não provido. (TRT – 1ª R. – 2ª T. – RO n. 7320/97 – Rel. Juiz Aloysio Santos – DJRJ 14.12.99 – p. 101).

Pensamos ser possível também a suspensão da audiência e o seu consequente adiamento, por convenção das partes, nos termos do art. 265, II e § 3º, do CPC, máxime quando há a possibilidade de acordo, pois a experiência tem demonstrado que, após a realização da instrução processual, as possibilidades de conciliação se reduzem.

*f) Registro das audiências:*

Dispõe o art. 817 da CLT:

> O registro das audiências será feito em livro próprio, constando de cada registro os processos apreciados e a respectiva solução, bem como as ocorrências eventuais.

Parágrafo único. Do registro das audiências poderão ser fornecidas certidões às pessoas que o requererem.

Atualmente, o registro das audiências é feito eletronicamente com a digitação das atas no computador e colocadas nos *sites* dos Tribunais Regionais do Trabalho.

Das atas de audiência devem constar as principais ocorrências havidas na audiência, como os depoimentos das partes e testemunhas, juntadas de documentos e requerimentos das partes[16].

Terminada a audiência, é impressa uma cópia, que é assinada pelo Juiz[17] e pelas pessoas que participaram da audiência: as partes, os advogados, as testemunhas e o funcionário da audiência.

Em alguns TRTs, a ata de audiência somente é assinada pelo Juiz do Trabalho.

As partes sempre têm direito a uma cópia da ata. Alguns TRTs não têm fornecido cópia, adotando a postura de disponibilizar a ata na *internet* no mesmo dia da audiência. Essa postura tem sido adotada pelo TRT da 2ª Região e tem obtido resultado satisfatório.

## 4. O procedimento da audiência trabalhista quando há o comparecimento do Juiz do Trabalho e das partes

Diz o art. 814 da CLT: "Às audiências deverão estar presentes, comparecendo com a necessária antecedência, os escrivães ou chefes de Secretaria".

Conforme o referido dispositivo, o chefe de Secretaria, atualmente chamado de Diretor de Secretaria, ou o funcionário designado para trabalhar na sala de audiências deve estar presente com antecedência. O Juiz do Trabalho deve também estar presente no horário designado (art. 815 da CLT).

No horário previamente agendado, o Juiz Titular ou o Substituto que estiver presidindo as audiências determinará o pregão[18].

Sentando as partes à mesa[19], o Juiz do Trabalho, após tomar contato com o Processo, fará a primeira proposta de acordo (art. 846 da CLT).

---

(16) Nesse sentido é o art. 851 da CLT: "Os trâmites de instrução e julgamento da reclamação serão resumidos em ata, de que constará, na íntegra, a decisão. § 1º – Nos processos de exclusiva alçada das Varas, será dispensável, a juízo do presidente, o resumo dos depoimentos, devendo constar da ata a conclusão do Tribunal quanto à matéria de fato".

(17) Nesse sentido, o § 2º do art. 851 da CLT: "A ata será, pelo presidente ou juiz, junta ao processo, devidamente assinada, no prazo improrrogável de 48 horas, contado da audiência de julgamento, e assinada pelos vogais presentes à mesma audiência".

(18) O pregão é o ato formal, realizado pelo funcionário da audiência, determinando o chamamento das partes para que ingressem na sala de audiência. Antes da EC n. 24/99, quem realizava o pregão das audiências eram os Juízes Classistas. Atualmente, o pregão é feito pelo microfone ou até mesmo o funcionário se dirige à porta da audiência e realiza a chamada.

(19) O reclamante e seu advogado sentam do lado esquerdo do Juiz e o reclamado e seu advogado do lado direito.

Como já destacado, deverá o Juiz do Trabalho ter equilíbrio na conciliação, formular propostas após ouvir as pretensões das partes e analisar as razões da petição inicial e da contestação. Não deverá o Juiz do Trabalho forçar o reclamante ou o reclamado a aceitar acordo contra a vontade. De outro lado, deverá o Juiz do Trabalho deixar de homologar a avença quando prejudicial ao reclamante, ao reclamado, ou a ambos, ou ela tiver nítido propósito de fraudar a lei.

Conforme o § 1º do art. 846 da CLT, "se houver acordo lavrar-se-á termo, assinado pelo presidente e pelos litigantes, consignando-se o prazo e demais condições para seu cumprimento". Segundo o § 2º do referido dispositivo legal, "entre as condições a que se refere o parágrafo anterior, poderá ser estabelecida a de ficar a parte que não cumprir o acordo obrigada a satisfazer integralmente o pedido ou pagar uma indenização convencionada, sem prejuízo do cumprimento do acordo". Se for aceita a conciliação, esta será reduzida a termo, encerrando-se o Processo com resolução do mérito (art. 831 da CLT), exceto para o INSS, que poderá recorrer quanto às parcelas objeto de incidência previdenciária.

Se não for aceita a conciliação, passa-se à leitura da inicial, tendo o reclamado 20 minutos para apresentação de defesa oral.

A Consolidação das Leis do Trabalho não prevê a possibilidade de manifestação sobre a defesa, na peça denominada réplica. Desse modo, reputamos aplicável ao Processo do Trabalho o instituto da réplica previsto nos arts. 326[20] e 327[21] do CPC.

No rito sumaríssimo, o reclamante deverá manifestar-se sobre a defesa e documentos na própria audência, salvo impossibilidade material de fazê-lo. É o que deflui do art. 852-H, § 1º, da CLT, *in verbis*:

> Sobre os documentos apresentados por uma das partes manifestar-se-á imediatamente a parte contrária, sem interrupção da audiência, salvo absoluta impossibilidade, a critério do juiz.

Como no Processo do Trabalho a audiência é una, a manifestação sobre a defesa, como regra geral, deve ser realizada em audiência, em prazo fixado pelo Juiz do Trabalho. Entretanto, se a matéria for complexa, ou houver quantidade excessiva de documentos, deverá o Juiz conceder prazo razoável fora da audiência para o autor manifestar-se sobre a defesa.

Indeferir a manifestação sobre a defesa sob o argumento de que a CLT não disciplina tal instituto configura cerceamento de defesa, pois o autor deve ter a faculdade de ter acesso à defesa e aos documentos juntados pelo reclamado.

Posteriormente, são ouvidas as partes e testemunhas.

---

(20) Art. 326 do CPC: "Se o réu, reconhecendo o fato em que se fundou a ação, outro lhe opuser impeditivo, modificativo ou extintivo do direito do autor, este será ouvido no prazo de 10 (dez) dias, facultando-lhe o juiz a produção de prova documental".

(21) Art. 327 do CPC: "Se o réu alegar qualquer das matérias enumeradas no art. 301, o juiz mandará ouvir o autor no prazo de 10 (dez) dias, permitindo-lhe a produção de prova documental. Verificando a existência de irregularidades ou de nulidades sanáveis, o juiz mandará supri-las, fixando à parte prazo nunca superior a 30 (trinta) dias".

Após a oitiva, as partes terão dez minutos sucessivos para apresentação de razões finais (art. 850 da CLT). Alguns juízes, quando a matéria é complexa, ou para não atrasar as demais audiências da pauta, adotam a postura de conceder prazo para as partes apresentarem as razões finais por escrito.

Nas razões finais, a parte deve atentar o juiz da causa sobre a prova produzida nos autos e demonstrar, de forma sintética, os argumentos que levam à procedência (autor) ou à improcedência do pedido (réu). O ideal é realizá-las na própria audiência, de forma oral e sintética em poucos minutos, na presença do próprio magistrado, pois é da essência do processo do trabalho o princípio da oralidade. Além disso, o Juiz do Trabalho ouvirá as razões finais depois da instrução do processo, pondendo ser convencido da maior eficiência pela parte, embora haja, ultimamente, certo desprestígio das razões finais, em razão do excesso de serviços e do atraso das pautas de audiência. Por isso, muitas vezes, os advogados se reportando aos argumentos já lançados na inicial ou na defesa, ou ao que já consta dos autos (razões finais remissivas), se bem articuladas, podem influir na convicção do julgador, máxime se o advogado conseguir extrair os pontos mais contundentes da prova oral realizada e dos principais elementos dos autos.

Sob outro enfoque, por ocasião das razões finais, a parte poderá arguir eventuais nulidades do processo (art. 795, da CLT). Se a parte for aduzir razões em audiência, o momento se dará na própria audiência. Se o juiz conceder prazo para aduzi-las por escrito, as nulidades, no nosso sentir, poderão ser invocadas na peça escrita.

No rito sumaríssimo, não há previsão de razões finais. Por isso, pensamos que elas não são cabíveis diante da própria natureza dinâmica desse rito processual. Não obstante, poderá o Juiz do Trabalho, conforme a complexidade da matéria, permitir as razões finais à luz do princípio da instrumentalidade.

Após as razões finais, o Juiz do Trabalho fará a última proposta de conciliação.

Se não for aceita a última proposta de conciliação, será prolatada a decisão em audiência (art. 832 da CLT).

## 5. Da condução da audiência pelo Juiz do Trabalho: ordem da oitiva das partes e testemunhas

Quanto à ordem de oitiva de partes e testemunhas, ao contrário do que prevê o CPC, a CLT não traça uma ordem de oitiva. Apenas no art. 848 a CLT assevera que, após a tentativa de conciliação, o Juiz do Trabalho ouvirá as partes e testemunhas.

No nosso sentir, não se aplica a ordem prevista no art. 452 do CPC[22], qual seja: oitiva do autor, do réu, das testemunhas do autor e das testemunhas do réu,

---

(22) Art 452 do CPC: "As provas serão produzidas na audiência nesta ordem:

I – o perito e os assistentes técnicos responderão aos quesitos de esclarecimentos, requeridos no prazo e na forma do art. 435;

II – o juiz tomará os depoimentos pessoais, primeiro do autor e depois do réu;

III – finalmente, serão inquiridas as testemunhas arroladas pelo autor e pelo réu".

pois a finalidade teleológica da CLT foi assegurar ao Juiz do Trabalho um poder mais acentuado na direção da audiência, considerando-se a importância desse ato processual para o Processo do Trabalho, bem como a quantidade de audiências diárias que realiza o Juiz do Trabalho.

Desse modo, quando o Juiz do Trabalho inverter a ordem de oitiva de partes e testemunhas, não haverá nulidade, tampouco irregularidade, pois a escolha da ordem de oitiva é discricionariedade do Juiz (nesse sentido são os arts. 765 da CLT e 852-D da CLT).

De outro lado, ao fixar a ordem de oitiva de partes e testemunhas, deverá o Juiz do Trabalho pautar-se pelas regras do ônus da prova, verossimilhança das alegações das partes e eficiência da audiência.

## 6. Da importância do comparecimento das partes no Processo do Trabalho

No Direito Processual Moderno, o comparecimento das partes à audiência tem grande relevância, pois é por meio destas que o litígio se torna conhecido pelo Juiz e se faz possível a conciliação.

Como destaca *Rosenberg*, "a essência do processo civil moderno se encontra numa comunidade de trabalho de juízes e partes, que devem preocupar-se, conjuntamente, com facilitar ao juiz a firme obtenção da verdade e restabelecer, mediante um procedimento vivo, a paz jurídica entre as partes em disputa, e, com isso, assegurar a paz da comunidade"[23].

No Processo do Trabalho, por ser um *processo de partes*[24] oral e impulsionado pelos princípios da imediatidade e concentração dos atos em audiência, a presença das partes é fundamental. A própria CLT exige em vários dispositivos a presença pessoal das partes (v. arts. 843[25], 844[26] e 845[27]) e também a jurisprudência tem sido rígida na aferição de tal requisito. De outro lado, ninguém melhor do que as partes para esclarecer os pontos controversos do conflito, já que são os atores sociais da relação processual e os maiores interessados na decisão.

---

(23) ROSENBERG, *apud* CALMON DE PASSOS, José Joaquim. *Comentários ao Código de Processo Civil*. Vol. III, 8. ed. Rio de Janeiro: Forense, 2001. p. 345.

(24) Fala-se em *processo de partes*, pois a CLT, obrigatoriamente, exige o comparecimento pessoal das partes, salvo nas hipóteses de representação.

(25) Art. 843 da CLT: "Na audiência de julgamento deverão estar presentes o reclamante e o reclamado, independentemente do comparecimento de seus representantes, salvo nos casos de Reclamatórias Plúrimas ou Ações de Cumprimento, quando os empregados poderão fazer-se representar pelo Sindicato de sua categoria".

(26) Art. 844 da CLT: "O não comparecimento do reclamante à audiência importa o arquivamento da reclamação, e o não comparecimento do reclamado importa revelia, além de confissão quanto à matéria de fato".

(27) Art. 845 da CLT: "O reclamante e o reclamado comparecerão à audiência acompanhados das suas testemunhas, apresentando, nessa ocasião, as demais provas".

Embora alguns juízes e advogados adotem a postura de dispensar o depoimento pessoal das partes, já que a CLT, no art. 848, diz ser faculdade do juiz o interrogatório dos litigantes, entendemos que a oitiva das partes tem importância vital para o Processo do Trabalho, uma vez que a parte pode não só esclarecer fatos relevantes da causa, como confessar fatos. De outro lado, muitas vezes, considerando-se a boa-fé, o caráter e honestidade de cada reclamante ou reclamado, é possível extrair-se a verdade real por meio dos depoimentos pessoais.

Não convence o argumento no sentido de que, como as partes não prestam compromisso de dizer a verdade, é perda de tempo tomar os respectivos depoimentos. Ora, tanto a CLT (arts. 843 e 844) quanto a jurisprudência exigem o comparecimento pessoal da parte na audiência. Embora tanto o reclamante como o reclamado possam mentir ou ocultar a verdade, muitas vezes, mediante técnicas de inquirição, é possível extrair das partes a verdade. De outro lado, embora a parte não esteja sujeita ao delito de falso testemunho, caso altere de forma acintosa a verdade dos fatos, será possível aplicar-se-lhe cominação pecuniária por litigância de má-fé, com suporte no art. 17, II, do CPC[28].

Ao se referir ao inciso II do art. 17 do CPC, destaca *Júlio César Bebber*[29]:

"O dever de verdade exige: a) que se faça afirmação verídica; b) que não se faça afirmação inverídica; c) que não se faça declaração evasiva; d) que não haja omissão sobre algum fato necessário ao esclarecimento da verdade, fato esse sobre o qual tenha conhecimento ou que, pela natureza ou circunstância das coisas, não é admissível que possa ignorar (CPC, arts. 340, inciso I e 341, inciso I); e) que não se levante dúvida infundada"[30].

## 6.1. Do atraso das partes e do Juiz do Trabalho à audiência

A questão do atraso das partes à audiência, e os graves efeitos dele decorrentes, tem causado acaloradas discussões na jurisprudência, principalmente nas grandes cidades, onde há várias Varas do Trabalho e problemas de trânsito.

A CLT trata da matéria quanto ao atraso do Juiz no art. 815, assim redigido:

> À hora marcada, o juiz ou presidente declarará aberta a audiência, sendo feita pelo chefe de secretaria ou escrivão a chamada das partes, testemunhas e demais pessoas que devem comparecer.

---

(28) Art. 17 do CPC: "Reputa-se litigante de má-fé aquele que: ... II – Alterar a verdade dos fatos". Art. 18 do CPC: "O juiz ou tribunal, de ofício ou a requerimento, condenará o litigante de má-fé a pagar multa não excedente a 1% (um por cento) sobre o valor da causa e a indenizar a parte contrária dos prejuízos que esta sofreu, mais os honorários advocatícios e todas as despesas que efetuou".

(29) Bebber, Júlio César. *Processo do trabalho:* temas atuais. São Paulo: LTr, 2003. p. 17.

(30) Ensina José Manoel de Arruda Alvim, que o dever de verdade "exige não só que se façam afirmações verídicas (subjetivamente verídicas), como também que não se digam inverdades, e, ainda, que não se levantem dúvidas infundadas" (*Tratado de direito processual civil.* v. II. São Paulo: RT, 1996. p. 398).

Parágrafo único. Se, até 15 (quinze) minutos após a hora marcada, o juiz ou presidente não houver comparecido, os presentes poderão retirar-se, devendo o ocorrido constar do livro de registro das audiências.

Como se denota da redação do referido dispositivo legal, a CLT apenas prevê a tolerância do atraso para o Juiz presidente[31] e não para as partes.

Pode-se questionar a constitucionalidade do dispositivo, por violação do princípio da isonomia (art. 5º da CF). Pensamos não ser inconstitucional o parágrafo único do art. 815 da CLT, já que a figura do Juiz não se confunde com as partes e os advogados. De outro lado, o trabalho do Juiz, na Vara do Trabalho, não se resume somente às audiências. Há os despachos urgentes, liminares, decisões na execução, sentenças, atendimento aos advogados, supervisão do trabalho de Secretaria, etc. Essa concentração de atividades na pessoa do Juiz, a nosso ver, justifica o atraso de 15 minutos, cujo lapso se mostra razoável. Não obstante a lei permitir o atraso, deve o Juiz zelar pela pontualidade nas audiências e, somente em caráter excepcional, atrasar as audiências. De outro lado, entendemos que, se o motivo for justificável, o atraso do Juiz pode sobejar o limite de 15 minutos.

A Lei n. 8.906/94, no art. 7º, XX[32], permite ao advogado retirar-se do recinto se em trinta minutos após o horário a autoridade não comparecer. Mostra-se discutível a aplicabilidade de tal dispositivo no Processo do Trabalho, pois a parte tem o *jus postulandi* (art. 791, da CLT) e, caso o advogado se retire, a audiência prosseguirá somente com a presença da parte. De outro lado, nos termos do art. 815 da CLT, caso haja o atraso de 15 minutos do Juiz, tanto o advogado como a parte poderão retirar-se, lavrando-se certidão.

Quanto ao atraso da parte, a Consolidação não disciplinou a matéria, o que tem gerado inúmeros entendimentos. Alguns entendem que o atraso de 15 minutos pode ser estendido às partes, por aplicação analógica do art. 815, parágrafo único da CLT.

Nesse sentido, as seguintes ementas:

> Aplicação analógica do atraso de 15 minutos para o Juiz. Audiência. Aplica-se também às partes o prazo de tolerância de 15 minutos para comparecimento à audiência (interpretação analógica do parágrafo único, do art. 815, da CLT) (TRT – 3ª R. – 5ª T. – RO n. 14249/97 – Rel. Roberto Calvo – DJMG 25.4.98 – p. 10).

> Revelia — Audiência inaugural — Atraso. É de quinze minutos o prazo de tolerância para a parte comparecer à audiência previamente designada. Interpretação analógica ao disposto no art. 815, parágrafo único da CLT (TRT – 3ª R. – 5ª T. – RO n. 1143/98 – Rel. Juiz Santiago Ballesteros Filho – DJMG 13.3.99 – p. 17).

---

(31) A redação do art. 815 da CLT foi idealizada para a composição colegiada do órgão de primeiro grau. Hoje, devemos interpretar o termo "juiz presidente" como sendo juiz titular ou juiz substituto.

(32) Art. 7º, XX, da Lei n. 8.906/94: "São direitos do advogado: (...) XX – retirar-se do recinto onde se encontre aguardando pregão para ato judicial, após trinta minutos do horário designado e ao qual ainda não tenha comparecido a autoridade que deva presidir a ele, mediante comunicação protocolizada em juízo".

Há também outros entendimentos no sentido de que o atraso de poucos minutos deve ser tolerado, máxime se a parte comparece quando ainda não encerrada a audiência.

Nesse sentido, destacamos a seguinte ementa:

> Audiência. Atraso. O atraso de poucos minutos à audiência não enseja a aplicação de pena de confissão à parte retardatária, mormente, quando ainda não terminada a redação da ata (TRT 3ª R. – 1ª T. – RO n. 20630/96 – Rel. Fernando Lopes – DJMG 13.6.97 – p. 8).

O entendimento que prevaleceu na jurisprudência foi no sentido de que a CLT não prevê a possibilidade de atraso das partes, nem sequer de alguns minutos, pois a nossa Consolidação disciplina apenas a possibilidade de atraso para o Juiz. Caso o Juiz tolere o atraso de alguns minutos de alguma das partes, pode estar violando o princípio da imparcialidade e de igualdade de tratamento às partes. No mesmo sentido também é a posição majoritária da doutrina[33].

Também o Tribunal Superior do Trabalho, acolhendo a jurisprudência dominante, fixou entendimento da impossibilidade do atraso das partes à audiência por meio da OJ n. 245, da SDI-I, nos seguintes termos:

> Revelia. Atraso. Audiência. Inexiste previsão legal tolerando atraso no horário de comparecimento da parte à audiência.

No nosso sentir, o atraso das partes tem de ser sopesado caso a caso, considerando os seguintes elementos:

a) o local das audiências;

b) o horário de designação;

c) a dificuldade de se chegar ao local, máxime se considerando os problemas de congestionamento do trânsito, filas para pegar o elevador do fórum.

No aspecto, reputamos correto o entendimento vazado na seguinte ementa:

> Audiência — Atraso de 1 minuto — Revelia — Inaplicável — Ausência de razoabilidade. Nada obstante inexista norma expressa que imponha margem de tolerância para eventuais atrasos, a medida do r. Juízo de origem não se coaduna com o princípio da razoabilidade, caracterizando rigor excessivo. Evidencia-se, na hipótese sob análise, a incompatibilidade entre o meio e os fins, haja vista que a medida impede o livre exercício da ampla defesa, requisito inerente à busca da verdade real, escopo do exercício da jurisdição, sobremaneira na Justiça do Trabalho. (TRT/SP – 02655003120085020046 (02655200804602004) – RO – Ac. 4ª T. 20110196060 – Rel. Paulo Augusto Camara – DOE 4.3.2011)

---

(33) Por todos, destacamos a posição de Amador Paes de Almeida: "À hora designada para a audiência devem estar presentes, além dos servidores (diretor de secretaria; oficial judiciário), o juiz, as partes, seus procuradores, se houver (observe-se que as partes podem postular independentemente de advogados — o *jus postulandi*), e as testemunhas. O parágrafo único do art. 815 da CLT concede ao juiz do trabalho uma tolerância de 15 minutos de atraso, após o que os presentes (exceto obviamente os servidores) podem retirar-se consignando-se o fato na ata de audiência. A tolerância em apreço é exclusivamente com relação ao juiz, não se estendendo às partes ou a seus advogados" (*CLT comentada*. 2. ed. São Paulo: Saraiva, 2004. p. 389).

Deve sempre o magistrado pautar-se pelo bom senso e razoabilidade na hora de avaliar o atraso. No nosso sentir, um atraso de poucos minutos deve ser avaliado de forma diferente da parte que simplesmente não compareceu.

De outro lado, ainda que se entenda que a parte não pode atrasar sequer um minuto, são direitos da parte e do advogado da parte, caso compareçam, mesmo atrasados, de ser certificado o horário do comparecimento para que possam, em eventual recurso, questionar os motivos do atraso.

Nesse sentido a seguinte ementa:

> Comparecimento atrasado da parte. Se a parte chega atrasada à audiência não deve querer justificar o seu ato com fatos que não pode provar. O caminho correto é pedir na secretaria uma certidão narrando a sua presença e o horário (RO 02950334851, Ac. 4ª T. 02960539677). José Ribamar da Costa – TRT/SP[34].

## 7. Da ausência do advogado

No Processo do Trabalho, a presença do advogado, embora seja este essencial à administração da Justiça (art. 133 da CF), não surte efeitos sem a presença da parte (art. 843 da CLT). De outro lado, em razão do *jus postulandi* da parte (art. 791 da CLT), esta não terá prejuízo processual se o advogado não comparecer, sendo certo que a eventual ausência do advogado não será motivo para adiar a audiência.

Pessoalmente não concordamos com o *jus postulandi* da parte, pois, atualmente, é praticamente impossível ao reclamante ou ao reclamado apresentar defesa e compreender a instrução processual sem a presença do advogado. No nosso sentir, a ausência do advogado gera grande prejuízo técnico à parte e pode influir, significativamente, no sucesso da demanda.

No mesmo sentido ensina *Jorge Luiz Souto Maior*[35]: "Muito embora se tenha dito que o ideal é que a parte, também no processo do trabalho, se faça acompanhar por advogado, o fato é que, legalmente falando, fazer-se acompanhar de advogado na Justiça do Trabalho é uma faculdade e não uma obrigação para a formação válida do processo. Consequentemente, o exercício dessa faculdade não pode constituir direitos para si ou para a parte contrária. Ou seja, o eventual impedimento do advogado não constitui direito para que a parte, por si ou pelo próprio advogado, requeira o adiamento da audiência".

Nesse sentido, destacam-se as seguintes ementas:

> A ausência de advogado à audiência de instrução e julgamento não enseja a nulidade do julgamento que se segue, eis que é questão sobejamente pacificada a prerrogativa das partes em conservarem o *jus postulandi* nesta Especializada (TRT – 1ª R. – 4ª T. – RO n. 24487/2001 – Rel. Célio J. Cavalcante – DJRJ 9.12.2002 – p. 181) (RDT n. 01 – janeiro de 2003).

---

(34) CARRION, Valentin. *Nova jurisprudência em direito do trabalho*. 1º Semestre de 1998, São Paulo: Saraiva, 1998. p. 491, Ementa n. 3.194.

(35) SOUTO MAIOR, Jorge Luiz. *Direito processual do trabalho*. São Paulo: LTr, 1998. p. 330.

Audiência — Ausência dos advogados — Efeitos. A realização da audiência sem a presença dos advogados das partes não implica em sua nulidade, haja vista a subsistência do *jus postulandi* das partes após a promulgação da Constituição Federal de 1988. Recurso ordinário não provido (TRT – 1ª R. – 2ª T. – RO n. 7320/97 – Rel. Juiz Aloysio Santos – DJRJ 14.12.99 – p. 101).

## 8. Da ausência do reclamante e a possibilidade de representação do empregado

O art. 843 da CLT exige a presença do reclamante na audiência, independentemente da presença de seu representante ou advogado. Já o art. 844 da CLT assevera que o não comparecimento do reclamante importa em arquivamento.

O arquivamento equivale à extinção do processo sem resolução do mérito (art. 267 do CPC), não gerando o efeito da confissão ficta ao reclamante, sendo certo que este pode renovar a pretensão, observado o lapso prescricional.

Uma vez arquivada a ação, o reclamante poderá propor novamente a reclamação trabalhista, sem necessidade de comprovação de custas processuais, caso não tenha sido beneficiado pela Justiça Gratuita. No processo do trabalho, resta inaplicável, diante da falta de sintonia com a principiologia processual trabalhista o disposto no art. 268 do CPC[36]. Nesse sentido, destaca-se a seguinte ementa:

> RENOVAÇÃO DA AÇÃO. PAGAMENTO DE CUSTAS. Não há óbice ao ajuizamento de nova ação pelo empregado que teve o processo anterior arquivado, ainda que não tenha quitado as custas processuais do mesmo. A parte final do art. 268 do CPC não se coaduna com os princípios que informam o Direito Processual do Trabalho. Recurso a que se dá provimento. (TRT/SP – 00632200901002006 – RO – Ac. 8ª T. – 20100330066 – Relª Silvia Almeida Prado – DOE 26.4.2010)

A CLT prevê uma única hipótese de o processo prosseguir sem a presença do autor. Com efeito, assevera o art. 843, § 2º, da CLT:

> Se por doença ou qualquer outro motivo ponderoso[37], devidamente comprovado, não for possível ao empregado comparecer pessoalmente, poderá fazer-se representar por outro empregado que pertença à mesma profissão, ou pelo seu sindicato.

Para alguns autores, a representação mencionada no artigo acima transcrito é eficaz tão somente para requerer o adiamento da sessão, não podendo o representante depor e confessar fato em desfavor do reclamante. Nesse sentido, destacamos, por todos, a opinião de *Valentin Carrion*[38]:

---

(36) Art. 268, do CPC: Salvo o disposto no art. 267, V, a extinção do processo não obsta a que o autor intente de novo a ação. A petição inicial, todavia, não será despachada sem a prova do pagamento ou do depósito das custas e dos honorários de advogado.

(37) Segundo Coqueijo Costa: "A Consolidação sempre se referiu a 'motivo ponderoso', que, atualmente, nas últimas edições, se transformou em 'motivo poderoso'. Ponderoso é pesado, importante, atendível, que impressiona. Poderoso é outra coisa: é o que tem poder ou exerce mando, que possui autoridade. Não há sinonímia, como se vê" (*O direito processual do trabalho e o Código de Processo Civil de 1973*. São Paulo: LTr, 1975. p. 75).

(38) Carrion, Valentin. *Comentários à Consolidação das Leis do Trabalho*. 30. ed. São Paulo: Saraiva, 2005. p. 688.

"A representação do empregado por um companheiro ou por seu sindicato é eficaz para requerer o adiamento da sessão, impedindo o arquivamento. O depoimento pessoal, entretanto, deve ser prestado pela própria parte pessoalmente (Lamarca, Ação na Justiça do Trabalho; Giglio, Direito Processual do Trabalho); impossibilitado o reclamante de comparecer, deve ser aguardada a oportunidade em que possa fazê-lo, ou ser tomado o depoimento onde se encontre. Na ação de cumprimento, se as provas se anteveem irrelevantes, a presença do sindicato, em face do texto legal, justifica o prosseguimento. Representação do empregado pelo sindicato".

No mesmo sentido, destacam-se as seguintes ementas:

> O disposto no § 2º do art. 843 da CLT visa tão somente evitar o arquivamento do processo, impondo, em caso de motivo ponderoso, o adiamento da audiência. Não autoriza a representação para todas as fases do processo, mesmo porque o depoimento é pessoal e em se tratando do empregado não pode ser prestado por interposta pessoa (TRT, 3ª R., RO 3378/92, Ac. 2ª T., 9.2.1993, Rel. Juiz Murilo de Moraes, in LTr 58-05/589).

> Ausência do reclamante — Audiência inaugural — Representação. Havendo motivo relevante, devidamente justificado, o reclamante pode se fazer substituir em audiência por outro empregado que pertença à mesma profissão ou pelo seu Sindicato, mas com a finalidade específica de adiar a sessão para evitar o arquivamento. A representação do reclamante pelo Sindicato não transfere a este legitimidade para prestar depoimento em nome do reclamante ausente, não havendo que se falar em aplicação da pena de confissão, na hipótese. A consequência está estampada no art. 844 da CLT, que determina o arquivamento da reclamação pela ausência injustificada do autor (TRT 3ª R. – 6ª T. – RO n. 481/2003.064.03.00-7 – Relª Emília Facchini – DJMG 13.11.03 – p. 15).

Não obstante o respeito que merece o entendimento acima transcrito, com ele não concordamos. Com efeito, o § 2º do art. 843 da CLT não diz que a presença do representante do empregado é limitada a apenas requerer o adiamento. De outro lado, o referido dispositivo legal fala em "representação", sendo certo que é da essência da representação que o representante pratique atos processuais no interesse do representado, presumivelmente segundo a vontade deste último. De outro lado, que utilidade teria o dispositivo legal, se a representação tivesse somente o escopo de evitar o arquivamento. Caso o autor esteja doente ou não possa comparecer, seu advogado poderá alegar o fato, e o juiz adiar a sessão, mediante comprovação do motivo no prazo assinalado pelo Juiz.

Sob outro enfoque, a lei diz que o empregado poderá fazer-se representar por outro empregado que pertença à mesma profissão ou pelo seu Sindicato, o que denota que o representante deve ter conhecimento dos fatos, já que somente um outro empregado na mesma situação do autor pode conhecer a realidade do trabalho do autor, ou o Sindicato. Se os poderes do representante fossem somente para adiar a audiência, não haveria necessidade de a lei especificar empregado da mesma profissão ou Sindicato de sua categoria. Nesse sentido é a opinião de *Wilson de Souza Campos Batalha*[39]:

"O empregado, por motivo de doença ou outra razão relevante, pode fazer-se representar por outro empregado que pertença à mesma profissão, ou pelo sindicato, desde que o depoente tenha ciência do fato. Essa ciência não necessita ser direta, ocular, podendo ser indireta, através de informações da parte interessada".

Nesse mesmo diapasão são as palavras de *Amauri Mascaro Nascimento*[40]:

"Entendem alguns doutrinadores que os representantes têm poderes apenas para evitar o arquivamento, requerendo ao juiz o adiamento da audiência. Como na lei não consta essa restrição, em princípio admite-se a representação para os efeitos normais, não só na realização da audiência como em todos os atos a ela inerentes, como depoimento pessoal, conciliação etc. Se o representante, no entanto, não tem conhecimento dos fatos, o juiz não tem outra alternativa para data na qual o reclamante possa comparecer. Se a impossibilidade de comparecimento do reclamante é prolongada, é claro que o processo não fica paralisado e os seus atos são praticados com a presença do representante. O objetivo do parágrafo 2º, da CLT é exatamente dar condições para que o juiz consiga tramitar o procedimento".

Pelo exposto, entendemos que o representante do reclamante tem poderes para confessar e transigir. Divergimos do professor *Amauri Mascaro Nascimento* quanto ao conhecimento dos fatos, pois, caso o representante não conheça os fatos, o reclamante deve sofrer os efeitos desse não conhecimento, pois foi o autor quem o indicou, à simetria do que ocorre com o preposto do empregador, cujas declarações obrigam o proponente (art. 843, § 1º, da CLT)[41]. De outro lado, como não se trata da parte, não deve o juiz encerrar a instrução probatória, caso o representante do reclamante confesse algum fato contrário ao interesse do autor, devendo prosseguir a instrução probatória, com a oitiva das testemunhas e valorção da prova no seu conjunto. A confissão, na moderna doutrina processual, já não é a rainha das provas, máxime se levada a efeito pelo representante da parte. No entanto, o Juiz do Trabalho não pode esperar que o reclamante traga um representante que saiba dos fatos adiar o processo, sucessivamente, até que seja atingido tal desiderato.

---

(39) Batalha, Wilson de Souza Campos. *Tratado de direito judiciário do trabalho.* São Paulo: LTr, 1985. p. 536.

(40) Nascimento, Amauri Mascaro. *Curso de direito processual do trabalho.* 20. ed. São Paulo: Saraiva, 2001. p. 399.

(41) No mesmo sentido se manifestam Márcio Túlio Viana e Luiz Otávio Linhares Renault: "Em geral, doutrina e jurisprudência ensinam que a representação visa apenas impedir o arquivamento da reclamatória. Assim, quando o reclamante não comparece, e manda o representante, os juízes normalmente adiam a audiência. Discordamos dessa orientação, mesmo porque a lei não distingue. A representação é ampla, isto é, o representante age como se fosse o reclamante, participando de todos os fatos da audiência: conciliação, depoimento pessoal, colheita da prova oral, razões finais orais, etc. Em outras palavras: deve-se dar ao representante do empregado o mesmo tratamento que é dispensado ao preposto do empregador" (*Manual da audiência trabalhista.* São Paulo: LTr, 1997. p. 32).

## 9. Da possibilidade de aplicação da confissão ao reclamante ausente à audiência em prosseguimento

A doutrina não é pacífica quanto à possibilidade de aplicação da confissão ao reclamante quando há ausência deste na audiência em prosseguimento, após contestada a ação (audiência de instrução).

Dispõe o art. 844 da CLT:

> O não comparecimento do reclamante à audiência importa o arquivamento da reclamação, e o não comparecimento do reclamado importa revelia, além de confissão, quanto à matéria de fato.

Para alguns autores, diante da inexistência de previsão de confissão expressa ao reclamante no art. 844 da CLT, somente se mostra cabível o arquivamento quando o autor não comparece à audiência de instrução.

*Rezend Puech*[42] sustenta a tese de que, mesmo adiada a audiência, não cabe senão o arquivamento do processo, porque a pena de confissão é prevista no processo trabalhista apenas para o reclamado e não para o não comparecimento do autor. O efeito previsto em lei é o arquivamento. Invoca interpretação histórica da lei para firmar que o anteprojeto de lei de 1932 declarava revéis ambas as partes, mas não foi aprovado, circunstância que evidencia a intenção do legislador em estabelecer critérios diferentes para ambas as partes.

Durante tempo considerável, a jurisprudência do Tribunal Superior do Trabalho foi no sentido da impossibilidade de aplicação de confissão ao reclamante em razão da redação do art. 844 da CLT e de ser característica protetiva do Processo do Trabalho a inexistência de previsão de confissão ao empregado.

O entendimento que prevaleceu na doutrina e jurisprudência, a nosso ver correto, foi no sentido da possibilidade de aplicação da confissão ao reclamante que não comparece na audiência em prosseguimento após contestada a ação, pois o que se adia é o seu prosseguimento e não a própria audiência. Além disso, já houve contestação nos autos e o próximo ato processual a praticar será o depoimento pessoal do autor. Entretanto, na ata de audiência, deve constar de forma expressa a cominação de consequência de confissão para o não comparecimento do autor, conforme o art. 343 do CPC[43], que resta aplicável ao Processo do Trabalho por força do art. 769 da CLT.

---

(42) In: NASCIMENTO, Amauri Mascaro. *Curso de direito processual do trabalho*. 24. ed. São Paulo: Saraiva, 2009. p. 517.

(43) Art. 343 do CPC: "Quando o juiz não o determinar de ofício, compete a cada parte requerer o depoimento pessoal da outra, a fim de interrogá-la na audiência de instrução e julgamento. § 1º A parte será intimada pessoalmente, constando do mandado que se presumirão confessados os fatos contra ela alegados, caso não compareça ou, comparecendo, se recuse a depor. § 2º Se a parte intimada não comparecer, ou comparecendo, se recusar a depor, o juiz lhe aplicará a pena de confissão."

Nesse sentido, destacamos a visão de *Jorge Luiz Souto Maior*[44]:

"Então, não se podendo arquivar o feito quando o reclamante não comparece à audiência de instrução e julgamento e não se podendo simplesmente negar qualquer efeito à sua ausência neste ato processual, há de se procurar no ordenamento processual a solução para o impasse, tendo sempre à mente que as regras processuais não devem servir para escravizar a atuação jurisdicional. Surge, assim, um autêntico caso de necessidade de aplicação subsidiária das regras de processo civil ao processo do trabalho, fazendo-se as adaptações pertinentes ao tipo de procedimento trabalhista. E a única solução possível, por óbvio, é a de cominar a ausência do reclamante com a confissão 'ficta', desde que tenha sido intimado, pessoalmente, com expressa advertência neste sentido, nos moldes do art. 343 do CPC, que embora diga respeito ao depoimento pessoal, deve ser aplicado subsidiariamente, para a hipótese em discussão no processo do trabalho, à falta de disposição mais específica".

O Tribunal Superior do Trabalho pacificou a questão por meio das Súmulas ns. 9 e 74, I, abaixo transcritas:

> SÚMULA N. 9 — AUSÊNCIA DO RECLAMANTE: A ausência do reclamante, quando adiada a instrução após contestada a ação em audiência, não importa arquivamento do processo.

> SÚMULA N. 74, I, DO C. TST: Aplica-se a pena de confissão à parte que, expressamente intimada com aquela cominação, não comparece à audiência em prosseguimento, na qual deveria depor.

A intepretação das referidas Súmulas do Tribunal Superior do Trabalho nos autoriza a dizer que se aplica ao reclamante a confissão se este não comparecer à audiência em prosseguimento, após contestada a ação, desde que seja intimado expressamente para a audiência de instrução e conste cominação expressa da consequência de confissão caso não compareça.

Nesse sentido, destacamos as seguintes ementas:

> Confissão ficta. Adiantamento da audiência. Ausência do demandado à audiência em prosseguimento. No processo do trabalho, a audiência de conciliação e julgamento será contínua, só podendo ser suspensa pelo Juiz-Presidente por motivo relevante ou de força maior (CLT, arts. 840, parágrafo único e 849). Por sua vez, o art. 453, I, do CPC prevê a possibilidade de adiamento da audiência por uma única vez por convenção das partes. Assim, se o recorrente, às vésperas da audiência em prosseguimento em que deveria prestar depoimento pessoal, limitou-se a apresentar petição sem a concordância da parte contrária na qual requereu seu adiamento ao único fundamento de que os litigantes estavam em vias de conciliar-se, o que não foi confirmado pela reclamante, deve ser mantida a confissão ficta corretamente aplicada ao demandado a ela injustificadamente ausente (TRT – 3ª R. – 4ª T. – RO n. 4.128/96 – Rel. Freire Pimenta – DJMG 10.8.96 – p. 25).

---

(44) SOUTO MAIOR, Jorge Luiz. *Direito processual do trabalho*. São Paulo: LTr, 1998. p. 320.

Confissão ficta aplicada à reclamante, ausente na audiência em que deveria prestar depoimento pessoal — Atestado médico. Imprestável para elidir a confissão ficta aplicada à reclamante, ausente na audiência em que deveria prestar depoimento pessoal, o atestado médico expedido na mesma data de realização da audiência de instrução processual, não declinando, contudo, o horário de atendimento, se este se deu em caráter emergencial ou de rotina, além de não atestar a necessária impossibilidade de locomoção da parte (Enunciado n. 122/TST). (TRF 10ª R. – 3ª T. – RO n.1842/2003.102.10.00-6 – Rel. Bertholdo Satyro – DJDF 21.5.04 – p. 47) ( RDT n. 6 – junho de 2004).

Ausência da parte à segunda audiência — Confissão ficta. A ausência injustificada da reclamante à audiência a qual estava intimada a prestar depoimento implica confissão ficta (Súmula n. 74 do TST). A míngua de outras provas dos fatos constitutivos do direito almejado, o pedido destina-se à improcedência. (TRT – 3ª R. – 6ª T. – RO n. 319/2006.061.03.00-2 – Rel. Ricardo Antônio Mohallem – DJ 5.10.06 – p. 17) (RDT n. 11 – novembro de 2006).

Ausência da reclamante na audiência em prosseguimento – Aplicação da confissão ficta. 1. 'Aplica-se a pena de confissão à parte que, expressamente intimada com aquela cominação, não comparecer à audiência em prosseguimento, na qual deveria depor' (Enunciado n. 74/TST). 2. Decisão regional recorrida em consonância com os Enunciados ns. 9 e 74 desta Corte. 3. Não configurada ofensa ao art. 844 da CLT, porquanto o dispositivo não se aplica à audiência em prosseguimento, mas à audiência inaugural. 4. Recurso de revista não conhecido. (TST – 5ª T. – RR n. 538592/99-8 – Rel. Min. João Batista B. Pereira – DJ 12.4.2002 – p. 621) (RDT n. 5 – maio de 2002).

Audiência de instrução – Ausência do reclamante – Confissão ficta – Enunciado n. 74/TST. Intimado o autor nos moldes do Enunciado n. 74/TST, e não tendo comparecido à audiência em que deveria prestar depoimento pessoal, é de se aplicar a confissão ficta a ele, emergindo como verdadeiros os fatos alegados na peça de defesa. Recurso parcialmente provido. (TRT – 10ª R. – 1ª T. – RO n. 4362/2001 – Relª Elaine M. Vasconcelos – DJDF 19.4.2002 – p. 93) (RDT n. 5 – maio de 2002).

## 10. Da ausência do reclamado

O art. 843 da CLT assevera que o reclamado deve comparecer em audiência, independentemente de seu patrono ou representante. Já o art. 844 do mesmo diploma legal diz que o não comparecimento do reclamado importa revelia, além de confissão quanto à matéria de fato.

Portanto, deve o reclamado comparecer pessoalmente à audiência ou nomear preposto para representá-lo, cujas declarações obrigarão o proponente.

Conforme acima mencionado, a ausência do reclamado importa revelia, além de confissão quanto à matéria de fato (art. 844 da CLT).

Enfocando o art. 844 da CLT, manifesta-se *Coqueijo Costa*[45]: "Para o reclamado o não comparecimento resulta em revelia, congeminada necessariamente com a

---

(45) COQUEIJO Costa, Carlos. *O direito processual do trabalho e o Código de Processo Civil de 1973*. São Paulo: LTr, 1975. p. 71.

confissão quanto à matéria de fato. É mais uma afirmação eloquente do caráter protecionista do Direito Processual do Trabalho também, em favor do tutelado na relação de direito material, porque a reclamada, quase sempre, é a empresa, que assim se torna suscetível de sofrer as consequências drásticas da revelia. Não há dúvida que a solução germânica, adotada pelo art. 319 do CPC, afina com a revelia do reclamado no Processo do Trabalho".

Não obstante a definição do ilustre jurista *Coqueijo Costa*, parece-nos que a CLT não utilizou a melhor técnica processual, pois a revelia é a ausência do reclamado na audiência e a confissão ficta, segundo a doutrina majoritária, é um dos efeitos da revelia. Não havia necessidade de estar consignado no art. 844 da CLT que a ausência do reclamado importa revelia, além de confissão. Pela redação do artigo parece-nos que os efeitos da revelia são distintos e cumulativos, como se a revelia não importasse confissão e a confissão ficta não decorresse da revelia.

De outro lado, a CLT não diz que há presunção de veracidade da matéria fática, tampouco confissão ficta. À primeira vista, dá-nos a impressão de que a confissão a que alude o art. 844 da CLT é a confissão real, que, segundo a doutrina clássica, é a rainha das provas.

A interpretação literal do art. 844 da CLT não pode ser aplicada, pois a revelia gera presunção de veracidade dos fatos narrados na inicial (art. 319 da CLT) e não confissão quanto à matéria de fato.

Desse modo, no nosso sentir, a revelia do reclamado importa apenas presunção relativa dos fatos narrados na inicial e não confissão.

Nesse sentido, as seguintes ementas:

> Agravo de instrumento em recurso de revista — Devolução dos descontos — Confissão — Prova relativa — Reexame de fatos e provas — Impossibilidade. A confissão ficta não possui presunção absoluta e deve sempre ser apreciada considerando-se todo o contexto probatório, notadamente, quando se trata de fato que depende de prova material nos autos. Trata-se, portanto, de matéria cuja apreciação remete ao reexame do contexto fático-probatório, não se admitindo o recurso de revista nesta hipótese. Inteligência do Enunciado n. 126 do TST. Agravo conhecido e desprovido (TST – 2ª T. – AIRR n. 613/2000.044.01.40-9 – Rel. Décio S. Daidone – DJ 12.12.03 – p. 811) (RDT n. 2 – Fevereiro de 2004).

> Confissão ficta — Efeitos. O não comparecimento da reclamada à audiência de prosseguimento importa a sua confissão quanto à matéria de fato (art. 844 da CLT). É certo, porém, que a presunção de veracidade decorrente da confissão ficta não é absoluta e cede passo à prova documental que constar dos autos (TRT 12ª R. – 1ª T. – RO-V n. 429/2003.032.12.00-7 – Relª Sandra M. Wambier – DJSC 20.5.04 – p. 157) (RDT n. 6 – junho de 2004).

Uma vez contestada a ação, não há como se reputar revel a reclamada. Caso ausente o preposto, haverá a confissão ficta nos moldes do § 1º do art. 843 da CLT e Súmula n. 74, I, do C. TST.

Por fim, cumpre destacar que o procedimento de alguns Juízes, diante da revelia do reclamado, de consignar em ata "reputa-se o reclamado confesso e aplica-se-lhe a pena de confissão quanto à matéria de fato", a nosso ver, não está correto. Portanto, diante da revelia, o Juiz deverá consignar se se aplica a revelia, cujos efeitos serão apreciados em sentença.

## 11. Nomeação de curador especial para o reclamado revel

A doutrina processual trabalhista tem-se posicionado contrária à aplicação do art. 9º, II, do CPC[46] ao Processo do Trabalho, diante da inexistência de omissão da CLT e, máxime, pela simplicidade do procedimento no Processo do Trabalho.

Para *Francisco Antonio de Oliveira*[47]:

"No processo do trabalho a citação, em quase-totalidade, é feita através de carta com registro postal. Disso resulta que a citação ou a intimação não necessita ser pessoal. Basta que a correspondência seja entregue na portaria da empresa ou na portaria do prédio onde se localiza o escritório do advogado para que tenha validade total. Poderá, ainda, ser depositada na caixa postal. Assim, compete aos interessados, diariamente, visitar a portaria do prédio ou visitar a caixa postal para que não venham a ser surpreendidos. Em havendo dúvida sobre o não recebimento, caberá ao interessado efetuar a prova do não recebimento. A verdade é que a praxe adotada há dezenas de anos vem tendo bons resultados. Menos exigente, como o art. 841, § 1º, da CLT que se o reclamado criar embaraços para o recebimento ou não for encontrado, far-se-á a citação por edital. Em havendo embaraço, poderá o juízo determinar a citação por hora certa (arts. 227 a 229 do CPC) por força do art. 769 da CLT (princípio da subsidiariedade). Inaplicável, entretanto, ao processo do trabalho a norma do processo comum de nomear-se curador à lide. Essa é a praxe que tem sido seguida e que vem dando ótimos resultados. Evidente que, se o juízo tiver alguma dúvida quanto à efetiva citação, deverá tomar providências outras para que a dúvida não subsista. Citado corretamente o revel, não vemos razão para adotar-se as normas do processo comum".

Embora a CLT não seja omissa a respeito da citação por Edital, preveja hipóteses específicas de cabimento desta modalidade de citação (arts. 841 e 852 da CLT), que a citação por Edital, no Processo do Trabalho, objetive a celeridade processual, e a intervenção do curador especial poderia provocar demora excessiva da demanda, a nosso ver, seria plenamente viável a nomeação, pelo Juiz do Trabalho, de um curador especial para o reclamado revel citado por Edital, preso, ou com hora certa, por aplicabilidade do art. 9º, II do CPC, a fim de possibilitar maior efetividade ao processo, assegurar o devido processo legal e a justiça da decisão. Para isso, seriam necessários melhor estrutura, previsão legal sobre quem atuaria como curador, instituição de uma efetiva assistência judiciária gratuita na Justiça do Trabalho a cargo do Estado e não só pelos Sindicatos para todos os litigantes, ou a nomeação de advogados dativos cadastrados para tal mister.

---

(46) "O juiz dará curador especial (...) II – ao réu preso, bem como ao revel citado por edital ou com hora certa".

(47) Oliveira, Francisco Antonio de. *Manual de audiências trabalhistas*. 2. ed. São Paulo: RT, 1999. p. 71.

## 12. Ausência do reclamante e do reclamado

Como já mencionado anteriormente, como a audiência trabalhista é una, se as duas partes não comparecerem, a demanda será arquivada por força do imperativo do art. 844 da CLT.

Se houver prosseguimento da audiência[48], ou seja, audiência de instrução, a CLT não previu a hipótese, restando a solução a cargo da doutrina e jurisprudência.

Quando há designação de audiência de instrução, as partes devem comprometer-se a comparecer para depoimentos e para tanto devem sair cientes das consequências do não comparecimento, nos termos do art. 343, § 1º, da CLT e Súmula n. 74, I, do C. TST.

Se reclamante e preposto não comparecerem, o efeito será a aplicação da confissão ficta a ambos. Como ambos foram confessos, a doutrina fixou o entendimento no sentido de que o processo deve ser solucionado à luz das regras de distribuição do ônus da prova fixadas nos arts. 818, da CLT, e 333, do CPC[49].

Embora haja a confissão ficta de ambos os litigantes, o juiz não está obrigado a encerrar de plano a instrução e julgar o processo. Se não estiver convicto para decidir, ou entender que a versão de uma ou de ambas as partes está fora da razoabilidade, poderá ouvir, conforme seu prudente arbítrio, as testemunhas que estiverem presentes, ou determinar a realização das provas que entender cabíveis nos termos dos arts. 130 do CPC e 765 da CLT.

## 13. Da ausência do reclamado e presença do advogado (Súmula n. 122 do TST)

A jurisprudência do TST tem sido rígida quanto ao comparecimento das partes à audiência[50]. Não tem tolerado o atraso[51]. Tampouco a presença do advogado tem sido acolhida para evitar os efeitos da revelia.

---

(48) Se na primeira audiência foram ouvidas ou dispensados os depoimentos pessoais, as partes não precisam comparecer à audiência seguinte, conforme o § 1º, do art. 848, da CLT.

(49) Nesse sentido, destaca-se a seguinte ementa: "EMENTA. CONFISSÃO FICTA — AUSÊNCIA DE AMBAS AS PARTES NA AUDIÊNCIA DE PROSSEGUIMENTO — CONSEQUÊNCIA. Quando os litigantes não comparecem em audiência, onde deveriam prestar depoimento, a incidência conjunta da *ficta confessio* se anula, de forma que a análise seguinte haverá que recair no encargo probatório atribuído a cada qual" (TRT 3ª Região – Proc. RO n. 6.017/94 – 2ª T. – Juiz Sebastião Geraldo de Oliveira – MG: 1.7.94).

(50) Nesse sentido, destacam-se as seguintes ementas: "AUSÊNCIA DA RECLAMADA — COMPARECIMENTO DE ADVOGADO. A reclamada ausente à audiência em que deveria apresentar defesa é revel, ainda que presente seu advogado munido de procuração" (TRT 4ª R. – RO 00085.010/98-7 – 5ª T. – rel. Juiz Ricardo Gehling – j. 28.10.1999). "AUSÊNCIA DA PARTE — PRESENÇA DO ADVOGADO — ELISÃO. No processo do trabalho, a revelia decorre da ausência injustificada do reclamado à audiência, a teor da norma contida no art. 844 da CLT — A inércia da parte não é suprida pela presença de seu advogado, ainda que munido de procuração e defesa. Prevalência da OJ n. 74, da SDI/TST — Recurso conhecido e desprovido" (TRT 10ª Região – RO 3787/99 – 1ª T. – Rel. Juiz José Ribamar O. Lima Júnior — j. 5.4.2000).

(51) OJ n. 245 da SDI-I, do C. TST: "Revelia. Atraso. Audiência. Inexiste pevisão legal tolerando atraso no horário de comparecimento da parte à audiência".

O TST sumulou, recentemente, o entendimento no sentido de que, mesmo que compareça o advogado, munido de procuração e defesa, em audiência, sem o preposto, tal situação não será suficiente para elidir os efeitos da revelia. Nesse sentido é a Súmula n. 122, do C. TST[52]:

> A reclamada, ausente à audiência em que deveria apresentar defesa, é revel, ainda que presente seu advogado munido de procuração, podendo ser ilidida a revelia mediante a apresentação de atestado médico, que deverá declarar, expressamente, a impossibilidade de locomoção do empregador ou do seu preposto no dia da audiência.

Concordamos em parte com a referida Súmula n. 122, pois, não comparecendo o empregador ou seu preposto à audiência, inegavelmente, haverá revelia, já que o art. 844, da CLT, exige a presença da parte[53], entretanto, no nosso sentir, o advogado poderá juntar a defesa e documentos que poderão ilidir os efeitos da revelia, já que houve ânimo de defesa por parte da reclamada[54].

Para *Mozart Victor Russomano*, se fôssemos aplicar o entendimento acima, em caso de ausência do reclamante, se presente seu advogado, o processo não deveria ser arquivado. Aduz o jurista[55]:

> "A jurisprudência moderna tem entendido que quando o reclamado não comparece à audiência, mas exterioriza sua intenção de se defender nos autos, enviando à mesma, por exemplo, advogado munido de procuração, não deve ser declarado revel e confesso. Tal orientação é incompreensível, em face dos claros termos do artigo precedente. Se a lei exige a presença da parte, independentemente da presença de seu representante, como vamos admitir que

---

(52) Súmula com a redação dada pela Res. n. 129/2005 – DJ 20.4.2005.

(53) Como bem adverte Tostes Malta: "A ausência do advogado da parte não tem qualquer consequência segundo a jurisprudência dominante, que reconhece às partes o *ius postulandi*" (TOSTES MALTA, Christovão Piragibe. *Prática do processo trabalhista*. 31. ed. São Paulo: LTr, 2003. p. 319).

(54) Nesse sentido, destacam-se as seguintes ementas: "Revelia. Há de ser elidida, uma vez caracterizado o ânimo de defesa, através do comparecimento à sala de audiência do patrono, portando instrumento de mandato e defesa e comparecendo o preposto pouco tempo após o término da assentada" (TRT – 1ª R. – 3ª T. – RO n. 27227/95 – Relª Juíza Nídia de A. Aguiar – DJRJ 29.6.98 – p. 163). "Ausência do reclamado em audiência inicial — Presença do advogado — Ânimo de defesa — Não decretada a revelia. A presença do advogado da parte reclamada na audiência inicial, devidamente representado e munido de defesa, afasta a revelia. A oferta da contestação evidencia a intenção de defesa da parte ausente". (TRT – 15ª R. – 4ª T. – Ac. n. 1466/2002 – Rel. Renato Burato – DJSP 14.1.2002 – p. 48). "Cassação da pena. Revela-se cerceado o direito da parte quando o advogado comparece à audiência portando defesa e documentos que foram devolvidos e é aplicada a pena máxima de revelia. A ausência da parte poderia implicar na pena de confissão, mas, admitindo-se prova em sentido contrário, não poderia deixar de ser recebida a defesa com os documentos que a acompanhavam, mesmo porque o advogado portava o competente instrumento de mandato"( TRT – 3ª R. – 1ª T. – RO 01809/95 – Rel. Marcos H. Molinari – DJMG 21.4.95 – DJMG 21.4.95 – p. 53). "Revelia. Inexiste revelia se a reclamada, mesmo ausente na audiência inicial, faz-se representar por advogado munido de instrumento de mandato e defesa" (TRT 2ª R. – 1ª T. – Ac. n. 2970258735 – Rel. Braz José Mollica – DJSP 16.6.97 – p. 44).

(55) Russomano, Mozart Victor. *Comentários à Consolidação das Leis do Trabalho*. Vol. V, 6. ed. Rio de Janeiro: José Konfino, 1963. p. 1.463-1.464.

o reclamado com procurador constituído possa eximir-se de comparecer em juízo, desde que seu advogado o faça? A substituição do reclamado só pode ser feita na forma dos parágrafos 1º e 2º do artigo anterior. Entre as pessoas aptas a serem substituídas pelo réu, no processo trabalhista, não figuram os advogados, solicitadores e provisionados. A ser assim, por um dever indeclinável de justiça e de coerência, também quando o reclamante não comparecer à audiência, mas nela estiver presente o seu advogado, o processo não será arquivado. Teremos, pois, um processo trabalhista em que as partes não comparecem, mas que marcha normalmente, porque estão presentes seus advogados. Onde fica a regra do art. 843?"

Em que pese a autoridade do referido jurista e a solidez dos argumentos mencionados, no nosso sentir, as consequências da ausência do reclamado no Processo do Trabalho são muito mais drásticas que os efeitos da ausência do autor, pois, caso este último não compareça, o processo será arquivado, podendo o reclamante, dentro do prazo prescricional, renovar sua pretensão, já que o arquivamento acarreta extinção do processo sem resolução do mérito[56]. Também, o arquivamento pode gerar consequências benéficas para o autor, vez que a jurisprudência do TST (Súmula n. 268) fixou o entendimento de que a reclamação trabalhista, ainda que arquivada, interrompe a prescrição.

Já para o réu, as consequências são pesadas, pois haverá a presunção de veracidade dos fatos narrados na inicial, o processo será julgado antecipadamente e dificilmente poderá intervir no processo antes da decisão, que em regra é prolatada na própria audiência de instrução e julgamento.

Se o advogado comparece, com procuração, defesa e documentos, deverá ser-lhe facultada a juntada em homenagem ao melhor direito, equidade[57] e aos ditames de justiça. Além disso, hodiernamente, o processo tem sido interpretado, com primazia no seu aspecto constitucional ("constitucionalização do processo"), ressaltando o seu caráter publicista[58]. Desse modo, o Juiz deve interpretar a legislação processual de forma que propicie não só a efetividade (resultados úteis do Processo) como também assegure a garantia do contraditório e acesso das partes à justiça. Nenhuma norma processual infraconstitucional é absoluta, devendo o Juiz valorar os interesses em conflito e dar primazia ao interesse que carece de maior

---

(56) Também o autor, caso beneficiário de Justiça Gratuita, não pagará as custas processuais.

(57) Ensina Caio Mário da Silva Pereira que equidade "é ideia de amenização do rigor da lei, equiparada ou aproximada ao conceito de justiça ideal, impedindo que o rigor dos preceitos se converta em atentado ao próprio direito, contra o que Cícero já se insurgia ao proclamar *summum ius, summa iniuria*" (*Instituições de direito civil*. 18. ed. Rio de Janeiro: Forense, 1996. p. 50).

(58) Ensina Júlio César Bebber: "Há uma tendência universal em atribuir caráter público ao processo, de modo que o mesmo deixe de ser considerado como instrumento para realização de interesses exclusivos das partes, libertando o juiz do seu dever de impassividade e da obrigatoriedade de conformar-se com a verdade formal, podendo, assim, investigar a verdade real, a fim de que o Estado cumpra com o dever de dar a cada um o que é seu" (*Princípios do processo do trabalho*. São Paulo: LTr, 1997. p. 441-442).

proteção. Sendo assim, não se mostra razoável que o juiz imponha carga tão pesada ao reclamado, que contratou advogado, elaborou defesa, compareceu à audiência na data aprazada e por algum motivo não justificável o preposto não compareceu.

Também cabe ao Juiz, como agente político, zelar, não só pela igualdade de tratamento às partes, mas também pela justiça da decisão. Como bem adverte *Cândido Rangel Dinamarco*[59]: "O juiz indiferente às escolhas axiológicas da sociedade e que pretenda apegar-se a um exagerado literalismo exegético tende a ser injusto, porque pelo menos estende generalizações a pontos intoleráveis, tratando os casos peculiares como se não fossem portadores de peculiaridades, na ingênua crença de estar com isso sendo fiel ao direito. O juiz moderno compreende que só lhe exige imparcialidade no que diz respeito à oferta de iguais oportunidades às partes e recusa a estabelecer distinções em razão das próprias pessoas ou reveladoras de preferências personalíssimas. Não se lhe tolera, porém, a indiferença".

*Manoel Antonio Teixeira Filho*[60] diverge da orientação dada pela Súmula n. 122 do C. TST com os seguintes argumentos:

"Com efeito, se o advogado do réu comparece à audiência, portando contestação ou pretendendo aduzi-la, oralmente, é evidente, é elementar que o réu jamais pode ser considerado revel, pois revelia traduz, exatamente, a ausência injustificada de contestação. Ora, chega a ser surrealista o entendimento de ser revel quem está desejando defender-se em juízo (...) Para resumir: o conteúdo da OJ n. 74, da SDI-I do TST, a nosso ver, é juridicamente insustentável, pelas seguintes razões: a) considera revel o réu, cujo advogado está presente à audiência inicial, regularmente munido de procuração e de contestação, ou que pretendia formular, oralmente, a defesa; b) considera confesso o réu, quando se sabe que o preposto ausente não seria interrogado naquela audiência. Daí o caráter surrealista da precitada Orientação".

## 14. Da representação do reclamado em audiência. Efeitos. Condição de empregado do preposto. Súmula n. 377 do C. TST e efeitos

Preposto vem do latim *praepostus*, de *praeponere*, que tem o significado de posto adiante, à testa de uma operação, para conduzi-la ou dirigi-la.

Ensina *George de Oliveira Nobre*[61] que preposto "é a pessoa nomeada/designada por alguém para assumir a direção ou pôr-se à frente de qualquer serviço. No setor jurídico trabalhista o termo Preposto significa o representante do empregador para representá-lo em juízo".

---

(59) DINAMARCO, Cândido Rangel. *A instrumentalidade do processo*. 12. ed. São Paulo: Malheiros, 2005. p. 239.

(60) TEIXEIRA FILHO, Manoel Antonio. *A prova no processo do trabalho*. 8. ed. São Paulo: LTr, 2003. p. 157-158.

(61) Nobre, George de Oliveira. *O preposto na Justiça do Trabalho*. São Paulo: LTr, 2000. p. 1.

Para *Melchíades Rodrigues Martins*[62]: "O preposto, no âmbito da Justiça do Trabalho, é aquela pessoa indicada pelo empregador para ser seu representante em juízo trabalhista e suas declarações, favoráveis ou desfavoráveis ao desfecho do processo, serão tidas como sendo do próprio preponente".

A CLT disciplina a matéria no § 1º do art. 843, que tem a seguinte redação: "É facultado ao empregador fazer-se substituir pelo gerente, ou qualquer outro preposto que tenha conhecimento do fato, e cujas declarações obrigarão o preponente".

Analisando-se o § 1º do art. 843 da CLT, constata-se que a nomeação de preposto é faculdade do empregador. Portanto, a preposição é voluntária, entretanto, as declarações do preposto vincularão o proponente. De outro lado, a lei exige que o preposto tenha conhecimento dos fatos, ainda que não os tenha presenciado. Basta que tenha ciência dos fatos pessoalmente ou por informações de terceiros. Não obstante, não encerra penalidade específica para esse desconhecimento. Entretanto, são pacíficas tanto a doutrina como a jurisprudência no sentido de que o desconhecimento dos fatos pelo preposto acarreta a confissão ficta, nos termos dos arts. 345 e 348 e seguintes do CPC.

Nesse sentido, destacam-se as seguintes ementas:

> Preposto. Conhecimento dos fatos por terceiro. O preposto não precisa ser empregado, nem seu conhecimento dos fatos, embora exigível, deve necessariamente ser pessoal e direto (TRT – 8ª R. – RO 535/85 – Rel. Juiz Roberto Araújo de Oliveira Santos, LTr 50(2):223, Fev./86. In: MARQUES, Gérson. *Processo do Trabalho Anotado*. São Paulo: RT, 2001. p. 287).

> Conhecimento dos fatos por documentos da empresa. A alegação do preposto de que conhece os fatos ou informações do chefe imediato do reclamante por documentos da empresa não autoriza, por si só, a aplicação de pena de confissão ficta. Desimporta que o preposto não tenha estado fisicamente presente aos fatos, desde que conheça os mesmos, ainda que por via indireta (TRT – 4ª R. – RO-RA 124/92 – Ac. 1ª T. – Rel. Juiz Fabiano de Castilho Bertolucci – LTr 58 (10):1164).

A praxe forense trabalhista e a jurisprudência consagraram a necessidade de o preposto apresentar a Carta de Preposição em audiência. Embora a lei não exija que o preposto apresente carta de preposição, a praxe trabalhista consagrou tal obrigatoriedade em razão das consequências que a atuação do preposto em audiência pode acarretar ao empregador[63].

---

(62) Martins, Melchíades Rodrigues. *O preposto e a representação do empregador em juízo trabalhista e órgãos administrativos*. São Paulo: LTr, 2002. p. 14.

(63) Em sentido contrário, as seguintes ementas: "O parágrafo primeiro do art. 843 da CLT não exige a apresentação de carta de preposição, formalidade que resulta, tão somente, de uma equivocada e vacilante construção jurisprudencial. Recurso conhecido e provido" (TRT – 10ª R. – 3ª T. – Ac. n. 2691/95 – Rel. Juiz Mascarenhas Borges – DJDF 10.8.95 – p. 10.900). "Inexiste obrigatoriedade legal de apresentação de documento autorizativo para que o preposto represente o empregador. Tornando-se este obrigado pelas declarações do preposto, é de sua inteira responsabilidade a correta indicação de seu representante nas audiências" (TRT – 10ª R. – 3ª T. – Ac. n. 2231/95 – Rel. Juiz Dorival Lupiano – DJDF 7.7.95 – p. 9.564).

Caso o preposto não apresente a Carta de Preposição, pensamos que deva o Juiz do Trabalho conceder prazo para que o reclamado providencie sua juntada aos autos, com suporte no art. 13 do CPC, que assim dispõe:

> Verificando a incapacidade processual ou a irregularidade da representação das partes, o juiz, suspendendo o processo, marcará prazo razoável para ser sanado o defeito. Não sendo cumprido o despacho dentro do prazo, se a providência couber: I – ao autor, o juiz decretará a nulidade do processo; II – ao réu, reputar-se-á revel; III – ao terceiro, será excluído do processo.

Nesse sentido, destacamos a seguinte ementa:

> A ausência de carta de preposição representa vício sanável, devendo o magistrado conferir prazo à parte para que providencie o documento, e não aplicar-lhe a revelia, vez que esta somente se caracteriza pela ausência de defesa, total inércia, indiferença ao processo. Cerceamento de defesa configurado. (TRT – 6ª R. – 1ª T. – RO n. 6207/97 – Rel. Joaquim da Costa Filho – DJPE 15.1.98 – p. 29).

O preposto representa o empregador em audiência, podendo praticar todos os atos processuais de representação neste ato processual.

Caso o reclamado não tenha advogado, poderá o preposto apresentar defesa oral, realizar reperguntas para o reclamante e as testemunhas, aduzir razões finais (art. 791 da CLT), e realizar propostas de acordo. Deve, outrossim, caso entenda o juiz, prestar depoimento (art. 848 da CLT).

A preposição exaure-se na audiência. Desse modo, o preposto não poderá praticar outros atos processuais no processo, como os recursos.

Nesse sentido, bem adverte *Domingos Sávio Zainaghi*[64]:

> "O preposto detém todos os poderes cabíveis ao empregador, o qual, pelo simples fato de tê-lo nomeado, outorga-lhe amplos poderes para representá-lo, só que esta representação fica limitada à audiência em que compareceu. Logo, se o preposto comparece na primeira audiência e não na segunda, seus poderes se exaurem naquela; se comparecer na segunda sessão, não há necessidade de nova carta de preposição, bastando mencionar que já fora preposto na audiência anterior".

No mesmo diapasão, a seguinte ementa:

> PREPOSTO — INEXISTÊNCIA DE LEGITIMIDADE PARA RECORRER. O preposto somente está autorizado a substituir o empregador na audiência de instrução e julgamento. O artigo oitocentos e quarenta e três, parágrafo segundo da CLT, não legitima o preposto a recorrer em nome da parte. (TST – E-RR 4.920/1984 – (Ac. SDI) – Rel. Min. Guimarães Falcão – DJU 29.9.1989, p. 15.229)[65].

---

(64) ZAINAGHI, Domingos Sávio. O preposto da empresa e sua atuação na Justiça do Trabalho. In: *Síntese Trabalhista*. Rio Grande do Sul: Síntese, 2001. p. 7.

(65) MARTINS, Melchíades Rodrigues. *Op. cit.*, p. 27.

Mostra-se polêmica a seguinte questão. Deve o preposto ser empregado da reclamada?

A CLT não prevê tal exigência, conforme o art. 843, § 1º, mencionado anteriormente. Desse modo, muitos doutrinadores sustentam a desnecessidade de o preposto ser empregado da reclamada, podendo o empregador fazer-se representar em audiência por qualquer preposto que tenha conhecimento dos fatos. Caso o preposto não saiba dos fatos, o empregador correrá o risco da confissão.

Dentre os argumentos apontados pela doutrina, que entende ser desnecessária a condição de empregado do preposto, destacamos:

a) falta de previsão legal, pois o art. 843, § 1º, da CLT não exige que o preposto seja empregado;

b) obstar o acesso à justiça do empregador, que não pode nomear empregado para representá-lo em juízo;

c) uma pessoa próxima ao empregador pode conhecer com maior riqueza de detalhes os fatos da relação de emprego do que um empregado;

d) risco exclusivo do empregador em nomear preposto que não saiba dos fatos.

Dentre os doutrinadores que defendem que o preposto não necessita ser empregado do reclamado, destacam-se:

*José Augusto Rodrigues Pinto*[66]:

"Nossa modesta reflexão nos posiciona firmemente com a ideia que a única exigência posta na lei para a validade da preposição do empregador é de que o preposto tenha conhecimento do fato, ou seja, tenha aptidão para informar corretamente ao Juízo sobre a lide, a fim de facultar-lhe a formação do convencimento para decidir. Vamos até mais além. A contraposição entre a liberalidade evidente em relação ao empregador, e as restrições feitas ao empregado, para nomear preposto, serve de exemplo da influência exercida sobre a legislação processual pelo princípio da proteção do economicamente fraco. Envolvendo a preposição os riscos da confissão pelo inexato conhecimento dos fatos, ou por sua ignorância, a lei trabalhista buscou proteger o empregado da má escolha, mostrando-se indiferente à do empregador, que não é destinatário da tutela do Direito do Trabalho".

*Amauri Mascaro Nascimento*[67]:

"A lei não impõe como requisito que o preposto seja vinculado ao empregador, que representa mediante relação de emprego. As fundamentações, embora

---

(66) RODRIGUES PINTO, José Augusto. *Processo trabalhista de conhecimento*. 7. ed. São Paulo: LTr, 2005. p. 403.

(67) NASCIMENTO, Amauri Mascaro. *Curso de direito processual do trabalho*. 21. ed. São Paulo: Saraiva, 2001. p. 323.

não muito sólidas, permitem concluir que a representação por não empregado facilitaria uma verdadeira advocacia de não advogados, isto é, dos prepostos, que seriam tanto os próprios advogados como os contadores ou outra pessoa experiente. Poderia surgir também uma verdadeira 'profissão de preposto', permitida a presença do advogado não empregado como preposto. O advogado nem sempre tem conhecimento detalhado dos fatos, em especial quando acumula elevado número de processos trabalhistas, daí por que o seu depoimento pessoal seria em muitos casos pouco elucidativo".

*Melchíades Rodrigues Martins*[68]:

"(...) ainda que o legislador tivesse objetivado que o preposto seja empregado para representar o reclamado, tal fato não foi mencionado na regra normativa, e onde a lei não distingue não cabe ao intérprete distingui-la, sobretudo quando está em jogo direitos dos mais lídimos que é a defesa ampla e o contraditório que são garantias asseguradas pela Carta Magna (art. 5º, LV). Importante também assinalar que 'o jurista há de ter sempre diante dos olhos o fim da lei, o resultado que quer alcançar na sua actuação prática; a lei é um ordenamento de protecção que entende satisfazer certas necessidades, e deve interpretar-se no sentido que melhor responda a esta finalidade, e portanto em toda a plenitude que assegure tal tutela'. E a finalidade posta no parágrafo único do art. 843, da CLT, é no sentido de que o empregador compareça à audiência para se defender, ou então que nomeie o seu representante que tenha conhecimento dos fatos sobre os quais versam o litígio, o qual falará em seu nome e se obrigará pelas suas declarações".

No mesmo sentido, destacam-se as seguintes ementas:

> O empregador pode se fazer representar por quem não seja seu empregado, conquanto seja necessário o conhecimento dos fatos controvertidos, ainda que a assimilação respectiva não se opere *in loco*. Tal circunstância, todavia, não desqualifica o depoimento, vez que a apreensão de informações pode se efetuar através de análise de documentos ou diálogo com o empregador, entre tantos meios. Outra não pode ser a inteligência da regra contida no parágrafo primeiro do art. 843 da CLT sob pena de se obstar a eficácia da regra constitucional da defesa facultada à parte, cuja amplitude não pode ser postergada ou sequer restringida. Se o texto da lei ordinária é ambíguo, sua exegese deve se harmonizar com a ampla defesa constitucionalmente assegurada (TRT – 3ª R. – 2ª T. – RO n. 16341/95 – Relª Mônica S. Lopes – DJMG 29.3.96 – p. 39).

> Preposto. À luz do art. 843, § 1º, da CLT, o empregador pode ser representado em audiência por qualquer pessoa, inclusive autônoma, como preposta. A lei não alude à necessidade de que o preposto seja sócio, diretor ou empregado do representado. A exigência legal concerne tão somente a que o preposto esteja inteirado dos fatos controvertidos. Recurso ordinário a que se dá provimento para anular o processo, por vício procedimental, determinando a reabertura da instrução processual. (TRT – 9ª R. – RO n. 03873/94 – Rel. Juiz Oreste Dalazen – DJPR 13.10.95 – p. 45).

---

(68) MARTINS, Melchíades. *O preposto e a representação do empregador em juízo trabalhista e órgãos administrativos.* São Paulo: LTr, 2002. p. 57.

Os que entendem que o preposto deve ser empregado do reclamado elencam, entre outros, os seguintes fundamentos: a) necessidade efetiva de o preposto conhecer os fatos que se passam na empresa; b) princípio da oralidade do processo do trabalho; c) busca da verdade real no processo do trabalho, uma vez que o empregado preposto tem potencialmente maiores possibilidades de relatar a realidade do contrato de trabalho; d) evitar a "indústria" de prepostos profissionais; e) moralização do processo do trabalho.

Dentre os autores que sustentam a tese de que o preposto necessita ser empregado, destacam-se:

*Francisco Antonio de Oliveira*[69]:

"Existem duas correntes sobre o tema. Uma que aceita que funcione como preposto pessoa que não seja empregada da empresa, desde que tenha conhecimento dos fatos. Assim, o contador de várias empresas poderia funcionar como preposto daquelas empresas, pois que certamente teria conhecimento dos fatos. Pesa contra essa corrente o fato de incentivar-se a criação de verdadeira 'profissão de prepostos', com pessoas não comprometidas com a verdade. A segunda corrente exige que a preposição seja exercida somente por empregado da empresa. A exigência é salutar, já que a possibilidade de o empregado tomar conhecimento dos fatos pessoalmente é maior, enquanto o indivíduo não empregado teria que abeberar-se das informações do empregador, que as transmitiria do modo que lhe fosse mais conveniente. Todavia, a lei não exige que o preposto tenha conhecimentos pessoais dos fatos. Poderá adquiri-los por outros meios, v. g., relatórios, ou mesmo por intermédio do patrão".

*Jorge Luiz Souto Maior*[70]:

"Somente assim se poderão contrastar os reais pontos de divergências porventura existentes no conflito. Desse modo, o preposto em questão deverá, obrigatoriamente, ser empregado do reclamado, e mais, não poderá ser qualquer empregado, mas um que tenha conhecimento dos fatos discutidos na causa, não por ter deles ouvido falar, mas porque tinha uma relação direta com o reclamante no dia a dia da relação de emprego. Não se trata de equiparar o preposto a uma testemunha, mas de exigir que ele se preste a esclarecer as questões debatidas, concretamente, no conflito, impedindo-se a prática de certos prepostos que apenas expõem, abstratamente, os 'normais' procedimentos administrativos adotados na empresa. Desse modo, igualmente, elimina-se a prática corriqueira de prepostos profissionais, pois um único empregado não terá condições de se inteirar concretamente de todos os conflitos trabalhistas

---

(69) OLIVEIRA, Francisco Antonio de. *Comentários à Consolidação das Leis do Trabalho*. 3. ed. São Paulo: RT, 2005.

(70) SOUTO MAIOR, Jorge Luiz. *Direito processual do trabalho:* efetividade, acesso à justiça. Procedimento oral. São Paulo: LTr, 1998. p. 255.

que envolvem a empresa. Um preposto deste tipo (o profissional), além disso, é fator de obstáculo ao acesso à ordem jurídica justa, pois ocasiona um desequilíbrio na relação processual, já que no outro polo da lide encontra-se o empregado com todas as limitações que uma pessoa diretamente envolvida no conflito acaba, de um modo ou de outro, apresentando".

No mesmo sentido, destacamos as seguintes ementas:

> Cerceamento de defesa — Revelia e confissão — Preposto — Exigência da condição de empregado. Nos termos do entendimento consagrado na Súmula n. 377 desta Corte uniformizadora, exceto quanto à reclamação de empregado doméstico, o preposto deve ser necessariamente empregado do reclamado. Inteligência do art. 843, § 1º, da CLT . Não configura cerceamento de defesa a aplicação de revelia e confissão à reclamada que não se fez representar na audiência de instrução por empregado preposto, mas tão somente por advogado procurador da parte. A garantia constitucional do direito à ampla defesa não exime o litigante da observância das formalidades previstas em lei. Recurso de revista a que não se conhece (TST – 1ª T. – RR n. 1.110/2004.003.06.00-7 – Rel. Lelio Bentes Corrêa – DJ 14.12.07 – p. 945) (RDT n. 02 – fevereiro de 2008).

> Existência de vínculo empregatício com o empregador. Inteligência do § 1º do art. 843 da CLT. O preposto que pode substituir o empregador em juízo há de ser necessariamente seu empregado, pois o § 1º do art. 843 consolidado não faculta a representação por pessoa despida de tal condição, ainda que tenha conhecimento dos fatos. Consectário da ilegitimidade de representação é a confissão quanto à matéria fática alegada pelo postulante, eis que equivalente ao desconhecimento dos fatos pelo preposto. Recurso conhecido e desprovido (TRT – 23ª R. – TP Ac. n. 108/96 – Relª Juíza Mª Berenice – DJMT 16.4.96 – p. 9). Preposto — Exigência da condição de empregado. Exceto quanto à reclamação de empregado doméstico, o preposto deve ser necessariamente empregado do reclamado. Inteligência do art. 843, § 1º, da CLT. Revista parcialmente conhecida e provida (TST – 2ª T. – RR – 404763/97-9 – Rel. Min. Moacyr Roberto T. Auersvald – DJ 20.11.98 – p. 197) (RDT 12/98, p. 53).

> Confissão — Preposto — Empregado. A melhor interpretação que se extrai do art. 843, § 1º, da CLT é aquela segundo a qual o preposto deve ser empregado do reclamado. Quando representado, em juízo, por preposto não empregado, está sujeito à confissão. Entretanto, esta modalidade de confissão era presunção apenas *juris tantum*, não impedindo o julgador de examinar outros elementos de prova para firmar seu convencimento. O reclamado, dono da obra, fez-se representar por pessoa que o juízo de primeiro grau reconheceu como empreiteiro e responsável pela contratação do autor, inclusive baseado na própria confissão deste. Na situação concreta em que fora afastada a responsabilidade do reclamado pela contratação do reclamante, a confissão daquele não beneficia este. Revista conhecida e não provida (TST – 3ª T. – RR n. 283935/96-9 – Rel. Min. Antônio Fábio Ribeiro – DJ 5.2.99 – p. 229) (RDT 3/99 – p. 73).

> Preposto — Confissão. O art. 843, § 1º, da CLT, traz a exigência de que o preposto seja empregado da empresa, e ainda que o mesmo deve ter conhecimento dos fatos da causa. Assim, não cabe ao intérprete fazer restrição onde a lei não o faz, donde entendo inadmissível que a empresa se faça substituir por seu representante comercial, razão por que irregular a representação da reclamada na hipótese, o que implica na

aplicação da revelia e confissão ficta à ré, na forma do art. 844/CLT. Neste sentido a Orientação Jurisprudencial n. 99/TST (TRT – 10ª R. – 2ª T. – RO n. 3842/99 – Relª Juíza Flávia S. Falcão – DJDF 30.6.2000 – p. 22) (RDT 07/00 – p. 60).

O TST pacificou a questão por meio da Súmula n. 377, recentemente alterada, dispondo:

> PREPOSTO. EXIGÊNCIA DA CONDIÇÃO DE EMPREGADO — Exceto quanto à reclamação de empregado doméstico, ou contra micro ou pequeno empresário, o preposto deve ser necessariamente empregado do reclamado. Inteligência do art. 843, § 1º, da CLT e do art. 54 da Lei Complementar n. 123, de 14 de dezembro de 2006.

No nosso sentir, embora a lei não exija que o preposto seja empregado, a interpretação teleológica e sistemática dos arts. 843 e 844 da CLT em cotejo com o princípio da oralidade nos sinaliza no sentido de que, efetivamente, o preposto deva ser empregado para que conheça os fatos da causa e facilite o acesso do juízo aos fatos pertinentes e relevantes do processo.

Por isso, concordamos com a Súmula n. 377 do C. TST, pois propicia que o Juiz do Trabalho possa, potencialmente, conhecer melhor a realidade do contrato de trabalho, uma vez que de suma importância o depoimento pessoal da parte para o processo do trabalho, que, acima de tudo, é um "processo de partes". Além disso, moraliza o processo, evitando o ingresso de *prepostos profissionais* que, ao invés de esclarecer os fatos, vem a juízo com a preocupação precípua de defender os interesses do empregador.

Desse modo, à luz da Súmula n. 377, do TST, salvo para o empregador doméstico e para as microempresas, o preposto, além da Carta de Preposição, deve comparecer à audiência com a CTPS. Caso não porte a Carteira de Trabalho, deverá o Juiz conceder prazo para juntada, nos termos do art. 13 do CPC.

Quanto ao doméstico, o empregador na verdade é a entidade familiar. Desse modo, qualquer pessoa da família pode atuar como preposto. De outro lado, se houver outros empregados na residência, é conveniente que o empregado figure como preposto. Por isso, pensamos correta a Súmula n. 377 no aspecto. Nesse sentido, as seguintes ementas:

> Representação em juízo — Representação da família, em audiência — Não aplicação dos efeitos da confissão. A interpretação razoável do art. 843, § 1º, da CLT, é de que o empregador (pessoa jurídica) pode se fazer substituir por preposto (empregado), cuja missão é prestar declarações que o vincularão para fins de confissão, devendo, por isso, ter conhecimento acerca dos fatos deduzidos na relação processual. Todavia, em se tratando de empregador equiparado ao doméstico, estando regularmente representado pelo cônjuge, face à peculiaridade da semelhança do trabalho com o conceito de empregador doméstico. Assim, possível a representação em juízo pela esposa do reclamado, como verificado presentemente. Recurso não provido (TRT – 15ª R. – 5ª T. – ROPS n. 882/2005.026.15.00-7 – Rel. José Antônio Pancotti – DJ 6.10.06 – p. 46) (RDT n. 11 – novembro de 2006).

> Preposição em reclamatória trabalhista de empregado doméstico. Admissibilidade dela recair em qualquer dos membros da família. Em se tratando de reclamatória

trabalhista intentada por pretenso empregado doméstico, é lícito ao marido ou à mulher, dependendo de quem for o demandado, indicar, como preposto, qualquer outro membro da família, por ser essa, e não o casal, o verdadeiro destinatário dos serviços prestados. (TRT – 15ª R. – 1ª T. – Ac. n. 7650/96 – Rel. Barros Levenhagen – DJSP 22.4.96 – p. 81).

Para as micro e pequenas empresas, a lei não exige a condição de empregado do preposto. Com efeito, dispõe o art. 54, da LC n. 123, de 14.12.06:

> É facultado ao empregador de microempresa ou de empresa de pequeno porte a fazer-se substituir ou representar perante a Justiça do Trabalho por terceiros que conheçam dos fatos, ainda que não possuam vínculo trabalhista ou societário.

Tem por objetivo o referido dispositivo facilitar o acesso à justiça das pequenas e microempresas em razão do número reduzido de empregados que possuem. Não obstante, o preposto dessas empresas, ainda que não empregado, deve conhecer os fatos (art. 843, § 1º, da CLT). Nesse sentido, a seguinte ementa:

> Preposto de pessoa física ou de empresa individual. O empregador, pessoa física ou empresa individual, pode fazer-se substituir por preposto, consoante § 1º do art. 843 da CLT. Onde a lei não distingue, não cabe ao intérprete distinguir (TRT/SP n. 02970161790 – Ac. 8ª T. – n. 02980164229 – Rel. Raimundo Cerqueira Ally – DOE 17.4.98) (RDT 10/98 – p. 49).

Em se tratando de controvérsias que não envolvam a relação de emprego (EC n. 45/04), pensamos não ser exigível a condição de empregado do preposto, uma vez que não se está discutindo vínculo de emprego, bastando apenas que o preposto conheça os fatos referentes à relação de trabalho discutida no processo.

Desse modo, estamos de acordo com a Súmula n. 377 do TST, com um pequeno ajuste, qual seja: para as controvérsias decorrentes da relação de trabalho, ou seja, *as que não envolvem a relação de emprego, o preposto não necessita ser empregado do reclamado.*

Quando estiverem no polo passivo, várias empresas do mesmo grupo econômico, pensamos, a despeito de opiniões em sentido contrário, poderão se fazer representar por um único preposto, uma vez que o grupo econômico é considerado empregador único, nos termos da Súmula n. 129 do C. TST.

Se a empresa estiver inativa ou em estado de encerramento, sem empregados, poderá, no nosso sentir, se fazer representar por preposto que não seja empregado, aplicando-se aqui as regras de razoabilidade e proporcionalidade no caso concreto. Entendimento contrário, praticamente, conforme a experiência nos tem demonstrado, inviabiliza o acesso à justiça do empregador (art. 5º, LV, da CF).

Quanto ao advogado acumular a função de preposto, pensamos que tal não é possível, pois, embora não haja proibição legal expressa, o Código de Ética da OAB proíbe tal cumulação. Além disso, o advogado tem dever legal de sigilo com o cliente, o que prejudica a finalidade do depoimento pessoal e a investigação dos fatos da causa pelo Juízo.

## 15. Efeitos processuais da representação do empregador por preposto que não ostenta a qualidade de empregado

Para os processos em que se discute relação de emprego, alguns autores sustentam a tese de que, se o preposto não ostentar a condição de empregado, deve ser aberto prazo para a irregularidade ser sanada, aplicando-se o art. 13 do CPC.

Nesse sentido a posição de *Raymundo Antonio Carneiro Pinto*[71]:

"Comparecendo à audiência um preposto que não é empregado (salvo o caso de ação de doméstico) e ficando patente o *animus* da empresa em defender-se, consideramos arbitrário decretar-se, de imediato, a revelia. Com base no art. 13 do CPC, deve o juiz conceder um prazo razoável para a parte sanar a representação".

Outros argumentam que o Juiz do Trabalho deve decretar a revelia, pois, se o preposto não é empregado, ele não representa o empregador e, portanto, os efeitos são os mesmos do não comparecimento do empregador em audiência.

Nesse sentido, destacamos a seguinte ementa:

EMENTA: PREPOSTO NÃO EMPREGADO. REVELIA. Nos termos do disposto no art. 843, § 1º, do Estatuto Consolidado, o preposto deve ser empregado da reclamada, salvo nos casos de trabalhador doméstico ou micro e pequeno empresário, por previsão da Lei Complementar n. 123/06. Inteligência da Súmula n. 377 do C. TST. Recurso ao qual se nega provimento. (TRT/SP – 00441004920075020055 (00441200705502003) – RO – Ac. 17ª T. 20110228973 – Relª. Soraya Galassi Lambert – DOE 02/03/2011).

No nosso entendimento, mesmo que o preposto não seja empregado, não há como se decretar a revelia[72] do reclamado, pois o preposto, efetivamente, compareceu à audiência, e a revelia, no processo do trabalho, está vinculada ao fato do não comparecimento da parte na audiência. O fato de o preposto não ser empregado acarreta *confissão ficta* da reclamada, mas não revelia, pelo fato de não conhecer os fatos. Sendo assim, o conhecimento dos fatos é pertinente à fase probatória e não à questão de representação processual. Portanto, inaplicável se mostra o art. 13 do CPC.

Sob outro enfoque, como se trata de confissão ficta, não deve o juiz encerrar prematuramente a instrução processual e prosseguir na dilação probatória, pois o conjunto probatório pode elidir a confissão ficta.

---

(71) CARNEIRO PINTO, Raymundo Antonio. *Súmulas do TST comentadas*. São Paulo: LTr, 2005. p. 333.

(72) No sentido da aplicação da revelia, destaca-se a seguinte ementa: "Preposto não empregado — Inadmissibilidade — Revelia. Provado nos autos que a pessoa indicada como preposta é mera estagiária de direito no escritório do procurador da reclamada, alegando conhecimento dos fatos articulados na inicial por informação e para o desempenho de suas funções, enquanto estagiária, além de declarar que não é empregada da empresa, confirma-se a decretação da revelia e a consequente aplicação da pena de confissão, nos termos da Orientação Jurisprudencial estratificada nos Precedentes da SDI/TST ns. 74 e 99" (TRT – 3ª R. – 2ª T. – RO n. 1871/98 – Rel. Juiz Rogério V. Ferreira – DJMG 20.11.98 – p. 13) (RDT 12/98 – p. 53).

Nesse sentido, destacamos as seguintes ementas:

Confissão ficta. O desconhecimento dos fatos pelo preposto para a cominação do art. 843, § 1º da CLT, não se confunde com a hipótese de o mesmo prestar declarações não condizentes com a prova documental. A penalidade processual deve ser interpretada restritivamente. Justa causa. Prova. A justa causa, fato extintivo do direito do autor, deve ser convenientemente provada, ônus a cargo da reclamada (art. 818/CLT c/c art. 333, II, CPC), do qual não se desincumbiu, razão pela qual deve ser afastada a falta imputada à empregada. Comissionista. Pedido de horas extras. Descabimento. Empregado que recebe salário à base de comissões não faz jus a horas extras, mas apenas ao adicional pelo trabalho em jornada suplementar, a ser calculado sobre o valor das comissões percebidas no período extraordinário (aplicação do entendimento erigido nos Enunciados ns. 56 e 340/TST) (TRT – 10ª R. – 2ª T. – Ac. n. 2980/96 – Rel. Juiz Braz H. de Oliveira – DJDF 10.1.97 – p. 168).

Confissão ficta — Preposto não empregado — Aplicabilidade. Correta a aplicação da pena de confissão ficta, não apenas pelo fato de o preposto não ser empregado da reclamada, mas principalmente porque este reconheceu ter iniciado a função de gerente em data bastante posterior à dos fatos controvertidos, o que revela não ter ele conhecimento da matéria discutida no feito (TRT – 3ª R. – 1ª T. – RO n. 632/2005.017.03.00-1 – Rel. Marcus Moura Ferreira – DJ 11.11.05 – p. 5) (RDT n. 2 – Dezembro de 2005).

Processo. Confissão da reclamada. Uma das condições essenciais para o preposto atuar em juízo é que tenha conhecimento dos fatos versados no contraditório. A forma da ciência é irrelevante (simples relatório verbal) posto não se tratar de testemunha. Ao declarar que ignora esses fatos faz com que se considere a confissão da ex-empregadora. Regime de compensação de horas. Acordo tácito. O direito pátrio admite, mediante prévio acordo escrito, não sendo admitido acordo tácito. E.108. RR 115.652/94 (TRT 2ª R. – 6ª T. – Ac. n. 2960313830 – Rel. Carlos F. Berardo – DJSP 3.7.96 – p. 38).

Confissão — Preposto — Empregado. A melhor interpretação que se extrai do art. 843, § 1º, da CLT é aquela segundo a qual o preposto deve ser empregado do reclamado. Quando representado, em juízo, por preposto não empregado, está sujeito à confissão. Entretanto, esta modalidade de confissão era presunção apenas *juris tantum*, não impedindo o julgador de examinar outros elementos de prova para firmar seu convencimento. O reclamado, dono da obra, fez-se representar por pessoa que o juízo de primeiro grau reconheceu como empreiteiro e responsável pela contratação do autor, inclusive baseado na própria confissão deste. Na situação concreta em que fora afastada a responsabilidade do reclamado pela contratação do reclamante, a confissão daquele não beneficia este. Revista conhecida e não provida (TST – 3ª T. – RR n. 283935/96-9 – Rel. Min. Antônio Fábio Ribeiro – DJ 10.2.99 – p. 229) (RDT 3/99 – p. 73).

# Capítulo XIII
# Da Revelia no Direito Processual do Trabalho

## 1. Introdução

A revelia é um instituto processual que sempre desafiou a doutrina e a jurisprudência. Apesar de a discussão ter grande relevo teórico, o tema tem enfoque prático, pois, diariamente, na Justiça do Trabalho, o Juiz enfrenta a angústia de ter de julgar processos à revelia e, muitas vezes, depara-se com pretensões fora da razoabilidade ou não resta convencido quanto à verossimilhança das alegações. De outro lado, muitas vezes o Juiz se depara com pedidos excessivos, decorrentes da expectativa da parte de que ocorra a revelia.

Na Justiça do Trabalho, constantemente, o reclamado revel sofre os pesados efeitos de uma condenação julgada à revelia e, muitas vezes, a decisão contém injustiça manifesta. O autor, por sua vez, fica frustrado com o não comparecimento do réu e a expectativa de não encontrá-lo para executar a futura decisão.

A doutrina designa a expressão contumácia para a inatividade das partes quando há o chamamento judicial para comparecimento em juízo. A revelia é a contumácia do réu em não atender ao chamado judicial para defender-se.

No nosso sentir, a revelia não é rebeldia, pena ou ônus para o réu. "Trata-se de uma preclusão qualificada que gera uma situação processual (fato processual) decorrente da inatividade do réu em oferecer resposta à pretensão do autor que acarreta consequências processuais favoráveis ao demandante e desfavoráveis ao demandado."

Alguns chegam a dizer que, quando há o julgamento à revelia, há uma decisão fictícia ou até mesmo ausência de jurisdição.

Não temos dúvida de que a melhor forma de compreender a lide é por meio da atividade das partes, tanto que o Direito Processual do Trabalho, assim como o Direito Processual Civil, adotam o princípio da oralidade. Também é com a presença das partes que, muitas vezes, se atinge uma solução consensual para o conflito, ou se chega mais próximo da realidade do litígio.

A necessidade de intervenção do réu no processo, conforme nos mostra a história, dependeu da evolução da natureza jurídica do processo. Antigamente, quando se entendia que o processo tinha natureza jurídica privada, o comparecimento do réu era fundamental[1]. Hoje, praticamente, em todas as legislações, o processo tem natureza jurídica pública, o que faz a jurisdição atuar mesmo sem a presença do demandado.

O tema da revelia sempre atormentou os operadores do direito. Conforme *Calmon de Passos*[2]: "O comparecimento e a atuação do réu, em juízo, sempre foram objeto de preocupação no campo do direito. Nos primeiros tempos de Roma, não se conheceu o processo à revelia. Resultado de uma convenção, *a litiscontestatio* exigia a presença das partes litigantes, pelo que se conferia ao autor o poder de obrigar o réu a vir a juízo, mediante o emprego da força *(manus injectio)*, salvo se apresentasse um garante, o *vindex*, que, segundo parece, se obrigava a assegurá-la. Ao emprego da força, entretanto, devia preceder o simples convite para comparecimento em juízo. Só no caso de desatendimento autorizava-se a violência, recomendando a lei a presença de testemunhas para a hipótese de pretender o demandado reagir ou escapar. Não bastava, contudo, o simples comparecimento. Exigia-se por igual a atuação do réu; se acaso, mesmo presente em juízo, permanecia *indefesus*, o magistrado autorizava o autor, se tanto pedisse, à imissão na posse da coisa litigiosa ou na herança. Já nos fins do período republicano, a falta de comparecimento produzia a vitória do autor presente, ou a absolvição do réu, se a ausência fosse do autor".

## 2. Do conceito de revelia no Direito Processual Civil e no Direito Processual do Trabalho

A doutrina costuma designar a expressão contumácia para a ausência das partes em juízo. Há certo consenso na doutrina de que contumácia é gênero, do qual a revelia é espécie. Quando o autor não comparece, diz-se que há contumácia do autor, e quando o réu deixa de comparecer, diz-se que há revelia. No dizer de *José Augusto Rodrigues Pinto*[3], "a contumácia transmite o significado mais geral de 'não comparecimento da parte a juízo', enquanto revelia nos vem o sentido mais particular de não comparecimento do réu para a defesa, daí expressar Gabriel de Rezende Filho que 'a contumácia do réu denomina-se revelia'. E, considerando-se que a contumácia pode verificar-se em qualquer momento do desenrolar do processo, ainda mais precisa se torna a conclusão de Pontes de Miranda: 'Revelia é a contumácia quanto à contestação'".

---

(1) Segundo ensina Ovídio A. Batista da Silva: "Ocorre revelia quando o réu, regularmente citado, deixa de contestar a ação. Embora, no sentido moderno, tal seja o conceito corrente de revelia, identificada como a omissão do demandado em defender-se, em sua origem a ideia de contumácia ou *rebeldia* estava intimamente ligada à estrutura primitiva e rudimentar do processo civil, conhecido como uma relação *sui generis*, a que deveria aderir o demandado" (*Curso de direito processual do trabalho*. Vol. 1, 7. ed. Rio de Janeiro, Forense: 2006. p. 314).

(2) Calmon de Passos, José Joaquim. *Comentários ao Código de Processo Civil*. 8. ed. Rio de Janeiro: Forense, 2001. p. 331.

(3) RODRIGUES Pinto, José Augusto. *Processo trabalhista de conhecimento*. 7. ed. São Paulo: LTr, 2005. p. 399.

"Revelia" vem do espanhol "rebeldia". Como bem adverte *Pontes de Miranda*[(4)]: "Por vezes, os legisladores não prestam atenção às diferenças entre as palavras e as empregam confusamente. O revel não esteve presente, e portanto não contestou, nem poderia contestar o rebelde, o revel. Mas quem compareceu e pois não foi revel pode contestar. De *duo* vieram muitas palavras, como duvidar (*dubitare*), duelo, duelar (*duellare*), rebelar, revel, que é um rebelde, alguém que desatende à citação[(5)]".

Ensina *Cândido Rangel Dinamarco*[(6)]: "*Revelia*, instituto próprio do processo de conhecimento e do cautelar, é a *inércia consistente em não responder*. Não tem lugar no processo executivo, em que, com a citação, o demandado recebe a intimação para pagar, cumprir, depositar, etc., e não a oferecer resposta; nem no monitório, em que ele é chamado apenas a pagar a soma devida ou entregar o bem móvel litigioso (arts. 621, 629, 632, 652 e 1.102-b). O conceito amplo, que abrange a inércia em qualquer espécie de processo, é a *contumácia*, gênero do qual a revelia é espécie"[(7)].

Conforme a definição do mestre paulista, a revelia é a ausência de resposta[(8)], e não de contestação[(9)]. O réu que reconveio, que opôs exceção ou que denunciou a lide a terceiro, etc., não é revel ainda quando deixe de oferecer contestação. Consequentemente, não se lhe aplica a sanção estabelecida no art. 322 do CPC, porque sua atitude não é de inércia processual[(10)].

Parece-nos que, sob o prisma do Direito Processual Civil, revelia é a ausência de resposta, pois, se o réu comparece e apresenta reconvenção ou exceção, ele atendeu ao chamado para vir a juízo. Além disso, por meio da reconvenção, o réu pode controverter os fatos. Se não apresentar contestação, haverá a confissão, mas não a

---

(4) Miranda, Pontes de. *Comentários ao Código de Processo Civil*. T. IV, 3. ed. Rio de Janeiro: Forense, 1996. p. 31-32.

(5) Revel, de *rebellis*, rebelde, tanto quanto *rebellare*, rebelar-se, vem de *re*, de novo, e *bellum*, guerra, esta, forma arcaica de *duellum*, de *duo*, dois (cf. Ernout-Meillet, *Dict. Étymologique*, 4. ed., *bellum*).

(6) Dinamarco, Cândido Rangel. *Instituições de direito processual civil*. v. III. São Paulo: Malheiros, 2001. p. 457.

(7) No mesmo sentido é a definição de Humberto Theodoro Júnior: "Ocorre a revelia ou contumácia quando, regularmente citado, o réu deixa de oferecer resposta à ação, no prazo legal" (THEODORO JÚNIOR, Humberto. *Curso de direito processual civil*. v. I, 24. ed. Rio de Janeiro: Forense, 1998. p. 395).

(8) O art. 297 do CPC aduz que são modalidades de resposta: contestação, exceção e reconvenção.

(9) Manoel Antonio Teixeira Filho critica o entendimento acima com as seguintes ponderações: "Não é correto afirmar que revelia traduz ausência de resposta do réu. Ora, a resposta do réu compreende exceção, a contestação e a reconvenção, nos termos do art. 297, do CPC. Na verdade, essa norma legal comete duas escorregadelas de ordem técnica. Em primeiro lugar, coloca a contestação na frente da exceção, o que é inadmissível; em segundo, resume a três as respostas do réu, quando, na verdade, há, quando menos, mais uma: o reconhecimento da 'procedência' do pedido, de que fala o art. 269, inciso II, do mesmo Código. Pois bem. Se revelia fosse ausência de resposta, deveríamos concluir que se o réu não oferecesse exceção ou reconvenção (quando fosse o caso, por certo), seria revel. Nada mais equivocado, porquanto, desde que houvesse contestação à ação, o fato de não excepcionar, nem reconvir, não o tornaria revel. Logo, só haverá revelia quando o réu deixar de contestar, no prazo legal" (TEIXEIRA FILHO, Manoel Antonio. *A prova no processo do trabalho*. 8. ed. São Paulo: LTr, 2003. p. 156-157).

(10) Dinamarco, Cândido Rangel. *Op. cit.*, p. 458.

revelia. Nesse sentido o art. 319 do CPC, *in verbis*: "Se o réu não contestar a ação, reputar-se-ão verdadeiros os fatos afirmados pelo autor". Ora, o referido dispositivo legal apenas disciplina os efeitos da ausência de contestação e não o conceito de revelia. Sob outro enfoque, o art. 320 do CPC diz que "a revelia não induz, contudo, o feito mencionado no artigo antecedente ...", o que robustece a interpretação no sentido de que o art. 319 do CPC apenas disciplina um dos efeitos da revelia e não o seu conceito. A interpretação sistemática dos arts. 319 e 320, ambos do CPC, revela-nos que a revelia não é apenas a ausência de contestação. A CLT disciplina a matéria no art. 844, que tem a seguinte redação:

> "O não comparecimento do reclamante à audiência importa o arquivamento da reclamação *e o não comparecimento do reclamado importa revelia, além de confissão, quanto à matéria de fato*" (o grifo é nosso).

Pelo confronto entre os arts. 319 do CPC e 844 da CLT, de plano, nota-se que o dispositivo celetista faz alusão à revelia como sendo o não comparecimento do reclamado à audiência. Não há como se interpretar a revelia, sob o prisma do Processo do Trabalho, com a revelia no processo civil, pois, enquanto neste a revelia se caracteriza com a ausência de resposta (arts. 319 e 320 do CPC), naquele a revelia configura-se com a ausência da parte (reclamado) à audiência. Como a CLT tem regra específica, não há como se aplicarem os conceitos do Direito Processual Comum (art. 769 da CLT). Sob outro enfoque, o art. 844 da CLT é peremptório ao asseverar que a ausência do reclamante "importa o arquivamento" e a "ausência do reclamado importa revelia", revelando a especificidade do instituto no Direito Processual do Trabalho. Além disso, na esfera processual trabalhista, a resposta é ato de audiência (art. 847 da CLT).

Nesse sentido, ensina *Jorge Luiz Souto Maior*[11]:

> "No direito processual trabalhista a revelia advém do não comparecimento do reclamado à audiência e não propriamente do fato de não ter apresentado defesa ou não ter dado mostras de que pretendia se defender (art. 844, da CLT). Com efeito, revelia, embora seja palavra de origem duvidosa, mais provavelmente tem sua origem ligada à palavra espanhola 'rebeldia'. Assim, revelia 'é o desatendimento ao chamamento citatório', que, no processo do trabalho, se faz pela notificação e tem como determinação principal o comparecimento à audiência, na qual o citado poderá, dentre outras medidas, oferecer defesa".

Nesse sentido, destaca-se a seguinte ementa:

> Revelia — Ausência da parte. Comparecimento do advogado munido de procuração e defesa. Nos estritos termos do art. 844, consolidado, a revelia caracteriza-se pelo não comparecimento da reclamada na audiência, ao contrário do que acontece no Processo Civil, que em seu art. 319, entende que a revelia decorre da falta de contestação (TRT – 10ª R. – 2ª T. – RO n. 702.2002.019.10.00-3 – Relª Maria Piedade B. Teixeira – DJDF 21.2.2003 – p. 18) (RDT n. 3 – março de 2003).

---

(11) SOUTO Maior, Jorge Luiz. *Direito processual do trabalho*. São Paulo: LTr, 1998. p. 251-252.

Pelo exposto, no nosso sentir, a revelia, no Processo do Trabalho, conceitua-se como sendo *a ausência do reclamado, imotivadamente, regularmente notificado, à audiência em que poderia apresentar resposta.*

## 3. Dos efeitos da revelia no Direito Processual do Trabalho

A revelia, no Processo do Trabalho, somente tem relevância se o autor comparecer à audiência. Do contrário, ainda que não compareça o réu, o processo é arquivado, o que equivale à extinção sem resolução do mérito, não havendo qualquer consequência processual em face do reclamado, diante da dicção do art. 844 da CLT[12].

A revelia gera algumas consequências processuais, como:

a) desnecessidade de intimação do réu dos atos do processo (art. 322 do CPC), salvo se tiver advogado constituído nos autos.

Dentre as medidas sugeridas pela doutrina para mitigar os pesados efeitos da revelia no Direito Processual Civil, encontramos, atualmente, o art. 322 do CPC, com a redação dada pela Lei n. 11.280/2006:

> Contra o revel que não tenha patrono nos autos, correrão os prazos independentemente de intimação, a partir da publicação de cada ato decisório.

No nosso sentir, a alteração do *caput* do art. 322 do CPC veio em boa hora, atendendo aos reclamos da moderna doutrina em propiciar uma maior participação do revel na relação jurídica processual, a fim de prestigiar os princípios constitucionais do acesso real à justiça, do efetivo contraditório e à ordem jurídica justa.

Como bem adverte *Fredie Didier Júnior*, a alteração do CPC foi salutar, "porque reafirma a necessidade de aprimorar a garantia do contraditório e protege o réu-revel que compareceu aos autos"[13].

Há certa discussão na doutrina sobre a aplicabilidade do *caput* do art. 322 do CPC ao Processo do Trabalho.

À primeira vista, parece que o *caput* do art. 322 do CPC é incompatível com o Processo do Trabalho em razão da disposição do art. 852 da CLT, que assim dispõe:

> Da decisão serão os litigantes notificados, pessoalmente ou por seu representante, na própria audiência. No caso de revelia, a notificação far-se-á na forma estabelecida no § 1º do art. 841.

*Manoel Antonio Teixeira Filho* entende que o referido dispositivo é inaplicável ao Processo do Trabalho, com as seguintes ponderações: "A regra não atua no processo do trabalho, pois a CLT não é omissa quanto ao tema conforme demonstra o seu art. 852.

---

(12) Nesse sentido, Jorge Luiz Souto Maior (*Op. cit.*, p. 248).

(13) *A terceira etapa da reforma processual civil.* São Paulo: Saraiva, 2006. p. 62.

Aqui, o revel deve ser intimado da sentença, embora os demais prazos fluam, contra ele, independentemente de intimação"[14].

No mesmo diapasão é a opinião de *Estêvão Mallet*[15]: "A nova redação do *caput* do art. 322 do Código de Processo Civil, outra medida de simplificação, não é compatível com o processo do trabalho. Ao revel assegurou o art. 852, da Consolidação das Leis do Trabalho, o direito de ser notificado da sentença, por meio de registro postal, com franquia, providência cuja falta gera nulidade".

Para *Edilton Meireles e Leonardo Dias Borges*[16]:

"Vale lembrar, no processo do trabalho a Consolidação das Leis do Trabalho estabelece regra específica de comunicação de ato processual da sentença, nos casos de revelia. Aduz o texto legal que 'no caso de revelia, a notificação far-se-á pela forma estabelecida no § 1º do art. 841, da CLT'. Por sua vez, estabelece o § 1º do art. 841 que 'a notificação será feita em registro postal com franquia ...'. Assim, nestes casos específicos não se aplica a norma legal em comento. Também não podemos esquecer das hipóteses em que o réu não contesta, ou não comparece à audiência, sendo, pois, declarado revel, todavia, junta aos autos os atos constitutivos e procuração. Nestas situações, a nova redação do art. 322 corrigiu antigo reclamo da doutrina. Agora, em havendo patrono constituído nos autos, haverá necessidade de se intimá-lo dos atos processuais".

*Luciano Athayde Chaves*[17] defende a aplicação parcial do *caput* do art. 322 do CPC ao Processo do Trabalho, com os seguintes argumentos:

"(...) o Processo do Trabalho já dispõe de comando legal impondo a intimação das partes litigantes, mesmo aquelas que estão em Juízo sem a assistência de advogado, no exercício do *jus postulandi*, garantido pelo art. 791, da CLT. É possível, assim, cogitar-se, portanto, da aplicação do art. 322 a outros momentos processuais, desde que o réu tenha constituído advogado nos autos. Penso que aqui não seria possível tomar o *jus postulandi* como argumento para considerar a obrigatoriedade extensiva ao réu que não conte com patrono regularmente registrado no processo. Como já lembrado em seção anterior, onde tratamos da questão da declaração de autenticidade de cópias, a jurisprudência trabalhista tem interpretado restritivamente as normas que expressam vinculação de determinados atos processuais à figura do advogado. Assim sendo, tenho para mim que o art. 322 pode ser parcialmente transportado para o Processo do Trabalho, excluindo-se apenas a hipótese de intimação da sentença, que é obrigatória às partes, nos termos do art. 852 da CLT".

---

(14) *Revista LTr* n. 70-03/298.

(15) MALLET, Estêvão. O processo do trabalho e as recentes modificações do Código de Processo Civil. In: *Revista LTr* n. 70-06/674.

(16) *A nova reforma processual e seu impacto no processo do trabalho.* São Paulo: LTr, 2006. p. 79.

(17) CHAVES, Luciano Athayde. *A recente reforma no processo comum.* Reflexos no direito judiciário do trabalho. São Paulo: LTr, 2006. p. 148-149.

A nosso ver, a alteração do referido dispositivo legal também é medida para atenuação dos efeitos da revelia e resguardo do contraditório. Há compatibilidade entre o presente dispositivo e o Processo do Trabalho, com algumas adaptações. São elas:

1. antes da sentença, se o reclamado revel tiver advogado constituído, deve ser intimado dos atos processuais anteriores à decisão final;

2. mesmo não tendo advogado constituído, o reclamado revel deve ser notificado pessoalmente da sentença, nos termos do art. 852 da CLT.

b) o julgamento antecipado da lide (art. 330, II, do CPC).

Na quase-totalidade dos casos, quando há revelia no Processo do Trabalho, diante do fato de a audiência ser una, a demanda já é julgada de imediato, notificando-se o reclamado sobre a ciência da sentença, salvo nas hipóteses do art. 320 do CPC e quando houver necessidade de produção de prova pericial (arts. 420 do CPC e 195 da CLT).

c) presunção de veracidade dos fatos afirmados pelo reclamante. No Processo do Trabalho, o art. 844 da CLT assevera que a revelia acarreta ao reclamado confissão quanto à matéria de fato.

Mesmo havendo revelia, a teor do art. 321 do CPC, não poderá o reclamante alterar o pedido, nem a causa de pedir, nem demandar declaração incidente sem promover nova citação do réu.

## 4. Revelia e confissão no Direito Processual do Trabalho

No nosso sentir, revelia e confissão não são institutos da mesma natureza. A confissão é a admissão dos fatos declinados pela parte contrária contra os interesses do confidente. A revelia é a ausência do reclamado em audiência, na qual deveria defender-se, gerando uma presunção de veracidade dos fatos declinados na inicial (art. 844 da CLT c/c art. 319 do CPC). Essa presunção não se confunde com confissão, pois confissão pressupõe um ato de vontade da parte ainda que omissivo. Na revelia não há o elemento intencional da confissão, qual seja, o ânimo de confessar.

Também a revelia não se confunde com a confissão ficta, pois esta decorre do não comparecimento da parte, quando regularmente intimada e com a advertência de consequência de confissão, para prestar depoimento (art. 343, § 1º, do CPC c/c Súmula n. 74, I do C. TST).

A confissão ficta é meio de prova, pois está inserida na seção II que trata do depoimento pessoal, o qual consta do capítulo VI do CPC que trata das provas. Já a revelia consta de um capítulo à parte no CPC.

Portanto, se o reclamado, uma vez citado, não comparecer, há consequências processuais, sendo uma delas a presunção de veracidade dos fatos declinados na inicial. Caso o reclamado, uma vez intimado para prestar depoimento, com as advertências do § 1º do art. 343 do CPC e do inciso I da Súmula n. 74 do C. TST, deixe de comparecer, aí sim há a chamada confissão ficta. Nesse sentido, destacamos a seguinte ementa:

> EMENTA: REVELIA E PENA DE CONFISSÃO. Revelia e confissão não são a mesma coisa. A revelia, na processualística trabalhista, significa o não comparecimento à audiência inaugural. A confissão, que se restringe a fatos, é penalidade, sendo que a "ficta" pode ocorrer tanto em decorrência da ausência do reclamado na audiência inaugural (art. 844, da CLT) como em relação às partes na hipótese prevista no Enunciado n. 74 do TST. Essa distinção tem importância para o caso concreto, em que se pretendeu o adiamento da audiência após a contestação e com a ausência do reclamado a sessão subsequente. Haverá "confissão ficta" porque o réu não está presente para depor, mas não haverá revelia, porque a contestação consta do processo desde a audiência em que foi manifestada. Equivoca-se, portanto, o recorrente ao alegar que lhe foi aplicada a pena de revelia e consequente pena de confissão (TRT 3ª Região, Proc. RO n. 5.144/95 – 4ª T., Rel. Juiz Carlos Alberto Reis de Paulo. MG 5.8.95).

De outro lado, é bem verdade que o art. 844 da CLT diz que a ausência do reclamado importa revelia, além de confissão quanto à matéria de fato.

Parece-nos que, sob o prisma do Direito Processual do Trabalho, como a defesa é ato de audiência (art. 847 da CLT) e o comparecimento da parte é obrigatório (art. 843 da CLT), o legislador visou a aglutinar, num único artigo, a definição de revelia no processo do trabalho e as consequências aplicáveis ao reclamado que não comparece para prestar depoimento pessoal. Portanto, caso o reclamado não compareça, será revel em razão do não comparecimento e confesso, por não ter prestado depoimento pessoal (arts. 848 da CLT e 343 do CPC).

Nesse mesmo diapasão, ensina *Amauri Mascaro Nascimento*[18]:

> "Revelia e *confissão* quanto à matéria de fato não são a mesma coisa. A primeira é a falta de defesa. A confissão quanto à matéria de fato é a falta de depoimento. O momento da revelia é o da contestação. O momento da confissão ficta é o do depoimento. A lei trabalhista distingue as duas figuras. Uma, a confissão, é consequência de outra, a revelia. O revel é considerado também confesso quanto à matéria de fato."

Essa distinção tem importância nos casos de adiamento da audiência após a contestação e ausência do réu à sessão subsequente. Há confissão ficta, porque o réu não está presente para depor, mas não há revelia, porque a contestação consta do processo, desde a audiência em que foi manifestada.

A nosso ver, a técnica utilizada pelo art. 844 da CLT não foi das mais felizes, porque confunde os conceitos já sedimentados na doutrina processual de revelia e confissão. A revelia, conforme conceito que fixamos alhures, é uma preclusão qualificada que gera efeitos desfavoráveis ao demandado. Embora o comparecimento do

---

(18) Nascimento, Amauri Mascaro. *Curso de direito processual do trabalho.* 20. ed. São Paulo: Saraiva, 2001. p. 405.

reclamado em audiência seja obrigatório, não há como se confundir revelia com confissão ficta, que é o efeito da ausência da parte para prestar depoimento pessoal uma vez intimada para tal desiderato.

Além disso, a notificação no Processo do Trabalho (citação) não é pessoal e a pena de confissão é aplicada à parte que nem sequer fora intimada pessoalmente para prestar depoimento com a cominação expressa de confesso (Súmula n. 74, I do C. TST).

Melhor seria que o art. 844 da CLT tivesse a seguinte redação:

> O não comparecimento do reclamante à audiência importa o arquivamento da reclamação. A ausência do reclamado importa revelia, além de presunção de veracidade dos fatos afirmados pelo reclamante.
>
> § 1º O não comparecimento do reclamado ou de seu preposto, regularmente intimado pessoalmente para prestar depoimento, constando da notificação que se presumirão confessados fatos contra ele alegados se não comparecer, ou se comparecendo se recuse a depor, importará confissão ficta.
>
> § 2º Ocorrendo, entretanto, motivo relevante, poderá o presidente suspender o julgamento, designando nova audiência.

## 5. Elisão da revelia no Direito Processual do Trabalho

### 5.1. Nulidade da citação

No nosso sistema processual, máxime os princípios do contraditório e ampla defesa, consubstanciados no art. 5º, LV, da CF, impõem que o réu seja cientificado da demanda e possa apresentar sua resposta[19].

Diante da importância da citação, o CPC, no art. 215, determina que a citação seja pessoal, com as formalidades do art. 285 do CPC[20].

Na CLT, a citação não é pessoal, recebe o nome de notificação (art. 841 da CLT) e é realizada pelo Diretor de Secretaria da Vara do Trabalho. Como regra geral, é realizada por meio do Correio com aviso de recebimento (AR ou SEED). Na execução, o comando do art. 880, § 2º, da CLT, determina que a citação sobre a execução seja pessoal.

Por estar inserida no rol do art. 301 do CPC, a nulidade da citação pode ser alegada a qualquer tempo e em qualquer grau de jurisdição, inclusive reconhecida de ofício pelo juiz.

No Processo Civil, se o processo correu à revelia do réu por nulidade de citação, este vício pode ser arguido pelo réu até em sede de embargos à execução, nos termos do

---

(19) No mesmo sentido o art. 214: "Para a validade do processo, é indispensável a citação inicial do réu". Desse modo, a citação do réu é um pressuposto processual de validade da relação jurídica processual.

(20) Art. 285 do CPC: "Estando em termos a petição inicial, o juiz a despachará, ordenando a citação do réu, para responder; do mandado constará que, não sendo contestada a ação, se presumirão aceitos pelo réu, como verdadeiros, os fatos articulados pelo autor".

art. 741, I, do CPC. De outro lado, se o réu intervier no processo antes do trânsito em julgado, deve arguir a nulidade, sob consequência de preclusão, nos termos do art. 245 do CPC.

No Processo do Trabalho, antes do trânsito em julgado, a nulidade da citação pode ser arguida pelo reclamado a qualquer tempo. Após o trânsito em julgado, mostra-se discutível a aplicabilidade do art. 741, I, do CPC.

Com efeito, o art. 884 da CLT, no § 1º, assevera que a matéria de defesa será restrita às alegações de cumprimento da decisão ou do acordo, quitação ou prescrição da dívida. Com suporte no referido dispositivo legal, parte da doutrina e jurisprudência sustenta a inaplicabilidade do art. 741, I, do CPC ao Processo do Trabalho diante da não existência de omissão da CLT. Além disso, argumentam que, no Processo do Trabalho, ao contrário do que ocorre no Processo Civil, em que o revel não é notificado dos atos subsequentes do processo, tampouco da sentença (art. 322 do CPC), no Processo do Trabalho, determina o art. 852 da CLT que o revel seja notificado da sentença.

Nesse sentido, destacamos a seguinte ementa:

> Nulidade da citação — Impossibilidade de arguição pelo revel na fase executória. Após o trânsito em julgado da sentença, a fase executória é inadequada para o revel arguir a nulidade por defeito da notificação para prestar depoimento pessoal. Na esfera do processo do trabalho, o momento processual oportuno para tal desiderato é o do recurso ordinário, porque a parte, mesmo revel, é intimada da sentença de mérito (art. 852 da CLT) (TRT 12ª R. – 1ª T. – AG-PET n. 206/2002.015.12.02-9 – Ac. n. 11421/04 – Relª Maria do Céo de Avelar – DJSC 14.10.04 – p. 279) (RDT n. 11 – Novembro de 2004).

O art. 741, I, do CPC resta aplicável ao Processo do Trabalho na hipótese em que a notificação da sentença, na forma do art. 852 da CLT, não seja válida. Uma vez citado corretamente o reclamado revel sobre a sentença e este se mantiver inerte, não há como se arguir a nulidade da citação em sede de embargos à execução, por preclusa a oportunidade.

Nesse sentido é a visão de *Valentin Carrion*[21]: "As possibilidades de impugnação à execução, por razões formais, são ainda mais numerosas que as do direito material: a) nulidades referentes ao título em si (falta de peças essenciais na carta de sentença ou de assinatura do juiz e até a falta de citação no processo de conhecimento, à revelia — conforme o CPC, art. 741, I, salvo se foi validamente intimado da sentença, CLT, art. 852 —, exercendo função rescisória, segundo Coqueijo Costa, Ação Rescisória)."

No mesmo sentido se manifesta *Eduardo Gabriel Saad*[22]:

> "A falta de citação só é alegável por quem não fez qualquer intervenção em todo o processo de conhecimento e cujo curso foi inteiramente à sua revelia.

---

(21) Carrion, Valentin. *Comentários à Consolidação das Leis do Trabalho*. 30. ed. São Paulo: Saraiva, 2005. p. 743.

(22) Saad, Eduardo Gabriel. *CLT comentada*. 38. ed. São Paulo: LTr, 2005. p. 800.

Só nessa hipótese o incidente provoca a nulidade de todo o processo desde a peça inicial do processo de conhecimento".

## 5.2. Ausência motivada do preposto

Sendo o procedimento trabalhista oral, a audiência é o seu ato por excelência. Da eficiência da audiência, portanto, depende a própria efetividade do processo trabalhista[23]. E para que o processo trabalhista alcance o seu escopo social de solucionar o conflito trabalhista, necessária a presença do reclamado. Nesse sentido a seguinte ementa:

> Preliminar — Nulidade de citação — Vício — Endereço incorreto — Revelia. A citação válida do réu é indispensável à formação da relação jurídico-processual. Não preenchido esse pressuposto processual, não se estabelece o contraditório e os atos processuais praticados, a despeito de existirem no universo fático, não produzem efeitos jurídicos. Recurso conhecido e provido para declarar a nulidade da r. sentença de primeiro grau (TRT 10ª R. – 3ª T. – ROPS n. 453/2005.004.10.00-0 – Relª. Márcia M. Cúrcio Ribeiro – DJ 14.10.05 – p. 31).

O parágrafo único do art. 844 da CLT assevera que a audiência pode ser adiada ocorrendo motivo relevante.

A CLT não diz o que é motivo relevante, cabendo essa tarefa à doutrina e à jurisprudência.

A nosso ver, o motivo relevante para o adiamento da audiência significa um motivo que impeça qualquer pessoa de comparecer, naquele dia e naquele horário, tomando-se em consideração o padrão médio da sociedade. Por exemplo, greve do Metrô, enchentes, acidentes de trânsito e doença — para nós, o motivo relevante não exige a mesma contundência do caso fortuito ou da força maior.

Os eventuais transtornos para a chegada à audiência, como trânsito, fila no elevador ou dificuldade para o estacionamento de veículo, estão dentro dos parâmetros de previsibilidade pela parte. Portanto, não são considerados motivos relevantes.

Para *Pedro Vidal Neto*[24], "motivo relevante é daqueles conceitos jurídicos de conteúdo indeterminado, que devem ser compreendidos sob critérios circunstanciais e de prudente arbítrio, em paralelo com padrões jurídicos como os de bons costumes, bom pai de família, etc."

Como bem asseverou o jurista acima mencionado, a questão de relevância para a ausência deve ficar a critério do Juiz, sopesando o caso concreto e todas as circunstâncias que o envolvem.

No nosso sentir, a comprovação do motivo relevante para o não comparecimento do preposto deve ser invocado na primeira oportunidade que a reclamada tenha para falar nos autos, nos termos do art. 795 da CLT, sob consequência de preclusão.

---

(23) Souto Maior, Jorge Luiz. *Direito processual do trabalho*. São Paulo: LTr, 1998. p. 326.
(24) VIDAL NETO, Pedro, *apud* SOUTO MAIOR, Jorge Luiz. *Direito processual do trabalho*. São Paulo: LTr, 1998. p. 326.

A jurisprudência do TST tem sido rígida quanto à comprovação do motivo relevante para o não comparecimento do reclamado à audiência. Com efeito, assevera a Súmula n. 122: "A reclamada, ausente à audiência em que deveria apresentar defesa, é revel, ainda que presente seu advogado munido de procuração, podendo ser ilidida a *revelia mediante a apresentação de atestado médico, que deverá declarar, expressamente, a impossibilidade de locomoção do empregador ou do seu preposto no dia da audiência*".

Também a jurisprudência dos TRTs tem sido rígida quanto à comprovação da doença do preposto e da impossibilidade do seu comparecimento em audiência[25].

A nosso ver, embora a referida Súmula tenha fixado um critério interpretativo para justificar o não comparecimento do preposto, não houve delimitação do que seja motivo relevante. No nosso sentir, há motivo relevante não só quando o preposto fica doente, como acima mencionamos. Desse modo, a Súmula n. 122 somente deve ser aplicada quando o motivo para o não comparecimento do preposto foi o de doença. Quando o motivo for diverso, caberá ao Juiz sopesá-lo segundo o seu prudente arbítrio.

## 6. Hipóteses de não aplicabilidade dos efeitos da revelia no Direito Processual do Trabalho

A CLT não prevê as hipóteses em que não se fazem presentes os efeitos da revelia. Diante da omissão da CLT e da compatibilidade do CPC, no nosso sentir, restam perfeitamente aplicáveis ao Direito Processual do Trabalho as hipóteses de elisão dos efeitos da revelia prevista no art. 320 do CPC (art. 769 da CLT).

O art. 320 do CPC[26] diz não serem aplicáveis os efeitos da revelia quando: "I. se, havendo pluralidade de réus, algum deles contestar a ação; II. se o litígio versar sobre direitos indisponíveis; III. se a petição inicial não estiver acompanhada do instrumento público, que a lei considere indispensável à prova do ato".

Além das hipóteses acima referidas, há outras em que não há a aplicabilidade dos efeitos da revelia no Processo do Trabalho, conforme seguem abaixo.

---

(25) Atestado médico que não foi emitido por órgão oficial da Previdência Social, bem como do qual não se reconheceu a firma do médico subscritor, não presta ao fim pretendido pela reclamada; qual seja, o de elidir a pena de confissão que lhe foi aplicada (TRT – 1ª R. – 8ª T. – RO n. 9.299/95 – Juiz João Mário de Medeiros – DJRJ 09.11.97 – p. 103). Atestado médico. Pena de confissão. O atestado médico usado pela parte como justificativa para a sua ausência à audiência, além de preencher todos os requisitos formais a ele inerentes, como o nome e código da enfermidade, deve conter prescrição médica para repouso. Inevidenciada a impossibilidade de locomoção, caracteriza-se a negligência ao chamado judicial que acarreta a pena de confissão ficta. Recurso improvido. (TRT 6ª R. – 2ª T. – RO n. 450/97 – Rel. Juiz Newton Gibson – DJPE 8.7.97 – p. 26). Atestado médico. Revelia. Somente elide a revelia o atestado médico que, além de denominar a doença e especificar o CID, seja apresentado de pronto (TRT – 3ª R. – 1ª T. – RO n. 10/97 – Rel. Manuel Rodrigues – DJMG 25.7.97 – p. 5).

(26) No nosso sentir, o referido dispositivo é perfeitamente aplicável ao Direito Processual do Trabalho, pois a CLT é omissa e há compatibilidade com as normas que regem o Processo do Trabalho (art. 769 da CLT).

## 6.1. Havendo pluralidade de réus, um deles contestar a ação

Neste caso, malgrado a lei não faça distinção ente litisconsórcio simples ou necessário, têm-se a doutrina e jurisprudência posicionado, a nosso ver corretamente, no sentido de que a matéria tem que ser comum aos litisconsortes[27]. Ou seja, trata-se de litisconsórcio unitário (art. 47 do CPC), embora não necessário, cuja decisão tem de ser comum a ambos os litisconsortes.

No Processo do Trabalho, é muito comum, em hipóteses de terceirização, a empresa prestadora ser revel e a tomadora contestar os pedidos. Nessa hipótese, como a matéria é comum às duas reclamadas, não haverá os efeitos de revelia em face da reclamada ausente.

No aspecto, destacamos a seguinte ementa:

> TERCEIRIZAÇÃO. REVELIA DA PRESTADORA DE SERVIÇOS. DEMANDA CONTESTADA PELA TOMADORA. CONFISSÃO FICTA (ART. 302 DO CPC). Contestada a demanda pela empresa tomadora de serviços, a revelia da prestadora não importa na veracidade dos fatos narrados na inicial (art. 320, I, do Código de Processo Civil); nada obstante, tal circunstância não afasta a necessidade do réu "manifestar-se precisamente sobre os fatos narrados na petição inicial" (art. 302 — ônus da impugnação específica), sob pena de serem reputados incontroversos e, por consequência, não exigirem instrução probatória (art. 334, III). Ao avaliar os benefícios de terceirizar serviços, a tomadora deveria ter no mínimo ponderado — e precavido — os riscos da empresa prestadora não solver suas obrigações para com o trabalhador que à sua disposição colocava, bem como desta nem sequer responder à citação judicial e não vir a Juízo apresentar suas oposições e provas perante as pretensões obreiras, sendo inadmissível que essa sua redução de custos e o progresso de sua atividade econômica sejam conquistados a expensas da inadimplência de direitos dos trabalhadores em total desrespeito à valorização do trabalho humano, princípio da ordem econômica nacional (art. 170 da Constituição da República). Recurso a que se nega provimento. (TRT/SP – 02168009420095020076 (02168200907602004) – RO – Ac. 5ª T. 20110292795 – Rel. José Ruffolo – DOE 24.3.2011)

Mostra-se polêmica a seguinte questão: Se uma das reclamadas, regularmente citada, não comparecer à audiência una, quando a outra reclamada não foi citada, é possível considerar revel a reclamada ausente?

Há duas vertentes de interpretação na jurisprudência, quais sejam: a) não se declarar a revelia da reclamada ausente, pois não houve a instauração da audiência e, portanto, neste momento processual não haverá a apresentação de defesa; b) considerar revel a reclamada ausente, pois não compareceu à audiência para a qual foi devidamente citada. Houve, neste caso, rebeldia ao chamamento judicial para defender-se.

---

(27) Nesse diapasão, oportunas as palavras de Nelson Nery Júnior: "Caso um dos litisconsortes passivos conteste a ação, não ocorrem os efeitos da revelia quanto ao outro litisconsorte, revel. Essa não ocorrência, entretanto, depende de os interesses do contestante serem comuns aos do revel. Caso os interesses dos litisconsortes passivos sejam opostos, há os efeitos da revelia, não incidindo o CPC 320 I" (NERY JÚNIOR, Nelson e ANDRADE NERY, Rosa Maria de. *Código de Processo Civil comentado e legislação processual extravagante*. 7. ed. São Paulo: RT, 2003. p. 709).

No nosso entendimento, a reclamada ausente à audiência, quando regularmente citada, é revel, ainda que a outra reclamada não tenha sido citada, pois os litisconsortes são independentes no processo. Além disso, tal entendimento prestigia a dignidade da justiça do trabalho e também a celeridade do procedimento.

Também quando há existência de grupo econômico, a matéria contestada por uma das empresas do grupo às outras aproveita, pois o grupo econômico é empregador único, nos termos da Súmula n. 129 do C. TST.

Como bem adverte *Wolney de Macedo Cordeiro*[(28)]: "Sendo assim, ajuizando o empregado reclamação trabalhista contra seu empregador e outra empresa integrante do mesmo grupo econômico (CLT, art. 2º, § 2º) e configurando-se a ausência desta última, os efeitos da revelia não incidiriam sobre a duração do contrato de trabalho, se esse fato fosse objeto da defesa do outro litisconsorte. Entretanto, os fatos relacionados com a responsabilidade do litisconsorte ausente, como não são comuns ao polo passivo da demanda, seriam afetados pela confissão quanto à matéria fática".

Nesse sentido, destacam-se as seguintes ementas:

1. Revelia/litisconsórcio — Efeitos — Elisão — Aplicabilidade do art. 320 do CPC. A contestação apresentada pelo litisconsorte (tomadora de serviços) com impugnação específica dos termos da inicial afasta os efeitos da revelia, conforme previsto no art. 320 do CPC. Recurso provido para elidir os efeitos citados. 2. Ilegitimidade passiva. A recorrente é parte legítima para figurar no polo passivo, porquanto na condição de tomadora dos serviços, admitida na defesa, beneficiou-se diretamente do labor executado pelo recorrido. Assim sendo, satisfeitas as condições da ação, supera-se a questão levantada. Negada. 3. Responsabilidade subsidiária do tomador de serviços. A subsidiariedade é responsabilidade patrimonial cujo objetivo é garantir ao empregado o pagamento de todos os seus direitos trabalhistas. Inadmissível é que o hipossuficiente venha a sofrer perdas de natureza alimentícia em face de um contrato de natureza civil celebrado entre as empresas prestadora e tomadora de serviços. Mantida sentença. 4. Data de admissão. Competia ao reclamante o ônus de comprovar a ampliação do lapso laboral por ser fato constitutivo de seu direito. Todavia, dele não se desincumbiu, haja vista que a prova emprestada em nada ratifica suas afirmações e os efeitos da revelia foram afastados. Desta forma, impõe-se a reforma da r. sentença no particular (TRT 10ª R. – 2ª T. – RO n. 982/1998.019.10.00-2 – Relª Maria Piedade B. Teixeira – DJDF 12.11.04 – p. 18).

Litisconsórcio passivo. Revelia de um dos reclamados. Defesa apresentada por outro reclamado. Aplicação do disposto no art. 320, I, do CPC. Havendo, no caso, pluralidade de réus e tendo a segunda reclamada apresentado defesa, ficam afastados os efeitos da revelia e a matéria passa a ser julgada observando o teor da controvérsia instaurada a partir da contestação apresentada e a partir do direito aplicável (TRT 10ª R. – 1ª T. – RO n. 297/2004.821.10.00-7 – Relª Elke D. Just – DJDF 4.2.05 – p. 5) (RDT n. 03 de Março de 2005).

---

(28) Cordeiro, Wolney de Macedo. *Fundamentos do direito processual do trabalho brasileiro*. São Paulo: LTr, 2005. p. 151.

## 6.2. Se o litígio versar sobre direitos indisponíveis (art. 351 do CPC)

Ensina *Coqueijo Costa*:

"O direito é indisponível se o titular não é livre de manifestar a sua vontade — quer relativamente, quer absolutamente — conforme disponha a lei. Vale dizer: o direito é indisponível quando a vontade das partes for ineficaz para produzir o efeito jurídico que pela ação se pretenda obter (CPC português, art. 366). Sobre tal conceito, não afinam os doutores. É direito inseparável da pessoa (Hélio A. W. Cortes). Pela sua natureza, é absoluto, extrapatrimonial, *extra commercium*, intransmissível, imprescritível, impenhorável, vitalício e necessário. Por isso, exemplifica aquele autor com uma cláusula de contrato de trabalho que impeça o empregado, em qualquer hipótese, abandonar o local de trabalho. Seria ela inconstitucional e a revelia do empregado não envolveria confissão quanto ao ponto. O direito de ir e vir faz parte inseparável da personalidade."[29]

Embora haja alguma divergência na doutrina, é praticamente consenso que o Direito do Trabalho pertence ao ramo do Direito Privado, embora muitas de suas normas tenham natureza cogente (arts. 9º, 444 e 468 da CLT). No nosso sentir, o fato de existirem normas de ordem pública no Direito do Trabalho não significa dizer que os Direitos Trabalhistas são indisponíveis. Alguns Direitos, na esfera trabalhista, são indisponíveis, como os direitos da personalidade do trabalhador, difusos, coletivos e também os relacionados com as normas que se refiram à medicina, segurança e ao meio ambiente do trabalho.

## 6.3. Se a petição inicial não estiver acompanhada de documento essencial

Ensinam *Nelson Nery Júnior e Rosa Maria de Andrade Nery*[30]: "O autor pode juntar à petição inicial documentos que entende sejam importantes para demonstrar a existência dos fatos constitutivos de seu pedido (CPC, art. 333, I). Há documentos, entretanto, que são indispensáveis à propositura da ação, isto é, sem os quais o pedido não pode ser apreciado pelo mérito. A *indispensabilidade* da juntada do documento com a petição inicial é aferível diante do caso concreto, isto é, depende do tipo da pretensão deduzida em juízo. Normalmente são indispensáveis, nas ações de estado, os que comprovam o estado e a capacidade das pessoas, sobre os quais a lei exige a certidão ao cartório de registro civil como única prova (prova legal) dessa situação. A procuração *ad judicia* é indispensável em toda e qualquer ação judicial, devendo acompanhar a petição inicial".

Em sede trabalhista, são exemplos de documentos essenciais os acordos e convenções coletivas, a prova da filiação por meio de juntada de certidão de nascimento para dar suporte à pretensão do salário-família.

---

(29) COQUEIJO COSTA, Carlos. *Direito judiciário do trabalho*. Rio de Janeiro: Forense, 1978. p. 223.

(30) *Código de Processo Civil comentado*. 7. ed. São Paulo: RT, 2003. p. 672.

Se o autor não juntar o documento essencial, deverá o Juiz facultar a juntada no prazo de dez dias, nos termos do art. 284 do CPC e Súmula n. 263 do C. TST. Uma vez não juntado o documento essencial, deverá o Juiz do Trabalho extinguir o processo sem exame de mérito, nos termos do art. 295, VI do CPC.

## 7. A revelia e a pessoa jurídica de direito público

Muito se tem discutido atualmente sobre a possibilidade de se aplicarem à pessoa jurídica de direito público os efeitos da revelia. Muitos sustentam que não há essa possibilidade em razão da indisponibilidade do interesse público e também da indisponibilidade do patrimônio público[31]. A esse entendimento, outros se opõem, dizendo que, em juízo, devemos aplicar o princípio da isonomia (art. 5º da CLT) e a regra do art. 844 da CLT também às pessoas jurídicas de Direito Público. Sob outro enfoque, tanto o CPC como a CLT não preveem inaplicabilidade dos efeitos da revelia à pessoa jurídica de direito público[32], não obstante o art. 320, II, asseverar que não se aplicam os efeitos da revelia quando se tratar de direitos indisponíveis.

No nosso sentir, o simples fato de um particular manter um contrato de trabalho, seja regido pela CLT, seja regido por Estatuto, e litigar contra a Administração Pública pretendendo uma condenação pecuniária não transforma a pretensão patrimonial em indisponível somente pelo fato de figurar no outro polo da relação jurídica processual uma pessoa jurídica de direito público. É preciso analisar efetivamente a pretensão posta em juízo, sob o enfoque do pedido e da causa de pedir, para se

---

(31) Nesse sentido, destaca-se a seguinte ementa: "Os efeitos da presunção de verdade dos fatos não impugnados não são admitidos contra as pessoas jurídicas de direito público, uma vez que o interesse público sobrepuja ao particular na proteção de tais créditos, incumbindo ao autor a prova dos fatos constitutivos de seu pretenso direito à luz do que dispõe o art. 333, I, CPC" (Ap. 32.982-1, TJMG, 3ª Câm. ac. unân. 9.2.1995, Rel. Des. Hugo Bengtsson, apud Alexandre de Paula, ob. cit., p. 1526), apud OLIVEIRA, Francisco Antonio de. *A prova no processo do trabalho*. São Paulo: RT, 1999. p. 119.

(32) Nesse sentido, as seguintes ementas: "Entes públicos — Efeitos da revelia e confissão. Os entes públicos estão sujeitos ao ônus da impugnação específica, insculpido nos arts. 302 e 319 do CPC, aplicáveis subsidiariamente ao Processo do Trabalho, por força do art. 769 da CLT. As exceções consubstanciadas no parágrafo único do art. 302 do Diploma Processual Civil não abrangem as pessoas jurídicas de Direito Público" (TRT – 15ª R. – 3ª T. – Ac. n. 35.956/99 – Rel. Domingos Spina – DJSP 6.12.99 – p. 111). "Revelia — Cabível contra entes da Administração Pública — Nulidade do pacto laboral de servidor público após jubilação espontânea, sem prévia aprovação em concurso público — Diferenças salariais — Prova documental em favor da recorrente — Devidas com os reflexos legais — Honorários advocatícios — Devidos ao sindicato assistente — Imposto de Renda — Eventual dedução na forma da OJ n. 228 da SDI-1 do c. TST. Os entes da Administração Pública, se ausentes à audiência inaugural, para a qual foram devidamente intimados a comparecer, sofrem os efeitos da revelia. A contratação de servidor público sem prévia aprovação em concurso público importa na nulidade do pacto empregatício havido após a jubilação espontânea. Em razão da nulidade contratual, somente são devidos, em relação ao último período trabalhado, os salários em sentido estrito e, portanto, sendo devidas diferenças salariais, em consonância com a prova documental encartada ao processo, com os reflexos legais. Honorários advocatícios devidos em favor do sindicato assistente, na base de 15% do valor da condenação. Eventual parcela devida a título de Imposto de Renda, a ser calculada ao final e sobre o total da condenação" (TRT 15ª R. – 2ª T. – RO n. 452/2003.034.15.00-8 – Rel. Samuel C. Leite – DJSP 4.2.05 – p. 37).

aquilatar se o direito é indisponível ou não. Caso a pretensão seja um direito patrimonial disponível, não há por que não se aplicarem os efeitos da revelia[33]. Caso o direito postulado seja indisponível, aplicaremos o art. 320, II, do CPC. O fato de a Pessoa Jurídica de Direito Público não poder dispor do patrimônio público, sem a observância da ordem dos precatórios, não gera a indisponibilidade do direito. Como bem assevera *Marcus Vinicius Rio Gonçalves*[34], "o fato de a Fazenda Pública ser titular de um interesse não resulta que este seja indisponível. O interesse público não se confunde com o da Fazenda. Se o objeto da ação em que ela participa for de cunho patrimonial e não disser respeito a interesse público, não haverá óbice à aplicação do art. 319 do CPC".

A jurisprudência do TST fixou entendimento no sentido de que a revelia pode ser aplicada às pessoas jurídicas de Direito Público conforme a dicção da OJ n. 152, da SDI-I, *in verbis*:

> Revelia. Pessoa jurídica de direito público. Aplicável (art. 844 da CLT). Inserida em 27.11.98 (inserido dispositivo, DJ 20.4.05). Pessoa jurídica de direito público sujeita-se à revelia prevista no art. 844 da CLT.

No mesmo sentido a seguinte ementa:

> Revelia — Aplicabilidade do instituto aos entes públicos. Ao contratar empregados pelo regime da CLT, a Administração Pública equipara-se ao empregador comum, submetendo-se às normas processuais em vigor. As prerrogativas que lhe forem eventualmente outorgadas são apenas aquelas previstas expressamente em lei. Por essa razão, não pode o ente público esquivar-se das consequências decorrentes da revelia (art. 844 da CLT), alegando que sua atuação visa defender interesse público e direitos indisponíveis e irrenunciáveis. Recurso de revista conhecido e desprovido. (TST – 2ª T. – RR n. 252032/96-0 – Rel. Min. Vantuil Abdala – DJ 27.3.98 – p. 311).

A nosso ver, correta se mostra a OJ n. 152 da SDI-I do C. TST, com uma ressalva que entendemos pertinente: "se o objeto da pretensão posta em juízo pelo autor for indisponível, não haverão os efeitos da revelia para a pessoa jurídica de Direito Público".

---

(33) Em sentido contrário, sustenta José Diniz de Moraes: "Quando se decompõe uma relação obrigacional, do tipo trabalhista, constata-se que o direito de crédito tem como fim imediato uma prestação (*debitum*) e como fim mediato ou remoto a sujeição do patrimônio do devedor (*obligatio*). Quando a obrigação não é cumprida espontaneamente, a responsabilidade pessoal transforma-se em responsabilidade patrimonial, em decorrência da pretensão do credor. Quando o empregado maneja uma *actio* contra o Poder Público, em decorrência de uma pressuposta relação de emprego, o objeto de tal prestação exigida é a entrega de dinheiro público — salário, isto é, o ato voluntário que se espera do Poder Público. A conduta devida é, na verdade, o exercício normal de um direito de propriedade, é disposição dele. Então, o que é necessário para a satisfação do interesse do credor (empregado) é disposição de um direito de propriedade (dinheiro público). Logo, é fácil perceber que a pretensão trabalhista (*poder de exigir a ação ou omissão prometida*) do empregado dirige-se contra o patrimônio público, fazendo isto com que a lide verse sobre direitos indisponíveis, sem deixar de ser reivindicação de créditos trabalhistas" (*Confissão e revelia de ente público no processo do trabalho*. São Paulo: LTr, 1999. p. 197).

(34) Gonçalves, Marcus Vinicius. *Novo curso de direito processual civil*. v. 1. São Paulo: Saraiva, 2004. p. 103.

## 8. A revelia quando há necessidade de prova pericial

Como bem observa *Alice Monteiro de Barros*[35], geralmente, a perícia é facultativa, mas quando o pedido versa sobre os adicionais de insalubridade ou periculosidade, o juiz é obrigado, por força do art. 195, § 2º da CLT, a determinar a realização de perícia técnica, mesmo que o reclamado seja revel. A não realização da perícia acarreta a nulidade da sentença.

A nosso ver, somente quando o reclamado reconhece juridicamente a existência da insalubridade, bem como o respectivo grau da periculosidade, a perícia deve ser dispensada, vez que o reconhecimento jurídico do pedido acarreta a extinção do processo com exame de mérito, nos termos do art. 269, II, do CPC.

Também entendemos que, quando há alegações de acidente de trabalho ou doença profissional, a realização da perícia é indispensável para se constatar o nexo causal, bem como a dimensão das lesões, caso não existam provas juntadas com a inicial. Como a matéria é técnica e envolve conhecimentos de medicina e segurança do trabalho, a prova pericial é indispensável, ainda que ocorra a revelia.

## 9. O Juiz do Trabalho diante da revelia

Diariamente constatamos nas Varas do Trabalho que os processos em que há revelia são julgados de imediato, muitas vezes sem uma análise maior da inicial e dos documentos que a instruem.

Diante do excesso de serviço e da enorme quantidade de audiências, principalmente nas grandes cidades, muitas vezes o Juiz é compelido a proferir uma decisão rápida quando há revelia, o que significa um a menos na pilha de processos da audiência.

Nos grandes centros, como a capital de São Paulo, o julgamento rápido é condição de sobrevivência não só do magistrado, mas também da Vara, diante da necessidade de se dar vazão a uma quantidade sobre-humana de processos.

Em nossa experiência profissional, jamais julgamos processos à revelia. Sempre temos a impressão de que falta alguma coisa e, realmente, falta a outra parte que completaria a relação jurídica processual. Também, nas hipóteses de revelia, as provas, que, segundo *Carnelutti*, são o coração do processo, são reduzidas.

Quando somos instados a julgar processos à revelia, temos a impressão de estar proferindo uma sentença no escuro, ou de estar cometendo injustiça manifesta, ou de estar admitindo como verdade um fato que, muitas vezes, não existiu[36].

---

(35) Barros, Alice Monteiro de. Confissão. Documentos. Prova técnica: sistemática da realização da perícia. In: *Revista Trabalho & Doutrina* n. 25, São Paulo: Saraiva, 2000. p. 16.

(36) Nesse diapasão, oportunas as palavras de Eduardo J. Couture: "A sentença poderá ser justa ou injusta, porque os homens necessariamente se equivocam. Não se inventou, ainda, uma máquina para produzir sentenças. No dia em que for possível decidir os casos judiciais como se decidem as corridas de cavalos,

Em razão disso, como já assinalamos, mesmo a revelia sendo um mal necessário, o juiz pode adotar determinadas providências para minorar suas consequências e chegar a uma versão mais próxima da realidade.

O excesso de serviços não pode justificar uma postura passiva do Juiz do Trabalho diante da revelia.

Também a decisão rápida não reflete Justiça. Embora a Constituição preveja no art. 5º, LXXVIII[37], a duração razoável do processo como um direito fundamental do cidadão[38], acima disso está o direito da coletividade, que almeja não só uma solução rápida, mas, acima de tudo, observância do devido processo legal e do acesso à Justiça, que são princípios basilares de todo o Estado Democrático de Direito. A efetividade do processo depende não só de um Juiz imparcial e independente, mas, também, de um magistrado comprometido com a justiça e com os resultados úteis do processo. Acima de tudo, deve ser interpretada a lei processual no sentido de que o processo, efetivamente, seja um instrumento da justa composição da lide, assegurando às partes igualdade de oportunidades[39], dando a cada um o que é seu por direito.

---

mediante um 'olho mecânico' que registra fisicamente o triunfo ou a derrota, a concepção constitutiva do processo perderá seu sentido e a sentença será uma mera declaração, como queria Montesquieu. Mas, enquanto não se puder encontrar essa máquina de fazer sentenças, o conteúdo humano, profundo e medular do direito não pode ser desatendido, nem desobedecido, e as sentenças valerão o que valham os homens que as profiram" (*Introdução ao estudo do processo civil*. Rio de Janeiro: Forense, 1998. p. 59-60).

(37) Art. 5º, LXXVIII, com a redação dada pela EC n. 45/04: "A todos, no âmbito judicial e administrativo, são assegurados a razoável duração do processo e os meios que garantam a celeridade de sua tramitação".

(38) Nesse diapasão, oportunas as palavras de Antonio Cláudio da Costa Machado: "A Constituição brasileira — uma das mais avançadas do mundo no que concerne ao reconhecimento de direitos e garantias fundamentais — dá mais um passo à frente ao consagrar, por meio deste inc. LXXVIII e de forma explícita, um outro aspecto normativo relevantíssimo do superprincípio do devido processo legal estampado genericamente pelo inc. LIV do presente art. 5º. Se o princípio-garantia do *due process of law* já significa tantas coisas — o direito de cada um de nós a um julgamento imparcial (assegurado pelos princípios do juiz natural, da motivação das decisões e da coisa julgada), por meio de um procedimento regular (vale dizer, qualificado pela publicidade, pela isonomia e pela proibição da prova ilícita), em que fique assegurada a plenitude da ação (viabilizada pelo princípio do acesso à Justiça e pelo contraditório) e do direito de defesa (contraditório e ampla defesa) —, a partir de agora o devido processo legal brasileiro passa também a ser integrado pelo direito ao processo de tramitação em prazo razoável, o que representa o incremento normativo que faltava à garantia do acesso à Justiça, como visto, um dos aspectos essenciais do devido processo legal" (*Reforma do judiciário*. Volume Anexo do Código de Processo Civil interpretado. São Paulo: Manole, 2004. p. 3).

(39) Nesse diapasão, oportunas as palavras de Artur César de Souza: "A igualdade não se estabelece somente pelas normas jurídicas, mas, e principalmente nos dias de hoje, mediante a análise das circunstâncias sociais de cada parte no processo. Insere-se, novamente, a lição de Mauro Capelletti: (...) Mas que princípio é este se há casos em que, por razões econômicas, culturais e sociais, a parte não se encontra em condições de se fazer ouvir? Há que se repetir então o discurso, que caracterizou a nossa época, quanto à distinção entre igualdade real ou material entre as partes. O processo tornou-se a arena deste discurso, porque nele há que se travar a luta por um direito efetivo e não apenas aparente. Tanto é assim que às garantias constitucionais formais tem-se acrescentado (ou pelo menos dever-se-ia estar acrescentando) aquelas garantias sociais. No campo dos direitos humanos fala-se em direitos sociais como direitos humanos de segunda geração. Estes os direitos que se destinam a fazer com que os direitos tradicionais, ou de primeira

Nesse diapasão, oportunas as sábias palavras de *Valentin Carrion*[40]:

"O processo não é meio punitivo nem forma de vingança contra o indefeso. A pressa ou o acúmulo de processos em pauta não justificam o excesso de autoritarismo; o acúmulo de processos nas pautas não é problema do juiz, mas do Estado em seu conjunto. A jurisprudência, entretanto, ainda não alcançou o caminho das decisões uniformes nessa importante questão. Frequentemente, o revel é tratado da mesma forma que um fora da lei, como se sua ausência indicasse realmente um desrespeito ao magistrado; a experiência mostra que revelia não corresponde a rebeldia, e que, por trás daquela, está o pequeno-grande drama dos desencontros de horários e datas, do humilde empregador ignorante da citação que não chegou senão formalmente ao seu verdadeiro destinatário, ou dos impedimentos que jamais poderão ser provados. E nem se argumente com possíveis abusos generalizados, pois tais abusos são extremamente perigosos para que as partes sejam tentadas a adotá-los; paga-se muito caro".

Em razão do exposto, entendemos, salvo melhor juízo, que o Juiz do Trabalho deve tomar muita cautela diante da revelia[41]. A nosso ver, o juiz não pode prescindir das seguintes cautelas:

a) verificar se o reclamado, efetivamente, fora notificado. Se retornou o SEED, ou o AR, ou se o Oficial de Justiça notificou o reclamado no endereço correto;

b) examinar detidamente a inicial, bem como os documentos a ela juntados[42];

c) verificar se estão presentes os pressupostos processuais e condições da ação. Caso não estejam presentes, poderá extinguir de plano o processo sem resolução do mérito (art. 267 do CPC) ou determinar que o autor emende a inicial (Súmula n. 263 do C. TST);

---

geração (entre os quais se incluem as garantias constitucionais do processo), tornem-se efetivos e acessíveis a todos ao invés de se projetarem como uma simples figuração para a parte menos favorecida. Como anota Mauro Cappelletti, não se pode falar em contraditório sem a análise de outros fatores, inclusive fora do âmbito jurídico, como os decorrentes do lado psicológico ou mesmo sociológico, de temas, problemas e institutos, com o fim de atualizar esse direito/garantia, para que ele não permaneça, assim como fora concebido pelo Código de Processo Civil de 1973, meramente inserido, em face aos efeitos da revelia, no âmbito de uma igualdade formal"(*Contraditório e revelia*. São Paulo: RT, 1993. p. 256).

(40) Carrion, Valentin. *Comentários à Consolidação das Leis do Trabalho*. 30. ed. São Paulo: Saraiva, 2005. p. 686.

(41) Como bem adverte José Augusto Rodrigues Pinto: "Sabe-se que, na Justiça do Trabalho, a expectativa da *revelia* propicia uma pequena indústria *do exagero dos pedidos*, que a cautela do Juízo interrogando o autor sobre fatos presumivelmente confessados desestimulará eficazmente. Sob outro aspecto, quando a inicial tiver instruída com documentos a sentença a ser proferida contra o revel deverá ser antecedida pelo exame cuidadoso de seu conteúdo, com vista a limitar os efeitos drásticos da *confissão fictícia*" (RODRIGUES PINTO, José Augusto. *Op. cit.*, p. 401).

(42) Para Júlio César Bebber, "sempre, então, que diante da revelia o juiz se sentir inseguro para julgar, mesmo sendo críveis os fatos alegados pelo autor, deve agir de ofício, no sentido de interrogar as partes (CPC, art. 342; CLT, art. 848), bem como determinar a produção das provas que julgar necessárias para formar o seu convencimento (CPC, art. 130; CLT, art. 765), instando o autor à atividade, sob cominação de considerá-lo não ocorrido" (*Op. cit.*, p. 71-72).

d) interrogar[43] o reclamante[44], cujo depoimento poderá limitar ou elidir os efeitos da revelia[45];

e) verificar se não estão presentes as hipóteses de elisão dos efeitos da revelia (art. 320 do CPC), se o litígio versa sobre matéria de direito, ou há necessidade de realização de prova técnica (arts. 420 do CPC e 195 da CLT)[46];

f) determinar, se não estiver convencido da verossimilhança da versão do autor ou da razoabilidade da pretensão, a dilação probatória (arts. 130 do CPC e 765 da CLT), já que na hipótese de revelia não há preclusão probatória para o juiz;

g) decidir de acordo com o seu livre convencimento motivado (art. 131 do CPC), atento aos ditames de justiça e efetividade do processo.

---

(43) O art. 848 da CLT diz ser faculdade do Juiz interrogar os litigantes, inclusive *ex officio*. No mesmo sentido, Luigi De Litala: "Es facultad del juez, interrogar libremente a las partes, lo que incluye también la facultad de prescindir, ampliar o modificar las posiciones opuestas por las partes, y si éstas al ser interrogadas por el tribunal sobre hechos que lhes son personales, adjuren ignorancia, contestaren en forma evasiva o se negaren a contestar, podrá estimarse esa actitud como una presunción en favor de los hechos alegados por la contraparte en todo cuanto se relacionen con el contenido de la pregunta" ... (*Derecho procesal del trabajo*. Buenos Aires, 1949, v. 2, p. 317).

(44) Como bem assevera Fábio Túlio Correia Ribeiro: "O interrogatório com o depoimento pessoal não se confundem. O primeiro, cuja providência é tomada pelo juiz de ofício, em qualquer fase do processo, destina-se a elucidar fatos da lide, esclarecendo-os. Com o segundo, por sua vez, aspira-se a alcançar a confissão da parte acerca de fatos controvertidos nos autos. O interrogatório é sempre uma providência que está na discrição do juiz, unicamente. O depoimento, já então, pode ser requerido pela parte *ex adversa*. Em regra, o depoimento é tomado na audiência de instrução, sendo único; o interrogatório, como expressamente prevê o art. 342 do CPC, pode ser realizado em qualquer fase do processo e tantas vezes quantas sejam necessárias ao aclaramento de pontos obscuros na visão do juiz da causa. No interrogatório, apenas o juiz formula perguntas às partes. No depoimento, as partes têm o direito de formularem perguntas uma à outra, embora através do juiz" (*Processo do trabalho básico — Da inicial à sentença*. São Paulo: LTr, 1997. p. 188).

(45) Segundo Wagner D. Giglio: "Nada obstante, sendo a *ficta confessio* uma abstração do mundo jurídico, e tendo o processo trabalhista, mais do que qualquer outro, o escopo de buscar a verdade *real* dos fatos, prossegue a instrução do feito, tomando-se o depoimento pessoal do reclamante, considerando-se que a tentativa de conciliação ficou prejudicada pela ausência do reclamado. A tomada do depoimento pessoal não deve causar espécie, não apenas pela razão supraexposta, mas também porque a própria lei prevê, para esse ato, a iniciativa do juiz, agindo *ex officio* (CLT, art. 848). Dessarte, a inquirição do reclamante é ato jurídico que *independe* do requerimento do reclamado: seja este revel ou não, pode ser tomado, com o objetivo de obter a confissão real do reclamante e esclarecer a verdade. E obtida a confissão real, esta prevalece sobre a ficção jurídica, como é lógico e óbvio, prescindindo de maiores explicações, portanto. Vamos mais longe: se houve necessidade, para conhecimento da verdade *real*, poderão ser inquiridas testemunhas do reclamante. Se não, como acontece na maioria dos casos, segue-se a produção de razões finais e, novamente, prejudicada a tentativa de conciliação, passa-se ao julgamento" (GIGLIO, Wagner D. e VELTRI CORRÊA, Claudia. *Direito processual do trabalho*. 15. ed. São Paulo: Saraiva, 2005. p. 199).

(46) Nesse sentido, destaca-se a seguinte ementa: "REVELIA — EFEITOS — ART. 319 DO CPC. A presunção contida no art. 319 do Código de Processo Civil de que 'se o réu não contestar a ação, reputar-se-ão verdadeiros os fatos afirmados pelo autor' não conduz, necessariamente, à procedência do pedido inicial, que dependerá do exame pelo juiz, com base nas circunstâncias dos autos, das consequências jurídicas dos fatos. A consequência processual da revelia é semelhante à da confissão (art. 348 do CPC), bem diversa, portanto, daquela própria do reconhecimento do pedido (art. 269, II, do CP). Recurso não conhecido" (STJ – Resp. 94193-SP – 4ª T. – Rel. Min. César Asfor Rocha – DJU 3.11.98 – p. 140).

# Capítulo XIV
# Da Resposta

## 1. Conceito

Uma vez citado sobre a existência de um processo, como decorrência do princípio do contraditório e ampla defesa (art. 5º, LV, da CF), o reclamado tem a faculdade de responder à pretensão posta em juízo pelo reclamante, ou até mesmo se manter inerte[1].

Como bem advertem *Eduardo Gabriel Saad, José Eduardo Duarte Saad* e *Ana Maria Saad Castello Branco*[2]: "À semelhança do que se oferece ao Reclamante, tem o Reclamado, por igual, o direito de exigir do Estado a prestação jurisdicional capaz de compor os interesses em conflito. É o direito de defesa um direito autônomo, independente do direito material. Embora este não exista, como proclama a sentença condenatória, ainda assim permanece o direito de defesa".

A resposta, no processo do trabalho, consiste no conjunto de faculdades, previstas na lei processual, que pode tomar o reclamado para resistir de forma ativa à pretensão do reclamante.

Se optar por responder, o reclamado poderá tomar uma das posturas previstas na Lei (art. 297 do CPC), ou seja, poderá contestar, apresentar exceções ou reconvenção. Poderá, cumulativamente, apresentar as três modalidades de respostas.

Segundo o art. 297 do CPC, são modalidades de resposta: contestação, exceção e reconvenção. Embora o Código de Processo nomeie como resposta as referidas três modalidades, a doutrina tem dilatado as formas de resposta para abranger o reconhecimento jurídico do pedido (art. 269 do CPC); as modalidades de intervenções de terceiros provocadas pelo réu, como a nomeação à autoria (art. 62 do CPC), o chamamento ao processo (art. 77 do CPC), a denunciação à lide (art. 70 do CPC) o incidente de impugnação ao valor da causa (art. 271 do CPC) e a ação declaratória incidental (arts. 5º e 325, ambos do CPC).

---

(1) Ensina Calmon de Passos: "Dentre os princípios básicos que informam o processo, pode-se afirmar como constituindo o mais relevante o chamado princípio da bilateralidade da audiência, encontra ele sua origem e fundamento na velha expressão romana *'audiatur et altera pars'* e, hoje, na garantia constitucional de que ninguém será condenado sem ser ouvido e de que nenhuma lesão de direito subjetivo pode ser subtraída da apreciação do Poder Judiciário" (*Comentários ao Código de Processo Civil.* v. III, 8. ed. Rio de Janeiro: Forense, 2001. p. 242).

(2) *Curso de direito processual do trabalho.* 5. ed. São Paulo: LTr, 2007. p. 538.

A CLT disciplina duas modalidades de respostas, quais sejam: a contestação (art. 847 da CLT) e a exceção (arts. 799 e seguintes da CLT). Não obstante, outras modalidades de respostas previstas no CPC são compatíveis com o Processo do Trabalho (art. 769 da CLT), como a reconvenção, a ação declaratória incidental, o reconhecimento jurídico do pedido. Quanto à intervenção de terceiros, há divergências na doutrina e jurisprudência sobre seu cabimento na Justiça Especializada.

No Processo do Trabalho, o momento para apresentação da resposta é a audiência, no prazo de 20 minutos, de forma oral, após a leitura da inicial, ou quando esta fora dispensada (arts. 846 e 847 da CLT)[3]. Não obstante, a praxe trabalhista consagrou a resposta escrita[4].

## 2. Da contestação

Como destaca *Calmon de Passos*[5]: "A contestação está para a defesa, assim como a inicial está para a ação. Ela é a peça mediante a qual se formaliza o exercício do direito de defesa do réu, vale dizer, exercita este sua pretensão à prestação da atividade jurisdicional".

Ensina *Amauri Mascaro Nascimento*[6] que "o vocábulo 'contestação' significa lutar com alguém por meio de testemunhas (*testis*) e por meio de provas (Antenor Nascentes). Provém da *litis contestatio*, do processo romano, que representava o momento no qual alguém, o réu, diante do magistrado e acompanhado das suas testemunhas, opunha-se à pretensão do autor. *Contestação que quer dizer, portanto, defesa*".

A contestação é a peça defensiva por excelência, em que o reclamado terá a oportunidade de impugnar a pretensão aduzida na inicial e também aduzir toda a matéria de defesa que entende pertinente.

A CLT disciplina a contestação no art. 847, que tem a seguinte redação: "Não havendo acordo, o reclamado terá 20 (vinte) minutos para aduzir sua defesa, após a leitura da reclamação, quando esta não for dispensada por ambas as partes".

Conforme o citado dispositivo legal, a contestação, no Processo do Trabalho, é aduzida de forma oral, no prazo de 20 minutos. Se houver mais de um reclamado no polo passivo, cada um deles terá vinte minutos para aduzir a resposta[7]. Não

---

(3) Conforme Wagner D. Giglio, a leitura da inicial tem sido dispensada, uma vez que o reclamante formulou a inicial e o reclamado, quando da notificação, recebeu cópia desta (*Direito processual do trabalho*. 15. ed. São Paulo: Saraiva, 2005. p. 200).

(4) No Processo Civil, a resposta é apresentada no prazo de 15 dias, no rito ordinário, e de forma escrita (art. 297 do CPC).

(5) *Op. cit.*, p. 250.

(6) NASCIMENTO, Amauri Mascaro. *Curso de direito processual do trabalho*. 22. ed. São Paulo: Saraiva, 2007. p. 498.

(7) Nesse mesmo sentido, pensam Wagner D. Giglio e Cláudia Giglio Veltri Corrêa (*Direito processual do*

obstante, a praxe forense consagrou a contestação apresentada de forma escrita. Dificilmente se apresenta a contestação de forma oral em razão do grande número de audiências na pauta, da cumulação de pedidos na petição inicial e também da complexidade das matérias. A contestação é aduzida de forma oral, normalmente, quando o reclamado está sem advogado ou, quando está assistida por ele, o advogado esquecer a contestação. Mesmo sendo aduzida de forma oral, a contestação será reduzida a termo na própria ata de audiência.

No Processo Civil, no rito ordinário, a contestação é apresentada no prazo de 15 dias, de forma escrita (art. 297 do CPC).

Nos termos dos arts. 300, 396 do CPC e 845 da CLT, a contestação deve estar acompanhada dos documentos da defesa e também na referida peça. No nosso sentir, tanto a inicial como a contestação trabalhista prescindem do requerimento de provas, pois estas serão produzidas em audiência, independentemente de requerimento prévio[8].

Como bem destaca *Cléber Lúcio de Almeida*[9], " apresentada a defesa escrita em audiência, a parte pode aditá-la, antes de iniciada a instrução da causa, consignando-se o aditamento na ata".

A contestação segue dois princípios fundamentais que estão previstos no Código de Processo, perfeitamente aplicáveis ao Processo do Trabalho (art. 769 da CLT). São eles: a) princípio da eventualidade da defesa (art. 300 do CPC) e b) princípio da impugnação específica (art. 302 do CPC).

*a) princípio da eventualidade:* Está previsto no art. 300 do CPC, que tem a seguinte redação: "Compete ao réu alegar, na contestação, toda a matéria de defesa, expondo as razões de fato e de direito, com que impugna o pedido do autor e especificando as provas que pretende produzir".

O princípio da eventualidade consiste no ônus do réu em aduzir todas as defesas que tiver contra o processo (atacar diretamente a relação jurídica processual) e contra o pedido do autor, a fim de que, na eventualidade de o Juiz não acolher a primeira alegação, acolha a segunda.

As defesas processuais, arguidas como matéria preliminar, estão previstas no art. 301 do CPC. Não se dirigem diretamente aos pedidos do autor, buscando a extinção da relação jurídica processual, ou seja, que o processo seja extinto sem

---

*trabalho*. 15. ed. São Paulo: Saraiva, 2005. p. 201). Em sentido contrário, a posição de Christovão Piragibe Tostes Malta: "Havendo litisconsórcio passivo, o prazo em questão é dividido entre os do mesmo grupo, por analogia com o que determina o CPC a propósito de razões finais, se de forma diversa não convencionarem" (*Prática do processo trabalhista*. 34. ed. São Paulo: LTr, 2007. p. 266).

(8) No mesmo sentido é a opinião de Cléber Lúcio de Almeida: "No processo do trabalho, não se exige do réu, ainda, a especificação, na contestação, das provas que pretende produzir" (*Direito processual do trabalho*. Belo Horizonte: Del Rey, 2006. p. 486).

(9) *Op. cit.*, p. 489.

resolução do mérito. São também chamadas de defesas indiretas, porque não vão à essência do litígio, limitando-se a aduzir fundamentos para que ele não seja julgado.

Segundo a doutrina, as defesas processuais indiretas podem ser dilatórias ou peremptórias. As dilatórias apenas dilatam o curso do processo, sem extingui-lo, como as incompetências material e funcional. Já as peremptórias visam a extinguir o processo, como a coisa julgada, perempção e litispendência.

Quanto à matéria de mérito, esta deve ser deduzida integralmente no corpo da contestação. A doutrina costuma denominar a defesa de mérito como defesa substancial, que pode ser direta ou indireta. Será direta quando atacar diretamente os fatos declinados na inicial, negando a existência do fato constitutivo do direito do autor. Outrossim, será indireta quando não consistir em negar os fundamentos do autor, mas em trazer fundamentos novos de direito material (pagamento, prescrição, etc.). Também será indireta quando o reclamado, sem negar o fato constitutivo do direito do autor, aduzir fatos modificativos, impeditivos ou extintivos do direito do autor.

A jurisprudência trabalhista tem sido rígida quanto à aplicação do princípio da eventualidade no Processo do Trabalho, conforme as seguintes ementas que se seguem:

> Contestação — Defesa processual e de mérito — Dever do demandado. Se a opção do reclamado se dá exclusivamente pela elaboração de defesa processual, e, sendo considerada pelo Juízo superada a preliminar arguida, é de se ter o demandado confesso, quanto aos fatos contra si articulados na inicial (art. 302 do CPC). Recurso conhecido a que se nega provimento. (TRT – 10ª R. – 1ª T. – RO n. 255/2002 – Rel. Ricardo A. Machado – DJDF 14.7.2002 – p. 11).

> Contestação — Princípio da eventualidade. O que torna a questão controvertida, de modo a suscitar a dúvida que reclama prova, é a impugnação precisa dos fatos alegados (art. 302 do CPC). Se o reclamado, desatento ao princípio da eventualidade, impugna superficialmente a pretensão, apenas aduzindo não serem verdadeiras as afirmações do reclamante, deixando de contestá-las fato por fato, parcela por parcela, reduz o campo de controvérsia e corre o risco de sucumbir, caso não venha a ser acolhida a primeira impugnação. (TRT – 3ª R. – 6ª T. – RO n. 119/2004.020.03.00-2 – Rel. Sebastião G. de Oliveira – DJMG 9.9.04 – p. 13).

> Art. 300 do CPC. O princípio da eventualidade impõe que o reclamado aduza todos os fundamentos da defesa na contestação, estando preclusa a matéria que apenas veio a lume em sede recursal. Recurso a que se nega provimento. (TRT – 10ª R. – 3ª T. – Ac. n. 1448/95 – Rel. Juiz F. Leocádio – DJDF 12.5.95 – p. 6122).

Nos termos do art. 767 da CLT, a compensação, ou a retenção, só pode ser arguida como matéria de defesa.

Portanto, diante da previsão expressa da CLT, tanto a compensação como a retenção devem ser invocadas em defesa, estando precluso esse direito se for invocado após a fase defensiva.

*b) princípio da contestação específica:* Esse princípio está previsto no art. 302 do CPC, que tem a seguinte redação: "Cabe também ao réu manifestar-se precisamente sobre os fatos narrados na petição inicial. Presumem-se verdadeiros os fatos não impugnados".

Conforme *Calmon de Passos*[10]: "Manifestar-se especificamente é manifestar-se indicando com exatidão, particularizando, mencionando especialmente, etc."

Diante da redação do citado art. 302 do CPC, não é permitida a contestação genérica ou por negação geral. Cabe ao réu impugnar um a um os fatos narrados pelo autor. Os fatos não impugnados são presumidos verdadeiros. Entretanto, tal presunção é relativa, podendo ser elidida por prova em contrário[11]. Como bem adverte *Joel Dias Figueira Jr.*[12]: "O art. 302 do CPC há de ser interpretado restritivamente, porquanto a exigência ali contida refere-se tão somente aos fatos alegados pelo autor, pertinentes ao mérito da causa, os quais o réu não poderá deixar de impugnar".

A CLT não contém disposição a respeito. Desse modo, por força do art. 769 da CLT, o princípio da contestação específica é compatível com o Direito Processual do Trabalho.

Desse modo, deve o reclamado contestar tanto a causa de pedir próxima como a remota. Não pode, por exemplo, simplesmente dizer, que o reclamante nunca foi empregado ou que nunca realizou horas extras. Deve declinar se o autor prestou serviços ou não e, se prestou, qual era a modalidade de trabalho. Quanto à jornada, deve cliná-la em defesa, ou fazer menção à jornada dos cartões de ponto, sobre a existência ou não de horas extras pagas, etc.

A jurisprudência trabalhista tem sido rígida quanto à aplicabilidade do princípio da impugnação especificada ao Processo do Trabalho, conforme destacado nas seguintes ementas:

> Contestação — Impugnação específica. O art. 302 do Código de Processo Civil, aplicado subsidiariamente ao processo do trabalho (CLT, art. 769), impõe ao réu apresentar contestação específica aos fatos narrados pelo autor na inicial. Não informando a

---

(10) *Op. cit.*, p. 280.

(11) Nesse sentido, destacamos as seguintes ementas: "Pena de confissão — Ausência de contestação específica. Segundo inteligência consubstanciada no Enunciado n. 74, do colendo TST, aplica-se a pena de confissão ao reclamante que, expressamente intimado com aquela cominação, não compareceu à audiência em prosseguimento, na qual deveria depor. A pena de confissão ficta, contudo, não é prova absoluta contra a parte, podendo ser elidida, pelas demais provas produzidas nos autos. É certo, ainda, que ao empregador cabe apresentar defesa específica de todos os pedidos formulados pelo empregado, na petição inicial — não se podendo considerar, como tal, defesa genérica. Considerando a ausência de contestação, por parte do recorrido, impõe-se o acolhimento dos pedidos formulados, inicialmente, pelo empregado". (TRT – 3ª R. – 1ª T. – RO n. 398/2004.070.03.00-0 – Rel. Manuel C. Rodrigues – DJMG 10.9.04 – p. 6) (RDT n. 10 – Outubro de 2004). "Contestação genérica — Efeitos. A presunção de veracidade, que decorre da defesa genérica, é *juris tantum*, podendo o conjunto probatório ilidir essa presunção, não isentando a parte de seu *onus probandi*". (TRT – 12ª R. – 1ª T. – RO-V n. 1548.2002.040.12.00-0 – Rel. Amarildo C. de Lima – DJSC 8.7.04 – p. 200).

(12) FIGUEIRA JR., Joel Dias. *Comentários ao Código de Processo Civil.* v. 4, t. II, 2. ed. São Paulo: RT, 2007. p. 275.

reclamada o salário que entendia como correto da reclamante para fins de base de cálculo das verbas rescisórias, prevalecem os fatos trazidos pela autora. (TRT – 10ª R. – 1ª T. – ROPS n. 2710/2002 – Rel. Ricardo A. Machado – DJDF 27.9.2002 – p. 8).

Contestação — Impugnação específica. Cabe ao réu manifestar-se precisamente sobre os fatos narrados na petição inicial, nos termos do art. 302 do CPC, não sendo acatável processualmente defesa por negação geral. (TRT – 12ª R. – 3ª T. – RO-V n. 5370/2003.026.12.00-1 – Ac. n. 9987/04 – Relª Lígia M. Teixeira Gouvêa – DJSC 15.9.04 – p. 202).

Ônus da impugnação específica — Exceção. O inciso III do art. 302 do CPC excepciona da aplicação do ônus da impugnação específica os fatos constantes da petição inicial, que se encontram 'em contradição com a defesa, considerada em seu conjunto'. Tendo a reclamada ora recorrente impugnado todos os pedidos constantes da exordial, não há se falar na presunção de veracidade dos valores mencionados pelo recorrido. De outra parte, para a aplicação da norma inserta no referido artigo, faz-se necessária a verossimilhança das alegações, não sendo esta a hipótese dos autos, mesmo porque, não foram acolhidos todos os pedidos formulados, portanto, os valores apresentados não prevalecem, eis que não correspondem ao *quantum* da condenação. (TRT – 15ª R. – 3ª T. – Ac. n. 7206/2000 – Rel. João Alberto A. Machado – DJSP 13.3.2000 – p. 17)

Não se aplica a regra da impugnação especificada nas exceções do art. 302 do CPC, quais sejam:

*1. se não for admissível, a seu respeito, a confissão* (art. 302, I, do CPC):

O presente dispositivo se aplica ao Direito Processual do Trabalho, por força do art. 769 da CLT.

No nosso sentir, o fato de existirem normas de ordem pública no Direito do Trabalho não significa dizer que os Direitos Trabalhistas são indisponíveis. Pertencendo ao Direito Privado e contando com uma elevada gama de normas de ordem pública e ainda considerando-se o estado de subordinação a que está sujeito o empregado, os Direitos Trabalhistas, durante a vigência do contrato de trabalho, são irrenunciáveis como regra geral. Entretanto, uma vez cessados o vínculo de emprego e o consequente estado de subordinação, o empregado pode renunciar e transacionar direitos, máxime estando na presença de um órgão imparcial, como o Sindicato ou a Justiça do Trabalho. Alguns direitos na esfera trabalhista são indisponíveis, como os direitos da personalidade do trabalhador, difusos, coletivos e também os relacionados com as normas que se referem à medicina, segurança e ao meio ambiente do trabalho.

*2. se a petição inicial não estiver acompanhada de instrumento público que a lei considerar da substância do ato* (art. 302, II, do CPC):

O presente dispositivo, embora compatível com o Processo do Trabalho (art. 769 da CLT), é de difícil aplicação prática, pois dificilmente o Direito do Trabalho, diante de seus princípios basilares, máxime o da primazia da realidade, exige instrumento público para comprovação dos fatos em juízo.

Não obstante, podemos declinar alguns exemplos de documentos públicos, como a juntada de certidão de nascimento do filho para delimitação do direito à estabilidade da empregada gestante e também para o recebimento do salário-família.

Em sede trabalhista, são exemplos de documentos essenciais os acordos e convenções coletivas, a prova da filiação por meio de juntada de certidão de nascimento para dar suporte à pretensão do salário-família.

De outro lado, acreditamos que, se o autor não juntar o documento essencial, deverá o Juiz facultar a juntada no prazo de dez dias, nos termos do art. 284 do CPC e Súmula n. 263 do C. TST. Uma vez não juntado o documento essencial, deverá o Juiz do Trabalho extinguir o processo sem exame de mérito, nos termos do art. 295, VI, do CPC.

3. *se estiverem em contradição com a defesa no seu conjunto* (art. 302, III, do CPC):

Nesta modalidade, que também é compatível com o Direito Processual do Trabalho, o reclamado não contesta todos os fatos, mas alguns, ou apenas o fato principal, cuja contestação indiretamente prejudica os demais fatos declinados na inicial. Como exemplo: o reclamado contesta o vínculo de emprego, aduzindo que o reclamante era trabalhador eventual, sem contestar as demais parcelas declinadas na inicial, como verbas rescisórias, horas extras, etc. Neste caso, todos os pedidos que decorrem do vínculo estão em contradição com a defesa no seu conjunto, vale dizer: todas as verbas que decorrem do vínculo foram indiretamente contestadas com a própria contestação sobre a existência do liame empregatício[13].

Nos termos do parágrafo único do art. 302 do CPC, a regra quanto ao ônus da impugnação especificada não se aplica ao advogado dativo, ao curador especial e ao órgão do Ministério Público.

## 2.1. Das preliminares da contestação

As preliminares são defesas de natureza processual que visam à extinção da relação jurídica processual sem resolução do mérito. Também chamadas pela doutrina de exceções peremptórias ou defesas indiretas de cunho processual.

As matérias preliminares estão previstas no art. 301 do CPC. Com efeito, tal artigo dispõe: "Compete ao réu, antes de discutir o mérito, alegar: I – inexistência ou nulidade de citação; II – incompetência absoluta; III – inépcia da inicial; IV – perempção; V – litispendência; VI – coisa julgada; VII – conexão; VIII – incapacidade da parte, defeito de representação ou falta de autorização; IX – convenção de arbitragem; X – carência de ação; XI – falta de caução ou de outra prestação, que a lei exige como preliminar".

---

(13) É bem verdade que, se o reclamado não contestar todos os pedidos de forma específica, segundo a doutrina e jurisprudência dominantes no Processo do Trabalho, uma vez reconhecido o vínculo de emprego, se terão por incontroversos os demais fatos articulados na inicial. Vale dizer: o autor não terá de demonstrar a jornada, pois a dispensa foi imotivada, etc.

A CLT não disciplina as preliminares da contestação. Desse modo, por força do art. 769 da CLT, o rol de matérias do referido art. 301 do CPC é aplicável ao Processo do Trabalho.

## I – Nulidade da citação

Citação é o ato de chamar o réu a juízo para que, em querendo, venha se defender[14].

É o ato formal de cientificação do réu sobre um processo em face dele proposto pelo autor. Por isso, é o principal ato de ciência do réu no processo.

Diante da importância da citação para o processo, se esta não se efetivar, a relação jurídica processual é nula, pois se trata de pressuposto de existência do processo. Inclusive a nulidade da citação, no Processo Civil, na execução, pode ser invocada inclusive em sede de impugnação (art. 475-I), se o processo correu à revelia.

Há nulidade da citação quando esta não foi realizada ou quando foi levada a efeito na pessoa que não é o reclamado.

No Processo do Trabalho, há de se ter um cuidado maior com a citação, pois esta não necessita ser pessoal, uma vez que pode ser entregue na portaria da empresa.

Dispõe o art. 841, § 1º, da CLT: "A notificação será feita em registro postal com franquia. Se o reclamado criar embaraços ao seu recebimento ou não for encontrado, far-se-á a notificação por edital, inserto no jornal oficial ou no que publicar o expediente forense, ou, na falta, afixado na sede da Junta ou juízo".

A CLT denomina a citação inicial de notificação inicial (art. 841), sendo realizada por funcionário designado pelo Diretor de Secretaria da Vara.

Entre a notificação e a data da audiência deve ter um prazo mínimo de cinco dias (art. 841 da CLT). Entretanto, um vez válida a citação, este prazo pode ser renunciado pelo reclamado.

O comparecimento espontâneo do reclamado supre a nulidade de citação nos termos do art. 214, § 2º, do CPC, que assim dispõe: "Comparecendo o réu apenas para arguir a nulidade e sendo esta decretada, considerar-se-á feita a citação na data em que ele ou seu advogado for intimado da decisão".

A Súmula n. 16 do TST presume o recebimento da notificação após 48 horas da sua postagem. Dispõe o referido verbete: "NOTIFICAÇÃO — Presume-se recebida a notificação 48 (quarenta e oito) horas depois de sua postagem. O seu não recebimento ou a entrega após o decurso desse prazo constitui ônus de prova do destinatário." (Res. n. 121/2003, DJ 21.11.2003)

---

(14) Dispõe o art. 213 do CPC: "Citação é o ato pelo qual se chama a juízo o réu ou interessado a fim de se defender".

## II – Litispendência

O Código de Processo Civil define o conceito de litispendência nos §§ 1º, 2º e 3º do art. 301 como sendo a reprodução de uma demanda anteriormente ajuizada, contendo as mesmas partes, a mesma causa de pedir e o mesmo pedido.

São requisitos da litispendência além, da presença das mesmas partes, pedido e causa de pedir, que a demanda anterior já esteja em curso, não havendo o trânsito em julgado da decisão.

A litispendência pode ser total ou parcial. Será total quando se reproduzirem todos os pedidos e parcial quando um ou alguns dos pedidos forem reproduzidos na ação posterior.

Como destaca *Sergio Pinto Martins*[15], " o objetivo da arguição de litispendência é impedir que duas ações idênticas sejam processadas perante Varas diversas, impondo-se que uma delas seja extinta, geralmente a que foi proposta em segundo lugar. A arguição de litispendência visa a evitar insegurança jurídica com a possibilidade de duas sentenças distintas, sendo que, mesmo que houvesse identidade de julgamento, um deles seria inútil ou desnecessário, implicando desnecessidade da prestação da atividade jurisdicional e desprestigiando o princípio da economia processual".

No nosso entendimento, a litispendência se faz presente com a propositura da ação, pois com a simples propositura já começam a haver interações entre juiz e parte, inclusive o magistrado pode indeferir a inicial e até mesmo acolher decadência e prescrição *ex officio*. Em razão disso, acreditamos que o art. 219 do CPC, ao prever que a citação válida induz litispendência, não seguiu a melhor técnica processual[16].

Nesse sentido destaca-se a posição de *Antonio Carlos Marcato*[17]: "Forma-se o processo no momento da propositura da demanda em juízo, o que ocorre com o despacho inicial do juiz na petição inicial (nos foros onde houver juízo único), ou quando esta seja distribuída a um dos juízos com competência concorrente (CPC, art. 263). Tem-se entendido, no entanto, que basta a protocolização da petição inicial no cartório judicial para que se considere proposta a demanda".

Desse modo, em havendo litispendência, a ação que foi proposta deve prosseguir, extinguindo-se a ação posteriormente proposta, sem resolução do mérito.

---

(15) MARTINS, Sergio Pinto. *Direito processual do trabalho*. 26. ed. São Paulo: Atlas, 2006. p. 287.

(16) Em sentido contrário, sustenta Calmon de Passos: "A lide considera-se pendente no direito brasileiro, quando ocorrer a citação válida (art. 219). Assim, o processo em que se deu a primeira citação válida é o que prevalece, considerando-se o outro duplicação proibida (...)." (*Comentários ao Código de Processo Civil.* v. II, 8. ed. Rio de Janeiro: Forense, 2001. p. 265.

(17) MARCATO, Antonio Carlos. *Procedimentos especiais*. 10. ed. São Paulo: Atlas, 2004. p. 55.

## III – Coisa julgada

Há coisa julgada quando se repete ação contendo as mesmas partes, mesmo pedido e mesma causa de pedir de uma ação anterior já decidida de forma definitiva. Nos termos do art. 301, § 3º, do CPC, há coisa julgada, quando se repete ação que já foi decidida por sentença de que não caiba recurso. Cumpre destacar que a coisa julgada firmada na ação anterior, que impede que a nova ação idêntica prossiga, se configura quando na ação anterior houve apreciação do mérito. A coisa julgada formal, que é uma mera preclusão, não obsta que a parte intente nova ação. Nesse sentido, destaca *Calmon de Passos*[18]: "Se há processo definitivamente concluído e pelo qual já foi composta a lide que se quer reproduzir como objeto do novo processo, diz-se que há *coisa julgada*, no sentido de que a lide objeto do novo processo, já foi lide em outro processo, concluído com exame de mérito (findo)".

## IV – Incompetência absoluta

Como já mencionamos anteriormente, a competência em razão da matéria e a funcional são absolutas. Ao contrário da competência em razão do lugar, que deve ser invocada por meio de exceção (arts. 799 e seguintes da CLT), a competência absoluta deve ser invocada em preliminar de contestação.

Caso acolha a preliminar de incompetência, deverá o Juiz do Trabalho encaminhar o processo ao Juízo competente em razão da matéria.

## V – Da perempção

Como bem destaca *Joel Dias Figueira Jr.*[19]: "A perempção é o pressuposto processual de validade objetivo extrínseco (porquanto situado fora do processo em questão), identificado na situação em que o autor, por três vezes anteriores, tiver dado causa à extinção do processo, por não promover os atos e diligências que lhe competiam realizar, terminando por abandonar a causa por mais de 30 dias (art. 267, III, CPC)".

Na esfera do Processo do Trabalho, caso o autor dê ensejo a dois arquivamentos consecutivos, incide na penalidade do art. 732 da CLT[20], que para alguns doutrinadores configura perempção e para outros perda temporária do direito de ação.

---

(18) *Op. cit.*, p. 265.

(19) FIGUEIRA JR., Joel Dias. *Comentários ao Código de Processo Civil*. v. II, t. 4, 2. ed. São Paulo: RT, 2007. p. 250.

(20) Art. 731, da CLT: "Aquele que, tendo apresentado ao distribuidor reclamação verbal, não se apresentar, no prazo estabelecido no parágrafo único do art. 786, à Vara ou Juízo para fazê-lo tomar por termo, incorrerá na pena de perda, pelo prazo de seis meses, do direito de reclamar perante a Justiça do Trabalho". Art. 732 da CLT: "Na mesma pena do artigo anterior incorrerá o reclamante que, por duas vezes seguidas, der causa ao arquivamento de que trata o art. 844".

Não se aplica ao Direito Processual do Trabalho a perempção prevista no art. 268, parágrafo único do CPC[21], que obsta o Direito de Ação do Autor de forma definitiva, por incompatibilidade com os princípios que regem o Direito Processual do Trabalho. Além disso, a CLT tem regra própria sobre a perda temporária do direito de ação nos arts. 731 e 732.

Desse modo, no Processo do Trabalho, somente há perda temporária do direito de ação e não perda total desse direito como há no Código de Processo Civil.

Alguns autores questionam sobre a constitucionalidade dos referidos arts. 731 e 732 da CLT, por colidir com o Direito Constitucional de Ação. Nesse sentido, *Carlos Henrique Bezerra Leite*[22] assevera que há dúvida quanto à constitucionalidade diante do princípio da inafastabilidade de acesso à justiça (CF, art. 5º, XXXV).

No mesmo sentido se pronuncia *Eduardo Gabriel Saad*[23]:

"Se o reclamante causar dois arquivamentos, ficará impedido de propor nova ação durante seis meses a contar do último deles e terá, em ambos os casos, de efetuar o pagamento das custas do processo. É inegável que a suspensão do direito de recorrer ao Judiciário durante seis meses não se harmoniza com o princípio constitucional que assegura ao cidadão o direito de recorrer ao Judiciário toda vez que seu direito sofrer lesão. A eficácia dessa norma não está sujeita a qualquer condicionante".

Não obstante os ponderáveis argumentos dos professores *Bezerra Leite* e *Gabriel Saad*, no nosso sentir, os arts. 731 e 732 da CLT não colidem com a Constituição Federal, pois não inibem o direito de ação ou o acesso à Justiça, já que o prazo de seis meses é razoável e se mostra eficaz para coibir atos do reclamante que, por desleixo, deixa arquivar o processo por duas vezes sucessivas. Além disso, a cominação do art. 732 da CLT prestigia a seriedade e dignidade da Justiça do Trabalho.

Nesse diapasão, oportunas as palavras de *Ada Pellegrini Grinover*[24]: "É certo que a Constituição assegura a inafastabilidade do controle jurisdicional no inciso XXXV do art. 5º, mas é igualmente certo que o exercício do direito da ação não é absoluto, sujeitando-se às condições (as condições da ação) a serem estabelecidas pelo legislador. Essas condições — desde que razoáveis, dentro do critério substancial

---

(21) Art. 268, parágrafo único do CPC: "Se o autor der causa, por três vezes, à extinção do processo pelo fundamento previsto no n. III do artigo anterior, não poderá intentar nova ação contra o réu com o mesmo objeto, ficando-lhe ressalvada, entretanto, a possibilidade de alegar em defesa o seu direito". Art. 267, III do CPC: "Extingue-se o processo, sem resolução do mérito: (...) III – quando, por não promover os atos e diligências que lhe competir, o autor abandonar a causa por mais de 30 (trinta) dias".
(22) BEZERRA LEITE, Carlos Henrique. *Curso de direito processual do trabalho*. 4. ed. São Paulo: LTr, 2006. p. 432.
(23) SAAD, Eduardo Gabriel. *Direito processual do trabalho*. 3. ed. São Paulo: LTr, 2002. p. 400.
(24) GRINOVER, Ada Pellegrini. *O processo em evolução*. 2. ed. Rio de Janeiro: Forense Universitária, 1998. p. 94-95.

das garantias do devido processo legal — são legítimas e subsumem às categorias clássicas da possibilidade jurídica, da legitimação para a causa e do interesse de agir (art. 267, VI, CPC)".

No mesmo diapasão, destaca-se a seguinte ementa:

> DOIS ARQUIVAMENTOS SEGUIDOS — PERDA DO DIREITO DE RECLAMAR — CONSTITUCIONALIDADE DO NÃO COMPARECIMENTO INJUSTIFICADO. ENSEJANDO 02 ARQUIVAMENTOS SEGUIDOS. Resulta a perda do direito de ação por 06 meses (nas mesmas condições), contados da data em que a punição é aplicada. E não há inconstitucionalidade posto que a carta não poderia consagrar abuso de direito. Há, ainda, a consequente sobrecarga à Justiça. Finalidade Educativa. (TRT/SP, Proc. n. 0294249355 – Ac. 6ª T. – 02950481528 – Rel. Juiz Carlos Francisco Berardo – DOESP: 30.10.1995)

## VI – Inépcia da inicial

O Código de Processo Civil disciplina as hipóteses de inépcia da inicial no art. 295, parágrafo único, assim redigido: "Considera-se inepta a petição inicial quando: I – lhe faltar pedido ou causa de pedir; II – da narração dos fatos não decorrer logicamente a conclusão; III – o pedido for juridicamente impossível; IV – contiver pedidos incompatíveis entre si".

O rol do art. 295, parágrafo único, do CPC se aplica perfeitamente ao Processo do Trabalho, por omissão da CLT e compatibilidade com os princípios que regem o Processo do Trabalho (art. 769 da CLT).

As hipóteses de inépcia contaminam de tal forma a inicial, que não há como serem sanadas *a posteriori*. Em razão disso, as hipóteses de inépcia da inicial configuram nulidades insanáveis do Processo. Nesse mesmo sentido é a Súmula n. 263 do C. TST.

## VII – Carência da ação

Há carência da ação quando não estão presentes algumas das três condições da ação, quais sejam: legitimidade, interesse processual e possibilidade jurídica do pedido.

A carência da ação pode ser reconhecida de ofício pelo Juiz do Trabalho.

É comum, no Processo do Trabalho, o reclamado invocar carência da ação em razão de ausência de vínculo de emprego ou de relação jurídica de trabalho. Nesta hipótese, não há carência da ação, pois se trata de defesa de mérito, poquanto é neste que o Juiz do Trabalho apreciará as provas e se convencerá da existência ou não do vínculo de emprego.

## VIII – Conexão

Nos termos do art. 103 do CPC, "reputam-se conexas duas ou mais ações, quando lhes for comum o objeto ou a causa de pedir".

No Processo do Trabalho, é comum haver conexão entre reclamações de trabalhadores de uma mesma empresa, que apresentam os mesmos pedidos ou idênticas causas de pedir.

A conexão pode ser invocada em preliminar de defesa, mas também pode ser reconhecida de ofício pelo Juiz (art. 105 do CPC).

O Juiz do Trabalho deve sopesar o custo-benefício em deferir ou não a conexão, considerando a celeridade processual, não estando obrigado a fazê-lo, uma vez que o art. 105 do CPC encerra tal faculdade.

## 2.2. Da compensação e da retenção como matérias de defesa

Assevera o art. 368 do CC:

> Se duas pessoas forem ao mesmo tempo credor e devedor uma da outra, as duas obrigações extinguem-se, até onde se compensarem.

A compensação é instituto de Direito Civil que faz parte do capítulo da extinção das obrigações.

São requisitos para a compensação, no Processo do Trabalho:

a) duas pessoas, ao mesmo tempo, credora e devedora uma da outra;

b) dívidas líquidas, vencidas e de coisas fungíveis (art. 369 do CC);

c) requerimento do reclamado em defesa.

Nos termos do art. 767 da CLT, a compensação ou a retenção só poderá ser arguida como matéria de defesa.

Portanto, diante da previsão expressa da CLT, tanto a compensação como a retenção devem ser invocadas em defesa, estando precluso esse direito se for invocado após a fase defensiva.

Nesse sentido, preconiza a Súmula n. 48 do C. TST: "A compensação só poderá ser arguida com a contestação".

Como bem adverte *Tostes Malta*[25], a CLT determina, no § 5º do art. 477, que o pagamento das parcelas devidas ao empregado quando da extinção do contrato de trabalho, a compensação dos créditos do trabalhador não poderá exceder o valor de um mês de sua remuneração. Trata o preceito em foco da dissolução amigável do pacto laboral. Quando empregado e empregador litigam em juízo, pode-se fazer a compensação dos débitos do empregado, qualquer que seja o montante".

Quanto à retenção, destaca *Christovão Piragibe Tostes Malta*[26], esta consiste em não se devolver a coisa que se retém legitimamente, para compelir-se o proprietário

---

(25) TOSTES MALTA, Christovão Piragibe. *Prática do processo trabalhista*. 34. ed. São Paulo: LTr, 2007. p. 281.

(26) *Idem*.

a um pagamento a que está obrigado. Um hotel, por exemplo, pode reter a bagagem de um hóspede para obrigá-lo ao pagamento das despesas de hospedagem. O empregado vendedor pracista, a quem foi confiado um mostruário da empresa, pode recusar-se a devolvê-lo enquanto o empregador não lhe pagar os salários atrasados.

A compensação não se confunde com a dedução, embora sejam semelhantes.

Consiste a dedução na possibilidade de o Juiz do Trabalho, verificando os recibos e o pagamento de parte das verbas postuladas, determinar que sejam abatidos, do total da condenação, os valores já pagos constantes dos recibos dos autos, a fim de evitar o enriquecimento sem causa do reclamante.

A dedução pode ser determinada de ofício pelo Juiz do Trabalho, enquanto a compensação depende de requerimento em defesa.

## 2.3. Matérias que podem ser invocadas após a contestação

Diz o art. 303 do CPC: "Depois da contestação, só é lícito deduzir novas alegações quando: I – relativas a direito superveniente; II – competir ao juiz conhecer delas de ofício; III – por expressa autorização legal, puderem ser formuladas em qualquer tempo e juízo".

O direito superveniente é o que surge no curso do processo, após a propositura da inicial e apresentação de defesa. Na hipótese do inciso I do art. 303 do CPC, é o direito que surge após a apresentação da defesa. Como exemplos: o reclamante que invoca doença profissional e passa por cirurgia após a apresentação da contestação; a dispensa do reclamante após a apresentação da defesa em razão de conduta faltosa praticada após a apresentação da contestação.

Para *Calmon de Passos*[27], "o fato anterior à contestação não gera direito superveniente. Superveniente, há hipótese, é a ciência do fato, não o direito dele decorrente".

Conforme o ilustre processualista baiano acima citado, o fato no qual se embasa o direito superveniente pode preexistir à contestação, mas o reclamado somente deve ter tido ciência após a apresentação da defesa.

O Direito superveniente também pode ser conhecido de ofício pelo Juiz do Trabalho na sentença, conforme a disposição do art. 462 do CPC, *in verbis*: "Se depois da propositura da ação, algum fato constitutivo, modificativo ou extintivo do direito influir no julgamento da lide, caberá ao juiz tomá-lo em consideração, de ofício, ou a requerimento da parte, no momento de proferir a sentença".

Nesse sentido, cumpre destacar a Súmula n. 394 do TST, *in verbis*:

ART. 462 DO CPC. FATO SUPERVENIENTE (conversão da Orientação Jurisprudencial n. 81 da SBDI-1) – Res. n. 129/2005, DJ 20, 22 e 25.4.2005.

---

(27) *Op. cit.*, p. 289.

O art. 462 do CPC, que admite a invocação de fato constitutivo, modificativo ou extintivo do direito, superveniente à propositura da ação, é aplicável de ofício aos processos em curso em qualquer instância trabalhista. (ex-OJ n. 81 da SBDI-1 – inserida em 28.4.1997).

O Juiz pode conhecer de ofício as chamadas matérias de ordem pública, que podem ser invocadas a qualquer tempo, antes do trânsito em julgado da decisão. Constituem o rol de matérias de ordem pública as hipóteses elencadas no art. 301 do CPC, exceto o compromisso arbitral que depende de invocação do reclamado. Com efeito, dispõe o § 4º do art. 301 do CPC: "Com exceção do compromisso arbitral, o juiz conhecerá de ofício da matéria enumerada neste artigo".

À luz do CPC, art. 219, § 5º, na esfera do Direito Processual Civil, a prescrição deve ser conhecida de ofício pelo Juiz. Também a decadência será conhecida de ofício pelo Juiz de Direito.

Como nos pronunciamos anteriormente, acreditamos que o reconhecimento da prescrição de ofício não se aplica ao Processo do Trabalho. Não obstante, a decadência pode ser conhecida de ofício pelo Juiz do Trabalho.

Têm entendido a melhor doutrina e jurisprudência que mesmo as matérias de ordem pública não podem ser invocadas pela primeira vez nos recursos de natureza extraordinária, como o recurso extraordinário, o especial e o recurso de revista, em razão da necessidade de prequestionamento da matéria no segundo grau de jurisdição.

## 2.4. Da ordem de enumeração da matéria defensiva

Não há uma ordem legal de enumeração da matéria em preliminar em defesa, mas há uma ordem lógica que costuma ser seguida pela praxe e também ordenada na sentença trabalhista.

Há certo consenso de que o reclamado deve invocar, antes do mérito, os pressupostos processuais (falta de citação, inépcia da inicial, impugnação da representação processual, etc.); impugnação ao valor atribuído à causa, arguições de nulidade, entre outros pressupostos processuais. Posteriormente, deve invocar a carência da ação (falta de legitimidade, possibilidade jurídica do pedido e interesse processual). Em seguida, deve aduzir a matéria de mérito, sempre respeitando a própria ordem de prejudicialidade das matérias. Assim, por exemplo: a contestação do vínculo de emprego deve preceder a contestação das verbas rescisórias; a alegação de justa causa deve preceder a contestação do pedido de estabilidade provisória no emprego, etc.

*José Joaquim Calmon de Passos*[28] enumera a seguinte ordem para apreciação das matérias alinhavadas no art. 301, do CPC: — incompetência absoluta; — conexão; — compromisso arbitral; — coisa julgada; — litispendência; — incapacidade da

---

(28) CALMON DE PASSOS, José Joaquim. *Comentários ao Código de Processo Civil*. 8. ed. Rio de Janeiro: Forense, 2001. p. 258.

parte, defeito na representação ou falta de autorização, bem como qualquer defeito ou irregularidade que pudesse ter autorizado o indeferimento da inicial, falta de caução ou de outra representação que a lei exige como preliminar e, por último, carência de ação.

## 3. Das exceções

Em sentido amplo, exceção significa todas as espécies de defesa.

Em sentido estrito, ou restrito, exceção, conforme ensina *Moacyr Amaral Santos*[29], "é, pois, a defesa de rito, a defesa contra o processo, para trancá-lo ou estendê-lo, ou, por outras palavras, é a defesa dirigida contra o processo, para dilatar-lhe o curso ou perimi-lo".

As exceções são defesas dirigidas contra o processo e não contra o mérito, não visam à improcedência do pedido , mas sim a trancar o curso do processo, provocando sua extinção sem resolução de mérito, ou a dilatação do seu curso.

São classificadas, segundo a doutrina, em dilatórias, ou peremptórias. As dilatórias distendem o curso do processo, sem extingui-lo. Nesta classificação, estão incluídas as exceções de incompetência, suspeição e impedimento. As peremptórias visam à extinção do processo. Como exemplo, temos o próprio rol de preliminares do art. 301 do CPC, destacando-se a coisa julgada, litispendência, perempção.

Como destaca *Joel Dias Figueira Jr.*[30], "de acordo com a nomenclatura utilizada pelo Código de 1973, exceção é o indicativo de um tipo especial de resposta do réu, ao lado da contestação e da reconvenção, cabível nas hipóteses em que o sujeito passivo objetive alegar incompetência relativa, impedimento ou suspeição".

A CLT disciplina as exceções no art. 799, assim redigido: "Nas causas da jurisdição da Justiça do Trabalho, somente podem ser opostas, com suspensão do feito, as exceções de suspeição ou incompetência. § 1º – As demais exceções serão alegadas como matéria de defesa".

Conforme o referido dispositivo consolidado, as exceções dilatórias de incompetência em razão do lugar e suspeição devem ser invocadas separadamente, com suspensão do feito. As exceções peremptórias devem ser arguidas como matéria de defesa, no corpo da contestação.

### 3.1. Exceções de impedimento e suspeição

A imparcialidade do Juiz é um cânone constitucional e um pressuposto processual de existência da relação jurídica processual. Além disso, é um direito fundamental do cidadão que visa à justiça da decisão e assegura a dignidade do processo.

---

(29) SANTOS, Moacyr Amaral. *Primeiras linhas de direito processual civil*. 2. v. 17. ed. São Paulo: Saraiva, 1995. p. 193-194.

(30) *Op. cit.*, p. 285.

Em razão disso, a lei determina que o Juiz não tenha qualquer vinculação, quer de ordem objetiva, quer de ordem subjetiva com a lide.

Dizia *Pontes de Miranda* que o Juiz suspeito está em dúvida quanto à sua imparcialidade, mas o Juiz impedido está fora de dúvida quanto à sua parcialidade. Quanto à hipótese de impedimento, a lei o considera parcial e não há possibilidade de prova em sentido contrário, pois a presunção é absoluta.

As causas de impedimento do Juiz são de ordem pública, por isso não há preclusão, podendo ser invocadas a qualquer tempo antes do trânsito em julgado da decisão. Após o trânsito em julgado, é possível invocar o impedimento do Juiz e a consequente nulidade da decisão por meio da Ação Rescisória (art. 485, II, do CPC)[31]. Já as hipóteses de suspeição do Juiz estão sujeitas à preclusão, se a parte não as invocar no prazo legal.

O próprio Juiz pode espontaneamente se declarar impedido ou suspeito se estiver envolvido em alguma das situações de impedimento ou suspeição previstas na lei, inclusive por motivo de foro íntimo, sendo que este último não precisa de justificativa.

A CLT regulamenta a questão no art. 801, *in verbis*:

> O juiz, presidente ou classista, é obrigado a dar-se por suspeito, e pode ser recusado, por algum dos seguintes motivos, em relação à pessoa dos litigantes: a) inimizade pessoal; b) amizade íntima; c) parentesco por consanguinidade ou afinidade até terceiro grau.

Conforme o referido artigo, há duas hipóteses de suspeição do Juiz do Trabalho, quais sejam, a amizade íntima e inimizade pessoal, e uma hipótese de impedimento, o parentesco (a CLT trata o parentesco como suspeição).

Alguns autores defendem a inaplicabilidade das hipóteses de impedimento e suspeição declinadas nos arts. 134 e 135 do CPC, argumentando que a CLT não é omissa. Desse modo, por exemplo, o parentesco do Juiz do Trabalho com o advogado da parte não geraria impedimento. Nesse sentido, destacamos a seguinte ementa:

> Exceção de suspeição — Rejeição. O que gera a suspeição do Juiz é a inimizade pessoal com a parte, e não com o procurador. (TRT 12ª R. – 2ª T. – ROV n. 144/1989.026.12.02-0 – Ac. n. 383/05 – Relª Ione Ramos – DJSC 18.1.05 – p. 110).

*Wagner D. Giglio*[32] defende somente a aplicação das hipóteses de impedimento previstas no art. 134 do CPC, mas não as hipóteses de suspeição previstas no art. 135 do CPC em razão da inexistência de omissão da CLT, que disciplina taxativamente as hipóteses de suspeição do Juiz do Trabalho no art. 801.

---

(31) Art. 485 do CPC: "A sentença de mérito, transitada em julgado, pode ser rescindida quando: (...) II – proferida por juiz impedido ou absolutamente incompetente". Diante da gravidade do vício de impedimento do Juiz, alguns autores sustentam que é possível se pretender a nulidade da decisão, mesmo após escoado o prazo decadencial da Ação Rescisória, por meio da Ação Declaratória de *querella nulitatis* que não está sujeita a prazo prescricional.

(32) GIGLIO, Wagner D. *et al. Direito processual do trabalho.* 15. ed. São Paulo: Saraiva, 2005. p. 202.

Acreditamos que, por omissão da CLT e compatibilidade com o Direito Processual do Trabalho (art. 769 da CLT), restam aplicáveis as hipóteses de impedimento e suspeição previstas nos arts. 134 e 135 do CPC ao Processo do Trabalho. Além disso, a imparcialidade do Juiz é um mandamento constitucional e um direito fundamental do cidadão. Desse modo, no nosso sentir, as hipóteses de impedimento e suspeição do Juiz previstas no Código de Processo Civil devem ser transportadas para o Direito Processual do Trabalho, não sendo completa a Consolidação, para que sejam efetivados os princípios constitucionais do devido processo legal[33] e do acesso real à Justiça do Trabalho. Nesse sentido é a opinião de *Eduardo Gabriel Saad, José Eduardo Duarte Saad* e *Ana Maria Castello Branco*[34]: "Não consideramos exaustivo o elenco dos motivos causadores da suspeição abrigado no art. 801, da CLT. Em razão disso, pensamos que se ajustam ao processo trabalhista os demais casos de suspeição reunidos nos arts. 134 a 137 do CPC"[35].

O art. 134 do CPC declina as hipóteses de impedimento do Juiz. Dispõe o referido dispositivo: "É defeso ao juiz exercer as suas funções no processo contencioso ou voluntário: I – de que for parte; II – em que interveio como mandatário da parte, oficiou como perito, funcionou como órgão do Ministério Público, ou prestou depoimento como testemunha; III – que conheceu em primeiro grau de jurisdição, tendo-lhe proferido sentença ou decisão; IV – quando nele estiver postulando, como advogado da parte, o seu cônjuge ou qualquer parente seu, consanguíneo ou afim, em linha reta; ou na linha colateral até o segundo grau; V – quando cônjuge, parente, consanguíneo ou afim, de alguma das partes, em linha reta ou, na colateral, até o terceiro grau; VI – quando for órgão de direção ou de administração de pessoa jurídica, parte na causa. Parágrafo único. No caso do n. IV, o impedimento só se verifica quando o advogado já estava exercendo o patrocínio da causa; é, porém, vedado ao advogado pleitear no processo, a fim de criar o impedimento do juiz".

O art. 135 do CPC disciplina as hipóteses de suspeição do Juiz. Aduz o referido dispositivo legal: "Reputa-se fundada a suspeição de parcialidade do juiz, quando: I – amigo íntimo ou inimigo capital de qualquer das partes; II – alguma das partes for credora ou devedora do juiz, de seu cônjuge ou de parentes destes, em linha reta ou na colateral até o terceiro grau; III – herdeiro presuntivo, donatário ou empregador de alguma das partes; IV – receber dádivas antes ou depois de iniciado o processo; aconselhar alguma das partes acerca do objeto da causa, ou subministrar meios para atender às despesas do litígio; V – interessado no julgamento da causa em favor de uma das partes. Parágrafo único. Poderá ainda o juiz declarar-se suspeito por motivo íntimo".

---

(33) Art. 5º, LIV, da CF: "Ninguém será privado da liberdade ou de seus bens sem o devido processo legal".
(34) *Curso de direito processual do trabalho*. 5. ed. São Paulo: LTr, 2007. p. 540.
(35) No mesmo sentido, Renato Saraiva (*Curso de direito processual do trabalho*. 4. ed. São Paulo: Método, 2007. p. 321) e Amauri Mascaro Nascimento (*Curso de direito processual do trabalho*. 22. ed. São Paulo: Saraiva, 2007. p. 500).

Como bem adverte *Amauri Mascaro Nascimento*[36], "os motivos de impedimento e suspeição previstos para os juízes aplicam-se ao órgão do Ministério Público, ao serventuário da justiça, ao perito e assistentes técnicos e ao intérprete (CPC, art. 138)".

## 3.2. Procedimento das exceções de impedimento e suspeição

A CLT disciplina o procedimento das exceções de impedimento e suspeição do Juiz do Trabalho no art. 802, que tem a seguinte redação: "Apresentada a exceção de suspeição, o juiz ou Tribunal designará audiência dentro de 48 horas, para instrução e julgamento da exceção. § 1º – Nas Varas e nos Tribunais Regionais, julgada procedente a exceção de suspeição, será logo convocado para a mesma audiência ou sessão, ou para a seguinte, o suplente do membro suspeito, o qual continuará a funcionar no feito até decisão final. Proceder-se-á da mesma maneira quando algum dos membros se declarar suspeito. § 2º – Se se tratar de suspeição de Juiz de Direito, será este substituído na forma da organização judiciária local".

Autores há que sustentam não haver espaço para aplicação do CPC no aspecto diante da inexistência de omissão da CLT.

No nosso entendimento, o Juiz contra o qual foi arguida a exceção de impedimento ou suspeição não pode participar do julgamento pelo simples fato de ser parte na exceção[37] e é defeso ao Juiz atuar no Processo quando seja parte. Além disso, há quebra do princípio da imparcialidade.

Mesmo antes da EC n. 24/99, que extinguiu a representação classista no âmbito da Justiça do Trabalho, acreditamos que o art. 802 da CLT não havia sido recepcionado pela Constituição. Após a EC n. 24/99, não há mais como se sustentar a aplicação do art. 802 da CLT para o procedimento das exceções de suspeição e impedimento.

Desse modo, pensamos aplicável ao Processo do Trabalho o disposto nos arts. 313 e 314 do CPC quanto ao julgamento das exceções de suspeição e impedimento do Juiz do Trabalho. Com efeito, dispõem os referidos dispositivos legais:

> Art. 313, do CPC: Despachando a petição, o juiz, se reconhecer o impedimento ou a suspeição, ordenará a remessa dos autos ao seu substituto legal; em caso contrário, dentro de 10 (dez) dias, dará as suas razões, acompanhadas de documentos e de rol de testemunhas, se houver, ordenando a remessa dos autos ao tribunal.

> Art. 314, do CPC: Verificando que a exceção não tem fundamento legal, o tribunal determinará o seu arquivamento; no caso contrário condenará o juiz nas custas, mandando remeter os autos ao seu substituto legal.

---

(36) NASCIMENTO, Amauri Mascaro. *Curso de direito processual do trabalho*. 22. ed. São Paulo: Saraiva, 2007. p. 501.

(37) Como destaca Cândido Rangel Dinamarco: "O juiz recusado é parte, limitadamente ao incidente de sua suspeição e ou impedimento; e, como parte, dispõe das faculdades e poderes inerentes à relação processual, sujeita-se aos seus ônus e poderá até recorrer do que vier a ser decidido" (*Instituições de direito processual civil*. v. III. São Paulo: Malheiros, 2001. p. 490).

Nesse mesmo sentido é a visão de *Cléber Lúcio de Almeida*[38]: "Tendo sido extintas as Juntas de Conciliação e Julgamento e considerando que ninguém pode ser juiz de sua própria parcialidade, a exceção deve ser instruída e julgada pelo Tribunal ao qual se encontra vinculado o juiz recusado. Aplica-se, no processo do trabalho, assim, o disposto no art. 303 do CPC. Dessarte, recebida a exceção, o juiz, se não a acolher, dará suas razões, em dez dias, acompanhadas dos documentos cuja juntada reputar necessária bem como ordenará a remessa dos autos ao Tribunal"[39].

Defendendo a mesma posição *Bezerra Leite*[40]:

"Parece-nos, todavia, que o § 1º do art. 802, da CLT atrita-se parcialmente com a Emenda Constitucional n. 24, na medida em que não faz sentido o próprio juiz peitado (ou impedido) instruir e julgar a exceção de suspeição contra si oposta. A rigor, o julgamento deveria ser feito por um órgão colegiado, dele não participando o juiz interessado".

Portanto, quem deve julgar as exceções de impedimento e suspeição arguidas em face do Juiz do Trabalho é o TRT e não o Juiz monocrático da Vara do Trabalho, estando revogado o art. 802 da CLT.

As exceções de suspeição ou impedimento podem ser arguidas no Processo do Trabalho tanto pelo reclamante como pelo reclamado. Se o reclamado já souber do motivo de impedimento ou suspeição do Juiz, deverá apresentá-la junto com a resposta, ou seja, no prazo de 20 minutos em audiência, nos termos do art. 847 da CLT. O reclamante deverá invocar a suspeição ou impedimento do Juiz na primeira oportunidade que terá para falar no processo, nos termos do art. 795 da CLT[41].

Caso o reclamado saiba do motivo de impedimento ou suspeição do Juiz após a audiência, deverá invocá-lo na primeira oportunidade que falar nos autos, por aplicação do art. 795 da CLT, uma vez que as nulidades devem ser invocadas no primeiro momento que a parte tiver de falar nos autos. Não obstante, as hipóteses de impedimento, por constituírem matérias de ordem pública e interesse social, podem ser invocadas, tanto pelo reclamado como pelo reclamante, a qualquer tempo, inclusive após o trânsito em julgado na ação rescisória (art. 485, II, do CPC)[42].

Pensamos, embora a jurisprudência tenha tolerado que as exceções na esfera do Processo do Trabalho sejam apresentadas no próprio bojo da contestação, que

---

(38) ALMEIDA, Cléber Lúcio de. *Direito processual do trabalho*. Belo Horizonte: Del Rey, 2006. p. 496.

(39) Nesse mesmo sentido Renato Saraiva (*Curso de direito processual do trabalho*. 4. ed. São Paulo: Método, 2007. p. 322).

(40) BEZERRA LEITE. *Curso de direito processual do trabalho*. 6. ed. São Paulo: LTr, 2008. p. 520.

(41) Na primeira edição deste manual entendíamos que, se o motivo da suspeição ou impedimento fosse conhecido pelas partes após a audiência, o prazo para invocar a exceção seria de cinco dias, por aplicação analógica do prazo previsto no art. 841 da CLT.

(42) Alguns autores chegam a sustentar que o motivo de impedimento poderá ser invocado após o trânsito em julgado, a qualquer tempo, por meio da chamada ação de *querella nulitatis*, pois a imparcialidade do juiz é um pressuposto de existência da relação jurídica processual.

tanto a exceção de impedimento como a de incompetência devem ser apresentadas em peça autônoma, que deverá conter o motivo da recusa, bem como estar acompanhada dos documentos (art. 312 do CPC). Se o juiz reconhecer o impedimento, encaminhará o processo ao seu substituto legal (art. 313 do CPC). Caso o Juiz do Trabalho não reconheça os motivos invocados pelo excipiente, dará suas razões, acompanhadas dos documentos, e remeterá os autos ao TRT, para instrução e julgamento da exceção.

Recebida a exceção de suspeição ou impedimento, deverá o Juiz do Trabalho suspender o feito (art. 799 da CLT).

## 3.3. Exceção de incompetência

Somente a incompetência relativa deve ser arguida por meio de exceção, pois a incompetência absoluta deve ser alegada no próprio bojo da contestação, como matéria preliminar (art. 799, § 1º, da CLT).

A competência em razão do lugar é relativa. Por isso, se não for arguida a exceção, no prazo para resposta (art. 847 da CLT), haverá preclusão da matéria, prorrogando-se a competência da Vara em que a reclamação foi proposta.

O Juiz do Trabalho não poderá conhecer, de ofício, a incompetência relativa. Embora o art. 795, § 1º, da CLT assevere que deverá ser declarada de ofício a incompetência de foro, esta incompetência é a absoluta e não a relativa. O termo *foro* deve ser interpretado no sentido da Justiça competente em razão da matéria, ou seja: foro civil, foro criminal, foro trabalhista, etc.

Somente o reclamado poderá arguir a exceção de incompetência em razão do lugar, pois o reclamante já escolheu a Vara do local em que pretendeu propor a ação, havendo preclusão consumativa.

A CLT disciplina o procedimento da exceção de incompetência nos arts. 799 e 800 da CLT, não havendo espaço para aplicação do CPC no aspecto.

Nos termos do art. 799 da CLT, apresentada a exceção, o Juiz suspenderá o feito e abrirá vistas ao *exceto*[43] por 24 horas improrrogáveis (art. 800 da CLT) e proferirá a decisão na primeira audiência ou sessão que se seguir. Se acolher a exceção, remeterá os autos à Vara competente, se rejeitar, prosseguirá na instrução do feito.

No cotidiano das Varas Trabalhistas, o Juiz do Trabalho costuma decidir a exceção de incompetência em razão do lugar na própria audiência em que ela foi arguida se o reclamante reconhecer que, efetivamente, trabalhou no local de trabalho declinado pela excipiente.

A decisão que aprecia a exceção em razão do lugar é de natureza interlocutória, não havendo como se recorrer de plano, restando a possibilidade de o reclamado

---

(43) O art. 308 do CPC utiliza a expressão *excepto*. No CPC, o autor da exceção recebe a denominação de *excipiente*, e o réu na exceção, *excepto*. Na CLT as partes se denominam *excipiente e exceto*.

renovar a matéria quando do recurso cabível da decisão final (art. 799, § 2º, da CLT), ou seja, em sede de Recurso Ordinário (art. 895 da CLT).

Dispõe o art. 799, § 2º, da CLT: "Das decisões sobre exceções de suspeição e incompetência, salvo, quanto a estas, se terminativas do feito, não caberá recurso, podendo, no entanto, as partes alegá-las novamente no recurso que couber da decisão final".

Embora o referido dispositivo mencione que a exceção de incompetência em razão do lugar possa ser terminativa do feito, somente a exceção de incompetência absoluta poderá ter esta qualidade, pois o processo será encaminhado para a Justiça competente. Portanto, no nosso entendimento, a decisão sobre a exceção de incompetência relativa na Justiça do Trabalho nunca será terminativa do feito, já que o Processo é encaminhado a outra Vara que pertence à própria Justiça trabalhista. Por isso, no nosso entendimento, tal decisão sempre terá natureza interlocutória[44]. No entanto, a Súmula n. 214, alínea c, do TST possibilita o recurso ordinário em face da decisão que acolhe exceção de incompetência territorial, com a remessa dos autos para Tribunal Regional distinto daquele a que se vincula o juízo excepcionado, ou seja, se o Juiz do Trabalho, acolhendo a exceção de incompetência territorial, determinar a remessa dos autos para outra Vara do Trabalho vinculada a outro Tribunal Regional do Trabalho, segundo a citada Súmula, há a possibilidade de interposição do Recurso Ordinário, pois a decisão é terminativa do feito junto à jurisdição do TRT em que o Juiz prolatou a decisão. Em que pese o respeito que merece a referida Súmula, com ela não concordamos. Primeiro, porque a decisão do Juiz do Trabalho, mesmo determinando a remessa do feito para outro TRT, não é terminativa do feito. Segundo porque a lei não excepciona tal possibilidade (art. 895 da CLT). Entretanto, nossos argumentos ficam vencidos pelo entendimento sumulado do TST, uma vez que a inexistência de recurso imediato, em face da decisão que acolhe a exceção de incompetência territorial e encaminha o processo para outro TRT diverso do local onde a ação foi proposta, pode acarretar grandes transtornos ao trabalhador, e, muitas vezes, inviabilizar seu acesso à Justiça do Trabalho.

Nesse sentido, destacamos a seguinte ementa:

> Exceção de incompetência — Recurso — Cabimento. A decisão judicial, que acolhe exceção de incompetência, não é recorrível de imediato, mas a eventual possibilidade de utilização de recurso específico, posteriormente, afasta a admissibilidade de mandado de segurança. Recurso ordinário em Mandado de Segurança desprovido. (TST – SBDI2 – Ac. n. 3072/97 – Rel. Min. Ângelo Mário – DJ 12.9.97 – p. 43.990).

Quanto ao aspecto formal, a jurisprudência e a praxe trabalhista têm admitido que a exceção de incompetência em razão do lugar seja apresentada no próprio bojo

---

(44) Nesse sentido também é a visão de Eduardo Gabriel Saad et al.: "A exceção em razão do lugar não é terminativa do feito. O juiz determinará a remessa dos autos à Vara do Trabalho competente. Nessa hipótese, só os atos decisórios serão nulos, aproveitando-se os demais atos processuais, o que condiz com o princípio da economia processual. Da correspondente decisão não cabe recurso" (Curso de direito processual do trabalho. 5. ed. São Paulo: LTr, 2007. p. 541).

da contestação[45] em razão dos princípios da informalidade e simplicidade do Processo do Trabalho. Além disso, como a exceção e a defesa podem ser apresentadas num mesmo momento em audiência (arts. 846 e 847 da CLT), não há como não admitir que a exceção possa ser apresentada na mesma peça da contestação.

Em que pese o entendimento acima mencionado, se o reclamado for apresentar a contestação de forma escrita e também exceção de incompetência, acreditamos que elas devam ser apresentadas em peças separadas, por interpretação sistemática dos arts. 799 e 847 da CLT, pois o § 1º do art. 799 da CLT aduz que as demais exceções serão invocadas em defesa. Ora, a CLT disciplina a exceção em capítulo próprio e destacado da contestação. Portanto, a exceção deve ser apresentada em peça separada. Além disso, se acolhida a exceção, o Juiz não precisará juntar aos autos a contestação e não haverá problemas no rito processual a ser adotado pelo Juiz da Vara do Trabalho para a qual o processo foi encaminhado. Não obstante, pensamos que, se a exceção de incompetência for apresentada no corpo da contestação, não deverá o Juiz desconhecê-la, pois seria excesso de formalismo incompatível com a dinâmica do rito processual trabalhista.

O Código de Processo Civil, alterado pela Lei n. 11.280/06, aduz no parágrafo único do art. 305: "Na exceção de incompetência (art. 112 desta Lei), a petição pode ser protocolizada no juízo de domicílio do réu, com requerimento de sua imediata remessa ao juízo que determinou a citação".

Acreditamos que o referido dispositivo não se mostra compatível com o Processo do Trabalho. Primeiro, porque na CLT o foro competente é o do local da prestação de serviço (art. 651), segundo, porque o momento de apresentação da exceção é na audiência[46].

## 4. Da reconvenção

### 4.1. Conceito e requisitos de admissibilidade

Em certa fase da evolução do Direito Romano, eram as partes que convencionavam os limites da controvérsia e a ação *(actio)* também era conhecida como *conventio*; se o réu tinha alguma pretensão contra o autor, reagia à demanda com

---

(45) Nesse sentido, destacamos a seguinte ementa: "PRELIMINAR DO ACÓRDÃO REGIONAL POR NEGATIVA DE PRESTAÇÃO JURISDICIONAL — EXCEÇÃO DE INCOMPETÊNCIA EM RAZÃO DO LUGAR — RECURSO. Na Justiça do Trabalho, a exceção de incompetência em razão do lugar não se processa em apartado, devendo ser apresentada como preliminar dentro da contestação. Da decisão sobre a exceção não caberá recurso de imediato, cabendo à parte alegá-la novamente apenas no recurso que couber da decisão final. Essa é a exegese do artigo setecentos e noventa e nove, parágrafo segundo da CLT." (TST – RR 27672671/1996 – 5ª T. – Rel. Min. Nelson Antônio Dahia – DJ 25.9.1998)

(46) No mesmo sentido, pensa Carlos Henrique Bezerra Leite (*Curso de direito processual do trabalho*. 5. ed. São Paulo: LTr, 2007. p. 491), acrescentando argumentos no sentido de que o parágrafo único do art. 305 do CPC visa a facilitar o acesso à justiça, do réu, e no Processo do Trabalho, a CLT visa a assegurar o acesso à Justiça, do trabalhador.

uma *reconventio*, e daí derivou a denominação atual, *reconvenção*, que corresponde, portanto, a uma "re-ação" do réu contra o autor[47].

Conforme a definição de *Fredie Didier Júnior*[48], "reconvenção é a demanda do réu contra o autor no mesmo processo em que está sendo demandado. É o contra-ataque que enseja o processamento simultâneo da ação principal e da ação reconvencional, a fim de que o juiz resolva as duas lides na mesma sentença".

Trata-se de uma modalidade de resposta (art. 297 do CPC), em que o réu demanda em face do autor, na mesma relação jurídica processual. A natureza jurídica da reconvenção é de uma ação autônoma conexa ao processo.

São requisitos para a admissibilidade da reconvenção:

a) que o juiz da causa principal não seja absolutamente incompetente para a reconvenção;

b) haver compatibilidade dos ritos procedimentais;

c) haver processo pendente: litispendência;

d) haver conexão (art. 103 do CPC[49]) entre a reconvenção e a ação principal ou com o fundamento da defesa.

É admissível a reconvenção em ação declaratória (Súmula n. 258 do STF). A reconvenção não pressupõe, por ausência de previsão legal neste sentido, a natureza condenatória na ação original.[50]

Na fase de execução, não é cabível, pois a reconvenção tem de ser conexa à ação principal ou com o fundamento de defesa. Além disso, na execução não há sentença de mérito e a obrigação já está delineada no título executivo judicial ou extrajudicial.

No processo cautelar, não se mostra cabível a reconvenção, pois este tem por objeto garantir o resultado útil de um processo principal, sendo sua natureza acautelatória e não satisfativa. Portanto, não há como o requerido aduzir pretensão em face do requerente no processo cautelar.

Quando houver substituição processual no polo ativo[51], não caberá a reconvenção, por força do que dispõe o parágrafo único do art. 315 do CPC, *in verbis*:

> Não pode o réu, em seu próprio nome, reconvir ao autor, quando este demandar em nome de outrem.

---

(47) GIGLIO, Wagner D. *Direito processual do trabalho*. 15. ed. São Paulo: Saraiva, 2005. p. 204-205.

(48) DIDIER JÚNIOR, Fredie. *Curso de direito processual civil:* teoria geral do processo e processo de conhecimento. Bahia: Editora JUSDIVM, 2007. p. 453.

(49) Diz o art. 103 do CPC que duas ou mais ações são conexas quando lhes forem comuns o pedido ou causa de pedir.

(50) ALMEIDA, Cléber Lúcio de. *Direito processual do trabalho*. Belo Horizonte: Del Rey, 2006. p. 499.

(51) Há substituição processual quando alguém, autorizado por lei, vem a juízo, em nome próprio, defender direito alheio. Segundo o art. 6º do CPC: "Ninguém poderá pleitear, em nome próprio, direito alheio, salvo quando autorizado por lei".

Renato Saraiva[52], com suporte em *Gregório Assagra de Almeida*, sustenta que a reconvenção também não é cabível em sede de ação civil pública, pois poderá impedir a rápida e eficiente tutela dos direitos coletivos, de forma que frustre os legítimos interesses sociais e torne o processo coletivo palco de litígios que fogem aos verdadeiros anseios da sociedade.

A reconvenção disciplinada no Código de Processo Civil (arts. 315 a 318) é compatível com o Processo do Trabalho, por omissão da CLT e compatibilidade com os princípios que regem o Direito Processual do Trabalho (art. 769 da CLT). Entretanto, algumas vozes da doutrina se mostram contrárias à admissão deste instituto na esfera processual trabalhista, argumentando a falta de previsão da CLT, como silêncio intencional e incompatibilidade com a celeridade e simplicidade do procedimento trabalhista[53]. Não obstante, a doutrina majoritária e a jurisprudência consagraram a possibilidade de reconvenção no Processo do Trabalho, uma vez que esta possibilita a máxima eficiência da jurisdição trabalhista e atende aos princípios da economia processual e acesso à Justiça do Trabalho.

Nos ritos sumário (Lei n. 5.584/70) e sumaríssimo (Lei n. 9.957/00), a reconvenção não se mostra cabível em razão do princípio da celeridade que envolve os ritos processuais destes procedimentos. Não obstante, por aplicação analógica do art. 31, da Lei n. 9.099/95[54], admite-se o pedido contraposto, que é articulado no próprio bojo da contestação, desde que se fundamente nos mesmos fatos objeto da controvérsia. O pedido contraposto é, na verdade, uma reconvenção mitigada, pois sua amplitude é menor que a reconvenção, embora o efeito de tal pedido seja o mesmo da reconvenção.

### 4.2. Do procedimento da reconvenção no Processo do Trabalho

A reconvenção, na esfera processual civil, deve ser proposta no prazo da resposta junto com a defesa, em peça separada, no mesmo dia, sob pena de preclusão consumativa. Como bem adverte *Nelson Nery Júnior*[55]: "O réu não precisa contestar para

---

(52) SARAIVA, Renato. *Curso de direito processual do trabalho*. 4. ed. São Paulo: Método, 2007. p. 325.

(53) Nesse sentido, defende Manoel Antonio Teixeira Filho: "(...) a reconvenção era conhecida, há muito tempo, do processo civil brasileiro, como pudemos demonstrar no início deste capítulo. O próprio CPC de 1939, sob cuja vigência a CLT foi elaborada, regulava a matéria nos arts. 190 a 195. Apesar disso, o legislador trabalhista não fez nenhuma referência à ação reconvencional. O seu silêncio foi proposital, não decorrendo, portanto, de inadvertência (omissão), como se tem imaginado, porquanto preferiu autorizar, apenas, a compensação, como providência destinada a preservar o caráter protetivo, de que se nutre não só o direito material do trabalho, mas, também, o processual — que, a propósito, nada mais é do que um instrumento de atuação daquele" (*Petição inicial e resposta do réu*. São Paulo: LTr, 1996. p. 374).

(54) Art. 31, da Lei n. 9.099/95: "Não se admitirá a reconvenção. É lícito ao réu, na contestação, formular pedido em seu favor, nos limites do art. 3º desta Lei, desde que fundado nos mesmos fatos que constituem objeto da controvérsia".

(55) NERY JÚNIOR, Nelson. *Código de Processo Civil comentado e legislação extravagante*. 7. ed. São Paulo: RT, 2003. p. 700.

reconvir, entretanto, deverá fazê-lo simultaneamente, isto é, na mesma oportunidade processual (CPC, art. 299), em peças autônomas".

Embora o réu, como regra geral, não precise contestar para reconvir, acreditamos que, quando a reconvenção for conexa com os fundamentos da defesa, há essa necessidade. Como bem advertem *Luiz Guilherme Marinoni* e *Sérgio Cruz Arenhart*[56], "obviamente, para que essa reconvenção possa ser deduzida, é necessário que o réu impugne o pedido do autor, por meio da contestação. Sem contestação, essa reconvenção não pode ser admitida, já que não haverá conexão com o fundamento de defesa que não existe nos autos".

No Direito Processual do Trabalho, a jurisprudência tem tolerado que a reconvenção seja aduzida no próprio corpo da contestação em razão do princípio da informalidade que rege o Direito Processual do Trabalho. Pessoalmente, preferimos que a reconvenção seja apresentada em peça separada, mesmo no Processo do Trabalho, pois facilita sua tramitação e também se trata a reconvenção de ação e não de defesa[57]. Entretanto, se o art. 847 da CLT disciplina que a contestação seja apresentada de forma oral na própria audiência, e como a reconvenção também deve ser apresentada em audiência junto com a defesa, esta pode ser aduzida de forma oral, no mesmo ato, e o registro dos dois atos constará da mesma ata de audiência. Sendo assim, não há razão para não se admitir, no Processo do Trabalho, que a reconvenção seja articulada na própria peça de contestação.

A reconvenção pode ser escrita ou verbal, mas deve observar os requisitos da petição inicial trabalhista elencados no art. 840 da CLT.

Como no Processo do Trabalho a reconvenção é apresentada em audiência, o Juiz deverá adiá-la para o reclamante (reconvindo) apresentar resposta à reconvenção na próxima audiência, que deverá ser remarcada com antecedência mínima de 5 dias (art. 841 da CLT). Entretanto, o reclamante pode, se for possível, renunciar o prazo da resposta da reconvenção e ofertar sua resposta na própria sessão da audiência de forma oral[58].

Se o reclamante (reconvindo) não apresentar resposta à reconvenção, aplica-se-lhe a confissão ficta. No nosso sentir, se o reclamante estiver presente na audiência, não há revelia pela não contestação à reconvenção, pois a revelia, no Processo do Trabalho, está vinculada à ausência do reclamado na audiência (art. 844 da CLT).

---

(56) *Processo de conhecimento*. 6. ed. São Paulo: RT, 2007. p. 148.

(57) No mesmo sentido, pensa Carlos Henrique Bezerra Leite: "Recomenda-se a apresentação da reconvenção em peça distinta, muito embora isso não seja obrigatório, porquanto o processo do trabalho admite a resposta oral" (*Curso de direito processual do trabalho*. 5. ed. São Paulo: LTr, 2007. p. 522).

(58) Tal prática tem sido comum no Processo do Trabalho, principalmente quando o pedido da reconvenção é singelo, como nas hipóteses de aplicação do art. 940 do CC, em razão de o reclamante postular verbas já quitadas, ou quando o reclamado pretende um crédito em face do reclamante em razão de alguma dívida assumida pelo empregado durante a relação de emprego.

A compensação, na esfera processual trabalhista, conforme o art. 767 da CLT, deve ser arguida em contestação, mas se o crédito do reclamado superar o do reclamante, este poderá propor a reconvenção.

Nesse aspecto, vale destacar a seguinte ementa:

> Reconvenção. Compensação de créditos de natureza trabalhista. Competência da Justiça do Trabalho. Possibilidade. A reconvenção na Justiça do Trabalho é admissível para cobrança de dívidas de natureza trabalhista, para compensação entre créditos e débitos que eventualmente haja entre o empregador e o trabalhador. Saliento que sequer quando a pretensão diz respeito a simples compensação admite-se o envolvimento de parcelas de outra natureza que não a trabalhista, nos moldes como previsto no Enunciado n. 18 da Súmula do Tribunal Superior do Trabalho. (TRT/SP – 00605200607902001 – RO – Ac. 11ª T. – 20100204630 – Rel. Eduardo de Azevedo Silva – DOE 24.3.2010)

Nos termos do art. 317 do CPC, que se mostra compatível com o Direito Processual do Trabalho, a desistência da ação ou qualquer causa que a extinga não obsta o prosseguimento da reconvenção.

Quanto ao número de testemunhas, se o reclamado optou por formular a reconvenção, não poderá ouvir três testemunhas para comprovar a tese de defesa e outras três para a reconvenção. Acreditamos que, nesta hipótese, o reclamado renuncia ao direito de ouvir outras testemunhas que não as próprias da defesa. Desse modo, o número máximo de testemunhas para comprovação dos fatos da contestação e reconvenção é três[59].

A ação e a reconvenção devem ser julgadas na mesma sentença, nos termos do art. 318 do CPC, que se mostra compatível com o Processo do Trabalho. Na parte dispositiva da sentença trabalhista, deve o juiz abrir um parágrafo dizendo sobre a procedência, improcedência, ou procedência em parte do pedido ou pedidos formulados na reconvenção, bem como as condições para o cumprimento. Da decisão que julgar a reconvenção, cabe o Recurso Ordinário, nos termos do art. 895 da CLT.

No Direito Processual Civil, a doutrina majoritária firmou-se no sentido de que do indeferimento liminar da reconvenção cabe Agravo de Instrumento, pois a relação jurídica processual não se encerra[60]. Na esfera do Processo do Trabalho, contra o indeferimento liminar da reconvenção, por se tratar de decisão interlocutória, não cabe recurso (art. 893 da CLT), podendo a decisão ser questionada quando do recurso ordinário em face da decisão definitiva da Vara.

Nesse sentido, por todos, destacamos a visão de *Sergio Pinto Martins*[61]:

---

(59) No mesmo sentido é a posição de Cléber Lúcio de Almeida (*Direito processual do trabalho*. Belo Horizonte: Del Rey, 2006. p. 496).

(60) Deve ser destacado, por outro lado, que há quem entenda, mesmo nos sítios do Direito Processual do Trabalho, que a decisão que indefere liminarmente a reconvenção pode ser impugnada pela via do Recurso Ordinário, uma vez que a reconvenção é uma ação autônoma.

(61) MARTINS, Sergio Pinto. *Direito processual do trabalho*: doutrina e prática forense. 26. ed. São Paulo: Atlas, 2006. p. 300.

"Se, por acaso, fosse indeferida liminarmente a reconvenção, qual seria o recurso cabível? Para nós, nenhum. A decisão que indefere a reconvenção é, no caso, uma decisão interlocutória, dela não cabendo qualquer recurso (§ 1º do art. 893, da CLT). A parte prejudicada poderia ingressar com ação própria, ou aguardar o momento adequado para fazer suas observações no recurso da decisão definitiva, incluindo, então, como preliminar, a discussão do indeferimento da reconvenção".

### 4.3. Da reconvenção nas ações de natureza dúplice na esfera processual do trabalho

Nos procedimentos especiais, as ações têm a chamada *natureza dúplice*, qual seja: o demandante pode vir a ser condenado à indenização ou realizar uma prestação em favor do demandado, ainda que este último não tenha feito tal pedido, ou seja, não há necessidade de reconvenção ou de pedido formulado na defesa para se condenar o demandante. Nestas ações, autor e réu ocupam, simultaneamente, as posições de demandante e demandado[62].

Nesse sentido, ensina *Antonio Carlos Marcato*[63]: "A lei abre, entretanto, a possibilidade de vir o réu a obter tutela jurisdicional ativa favorável sem necessidade de valer-se da reconvenção. É o que ocorre nas denominadas *ações dúplices*, ou *actio duplex*, nas quais autor e réu ocupam simultaneamente e concomitantemente ambas as posições subjetivas na base da relação jurídica processual, podendo o último obter, independentemente de pedido expresso (mas sem prejuízo dele), o bem da vida disputado como consequência direta da rejeição do pedido do primeiro, *v. g.*, nas ações *possessórias*, de *prestação de contas* e de *divisão* e de *demarcação*".

Como exemplos típicos na esfera do Processo do Trabalho, temos o Inquérito Judicial para Apuração de Falta Grave (arts. 853 e seguintes da CLT), que é uma ação de rito especial prevista na CLT, e a Ação de Consignação em Pagamento, que está prevista no Código de Processo Civil, mas muito utilizada na Justiça do Trabalho.

No Inquérito Judicial para Apuração de Falta Grave com prévia suspensão do empregado, se o pedido do requerente for julgado improcedente, vale dizer, o Juiz entender que não houve falta grave, condenará o requerente a pagar ao requerido os salários do período de afastamento, que podem ser executados nos próprios autos de inquérito, sem a necessidade de reconvenção.

Na Ação de Consignação em Pagamento, se o Juiz do Trabalho entender que houve insuficiência no valor do depósito, condenará o consignante a pagar ao consignado, nos mesmos atos da consignatória, o valor da diferença.

---

(62) Ao contrário do que asseveram alguns autores, nas ações de natureza dúplice, o réu não necessita formular pedido na defesa em face do autor. Cândido Rangel Dinamarco assevera a necessidade de haver pedido contraposto na defesa nas ações de natureza dúplice (*Instituições de direito processual civil*. v. III. São Paulo: Malheiros, 2001. p. 503).

(63) MARCATO, Antonio Carlos. *Procedimentos especiais*. 10. ed. São Paulo: Atlas, 2004. p. 77.

Discute-se, na doutrina e jurisprudência, se a reconvenção pode ser cabível no Inquérito Judicial e na Ação de Consignação em Pagamento na Justiça do Trabalho. Pugnam alguns pela impossibilidade, argumentando que a reconvenção é incabível em tais procedimentos, pela incompatibilidade de ritos processuais e falta de interesse processual, pois tais ações têm natureza dúplice.

Acreditamos que a reconvenção seja compatível com o Inquérito Judicial para Apuração de Falta Grave, quando o objeto da reconvenção for mais amplo do que o recebimento dos salários do período de afastamento ou da reintegração do empregado estável, como, por exemplo: em razão dos motivos da falta grave, o requerido (empregado), por meio de reconvenção, pleiteia a reparação de danos morais e patrimoniais que tenham conexão com a matéria versada no Inquérito.

Já na Ação de Consignação em Pagamento, o consignado pode, por meio de reconvenção, formular pretensão mais ampla do que a discutida nos autos da consignatória, desde que guarde conexão com os fatos deduzidos na Ação de Consignação. Por exemplo: por meio de reconvenção, o consignado, além de não concordar em receber as verbas rescisórias, formula pedido de reintegração no emprego em razão de doença profissional e indenização por danos materiais decorrentes da alegada doença.

A jurisprudência trabalhista tem admitido a reconvenção tanto no Inquérito como na Consignação, convertendo o rito especial em ordinário, o que, no nosso sentir, está correto, pois facilita o acesso do trabalhador à justiça, e também prestigia os princípios da efetividade e celeridade processual, bem como evita decisões conflitantes sobre a mesma matéria na mesma Vara do Trabalho.

## 4.4. Reconvenção de reconvenção no Processo do Trabalho

Questão das mais polêmicas diz respeito à possibilidade da existência da reconvenção de reconvenção.

Parte da doutrina não a admite, argumentando que tal atitude provoca complicadores excessivos no processo; atenta contra a celeridade processual e ainda propicia uma chance a mais ao autor, que deveria ter formulado todos os seus pedidos no próprio corpo da inicial (princípio da eventualidade da inicial).

Calmon de Passos[64] aponta os seguintes argumentos favoráveis à admissão da reconvenção de reconvenção: "a) o autor ignorava que o réu iria reconvir; e por outro lado o seu interesse pode ter surgido justamente em razão da reconvenção; mas, ainda que o soubesse, a cumulação dos pedidos não é dever de ordem substancial nem de natureza processual; b) as ações entre só duas partes são em número finito e logo se exaurem; inclusive a exigência de um nexo entre a ação e a reconvenção ainda opera como fator limitativo de maior eficácia; c) a impugnação

---

(64) CALMON DE PASSOS, José Joaquim. *Comentários ao Código de Processo Civil*. v. III, 8. ed. Rio de Janeiro: Forense, 2001. p. 315.

da reconvenção contestação é (hoje, inclusive, é assim denominada) sob qualquer aspecto que seja examinada".

A reconvenção é uma modalidade de resposta (art. 297 do CPC). Portanto, uma vez respondendo à reconvenção, o autor (reconvindo) pode aduzir outra reconvenção em face do réu (reconvinte). A Lei não veda a reconvenção de reconvenção, e autores de nomeada, como *Pontes de Miranda, Calmon de Passos* e *Cândido Rangel Dinamarco*, a admitem.

Os argumentos apontados por *Calmon de Passos* nos convencem sobre a admissibilidade da reconvenção de reconvenção no Processo Civil e acreditamos que tal instituto se aplica também ao Processo do Trabalho, em razão de omissão da CLT e compatibilidade com os princípios do Direito Processual do Trabalho (art. 769 da CLT).

Pode-se questionar a aplicabilidade da reconvenção de reconvenção no Processo do Trabalho em razão dos princípios da celeridade e informalidade do procedimento trabalhista e por trazer ao processo complicadores que podem comprometer seu bom andamento[65]. Em razão disso, acreditamos que, embora seja possível a reconvenção de reconvenção no Processo do Trabalho, o Juiz do Trabalho, valorando o custo-benefício em se admitir uma reconvenção de reconvenção, poderá indeferi-la se provocar uma demora excessiva no andamento do processo ou complicadores excessivos na relação jurídico-processual.

---

(65) Carlos Henrique Bezerra Leite, por este argumento, não admite a reconvenção de reconvenção. Aduz o jurista: "Embora a lei não vede expressamente, não tem sido aceita a reconvenção da reconvenção, pois isso, é obvio, poderia implicar tumulto processual e eternização do processo" (*Curso de direito processual do trabalho*. 5. ed. São Paulo: LTr, 2007. p. 522).

# Capítulo XV
# Das Provas no Processo do Trabalho

## 1ª Parte – Teoria Geral das Provas no Processo do Trabalho

### 1.1. Do conceito e finalidade da prova

A palavra prova é originária do latim *probatio*, que, por sua vez, emana do verbo *probare*, com o significado de examinar, persuadir, demonstrar[1].

Ensina *Nelson Nery Júnior*[2]: "As provas são os meios processuais ou materiais considerados idôneos pelo ordenamento jurídico para demonstrar a verdade, ou não, da existência e verificação de um fato jurídico".

Na feliz síntese de *Giuseppe Chiovenda*[3]: "Provar significa formar a convicção do juiz sobre a existência ou não de fatos relevantes do processo".

Diante da importância da prova para o processo, *Carnelutti* chegou a afirmar que as provas são *o coração do processo*, pois é por meio delas que se definirá o destino da relação jurídica processual.

No nosso sentir, provas são os instrumentos admitidos pelo Direito como idôneos, a demonstrar um fato ou um acontecimento, ou, excepcionalmente, o direito que interessa à parte no processo, destinados à formação da convicção do órgão julgador da demanda.

O Código de Processo Civil não define o conceito de prova, apenas no art. 332 assevera: "Todos os meios legais, bem como os moralmente legítimos, ainda que não especificados neste Código, são hábeis para provar a verdade dos fatos, em que se funda a ação ou defesa"[4].

---

(1) MINHARRO, Erotilde Ribeiro Santos. In: *CLT interpretada:* artigo por artigo, parágrafo por parágrafo. Coords.: Costa Machado e Domingos Sávio Zainaghi. São Paulo: Manole, 2007. p. 771.

(2) Nery Júnior, Nelson et al. *Código de Processo Civil comentado.* 3. ed. São Paulo: RT, 1997. p. 611.

(3) Chiovenda, Giuseppe. *Instituições de direito processual civil.* Vol. III, 3. ed. Campinas: Bookseller, 2002. p. 109.

(4) Tampouco a Consolidação das Leis do Trabalho traz o conceito de prova para fins do Direito Processual do Trabalho.

Desse modo, além dos meios legais de prova elencados no Código de Processo Civil, há a admissão de qualquer meio moralmente legítimo de prova, vale dizer: o meio probatório que não atente contra a moral e os bons costumes. Com isso, nota-se a amplitude probatória que consagra o Código de Processo Civil, a fim de facilitar o acesso do cidadão à Justiça e a possibilidade de demonstrar a veracidade de suas alegações em juízo.

Enquanto os meios de prova são os instrumentos legais ou admissíveis em Direito para se demonstrar a veracidade das alegações em juízo, as fontes da prova são os fatos naturais ou humanos que tenham relevância na esfera jurídica, bem como as coisas corpóreas ou incorpóreas existentes na natureza ou criadas pelo homem, das quais se originam os meios de prova.

O direito à prova decorre do princípio do Devido Processo Legal[5] consubstanciado no art. 5º, LIV, da CF[6]. Entretanto, a atividade probatória das partes no processo deve observar não só os ditames da lei processual, como da moral, segundo preconiza o art. 332 do CPC.

O objeto da prova são os fatos, pois o Direito deve ser conhecido pelo Juiz (*juria novit curia*), exceto as exceções do art. 337 do CPC.

O fato a ser provado deve ser relevante e pertinente ao esclarecimento do processo, ou seja, que possa influir na convicção do Juiz. Além disso, há necessidade de que haja controvérsia sobre sua existência. Vale dizer: que o fato seja afirmado por uma parte e contestado pela outra. Como observa *José Frederico Marques*[7], "a contestação dá origem à controvérsia que, como conceito jurídico, não se confunde com a lide ou litígio".

A finalidade da prova é formar a convicção do Juiz sobre os fatos relevantes e pertinentes da causa[8].

Como bem adverte *Manoel Antonio Teixeira Filho*[9], a prova não tem apenas a finalidade de convencer, mas, sobretudo, constringir e nortear a formação do seu

---

(5) Nesse sentido, argumenta com propriedade Antonio Carlos de Araújo Cintra: "Recentemente, porém, a doutrina se voltou para um estudo mais aprofundado e sistemático do direito à prova, com ênfase na perspectiva constitucional. Com efeito, o direito à prova se vincula às garantias constitucionais do devido processo legal, da ampla defesa e do contraditório" (*Comentários ao Código de Processo Civil*. Vol. IV. Rio de Janeiro: Forense, 2001. p. 11).

(6) Art. 5º, LIV da CF: "Ninguém será privado da liberdade ou de seus bens sem o devido processo legal".

(7) MARQUES, José Frederico. *Manual de direito processual civil*. Vol. II. São Paulo: Saraiva, 1976. p. 81.

(8) Como bem destaca Márcio Túlio Viana: "Se o juiz tem de conhecer os fatos, é a ele que a prova se destina. Afinal, como nota Russomano, a prova 'é o pilar da sentença'. Mas ela também diz respeito aos outros personagens do processo, como as partes e o Ministério Público. Em última análise, afeta a sociedade por inteiro, pois é do interesse de todos a solução dos conflitos" (Aspectos gerais da prova no processo do trabalho. In: *Compêndio de direito processual do trabalho*. Estudos em Homenagem a Celso Agrícola Barbi. Coord. Alice Monteiro de Barros. 3. ed. São Paulo: LTr, 2002. p. 340).

(9) TEIXEIRA FILHO, Manoel Antonio. *A prova no processo do trabalho*. 8. ed. São Paulo: LTr, 2003. p. 65.

convencimento, pois sabemos que, por força de disposição legal (CPC, art. 131), o julgador não pode decidir contra a prova existente nos autos, sob pena de nulidade da sentença. O princípio da persuasão racional, adotado pelo CPC vigente, desautoriza o Juiz a julgar segundo a sua íntima convicção, impondo-lhe que o faça de maneira fundamentada; a fundamentação, no caso, é feita com vistas à prova produzida e traduz uma exigência constitucional (art. 93, IX).

Como bem destaca *Amauri Mascaro Nascimento*[10]: "A prova tem a finalidade de transportar, para o processo judicial, a realidade externa dos fatos que geraram a demanda, traduzindo-os para que possam ser conhecidos pelo juiz e para que sirvam de base para os debates entre as partes. Como meio destinado a levar para o processo a reconstituição dos fatos, poderá ter falhas e não cumprir com exatidão esse fim, situação na qual haverá a verdade real (concreta) diferente da realidade formal (imaginária), e esta prevalecerá. De nada adianta ter ocorrido ou não um fato se não pode ser provado. Desse modo, a importância da prova e da sua análise pelas partes e pelo juiz é fundamental para que o processo possa cumprir os seus fins".

### 1.1.1. Da verdade para fins processuais (a superação dos conceitos de verdade real e formal)

A obtenção da verdade é o motivo e a finalidade última da prova no processo. Nesse sentido, é expressivo o art. 332, do CPC, quando assevera: "Todos os meios legais, bem como os moralmente legítimos, ainda que não especificados neste Código, são hábeis para provar *a verdade dos fatos*, em que se funda a ação ou a defesa" (o destaque é nosso).

No dizer de *Mittermaier*, a verdade é a concordância entre um ato ocorrido na realidade sensível e a ideia que fazemos dele.

Na clássica visão de *Carrara, a certeza está em nós; a verdade está nos fatos.*

Pensamos que a definição de verdade para fins processuais significa: *acontecimento que ocorreu na realidade, o qual não fora objeto de alteração por vontade humana ou alterado em razão de erro na sua percepção.*

A doutrina clássica costuma realizar uma divisão da verdade em *real* (também chamada substancial) e *formal* (também chamada processual ou verossimilhança). Verdade real é aquilo que aconteceu na realidade, independentemente da vontade humana. Verdade formal é a verossimilhança, ou seja, a verdade que se extrai dos autos do processo.

Como bem observa *Carlos Zangrando*[11], "a verdade material é factual, ou real. Depreende aquilo que efetivamente acontece ou aconteceu. É fato imutável e

---

(10) NASCIMENTO, Amauri Mascaro. *Curso de direito processual do trabalho.* 22. ed. São Paulo: Saraiva, 2007. p. 508.

(11) *Processo do trabalho.* Vol. 1. São Paulo: LTr, 2009. p. 680.

independe da observação do agente. Por verdade formal se entenda aquela indagação baseada nas formas, que se busca mediante normas jurídicas e não apenas pela lógica, e unicamente em virtude dessas normas jurídicas substitui a verdade material".

Durante muito tempo, a doutrina defendeu que no processo penal se persiga a verdade real (ou substancial), pois os interesses envolvidos são indisponíveis. Já no processo civil, que lida, em regra, com interesses disponíveis (patrimoniais), é suficiente ao julgamento a verdade formal. Desse modo, na esfera cível, o Juiz poderá julgar, com base em regra de ônus da prova, presunções, sem a necessidade de investigação mais profunda da verdade.

Tanto o processo civil como o trabalhista lidam com direitos fundamentais do cidadão como o patrimônio e, muitas vezes, os próprios direitos da personalidade, o que justifica também a busca da verdade real.

A obtenção da verdade real, inegavelmente, atende aos princípios de justiça e efetividade do processo, sendo, portanto, um dos escopos da jurisdição que é pacificar o conflito com justiça. Desse modo, a moderna doutrina defende a tese da superação da diferenciação entre verdade real e formal, dizendo que a verdade é uma só, a real, mas esta é praticamente impossível de ser atingida. Não obstante, todos que atuam no processo, principalmente o julgador, devem envidar esforços para se chegar ao acertamento mais próximo da realidade (verdade substancial).

De outro lado, diante do princípio da inafastabilidade da jurisdição e da necessidade de se proferir uma decisão no processo, pois o atual sistema constitucional não admite o chamado *non liquet*, não é possível que o processo fique aguardando a obtenção da verdade real. Caso tal fosse autorizado, comprometeria a duração razoável do processo e inviabilizaria a tomada de decisão. Além disso, diante das divergências dos fatos invocados no processo pelas partes, das vicissitudes que enfrenta o processo e da falibilidade humana na interpretação dos fatos, é tarefa das mais difíceis para o julgador apurar a verdade real. De outro lado, o próprio julgador realiza valoração subjetiva dos fatos e da realidade.

No aspecto, cumpre destacar as seguintes ementas:

> PRELIMINAR. NULIDADE DA PROVA TESTEMUNHAL. Se é do conhecimento do Juiz a existência de prova que possa esclarecer a lide, é seu dever, mesmo de ofício, determinar a sua realização. O processo não é um jogo. O processo tem por finalidade a descoberta da verdade real e é dever da parte colaborar para que o Juízo encontre esta verdade. MÉRITO. RECURSO ORDINÁRIO DA SEGUNDA RECLAMADA. A Colenda Corte do TST já firmou o posicionamento no sentido de que "o inadimplemento das obrigações trabalhistas, por parte do empregador, implica a responsabilidade subsidiária do tomador dos serviços quanto àquelas obrigações, inclusive quanto aos órgãos da administração direta, das autarquias, das fundações públicas, das empresas públicas e das sociedades de economia mista, desde que hajam participado da relação processual e constem também do título executivo judicial" (Súmula n. 331, item IV, do C. TST). MÉRITO. RECURSO ORDINÁRIO DA PRIMEIRA RECLAMADA. HORAS EXTRAS. Não obstante as alegações recursais

no sentido de que a testemunha fosse subordinada ao reclamante e fizesse o que ele determinava, é fato que a testemunha afirmou que também anotava o horário de todos os outros empregados nos controles de horário. DEVOLUÇÃO DE DESCONTOS. CONTRIBUIÇÕES ASSISTENCIAL E CONFEDERATIVA. O Precedente Normativo n. 119 do C. TST confirma que a exigência de contribuições assistenciais e confederativas dos empregados não sindicalizados viola a liberdade do trabalhador, e porque a Reclamada não comprovou que o Reclamante se vinculava à entidade sindical, deve devolver os valores descontados. (TRT/SP – 00172002220085020434 (00172200843402008) – RO – Ac. 2ª T. 20101341428 – Rel. Luiz Carlos Gomes Godoi – DOE 18.1.2011)

Produção de prova. Configuração — Ementa. Cerceamento defesa. Produção de prova. A verdade real é sempre o ideal a ser alcançado. Encerramento abrupto da fase probatória, determinado pelas circunstâncias inusitadas do depoimento, que é providência que não se coaduna com o devido processo legal. E na medida em que não se permitiu às partes a produção da prova, quando, no caso, era mesmo necessária, instalou-se, ali mesmo, nulidade insanável, à vista da inequívoca afronta à garantia constitucional da ampla defesa. Recurso do autor a que se dá provimento anulando o processo a partir do cerceio. TRT 2ª Reg. (SP) Proc. 0038200943402001 RO (AC, 11ª T., 20100963042) – Rel. Eduardo de Azevedo Siva. Doe.TRT 2ª Reg., 5.10.10, p. 143. In: *Suplemento de Jurisprudência LTr* n. 08/2011, p. 60.

## 1.2. Objeto da prova

O objeto da prova são os fatos. Excepcionalmente, a Lei exige a prova do direito. Mas nem todos os fatos são objeto, mas somente aqueles que se relacionam com a lide e sobre eles haja controvérsia. Como destaca *Vicente Greco Filho*[12], nem todos os fatos, porém, devem ser submetidos a atividade probatória. Em primeiro lugar, apenas os fatos pertinentes ao processo e que suscitam o interesse da parte em demonstrá-los; os fatos impertinentes, isto é, não relacionados com a causa, devem ter sua prova recusada pelo juiz, sob pena de se desenvolver atividade inútil.

Como bem adverte *Fernando da Costa Tourinho Filho*[13], "objeto da prova, diz Manzini, são todos os fatos, principais ou secundários, que reclamem uma apreciação judicial e exijam comprovação. Insta acentuar que a palavra fato, em matéria processual, principalmente no campo probatório, tem um conceito bastante amplo; compreende os diversos acontecimentos do mundo exterior, e, segundo Florian, esse conceito se estende e alcança coisas e lugares, pessoas e documentos. Tão extenso é seu conceito, sob o ponto de vista da prova, que Alcalà-Zamora chega a esta afirmação: é fato o que não é direito. Por isso, acrescenta o festejado mestre, a prova pode recair sobre fatos de natureza diversa (...)".

O fato probando tem de ser controvertido, isto é, afirmado por uma parte e contestado pela parte contrária. Os fatos não controvertidos, como regra geral, não são objeto da prova, pois admitidos como verdadeiros no processo. Não obstante,

---

(12) GRECO FILHO, Vicente. *Direito processual civil brasileiro*. Vol. II, 11. ed. São Paulo: Saraiva, 1995. p. 195.

(13) TOURINHO FILHO, Fernando da Costa. *Processo penal*. Vol. III. 17. ed. São Paulo: Saraiva, 1995. p. 204.

situações há em que mesmo o fato não contestado pode ser objeto de prova, por exemplo: os fatos que não parecem verossímeis segundo o que ordinariamente acontece ou fora do padrão médio da sociedade, e também os fatos impossíveis ou pouco prováveis. Como bem adverte *Amador Paes de Almeida*[14]: "(...) não significa que os fatos não contrariados não possam ser objeto de prova, pois ao juiz, em face do princípio inquisitório, é dado exigir prova do alegado ainda que não contestado, 'para o fim de formar com mais segurança o seu convencimento', ou ainda que se faça necessária a prova do ato jurídico, quando a lei exija que esta se revista de forma especial".

De outro lado, diz o art. 334 do CPC: "Não dependem de prova: I. os fatos notórios; II. afirmados por uma parte e confessados pela parte contrária; III. admitidos, no processo, como incontroversos; IV. em cujo favor milita presunção legal de existência ou de veracidade".

Como a CLT não tem regra própria no aspecto, o art. 334 do CPC resta aplicável ao Processo do Trabalho por força do art. 769 da CLT. Desse modo, passamos à análise dos quatro incisos do art. 334 do CPC sob a ótica do Direito Processual do Trabalho.

a) *fatos notórios:* Os fatos notórios são os de conhecimento comum, de uma determinada comunidade ou de determinada região, num determinado lapso de tempo.

Como bem adverte *Adalberto Martins*[15], "o conhecimento notório não se confunde com conhecimento pessoal (aquele derivado de observação pessoal), e tampouco coincide com o conhecimento absoluto, bastando o conhecimento relativo. Contudo, não se permite ao Juiz julgar com base em fatos de que tenha ciência pessoal e que não constam dos autos, excepcionando-se aqueles que Couture denomina 'fatos evidentes', e que ressaltam da experiência pessoal do magistrado".

O conceito de fato notório é relativo, pois, se uma das partes sobre ele não tiver conhecimento ou se até mesmo o Juiz dele não conheça, é possível a produção de provas sobre a própria existência da notoriedade do fato.

Como bem adverte *Antonio Carlos de Araújo Cintra*[16]: "Pode-se dizer que são notórios os fatos cujo conhecimento faz parte da cultura normal própria de um determinado segmento social ao tempo em que é proferida a sentença. Trata-se de conceito eminentemente relativo, dado que a notoriedade se manifesta num determinado espaço físico e social, bem como num determinado momento. Tal conceito revela que o fato notório não é necessariamente conhecido por todos os integrantes do segmento social em que se manifesta e nada impede que o Juiz, por

---

(14) ALMEIDA, Amador Paes de. *CLT comentada.* 2. ed. São Paulo: Saraiva, 2004. p. 392.

(15) MARTINS, Adalberto. *Manual didático de direito processual do trabalho.* 2. ed. São Paulo: Malheiros, 2005. p. 156.

(16) CINTRA, Antonio Carlos de Araújo. *Comentários ao Código de Processo Civil.* v. IV. Rio de Janeiro: Forense, 2001. p. 27.

sua iniciativa, o verifique em almanaques, manuais, etc., até por meio de um consultor ou assessor. A dispensa da prova dos fatos notórios não implica dispensa de sua alegação pelas partes".

Acreditamos, ao contrário do que pensam alguns doutrinadores, que o fato notório pode ser contestado. Se for contestado, deixa de ser notório e, portanto, deve ser provado.

Nesse sentido, destaca *Adalberto Martins*[17] com suporte em *Tostes Malta* e *Manoel Antonio Teixeira Filho*:

> "Em tese, é possível provar que determinado fato não é notório, e excepcionalmente o magistrado poderá exigir a prova da notoriedade do fato, mormente quando for desconhecido dele próprio".

b) *fatos afirmados por uma parte e confessados pela parte contrária:* O fato confessado passa a ser tido no processo como verdadeiro. Entretanto, somente a confissão expressa dispensa a prova do fato. A confissão ficta, por ser relativa, pode ser elidida por provas em contrário.

c) *fato incontroverso:* O fato incontroverso é aquele que não é contestado. Também o fato admitido pelo réu, em razão da confissão, se torna incontroverso.

Como destaca *Antonio Carlos de Araújo Cintra*[18], a admissão dos fatos como incontroversos no processo consiste "no reconhecimento pela parte da veracidade de afirmações de fatos feitas pelo adversário para colocá-las como pressuposto de suas próprias alegações (...) O melhor exemplo dessa forma de admissão é o referido pelo art. 326 do Código de Processo Civil, em que o réu, reconhecendo o fato em que se fundou a ação, outro lhe opõe impeditivo, modificativo ou extintivo do direito do autor. Isto se faz por via da contestação".

d) *presunção de existência e veracidade:* Ensina *Ísis de Almeida*[19] que "presunção é a dedução, a conclusão ou consequência que se tira de um fato conhecido, para se admitir como certa, verdadeira e provada a existência de um fato desconhecido ou duvidoso".

A presunção não é propriamente um meio de prova, mas um raciocínio lógico por meio do qual, a partir da existência de determinadas coisas ou situações pela reiteração de suas ocorrências, se passa a acreditar na existência de outras.

Como destaca *Adalberto Martins*[20], com suporte em *Couture*: "A presunção pressupõe o concurso de três circunstâncias: um fato conhecido, um fato desconhecido e um nexo causal. Assim, justifica-se a afirmação de que a presunção é a ilação que se extrai de um fato conhecido sobre um fato desconhecido".

---

(17) MARTINS, Adalberto. *Manual didático de direito processual do trabalho*. 2. ed. São Paulo: Malheiros, 2005. p. 156.
(18) *Op. cit.*, p. 28.
(19) ALMEIDA, Ísis de. *Manual das provas no processo trabalhista*. São Paulo: LTr, 1999. p. 108.
(20) *Op. cit.*, p. 157.

As presunções podem ser absolutas (*juris et de juris*) ou relativas (*juris tantum*). São absolutas as presunções que não admitem prova em contrário e as relativas as que admitem.

Pensamos que na esfera do Direito Material do Trabalho não há espaço para as presunções legais absolutas, em razão do princípio da primazia da realidade que norteia esse ramo do Direito. Desse modo, o Juiz do Trabalho não deve atribuir caráter absoluto às presunções legais.

As presunções podem decorrer da lei ou da experiência comum do que ordinariamente acontece. Com relação a esta última espécie, tem comumente sido fixada pela jurisprudência.

Como destaca *Ísis de Almeida*: "A presunção comum tem na verossimilhança outro elemento essencial de sua formação, conjugando-se com os indícios. E aí entra a livre convicção do juiz na apreciação da prova. Sua experiência, seu poder de síntese, ao compulsar os elementos do processo, seus conhecimentos gerais, seu espírito observador terão de discernir a verdade por aquilo que apresenta todos os atributos de verdadeiro. Discernir, enxergar, é ato de dedução".

Como exemplos de presunções legais, destacamos o art. 456, parágrafo único da CLT: "À falta de prova ou inexistindo cláusula expressa a tal respeito, entender-se-á que o empregado se obrigou a todo e qualquer serviço compatível com a sua condição pessoal", e também o art. 447 da CLT: "Na falta de acordo ou prova sobre condição essencial ao contrato verbal, esta se presume existente, como se a tivessem estatuído os interessados na conformidade dos preceitos jurídicos adequados à sua legitimidade".

Como exemplos de presunções jurisprudenciais, destacamos as seguintes Súmulas do Tribunal Superior do Trabalho:

> Súmula n. 12: "CARTEIRA PROFISSIONAL: As anotações apostas pelo empregador na carteira profissional do empregado não geram presunção *juris et de jure*, mas apenas *juris tantum*".
>
> Súmula n. 16: "NOTIFICAÇÃO: Presume-se recebida a notificação 48 (quarenta e oito) horas depois de sua postagem. O seu não recebimento ou a entrega após o decurso desse prazo constitui ônus de prova do destinatário".
>
> Súmula n. 43: "TRANSFERÊNCIA: Presume-se abusiva a transferência de que trata o § 1º do art. 469 da CLT, sem comprovação da necessidade do serviço".
>
> Súmula n. 212: "DESPEDIMENTO — ÔNUS DA PROVA: O ônus de provar o término do contrato de trabalho, quando negados a prestação de serviço e o despedimento, é do empregador, pois o princípio da continuidade da relação de emprego constitui presunção favorável ao empregado".

Indício é uma circunstância conhecida e provada, por meio da qual se chega à conclusão de existência de uma outra coisa. Para *Antonio Carlos de Araújo Cintra*[21], "indícios são fatos conhecidos dos quais, por dedução, se infere fato desconhecido".

---

(21) *Op. cit.*, p. 30.

Por exemplo, numa hipótese em que se discute a existência de relação de emprego, de um lado, reclamante pretende o reconhecimento de vínculo de emprego, de outro lado, a reclamada, em defesa, sustenta a tese de que o reclamante era vendedor autônomo. A existência de alguns indícios, como comparecimento a reuniões semanais, existência de cota mínima, área fixa de trabalho, ressarcimento de despesas, que pode autorizar o Juiz do Trabalho a reconhecer o vínculo de emprego.

### 1.3. Das máximas de experiência e a prova no Processo do Trabalho

As máximas de experiência são conhecimentos adquiridos pelo Juiz, pela sua cultura e pelo seu exercício funcional que o fazem presumir a existência de determinadas situações ou coisas. Como destaca *Antonio Carlos de Araújo Cintra*[22], "as regras da experiência comum se integram à cultura das pessoas e constituem pressuposto de sua visão das coisas e de suas decisões práticas na vida. Em consequência, não pode o juiz deixar de levá-las em conta no desempenho de suas funções, salvo quando haja norma jurídica específica que o impeça, notadamente, no campo do direito probatório, as disposições relativas à prova legal".

O Código de Processo Civil não disciplinou as presunções, mas tratou das máximas de experiência, o que denota a importância de tal instituto no campo probatório. Com efeito, diz o art. 335 do CPC:

> Em falta de normas jurídicas particulares, o juiz aplicará as regras de experiência comum subministradas pela observação do que ordinariamente acontece e ainda as regras da experiência técnica, ressalvado, quanto a esta, o exame pericial.

No mesmo sentido o art. 852-D da CLT:

> O juiz dirigirá o processo com ampla liberdade para determinar as provas a serem produzidas, considerado o ônus probatório de cada litigante, podendo limitar ou excluir as que considerar excessivas, impertinentes ou protelatórias, bem como para apreciá-las e dar especial valor às regras de experiência comum ou técnica.

Conforme os referidos dispositivos, no nosso sentir, "as máximas de experiência constituem o conhecimento adquirido pelo Juiz durante sua vida e também pelo que normalmente acontece, considerando-se o padrão médio da sociedade. Esse conhecimento também pode advir de determinado comportamento ou fato que se repetem nos Processos". Tais dispositivos são de grande utilização no Processo do Trabalho, cujas matérias discutidas em juízo são eminentemente fáticas.

No nosso sentir, o Juiz do Trabalho poderá utilizar-se das regras de experiência como as poderosas aliadas para valorar e interpretar a prova dos autos, principalmente se esta se encontrar dividida, se mostrar inverossímil, ou fora da razoabilidade. O referido art. 852-D da CLT realça a possibilidade de o Juiz dar valor especial às *regras de experiência comum ou técnica*.

---

(22) *Op. cit.*, p. 30.

Por fim, adverte-se que o Juiz, mesmo possuindo conhecimentos técnicos, se a matéria exige a prova pericial, ele não poderá dispensá-la.

No aspecto, relevante destacar a ementa que segue:

> PROVA Regras de experiência do que ordinariamente acontece. *Convicção livre do juiz*. RECURSO ORDINÁRIO — VALORAÇÃO DO CONTEÚDO DO DEPOIMENTO DA ÚNICA TESTEMUNHA OUVIDA. A MM. Juíza afastou a veracidade do depoimento da única testemunha trazida pelo autor, sob o fundamento de que faltara com a verdade, uma vez que no mesmo dia a mesma MM. Juíza realizara audiência em diversa ação trabalhista patrocinado pelo mesmo patrono que representa o reclamante nestes autos, em face também da reclamada, na qual aquela testemunha afirmara sobre o mesmo fato informação diametralmente oposta. Em oportunidade anterior, instruindo outra reclamação trabalhista, patrocinada pelo mesmo causídico, em face da mesma reclamada, a então testemunha já proferira declaração contrária a dada nestes autos e alinhando-se à dada pela alienígena. Cediço é que no campo de atuação do processo do trabalho vige o princípio da verdade real em contraponto ao princípio da verdade formal. O Juiz na atividade judicante vai adquirindo experiência, conhecimento e com isso aprimorando o próprio exercício do seu munus público. Não se trata de pre-julgamento ou quebra do dever de imparcialidade, mas tão somente utilização da prerrogativa conferida pelo do art. 335 do CPC o "juiz aplicará as regras de experiência comum subministradas pela observação do que ordinariamente acontece". Não vislumbro nenhuma mácula ao procedimento adotado pela MM. Juíza prolatora da r. sentença. Essa adotou sua experiência de trabalho, e com ela concluiu pela inveracidade dos termos do depoimento da testemunha destes autos. Considerando que a única prova que o recorrente intencionou produzir foi a testemunhal e que a validade desta foi afastada, a manutenção do julgado é medida que se impõe. (TRT/SP – 01041009420085020373 (01041200837302002) – RO – Ac. 12ª T. 20110314195 – Rel. Francisco Ferreira Jorge Neto – DOE 25.3.2011)

## 1.4. Da prova do Direito no Direito Processual do Trabalho

O Direito, excepcionalmente, pode ser objeto de prova, nos termos do art. 337 do CPC, que assim dispõe: "A parte, que alegar direito municipal, estadual, estrangeiro ou consuetudinário, provar-lhe-á o teor e a vigência, se assim o determinar o juiz".

O Juiz é obrigado a conhecer a legislação federal. Se a parte invocar legislação estadual, internacional, consuetudinária, deverá comprovar o teor, bem como a vigência.

Na seara do Processo do Trabalho, são exemplos de espécies normativas em que a parte tem de demonstrar o teor e a vigência: acordos e convenções coletivas, usos e costumes, regulamentos de empresas, leis estaduais e municipais, que disciplinem regras trabalhistas e Normas Internacionais (Tratados e Convenções).

Quanto às Convenções da OIT ratificadas pelo Brasil, como têm *status* de Lei Ordinária, o Juiz do Trabalho deve conhecê-las, não necessitando, a parte que as invocar, provar o teor e a vigência.

A prova do Direito se faz por meio de certidões com as publicações oficiais no Diário Oficial, e de outros Órgãos Oficiais. Não havendo impugnação, pensamos não haver necessidade de autenticação. Quanto ao direito costumeiro, pensamos ser possível a comprovação por meio de testemunhas.

Se a parte não juntar aos autos certidão autenticada sobre o teor e a vigência de tais normas, restam ao Juiz do Trabalho duas opções. São elas:

a) determinar, com suporte no art. 284 do CPC e Súmula n. 263 do TST, que a parte junte tal documento em 10 dias sob consequência de indeferimento da inicial;

b) julgar improcedente o pedido que tem suporte na norma jurídica que o Juiz não seja obrigado a conhecer, aplicando-se os arts. 818 da CLT e 333, I, do CPC.

Acreditamos que a solução mais justa e razoável seja propiciar à parte a juntada do documento apto a provar o direito em 10 dias, sob as consequências do art. 359 do CPC, pois o Juiz, ainda que não obrigado, pode conhecer a existência da norma jurídica invocada pela parte, ou até mesmo a parte contrária não contestar a existência de determinada regra costumeira ou convencional.

## 1.5. Princípios da prova no Direito Processual do Trabalho

### 1.5.1. Necessidade da prova

Por este princípio, as partes têm o encargo de comprovar suas alegações em juízo. Não basta alegar, a parte deve provar. Diz a doutrina clássica que o sucesso do processo depende da qualidade da atividade probatória da parte. De outro lado, é bem verdade que a necessidade da prova depende do encargo probatório das partes no processo e da avaliação das razões da inicial e da contestação (arts. 818, da CLT e 333 e 334, do CPC).

Como bem adverte *Manoel Antonio Teixeira Filho*[23], "a necessidade está em que o Juiz não pode se deixar impressionar com meras alegações expendidas pelas partes, exigindo-lhe a lei que decida, que forme sua convicção, com apoio na prova produzida nos autos".

### 1.5.2. Contraditório e ampla defesa

Trata-se o contraditório, na verdade, de um princípio fundamental do processo, verdadeiro mandamento obrigatório que influencia todas as fases do processo, principalmente o capítulo das provas no processo.

Por este princípio, as partes têm o direito de produzir todas as provas que a lei lhes faculta, tanto os meios legais como os moralmente legítimos (art. 332 do CPC). Também deve o Juiz assegurar às partes igualdade de oportunidades[24] quanto à produção das provas. De outro lado, toda prova produzida em juízo deve estar sob

---

(23) *A prova no processo do trabalho*. 8. ed. São Paulo: LTr, 2003. p. 68.

(24) Alguns autores asseveram que a igualdade de oportunidades constitui um princípio autônomo da prova.

o chamado crivo do contraditório, ou seja, da prova produzida por uma parte, tem a parte contrária o direito de impugná-la. Em razão disso, a parte deve sempre ser cientificada das provas produzidas pelo adversário, tendo a faculdade de impugná-la.

Destacando o princípio do contraditório na esfera probatória, vale transcrever o art. 257 do Anteprojeto do Novo Código de Processo Civil, *in verbis*:

> As partes têm direito de empregar todos os meios legais, bem como os moralmente legítimos, ainda que não especificados neste Código, para provar fatos em que se funda a ação ou a defesa e influir eficazmente na livre convicção do juiz.

### 1.5.3. Licitude e probidade da prova[25]

A Constituição veda, no art. 5º, LVI, as provas obtidas por meios ilícitos, visando a resguardar o princípio da legalidade e também a dignidade do processo. Somente em algumas situações especiais, conforme destacaremos em capítulo próprio, à luz do princípio da proporcionalidade, ou regra de ponderação, o Juiz poderá admitir a produção da prova ilícita no Processo.

De outro lado, o art. 332 do CPC também veda as provas moralmente ilegítimas no processo.

### 1.5.4. Oralidade

Como visto, o princípio da oralidade constitui um conjunto de regras destinadas a simplificar o procedimento, priorizando a palavra falada, com um significativo aumento dos poderes do Juiz na direção do processo, imprimindo maior celeridade ao procedimento e efetividade da jurisdição, destacando o caráter publicista do processo.

Hoje, o princípio da oralidade é próprio do Direito Processual Civil, embora no Processo do Trabalho ele tenha maior destaque em razão de ser o Processo do Trabalho, nitidamente, um procedimento de audiência e de partes.

Segundo a doutrina, a oralidade se decompõe nos seguintes subprincípios:

a) identidade física do Juiz: Segundo este princípio, o Juiz que instruiu o processo, que colheu diretamente a prova, deve julgá-lo, pois possui melhores possibilidades de valorar a prova, uma vez que colheu diretamente, tomou contato direto com as partes e testemunhas.

Nesse sentido, dispõe o art. 132 do Código de Processo Civil:

> O juiz, titular ou substituto, que concluir a audiência julgará a lide, salvo se estiver convocado, licenciado, afastado por qualquer motivo, promovido ou aposentado, casos em que passará os autos ao seu sucessor. Parágrafo único. Em qualquer hipótese, o juiz que proferir a sentença, se entender necessário, poderá mandar repetir as provas já produzidas.

---

(25) O presente princípio será desenvolvido com maior profundidade na seção sobre a prova ilícita no processo.

Pensamos que a identidade física do Juiz se aplica ao Processo do Trabalho, pois o princípio da oralidade se exterioriza com maior nitidez nesta seara do processual. Além disso, inegavelmente, o Juiz que colheu diretamente a prova, teve contato pessoal com partes e testemunhas, formulou diretamente as perguntas que entendeu pertinentes, observou as expressões das partes ao depor, tem melhores condições de proferir sentença justa e que reflita realidade.

Os próprios Tribunais Regionais do Trabalho, ao avaliar que a prova oral foi dividida, têm tido a tendência de manter a sentença de primeiro grau, uma vez que o Juiz da Vara teve contato direto com as partes e testemunhas, com maiores possibilidades de avaliar a melhor prova.

Nesse sentido, vale destacar a seguinte ementa:

> Testemunhos — Colisão — Prova dividida. Em havendo depoimentos contraditórios, a jurisprudência desta Corte regional tem se inclinado, ante o princípio da imediatidade, a prestigiar, quando dotada de razoabilidade, a solução encontrada pelo juiz que colheu a prova, eis que foi a autoridade que teve contato direto com as partes e testemunhas e, por isso mesmo, mais habilitado para extrair conclusões mais precisas sobre as declarações divergentes, até porque lhe é possível sopesar, valendo-se de impressões e do seu talento sensitivo, dados que escapam de registros formais. (TRT 10ª R. – 2ª T. – Rel. Juiz João Luis Rocha Sampaio – DJe n. 497 – 10.6.2010 – p. 85 – Processo RO n. 76200-23/2009.5.10.0101) (RDT n. 7 – julho de 2010)

b) concentração: Por tal característica, os atos do procedimento devem se desenvolver num único ato, máxime a instrução probatória que deve ser realizada em audiência única.

Conforme destaca *Jorge Luiz Souto Maior*[26], "a expressão máxima da concentração é a realização dos atos processuais em única audiência. Nessa audiência una, realiza-se a tentativa de conciliação, acolhem-se a petição inicial e a defesa, resolvem-se os incidentes processuais, fixam-se os pontos controvertidos, produzem-se as provas e prolata-se a decisão".

c) imediatidade ou imediação do Juiz na colheita da prova: O Juiz do Trabalho, tem contato maior com as partes e testemunhas do processo, colhendo diretamente a prova, o que lhe propicia maior conhecimento da causa e melhores possibilidades de realizar a conciliação.

Nesse aspecto, relevante destacar a seguinte ementa:

> Princípio da imediação — Meios de convicção mais seguros. Pelo princípio da imediação é o juiz de primeiro grau que tem melhor percepção sobre a verdade real e, portanto, melhores condições de proferir uma sentença satisfatória em que efetivamente se aplique o direito, pois faz a coleta direta da prova e encontra-se mais próximo dos fatos. Nesse contexto, somente a existência de prova robusta, contrária aos fatos apurados no juízo *a quo*, é capaz de amparar a reforma da sentença. (TRT 12ª R. – 3ª T. – RO-V n. 1379/2002.029.12.85-4 – Relª. Gisele P. Alexandrino – DJSC 8.6.04 – p. 209) (RDT n. 7 – Julho de 2004).

---

(26) *Op. cit.*, p. 76.

## 1.5.5. Aquisição processual da prova no Processo do Trabalho

Por este princípio, uma vez produzida a prova no processo, ela passa a pertencer ao processo, integrando o corpo processual, independentemente da parte que a produziu. Sob outro enfoque, o Juiz poderá formar sua convicção com qualquer elemento de prova produzida nos autos, independentemente de quem a produziu e também independentemente de quem detinha o ônus da prova.

Nesse sentido, é expressivo o art. 131 do CPC que assim dispõe:

> O juiz apreciará livremente a prova, atendendo aos fatos e circunstâncias constantes dos autos, ainda que não alegados pelas partes; mas deverá indicar, na sentença, os motivos que lhe formaram o convencimento.

Diante do referido dispositivo legal de total pertinência com o Processo do Trabalho, o Juiz se vincula à prova do processo, ainda que não haja menção a elas pelas partes, na inicial ou na contestação.

Como bem adverte *Eduardo Cambi*[27]:

> As provas, depois de ingressarem ou serem produzidas no processo, tornam-se públicas e passam a integrar um único conjunto, em que o resultado das atividades processuais são comuns a ambas as partes, não se levando em consideração o litigante que trouxe ou produziu o meio de prova (...). Por outro lado, o princípio da aquisição processual ou da comunhão das provas não implica a supressão da ideia de ônus da prova, porque essa noção é subsidiária, uma vez que não corresponde ao poder monopolístico de provas da parte onerada, servindo como regra de julgamento somente se as provas, que deveriam ser produzidas, não forem realizadas ou, se produzidas, são insuficientes para a formação do convencimento do juiz. Em suma, o ônus da prova não determina quem deve produzir a prova, mas quem assume o risco pela sua não produção.

O presente princípio foi incorporado ao Anteprojeto do novo Código de Processo, em seu art. 259, *in verbis*:

> O juiz apreciará livremente a prova, independentemente do sujeito que a tiver promovido, e indicará na sentença as que lhe formaram o convencimento.

## 1.5.6. Livre-convencimento motivado do Juiz

Este princípio, também chamado pela doutrina de persuasão racional, possibilita ao Juiz firmar seu convencimento, livremente, sobre a verossimilhança dos fatos da causa, desde que apresente os motivos de sua convicção (arts. 131 do CPC e 93, IX, da CF);

## 1.5.7. Busca da verdade real

Embora muitos autores asseverem que na esfera do Processo Civil não se aplica este princípio, pois o processo não penal se contenta com a chamada verdade formal,

---

(27) *A prova civil:* admissibilidade e relevância. São Paulo: RT, 2006. p. 319-320.

qual seja: a que emerge dos autos, a moderna doutrina, em razão do caráter publicista do processo e efetividade da jurisdição, tem se posicionado no sentido de que mesmo no campo processual civil o Juiz deve sempre buscar a verdade real, ou o acertamento mais próximo da realidade. No Processo do Trabalho, a busca da verdade real é princípio que se encaixa perfeitamente no campo processual, inclusive por mandamento legal (art. 765, da CLT). Vale lembrar que o Direito do Trabalho tem como um dos seus princípios vetores o da primazia da realidade. Dizia *Carnelutti* que *prestigiar a realidade é prestar um tributo à verdade.*

Nesse aspecto, cumpre destacar a seguinte ementa:

> Princípio da primazia da realidade — Aplicação. No confronto entre a verdade formal, contida em documentos, e a verdade real, que emerge dos fatos, prevalece esta última, tendo em vista a aplicação do princípio da primazia da realidade. Restando demonstrado nos autos que na realização de cursos a distância o empregado alega um número de horas incompatível com a realidade dos fatos, a postulação não merece ser provida. (TRT – 12ª R. – 3ª T. – Relª. Lília Leonor Abreu – Doc. n. 1377004 em 2.9.09 – RO n. 860/2008.023.12.00-7) (RDT n. 10 – outubro de 2009).

### 1.5.8. Aptidão para a prova

O presente princípio determina que deve produzir a prova não quem detenha o ônus processual (arts. 818, da CLT ou 333, do CPC), mas sim quem detenha melhores condições materiais ou técnicas para produzir a prova em juízo.

Também não se trata de inversão do ônus da prova previsto no Código de Defesa do Consumidor (art. 6º, VIII), mas de se atribuir simplesmente o ônus da prova às partes que tenham melhores condições de produzi-la.

Trata-se na verdade da superação da regra do ônus da prova prevista nos arts. 818, da CLT e 333, do CPC, à luz dos princípios constitucionais do acesso à justiça, contraditório, ampla defesa e igualdade substancial dos litigantes, uma vez que no processo, em determinadas circunstâncias, a prova pode ser produzida com maior facilidade e efetividade por uma parte a qual não detém o ônus da prova.

Como bem adverte *Eduardo Cambi*[28]:

> "Como o escopo de buscar a mais efetiva tutela jurisdicional do direito lesado ou ameaçado de lesão, no Código Modelo o ônus da prova incumbe à parte que detiver conhecimentos técnicos ou informações específicas sobre os fatos, ou maior facilidade na sua demonstração, não requerendo qualquer decisão judicial de inversão do ônus da prova".

O presente princípio se amolda perfeitamente ao Processo do Trabalho, considerando-se a hipossuficiência e a dificuldade probatória de produção de determinadas provas pelo trabalhador, e as melhores condições de produção de determinadas provas

---

(28) *A prova civil.* São Paulo: RT, 2006. p. 341.

pelo empregador, como nas hipóteses da prova do salário (art. 464, da CLT), da jornada (art. 74, § 2º, da CLT), etc.

De outro lado, o Juiz do Trabalho deve sempre atuar com equilíbrio, avaliando sempre as circunstâncias do caso concreto, à luz dos princípios da razoabilidade proporcionalidade ao aplicar o princípio da aptidão para a prova.

Como bem destaca *Carlos Alberto Reis de Paula*[29]:

"A aplicação no ônus da prova do princípio da aptidão atende ao escopo social do processo, que é eliminar conflitos mediante critérios justos (...). O fundamento para aplicação do princípio da aptidão está na justiça distributiva aliada ao princípio da igualdade, cabendo a cada parte aquilo que normalmente lhe resulta mais fácil. O critério será o da proximidade real e de facilidade do acesso às fontes de prova. Indiscutivelmente, o princípio será aplicado todas as vezes em que o empregado não pode fazer a prova a não ser através de documento ou coisa que a parte contrária detém. Partindo do princípio da boa-fé, que informa a conduta processual dos litigantes, todas as vezes que o documento, por seu conteúdo, for comum às partes, haverá também a inversão do ônus da prova, competindo ao empregador colacioná-lo, sob pena de serem admitidas como verdadeiras as alegações feitas pelo empregado".

Nesse aspecto, relevante destacar as seguintes ementas:

> Prova — Ônus — Aptidão. Não se deve cristalizar as regras atinentes ao ônus probatório, mas, antes, atender ao princípio da aptidão da prova, de modo que cabe a prova à parte que melhores condições tem para produzi-la. (TRT – 15ª R. – 1ª T. – RO n. 29672/03 – Rel. Francisco Alberto da M. P. Giordani – DJSP 3.10.03 – p. 60) (RDT n.11 – Novembro de 2003)
>
> BEM DE FAMÍLIA — RECURSO DE REVISTA — EXECUÇÃO — BEM DE FAMÍLIA — CONFIGURAÇÃO — ÔNUS DA PROVA. 1. Nos termos do art. 6º da Constituição Federal, "são direitos sociais a educação, a saúde, a alimentação, o trabalho, a moradia, o lazer, a segurança, a previdência social, a proteção à maternidade e à infância, a assistência aos desamparados, na forma desta Constituição". 2. Em observância à Carta Magna, o legislador ordinário editou a Lei n. 8.009/90, instituindo o bem de família legal, enquanto mantido, no atual Código Civil, o bem de família convencional (arts. 1.711 a 1.722). 3. É incontroverso que o patrimônio do devedor responde pelas dívidas contraídas, assegurando-se, contudo, patrimônio mínimo, como projeção do princípio da dignidade da pessoa humana (art. 1º, III, da CF). 4. Não obstante a proteção ao bem de família ser corolário da teoria do patrimônio mínimo, firma-se que a impenhorabilidade de bens sempre é exceção. 5. O ônus da prova da configuração de bem de família não pode recair sobre o credor, tendo em vista a costumeira hipossuficiência do trabalhador, que se estende, sob a ótica protetiva, ao plano processual: é manifesta a dificuldade de se exigir que o empregado exequente produza provas de que o executado possuiria outros bens. 6. Pelo princípio da aptidão da prova, deve demonstrar a veracidade do fato quem está apto a fazê-lo, independentemente da parte que o tenha afirmado. 7. Somando-se ao princípio da aptidão da prova, reza

---

(29) *A especificidade do ônus da prova no processo do trabalho.* São Paulo: LTr, 2001. p. 142-143.

o art. 6º, VIII, do CDC que constitui direito básico do consumidor "a facilitação da defesa de seus direitos, inclusive com a inversão do ônus da prova, a seu favor, no processo civil, quando, a critério do juiz, for verossímil a alegação ou quando for ele hipossuficiente, segundo as regras ordinárias de experiências", dispositivo legal aplicável ao processo do trabalho, em razão da omissão da CLT e da compatibilidade com os princípios que regem o ramo jurídico, especialmente aquele que consagra o acesso à justiça pelo trabalhador. 8. Com a ausência de demonstração, pelo executado, de que o imóvel constitui bem de família, parte que possuiria aptidão para concretizar a impenhorabilidade do bem, não se configuram as ofensas constitucionais evocadas (art. 896, § 2º, da CLT e Súmula n. 266/TST). Recurso de revista não conhecido. (TST – RR/88840-37.2008.5.02.0062 – TRT 2ª R. – 3ª T – Rel. Ministro Horácio Raymundo de Senna Pires – DEJT 5.8.2010 – p. 1209)

### 1.5.9. Princípio da lealdade processual e boa-fé

Na esfera das provas, o dever de lealdade das partes se robustece, pois a conduta ética das partes pode influenciar, decisivamente, na avaliação da prova.

Muitas vezes, presenciamos nos processos a parte dizer, em depoimento, versão completamente diversa da que alegou na inicial ou na defesa sobre alguns fatos, o que acabou prejudicando toda a atividade probatória.

Além disso, a falta de lealdade das partes pode acarretar a realização de inúmeras diligências probatórias inúteis, comprometer a duração razoável do processo, e levar o julgador a erro.

De outro lado, quando ambas as partes no processo agem com lealdade na produção das provas, a convicção do julgador se firma com precisão e, muitas vezes, se chega à verdade substancial.

O princípio da lealdade processual é destacado nos arts. 339 e 340 do Código de Processo Civil, aplicáveis ao Processo do Trabalho por força do art. 769, da CLT. Dispõem os referidos dispositivos legais:

> Art. 339 do CPC:
>
> Ninguém se exime do dever de colaborar com o Poder Judiciário para o descobrimento da verdade.
>
> Art. 340 do CPC:
>
> Além dos deveres enumerados no art. 14, compete à parte: I – comparecer em juízo, respondendo ao que lhe for interrogado; II – submeter-se à inspeção judicial, que for julgada necessária; III – praticar o ato que lhe for determinado.

### 1.6. A prova emprestada no Direito Processual do Trabalho

Segundo *Moacyr Amaral Santos*[30], prova emprestada é a "prova de um fato, produzida num processo, seja por documentos, testemunhas, confissão, depoimento

---

(30) SANTOS, Moacyr Amaral. *Primeiras linhas de direito processual civil*. Vol. II. 17. ed. São Paulo: Saraiva, 1995. p. 365.

pessoal ou exame pericial, que pode ser trasladada para outro, por meio de certidão extraída daquele".

Por outras palavras, a prova emprestada consiste no aproveitamento do material probatório produzido em outro processo, para o processo em questão (atual), desde que presentes determinados requisitos.

Como bem adverte *Cândido Rangel Dinamarco*[31], "não se incluem no conceito de provas emprestadas as meras cópias de documentos existentes em outros autos, porque cada documento vale por si próprio e pela eficácia que tiver: a circunstância de já ter prestado utilidade em um processo não altera a sua natureza nem influi em seu poder de convicção. Só as provas constituídas no processo são suscetíveis de autêntico empréstimo, a saber, a oral, a pericial e a inspeção judicial".

A prova emprestada não está arrolada no Código de Processo Civil como um meio legal de prova, entretanto, inegavelmente, é um meio moralmente legítimo (art. 332 do CPC), razão pela qual é admitida pela doutrina e jurisprudência. Além disso, a utilização da prova emprestada propicia a observância dos princípios constitucionais do devido processo legal, acesso à justiça e efetividade processual.

De outro lado, alguns se mostram contrários à utilização da prova emprestada, em razão de esta violar alguns princípios probatórios, quais sejam:

a) imediatidade do Juiz na colheita da prova;

b) princípio da identidade física do Juiz;

c) contraditório imediato na produção da prova.

Os argumentos acima mencionados não são, salvo melhor juízo, obstáculos para se evitar a utilização da prova emprestada, uma vez que o Tribunal, ao apreciar a prova produzida em primeiro grau, não a colhe diretamente, inobservando os princípios da imediatidade e identidade física do juiz. Além disso, a prova documental também é produzida antecipadamente, não havendo o contraditório na sua colheita, mas somente após sua juntada aos autos.

Acreditamos que não se possa impedir a utilização da prova emprestada, que foi legitimamente produzida em processo anterior, sob o argumento de ela desconsiderar, em tese, alguns princípios processuais na colheita da prova, pois não se pode obstar, a quem tem um direito, prová-lo em juízo por todos os meios legais, bem como moralmente legítimos, como decorrência lógica dos princípios constitucionais do acesso real e efetivo à Justiça, bem como do devido processo legal. Em razão disso, indeferir a produção da prova emprestada, por ser incompatível com alguns princípios processuais da prova, configura manifesto cerceamento de defesa.

---

(31) DINAMARCO, Cândido Rangel. *Instituições de direito processual civil.* Vol. III. São Paulo: Malheiros, 2001. p. 97.

Por outro lado, sempre que possível a produção ou renovação da prova no processo atual, esta deve ser deferida. Entretanto, nos casos em que não há possibilidade de se produzir a prova ou esta se tornar excessivamente dificultada, a prova emprestada é um recurso que não pode ser sonegado à parte.

A Consolidação das Leis do Trabalho nada dispõe sobre a prova emprestada, entretanto tal meio de prova é perfeitamente compatível com o Direito Processual do Trabalho em razão da omissão da Consolidação e compatibilidade com a sistemática processual trabalhista (art. 769 da CLT), uma vez que a prova emprestada propicia, no Processo do Trabalho, o acesso real do trabalhador à Justiça, efetividade processual e busca da verdade real[32].

No Processo do Trabalho, é comum a utilização da prova pericial emprestada quando o local de trabalho estiver desativado[33] ou se alterarem as condições ambientais (art. 420, III do CPC), e também dos depoimentos, tanto pessoais como de testemunhas produzidos em processo anterior[34], quando a prova oral não pode ser renovada no processo atual.

As partes, conjuntamente, podem pactuar a utilização da prova emprestada, como acontece, muitas vezes, quando há muitas ações com o mesmo objeto em face de uma mesma empresa.

A prova emprestada pode ser requerida por qualquer das partes, por estas em conjunto e até mesmo de ofício pode ser determinada pelo Juiz, à luz dos arts. 130 do CPC e 765 da CLT.

---

(32) No Direito Material do Trabalho, este princípio é definido como *princípio da primazia da realidade*. Carnelutti dizia que prestigiar a realidade é prestar um tributo à verdade.

(33) Nesse sentido, destaca-se a seguinte ementa: "PROVA EMPRESTADA — INSALUBRIDADE — PERÍCIA — DESATIVAÇÃO DO LOCAL DE TRABALHO — PROVA EMPRESTADA — Embora a regra do art. 195, § 2º, da CLT determine a realização de perícia para a aferição de insalubridade no local de trabalho, é certo que, na hipótese em que se encontre este desativado e não ofereça as mínimas condições de reprodução das condições ambientais imperantes quando em atividade, pode referido meio de prova ser satisfatoriamente suprido pela juntada de laudos emprestados de outros processos, desde que estabelecida perfeita correspondência entre a situação periciada e o caso *sub judice*, flagrando-se comprovadamente as mesmas condições ambientais a que estava o autor submetido" (TRT 2ª R. – RO 19990441149 – Ac. 20000541086 – 8ª T., Relª Juíza Wilma Nogueira de Araújo Vaz da Silva – DOESP 16.1.2001).

(34) Prova testemunhal — Juntada pertinente — Depoimento testemunhal indeferido — Livre condução do processo pelo juiz — Cerceamento de defesa — Nulidade não configurada. A pertinência da prova emprestada, face à harmonia entre o seu teor e os limites da *litiscontestatio*, autoriza o juiz a anexá-la aos autos, podendo inclusive determinar o encerramento da instrução processual, sem oitiva das testemunhas presentes, se convencido sobre a realidade fática controvertida (art. 765 da CLT c/c. art. 130 do CPC). Sua decisão não macula a ampla defesa, notadamente se o documento juntado contiver depoimento de testemunha levada pela própria parte que invoca a nulidade. Trabalho externo — Existência de mecanismos de controle da jornada de trabalho — Horas extras devidas. O vendedor externo que exerce suas atividades submetidas, direta ou indiretamente, a controle de horário, faz jus a horas extras. (TRT 15ª R. – 6ª T. – RO n. 532/2004.079.15.00-5 – Relª Maria Cecília F. Álvares Leite – DJSP 02.12.05 – p. 98) (RDT n. 01 – janeiro de 2006)

Destaca-se, em razão do princípio da unidade da jurisdição, que a prova emprestada pode ser produzida no Processo do Trabalho, mesmo que tenha sido colhida nas esferas criminal ou cível ou mesmo na Justiça Federal.

Nesse sentido, destacamos a seguinte ementa:

> Prova emprestada. Possibilidade de que sejam consideradas as produzidas no processo criminal, relativo ao mesmo fato, pois perfeitamente resguardado o contraditório (RSTJ n. 104/304).

De outro lado, há algumas provas que somente podem ser produzidas na esfera criminal, como a interceptação telefônica[35]. Desse modo, o Juiz do Trabalho não pode determinar uma interceptação telefônica. Entretanto, caso a interceptação tenha sido feita pelo Juiz criminal, esta prova poderá ser trasladada ao processo do trabalho. O fato de o Juiz trabalhista não poder colher a prova não significa que não possa importá-la do processo criminal em razão do caráter publicista do Processo do Trabalho e da busca da verdade real (art. 765 da CLT). Assim, por exemplo, se em um processo trabalhista estiver sendo discutida uma justa causa por ato de improbidade do empregado e, na esfera criminal, em razão do mesmo fato, o empregado estiver sendo acusado de apropriação indébita, uma interceptação telefônica, determinada pelo Juiz de Direito, preenchendo os requisitos legais que comprovem o fato, poderá ser utilizada no Processo do Trabalho pela via da prova emprestada. Não seria razoável que o empregado, pelo mesmo fato, pudesse ser condenado na justiça criminal e revertida a justa causa no processo trabalhista em razão da vedação a que o Juiz do Trabalho pudesse utilizar a interceptação telefônica como prova emprestada no Processo do Trabalho. Vale destacar, nos termos do art. 935 do CC, que a responsabilidade civil é independente da criminal, entretanto, não se pode mais questionar a existência do fato ou quem seja o seu autor se estas questões se acharem decididas no juízo criminal.

No mesmo sentido ensina *Nelson Nery Júnior*[36]:

> "Produzida no processo penal, a prova obtida mediante interceptação telefônica lícita (autorizada pela CF e pela LIT) pode servir como prova emprestada no processo civil. Trata-se de prova obtida licitamente, razão por que é eficaz no processo civil. O que a CF 5º, LVI veda é a eficácia da prova obtida ilicitamente. Como prova, no processo penal, terá sido obtida licitamente, sua transposição para o processo civil, por intermédio do instituto da prova emprestada, não ofende o dispositivo constitucional que proíbe a prova obtida ilicitamente".

Como já sedimentado na jurisprudência, a prova produzida no inquérito deve ser reprisada em juízo, sob o crivo do contraditório, caso contrário, não podem autorizar eventual condenação do réu.

---

(35) Art. 1º da Lei n. 9.296/1996: "A interceptação de comunicações telefônicas, de qualquer natureza, para prova em investigação criminal e em instrução processual penal, observará o disposto nesta Lei e dependerá de ordem do juiz competente da ação principal, sob segredo de justiça".

(36) NERY JÚNIOR, Nelson *et al. Código de Processo Civil comentado e legislação extravagante*. 7. ed. São Paulo: RT, 2003. p. 1.513.

Nesse sentido, destacamos a seguinte ementa:

> Não vale a prova emprestada, quando colhida sem caráter contraditório (v. CF 5º – LV, neste sentido), e sem a participação daquele contra quem deve operar, como é o caso de prova colhida em inquérito policial (RJTJESP 99/201).

No mesmo sentido, é o recente art. 155 do Código de Processo Penal, com a redação dada pela Lei n. 11.690/2008, *in verbis*:

> O juiz formará sua convicção pela livre apreciação da prova produzida em contraditório judicial, não podendo fundamentar sua decisão exclusivamente nos elementos informativos colhidos na investigação, ressalvadas as provas cautelares, não repetíveis e antecipadas.

Considerando-se que a prova colhida no inquérito policial e civil público não observa o contraditório, questiona-se: a prova nele produzida pode ser transportada para o processo como prova emprestada?

De início devem ser repelidas, como provas emprestadas, as provas produzidas nos inquéritos civis públicos e penais, uma vez que não observam o contraditório. Entretanto, não se pode ignorar todo o trabalho realizado na fase de inquérito, bem como o material nele produzido, que pode influir no convencimento do julgador.

Autores há que atribuem à prova produzida no inquérito o *status* de documento.

No nosso sentir, a prova produzida em sede de inquérito pode ser utilizada como prova emprestada no processo judicial somente na seguinte situação: concordância de ambas as partes no processo. Em caso contrário, ou seja, havendo dissenso de pelo menos uma das partes, o tal material probatório não poderá ser utilizado como prova emprestada.

> De outro lado, a prova produzida no inquérito, conjugada com outros elementos de prova produzidos no processo judicial sob o crivo do contraditório, é apta a firmar a convicção do julgador. No aspecto, relevante destacar a seguinte ementa:
>
> Justa causa — Prova emprestada — Valoração. Os documentos extraídos de ação criminal contendo depoimentos vários, fortalecem o depoimento prestado pela única testemunha da reclamada, bem como as alegações de defesa. Configuração de ato de improbidade que justifica a demissão por justa causa. (TRT 15ª R. – 6ª T. – ROPS n. 15.849/2003 – Rel. Antônio Mazzuca – DJSP 13.6.2003 – p. 36) (RDT n. 7 – Julho de 2003)

### 1.6.1. Requisitos para utilização da prova emprestada no Direito Processual do Trabalho

Como toda prova produzida no processo, a prova emprestada deve preencher alguns requisitos para que possa ser utilizada no processo.

A doutrina e jurisprudência têm fixado alguns requisitos para que a prova emprestada conserve sua eficácia inicial. São eles:

a) que tenha sido colhida em processo judicial entre as mesmas partes, ou uma das partes e terceiro[37];

b) que tenham sido, na produção da prova, no processo anterior, observadas as formalidades estabelecidas em lei, mormente o princípio do contraditório[38];

c) que o fato probando seja idêntico.

No nosso sentir, para que a prova emprestada possa ser admitida no processo, há a necessidade apenas de que no processo anterior a prova tenha sido colhida com as formalidades legais, observado o contraditório, e que o fato probando seja idêntico, ou se relacione, diretamente, com os fatos discutidos no processo em questão (atual). Não há necessidade de que, no processo anterior, figurem as mesmas partes ou uma parte e terceiro. O fato de a prova anterior ter sido colhida entre as mesmas partes ou entre uma parte e terceiro é um elemento de valoração da prova (art. 131 do CPC) e não de admissibilidade da prova emprestada.

Como pondera *Cândido Rangel Dinamarco*[39], não importa se a prova trasladada teve ou não o poder de convencer o Juiz do processo de origem, nem se a sentença já foi proferida ou se já passou em julgado ou não.

A prova emprestada passa por três fases no processo do trabalho: a) admissão; b) possibilidade de impugnação pelas partes; c) valoração pelo Juiz, segundo o princípio do livre convencimento motivado.

Na fase de admissão, o Juiz aprecia se é possível a produção da prova emprestada nos autos, devendo sempre fundamentar o deferimento ou indeferimento. Num segundo momento, se a prova emprestada foi determinada pelo Juiz ou produzida por uma das partes, a parte contrária, ou até as duas partes (se o Juiz tomou a iniciativa), poderá impugná-la. No terceiro momento, na sentença, o Juiz irá valorar a prova emprestada, em cotejo com as demais provas, se houve, podendo firmar livremente sua convicção[40].

---

(37) Para Dinamarco, "exige-se também que naquele processo tenha estado presente, como parte, o adversário daquele que pretenda aproveitar a prova ali realizada — porque do contrário esse sujeito estaria suportando a eficácia de uma prova de cuja formação não participou" (*Op. cit.*, p. 98).

(38) "Não vale a prova emprestada, quando colhida sem caráter contraditório (v. CF 5º – LV, neste sentido), e sem a participação daquele contra quem deve operar, como é o caso de prova colhida em inquérito policial" (RJTJESP 99/201).

(39) DINAMARCO, Cândido Rangel. *Op. cit.*, p. 99.

(40) Nesse sentido, destaca-se a seguinte ementa: "Ao juiz incumbe a direção do processo (art. 125 combinado com o art. 130 do CPC). Portanto, ante uma prova emprestada, que sofreu impugnação de uma das partes, pode determinar que seja repetida na ação a fim de ficar com elementos para dirimir a impugnação, aceitá-la ou repudiá-la, com base em técnico de sua confiança. Além de tudo, pelo que se apurou, está feita e não há como desfazê-la. Problema de valorá-la é tema de decisão e não formal do agravo. Não há como impor-se ao juiz uma prova emprestada, pois nem mesmo está ele adstrito àquela produzida nos próprios autos, podendo renová-la" (RT n. 506/212).

Nesse aspecto, o art. 260 do anteprojeto do novo Código de Processo Civil, *in verbis*:

> O juiz poderá admitir a utilização de prova produzida em outro processo, atribuindo-lhe o valor que considerar adequado, observado o contraditório.

Alguns autores asseveram que a prova emprestada, uma vez trasladada do processo anterior para o atual, adquire a natureza de prova documental[41], ou seja, prova emprestada deve ser avaliada como se documento fosse.

Para outros, a prova emprestada, uma vez trasladada, conserva a mesma natureza jurídica com que foi produzida no processo anterior. Ou seja, se a prova é testemunhal, será trasladada como prova testemunhal, se documental, como prova documental, e assim por diante.

No nosso sentir, a segunda vertente está correta, pois a lei não impõe que a prova emprestada seja trasladada como documento, este é apenas o instrumento de transporte da prova. Além disso, conservando a prova emprestada a mesma natureza jurídica com que foi produzida no processo anterior, o contraditório fica mais visível e dilatado. Assim, por exemplo, se a prova emprestada for pericial, no processo atual, haverá a possibilidade de se ouvir o perito que elaborou o laudo original em audiência e até mesmo de a parte juntar laudo do assistente técnico. Se a prova emprestada for testemunhal, a parte poderá arguir todas as hipóteses de incapacidade, impedimento ou suspeição da testemunha, etc.

## 1.7. Ônus da prova no Direito Processual do Trabalho

Conforme *Nelson Nery Júnior*[42], a palavra do latim onus significa carga, fardo, peso, gravame. Não existe obrigação que corresponda ao descumprimento do ônus. O não atendimento do ônus de provar coloca a parte em desvantajosa posição para a obtenção do ganho de causa. A produção probatória, o tempo e a forma prescrita em lei são ônus da condição de parte.

Destaca *João Batista Lopes*[43]: "Entende-se por ônus a subordinação de um interesse próprio a outro interesse próprio; obrigação é a subordinação de um interesse próprio a outro, alheio. Exemplos: a lei não impõe o dever ou a obrigação de arrolar testemunhas, requerer perícia ou juntar documentos, mas se a parte deixar de fazê-lo quando necessário, correrá o risco de não ver demonstradas suas alegações. Mas poderá ocorrer que o fatos venham a ser provados em razão de providências tomadas

---

(41) Nesse sentido é a opinião de Renato Saraiva: "A prova emprestada será inserida no processo como mera prova documental, devendo ser utilizada apenas excepcionalmente, uma vez que, em regra, as provas devem ser produzidas no mesmo juízo onde corre a demanda"(*Curso de direito processual do trabalho*. 4. ed. São Paulo: Método, 2007. p. 375). No mesmo sentido, é a visão de Emília Simeão Albino Sako (*A prova no processo do trabalho*. São Paulo: LTr, 2006. p. 102).

(42) *Op. cit.*, p. 614.

(43) LOPES, João Batista. *A prova no direito processual civil*. 2. ed. São Paulo: RT, 2002. p. 38.

pelo adversário (v. g., o autor alega atos de turbação ou esbulho que acabam por ser demonstrados pelas testemunhas arroladas pelo réu)".

O ônus da prova, no nosso sentir, é um dever processual que incumbe ao autor quanto ao fato constitutivo do seu direito e ao réu quanto aos fatos modificativos, extintos e impeditivos do direito do autor, que, uma vez não realizado, gera uma situação desfavorável à parte que detinha o ônus e favorável à parte contrária, na obtenção da pretensão posta em juízo.

A Doutrina costuma classificar o ônus da prova em subjetivo e objetivo. O primeiro (subjetivo) pertine às partes, que têm o ônus de comprovar os fatos que alegam, segundo as regras de distribuição do ônus da prova. O segundo (objetivo) é dirigido ao Juiz, pois se reporta ao raciocínio lógico do julgador no ato de decidir, analisando e valorando as provas.

No nosso sentir, o ônus da prova no processo somente é dirigido às partes, uma vez que o julgador tem o dever constitucional de julgar e de fundamentar em compasso com os elementos dos autos. Portanto, o ônus da prova somente se dirige às partes e não á figura do julgador.

A Consolidação das Leis do Trabalho disciplina a regra de distribuição do ônus no art. 818, que tem a seguinte redação: "A prova das alegações incumbe à parte que as fizer".

Diz o art. 333 do CPC: "O ônus da prova incumbe: I. ao autor, quanto ao fato constitutivo do seu direito; II. ao réu, quanto à existência de fato impeditivo, modificativo ou extintivo do direito do autor.

Os arts. 818 da CLT e 333 do CPC consagram o chamado ônus estático da prova, ou seja: o ônus tarifado da prova, independentemente da natureza do processo e dos fatos da causa.

Não há uniformidade de interpretação do ônus da prova no processo do trabalho. A CLT, como já dito, apenas menciona que o ônus da prova incumbe à parte que a fizer.

Vários intérpretes se esforçaram para excluir o real alcance do art. 818, da CLT, mas não se chegou a um consenso de quem seria a carga probatória no processo à luz da CLT. Inegavelmente, existem alguns critérios:

a) o ônus da prova no processo do trabalho é do reclamado, pois ele tem melhores condições de produzir a prova no processo;

b) o ônus da prova é do reclamante, pois o autor tem a obrigatoriedade de demonstrar em juízo os fatos da inicial;

c) tanto o reclamante como o empregado devem provar os fatos alegados tanto na inicial como na defesa;

d) o reclamante deve provar os fatos constitutivos do seu direito, e o reclamado os fatos impeditivos, modificativos e impeditivos do direito do autor.

O referido art. 818 da CLT, no nosso entendimento, não é completo, e por si só é de difícil interpretação e também aplicabilidade prática, pois, como cada parte tem de comprovar o que alegou, ambas as partes têm o encargo probatório de todos os fatos que declinaram, tanto na inicial, como na contestação.

Além disso, o art. 818 consolidado não resolve situações de inexistência de prova no processo, ou de conflito entre as provas produzidas pelas partes. O Juiz da atualidade, diante do princípio da inafastabilidade da jurisdição (art. 5º, XXXV, da CF), não pode furtar-se a julgar, alegando falta de prova nos autos, ou impossibilidade de saber qual foi a melhor prova. Por isso, a aplicação da regra de ônus da prova como fundamento de decisão é uma necessidade do processo contemporâneo. Como bem adverte *Rosenberg*[44], "(...) o juiz não pode chegar a um *non liquet* com relação à questão de direito, pois é obrigado a julgar e, portanto, declarar as consequências jurídicas para o caso concreto. Assim, na atualidade pode haver um *non liquet* quanto aos fatos, isto é, o juiz pode não ter sido devidamente instruído pela atividade probatória das partes e não ter conseguido esclarecer a questão fática, mas, mesmo assim, não pode deixar de emitir um pronunciamento judicial, uma decisão sobre o caso concreto".

Embora alguns autores defendam que o art. 818 da CLT basta por si mesmo no Processo do Trabalho[45], acreditamos que a razão está com os que pensam ser aplicável ao Processo do Trabalho a regra do art. 333 do CPC conjugada com o art. 818 da CLT. Desse modo, no Processo do Trabalho, o reclamante tem o ônus de comprovar os fatos constitutivos do seu direito e o reclamado, os fatos modificativos, extintivos e impeditivos do direito do autor.

Desse modo, no Processo do Trabalho: a) o reclamante tem o ônus de comprovar os fatos constitutivos do seu direito; b) o reclamado, os fatos modificativos, extintivos e impeditivos do direito do autor.

Nesse diapasão, concordamos com a posição de *Valentin Carrion*[46] quando afirma:

"A regra de que o ônus pesa sobre quem alega é incompleta, simplista em excesso. O empregado que afirme não ter faltado ao serviço em certo dia terá que prová-lo? Se um outro alegar na petição inicial, que celebrou contrato com empresa e que esta foi representada no ato por preposto capaz e sem coação, deverá provar as três circunstâncias? É obvio que não: 1. ao autor cabe o ônus da prova do fato constitutivo do seu direito; 2. ao réu, o da existência do fato impeditivo, modificativo ou extintivo do direito do autor (CPC, art. 333)".

---

(44) *La carga de la prueba*. Trad. Erne Krotoschin. Buenos Aires: EJEA, 1956. p. 2.

(45) Nesse sentido, defende Manoel Antonio Teixeira Filho (*A prova no processo do trabalho*. 8. ed. São Paulo: LTr, 2003. p. 121). No mesmo sentido: Ônus da prova. É da parte que alega o ônus de comprovar os fatos que sustentam suas alegações. (TRT 12ª R. – 1ª T. – ROV n. 1254/2005.046.12.00-0 – Ac. n. 4088/06 – Rel. Marcus Pina Mugnaini – DJ 4.4.06 – p. 285) (RDT n. 05 – maio de 2006).

(46) CARRION, Valentin. *Comentários à Consolidação das Leis do Trabalho*. 30. ed. São Paulo: Saraiva, 2005. p. 622.

No mesmo sentido, pronuncia-se *Carlos Zangrando*[47]:

"(...) a única regra sobre ônus da prova prevista na CLT segue justamente aquela vetusta orientação individualista romana, determinando pura e simplesmente, que o ônus da prova das alegações cabe à parte que as fizer (CLT, art. 818). Essa regra não é adequada ao Direito Processual moderno, devendo ser suplementada pelas modernas teorias e pela muito melhor elaborada regra presente no art. 333 do Código de Processo Civil".

O Tribunal Superior do Trabalho pacificou o entendimento sobre a aplicabilidade do entendimento vazado no art. 333 do CPC quanto ao ônus da prova no Processo do Trabalho por meio da Súmula n. 06, VIII, do C. TST, *in verbis*:

> É do empregador o ônus da prova do fato impeditivo, modificativo ou extintivo da equiparação salarial. (ex-Súmula n. 68 – RA 9/1977, DJ 11.2.1977)

No mesmo sentido, as ementas que se seguem:

> Encargo probatório — Ônus da prova — Arts. 818 da CLT e 333, I e II, do CPC. Não é atribuição/encargo do juízo, na ausência de provas que competiam à parte produzir — como, no caso, a elaboração de demonstrativo de diferenças —, perquirir acerca da existência de diferenças ou não para, ao fim, concluir pela procedência ou improcedência do pleito. Ora, o encargo probatório, no particular, era do reclamante, a teor dos arts. 818 e 333, I, do CPC, pois o município reclamado negou a existência de qualquer diferença e trouxe aos autos toda a documentação relativa à matéria. Todavia, prova alguma há nos autos produzida pelo obreiro que demonstre de forma clara e precisa a existência de diferenças em seu proveito. Recurso ordinário do Município de Santa Bárbara D'oeste a que se dá provimento. Ação improcedente. (TRT 15ª R. – 5ª T. – REO – RO n. 553.2004.086.15.00-9 – Ac. n. 19948/05 – Rel. João Alberto A. Machado – DJSP 6.5.05 – p. 36) (RDT n. 06 – Junho de 2005)

> Fato constitutivo — Fato impeditivo, modificativo ou extintivo do direito — Ônus da prova. De acordo com o preconizado no art. 818 da CLT, o fato constitutivo do direito do autor deve ser por ele comprovado, assim como, de acordo com o art. 333, II, do CPC, de aplicação subsidiária, o fato impeditivo, modificativo ou extintivo de seu direito deve ser comprovado pelo réu. (TRT 15ª R. – 1ª T. – RO n. 1103/2004.113.15.00-1 – Rel. Eduardo Benedito de O. Zanella – DJSP 2.12.05 – p. 53) (RDT n. 01 – janeiro de 2006)

Os fatos constitutivos são os que geram o direito ao autor, como, por exemplo, a prova da prestação pessoal de serviços, do horário em sobrejornada, do nexo causal entre a doença e a função[48].

---

(47) ZANGRANDO, Carlos. *Processo do trabalho:* processo de conhecimento. Vol. I. São Paulo: LTr, 2009. p. 735.

(48) Nesse sentido: Data de admissão do empregado — Ônus da prova. O ônus da prova quanto à real data de admissão é do reclamante, vez que a data lançada na sua CTPS gera presunção relativa em favor do reclamado. Esse é o entendimento que se colhe das Súmulas ns. 225, do STF e 12, do TST, e dos arts. 818 da CLT e 333, I, do CPC. Não tendo o reclamante se desincumbido do ônus de provar data diversa daquela constante de sua CTPS, não há outros direitos a serem deferidos. (TRT 3ª R. – 4ª T. – RO n. 1208/2005.063.03.00-5 – Rel. Luiz Otavio Linhares Renault – DJ 1º.4.06 – p. 17).

Os fatos impeditivos são os que obstam o direito do autor — por exemplo, tempo de função superior a dois anos na equiparação salarial.

Os fatos modificativos são os que impedem que o pedido do autor seja acolhido, em virtude de modificações ocorridas entre os negócios havidos entre autor e réu — por exemplo: transação, novação, compensação, confusão. É comum, no Processo do Trabalho, o reclamado admitir a prestação pessoal de serviços do autor, mas dizer que tal prestação se deu em modalidade diversa da do contrato de emprego, como, por exemplos: o trabalho autônomo, eventual, etc.

Os fatos extintivos não tornam improcedente o pedido do autor, porque extinto o direito ou a pretensão postos em juízo — como exemplos: prescrição e a decadência.

O ônus da prova é uma regra de julgamento. Desse modo, uma vez produzidas as provas, deve o Juiz do Trabalho julgar de acordo com a melhor prova, independentemente da parte que a produziu (princípio da aquisição processual da prova). O Juiz só utilizará a regra do ônus da prova quando não houver nos autos provas[49], ou, como um critério para desempate, quando houver a chamada prova dividida ou empatada[50].

Nesse sentido, destacamos a seguinte ementa:

> A regra do ônus da prova só tem pertinência como regra de juízo (= regra de decidir), que é, aos casos em que, encerrada a instrução, fique ao julgador a dúvida intransponível acerca da existência de fato constitutivo ou liberatório. (TJSP-RT n. 706/67)

### 1.7.1. O ônus da prova e o fato negativo

Quanto ao fato negativo, prevaleceu na doutrina clássica, que ele não deve ser objeto da prova.

Atualmente, a moderna doutrina sustenta que o fato negativo pode ser objeto de prova, pois não há na lei processual nada que inviabilize a prova do fato negativo.

---

(49) A Doutrina costuma denominar a ausência de provas nos autos como *non liquet*.

(50) Neste sentido, destacamos as seguintes ementas: Prova dividida. Apresentando-se a prova dividida, a decisão deverá pautar-se pela distribuição do ônus da prova, segundo critérios legais ditados pelos arts. 818 da CLT e 333, I e II, do CPC. (TRT – 9ª R. – 4ª T. – Ac. n. 2261/98 – Relª Juíza Rosemarie Pimpão – DJPR 30.1.98 – p. 165). Ônus da prova – Art. 818 da CLT e art. 333 do CPC — Violação. 1. As normas legais concernentes à distribuição do ônus da prova são "regras de julgamento", cuja finalidade é dotar o juiz de um critério para decidir a lide nos casos em que não se produziu a prova, ou a prova revelou-se infuciente para formar-lhe o convencimento. Destinam-se, enfim, a permitir ao juiz sair de um impasse, já que também não lhe é dado abster-se de compor o conflito de interesses. 2. Daí se segue, a *contrario sensu*, que é logicamente inconcebível a vulneração do art. 818 da CLT e do art. 333 do CPC sempre que o órgão jurisdicional soluciona o litígio com base nas provas efetivamente produzidas. A violação a esses preceitos legais somente se pode divisar quando, por inexistente ou insuficiente a prova, o juiz, invertendo inadvertidamente a distribuição do ônus da prova, julga a causa em desfavor da parte a quem, segundo a lei, não tocava o ônus de produzir a prova não produzida. 3. Agravo de instrumento não provido. (TST – 1ª T. – AIRR n. 51.165/2002.900.03.00-7 – Rel. João Oreste Dalazen – DJ 20.5.05 – p. 883) (RDT n. 06 de Junho de 2005).

Além disso, como dizia *Chiovenda*, quem faz uma negação, na verdade, realiza uma afirmação. De outro lado, ainda que o ônus da prova pertença ao autor quando o réu nega o fato constitutivo do direito, o réu poderá realizar contra-prova no sentido de que o fato não existiu.

Como bem observa *Carlos Henrique Bezerra Leite*[51]:

"Na verdade, toda negação contém, implicitamente, uma firmação, pois quando se atribui a um objeto determinado predicado, acaba-se por negar todos os predicados contrários ou diversos do mesmo objeto. Assim, por exemplo, ao alegar o empregador que não dispensou o empregado sem justa causa (negação do fato), estará aquele alegando, implicitamente (afirmação), que este abandonou o emprego ou se demitiu".

A jurisprudência trabalhista tem fixado entendimento no sentido de que se o empregador nega ter dispensado o empregado, cabe a ele, diante do princípio da continuidade da relação de emprego (Súmula n. 212 do C. TST), provar que o autor tomou a iniciativa de pôr fim ao contrato de trabalho (pedido de demissão ou abandono de emprego).

De outro lado, no caso de inversão do ônus da prova, o fato negativo terá de ser demonstrado pela parte contra a qual ônus da prova fora invertido. Por exemplo, havendo inversão do ônus da prova quanto à culpa pelo acidente de trabalho. Nesse caso, a reclamada deverá demonstrar que não agiu com culpa, tomando as diligências necessárias para evitar o acidente.

## 1.8. Da inversão do ônus da prova no Direito Processual do Trabalho

Segundo a regra geral de divisão do ônus da prova, o reclamante deve provar os fatos constitutivos do seu direito e o reclamado, os fatos impeditivos, modificativos e extintivos do direito do autor (arts. 818 da CLT e 333 do CPC). No entanto, há a possibilidade, em determinadas situações, de o juiz inverter esse ônus, ou seja, transferir o encargo probatório que pertencia a uma parte para a parte contrária. Desse modo, se ao autor pertence o ônus da prova do fato constitutivo do seu direito, ele se transfere ao réu, ou seja, o réu deve comprovar a inexistência do fato constitutivo do direito do autor.

A inversão do ônus da prova pode ser convencionada pelas partes ou determinada pelo juiz (art. 333, parágrafo único do CPC[52]). O Código de Defesa do Consumidor prevê a chamada *inversão judicial do ônus da prova* (art. 6º, VIII, da Lei n. 8.078/90).

---

(51) *Curso de direito processual do trabalho*. 8. ed. São Paulo: LTr, 2010. p. 567.

(52) Art. 333, parágrafo único do CPC: "É nula a convenção que distribui de maneira diversa o ônus da prova quando: I – recair sobre direito indisponível da parte; II – tornar excessivamente difícil a uma parte o exercício do direito".

A inversão convencional consiste na alteração das regras de distribuição do ônus da prova a cargo das partes. Esta regra, praticamente, não tem aplicação no Processo do Trabalho, em razão das peculiaridades do Processo do Trabalho e da dificuldade probatória que apresenta o reclamante[53].

De outro lado, a inversão judicial do ônus da prova está prevista no art. 6º, VIII, da Lei n. 8.078/90, que assim dispõe:

> São direitos básicos do consumidor:
>
> (...) VIII – a facilitação da defesa de seus direitos, inclusive com a inversão do ônus da prova, a seu favor, no processo civil, quando, a critério do juiz, for verossímil a alegação ou quando for ele hipossuficiente, segundo as regras ordinárias de experiências.

Segundo *Cândido Rangel Dinamarco*[54]: "inversão judicial do ônus da prova é a alteração do disposto em regras legais responsáveis pela distribuição deste, por decisão do juiz no momento de proferir a sentença de mérito".

A CLT não prevê a possibilidade de inversão do ônus da prova. Como mencionado, há um único artigo que trata do ônus da prova, que é o 818, da CLT. Não obstante, no Processo do Trabalho tem grande pertinência a regra da inversão do ônus da prova, pois, muitas vezes, o estado de hipossuficiência do empregado reclamante o impede de produzir comprovação de suas alegações em juízo, ou esta prova se torna excessivamente onerosa, podendo inviabilizar a efetividade do próprio direito postulado.

Desse modo, aplica-se perfeitamente ao Processo do Trabalho a regra de inversão do ônus da prova constante do Código de Defesa do Consumidor, em razão da omissão da CLT e compatibilidade com os princípios que regem o Processo do Trabalho (art. 769, da CLT), máxime o princípio do acesso do trabalhador à justiça.

Vem crescendo corpo, na Justiça do Trabalho, o entendimento da inversão do ônus da prova em favor do trabalhador nas ações acidentárias em que o empregado postula reparação de danos materiais e morais, em razão da grande dificuldade de produção da prova da culpa do empregador por parte do empregado.

Nesse sentido, temos o Enunciado n. 41 da 1ª Jornada de Direito Material e Processual do Trabalho realizada no TST, *in verbis*:

> RESPONSABILIDADE CIVIL. ACIDENTE DO TRABALHO. ÔNUS DA PROVA. Cabe a inversão do ônus da prova em favor da vítima nas ações indenizatórias por acidente do trabalho.

---

(53) Mesmo no Processo Civil a regra da distribuição convencional do ônus da prova tem rara aplicabilidade. Como destaca Costa Machado: "A regra jurídica sob enfoque, de origem italiana, tem quase ou nenhuma aplicação prática entre nós. Trata-se de disposição que faculta às partes a prática de ato dispositivo bilateral (convenção processual) sobre distribuição do ônus da prova, mas que acabou não se incorporando à mentalidade jurídico-processual de nossos advogados" (*Código de Processo Civil interpretado e anotado*. São Paulo: Manole, 2006. p. 716).

(54) DINAMARCO, Cândido Rangel. *Instituições de direito processual civil*. v. III. São Paulo: Malheiros, 2001. p. 79.

No mesmo diapasão, a seguinte ementa:

> Indenização por dano moral — Responsabilidade do empregador — Teoria do risco. O reclamado, considerado empregador na acepção do *caput* do art. 2º da CLT, está inserido no contexto do capitalismo como um ente destinado à obtenção do lucro, por isso que, no âmbito do Direito do Trabalho, ele se arroga do poder diretivo, assumindo amplamente os riscos sociais de sua atividade econômica, e se investe da obrigação de garantir a segurança, bem como a integridade física e psíquica dos seus empregados, durante a prestação de serviços. Ao explorar determinado ramo de atividade econômica, o empregador é responsável pelos danos físicos sofridos pelo empregado no exercício de suas atividades laborativas. Competia ao empregador a adoção de medidas simples ou complexas que minimizassem o risco e promovessem melhores condições de segurança no trabalho. A falta do empregador decorre de sua omissão voluntária e sobre ela recai a culpa *in vigilando*, estabelecido o nexo causal entre o seu comportamento e o dano. Devida, portanto, a indenização por dano moral. (TRT 3ª R. — 4ª T. — RO n. 493/2005.048.03.00-4 — Rel. Luiz Otávio L. Renault — DJMG 4.6.05 — p. 11) (RDT n. 7 – junho de 2005)

Conforme o citado art. 6º, VIII, da Lei n. 8.078/90, são requisitos para a inversão do ônus da prova no Processo do Trabalho: faculdade do juiz e os requisitos alternativos da hipossuficiência ou verossimilhança da alegação.

a) *faculdade do Juiz:* A inversão do ônus da prova é faculdade do Juiz que pode ser levada a efeito de ofício, independentemente de requerimento das partes. Segundo melhor doutrina, só haverá a necessidade de inversão do ônus da prova se não houver provas nos autos, ou seja, as partes não se desincumbiram do encargo probatório que lhes competia (*non liquet*). Como bem adverte *Nelson Nery Júnior*[55]: "Caso as partes tenham se desincumbido do ônus da prova, não haverá o *non liquet* e o juiz, portanto, julgará de acordo com as provas e o seu livre convencimento (CPC 131)";

b) *hipossuficiência do reclamante:* A hipossuficiência não é necessariamente a econômica, mas a dificuldade excessiva de se produzir a prova[56];

c) *verossimilhança da alegação:* A alegação verossímil é que tem aparência de verdade[57]. Na avaliação da verossimilhança, deve o juiz sopesar se há mais motivos para crer do que para não crer na veracidade da afirmação do autor. Também o Juiz do Trabalho se pautará pelas regras de experiência do que ordinariamente acontece (art. 335 do CPC[58])[59].

---

(55) NERY JÚNIOR, Nelson et al. *Código Civil comentado e legislação extravagante.* São Paulo: RT, 2005. p. 957.

(56) Conforme Nelson Nery Júnior: "A hipossuficiência respeita tanto à dificuldade econômica quanto à técnica do consumidor em poder desincumbir-se do ônus de provar os fatos constitutivos do seu direito" (*Op. cit.*, p. 967).

(57) LOPES, João Batista. *A prova no direito processual do trabalho.* 2. ed. São Paulo: RT, 2002. p. 50.

(58) Art. 335 do CPC: "Em falta de normas jurídicas particulares, o juiz aplicará as regras de experiência comum subministradas pela observação do que ordinariamente acontece e ainda as regras da experiência técnica, ressalvado, quanto a esta, o exame pericial".

(59) Destaca-se a seguinte ementa neste sentido: Empregado vigilante — Intervalo para refeição e descanso — Ônus da prova. O cotidiano dos pretórios trabalhistas tem demonstrado que o empregado vigilante

Discute-se na doutrina e jurisprudência qual o momento em que o ônus da prova deva ser invertido pelo Juiz. A lei não disciplina essa questão. Entretanto, acreditamos, a fim de resguardar o contraditório e a ampla defesa (art. 5º, LV, da CF), que a inversão do ônus da prova deva ser levada a efeito pelo Juiz do Trabalho antes do início da audiência de instrução, em decisão fundamentada (art. 93, IX, da CF), a fim de que a parte contra a qual o ônus da prova foi invertido não seja pega de surpresa e produza as provas que entende pertinentes, durante o momento processual oportuno.

No mesmo sentido, é a visão de *César P. S. Machado Jr.*[(60)]: "A colheita das provas trabalhistas é feita na audiência e este é o local e momento ideal para o juiz verificar a existência de qualquer circunstância que leva à inversão do ônus probatório, razão pela qual deverá manifestar-se a respeito nesta oportunidade, de forma expressa, na forma do art. 93, IX, da CF".

Destacamos, no aspecto, a seguinte ementa:

> Considerando que as partes não podem ser surpreendidas, ao final, com um provimento desfavorável decorrente da inexistência ou da insuficiência da prova que, por força da inversão determinada na sentença, estaria a seu cargo, parece mais justa e condizente com as garantias do devido processo legal a orientação segundo a qual o juiz deve, ao avaliar a necessidade de provas e deferir a produção daquelas que entenda pertinentes, explicar quais serão objeto de inversão. (TJSP, 6ª Cam. Ag. 108602-4/0-SP, Rel. Des. Antonio Carlos Marcato, v. u., j. 18.3.1999, Bol. AASP n. 2.123/225-e)

Não obstante, como o ônus da prova é uma regra de julgamento, é possível o Juiz inverter o ônus da prova na própria sentença[(61)], ou até mesmo o Tribunal fazê-lo segundo o seu livre convencimento, mas, tanto numa hipótese como na outra, sempre em decisão devidamente fundamentada. O que não é possível é inverter o ônus e não propiciar à parte a quem este foi invertido o direito de produzir a prova. Por isso, devem as partes estar atentas à produção de suas provas. Se o Juiz indeferir a produção de alguma prova por entender que o ônus seria da parte contrária, deverá a parte requerer que o Juiz consigne seus protestos em ata a fim de evitar a preclusão. Sob outro enfoque, se o Juiz do Trabalho, ao instruir o processo, não

---

dificilmente usufrui de intervalos regulares para refeição e descanso. E isto se dá porque, via de regra, não há outro laborista apto a substituí-lo em tais interregnos, fazendo com que a alimentação se proceda assim no próprio posto de trabalho, dada a impossibilidade de interrupção do serviço. É o que ordinariamente acontece. Consequentemente, pertence ao empregador o ônus de demonstrar a efetiva fruição do intervalo, visto que o ordinário se presume, e o extraordinário se prova. Exegese dos arts. 335 do CPC e 818 da CLT. Recurso patronal desprovido. (TRT – 15ª R. – 2ª T. – Ac. n. 26630/97 – Rel. Manoel Carlos Toledo Filho – DJSP 15.9.97 – p. 83).

(60) MACHADO JR., César P. S. *O ônus da prova no processo do trabalho.* 3. ed. São Paulo: LTr, 2001. p. 156.

(61) Nesse sentido é a visão de Cândido Rangel Dinamarco: "O momento adequado à inversão do ônus da prova é aquele em que o juiz decide a causa (Barbosa Moreira). Antes, sequer ele sabe se a prova será suficiente ou se será necessário valer-se das regras ordinárias sobre esse ônus, que para ele só são relevantes em caso de insuficiência probatória" (*Instituições de direito processual civil.* Vol. III. São Paulo: Malheiros, 2001. p. 81). No mesmo sentido, João Batista Lopes (*Op. cit.*, p. 51).

estiver convencido sobre a distribuição do ônus da prova, deverá propiciar às partes igualdade de oportunidades na produção da prova, deixando a fixação da regra de distribuição do ônus da prova para a decisão final.

### 1.8.1. A moderna teoria da carga dinâmica do ônus da prova

Atualmente, a moderna doutrina vem defendendo interpretações mais flexíveis das regras de reparações do ônus da prova fixadas nos arts. 818, da CLT e 333, do CPC. Diante da necessidade de se dar efetividade ao acesso à ordem jurídica justa e não inviabilizar a tutela do direito à parte que tem razão, mas não apresenta condições favoráveis de produzir a prova do fato constitutivo do seu direito, é possível ao Juiz do Trabalho atribuir o encargo probatório à parte que tem melhores condições de produzir a prova. É o que a doutrina tem denominado de *carga dinâmica na produção do ônus da prova*.

A carga dinâmica do ônus da prova tem suporte nos princípios da aptidão para a prova, cooperação processual, boa-fé objetiva das partes no processo e também em critérios de justiça e razoabilidade. O Juiz do Trabalho, como reitor do processo (art. 765, da CLT), deve ter a sensibilidade, à luz das circunstâncias do caso concreto, de atribuir o encargo probatório ao litigante que possa desempenhá-lo com maior facilidade.

Trata-se, inegavelmente, de uma tendência mundial do processo de majoração dos poderes do Juiz na direção do processo, a fim de que os litigantes sejam tratados com isonomia real e a justiça seja implementada com maior efetividade. Não se trata de arbítrio do Juiz, pois terá que justificar, com argumentos jurídicos, sob crivo do contraditório, diante das circunstâncias do caso concreto, a aplicação da carga dinâmica da produção da prova.

Como bem destacou *João Humberto Cesário*[62]:

"É fundamental saber que relativamente à distribuição do ônus da prova a legislação de regência traça tão somente diretrizes gerais para a orientação básica dos atores processuais. Assim é que a atenuação dessas diretivas fundada no princípio da aptidão para a prova, vem a cada dia ganhando destaque no foro trabalhista. Dito de outro modo, enquanto os arts. 818 da CLT e 333 do CPC disciplinam a distribuição estática do encargo probatório, para que por via dela se evitem julgamentos injustos, nos quais uma parte, não obstante possuir razão em uma contenda, veja inviabilizada a obtenção do bem da vida perseguido judicialmente, em virtude da impossibilidade de produzir uma prova para ela difícil, improvável ou mesmo impossível (*probatio diabolica*), enquanto a contraprova do seu adversário seria de tranquila veiculação".

A presente teoria não se confunde com a inversão do ônus da prova, embora com ela tenha contatos, pois a inversão pressupõe a presença dos critérios previstos

---

(62) *Provas e recursos no processo do trabalho.* São Paulo: LTr, 2010. p. 46-47.

na lei. De outro lado, carga dinâmica se assenta no princípio da aptidão para a prova, não necessitando a presença verossimilhança da alegação do autor.

Como destacou *Eduardo Cambi*[63]:

"(...) não há na distribuição dinâmica do ônus da prova uma inversão nos moldes previstos no art. 6º, inc. VIII do CDC, porque só se poderia falar em inversão caso o ônus fosse estabelecido prévia e abstratamente. Não é o que acontece com a técnica de distribuição dinâmica, quando o magistrado, avaliando as peculiaridades do caso concreto, com base em máximas de experiência (art. 335 do CPC), irá determinar quais fatos devem ser provados pelo demandante e pelo demandado".

Nesse sentido, é o art. 262 do Anteprojeto do Novo Código de Processo Civil, que é de perfeita sintonia com o Processo do Trabalho, *in verbis*:

> Considerando as circunstâncias da causa e as peculiaridades do fato a ser provado, o juiz poderá, em decisão fundamentada, observado o contraditório, distribuir de modo diverso o ônus da prova, impondo-o à parte que estiver em melhores condições de produzi-la.

A jurisprudência vem acolhendo a presente teoria, conforme as ementas a seguir transcritas:

> APELAÇÃO CÍVEL. INDENIZAÇÃO POR DANO MORAL. ANÚNCIO INVERÍDICO OFENSIVO À HONRA DA AUTORA VEICULADO NO SITE DA REQUERIDA. RESPONSABILIDADE DO PROVEDOR E DO FORNECEDOR DE SERVIÇOS. APLICAÇÃO DA TEORIA DA CARGA DINÂMICA DO ÔNUS DA PROVA. VALOR DA INDENIZAÇÃO. ATENÇÃO AO CRITÉRIO PUNITIVO-PEDAGÓGICO AO OFENSOR E COMPENSATÓRIO À VÍTIMA. INAPLICABILIDADE AO CASO PELO JUÍZO A QUO DO INSTITUTO NORTE-AMERICANO DO PUNITIVE-DAMAGES. 1 – Incontroverso o fato de que o anúncio registrado no site "Almas Gêmeas", pertencente à requerida, foi efetuado por terceiro alheio ao processo. 2 – Atuando a ré como provedora de acesso à Internet e não sendo possível a identificação do real responsável pelo conteúdo ofensivo do anúncio, é seu o dever de indenizar pelos danos à personalidade da autora. Aplicação da Teoria da Carga Dinâmica da Prova, ou seja, incumbe a quem tem mais condições a prova de fato pertinente ao caso. 3 – Não só como provedora de acesso em sentido amplo atuou a ré na relação em análise, como atuou também como prestadora de serviços, mesmo que gratuitamente. Evidencia-se a desmaterialização e despersonalização das relações havidas pelo uso da Internet, não sendo mais possível identificar o objeto e muito menos os sujeitos de tais relações. Assim, sendo a ré empresa que possui *site* na *Internet* de relacionamentos, deve, a fim de evitar a incomensurável dimensão dos danos oriundos do mau uso de seus serviços, adotar medidas de segurança que diminuam tais riscos. 4 – Valor da Indenização que atendeu o caráter punitivo-pedagógico ao ofensor e compensatório à vítima pelo dano sofrido. Ademais, para o arbitramento do dano moral, devem-se levar em conta as condições econômicas da vítima e do ofensor. Inaplicabilidade do instituto norte-americano do punitive damages. Aplicação ao caso dos critérios para aferição do *quantum* a indenizar em consonância com o instituto

---

(63) *A prova civil:* admissibilidade e relevância. São Paulo: RT, 2006. p. 341.

> da responsabilidade civil do direito brasileiro. NEGADO PROVIMENTO AOS APELOS, COM EXPLICITAÇÃO." Apelação Cível n. 70013361043, Sexta Câmara Cível, Tribunal de Justiça do RS, Relator: Artur Arnildo Ludwig, Julgado em 21.12.2006.
>
> APELAÇÕES CÍVEIS. AÇÃO DE REVISÃO DE CONTRATO GARANTIDO POR ALIENAÇÃO FIDUCIÁRIA. AUSÊNCIA DO CONTRATO OBJETO DA PRETENDIDA REVISÃO. Caso em que o contrato objeto da pretensão revisional não veio aos autos, ônus que cabia à instituição financeira, pela observância ao princípio da carga dinâmica da prova. Inteligência, ainda, do art. 355 do CPC. SENTENÇA DESCONSTITUÍDA DE OFÍCIO." Apelação Cível n. 70017420225, Décima Quarta Câmara Cível, Tribunal de Justiça do RS, Relator: Isabel de Borba Lucas, Julgado em 7.12.2006.
>
> ASSISTÊNCIA JUDICIÁRIA GRATUITA. IMPUGNAÇÃO JULGADA PROCEDENTE. AUSÊNCIA DE PROVA DA HIPOSSUFICIÊNCIA. ALUSÃO À GARANTIA CONSTITUCIONAL. APLICAÇÃO DA TEORIA DA DISTRIBUIÇÃO DINÂMICA DA PROVA. Mantém-se o decreto judicial que acolhe a impugnação à gratuidade judiciária, quando o impugnado deixa de comprovar com suficiência sua impossibilidade em atender os ônus do processo e os elementos colacionados aos autos evidenciam a potência financeira dos litigantes. A garantia constitucional que assegura o benefício da assistência jurídica integral e gratuita exige, além da simples "afirmação" da pobreza", também a "comprovação" da hipossuficiência de recursos (CF, art. 5º, LXXIV), o que enseja a discricionariedade judicial em sua avaliação. Cabe ao requerente, assim, como parte mais habilitada, cumprir a demonstração, em respeito à "teoria da distribuição dinâmica da prova", fornecendo todos os elementos de convicção que persuadam sobre alegada hipossuficiência. APELO DESPROVIDO." Apelação Cível n. 70010284180, Sétima Câmara Cível, Tribunal de Justiça do RS, Relator: José Carlos Teixeira Giorgis, Julgado em 16.3.2005.

No aspecto, também o Enunciado n. 60 da 1ª Jornada de Direito Material de Processual do Trabalho, realizada no TST em novembro de 2007, *in verbis*:

> INTERDIÇÃO DE ESTABELECIMENTO E AFINS. AÇÃO DIRETA NA JUSTIÇA DO TRABALHO. REPARTIÇÃO DINÂMICA DO ÔNUS DA PROVA. I – A interdição de estabelecimento, setor de serviço, máquina ou equipamento, assim como o embargo de obra (art. 161 da CLT), podem ser requeridos na Justiça do Trabalho (art. 114, I e VII, da CRFB), em sede principal ou cautelar, pelo Ministério Público do Trabalho, pelo sindicato profissional (art. 8º, III, da CRFB) ou por qualquer legitimado específico para a tutela judicial coletiva em matéria labor-ambiental (arts. 1º, I, 5º, e 21 da Lei n. 7.347/85), independentemente da instância administrativa. II – Em tais hipóteses, a medida poderá ser deferida [a] "inaudita altera parte", em havendo laudo técnico preliminar ou prova prévia igualmente convincente; [b] após audiência de justificação prévia (art. 12, *caput*, da Lei n. 7.347/85), caso não haja laudo técnico preliminar, mas seja verossímil a alegação, invertendo-se o ônus da prova, à luz da teoria da repartição dinâmica, para incumbir à empresa a demonstração das boas condições de segurança e do controle de riscos.

## 1.9. A revelia e a produção de provas no Direito Processual do Trabalho

Tema dos mais polêmicos da revelia é a produção de provas. Doutrina e jurisprudência não são pacíficas quanto à possibilidade de produção de provas diante da revelia.

O autor, em muitos casos, pretende produzir provas, pois há o receio de a revelia ser reconsiderada, de não poder trazer suas testemunhas em outra oportunidade e da possibilidade de o Tribunal ter entendimento divergente.

O réu que ingressar na relação jurídica processual após o decreto de revelia pretende, a todo custo, minorar as consequências da revelia, mas encontra limites de não poder renovar fases processuais já atingidas pela preclusão e inúmeras vezes se vê impossibilitado de produzir qualquer prova, uma vez que não controverteu os fatos, conforme os arts. 302 e 334, III, do CPC.

Os entendimentos, tanto da doutrina como da jurisprudência, são variados. Alguns sustentam a impossibilidade absoluta da produção de provas diante da revelia, sob consequência de o instituto perder a razão de ser. Já outros sustentam ser possível a produção de provas somente em algumas hipóteses, v. g., quando os efeitos da revelia não se verificam (art. 320 do CPC), em se tratando de matérias de ordem pública ou que possam ser alegadas em qualquer grau de jurisdição ou matérias de ordem técnica. Já outros entendem que é possível conjugar a revelia com a produção probatória, embora a amplitude da dilação probatória fique mitigada, é possível tanto ao autor como ao réu produzi-las e ao juiz determinar a produção de provas em algumas hipóteses. O autor quando não se verificarem os efeitos da revelia, quando a discussão é eminentemente técnica e, quando, a cargo do juiz, fora determinado. Já o réu pode produzir provas para contrariar os fatos articulados pelo autor, desde que ingresse a tempo na relação jurídica processual.

Dentre as medidas sugeridas pela doutrina para mitigar os pesados efeitos da revelia no Direito Processual Civil, encontramos, atualmente, o art. 322 do CPC, com a redação dada pela Lei n. 11.280/2006:

> Contra o revel que não tenha patrono nos autos, correrão os prazos independentemente de intimação, a partir da publicação de cada ato decisório.
>
> Parágrafo único. O revel poderá intervir no processo em qualquer fase, recebendo-o no estado em que se encontra.

A nosso ver, a alteração do art. 322 do CPC veio em boa hora, atendendo aos reclamos da moderna doutrina em propiciar maior participação do revel na relação jurídica processual, a fim de prestigiar os princípios constitucionais do acesso real à justiça, do efetivo contraditório e à ordem jurídica justa.

*Fredie Didier Júnior* reputa boa a alteração do CPC no aspecto, porque reafirma a necessidade de aprimorar a garantia do contraditório e protege o réu-revel que compareceu aos autos[64].

Quanto ao parágrafo único do art. 322 do CPC, uma vez tendo ingressado na relação jurídica processual, o revel tem direito a praticar todos os atos processuais ainda não sepultados pela preclusão, inclusive produzir provas. Nesse sentido é a

---

(64) *A terceira etapa da reforma processual civil*. São Paulo: Saraiva, 2006. p. 62.

Súmula n. 231 do STF: "O revel, em processo civil, pode produzir provas, desde que compareça em momento oportuno".

No nosso sentir, a maior participação do réu na fase probatória tem suporte no próprio conceito de revelia, que para nós configura preclusão quanto ao direito de responder e, no Processo do Trabalho, esse direito decorre do fato de o reclamado não ter comparecido à audiência em que poderia responder (art. 844 da CLT). Não obstante o revel não ter controvertido os fatos, a revelia gera uma presunção relativa de veracidade dos fatos afirmados pelo autor, mas a revelia não derruba o contraditório[65] processual, que é o direito de reagir a cada ação do *ex adverso*. Ora, revelia não é pena, não é um ônus, é uma situação processual. O revel não pode ser visto como um fora da lei porque não veio a juízo se defender. Ainda que não tenha controvertido os fatos, o revel, caso compareça em momento oportuno, poderá derrubar essa presunção de veracidade dos fatos invocados pelo autor. Não poderá fazer prova de fatos que não alegou, ou seja, não poderá fazer prova de fatos modificativos, extintivos e impeditivos do direito do autor. Caso o revel consiga, com a produção de provas, derrubar a presunção de veracidade dos fatos afirmados pelo autor, este último terá de fazer prova do fato constitutivo do seu direito. Não se está com o presente entendimento desconsiderando o instituto da revelia, mas possibilitando ao réu o direito de, efetivamente, exercer o contraditório e buscar minorar os efeitos da revelia. Em razão do princípio da proporcionalidade a que já nos referimos, no nosso sentir, o revel que comparece e ingressa na relação jurídica processual possui maiores faculdades processuais do que o revel que jamais comparece. Sob outro enfoque, pode, inclusive, ser benéfico ao autor o comparecimento do revel, pois há a possibilidade da conciliação, também possibilidade de o autor

---

(65) Nesse diapasão, oportunas as palavras de Artur César de Souza: "Em face da nova concepção do processo, em que não basta um contraditório meramente formal, mas efetivamente substancial, não se pode mais deixar de levar em consideração essa desigualdade social, econômica e, por que não dizer, espiritual, que se estabelece em cada relação jurídica processual. Persegue-se um novo paradigma, segundo a racionalidade do outro. Interpela-se o outro para a Justiça. Essa desigualdade macula a efetividade do direito de defesa. Aceitando-se passivamente o contraditório formal, coloca-se em risco a democracia e a legitimação do procedimento. Segundo Luiz Guilherme Marinoni, '(...) Quem visualiza o contraditório a partir da ótica do liberalismo do século XIX, descreverá o princípio como uma garantia de conteúdo formal. Entretanto, como esta perspectiva está superada e enterrada pela nossa própria Constituição, e é necessário que o direito se ajuste aos anseios da justiça social, é lógico e bem mais do que evidente que o princípio do contraditório não pode mais ser focalizado a partir de ideia de igualdade formal. Com efeito, na atualidade o princípio do contraditório deve ser desenhado com base no princípio da igualdade substancial, o que reflete os valores do Estado Social'. É por isso que não basta apenas observarem-se os direitos fundamentais de primeira geração, os quais foram e são de extrema importância, para amparar aquele chamado campo de autodeterminação individual, no qual o Estado não pode penetrar. Também importante para o processo, na sua atual concepção, são os chamados direitos fundamentais de segunda e terceira geração, segundo os quais, o Estado deve não apenas respeitar a individualidade, mas, sobretudo, atuar com efetividade, a fim de que igualdade substancial prevaleça, acima de tudo, na relação jurídica processual. A igualdade não se estabelece somente pelas normas jurídicas, mas, e, principalmente nos dias de hoje, mediante a análise das circunstâncias sociais de cada parte no processo" (*Contraditório e revelia*. Perspectiva crítica dos efeitos da revelia em face da natureza dialética do processo. São Paulo: RT, 2003, p. 255-256).

produzir a prova dos fatos constitutivos do seu direito e sepultar a possibilidade de anulação da revelia em sede recursal, e também certeza de que irá encontrá-lo para futura execução.

No mesmo sentido se pronuncia *Rita Gianesini*[66]: "Em qualquer hipótese, em se realizando a prova pericial, o revel poderá apresentar quesitos suplementares (art. 425) desde que não amplie o âmbito da perícia. Poderá também requerer, na forma e no prazo do art. 435, a presença do perito e/ou assistente técnico do autor para prestar (em) esclarecimentos, em audiência. No tocante à produção da prova testemunhal, se requerida pelo autor e deferida ou determinada de ofício ou necessária por motivos subsequentes, o revel poderá arrolar suas testemunhas, na forma e prazo do art. 407".

Nesse sentido, destacam-se as seguintes ementas:

REVELIA — CONTESTAÇÃO INTEMPESTIVA — REQUERIMENTOS DE PROVAS PELO RÉU REVEL — POSSIBILIDADE — LIMITES — PRESUNÇÃO RELATIVA DE VERACIDADE DOS FATOS AFIRMADOS NA INICIAL — CPC, ARTS. 322, 319, 320 e 330 — JULGAMENTO ANTECIPADO DA LIDE — RECURSO DESACOLHIDO. I – A presunção de veracidade dos fatos afirmados na inicial, em caso de revelia, é relativa, devendo o juiz atentar para a presença ou não das condições da ação e dos pressupostos processuais e para a prova de existência dos fatos da causa. Desse modo, pode extinguir o feito sem julgamento de mérito, ou mesmo concluir pela improcedência do pedido, a despeito de ocorrida a revelia. II – A produção de provas visa à formação da convicção do julgador acerca da existência dos fatos controvertidos, conforme o magistério de Moacyr Amaral Santos, segundo o qual 'a questão de fato se decide pelas provas. Por essas se chega à verdade, à certeza dessa verdade, à convicção. Em consequência, a prova visa, como fim último, incutir no espírito do julgador a convicção da existência do fato perturbador do direito a ser restaurado' (Prova judiciária no cível e comercial. 2. ed., São Paulo: Max Limonad, 1952. vol. I, n. 5, p. 15). III – Comparecendo antes de iniciada a fase probatória, incumbe ao julgador sopesar a intervenção e a pertinência da produção das provas, visando a evidenciar a existência dos fatos da causa, não se limitando a julgar procedente o pedido somente como efeito da revelia. IV – A produção de provas requeridas pelo revel limita-se aos fatos afirmados na inicial. V – Sem o cotejo analítico entre o acórdão impugnado e os arestos trazidos a confronto, não se caracteriza a divergência jurisprudencial hábil a ensejar o acesso à instância especial (STJ – Resp. 211851-SP – 4ª T. – Rel. Min. Sálvio de Figueiredo Teixeira – DJU 13.09.1999 – p. 71).

DIREITO PROBATÓRIO DO REVEL — AFERIÇÃO DA NECESSIDADE E UTILIDADE DA PROVA. A delimitação das repercussões do decreto de revelia, sobre o direito probatório do revel, não dispensa a aferição da necessidade e utilidade da prova, para a solução do mérito, da causa — Sentença mantida (TJRS – APC 70000072710 – 9ª C. Cív. – Relª Desª Juíza Mara Larsen Chechi – j. 26.4.2000).

PROVAS — REVELIA — PRODUÇÃO DE PROVA. O revel intervém no processo no estado em que se encontra (CPC, art. 322) e só pode praticar os atos vindouros, contados a partir de sua intervenção no processo. Não pode fazer o processo retroceder para

---

(66) GIANESINI, Rita. *Da revelia*. Tese de Mestrado apresentada na PUC/SP, 1979. p. 156.

produzir prova que deveria ter sido produzida anteriormente. A lei impõe preclusão e proibição expressa de retorno (CPC, art. 183). (TRT 2ª R. – RO 02990131293 – (Ac. 20000143345) – 9ª T. – Rel. Luiz Edgar Ferraz de Oliveira – DOESP 18.04.2000)

Parece-nos que a melhor interpretação quanto à possibilidade de produção de provas pelo revel foi dada por *Rita Gianesini*[67], quando assevera: "Concluindo, a produção de provas pelo réu revel encontra dois limites: um temporal — preclusão do prazo para requerer a sua proposição ou para produzi-la. O pedido de realização de prova poderá, porém, ser suprido pelo formulado pelo autor e deferido, ou pela determinação de ofício do magistrado ou por motivos supervenientes. Outro limite é relativo ao conteúdo da prova, isto é, deverá se cingir aos fatos deduzidos pelo autor na inicial".

Este posicionamento foi consagrado no anteprojeto do Novo Código de Processo Civil, em seu art. 347, *in verbis*:

> Ao réu revel será lícita a produção de provas, contrapostas àquelas produzidas pelo autor, desde que se faça representar nos autos antes de encerrar-se a fase instrutória.

Concluindo, no nosso sentir, caso o revel compareça em momento oportuno, e com relação às fases processuais em que ainda não se operou a preclusão, poderá: a) produzir provas a fim de derrubar a presunção de veracidade dos fatos afirmados pelo autor; b) requerer o depoimento pessoal do autor; c) juntar documentos para contrariar os fatos articulados na inicial; d) indicar assistentes técnicos e formular quesitos; e) contraditar testemunhas; f) produzir provas sobre matérias que possam ser invocadas em qualquer grau de jurisdição como as previstas no art. 301 do CPC e a prescrição; g) aduzir razões finais; h) recorrer e contra-arrazoar recurso.

De outro lado, o Juiz apreciará livremente os efeitos da revelia, vale dizer: se a matéria fática está incontroversa ou não, nos termos do princípio do livre convencimento motivado (art. 131 do CPC e também à luz do art. 765 da CLT). Caso entenda o Juiz que a pretensão do autor não é verossímil, ou se mostra fora da razoabilidade, poderá determinar a produção de provas, inclusive por parte do autor.

Como bem adverte *Júlio César Bebber*[68]: "A revelia não violenta a livre consciência do juiz para ditar-lhe o seu convencimento, não inibindo, igualmente, o amplo poder instrutório que, no dizer do próprio José Roberto dos Santos Bedaque, 'é elemento indissociável da efetividade do processo'. O juiz não tem o compromisso de satisfazer a vontade do legislador. Cabe-lhe, sim, atender à vontade objetiva da norma, que possui vida independente de seu criador".

Por outro lado, no nosso sentir, o Juiz tem de considerar que a revelia gera uma presunção de veracidade (art. 319 do CPC). Sendo assim, caso não esteja convencido da verossimilhança ou da ocorrência dos fatos declinados na inicial, deverá

---

(67) *Ibidem*, p. 160.

(68) Bebber, Júlio César. Revelia e livre convencimento. In: *Processo do trabalho*. Temas atuais. São Paulo: LTr, 2003. p. 69.

num primeiro momento, fundamentadamente (art. 93, IX, da CF), em sede de decisão interlocutória, justificar, segundo o seu livre convencimento, a necessidade de produção das provas que entende necessárias (arts. 130 do CPC e 765 da CLT) e, posteriormente, quando da sentença, valorar o conjunto das provas constantes dos autos.

Como bem adverte *Cândido Rangel Dinamarco*[69]: "Como toda presunção relativa, também essa não tem o valor tarifado e invariável próprio aos sistemas de prova legal. No sistema da livre apreciação de prova, segundo os autos, o juiz dar-lhe-á o valor que sua inteligência aconselhar, feito o confronto com o conjunto dos elementos de convicção eventualmente existente nos autos e levando em conta a racional probabilidade de que os fatos hajam ocorrido como disse o autor".

No mesmo sentido é o art. 20 da Lei n. 9.099/95, que resta aplicável, perfeitamente, ao Processo do Trabalho[70], por força do art. 769 da CLT, já que se trata de norma de Direito Processual Comum. Com efeito, aduz o indigitado dispositivo legal:

> Não comparecendo o demandado à sessão de conciliação ou à audiência de instrução e julgamento, reputar-se-ão verdadeiros os fatos alegados no pedido inicial, *salvo se o contrário resultar da convicção do juiz* (grifou-se)[71].

Como bem destacado por *Jorge Luiz Souto Maior*[72]: "A sentença, tanto quanto possível, deve alicerçar-se na prova real e não na *ficta confessio*, conforme prevê, aliás, o art. 20, da Lei n. 9.099/95 (...) Especialmente, há de se adotar essa postura — a de não reconhecer o efeito de presunção relativa da revelia — quando, no processo do trabalho, o reclamante requeira a declaração da existência de vínculo empregatício e não haja, nos autos, qualquer elemento de convicção neste sentido. É que essa declaração pode se prestar a fins fraudulentos e o rigorismo das formas processuais não pode fazer do juiz um inevitável partícipe dessa intenção".

Desse modo, conclui-se que: O poder instrutório do juiz do trabalho é amplo diante da revelia, devendo sempre ser observados os princípios do livre convencimento motivado e do contraditório[73].

## 1.10. Valoração da prova no Direito Processual do Trabalho

A valoração da prova é um dos momentos mais importantes do processo, em que o julgador, de forma discricionária, mas fundamentada, analisará as provas

---

(69) Dinamarco, Cândido Rangel. *Instituições de direito processual civil*. Vol. III. São Paulo: Malheiros, 2002. p. 535.

(70) Como bem assevera Dinamarco, sob o prisma do Direito Processual Civil (*Op. cit.*, p. 535), referindo-se ao art. 20 da Lei n. 9.099/95, essa é uma norma federal de direito processual, posterior ao Código de Processo Civil, que se impõe em todos os setores do processo civil nacional.

(71) O art. 277, § 2º, do CPC tem a seguinte redação: "Deixando injustificadamente o réu de comparecer à audiência, reputar-se-ão verdadeiros os fatos alegados na petição inicial (art. 319), salvo se o contrário resultar da prova dos autos, proferindo o juiz, desde logo, a sentença".

(72) SOUTO Maior, Jorge Luiz. *Op. cit.*, p. 251.

(73) Vide sobre o assunto: SCHIAVI, Mauro. *A revelia no direito processual do trabalho:* legalidade, justiça e poderes do juiz na busca da verdade. São Paulo: LTr, 2006. p. 100-124.

produzidas nos autos, primeiramente de forma isolada, e depois confrontando as provas existentes, chegando a uma conclusão sobre a melhor prova e sobre o fato ou os fatos que comprovam. Diante dos fatos que entendeu provados, o Juiz aplicará o direito, acolhendo ou rejeitando o pedido.

O Juiz, como destinatário da prova, tem ampla liberdade para valorá-las, segundo o princípio da persuasão racional, ou livre convencimento motivado, que vigora em sede processual civil, *ex vi*, do art. 131 do CPC, *in verbis*:

> O juiz apreciará livremente a prova, atendendo aos fatos e circunstâncias constantes dos autos, ainda que não alegados pelas partes; mas deverá indicar, na sentença, os motivos que lhe formaram o convencimento.

Diante do que dispõe o referido dispositivo legal, o Juiz pode firmar sua convicção com qualquer elemento de prova constante dos autos, ainda que não alegado na inicial ou na contestação. Por isso, qualquer prova constante dos autos é apta a firmar a convição do Juiz. De outro lado, por mandamento constitucional (art. 93, IX, da CF), e da lei processual civil, deve o julgador mencionar na fundamentação da sentença qual ou quais provas existentes nos autos lhe formaram a convicção.

No aspecto, destacamos as seguintes ementas:

> Juiz — Apreciação das provas — Valoração — Princípio da persuasão racional — Inteligência do art. 131 do CPC. O Juiz, ao apreciar os pedidos valorando as provas, tem ampla liberdade de verificar sua pertinência, principalmente no processo laboral, cujo objetivo maior é alcançar a verdade real. Cabe-lhe, sim, inclusive por expressa disposição legal, conforme o art. 131 do CPC, de aplicação subsidiária no processo laboral, restringir-se aos elementos existentes nos autos, inclusive para aquilatar a qualidade da prova, a coerência intrínseca com os fatos alegados, em conformidade com o art. 818 da CLT e art. 333 e incisos, do CPC. Ora, o objetivo desta não é senão outro do que formar a convicção do Órgão Julgador, sempre, repita-se, fulcrado no princípio da persuasão racional. (TRT 15ª R. – 2ª T. – Rel. Des. Luís Carlos Cândido M. S. da Silva – DJ n. 222 – 28.11.08 – p. 36 – RO n. 417/2007.081.15.00-0) (RDT n. 03 – março de 2009)

> Valoração da prova — Princípio do livre convencimento motivado do juiz. A lei assegura ao magistrado ampla liberdade na direção do processo (art. 765 da CLT), devendo, no exercício da função jurisdicional, sopesar os elementos probantes trazidos aos autos para a formação de seu convencimento e analisar os fatos dentro de um contexto e segundo critérios de razoabilidade crítica, na forma do art. 131 do CPC. (TRT 10ª R. – 1ª T. – RO n. 1228/2007.017.10.00-9 – Relª. Juíza Maria Regina M. Guimarães – DJ 23.5.08 – p. 434) (RDT n. 07 – julho de 2008)

> Valoração das provas — Princípio do livre convencimento. O Juiz é livre para firmar sua convicção sobre o valor das provas. Consagra-se o princípio pelo art. 131 do CPC e implicitamente pelos arts. 765 e 832 da CLT. Nesta linha, as alegações das partes não são suficientes para demonstrar a verdade ou não de determinado fato, devendo ser levados ao conhecimento do magistrado e provados, conforme dicção da melhor doutrina, "fatos não provados são inexistentes no processo" (BEZERRA LEITE, Carlos Henrique. *Curso de direito processual do trabalho*. 3. ed. São Paulo: LTr. p. 415). Há ainda a problemática sobre quem deve provar, simplificada no art. 818

da CLT, que estabelece: "o ônus de provar as alegações incumbe à parte que as fizer"; coube ao CPC sanar a lacuna legal, determinando que o autor cuida dos fatos constitutivos e o réu dos impeditivos, extintivos e modificativos (art. 333). Assim, se o autor não se desincumbe de provar aquilo que pretende, seja pela fragilidade das provas ou pela ineficácia da tentativa, resta o desprovimento do apelo. (TRT 3ª R. – 8ª T. – RO n. 138/2007.055.03.00-5 – Rel. Paulo Maurício R. Pires – DJ 1º.9.07 – p. 21) (RDT n. 10 – outubro de 2007)

Valoração das provas. Inexiste no processo do trabalho a pré-tarifação das provas, sendo o julgador livre para apreciá-las na formação de seu convencimento dentro da flexibilização que lhe autoriza a lei, observado o princípio da persuasão racional, mediante fundamentação da decisão, como exigem o inc. IX do art. 93 da Constituição da República e o art. 131 do CPC. (TRT 3ª R. – 2ª T. – RO n. 46/2007.045.03.00-8 – Rel. Marcio Flavio S. Vidigal – DJ 8.8.07 – p . 7) (RDT n. 09 – setembro de 2007)

Valoração da prova oral. O princípio da livre apreciação da prova, ao mesmo tempo em que outorga ao magistrado o poder de valorar-avaliar, reconhece a sua condição privilegiada de estar próximo aos fatos, o que se dá, em especial, na análise de depoimentos. O ato, porém, não é meramente subjetivo, exige, na realidade, uma acurada objetividade ao escrutinar o conjunto probatório exposto à inteligência, à experiência e ao saber jurídico do julgador, daí por que, sem prova de vulneração desses critérios, deve ser prestigiada, sempre, a avaliação probatória efetuada em primeiro grau de jurisdição, pois é lá que se localiza a arena original do conflito. (TRT – 3ª R. – 8ª T. – RO n. 13650/2002 – Rel. José Miguel de Campos – DJMG 1º.2.2003 – p. 18) (RDT n. 3 – março de 2003)

Nulidade da V. Sentença — Apreciação da prova. Afasta-se a nulidade arguida quando verificado que a v. sentença recorrida está em conformidade com o disposto no art. 93, IX, da CR/88; art. 832 da CLT; arts. 131 e 458 do CPC, estando expressos nela os fundamentos que levaram o d. Juízo de origem a julgar improcedentes os pedidos formulados na peça inicial, inclusive com referência aos fatos e provas que formaram o convencimento daquele Julgador. Eventual falha na apreciação da prova é questão relacionada ao mérito, podendo conduzir à reforma da decisão e não à sua anulação. (TRT 3ª R. – 1ª T. – RO n. 441.2003.004.03.00-1 – Rel. Mauricio J. Godinho Delgado – DJMG 05.03.04 – p. 5) (RDT n. 4 – abril de 2004)

Não há, no ordenamento jurídico processual vigente, uma regra preestabelecida para valoração da prova pelo Juiz. Entretanto, o magistrado deve considerar a prova existente nos autos. Não havendo prova nos autos, ainda que o juiz possa estar convencido da veracidade de algum fato, não poderá julgar com base em convicção íntima ou pessoal.

De outro lado, pensamos deva o Juiz valorar a prova no conjunto, considerando o ônus de cada parte, a verossimilhança das alegações, a dificuldade probatória, a razoabilidade e o que ordinariamente acontece. Outrossim, a prova se valora pela qualidade e não pela quantidade.

Como já assinalado, deve o Juiz sopesar todas as circunstâncias dos autos, principalmente o Juiz do Trabalho que lida, preponderantemente, com matéria fática e analisa provas orais.

Além disso, o Juiz do Trabalho deve não só avaliar a qualidade de uma prova isoladamente, mas também confrontá-la com as demais existentes nos autos, e, muitas vezes, escolher, diante de tal confronto, a que lhe é mais coerente e que se aproxima da verdade. Inegavelmente, a valoração da prova é subjetiva, decorrendo do livre convencimento motivado do magistrado, que é uma garantia constitucional, entretanto, o convencimento firmado deve ser fundamentado.

O comportamento das partes no processo e em audiência pode influir, significativamente, na convicção do Juiz do Trabalho. Desse modo, a personalidade, o grau de humildade ou arrogância, a cooperação com a justiça, a firmeza no depoimento, a segurança ou insegurança ao depor, a boa-fé, a honestidade dos litigantes, entre outros comportamentos, devem ser considerados pelo órgão julgador.

Como destaca *Isolde Favoretto*[74]:

"Pode o juiz se apropriar não só do que contém o corpo processual, mas, sobretudo, daquilo que é a essência para este convencimento e que não está escrito, mas foi percebido pelo julgador através de suas observações quanto às manifestações e comportamentos das partes não traduzidas no papel que se poderia chamar de 'fumus' processual. Está inserida nesta linha uma sensibilidade de quem julga, cuja teoria é mais de aplicabilidade prática do que pelo conhecimento da teoria".

No mesmo sentido sustenta *Marcos Destefenni*[75]:

"O tema, contudo, nos parece bastante complexo e suscita um estudo multidisciplinar, pois o comportamento da parte pode ser analisado de diferentes perspectivas. De lembrar que a lei já valora várias situações do comportamento da parte. Podem citar, por exemplo, o fato de a parte se negar a depor. Essa inércia é valorada juridicamente, pois da negativa em depor é possível extrair-se uma *confissão ficta*. A doutrina costuma lembrar, também, da relevância do comportamento processual da parte que nega submeter-se à inspeção judicial. Não há, no caso, tecnicamente, uma confissão. Mas, com toda certeza, trata-se de situação que deve ser considerada e valorada pelo juiz no momento da decisão. Outro aspecto recentemente disciplinado pela lei, referente ao comportamento da parte como meio de prova, está no art. 232 do CC, que determina o juiz a valoração da recusa à perícia médica. Como se vê, o comportamento da parte deve ser valorado pelo julgador".

Por isso, estamos convencidos de que o princípio da identidade física do juiz deve ser implementado e impulsionado no processo do trabalho para que a valoração da prova seja realizada com efetividade e a decisão reflita justiça e realidade.

---

(74) FAVORETTO, Isolde. *Comportamento processual das partes como meio de prova.* Porto Alegre: Livraria Editora Acadêmica, 1993. p. 53.

(75) DESTEFENNI, Marcos. *Curso de processo civil.* Vol. 1, Tomo II. São Paulo: Saraiva, 2009. p. 113.

### 1.10.1. Da aplicação do princípio in dubio pro operario na valoração da prova pelo Juiz do Trabalho

Como mencionado anteriormente, o Juiz do Trabalho é livre para apreciar a prova, segundo o princípio do livre convencimento motivado ou da persuasão racional (arts. 765 da CLT e 131 do CPC)[76]. Diante deste princípio, o juiz pode firmar o seu convencimento tomando em consideração qualquer elemento de prova que exista no processo, mas deve sempre mencionar qual prova ou provas que o levaram a tal convicção.

Situações existem em que o Juiz se depara com a chamada prova dividida, ou "empatada", que não possibilita ao julgador saber qual versão é realmente verossímil.

Alguns autores asseveram que o Juiz nunca se encontrará na referida situação de dúvida, pois sempre terá subsídios para firmar o convencimento e poderá distinguir qual prova foi superior, tanto no aspecto qualitativo quanto quantitativo.

Efetivamente, acreditamos, inclusive por experiência própria, que há situações em que o juiz se encontra diante da chamada prova dividida e em dúvida sobre qual prova é melhor, necessitando adotar critérios para o "desempate", uma vez que, por dever de ofício, deve proferir a decisão.

A doutrina costuma apontar alguns critérios para a decisão do juiz quando ele se encontra em dúvida sobre a matéria probatória produzida nos autos.

Podemos elencar, segundo a melhor doutrina, os seguintes critérios que nortearão o Juiz na situação de dúvida sobre a valoração da prova ou diante da chamada prova dividida:

a) aplicação do princípio *in dubio pro operario* ao Processo do Trabalho;

b) impossibilidade de aplicação do princípio *in dubio pro operario* ao Processo do Trabalho, devendo o juiz decidir contra quem detinha o ônus da prova;

c) aplicação pura e simples do Princípio da Persuasão Racional (art. 131 do CPC).

No nosso sentir, o critério para valoração da prova deve ser discricionariamente avaliado pelo Juiz, não podendo a doutrina ou a jurisprudência tarifar um critério para o Juiz se nortear quando estiver diante de dúvida.

A própria existência da dúvida já se torna um elemento de valoração da prova, que é pessoal do Juiz. Por isso, mesmo em caso de dúvida, deve o Juiz aplicar o critério de valoração que entenda correto, segundo as circunstâncias do caso concreto.

---

(76) Nesse sentido: Prova testemunhal — valoração. A valoração da prova testemunhal é ato que se insere no poder do juiz, a quem compete atribuir maior ou menor eficácia à prova, motivando as razões que o levaram à conclusão adotada (princípio da persuasão racional, art. 131 do CPC). Convencendo-se o julgador de que a prova produzida é suficiente para confirmar o pagamento, pela empregadora de salários extrafolha, pelos motivos claramente expostos em sua fundamentação, é de se manter irretocada a decisão de primeiro grau. (TRT 3ª R. – 1ª T. – RO n. 1690/2003.043.03.00-7 – Rel. Márcio Flávio S. Vidigal – DJMG 10.6.04 – p. 13).

Não obstante, em caso de dúvida, o Juiz do Trabalho deve procurar a melhor prova, inclusive se baseando pelas regras de experiência do que ordinariamente acontece, intuição, indícios e presunções. Somente se esgotados todos os meios de se avaliar qual foi a melhor prova, aí sim poderá optar pelo critério de aplicabilidade ou não do princípio *in dubio pro operario* como razão de decidir.

Como destaca com propriedade *Estêvão Mallet*: "A possibilidade da livre apreciação da prova, um dos cânones do vigente sistema processual brasileiro, constitui máxima antiga e bem conhecida, mencionada no art. 131 do CPC, e largamente proclamada pela jurisprudência trabalhista, tendo em vista, sobretudo, o princípio da primazia da realidade, que impõe particular cautela na atribuição de valor a documentos e a atos formais"[77].

Reconhecemos, no entanto, que é predominante na doutrina e jurisprudência que não se aplica a regra *in dubio pro operario* no campo probatório, devendo o Juiz do Trabalho, em caso de prova dividida, decidir o caso contra quem detinha o ônus da prova.

Nesse sentido, destacam-se as seguintes ementas:

> Prova dividida. Apresentando-se a prova dividida, a decisão deverá pautar-se pela distribuição do ônus da prova, segundo critérios legais ditados pelos arts. 818 da CLT e 333, I e II, do CPC. (TRT – 9ª R. – 4ª T. – Ac. n. 2261/98 – Relª Juíza Rosemarie Pimpão – DJPR 30.0.98 – p. 165).

> Justiça do Trabalho — Princípio da proteção do trabalhador — Ônus da prova — Inaplicabilidade. Na Justiça do Trabalho, o princípio da proteção ao trabalhador está restrito à interpretação das normas legais, não se aplicando, quanto à distribuição do ônus da prova, o preceito *in dubio pro misero*, sob pena de afronta ao dever de imparcialidade do juiz. (TRT 15ª R. – 1ª T. – RO n. 1775/2001.016.15.00-5 – Rel. Eduardo Benedito de O. Zanella – DJSP 10.9.04 – p. 19) (RDT n. 10 – Outubro de 2004).

> Prova testemunhal — Valoração. Nos casos em que a prova testemunhal restar dividida, deve prevalecer o posicionamento adotado pelo Juiz *a quo*, que se encontra em melhores condições de valorar os depoimentos testemunhais, com base no estado de ânimo dos depoentes no momento em que a prova foi produzida. (TRT 12ª R. – 3ª T. – RO-V n. 7496/03 – Relª Sandra M. Wambier – DJSC 7.8.03 – p. 175) (RDT n. 9 – Setembro de 2003)

Por outro lado, o critério para valoração da prova deve ser discricionariamente avaliado pelo Juiz, não podendo a doutrina ou a jurisprudência tarifar um critério para o Juiz se nortear quando estiver diante de dúvida. De outro lado, o princípio em questão somente deve ser aplicado em caso de prova dividida, ou empatada. Se não houver prova nos autos ou se ele foi insuficiente, o Juiz do Trabalho deve decidir em compasso com as regras de divisão do ônus da prova.

Nesse sentido, bem adverte *Alfredo J. Ruprecht*[78]:

---

(77) MALLET, Estêvão. *Procedimento sumaríssimo trabalhista*. São Paulo: LTr, 2002. p. 60.
(78) RUPRECHT, Alfredo J. *Os princípios do Direito do Trabalho*. São Paulo: LTr, 1995. p. 18.

"O princípio só é aplicável quando intervém dúvida sobre os alcances da prova: de maneira alguma pode ter andamento quando falta ou é insuficiente. Nestas últimas situações, o princípio é inteiramente inaplicável".

Reconhecemos, no entanto, que a aplicação do princípio in dubio pro operario no campo probatório deve ser visto com reservas, buscando, em primeiro plano, a avaliação dos sistemas de presunções, inversão do ônus da prova e ônus dinâmico da carga probatória, somente recorrendo o magistrado a tal critério se falharem os demais. No entanto, tal deve ser feito com justiça, imparcialidade, considerando os princípios constitucionais do processo, bem como as circunstâncias do caso concreto.

## 1.11. Dos poderes instrutórios do Juiz do Trabalho

Doutrina e jurisprudência divergem quanto à possibilidade da iniciativa probatória do Juiz[79]. A matéria é polêmica e tem gerado acirradas discussões na doutrina e jurisprudência.

A doutrina clássica mostrou-se contrária à iniciativa probatória do Juiz. Nesse sentido, *Moacyr Amaral Santos*: "Dá-se, assim, no processo probatório, uma perfeita interdependência de atribuições das partes e do juiz. Apenas aquelas não podem ter ingerência na função específica deste, de emitir provimentos relativos a qualquer dos atos probatórios e de avaliar e estimular as provas, porque, então, seria transformarem-se em juízes das próprias alegações. Por sua vez, o juiz não pode, a não ser dentro do critério legal e com o propósito de esclarecer a verdade, objetivo de ordem pública, assumir a função de provar fatos não alegados ou de ordenar provas quando as partes delas descuidam ou negligenciam"[80].

Para outros doutrinadores, a iniciativa probatória possível ao Juiz é aquela de natureza complementar, em sede de excepcionalidade, por exemplo, quando a prova testemunhal restou neutralizada (entre prova e contraprova por igual número de testemunhas), tendo o juiz de primeiro grau dispensado uma testemunha de uma das partes. Em acontecendo a hipótese, haverá a possibilidade de ouvir aquela testemunha dispensada para complementar prova e firmar convicção.

No nosso sentir, diante dos princípios constitucionais do acesso à justiça, da efetividade e dos princípios infraconstitucionais do livre convencimento do juiz e da busca da verdade, devem ser deferidos ao magistrado amplos poderes instrutórios.

Com efeito, há muito o Juiz deixou de ser um convidado de pedra na relação jurídica processual. Na moderna teoria geral do processo, ao Juiz cabe zelar pela dignidade do Processo, pela busca da verdade real[81] e por uma ordem jurídica justa.

---

(79) A doutrina denomina a expressão *poderes instrutórios do juiz* como a possibilidade de o juiz determinar, de ofício, a produção das provas que entende necessárias ao seu convencimento sobre os fatos da causa.

(80) SANTOS, Moacyr Amaral. *Prova judiciária no cível e comercial*. Vol. I. São Paulo: Saraiva, 1983. p. 259-260.

(81) Segundo Piero Calamandrei (*apud* DUARTE, Bento Herculano. *Poderes do juiz do trabalho*. Direção e protecionismo processual. São Paulo: LTr, 1999. p. 87): "O juiz é o guarda e a garantia de tudo quanto

Isso não significa dizer que o juiz está negando vigência ao art. 844 da CLT, ou ao princípio de igualdade de tratamento às partes (art. 125 do CPC)[82], está apenas garantindo a dignidade da justiça, da aplicação justa e equânime da lei e uma ordem jurídica justa[83]. O entendimento acima ganha corpo no Direito Processual do Trabalho, pois apresenta o princípio do inquisitivo que permite a iniciativa probatória do Juiz (art. 765 da CLT).

Para o Juiz do Trabalho, não há preclusão na esfera probatória, conforme o já citado art. 765 da CLT. A livre convicção do Juiz é uma garantia da cidadania, do devido processo legal e do Estado Democrático de Direito.

O juiz da atualidade não pode mais fechar os olhos diante de uma regra processual, ou vendar os olhos e prolatar uma sentença sem estar convicto (julgamento no escuro). Por isso, o juiz não pode omitir-se, negligenciando a produção de alguma prova necessária. É melhor pecar por excesso do que por omissão. O Juiz que se omite é mais nocivo que o Juiz que julga mal. Não se nega que a postura acima pode gerar risco de o Juiz se envolver subjetivamente à lide, mas, como adverte *Marinoni*[84], não há efetividade processual sem riscos. Assevera *Eduardo J. Couture*[85]: "Da dignidade do juiz depende a dignidade do direito. O direito valerá, em um país e momento histórico determinados, o que valham os juízes como homens. O dia em que os juízes tiverem medo, nenhum cidadão poderá dormir tranquilo".

Sob outro enfoque, cumpre destacar que a finalidade do processo é a justa composição da lide, aproximando-se da realidade, e dar a cada um o que é seu. Nesse

---

mais caro se tem no mundo. Nele se saúda a paz do lar, a honra e a liberdade. A vida de um homem, a felicidade de uma família inteira depende de seu resultado. É o juiz a testemunha corpórea da lei, de que depende a sorte dos homens terráqueos. O juiz possui, na verdade, como mago de fábula, o poder sobre-humano de fazer no mundo do Direito as mais monstruosas metamorfoses e dar às sombras as aparências eternas de verdade".

(82) Como pondera Júlio César Bebber: "A imparcialidade que se exige do juiz é objetiva (CPC, arts. 134 e 135; CLT, art. 801), e não subjetiva, podendo ser resumida na ausência de interesse particular na causa. Imparcialidade não significa indiferença axiológica, e juiz imparcial não é sinônimo de juiz insensível e inerte, mas sim, de juiz que dirige o processo sem interesse pessoal. É juiz comprometido com os ideais de justiça; de juiz que procede movido pela consciência de sua responsabilidade; de juiz que não se deixa influenciar por fatores estranhos aos seus conhecimentos jurídicos, e dá ao caso desfecho que corresponde ao justo. O juiz resguardará sua imparcialidade, se ao determinar de ofício a produção de alguma prova, submeter a mesma ao contraditório, permitindo às partes que sobre ela se manifestem" (BEBBER, Júlio César. *Princípios do processo do trabalho*. São Paulo: LTr, 1997. p. 445).

(83) Segundo Bento Herculano Duarte: "O bom magistrado não deve pretender ostentar a posse exclusiva da verdade. Deve ele procurar contemplar placidamente os fatos, e, tal contemplação extrairá naturalmente uma decisão em substância justa (o fator contemplativo não significa, necessariamente, em inércia). Será ele, assim, um Juiz caridoso, aos olhos do homem e, precipuamente, à vista divina"(DUARTE, Bento Herculano. *Poderes do juiz do trabalho*. Direção e protecionismo processual. São Paulo: LTr, 1999. p. 94).

(84) MARINONI, Luiz Guilherme. *Manual de processo de conhecimento*. 4. ed. São Paulo: RT, 2005. p. 198.

(85) COUTURE, Eduardo. *Introdução ao estudo do processo civil*. Tradução de Mozart Victor Russomano. 3. ed. Rio de Janeiro: Forense, 1998. p. 59.

sentido, ensina *Jorge Luiz Souto Maior*[86]: "É verdade que, sob o ponto de vista teórico, o direito processual tem avançado muito em direção à busca da produção de resultados concretos e justos na realidade. Essa mudança vem desde o início do movimento denominado movimento em prol do acesso à justiça, encabeçado por Mauro Capelletti, tendo atingido, mais recentemente, a fase da busca pela plena efetividade da prestação jurisdicional, que pode ser traduzida pela conhecida frase de Chiovenda: 'o processo deve dar, a quem tem um direito, tudo aquilo e precisamente aquilo que ele tem o direito de obter'. Mas o processo deve almejar mais, pois um processo despreocupado com a justiça das suas decisões pode simplesmente dar a cada um o que é seu, ou seja: ao rico, sua riqueza, ao pobre, sua pobreza".

De outro lado, no nosso sentir, a efetividade[87] do processo não significa apenas decisão rápida[88], mas também uma decisão justa[89] e que se aproxime da verdade real, embora esta praticamente seja inatingível. Como adverte com propriedade *Jorge Pinheiro Castelo*[90]: "O estabelecimento da verdade absoluta como correspondência total do acertamento à realidade, apenas em termos de uma função de valor-limite, possibilita que no âmbito do processo se possa falar em verdade (relativa) dos fatos como aproximação da realidade. Como já dito, o problema da possibilidade de se conhecer a verdade absoluta não é relevante para o processo. Porém, é importante a hipótese teórica da verdade absoluta como correspondência do acertamento judicial aos fatos do mundo real, visto que ela serve para estabelecer conceitualmente uma perspectiva, na qual o problema do acertamento judicial se coloca racionalmente em termos de modalidade e técnica para realizar a melhor verdade relativa, ou seja, a melhor aproximação do acertamento à realidade".

---

(86) SOUTO MAIOR, Jorge Luiz. *Temas de processo do trabalho*. São Paulo: LTr, 2000. p. 170.

(87) Ensina João Batista Lopes que "processo efetivo é o que se desenvolve com respeito às garantias constitucionais e reconhece a quem tem um direito tudo o que lhe assegura a ordem jurídica. Cabe reiterar que, embora a celeridade seja um dos aspectos da efetividade, com ela não se confunde, havendo casos em que a excessiva preocupação com a rapidez pode sacrificar o direito da parte (ex.: o juiz julgar antecipadamente processo que exija prova pericial)" (*Curso de direito processual civil*. v. I. São Paulo: Atlas, 2005. p. 65).

(88) Segundo Sandra Lia Simon: "O devido processo legal e, consequentemente, o direito de ação estão intrinsecamente ligados à efetividade do processo, entendida esta como a solução adequada, definitiva e eficaz da situação de fato conflituosa. É importante, portanto, retomar a moderna visão do *due process of law*, que deve ser considerado como direito ao procedimento adequado, de maneira que se encaixe na realidade social e esteja em consonância com a relação de direito material controvertida. Trata-se de assegurar e viabilizar o acesso à ordem jurídica justa" (O devido processo legal e a tutela dos interesses metaindividuais. In: *Revista do Ministério Público do Trabalho*, São Paulo: LTr, n. 15, 1998. p. 29).

(89) Como bem adverte Calmon de Passos: "A efetividade do injusto é, na verdade, a consagração da inefetividade do processo e da tutela jurídica. Caso nosso exacerbado pragmatismo pretenda transpor para o direito a lógica da *avaliação pelo resultado*, no processo, este resultado tem que se submeter ao controle de sua valiosidade, inferível necessariamente da avaliação de quanto o precedeu no processo de sua produção. Esta perspectiva é que foi perdida pela geração do autoritarismo de direito e de esquerda, que mudou o discurso, mas conservou a filosofia" (Cidadania e efetividade do processo. In: *Efetividade do processo do trabalho*. Coord. Jairo Lins de Albuquerque Sento-Sé. São Paulo: LTr, 1999. p. 62).

(90) CASTELO, Jorge Pinheiro. *Tutela antecipada na teoria geral do processo*. v. I. São Paulo: LTr, 1999. p. 269.

No aspecto, relevante destacar as seguintes ementas:

PODER INSTRUTÓRIO DO JUIZ NA PRODUÇÃO DA PROVA. Prova — Poder instrutório do juiz. O juiz pode se utilizar do poder instrutório que lhe conferem as normas processuais da lei adjetiva civil, de aplicação subsidiária ao processo do trabalho, e determinar a confecção de prova que entenda necessária ao deslinde da controvérsia, ou que propicie a formação do seu convencimento para proferir a decisão, a teor dos arts. 130 e 131 do CPC. (TRT – 12ª R. – 3ª T. – Ac. n. 11741/99 – Rel. Juiz Osvaldo Sousa Olinger – DJSC 17.11.99 – p. 115)

PODER DIRETIVO NA PRODUÇÃO DA PROVA. Produção de provas — Poder diretivo — Nulidade da decisão — Não ocorrência. Ao julgador é conferida ampla liberdade na direção do processo, cabendo-lhe determinar quais provas são necessárias à solução da lide (art. 765 da CLT c/c art. 130 do CPC). Não há, pois, que se falar em nulidade da sentença por cerceamento de produção de provas quando o juiz, por verificar que nos autos já existem elementos suficientes para dirimir a controvérsia, indefere provas inúteis. Trabalhador autônomo – Conceito. 'Trabalhador autônomo é o que exerce, habitualmente e por conta própria, atividade profissional remunerada. Não é empregado. A autonomia da prestação de serviço confere-lhe uma posição de empregador em potencial: explora, em proveito próprio, a própria força de trabalho'. (MARANHÃO, Délio. *Direito do trabalho*. 16. ed. Rio de Janeiro: Fundação Getúlio Vargas, 1992. p. 51). O ônus de provar o labor autônomo, quando admitida a prestação de serviços, mas negado o vínculo empregatício, é do beneficiário da força de trabalho despendida. Contudo, havendo confissão real da reclamante, em depoimento pessoal, de ausência de subordinação, deixando clara a natureza autônoma da prestação de serviços, automaticamente a reclamada se desobriga do ônus probatório que detinha. (TRT 10ª R. – 1ª T. – RO n. 1041.2003.009.10.00-7 – Rel. Pedro Luis V. Foltran – DJDF 12.3.04 – p. 14) (RDT n. 4 – Abril de 2004)

De outro lado, como bem adverte *Flávio Luiz Yarshell*[(91)]: "(...) não será demasiado lembrar que, para além do contraditório, também a publicidade da prova é fator que inibe a prática de atos arbitrários no exercício do poder de instrução pelo juiz, garantindo a tranquilidade das partes e afastando possíveis desconfianças que rondam atividades secretas ou furtivas, aptas a propiciar ilegalidades. Além disso tudo, para que rigorosamente o contraditório seja observado, quando se cogita de produção de provas por determinação oficial do juiz, deve ser assegurada às partes a possibilidade de produzirem novas provas, em função daquelas determinadas de ofício pelo magistrado, e, finalmente, de se manifestarem sobre o resultado das diligências oficiais".

Pelo exposto, concluímos que:

"Os poderes instrutórios do Juiz do Trabalho são amplos, devendo sempre ser observados os princípios do livre convencimento motivado e do contraditório".

## 1.12. Da prova ilícita no Direito Processual do Trabalho

A Constituição veda no art. 5º, LVI[(92)], as provas obtidas por meios ilícitos. Por ser uma norma pertinente à Teoria Geral do Direito, aplica-se a todos os ramos

---

(91) YARSHELL, Flávio Luiz. *Antecipação da prova sem o requisito da urgência e direito autônomo à prova*. São Paulo: Malheiros, 2009. p. 135-36.

(92) Art. 5º, LVI: "São inadmissíveis, no processo, as provas obtidas por meios ilícitos".

do processo, inclusive ao Direito Processual do Trabalho[93]. A proibição constitucional da produção de provas obtidas por meios ilícitos, como sendo um direito fundamental, serve não só para assegurar os direitos fundamentais do cidadão, mas também para garantir o devido processo legal e dignidade do processo. A doutrina costuma distinguir entre ilicitude formal e ilicitude material. Há ilicitude formal quando a prova violar regra de direito processual e ilicitude material, quando violar regra de direito material.

Ensinam *Ada Pellegrini Grinover, Antonio Scarance Fernandes* e *Antonio Magalhães Gomes Filho*[94], que "no campo das proibições da prova, a tônica é dada pela natureza processual ou substancial da vedação: a proibição tem natureza exclusiva processual quando for colocada em função de interesses atinentes à lógica e à finalidade do processo; tem, pelo contrário, natureza substancial quando, embora servindo imediatamente a interesses processuais, é colocada essencialmente em função dos direitos que o ordenamento reconhece aos indivíduos, independentemente do processo".

Como bem advertem *Luiz Guilherme Marinoni* e *Sérgio Cruz Arenhart*[95], "é preciso perceber que uma prova pode violar simples regras do procedimento probatório — cuja necessidade de observância não é imprescindível para a proteção das garantias da parte — e direitos fundamentais processuais. Nessa última hipótese, a prova contém vício tão grave quanto a que viola um direito fundamental material, quando a separação da prova segundo a natureza do direito violado perde sentido".

Há atualmente, na doutrina e jurisprudência, três correntes sobre a proibição da prova ilícita no processo. São elas:

a) vedação total da prova ilícita.

Segundo essa vertente de entendimento, toda e qualquer prova obtida por meio ilícito não pode ser admitida no processo.

Conforme *Luís J. J. Ribeiro*[96], "um dos fundamentos básicos desta corrente reside na afirmativa de que o ordenamento jurídico é uno. Assim, a conduta considerada ilícita pelo direito material não pode ser valorada em parâmetro diverso pelo

---

(93) Como ponderam Luiz Guilherme Marinoni e Sérgio Cruz Arenhart, "o art. 5º, LVI não nega o direito à prova, mas apenas limita a busca da verdade, que deixa de ser possível através de provas obtidas de forma ilícita. O interesse no encontro da verdade cede diante de exigências superiores de proteção dos direitos materiais que podem ser violados. Com efeito, dita limitação não encontra fundamento no processo, mas sim na efetividade da proteção do direito material. Ou seja, tal norma constitucional proibiu a prova ilícita para da maior tutela do direito material, negando a possibilidade de se alcançar a verdade a qualquer custo. Diante disso, é inegável que houve uma opção pelo direito material em detrimento do direito à descoberta da verdade. A questão, porém, é saber se essa opção exclui uma posterior ponderação — agora pelo juiz — entre o direito que se pretende fazer através da prova ilícita e o direito material violado" (*Manual do processo de conhecimento*. 4. ed. São Paulo: RT, 2005. p. 384).

(94) *As nulidades no processo penal*. 5. ed. São Paulo: RT, 1996. p. 116.

(95) *Manual do processo de conhecimento*. 4. ed. São Paulo: RT, 2005. p. 378.

(96) RIBEIRO, Luís J. J. *A prova ilícita no processo do trabalho*. São Paulo: LTr, 2004, p. 41-42.

direito processual. Ada Grinover, mesmo antes da atual Constituição, considerava inaceitável este fundamento, pois, apesar de reconhecer a unidade do ordenamento jurídico, entende que é inquestionável que a cada ilícito, e conforme sua natureza, corresponda sanção diversa".

Lembra *Uadi Lammêgo Bulos*[97], que nas Constituições brasileiras anteriores nada consta sobre a obtenção das provas obtidas ilicitamente.

Mesmo não havendo tal proibição, já havia forte tendência na jurisprudência em não se admitir a prova obtida por meio ilícito, por confrontar com o art. 332 do CPC, que veda as provas obtidas por meio moralmente ilegítimo.

Nesse sentido, destacamos a seguinte ementa:

> PROVA CIVIL. GRAVAÇÃO MAGNÉTICA, FEITA CLANDESTINAMENTE PELO MARIDO, DE LIGAÇÕES TELEFÔNICAS DA MULHER. Inadmissibilidade de sua utilização em processo judicial, por não ser meio legal nem moralmente legítimo (art. 332 do CPC)[98].

No mesmo diapasão, a seguinte ementa, proferida em processo trabalhista:

> Gravação de comunicação telefônica — Meio inidôneo e inadmissível de prova no processo do trabalho. Considerando os exatos termos dos incisos XII e LVI do art. 5º da Constituição Federal, não deve ser admitido como meio de prova para efeitos de processo do trabalho a gravação de comunicação telefônica (TRT – 12ª R. – 1ª T. – Ac. no 2659/99 – Rel. Juiz Roberto L. Guglielmetto – DJSC 07.04.99 – p. 150) (RDT 5/99, p. 71).

b) permissiva: Para essa vertente, desde que o conteúdo da prova seja lícito, ela pode ser utilizada, mesmo que tenha sido obtida por meio ilícito.

Essa vertente de interpretação prestigia o caráter publicista do processo, o acesso à justiça e a busca da verdade real.

Menciona *Luís J. J. Ribeiro*[99] que essa vertente "está lastreada no dogma da verdade real e do livre convencimento, a doutrina, inicialmente, demonstrou-se majoritária em dar prevalência à investigação da verdade em detrimento ao princípio da formalidade do procedimento. Por outra vertente a doutrina italiana chegou a idêntica conclusão em relação à inadmissibilidade das provas ilícitas, pelo axioma consagrado: *male captum, bene retentum* (a prova pode ser mal colhida, porém bem recebida no processo)".

Sinteticamente, para essa vertente, poderíamos dizer que os fins justificam os meios, ou seja, a efetividade da prova e a busca da verdade real são fins justificáveis pelo meio ilícito da obtenção da prova.

---

(97) BULOS, Uadi Lammêgo. *Constituição Federal anotada*. 6. ed. São Paulo: Saraiva, 2005.
(98) STF. RE 85.439-RJ, Rel. Min. Xavier de Albuquerque, Ac. 2ª T. 11.11.1977. In: *RTJ* n. 84/609.
(99) RIBEIRO, Luís J. J. *Op. cit.*, p. 69.

c) teoria da proporcionalidade ou regra de ponderação: Sobre o princípio da proporcionalidade, ensina *Nelson Nery Júnior*[100]: "Segundo o princípio da proporcionalidade, também denominado de 'lei da ponderação', na interpretação de determinada norma jurídica, constitucional ou infraconstitucional, devem ser sopesados os interesses e direitos em jogo, de modo a dar-se a solução concreta mais justa. Assim, o desatendimento de um preceito não pode ser mais forte e nem ir além do que indica a finalidade da medida a ser tomada contra o preceito sacrificado. Atua com bastante ênfase e eficácia no direito alemão, notadamente no direito constitucional e no direito processual penal. Aliás, há normas expressas na Ordenança Processual Penal Alemã (StrafprozeBordnung – StPO) indicando a adoção do princípio da proporcionalidade naquele sistema jurídico, como, por exemplo, StPO, 11212 e 120I. As principais decisões do Tribunal Constitucional da Alemanha (BVerfG) sobre a construção, naquele país, do princípio da proporcionalidade, em comparação com as decisões de nosso Supremo Tribunal Federal sobre a ponderação de direitos igualmente protegidos pela Constituição Federal, indicam-nos verdadeira similitude entre a teoria e a práxis dos tribunais, de modo a fazer com que seja válida, aqui, a doutrina alemã sobre o mencionado princípio da proporcionalidade. O fundamento constitucional do princípio da proporcionalidade encontra-se no conteúdo do princípio do Estado de Direito, havendo, ainda, quem entenda situar no princípio do devido processo legal"[101].

*João Batista Lopes*[102], referindo-se ao princípio da proporcionalidade, sustenta com propriedade: "No campo do processo civil, é intensa sua aplicação, tanto no

---

(100) NERY JÚNIOR, Nelson. *Princípios do processo civil na Constituição Federal*. 8. ed. São Paulo: RT, 2004. p. 197.

(101) No mesmo sentido ensina Willis Santiago Guerra Filho: "Ainda com relação ao modo de aplicar corretamente o princípio da proporcionalidade, para encerrar essa ligeira apresentação dele, vale ressaltar que, assim como ele pressupõe a existência de valores estabelecidos positivamente em normas do ordenamento jurídico, notadamente aquelas com a natureza de um princípio fundamental, também requer um procedimento decisório, a fim de permitir a necessária ponderação em face dos fatos e hipóteses a serem considerados. Tal procedimento deve ser estruturado — e, também, institucionalizado — de uma forma tal que garanta a maior racionalidade e objetividade possíveis da decisão, para atender ao imperativo de realização de justiça que é imanente ao princípio com o qual nos ocupamos. Especial atenção merece, portanto, o problema do estabelecimento de forma de participação suficientemente intensiva e extensa de representantes dos mais diversos pontos de vista a respeito da questão a ser decidida. Isso significa, então, que o procedimento com as garantias do 'devido processo legal' (*Due Process of Law*), i. e, do amplo debate, da publicidade, da igualdade das partes, etc., se torna instrumento do exercício não só da função jurisdicional, como tem sido até agora, mas sim das demais funções do Estado também, donde se falar em 'jurisdicionalização' dos processos legislativo e administrativo e 'judicialização' do próprio ordenamento jurídico como um todo. Esse é um fenômeno próprio do Direito na sociedade em seu estágio atual evolutivamente mais avançado, em direção à sua mundialização, que ainda está a merecer a devida atenção, extraindo consequências para uma reorientação do pensamento jurídico, no sentido de uma maior preocupação com o 'caminho' de realização do Direito, com o processo de sua concretização, já que uma previsão abstrata de como resolver situações inusitadas e da complexidade daquelas que se apresentam-nos contemporaneamente, em normas com o caráter de regras de Direito material, se mostra bastante deficiente" (*Processo constitucional e direitos fundamentais*. 4. ed. São Paulo: RCS, 2005. p. 117-119).

(102) LOPES, João Batista. Princípio de proporcionalidade e efetividade do processo civil. In: MARINONI, Luiz Guilherme (Coord.). *Estudos de direito processual civil*. Homenagem ao Professor Egas Dirceu Moniz de Aragão. São Paulo: RT, 2005. p. 135.

processo de conhecimento como no de execução e no cautelar. No dia a dia forense, vê-se o juiz diante de princípios em estado de tensão conflitiva, que o obrigam a avaliar os interesses em jogo para adotar a solução que mais se ajuste aos valores consagrados na ordem jurídica. O princípio da proporcionalidade tem íntima relação com a efetividade do processo na medida em que, ao solucionar o conflito segundo os ditames da ordem constitucional, está o juiz concedendo a adequada proteção ao direito e atendendo aos escopos do processo".

Para essa vertente de interpretação, o juiz valorará, no caso concreto, segundo critérios axiológicos, qual princípio deverá ser prestigiado e qual deverá ser sacrificado em prol da justiça da decisão e efetividade do processo.

Como bem adverte *José Carlos Barbosa Moreira*[103], "há que se verificar se a transgressão se explicava por autêntica necessidade, suficiente para tornar escusável o comportamento da parte, e se esta se manteve nos limites por aquela determinados; ou se, ao contrário, existia a possibilidade de provar a alegação por meios regulares, e a infração gerou dano superior ao benefício trazido à instrução do processo. Em suma: averiguar se, dos dois males, era escolhido o menor".

No âmbito do Processo do Trabalho, pronuncia-se *Carlos Henrique Bezerra Leite*[104] pela aplicação da presente teoria, apresentando os seguintes argumentos: "As partes têm o dever de agir com lealdade em todos os atos processuais, mormente na produção da prova. O princípio da licitude da prova encontra residência no art. 5º, LVI, da CF, segundo o qual 'são inadmissíveis, no processo, as provas obtidas por meios ilícitos'. Esse princípio tem sido mitigado por outro: o princípio da proporcionalidade ou razoabilidade, segundo o qual não se deve chegar ao extremo de negar validade a toda e qualquer prova obtida por meios ilícitos, como, por exemplo, uma gravação sub-reptícia utilizada por empregada que deseja fazer prova de que fora vítima de assédio sexual pelo empregador ou superior hierárquico, sem o conhecimento deste. A revista íntima também pode ensejar a violação ao princípio, salvo se o empregador adota todos os meios necessários à preservação da intimidade e da dignidade do trabalhador".

Para aplicação do princípio da proporcionalidade, deve o Juiz do Trabalho se valer dos subprincípios que envolvem o instituto, quais sejam:

a) necessidade: o sacrifício do direito fundamental deve ser necessário;

b) adequação: a medida escolhida pelo juiz deve ser adequada à finalidade social do processo;

c) proporcionalidade em sentido estrito: realizar juízo de ponderação, sopesando os valores envolvidos no caso concreto e optar pelo sacrifício de um direito

---

(103) MOREIRA, José Carlos Barbosa. A Constituição e as provas ilicitamente obtidas. *Revista de Processo* n. 84, ano 21, São Paulo: RT, 1996. p. 146.

(104) BEZERRA LEITE, Carlos Henrique. *Curso de direito processual do trabalho*. 3. ed. São Paulo: LTr, 2005. p. 415.

fundamental em prol do outro que será efetivado. Diante de dois males, como diz *Barbosa Moreira*, deverá o Juiz escolher o menor.

Acreditamos que a regra da proporcionalidade é a melhor para se admitir a pertinência da prova obtida por meio ilícito no processo, pois nenhuma regra processual é absoluta, devendo ser sopesada em confronto com outro direito fundamental. Além disso, prestigia a justiça da decisão no caso concreto, possibilitando ao Juiz, diante do conflito de princípios, escolher, entre dois males, o mal menor, ou escolher a melhor justiça.

A regra da proporcionalidade foi incorporada ao Anteprojeto do Novo Código de Processo Civil como critério para apreciação da prova ilícita no Processo Civil, conforme o art. 257, *in verbis*:

> As partes têm direito de empregar todos os meios legais, bem como os moralmente legítimos, ainda que não especificados neste Código, para provar fatos em que se funda a ação ou a defesa e influir eficazmente na livre convicção do juiz. Parágrafo único. A inadmissibilidade das provas obtidas por meio ilícito será apreciada pelo juiz à luz da ponderação dos princípios e dos direitos fundamentais envolvidos.

Nesse sentido se pronunciou o Tribunal Superior do Trabalho, em decisão pioneira:

> GRAVAÇÃO TELEFÔNICA. A aceitação no processo judiciário do trabalho, de gravação de diálogo telefônico mantido pelas partes e oferecida por uma delas, como prova para elucidação de fatos controvertidos em juízo, não afronta suposto direito líquido e certo da outra parte, a inviolabilidade do sigilo das comunicações telefônicas, porque essa garantia se dá em relação a terceiros e não aos interlocutores. Recurso ordinário a que se nega provimento, para ser confirmado o acórdão regional, que negou a segurança requerida.[105]

No aspecto, relevante também destacar recente ementa do Tribunal Superior do Trabalho:

> Ementa: PRELIMINAR DE NULIDADE DO JULGADO POR CERCEAMENTO DE DEFESA — PROVA ILÍCITA — ACESSO PELO EMPREGADOR À CAIXA DE *E-MAIL* CORPORATIVO FORNECIDA AO EMPREGADO — ÓBICE DA SÚMULA n. 126 DO TST. 1. Consoante a diretriz da Súmula n. 126 do TST, é incabível o recurso de revista para reexame de fatos e provas. 2. *In casu*, pretende o Reclamante modificar a decisão vergastada, ao argumento de que a prova acostada aos autos é ilícita, porquanto consubstanciada no acesso à sua conta de *e-mail* pessoal, quando o Regional, ao enfrentar a questão, entendeu que a prova era lícita, porque se tratava de acesso, pela Reclamada, ao conteúdo do *e-mail* corporativo fornecido ao Reclamante para o exercício de suas atividades funcionais, do qual se utilizava de forma imprópria, recebendo fotos com conteúdo que estimulava e reforçava comportamentos preconceituosos. Além disso, os *e-mails* continham conversas fúteis que se traduziam em desperdício de tempo. 3. Com efeito, as alegações obreiras esbarram no óbice

---

(105) TST Ac. n.: 1564 – DECISÃO: 17.9.1991 – TIPO: ROMS – n. 11134 – ANO – 1990 – REGIÃO: 02 – UF: SP – RECURSO ORDINÁRIO EM MANDADO DE SEGURANÇA – ÓRGÃO JULGADOR – SEÇÃO ESPECIALIZADA EM DISSÍDIOS INDIVIDUAIS – DJ 27.9.1991. p. 13394, Rel. Ministro Ermes Pedro Pedrassani.

do referido verbete sumulado, porquanto pretendem o revolvimento do conjunto fático-probatório dos autos. 4. Por outro lado, ainda que o presente recurso não ultrapasse a barreira do conhecimento, a controvérsia em torno da licitude ou não da prova acostada pela Reclamada, consubstanciada no acesso à caixa de *e-mail* corporativo utilizado pelo Reclamante, é matéria que merece algumas considerações. 5. O art. 5º, X e XII, da CF garante ao cidadão a inviolabilidade da intimidade, da vida privada, da honra, da imagem das pessoas, bem como o sigilo de suas correspondências, dados e comunicações telegráficas e telefônicas. 6. A concessão, por parte do empregador, de caixa de *e-mail* a seus empregados em suas dependências tem por finalidade potencializar a agilização e eficiência de suas funções para o alcance do objeto social da empresa, o qual justifica a sua própria existência e deve estar no centro do interesse de todos aqueles que dela fazem parte, inclusive por meio do contrato de trabalho. 7. Dessa forma, como instrumento de alcance desses objetivos, a caixa do *e-mail* corporativo não se equipara às hipóteses previstas nos incisos X e XII do art. 5º da CF, tratando-se, pois, de ferramenta de trabalho que deve ser utilizada com a mesma diligência emprestada a qualquer outra de natureza diversa. Deve o empregado zelar pela sua manutenção, utilizando-a de forma segura e adequada e respeitando os fins para que se destinam. Mesmo porque, como assinante do provedor de acesso à *Internet*, a empresa é responsável pela sua utilização com observância da lei. 8. Assim, se o empregado eventualmente se utiliza da caixa de *e-mail* corporativo para assuntos particulares, deve fazê-lo consciente de que o seu acesso pelo empregador não representa violação de suas correspondências pessoais, tampouco violação de sua privacidade ou intimidade, porque se trata de equipamento e tecnologia fornecidos pelo empregador para utilização no trabalho e para alcance das finalidades da empresa. 9. Nessa esteira, entendo que não se configura o cerceamento de defesa a utilização de prova consubstanciada no acesso à caixa de *e-mail* fornecido pelo empregador aos seus empregados. Agravo de instrumento desprovido. (AIRR – 1542/2005-055-02-40.4 – Data de Julgamento: 4.6.2008 – Relator Ministro Ives Gandra Martins Filho – 7ª T. – DJ 6.6.2008)

Recentemente, o Tribunal Regional do Trabalho da 2ª Região enfrentou a questão, cuja ementa vale ser transcrita:

PROVA ILÍCITA. Valoração. Prova obtida a partir da gravação clandestina de conversa telefônica. É certo que o ordenamento constitucional brasileiro, em princípio, repudia a aceitação das provas obtidas ilicitamente (art. 5º, LVI da Constituição Federal). Não menos certo é que doutrina e jurisprudência não se mostram convergentes quanto à invalidade e imprestabilidade da prova ilícita e procuram mitigar o rigor dessa inadmissibilidade absoluta, encampando uma tese intermediária fundada nos princípios da proporcionalidade e da razoabilidade. Assim, hodiernamente, propugna-se a ideia de que, em casos extremamente graves e excepcionais, quando estiverem em risco valores fundamentais, também assegurados constitucionalmente, cabe ao julgador admitir e valorar a prova tida por ilícita. Significa dizer que, no caso concreto, deve haver uma análise de proporcionalidade dos bens jurídicos protegidos e quando ocorrer uma lesão a um direito fundamental de maior relevância, a prova deve ser validamente admitida. *In casu*, cotejando os princípios das garantias constitucionais à inviolabilidade da intimidade e da privacidade (art. 5º, X da Constituição Federal), com os princípios da dignidade da pessoa humana, do valor social do trabalho, do acesso à informação inerente ao exercício profissional e da ampla defesa (art. 1º, incisos III e IV e art. 5º, incisos XIV e LV da Constituição Federal), resta irrefutável a prevalência da prova obtida a partir da gravação clandestina de conversa telefônica efetivada sem o conhecimento de um dos interlocutores do diálogo, reproduzida em laudo de gravação por perito judicial, mormente se considerada a primazia da realidade dos fatos. Reputo, portanto, válida a prova produzida. (TRT/SP – 10ª Turma. Processo n. 01559200506102009. Ac. 20090633282. Relª Des. Lilian Gonçalves. DOE/SP: 1º.9.2009)

### 1.12.1. A prova ilícita e o Juiz do Trabalho

No âmbito da relação de trabalho, são muitas as hipóteses em que a prova para demonstração do dano moral pode ser obtida por meio ilícito — por exemplo, câmeras colocadas no interior de vestiários ou locais de privacidade dos trabalhadores, gravações telefônicas sem consentimento do outro interlocutor, documentos obtidos por furto do empregado, monitoração indevida de *e-mails*, entre outras hipóteses.

A Constituição Federal, além de proibir a prova obtida por meio ilícito, tutela, no art. 5º, a inviolabilidade da intimidade, da vida privada (inciso X), do domicílio (XI) e da correspondência (XII), como direitos de igual magnitude. Desse modo, deve o Juiz do Trabalho, ao apreciar a prova obtida por meio ilícito, ter bastante cautela, pois, ao admitir essa prova por uma das partes, pode estar violando um direito fundamental da parte contrária e até causar danos de ordem moral a esta última. Por isso, acreditamos que o Juiz do Trabalho, ao analisar a pertinência ou não da produção da prova obtida por meio ilícito como apta a demonstrar os danos de ordem moral, deve tomar as seguintes cautelas:

a) verificar se a prova do fato poderá ser obtida por outro meio lícito ou moralmente legítimo de prova, sem precisar recorrer à prova ilícita;

b) sopesar a lealdade e boa-fé da parte que pretende a produção da prova ilícita[106];

c) observar a seriedade e verossimilhança da alegação;

---

(106) Nesse sentido, destacamos a seguinte ementa: "DANO MORAL. GRAVAÇÃO DE CONVERSA TELEFÔNICA. PROVA IMORAL E ILÍCITA. A gravação de telefonema em que dialogam o sócio da empresa e um terceiro, feita com a participação do reclamante e sem o conhecimento do empregador, mediante a qual se busca provar que estariam sendo fornecidas informações desabonadoras do ex-empregado, não pode ser admitida como prova no processo, pois, além de implicar divulgação de conversa privada e violação de conversa telefônica (art. 5º, X e XII, da Constituição Federal), caracteriza prova obtida por meios ilícitos. Isso porque a prova assim produzida nada mais constitui do que um ardil utilizado pelo reclamante e pela terceira pessoa que se faz passar por seu pretenso contratante, 'interessado' na sua referência, no sentido de levar a reclamada a cair no deslize de fornecer informações desabonadoras do ex-empregado, sobre as quais poderia ser pedida a compensação de dano moral. Os preceitos legais aplicáveis à espécie buscam resguardar tanto a intimidade das pessoas, quanto a ética e a honra humana na sua dimensão maior, e qualquer procedimento que atente contra esta, ainda que a título de produção de prova, deve ser veementemente rechaçado. A atitude do reclamante, ao produzir esse tipo de prova, viola a honra do empregador, buscando fazer com que este incorra em ilícito, e por outro lado, desmerece a grandeza do instituto da responsabilidade civil" (TRT 3ª Reg. – RO 00664-2003-096-03-00-7 – (Ac. 2ª T.) – Relª. Juíza Alice Monteiro de Barros. DJMG 23.06.04, p. 08).

d) avaliar o custo-benefício na produção da prova;

e) aplicar o princípio da proporcionalidade, prestigiando o direito que merece maior proteção[107];

f) observar a efetiva proteção à dignidade da pessoa humana;

g) valorar não só o interesse da parte, mas também o interesse público.

# 2ª Parte – Das Provas em Espécie

## 2.1. Interrogatório e depoimento pessoal

### 2.1.1. Dos conceitos de interrogatório e depoimento pessoal

O interrogatório é um instrumento legal de prova por meio do qual a parte esclarece ao Juiz fatos da causa. Trata-se de um ato personalíssimo entre o Juiz e parte. Pode ser determinado de ofício pelo magistrado e renovado quantas vezes entender necessário o Juiz antes da sentença. Segundo parte da doutrina, o interrogatório não é propriamente uma modalidade de prova, mas uma forma de se firmar a convicção do Juiz sobre os fatos relevantes e pertinentes da causa. Desse modo, o interrogatório não tem por finalidade obter a confissão da parte. Como destaca *Nelson Nery Júnior*[108]: "Durante o interrogatório, pode sobrevir a confissão da parte, mas não é da essência do interrogatório, como o é do depoimento pessoal, a obtenção da confissão. Por causa disso, nada obsta que as partes, indistintamente, façam reperguntas aos interrogados".

---

(107) Rescisão indireta do contrato de trabalho – Gravação de ofensa ao empregado no local de trabalho – Aceitação da prova no processo trabalhista. Ementa: DANO MORAL. RESCISÃO INDIRETA DO CONTRATO DE TRABALHO. GRAVAÇÃO DE OFENSAS AO EMPREGADO NO LOCAL DE TRABALHO. ACEITAÇÃO DA PROVA NO PROCESSO TRABALHISTA. Robustamente demonstradas pela prova as ofensas gravíssimas dirigidas pela representante da empresa à empregada, a hipótese autoriza não só a rescisão indireta do contrato de trabalho como também a condenação da empresa em dano moral. A gravação clandestina dos diálogos mantidos entre a empregada e os seus superiores no local de trabalho, nos quais essas ofensas eram sistematicamente praticadas, é perfeitamente legal e legítima, pois, apesar do desconhecimento dos ofensores, não se trata de interceptação de conversa alheia, pois foi feita por um dos interlocutores, em local de acesso ao público, sobre fato (o trabalho) da vida social dos envolvidos. A hipótese, portanto, não caracteriza afronta à inviolabilidade da vida privada ou da intimidade de quem quer que seja, resguardado pelo art. 5º, X, da Constituição Federal (Precedentes do TST, no TST – SDI ROMS n. 11.134/90, publicado no DJ de 27.9.91, p. 13.394 e do STF nos HC 75.338, publicado no DJ de 25.9.98, p. 00011 e RE n. 212.081, publicado no DJ de 27.3.98, p. 00023). Além de não se caracterizar prova ilícita, trata-se, no caso, do exercício do direito de defesa por parte da empregada, como meio legítimo de que ela dispunha (TRT 3ª Reg. – RO 01.262-2002-111-03-00-7 – (Ac. 2ª T.) – Relª Juíza Alice Monteiro de Barros – DJMG 20.2.04 – p. 11).

(108) NERY JÚNIOR, Nelson *et al. Código de Processo Civil comentado.* 4. ed. São Paulo: RT, 2001. p. 623

O depoimento pessoal, conforme nos traz a doutrina, é o meio de prova destinado, além de obter esclarecimento de fatos da causa, à confissão da parte contrária.

A finalidade do depoimento pessoal é provocar a confissão, fazendo com que a parte compareça e, pessoalmente, fale sobre os fatos da causa. Por isso, será ela intimada também pessoalmente, constando do mandado que se presumirão confessados os atos contra ela alegados caso não compareça, ou comparecendo, se recuse a depor. Não pode ser imposta a pena de confissão se a parte não for intimada com essa advertência (art. 343, parágrafo único do CPC[109] e Súmula n. 74, I, do C. TST[110]).

Na prática, o interrogatório e o depoimento pessoal, tanto no processo civil como no Processo do Trabalho, se realizam em um único ato. Primeiramente, o Juiz faz as perguntas para esclarecimento dos fatos da causa e firma seu convencimento e, posteriormente, as partes fazem as reperguntas, objetivando a confissão.

Conforme a redação do art. 343 do CPC, a parte tem direito a requerer o depoimento pessoal da parte contrária, o que significa dizer que cabe ao Juiz analisar, segundo o seu livre convencimento motivado, se defere ou não o requerimento.

Embora o CPC utilize a expressão requer o depoimento pessoal, este somente pode ser indeferido em hipóteses restritas, com a devida fundamentação pelo magistrado que preside a audiência, como em hipóteses de matéria exclusivamente de direito, ou quando não há controvérsia sobre a matéria fática, ou ainda quando já houve confissão na defesa. De outro lado, o Juiz deve tomar muita cautela ao indeferir o depoimento pessoal, pois pode estar obstando um precioso instrumento da prova e, muitas vezes, perdendo a chance de uma confissão real.

Tanto no interrogatório como no depoimento pessoal, as partes têm direito de fazer reperguntas, nos termos do art. 820 da CLT, que assim dispõe: "As partes e testemunhas serão inquiridas pelo juiz ou presidente, podendo ser reinquiridas, por seu intermédio, a requerimento dos juízes classistas, das partes, seus representantes ou advogados".

Acreditamos ser compatível com o Processo do Trabalho o parágrafo único do art. 344 do CPC, que tem a seguinte redação: "É defeso, a quem ainda não depôs, assistir ao interrogatório da outra parte"[111]. Além disso, a experiência tem demonstrado que é muito conveniente a parte não presenciar o depoimento pessoal da outra, pois há sempre o ânimo de rebater as declarações da parte contrária e a falta de espontaneidade no depoimento. Pode-se questionar a aplicabilidade de tal

---

(109) "A parte será intimada pessoalmente, constando do mandado que se presumirão confessados os fatos contra ela alegados, caso não compareça ou, comparecendo, se recuse a depor."

(110) "Aplica-se a pena de confissão à parte que, expressamente intimada com aquela cominação, não comparecer à audiência em prosseguimento, na qual deveria depor."

(111) Nesse sentido é a visão de Manoel Antonio Teixeira Filho. In: *A prova no processo do trabalho*. 8. ed. São Paulo: LTr, 2003. p. 244.

dispositivo no Processo do Trabalho, pois a CLT não prevê tal exigência[112]. Além disso, a CLT fora idealizada para o exercício do *jus postulandi* pela parte, sendo assim, não há como a parte formular reperguntas, se não assistir ao interrogatório da parte contrária (art. 820 da CLT).

No nosso sentir, o parágrafo único do art. 344 do CPC aplica-se ao Processo do Trabalho, exceto nas hipóteses em que a parte está sem assistência de advogado. Nesta situação, deverá presenciar o depoimento da parte contrária para poder realizar as reperguntas, em razão dos princípios constitucionais do contraditório e ampla defesa (art. 5º, LV, da CF).

A parte que já depôs poderá retirar-se da audiência, prosseguindo a instrução com o seu representante ou advogado (art. 848, § 1º, da CLT). Desse modo, se o Juiz do Trabalho adiar a audiência para oitiva das testemunhas, quando já ouvidas as partes, estas estarão desobrigadas de comparecer na próxima sessão.

Nos termos do art. 346 do CPC, que resta aplicável ao Processo do Trabalho, por força do art. 769 da CLT, "a parte responderá pessoalmente sobre os fatos articulados, não podendo servir-se de escritos adrede preparados; o Juiz lhe permitirá, todavia, a consulta a notas breves, desde que objetivem completar esclarecimentos".

Também resta aplicável em razão da omissão da CLT e compatibilidade com o Processo do Trabalho as vedações do art. 347 do CPC que desobriga a parte a depor sobre fatos criminosos ou torpes, que lhe forem imputados e a cujo respeito, por estado ou profissão, deva guardar sigilo.

Quanto ao depoimento pessoal do menor de 18 anos na Justiça do Trabalho, desde que ele tenha, no mínimo ,16 anos[113], e esteja assistido pelo seu representante legal na audiência (art. 793 da CLT), acreditamos, ao contrário do que pensam alguns doutrinadores[114] e parte da jurisprudência[115], que ele possa confessar, pois, tanto a CLT como o Código de Processo Civil, não fazem distinção quanto à

---

(112) Nesse sentido, a seguinte ementa: "Retirada do Preposto. Inaplicável o parágrafo do art. 344, CPC, ao Processo, em face da expressa disposição do art. 848, parágrafo 1º, da CLT, constituindo cerceamento de defesa a retirada do preposto da sala de audiência, no momento em que o reclamante presta o depoimento" (*LTr* 48/11-1376, TRT – 11ª Região. RO 147/84, Ac. 263/84. Rel. Juiz Antonio Carlos Marinho Bezerra, j. 31.07.1984).

(113) A Constituição veda o trabalho do menor de 16 anos, salvo na condição de aprendiz a partir de 14 anos (art. 7º, XXXIII).

(114) Nesse sentido, destacamos, por todos, a posição de Valentin Carrion: "A confissão do menor, assim como a renúncia, não pode ser acolhida com a plenitude que muitos defendem, por motivos óbvios: a incapacidade, mas o depoimento prestado, nessas condições, deve ser recebido e pesado, como uma notícia a mais vinda aos autos, a ser analisado em conjunto com as demais provas. Deve ser permitido ao genitor, ou a quem o assiste, que intervenha no depoimento (...)" (*Comentários à CLT*. 30. ed. São Paulo: Saraiva, 2005. p. 605).

(115) Nesse sentido, destaca-se a seguinte ementa: Pena de confissão a menor. Não se aplica ao menor a pena de confissão, posto que ele tem capacidade relativa (TRT – 3ª Região. RO 5950/92, Rel. Álfio Amaury dos Santos. DJ/MG 3.2.1993).

possibilidade de confissão do menor de 18 anos. Ora, se o menor de 18 ou maior de 16 anos tem capacidade para firmar contrato de trabalho, e prestar depoimento em favor de terceiros (art. 405, § 1º, inciso III, do CPC), é razoável que possa depor e responder pelos fatos que declarar em juízo, inclusive que a confissão possa ser levada em consideração[116].

## 2.1.2. Da compatibilidade do depoimento pessoal com o Processo do Trabalho e sua importância prática

A Consolidação das Leis do Trabalho disciplina o interrogatório no art. 848, que tem a seguinte redação:

> Terminada a defesa, seguir-se-á a instrução do processo, podendo o presidente, *ex officio* ou a requerimento de qualquer juiz temporário, interrogar os litigantes.

Com suporte na literalidade do referido dispositivo, parte da doutrina e jurisprudência tem sustentado que, no Processo do Trabalho, não existe o depoimento pessoal e somente o interrogatório da parte, ademais, é faculdade do Juiz, não implicando cerceamento de defesa, dispensar a oitiva das partes, ainda que a parte contrária tenha requerido o depoimento pessoal.

Nesse sentido é a visão de *Renato Saraiva*[117]: "(...) A Consolidação das Leis do Trabalho consagrou o sistema do interrogatório determinado pelo juiz, constituindo-se, portanto, numa faculdade de o magistrado interrogar as partes (em função do livre convencimento). Logo, o requerimento de uma das partes para oitiva do depoimento pessoal da parte contrária poderá ser indeferido (de forma fundamentada) pelo juiz, sem que isso, necessariamente, configure cerceio de defesa".

No mesmo sentido é a posição de *José Augusto Rodrigues Pinto*[118]:

"A iniciativa do interrogatório era exclusiva do Juiz presidente, nas antigas Juntas de Conciliação e Julgamento. Agora, é do Juízo de Vara trabalhista, ou do Juízo de Direito, nas comarcas onde não houver jurisdição especializada do trabalho (...) Sendo irrecusável a diversidade de natureza jurídica, impõe-se a conclusão seguinte: só é admissível a convivência entre interrogatório e depoimento pessoal no sistema jurídico que autorizar. Ora, a Consolidação não autoriza essa convivência porque só dispõe sobre o cabimento do interrogatório (art. 848), mostrando a identidade de inquisitória de seu procedimento.

---

(116) Como destaca Manoel Antonio Teixeira Filho: "Sabendo-se que o trabalhador, com menos de 18 anos, pode assinar recibos (CLT, art. 439), dando quitação do valor correspondente, não há por que deixar de reconhecer-lhe a capacidade de confessar, desde que: a) a confissão seja judicial; b) esteja assistido por seu pai, mãe, tutor, curador ou outro responsável legal; c) não se trate de confissão ficta, porque esta, conforme veremos ao seu tempo, é inaplicável ao empregado"( *A prova no processo do trabalho*. 8. ed. São Paulo: LTr, 2003. p. 237-238).

(117) *Curso de direito processual do trabalho*. 4. ed. São Paulo: Método, 2007. p. 346.

(118) RODRIGUES PINTO, José Augusto. *Processo trabalhista de conhecimento*. 7. ed. São Paulo: LTr, 2005. p. 467.

E isso não é omissão, pois deixar de dispor é coisa bem diversa de não querer dispor, em face da técnica do sistema processual".

Em que pese o respeito que merecem os que pensam não ser compatível com o Processo do Trabalho o depoimento pessoal, com eles não concordamos. Com efeito, embora a CLT preveja a faculdade do Juiz em interrogar as partes, no art. 848 ela não disciplina o depoimento pessoal, ou seja, há omissão da CLT e não silêncio intencional ou eloquente. Portanto, à luz do art. 769 da Consolidação, é possível transportar para o Processo do Trabalho o instituto do depoimento pessoal previsto no Código de Processo Civil.

Além disso, cumpre destacar que a oitiva das partes, diante da sua importância no Processo do Trabalho, uma vez que se trata este ramo do processo como um processo de partes, a oitiva destas, de ofício pelo juiz, ou a requerimento da parte contrária, é fundamental, pois somente as partes podem esclarecer os fatos da causa e confessar fatos relevantes e pertinentes do processo.

Embora alguns juízes e advogados adotem a postura de dispensar o depoimento pessoal das partes, acreditamos que a oitiva das partes tem importância vital para o processo do trabalho, uma vez que a parte pode não só esclarecer fatos relevantes da causa, como confessar fatos. De outro lado, muitas vezes, considerando-se a boa-fé, o caráter e honestidade de cada reclamante ou reclamado, é possível se extrair a verdade real por meio dos depoimentos pessoais.

Como bem destaca *Luciane Cardoso*[119]:

"O comportamento processual das partes pode ser visto como meio de prova. As atividades das partes possuem relevância como elementos aptos a formar a convicção do juiz, ou seja, como instrumentos instrutórios especialmente no que dizem respeito à licitude ou não de tal comportamento. O comportamento processual das partes deve ser expressão do dever de veracidade que corresponde a um princípio do processo relacionado ao Estado e às partes. O primeiro, através do juiz, pode coibir a má-fé, e as partes, pelo princípio dispositivo, devem dispor de suas armas com boa-fé. Baseia-se na *exceptio doli*, espécie de cláusula geral do processo que inadmite a conduta contrária à boa-fé. O sistema oral coloca uma nítida possibilidade de contato do juiz com a parte na audiência, no momento do interrogatório da própria parte e das testemunhas".

Não convence o argumento no sentido de que, como as partes não prestam compromisso de dizer a verdade, é perda de tempo tomar os respectivos depoimentos. Ora, tanto a CLT (arts. 843 e 844) como a jurisprudência exigem o comparecimento pessoal da parte na audiência. Embora tanto o reclamante como o reclamado possam mentir ou ocultar a verdade, muitas vezes, mediante técnicas de inquirição, é possível extrair das partes a verdade. De outro lado, embora a parte não esteja sujeita ao

---

(119) CARDOSO, Luciane. *Prova testemunhal:* uma abordagem hermenêutica. São Paulo: LTr, 2001. p. 132.

delito de falso testemunho, caso altere de forma acintosa a verdade dos fatos, é possível aplicar-se-lhe cominação pecuniária por litigância de má-fé, com suporte no art. 17, II, do CPC[120].

Como destaca *Valentin Carrion*[121]:

"Dificilmente a parte deixa de confessar algum ou muitos aspectos da controvérsia, seja por sinceridade, inadvertência ou definição de generalidade da pretensão. Equivoca-se o magistrado que, por excesso de serviço e desejo de celeridade e simplicidade, dispensa o depoimento da parte, que poderá simplificar-lhe e às vezes tornar desnecessário o das testemunhas. O texto do art. 848 'podendo o presidente ...' contraria o mínimo senso de lógica e do princípio geral do processo. O depoimento dos litigantes é a mais pura e direta fonte de informação e convicção; o ônus da prova que pesa sobre cada uma das partes não pode depender da disposição do juiz em ouvir ou não o adversário, e seu indeferimento constitui gravíssimo cerceamento de defesa".

Não se pode, por uma filigrana interpretativa, ou capricho de alguns juízes, obstar o depoimento pessoal, que é um meio de prova, e muitas vezes o principal ou único meio de que dispõem as partes no Processo do Trabalho.

Muitas vezes o depoimento pessoal é o único meio ou o principal meio de prova de que dispõe a parte no Processo do Trabalho. Nas hipóteses em que os fatos se passam em locais reservados ou fora do alcance das testemunhas, como nas de assédio moral e assédio sexual, a palavra da parte tem grande relevância e é forte elemento de convicção do Juiz[122].

Embora se confira ao Juiz do Trabalho uma amplitude maior na direção do processo, inclusive na esfera probatória (art. 765 da CLT), acreditamos que, quanto

---

(120) Art. 17 do CPC: "Reputa-se litigante de má-fé aquele que: ... II – Alterar a verdade dos fatos". Art. 18 do CPC: "O juiz ou tribunal, de ofício ou a requerimento, condenará o litigante de má-fé a pagar multa não excedente a 1% (um por cento) sobre o valor da causa e a indenizar a parte contrária dos prejuízos que esta sofreu, mais honorários advocatícios e todas as despesas que efetuou".

(121) CARRION, Valentin. Comentários à CLT. 30. ed. São Paulo: Saraiva, 2005. p. 691.

(122) Nesse sentido: "Tratando-se de delito de natureza clandestina, ou de sedução, praticada às ocultas, a palavra da mulher que se diz deflorada e aponta o autor de sua desonra merece mais crédito que a do indigitado autor, se nada existe contra sua procedente honestidade" (RT n. 220/94). "Nos atentados contra a honra da mulher, a palavra da vítima é, em regra, precioso elemento de convicção, bastando para tanto que não haja prova contrária à sua presente honestidade" (RT n. 220/92). "JUSTA CAUSA. ASSÉDIO SEXUAL X INCONTINÊNCIA DE CONDUTA: Quando um empregado que não tem ascensão hierárquica sobre outra empregada, à qual insistentemente lhe dirige gracejos com conotação sexual, não pratica assédio sexual, nos termos do art. 216-A do Estatuto Repressivo. De outro lado, a incontinência de conduta resta configurada, porquanto tal atitude atenta contra a moral sexual do ambiente de trabalho. APRECIAÇÃO DA PROVA: Nos delitos contra os costumes, chamados pela doutrina de clandestinos (*qui clam comittit solent* — que se cometem longe dos olhares de testemunhas), palavra da testemunha vítima, embora contraditada por razões óbvias, desde que coerente, é de valor extraordinário e suficiente para o reconhecimento da justa causa" (VARA DO TRABALHO DE FRANCO DA ROCHA/SP, Processo n. 2.241/01, Juiz Mauro Schiavi, 26.7.02. In: *Revista Trimestral de Jurisprudência do TRT da 2ª Região* n. 31/02, São Paulo: LTr, 2002. p. 262).

ao depoimento pessoal, considerando-se os princípios da imediatidade, da oralidade e concentração de atos na audiência, este meio de prova não pode ser sonegado à parte.

O indeferimento do depoimento pessoal, sob o argumento de que ele não é compatível com o Processo, configura, portanto, cerceamento de defesa no Processo do Trabalho, passível de nulidade total da relação jurídica processual a partir do indeferimento.

Nesse sentido, destaca-se a seguinte ementa:

> Depoimento da parte. Direito processual compatível com o processo trabalhista. CF, art. 5º, LV, e CPC, art. 343. A confissão é o maior benefício processual que a parte tem. Em razão dela pode dispensar testemunhas ou sair vencedora da causa. É direito que o juízo não tem prerrogativa de indeferir. O art. 848 da CLT abre ao juiz a faculdade de ouvir as partes, porém não proíbe que as partes também requeiram o depoimento, se o juiz não o determinou de ofício[123].

No mesmo sentido, a seguinte decisão:

> RECURSO ORDINÁRIO. CERCEAMENTO DO DIREITO DE DEFESA. DEPOIMENTO PESSOAL DO PREPOSTO. NECESSIDADE. As provas são produzidas para o convencimento do Juiz. Cristalino, de outra parte, que o depoimento das partes constitui-se notório meio de prova, a fim de se provocar uma possível confissão. A doutrina difere depoimento das partes de interrogatório: a principal distinção — que é a que nos interessa — é que o interrogatório visa apenas obter das partes determinados esclarecimentos ao Julgador sobre os fatos controvertidos, ao passo que o depoimento pode ensejar a confissão, conquanto também sirva para elucidar os fatos. Tanto assim que, em havendo recusa de uma das partes de depor, haverá confissão, embora ficta. Recurso conhecido e provido. (TRT/SP – 00935000520085020085 (00935200808502000) – RO – Ac. 12ª T. 20110442754 – Rel. Benedito Valentini – DOE 15.4.2011)

## 2.2. Da confissão

*Luiz Eduardo Gunther e Cristina Maria Navarro Zornig*[124] nos trazem o seguinte conceito de confissão: "Derivando do latim *confessio*, de *confiteri*, na terminologia jurídica possui o sentido de declaração de verdade feita por quem a pode fazer. Também qualificada como *delle prove*, refere-se a confissão ao ato pelo qual a pessoa capaz reconhece e espontaneamente declara verdadeiro o fato que se lhe imputa ou contra ela é alegado. O Dicionário Jurídico da Academia Brasileira de Letras Jurídicas resume o significado do vocábulo ao ato pelo qual a parte, em juízo ou fora dele, admite a verdade de um fato contrário a seu interesse e favorável ao adversário".

O Código de Processo Civil, por meio de interpretação autêntica, nos traz a definição de confissão no art. 348, que assim dispõe: "Há confissão, quando a parte admite a verdade de um fato, contrário ao seu interesse e favorável ao adversário (...)".

---

(123) TRT/SP – 02439200403002000 – RO – Ac. 9ª T. – 20060484440 – Rel. Luiz Edgar Ferraz de Oliveira – DOE 8.8.2006.

(124) GUNTHER, Luiz Eduardo; ZORNIG, Cristina Maria Navarro. Revelia e confissão no Processo do Trabalho. In: *Revista do Direito Trabalhista* n. 1, ano 10, janeiro de 2004, Brasília: Consulex, 2004. p. 10-01/14.

Como destaca *Moacyr Amaral Santos*[125], na confissão se compreendem três elementos inseparáveis, que dizem respeito: a) ao objeto (elemento objetivo); b) ao sujeito (elemento subjetivo); c) intencional.

O elemento objetivo consiste no argumento de que só os fatos são suscetíveis de prova. Como meio de prova que é, a confissão só abrange fatos, tanto os favoráveis, como os desfavoráveis ao confitente. O elemento subjetivo resulta que a confissão seja prestada pela parte e pela própria parte, ou, excepcionalmente, por procurador com poderes especiais (art. 349, parágrafo único do CPC). Sob o aspecto intencional, a confissão pressupõe um ato de vontade de dizer a verdade quanto a fatos. Há o chamado *animus confitendi*.

Diz a doutrina que a confissão pode ser expressa, quando feita de forma categórica. Pode ser espontânea ou provocada pela parte contrária, por meio do depoimento pessoal.

A confissão é indivisível, não podendo a parte beneficiada aceitá-la no tópico que a beneficiar e rejeitá-la no que lhe for desfavorável (art. 354 do CPC).

Fala-se em confissão ficta, tácita ou presumida a que resulta da taciturnidade da parte quando provocada a falar. Geralmente resulta da recusa da parte em prestar depoimento[126]. Diz o art. 345 do CPC, "quando a parte, sem motivo justificado, deixar de responder ao que lhe for perguntado, ou empregar evasivas, o Juiz, apreciando as demais circunstâncias e elementos de prova, declarará, na sentença, se houve recusa de depor".

A confissão ficta é meio de prova, pois está inserida na seção II que trata do depoimento pessoal, o qual consta do Capítulo VI do CPC que trata das provas. Não obstante, não tem caráter absoluto, pois pode ser contrariada por outras provas dos autos. Acreditamos que até mesmo a confissão real feita pela própria parte em depoimento pessoal não tem caráter absoluto, não se podendo mais falar, diante do caráter publicista e do princípio do livre convencimento do magistrado, que a confissão é a rainha das provas, uma vez que esta pode ser neutralizada pelas demais provas dos autos e até mesmo pela confissão real da parte contrária.

Nesse sentido, destacamos a seguinte ementa:

> CONFISSÃO FICTA. PREVALÊNCIA SOBRE OUTRAS PROVAS. Princípio da livre apreciação. Não há dizer-se em prevalência da confissão dentro de uma hierarquia de provas, pois vige, em nossa sistemática processual, o princípio da livre apreciação dos elementos úteis do processo pelo Julgador, que não pode ser constrangido a atribuir valor absoluto a qualquer deles (TRT 3ª Reg. – 1ª T. – RO 17.954/98, Relª. Juíza Emília Facchini – DJMG 25.6.99 – Caderno V – p. 11).

---

(125) SANTOS, Moacyr Amaral. *Primeiras linhas de direito processual civil*. 17. ed. São Paulo: Saraiva, 1995. p. 437.

(126) *Ibidem*, p. 439.

Se o Juiz do Trabalho, ao tomar o depoimento do reclamante, se este não souber os fatos da causa, haverá a confissão ficta, entretanto, não deve o Juiz encerrar prematuramente a instrução, mas sim tomar o depoimento do reclamado, pois a confissão real deste pode elidir a confissão ficta. Se o reclamado ou seu preposto não souberem dos fatos, haverá confissão ficta, pois o art. 843, § 1º, da CLT exige que o preposto tenha conhecimento dos fatos. Entretanto, este estado de confissão ficta pode ser elidido por provas em contrário. Nesse sentido, destacamos a seguinte ementa:

> PREPOSTO. DESCONHECIMENTO DOS FATOS — CONFISSÃO FICTA — PRESUNÇÃO *JURIS TANTUM*. O desconhecimento dos fatos litigiosos por parte do preposto, permite a aplicação da *ficta confessio* que, no entanto, somente autoriza presunção relativa, admitindo prova em contrário. (Proc. 00185.2006.402.14.00-5 RO – 14ª Reg. – Relª Juíza Vânia Maria da Rocha Abensur – DJ/RO de 14.2.2007 – (DT – Março/2007 – vol. 152, p. 212).

Para os que entendem que o preposto deve ostentar a condição de empregado da reclamada, nos termos da Súmula n. 377, do C. TST, a ausência de tal requisito não provoca a revelia, mas sim a confissão ficta, pois a revelia é a ausência do reclamado em audiência (art. 844, da CLT), se o preposto compareceu, ainda que não saiba dos fatos, o reclamado compareceu e está representado[127].

Diante do exposto, no nosso sentir, a confissão, seja a real ou a presumida (confissão ficta), deve ser valorada na sentença, juntamente com os demais elementos de provas dos autos. No nosso sistema legal, a confissão não é mais a rainha das provas. Não há mais como se sustentar, no sistema vigente, que a confissão prevalece sobre os demais elementos de prova. A confissão como um meio de prova com a mesma efetividade que os demais (art. 332 do CPC) tem de ser sopesada em compasso com o conjunto probatório dos autos e do livre convencimento motivado (art. 131 do CPC).

O Tribunal Superior do Trabalho, recentemente, firmou entendimento diverso, conforme a Súmula n. 74, com a seguinte redação: "CONFISSÃO. (INCORPORADA A ORIENTAÇÃO JURISPRUDENCIAL N. 184, DA SDI-I – Res. n. 129/2005 – DJ 20.4.2005). I – Aplica-se a confissão à parte que, expressamente intimada com aquela cominação, não comparecer à audiência em prosseguimento, na qual deveria depor. II – A prova pré-constituída nos autos pode ser levada em conta para confronto com a confissão ficta (art. 400, I, do CPC), não implicando cerceamento de defesa o indeferimento de provas posteriores"[128]. III – A vedação à produção de prova posterior pela parte confessa somente a ela se aplica, não afetando o exercício, pelo magistrado, do poder/dever de conduzir o processo.

---

(127) Desenvolvemos com maior profundidade em nossa obra *A revelia no direito processual do trabalho*. São Paulo: LTr, 2006. p. 60-61.

(128) Anteriormente, o TST havia fixado entendimento similar por meio da OJ n. 184, da SDI-I, *in verbis*: "Confissão ficta. Produção de prova posterior. Inserida em 8.11.00. Somente a prova pré-constituída nos autos é que deve ser levada em conta para confronto com a confissão ficta (art. 400, I, do CPC), não implicando cerceamento de defesa o indeferimento de provas posteriores".

Concordamos com o inciso I da Súmula n. 74, pois, diante das consequências do depoimento pessoal, há necessidade de advertência prévia quanto aos efeitos da ausência da parte para tal ato processual.

Ousamos divergir da referida Súmula, pois a confissão ficta não se confunde com a real. O art. 400, I, do CPC, no nosso sentir, refere-se à confissão real, pois a confissão ficta acarreta uma mera presunção. Além disso, é direito da parte pretender derrubar os efeitos decorrentes da confissão ficta com a produção de provas, tanto a oral como a documental. De outro lado, o magistrado, como diretor do processo e destinatário final da prova, caso já esteja convencido dos fatos da causa, diante do conjunto probatório, poderá indeferir a produção de provas, com suporte nos arts. 130 do CPC e 765 da CLT, mas tal indeferimento deve ser fundamentado, com natureza de decisão interlocutória, podendo a parte prejudicada questionar a correção do procedimento em eventual recurso.

Como bem adverte *Francisco Antonio de Oliveira*[129]: "O entendimento ora esposado transforma a confissão ficta em real, o que não está autorizado pela lei. Onde a lei não restringe, defeso ao intérprete fazê-lo; tem a parte relativamente confessa o direito de ouvir, inclusive, depoimento da parte adversa que poderá confessar o fato de forma real (confissão real) e desprestigiar *a ficta confessio* (de valor relativo); deve-se dar ênfase à busca da verdade real. A busca da celeridade deve conviver em harmonia com o devido processo legal. (...) A confissão, de que falam os arts. 334 e 400 do CPC, diz respeito à confissão real. O juiz somente não incorrerá em cerceamento de defesa se a dispensa da produção de outras provas era para confrontar prova documental pré-constituída. De resto, ao julgador cabe o 'livre convencimento' (art. 131 do CPC) em sede de confissão relativa".

Nesse sentido, destacamos as seguintes ementas:

> *Ficta confessio.* Valoração do conjunto probatório do julgado. A pena de confissão faz presumir verdadeiros os fatos alegados pela parte contrária desde que não elididos pelo conjunto probatório. É a aplicação do princípio da busca da verdade real, combinado com o princípio do dispositivo. Recurso a que se dá parcial provimento (TRT/SP 02990227134 RO, Ac. 9ª T. 20000186672, Rel. Juiz Antônio José Teixeira de Carvalho, DOE 16.5.00).

> Confissão ficta. Pode ser elidida por qualquer prova em direito admitida, testemunhal, documental ou depoimento da parte adversa, não se limitando aos documentos existentes nos autos. Entendimento de que a *ficta confessio* não rende tributos a outras provas transforma a simples ficção em verdade absoluta, se ressente de razoabilidade e atenta contra o princípio da hermenêutica (TRT/SP, 02990303191 RO – Ac. 5ª T. – 2000307917 – Rel. Francisco Antonio de Oliveira – DOE 7.7.00).

Em boa hora, o Tribunal Superior do Trabalho acrescentou o inciso III à Súmula n. 74, fixando entendimento de que a confissão ficta não inibe os poderes instrutórios do Juiz do Trabalho em busca da verdade real e da justiça da decisão, conforme

---

(129) OLIVEIRA, Francisco Antonio de. *Comentários às Súmulas do TST.* 6. ed. São Paulo: RT, 2005. p. 217.

defendemos acima, não obstante tenha mantido o entendimento no sentido de que a parte prejudicada pela confissão ficta não possa produzir provas posteriores para tentar elidi-la.

No nosso sentir, melhor seria se o inciso II da Súmula n. 74 consignasse a seguinte redação:

> A prova pré-constituída nos autos e a prova produzida posteriormente podem ser levadas em conta para confronto com a confissão ficta (art. 400, I, do CPC). Entretanto, não implica cerceamento de defesa o indeferimento de produção de provas oral e testemunhal caso o magistrado já esteja suficientemente convencido diante do conjunto probatório constante dos autos, nos termos dos arts. 130 do CPC e 765 da CLT, em decisão fundamentada.

## 2.3. Da prova documental

Dizia *Carnelutti* que documento é *uma coisa capaz de representar um fato*.

Nem a CLT nem o CPC definem o conceito de documento, cumprindo tal função à doutrina.

Documentos são toda representação objetiva de um pensamento, material ou literal (*Alsina*). Em sentido estrito, documento é toda coisa que seja produto de um ato humano, perceptível com os sentidos da vista e do fato que serve de prova histórica indireta ou representativa de um fato qualquer (*Eschandia*)[130].

Conforme *Renato Saraiva*[131]: "Documento é o meio utilizado como prova material da existência de um fato, abrangendo não só os escritos, mas também os gráficos, as fotografias, os desenhos, reproduções cinematográficas, etc."

Diante dos princípios do acesso à justiça, da ampla possibilidade probatória e do avanço tecnológico, o conceito de documento tem sido amplo para abranger todo objeto real corpóreo ou incorpóreo (desde que possa ser demonstrado), destinado a demonstrar os fatos em juízo. Abrange os escritos, gravações magnéticas, fotografias, pedras, instrumentos de trabalho, vestimentas, etc.

Muito já se discutiu na doutrina sobre a prevalência da prova documental sobre a prova oral (depoimentos pessoais e testemunhas). Não obstante, a moderna doutrina caminha no sentido de não haver hierarquia entre as provas, pois o Juiz é livre para apreciar as provas e firmar sua convicção.

No Processo do Trabalho, em especial, em que dificilmente o empregado possui algum documento referente à relação de emprego, pois, como regra geral, os documentos ficam na posse do empregador, deve o Juiz do Trabalho analisar os documentos com reserva, sempre atento ao princípio da primazia da realidade e da razoabilidade.

---

(130) NASCIMENTO, Amauri Mascaro. *Curso de direito processual do trabalho*. 22. ed. São Paulo: Saraiva, 2007. p. 533.

(131) SARAIVA, Renato. *Curso de direito do trabalho*. 4. ed. São Paulo: Método, 2007. p. 362.

Como bem adverte *Amauri Mascaro Nascimento*[132], a prova documental apresenta vantagens e defeitos. Do mesmo modo que pode trazer maior segurança quanto à existência do fato que reproduz, pode, de outro lado, ser uma falsa atestação de ato a que não corresponde. Nessas condições, o documento, em especial no processo trabalhista, deve ser recebido com reservas e o seu valor apreciado em conjunto com as demais provas.

A CLT contém poucas disposições sobre a prova documental. Há alguns dispositivos esparsos, exigindo a autenticação dos documentos (art. 830), a juntada dos documentos com a inicial (art. 787), a juntada dos documentos pelo reclamado em audiência (art. 845), a necessidade de recibos de pagamento de salários e quitação do contrato de trabalho (arts. 464 e 477, § 2º), bem como a necessidade de anotação da CTPS (art. 456). Desse modo, em razão de a CLT conter pouquíssimas disposições sobre a prova documental, aplica-se praticamente integralmente ao Processo do Trabalho a seção V do CPC (Da prova documental — arts. 364 a 399), por força do permissivo do art. 769 da CLT.

Os documentos se dividem em públicos e particulares.

Documento público é o escrito que goza de fé pública não só da sua formação, mas também dos fatos ocorridos na presença da autoridade, perante a qual foi ele lavrado (art. 364 do CPC). Como destaca *Humberto Theodoro Júnior*[133], "há, pois, presunção legal de autenticidade do documento público, entre as partes e perante terceiros, fato que decorre da atribuição de fé pública conferida aos órgãos estatais".

Já o documento particular é emitido sem a participação de um oficial público, vinculada sua força probante à sua natureza e conteúdo. Nos termos do art. 368 do CPC, "as declarações constantes do documento particular, escrito e assinado, ou somente assinado, presumem-se verdadeiras em relação ao signatário". Não havendo impugnação pela parte contrária, há presunção *juris tantum* de veracidade do documento particular (arts. 372 e 373 do CPC).

Conforme o art. 387 do CPC: "Cessa a fé do documento, público ou particular, sendo-lhe declarada judicialmente a falsidade. Parágrafo único. A falsidade consiste: I – em formar documento não verdadeiro; II – em alterar documento verdadeiro".

A formação de documento não verdadeiro é chamada pela doutrina de *falsidade material*, pois há vício nos aspectos exteriores do documento, uma vez que se cria um documento não verdadeiro. Como assevera *Humberto Theodoro Júnior*[134], nas hipóteses em que o vício se manifestou na elaboração física do documento, e não na vontade declarada, o defeito chama-se de falsidade material. Forma-se, materialmente,

---

(132) NASCIMENTO, Amauri Mascaro. *Curso de direito processual do trabalho*. 22. ed. São Paulo: Saraiva, 2007. p. 534.

(133) THEODORO JÚNIOR, Humberto. *Curso de direito processual civil*. V. I, 24. ed. Rio de Janeiro: Forense, 1998. p. 446.

(134) *Op. cit.*, p. 455-456.

um documento falso quando, por exemplo, se utiliza papel assinado em branco e nele se lança uma declaração nunca formulada, nem desejada pelo signatário; ou quando se utiliza apenas a parte final de um texto, de onde se extrai a assinatura da parte para incluí-la num outro texto totalmente diverso do primitivo.

Na falsidade ideológica, o documento é verdadeiro em sua forma, mas seu conteúdo não é verdadeiro, ou seja: ele retrata um fato ou acontecimento inverossímeis. Como destaca *Humberto Theodoro Júnior*[135], quando a declaração, consciente ou inconscientemente, revela um fato inverídico, ocorre o que se chama falsidade ideológica, que corresponde ao fruto da simulação ou dos vícios de consentimento (erro, dolo e coação).

Como exemplo de falsidade material no Processo do Trabalho, podemos citar um recibo de pagamento que contém assinatura falsificada do empregado. Já recibo, cuja assinatura é do empregado, mas menciona valor de salário que o empregado, efetivamente, não recebeu, contém falsidade ideológica.

Nos termos do art. 386 do CPC, o Juiz apreciará livremente o documento, quando, em ponto substancial e sem ressalva, contiver entrelinha, emenda, borrão ou cancelamento.

Não obstante a redação do referido dispositivo legal, se o Juiz do Trabalho estiver em dúvida sobre borrões e entrelinhas, poderá determinar a produção de provas orais para formar sua convicção sobre o conteúdo do documento, ou até mesmo designar perícia grafotécnica para tal finalidade.

A Lei n. 11.419/2006 regulamentou o documento digital que já era admitido pela doutrina e jurisprudência.

Dispõe o art. 11 da Lei 11.419/06:

> Art. 11. Os documentos produzidos eletronicamente e juntados aos processos eletrônicos com garantia da origem e de seu signatário, na forma estabelecida nesta Lei, serão considerados originais para todos os efeitos legais.
>
> § 1º Os extratos digitais e os documentos digitalizados e juntados aos autos pelos órgãos da Justiça e seus auxiliares, pelo Ministério Público e seus auxiliares, pelas procuradorias, pelas autoridades policiais, pelas repartições públicas em geral e por advogados públicos e privados têm a mesma força probante dos originais, ressalvada a alegação motivada e fundamentada de adulteração antes ou durante o processo de digitalização.
>
> § 2º A arguição de falsidade do documento original será processada eletronicamente na forma da lei processual em vigor.
>
> § 3º Os originais dos documentos digitalizados, mencionados no § 2º deste artigo, deverão ser preservados pelo seu detentor até o trânsito em julgado da sentença ou, quando admitida, até o final do prazo para interposição de ação rescisória.
>
> § 4º ( VETADO)

---

(135) *Op. cit.*, p. 455.

§ 5º Os documentos cuja digitalização seja tecnicamente inviável devido ao grande volume ou por motivo de ilegibilidade deverão ser apresentados ao cartório ou secretaria no prazo de 10 (dez) dias contados do envio de petição eletrônica comunicando o fato, os quais serão devolvidos à parte após o trânsito em julgado.

§ 6º Os documentos digitalizados juntados em processo eletrônico somente estarão disponíveis para acesso por meio da rede externa para suas respectivas partes processuais e para o Ministério Público, respeitado o disposto em lei para as situações de sigilo e de segredo de justiça.

Conforme o art. 13 da Lei n. 11.419/06, "o magistrado poderá determinar que sejam realizados por meio eletrônico a exibição e o envio de dados e de documentos necessários à instrução do processo. § 1º Consideram-se cadastros públicos, para os efeitos deste artigo, dentre outros existentes ou que venham a ser criados, ainda que mantidos por concessionárias de serviço público ou empresas privadas, os que contenham informações indispensáveis ao exercício da função judicante. § 2º O acesso de que trata este artigo dar-se-á por qualquer meio tecnológico disponível, preferentemente o de menor custo, considerada sua eficiência".

Conforme *Augusto Tavares Rosa Marcacini*[136]: "O documento eletrônico é uma sequência de *bits* que, traduzida por meio de um determinado programa de computador, seja representativa de um fato. Da mesma forma que os documentos físicos, o documento eletrônico não se resume em escritos: pode ser um texto escrito, como também pode ser um desenho, uma fotografia digitalizada, sons, vídeos, enfim, tudo que puder representar um fato e que esteja armazenado em um arquivo digital".

Sempre foi preocupação da jurisprudência verificar a autenticidade do documento eletrônico. Desse modo, a lei exige requisitos para a utilização do documento eletrônico no processo. As exigências dos arts. 11 e 13 da Lei n. 11.419/06 praticamente neutralizam a possibilidade de se admitir no processo documento eletrônico não verdadeiro. Além disso, a possibilidade de juntada e transmissão de documentos eletrônicos agiliza o processo, contribui para sua simplificação, bem como há significativa redução nos custos do processo.

A jurisprudência do TST tem-se pronunciado sobre o assunto:

AGRAVO DE INSTRUMENTO — NÃO CONHECIMENTO — DEFICIÊNCIA NO TRASLADO DE PEÇA OBRIGATÓRIA — CÓPIA EXTRAÍDA DA *INTERNET* — INTELIGÊNCIA DO ART. 897, ALÍNEA B, § 5º, INCISO I, DA CLT E DOS ITENS III E X DA IN N. 16 DO TST — SÚMULA N. 337 DO TST. I – "Cumpre às partes providenciar a correta formação do instrumento, não comportando a omissão em conversão em diligência para suprir a ausência de peças, ainda que essenciais. (inciso X da IN n. 16/99). II – Não supre a deficiência constatada cópia extraída da página do TRT na *internet*, já que o permissivo consolidado, art. 897, não contempla tal permissão, pois seu § 5º, inciso I, dispõe textualmente sobre a obrigatoriedade do

---

(136) O documento eletrônico como meio de prova. In: <http://www.advogado.com/internet/zip/tavares.htm> Acesso em: 21 dez. 2006.

traslado de cópia da decisão originária, sem especificar a possibilidade de tal consideração. III – A inovação introduzida no art. 365 do Código de Processo Civil é textual, acrescentando, expressamente, a possibilidade de reproduções digitalizadas de qualquer documento, público ou particular, quando juntado aos autos. Esse inciso foi introduzido pela Lei n. 11.419, de 19.12.06, que dispõe sobre o Processo Eletrônico. Tal diploma legal consigna que a validade dos documentos emitidos para fins de prática de atos processuais está condicionada à aposição de assinatura eletrônica, o que de qualquer sorte, mesmo que se pudesse suplantar o primeiro óbice detectado, não é o caso dos autos. IV – A alteração do Regimento Interno desta Corte (art. 226) consigna que os sítios na *internet* estão incluídos no rol das fontes oficiais de publicação para efeito de comprovação de divergência jurisprudencial na admissibilidade do recurso de revista. Não há nenhuma norma inovatória pertinente, pelo menos por enquanto, referente ao traslado de peças para formação do agravo de instrumento. V – Agravo de instrumento não conhecido." (Processo: AIRR – 1020/2006-802-10-40.0 Data de Julgamento: 26.11.2008, Rel. Min. Antônio José de Barros Levenhagen, 4ª Turma, Data de Divulgação: DEJT 5.12.2008)

## 2.3.1. Da exibição de documentos

Dispõe o art. 355 do CPC: "O juiz pode ordenar que a parte exiba documento ou coisa, que se ache em seu poder".

Em determinadas situações no Processo do Trabalho, os documentos podem estar em posse do reclamado ou de terceiros. Neste caso, o reclamante poderá formular requerimento ao Juiz do Trabalho a fim de que este determine a juntada de tais documentos, devendo a parte que formulou o requerimento individualizar o documento, demonstrar a finalidade da prova, bem como aduzir as circunstâncias em que se funda o requerimento para afirmar que existe o documento e ele se encontra nas mãos de terceiro (art. 356 do CPC).

Caso o Juiz, diante dos elementos dos autos, se convença de que há documentos relevantes para o deslinde da causa que se encontram na posse de uma das partes ou terceiro, determinará, de ofício, a exibição em juízo.

O procedimento da exibição de documentos está disciplinado nos arts. 355 a 363 do CPC, admitindo-se o contraditório em face da parte, à qual foi ordenada a exibição, bem como do terceiro, a quem foi alegado que pertenciam os documentos.

É comum, no Processo do Trabalho, o Juiz ordenar a exibição, pelo reclamado, dos cartões de ponto ou recibos de pagamento, sob consequência de que, se tais documentos não forem juntados no prazo assinalado, serão reputados verdadeiros os fatos afirmados pelo reclamante na inicial. Nesse sentido, dispõe o art. 359 do CPC:

> Ao decidir o pedido, o juiz admitirá como verdadeiros os fatos que, por meio do documento ou da coisa, a parte pretendia provar: I – se o requerido não efetuar a exibição, nem fizer qualquer declaração no prazo do art. 357; II – se a recusa for havida por ilegítima.

## 2.3.2. Documentos trabalhistas típicos
### 2.3.2.1. Carteira de Trabalho e Previdência Social

A Carteira de Trabalho e Previdência Social é o documento por excelência da prova da relação de emprego. Diante da importância da CTPS, a CLT dedica uma série de artigos destinados à carteira de trabalho e seu registro (arts. 13 a 56).

Não obstante a importância das anotações lançadas a efeito na CTPS, diante do princípio da primazia da realidade que norteia o contrato de trabalho, a prova do contrato de trabalho pode ser realizada por qualquer meio admitido em direito, sendo relativa a veracidade das anotações lançadas a efeito na CTPS do empregado.

Muito já se discutiu na doutrina sobre ser absoluta a anotação na CTPS do empregado em face do empregador, vale dizer: se o empregador procedeu à anotação na CPTS do autor, ele não poderá realizar prova em sentido contrário, buscando demonstrar que ela não reflete a realidade. Atualmente, a questão está praticamente pacificada pela doutrina e jurisprudência, no sentido de que, em face do empregador, as anotações na CPTS são relativas, admitindo que este possa produzir prova em contrário.

> Súmula n. 12 do C. TST: "Carteira Profissional — Valor das Anotações. As anotações apostas pelo empregador na carteira profissional do empregado não geram presunção *juris et de jure*, mas apenas *juris tantum*."

### 2.3.2.2. Recibos de pagamento e quitação e cartões de ponto

A fim de proteção do empregado e da segurança dos pagamentos realizados durante o contrato de trabalho e também da quitação do contrato de trabalho, exige a Lei que haja prova escrita com assinatura do empregado.

Nos recibos de pagamento deverão ser especificadas qual ou quais parcelas estão sendo quitadas, bem como os valores, pois a quitação se interpreta restritivamente (arts. 320 do CC e 477, § 2º, da CLT). Como bem adverte *Manoel Antonio Teixeira Filho*[137]: "Deverá o empregador, no recibo, especificar as quantias pagas, não sendo admissível o denominado 'salário completivo', que engloba, indiscriminadamente, diversas parcelas".

No recibo de quitação do contrato de trabalho, a lei exige a modalidade escrita e a homologação pelas entidades mencionadas no § 1º do art. 477 da CLT, sob consequência de não validade da quitação.

Parte da doutrina argumenta que a homologação é formalidade essencial. Outros argumentam que é probatória. No nosso sentir, a falta de homologação do recibo de quitação faz presumir o não pagamento das parcelas nele contidas, admitindo-se que o empregador produza prova em contrário por todos os meios admitidos em direito.

---

(137) TEIXEIRA FILHO, Manoel Antonio. *A prova no processo do trabalho*. 8. ed. São Paulo: LTr, 2003. p. 318.

Quanto à prova do pagamento dos salários, dispõe o art. 464 da CLT:

> O pagamento do salário deverá ser efetuado contra recibo, assinado pelo empregado; em se tratando de analfabeto, mediante sua impressão digital, ou, não sendo esta possível, a seu rogo. Parágrafo único. Terá força de recibo o comprovante de depósito em conta bancária, aberta para esse fim em nome de cada empregado, com o consentimento deste, em estabelecimento de crédito próximo ao local de trabalho. (Redação dada pela Lei n. 9.528/97 – DOU 11.12.97)

Ao exigir recibo assinado pelo empregado, a CLT apresenta regra protetiva ao trabalhador, considerando o caráter alimentar do salário. Se o trabalhador for analfabeto, aporá sua impressão digital no recibo, ou, se não puder fazê-lo, testemunhas poderão atestar o pagamento, assinando o recibo.

Diante do avanço tecnológico e de todas as vicissitudes do porte de dinheiro, o depósito bancário é a melhor forma do pagamento do salário.

Não havendo recibo de pagamento do salário, há presunção de que não houve o pagamento. Parte significativa da jurisprudência não tem admitido a prova do salário por outro meio que não seja o recibo assinado pelo trabalhador. Não obstante a clareza do art. 464 da CLT, a interpretação não pode ser literal, considerando o princípio da primazia da realidade que norteia o Direito do Trabalho. Desse modo, entendemos que a prova do salário possa ser suprida por confissão do próprio trabalhador, ou, em alguns casos, por prova testemunhal robusta do pagamento. Se o empregado pode provar com testemunhas que não recebeu o salário, mesmo havendo recibo assinado, ao empregador também deve ser dado o direito de produzir prova do pagamento do salário quando não há recibo assinado.

Nesse sentido é a posição de *Eduardo Gabriel Saad*[(138)]: "O recibo não é da essência do ato. Entendemos que não está sujeito à repetição o empregador que provar o pagamento do salário por meio de lançamento contábil, de cheque ou de prova testemunhal. Os repertórios de jurisprudência trabalhista registram numerosos decisórios a favor desse ponto de vista".

Para o doméstico, a jurisprudência tem flexibilizado a exigência do recibo para permitir a prova do salário por todos os meios admitidos em direito, em razão de o trabalhador doméstico trabalhar no ambiente familiar, sendo mais acentuado o laço de confiança entre empregado e empregador doméstico.

Quanto à jornada de trabalho, dispõe o art. 74 da CLT:

> O horário do trabalho constará de quadro, organizado conforme modelo expedido pelo Ministro do Trabalho, e afixado em lugar bem visível. Esse quadro será discriminativo no caso de não ser o horário único para todos os empregados de uma mesma seção ou turma. § 1º O horário de trabalho será anotado em registro de empregados com a indicação de acordos ou contratos coletivos porventura celebrados. § 2º Para os estabelecimentos de mais de dez trabalhadores será obrigatória a anotação da hora de

---

(138) SAAD, Eduardo Gabriel. *Comentários à CLT*. 40. ed. São Paulo: LTr, 2007. p. 503.

entrada e de saída, em registro manual, mecânico ou eletrônico, conforme instruções a serem expedidas pelo Ministério do Trabalho, devendo haver pré-assinalação do período de repouso. (Redação dada pela Lei n. 7.855/89 – DOU 25.10.89) § 3º Se o trabalho for executado fora do estabelecimento, o horário dos empregados constará, explicitamente, de ficha ou papeleta em seu poder, sem prejuízo do que dispõe o § 1º deste artigo.

A prova da jornada é do empregador e documental, caso ele tenha mais de dez empregados. A não juntada dos cartões faz presumir a jornada declinada pelo empregado na petição inicial.

De outro lado, os controles de ponto devem refletir a realidade, dessa forma a jurisprudência uniformizada do TST não tem admitido controles britânicos ou invariáveis, uma vez que não presumido, segundo as máximas de experiência, que o empregado anote os cartões de ponto todos os dias no mesmo horário.

Nesse sentido, dispõe a Súmula n. 338 do C. TST, *in verbis*:

> JORNADA DE TRABALHO. REGISTRO. ÔNUS DA PROVA. I – É ônus do empregador que conta com mais de 10 (dez) empregados o registro da jornada de trabalho na forma do art. 74, § 2º, da CLT. A não apresentação injustificada dos controles de frequência gera presunção relativa de veracidade da jornada de trabalho, a qual pode ser elidida por prova em contrário; II – A presunção de veracidade da jornada de trabalho, ainda que prevista em instrumento normativo, pode ser elidida por prova em contrário; III – Os cartões de ponto que demonstram horários de entrada e saída uniformes são inválidos como meio de prova, invertendo-se o ônus da prova, relativo às horas extras, que passa a ser do empregador, prevalecendo a jornada da inicial se dele não se desincumbir. (Res. n. 129/2005 – DJ 22.4.2005)

No aspecto, relevante destacar as seguintes ementas:

> Controles de frequência — Prova da jornada. A prova da jornada de trabalho é feita, primordialmente, pelos controles de frequência (cf. § 2º do art. 74 da CLT), desde que estes não estampem horários invariáveis (OJ n. 306 da eg. SDI-1 do colendo TST). (TRT 3ª R. – 6ª T. – RO n. 259/2004.044.03.00-0 – Relª Lucilde D'Ajuda L. de Almeida – DJMG 4.11.04 – p. 12) (RDT n. 01 – Janeiro de 2005)

> Jornada extraordinária — Ônus da prova. O tema acerca do ônus da prova não foi objeto de análise no sentido proposto nas razões recursais, tendo em vista que a Corte *a quo* fixou sua fundamentação no exame da prova constante dos autos, independentemente de quem a produzira, e não se detendo na definição do ônus subjetivo. Agravo não provido. Integração de horas extraordinárias nos sábados e na gratificação semestral. Verifica-se que o Tribunal Regional afastou a aplicação da Súmula n. 113 do TST à hipótese, tendo em vista a estipulação, em norma coletiva, no sentido de que o sábado seria considerado dia de repouso para efeito de pagamento de horas extraordinárias. Dessarte, a convenção coletiva deve prevalecer em detrimento do disposto na súmula, porquanto resultante da livre negociação entre as partes sobre direito disponível, além de configurar norma mais benéfica ao empregado. Agravo a que se nega provimento. Horas extras — Intervalo de 10 minutos a cada 50 minutos trabalhados. A Corte *a quo* analisou a matéria por prisma diverso do que orientou a abordagem da reclamada em suas razões de revista. Aplica-se à hipótese, em face da ausência de prequestionamento, a Súmula n. 297 do TST. Agravo não provido.

Descontos salariais – Seguro de vida. A assertiva de que não restou comprovada a autorização da reclamante para que fossem efetuados descontos em seus salários a título de seguro de vida constitui premissa fática imutável, porquanto consignada de forma expressa na decisão do Tribunal Regional. Para afastá-la, seria necessário o reexame dos fatos e das provas dos autos — procedimento vedado pela Súmula n. 126 do TST. Agravo não provido. (TST – 1ª T. – AIRR n. 5/2002.661.04.40-4 – Rel. Min. Lelio B. Corrêa – DJ 30.06.05 – p. 786) (RDT n. 10 – Outubro de 2005)

Cartões de ponto — Horários de entrada e saída semelhantes — Ônus da prova — Súmula n. 338 do c. TST — Aplicabilidade. São inválidos como meio de prova os cartões de ponto em que constem horários de entrada e saída semelhantes, invertendo-se, neste caso, o ônus da prova relativo às horas extras, que passa a ser do empregador, prevalecendo a jornada da inicial. No caso dos autos, os cartões de ponto foram impugnados pelo reclamante, ficando clara a sua invalidade como meio de prova, eis que as anotações dos horários são uniformes, apenas com variações de alguns poucos minutos, sendo que este subterfúgio (mínima variação) não exime do pagamento de horas extras, tentando assim disfarçar a fraude, vez que não consta a realidade da jornada trabalhada. Logo, não havendo qualquer outra prova quanto à jornada de trabalho, é totalmente aplicável ao caso o item III da Súmula n. 338 do c. TST. Recurso conhecido e desprovido. (TRT 15ª R. – 5ª T. – ROPS n. 743/2005.065.15.00-6 – Rel. José Antonio Pancotti – DJ 23.2.07 – p. 55) (RDT n. 04 – abril de 2007)

## 2.3.2.3. Da oportunidade de juntada dos documentos

O art. 787 da CLT diz que os documentos do reclamante devem acompanhar a inicial. Quanto aos documentos do reclamado, assevera o art. 845 da CLT: "O reclamante e o reclamado comparecerão à audiência acompanhados das suas testemunhas, apresentando, nesta ocasião, as demais provas".

Pela redação dos referidos dispositivos consolidados, a prova documental deve acompanhar a inicial e a contestação. No mesmo sentido é o art. 396 do CPC: "Compete à parte instruir a petição inicial (art. 283) ou a resposta (art. 297) com os documentos destinados a provar-lhe as alegações". Portanto, tanto à luz da CLT como do CPC, a prova documental é pré-constituída, pois deve acompanhar a inicial e a contestação.

O CPC, no art. 397, possibilita a juntada de documentos fora da inicial ou da defesa em se tratando de documentos novos para fazer prova de fatos ocorridos depois dos articulados, ou para contrapô-los aos que foram produzidos nos autos. No nosso entendimento, o conceito de documento novo abrange tanto o documento preexistente à propositura da ação, como o que surge no curso do processo.

Mesmo no Processo Civil há entendimentos mais liberais no sentido de que os documentos podem ser juntados até o encerramento da instrução processual, pois os arts. 283 e 284 do CPC possibilitam que os documentos essenciais à propositura da inicial possam ser juntados em momento posterior. Desse modo, se até os documentos essenciais podem ser juntados posteriormente, os não essenciais também poderão. De outro lado, argumentam que, em razão dos princípios do acesso real à justiça e busca da verdade real, deve ser propiciado às partes a juntada dos documentos destinados a fazer provas de suas alegações durante o transcorrer da instrução processual, ainda que em fase posterior à apresentação da inicial ou da defesa, não havendo de se cogitar de prejuízo às partes, pois, sobre o documento produzido por uma parte, deve ser propiciado o contrário para a outra, nos termos do art. 398 do CPC.

Na seara do Direito Processual do Trabalho, há também entendimentos mais flexíveis com suporte no art. 845 da CLT no sentido de que os documentos podem ser juntados até o término da instrução processual, pois, enquanto não encerrada a instrução, a audiência ainda está em andamento, e o referido art. 845 assevera que as partes produzirão as provas em audiência, aí incluída a prova documental.

Nesse sentido, destacamos a seguinte ementa:

> Apresentação de documentos. Por certo não é absoluta regra de que os documentos trazidos pelo autor devem acompanhar a petição inicial e os do réu a defesa, como preconiza o art. 787 da CLT. Há um pressuposto, no entanto, que não pode ser vulnerado: os documentos devem vir aos autos antes dos depoimentos pessoais. (TRT 12ª R. – 1ª T. – RO-V n. 4295/2002.002.12.00-0 – Ac. n. 8.804/04 – Rel. Geraldo J. Balbinot – DJSC 16.8.04 – p. 244) (RDT n. 9 – Setembro de 2004)

No nosso sentir, os documentos, no Processo do Trabalho, podem ser juntados até o término da instrução processual por interpretação sistemática dos arts. 283 e 284 do CPC em cotejo com o art. 845 da CLT e também em razão dos princípios do acesso efetivo e real à Justiça do Trabalho, a uma ordem jurídica justa e também em razão da busca da verdade real.

Deve ser destacado que para o Juiz do Trabalho não há preclusão quanto à prova documental (art. 765 da CLT), podendo este determinar de ofício a juntada de qualquer documento que entenda pertinente para o deslinde da controvérsia.

Quanto à juntada de documentos na fase recursal, dispõe a Súmula n. 8 do TST:

> A juntada de documentos na fase recursal só se justifica quando provado o justo impedimento para sua oportuna apresentação ou se referir a fato posterior à sentença.

No nosso sentir, o entendimento sumulado está correto, pois propicia que os documentos sejam juntados na fase recursal desde que a parte seja impedida de juntá-los antes da sentença, ou que se refira à prova de fato posterior à sentença, o que é razoável e propicia acesso mais efetivo da parte ao Judiciário Trabalhista.

No aspecto, cumpre destacar as seguintes ementas:

> Impõe-se o desentranhamento dos documentos com as razões recursais, quando inobservados os termos do Enunciado n. 08 do c. TST não é nula a sentença que indica os motivos que formaram o convencimento do julgador uma vez que a empresa não é instituição financeira, impossível caracterizar como bancários os seus funcionários. Honorários advocatícios só são devidos, na Justiça do Trabalho, quando atendidos todos os requisitos exigidos na Lei n. 5.584/70, consoante Enunciados ns. 329 e 219 do c. TST. (TRT – 2ª R. – 10ª T. – Ac. n. 02950215445 – Rel. Bolívar de Almeida – DJSP 9.6.95 – p. 42)

Desentranhamento de documentos — Recurso. É censurável o ato do Juízo primeiro de admissibilidade, que ordena o desentranhamento e devolução de documentos apresentados pela parte com o recurso ordinário, a respeito do que cabe ao segundo grau deles conhecer, ou não, no exercício da jurisdição que lhe foi requerida. (TRT – 3ª R. – 2ª T. – RO n. 4887/2000 – Rel. Juiz Antônio Fernando Guimarães – DJMG 4.8.2000 – p. 15)

Juntada de documentos — Não conhecimento. Não devem ser conhecidos documentos juntados na fase recursal, quando não se referirem a fato posterior à sentença ou não comprovado o justo impedimento para sua oportuna apresentação, nos termos do entendimento jurisprudencial majoritário, consagrado na Súmula n. 8 do TST. (TRT 12ª R. – 2ª T. – ROV n. 1423/2004.018.12.00-1 – Ac. n. 1865/06 – Rel. Geraldo José Balbinot – DJSC 13.2.06 – p. 259) (RDT n. 03 – março de 2006)

### 2.3.3. Da autenticidade dos documentos no Processo do Trabalho

Dispõe o art. 830 da CLT, com a redação dada pela Lei n. 11.925/09:

> O documento em cópia oferecido para prova poderá ser declarado autêntico pelo próprio advogado, sob sua responsabilidade pessoal. Parágrafo único. Impugnada a autenticidade da cópia, a parte que a produziu será intimada para apresentar cópias devidamente autenticadas ou o original, cabendo ao serventuário competente proceder à conferência e certificar a conformidade entre esses documentos.

Dizia a redação original do art. 830 da CLT: "O documento oferecido para prova só será aceito se estiver no original ou em certidão autêntica, ou quando conferida a respectiva pública forma ou cópia perante o juiz ou Tribunal."

Pela redação do citado dispositivo legal, somente eram aceitos no Processo do Trabalho documentos autenticados.

Não obstante, a necessidade de autenticação de documentos no Processo do Trabalho já vinha sendo dispensada pela jurisprudência trabalhista há muito tempo, por ser providência extremamente burocrática que já não mais se compatibiliza com a dinâmica do Processo do Trabalho.

Nesse sentido, destacamos a seguinte ementa:

> Diante dos avanços tecnológicos, presume-se que a cópia xerográfica seja reprodução fiel do original, o que, em princípio, afasta a necessidade de autenticação. A impugnação à cópia desta natureza, portanto, para ter eficácia, exige que se aponte a razão pela qual justifica-se uma dúvida sobre a sua confiabilidade. Superação da regra do art. 830, da CLT, neste caso especial, por se tratar de norma editada anteriormente à descoberta e operacionalização do processo de reprografia. (TRT – 10ª Reg. – 2ª T. – Ac. n. 0914/95, Rel. Juiz Monteiro de Lima in DJDE de 23.6.95 – p. 8.753).

A autenticidade dos documentos pode ser feita na própria audiência perante o Juiz do Trabalho e a parte contrária. Além disso, se o conteúdo dos documentos não restar impugnado, não há razão para o Juiz exigir a autenticação deles.

Não obstante, se houver impugnação quanto à autenticidade ou houver dúvidas a respeito, deverá o Juiz do Trabalho determinar que a parte proceda à juntada dos originais.

O CPC, no art. 365, IV, cuja aplicação no Processo do Trabalho é de inteira pertinência (art. 769 da CLT), possibilita que o próprio advogado da parte proceda à autenticação dos documentos. Assevera o referido dispositivo legal:

> Fazem a mesma prova que os originais: (...) IV – as cópias reprográficas de peças do próprio processo judicial declaradas autênticas pelo próprio advogado sob sua responsabilidade pessoal, se não lhes for impugnada a autenticidade.

Nesse aspecto, vale destacar a seguinte ementa:

> Declaração de autenticidade das peças trasladadas — Art. 544, § 1º, do CPC — Necessidade. A e. Seção de Dissídios Individuais-1 desta Corte firmou o entendimento de que o art. 544, § 1º, do CPC, que tem aplicação subsidiária no Processo do Trabalho, ao dispor que "as cópias das peças do processo poderão ser declaradas autênticas pelo próprio advogado, sob sua responsabilidade pessoal", não admite a autenticação presumitiva de documentos em cópias reprográficas que instruem o agravo de instrumento, por força de sua mera juntada pelo advogado. Ausente, pois, a declaração formal e expressa de autenticidade das peças trasladadas, não procede a alegação de que o despacho que nega seguimento ao agravo de instrumento, por irregular a sua formação, viola o art. 897 da CLT. Agravo a que se nega provimento. (TST – 4ª T. – A-AIRR n. 2823/2003.075.02.40-7 – Rel. Márcio Ribeiro do Valle – DJ 11.05.07 – p. 1.181) (RDT n. 06 – junho de 2007)

Agora, diante da Lei n. 11.925, o documento oferecido em cópia poderá ser autenticado no Processo do Trabalho pelo próprio advogado, sob sua responsabilidade pessoal.

Trata-se de providência que visa a desburocratizar o processo, facilitar a atuação do advogado e destacar a importância deste no processo do trabalho como essencial à administração da justiça (art. 133 da CF).

Embora silente a lei, se a parte estiver sem advogado, fazendo exercício do *jus postulandi* previsto no art. 791 da CLT, pensamos que a própria parte poderá declarar a autenticidade do documento juntado sem autenticação, pela interpretação sistemática e teleológica dos arts. 830 e 791 da CLT, considerando-se que a finalidade da lei é desburocratizar o processo e prestigiar os princípios da simplicidade e economia processual.

Caso a autenticidade do documento seja impugnada, a parte que o produziu será intimada a apresentar as cópias autenticadas ou o original, cabendo ao serventuário proceder à conferência. A lei não diz qual o prazo para apresentação dos originais ou das cópias autenticadas. Desse modo, pensamos aplicável o art. 13 do CPC, devendo o Juiz do Trabalho conceder prazo razoável para apresentação dos documentos, considerando-se o número de documentos, bem como a complexidade da matéria.

Nesse aspecto, recentemente decidiu o Tribunal Superior do Trabalho[139]:

> Advogado trabalhista pode autenticar documentos de processo desde 7/09 – 3.08.2010. A legislação trabalhista atual admite a declaração de autenticidade de

---

(139) Disponível em: <www.tst.jus.br> Acesso em: 6 set. 2010.

documentos que compõem um processo pelos próprios advogados que atuam na causa. A nova redação do *art. 830* da CLT foi dada pela *Lei n. 11.925/2009*, que entrou em vigor noventa dias após sua publicação, ou seja, em 16/07/2009. Antes dessa data, portanto, valia a regra estabelecida em um decreto-lei de 1943, que não permitia a declaração de autenticidade de documentos oferecidos como prova feita pelo advogado em substituição à autenticação por cartório de notas ou secretaria do juízo. Em julgamento recente na Seção II Especializada em Dissídios Individuais do Tribunal Superior do Trabalho, os ministros analisaram um recurso ordinário em mandado de segurança do Banco Rural apresentado sem a autenticação dos documentos que instruíam a petição inicial. O banco contestava a penhora em dinheiro sofrida em fase de execução provisória, por entender que havia violação do seu direito líquido e certo. (ROMS – 705000-10.2008.5.01.0000).

### 2.3.4. Do incidente de falsidade no Direito Processual do Trabalho

Assevera o art. 390 do CPC:

> O incidente de falsidade tem lugar em qualquer tempo e grau de jurisdição, incumbindo à parte, contra quem foi produzido o documento, suscitá-lo na contestação ou no prazo de dez (10) dias, contados da intimação da sua juntada aos autos.

O incidente de falsidade é uma ação incidental, movida no curso de um processo já pendente, com a finalidade de que o juiz declare por sentença a autenticidade ou falsidade de um documento pertinente e relevante para o deslinde da lide. Segundo a doutrina, a natureza do incidente de falsidade é a mesma da ação declaratória incidental prevista nos arts. 5º e 325 do CPC.

Como bem advertem *Fredie Didier Júnior, Paula Sarno Braga* e *Rafael Oliveira*[140], a arguição de falsidade tem por objeto uma questão de fato (autenticidade ou falsidade de um documento), que é prejudicial ao julgamento do objeto litigioso, na medida em que o interesse de agir de quem a suscita, conforme se verá, está vinculado à relevância do documento reputado falso para o deslinde da causa. Assim, saber se o documento é, ou não, falso deve ser uma questão que tenha aptidão para influenciar na resolução do próprio mérito da demanda.

Embora a lei não faça distinção, pensamos que somente a falsidade material possa ser invocada no incidente de falsidade, pois somente esta é passível de ser demonstrada pelo exame pericial. A falsidade ideológica pode ser demonstrada por qualquer meio de prova admitido em direito, mas não pela perícia.

Nesse sentido, adverte *Nelson Nery Júnior*[141]:

> "A falsidade ideológica, assim entendida aquela que respeita aos vícios do consentimento ou sociais do ato jurídico, não autoriza a instauração do incidente, mas a anulação do ato jurídico na forma do CC 147, II. A doutrina não é pacífica a respeito do tema. Nosso entendimento é no sentido de que o incidente de

---

(140) *Curso de direito processual civil.* v. 2. Salvador: Podivm, 2007. p. 147.
(141) *Código de Processo Civil comentado.* 10. ed. São Paulo: RT, 2007. p. 634.

falsidade documental, para ser admitido, tem que ser relativo a vício do documento, não a vício do consentimento ou social (v. Frederico Marques, Instit. III, 789, p. 323 e ss.). Se o documento encontra óbice respeitante a vício do consentimento, ou a vício social inerente à declaração de vontade que o próprio documento contém, caberá à parte, com as armas processuais de que dispõe, demonstrar em juízo que o documento não merece fé, independentemente da instauração do incidente de falsidade, aliás como o próprio CPC 372, parágrafo único, deixa evidente, autorizado o juiz a não admitir a eficácia do documento e reconhecendo-lhe a fé que julgar merecer".

No mesmo sentido é a opinião de *Manoel Antonio Teixeira Filho*[142]:

"Sucede que a falsidade ideológica (derivante, em geral, de simulação, erro, etc.) pode ser demonstrada pelos meios ordinários de prova, inclusive o testemunhal, razão por que o incidente a que se refere o art. 390 do CPC se revela, a nosso ver, inadequado a essa finalidade".

No Processo do Trabalho, o incidente de falsidade pode ser arguido tanto pelo reclamante como pelo reclamado, no prazo de 10 dias contados da ciência da juntada do documento pela parte contrária aos autos. Como regra geral, o reclamado tem ciência dos documentos do reclamante com a propositura da inicial e o reclamante tem ciência dos documentos juntados pelo reclamado na audiência. Deve o incidente ser oferecido por escrito, em petição fundamentada, no prazo de 10 dias. Nesse sentido, dispõe o art. 391 do CPC, *in verbis*:

> Quando o documento for oferecido antes de encerrada a instrução, a parte o arguirá de falso, em petição dirigida ao juiz da causa, expondo os motivos em que funda a sua pretensão e os meios com que provará o alegado.

A decisão que determina o processamento do incidente de falsidade no processo do trabalho tem natureza interlocutória, não sendo recorrível de imediato (art. 893, § 1º, da CLT).

Nesse sentido, dispõe a seguinte ementa:

> Incidente de falsidade — Irrecorribilidade imediata. A decisão dada em incidente de falsidade é imediatamente irrecorrível, pois os incidentes do processo são resolvidos pelo próprio Juízo ou Tribunal, admitindo-se a apreciação do merecimento das decisões interlocutórias somente em recursos da decisão definitiva (CLT, art. 893, § 1º ). (TRT – 12ª R. – 2ª T. – Ac. n. 9204/99 – Rel. Juiz J. L. Moreira Cacciari – DJSC 14.9.99 – p. 115) (RDT n. 10/99, p. 52).

Nos termos do art. 392 do CPC:

> Intimada a parte, que produziu o documento, a responder no prazo de 10 (dez) dias, o juiz ordenará o exame pericial. Parágrafo único. Não se procederá ao exame pericial, se a parte, que produziu o documento, concordar em retirá-lo e a parte contrária não se opuser ao desentranhamento.

---

(142) TEIXEIRA FILHO, Manoel Antonio. *A prova no processo do trabalho*. 8. ed. São Paulo: LTr, 2003. p. 312.

Depois de encerrada a instrução, o incidente de falsidade correrá em apenso aos autos principais; no tribunal, processar-se-á perante o relator, observando-se o disposto no artigo antecedente (art. 393 do CPC).

Logo que for suscitado o incidente de falsidade, o juiz suspenderá o processo, conforme determina o art. 394 do CPC.

A falsidade ou a autenticidade do documento fixada no incidente de falsidade deverá ser declarada por sentença (art. 395 do CPC). Divergem doutrina e jurisprudência quanto à eficácia da coisa julgada no incidente de falsidade. Para uma vertente, a coisa julgada somente se opera *inter partes*, vale dizer: o documento somente é falso para o processo em que foi arguido o incidente, não tendo eficácia *erga omnes*. Para outra corrente, a declaração de falsidade tem eficácia *erga omnes*, sendo uma das exceções ao princípio segundo o qual o efeito da coisa julgada somente se produz entre as partes em que foi proferida, operando-se efeitos com relação a terceiros.

Entendemos correta a primeira posição, pois encontra eco no art. 472 do CPC[143], primeira parte, sendo certo que a declaração de falsidade não é pertinente à ação de estado de pessoa, não sendo *in casu*, a aplicação da exceção prevista na parte final do citado dispositivo legal.

### 2.3.5. Valoração do documento no processo do trabalho

Como visto, os documentos podem ser públicos ou particulares.

Caso o documento seja público, inegavelmente, sua eficácia probatória no processo será maior do que a do documento particular.

Nesse sentido, é o art. 366 do CPC, *in verbis*:

> Quando a lei exigir, como da substância do ato, o instrumento público, nenhuma outra prova, por mais especial que seja, pode suprir-lhe a falta.

Inegavelmente, há certo prestígio da eficácia probatória do documento público, pois há presunção de legitimidade e veracidade. Não obstante, no processo do trabalho, diante do princípio da primazia da realidade, as provas devem ser valoradas no conjunto, não havendo hierarquia entre as provas.

Nesse aspecto, cumpre destacar a seguinte ementa:

> Situação fática controvertida — Prova oral e prova documental — Prevalência — Esfera trabalhista. As questões fáticas controvertidas nos autos devem ser esclarecidas e comprovadas as alegações das partes a respeito por meio das provas admitidas em direito (arts. 5º, LV, CF, 818, CLT, 332 e 333, CPC), entre as quais a prova testemunhal, sendo que, na esfera trabalhista, em razão da aplicação do princípio da primazia da

---

(143) Art. 472 do CPC: "A sentença faz coisa julgada às partes entre as quais é dada, não beneficiando, nem prejudicando terceiros. Nas causas relativas ao estado de pessoa, se houverem sido citados no processo, em litisconsórcio necessário, todos os interessados, a sentença produz coisa julgada em relação a terceiros".

realidade, há prevalência da prova testemunhal sobre a documental, quando ela revela situação fática diversa da contida na prova documental, ante o disposto no art. 9º da CLT. Sentença mantida. (TRT – 15ª R. – 2ª T. – RO n. 1178/2002.076.15.00-5 – Rel. Lorival F. dos Santos – DJSP 1º.4.05 – p. 25) (RDT n. 05 – Maio de 2005).

## 2.4. Da prova testemunhal no Processo do Trabalho

### 2.4.1. Do conceito e admissibilidade da prova testemunhal no Processo do Trabalho

Testemunha é pessoa física capaz, estranha e isenta com relação às partes, que vem a juízo trazer as suas percepções sensoriais a respeito de um fato relevante para o processo do qual tem conhecimento próprio.

Como destaca *Moacyr Amaral Santos*[144], são elementos característicos da testemunha: a) é uma pessoa física; b) é uma pessoa estranha ao feito; c) é uma pessoa que deve saber do fato litigioso; d) a pessoa deve ser chamada a depor em juízo; e) a pessoa deve ser capaz de depor.

Inegavelmente, nos tempos modernos, a testemunha é colaborador da Justiça, que presta um serviço público relevante, pois vem a juízo contribuir para que se faça justiça num caso concreto, esclarecendo os fatos controvertidos do processo.

Ensina *Cândido Rangel Dinamarco*[145]:

Testemunha é, em sentido muito amplo e vago, quem pelos sentidos tomou conhecimento de algum fato, não importando se o faz pelo sentido da visão, audição, paladar, olfato ou tato, ou mesmo por informação de outrem. Em direito processual, é a *pessoa física chamada a cooperar com a Justiça, informando ao juiz os fatos e circunstâncias de interesse para a causa, dos quais tenha conhecimento*.

A prova testemunhal sucedeu às ordálias, dando-nos notícia desta nova espécie de prova, sobretudo, os livros do Antigo Testamento — os quais acabaram, por sua vez, por se constituir em verdadeiros repositórios de princípios sobre a necessidade, a eficácia e as penas a que se encontrava sujeito o falso testemunho (princípios que, diga-se de passagem, contaram com sua institucionalização, no próprio direito processual —, como, por exemplo, o de que não pode haver condenação sem prova (Números, 5, 13); proibição de testemunhar em favor do culpado (Êxodo, 23, 1); ineficácia do depoimento único (*testis unus, testis nullus* — Deuteronômio, 19, 15); e tipo de pena aplicada àquele que prestasse falso testemunho (no caso, correspondente à da falsa acusação formulada — Deuteronômio, 19, 15-20)[146].

---

(144) SANTOS, Moacyr Amaral. *Primeiras linhas de direito processual civil*. 2. v., 17. ed. São Paulo: Saraiva, 1995. p. 452.

(145) DINAMARCO, Cândido Rangel. *Instituições de direito processual civil*. v. III. São Paulo: Malheiros, 2001. p. 603.

(146) RODRIGUES, Manoel Cândido. A prova testemunhal no processo do trabalho. In: BARROS, Alice Monteiro de (Coord.). *Compêndio de direito processual do trabalho*. 3. ed. São Paulo: LTr, 2002. p. 351.

Como todo meio de prova que depende das percepções sensoriais do ser humano, a prova testemunhal é falível[147]. Embora seja apontada como o meio mais vulnerável das provas, ela ainda é preponderante, não só na Justiça Comum, mas, principalmente, na Justiça do Trabalho, em que a quase-totalidade das controvérsias é atinente à matéria fática (horas extras, justa causa, equiparação salarial, etc.). Em razão disso, devem os operadores do Direito (juízes, procuradores e advogados) conviver com esse tipo de prova e procurar aperfeiçoá-la com técnicas de inquirição e principalmente desenvolver a cultura da seriedade e honestidade dos depoimentos.

Como bem destaca *Cândido Rangel Dinamarco*[148], "as distorções da realidade pela testemunha nem sempre são intencionais. Há fatos que acontecem de improviso, sem que a pessoa tivesse qualquer participação nem esperasse por eles, o que leva a ter uma percepção parcial e nem sempre correta do acontecido (acidente de veículos). Há casos em que o decurso do tempo e as fantasias que às vezes se criam em torno dos acontecimentos da vida real são responsáveis pelo esquecimento daquilo que foi visto, ouvido, lido ou sentido. A experiência mostra ainda que as palavras da testemunha ao juiz nem sempre são suficientemente claras e nem sempre trazem ao espírito deste a correta representação da ideia que ela pretende transmitir"[149].

A prova testemunhal é sempre admissível, salvo se a lei dispuser de modo contrário. Portanto, a admissibilidade é a regra e a vedação, exceção. Considerando ser o homem falho na captação de suas percepções, o legislador, na esfera processual civil, tratou a prova testemunhal com reservas, sendo esse o campo de maior incidência do sistema da prova legal do Código.

Com efeito, nos termos do art. 400 do CPC, a prova testemunhal é sempre admissível, salvo as exceções preconizadas nos incisos do referido diploma, quais sejam:

---

(147) Para Sergio Pinto Martins, a prova testemunhal é a pior prova que existe, sendo considerada a prostituta das provas, justamente por ser a mais insegura (*Direito processual do trabalho*. 26. ed. São Paulo: Atlas, 2006. p. 329). Como bem destaca Marcelo Rodrigues Prata: "A Doutrina cunhou algumas controvertidas máximas a respeito da prova testemunhal. A testemunha é a 'prostituta das provas', segundo Mittermaier. Para Bentham, ao revés, '... as testemunhas são os olhos e os ouvidos da Justiça...'. Já Pincherli as reprocha dizendo que '... são, muitas vezes, olhos que não veem e ouvidos que não escutam ...'" (*A prova testemunhal no processo civil e no processo do trabalho*. São Paulo: LTr, 2005. p. 31).

(148) DINAMARCO, Cândido Rangel. *Instituições de direito processual civil*. São Paulo: Malheiros, 2001. v. III, p. 601.

(149) Nesse sentido, destacamos a seguinte ementa: Depoimentos testemunhais — Contradição — Horas extras. Apoiar-se em contradição dos depoimentos testemunhais, para o fim de julgar improcedente pedido de horas extras, *data venia*, é profundamente injusto, uma vez que a contradição ocorre principalmente quando as testemunhas vêm a juízo dar a sua impressão dos fatos ocorridos, sem um "ensaio" prévio. Em uma relação continuada, como é a trabalhista, os fatos se sucedem e não se repetem sempre da mesma forma, pois não se cuida de máquinas, mas de homens. A formação do convencimento, quanto a existência ou inexistência de horas extras, portanto, deve sobrepor-se às eventuais contradições dos depoimentos testemunhais e basear-se no conjunto probatório dos autos, levando-se em conta, especialmente, que a reconstituição da jornada trabalhada, mediante a avaliação de prova oral, se dá quando não são juntados aos autos os cartões de ponto, ou quando se considera que estes não retratam a realidade. (TRT – 15ª R. – 5ª T. – Ac. n. 13981/99 – Rel. Jorge Luiz S. Maior – DJSP 25.5.99 – p. 108)

a) *os fatos já provados por documento ou confissão da parte;*

b) *que só por documento ou por exame pericial puderem ser provados.*

A confissão de que trata o art. 400 do CPC é confissão real, pois a "confissão ficta" pode ser elidida por prova em contrário. Além disso, mesmo havendo a confissão real, o Juiz do Trabalho poderá ouvir testemunhas se não estiver suficientemente esclarecido sobre os fatos da causa.

Exigindo a lei que a prova de determinado ato jurídico seja provada por documento ou por exame pericial, o Juiz poderá indeferir a prova testemunhal, ou deferi-la com o objetivo de complementar as provas documental ou pericial. No Processo do Trabalho, há duas hipóteses em que não se admite a prova testemunhal: quando houver arguição de insalubridade e periculosidade (art. 195 da CLT) e a prova escrita do pagamento dos salários (art. 464 da CLT)[150].

Nos termos do art. 401 do CPC, "a prova exclusivamente testemunhal só se admite nos contratos cujo valor exceda o décuplo do maior salário mínimo vigente no país, ao tempo em que foram celebrados".

O dispositivo acima, no nosso sentir, não se aplica ao Direito Processual do Trabalho, pois a prova testemunhal é prova do Processo do Trabalho por excelência, considerando-se que o empregado não tenha acesso à documentação da relação de emprego e também em razão do princípio da primazia da realidade que norteia as relações de trabalho.

## 2.4.2. Da capacidade para ser testemunha. Das incapacidades, impedimentos e suspeições das testemunhas no Processo do Trabalho

Podem depor como testemunhas todas as pessoas que não sejam incapazes, impedidas ou suspeitas.

A CLT disciplina as hipóteses de suspeição e impedimento de testemunhas no art. 829, *in verbis*:

> A testemunha que fora parente até o terceiro grau civil, amigo íntimo ou inimigo de qualquer das partes, não prestará compromisso, e seu depoimento valerá como simples informação.

A CLT prevê uma hipótese de impedimento, quando se trata de parente até o terceiro grau civil[151] de uma das partes, e suspeição, quando se trata de amigo íntimo ou inimigo de qualquer das partes.

---

(150) A Doutrina tem flexibilizado a necessidade de prova documental para o pagamento do salário nas relações de trabalho doméstico, em razão das peculiaridades da relação do doméstico e empregador doméstico.

(151) Como bem exemplifica Ísis de Almeida: "1º grau — Pai e filho — Genro e sogra — Padrasto e madrasta — Enteados — Pais e filhos adotivos. 2º grau: Avós e netos e cônjuges destes — Irmãos, inclusive os meio-irmãos — Cunhados — Filhos dos enteados. 3º grau: Bisavós e bisnetos — Tios e sobrinhos. Obs.: Cunhado não é parente. O parentesco da nora ou do genro com os sogros cessa com a morte do cônjuge que o gerou" (*Manual de direito processual do trabalho*. 2. Vol., 9. ed. São Paulo: LTr, 1998. p. 200).

Em razão de omissão da CLT e compatibilidade com o Processo do Trabalho (art. 769 da CLT), restam aplicáveis as hipóteses de incapacidade, impedimento e suspeição de testemunhas, previstas no art. 405 do CPC.

As incapacidades e impedimentos são de ordem objetiva, enquanto a suspeição é de ordem subjetiva.

Segundo o § 1º do art. 405 do CPC, são incapazes:" I – o interdito por demência; II – o que, acometido por enfermidade, ou debilidade mental, ao tempo em que ocorreram os fatos, não podia discerni-los; ou, ao tempo em que deve depor, não está habilitado a transmitir as percepções; III – o menor de 16 (dezesseis) anos; IV – o cego e o surdo, quando a ciência do fato depender dos sentidos que lhes faltam."

Nos termos do § 2º do art. 405 do CPC, são impedidos: "I – o cônjuge, bem como o ascendente e o descendente em qualquer grau, ou colateral, até o terceiro grau, de alguma das partes, por consanguinidade ou afinidade, salvo se o exigir o interesse público, ou, tratando-se de causa relativa ao estado da pessoa, não se puder obter de outro modo a prova, que o juiz repute necessária ao julgamento do mérito; II – o que é parte na causa; III – o que intervém em nome de uma parte, como o tutor na causa do menor, o representante legal da pessoa jurídica, o juiz, o advogado e outros, que assistam ou tenham assistido as partes."

Conforme o § 3º do art. 405 do CPC, são suspeitos: "I – o condenado por crime de falso testemunho, havendo transitado em julgado a sentença; (Redação dada pela Lei n. 5.925, de 1973); II – o que, por seus costumes, não for digno de fé; (Redação dada pela Lei n. 5.925, de 1973); III – o inimigo capital da parte, ou o seu amigo íntimo; IV – o que tiver interesse no litígio."

Nos termos do § 4º do art. 405 do CPC, "sendo estritamente necessário, o Juiz ouvirá testemunhas impedidas ou suspeitas; mas os seus depoimentos serão prestados independentemente de compromisso (art. 415) e o Juiz lhes atribuirá o valor que possam merecer".

No cotidiano das audiências trabalhistas, são frequentes as hipóteses de contraditas de testemunhas pelos seguintes motivos: a) amizade da testemunha com o reclamante; b) exercer a testemunha do réu cargo de confiança na empresa; c) mover a testemunha reclamação trabalhista em face da reclamada.

## a) amizade íntima

É fato comum nas audiências trabalhistas os reclamados arguirem contradita em razão de amizade íntima entre reclamante e sua testemunha.

Inegavelmente, a relação de trabalho, por ser contínua, gera uma proximidade maior entre trabalhadores que exercem a mesma função. Mas esta aproximação é inerente à relação de emprego e não se confunde com a amizade íntima. A amizade íntima se revela por atos objetivos, como o contato do autor e testemunha fora do contrato de trabalho, como frequências recíprocas às residências[152], saídas para passeios, etc.[153].

Como bem alerta *Wagner D. Giglio*[154], "convém advertir que o termo amigo, na linguagem vulgar, é de uso muito comum e, por isso, desvalorizado. Juridicamente, só a amizade íntima impede o testemunho. Ora, numa empresa, onde o contrato entre o pessoal é diário e estável, durante longo tempo, todos se dizem amigos, no sentido de conhecidos".

### b) empregado que exerce cargo de confiança na empresa

Quanto ao empregado que exerce cargo de confiança, por si só esse fato não gera suspeição para ser testemunha do empregador, pois tal hipótese não está prevista em Lei. Entretanto, deve o Juiz do Trabalho investigar outros elementos que revelem se o empregado exercente de cargo de confiança tem interesse ou não na solução do litígio, como, por exemplo, representação do empregador perante terceiros, exercício de encargos de gestão (art. 62, II, da CLT), participação na Diretoria, etc.

Como bem adverte *Ísis de Almeida*[155], "(...) para depor sobre fatos da relação de emprego, ninguém melhor que outro empregado, presente constantemente no recinto de trabalho; e, quanto ao exercente de cargo de confiança, este nem sempre desempenha funções que o tornem interessado direto no litígio; a suspeição poderá ser aceita se ele participar dos resultados do negócio, ou tiver poder de mando idêntico ao do empregador, inclusive na admissão e dispensa de empregados".

Nesse aspecto cumpre destacar a seguinte ementa, com a qual concordamos na íntegra:

> Testemunha que ocupa função de direção na empresa. Depoimento apto como prova. O art. 829 da CLT enumera as situações das testemunhas cujo depoimento vale apenas como informante, sendo elas a que for parente até o terceiro grau civil, amigo íntimo ou inimigo de qualquer das partes. O CPC, art. 405, disciplina que todas as pessoas podem depor como testemunhas, exceto as incapazes, impedidas e suspeitas e indica cada uma delas. Dos dispositivos infere-se que nenhum óbice legal

---

(152) Testemunha — Configuração de amizade íntima — Invalidação da prova. Tendo a testemunha declarado ao Juízo que visitava o reclamante cerca de três vezes por semana, resta configurada a existência de amizade íntima, não se prestando seu depoimento, portanto, a fazer prova das assertivas autorais. (TRT – 15ª R. – 5ª T. – Ac. n. 20216/2001 – Relª Olga Aída J. Gomieri – DJSP 21.5.2001 – p. 103) (RDT n. 6/2001. p. 65)

(153) Testemunha. Isenção de *animus*. Comprovado durante a instrução processual que a testemunha indicada relaciona-se com a parte que a indicou fora do âmbito laboral, frequentando, uma em companhia da outra, barzinhos, ou outros locais assemelhados, evidenciando desta forma a existência de estreitos laços de amizade, afigura-se regular e justificável o acolhimento da contradita lançada, porque demonstrada a suspeição da referida testemunha por faltar-lhe a necessária isenção de ânimo, inconfundível com a hipótese de mera cordialidade mantida entre colegas de trabalho. (TRT/SP – 00415200407802006 – RO – Ac. 4ª T. – 20060715060 – Rel. Paulo Augusto Câmara – DOE 22.9.2006).

(154) GIGLIO, Wagner D. *Direito processual do trabalho*. 8. ed. São Paulo: LTr, 1995. p. 257.

(155) *Op. cit.*, p. 199.

há para a aceitação do depoimento da testemunha da reclamada uma vez que não se enquadra em qualquer hipótese mencionada no ordenamento. A particularidade de exercer função de confiança ou de gestão no âmbito da empresa não compromete sua isenção de ânimo para depor. Depoimento aceito como prova testemunhal. (TRT – 22ª R. – RORA n. 0021800-35.2009.5.22.0001 – AC. 1ª T. – Rel Des. Arnaldo Boson Paes – DJe/TRT – 22ª R. – n. 482/10, 19.5.10, p. 5/6. In: *Suplemento de Jurisprudência LTr*, n. 32/2010, p. 256).

## c) testemunha que litiga contra o mesmo empregador em troca de favores

Quanto à testemunha que litiga contra o mesmo empregador, há discussões na doutrina e jurisprudência sobre haver ou não suspeição da testemunha para depor. Autores há que consideram a testemunha, nesta hipótese, suspeita para depor e até mesmo inimiga do empregador. A CLT não disciplina a questão, portanto, a questão deve ser dirimida à luz da doutrina e jurisprudência.

Para *Valentin Carrion*[156]:

"A testemunha que está em litígio contra a mesma empresa deve ser equiparada ao inimigo capital da parte; o embate litigioso é mau ambiente para a prudência e isenção de ânimo que se exigem da testemunha; entender de outra forma é estimular as partes à permuta imoral de vantagens em falsidades testemunhais mútuas, mesmo sobre fatos verdadeiros; extremamente fácil: 'reclamante de hoje, testemunha de amanhã'. É ingênuo o argumento contrário de que o litigante deve ser aceito como testemunha (e não como informante) porque tem direito de ação; se assim fosse, a suspeição da esposa para depor contrariaria o direito de casar. O impedimento não é à ação, mas à credibilidade. Também não se trata de violação ao princípio constitucional do direito de defesa; a CF admite os meios lícitos, mas não atribui força probante ao incapaz, impedido ou suspeito".

Outros afirmam que, se a testemunha do reclamante move processo em face da reclamada, tal requisito não é causa de suspeição em razão do direito constitucional de ação (art. 5º, XXXV, da CF), que a testemunha depõe sob compromisso de dizer a verdade e que não se pode sonegar o direito do empregado de ouvir testemunha que está em litígio em face do mesmo empregador, considerando todos os percalços que enfrenta o reclamante para conseguir testemunhas e provar suas alegações em juízo.

Nesse sentido, a opinião de *Décio Sebastião Daidone*[157]:

"(...) pessoas que litigam contra o mesmo ex-empregador de seu colega, em cujo processo foi chamado a depor, não estarão impedidas ou suspeitas, pois o direito de ação, constitucionalmente garantido, não pode servir de entrave

---

(156) CARRION, Valentin. *Comentários à Consolidação das Leis do Trabalho*. 30. ed. São Paulo: Saraiva, 2005. p. 630.

(157) DAIDONE, Décio Sebastião. *Direito processual do trabalho:* ponto a ponto. 2. ed. São Paulo: LTr, 2001. p. 216.

para o cumprimento de uma obrigação e dever de cidadão, principalmente quando se compromissar com a verdade, sob as penas da lei, a menos que esteja evidente o interesse de um e de outro em se protegerem reciprocamente. Caso contrário, basta um empregador dispensar todos os seus empregados para que estivesse a salvo de qualquer prova testemunhal contrária aos seus interesses, pois todos estariam litigando contra ele, em processos distintos".

No nosso sentir, o simples fato de a testemunha litigar em face do mesmo empregador não a torna suspeita, pois no Processo do Trabalho há peculiaridades dificilmente encontradas nos demais ramos da esfera processual, já que, em regra, as testemunhas do reclamante são ex-empregados do reclamado e as testemunhas do empregador lhe são empregados. Além disso, dificilmente, em juízo, se dá credibilidade a depoimentos de testemunhas que não trabalharam junto com o reclamante em razão das peculiaridades da relação de trabalho, que é uma relação jurídica que se desenvolve *intuitu personae* em face do trabalhador e, normalmente, o local da prestação de serviços está rodeado de outros trabalhadores. Sob outro enfoque, o direito constitucional de ação é dirigido contra o Estado para o empregado obter os direitos que entende violados, e não contra o empregador que, via de regra, é uma empresa, sendo certo que, muitas vezes, nem sequer o empregado sabe quem a administra. Por isso, o fato de mover ação em face do empregador, por si só, não é motivo de suspeição ou impedimento da testemunha[158], ainda que os fatos sejam idênticos[159].

Nesse sentido se inclinou a jurisprudência do Tribunal Superior do Trabalho, conforme a redação da Súmula n. 357, de sua jurisprudência, *in verbis*:

> TESTEMUNHA — AÇÃO CONTRA A MESMA RECLAMADA — SUSPEIÇÃO. Não torna suspeita a testemunha o simples fato de estar litigando ou de ter litigado contra o mesmo empregador.

---

(158) Testemunha — Ação contra a mesma reclamada — Enunciado n. 357 do c. TST. Nos termos do Enunciado de Jurisprudência n. 357 do c. TST, não torna suspeita a testemunha o simples fato de estar litigando ou ter litigado contra o mesmo empregador. (TRT 12ª R. – 1ª T. – ROVA n. 8060/2003.035.12.00-0 – Ac. n. 3369/05 – Rel. Marcus P. Mugnaini – DJSC 6.4.05 – p. 293) (RDT n. 05 de Maio de 2005). Testemunha — Contradita — Cerceamento de defesa. É pacífico nesta Corte o entendimento de que: "Não torna suspeita a testemunha o simples fato de estar litigando ou ter litigado contra o mesmo empregador" (Enunciado n. 357 do TST). Decisão do regional que conclui que é correto o deferimento da contradita, uma vez que "a testemunha reconheceu a propositura de ação contra a reclamada e o ora reclamante foi sua testemunha naquele processo, configurando a troca de favores", contraria o verbete em foco. Recurso de revista provido. (TST – 4ª T. – RR n. 67.581.2002.900.01.00-8 – Rel. Mílton de Moura França – DJ 28.5.04 – p. 992) ( RDT n. 6 – junho de 2004)

(159) Em sentido contrário, encontra-se a presente ementa oriunda do Supremo Tribunal Federal, *in verbis*: PROVA TESTEMUNHAL — SUSPEIÇÃO — TESTEMUNHAS EM LITÍGIO COM A PARTE CONSIDERANDO O OBJETO DO PROCESSO — As testemunhas arroladas pelos autores que demandam contra o réu, considerando o objeto do processo, têm interesse no desfecho desta última devendo serem tidas como suspeitas. Prova testemunhal. Arcabouço. Inexiste vício a revelar transgressão ao devido processo quando a sentença condenatória lastreia-se em depoimento de testemunha do próprio réu, muito embora fazendo alusão, também, ao depoimento de testemunha que demanda, considerando o mesmo objeto do processo (STF, RE 220329/MT 2ª T. – Rel. Min Marco Aurélio – DJ 20.4.2001). In: BEGALLES, Carlos Alberto. *Lições de direito processual do trabalho*. Processo de conhecimento e recursos. São Paulo: LTr, 2005. p. 280/281.

Sob outro enfoque, o Juiz do Trabalho, quando colher o depoimento de testemunha que litiga em face da mesma reclamada, deve investigar se não há outro motivo que a torne suspeita, e ao tomar o depoimento ter a cautela de observar as atitudes da testemunha ao depor, podendo inclusive levar em consideração o fato de a testemunha litigar contra o mesmo empregador para valorar o depoimento. Como bem adverte *Marcelo Rodrigues Prata*[160], "ao Juiz, sem embargos, não lhe é facultada a ingenuidade. Ele deve perquirir se há identidade de objeto e de causa de pedir entre a reclamação da testemunha e da parte. Isso se verificando, haverá de ser ainda mais circunspecto ao analisar o depoimento. Visto que poderá existir um real interesse na causa por parte do depoente".

Quanto à testemunha que depõe em processo em que o reclamante foi sua testemunha em processo anterior, pensamos que nesta hipótese há a chamada "troca de favores" que configura falta de isenção de ânimo da testemunha, sendo, portanto, suspeita a testemunha. Entretanto, nesta situação, caso necessário, deve a testemunha ser ouvida como informante[161].

Nesse sentido, destacamos a seguinte ementa:

> Prova testemunhal — Troca de favores. Não configura troca de favores o simples fato da testemunha mover ação contra o mesmo empregador. Contudo, o fato da parte já ter sido arrolada como testemunha daquela, com evidência de benefício recíproco, sem qualquer compromisso com a verdade, está inquestionavelmente configurada a troca de favores. (TRT 3ª R. – 6ª T. – RO n. 270.2003.110.03.00-0 – Rel. Paulo Roberto de Castro – DJMG 2.9.03 – p. 20) (RDT n. 10 – Outubro de 2003)

### 2.4.3. Depoimento da testemunha menor de 18 anos no Processo do Trabalho

Diz o § 1º do art. 405 do CPC que são incapazes para testemunhar: (...) *III – o menor de 16 (dezesseis) anos.*

O presente dispositivo é aplicável ao Processo do Trabalho por força do art. 769 da CLT. Não obstante, a questão sempre gerou polêmicas, tanto no Processo Civil, como no Processo do Trabalho.

O menor de 18 anos não tem capacidade penal e, portanto, como prestará compromisso se é penalmente inimputável?

---

(160) PRATA, Marcelo Rodrigues. *A prova testemunhal no processo civil e trabalhista.* São Paulo: LTr, 2005. p. 213.

(161) Em sentido contrário, a seguinte ementa: "Testemunhas. Troca de favor. Depor em Juízo não pode significar um 'favor' quando a lei define a testificação um serviço público (CPC, art. 419, parágrafo único) e não consente com escusa contra o dever de colaborar com o Poder Judiciário (CPC, art. 339). O simples fato de uma parte depor como testemunha no processo de outro litigante não é causa de suspeição (TRT/SP 00734200300702003 – RO – Ac. 6ª T. – 20040322704 – Rel. Rafael Edson Pugliese Ribeiro – DOE 16.7.2004).

Parte da doutrina sustenta que o menor de 18 anos não pode depor, pois não tem capacidade penal[162] e, portanto, não deve o Juiz do Trabalho ouvir menores de 18 anos.

Outros argumentam que o menor de 18 anos, mas maior de 16, como tem capacidade para trabalhar (art. 7º, XXXIII, da CF), pode ser ouvido como testemunha no Processo do Trabalho. Nesse sentido é a visão de *Manuel Cândido Rodrigues*[163]:

> "(...) Embora seja certo que o menor de dezesseis anos se encontra legalmente inabilitado para a prática dos atos da vida civil, é de se concluir que, uma vez considerado apto para a prática dos principais atos relativos ao contrato de trabalho, a partir dos quatorze anos, jamais lhe poderá ser subtraída tal aptidão, para depor como testemunha, no Processo do Trabalho — não só porque quem pode o mais pode o menos, mas também porque há casos em que a prática contratual hodierna se processa, exclusivamente, com menores de dezesseis anos (daqui se concluindo, portanto, que tal espécie de testemunha acaba por representar o único meio à disposição da parte e do próprio Juízo para esclarecimento de certas disputas laborais)".

No mesmo sentido a seguinte ementa:

> A idade não é elemento impeditivo de depor, apenas o depoimento do menor deverá ser apreciado com reservas (TRT 2ª Reg., 12.736/80, Ac. 3ª T., 11.065/81, 6.7.81, Rel. Juiz Antônio Pereira Magaldi). In: *Revista LTr* 54/07-769.

Pensamos que o menor de 18 e maior de 16 anos poderá ser ouvido como informante, mas sem prestar compromisso legal, pois não tem imputabilidade penal. De outro lado, o Juiz do Trabalho somente deve ouvir testemunhas menores de 18 anos se for estritamente necessário. O entendimento das Varas Trabalhistas tem acompanhado a doutrina e a jurisprudência dominantes no sentido de não se admitir que o menor de 18 anos seja ouvido na condição de testemunha. Em último caso, admite-se a oitiva na condição de informante, caso a parte não tenha outra testemunha. Nesse sentido, destaca-se a seguinte ementa:

> Testemunhas menores. Indeferimento da oitiva — Cerceamento do direito de prova. O indeferimento do pedido de oitiva de testemunhas, ao fundamento de serem as mesmas menores de idade, constitui verdadeiro cerceio ao direito da parte de produzir prova. Diferentemente da vida civil, a maioridade trabalhista começa aos 18 anos e o trabalho é permitido aos maiores de 14, na qualidade de aprendizes, e a capacidade relativa começa aos 16 anos. Todo trabalhador, no processo do trabalho, pode ser ouvido como testemunha, compromissados os maiores de 18 anos, como informantes os demais. Nulidade Processual acolhida, para determinar a oitiva das testemunhas. (TRT 3ª R., RO 12.619/99, Ac. 5ª T., Virgílio Selmi Dei Falci, DJMG 16.9.2000, p. 18)

---

(162) Art. 27 do CP: "Os menores de 18 (dezoito) anos são penalmente inimputáveis, ficando sujeitos às normas estabelecidas na legislação especial".

(163) RODRIGUES, Manoel Cândido. A prova testemunhal no processo do trabalho. In: BARROS, Alice Monteiro de (Coord.). *Compêndio de direito processual do trabalho*. 3. ed. São Paulo: LTr, 2002. p. 387.

## 2.4.4. Número máximo de testemunhas no Processo do Trabalho

Assevera o art. 821 da CLT: "Cada uma das partes não poderá indicar mais de 3 (três) testemunhas, salvo quando se tratar de inquérito, caso em que esse número poderá ser elevado a 6 (seis)."

Quanto ao rito sumaríssimo, dispõe o art. 852-H, § 2º, da CLT:

> As testemunhas, até o máximo de duas para cada parte, comparecerão à audiência de instrução e julgamento independentemente de intimação.

Conforme se constata da redação dos referidos dispositivos legais, os números máximos de testemunhas para cada parte são:

a) procedimento ordinário: 3 testemunhas;

b) procedimento sumaríssimo: 2 testemunhas;

c) inquérito judicial para apuração de falta grave: 6 testemunhas;

d) rito sumário (Lei n. 5.584/70): 3 testemunhas.

Litisconsórcio ativo: Em havendo litisconsórcio ativo, pensamos que o número de testemunhas deve ser, no máximo, 3 para ambos os autores e não 3 testemunhas para cada autor, pois, se os reclamantes optaram por propor suas pretensões numa única reclamação, renunciaram tacitamente ao direito de ouvir mais de 3 testemunhas no processo.

Litisconsórcio passivo: Em se tratando de litisconsórcio passivo, pensamos que cada litisconsorte pode ouvir até 3 testemunhas cada um, pois a circunstância de o reclamado estar ao lado de outro litigante no polo passivo é condição que não decorre de sua vontade, mas sim por iniciativa do autor na petição inicial, ou por provocação do reclamado nas hipóteses de intervenção de terceiros, como chamamento ao processo e denunciação à lide.

Acreditamos que para o Juiz do Trabalho não há um limite máximo de testemunhas, pois, em busca da verdade (art. 765 da CLT), o Juiz poderá ouvir outras testemunhas que excedam o número máximo legal. As testemunhas que excedam o número máximo legal serão ouvidas como testemunhas do juízo. De outro lado, o art. 821 da CLT se refere a limite máximo de testemunhas para a parte e não para o Juiz.

Em casos excepcionais, a fim de não se obstar o acesso à justiça da parte, como na hipótese de o reclamante ter trabalhado em vários locais, poderá o Juiz, fundamentadamente, deferir que a parte possa ouvir mais de três testemunhas.

## 2.4.5. Da qualificação da testemunha. A testemunha que não porta documento poderá ser ouvida?

Diz o art. 828, *caput*, da CLT:

> Toda testemunha, antes de prestar compromisso legal, será qualificada, indicando o nome, nacionalidade, profissão, idade, residência, e, quando empregada, o tempo de serviço prestado ao empregador, ficando sujeita, em caso de falsidade, às leis penais.

A qualificação é um ato formal, em que a testemunha declina sua identificação: nome, nacionalidade, idade, residência, estado civil, bem como se trabalhou para o empregador; se afirmativa a resposta, por quanto tempo.

Antes de ser qualificada, a testemunha não está apta a depor, pois sem a qualificação não há como se imporem eventuais sanções penais se a testemunha se calar ou ocultar a verdade.

Nos termos do art. 415 do CPC, "ao início da inquirição, a testemunha prestará o compromisso de dizer a verdade do que souber e do que lhe for perguntado. Parágrafo único. O juiz advertirá à testemunha que incorre em sanção penal quem faz a afirmação falsa, cala ou oculta a verdade".

Como bem destaca *José Augusto Rodrigues Pinto*[164], "a testemunha é, sempre, da Justiça, nunca da parte. Pesa sobre ela o dever de informar com fidelidade o fato de que tem conhecimento, pois atua no processo como um instrumento de averiguação da verdade sobre a existência e os efeitos do fato que informa para dar margem a uma correta prestação jurisdicional".

Discute-se na doutrina e jurisprudência se a testemunha que não porta documento está qualificada.

No nosso entendimento, embora a CLT e o CPC não exijam que a testemunha porte documento[165], tal exigência decorre de sua qualificação, vale dizer: sem o documento a testemunha não está devidamente qualificada.

Como bem adverte *Sergio Pinto Martins*[166]:

"Antes de prestar compromisso de dizer a verdade, a testemunha deverá ser qualificada, indicando seu nome, nacionalidade, profissão, idade, residência. Caso tenha trabalhado para a reclamada, deverá indicar o tempo de serviço a ela prestado (art. 828, da CLT), justamente para verificar se, ao tempo da prestação de serviços do reclamante, com ele tenha ou não laborado a testemunha. Deverá a testemunha ser inquirida se tem interesse no objeto do processo. O certo seria a testemunha exibir sua identidade ao apresentar-se para depor. Caso não o faça, não poderia haver a qualificação, sendo impossível ser ouvida (...) A testemunha sem documento só poderia ser ouvida se a parte contrária ou outra pessoa presente a conhecesse, que a própria parte que a trouxe".

---

(164) RODRIGUES PINTO, José Augusto. *Processo trabalhista de conhecimento*. 7. ed. São Paulo: LTr, 2005. p. 534.

(165) Nesse sentido, destacamos a seguinte ementa: Testemunha — Documento de identidade. Este eg. Tribunal tem-se pronunciado, de forma iterativa, de que inexiste norma legal obrigando a testemunha a portar documento de identidade, mas apenas declinar sua qualificação. Dúvida sobre sua identidade é sanável, não comprometendo a colheita de seu testemunho, entendimento a que me rendo. Sentença que se anula reabrindo-se a instrução. (TRT – 18ª R. – Ac. n. 3840/96 – Relª Juíza Dora Mª da Costa – DJGO 5.10.96 – p. 57).

(166) MARTINS, Sergio Pinto. *Direito processual do trabalho*. 26. ed. São Paulo: Atlas, 2001. p. 333.

A seriedade e solenidade do ato de testemunhar exigem que a testemunha tenha documento, pois somente após a qualificação a testemunha poderá responder pelo delito de falso testemunho. Além disso, os anos de prática têm demonstrado que é conveniente sempre o Juiz do Trabalho ler o documento da testemunha antes do depoimento, podendo inclusive constatar, de ofício, eventuais incapacidade ou impedimento da testemunha, uma vez que são circunstâncias de caráter objetivo.

Nesse sentido, destacamos a seguinte ementa:

> Age corretamente o juízo ao dispensar a testemunha que comparece sem documento de identificação, uma vez que não pode ser qualificada, nem prestar compromisso, *ex vi* dos arts. 414 e 415 do CPC. O adiamento da audiência feriria os princípios da eventualidade ou da preclusão que informa o Direito Processual do Trabalho (TRT 1ª Reg. – RO n. 35826/94 – Relª Juíza Edith Corrêa – DJRJ 21.7.1997 – p. 92).

Somente será possível a oitiva da testemunha sem documento em casos extremos, se ela não possuir qualquer documento, ou seja, não tenha tirado documentos e for reconhecida incidentalmente pelas partes e testemunhas presentes.

Por derradeiro, se a testemunha possui documento, mas não o trouxe a juízo, deve o Juiz do Trabalho, a fim de não violar o direito de ampla defesa, propiciar à parte a substituição imediata da testemunha, ou adiar a audiência para que a testemunha compareça à nova sessão portando o documento.

### 2.4.6. Da contradita

Diz o art. 414 do CPC: "Antes de depor, a testemunha será qualificada, declarando o nome por inteiro, a profissão, a residência e o estado civil, bem como se tem relações de parentesco com a parte, ou interesse no objeto do processo. § 1º É lícito à parte contraditar a testemunha, arguindo-lhe a incapacidade, o impedimento ou a suspeição. Se a testemunha negar os fatos que lhe são imputados, a parte poderá provar a contradita com documentos ou com testemunhas, até três, apresentadas no ato e inquiridas em separado. Sendo provados ou confessados os fatos, o Juiz dispensará a testemunha, ou lhe tomará o depoimento, observando o disposto no art. 405, § 4º. § 2º A testemunha pode requerer ao juiz que a escuse de depor, alegando os motivos de que trata o art. 406; ouvidas as partes, o Juiz decidirá de plano."

A contradita é a impugnação da testemunha pela parte contrária, arguindo-lhe a incapacidade, impedimento ou suspeição.

A CLT não disciplina o procedimento da contradita. Desse modo, acreditamos ser perfeitamente possível a aplicação do CPC, por força do art. 769 da CLT.

A contradita deve ser arguida após a qualificação da testemunha e antes do compromisso, sob consequência de preclusão. Se durante o depoimento, após compromissada, ficar comprovada alguma hipótese de impedimento, incapacidade ou suspeição da testemunha, acreditamos que o Juiz não poderá descompromissar a testemunha, mas terá de levar em conta tal fato na valoração do depoimento.

Como no Processo do Trabalho não existe rol prévio de testemunhas, uma vez que as testemunhas são trazidas pelas partes, independentemente de notificação, se a parte invocar a contradita e tiver provas a serem produzidas, mas não na ocasião da audiência, deverá o Juiz adiar a audiência para que a parte que invocou a contradita possa produzir tal comprovação.

Embora seja conveniente que o Juiz aprecie a contradita na própria audiência antes do depoimento, acreditamos que, se ele não estiver suficientemente convencido, poderá, por cautela, tomar o compromisso da testemunha e, na sentença, decidir a contradita, pois tal procedimento não traz prejuízo às partes e também impede eventual nulidade futura do procedimento.

Ao contrário do que pensa parte da jurisprudência e doutrina, a parte não tem o direito de ouvir a testemunha cuja contradita foi deferida pelo Juiz, na qualidade de informante, pois o art. 829 da CLT não obriga que o Juiz do Trabalho o faça, apenas assevera que o depoimento da testemunha que for parente da parte até o 3º grau, amiga ou inimiga não prestará compromisso.

De outro lado, se a parte tiver apenas uma testemunha, e a contradita em face dela for acolhida, pensamos que o Juiz do Trabalho deve ouvir a testemunha contraditada, sob consequência de violação dos princípios do acesso à justiça e do contraditório real.

O depoimento da testemunha contraditada deve ser valorado em confronto com as demais provas existentes nos autos, podendo, diante das circunstância do caso concreto, convencer o órgão julgador. Nesse sentido, a seguinte ementa:

> Testemunha contraditada ouvida como informante. Depoimento considerado e sopesado com os demais elementos dos autos. Cerceio de defesa inexistente. Nulidade de sentença afastada. Em que pese a contradita, ensejou a oitiva da testemunha do informante, cujos depoimentos podem ser objeto de avaliação e sopesamento no conjunto probatório. Se a testemunha, embora contraditada, é ouvida como informante e o seu depoimento é sopesado com os demais elementos dos autos, não há que se cogitar de nulidade da sentença e reabertura processual. (TRT/SP – 01347004520095020056 (01347200905602000) – RO – Ac. 4ª T. 20110155119 – Relª. Ivani Contini Bramante – DOE 25.2.2011)

## 2.4.7. Da substituição das testemunhas

A CLT não prevê a possibilidade de substituição de testemunhas, pois, no Processo do Trabalho, as testemunhas comparecem para depor espontaneamente (art. 825 da CLT). Desse modo, até o momento da oitiva das testemunhas, a parte pode substituí-las.

Entretanto, situações ocorrem nas quais a parte declina os nomes das testemunhas e requer que o juízo proceda às intimações. Nesta hipótese, a parte apresenta o rol das testemunhas.

Se as partes apresentarem o rol de testemunhas, há a possibilidade de substituição das testemunhas arroladas?

Como a CLT não disciplina a questão, entendemos aplicável à hipótese o art. 408 do CPC, por força do art. 769 da CLT, assim redigido:

> Depois de apresentado o rol, de que trata o artigo antecedente, a parte só pode substituir a testemunha: I – que falecer; II – que, por enfermidade, não estiver em condições de depor; III – que, tendo mudado de residência, não for encontrada pelo oficial de justiça.

Nesse sentido, destacamos a seguinte ementa:

> Cabimento. Não há previsão legal expressa para a questão, mas apenas quanto à possibilidade de o juiz ouvi-las como informantes, independentemente de compromisso, quando necessário (arts. 829 da CLT, e 405, § 4º, do CPC). Ora, se não há previsão legal, tampouco há proibição para que se substituam as testemunhas na hipótese. Vale notar que o juiz pode promover, de ofício, as diligências que julgar necessárias, inclusive, a oitiva de testemunhas, de modo a formar sua convicção, e encetar esforços na busca da verdade real. Desta forma, não há nulidade decorrente do acolhimento do pedido da substituição de testemunhas que não compareceram para prestar depoimento. (TRT – 15ª R. – 2ª T. – Ac. n. 020493/94 – Rel. Lúcio C. Pires – DJSP 5.12.94 – p. 140)

## 2.4.8. Da produção da prova testemunhal no Processo do Trabalho

O momento para requerimento da prova testemunhal, no Processo Civil, é a petição inicial para o autor e o da contestação para o réu (arts. 282, VI, e 300 do CPC). Todavia, no rito sumário as testemunhas já devem ser arroladas quando da prática desses atos, enquanto no rito ordinário o rol pode ser juntado. No prazo assinalado pelo Juiz (art. 407 do CPC[167]), as partes depositarão o rol de testemunhas. Este prazo visa justamente a outorgar à parte contrária o conhecimento prévio de quem serão as testemunhas ouvidas no futuro ato, possibilitando a preparação de eventual contradita. O limite máximo de testemunhas para cada parte é de dez, enquanto para cada fato controverso o Juiz poderá dispensar as que excederem o número de três.

No Processo do Trabalho não existe rol de testemunhas, pois estas comparecem à audiência, independentemente de notificação. Nesse sentido, dispõe o art. 825 da CLT:

> As testemunhas comparecerão à audiência independentemente de notificação ou intimação.

Se as testemunhas não comparecerem de forma independente, o parágrafo único do art. 825 da CLT determina que elas sejam intimadas, de ofício pelo juiz ou a requerimento da parte. Uma vez intimada, se a testemunha, injustificadamente,

---

(167) Art. 407 do CPC: "Incumbe às partes, no prazo que o juiz fixará ao designar a data da audiência, depositar em cartório o rol de testemunhas, precisando-lhe o nome, a profissão, residência e o local de trabalho, omitindo-se o juiz, o rol será apresentado até 10 (dez) dias antes da audiência".

deixar de comparecer, será conduzida coercitivamente[168], além de ter de pagar multa equivalente a um salário mínimo (art. 730 da CLT[169]).

Caso a parte na audiência em prosseguimento se comprometa a trazer a testemunha espontaneamente, sem notificação judicial, em não comparecendo novamente a testemunha, haverá preclusão, implicando a ausência em desistência tácita da oitiva.

Não há necessidade de a parte comprovar o convite da testemunha para que possa requerer o adiamento da audiência e a consequente intimação da testemunha ausente, pois o referido art. 825 da CLT não o exige, exceto no rito sumaríssimo em que o § 3º do art. 852-H da CLT exige que a parte comprove o convite da testemunha que não compareceu. A prova do convite não precisa ser formal (escrita) nem se realizar necessariamente no mesmo ato da audiência em que não compareceu a testemunha.

Por ser o ato de testemunhar serviço público relevante, nos termos do art. 822 da CLT, as testemunhas não poderão sofrer qualquer desconto pelas faltas ao serviço, ocasionadas pelo seu comparecimento para depor, quando devidamente convocadas. Pelo referido dispositivo, o trabalhador tem direito a faltar no trabalho, sem sofrer qualquer desconto, para prestar depoimento na qualidade de testemunha[170].

Conforme o art. 824 da CLT, o Juiz ou presidente providenciará para que o depoimento de uma testemunha não seja ouvido pelas demais que tenham de depor no processo.

O presente dispositivo tem por objeto assegurar a seriedade da prova testemunhal e evitar que a testemunha, sabendo os fatos que a testemunha anterior já declarou, possa alterar seu depoimento.

Por vigorar o sistema presidencialista na colheita da prova, o Juiz do Trabalho preside a instrução processual e a colheita da prova testemunhal. Desse modo, nos termos do art. 820 da CLT, cabe ao Juiz inquirir as testemunhas e, posteriormente, as partes pessoalmente, ou por intermédio de seus advogados, reinquirir as testemunhas. Os depoimentos serão resumidos na ata da audiência (parágrafo único do art. 828 da CLT).

A ordem da oitiva das testemunhas caberá ao Juiz do Trabalho, considerando-se o ônus da prova de cada parte, nos termos do § 2º do art. 848, da CLT.

---

(168) Também é utilizada a expressão conduzir a testemunha "sob vara", com força policial.

(169) Art. 730 da CLT: "Aqueles que se recusarem a depor como testemunhas, sem motivo justificado, incorrerão na multa de 1 (um) a 10 (dez) valores de referência regionais".

(170) Enquanto a testemunha tem direito de faltar todo o dia no trabalho, a parte somente tem direito a se ausentar do serviço nas horas em que, efetivamente, permaneceu na Justiça do Trabalho. Nesse sentido é a Súmula n. 155 do C. TST: "As horas em que o empregado falta ao serviço para comparecimento necessário, como parte, à Justiça do Trabalho não serão descontadas de seus salários".

## 2.4.9. Da acareação das testemunhas e testemunhas e partes

Diz o art. 418 do CPC: "O juiz pode ordenar, de ofício ou a requerimento da parte: I – a inquirição de testemunhas referidas nas declarações da parte ou das testemunhas; II – a acareação de duas ou mais testemunhas ou de alguma delas com a parte, quando, sobre fato determinado, que possa influir na decisão da causa, divergirem as suas declarações".

O Juiz do Trabalho preside as audiências e é o destinatário final da prova colhida neste ato processual. Desse modo, havendo divergências entre as testemunhas ou entre testemunha e parte, poderá o Juiz, de ofício, proceder à acareação delas.

A acareação é o ato de colocar as testemunhas, ou as partes, cara a cara, ou frente a frente, com o objetivo de conseguir a retratação de uma delas ou de ambas, sobre um fato em que houve divergência nos depoimentos.

Como destaca *Francisco Antonio de Oliveira*[171]:

> "Para atingir o objetivo desejado — descobrir qual a testemunha falseante — poderá e deverá o juízo usar de todos os meio ao seu dispor, direta ou indiretamente, desde que eficientes. Na acareação poderá conseguir a retratação, fazendo ver à testemunha as consequências criminais ou, se tal não ocorrer, retirar do confronto os elementos de convicção, v. g., testemunha que se desdiz ou apresente exagerado nervosismo, observação de atitudes, etc. O trabalho não é fácil, mas em certos casos é imprescindível. Todavia, entendemos desnecessária a providência e até mesmo ociosa quando o fato em divergência não se mostra decisivo à solução do conflito".

Realizar a acareação é faculdade do Juiz, por isso, ele deve avaliar o custo-benefício em adotar tal prática. Muitas vezes, há grandes divergências entre os depoimentos, mas o magistrado consegue firmar sua convicção.

Nesse aspecto, cumpre destacar a seguinte ementa:

> Acareação — Anacronismo em relação à ciência processual contemporânea. A acareação é instituto de direito processual, porém anacronicamente disposto. Isso porque, no estágio atual da ciência processual, tem o julgador ampla liberdade na apreciação da prova, donde a mera divergência de consciência de duas testemunhas resta irrelevante para a exata percepção por parte do magistrado. O Direito Processual do Trabalho prima pela celeridade e a acareação retarda a prestação jurisdicional sem ser capaz de possibilitar, por si só, melhor compreensão do fenômeno processual. (TRT – 3ª R. – 3ª T. – Rel. Juiz Vitor Salino de Moura Eça (convocado) – 5.10.09 – p. 38 – Processo RO n. 296/2009.007.03.00-3) (RDT n. 11 – novembro de 2009).

Pensamos, embora não haja previsão legal, que o Juiz do Trabalho, constatando divergências entre os depoimentos, poderá conceder um prazo para que as testemunhas se retratem por declaração na própria Secretaria, pois a experiência

---
(171) OLIVEIRA, Francisco Antonio de. *Manual de processo do trabalho*. 3. ed. São Paulo: LTr, 2005. p. 325.

tem demonstrado que, no calor das discussões em audiência, a testemunha tem uma tendência natural de manter suas declarações.

### 2.4.9.a. Da valoração da prova testemunhal pelo Juiz do Trabalho

Tanto no sistema processual civil como no processual do trabalho (arts. 131 do CPC e 765 da CLT), o Juiz é livre para valorar a prova testemunhal, devendo apenas expor os motivos de seu convencimento (princípio da persuasão racional ou livre convencimento motivado).

Como destaca *José Augusto Rodrigues Pinto*[172], "o cuidado básico na formação de juízo de valor sobre a prova testemunhal é de despir-se o juízo do preconceito usualmente dirigido, ainda hoje, contra a sua qualidade. *A prova testemunhal* pode ser tão preciosa quanto qualquer outra. Em muitos casos, no Dissídio Individual do Trabalho, é decisiva, senão única, no processo. Assim, portanto, deve ser vista como peça de um conjunto integrado, ou é a própria instrução processual".

Diante da importância da prova testemunhal para o Processo do Trabalho, deve o Juiz do Trabalho dar atenção especial ao colher o depoimento. Deve avaliar como a testemunha teve apreensão dos fatos, se de forma direta ou por terceiros, se sua versão está compatível com os fatos declinados pela parte que a arrolou, o comportamento da testemunha ao depor (humildade, arrogância), a espontaneidade no depoimento, tranquilidade, nervosismo, razoabilidade da versão[173], grau de cultura, circunstâncias em que presenciou o fato, idade, etc.

O comportamento da testemunha deve ser sopesado pelo Juiz como elemento de prova. Como bem destaca *Luciane Cardoso*[174]:

"O comportamento processual das partes deve ser visto como meio de prova. As atividades das partes possuem relevância como elementos aptos a formar a convicção do juiz, ou seja, como instrumentos instrutórios especialmente no que dizem respeito à licitude ou não de tal comportamento. O comportamento processual das partes deve ser expressão do dever de veracidade que corresponde a um princípio do processo relacionado ao Estado e às partes. O primeiro, através do juiz, pode coibir a má-fé, e as partes, pelo princípio dispositivo, devem dispor de suas armas com boa-fé. Baseia-se na *exceptio*

---

(172) RODRIGUES PINTO, José Augusto. *Processo trabalhista de conhecimento*. 7. ed. São Paulo: LTr, 2005. p. 544.

(173) Nesse sentido: Prova — Valoração — Princípio da razoabilidade. A produção da prova incumbe àquele que alega, conforme preceitos insculpidos no art. 818 da CLT e art. 333 do CPC. O juiz, ao valorar a prova, não pode se afastar dos elementos existentes nos autos, devendo seguir as regras do art. 131 do CPC. Nessa formação de juízo de valor, não pode ser olvidado o princípio da razoabilidade, por meio do qual, busca-se revelar a realidade, a impedir que a letra fria da lei sirva como elemento legalizador de uma simulação. Somente assim, poderá ser feita a verdadeira justiça. (TRT 15ª R. – 2ª T. – RO n. 330.2003.074.15.00-0 – Rel. Luís Carlos C. M. S. da Silva – DJSP 7.5.04 – p. 15).

(174) CARDOSO, Luciane. *Prova testemunhal*: uma abordagem hermenêutica. São Paulo: LTr, 2001. p. 132.

*doli*, espécie de cláusula geral do processo que inadmite a conduta contrária à boa-fé. O sistema oral coloca uma nítida possibilidade de contato do Juiz com a parte na audiência, no momento do interrogatório da própria parte e das testemunhas".

Por isso, embora a jurisprudência do TST (Súmula n. 136) tenha entendimento firmado de que não se aplica ao Processo do Trabalho o princípio da identidade física do Juiz, é de todo conveniente aplicá-lo na valoração da prova, pois o Juiz que colheu diretamente os depoimentos tem melhores condições de valorá-los, e chegar ao acertamento mais próximo da realidade[175].

Deve o Juiz estar atento a todas as vicissitudes da prova testemunhal, pois as testemunhas depõem sobre fatos pretéritos que muitas vezes já se passaram há alguns anos e ainda a interpretação dos fatos varia de pessoa para pessoa. Por isso, pequenas divergências entre testemunhas são normais, não devendo o Juiz desconsiderar a prova testemunhal em razão de pequenas divergências entre os depoimentos das testemunhas e a versão das partes.

No mesmo sentido, é a visão de *Wagner D. Giglio*[176]:

"No cotejo dos depoimentos das testemunhas, a uniformidade excessiva, até o ponto de serem repetidas as mesmas palavras e os mesmos pormenores, indica testemunho 'preparado', isto é, previamente combinado, subtraindo-lhe valor, como é evidente, vez que regra geral duas pessoas não veem os fatos da mesma maneira, e muito menos o narram de forma idêntica. Pequenas discrepâncias quanto aos pormenores autenticam a prova testemunhal".

Nesse sentido, relevante destacar a seguinte ementa:

> Depoimentos testemunhais — Contradição — Horas extras. Apoiar-se em contradição dos depoimentos testemunhais, para o fim de julgar improcedente pedido de horas extras, *data venia*, é profundamente injusto, uma vez que a contradição ocorre principalmente quando as testemunhas vêm a juízo dar a sua impressão dos fatos ocorridos, sem um "ensaio" prévio. Em uma relação continuada, como é a trabalhista, os fatos se sucedem e não se repetem sempre da mesma forma, pois não se cuida de

---

(175) Nesse sentido, destacam-se as seguintes ementas: Valoração da prova — Manutenção do convencimento do julgador de 1º grau. Não ressaltando dos autos qualquer elemento que induza à convicção de que se equivocara o MM. — O Juízo Primevo na valoração da prova coligida, deve prevalecer o convencimento por ele firmado, com base nas vivas impressões colhidas por ocasião da produção probatória. É que o critério de valoração da prova atende tanto ao princípio da imediatidade do contato com a prova produzida como ao princípio da razoabilidade, e, ainda, às normas de experiência comum, subministradas pelo que comumente acontece (art. 335 do CPC). (TRT 3ª R. — 8ª T. — RO n. 199/2005.003.03.00-1 — Rel. José M. de Campos — DJMG 18.6.05 — p. 18) (RDT n. 07 de Junho de 2005). Prova oral — Valorização. Na análise e na valorização da prova oral, o Juiz *a quo* é o que detém melhores condições de aferição da verdade, porque mais próximo das partes, testemunhas e informantes. Sua percepção deve ser ratificada, ressalvando-se, evidentemente, a ocorrência de equívocos ou vícios na assentada, ou erro técnico na apreciação da prova, o que não se observa no caso. (TRT 3ª R. — 4ª T. — RO n. 455/2004.071.03.00-8 — Rel. Antônio A. da Silva — DJMG 16.10.04 — p. 9) (RDT n. 11 — Novembro de 2004).

(176) *Direito processual do trabalho*. 16. ed. São Paulo: Saraiva, 2007. p. 246.

máquinas, mas de homens. A formação do convencimento, quanto a existência ou inexistência de horas extras, portanto, deve sobrepor-se às eventuais contradições dos depoimentos testemunhais e basear-se no conjunto probatório dos autos, levando-se em conta, especialmente, que a reconstituição da jornada trabalhada, mediante a avaliação de prova oral, se dá quando não são juntados aos autos os cartões de ponto, ou quando se considera que estes não retratam a realidade. (TRT – 15ª R. – 5ª T .– AC. n. 13981/99 – Rel. Jorge Luiz S. Maior – DJSP 25.5.99 – p. 108)

Como bem adverte *Ísis de Almeida*[177], "a testemunha não é uma câmera fotográfica que fornece a imagem de fato observado. Ela o vê sob certo ângulo e, mesmo descrevendo-o o mais objetivamente possível, vai fixando pontos de sua preferência, abandonando outro involuntariamente, sob o comando de seu subconsciente. 'Esquece' detalhes de um acontecimento ou omite atributos de uma coisa, porque há uma 'resistência' a revê-los. E, apesar de tudo isso, pode, como se vê, constituir a base de uma decisão. Muitas vezes é o único suporte de toda uma instrução".

Por derradeiro, deve ser destacado que a prova testemunhal se valora pela qualidade dos depoimentos e não pela quantidade, não vigorando mais no sistema processual brasileiro o brocardo *testis unus testis nullus*[178].

## 2.4.9.b. Do falso testemunho no Processo do Trabalho e o Juiz do Trabalho diante do falso testemunho

Diz o art. 342 do Código Penal: "Fazer afirmação falsa, ou negar ou calar a verdade, como testemunha, perito, contador, tradutor ou intérprete em processo judicial, ou administrativo, inquérito policial, ou em juízo arbitral: (Redação dada pela Lei n. 10.268, de 2001) Pena — reclusão, de um a três anos, e multa. § 1º – As penas aumentam-se de um sexto a um terço, se o crime é praticado mediante suborno ou se cometido com o fim de obter prova destinada a produzir efeito em processo penal, ou em processo civil em que for parte entidade da administração pública direta ou indireta. (Redação dada pela Lei n. 10.268, de 2001). § 2º – O fato deixa de ser punível se, antes da sentença no processo em que ocorreu o ilícito, o agente se retrata ou declara a verdade.(Redação dada pela Lei n. 10.268, de 2001)."

A tipificação penal do crime de falso testemunho tem por objeto preservar a dignidade da Justiça, garantindo a seriedade do processo, bem como a efetividade processual.

---

(177) ALMEIDA, Ísis de. *Manual de direito processual do trabalho*. 9. ed. São Paulo: LTr, 1998. p. 196.

(178) Nesse sentido, destaca-se a seguinte ementa: Testemunha única — Valoração das provas. Ao proferir a sentença o magistrado analisa as provas constantes dos autos, sujeitando-se, tão somente, à legislação em vigência e à sua própria consciência. Ao julgar, não conta as provas, mas as considera de acordo com o valor que possam merecer. Irrelevante, portanto, que a parte tenha providenciado o depoimento de uma única testemunha que, como se sabe, presta seu depoimento sob o compromisso de dizer a verdade e, em não o fazendo, incorre em tipo penal (art. 342 do Código Penal). Se fidedigna, confere lastro suficiente à manifestação jurisdicional, encontrando-se ultrapassada a máxima *testis unus, testis nullus*. Inteligência do art. 131 do Código de Processo Civil. (TRT 15ª R. – 3ª T. – ROPS n. 791/1998.021.15.00-0 – Relª. Helena Rosa M. da S. Lins Coelho – DJSP 19.11.04 – p. 67).

Na Justiça do Trabalho, como destacamos, a prova testemunhal tem sido a mais utilizada e muitas vezes a única modalidade de prova que possui o empregado, uma vez que os documentos da relação de emprego ficam na posse do empregador.

Desse modo, é situação frequente o Juiz do Trabalho, durante as audiências se deparar com testemunhas que ocultam ou alteram a verdade dos fatos em juízo.

Acreditamos que o procedimento do magistrado deve ser cauteloso diante do falso testemunho, ou seja, deve avaliar o conjunto probatório e considerar que pequenas divergências são próprias da prova testemunhal, pois a testemunha depõe sobre fatos pretéritos e a interpretação dos fatos varia de pessoa para pessoa.

Nesse sentido, destacam-se as seguintes ementas:

> Testemunhas. Falso testemunho. Inocorrência. Depoimentos testemunhais não são esperados e colhidos com harmonia e em coro; pequenas divergências são absolutamente normais e, antes de desqualificarem o depoimento, dão-lhes até mais credibilidade. A configuração do falso testemunho exige segurança de intencionalidade. (TRT/SP 02223200203302001 – RO – Ac. 6ª T. – 20040091095 – Rel. Rafael Edson Pugliese Ribeiro – DOE 19.3.2004)

> Falso testemunho. O delito de falso testemunho só se configura pela divergência entre o conhecimento dos fatos e o depoimento que se vem a prestar em Juízo, jamais pela divergência entre depoimentos de duas testemunhas ou destas com a parte. (TRT/SP 00571200225502008 – RO – Ac. 6ª T. – 20040124562 –Rel. Rafael Edson Pugliese Ribeiro – DOE 2.4.2004).

Além disso, muitas vezes uma nova advertência durante a oitiva pode resolver o problema, propiciando a retratação.

Pensamos não ser prudente que o Juiz, durante o depoimento, embora isso seja possível, dê voz de prisão à testemunha que alterou a verdade dos fatos, pois é na sentença que o magistrado avaliará o conjunto probatório e terá melhores condições de convencimento sobre a existência do delito de falso testemunho.

A voz de prisão, que no nosso sentir pode ser dada pelo Juiz do Trabalho, encontra suporte na chamada competência penal periférica do magistrado trabalhista, incidentais em sua atuação jurisdicional, pois tem o dever de zelar pela dignidade do processo e pelo cumprimento da legislação, inclusive a criminal.

Deve ser destacado que alguns autores defendem que o Juiz não possa dar ordem de prisão à testemunha que está cometendo o falso testemunho (flagrante delito) em razão de a testemunha poder se retratar antes da sentença.

A prisão decreta pelo Juiz do Trabalho tem suporte no flagrante delito, não servindo de elemento para eventual instauração do processo penal, conforme a livre convicção do Ministério Público. Portanto, não há vinculação do Ministério Público à convicção do Magistrado Trabalhista, uma vez que a competência para apreciar o delito de falso testemunho não é do Juiz do Trabalho, e sim da Justiça Federal, conforme a Súmula n. 165 do STJ.

No âmbito trabalhista, o falso testemunho desqualifica o depoimento da testemunha, que não servirá como elemento de convicção do órgão julgador, gerando situação processual desfavorável à parte que arrolou a testemunha que cometeu falso testemunho.

Entretanto, cabe ao Juiz valorar, segundo sua livre convicção motivada (art. 131 do CPC), o depoimento da testemunha que comete falso testemunho, podendo aproveitar algum fato que entendeu não ter havido alteração ou ocultação da verdade.

De nossa parte, o depoimento da testemunha que, intencionalmente, altera ou oculta algum fato relevante e importante para o deslinde do feito contamina o depoimento por inteiro, pois atenta contra a dignidade do processo e da própria Justiça do Trabalho.

## 2.5. Da prova pericial

O juiz é um técnico em direito, habilitado, como regra geral, em concurso público. Como o processo é destinado à composição de litígios dos mais diversos campos do conhecimento humano, muitas vezes a controvérsia dos autos exige análise de questões técnicas que refogem à órbita jurídica, necessitando o Juiz de profissionais especializados na matéria discutida no processo. Para dirimir a controvérsia técnica do processo, o Juiz se vale da prova pericial.

Nesse sentido, dispõe o art. 145 do CPC:

> Quando a prova do fato depender de conhecimento técnico ou científico, o juiz será assistido por perito, segundo o disposto no art. 421. § 1º – Os peritos serão escolhidos entre profissionais de nível universitário, devidamente inscritos no órgão de classe competente, respeitado o disposto no Capítulo VI, Seção VII, deste Código. (Incluído pela Lei n. 7.270, de 1984) § 2º – Os peritos comprovarão sua especialidade na matéria sobre que deverão opinar, mediante certidão do órgão profissional em que estiverem inscritos. (Incluído pela Lei n. 7.270, de 1984) § 3º – Nas localidades onde não houver profissionais qualificados que preencham os requisitos dos parágrafos anteriores, a indicação dos peritos será de livre escolha do juiz. (Incluído pela Lei n. 7.270, de 1984).

Como destaca *Moacyr Amaral Santos*[179]:

> "Os peritos funcionam, pois, como auxiliares do juiz, que é quem lhes atribui a função de bem e fielmente verificar as coisas e os fatos e lhe transmitir, por meio de parecer, o relato de suas observações ou as conclusões que das mesmas extraírem. Como auxiliares do juiz e para funcionarem no processo, os peritos cumprirão leal e honradamente a sua função (Código de Processo Civil, art. 422)".

---

(179) SANTOS, Moacyr Amaral. *Primeiras linhas de direito processual civil.* v. 2, 17. ed. São Paulo: Saraiva, 1995. p. 473.

Como bem adverte *Humberto Theodoro Júnior*[180]: "É a perícia, destarte, meio probatório que, de certa forma, se aproxima da prova testemunhal e no direito antigo os peritos foram, mesmo, considerados como testemunhas. Mas, na verdade, há uma profunda diferença entre esses instrumentos de convencimento judicial. O fim da prova testemunhal é apenas reconstituir o fato tal qual existiu no passado; a perícia, ao contrário, descreve o estado atual dos fatos; das testemunhas, no dizer de Lessona, inova-se a *memória*, dos peritos a *ciência*".

Dispõe o art. 420 do CPC:

> A prova pericial consiste em exame, vistoria ou avaliação.

Adotando a classificação de *Moacyr Amaral Santos*[181], podemos dizer que a prova pericial se classifica em *exame, vistoria, avaliação e arbitramento*.

a) *exame:* é a inspeção sobre a pessoa, semoventes e coisas, para verificação de fatos relevantes para a causa. No Processo do Trabalho, como exemplos de exame, temos as perícias médicas para apuração de doença profissional para fins de estabilidade no emprego, bem como para aferir eventual redução de capacidade laborativa para fins de indenização. Também a perícia grafotécnica, no nosso sentir, se classifica como exame, pois tem por objeto verificar se um documento é autêntico ou não;

b) *vistoria:* é a inspeção sobre imóveis ou determinados lugares. Como exemplos, temos as perícias de insalubridade e periculosidade em que o perito faz a vistoria do local de trabalho e avalia as condições de salubridade e periculosidade;

c) *avaliação:* é o exame pericial destinado à estimação de valor de determinadas coisas, bens ou obrigações. Normalmente, a avaliação se destina a encontrar o preço de mercado de determinado bem, como, por exemplo, o valor dos bens penhorados. A doutrina também inclui no conceito de avaliação as perícias contábeis no Processo do Trabalho em que o perito, à vista dos documentos dos autos, vai verificar a correção do pagamento de determinada parcela trabalhista ou verificar a correção dos cálculos de liquidação;

d) *arbitramento:* destina-se a verificar o valor, a quantidade ou a qualidade do objeto do litígio, como nas hipóteses de liquidação por arbitramento.

A prova pericial é sempre possível, exceto nas hipóteses do parágrafo único do art. 420 do CPC, que assim dispõe:

> O juiz indeferirá a perícia quando:
>
> I – a prova do fato não depender do conhecimento especial de técnico;
>
> II – for desnecessária em vista de outras provas produzidas;
>
> III – a verificação for impraticável.

---

(180) THEODORO JÚNIOR, Humberto. *Curso de direito processual civil*. v. I, 24. ed. Rio de Janeiro: Forense, 1998. p. 477-478.

(181) *Op. cit.*, p. 477-478.

O Juiz, como diretor do processo e destinatário final da prova (arts. 130 do CPC e 765 da CLT), deve avaliar a pertinência da prova pericial e indeferi-la quando a prova não exigir conhecimento técnico ou quando for desnecessária em razão de outras provas já produzidas.

Nesse sentido, o Enunciado n. 54 da 1ª Jornada de Direito Material e Processual do Trabalho do Tribunal Superior do Trabalho, *in verbis*:

> PROVA PERICIAL. POSSIBILIDADE DE DISPENSA. Aplica-se o art. 427 do Código de Processo Civil no processo do trabalho, de modo que o juiz pode dispensar a produção de prova pericial quando houver prova suficiente nos autos.

Nos termos do art. 195 da CLT, a perícia é obrigatória quando for arguida em juízo insalubridade ou periculosidade. Com efeito, dispõe o § 2º do referido dispositivo legal:

> Arguida em juízo insalubridade ou periculosidade, seja por empregado, seja por Sindicato, em favor de grupo de associados, o juiz designará perito habilitado na forma deste artigo e, onde não houver, requisitará perícia ao órgão competente do Ministério do Trabalho.

Discute-se na doutrina e jurisprudência se a confissão da parte supre a prova técnica, como no exemplo de o empregador confessar o trabalho em condições de insalubridade. No aspecto, se a confissão foi expressa do reclamado sobre o fato que depende de perícia, esta se torna desnecessária, salvo nas hipóteses em que há controvérsia sobre o grau de eventual insalubridade. Em casos de presunção de veracidade decorrente da revelia ou confissão ficta, pensamos, em compasso com a jurisprudência dominante, que a perícia se faz necessária.

Em determinados casos, no entanto, a perícia se mostra obrigatória, como nos de acidente de trabalho e doença profissional, nos quais se torna necessário avaliar a existência do nexo causal (também chamado de nexo técnico) entre a redução da capacidade laborativa e a atividade exercida pelo trabalhador, bem como a porcentagem de comprometimento da capacidade de trabalho.

Nesse sentido, vale destacar a seguinte ementa:

> Cerceamento de defesa. Prova oral. Doença profissional. Laudo técnico. Não se substitui a prova técnica pela oitiva de testemunhas, o que não significa que toda matéria atinente ao litígio baseado em doença ou acidente de trabalho restrinja-se à atuação do perito. Os fatos controvertidos podem ser demonstrados pelas vias legalmente admitidas, o que, no processo do trabalho, inclui de forma expressiva a prova testemunhal. O indeferimento de prova testemunhal impõe a nulidade da sentença. (TRT/SP – 00335003620065020432 (00335200643202008) – RO – Ac. 14ª T. 20101287644 – Rel. MarcosNeves Fava – DOE 17.1.2011)

Caso a verificação do fato por perícia seja impraticável, em razão, por exemplo, da desativação do local de trabalho nas hipóteses de insalubridade e periculosidade, a jurisprudência tem admitido, acertadamente, a prova pericial emprestada.

Nesse sentido é a OJ n. 278, da SDI-I, do C. TST, *in verbis*:

> Adicional de insalubridade. Perícia. Local de trabalho desativado. A realização de perícia é obrigatória para a verificação de insalubridade. Quando não for possível sua realização como em caso de fechamento da empresa, poderá o julgador utilizar-se de outros meios de provas.

## 2.5.1. Sistemática da realização das perícias

A perícia no Processo do Trabalho pode ser realizada tanto na fase de conhecimento como na de execução. Na fase de conhecimento, são típicas as perícias de insalubridade, periculosidade, médica, grafotécnica e contábil. Na fase de execução, são típicas as perícias contábeis e de arbitramento.

Verificando a necessidade da perícia, o Juiz do Trabalho, de ofício, ou a requerimento da parte, a designará, nomeando perito de sua confiança, com conhecimento técnico sobre a questão, e fixará prazo razoável para entrega do laudo concluído. No prazo de cinco dias, as partes poderão apresentar quesitos a serem respondidos pelo perito, bem como nomear assistentes técnicos. Durante a diligência, poderão as partes apresentar quesitos complementares (art. 425 do CPC).

Nesse sentido, dispõe o art. 421 do CPC: "O juiz nomeará o perito, fixando de imediato o prazo para a entrega do laudo. § 1º – Incumbe às partes, dentro em 5 (cinco) dias, contados da intimação do despacho de nomeação do perito: I – indicar o assistente técnico; II – apresentar quesitos".

Conforme o art. 422 do CPC: "O perito cumprirá escrupulosamente o encargo que lhe foi cometido, independentemente de termo de compromisso. Os assistentes técnicos são de confiança da parte, não sujeitos a impedimento ou suspeição".

No Processo do Trabalho, as perícias são realizadas por um único perito da confiança do Juiz. Nesse sentido é o disposto no art. 3º da Lei n. 5.584/70, que revogou tacitamente o art. 826 da CLT, *in verbis*:

> Os exames periciais serão realizados por perito único designado pelo Juiz, que fixará o prazo para entrega do laudo. Parágrafo único. Permitir-se-á a cada parte a indicação de um assistente, cujo laudo terá que ser apresentado no mesmo prazo assinado para o perito, sob pena de ser desentranhado dos autos.

O art. 431-B do CPC possibilita, em casos complexos, o Juiz de Direito nomear mais de um perito. Com efeito, dispõe o referido dispositivo legal:

> Tratando-se de perícia complexa, que abranja mais de uma área de conhecimento especializado, o juiz poderá nomear mais de um perito e a parte indicar mais de um assistente técnico. (Incluído pela Lei n. 10.358, de 2001).

Embora diga o parágrafo único do art. 3º da Lei n. 5.584/70 que a perícia deve ser realizada, no Processo do Trabalho, por perito único, pensamos não haver incompatibilidade de, em casos excepcionais, o Juiz do Trabalho nomear mais de um perito, notadamente quando a questão exigir conhecimentos especializados de vários ramos da ciência.

O perito nomeado pelo Juiz está sob compromisso, embora a lei não exija a formalidade de que o perito preste juramento por escrito nos autos (art. 422 do CPC), deverá ele ser imparcial e cumprir o ofício que lhe foi designado com diligência e presteza (art. 146 do CPC). Podem as partes invocar, contra o perito, as exceções de suspeição e impedimento previstas nos arts. 134 e 135 do CPC, conforme disposição do art. 138 do CPC, *in verbis*: "Aplicam-se também os motivos de impedimento e suspeição: (...) III – ao perito".

O assistente técnico é nomeado pela parte e não está sob compromisso de imparcialidade. O assistente é remunerado pela parte e deve entregar o laudo no mesmo prazo do perito nomeado pelo juiz (parágrafo único do art. 3º, da Lei n. 5.584/70).

As perícias de insalubridade e periculosidade poderão ser realizadas na Justiça do Trabalho por médico ou engenheiro do trabalho, uma vez que o art. 195 da CLT não faz qualquer distinção.

Nesse sentido é a OJ n. 165, da SDI-I, do C. TST, *in verbis*: "Perícia. Engenheiro ou médico. Adicional de insalubridade e periculosidade. Validade. Art. 195 da CLT. O art. 195 da CLT não faz qualquer distinção entre o médico e o engenheiro para efeitos de caracterização e classificação da insalubridade e periculosidade, bastando para a elaboração do laudo seja o profissional devidamente qualificado".

No mesmo sentido, destacamos a seguinte ementa:

> O art. 195 da CLT não faz distinção entre médico e engenheiro do trabalho. Assim, a perícia técnica para apuração de insalubridade, elaborada por engenheiro do trabalho, é válida, pois não cabe ao intérprete eleger qualquer distinção. Revista não provida. (TST – 3ª T. – Ac. n. 4800/95 – Rel. Min. Della Manna – DJ 1.12.95 – p. 41.934).

No nosso sentir, embora algumas Varas adotem postura de realizar a perícia após a audiência de instrução, pensamos que a perícia deva ser designada antes da audiência de instrução, a fim de que o laudo pericial possa ser complementado com a prova oral, inclusive com a possibilidade de se ouvir o perito em audiência, conforme os arts. 827 e 848, § 2º, ambos da CLT, e também o art. 435 do CPC.

### 2.5.2. Da valoração da prova pericial

Aduz o art. 436 do Diploma Processual Civil:

> O juiz não está adstrito ao laudo pericial, podendo formar a sua convicção com outros elementos ou fatos provados nos autos.

O citado dispositivo legal tem suporte no adágio latino *iudex est peritum peritorum*, vale dizer: o juiz é o perito dos peritos. Entretanto, na atualidade, este princípio vem mitigado, inclusive pela própria dicção do art. 335 do CPC, que restringe a aplicação das máximas de experiência comum subministradas pela observação do que ordinariamente acontece quando a situação exige o exame pericial.

O juiz é livre para valorar a prova pericial, segundo o art. 436 do CPC. Não obstante, não pode julgar com base em conhecimento técnico pessoal ou convicção pessoal, pois, se assim proceder, estará violando o princípio da imparcialidade. Se não estiver satisfeito com a perícia, deverá determinar a realização de nova diligência, ou, com base na perícia já realizada, à luz dos demais elementos probatórios do processo (testemunhas, documentos, etc.), firmar sua convicção. Caso pretenda contrariar o laudo, deve fundamentar detalhadamente os pontos do laudo que não o convenceram e apresentar as razões e as provas constantes dos autos que o convenceram.

Nesse sentido, destacamos as seguintes ementas:

> Laudo pericial — Vinculação do juiz. Convém apreciar a preceituação contida no art. 436 do CPC, pois não pode haver confusão na interpretação deste artigo. O julgador, realmente, não está vinculado ao laudo pericial. Por outro lado, para exercer esta liberdade, há de formar a sua convicção com outros elementos ou fatos provados nos autos. Isto significa que, necessitando de 'conhecimento de técnico', os outros elementos ou fatos deverão advir de outra prova técnica, outro laudo pericial, por consequência. E o juiz, então, permanecerá adstrito ao laudo, ainda que seja outro. Se a questão debatida depende de conhecimento de técnico e o juiz nomeou perito, de conformidade com o art. 420 do CPC, somente o laudo é esclarecedor. Ou, então, se não dependia de conhecimento de técnico, não poderia ser determinada a realização da prova pericial. No máximo, poder-se-á admitir que outra prova demonstre, por exemplo, que o local, as condições, o momento, por exemplo, não são aqueles apontados no laudo e, ainda assim, deverá o perito complementar a diligência, adotando os fatos reais e corretos, quando, ao final, o magistrado não terá outra escolha que não as conclusões do técnico. Aí, ele ficará adstrito ao laudo, em última análise. A confissão do reclamante modificou os fatos tomados como base pelo perito para produção de seu laudo, sendo desnecessária, por conseguinte, a elaboração de novo trabalho pericial, pois a confissão, por si só, já descaracterizou o trabalho em condições de insalubridade, nos termos do art. 436 do CPC. Em suma, o juiz não está adstrito a um laudo pericial 'em especial', mas, uma vez que haja a necessidade do conhecimento técnico de um perito para o deslinde da questão, a vinculação do magistrado ao laudo torna-se inquestionável, exceto se ocorrer confissão em sentido contrário. (TRT 3ª R. – 3ª T. – RO n. 189/2005.088.03.00-6 – Rel. Bolívar Viegas Peixoto – DJMG 4.2.3 – p. 3) (RDT 03 – março de 2006).

> Laudo pericial – Conclusão. Nos termos do art. 131 do CPC, o juiz apreciará livremente a prova, atentando aos fatos e circunstâncias dos autos, podendo, inclusive, desconsiderar o resultado do laudo pericial (art. 436 do CPC), prova que também se submete ao sistema da persuasão racional, utilizado pelo juiz na formação do seu convencimento. Nos casos em que, mesmo diante de prova técnica que concluiu pela inexistência da periculosidade, poderá ser deferido o pleito de adicional de periculosidade, desde que haja nos autos provas consistentes de que o empregado estava sujeito a riscos resultantes da proximidade com a energia elétrica. (TRT 10ª R. – 1ª T. – RO n. 358/2005.005.10.00-2 – Rel. Pedro Luís V. Foltran – DJ 10.02.06 – p. 7) (RDT 03 – março de 2006).

> Prova pericial oficial — Valoração — Adstrição do julgador. O Juiz tem na prova pericial um auxílio ao deslinde do feito, sendo viável discordar dos fatos técnicos apresentados, diante da farta prova coligida. A perícia determinada pelo Juízo é apenas um instrumento probatório de que se serve o julgador e as premissas conformadas nos silogismos formulados nos pronunciamentos judiciais revelam a compreensão do Estado-juiz sobre as situações polêmicas consideradas, sendo-lhe impositivo

motivar o *decisum*, expondo as razões de seu convencimento, conforme determina o CPC, art. 131, para cumprir o imperativo inscrito no art. 93, inciso IX, da Constituição da República. Assim é mera consequência do postulado da livre persuasão racional não estar o julgador vinculado ao que conclui o perito oficial (CPC, art. 436). Ofertando os autos elementos de convicção contrários às conclusões periciais, a sentença que se pronuncia desautorizando a pretensão deduzida é simples resultado do cotejo da prova produzida, em jurídico pronunciamento. (TRT 3ª R. – 6ª T. – RO n. 234/2004.033.03.00-3 – Relª Emília Facchini – DJMG 2.2.06 – p. 8) (RDT 03 – março de 2006)

ADICIONAL DE INSALUBRIDADE. LAUDO PERICIAL. Conquanto o Magistrado não esteja adstrito ao laudo pericial, para se contrapor à referida prova, faz-se mister que embase de maneira detalhada as razões de seu convencimento para desconsiderá--la. Adota-se tal procedimento, em geral, quando o laudo pericial possui lacunas e imprecisões, não se reportando de forma detalhada às condições de trabalho do empregado. Nesse contexto, constatado que o parecer técnico foi realizado de forma detalhada, com especificação das atividades da reclamada, das atividades laborais desempenhadas pelo reclamante, da descrição do ambiente de trabalho e da análise da insalubridade, não há como afastar a conclusão ali alcançada no sentido de que o autor laborava em condições insalubres. 2. Recurso conhecido e parcialmente provido. (TRT/SP – 00410005320095020302 – RO – Ac. 12ª T. 20110525854 – Rel. Edilson Soares de Lima – DOE 6.5.2011)

Caso entenda necessário, o Juiz, de ofício, ou a requerimento, poderá determinar a realização da segunda perícia (art. 437 do CPC). A segunda perícia tem por objeto os mesmos fatos sobre que recaiu a primeira e destina-se a corrigir eventual omissão ou inexatidão dos resultados a que esta conduziu (art. 438 do CPC).

Conforme o art. 439 do CPC: "A segunda perícia rege-se pelas disposições estabelecidas para a primeira. Parágrafo único. A segunda perícia não substitui a primeira, cabendo ao juiz apreciar livremente o valor de uma e outra".

A segunda perícia não descarta a primeira já realizada, podendo o Juiz formar sua convicção livremente com os elementos constantes dos autos.

Nesse sentido, destaca-se a seguinte ementa:

> A determinação de realização de segunda perícia, por si só, não atesta que a já realizada seja inválida ou deve ser descartada, pois o CPC n. 437 cuida de insuficiência e não de invalidade da perícia. O juiz deverá apreciar livremente o valor das duas, por não ser a segunda substituta da primeira (JTJ 141/40).

## 2.5.3. Do pagamento dos honorários periciais

Dispõe o art. 790-B da CLT: "A responsabilidade pelo pagamento dos honorários periciais é da parte sucumbente na pretensão objeto da perícia, salvo se beneficiária de justiça gratuita".

Já a remuneração dos assistentes técnicos é da responsabilidade da parte que os nomeou, conforme dispõe a Súmula n. 341, do C. TST, *in verbis*:

HONORÁRIOS DO ASSISTENTE TÉCNICO — A indicação do perito assistente é faculdade da parte, a qual deve responder pelos respectivos honorários, ainda que vencedora no objeto da perícia.

Na fase de conhecimento, a responsabilidade do pagamento dos honorários periciais é da parte sucumbente no objeto da perícia. Se a sucumbência for parcial, ao reclamado tem sido atribuída a responsabilidade pelo pagamento dos honorários periciais.

Pensamos que na execução, em razão da realização de perícia contábil, o reclamado deva ser responsabilizado pelos honorários periciais, pois deu causa à perícia e também em razão de que na execução não existe sucumbência própria da fase de conhecimento, pois a obrigação já está consagrada no título. Não obstante, em casos de conduta abusiva do autor ao apresentar cálculos muito acima dos valores encontrados pelo perito, deve o reclamante responder pelos honorários do perito.

Nesse sentido, destacamos as seguintes ementas:

> Honorários periciais — Ônus de sucumbência. O art. 790-B da CLT estabelece que a responsabilidade pelo pagamento de honorários periciais é da parte sucumbente no objeto da perícia. Na execução, o objeto da perícia é satisfazer o interesse do credor (CPC, art. 612). Por consequência, é sempre de responsabilidade do executado, parte que deu causa à execução. (TRT 3ª R. – 2ª T. – RO n. 554/2005.087.03.00-6 – Rel. Anemar Pereira Amaral – DJ 4.10.06 – p. 15) (RDT n. 11 – novembro de 2006).

> Execução — Honorários periciais — Responsabilidade. Não pode o exequente ser responsabilizado pelo pagamento de honorários periciais quando ele é credor das verbas que devem ser apuradas e cálculo por ele apresentado possui diferenças em relação ao do *expert*, porquanto, foi justamente o executado quem, não quitando corretamente as verbas devidas ao exequente durante o transcurso do pacto laboral, deu causa à propositura da reclamatória. Contudo, incontroverso que nos cálculos apresentados pelo exequente foi apurada parcela sabidamente não deferida na sentença exequenda, gerando distorção em relação aos cálculos apresentados pela executada e dando azo à desnecessária realização da prova técnica, que culminou na apuração de valores aproximados aos ofertados pela demandada, há que ser mantida sua responsabilização pelo pagamento dos honorários periciais. (TRT 3ª R. – 2ª T. – AP n. 490/1999.027.03.00-0 – Rel. Márcio Flávio S. Vidigal – DJ 24.1.07 – p. 13) (RDT n. 03 – março de 2007)

Recentemente, a Lei n. 12.405, de 16 de maio 2011, acrescentou o § 6º ao art. 879 da CLT, com a seguinte redação:

> § 6º Tratando-se de cálculos de liquidação complexos, o juiz poderá nomear perito para a elaboração e fixará, depois da conclusão do trabalho, o valor dos respectivos honorários com observância, entre outros, dos critérios de razoabilidade e proporcionalidade.

Embora o referido artigo tenha fixado que o Juiz, ao arbitrar os honorários periciais referentes à liquidação com critérios de razoabilidade e proporcionalidade, o que já está sedimentado em doutrina e jurisprudência, não disse de quem é responsabilidade pelo pagamento, aplicando-se, em razão disso, o que defendemos acima.

Em razão do princípio da gratuidade que vigora no Processo do Trabalho, a jurisprudência pacificou no sentido de não serem exigidos os honorários periciais prévios na Justiça do Trabalho, conforme dispõe a OJ n. 98, da SDI-II, do C. TST, *in verbis*:

> Mandado de Segurança. Cabível para atacar exigência de depósito prévio de honorários periciais. É ilegal a exigência de depósito prévio para custeio dos honorários periciais dada sua incompatibilidade com o processo do trabalho e Súmula n. 236 do TST, sendo cabível o mandado de segurança visando à realização da perícia independentemente do depósito.

No mesmo sentido a seguinte ementa:

> AGRAVO REGIMENTAL. DOENÇA OCUPACIONAL EQUIPARADA A ACIDENTE DE TRABALHO. DANO MORAL. HONORÁRIOS PERICIAIS. EXIGÊNCIA DE DEPÓSITO PRÉVIO A CARGO DA DEMANDADA. ILEGALIDADE. Atentando-se para a regra inserta no art. 790-B da CLT, que estabelece que "a responsabilidade pelo pagamento dos honorários periciais é da parte sucumbente na pretensão objeto da perícia, salvo se beneficiária de justiça gratuita", tratando-se, *in casu*, de a perícia estar atrelada a suposta doença ocupacional e dano moral daí decorrente, atrelado ao entendimento consolidado na Orientação Jurisprudencial n. 98, da SBDI-2, do C. TST, este no sentido de ser ilegal a exigência de depósito prévio, a cargo da Demandada, para custeio de honorários periciais, mister se faz concluir pelo deferimento do pleito da ora Agravante, para, reformando o Despacho agravado, suspender a determinação de depósito prévio a título de honorários periciais provisórios, pela Demandada. Decisão agravada que se reforma – AR EM MS 0000743-81.2010.5.20.0000 – 20ª Região – SE – Josenildo dos Santos Carvalho – Desembargador Redator. DJ/SE de 1º.4.2011. (DT – Julho/2011 – vol. 204, p. 82)

A Instrução Normativa n. 27/05 do C. TST dispõe, no art. 6º, ser exigido o depósito prévio dos honorários periciais para as lides que não se referem à relação de emprego. Assevera o referido dispositivo: "Os honorários periciais serão suportados pela parte sucumbente na pretensão objeto da perícia, salvo se beneficiária da justiça gratuita. Parágrafo único. Faculta-se ao juiz, em relação à perícia, exigir depósito prévio dos honorários, ressalvadas as lides decorrentes da relação de emprego".

Se o reclamante for sucumbente no objeto da perícia, não pagará os honorários periciais, segundo o citado art. 790-B da CLT.

Nesse sentido, destacamos as seguintes ementas:

> Honorários periciais — Reclamante — Isenção. Sucumbente no objeto da perícia, o reclamante deve arcar com a quitação dos honorários periciais, nos termos do art. 790-B da CLT. Porém, a nova redação do mesmo dispositivo, ditada pela Lei n. 10.537/02, isenta o beneficiário da Justiça gratuita do pagamento dos honorários periciais. Assim, em face da declaração de pobreza firmada na inicial, que atende aos requisitos das Leis ns. 1.060/50 e 7.115/83, é de se deferir a Justiça gratuita ao obreiro, a qual inclui, inclusive, os honorários periciais (art. 14 da Lei n. 5.584/70 e art. 790-B da CLT), passando a cargo da União o pagamento da referida verba, porque o i. perito não é responsável pela assistência judiciária. Isto é atribuição do Estado, que deve arcar com tais despesas. A matéria não comporta mais discussões

neste eg. Tribunal, por força do Provimento n. 1, de 6 de maio de 2005. (TRT 3ª R. – 4ª T. – RO n. 171/2006.077.03.00-1 – Rel. Luiz Otávio L. Renault – DJ 7.10.06 – p. 11) (RDT n. 11 – novembro de 2006)

Honorários periciais — Justiça gratuita — Responsabilidade pelo pagamento — União Federal. 1. A partir da publicação da Lei n. 10.537/02, que acrescentou o art. 790-B à CLT, a isenção dos honorários periciais passou a ser abrangida pela assistência judiciária gratuita, cabendo ao Estado prestar assistência nas hipóteses em que o juízo defere os benefícios da justiça gratuita. 2. Concedido ao autor os benefícios da gratuidade da justiça, impõe-se a isenção do pagamento dos honorários periciais. 3. Estabelecendo a Constituição Federal no art. 5º, inciso LXXIV, que "o Estado prestará assistência jurídica integral e gratuita aos que comprovarem insuficiência de recursos", à União Federal incumbe a responsabilidade pelo pagamento dos honorários periciais quando se tratar a parte sucumbente no objeto da perícia de hipossuficiente beneficiado pela gratuidade da justiça. (TRT 3ª R. – 3ª T. – RO n. 431/2006.134.03.00-9 – Relª Maria Cristina D. Caixeta – DJ 16.12.06 – p. 7) (RDT n. 2 – fevereiro de 2007)

Não obstante, considerando-se que no Processo do Trabalho o perito é remunerado pela parte, poderá o Juiz do Trabalho, se o reclamante tem créditos a receber no processo, reservar uma pequena parcela ao perito, em razão de justiça e equidade.

O ideal seria que a Justiça do Trabalho tivesse peritos concursados e remunerados pelo Estado, a fim de dar maior credibilidade à prova pericial e evitar todas as vicissitudes decorrentes do pagamento dos honorários periciais.

A fim de que o perito não fique sem receber quando a parte sucumbente na perícia for beneficiária de justiça gratuita, alguns Tribunais Regionais do Trabalho elaboraram provimento no sentido de ser expedida certidão de honorários pelas Varas, cujos valores serão pagos pela União.

Nesse sentido, é a Orientação Jurisprudencial n. 387 da SDI-I do C. TST, *in verbis*:

**Honorários periciais. Beneficiário da justiça gratuita. Responsabilidade da União pelo pagamento. Resolução n. 35/2007 do TST. Observância.** (DeJT 9.6.2010).
A União é responsável pelo pagamento dos honorários de perito quando a parte sucumbente no objeto da perícia for beneficiária da assistência judiciária gratuita, observado o procedimento disposto nos arts. 1º, 2º e 5º da Resolução n. 35/2007 do Conselho Superior da Justiça do Trabalho – CSJT.

Atualmente, a matéria é tratada pela Resolução n. 66/2010 do Conselho Superior da Justiça do Trabalho que vale ser transcrita:

**RESOLUÇÃO N. 66/2010**

Divulgação: 15.6.2010 – DeJT de 16.6.2010

Regulamenta, no âmbito da Justiça do Trabalho de primeiro e segundo graus, a responsabilidade pelo pagamento e antecipação de honorários do perito, do tradutor e do intérprete, no caso de concessão à parte do benefício de justiça gratuita.

**O PRESIDENTE DO CONSELHO SUPERIOR DA JUSTIÇA DO TRABALHO**, no uso de suas atribuições regimentais,

**Considerando** o princípio constitucional de acesso dos cidadãos ao Poder Judiciário e o dever do Estado de prestar assistência judiciária integral e gratuita às pessoas carentes, conforme disposto nos incisos XXXV, LV e LXXIV do art. 5º da Constituição Federal;

**Considerando** o direito social do trabalhador à redução dos riscos inerentes ao trabalho, por meio de normas de saúde, higiene e segurança (inciso XXII, art. 7º, da Constituição Federal);

**Considerando** a ampliação da competência material da Justiça do Trabalho, determinada pela Emenda Constitucional n. 45/2004, bem como a necessidade de prova pericial, principalmente nos casos em que se discute indenização por dano moral, dano material, doença profissional, acidente de trabalho, insalubridade ou periculosidade;

**Considerando** o art. 790-B da Consolidação das Leis do Trabalho que dispõe que "a responsabilidade pelo pagamento dos honorários periciais é da parte sucumbente na pretensão objeto da perícia, salvo se beneficiária de justiça gratuita";

**Considerando** a existência de rubrica orçamentária específica destinada a despesas resultantes da elaboração de laudos periciais, em processos que envolvam pessoas carentes;

**Considerando** a necessidade de regulamentar o pagamento de honorários periciais no âmbito da Justiça do Trabalho de 1ª e 2ª Instâncias, de modo a serem uniformizados os procedimentos atinentes à matéria;

**Considerando** as decisões proferidas nos autos dos processos nos CSJT-268/2006-000-90-00.4 e CSJT-2012616-70.2008.5.00.0000,

**RESOLVE:**

Regulamentar, no âmbito da Justiça do Trabalho de primeiro e segundo graus, a responsabilidade pelo pagamento e antecipação de honorários do perito, do tradutor e do intérprete, no caso de concessão à parte do benefício de justiça gratuita, nos termos da presente Resolução.

Art. 1º Os Tribunais Regionais do Trabalho deverão destinar recursos orçamentários para:

I – o pagamento de honorários periciais, sempre que à parte sucumbente na pretensão for concedido o benefício da justiça gratuita;

II – o pagamento de honorários a tradutores e intérpretes, que será realizado após atestada a prestação dos serviços pelo juízo processante, de acordo com a tabela constante do Anexo.

§ 1º Os valores serão consignados sob a rubrica "Assistência Judiciária a Pessoas Carentes", em montante estimado que atenda à demanda da Região, segundo parâmetros que levem em conta o movimento processual.

§ 2º O juiz poderá ultrapassar em até 3 (três) vezes os valores fixados na tabela constante do Anexo, observados o grau de especialização do tradutor ou intérprete e a complexidade do trabalho, comunicando-se ao Corregedor do Tribunal.

Art. 2º A responsabilidade da União pelo pagamento de honorários periciais, em caso de concessão do benefício da justiça gratuita, está condicionada ao atendimento simultâneo dos seguintes requisitos:

I – fixação judicial de honorários periciais;

II – sucumbência da parte na pretensão objeto da perícia;

III – trânsito em julgado da decisão.

§ 1º A concessão da justiça gratuita a empregador, pessoa física, dependerá da comprovação de situação de carência que inviabilize a assunção dos ônus decorrentes da demanda judicial.

§ 2º O pagamento dos honorários poderá ser antecipado, para despesas iniciais, em valor máximo equivalente a R$ 350,00 (trezentos e cinquenta reais), efetuando-se o pagamento do saldo remanescente após o trânsito em julgado da decisão, se a parte for beneficiária de justiça gratuita.

§ 3º No caso de reversão da sucumbência, quanto ao objeto da perícia, caberá ao reclamado-executado ressarcir o erário dos honorários periciais adiantados, mediante o recolhimento da importância adiantada em GRU – Guia de Recolhimento da União, em código destinado ao Fundo de "assistência judiciária a pessoas carentes", sob pena de execução específica da verba. (NR)

Art. 3º Em caso de concessão do benefício da justiça gratuita, o valor dos honorários periciais, observado o limite de R$ 1.000,00 (um mil reais), será fixado pelo juiz, atendidos:

I – a complexidade da matéria;

II – o grau de zelo profissional;

III – o lugar e o tempo exigidos para a prestação do serviço;

IV – as peculiaridades regionais.

Parágrafo único. A fixação dos honorários periciais, em valor maior do que o limite estabelecido neste artigo, deverá ser devidamente fundamentada.

Art. 4º Havendo disponibilidade orçamentária, os valores fixados nesta Resolução serão reajustados anualmente no mês de janeiro, com base na variação do IPCA-E do ano anterior ou outro índice que o substitua, por ato normativo do Presidente do Tribunal.

Art. 5º O pagamento dos honorários efetuar-se-á mediante determinação do presidente do Tribunal, após requisição expedida pelo Juiz do feito, observando-se, rigorosamente, a ordem cronológica de apresentação das requisições e as deduções das cotas previdenciárias e fiscais, sendo o valor líquido depositado em conta bancária indicada pelo perito, tradutor ou intérprete.

Parágrafo único. O valor dos honorários será atualizado pelo IPCAE ou outro índice que o substitua, a partir da data do arbitramento até o seu efetivo pagamento.

Art. 6º As requisições deverão indicar, obrigatoriamente: o número do processo, o nome das partes e respectivos CPF ou CNPJ; o valor dos honorários, especificando se de adiantamento ou se finais; o número da conta bancária para crédito; natureza e característica da atividade desempenhada pelo auxiliar do Juízo; declaração expressa de reconhecimento, pelo Juiz, do direito à justiça gratuita; certidão do trânsito em julgado e da sucumbência na perícia, se for o caso; e o endereço, telefone e inscrição no INSS do perito, tradutor ou intérprete.

Art. 7º Os Tribunais Regionais do Trabalho poderão manter sistema de credenciamento de peritos, tradutores e intérpretes para fins de designação, preferencialmente, de profissionais inscritos nos órgãos de classe competentes e que comprovem sua especialidade na matéria sobre a qual deverão opinar, a ser atestada por meio de certidão do órgão profissional a que estiverem vinculados.

Art. 8º As Presidências de Tribunais Regionais do Trabalho ficam autorizadas a celebrar convênios com instituições com notória experiência em avaliação e consultoria nas áreas de Meio Ambiente, Promoção da Saúde, Segurança e Higiene do Trabalho, e outras, capazes de realizar as perícias requeridas pelos Juízes.

Art. 9º O pagamento dos honorários está condicionado à disponibilidade orçamentária, transferindo-se para o exercício financeiro subsequente as requisições não atendidas.

Art. 10. Nas ações contendo pedido de adicional de insalubridade, de periculosidade, de indenização por acidente do trabalho ou qualquer outro atinente à segurança e saúde do trabalhador, o Juiz poderá determinar a notificação da empresa reclamada para trazer aos autos cópias dos LTCAT (Laudo Técnico de Condições Ambientais de Trabalho), PCMSO (Programa de Controle Médico de Saúde Ocupacional) e PPRA (Programa de Prevenção de Riscos Ambientais), e de laudo pericial da atividade ou local de trabalho, passível de utilização como prova emprestada, referentes ao período em que o reclamante prestou serviços na empresa.

Art. 11. Fica revogada a Resolução n. 35/2007.

Art. 12. Esta Resolução entra em vigor na data de sua publicação.

Brasília, 10 de junho de 2010.

Ministro **MILTON DE MOURA FRANÇA**

Presidente do Conselho Superior da Justiça do Trabalho

## 2.6. Da inspeção judicial no Direito Processual do Trabalho

Segundo leciona *Humberto Theodoro Júnior*[182], "inspeção judicial é o meio de prova que consiste na percepção sensorial direta do juiz sobre qualidades ou circunstâncias corpóreas de pessoas ou coisas relacionadas com o litígio. A inspeção judicial é uma faculdade do juiz da causa, entretanto, há no Código uma situação em que ela se torna obrigatória (art. 1.181) que aduz serem obrigatórios o exame e interrogatório do interditando".

Como sendo um meio legal de prova previsto no Código de Processo Civil, a inspeção judicial deve sempre observar o princípio do contraditório, sob consequência de nulidade do processo (art. 5º, LV, da CF).

Pode a inspeção judicial ser feita na sede do juízo ou no local onde se encontra a pessoa ou coisa. O Juiz irá ao local quando julgar necessário para melhor verificação ou interpretação dos fatos que deva observar, quando a coisa não puder ser apresentada em juízo sem consideráveis despesas ou graves dificuldades ou quando determinar a reconstituição dos fatos.

---

(182) THEODORO JÚNIOR, Humberto. *Curso de direito processual civil.* v. 1, 23. ed. Rio de Janeiro: Forense, 1998. p. 485.

Nesse sentido dispõe o art. 440 do Código de Processo Civil, de aplicação subsidiária ao processo do trabalho (art. 769 da CLT), *in verbis*:

> O juiz, de ofício ou a requerimento da parte, pode, em qualquer fase do processo, inspecionar pessoas ou coisas, a fim de se esclarecer sobre fato que interesse à decisão da causa.

Conforme o referido dispositivo legal, a inspeção pode ser determinada, de ofício, pelo Juiz do Trabalho, quando entender pertinente a diligência, ou o requerimento de uma parte do processo. De outro lado, a determinação da inspeção é faculdade do Juiz que deve analisar, segundo as circunstâncias do caso concreto, a pertinência e a efetividade da diligência.

Nesse sentido, vale destacar a seguinte ementa:

> Indeferimento. O juiz somente apreciará e receberá provas que julgar necessárias e que determinem sua convicção ao julgar. A inspeção judicial é faculdade, e não obrigação do juiz. (TRT – 3ª R. – 1ª T. – RO n. 01922/95 - Rel. Amaury dos Santos – DJMG 3.5.1995 – p. 50).

Nos termos do art. 441 do CPC, ao realizar a inspeção direta, o juiz poderá ser assistido por um ou mais peritos.

Além deles, o Juiz pode estar assistido por outras pessoas quando da realização da diligência como de funcionários da Justiça, a exemplo do oficial de justiça.

Conforme o art. 442 do CPC, o juiz irá ao local, onde se encontre a pessoa ou a coisa, quando: I – julgar necessário para a melhor verificação ou interpretação dos fatos que deva observar; II – a coisa não puder ser apresentada em juízo, sem consideráveis despesas ou graves dificuldades; III – determinar a reconstituição dos fatos.

Concluída a diligência, o juiz mandará lavrar auto circunstanciado, mencionando nele tudo quanto for útil ao julgamento da causa (art. 443 do CPC).

Segundo o Código de Processo Civil, determinada a inspeção, o Juiz deverá designar dia, hora e local da inspeção, intimando as partes para que possam, se quiserem, acompanhá-la. Para parte da doutrina, as partes têm sempre direito a assistir à inspeção, prestando esclarecimento e fazendo observações que reputem de interesse para a causa. Concluída a diligência, o Juiz mandará lavrar auto circunstanciado, mencionando nele tudo quanto for útil ao julgamento da causa, podendo o auto ser acompanhado de desenho, gráfico ou fotografia.

Nesse sentido é a opinião de *Renato Saraiva*[183]:

> "As partes poderão sempre assistir à inspeção, prestando esclarecimento e fazendo observações que reputem de interesse para a causa. Para isso, torna-se necessária a intimação prévia do dia, hora e local da diligência, em observância ao princípio do contraditório e ampla defesa".

---

(183) SARAIVA, Renato. *Curso de direito processual do trabalho.* 4. ed. São Paulo: Método, 2007. p. 375.

# Capítulo XVI
# Sentença e Coisa Julgada

## 1ª Parte – Da Sentença Trabalhista

### 1. Conceito e natureza jurídica

A palavra sentença vem do latim *sentire*, que significa sentimento. Por isso, podemos dizer que a sentença é o sentimento do Juiz sobre o processo. É a principal peça da relação jurídica processual, na qual o Juiz irá decidir se acolhe ou não a pretensão posta em juízo, ou extinguirá o processo sem resolução do mérito.

A sentença, na perspectiva moderna, é o ato judicial por meio do qual se opera o comando abstrato da lei às situações concretas, que se realiza mediante uma atividade cognitiva, intelectiva e lógica do Juiz, como agente da jurisdição[1].

Conforme *Manoel Antonio Teixeira Filho*[2]: "A sentença constitui, sem dúvida, a mais expressiva das pronunciações da *iurisdictio*, entendida esta como o poder-dever estatal de resolver os conflitos de interesses submetidos à sua cognição monopolística. É por esse motivo que se tem afirmado que a sentença representa o acontecimento mais importante do processo, o seu ponto de culminância; essa assertiva é correta, a despeito do sentido algo retórico dos seus termos, se levarmos em conta que todos os atos do procedimento estão ligados, direta ou indiretamente, com maior ou menor intensidade, à sentença, que se apresenta, sob esse aspecto, como uma espécie de polo de atração magnética, para o qual convergem, de maneira lógica e preordenada, todos esses atos. É o que já se denominou de 'força centrípeta da sentença'".

A sentença, para alguns, é um ato de vontade, no sentido de atendimento à vontade da lei, mas também um comando estatal ao qual devem obediência os atingidos pela decisão. Para outros, constitui um ato de inteligência do juiz, por meio do qual este faz a análise detida dos fatos, crítica ao direito e propõe a conclusão, declarando a cada um o que é seu por direito.

---

(1) NORONHA, Carlos Silveira. *Sentença civil* — perfil histórico-dogmático. São Paulo: RT, 1995. p. 279.
(2) TEIXEIRA FILHO, Manoel Antonio. *A sentença no processo do trabalho*. 3. ed. São Paulo: LTr, 2004. p. 201.

Não obstante, há consenso de que a sentença é o ponto culminante do processo, sendo a principal peça processual. É ato privativo do Juiz (art. 162, §1º do CPC) e personalíssimo do magistrado, entretanto, a sentença deve seguir os requisitos legais e formais de validade (arts. 832 da CLT e 458 do CPC).

Como bem destaca *Moacyr Amaral Santos*[3], atendendo a que, na formação da sentença, o Juiz desenvolve um trabalho lógico de crítica dos fatos e do direito, do que resulta a conclusão ou decisão, uma parte da doutrina (UGO ROCCO, João Monteiro) atribui à sentença natureza de simples ato de inteligência. A sentença é o resultado de um trabalho lógico do Juiz, pois, um ato lógico, e, portanto, de *inteligência*.

No nosso sentir, a sentença não é só um ato de inteligência do Juiz, mas também um ato de vontade, no sentido de submeter a pretensão posta em juízo à vontade da lei ou do ordenamento jurídico, e também de submeter as partes ao comando sentencial. Além disso, a sentença também é um ato de justiça, no qual o Juiz, além de valorar os fatos e subsumi-los à lei, fará a interpretação do ordenamento jurídico de forma justa e equânime, atendendo não só aos ditames da Justiça no caso concreto, mas ao bem comum (art. 5º da LICC).

Portanto, a natureza jurídica da sentença é de um ato complexo, sendo um misto de ato de inteligência do Juiz, de aplicação da vontade da lei ao caso concreto, e, acima de tudo, um ato de justiça. Como bem adverte *José Augusto Rodrigues Pinto*[4], a sentença é um ato de *consciência* que estabelece o *elo entre o jurídico e o justo*[5].

Nesse sentido, sustentou com propriedade o Ministro Milton de Moura França[6]:

"Mais do que um simples procedimento lógico, onde procura desenvolver seu raciocínio na busca do convencimento, atento às premissas de fato e de direito para solucionar a lide, o julgador encontra na sentença o momento axiológico máximo do processo. Na interpretação e aplicação das normas, projeta toda sua formação jurídica, cultural, social, econômica, religiosa, etc., enfim, todos os fundamentos da decisão que irão retratar seu perfil de julgador e cidadão. São chamados elementos extralógicos que compõem o julgado. E é nessa fase derradeira e de extraordinária importância do processo que deve se fazer presente, em toda sua magnitude, a preocupação do magistrado em realizar

---

(3) SANTOS, Moacyr Amaral. *Primeiras linhas de direito processual civil*. 3. v., 17. ed. São Paulo: Saraiva, 1997. p. 10-11.

(4) RODRIGUES PINTO, José Augusto. *Processo trabalhista de conhecimento*. 7. ed. São Paulo: LTr, 2005. p. 554.

(5) Como ensina Tércio Sampaio Ferraz Jr.: "A justiça enquanto código doador de sentido ao direito é um princípio regulativo do direito, mas não constitutivo (...) o direito é uma organização de relações de poder. Seu princípio constitutivo é a impositividade autoritária. Todavia, seu princípio regulativo, que lhe confere sentido, é a justiça" (*Introdução ao estudo do direito*. 5. ed. São Paulo: Atlas, 2007. p. 372).

(6) Disciplina judiciária e a liberdade intelectual do magistrado. In: *Revista LTr* 66-10/1164.

a Justiça, que, no ensinamento, de Del Vecchio é 'um dos mais altos valores espirituais, senão o mais alto, junto ao da caridade. Sem tal ideal já não tem a vida nenhum valor'".

A Consolidação das Leis do Trabalho não define o conceito de sentença. Desse modo, resta aplicável ao Processo do Trabalho (art. 769 da CLT) a definição de sentença prevista no art. 162 do CPC.

O CPC de 1973, no art. 162, § 1º, fixava o conceito de sentença como sendo o ato pelo qual o Juiz põe termo ao processo, decidindo ou não o mérito da causa.

Atualmente, a Lei n. 11.232/05 alterou o conceito de sentença, pois extinguiu o processo de execução para título executivo judicial, e estabeleceu a fase de cumprimento de sentença, consagrando o chamado sincretismo processual. Desse modo, para a execução de sentença, não há mais um processo autônomo e burocrático de execução, mas sim uma fase de cumprimento da sentença. Sendo assim, a sentença não extingue mais o processo, mas sim o seu cumprimento.

Dispõe o § 1º do art. 162 do CPC, com a redação dada pela Lei n. 11.232/2005: "Sentença é o ato do juiz que implica alguma das situações previstas nos arts. 267 e 269 desta Lei".

Conforme se constata da redação do citado dispositivo legal, a sentença não põe mais fim ao Processo, mas implica uma das hipóteses do art. 267 do CPC[7],

---

(7) Diz o art. 267 do CPC: "Extingue-se o processo, sem resolução de mérito: (Redação dada pela Lei n. 11.232/05 – DOU de 23.12.05)

I – quando o juiz indeferir a petição inicial;

II – quando ficar parado durante mais de 1 (um) ano por negligência das partes;

III – quando, por não promover os atos e diligências que lhe competir, o autor abandonar a causa por mais de 30 (trinta) dias;

IV – quando se verificar a ausência de pressupostos de constituição e de desenvolvimento válido e regular do processo;

V – quando o juiz acolher a alegação de peremção, litispendência ou de coisa julgada;

VI – quando não concorrer qualquer das condições da ação, como a possibilidade jurídica, a legitimidade das partes e o interesse processual;

VII – pela convenção de arbitragem; (Redação dada pela Lei n. 9.307, de 1996)

VIII – quando o autor desistir da ação;

IX – quando a ação for considerada intransmissível por disposição legal;

X – quando ocorrer confusão entre autor e réu;

XI – nos demais casos prescritos neste Código.

§ 1º – O juiz ordenará, nos casos dos ns. II e III, o arquivamento dos autos, declarando a extinção do processo, se a parte, intimada pessoalmente, não suprir a falta em 48 (quarenta e oito) horas.

§ 2º – No caso do parágrafo anterior, quanto ao n. II, as partes pagarão proporcionalmente as custas e, quanto ao n. III, o autor será condenado ao pagamento das despesas e honorários de advogado (art. 28).

§ 3º – O juiz conhecerá de ofício, em qualquer tempo e grau de jurisdição, enquanto não proferida a sentença de mérito, da matéria constante dos ns. IV, V e VI; todavia, o réu que a não alegar, na primeira oportunidade em que lhe caiba falar nos autos, responderá pelas custas de retardamento.

§ 4º – Depois de decorrido o prazo para a resposta, o autor não poderá, sem o consentimento do réu, desistir da ação."

que consagra as hipóteses de extinção do processo sem resolução do mérito, ou do art. 269 do CPC[8], que estabelece as hipóteses de resolução do mérito.

Pode-se questionar o acerto do legislador ao delinear o novo conceito de sentença, pois há algumas sentenças de mérito que efetivamente extinguem o processo, como a sentença de improcedência, que é declaratória negativa, a sentença meramente declaratória e a sentença constitutiva, evidentemente após confirmadas em grau de recurso, ou se não forem interpostos recursos em face delas, uma vez que não comportam a fase de execução. Também as chamadas sentenças mandamentais, que são as que expedem uma ordem de cumprimento pelo Juiz, não necessitam da fase de execução.

Por outro lado, a interpretação do referido § 1º do art. 162, do CPC, não pode ser literal, pois, embora tenha sido alterado o conceito de sentença, o sistema do Código de Processo Civil permaneceu o mesmo quanto às decisões interlocutórias e os despachos (art. 162, §§ 2º e 3º, do CPC[9]).

Sendo assim, conforme já sedimentado em doutrina, podemos definir sentença como o ato do juiz que implica alguma das hipóteses dos arts. 267 e 269 do CPC, que extingue o processo ou encerra a fase de conhecimento, ou de execução.

Como bem adverte *Nélson Nery Júnior*[10], após analisar o conteúdo do § 1º do art. 162 do CPC, "sentença é o pronunciamento do juiz que contém uma das matérias do CPC, arts. 267 ou 269 e que, ao mesmo tempo, extingue o processo ou a fase de conhecimento no primeiro grau de jurisdição".

Nesse sentido, é o art. 158 do Anteprojeto do Novo Código de Processo Civil, *in verbis*:

> Os pronunciamentos do juiz consistirão em sentenças, decisões interlocutórias e despachos. § 1º Ressalvadas as previsões expressas nos procedimentos especiais, sentença é o pronunciamento por meio do qual o juiz, com fundamento nos arts. 473 e 475, põe fim à fase cognitiva do procedimento comum, bem como o que extingue a execução.

---

(8) Art. 269 do CPC: "Haverá resolução de mérito: (Redação dada pela Lei n. 11.232/05 – DOU de 23.12.05)
I – quando o juiz acolher ou rejeitar o pedido do autor; (Redação dada pela Lei n. 5.925, de 1973)
II – quando o réu reconhecer a procedência do pedido; (Redação dada pela Lei n. 5.925, de 1973)
III – quando as partes transigirem; (Redação dada pela Lei n. 5.925, de 1973)
IV – quando o juiz pronunciar a decadência ou a prescrição; (Redação dada pela Lei n. 5.925, de 1973)
V – quando o autor renunciar ao direito sobre que se funda a ação. (Redação dada pela Lei n. 5.925, de 1973)."

(9) Art. 162 do CPC: "Os atos do juiz consistirão em sentenças, decisões interlocutórias e despachos. § 1º Sentença é o ato do juiz que implica alguma das situações previstas nos arts. 267 e 269 desta Lei. (Redação dada pela Lei n. 11.232/05, DOU de 23.12.05) § 2º Decisão interlocutória é o ato pelo qual o juiz, no curso do processo, resolve questão incidente. § 3º São despachos todos os demais atos do juiz praticados no processo, de ofício ou a requerimento da parte, a cujo respeito a lei não estabelece outra forma. § 4º Os atos meramente ordinatórios, como a juntada e a vista obrigatória, independem de despacho, devendo ser praticados de ofício pelo servidor e revistos pelo juiz quando necessários." (Incluído pela Lei n. 8.952, de 1994)

(10) *Código de Processo Civil comentado*. 11. ed. São Paulo: RT, 2010. p. 447.

Diante do exposto, no nosso sentir, a sentença[11] no processo do trabalho se conceitua da seguinte forma:

> Ato do Juiz do Trabalho que implica alguma das hipóteses dos art. 267 e 269 do CPC, que extingue o processo ou encerra a fase de conhecimento, ou de execução.

## 2. Princípios da sentença trabalhista

*a) Legalidade:* A sentença trabalhista deve ser prolatada observando-se os requisitos legais previstos na CLT. Deve ter, sob consequência de nulidade: relatório, fundamentação e conclusão. No rito sumaríssimo, o relatório é dispensado. Outrossim, a sentença trabalhista deve ser proferida em audiência de julgamento, devendo as partes sobre ela ser intimadas;

*b) Livre convencimento do Juiz do Trabalho (arts. 131 do CPC e 765 da CLT):* O Juiz do Trabalho é livre para valorar a prova e interpretar a controvérsia jurídica, nos limites em que ela foi proposta;

*c) Vinculação do pedido (arts. 128 e 460 do CPC):* O pedido baliza o provimento jurisdicional. Portanto, a sentença trabalhista não pode afastar-se da pretensão posta em juízo, sob consequência de nulidade;

*d) Fundamentação:* A fundamentação da decisão é uma garantia da cidadania e do Estado Democrático de Direito (arts. 93, IX da CF c/c 832 da CLT). Embora o Juiz do Trabalho seja livre para decidir, deve expor os motivos do seu convencimento.

## 3. Requisitos estruturais da sentença trabalhista

Os requisitos estruturais da sentença trabalhista estão elencados no art. 832 da CLT, *in verbis*:

> Da decisão deverão constar o nome das partes, o resumo do pedido e da defesa, a apreciação das provas, os fundamentos da decisão e a respectiva conclusão. § 1º – Quando a decisão concluir pela procedência do pedido, determinará o prazo e as condições para o seu cumprimento. § 2º – A decisão mencionará sempre as custas que devam ser pagas pela parte vencida. § 3º – As decisões cognitivas ou homologatórias deverão sempre indicar a natureza jurídica das parcelas constantes da condenação ou do acordo homologado, inclusive o limite de responsabilidade de cada parte pelo recolhimento da contribuição previdenciária, se for o caso[12].

Diante do referido dispositivo legal, são requisitos estruturais da sentença: a) relatório; b) fundamentação e c) conclusão.

---

(11) As sentenças proferidas pelos Tribunais Trabalhista têm a denominação de Acórdãos.

(12) No mesmo sentido é o disposto no art. 458 do CPC, *in verbis*: "São requisitos essenciais da sentença: I – o relatório, que conterá os nomes das partes, a suma do pedido e da resposta do réu, bem como o registro das principais ocorrências havidas no andamento do processo; II – os fundamentos, em que o juiz analisará as questões de fato e de direito; III – o dispositivo, em que o juiz resolverá as questões que as partes lhe submeterem".

Além disso, a sentença trabalhista deve ser prolatada sob a forma escrita, mesmo quando proferida sem audiência, pois é indispensável sua documentação para embasar eventual recurso.

Como bem argumenta *Cândido Rangel Dinamarco*[13], "a regularidade formal da sentença é intimamente ligada à garantia do devido processo legal, que exige do juiz a fiel observância da lei para que o processo seja justo e équo, sendo indispensável que o relatório, a motivação e o decisório se harmonizem de modo a demonstrar a quem os lê uma coerência interna do próprio ato e, por esse modo, indicar sua fidelidade substancial do direito".

## a) Relatório

O relatório é uma pequena síntese do processo, em que são mencionados o resumo do pedido e da contestação, bem como as principais passagens do processo.

O art. 832 da CLT exige que o relatório contenha o nome das partes e o resumo do pedido e da defesa.

Acreditamos que um bom relatório de sentença trabalhista, além de mencionar o nome das partes, o resumo do pedido e da defesa, deve fazer menção às principais passagens do processo, como às atas de audiência e às provas mais relevantes produzidas nos autos, tais como perícia, inspeções, etc.

Segundo a doutrina, a finalidade do relatório é a transparência do julgamento em que o Juiz mostra que leu integralmente o processo e está apto a prolatar a decisão.

Atualmente, o relatório tem sido cada vez mais desprestigiado tanto pela doutrina como pela jurisprudência, pois não há como se decidir sem que o Juiz tenha estudado atentamente o Processo. No rito sumaríssimo trabalhista, ele foi suprimido (Lei n. 9.957/00). Como bem destaca *Manoel Antonio Teixeira Filho*[14], "(...) entendemos que, *de lege ferenda*, a sentença poderá prescindir, perfeitamente, dessa síntese retrospectiva dos principais acontecimentos do processo, sem qualquer prejuízo para a qualidade da entrega da prestação jurisdicional".

## b) Fundamentação

Como destaca *Vicente Greco Filho*[15], "a fundamentação revela a argumentação seguida pelo Juiz, servindo de compreensão do dispositivo e também de instrumento para aferição da persuasão racional e a lógica da decisão".

---

(13) DINAMARCO, Cândido Rangel. *Instituições de direito processual civil.* V. III. São Paulo: Malheiros, 2001. p. 654.
(14) TEIXEIRA FILHO, Manoel Antonio. *A sentença no processo do trabalho.* 3. ed. São Paulo: LTr, 2004. p. 284.
(15) GRECO FILHO, Vicente. *Direito processual do trabalho.* 2 v., 6. ed. São Paulo: Saraiva, 1993. p. 233.

A fundamentação é parte mais detalhada da sentença, pois é neste momento que o Juiz do Trabalho apreciará os argumentos que embasam a causa de pedir, as razões pelas quais o reclamado resiste à pretensão do autor, valorará as provas existentes nos autos e fará a subsunção dos fatos provados ao Direito.

A fundamentação é uma garantia da cidadania e um direito fundamental do cidadão. Embora a exigência da fundamentação não conste do art. 5º da CF, mas sim do art. 93, IX, trata-se de uma regra que decorre do devido processo legal e, portanto, constitui um direito fundamental.

De outro lado, a fundamentação da sentença, segundo vem defendendo a doutrina moderna, deve ser clara, objetiva e concisa, a fim de que o cidadão que não tenha cultura jurídica a entenda, máxime no Processo do Trabalho em que ainda persiste o *jus postulandi*. Além disso, os recursos têm por objeto impugnar a fundamentação da decisão e, por isso, o requisito da clareza é essencial.

Como bem adverte *Manoel Antonio Teixeira Filho*[16], "sentença (ou acórdão) sem fundamentação é ato de pura arbitrariedade judicial. Como alerta Lancelloti, não é suficiente que o Juiz faça justiça: é necessário que demonstre como fez justiça, para, dessa maneira, convencer a todos (...). Para usarmos uma ilustração de Couture, poderíamos dizer que, atualmente, a liberdade do Juiz, no campo da formação de seu convencimento jurídico sobre os fatos narrados pelos litigantes, é comparável à de um prisioneiro: pode ir para onde quiser, contanto que seja no interior da cela. A cela, na metáfora, são as provas dos autos. Na fundamentação, o Juiz apreciará e resolverá todas as matérias e questões, de fato e de direito, que digam respeito à causa, aí compreendidas as que tenham sido alegadas pelas partes e aquelas que possa conhecer por sua iniciativa".

Desse modo, a sentença trabalhista deve apreciar toda a matéria discutida nos autos, tanto a processual como as questões de mérito. De outro lado, o Juiz é livre para fundamentar e expor as razões de seu convencimento. Não há necessidade de rebater ou apreciar todas as razões da inicial e da defesa e sim colocar os argumentos que foram decisivos para o seu convencimento, conforme o princípio da persuasão racional, ou livre convencimento motivado previsto no art. 131 do CPC[17]. Outrossim, devem ser apreciados todos os pedidos e os requerimentos de defesa, como, por exemplo, aplicação de litigância de má-fé, etc.

No aspecto, destacamos a seguinte ementa:

> RECURSO ORDINÁRIO. ART. 93, INCISO IX, DA CONSTITUIÇÃO FEDERAL. NULIDADE. É indispensável a manifestação do julgado sobre todos os pedidos que constam do libelo, ainda que a fundamentação e o dispositivo sejam concisos. A preocupação com a celeridade — que é louvável — e o volume de processos submetidos

---

(16) *Op. cit.*, p. 286.

(17) Há alguns autores que defendem que a sentença deve apreciar todos os argumentos da inicial e da contestação, ou seja, dirimir todas as teses jurídicas invocadas, a fim de que a prestação jurisdicional seja completa.

a julgamento não são suficientes para elidir o direito da parte à manifestação sobre os termos do contraditório. Acresce que parte dos pedidos (como: sistemas de resultados e equipe; prêmios; participação nos lucros e resultados) não é usual nas reclamações trabalhistas, pelo que o efeito translativo é insuficiente como fundamento para o exame. Nulidade que é acolhida. (TRT/SP – Proc. 01180200403002000 – Ac. 20090597391. Rel. Des. Carlos Francisco Berardo. DOE/SP: 25.8.09)

A lei não traça um modelo de fundamentação para o Juiz utilizar na sentença. Por ser um ato personalíssimo, cada Juiz tem um estilo diferente de fundamentação, uns mais prolixos, outros mais concisos, entretanto, a fim de que não haja nulidade, a sentença deve apontar, ainda que sucintamente, as provas existentes nos autos que convenceram o Juiz e também os fundamentos jurídicos da decisão[18], não havendo necessidade de se indicar os dispositivos legais, embora seja de bom alvitre fazê-lo.

Nos termos do art. 458, do CPC, "nos casos de extinção do processo sem julgamento do mérito, o Juiz decidirá de forma concisa". Como bem adverte *Nelson Nery Júnior*[19], fundamentação concisa não significa decisão lacônica, sem fundamentação. Decisão concisa é a que tem fundamentação breve, da qual constam os elementos necessários para sua sustentação, expurgando-se dela tudo aquilo que for supérfluo.

Como bem sintetiza *Arruda Alvim*[20]: "Fundamentalmente, podemos admitir, assim, na sentença, três atividades que se encadeiam: 1ª) a reconstrução da situação de fato ocorrida ('crítica do fato'); 2ª) sucessivamente, a qualificação jurídica respectiva; 3ª) a própria interpretação do Direito, aplicando-o ao fato ('crítica do direito'), operando-se tais atividades mercê de uma interação recíproca, da norma ao fato e vice-versa".

## b.1.) Da ordem de apreciação na sentença trabalhista das matérias preliminares

Não há uma ordem legal de enumeração da matéria preliminar na sentença, mas há uma ordem lógica que costuma ser seguida pela praxe e também ordenada na sentença trabalhista.

Há certo consenso de que a sentença deve apreciar, antes do mérito, os pressupostos processuais (falta de citação, inépcia da inicial, impugnação da representação processual, etc.); impugnação ao valor atribuído à causa, arguições de nulidade, entre outros pressupostos processuais. Posteriormente, enfrentar a carência da ação (falta de legitimidade, possibilidade jurídica do pedido e interesse processual).

---

(18) Nestes longos anos de militância na Justiça do Trabalho temos assistido várias sentenças serem anuladas por fundamentação deficiente, como, por exemplo: *julga-se improcedente o pedido de horas extras por não provadas pelo reclamante*. Nesta hipótese, deveria o Juiz dizer por que o autor não comprovou as horas extras, por exemplo: as testemunhas do autor não cumpriram a mesma jornada deste último e disseram que anotavam corretamente a jornada nos cartões de ponto. Desse modo, improcede o pleito de horas extras, por não haver comprovação da jornada declinada na inicial.

(19) *Código de Processo Civil comentado*. 7. ed. São Paulo: RT, 2003. p. 778.

(20) ALVIM, Arruda. *Manual de direito processual civil*. V. 2, 9. ed. São Paulo: RT, 2005. p. 531.

*José Joaquim Calmon de Passos*[21] enumera a seguinte ordem para apreciação das matérias alinhavadas no art. 301 do CPC: – incompetência absoluta; – conexão; – compromisso arbitral; – coisa julgada; – litispendência; – incapacidade da parte; defeito na representação ou falta de autorização, bem como qualquer defeito ou irregularidade que pudesse ter autorizado o indeferimento da inicial, falta de caução ou de outra representação que a lei exige como preliminar e, por último, carência de ação.

Não obstante a ordem enumerada pelo ilustre mestre baiano, pensamos que, na sentença trabalhista, diante das peculiaridades do procedimento oral trabalhista, e de ser um processo basicamente de audiência, as questões processuais não decididas no curso do processo, bem como as arguições de nulidades ainda não apreciadas antes da sentença, devem ser apreciadas antes das preliminares propriamente ditas (art. 301 do CPC), como, por exemplo: impugnação da condição de empregado do preposto levada a efeito na audiência de instrução, eventuais contraditas de testemunhas não decididas, arguições de cerceamento de defesa, arguições de nulidade do processo, etc.

Desse modo, acreditamos que o Juiz do Trabalho, na fundamentação, deverá apreciar a matéria processual na seguinte ordem:

a) questões processuais não decididas;

b) pressupostos processuais;

c) condições da ação.

### b.2.) Ordem de apreciação da matéria de mérito

Nem a CLT tampouco o CPC disciplinam a ordem de apreciação da matéria de mérito, na sentença. Não há uma ordem legal, mas há uma ordem lógica de prejudicialidade dos pedidos, ou seja: alguns pedidos, por serem prejudiciais a outros pedidos subsequentes, devem ser apreciados antes — por exemplo, na reclamação em que se discutem vínculo de emprego, verbas rescisórias, estabilidade acidentária e justa causa, pela ordem de prejudicialidade, primeiramente devem ser apreciados: vínculo de emprego, justa causa, estabilidade e, posteriormente, verbas rescisórias.

### c) Dispositivo ou conclusão

Ensina *Cândido Rangel Dinamarco*[22]:

"Dispositivo é preceito concreto e imperativo ditado pelo juiz em relação à causa. Ele consiste na resposta do Estado-Juiz à demanda do autor, seja para negar o direito deste ao provimento de mérito (sentenças terminativas), seja

---

(21) CALMON DE PASSOS, José Joaquim. *Comentários ao Código de Processo Civil*. 8. ed. Rio de Janeiro: Forense, 2001. p. 258.

(22) *Op. cit.*, p. 661.

para conceder-lhe o provimento conforme pedido (procedência da demanda), seja para impor-lhe um provimento de conteúdo adverso (improcedência), seja ainda para acolher em parte o pedido, rejeitando-o no mais (procedência parcial)".

Diz o art. 832 da CLT que da sentença deve constar a *conclusão*.

No mesmo sentido é o art. 458 do CPC: "São requisitos essenciais da sentença: (...) III – o dispositivo, em que o juiz resolverá as questões, que as partes lhe submeterem".

A conclusão, também chamada de *dispositivo* ou *decisum*, embora seja uma etapa mais simplificada para o Juiz do que a fundamentação, acreditamos ser a parte mais importante da decisão, pois é nela que estará mencionada a parte da decisão que condenará ou absolverá o reclamado e especificará as parcelas objeto da condenação, bem como os parâmetros para cumprimento da sentença. Sob outro enfoque, somente o dispositivo transita em julgado[23], conforme o art. 469 do CPC[24].

Como bem destaca *Manoel Antonio Teixeira Filho*[25]: "A importância do dispositivo ou acórdão está em que, por meio dele, dirá o juiz se condena o réu ou se o absolve (...). Demais, dentre as partes da sentença, o dispositivo é o único em princípio, que se submete aos efeitos da coisa julgada material".

Além das verbas objeto da condenação, o dispositivo da sentença deve conter:

a) parâmetros para liquidação das parcelas, bem como a modalidade de liquidação e época própria de correção monetária;

b) a responsabilidade pelos recolhimentos fiscais e previdenciários, especificando quais parcelas serão objeto de incidência das parcelas devidas ao INSS, conforme o § 3º do art. 832 da CLT;

c) quando houver obrigações de fazer ou não fazer, o prazo para cumprimento, bem como eventuais coerções pecuniárias (*astreintes* para cumprimento);

d) custas que serão sempre 2% do valor da condenação (se procedente ou procedente em parte o pedido), se improcedente, sobre o valor atribuído à causa;

e) o prazo para cumprimento. Como regra geral, a sentença deve ser cumprida no prazo de 8 dias após o trânsito em julgado;

---

(23) Como bem destaca Arruda Alvim: "Anota-se, ainda, que existe uma parte, especialmente da sentença de mérito, que deve ser absolutamente clara, esta é precisamente a *parte dispositiva*, pois é aquela que realmente produz efeitos e virá, ao cabo do processo, depois do esgotamento dos recursos, a ser coberta pela autoridade da coisa julgada (material)". (*Manual de direito processual civil.* V. 2, 9. ed. São Paulo: RT, 2005. p. 551).

(24) Art. 469 do CPC: "Não fazem coisa julgada: I – os motivos, ainda que importantes para determinar o alcance da parte dispositiva da sentença; II – a verdade dos fatos, estabelecida como fundamento da sentença; III – a apreciação da questão prejudicial, decidida incidentemente no processo".

(25) TEIXEIRA FILHO, Manoel Antonio. *A sentença no processo do trabalho.* 3. ed. São Paulo: LTr, 2004. p. 293.

f) por fim, o dispositivo deve fazer menção à intimação das partes. Se a decisão for proferida em audiência ou na forma da Súmula n. 197 do C. TST[26], as partes já sairão cientes na própria audiência ou na data agendada para a audiência de julgamento.

Caso a intimação das partes não se dê em audiência, tampouco na forma da Súmula n. 197 do TST, as partes serão intimadas da sentença, ou por Diário Oficial, ou pelo Correio.

Sendo revel o reclamado, a intimação da sentença será realizada por meio de Editais (arts. 841 e 852 da CLT).

## 4. Classificação das sentenças

*a) Declaratórias ou meramente declaratórias:* A sentença declaratória ou meramente declaratória é a que se limita a declarar a existência de um fato, da autenticidade ou não de um documento, ou da existência ou não de uma relação jurídica (art. 4º do CPC).

Como bem advertem *Luiz Rodrigues Wambier, Flávio Renato Correa de Almeida e Eduardo Talamini*[27], todas as sentenças têm, como se sabe, um cunho *declaratório*. A declaração se impõe logicamente, antes de tudo, ao Juiz.

A sentença meramente declaratória é desprovida de sanção e não comporta execução. Produz efeitos *ex tunc*, ou seja: declara a existência do fato ou da relação jurídica desde o seu nascimento.

A sentença de improcedência tem natureza jurídica declaratória negativa, pois afirma que o autor não tem o direito que foi postulado em juízo.

São exemplos no Processo do Trabalho de sentenças meramente declaratórias: declaração do vínculo de emprego, declaração da validade ou não de um documento, etc.

Quando a Vara do Trabalho declara que não houve o vínculo de emprego, tal decisão é declaratória negativa sobre a não existência do trabalho prestado sob os requisitos dos arts. 2º e 3º da CLT e, portanto, a decisão é de improcedência.

*b) Constitutivas:* A sentença constitutiva, além de declarar a existência dos fatos ou do direito, cria, modifica ou extingue uma relação jurídica.

A sentença constitutiva não comporta execução, produzindo efeitos desde o trânsito em julgado.

São exemplos de sentenças constitutivas no Processo do Trabalho: sentença proferida no inquérito judicial para apuração de falta grave em que o Tribunal, ao

---

(26) Súmula n. 197 do C. TST: "O prazo para recurso da parte que, intimada, não comparecer à audiência em prosseguimento para a prolação da sentença, conta-se de sua publicação".

(27) *Curso avançado de processo civil.* V. 1, 7. ed. São Paulo: RT, 2005. p. 533.

acolher o pedido, extingue o contrato de trabalho do trabalhador estável (arts. 494 e 853 e seguintes da CLT), reconhece a rescisão indireta do contrato de trabalho (art. 483 da CLT), pondo fim ao vínculo laboral, etc.

Como adverte *Renato Saraiva*[28], "a sentença constitutiva também pode assumir, em certos casos, cunho condenatório, como na hipótese que reconhece a equiparação salarial (criando uma nova relação jurídica — natureza constitutiva) e determina o pagamento das diferenças salariais provenientes da equiparação salarial (cunho condenatório)".

Concordamos com o ilustre autor no sentido de que as sentenças constitutivas podem trazer consigo uma condenação, não obstante, pensamos que a decisão que reconhece a equiparação salarial tem cunho declaratório, pois declara a identidade funcional e o direito à isonomia salarial (art. 461 da CLT) e, em razão disso, condena a reclamada a pagar ao autor as diferenças salariais e reflexos decorrentes da equiparação.

*c) Condenatórias:* A sentença condenatória, além de declarar o direito existente, impõe uma obrigação ao réu de pagar, dar, fazer ou não fazer alguma coisa — por exemplo: a sentença que condena o reclamado a pagar ao reclamante horas extras e reflexos, aviso prévio, reparação por danos morais, etc.

As decisões condenatórias comportam execução forçada se não cumpridas espontaneamente pelo réu.

*d) Mandamentais:* A sentença mandamental, além de declarar o direito e condenar a prestar uma obrigação, a fazer ou deixar de fazer alguma coisa, expede uma ordem para cumprimento imediato. Tal decisão não comporta a fase de execução, pois o próprio comando sentencial já contém uma ordem para cumprimento imediato. Como exemplos de tais decisões, temos as decisões proferidas em mandados de segurança e concessões de tutela antecipada (art. 273 do CPC).

## 5. Nulidades da sentença

São nulos os atos processuais quando violem normas de ordem pública e interesse social. O ato nulo não está sujeito à preclusão e pode ser declarado de ofício pelo Juiz. São relativas as nulidades quando não violem normas de ordem pública. Dependem da iniciativa da parte, não podendo ser conhecidas de ofício. Os chamados atos inexistentes contêm um vício tão acentuado que não chegam a produzir efeitos. Entretanto, a doutrina tem dito que mesmo os atos inexistentes devem ter seus efeitos cassados por decisão judicial. Portanto, os atos inexistentes seguem o mesmo regime das nulidades absolutas[29].

---

(28) SARAIVA, Renato. *Curso de direito processual do trabalho.* 4. ed. São Paulo: Método, 2007. p. 388.

(29) Nesse sentido, Teresa Arruda Alvim Wambier: "Cremos que se deve repetir em relação aos atos inexistentes o que foi dito com respeito aos atos nulos: há necessidade, em princípio, de pronunciamento judicial, provocado

Conforme já nos posicionamos anteriormente, o eixo central da declaração das nulidades, tanto no Direito Processual Civil como no Processual do Trabalho, é a existência de prejuízo. Ou seja, se o ato processual, embora defeituoso e contenha vícios, não causou prejuízos a uma das partes, não deve ser anulado[30].

A sentença trabalhista que apresenta nulidade contém um vício insanável, violando norma de ordem pública, desconsiderando requisito legal, causando manifesto prejuízo às partes.

### a) Sentença inexistente

A sentença pode conter vícios tão contundentes pertinentes à própria existência do ato, como nas hipóteses da falta de investidura do Juiz ou falta de jurisdição deste (art. 485 do CPC).

Pensamos que a sentença, mesmo que não assinada, se puder ser constatada a autenticidade desta, não se deve pronunciar a nulidade. Nesse sentido, destacamos a seguinte ementa:

> A sentença deve ser assinada pelo juiz. A falta de assinatura não nulifica a sentença, quando sua existência e autenticidade podem ser comprovadas por intermédio do termo de audiência, de sua leitura, de sua publicação, da assinatura das partes, MP, advogados e funcionários que participaram do ato (RT n. 577/185).

### b) Nulidade da sentença (Falta dos requisitos legais)

É nula a decisão quando prolatada, inobservando os requisitos previstos em Lei, quais sejam: sem relatório, fundamentação ou conclusão.

A sentença apresenta nulidade quando não preencher os requisitos legais (art. 832 da CLT) e não estiver devidamente fundamentada (arts. 93, IX, da CF, 458 do CPC e 832 da CLT).

### c) Falta de fundamentação (Nulidade)

Os Tribunais também têm determinado a nulidade da sentença quando esta apresentar deficiência ou falta de fundamentação, por violação dos arts. 93, IX, da CF, 458 do CPC e 832 da CLT.

Não obstante, a jurisprudência tem restringido os casos de nulidade da sentença por falta de fundamentação somente em casos nos quais a sentença não

---

por ação meramente declaratória, para que tal 'vida artificial', há pouco referida, tenha fim" (*Nulidades do processo e da sentença*. 6. ed. São Paulo: RT, 2007. p. 157).

(30) Como destaca Carlos Henrique Bezerra Leite: "O princípio do prejuízo, também chamado de princípio da transcendência, está intimamente ligado ao princípio da instrumentalidade das formas. Significa que não haverá nulidade sem prejuízo manifesto às partes interessadas. O princípio do prejuízo é inspirado no sistema francês (*pás de nullité san grief*)" (*Curso de direito processual do trabalho*. 5. ed. São Paulo: LTr, 2007. p. 359).

apresentar, nem de forma concisa, as razões de decidir. Nesse sentido, destaca-se a seguinte ementa:

> Não é nula a sentença quando o juiz, embora sem grande desenvolvimento, deu as especificações dos fatos e a razão de seu convencimento, havendo decidido dentro dos limites em que as partes reclamaram, sem a eiva dos vícios de *extra*, *ultra* ou *citra petita* (STJ – Ag. 35112-3 – Rel. Min. Fontes de Alencar – j. 29.3.1993).

## d) Nulidade (Violação dos arts. 128 e 460 do CPC – sentença *citra petita*, *extra petita* e *ultra petita*)

Ensina *Nelson Nery Júnior*[31]: "O autor fixa os limites da lide e da causa de pedir na petição inicial (CPC art. 128), cabendo ao juiz decidir de acordo com esse limite. É vedado ao magistrado proferir sentença acima (ultra), fora (extra) ou abaixo do pedido. Caso o faça, a sentença estará eivada de vício, corrigível por meio de recurso. A sentença *citra* ou *infra petita* pode ser corrigida por meio de embargos de declaração, cabendo ao juiz suprir a omissão; a sentença *ultra* ou *extra petita* não pode ser corrigida por embargos de declaração, mas só por apelação. Cumpre ao tribunal, ao julgar o recurso, reduzi-la aos limites do pedido".

Como já mencionamos anteriormente, é princípio da sentença trabalhista estar vinculada aos limites da lide, ou seja: ao pedido e à causa de pedir, conforme os arts. 128 e 460 do CPC, que se mostram aplicáveis ao Processo do Trabalho por força do art. 769 da CLT.

Diz o art. 460 do CPC: "É defeso ao juiz proferir sentença, a favor do autor, de natureza diversa da pedida, bem como condenar o réu em quantidade superior ou em objeto diverso do que lhe foi demandado".

No mesmo sentido é a disposição do art. 128 do CPC:

> O juiz decidirá a lide nos limites em que foi proposta, sendo-lhe defeso conhecer de questões, não suscitadas, a cujo respeito a lei exige a iniciativa da parte.

## e) Sentença *citra petita*

A decisão *citra* ou *infra petita* é a que decide aquém do pedido, contém omissão — por exemplo: o reclamante pede horas extras, FGTS e reparação por danos morais, mas a sentença não aprecia, por exemplo, o pedido de danos morais.

Conforme o entendimento que fixamos alhures, a falta de apreciação dos fundamentos da inicial ou da defesa não configura omissão, pois o Juiz está obrigado a apreciar todos os pedidos e todos os requerimentos de defesa, mas, se a causa de pedir tiver mais de um fundamento e a contestação também mais de um fundamento, é suficiente que o Juiz acolha apenas um deles, da inicial ou da defesa, ou até mesmo apresente um outro fundamento diverso dos alinhavados pelas partes.

---

(31) *Op. cit.*, p. 460.

De outro lado, os fundamentos da inicial ou a defesa não apreciados pelo Juiz na sentença serão devolvidos ao Tribunal, em razão do efeito devolutivo do recurso ordinário (art. 515, § 1º, do CPC).

A jurisprudência trabalhista tem fixado entendimento de ser nula a sentença *citra petita*, conforme a seguinte ementa:

> Decisão *citra petita* — Infringência ao art. 138 do CPC — Nulidade da sentença. A decisão *citra petita* (aquém do pedido) configura ato absolutamente nulo, infringindo o disposto no art. 128 do CPC, que determina que o Juiz decidirá lide nos limites em que foi proposta, o que significa que, se não podem estes ser elasticidos ou ultrapassados, tampouco há de ser ignorada sua amplitude. Trata-se de vício insanável, que justifica a declaração de nulidade da sentença independentemente de provocação da parte interessada. (TRT – 2ª R. – 8ª T. – Ac. n. 02970001580 – Relª Wilma N. de Araújo Vaz da Silva – DJSP 16.1.97 – p. 36).

No nosso entendimento, em que pesem as opiniões em contrário, a sentença *citra petita* não é nula, pois pode ser corrigida por meio de embargos de declaração. De outro lado, se não forem opostos os embargos de declaração, a omissão acarretará o efeito de não ser formada coisa julgada material sobre o pedido que não fora apreciado. Desse modo, em outra reclamatória, desde que ainda não prescrita a pretensão, o reclamante poderá renovar o pedido.

Caso tenham sidos opostos embargos de declaração e persista a omissão, o Tribunal deverá baixar os autos para que a Vara dirima a omissão, decretando-se a nulidade parcial da sentença e determinando o saneamento.

O Tribunal Superior do Trabalho fixou entendimento de que a sentença *citra petita* pode ser objeto de ação rescisória, por violação literal de lei, conforme a OJ n. 41 da SDI-II, do C. TST, *in verbis*:

> AÇÃO RESCISÓRIA — SENTENÇA *CITRA PETITA* — CABIMENTO. Revelando-se a sentença *citra petita*, o vício processual vulnera os arts. 128 e 460 do CPC, tornando-a passível de desconstituição, ainda que não opostos embargos declaratórios.

## f) Sentença *ultra petita*

A decisão *ultra petita* é a que vai além do pedido, vale dizer: defere verbas além das postuladas na inicial — por exemplo: o reclamante pede apenas rescisão indireta do contrato de trabalho sem fazer o pedido de verbas rescisórias. A sentença, além de deferir a rescisão indireta, pondo fim ao contrato de trabalho, condena a reclamada a pagar ao reclamante verbas rescisórias.

A jurisprudência, acertadamente, tem-se posicionando no sentido de que a sentença *ultra petita* não é nula, pois pode ser corrigida por meio de recurso, e, neste caso, o Tribunal pode corrigi-la, expungindo do julgado a parte que ultrapassa os limites do pedido. Pensamos que a sentença *ultra petita* pode ser corrigida inclusive por meio de embargos de declaração, em razão da contradição.

Nesse sentido, destacamos as seguintes ementas:

> Julgamento *ultra petita*. Deferido diferença de horas extras recebidas, mas não pleiteadas, reforma-se a decisão para excluir a parcela não pedida, pois trata-se de julgamento *ultra petita*. (TRT – 11ª R. – Ac. n. 889/97 – Rel. Francisco Bernardino – DJAM 24.4.97 – p. 14)

> Julgamento *ultra petita* — Nulidade da sentença. É assente na doutrina que o julgamento *extra petita* não acarreta nulidade quando o excesso puder ser adequado aos limites da lide, ensejando apenas a reforma da sentença. Ademais, se o empregado declina na inicial que foram descumpridas obrigações do contrato de trabalho, sendo, ainda, tratado com rigor excessivo e ofendido fisicamente, postulando o reconhecimento da rescisão indireta do contrato, com fulcro nas alíneas *b* e *d* do art. 483 da CLT, não incorre em julgamento fora dos limites a sentença que declara não ter havido o justo motivo, reconhecendo, por conseguinte, a dispensa sem justa causa da reclamante. Até porque ao juiz cabe a análise da configuração ou não da justa causa, bem assim sua legalidade. (TRT – 3ª R. – 3ª T. – RO n. 637/2006.052.03.00-2 – Rel. Irapuan de Oliveira T. Lyra – DJ 2.12.06 – p. 7) (RDT n. 01 – Janeiro de 2007)

## g) Sentença *extra petita*

A decisão *extra petita* contém julgamento fora do pedido, ou seja: o provimento jurisdicional sobre o pedido é diverso do postulado — por exemplo: pretende o autor horas extras e a sentença defere horas de sobreaviso não postuladas.

Tal decisão, no nosso sentir, não há como ser corrigida, pois, se o Juiz deferiu pretensão diversa da postulada, para corrigi-la, deverá prolatar uma nova decisão[32]. Nesse sentido, destacamos as seguintes ementas:

> Prescrição. A alegação de contrariedade à Súmula n. 294 do TST não enseja o conhecimento do apelo, pois muito embora a decisão regional tenha declarado a inaplicabilidade da Súmula n. 294 do TST, referiu-se apenas ao seu comando principal, aplicando, ao final, justamente a exceção prevista na referida Súmula: "... exceto quando o direito à parcela esteja também assegurado por preceito de lei". Ou seja, o que se verifica é consonância da decisão regional com a exceção prevista na Súmula n. 294 do TST e não contrariedade a ela, na medida em que a convenção coletiva de trabalho, para as partes, se iguala à lei. Recurso não conhecido. Diferenças salariais — Julgamento *extra petita*. As alegadas violações dos arts. 128, 264 e 460 do CPC e 769 da CLT não restam caracterizadas. A condenação mantida pelo egrégio Regional encontra-se estritamente dentro dos limites da lide. O pedido inicial realmente refere--se à correção salarial disciplinada na CCT n. 94/95, contudo, como bem salientado pelo egrégio Regional, este instrumento coletivo faz remissão expressa à Resolução Intersindical n. 1/94, na qual escudou-se o provimento dado ao pleito obreiro. Logo, não há que se falar em julgamento fora dos limites da *litiscontestatio*. Recurso não

---

(32) Alguns autores sustentam a possibilidade de a decisão extra petita ser corrigida por meio de Recurso. Em que pese o respeito que merecem, no nosso entendimento, o Tribunal não pode corrigir a sentença *extra petita*, pois a sentença não apreciou a pretensão posta em juízo e tal postura configura supressão de instância.

conhecido. Intervalo lanche. A aferição da alegação recursal de que o intervalo em questão não era intervalo legal, ou a veracidade da assertiva da Turma Regional, no sentido de que a supressão dos intervalos, consoante aferidos em vários instrumentos normativos acostados aos autos, foi ilícita, em face de previsão convencional, depende de nova análise do conjunto fático-probatório da prova documental dos autos, procedimento vedado nesta instância recursal, nos termos da Súmula n. 126 do TST. Recurso não conhecido. Intervalo intrajornada. A questão já está pacificada no âmbito desta Corte, por meio da Orientação Jurisprudencial n. 307 da SBDI-1. Recurso não conhecido. (TST – 2ª T. – RR n. 7.825/1999.012.09.00-0 – Rel. Min. José Simpliciano F. de F. Fernandes – DJ 13.4.07 – p. 1.231) (RDT n. 05 – Maio de 2007)

Julgamento *extra petita*. A jurisprudência desta Corte Superior, consubstanciada na Súmula n. 328, consagra entendimento no sentido de que o pagamento das férias sujeita-se ao acréscimo do terço constitucional, previsto no art. 7º, XVII, da Carta Política. Resulta clara, daí, a natureza acessória da parcela, que não se desvincula da remuneração das férias. Havendo, portanto, pedido de pagamento de diferenças da retribuição das férias, a inclusão no comando condenatório do terço constitucional não configura julgamento *extra petita*. De outro lado, a decisão no sentido de deferir o pagamento da integração do adicional por tempo de serviço nas horas extras encontra-se circunscrita ao pedido, conforme claramente consignado no acórdão do Tribunal Regional. Extrai-se, portanto, que não houve julgamento *extra petita*, sendo certo, ainda, que cabe ao magistrado dar o devido enquadramento jurídico aos fatos articulados na petição inicial. Intactos, portanto, os arts. 128, 293 e 460 do Código de Processo Civil. Agravo de instrumento a que se nega provimento. (TST – 1ª T. – AIRR n. 624/2001.011.04.40-2 – Rel. Min. Lélio Bentes Corrêa – DJ 11.4.06 – p. 571) (RDT n. 05 – maio de 2006)

Julgamento *extra petita* — Nulidade — Prescrição — Aviso prévio indenizado. Segundo o disposto no art. 460 do CPC, é o pedido expresso na petição inicial ou extraído de seus termos, mediante interpretação lógico-sistemática, que limita a sentença, não a causa de pedir. Assim, versando a petição inicial a respeito do pedido de adicional de insalubridade, o fato, por si só, de não ter sido mencionado, na exordial, o exercício da função de pintor não configura julgamento *extra petita*. De resto, o período do aviso prévio, mesmo indenizado, é computado como tempo de serviço para todos os efeitos legais, inclusive para afastar a prescrição bienal. Recurso conhecido e improvido. (TRT – 15ª R. – 2ª T. – RO n. 740/2000.003.15.00-1 – Ac. n. 21136/05 – Rel. Samuel C. Leite – DJSP 13.5.05 – p. 18) (RDT n. 06 – Junho de 2005)

## 6. Possibilidade de julgamento extra petita ou ultra petita no Processo do Trabalho — Princípio da ultrapetição

Há alguns autores que admitem a possibilidade de o Juiz do Trabalho julgar fora do pedido ou até mesmo além do pedido, em razão dos princípios da celeridade, informalidade e simplicidade do Processo do Trabalho.

Pensamos que o Juiz do Trabalho não possa julgar fora do pedido ou além dele. Somente em casos excepcionais se admite o julgamento *ultra petita*, como a aplicabilidade, de ofício, do art. 467 da CLT e a possibilidade de conversão do pedido de reintegração em indenização (art. 496 da CLT). Além disso, tem a jurisprudência admitido que, nos casos em que se postula a solidariedade de determinada empresa tomadora de mão de obra, o Juiz do Trabalho, presentes os requisitos, possa conceder a condenação subsidiária.

Nesse mesmo sentido é a Súmula n. 396 do C. TST, *in verbis*:

> ESTABILIDADE PROVISÓRIA. PEDIDO DE REINTEGRAÇÃO. CONCESSÃO DO SALÁRIO RELATIVO AO PERÍODO DE ESTABILIDADE JÁ EXAURIDO. INEXISTÊNCIA DE JULGAMENTO *EXTRA PETITA*. I – Exaurido o período de estabilidade, são devidos ao empregado apenas os salários do período compreendido entre a data da despedida e o final do período de estabilidade, não lhe sendo assegurada a reintegração no emprego; II – Não há nulidade por julgamento *extra petita* da decisão que deferir salário quando o pedido for de reintegração, dados os termos do art. 496 da CLT. (Res. n. 129/2005 – DJ 22.4.2005).

Em razão dos princípios do contraditório e ampla defesa, o julgamento fora do pedido, ou além dele pela Justiça do Trabalho, somente pode ser levado a efeito pelo Juiz do Trabalho quando a lei expressamente permitir ou, então, não causar qualquer prejuízo ao reclamado, como nas hipóteses de conversão da reintegração em indenização ou concessão de responsabilidade subsidiária quando houver pedido de responsabilização solidária.

Em dissídios coletivos, tem entendido a jurisprudência, acertadamente, que há possibilidade de julgamento *extra petita*, uma vez que a decisão é proferida, eminentemente, por critérios de justiça e equidade, conforme a ementa que segue abaixo:

> RECURSO ORDINÁRIO. DISSÍDIO COLETIVO DE GREVE. PRELIMINAR DE JULGAMENTO *EXTRA PETITA*. O dissídio coletivo de greve não é exclusivamente para examinar a abusividade ou não do movimento paredista. Pode haver discussão sobre as reivindicações que ensejaram a greve, haja vista o disposto no art. 8º da Lei de Greve, que atribuiu à Justiça do Trabalho a competência para decidir sobre a procedência ou não das reivindicações dos empregados grevistas. Ademais, a jurisprudência reiterada desta Corte Superior não reconhece a possibilidade de julgamento *extra petita* quando se tratar de dissídio coletivo. Precedentes. Preliminar a que se rejeita. PARTICIPAÇÃO NOS LUCROS – 2009 – SÚMULA N. 422 DO TST. É imprescindível que a parte apresente as razões de fato e de direito pelas quais impugna a decisão recorrida, consoante o art. 514, II, do CPC, de aplicação subsidiária ao processo trabalhista, em virtude de o recurso ordinário ser mero sucedâneo da apelação cível. Nesse sentido, a Súmula n. 422 do TST e, por analogia, o Precedente Normativo n. 37 da SDC. Recurso Ordinário a que se não se conhece – PROC RO 240700-80.2009.5.15.0000 – TST – Minª. Relª. Kátia Magalhães Arruda. DJe de 1º.7.2011. (DT – Setembro/2011 – vol. 206, p. 115)

## 7. Da inalterabilidade da sentença após a publicação

Diz o art. 463 do CPC: "Publicada a sentença, o juiz só poderá alterá-la: (Redação dada pela Lei n. 11.232/05 – DOU de 23.12.05). I – para lhe corrigir, de ofício ou a requerimento da parte, inexatidões materiais, ou lhe retificar erros de cálculo; II – por meio de embargos de declaração".

Na CLT, há semelhante sentido no art. 833, *in verbis*: "Existindo na decisão evidentes erros ou enganos de escrita, de datilografia ou de cálculo, poderão os mesmos, antes da execução, ser corrigidos, *ex officio*, ou a requerimento dos interessados ou da Procuradoria da Justiça do Trabalho".

No mesmo sentido é o parágrafo único do art. 897-A da CLT: "Os erros materiais poderão ser corrigidos de ofício ou a requerimento de qualquer das partes".

Uma vez publicada a decisão, o Juiz cumpre seu ofício jurisdicional, não podendo alterar sua decisão, salvo nas hipóteses de existência de erros materiais, ou em razão de embargos de declaração.

Erros materiais são falhas de digitação ou de grafia, identificados de plano, ou erros aritméticos, facilmente identificados na sentença. Não serão simples erros materiais se a decisão justificou, por exemplo, que 2 + 2 é igual a 5.

Como destaca *Lopes da Costa*[33]:

"Para que a correção seja possível é preciso que, aparentemente, evidentemente, *primo ictu oculi*, se verifique a contradição entre o que o juiz quis dizer e o que realmente disse. São correções materiais. Não do pensamento, mas de sua manifestação exterior. Não do juízo, mas da palavra".

Acreditamos que os erros materiais e eventuais erros de cálculo não transitam em julgado, podendo ser corrigidos de ofício pelo Juiz[34], ou a requerimento da parte mesmo após o trânsito em julgado, ou até mesmo na fase de execução, não obstante diga o CPC (art. 463) que tais erros devem ser corrigidos antes do trânsito em julgado da decisão e a CLT (art. 833) antes da execução.

No mesmo sentido, destacamos a seguinte ementa:

> Coisa julgada. Erro material. Correção. 1. A retificação do próprio órgão prolator, de erro material (data da prescrição) de que padece o acórdão originário, fazendo-o substituir por outro antes de iniciada a execução, mesmo após exaurido o prazo recursal, não traduz ofensa à coisa julgada, máxime quando o novo acórdão estampa decisão expressamente tomada na fundamentação (apenas) do acórdão primitivo. A correção de inexatidões materiais, inclusive de ofício, mais que uma faculdade do órgão judicante, assegurada em lei (CLT, art. 833), constitui providência inafastável a bem do aperfeiçoamento na outorga da tutela jurisdicional. 2. Acórdão que contempla datas logicamente conflitantes para o o marco prescricional não produz coisa julgada no particular, pois aí não há decisão. Por isso, a ulterior retificação do acórdão originário, afeiçoando-se o comando emergente da decisão originária à fundamentação, mediante outro acórdão, é insuscetível de provocar violação à

---

(33) *Direito processual brasileiro*. V. III, 2. ed. Rio de Janeiro: Forense, 1959. p. 312.

(34) Nesse sentido, a seguinte ementa: Correção de ofício pelo órgão de 2º grau. Não enseja nulidade de sentença a existência de simples erro material, corrigível de ofício inclusive por este órgão jurisdicional hierarquicamente superior que, competente para o mais (anular ou reformar), também o é para o menos (retificar mero equívoco mecanográfico). (TRT 2ª R. – 8ª T. – Ac. n. 2960264910 – Relª. Wilma Vaz da Silva – DJSP 7.6.96 – p. 55)

coisa julgada (art. 5º, inc. XXXVI da CF/88). 3. Recurso de revista não conhecido. (TST-RR – 466.696/98.1 – Ac. 12ª T. – 1ª R. – Rel. Min. João Oreste Dalazen – DJU 14.3.03 – p. 415)[35]

Pensamos constituir exceção ao princípio da inalterabilidade da decisão a retratação em face do indeferimento da inicial, após o recurso em face de tal indeferimento (art. 296 do CPC), e também a possibilidade da retratação da decisão, diante do recurso, quando o Juiz indeferir liminarmente o pedido, julgando-o improcedente quando já fixou entendimento a respeito (art. 285-A do CPC).

## 8. Da sentença de improcedência liminar (aplicação do art. 285-A do CPC ao Processo do Trabalho)

Em meio a uma série de leis que alteraram o Código de Processo Civil, vem a lume o art. 285-A do CPC, acrescentado pela Lei n. 11.277/06, que assim dispõe:

> Art. 285-A – Quando a matéria controvertida for unicamente de direito e no juízo já houver sido proferida sentença de total improcedência em outros casos idênticos, poderá ser dispensada a citação e proferida sentença, reproduzindo-se o teor da anteriormente prolatada.
>
> § 1º – Se o autor apelar, é facultado ao juiz decidir, no prazo de 5 (cinco) dias, não manter a sentença e determinar o prosseguimento da ação.
>
> § 2º – Caso seja mantida a sentença, será ordenada a citação do réu para responder ao recurso.

O presente artigo faz parte da reforma processual civil, cujos escopos são a celeridade e efetividade do processo, bem como a economia de atos processuais.

A doutrina tem chamado o referido dispositivo legal de *julgamento sumário de mérito, improcedência* prima facie, *sentença proferida* inaudita altera parte, entre outras denominações.

Há o reconhecimento expresso de que o primeiro grau de jurisdição, como já era praticamente pacífico na doutrina, pode firmar sua própria jurisprudência. Assim, como os tribunais podem utilizar a jurisprudência sedimentada para trancar o processamento de recurso, agora, presentes os requisitos do art. 285-A do CPC, as Varas poderão rejeitar, liminarmente, a pretensão.

A matéria objeto do processo tem de ser exclusiva de direito, não cabendo dilação probatória, ou, se prova houver, esta deve ser documental e pré-constituída com a inicial.

O termo *casos idênticos* deve ser lido como sendo causas de mesmo objeto e causa de pedir, pois as partes não necessitam ser as mesmas. Além disso, para resolução do mérito, o juízo deve adotar a mesma tese jurídica.

De outro lado, o provimento jurisdicional tem de ser de improcedência total do pedido ou dos pedidos. Se um dos pedidos não for improcedente, mesmo que a

---

(35) In: SAAD, Eduardo Gabriel *et al. CLT comentada.* 40. ed. São Paulo: LTr, 2007. p. 942.

matéria seja exclusivamente de direito, não caberá, a nosso ver, aplicação do referido dispositivo. Também, se um dos pedidos envolver matéria fática, não há se falar em extinção prematura do processo.

O Conselho Federal da Ordem dos Advogados do Brasil ingressou com Ação Direta de Inconstitucionalidade em face do referido dispositivo (Ação Direta de Inconstitucionalidade n. 3.695).

Para a OAB, este artigo cria uma espécie de "súmula vinculante" impeditiva do curso do processo no primeiro grau de jurisdição, violando o direito ao contraditório e ampla defesa. São discutidas ainda na presente ação teses sobre violação do acesso ao Judiciário, simetria de tratamento às partes, ampla defesa e contraditório e violação do devido processo legal.

Não pensamos que o art. 285-A do CPC estaria criando uma *Súmula Vinculante* em primeiro grau de jurisdição, pois o juízo de primeiro grau somente está reproduzindo seu entendimento já sedimentado sobre uma tese jurídica. De outro lado, é perfeitamente viável a Vara criar sua própria jurisprudência, e até criar verbetes sobre o entendimento, pois as Súmulas de Jurisprudência nada mais são do que a interpretação da lei por um determinado órgão jurisdicional. Aliás, esta é uma prerrogativa do Juiz de interpretar a lei, segundo o seu livre convencimento motivado (art. 131 do CPC) e do devido processo legal. O referido dispositivo legal está apenas reconhecendo uma realidade que já existe, que é a jurisprudência do primeiro grau de jurisdição[36].

A nosso ver, existe um chamado contraditório entre Juiz e autor, como constatamos nas hipóteses de indeferimento da inicial sem a citação do réu previstas no art. 295 do CPC[37], como a pronúncia *ex officio* de prescrição e decadência, ilegitimidade passiva, inépcia, etc.

---

(36) Como bem adverte José Augusto Rodrigues Pinto: "(...) Há uma enorme diversidade de consequências entre a medida imposta pelo art. 103-A da Constituição e providência do art. 285-A, do CPC: enquanto a *súmula vinculante* no STF garroteia o pensamento do julgador em todas as demais instâncias, que lhe são inferiores, a *súmula vinculante* de 1º grau garante incondicionalmente a liberdade de rediscussão e modificação do julgamento sumulado, a começar pelo próprio juízo que o proferir, ou pelas instâncias a eles superiores. Aí está, veja-se bem, por que num caso rejeitamos a fórmula sumular vinculante de todo o Judiciário, no outro a aceitamos, vinculando apenas o próprio juízo prolator da sentença, com efeito acelerador e simplificador do processo" (Constitucionalidade e supletividade do art. 285-A do CPC. In: *Suplemento LTr* n. 88/06. p. 372).

(37) "Art. 295. A petição inicial será indeferida: (Alterado pela Lei n. 5.925/1973)
I – quando for inepta;
II – quando a parte for manifestamente ilegítima;
III – quando o autor carecer de interesse processual;
IV – quando o juiz verificar, desde logo, a decadência ou a prescrição (art. 219, § 5º);
V – quando o tipo de procedimento, escolhido pelo autor, não corresponder à natureza da causa, ou ao valor da ação; caso em que só não será indeferida, se puder adaptar-se ao tipo de procedimento legal;
VI – quando não atendidas as prescrições dos arts. 39, parágrafo único, primeira parte, e 284.

Sob outro enfoque, o contraditório é exercido *a posteriori* pelo demandado, caso haja apelação do autor e o Juiz decida manter a sentença (§ 2º do art. 285-A do CPC). Não há necessidade de o contraditório do réu ser prévio, pois a decisão foi de total improcedência, não havendo prejuízo processual. Sob outro enfoque, a doutrina já se consolidou no sentido de se deferirem liminares *inaudita altera parte*, como nas hipóteses dos arts. 273 e 461 do CPC, sem o contraditório prévio e ainda em desfavor ao demandado. Somente haveria violação do contraditório e ampla defesa, se a decisão fosse de procedência. Some-se ainda que o § 1º do art. 285-A do CPC possibilita o juízo de retratação do próprio órgão que prolatou a decisão, caso haja apelação por parte do autor, como já existe no art. 296 do CPC.

Além disso, não é com a citação do réu que se considera pendente a lide, mas sim com a propositura da ação, pois com esta surgem interações processuais do Juiz com a parte. Além disso, com a propositura da demanda, há o rompimento do princípio da inércia da jurisdição (art. 2º do CPC), passando o Judiciário a ter o dever de dar um desfecho ao processo. Em razão disso, acreditamos que o art. 219 do CPC, ao prever que a citação válida induz litispendência, não seguiu a melhor técnica processual.

Nesse sentido, destaca-se a posição de *Antonio Carlos Marcato*[(38)]:

"Forma-se o processo no momento da propositura da demanda em juízo, o que ocorre com o despacho inicial do juiz na petição inicial (nos foros onde houver juízo único), ou quando esta seja distribuída a um dos juízos com competência concorrente (CPC, art. 263). Tem-se entendido, no entanto, que basta a protocolização da petição inicial no cartório judicial para que se considere proposta a demanda.

Formado o processo (e sua formação independe da citação do réu, tanto que o indeferimento da petição inicial acarreta sua extinção — CPC, arts. 267, I e 295), estará ele pendente (litispendente) até que seja extinto. A litispendência significa, portanto, a existência de um processo em curso (v. notas ao art. 301), dele participando o réu a partir do seu ingresso no polo passivo da correspondente relação jurídica (quanto então esta se angulariza), por via da citação válida (CPC, arts. 213 e 214), ou pelo comparecimento espontâneo (art. 214, § 1º). Tanto é assim, que, exemplificando, indeferida a petição inicial (art. 295) e apelando o autor da sentença (art. 296), não será admissível a repropositura da mesma ação (art. 267, V), enquanto pender julgamento pelo Tribunal"[(39)].

Parágrafo único. Considera-se inepta a petição inicial quando: (Alterado pela Lei n. 5.925/1973)
I – lhe faltar pedido ou causa de pedir;
II – da narração dos fatos não decorrer logicamente a conclusão;
III – o pedido for juridicamente impossível;
IV – contiver pedidos incompatíveis entre si."

(38) MARCATO, Antonio Carlos. *Procedimentos especiais*. 10. ed. São Paulo: Atlas, 2004. p. 55.
(39) No mesmo sentido é a opinião de José Frederico Marques: "A litispendência é o fenômeno resultante da apresentação de uma lide em juízo. Com a propositura da ação, o litígio adquire tonalidade processual

Diante do exposto, entendemos que o art. 285-A do CPC é perfeitamente constitucional[40], não violando os princípios constitucionais do devido processo legal, contraditório e ampla defesa. Além disso, contribui para a celeridade e efetividade do processo.

## 8.1. Da compatibilidade do art. 285-A do CPC ao Processo do Trabalho

O Direito Processual do Trabalho, por ser um ramo especializado do Direito Processual, e por ter por escopo a efetividade do processo, sofre, por força do art. 769 da CLT, os impactos das mudanças do Código de Processo Civil.

Pelo princípio da subsidiariedade, que é uma das vertentes que norteiam o Processo do Trabalho, na fase de conhecimento, o art. 769 da CLT assevera que o Direito Processual comum é fonte do Direito Processual do Trabalho e, na fase de execução, o art. 889 da CLT determina que, nos casos omissos, deverá ser aplicada no Processo do Trabalho a Lei de Execução Fiscal (Lei n. 6.830/80)[41].

O procedimento trabalhista é oral, sintético e célere, visando à rápida satisfação do crédito do trabalhador. Atualmente, podemos dizer que há, na Justiça do Trabalho, três tipos de procedimentos: o ordinário (comum), o sumaríssimo e o especial.

Em razão do caráter oral do Processo do Trabalho, de ser um processo de partes e de tentativas obrigatórias de conciliação, muitos questionam a aplicabilidade do art. 285-A do CPC do Direito Processual do Trabalho.

Podemos elencar os seguintes argumentos contrários à aplicabilidade do art. 285-A do CPC ao Processo ao Trabalho, que têm sido apontados pela doutrina. São eles:

a) processo do trabalho tem rito próprio, exigindo o comparecimento das partes[42];

---

e, em torno da área demarcada pelo pedido do autor, forma-se a litispendência" (*Instituições de direito processual civil*. Campinas: Millennium, 2000. p. 196).

(40) Nesse mesmo diapasão é a opinião de Fredie Didier Júnior, ao comentar o art. 285-A do CPC: "Em primeiro lugar, convém fazer um alerta, por mais desnecessário que isso possa parecer: não há qualquer violação à garantia do contraditório, tendo em vista que se trata de um julgamento pela improcedência. O réu não precisa ser ouvido para ser vitorioso. Não há qualquer prejuízo para o réu decorrente da prolação de uma decisão que lhe favoreça" (*A terceira etapa da reforma processual civil*. São Paulo: Saraiva, 2006. p. 58).

(41) Como bem advertem Pedro Paulo Teixeira Manus e Carla Teresa Martins Romar: "A aplicação da norma processual civil no processo do trabalho só é admissível se houver omissão da CLT. Ademais, ainda que ocorra, caso a caso é preciso verificar se a aplicação do dispositivo do processo civil não gera incompatibilidade com os princípios e nem as peculiaridades do processo do trabalho. Se assim ocorrer, há de se proceder à aplicação do Instituto do processo comum, adaptando-o à realidade. Tal circunstância implica critérios nem sempre uniformes entre os vários juízos, ensejando discussões e divergências até certo ponto inevitáveis" (*CLT e legislação complementar em vigor*. 6. ed. São Paulo: Malheiros, 2006. p. 219).

(42) Nesse diapasão é a doutrina de Jorge Luiz Souto Maior: "Em uma primeira análise, pode parecer perfeitamente aplicável ao processo do trabalho o que prevê o novo art. 285-A do CPC, baseando-se no argumento de que não há por que ouvir o réu, se quanto ao mérito da pretensão o juiz já tiver convicção formada que seja a seu favor.
Art. 285-A — Quando a matéria controvertida for unicamente de direito e no juízo já houver sido proferida sentença de total improcedência em outros casos idênticos, poderá ser dispensada a citação e proferida sentença, reproduzindo-se o teor da anteriormente prolatada.

b) o princípio da conciliação e da necessidade das tentativas obrigatórias de acordo pelo Juiz;

c) não há omissão da CLT;

d) o Juiz do Trabalho somente toma contato com o processo em audiência, pois a notificação inicial é ato do Diretor da Vara (art. 841 da CLT)[43];

e) descaracterização do procedimento trabalhista que não prevê o despacho de recebimento da inicial, tampouco o despacho saneador.

Por outro lado, há argumentos favoráveis à aplicação do art. 285-A ao Processo do Trabalho. Dentre eles, destacamos:

a) instrumentalidade do Processo do Trabalho;

b) racionalidade e efetividade ao procedimento[44];

c) compatibilidade com o rito trabalhista e omissão da CLT (art. 769)[45];

---

§ 1º – Se o autor apelar, é facultado ao juiz decidir, no prazo de 5 (cinco) dias, não manter a sentença e determinar o prosseguimento da ação.

§ 2º – Caso seja mantida a sentença, será ordenada a citação do réu para responder ao recurso.

No entanto, a regra, que confere ao juiz uma faculdade, não o obrigando, portanto, a seguir tal procedimento, conflita com o procedimento trabalhista, já que ela evita o que se considera essencial no desenvolvimento do processo trabalhista, que é o contato do juiz com as partes, por meio do procedimento oral, sem falar no aspecto da ausência da tentativa de acordo. O fato é que o procedimento oral agrega valores que vão muito além da mera celeridade. Adotar esse procedimento é o primeiro passo para um caminho que mais tarde trará a 'possibilidade de juntada de defesa por escrito'; 'réplica', 'despacho saneador', até se aniquilar o procedimento oral trabalhista.

Esta previsão, de todo modo, pode ter um efeito reflexo interessante, que é o de permitir que se altere antiga concepção firmada na ciência processual de que a convicção formada em um processo não repercute em outros. A formação da convicção quanto à ocorrência ou não de determinado fato é dado que interfere na avaliação da prova produzida em outro processo sobre o mesmo tema, inegavelmente. A partir da instrução repetida sobre a mesma matéria, natural que se forme uma presunção a respeito, fixando-se o ônus da prova em desfavor da parte contra a qual a presunção não favoreça" (Reflexos das alterações do Código de Processo Civil no processo do trabalho. In: *Revista LTr* n. 70-08, p. 927/928).

(43) Nesse sentido é a opinião de Estêvão Mallet: "Incompatível com o processo do trabalho é a regra do art. 285-A, do Código de Processo Civil, que confere ao juiz a prerrogativa de, quando houver proferido sentença de improcedência em outros casos idênticos, dispensar a citação do reclamado, bastando que reproduza sua anterior decisão. No processo do trabalho a citação se faz independentemente de prévia cognição judicial, por ato de serventuário, na forma do art. 841, *caput*, da Consolidação das Leis do Trabalho. O exame da matéria controvertida pelo juiz se dá em audiência, depois de já citado o reclamado" (O processo do trabalho e as recentes modificações do Código de Processo Civil. In: *Revista LTr* n. 70-06, p. 672).

(44) Nesse sentido é a visão de Marcelo Rodrigues Prata: "O novo art. 285-A do CPC ao lhe incrementar a racionalidade e a celeridade é compatível com o sistema processual trabalhista" (Primeiras notas sobre a inovação legislativa e seus reflexos no processo trabalhista — Lei n. 11.277, de fevereiro de 2006. In: *Revista LTr* n. 70/08, p. 996).

(45) Nesse sentido é a opinião de Manoel Antonio Teixeira Filho: "A norma do CPC é aplicável ao processo do trabalho (CLT, art. 769), observado o reparo de ordem léxica que formulamos" (As novas leis alterantes do processo civil e sua repercussão no processo do trabalho. In: *Revista LTr* n. 70-03/297).

d) a retirada da expressão "conciliar" do art. 114, pela EC n. 45/04[46].

Os argumentos apontados para o reconhecimento da compatibilidade do art. 285-A do CPC nos convencem, pois o Processo do Trabalho tem caráter instrumental, não sendo um fim em si mesmo. Desse modo, uma norma do CPC que seja mais efetiva que a CLT pode ser aplicada ao Processo do Trabalho, ainda que não omissa a CLT. Os problemas da falta de tentativa de conciliação são os mesmos enfrentados pelo CPC, que também privilegia a conciliação como método basilar de solução dos conflitos. Por isso, cabe ao Juiz, ao observar o que ordinariamente acontece no juízo, e diante do número reduzido de possibilidades de acordos sobre a matéria, optar por não tentar a conciliação. Embora o Processo do Trabalho seja um procedimento de partes (arts. 843 e 844 da CLT), em caso de matéria de direito, o comparecimento do autor somente se dá para se evitar o arquivamento e o comparecimento do réu, para evitar a revelia. Embora no Processo do Trabalho não exista o despacho de recebimento da inicial e o Juiz tome contato com o Processo somente em audiência, nada impede que o Juiz adote o procedimento de despachar a inicial e sanear o Processo antes da audiência, como já o fazem alguns Juízes do Trabalho. Acreditamos que, com a aplicabilidade do art. 285-A do CPC, o Juiz não está descaracterizando o Processo do Trabalho, mas apenas adaptando-o aos novos rumos da racionalidade, efetividade e celeridade processual, princípios estes tão cobrados da Justiça do Trabalho na atualidade.

Não podemos deixar de reconhecer que o presente dispositivo, embora facultativo, pode acarretar um certo comodismo do Juiz em não apreciar argumentos novos trazidos pelo autor no bojo da inicial, máxime nos grandes centros urbanos, onde a quantidade de processos é bem superior às forças do Juiz. Como sustenta *José Augusto Rodrigues Pinto*[47], os males apontados *não estarão no processo*, e sim no juízo. São, portanto, corrigíveis por meios disciplinares, além de se voltarem implacavelmente contra os próprios responsáveis pela indolência ou inapetência para bem julgar.

O Juiz do Trabalho, como encarregado de zelar pela efetividade e celeridade do procedimento trabalhista, deve avaliar o custo-benefício da utilização do art. 285-A do CPC ao Processo do Trabalho[48].

---

(46) Em razão da supressão do termo "conciliar" do art. 114 da CF, para os que entendem que as tentativas de conciliação pelo Juiz são obrigatórias no Processo do Trabalho, já não há mais o óbice constitucional. A nosso ver, tal supressão em nada altera o Processo do Trabalho, pois a solução conciliada do conflito tem sido a forma mais prestigiada pela doutrina para resolução dos conflitos, máxime os relacionados à relação de trabalho. De outro lado, a necessidade de conciliação está mencionada no art. 764 da CLT. O fato de o Juiz não tentar a conciliação não acarreta a nulidade do processo, pois as próprias partes podem tomar tal providência. Além disso, a experiência demonstra que, em se tratando de matéria de direito, dificilmente há conciliação. De outro lado, também há a exigência no CPC da necessidade de conciliação (art. 331). Por isso, o óbice enfrentado no Processo do Trabalho para a ausência de tentativa de conciliação é o mesmo do CPC.

(47) RODRIGUES PINTO, José Augusto. *Op. cit.*, p. 373.

(48) Pela aplicabilidade do art. 285-A do CPC ao Processo do Trabalho, temos as posições de Edílton Meireles e Leonardo Dias Borges (*A nova reforma processual civil e seu impacto no processo do trabalho*. São Paulo:

De outro lado, o Juiz do Trabalho não pode abster-se de aplicar o art. 285-A do CPC em razão de um possível risco de não se obter uma conciliação ou não ouvir os argumentos defensivos. O Juiz que se omite é mais nocivo que o Juiz que julga mal. Como adverte *Marinoni*[49], *não há efetividade processual sem riscos*. Assevera *Eduardo J. Couture*[50]: "Da dignidade do juiz depende a dignidade do direito. O direito valerá, em um país e momento histórico determinados, o que valham os juízes como homens. O dia em que os juízes tiverem medo, nenhum cidadão poderá dormir tranquilo".

Hodiernamente se exige uma postura mais ativa do Juiz para garantir os resultados práticos do processo. A efetividade do processo depende não só de um Juiz imparcial e independente, mas, também, de um magistrado mais ousado, comprometido com a justiça e com os resultados úteis do processo. Acima de tudo, deve ser interpretada a lei processual no sentido de que o processo, efetivamente, seja um instrumento da justa composição da lide, assegurando às partes igualdade de oportunidades[51], dando a cada um o que é seu por direito.

Diante do exposto, no nosso sentir, o art. 285-A do CPC é perfeitamente aplicável ao Processo do Trabalho.

Nesse sentido, destacamos as seguintes ementas:

> Aplicabilidade do art. 285-A do CPC ao rito descrito na CLT – Em decorrência da disposição contida no art. 285-A do CPC, pode o Juiz, quando a matéria abordada nos autos for exclusivamente de direito, julgar de plano a lide, dispensando a citação do réu, desde que já tenha proferido sentença de improcedência em outras ações em

---

LTr, 2006. p. 68); Luciano Athayde Chaves (*A recente reforma no processo comum*. Reflexos no direito judiciário do trabalho. São Paulo: LTr, 2006. p. 117) e José Augusto Rodrigues Pinto (Constitucionalidade e supletividade do art. 285-A do CPC. In: *Suplemento Trabalhista* n. 88/06. p. 371).

(49) MARINONI, Luiz Guilherme. *Manual de processo de conhecimento*. 4. ed. São Paulo: RT, 2005. p. 198.

(50) COUTURE, Eduardo. *Introdução ao estudo do processo civil*. Tradução de Mozart Victor Russomano. 3. ed. Rio de Janeiro: Forense, 1998. p. 59.

(51) Nesse diapasão, oportunas as palavras de Artur César de Souza: "A igualdade não se estabelece somente pelas normas jurídicas, mas, e principalmente, nos dias de hoje, mediante a análise das circunstâncias sociais de cada parte no processo. Insere-se, novamente, a lição de Mauro Cappelletti: '(...) Mas que princípio é este se há casos em que, por razões econômicas, culturais e sociais, a parte não se encontra em condições de se fazer ouvir? Há que se repetir então o discurso, que caracterizou a nossa época, quanto à distinção entre igualdade real ou material entre as partes. O processo tornou-se a arena deste discurso, porque nele há que se travar a luta por um direito efetivo e não apenas aparente. Tanto é assim que às garantias constitucionais formais tem-se acrescentado (ou pelo menos dever-se-ia estar acrescentado) aquelas garantias sociais. No campo dos direitos humanos fala-se em direitos sociais como direitos humanos de segunda geração. Estes os direitos que se destinam a fazer com que os direitos tradicionais ou de primeira geração (entre os quais se incluem as garantias constitucionais do processo) tornem-se efetivos e acessíveis a todos ao invés de se projetarem como uma simples figuração para parte menos favorecida'. Como anota Mauro Cappelletti, não se pode falar em contraditório sem a análise de outros fatores, inclusive fora do âmbito jurídico, como os decorrentes do lado psicológico ou mesmo sociológico, de temas, problemas e institutos, com o fim de atualizar esse direito/garantia, para que ele não permaneça, assim como fora concebido pelo Código de Processo Civil de 1973, meramente inserido, em face aos efeitos da revelia, no âmbito de uma igualdade formal" (*Contraditório e revelia*. São Paulo: RT, 2003. p. 256).

que se verifique identidade na causa de pedir. Assim, como o artigo em comento evita a execução de atos processuais dispensáveis quando o magistrado já tenha se pronunciado pela improcedência da pretensão em ações anteriores, garantindo a celeridade e economia processual, bem como não é incompatível com as regras processuais trabalhistas, pode ele ser aplicado de forma subsidiária na Justiça do Trabalho, segundo dicção do art. 769 da CLT. No entanto, não sendo a matéria discutida nos autos exclusivamente de direito, a aplicação do art. 285-A do CPC enseja nulidade do julgado. (TRT 12ª R. – 3ª T. – Relª Juíza Gisele P. Alexandrino – Doc. n. 1082113 – 19.01.09 – RO n. 5248/2008.026.12.00-0) (RDT n. 3 — março de 2009)

Art. 285-A do CPC – Aplicabilidade ao processo do trabalho. O art. 285-A do CPC está em perfeita consonância com o direito processual do trabalho, pois respeita os princípios da imediatidade, da concentração dos atos, da instrumentalidade, da duração razoável do processo, da economia processual, da transcendência e da celeridade processual. (TRT 12ª R. – 3ª T. – Relª Juíza Leoni Abreu – Doc. n. 975827 – RO n. 239/2008.026.12.00-2) (RDT n. 3 — março de 2009)

# 2ª Parte – Da Coisa Julgada no Direito Processual do Trabalho

## 9. Conceito. Coisa julgada material e coisa julgada formal

Em razão de ser escopo da jurisdição solucionar o conflito de forma definitiva, dizendo o direito diante de um caso concreto, ganha destaque o instituto da coisa julgada que busca tornar imutável a decisão, a fim de que seu cumprimento possa ser imposto pelo Estado, dando a cada um o que é seu por direito.

Sem o efeito da coisa julgada, seria impossível o término da relação processual. Desse modo, segundo a doutrina, a coisa julgada é a preclusão máxima do processo, pois, quando atingida, a decisão se torna imutável.

Como destaca *Moacyr Amaral Santos*[52]:

"Enquanto sujeita a recurso e, pois, suscetível de reforma, a sentença, em princípio, não produz os seus efeitos regulares, principais ou secundários. É uma situação jurídica. Enquanto sujeita a recurso a sentença, não se atingiu ainda a finalidade do processo, que é a composição da lide, pelo julgamento final da *res in iudicium deducta*. E, assim, o Estado não satisfez nem ultimou a prestação jurisdicional, a que está obrigado. O Estado ainda não disse, pela boca do órgão jurisdicional, a palavra final, que traduzirá a vontade da lei na sua atuação à relação jurídica deduzida em juízo".

---

(52) SANTOS, Moacyr Amaral. *Primeiras linhas de direito processual civil*. 3. v., 16. ed. São Paulo: Saraiva, 1997. p. 42.

Diante da importância da coisa julgada, não só para as partes do processo como para a sociedade, a Constituição Federal, no art. 5º, inciso XXXVI, disciplina a proteção da coisa julgada, como direito fundamental, constituindo cláusula pétrea constitucional e também uma garantia da cidadania (art. 60, § 4º, da CF). Dispõe o referido dispositivo constitucional:

> A lei não prejudicará o direito adquirido, o ato jurídico perfeito e a coisa julgada.

Nesse sentido, destacamos a seguinte ementa:

> Coisa julgada. A coisa julgada é a entrega final, pelo Judiciário, da tutela jurisdicional, solucionando as questões colocadas em discussão, da qual não existe mais recurso, tornando imutável a decisão judicialmente proferida. Logo, é característica imperiosa da coisa julgada a existência de uma sentença anterior, proferida em autos de ação idêntica, com as mesmas partes, objeto e causa de pedir, que extinguiu o processo com julgamento do mérito de que já não caiba recurso, impossibilitando, portanto, a teor do art. 5º, inciso XXXVI, da CF, a prolação de nova decisão. (TRT – 12ª R. – 3ª T. – ROV n. 1951/2005.029.12.00-5 – Ac. n. 13.386/06 – Relª Gisele P. Alexandrino – DJ 10.10.06 – p. 63) (RDT n. 11 – novembro de 2006)

Embora a proteção à coisa julgada tenha *status* constitucional, como bem adverte *Vicente Greco Filho*[53], o momento em que ocorre a coisa julgada e as condições de sua efetivação dependem da lei processual e da lei material.

Entende-se por coisa julgada o efeito ou a qualidade da sentença que se torna imutável, dentro da mesma relação jurídica processual, em razão de já se terem escoado os recursos, ou, ainda que não esgotados todos os recursos, eles já não serem possíveis em razão de a parte que pretendia a reforma da decisão não os ter interposto ou eles não terem sido recebidos.

Da definição que adotamos, extraímos as seguintes características:

a) a coisa julgada é o efeito da decisão;

b) a coisa julgada torna imutável a decisão dentro da mesma relação jurídica processual. No prazo de dois anos a sentença de mérito pode ser rescindida, desde que presentes as hipóteses legais (art. 485 do CPC);

c) não há necessidade de se esgotarem todos os recursos, basta que eles não sejam mais possíveis;

d) havendo a coisa julgada material, os efeitos da coisa julgada se projetam para fora da relação jurídica processual, pois obrigam as partes ao que foi decidido na sentença. Caso haja apenas a coisa julgada formal, os efeitos da decisão somente produzirão efeitos dentro da relação jurídica processual, pois a decisão não poderá mais ser objeto de recursos.

Dispõe o art. 467 do CPC: "Denomina-se coisa julgada material a eficácia, que torna imutável e indiscutível a sentença, não mais sujeita a recurso ordinário ou extraordinário".

---

(53) GRECO FILHO, Vicente. *Direito processual civil brasileiro*. 2. v., 16. ed. São Paulo: Saraiva, 1996. p. 266.

O referido dispositivo consagra o que a doutrina denomina de coisa julgada material, qualidade apenas verificada nos provimentos de mérito.

Coisa julgada material "é a eficácia da decisão que projeta efeitos fora da relação jurídica processual, pois aprecia o mérito da causa, acolhendo ou rejeitando o pedido ou pedidos de forma definitiva, uma vez que não pode mais ser alterada mediante recurso, dentro da mesma relação jurídica processual".

Ensina *Moacyr Amaral Santos*[54], referindo-se à coisa julgada material: "O comando emergente da sentença, como ato imperativo do Estado, torna-se definitivo, inatacável, imutável, não podendo ser desconhecido fora do processo. E aí se tem o que se chama coisa julgada material, ou coisa julgada substancial, que consiste no fenômeno pelo qual a imperatividade do comando emergente da sentença adquire força de lei entre as partes".

De outro lado, embora a lei não defina, a coisa julgada formal é a impossibilidade de alteração da decisão, por já esgotados todos os recursos, ou eles não serem mais possíveis. Na verdade, a coisa julgada formal é uma mera preclusão, atinente a não mais ser possível a recorribilidade da sentença dentro da mesma relação jurídica processual.

Toda sentença adquirirá a qualidade da coisa julgada formal (seja terminativa ou definitiva), pois chegará o momento em que ela não poderá mais ser recorrível, entretanto, somente adquirirão a qualidade de coisa julgada material as sentenças de mérito, pois serão imutáveis.

Por isso se diz que a coisa julgada material traz consigo a coisa julgada formal, uma vez que somente haverá a qualidade da coisa julgada material, se antes houver a coisa julgada formal.

Pode-se dizer, com *Liebman*, que a coisa julgada formal e a coisa julgada material são degraus do mesmo fenômeno. Proferida a sentença e preclusos os prazos para recursos, a sentença se torna imutável (primeiro degrau — coisa julgada formal); e, em consequência, tornam-se imutáveis os seus efeitos (segundo degrau — coisa julgada material)[55].

A Consolidação das Leis do Trabalho tem um único artigo que se refere à coisa julgada, porém sem defini-la. Dispõe o art. 836:

> É vedado aos órgãos da Justiça do Trabalho conhecer de questões já decididas, excetuados os casos expressamente previstos neste Título e a ação rescisória, que será admitida na forma do disposto no Capítulo IV do Título IX da Lei n. 5.869, de 11 de janeiro de 1973 — Código de Processo Civil, sujeita ao depósito prévio de 20% (vinte por cento) do valor da causa, salvo prova de miserabilidade jurídica do autor.

---

(54) *Op. cit.*, p. 43.

(55) SANTOS, Moacyr Amaral. *Primeiras linhas de direito processual civil.* 16. ed. São Paulo: Saraiva, 1997. p. 43.

Quanto aos efeitos e consequências da coisa julgada, restam aplicáveis ao Processo do Trabalho as disposições dos artigos (arts. 467 a 475 do CPC), em razão de omissão da CLT e compatibilidade com os princípios que regem o Processo do Trabalho (art. 769 da CLT).

## 10. Limites subjetivos da coisa julgada

Dispõe o art. 472 do CPC:

> A sentença faz coisa julgada às partes entre as quais é dada, não beneficiando, nem prejudicando terceiros. Nas causas relativas ao estado de pessoa, se houverem sido citados no processo, em litisconsórcio necessário, todos os interessados, a sentença produz coisa julgada em relação a terceiros.

Conforme destaca o referido dispositivo legal, a coisa julgada somente vincula as partes que participaram do processo e também os litisconsortes que nele intervieram. A coisa julgada não pode vincular quem não participou do processo.

Não obstante, em determinadas hipóteses, os efeitos da coisa julgada material se projetam sobre terceiros, como espécie de efeito reflexo da coisa julgada mesmo que eles não tenham participado do processo. Tal acontece com os terceiros que tenham interesse jurídico no processo em que se formou a coisa julgada material, como o sócio da empresa demandada, a empresa do mesmo grupo econômico, etc.

Conforme *Enrico Tullio Liebman*[56], terceiros juridicamente interessados, sujeitos à exceção de coisa julgada, são os que se encontram subordinados às partes com referência à relação decidida; para estes logra aplicação exclusiva do princípio positivo, e a coisa julgada que se formou entre as partes estender-se-lhes como sua própria.

No mesmo sentido sustenta *Vicente Greco Filho*[57]: "Pode ocorrer, porém, que certas relações jurídicas, por dependerem de outra que está sob julgamento, conforme decisão proferida, se transmudem de tal forma no plano do direito material que o terceiro se vê atingido inevitavelmente pelas consequências da sentença (...) há casos, porém, de extensão da coisa julgada a quem não foi parte em virtude da especial posição ocupada no plano das relações de direito material e de sua natureza. São casos de verdadeira extensão da coisa julgada decorrente do tratamento legal dado a certas relações de direito material. Entre esses casos podem ser citados: o dos sucessores das partes, os quais, a despeito de não terem sido partes, estão sujeitos à coisa julgada porque receberam os direitos e ações no estado de coisa julgada; o do substituído, no caso de substituição processual, em que o substituto foi parte, mas o direito é do substituído, o qual, consequentemente, tem sua relação jurídica decidida com força de coisa julgada; o dos legitimados concorrentes para demandar (como, p. ex., os credores solidários), que também, mesmo sem serem partes, têm a decisão de mérito contra si imutável".

---

(56) *Eficácia e autoridade da sentença e outros escritos sobre a coisa julgada*. 4. ed. Rio de Janeiro: Forense, 2006. p. 91.

(57) *Op. cit.*, p. 271.

Nas ações coletivas em que se discutem direitos difusos e coletivos e individuais homogêneos, a coisa julgada tem efeitos *erga omnes* e *ultra partes*, nos termos do art. 103 da Lei n. 8.078/90.

## 11. Limites objetivos da coisa julgada

Dispõe o art. 468 do CPC:

> A sentença, que julgar total ou parcialmente a lide, tem força de lei nos limites da lide e das questões decididas.

Os limites objetivos da coisa julgada são fixados pelo pedido e pela defesa e pelo que foi apreciado na sentença.

Como bem adverte *Moacyr Amaral Santos*[58]:

> "A sentença que decide uma lide. Por isso mesmo deverá ater-se aos limites da lide, tal qual se projetou no processo. Faz coisa julgada e tem força de lei dentro desses limites".

Dispõe o art. 469 do CPC:

> Não fazem coisa julgada:
>
> I – os motivos, ainda que importantes para determinar o alcance da parte dispositiva da sentença;
>
> II – a verdade dos fatos, estabelecida como fundamento da sentença;
>
> III – a apreciação da questão prejudicial, decidida incidentemente no processo.

Conforme o referido dispositivo legal, os motivos da decisão, a verdade dos fatos constantes da fundamentação, bem como a questão prejudicial decidida na fundamentação, não são abrangidos pelo efeito da coisa julgada material. Somente o dispositivo da sentença ou acórdão adquire a qualidade da coisa julgada material.

Nesse sentido, destacamos a seguinte ementa:

> Coisa julgada — Sentença — *Decisum*. É exato dizer que a coisa julgada se restringe à parte dispositiva da sentença, a essa expressão, todavia, deve dar-se um sentido substancial e não formalista, de modo que abranja não só a parte final da sentença, como também qualquer outro ponto em que tenha o juiz eventualmente provido sobre o pedido das partes. RT n. 623/125. (TRT – 12ª R. – 2ª T. – Ac. n. 1931/2003 – Rel. Dilnei A. Biléssimo – DJSC 24.2.2003 – p. 158) (RDT n. 3 – março de 2003).

Conforme o art. 470 do CPC: "Faz, todavia, coisa julgada a resolução da questão prejudicial, se a parte o requerer (arts. 5º e 325), o juiz for competente em razão da matéria e constituir pressuposto necessário para o julgamento da lide".

Questão prejudicial constitui uma relação jurídica controvertida, cuja existência deve enfrentar o Juiz, declarando-a existente ou inexistente, na fundamentação da sentença, como condição para decidir o pedido ou pedidos formulados na inicial.

---

(58) *Op. cit.*, p. 60.

Conforme *Nelson Nery Júnior*[59], questão prejudicial "é o fato ou a relação jurídica anterior ao mérito, de cuja declaração de existência ou inexistência o julgado não pode prescindir para julgar a causa. A questão prejudicial influencia no teor da questão seguinte (prejudicada)" — por exemplo: a declaração da existência do vínculo de emprego é uma questão prejudicial para o Juiz do Trabalho decidir os pedidos de verbas rescisórias, horas extras e demais pretensões que decorrem da existência da relação de emprego.

A questão prejudicial não transita em julgado, exceto se uma das partes apresentar a chamada *Ação Declaratória Incidental* (arts. 5º e 325 do CPC), objetivando que o Juiz declare, por sentença, a questão prejudicial existente nos autos. Havendo a propositura da referida ação, a resolução da questão prejudicial será transportada para o dispositivo da sentença e adquirirá os efeitos da coisa julgada material.

Nos termos do art. 474 do CPC:

> Passada em julgado a sentença de mérito, reputar-se-ão deduzidas e repelidas todas as alegações e defesas, que a parte poderia opor assim ao acolhimento como à rejeição do pedido.

Nesse sentido, destacamos a seguinte ementa:

> Coisa julgada — Gênese — Oportunidade — Limites objetivos — Obrigação de fazer — Multa. 1. Havendo cumulação objetiva, de par com a ausência de interposição de recurso sobre um dos temas versados na lide, o trânsito em julgado em relação a ele ocorre em momento anterior aos demais devolvidos à instância revisional. Incidência da Súmula n. 100, item I, do c. TST. 2. É inerente à multa, pelo descumprimento de obrigação de fazer, a limitação de seu valor ao da obrigação principal (arts. 920 do CCB/1916, 412 do CCB/2002 e OJSBDI-1 n. 54). 3. Agravo de petição conhecido e parcialmente provido. (TRT – 10ª R. – 2ª T. – AP n. 26/2003.020.10.00-9 – Rel. João Amílcar – DJ 1.6.07 – p. 19) (RDT n. 7 – Julho de 2007)

Dispõe o art. 471 do CPC:

> Nenhum juiz decidirá novamente as questões já decididas, relativas à mesma lide, salvo: I – se, tratando-se de relação jurídica continuativa, sobreveio modificação no estado de fato ou de direito; caso em que poderá a parte pedir a revisão do que foi estatuído na sentença; II – nos demais casos prescritos em lei.

Como já mencionado, a coisa julgada torna imutáveis os efeitos da sentença, exceto:

a) relação jurídica continuativa: é a relação que se prolonga no tempo, ou seja, que tem continuidade após a decisão final. Normalmente, as decisões proferidas neste tipo de relação são provisórias, *rebus sic stantibus*, pois podem ser objeto de revisão.

Ensina *Moacyr Amaral Santos*[60]:

"Relações jurídicas continuativas são as 'reguladas por regras jurídicas que projetam no tempo os próprios pressupostos, admitindo variações dos elementos

---

(59) NERY JÚNIOR, Nelson. *Comentários ao Código de Processo Civil*. 10. ed. São Paulo: RT, 2007. p. 703.
(60) *Op. cit.*, p. 55.

quantitativos e qualitativos' (Pontes de Miranda). Dando atuação a tais regras, a sentença atende aos pressupostos do tempo em que foi proferida, sem, entretanto, extinguir a relação jurídica, que continua sujeita a variações dos seus elementos constitutivos. Tais as sentenças condenatórias em prestações periódicas, como a de alimentos e a de acidente de trabalho".

Como exemplos de relações continuativas, temos os benefícios acidentários, que podem ser revistos (auxílio-doença, aposentadoria por invalidez, etc.); condenação no pagamento de adicionais de insalubridade ou periculosidade quando o contrato de trabalho continua vigente; a sentença normativa em dissídio coletivo de natureza econômica, que pode sofrer revisão.

b) nos casos previstos em lei: Somente quando a lei possibilitar será possível a reapreciação da sentença transitada em julgado, como na hipótese de ação rescisória (arts. 485 e seguintes do CPC).

## 12. Dos efeitos da coisa julgada criminal no Processo do Trabalho

A responsabilidade civil é independente da criminal, não obstante um mesmo fato possa ter interligações nas esferas civil, criminal e trabalhista — por exemplo, um furto praticado pelo empregado no local de trabalho pode ensejar uma ação criminal a fim de que o Estado possa exercer o seu poder punitivo (delito de furto — art. 155 do CP); e também no contrato de trabalho, acarretando sua extinção por justa causa em razão do ato de improbidade (art. 482, alínea *a*, da CLT).

Embora não exista hierarquia entre as Justiças Criminal e Trabalhista, é bem verdade que, considerando-se o bem jurídico tutelado na esfera criminal, que é a proteção da sociedade, e os efeitos que podem acarretar a condenação criminal (privação de liberdade), a prova produzida no crime há de ser mais detalhada do que na esfera trabalhista, pois, nesta última, apenas serão discutidos a extinção do contrato de trabalho e o pagamento de parcelas pecuniárias. Além disso, na esfera criminal, vige o princípio da verdade real, enquanto o Processo do Trabalho se contenta com a verdade formal, qual seja: a que emerge dos autos.

Nesse sentido, dispõe o art. 935 do CC:

> A responsabilidade civil é independente da criminal, não se podendo questionar mais sobre a existência do fato, ou sobre quem seja o seu autor, quando estas questões se acharem decididas no juízo criminal.

Conforme o referido dispositivo, se restarem decididas no crime a existência do fato ou sobre quem seja o seu autor, estes fatos fazem coisa julgada nas esferas civil e trabalhista.

Deve ser destacado que somente haverá vinculação do juízo trabalhista quando o fato discutido no juízo criminal for idêntico ao discutido na Justiça do Trabalho. Além disso, deve ser decidido de forma categórica pelo juízo criminal sobre a existência do fato ou sobre sua autoria. De outro lado, deverá ter havido o trânsito em julgado da sentença penal.

O referido dispositivo se aplica ao Processo do Trabalho, por força do art. 769 da CLT.

Nesse sentido, a opinião de *Arnaldo Süssekind, Délio Maranhão, Segadas Vianna* e *Lima Teixeira*[61]:

> "Efeito da sentença criminal. Um mesmo fato pode repercutir a um só tempo no âmbito do direito do trabalho e no direito penal: constituir falta grave e crime. Surge, então, o problema do efeito do julgamento criminal no processo do trabalho, na configuração da justa causa. Diz o art. 1.525 do Código Civil de 1916 (no Novo Código Civil, art. 937) que a responsabilidade civil é independente da criminal. E acrescenta que, decidida no juízo criminal a existência do crime e sua autoria, não pode ser reaberta discussão sobre tais questões na instância civil".

Quanto à sentença penal absolutória, cumpre mencionar as hipóteses previstas no Código de Processo Penal.

Dispõe o art. 386 do CPP:

> O juiz absolverá o réu, mencionando a causa na parte dispositiva, desde que reconheça:
>
> I – estar provada a inexistência do fato;
>
> II – não haver prova da existência do fato;
>
> III – não constituir o fato infração penal;
>
> IV – não existir prova de ter o réu concorrido para a infração penal;
>
> V – existir circunstância que exclua o crime ou isente o réu de pena (arts. 17, 18, 19, 22 e 24, § 1º, do Código Penal);
>
> VI – não existir prova suficiente para a condenação.

De todas as hipóteses mencionadas no art. 386 do CPP, considerando-se a independência da responsabilidade trabalhista e criminal, a única que vinculará o Juízo Trabalhista é a mencionada no inciso I do citado dispositivo legal, qual seja: estar provada a inexistência do fato. Nesta hipótese, o Juiz do Trabalho não poderá determinar a produção de provas, se o juízo criminal, após análise da prova, disser que o fato inexistiu. Os demais incisos do art. 386 do CPP não vinculam o Juiz do Trabalho.

Nesse sentido, destacamos a seguinte ementa:

> Justa causa — Absolvição no âmbito penal por falta ou insuficiência de provas — Vinculação — Coisa julgada — Efeitos. De acordo com as regras que regem o Direito Processual como um todo, decisão transitada em julgado e proferida por juízo criminal em que a pessoa do trabalhador (réu) é absolvida em virtude da falta de provas ou de sua insuficiência — CPP, art. 386, incisos II e VI — não é capaz de gerar efeitos de vinculação no âmbito trabalhista, justamente por não haver a

---

(61) *Instituições de direito do trabalho*. V. 1, 22. ed. São Paulo: LTr, 2005. p. 576.

efetiva declaração de inexistência do ato tido por ilícito. Trocando em miúdos, essa vinculação só ocorrerá quando a decisão no foro criminal declarar a improcedência da ação penal (e consequente absolvição do réu) por inexistência ou desconstituição do fato, ou ainda naquelas hipóteses descritas no art. 65 do CPP. Assim sendo, nada impede que o juízo trabalhista, ainda que ciente do resultado dessa decisão, venha rever e interpretar de modo diverso aquelas mesmas provas produzidas nos autos da ação penal, e que fazem referência à materialidade de suposto ato ilícito e antijurídico, justificador da justa causa aplicada pelo ex-empregador (vítima). (TRT – 15ª R. – 5ª T. – RO n. 105/2003.100.15.00-6 – Rel. Gerson L. Pistori – DJSP 2.9.05 – p. 87) (RDT n. 09 – Setembro de 2005).

No mesmo sentido, destacamos a seguinte ementa:

CONDENAÇÃO CRIMINAL — DISPENSA POR JUSTA CAUSA. ABSOLVIÇÃO NO CRIME. DESCONSTITUIÇÃO. Por causar o empregado danos irreparáveis, a dispensa por justa causa deve ser aplicada com extrema cautela, sempre robustamente provados pela empresa, perante o juízo, os motivos que ensejaram, pena de desconstituição e deferimento das verbas rescisórias de direito. Em se tratando de falta que sofre o crivo da Justiça Penal, tendo sido o obreiro inocentado, incabível a pretensão da ré de que decida diferentemente a Justiça do Trabalho até mesmo porque constituiria lesão à coisa julgada. (TRT – 2ª R. – Ac. 02980638824 – 7ª T. – Rel. Gualdo Fórmica – DOESP 29.11.1999)

## 13. Relativização da coisa julgada material no Processo do Trabalho

Embora não haja previsão legal e a proteção à coisa julgada tenha *status* constitucional (art. 5º, XXXVI, da CF), há entendimentos, na doutrina e jurisprudência, defendendo a relativização da coisa julgada material em determinadas hipóteses, tendo à vista que a coisa julgada se forma em compasso com a lei processual; que não subsiste a coisa julgada contra a Constituição Federal; que a coisa julgada deve refletir justiça, não subsistindo a coisa julgada injusta; supremacia da efetividade processual.

Nessa linha de argumentação, mesmo após o trânsito em julgado, é possível se desconstituir a coisa julgada material desde que presentes as hipóteses acima mencionadas.

Como destaca *Nelson Nery Júnior*[62]: "Os exemplos trazidos por essa tendência para justificar a desconsideração da intangibilidade constitucional da coisa julgada são casos de exceção que não justificam a criação de regra para quebrar-se o Estado Democrático de Direito, fundamento constitucional da própria República Brasileira (CF, § 1º, *caput*). Essa tendência se verifica por conta de, principalmente, dois exemplos: investigação de paternidade julgada improcedente quando ainda não havia DNA e desapropriação de imóvel com avaliação supervalorizada".

Não obstante os ponderáveis argumentos da doutrina que embasam, em determinadas hipóteses, a relativização (desconsideração da coisa julgada material), com eles

---

(62) NERY JÚNIOR, Nelson. *Código de Processo Civil comentado*. 10. ed. São Paulo: RT, 2007. p. 684-685.

não concordamos, pois a coisa julgada tem assento constitucional (art. 5º, XXXVI), sendo uma garantia da cidadania e do Estado Democrático de Direito. Pensamos ser muito perigosa a desconstituição da coisa julgada material quando ela se formou diante de um regular processo judicial, uma vez que proteção à coisa julgada visa à segurança jurídica.

No nosso sentir, é mais relevante proteger a intangibilidade da coisa julgada material do que a justiça da decisão ou eventual inconstitucionalidade do dispositivo em que se baseou a decisão. Vale destacar que o sistema processual brasileiro permite uma gama elevada de recursos visando ao aperfeiçoamento da decisão, e, ainda, após o trânsito em julgado, há a possibilidade de propositura da Ação Rescisória. Fazem parte do sistema processual coisas julgadas injustas ou que não refletem a realidade dos fatos, mas tais vicissitudes decorrem do devido processo legal, pois o julgamento das causas é realizado por seres humanos passíveis de erros.

Pelo exposto, embora sejamos favoráveis à ampla possibilidade probatória no processo, ao amplo contraditório e à ampla defesa, ao exercício de amplos poderes instrutórios do Juiz, à aplicabilidade de leis processuais efetivas e à ampla possibilidade de discussões sobre a constitucionalidade das normas, após o trânsito em julgado, não somos favoráveis à desconstituição da coisa julgada, fora das hipóteses admitidas pela legislação processual (art. 485 do CPC).

Como bem adverte *Nelson Nery Júnior*[63]: "Consoante o direito constitucional de ação (art. 5º, XXXV), busca-se pelo processo a tutela jurisdicional adequada e justa. A sentença justa é o ideal — utópico — maior do processo. Outro valor não menos importante para essa busca é a segurança das relações sociais e jurídicas. Havendo choque entre esses dois valores (justiça da sentença e segurança das relações sociais e jurídicas), o sistema constitucional brasileiro resolve o choque, optando pelo valor segurança (coisa julgada), que deve prevalecer em relação à justiça, que será sacrificada".

A Consolidação das Leis do Trabalho disciplina uma polêmica hipótese de desconstituição da coisa julgada material, no § 5º do art. 884, com a redação dada pela Medida Provisória n. 2.180-35/01. Dispõe o referido dispositivo legal:

> Considera-se inexigível o título judicial fundado em lei ou ato normativo declarados inconstitucionais pelo Supremo Tribunal Federal ou em aplicação ou interpretação tidas por incompatíveis com a Constituição Federal.

No sentido da aplicabilidade do referido dispositivo, destacamos a seguinte ementa:

> Coisa julgada — Relativização — Execução — Acordo judicial — Conluio entre as partes. 1. A garantia constitucional da intangibilidade da coisa julgada (art. 5º, inciso XXXVI, da Constituição da República) não constitui um princípio absoluto, mas condicionada a que se forme em processo regular e válido, nos termos da lei. Tanto que a própria lei autoriza rescindir a decisão de mérito em certos casos (CPC, arts. 485 e 741, inciso I), assim como autoriza o Juiz, em caso de processo fraudulento

---

(63) *Op. cit.*, p. 687.

ou de processo simulado, a pôr cobro a tal situação de modo a obstar os objetivos das partes (CPC, art. 129). 2. Somente a deusa que simboliza o valor Justiça tem os olhos vendados. A instituição 'Justiça', contudo, precisa tê-los bem abertos para não se deixar enredar por litigantes maliciosos, cuja atuação pode comprometer a base ética e de moralidade que deve permear o exercício da atividade jurisdicional do Estado. Daí por que, em situações extraordinárias e teratológicas, há que superar o formalismo estreito da coisa julgada material para dar prevalência a outros princípios de que também é cioso o ordenamento jurídico. 3. Constatado por depoimentos e documentos nas instâncias ordinárias que o acordo anteriormente homologado em juízo, de valor elevado, resultou de conluio fraudulento entre as partes, visando a comprometer o direito de credores quirografários junto à empresa em situação financeira ruinosa, é dever do Juiz obstar o cumprimento da transação inadimplida e declarar extinto o processo, sem exame de mérito. 4. Não se vislumbra a acenada violação ao art. 5º, inciso XXXVI, da Constituição Federal, ante a viabilidade de relativizar-se a coisa julgada, a fim de coibir-se a avença fraudulenta alcançada entre as partes. (TST – 1ª T. – RR n. 108/2000.019.12.00-0 – Rel. João Oreste Dalazen – DJ 8.4.05 – p. 685) (RDT n. 05 – Maio de 2005)

Como já nos pronunciamos acima, somos contrários à relativização da coisa julgada material. Em razão disso, reputamos inconstitucional o § 5º do art. 884 da CLT, por colidir com o art. 5º, XXXVI, da CF, uma vez que a proteção da coisa julgada tem assento constitucional. Além disso, há inconstitucionalidade formal da norma, pois não houve relevância e urgência para a inclusão do § 5º ao art. 884 da CLT (art. 62 da CF).

Nesse sentido, sustenta com propriedade *Jorge Luiz Souto Maior*[64]:

"Ao aplicar a lei para solução de um conflito, o juiz avalia sua constitucionalidade, por meio do controle difuso, mesmo que não o diga, expressamente. Em outras palavras, o juiz só aplica a lei que considera constitucional. Proferida a decisão, em contraditório, com respeito à ampla defesa e ao duplo grau de jurisdição, uma vez transitada em julgado, deve esta ser respeitada. Não há sentido em negar eficácia executiva a esta decisão mesmo se, posteriormente, o Supremo Tribunal Federal venha declarar a lei, sobre a qual se baseia a decisão, inconstitucional ou lhe der uma interpretação conforme a Constituição, pois que tentando preservar a autoridade da Constituição acaba-se negando um dos direitos que a própria Constituição estabelece na qualidade de direitos fundamentais, que é o respeito à coisa julgada".

No mesmo sentido, são as lúcidas conclusões de *Estêvão Mallet*[65]:

"A Medida Provisória n. 2.180, ao introduzir o § 5º, do art. 884, da CLT, porque editada sem que estivesse presente o pressuposto da urgência, é formalmente

---

(64) SOUTO MAIOR, Jorge Luiz. Reflexos das alterações do Código de Processo Civil no processo do trabalho. In: *Revista LTr* n. 70-09/924.

(65) MALLET, Estêvão. A dupla inconstitucionalidade do § 5º do art. 884, da CLT. In: *Direito, trabalho e processo em transformação*. São Paulo: LTr, 2005. p. 262.

inconstitucional. É, ademais, materialmente inconstitucional, quando pretende afastar a exequibilidade de sentenças já transitadas em julgado. Esses vícios, enquanto não reconhecidos em ação direta, podem e devem ser reconhecidos incidentalmente, por meio de controle difuso, para que não se afaste a exequibilidade de sentença fundada em lei ou ato normativo declarados inconstitucionais pelo Supremo Tribunal Federal ou em aplicação ou interpretação tidas por incompatíveis com a Constituição Federal".

No mesmo diapasão, relevante destacar a seguinte ementa:

> Coisa julgada — Necessidade de observância — Inconstitucionalidade do § 5º do art. 884 da CLT. A coisa julgada, enquanto valor constitucionalmente resguardado (Constituição Federal, art. 5º, XXXVI), resta imutável, quando já escoado o prazo para interposição de ação rescisória (CPC, art. 485 e seguintes). O § 5º, acrescentado ao art. 884 da CLT, a exemplo do que ocorre com o parágrafo único do art. 741 do CPC, atentando contra o dogma, ultrapassa os limites franqueados à legislação ordinária, ofendendo a Carta Magna e exigindo sua pronta extirpação do ordenamento jurídico. Inconstitucionalidade declarada. (TRT – 10ª R. – 3ª T. – Ap. n. 1394-1992-008-00-7 – Rel. Alberto Bresciani – DJDF 31.1.2003 – p. 15) (RDT n. 2 – fevereiro de 2003)

## Capítulo XVII
# Dos Ritos Sumaríssimo e Sumário no Processo do Trabalho

## 1. Dos ritos sumário e sumaríssimo trabalhistas

Atualmente, existem dois ritos sumaríssimos no Processo do Trabalho, o da Lei n. 5.584/70, que foi batizado pela doutrina com o nome de rito sumário, e o da Lei n. 9.957/00, denominado sumaríssimo.

Tanto os ritos sumário como o sumaríssimo têm fundamento nos princípios da celeridade, simplicidade e informalidade, propiciando um rito processual mais ágil para as causas de menor valor econômico.

Há discussões na doutrina sobre ter a Lei n. 9.957/00, aplicável para as causas cujo valor atinjam até 40 salários mínimos, revogado a Lei n. 5.584/70, que disciplina o procedimento para as causas cujo valor não ultrapasse 2 salários mínimos.

Defendendo a revogação, temos a visão de *José Augusto Rodrigues Pinto e Rodolfo Pamplona Filho*[1]:

> "Se consideramos não ter havido derrogação da Lei n. 5.584/70, na parte que trata das causas de pequeno valor, ficaríamos submetidos a dois critérios de incoerência incompreensível: um pequeno valor menor (sic) que sujeitará a causa a procedimento ordinário, com ampla possibilidade de produção de prova, sem comportar recurso; e um pequeno valor maior (sic) que sujeitará a causa a procedimento sumaríssimo, portanto com uma limitação da dilação probatória e ampliação dos poderes de direção do juiz comportando recurso (...). Tudo nos leva, pois, à conclusão de que, embora as duas leis não disponham diretamente sobre a mesma matéria, as normas da Lei n. 9.957/00, relativas a causas de pequeno valor, entram em conflito disciplinar com as do art. 2º e parágrafos da Lei n. 5.584/70. E, se entram, derrogam-nas. Não admitir isso é, *ultima ratio*, desprezar um dos princípios fundamentais do Direito Processual, a simetria de tratamento das partes pelo processo".

Em que pesem os argumentos acima declinados, pensamos que o rito sumário previsto na Lei n. 5.584/70 não foi revogado expressa ou tacitamente pela Lei n. 9.957/00,

---

(1) *Manual da conciliação preventiva e do procedimento sumaríssimo.* São Paulo: LTr, 2001. p. 161.

pois não houve regulamentação total da matéria, não há incompatibilidade entre as duas leis e também não houve menção expressa à revogação (art. 2º da LICC brasileiro).

Nesse sentido, a posição de *Estêvão Mallet*[2]:

"Revogação expressa da Lei n. 5.584 não houve. De outro lado, a Lei n. 9.957/00 não regulou inteiramente a matéria tratada pela Lei n. 5.584, que cuida não apenas do procedimento aplicável a determinadas causas como, também, de outras matérias, como, por exemplo, remição e assistência judiciária. Ademais, a Lei n. 9.957 silencia por completo sobre as regras para fixação do valor da causa, e exclui de seu âmbito de aplicação a Administração Pública (parágrafo único, do art. 852-A, da CLT), o que não se verifica no procedimento da Lei n. 5.584/70)".

No mesmo diapasão, destaca-se a seguinte ementa:

> Alçada. Não foi revogada pela Lei n. 9.957/00, que instituiu o rito sumaríssimo na Justiça do Trabalho, a regra contida no art. 2º, § 3º, da Lei n. 5.584/70, segundo a qual não cabe nenhum recurso nas causas cujo valor não exceda de duas vezes o salário mínimo vigente à época do ajuizamento da ação, salvo se versarem sobre matéria constitucional. (TRT – 3ª R. – 2ª T. – RO n. 18.196/00 – Relª Juíza Alice Monteiro de Barros – DJMG 6.12.00 – p. 20)

## 2. Do rito sumário

O rito sumário, também chamado *rito de alçada*, está disciplinado pela Lei n. 5.584/70, art. 2º, §§ 3º e 4º.

Tem por objeto o presente rito imprimir maior celeridade processual e efetividade da jurisdição trabalhista para as causas cujo valor não exceda dois salários mínimos, simplificando o procedimento e eliminando recursos.

Conforme destaca *Wagner D. Giglio*[3], a intenção da Lei n. 5.584, de 26 de junho de 1970, se evidencia diante da simples leitura de seu texto, pois visou a dinamizar o procedimento das ações trabalhistas. Acrescentemos, liminarmente, que obteve êxito, pois acelerou algumas etapas, tais como a prova pericial e a execução.

Dispõe o art. 2º da Lei n. 5.584/70:

> Nos dissídios individuais, proposta a conciliação, e, não havendo acordo, o Presidente da Junta ou o Juiz, antes de passar à instrução da causa, fixar-lhe-á o valor para a determinação da alçada, se este for indeterminado no pedido.
>
> (...) § 3º – Quando o valor fixado para a causa, na forma deste artigo, não exceder de 2 (duas) vezes o salário mínimo vigente na sede do Juízo, será dispensável o resumo dos depoimentos, devendo constar da Ata a conclusão da Junta quanto à matéria de fato.

---

(2) MALLET, Estêvão. *Procedimento sumaríssimo trabalhista*. São Paulo: LTr, 2002. p. 21-22.

(3) *Op. cit.*, p. 355.

§ 4º – Salvo se versarem sobre matéria constitucional, nenhum recurso caberá das sentenças proferidas nos dissídios da alçada a que se refere o parágrafo anterior, considerado, para esse fim, o valor do salário mínimo à data do ajuizamento da ação.

O rito sumário, conforme o § 3º do referido dispositivo legal, aplica-se para as causas cujo valor não exceda dois salários mínimos.

A ata de audiência é mais simplificada, dispensando-se o resumo dos depoimentos, devendo constar do termo a conclusão da Vara quanto à matéria de fato.

Não há possibilidade de recursos, salvo se versar a causa sobre matéria constitucional. Nesta hipótese, será cabível apenas o recurso extraordinário (art. 102 da CF), uma vez que a causa é decidida em instância única[4]. Admitem-se, entretanto, os embargos de declaração, se presentes as hipóteses do art. 897-A da CLT.

Praticamente, o rito sumário está em desuso no Processo do Trabalho, pois dificilmente uma reclamação trabalhista atinge apenas o valor de até dois salários mínimos.

Na prática, a reclamatória instruída pelo rito sumário segue, até a sentença, o mesmo procedimento do rito ordinário, havendo diferença apenas na fase recursal.

Já está pacificada a questão no sentido de ser constitucional a vinculação da alçada ao salário mínimo, conforme dispõe a Súmula n. 356 do C. TST, *in verbis*:

> ALÇADA RECURSAL. VINCULAÇÃO AO SALÁRIO MÍNIMO – O art. 2º, § 4º, da Lei n. 5.584, de 26.6.1970 foi recepcionado pela CF/1988, sendo lícita a fixação do valor da alçada com base no salário mínimo.

## 3. Do rito sumaríssimo

A Lei n. 9.957/00, inserindo as alíneas A/I ao art. 852 da CLT, teve por objetivo criar um rito processual mais simples e célere, para propiciar ao jurisdicionado maior rapidez e efetividade no recebimento da prestação jurisdicional para as demandas cujo valor dos pedidos não ultrapasse quarenta salários mínimos[5].

O presente rito se aplica para as causas cujo valor seja de dois a quarenta salários mínimos, pois, conforme a posição que adotamos, a Lei n. 9.957/00 não revogou o procedimento sumário previsto na Lei n. 5.584/70.

---

(4) No capítulo dos recursos, abordamos com maior profundidade a questão do recurso cabível nos dissídios de alçada (Lei n. 9.957/00).

(5) Nesse sentido, destacamos a seguinte ementa: "Rito sumaríssimo — Inaplicabilidade. Quando os valores líquidos do pedido ultrapassam o limite de 40 salários mínimos, ainda que arbitrado o valor da causa em quantia inferior àquele teto (CLT, art. 852-A). Com efeito, pelo exame da inicial, verifica-se que a parte líquida dos pedidos formulados totaliza R$ 13.001,23 (fl. 8) e o restante ilíquido corresponde a mais vinte salários mínimos, a título de indenização por danos morais (fl. 9, item h). Logo, trata-se de valores que ultrapassam em muito quarenta vezes o salário mínimo vigente na data de ajuizamento da reclamação. Tal circunstância, além da iliquidez de parte do pedido, afasta, por força da lei (CLT, art. 852-A), que seja processada a ação pelo procedimento sumaríssimo". (TRT – 1ª R. – 8ª T. – RO n. 1.559/99 – Rel. Juiz Carlos Alberto A. Drummond – DJ 7.2.2001 – p. 181) (RDT 03/2001 – p. 66).

Os princípios processuais do rito sumaríssimo são os mesmos do Processo do Trabalho, destacando-se os da oralidade, simplicidade, celeridade e maiores poderes do Juiz do Trabalho na direção do Processo.

Mesmo diante de algumas previsões pessimistas iniciais, o rito sumaríssimo vem obtendo bons resultados no Processo do Trabalho, principalmente na fase de conhecimento, muito embora na execução não tenha havido nenhuma previsão legal a respeito destinada a imprimir maior celeridade para as causas que tramitam pelo rito sumaríssimo.

## 3.1. Da obrigatoriedade ou facultatividade do rito sumaríssimo

Dispõe o art. 852-A da CLT:

> Os dissídios individuais cujo valor não exceda a quarenta vezes o salário mínimo vigente na data do ajuizamento da reclamação ficam submetidos ao procedimento sumaríssimo. Parágrafo único. Estão excluídas do procedimento sumaríssimo as demandas em que é parte a Administração Pública direta, autárquica e fundacional.

Conforme o referido dispositivo, discute-se na doutrina e jurisprudência, se o rito sumaríssimo é compulsório para as causas cujo valor supere dois e não exceda quarenta salários mínimos.

Há defensores da facultatividade do rito, cabendo a escolha ao autor se pretende o rito ordinário ou sumaríssimo, considerando, dentre outros argumentos, o princípio do acesso à justiça e de que a competência em razão do valor é relativa.

Nesse sentido, sustentam *Pedro Paulo Teixeira Manus* e *Carla Teresa Martins Romar*[6]:

> "O procedimento sumaríssimo, por ser menos formal e mais célere, beneficia o autor porque a ele é dado escolher o rito, a nosso ver, embora forte tendência jurisprudencial incline-se no sentido da obrigatoriedade do procedimento desde que o valor do pedido não exceda 40 vezes o salário mínimo. Admitimos como obrigatório desde que ao reclamante não seja desfavorável (impossibilidade de liquidação de cada pedido, número de testemunhas e intimação prévia e necessidade de citação da reclamada por edital)".

Não obstante as razões acima mencionadas, com elas não concordamos. Pensamos que o rito processual é de ordem pública, não tendo o autor a escolha do rito. Se tal fosse possível, esta escolha também caberia ao réu (princípio da isonomia — art. 5º da CF). Além disso, o art. 852-A da CLT utiliza o verbo no imperativo, dizendo que as causas até 40 salários mínimos ficam sujeitas ao rito sumaríssimo.

Nesse sentido, concordamos com a posição de *Estêvão Mallet*[7], quando assevera:

> "Sendo cabível, pelas características da causa, o procedimento sumaríssimo, sua utilização é obrigatória e não facultativa. Tal conclusão se impõe não apenas

---

(6) *CLT e legislação complementar em vigor.* 6. ed. São Paulo: Malheiros, 2006. p. 242.
(7) MALLET, Estêvão. *Procedimento sumaríssimo.* São Paulo: LTr, 2002. p. 30-31.

porque use o art. 852-A, da CLT, de locução imperativa. A expressão utilizada, reconhecidas as deficiências e as limitações da interpretação gramatical, não é o argumento decisivo. Mais importante é o fato de que a forma do processo é estabelecida não para satisfazer o interesse particular dos litigantes, mas para permitir a melhor e mais eficiente administração da justiça, rendendo serviço, portanto, ao interesse público".

### 3.2. Da possibilidade de conversão do rito sumaríssimo para ordinário

Há divergências na doutrina e jurisprudência sobre poder o Juiz converter o rito se a parte erroneamente o elegeu. Alguns argumentam que o rito processual é de ordem pública, não cabendo ao Juiz corrigi-lo. Não obstante, pensamos que o rito possa ser corrigido pelo Juiz, uma vez que ele é o diretor do processo, e este tem caráter instrumental. Desde que não haja manifesto prejuízo às partes (arts. 794 e seguintes da CLT) e a petição inicial possa adaptar-se ao rito para o qual determinou o Juiz, acreditamos que o rito possa ser alterado *ex officio* pelo Juiz, nos termos dos arts. 765 da CLT e 130 do CPC.

O art. 277, §§ 4º e 5º do CPC, aplicado subsidiariamente ao Processo do Trabalho (art. 769 da CLT), autoriza o Juiz do Trabalho a alterar o rito processual do sumaríssimo para o ordinário. Com efeito, dispõem os referidos parágrafos do art. 277 do CPC:

> O juiz designará a audiência de conciliação a ser realizada no prazo de trinta dias, citando-se o réu com a antecedência mínima de dez dias e sob advertência prevista no § 2º deste artigo, determinando o comparecimento das partes. Sendo ré a Fazenda Pública, os prazos contar-se-ão em dobro. (Redação dada pela Lei n. 9.245, de 1995)
>
> (...) § 4º – O juiz, na audiência, decidirá de plano a impugnação ao valor da causa ou a controvérsia sobre a natureza da demanda, determinando, se for o caso, a conversão do procedimento sumário em ordinário. (Incluído pela Lei n. 9.245, de 1995)
>
> (...) § 5º – A conversão também ocorrerá quando houver necessidade de prova técnica de maior complexidade. (Incluído pela Lei n. 9.245, de 1995)

Nesse sentido, destacamos a seguinte ementa:

> 1. Preliminar de nulidade — Conversão do rito processual no decurso do processo. Em se tratando de causa sujeita ao rito sumaríssimo, o conhecimento do recurso de revista limita-se às hipóteses tratadas no art. 896, § 6º, da CLT. Contudo, a reclamada não cuidou de indicar violação direta de preceito constitucional, tampouco contrariedade a Enunciado do Tribunal Superior do Trabalho, inviabilizando o seguimento do recurso de revista. 2. Ilegitimidade de parte. Incumbe à parte indicar violação de dispositivo constitucional e/ou contrariedade a Súmula de jurisprudência do Tribunal Superior do Trabalho, conforme previsão do art. 896, § 6º, da CLT, para fins de conhecimento do recurso de revista, em causa submetida ao rito sumaríssimo. 3. Responsabilidade subsidiária. Se o Tribunal Regional decide com base em Súmula de jurisprudência do Tribunal Superior do Trabalho — no caso, o Enunciado n. 331, inciso IV —, o conhecimento do recurso de revista não se viabiliza por contrariedade

ao mencionado Enunciado. 4. Agravo de instrumento desprovido. (TST – 1ª T. – AIRR n. 797.349/2001-8 – Rel. Emmanoel Pereira – DJ 27.2.04 – p. 581) (RDT n. 3 – março de 2004)

## 3.3. Da aplicabilidade do rito sumaríssimo

Todas as matérias de índole trabalhista da competência da Justiça do Trabalho (art. 114 da CF), independentemente da complexidade da causa, ficam sujeitas ao rito sumaríssimo, desde que o valor da causa seja superior a dois e inferior a 40 salários mínimos. Não há exclusão de qualquer direito trabalhista que não possa ser postulado pelo rito sumaríssimo.

Outrossim, todas as pretensões trabalhistas podem ser objeto de postulação pelo rito sumaríssimo, tanto os pedidos condenatórios, como os referentes às obrigações de fazer, dar ou não fazer.

Não obstante, ficam excluídas do rito sumaríssimo, nos termos do parágrafo único do art. 852-A da CLT, as demandas em que é parte a Administração Pública direta, autárquica e fundacional.

Desse modo, se figurar como parte Administração Direta (União, Estados e Municípios), Autarquias e Fundações Públicas, em um dos polos do processo, o rito deverá ser o ordinário.

Acreditamos que não acertou o legislador ao excluir do rito sumaríssimo as causas em que figurem a Administração Pública direta, autárquica e fundacional, pois tal não se justifica, uma vez que a própria Constituição Federal (art. 100) e o CPC (art. 475, § 2º) não mais exigem a execução por precatório para as causas de pequeno valor em face da Fazenda Pública, não excedentes a 60 salários mínimos, buscando acelerar o recebimento de tais quantias.

Pensamos que as ações coletivas não estão abrangidas pelo rito sumaríssimo, pois o art. 852-A da CLT faz menção a *dissídios individuais*. Além disso, o dissídio coletivo trabalhista é regido por procedimento próprio, o que também ocorre com as ações coletivas para a defesa de direitos difusos, coletivos e individuais homogêneos (Ação Coletiva e Ação Civil Pública).

Nesse sentido, destaca com propriedade *Estêvão Mallet*[8]:

"Os dissídios coletivos, seja qual for a natureza, não podem ser processados segundo o procedimento sumaríssimo. É o que resulta da alusão, no art. 852-A, *caput*, a dissídios individuais. Assim, quer os dissídios coletivos comuns — de natureza jurídica ou econômica, não importa —, quer os de greve, os de extensão ou os de revisão, independentemente do valor da causa, observarão necessariamente as regras dos arts. 856 e seguintes da CLT. Como coletiva há de ser tratada também — ficando afastada do âmbito do procedimento

---

(8) *Op. cit.*, p. 23.

sumaríssimo a ação cujo objeto principal é a anulação de cláusula ilegal de convenção ou acordo coletivo, ação essa que, mesmo não prevista em lei, tem sido tranquilamente admitida pela jurisprudência e pela doutrina. Se, todavia, o objeto da ação não é a anulação da cláusula normativa, constituindo a discussão sobre sua validade mera questão prejudicial (CPC, art. 469, inciso III) em reclamação ajuizada pelo empregado, o dissídio é sem dúvida alguma individual, podendo, em consequência, ser processado sumariamente".

Nas ações de cumprimento, por serem ações individuais, se o valor não exceder a 40 salários mínimos, pensamos que se aplica o rito sumaríssimo, pois a lei não regulamenta procedimento específico para estas ações.

No nosso sentir, embora o inquérito judicial para apuração de falta grave seja uma ação individual, ele é regido por rito próprio disciplinado pela CLT (arts. 853 a 855), o que afasta a aplicabilidade do rito sumaríssimo. Em sentido contrário pensa *José Antônio Ribeiro de Oliveira Silva*[9]:

> "A norma do art. 853 trata apenas do prazo decadencial para o ajuizamento da ação por parte do empregador. A do art. 855, apenas da execução do pagamento de salários devidos até a data do ajuizamento do inquérito. Por essa razão, não vemos como considerar o rito do processo para apuração de falta grave especial, apenas por essas circunstâncias relativas ao número de testemunhas, custas processuais, prazo decadencial e execução de salários anteriores. Outrossim, a própria regra do art. 854 disciplina que o processo do inquérito obedecerá às normas do capítulo que cuida do processo do trabalho, no qual estão inseridas, agora, tanto as normas do rito ordinário quanto as do rito sumaríssimo. Dessarte, não vemos como deixar de aplicar à ação para apuração de falta grave o rito sumaríssimo, sendo que então cada uma das partes poderá ouvir apenas duas testemunhas, de acordo com o art. 852-H, § 2º, da CLT, se for atribuído à causa o valor de até quarenta salários mínimos (art. 852-A, *caput*, da CLT)"[10].

### 3.4. Requisitos da petição inicial no rito sumaríssimo e possibilidade de emenda da inicial

Dispõe o art. 852-B da CLT:

> Nas reclamações enquadradas no procedimento sumaríssimo:
>
> I – o pedido deverá ser certo ou determinado e indicará o valor correspondente;
>
> II – não se fará citação por edital, incumbindo ao autor a correta indicação do nome e endereço do reclamado;
>
> III – a apreciação da reclamação deverá ocorrer no prazo máximo de quinze dias do seu ajuizamento, podendo constar de pauta especial, se necessário, de acordo com o movimento judiciário da Junta de Conciliação e Julgamento.

---

(9) *Questões relevantes do procedimento sumaríssimo:* 100 perguntas e respostas. São Paulo: LTr, 2000. p. 165.

(10) No mesmo sentido é a posição de Gérson Marques, mas defendendo a possibilidade de seis testemunhas de cada parte no inquérito (*Processo do trabalho anotado*. São Paulo: RT, 2001. p. 322).

§ 1º – O não atendimento, pelo reclamante, do disposto nos incisos I e II deste artigo importará no arquivamento da reclamação e condenação ao pagamento de custas sobre o valor da causa.

§ 2º – As partes e advogados comunicarão ao juízo as mudanças de endereço ocorridas no curso do processo, reputando-se eficazes as intimações enviadas ao local anteriormente indicado, na ausência de comunicação.

Conforme dispõe o referido dispositivo legal, no rito sumaríssimo, a inicial deve preencher os requisitos do art. 840 da CLT e também dos incisos I e II do art. 852-B.

O pedido deve ser certo e determinado, devendo ser indicado o valor correspondente, vale dizer: o reclamante deve apresentar a liquidação dos pedidos na inicial. Exige-se, outrossim, que seja declinado o valor da causa. De outro lado, não se exige rigor na liquidação do valor, podendo ser utilizada estimativa, máxime em pedidos que demandam maior complexidade nos cálculos, como horas extras. Não se exige a liquidação das obrigações de fazer ou não fazer, como, por exemplo, o pedido de anotação de CTPS.

Deve o reclamante também indicar o nome correto do endereço do reclamado.

Embora o § 1º do art. 852-B da CLT assevere que o não atendimento, pelo reclamante, do disposto nos incisos I e II deste artigo importará no arquivamento da reclamação e condenação ao pagamento de custas sobre o valor da causa, pensamos que tal somente será possível após a concessão de prazo de 10 dias para emenda da inicial (art. 284 do CPC c/c Súmula n. 263 do C. TST), pois a lei não veda a possibilidade de concessão de prazo pelo Juiz do Trabalho para o autor adequar a petição inicial aos requisitos do rito sumaríssimo.

Nesse sentido, destacamos a seguinte ementa:

> Pedido ilíquido — Ação submetida ao rito ordinário em razão do valor atribuído à causa — Impossibilidade de indeferimento liminar da petição inicial. Submetida a ação trabalhista ao rito ordinário, em face do valor atribuído ao dissídio, e entendendo o Julgador de primeira instância que lhe é impossível aferir a adequação do valor atribuído à causa, como declarado na decisão recorrida, duas são as possibilidades: determinar a emenda da petição inicial para liquidar a pretensão (art. 284 do CPC e Enunciado n. 263 do TST) ou prosseguir no feito, deixando ao réu a impugnação do valor atribuído à causa, no prazo da contestação (art. 261 do CPC). Não tendo sido adotado nenhum dos procedimentos citados, reformo a decisão, determinando o retorno dos autos à Vara de origem para que se dê prosseguimento ao feito, optando por uma das soluções apontadas anteriormente. Recurso conhecido e provido. (TRT – 10ª R. – 3ª T. – RO n. 3.994/2000 – Relª Cilene Ferreira A. Santos – DJDF 1º.6.2000 – p. 64) (RDT n. 6/2001 – p. 63)[11]

---

(11) Em sentido contrário, a seguinte ementa: "Rito ordinário — Pedidos líquidos. É certo que quando a ação está submetida ao rito sumaríssimo, não se procede à emenda da petição inicial, no caso de pedido ilíquido, porque há previsão expressa de extinção do feito, na forma do art. 852-B, § 1º, da CLT. Contudo, no caso dos autos, o valor atribuído à causa supera os quarenta salários mínimos previsto para o rito sumaríssimo (art. 852-A da CLT), não havendo previsão legal para, liminarmente, se extinguir o feito, sem julgamento do mérito". (TRT – 10ª R. – 3ª T. – RO n. 3.995/2000 – Rel. Lucas Kontoyanis – DJDF 1º.6.2001 – p. 64) (RDT n. 6/2001 – p. 63).

Pensamos também que se houver mudança de endereço do reclamado, ao reclamante também deverá ser concedido prazo razoável para informar o novo endereço, e somente será possível o arquivamento, se transcorrido o prazo sem a manifestação do reclamante. Negar ao reclamante fornecer o novo endereço do reclamado é negar o acesso à Justiça.

Nesse sentido, destacamos a seguinte ementa:

> A devolução da notificação inicial, em virtude da alteração de endereço da reclamada, não enseja o 'arquivamento do processo'. Agrava-se, se o juiz, ante da audiência, chama os autos à conclusão e decreta a sua extinção, por suposto descumprimento ao que dispõe o art. 852. Tratando-se de irregularidade sanável, cumpre ao juiz conceder oportunidade, ainda que em curtíssimo prazo, para o reclamante apresentar novo endereço do reclamado. Se informada que o reclamado cria embaraços ao recebimento ou não sendo encontrado (§ 1º do art. 841, da CLT), a solução é convertê-lo para o rito ordinário, determinando a citação por edital, garantindo-se, assim, o direito constitucional de ação. A extinção só tem cabimento em caso de absoluta inércia do autor, sob pena de caracterizar negativa de prestação jurisdicional, em ofensa ao art. 5º, XXXV, da CF/88. (TRT – 15ª R. – 5ª T. – Proc. n. 035543/2000-ROS-2 – Ac. n. 533/2001 – SPAJ, Rel. Juiz José Antonio Pancotti, DOE 15.1.01)

### 3.5. Da citação por edital no rito sumaríssimo

Caso haja necessidade da citação por edital e como a lei do rito sumaríssimo trabalhista veda a citação por edital (art. 852-B, II[12], da CLT), no nosso sentir, há duas alternativas para o Juiz:

a) converter o rito para ordinário, com suporte nos arts. 130 do CPC e 765, da CLT, uma vez que o Juiz do Trabalho é o diretor do Processo;

b) declarar a inconstitucionalidade *incidenter tantum* do disposto no art. 852-B, II, da CLT, por violar o princípio da inafastabilidade da jurisdição (art. 5º, XXXV, da CF), e deferir a citação por edital mesmo no rito sumaríssimo.

Pensamos que a solução mais adequada, considerando-se a obrigatoriedade do rito sumaríssimo, será deferir a citação por edital, mantendo o rito sumaríssimo, uma vez que o inciso II do art. 852-B da CLT se mostra manifestamente inconstitucional por atritar com os princípios constitucionais do acesso real à Justiça do Trabalho e inafastabilidade da jurisdição trabalhista.

Nesse sentido, pensa *Júlio César Bebber*[13]:

"Se o procedimento sumaríssimo, então, é imperativo, resta flagrante o vício da inconstitucionalidade do art. 852-B, inciso II, da CLT, que veda a citação por edital, uma vez que impede, com isso, o acesso à justiça, em afronta direta e literal ao princípio da inafastabilidade da jurisdição, também chamado de princípio do direito de ação (CF, art. 5º, XXXV)".

---

(12) Art. 852-B, II, da CLT: "Não se fará citação por edital, incumbindo ao autor a correta indicação do nome e endereço do reclamado".

(13) BEBBER, Júlio César. *Procedimento sumaríssimo no processo do trabalho.* São Paulo: LTr, 2000. p. 36.

O Supremo Tribunal, em Ação Direta de Constitucionalidade, não deferiu a liminar que questionava a constitucionalidade do art. 852-B, II, da CLT, sinalizando no sentido de sua constitucionalidade, *in verbis*:

> **COMISSÕES DE CONCILIAÇÃO PRÉVIA: STF — 13.5.2009 — Liminar em Ação Direta de Inconstitucionalidade — Min. Marco Aurélio.** Quarta-feira, 13 de maio de 2009. Trabalhador pode ingressar na Justiça mesmo sem tentar conciliação prévia. Por maioria de votos, o Supremo Tribunal Federal (STF) determinou nesta quarta-feira (13) que demandas trabalhistas podem ser submetidas ao Poder Judiciário antes que tenham sido analisadas por uma comissão de conciliação prévia. Para os ministros, esse entendimento preserva o direito universal dos cidadãos de acesso à Justiça. A decisão é liminar e vale até o julgamento final da matéria, contestada em duas Ações Diretas de Inconstitucionalidade (ADIs ns. 2.139 e 2.160) ajuizadas por quatro partidos políticos e pela Confederação Nacional dos Trabalhadores do Comércio (CNTC). Tanto a confederação quanto o PC do B, o PSB, o PT e o PDT argumentaram que a regra da CLT representava um limite à liberdade de escolha da via mais conveniente para submeter eventuais demandas trabalhistas. Sete ministros deferiram o pedido de liminar feito nas ações para dar interpretação conforme a Constituição Federal ao art. 625-D da CLT (Consolidação das Leis do Trabalho), que obrigava o trabalhador a primeiro procurar a conciliação no caso de a demanda trabalhista ocorrer em local que conte com uma comissão de conciliação, seja na empresa ou no sindicato da categoria. Com isso, o empregado pode escolher entre a conciliação e ingressar com reclamação trabalhista no Judiciário. **Divergência:** Quando o julgamento dos pedidos de liminar nas ações começou, em janeiro de 2000, o ministro Marco Aurélio foi o primeiro a divergir do relator, ministro Octavio Gallotti, no sentido de deferir em parte a cautelar para dar interpretação conforme ao art. 625-D da CLT. Em agosto de 2007, foi a vez de os ministros Sepúlveda Pertence, Cármen Lúcia Antunes Rocha, Ricardo Lewandowski e Eros Grau unirem-se a Marco Aurélio. Nesta tarde, o entendimento foi sacramentado com os votos dos ministros Joaquim Barbosa e Carlos Ayres Britto. Segundo Barbosa, manter a regra do art. 625-D da CLT sem interpretação conforme a Constituição representaria uma "séria restrição do direito de acesso à Justiça para os trabalhadores". Para Ayres Britto, a solução dada pelo Plenário "estimula a conciliação e mantém uma tradição da Justiça Trabalhista de tentar a conciliação, sem sacrificar o direito universal de acesso à jurisdição [pelos cidadãos]". Ele lembrou voto do ministro Marco Aurélio no sentido de que, quando a Constituição quer excluir uma demanda do campo de apreciação do Judiciário, ela o faz de forma expressa, como ocorre, por exemplo, na área desportiva. Nesse caso, o ingresso no Judiciário somente pode ocorrer após se esgotarem as instâncias da Justiça Desportiva (§ 1º do art. 217). **Contramão da história:** Último a se pronunciar sobre a matéria, o ministro Cezar Peluso disse que a decisão do Supremo está na "contramão da história". Segundo ele, o dispositivo da CLT não representa bloqueio, impedimento ou exclusão do recurso à universalidade da jurisdição. "Eu acho que, com o devido respeito, a postura da Corte, restringindo a possibilidade da tentativa obrigatória de conciliação, está na contramão da história, porque em vários outros países hoje há obrigatoriedade do recurso às chamadas vias alternativas de resolução de conflitos, até porque o Poder Judiciário não tem dado conta suficiente da carga de processos", afirmou o ministro. Para ele, a regra da CLT representa "simplesmente uma tentativa preliminar de conciliar e de resolver pacificamente o conflito, com a vantagem de uma solução não ser imposta autoritariamente". "As soluções consensuais são, em todas as medidas, as melhores do ponto

de vista social", concluiu. **Outros dispositivos:** As ações questionavam ainda outros dispositivos da CLT. No caso do art. 625-E da CLT o pedido não foi conhecido, ou seja, analisado. Esse artigo determina que o acordo lavrado na comissão de conciliação será título executivo extrajudicial. Nesse ponto, o ministro Marco Aurélio ficou vencido. O pedido de liminar contra o inciso II do art. 852-B da CLT foi negado. O dispositivo fixa que não se fará citação por edital no procedimento sumaríssimo. As decisões quanto a esses dispositivos foram tomadas quando o julgamento dos pedidos de liminar nas ações começou, em 2000.

### 3.6. Aspectos do procedimento sumaríssimo

O rito sumaríssimo não difere substancialmente do rito ordinário, principalmente na audiência, entretanto, tem peculiaridades próprias.

Nos termos do art. 852-B da CLT, a apreciação da reclamação deverá ocorrer no prazo máximo de quinze dias do seu ajuizamento, podendo constar de pauta especial, se necessário, de acordo com o movimento judiciário da Vara do Trabalho.

Pensamos não ser o referido prazo peremptório, pois hão de ser considerados o número de processos e a quantidade de serviço de cada Vara, mas, na medida do possível, deverá o Juiz do Trabalho priorizar a celeridade dos processos que tramitam pelo rito sumaríssimo, designando pauta especial para tais processos.

A audiência será una, ocasião em que se fará a instrução e o julgamento do processo. Entretanto, em algumas hipóteses, como no caso de necessidade da prova pericial, a audiência poderá ser cindida.

Conforme o art. 852-D da CLT, "o Juiz dirigirá o Processo com liberdade para determinar as provas a serem produzidas, considerado o ônus probatório de cada litigante, podendo limitar ou excluir as que considerar excessivas, impertinentes ou protelatórias, bem como para apreciá-las e dar especial valor às regras de experiência comum ou técnica".

O referido dispositivo propicia ao Juiz do Trabalho maiores poderes na condução do processo, buscando a celeridade da sua tramitação, bem como a efetividade processual. Vale destacar que o legislador priorizou a aplicabilidade das regras de experiência comum do Juiz na valoração da prova, buscando, sempre que possível, a verdade real.

Aberta a sessão, o juiz esclarecerá as partes presentes sobre as vantagens da conciliação e usará os meios adequados de persuasão para a solução conciliatória do litígio, em qualquer fase da audiência (art. 852-E da CLT).

Na ata de audiência serão registrados resumidamente os atos essenciais, as afirmações fundamentais das partes e as informações úteis à solução da causa trazidas pela prova testemunhal (art. 852-F da CLT).

Conforme o art. 852-G da CLT, "serão decididos, de plano, todos os incidentes e exceções que possam interferir no prosseguimento da audiência e do processo. As demais questões serão decididas na sentença".

O referido dispositivo determina que o Juiz do Trabalho faça o saneamento do processo na própria audiência, o que é bem recomendável, decidindo, de plano, as preliminares e os incidentes processuais, prosseguindo na audiência com a instrução e julgamento do feito.

Nos termos do art. 852-H da CLT, "todas as provas serão produzidas na audiência de instrução e julgamento, ainda que não requeridas previamente. § 1º – Sobre os documentos apresentados por uma das partes manifestar-se-á imediatamente a parte contrária, sem interrupção da audiência, salvo absoluta impossibilidade, a critério do juiz. § 2º – As testemunhas, até o máximo de duas para cada parte, comparecerão à audiência de instrução e julgamento independentemente de intimação. § 3º – Só será deferida intimação de testemunha que, comprovadamente convidada, deixar de comparecer. Não comparecendo a testemunha intimada, o juiz poderá determinar sua imediata condução coercitiva. § 4º – Somente quando a prova do fato o exigir, ou for legalmente imposta, será deferida prova técnica, incumbindo ao juiz, desde logo, fixar o prazo, o objeto da perícia e nomear perito. § 5º – (VETADO). § 6º – As partes serão intimadas a manifestar-se sobre o laudo, no prazo comum de cinco dias. § 7º – Interrompida a audiência, o seu prosseguimento e a solução do processo dar-se-ão no prazo máximo de trinta dias, salvo motivo relevante justificado nos autos pelo juiz da causa".

O dispositivo mencionado destaca a concentração dos atos processuais em audiência, determinando que todas as provas sejam produzidas neste ato processual, exceto a prova documental, que é pré-constituída, e a prova pericial, que se realiza fora da audiência.

A manifestação do reclamante sobre a defesa e documentos deve ser realizada na própria audiência em quantidade de tempo razoável fixado pelo Juiz (normalmente de cinco a dez minutos). Não obstante, se os documentos forem complexos e em grande quantidade, poderá o Juiz conceder prazo para manifestação fora da audiência.

Com relação à prova pericial, o § 6º do art. 852-H da CLT determina que as partes sejam intimadas para manifestar-se sobre o laudo, no prazo comum de cinco dias. No nosso sentir, o presente prazo poderá ser dilatado pelo Juiz condutor do processo, o qual pode até mesmo conceder prazo sucessivo às partes, conforme a complexidade da causa e as circunstâncias do caso concreto.

As testemunhas comparecerão à audiência independentemente de intimação. Somente serão intimadas as que, comprovadamente convidadas, deixarem de comparecer. Não comparecendo a testemunha intimada, o Juiz poderá determinar sua imediata condução coercitiva.

No nosso sentir, a prova do convite não necessita ser escrita, podendo ser verbal, e até mesmo ser produzida na próxima sessão em que será ouvida a testemunha, pois a lei não exige prova escrita do convite. Além disso, a experiência nos tem demonstrado que dificilmente o reclamante consegue comprovar o convite da testemunha, pois frequentemente o convite à testemunha é feito verbalmente. Desse modo, pensamos que o disposto no § 3º do art. 852-H da CLT, ao aludir à testemunha *comprovadamente convidada*, deve ser interpretado com maior flexibilidade pelo Juiz do Trabalho, a fim de não impedir o acesso à justiça, bem como cercear o direito de defesa da parte.

Nesse sentido, concordamos com *Manoel Antonio Teixeira Filho*[14], quando assevera:

"O § 3º do art. 852-H da CLT, acertadamente, exige esse convite. Haverá dificuldade, contudo, na prática, de a parte comprovar tal convite, pois a norma legal em estudo cogita do fato de a testemunha ausente haver sido 'comprovadamente convidada'. Não nos parece que essa comprovação deva ser por escrito sob pena de impor-se certos danos ou constrangimentos à parte. Danos, porque, se a ausência da testemunha não fosse comprovada por esse meio, a audiência não seria adiada; constrangimento, porque toda vez que a parte convidasse alguém para testemunhar em juízo teria de pedir que a pessoa assinasse um comprovante desse convite. Pensamos, pois, que essa comprovação possa ser feita, até mesmo sob a forma de *justificação verbal* ao magistrado, que levará em conta os argumentos e circunstância de cada situação concreta".

Poderão ser ouvidas no rito sumaríssimo, no máximo, duas testemunhas para cada parte. Não obstante, pensamos, caso seja necessário, possa o Juiz determinar a oitiva de outras testemunhas, como as testemunhas referidas, ou até mesmo testemunhas do juízo para firmar seu convencimento. O limite máximo de testemunhas é para a parte, não para o Juiz.

A celeridade processual não pode extremar-se a ponto de se sobrepor ao direito de prova ou à busca pela verdade real do processo. Urge, em cada caso, sopesarem-se estes valores (celeridade x direito à prova) para se aplicar a justiça verdadeira[15].

Se for necessária a designação da prova pericial, deverá o Juiz nomear o perito da própria audiência, fixar o prazo para apresentação do laudo, bem como o prazo para as partes manifestarem-se sobre ele e já designar a próxima audiência no prazo máximo de trinta dias, salvo motivo relevante justificado nos autos pelo Juiz da causa.

No procedimento sumaríssimo trabalhista, não cabe a intervenção de terceiros, tampouco a assistência, em razão dos princípios da celeridade e simplicidade do procedimento sumaríssimo. Embora a Lei n. 9.957/00 não vede expressamente a possibilidade de intervenção de terceiros, o art. 10, da Lei n. 9.099/95[16], aplicável

---

(14) TEIXEIRA FILHO, Manoel Antonio. *O procedimento sumaríssimo no processo do trabalho.* São Paulo: LTr, 2000. p. 104-105.

(15) MARQUES, Gérson. *Processo do trabalho anotado.* São Paulo: RT, 2001. p. 328.

(16) Art. 10, da Lei n. 9.099/95: "Não se admitirá, no processo, qualquer forma de intervenção de terceiros nem de assistência. Admitir-se-á o litisconsórcio".

subsidiariamente ao procedimento sumaríssimo trabalhista, veda expressamente tal intervenção. Admite-se, entretanto, o litisconsórcio.

Nesse mesmo diapasão, pensa *José Antônio Ribeiro de Oliveira Silva*:

"(...) pensamos não ser admissível no rito sumaríssimo trabalhista qualquer espécie de intervenção de terceiros, inclusive a assistência, para não comprometimento do ideal de celeridade da lei, como aliás ocorre no Juizado Especial Cível, consoante disposição contida no art. 10 da Lei n. 9.099/95"[17].

Em razão da simplicidade e celeridade do rito sumaríssimo, não se admite a reconvenção, sendo possível o pedido contraposto, por aplicação analógica do art. 31 da Lei n. 9.099/95. Dispõe o referido dispositivo legal:

> Não se admitirá a reconvenção. É lícito ao réu, na contestação, formular pedido em seu favor, nos limites do art. 3º desta Lei, desde que fundado nos mesmos fatos que constituem objeto da controvérsia.

Como destaca *Gérson Marques*[18], "o pedido contraposto, também chamado de reconvenção indireta, é compatível com o Processo do Trabalho, sendo admitido, excepcionalmente, quando, em algumas hipóteses, a parte acionada foi quem sofrera a lesão patrimonial (...). O pedido contraposto é formulado na própria contestação e será apreciado pela mesma sentença que julgará a reclamatória. Contudo, é assegurado ao autor da Reclamação a defesa, o qual poderá apresentá-la na própria audiência ou requerer a designação de nova data, que será desde logo fixada, cientes todos os presentes (art. 31, parágrafo único, Lei n. 9.099/95)".

Nos termos do art. 852-I da CLT, "a sentença mencionará os elementos de convicção do juízo, com resumo dos fatos relevantes ocorridos em audiência, dispensado o relatório. § 1º – O juízo adotará em cada caso a decisão que reputar mais justa e equânime, atendendo aos fins sociais da lei e às exigências do bem comum. § 2º (VETADO). § 3º – As partes serão intimadas da sentença na própria audiência em que prolatada".

Conforme o referido dispositivo legal, a sentença deve ser proferida na própria audiência. Entretanto, em determinadas hipóteses, considerando-se a complexidade da causa e o ânimo das partes na audiência, é conveniente que a sentença seja proferida no gabinete, designando-se data para julgamento.

O relatório da sentença fica dispensado, o que não acarreta qualquer prejuízo processual, pois a cada dia este resumo do processo vem perdendo prestígio na doutrina e jurisprudência. A medida visa a imprimir maior celeridade à sentença, que deve, sempre que possível, ser proferida na audiência.

Sendo prolatada a sentença em audiência, as partes devem ser intimadas do seu teor, começando a partir daí a fluir o prazo recursal.

---

(17) *Questões relevantes do procedimento sumaríssimo:* 100 perguntas e respostas. São Paulo: LTr, 2000. p. 61.
(18) *Processo do trabalho anotado.* São Paulo: RT, 2001. p. 320.

O § 1º do art. 852-I da CLT assevera que o Juiz poderá adotar em cada caso a decisão que reputar mais justa e equânime, atendendo aos fins sociais da lei e as exigências do bem comum. A presente regra não dispõe sobre o julgamento *por equidade*, mas sim o julgamento *com equidade*, vale dizer: não poderá o Juiz desconsiderar as disposições legais, mas sim interpretá-las de forma justa e razoável, abrandando o rigor da lei para que ela se encaixe ao caso concreto.

Vale destacar, por derradeiro, que o valor da condenação não fica limitado ao valor atribuído à causa pelo reclamante, pois a Lei n. 9.957/00 assim não determina[19]. Além disso, não pode ser interpretado como renúncia pelo empregado do valor que sobejar 40 salários mínimos, em razão do princípio da irrenunciabilidade dos direitos trabalhistas.

Nesse sentido, argumenta com propriedade *Estêvão Mallet*[20]:

"No procedimento sumaríssimo trabalhista não existe regra tornando ineficaz a parte condenatória da sentença excedente da alçada imposta, como há na Lei n. 9.099 (art. 39). Em consequência, nada obsta seja proferida sentença com condenação superior ao limite legal para a utilização dessa espécie de procedimento. Não haverá ineficácia ou mesmo nulidade da decisão, ficando igualmente afastado, só por isso, o cabimento de ação rescisória, ao contrário do que já se pretendeu. Note-se que pode a superação do valor limite decorrer, por exemplo, de multa cominatória diária ou de prestações vencidas durante a tramitação do feito, como em ação tendo por objeto pedido de reintegração, com o pagamento de salários vencidos e vincendos".

---

(19) Por isso, resta inaplicável ao rito sumaríssimo trabalhista o disposto no art. 39 da Lei n. 9.099/95, *in verbis*: "É ineficaz a sentença condenatória na parte que exceder a alçada estabelecida nesta Lei".

(20) *Op. cit.*, p. 90-91.

# Capítulo XVIII
# Recursos no Processo do Trabalho

## 1ª Parte – Teoria Geral dos Recursos Trabalhistas

### 1.1. Dos recursos – conceito, fundamentos e natureza jurídica

O Código de Processo Civil brasileiro não nos dá o conceito de recurso, apenas no art. 496 diz quais são as espécies de recursos cabíveis no âmbito do Processo Civil[1]. Tampouco a Consolidação das Leis do Trabalho define o conceito de recurso (art. 893 da CLT[2]).

Como a Lei não define o conceito de recurso, esta árdua tarefa cabe à doutrina.

O termo recurso vem do latim *recursus*, que significa andar para trás, retorno, reapreciação.

Para *José Carlos Barbosa Moreira*[3], "pode-se conceituar recurso, no direito processual civil brasileiro, como o remédio voluntário idôneo a ensejar, dentro do mesmo processo, a reforma, a invalidação, o esclarecimento ou a integração de decisão judicial a que se impugna. Atente-se bem: dentro do mesmo processo, não necessariamente dentro dos mesmos autos".

Ensina *Nelson Nery Júnior*[4]: "Recurso é o meio processual que a lei coloca à disposição das partes, do Ministério Público e de um terceiro, a viabilizar, dentro da mesma relação jurídica processual, a anulação, a reforma, a integração ou o aclaramento da decisão judicial impugnada".

---

(1) Art. 496 do CPC: "São cabíveis os seguintes recursos: I – apelação; II – agravo; III – embargos infringentes; IV – embargos de declaração; V – recurso ordinário; VI – recurso especial; VII – recurso extraordinário; (Incluído pela Lei n. 8.038, de 1990); VIII – embargos de divergência em recurso especial e em recurso extraordinário".

(2) Art. 893 da CLT: "Das decisões são admissíveis os seguintes recursos: I – embargos; II – recurso ordinário; III – recurso de revista; IV – agravo".

(3) BARBOSA MOREIRA, José Carlos. *Comentários ao Código de Processo Civil.* 12. ed. Rio de Janeiro: Forense, 2005. p. 233.

(4) NERY JÚNIOR, Nelson. *Teoria geral dos recursos.* 6. ed. São Paulo: RT, 2004. p. 212.

Conforme as definições acima dos mestres *Barbosa Moreira* e *Nery Júnior*, os recursos se destinam, dentro da mesma relação jurídica processual, à anulação, nos casos em que a decisão contém um vício processual, à reforma, quando visa à alteração do mérito da decisão, ou à integração ou aclaramento, quando a prestação jurisdicional não foi completa, ou está obscura ou contraditória.

Existem duas correntes sobre a natureza jurídica dos recursos. Uma, que assevera ser o recurso ação autônoma de impugnação da decisão e outra, como um meio de impugnação dentro da própria relação jurídica processual.

Diante da sistemática do Direito Processual Civil brasileiro, os recursos não constituem meio de impugnação autônomo, mas sim instrumento de impugnação da decisão dentro da mesma relação jurídico-processual em que foi prolatada a decisão, pois pressupõe a lide pendente na qual ainda não se formou a coisa julgada.

Nesse sentido, relevante destacar as conclusões de *Carlos Henrique Bezerra Leite*[5]: a) recurso constitui corolário, prolongamento, do exercício do direito de ação; b) essa concepção é aplicável tanto no processo comum quanto no trabalhista.

No mesmo diapasão, argumenta *Manoel Antonio Teixeira Filho*[6]:

"O recurso, enfim, não é uma ação autônoma; é um direito subjetivo, que se encontra implícito no direito público, também subjetivo e constitucional, que é o de ação. Está certa a doutrina quando, sob outro ângulo óptico, vê no recurso um ônus processual, visto que, em verdade, para que a parte obtenha a desejada reforma ou anulação de decisão desfavorável, há necessidade de que tome a iniciativa de exercer a pretensão recursória; se não o fizer, a sua sujeição à coisa julgada, como qualidade da sentença, será inevitável, ressalvada a hipótese de remessa obrigatória, quando for o caso (Decreto-lei n. 779/69)".

De outro lado, os recursos constituem também uma forma de controle dos atos jurisdicionais pelas instâncias superiores.

A doutrina costuma apontar como fundamentos dos recursos: a) aprimoramento das decisões judiciais; b) inconformismo da parte vencida; e c) falibilidade humana.

Como bem adverte *Wagner D. Giglio*[7], "o juiz, como todo ser humano, está sujeito a falhas: pode errar, enganar-se, julgar mal. E de fato erra, por vezes. A sociedade não o ignora, e por isso ninguém se satisfaz, psicologicamente, com um único julgamento, preferindo acreditar num erro judiciário, em vez de admitir que não tinha razão, para preservar o próprio amor".

Com a possibilidade dos recursos, principalmente os juízes de primeiro grau e os mais novos irão se esmerar e cada vez mais aprimorar suas decisões. Além disso, os recursos serão apreciados por juízes mais experientes e também em composição colegiada.

---

(5) BEZERRA LEITE, Carlos Henrique. *Curso de direito processual do trabalho*. 5. ed. São Paulo: LTr, 2007. p. 628.

(6) TEIXEIRA FILHO, Manoel Antonio. *Sistema dos recursos trabalhistas*. 10. ed. São Paulo: LTr, 2003. p. 84-85.

(7) GIGLIO, Wagner D. *Direito processual do trabalho*. 15. ed. São Paulo: Saraiva, 2005. p. 435.

Por outro lado, nem sempre as decisões de segunda instância têm maior justiça que as decisões de primeiro grau. Para alguns, a justiça de primeiro grau é mais justa, pois o Juiz de primeira instância teve contato com as partes, viveu na pele o problema. O Juiz de segunda instância está mais distante.

O inconformismo, colocado pela doutrina como fundamento dos recursos, talvez seja um dos argumentos mais contundentes para justificar a existência dos recursos, pois dificilmente alguém se conforma com uma decisão desfavorável. É da própria condição humana buscar impor os próprios argumentos e tentar reverter uma decisão desfavorável.

Por derradeiro, acreditamos que o argumento mais forte a justificar a existência dos recursos é a falibilidade humana, pois os juízes, como homens, estão sujeitos a erros, que podem ser corrigidos pelo recurso, principalmente nos grandes centros urbanos, onde a quantidade de serviços muitas vezes impede que o Juiz proceda a uma reflexão mais detalhada sobre o processo.

Não obstante, a possibilidade de falhas também acontece nas instâncias superiores, e muitas vezes estes erros são mais nocivos ao jurisdicionado, pois as chances de correção são reduzidas.

Como bem adverte *Manoel Antonio Teixeira Filho*[8]:

"(...) Recorre-se, porque a lei reconhece à parte esse direito; logo, aquela é o fundamento deste. Já os motivos que aconselharam o legislador instituir leis assecuratórias desse direito compreendem um amalgamado de fatores, cujas raízes remotas, como dissemos, são de ordem política".

Não obstante todas as vicissitudes que enfrenta o sistema recursal brasileiro, inclusive tem sido apontado pelos estudiosos como um dos vilões que emperram a máquina judiciária, pensamos que os recursos são necessários e constituem um instrumento democrático do Estado de Direito e uma forma democrática de se propiciar o acesso real do cidadão à Justiça.

## 1.2. Princípios dos recursos trabalhistas

Os princípios recursais são as diretrizes básicas e os preceitos fundamentais dos recursos trabalhistas. Violar um princípio é mais que violar uma norma, pois viola todo um sistema de normas.

Os recursos trabalhistas seguem basicamente as mesmas diretrizes dos princípios recursais do Código de Processo e também da Constituição Federal.

De outro lado, a CLT e a legislação processual trabalhista extravagante elencam os recursos de forma taxativa no Processo do Trabalho. Portanto, não é possível se aplicar ao Processo do Trabalho um recurso previsto no Código de Processo Civil ao argumento de que a Consolidação é omissa a respeito.

---

(8) TEIXEIRA FILHO, Manoel Antonio. *Sistema de recursos trabalhistas*. 10. ed. São Paulo: LTr, 2003. p. 82.

Sob outro enfoque, como bem adverte *Wagner D. Giglio*[9], a taxatividade se restringe, porém, somente ao arrolamento em si, dos recursos admissíveis, e não a toda a regulamentação da matéria. Assim incidem no Processo Trabalhista as demais normas do Código de Processo Civil referentes a recurso, para suprir omissões da Legislação consolidada (CLT, art. 769).

### 1.2.1. Duplo grau de jurisdição

Como destaca *Nelson Nery Júnior*[10], "o princípio do duplo grau de jurisdição tem íntima relação com a preocupação dos ordenamentos jurídicos em evitar a possibilidade de haver abuso de poder por parte do Juiz, o que poderia, em tese, ocorrer se não estiver a decisão sujeita à revisão por outro órgão do Poder Judiciário".

Como nos relata *Júlio César Bebber*[11], "foi a Revolução Francesa que imortalizou o princípio do duplo grau de jurisdição, com ele pretendendo possibilitar a reforma de sentença de juízes corruptos, que eram a maioria. Este tempo passou e o fundamento perdeu validade. A conduta criminosa pode ser praticada tanto pelos juízes de primeiro quanto de segundo grau. Além disso, a prevaricação e a corrupção em segundo grau são mais eficazes, uma vez que a decisão dete juízo substitui a do primeiro grau (CPC, 512)".

O princípio do duplo grau de jurisdição assenta-se na possibilidade de controle dos atos jurisdicionais dos órgãos inferiores pelos órgãos judiciais superiores e também na possibilidade de o cidadão recorrer contra um provimento jurisdicional que lhe foi desfavorável, aperfeiçoando, com isso, as decisões do Poder Judiciário.

A doutrina ainda aponta o duplo grau de jurisdição com um requisito necessário para a justiça das decisões.

Em sentido contrário, argumenta-se que o duplo grau de jurisdição provoca uma demora desnecessária na tramitação do processo, propiciando, principalmente ao devedor inadimplente, uma desculpa para não cumprir sua obrigação.

Como destacam *Luiz Guilherme Marinoni* e *Sérgio Cruz Arenhart*[12]:

"Nas hipóteses de 'causas de maior simplicidade' não há razão para se insistir em duplo juízo sobre o mérito. Se o duplo grau dilata o prazo para a prestação da tutela jurisdicional, não há dúvida que a falta de racionalidade no uso do duplo grau — ou sua sacralização — retira do Poder Judiciário a oportunidade de responder mais pronta e efetivamente aos reclamos do cidadão. Além disto, em sistema que a sentença apenas excepcionalmente pode ser executada na pendência do recurso interposto para o segundo grau em que todas as causas

---

(9) GIGLIO, Wagner D. *Direito processual do trabalho*. 15. ed. São Paulo: Saraiva, 2005. p. 438.
(10) NERY JÚNIOR, Nelson. *Teoria geral dos recursos*. 6. ed. São Paulo: RT, 2004. p. 37.
(11) *Recursos no Processo do Trabalho*. 3. ed. São Paulo: LTr, 2011. p. 235.
(12) *Processo de conhecimento*. 6. ed. São Paulo: RT, 2007. p. 491.

devem ser submetidas à revisão, a figura do juiz de primeiro grau perde muito em importância. Isso porque se retira da decisão do juiz a qualidade que é inerente à verdadeira e própria decisão, que é aquela de modificar a vida das pessoas, conferindo tutela concreta ao direito do autor. O duplo grau tem nítida relação com a ideia de que o juiz de primeiro grau não merece confiança e, assim, não deve ter poder para decidir sozinho as demandas".

Diz o art. 5º, LV, da CF:

> Aos litigantes, em processo judicial ou administrativo, e aos acusados em geral são assegurados o contraditório e ampla defesa, com os meios e recursos a ela inerentes.

Conforme se denota do referido dispositivo constitucional, estão assegurados como direitos fundamentais o contraditório, ampla defesa, bem como os meios e recursos a ela inerentes. Diante disso, questiona-se: o duplo grau de jurisdição tem assento constitucional?

Alguns autores respondem afirmativamente, pois o art. 5º, LV, da Constituição consagra os recursos inerentes ao contraditório e, desse modo, o princípio do duplo grau de jurisdição tem guarida constitucional.

Também o art. 8º, § 10, do Tratado Interamericano de Direitos Humanos, ratificado pelo Brasil, assegura a toda pessoa "o direito de recorrer da sentença para juiz ou tribunal superior".

Em razão da aplicação do referido dispositivo ao ordenamento jurídico brasileiro, pode ser sustentada a tese no sentido de que o duplo grau de jurisdição é princípio constitucional, já que, segundo a atual jurisprudência do STF, os tratados internacionais sobre direitos humanos, ratificados pelo Brasil antes da EC n. 45/04, adquiriram *status* de suprelegalidade, ou seja, estão acima do próprio texto constitucional brasileiro.

Nesse sentido destacamos a seguinte ementa:

> EXERCÍCIO — DUPLO GRAU DE JURISDIÇÃO — EXERCÍCIO. O acesso à jurisdição é garantia constitucionalmente prevista. O direito à jurisdição é também o direito ao processo, como meio indispensável à realização da Justiça. Não por outro motivo que a Lei Maior veio assegurar a todos o direito ao processo como uma das garantias invioláveis — art. 5º, XXXV. Assim, não é permitido ao Estado declinar perante nenhuma causa (CF, art. 5º, inciso LIV). Assegure-se, por fim, que o inciso LV do mesmo artigo, além de se referir ao Princípio do Contraditório, também se refere ao Princípio do Devido Processo Legal, base sobre a qual os demais princípios se sustentam. Em conformidade com esta garantia, todas as causas devem ser submetidas a sobrejuízes, como meio de se evitar falhas ou com o fim de emendar possíveis erros, inerentes aos julgamentos humanos. O art. 5º, inciso LV, ao assegurar a todos os litigantes em processo judicial ou administrativo ampla defesa com os meios e recursos a ela inerentes, não exclui ao Estado, enquanto parte no processo, o exercício do duplo grau de jurisdição, caminho que se encontra inteiramente aberto ao Município reclamado, que dele se poderá valer, quando entender necessário. (TRT 3ª R. – 4ª T. 01122-2009-142-03-00-3 RO Recurso Ordinário – Rel. Des. Júlio Bernardo do Carmo DEJT 1º.2.2010 – p. 151)

Para outros doutrinadores, o duplo grau de jurisdição estaria implícito na Constituição Federal, não em razão do art. 5º, LV, mas decorre dos arts. 102 e 105, que regulamentam os recursos extraordinário e especial.

Tem prevalecido o entendimento, no nosso sentir, correto, de que o duplo grau de jurisdição não é um princípio constitucional, pois a Constituição não o prevê expressamente, tampouco decorre do devido processo legal, do contraditório ou da inafastabilidade da jurisdição. O acesso à Justiça e o contraditório são princípios constitucionalmente consagrados, mas não o duplo grau de jurisdição, pois o art. 5º, LV, da CF alude aos meios e recursos inerentes ao contraditório e ampla defesa. O termo recurso não está sendo empregado no sentido de ser possível recorrer de uma decisão favorável, mas dos recursos previstos em lei para o exercício do contraditório e ampla defesa[13]. Portanto, o direito de recorrer somente pode ser exercido quando a Lei o disciplinar e forem observados os pressupostos.

Nesse sentido, destacamos a visão de *Luiz Guilherme Marinoni* e *Sérgio Cruz Arenhart*[14]:

"Quando a Constituição Federal afirma que estão assegurados o contraditório e a ampla defesa, com os recursos a ela inerentes, ela não está dizendo que toda e qualquer demanda em que é assegurada a ampla defesa deva sujeitar-se a uma revisão ou a um duplo juízo. Os recursos nem sempre são inerentes à ampla defesa. Nos casos em que não é razoável a previsão de um duplo juízo sobre o mérito, como nas hipóteses das causas denominadas de 'menor complexidade' — que sofrem os efeitos benéficos da oralidade —, ou em outras, assim não definidas, mas que também possam justificar, racionalmente, uma única decisão, não há inconstitucionalidade na dispensa do duplo juízo".

De outro lado, a interpretação da Lei processual não pode estar divorciada do texto constitucional, pois atualmente já se reconhece na doutrina um chamado "direito processual constitucional"[15] que irradia seus princípios para todos os ramos da ciência processual e, portanto, ao interpretar o Direito Processual, deve o intérprete realizar a chamada interpretação em conformidade com a Constituição Federal, o que significa ler o texto constitucional ou infraconstitucional com os olhos da Constituição e principalmente seus princípios fundamentais.

Nesse sentido, ensina *J. J. Gomes Canotilho*: "O princípio da interpretação das leis em conformidade com a Constituição é fundamentalmente um princípio de controlo (tem como função assegurar a constitucionalidade da interpretação) e ganha

---

(13) Como bem destaca Wagner D. Giglio: "O legislador ordinário não tem a obrigação imposta pela regra constitucional em debate de estipular recursos para todos os processos; havendo recurso previsto em lei, sua utilização é garantida pela regra constitucional" (*Direito processual do trabalho*. 15. ed. São Paulo: Saraiva, 2005. p. 442).

(14) *Op. cit.*, p. 494.

(15) Alguns autores preferem a expressão CONSTITUCIONALIZAÇÃO DO PROCESSO.

relevância autónoma quando a utilização dos vários elementos interpretativos não permite a obtenção de um sentido inequívoco dentre os vários significados da norma. Daí a sua formulação básica: no caso de normas polissêmicas ou plurissignificativas deve dar-se preferência à interpretação que lhe dê um sentido em conformidade com a Constituição. Esta formulação comporta várias dimensões: 1) o princípio da prevalência da Constituição impõe que, dentre as várias possibilidades de interpretação, só deve escolher-se uma interpretação não contrária ao texto e programa da norma ou normas constitucionais; 2) o princípio da conservação de normas afirma que uma norma não deve ser declarada inconstitucional quando, observados os fins da norma, ela pode ser interpretada em conformidade com a constituição; 3) o princípio da exclusão da interpretação conforme a Constituição, mas *contra legem*, impõe que o aplicador de uma norma não pode contrariar a letra e o sentido dessa norma através de uma interpretação conforme a Constituição, mesmo que através desta interpretação consiga uma concordância entre a norma infraconstitucional e as normas constitucionais. Quando estiverem em causa duas ou mais interpretações — todas em conformidade com a Constituição —, deverá procurar-se a interpretação considerada como a melhor orientada para a Constituição".

Desse modo, realizando-se a interpretação do texto constitucional em conformidade com a Constituição, constata-se que não foi assegurado o princípio do Duplo Grau de Jurisdição, pois o legislador constituinte pretendeu, com isso, deixar a cargo da Lei a criação e regramento dos recursos, como medidas de efetividade e celeridade do processo.

No entanto, mesmo os que entendem que o duplo grau de jurisdição é albergado pela Constituição Federal como princípio, argumentam que ele não é absoluto, podendo a lei federal estabelecer pressupostos para a admissibilidade dos recursos.

O Tribunal Superior do Trabalho tem súmulas que, nitidamente, restringem o duplo grau de jurisdição. Exemplificativamente, destacamos as Súmulas ns. 303 e 356, *in verbis*:

> Súmula n. 303: "Fazenda Pública. Duplo grau de jurisdição (incorporadas as OJs ns. 9, 71, 72 e 73 da SBDI-1), Res. n. 129/2005, DJ 20, 22 e 25.4.2005. I – Em dissídio individual, está sujeita ao duplo grau de jurisdição, mesmo na vigência da Constituição Federal de 1988, decisão contrária à Fazenda Pública, salvo: (a) quando a condenação não ultrapassar o valor correspondente a 60 (sessenta) salários mínimos; (b) quando a decisão estiver em consonância com decisão plenária do Supremo Tribunal Federal ou com súmula ou orientação jurisprudencial do Tribunal Superior do Trabalho (ex-Súmula n. 303, alterada pela Res. n. 121/2003, DJ 21.11.2003). II – Em ação rescisória, a decisão proferida pelo juízo de primeiro grau está sujeita ao duplo grau de jurisdição obrigatório quando desfavorável ao ente público, exceto nas hipóteses das alíneas *"a"* e *"b"* do inciso anterior (ex-OJ n. 71 da SBDI-1, inserida em 3.6.1996). III – Em mandado de segurança, somente cabe remessa *ex officio* se, na relação processual, figurar pessoa jurídica de direito público como parte prejudicada pela concessão da ordem. Tal situação não ocorre na hipótese de figurar no feito como impetrante e terceiro interessado pessoa de

direito privado, ressalvada a hipótese de matéria administrativa (ex-OJs ns. 72 e 73 da SBDI-1, inseridas, respectivamente, em 25.11.1996 e 3.6.1996)."

Súmula n. 356: "Alçada recursal. Vinculação ao salário mínimo (mantida), Res. n. 121/2003, DJ 19, 20 e 21.11.2003. O art. 2º, § 4º, da Lei n. 5.584, de 26.6.1970, foi recepcionado pela Constituição Federal de 1988, sendo lícita a fixação do valor da alçada com base no salário mínimo."

### 1.2.2. Taxatividade

Pelo princípio da taxatividade, somente são cabíveis os recursos previstos na Lei Processual Trabalhista, tanto na CLT como na legislação extravagante.

Por ser o rol dos recursos trabalhistas taxativo, ou seja, *numerus clausus*, não há possibilidade de interpretação extensiva ou analógica, para se admitirem outros recursos que não têm previsão na Lei processual trabalhista, tampouco há a possibilidade de se admitir recurso previsto no Código de Processo Civil que não tem previsão na Consolidação das Leis do Trabalho.

Como bem destaca *Júlio César Bebber*[16]:

"Só à lei federal cabe estabelecer quais os recursos cabíveis das decisões judiciais, uma vez que é da União a competência privativa para legislar sobre processo (CF, art. 22, I). A Consolidação das Leis do Trabalho, no art. 893, relaciona em *numerus clausus* os recursos por ela sistematizados, o mesmo fazendo o Código de Processo Civil no art. 496 (...). Os arts. 893 da CLT e 496 do CPC fazem uso da expressão 'seguintes recursos'. Tal expressão, como se viu, torna evidente a taxatividade da enumeração, impondo, pois, uma interpretação restritiva dos preceitos legais. Dessa forma, somente os meios de impugnação enumerados pelos arts. 893 da CLT e 496 do CPC, bem como os demais previstos no próprio sistema da CLT, do CPC e de leis extravagantes, é que são legalmente considerados como recursos".

No Processo do Trabalho, são cabíveis, os seguintes recursos, segundo a sistemática da CLT:

a) Recurso ordinário (art. 895 da CLT);

b) Recurso de revista (art. 896 da CLT);

c) Embargos para o TST (art. 894 da CLT);

d) Agravo de instrumento (art. 897 da CLT);

e) Agravo de petição (art. 897 da CLT);

f) Embargos de declaração (art. 897-A da CLT);

g) Agravo regimental (art. 709, § 1º, da CLT);

h) Pedido de revisão ao valor atribuído à causa (art. 2º, § 1º, da Lei n. 5.584/70).

---

(16) BEBBER, Júlio César. *Recursos no processo do trabalho:* teoria geral dos recursos. São Paulo: LTr, 2000. p. 239-240.

Há, ainda, no Processo do Trabalho, a possibilidade de interposição do Recurso Extraordinário, que não é um recurso trabalhista *stricto sensu*, mas, por ser um recurso constitucional, é aplicável ao Processo do Trabalho (art. 102 da CF).

A remessa *ex officio*, também chamada de recurso de ofício, prevista no art. 475 do CPC e Decreto-lei n. 779/69, embora não tenha a mesma natureza jurídica dos recursos, é aplicável ao Processo do Trabalho.

### 1.2.3. Singularidade ou unirrecorribilidade

O princípio da singularidade ou unirrecorribilidade consiste em ser cabível somente um recurso para cada decisão.

Desse modo, cada decisão comporta apenas um recurso específico.

Nesse sentido é a visão de *Campos Batalha*[17]: "No Direito Processual do Trabalho não se admite duplicidade de recursos ao mesmo tempo. Os recursos devem ser interpostos sucessiva e não simultaneamente".

Como bem adverte *Nelson Nery Júnior*[18], "o dogma da singularidade não impede que sejam interpostos mais de um recurso da mesma espécie contra a mesma decisão judicial. Assim, vencidos recíproca e parcialmente autor e réu, cada qual poderá interpor recurso de apelação contra a sentença, sem que isto constitua ofensa ao princípio da singularidade. Quando o acórdão contiver parte unânime e parte não unânime, esta última poderá ensejar a interposição de embargos infringentes, enquanto que a parte unânime pode desafiar, em tese, recurso especial e/ou extraordinário, todos os três interponíveis simultaneamente. Esta situação constitui exceção do princípio da singularidade".

Alguns autores sustentam que, no Processo do Trabalho, há decisões que podem ensejar mais de um recurso. Nesse sentido, a opinião de *Wagner D. Giglio*[19]: "Existe, contudo, a possibilidade de uma mesma decisão ensejar embargos declaratórios e recurso, seja este ordinário, de revista, embargos de divergência ou extraordinário. Neste caso, aguarda-se a solução dos embargos de declaração para, em seguida, processar o outro recurso, se porventura ou inadvertência a parte apresentá-lo concomitantemente".

No nosso sentir, no Processo do Trabalho, se a parte opuser embargos de declaração, deverá aguardar a decisão destes e após interpor o recurso ordinário. Ao contrário do que pensam alguns doutrinadores, não poderá a parte interpor, simultaneamente, embargos de declaração e o recurso ordinário e, após o julgamento dos embargos, ser facultada a complementação do recurso ordinário.

---

(17) CAMPOS BATALHA, Wilson de Souza. *Tratado de direito judiciário do trabalho*. 2. ed. São Paulo: LTr, 1985. p. 775.

(18) NERY JÚNIOR, Nelson. *Comentários ao Código de Processo Civil*. 7. ed. São Paulo: RT, 2003. p. 847.

(19) *Op. cit.*, p. 443.

Nesse sentido, vale destacar a seguinte ementa:

> Recurso — Aditamento — Possibilidade. Após recorrer, sobrevindo modificação da sentença por força do acolhimento dos embargos de declaração, a parte sucumbente tem o direito de aditar o seu recurso, no limite daquele acréscimo, e o Tribunal o dever de examiná-lo por inteiro; isto é, considerando as primeiras razões e as complementares (se regularmente apresentadas), como se se tratasse de peça única, sob pena de impor ao seu julgado a mancha de negativa da tutela jurisdicional. Recurso de embargos provido. (TST – SBDI1 – E-RR n. 232557/95-5 – Rel. João Batista B. Pereira – DJ 29.6.2001 – p. 614) (RDT 07/2001, p. 61)

## 1.2.4. Fungibilidade

O princípio da fungibilidade consiste no fato de o recorrente poder interpor um recurso ao invés de outro quando presentes alguns requisitos.

Tal princípio decorre do caráter instrumental do processo e do princípio do aproveitamento dos atos processuais já praticados.

Omissa a CLT, o princípio em questão se alinha com as diretrizes básicas do Processo do Trabalho (art. 769 da CLT), máxime os princípios da informalidade, simplicidade e efetividade deste ramo especializado da ciência processual.

Neste sentido, destacamos a seguinte ementa:

> Princípio da fungibilidade. Art. 250 do CPC. 1. A aplicação do princípio da fungibilidade dos recursos está, atualmente, autorizada pelo art. 250 do CPC, sendo certo que, ao utilizá-lo, o julgador deverá estar atento à ocorrência do pressuposto objetivo da adequação, pois, em qualquer hipótese, o instituto só pode ser invocado se houver simples erro de nomenclatura cometido pela parte, ou seja, permite-se nominação de forma equivocada, mas exige-se que o arrazoado recursal seja aviado de forma a atender os pressupostos específicos do recurso adequado. 2. Agravo regimental desprovido. (TST SBDI1 – Ac. n. 264/96 – Rel. Min. Francisco Fausto – DJ 25.4.97 – p. 15.513)

Como destaca *Wilson de Souza Campos Batalha*[20]:

"O CPC/39, art. 810, dispunha que, salvo a hipótese de má-fé ou erro grosseiro, a parte não seria prejudicada pela interposição de um recurso por outro. Era o princípio da fungibilidade dos recursos. A jurisprudência admitia a inexistência de má-fé quando o recurso equivocado fora interposto no prazo do recurso certo (...). Hoje, prevalece o princípio da fungibilidade dos recursos, sobretudo porque uniformizados os prazos de todos eles."

Pressupostos:

a) Dúvida objetiva sobre o recurso cabível: Por esta característica, a dúvida dever ser de ordem objetiva, não bastando a dúvida subjetiva do advogado sobre qual o recurso cabível. Há a dúvida objetiva quando há fundada discussão tanto na doutrina como na jurisprudência sobre qual o recurso cabível para a decisão.

---

(20) CAMPOS BATALHA, Wilson de Souza. *Tratado de direito judiciário*. 2. ed. São Paulo: LTr, 1985. p. 775.

Nesse sentido, a seguinte ementa:

> Agravo de instrumento — Interposição contra acórdão proferido em agravo de instrumento — Princípio da fungibilidade — Recurso inadequado. A medida cabível contra decisão da Turma em agravo de instrumento que eventualmente apresente contradição, omissão ou obscuridade são os embargos de declaração. Não é possível a aplicação do princípio da fungibilidade quando ausentes seus requisitos e grosseiro for o erro. Agravo regimental não conhecido, por incabível na espécie. (TST – 2ª T. – AG – AIRR n. 35500/2002.900.10.00-1 – Rel. Décio S. Daidone – DJ 12.12.03 – p. 820).

b) **Inexistência de erro grosseiro ou má-fé**: Há erro grosseiro quando a lei expressamente disciplina o recurso e a parte interpõe outro recurso.

Nesse sentido, as seguintes ementas:

> Agravo regimental — Inviabilidade da aplicação do princípio da fungibilidade recursal. Não se aplica o princípio da fungibilidade recursal para receber o agravo regimental como embargos declaratórios diante da natureza diversa destes, sobretudo porque os embargos de declaração são cabíveis contra sentença ou acórdão e o agravo regimental contra despachos exarados em processos de sua competência, nos termos do art. 72, II, b, do Regimento Interno do Tribunal Superior do Trabalho. Agravo regimental não conhecido. (TST – 2ª T. – AG-AIRR n. 2012/1997.043.15.00-7 – Rel. Décio Sebastião Daidone – DJ 17.10.03 – p. 572) (RDT n. 1 – Novembro de 2003)

> Princípio da fungibilidade — Impossibilidade de aplicação ante a existência de erro grosseiro na interposição do recurso. É forçoso não confinar o exame do erro grosseiro ao campo escorregadio da subjetividade, sendo necessário reportar-se a elemento objetivo a fim de bem o conceituar. Para tanto, pode-se optar pelo critério da clareza e precisão do sistema recursal contemplado na legislação processual comum e trabalhista, tanto quanto daquele que o tenha sido no Regimento Interno dos Tribunais, de modo que não haja dúvidas ou divergências quanto à propriedade e adequação de cada recurso. Compulsando-se o art. 338, do RITST, percebe-se que o Agravo Regimental ali consagrado não é apropriado para impugnar acórdão proferido pelo Colegiado. É que as hipóteses previstas nas alíneas do art. 338 referem-se invariavelmente a despacho prolatado monocraticamente pelas autoridades ali enumeradas, ao passo que a decisão agravada regimentalmente acha-se consubstanciada em acórdão da lavra da 4ª Turma. Ela, por sua vez, remete à causa decidida em última instância por esta Corte, a indicar o flagrante descabimento do agravo regimental, pois o seria o recurso de Embargos à SDI-1. Desse modo, olvidando deliberadamente o exame do esgotamento do prazo recursal, é imperioso dele não conhecer nem o receber como Recurso de embargos em razão do erro grosseiro do agravante. Agravo do qual não se conhece. (TST – 4ª T. – Ag. AIRR n. 686.187/2000-9 – Rel. Min. Antônio José de B. Levenhagen – DJ 1º.3.2002 – p. 936) (RDT n. 04 – abril de 2002).

> Fungibilidade recursal — Inaplicabilidade — Erro grosseiro inescusável. Verificando-se que a parte interpõe recurso manifestamente inadmissível em face da decisão que deseja combater, não há possibilidade de se conhecer do apelo. (TRT – 14ª R. – 2ª T. – Relª. Juíza Arlene Regina do Couto Ramos (convocada) – DJe n. 117 – 29.6.09 – p. 23 – Processo n. 791/2008.004.14.00-2) (RDT n. 7 – julho de 2009)

Há má-fé quando a parte ingressa com um recurso incabível para a decisão a fim de procrastinar o feito, ou atentar contra a boa ordem processual.

c) Interposição no prazo do recurso correto: Havendo dúvida sobre qual o recurso correto, deve a parte interpor o recurso no prazo do recurso correto. Desse modo, se há dois prazos distintos para cada recurso, deve a parte interpor o recurso no prazo menor dentre os dois prazos possíveis.

A jurisprudência do C. TST tem acolhido o princípio da fungibilidade, conforme a Súmula n. 421, *in verbis*:

> EMBARGOS DECLARATÓRIOS CONTRA DECISÃO MONOCRÁTICA DO RELATOR CALCADA NO ART. 557 DO CPC. CABIMENTO. (conversão da Orientação Jurisprudencial n. 74 da SDI-2). I – Tendo a decisão monocrática de provimento ou denegação de recurso, prevista no art. 557 do CPC, conteúdo decisório definitivo e conclusivo da lide, comporta ser esclarecida pela via dos embargos de declaração, em decisão aclaratória, também monocrática, quando se pretende tão somente suprir omissão e não, modificação do julgado; II – Postulando o embargante efeito modificativo, os embargos declaratórios deverão ser submetidos ao pronunciamento do Colegiado, convertidos em agravo, em face dos princípios da fungibilidade e celeridade processual (ex-OJ n. 74 – inserida em 8.11.00). (Res. 137/2005 – DJ 22.8.2005).

No mesmo sentido é a OJ n. 69, da SDI-II, do TST, *in verbis*:

> FUNGIBILIDADE RECURSAL — INDEFERIMENTO LIMINAR DE AÇÃO RESCISÓRIA OU MANDADO DE SEGURANÇA — RECURSO PARA O TST — RECEBIMENTO COMO AGRAVO REGIMENTAL E DEVOLUÇÃO DOS AUTOS AO TRT. Recurso Ordinário interposto contra despacho monocrático indeferitório da petição inicial de ação rescisória ou de mandado de segurança pode, pelo princípio de fungibilidade recursal, ser recebido como agravo regimental. Hipótese de não conhecimento do recurso pelo TST e devolução dos autos ao TRT, para que aprecie o apelo como agravo regimental.

### 1.2.5. Proibição da reformatio in pejus

O princípio da proibição da *reformatio in pejus* decorre do princípio do dispositivo e também do *tantum devolutum quantum appellatum*, segundo o qual não se pode agravar a situação do recorrente. Além disso, as matérias que o Tribunal pode apreciar no recurso já foram delimitadas pelo recorrente na peça de recurso.

Pelos mesmos motivos acima declinados, também não é possível a reforma para melhor ou *reformatio in mellius*.

Constituem exceção ao princípio da vedação da *reformatio in pejus*, as matérias que o Tribunal pode conhecer de ofício, como as mencionadas no art. 301 do CPC (matérias de ordem pública).

Desse modo, ainda que não tenha sido ventilada pelo recorrente, o Tribunal pode pronunciar de ofício a ilegitimidade passiva, falta de pressuposto processual, etc.

Para parte da doutrina, a possibilidade de o Tribunal conhecer matérias de ofício constitui o chamado efeito translativo do recurso e para outra parte o efeito devolutivo no aspecto vertical.

Pensamos que nos recursos de natureza extraordinária, como o Recurso Especial, o Extraordinário e o de Revista, não possa o Tribunal conhecer matérias de ofício, uma vez que tais recursos dependem de prequestionamento da matéria, sendo, portanto, recursos de fundamentação vinculada pelo Tribunal.

Além disso, a finalidade dos recursos de natureza extraordinária é a uniformização da interpretação da legislação e guarda das legislações federal e constitucional.

Nesse sentido, destacamos a seguinte ementa:

> Fungibilidade recursal — Indeferimento da inicial de mandado de segurança — Recurso ordinário para o TST — Não conhecimento, recebimento como agravo regimental e devolução dos autos ao TRT. Aplicando-se os termos da Orientação Jurisprudencial n. 69 desta c. SBDI-2 ao caso concreto, tem-se que o recurso ordinário interposto contra despacho monocrático indeferitório da petição inicial do mandado de segurança, pode, pelo princípio de fungibilidade recursal, ser recebido como agravo regimental. Hipótese de não conhecimento do recurso pelo TST e devolução dos autos ao TRT, para que aprecie o apelo como agravo regimental. Recurso ordinário não conhecido. (TST – SBDI-2 – ROMS n. 6.443/2005.000.13.00-6 – Rel. Min. Renato de Lacerda Paiva – DJ 6.10.06 – p. 978) (RDT n. 11 – novembro de 2006)

## 1.2.6. Variabilidade

Alguns autores sustentam a existência do princípio da variabilidade dos recursos. Este princípio consiste na possibilidade de o recorrente, dentro do prazo recursal, variar o recurso interposto, ou seja, alterar a medida recursal já interposta, com a finalidade de interpor o recurso correto para a decisão.

Ensina *José Augusto Rodrigues Pinto*[21]: "A noção da variabilidade se condensa na possibilidade de troca de um recurso interposto por outro diverso e sucessivo, que se deseja, efetivamente, utilizar".

Esse princípio constava do Código de Processo Civil de 1939, no art. 809, primeira parte, em que o litigante poderia variar o recurso dentro do prazo legal.

Autores há que defendem a aplicação do princípio da variabilidade no Processo do Trabalho em razão da simplicidade do procedimento, da possibilidade do *jus postulandi* da parte, da ausência de prejuízo e da instrumentalidade das formas.

Nesse sentido, defende *Manoel Antonio Teixeira Filho*[22]: "Não se pode ignorar que o Processo do Trabalho é informado, dentre outros princípios, pelo da simplicidade (tanto do processo quanto do procedimento); parece-nos, portanto, desrespeitosa desse princípio qualquer vedação à possibilidade de a parte variar de recurso quando ainda não esgotado o prazo para o exercício desta pretensão".

---

(21) RODRIGUES PINTO, José Augusto. *Manual dos recursos nos dissídios do trabalho*. São Paulo: LTr, 2006. p. 50.

(22) TEIXEIRA FILHO, Manoel Antonio. *Sistema dos recursos trabalhistas*. 10. ed. São Paulo: LTr, 2003. p. 136.

No mesmo sentido é a visão de *José Augusto Rodrigues Pinto*[23]:

"Na vigência do CPC/39, tratava-se de regra legal (art. 809), não subscrita pelo atual, possibilitando alimentar-se restrições à sua aceitação. No processo trabalhista, que jamais conteve disposição a respeito, aceitava-se o seu uso, por via supletiva autorizada no art. 769 da CLT. Hoje, mesmo sem esta facilitação, continuamos considerando-a evidentemente compatível com o reconhecimento da capacidade postulatória da parte leiga, conferida pelo art. 791, que deixa extremamente vulnerável ao erro de manipulação das técnicas processuais, das quais o enquadramento do recurso se conta entre as mais delicadas. A aplicação da variabilidade deve condicionar-se, naturalmente, ao exercício dentro do prazo de interposição do recurso que substituir o interposto".

Pensamos que, atualmente, diante da sistemática processual vigente, tanto da CLT, que não contém regra a respeito, como do CPC de 1973, que não repetiu o disposto no art. 809 do CPC de 1939, não existe o princípio da variabilidade no ordenamento processual vigente, tampouco no Processo do Trabalho. Desse modo, uma vez interposto o recurso, o recorrente consuma o ato, não podendo alterar a medida recursal, pois estará configurada a preclusão consumativa, ainda que não escoado o prazo recursal. Pelas mesmas razões, entendemos que, mesmo ainda em curso o prazo recursal, o recorrente não poderá aditar o recurso interposto, tampouco alterar as razões já expostas.

Nesse sentido, defende *Wilson de Souza Campos Batalha*[24]:

"O CPC/39, art. 809, assegurava à parte o direito de variar de recurso dentro do prazo legal. Tal faculdade não mais lhe assiste. Interposto o recurso, mesmo antes do término do prazo, operou-se a preclusão da recorribilidade, sendo impossível alterar ou complementar recurso já interposto. Se o vencido interpõe sucessivamente dois recursos, entende-se que só o primeiro deve prevalecer; o segundo não tem efeito, porque manifestado quando preclusa a fase de recorribilidade".

## 1.3. Da remessa necessária ou recurso de ofício

Quando houver condenação em face da Fazenda Pública, nos termos do Decreto-lei n. 779/69 e art. 475 do CPC, o processo estará sujeito ao duplo grau de jurisdição obrigatório, ou à remessa de ofício também denominada recurso de ofício ou remessa obrigatória.

Como destaca *Wagner D. Giglio*[25], o Decreto-lei n. 779/69 tornou obrigatório o recurso ordinário *ex officio* das decisões que sejam total ou parcialmente contrárias à

---

(23) *Op. cit.*, p. 50-51.
(24) CAMPOS BATALHA, Wilson de Souza. *Tratado de direito judiciário do trabalho*. 2. ed. São Paulo: LTr, 1985. p. 774.
(25) *Op. cit.*, p. 448.

União, aos Estados, ao Distrito Federal, aos Municípios e às autarquias ou fundações de direito público federais, estaduais ou municipais que não explorem atividade econômica (art. 1º, V), conferindo, assim, legitimidade ao Juiz do Trabalho ou de Direito para recorrer, nesses casos.

A remessa necessária, embora seja denominada também pela doutrina de recurso, não tem natureza recursal, uma vez que não se busca aclarar, reformar, ou anular a decisão. Como destaca *Nelson Nery Júnior*[26], trata-se de condição de eficácia da sentença, que, embora existente e válida, somente produzirá efeitos depois de confirmada pelo Tribunal. Não é recurso por lhe faltar: tipicidade, voluntariedade, tempestividade, dialeticidade, legitimidade, interesse em recorrer e preparo, características próprias dos recursos. Enquanto não reexaminada a sentença pelo tribunal, não haverá trânsito em julgado e, consequentemente, será ela ineficaz. A interpretação teleológica que se tem de dar à norma de proteção sob análise, aliada à sua natureza jurídica de condição de eficácia da sentença, indica somente a sentença de mérito como o objeto da referida proteção.

A remessa de ofício é condição de eficácia da decisão. Vale dizer: sem a apreciação do 2º grau de jurisdição, não há o trânsito em julgado da decisão. Como bem destacado por *Nelson Nery*, somente a sentença de mérito em face da Fazenda Pública está sujeita à remessa necessária.

Segundo entendimento fixado da doutrina, aplica-se à remessa oficial o efeito translativo, pois a devolutividade de tal recurso é ampla, ou seja: não se aplica o princípio da vedação da *reformatio in pejus*.

O TST sumulou a questão conforme segue a Súmula n. 303, *in verbis*:

FAZENDA PÚBLICA. DUPLO GRAU DE JURISDIÇÃO.

I – Em dissídio individual, está sujeita ao duplo grau de jurisdição, mesmo na vigência da CF/1988, decisão contrária à Fazenda Pública, salvo: a) quando a condenação não ultrapassar o valor correspondente a 60 (sessenta) salários mínimos; b) quando a decisão estiver em consonância com decisão plenária do Supremo Tribunal Federal ou com súmula ou orientação jurisprudencial do Tribunal Superior do Trabalho;

II – Em ação rescisória, a decisão proferida pelo juízo de primeiro grau está sujeita ao duplo grau de jurisdição obrigatório quando desfavorável ao ente público, exceto nas hipóteses das alíneas *a* e *b* do inciso anterior;

III – Em mandado de segurança, somente cabe remessa *ex officio* se, na relação processual, figurar pessoa jurídica de direito público como parte prejudicada pela concessão da ordem. Tal situação não ocorre na hipótese de figurar no feito como impetrante e terceiro interessado pessoa de direito privado, ressalvada a hipótese de matéria administrativa. (Res. 129/2005 – DJ 22.4.2005)

Hipóteses em que não há necessidade da remessa necessária, no Processo do Trabalho. São elas:

a) quando a condenação não ultrapassar o valor correspondente a 60 (sessenta) salários mínimos (art. 475, § 2º, do CPC);

---

(26) *Op. cit.*, p. 813.

b) quando a decisão estiver em consonância com decisão plenária do Supremo Tribunal Federal ou com Súmula ou Orientação Jurisprudencial do Tribunal Superior do Trabalho (art. 475, § 3º, do CPC).

Nesse sentido, destacamos as seguintes ementas:

> Recurso *ex officio* — Não conhecimento — §§ 2º e 3º do art. 475 do CPC. Não se conhece da remessa oficial relativa à causa cujo valor da condenação ou do direito controvertido não ultrapasse sessenta salários mínimos e, ainda, quando a sentença originária estiver fundamentada em súmula de Tribunal Superior. (TRT 10ª R. – 1ª T. – RO n. 61/2003.006.10.00-1 – Relª Mª Regina G. Dias – DJDF 14.11.03 – p. 6) (RDT n. 1 – Janeiro de 2004)

> Recurso *ex officio* — Não conhecimento — Parágrafos 2º e 3º do art. 475 do CPC — Enunciado n. 303 do colendo TST. Não se conhece da remessa oficial relativa à causa cujo valor da condenação ou do direito controvertido não ultrapasse sessenta salários mínimos e, ainda, quando a sentença originária estiver fundamentada em súmula de tribunal superior. (TRT 10ª R. – 1ª T. – RO n. 409.2003.016.10.00-8 – Relª. Mª. Regina G. Dias – DJDF 16.4.04 – p. 9) ( RDT n. 5 – Maio de 2004)

> Recurso *ex officio* — Condenação abaixo de 60 salários mínimos — Não obrigatoriedade. O Enunciado n. 303, alínea *a*, do colendo TST, recentemente revisto, determina a remessa necessária e obrigatória apenas quando o valor da condenação ultrapassar 60 salários mínimos de referência. Valores inferiores a tal piso geram o não conhecimento do recurso *ex officio*. (TRT 3ª R. – 6ª T. – RO n. 1329.2003.028.03.00-8 – Rel. João B. P. Lara – DJ 16.6.04 – p. 16) (RDT n. 8 – Agosto de 2004)

## 1.4. Recursos e direito intertemporal

Constituem princípios da aplicação da Lei Processual: irretroatividade da lei; vigência imediata da lei ao processo em curso; impossibilidade de renovação das fases processuais já ultrapassadas pela preclusão (também chamada pela doutrina de teoria do isolamento dos atos processuais já praticados).

A Consolidação das Leis do Trabalho disciplina a questão da vigência da Lei nos arts. 912 e 915, *in verbis*:

> Art. 912: Os dispositivos de caráter imperativo terão aplicação imediata às relações iniciadas, mas não consumadas, antes da vigência desta Consolidação.

> Art. 915: Não serão prejudicados os recursos interpostos com apoio em dispositivos alterados ou cujo prazo para interposição esteja em curso à data da vigência desta Consolidação.

No mesmo diapasão é o art. 1.211 do CPC, que assim dispõe: "Este Código regerá o processo civil em todo o território brasileiro. Ao entrar em vigor, suas disposições aplicar-se-ão desde logo aos processos pendentes".

Conforme os princípios da aplicação da Lei, mencionados nos arts. 912, 915 da CLT e 1.211 do CPC, os recursos são regidos pela Lei vigente à época da interposição, em razão do princípio da irretroatividade da Lei. Não obstante, a Lei nova se aplica imediatamente e se o recurso ainda não foi processado, será processado e julgado pela Lei nova. Entretanto, se a parte ao recorrer preencheu todos os pressupostos de admissibilidade do recurso sob a égide da Lei antiga, ainda que a Lei nova estabeleça novos requisitos e pressupostos, eles não se aplicarão ao recurso já interposto, pois tal fase processual já está sepultada pela preclusão consumativa.

A jurisprudência tem admitido a aplicabilidade imediata da Lei se for mais benéfica ao recorrente, como a majoração do prazo recursal.

Como destaca *Wagner D. Giglio*[27], "ensinam os doutos que a lei processual, como todas as leis de direito público, tem aplicação imediata, apanhando os casos em andamento para alterar seu procedimento a partir da sua vigência. Entendemos então, lastreados nesses ensinamentos, que a parte não havia adquirido direito, ao intentar a ação, a um determinado recurso, mas, quando muito, a recorrer, em respeito ao propalado princípio, não infringido pela Lei nova, do duplo grau de jurisdição. Em decorrência, não poderia a parte pretender, com base no Direito anterior, que lhe estava assegurado o recurso ordinário: cabível, portanto, era de embargos, na primeira hipótese formulada (...). Assim sendo, o direito a um recurso específico surge somente com o pronunciamento judicial desfavorável, e é a lei em vigor na data da prolação da decisão que vai determinar qual o recurso cabível".

No mesmo sentido é a posição de *Cléber Lúcio de Almeida*[28] com suporte em *Barbosa Moreira*:

"A nova lei não afeta o direito ao recurso que a lei vigente na data da publicação da decisão colocava à disposição da parte. Mas, 'quanto ao procedimento cabível, inclusive para o julgamento do recurso, não há dúvidas de que se subordina, desde a respectiva entrada em vigor, às prescrições da lei nova. Aqui, o princípio aplicável é, pura e simplesmente, o da imediata incidência".

A questão dos recursos e o direito intertemporal tem sido objeto de discussões após a Emenda Constitucional n. 45/04, pois vieram para a Justiça do Trabalho inúmeros processos referentes a indenizações por doenças e acidentes de trabalho que estavam em curso na Justiça Estadual com o recurso pendente de julgamento e foram encaminhados para a Justiça do Trabalho. Nestes casos, a jurisprudência trabalhista, acertadamente, vem-se posicionando no sentido de processar os recursos tendo à vista os pressupostos e requisitos do Código de Processo Civil, que era a Lei aplicável à época da interposição dos recursos.

Diante do exposto, quanto ao direito intertemporal dos recursos, aplicam-se as seguintes regras:

a) irretroatividade da Lei nova;

b) vigência imediata da Lei nova;

---

(27) *Op. cit.*, p. 441-442.

(28) ALMEIDA, Cléber Lúcio de. *Direito processual do trabalho*. Belo Horizonte: Del Rey, 2006. p. 687.

c) a lei vigente à época da interposição regerá o recurso, bem como os pressupostos objetivos e subjetivos de recorribilidade;

d) o recurso será julgado à luz da Lei vigente à época do julgamento.

## 1.5. Decisões irrecorríveis no Processo do Trabalho

### 1.5.1. Decisão interlocutória

A CLT não define o conceito de decisão interlocutória, desse modo, por força do art. 769 da CLT, aplica-se o conceito disciplinado no Código de Processo Civil.

Diz o art. 162, § 2º do CPC: "Decisão interlocutória é o ato pelo qual o juiz, no curso do processo, resolve questão incidente".

À luz do referido dispositivo legal e da melhor técnica processual, decisão interlocutória é a proferida no curso do processo, que resolve questão incidente, causando gravame a uma ou a ambas as partes, sem pôr fim ao processo. O que diferencia a decisão interlocutória do despacho é a lesividade da decisão que se encontra ausente no despacho.

Como já destacado, as decisões interlocutórias podem ter o conteúdo dos arts. 267 e 269 do CPC, distinguindo-se das sentenças, no aspecto da finalidade do ato. As decisões interlocutórias não encerram o processo ou a fase de conhecimento, já as sentenças têm o condão de encerrar o processo ou a fase de conhecimento.

O princípio da irrecorribilidade das decisões interlocutórias no Processo do Trabalho decorre do princípio da oralidade, a fim de atribuir maior agilidade ao procedimento, bem como propiciar maior celeridade processual.

De outro lado, não é bem verdade que as decisões interlocutórias são irrecorríveis, uma vez que não o são de imediato, mas podem ser questionadas quando do recurso interposto da decisão final.

A jurisprudência do TST tem fixado entendimento de que, se a decisão interlocutória dos Tribunais Regionais do Trabalho contrariarem Súmula ou Orientação Jurisprudencial do TST, ou for terminativa do feito na Justiça do Trabalho ou encaminhar o Processo para Tribunal diverso do que prolatou a decisão em exceção de incompetência em razão do lugar, tal decisão, embora tenha natureza interlocutória, poderá ser recorrível.

Nesse sentido é a Súmula n. 214 do C. TST, *in verbis*:

> DECISÃO INTERLOCUTÓRIA. IRRECORRIBILIDADE — Na Justiça do Trabalho, nos termos do art. 893, § 1º, da CLT, as decisões interlocutórias não ensejam recurso imediato, salvo nas hipóteses de decisão: a) de Tribunal Regional do Trabalho contrária à Súmula ou Orientação Jurisprudencial do Tribunal Superior do Trabalho; b) suscetível de impugnação mediante recurso para o mesmo Tribunal; c) que acolhe exceção de incompetência territorial, com a remessa dos autos para Tribunal Regional distinto daquele a que se vincula o juízo excepcionado, consoante o disposto no art. 799, § 2º, da CLT.

Quanto à alínea *a* do referido verbete sumular, em que pese o respeito que merece a referida Súmula, com ela não concordamos, pois, mesmo quando a decisão do TRT contrarie Súmula do Tribunal Superior do Trabalho, ela não deixa de ser interlocutória. Além disso, desafia Recurso de Revista para o TST, provocando demora demasiada na tramitação do Processo.

Em sentido contrário, argumenta *Carlos Henrique Bezerra Leite*[29]: "Andou bem o TST ao permitir a interposição imediata de recurso de decisões dos TRTs contrárias às Súmulas ou Orientações Jurisprudenciais. Trata-se de homenagem aos princípios da economia e celeridade processuais, pois evita que o processo retorne à Vara do Trabalho quando a decisão atacada (do TRT) esteja em desconformidade com entendimento sumulado, reiterado, iterativo e atual do TST".

Quanto à alínea *b*, da Súmula n. 214, do TST, quando houver possibilidade de interposição de recurso para o mesmo tribunal em Regimentos Internos, a decisão interlocutória será recorrível. É o que acontece com as liminares concedidas ou denegadas por relatores em tutelas de emergência ou em mandados de segurança ou nas hipóteses do art. 557 do CPC. Nessas hipóteses, será cabível o Agravo Regimental.

Nesse sentido, adverte *Luciano Athayde Chaves*[30]:

"Se há possibilidade de, no mesmo órgão colegiado, impugnar-se a decisão interlocutória, melhor para o desenvolvimento do processo que o tema seja logo enfrentado pelo órgão revisor interno, evitando-se, com isso, nova marcha processual na instância *a quo* (ou noutro ramo do Judiciário, em caso de arguição de incompetência), para, muito mais adiante, reverter-se a decisão incidente".

No que tange à alínea *c*, da Súmula n. 214 do C. TST, o fundamento é o art. 799, § 2º, da CLT, que assim dispõe:

Nas causas da jurisdição da Justiça do Trabalho, somente podem ser opostas, com suspensão do feito, as exceções de suspeição ou incompetência. (...) § 2º Das decisões sobre exceções de suspeição e incompetência, salvo, quanto a estas, se terminativas do feito, não caberá recurso, podendo, no entanto, as partes alegá-las novamente no recurso que couber da decisão final.

Em que pese não se amoldar o verbete sumular à hipótese legal, o Tribunal Superior do Trabalho, dando interpretação corretiva ao art. 799, § 2º, da CLT, fixou entendimento no sentido de que, se a decisão proferida na exceção de incompetência em razão do lugar for extintiva do processo no âmbito do Regional que a prolatou, encaminhando o processo para Tribunal diverso, a decisão poderá ser impugnável por meio de recurso ordinário.

Tecnicamente, não concordamos com a alínea *c*, da Súmula n. 214, pois, efetivamente, tal decisão não é extintiva do processo, já que ele continuará em outro

---

(29) BEZERRA LEITE, Carlos Henrique. *Curso de direito processual do trabalho*. 5. ed. São Paulo: LTr, 2007. p. 635.
(30) CHAVES, Luciano Athayde. *Temas de direito processual do trabalho*. São Paulo: LTr, 2009. p. 193.

Tribunal Regional. Entretanto, tal argumento fica vencido pelo entendimento do TST, pois a decisão é potencialmente apta a gerar grandes prejuízos ao trabalhador que poderá ter de se deslocar para outro Estado, podendo inviabilizar, muitas vezes, seu acesso à justiça.

Como bem adverte *Luciano Athayde Chaves*[31]: "(...) a experiência demonstrou que, ainda que não terminativa na Justiça do Trabalho, a decisão declinatória de foro para juízo trabalhista vinculado à jurisdição de outro TRT resulta em transtornos ao princípio constitucional do amplo acesso à justiça, porquanto exige que a parte lá passe a acompanhar o desenrolar do feito para, somente em sede de recurso ordinário, impugnar a interlocutória, com manifesto prejuízos econômicos e jurídicos (dificuldade de deslocamento e de produção de sua prova, além dos óbices presumidos para exercer seus atos processuais)."

Nesse sentido, a seguinte ementa:

> Decisão interlocutória — Irrecorribilidade. As decisões interlocutórias, na Justiça do Trabalho, só são recorríveis de imediato quando terminativas do feito, podendo ser impugnadas na oportunidade da interposição de recurso contra decisão definitiva, salvo quando proferidas em acórdão sujeito a recurso para o mesmo Tribunal (TST, Súmula, Enunciado n. 214). (TRT – 12ª R. – 2ª T. – Ac. n. 9.926/2002 – Rel. Moreira Cacciari – DJSC 9.9.2002 – p. 186) (RDT n. 10 – outubro de 2002)

Grande parte da doutrina, e também parte significativa da jurisprudência, tem exigido que a parte tenha feito lançar os protestos no processo ou na ata de audiência, a fim de demonstrar sua irresignação quanto à decisão interlocutória para que possa questionar o merecimento da decisão quando do recurso em face da decisão definitiva.

Nesse sentido, destaca-se a seguinte ementa:

> 1. Nulidade — Protesto — Inexistência. Se as partes não tinham outras provas, tanto que sob tal calor a instrução foi encerrada, sem protestos, a nulidade em nada aproveitaria a reclamada, posto que nenhuma das partes tem mais provas a produzir. Tenho sempre dito que na Justiça do Trabalho o respectivo processo também se subsume aos princípios de sua utilidade e finalidade, por isso que não se pronuncia nulidade senão havendo prejuízo e mediante provocação das partes na primeira oportunidade (CLT, arts. 794 e 795). Encerrada a instrução processual sem qualquer reserva da reclamada consignada na audiência, não há nulidade a ser declarada. Por outro lado, tampouco se repete o ato se se pode supri-lo (CLT, art. 796). 2. Testemunha – Demanda com o mesmo objeto – Quando não há suspeição. Emprestando melhor temperamento ao Enunciado n. 357/TST, precedentes há segundo os quais "As testemunhas arroladas pelos autores que demandam contra o réu, considerado o objeto do processo, têm interesse no desfecho desta última devendo serem tidas como suspeitas." (STF, RE n. 220.329-1 MT, Min. Marco Aurélio, DJU 20.4.2001); "O mundo do Direito não pode dissociar-se do que realmente ocorre na vida prática. Se a testemunha do reclamante move ação contra a empresa, é evidente que tem *Animus* contendor." (TST, RR-145.392/94, Min. Rider Nogueira de Brito, DJU

---

(31) *Op. cit.*, p. 194.

27.9.96). Tudo, não obstante, julgado o processo em que a testemunha era parte, e transitada em julgado a sentença, antes mesmo da data em que o testemunho foi prestado, desapareceu qualquer interesse pessoal que pudesse ter a testemunha no desate desta causa. (TRT 10ª R. – 3ª T. – RO n. 723.2003.007.10.00-0 – Rel. Bertholdo Satyro – DJDF 19.3.04 – p. 35) (RDT n. 4 – Abril de 2004)

O protesto, na verdade, não existe nem na Legislação Processual Trabalhista, tampouco na Processual Civil, entretanto, a praxe e a jurisprudência o admitem por força de interpretação sistemática dos arts. 794 e 795 da CLT, a fim de evitar eventual preclusão em face das nulidades, pois exige o art. 795 consolidado que as nulidades sejam invocadas no primeiro momento em que a parte tiver de falar nos autos.

Não obstante, pensamos que, diante da clareza do art. 893, § 1º, da CLT, não há necessidade de a parte fazer lançar os protestos na ata de audiência ou em qualquer outra peça processual para poder questionar o merecimento da decisão interlocutória no recurso em face da decisão principal, uma vez que a própria lei determina que o merecimento das decisões interlocutórias será apreciado quando do julgamento do recurso da decisão definitiva. Portanto, o momento de se impugnarem as decisões interlocutórias é no recurso cabível em face da decisão definitiva, independentemente de manifestação de qualquer irresignação anterior.

Nesse sentido, concordamos com a posição de *Cléber Lúcio de Almeida*, quando assevera[32]:

> "Proferida decisão interlocutória, a parte está dispensada de registrar protesto para evitar a preclusão da oportunidade de atacar o seu mérito. A preclusão pressupõe falta de manifestação no momento oportuno e o momento oportuno para impugnar a decisão interlocutória coincide com aquele que é próprio para a impugnação da decisão definitiva".

Diante da inexistência de remédio específico, no Processo do Trabalho, para se impugnar as decisões interlocutórias, de imediato, a jurisprudência do TST tem admitido o manejo do mandado de segurança para tal finalidade, quando houver na decisão ilegalidade ou abuso de poder.

### 1.5.2. Dissídios de alçada (irrecorribilidade)

O chamado dissídio de alçada ou rito sumário está previsto na Lei n. 5.584/70, art. 2º, § 3º[33], aplicável para as causas cujo valor não exceda dois salários mínimos.

Diz o art. 2º, § 4º, da Lei n. 5.584/70:

> Salvo se versarem sobre matéria constitucional, nenhum recurso caberá das sentenças proferidas nos dissídios de alçada a que se refere o parágrafo anterior, considerado, para esse fim, o valor do salário mínimo à data do ajuizamento da ação.

---

(32) ALMEIDA, Cléber Lúcio de. *Direito processual do trabalho*. Belo Horizonte: Del Rey, 2006. p. 679.

(33) Diz o art. 2º, § 3º, da Lei n. 5.584/70: "Quando o valor fixado para a causa, na forma deste artigo, não exceder de 2 (duas) vezes o salário mínimo vigente na sede do juízo, será dispensável o resumo dos depoimentos, devendo constar da Ata a conclusão da Junta quanto à matéria de fato".

Pode-se questionar a constitucionalidade do referido dispositivo legal em razão da disposição do art. 7º, IV, da CF[34], que veda a vinculação do salário mínimo para qualquer fim.

Nesse sentido, destaca-se a seguinte ementa:

> Alçada. Art. 7º, IV, da Constituição da República. A partir da promulgação da atual Carta Magna admite-se recurso ordinário contra decisões em que o valor da causa não excede a duas vezes o salário mínimo vigente. (TST, 4ª T. – RR n. 97.273/93.5 – Rel. Min. Almir Pazzianotto – DJU 17.2.95 – p. 3.007)

O entendimento que prevaleceu na jurisprudência, a nosso ver, acertadamente, foi pela constitucionalidade do referido dispositivo legal. Primeiro, porque o duplo grau de jurisdição não tem assento constitucional, segundo, porque, para fins processuais, é possível fixar o salário mínimo como padrão de referência, pois a vedação de utilização do salário mínimo prevista no art. 7º, IV, da CF objetivou a não vinculação como padrão de correção monetária.

Como bem destaca *Aguimar Martins Peixoto*[35], o § 4º do art. 2º, da Lei n. 5.584/70, foi recepcionado pelo art. 7º, IV, da CF, pois o legislador constituinte, ao editar essa norma, teve em mente, apenas, o propósito de obter a descaracterização do salário mínimo como fator de correção monetária, coibindo, assim, as repercussões inflacionárias que soem acontecer toda vez que há majoração deste.

Nesse sentido, as seguintes ementas:

> Alçada. A Carta Magna de 1988, no art. 7º, item IV, vedou a vinculação do salário mínimo apenas para fins que impliquem seja afetada a política econômica adotada pelo Brasil no que tange, especialmente, ao combate à inflação. Relativamente ao princípio do "devido processo legal", não se pode ter por contrariado pelo estabelecimento de "alçada recursal", instituto muito conhecido e adotado em vários países e que, como sabido, não impede o direito de defesa (processo de conhecimento), mas apenas, o de revisão da decisão de primeiro grau. Recurso de revista desprovido. (TST – RR 111.885/94.9 – Ac. 3.571/95 – 28.6.95 – Rel. Min. Manoel Mendes Freitas[36]).

> Recurso de revista — Conhecimento — Alçada — Vinculação ao salário mínimo. Subsiste o processo de alçada sob a égide da Constituição Federal de 1988, cujos arts. 5º, incisos LV, e 7º, IV, não revogaram o art. 2º, § 4º, da Lei n. 5.584/70. Decisão recorrida em consonância com a iterativa, atual e notória jurisprudência da SDI, do TST. Recurso de revista não conhecido. (TST – 1ª T. – Ac. n. 13005/97 – Rel. Min. João Oreste Dalazen – DJ 6.3.98 – p. 270)

> Recurso de revista — Alçada — Vínculo empregatício — Irredutibilidade salarial — Direito adquirido — Matérias constitucionais (arguição da violação do art. 7º, IV, da Constituição Federal e 9º, 442, 443 e 468 da Consolidação das Leis do Trabalho). "Diz-se prequestionada a matéria quando na decisão impugnada haja sido adotada,

---

(34) Art. 7º, IV, da CF: "Salário mínimo, fixado em lei, nacionalmente unificado, capaz de atender a suas necessidades vitais (...)".

(35) PEIXOTO, Aguimar Martins. Dissídios de alçada. In: *Suplemento LTr* n. 114/96. São Paulo: LTr, 1996. p. 654.

(36) In: *Revista LTr* n. 59-10/1421.

explicitamente, tese a respeito ..." (Enunciado/TST n. 297). Por outro lado, não vislumbro afronta à literalidade do art. 2º, §§ 3º e 4º, da Lei n. 5.584/70, como exige a alínea c, do art. 896 da Consolidação das Leis do Trabalho, com a nova redação dada pela Lei n. 9.756/98. É que o Tribunal Regional, ao verificar que o valor da causa não correspondia ao dobro do salário mínimo vigente à época, bem como que a discussão proposta pelas partes "não versam, nesta fase processual, sobre matéria de cunho constitucional", deu a exata subsunção da descrição dos fatos ao conceito contido no dispositivo legal supracitado. Por fim, não prospera a alegação de divergência jurisprudencial, na medida em que o entendimento pacificado por esta Corte, por intermédio do Enunciado n. 356, é o de que "O art. 2º, § 4º da Lei n. 5.584/70 foi recepcionado pela Constituição da República de 1988, sendo lícita a fixação do valor da alçada com base no salário mínimo." Recurso de revista não conhecido. (TST – 2ª T. – RR n. 643.220.2000-3 – Rel. Renato de L. Paiva – DJ 30.4.04 – p. 900) ( RDT n. 5 – Maio de 2004)

O valor da alçada é aferido quando da data da propositura da reclamação e também não se confunde com o valor da condenação. Nesse sentido, bem adverte Tostes Malta[37]: "O valor que se considera para efeito do cabimento de recurso é o da data do ajuizamento da reclamação, segundo as Súmulas n. 50 do STF e n. 71 do TST. Para caber recurso é preciso que a demanda, na data do seu ajuizamento, corresponda a mais do que o dobro do salário mínimo em vigor nesse dia".

O recurso cabível em face da decisão proferida nos dissídios de alçada é o recurso extraordinário, nos termos do art. 102, III, a, da CF, pois se trata de dissídio de instância única. Desse modo, caso a decisão de primeiro grau viole a Constituição Federal, caberá diretamente o recurso extraordinário para o Supremo Tribunal Federal, tanto por parte do reclamante como por parte do reclamado.

Caso a decisão proferida nos dissídios de alçada, embora não seja recorrível, contenha omissões, obscuridades ou contradições, será possível a interposição dos embargos de declaração. Embora os embargos de declaração, por previsão legal, tenham natureza jurídica de recurso, eles objetivam complementar a prestação jurisdicional, saneando eventuais omissões, contradições ou obscuridades da decisão. Em razão disso, não se admitir os embargos de declaração configura denegação de justiça.

### 1.5.3. Despachos

Nos termos do art. 504 do CPC, *dos despachos não cabe recurso.*

A CLT não traça o conceito de despacho. Entretanto, o Legislador Processual Civil, por meio de interpretação autêntica, aduz o conceito, no art. 162.

Segundo o art. 162, § 3º do CPC: " São despachos todos os demais atos do juiz praticados no processo, de ofício ou a requerimento da parte, a cujo respeito a lei não estabelece outra forma".

---

(37) TOSTES MALTA, Christovão Piragibe. *Prática do processo trabalhista.* 34. ed. São Paulo: LTr, 2007. p. 425.

Assevera o § 4º do art. 162 do CPC:

> Os atos meramente ordinatórios, como a juntada e a vista obrigatória, independem de despacho, devendo ser praticados de ofício pelo servidor e revistos pelo juiz quando necessários. (Incluído pela Lei n. 8.952, de 1994)

Os despachos de mero expediente não têm conteúdo decisório e, por isso, não são recorríveis. Têm por objeto apenas impulsionar o procedimento.

Embora seja irrecorrível, se o despacho de expediente, prolatado de forma singela, contiver conteúdo decisório, causando prejuízo à parte, no Processo do Trabalho poderá ser objeto de questionamento quando da decisão definitiva (art. 893 da CLT).

Nesse sentido é a posição de *Manoel Antonio Teixeira Filho*[38]:

"Há certos despachos, contudo, que não se limitam a uma finalidade meramente impelente do processo, senão que envolvem verdadeira decisão a respeito de determinado ato requerido ou praticado pelas partes. Tomemos como exemplo o despacho que admite ou denega a interposição de recursos: o conteúdo decisório dessa classe de despachos é inegável, pois não se atêm a ordenar o andamento processual; encerra, como afirmamos, autêntica deliberação a propósito do recurso apresentado por uma ou ambas as partes. Assim também são os despachos que determinam a realização de exame pericial (de ofício ou em virtude de requerimento formulado pela parte). Há, em resumo, uma quantidade significativa de despachos dessa natureza, que não são de mero expediente, nem encerram decisão interlocutória, situam-se, pode-se dizer, entre essas duas espécies: são os decisórios".

## 1.6. Pressupostos recursais

Ensina *José Augusto Rodrigues Pinto*[39]:

"Pressuposto, em seu sentido comum, é adjetivo qualificado de algo que se conjectura fazer. No direito passa a ter significado substantivo de 'circunstância ou fato considerado antecedente de outro'. Neste último sentido, exato, restrito, devem ser compreendidos pressupostos recursais em qualquer sistema processual, inclusive o trabalhista, uma vez que todo recurso tem seu processamento e seu conhecimento invariavelmente sujeitos ao exame de atendimento de antecedentes imediatos sem os quais a interposição se torna inoperante".

Os pressupostos recursais também são denominados pela doutrina como requisitos de admissibilidade dos recursos, pois constituem requisitos prévios que o recorrente deve preencher para que seu recurso seja conhecido e julgado pelo

---

(38) TEIXEIRA FILHO, Manoel Antonio. *Sistema dos recursos trabalhistas.* 10. ed. São Paulo: LTr, 2003. p. 400-401.

(39) RODRIGUES PINTO, José Augusto. *Manual dos recursos nos dissídios do trabalho.* São Paulo: LTr, 2006. p. 99.

Tribunal. Como bem adverte *Nelson Nery Júnior*[40], estes requisitos não têm o condão de influir no mérito do recurso, razão pela qual não se classificam como questões prejudiciais.

Os pressupostos processuais são apreciados, provisoriamente, pelo órgão do qual se recorre: *a quo*, não obstante, compete ao órgão *ad quem*: para o qual se recorre, a competência de decidir de forma definitiva sobre a admissibilidade do recurso.

Segundo classificação da melhor doutrina, os pressupostos processuais se dividem em: *intrínsecos ou subjetivos*, e *extrínsecos ou objetivos*.

Ensina *Nelson Nery Júnior*[41]: "Os pressupostos intrínsecos são aqueles que dizem respeito à decisão recorrida em si mesma considerada. Para serem aferidos, leva-se em consideração o conteúdo e a forma da decisão impugnada. De tal modo que, para proferir-se o juízo de admissibilidade, toma-se o fato judicial impugnado no momento e da maneira como foi prolatado. São eles o cabimento, a legitimação para recorrer e interesse em recorrer (...). Os pressupostos extrínsecos respeitam aos fatores externos à decisão judicial que se pretende impugnar, sendo normalmente posteriores a ela. Nesse sentido, para serem aferidos não são relevantes os dados que compõem o conteúdo da decisão recorrida, mas sim fatos a ela supervenientes. Deles fazem parte a tempestividade, a regularidade formal, a inexistência de fato impeditivo ou modificativo do direito de recorrer e o preparo".

Adotando a classificação do professor *Nery Júnior*, podemos subdividir os pressupostos recursais no Processo do Trabalho da seguinte forma:

a) *objetivos ou extrínsecos*: regularidade formal, tempestividade; inexistência de fato impeditivo, modificativo ou extintivo do direito de recorrer;

b) *subjetivos ou intrínsecos*: cabimento, legitimação para recorrer e interesse recursal.

### 1.6.1. Pressupostos recursais intrínsecos ou subjetivos

#### 1.6.1.1. Cabimento[42]

Os recursos devem ser cabíveis à decisão a ser impugnada. Primeiramente, o ato judicial deve ser recorrível, ou seja, ser passível de impugnação por medida recursal. De outro lado, o recurso deve ser adequado a impugnar a decisão. Se a parte interpuser o recurso incorreto para a decisão, ele não será conhecido, salvo as hipóteses de aplicação do princípio da fungibilidade. Conforme destaca *Nelson Nery Júnior*[43], a recorribilidade e a adequação precisam andar parelhas, pois se,

---

(40) NERY JÚNIOR, Nelson. *Teoria geral dos recursos*. 6. ed. São Paulo: RT, 2004. p. 254.

(41) *Op. cit.*, p. 273-274.

(42) Alguns autores classificam o cabimento como pressuposto objetivo do recurso, pois é a Lei que disciplina as hipóteses de cabimento dos recursos, ou seja, quais decisões podem ser recorríveis.

(43) *Op. cit.*, p. 275.

por exemplo, contra a sentença se interpuser o agravo, não se terá preenchido o pressuposto do cabimento, ocasionando o não conhecimento do recurso.

Como bem adverte *Renato Saraiva*[(44)], caso a decisão judicial não seja passível de impugnação via recurso (como ocorre em relação aos despachos de mero expediente ou relativamente às decisões interlocutórias), o recurso não será conhecido em face da ausência deste pressuposto.

### 1.6.1.2. Legitimidade

A legitimidade recursal é a pertinência subjetiva para recorrer, ou seja, quais pessoas podem interpor recurso no processo.

A CLT não disciplina a questão. Desse modo, resta aplicável ao Processo do Trabalho (art. 769 da CLT) o disposto no art. 499 do CPC, *in verbis*:

> O recurso pode ser interposto pela parte vencida, pelo terceiro prejudicado e pelo Ministério Público. § 1º – Cumpre ao terceiro demonstrar o nexo de interdependência entre o seu interesse de intervir e a relação jurídica submetida à apreciação judicial. § 2º – O Ministério Público tem legitimidade para recorrer assim no processo em que é parte, como naqueles em que oficiou como fiscal da lei.

Desse modo, podem recorrer no Processo do Trabalho: a) as partes do processo; b) o Ministério Público quando atuou como parte ou oficiou como fiscal da lei; c) o terceiro juridicamente interessado.

As partes que figuraram no processo — reclamante, reclamado, litisconsortes, assistentes, denunciados à lide, chamados à lide, opoentes — podem recorrer, pois figuraram no processo na fase de conhecimento.

O Ministério Público do Trabalho tem legitimidade para recorrer como parte ou como fiscal da lei (*custos legis*) desde que tenha intervindo no processo na fase de conhecimento.

Pode também recorrer o terceiro, ou seja, aquele que não participou do processo na fase anterior ao recurso, mas que tem interesse jurídico, pois pode sofrer os efeitos e ser prejudicado pela decisão.

Como bem destaca *Nelson Nery Júnior*[(45)], "o CPC confere legitimidade para recorrer ao terceiro prejudicado pela decisão. Exige, no entanto, a demonstração, pelo terceiro, do liame existente entre a decisão e o prejuízo que esta lhe causou. É terceiro aquele que não foi parte no processo, quer porque nunca tenha sido, quer haja deixado de sê-lo em momento anterior àquele em que profira a decisão. Este recurso do terceiro prejudicado não é mais do que uma espécie de intervenção de terceiro na fase recursal".

---

(44) SARAIVA, Renato. *Curso de direito processual do trabalho*. 4. ed. São Paulo: Método, 2007. p. 458.

(45) *Op. cit.*, p. 310.

Podemos citar como terceiros que podem recorrer no Processo do Trabalho: o sócio de empresa reclamada que foi condenada; a empresa do mesmo grupo econômico que não participou do processo. Como lembra *Carlos Alberto Begalles*[46], o INSS possui legitimidade como terceiro para interpor recurso a respeito das sentenças homologatórias de transação com relação às contribuições que lhe são devidas (art. 831, parágrafo único, c/c art. 832, § 4º, da CLT), isso porque a decisão que homologa a transação pode estar violando direito da autarquia quanto a contribuição previdenciária.

A jurisprudência do TST tem admitido que o advogado e o perito possam recorrer como terceiros juridicamente interessados quando a sentença lhes prejudicar. No aspecto, destacamos a seguinte ementa:

> RECURSO DE REVISTA — ADVOGADO DA EXECUTADA — MULTA POR LITIGÂNCIA DE MÁ-FÉ — CONDENAÇÃO SOLIDÁRIA — TERCEIRO PREJUDICADO — LEGITIMIDADE PARA INTERPOR RECURSO — ART. 499 DO CPC — Embora o Recorrente não tenha figurado como parte no processo, por tratar-se de advogado da Executada, deve-se considerá-lo como terceiro prejudicado pela decisão no agravo de petição, nos termos do art. 499 do CPC, uma vez que condenada solidariamente a Empresa-Executada para pagar multa por litigância de má-fé. (TST – RR 695622 – 4ª T. – Rel. Min. Ives Gandra Martins Filho – DJU 22.11.2002).

### 1.6.1.3. interesse recursal

Ensina *Amauri Mascaro Nascimento*[47]: "Interesse de recorrer é a relação necessária entre o bem jurídico indeferido e o benefício em tese que o recorrente teria com o deferimento".

A doutrina tem fixado o critério da sucumbência a legitimar o interesse recursal. A sucumbência é o não atendimento, total ou parcial, da pretensão posta em juízo, ou seja: a improcedência total ou parcial dos pedidos elencados na inicial[48] ou em eventual reconvenção.

Nesse sentido, cumpre destacar a seguinte ementa:

> Ausência de interesse recursal. Falta ao recorrente interesse recursal se o pleito objeto do apelo foi integralmente acolhido pela sentença revisanda. (TRT – 5ª R. – 1ª T. – Relª. Desª. Vânia Chaves – 5.10.09 – Processo RO n. 305/2008.431.05.00-0) (RDT n. 10 – outubro de 2009)

Pensamos existir o interesse recursal, quando a parte (autor ou réu) não obtém todos os benefícios que pretendia no processo, ou seja, de alguma forma foram sucumbentes, pois perderam algo no processo. Como define de forma precisa *Carlos*

---

(46) BEGALLES, Carlos Alberto. *Lições de direito processual do trabalho:* processo de conhecimento e recurso. São Paulo: LTr, 2005. p. 346.

(47) NASCIMENTO, Amauri Mascaro. *Curso de direito processual do trabalho.* 22. ed. São Paulo: Saraiva, 2007. p. 584.

(48) Por exemplo, se o reclamante pede horas extras, FGTS e reparação por danos morais, há sucumbência quando todos os pedidos foram rejeitados (sucumbência total), ou parte deles (sucumbência parcial).

*Alberto Begalles*[49]: "Para ter interesse em recorrer, a parte precisa estar vencida no processo em algum dos seus requerimentos, não servindo a sucumbência como critério para saber se a parte pode recorrer ou não".

Discute-se na doutrina se a parte que foi beneficiada pela extinção do processo sem resolução de mérito tem interesse recursal para interpor recurso.

A questão é complexa, pois tecnicamente não houve sucumbência, ou, se houve, ela não está demonstrada facilmente.

Para parte da doutrina, a parte não tem direito a uma decisão de mérito, mas sim a uma resposta jurisdicional tanto para a pretensão inicial como para a pretensão de defesa (art. 5º, XXXV, da CF). Para outra vertente, a parte tem direito de obter do Judiciário pronunciamento sobre todas as questões que postulou. Desse modo, mesmo a parte beneficiada pela extinção do processo sem resolução de mérito poderá recorrer para buscar uma decisão de improcedência da pretensão do autor.

Pensamos que estão corretos os que pensam que a parte tem interesse processual ao recorrer para buscar um pronunciamento de mérito, pois, em caso de extinção do processo sem resolução de mérito, a pretensão poderá ser renovada em outro processo, tendo a parte ora beneficiada pela extinção de responder a outro processo. De outro lado, a possibilidade de recurso nesta situação atende aos princípios da efetividade e economia processual, pacificando o conflito, evitando que o litígio se perpetue.

Questão mais complexa: se houver improcedência total dos pedidos, o reclamado poderá recorrer?

À primeira vista, parece causar espécie sustentar a possibilidade de a parte vencedora no processo poder recorrer quando a decisão de mérito foi de improcedência.

Não obstante, pensamos que hipóteses há em que a parte foi vencedora, mas não pôde praticar todos os atos processuais necessários para que a decisão não corra o risco de ser alterada em eventual recurso. Como exemplo: os pedidos do reclamante foram julgados todos improcedentes, entretanto, o Juiz de primeiro grau indeferiu a produção de prova por parte do reclamado por entender que o ônus da prova quanto à subordinação para configuração do vínculo de emprego era do reclamante. Pela oitiva das testemunhas do autor, entendeu não ter havido prova de tal subordinação, uma vez que as testemunhas do autor não trabalharam para o reclamado e, desse modo, julgou improcedente o pedido de reconhecimento do vínculo. O reclamante recorre, e o Tribunal Regional do Trabalho, entendendo que o ônus da prova era do reclamado, uma vez que admitiu a prestação pessoal dos serviços do autor, e como o reclamado não recorreu, julgou procedentes todos os pedidos alinhavados na inicial. Questiona-se se o reclamado não teria interesse processual em recorrer postulando a nulidade da decisão em razão de cerceamento de

---

(49) *Op. cit.*, p. 347.

defesa, uma vez que foi obstada a possibilidade de comprovar sua versão em juízo. Pensamos que sim, o que justifica o interesse recursal do reclamado.

**Manoel Antonio Teixeira Filho** sustenta a possibilidade de interposição de recurso adesivo pela parte beneficiada pela decisão, mas que não pôde produzir provas de suas alegações. Argumenta o ilustre jurista[50]: o objetivo do recurso adesivo, no caso, seria obter, do tribunal, um pronunciamento de nulidade da sentença, por restrição ao direito de defesa, cuja consequência estaria no retorno dos autos ao juízo de primeiro grau, a fim de permitir que a parte possa produzir a prova pretendida. O interesse desta é, pois, concreto e reside na necessidade de obter não somente uma sentença favorável, mas estribada em prova robusta.

Não terá interesse em recorrer a parte que aceita a decisão expressa ou tacitamente. Nesse sentido, dispõe o art. 503 do CPC, que resta aplicável ao Processo do Trabalho, por força do art. 769 da CLT:

> A parte, que aceitar expressa ou tacitamente a sentença ou a decisão, não poderá recorrer. Parágrafo único. Considera-se a aceitação tácita a prática, sem reserva alguma, de um ato incompatível com a vontade de recorrer.

A aceitação expressa se dá por termo nos autos. A aceitação tácita se configura quando a parte vencida pratica atos inequívocos que são incompatíveis com a vontade de recorrer. No processo do trabalho, são exemplos de aceitação tácita da decisão: a) o pagamento da condenação; b) a reintegração do empregado espontaneamente, quando não concedida antecipação de tutela na sentença.

Outrossim, a parte pode expressamente renunciar ao direito de recorrer, independentemente de aceitação da parte contrária, conforme dispõe o art. 502 do CPC, *in verbis*:

> A renúncia ao direito de recorrer independe da aceitação da outra parte.

### 1.6.2. Pressupostos recursais extrínsecos ou objetivos

### 1.6.2.1. Preparo

O preparo significa o pagamento das taxas e despesas processuais para o recurso poder ser conhecido. A doutrina também tem incluído o depósito recursal como integrante do preparo, embora este não tenha natureza jurídica de taxa judiciária.

O valor das custas é fixado na sentença (art. 832, § 2º, da CLT), sendo um requisito essencial. O valor da condenação para efeito de custas não se confunde com o valor da causa, pois o valor da condenação tem por base o somatório dos benefícios patrimoniais obtidos pelo autor no processo.

A parte beneficiária da Justiça gratuita não pagará custas para recorrer.

---

(50) TEIXEIRA FILHO, Manoel Antonio. *Sistema dos recursos trabalhistas*. 10. ed. São Paulo: LTr, 2003. p. 149-150.

As custas no recurso são pagas da seguinte forma:

a) procedência ou procedência em parte: pelo reclamado, que deve comprovar o recolhimento quando da interposição do recurso. Nesta hipótese, o reclamante não paga custas;

b) improcedência: o reclamante deve pagar as custas para recorrer, salvo se beneficiário de Justiça gratuita;

c) extinção do processo sem resolução de mérito quanto a todos os pedidos: reclamante paga as custas, salvo se beneficiário de Justiça gratuita;

d) tratando-se de controvérsia referente à relação de trabalho, aplica-se a sucumbência recíproca (Intrução Normativa n. 27/05 do C. TST), sendo que cada parte pagará proporcionalmente as custas nos termos do art. 21 do CPC.

## 1.6.2.2. Depósito recursal

O depósito recursal consiste em valor pecuniário a ser depositado na conta do reclamante vinculada ao FGTS, devido quando há condenação em pecúnia, como condição para conhecimento do recurso interposto pelo reclamado.

Na visão de *Valentin Carrion*[51]:

"O depósito recursal é requisito de conhecimento do recurso ordinário, de revista, embargos infringentes no TST e extraordinário para o STF, inclusive no adesivo nas condenações, pelo valor da condenação ou seu arbitramento, até o limite máximo previsto. Havendo acréscimo na condenação, haverá complementação".

Dispõe o art. 899, da CLT:

> Os recursos serão interpostos por simples petição e terão efeito meramente devolutivo, salvo as exceções previstas neste Título, permitida a execução provisória até a penhora. § 1º Sendo a condenação de valor até 10 (dez) vezes o valor-de-referência regional, nos dissídios individuais, só será admitido o recurso, inclusive o extraordinário, mediante prévio depósito da respectiva importância. Transitada em julgado a decisão recorrida, ordenar-se-á o levantamento imediato da importância do depósito, em favor da parte vencedora, por simples despacho do juiz. § 2º Tratando-se de condenação de valor indeterminado, o depósito corresponderá ao que for arbitrado para efeito de custas, pela Junta ou Juízo de Direito, até o limite de 10 (dez) vezes o valor-de--referência regional. § 3º Revogado pela *Lei n. 7.033*, de 5.10.82, DOU 6.10.82. § 4º O depósito de que trata o § 1º far-se-á na conta vinculada do empregado a que se refere o art. 2º da Lei n. 5.107, de 13 de setembro de 1966, aplicando-se-lhe os preceitos dessa lei, observado, quanto ao respectivo levantamento, o disposto no § 1º. § 5º Se o empregado ainda não tiver conta vinculada aberta em seu nome, nos termos do art. 2º da Lei n. 5.107, de 13 de setembro de 1966, a empresa procederá à respectiva abertura, para efeito do disposto no § 2º. § 6º Quando o valor da condenação, ou o

---

(51) *Comentários à Consolidação das Leis do Trabalho*. 32. ed. São Paulo: Saraiva, 2007. p. 803.

arbitrado para fins de custas, exceder o limite de 10 (dez) vezes o valor-de-referência regional, o depósito para fins de recurso será limitado a este valor. § 7º No ato de interposição do agravo de instrumento, o depósito recursal corresponderá a 50% (cinquenta por cento) do valor do depósito do recurso ao qual se pretende destrancar (Redação dada pela Lei n. 12.275/10).

Inegavelmente, o depósito recursal é um pressuposto objetivo do recurso, pois está atrelado aos requisitos externos do direito de recorrer que a parte deve preencher para o seu recurso ser admitido. Como visto, trata-se de um depósito que deve ser realizado na conta vinculada do reclamante junto ao FGTS (§ 4º do art. 899, da CLT) em valor fixado pela Lei.

O depósito recursal, no nosso sentir, tem natureza jurídica híbrida, pois além de ser um pressuposto recursal objetivo, que se não preenchido importará a deserção do recurso, é uma garantia de futura execução por quantia certa. Não se trata de taxa judiciária, pois não está vinculado a um serviço específico do Poder Judiciário, e sim de um requisito para o conhecimento do recurso e uma garantia de futura execução.

Entretanto, a Instrução Normativa n. 03/93 do TST atribui natureza de garantia de futura execução por quantia ao depósito recursal. No aspecto, cumpre destacar as seguintes ementas:

> Depósito recursal — Natureza jurídica — Constitucionalidade. O depósito recursal, previsto no art. 899 da CLT, não tem natureza jurídica de taxa de recurso, mas de garantia do juízo recursal, visando assegurar, pelo menos parcialmente a execução. Assim, não há inconstitucionalidade nessa exigência que tem por escopo disciplinar o devido processo legal trabalhista. Demais disso a própria Constituição não veda sua fixação. Depósito recursal — Isenção — Falta de prova da miserabilidade jurídica. Não havendo nos autos prova inequívoca da falta de condições da reclamada para efetuar Depósito recursal, o despacho que denegou seguimento ao RO por deserção deve ser mantido. Agravo de Instrumento conhecido e improvido. (TRT – 18ª R. – TP – Ac. n. 3.631/96 - Relª. Juíza Ialba-Luza Guimarães de Mello – DJGO 15.10.96 – p. 60).

> Recurso de revista — Deserção — Agravo de petição — Penhora efetuada — Ausência de depósito recursal. A finalidade do depósito recursal é a garantia do juízo. Na hipótese *sub judice* essa garantia foi assegurada pela penhora. A negativa de seguimento ao agravo de petição que reunia condições de admissibilidade importa em violação aos princípios da legalidade, do contraditório e da ampla defesa, insculpidos no art. 5º, II e LV, da Constituição Federal, conforme entendimento consubstanciado na Orientação Jurisprudencial n. 189/SDI, verbis: Depósito recursal. Agravo de petição. IN TST n. 3/93. (Inserido em 8.11.00) Garantido o juízo, na fase executória, a exigência de depósito para recorrer de qualquer decisão viola os incisos II e LV do art. 5º da CF/88. Havendo, porém, elevação do valor do débito, exige-se a complementação da garantia do juízo. Recurso conhecido e provido. (TST – 2ª T. – RR n. 722.561/2001-6 – Rel. Renato de L. Paiva – DJ 22.3.05 – p. 729) (RDT n. 04 – Abril de 2005).

Como bem assevera *Wagner D. Giglio*[52]: "a imposição do depósito recursal visa a coibir os recursos protelatórios, a par de assegurar a satisfação do julgado,

---

(52) *Direito processual do trabalho*. São Paulo: Saraiva, 2007. p. 450.

pelo menos parcialmente, pois o levantamento do depósito em favor do vencedor será ordenado de imediato, por simples despacho do juiz, após a ciência do trânsito em julgado da decisão (CLT, art. 899, § 1º, *in fine*)".

O § 1º do art. 899 da CLT determina que uma vez transitada em julgado a decisão que condenou o reclamado a pagar parcelas pecuniárias ao reclamante, o Juiz do Trabalho deve liberar o valor do depósito recursal ao reclamante, o que denota ser o depósito uma verdadeira garantia de futura eficácia da execução por quantia. Não obstante a clareza do dispositivo legal, acreditamos que, se a sentença foi ilíquida, antes de liberar o valor do depósito ao reclamante, deve o Juiz do Trabalho tomar algumas cautelas a fim de evitar que sejam liberados ao autor valores superiores ao seu crédito, considerando-se todos os transtornos advindos de se ter que executar o reclamante caso tal aconteça. Desse modo, pensamos dever o Juiz do Trabalho liberar o depósito ao reclamante somente após a liquidação da sentença, se esta for ilíquida. Se a decisão de condenação for revertida em grau de recurso, o depósito recursal será imediatamente liberado ao reclamado.

Nesse mesmo diapasão, adverte *Manoel Antonio Teixeira Filho*[53]:

"Sempre que o Tribunal, dando provimento parcial ao recurso interposto pelo empregador, reduzir o valor da condenação, cumpre ao juiz ordenar, primeiro, a feitura dos cálculos da execução (incluídos a correção monetária e os juros), para, só depois disso, autorizar a liberação total ou parcial do valor depositado, em benefício do empregado-credor."

Nos termos do § 1º do art. 899 da CLT, sendo *a condenação de valor até 10 (dez) vezes o valor de referência regional, nos dissídios individuais, só será admitido o recurso, inclusive o extraordinário, mediante prévio depósito da respectiva importância. Transitada em julgado a decisão recorrida, ordenar-se-á o levantamento imediato da importância do depósito, em favor da parte vencedora, por simples despacho do juiz.*

Conforme a redação do citado dispositivo legal, somente há a exigência do depósito recursal, se houver condenação, total ou parcial, em pecúnia, ainda que indeterminado o valor.

Somente o empregador realizará o depósito recursal. O empregado, ainda que condenado em eventual reconvenção, ou sendo este reclamado em demanda trabalhista proposta pelo empregador, não realizará o depósito, uma vez que a exigência do depósito recursal é uma das exteriorizações do protecionismo processual em favor do empregado na Justiça do Trabalho.

No mesmo sentido, é a visão de *Júlio César Bebber*[54]:

"O depósito recursal é exigido apenas do empregador. Essa unilateralidade da exigência decorre da influência, na órbita processual, do princípio da hipossuficiência do trabalhador, que informa o direito material".

---

(53) *Sistema dos recursos trabalhistas*. 10. ed. São Paulo: LTr, 2003. p. 188.
(54) *Recursos no processo do trabalho*. 2. ed. São Paulo: LTr, 2009. p. 130.

Nesse sentido, cumpre destacar as seguintes ementas:

> Deserção — Ausência de depósito — Condenação em honorários periciais. A condenação do empregado ao pagamento de honorários periciais não implica obrigação de efetuar depósito a fim de garantir a condenação. O art. 899 da CLT, que se refere aos depósitos recursais, determina, em seu § 4º, que o depósito seja efetuado na conta vinculada do empregado, sem fazer qualquer exceção à regra. Assim, não há qualquer determinação legal no sentido de que o empregado-recorrente, condenado ao pagamento de honorários periciais, deva efetuar depósito recursal, sob pena de deserção. Recurso de Revista conhecido e provido. (TST – 2ª T. – Ac. n. 4.190/96 – Rel. Min. Castilho Pereira – DJ 4.10.96 – p. 37.440).

> Agravo de instrumento — Honorários sucumbenciais — Exigência de depósito prévio ao autor. Não estando o empregado obrigado ao recolhimento do depósito recursal, in casu presentes se fazem os pressupostos processuais de admissibilidade, razão pela qual impositivo o regular processamento do Recurso Ordinário previamente manejado. "Verbete n. 06/2001, TRT/DF. Depósito Recursal. Obrigação. No processo do trabalho, o depósito recursal é ônus exclusivamente do empregador (CLT, art. 899, § 4º). Assim, mesmo se houver condenação do empregado em pecúnia, inexiste obrigação legal deste de efetuar o depósito recursal." Agravo a que se dá provimento. (TRT – 23ª R. – 2ª T. – Relª. Desª. Maria Berenice – 29.3.10 – Processo AIRO n. 562/2009.004.23.01-2) (RDT n. 5 – maio de 2010).

Para os processos em que não se discute uma relação de trabalho ou que não envolvem uma verba trabalhista *stricto sensu*, o procedimento aplicável, salvo se forem processadas por rito especial, é o da CLT (Instrução Normativa n. 27/05 do TST). Desse modo, se figurar no polo passivo um tomador de serviços, ainda que não seja empregador, para recorrer, deve realizar o depósito recursal.

Não havendo condenação em pecúnia, por exemplo: em obrigações de fazer ou não fazer, bem como nas sentenças declaratórias ou constitutivas, não há a exigência do depósito recursal. Nesse sentido é a Súmula 161 do TST, *in verbis*:

> DEPÓSITO. CONDENAÇÃO A PAGAMENTO EM PECÚNIA (mantida) – Res. n. 121/2003, DJ 19, 20 e 21.11.2003.

Se não há condenação a pagamento em pecúnia, descabe o depósito de que tratam os §§ 1º e 2º do art. 899 da CLT (ex-Prejulgado n. 39).

O depósito recursal é devido, pelo reclamado, nos recursos ordinários, de revista, agravo de instrumento e extraordinário (art. 899, da CLT, c/c. Instrução Normativa n. 03/93 do C. TST).

Também o depósito é necessário ainda que se trate de recurso interposto das sentenças proferidas nas denominadas ações de alçada exclusiva dos órgãos de primeiro grau criadas pela Lei n. 5.584/70 (art. 2º, § 4º); a admissibilidade do recurso, nessas ações, está subordinada ao pressuposto de a sentença envolver matéria constitucional.

Na execução, se o juízo já estiver garantido pela penhora, não há necessidade do depósito recursal, uma vez que este perdeu a finalidade diante da garantia do juízo.

Nesse sentido, é a Súmula n. 128 do C. TST, II do C. TST:

> Garantido o juízo, na fase executória, a exigência de depósito para recorrer de qualquer decisão viola os incisos II e LV do art. 5º da CF/1988. Havendo, porém, elevação do valor do débito, exige-se a complementação da garantia do juízo. (ex-OJ n. 189 da SBDI-1 – inserida em 08.11.2000).

Em havendo condenação solidária, apenas um dos reclamados realizará o depósito, salvo se um deles pretender a sua exclusão da lide, hipótese em que os dois deverão realizar o depósito a fim de que a garantia da execução não fique desfigurada. Nesse sentido, é o inciso III do art. 128 do C. TST, *in verbis*:

> Havendo condenação solidária de duas ou mais empresas, o depósito recursal efetuado por uma delas aproveita as demais, quando a empresa que efetuou o depósito não pleiteia sua exclusão da lide. (ex-OJ n. 190 da SBDI-1 – inserida em 8.11.2000).

Nos termos do inciso I do art. 128 do C. TST, é ônus da parte recorrente efetuar o depósito legal, integralmente, em relação a cada novo recurso interposto, sob pena de deserção. Atingido o valor da condenação, nenhum depósito mais é exigido para qualquer recurso (ex-Súmula n. 128 – alterada pela Res. n. 121/2003, DJ 21.11.03, que incorporou a OJ n. 139 da SBDI-1 – inserida em 27.11.1998).

O depósito recursal tem um teto máximo que é o valor da condenação. Também há um teto fixado em lei para o depósito recursal, tanto no recurso ordinário, como no de revista, como no extraordinário.

Suponhamos que o valor do depósito recursal seja de R$ 4.000,00, e o valor da condenação de R$ 10.000,00 fixado na sentença. Para interpor recurso ordinário, deve o reclamado depositar R$ 4.000,00, pois é o valor do teto do depósito recursal. Para recorrer de revista, deve depositar outros R$ 4.000,00, pois o valor do depósito recursal é o dobro do valor do recurso ordinário. O valor limite do depósito recursal é o da condenação. Se o valor total da decisão já estiver coberto pelo depósito recursal, não há necessidade de um novo depósito para recorrer.

A novel Lei n. 12.275/10[55], em seu § 7º, exige o depósito de 50% do valor do depósito recursal devido para o recurso ao qual se pretende destrancar, no ato de interposição do agravo de instrumento.

---

(55) Lei n. 12.275, de 29 de junho de 2010. Publicada no DOU Edição Extra 29.6.2010:
Altera a redação do inciso I do § 5º do art. 897 e acresce § 7º ao art. 899, ambos da Consolidação das Leis do Trabalho — CLT, aprovada pelo Decreto-lei n. 5.452, de 1º de maio de 1943.
O PRESIDENTE DA REPÚBLICA – Faço saber que o Congresso Nacional decreta e eu sanciono a seguinte Lei:
Art. 1º O inciso I do § 5º do art. 897 da Consolidação das Leis do Trabalho — CLT, aprovada pelo Decreto-lei n. 5.452, de 1 de maio de 1943, passa a vigorar com a seguinte redação:
"Art. 897. (...)
§ 5º (...)
I – obrigatoriamente, com cópias da decisão agravada, da certidão da respectiva intimação, das procurações outorgadas aos advogados do agravante e do agravado, da petição inicial, da contestação, da decisão originária, do depósito recursal referente ao recurso que se pretende destrancar, da comprovação do recolhimento das custas e do depósito recursal a que se refere o § 7º do art. 899 desta Consolidação;

Trata-se de providência salutar a desencorajar Agravos de Instrumento protelatórios, ou sem fundamento, bem como reforçar a garantia de execução por quantia, pois o Agravo provoca delonga na marcha processual.

A interpretação do referido dispositivo não pode ser literal, nem isolada, e sim em conjunto com a principiologia do Direito Processual do Trabalho. Desse modo, os princípios da gratuidade e do acesso real do trabalhador à Justiça impedem que se exija o depósito recursal do empregado no recurso de Agravo de Instrumento.

Desse modo, somente o empregador realizará o depósito recursal para interpor Agravo de Instrumento.

O depósito recursal deve ser comprovado no prazo que a lei prevê para o recurso, conforme dispõe a Súmula n. 245 do C. TST, *in verbis*:

> DEPÓSITO RECURSAL. PRAZO — O depósito recursal deve ser feito e comprovado no prazo alusivo ao recurso. A interposição antecipada deste não prejudica a dilação legal.

A massa falida não está sujeita ao depósito recursal, conforme a Súmula n. 86 do C. TST, *in verbis*:

> DESERÇÃO. MASSA FALIDA. EMPRESA EM LIQUIDAÇÃO EXTRAJUDICIAL. Não ocorre deserção de recurso da massa falida por falta de pagamento de custas ou de depósito do valor da condenação. Esse privilégio, todavia, não se aplica à empresa em liquidação extrajudicial.

Conforme a Súmula n. 426 do TST, nos dissídios individuais, o depósito recursal será efetivado mediante a utilização da Guia de Recolhimento do FGTS e Informações à Previdência Social — GFIP, nos termos dos §§ 4º e 5º do art. 899 da CLT, admitido o depósito judicial, realizado na sede do juízo e à disposição deste, na hipótese de relação de trabalho não submetida ao regime do FGTS.

Nos termos da Instrução Normativa n. 03/93 do TST, não é exigido depósito recursal, em qualquer fase do processo ou grau de jurisdição, dos entes de direito público externo e das pessoas de direito público contempladas no Decreto-lei n. 779, de 21.8.69, bem assim da massa falida e da herança jacente.

Com relação à controvérsia de ser ou não devido o depósito recursal em recurso ordinário interposto em face de Ação Rescisória, a Súmula n. 99 do TST pacificou a questão. Dispõe a referida Súmula:

> AÇÃO RESCISÓRIA. DESERÇÃO. PRAZO. (incorporada a Orientação Jurisprudencial n. 117 da SDI-2) Havendo recurso ordinário em sede de rescisória, o depósito recursal

(...)" (NR)
Art. 2º O art. 899 da Consolidação das Leis do Trabalho — CLT, aprovada pelo Decreto-lei n. 5.452, de 1º de maio de 1943, passa a vigorar acrescido do seguinte § 7º:
"Art. 899. (...)
§ 7º No ato de interposição do agravo de instrumento, o depósito recursal corresponderá a 50% (cinquenta por cento) do valor do depósito do recurso ao qual se pretende destrancar." (NR)
Art. 3º (VETADO)

só é exigível quando for julgado procedente o pedido e imposta condenação em pecúnia, devendo este ser efetuado no prazo recursal, no limite e nos termos da legislação vigente, sob pena de deserção.

O Tribunal Superior do Trabalho pacificou entendimento no sentido de que a insuficiência do depósito recursal, ainda que a diferença seja mínima, gera a deserção do recurso. Nesse sentido dispõe a OJ n. 140, da SDI-I, do C. TST:

> Depósito recursal e custas. Diferença ínfima. Deserção. Ocorrência. Ocorre deserção do recurso pelo recolhimento insuficiente das custas e do depósito recursal, ainda que a diferença em relação ao quantum devido seja ínfima, referente a centavos.

No nosso sentir, em caso de diferença de centavos referente ao depósito recursal, a deserção somente deveria ser decretada após intimação da parte para complementação do depósito em 24 horas, entretanto, a lei não faz qualquer distinção e não prevê a possibilidade de intimação para a parte complementar o depósito faltante.

Nesse sentido, destaca-se a seguinte ementa:

> Recurso de revista — Depósito recursal — Recolhimento em valor inferior ao devido — Diferença ínfima sem expressão monetária — Inocorrência de deserção. À luz do entendimento prevalecente no âmbito deste Tribunal, a diferença a menor de depósito recursal que se circunscreve à casa dos centavos de real não possui expressão monetária suficiente a ponto de justificar o decreto de deserção do recurso ordinário. Inteligência da Orientação Jurisprudencial n. 140 da colenda SBDI-1. Recurso de revista conhecido e provido. (TST – 1ª T. – RR n. 577.934/1999-2 – Rel. Altino P. dos Santos – DJ 12.11.04 – p. 743) (RDT n. 12 – Dezembro de 2004).

Somente o reclamado (empregador) realizará o depósito recursal quando se tratar de condenação em pecúnia. Pode-se questionar a constitucionalidade da exigência do depósito recursal, pois, inegavelmente, cria-se um óbice ao Direito de Recorrer. De outro lado, como só o empregador o realiza, pode ser questionável se há violação do princípio da isonomia e também violar o duplo grau de jurisdição.

Pela inconstitucionalidade da exigência do depósito recursal no processo do trabalho, temos a posição de *Carlos Zangrando*[56]:

> "Com devida vênia, se no passado o depósito recursal até se justificava devido à situação intrínseca do processo, acreditamos agora, ante a nova feição das normas processuais, este se apresenta mais como uma espécie de *punição* do que de *pressuposto* ou outra denominação que se queira dar, além de deixar bem claro o intento de vedar a utilização do remédio processual, especificamente para o pequeno e médio empresário, impedindo a fruição da garantia à ampla defesa prevista na Constituição Federal".

De nossa parte, a exigência do depósito recursal não viola o acesso à Justiça do Trabalho (art. 5º, XXXV, da CF), pois o princípio do duplo grau de jurisdição não tem assento constitucional. De outro lado, não há violação do princípio da

---

(56) *Processo do trabalho:* processo de conhecimento. São Paulo: LTr, 2009. v. II, p. 1.460.

isonomia (art. 5º, *caput*, da CF), pois há desigualdade econômica entre reclamante e reclamado na relação jurídica processual.

Nesse sentido, são os argumentos de *Carlos Henrique Bezerra Leite*[57]:

"Para nós, não há se falar em inconstitucionalidade do art. 899 da CLT, uma vez que o duplo grau de jurisdição não é absoluto, nem está previsto expressamente na Constituição, já que esta admite até mesmo a existência de instância única (CF, art. 102, III). De outra parte, o depósito recursal constitui mera garantia do juízo, evitando, assim, a interposição temerária ou procrastinatória de recursos. Ressalte-se, por oportuno, que a exigência do depósito consagra, substancialmente, o princípio da isonomia real, sabido que o empregador é, via de regra, economicamente superior ao empregado".

Acompanhando os mesmos argumentos, asseveram *Jouberto de Quadros Pessoa Cavalcante e Francisco Ferreira Jorge Neto*[58]:

"O depósito recursal não tem natureza de taxa de recurso e sim de garantia do juízo recursal (art. 899, CLT, art. 40, Lei n. 8.177/1991, com redação da Lei n. 8.542/1992). O objetivo do depósito recursal é dificultar a interposição de recursos protelatórios e até certo ponto garantir a execução da sentença, em que pese reconhecermos a dificuldade financeira que muitos empregadores têm em fazer o depósito recursal (...). Apesar de ser uma norma constitucional (art. 5º, XXXV), o exercício do direito de ação pressupõe a observância de alguns pressupostos (interesse, legitimidade e possibilidade jurídica do pedido), os quais são exigíveis por legislação infraconstitucional. Como desdobramento do direito de ação, o recurso possui pressupostos (dentre eles, o preparo), logo, a falta de capacidade econômica do empregador não é argumento a justificar a ofensa ao duplo grau de jurisdição. A exigência legal do depósito recursal não é inconstitucional".

Nesse mesmo diapasão as seguintes ementas:

> Depósito recursal — Exigência de recolhimento — Pressuposto objetivo de admissibilidade recursal. A exigência legal de recolhimento do depósito prévio não pode ser reputada como afronta à Constituição da República, já que cabe à lei ordinária estabelecer os meios e recursos inerentes ao processo judicial, fixando as hipóteses de admissibilidade recursal. (TRT – 12ª R. – 3ª T. – AI n. 3578.2003.037.12.01-2 – Ac. n. 11527/04 – Relª Lília L. Abreu – DJSC 15.10.04 – p. 171).

> Depósito recursal. A exigência do depósito recursal não contraria o princípio constitucional da ampla defesa, pois incumbe à lei ordinária estabelecer as hipóteses de admissibilidade dos recursos inerentes ao processo judicial. (TRT – 15ª R. – 1ª T. – AIRO n. 22.357/03 – Rel. Eduardo Benedito de O. Zanella – DJSP 8.8.03 – p. 5) (RDT n. 9 – Setembro de 2003).

---

(57) *Curso de direito processual do trabalho.* 8. ed. São Paulo: LTr, 2010. p. 724.

(58) A assistência judiciária da pessoa jurídica na Justiça do Trabalho e a exigência do depósito recursal. In: *Suplemento Trabalhista* n. 70/07, p. 299.

Ainda que o empregador (reclamado) obtenha os benefícios da Justiça Gratuita, em nossa visão, não estará isento do depósito recursal, pois este, conforme mencionamos acima, não tem natureza de taxa judiciária. Além disso, o art. 5º, LV, da CF, não assegura o princípio do duplo grau de jurisdição, devendo a parte, quando recorrer, observar os pressupostos objetivos e subjetivos de recorribilidade.

Nesse sentido, cumpre destacar as seguintes ementas:

> Agravo de instrumento — Recurso de revista — Justiça gratuita — Empregador — Deserção. Na Justiça do Trabalho, a concessão da justiça gratuita está relacionada à figura do empregado, conforme se infere do art. 14 da Lei n. 5.584/70. Assim, a justiça gratuita, também prevista no art. 790, § 3º, da CLT, é benefício concedido ao hipossuficiente que não puder demandar sem o comprometimento do sustento próprio e de sua família. Embora excepcionalmente admita-se a hipótese de extensão dessa benesse ao empregador pessoa física que não explore atividade econômica, é imprescindível a comprovação da hipossuficiência, já que, não se tratando de empregado, a parte não se beneficia da presunção legal de pobreza. Mesmo se se entendesse que a Lei n. 1.060/50 não tivesse excluído o empregador do benefício da assistência judiciária, certo que ela, em seu art. 3º, isenta o beneficiário apenas do pagamento das despesas processuais, não alcançando o depósito recursal (art. 899, § 1º, da CLT), que tem por escopo a garantia do juízo. Em vista dessa particularidade, não se há falar que o não recebimento do recurso, por deserto, implica afronta a regras constitucionais, que, embora garantam a apreciação, pelo Poder Judiciário, de lesão ou ameaça de direito, não excluem as normas infraconstitucionais que regulamentam a interposição de recurso. Agravo de instrumento desprovido. (TST – 6ª T. – AIRR n. 720/2004.004.21.40-2 – Rel. Min. Mauricio Godinho Delgado – DJ 6.6.08 – p. 223) (RDT n. 08 – agosto de 2008).

> Justiça gratuita — Depósito recursal. De ordinário, no processo do trabalho, a isenção do pagamento das custas é concedida apenas ao trabalhador que perceba até dois salários mínimos, ou que comprove, na forma da lei, a impossibilidade de assumir as despesas processuais, sem prejuízo do sustento próprio e da família, como se infere da inteligência do art. 14 da Lei n. 5.584/70, § 3º, do art. 790 da CLT, com a redação dada pela Lei n. 10.537/02 e OJs ns. 304 e 331, ambas da SDI-I do TST. Em casos especialíssimos, timidamente, a jurisprudência tem se inclinado a flexibilizar a regra legal, ainda assim, limitada à isenção das custas processuais, porquanto não se pode estender o benefício ao depósito recursal, já que esse tem finalidade própria, de garantia da execução, diversa de taxa judiciária ou quaisquer outras despesas previstas em lei, para efeito de assistência judiciária. Não comprovado o respectivo recolhimento, nega-se provimento ao agravo de instrumento que pretendeu destrancar recurso ordinário deserto. (TRT – 3ª R. – 2ª T. – AIRO n. 2439/2006.147.03.40-0 – Rel. Anemar Pereira Amaral – DJ 3.10.07 – p. 11) (RDT n. 11 – novembro de 2007).

Não obstante, cumpre destacar que em casos excepcionais, no caso de empregador pessoa física ou firma individual em estado de insuficiência econômica, poderá o Tribunal dispensar o empregador do depósito recursal, valendo-se os princípios da proporcionalidade, razoabilidade e do acesso à justiça no caso concreto.

Nesse sentido, destacam-se as seguintes ementas:

> Ementa: I) AGRAVO DE INSTRUMENTO — BENEFÍCIO DA JUSTIÇA GRATUITA — EMPREGADOR PESSOA FÍSICA — ISENÇÃO DO DEPÓSITO RECURSAL — POSSIBILIDADE. 1. A Lei n. 1.060/50, que estabelece as normas para a concessão da

assistência judiciária gratuita aos necessitados, assenta no parágrafo único do art. 2º que, para os fins legais, considera-se necessitado aquele cuja situação econômica não lhe permita pagar as custas do processo e os honorários de advogado sem prejuízo do sustento próprio. 2. Na hipótese vertente, o Reclamado, pessoa física, postulou o direito à gratuidade de justiça e apresentou declaração de que não pode arcar com as despesas do processo sem prejuízo do sustento próprio, com fulcro na referida lei. 3. O Regional negou o pedido, ao fundamento de que a jurisprudência do TST segue no sentido da inaplicabilidade da justiça gratuita com relação ao depósito recursal. 4. Quanto ao tema, vale destacar que esta Turma entendeu possível a dispensa do referido depósito na hipótese de insuficiência econômica do Empregador pessoa física, conforme consta dos autos do PROC. TST-RR-932/2004-043-12-40.1, assentando que a dispensa do depósito recursal se justifica, na hipótese de insuficiência econômica, como sendo condição de revisão de eventual sentença injusta ou ilegal, representando apenas a não exigência temporária do pagamento dos débitos trabalhistas que forem judicialmente reconhecidos, até que transite em julgado a decisão, em situação análoga à da multa do art. 557, § 2º, do CPC. 5. Assim, tendo o Reclamado, pessoa física, postulado o direito à gratuidade de justiça e apresentado declaração de que não pode arcar com as despesas do processo sem prejuízo do sustento próprio, com fundamento na Lei n. 1.060/50, verifica-se a possibilidade de deferimento do pleito. II) DECISÃO INTERLOCUTÓRIA — IRRECORRIBILIDADE IMEDIATA — RAZÕES RECURSAIS QUE NÃO ATACAM OS FUNDAMENTOS DO DESPACHO DENEGATÓRIO DO SEGUIMENTO DO RECURSO DE REVISTA — DESFUNDAMENTAÇÃO — ÓBICE DA SÚMULA N. 422 DO TST. Não tendo o agravo de instrumento investido contra o fundamento do despacho denegatório do seguimento do recurso de revista (no caso, a Súmula n. 214 do TST, em face da decisão recorrida ser interlocutória), falta-lhe a necessária motivação, tropeçando no óbice da Súmula n. 422 do TST, porque desfundamentado. Agravo de instrumento desprovido. (AIRR – 435/2006-071-03-40.3 – Data de Julgamento: 24.6.2008 – Relator Ministro: Ives Gandra Martins Filho – 7ª T. – DJ 15.8.2008).

Recurso ordinário — Parte demandada — Assistência judiciária gratuita — Depósito recursal — Exigibilidade. No processo do trabalho, e nos termos do art. 899, § 1º, da CLT, o depósito recursal ao réu não é encargo possível ou passível de liberação da parte por decorrência da assistência judiciária que lhe seja ou lhe tenha sido assegurada no processo. Constitui requisito de exercício do direito recursal, na sua dupla finalidade, também de garantia de pronto pagamento ao credor tão logo transite em julgado a decisão condenatória. (TRT 4ª R. – 1ª T. – Rel. Des. Milton Varela Dutra – In: *Revista Eletrônica de Jurisprudência*, n. 90 – 2.12.09 – Processo AIRO n. 312/2009.531.04.01-0) (RDT n. 2 – fevereiro de 2010).

Atualmente, o art. 3º da Lei n. 1.060/50, com a redação dada pela Lei Complementar n. 132/09, dispõe:

> A assistência judiciária compreende as seguintes isenções: (...) VII – dos depósitos previstos em lei para interposição de recurso, ajuizamento de ação e demais atos processuais inerentes ao exercício da ampla defesa e do contraditório.

Diante do referido dispositivo legal, vozes da doutrina já estão sustentando que o depósito recursal na Justiça do Trabalho está abrangido pelos benefícios da justiça gratuita.

Nesse sentido, é a visão de *Renato Saraiva*[59]:

"Ademais, impende esclarecer que a concessão do benefício da justiça gratuita à reclamada a isenta também da obrigação, em caso de eventual recurso, de efetuar o depósito recursal, conforme estabelece o art. 3º, VII, da Lei n. 1.060/50 (com redação dada pela Lei Complementar n. 132/09)".

No mesmo sentido, detaca-se a seguinte ementa:

> Empregador doméstico. Justiça gratuita. Depósito recursal. O benefício da justiça gratuita hoje abrange também o depósito recursal. Nova redação dada ao art. 3º da Lei n. 1.060, de 5 de fevereiro de 1950, com inciso (VII) acrescentado pela Lei Complementar n. 132, de 7 de outubro de 2009 (art. 17). Empregador pessoa física. Direito à justiça gratuita. Garantia constitucional. Inaplicabilidade da Súmula n. 6 do TRT da 2ª Região. Agravo de Instrumento a que se dá provimento. (TRT/SP – 00046200925202012 – AIRO – Ac. 11ª T. – 20100297174 – Rel. Eduardo de Azevedo Silva – DOE 20.4.2010).

Pensamos, no entanto, de forma diversa. Com efeito, o depósito recursal tem natureza jurídica híbrida, pois além de ser um pressuposto recursal objetivo, que se não preenchido importará a deserção do recurso, é uma garantia de futura execução por quantia certa. Não se trata de taxa judiciária, pois não está vinculado a um serviço específico do Poder Judiciário, e sim de um requisito para o conhecimento do recurso e uma garantia de futura execução. Além disso, o depósito recursal visa a coibir recursos protelatórios.

Além disso, conforme vem entendendo, acertadamente, a doutrina e jurisprudência majoritária, o duplo grau de jurisdição não é um princípio constitucionalmente albergado, pois não está inserido na cláusula do contraditório e ampla defesa.

Pelo exposto, conclui-se que o art. 3º, VII, da Lei n. 1.060/50 não se aplica ao processo do trabalho quanto ao depósito recursal, pois este tem natureza jurídica não só de um pressuposto recursal, mas também de garantia para a execução. Sob outro enfoque, a regra específica do art. 899 da CLT prevalece sobre a regra geral do art. 3º, da Lei n. 1.060/50, que não fora idealizada para o processo do trabalho.

Não obstante, como já mencionado, em casos excepcionais, diante dos valores envolvidos no litígio, o Tribunal, aplicando os princípios da razoabilidade e proporcionalidade, em situações em que o empregador for pessoa física, microempresa, microempreendedor ou estiver em ruína financeira, fundamentadamente, poderá dispensá-lo da exigência do depósito recursal.

O TST, recentemente, estabeleceu novos critérios para o depósito recursal, por meio da Resolução n. 168/10 que determinou a alteração de republicação da Instrução Normativa n. 03/93, cujo texto vale ser transcrito:

---

(59) *Curso de direito Processual do trabalho*. 7. ed. São Paulo: Método: 2010. p. 455-456.

# INSTRUÇÃO NORMATIVA N. 3 de 1993

Publicada no DJ de 12.3.1993 – Republicada no DJ de 12.8.2010

Interpreta o art. 8º da Lei n. 8.542, de 23.12.92 (DOU de 24.12.92), que trata do depósito para recurso nas ações na Justiça do Trabalho e a Lei n. 12.275, de 29 de junho de 2010, que altera a redação do inciso I do § 5º do art. 897 e acresce o § 7º ao art. 899, ambos da Consolidação das Leis do Trabalho — CLT, aprovada pelo Decreto-lei n. 5.452, de 1º de maio de 1943.

I – Os depósitos de que trata o art. 40, e seus parágrafos, da Lei n. 8.177/1991, com a redação dada pelo art. 8º da Lei n. 8.542/1992, e o depósito de que tratam o § 5º, I, do art. 897 e o § 7º do art. 899, ambos da CLT, com a redação dada pela Lei n. 12.275, de 29.6.2010, não têm natureza jurídica de taxa de recurso, mas de garantia do juízo recursal, que pressupõe decisão condenatória ou executória de obrigação de pagamento em pecúnia, com valor líquido ou arbitrado.

II – No processo de conhecimento dos dissídios individuais o valor do depósito é limitado a R$ 5.889,50 (cinco mil, oitocentos e oitenta e nove reais e cinquenta centavos), ou novo valor corrigido, para o recurso ordinário, e a R$ 11.779,02 (onze mil, setecentos e setenta e nove reais e dois centavos), ou novo valor corrigido, para cada um dos recursos subsequentes, isto é, de revista, de embargos (ditos impropriamente infringentes) e extraordinário, para o Supremo Tribunal Federal, observando-se o seguinte:

a) para o recurso de agravo de instrumento, o valor do "depósito recursal corresponderá a 50% (cinquenta por cento) do valor do depósito do recurso ao qual se pretende destrancar";

b) depositado o valor total da condenação, nenhum depósito será exigido nos recursos das decisões posteriores, salvo se o valor da condenação vier a ser ampliado;

c) se o valor constante do primeiro depósito, efetuado no limite legal, é inferior ao da condenação, será devida complementação de depósito em recurso posterior, observado o valor nominal remanescente da condenação e/ou os limites legais para cada novo recurso;

d) havendo acréscimo ou redução da condenação em grau recursal, o juízo prolator da decisão arbitrará novo valor à condenação, quer para a exigibilidade de depósito ou complementação do já depositado, para o caso de recurso subsequente, quer para liberação do valor excedente decorrente da redução da condenação;

e) nos dissídios individuais singulares o depósito será efetivado pelo recorrente, mediante a utilização das guias correspondentes, na conta do empregado no FGTS — Fundo de Garantia do Tempo de Serviço, em conformidade com os §§ 4º e 5º do art. 899 da CLT, ou fora dela, desde que feito na sede do juízo e permaneça à disposição deste, mediante guia de depósito judicial extraída pela Secretaria Judiciária;

f) nas reclamatórias plúrimas e nas em que houver substituição processual, será arbitrado o valor total da condenação, para o atendimento da exigência legal do depósito recursal, em conformidade com as alíneas anteriores, mediante guia de depósito judicial extraída pela Secretaria Judiciária do órgão em que se encontra o processo;

g) com o trânsito em julgado da decisão condenatória, os valores que tenham sido depositados e seus acréscimos serão considerados na execução;

h) com o trânsito em julgado da decisão que absolveu o demandado da condenação, ser-lhe-á autorizado o levantamento do valor depositado e seus acréscimos.

III – Julgada procedente ação rescisória e imposta condenação em pecúnia, será exigido um único depósito recursal, até o limite máximo de R$ 11.779,02 (onze mil, setecentos e setenta e nove reais e dois centavos), ou novo valor corrigido, dispensado novo depósito para os recursos subsequentes, salvo o depósito do agravo de instrumento, previsto na Lei n. 12.275/2010, observando-se o seguinte:

a) o depósito será efetivado pela parte recorrente vencida, mediante guia de depósito judicial expedida pela Secretaria Judiciária, à disposição do juízo da causa;

b) com o trânsito em julgado da decisão, se condenatória, o valor depositado e seus acréscimos serão considerados na execução; se absolutória, será liberado o levantamento do valor do depositado e seus acréscimos.

IV – A exigência de depósito no processo de execução observará o seguinte:

a) a inserção da vírgula entre as expressões "... aos embargos" e "à execução..." é atribuída a erro de redação, devendo ser considerada a locução "embargos à execução";

b) dada a natureza jurídica dos embargos à execução, não será exigido depósito para a sua oposição quando estiver suficientemente garantida a execução por depósito recursal já existente nos autos, efetivado no processo de conhecimento, que permaneceu vinculado à execução, e/ou pela nomeação ou apreensão judicial de bens do devedor, observada a ordem preferencial estabelecida em lei;

c) garantida integralmente a execução nos embargos, só haverá exigência de depósito em qualquer recurso subsequente do devedor se tiver havido elevação do valor do débito, hipótese em que o depósito recursal corresponderá ao valor do acréscimo, sem qualquer limite;

d) o depósito previsto no item anterior será efetivado pelo executado recorrente, mediante guia de depósito judicial expedida pela Secretaria Judiciária, à disposição do juízo da execução;

e) com o trânsito em julgado da decisão que liquidar a sentença condenatória, serão liberados em favor do exequente os valores disponíveis, no limite da quantia exequenda, prosseguindo, se for o caso, a execução por crédito remanescente, e autorizando-se o levantamento, pelo executado, dos valores que acaso sobejarem.

V – Nos termos da redação do § 3º do art. 40, não é exigido depósito para recurso ordinário interposto em dissídio coletivo, eis que a regra aludida atribui apenas valor ao recurso, com efeitos limitados, portanto, ao cálculo das custas processuais.

VI – Os valores alusivos aos limites de depósito recursal serão reajustados bimestralmente pela variação acumulada do INPC do IBGE dos dois meses imediatamente anteriores, e serão calculados e publicados no Diário Eletrônico da Justiça do Trabalho por ato do Presidente do Tribunal Superior do Trabalho, tornando-se obrigatória a sua observância a partir do quinto dia seguinte ao da publicação.

VII – Toda decisão condenatória ilíquida deverá conter o arbitramento do valor da condenação. O acréscimo de condenação em grau recursal, quando ilíquido, deverá ser arbitrado também para fins de depósito.

VIII – O depósito judicial, realizado na conta do empregado no FGTS ou em estabelecimento bancário oficial, mediante guia à disposição do juízo, será da responsabilidade da parte quanto à exatidão dos valores depositados e deverá ser comprovado, nos autos, pelo recorrente, no prazo do recurso a que se refere, independentemente da sua antecipada interposição, observado o limite do valor vigente na data da efetivação do depósito, bem como o contido no item VI, salvo no que se refere à comprovação do depósito recursal em agravo de instrumento, que observará o disposto no art. 899, § 7º, da CLT, com a redação da Lei n. 12.275/2010.

IX – é exigido depósito recursal para o recurso adesivo, observados os mesmos critérios e procedimentos do recurso principal previsto nesta Instrução Normativa.

X – Não é exigido depósito recursal, em qualquer fase do processo ou grau de jurisdição, dos entes de direito público externo e das pessoas de direito público contempladas no Decreto-lei n. 779, de 21.8.69, bem assim da massa falida, da herança jacente e da parte que, comprovando insuficiência de recursos, receber assistência judiciária integral e gratuita do Estado (art. 5º, LXXIV, CF).

XI – Não se exigirá a efetivação de depósito em qualquer fase ou grau recursal do processo, fora das hipóteses previstas nesta Instrução Normativa.

XII – Os processos em curso no período intercorrente entre 24 de dezembro de 1992 e 15 de março de 1993, data da vigência desta Instrução Normativa, serão a ela adequados quanto ao depósito para recurso, por iniciativa do juiz ou órgão julgador competente, que determinará, quando for o caso, a intimação da parte para que regularize o depósito no prazo de oito dias.

XIII – Havendo acordo para extinção do processo, as partes disporão sobre o valor depositado. Na ausência de expressa estipulação dos interessados, o valor disponível será liberado em favor da parte depositante.

XIV – Esta Instrução Normativa entrará em vigor no dia 15 de março de 1993 e será reexaminada, no que couber, para guardar conformidade com o que vier a ser decidido pelo Supremo Tribunal Federal na Ação Direta de Inconstitucionalidade n. 836 – 6/ DF, ficando revogada a Instrução Normativa n. 2, de 30 de abril de 1991, deste Tribunal.

### 1.6.2.3. Regularidade formal

Quanto ao aspecto formal de interposição do Recurso Ordinário, diz o *caput* do art. 899 da CLT: "Os recursos serão interpostos por simples petição e terão efeito meramente devolutivo, salvo as exceções previstas neste Título, permitida a execução provisória até a penhora".

Conforme se denota do referido dispositivo, o recurso ordinário poderá ser interposto por simples petição. Questiona-se: há necessidade de o recorrente apresentar as razões, ou simplesmente declinar que pretende a reforma da decisão, sem apontar os pontos da sentença que pretende reformar?

Parte da doutrina afirma que mesmo a CLT disciplinando a possibilidade de interposição do recurso por simples petição, há a necessidade de o recorrente apresentar as razões e declinar os tópicos da sentença que pretende reformar, por não existir a possibilidade de recurso genérico e não propiciar ao Tribunal saber qual tópico da sentença pretende reformar o recorrente.

A doutrina tem denonimado a necessidade de fundamentação da sentença como princípio da *dialeticidade* ou *discursividade* dos recursos.

Neste sentido, dispõe o art. 514 do CPC, *in verbis*: "A apelação, interposta por petição dirigida ao juiz, conterá: I – os nomes e a qualificação das partes; II – os fundamentos de fato e de direito; III – o pedido de nova decisão."

Nesse mesmo sentido, a opinião de *Wilson de Souza Campos Batalha*[60]:

"Estabelece o art. 899 da CLT que os recursos serão interpostos por simples petição. Entretanto, não significa isto que a parte recorrente esteja dispensada de oferecer as razões que fundamentam o recurso. De fato, os recursos devem ser interpostos por simples petição; isto é, sua interposição independe de termo (formalidade que ainda subsistia, no CPC/39, em relação aos agravos no auto do processo). Mas, a petição de recurso deve expor os motivos pelos quais o recorrente não se conforma com a decisão; de outra maneira, não só o Tribunal *ad quem* não saberia por que o recurso foi interposto, como ainda seriam facilitados os recursos protelatórios e a parte recorrida ficaria prejudicada no seu direito de apresentar suas razões contrárias às do recorrente (art. 900 da CLT)".

Nesse sentido, destacam-se as seguintes ementas:

> Recurso ordinário desfundamentado — Não conhecimento. 1. A parte recorrente deve expor as razões do pedido de reforma da decisão que impugna, cumprindo-lhe invalidar os fundamentos em que se assenta a decisão. (Juiz André Damasceno). 2. A ausência de ataque específico aos motivos que formaram o convencimento do Juízo de origem impedem a reapreciação por este eg. Regional, uma vez que nada foi devolvido a esta instância revisora. Justiça gratuita. Não preenche a reclamada os requisitos legais ensejadores do deferimento da gratuidade judiciária nos termos da Lei n. 1.060/50, isso porque não comprovou a recorrente sua característica de entidade filantrópica, não fazendo juntar aos autos qualquer documento consistente no certificado de filantropia. (TRT 10ª R. – 2ª T. – RO n. 1334.2003.102.10.00-8 – Relª Mª Piedade B. Teixeira – DJDF 23.4.04 – p. 31) ( RDT n. 5 – Maio de 2004).

> Recurso ordinário apresentado pela parte o qual não ataca diretamente os argumentos adotados pela decisão originária — Ausência de fundamentação — Não conhecimento. Não atacando a parte recorrente diretamente os fundamentos adotados pelo decisório de primeiro grau, notadamente quanto à comprovação de seu efetivo empregador, resta caracterizada a completa falta de fundamentação do Recurso Ordinário, inclusive no que diz respeito à invocação de matéria não apreciada pela origem. Recurso não conhecido. (TRT 10ª R. – 3ª T. – RO n. 323/2004.018.10.00-9 – Relª Maria de A. Calsing – DJDF 6.8.04 – p. 27) (RDT n. 9 – Setembro de 2004).

> Recurso genérico — Ausência de explanação das razões do inconformismo recursal. Impossível conhecer do recurso quando a parte não especifica sobre quais títulos efetivamente se insurge, deixando de aduzir suas razões de irresignação. Aplicação

---

(60) CAMPOS BATALHA, Wilson de Souza. *Tratado de direito judiciário do trabalho*. 2. ed. São Paulo: LTr, 1985. p. 766.

subsidiária do disposto no art. 514, inciso II, do CPC. (TRT 15ª R. – 1ª T. – ROPS n. 870.2002.116.15.00-0 – Relª Helena Rosa M. da S. Lins Coelho – DJSP 16.4.04 – p. 62) (RDT n. 5 – Maio de 2004).

RECURSO ORDINÁRIO. PRINCÍPIO DA DIALETICIDADE. O princípio da dialeticidade que informa os recursos exige que o recorrente impugne expressamente os fundamentos da decisão atacada. Em outras palavras, deve necessariamente o recorrente atacar os fundamentos da decisão recorrida (inciso II do art. 514 do CPC) a fim de permitir ao órgão colegiado cotejar os fundamentos lançados na decisão judicial com as razões contidas no recurso e desse exame extrair a melhor solução ao caso concreto. (TRT/SP – 02162200807002008 – RS – Ac. 12ª T. 20090526273 – Rel. Marcelo Freire Gonçalves – DOE 31.7.2009)

Para outra vertente de interpretação, o recurso ordinário pode efetivamente ser interposto por simples petição, desacompanhada das razões, pois esta é a sistemática recursal de interposição dos recursos trabalhistas. Desse modo, não há a necessidade de o recorrente declinar as razões, nem apontar os tópicos que pretende reforma da decisão. Sendo o recurso por simples petição, o efeito devolutivo será amplo, e como é proibida a reforma prejudicial ao recorrente, deverá o Tribunal apreciar todos os tópicos em que o apelante foi prejudicado em sua pretensão.

Nesse sentido é a opinião de *Wagner D. Giglio*[61]:

"Sustentamos até, contra a maioria dos doutrinadores, que a autorização contida no art. 899, da CLT, de interposição dos recursos por simples petição, significa exatamente o que diz: basta uma simples petição para desencadear a revisão do julgado. Mesmo que não se denunciem os motivos da irresignação, o mero pedido de reexame, despido de qualquer fundamentação, é hábil para provocar novo pronunciamento judicial"[62].

No nosso sentir, a razão está com os que pensam que o Recurso Ordinário, diante do que dispõe o art. 899 da CLT, pode ser interposto por petição simples, desacompanhada das razões, sendo, neste caso, como não foram delimitadas as matérias pelo recorrente, o efeito devolutivo amplo do recurso, mas não pode o Tribunal piorar a situação do recorrente, em razão do princípio da proibição da *reformatio in pejus*.

Embora reconheçamos que o referido dispositivo consolidado possa estar desatualizado e muitas vezes ser prejudicial ao recorrente, a finalidade teleológica da Lei foi de, efetivamente, facilitar o acesso à Justiça do Trabalho e propiciar o duplo grau de jurisdição à parte que litiga sem advogado (*jus postulandi* — art. 791 da CLT) e, desse modo, embora sejamos contrários à manutenção do *jus postulandi* da parte no Processo do Trabalho, não se pode negar vigência ao art. 899 da CLT, quando se diz que o art. 791 da CLT, tem plena aplicação.

---

(61) GIGLIO, Wagner D. *et al. Direito processual do trabalho*. 15. ed. São Paulo: Saraiva, 2005. p. 436.

(62) No mesmo sentido, *vide* Manoel Antonio Teixeira Filho (*Sistema dos recursos trabalhistas*. 10. ed. São Paulo: LTr, 2003. p. 104-105).

Em razão dos princípios da celeridade, simplicidade, informalidade e acesso real e efetivo à jurisdição trabalhista (art. 5º, XXXV, da CF), somos forçados a admitir que, no Processo do Trabalho, os recursos são interpostos por simples petição, não precisando o recorrente, no Recurso Ordinário, declinar as razões. Não obstante, se as razões forem declinadas e também as matérias, o Tribunal Regional do Trabalho ficará vinculado à matéria impugnada[63].

O Recurso de Revista, por ser um recurso técnico, em que há necessidade de o recorrente demonstrar os pressupostos específicos de admissibilidade previstos nos arts. 896 e 896-A, ambos da CLT, não há como ser interposto por simples petição. Nesse sentido, foi pacificada a jurisprudência do Tribunal Superior do Trabalho, conforme se constata da redação da Súmula n. 422, *in verbis*:

> RECURSO. APELO QUE NÃO ATACA OS FUNDAMENTOS DA DECISÃO RECORRIDA. NÃO CONHECIMENTO. ART. 514, II, do CPC. (conversão da Orientação Jurisprudencial n. 90 da SDI-2). Não se conhece de recurso para o TST, pela ausência do requisito de admissibilidade inscrito no art. 514, II, do CPC, quando as razões do recorrente não impugnam os fundamentos da decisão recorrida, nos termos em que fora proposta.

Quanto ao Agravo de Petição (art. 897, *a*, da CLT), no nosso sentir, também não há possibilidade de interposição por simples petição, uma vez que o agravante deve preencher o requisito específico do art. 897, § 1º, da CLT, qual seja: delimitar as matérias e valores objeto da controvérsia.

Desse modo, quando o recurso trabalhista exige pressupostos específicos de admissibilidade, não há como se interpretar isoladamente a regra geral do art. 899 da CLT, mas sim em cotejo com os dispositivos que disciplinam os requisitos específicos de admissibilidade do recurso.

Quanto ao recurso extraordinário, ainda que este envolva matéria trabalhista, não é regido pela CLT e, portanto, a formalidade de interposição deve seguir a disciplinada na legislação própria (Constituição Federal, Código de Processo Civil e Regimento Interno do STF).

### 1.6.2.4. Assinatura

O preposto não pode assinar a petição de recurso, pois a preposição se exaure nos atos de audiência. Podem assinar o recurso o reclamante, seu advogado, o reclamado, seu representante legal ou seu advogado.

Nesse sentido, concordamos com a posição de *Cléber Lúcio de Almeida*[64], que assim assevera:

> "O preposto representa a parte em audiência (art. 843, *caput* e § 1º, da CLT), não podendo, com isso, subscrever recurso. A propósito, afirma Wagner D.

---

(63) No Recurso de Revista não se admite a interposição por simples petição, pois se trata de recurso técnico em que o recorrente tem de prequestionar a matéria, apresentando as razões, sob consequência de não conhecimento.

(64) ALMEIDA, Cléber Lúcio de. *Direito processual do trabalho*. Belo Horizonte: Del Rey, 2006. p. 686.

Giglio que 'partes, no processo trabalhista, são empregado e empregador em princípio. Preposto de empregador não é parte, mas apenas representante em audiência. Ora, a lei trabalhista concede *jus postulandi* tão só às partes (CLT, art. 791), e por isso o preposto não pode subscrever recurso. Se o fizesse, estaria usurpando as funções de advogado, exercendo ilegalmente a profissão".

Nesse diapasão, destacamos a seguinte ementa:

> Procuração. Somente poderá assinar recurso advogado habilmente constituído (art. 38, CPC). Não se conhece de recurso assinado por advogado sem procuração nos autos e sem procuração tácita e que junta procuração cinquenta e dois (52) dias após a interposição do recurso, sem ratificar os atos anteriormente praticados. (TRT – 2ª R. – 5ª T. – Ac. n. 02960427100 – Rel. F. Antonio de Oliveira – DJSP 9.9.96 – p. 44).

A jurisprudência, acertadamente, não tem admitido recurso sem assinatura, reputando-o inexistente. Nesse sentido, destacamos a seguinte ementa:

> Recurso apócrifo — Inexistência — Não conhecimento. Não se conhece de recurso principal não assinado pelos procuradores da parte recorrente, que o teriam redigido, eis que, na condição de apócrifo, não tem existência formal, prejudicando o adesivo, condicionado ao conhecimento do principal, em cuja esteira desliza. (TRT 3ª R. – 8ª T. – RO n. 824/2003.092.03.00-2 – Rel. José M. de Campos – DJMG 1º.11.03 – p. 21) (RDT n. 1 – Janeiro de 2004).

O Tribunal Superior do Trabalho pacificou a questão no sentido de ser possível a admissão do recurso desde que haja assinatura na petição de interposição ou na petição das razões. Com efeito, dispõe a OJ n. 120, da SDI-I, do C. TST:

> Recurso. Assinatura da petição ou das razões recursais. Validade. O recurso sem assinatura será tido por inexistente. Será considerado válido o apelo assinado, ao menos, na petição de apresentação ou nas razões recursais.

### 1.6.2.5. Tempestividade

O requisito da tempestividade significa o prazo do recurso.

Os recursos trabalhistas, como regra geral, são interpostos no prazo de 8 dias. Nesse sentido, o art. 6º, da Lei n. 5.584/70, que unificou os prazos recursais trabalhistas, *in verbis*:

> Será de 8 (oito) dias o prazo para interpor e contra-arrazoar qualquer recurso (CLT, art. 893).

Constituem exceção à regra geral do prazo de 8 dias:

a) embargos de declaração: 5 dias, conforme o art. 897-A da CLT;

b) recurso extraordinário: deve ser interposto no prazo de 15 dias, por aplicação do Código de Processo Civil. Embora não seja um recurso trabalhista em sentido estrito, é cabível no Processo do Trabalho.

Os prazos dos recursos são contados excluindo-se o dia do início e incluindo-se o dia do vencimento (art. 775 da CLT). Nesse sentido, a seguinte ementa:

> AGRAVO REGIMENTAL NO AGRAVO DE INSTRUMENTO. TEMPESTIVIDADE. FERIADO LOCAL OU SUSPENSÃO DOS PRAZOS PROCESSUAIS PELO TRIBUNAL *A QUO*. MOMENTO DA COMPROVAÇÃO. 1. Agravo de instrumento apresentado após expirado o prazo recursal. 2. A tempestividade do recurso, em face de eventual feriado local ou suspensão dos prazos processuais pelo Tribunal *a quo*, deve ser comprovada no momento de sua interposição. Agravo regimental a que se nega provimento. (AG. REG. no AI 532.872-6 SP – STF – Eros Grau – Ministro Relator. DJU de 3.8.2007) (DT – Setembro/2007 – vol. 158, p. 203)

## 1.7. Efeitos dos recursos trabalhistas

### 1.7.1. Do efeito devolutivo

O efeito devolutivo significa devolver ao Tribunal a jurisdição para apreciação do recurso. Na verdade, este termo "devolutivo" vem da época em que a jurisdição pertencia ao Rei, que a delegava aos seus prepostos e, quando havia alguma reclamação por parte dos súditos, a jurisdição era devolvida ao Rei, e dessa forma ficou consagrada a expressão efeito devolutivo do recurso.

Como destaca *Manoel Antonio Teixeira Filho*[65], a ideia de devolução nos vem do direito romano antigo, em que o imperador detinha, em caráter monopolístico, o poder de decidir os conflitos de interesses ocorrentes entre os reinóis, delegando-os, em alguns casos, a seus prepostos. Assim, quando a parte não ficava satisfeita com a decisão adotada pelo preposto, apelava ao imperador, devolvendo-lhe, por assim dizer, a jurisdição. Nos termos modernos, entretanto, não faz sentido falar-se em efeito devolutivo, porquanto a atividade jurisdicional não é privativa dos tribunais. Dessarte, não se pode "devolver" aos tribunais aquilo que jamais lhes pertenceu.

Segundo *Rodrigo Barioni*[66], "um dos efeitos dos recursos é o de propiciar o reexame das decisões judiciais. Esse efeito que possibilita novo julgamento de determinadas matérias é denominado efeito devolutivo".

O efeito devolutivo do recurso transfere ao Tribunal o julgamento de determinado recurso, mas nos limites das razões do recorrente. O processo não é devolvido ao Tribunal, pois, se existe uma determinada propriedade do processo, esta pertence ao primeiro grau de jurisdição, pois é lá que o processo começa e termina.

Segundo a doutrina, todos os recursos têm efeito devolutivo no sentido de transferir a outro órgão hierarquicamente superior ao que prolatou a decisão a reapreciação da matéria que fora objeto de impugnação. Para parte da doutrina, os

---

(65) TEIXEIRA FILHO, Manoel Antonio. *Sistema dos recursos trabalhistas*. 10. ed. São Paulo: LTr, 2003. p. 240.
(66) BARIONI, Rodrigo. *Efeito devolutivo da apelação cível*. São Paulo: RT, 2007. p. 33.

embargos de declaração, por serem apreciados pelo mesmo órgão que prolatou a decisão, não possuem efeito devolutivo[67].

Como bem adverte *Ana Cândida Menezes Marcato*[68]: "Já se manifestava Alcides de Mendonça Lima afirmando que 'não se pode ser rigoroso e considerar ver devolução, apenas quando o julgamento se desloca para outro órgão, que não aquele que proferiu a decisão impugnada'. Em função disso, deve-se entender a devolução como sendo a possibilidade de submeter a decisão impugnada ao conhecimento do Poder Judiciário devolvendo-lhe a matéria; em regra, essa reapreciação será feita por órgão diferente daquele que proferiu a decisão recorrida, excepcionalmente, contudo, pelo mesmo órgão".

Como destaca *Nelson Nery Júnior*[69]: "O objeto da devolutividade constitui o mérito do recurso, ou seja, a matéria sobre a qual deve o órgão *ad quem* pronunciar-se, provendo-o ou improvendo-o. As preliminares alegadas normalmente em contrarrazões de recurso, como as de não conhecimento, por exemplo, não integram o efeito devolutivo do recurso, pois são matérias de ordem pública a cujo respeito o tribunal deve *ex officio* pronunciar-se".

Para *Rodrigo Barioni*[70], o efeito devolutivo da apelação é mais amplo, abrangendo também as questões que o Tribunal possa conhecer de ofício. Assevera que o chamado efeito translativo nada mais é do que uma espécie do gênero efeito devolutivo.

Pensamos que a razão está com o professor *Nery Júnior*, pois as matérias abrangidas pelo efeito devolutivo devem ser invocadas pelo recorrente, em razão do princípio do dispositivo que marca tal efeito recursal. As matérias que o Tribunal pode conhecer de ofício, como as preliminares e a prescrição, não estão abrangidas pelo efeito devolutivo, integrando o chamado efeito translativo da apelação.

Como bem advertem *Gilson Delgado Miranda* e *Patrícia Miranda Pizzol*[71], "apenas o mérito do recurso integra o efeito devolutivo, não o integrando a matéria de admissibilidade (não se há que falar em devolução, pois se trata de matéria de ordem pública, que órgão jurisdicional deve conhecer de ofício)".

---

(67) Nesse sentido é a posição de Ana Cândida Menezes Marcato: "Em nosso sentir, está com a razão parcela da doutrina que entende que os embargos de declaração não são dotados de efeito devolutivo: em primeiro lugar, este efeito pressupõe dois órgãos jurisdicionais distintos (ainda que não possuam graduação hierárquica); ademais, diante da ausência de cassação e substituição da decisão recorrida — que são características básicas da natureza recursal e da devolutividade —, fica difícil enxergar um traço de devolução nesse recurso" (*O princípio do duplo grau de jurisdição e a reforma do Código de Processo Civil*. São Paulo: Atlas, 2006. p. 118).

(68) MARCATO, Ana Cândida Menezes. *O princípio do duplo grau de jurisdição e a reforma do Código de Processo Civil*. São Paulo: Atlas, 2006. p. 117.

(69) NERY JÚNIOR, Nelson. *Teoria geral dos recursos*. 6. ed. São Paulo: RT, 2004. p. 430.

(70) BARIONI, Rodrigo. *Efeito devolutivo da apelação civil*. São Paulo: RT, 2007. p. 42.

(71) MIRANDA, Gilson Delgado; PIZZOL, Patrícia Miranda. *Recursos no processo civil*. 5. ed. São Paulo: Atlas, p. 35.

Pensamos que o efeito devolutivo abrange toda a matéria impugnada, e essa é a regra geral, o que significa dizer que o efeito devolutivo fica balizado pela matéria impugnada. As questões suscitadas pelas partes que não foram decididas por inteiro, bem como os fundamentos da inicial e defesa não levados em consideração na sentença ficam abrangidas pelo efeito devolutivo por expressa previsão dos §§ 1º e 2º do art. 515 do CPC. Desse modo, se a defesa tiver dois fundamentos *a* e *b*, e a sentença acolher o fundamento *a*, o fundamento *b* será transferido ao Tribunal em razão do efeito devolutivo da apelação.

Segundo *Gilson Delgado e Patrícia Miranda Pizzol*[72], "a extensão do efeito devolutivo não pode ultrapassar a matéria impugnada, ou seja, se o recurso for parcial (art. 505), a matéria não impugnada (parte da decisão aceita tácita ou expressamente) não será devolvida ao órgão *ad quem*".

Desse modo, o Tribunal *a quo* fica vinculado à matéria objeto de impugnação. Sendo assim, o efeito devolutivo ao recurso ordinário deve estar balizado pelos seguintes princípios:

a) dispositivo: a impugnação das matérias depende de iniciativa da parte, não podendo o Tribunal agir de ofício;

b) proibição da *reformatio in pejus*: por este princípio o Tribunal, ao julgar a apelação, não pode agravar a situação do apelante.

Como adverte *José Carlos Barbosa Moreira*[73], "a extensão do efeito devolutivo determina-se pela extensão da impugnação: *tantum devolutum quantum appellatum*. É o que estabelece o dispositivo ora comentado, quando defere ao tribunal o conhecimento da matéria impugnada".

A doutrina costuma classificar os limites do efeito devolutivo da apelação em a) extensão ou horizontal e b) vertical ou profundidade.

No aspecto horizontal ou de extensão, é necessário aquilatar se a decisão do Tribunal abrangerá a mesma quantidade de matérias apreciadas pela sentença de origem.

O aspecto horizontal do efeito devolutivo está previsto no *caput* do art. 515 do CPC, que dispõe:

"A apelação devolverá ao tribunal o conhecimento da matéria impugnada".

Como explica *Marcus Vinícios Rios Gonçalves*[74]: "O recorrente deve indicar a parte do dispositivo contra a qual se insurge. Formulados dois pedidos na inicial, ambos rejeitados pela sentença, se o autor recorrer apenas de um, somente ele, e

---

(72) *Op. cit.*, p. 35.
(73) BARBOSA MOREIRA, José Carlos. *Comentários ao Código de Processo Civil*. v. V, 12. ed. Rio de Janeiro: Forense, 2005. p. 431.
(74) GONÇALVES, Marcus Vinícios Rios. *Novo curso de direito processual civil*. V. 2. 3. ed. São Paulo: Saraiva, 2007. p. 76.

não o outro, poderá ser apreciado pelo Tribunal. A extensão da devolutividade é limitada por aquilo que é postulado no recurso. Se se recorre de apenas uma das partes, somente ela será reexaminada".

Quanto ao aspecto vertical, analisa-se se o Tribunal pode examinar se todas as questões enfrentadas pela sentença podem ou não ser reapreciadas pelo Tribunal. Como destaca *Barbosa Moreira*[75]: "Hão de ser examinadas questões que o órgão *a quo*, embora pudesse ou devesse apreciar, de fato não examinou".

O aspecto vertical do efeito devolutivo está disciplinado nos §§ 1º e 2º do art. 515 do CPC, assim redigidos: "§ 1º – Serão, porém, objeto de apreciação e julgamento pelo tribunal todas as questões suscitadas e discutidas no processo, ainda que a sentença não as tenha julgado por inteiro. § 2º – Quando o pedido ou a defesa tiver mais de um fundamento e o juiz acolher apenas um deles, a apelação devolverá ao tribunal o conhecimento dos demais".

Como decorrência do princípio da persuasão racional previsto no art. 131 do CPC[76], o Juiz não está obrigado a responder a todas as indagações das partes, tampouco mencionar, no corpo da fundamentação da sentença, todas as provas e todas as razões aduzidas pelas partes, deve, entretanto, mencionar na decisão quais foram as teses jurídicas e as provas que o convenceram. Outrossim, todos os pedidos devem ser apreciados, sob consequência de nulidade da decisão.

Conforme os referidos §§ 1º e 2º do art. 515 do CPC, o Tribunal pode apreciar as teses da inicial e defensivas que não foram levadas em conta pela sentença como razões de decidir. Vale dizer: todas as teses jurídicas discutidas nos autos são transferidas ao Tribunal, bem como todas as provas produzidas nos autos, quer documental, oral ou pericial, também são transferidas ao órgão *ad quem*, ainda que não levadas em consideração para formar a convicção do juízo *a quo*.

De outro lado, como bem adverte *Marcus Vinícios Rios Gonçalves*[77], os §§ 2º e 3º do art. 515 do CPC só podem referir-se aos fundamentos da pretensão e da defesa, porque os pedidos têm de ser todos apreciados na sentença, sob pena de ela ser considerada *citra petita*, mas os fundamentos não. Basta que ela aprecie os que são suficientes para o acolhimento ou rejeição do pedido.

Como bem concluem *Fredie Didier Júnior* e *Leonardo José Carneiro da Cunha*[78]:

"(...) Enquanto a extensão é fixada pelo recorrente, a profundidade decorre de previsão legal. Impõe-se, ainda, aduzir que o efeito devolutivo da apelação

---

(75) *Op. cit.*, p. 431.
(76) Art. 131 do CPC: "O juiz apreciará livremente a prova, atendendo aos fatos e circunstâncias constantes dos autos, ainda que não alegados pelas partes; mas deverá indicar, na sentença, os motivos que lhe formaram o convencimento. (Redação dada pela Lei n. 5.925, de 1973)".
(77) *Op. cit.*, p. 79.
(78) DIDIER JÚNIOR, Fredie; CUNHA, Leonardo José Carneiro da. *Curso de direito processual civil*. V. 3. Bahia: Jus Podivm, 2006. p. 86-87.

é de argumentação livre, de sorte que ao apelante é lícito valer-se de qualquer argumento para atacar a sentença recorrida, não estando vinculado a determinado tipo de matéria, nem devendo submeter-se a alguma espécie de prequestionamento".

Como a CLT é omissa quanto à extensão e profundidade do efeito devolutivo no Recurso Ordinário (art. 895 da CLT), restam aplicáveis, por força do art. 769 da CLT, o *caput* e os §§ 1º e 2º, do art. 515 do CPC[79].

Nesse sentido é a Súmula n. 393 do TST:

> RECURSO ORDINÁRIO. EFEITO DEVOLUTIVO EM PROFUNDIDADE. ART. 515, § 1º, DO CPC (redação alterada pelo Tribunal Pleno na sessão realizada em 16.11.2010) – Res. n. 169/2010, DEJT divulgado em 19, 22 e 23.11.2010. O efeito devolutivo em profundidade do recurso ordinário, que se extrai do § 1º do art. 515 do CPC, transfere ao Tribunal a apreciação dos fundamentos da inicial ou da defesa, não examinados pela sentença, ainda que não renovados em contrarrazões. Não se aplica, todavia, ao caso de pedido não apreciado na sentença, salvo a hipótese contida no § 3º do art. 515 do CPC.

### 1.7.2. Efeito translativo

A doutrina costuma denominar o efeito translativo da apelação ou do recurso ordinário trabalhista como sendo a possibilidade de o Tribunal conhecer de matérias não invocadas pelo apelante no corpo da apelação.

Nesse sentido, ensina *Nelson Nery Júnior*[80]: "Dá-se o efeito translativo, quando o sistema autoriza o tribunal a julgar fora do que consta das razões ou contrarrazões do recurso, ocasião em que não se pode falar em julgamento *ultra*, *extra* ou *infra petita*. Isso normalmente ocorre com questões de ordem pública, que devem ser conhecidas de ofício pelo juiz e a cujo respeito se opera a preclusão (*v. g.*, CPC, arts. 267, § 3º, e 301, § 4º)".

Como mencionado no tópico anterior, não há consenso na doutrina de ser o efeito translativo um efeito próprio da apelação ou componente do próprio efeito devolutivo. Sendo assim, a possibilidade de o Tribunal conhecer de matérias não invocadas pelo apelante compõe o aspecto vertical do efeito devolutivo ou sua profundidade.

Como tem acentuado a melhor doutrina, a extensão do efeito devolutivo é fixada pela parte, segundo o princípio *tantum devoluttum quantum apellatum*, mas a profundidade deste efeito é a Lei que determina.

As preliminares são defesas de natureza processual que visam à extinção da relação jurídica processual sem resolução do mérito; também chamadas pela doutrina de exceções peremptórias ou defesas indiretas de cunho processual.

---

(79) No mesmo sentido, vide José Augusto Rodrigues Pinto (*Manual dos recursos nos dissídios do trabalho*. São Paulo: LTr, 2006. p. 227).

(80) NERY JÚNIOR, Nelson et al. *Código de Processo Civil comentado e legislação processual em vigor*. 7. ed. São Paulo: RT, 2003. p. 851.

As matérias preliminares estão previstas no art. 301 do CPC. Com efeito, dispõe o art. 301 do CPC: "Compete ao réu, antes de discutir o mérito, alegar: I – inexistência ou nulidade da citação; II – incompetência absoluta; III – inépcia da inicial; IV – perempção; V – litispendência; VI – coisa julgada; VII – conexão; VIII – incapacidade da parte, defeito de representação ou falta de autorização; IX – convenção de arbitragem; X – carência de ação; XI – falta de caução ou de outra prestação, que a lei exige como preliminar."

### 1.7.3. Regressivo

O efeito regressivo do recurso significa a possibilidade de o próprio órgão que prolatou a decisão retratar-se, voltar atrás.

Tal efeito configura exceção à regra segundo a qual, quando o Juiz prolata a decisão, termina seu ofício jurisdicional, conforme o art. 463 do CPC, que assim dispõe: "Publicada a sentença, o juiz só poderá alterá-la: I – para lhe corrigir, de ofício ou a requerimento da parte, inexatidões materiais, ou lhe retificar erros de cálculo; II – por meio de embargos de declaração".

Nesse sentido é o art. 285-A do CPC: "Quando a matéria controvertida for unicamente de direito e no juízo já houver sido proferida sentença de total improcedência em outros casos idênticos, poderá ser dispensada a citação e proferida sentença, reproduzindo-se o teor da anteriormente prolatada. § 1º – Se o autor apelar, é facultado ao juiz decidir, no prazo de 5 (cinco) dias, não manter a sentença e determinar o prosseguimento da ação. § 2º – Caso seja mantida a sentença, será ordenada a citação do réu para responder ao recurso".

Nesse sentido, o art. 296 do CPC: "Indeferida a petição inicial, o autor poderá apelar, facultado ao juiz, no prazo de 48 (quarenta e oito) horas, reformar sua decisão. Parágrafo único. Não sendo reformada a decisão, os autos serão imediatamente encaminhados ao tribunal competente".

### 1.7.4. Substitutivo

Naquilo que foi objeto do recurso, o acórdão substitui a decisão dada na instância inferior.

Mesmo que o acórdão confirme a sentença pelos próprios fundamentos, haverá substituição integral da sentença.

Dispõe nesse sentido o art. 512 do CPC:

> O julgamento proferido pelo tribunal substituirá a sentença ou a decisão recorrida no que tiver sido objeto de recurso.

Como bem adverte *Nelson Nery Júnior*[81], "somente haverá substituição se o recurso for conhecido. O julgamento do mérito do recurso substitui a decisão recorrida.

---
(81) NERY JÚNIOR, Nelson. *Código de Processo Civil comentado*. 7. ed. São Paulo: RT, 2003. p. 879.

Verifica-se a substituição quando: a) em qualquer hipótese (*error in judicando* ou *in procedendo*), for negado provimento ao recurso; b) em caso de *error in judicando*, for dado provimento ao recurso. Ainda que a decisão recursal negue provimento ao recurso, ou, na linguagem inexata, mas corrente, 'confirme' a decisão recorrida, existe o efeito substitutivo, de sorte que o que passa a valer e ter eficácia é a decisão substitutiva e não a decisão 'confirmada'. Com muito maior razão a substitutividade se dá quando a decisão recursal dá provimento ao recurso".

### 1.7.5. Suspensivo

O efeito suspensivo do recurso suspende a eficácia da decisão enquanto não for julgado o recurso em face dela interposto.

Como destaca *José Janguiê Bezerra Diniz*[82], "o efeito suspensivo é uma qualidade do recurso que adia a produção dos efeitos da decisão impugnada assim que interposto o recurso, qualidade que perdura até que transite em julgado a decisão sobre o recurso".

No Processo do Trabalho, os recursos, como regra geral, não têm efeito suspensivo. Sendo assim, a sentença trabalhista pode ser executada provisoriamente, conforme previsão do art. 899 da CLT.

De outro lado, em se tratando de dissídio coletivo, há a possibilidade de se deferir efeito suspensivo ao recurso ordinário, nos termos da Lei n. 10.192, de 14.2.2001.

A jurisprudência tem admitido, em algumas hipóteses em que a execução provisória da sentença possa acarretar danos irreparáveis ao reclamado, a propositura de medida cautelar inominada para se obter efeito suspensivo ao recurso que tem apenas efeito devolutivo.

Nesse sentido é a Súmula n. 414 do TST, *in verbis*:

> MANDADO DE SEGURANÇA. ANTECIPAÇÃO DE TUTELA (OU LIMINAR) CONCEDIDA ANTES OU NA SENTENÇA. (conversão das Orientações Jurisprudenciais ns. 50, 51, 58, 86 e 139 da SDI-2). I – A antecipação da tutela concedida na sentença não comporta impugnação pela via do mandado de segurança, por ser impugnável mediante recurso ordinário. A ação cautelar é o meio próprio para se obter efeito suspensivo a recurso. (ex-OJ n. 51 – inserida em 20.9.00); II – No caso da tutela antecipada (ou liminar) ser concedida antes da sentença, cabe a impetração do mandado de segurança, em face da inexistência de recurso próprio. (ex-OJs ns. 50 e 58 – ambas inseridas em 20.09.00); III – A superveniência da sentença, nos autos originários, faz perder o objeto do mandado de segurança que impugnava a concessão da tutela antecipada (ou liminar). (ex-OJs n. 86 – inserida em 13.3.02 e n. 139 – DJ 4.5.04)

No mesmo sentido, a seguinte ementa:

> Dar-se-á efeito suspensivo a recurso, somente em caso excepcional, quando o impetrante consegue comprovar a ilegalidade do ato ou abuso de poder de que tenha

---

(82) BEZERRA DINIZ, José Janguiê. *Recursos no processo do trabalho*. 4. ed. São Paulo: LTr, 2005. p. 53.

se originado o seu direito líquido e certo de ver suspensa a execução, bem como o dano grave, ou de difícil reparação. A citada hipótese não se ajusta ao caso presente. Recurso desprovido. (TST – SDI – Ac. n. 848/95 – Rel. Min. José F. da Silva – DJ 12.5.95 – p. 12.231)

## 1.8. Do processamento dos recursos trabalhistas

O recurso é interposto para o Tribunal do qual se recorre (*a quo*), requerendo o recorrente que o recurso seja encaminhado para o Tribunal competente para apreciá-lo (*ad quem*).

Uma vez interposto o recurso, o Juízo do qual se recorre apreciará se estão presentes os pressupostos recursais. Em caso afirmativo, notificará o recorrido para contra-arrazoar o recurso.

Nesse sentido, dispõe o art. 900 da CLT: "Interposto o recurso, será notificado o recorrido para oferecer as suas razões, em prazo igual ao que tiver o recorrente".

Os pressupostos recursais são apreciados pelo Juízo *a quo*, devendo ser reapreciados pelo Juízo *ad quem*, que não está vinculado à apreciação feita pela instância inferior.

Salvo se o prazo for comum, o advogado da parte poderá retirar os autos da Secretaria para elaborar o recurso. Nesse sentido, dispõe o art. 901 da CLT, *in verbis*:

> Sem prejuízo dos prazos previstos neste Capítulo, terão as partes vistas dos autos em cartório ou na secretaria. Parágrafo único. Salvo quando estiver correndo prazo comum, aos procuradores das partes será permitido ter vista dos autos fora do cartório ou secretaria.

No Tribunal, o recurso será distribuído imediatamente ao relator (art. 93, XV, da CF). O sistema de distribuição dos processos é regido pelo Regimento Interno de cada TRT. Entretanto, deverá haver sorteio do relator. Nesse sentido, dispõe o art. 548 do CPC, *in verbis*:

> Far-se-á a distribuição de acordo com o regimento interno do tribunal, observando-se os princípios da publicidade, da alternatividade e do sorteio.

Conforme o art. 549 do CPC, "distribuídos, os autos subirão, no prazo de 48 (quarenta e oito) horas, à conclusão do relator, que, depois de estudá-los, os restituirá à secretaria com o seu 'visto'. Parágrafo único. O relator fará nos autos uma exposição dos pontos controvertidos sobre que versar o recurso".

No processo civil, dispõe o art. 551 sobre o revisor, com o seguinte teor:

> Tratando-se de apelação, de embargos infringentes e de ação rescisória, os autos serão conclusos ao revisor. § 1º Será revisor o juiz que se seguir ao relator na ordem descendente de antiguidade. § 2º O revisor aporá nos autos o seu 'visto', cabendo-lhe pedir dia para julgamento. § 3º Nos recursos interpostos nas causas de procedimentos sumários, de despejo e nos casos de indeferimento liminar da petição inicial, não haverá revisor. (Redação dada pela Lei n. 8.950, de 13.12.94)

No Processo do Trabalho, a questão do revisor é disciplinada nos Regimentos Internos dos TRTs, não sendo obrigatória sua existência. Nesse sentido, vale destacar a seguinte ementa:

> Processo do trabalho — Recurso ordinário — Ausência de revisor — Aplicação do art. 551 do CPC — Hipótese de silêncio eloquente do legislador consolidado — Não aplicação da supletividade prevista no art. 769 da CLT. O julgador somente poderá importar regras do direito processual comum, para inserção no processo do trabalho, de forma subsidiária e, mesmo assim, deve cuidar para que não haja incompatibilidade (CLT, art. 769). Não basta, portanto, a simples omissão do texto consolidado. É preciso que a regra a ser importada não se contraponha não só aos preceitos expressos, mas também, e sobretudo, aos princípios do processo laboral. Portanto, o juiz deve distinguir os casos de omissão daqueles típicos de silêncio eloquente. Assim, considerando que um dos princípios informadores do processo do trabalho é o da celeridade, há que se concluir que quando o legislador consolidado, ao tratar do recurso ordinário, não cuidou da figura do revisor, o fez de forma proposital, a fim de prestigiar a agilidade na tramitação processual. Caso típico de silêncio eloquente e não de omissão, motivo por que não há como se aplicar, de forma supletiva, a regra contida no art. 551 do CPC. Nulidade não configurada. (TRT 15ª R. – 2ª T. – ED n. 1360/2005.105.15.00-0 – Rel. Luiz José Dezena da Silva – DJ 14.7.06 – p. 17) (RDT n. 8 – agosto de 2006)

Após o voto do revisor, se sua previsão houve no Regimento Interno do Tribunal, irá o recurso para a sessão de julgamento.

Nos termos do art. 554 do CPC, "na sessão de julgamento, depois de feita a exposição da causa pelo relator, o presidente, se o recurso não for de embargos declaratórios ou de agravo de instrumento, dará a palavra, sucessivamente, ao recorrente e ao recorrido, pelo prazo improrrogável de 15 (quinze) minutos para cada um, a fim de sustentarem as razões do recurso".

Conforme o art. 556 do CPC, "proferidos os votos, o presidente anunciará o resultado do julgamento, designando para redigir o acórdão o relator, ou, se este for vencido, o autor do primeiro voto vencedor. Parágrafo único. Os votos, acórdãos e demais atos processuais podem ser registrados em arquivo eletrônico inviolável e assinados eletronicamente, na forma da lei, devendo ser impressos para juntada aos autos do processo quando este não for eletrônico". (Incluído pela Lei n. 11.419/06 – DOU 20.12.06, em vigor 90 dias após sua publicação).

## 1.9. Do art. 557 do CPC (majoração dos poderes do relator)

Dispõe o art. 557 do CPC:

> O relator negará seguimento a recurso manifestamente inadmissível, improcedente, prejudicado ou em confronto com súmula ou com jurisprudência dominante do respectivo tribunal, do Supremo Tribunal Federal, ou de Tribunal Superior. (Redação dada pela Lei n. 9.756, de 17.12.98) § 1º-A – Se a decisão recorrida estiver em manifesto confronto com súmula ou com jurisprudência dominante do Supremo Tribunal Federal, ou de Tribunal Superior, o relator poderá dar provimento ao recurso.

(Incluído pela Lei n. 9.756, de 17.12.98) § 1º Da decisão caberá agravo, no prazo de cinco dias, ao órgão competente para o julgamento do recurso, e, se não houver retratação, o relator apresentará o processo em mesa, proferindo voto; provido o agravo, o recurso terá seguimento. (Incluído pela Lei n. 9.756, de 17.12.98) § 2º Quando manifestamente inadmissível ou infundado o agravo, o tribunal condenará o agravante a pagar ao agravado multa entre um e dez por cento do valor corrigido da causa, ficando a interposição de qualquer outro recurso condicionada ao depósito do respectivo valor. (Incluído pela Lei n. 9.756, de 17.12.98).

O referido dispositivo tem por finalidade agilizar a tramitação dos processos no segundo grau de jurisdição, majorando os poderes do relator do processo. Pode-se questionar a constitucionalidade do referido dispositivo legal, uma vez que se trata de decisão monocrática do relator, sem manifestação dos demais desembargadores da turma. Não obstante, já está praticamente pacificado pela doutrina e jurisprudência o entendimento de que não há necessidade de a decisão do segundo grau de jurisdição ser colegiada, apenas que ela seja proferida por magistrado de 2º grau.

O citado art. 557 do CPC é compatível com o processo do trabalho, por força do art. 769 da CLT, uma vez que se trata de regra procedimental dos recursos e há omissão da CLT no aspecto.

No aspecto, vale destacar a OJ n. 73, da SDI-II do Tribunal Superior do Trabalho, *in verbis*:

> **Art. 557 do CPC. Constitucionalidade.** (Inserida em 8.11.2000). Não há como se cogitar da inconstitucionalidade do art. 557 do CPC, meramente pelo fato de a decisão ser exarada pelo Relator, sem a participação do Colegiado, porquanto o princípio da publicidade insculpido no inciso IX do art. 93 da CF/88 não está jungido ao julgamento pelo colegiado e sim ao acesso ao processo pelas partes, seus advogados ou terceiros interessados, direito preservado pela Lei n. 9.756/98, ficando, outrossim, assegurado o acesso ao colegiado através de agravo.

O dispositivo se aplica tanto aos Tribunais Regionais do Trabalho como ao Tribunal Superior do Trabalho. Desse modo, tanto o desembargador relator no TRT como o ministro relator no TST, poderão negar seguimento a recurso manifestamente inadmissível, improcedente, prejudicado ou em confronto com súmula ou com jurisprudência dominante do respectivo tribunal, do Supremo Tribunal Federal, ou de Tribunal Superior e também Súmula do Tribunal Superior do Trabalho. De outro lado, se a decisão recorrida estiver em manifesto confronto com súmula ou com jurisprudência dominante do Supremo Tribunal Federal, ou de Tribunal Superior (STJ e TST), o relator poderá dar provimento ao recurso.

O Tribunal Superior do Trabalho firmou entendimento a respeito, por meio do inciso III, da Instrução Normativa n. 17/2000, que assim dispõe:

> Aplica-se ao processo do trabalho o *caput* do art. 557 do Código de Processo Civil, com a redação dada pela Lei n. 9.756/98, salvo no que tange aos recursos de revista, embargos e agravo de instrumento, os quais continuam regidos pelo § 5º do art. 896 da Consolidação das Leis do Trabalho — CLT, que regulamenta as hipóteses de negativa de seguimento a recurso.

Assim, ressalvadas as exceções apontadas, o relator negará seguimento a recurso manifestamente inadmissível, improcedente, prejudicado ou em confronto com súmula ou com jurisprudência dominante do respectivo Tribunal, do Supremo Tribunal Federal ou de Tribunal Superior.

Outrossim, aplicam-se ao processo do trabalho os §§ 1º-A e 1º e 2º do art. 557 do Código de Processo Civil, adequando-se o prazo do agravo à sistemática do processo do trabalho (oito dias).

Desse modo, se a decisão recorrida estiver em manifesto confronto com súmula ou com jurisprudência dominante do Supremo Tribunal Federal ou de Tribunal Superior, o relator poderá dar provimento ao recurso, cabendo agravo, no prazo de oito dias, ao órgão competente para o julgamento do recurso. Se não houver retratação, o relator, após incluir o processo em pauta, proferirá o voto. Provido o agravo, o recurso terá seguimento.

Diante da referida Instrução Normativa, pensamos não haver óbice para a aplicação do art. 557 do CPC, em todos os recursos do Processo do Trabalho, inclusive quanto aos recursos de revista, de embargos e de agravo de instrumento, naquilo que não estiver regulamentado na CLT, pois se trata de providência destinada a agilizar a tramitação dos recursos inclusive no TST.

Em face de decisão do relator, caberá o Agravo (normalmente chamado no processo do trabalho de Agravo Interno ou Regimental) para a turma competente para julgamento do recurso no Tribunal, no prazo de 08 dias. Uma vez recebido o Agravo, o relator poderá retratar-se (efeito regressivo). Embora o § 1º preveja o prazo de 05 dias, ele deve ser compatibilizado com os prazos recursais trabalhistas e, portanto, o prazo de 08 dias (Lei n. 5.584/70) deve ser aplicado no âmbito do processo do trabalho.

Dispõe a Súmula n. 421 do Tribunal Superior do Trabalho:

EMBARGOS DECLARATÓRIOS CONTRA DECISÃO MONOCRÁTICA DO RELATOR CALCADA NO ART. 557 DO CPC. CABIMENTO (conversão da Orientação Jurisprudencial n. 74 da SBDI-2) – Res. n. 137/2005, DJ 22, 23 e 24.8.2005.

I – Tendo a decisão monocrática de provimento ou denegação de recurso, prevista no art. 557 do CPC, conteúdo decisório definitivo e conclusivo da lide, comporta ser esclarecida pela via dos embargos de declaração, em decisão aclaratória, também monocrática, quando se pretende tão somente suprir omissão e não, modificação do julgado.

II – Postulando o embargante efeito modificativo, os embargos declaratórios deverão ser submetidos ao pronunciamento do Colegiado, convertidos em agravo, em face dos princípios da fungibilidade e celeridade processual. (ex-OJ n. 74 da SBDI-2 – inserida em 8.11.2000).

Segundo a referida Súmula, são cabíveis embargos de declaração em face da decisão do relator que contiver omissões, obscuridades ou contradições. Entretanto, se a intenção do recorrente for obter efeito modificativo da decisão do relator, deverá interpor o agravo regimental. Se opuser embargos para obtenção de efeito modificativo, a relator, à luz do princípio da fungibilidade recursal, convolará os embargos de declaração em agravo.

O próprio TST tem aplicado o art. 557 em recursos de revista e agravos de instrumento, conforme se constata das seguintes ementas:

> AGRAVO. AGRAVO DE INSTRUMENTO EM RECURSO DE REVISTA. APELO DESFUNDAMENTADO. SÚMULA N. 422 DO TST. TERCEIRIZAÇÃO ILÍCITA DE MÃO DE OBRA. RESPONSABILIDADE SUBSIDIÁRIA DO ENTE PÚBLICO TOMADOR DOS SERVIÇOS. SÚMULA N. 331, IV, DO TST. Não merece reparos a decisão monocrática que negou seguimento ao Agravo de Instrumento com fulcro no art. 557 do CPC, pois o Agravo de Instrumento da Reclamada não lograva ultrapassar a barreira da Súmula n. 422 do TST. Ademais, o Regional decidiu a controvérsia nos exatos limites da Súmula n. 331, IV, do TST, atribuindo responsabilidade subsidiária ao ente público tomador dos serviços do Reclamante. Agravo não provido. (Processo: A-AIRR - 407/2001-201-18-00.0 – Data de Julgamento: 7.10.2009 – Rel. Min. Márcio Eurico Vitral Amaro, 8ª Turma, Data de Divulgação: DEJT 9.10.2009)

> AGRAVO. DECISÃO MONOCRÁTICA. PRELIMINAR. CERCEAMENTO DO DIREITO DE DEFESA. IMPOSSIBILIDADE DE, OUTRA VEZ, SE JULGAR MONOCRATICAMENTE. Não há que se falar em ofensa ao devido processo legal, ante a reconsideração parcial da decisão monocrática proferida, uma vez que a prerrogativa da reconsideração encontra previsão legal no § 1º do art. 557 do CPC. Ao proferir o juízo de retratação, as razões de agravo deixaram de ser analisadas, reautuando-se os autos para regular julgamento do recurso de revista. Não importa em prejuízo à parte que uma nova decisão em recurso de revista seja proferida monocraticamente, pois não há óbice à interposição de novo recurso, no caso, o agravo. Nega-se provimento. QUITAÇÃO. EFEITOS. SÚMULA N. 330 DO TRIBUNAL SUPERIOR DO TRABALHO. A quitação de que trata a Súmula n. 330 desta Corte tem eficácia plena apenas quanto às parcelas — assim entendidas, verba e valor — discriminadas no termo rescisório, desde que não haja ressalva expressa e especificada no tocante ao *quantum* dado à parcela. Se o Regional enfrenta a matéria em sua generalidade, sem especificar quais verbas objeto da reclamação trabalhista estariam constando do recibo de quitação, somente é possível proceder ao exame do recurso de revista mediante a análise do conteúdo do termo de quitação, o que constitui procedimento contrário ao teor da Súmula n. 126 desta Corte. Nega-se provimento integralmente. (Processo: A-ED-RR – 642961/2000.7 – Data de Julgamento: 30.9.2009, Rel. Min. Emmanoel Pereira, 5ª Turma, Data de Divulgação: DEJT 9.10.2009)

> AGRAVO EM AGRAVO DE INSTRUMENTO EM RECURSO DE REVISTA. NEGATIVA DE PRESTAÇÃO JURISDICIONAL. COMISSÕES. JORNADA DE TRABALHO. AGRAVO DE INSTRUMENTO DESFUNDAMENTADO. SÚMULA N. 422 DO TST. A reclamada não infirmou os fundamentos do despacho que denegou seguimento ao recurso de revista. Correta a aplicação da Súmula n. 422 desta Corte e a negativa de seguimento do recurso na forma do art. 557 do CPC. Recurso manifestamente infundado. Aplica-se a multa prevista no art. 557, § 2º, do CPC, em benefício da reclamante. Agravo a que se nega provimento. (Processo: A-AIRR – 23537/2000-001-09-00.3 – Data de Julgamento: 30.9.2009 – Rel. Min. Pedro Paulo Manus – 7ª Turma – Data de Divulgação: DEJT 9.10.2009)

# 2ª Parte – Dos Recursos Trabalhistas em Espécie

## 2.1. Do recurso ordinário
### 2.1.1. Conceito e requisitos

Recurso ordinário é a medida recursal cabível em face da sentença de primeiro grau, proferida pela Vara do Trabalho, seja de mérito, ou não. Quando a sentença é de mérito, diz a doutrina que ela é definitiva, e quando não aprecia o mérito, recebe a denominação terminativa.

Diz o art. 895 da CLT, com a redação dada pela Lei n. 11.925/09:

> Cabe recurso ordinário para a instância superior: I – das decisões definitivas ou terminativas das Varas e Juízos, no prazo de 8 (oito) dias; e II – das decisões definitivas ou terminativas dos Tribunais Regionais, em processos de sua competência originária, no prazo de 8 (oito) dias, quer nos dissídios individuais, quer nos dissídios coletivos.

Dizia o art. 895 da CLT, em sua redação original:

> Cabe recurso ordinário para a instância superior: a) das decisões definitivas das Juntas e Juízos, no prazo de 08 (oito) dias; b) das decisões definitivas dos Tribunais Regionais em processos de sua competência originária, no prazo de 8 (oito) dias, quer nos dissídios individuais, quer nos dissídios coletivos.

Mesmo diante da redação antiga do art. 895 da CLT, pensávamos que a expressão *decisões definitivas das Juntas* deveria ser interpretada como sendo a sentença proferida pelas Varas do Trabalho, ou seja, a decisão final que põe termo à fase de conhecimento do processo. Embora o art. 895 da CLT se referisse à sentença definitiva, não se poderia interpretar o referido dispositivo de forma literal, pois, tecnicamente, sentença definitiva é a que aprecia o mérito da causa. No entanto, o recurso ordinário é cabível, tanto das decisões definitivas da Vara, ou seja, que enfrentam o mérito, como também das chamadas decisões terminativas ou processuais, que extinguem o processo sem resolução de mérito, baseadas em algumas das hipóteses do art. 267 do CPC.

A presente alteração legislativa corrigiu a redação do art. 895 da CLT em dois aspectos, quais sejam: a) deixou expresso o cabimento de recurso ordinário para as decisões definitivas e terminativas das Varas do Trabalho e dos TRTs em causas de sua competência originária; b) fez adequação da expressão Junta de Conciliação e Julgamento para Varas do Trabalho, conforme a EC n. 24/99, que extinguiu a representação classista na Justiça do Trabalho.

A Consolidação das Leis do Trabalho não define o conceito de sentença. Desse modo, resta aplicável ao Processo do Trabalho (art. 769 da CLT) a definição de sentença prevista no art. 162 do CPC.

O CPC de 1973, no art. 162, § 1º, fixava o conceito de sentença como sendo o ato pelo qual o Juiz põe termo ao processo decidindo ou não o mérito da causa.

Atualmente, a Lei n. 11.232/05 alterou o conceito de sentença, pois extinguiu o processo de execução para título executivo judicial, e estabeleceu a fase de cumprimento de sentença, consagrando o chamado sincretismo processual. Desse modo, para a execução de sentença, não há mais um processo autônomo e burocrático de execução, mas sim uma fase de cumprimento da sentença. Sendo assim, a sentença não extingue mais o processo, mas sim o seu cumprimento.

Dispõe o § 1º do art. 162 do CPC, com a redação dada pela Lei n. 11.232/2005: "Sentença é o ato do juiz que implica alguma das situações previstas nos arts. 267 e 269 desta Lei".

Conforme se constata da redação do citado dispositivo legal, a sentença não põe mais fim ao Processo, mas implica uma das hipóteses do art. 267 do CPC[83], que consagra as hipóteses de extinção do processo sem resolução do mérito, ou do art. 269 do CPC[84], que estabelece as hipóteses de resolução do mérito.

---

(83) Diz o art. 267 do CPC: "Extingue-se o processo, sem resolução de mérito: (Redação dada pela Lei n. 11.232/05 – DOU de 23.12.05)

I – quando o juiz indeferir a petição inicial;

II – quando ficar parado durante mais de 1 (um) ano por negligência das partes;

III – quando, por não promover os atos e diligências que lhe competir, o autor abandonar a causa por mais de 30 (trinta) dias;

IV – quando se verificar a ausência de pressupostos de constituição e de desenvolvimento válido e regular do processo;

V – quando o juiz acolher a alegação de perempção, litispendência ou de coisa julgada;

VI – quando não concorrer qualquer das condições da ação, como a possibilidade jurídica, a legitimidade das partes e o interesse processual;

VII – pela convenção de arbitragem; (Redação dada pela Lei n. 9.307, de 1996)

VIII – quando o autor desistir da ação;

IX – quando a ação for considerada intransmissível por disposição legal;

X – quando ocorrer confusão entre autor e réu;

XI – nos demais casos prescritos neste Código.

§ 1º – O juiz ordenará, nos casos dos ns. II e III, o arquivamento dos autos, declarando a extinção do processo, se a parte, intimada pessoalmente, não suprir a falta em 48 (quarenta e oito) horas.

§ 2º – No caso do parágrafo anterior, quanto ao n. II, as partes pagarão proporcionalmente as custas e, quanto ao n. III, o autor será condenado ao pagamento das despesas e honorários de advogado (art. 28).

§ 3º – O juiz conhecerá de ofício, em qualquer tempo e grau de jurisdição, enquanto não proferida a sentença de mérito, da matéria constante dos ns. IV, V e VI; todavia, o réu que a não alegar, na primeira oportunidade em que lhe caiba falar nos autos, responderá pelas custas de retardamento.

§ 4º – Depois de decorrido o prazo para a resposta, o autor não poderá, sem o consentimento do réu, desistir da ação."

(84) Art. 269 do CPC: "Haverá resolução de mérito: (Redação dada pela Lei n. 11.232/05 – DOU de 23.12.05)

I – quando o juiz acolher ou rejeitar o pedido do autor; (Redação dada pela Lei n. 5.925, de 1973)

II – quando o réu reconhecer a procedência do pedido; (Redação dada pela Lei n. 5.925, de 1973)

Pode-se questionar o acerto do legislador ao delinear o novo conceito de sentença, pois há algumas sentenças que efetivamente extinguem o processo, como a sentença de improcedência, que é declaratória negativa, a sentença meramente declaratória e a sentença constitutiva, evidentemente após confirmadas em grau de recurso, ou se não forem interpostos recursos em face delas, uma vez que não comportam a fase de execução. Também as chamadas sentenças mandamentais, que são as que expedem uma ordem de cumprimento pelo Juiz, não necessitam da fase de execução.

Não obstante, o conceito de sentença dado pela Lei n. 11.232/05 se amolda com maior precisão à extinção do processo de execução para transformá-lo em mera fase de cumprimento da sentença.

No Processo do Trabalho, a doutrina majoritária posicionou-se, a nosso ver, acertadamente, no sentido de que a execução é mera fase do processo, e não um processo autônomo.

Desse modo, o recurso ordinário é cabível para anular ou reformar a sentença proferida pelo Juiz do Trabalho, seja a decisão terminativa (art. 267 do CPC), definitiva (art. 269 do CPC), seja a decisão declaratória, constitutiva ou de improcedência.

No rito sumaríssimo, o recurso ordinário deve observar os requisitos previstos nos §§ 1º e 2º do art. 895 da CLT, quais sejam:

a) será imediatamente distribuído, uma vez recebido no Tribunal, devendo o relator liberá-lo no prazo máximo de dez dias, e a Secretaria do Tribunal ou Turma colocá-lo imediatamente em pauta para julgamento, sem revisor;

b) terá parecer oral do representante do Ministério Público presente à sessão de julgamento, se este entender necessário o parecer, com registro na certidão;

c) terá acórdão consistente unicamente na certidão de julgamento, com a indicação suficiente do processo e parte dispositiva, e das razões de decidir do voto prevalente. Se a sentença for confirmada pelos próprios fundamentos, a certidão de julgamento, registrando tal circunstância, servirá de acórdão.

Conforme o § 2º, do art. 895 da CLT, "os Tribunais Regionais, divididos em Turmas, poderão designar Turma para o julgamento dos recursos ordinários interpostos das sentenças prolatadas nas demandas sujeitas ao procedimento sumaríssimo".

O recurso ordinário também é cabível para o TST em face dos acórdãos proferidos pelos Tribunais Regionais do Trabalho em acórdãos de natureza definitiva ou terminativa, proferidos em processos individuais ou coletivos de sua competência originária (art. 895, II da CLT).

---

III – quando as partes transigirem; (Redação dada pela Lei n. 5.925, de 1973)

IV – quando o juiz pronunciar a decadência ou a prescrição; (Redação dada pela Lei n. 5.925, de 1973)

V – quando o autor renunciar ao direito sobre que se funda a ação. (Redação dada pela Lei n. 5.925, de 1973)."

O Regimento Interno do TST disciplina as hipóteses de cabimento do recurso ordinário ao Tribunal Superior do Trabalho em causas de competência originária do TST. Dispõe o art. 225 do Regimento Interno do TST:

> É cabível recurso ordinário em: I – ação anulatória; II – ação cautelar; III – ação declaratória; IV – agravo regimental; V – ação rescisória; VI – dissídio coletivo; VII – *habeas corpus*; VIII – *habeas data*; e IX – mandado de segurança.

Conforme o art. 899, da CLT, o recurso ordinário somente será recebido no efeito devolutivo. A jurisprudência trabalhista tem admitido a concessão de efeito suspensivo ao recurso ordinário, mediante a propositura de medida cautelar inominada. Nesse sentido, destaca-se a seguinte ementa:

> Recurso ordinário em ação cautelar — Efeito suspensivo a recurso ordinário. A jurisprudência pacífica desta Corte, consubstanciada no item I da Súmula n. 414, se orienta no sentido de que a ação cautelar é o meio próprio para se obter efeito suspensivo a recurso. Todavia, necessária a configuração dos elementos aptos a ensejar o provimento acautelatório pretendido. A mera ordem reintegratória não caracteriza perigo de dano irreparável, uma vez que o empregador se beneficia do trabalho prestado pelo empregado reintegrado, ao qual é devida a respectiva contraprestação. De outro lado, não restou demonstrada a viabilidade de êxito do recurso ordinário ao qual a sociedade empresária pretende conferir efeito suspensivo. O Juízo de origem adotou tese que se coaduna com a jurisprudência desta Corte. *Periculum in mora* e *fumus boni iuris* não demonstrados. Recurso ordinário não provido. (TST – 4ª T. – Relª. Minª. Rosa Maria Weber – DJe n. 290 – 6.8.09 – p. 900 – ROAC n. 41/2008.000.02.00-0) (RDT n 09 – setembro de 2009)

### 2.1.2. Da Súmula impeditiva de recursos prevista no art. 518 do CPC e o recurso ordinário

Conforme o § 1º do art. 518, "o Juiz não receberá o recurso de apelação quando a sentença estiver em conformidade com Súmula do Superior Tribunal de Justiça ou do Supremo Tribunal Federal".

Diante da redação do referido § 1º do art. 518 do CPC, restou consagrada a chamada Súmula Impeditiva de Recurso em primeiro grau de jurisdição, ou seja, se a decisão estiver em conformidade com Súmula do STJ ou do STF, o Juiz denegará seguimento à apelação.

Uma vez denegado seguimento à apelação, a parte prejudicada poderá interpor Agravo de Instrumento e tentar demonstrar que, efetivamente, a Súmula utilizada pelo Juiz de primeiro grau como razão para decidir não se aplica à hipótese do autor. Como bem advertem *Luiz Guilherme Marinoni* e *Sérgio Cruz Arenhart*[85], tal agravo possui a finalidade de impugnar a aplicação do art. 518, § 1º, no caso concreto. Quer dizer que o agravo não deve ser utilizado como mero sucedâneo da apelação não admitida. A função do agravo é evidenciar a não aplicabilidade do pressuposto

---

(85) *Processo de conhecimento*. 6. ed. São Paulo: RT, 2007. p. 525.

recursal, seja argumentando que a Súmula não é adequada à situação concreta, seja objetivando demonstrar que a Súmula deve ser revisada.

Como destaca *Luciano Athayde Chaves*[86]:

"(...) A alteração trazida pela Lei n. 11.276, como se observa, mantém a tendência de reduzir o acesso aos tribunais, nas causas cujas matérias já encontram balizamento jurisprudencial bastante, o que também se observou na minirreforma estabelecida pela Lei n. 10.352, que limitou o cabimento da remessa obrigatória 'quando a sentença estiver fundada em jurisprudência do Plenário do Supremo Tribunal Federal ou em súmula deste Tribunal ou do Tribunal superior competente' (art. 475, § 3º, CPC). (...) A defesa desse modelo — em substituição à súmula vinculante —, especialmente feita pelas associações de magistrados e outras instituições relacionadas com o Poder Judiciário, tem em mira o fato de que, ao contrário da súmula vinculante, a impeditiva de recursos salvaguarda a independência do julgador no exame da matéria controvertida submetida ao seu crivo, já que não estaria vinculado ao entendimento das cortes superiores".

A Súmula Impeditiva de Recursos não se confunde com a Vinculante, pois enquanto esta vincula o Juiz, ou seja, o Juiz fica obrigado a aplicar a Súmula, na Impeditiva, o Juiz pode ou não aplicá-la, sendo seu objetivo impedir a interposição de recurso para discutir a Súmula que foi aplicada como razão de decidir na sentença.

O art. 518, § 1º, do CPC visa a dar aplicabilidade às promessas constitucionais de duração razoável do processo e efetividade processual. Além disso, busca prestigiar a decisão de primeiro grau.

Não há como se invocar eventual inconstitucionalidade do referido dispositivo, primeiro, porque o princípio do duplo grau de jurisdição não tem assento constitucional, segundo, porque o Juiz do Trabalho não está obrigado a aplicar a Súmula Impeditiva.

Como bem adverte *Décio Sebastião Daidone*[87]:

"As Súmulas impeditivas pouco diferem das vinculantes de competência do Supremo Tribunal Federal, quanto aos seus efeitos finais dentro do processo desenvolvido, pois, como se deduz das próprias denominações, umas 'impedem' o seguimento de recurso contra decisões que forem prolatadas com base em matéria sumulada, enquanto que as outras, 'vinculam' o próprio juiz e, portanto na origem, de proferir decisões contrariando súmula".

De outro lado, a Súmula Impeditiva de Recurso foi idealizada para as controvérsias jurídicas, pois dificilmente se aplicará para matéria fática, que é livremente apreciada pelo Juiz segundo o seu livre convencimento motivado (art. 131 do CPC).

---

(86) CHAVES, Luciano Athayde. *A recente reforma no processo comum:* reflexos no direito judiciário do trabalho. 3. ed. São Paulo: LTr, 2007. p. 109.

(87) DAIDONE, Décio Sebastião. *A súmula vinculante e impeditiva.* São Paulo: LTr, 2006. p. 83.

Autores há que se mostram contrários à aplicabilidade da Súmula Impeditiva de Recurso na esfera do Processo do Trabalho, argumentando inexistência de lacuna da CLT, que houve criação de mais um pressuposto recursal subjetivo, qual seja: a decisão não estar em compasso com a Súmula do TST, que tal dispositivo inibe a independência de decisão do Juiz do Trabalho e provoca o engessamento da jurisprudência.

Nesse sentido é a posição de *Renato Saraiva*[88]:

"Entendemos inaplicável no processo do trabalho a nova regra prevista no art. 518, § 1º, do CPC, seja porque inibe a atuação dos juízes, impedindo a formação de seu livre convencimento, seja porque confere à Súmula impeditiva de recurso um *status* maior que a própria lei, seja também porque impossibilita, ou ao menos dificulta, a modificação, renovação e atualização das Súmulas do TST (...). Não podemos esquecer que muitos entendimentos sumulados foram modificados posteriormente pelo TST, em função de inúmeras decisões judiciais proferidas pelos juízes dos diversos Tribunais Regionais do Trabalho do país contrários ao entendimento da cúpula".

No mesmo sentido é a abalizada visão de *Jorge Luiz Souto Maior*[89]:

"Já o § 1º do art. 518 não merece acolhida na sistemática processual trabalhista, pois embora tenha a aparência de favorecer a celeridade, no fundo despreza um valor essencial do Estado Democrático de Direito que é o da formação livre do convencimento do juiz. Claro, pode-se dizer que o juiz esteja livre para julgar, ou não, em conformidade com a jurisprudência dominante dos tribunais, mas o fato de que sua decisão contrária à jurisprudência possa servir de exemplo para a demora da prestação jurisdicional representa, por certo, uma forma de pressão sobre o juiz para que se curve ao sistema. Importante frisar, ademais, que a celeridade não é o aspecto único da efetividade da prestação jurisdicional. Para uma boa e adequada prestação jurisdicional precisamos de juízes livres e independentes e qualquer tipo de pressão, ainda que indireta, sobre esses valores deve ser rechaçada, sob pena de arranharmos a própria noção de Estado de Direito".

Embora não tenha sido idealizado para o Processo do Trabalho[90], pensamos que o § 1º do art. 518 do CPC se aplica ao Recurso Ordinário trabalhista, pois a CLT é omissa a respeito e há compatibilidade com os princípios que regem o Processo do Trabalho, máxime os da celeridade e efetividade.

Não obstante o respeito que merecem os que pensam não ser compatível a

---

(88) SARAIVA, Renato. *Curso de direito processual do trabalho*. 4. ed. São Paulo: Método, 2007. p. 470.

(89) SOUTO MAIOR, Jorge Luiz. Reflexos das alterações do Código de Processo Civil no processo do trabalho. In: *Revista LTr* n. 70-08/927.

(90) Conforme tem salientado a doutrina, a Súmula Impeditiva de Recursos foi idealizada para as controvérsias jurídicas envolvendo matéria tributária.

Súmula Impeditiva com o Processo do Trabalho por inibir a liberdade de convencimento do magistrado e engessar a jurisprudência, pensamos que tais fundamentos não são robustos o suficiente para elidir a aplicação dela no Processo do Trabalho. Com efeito, ao contrário da Súmula Vinculante, a Súmula Impeditiva não impede a liberdade de convencimento do Juiz, pois este não está obrigado a acompanhar a Súmula, podendo contrariá-la. Além disso, pode inclusive dizer que a Súmula não se aplica ao caso dos autos. De outro lado, diante do excessivo número de recursos na Justiça do Trabalho e da demora significativa na tramitação dos Recursos, a Súmula Impeditiva pode ser um poderoso instrumento a evitar recursos protelatórios, principalmente de empresas públicas que recorrem até o Tribunal Superior do Trabalho, e lá chegando o processo, após anos de espera para distribuição, o Tribunal aplicará a mesma Súmula que fora aplicada pelo Juiz de primeiro grau[91].

Como na esfera trabalhista o Tribunal Superior do Trabalho está encarregado da pacificação da interpretação das legislações constitucional e federal no âmbito trabalhista, as Súmulas do TST poderão ser utilizadas também para trancar o processamento do Recurso Ordinário. Desse modo, se a decisão de primeiro grau estiver em compasso com Súmula do TST, o Juiz da Vara Trabalhista poderá denegar seguimento ao Recurso Ordinário.

Nesse sentido, destaca *Luciano Athayde Chaves*[92]:

"A norma é perfeitamente aplicável ao processo especializado do trabalho, diante da patente existência de lacuna normativa, assim como o tem sido o dispositivo do art. 557, e certamente contribuirá para reduzir uma significativa parcela das atividades dos Juízes do Trabalho — que doravante não mais serão obrigados a processar apelos ordinários fundados em teses contrárias às esposadas na sentença e no precedente sumular —, bem como dos Tribunais Regionais do Trabalho, que dispensarão a onerosa fase de autuação, classificação e distribuição de recursos"[93].

Como o dispositivo é taxativo, quando a sentença estiver em compasso com Orientação Jurisprudencial ou Precedente Normativo do TST, o Juiz da Vara do Trabalho não poderá denegar seguimento ao recurso.

---

(91) Como menciona Décio Sebastião Daidone: "Recentemente em julgamento ordinário perante a 3ª Turma do Tribunal Regional do Trabalho da 2ª Região, por nós presidida (Processo TRT/SP n. 2220.2000.070.0200-6, julgado em 17.8.2004), um ilustre advogado, doutor em direito do trabalho, catedrático e doutrinador, Renato Rua de Almeida, sustentando em nome do reclamante, pediu a procedência do recurso do reclamado em questões que sabia que perante o Tribunal Superior do Trabalho seriam reconhecidas, contrariando a decisão de primeiro grau, pois, daquele modo, não teria o ônus de aguardar por anos a decisão final e a liberação do seu cliente que dependeria daquele julgamento até mesmo para percepção das outras verbas reclamadas e reconhecidas" (*A súmula vinculante e impeditiva*. São Paulo: LTr, 2006. p. 109).

(92) *Op. cit.*, p. 110-111.

(93) No mesmo sentido, temos a opinião de Manoel Antonio Teixeira Filho (As novas leis alterantes do processo civil e sua repercussão no processo do trabalho. In: *Revista LTr* n. 70-03/296).

Como o STJ dirime, por mandamento constitucional (art. 105 da CF), conflitos de competência em matéria trabalhista, eventuais Súmulas desta Corte poderão ser utilizadas para trancar o Recurso Ordinário.

Considerando-se que o STF dá a palavra final na interpretação de matéria trabalhista em nível constitucional, as Súmulas desta corte, quando não forem vinculantes, poderão ser utilizadas para trancar o seguimento do Recurso Ordinário.

Desse modo, se a sentença de primeira instância trabalhista estiver em consonância com Súmulas do STF, STJ ou do TST, o seguimento do Recurso Ordinário será denegado pelo Juiz do Trabalho.

A jurisprudência ainda é escassa sobre o assunto. Pela aplicabilidade do presente dispositivo ao Processo do Trabalho, conforme a seguinte ementa:

> SÚMULA "IMPEDITIVA" DE RECURSOS. APLICABILIDADE NO PROCESSO DO TRABALHO. RECURSO ORDINÁRIO. DISCUSSÃO DE MATÉRIA NÃO ABRANGIDA PELO ENTENDIMENTO SUMULADO. A Lei n. 11.276/06 introduziu o § 1º ao art. 518 do CPC, dispondo que "o juiz não receberá o recurso de apelação quando a sentença estiver em conformidade com súmula do Superior Tribunal de Justiça ou do Supremo Tribunal Federal". É o que vem sendo denominada de súmula "impeditiva" de recursos, que surgiu como mais uma inovação implementada no plano infraconstitucional como desdobramento da Reforma do Judiciário e que considero plenamente aplicável no âmbito do Processo do Trabalho, onde existe uma preocupação ainda maior com o implemento da efetividade e da celeridade processuais. A doutrina, no entanto, já alertava para o efeito negativo da aplicabilidade da inovação recursal, que, ao invés de diminuir o trabalho dos tribunais, poderia provocar o seu aumento, com a interposição de agravos de instrumento, tal como se deu no caso concreto. Nesse contexto, cumpre não perder de vista que o objeto de discussão no agravo de instrumento deve restringir-se à demonstração da impropriedade da aplicação da súmula, em razão de alguma especificidade do caso concreto, ou, ainda, quando a forma de abordagem da questão jurídica autorizar a revisão da súmula, de forma a impedir o engessamento do Judiciário. Verificado que, no caso em apreço, o recurso ordinário envolvia também a discussão de matérias não abrangidas pelo entendimento sumulado, cumpre dar provimento ao agravo de instrumento para autorizar o processamento do recurso interposto. (TRT 3ª R. – Turma Recursal de Juiz de Fora – 01110-2008-037-03-40-9 – AIRO Agravo de Inst. em Rec. Ordinário Rel. Juiz Convocado Paulo Maurício Ribeiro Pires – DEJT 22.7.2009 – p. 152)

Em sentido contrário, destacamos a seguinte ementa:

> É descabida a aplicação subsidiária (art. 769 da CLT), no processo do trabalho, do § 1º do art. 518 do CPC, com o fim de não conhecer do recurso ordinário, por se encontrar a sentença de acordo com súmula do Tribunal Superior do Trabalho. Isso porque o dispositivo legal em comento é expresso ao destacar a — apelação — como recurso preventivo, e, além disso, trata de hipótese específica de consonância com súmula do STJ ou STF, sendo incabível, nesse contexto, a interpretação extensiva para se incluir as súmulas do TST. (TST RR – 2785-2005-022-23-00-0 – Rel. Min. Walmir de Oliveira da Costa – DJU 15.8.2008)

### 2.1.3. O § 3º do art. 515 do CPC e a teoria da causa madura e sua aplicação no recurso ordinário trabalhista

Dispõe § 3º do art. 515 do CPC:

> Nos casos de extinção do processo sem julgamento do mérito (art. 267), o tribunal pode julgar desde logo a lide, se a causa versar questão exclusivamente de direito e estiver em condições de imediato julgamento. (Incluído pela Lei n. 10.352, de 2001)

O referido dispositivo amplia o efeito devolutivo da apelação, no aspecto da sua profundidade, pois possibilita ao Tribunal, nas hipóteses de extinção do processo sem resolução do mérito, ingressar na matéria de mérito.

Nota-se claramente que o objeto do legislador foi o de imprimir mais celeridade processual, prestigiando a efetividade processual.

Como destaca *José Rogério Cruz e Tucci*[94]: "Dando ênfase à 'instrumentalidade' em detrimento da boa técnica processual, essa novidade amplia de modo substancial a extensão do efeito devolutivo da apelação, permitindo que o juízo recursal extravase o âmbito do dispositivo da sentença de primeiro grau e, por via de consequência, o objeto da impugnação. Com isso, a apelação deixa de ter natureza de *revisio prioris instantiae* e passa a ser concebida com um *novum iudicium*, no qual ao órgão jurisdicional superior é lícito o mais amplo reexame da causa, em todos os seus aspectos de fato e de direito".

Pensamos não ser o referido § 3º inconstitucional, pois o princípio do duplo grau de jurisdição não tem assento constitucional. Por isso, lei infraconstitucional pode fixar a profundidade do efeito devolutivo do recurso. Nesse sentido, bem adverte *Nelson Nery Júnior*[95]:

"O art. 515, § 3º, do CPC confere, na verdade, competência originária ao tribunal de apelação, no caso que especifica. Isto quer significar que o tribunal pode julgar, pela primeira vez, matéria não apreciada pelo juízo *a quo*, de onde proveio o recurso de apelação. Pela via do 'recurso' o tribunal pode conhecer 'originariamente' do mérito. A solução da lei é heterodoxa, mas visa à economia processual. Não há inconstitucionalidade por ofensa ao duplo grau de jurisdição porque a lei processual pode conferir competência originária a tribunal".

No mesmo sentido é a opinião de *Estêvão Mallet*[96]:

"(...) A possibilidade de julgamento imediato do mérito, em caso de reforma de sentença terminativa, não conflita, de modo algum, com a regra do duplo grau de jurisdição, ao menos nos termos em que ela é tradicionalmente concebida no direito brasileiro, a qual, ademais, não exterioriza desdobramento necessário da garantia constitucional do devido processo legal".

---

(94) CRUZ E TUCCI, José Rogério. *Lineamentos da nova reforma do CPC*. 2. ed. São Paulo: RT, 2002. p. 99.
(95) NERY JÚNIOR, Nelson. *Teoria geral dos recursos*. 6. ed. São Paulo: RT, 2004. p. 434.
(96) MALLET, Estêvão. Reforma de sentença terminativa e julgamento imediato do mérito no processo do trabalho. In: *Revista LTr* n. 67-02/138.

Segundo o referido dispositivo, a matéria objeto do processo tem de ser exclusivamente de direito[97], não cabendo dilação probatória, ou, se prova houver, esta deve ser documentada, pré-constituída com a inicial. Consagrou-se o que a doutrina denomina "causa madura" para julgamento, ou seja, em que não há mais controvérsia fática, ou a prova necessária para julgamento já se encontra nos autos.

Pensamos que a interpretação do termo "questão exclusivamente de direito" deva ser feita de forma ampliativa para abranger também matéria fática, pois se a causa já estiver devidamente instruída, o Tribunal deve apreciar o mérito, pois a finalidade teleológica do § 3º do art. 515 do CPC foi no sentido de imprimir mais celeridade processual. Além disso, se o Tribunal, sendo matéria de fato, baixar os autos ao primeiro grau para julgamento, o processo retornará ao segundo grau que dará a palavra final sobre a matéria fática.

Como destaca *Estêvão Mallet*[98], "mesmo havendo controvérsia sobre direito e também sobre fatos, se já foram realizadas todas as diligências pertinentes ao esclarecimento desses fatos, após larga instrução processual, sem, todavia, decisão de mérito — pronunciando-se, por exemplo, a carência de ação, o que sabidamente pode ocorrer a qualquer tempo (CPC, art. 267, § 3º) —, o acórdão que reformar a sentença poderá desde logo reconhecer a procedência do pedido".

Nesse mesmo sentido, sustenta *Nelson Nery Júnior*[99]:

"Embora da norma conste a aditiva *e*, indicando que o tribunal só pode julgar o mérito se se tratar de matéria exclusivamente de direito e a causa estiver em condições de julgamento imediato, é possível o julgamento de mérito pelo tribunal, quando a causa estiver madura para tanto. Exemplo disso ocorre quando é feita toda a instrução, mas o juiz extingue o processo por ilegitimidade de parte (CPC, art. 267, VI). O Tribunal, entendendo que as partes são legítimas, pode dar provimento à apelação, afastando a carência e julgando o mérito, pois essa matéria já terá sido amplamente debatida e discutida no processo. Esse é o sentido teleológico da norma: economia processual".

No mesmo diapasão, destacam com propriedade *Gilson Delgado Miranda* e *Patrícia Miranda Pizzol*[100]:

"Observe-se, outrossim, que a lei disse menos do que se queria dizer. Isso porque, apesar de o texto falar em questão de direito, o fato é que o referido § 3º

---

(97) No mesmo sentido é o recente art. 285-A do CPC, com a redação dada pela Lei n. 11.277/06, que assim dispõe: "Quando a matéria controvertida for unicamente de direito e no juízo já houver sido proferida sentença de total improcedência em outros casos idênticos, poderá ser dispensada a citação e proferida sentença, reproduzindo-se o teor da anteriormente prolatada. § 1º – Se o autor apelar, é facultado ao juiz decidir, no prazo de 5 (cinco) dias, não manter a sentença e determinar o prosseguimento da ação. § 2º – Caso seja mantida a sentença, será ordenada a citação do réu para responder ao recurso".
(98) MALLET, Estêvão. In: *Revista LTr* n. 67-02/142.
(99) *Op. cit.*, p. 885.
(100) *Op. cit.*, p. 59.

do art. 515 deve ser interpretado em consonância com as regras estampadas no art. 330 do CPC, isto é, aquelas que tratam do julgamento antecipado da lide, especialmente o inciso I. Desta feita, quando a questão de mérito for de direito e de fato, porém não houver mais a necessidade de se produzir prova em audiência, não haverá, apesar de extinto o processo sem apreciação do pedido pelo juiz (art. 267, VI do CPC), qualquer óbice para que o Tribunal julgue a lide".

Acreditamos que a possibilidade de o Tribunal também enfrentar a matéria fática prestigia a melhor Justiça, o acesso real à Justiça e a ordem jurídica justa, destacando o caráter instrumental do processo.

Como destaca *Cândido Rangel Dinamarco*[101]: "Para o adequado cumprimento da função jurisdicional, é indispensável boa dose de sensibilidade do juiz aos valores sociais e às mutações axiológicas da sua sociedade. O juiz há de estar comprometido com esta e com as suas preferências. Repudia-se um juiz indiferente, o que corresponde a repudiar também o pensamento do processo como instrumento meramente técnico. Ele é um instrumento político de muita conotação ética, e o juiz precisa estar consciente disso. As leis envelhecem e também podem ter sido malfeitas. Em ambas as hipóteses carecem de legitimidade as decisões que as considerem isoladamente e imponham o comando emergente da mera interpretação gramatical. Nunca é dispensável a interpretação dos textos legais no sistema da própria ordem jurídica positiva em consonância com os princípios e garantias constitucionais (interpretação sistemática) e sobretudo à luz dos valores aceitos (interpretação sociológica, axiológica)".

O § 3º, do art. 515, por ser norma que prestigia a efetividade processual e o célere acesso à Justiça do Trabalho, é perfeitamente compatível com o Processo do Trabalho, sendo aplicável integralmente ao Recurso Ordinário (arts. 769 e 845, ambos da CLT).

Antes da existência do referido dispositivo, o Tribunal, quando afastava a extinção do feito sem apreciação do mérito, baixava os autos à primeira instância para que esta proferisse nova decisão.

Presenciamos nestes vários anos de militância na Justiça do Trabalho os TRTs reformando decisões e determinando a baixa dos autos às Varas, quando o processo já estava pronto para julgamento, ou seja, não havia qualquer necessidade de dilação probatória ou prática de qualquer diligência, o que, muitas vezes, acarretava demora de vários anos na tramitação do processo.

Embora o referido § 3º seja dirigido à extinção do feito em primeiro grau sem resolução do mérito, pensamos que, quando a Vara do Trabalho julgar improcedentes os pedidos e a causa já estiver devidamente contestada e instruída, interpretando-se sistematicamente os §§ 1º, 2º e 3º do art. 515 do CPC, em cotejo com os princípios

---

(101) DINAMARCO, Cândido Rangel. *A instrumentalidade do processo*. 12. ed. São Paulo: Malheiros, 2005. p. 361.

constitucionais da duração razoável do processo, acesso à Justiça e efetividade, o Tribunal poderá, afastando a prescrição nuclear, ou a rejeição do vínculo de emprego, enfrentar as demais questões de mérito da causa, sem necessidade de baixar os autos à Vara de Origem[102].

Nesse diapasão, destaca-se a seguinte ementa:

> Prescrição e mérito (art. 269, IV, CPC), pelo que, estando madura a questão, afastada a prescrição, o tribunal deve continuar no julgamento da causa. (TRT 2ª R. – RO 02940418947 – Ac. 9ª T. – 02960055920 – j. 13.12.95 – DOE 6.02.1996 – Rel. Juiz Sérgio Bueno Junqueira Machado)

Cumpre destacar que a aplicabilidade do § 3º do art. 515 do CPC é faculdade do Tribunal, não sendo obrigado a fazê-lo. Não obstante, pensamos que, preenchidos os requisitos, o Tribunal não pode furtar-se a aplicar a referida regra, máxime se houve requerimento do recorrente no corpo do recurso, por ser um dispositivo que visa à efetividade processual.

O § 3º do art. 515 do CPC não exige que haja requerimento expresso do apelante para que o Tribunal possa, uma vez afastada a preliminar, enfrentar a matéria de mérito, pois se trata de faculdade do Tribunal, e a finalidade teleológica da norma foi imprimir maior celeridade ao recurso de apelação, ampliando os poderes do Tribunal. Desse modo, uma vez afastada a extinção do processo sem resolução do mérito, se o Tribunal entender pertinente, poderá, *ex officio*, desde já enfrentar o mérito.

Nesse sentido, argumentam *Gilson Delgado* e *Patrícia Miranda Pizzol*[103]:

> "Há necessidade de pedido do recorrente para que o tribunal aprecie o mérito? Pensamos que não. Estando presentes os requisitos previstos no art. 515, § 3º, do CPC, o Tribunal tem competência para julgar a lide".

Em sentido contrário, sustentando que há necessidade de requerimento do recorrente para o Tribunal enfrentar o mérito, argumentam *Fredie Didier Júnior* e *Leonardo José Carneiro Cunha*[104]:

> "(...) Cabe ao apelante fixar a extensão do efeito devolutivo de sua apelação, diferentemente da profundidade que é estabelecida em lei. Em relação à apelação, a profundidade de seu efeito devolutivo é ampla, em virtude da regra contida nos §§ 1º e 2º do art. 515 do CPC. Já a extensão é, repita-se, fixada pelo recorrente, nas razões de seu apelo. Então, o tribunal, concordando ser caso de análise do mérito, somente poderá dele conhecer, após dar provimento ao apelo na parte que impugna a sentença terminativa, na hipótese de o apelante requerê-lo expressamente em suas razões recursais. Em outras palavras,

---

(102) Nesse sentido, vide Carlos Henrique Bezerra Leite (*Curso de direito processual do trabalho*. 5. ed. São Paulo: LTr, 2007. p. 732).

(103) *Op. cit.*, p. 61.

(104) *Op. cit.*, p. 88.

para que reste aplicada a regra do § 3º do art. 515 do CPC é preciso que o apelante, em suas razões recursais, requeira expressamente que o tribunal dê provimento ao seu apelo e, desde logo, aprecie o mérito da demanda. Caso o apelante requeira que, após o provimento do recurso, sejam os autos devolvidos ao juízo de primeira instância para análise do mérito, por ignorância da nova regra ou por lhe ser mais conveniente, não poderá o tribunal, valendo-se do § 3º do art. 515 do CPC, adentrar no exame do mérito, sob pena de estar julgando *extra* ou *ultra petita*".

Conclui-se, pelo exposto, que, para aplicabilidade do § 3º do art. 515 do CPC, devem estar presentes os seguintes requisitos:

a) extinção do processo em primeiro grau sem resolução de mérito;

b) matéria exclusivamente de direito ou, se fática, não houver mais necessidade de dilação probatória, vale dizer: se a causa já estiver madura para julgamento;

c) o Tribunal poderá *ex officio* enfrentar o mérito, desde que presentes as hipóteses das alíneas *a* e *b*, acima mencionadas;

d) interpretando-se sistematicamente os §§ 1º, 2º e 3º do art. 515 do CPC, em cotejo com os princípios constitucionais da duração razoável do processo, acesso à justiça e efetividade, o Tribunal poderá, afastando a prescrição nuclear, ou a rejeição do vínculo de emprego, enfrentar as demais questões de mérito da causa, sem necessidade de baixar os autos à Vara de Origem.

### 2.1.4. O § 4º do art. 515 do CPC (saneamento das nulidades no recurso ordinário)

Dispõe o § 4º do art. 515 do CPC com a redação dada pela Lei n. 11.276, de 7.2.06:

> A apelação devolverá ao Tribunal o conhecimento da matéria impugnada. (...) § 4º Constatando a ocorrência de nulidade sanável, o tribunal poderá determinar a realização ou renovação do ato processual, intimadas as partes; cumprida a diligência, sempre que possível prosseguirá o julgamento da apelação.

O presente dispositivo possibilita que o Tribunal suspenda o julgamento do recurso de apelação, verificando a possibilidade de saneamento de nulidade do processo, e determinar a baixa dos autos para o primeiro grau. Uma vez renovado o ato processual ou praticado o ato pelo Tribunal, este prosseguirá no julgamento do recurso.

Trata-se de uma extensão legal do efeito devolutivo do recurso no aspecto vertical, pois há autorização legal para o Tribunal, mesmo sem qualquer invocação no recurso pelo recorrente, determinar, de ofício, a renovação de atos processuais que contêm algum vício.

É consenso na doutrina que as nulidades dos atos processuais podem ser absolutas, relativas, ou até mesmo o ato processual pode ser inexistente.

São nulos os atos processuais quando violem normas de ordem pública e interesse social. O ato nulo não está sujeito à preclusão e pode ser declarado de ofício pelo Juiz. São relativas as nulidades quando não violem normas de ordem pública. Dependem da iniciativa da parte, não podendo ser conhecidas de ofício. Os chamados atos inexistentes contêm um vício tão acentuado que não chegam a produzir efeitos. Entretanto, a doutrina tem dito que mesmo os atos inexistentes devem ter seus efeitos cassados por decisão judicial. Portanto, os atos inexistentes seguem o mesmo regime das nulidades absolutas[105].

O eixo central da declaração das nulidades, tanto no Direito Processual Civil como no Processual do Trabalho, é a existência de prejuízo. Ou seja, se o ato processual, embora defeituoso e contendo vícios, não causou prejuízos a uma das partes, não deve ser anulado[106].

Voltando ao § 4º do art. 515 do CPC, destaca-se que o referido dispositivo alude à nulidade sanável. Portanto, trata-se de nulidade relativa. E se a nulidade for absoluta, ela poderá ser sanável?

Pode ser discutível a aplicação do § 4º do art. 515 do CPC quando a nulidade da sentença for absoluta: se houver cerceamento de defesa a uma das partes, como exemplo o indeferimento de diligência probatória.

Acreditamos ser possível a aplicação do referido dispositivo em casos de nulidade absoluta, se for possível repetir o ato, sem demora significativa no processo, ausência de prejuízo às partes e efetividade do ato processual. O dispositivo não restringe a renovação do ato por nulidade absoluta, apenas faz alusão à nulidade que possa ser sanada. Desse modo, pensamos que, desde que se possa renovar o ato, sem prejuízos para os litigantes, o Tribunal deve aplicá-lo.

Nesse sentido, ensina *Nelson Nery Júnior*[107]:

"A distinção entre nulidade e anulabilidade é irrelevante no processo civil, para determinar-se sua sanção, já que não se afigura correto afirmar-se que a nulidade absoluta é insanável. Tanto as nulidades absolutas quanto as anulabilidades são passíveis de sanação pela incidência do princípio da instrumentalidade das formas"[108].

---

(105) Nesse sentido, Teresa Arruda Alvim Wambier: "Cremos que se deve repetir em relação aos atos inexistentes o que foi dito com respeito aos atos nulos: há necessidade, em princípio, de pronunciamento judicial, provocado por ação meramente declaratória, para que tal 'vida artificial', há pouco referida, tenha fim" (*Nulidades do processo e da sentença*. 6. ed. São Paulo: RT, 2007. p. 157).

(106) Como destaca Carlos Henrique Bezerra Leite: "O princípio do prejuízo, também chamado de princípio da transcendência, está intimamente ligado ao princípio da instrumentalidade das formas. Significa que não haverá nulidade sem prejuízo manifesto às partes interessadas. O princípio do prejuízo é inspirado no sistema francês (*pas de nullité san grief*)" (*Curso de direito processual do trabalho*. 5. ed. São Paulo: LTr, 2007. p. 359).

(107) NERY JÚNIOR, Nelson et al. *Código de Processo Civil comentado*. 7. ed. São Paulo: RT, 2007. p. 618.

(108) No mesmo sentido, ensina Teresa Arruda Alvim Wambier: "(...) observamos que um dos princípios que regem o sistema de nulidades processuais, referido no art. 249 e em outros dispositivos do CPC, é o de que,

Assim, por exemplo, se não houve perícia em caso de adicionais de insalubridade e periculosidade, o Tribunal pode determinar a nulidade parcial da sentença, com relação ao pedido de adicionais de insalubridade ou periculosidade, e determinar a realização da diligência. Após a perícia, o julgamento de primeiro grau será complementado. Intimadas as partes, o Tribunal prossegue o julgamento[109].

Embora o § 4º do art. 515 do CPC se refira à competência do Tribunal para decretar a renovação do ato processual, acreditamos que esta tarefa possa ser delegada ao relator da apelação, que em decisão fundamentada, passível de interposição de agravo para a turma[110], poderá determinar, diante da existência de nulidade sanável, o retorno dos autos ao primeiro grau de jurisdição para renovação da diligência[111].

O Tribunal pode determinar a renovação de atos processuais nulos ou anuláveis *ex officio*, vale dizer: não há necessidade de provocação da parte. Embora o § 4º do art. 515 do CPC seja facultativo, acreditamos que, se o ato nulo ou anulável puder ser renovado, o Tribunal deverá aplicar o referido dispositivo em razão dos princípios constitucionais do processo pertinentes à celeridade e à efetividade do processo.

Sob outro enfoque, hipóteses há em que nulidade do ato processual não pode ser sanada, como, por exemplo: nulidade da citação, inépcia da inicial, por conter os vícios elencados no parágrafo único do art. 295 do CPC, ou seja, falta de uma das condições da ação, como ilegitimidade das partes, ou falta de interesse processual, etc.

Deve-se destacar que o § 4º do art. 515 do CPC somente se aplica à apelação no Processo Civil, não podendo tal providência ser levada a efeito nos recursos especial e extraordinário, em razão da necessidade do prequestionamento[112] que é um requisito especial de admissibilidade dos recursos de natureza extraordinária[113].

---

no processo civil — à diferença do que ocorre no direito civil — tanto as nulidades quanto as anulabilidades se sanam. No processo, a propósito, *sana-se até mesmo a inexistência jurídica* (v. por exemplo, o art. 37, parágrafo único, do CPC)" (*Op. cit.*, p. 255).

(109) Teresa Arruda Alvim Wambier pensa não ser aplicado o § 4º do art. 515 do CPC quando houve julgamento antecipado da lide, sem a produção de provas. Neste caso, afirma que todos os atos processuais são nulos a partir do indeferimento de provas e o juiz terá de, além de determinar a produção de provas, prolatar outra sentença (*Op. cit.*, p. 257).

(110) Aplicar-se-ia à hipótese o § 1º do art. 557 do CPC.

(111) No mesmo sentido se pronuncia Luciano Athayde Chaves: "(...) Apesar de a inovação normativa aludir que compete ao tribunal determinar o saneamento do feito, deveria ser compreendida dentre as atribuições do relator tal providência, o que potencializaria a economia de tempo e agilização no atendimento do comando legal, máxime quando observamos a tendência de recrudescimento dos poderes da relatoria nos tribunais, de modo a também reservar aos órgãos colegiados as deliberações mais relevantes" (*A recente reforma no processo comum:* reflexos no direito judiciário do trabalho. São Paulo: LTr, 2006. p. 108).

(112) *Vide* a propósito as Súmulas ns. 282 e 356, ambas do E. STF.

(113) No Processo do Trabalho, pelos mesmos motivos, não cabe a invocação deste dispositivo no Recurso de Revista (art. 896 da CLT).

Além disso, o dispositivo se refere especificamente à apelação, e não aos demais recursos[114].

O presente artigo encaixa-se perfeitamente ao Processo do Trabalho, o qual prima pela rapidez e pela efetividade processual[115]. Além disso, o procedimento trabalhista está balizado pela simplicidade e muitas vezes pela informalidade. Como a CLT não prevê a hipótese, o § 4º do art. 515 do CPC, por força do art. 769 da CLT, resta aplicável integralmente ao Direito Processual do Trabalho. Desse modo, o Tribunal Regional do Trabalho, ao julgar o Recurso Ordinário[116], verificando a possibilidade de existência de nulidade sanável, poderá determinar a suspensão do processo e baixar os autos à Vara do Trabalho para saneamento da nulidade que entende existente. O dispositivo não se aplica ao Recurso de Revista, por falta de previsão legal. Além disso, tal recurso está balizado pelas matérias que foram pre-questionadas, não podendo o Tribunal agir de ofício.

## 2.2. Recurso de revista

### 2.2.1. Conceito

O Recurso de Revista, conforme nos traz a melhor doutrina, é um recurso de natureza extraordinária[117], ao lado do recurso especial (que é cabível ao STJ) e do recurso extraordinário (interposto perante o STF).

Como destaca *Estêvão Mallet*[118], "enquanto os recursos ordinários prestam--se para corrigir qualquer injustiça contida na decisão — entendida injustiça como incorreta solução da lide —, os de natureza extraordinária servem apenas para eliminar injustiças específicas (...). É de se repelir, portanto, a diferenciação dos

---

(114) Nesse sentido, se pronunciam Cláudio Armando Couce de Menezes e Eduardo Maia Tenório da Cunha: "Não terá lugar a aplicação do § 4º do CPC nas instâncias extraordinárias. Com efeito, como o próprio preceito registra, é na apelação o campo de sua aplicabilidade" (A nova reforma do CPC e sua aplicação no âmbito da justiça do trabalho. In: *Revista LTr* n. 70-09/1052).

(115) Como destaca Estêvão Mallet: "A regra do art. 515, § 4º, do Código de Processo Civil, constitui desdobramento do princípio da instrumentalidade das formas e mesmo da economia processual. É perfeitamente compatível com o processo do trabalho, tendo em conta, inclusive, a previsão mais ampla do art. 765 da Consolidação das Leis do Trabalho" (O processo do trabalho e as recentes modificações do Código de Processo Civil. In: *Revista LTr* n. 70-06/763).

(116) No Processo do Trabalho o § 4º do art. 515 do CPC se aplica ao Recurso Ordinário (art. 895 da CLT), que equivale à Apelação no Processo Civil.

(117) Ensina Yone Frediani: "O sistema processual pátrio encontra-se edificado na esfera recursal com a utilização de dois critérios: recursos *ordinários ou comuns* e *extraordinários ou especiais*. Os ordinários destinam-se ao exame de toda a matéria fática e de direito discutida no 1º grau de jurisdição e, na esfera trabalhista, correspondem aos recursos ordinários e aos agravos de petição e de instrumento. Os extraordinários têm como único objeto a apreciação de questões de direito, e por essa razão, também se destinam à uniformização da jurisprudência, como é o caso do recurso de revista (*Processo de conhecimento e de execução*. São Paulo: LTr, 2004. p. 65).

(118) MALLET, Estêvão. *Do recurso de revista no processo do trabalho*. São Paulo: LTr, 1995. p. 15.

recursos em ordinários e extraordinários conforme os efeitos que a interposição possa ter sobre a coisa julgada".

Podemos conceituar o Recurso de Revista como sendo um recurso de natureza extraordinária, cabível em face de acórdãos proferidos pelos Tribunais Regionais do Trabalho em dissídios individuais, tendo por objetivo uniformizar a interpretação das legislações estadual, federal e constitucional (tanto de direito material como processual) no âmbito da competência da Justiça do Trabalho, bem como resguardar a aplicabilidade de tais instrumentos normativos.

A expressão *dissídio individual* a que se refere o art. 896, da CLT, deve ser lida como sendo o dissídio de competência originária do primeiro grau de jurisdição, uma vez que há ações de natureza coletiva como as envolvendo substituição processual e própria ação civil pública que se iniciam em primeiro grau, podendo ser objeto do recurso de revista. Já os dissídios coletivos previstos na legislação processual trabalhista (de natureza econômica, jurídica ou de greve) não se iniciam no primeiro grau de jurisdição e, portanto, não podem ser objeto de recurso de revista.

O Recurso de Revista é o recurso último, na Justiça do Trabalho, para impugnação de decisões proferidas em dissídios individuais, não obstante ainda haver a possibilidade de se questionar a decisão no Supremo Tribunal Federal, na hipótese de violação da Constituição Federal.

Trata-se de recurso técnico, com pressupostos rígidos de conhecimento e, portanto, não se destina a apreciar fatos e provas, tampouco avaliar a justiça da decisão, pois tem por objeto resguardar a aplicação e vigência da legislação de competência da Justiça Trabalhista.

O Recurso de Revista vem regulamentado pelo art. 896 da CLT, que assim dispõe:

> Cabe Recurso de Revista para Turma do Tribunal Superior do Trabalho das decisões proferidas em grau de recurso ordinário, em dissídio individual, pelos Tribunais Regionais do Trabalho quando:
>
> a) derem ao mesmo dispositivo de lei federal interpretação diversa da que lhe houver dado outro Tribunal Regional, no seu Pleno ou Turma, ou a Seção de Dissídios Individuais do Tribunal Superior do Trabalho, ou a Súmula de Jurisprudência Uniforme dessa Corte;
>
> b) derem ao mesmo dispositivo de lei estadual, Convenção Coletiva de Trabalho, Acordo Coletivo, sentença normativa ou regulamento empresarial de observância obrigatória em área territorial que exceda a jurisdição do Tribunal Regional prolator da decisão recorrida, interpretação divergente, na forma da alínea *a*;
>
> c) proferidas com violação literal de disposição de lei federal ou afronta direta e literal à Constituição Federal.
>
> § 1º – O Recurso de Revista, dotado de efeito apenas devolutivo, será apresentado ao Presidente do Tribunal recorrido, que poderá recebê-lo ou denegá-lo, fundamentando, em qualquer caso, a decisão.

§ 2º – Das decisões proferidas pelos Tribunais Regionais do Trabalho ou por suas Turmas, em execução de sentença, inclusive em processo incidente de embargos de terceiro, não caberá Recurso de Revista, salvo na hipótese de ofensa direta e literal de norma da Constituição Federal. (Redação dada pela Lei n. 9.756, de 17.12.1998).

§ 3º – Os Tribunais Regionais do Trabalho procederão, obrigatoriamente, à uniformização de sua jurisprudência, nos termos do Livro I, Título IX, Capítulo I do CPC, não servindo a súmula respectiva para ensejar a admissibilidade do Recurso de Revista quando contrariar Súmula da Jurisprudência Uniforme do Tribunal Superior do Trabalho.

§ 4º – A divergência apta a ensejar o Recurso de Revista deve ser atual, não se considerando como tal a ultrapassada por súmula, ou superada por iterativa e notória jurisprudência do Tribunal Superior do Trabalho.

§ 5º – Estando a decisão recorrida em consonância com enunciado da Súmula da Jurisprudência do Tribunal Superior do Trabalho, poderá o Ministro Relator, indicando-o, negar seguimento ao Recurso de Revista, aos Embargos, ou ao Agravo de Instrumento. Será denegado seguimento ao Recurso nas hipóteses de intempestividade, deserção, falta de alçada e ilegitimidade de representação, cabendo a interposição de Agravo.

§ 6º – Nas causas sujeitas ao procedimento sumaríssimo, somente será admitido recurso de revista por contrariedade a súmula de jurisprudência uniforme do Tribunal Superior do Trabalho e violação direta da Constituição da República.

Nos termos da Súmula n. 218 do TST: "É incabível recurso de revista interposto de acórdão regional prolatado em agravo de instrumento".

O entendimento vazado na referida Súmula é acertado, uma vez que o acórdão regional proferido em Agravo de Instrumento não se reporta a dissídio individual e sim aprecia a correção da decisão que indeferiu processamento de recurso, propiciando maior celeridade na tramitação.

Nos termos da OJ n. 334, da SDI-I do TST:

Incabível recurso de revista de ente público que não interpôs recurso ordinário voluntário da decisão de primeira instância, ressalvada a hipótese de ter sido agravada, na segunda instância, a condenação imposta.

O entendimento da referida Orientação do TST, no nosso sentir, está correto, uma vez que a remessa necessária é condição de eficácia da decisão de primeiro grau em face da Fazenda Pùblica. Se a decisão regional não agrava a situação da Fazenda, não há interesse recursal dela em interpor recurso de revista ao Tribunal Superior do Trabalho se não houve recurso voluntário em face da decisão de primeiro grau, em razão da preclusão consumativa. De outro lado, mesmo não tendo havido recurso voluntário da decisão de primeiro grau, se, na remessa necessária, fora majorada a condenação da Fazenda em face do efeito translativo da remessa necessária, haverá interesse recursal por parte desta em interpor o recurso de revista perante do TST.

## 2.2.2. Requisitos específicos do recurso de revista
### 2.2.2.1. Pressupostos objetivos

a) *regularidade formal:* petição acompanhada das razões: Como já mencionamos, o Recurso de Revista, por ser um recurso técnico, com pressupostos específicos de admissibilidade, deve ser interposto com a petição acompanhada das razões, não sendo possível a interposição por simples petição;

Nos termos da Súmula n. 425 do Tribunal Superior do Trabalho, o recurso de Revista somente poderá ser interposto por meio de advogado, não se aplicando o *jus postulandi* da parte. Com efeito, dispõe o enunciado a Súmula em questão:

> JUS POSTULANDI NA JUSTIÇA DO TRABALHO. ALCANCE – Res. n. 165/2010, DEJT divulgado em 30.04.2010 e 03 e 04.05.2010. O *jus postulandi* das partes, estabelecido no art. 791 da CLT, limita-se às Varas do Trabalho e aos Tribunais Regionais do Trabalho, não alcançando a ação rescisória, a ação cautelar, o mandado de segurança e os recursos de competência do Tribunal Superior do Trabalho.

b) *depósito recursal:* O depósito recursal faz parte do preparo do Recurso de Revista. Seu valor é o dobro do exigido para o recurso ordinário, observado o limite máximo do valor da condenação;

c) *demonstração de uma das hipóteses previstas nas alíneas a, b, ou c do art. 896 da CLT:* O Recurso de Revista somente é cabível nas hipóteses taxativas do art. 896 da CLT;

d) *acórdão de TRT:* O Recurso de Revista somente é cabível em face de Acórdão dos TRTs proferidos em dissídios individuais. Nesse sentido é o *caput* do art. 896 da CLT, *in verbis*: "Cabe recurso de revista para Turma do Tribunal Superior do Trabalho das decisões proferidas em grau de recurso ordinário, em dissídio individual, pelos Tribunais Regionais do Trabalho (...)".

### 2.2.2.2. Pressupostos subjetivos

a) *legitimidade:* Podem interpor Recurso de Revista as partes que figuram no processo, o terceiro juridicamente interessado e o Ministério Público, quando atuar como fiscal da lei ou como parte;

b) *interesse:* O interesse para interpor o Recurso de Revista surge quando uma das partes foi sucumbente, de forma total ou parcial, ou quando não obteve tudo que pretendia no julgamento do Recurso Ordinário;

c) *prequestionamento:* Segundo destaca *José Augusto Rodrigues Pinto*[119], com suporte em *Plácido e Silva*, "prequestionamento é debate da hipótese jurídica acerca de dispositivos permissivos do conhecimento de recurso extraordinário ou especial".

---

(119) *Op. cit.*, p. 190.

Diz-se que a matéria está prequestionada quando a decisão recorrida aprecia expressamente a tese jurídica debatida nos autos, por meio da qual a parte vencida pretende reapreciação em grau recursal.

Desse modo, para ser cabível o Recurso de Revista, a decisão do acórdão regional deve debater expressamente a tese jurídica invocada pelo recorrente no Recurso de Revista.

O prequestionamento é próprio dos recursos de natureza extraordinária (especial, extraordinário e de revista), pois nos recursos de natureza ordinária (por ex., recurso ordinário) o efeito devolutivo transfere ao Tribunal todas as teses jurídicas invocadas pelas partes, ainda que a sentença não as tenha apreciado (§ 1º do art. 515 do CPC).

Nesse sentido, a abalizada visão de *Estêvão Mallet*[120]:

"É impossível deixar de ressaltar, nesta altura, ainda que apenas de passagem, que só se cogita de prequestionamento em recurso de natureza extraordinária, absolutamente inexigível em recurso ordinário ou mesmo em agravo de petição, ambos recursos de natureza ordinária. Trata-se de decorrência do efeito devolutivo amplo inerente aos recursos da última espécie que faz com que se transfira ao juízo recursal a competência originária do juízo recorrido para conhecer de todas as questões nele suscitadas e discutidas, mesmo que a sentença não as tenha julgado por inteiro".

O Tribunal Superior do Trabalho traçou o conceito de prequestionamento na Súmula n. 297, admitindo a oposição de embargos de declaração para tal finalidade. Com efeito, dispõe a referida Súmula:

"PREQUESTIONAMENTO. OPORTUNIDADE. CONFIGURAÇÃO. I – Diz-se prequestionada a matéria ou questão quando na decisão impugnada haja sido adotada, explicitamente, tese a respeito; II – Incumbe à parte interessada, desde que a matéria haja sido invocada no recurso principal, opor embargos declaratórios objetivando o pronunciamento sobre o tema, sob pena de preclusão; III – Considera-se prequestionada a questão jurídica invocada no recurso principal sobre a qual se omite o Tribunal de pronunciar tese, não obstante opostos embargos de declaração".

No mesmo sentido, destacamos as seguintes ementas:

Prequestionamento — Oportunidade — Configuração. Diz-se prequestionada a matéria quando da decisão impugnada haja sido adotada, explicitamente, tese a respeito. Incumbe à parte interessada interpor embargos declaratórios objetivando o pronunciamento sobre o tema, sob pena de preclusão. (Enunciado n. 297/TST). Recurso não conhecido. (TST – 1ª T. – Ac. n. 5985/97 – Relª Minª Regina Rezende Ezequiel – DJ 12.9.97 – p. 44.002)

Prequestionamento — Configuração — Súmula n. 297 do TST. Constitui ônus da parte debater no Juízo de origem a matéria que pretende ver reexaminada em razão de recurso de natureza extraordinária, sob pena de seu não-conhecimento pelo Juízo *ad quem*, ante o óbice da falta de prequestionamento. Prequestionar significa

---

(120) *Op. cit.*, p. 92.

obter a definição precisa da matéria ou questão, nos seus exatos contornos fático-jurídicos, evidenciadores de explícita tese de direito a ser reexaminada pela instância extraordinária. A simples arguição da questão ou matéria, sem seu enfrentamento explícito pelo julgador *a quo*, e sem que a parte tenha oposto embargos declaratórios com essa finalidade, não atende ao instituto do prequestionamento. Inteligência da Súmula n. 297 do TST. Agravo não provido. (TST – SBDI-1 – A-E-RR n. 479.808/1998-5 – Rel. Min. Mílton de Moura França – DJ 13.10.06 – p. 809) (RDT n. 11 – novembro de 2006)

Prequestionamento — Não há necessidade de esgotar os argumentos das partes. É assente o entendimento de que as razões de decidir, quando dotadas de razoável lógica jurídica e abrangentes dos principais pontos de controvérsia da lide, não precisam necessariamente esgotar todos os argumentos em que as partes fundamentam a sua pretensão. Nesse sentido é a Orientação Jurisprudencial n. 118 da SDI-1 do egrégio TST: "Prequestionamento. Havendo tese explícita sobre a matéria na decisão recorrida, desnecessário contenha ela referência expressa do dispositivo legal para ter-se como prequestionado este". (TRT 12ª R. – 1ª T. – Relª Juíza Águeda Maria L. Pereira – Doc. n. 1020420 em 10.11.08 – ED-RO n. 8763/2007.001.12.00-4) (RDT n. 01 – Janeiro de 2009)

Recurso de embargos — Prequestionamento — Violação ao art. 896 da CLT. O instituto do prequestionamento é elemento essencial neste grau recursal, valendo lembrar que a jurisprudência desta Corte consagra-o como pressuposto de recorribilidade em apelo de natureza extraordinária — item n. 62 da Orientação Jurisprudencial da SBDI-1. Recurso de embargos não conhecido. Exclusão da multa prevista no art. 557, § 2º, do CPC. A interposição do agravo em agravo de instrumento em recurso de revista não foi protelatória, mas necessária para a ampla defesa assegurada pela Constituição Federal vigente, tendo em vista que, para o reclamado interpor o presente recurso de embargos, era imprescindível a oposição do agravo, já que o art. 894 da CLT, bem como o art. 245, inciso II, do RI/TST, dispõe ser inviável a interposição de embargos de divergência para a SBDI contra despacho monocrático do relator da Turma. Recurso de embargos conhecido e provido. (TST – SBDI-1 – E-RR n. 536.133/1999-0 – Rel. Min. Carlos Alberto Reis de Paula – DJ 11.4.06 – p. 531) (RDT n. 05 – maio de 2006)

Prequestionamento. O prequestionamento é a suscitação prévia de uma tese jurídica defendida, contudo, não é reapreciação da questão já decidida. Se houve erro no julgamento, a questão desafia recurso próprio. (TRT 10ª R. – 3ª T. – Rel. Juiz Grijalbo Fernandes Coutinho – DJe n. 280 – 23.7.09 – p. 53 – Processo ED-RO n. 124/2009.013.10.00-3) (RDT n. 08 – agosto de 2009)

O referido inciso III da Súmula n. 297 do TST consagrou o que a doutrina tem denominado presquestionamento *ficto ou tácito*. Desse modo, se a parte opuser os embargos de declaração com o objetivo de prequestionar a matéria, ainda que o Tribunal não se pronuncie sobre questão invocada nos embargos, se considerará prequestionada a matéria.

Nesse sentido, sustenta *Raul Armando Mendes*[121]: "Todas as vezes que fora alegada ofensa à Constituição ou violação à lei ou ao direito federal, deve o recorrente prequestionar a controvérsia no Tribunal *a quo*, quando das razões do apelo.

---

(121) MENDES, Raul Armando. *Da interposição do recurso extraordinário*. São Paulo: Saraiva, 1984. p. 77.

Em não cuidando o acórdão do tema aventado, deve opor embargos de declaração que, providos ou não, afastam o obstáculo à inadmissibilidade".

Como bem adverte *Teresa Arruda Alvim Wambier*[122], "é imperativo, todavia, observar que esta dispensa ou esse considerar fictício o prequestionamento pode resolver a situação da parte e deixar de embaraçar o curso do processo quando se trata, por exemplo, de incluir no acórdão impugnado o dispositivo que teria sido violado, mas nunca quando se trata da necessidade que às vezes existe de fazer constar do acórdão do órgão *a quo* fatos que deveriam ter levado, segundo o recorrrente, a uma decisão diferente daquela que foi prolatada (...) Problemas assim, não há dispensa ou ficção que resolva".

d) *vedação do reexame de fatos e provas:* Como adverte *Carlos Henrique Bezerra Leite*[123]: "Se a finalidade do recurso de revista repousa na supremacia do direito objetivo e na uniformização acerca da interpretação dos tribunais regionais do trabalho, salta aos olhos que esta modalidade de recurso extraordinário não se presta a reexame de fatos e provas".

Nesse sentido é a Súmula n. 126 do C. TST:

> RECURSO. CABIMENTO — Incabível o recurso de revista ou de embargos (arts. 896 e 894, *b*, da CLT) para reexame de fatos e provas.

No mesmo sentido, as seguintes ementas:

> Recurso de revista — Admissibilidade — Matéria fático-probatória. 1. Recurso de natureza extraordinária, submetido também a pressupostos intrínsecos ou específicos de admissibilidade, o recurso de revista não se compadece com o reexame de fatos e provas, aspecto em torno do qual os Tribunais Regionais são soberanos. 2. Inadmissível, assim, recurso de revista em que o reconhecimento de violação de dispositivos legais supõe necessariamente o revolvimento de fatos e provas, no caso para aferir a existência ou não de direito a horas extras. Incidência da diretriz sufragada pela Súmula n. 126 do TST. (TST – 1ª T. – AIRR n. 13.586.2002.900.09.00-7 – Rel. João Oreste Dalazen – DJ 30.4.04 – p. 865) ( RDT n. 5 – Maio de 2004)

> Recurso de revista – Vínculo de emprego. 'Incabível o recurso de revista ou de embargos (arts. 896 e 894, *b*, da CLT) para reexame de fatos e provas.' Súmula n. 126 do TST. Recurso de revista não conhecido. Multa do art. 477 da CLT. A matéria controvertida no processo, referente ao reconhecimento em juízo de vínculo empregatício, logra afastar a obrigação subsidiária da recorrente quanto à multa, tão somente quando o próprio trabalhador der causa à mora no pagamento, premissa não verificada no caso dos autos, sendo esta a única exceção contida naquele dispositivo celetário. Divergência jurisprudencial caracterizada. Recurso de revista conhecido e improvido. Repouso semanal remunerado. Não se conhece de recurso de revista que não aponta ofensa a dispositivos da Constituição Federal ou lei federal ou mesmo

---

(122) WAMBIER, Teresa Arruda Alvim. *Recurso especial. Recurso extraordinário e ação rescisória.* 2. ed. São Paulo: RT, 2008. p. 410.

(123) BEZERRA LEITE, Carlos Henrique. *Curso de direito processual do trabalho.* 5. ed. São Paulo: LTr, 2007. p. 741.

divergência jurisprudencial, na forma das alíneas *a* a *c* do art. 896 da CLT. Recurso de revista não conhecido. (TST – 2ª T. – RR n. 739.010/2001-4 – Rel. Min. Renato de Lacerda Paiva – DJ 2.9.05 – p. 836) (RDT n. 09 – Setembro de 2005)

O Recurso de Revista, como já salientado, não tem por objeto reapreciar matéria fática, ou a justiça da decisão, pois se trata de recurso eminentemente técnico. Não obstante, muitas vezes é difícil separar o que é matéria fática ou o que é matéria de direito, pois o próprio Direito do Trabalho é essencialmente um direito que depende da realidade dos fatos (princípio da primazia da realidade). Desse modo, pensamos que a vedação para o TST, no Recurso de Revista, consiste em reapreciar a matéria fática, mas não dar nova qualificação jurídica aos fatos tidos como verossímeis no acórdão proferido pelo Tribunal Regional — por exemplo, o acórdão regional julga improcedente o pedido de equiparação salarial, uma vez que paradigma e reclamante trabalhavam em municípios diversos, São Paulo e São Bernardo. O TST, considerando tais fatos, entende que o requisito da mesma localidade se faz presente, já que reclamante e paradigma trabalhavam na mesmo região metropolitana.

## 2.2.3. Hipóteses de cabimento

### a) Divergência jurisprudencial (Lei Federal)

Assevera o art. 896 da CLT caber Recurso de Revista quando a decisão proferida pelos Tribunais Regionais: "a) derem ao mesmo dispositivo de lei federal interpretação diversa da que houver dado outro Tribunal Regional, no seu Pleno ou Turma, ou a Seção de Dissídios Individuais do Tribunal Superior do Trabalho, ou a Súmula de Jurisprudência Uniforme desta Corte".

Nos termos do referido dispositivo consolidado, a alínea *a* do art. 896 refere-se à hipótese de divergência jurisprudencial na interpretação da lei federal, tanto de direito material, como processual, desde que aplicadas pela Justiça do Trabalho no âmbito de sua competência material, entre Tribunais Regionais do Trabalho ou entre Tribunal Regional do Trabalho e Seção de Dissídios Individuais do TST, ou entre Tribunal Regional do Trabalho e Súmula do TST. Não cabe Recurso de Revista quando a divergência jurisprudencial se der entre turmas de um mesmo Tribunal Regional do Trabalho.

Como bem adverte *Amauri Mascaro Nascimento*[124], a divergência apta a ensejar o Recurso de Revista deve ser atual, não se considerando como tal a ultrapassada por Súmula ou superada por iterativa e notória jurisprudência do Tribunal Superior do Trabalho (CLT, art. 896, § 4º). Portanto, jurisprudência antiga pode ser, para o fim em questão, atual. Desatualizada será aquela que já foi ultrapassada por decisões posteriores em sentido contrário, sumulada ou não, esta última, a iterativa, vale dizer, reiterada.

---

(124) NASCIMENTO, Amauri. *Curso de direito processual do trabalho*. 22. ed. São Paulo: Saraiva, 2007. p. 615.

A Súmula n. 296 do TST disciplina a divergência jurisprudencial, *in verbis*:

> RECURSO. DIVERGÊNCIA JURISPRUDENCIAL. ESPECIFICIDADE. I – A divergência jurisprudencial ensejadora da admissibilidade, do prosseguimento e do conhecimento do recurso há de ser específica, revelando a existência de teses diversas na interpretação de um mesmo dispositivo legal, embora idênticos os fatos que as ensejaram; II – Não ofende o art. 896 da CLT decisão de Turma que, examinando premissas concretas de especificidade da divergência colacionada no apelo revisional, conclui pelo conhecimento ou desconhecimento do recurso.

O TST exige requisitos específicos para comprovação da divergência jurisprudencial, conforme a Súmula n. 337, que segue:

> COMPROVAÇÃO DE DIVERGÊNCIA JURISPRUDENCIAL. RECURSOS DE REVISTA E DE EMBARGOS. I – Para comprovação da divergência justificadora do recurso, é necessário que o recorrente: a) junte certidão ou cópia autenticada do acórdão paradigma ou cite a fonte oficial ou o repositório autorizado em que foi publicado; e b) transcreva, nas razões recursais, as ementas e/ou trechos dos acórdãos trazidos à configuração do dissídio, demonstrando o conflito de teses que justifique o conhecimento do recurso, ainda que os acórdãos já se encontrem nos autos ou venham a ser juntados com o recurso; II – a concessão de registro de publicação como repositório autorizado de jurisprudência do TST torna válidas todas as suas edições anteriores.

A Lei n. 11.341/2006 faculta a utilização de acórdãos disponíveis na *internet* para comprovação da divergência jurisprudencial. Com efeito, dispõe o parágrafo único do art. 541 do CPC, que resta aplicável ao Processo do Trabalho (art. 769 da CLT):

> Quando o recurso fundar-se em dissídio jurisprudencial, o recorrente fará prova da divergência mediante certidão, cópia autenticada ou pela citação do repositório de jurisprudência, oficial ou credenciado, inclusive em mídia eletrônica, em que tiver sido publicada a decisão divergente, ou ainda pela reprodução de julgado disponível na *internet*, com indicação da respectiva fonte, mencionando, em qualquer caso, as circunstâncias que identifiquem ou assemelhem os casos confrontados.

Como destaca *Nelson Nery Júnior*[125], "esta possibilidade, agora prevista pela nova redação do parágrafo único, facilita e desburocratiza a comprovação da divergência. Porém, a juntada de reprodução de acórdão disponível na *internet* pressupõe requisitos e configurações mínimos exigíveis a fim de comprovar a origem do acórdão, evitar falsificações e facilitar o trabalho dos serventuários (que não precisariam ter de conferir a origem de todos os arrestos anexados aos recursos), como a indicação prevista do 'caminho' que leva ao acórdão no *web site* do tribunal correspondente. A fixação dos referidos requisitos poderá ficar a cargo de cada tribunal".

Nos termos da Súmula n. 413 do C. TST: "É incabível ação rescisória, por violação do art. 896, *a*, da CLT, contra decisão que não conhece de Recurso de Revista, com base em divergência jurisprudencial, pois não se cuida de sentença de mérito (art. 485 do CPC)."

---

(125) NERY JÚNIOR, Nelson. *Código de Processo Civil comentado*. 10. ed. São Paulo: RT, 2007. p. 926.

## b) Divergência jurisprudencial (interpretação de Lei Estadual, convenção coletiva, acordo coletivo, sentença normativa ou regulamento de empresa)

Dispõe a alínea *b* do art. 896 da CLT que caberá Recurso de Revista quando os Tribunais Regionais do Trabalho: "Derem ao mesmo dispositivo de lei estadual, Convenção Coletiva de Trabalho, Acordo Coletivo, sentença normativa ou regulamento empresarial de observância obrigatória em área territorial que exceda a jurisdição do Tribunal Regional prolator da decisão recorrida, interpretação divergente, na forma da alínea *a*".

Já está pacificada a questão da constitucionalidade do referido dispositivo, conforme a Súmula n. 312 do C. TST, *in verbis*:

> CONSTITUCIONALIDADE. ALÍNEA *B* DO ART. 896 DA CLT — É constitucional a alínea *b* do art. 896 da CLT, com a redação dada pela Lei n. 7.701, de 21.12.1988.

Segundo a alínea *b* do art. 896 da CLT, é cabível o Recurso de Revista quando houve divergência jurisprudencial na interpretação de acordo coletivo, sentença normativa ou regulamento empresarial entre Tribunais Regionais do Trabalho, entre Tribunal Regional do Trabalho e Seção de Dissídios Individuais do TST, ou entre acórdão de TRT e Súmula do TST.

A OJ n. 147 da SDI-I do C. TST estabelece alguns requisitos para conhecimento do Recurso de Revista em razão de divergência jurisprudencial acerca de lei estadual, norma coletiva ou regulamentar. Dispõe a referida Orientação Jurisprudencial:

> Lei estadual, norma coletiva ou norma regulamentar. Conhecimento indevido do recurso de revista por divergência jurisprudencial.
>
> I – É inadmissível o recurso de revista fundado tão somente em divergência jurisprudencial, se a parte não comprovar que a lei estadual, a norma coletiva ou o regulamento da empresa extrapolam o âmbito do TRT prolator da decisão recorrida. (ex-OJ n. 309 da SDI-I — inserida em 11.8.03).
>
> II – É imprescindível a arguição de afronta ao art. 896 da CLT para o conhecimento de embargos interpostos em face de acórdão de Turma que conhece indevidamente de recurso de revista, por divergência jurisprudencial, quanto a tema regulado por lei estadual, norma coletiva ou norma regulamentar de âmbito restrito ao TRT prolator da decisão.

## c) Violação de literal dispositivo de Lei Federal ou da Constituição da República

Dispõe a alínea *c* do art. 896 da CLT ser cabível o Recurso de Revista quando o acórdão de Tribunal Regional do Trabalho violar dispositivo de Lei Federal ou da Constituição da República.

Não se exige divergência jurisprudencial com outro Tribunal Regional ou Tribunal Superior do Trabalho, apenas que o acórdão do regional tenha negado vigência ou contrariado lei federal ou constitucional.

Como bem adverte *Amauri Mascaro Nascimento*[126]: "A afronta direta e literal à Constituição Federal é aquela que está em total oposição ao sentido da letra e do espírito do texto da Lei Magna. A tendência, nesse ponto, é a de interpretação restritiva à interposição da Revista. Nem sempre será fácil a solução do caso concreto. Há princípios constitucionais que podem ser afrontados por decisões judiciais embora não diretamente. A prudência do magistrado será fator decisivo para razoável apreciação de cada caso".

A violação, segundo o dispositivo consolidado, tem de ser literal. Se o texto é de interpretação controvertida, o Recurso de Revista não é cabível por tal fundamento.

De outro lado, a interpretação justa e razoável da Lei Federal, atenta às cincunstâncias do caso concreto, não dá ensejo à interposição de recurso de revista pelo presente fundamento.

Nesse sentido é a redação da Súmula n. 221 do C. TST, *in verbis*:

> Recursos de revista ou de embargos. Violação de lei. Indicação de preceito. Interpretação razoável. (Res. 14/1985 – DJ 19.9.1985. Redação alterada – Res. n. 121/2003, DJ 19.11.2003. Nova redação em decorrência da incorporação da Orientação Jurisprudencial n. 94 da SDI-1 – Res. 129/2005, DJ 20.4.2005)
>
> I – A admissibilidade do recurso de revista e de embargos por violação tem como pressuposto a indicação expressa do dispositivo de lei ou da Constituição tido como violado. (ex-OJ n. 94 – Inserida em 30.5.1997)
>
> II – Interpretação razoável de preceito de lei, ainda que não seja a melhor, não dá ensejo à admissibilidade ou ao conhecimento de recurso de revista ou de embargos com base, respectivamente, na alínea c do art. 896 e na alínea b do art. 894 da CLT. A violação há de estar ligada à literalidade do preceito. (ex-Súmula n. 221 – Res. n. 121/2003, DJ 19.11.2003)

Se a decisão regional não enfrentou expressamente as questões sobre a interpretação de lei federal ou constitucional, são cabíveis os embargos de declaração para prequestionamento da matéria.

No aspecto, importante destacar as seguintes ementas:

> Recurso de revista — Admissibilidade — Violação direta — Princípio da legalidade. 1. O Tribunal Superior do Trabalho, seguindo a trilha da jurisprudência dominante no STF, vem decidindo que, em regra, a alegação de afronta ao art. 5º, II, da Constituição Federal, em sede extraordinária, configura tão somente ofensa reflexa ao Texto Constitucional, máxime se necessário o exame da legislação infraconstitucional pertinente à penhora de crédito futuro. 2. Agravo de instrumento a que se nega provimento. (TST 1ª T. – AIRR n. 1.149/1999.011.10.00-9 – Rel. João Oreste Dalazen – DJ 4.6.04 – p. 542) (RDT n. 8 – Agosto de 2004)
>
> Recurso de revista — Admissibilidade — Ofensa à Constituição Federal — Violação literal e direta. 1. O recurso de revista, por violação à Constituição Federal, somente se viabiliza em caso de ofensa literal e direta. Incabível recurso de revista por violação ao

---

(126) *Op. cit.*, p. 617.

art. 5º, incisos II, LIV, da Constituição da República, porquanto o reconhecimento de violação aos princípios da legalidade genérica, bem como do devido processo legal, previstos nesses dispositivos, somente se concebe pela via reflexa do sistema normativo. 2. Agravo de instrumento não provido. (TST – 1ª T. – AIRR n. 7999/2002.900.02.00-0 – Rel. João Oreste Dalazen – DJ 12.3.04 – p. 501) (RDT n. 4 – Abril de 2004)

## 2.2.4. Execução de sentença

Dispõe o § 2º do art. 896 da CLT: "Das decisões proferidas pelos Tribunais Regionais do Trabalho ou por suas Turmas, em execução de sentença, inclusive em processo incidente de embargos de terceiro, não caberá Recurso de Revista, salvo na hipótese de ofensa direta e literal de norma da Constituição Federal." (Redação dada pela Lei n. 9.756, de 17.12.1998).

Visando a imprimir maior celeridade à execução de sentença, o Recurso de Revista a ser interposto em face dos acórdãos proferidos na fase de execução somente será admissível se houver violação direta e literal da Constituição Federal.

Nesse sentido também dispõe a Súmula n. 266 do C. TST, *in verbis*:

> Recurso de revista. Admissibilidade. Execução de sentença. A admissibilidade do recurso de revista interposto de acórdão proferido em agravo de petição, na liquidação de sentença ou em processo incidente na execução, inclusive os embargos de terceiro, depende de demonstração inequívoca de violência direta à Constituição Federal.

Nesse sentido, cumpre destacar as seguintes ementas:

> AGRAVO DE INSTRUMENTO. EXECUÇÃO. PENHORA. BEM DE FAMÍLIA. VIOLAÇÃO DO ART. 1º, III, DA CONSTITUIÇÃO FEDERAL. NÃO CONFIGURAÇÃO. NÃO PROVIMENTO. 1. Conforme preceitua o art. 896, § 2º, da CLT, em se tratando de acórdão proferido em execução de sentença, somente é cabível recurso de revista quando fundado em ofensa literal e direta a dispositivo constitucional. 2. Não viabiliza o apelo, portanto, a alegação de violação do art. 1º, III, da Constituição Federal, uma vez que a matéria em debate — penhora de bem de família — não alcança o patamar constitucional, sendo certo que o referido dispositivo somente resultaria vulnerado se demonstrada, previamente, ofensa da norma ordinária (art. 1º da Lei n. 8.099/90), o que não se coaduna com o disposto no art. 896, § 2º, da CLT e na Súmula n. 266. 3. Agravo de instrumento a que se nega provimento. (TST. Processo: AIRR – 25022/2007-002-09-40.5 Data de Julgamento: 19/11/2008, Rel. Min. Guilherme Augusto Caputo Bastos, 7ª Turma, Data de Divulgação: DEJT 28.11.2008)

> AGRAVO DE INSTRUMENTO. RECURSO DE REVISTA. EXECUÇÃO DE SENTENÇA. DENEGAÇÃO DE ADMISSIBILIDADE DO RECURSO DE REVISTA. OFENSA À CONSTITUIÇÃO FEDERAL NÃO CARACTERIZADA. A denegação de seguimento a recurso de revista que não observa pressuposto extrínseco ou intrínseco de cabimento, em decisão devidamente fundamentada (art. 896, § 1º, da CLT), não ofende a literalidade do art. 5º, XXXV, da Constituição Federal. DESCONSTITUIÇÃO DE PENHORA. BEM DE FAMÍLIA. O Tribunal Regional reformou a decisão de primeiro grau, determinando o levantamento da penhora que recaiu sobre bem de família, com fundamento de que restou comprovado nos autos ser o imóvel penhorado o único de propriedade do sócio executado, aplicando o disposto no art. 1º da Lei n.

8.009/90, que assegura a impenhorabilidade do bem de família. Decisão judicial, nesse sentido, não viola os arts. 1º, III e IV, 100, § 1º, e 170 da Lei Maior, ante a aplicação de dispositivos legais e constitucionais mais específicos à solução da lide posta à apreciação do Poder Judiciário, os quais prevalecem, no caso, sobre o primado do trabalho. Agravo de instrumento a que se nega provimento. (TST – Processo: AIRR – 784/1996-004-02-40.6 Data de Julgamento: 20.5.2009 – Rel. Min. Walmir Oliveira da Costa, 1ª Turma, Data de Divulgação: DEJT 29.5.2009)

## 2.2.5. Rejeição liminar do recurso de revista pelo relator

Dispõe o § 5º do art. 896 da CLT:

> Estando a decisão recorrida em consonância com enunciado da Súmula da Jurisprudência do Tribunal Superior do Trabalho, poderá o Ministro Relator, indicando-o, negar seguimento ao Recurso de Revista, aos Embargos, ou ao Agravo de Instrumento. Será denegado seguimento ao Recurso nas hipóteses de intempestividade, deserção, falta de alçada e ilegitimidade de representação, cabendo a interposição de Agravo.

O referido dispositivo propicia ao relator não conhecer do Recurso de Revista quando o acórdão estiver em consonância com Súmula do TST, ou nas hipóteses de intempestividade, deserção, falta de alçada e ilegitimidade de representação. Neste caso, cabe Agravo para a Turma do TST, que seria competente para julgar o Recurso caso ele fosse conhecido. A doutrina batizou tal Recurso como "agravo interno" ou "agravo regimental", cujo processamento é disciplinado pelo Regimento Interno do TST.

Conforme sustenta *Carlos Henrique Bezerra Leite*[127], caso o Ministro Relator designado não admitir o Recurso de Revista, é facultada à parte interpor agravo regimental de tal decisão (TST, Regimento, art. 243, VII), podendo haver reconsideração. Mantida a decisão, o agravo regimental será submetido a julgamento pelo órgão colegiado (Turma).

## 2.2.6. Recurso de revista no rito sumaríssimo

Dispõe o § 6º do art. 896 da CLT: "Nas causas sujeitas ao procedimento sumaríssimo, somente será admitido recurso de revista por contrariedade a súmula de jurisprudência uniforme do Tribunal Superior do Trabalho e violação direta da Constituição da República".

Para as causas submetidas ao rito sumaríssimo, ou seja, cujo valor da causa seja entre 2 e 40 salários mínimos (Lei n. 9.957/00), pois até 2 salários mínimos não cabe recurso (Lei n. 5.584/70), salvo matéria constitucional, em que será cabível o recurso extraordinário, somente caberá o recurso de revista se a decisão violar diretamente a Constituição Federal ou estiver em contrariedade a Súmula do Tribunal Superior do Trabalho.

---

(127) BEZERRA LEITE, Carlos Henrique. *Curso de direito processual do trabalho*. 5. ed. São Paulo: LTr, 2007. p. 758.

A finalidade ao restringir as hipóteses de revista para as causas até 40 salários mínimos é impor maior celeridade na tramitação desses processos e propiciar maior efetividade da jurisdição trabalhista.

Conforme já sedimentado no Tribunal Superior do Trabalho, não cabe recurso de revista nos processos que tramitam sob o rito sumaríssimo quando a decisão violar Orientação Jurisprudencial do Tribunal Superior do Trabalho.

Nesse sentido dispõe a OJ n. 352, da SDI-I, do TST, *in verbis*:

> PROCEDIMENTO SUMARÍSSIMO. RECURSO DE REVISTA FUNDAMENTADO EM CONTRARIEDADE A ORIENTAÇÃO JURISPRUDENCIAL. INADMISSIBILIDADE. ART. 896, § 6º, DA CLT, ACRESCENTADO PELA LEI N. 9.957, DE 12.1.2000. DJ 25.4.2007.
>
> Nas causas sujeitas ao procedimento sumaríssimo, não se admite recurso de revista por contrariedade à Orientação Jurisprudencial do Tribunal Superior do Trabalho (Livro II, Título II, Capítulo III, do RITST), por ausência de previsão no art. 896, § 6º, da CLT.

## 2.2.7. Transcendência no recurso de revista

Diz o art. 896-A da CLT:

> O Tribunal Superior do Trabalho, no recurso de revista, examinará previamente se a causa oferece transcendência com relação aos reflexos gerais de natureza econômica, política, social ou jurídica.

Ensina *José Augusto Rodrigues Pinto*[128]: "Transcendente é qualificativo do 'muito elevado, sublime' a ponto de ser metafísico, levando o Direito a bordejar a ciência do suprassensível, o que já nos levou a pensar na transcendência como a relevância elevada ao cubo ou à 4ª potência. Por aí se imagine a carga de subjetivismos que se está entregando aos magistrados incumbidos de declará-la totalmente incompatível com a imperiosa exigência de objetividade da Justiça nas declarações de convencimento dos juízes".

Embora se possa questionar a constitucionalidade quanto ao aspecto formal na criação da transcendência por medida provisória, pensamos que não há inconstitucionalidade quanto ao aspecto material da norma, vale dizer: a Lei pode instituir a transcendência para os recursos de natureza extraordinária como os de Revista.

O Recurso de Revista, conforme já mencionamos, tem natureza extraordinária e objetivos diversos da justiça da decisão ou reapreciação do quadro probatório já discutido em segundo grau. Desse modo, a criação da transcendência não obsta o acesso à Justiça do Trabalho. Além disso, o duplo grau de jurisdição não tem assento constitucional, cumprindo à lei estabelecer os pressupostos e requisitos dos recursos.

---

(128) RODRIGUES PINTO, José Augusto. *Manual dos recursos nos dissídios do trabalho*. São Paulo: LTr, 2006. p. 200.

Diante da enorme quantidade de Recursos de Revista que chegam ao Tribunal Superior do Trabalho diariamente, o requisito da transcendência passa a ser um poderoso aliado para racionalização dos serviços junto ao TST e melhoria da qualidade dos serviços prestados.

Embora os requisitos para regulamentação da transcendência possam ser subjetivos e de difícil elaboração, acreditamos que, ao invés de inviabilizar o acesso à Justiça, a transcendência vai agilizar a tramitação dos processos, impedindo que inúmeros recursos cheguem ao TST.

Como destaca *Ives Gandra Martins Filho*[129]:

"O critério de transcendência previsto para admissibilidade do recurso de revista para o TST dá ao Tribunal, e seus ministros, uma margem de discricionariedade no julgamento dessa modalidade recursal, na medida em que permite uma seleção prévia dos processos que, pela sua transcendência jurídica, política, social ou econômica, mereçam pronunciamento da Corte (...). A rigor, qualquer procedimento de seleção de causas a serem julgadas pelas Cortes Superiores constitui juízo de conveniência e não, propriamente, pronunciamento jurisdicional, uma vez que não se aprecia questão de direito material ou processual, mas se faz uma avaliação da conveniência, pela repercussão geral do caso ou pela transcendência da matéria, de haver um pronunciamento final da Corte Superior".

A transcendência funciona como um filtro para o recurso de revista, a fim de impedir que certos recursos, que não tenham repercussão para a coletividade, sejam admitidos.

Trata-se de um requisito que impede o julgamento do Recurso de Revista, se a matéria de mérito versada no recurso não oferecer transcendência, segundo os parâmetros da legislação.

Embora a doutrina tenha fixado que a transcendência é mais um requisito de admissibilidade do recurso, mais um pressuposto subjetivo a ser preenchido pelo recorrente no ato da interposição do recurso, pensamos ser a transcendência, na verdade, uma prejudicial de mérito, do recurso, pois, ao apreciá-la, o TST, obrigatoriamente, está enfrentando o mérito do recurso. Além disso, somente o TST pode apreciar a transcendência e não o Tribunal Regional. Desse modo, no nosso sentir, a transcendência funciona, na verdade, como uma prejudicial de mérito do Recurso de Revista.

A transcendência no Recurso de Revista ainda não foi regulamentada pelo Tribunal Superior do Trabalho e, no nosso sentir, a regulamentação da transcendência somente será possível por meio de lei ordinária, pois somente cabe à União legislar sobre Direito Processual do Trabalho (art. 22 da CF), não obstante o art. 2º da MP

---

(129) Critérios de transcendência no recurso de revista. Projeto de lei n. 3.267/00. In: *Revista LTr* n. 65-08/915.

n. 2.226/2001 assevera que "o Tribunal Superior do Trabalho regulamentará, em seu regimento interno, o processamento da transcendência do recurso de revista, assegurando a apreciação da transcendência em sessão pública, com direito a sustentação oral e fundamentação da decisão". O TST ainda não regulamentou a transcendência no seu Regimento Interno.

Nesse diapasão, destacamos a seguinte ementa:

> Recurso de revista — Transcendência. Inviável falar-se em transcendência, enquanto ausente a regulamentação prevista no art. 2º da MP n. 2.226/2001. Recurso de revista não conhecido. (TST – 2ª T. – Rel. Des. José Simpliciano F. de F. Fernandes – DJe nº.351 – 0.11.09 – p. 504 – RR n. 319/2003.657.09.00-7) (RDT n. 12 – dezembro de 2009).

Há, no Congresso Nacional, o Projeto de Lei n. 3.267/00 regulamentando a transcendência prevista no art. 896-A da CLT, sob os aspectos jurídico, político, social e econômico.

Conforme o referido projeto de lei, há transcendência jurídica quando há "desrespeito patente aos direitos humanos fundamentais ou aos interesses coletivos indisponíveis, com comprometimento da segurança e estabilidade das relações jurídicas".

Comentando o referido dispositivo, *Ives Gandra Martins Filho*[130] nos traz os seguintes exemplos: recursos oriundos de ações civis públicas nas quais se discutem interesses difusos e coletivos; processos em que o sindicato atue como substituto processual; causas que discutam alguma norma que tenha por fundamento maior o próprio Direito Natural; processos em que o TRT resista a albergar jurisprudência pacificada do TST.

Conforme o referido Projeto de Lei, a transcendência política significa "desrespeito notório ao princípio federativo ou à harmonia dos Poderes Constituídos".

Conforme *Martins Filho*[131], podem comprometer a harmonia entre poderes os processos que entes públicos, mormente quando a execução se faça por meio de precatórios, em que medidas extremas ligadas a sequestro de contas podem gerar antagonismos entre TRT e governo local, ensejando a pacificação do Tribunal Superior do Trabalho.

A transcendência social é definida como "a existência de situação extraordinária de discriminação, de comprometimento do mercado de trabalho ou de perturbação notável à harmonia entre capital e trabalho".

Conforme *Ives Gandra Martins Filho*[132], pode exigir uma intervenção do TST, para corrigir distorções no campo laboral, a constatação da existência, no âmbito de empresas, de procedimentos, praxes ou normas, de caráter genérico que sejam:

---

(130) *Revista LTr* n. 65-08/916.
(131) *Revista LTr* n. 65-08/917.
(132) *Idem.*

nitidamente discriminatórias em relação a determinadas parcelas de empregados ou grupos sociais; indevidamente restritivos à contratação, em face de circunstâncias não justificadoras da limitação ao mercado de trabalho ou estimuladores de conflituosidade entre patrões e empregados, pela exigência de recurso contínuo ao Judiciário.

Há transcendência econômica, conforme o PL n. 3.267/00: "A ressonância de vulto da causa em relação a entidade de direito público ou economia mista, ou a grave repercussão da questão na política econômica nacional, no segmento produtivo ou no desenvolvimento regular da atividade empresarial".

Segundo *Martins Filho*[133], a transcendência econômica não está diretamente ligada ao valor da causa, em termos absolutos, mas à sua importância para a empresa pública ou privada. Se a imposição de determinada condenação puder acarretar o próprio comprometimento da atividade produtiva de uma empresa, deve haver uma última revisão da causa pelo TST, para verificar se o direito é patente e não houve distorções que supervalorem o que é devido em Justiça.

## 2.2.8. Efeitos do recurso de revista

### 2.2.8.1. Efeito devolutivo

O Recurso de Revista é recebido apenas no efeito devolutivo, isto é, somente podem ser objeto de apreciação pelo TST as matérias expressamente declinadas no Recurso.

Discute-se na doutrina e jurisprudência se o TST pode conhecer de matérias não invocadas pelo recorrente (efeito devolutivo no aspecto vertical também chamado de efeito translativo), como acontece nas matérias de ordem pública (preliminares invocadas no art. 301 do CPC).

Parte da doutrina e jurisprudência admite o efeito translativo do Recurso de Revista, pois a lei não veda que o Tribunal conheça, de ofício, das matérias de ordem pública, uma vez que estas podem ser invocadas a qualquer tempo e em qualquer grau de jurisdição.

Em que pese o respeito que merecem os que pensam ser possível ao Tribunal conhecer de matérias de ordem pública no Recurso de Revista, com eles não concordamos. Com efeito, o Recurso de Revista é recurso de efeito devolutivo vinculado pela matéria especificamente prequestionada pelo recorrente, não sendo cabível para o Tribunal corrigir erros do acórdão recorrido, tampouco para avaliar a justiça da decisão. Desse modo, pensamos que o Tribunal não pode conhecer de matérias não invocadas no Recurso de Revista.

No mesmo sentido, sustenta *Teresa Arruda Alvim Wambier*[134]:

"(...) Em conclusão, a dimensão vertical do efeito devolutivo está limitada, nos recursos excepcionais, fundamentalmente, pela impossibilidade de se

---

(133) *Idem.*
(134) *Recurso especial. Recurso extraordinário e ação rescisória.* 2. ed. São Paulo: RT, 2008. p. 358.

reverterem fatos e de se reexaminarem provas, sendo que aquela regra há de ser entendida em função destas. (...) Os recursos extraordinário e especial não geram, assim, efeito translativo ou não têm o efeito devolutivo que deles decorre a dimensão vertical".

Nesse diapasão, a OJ n. 62, da SDI-I, do C. TST, *in verbis*:

> Prequestionamento. Pressuposto de recorribilidade em apelo de natureza extraordinária. Necessidade, ainda que se trate de incompetência absoluta. É necessário o prequestionamento como pressuposto de admissibilidade em recurso de natureza extraordinária, ainda que se trate de incompetência absoluta.

Como bem adverte *Estêvão Mallet*: "O recurso de revista devolve ao Tribunal Superior do Trabalho apenas o conhecimento da questão nele versada e não de outras questões suscitadas, discutidas e decididas ou não no processo, que não hajam sido também ventiladas no recurso. Assim, questões preliminares e prejudiciais à decisão tomada, se não fazem parte do recurso interposto, não comportam apreciação pelo Tribunal Superior do Trabalho".

Nesse sentido, destacamos a seguinte ementa:

> Recurso. Efeito devolutivo. Ao reapreciar questões julgadas e sobre as quais a parte vencida havia-se conformado, não impugnando a sentença como lhe faculta o art. 505 do CPC, o Juízo ampliou o efeito devolutivo do recurso, afrontando os limites da lide estabelecidos no art. 515 do CPC. Modificou situação consolidada em virtude da ausência de recurso da parte quando a apelação deve ser apreciada nos limites estabelecidos pelo próprio recorrente, assim como as questões examináveis de ofício. Assim, contamina-se de nulidade o Acórdão por conceder ao recorrente mais do que o pleiteado por ele. Recurso provido. (TST 4ª T. – Ac. n. 965/97 – Rel. Min. Leonaldo Silva – DJ 11.4.97 – p. 12.556)

### 2.2.8.2. Efeito suspensivo no recurso de revista

O Recurso de Revista não é dotado de efeito suspensivo. Nesse sentido, dispõe o § 1º do art. 896 da CLT, *in verbis*: "O recurso de revista, dotado de efeito apenas devolutivo, será apresentado ao Presidente do Tribunal recorrido, que poderá recebê-lo ou denegá-lo, fundamentando, em qualquer caso, a decisão".

A jurisprudência tem admitido, em casos excepcionais, a propositura de medida cautelar inominada para se atribuir efeito suspensivo ao recurso de revista.

Nesse sentido, dispõe a Súmula n. 414, I, do TST, *in verbis*:

> MANDADO DE SEGURANÇA. ANTECIPAÇÃO DE TUTELA (OU LIMINAR) CONCEDIDA ANTES OU NA SENTENÇA (conversão das Orientações Jurisprudenciais ns. 50, 51, 58, 86 e 139 da SBDI-2) – Res. n. 137/2005, DJ 22, 23 e 24.8.2005
>
> I – A antecipação da tutela concedida na sentença não comporta impugnação pela via do mandado de segurança, por ser impugnável mediante recurso ordinário. A ação cautelar é o meio próprio para se obter efeito suspensivo a recurso. (ex-OJ n. 51 da SBDI-2 – inserida em 20.9.2000)

## 2.3. Dos embargos de declaração

### 2.3.1. Conceito e natureza jurídica

Os embargos de declaração constituem medida recursal destinada a retirar do julgado eventuais omissões, contradições ou obscuridades, complementando e aperfeiçoando a prestação jurisdicional.

Ainda há discussões sobre a natureza jurídica dos embargos, se têm natureza jurídica de recurso ou de um requerimento de complementação da prestação jurisdicional.

Em prol da vertente que entende não ter os embargos natureza jurídica recursal, podemos destacar os seguintes argumentos: os embargos de declaração são julgados pelo mesmo órgão que prolatou a decisão; a finalidade principal dos embargos é a complementação da prestação jurisdicional, não se destinando à reforma da decisão; não há exigência de formalidade para interposição (*rectius* — oposição), pois não há necessidade de recolhimento de custas ou depósito recursal, há apenas a necessidade de o embargante apontar o ponto omisso, obscuro ou contraditório.

De outro lado, em prol da natureza recursal dos embargos de declaração, argumenta-se: a legislação processual inseriu os embargos de declaração no capítulo dos recursos (v. arts. 496 do CPC e 897-A da CLT que está inserido no capítulo VI "Dos Recursos", na CLT); que os embargos, conforme já sedimentado na doutrina, jurisprudência e com previsão no próprio art. 897-A da CLT, podem ter caráter infringente, ou seja, podem modificar o julgado, como ocorre nos casos de omissão da decisão.

No nosso sentir, os embargos de declaração têm natureza recursal, pois a própria Lei os inclui no rol dos recursos. Além disso, inegavelmente, os embargos têm o efeito de complementar a prestação jurisdicional e até mesmo modificar a decisão.

### 2.3.2. Hipóteses cabíveis

Diz o art. 897-A da CLT: "Caberão embargos de declaração da sentença ou acórdão, no prazo de cinco dias, devendo seu julgamento ocorrer na primeira audiência ou sessão subsequente a sua apresentação, registrada na certidão, admitido efeito modificativo da decisão nos casos de omissão e contradição no julgado e manifesto equívoco no exame dos pressupostos extrínsecos do recurso".

No mesmo sentido é o art. 535 do CPC, *in verbis*: "Cabem embargos de declaração quando: I – houver, na sentença ou no acórdão, obscuridade ou contradição; II – for omitido ponto sobre o qual devia pronunciar-se o juiz ou tribunal".

Conjugando-se os arts. 535 do CPC em cotejo com o art. 897-A da CLT, os embargos de declaração são cabíveis no Processo do Trabalho, nas seguintes hipóteses da sentença ou acórdão:

a) Omissão: É a falta de apreciação de algo. A omissão típica configura-se na sentença *citra petita* em que a sentença não aprecia um ou mais pedidos. Conforme o posicionamento que adotamos, não é omissa a sentença quando não aprecia todas as razões da inicial e da defesa, mas aprecia todos os pedidos e requerimentos de defesa, pois o efeito devolutivo do recurso ordinário transfere ao Tribunal os fundamentos não apreciados pela sentença de primeiro grau (art. 515, § 1º, do CPC);

b) Contradição: É o conflito entre duas proposições, a atual e a anterior — por exemplo, a sentença diz que o reclamante não ultrapassava o limite de 8 horas diárias e 44 semanais, mas condena no pagamento de horas extras;

c) Obscuridade: É falta de clareza, a proposição contida na sentença é de difícil compreensão. Embora o art. 897-A não se refira à hipótese de obscuridade, pensamos que ela se aplica aos embargos de declaração na Justiça do Trabalho, por omissão e compatibilidade com o Direito Processual do Trabalho (art. 769 da CLT);

d) Manifesto equívoco no exame dos pressupostos extrínsecos do recurso (art. 897-A da CLT).

Para tal finalidade, existe o agravo de instrumento, entretanto, em razão do princípio da instrumentalidade das formas e economia processual, os embargos de declaração podem ser a via mais rápida e efetiva sem necessitar da burocracia do agravo de instrumento.

Como bem adverte *Estêvão Mallet*[135]: "O cabimento dos embargos não se restringe às hipóteses de obscuridade, contradição ou omissão verificadas no dispositivo da decisão, conquanto nesses casos adquira maior gravidade o defeito. Se qualquer dos mencionados aspectos está presente em outras partes da decisão ou entre partes diversas da decisão, embora não no dispositivo, ainda assim poderão ter lugar os embargos. Justificam o oferecimento de embargos, em consequência, tanto a contradição entre a fundamentação e o dispositivo como a ausência de fundamentação ou mesmo de relatório, que é também elemento essencial das sentenças e acórdãos, cuja falta acarreta nulidade".

e) Erro material: Assevera o parágrafo único do art. 897-A da CLT: "Os erros materiais poderão ser corrigidos de ofício ou a requerimento de qualquer das partes". Embora os erros materiais possam ser corrigidos de ofício pelo juiz ou até mediante simples petição, os embargos de declaração também são admissíveis para tal hipótese;

f) Decisões *extra*, *ultra* e *citra petita*: A doutrina tem fixado entendimento de não ser possível a correção das decisões *extra petita* — fora do pedido e *ultra petita* — além do pedido, por meio dos embargos de declaração, uma vez que os embargos não se destinam à correção do julgamento. Asseveram ser possível

---

(135) MALLET, Estêvão. Embargos de declaração. In: COSTA, Armando Casimiro; FERRARI, Irany (Coords.). *Recursos trabalhistas*. Estudos em homenagem ao Ministro Vantuil Abdala. São Paulo: LTr, 2003. p. 31.

os embargos de declaração em se tratando de decisão *citra petita* — aquém do pedido. Nesse sentido é a posição, entre outros, de Nelson Nery Júnior[136]: "Os EDcl são idôneos para corrigir a decisão que decidiu *infra petita,* porque esta hipótese está prevista expressamente na lei: omissão. Não se prestam, em regra, para a correção da decisão que decidiu *extra* ou *ultra petita,* salvo se para dissipar obscuridade ou contradição".

Não obstante as ponderações da doutrina, pensamos que as decisões *extra* e *ultra petita* também podem ser corrigidas por meio dos embargos de declaração, uma vez que em tal situação a decisão apresenta obscuridade e também contradição, com o princípio da congruência da inicial (arts. 128 e 460 do CPC). Além disso, tal postura propicia maiores celeridade e efetividade do processo, evitando-se, muitas vezes, a interposição de recursos que têm por objetivo unicamente questionar a nulidade da decisão por tais motivos.

## 2.3.3. Caráter infringente dos embargos (efeito modificativo)

Já está pacificado na doutrina e jurisprudência a possibilidade de os embargos de declaração terem efeito de modificar o julgado, principalmente em razão de omissão da decisão. Nesse sentido é a Súmula n. 278 do C. TST, *in verbis*:

> EMBARGOS DE DECLARAÇÃO. OMISSÃO NO JULGADO — A natureza da omissão suprida pelo julgamento de embargos declaratórios pode ocasionar efeito modificativo no julgado.

Nesse sentido, as seguintes ementas:

> Embargos declaratórios — Efeito modificativo — Enunciado n. 278 do TST. Acolho os embargos declaratórios para, imprimindo-lhes efeito modificativo, nos termos da Súmula n. 278 do TST, no mérito, negar provimento ao recurso de revista da reclamada, conforme consta da fundamentação. Embargos de declaração acolhidos. (TST – 4ª T. – ED-ED-RR n. 711.576/2000-8 – Rel. Luiz A. Lazarim – DJ 2.9.05 – p. 927) (RDT n. 09 – Setembro de 2005)

> Embora a função dos embargos declaratórios seja outra, a jurisprudência admite que através deles seja dado efeito modificativo à decisão embargada. No caso vertente, a embargante pretende a revisão do acórdão para o fim de ser conhecido o recurso ordinário. Todavia, razão não assiste à embargante, haja vista que, embora recolhido o depósito recursal nos termos do Ato TST n. 404/94, todavia o apelo só foi protocolado quando já vigente o Ato TST n. 804. Dessa forma, cumpria à embargante, completar o valor recolhido a título de depósito recursal, razão por que rejeita-se os embargos declaratórios. (TRT 19ª R. – RO n. 2.811/95 – Rel. Juiz José Cirilo – DJAL 23.5.96 – p. 20)

## 2.3.4. Embargos de declaração em face de decisão interlocutória

Tanto a CLT (art. 897-A) como o CPC (art. 535) dizem que somente são cabíveis embargos de declaração em face de sentença ou acórdão[137].

---

(136) NERY JÚNIOR, Nelson. *Código de Processo Civil comentado.* 7. ed. São Paulo: RT, 2003. p. 924.

(137) Conforme o art. 163 do CPC: "Recebe a denominação de acórdão o julgamento proferido pelos tribunais".

Não obstante, pensamos que, se a decisão interlocutória contiver omissões, obscuridades ou contradições, serão admissíveis os embargos a fim de complementar a prestação jurisdicional.

Nesse sentido é a posição, entre outros, de *Nelson Nery Júnior*[138]: "Embora se refira apenas à sentença e acórdão, os vícios apontados na norma comentada não podem subsistir na decisão interlocutória, que deve ser corrigida por meio de EDcl".

Pensamos não ser possível o cabimento dos embargos de declaração em face de despachos, pois estes são irrecorríveis (art. 504 do CPC) e podem ser prolatados de forma concisa e não encerram conteúdo decisório[139].

## 2.3.5. Embargos de declaração e contraditório

Nem a CLT tampouco o CPC exigem que os embargos de declaração sejam submetidos ao contraditório, quando estes tenham efeito de modificar o julgado.

Caso os embargos de declaração não tenham efeito modificativo, manifesta-se majoritariamente a doutrina e jurisprudência, acertadamente, pela desnecessidade de manifestação da parte contrária, em razão da inexistência de qualquer prejuízo.

Segmentos da doutrina se mostram contrários à exigência do contraditório nos embargos de declaração, mesmo quando há o caráter infringente. Nesse sentido, destacamos a opinião de *Thereza Christina Nahas*[140]:

> "Não concordamos com o posicionamento de que, nas hipóteses em que o Juiz perceber que haverá modificação do julgado, deva abrir prazo para a parte contrária manifestar-se (contra-arrazoar). A um, por absoluta ausência de respaldo legal; a outro, porque o contraditório já se formou e se esgotou. A sentença já foi proferida e, se houver qualquer vício que possa modificá-la, este se verificou no momento da sentença; e para isso servem os embargos: suprir uma irregularidade quando, na verdade, a prestação jurisdicional já se esgotou".

Não obstante, parte da doutrina e jurisprudência exige que os embargos de declaração que tenham caráter infringente ou de modificar o julgado sejam submetidos ao contraditório, atendendo ao comando constitucional do art. 5º, LV.

Nesse sentido é a OJ n. 142, da SDI-I do C. TST, *in verbis*:

> Em 10.11.97, a SDI-I Plena decidiu, por maioria, que é passível de nulidade decisão que acolhe embargos declaratórios com efeito modificativo sem oportunidade para a parte contrária se manifestar.

---

(138) *Op. cit.*, p. 924.

(139) Em sentido contrário é a opinião de Estêvão Mallet: "Também as decisões interlocutórias admitem semelhante impugnação, segundo assentado em jurisprudência e doutrina, na linha, aliás, do que se encontra em outros sistemas jurídicos, podendo ainda estender-se a conclusão aos despachos de mero expediente e mesmo aos atos de servidor, referidos no art. 162, § 4º, do CPC" (*Op. cit.*, p. 40-41).

(140) NAHAS, Thereza Christina *et al. Processo de conhecimento e execução.* São Paulo: LTr, 2004. p. 76.

No mesmo sentido é a opinião de *Estêvão Mallet*[141]: "Se os embargos modificam a decisão embargada, contudo, constitui a possibilidade de prévia manifestação decorrente da garantia do contraditório, pelo que não há como a afastar, sob pena de nulidade, consoante reconhecido pela jurisprudência em conclusão incorporada a normas regimentais de alguns tribunais".

No nosso sentir, em que pesem as opiniões em sentido contrário, somente se aplica o contraditório prévio nos embargos de declaração com efeito modificativo, quando eles forem opostos nos Tribunais Regionais do Trabalho e no Tribunal Superior do Trabalho, pois no primeiro grau, ou seja, quando os embargos forem opostos nas Varas do Trabalho, o contraditório pode ser exercido *a posteriori*, quando da interposição do recurso ordinário, não havendo qualquer prejuízo às partes (art. 794 e seguintes da CLT), uma vez que o efeito devolutivo do recurso transfere ao Tribunal toda a matéria impugnada, nos termos do § 1º do art. 515 do CPC.

### 2.3.6. Embargos de declaração protelatórios e multa

Assevera o art. 538, parágrafo único do CPC: "Quando manifestamente protelatórios os embargos, o juiz ou o tribunal, declarando que o são, condenará o embargante a pagar ao embargado multa não excedente de 1% (um por cento) sobre o valor da causa. Na reiteração de embargos protelatórios, a multa é elevada a até 10% (dez por cento), ficando condicionada a interposição de qualquer outro recurso ao depósito do valor respectivo".

A multa em razão dos embargos de declaração protelatórios prevista no CPC é aplicável ao Direito Processual do Trabalho por ser compatível com os princípios que norteiam o processo trabalhista (art. 769 da CLT).

Trata-se de cominação legal imposta àqueles que se utilizam dos embargos de declaração com a finalidade de procrastinar o bom andamento do processo.

Somente quando manifestamente protelatórios, a multas será cabível. O termo *manifestamente* deve ser interpretado no sentido de não apontar os embargos de forma objetiva: contradição, obscuridade ou omissão no julgado. Não serão protelatórios os embargos que, embora não acolhidos, apontem o defeito no julgado. Como bem destaca *Estêvão Mallet*[142], a indicação equivocada, aludindo-se, por exemplo, à obscuridade, quando teria ocorrido contradição, não prejudica o pedido. Incide o disposto no art. 250 do CPC, impondo o aproveitamento da medida, com o seu julgamento.

O fato de o CPC possibilitar a aplicação da multa de 1% para os embargos protelatórios não exclui a possibilidade de se aplicar, cumulativamente, as sanções por litigância de má-fé, previstas nos arts. 17 e seguintes do Código de Processo Civil. Nesse sentido, destacamos a seguinte ementa:

---

(141) *Op. cit.*, p. 43.
(142) *Op. cit.*, p. 42.

Embargos de declaração — Recurso manifestamente protelatório — Litigância de má-fé — Multas cumuladas com indenização — Arts. 17, VI, VII, 18 e 538, do Código de Processo Civil. A interposição de recurso meramente protelatório caracteriza litigância de má-fé, nos termos dos incisos VI e VII do art. 17 do CPC, e em se tratando de embargos de declaração, cumula-se a essa punição a multa prevista no art. 538 do CPC. Punições que se cumulam por terem natureza diversa. (TRT 3ª R. – 4ª T. – ED n. 304/2004.026.03.00-5 – Rel. Antônio A. da Silva – DJMG 4.6.05 – p. 10) (RDT n. 07 – Julho de 2005)

De outro lado, pensamos que o depósito da multa, como condição de ingresso para recorrer, somente se aplica na reiteração dos embargos de declaração protelatórios, uma vez que o § 1º do art. 538 do CPC primeiro fala na reiteração dos embargos e posteriormente na elevação da multa e na exigibilidade do depósito.

### 2.3.7. Embargos de declaração e prequestionamento

Os embargos de declaração podem servir para prequestionamento da matéria conforme a própria redação do art. 897-A da CLT e Súmula n. 297, admitindo a oposição de embargos de declaração para tal finalidade. Com efeito, dispõe a referida Súmula:

> PREQUESTIONAMENTO. OPORTUNIDADE. CONFIGURAÇÃO. I – Diz-se prequestionada a matéria ou questão quando na decisão impugnada haja sido adotada, explicitamente, tese a respeito; II – Incumbe à parte interessada, desde que a matéria haja sido invocada no recurso principal, opor embargos declaratórios objetivando o pronunciamento sobre o tema, sob pena de preclusão; III – Considera-se prequestionada a questão jurídica invocada no recurso principal sobre a qual se omite o Tribunal de pronunciar tese, não obstante opostos embargos de declaração.

Conforme entendimento fixado acima, os embargos de declaração para prequestionamento só são possíveis no segundo grau de jurisdição para fins de interposição de Recurso de Revista, uma vez que em primeiro grau de jurisdição o efeito devolutivo do recurso transfere ao Tribunal toda a matéria impugnada (§ 1º do art. 515 do CPC).

Nesse sentido, vale destacar a seguinte ementa:

> NULIDADE PROCESSUAL. Falta de prestação jurisdicional. Não ocorrência. Não está obrigado o julgador a analisar ponto a ponto todas as alegações das partes, bastando que o julgado contenha a fundamentação de sua conclusão. De qualquer forma, pelos embargos declaratórios houve prequestionamento e toda a matéria de defesa é devolvida para o órgão revisor — ampla devolutibilidade. Rejeitada a preliminar. (TRT/SP – 00409200505802005 – RO – Ac. 3ª T. – 20091042482 – Relª. Maria de Lourdes Antonio – DOE 18.12.2009).

### 2.3.8. Do processamento dos embargos de declaração

Os embargos de declaração serão opostos por petição dirigida ao Juiz que prolatou a decisão, no prazo de cinco dias, acompanhada das razões, as quais devem apontar de forma clara e precisa o ponto omisso, contraditório ou obscuro do julgado. Não é possível a apresentação dos embargos por simples petição desacompanhada das razões.

Apresentados os embargos, o Juiz os apreciará na primeira sessão desimpedida (art. 897-A da CLT).

Os embargos de declaração interrompem o prazo para interposição dos demais recursos cabíveis em face da decisão. Desse modo, após a apreciação dos embargos, o prazo recursal começará a fluir por inteiro novamente. Nesse sentido é o *caput* do art. 538 do CPC: "Os embargos de declaração interrompem o prazo para a interposição de outros recursos, por qualquer das partes". Acreditamos que, se os embargos de declaração forem intempestivos, o prazo do Recurso não se interromperá. Caso os embargos de declaração não sejam conhecidos por outro motivo, haverá a interrupção do prazo recursal.

Parte da doutrina assevera que os embargos de declaração não têm efeito devolutivo, pois não transferem a outro órgão julgador a apreciação da matéria impugnada. Outros asseveram que há o efeito devolutivo, pois o embargante delimita a matéria a ser objeto de apreciação pelo órgão prolator da decisão.

O parágrafo único do art. 897 da CLT assevera que os erros materiais poderão ser corrigidos de ofício ou a requerimento de qualquer das partes. Tal disposição já consta do art. 833 da CLT, uma vez que o erro material não transita em julgado, não havendo necessidade de oposição dos embargos, podendo ser corrigidos de ofício ou por simples petição.

Os embargos de declaração não estão sujeitos a preparo ou pagamento de custas.

Os embargos de declaração são dirigidos ao próprio Juiz que prolatou a decisão. Não se aplica o princípio da identidade física do juiz para o julgamento dos embargos, conforme a Súmula n. 136 do C. TST, embora alguns Tribunais tenham editado provimentos no sentido de que os embargos de declaração sejam julgados pelo mesmo Juiz que prolatou a decisão. No mesmo sentido é visão de *Estêvão Mallet*[143]: "A competência para julgamento dos embargos é do órgão judiciário prolator da decisão embargada. De modo nenhum isso significa que o julgamento há de se fazer pela mesma pessoa que proferiu essa decisão".

É possível a reiteração dos embargos de declaração, ou seja, a oposição de novos embargos declaratórios sobre a decisão proferida nos embargos anteriores, se persistirem eventuais omissões, contradições ou obscuridades, uma vez que a lei não a veda. Além disso, os embargos de declaração se destinam ao aperfeiçoamento e complementação da prestação jurisdicional.

## 2.4. Agravo de instrumento

Ensina *Amauri Mascaro Nascimento*[144]:

"Como o juiz aprecia os pressupostos do recurso e pode indeferir o processamento se os entender descumpridos, impedindo, assim, o normal andamento

---

(143) *Op. cit.*, p. 45.
(144) NASCIMENTO, Amauri Mascaro. *Curso de direito processual do trabalho.* 22. ed. São Paulo: Saraiva, 2007. p. 632.

do processo na via recursal, é preciso garantir às partes um meio impugnatório contra o despacho que nega seguimento ao recurso, e para esse fim é cabível o agravo de instrumento. Portanto, quando um recurso não é processado, o meio de fazer com que continue a sua tramitação é o agravo de instrumento".

Assevera o art. 897 da CLT:

> Cabe agravo, no prazo de 8 (oito) dias:
> (...) b) de instrumento, dos despachos que denegarem a interposição de recursos.

Ao contrário do agravo no Direito Processual Civil, que tem a finalidade específica de atacar as decisões interlocutórias, no Processo do Trabalho, a finalidade específica do recurso de agravo de instrumento é destrancar o recurso, cujo seguimento foi negado, ou seja, o agravo tem a finalidade específica de fazer com que o recurso, cujo seguimento foi trancado no juízo *a quo*, siga ao Tribunal *ad quem* para julgamento.

Como bem adverte *José Augusto Rodrigues Pinto*[145]:

> "O Agravo de Instrumento, tipificado no art. 897, *b*, da CLT, é exercitável em qualquer dos graus da jurisdição, sempre na função específica de liberar o recebimento de qualquer outro tipo de recurso que tenha sido trancado pelo juízo *a quo*. Seu julgamento, entretanto, se restringe aos órgãos de graus superiores (TRT e TST), jamais podendo caber aos de jurisdição inferior (Vara do Trabalho e Juízo de Direito)".

O agravante deverá interpor o agravo à autoridade que denegou seguimento ao recurso, acompanhado das razões. Não há a possibilidade de interposição por simples petição, pois deve o agravante demonstrar o equívoco do juízo *a quo* em não conhecer do recurso que fora interposto. Nesse sentido, as seguintes ementas:

> Agravo de instrumento em recurso de revista — Reprodução das razões do recurso denegado — Desfundamentação configurada — Não conhecimento. À luz do art. 524, inciso II, do CPC, o agravante deve indicar as razões do pedido de reforma da decisão impugnada. Logo, não comporta conhecimento, porque desfundamentado, o agravo que não impugna o despacho denegatório, limitando-se a reiterar os fundamentos do recurso de revista. Agravo não conhecido. (TST – 2ª T. – AIRR n. 796/2002.015.05.40-7 – Rel. Luiz Carlos G. Godoi – DJ 17.9.04 – p. 672) (RDT n. 10 – Outubro de 2004)

> Agravo de instrumento. Razões. Conteúdo. O agravo de instrumento visa alterar a decisão negativa de admissibilidade recursal. Por isso é necessário que, em suas razões, a parte demonstre expressa e claramente os motivos pelos quais o ato decisório deve ser alterado. Não veiculada qualquer antítese à tese indeferitória, tem-se o recurso como desfundamentado. (TST – 4ª T. – Ac. n. 3.679/97 – Rel. Juiz Fernando Damasceno – DJ 13.6.97 – p. 27.175)

Conforme o § 4º do art. 897 da CLT, o agravo de instrumento será julgado pelo Tribunal que seria competente para conhecer o recurso cuja interposição foi denegada.

---

(145) RODRIGUES PINTO, José Augusto. *Manual dos recursos nos dissídios do trabalho*. São Paulo: LTr, 2006. p. 252.

Nos termos do § 5º, I, do art. 897 da CLT, o agravo de instrumento será instruído com as seguintes peças: obrigatoriamente, com cópias da decisão agravada, da certidão da respectiva intimação, das procurações outorgadas aos advogados do agravante e do agravado, da petição inicial, da contestação, da decisão originária, do depósito recursal referente ao recurso que se pretende destrancar, da comprovação do recolhimento das custas e do depósito recursal a que se refere o § 7º do art. 899, da CLT. Facultativamente, com outras peças que o agravante reputar úteis ao deslinde da matéria de mérito controvertida (inciso II do § 5º do art. 897 da CLT). O objetivo da juntada das referidas peças é propiciar ao Tribunal *ad quem*, uma vez provido o agravo, passar ao julgamento imediato do recurso que fora trancado, conforme o § 7º do art. 897 da CLT[146], o que possibilita maior celeridade e efetividade do processo.

Como destaca *Amauri Mascaro Nascimento*[147], "a finalidade desta medida é acelerar o julgamento e evitar a baixa do agravo de instrumento para remessa do processo principal à instância superior. Agora, os autos principais permanecerão onde estão e a execução será possível enquanto o agravo de instrumento não estiver julgado, mas, se for provido para apreciação do mérito, que tanto poderá ser acolhido ou não, essa decisão integral será possível, por força do novo dispositivo legal e diante da natureza devolutiva do recurso, proferida no instrumento do agravo, e repercutirá em seus termos, no processo principal, terminando ou prosseguindo a execução se extinto ou não o título executório".

A responsabilidade pela correção na juntada das peças é do agravante. A jurisprudência tem sido rígida na aferição das peças necessárias, conforme se constata das seguintes ementas:

> Agravo de instrumento — Certidão de publicação do acórdão regional — Peça indispensável. Cabe à agravante a apresentação das peças necessárias à formação do instrumento do agravo, a teor do item X da Instrução Normativa n. 16/99 do TST. A certidão de publicação do acórdão regional é peça indispensável ao exame da tempestividade do recurso de revista, e seu traslado, obrigatório, nos termos da CLT (art. 897, § 5º) e da Orientação Jurisprudencial Transitória n. 18 da SBDI-1. Recurso de embargos de que não se conhece. (TST – SBDI-1 – E-AIRR n. 1091/2001.014.10.40-2 – Rel. João Batista B. Pereira – DJ 20.8.04 – p. 637)
>
> Agravo de instrumento — Ausência das peças indicadas no § 5º, I, do art. 897 da CLT – Lei n. 9.756/98. O agravante não trasladou as peças indicadas no § 5º, I, do art. 897 da CLT e no item III da Instrução Normativa n. 16/99 do TST, que uniformizou entendimento acerca da aplicação da Lei n. 9.756/98. Agravo não conhecido. (TST – 3ª T. – AIRR n. 542/2002.056.03.40.5 – Relª Maria Cristina I. Peduzzi – DJ 4.6.04 – p. 613) (RDT n. 8 – Agosto de 2004)
>
> AGRAVO DE INSTRUMENTO — IRREGULARIDADE DE FORMAÇÃO — AUSÊNCIA DE PEÇAS OBRIGATÓRIAS E FACULTATIVAS — O apelo não merece ser

---

(146) Art. 897, § 7º, da CLT: "Provido o agravo, a Turma deliberará sobre o julgamento do recurso principal, observando-se, se for o caso, daí em diante, o procedimento relativo a esse recurso".

(147) *Op. cit.*, p. 635.

conhecido, porquanto a reclamada não observou a disposição contida no art. 897, § 5º da CLT, deixando de acostar aos autos a cópia da petição inicial e da contestação. Ainda, tem-se que a tese constante no recurso ordinário refere-se à reforma do julgado em relação ao reconhecimento de validade de um suposto laudo arbitral, bem como em relação à correção no pagamento das horas extras por ausência de intervalo com base em controles de ponto acostados aos autos, horas extras e adicional noturno com base em normas coletivas de trabalho, devolução de descontos com base em documentos, sendo certo que a reclamada não se dignou em acostar aos autos as peças facultativas, porém necessárias, ao imediato exame do recurso ordinário, caso provido o agravo de instrumento. (TRT/SP – 01272200706602015 – AIRO – Ac. 2ª T. – 20100397306 – Relª. Odette Silveira Moraes – DOE 14.5.2010)

O prazo para interposição do agravo de instrumento é de 8 dias, contados da intimação da decisão que denegou seguimento ao recurso. Uma vez interposto, o agravado será intimado para contra-arrazoar o agravo, no prazo de 8 dias, instruindo-a com as peças necessárias à instrução da defesa.

O agravo não está sujeito a pagamento de custas, mas está sujeito ao depósito recursal, a cargo do reclamado, ou do tomador de serviços, quando há condenação em pecúnia, nos termos do art. 899, § 7º, da CLT[148], que assim dispõe:

> No ato de interposição do agravo de instrumento, o depósito recursal corresponderá a 50% (cinquenta por cento) do valor do depósito do recurso ao qual se pretende destrancar.

O agravo de instrumento somente será recebido no efeito devolutivo. Desse modo, não haverá suspensão do processo. Nesse sentido é a redação do § 2º do art. 897 da CLT: "O agravo de instrumento interposto contra o despacho que não receber agravo de petição não suspende a execução da sentença". Não obstante, a jurisprudência tem admitido a propositura de medida cautelar inominada para suspensão da execução, quando há pendência do julgamento do agravo de instrumento interposto contra despacho que denega o seguimento do agravo de petição, desde que presentes o *fumus boni juris* e o *periculum in mora*.

Embora a CLT não exija, é praxe costumeira e recomendável no foro trabalhista que se proceda ao juízo de retratação no agravo, ou seja, uma vez interposto o agravo, deverá o Juiz dizer se mantém ou não a decisão que trancou o processamento do recurso. Caso mantenha, deverá processar o agravo. Caso haja retratação, o agravo ficará prejudicado. Em razão de omissão da CLT e compatibilidade com os princípios do Processo do Trabalho, máxime da celeridade e efetividade, pensamos aplicável ao Processo do Trabalho (art. 769 da CLT) o disposto no § 2º do art. 523 do CPC, que assim dispõe:

> Interposto o agravo, e ouvido o agravado, no prazo de 10 (dez) dias, o juiz poderá reformar sua decisão.[149]

---

(148) No tópico do depósito recursal, a questão está analisada com maior profundidade.

(149) No Processo do Trabalho, o prazo para as contrarrazões é de 8 dias.

Nesse sentido, destaca *José Augusto Rodrigues Pinto*[150]: "É muito própria (embora não exclusiva) do Agravo de Instrumento a faculdade aberta ao prolator da decisão interlocutória de voltar atrás do trancamento do recurso, no exercício do denominado juízo de retratação. Atualmente, pode ser exercido até *ex officio*, no momento em que seria ordenada sua remessa ao Tribunal *ad quem*".

Se o Recurso de Revista for admitido somente por um dos fundamentos invocados pelo recorrente, a jurisprudência do C. TST não admite a interposição de agravo de instrumento quanto ao fundamento não admitido. Nesse sentido é a Súmula n. 285 do C. TST:

> RECURSO DE REVISTA. ADMISSIBILIDADE PARCIAL PELO JUIZ-PRESIDENTE DO TRIBUNAL REGIONAL DO TRABALHO. EFEITO — O fato de o juízo primeiro de admissibilidade do recurso de revista entendê-lo cabível apenas quanto a parte das matérias veiculadas não impede a apreciação integral pela Turma do Tribunal Superior do Trabalho, sendo imprópria a interposição de agravo de instrumento.

## 2.5. Agravo de petição

O agravo de petição é o recurso cabível em face das decisões do Juiz do Trabalho proferidas em execução de sentença.

Trata-se de recurso exclusivo da fase de execução, não sendo cabível na fase de conhecimento — por exemplo, se forem opostos embargos de terceiro na fase de conhecimento, o recurso cabível será o ordinário, se, na execução, caberá o agravo de petição.

Como destaca *José Augusto Rodrigues Pinto*[151], o agravo de petição é "recurso cabível para tribunal regional do trabalho contra sentença proferida pelo juízo de primeiro grau em processo de execução trabalhista".

O termo *decisão* tem provocado grandes divergências na doutrina. À luz do art. 162 do CPC, as decisões do Juiz constituem-se em sentenças, despachos e decisões interlocutórias. Questiona-se: todas as decisões do Juiz na execução são passíveis de interposição de agravo de petição?

Para saber se uma decisão é recorrível na execução, por primeiro temos de compatibilizar a decisão com a sistemática recursal trabalhista. Os despachos (art. 504 do CPC) e as decisões interlocutórias (art. 893, § 1º, da CLT) não são recorríveis no Processo do Trabalho e também, como regra geral, não o serão na fase executiva.

No aspecto, cumpre destacar as seguintes ementas:

> Agravo de petição interposto contra decisão interlocutória. As decisões interlocutórias, no processo do trabalho, ainda que proferidas em sede de execução, são irrecorríveis de imediato, princípio que emana das disposições insertas no art. 893, § 1º, da CLT e

---

(150) *Op. cit.*, p. 261.
(151) RODRIGUES PINTO, José Augusto. *Manual dos recursos trabalhistas*. São Paulo: LTr, 2006. p. 236.

do Enunciado n. 214/TST. (TRT – 10ª R. – 2ª T. – AIAP n. 505/1995.821.10.01-9 – Relª. Flávia S. Falcão – DJDF 23.5.2003 – p. 23) (RDT n. 6 – junho de 2003)

Decisões interlocutórias. Não se admite agravo de petição contra decisões interlocutórias na fase de execução, sendo estas apenas recorríveis quando da apreciação do merecimento das decisões definitivas. Aplicação do § 1º do art. 893 combinado com o § 2º do art. 799, ambos da CLT e Enunciado n. 214 do c. TST. (TRT – 15ª R. – 4ª T. – Ap. n. 14758/2003 – Relª Gisela Rodrigues M. de A. e Moraes – DJSP 30.5.2003 – p. 19) (RDT n. 6 – junho de 2003)

De outro lado, também na execução, há decisões que somente são impugnadas pelo remédio processual específico previsto na Lei, como o caso da sentença de liquidação, que somente pode ser impugnada quando dos embargos à penhora (§ 3º do art. 884 da CLT) e também, após a garantia do juízo, a parte somente pode invocar as matérias previstas no § 1º do art. 884 da CLT nos embargos à execução. Desse modo, até a fase processual em que será possível a oposição de embargos à execução, não será possível o manejo do agravo de petição.

A doutrina e jurisprudência têm admitido a interposição do agravo de petição, mesmo antes da fase dos embargos, quando o Juiz do Trabalho acolhe a exceção de pré-executividade, extinguindo a execução, uma vez que se trata de decisão terminativa da execução.

Efetivamente, o agravo de petição é cabível para impugnar as decisões proferidas nos embargos, tanto à execução, à penhora, à arrematação, adjudicação e também nos embargos de terceiro na fase de execução.

Pensamos que a expressão *decisões do juiz na execução* engloba tanto as decisões de mérito, proferidas nos embargos à execução, à adjudicação, à arrematação, à penhora, como as terminativas, por exemplo, que extinguem a fase de execução. Dos despachos e das decisões interlocutórias proferidos na execução, como regra geral, não cabe o agravo de petição, não obstante, acreditamos que, atualmente, diante do grande número de mandados de segurança impetrados na fase de execução, buscando, de uma certa forma inadequada, fazer as vezes de mais um recurso na execução, o agravo de petição possa ser utilizado para impugnar decisões interlocutórias na fase de execução, que não podem ser objeto de impugnação pelos embargos e que causam gravame imediato à parte, como a liberação de valores depositados, a decisão que não homologa acordo na fase de execução, a decisão que determina o levantamento de penhora[152].

Desse modo, pensamos ser cabível o agravo de petição em face das seguintes decisões do Juiz do Trabalho nas execuções:

a) decisão que aprecia os embargos à execução;

---

(152) Nesse sentido, concordamos com a posição de Manoel Antonio Teixeira Filho, quando assevera: "A interposição deste remédio específico em relação às interlocutórias somente deve ser admitida em casos excepcionais, como quando a lei não colocar à parte prejudicada a oportunidade de manifestar, no recurso que vier a interpor da sentença, a sua insatisfação quando à decisão interlocutória" (*Sistema dos recursos trabalhistas*. 10. ed. São Paulo: LTr, 2003. p. 407).

b) decisões terminativas na execução que não são impugnáveis pelos embargos à execução, como a decisão que acolhe a exceção de pré-executividade;

c) decisões interlocutórias que não encerram o processo executivo, mas trazem gravame à parte, não impugnáveis pelos embargos à execução.

Como bem adverte *Amauri Mascaro Nascimento*[153], "(...) a amplitude do texto legal não é um mal, porque permite sempre um policiamento da segunda instância sobre os atos praticados pela instância ordinária nas execuções de sentença".

Autores há que sustentam a possibilidade de ser cabível o agravo de petição em face de decisões interlocutórias proferidas na fase de execução, desde que causem gravame imediato à parte, indeferindo sua pretensão. Nesse sentido, bem exemplifica *Renato Saraiva*[154]:

"(...) parte da doutrina e jurisprudência também aceita a interposição de agravo de petição em face das decisões interlocutórias, se terminativas em relação ao objeto da pretensão, como nos casos de decisão que torna sem efeito penhora, que determina o levantamento de depósito em dinheiro feito pelo executado, etc."

Nesse nesmo sentido, *Júlio César Bebber*[155]:

"Embora seja temerário estabelecer uma regra, principalmente diante do forte dissenso doutrinário e jurisprudencial, penso que o agravo de petição será o recurso adequado para impugnar a decisão interlocutória que imponha obstáculo intransponível ao seguimento da execução ou que seja capaz de produzir prejuízo grave e imediato à parte".

No aspecto, vale destacar as seguintes ementas:

AGRAVO DE INSTRUMENTO. DENEGADO SEGUIMENTO AO AGRAVO DE PETIÇÃO. INTERPOSIÇÃO DE DESPACHO OU DECISÃO INTERLOCUTÓRIA, COM CONTEÚDO DECISÓRIO E SEM MEIO PROCESSUAL ADEQUADO AO SEU REEXAME. PROVIMENTO. Não se pode olvidar da relevância e necessidade de constatação do conteúdo da decisão proferida na execução para fins de cabimento de agravo de petição, de vez que, em não sendo meramente ordenatória do processo e não sendo previsto meio processual adequado ao seu reexame, pode desafiar a medida recursal em comento. Assim, não havendo que se falar em irrecorribilidade do ato judicial no caso concreto, deve ser provido o agravo de instrumento, a fim de destrancar o agravo de petição interposto. (TRT – 15ª Região – Processo n. 00440-1992-066-15-02-0 AI-520/2008 – 4ª Câm. – Distrib. 27.5.2008 – Rel. Luiz Carlos Martins Sotero da Silva)

Decisão interlocutória — Agravo de petição. Se a decisão proferida em sede de execução, a despeito de sua índole interlocutória, trancar o fluxo dos atos processuais, é cabível face a ela a interposição do recurso de agravo de petição. Agravo de instrumento provido. (TRT 15ª R. – 2ª T. – AIAP n. 532/2004.099.15.00-0 – Rel. Manuel Carlos T. Filho – DJ 14.9.07 – p. 23) (RDT n. 10 – outubro de 2007)

---

(153) NASCIMENTO, Amauri Mascaro. *Curso de direito processual do trabalho*. 22. ed. São Paulo: Saraiva, 2007. p. 719.

(154) SARAIVA, Renato. *Curso de direito processual do trabalho*. 4. ed. São Paulo: Método, 2007. p. 474.

(155) BEBBER, Júlio César. *Recursos no processo do trabalho*. 2. ed. São Paulo: LTr, 2009. p. 279.

## 2.5.1. Delimitação das matérias objeto da controvérsia

Assevera o § 1º do art. 897 da CLT: "O agravo de petição só será recebido quando o agravante delimitar, justificadamente, as matérias e os valores impugnados, permitida a execução imediata da parte remanescente até o final, nos próprios autos ou por carta de sentença".

Conforme o referido dispositivo legal, o agravante deve declinar na petição do agravo as matérias que impugna expressamente, bem como os valores incontroversos, a fim de possibilitar a execução da parte não impugnada, que será definitiva.

O referido dispositivo tem por objetivo dar maior celeridade e efetividade à execução, propiciando que o credor receba os valores incontroversos.

Nesse sentido, dispõe a Súmula n. 416 do TST, *in verbis*:

> MANDADO DE SEGURANÇA. EXECUÇÃO. LEI N. 8.432/1992. ART. 897, § 1º, DA CLT. CABIMENTO (conversão da Orientação Jurisprudencial n. 55 da SBDI-2) – Res. n. 137/2005, DJ 22, 23 e 24.8.2005.
>
> Devendo o agravo de petição delimitar justificadamente a matéria e os valores objeto de discordância, não fere direito líquido e certo o prosseguimento da execução quanto aos tópicos e valores não especificados no agravo. (ex-OJ n. 55 da SBDI-2 – inserida em 20.9.2000)

No mesmo sentido, vale destacar a seguinte ementa:

> AGRAVO DE PETIÇÃO. RECURSO GENÉRICO. MANEJO IRREGULAR DO APELO. AUSÊNCIA DE IMPUGNAÇÃO E DELIMITAÇÃO DA DECISÃO AGRAVADA. NÃO CONHECIDO. Não se conhece de agravo de petição genérico, por ausentes os fundamentos de ataque circunstanciado à decisão apelada, que configura incontornável pressuposto subjetivo dessa modalidade de apelo. O agravo de petição, além dos pressupostos extrínsecos (tempestividade e regularidade de representação), pelas suas características, exige como condição intrínseca, a impugnação circunstanciada de matérias e os valores, de modo que deve combater os fundamentos da sentença de liquidação, nos termos do art. 897, § 1º, da CLT, que dispõe que o "o agravo de petição só será recebido quando o agravante delimitar, justificadamente, as matérias e os valores impugnados, permitida a execução imediata da parte remanescente até o final, nos próprios autos ou por carta de sentença". Desse modo, para que seja cumprido o pressuposto subjetivo que lhe é peculiar, não basta que o agravo de petição faça simples referência a atos processuais passados, já praticados. Ao contrário, deve conter motivação pertinente, com explicitação dos fundamentos de fato e de direito opostos aos atos decisórios atacados, através dos quais sustenta seu inconformismo e pretende a revisão do julgado, com obrigatória delimitação das matérias e dos valores impugnados. Agravo de petição não conhecido. (TRT/SP – 00032200646402000 – AP - Ac. 4ª T. – 20090644632 – Rel. Ricardo Artur Costa e Trigueiros – DOE 28.8.2009)

Como bem destaca *José Augusto Rodrigues Pinto*[156], "a delimitação da matéria pelo agravante consiste na identificação das partes constitutivas da execução (das

---
(156) *Op. cit.*, p. 247.

parcelas, se a inconformidade for contra o cálculo da condenação) que são propostas para reexame no agravo. Se, por exemplo, a inconformidade diz respeito ao item 'horas extraordinárias' entre outros dez que compõem o título executório, o agravante deve situá-la e demonstrar claramente a razão da insurgência — e se esta disser respeito ao cálculo de seu valor, deve juntar a planilha do cálculo que entender como correto, a fim de possibilitar ao juízo a localização das distorções do que homologa".

Doutrina e jurisprudência não têm admitido a indicação genérica das matérias e valores impugnados, conforme se constata da redação das seguintes ementas:

> Agravo de petição — Admissibilidade — Repetição do conteúdo dos embargos à execução. A finalidade do recurso é a impugnação da decisão, que se perfaz na demonstração, para o órgão *ad quem*, do pretenso equívoco cometido na instância percorrida, partindo-se do efetivo enfrentamento ao teor do julgado que se pretende ver alterado. Não atende tal desiderato a mera repetição dos termos das razões expendidas nos embargos à execução, mormente em face da presunção de acerto da decisão judicial e, ainda mais, no caso de agravo de petição, relativamente ao qual a lei é mais rigorosa quanto ao recebimento, conforme disposto no art. 897 da CLT. (TRT 10ª R. – 2ª T. – Ap. n. 6 94/2000.020.10.00-3 – Relª Flávia S. Falcão – DJDF 15.8.03 – p. 9) (RDT n. 9 – Setembro de 2003)

> Agravo de petição — Admissibilidade — Pressupostos. A admissibilidade dos recursos está subordinada ao preenchimento de certos requisitos de ordem objetiva e subjetiva comuns a todos. O recebimento do agravo de petição, além de pressupor todos eles, ainda se subordina aos pressupostos objetivos próprios e específicos determinados pelo § 1º do art. 897 da CLT, ou seja, a delimitação da matéria e dos valores impugnados. (TRT 12ª R. – 2ª T. – AG-PET n. 4993/2003.018.12.00-2 – Ac. n. 1299/06 – Relª. Marta M. V. Fabre – DJSC 2.2.06 – p. 165) (RDT 03 – março de 2006)

> Agravo de petição — Delimitação da matéria e valores. Por disposição do § 1º do art. 897 da CLT, não se conhece o Agravo de Petição se a agravante não delimitar, justificadamente, as matérias e os valores impugnados, em face da impossibilidade de execução imediata da parte incontroversa. (TRT 15ª R. – 2ª T. – AP n. 777/2000.087.15.00-3 – Rel. Eduardo Benedito de O. Zanella – DJSP 17.12.04 – p. 8) (RDT n. 02 – Fevereiro de 2005)

## 2.5.2. Procedimento

O agravo de petição deve ser interposto perante o Juiz da Vara do Trabalho onde se processa a execução em petição acompanhada das respectivas razões, com a delimitação das matérias e valores objeto da controvérsia.

Se a execução já estiver garantida por penhora, não caberá o depósito recursal, já que este tem exatamente a finalidade da garantia de execução futura (Súmula n. 128, II do C. TST[157]).

---

(157) Súmula n. 128, II, do TST: "Garantido o juízo, na fase executória, a exigência de depósito para recorrer de qualquer decisão viola os incisos II e LV do art. 5º da CF/1988. Havendo, porém, elevação do valor do débito, exige-se a complementação da garantia do juízo (ex-OJ n. 189 da SBDI-1 – inserida em 8.11.2000)".

O prazo para interposição do agravo é de 8 dias, tendo o agravado o prazo de 8 dias para contraminuta.

O agravo de petição não suspende a execução, admitindo a jurisprudência a propositura de medida cautelar para tal finalidade.

Não há pagamento de custas no agravo de petição, pois estas são pagas ao final da execução (art. 789-A da CLT).

## 2.6. Do recurso adesivo no Processo do Trabalho

O recurso adesivo não é recurso, mas sim forma de interposição do recurso previsto na lei, que é aderido ao recurso da parte contrária, quando a parte se conforma com a decisão que lhe foi totalmente favorável, mas, diante do recurso da parte contrária, resolve a ele aderir, postulando a reforma da decisão da parte que lhe foi desfavorável.

Dispõe o art. 500 do CPC: "Cada parte interporá o recurso, independentemente, no prazo e observadas as exigências legais. Sendo, porém, vencidos autor e réu, ao recurso interposto por qualquer deles poderá aderir a outra parte. O recurso adesivo fica subordinado ao recurso principal e se rege pelas disposições seguintes: (Redação dada pela Lei n. 5.925, de 1973). I – será interposto perante a autoridade competente para admitir o recurso principal, no prazo de que a parte dispõe para responder; (Redação dada pela Lei n. 8.950, de 1994); II – será admissível na apelação, nos embargos infringentes, no recurso extraordinário e no recurso especial; (Redação dada pela Lei n. 8.038, de 1990); III – não será conhecido, se houver desistência do recurso principal, ou se for ele declarado inadmissível ou deserto. (Redação dada pela Lei n. 5.925, de 1973). Parágrafo único. Ao recurso adesivo se aplicam as mesmas regras do recurso independente, quanto às condições de admissibilidade, preparo e julgamento no tribunal superior. (Redação dada pela Lei n. 5.925, de 1973)".

Diante do referido dispositivo legal, são requisitos do recurso adesivo:

a) sucumbência recíproca: Cada parte tem de ter perdido alguma pretensão na decisão. Desse modo, a decisão deve ter julgado procedente em parte os pedidos;

b) somente a sentença de mérito enseja recurso adesivo: a sentença terminativa não enseja recurso adesivo;

c) a parte que pretende valer-se do recurso adesivo não deve ter interposto o recurso principal, no prazo recursal, ou seja, ter-se conformado com a decisão;

d) tempestividade: a parte deve interpor o recurso adesivo no prazo que tem para responder o recurso principal, ou seja, no prazo para contra-arrazoar o recurso interposto pela parte contrária;

e) o recurso adesivo deve ser interposto com todos os requisitos exigíveis para o recurso principal;

f) o conhecimento do recurso adesivo fica subordinado ao conhecimento do recurso principal. Se o recurso principal for conhecido, o adesivo também o será. Nesse sentido, a seguinte ementa:

> Desistência — Recurso adesivo. O pedido de desistência do recurso principal atinge a pretensão deduzida no recurso adesivo. (TRT 3ª R. – 6ª T. – Ap. n. 242/2002.112.03.00-5 – Relª Mônica S. Lopes – DJMG 13.11.03 – p. 14) (RDT n. 1 – Janeiro de 2004)

## 2.6.1. Compatibilidade com o Processo do Trabalho e requisitos

O recurso adesivo, embora não previsto na CLT, é compatível com o Processo do Trabalho, por força do art. 769 da CLT. Nesse sentido, já se pacificou o TST, conforme a Súmula n. 283, *in verbis*:

> RECURSO ADESIVO. PERTINÊNCIA NO PROCESSO DO TRABALHO. CORRELAÇÃO DE MATÉRIAS – Revisão da Súmula n. 196 – Res. 2/1985, DJ 1.4.1985 – Republicada com correção DJ 12.4.1985 – O recurso adesivo é compatível com o processo do trabalho e cabe, no prazo de 8 (oito) dias, nas hipóteses de interposição de recurso ordinário, de agravo de petição, de revista e de embargos, sendo desnecessário que a matéria nele veiculada esteja relacionada com a do recurso interposto pela parte contrária.

Conforme a Súmula acima referida, o recurso adesivo no Processo do Trabalho é cabível no recurso ordinário, no Recurso de Revista, e de embargos, não sendo necessário que a matéria nele discutida seja conexa ou relacionada com o recurso da parte contrária, conforme também já sedimentado em doutrina e jurisprudência.

Não é sucedâneo do recurso, ou seja, se a parte recorrer, ainda que intempestivamente, ou o recurso não for conhecido por ausência de algum pressuposto recursal, não poderá se valer do recurso adesivo. Nesse sentido, destaca-se as seguintes ementas:

> Recurso adesivo — Não conhecimento. Ao optar a parte pela interposição de recurso ordinário, ela automaticamente elimina a possibilidade de manifestar seu inconformismo pela via adesiva, ilação esta que não se desnatura pelo só fato de o apelo principal vir porventura a ter seu processamento denegado. Recurso não conhecido. (TRT – 15ª R. – 2ª T. – Ac. n. 8572/2002 – Rel. Manoel Carlos Toledo Filho – DJSP 4.3.2002 – p. 58) (RDT n. 04 – abril de 2002)

> Recurso adesivo — Preclusão consumativa. Quando a parte interpõe anteriormente recurso ordinário, não lhe cabe interpor novamente apelo, mesmo que adesivo, porquanto o ato de recorrer já se consumou, ocorrendo a chamada preclusão consumativa. (TRT 3ª R. – 7ª T. – RO n. 747/2003.064.03.00-1 – Relª. Maria Perpétua C. F. de Melo – DJMG 5.11.04 – p. 8) (RDT n. 12 – Dezembro de 2004)

> Recurso adesivo — Preclusão consumativa. Ante o princípio da unirrecorribilidade, não pode a parte que interpôs recurso ordinário renovar a sua insurgência também pela via do recurso adesivo. O direito de a parte se insurgir contra o julgado que lhe foi parcialmente desfavorável se exaure com a interposição do recurso ordinário, independentemente de este vir a ser recebido ou não, em face da preclusão consumativa. (TRT 12ª R. – 1ª T. – RO n. 1437/2002.011.12.00-9 – Relª. Mª. do Céo de Avelar – DJSC 7.11.2003 – p. 190) (RDT n. 1 – Janeiro de 2004)

Os mesmos requisitos do recurso principal devem estar presentes no recurso adesivo sob consequência de não conhecimento. Desse modo, se o recurso exigir pagamento de custas e depósito recursal, o recurso adesivo também deverá observar tais requisitos.

Nesse sentido, destacam-se as seguintes ementas:

> Recurso adesivo — Deserção. Na forma da Instrução Normativa n. 3, item IX, do TST, os mesmos procedimentos relativos às custas e ao depósito recursal aplicáveis ao recurso principal são exigíveis para admissibilidade do recurso adesivo. A inobservância destes requisitos induz a deserção do apelo adesivo da reclamada. (TRT 12ª R. – 3ª T. – RO n. 4128/2001.037.12.85-5 – Relª Licélia Ribeiro – DJSC 19.11.03 – p. 203)

> Recurso ordinário adesivo — Ausência de preparo. Dispõe o art. 500/CPC que ao recurso adesivo se aplicam as mesmas regras do recurso independente, quanto às condições de admissibilidade, preparo e julgamento no tribunal superior. Assim, não tendo a reclamada procedido ao recolhimento das custas e do depósito recursal, não há como conhecer do recurso interposto, posto que deserto. (TRT 3ª R. – 3ª T. – RO n. 562/2004.100.03.00-7 – Rel. Paulo Roberto S. Costa – DJMG 22.1.05 – p. 3) (RDT n. 02 – Fevereiro de 2005)

## 2.7. Pedido de revisão

Trata-se de recurso previsto na Lei n. 5.584/70, praticamente em desuso, pois, atualmente, dificilmente o valor da causa é fixado pelo Juiz do Trabalho, e se a inicial não o fixa, as Varas costumam determinar que o reclamante emende a inicial para decliná-lo. Conforme fixamos entendimento anteriormente, o valor da causa é requisito da inicial trabalhista.

O pedido de revisão não está previsto na CLT, mas sim no art. 2º da Lei n. 5.584/70, § 1º, que assim dispõe: "Em audiência, ao aduzir razões finais, poderá qualquer das partes impugnar o valor fixado e, se o juiz o mantiver, pedir revisão da decisão, no prazo de 48 (quarenta e oito) horas, ao Presidente do Tribunal Regional".

Trata-se de recurso admitido somente quando o valor da causa for fixado pelo Juiz do Trabalho e mantido, após uma das partes impugná-lo em razões finais. Se o valor for mantido após a impugnação nas razões finais, será cabível o pedido de revisão.

Como bem assevera *Carlos Henrique Bezerra Leite*[158], o pedido de revisão tem natureza de recurso já que ataca decisão tipicamente interlocutória, proferida no curso do processo, constituindo, portanto, exceção ao princípio da irrecorribilidade imediata das decisões interlocutórias do Processo do Trabalho.

O § 2º do art. 2º da Lei n. 5.584/70 trata da tramitação do pedido de revisão. Assevera o referido dispositivo legal: "O pedido de revisão, que não terá efeito suspensivo,

---

(158) BEZERRA LEITE, Carlos Henrique. *Curso de direito processual do trabalho.* 5. ed. São Paulo: LTr, 2007. p. 837.

deverá ser instruído com a petição inicial e a Ata da Audiência, em cópia autenticada pela Secretaria da Junta, e será julgado em 48 (quarenta e oito) horas, a partir do seu recebimento pelo Presidente do Tribunal Regional".

Desse modo, o pedido de revisão deve ser interposto no prazo de 48 horas contado da data em que o Juiz do Trabalho manteve o valor fixado à causa, rejeitando a impugnação ofertada em razões finais, interposto perante o Juiz da Vara, que deverá encaminhá-lo ao TRT para julgamento. Não há efeito suspensivo do processo. O recorrente deve anexar no recurso cópias da petição inicial e ata de audiência. O prazo para apreciação do recurso é de 48 horas pelo TRT, contado do recebimento pelo Presidente do TRT.

## 2.8. Embargos no TST

Os embargos constituem espécie recursal cabível exclusivamente no âmbito do Tribunal Superior do Trabalho, a fim de pacificar a jurisprudência no âmbito desse Tribunal. Não mais existem os embargos no âmbito das Varas do Trabalho ou dos Tribunais Regionais do Trabalho.

Conforme o magistério preciso de *Júlio César Bebber*[159], o recurso de embargos se destina a impugnar acórdãos das Turmas do TST na hipótese de divergência jurisprudencial na interpretação de dispositivo da lei federal (salvo nas causas submetidas ao procedimento sumaríssimo) ou da Constituição Federal.

Como destaca *Sergio Pinto Martins*[160]:

"A finalidade dos embargos no TST é, principalmente, a unificação da interpretação jurisprudencial de suas turmas, ou de decisões não unânimes em processos de competência originária do TST".

Atualmente, os embargos no TST vêm disciplinados pela Lei n. 7.701/88, arts. 2º, II, $c$[161] e 3º, III, $b$[162], e no art. 894 da CLT, com a redação dada pela Lei n. 11.496 de 22.6.2007, que assim dispõe:

No Tribunal Superior do Trabalho cabem embargos, no prazo de 8 (oito) dias:

I – de decisão não unânime de julgamento que:

a) conciliar, julgar ou homologar conciliação em dissídios coletivos que excedam a competência territorial dos Tribunais Regionais do Trabalho e estender ou rever as sentenças normativas do Tribunal Superior do Trabalho, nos casos previstos em lei; e

b) (vetada).

---

(159) BEBBER, Júlio César. *Recursos no processo do trabalho.* 2. ed. São Paulo: LTr, 2009. p. 311-312.

(160) MARTINS, Sergio Pinto. *Direito processual do trabalho.* 26. ed. São Paulo: Atlas, 2006. p. 427.

(161) "Compete à seção especializada em dissídios coletivos, ou seção normativa: II – em última instância julgar: c) os Embargos Infringentes interpostos contra decisão não unânime proferida em processo de dissídio coletivo de sua competência originária, salvo se a decisão atacada estiver em consonância com precedente jurisprudencial do Tribunal Superior do Trabalho ou da Súmula de sua jurisprudência predominante."

(162) "Compete à Seção de Dissídios Individuais julgar: III – em última instância: b) os embargos das decisões das Turmas que divergirem entre si, ou das decisões proferidas pela Seção de Dissídios Individuais."

II – das decisões das Turmas que divergirem entre si ou das decisões proferidas pela Seção de Dissídios Individuais, salvo se a decisão recorrida estiver em consonância com súmula ou orientação jurisprudencial do Tribunal Superior do Trabalho ou do Supremo Tribunal Federal.

Parágrafo único. (Revogado).

Nos termos da alínea *a* do inciso I, do art. 894 da CLT, os embargos são cabíveis em face de decisões proferidas em dissídios coletivos da competência originária do TST, ou dissídios coletivos de revisão, também de competência originária do Tribunal Superior do Trabalho, quando as decisões não forem unânimes. Trata-se de inovação da Lei que não constava da redação anterior do art. 894 da CLT, que tem por objetivo a unificação da jurisprudência do Tribunal Superior do Trabalho em dissídios coletivos de sua competência originária. Nota-se que a nova redação dada ao referido dispositivo legal sinaliza no sentido de não ter havido extinção do poder normativo após a EC n. 45/04.

Conforme o inciso II do art. 894 da CLT, os embargos são cabíveis das decisões das Turmas proferidas em dissídios individuais:

a) que divergirem entre si;

b) que divergirem da Seção de Dissídios Individuais do TST.

Não são cabíveis os embargos para o TST, se a decisão da Turma proferida em dissídios individuais, ainda que divergir de outra Turma:

a) estiver em consonância com Súmula do TST;

b) estiver em consonância com Orientação Jurisprudencial do TST;

c) estiver em consonância com Súmula do STF.

Não cabem embargos para o TST se a decisão da turma violar Lei Federal ou Constituição Federal. Desse modo, a turma passou a ser o último grau de jurisdição para discutir a lei federal. Para a discussão da Constituição Federal, será cabível, diretamente, o Recurso Extraordinário para o Supremo Tribunal Federal.

Nesse sentido, cumpre destacar as seguintes ementas:

> RECURSO DE EMBARGOS. LEI N. 11.496/2007. HIPÓTESE DE CABIMENTO. Publicado o acórdão recorrido na vigência da Lei 11.496/2007, que conferiu nova redação ao art. 894 da CLT, somente é cabível recurso de embargos por divergência jurisprudencial. Recurso de Embargos de que não se conhece. (TST. Processo: E-RR – 65423/2002-900-09-00.0 – Data de Julgamento: 9.6.2008 – Rel. Min. João Batista Brito Pereira, Subseção I Especializada em Dissídios Individuais, Data de Publicação: DJ 13.6.2008)

> Recurso de embargos interposto sob a égide da Lei n. 11.496/07 — Contrato por prazo determinado — Licença para tratamento de saúde — Suspensão. De acordo com a nova redação do inciso II do art. 894 da CLT, conferida pela Lei n. 11.496, de 22.6.07, vigente a partir do dia 24.9.2007, somente são cabíveis embargos quando demonstrada divergência jurisprudencial entre Turmas do Tribunal Superior do

Trabalho ou entre essas e a Seção de Dissídios Individuais. O presente recurso de embargos foi interposto sob a égide da aludida legislação. Quanto à divergência, os arestos colacionados não preenchem os requisitos de especificidade contidos na Súmula n. 296, I, do TST, porquanto defendem tese inespecífica à hipótese dos autos, quando, da decisão da Turma, não se infere a adoção de posicionamento no sentido da aplicação do art. 118 da Lei n. 8.213/91, que prevê a estabilidade de doze meses a contar do auxílio-doença acidentário em caso de contrato firmado por prazo determinado, e sim o enfrentamento da questão somente sob o enfoque de que devem ser observados dois pontos distintos na decisão regional: o primeiro, de que o reclamante estava afastado por motivo de doença, e o segundo, de que se trata de contrato determinado, registrando que a decisão regional fundamentou-se no art. 476 da CLT para demonstrar que afastamento previdenciário por motivo de doença configura hipótese de suspensão, e que, dessa forma, o contrato de trabalho estava suspenso. E, por essa razão, considerou justa a recusa do obreiro em receber os valores consignados a título de haveres rescisórios enquanto não completado o prazo contratual de 90 dias. Recurso de embargos não conhecido. (TST SBDI-1 – Rel. Min. Luiz Philipe Vieira de M. Filho – DJe n. 103 – 30.10.08 – p. 1044 – E-ED-RR n. 9747/2002.902.02-00) (RDT n. 11 – novembro de 2008)

Havendo no acórdão da turma do TST divergência jurisprudencial com outra turma ou da SDI do TST, e violação da Constituição Federal, serão cabíveis, simultaneamente, o recurso de embargos e o recurso extraordinário, ficando este último sobrestado até o julgamento dos embargos. Após o julgamento dos embargos, os autos serão encaminhados ao Supremo Tribunal Federal para julgamento do recurso extraordinário.

Nesse sentido, a seguinte ementa do TST, *in verbis*:

RECURSO DE EMBARGOS À SDI/TST E RECURSO EXTRAORDINÁRIO. INTERPOSIÇÃO SIMULTÂNEA. POSSIBILIDADE. Parece inquestionável que a nova redação do art. 894, da CLT, introduzida pela Lei n. 11.496/07, deu ensejo a uma cisão do procedimento trabalhista de maneira que cabe à SDI uniformizar a jurisprudência interna, e cabe, doravante, ao Supremo Tribunal Federal, examinar diretamente, se for o caso, os aspectos constitucionais da decisão proferida por Turma do Tribunal Superior do Trabalho. Logo, se a parte pretende impugnar, de um lado, o capítulo do acórdão turmário com denúncia de mácula à Constituição Federal e, de outro, com alegação de divergência jurisprudencial, afigura-se razoável não descartar o manejo, concomitantemente, do recurso extraordinário e do recurso de embargos, sobrestando--se, aquele, no aguardo do julgamento dos embargos, não sendo a hipótese de incidência do princípio da unirrecorribilidade. Rejeitada, por maioria, a preliminar de inadmissibilidade do recurso de embargos. (TST – SBDI- 1. Proc. n. TST-E-ED-RR – 660.023/2000.9 – Rel. Min. Horácio Senna Pires, julg. em 7.4.08, in DJU de 2.5.08)

Não obstante, há autores que pensam no seguinte sentido: se houver violação de lei constitucional e divergência jurisprudencial sobre a interpretação do mesmo dispositivo constitucional, primeiramente, a parte deverá interpor o recurso de embargos e, somente após sua apreciação, interpor o recurso extraordinário, pois ainda será possível discutir a questão no âmbito do TST.

Nesse sentido, defende *Estêvão Mallet*[163]:

> Exige-se, para o recurso extraordinário, decisão de última instância. Se outro recurso ainda cabe, de natureza ordinária ou não, pouco importa, não há decisão de última instância e fica afastada, por consequência, a interposição imediata do extraordinário. Conclusão diversa implicaria afirmar não envolver o recurso de embargos nova instância, o que constitui impropriedade manifesta. Ainda que sujeitos a condições específicas de admissibilidade e dotados de efeito devolutivo limitado, os embargos instauram nova instância ou, como seria mais técnico, novo grau de jurisdição. Como decorrência do assinalado, se há divergência jurisprudencial, suficiente ao oferecimento dos embargos, não cabe, para impugnar a decisão da turma, o recurso extraordinário.

A doutrina costuma dividir os embargos para o Tribunal Superior do Trabalho em: a) embargos infringentes; b) embargos de divergência; c) embargos de nulidade.

Nos termos da Súmula n. 353 do C. TST, não cabem embargos para a Seção de Dissídios Individuais de decisão de Turma proferida em agravo, salvo: a) da decisão que não conhece de agravo de instrumento ou de agravo pela ausência de pressupostos extrínsecos; b) da decisão que nega provimento a agravo contra decisão monocrática do Relator, em que se proclamou a ausência de pressupostos extrínsecos de agravo de instrumento; c) para revisão dos pressupostos extrínsecos de admissibilidade do recurso de revista, cuja ausência haja sido declarada originariamente pela Turma no julgamento do agravo; d) para impugnar o conhecimento de agravo de instrumento; e) para impugnar a imposição de multas previstas no art. 538, parágrafo único, do CPC, ou no art. 557, § 2º, do CPC.

No mesmo sentido, a seguinte ementa:

> Recurso de embargos em agravo de instrumento — Cabimento — Pressupostos intrínsecos do recurso de revista. Em se tratando de pretensão de reexame dos pressupostos intrínsecos do recurso de revista, tem incidência o óbice da primeira parte da Súmula n. 353 do TST, segundo a qual não cabem embargos para a Seção de Dissídios Individuais de decisão de Turma proferida em agravo. Recurso de embargos de que não se conhece. (TST SBDI-1 – Rel. Min. João Batista Brito Pereira – DJ n. 103 – 30.10.08 – p. 1004 – E-ED-AIRR n. 176/2004.014.08-40-7) (RDT n. 11 – novembro de 2008)

### 2.8.1. Embargos infringentes

Recebem esta denominação os embargos dirigidos ao TST que têm por objeto modificar a decisão proferida pelo TST em dissídios coletivos não unânimes, de sua competência originária: que são os que excedem a competência territorial dos Tribunais Regionais do Trabalho; ou dissídios de revisão ou de extensão.

---

(163) MALLET, Estevão. Recurso extraordinário e recurso de embargos após a Lei n. 11.496/07. In: *Revista LTr* n. 72-10/191.

São cabíveis nas decisões não unânimes proferidas em dissídios coletivos de competência originária do TST (art. 894, I, *a*, da CLT c/c art. 2º, II,da Lei n. 7.701/88) que assim dispõe: "Compete à seção especializada em dissídios coletivos ou seção normativa: (...) II – em última instância julgar: c) embargos infringentes interpostos contra decisão não unânime proferida em processo de dissídio coletivo de sua competência originária, salvo se a decisão atacada estiver em consonância com precedente jurisprudencial do Tribunal Superior do Trabalho ou da Súmula de sua jurisprudência predominante".

Desse modo, os embargos infringentes são cabíveis para a Seção de Dissídios Coletivos do TST, quando a decisão proferida pelo Tribunal Superior do Trabalho, em dissídios coletivos de sua competência originária, não for unânime, salvo se a decisão recorrida estiver em consonância com precedente jurisprudencial do TST ou Súmula.

Como bem adverte *Sergio Pinto Martins*[164], "a falta de unanimidade de julgamento da SDC diz respeito a cada cláusula rediscutida no recurso, pois os embargos estarão restritos em última instância pela SDC".

Nesse sentido, destaca-se a seguinte ementa:

> Acordo coletivo de trabalho — Interpretação — Eficácia de cláusula — Diferenças salariais — IPC de junho/87. 1. Na interpretação de cláusula de acordo coletivo de trabalho concessiva de vantagem, fruto da autonomia privada coletiva do sindicato, há que prevalecer a que lhe empreste eficácia e, não, a que lhe esvazie o conteúdo. Cumpre ter presente ainda a vontade das partes acordantes e a natureza tuitiva do Direito do Trabalho, que determina a aplicação da norma coletiva da forma mais favorável ao trabalhador. Ademais, impõe-se tomar em conta a teoria do conglobamento, considerando que não se pode negar eficácia isoladamente a uma cláusula sem prejuízo das demais. 2. Cláusula de acordo coletivo de trabalho contemplando o pagamento de diferenças salariais do IPC de junho de 1987 aparentemente condicionada à negociação futura, em que essa condição se revela de implemento impossível, não afasta o reconhecimento do compromisso do empregador em recompor o poder aquisitivo dos salários até a data-base, porquanto equivale, no mínimo, a uma confissão de dívida. Embargos do reclamante parcialmente providos para condenar o Banco Reclamado ao pagamento de diferenças salariais decorrentes do IPC de junho de 1987, nos meses de janeiro de 1992 a agosto de 1992, inclusive. (TST – SBDI-1 – E-RR n. 677/1999.010.15.00-7 – Rel. José Luciano de C. Pereira – DJ 5.12.03 – p. 567) (RDT n. 2 – Fevereiro de 2004)

### 2.8.2. Embargos de divergência

Os embargos de divergência têm por objeto uniformizar a interpretação da legislação da competência do Tribunal Superior do Trabalho no âmbito da Seção de Dissídios Individuais, que julga os recursos referentes aos conflitos individuais trabalhistas.

---

(164) *Op. cit.*, p. 429.

Não se trata de recurso que tem por objeto reapreciação de matéria fática, uma vez que seu objeto é a uniformização da jurisprudência interna do TST.

A Lei n. 11.496/2007 deu nova redação ao inciso III, alínea b, do art. 3º, da Lei n. 7.701/88, *in verbis*:

> Compete à Seção de Dissídios Individuais julgar:
>
> (...) III – em última instância:
>
> b) os embargos das decisões das Turmas que divergirem entre si, ou das decisões proferidas pela Seção de Dissídios Individuais.

Conforme o inciso II do art. 894 da CLT, se a decisão recorrida estiver em consonância com súmula ou orientação jurisprudencial do Tribunal Superior do Trabalho ou do Supremo Tribunal Federal, não são cabíveis os embargos de divergência. Outrossim, também não cabem os embargos se houver divergência na mesma Turma do Tribunal Superior do Trabalho.

Nos termos da OJ n. 405 da SDI-I do TST, "em causas sujeitas ao procedimento sumaríssimo, em que pese a limitação imposta no art. 896, § 6º, da CLT à interposição de recurso de revista, admitem-se os embargos interpostos na vigência da Lei n. 11.496, de 22.6.2007, que conferiu nova redação ao art. 894 da CLT, quando demonstrada a divergência jurisprudencial entre Turmas do TST, fundada em interpretações diversas acerca da aplicação de mesmo dispositivo constitucional ou de matéria sumulada".

## 2.8.3. Embargos de nulidade

Os embargos de nulidade constavam, segundo a doutrina, na segunda parte do art. 3º, III, b, da Lei n. 7.701/88: "Compete à Seção de Dissídios Individuais julgar: (...) III – em última instância: b) os embargos interpostos às decisões divergentes das Turmas, ou destas com decisão da Seção de Dissídios Individuais, ou com enunciado da Súmula e as que violarem literalmente preceito de lei federal ou da Constituição da República".

Os embargos de nulidade eram cabíveis quando as decisões das turmas do TST violavam literalmente preceito de lei federal ou da Constituição Federal. Nesse mesmo sentido, a Súmula n. 221 do C. TST, *in verbis*:

> RECURSOS DE REVISTA OU DE EMBARGOS. VIOLAÇÃO DE LEI. INDICAÇÃO DE PRECEITO. INTERPRETAÇÃO RAZOÁVEL. I – A admissibilidade do recurso de revista e de embargos por violação tem como pressuposto a indicação expressa do dispositivo de lei ou da Constituição tido como violado; II – Interpretação razoável de preceito de lei, ainda que não seja a melhor, não dá ensejo à admissibilidade ou ao conhecimento de recurso de revista ou de embargos com base, respectivamente, na alínea c do art. 896 e na alínea b do art. 894 da CLT. A violação há de estar ligada à literalidade do preceito. (Res. n. 129/2005 – DJ 22.4.2005)

A Lei n. 11.469/2007 suprimiu do art. 3º, III, b, da Lei n. 7.701/88, a possibilidade de embargos quando as decisões das turmas do TST *violarem literalmente preceito de lei federal ou da Constituição Federal*.

Desse modo, no nosso sentir, foram suprimidos os embargos de nulidade.

Por primeiro, destaca-se que não há inconstitucionalidade em tal supressão, pois o princípio do duplo grau de jurisdição não tem guarida constitucional. Além disso, cumpre à lei disciplinar os requisitos e pressupostos de admissibilidade dos recursos.

Há aspectos positivos e negativos com a supressão dos embargos de nulidade.

Como destaca *Alexandre Simões Lindoso*[165], haverá o fortalecimento das decisões proferidas pelas Turmas do Tribunal Superior do Trabalho, que assumirão um caráter de maior definitividade, imunizando-se em grande medida contra o ataque de recursos de embargos, como aspecto positivo. Como características negativas, aponta problemas para a parte sucumbente. Quando esta se defrontar com questão constitucional sobre a qual não haja ainda se formado dissenso jurisprudencial específico no âmbito das Turmas do TST, ou não haverá como ser exaurida a instância de origem com vistas à interposição de recurso extraordinário, em face da impossibilidade de os embargos serem interpostos, ou, implementada a interposição, não se obterá o conhecimento do recurso, por inespecificidade da divergência jurisprudencial colacionada, o que sepultará em definitivo o debate no âmbito infraconstitucional.

No nosso sentir, a alteração é benéfica, pois suprime a possibilidade de mais um recurso no âmbito do TST, possibilitando maior celeridade processual, maior prestígio das decisões do TST e fortalecimento da Justiça do Trabalho como instituição.

Desse modo, a turma do TST passou a ser o último grau de jurisdição para discussão da lei federal; há a possibilidade de interposição de recurso extraordinário do acórdão proferida pela turma que violar preceito da Constituição Federal (art. 102, III, *a*, da CF)[166]

## 2.8.4. Processamento dos embargos no TST

Os embargos devem ser opostos ao Presidente do TST, da SDI-I, da SDI-II, conforme a competência do Tribunal Superior do Trabalho (Lei n. 7.701/88) em petição acompanhada das razões. Não se admite o recurso por simples petição (art. 899 da CLT), já que se trata de medida recursal que tem por objetivo uniformizar a jurisprudência do TST. Nesse sentido, a seguinte ementa:

> Embargos — Conhecimento — Inviabilidade. É inviável o conhecimento de recurso de embargos quando a parte embargante não consegue demonstrar o preenchimento de qualquer um dos requisitos do art. 894 da CLT. Embargos não conhecidos. (TST – SBDI-1 – E-RR n. 6299/2002.900.02.00-9 – Rel. José Luciano de C. Pereira – DJ 12.11.04 – p. 703) (RDT n. 01 – Janeiro de 2005)

---

(165) LINDOSO, Alexandre Simões. Supressão da contrariedade à letra de lei federal como pressupostos de cabimento do recurso de embargos no dissídio individual do trabalho — análise dos aspectos positivos e negativos da lei. In: *Revista LTr* n. 71-06/729.

(166) BEBBER, Júlio César. *Recursos no processo do trabalho*. 2. ed. São Paulo: LTr, 2009. p. 311-312.

O recorrente deve demonstrar, no corpo dos embargos, a divergência havida entre as turmas do Tribunal Superior do Trabalho, bem como pedir reforma da decisão.

O prazo para oposição dos embargos é de 8 dias, sendo este mesmo prazo para contrarrazões.

Os embargos são recebidos somente no efeito devolutivo.

Aos embargos para o TST aplica-se o regime do depósito recursal e das custas processuais.

## 2.9. Do recurso extraordinário no âmbito trabalhista

O recurso extraordinário constitui medida recursal constitucional destinado a dar efetividade ao texto constitucional e assegurar a vigência do texto constitucional quando este for contrariado por decisões dos Tribunais que estão abaixo do STF.

Conforme *Tostes Malta*[167], o recurso extraordinário tem origem no *Judiciary Act* americano de 1798 que, entre outras atribuições, deu competência à Suprema Corte para decidir a propósito da validade de lei em confronto com a Constituição.

Assevera o art. 102 da CF: "Compete ao Supremo Tribunal Federal, precipuamente, a guarda da Constituição, cabendo-lhe: (...) III – julgar, mediante recurso extraordinário, as causas decididas em única ou última instância, quando a decisão recorrida: a) contrariar dispositivo desta Constituição; b) declarar a inconstitucionalidade de tratado ou lei federal; c) julgar válida lei ou ato de governo local contestado em face desta Constituição."

No Processo do Trabalho, o recurso extraordinário é cabível em face das causas decididas em única ou última instância dos Tribunais Trabalhistas.

O recurso extraordinário é compatível com o Processo do Trabalho por força da CLT (arts. 893, § 2º[168], e 899, § 1º[169], ambos da CLT) e por ser um recurso que pertence à Teoria Geral do Processo, e, ainda, um recurso de natureza constitucional, destinado à guarda da Constituição Federal em todas as esferas do Direito e do Processo.

Para *Carlos Henrique Bezerra Leite*, no âmbito do Processo do Trabalho, o recurso extraordinário somente é cabível quando as decisões da Justiça do Trabalho proferidas

---

(167) TOSTES MALTA, Christovão Piragibe. *Prática do processo trabalhista*. 30. ed. São Paulo: LTr, 2007. p. 469.

(168) Art. 893, § 2º, da CLT: "A interposição de recurso para o Supremo Tribunal Federal não prejudicará a execução do julgado".

(169) Art. 899, § 1º, da CLT: "Sendo a condenação de valor até 10 (dez) vezes o valor de referência regional, nos dissídios individuais, só será admitido o recurso, inclusive o extraordinário, mediante prévio depósito da respectiva importância (...)".

em única ou última instância contrariarem de forma direta e literal a Constituição Federal. Assevera o ilustre doutrinador[170]:

> "Não cabe recurso extraordinário das decisões dos TRTs que contrariarem dispositivo da Constituição Federal ou declararem a inconstitucionalidade de tratado ou lei federal, pois o recurso próprio é o de Revista. A interpretação sistemática do sistema recursal obreiro autoriza a ilação de que se mostra inaplicável a norma contida na alínea c do inciso III do art. 102 da CF. Essa conclusão decorre do fato de que, se não cabe o recurso de revista na referida hipótese (cf. art. 896, alínea c, da CLT), a matéria relativa à validade de lei ou ato de governo local contestado em face da Constituição Federal jamais chegará a ser discutida, em sede de recurso de revista, no âmbito do TST. Logo, não haverá decisão de única ou última instância na Justiça do Trabalho versando a hipótese da alínea c (...)."[171]

Em que pesem os robustos argumentos apontados por *Bezerra Leite*, ousamos divergir, pois o texto constitucional não limita a amplitude do recurso extraordinário no âmbito trabalhista à violação da Constituição Federal. De outro lado, por ser um recurso de índole constitucional, não há como se restringir a interpretação do inciso III do art. 102 da CF, uma vez que a Constituição não restringe. Tampouco é possível se interpretar o recurso extraordinário em cotejo com o art. 896 da CLT, em razão do princípio da interpretação da legislação federal em conformidade com a Constituição Federal. Além disso, as decisões em última ou única instâncias na Justiça do Trabalho podem abranger as hipóteses das alíneas *b*, *c*, e *d*, do inciso III, do art. 102 da CF.

As causas decididas em última instância na Justiça do Trabalho são as causas cujo recurso final é dirigido ao Tribunal Superior do Trabalho, por meio do Recurso de Revista. Caso o TST, por meio de suas Seções de Dissídios Individuais I, II, SDC, órgão especial ou Pleno, julgando Recurso de Revista, contrarie dispositivo da Constituição, declare a inconstitucionalidade de tratado ou lei federal ou julgue válida lei ou ato de governo local contestado em face desta Constituição, será cabível o Recurso Extraordinário para o Supremo Tribunal Federal, uma vez que a este último Tribunal compete dar a palavra final sobre a interpretação do texto constitucional.

Já as causas decididas em única instância são aquelas que não são passíveis de recurso na mesma Justiça que prolatou a decisão, salvo o recurso de natureza extraordinária, para o Supremo Tribunal Federal (inciso III do art. 102 da CF).

Na Justiça do Trabalho, como exemplo de causa decidida em única instância, temos o dissídio de alçada (valor da causa até 2 salários mínimos — Lei n. 5.584/70),

---

(170) BEZERRA LEITE, Carlos Henrique. *Curso de direito processual do trabalho*. 5. ed. São Paulo: LTr, 2007. p. 809.

(171) No mesmo sentido é a Súmula n. 505 do STF, *in verbis*: "DECISÕES DA JUSTIÇA DO TRABALHO — RECURSO PARA O SUPREMO TRIBUNAL FEDERAL. Salvo quando contrariarem a Constituição, não cabe recurso para o Supremo Tribunal Federal de quaisquer decisões da Justiça do Trabalho, inclusive dos presidentes de seus tribunais".

que não está sujeito a recurso, salvo se versar sobre matéria constitucional. Nesse sentido, o § 4º do art. 2º, da Lei n. 5.584/70, *in verbis*:

> Salvo se versarem sobre matéria constitucional, nenhum recurso caberá das sentenças proferidas nos dissídios da alçada a que se refere o parágrafo anterior, considerado, para esse fim, o valor do salário mínimo à data do ajuizamento da ação.

No mesmo sentido, a seguinte ementa que reflete a posição do STF:

> Recurso Extraordinário. Causas de alçada. Decisão em instância única, de primeiro grau, versando matéria constitucional. Dela cabe recurso extraordinário ao Supremo Tribunal Federal e não recurso a órgão judiciário de segundo grau. (STF – 2ª T. Processo RE 140.169-9 – Rel. Min. Néri da Silveira)[172]

Nos termos do art. 544, do CPC, com a redação dada pela Lei n. 12.322/10, não admitido o recurso extraordinário ou o recurso especial, caberá agravo nos próprios autos, no prazo de 10 (dez) dias. O agravante deverá interpor um agravo para cada recurso não admitido. O agravado será intimado, de imediato, para no prazo de 10 (dez) dias oferecer resposta. Em seguida, os autos serão remetidos à superior instância, observando-se o disposto no art. 543 deste Código e, no que couber, na Lei n. 11.672, de 8 de maio de 2008. No Supremo Tribunal Federal e no Superior Tribunal de Justiça, o julgamento do agravo obedecerá ao disposto no respectivo regimento interno, podendo o relator: I – não conhecer do agravo manifestamente inadmissível ou que não tenha atacado especificamente os fundamentos da decisão agravada; II – conhecer do agravo para:

a) negar-lhe provimento, se correta a decisão que não admitiu o recurso;

b) negar seguimento ao recurso manifestamente inadmissível, prejudicado ou em confronto com súmula ou jurisprudência dominante no tribunal;

c) dar provimento ao recurso, se o acórdão recorrido estiver em confronto com súmula ou jurisprudência dominante no tribunal.

### 2.9.1. Da repercussão geral no recurso extraordinário

Assevera o § 3º do art. 102 da CF: "No recurso extraordinário o recorrente deverá demonstrar a repercussão geral das questões constitucionais discutidas no caso, nos termos da lei, a fim de que o Tribunal examine a admissão do recurso, somente podendo recusá-lo pela manifestação de dois terços de seus membros". (Redação dada pela EC n. 45/04 – DOU 31.12.04).

A repercussão geral no recurso extraordinário é um requisito muito semelhante ao da transcendência para o Recurso de Revista, pois o recorrente, além de preencher os pressupostos objetivos e subjetivos de recorribilidade no recurso de natureza extraordinária, deve demonstrar que a causa tem repercussão geral, ou seja, que as matérias versadas no recurso tenham repercussão nas esferas jurídica,

---

(172) In: SARAIVA, Renato. *Curso de direito processual do trabalho.* 4. ed. São Paulo: Método, 2007. p. 503.

econômica, política ou social, que ultrapassem os interesses subjetivos da causa. Trata-se, na verdade, de um filtro para os recursos que chegam ao STF, com o objetivo de reduzir o volume de recursos dirigidos à mais alta corte do país, transformando o STF numa corte verdadeiramente constitucional.

A Lei n. 11.418/2006 regulamentou a repercussão geral no recurso extraordinário, incluindo a alínea *a* no art. 543 do CPC, que assim dispõe:

> O Supremo Tribunal Federal, em decisão irrecorrível, não conhecerá do recurso extraordinário, quando a questão constitucional nele versada não oferecer repercussão geral, nos termos deste artigo. (Incluído pela Lei n. 11.418/06 – DOU 20.12.06)
>
> § 1º – Para efeito da repercussão geral, será considerada a existência, ou não, de questões relevantes do ponto de vista econômico, político, social ou jurídico, que ultrapassem os interesses subjetivos da causa. (Incluído pela Lei n. 11.418/06 – DOU 20.12.06)
>
> § 2º – O recorrente deverá demonstrar, em preliminar do recurso, para apreciação exclusiva do Supremo Tribunal Federal, a existência da repercussão geral. (Incluído pela Lei n. 11.418/06 – DOU 20.12.06, em vigor 60 dias após sua publicação)
>
> § 3º – Haverá repercussão geral sempre que o recurso impugnar decisão contrária a súmula ou jurisprudência dominante do Tribunal.
>
> § 4º – Se a Turma decidir pela existência da repercussão geral por, no mínimo, 4 (quatro) votos, ficará dispensada a remessa do recurso ao Plenário. (Incluído pela Lei n. 11.418/06 – DOU 20.12.06, em vigor 60 dias após sua publicação)
>
> § 5º – Negada a existência da repercussão geral, a decisão valerá para todos os recursos sobre matéria idêntica, que serão indeferidos liminarmente, salvo revisão da tese, tudo nos termos do Regimento Interno do Supremo Tribunal Federal. (Incluído pela Lei n. 11.418/06 – DOU 20.12.06, em vigor 60 dias após sua publicação)
>
> § 6º – O Relator poderá admitir, na análise da repercussão geral, a manifestação de terceiros, subscrita por procurador habilitado, nos termos do Regimento Interno do Supremo Tribunal Federal. (Incluído pela Lei n. 11.418/06 – DOU 20.12.06, em vigor 60 dias após sua publicação)
>
> § 7º – A Súmula da decisão sobre a repercussão geral constará de ata, que será publicada no *Diário Oficial* e valerá como acórdão. (Incluído pela Lei n. 11.418/06 – DOU 20.12.06, em vigor 60 dias após sua publicação).

Pela redação do referido dispositivo legal, somente houve previsão de uma hipótese objetiva de repercussão geral, que se caracteriza quando a decisão recorrida contrariar Súmula do Supremo Tribunal Federal. As demais hipóteses de repercussão geral serão fixadas pelo STF em regimento interno, o que certamente culminará com a edição de Súmula para tal finalidade.

### 2.9.2. Do processamento do recurso extraordinário

Por não ser um recurso trabalhista *stricto sensu*, o recurso extraordinário é regido pela Constituição Federal, pelos arts. 541 e seguintes do CPC e Regimento Interno do STF.

O recurso deve ser interposto em petição escrita acompanhada das razões, não sendo admitida a simples petição (art. 899 da CLT). A matéria deve estar prequestionada no acórdão ou na decisão de única instância. Admitem-se os embargos de declaração para prequestionamento. Além disso, deve o recorrente demonstrar a existência da repercussão geral.

O prazo para interposição é de 15 dias, cabendo igual prazo ao recorrido para contrarrazões.

Há necessidade do depósito recursal (v. art. 899, § 1º, da CLT c/c Instrução Normativa n. 03 do C. TST), salvo se nas instâncias inferiores o valor do depósito recursal já atingiu o teto da condenação.

Não se admite o *jus postulandi* da parte (art. 791 da CLT), devendo o recorrente estar assistido por advogado.

O recurso extraordinário é recebido apenas no efeito devolutivo, não suspendendo a execução da sentença, uma vez que a execução, na pendência do julgamento do recurso extraordinário, é definitiva (Súmula n. 228 do STF). Não obstante, a jurisprudência tem admitido a propositura de medida cautelar inominada para o fim de suspender a execução da decisão, enquanto houver a pendência do julgamento do recurso extraordinário no STF.

Nesse sentido é a Súmula n. 635 do STF:

> "MEDIDA CAUTELAR — RECURSO EXTRAORDINÁRIO PENDENTE DE JUÍZO DE ADMISSIBILIDADE — COMPETÊNCIA — PRESIDENTE DO TRIBUNAL DE ORIGEM. Cabe ao Presidente do Tribunal de origem decidir o pedido de medida cautelar em recurso extraordinário ainda pendente do seu juízo de admissibilidade".

Da decisão que não conhece o recurso extraordinário é cabível o agravo de instrumento.

## 2.10. Do agravo regimental

O agravo regimental constitui recurso trabalhista previsto no art. 709, § 1º, da CLT, na Lei n. 7.701/88, nos regimentos internos dos Tribunais Regionais do Trabalho e do Tribunal Superior do Trabalho.

Tem a finalidade de impugnar as decisões monocráticas proferidas pelos relatores das turmas dos Tribunais Regionais do Trabalho e do TST que negarem seguimento ao recurso, e também do Juiz Corregedor nas correições parciais.

Assevera o art. 709, § 1º, da CLT: "Das decisões proferidas pelo Corregedor, nos casos do artigo, caberá o agravo regimental, para o Tribunal Pleno".

A Lei n. 7.701/88, nos arts. 2º, II, *d* e 3º, III, *c*, prevê a possibilidade de interposição de agravo regimental em face das decisões dos presidentes das Turmas que denegam recurso em face de decisão proferida em dissídio coletivo, e do recurso de embargos para o TST.

Alguns Tribunais Regionais do Trabalho disciplinam o agravo regimental para impugnar as liminares concedidas pelo relator em sede de tutela antecipada, em mandado de segurança, e também para decisões em que a lei não prevê recurso específico para impugnação.

O Tribunal Superior do Trabalho dispõe sobre o Agravo Regimental no art. 235 do seu Regimento Interno que, assim dispõe: "Cabe agravo regimental, no prazo de oito dias, para o Órgão Especial, Seções Especializadas e Turmas, observada a competência dos respectivos órgãos, nas seguintes hipóteses: I – do despacho do Presidente do Tribunal que denegar seguimento aos embargos infringentes; II – do despacho do Presidente do Tribunal que suspender execução de liminares ou de decisão concessiva de mandado de segurança; III – do despacho do Presidente do Tribunal que conceder ou negar suspensão da execução de liminar, antecipação de tutela ou da sentença em cautelar; IV – do despacho do Presidente do Tribunal concessivo de liminar em mandado de segurança ou em ação cautelar; V – do despacho do Presidente do Tribunal proferido em pedido de efeito suspensivo; VI – das decisões e despachos proferidos pelo Corregedor-Geral da Justiça do Trabalho; VII – do despacho do Relator que negar prosseguimento a recurso, ressalvada a hipótese do art. 239; VIII – do despacho do Relator que indeferir inicial de ação de competência originária do Tribunal; e IX – do despacho ou da decisão do Presidente do Tribunal, de Presidente de Turma, do Corregedor-Geral da Justiça do Trabalho ou Relator que causar prejuízo ao direito da parte, ressalvados aqueles contra os quais haja recursos próprios previstos na legislação ou neste Regimento."

Nos termos do art. 236 do Regimento Interno do TST: "O agravo regimental será concluso ao prolator do despacho, que poderá reconsiderá-lo ou determinar sua inclusão em pauta visando apreciação do Colegiado competente para o julgamento da ação ou do recurso em que exarado o despacho. § 1º Os agravos regimentais contra ato ou decisão do Presidente do Tribunal, do Vice-Presidente e do Corregedor-Geral da Justiça do Trabalho, desde que interpostos no período do respectivo mandato, serão por eles relatados. Os agravos regimentais interpostos após o término da investidura no cargo do prolator do despacho serão conclusos ao Ministro sucessor. § 2º Os agravos regimentais interpostos contra despacho do Relator, na hipótese de seu afastamento temporário ou definitivo, serão conclusos, conforme o caso, ao Juiz convocado ou ao Ministro nomeado para a vaga. § 3º Os agravos regimentais interpostos contra despacho do Presidente do Tribunal, proferido durante o período de recesso e férias, serão julgados pelo Relator do processo principal, salvo nos casos de competência específica da Presidência da Corte. § 4º O acórdão do agravo regimental será lavrado pelo Relator, ainda que vencido."

O regimento interno do TST fixa o prazo de 8 dias para interposição do agravo regimental para o Tribunal Pleno (art. 235 do Regimento Interno do TST). Não obstante, nos Tribunais Regionais do Trabalho, o prazo varia, conforme dispõem os regimentos internos.

O agravo regimental é recebido apenas no efeito devolutivo, pois a Lei não prevê a possibilidade de concessão de efeito suspensivo. Por isso, não obsta a execução provisória.

O agravo é interposto perante a autoridade que indeferiu a decisão (rejeitou liminarmente recurso, concedeu liminar, etc.), postulando a reconsideração da decisão, e, em caso de manutenção, encaminhamento ao órgão competente para julgar o recurso, conforme dispuser o regimento interno do Tribunal (Turma ou Pleno).

Por falta de previsão legal, o agravo regimental não está sujeito a preparo (recolhimento de custas e depósito recursal).

O agravo deve ser interposto nos próprios autos do processo, por meio de petição acompanhada das razões. Nesse sentido, dispõe a OJ n. 132 da SDI-I, do C. TST, *in verbis*:

> Agravo regimental. Peças essenciais nos autos principais. (Inserida em 27.11.1998) Inexistindo lei que exija a tramitação do AG em autos apartados, tampouco previsão no Regimento Interno do Regional, não pode o agravante ver-se apenado por não haver colacionado cópia de peças dos autos principais, quando o AG deveria fazer parte dele.

## Capítulo XIX
# Da Liquidação de Sentença Trabalhista

## 1. Do conceito de liquidação de sentença e sua natureza jurídica

Segundo os ensinamentos obtidos da melhor doutrina, a liquidação tem lugar quando a sentença ou acórdão não fixam o valor da condenação ou não individualizam o objeto da execução. A decisão contém a certeza da obrigação e as partes que são credora e devedora desta obrigação (*an debeatur*), mas não fixa o montante devido (*quantum debeatur*).

A liquidação constitui, assim, uma fase preparatória, de natureza cognitiva[1], em que a sentença ilíquida passará a ter um valor determinado ou individualizada a prestação ou objeto a ser executado, por um procedimento previsto em lei, conforme a natureza da obrigação prevista no título executivo.

A Consolidação das Leis do Trabalho, por opção legislativa e tendo à vista a simplicidade do processo do trabalho, inseriu a liquidação no Capítulo da Execução, uma vez que o art. 879 da CLT, que regulamenta a liquidação trabalhista, está inserido no Capítulo V, que trata da Execução. Dispõe o referido dispositivo consolidado:

> Sendo ilíquida a sentença exequenda, ordenar-se-á, previamente, a sua liquidação, que poderá ser feita por cálculo, por arbitramento ou por artigos. § 1º – Na liquidação, não se poderá modificar, ou inovar, a sentença liquidanda nem discutir matéria pertinente à causa principal. (Parágrafo único transformado em § 1º pela Lei n.8.432, de 11.6.1992, DOU 12.6.1992) § 1º-A. A liquidação abrangerá, também, o cálculo das contribuições previdenciárias devidas." (Acrescentado pela Lei n. 10.035, de 25.10.2000, DOU 26.10.2000) § 1º-B. As partes deverão ser previamente intimadas para a apresentação do cálculo de liquidação, inclusive da contribuição previdenciária incidente. (Acres-

---

(1) Para alguns autores, a liquidação é um mero incidente da fase de execução de sentença. Nesse sentido é a visão de Jorge Luiz Souto Maior: "(...) a liquidação, em verdade, passa a ser o momento complementar da sentença e necessário para se iniciar os demais atos executivos, quando a obrigação não esteja liquidada na sentença, o que é regra nas lides trabalhistas. A liquidação se insere, portanto, no item do procedimento da execução de sentença (...) a liquidação de sentença, no processo do trabalho, trata-se de mero incidente que não se resolve por sentença, já que não põe fim ao processo e não pode ser atacada, a não ser por ocasião da interposição de embargos à execução, o que pressupõe, no caso do devedor, que tenha garantido o juízo" (Teoria geral da execução forçada. In: *Execução trabalhista:* visão atual. Coord. Roberto Norris. Rio de Janeiro: Forense, 2001. p. 50).

centado pela Lei n.10.035, de 25.10.2000, DOU 26.10.2000) § 2º – Elaborada a conta e tornada líquida, o Juiz poderá abrir às partes prazo sucessivo de 10 (dez) dias para impugnação fundamentada com a indicação dos itens e valores objeto da discordância, sob pena de preclusão. (Parágrafo incluído pela Lei n. 8.432, de 11.6.1992, DOU 12.6.1992) § 3º – Elaborada a conta pela parte ou pelos órgãos auxiliares da Justiça do Trabalho, o juiz procederá à intimação da União para manifestação, no prazo de 10 (dez) dias, sob pena de preclusão. (Parágrafo alterado pela Lei n. 11.457, de 16.3.2007, DOU 19.3.2007) (Nova redação com vigência a partir do primeiro dia útil do segundo mês subsequente à data de publicação da Lei n. 11.457/2007) § 4º – A atualização do crédito devido à Previdência Social observará os critérios estabelecidos na legislação previdenciária. § 5º – O Ministro de Estado da Fazenda poderá, mediante ato fundamentado, dispensar a manifestação da União quando o valor total das verbas que integram o salário de contribuição, na forma do art. 28 da Lei n. 8.212, de 24 de julho de 1991, ocasionar perda de escala decorrente da atuação do órgão jurídico. (Parágrafo acrescentado pela Lei n. 11.457, de 16.3.2007, DOU 19.3.2007 com vigência a partir do primeiro dia útil do segundo mês subsequente à data de publicação da Lei n. 11.457/2007).

Com a liquidação, o título executivo judicial está apto para ser executado, pois se o título não for líquido, certo e exigível, o procedimento de execução é nulo.

Como destaca *Pedro Paulo Teixeira Manus*[2]: "entende-se por liquidação de sentença o conjunto de atos processuais necessários para aparelhar o título executivo, que possui certeza, mas não liquidez, à execução que se seguirá. Com efeito, tratando-se de condenação do reconhecimento de obrigação de dar quantia certa, quase sempre a decisão que se executa, embora certa quanto ao seu objeto, não traz os valores devidos de forma líquida"[3].

Para *Manoel Antonio Teixeira Filho*[4] a liquidação constitui: a) fase preparatória à execução; b) em que um ou mais atos são praticados; c) por uma ou por ambas as partes; d) com a finalidade de determinar o valor da condenação; e) ou de individuar o seu objeto; f) mediante a utilização, quando necessário, dos meios de prova admitidos em lei.

A doutrina ainda não chegou a um consenso sobre a natureza jurídica da liquidação. Para alguns, a natureza é declaratória, para outros, constitutiva.

---

(2) MANUS, Pedro Paulo Teixeira. *Execução de sentença no processo do trabalho*. 2. ed. São Paulo: Atlas, 2005. p. 25.

(3) Para José Frederico Marques, a sentença de liquidação complementa a condenatória; da aglutinação de ambas resulta a exata individualização da *sanctio juris* e, por conseguinte, do título executório com todos os dados e elementos para que este se constitua como condição suficiente da execução forçada (*Instituições de direito processual civil*. V. V. Rio de Janeiro: Forense, 1960. p. 408). Já para Alcides de Mendonça Lima a liquidação serve de traço de união entre a sentença condenatória, que lhe será a fonte, e a execução, que será seu objetivo. Da sentença extrai os subsídios para, devidamente integrada, provocar a instauração do processo executivo (*Comentários ao CPC*. Rio de Janeiro: Forense, 1987. p. 544).

(4) TEIXEIRA FILHO, Manoel Antonio. *Liquidação da sentença no processo do trabalho*. 3. ed. São Paulo: LTr, 1988. p. 168.

Para *Liebman* a natureza jurídica da liquidação é declaratória, uma vez que traz a lume aquilo que se encontra implicitamente na sentença anterior. Para outros como *Pontes de Miranda* a natureza jurídica é constitutivo-integrativa, uma vez que não se limita a uma mera declaração, mas também dá uma certeza àquilo que até então era incerto.

No nosso sentir, a liquidação é uma fase integrativa[5] da sentença, de natureza constitutiva[6], fazendo parte da fase de conhecimento, que visa a apurar o *quantum debeatur* ou individualizar o objeto da execução. Nesse sentido, destacamos a posição de *Antonio Carlos Matteis de Arruda*[7], fixada antes da Lei n. 11.232/2005:

"A liquidação da sentença condenatória genérica, em nossa legislação processual civil, se faz por meio da propositura de uma ação de conhecimento especial, processualmente diversa e autônoma, em relação à anterior ação de natureza condenatória, sendo certo que essa ação de liquidação é de natureza constitutivo-integrativa".

Discute-se, na doutrina e na jurisprudência, se o Juiz do Trabalho pode iniciar a liquidação, de ofício, determinando que a Secretaria ou um perito contador realize a conta de liquidação, sem oportunizar às partes a elaboração dos cálculos ou dos artigos de liquidação.

Argumentam os defensores da liquidação de ofício pelo Juiz que ela propicia maior celeridade processual e maior qualidade na elaboração do cálculo. Sustentam ainda que a liquidação por iniciativa do Juiz encontra suporte no impulso oficial da execução (art. 878 da CLT), e na interpretação teleológica do § 3º do art. 879 da CLT o que possibilita ao Juiz do Trabalho determinar a realização dos cálculos de liquidação.

De nossa parte, entendemos que o Juiz do Trabalho somente deve tomar a postura de liquidar a sentença de ofício em casos excepcionais, nas hipóteses em que o trabalhador estiver sem advogado, valendo-se do *jus postulandi*, ou quando o reclamante tiver advogado, mas este, justificadamente, não puder realizá-la. Em outras situações, deve o Juiz do Trabalho ponderar as cincurstâncias do caso concreto.

Em Varas nas quais observamos a liquidação por iniciativa do Juiz, não constatamos resultados satisfatórios. Além disso, houve grande dissenso das partes e inúmeros incidentes de impugnação.

A CLT disciplina a liquidação no art. 879. Diz o *caput* do referido dispositivo que "sendo ilíquida a sentença exequenda, ordenar-se-á, previamente, sua liquidação, que poderá ser feita por cálculo, arbitramento ou artigos".

---

(5) Nesse sentido, destacamos a visão de Vicente Greco Filho: "É constitutiva porque a ela se acrescenta uma qualidade que lhe faltava, a liquidez, e é integrativa porque complementa a sentença anterior" (*Direito processual civil brasileiro*. v. 3, 7. ed. São Paulo: Saraiva, 1994. p. 47).

(6) Alguns autores sustentam que a liquidação não faz parte da fase de conhecimento e sim um incidente da própria execução. A própria CLT insere a liquidação no título *DA EXECUÇÃO*.

(7) ARRUDA, Antonio Carlos Matteis de. *Liquidação de sentença*. São Paulo: RT, 1981. p. 183.

O termo "sentença" deve ser interpretado em sentido amplo para abranger a sentença de primeiro grau e também os acórdãos, tanto dos TRTs como do TST. No Processo do Trabalho, assim como no Processo Civil, há três modalidades de liquidação: a) por cálculos; b) por arbitramento e c) por artigos.

No nosso sentir, ainda que determinado no título executivo com trânsito em julgado que a liquidação se processe por cálculos, poderá o Juiz do Trabalho se valer das três modalidades de liquidação se necessário para se chegar ao *quantum* devido, pois não há vedação na legislação processual e tal conduta se coaduna com os princípios do fiel cumprimento da obrigação consagrada no título executivo e também da máxima efetividade da jurisdição.

Nesse sentido é a Súmula n. 344, do STJ, *in verbis*:

> Liquidação — forma diversa na sentença — não ofensa à coisa julgada. A liquidação por fora diversa da estabelecida na sentença não ofende a coisa julgada.

No mesmo sentido, vale transcrever a seguinte ementa:

> Desde que não implique prejuízo aos legítimos interesses das partes, o juiz pode, em situações especiais, variar a forma de liquidação, convertendo para cálculos a liquidação a princípio fixada por artigos, sempre que os autos contiverem elementos bastantes para possibilitar a realização da conta. (TRT – 12ª R. – 3ª T. – Ac. n. 001838/95 – Relª. Juíza Lília L. Abreu – DJSC 20.4.95 – p. 77)

A liquidação não pode ir aquém ou além do que foi fixado na decisão transitada em julgado, sob consequência de nulidade do procedimento e desprestígio da coisa julgada material, cabendo ao juiz velar pelo seu fiel cumprimento[8]. Além disso, a proteção à coisa julgada tem *status* constitucional (art. 5º, inciso XXXVI, da CF). Nesse sentido é a disposição do § 1º do art. 879, da CLT, abaixo transcrito:

> Na liquidação, não se poderá modificar, ou inovar, a sentença liquidanda, nem discutir matéria pertinente à causa principal.

No mesmo sentido é o art. 475-G do CPC: "É defeso, na liquidação, discutir de novo a lide ou modificar a sentença que a julgou".

Em razão dos referidos dispositivos, não há preclusão para o Juiz ao apreciar os cálculos, podendo *ex officio* determinar qualquer diligência probatória para que os cálculos espelhem a coisa julgada material.

## 2. Da liquidação por cálculos no Processo do Trabalho. Procedimento e impactos da Lei n. 11.232/2005

A Lei n. 11.232/05 alterou a espinha dorsal da execução civil, que antes era um processo autônomo, que tinha início por uma petição inicial e terminava com uma sentença.

---

(8) "Liquidação — Princípio da fidelidade à sentença exequenda. Baseando-se a sentença de liquidação em cálculos portados pela parte autora, devem conformar-se ao quanto determinado no título exequendo. A regra da fidelidade da liquidação ao título executivo é de impositiva observância e impede apuração do sobretempo ativado em horário noturno com olvido ao que se estabeleceu no r. comando sancionatório". (TRT – 3ª R. – 6ª T. – AP n. 1584.2002.099.03.00-7 – Relª. Emília Facchini – DJMG 15.4.04 – p. 16)

Adotou o legislador o chamado sincretismo processual, em que não há dois processos: o de conhecimento e o de execução, e sim um único processo, com as fases cognitiva e executória.

Diz o art. 475-A, com a redação dada pela Lei n. 11.232/2005:

> "Quando a sentença não determinar o valor devido, procede-se à sua liquidação.
> § 1º – Do requerimento de liquidação de sentença será a parte intimada, na pessoa de seu advogado".

Diante da redação do referido dispositivo legal, a liquidação começa por simples requerimento da parte[9], apresentando os cálculos de liquidação, sendo a parte contrária intimada na pessoa de seu advogado para impugnar os cálculos de liquidação. No Processo do Trabalho tal providência já se aplica, com uma peculiaridade, se a parte não tiver advogado, ela é intimada pessoalmente para apresentar os cálculos.

A liquidação por cálculos se dá quando, para se chegar ao *quantum debeatur*, houver necessidade apenas de se realizarem cálculos aritméticos.

Diz o art. 475-B do CPC: "Quando a determinação do valor da condenação depender apenas de cálculo aritmético, o credor requererá o cumprimento da sentença, na forma do art. 575-J desta lei, instruindo o pedido com a memória discriminada e atualizada do cálculo".

A CLT não conceitua a liquidação por cálculos (art. 879), e também é omissa quanto à forma de apresentação destes pelo reclamante. Desse modo, em razão de omissão da CLT e compatibilidade com o Processo do Trabalho (art. 769, da CLT), entendemos aplicável ao Processo do Trabalho o disposto no art. 475-B, *caput* do CPC, com uma pequena adaptação. No Processo do Trabalho, como a liquidação está prevista no capítulo V, da CLT ("Da Execução"), embora não tenha natureza jurídica executiva, conforme pronunciamos anteriormente, acreditamos que o início da liquidação possa ser determinado de ofício pelo Juiz, com suporte na aplicação do art. 878, da CLT[10].

A liquidação de sentença no processo civil foi sensivelmente simplificada pela Lei n. 11.232/2005, tornando-se um incidente da fase de conhecimento, preparatória para a execução, começando por simples requerimento do autor e terminando pela decisão que homologa os cálculos, sem *status* de sentença e sim de decisão interlocutória[11]. Desse modo, a decisão na liquidação tem *status* de decisão interlocutória, denotando a ausência de autonomia do procedimento de liquidação.

---

(9) Não pode o Juiz de Direito iniciar a liquidação de ofício.

(10) Art. 878, da CLT: "A execução poderá ser promovida por qualquer interessado, ou *ex officio* pelo próprio juiz ou presidente do Tribunal competente, nos termos do artigo anterior".

(11) Alguns autores sustentam que a decisão proferida na liquidação que encerra o processo, como nos casos de liquidação zero, é recorrível por meio de Apelação. No nosso sentir, mesmo nesta hipótese, o recurso cabível é o Agravo de Instrumento.

No Processo do Trabalho, a liquidação está inserida no capítulo da execução. Não obstante, também é um incidente da fase de conhecimento, não sendo um procedimento autônomo. Sendo assim, nas Varas do Trabalho, uma vez transitada em julgado a decisão, o Juiz, de ofício, intima o reclamante para apresentar os cálculos de liquidação em 10 dias. Se ele não apresentar, intima-se a reclamada para fazê-lo, no prazo de dez dias. Nesse sentido é o § 1º-B, do art. 879 da CLT: "As partes deverão ser previamente intimadas para a apresentação do cálculo de liquidação, inclusive da contribuição previdenciária incidente".

Os cálculos das partes devem apresentar o valor das contribuições devidas à Previdência, que são fixadas em sentença (art. 832, § 3º, da CLT, cujas verbas objeto de incidência têm previsão no art. 28, da Lei n. 8.212/91). A intimação do INSS para impugnar os cálculos da contribuição previdenciária apresentada pelas partes deve ser realizada, devendo o INSS impugnar os valores em dez dias, sob consequência de preclusão.

Os parágrafos 1º e 2º do art. 475-B[12] do CPC são perfeitamente aplicáveis ao Processo do Trabalho em razão da omissão da CLT e compatibilidade com os princípios que regem o Procedimento Trabalhista (art. 769, da CLT). Segundo o citado dispositivo, quando a elaboração do cálculo depende de dados existentes em poder do devedor ou de terceiro, o Juiz, a requerimento do credor, poderá requisitá-los fixando prazo de até 30 dias para cumprimento da diligência, sob consequência, se eles não forem, injustificadamente, apresentados pelo devedor, de reputar corretos os cálculos do autor.

O art. 475-B, § 3º do CPC assevera que o Juiz poderá valer-se do contador do juízo quando a memória de cálculos exceder os limites da decisão exequenda. O referido dispositivo não se aplica ao Processo do Trabalho, pois é incompatível com o Procedimento previsto no § 2º do art. 879, da CLT[13].

O disposto no art. 475-A, § 2º, do CPC que possibilita a liquidação na pendência de recurso, embora seja compatível com o Processo do Trabalho, não há interesse em aplicá-lo[14], pois os recursos no Processo do Trabalho têm efeito apenas devolutivo, podendo a execução provisória ser realizada até a penhora, nos termos do art. 899, da CLT[15].

---

(12) § 1º – Quando a elaboração da memória do cálculo depender de dados existentes em poder do devedor ou de terceiro, o juiz, a requerimento do credor, poderá requisitá-los, fixando prazo de até trinta dias para o cumprimento da diligência. § 2º – Se os dados não forem, injustificadamente, apresentados pelo devedor, reputar-se-ão corretos os cálculos apresentados pelo credor, e, se não o forem pelo terceiro, configurar-se-á a situação prevista no art. 362.

(13) Segundo o referido dispositivo, as partes devem apresentar os cálculos.

(14) Pela inaplicabilidade se pronunciam Edilton Meireles e Leonardo Dias Borges (*A nova reforma processual e seu impacto no processo do trabalho*. 2. ed. São Paulo: LTr, 2007. p. 56).

(15) Art. 899, da CLT: "Os recursos serão interpostos por simples petição e terão efeito meramente devolutivo, salvo as exceções previstas neste título, permitida a execução provisória até a penhora".

O art. 879, § 2º da CLT, prevê dois procedimentos alternativos e facultativos para o Juiz do Trabalho adotar na liquidação por cálculos[16]. São eles:

> a) apresentados os cálculos pelo reclamante, intimar o reclamado para impugná-los em 10 dias sob pena de preclusão[17]. Posteriormente à impugnação ou não a havendo, o juiz do trabalho homologará a conta de liquidação[18].
>
> b) apresentados os cálculos pelo reclamante, o juiz do trabalho os homologará, determinando a citação do reclamado para pagamento nos termos do art. 880, da CLT, podendo a conta de liquidação homologada ser discutida nos embargos à execução pelo reclamado e pelo exequente na impugnação à sentença de liquidação, nos termos do § 3º do art. 884, da CLT.

Diante da redação do § 3º[19] do art. 879 da CLT, pode parecer que o Juiz do Trabalho deve, obrigatoriamente, intimar o INSS para impugnar os cálculos[20], mesmo que adote a postura de postergar a impugnação dos cálculos após a garantia do juízo; entretanto, não nos parece que tal providência seja obrigatória, pois poderá o magistrado intimar o INSS para impugnar a conta de liquidação após a garantia do juízo, não havendo qualquer prejuízo às partes e também ao INSS (art. 794, da CLT[21]). Desse modo, no nosso sentir, a interpretação do § 3º do art. 879 da CLT deve ser conjugada com o § 2º do referido dispositivo, no sentido de cumprir, discricionariamente, ao magistrado a faculdade de estabelecer o momento para a Autarquia Previdenciária se manifestar sobre os cálculos de liquidação.

---

(16) "Falta de oitiva das partes quanto aos cálculos de execução — Cerceamento de defesa — Inexistência. O prazo de que fala o § 2º do art. 879 é de uso facultativo do Juiz. Não aberto o referido prazo, inexiste nulidade processual, pois pode a executada apresentar embargos 5 (cinco) dias após garantida a execução ou penhorados os bens, podendo nesse momento se opor aos cálculos (art. 884 da CLT)". (TRT – 12ª R. – 3ª T. – AG-PET n. 6.347/03– Relª. Ione Ramos – DJSC 7.7.03 – p. 157) (RDT n. 8 – agosto de 2003)

(17) No nosso entendimento, preclusão não é pena, e sim a perda de uma faculdade processual que gera consequências processuais, por não ter a parte a praticado no prazo legal (preclusão temporal), por já ter praticado o ato (consumativa), ou por ter praticado uma das duas ou mais faculdades que a lei possibilitava (lógica). A preclusão pela não contestação dos cálculos é atemporal.

(18) A jurisprudência não tem admitido a impugnação genérica dos cálculos, sem especificar os títulos e valores objeto da discordância. Na praxe, o reclamado apresenta um novo cálculo, com os valores que entende devidos. Nesse sentido, destacamos a seguinte ementa: "Cálculos de liquidação — Impugnação genérica pelos executados em embargos à execução. Não merecem acolhimento os embargos à execução opostos pelos executados que fazem, de modo genérico e inespecífico, impugnação ao cálculo de liquidação homologado" (TRT – 3ª R. – 1ª T. – Ap. n. 4.135/94 – Relª Juíza Denise A. Horta – DJMG 25.5.2000 – p. 5) (RDT 06/00, p. 57).

(19) Parágrafo 3º, do art. 879, da CLT: "Elaborada a conta pela parte ou pelos órgãos auxiliares da Justiça do Trabalho, o juiz procederá à intimação, por via postal do Instituto Nacional do Seguro Social — INSS, por intermédio do órgão competente, para manifestação, no prazo de 10 dias, sob pena de preclusão".

(20) Edilton Meirelles e Leonardo Dias Borges sustentam que, diante do § 3º do art. 879, da CLT, entendem ser imperativo o disposto no § 3º do art. 879, da CLT e, portanto, o contraditório deve ser deferido antes da homologação dos cálculos (*Nova reforma processual e seu impacto no processo do trabalho*. 2. ed. São Paulo: LTr, 2007. p. 59).

(21) Art. 794 da CLT: "Nos processos sujeitos à apreciação da Justiça do Trabalho só haverá nulidade quando resultar dos atos inquinados de manifesto prejuízo às partes litigantes".

Deve ser destacado que tanto num procedimento como no outro deve o Juiz do Trabalho conferir os cálculos antes de homologá-los, podendo determinar que o autor os refaça, ou até determinar perícia contábil para tal finalidade, pois para a parte há a preclusão, mas não para o Juiz que tem o dever de zelar pelo cumprimento da coisa julgada material, e a liquidação não pode ir aquém ou além dos parâmetros fixados no título executivo (art. 879, § 1º, da CLT).

Caso o Juiz do Trabalho abra o prazo do art. 879, § 2º, da CLT para o reclamado impugnar os cálculos e este não impugná-los, não poderá exercer esse direito nos embargos à execução (§ 3º do art. 884, da CLT), pois inegavelmente haverá a preclusão. Não obstante, em algumas situações, a fim de resguardar a observância da coisa julgada, a jurisprudência tem tolerado, mesmo não tendo impugnado os cálculos na fase do § 2º, do art. 879, da CLT, que o reclamado possa, nos embargos, invocar matérias de ordem pública, incorreções de erros materiais nos cálculos e até mesmo apontar títulos que não constam do título executivo judicial.

## 3. Se o reclamante não apresentar os cálculos, há prescrição intercorrente?

Sempre foi polêmica a questão da prescrição intercorrente no Processo do Trabalho, diante da natureza alimentar do crédito trabalhista e do princípio da irrenunciabilidade do crédito trabalhista.

Em favor da não aplicabilidade da prescrição intercorrente no Processo do Trabalho é invocado o argumento de que a execução é promovida de ofício pelo Juiz do Trabalho, nos termos do art. 878, da CLT, não havendo espaço para a aplicabilidade de tal instituto. Nesse sentido, a Súmula n. 114 do C. TST. Além disso, argumentam que a conta de liquidação pode ser realizada pelos órgãos auxiliares da Justiça do Trabalho[22], nos termos do § 3º do art. 879, da CLT.

Acreditamos que a prescrição intercorrente se aplica ao Processo do Trabalho exatamente na fase em que o autor é intimado para apresentar os cálculos e se mantém inerte pelo prazo de dois anos. É bem verdade que o Juiz pode determinar que a ré apresente os cálculos, mas esta também pode se quedar inerte. Não nos parece que a Secretaria da Vara esteja obrigada a elaborar os cálculos, pois não há um contador na Vara e também o excesso de serviço praticamente inviabiliza tal providência. A apresentação dos cálculos, no nosso sentir, é providência que incumbe às partes[23]

---

(22) Carlos Henrique Bezerra Leite entende que, se as partes não elaborarem os cálculos de liquidação, o Juiz deve determinar que o auxiliar da Vara encarregado o realize (*Curso de direito processual do trabalho*. 5. ed. São Paulo: LTr, 2007. p. 850).

(23) Nesse sentido. "A nova redação dada ao art. 879 e parágrafos da CLT, faculta às partes promoverem a liquidação de sentença, inclusive das contribuições previdenciárias e por analogia das contribuições fiscais, sendo descabível a exigência de que tais cálculos sejam elaborados pelo Contador Judicial. Agravo patronal improvido" (TRT – 21ª R. – AP 00-0555/01 – (36.965) – Relª. Juíza Maria de Lourdes Alves Leite – DJRN 11.7.2001).

e, havendo a inércia, a prescrição intercorrente pode ser reconhecida[24]. Nesse sentido é a própria redação do art. 884, da CLT, que disciplina em seu § 1º a prescrição como sendo uma das matérias passíveis de alegação nos embargos à execução. Ora, a prescrição prevista no § 1º do art. 884 da CLT, só pode ser a intercorrente, pois a prescrição própria da pretensão deve ser invocada antes do trânsito em julgado da decisão (Súmula n. 153 do C. TST). Nesse sentido a Súmula n. 327, do C. STF: "Prescrição Intercorrente. O direito trabalhista admite prescrição intercorrente".

Como já nos pronunciamos anteriormente, a prescrição intercorrente não incidirá na fase liquidatória quando o reclamante estiver sem advogado, valendo-se do *jus postulandi*, ou quando, mesmo tendo advogado, este, justificadamente, não tiver condições de promover a liquidação, apresentando os cálculos ou os artigos de liquidação.

Nesse sentido também é a visão de Arnor Serafim Júnior[25]: A despeito do pouco que revela a parte final do § 1º ao art. 884 da CLT, a prescrição ali referida, parece ser inequívoco diante do que já se viu a prescrição pode ser verificada na fase de liquidação, mediante o transcurso do prazo legalmente previsto, desde que a movimentação dos autos fique paralisadas por inércia que possa ser imputada exclusivamente ao credor, e desde que a mesma não possa ser suprida pelo impulso oficial atribuído ao magistrado, como, por exemplo, ocorre no caso de falta de apresentação de artigos de liquidação.

## 4. Liquidação por arbitramento

Ensina *Manoel Antonio Teixeira Filho*[26]: o arbitramento consiste em exame ou vistoria pericial de pessoas ou coisas, com a finalidade de apurar o *quantum* relativo à obrigação pecuniária que deverá ser adimplida pelo devedor, ou, em determinados casos, de individuar, com precisão, o objeto da condenação.

A CLT apenas menciona a possibilidade da liquidação ser levada a efeito por arbitramento, mas não diz qual o seu procedimento. Portanto, aplica-se o procedimento do CPC (art. 769, da CLT) com eventuais adaptações do Procedimento Trabalhista.

Assevera o art. 475-C, do CPC:

> Far-se-á a liquidação por arbitramento quando: (Incluído pela Lei n. 11.232/05 – DOU de 23.12.05) I – determinado pela sentença ou convencionado pelas partes; (Incluído pela Lei n. 11.232/05 – DOU de 23.12.05) II – o exigir a natureza do objeto da liquidação. (Incluído pela Lei n. 11.232/05 – DOU de 23.12.05).

---

(24) No nosso sentir, o Juiz do Trabalho poderá determinar a liquidação de ofício, determinando que o auxiliar da justiça, o reclamado, ou um perito realizem os cálculos na hipótese do reclamante estar sem assistência de advogado, valendo-se do *jus postulandi*. Nesta hipótese restritiva, não haverá a incidência da prescrição intercorrente.

(25) SERAFIM JÚNIOR, Arnor. *A prescrição na execução trabalhista*. São Paulo: LTr, 2006. p. 134.

(26) TEIXEIRA FILHO, Manoel Antonio. *Execução no processo do trabalho*. 9. ed. São Paulo: LTr, 2005. p. 369.

Conforme o referido dispositivo legal, a liquidação por arbitramento se realizará quando determinado pelo Juiz na sentença, por convenção das partes, ou quando o exigir a natureza do objeto da liquidação.

No Processo do Trabalho, raramente se utiliza a liquidação por arbitramento, pois é mais onerosa, exige a realização de perícia e provoca mais demora no procedimento. Não obstante, hipóteses há em que a liquidação por arbitramento se faz necessária, como, por exemplo, na apuração do valor do salário *in natura*, em que a sentença determinou a integração de determinada utilidade ao salário.

*Renato Saraiva* nos traz outro exemplo de liquidação por arbitramento no Processo do Trabalho. Aduz o ilustre escritor[27]: "um exemplo de liquidação por arbitragem seria a hipótese de cálculo dos salários do reclamante que prestou serviços sem remuneração e cuja relação de emprego foi reconhecida pela Justiça do Trabalho, sendo nomeado, para tanto, um árbitro, cuja função seria realizar pesquisa no mercado de trabalho sobre a remuneração a ser paga ao obreiro, em virtude do serviço prestado".

Nos termos do art. 475-D, do CPC, requerida a liquidação por arbitramento, o Juiz nomeará o perito e fixará o prazo para a entrega do laudo. Parágrafo único – Apresentado o laudo, sobre o qual poderão as partes manifestar-se no prazo de dez dias, o Juiz proferirá decisão ou designará, se necessário, audiência.

No Processo do Trabalho, a liquidação não necessita de requerimento, pois pode ser determinada de ofício pelo Juiz (art. 878, da CLT). Desse modo, entendendo necessária a liquidação por arbitramento o Juiz do Trabalho determinará a nomeação do perito que realizará o laudo no período assinalado pelo Juiz.

No nosso sentir, não há se falar em revelia na liquidação por arbitramento, pois a demanda não está fundada em alegação de fato novo, uma vez que os fatos já estão delineados na sentença. Desse modo, ainda que as partes não impugnem o laudo pericial, não há se falar em confissão ou presunção de veracidade dos valores encontrados pelo perito, pois se trata de matéria técnica.

O Juiz do Trabalho não é obrigado a acatar o laudo, pois pode firmar seu convencimento com outros elementos dos autos (art. 436 do CPC).

## 5. Liquidação por artigos

Na feliz definição de *Manoel Antonio Teixeira Filho*[28]: "denomina-se por artigos a essa modalidade de liquidação porque incumbe à parte (em geral, o credor) articular, em sua petição, aquilo que deve ser liquidado, ou seja, indicar, um a um os diversos pontos que constituirão objeto da quantificação, concluindo por pedir, segundo Leite Velho, 'quantia, quantidade e qualidade de certas'".

---

(27) SARAIVA, Renato. *Curso de direito processual do trabalho*. 4. ed. São Paulo: Método, 2007. p. 559.
(28) TEIXEIRA FILHO, Manoel Antonio. *Op. cit.*, p. 371.

A Consolidação das Leis do Trabalho admite a liquidação por artigos (art. 879, *caput*), mas não disciplina seu procedimento. Portanto, necessário recorrer ao Código de Processo Civil (art. 769, da CLT).

Assevera o art. 475-E, do CPC: "Far-se-á a liquidação por artigos, quando, para determinar o valor da condenação, houver necessidade de alegar e provar fato novo".

Nas ordenações do reino, havia o termo artigo, que era o corpo articulados de fatos novos. Também é utilizado o termo articulado ou articulação.

Fato novo, segundo *De Plácido e Silva*[29] "é o fato que ainda não tinha sido alegado, ou porque era desconhecido ou porque surgiu depois que outros fatos tenham sido provados. Assim, na técnica jurídica, fato novo não quer significar simplesmente o fato que veio depois, ou seja, o fato superveniente. Realizado antes ou depois, indica o fato que não fora ainda alegado e provado. E que, por sua força, seja capaz de modificar a condição jurídica ou a situação jurídica de uma coisa ou de uma pessoa".

Para *Cândido Rangel Dinamarco*: "fato novo é o fato constitutivo não considerado na sentença genérica, mas integrante do contexto gerador da obrigação, que, se tivesse sido considerado na sentença, esta já enunciaria o *quantum debeatur* desde logo".

No nosso sentir, o *fato novo* é o fato reconhecido na sentença de forma genérica, mas que necessita ser detalhado na fase de liquidação. Por exemplo: a condenação apenas determina: uma indenização, horas extras, danos morais, etc., mas para apurar o valor há necessidade de se determinar sua extensão, por meio de prova de outros fatos constitutivos. Na liquidação por artigos em que a sentença determina apenas uma indenização, irá se apurar o montante dos danos e se fixar o valor devido, após prova dos danos.

O rito da liquidação por artigos é o mesmo da fase de conhecimento. Assim se o processo for pelo rito ordinário, a liquidação tem que seguir o mesmo rito, se sumaríssimo, ou sumário deve seguir o mesmo rito. Nesse sentido é o disposto no art. 475-F, do CPC, *in verbis*: "Na liquidação por artigos, observar-se-á, no que couber, o procedimento comum (art. 272)".

São exemplos de liquidação por artigos no Processo do Trabalho:

a) Sentença proferida em sede de Ação Civil Pública em que a sentença condena a pagar dano moral coletivo, mas não fixa o valor;

b) Sentença que condena a pagar horas extras, em razão da não juntada dos cartões pela reclamada, mas reconhece a veracidade deste, determinando que a empresa junte os cartões na fase de liquidação para apurar o número de horas extras devidas;

---

(29) *Vocabulário jurídico*. V. II, 12. ed. Rio de Janeiro: Forense, 1996. p. 274.

c) A liquidação da sentença penal que responsabiliza o empregador em determinado acidente de trabalho[30], pode ser executada na Justiça do Trabalho, realizando-se a liquidação dos danos civis pela modalidade de artigos.

No Código de Processo Civil de 1939, não se admitia que na liquidação por artigos se encontrasse o valor zero. Determinava o art. 915 do CPC/39 que se fizesse quantas liquidações fossem necessárias para se apurar algum valor. No CPC atual não há determinação para se realizar o mesmo procedimento, dada a natureza jurídica integrativa da liquidação. Por isso, é possível que se encontre a liquidação zero, conforme já sedimentado em doutrina, sem que com isso haja ofensa à coisa julgada.

## 6. Da revelia na liquidação de sentença trabalhista

Embora a liquidação tenha natureza constitutiva, no nosso sentir, não há se falar em efeitos da revelia em nenhuma das modalidades de liquidação, pois os limites da liquidação estão balizados pela coisa julgada material. Mesmo na liquidação por artigos, em que há necessidade de se provar fato novo, a nosso ver os efeitos da revelia não incidem, pois o autor tem que demonstrar os fatos novos que ainda não estavam delineados no comando sentencial (arts. 475-G do CPC e 879, § 1º, da CLT)[31], embora haja grande dissenso na doutrina, pois na liquidação por artigos são aplicáveis os dispositivos do processo de conhecimento.

Nesse sentido leciona *José Augusto Rodrigues Pinto*[32]:

"Torna-se oportuno lembrar, também que, sendo o *leit motiv* da liquidação por artigos a indagação e a comprovação de fatos, o efeito da revelia e da confissão fática presumida, congeminadas pelo art. 844 da CLT, se produzirá com força plena, provocando o julgamento antecipado, da querela, nos termos do art. 330, II do CPC, cuja inspiração, por sua vez, foi buscada no sistema consolidado trabalhista"[33].

Ousamos discordar do professor *Rodrigues Pinto*, pois, na liquidação por artigos, a lei é taxativa ao asseverar que há necessidade de se alegar e provar fato novo (art. 475-E do CPC). Vale dizer: o autor deve fazer prova do fato, ainda que o

---

(30) Nesse sentido é o art. 475-N do CPC, ao atribuir força executiva à sentença penal condenatória transitada em julgado. Assevera o referido dispositivo: "São títulos executivos judiciais: (...) II – a sentença penal condenatória transitada em julgado".

(31) A Lei n. 11.232/2005 revogou o processo de execução para execução de título executivo judicial. A partir da vigência da referida lei, a execução é mera fase do processo e não processo autônomo. A liquidação por artigos está prevista nos arts. 475-E a 475-G do CPC, que praticamente repetem os arts. 608 a 610 do CPC.

(32) RODRIGUES PINTO, José Augusto. *Execução trabalhista*. 9. ed. São Paulo: LTr, 2002. p. 124.

(33) No mesmo sentido Manoel Antonio Teixeira Filho (*Execução no processo do trabalho*. 9. ed. São Paulo: LTr, 2005. p. 379) dizendo que, embora seja possível a revelia, devemos ponderar que eventual incúria do devedor, quanto ao exercício do seu direito de pronunciar-se acerca da liquidação, não deve constituir pretexto para que se consinta ao credor praticar lesão ao princípio ético do processo, pretendendo obter mais do que o próprio título executivo lhe concedeu".

réu não tenha contestado. Além disso, se o autor não conseguir demonstrar o fato novo em razão de insuficiência de provas, pode renovar a liquidação novamente, não havendo formação de coisa julgada material[34]. De outro lado, os arts. 475-G do CPC e 879, § 1º, dizem que é defeso na liquidação discutir a lide e modificar a sentença que a julgou[35].

No mesmo sentido a posição de *Carlos Alberto Reis de Paula*[36]: "Quando se trata de liquidação por artigos, por necessidade de provar fato novo, o procedimento terá início com petição inicial por escrito, já que a postulação deverá ser articulada. O parágrafo único do art. 603 do CPC prevê que a citação do réu, tanto na liquidação por arbitramento como na liquidação por artigos, se faça na pessoa de seu advogado, constituído nos autos. Ou diretamente ao réu, caso se valha do *jus postulandi* no processo trabalhista. Dessa forma, considerando a citação na pessoa de terceiro, entendemos que inocorre a hipótese de revelia".

No título executivo judicial ilíquido, há a certeza sobre o *an debeatur*, necessário se apurar o *quantum debeatur*.

## 7. Da natureza da decisão que decide a liquidação no Processo do Trabalho e impugnabilidade

Antes da Lei n. 11.232/2005, no Direito Processual Civil, a decisão que decidia a liquidação tinha natureza jurídica de sentença (art. 605, parágrafo único do CPC).

No Processo do Trabalho, a decisão que julga a liquidação, nos termos do § 3º do art. 884, da CLT tem natureza jurídica de sentença. Com efeito, dispõe o citado

---

(34) Nesse sentido a jurisprudência mencionada por Theotonio Negrão (*Código de Processo Civil e legislação processual em vigor*. 36 ed. São Paulo: Saraiva, 2004. p. 730): "Se o exequente, por falta ou insuficiência de provas, decai da liquidação por artigos, pode renová-la após o pagamento das despesas judiciais" (JTA n. 102/94). "Há um acórdão entendendo que, 'se a parte que tem direito à liquidação por artigos não se desincumbiu do ônus de provar fato novo necessário ao estabelecimento do montante da reparação, fica o juiz impossibilitado de julgar o mérito da causa, impondo-se a extinção pura e simples do processo, facultado ao credor iniciar outro processo liquidatório por via de arbitramento, tendo em vista a inocorrência de coisa julgada material" (RJTAMG 70/131).

(35) Nesse diapasão, oportuna a visão de Antonio Carlos Matteis de Arruda: "Em suma, a revelia, não resulta, obrigatoriamente, no julgamento da ação de liquidação, tal qual proposta pelo liquidante, ante o disposto no art. 610 do CPC, que, como vimos, não exime nem impede o juiz de averiguar a exatidão da pretensão à liquidação, vale dizer, o juiz deve examinar a pretensão formulada para determinar, ante a não contestação da ação de liquidação, se há compatibilidade entre o conteúdo da ação anterior e o pedido de liquidação. (...) Dessa forma, ao juiz cabe uma acentuada ação oficiosa, em todo envolver do *iter* procedimental do processo de liquidação, ainda que os bens a serem liquidados sejam disponíveis, tendo em vista o disposto no art. 610 do CPC. Com isso, poderá impedir e obstar que o liquidante intente modificar a sentença condenatória que julgou a lide, ou venha rediscutir esta última, sub-repticiamente, aproveitando-se da revelia (*rectius*, não apresentação de contestação pelo liquidado, citado regularmente)" (*Liquidação de sentença*. São Paulo: RT, 1981. p. 128).

(36) REIS DE PAULA, Carlos Alberto. *Compêndio de direito processual do trabalho*. Obra em homenagem a Celso Agrícola Barbi. São Paulo: LTr, 1998. p. 309.

dispositivo legal: "Somente nos embargos à penhora *poderá o executado impugnar a sentença de liquidação*, cabendo ao exequente igual prazo" (o grifo é nosso).

Não obstante o referido dispositivo se referir à *sentença*, ela não é recorrível de imediato. Por isso, muitos sustentam que ela tem natureza de decisão interlocutória e não de sentença.

Nesse sentido vale destacar a seguinte ementa:

> Liquidação por artigos — Decisão interlocutória — Irrecorribilidade. A decisão que julga provados os artigos de liquidação e determina o envio dos autos à consolidação e atualização contábil por parte da Contadoria Judicial possui natureza interlocutória. Somente após seu pronunciamento ter-se-á valor certo a ser executado, condição essencial a legitimar qualquer constrição sobre os bens do devedor. Neste sentido as prescrições do art. 879, § 2º, da CLT, que somente possibilita, a critério do Juiz, a manifestação das partes após elaborada e tornada líquida a conta. Agravo desprovido. (TRT – 10ª R. – 1ª T. – AIAP n. 77/2001 – Relª. Elaine M. Vasconcelos – DJ 21.9.2001 – p. 11) (RDT n. 10/2001 – p. 55)

No nosso sentir, a decisão que homologa os cálculos, apesar de ser chamada de "sentença", nem sequer encerra o procedimento de liquidação, pois as impugnações podem ser renovadas na impugnação pelo reclamante e nos embargos à execução pela reclamada. Portanto, acreditamos que ela é uma decisão especial, irrecorrível, que tem índole de uma decisão interlocutória qualificada ou mista, que decide, a fase de liquidação sem *status* de definitividade.

Nesse diapasão, destacamos a abalizada opinião de *Jorge Luiz Souto Maior*:

"(...) as sentenças condenatórias, cuja apuração do *quantum debeatur* dependa, exclusivamente, de cálculos aritméticos, no sistema do Código de Processo Civil, não são, propriamente, sentenças ilíquidas que devem submeter-se ao procedimento de liquidação de sentença. Isto, com muito mais razão, ocorre no processo do trabalho. Embora tal sentença, que é regra generalíssima nos feitos trabalhistas, possa passar pelo procedimento fixado no art. 879, da CLT, isto não significa dizer que a decisão que resolva o incidente trata-se de uma sentença de liquidação. Sentença de liquidação, referida no § 3º do art. 884 da CLT, somente haverá, tecnicamente, quando a liquidação for feita por artigos, o que raras vezes ocorre no processo do trabalho (...)"[37].

Ao contrário do que entendem alguns doutrinadores, a sentença de liquidação não é meramente homologatória ou declaratória, pois pode ter contornos de decisão de mérito, quando, por exemplo, fixa o critério para a época da correção monetária, ou resolve a questão sobre recolhimentos fiscais e previdenciários não disciplinados na decisão.

---

(37) SOUTO MAIOR, Jorge Luiz. Teoria geral da execução forçada. In: *Execução trabalhista*. Visão atual. Coord. Roberto Norris. Rio de Janeiro: Forense, 2001. p. 51.

Deve ser destacado que a decisão proferida na liquidação, como toda decisão judicial, deve ser fundamentada (art. 93, IX, da CF), ainda que de forma concisa quando não há divergência sobre o *quantum* devido[38].

O Tribunal Superior do Trabalho fixou entendimento de que a decisão homologatória de cálculos, se apreciar o mérito da controvérsia sobre os cálculos, pode ser impugnável pela via da ação rescisória, conforme a redação do inciso II da Súmula n. 399 de sua jurisprudência, *in verbis*:

> A decisão homologatória de cálculos comporta rescisão quando enfrentar as questões envolvidas na elaboração da conta de liquidação, quer solvendo a controvérsia das partes quer explicitando, de ofício, os motivos pelos quais acolheu os cálculos oferecidos por uma da partes ou pelo setor de cálculos, e não contestados pela outra.

Atualmente, o art. 475-H do CPC, com a Lei n. 11.232/2005, dispõe: "Da decisão de liquidação caberá agravo de instrumento".

Diante da nova sistemática da execução de sentença no Direito Processual Civil, com supressão da execução como um processo autônomo e sim como fase do processo, também a liquidação passa a ser decidida por meio de decisão interlocutória, desafiando o Agravo de Instrumento. De outro lado, se o processo for extinto na liquidação, com ou sem pronunciamento de mérito, o recurso cabível, conforme já sedimentado em doutrina, será o de Apelação.

No Processo do Trabalho, por força do § 3º do art. 884 da CLT, a decisão da liquidação não é recorrível de plano. Portanto, não há como se aplicar o Código de Processo Civil no aspecto, pois a CLT não é omissa. Além disso, a recorribilidade de plano não traz benefícios ao Processo do Trabalho.

De outro lado, no nosso sentir, como a liquidação e a execução trabalhistas não são processos autônomos e sim fases do processo, a impugnação do autor e os embargos à execução por parte do executado (art. 884, § 3º, da CLT) não têm natureza de ação e sim de simples impugnação. Vale dizer: é um meio de defesa e não uma ação autônoma.

Diante da simplificação dos procedimentos de liquidação e execução no Processo Civil, não há razão para não se interpretar o Processo do Trabalho com os mesmos princípios da celeridade, simplicidade e efetividade do procedimento que nortearam o legislador ao confeccionar a Lei n. 11.232/2005 e aplicá-los ao Processo do Trabalho, para se dizer que as naturezas jurídicas das impugnação e embargos do art. 884, § 3º, da CLT, são de mera impugnação.

Uma vez homologados os cálculos, após a garantia do Juízo, o executado pode impugnar os cálculos de liquidação, no corpo dos embargos à execução, cabendo

---

(38) Pensa de forma diversa Júlio César Bebber: "O provimento que homologa os cálculos de liquidação, apesar de possuir natureza jurisdicional, dispensa expressa fundamentação (CF, art. 93, IX), uma vez que a chancela judicial importa, intrisicamente, aprovação da conta" (*Cumprimento da sentença no processo do trabalho*. São Paulo: LTr, 2006. p. 59).

ao exequente tal direito no incidente processual denominado *impugnação à sentença de liquidação* (art. 884, § 3º, da CLT). A decisão proferida nos embargos à execução em que se questiona os cálculos, ou na impugnação do reclamante, é recorrível por meio do Agravo de Petição (art. 897, da CLT).

Em algumas raras hipóteses, a doutrina tem admitido a recorribilidade imediata da decisão que homologa os cálculos de liquidação, na hipótese em que encerra o próprio processo, a exemplo da decisão que fixa o valor zero na liquidação por artigos. Neste caso, há divergência sobre qual seja o recurso cabível. Considerando-se que a liquidação pertence à fase de conhecimento, seria cabível o recurso ordinário (art. 895, a, da CLT). No entanto, a própria CLT incluiu a liquidação no capítulo da execução. Dessa forma, seria cabível o agravo de petição (art. 897, a, da CLT).

Nesse sentido, sustenta *Júlio César Bebber*[39]:

"(...)É possível, a meu ver, a impugnação imediata de recurso unicamente contra a sentença que julgar não provados os artigos de liquidação, uma vez que inviabiliza, ainda que em parte, o prosseguimento do processo".

Pensamos que nestas raras hipóteses de extinção do próprio processo na decisão de apreciação dos cálculos, há a possibilidade de recurso imediato. No nosso sentir, o recurso cabível é o de Agravo de Petição, pois a CLT incluiu a liquidação no capítulo da execução, embora a melhor técnica sinalize no sentido de que a liquidação tem natureza cognitiva.

## 8. Liquidação de títulos executivos extrajudiciais no Processo do Trabalho

Não há previsão específica no CPC, tampouco na CLT sobre a possibilidade de liquidação de títulos executivos extrajudiciais. Vários doutrinadores negam tal possibilidade, uma vez que a liquidez é requisito essencial para o título executivo extrajudicial ter força executiva.

Nesse sentido, pronuncia-se *Manoel Antonio Teixeira Filho*[40]:

"Embora não seja frequente, poderá ocorrer de o título extrajudicial ser ilíquido — particularidade que o tornará legalmente inexigível (CPC, art. 588, § 2º)".

Não obstante, situações há em que o título executivo extrajudicial apresenta os requisitos da certeza e exigibilidade, mas necessita apenas de acertamento por cálculos para que possa ter liquidez.

Desse modo, pensamos, à luz dos princípios da instrumentalidade das formas, economia processual, celeridade, e efetividade, que é possível instaurar um incidente prévio de liquidação em títulos de natureza extrajudicial. Além disso, a lei não veda que proceda à liquidação de títulos executivos extrajudiciais.

---

(39) BEBBER, Júlio César. *Recursos no processo do trabalho*. 2. ed. São Paulo: LTr, 2009. p. 285.
(40) TEIXEIRA FILHO, Manoel Antonio. *Execução no processo do trabalho*. 9. ed. São Paulo: LTr, 2005. p. 580.

É possível aplicar, analogicamente, as modalidades de liquidação por título executivo judicial para a liquidação de títulos executivos extrajudiciais.

A liquidação será um incidente processado no procedimento da execução do título extrajudicial.

Como exemplo, pode-se liquidar eventual pedido ilíquido em termos de conciliação firmados perante as Comissões de Conciliação Prévia, tal como diferenças de FGTS ainda não quantificadas, ou a liquidação das "astreintes" fixadas nos termos de ajuste de conduta firmados pelo Ministério Público e empresa.

Nesse sentido é a abalizada visão de *José Augusto Rodrigues Pinto*[41]:

"A presença do acertamento por simples cálculo dos dois títulos executivos extrajudiciais trabalhistas postos no art. 876 da CLT parece-nos particularmente viva sempre que resultarem na pactuação de prestações sucessivas, que permitem tantas execuções quantas forem as ocorrências de vencimento, como está expressamente previsto, aliás, no art. 892, da CLT".

---

(41) RODRIGUES PINTO, José Augusto. *Execução trabalhista*. 11. ed. São Paulo: LTr, 2005. p. 175.

Capítulo XX
# Da Execução na Justiça do Trabalho

## 1. Introdução e aspectos críticos

A legislação vigorante na Roma antiga era extremamente rigorosa em relação à pessoa que deixasse de cumprir a obrigação assumida: ao contrário do que ocorre nos tempos atuais, porém, os credores romanos não podiam fazer com que a execução incidisse no patrimônio do devedor, pois as medidas previstas naquela legislação prisca tinham como destinatária, em regra, a pessoa do próprio devedor. A execução era, portanto, corporal e não patrimonial[1].

Atualmente, com o avanço da sociedade, a execução não mais incide sobre a pessoa do devedor, e sim sobre seu patrimônio (princípio da humanização da execução que tem início em Roma, no século V, com a *Lex Poetelia*). Diz-se que a execução tem caráter patrimonial. Nesse sentido é o que dispõe o art. 591 do CPC, *in verbis*: *O devedor responde, para o cumprimento de suas obrigações, com todos os seus bens presentes e futuros, salvo as restrições estabelecidas em lei*.

Como destaca *Araken de Assis*[2]: "O art. 591 culmina notável evolução histórica. Rompendo com as tradições romana e germânica, convergentes ao imprimir responsabilidade pessoal ao obrigado, a regra dissociou a dívida e responsabilidade. Esta última se relaciona com inadimplemento, que é o fato superveniente à formação do vínculo obrigacional, pois somente após descumprir o dever de prestar, o obrigado sujeitará seus bens à execução".

Um dos capítulos do Processo do Trabalho, que tem sido apontado como grande entrave ao acesso real e efetivo à Justiça do Trabalho, do trabalhador, é o da execução.

Mesmo a CLT prevendo um procedimento simplificado para a execução, a cada dia o procedimento da Consolidação vem perdendo terreno para a inadimplência, contribuindo para falta de credibilidade da jurisdição trabalhista.

Ainda que tenha um título executivo judicial nas mãos, o credor trabalhista tem enfrentado um verdadeiro calvário para satisfazer seu crédito e muitas vezes o

---

(1) TEIXEIRA FILHO, Manoel Antonio. *Execução no processo do trabalho*. 9. ed. São Paulo: LTr, 2005. p. 52.
(2) ASSIS, Araken de. *Manual do processo de execução*. 7. ed. São Paulo: LTr, 2001. p. 363.

executado, tendo numerário para satisfazer o crédito do autor, prefere apostar na burocracia processual e deixar para adimplir o crédito somente quando se esgotar a última forma de impugnação.

Neste triste cenário, a cada dia mais o Processo do Trabalho carece de instrumentos processuais eficazes que lhe façam realizar a promessa de efetividade da legislação social.

Atualmente, o Código de Processo Civil passa por reformas significativas, eliminando a burocracia da execução, visando a atender aos princípios da simplicidade, celeridade e efetividade do procedimento.

Em razão disso, pensamos que são medidas de justiça, razoabilidade, efetividade e preocupação com o cumprimento da legislação material trabalhista, reconhecer a importância das recentes alterações do Código de Processo Civil, rumo ao aperfeiçoamento da execução, visando a aniquilar o estigma do processo de execução do *ganha mas não leva* a transportá-las para a execução trabalhista.

Deve caminhar o Processo do Trabalho atual para a simplificação da execução, a fim de que esta seja uma fase processual de satisfação do crédito do credor trabalhista e de efetividade dos direitos sociais.

Como destaca *Pedro Paulo Teixeira Manus*[3]:

"Mais do que nunca, acreditamos que a execução há de ser objeto de uma revisão, simplificando-a e tornando-a mera fase administrativa de um primeiro título executivo. Se este for decorrente de sentença, a matéria que se poderá debater deverá ser simplesmente o acerto da sua quantificação e, caso seja título extrajudicial, poderá o legislador elastecer o rol de temas possíveis de defesa pelo executado. Isso, sim, significaria avanço no processo do trabalho pois a execução, do modo que hoje se processa, permite ao devedor retardar o cumprimento da coisa julgada injustificadamente, ocorrendo em certos casos de a execução prolongar-se por muito mais tempo que a fase de conhecimento, o que é inadmissível".

## 2. Do conceito de execução trabalhista

Ensina *José Augusto Rodrigues Pinto*[4]:

"Executar é, no sentido comum, realizar, cumprir, levar a efeito. No sentido jurídico, a palavra assume significado mais apurado, embora conservando a ideia básica de que, uma vez nascida, por ajuste entre particulares ou por imposição sentencial do órgão próprio do Estado, a obrigação deve ser cumprida, atingindo-se no último caso, concretamente, o comando da sentença que a reconheceu ou, no primeiro caso o fim para o qual se criou".

---

(3) *Op. cit.*, p. 18.
(4) RODRIGUES PINTO, José Augusto. *Execução trabalhista:* estática — dinâmica — prática. 11. ed. São Paulo: LTr, 2006. p. 23.

A sentença não voluntariamente cumprida dá ensejo a uma outra atividade jurisdicional, destinada à satisfação da obrigação consagrada em um título. Essa atividade estatal de satisfazer a obrigação consagrada num título que tem força executiva, não adimplido voluntariamente pelo credor, se denomina *execução forçada*.

Como bem adverte *Enrico Tullio Liebman*[(5)], "a execução é feita para atuação de uma sanção justificada pelos fatos ocorridos entre as partes, isto é, para satisfazer direito efetivamente existente. Por isso não pode proceder-se à execução senão depois de verificada legalmente a existência dos fatos que a justificam e que constituem a sua causa em sentido jurídico. Não se pode, pois, começar pela execução: *ad executione no est encoandum*. Ao contrário, deve, em regra, preceder o conhecimento e julgamento da lide. Mas isso também não quer dizer que a todo processo de cognição se segue necessariamente o processo de execução, pois em muitos casos, com a prolação da sentença, o assunto termina definitivamente e não há lugar para a execução".

A Consolidação das Leis do Trabalho disciplina a execução no Capítulo V, arts. 876 a 892.

No nosso sentir, a execução trabalhista consiste num conjunto de atos praticados pela Justiça do Trabalho destinados à satisfação de uma obrigação consagrada num título executivo judicial ou extrajudicial, da competência da Justiça do Trabalho, não voluntariamente satisfeita pelo devedor, contra a vontade deste último.

## 3. Dos princípios da execução trabalhista

Os princípios da execução trabalhista não diferem dos princípios da execução no Processo Civil, entretanto, em face da natureza do crédito trabalhista e da hipossuficiência do credor trabalhista, alguns princípios adquirem intensidade mais acentuada na execução trabalhista, máxime os da celeridade, simplicidade e efetividade do procedimento.

Com suporte na melhor doutrina, acreditamos que a execução trabalhista é norteada pelos seguintes princípios:

### 3.1. Primazia do credor trabalhista

A execução trabalhista se faz no interesse do credor. Desse modo, todos os atos executivos devem convergir para satisfação do crédito do exequente.

Nesse sentido dispõe o art. 612 do Código de Processo Civil, aplicável subsidiariamente ao Processo do Trabalho, que assim dispõe:

> Ressalvado o caso de insolvência do devedor, em que tem lugar o concurso universal (art. 751, III), realiza-se a execução no interesse do credor, que adquire, pela penhora, o direito de preferência sobre os bens penhorados.

---

(5) LIEBMAN, Enrico Tullio. *Processo de execução*. São Paulo: Bestbook, 2001. p. 17.

Na execução, o presente princípio se destaca em razão da natureza alimentar do crédito trabalhista e da necessidade premente de celeridade do procedimento executivo.

Este princípio deve nortear toda a atividade interpretativa do Juiz do Trabalho na execução. Por isso, no conflito entre normas que disciplinam o procedimento executivo, deve-se preferir a interpretação que favoreça o exequente.

## 3.2. Princípio do meio menos oneroso para o executado

O presente princípio está consagrado no art. 620 do CPC, que assim dispõe:

> Quando por vários meios o credor puder promover a execução, o juiz mandará que se faça pelo modo menos gravoso para o devedor.

O dispositivo representa característica da humanização da execução, tendo por escopo resguardar a dignidade da pessoa humana do executado.

Omissa a CLT, a regra do art. 620 do CPC se mostra compatível com a execução trabalhista (arts. 769 e 889, da CLT).

De outro lado, o presente dispositivo não atrita com o art. 612 do CPC, ao contrário, com ele se harmoniza. Com feito, interpretando sistematicamente os referidos dispositivos legais, chega-se à seguinte conclusão: somente quando a execução puder ser realizada por mais de uma modalidade, com a mesma efetividade para o credor, se preferirá o meio menos oneroso para o devedor.

Nesse sentido, destacam-se as seguintes ementas:

> Execução — Meio menos gravoso — Arts. 620 e 655 do CPC. A execução se faz em benefício do credor, e não do devedor, e objetiva tornar efetiva a sanção condenatória. Logo, o art. 620 do CPC deve ser interpretado no sentido de que a opção pelo meio menos gravoso há de ser feita entre aqueles igualmente eficazes. No confronto entre o meio mais eficaz para a execução e o menos gravoso para o devedor, deve prevalecer o primeiro, sucumbindo o segundo. Isso implica que a ordem de nomeação do art. 655 do Código de Processo Civil — que se dirige ao devedor, e não ao Juízo ou ao credor — deve ser obedecida de modo que seja indicado o bem de melhor aceitação entre os que estão disponíveis. (TRT 15ª R. – 5ª T. – Ap. n. 902/2002.101.15.00-9 – Rel. Ricardo R. Laraia – DJSP 5.11.04 – p. 43) (RDT n. 01 – Janeiro de 2005)

> Art. 620 do Código de Processo Civil — Princípio da não prejudicialidade do devedor. O art. 620 do CPC dispõe que, quando o credor puder, por diversos meios, promover a execução, o Juiz determinará que seja procedida pela forma menos gravosa ao devedor, já que o estado de sujeição em que este se encontra não é razão para que sobre ele se tripudie (princípio da não prejudicialidade do devedor). (TRT – 12ª R. – 1ª T .– Ac. n. 1372/2002 – Rel. Gérson P. T. Conrado – DJSC 14.2.2002 – p. 133)

## 3.3. Princípio do título

Segundo *Carnellutti*, enquanto o processo de conhecimento se contenta com uma pretensão, entendida como vontade de submeter o interesse alheio ao próprio, bem mais exigente o processo executivo que reclamada, para sua instauração, uma pretensão conforme o direito. Em outras palavras: o juiz, no processo de execução, necessita de âncora explícita para ordenar atos executivos, e alterar a realidade em certos rumos, do mesmo modo que o construtor de edifícios sem o respectivo projeto não saberia como tocar o empreendimento. Como jamais se configurará a certeza absoluta em torno do crédito, a lei sufraga a relativa certeza decorrente de certo documento, que é o título. Faz o título prova legal ou integral do crédito[6].

Toda execução pressupõe um título, seja ele judicial ou extrajudicial. A execução é nula sem título ("*nulla executio sine titulo*").

Conforme destaca *Araken de Assis*[7], a ação executória sempre se baseará no título executivo. Célebre metáfora ao título designou de *bilhete de ingresso*, ostentado pelo credor para acudir ao procedimento in *exutivis*.

Nesse sentido dispõe o art. 586 do CPC:

> A execução para cobrança de crédito fundar-se-á sempre em título de obrigação certa, líquida e exigível (Redação dada pela Lei n. 11.382/06 – DOU 7.12.06).

Os títulos trabalhistas que têm força executiva estão previstos no art. 876, da CLT.

Outrossim, o título a embasar a execução deve ser líquido, certo e exigível.

O requisito da certeza está no fato de o título não estar sujeito à alteração por recurso (judicial); ou que a lei confere tal qualidade, por revestir o título das formalidades previstas em lei (extrajudicial).

Exigível é o título que não está sujeito à condição ou termo. Ou seja, a obrigação consignada no título não está sujeita a evento futuro ou incerto (condição) ou a um evento futuro e certo (termo).

Líquido é o título que individualiza o objeto da execução (obrigação de entregar), ou da obrigação (fazer ou não fazer), bem como delimita o valor (obrigação de pagar).

### 3.4. Redução do contraditório

O contraditório na execução é limitado (mitigado), pois a obrigação já está constituída no título e deve ser cumprida: ou de forma espontânea pelo devedor, ou mediante a atuação coativa do Estado, que se materializa no processo.

Como bem destaca *Marcelo Abelha*[8]:

> "Todavia, o que se pode dizer é que no procedimento executivo o contraditório existente não possui a mesma feição que no procedimento cognitivo, pois, aqui, o fim da atividade jurisdicional é descobrir com qual das partes está a razão, e as posições jurídicas de ator e réu são equivalentes em relação à revelação

---

(6) ASSIS, Araken de. *Manual da execução*. 11. ed. São Paulo: RT, 2007. p. 143-144.

(7) *Ibidem*, p. 99.

(8) ABELHA, Marcelo. *Manual de execução civil*. 3. ed. Rio de Janeiro: Forense Universitária, 2008. p. 61.

da norma jurídica concreta, já que a um ou a outro poderá ser entregue a tutela jurisdicional. Já no procedimento executivo, a premissa é a existência de posições jurídicas diversas — poder e sujeição —, com que a finalidade é obter — com o menor sacrifício possível do patrimônio do executado — a satisfação do direito exequendo. Certamente, também aqui haverá 'participação' e atuação do réu, que tem o direito de ser ouvido dentro da perspectiva relativa à atuação da norma jurídica concreta".

## 3.5. Patrimonialidade

A execução não incide sobre a pessoa do devedor, e sim sobre seus bens, conforme o art. 591 do CPC. Tanto os bens presentes como os futuros do devedor são passíveis de execução.

A Constituição prevê apenas duas possibilidades de a execução incidir sobre a pessoa do devedor no art. 5º, LXVII, da CF, que assim dispõe:

> Não haverá prisão civil por dívida, salvo a do responsável pelo inadimplemento voluntário e inescusável de obrigação alimentícia e a do depositário infiel.

Portanto, somente poderá haver prisão civil por dívida em duas hipóteses, quais, sejam: a) depositário infiel e, b) devedor de obrigação alimentícia.

## 3.6. Efetividade

Conforme a clássica frase de *Chiovenda*: "o processo precisa ser apto a dar a quem tem um direito na medida do que for praticamente possível, tudo aquilo a que tem direito e precisamente aquilo a que tem direito".

Há efetividade da execução trabalhista quando ela é capaz de materializar a obrigação consagrada no título que tem força executiva, entregando, no menor prazo possível, o bem da vida ao credor, ou materializando a obrigação consagrada no título. Desse modo, a execução deve ter o máximo resultado com o menor dispêndio de atos processuais.

Conforme destaca *Araken de Assis*[9]: " é tão bem sucedida a execução quando entrega rigorosamente ao exequente o bem perseguido, objeto da prestação inadimplida, e seus consectários, ou obtém o direito reconhecido no título executivo. Este há de ser o objetivo fundamental de toda e qualquer reforma a função jurisdicional executiva, favorecendo a realização do crédito".

## 3.7. Utilidade

Como corolário do princípio da efetividade, temos o princípio da utilidade da execução. Por este princípio, nenhum ato inútil, a exemplo de penhora de bens de

---

(9) ASSIS, Araken de. *Manual do processo de execução*. 11. ed. São Paulo: RT, 2007. p. 101.

valor insignificante e incapazes de satisfazer o crédito (art. 659, § 2º, do CPC[10]), poderá ser consumado.

Desse modo, deve o Juiz do Trabalho racionalizar os atos processuais na execução, evitando a prática de atos inúteis ou que atentem contra a celeridade e o bom andamento processual.

### 3.8. Disponibilidade

O credor tem a disponibilidade de prosseguir ou não com o processo executivo. Nesse sentido, o art. 569, *caput*, do CPC, diz que o credor tem a faculdade de desistir da execução sem anuência do devedor.

De outro lado, no Processo do Trabalho, considerando-se os princípios da irrenunciabilidade de direitos trabalhistas e a hipossuficiência do trabalhador, deve o Juiz do Trabalho ter cuidado redobrado ao homologar eventual desistência da execução por parte do credor trabalhista, devendo sempre ouvir o reclamante, e se convencer de que a desistência do crédito é espontânea.

### 3.9. Função social da execução trabalhista

Em razão do caráter publicista do processo do trabalho e do relevante interesse social envolvido na satisfação do crédito trabalhista, a moderna doutrina tem defendido a existência do princípio da função social da execução trabalhista.

Desse modo, deve o Juiz do Trabalho direcionar a execução no sentido de que o exequente, efetivamente, receba o bem da vida pretendido de forma célere e justa, e que as atividades executivas sejam razoáveis no sentido de que somente o patrimônio do próprio devedor seja atingido, preservando-se sempre a dignidade tanto da pessoa humana do exequente como do executado.

### 3.10. Subsidiariedade

O Processo do Trabalho permite que as regras do direito processual comum sejam aplicadas na execução trabalhista, no caso de lacuna da legislação processual trabalhista e compatibilidade com os princípios que regem a execução trabalhista.

O art. 769 da CLT disciplina os requisitos para aplicação subsidiária do Direito Processual Comum ao Processo do Trabalho, com a seguinte redação:

> Nos casos omissos, o direito processual comum será fonte subsidiária do direito processual do trabalho, exceto naquilo em que for incompatível com as normas deste Título.

---

(10) Art. 659 do CPC: "A penhora deverá incidir em tantos bens quantos bastem para o pagamento do principal atualizado, juros, custas e honorários advocatícios. (...) § 2º Não se levará a efeito a penhora, quando evidente que o produto da execução dos bens encontrados será totalmente absorvido pelo pagamento das custas da execução".

Conforme a redação do referido dispositivo legal, são requisitos para a aplicação do Código de Processo Civil ao Processo do Trabalho:

a) omissão da CLT, ou seja, quando a CLT, ou a legislação processual extravagante não disciplina a matéria;

b) compatibilidade com os princípios que regem o processo do trabalho. Vale dizer: a norma do CPC, além de ser compatível com as regras que regem o Processo do Trabalho, deve ser compatível com os princípios que norteiam o Direito Processual do Trabalho, máxime o acesso do trabalhador à Justiça.

Na fase de execução trabalhista, em havendo omissão da CLT, aplica-se em primeiro plano a Lei de Execução Fiscal (Lei n. 6.830/80) e, posteriormente, o Código de Processo Civil.

Com efeito, dispõe o art. 889 da CLT:

> Aos trâmites e incidentes do processo de execução são aplicáveis, naquilo em que não contravierem o presente Título, os preceito que regem o processo dos executivos fiscais para a cobrança judicial da dívida ativa da Fazenda Pública Federal.

Entretanto, o art. 889 da CLT deve ser conjugado com o art. 769 consolidado, pois somente quando houver compatibilidade com os princípios que regem a execução trabalhista a Lei n. 6.830/80 pode ser aplicada.

Atualmente, na execução trabalhista, há um desprestígio da aplicação da Lei n. 6.830/80 em razão da maior efetividade do Código de Processo Civil em muitos aspectos. De outro lado, a Lei dos Executivos Fiscais, que disciplina a forma de execução por título executivo extrajudicial, não foi idealizada para o credor trabalhista, o qual, na quase totalidade das vezes, executa um título executivo judicial e, por isso, a sua reduzida utilização na execução trabalhista.

## 3.11. Princípio da ausência de autonomia da execução trabalhista (procedimento sincrético)

Ainda há, na doutrina, respeitáveis opiniões no sentido de que a execução trabalhista é um processo autônomo e não uma fase do procedimento.

Em prol deste entendimento, há o argumento no sentido de que a execução trabalhista começa pela citação do executado, conforme dispõe o art. 880 da CLT. Milita também em favor desse entendimento a existência de títulos executivos extrajudiciais que podem ser executados na Justiça do Trabalho, conforme o art. 876, da CLT.

Na verdade, para os títulos executivos judiciais, a execução trabalhista nunca foi, na prática, considerada um processo autônomo, que se inicia por petição inicial e se finaliza com a sentença. Costumeiramente, embora a liquidação não seja propriamente um ato de execução, as Varas do Trabalho consideram o início do cumprimento da sentença mediante despacho para o autor apresentar os cálculos de liquidação e, a partir daí, a Vara do Trabalho promove, de ofício, os atos executivos.

De outro lado, no Processo do Trabalho, em se tratando de título executivo judicial, a execução é fase do processo, e não procedimento autônomo, pois o juiz pode iniciar a execução de ofício (art. 878, da CLT), sem necessidade de o credor entabular petição inicial.

Como destaca *Humberto Theodoro Júnior*[11]:

"Atestado da unidade do procedimento trabalhista e do caráter de simples continuidade de que se impregna a fase de execução de sua sentença, pode também ser encontrado nos autos de liquidação de sentença. Como se sabe, pela própria natureza das verbas reclamadas na ação trabalhista, a sentença nesse procedimento quase sempre é ilíquida, ou seja, não fixa desde logo os valores individuais de cada partes, nem a soma da condenação".

Além disso, a execução trabalhista prima pela simplicidade, celeridade e efetividade, princípios estes que somente podem ser efetivados entendendo-se a execução como fase do processo e não como um novo processo formal, que começa com a inicial e termina com uma sentença.

Como bem adverte *Manoel Antonio Teixeira Filho*[12], "sem pretendermos ser heterodoxos neste tema, pensamos que a execução trabalhista calcada em título judicial, longe de ser autônoma, representa, em rigor, simples fase do processo de conhecimento que deu origem à sentença condenatória exequenda".

No mesmo sentido a opinião de *Jorge Luiz Souto Maior*[13]:

"A ação trabalhista, assim, não é mera ação que já comporta condenação e satisfação do direito e na qual, como esclarece Luiz Guilherme Marinoni, 'não existe condenação ou ordem. Como disse Pontes de Miranda, na ação executiva quer-se mais: quer-se o ato do juiz, fazendo não o que devia ser feito pelo juiz como juiz, mas sim o que a parte deveria ter feito'".

O próprio processo civil, por meio da Lei n. 11.232/05, aboliu o processo de execução, criando a fase do cumprimento da sentença. Desse modo, a execução passa a ser mais uma fase do processo, e não um processo autônomo que começa com a inicial e termina com a sentença.

No nosso sentir, diante dos novos rumos do processo civil ao abolir o processo de execução, e dos princípios constitucionais da duração razoável do processo e efetividade, consagrados pela EC n. 45/04, pensamos que não há mais motivos ou argumentos para sustentar a autonomia da execução no processo do trabalho.

---

(11) *O cumprimento da sentença e a garantia do devido processo legal: Antecedente histórico da reforma da execução de sentença ultimada pela Lei n. 11.232 de 22.12.2005*. 2. ed. Belo Horizonte: Mandamentos, 2006. p. 198.

(12) TEIXEIRA FILHO, Manoel Antonio. *Execução no processo do trabalho*. 9. ed. São Paulo: LTr, 2005. p. 46.

(13) MAIOR, Jorge Luiz Souto. Teoria geral da execução forçada. In: NORRIS, Roberto (Coord.). *Execução trabalhista:* visão atual. Rio de Janeiro: Forense, 2001. p. 37.

A execução trabalhista constitui fase do processo, pelos seguintes argumentos:

a) simplicidade e celeridade do procedimento;

b) a execução pode se inciar de ofício (art. 878, da CLT);

c) não há petição inicial na execução trabalhista por título executivo judicial;

d) princípios constitucionais da duração razoável do processo e efetividade;

e) acesso à justiça e efetividade da jurisdição trabalhista.

## 3.12. Princípio do impulso oficial

Em razão do relevante aspecto social que envolve a safisfação do crédito trabalhista, a hipossuficiência do trabalhador e a existência do *jus postulandi* no processo do trabalho (art. 791, da CLT), a CLT disciplina, no art. 878, a possibilidade de o Juiz do Trabalho iniciar e promover os atos executivos de ofício.

Dispõe o art. 878 da CLT:

> A execução poderá ser promovida por qualquer interessado, ou *ex officio*, pelo próprio juiz ou presidente[14] ou tribunal competente, nos termos do artigo anterior. Parágrafo Único. Quando se tratar de decisão dos Tribunais Regionais, a execução poderá ser promovida pela Procuradoria da Justiça do Trabalho.

No aspecto, relevante destacar a seguinte ementa:

> Processo de execução — Impulso oficial. Ao Juízo de primeiro grau cabe a direção do processo, consoante inteligência contida no art. 765 da CLT, devendo velar pelo andamento rápido das causas. Nesse sentido, ainda mais se verifica a importância do impulso oficial no processo de execução (art. 878 da CLT), na medida em que o Juiz, ao aplicar o direito em situação de maior proximidade às partes e à situação fática de cada processo, encontra-se em situação privilegiada para concluir pela possibilidade e pertinência de determinados procedimentos. (TRT 12ª R. – 1ª T. – Ag. Pet. n. 1023/2001.001.12.00-1 – Rel. Gérson P. T. Conrado do DJSC 18.11.03 – p. 225) (RDT n. 1 – Janeiro de 2004).

## 4. Dos pressupostos processuais e condições da ação na execução

Como destacado, toda execução tem suporte em um título: judicial ou extrajudicial. Não há execução sem título. Os títulos que têm força executiva são os líquidos, certos e exigíveis.

Na fase de execução, também devem estar presentes as condições da ação e pressupostos processuais para que a execução seja válida e possa se desenvolver regularmente.

Os pressupostos processuais são requisitos de existência e validade da relação jurídica processual. Enquanto as condições da ação são requisitos para viabilidade

---

[14] O dispositivo foi idealizado para a composição colegiada do Judiciário Trabalhista em primeiro grau, antes da EC n. 45/04, onde, além do Juiz Presidente, havia os Juízes Classistas temporários. Não obstante, na execução, sempre atuou, unicamente, o Juiz Presidente, ou Juiz Togado.

do julgamento de mérito, os pressupostos processuais estão atrelados à validade da relação jurídica processual. Por isso, a avaliação dos pressupostos processuais deve anteceder as condições da ação.

Dentre os pressupostos processuais, que são os requisitos de existência, validade e desenvolvimento da execução, podemos destacar a competência do órgão que processará a execução, e o título, que deve ser revestir da forma prevista em lei.

O Código de Processo Civil Brasileiro adotou a primeira teoria de *Liebman* quanto às condições da ação. Desse modo, no Direito Processual Civil Brasileiro, as condições da ação são: legitimidade, interesse de agir e possibilidade jurídica do pedido.

Nesse sentido dispõe o art. 267, VI, do CPC:

> Extingue-se o processo, sem resolução de mérito:
>
> (...) VI – quando não concorrer qualquer das condições da ação, como possibilidade jurídica do pedido, a legitimidade das partes e o interesse processual.

A doutrina moderna tem defendido a aplicação da teoria da asserção quanto às condições da ação também na execução. Desse modo, se da simples análise da petição inicial (execução por título executivo extrajudicial) ou do requerimento de execução (título executivo judicial), estiverem presentes as condições da ação, deve o Juiz do Trabalho prosseguir o procedimento executivo.

No nosso sentir, embora se aplique a teoria da asserção quanto à aferição da legitimidade na fase de conhecimento, na execução, ela fica mitigada, pois somente podem promover a execução as pessoas mencionadas no título executivo, ou quem a lei atribua legitimidade ativa ou passiva. Portanto, não basta o exequente indicar que é credor e que a obrigação não foi adimplida pelo executado, ele tem que juntar o título executivo que individualiza as partes credora e devedora da obrigação.

Na esfera processual o interesse processual também é denominado interesse de agir, ou interesse de exigir a atuação da jurisdição no caso concreto para solucionar o conflito.

O interesse processual na execução, segundo a doutrina clássica, surge com a exigibilidade do título em razão do inadimplemento da obrigação nele consagrada.

Dispõe o art. 580 do CPC:

> A execução pode ser instaurada caso o devedor não satisfaça a obrigação certa, líquida e exigível, consubstanciada em título executivo (Redação dada pela Lei n. 11.382/06 – DOU 7.12.06).

Conforme *Marcelo Abelha*[15]:

> "(...) a exigibilidade e o inadimplemento não repousam no mesmo lar. Enquanto a exigibilidade está atrelada aos elementos do 'crédito', o inadimplemento não

---

(15) *Manual de execução civil*. 3. ed. Rio de Janeiro: Forense, 2008. p. 150.

faz parte dele. Mais que isso, a exigibilidade existe independentemente do inadimplemento, sendo lógica e cronologicamente anterior a ele. Dessarte o inadimplemento é uma situação de fato extrínseca ao título, não representada por ele, que consiste no não cumprimento do direito declarado no título."

A moderna doutrina, acertadamente, tem fixado o entendimento de que não é o inadimplemento que torna exigível o título executivo, preenchendo o requisito do interesse processual, e sim a alegação feita, pelo autor da execução, de que o título não foi cumprido. O adimplemento ou inadimplemento se reportam ao próprio mérito da execução.

Nesse sentido é a visão de *Júlio César Bebber*[16]: "Nas ações de execução, o interesse de agir não surge da violação a um direito material. Resulta ele da mera afirmação de uma lesão a este direito ou da possibilidade, ou ocorrência, de um dano injusto, sem que haja intervenção estatal. É incorreta, portanto, a afirmação de que nas ações de execução o interesse de agir se evidencia pelo inadimplemento da obrigação. O inadimplemento é tema relacionado com a própria existência do direito, ou seja, é questão de mérito, e não de processo".

Conforme nos traz a doutrina, o pedido é juridicamente possível quando, em tese, é tutelado pelo ordenamento jurídico, não havendo vedação para que o judiciário aprecie a pretensão posta em juízo.

Há a possibilidade jurídica do pedido na execução quando o título executivo apresenta obrigação não vedada pela lei.

## 5. Do mérito da execução

Na fase de conhecimento, o mérito consiste na pretensão posta em juízo, consistente em impor uma obrigação ao réu de pagar, dar, fazer ou não fazer. Na execução, o mérito consiste na pretensão de obrigar o devedor a satisfazer a obrigação consagrada no título que detém força executiva.

Na execução, os atos praticados pelo Judiciário são eminentemente direcionados para a satisfação da obrigação consagrada no título executivo. Por isso, como regra geral, não há julgamento de mérito na execução. Somente quando houver impugnação do executado por meio dos embargos, ou outra medida da mesma natureza jurídica (exceção de pré-executividade ou embargos de terceiros, por exemplo), é que haverá julgamento de mérito na execução.

Nesse sentido destaca *Júlio César Bebber*[17]:

"Se mérito, então, é 'a pretensão a um bem da vida, trazida aos órgãos jurisdicionais em busca de satisfação' (pedidos mediato e imediato), evidente que há mérito no processo de execução, posto que neste há pretensão à satisfação do direito

---

(16) BEBBER, Júlio César. *Exceção de pré-executividade no processo do trabalho.* São Paulo: LTr, 2005. p. 179.
(17) *Ibidem*, p. 46-47.

reconhecido em um título executivo, jamais concebendo a aberração, implícita na negativa, de uma demanda oca".

## 6. Do título executivo

O título executivo é o documento, que preenche os requisitos previstos na lei, contendo uma obrigação a ser cumprida, individualizando as partes devedora e credora da obrigação, com força executiva perante os órgãos jurisdicionais.

Como destacado nos tópicos anteriores, toda execução tem suporte em um título executivo, judicial ou extrajudicial. Não há execução sem título.

O título que embasa a execução deve ter previsão legal, revestir-se das formalidades previstas em lei e possuir a forma documental.

Toda execução pressupõe que o título seja líquido, certo e exigível. Nesse sentido é o disposto no art. 586, do CPC, com a redação dada pela Lei n. 11.382/2006, *in verbis*:

> A execução para cobrança de crédito fundar-se-á sempre em título de obrigação certa, líquida e exigível.

O requisito da certeza está no fato de o título não estar sujeito à alteração por recurso (judicial); ou que a lei confere tal qualidade, por revestir o título das formalidades previstas em lei (extrajudicial).

Advertem *Luiz Guilherme Marinoni* e *Sérgio Cruz Arenhart*[18], não é função do juiz reexaminar discussão conduzida no processo de conhecimento, reapreciando a causa, mesmo porque a coisa julgada o impediria de assim proceder. Todavia, é preciso avaliar se o título oferecido para a execução possui os mais básicos elementos que permitam identificação da existência de uma prestação devida. Este juízo é provisório, podendo ser revisto diante de impugnação à execução.

Exigível é o título que não está sujeito à condição ou termo. Ou seja, a obrigação consignada no título não está sujeita a evento futuro ou incerto (condição) ou a um evento futuro e certo (termo). Em outras palavras, exigível é o título, cuja obrigação nele retratada não foi cumprida, pelo devedor, na data do seu vencimento.

Como destacam *Luiz Guilherme Marinoni* e *Sérgio Cruz Arenhart*[19], a prestação não pode ser exigida sem a ocorrência de alguma outra situação, que confere àquela a necessária eficácia de pretensão. A exigibilidade, portanto, liga-se ao poder, inerente à prestação devida, de se lhe exigir o cumprimento. Trata-se de elemento extraprocessual, mas também assimilado pelo processo, pois sem ele não há o que fazer cumprir.

Líquido é o título que individualiza o objeto da execução (obrigação de entregar), ou da obrigação (fazer ou não fazer), bem como delimita o valor (obrigação de pagar).

---

(18) *Curso de processo civil*. Execução. São Paulo: RT, 2007. v. 3, p. 121.

(19) *Ibidem*, p. 120.

A execução por título executivo extrajudicial, como regra geral, é definitiva, salvo a exceção do art. 587, do CPC, que assim dispõe:

> É definitiva a execução fundada em título extrajudicial; é provisória enquanto pendente a apelação da sentença de improcedência dos embargos do executado, quando recebido com efeito suspensivo.

No nosso sentir, o art. 587 do CPC se destina apenas à execução de títulos executivos extrajudiciais, pois para os títulos executivos judiciais a questão está regulamentada no art. 475-I, § 1º, do CPC[20]. Será definitiva quando se fundar em sentença transitada em julgado e provisória se pender recurso sem efeito suspensivo. No nosso sentir, a parte final do art. 587 do CPC não se aplica ao Processo do Trabalho[21], pois o Agravo de Petição que é o recurso cabível em face da decisão nos embargos à execução tem apenas efeito devolutivo.

Desse modo, no processo do trabalho, pensamos que a execução é definitiva em se tratando de execução por título executivo judicial em que há o trânsito em julgado da decisão e para a execução de títulos executivos extrajudiciais, e provisória quando o título executivo judicial estiver pendente de recurso[22].

A Consolidação das Leis do Trabalho elenca os títulos com força executiva no art. 876, da CLT, *in verbis*:

> As decisões passadas em julgado ou das quais não tenha havido recurso com efeito suspensivo; os acordos, quando não cumpridos; os termos de ajuste de conduta firmados perante o Ministério Público e os termos de conciliação firmados perante as Comissões de Conciliação Prévia serão executados pela forma estabelecida neste Capítulo.

O Código de Processo Civil elenca os títulos executivos judiciais no art. 475-N do CPC, que assim dispõe:

> São títulos executivos judiciais: (Incluído pela Lei n. 11.232/05 – DOU de 23.12.05)
>
> I – a sentença proferida no processo civil que reconheça a existência de obrigação de fazer, não fazer, entregar coisa ou pagar quantia; (Incluído pela Lei n. 11.232/05 – DOU de 23.12.05)
>
> II – a sentença penal condenatória transitada em julgado; (Incluído pela Lei n. 11.232/05 – DOU de 23.12.05)
>
> III – a sentença homologatória de conciliação ou de transação, ainda que inclua matéria não posta em juízo; (Incluído pela Lei n. 11.232/05 – DOU de 23.12.05)

---

(20) § 1º do art. 475 do CPC: "É definitiva a execução da sentença transitada em julgado e provisória quando se tratar de sentença impugnada mediante recurso ao qual não foi atribuído efeito suspensivo".

(21) No mesmo sentido é a opinião de Manoel Antonio Teixeira Filho argumentando que no Processo do Trabalho, a questão está regulamentada no artigo 899, da CLT (*Execução de título extrajudicial:* breves apontamentos à Lei n. 11.382/2006, sob a perspectiva do processo do trabalho. São Paulo: LTr, 2007. p. 48).

(22) Nesse sentido é o *caput* do art. 899, da CLT, *in verbis*: "Os recursos será interpostos por simples petição e terão efeito meramente devolutivo, salvo as exceções previstas neste título, permitida a execução provisória até a penhora".

IV – a sentença arbitral; (Incluído pela Lei n. 11.232/05 – DOU de 23.12.05)

V – o acordo extrajudicial, de qualquer natureza, homologado judicialmente; (Incluído pela Lei n. 11.232/05 – DOU de 23.12.05)

VI – a sentença estrangeira, homologada pelo Superior Tribunal de Justiça; (Incluído pela Lei n. 11.232/05 – DOU de 23.12.05)

VII – o formal e a certidão de partilha, exclusivamente em relação ao inventariante, aos herdeiros e aos sucessores a título singular ou universal. (Incluído pela Lei n. 11.232/05 – DOU de 23.12.05)

Parágrafo único. Nos casos dos incisos II, IV e VI, o mandado inicial (art. 475-J) incluirá a ordem de citação do devedor, no juízo cível, para liquidação ou execução, conforme o caso. (Incluído pela Lei n. 11.232/05 – DOU de 23.12.05).

Os títulos executivos extrajudiciais têm previsão no art. 585 do CPC, que assim dispõe:

São títulos executivos extrajudiciais: (Redação dada pela Lei n. 5.925, de 1º.10.1973)

I – a letra de câmbio, a nota promissória, a duplicata, a debênture e o cheque; (Redação dada pela Lei n. 8.953, de 13.12.1994)

II – a escritura pública ou outro documento público assinado pelo devedor; o documento particular assinado pelo devedor e por duas testemunhas; o instrumento de transação referendado pelo Ministério Público, pela Defensoria Pública ou pelos advogados dos transatores;(Redação dada pela Lei n. 8.953, de 13.12.1994)

III – os contratos garantidos por hipoteca, penhor, anticrese e caução, bem como os de seguro de vida; (Redação dada pela Lei n. 11.382/06 – DOU 7.12.06)

IV – o crédito decorrente de foro e laudêmio; (Redação dada pela Lei n. 11.382/06 – DOU 7.12.06)

V – o crédito, documentalmente comprovado, decorrente de aluguel de imóvel, bem como de encargos acessórios, tais como taxas e despesas de condomínio; (Redação dada pela Lei n. 11.382/06 – DOU 7.12.06)

VI – o crédito de serventuário de justiça, de perito, de intérprete, ou de tradutor, quando as custas, emolumentos ou honorários forem aprovados por decisão judicial; (Redação dada pela Lei n. 11.382/06 – DOU 7.12.06)

VII – a certidão de dívida ativa da Fazenda Pública da União, dos Estados, do Distrito Federal, dos Territórios e dos Municípios, correspondente aos créditos inscritos na forma da lei; (Redação dada pela Lei n. 11.382/06 – DOU 7.12.06)

VIII – todos os demais títulos a que, por disposição expressa, a lei atribuir força executiva. (Redação dada pela Lei n. 11.382/06 – DOU 7.12.06)

§ 1º A propositura de qualquer ação relativa ao débito constante do título executivo não inibe o credor de promover-lhe a execução. (Redação dada pela Lei n. 8.953, de 13.12.1994)

§ 2º Não dependem de homologação pelo Supremo Tribunal Federal, para serem executados, os títulos executivos extrajudiciais, oriundos de país estrangeiro. O título, para ter eficácia executiva, há de satisfazer aos requisitos de formação exigidos pela lei do lugar de sua celebração e indicar o Brasil como o lugar de cumprimento da obrigação. (Redação dada pela Lei n. 5.925, de 1º.10.1973).

A doutrina sempre relutou em admitir outros títulos com força executiva na esfera trabalhista que não os mencionados no referido art. 876, da CLT, quais sejam: sentenças transitadas em julgado; sentenças pendentes de recurso, recebido apenas no efeito devolutivo; acordos homologados pela justiça do trabalho e não cumpridos; termos de ajuste de conduta firmados perante o Ministério Público do Trabalho e termos de conciliação firmados perante as Comissões de Conciliação Prévia, asseverando que o rol nele previsto é taxativo.

Atualmente, diante da dilatação da competência da Justiça do Trabalho dada pela Emenda Constitucional n. 45/04, há discussões na doutrina sobre a possibilidade de execução de outros títulos executivos que não estão previstos na Consolidação das Leis do Trabalho, e sim no Código de Processo Civil e Lei n. 6.830/90.

No nosso sentir, diante do atual estágio da competência material da Justiça do Trabalho e da possibilidade de aplicação subsidiária do CPC, há possibilidade de aplicabilidade de outros três títulos executivos na Justiça do Trabalho não previstos na CLT. São eles: a) a certidão de inscrição na dívida ativa da União referentes às penalidades administrativas impostas ao empregador pelos órgãos de fiscalização do trabalho (art. 114, VII, da CF, com a redação dada pela EC n. 45/04); b) sentença penal condenatória que atribui responsabilidade penal ao empregador, transitada em julgado; c) conciliação extrajudicial homologada judicialmente pelo juiz do Trabalho.

## 7. Títulos executivos judiciais

Os títulos executivos judiciais são os produzidos pela Justiça, após a fase de conhecimento. São eles:

a) sentença trabalhista transitada em julgado;

Dispõe o § 1º do art. 162 do CPC, com a redação dada pela Lei n. 11.232/2005: "Sentença é o ato do juiz que implica alguma das situações previstas nos arts. 267 e 269 desta Lei".

Conforme se constata da redação do citado dispositivo legal, a sentença não põe mais fim ao Processo, mas implica uma das hipóteses do art. 267 do CPC, que consagra as hipóteses de extinção do processo sem resolução do mérito, ou do art. 269 do CPC, que estabelece as hipóteses de resolução do mérito.

A sentença para ter força executiva plena tem que estar revestida pela qualidade da coisa julgada material.

Dispõe o art. 467, do CPC: "Denomina-se coisa julgada material a eficácia, que torna imutável e indiscutível a sentença, não mais sujeita a recurso ordinário ou extraordinário".

Coisa julgada material é a eficácia da decisão que projeta efeitos fora da relação jurídica processual, pois aprecia o mérito da causa, acolhendo ou rejeitando o pedido ou pedidos de forma definitiva, uma vez que não pode mais ser alterada mediante recurso, dentro da mesma relação jurídica processual.

b) sentença trabalhista pendente de julgamento de recurso recebido apenas no efeito devolutivo;

O título executivo judicial por excelência é a sentença condenatória transitada em julgado, que traz consigo a certeza e a exigibilidade. Não obstante, se a sentença não estiver liquidada, haverá a fase preliminar de liquidação, conforme destacado no capítulo anterior. A sentença ainda pendente de recurso, recebido apenas no efeito devolutivo, pode ser executada provisoriamente, nos termos do art. 899, da CLT, que assim dispõe:

> Os recursos serão interpostos por simples petição e terão efeito meramente devolutivo, salvo as exceções previstas neste Título, permitida a execução provisória até a penhora.

c) acordos homologados pela Justiça do Trabalho;

Os acordos homologados pela Justiça do Trabalho adquirem força executiva, pois no ato da homologação, configura-se o trânsito em julgado, nos termos do parágrafo único do art. 831 da CLT, *in verbis*:

> No caso de conciliação, o termo que for lavrado valerá como decisão irrecorrível, salvo para a Previdência Social quanto às contribuições que lhe forem devidas.

No processo do trabalho, a nosso ver, acertadamente, a jurisprudência posicionou-se no sentido de que o termo de homologação da conciliação somente pode ser atacável pela ação rescisória, independentemente de tratar-se de conciliação ou transação[23], considerando-se que, faticamente, é praticamente impossível investigar se a decisão que homologa o acordo foi simplesmente homologatória ou o Juiz do Trabalho investigou o mérito da questão. Vale destacar que o art. 269, III, do CPC assevera que haverá resolução de mérito quando as partes transigirem não fazendo diferenciação entre transação e conciliação.

Nesse sentido é a Súmula n. 259 do C. TST:

> TERMO DE CONCILIAÇÃO. AÇÃO RESCISÓRIA — Só por ação rescisória é impugnável o termo de conciliação previsto no parágrafo único do art. 831 da CLT. (Res. n. 7/1986, DJ 31.10.1986).

d) sentença penal condenatória, transitada em julgado.

A sentença penal condenatória pode ser executada na Justiça do Trabalho, quanto aos danos patrimoniais e morais causados ao empregado, ou decorrentes da relação de trabalho.

---

(23) Conforme a doutrina, a transação é o acordo firmado pelas próprias partes e a conciliação é o acordo firmado com a intervenção ativa do Juiz.

Nesse sentido é o art. 475-N do CPC:

> São títulos executivos judiciais: (...) II – a sentença penal condenatória transitada em julgado.

Pode-se questionar a aplicabilidade do inciso II do art. 475-N do CPC na esfera processual do trabalho, entretanto, pensamos que não há por que não aplicá-lo, uma vez que são da competência da Justiça do Trabalho as ações de indenização por dano moral ou patrimonial decorrentes da relação de trabalho (art. 114, VI, da CF) e no conceito de Ações, também está inclusa ação de execução da sentença penal condenatória transitada em julgado que visa à cobrança dos danos morais e patrimoniais decorrentes da relação de trabalho.

Acreditamos que é desnecessária a propositura de reclamação trabalhista para discutir os danos morais e patrimoniais, se a responsabilidade do empregador já foi dirimida no crime. Nesse sentido é a disposição do art. 935 do Código Civil, *in verbis*:

> A responsabilidade civil é independente da criminal, não se podendo questionar mais sobre a existência do fato, ou sobre quem seja o seu autor, quando estas questões de acharem decididas no juízo criminal.

Sendo assim, a sentença penal condenatória em que houve o trânsito em julgado será executada diretamente na Justiça do Trabalho, procedendo-se à liquidação por artigos, uma vez que haverá necessidade de se provar fato novo, qual seja os limites dos danos morais e patrimoniais.

No mesmo sentido é a visão de *Wolney de Macedo Cordeiro*[24]:

"Não há qualquer dúvida quanto à aplicabilidade dessa modalidade de título executivo judicial ao processo do trabalho. O vigente inciso VI do art. 114 da Constituição Federal, assegura a competência da Justiça do Trabalho para o julgamento das ações envolvendo indenização por danos materiais e morais decorrentes da relação de trabalho. Na hipótese, a pretensão própria da execução da sentença penal condenatória é a reparação *ex delicto*, ou seja, a recomposição dos danos decorrentes do ilícito penal. Caso o ilícito penal tenha sido praticado no âmbito da relação de trabalho, não se afigura qualquer impedimento para que haja o ajuizamento da respectiva ação executiva no âmbito da Justiça do Trabalho".

Como o presente título executivo não foi produzido na Justiça do Trabalho, o credor deverá realizar um requerimento de execução, por escrito, instruindo-o com o título executivo.

Nesse sentido dispõe o art. 475-N, parágrafo único, do CPC, que resta aplicável ao Processo do Trabalho:

> Nos casos dos incisos II, IV e VI, o mandado inicial (art. 475-J) incluirá a ordem de citação do devedor, no juízo cível, para liquidação ou execução, conforme o caso.

---

(24) CORDEIRO, Wolney de Macedo. *Manual de execução trabalhista*. Rio de Janeiro: Forense, 2008. p. 45.

e) Transação extrajudicial homologada pela Justiça do Trabalho;

Assevera o art. 475-N do CPC, com a redação dada pela Lei n. 11.232/2005:

> São títulos executivos judiciais:
>
> (...) V – o acordo extrajudicial, de qualquer natureza, homologado judicialmente.

Diante de tal previsão do CPC, atualmente, muito se discute sobre a possibilidade de homologação de transação extrajudicial envolvendo matéria trabalhista na Justiça do Trabalho, inclusive já há número significativo de ações dessa natureza nas Varas do Trabalho.

No nosso sentir, diante da EC n. 45/04 que disciplina a competência da Justiça do Trabalho para conhecer das controvérsias oriundas e decorrentes da relação de trabalho, nos parece que a Justiça do Trabalho detém competência em razão da matéria para homologar acordo extrajudicial envolvendo matéria trabalhista.

De outro lado, pensamos que o Juiz do Trabalho deva tomar inúmeras cautelas para homologar eventual transação extrajudicial. Deve designar audiência, inteirar-se dos limites do litígio e ouvir sempre o trabalhador. Acreditamos que somente em casos excepcionais deve o Juiz homologar o acordo extrajudicial com eficácia liberatória geral.

Uma vez homologada a transação extrajudicial, ela adquirirá contornos de título executivo judicial.

## 8. Títulos executivos extrajudiciais

Os títulos executivos extrajudiciais não são produzidos pela Justiça, mas pelas pessoas que fixam determinadas obrigações em documentos que a lei atribuiu força executiva.

Durante longos anos a CLT não disciplinava a competência da Justiça do Trabalho para a execução de títulos executivos extrajudiciais. Somente com o advento da Lei n. 9.958/00.

São títulos executivos extrajudiciais na Justiça do Trabalho:

a) Os Termos de Ajustes de Conduta firmados perante o Ministério Público do Trabalho;

O termo de ajuste de conduta consiste num instrumento por meio do qual o Ministério Público do Trabalho e a pessoa, normalmente uma empresa, que está descumprindo direitos metaindividuais de natureza trabalhista (difusos, coletivos e individuais homogêneos — art. 81, da Lei n. 8.078/90), pactuam um prazo e condições para que a conduta do ofensor seja adequada ao que dispõe a Lei.

Não se trata de transação, pois o MP não pode dispor do interesse público, mas, inegavelmente, há algumas concessões por parte do órgão Ministerial, como a concessão de prazo ou o perdão de eventuais multas, a fim de que a conduta do agente que está descumprindo o ordenamento jurídico possa passar a cumpri-lo com maior facilidade. O termo de ajustamento de conduta (TAC) deve vir acompanhado de multa pecuniária pelo seu descumprimento ("astreintes") e tem a qualidade de título executivo extrajudicial (art. 876, da CLT).

Nesse sentido, dispõe o § 6º do art. 5º, da Lei n. 7.347/85:

> Os órgãos públicos legitimados poderão tomar dos interessados compromisso de ajustamento se sua conduta às exigências legais, mediante cominações, que terá eficácia de título executivo extrajudicial.

b) Os termos de conciliação firmados perante as Comissões de Conciliação Prévia;

As comissões de conciliação prévia são órgãos criados no âmbito dos sindicatos ou das empresas, com a finalidade de resolução do conflito individual trabalhista por meio da autocomposição. Trata-se de um meio alternativo, extrajudicial de solução do conflito que tem por finalidade propiciar maior celeridade à resolução da lide, sem a burocracia do Poder Judiciário Trabalhista.

Dispõe o art. 625-E, da CLT:

> Aceita a conciliação, será lavrado termo assinado pelo empregado, pelo empregador ou seu proposto e pelos membros da Comissão, fornecendo-se cópia às partes. Parágrafo único. O termo de conciliação é título executivo extrajudicial e terá eficácia liberatória geral, exceto quanto às parcelas expressamente ressalvadas. (Incluído pela Lei n. 9.958, de 12.1.2000).

c) a certidão de inscrição na dívida ativa da União referente às penalidades administrativas impostas ao empregador pelos órgãos de fiscalização do trabalho (art. 114, VII, da CF, com a redação dada pela EC n. 45/04);

Diz o inciso VII do art. 114 da Constituição que compete à Justiça do Trabalho processar e julgar as ações relativas às penalidades administrativas impostas aos empregadores pelos órgãos de fiscalização das relações do trabalho.

Embora não esteja explícita no inciso VII do art. 114 da Constituição Federal a competência para execução das multas administrativas aplicadas ao empregador, no nosso sentir a execução dessas multas (em razão do não pagamento e inscrição de certidão da dívida ativa da União, decorrente de autuações do Ministério do Trabalho), está implicitamente prevista no referido inciso VII, uma vez que a redação do artigo fala em *ações*, e a execução também é uma *ação*. De outro lado, não teria sentido a Justiça do Trabalho poder desconstituir as penalidades administrativas aplicadas ao empregador se não pudesse executar as multas. Não obstante os títulos executivos extrajudiciais constem no art. 876, da CLT, a nosso ver, não se trata de um rol taxativo, e sim exemplificativo, não vedando que outros títulos executivos extrajudiciais possam ser executados no foro trabalhista, como o executivo fiscal oriundo dos atos de fiscalização do trabalho. Após a EC n. 45/04, a certidão da dívida ativa da União decorrente de infrações aplicadas ao empregador pelos Órgãos de fiscalização do trabalho constitui um novo título executivo extrajudicial que será executado na Justiça do Trabalho, segundo a Lei n. 6.830/80. Por se tratar de ação de rito especial, o juiz do trabalho não aplicará a CLT.

Desse modo, pensamos ser aplicável ao Processo do Trabalho o disposto no art. 585, VII, do CPC, que assim dispõe:

> São títulos executivos extrajudiciais:
>
> (...) VII – a certidão de dívida ativa da Fazenda Pública da União, dos Estados, do Distrito Federal, dos Territórios e dos Municípios, correspondente aos créditos inscritos na forma da lei;

d) Títulos de crédito oriundos ou decorrentes da relação de trabalho podem ser executados na Justiça do Trabalho;

Dispõe o art. 585 do CPC, com a redação dada pela Lei n. 11.232/06:

> São títulos executivos extrajudiciais: (Redação dada pela Lei n. 5.925, de 1º.10.1973)
>
> I – a letra de câmbio, a nota promissória, a duplicata, a debênture e o cheque. II – a escritura pública ou outro documento público assinado pelo devedor; o documento particular assinado pelo devedor e por duas testemunhas; o instrumento de transação referendado pelo Ministério Público, pela Defensoria Pública ou pelos advogados dos transatores; (Redação dada pela Lei n. 8.953, de 13.12.1994). III – os contratos garantidos por hipoteca, penhor, anticrese e caução, bem como os de seguro de vida; (Redação dada pela Lei n. 11.382/06 – DOU 7.12.2006). IV – o crédito decorrente de foro e laudêmio; (Redação dada pela Lei n. 11.382/06 – DOU 7.12.2006). V – o crédito, documentalmente comprovado, decorrente de aluguel de imóvel, bem como de encargos acessórios, tais como taxas e despesas de condomínio; (Redação dada pela Lei n. 11.382/06 – DOU 7.12.2006). VI – o crédito de serventuário de justiça, de perito, de intérprete, ou de tradutor, quando as custas, emolumentos ou honorários forem aprovados por decisão judicial; (Redação dada pela Lei n. 11.382/06 – DOU 7.12.2006). VII – a certidão de dívida ativa da Fazenda Pública da União, dos Estados, do Distrito Federal, dos Territórios e dos Municípios, correspondente aos créditos inscritos na forma da lei; (Redação dada pela Lei n. 11.382/06 – DOU 07.12.2006). VIII – todos os demais títulos a que, por disposição expressa, a lei atribuir força executiva. (Redação dada pela Lei n. 11.382/06 – DOU 7.12.2006)

Sempre foi polêmica a questão sobre a possibilidade de se executarem títulos de crédito ou extrajudiciais na Justiça do Trabalho, que encontram fundamento e foram elaborados em razão da relação de emprego ou de trabalho.

A doutrina tem sido refratária à admissão de execução de outros títulos executivos extrajudiciais na Justiça do Trabalho, entendendo que o art. 876 da CLT encerra rol taxativo.

Nesse sentido é a visão de *José Augusto Rodrigues Pinto*[25]:

> "Parece-nos que, justamente por causa dessa taxatividade, a limitação do art. 876 deve prevalecer sobre a indeterminação que se seguiu no art. 877-A. O choque

---

(25) RODRIGUES PINTO, José Augusto. *Execução trabalhista*. 11. ed. São Paulo: LTr, 2006. p. 27.

dos dispositivos nos parece resultar de mero descuido de análise léxica e lógica do legislador, quando redigiu as normas. Em consequência, cremos que o entendimento a prevalecer é de que, por enquanto, só são títulos hábeis à execução trabalhista os títulos extrajudiciais de que se ocupa o art. 876, da CLT".

Outros autores, entendendo que o rol do art. 876 da CLT não é taxativo e considerando-se ainda a competência material da Justiça do Trabalho para as controvérsias oriundas da relação de trabalho, admitem a execução de títulos de crédito na Justiça do Trabalho que foram elaborados em razão da relação de trabalho.

Nesse sentido, sustenta *Wolney de Macedo Cordeiro*:

"Conforme já expusemos anteriormente, a legislação trabalhista só se reportou de forma explícita a dois tipos de títulos extrajudiciais. No entanto, é possível identificar no âmbito da legislação processual civil, bem como na legislação esparsa, uma séria de documentos que, eventualmente, podem ter origem numa relação jurídica inserida na competência material da Justiça do Trabalho. Não se pode, por essa razão, vindicar uma enumeração taxativa de todos os títulos extrajudiciais que possam ser demandados perante a Justiça do Trabalho, mas sim estabelecer um parâmetro para a inserção desses títulos. Nesse sentido, o critério básico para integração dos títulos extrajudiciais subsidiário é o fato de serem originários de uma relação jurídica base integrante da competência da Justiça do Trabalho".

Efetivamente, a Justiça do Trabalho nunca teve tradição em executar títulos executivos extrajudiciais. Somente a partir da Lei n. 9.958/00 houve previsão legal para a Justiça do Trabalho executar títulos executivos extrajudiciais (termos de ajustes de conduta firmados pelo Ministério Público e Termos de Conciliação Firmado perante a CCP). Ainda assim, são pouquíssimas as execuções de termos de ajuste de conduta e termos firmados de acordo firmados na Comissão de Conciliação Prévia.

Pessoalmente, em quinze anos de militância diária na Justiça do Trabalho, nunca presenciamos um processo de execução tendo por objetivo a execução de título de crédito que foi oriundo da relação de trabalho, como cheques, notas promissórias etc.

Após a EC n. 45/04, que dilatou a competência da Justiça do Trabalho, surgem novas discussões sobre a possibilidade de executar na Justiça do Trabalho títulos de créditos como notas promissórias e cheques dados em pagamento de prestação de serviço. O CPC atribui força executiva a tais títulos (art. 585, I do CPC).

Reformulando entendimento anterior, pensamos que os títulos de créditos que sejam emitidos em razão da relação de trabalho (cheques, nota promissórias, confissão de dívidas), principalmente para pagamento dos serviços, devem ser executados na Justiça do Trabalho, uma vez que o rol do art. 876 da CLT não é taxativo, e tal execução propicia o acesso mais efetivo do trabalhador à justiça, simplificação do procedimento, duração razoável do processo, além de justiça do procedimento[26].

Diante do que dispõe o art. 114 da CF, não há como se limitar a competência da Justiça do Trabalho para os títulos extrajudiciais que sejam oriundos e decorrentes da relação de trabalho, uma vez que esta competência foi dada à Justiça do Trabalho, de forma implícita pela EC n. 45/04.

Nesse sentido, destaca-se a seguinte ementa:

> AGRAVO DE PETIÇÃO. Confissão de Dívida. Competência da Justiça do Trabalho. No que concerne à possibilidade de execução de confissão de dívida na Justiça do Trabalho, a Lei n. 9.958/00 criou o art. 877-A da Consolidação das Leis do Trabalho, segundo o qual "É competente para a execução de título executivo extrajudicial o juiz que teria competência para o processo de conhecimento relativo à matéria". Com isso, o rol do art. 876 da Consolidação das Leis do Trabalho não mais elenca de forma taxativa os títulos que possuem força executiva na Justiça do Trabalho, admitindo-se sua execução desde que esta natureza lhe seja atribuída pela lei civil e que a relação causal que deu origem ao título seja de competência desta Justiça Especializada, o que ocorre in casu, consoante disposto no art. 114, inciso III da Constituição Federal. (TRT/SP – 02240005820095020075 – AP – Ac. 10ª T. 20110536287 – Relª. Marta Casadei Momezzo – DOE 6.5.2011)

## 9. Do procedimento da execução por títulos executivos extrajudiciais no Processo do Trabalho

Ao contrário do Código de Processo Civil que disciplina procedimentos distintos para a execução por títulos judiciais e extrajudiciais, a Consolidação das Leis do Trabalho disciplina o mesmo procedimento para a execução tanto do título executivo judicial como do extrajudicial na Justiça do Trabalho, restando aplicável o Capítulo V — Da execução. Não obstante, é possível se aplicarem as disposições da Lei n. 11.382/2006 à execução por título extrajudicial no Processo do Trabalho, naquilo em que for compatível com os princípios deste.

A Lei n. 9.958/00 inseriu dois títulos extrajudiciais que podem ser executados na Justiça do Trabalho, quais sejam: termos de conciliação firmados perante as

---

(26) Até a quarta edição deste livro, assim sustentávamos: Não somos refratários à admissão da execução de títulos de créditos que se originam da relação de trabalho, entretanto, os títulos de crédito, por terem circulação ampla, se desvinculam da causa que os gerou e, portanto, têm vida própria, independentemente se a origem foi, ou não, o pagamento de prestação de serviço. Desse modo, não nos parece possível a aplicabilidade do inciso I do art. 585 do CPC ao Processo do Trabalho, sem previsão expressa na legislação sobre a competência da Justiça do Trabalho para tal execução.

No nosso sentir, embora ponderáveis os argumentos em sentido contrário, a razão está com os que pensam não ser possível a execução de títulos de créditos na Justiça do Trabalho originários da relação de emprego ou de prestação de serviços, pois os títulos de créditos não estão vinculados, como regra geral, à origem. Desse modo, ainda que haja previsão legal no CPC para tal execução e o rol do art. 876 da CLT não seja taxativo, falece competência à Justiça do Trabalho para tal execução, podendo tais títulos ser utilizados no processo trabalhista como prova da obrigação, ou como prova escrita em eventual ação monitória.

Comissões de Conciliação Prévia, e Termos de Ajustes de Condutas, mas não houve qualquer alteração quanto à legislação quanto ao procedimento da execução para tais títulos.

O procedimento previsto para a execução por título executivo extrajudicial na Justiça do Trabalho é o previsto nos arts. 880 a 892 da CLT, como aplicação subsidiária do Código de Processo Civil naquilo que houver compatibilidade.

A execução trabalhista por título executivo extrajudicial é um processo autônomo, uma vez que não há a fase de conhecimento. Começa com a petição inicial, que deverá ser instruída com o título executivo e requerimento de citação do devedor (art. 614 do CPC[27], de aplicação subsidiária ao Processo do Trabalho, conforme os arts. 769 e 889, da CLT), podendo o exequente indicar, na inicial, bens à penhora (art. 652, § 2º, do CPC[28], que resta aplicável ao processo do trabalho). Segue-se a citação do executado para pagar a execução ou nomear bens à penhora, observando-se a ordem do art. 655, do CPC. Se houver pagamento, extingue-se a execução (art. 881, da CLT). Caso não pague, nem decline bens se seguirá a penhora (art. 883, da CLT). Uma vez garantido o juízo, o executado poderá opor os embargos à execução no prazo de cinco dias. Julgando os embargos, a execução prosseguirá com a expropriação de bens.

Podemos elencar, com suporte na CLT, com aplicação favorável do CPC ao procedimento, as seguintes fases da execução por título executivo extrajudicial no Processo do Trabalho:

a) Petição inicial — contento o título executivo e o requerimento de citação do executado (arts. 614 e 652 do CPC);

b) citação do reclamado para pagar ou nomear bens em 48 horas (art. 880 da CLT);

c) havendo pagamento, haverá extinção da execução (art. 881, da CLT);

d) caso não haja pagamento, haverá penhora de tantos bens quantos bastem para a garantia do juízo (art. 883, da CLT);

e) uma vez garantido o juízo, poderá o executado embargar a execução no prazo de 5 dias (art. 884, da CLT);

f) expropriação de bens em hasta pública (art. 888, da CLT).

---

(27) Art. 614, do CPC: *Cumpre ao credor, ao requerer a execução, pedir a citação do devedor e instruir a petição inicial:*

I – com o título executivo extrajudicial; (Redação dada pela Lei n. 11.382/06 – DOU 07.12.06)

II – com o demonstrativo do débito atualizado até a data da propositura da ação, quando se tratar de execução por quantia certa; (Redação dada pela Lei n. 8.953, de 13.12.1994)

III – com a prova de que se verificou a condição, ou ocorreu o termo (art. 572). (Incluído pela Lei n. 8.953, de 13.12.1994)

(28) Art. 652, § 2º, do CPC: *O credor poderá, na inicial da execução, indicar bens a serem penhorados (art. 655).*

Exceto a petição inicial que deve ser elaborada pelo exequente, instruída com os documentos e a necessidade de citação do executado, praticamente os atos subsequentes do procedimento da execução por títulos executivos extrajudiciais é o mesmo para os títulos executivos judiciais no processo do trabalho.

## 10. Da competência para a execução trabalhista

A CLT disciplina a competência funcional para a fase de execução trabalhista nos arts. 877 e 877-A, *in verbis*:

> Art. 877, da CLT: "É competente para a execução das decisões o juiz ou presidente do tribunal que tiver conciliado ou julgado originariamente o dissídio".

> Art. 877-A, da CLT: "É competente para a execução de título executivo extrajudicial o juiz que teria competência para o processo de conhecimento relativo à matéria".

Diante dos referidos dispositivos consolidados, a competência para a execução segue a seguinte regra:

a) títulos executivos judiciais: o juiz ou tribunal que apreciou originariamente o dissídio, isto é, aquele que iniciou o processo antes da fase de execução;

b) títulos executivos extrajudiciais: o juiz ou tribunal que teria competência para o processo de conhecimento relativo à matéria.

Os arts. 877 e 877-A da CLT tratam da competência funcional para a execução e, portanto, é absoluta, não podendo ser alterada pela vontade das partes.

Quando a execução for por carta precatória, aplica-se a Súmula n. 32 do TRF: "Na execução por carta, os embargos do devedor serão decididos no juízo deprecante, salvo se versarem unicamente vícios ou defeitos da penhora, avaliação ou alienação de bens".

Assevera o art. 475-P, parágrafo único, do CPC que no caso em que a execução da sentença se processa em primeiro grau de jurisdição, ou seja, nas Varas, o exequente poderá optar pelo juízo do local onde se encontram bens sujeitos à expropriação ou pelo do atual domicílio do executado, caso em que a remessa dos autos do processo será solicitada ao juízo de origem.

A CLT não contém disposição semelhante. Desse modo, parte significativa da doutrina tem sinalizado no sentido da compatibilidade do referido dispositivo com o Processo do Trabalho, pois propicia maior celeridade e efetividade da sentença, dispensando a necessidade de expedição de cartas precatórias para a execução e também de intermináveis ofícios.

De nossa parte, pensamos que o art. 475-P, parágrafo único, do CPC é compatível com os princípios que norteiam a execução trabalhista (celeridade, efetividade, utilidade), não obstante a CLT reger a matéria no art. 877 e ser a competência funcional para a execução absoluta, tais argumentos não impedem a aplicação subsidiária do CPC, que propicia maior agilidade na penhora de bens imóveis e também de encontrar o executado, tendo a experiência demonstrado ser um verdadeiro calvário para o credor trabalhista quando os bens do executado estão em local diverso do local onde tramita o processo. Não obstante, a alteração de competência prevista pelo CPC é faculdade do credor, não podendo o Juiz do Trabalho aplicá-la de ofício.

## 11. Legitimidade para promover a execução

### 11.1. Ativa

Segundo os ensinamentos de *Liebman*, parte legítima é a pessoa que pode promover e contra a qual se pode promover a execução.

Na execução não se aplica a teoria *in statu assertionis*, vez que o processo de execução exige que a pessoa esteja mencionada no título como devedor.

A CLT disciplina a questão no art. 878, que assim dispõe:

> A execução poderá ser promovida por qualquer interessado, ou *ex officio*, pelo próprio juiz ou presidente[29] ou tribunal competente, nos termos do art. anterior. Parágrafo Único. Quando se tratar de decisão dos Tribunais Regionais, a execução poderá ser promovida pela Procuradoria da Justiça do Trabalho.

Conforme o referido dispositivo, a execução trabalhista pode ser promovida por *qualquer interessado*. Essa expressão deve ser interpretada restritivamente, no sentido de que, como regra geral, somente podem promover a execução, a parte que figura no título como credor ou quem a lei atribui legitimidade ativa, ou passiva.

Assevera a CLT que o Juiz do Trabalho pode promover de ofício a execução. Essa possibilidade é peculiar ao Processo do Trabalho, não encontrando semelhante disposição em outros diplomas processuais. Tal possibilidade não configura quebra de parcialidade do Juiz, pois este não é parte na execução, apenas a inicia e pode impulsioná-la de ofício, determinando, por exemplo, a penhora de bens, ofícios de bloqueio de contas bancárias etc.

Nos processos de competência originária dos tribunais, a execução pode ser promovida pelo Ministério Público do Trabalho (§ 1º do art. 878, da CLT). Não obstante, pensamos que a interpretação de tal dispositivo deve ser restrita aos processos em que o Ministério Público atuou como parte ou fiscal da lei (*custos legis*).

A execução também pode ser iniciada pelo devedor, a fim de se exonerar da obrigação, conforme permite o Código de Processo Civil e também com previsão da CLT, art. 878-A: "Faculta-se ao devedor o pagamento imediato da parte que entender devida à Previdência Social, sem prejuízo da cobrança de eventuais diferenças encontradas na execução *ex officio*".

---

(29) O dispositivo foi idealizado para a composição colegiada do Judiciário Trabalhista em primeiro grau, antes da EC n. 24/99, em que, além do Juiz Presidente, havia os Juízes Classistas temporários. Não obstante, na execução, sempre atuou, unicamente, o Juiz Presidente, ou Juiz Togado.

Como lembra *Carlos Henrique Bezerra Leite*[30], outro legitimado ativo para a execução de título extrajudicial é a União, na cobrança de multas aplicadas aos empregadores, conforme os arts. 114, VII, da CF e art. 4º, da Lei n. 6.830/80.

A CLT não disciplina de forma completa a legitimidade na execução, desse modo, restam aplicáveis à hipótese as disposições do Código de Processo Civil.

Além das pessoas acima referidas, pensamos ser compatível com o Processo do Trabalho o art. 567 do CPC em razão de omissão e compatibilidade com o texto consolidado, que assim dispõe:

> Podem também promover a execução, ou nela prosseguir: I – o espólio, os herdeiros ou os sucessores do credor, sempre que, por morte deste, lhes for transmitido o direito resultante do título executivo; II – o cessionário, quando o direito resultante do título executivo lhe foi transferido por ato entre vivos; III – o sub-rogado, nos casos de sub-rogação legal ou convencional.

## 11.2. Da legitimidade ativa do espólio e sucessores

O espólio, como sendo o conjunto de bens que alguém, falecendo, deixou, tem legitimidade para prosseguir na execução, embora não tenha personalidade jurídica, tem legitimidade processual. Havendo falecimento do credor, o Juiz do Trabalho deverá suspender a execução (art. 791, II do CPC) e determinar a habilitação dos sucessores.

A habilitação dos sucessores, conforme lembra *Manoel Antonio Teixeira Filho*,[31] é realizada de forma extremamente simples, adotando-se como diretriz legal o art. 1.060 do CPC, devendo ser juntadas aos autos a certidão de óbito do *de cujus*, a certidão de que o habilitante foi incluído, sem qualquer oposição, no inventário. Essa habilitação, despida de solenidade, independe de sentença, sendo, pois, admitida por simples despacho.

A jurisprudência trabalhista tem admitido a habilitação dos sucessores do credor trabalhista por meio de certidão de dependentes junto à Previdência Social (art. 1º, da Lei n. 6.858/1980), ou de alvará judicial. Não obstante, se houver dúvidas sobre a legitimidade dos sucessores, deverá o Juiz do Trabalho aguardar o desfecho do inventário na Justiça Comum.

Nesse sentido, destacamos as seguintes ementas:

> Ilegitimidade ativa Herdeiro. Não havendo demonstração da legitimação para a causa, imprescindível a habilitação perante a Previdência Social ou a declaração de sucessora, pela via de Alvará Judicial. Entretanto, a extinção do processo sem julgamento do mérito permite o ajuizamento de nova ação. (TRT – 3ª R. – 4ª T. – RO n. 4643/96 – Rel. Marcos Calvo – DJMG 24.8.96 – p. 30)

---

(30) BEZERRA LEITE, Carlos Henrique. *Curso de direito processual do trabalho*. 5. ed. São Paulo: LTr, 2007. p. 908.

(31) TEIXEIRA FILHO, Manoel Antonio. *Execução no processo do trabalho*. 9. ed. São Paulo: LTr, 2005. p. 133.

Os herdeiros detêm legitimidade de parte, porque titulares do direito deixado pelo falecido; no entanto, estarão capacitados a atuar no Juízo trabalhista *(legitimatio ad processum)* quando habilitados pela Previdência na forma da Lei n. 6.858/80, atendendo ao pressuposto processual de desenvolvimento válido e regular do processo. Não tem pertinência exigir tal regularização por aplicação do ordenamento processual comum (art. 12 do CPC). (TRT – 10ª R. – 1ª T. – Ac. n. 2.297/95 – Relª. Juíza Kineipp Oliveira – DJDF 13.10.95 – p. 14.965)

## 11.3. *(Cessionário) Da cessão do crédito trabalhista*

Cessão do crédito trabalhista significa a transferência pelo credor trabalhista (empregado ou prestador de serviços) de seu crédito a um terceiro que não tem relação com o processo, tampouco figurou na relação jurídica de trabalho.

Mostra-se polêmica a questão da admissão da cessão do crédito trabalhista na execução.

Parte da doutrina e jurisprudência a admitem, argumentando que não há prejuízo à execução, que há permissão legal e o objeto é lícito. Desse modo, o cessionário, ainda que não tenha participado da relação de trabalho ou de emprego, pode adquirir o crédito trabalhista e executá-lo como se credor trabalhista fosse. Argumentam ainda que tal cessão não altera a competência material da Justiça do Trabalho para a execução.

Nesse sentido se posiciona *Francisco Antonio de Oliveira*[32]:

"A cessão de crédito na processo trabalhista não encontra óbice legal, desde que presentes os requisitos dos arts. 221 e 286 e ss. do CC e Lei n. 6.015, de 31.12.1973 (Lei dos Registros Públicos). A substituição do cedente (empregado) pelo cessionário (terceiro) não modifica a competência da Justiça do Trabalho (art. 87, CPC)".

Lembra *Renato Saraiva*[33] que "a Lei n. 11.101/2005 que regulou a recuperação judicial, extrajudicial e a falência, em seu art. 83, § 4º, permitiu a cessão de créditos trabalhistas a terceiros, apenas ressalvando que, nesse caso, o crédito laboral cedido será enquadrado como crédito quirografário".

No nosso sentir, em que pesem o respeito que merecem as opiniões em sentido contrário, pensamos que o crédito trabalhista pode ser cedido, mas se tal ocorrer ele perderá a natureza trabalhista e se transmudará num crédito de natureza civil, uma vez que se desvinculará de sua causa originária que é a prestação de serviços ou relação de emprego. Dessa forma, pensamos que, uma vez cedido o crédito a terceiro, cessará a competência material da Justiça do Trabalho para executá-lo, pois a controvérsia não será oriunda ou decorrente da relação de trabalho (art. 114, do Constituição Federal, incisos I e IX).

---

(32) OLIVEIRA, Francisco Antonio de. *Execução na justiça do trabalho.* 5. ed. São Paulo: RT, 2006. p. 470.

(33) SARAIVA, Renato. *Curso de direito processual do trabalho.* 4. ed. São Paulo: Método, 2007. p. 535.

Nesse sentido, concordamos com o Provimento n. 6 da CGJT do TST, de 19.12.2000, que assim dispõe:

> A cessão de crédito prevista em lei (art. 1.065 do Código Civil) é juridicamente possível, não podendo ser operacionalizada no âmbito da Justiça do Trabalho, sendo como é um negócio jurídico entre empregado e terceiro que não se coloca em quaisquer dos polos da relação processual trabalhista.

Por parte do executado, a jurisprudência, acertadamente, não tem admitido as cessões de créditos em favor de terceiro, conforme bem retrata a seguinte ementa:

> Execução — Cessão de crédito — Fraude — Configuração. Configura fraude à alienação ou oneração de bens do devedor – no caso, representada pela cessão de crédito da executada em favor de terceiro — quando, na época em que tal se verificou, já pendia contra a citada devedora, lide apta a tirar-lhe a capacidade econômica no momento do efetivo cumprimento da sentença. (TRT 3ª R. – 7ª T. – Ap. n. 355.2003.054.03.00-5 – Relª Maria Perpétua C. F. de Melo – DJMG 15.6.04 – p. 23) (RDT n. 8 – Agosto de 2004)

## 11.4. Do sub-rogado

Ensina *Humberto Theodoro Júnior*[34]: "Diz-se credor sub-rogado aquele que paga a dívida de outrem, assumindo todos os direitos, ações, privilégios e garantia do primitivo credor contra o devedor principal e seus fiadores (CC 1916, art. 988, CC 2002, art. 349)".

As hipóteses de sub-rogação de crédito na Justiça do Trabalho são restritas e de difícil ocorrência, não obstante a doutrina a tem admitido na Justiça do Trabalho[35].

Pensamos que se houver sub-rogação de um terceiro no crédito trabalhista, cessa a competência da Justiça do Trabalho e também se altera a natureza do crédito, uma vez que não se tratará mais de dívida trabalhista, tampouco controvérsia oriunda ou decorrente da relação de trabalho.

Em sentido contrário, sustenta *Manoel Antonio Teixeira Filho*[36], a doutrina processual trabalhista parece não se opor à admissibilidade da cessão de crédito e da sub-rogação, observada sempre a necessidade de adequar as normas de direito comum, regentes das matérias, às marcantes singularidades desse processo especializado e do correspondente procedimento. Para ilustrar seu posicionamento, cita jurisprudência oriunda do TRT da 2ª Região, *in verbis*:

> Tem legitimação para promover a execução contra o devedor o arrematante que paga a dívidas fiscais que oneravam o imóvel excutido, configurando-se a sub-rogação legal. (Proc. 2.775/75 – Ac. 3ª T. – 5.416/75 – Rel. Juiz Bento Pupo Pesce – In: DJESP 24.7.1975 – p. 34)

---

(34) THEODORO JÚNIOR, Humberto. *Comentários ao Código de Processo Civil*. v. IV, 2. ed. Rio de Janeiro: Forense, 2003. p. 61.

(35) Em mais de 14 anos de militância na Justiça do Trabalho, nunca presenciamos um caso de sub-rogação de crédito trabalhista.

(36) TEIXEIRA FILHO, Manoel Antonio. *Op. cit.*, p. 137.

## 11.5. Da legitimidade passiva

O legitimado passivo para a execução é a pessoa que figura no título como devedor. Não obstante, outras pessoas podem estar sujeitas à execução, conforme alinha o art. 4º da Lei n. 6.830/80, que resta aplicável ao Processo do Trabalho (omissão da CLT e compatibilidade com os princípios da execução trabalhista — art. 889, da CLT). Assevera do referido dispositivo legal:

> A execução fiscal poderá ser promovida contra:
>
> I – o devedor; II – o fiador; III – o espólio; IV – a massa; V – o responsável, nos termos da lei, por dívidas, tributárias ou não, de pessoas físicas ou pessoas jurídicas de direito privado; e VI – os sucessores a qualquer título.

No mesmo sentido dispõe o art. 568 do Código de Processo Civil:

> São sujeitos passivos na execução: I – o devedor, reconhecido como tal no título executivo; II – o espólio, os herdeiros ou os sucessores do devedor; III – o novo devedor, que assumiu, com o consentimento do credor, a obrigação resultante do título executivo; IV – o fiador judicial; V – o responsável tributário, assim definido na legislação própria.

## 12. Da responsabilidade patrimonial

Na legislação brasileira, a execução não é pessoal, mas atinge os bens do devedor (art. 591, do CPC). O art. 5º, LXVII, da Constituição Federal[37] diz que não há prisão civil por dívida, exceto no caso de prestação alimentar e do depositário infiel. Desse modo, somente quando o texto constitucional admitir, a execução pode ser pessoal, ou seja, incidirá na pessoa do devedor, privando-o da liberdade. Não se trata de prisão de caráter penal e sim de natureza civil, a fim de forçar o devedor de prestação alimentícia a cumpri-la e o depositário a entregar o bem que estava em sua posse.

Ensina *Cândido Rangel Dinamarco*[38] que responsabilidade patrimonial ou responsabilidade executiva se conceitua como "a suscetibilidade de um bem ou de todo um patrimônio a suportar os efeitos da sanção executiva".

Pensamos ser a responsabilidade patrimonial *um vínculo de direito processual, pelo qual os bens do devedor ficam sujeitos à execução e são destinados à satisfação do crédito do exequente.*

O patrimônio do devedor responde pelas dívidas e também pela satisfação do processo, tanto os bens presentes como futuros, segundo a regra do já citado art. 591 do CPC.

---

(37) Art. 5º, LXVII, da CF: "não haverá prisão civil por dívida, salvo a do responsável pelo inadimplemento voluntário e inescusável de obrigação alimentícia e a do depositário infiel".

(38) DINAMARCO, Cândido Rangel. *Instituições de direito processual civil.* v. IV. São Paulo: Malheiros, 2004. p. 321.

Conforme *Manoel Antonio Teixeira Filho*[39], "o conceito de patrimônio, com vistas à responsabilidade a que está submetido o devedor, pode ser tomado a *Rosenberg*: 'é a soma das coisas que têm valor pecuniário e direitos do devedor, e compreende bens móveis e imóveis, créditos e outros direitos, também expectativas, sempre que sejam já direitos subjetivamente disponíveis' (sublinhamos). O conceito desse ilustre jurista tem o mérito de destacar que foram excluídos do campo da responsabilidade do devedor determinados bens, como os que não possuem valor econômico; além disso, há aqueles que a lei considera absolutamente impenhoráveis (...)".

## 13. Da responsabilidade patrimonial secundária

O Código de Processo Civil atribui responsabilidade patrimonial a certas pessoas, que embora não constem do título executivo, poderão ter seus bens sujeitos à execução. Tal responsabilidade vem sendo denominada na doutrina como *responsabilidade patrimonial secundária*.

Como destaca *Humberto Theodoro Júnior*[40]:

"Bens de ninguém respondem por obrigação de terceiro, se o proprietário estiver inteiramente desvinculado do caso do ponto de vista jurídico. Há casos, porém, em que a conduta de terceiros, sem levá-los a assumir posição de devedores ou das partes na execução, torna-os sujeitos aos efeitos desse processo. Isto é, seus bens particulares passam a responder pela execução, muito embora inexista assunção da dívida constante do título executivo. Quando tal ocorre, são executados bens que não são do devedor, mas de terceiro, que não se obrigou, e, mesmo assim, responde pelo cumprimento das obrigações daquele. Trata-se, como se vê, de obrigação puramente processual".

Não há violação do contraditório ou ampla defesa em executar bens de pessoas que não constem do título executivo, pois as responsabilidades que lhes foram atribuídas se justificam em razão de manterem ou terem mantido relações jurídicas próximas com o devedor, de cunho patrimonial, que podem comprometer a eficácia da execução processual, e daí a lei lhes atribuir tal responsabilidade, visando à garantia do crédito. Além disso, os responsáveis secundários podem resistir à execução, por meios processuais cabíveis, como os embargos de terceiro e os embargos à execução.

A Consolidação das Leis do Trabalho não disciplina a hipótese; desse modo, resta aplicável à execução trabalhista o art. 592 do CPC, que assim dispõe:

> Art. 592 – Ficam sujeitos à execução os bens: I – do sucessor a título singular, tratando-se de execução de sentença proferida em ação fundada em direito real; II – do sócio, nos termos da lei; III – do devedor, quando em poder de terceiros; IV – do

---

(39) TEIXEIRA FILHO, Manoel Antonio. *Execução no processo do trabalho*. 9. ed. São Paulo: LTr, 2005. p. 247.

(40) THEODORO JÚNIOR, Humberto. *Comentários ao Código de Processo Civil.* v. IV, 2. ed. Rio de Janeiro: Forense, 2003. p. 222.

cônjuge, nos casos em que os seus bens próprios, reservados ou de sua meação respondem pela dívida; V – alienados ou gravados com ônus real em fraude de execução.

## Dos responsáveis secundários na execução no Processo do Trabalho (hipóteses típicas)

### 13.1. Sucessão de empresas (empregadores)

Ensina *Mauricio Godinho Delgado*[41]: "Sucessão de empregadores é figura regulada pelos arts. 10 e 448 da CLT. Consiste no instituto justrabalhista em virtude do qual se opera, no contexto da transferência de titularidade de empresa ou estabelecimento, uma completa transmissão de crédito e assunção de dívidas trabalhistas entre alienante e adquirente envolvidos".

Segundo a melhor doutrina a sucessão trabalhista, disciplinada nos arts. 10 e 448 da CLT tem fundamento nos princípios da continuidade do contrato de trabalho, despersonalização do empregador, e na inalterabilidade do contrato de trabalho. Por isso, quem responde pelo crédito trabalhista é a empresa e não quem esteja no seu comando.

Dispõe o art. 10 da CLT: "Qualquer alteração na estrutura jurídica da empresa não afetará os direitos adquiridos por seus empregados."

No mesmo sentido é o art. 448 da CLT: "A mudança na propriedade ou na estrutura jurídica da empresa não afetará os contratos de trabalho dos respectivos empregados."

Como bem adverte *Wagner D. Giglio*[42], "responsável pelo pagamento da condenação é, portanto, a empresa, ou seja, o conjunto de bens materiais (prédios, máquinas, produtos, instalações, etc.) e imateriais (crédito, renome etc.) que compõe o empreendimento. São esses bens que, em última análise, serão arrecadados através da penhora, para satisfazer a condenação, pouco importando quais são as pessoas físicas detentoras ou proprietárias deles".

São hipóteses típicas de sucessão para fins trabalhistas: a transferência de titularidade da empresa, fusão, incorporação e cisão de empresas, contratos de concessão e arrendamento e também as privatizações de antigas estatais.

Para a doutrina clássica, são requisitos da sucessão para fins trabalhistas: a) transferência de uma unidade empresarial econômica de produção de um titular para outro; b) inexistência de solução de continuidade do contrato de trabalho, vale dizer: o empregado da empresa sucedida deve trabalhar para a empresa sucessora[43].

---

(41) DELGADO, Mauricio Godinho. *Curso de direito do trabalho*. 6. ed. São Paulo: LTr, 2007. p. 408.
(42) GIGLIO, Wagner D. *Direito processual do trabalho*. 15. ed. São Paulo: Saraiva, 2005. p. 537.
(43) Nesse sentido é a doutrina clássica de Délio Maranhão (*Instituições de direito do trabalho*. 22. ed. São Paulo: LTr, 2005. v. I, p. 309). No mesmo sentido destaca-se a seguinte ementa: Sucessão de empregadores. Configura-se a sucessão de empregadores quando ocorre a transferência do estabelecimento de um titular

Para a moderna doutrina, à qual me filio, com apoio da atual jurisprudência dos Tribunais, não há necessidade de que o empregado ou o reclamante em processo trabalhista ter prestado serviços para a empresa sucessora, basta apenas que tenha havido a transferência total ou parcial de uma unidade de produção de uma empresa para outra para que ocorra a sucessão para fins trabalhistas.

Nesse sentido a seguinte ementa:

> Sucessão. A sucessão é a transferência total ou parcial, provisória ou definitiva da titularidade de empresa, pública ou privada, desde que haja continuidade, pelo sucessor, da atividade-fim, explorada pelo sucedido. Apoiam-se nos princípios da continuidade da relação de emprego, da despersonalização da pessoa jurídica e da intangibilidade salarial, tendo como escopo a regra dos arts. 10 e 448 da Consolidação das Leis do Trabalho (TRT – 1ª R. – 5ª T. – RO no 6605/2000 – Rel. João Mário de Medeiros – DJRJ 28.6.2001 – p. 223) (RDT 07/2001 – p. 65).

Pensamos estar correta a moderna doutrina ao exigir apenas o requisito da transferência da unidade econômica de produção de um titular para outro para que se configure a sucessão, pois os arts. 10 e 448 da CLT não exigem que o empregado tenha trabalhado para a empresa sucedida. Além disso, tal interpretação está em consonância com o princípio protetor e propicia maior garantia de solvabilidade do crédito trabalhista.

Nesse mesmo diapasão adverte *Jorge Luiz Souto Maior*[44]:

"A circunstância de não ter o empregado prestado serviços para a nova pessoa jurídica constituída é totalmente irrelevante, apesar de se ter firmado na doutrina trabalhista o entendimento de que a sucessão trabalhista somente em lugar quando se dá o fenômeno da continuidade da prestação de serviço por parte do trabalhador para a nova pessoa jurídica. Uma leitura atenta dos arts. 10 e 448, da CLT, entretanto, desautoriza tal entendimento".

No mesmo sentido *Mauricio Godinho Delgado*[45]:

"(...) a sucessão pode ser verificar sem que haja, necessariamente, a continuidade na prestação de serviços. Tal singularidade é que foi percebida nos últimos anos pela jurisprudência, ao examinar inúmeras situações novas criadas pelo mercado empresarial; nessas situações ocorriam mudanças significativas no âmbito da empresa, afetando significativamente (ainda que de modo indireto) os contratos de trabalho, sem que tivesse se mantido a prestação laborativa e a própria existência de tais contratos".

---

para outro sem que seja interrompida a prestação de serviços (TRT – 12ª R. – 2ª T. – Ac. n. 3286/2001 – Rel. Moreira Cacciari – DJSC 16.4.2001 – p. 84) (RDT 5/2001, p. 67).

(44) SOUTO MAIOR, Jorge Luiz. *Curso de direito do trabalho:* a relação de emprego. São Paulo: LTr, 2008. v. II, p. 141.

(45) DELGADO, Mauricio Godinho. *Curso de direito do trabalho.* 7. ed. São Paulo: LTr, 2008. p. 411.

A moderna doutrina defende a existência da sucessão, mesmo na transferência parcial de uma unidade econômica de produção empresarial, desde que afete de forma significativa os contratos de trabalho. Por exemplo, a transferência de propriedade da produção de um determinado produto de uma empresa para outra.

Nesse sentido, *Godinho Delgado*[46]:

"(...) também configura a situação própria à sucessão de empregadores a alienação ou transferência de parte significativa do(s) estabelecimento(s) ou da empresa de modo a afetar significativamente os contrato de trabalho. Ou seja, a mudança na empresa que afete a garantia original dos contratos empregatícios provoca a incidência do tipo legal dos arts. 10 e 448 da CLT. Isso significa que a separação de bens, obrigações e relações jurídicas de um complexo empresarial, com o fito de se transferir parte relevante dos ativos saudáveis para outro titular (direitos, obrigações e relações jurídicas), preservando-se o restante de bens, obrigações e relações jurídicas no antigo complexo — agora significativamente empobrecido —, afeta, sim, de modo significativo, os contratos de trabalho, produzindo a sucessão trabalhista com respeito ao novo titular (arts. 10 e 448, da CLT).

Nesse sentido, destaca-se a seguinte ementa:

> Sucessão parcial — Responsabilidade do sucessor pelas obrigações trabalhistas a ela relativas. A alteração na estrutura jurídica da empresa, ainda que parcial, não afeta o direito dos empregados e dos trabalhadores já desligados da parte do empreendimento por ela abrangida. A sucessão pode ser parcial, como ocorre na cisão, caso em que o sucessor responde pelas obrigações trabalhistas que a ela dizem respeito, nos termos do art. 10 da CLT (TRT 12ª R. – 2ª T. – AG-PET n. 238.2003.009.12.00-8 – Relª Martha M. V. Fabre – DJSC 23.4.04 – p. 189) ( RDT n. 5 – Maio de 2004).

A sucessão não exige prova formal, podendo ser demonstrada por indícios e presunções, tais como: a transferência do fundo de comércio, transferência do principal bem imaterial da atividade, dentre outros elementos. De outro lado, a simples transferência de maquinários ou compra do imóvel empresarial não configuram a sucessão.

Nesse sentido, destaca-se a seguinte ementa:

> Sucessão de empresas. A sucessão se consubstancia quando a nova pessoa jurídica ocupa o mesmo lugar, explora o mesmo ramo e se utiliza dos mesmos utensílios. Portanto, é caracterizada pelos elementos fáticos que conduziram a alteração na propriedade sucedida, independentemente da forma legal adotada, sendo que o patrimônio que guarnece o estabelecimento se constitui na garantia para os créditos trabalhistas (TRT – 12ª R. – 1ª T .– Ac. n. 2550/2000 – Rel. Juiz Idemar Antônio Martini – DJSC 21.03.2000 – p. 137).

A sucessão de empresas pode ser reconhecida pelo Juiz do Trabalho em qualquer fase do processo, inclusive na execução, uma vez que o sucessor tem a chamada

---

(46) *Ibidem*, p. 412.

responsabilidade patrimonial, independentemente de ter figurado na fase de conhecimento, seus bens podem ser atingidos. Diante do caráter cogente dos arts. 10 e 448 da CLT, autores há que sustentam a possibilidade do Juiz do Trabalho conhecer de ofício a sucessão de empresas. Na execução, a possibilidade de reconhecimento da sucessão de ofício se justifica por força do art. 878, da CLT[47].

Como regra geral, o sucessor responderá pela integralidade da dívida, salvo em caso de fraude, em que a empresa sucedida responderá solidariamente, nos termos do art. 9º, da CLT e 942 do Código Civil.

Autores há que defendem a responsabilidade da empresa sucedida mesmo não havendo fraude. Nesse sentido a opinião de *Ísis de Almeida*[48]:

"Mesmo sem fraude, o sucedido responde, solidária ou subsidiariamente, com o sucessor, pelas reparações de direitos sonegados ao empregado, não só com referência ao período anterior como ao posterior à sucessão. Isto ocorre quando o sucessor não tem possibilidade de cumprir as obrigações contratuais ou legais".

Eventual cláusula no contrato de sucessão de irresponsabilidade da empresa sucessora pelos débitos trabalhistas da empresa sucedida não tem validade perante a legislação trabalhista, pois as normas dos arts. 10 e 448, da CLT são de ordem pública.

A jurisprudência dominante fixou entendimento no sentido de que a responsabilidade do crédito trabalhista é apenas da empresa sucessora, pois é esta que possui o fundo de comércio e o patrimônio.

Nesse sentido, destaca-se a seguinte ementa:

> Sucessão trabalhista — Responsabilidade. A Flumitrens é sucessora da CBTU, pois, havendo contrato de cisão, operou-se a sucessão trabalhista, cabendo ao novo empregador responder por todos os débitos trabalhistas dos empregados e ex-empregados da empresa sucedida, independentemente do contrato civil firmado entre ela e sua antecessora. Ademais, o Instrumento de Protocolo que regulou a referida cisão, caracterizou a sucessão trabalhista, sendo certo que, no Direito do Trabalho, o sucessor responde por todos os débitos trabalhistas, desobrigando a sucedida de tal responsabilidade. Recurso de revista não conhecido. Honorários advocatícios. Os honorários advocatícios, na Justiça do Trabalho, não decorrem da sucumbência, mas do preenchimento dos requisitos previstos nos termos da Lei n. 5.584/70. Aplicação dos Enunciados de ns. 219 e 329 do TST. Revista conhecida e provida. (TST – 1ª T. – RR n. 588.912/1999-0 – Rel. Lélio B. Corrêa – DJ 6.8.04 – p. 615) (RDT n. 9 – Setembro de 2004).

Pensamos que subsiste a responsabilidade solidária da sucessora em caso de fraude (arts. 9º e 942 do CC) e também subsidiária, mesmo não havendo fraude,

---

(47) Art. 878, da CLT: A execução poderá ser promovida por qualquer interessado, ou *ex officio*, pelo próprio juiz ou presidente do tribunal competente, nos termos do artigo anterior.

(48) ALMEIDA, Ísis de. *Curso de legislação do trabalho*. 4. ed. São Paulo: Sugestões Literárias, 1981. p. 83.

nas hipóteses em que a empresa sucessora não apresenta patrimônio suficiente para solver o crédito trabalhista, ou para maior efetividade do recebimento deste. A responsabilidade subsidiária da empresa sucedida se justifica como medida inibidora de fraudes e encontra suporte nos princípios constitucionais da livre iniciativa, valores sociais do trabalho, dignidade da pessoa humana do trabalhador (art. 1º, e 170, da CF) e também da função social da empresa e da propriedade (art. 5º, da CF).

Nesse sentido, vale transcrever o Enunciado n. 4 da 1ª Jornada Nacional de Execução Trabalhista, realizada em novembro de 2010, *in verbis*:

> SUCESSÃO TRABALHISTA. Aplicação subsidiária do Direito Comum ao Direito do Trabalho (Consolidação das Leis do Trabalho — CLT, art. 8º, parágrafo único). Responsabilidade solidária do sucedido e do sucessor pelos créditos trabalhistas constituídos antes do trespasse do estabelecimento (CLT, arts. 10 e 448, c/c Código Civil, art. 1.146)

## 13.2. Da responsabilidade do sócio (desconsideração da personalidade jurídica)

A pessoa jurídica não se confunde com a do sócio (art. 20 do Código Civil de 1916) tampouco a sociedade comercial se confunde com a de seus administradores ou acionistas. Não obstante, a lei atribui ao sócio a chamada responsabilidade patrimonial (arts. 591 e 592, II, do CPC). Desse modo, os bens do sócio podem vir a ser chamados a responder pela execução, nos termos da lei, caso a sociedade não apresente bens que satisfaçam a execução.

Independentemente de ter figurado no polo passivo da reclamação trabalhista, os bens do sócio podem responder pela execução, pois a responsabilidade do sócio é patrimonial (econômica e de caráter processual). Nesse sentido, a ementa a seguir retrata com precisão esta situação:

> Execução sobre os bens do sócio — Possibilidade. A execução pode ser processada contra os sócios, uma vez que respondem com os bens particulares, mesmo que não tenham participado do processo na fase cognitiva. Na Justiça do Trabalho, basta que a empresa não possua bens para a penhora para que incida a teoria da desconsideração da personalidade jurídica da sociedade. O crédito trabalhista é privilegiado, tendo como base legal, de forma subsidiária, o art. 18 da Lei n. 8.884/94 e CTN, art. 135, *caput* e inciso III, c/c. o art. 889 da CLT. (TRT 3ª R. – 2ª T. – AP n. 433/2004.098.03.00-7 – Rel. João Bosco P. Lara – DJMG 9.9.04 – p. 11).

O primeiro diploma legal a disciplinar a possibilidade de desconsideração da personalidade jurídica a ser utilizado pela Justiça do Trabalho foi o art. 10, da Lei n. 3.708/19, que assim dispõe:

> Os sócios gerentes ou que derem nome à firma não respondem pessoalmente pelas obrigações contraídas e nome da sociedade, mas respondem com esta e para com terceiros solidária e ilimitadamente pelo excesso de mandato e pelos atos praticados com violação do contrato ou da lei.

Posteriormente, veio a lume o Código Tributário Nacional, que disciplinou a questão no art. 135 do CTN, *in verbis*:

> São pessoalmente responsáveis pelos créditos correspondentes a obrigações tributárias resultantes de atos praticados com excesso de poderes ou infração de lei, contrato social ou estatutos: I – as pessoas referidas no artigo anterior; II – os mandatários, prepostos e empregados; III – os diretores, gerentes ou representantes de pessoas jurídicas de direito privado.

Atualmente, a matéria está regulamentada pelo art. 28, da Lei n. 8.078/90 (Código de Defesa do Consumidor) e art. 50, do Código Civil, que encamparam a teoria da *desconsideração da personalidade jurídica*, também conhecida como *disregard doctrine, disregard of legal entity, lifting the corporate veil*, oriunda do direito anglo-saxão e introduzida ao direito brasileiro por *Rubens Requião*.

Dispõe o art. 28 da Lei n. 8.078/90:

> O juiz poderá desconsiderar a personalidade jurídica da sociedade quando, em detrimento do consumidor, houve abuso de direito, excesso de poder, infração da lei, fato ou ato ilícito ou violação dos estatutos ou contrato social. A desconsideração também será efetivada quando houver falência, estado de insolvência, encerramento ou inatividade da pessoa jurídica provocados por má administração.

O Código Civil de 2002 encampou a teoria da desconsideração da personalidade jurídica no art. 50, que assim dispõe:

> Em caso de abuso da personalidade jurídica, caracterizado pelo desvio de finalidade, ou pela confusão patrimonial, pode o juiz decidir, a requerimento da parte, ou do Ministério Público quando lhe couber intervir no processo, que os efeitos de certas e determinadas relações de obrigações sejam estendidos aos bens particulares dos administradores ou sócios da pessoa jurídica.

*Fábio Ulhoa Coelho*[49] distingue a teoria da desconsideração da personalidade jurídica entre as teorias maior e menor. Assevera o jurista:

> "Há no direito brasileiro, na verdade, duas teorias da desconsideração. De um lado, a teoria mais elaborada, de maior consistência e abstração, que condiciona o afastamento episódico da autonomia patrimonial das pessoas jurídicas à caracterização da manipulação fraudulenta ou abusiva do instituto. Nesse caso, distingue-se com clareza a desconsideração da personalidade jurídica e outros institutos jurídicos que também importam a afetação de patrimônio de sócio por obrigação da sociedade (p. ex. a responsabilização por ato de má gestão, a extensão da responsabilidade tributária ao gerente etc.). Ela será chamada, aqui, de teoria maior. De outro lado, a teoria menos elaborada, que se refere à desconsideração em toda e qualquer hipótese de execução do patrimônio de sócio por obrigação social, cuja tendência é condicionar o afastamento do princípio da autonomia à simples insatisfação de crédito perante a sociedade.

---

(49) *Curso de direito comercial*. Vol 2. São Paulo: Saraiva, 1999. p. 35.

Trata-se da teoria menor, que se contenta com a demonstração pelo credor da inexistência de bens sociais e da solvência de qualquer sócio, para atribuir a este a obrigação da pessoa jurídica".

Preferimos classificar a teoria da desconsideração em *subjetiva* e *objetiva*.

Pela teoria subjetiva da desconsideração da personalidade jurídica, os bens do sócio podem ser atingidos quando:

a) a pessoa jurídica não apresentar bens para pagamento das dívidas;

b) atos praticados pelo sócio com abuso de poder, desvio de finalidade, confusão patrimonial, ou má-fé.

Nesse sentido, vale transcrever as seguintes ementas:

> Agravo de petição — Execução — Associação — Entidade sem fins lucrativos — Desconsideração da personalidade jurídica. Não comprovado, a tempo e modo, eventual abuso de direito, desvio de finalidade, confusão patrimonial, excesso de mandato, dolo ou fraude, não há como desconsiderar a personalidade jurídica da associação, sem fins lucrativos, para o fim de alcançar os bens de um de seus associados, na medida em que a ré, UNI, não é uma sociedade, mas sim uma organização não governamental, sem fins lucrativos, com a finalidade social de atender os povos indígenas, dos Estados do Acre, Rondônia e Amazonas. Agravo de petição não provido. (TRT – 14ª R. – 2ª T. – Rel. Des. Carlos Augusto Gomes Lobo – DJe n. 142 – 3.8.09 – p. 3 – Processo n. 278/2008.404.14.00-4) (RDT n. 01 – Janeiro de 2010).

> Execução movida contra sociedade sem fins lucrativos — Limitações impostas ao instituto da desconsideração da personalidade jurídica. O fenômeno da desconsideração da pessoa jurídica há muito é aplicado pelo Direito do Trabalho, ocorrendo nos casos em que o empregador não oferece condições de solver seus compromissos, recaindo a responsabilidade pelo débito trabalhista aos seus respectivos sócios, depois de intentada a execução das pessoas constantes do título executivo judicial. Quando a empresa não quita os débitos trabalhistas, a presunção é de que houve má-gestão, dando lugar para responsabilização direta dos sócios. No entanto, diante do fato de a executada constituir-se em uma associação sem finalidade lucrativa, a ausência de patrimônio da entidade para adimplir o crédito trabalhista não autoriza a aplicação da teoria da desconsideração da personalidade jurídica. Isso porque, no caso de sociedade sem fins lucrativos, não se pode cogitar da presunção de má-gestão de seus dirigentes, sendo mister a comprovação de que os mesmos tenham efetivamente praticado atos com excesso de poder ou infração de lei, contrato social ou estatutos. Nesses casos, em regra, não há distribuição de lucros, bonificações ou concessão de vantagens a dirigentes, mantenedores ou associados em geral, razão pela qual a atividade exercida não atrai o incremento patrimonial dos dirigentes e associados, de modo a justificar a persecução do patrimônio particular. (TRT – 3ª R. – Turma Recursal de Juiz de Fora – Rel. Des. Marcelo Lamego Pertence – 2.12.09 – p. 180 – Processo AP n. 336/2007.052.03.00-0) (RDT n. 01 – Janeiro de 2010)

Atualmente, a moderna doutrina e a jurisprudência trabalhista encampam a chamada teoria objetiva da desconsideração da personalidade jurídica que disciplina a possibilidade de execução dos bens do sócio, independentemente de os atos destes terem violado ou não o contrato, ou de haver abuso de poder. Basta a pessoa jurídica não possuir bens para ter início a execução aos bens do sócio.

No processo do trabalho, o presente entendimento se justifica em razão da hipossuficiência do trabalhador, da dificuldade que apresenta o reclamante em demonstrar a má-fé do administrador e do caráter alimentar do crédito trabalhista.

Nesse sentido, destacamos as seguintes ementas que refletem o entendimento predominante da jurisprudência trabalhista:

> Execução – Responsabilidade do sócio. Em face da ausência de bens da sociedade para responder pela dívida trabalhista, respondem os sócios com o patrimônio pessoal, conforme preconizam os arts. 592 e 596 do CPC c/c o inciso V do art. 4º da Lei n. 6.830/80 e inciso III do art. 135 do Código Tributário Nacional, todos de aplicação subsidiária no processo do trabalho. (TRT – 15ª R. – 1ª T. – Ap. n. 26632/2003 – Rel. Eduardo B. de O. Zanella – DJSP 12.9.03 – p. 19) (RDT n. 10 – Outubro de 2003).
>
> Execução — Bens do ex-sócio — Desconsideração da personalidade jurídica da empresa. Em regra, os bens particulares do sócio não podem ser objeto de constrição, a teor do art. 596 do CPC. O Decreto n. 3.708/1919, que regulamenta o funcionamento das sociedades de responsabilidade limitada, dispõe que o sócio somente responderá pelas dívidas da sociedade, em caso de falência, quando não integralizado o capital, diante de excesso de mandato do sócio-gerente ou quando os sócios praticarem atos contrários à lei ou ao contrato. A jurisprudência trabalhista acresce a dissolução irregular da sociedade, sem o pagamento dos créditos trabalhistas. O Juízo de primeiro grau confirma que a empresa não vem honrando seus compromissos trabalhistas, dificultando o andamento de inúmeros feitos, pois não tem sido possível localizar bens disponíveis. Vale invocar a teoria do superamento da personalidade jurídica (*disregard of legal entity*), a qual permite seja desconsiderada a personalidade jurídica das sociedades de capitais, para atingir a responsabilidade dos sócios, visando a impedir a consumação de fraudes e abusos de direito cometidos através da sociedade. Aliás, aplicável, por analogia, a disposição contida no art. 28, § 5º, do Código de Defesa do Consumidor, que autoriza a desconsideração da personalidade jurídica sempre que esta constituir obstáculo ao ressarcimento de prejuízos. (TRT – 3ª R. – 2ª T. – Ap. n. 2875/97 – Relª Alice de Barros – DJMG 24.4.98 – p. 5).
>
> TERCEIRO EMBARGANTE — SÓCIO E EMPREGADO DA EMPRESA. RESPONSABILIDADE NA EXECUÇÃO. Não existe no ordenamento jurídico qualquer impedimento quanto à possibilidade de uma pessoa ocupar na mesma empresa a posição de empregado e de sócio, concomitantemente. Pela aplicação da teoria da desconsideração da personalidade jurídica, possui o agravante legitimidade para responder pela execução que se processa, ressaltando-se que a fraude de que trata o art. 50 do Código Civil restou caracterizada pelo desvio da função social da empresa, quanto às obrigações trabalhistas. (TRT/SP – 00084200704002004 – AP – Ac. 4ª T. – 20080254130 – Relª Odette Silveira Moraes – DOE 11.4.2008).
>
> TEORIA DA DESCONSIDERAÇÃO DA PERSONALIDADE JURÍDICA. FRAUDE DE EXECUÇÃO. SÓCIO. A teoria do *disregard of legal entity*, ou da desconsideração da personalidade jurídica, aponta exatamente para a possibilidade de que o Juízo, desnudando a fictícia pessoa jurídica, revele sua composição societária como passível de suportar os ônus da execução, devendo arcar os sócios, portanto, com os efeitos executórios pendentes sobre a empresa, pouco importando que esse desvelamento

tenha-se dado apenas durante a fase executória do feito, pois a pessoa jurídica da executada, que constou, exclusivamente, do polo passivo da demanda, era evidentemente composta por sócios desde o início da ação trabalhista, que, aliás, foram beneficiários da força de trabalho da ex-empregada, pelo que não se admite a tese de que o sócio seria estranho à lide, quando da alienação do bem, e que essa alienação teria ocorrido sem que configurada a hipótese prevista pelo art. 539, II, do CPC. Agravo de Petição a que nega provimento. (TRT/SP – 01017200500102002 – AP – Ac. 5ª T 20080235071 – Relª Anelia Li Chum – DOE 11.4.2008).

AGRAVO DE PETIÇÃO. DESCONSIDERAÇÃO DA PERSONALIDADE JURÍDICA. TEORIA OBJETIVA. Pela moderna doutrina trabalhista, a execução poderá alcançar os bens particulares dos sócios sempre que a empresa não apresentar patrimônio suficiente para satisfazer os débitos trabalhistas contra ela pendentes, independentemente de restar caracterizado o desvio de finalidade ou abuso de poder (TRT – 17ª R. – AC 02323.2005.132.17.00.0 – Relª. Desª. Carmen Vilma Garisto. – J. 22.3.2010).

Nesse mesmo diapasão sustenta com propriedade *Hermelino de Oliveira Santos*[50]: "a inserção da doutrina da desconsideração no direito brasileiro ocorreu naturalmente em decorrência de questões envolvendo direito societário, inclusive a levar *Rubens Requião* a significativa conferência sobre o tema, 'Abuso de direito e fraude através da personalidade jurídica', protagonizando a inserção em nosso direito positivo (art. 28 do CDC e art. 50 do CC/2002). Haveria hipóteses de aplicação dessa doutrina nos casos em que sócios e administradores da sociedade, não obstante agirem aparentemente em conformidade com a lei e seus estatutos, incorressem em utilização da pessoa jurídica, mas em prejuízo desta ou de terceiros, ou ainda dos demais sócios. O que nos parece muito claro é que a invocação da doutrina da desconsideração prescinde da análise do específico caso concreto naquelas hipóteses em que o direito positivo ainda não a disciplinou".

A desconsideração da personalidade jurídica no processo do trabalho, na fase executória, pode ser determinada de ofício pelo Juiz do Trabalho (art. 878, da CLT), independentemente de requerimento da parte, em sede de decisão interlocutória, devidamente fundamentada (art. 93, IX, da CF). Não obstante, o sócio, uma vez tendo seus bens constritados para a garantia da execução tem o direito de invocar o chamado *benefício de ordem* e requerer que primeiro sejam excutidos os bens da sociedade, mas para que tal seja possível é necessário que indique onde estão os bens, livres e desembarcados para penhora, que sejam de fácil liquidez, e obedeçam a ordem de preferência mencionada no art. 655, do CPC.

Nesse sentido é o que preconiza o art. 596, § 1º, do Código de Processo Civil:

> Os bens particulares dos sócios não respondem pelas dívidas da sociedade senão nos casos previstos em lei; o sócio, demandado pelo pagamento da dívida, tem direito a exigir que sejam primeiro excutidos os bens da sociedade.
>
> § 1º Cumpre ao sócio, que alegar o benefício deste artigo, nomear bens da sociedade, sitos na mesma comarca, livres e desembargados, quantos bastem para pagar o débito.

---

(50) SANTOS, Hermelino de Oliveira. *Desconsideração da personalidade jurídica no processo do trabalho*. São Paulo: LTr, 2003. p. 42.

O dispositivo acima consagra a responsabilidade subsidiária do sócio, pois prevê a faculdade deste invocar o benefício de ordem. Desse modo, a responsabilidade do sócio é subsidiária em face da pessoa jurídica, entretanto, a fim de dar maior garantia e solvabilidade ao crédito trabalhista, têm a doutrina e a jurisprudência, acertadamente, entendido que a responsabilidade dos sócios entre si é solidária. Sendo assim, se a pessoa jurídica tiver mais de um sócio, cada um deles responderá pela integralidade da dívida, independentemente do montante das cotas de cada um na participação societária. Aquele que pagou a dívida integralmente, pode se voltar regressivamente em face dos demais sócios.

Quanto às sociedades anônimas, é possível a responsabilização dos diretores administradores, pois detêm a administração da sociedade, não sendo possível a responsabilização dos acionistas. Nesse sentido, destaca-se a seguinte ementa:

> Sociedade anônima — Penhora de bens dos diretores, administradores e conselheiros — Possibilidade. Empresa que fecha suas portas e não salda as dívidas existentes com seus credores é, para dizer o menos, um mal gestor de seus negócios. Mais, uma empresa que celebra um acordo judicial com treze empregados, para pagamento em 4 parcelas, e susta, sem nenhuma explicação, um dos cheques emitidos para a satisfação da avença, age muito mal, e no mínimo com culpa, não só contra os credores, mas contra o próprio Estado, que com sua chancela judicial, homologou referido acordo na expectativa de ter intermediado a pacificação de um conflito. Assim sendo, e nos estreitos limites da Lei das Sociedades Anônimas, é possível a execução de bens dos diretores e administradores das sociedades anônimas em casos como o ora analisado. (TRT – 15ª R. – 2ª T. – AP n. 138/1999.126.15.00-1 – Relª Mariane Khayat – DJ 2.2.07 – p. 84) (RDT n. 04 – abril de 2007).

No mesmo diapasão dispõe o art. 158, da Lei n. 6.404/76, *in verbis*:

> O administrador não é pessoalmente responsável pelas obrigações que contrair em nome da sociedade e em virtude de ato regular de gestão; responde, porém civilmente, pelos prejuízos que causar, quando proceder: I. dentro de suas atribuições ou poderes com culpa ou dolo; II. com violação da lei ou do estatuto;
>
> (...) § 2º Os administradores são solidariamente responsáveis pelos prejuízos causados em virtude do não cumprimento dos deveres impostos pela lei para assegurar o funcionamento normal da companhia, ainda que, pelos estatutos, tais deveres não caibam a todos eles;
>
> (...) § 5º Responderá solidariamente com o administrador que, como fim de obter vantagem para si ou para outrem, concorrer para a praticado ato com violação da lei ou do estatuto.

Como destaca *José Augusto Rodrigues Pinto*[51]:

"O tratamento das duas leis é o mesmo, ou seja, a responsabilidade extensiva será determinada pela gestão patológica e ensejará a aplicação da teoria da *disregard of Coporate entity*. A distinção a considerar é do direcionamento da solidariedade: na sociedade anônima é para o administrador, uma vez que

---

(51) *Execução trabalhista:* estática – dinâmica – prática. São Paulo: LTr, 2006. p. 122.

o sócio pode chegar a ser uma simples sombra, desprovida até de identidade no universo dos acionistas, que chega a ser imenso nas grandes corporações, despertando a advertência de Romita: 'impraticável será invocar-se a responsabilidade dos acionistas — é evidente'".

Ao contrário do que sustentam parte da doutrina e jurisprudência, o sócio não precisa ser citado ou intimado da desconsideração da personsalidade jurídica, e para a apresentação de bens no prazo de 48 horas (art. 880 da CLT), uma vez que não é parte no processo, apenas responsável patrimonial secundário (art. 592, II do CPC). Por isso, ele não é incluído no polo passivo, tampouco citado ou intimado. Fracassada a execução em face da possoa jurídica, o Juiz do Trabalho poderá, expedir mandado de penhora em face dos bens do sócio ou até mesmo determinar o bloqueio de ativos financeiros deste. O sócio, tomando ciência da penhora, poderá se valer do benefício do art. 596, parágrafo primeiro do CPC e também apresentar embargos de terceiro para discutir sua responsabilidade e eventual ilegalidade da penhora.

No mesmo sentido destacamos as seguintes ementas:

> AGRAVO DE PETIÇÃO — NULIDADE DE EXECUÇÃO — CITAÇÃO – Os sócios respondem com seus bens particulares pela dívida contraída pela empresa, quando esta não dispõe de bens livres e desembaraçados para satisfazer o débito, independentemente de citação pessoal. (TRT-MS-AP- 0195/1999. AC-TP-2231/1999. Rel. Juiz Nicanor de Araújo Lima. DJ 26.11.1999, p. 88)

> Agravo de petição. Execução na pessoa do sócio. Desnecessidade de nova citação. Na insuficiência de bens da empresa executada, age corretamente a Vara de origem, quando dirige a execução ao patrimônio do sócio, sendo desnecessária a renovação do ato de citação em seu nome, pois este é legalmente responsável pelos débitos da sociedade, nos termos do art. 592, II, do CPC. Provimento negado. (TRT/SP – 00944200300902004 – AP – Ac. 12ª T. – 20090622990 – Rel. Delvio Buffulin – DOE 28.8.2009)

Nesse sentido, destaca-se o Enunciado n. 2 da 1ª Jornada Nacional deExecução Trabalhista, realizada em novembro de 2011, *in verbis*:

> PODER GERAL DE CAUTELA. CONSTRIÇÃO CAUTELAR E DE OFÍCIO DE PATRIMÔNIO DO SÓCIO DA EMPRESA EXECUTADA, IMEDIATA À DESCONSIDERAÇÃO DA PERSONALIDADE JURÍDICA DESTA. CABIMENTO. Desconsiderada a personalidade jurídica da executada para atingir o patrimônio dos sócios, em se constatando a insuficiência de patrimônio da empresa, cabe a imediata constrição cautelar de ofício do patrimônio dos sócios, com fulcro no art. 798 do Código do Processo Civil (CPC), inclusive por meio dos convênios Bacen Jud e Renajud, antes do ato de citação do sócio a ser incluído no polo passivo, a fim de assegurar-se a efetividade do processo.

## 13.3. Do sócio que se retirou da sociedade há mais de 2 anos da data do ingresso da ação

Assevera o art. 1.003 do Código Civil: "A cessão total ou parcial de quota, sem a correspondente modificação do contrato social com o consentimento dos demais sócios, não terá eficácia quanto a estes e à sociedade. Parágrafo único. Até dois anos depois de averbada a modificação do contrato, **responde o cedente solidariamente com o cessionário**, perante a sociedade e terceiros, pelas obrigações que tinha como sócio".

Conforme o referido dispositivo legal, o sócio que se retirou da sociedade não mais responde pelas dívidas desta após dois anos da data da retirada.

Questiona-se: a limitação da responsabilidade do sócio retirante há dois anos, é compatível com os princípios que norteiam o Direito Material e o Processual do Trabalho?

Parte da jurisprudência se mostra refratária à aplicação do art. 1.003 do CC ao Processo do Trabalho, argumentando que a responsabilidade do sócio retirante persiste para fins trabalhistas, mesmo após dois anos, pois se o sócio retirante estava na sociedade à época da prestação de serviço e usufruiu da mão de obra do trabalhador é justo que seu patrimônio responda pelos débitos trabalhistas. Além disso, argumentam incompatibilidade com os princípios protetor, da natureza alimentar e irrenunciabilidade do crédito trabalhista.

Nesse sentido, relevante destacar as seguintes ementas:

> EMENTA: RESPONSABILIDADE DO EX-SÓCIO. INAPLICABILIDADE DOS ARTS. 1003 E 1025 DO ATUAL CÓDIGO CIVIL. Os novos dispositivos legais previstos no atual Código Civil vigente, quais sejam os arts. 1003, parágrafo único, e 1025 do Livro II (Direito de Empresa e da Sociedade), seção II (Dos Direitos e Obrigações dos Sócios) e seção IV (Das relações com Terceiros), concernentes à responsabilidade solidária do sócio cedente de suas quotas até 2 anos após a retirada da sociedade, passaram a viger somente a partir de 10.1.2003, nos termos do art. 2044 do NCC. Tratando-se de disposições legais que versam sobre direito material, seus efeitos não retroagem para alcançar fatos já consumados sob a lei vigente à época (art. 6º da LICC). E, ainda que assim não fosse, o dispositivo em tela não se aplica à esfera trabalhista, por se tratar de crédito de natureza alimentar decorrente de serviços prestados pelo autor que beneficiaram diretamente a empresa e seus sócios, que não podem se eximir da responsabilidade por sua devida satisfação. Assim, mantém-se a responsabilidade daquele que foi sócio à época de prestação de serviços pelo exequente, ingressando no polo passivo da execução em andamento, em face da desconsideração da personalidade jurídica" (TRT – 2ª R. – Ap 02472199603102005 – (AC. 4ª T. – 20080538619) – Rel. Ricardo Artur Costa e Trigueiros. DOE/SP 27.6.08. In: Irany Ferrari e Melchíades Rodrigues Martins. *Suplementos de Jurisprudência* n. 42/2008. São Paulo: LTr, 2008).

> Desconsideração da personalidade jurídica — Sócio retirante — Responsabilidade. Ainda que seja induvidosa a possibilidade dos sócios responderem por créditos trabalhistas quando a empresa não tenha condições de fazê-lo, há que se respeitar limites impostos pela razoabilidade. O sócio deve ter se beneficiado da mão de obra do trabalhador, ao menos durante parte do contrato de trabalho, o que equivale a afirmar que responde quando sua saída do quadro social ocorre durante ou após o encerramento do vínculo de emprego. Em contrapartida, o sócio que se retirou antes mesmo do início da prestação de serviços, não pode ser responsabilizado por débitos trabalhistas da empresa em relação a esse contrato. Agravo de petição

do executado a que se dá provimento para limitar sua responsabilidade até a data da saída da sociedade. (TRT – 9ª R. – Seção Especializada – Relª Desª Marlene T. Fuverki Suguimatsu – 4.9.09 – Processo n. 1346/1992.661.09.00-2) (RDT n. 11 – novembro de 2009)

Outros argumentam que o art. 1.003 do CC se aplica integralmente ao processo do trabalho, em razão de omissão da CLT e compatibilidade com os princípios que regem a execução trabalhista, máxime os da dignidade da pessoa humana do executado e meios menos gravosos da execução (arts. 769 e 889, da CLT). Nesse sentido, destaca-se a seguinte ementa:

> O sócio que se desliga da empresa não pode mais, a partir de então, continuar arcando com responsabilidades pecuniárias atinentes a ela, exceto quanto ao período anterior em que permaneceu como sócio. (TRT – 2ª T. – 1ª T. – Ac. n. 20970206000 – Rel. Braz José Mollica – DJSP 19.5.97 – p. 54).

Nesse sentido é a visão de *Pedro Paulo Teixeira Manus*[52]:

> "(...) Podemos afirmar que, abstratamente, o ex-sócio, após dois anos da averbação da alteração contratual por sua retirada da sociedade não mais responde pelas obrigações sociais. Todavia, no caso concreto, pode vir alguém a ser responsabilizado após tal lapso, se se constatar que a dívida com o empregado existia à época em que este ex-sócio pertencia à sociedade. Constatada a impossibilidade de se satisfação do débito pela sociedade e pelos atuais sócios, pode este vir a ser chamado à responsabilidade".

No nosso sentir, o art. 1.003 do Código Civil se aplica ao Processo do Trabalho, por conter um critério objetivo e razoável de delimitação da responsabilidade do sócio retirante. Não obstante, em casos de fraude ou de notória insolvência da empresa ao tempo da retirada, a responsabilidade do sócio retirante deve persistir por prazo superior a dois anos.

Por outro lado, a experiência nos tem demonstrado que muitos sócios deixam a sociedade quando ela tem dívidas trabalhistas ou está prestes a sofrer execuções trabalhistas que possam levá-la à insolvência. Em razão disso, pensamos que o sócio retirante, pelo princípio da boa-fé objetiva que deve nortear os negócios jurídicos, ao sair da sociedade, deve retirar certidões que comprovem a inexistência de dívidas trabalhistas à época da saída, ou que, mesmo elas existentes, a sociedade têm patrimônio suficiente para quitá-las. Caso contrário, a responsabilidade do sócio retirante persistirá mesmo após dois anos contados da data da saída.

Nesse sentido, destacam-se as seguintes ementas:

> Execução — Inexistência de bens da empresa executada — Responsabilidade do ex--sócio — Limites. Conforme se depreende do preceito contido no art. 1.032 do CCB, aplicável ao Direito do Trabalho por força do art. 8º da CLT, a responsabilidade do ex-sócio limita-se às obrigações sociais anteriores à averbação da alteração contratual

---

(52) MANUS, Pedro Paulo Teixeira. *Execução de sentença no processo do trabalho*. 2. ed. São Paulo: Atlas, 2005. p. 102.

referente a sua retirada do quadro societário da empresa, não podendo ser responsabilizado por obrigação posteriormente contraída pela sociedade. (TRT – 3ª R. – 2ª T. – AP n. 1331/1999.109.03.00-0 – Rel. João Bosco P. Lara – DJ 24.1.07 – p. 15) (RDT n. 03 – março de 2007).

AGRAVO DE PETIÇÃO — RESPONSABILITADE DO SÓCIO RETIRANTE. A responsabilidade do sócio que se retira da sociedade é limitada a dois anos a partir da sua saída. Regra jurídica já existente no art. 5º, parágrafo único, do Decreto-lei n. 7.661/45 e renovada no art. 1.032 do Código Civil. Sócio que não integrava o quadro societário da reclamada no período em que o reclamante prestou serviços não responde pelos débitos desta. Agravo provido. (TRT/SP – 00991003519945020202 – AP – Ac. 12ª T. 20110218510 – Rel. Francisco Ferreira Jorge Neto – DOE 4.3.2011)

## 13.3.1. Teoria inversa da desconsideração da personsalidade jurídica

A moderna doutrina, diante dos princípios da boa-fé objetiva e da função social da atividade empresarial, tem defendido a aplicação da teoria *inversa da desconsideração da personalidade jurídica*. Vale dizer: responsabilizar o patrimônio da pessoa jurídica, por atos praticados por seus dirigentes de forma abusiva ou ilícita, por intepretação evolutiva e teleológica dos já citados arts. 50 do Código Civil e 28 do Código de Defesa do Consumidor.

Conforme *Fábio Konder Comparato*[53]:

"Aliás, a desconsideração da personalidade jurídica não atua apenas no sentido da responsabilidade do controlador por dívidas da sociedade controlada, mas também em sentido inverso, ou seja, no da responsabilidade desta última por atos do seu controlador. A jurisprudência americana, por exemplo, já firmou o princípio de que os contratos celebrados pelo sócio único, ou pelo acionista largamente majoritário, em benefício da companhia, mesmo quando não foi a sociedade formalmente parte do negócio, obrigam o patrimônio social, uma vez demonstrada a confusão patrimonial de facto".

A presente teoria se aplica ao processo do trabalho (arts. 769 e 889, da CLT), pois tem por objetivo fixar maior garantia de solvabilidade do crédito trabalhista.

Nesse sentido, decidiu, recentemente, de forma brilhante, o Superior Tribunal de Justiça, cuja ementa vale ser transcrita:

PROCESSUAL CIVIL E CIVIL. RECURSO ESPECIAL. EXECUÇÃO DE TÍTULO JUDICIAL. ART. 50 DO CC/02. DESCONSIDERAÇÃO DA PERSONALIDADE JURÍDICA INVERSA. POSSIBILIDADE. I – A ausência de decisão acerca dos dispositivos legais indicados como violados impede o conhecimento do recurso especial. Súmula n. 211/STJ. II – Os embargos declaratórios têm como objetivo sanear eventual obscuridade, contradição ou omissão existentes na decisão recorrida. Inexiste ofensa ao art. 535 do CPC, quando o Tribunal *a quo* pronuncia-se de forma clara e precisa sobre a questão posta nos autos, assentando-se em fundamentos suficientes para embasar a decisão, como ocorrido na espécie. III – A desconsideração inversa da personalidade

---

(53) *O poder de controle na sociedade anônima*. Rio de Janeiro: Forense, 2008. p. 464.

jurídica caracteriza-se pelo afastamento da autonomia patrimonial da sociedade, para, contrariamente do que ocorre na desconsideração da personalidade propriamente dita, atingir o ente coletivo e seu patrimônio social, de modo a responsabilizar a pessoa jurídica por obrigações do sócio controlador. IV – Considerando-se que a finalidade da *disregard doctrine* é combater a utilização indevida do ente societário por seus sócios, o que pode ocorrer também nos casos em que o sócio controlador esvazia o seu patrimônio pessoal e o integraliza na pessoa jurídica, conclui-se, de uma interpretação teleológica do art. 50 do CC/02, ser possível a desconsideração inversa da personalidade jurídica, de modo a atingir bens da sociedade em razão de dívidas contraídas pelo sócio controlador, conquanto preenchidos os requisitos previstos na norma. V – A desconsideração da personalidade jurídica configura-se como medida excepcional. Sua adoção somente é recomendada quando forem atendidos os pressupostos específicos relacionados com a fraude ou abuso de direito estabelecidos no art. 50 do CC/02. Somente se forem verificados os requisitos de sua incidência, poderá o juiz, no próprio processo de execução, "levantar o véu" da personalidade jurídica para que o ato de expropriação atinja os bens da empresa. VI – À luz das provas produzidas, a decisão proferida no primeiro grau de jurisdição, entendeu, mediante minuciosa fundamentação, pela ocorrência de confusão patrimonial e abuso de direito por parte do recorrente, ao se utilizar indevidamente de sua empresa para adquirir bens de uso particular. VII – Em conclusão, a r. decisão atacada, ao manter a decisão proferida no primeiro grau de jurisdição, afigurou-se escorreita, merecendo assim ser mantida por seus próprios fundamentos. Recurso especial não provido. (STJ – REsp n. 948.117/MS, Recurso especial T3 – 3ª T. – 2007/0045262-5. Ministra Nancy Andrigui – j. 22.6.2010 – DJe 3.8.2010)

## *13.4. Bens do cônjuge*

Assevera o art. 592 do CPC, no inciso IV, que os bens *do cônjuge, nos casos em que os seus bens próprios, reservados ou de sua meação respondem pela dívida*.

Os bens do cônjuge respondem pelas dívidas, uma vez que há presunção de que as dívidas contraídas pelo outro cônjuge foram em benefício do casal, máxime se um deles exercer atividade econômica.

Na esfera do Processo do Trabalho a responsabilidade do cônjuge se justifica em razão da proteção do crédito trabalhista quando a empresa não apresenta bens que solucionem a execução, decorrente da atividade do sócio da empresa ser em benefício do casal e, na maioria das vezes, todos os bens estarem em nome do casal ou do outro cônjuge que não é sócio da empresa.

Conforme assevera *Valentin Carrion*[54]:

"Os bens do cônjuge estão sujeitos à execução, nos casos em que respondem pela dívida (CPC, art. 592). Mesmo que o art. 246 do CC de 1916 não tenha correspondente no CC de 2002, a meação de qualquer dos cônjuges continua

---

(54) CARRION, Valentin. *Comentários à Consolidação das Leis do Trabalho*. 30. ed. São Paulo: Saraiva, 2005. p. 736-737.

preservada e não responde pela dívida, do outro; só a dívida para a economia doméstica (CC, art. 1.643) é solidária. O CPC, art. 1.046, autoriza os embargos para defesa da meação. Entretanto, é de presumir-se que o produto da atividade empresarial sempre é usufruído por ambos os cônjuges; o contrário necessita de prova".

Não obstante, o cônjuge pode conseguir derrubar a presunção de que foi beneficiado pelas dívidas contraídas pelo outro. Para tanto, deve ser intimado sobre a penhora, e poderá opor embargos à execução invocando vício da penhora e também embargos de terceiro, visando à liberação dos bens próprios ou reservados, conforme o art. 1.046, § 3º do CPC[55].

Nesse sentido, argumenta com propriedade *Francisco Antonio de Oliveira*[56]: "Segundo o melhor entendimento, para que o cônjuge possa ter sucesso, é mister demonstrar que a dívida contraída pela sociedade (executada) não reverteu em prol da manutenção do sustento familiar, demonstrando, *v. g.*, a existência de rendas outras que serviram de suporte da manutenção da família. *A contrario sensu* deverão responder pelos créditos trabalhistas os bens do casal sempre que o cônjuge meeiro não demonstrar que a renda usufruída da sociedade não foi destinada à manutenção da família".

No mesmo diapasão vem se alinhando a jurisprudência, conforme as seguintes ementas:

> Penhora casal — Bem móvel — Meação. Somente havendo prova de que os bens constritos foram adquiridos através de recursos próprios decorrentes dos rendimentos do trabalho exclusivo do recorrente, é que se pode desconstituir a presunção de que foram adquiridos pelo casal, fruto de economia comum. E porque não demonstrado, de forma insofismável, que a dívida contraída pela empresa, executada, da qual são sócios marido e mulher, não se reverteu em benefício dele ou de sua família, há que se presumir o que ordinariamente acontece: o marido beneficia-se da atividade empresarial de sua esposa, pelo que deve responder com os seus bens pelas obrigações daí advindas. (TRT – 3ª R. – 8ª T. – AP n. 425/2003.108.03.00-2 – Rel. José M. de Campos – DJMG 9.8.03 – p. 17)

> Responsabilidade dos bens do cônjuge. As dívidas trabalhistas resultantes do exercício empresarial da mulher são comunicáveis ao seu cônjuge, uma vez que, presumivelmente, foram contraídas em benefício da família. O contrário requer prova. (TRT – 3ª R. – 5ª T. – AgP n. 3.093/96 – Rel. Juiz Marcos Calvo – DJMG 10.5.97 – p. 9)

> Meação — Possibilidade de preservação. Em regra, os bens do cônjuge respondem pelos débitos trabalhistas, exceto se demonstrado que o produto auferido pelo executado não reverteu em prol da manutenção familiar. (TRT – 3ª R. – 6ª T. – RO n. 589/2006.079.03.00-1 – Rel. Ricardo Antônio Mohallem – DJ 19.10.06 – p. 13)

---

(55) Art. 1.046, § 3º do CPC: "Considera-se também terceiro o cônjuge quando defende a posse de bens dotais, próprios, reservados ou de sua meação"

(56) OLIVEIRA, Francisco Antonio de. *Execução na Justiça do Trabalho*. 5. ed. São Paulo: RT, 2006. p. 169.

## 13.5. Da responsabilidade do devedor subsidiário

Segundo os ensinamentos da doutrina, a responsabilidade subsidiária é secundária, pois primeiro há que se esgotarem os meios de satisfação da dívida com o devedor principal, para atingir o patrimônio do devedor subsidiário.

Nesse sentido destacamos as seguintes ementas:

> Execução — Condenação subsidiária. Somente após a comprovação da insolvência do devedor principal, e afastado fundamentadamente o benefício da excussão devidamente articulado, pode ser executado o responsável subsidiário. (TRT – 12ª R. – 1ª T. – Ac. n. 4655/2000 – Rel. Juiz Luiz Fernando Cabeda – DJSC 31.5.2000 – p. 270)

> Execução definitiva contra devedor subsidiário. Provado nos autos que foram esgotadas, sem sucesso, as tentativas para executar a devedora principal, cujo estado de insolvência se evidencia pela desativação de suas instalações e inexistência de bens aptos à garantir a execução definitiva, deve ela prosseguir contra a devedora subsidiária. Registre-se, por relevante, que se trata de procedimento sumaríssimo e a devedora subsidiária, ora agravante, ao ter os seus bens penhorados, não invocou o benefício de ordem, deixando de indicar bens do devedor principal hábeis à penhora, o que convalida a constrição realizada. Agravo de petição não provido. (TRT – 15ª R. – 2ª T. – APPS n. 2392/1999.023.15.00-7 – Rel. Samuel C. Leite – DJSP 30.9.05 – p. 37)

Ao contrário do que vem sustentando a jurisprudência predominante, pensamos que não há necessidade de primeiro se esgotarem os meios de execução em face do devedor principal, podendo inclusive a execução se iniciar em face do devedor subsidiário, pois este tem a faculdade de invocar o benefício de ordem exigindo que a execução se inicie em face do devedor principal; para tanto deve declinar onde estão os bens do devedor principal (art. 596, § 1º, do CPC).

De outro lado, ainda que se entenda que a execução deve, necessariamente, se iniciar pelo devedor principal, não há necessidade de se esgotarem os meios executivos em face dele, pois o fato de ser citado ou intimado para pagar e não quitar a dívida, já há a mora do devedor principal, o que justifica o prosseguimento da execução em face do devedor subsidiário. Nesse sentido é o que preconiza o art. 580 do Código de Processo Civil, que se aplica ao Processo do Trabalho por força dos arts. 769 e 889, da CLT, *in verbis*:

> A execução pode ser instaurada caso o devedor não satisfaça a obrigação certa, líquida e exigível, consubstanciada em título executivo.

Nesse diapasão, destacamos as seguintes ementas:

> Execução — Devedor subsidiário. O inadimplemento da obrigação trabalhista, pelo devedor principal, por si só, enseja a possibilidade de execução, contra o devedor subsidiário. A subsidiariedade, somente, permite aos corresponsáveis a garantia de exigir o benefício de ordem, caso nomeiem bens livres e desembaraçados do devedor principal, situados no mesmo município e suficientes para solver o débito, nos termos do disposto nos arts. 827 do Código Civil, 595 do Código de Processo Civil, e 4º, § 3º, da Lei n. 6.830/80. (TRT – 3ª R. – 1ª T. – AP n. 118/1995.016.03.00-7 – Relª Adriana G. de Sena – DJMG 1º.9.04 – p. 6)

Execução de devedor subsidiário — Benefício de ordem — Inaplicabilidade. Para que o devedor subsidiário possa ser executado não é preciso que os bens do devedor principal sejam excutidos primeiro. É que o Enunciado n. 331, IV, do TST, criou condição praticamente idêntica à prevista no art. 455 da CLT, vale dizer, basta o inadimplemento da obrigação pelo devedor principal para se poder iniciar a execução contra o devedor subsidiário. Caso contrário, estar-se-ia transferindo para o hipossuficiente ou para o Juízo da execução trabalhista o ônus de localizar os bens particulares do devedor principal, providência muitas vezes inócua e que deságua na procrastinação desnecessária da satisfação do crédito de natureza alimentar do exequente. (TRT – 3ª R. – 3ª T. – Ap. n. 280/2002 – Rel. Paulo Maurício R. Pires – DJMG 19.3.2002 – p. 17)

FALÊNCIA DA DEVEDORA PRINCIPAL. POSSIBILIDADE DE REDIRECIONAMENTO DA EXECUÇÃO CONTRA A DEVEDORA SUBSIDIÁRIA MESMO SEM A PRÉVIA HABILITAÇÃO DO CRÉDITO E SEM A TENTATIVA DE EXECUÇÃO DOS BENS DOS SÓCIOS DA EMPRESA FALIDA. É cediço que o devedor subsidiário só pode ser responsabilizado pelo débito após o esgotamento das possibilidades de recebimento do devedor principal. Contudo, a decretação da falência deste dá outros contornos ao aludido esgotamento, porquanto torna patente o seu estado de insolvência e faz presumir as reduzidas possibilidades de sucesso na execução. Nesse caso, autoriza-se o redirecionamento da execução contra o devedor subsidiário, mesmo sem a prévia habilitação do crédito do obreiro e sem a tentativa de execução dos sócios da devedora principal. (TRT/SP – 02903009720055020024 (02903200502402007) – AP – Ac. 8ª T. 20110295646 – Relª. Silvia Almeida Prado – DOE 18.3.2011)

Nesse sentido também dispõe o Enunciado n. 7 da 1ª Jornada Nacional de Execução trabalhista, realizada em novembro de 2011, *in verbis*:

EXECUÇÃO. DEVEDOR SUBSIDIÁRIO. AUSÊNCIA DE BENS PENHORÁVEIS DO DEVEDOR PRINCIPAL. INSTAURAÇÃO DE OFÍCIO. A falta de indicação de bens penhoráveis do devedor principal e o esgotamento, sem êxito, das providências de ofício nesse sentido autorizam a imediata instauração da execução contra o devedor subsidiariamente corresponsável, sem prejuízo da simultânea desconsideração da personalidade jurídica do devedor principal, prevalecendo entre as duas alternativas a que conferir maior efetividade à execução.

Doutrina de jurisprudência têm exigido que o devedor subsidiário tenha constatado no título executivo para que seus bens possam responder pela execução em caso de inadimplemento do devedor principal.

Nesse sentido, dispõe o inciso IV da Súmula n. 331, do Tribunal Superior do Trabalho:

O inadimplemento das obrigações trabalhistas, por parte do empregador, implica a responsabilidade subsidiária do tomador dos serviços, quanto àquelas obrigações, inclusive quanto aos órgãos da administração direta, das autarquias, das fundações públicas, das empresas públicas e das sociedades de economia mista, desde que hajam participado da relação processual e constem também do título executivo judicial. (art. 71 da Lei n. 8.666, de 21.6.1993)

A jurisprudência predominante, inclusive o citado verbete sumular do TST exigem que o devedor subsidiário, para que possa ter seus bens constritos em eventual execução trabalhista, deva ter participado da fase de conhecimento, resguardando-se os contraditório e ampla defesa (art. 5º, LV, da CF).

Caso o empregado não tenha movido a ação trabalhista apenas em face do responsável principal, há a possibilidade, de ingressar com ação declaratória de responsabilização do devedor subsidiário, nos termos do art. 4º, do CPC, que assim dispõe:

> O interesse do autor pode limitar-se à declaração: I – da existência ou da inexistência de relação jurídica; II – da autenticidade ou falsidade de documento. Parágrafo único. É admissível a ação declaratória, ainda que tenha ocorrido a violação do direito.

O Tribunal Superior do Trabalho, entretanto, fixou entendimento de não ser possível ação declaratória autônoma em face do tomador para atribuição de responsabilidade subsidiária, por restrição ao contrário e à ampla defesa.

No aspecto, valem ser transcritas as seguintes ementas:

> EMBARGOS EM RECURSO DE REVISTA. ACÓRDÃO PUBLICADO NA VIGÊNCIA DA LEI N. 11.496/2007. RESPONSABILIDADE SUBSIDIÁRIA. AJUIZAMENTO DE AÇÃO AUTÔNOMA APENAS CONTRA O TOMADOR DE SERVIÇOS. IMPOSSIBILIDADE. EVOLUÇÃO DA JURISPRUDÊNCIA DESTA E. SUBSEÇÃO. Cinge-se a controvérsia a se saber se é ou não possível que o Reclamante, após o ajuizamento de uma primeira ação contra seu empregador, já transitada em julgado, proponha novo feito apenas contra o tomador de serviços, pretendendo sua responsabilidade subsidiária. Embora a jurisprudência desta e. Subseção tenha, em um primeiro momento, admitido essa possibilidade (TST-E-A-ED-RR-536400-73.2005.5.09.0011, Rel. Min. Aloysio Corrêa da Veiga, DJU de 29.6.2007), evoluiu para o sentido inverso, estando hoje inclinada no mesmo sentido do v. acórdão ora embargado, a saber, de que tal procedimento afrontaria a coisa julgada produzida na primeira ação, e atentaria contra o direito do tomador de serviços à ampla defesa e ao contraditório. Precedentes. Ressalva de entendimento do Relator. Recurso de embargos não provido. (Embargos em Embargos de Declaração em Recurso de Revista n. TST-E-ED-RR-597600-81.2005.5.09.0011, em que é Embargante Pedro Freitas Ergang e Embargado Banco do Brasil S.A. Brasília, 25 de novembro de 2010. Relator Ministro Horácio Senna Pires)

> AÇÃO AUTÔNOMA PARA ATRIBUIR A RESPONSABILIDADE SUBSIDIÁRIA AO TOMADOR DE SERVIÇOS APÓS O TRÂNSITO EM JULGADO DA DECISÃO PROFERIDA NA AÇÃO CONTRA O EMPREGADOR. 1. A teor da jurisprudência desta Corte, concentrada no item IV da Súmula n. 331, o inadimplemento das obrigações trabalhistas, por parte do empregador, implica a responsabilidade subsidiária do tomador dos serviços, quanto àquelas obrigações, inclusive quanto aos órgãos da administração direta, das autarquias, das fundações públicas, das empresas públicas e das sociedades de economia mista, desde que hajam participado da relação processual e constem também do título executivo judicial (art. 71 da Lei n. 8.666, de 21.6.1993). 2. Uma vez transitada em julgado decisão proferida na ação proposta apenas contra o prestador dos serviços, atenta contra o direito de defesa do tomador dos serviços, decisão proferida em ação autônoma atribuindo responsabilidade subsidiária a este, uma vez que não integrou a relação processual da primeira ação. Recurso de Embargos de que se conhece e a que se nega provimento (E-RR-261/2006-011-09-00.8, Redator Ministro João Batista Brito Pereira, Subseção I Especializada em Dissídios Individuais, DEJT 13.11.2009).

Em que pesem o respeito que merecem os entendimentos em sentido contrário, pensamos ser possível o chamamento do devedor subsidiário na fase de execução, ainda que ele não tenha integrado a fase de conhecimento.

Com efeito, o devedor subsidiário tem responsabilidade patrimonial segundária. Seus bens podem estar sujeitos à execução. Não se trata de responsabilidade processual e sim, patrimonial. Além disso, nos casos de responsabilidade subsidiária, como ocorre nos casos de contratação de empresas de prestação de serviços, o responsável não é o empregador e não sabe, ordinariamente, dos fatos da relação de emprego. Sua defesa, se restringe à discussão da responsabilidade subsidiária. Desse modo, o devedor subsidiário pode ser chamado a responder na fase executiva, ainda que não tenha participado da fase de conhecimento. Uma vez penhorados seus bens, ele poderá invocar o benefício de ordem, nos termos do art. 596, § 1º, da CLT e também discutir sua responsabilidade em sede de embargos de terceiro (art. 1.046 do CPC).

O presente entendimento prestigia a solvabilidade do crédito trabalhista, propicia o aperfeiçoamento do instituto da responsabilidade subsidiária e propicia um acesso mais efetivo do trabalhador à Justiça do Trabalho.

Nesse sentido, concordamos com os sólidos argumentos lançados por *Júlio César Bebber*[57], abaixo transcritos:

> "Embora a coisa julgada, em princípio, esteja restrita às partes, deve-se admitir que a sentença irradia efeitos que podem atingir as relações de terceiros com algum dos litigantes. E tanto é assim que os terceiros podem intervir no processo (através da assistência, da intervenção de terceiros), estando, inclusive, legitimados para interpor recursos (CPC, art. 499) e a ajuizar ação rescisória (CPC, art. 487, inciso II). No caso do responsável subsidiário (v. g., empresa tomadora de serviços), a relação que restará atingida pelos efeitos da sentença é a por ele mantida com o devedor (v. g., empresa prestadora de serviços). Apenas essa relação sob ameaça de prejuízo pode ser objeto de discussão pelo devedor subsidiário, não lhe sendo lícito ofertar contestação relativa à relação de emprego, uma vez que dela não faz parte. Se a defesa do responsável subsidiário, portanto, está limitada à responsabilidade: a) sua presença no processo de conhecimento é dispensável; b) nada impede que seja discutida incidentalmente em sede de embargos de terceiro (CPC, art. 1.046), quando se efetivar a apreensão de bens. O direcionamento dos fatos executivos em face do responsável subsidiário que não consta do título executivo, portanto, não infringe os limites subjetivos da coisa julgada, nem os princípios do devido processo legal e do contraditório".

## 13.6. Responsabilidade da empresa do mesmo grupo econômico que não participou da fase de conhecimento

Assevera o art. 2º, § 2º, da CLT: "Sempre que uma ou mais empresas, tendo, embora, cada uma delas personalidade jurídica própria, estiverem sob a direção,

---

(57) BEBBER, Júlio César. *Processo do trabalho:* temas atuais. São Paulo: LTr, 2003. p. 181.

controle ou administração de outras, constituindo grupo industrial, comercial ou de qualquer outra atividade econômica, serão, para os efeitos da relação de emprego, solidariamente responsáveis.

Há discussões na doutrina e jurisprudência sobre ser a solidariedade que decorre do grupo econômico, além de passiva, conforme previsto textualmente no citado dispositivo legal, também ativa.

Pensamos, com suporte em sólida doutrina, que o grupo econômico constitui empregador único, sendo a solidariedade, que dele decorre, ativa e passiva, vez que o trabalho do empregado de qualquer uma das empresas beneficia todo o grupo.

Nesse sentido ensina *Octavio Bueno Magano*[58]:

"A apontada ideia de empregador único corresponde à concepção do empregador real, contraposto ao empregador aparente, consoante a qual a existência daquele fica geralmente encoberta pelo véu da personalidade jurídica atribuída a cada uma das empresas do grupo, ressurgindo, porém, toda vez que se levante o mesmo véu, *lifting the corporate veil*, para satisfazer tal ou qual interesse, como o da representação de trabalhadores no âmbito do grupo (...)".

Nesse sentido é a Súmula n. 129 do C. TST, *in verbis*:

> CONTRATO DE TRABALHO. GRUPO ECONÔMICO — A prestação de serviços a mais de uma empresa do mesmo grupo econômico, durante a mesma jornada de trabalho, não caracteriza a coexistência de mais de um contrato de trabalho, salvo ajuste em contrário.

Num primeiro momento, a jurisprudência consagrou o entendimento no sentido de que a empresa do grupo econômico que não participou da fase de conhecimento não poderia ser responsabilizada na fase de execução, conforme a Súmula n. 205 do C. TST, hoje cancelada, que assim dispunha:

> GRUPO ECONÔMICO. EXECUÇÃO. SOLIDARIEDADE — CANCELADA — Res. n. 121/2003, DJ 21.11.2003 — O responsável solidário, integrante do grupo econômico, que não participou da relação processual como reclamado e que, portanto, não consta no título executivo judicial como devedor, não pode ser sujeito passivo na execução.

Mesmo na vigência da referida Súmula, entendemos em sentido contrário, pois o grupo econômico constitui empregador único e a solidariedade é instituto de natureza econômica e não processual. Além disso, não havia prejuízo à empresa do grupo que não tivesse participado da fase de conhecimento, pois o direito de defesa havia sido exercido pela outra empresa do grupo que participou. Felizmente, a Súmula foi cancelada, atendendo à moderna doutrina e à jurisprudência mais recente, conforme se constata da redação das seguintes ementas:

> Grupo econômico — Execução. Não sendo possível a localização da reclamada ou de seus sócios, inexiste óbice para a responsabilização de outra empresa integrante do mesmo grupo econômico, na condição de devedora solidária, por força do que

---

(58) MAGANO, Octavio Bueno. *Os grupos de empresas no direito do trabalho*. São Paulo: RT, 1979. p. 263.

dispõe o art. 2º, § 2º, da CLT, independentemente de ter participado ou não da relação processual, entendimento que se fortalece com o cancelamento da Súmula n. 205 do TST, pela Resolução n. 121/2003. (TRT – 3ª R. – 1ª T. – AP n. 560/1999.106.03.00-8 – Rel. Rogério Valle Ferreira – DJMG 3.2.06 – p. 3)

> Execução — Terceiro alheio à lide — Grupo econômico — Responsabilidade pelos créditos trabalhistas. A proibição legal é de que a execução se processe contra terceiro inteiramente alheio à lide e não contra aqueles que por atos formais buscam afastar-se providencialmente a ela. No caso, as três empresas e mais Emitur Empresa Ita de Turismo Ltda. têm como sócia única, detentora da totalidade do capital social de todas elas, a empresária do setor Dalva Camilo Diniz. Todas dedicando-se ao mesmo e único objeto social, o transporte urbano de passageiros. Tendo sido o empregado transferido de uma para outra empresa e tendo sido o bem penhorado no endereço da Excda., segundo informações não impugnadas nos autos. Tudo indicando mais do que a existência de grupo, com empresas distintas e estanques embora sob orientação de um dono só, a total integração de todas no negócio único da empresária, que o dirige e faz atuar como um todo, embora os desmembramentos meramente formais e jurídicos que, nesse caso, não se prestam para ponto de apoio à fuga das responsabilidades. (TRT – 3ª R. – 3ª T. – Ap. n. 1547.2003.105.03.00-7 – Rel. Paulo Araújo – DJMG 15.6.04 – p. 15)

> Grupo econômico familiar — Redirecionamento da execução — Responsabilização de sócia. Comprovada a existência de grupo econômico familiar, sem que as empresas condenadas no título executivo tenham efetuado o pagamento ou garantido a execução, afigura-se regular o seu redirecionamento em desfavor de pessoa física que, apesar de não constar do quadro societário de todas as demandadas, figura ou figurou como sócia de algumas delas. Agravo de petição da executada a que se nega provimento. (TRT – 9ª R. – Seção Especializada – Rel. Des. Rubens Edgard Tiemann – 2.2.10 – Processo n. 8957/2004.015.09.00-6) (RDT n. 2 – fevereiro de 2010).

No mesmo sentido é o Enunciado n. 3 da 1ª Jornada Nacional de Execução Trabalhista, realizada em novembro de 2011, *in verbis*:

> EXECUÇÃO. GRUPO ECONÔMICO. Os integrantes do grupo econômico assumem a execução na fase em que se encontra.

Como a responsabilidade das empresas do grupo é solidária, o credor trabalhista pode, na execução, optar que esta prossiga em face de qualquer das empresas do grupo. Nesse sentido, destacamos as seguintes ementas:

> Execução — Responsabilidade solidária. Em se tratando de responsabilidade solidária, é dado ao credor exigir e receber o total da dívida de qualquer um dos devedores solidários — art. 904 do CCB. (TRT – 15ª R. – SE – Ac. n. 20061/2000 – Rel. Luiz Antônio Lazarim – DJSP 12.0.2000 – p. 15)

> Responsabilidade solidária — Execução. Em se tratando de responsabilidade solidária, o credor pode cobrar a dívida toda de qualquer um dos devedores, independentemente da capacidade patrimonial de cada um deles. A escolha do credor é livre e ao devedor solidário que pagar sozinho o débito poderá cobrar do outro eventual prejuízo, porém perante o foro competente. (TRT – 3ª R. – 2ª T. – Ap. n. 587/2002 – Rel. Hegel de B. Boson – DJMG 5.4.2002 – p. 15)

## 14. Da fraude de execução no Processo do Trabalho

Assevera o art. 593 do CPC:

> Considera-se em fraude de execução a alienação ou oneração de bens: I – quando sobre eles pender ação fundada em direito real; II – quando, ao tempo da alienação ou oneração, corria contra o devedor demanda capaz de reduzi-lo à insolvência; III – nos demais casos expressos em lei.

Nas palavras de *Cândido Rangel Dinamarco*[59] a fraude de execução *é ato de rebeldia à autoridade estatal exercida pelo juiz no processo.*

Caracteriza-se a fraude de execução quando o devedor, diante de uma lide pendente, onera ou grava bens, sem ficar com patrimônio suficiente para quitar a dívida.

A declaração da fraude de execução destina-se a neutralizar as alienações ou onerações de bens por parte do executado, quando houver ação pendente, sem ficar com patrimônio suficiente para solucionar o processo, tendo por objetivo assegurar a efetividade processual, a dignidade da justiça e o efetivo recebimento do crédito consagrado no título executivo.

A fraude de execução, por ser um instituto de ordem pública, destinada a resguardar a dignidade do processo e efetivação da jurisdição, pode ser reconhecida de ofício pelo Juiz, inclusive em sede de embargos de terceiro. Não há necessidade de ação própria, pois o Juiz reconhecerá a fraude incidentalmente, nos próprios autos da execução. Também a fraude independe de estar o terceiro adquirente do bem de boa ou má-fé.

Não se confunde a fraude de execução, que é instituto de direito processual com o tipo penal de fraude à execução, prevista no art. 179 do Código Penal que assim dispõe: "Fraudar a execução, alienando, desviando, destruindo ou danificando bens, ou simulando dívidas". Não obstante, a fraude de execução praticada no processo, conforme a gravidade da conduta do executado, poderá configura o delito penal de fraude à execução.

O ato praticado em fraude de execução, não é nulo, nem anulável, tampouco inexiste, é ineficaz em face do processo, ou seja, é como se não tivesse sido praticado, embora entre terceiros ela seja eficaz. Como bem adverte *Araken de Assis*[60], "o ato fraudulento, ineficaz, apesar de existente e válido entre seus figurantes, é como se inexistisse para o credor que poderá requerer e obter a penhora da coisa, transmitida ou gravada a terceiro (art. 593, *caput*), como se ainda estivesse presente no patrimônio do executado. Mais do que sutil jogo de palavras, a ineficácia se apresenta vantajosa para o credor prejudicado, comparativamente às dificuldades do regime normal: o juiz declarará a fraude, incidentalmente, nos próprios autos da execução".

---

(59) DINAMARCO, Cândido Rangel. *Execução civil*. 3. ed. São Paulo: Malheiros, 1993. p. 186.
(60) ASSIS, Araken. *Comentários ao Código de Processo Civil*. v. VI. Rio de Janeiro: Forense, 2001. p. 225.

O inciso I do art. 593 não se aplica ao Direito Processual do Trabalho, pois a Justiça do Trabalho não detém competência material para ações fundadas em direito real. Nesse sentido é a visão de *Manoel Antonio Teixeira Filho*[61], "no processo do trabalho não há lugar para a fraude de execução baseada neste inciso, que pressupõe a existência de litígio acerca dos bens, de natureza real *(ius in re)*, e que estes venham a ser alienados ou onerados pelo devedor. Justamente para prevenir eventual terceiro adquirente é que se tem exigido a inscrição da citação do réu no Cartório do Registro de Imóveis competente, a fim de que esse registro passe a constar do histórico do imóvel — nada obstante a doutrina processual civil se encontre dividida a respeito da necessidade dessa inscrição".

Quanto ao inciso II do art. 593 do CPC a conduta é de frequente ocorrência no Processo do Trabalho. Diz o dispositivo que se configura a fraude de execução *quando ao tempo da alienação ou oneração, corria contra o devedor demanda capaz de reduzi-lo à insolvência.*

Ocorre a insolvência quando os bens patrimoniais do devedor são de valor inferior ao de suas dívidas. Se o déficit patrimonial acontece, ou se agrava, em razão de ato de disposição ou oneração praticado pela parte na pendência de ação, cuja eficácia dependeria da existência dos mesmos bens, configura-se a fraude de execução[62].

Tem prevalecido o entendimento na esfera do processo civil e também com grande prestígio no Processo do Trabalho que a fraude de execução somente se caracteriza com a citação válida, pois é partir deste momento que se configura a litispendência. Nesse sentido destacamos a visão de *Araken de Assis* que retrata o pensamento predominante, inclusive no Superior Tribunal de Justiça. Aduz o referido jurista[63]:

"Inaugura-se a litispendência, segundo os arts. 263, 2ª parte e 219 do CPC, mediante citação válida. Este efeito, que se destina a produzir a pendência da lide perante o réu, não se relaciona, absolutamente, com a constituição da relação processual, que já existe, mas entre autor e o Estado, desde a distribuição (art. 263, 1ª parte). Mas o art. 593, II não alude à litispendência, empregando uma fórmula ambígua: 'quando ao tempo da alienação ou oneração, corria contra o devedor demanda'. Por isso, a interpretação de que basta o ajuizamento, pois não interessa ao terceiro se ocorreu a citação, exibe seus méritos. Acontece que, uniformizando a interpretação do dispositivo, a jurisprudência do STJ estima imprescindível a citação"[64].

---

(61) *Op. cit.*, p. 353.
(62) THEODORO JÚNIOR, Humberto. *Comentários ao Código de Processo Civil.* v. IV, 2. ed. Rio de Janeiro: Forense, 2003. p. 384.
(63) ASSIS, Araken. *Manual da execução.* 11. ed. São Paulo: RT, 2007. p. 246-247.
(64) No mesmo sentido é a opinião de Nelson Nery Júnior exigindo a citação válida para que ocorra a fraude de execução (*Comentários ao Código de Processo Civil.* 10. ed. São Paulo: RT, 2007. p. 1.001).

Pensamos que no Direito Processual do Trabalho, a expressão demanda pendente deve ser interpretada como sendo a propositura da ação, uma vez que não há o despacho de recebimento da inicial, sendo a notificação inicial ato do Diretor de Secretaria (art. 841, da CLT).

Além disso, a partir da propositura de uma demanda em juízo, há a expectativa do réu sofrer constrição patrimonial bem como seu patrimônio responder pela dívida. A nosso ver, existe um chamado contraditório entre Juiz e autor, como constatamos nas hipóteses de indeferimento da inicial sem a citação do réu previstas no art. 295 do CPC, como a pronúncia *ex officio* de prescrição e decadência, ilegitimidade passiva, inépcia etc. Além disso, não é com a citação do réu que se considera pendente a lide e sim com a propositura da ação, pois com esta surgem interações processuais do Juiz com a parte. Além disso, com a propositura da demanda, há o rompimento do princípio da inércia da jurisdição (art. 2º, do CPC), passando o Judiciário a ter o dever de dar um desfecho ao processo. Em razão disso, acreditamos que o art. 219 do CPC ao prever que a citação válida induz litispendência não seguiu a melhor técnica processual.

Nesse sentido destaca-se a posição de *Antonio Carlos Marcato*[65]: "Forma-se o processo no momento da propositura da demanda em juízo, o que ocorre com o despacho inicial do juiz na petição inicial (nos foros onde houver juízo único), ou quando esta seja distribuída a um dos juízos com competência concorrente (CPC, art. 263). Tem-se entendido, no entanto, que basta a protocolização da petição inicial no cartório judicial para que se considere proposta a demanda. Formado o processo (e sua formação independe da citação do réu, tanto que o indeferimento da petição inicial acarreta sua extinção — CPC, arts. 267, I, e 295), estará ele pendente (litispendente) até que seja extinto. A litispendência significa, portanto, a existência de um processo em curso (v. notas ao art. 301), dele participando o réu a partir do seu ingresso no polo passivo da correspondente relação jurídica (quanto então esta se angulariza), por via da citação válida (CPC, arts. 213 e 214), ou pelo comparecimento espontâneo (art. 214, § 1º). Tanto é assim, que, exemplificando, indeferida a petição inicial (art. 295) e apelando o autor da sentença (art. 296), não será admissível a repropositura da mesma ação (art. 267, V), enquanto pender julgamento pelo Tribunal"[66].

Sob outro enfoque, no Processo do Trabalho, se justifica a interpretação da pendência da lide a partir da propositura da ação, em razão das vicissitudes que enfrenta o trabalhador para buscar a tutela de seu direito, bem como todos os percalços da execução trabalhista. A fim de prestigiar os princípios do acesso real

---

(65) MARCATO, Antonio Carlos. *Procedimentos especiais*. 10. ed. São Paulo: Atlas, 2004. p. 55.

(66) No mesmo sentido é a opinião de José Frederico Marques: "A litispendência é o fenômeno resultante da apresentação de uma lide em juízo. Com a propositura da ação, o litígio adquire tonalidade processual e, em torno da área demarcada pelo pedido do autor, forma-se a *litispendência* (*Instituições de direito processual civil*. Campinas: Millennium, 2000. p. 196).

à Justiça, do trabalhador, da duração razoável do processo e da efetividade da jurisdição trabalhista, pensamos que a interpretação do inciso II do art. 593 do CPC ao Processo do Trabalho deve ser no sentido da simples propositura da ação e não da citação válida para eclodir a fraude de execução.

Nesse sentido é a posição de *Júlio César Bebber*[67]:

"O art. 593, inciso II do CPC exige apenas a existência de uma ação pendente (corria contra o devedor demanda), não fazendo referência ao fato de que nela o réu já deve ter sido citado. Teremos pendente desde o momento em que ela é ajuizada pelo autor (ou exequente), não obstante a tríplice angularização venha a ocorrer somente em momento posterior, com a citação do réu (ou executado). Portanto, se a alienação ocorreu posteriormente ao ajuizamento da ação, caracterizada estará a fraude de execução. A distribuição da ação 'é o quanto basta para o reconhecimento da configuração da fraude de execução, pouco importando que a própria citação do devedor e a própria penhora do bem houvessem ocorrido após a alienação que, na linguagem desenganada da lei, foi efetuada quando já em curso demanda capaz de reduzir o executado à insolvência'".

No mesmo diapasão, destacamos a seguinte ementa:

> A alienação ou oneração de bens após o simples ajuizamento do pedido, mesmo antes de realizada a citação, configura a hipótese de alienação realizada em fraude de execução. (TJGO, 1ª Câm., j. 29.7.1948, RT 185/246)

Desse modo, para que ocorra a fraude de execução no Processo do Trabalho, exigem-se os seguintes requisitos:

a) lide pendente, que se dá com a simples propositura da ação;

b) a alienação ou oneração de bens por parte do executado, em razão desses atos, se torne insolvente;

c) irrelevância da boa-fé do terceiro que adquire o bem.

Nesse sentido, destacamos as seguinte ementas:

> Fraude de execução — Transferência patrimonial antes da constrição judicial — Má-fé. Na dicção do art. 593, II, do CPC, caracteriza-se a fraude de execução quando o devedor, na pendência de ação, aliena ou onera seus bens de molde a se tornar insolvente. São dois, portanto, os requisitos para que se verifique a fraude: a pendência de ação quando o devedor aliena ou onera seus bens, e cujo desfecho da demanda possa levá-lo à insolvência. A boa-fé do adquirente resta afastada pela inobservância ou pelo descumprimento do art. 1º, § 2º, da Lei n. 7.433/85, com a transferência patrimonial discutida quando pendente ação judicial. Agravo desprovido. (TRT – 10ª R. – 2ª T. – AP n. 931/2000.008.10.85-5 – Rel. Douglas A. Rodrigues – DJDF 5.12.03 – p. 20)

---

(67) BEBBER, Júlio César. Fraude contra credores e fraude de execução. In: NORRIS, Roberto (Coord.). *Execução trabalhista:* visão atual. Rio de Janeiro: Forense, 2001. p. 192.

> Cessão de crédito — Ação trabalhista em andamento — Fraude à execução — Caracterização. Ajuizada a reclamação trabalhista em 22.3.96 e patenteada a cessão de créditos pela executada RFFSA ao BNDES em 28.8.96, flagrante a caracterização de fraude à execução, a teor do art. 593, II, do CPC. Com efeito, se pode o credor ceder seu crédito quando a isso "não se opuser a natureza da obrigação, a lei, ou convenção com o devedor" (CPC/1916, art. 1.065) e, se, *in casu*, o próprio direito objetivo impede o procedimento pela executada (CPC, art. 593, II), inconteste a impossibilidade de fazê-lo. Ineficácia do ato praticado ao arrepio da lei; penhora subsistente. (TRT – 15ª R. – 5ª T. – Ap. n. 696/2003.042.15.00-5 – Rel. Valdevir R. Zanardi – DJSP 20.8.04 – p. 62) (RDT n. 9 – Setembro de 2004)

Conforme o art. 593, III, do CPC, ocorre a fraude de execução nos demais casos previstos em lei.

*Manoel Antonio Teixeira Filho* cita um exemplo de fraude de execução que pode ocorrer no Processo do Trabalho, à luz do inciso III do art. 593 do CPC, com suporte na Lei n. 6.830/80, art. 11, II. Aduz o jurista[68]:

> "A penhora de crédito, representado por letra de câmbio, nota promissória, duplicata, cheque ou outros títulos, que será feita pela apreensão do documento, esteja ou não em poder do devedor (CPC, art. 672, *caput*); sucede que, se o terceiro, em conluio com o devedor, vier a negar o débito a quitação que este lhe vier a dar será considerada em fraude de execução (CPC, art. 672, § 3º)".

## 14.1. Da fraude de execução e fraude contra credores

O Código Civil Brasileiro inclui a fraude contra credores no Capítulo dos defeitos do negócio jurídico, como sendo um vício de ordem social que torna anulável a transmissão gratuita de bens ou remissão de dívida, em prejuízo de terceiros, que reduzam o devedor à insolvência.

Conforme *Fabrício Zamprogna Matiello*[69]:

> "A fraude consiste na utilização, pelo devedor, de expedientes ardilosos visando a prejudicar o credor, suprimindo ou obstando a este o exercício de um direito de crédito juridicamente reconhecido. Normalmente é integrada por dois elementos, embora a fraude exista com o implemento do primeiro: a) objetivo — qualquer negócio prejudicial ao credor que importar na condução do devedor a estado de insolvência ou que for praticado durante o período de insolvência; b) subjetivo — a malícia, a má-fé ou a simples consciência de que o credor poderá ser prejudicado em razão do negócio realizado".

Dispõe o art. 158 do Código Civil:

> Os negócios de transmissão gratuita de bens ou remissão de dívida, se os praticar o devedor já insolvente, ou por eles reduzido à insolvência, ainda quando o ignore, poderão ser anulados pelos credores quirografários, como lesivos dos seus direitos.

---

(68) TEIXEIRA FILHO, Manoel Antonio. *Execução no processo do trabalho.* 9. ed. São Paulo: LTr, 2005. p. 257.

(69) MATIELLO, Fabrício Zamprogna. *Código Civil comentado.* 2. ed. São Paulo: LTr, 2005. p. 129.

§ 1º Igual direito assiste aos credores cuja garantia se tornar insuficiente.

§ 2º Só os credores que já o eram ao tempo daqueles atos podem pleitear a anulação deles.

Como destaca *Nelson Nery Júnior*[70], a fraude contra credores "é vício social do negócio jurídico. A fraude pauliana ocorre quando houver ato de liberalidade, alienação ou oneração de bens ou direitos, capaz de levar o devedor à insolvência, desde que: a) o credor seja quirografário; b) o crédito seja anterior ao ato de alienação ou oneração (anterioridade do crédito); c) tenha havido dano ao direito do credor (*eventus damni*); d) que a alienação ou oneração tenha levado o devedor à insolvência".

Há consenso na doutrina de que a fraude contra credores exige, para eclosão, dois elementos:

a) *eventus damni:* que configura o elemento objetivo atinente ao ato ruinoso que é prejudicial ao credor, tornando o devedor insolvente;

b) *consilium fraudis:* caracteriza o elemento subjetivo, que é o conluio entre o executado e terceiro, a fim de prejudicar o credor. Segundo destaca *Maria Helena Diniz*[71], o elemento objetivo *consilium fraudis* é a má-fé, a intenção de prejudicar do devedor ou do devedor aliado a terceiro, ilidindo os efeitos da cobrança.

Como bem adverte *Maria Helena Diniz*[72], à luz do Código Civil de 2002, não mais se exige a *scientia fraudis* para anular o negócio gratuito celebrado com fraude contra credores; mesmo que o devedor, ou o beneficiário do contrato benéfico transmitindo algo ou perdoando débito, ignore que tal ato reduzirá a garantia ou provocará a insolvência do devedor, esse ato será suscetível de nulidade relativa. A causa da anulação é objetiva, por ser suficiente que haja a redução do devedor ao estado de insolvência.

O STJ pacificou entendimento no sentido de ser necessária a ação revocatória ou pauliana para anulação de ato praticado em fraude contra credores, não podendo o juiz pronunciá-la incidentalmente, no curso do processo, conforme a Súmula n. 195 de sua jurisprudência, *in verbis*:

"Em embargos de terceiro não se anula ato jurídico, por fraude contra credores".

Ação revocatória ou pauliana pode ser proposta desde que presentes os seguintes requisitos: a) que haja prejuízo para o credor quirografário (*eventus damni*); b) que o negócio tenha levado o devedor à insolvência; c) que o credor seja quirografário;

---

(70) NERY JÚNIOR, Nelson. *Código de Processo Civil comentado*. 10. ed. São Paulo: RT, 2007. p. 1.000.

(71) DINIZ, Maria Helena. *Código Civil anotado*. 11. ed. São Paulo: Saraiva, 2005. p. 192.

(72) DINIZ, Maria Helena. *Op. cit.*, p. 192.

d) que haja anterioridade do crédito (os credores já o eram à época em que foi constituído o negócio)[73].

A competência material para a ação revocatória ou pauliana não é da competência material da Justiça do Trabalho, pois não se reporta à controvérsia oriunda ou decorrente da relação de trabalho.

A fraude de execução se assemelha à fraude contra credores, uma vez que ambas têm por objeto a proteção do credor contra atos do devedor que visam a tornar ineficaz o pagamento da dívida.

Não obstante, podemos elencar as seguintes distinções:

a) a fraude de execução é instituto de natureza processual. É ato atentatório à dignidade da justiça. A fraude contra credores é instituto de natureza civil, sendo uma espécie dos defeitos dos negócios jurídicos;

b) na fraude contra credores, o prejudicado é o devedor, na fraude de execução é o estado e reflexamente o exequente;

c) na fraude de execução, o negócio jurídico é ineficaz. Não há necessidade de ação autônoma para declaração da nulidade do negócio jurídico. Já a fraude contra credores exige ação própria para declaração da nulidade do ato, sendo o ato anulável.

## 14.2. Fraude de execução (penhora de bem imóvel)

Tem sido comum na Justiça do Trabalho terceiro que adquiriu bem imóvel e, posteriormente, teve o imóvel penhorado, em razão da declaração de fraude de execução, pois o adquiriu de sócio de empresa que estava sem patrimônio suficiente para solucionar processo trabalhista.

Como é sabido, o registro no Cartório Imobiliário usufruiu de fé pública em razão da segurança das relações jurídicas e da seriedade que envolve a transferência da propriedade imóvel.

Não obstante a seriedade do registro, o costume e o bom senso exigem que o comprador de propriedade imóvel retire certidões nos distribuidores cíveis, criminais, trabalhistas, Serasa e outros serviços de proteção ao crédito a fim de verificar se há alguma dívida do vendedor capaz de atingir o bem imóvel objeto do negócio.

Mesmo tendo às mãos todas as certidões exigíveis para uma boa compra, não havendo qualquer registro de penhora na matrícula do imóvel, o adquirente pode ser surpreendido com penhora do bem, em razão de o vendedor ser sócio de empresa que é ré em processo trabalhista e não apresenta bens para solucionar o processo. Em razão da desconsideração da personalidade jurídica, a alienação, muitas vezes,

---

(73) NERY JÚNIOR, Nelson; NERY, Rosa Maria de Andrade. *Código Civil comentado e legislação extravagante*. 3. ed. São Paulo: RT, 2005. p. 158.

tem sido declarada ineficaz em face da execução, e o adquirente acaba perdendo o bem que adquiriu, muitas vezes com anos de trabalho e economias.

Questiona-se, será que é possível declarar a fraude de execução de terceiro de boa-fé, que tomou todas as cautelas exigíveis para fazer uma boa compra, em razão do vendedor ser sócio de empresa que é ré em processo trabalhista e está insolvente?

Em que pesem posicionamentos em contrário no sentido de não se perquirir a intenção para a declaração de fraude de execução, pensamos que se o adquirente do imóvel estiver de boa-fé e tomou todas as cautelas exigíveis, segundo o padrão médio da sociedade para realizar a compra do imóvel e nada constava em face do vendedor, a fraude de execução não possa ser declarada, em razão da proteção do princípio da boa-fé que norteia os negócios jurídicos, da segurança das relações jurídicas sobre a transferência dos bens imóveis e principalmente pelo princípio da proteção da dignidade da pessoa que adquire o imóvel. Não obstante o relevante valor social no cumprimento do crédito trabalhista, no conflito entre o terceiro adquirente que terá elevado prejuízo se a fraude for decretada e o credor trabalhista que terá seu crédito solucionado, pensamos que deve prevalecer o direito do terceiro de boa-fé[74].

Como bem adverte *Estêvão Mallet*[75], "tem-se admitido, de modo cada vez mais amplo, quase que sem limites, a responsabilização do sócio por débitos da sociedade, em alguns casos até mesmo após sua retirada. Em consequência, aceitar-se a eficácia de penhora não registrada colocaria em risco qualquer negócio realizado com quem é ou tenha algum dia sido sócio de empresa, instaurando intolerável intranquilidade nas relações jurídicas".

Não obstante, provado o conluio (*consilium fraudis*) entre o terceiro adquirente e o sócio da executada, a fraude deve ser decretada e o bem constritado pela Justiça do Trabalho.

Nesse sentido, destacam-se as seguintes ementas:

> Fraude à execução. Alienação de bem imóvel. Quando a execução se volta contra sócio da executada, atingindo imóvel já alienado anos antes, ainda que à época já em curso execução contra empresa, mas cercando-se o adquirente de todas as cautelas prevista no ordenamento, inclusive quanto ao registro público e outras certidões, sem qualquer restrição anotada, é imperiosa então a prova da fraude (*consilum fraudis*) não bastando simples presunção, pois há de prevalecer um interesse maior, o da segurança das relações jurídicas. Interpretação justa e humana do art. 593, II, do CPC, evitando-se ruína de inocentes, além de intranquilidade social, o desprestígio da própria função jurisdicional. (TRT – 2ª R. 10ª T. – Ap. 1.5791/97-2 – Rel. Juiz Eduardo Azevedo Silva – j. 25.11.97) (In: *Bol. AASP* n. 2.058/593-j. de 8.6.98)

---

(74) Nesse sentido é a opinião de Amauri Mascaro Nascimento. In: *Curso de direito processual do trabalho*. 22. ed. São Paulo: Saraiva, 2007. p. 681.

(75) MALLET, Estêvão. Penhora de bens imóveis. In: NORRIS, Roberto (Coord.). *Execução trabalhista:* visão atual. Rio de Janeiro: Forense, 2001. p. 106-107.

Alienação de imóvel. Terceiro de boa-fé. Comprovado que o adquirente do imóvel agiu com total boa-fé, haja vista que se acercou de todas as garantias previstas legalmente para efetuar a transação, não se pode imputar de que tenha agido de forma fraudulenta e tampouco negar eficácia ao ato. (TRT – 2ª R. – 4ª T. – Proc. 41.822/99-8 – Rel Juiz Afonso Arthur Neves Baptista) (In: Revista *Synthesis*, São Paulo 30/00, p. 214)

PENHORA DE IMÓVEL — EMBARGOS DE TERCEIRO — AGRAVO DE PETIÇÃO — DISCUSSÃO ACERCA DA BOA-FÉ DO ADQUIRENTE. No caso examinado, na tentativa de afastar a fraude à execução reconhecida pelo Juízo de origem, alega o Agravante ter agido de boa-fé ao adquirir o imóvel que era de propriedade do sócio da empresa Reclamada, pois investigou, previamente, junto à matrícula do imóvel, se existia, ou não, algum gravame jurídico severo sobre o bem constritado, tendo concluído negativamente. Sucede que há motivos ponderáveis para a manutenção da r. decisão agravada, e, consequentemente, da penhora concretizada: 1. a documentação confeccionada pelas partes, com vistas à perfectibilização da transação imobiliária, revela que o Agravante sabia, de antemão, que o alienante exercia as atividades profissionais de comerciante; 2. não foi produzida qualquer prova documental de que o Agravante teria se acautelado de averiguar, junto aos Distribuidores da Justiça Comum e da Justiça do Trabalho, a existência de eventual demanda aforada em face da empresa Reclamada, da qual, como já dito, o alienante era sócio; 3. a ação trabalhista originária foi ajuizada em face da empresa Reclamada no ano de 1994, enquanto a transação imobiliária aqui discutida ocorreu vários anos mais tarde, em 1998; 4. em momento algum a r. decisão agravada tangenciou a questão da impenhorabilidade do bem de família (Lei n. 8.009/90), mesmo porque o imóvel penhorado, inicialmente adquirido como um terreno, atualmente, mercê das edificações que nele foram acrescidas, detém natureza híbrida, vale dizer, simultaneamente comercial e residencial. Seja como for, o Agravante não opôs quaisquer Embargos Declaratórios contra a r. decisão agravada, o que conduz ao acobertamento da questão pelo instituto jurídico da preclusão; 5. encontra-se juntado aos autos um documento firmado diretamente entre o Agravante e sócio-alienante, que demonstra já haverem iniciado eles as tratativas para equacionar a questão da ação trabalhista ajuizada em face da empresa Reclamada, e que culminou com a penhora do imóvel alienado. Agravo de petição conhecido e não provido. (TRT/SP – 01505200837102008 – AP – Ac. 5ª T. – 20100273348 – Relª. Anelia Li Chum – DOE 16.4.2010).

Embargos de Terceiro. Fraude à Execução. Terceiros adquirentes de boa-fé. O redirecionamento da execução contra os sócios após a venda do imóvel, não tem efeito retroativo capaz de tornar ineficaz, por fraude à execução, a alienação realizada com terceiros de boa-fé. (TRT/SP – 01090200905502000 – AP – Ac. 6ª T. – 20100146273 – Rel. Rafael E. Pugliese Ribeiro – DOE 17.3.2010).

## 15. Do ato atentatório à dignidade da Justiça

O Direito, dentro da dinâmica social, corresponde a uma permanente luta entre interesses opostos. Dentro dela cria-se, frequentemente, o paradoxo de o devedor, em nome do interesse e da preservação de seu patrimônio e dos poderes e faculdades que exercita sobre ele, praticar atos profundamente antijurídicos em face do interesse de terceiro[76].

---

(76) RODRIGUES PINTO, José Augusto. *Execução trabalhista*. 11. ed. São Paulo: LTr, 2006. p. 468.

Conforme já destacado anteriormente, na execução, o contraditório é mitigado, pois a obrigação já está consagrada no título executivo. Desse modo, as possibilidades de defesa do executado são reduzidas.

Considerando-se o caráter publicista do processo e o relevante interesse social que envolve a satisfação do crédito trabalhista, o executado deve resistir à execução honestamente, com boa-fé, manejando os meios processuais que a lei lhe outorga.

Como bem adverte *Leonel Maschietto*[77]:

"Infelizmente o processo de execução na Justiça do Trabalho encontra-se doente e carecedor de remédios reestruturadores. É inadmissível nos depararmos com um número sem fim de processos com trânsito em julgado, mas com evidente ineficiência na efetividade da prestação jurisdicional, já que receber o que se ganhou parece muitas vezes ser algo no campo da utopia jurídica. E não se fale que o grande motivo ensejador deste resultado é a atual conjuntura econômica e política que afeta sobremaneira as empresas. O grande problema é efetivamente a morosidade das demandas, traduzida pela desnecessária e complexa gama de atos inibidores da efetivação da tutela jurisdicional. Daí quando se vai efetivamente contra o devedor, o mesmo já se 'evaporou'".

A execução não é lugar para o executado levar vantagem, ocultando os bens disponíveis à penhora e procrastinar o bom andamento do processo. Desse modo, as atitudes do executado que inibam a atuação da Justiça em prol da satisfação do crédito exequendo devem ser punidas.

O Código de Processo Civil disciplina a questão no art. 600, assim redigido:

Considera-se ato atentatório à dignidade da Justiça o ato do executado que:

I – frauda a execução;

II – se opõe maliciosamente à execução, empregando ardis e meios artificiosos;

III – resiste injustificadamente às ordens judiciais;

IV – intimado, não indica ao juiz, em 5 (cinco) dias, quais são e onde se encontram os bens sujeitos à penhora e seus respectivos valores.

Conforme já estudada acima, a fraude de execução configura ato atentatório contra a dignidade da Justiça.

Quanto ao inciso II, como bem destacam *J. E. Carneiro Alvim* e *Luciana G. Carreira Alvim Cabral*[78]: "Opõe-se à execução, empregando meios fraudulentos, devedor que dá sumiço nos seus bens; esconde-se para não ser encontrado; dilapida seu patrimônio; ilude credores e dificulta a execução; assume dívidas vultosas; ou nomeia bens alheios à penhora. A imaginação do devedor é muito mais pródiga em

---

(77) MASCHIETTO, Leonel. *A litigância de má-fé na justiça do trabalho.* São Paulo: LTr, 2007. p. 86.

(78) *Código de Processo Civil reformado.* 6. ed. Curitiba: Juruá, 2007. p. 519.

armadilhas para prejudicar a execução do que a do legislador para prevê-las, pelo que qualquer atitude configuradora de ardil ou meio fraudulento se enquadra na previsão legal".

Nesse sentido, destacam-se as seguintes ementas:

> Ato atentatório à dignidade da Justiça — Uso anormal do direito. A resistência desfundamentada, por seu turno, não encontra respaldo no devido processo legal e/ou nos meios adequados de defesa dos interesses do devedor. Em sociedade inexistem direitos absolutos. O ordenamento jurídico ao deferir à parte o direito de ação (entendido em sentido técnico) não o fez de forma a permitir que fosse exercido de maneira abusiva ou anormal. Ao extrapolar os limites do uso normal do direito praticou o agravante ato atentatório à dignidade da Justiça. A advertência, pois, encontrava preciso amparo na lei processual. (TRT – 3ª R. – 3ª T. – Ap. n. 2441/98 – Rel. Juiz Carlos Augusto J. Henrique – DJMG 20.4.99 – p. 8)

> Ato atentatório à dignidade da Justiça. Caracteriza ato atentatório à dignidade da Justiça, nos termos preconizados no art. 600 do CPC, de aplicação subsidiária, o ato do devedor que se opõe maliciosamente à execução, empregando ardis e meios artificiosos, implicando, pois, o pagamento da indenização prevista no art. 601 do Diploma Processual. (TRT – 15ª R. – 1ª T. – AP n. 323/2002.029.15.85-6 – Rel. Eduardo Benedito de O. Zanella – DJSP 3.2.06 – p. 29) (RDT 03 – março de 2006)

Com relação ao inciso III, o devedor deve cumprir as ordens judiciais, salvo manifestamente ilegais. Se resiste injustificadamente, ocultando-se ou criando entraves ao cumprimento dos atos da execução, pratica ato atentatório à dignidade da Justiça.

Nesse sentido a seguinte ementa:

> Ato atentatório à dignidade da justiça — Resistência injustificada ao andamento do processo. Caracteriza ato atentatório à dignidade da justiça, a repetição de matéria apreciada na sentença de conhecimento já transitada em julgado; na impugnação à conta de liquidação e nos embargos à execução. (TRT – 15ª R. – 1ª T. – Ac. n. 29.158/2002 – Rel. Eduardo B. de O. Zanella – DJSP 29.11.2002 – p. 20)

O inciso IV do art. 600 do CPC está com a redação dada pela Lei n. 11.382/06 que exige que o devedor indique onde estão os bens passíveis de execução, no prazo de cinco dias, após intimado pelo Juiz para tal finalidade. Caso não o faça, incorrerá em ato atentatório contra a dignidade da Justiça. Caso não tenha bens, deverá justificar fundamentadamente ao juízo a inexistência de bens. O prazo de cinco dias é razoável considerando-se a celeridade que deve ser imprimida à execução.

Dispõe o art. 601 do CPC: "Nos casos previstos no artigo anterior, o devedor incidirá em multa fixada pelo Juiz, em montante não superior a 20% (vinte por cento) do valor atualizado do débito em execução, sem prejuízo de outras sanções de natureza processual ou material, multa essa que reverterá em proveito do credor, exigível na própria execução".

Conforme o referido dispositivo legal, estando diante do ato atentatório à dignidade da Justiça, o Juiz do Trabalho, de ofício, ou a requerimento da parte, fixará multa em montante não superior a 20% do valor atualizado do débito em benefício do credor, que deverá ser satisfeita pelo executado nos próprios autos da execução, sem prejuízo das sanções por litigância de má-fé, previstas nos arts. 14 e seguintes do Código de Processo Civil. Desse modo, pensamos ser cumuláveis as sanções dos arts. 601 e 18 do CPC.

Nesse sentido, adverte *Cláudio Armando Couce de Menezes*[79]:

"O respeito ao princípio da indicação obrigatória de bens, que também encontra apoio nos incisos I e III do art. 600, e 17 do CPC, é de fundamental importância para a satisfação do direito do credor trabalhista. A execução não pode ser prejudicada por mais manobras procrastinatórias, como a omissão na informação do paradeiro dos bens, que se confunde com a própria ocultação fraudulenta de bens e além de configurar, outrossim, resistência injustificada ao andamento do processo. De maneira que, instada a parte a fornecer o endereço do local onde possam ser encontrados os bens de sua propriedade à efetivação da penhora, sob pena de sua omissão ser considerada como ato atentatório à dignidade da justiça, é de se aplicar a pena do art. 600 do CPC, seja fundada no seu inciso I, II, III, ou IV, ou simultaneamente nas quatro circunstâncias ali mencionadas, além do art. 17 do mesmo estatuto. Entendimento contrário, infelizmente, apoiado em doutrina de peso, termina por desarmar o juiz de medida das mais eficazes para a efetividade da execução".

No mesmo sentido a seguinte ementa:

> Execução — Litigância de má-fé — Ato atentatório à dignidade da Justiça. Nos termos do art. 14, II, do diploma processual comum, compete às partes e aos seus procuradores proceder com lealdade e boa-fé em Juízo, regra que se aplica a todas as fases do processo. Paralelamente, considera-se atentatório à dignidade da Justiça o ato do devedor que se opõe maliciosamente à execução, empregando ardis e meios artificiosos (art. 600, II, do CPC). A atitude do executado de interpor embargos à execução flagrantemente descabidos e renovar em sede recursal questões manifestamente infundadas não é compatível com a dignidade do instrumento processual, que o Estado põe à disposição dos litigantes não como veículo de procrastinações e de falsos questionamentos, mas exclusivamente para atuação do direito e realização da Justiça. (TRT – 3ª R. – 3ª T .– Ap. n. 2.697/2000 – Rel. Juiz José Roberto F. Pimenta – DJMG 07.11.2000 – p. 10) (RDT 06 – 12/2000)

## 16. Da execução provisória na Justiça do Trabalho

Ensina *Pontes de Miranda*[80] que a *execução provisória é aquela a que se procede se pende recurso no efeito somente devolutivo e do recurso interposto se conhece.*

Assevera o art. 899, da CLT: "Os recursos serão interpostos por simples petição e terão efeito meramente devolutivo, salvo as exceções previstas neste Título, permitida a execução provisória até a penhora".

---

(79) MENEZES, Cláudio Armando Couce. *Teoria geral do processo e a execução trabalhista.* São Paulo: LTr, 2003. p. 193-194.

(80) MIRANDA, Pontes de. *Comentários ao CPC.* T. IX, 1979. p. 31.

No nosso sentir a execução provisória caracteriza-se como a execução de um título executivo judicial que está sendo objeto de recurso, recebido apenas no efeito devolutivo.

A execução provisória se fundamenta numa presunção favorável ao autor dada pela decisão objeto do recurso e na efetividade da jurisdição. Não obstante, por não haver o estado de certeza, o autor não poderá receber o objeto da condenação.

Como destaca *Antônio Álvares da Silva*[81], "em nome da pretensão à sentença, realizam-se atos do processo de conhecimento e, em nome de sua efetividade, os atos de liquidação, mesmo que estejam reunidos num único procedimento. O que caracteriza a execução provisória é uma certa presunção em favor do direito do autor".

Nos termos do art. 899, da CLT, a execução provisória se exaure com a *penhora*. Esta expressão deve ser interpretada como *garantia do juízo*, que significa a constrição de bens suficientes para a cobertura de todo o crédito que está sendo executado.

Diverge a doutrina trabalhista, sobre a execução provisória trabalhista parar na penhora, ou serem também apreciados os incidentes da penhora, que são invocados por meio dos embargos à execução.

Pensamos, com suporte na doutrina majoritária e também na jurisprudência já sedimentada, que a execução provisória vai até a fase da garantia do juízo, com a apreciação de todos os incidentes da penhora, como os embargos à execução e, inclusive eventual agravo de petição[82].

Nesse diapasão destaca-se a posição de *Valentin Carrion*[83]:

"Na execução provisória, a regra é de que o processo se detém na penhora (CLT, art. 899), mas os embargos poderão ser interpostos e julgados: do contrário seria impossível corrigir ilegalidades que permaneceriam indeterminadamente (...) e que são capazes de causar prejuízo indefinido à parte, tidas como o excesso de penhora ou de execução, remoção ilegal etc. A afirmação corrente de que a execução provisória vai até a penhora é uma restrição contra o credor, no sentido de que ele não poderá prosseguir, inclusive para promover atos de alienação (CPC, art. 588, II), mas não é obstáculo para o direito de defesa do devedor".

Nesse sentido, destacamos a seguinte ementa:

> Execução provisória — Suspensão dos atos processuais a partir da penhora. É certo que a execução provisória se encerra com a penhora, conforme dispõe parte final do *caput* do art. 899 da CLT. Entretanto, a determinação contida no referido artigo,

---

(81) SILVA, Antônio Álvares da. *Execução provisória trabalhista depois da reforma do CPC*. São Paulo: LTr, 2007. p. 28.

(82) Em sentido contrário Manoel Antonio Teixeira Filho argumenta a desnecessidade de processamento dos embargos à execução em razão da possibilidade de alteração da decisão que dá suporte à execução pelo Tribunal (*Execução no processo do trabalho*. 9. ed. São Paulo: LTr, 2005. p. 210).

(83) CARRION, Valentin. *Comentários à Consolidação das Leis do Trabalho*. 30. ed. São Paulo: Saraiva, 2005. p. 742.

não tem o significado de paralisação dos atos processuais no momento de apreensão judicial dos bens das agravantes. O que a norma consolidada veda é a prática de atos que impliquem em alienação do patrimônio do devedor. Constitui uma restrição ao exequente que não poderá promover atos de alienação dos bens penhorados, pois tal ato traria prejuízos irreparáveis ao executado. Mas, caso interposto embargos à execução, os mesmos devem ser julgados, posto que é a medida processual que a parte dispõe para que sejam sanados vícios que, eventualmente, posam ocorrer no ato da penhora. (TRT – 3ª R. – 6ª T. – AP n. 465/2002.011.03.40-2 – Relª. Maria Perpétua C. F. de Melo – DJMG 4.3.04 – p. 18) (RDT n. 4 – Abril de 2004)

O exequente fará o requerimento de execução provisória, juntando aos autos cópias do Processo, conforme o § 3º do art. 475-O, do CPC que resta aplicável ao Processo do Trabalho: sentença ou acórdão exequendo; certidão de interposição do recurso não dotado de efeito suspensivo; procurações outorgadas pelas partes; decisão de habilitação, se for o caso e, facultativamente, outras peças processuais que o exequente considere necessárias.

Após autuado o requerimento da execução provisória, acompanhado das cópias das peças processuais necessárias, será autuada a Carta de Sentença, que será o instrumento da execução provisória.

Alguns autores defendem a possibilidade de o Juiz do Trabalho promover a execução provisória de ofício, máxime se houver valores incontroversos, com suporte no impulso oficial da execução e na maior efetividade do procedimento.

A 1ª Jornada Nacional de Execução Trabalhista aprovou o Enunciado n. 15 que faculta ao Juiz do Trabalho iniciar a execução provisória de ofício, na pendência de julgamento de Agravo de Instrumento em face de decisão denegatória de Recurso de Revista. Dispõe o referido Enunciado:

> EXECUÇÃO PROVISÓRIA. INSTAURAÇÃO DE OFÍCIO. A execução provisória poderá ser instaurada de ofício na pendência de agravo de instrumento interposto contra decisão denegatória de recurso de revista.

De nossa parte, diante das consequências que a execução provisória pode trazer ao reclamante, se o título que lhe dá suporte for alterado em sede recursal, há necessidade de requerimento expresso, não podendo o Juiz do Trabalho iniciá-la de ofício.

A execução provisória pode ser requerida ao Juiz da causa de primeiro grau e também nos Tribunais ao relator do Recurso.

## 16.1. A nova execução provisória do Processo Civil e sua aplicabilidade no Processo do Trabalho

O Código de Processo Civil passa por constantes avanços na execução, rumo à efetividade processual. Um dos significativos avanços se refere à execução provisória de sentença, atualmente disciplina pelo art. 475-O, do CPC.

Diz o art. 475-O, do CPC, com a redação dada pela Lei n. 11.232/05:

> A execução provisória da sentença far-se-á, no que couber, do mesmo modo que a definitiva, observadas as seguintes normas: I – corre por iniciativa, conta e responsabilidade do exequente, que se obriga, se a sentença for reformada, a reparar os danos que o executado haja sofrido; II – fica sem efeito, sobrevindo acórdão que modifique ou anule a sentença objeto da execução, restituindo-se as partes ao estado anterior e liquidados eventuais prejuízos nos mesmos autos, por arbitramento; III – o levantamento de depósito em dinheiro e a prática de atos que importem alienação de propriedade ou dos quais possa resultar grave dano ao executado dependem de caução suficiente e idônea, arbitrada de plano pelo juiz e prestada nos próprios autos. § 1º – No caso do inciso II deste artigo, se a sentença provisória for modificada ou anulada apenas em parte, somente nesta ficará sem efeito a execução. § 2º – A caução a que se refere o inciso III do *caput* deste artigo poderá ser dispensada: I – quando, nos casos de crédito de natureza alimentar ou decorrente de ato ilícito, até o limite de sessenta vezes o valor do salário mínimo, o exequente demonstrar situação de necessidade; II – nos casos de execução provisória em que penda agravo perante o Supremo Tribunal Federal ou o Superior Tribunal de Justiça (art. 544), salvo quando da dispensa possa manifestamente resultar risco de grave dano, de difícil ou incerta reparação. § 3º Ao requerer a execução provisória, o exequente instruirá a petição com cópias autenticadas das seguintes peças do processo, podendo o advogado declarar a autenticidade, sob sua responsabilidade pessoal: I – sentença ou acórdão exequendo; II – certidão de interposição do recurso não dotado de efeito suspensivo; III – procurações outorgadas pelas partes; IV – decisão de habilitação, se for o caso; V – facultativamente, outras peças processuais que o exequente considere necessárias.

A execução provisória, tanto no Processo do Trabalho, como no Processo Civil depende de iniciativa do credor, que se responsabilizará pelos danos causados ao executado, caso o título que fundamenta a execução seja alterado em grau de recurso.

A responsabilidade do exequente pelos danos causados ao executado se houver alteração da decisão é objetiva (art. 475-O, I, do CPC), independe de culpa. Basta o nexo causal entre a atividade executiva e os danos causados ao executado para o devedor do exequente indenizar o executado.

Segundo a teoria da responsabilidade objetiva, não há necessidade de demonstração de culpa por parte do ofensor, sendo suficiente a existência do dano e do nexo causal entre a conduta do agente e o dano. Por isso, a responsabilidade objetiva funda-se no princípio de equidade, pois aquele que lucra com a situação (exercício da atividade) deve responder pelo risco ou pelas desvantagens dela resultantes[84].

No mesmo diapasão a visão de *Luiz Guilherme Marinoni* e *Sérgio Cruz Arenhart*[85]:

"A responsabilidade do exequente deriva da circunstância de a execução ter alterado o patrimônio do executado com base em decisão que, posteriormente, foi reformada diante da interposição de recurso. A responsabilidade é

---

(84) FERREIRA NETO, Francisco Jorge *et alli*. *Responsabilidade e as relações de trabalho*. São Paulo: LTr, 1998. p. 29.

(85) *Curso de direito processual civil:* execução. v. 3. São Paulo: RT, 2007. p. 365.

independente de culpa ou ânimo subjetivo do exequente, mas decorre apenas da reforma da decisão em que a execução se fundou. Trata-se de hipótese de responsabilidade objetiva pela prática de ato lícito, uma vez que a execução da decisão provisória não é apenas expressamente autorizada por lei, como também encontra respaldo no direito fundamental à duração razoável do processo (art. 5º, LXXVIII, da CF)".

Caso a decisão seja alterada ou anulada fica sem efeito a execução provisória, restituindo-se as partes ao estado anterior e liquidados eventuais prejuízos nos mesmos autos, por arbitramento.

Sempre foi tradição no Código de Processo Civil a impossibilidade de levantamento de dinheiro na execução provisória, salvo mediante caução. Nesse sentido é o disposto no inciso III do art. 475-O, do CPC, que veda o levantamento de depósito em dinheiro e a prática de atos que importem alienação de propriedade ou dos quais possa resultar grave dano ao executado, sem prestação de caução por parte do exequente, arbitrada de plano pelo Juiz e prestada nos próprios autos.

A caução é uma garantia de natureza processual, por meio da qual o exequente indica um bem (real), ou se compromete a uma obrigação pessoal (fidejussória), que serão destinados ao ressarcimento dos danos futuros causados ao executado, caso o título executivo que embasa a execução seja alterado em grau de recurso.

Conforme *Júlio César Bebber*[86] a caução mencionada no art. 475-O, III do CPC não tem natureza cautelar, uma vez que se trata de ato próprio do processo de execução. Não pode o Juiz exigi-la de ofício, sendo necessário que haja requerimento do executado.

Não obstante, o novel art. 475-O, § 2º, incisos I e II do CPC, possibilita o levantamento de dinheiro, sem necessidade de caução em duas hipóteses, quais sejam:

> I – quando, nos casos de crédito de natureza alimentar ou decorrente de ato ilícito, até o limite de sessenta vezes o valor do salário mínimo, o exequente demonstrar situação de necessidade;
>
> II – nos casos de execução provisória em que penda agravo de instrumento junto ao Supremo Tribunal Federal ou ao Superior Tribunal de Justiça (art. 544), salvo quando da dispensa possa manifestamente resultar risco de grave dano, de difícil ou incerta reparação.

Pode-se questionar sobre a aplicabilidade destas novas disposições do Código de Processo Civil ao Processo do Trabalho, pois, por previsão do art. 899, da CLT, a execução provisória vai até a penhora e, sendo assim, resta inaplicável o disposto no art. 475-O, § 2º do CPC, por não haver omissão da Consolidação.

Nesse sentido, destacam-se as seguintes ementas:

> RECURSO DE REVISTA — HIPOTECA JUDICIÁRIA. A jurisprudência desta Corte orienta no sentido de que é cabível a declaração de ofício da hipoteca judiciária para

---

(86) BEBBER, Júlio César. *Cumprimento da sentença no processo do trabalho.* São Paulo: LTr, 2006. p. 91.

garantia da execução. Precedentes. ART. 475-O DO CPC — INAPLICABILIDADE AO PROCESSO DO TRABALHO. O fato juridicizado pelo art. 475-O do CPC possui disciplina própria no âmbito do processo do trabalho — art. 899 da CLT —, que limita a execução provisória à penhora. Assim, na espécie, não há falar em aplicação da norma processual comum. Precedentes. MULTA DO ART. 477, § 8º, DA CLT — PAGAMENTO OPORTUNO DAS VERBAS RESCISÓRIAS — HOMOLOGAÇÃO TARDIA. Evidenciado o pagamento das verbas rescisórias no prazo do art. 477, § 6º, da CLT, indevida é a aplicação da multa do § 8º, ainda que a homologação da rescisão tenha ocorrido a destempo. Precedentes. Recurso de Revista parcialmente conhecido e provido. (TST – Processo: RR – 89000-67.2009.5.03.0137 – Data de Julgamento: 9.6.2010 – Relª. Ministra Maria Cristina Irigoyen Peduzzi – 8ª T. – Data de Divulgação: DEJT 11.6.2010).

RECURSO DE REVISTA. EXECUÇÃO PROVISÓRIA. LEVANTAMENTO DE VALORES. APLICAÇÃO DO ART. 475-O DO CPC. Na sistemática processual trabalhista, cabe a aplicação de norma de caráter supletivo somente quando duas condições simultâneas se apresentam: a) omissão na CLT quanto à matéria em questão; e b) compatibilidade entre a norma aplicada e os princípios do Direito do Trabalho. Nos termos do § 1º do art. 899 da CLT, transitada em julgado a decisão recorrida, ordenar-se-á o levantamento imediato da importância de depósito, em favor da parte vencedora, por simples despacho do juiz. Descabe a aplicação subsidiária de outros dispositivos legais para autorizar o levantamento desses valores em momento anterior ao trânsito em julgado. Nesse contexto, esta Corte tem entendido pela inaplicabilidade do art. 475-O do CPC no processo do trabalho. Precedentes. Conhecido e, no particular, provido. HIPOTECA JUDICIÁRIA. COMPATIBILIDADE COM O PROCESSO TRABALHISTA. O entendimento desta Corte, conforme inúmeros precedentes, é no sentido de que a hipoteca judiciária, que tem como objetivo garantir o cumprimento das decisões judiciais, impedindo que a execução sofra prejuízo em razão de os bens do réu serem dilapidados, é perfeitamente compatível com o processo trabalhista. Não depende de requerimento da parte por se tratar de instituto processual de ordem pública. Não conhecido. (TST –Processo: RR – 36800-72.2008.5.03.0152 – Data de Julgamento: 4.8.2010 – Relator Ministro: Emmanoel Pereira – 5ª T. – Data de Divulgação: DEJT 13.8.2010).

Pensamos que é compatível com o Processo do Trabalho o disposto nos incisos do § 2º do art. 475-O do CPC em razão da relevante função social da execução trabalhista e do caráter alimentar do crédito trabalhista. Além disso, acreditamos que o art. 899 da CLT não disciplina a hipótese de levantamento de dinheiro em execução provisória, havendo espaço para aplicação do CPC (lacunas ontológicas e axiológicas da CLT).

Nesse sentido é a visão de *Antônio Álvares da Silva*[87]:

"A execução provisória é regulada tanto no processo comum como no trabalhista. A diferença consiste na extensão. No processo trabalhista a execução provisória vai até a penhora. No CPC, sempre se permitiu a execução provisória com atos alienatórios, desde que prestada a garantia da caução. A recente

---
(87) SILVA, Antônio Álvares da. *Execução provisória trabalhista depois da reforma do CPC*. São Paulo: LTr, 2007. p. 53.

reforma da Lei n. 11.232/05 aprofundou ainda mais a execução provisória, permitindo atos alienatórios e levantamento de dinheiro até mesmo sem caução. Esta situação não é prevista na CLT em execução provisória. Porém, são plenamente compatíveis com a finalidade do processo social, pois dá exequibilidade imediata à sentença de primeiro grau e permite ao empregado o acesso parcial ao crédito alimentar. A hipótese é típica de analogia *legis*. O instituto, regulamentado pelo CPC, pode perfeitamente ser transportado para o Processo do Trabalho, pois complementa a execução provisória nele disciplinada, aperfeiçoando-o para torná-la um instrumento processual mais eficaz e apto a cumprir sua finalidade".

No mesmo diapasão *Wolney Cordeiro de Macedo*[88]:

"A autonomia do direito processual do trabalho, no entanto, não pode servir de empecilho para que o intérprete direcione o sentido da norma jurídica à realidade vigente. É, por conseguinte, ilusório o argumento de que a consolidação apresenta regramentos e limites para o instituto da execução provisória. A postura do legislador é absolutamente omissa em relação à regulação do instituto (...)".

Na grande maioria das execuções trabalhistas, o reclamante postula um crédito alimentar e não pode esperar a longa tramitação do processo, máxime se houver recursos. No Processo do Trabalho é presumido que o trabalhador esteja em estado de necessidade econômica. O contrário necessita de prova. Desse modo, o inciso I do § 2º do art. 475-O do CPC se encaixa como uma luva ao Processo do Trabalho, pois possibilita que o reclamante, sem necessidade de caução, levante a importância até 60 salários mínimos em execução provisória.

Pode-se questionar eventual possibilidade de se liberar o dinheiro ao reclamante e, posteriormente, caso a decisão seja alterada, não se conseguir mais recuperar o dinheiro, considerando-se o estado de hipossuficiência do trabalhador. Não obstante, este problema também é enfrentado pelo Processo Civil, pois se o autor está em estado de necessidade e o crédito for de índole alimentar, dificilmente se conseguirá recuperar o dinheiro. Nota-se que o legislador processual civil privilegiou a efetividade processual em detrimento da cautela processual de proteção do patrimônio do devedor. Por isso, deve o Juiz do Trabalho sopesar o custo-benefício em determinar a liberação do valor até 60 salários mínimos ao reclamante, quando a execução for provisória, mas sempre atento à efetividade processual. Conforme salienta a melhor doutrina, não há efetividade processual sem riscos. Além disso, caso a decisão seja alterada, o exequente deve restituir o valor e ainda indenizar o executado pelos prejuízos decorrentes da execução.

Nesse mesmo sentido é a visão de *Luciano Athayde Chaves*[89], referindo-se ao § 2º do art. 475-O do CPC:

---

(88) MACEDO, Wolney Cordeiro de. A execução provisória trabalhista e as novas perpectivas diante da Lei n. 11.232 de 22 de dezembro de 2005. In: *Revista LTr* 71-04/450.

(89) CHAVES, Luciano Athayde. *A recente reforma no processo comum:* reflexos no direito judiciário do trabalho. 3. ed. São Paulo: LTr, 2007. p. 47-48.

"Ora, ambas as exceções são de grande alcance no panorama da jurisdição trabalhista, especialmente a referida no inciso I, em face da natureza alimentar do crédito trabalhista, e o presumido estado de necessidade do trabalhador, num regime de produção onde, de regra, ele somente dispõe de sua força de trabalho como mercadoria a ser ofertada no sistema de trocas. Embora esse texto já conste do Código por força da Lei n. 10.444/2002, a nova redação do dispositivo incorpora também os créditos decorrentes de ato ilícito e será de larga utilização pelos Juízes do Trabalho, já que, até então, era praticamente impossível o levantamento de créditos ou a prática de atos de alienação de domínio na execução provisória, porquanto o autor da ação, geralmente trabalhador, não costuma ostentar capacidade econômica para prestar caução bastante. Hoje, como podemos perceber, a limitação foi arrefecida até o teto de 60 (sessenta) salários mínimos".

No mesmo sentido as conclusões de *Marcelo Freire Sampaio Costa*[90]:

"(...) de forma direta e sem maiores subterfúgios, mostra-se plenamente conciliável com a ideia da leitura constitucional do princípio da subsidiariedade, consoante mostrado nas primeiras linhas do presente, dos dispositivos em apreço no processo do trabalho, principalmente em razão da relevante função social da execução trabalhista e do caráter alimentar do crédito trabalhista. Ou seja a execução completa fundada em decisão provisória, conforme diposto no art. 475-O do CPC, mostra-se plenamente compatível como o processo do trabalho".

Diante dos princípios da celeridade e efetividade processual impulsionados pela n. EC n. 45/04, o Juiz do Trabalho não pode fechar os olhos para os avanços do Processo Civil e aplicá-los ao Processo do Trabalho, a fim de dar maior cidadania ao trabalhador, prestigiar o processo do trabalho, como sendo um instrumento célere e eficaz para propiciar a efetividade do direito material do trabalho e garantir a dignidade da pessoa humana do trabalhador.

Como destacam *Luiz Guilherme Marinoni* e *Sérgio Cruz Arenhart*[91]:

"Quando se pensa em termos reais, fica claro que o tempo do processo é um ônus, que, por isto mesmo, deve ser distribuído entre as partes em nome do princípio da isonomia. Aliás, não é por outra razão que a leitura constitucional do direito de ação sempre fez ver o direito à duração razoável do processo, agora instituído (pela Emenda Constitucional n. 45/04; art. 5º, LXXVIII, da CF) como direito fundamental. Ou seja, não há mais como admitir que o tempo do processo seja tratado como um mal inevitável ou como um entrave que naturalmente deve ser suportado por aquele que busca o Poder Judiciário".

---

(90) COSTA, Marcelo Freire Sampaio. *Execução provisória no processo do trabalho*. São Paulo: LTr, 2009. p. 72.

(91) *Curso de direito processual civil*. v. 3. Execução. São Paulo: RT, 2007. p. 342.

Quanto ao inciso II do § 2º do art. 475-O, do CPC, este também se aplica ao Processo do Trabalho.

Conforme destacam *Luiz Guilherme Marinoni e Sérgio Cruz Arenhart*[92]:
"A dispensa da caução, na hipótese do art. 475-O, § 2º, II, baseia-se na suposição de que os recursos especial e extraordinário, que devem se fundar em hipóteses excepcionais, têm pouca chance de sucesso após a decisão que, ao não admiti-los no tribunal de origem, obrigou à interposição de agravo de instrumento ao Superior Tribunal de Justiça ou ao Supremo Tribunal Federal, conforme o caso".

Adaptado o presente artigo ao Processo do Trabalho, pensamos que quando houver pendência de Agravo de Instrumento junto ao Supremo Tribunal Federal ou ao Tribunal Superior do Trabalho, pois o TST, no âmbito da Justiça do Trabalho, equivale ao STJ, para as Justiças federal e estadual, o juiz do trabalho poderá liberar até 60 salários mínimos na execução provisória.

Pelos mesmos fundamentos que declinamos para o inciso I, com maior razão aplica-se o inciso II do § 2º do art. 475-O ao Processo do Trabalho, pois a probabilidade de alteração da decisão trabalhista em Agravos no TST e STF é muito remota, o que autoriza o Juiz do Trabalho a liberar ao exequente o valor da execução, não havendo limite de valor. Mesmo não havendo limite de valor, como existe no inciso I, deve o Juiz atuar com prudência e bom-senso, não liberando valores muito altos, pois sempre há o risco, ainda que reduzido, de reversão da decisão.

No sentido da aplicabilidade é o Enunciado n. 69 da 1ª Jornada de Direito Material e Processual do Trabalho do TST, *in verbis*:

> EXECUÇÃO PROVISÓRIA. APLICABILIDADE DO ART. 475-O DO CPC NO PROCESSO DO TRABALHO. I - A expressão "... até a penhora..." constante da Consolidação das Leis do Trabalho, art. 899, é meramente referencial e não limita a execução provisória no âmbito do direito processual do trabalho, sendo plenamente aplicável o disposto no Código de Processo Civil, art. 475-O. II - Na execução provisória trabalhista é admissível a penhora de dinheiro, mesmo que indicados outros bens. Adequação do postulado da execução menos gravosa ao executado aos princípios da razoável duração do processo e da efetividade. III - É possível a liberação de valores em execução provisória, desde que verificada alguma das hipóteses do art. 475-O, § 2º, do Código de Processo Civil, sempre que o recurso interposto esteja em contrariedade com Súmula ou Orientação Jurisprudencial, bem como na pendência de agravo de instrumento no TST.

Acompanhando o mesmo raciocínio é o Enunciado n. 22 da 1ª Jornada Nacional de Execução Trabalhista, realizada em novembro de 2010, *in verbis*:

> EXECUÇÃO PROVISÓRIA. ART. 475-O DO CÓDIGO DO PROCESSO CIVIL (CPC). APLICABILIDADE AO PROCESSO DO TRABALHO. FORMA DE MINIMIZAR O EFEITO DA INTERPOSIÇÃO DE RECURSOS MERAMENTE PROTELATÓRIOS

---

(92) *Op. cit.*, p. 363.

E CONCEDER AO AUTOR PARTE DE SEU CRÉDITO, QUE POSSUI NATUREZA ALIMENTAR. A Consolidação das Leis do Trabalho (CLT) é omissa no tocante à possibilidade de liberação de créditos ao exequente em fase de execução provisória, sendo plenamente aplicável o art. 475-O do CPC, o qual torna aquela mais eficaz, atingindo a finalidade do processo social, diminuindo os efeitos negativos da interposição de recursos meramente protelatórios pela parte contrária, satisfazendo o crédito alimentar. 2. O art. 475-O do CPC aplica-se subsidiariamente ao Processo do Trabalho.

No mesmo sentido, as seguintes ementas:

Mandado de segurança — Execução provisória — Aplicabilidade do art. 475-O do CPC ao processo do trabalho — Levantamento de depósito em dinheiro, no valor de sessenta salários-mínimos, dispensada caução — Lacuna do art. 769 da CLT — Aplicabilidade de princípios como os da eficiência, da efetividade, da tempestividade, da celeridade e da plausibilidade — Denegada a segurança. A natureza alimentar dos créditos trabalhistas, aliada à finalidade social balizadora do art. 475-O do CPC, inspirado no "Pacto de Estado em favor de um Judiciário mais rápido e republicano", bem como a compatibilidade de suas disposições com as regras da execução trabalhista, não violam, em absoluto, o inciso LIV do art. 5º da Constituição Federal. Não é plausível que, em nome do devido processo legal, sejam atropelados outros princípios, como os da efetividade, da eficiência, da tempestividade, da celeridade e da plausibilidade. Ao determinar o levantamento de depósito em dinheiro, no valor de sessenta salários-mínimos, em sede de execução provisória, o Juízo não afronta o devido processo legal, na medida em que se fundamenta em dispositivo da norma processual comum absolutamente aplicável ao processo trabalhista, subsidiariamente, em consonância com os ditames do art. 769 da CLT. Isso porque o texto consolidado é lacunoso quanto à matéria (execução provisória) e porque o art. 475-O do CPC é escancaradamente compatível com as normas que regem o processo do trabalho. Ressalte-se que a expressão "até a penhora", do art. 899 da CLT, além de não restringir a execução provisória, deve ser analisada como uma referência, jamais como um limite intransponível, existindo, portanto, uma lacuna na norma processual trabalhista, o que leva à aplicação subsidiária do processo civil. Este, por sua vez, deu vida nova à execução — definitiva ou provisória — pela Lei n. 11.232/05, cujo objetivo precípuo é o de, na esteira da alteração constitucional (EC n. 45/04), obter sua maior eficácia e efetividade. Para a conquista de tal objetivo, a Lei n. 11.232/05, dentre outras coisas, ampliou o alcance do art. 588, revogando-o expressamente. A sistemática e a dinâmica da execução provisória, que deverá ser processada "no que couber, do mesmo modo que a definitiva", são atualmente tratadas especificamente no art. 475-O do CPC. Ademais, ainda que por amor à argumentação se entenda não haver uma lacuna normativa nas regras processuais trabalhistas, há que se observar a existência de uma lacuna ontológica, sendo premente uma modernização dessas regras. Forçoso concluir, portanto, que, ocorrendo a lacuna ontológica na CLT, como no caso em concreto, faz-se imperioso buscar uma solução, nos institutos mais modernos, mediante a "heterointegração do direito", visando a eficiência e a efetividade na prestação jurisdicional. Segurança denegada, por maioria de votos. (TRT – 15ª R. – SDI-1 – Rel. Samuel Hugo Lima (designado) – DJe n. 376 – 10.12.09 – p. 15 – MS n. 1976/2008.000.15.00-3) (RDT n. 01 – Janeiro de 2010).

ART. 475-O, § 2º, I, DO CPC. EXECUÇÃO PROVISÓRIA. INAPLICABILIDADE AO PROCESSO DO TRABALHO. A C. Turma entende que há compatibilidade da CLT com o processamento da execução provisória, conforme preleciona o art. 475-O,

§ 2º, I, do CPC. Nesse sentido, adota o entendimento de que — *Se o art. 475-O, § 2º, I, do CPC assegura o levantamento de dinheiro, em execução provisória — nos casos de crédito de natureza alimentar [...] até o limite de sessenta vezes o valor do salário-mínimo —, desde que o exequente demonstre situação de necessidade-, e a instância ordinária, perante a qual se processa a execução, pontuou a subsunção da hipótese dos autos nessa regra, incabível, em princípio, redarguir que ao juiz do trabalho seria vedado concretizar a vontade constitucional, regulamentada pela norma geral das execuções, a pretexto de existir um dispositivo na regra especial ainda não adaptado à nova ordem jurídica. (...) Não há dúvida de que o citado artigo, na medida em que contribui para o cumprimento mais célere das sentenças trabalhistas, mostra-se compatível com a finalidade das normas que orientam o direito e o processo do trabalho, abreviando o acesso dos trabalhadores aos recursos financeiros essenciais à manutenção de sua subsistência e dignidade.* (RO-99301-63.2009.5.15.0000 – Rel. Ministro: Augusto César Leite de Carvalho, 6ª T. – DEJT 28.5.2010). Recurso de revista não conhecido, com ressalva do Relator. (TST – Processo: RR - 47200-23.2009.5.03.0149 – Data de Julgamento: 10.8.2010 – Relator Ministro: Aloysio Corrêa da Veiga – 6ª T. – Data de Divulgação: DEJT 20.8.2010. (grifo nosso)

## 16.2. Da penhora de dinheiro na execução provisória

A jurisprudência do Tribunal Superior do Trabalho firmou-se no sentido de ser incabível a penhora de dinheiro e também o bloqueio de contas bancárias em se tratando da execução provisória, por aplicação do princípio da execução pelo meio menos oneroso ao executado.

Com efeito, dispõe a Súmula n. 417 do C. TST, *in verbis*:

MANDADO DE SEGURANÇA. PENHORA EM DINHEIRO. (conversão das Orientações Jurisprudenciais ns. 60, 61 e 62 da SDI-2). I – Não fere direito líquido e certo do impetrante o ato judicial que determina penhora em dinheiro do executado, em execução definitiva, para garantir crédito exequendo, uma vez que obedece à gradação prevista no art. 655 do CPC (ex-OJ n. 60 — inserida em 20.9.00); II – Havendo discordância do credor, em execução definitiva, não tem o executado direito líquido e certo a que os valores penhorados em dinheiro fiquem depositados no próprio banco, ainda que atenda aos requisitos do art. 666, I, do CPC (ex-OJ n. 61 — inserida em 20.09.00); III – Em se tratando de execução provisória, fere direito líquido e certo do impetrante a determinação de penhora em dinheiro, quando nomeados outros bens à penhora, pois o executado tem direito a que a execução se processe da forma que lhe seja menos gravosa, nos termos do art. 620 do CPC. (ex-OJ n. 62 – inserida em 20.9.00). (Res. n. 137/2005 – DJ 22.8.2005)

No mesmo sentido a seguinte ementa:

Penhora em dinheiro — Execução provisória — Onerosidade excessiva ao credor. A execução provisória processa-se até a penhora (art. 899 da CLT) e, existindo outros bens a satisfazer a garantia dos créditos exequendos, a penhora de créditos pode ser afastada, ante a aplicação do disposto no art. 620 do CPC. Este entendimento se encontra consubstanciado na Orientação Jurisprudencial n. 62 da SDI-1 do TST. (TRT – 12ª R. – 1ª T. – AG-PET n. 2022/1999.006.12.00-0 – Ac. n. 8.346/04 – Relª. Sandra M. Wambier – DJSC 3.8.04 – p. 155) (RDT n. 9 – Setembro de 2004)

Não obstante o respeito que merecem os posicionamentos em contrário, pensamos que a penhora em dinheiro e também o bloqueio de contas bancárias também se aplica para a execução provisória.

Com efeito, nem a CLT nem o CPC proíbem que se faça a penhora de dinheiro em execução provisória, aliás, o dinheiro é o primeiro bem de ordem de preferência para a penhora (art. 655, do CPC). Além disso, a penhora de dinheiro possibilita a liberação do valor ao exequente de até 60 salários mínimos quando presentes os requisitos legais. Ora, se não fosse possível penhora de dinheiro em execução provisória, não haverá como se dar efetividade ao art. 475-O, § 2º, do CPC.

Pensamos não se aplicar aqui o princípio da execução menos gravosa ao executado (art. 620 do CPC), pois a execução provisória se faz no interesse do credor (art. 612 do CPC). Além disso, o exequente se responsabiliza, objetivamente, pelos eventuais danos causados ao executado caso a decisão seja alterada. De outro lado, pensamos que a execução provisória só será efetiva e cumprirá sua função social no Processo do Trabalho se houver penhora de dinheiro.

Como bem adverte *Adhemar Prisco da Cunha Neto*[93]:

"(...) Quando o executado deixa de obedecer à ordem legal de preferência, o juiz não deve temer que a persecução de outro dotado de maior liquidez acarrete ônus ao devedor. Seja porque a liquidez pode ser necessária para atender necessidade imediata, seja porque, para ser útil, a execução provisória deve proporcionar que o valor fique à disposição para o pronto pagamento quando do trânsito em julgado. Não faz sentido que para recorrer se admita sem questionamentos depósito em dinheiro, ao mesmo tempo em que se alimenta o temor da penhora de dinheiro em execução provisória. Afinal, nos dois casos existe apenas a segurança sem trânsito em julgado. E para completar, a nova redação do art. 668, do CPC, conferiu ainda mais força à ordem de preferência do art. 655. Agora a substituição do bem penhorado exige 'prova cabal' de que o fato não trará prejuízo algum ao exequente e de que será menos onerosa ao devedor, sob expressa cominação de litigância de má-fé".

É necessária a mudança de mentalidade dos operadores do direito diante da penhora de dinheiro na execução provisória, pois a legislação permite que ela seja levada a efeito. Além disso, diante dos novos rumos da execução no Processo Civil, inclusive com a possibilidade de liberação de numerário na execução provisória, acreditamos ser necessário repensar a Súmula n. 417 do C. TST para se permitir a penhora em dinheiro na execução provisória ao menos até o montante de 60 salários mínimos, a fim de dar aplicabilidade ao § 2º do art. 475-O do CPC ao Processo do Trabalho.

---

(93) CUNHA NETO, Adhemar Prisco. Em defesa da 'penhora *on line*' na execução provisória. In: *Revista LTr*, 70-06/714.

No mesmo sentido é o Enunciado n. 21 da 1ª Jornada Nacional de Execução Trabalhista, realizada em novembro de 2010, *in verbis*:

> EXECUÇÃO PROVISÓRIA. PENHORA EM DINHEIRO. POSSIBILIDADE. É válida a penhora de dinheiro na execução provisória, inclusive por meio do Bacen Jud. A Súmula n. 417, item III, do Tribunal Superior do Trabalho (TST), está superada pelo art. 475-O do Código de Processo Civil (CPC).

Nesse sentido destacamos as seguintes ementas:

> Mandado de segurança determinação de penhora em tempo real mediante utilização do sistema Bacen Jud — Execução Provisória. É legítima a determinação judicial de penhora em conta corrente bancária mediante a utilização do sistema Bacen Jud quando os bens ofertados pela empresa não obecedem à gradação legal. Atuação do juiz na execução. Arts. 765 e 878 da CLT. Observância da ordem do art. 655 do CPC. Segurança que se denega. (TRT – 2ª R. – Ac. 2005030668 – Rel. Juiz Carlos Francisco Berardo – DOE/SP: 4.10.05)

> Mandado de segurança — Indeferimento do pedido de substituição da penhora sobre móvel por dinheiro — Violação a direito líquido e certo. O art. 655 do CPC ao estabelecer a ordem de preferência, a ser observada pelo devedor, por ocasião da nomeação de bens à penhora, fixa o dinheiro em primeiro lugar. A ordem é uma diretriz não só de cunho político, mas também público, uma vez que o elenco do referido artigo está voltado para o resultado útil do processo, em que se deseja um término expedito da execução, para que se cumpra a vontade da coisa julgada, especialmente no processo laboral, face do caráter alimentar do débito. Sendo assim, viola direito líquido e certo do impetrante o indeferimento, por parte do MM Juiz impetrado, do pedido de substituição, por dinheiro, da penhora realizada sobre imóvel, ainda que se trate de execução provisória. Ademais, a substituição viabilizará a liberação ao reclamante de eventuais valores incontroversos. Mandado de segurança que se concede, para determinar a substituição, por dinheiro, da penhora realizada nos autos originários, conforme requerido pelo impetrante. (TRT – 2ª R. – Ac. n. 2006014445 – DOE/SP 9.10.06)

> MANDADO DE SEGURANÇA. EXECUÇÃO PROVISÓRIA. LEGITIMIDADE DA PENHORA "ON-LINE" SOBRE CONTA-CORRENTE DA EXECUTADA. SEGURANÇA CONCEDIDA. Fere direito líquido e certo do impetrante o ato praticado pela D. Autoridade impetrada que indefere o prosseguimento da execução com a penhora *"on-line"* sobre os créditos existentes na conta bancária da executada, ao fundamento de ser incabível a penhora em dinheiro em execução provisória. E isso porque o próprio Magistrado havia reconhecido que tanto a nomeação de bens pela reclamada como a penhora efetivada nos autos pelo Sr. Oficial de Justiça foram feitas mediante transgressão do art. 655 do diploma processual civil, pelo que o exequente, ora impetrante, encontra-se em situação de difícil solução pois, se de um lado enfrenta determinação da D. Autoridade impetrada de que indique "bens livres, desembaraçados e de fácil aceitação comercial, em dez dias, sob pena de remessa ao arquivo", providência essa que aliás nem o Sr. Oficial de Justiça logrou desincumbir de forma satisfatória, ante o comprometimento dos bens existentes com penhoras anteriores, por outro lado, depara-se, ainda, com r. decisão ora atacada impedindo--o de prosseguir a execução sobre numerário constante da conta bancária por ele indicada, não obstante a determinação anteriormente feita pela própria D. Autoridade impetrada de que fosse efetuada a constrição de numerário. Nem se cogite que

tal excussão deva ser obstada, por se tratar de execução provisória ou que deva se fazer pelo modo menos gravoso para o devedor, nos termos do que dispõe o art. 620 do Código de Processo Civil. E isto porque não foram encontrados outros bens de propriedade da executada aptos para garantir a execução, além do que, o exequente, caso não logre êxito na sua busca, corre o risco de ver os autos serem arquivados, sendo certo que a empresa é que deve correr os riscos de seu empreendimento, pois os créditos trabalhistas são superprivilegiados, preferindo a quaisquer outros, a teor do que dispõe o art. 186 do Código Tributário Nacional (exceção feita apenas aos créditos advindos de acidente de trabalho). Nessa conformidade, outra não pode ser a conclusão senão a de que o ato ora atacado violou direito líquido e certo do impetrante, uma vez que obstou o regular curso da execução sem que houvesse qualquer fundamento legal para tanto, sobretudo considerando que as penhoras efetivas foram ineficazes, como declara o art. 656, inciso I, do referido Código. Segurança concedida. (TRT/SP. Tipo: Mandado de Segurança. Data de julgamento: 21.10.2003. Relª. Vania Paranhos. Rev. Anelia Li Chum. Acórdão n. 2003030300. Processo n. 10552-2003-000-02-00-6. Ano: 2003. Turma: SDI. Data de publicação 21.11.2003)

MANDADO DE SEGURANÇA. PENHORA ON-LINE. ORDEM LEGAL. Ausência de ilegalidade na r. decisão judicial que determina a constrição sobre numerário de conta corrente da impetrante, pois encontra respaldo no art. 655 do CPC, o qual fixa a ordem de nomeação de bens à penhora pelo devedor, elencando, primeiramente, o dinheiro. O fato de tratar-se de execução provisória não obsta a penhora em conta corrente, haja vista o disposto na nova redação do art. 475-O, § 2º, I, do CPC, introduzida pela Lei n. 11.232/05, de aplicação subsidiária ao processo trabalhista (CLT, art. 769), permitindo, inclusive, o levantamento de depósito em dinheiro. De fato, a teor do referido preceito legal, é autorizada a liberação imediata de parte do crédito de natureza alimentar, inclusive sem necessidade de caução. Segurança denegada. (TRT/SP – 12542200900002000 – MS01 – Ac. SDI 2010006877 – Relª. Wilma Nogueira de Araujo Vaz da Silva – DOE 17.5.2010).

Penhora em dinheiro. Execução provisória. Possibilidade. Intimada a reclamada para cumprimento da sentença, com indicação de bens sob pena de penhora, sem atendimento desta ao comando executivo, não há subsunção à hipótese do art. 620 do CPC, dispositivo que consagra o princípio do favor debitoris, eis que nos termos da Súmula n. 417, item III, do TST, o benefício ao devedor na escolha de atos executivos, com opção pelo ato menos gravoso, teria cabimento se houvesse bloqueio de ativos financeiros com nomeação válida de bens à penhora, situação não verificada nestes autos. Assim, a inércia do executado oportuniza a penhora em dinheiro requerida. Agravo de Petição provido. (TRT/SP – 00717012220085020402 (00717200840202014) – AP - Ac. 14ª T. 20110161836 – Rel. Davi Furtado Meirelles – DOE 25.2.2011)

## 16.3. Execução provisória de obrigação de fazer

A CLT não disciplina de forma específica a execução provisória de obrigação de fazer, não obstante a obrigação de fazer também pode ser executada provisoriamente.

De outro lado, deve ser destacado que a CLT possibilita a execução de obrigação de fazer antes do trânsito em julgado, no art. 659, incisos IX e X, *in verbis*:

Competem privativamente aos Presidentes das Juntas, além das que lhes forem conferidas neste Título e das decorrentes de seu cargo, as seguintes atribuições:

(...) IX – conceder medida liminar, até decisão final do processo, em reclamações trabalhistas que visem a tornar sem efeito transferência disciplinada pelos parágrafos do art. 469 desta Consolidação.

(...) X – conceder medida liminar, até decisão final do processo, em reclamações trabalhistas que visem reintegrar no emprego dirigente sindical afastado, suspenso ou dispensado pelo empregador.

Conforme o referido dispositivo consolidado, os Juízes das Varas do trabalho podem conceder liminares para tornar sem efeito transferências abusivas, e reintegração de dirigente sindical que, na verdade, são verdadeiras antecipações do mérito, antes do trânsito em julgado da decisão final em cognição sumária.

Desse modo, há no próprio corpo da CLT instrumentos que autorizam a execução provisória de obrigação de fazer e, portanto, não há se falar em ausência de amparo legal para a determinação da execução provisória em obrigação de fazer. Sob outro enfoque, não há se falar em risco de dano irreparável ao empregador, pois ao determinar a reintegração do empregado o empregador, apesar de ter que pagar os salários, em contrapartida tem os serviços prestados.

O Tribunal Superior do Trabalho uniformizou sua jurisprudência no sentido de ser possível a reintegração de empregado em sede de antecipação de tutela, o que denota ser possível a execução de obrigação de fazer antes do trânsito em julgado da decisão, conforme a OJ n. 142, de sua SDI-II, *in verbis*:

> Inexiste direito líquido e certo a ser o oposto contra ato de Juiz que, antecipando a tutela jurisdicional, determina a reintegração do empregado até a decisão final do processo, quando demonstrada a razoabilidade do direito subjetivo material, como nos casos de anistiado pela Lei n. 8.874, aposentado, integrante de comissão de fábrica, dirigente sindical, portador de doença profissional, portador de vírus HIV ou detentor de estabilidade provisória prevista em norma coletiva.

Como bem destaca *Carlos Henrique Bezerra Leite*[94]:

"Ora, se se tem admitido a antecipação de tutela de obrigação de fazer, que é uma decisão interlocutória, revogável a qualquer tempo, sujeita apenas à cognição sumária, com muito mais razão se deve admitir a execução provisória de obrigação de fazer, pois esta constitui comando de uma sentença, ato mais importante do processo praticado após cognição exauriente".

## 17. Da audiência de conciliação na execução

Nem a CLT, nem a Lei n. 6.830/80, tampouco o CPC preveem a possibilidade de audiência na execução, ou a intervenção do Juiz do Trabalho para realizar tal ato processual.

Não obstante, tal prática já vem acontecendo em alguns Tribunais Regionais do Trabalho, com resultados satisfatórios, principalmente em processos em que a execução se alastra por tempo razoável sem solução.

---

(94) *Op. cit.*, p. 899.

Em muitos casos, o executado não pode pagar o crédito numa única parcela, mas pode pagar o montante da dívida em algumas parcelas. Em razão disso, se mostra razoável e efetiva a audiência para tentativa de conciliação na execução.

A experiência tem demonstrado que a audiência na execução obtém bons resultados. Além disso, tal prática reveste de maior credibilidade o procedimento executivo, possibilita maior efetividade da execução e prestigia a própria dignidade da Justiça do Trabalho.

Desse modo, a audiência de conciliação em determinados processos na fase executiva deve ser incorporada ao dia a dia das Varas do Trabalho. Nesse sentido a seguinte ementa:

> Execução — Audiência de conciliação — Faculdade do juiz condutor da execução. A designação de audiência para conciliação das partes, na execução, é faculdade do juiz condutor do feito, porquanto a CLT prevê os momentos em que esta se faz obrigatória (arts. 846 e 850). Ademais, se há *animus* das partes em tal sentido, a falta de audiência conciliatória não inibe a avença, que poderá ser manifestada a qualquer tempo nos autos por simples petição. (TRT – 10ª R. – 3ª T .– Ap. n. 268/99 – Rel. Juiz Marcos Roberto Pereira – DJDF 15.10.99 – p. 5) (RDT 11/99, p. 55)

Lembra *Luciano Athayde Chaves*[95] que o chamamento das partes em Juízo na execução encontra suporte no art. 599, I, do CPC.

Dispõe o art. 599 do CPC com a redação dada pela Lei n. 11.382/2006:

> O juiz pode, em qualquer momento do processo: I – ordenar o comparecimento das partes; II – advertir ao devedor que o seu procedimento constitui ato atentatório à dignidade da Justiça.

Embora o referido dispositivo legal não seja específico para a audiência de conciliação na execução, pode ser aplicado analogicamente, e resta compatível com o Processo do Trabalho.

## 18. Da execução em face da massa falida e empresa em recuperação judicial

Sempre foi polêmica a questão da competência para a execução em face da Massa Falida na Justiça do Trabalho.

Há os defensores da competência para a execução até os seus ulteriores atos, argumentando o privilégio do crédito trabalhista e a competência jurisdicional da Justiça do Trabalho em face do que dispõe o art. 114, da CF.

Nesse sentido destacamos a seguinte ementa:

> FALÊNCIA DO EMPREGADOR — A falência do empregador não impede que a execução prossiga nos autos da reclamação trabalhista, haja vista a prevalência do texto do art. 114, da CF/88 sobre o DL n. 7.661/45. Demais disso, fazendo um paralelo entre a Lei n. 6.830/80 e o DL n. 7.661/45, temos que o art. 5º, da Lei dos Executivos Fiscais

---

(95) *Op. cit.*, p. 353.

determina que a competência para a execução dos créditos da Fazenda Pública excluiu qualquer outro juízo. Ora, se o crédito trabalhista se sobrepõem até mesmo ao fiscal, com maior razão para que a execução se processe perante a Justiça do Trabalho. Recurso da reclamada a que se nega provimento. (TRT – 9º R. AP n. 3.611/95 – 5ª T. – Ac. 9841/96 – Rel. Juiz José Montenegro Antero – DJPR 24.5.1996)

Não obstante as boas intenções dos que defendem que a execução em face da Massa Falida seja processada na Justiça do Trabalho, pensamos que esta não é a melhor interpretação, pois todo o esforço do processo falimentar converge para o pagamento de todos os credores ou ao menos o pagamento de uma boa parte do crédito para cada um. Prosseguindo-se a execução na esfera do Judiciário Trabalhista tem-se a possibilidade de pagamento integral de boa parte dos processos que tramitam na Justiça do Trabalho, mas há o risco de ficar descoberto o crédito de inúmeros outros credores do falido, cujos processos tramitam no Juízo Falimentar.

Desse modo, pensamos que a norma deve ser interpretada com bom senso, razoabilidade e proporcionalidade. Portanto, pensamos ser mais razoável que o processo em face da massa falida tramite na Justiça do Trabalho até a fixação do crédito do reclamante em definitivo (julgamento final da liquidação). Após deverá ser expedida certidão para habilitação no juízo universal.

Nesse sentido dispõe o art. 6º, § 2º, da Lei n. 11.101/2005, *in verbis*:

> A decretação da falência ou deferimento do processamento da recuperação judicial suspende o curso da prescrição e de todas as ações e execuções em face do devedor inclusive aquelas dos credores particulares do sócio solidário.
>
> (...) § 2º – É permitido pleitear, perante o administrador judicial, habilitação, exclusão ou modificação de créditos derivados da relação de trabalho, mas as ações de natureza trabalhista, inclusive as impugnações a que se refere o art. 8º desta Lei, serão processadas perante a justiça especializada até a apuração do respectivo crédito, que será inscrito no quadro-geral de credores pelo valor determinado em sentença.

Pensamos, diante da clareza do disposto no art. 6º, § 2º, da Lei n. 11.101/2005, não ser mais possível o prosseguimento da execução na Justiça do Trabalho, tampouco a declaração de desconsideração da personalidade jurídica da empresa na Justiça do Trabalho e penhora dos bens dos sócios da empresa falida, uma vez que a finalidade social da lei converge no sentido de que todos os credores das empresas em recuperação judicial ou em estado falimentar, efetivamente, recebam seus créditos e que a empresa recupere suas forças e volte a operar. Isso somente será possível mediante um esforço de todos os credores e de todos os juízes que detêm processos trabalhistas em face de empresas em recuperação judicial ou em estado falimentar.

No mesmo sentido, a seguinte ementa:

> Falência — Habilitação do crédito trabalhista. Havendo falência da empresa, a competência da Justiça do Trabalho vai até o momento em que é definido o crédito do trabalhador. A partir daí, o empregado deve habilitar seu crédito na massa falida, submetendo-se ao concurso de credores trabalhistas, que têm privilégio sobre outros créditos. (TRT/SP – 357892002006 – AP – Ac. 3ª T. 20030458395 – Rel. Sérgio Pinto Martins – DOE 15.9.2003)

Nesse mesmo diapasão é o disposto no art. 47, da Lei n. 11.101/2005:

> A recuperação judicial tem por objetivo viabilizar a superação da situação de crise econômico-financeira do devedor, a fim de permitir a manutenção da fonte produtora, do emprego dos trabalhadores e dos interesses dos credores, promovendo, assim, a preservação da empresa, sua função social e o estímulo à atividade econômica.

Nesse sentido argumenta com propriedade *Marcelo Papaléo de Souza*[96]:

> "O juízo falimentar apresenta melhor solução para o litígio, pois não só privilegia um, mas todos os credores em mesma situação, em que pese, em muitas oportunidades, não garantir a satisfação total de seus haveres. Portanto, existindo a insolvência do devedor, não se justifica a continuidade da execução singular, sob pena de ser desrespeitado o princípio da igualdade assegurado na Constituição Federal. Não há como manter o direito de prelação de um credor sobre bem da massa, em execução singular, paralelamente à execução coletiva, mormente quando existam outros credores com idêntico direito de preferência (arts. 83 da LRF e 449 da CLT). Outro aspecto a ser sopesado é o previsto no art. 113 da Constituição Federal, o qual declara que 'a lei disporá sobre a constituição, investidura, jurisdição e competência, garantia e condições de exercício dos órgãos da Justiça do Trabalho'. Assim, tem-se que a limitação da competência prevista no art. 6º, § 2º da LRF, é constitucional, pois não há qualquer entrave à alteração da competência trabalhista em face da lei".

Na falência, os créditos trabalhistas terão privilégio até o valor de 150 salários mínimos, conforme dispõe o art. 83, da Lei n. 11.101/05, *in verbis*:

> A classificação dos créditos na falência obedece à seguinte ordem:
>
> (...) I – os créditos derivados da legislação do trabalho, limitados a 150 salários mínimos por credor, e os decorrentes de acidentes de trabalho.

Os créditos individuais trabalhistas que ultrapassarem o montante de 150 salários mínimos serão habilitados na falência como créditos quirografários (sem preferência).

Pensamos não ser inconstitucional a limitação do privilégio do crédito do trabalho a 150 salários mínimos, pois é um valor razoável. Além disso, cumpre a função social do processo falimentar que tem por objeto que todos os credores do falido recebam o crédito ainda que parcialmente. De outro lado, a experiência tem demonstrado que dificilmente os credores trabalhistas conseguiam receber seus créditos na falência, sendo a limitação uma possibilidade de divisão mais justa dos bens do falido, atendendo à finalidade social da lei.

Se já tiver havido penhora, antes da decretação da falência, pensamos que a hasta pública prosseguirá na Justiça do Trabalho, mas o produto de eventual alienação judicial deverá ser revertido em prol da massa falida.

---

(96) SOUZA, Marcelo Papaléo. *A nova lei de recuperação e falência e as suas consequências no direito e no processo do trabalho*. São Paulo: LTr, 2006. p. 278-279.

## 18.1. Da alienação de bens durante o procedimento de recuperação judicial e a sucessão para fins trabalhistas

Havendo alienação de bens na falência, nos termos do art. 141, II, da Lei n. 11.101/2005, não há sucessão para fins trabalhista, *in verbis*:

> Na alienação conjunta ou separada de ativos, inclusive da empresa ou de suas filias, promovida sob qualquer das modalidades de que trata este artigo:
>
> (...) II – o objeto da alienação estará livre de qualquer ônus e não haverá sucessão do arrematante nas obrigações do devedor, inclusive as de natureza tributária, as derivadas da legislação do trabalho e as decorrentes de acidente de trabalho.

Confrontando-se o referido dispositivo da Lei Falimentar com os arts. 10 e 448, da CLT, constata-se, de plano um conflito de normas, pois a legislação trabalhista não excluiu a hipótese de sucessão de empresas ou de empregadores quando a empresa estiver em estado falimentar ou em recuperação judicial.

Diante de tal conflito, autores há que pugnam pela existência da sucessão de empresa na falência ou na recuperação judicial diante do caráter cogente dos arts. 10 e 448 da CLT e também dos princípios da proteção do credor trabalhista e dos valores sociais do trabalho e dignidade da pessoa humana do trabalhador.

Nesse sentido é a abalizada opinião de *Jorge Luiz Souto Maior*[(97)]:

> "Pretendeu a Lei em questão, como é fácil verificar, privilegiar a atividade econômica, imaginando que 'limpar' os bens de uma eventual dívida trabalhista é o quanto basta para recuperar a empresa. O propósito do legislador é imediatista e apenas favorece, individualmente, o descumpridor da legislação trabalhista. Não tem, por óbvio, nenhuma repercussão real no mercado econômico, pois este não vive apenas de bens livres e desembaraçados (...)".

No mesmo sentido, relevante destacar a seguinte ementa:

> Recuperação judicial. Assunção de créditos e débitos trabalhistas nas arrematações. Os princípios constitucionais fundamentais da dignidade da pessoa humana e do valor social do trabalho, previstos no art. 1º, incisos III e IV da Constituição Federal, inibem a aplicabilidade restritiva de direitos do art. 141, II da Lei n. 11.101/05, de modo que a alienação judicial conjunta ou separada de ativos, não exime o arrematante de sua responsabilidade, para com o passivo trabalhista. Dessa forma, o arrematante sub-roga-se não somente em bens e direitos do acervo liquidando, mas também em seus débitos decorrentes da legislação de proteção ao trabalho. Trata-se de desiderato jurídico decorrente da própria função social da propriedade privada, no espectro de manifestação da função social da empresa, em detrimento de sua significância meramente econômica, a teor dos arts. 5º, XXIII e 170, III da Constituição Federal. (TRT/SP – 01175200702002002 – RO – Ac. 6ª T. – 20100358874 – Rel. Valdir Florindo – DOE 7.5.2010)

Não obstante, o referido disposto estar em confronto com os arts. 10 e 448, da CLT, pensamos que a situação do comprador de bens da massa falida está em

---

(97) SOUTO MAIOR, Jorge Luiz. *Curso de direito do trabalho.* São Paulo: LTr, 2008. v. II, p. 142-143.

situação especial, o que justifica a ausência de sucessão. Além disso, o objeto da lei é propiciar que a empresa falida volte a funcionar, mantendo os empregos existentes e gerando outros. Dificilmente, alguém irá arrematar ou adquirir bens da massa falida se houver a sucessão para fins trabalhistas. A Lei n. 11.101/05 por ser norma especial e específica, prevalece sobre a regra geral dos arts. 10 e 448, da CLT. Além disso, há inegável interesse social na não configuração da sucessão trabalhista na falência, como forma de impulsionar a efetividade do processo falimentar e garantia do recebimento dos créditos dos credores do falido.

Nesse diapasão sustenta *Amauri Mascaro Nascimento*[98]:

"Não configurará, também, na falência, sucessão a alienação dos bens arrematados, nem o arrematante será considerado sucessor (art. 141, II), de modo que os trabalhadores não poderão executá-los para cobrar sua dívidas, afetado, assim também na falência, o disposto no art. 448 da CLT. Os empregados poderão usar os créditos trabalhistas para comprar ou arrendar a empresa (art. 145, § 2º)".

No mesmo sentido, argumenta *José Augusto Rodrigues Pinto*[99]:

"É translúcida a intenção de fazer prevalecer a sobrevivência da empresa sobre a continuidade individual do contrato de emprego, que fica sacrificada em favor do suposto interesse coletivo de continuidade da fonte geradora de empregos, a própria falida — abstraída de que seja seu titular. A melhor forma de atender a tal desiderato foi, sem dúvida, tornar atraente sua aquisição por mãos capazes de reerguê-la economicamente, sem o peso da herança negativa de sua dívidas trabalhistas". E conclui: "Sobrepõe-se, mais uma vez, a lógica do mercado à da proteção do hipossuficiente econômico para flexibilizar o conteúdo tuitivo do Direito do Trabalho".

Em se tratando de Recuperação Judicial, não há disposição legal excluindo a sucessão trabalhista na alienação de bens.

Dispõe o art. 60, § 1º, da Lei n. 11.101/2005:

O objeto da alienação estará livre de qualquer ônus e não haverá sucessão do arrematante nas obrigações do devedor, inclusive de natureza tributária, observado o disposto § 1º do art. 141 desta Lei.

Conforme o referido dispositivo, não há exclusão da sucessão trabalhista na alienação de bens, como existe quanto à falência. Desse modo, o referido dispositivo deve ser interpretado restritivamente, pois se trata de regra de exceção. Além disso, quando a lei quis excluir a sucessão para fins trabalhistas, o fez expressamente. Desse modo, prevalecem no aspecto o disposto nos arts. 10 e 448, da CLT na recuperação judicial.

---

(98) NASCIMENTO, Amauri Mascaro. *Curso de direito processual do trabalho.* 22. ed. São Paulo: Saraiva, 2007. p. 685.

(99) RODRIGUES PINTO, José Augusto. *Tratado de direito material do trabalho.* São Paulo: LTr, 2006. p. 184.

Nesse sentido, a doutrina de *Mauricio Godinho Delgado*[(100)]:

> "Nas falências processadas a partir do império do novo diploma, não incidirá sucessão de empregadores no caso de alienação da empresa falida ou de um ou alguns de seus estabelecimentos (art. 141, II e § 2º, Lei n. 11.101/2005). Em consequência, serão tidos como novos os contratos de trabalho iniciados com o empregador adquirente, ainda que se tratando de antigos empregados da antiga empresa extinta (§ 2º do art. 141, da Lei n. 11.101/2005). A presente exceção, contudo, não se aplica a alienações efetivadas durante processos de simples recuperação judicial ou extrajudicial de empresas nos moldes da recente lei falimentar. Quanto à modalidade extrajudicial, tal não abrangência da excludente sucessória é bastante clara na Lei n. 11.101/2005 (art. 161, § 1º; art. 163, § 1º, combinado com o art. 83, todos do referido diploma normativo)."

O Supremo Tribunal Federal, recentemente, em decisão plenária sobre controle direto da Constitucionalidade (Ação Direta de Inconstitucionalidade n. 3934-2, Relator Ministro Ricardo Lewandowski, julgamento em 27.5.2009), decidiu pela Constitucionalidade dos arts. 60, parágrafo único, 83, I e IV, e também do 141, II, ambos da Lei n. 11.101/2005, conforme a ementa que segue:

> EMENTA: AÇÃO DIRETA DE INCONSTITUCIONALIDADE. ARTS. 60, PARÁGRAFO ÚNICO, 83, I E IV, c, E 141, II, DA LEI N. 11.101/2005. FALÊNCIA E RECUPERAÇÃO JUDICIAL. INEXISTÊNCIA DE OFENSA AOS ARTS. 1º, III E IV, 6º, 7º, I, E 170, DA CONSTITUIÇÃO FEDERAL de 1988. ADI JULGADA IMPROCEDENTE. I – Inexiste reserva constitucional de lei complementar para a execução dos créditos trabalhistas decorrente de falência ou recuperação judicial. II – Não há, também, inconstitucionalidade quanto à ausência de sucessão de créditos trabalhistas. III – Igualmente não existe ofensa à Constituição no tocante ao limite de conversão de créditos trabalhistas em quirografários. IV – Diploma legal que objetiva prestigiar a função social da empresa e assegurar, tanto quanto possível, a preservação dos postos de trabalho. V - Ação direta julgada improcedente.

No mesmo sentido, vale destacar a seguinte ementa:

> Recuperação Judicial. Alienação de ativos. Sucessão de empresas. Inexistência. O E. Supremo Tribunal Federal, por sua composição Plenária, em Ação Direta de Inconstitucionalidade – ADI n. 3.934, decidiu que não há inconstitucionalidade no disposto no art. 60, parágrafo único e também no art. 141, II, da Lei n. 11.101/2005, os quais declaram que nas alienações de ativos não haverá sucessão do arrematante nas obrigações do devedor, restando, assim, afastada a incidência do disposto nos arts. 10 e 448 da CLT. (TRT/SP – 01558200804202009 – RO – Ac. 2ª T. – 20100125543 – Relª. Rosa Maria Zuccaro – DOE 5.3.2010)

## 19. Da execução de obrigações de fazer e não fazer na Justiça do Trabalho

A obrigação de fazer encerra um ato que deva ser praticado pelo devedor. Já a obrigação de não fazer encerra a obrigação do devedor de se abster de praticar um ato.

---

(100) DELGADO, Maurício Godinho. *Op. cit.*, p. 420.

No Processo do Trabalho, normalmente, a execução da obrigação de fazer está cumulada com a execução das obrigações de pagar, em razão das diversas obrigações que decorrem do contrato de trabalho e, como regra geral, as iniciais apresentarem vários pedidos em cumulação objetiva, sendo difícil a sentença trabalhista conter condenação de apenas obrigação de fazer ou não fazer. Por isso, na prática, o Juiz do Trabalho expede mandado para cumprimento da obrigação de fazer ou não fazer, fixando prazo para cumprimento, sob consequência de multa diária para o não cumprimento.

São frequentes, nas execuções desse tipo, a conversão da obrigação em indenização por iniciativa do próprio credor que se desinteressa pelo cumprimento da obrigação de fazer. Também muitas vezes na própria sentença, já há fixação de indenização ou conversão em pecúnia para o descumprimento das obrigações de fazer ou não fazer. Por exemplo: é comum constar na sentença a obrigação para reintegrar o autor no período de estabilidade, sendo certo que se ela não for recomendável na execução, ou se o prazo estabilitário já estiver escoado, será convertida em indenização equivalente aos salários e demais vantagens do período.

Nesse sentido destacamos a seguinte ementa:

> Obrigação de fazer — Impossibilidade de adimplemento — Conversão em perdas e danos. A propalada impossibilidade de adimplemento de obrigação de fazer, consistente na entrega do TRCT e guia CD para o trabalhador, acarreta, para os devedores solidários, o encargo de responderem pela reparação do dano de forma equivalente em dinheiro, a teor do que dispõe o art. 279 do novo Código Civil. (TRT – 15ª R. – 5ª T. – RO n. 2121/2002.117.15.00-4 – Rel. Elency P. Neves – DJSP 8.10.04 – p. 83) (RDT n. 11 – Novembro de 2004)

Como destaca *Wagner D. Giglio*[101]: "Diante da natureza do contrato de trabalho, que subordina o empregado ao empregador e estabelece obrigações mútuas, de adimplemento repetido em prestações que se protraem no tempo. Torna-se muito difícil, praticamente impossível, constranger ao cumprimento de obrigações de não fazer. Até mesmo o trabalhador autônomo ou sem vínculo de subordinação teria dificuldades para exigir o respeito do empregador às obrigações de não fazer. Os raros pedidos de condenações desse tipo são sempre formulados de forma alternativa ou sucessiva, acrescentando-se o de rescisão do contrato, com a consequente condenação nos consectários legais (levantamento do FGTS, indenização complementar, férias e gratificação natalina proporcionais etc.). Em suma, transforma-se a obrigação de não fazer em obrigação de pagar".

A Consolidação das Leis do Trabalho não contém disposição a respeito da execução das obrigações de fazer ou não fazer. Portanto, por força do permissivo dos arts. 769 e 889, da CLT, aplicam-se as disposições do Código de Processo Civil a respeito (arts. 632 a 638 e 642 a 645).

A execução da obrigação de fazer ou não fazer podem ser previstas em títulos executivos judiciais ou extrajudiciais. No Processo do Trabalho, podemos citar como

---

(101) GIGLIO. Wagner D. *Direito processual do trabalho*. 15. ed. São Paulo: Saraiva, 2005. p. 544.

exemplos nos títulos executivos extrajudiciais: a obrigação do empregador anotar a CTPS em Termo de Conciliação pactuado na Comissão de Conciliação Prévia; a obrigação da empresa de se abster de discriminar empregados fixada em termo de Ajuste de Conduta, firmado no Ministério Público do Trabalho.

São exemplos frequentes de obrigações de fazer executáveis na Justiça do Trabalho:

a) reintegração de empregado estável com garantia de emprego;

b) anotação do registro do contrato de trabalho na CTPS do empregado;

c) determinação para que o empregador promova o empregado;

d) obrigação de entrega de guias de seguro-desemprego e/ou TRCT (saque do FGTS).

*Carlos Henrique Bezerra Leite*[102] exemplifica as seguintes obrigações de não fazer nas ações trabalhistas:

a) proibição de transferência ilegal ou abusiva de empregado para localidade diversa da que resultar do contrato de trabalho (art. 469, da CLT);

b) a proibição de um ato do empregador que implique prejuízo direto ou indireto ao empregado, como, por exemplo, alteração da forma de pagamento de salário fixo para comissões.

Transitada em julgado a decisão que contém obrigação de fazer, o devedor será citado para satisfazê-la no prazo mencionado no título ou fixado pelo próprio Juiz ao despachar a inicial da execução, determinando a citação para cumprimento da obrigação, sob consequência de multa diária (*astreintes*). Alguns autores defendem o prazo previsto no art. 880 da CLT de 48 horas para cumprimento da obrigação de fazer.

Conforme o art. 644 do CPC combinado com o § 5º do art. 461 do CPC, se a multa diária não foi fixada em sentença, poderá o Juiz do Trabalho fixá-la, de ofício, na própria execução, em valor razoável, conforme os referidos arts. 644, § 5º dos arts. 645 e 461 do CPC c/c. art. 878, da CLT.

Nesse sentido dispõe o art. 645 do CPC *in verbis*: "Na execução de obrigação de fazer ou não fazer, fundada em título extrajudicial, o juiz, ao despachar a inicial, fixará multa por dia de atraso no cumprimento da obrigação e a data a partir da qual será devida".

Como bem adverte *Nelson Nery Júnior*[103]: "deve ser imposta a multa de ofício ou a requerimento da parte. O valor deve ser significativamente alto, justamente porque tem natureza inibitória. O juiz não deve ficar com receio de fixar valor em

---

(102) *Op. cit.*, p. 943.
(103) *Código de Processo Civil comentado*. 10. ed. São Paulo: RT, 2007. p. 673.

quantia pensando no pagamento. O objetivo das *astreintes* não é obrigar o réu a pagar o valor da multa, mas obrigá-lo a cumprir a obrigação na forma específica. A multa é apenas inibitória. Deve ser alta para que o devedor desista de seu intento de não cumprir a obrigação específica. Vale dizer, o devedor deve sentir preferível cumprir a obrigação na forma específica a pagar o alto valor da multa fixada pelo juiz".

Pensamos que o valor da multa deve ser razoável em compasso com a natureza da obrigação, a probabilidade de cumprimento, o comportamento do devedor e a efetividade do cumprimento da obrigação. As *astreintes* podem ser majoradas ou reduzidas de ofício pelo Juiz se se tornou excessiva ou insuficiente a garantia da execução, conforme faculta o § 6º do art. 461, do CPC.

O procedimento da execução nas obrigações de fazer é fixado nos arts. 632 a 638 do CPC.

Conforme o art. 632 do CPC:

> Quando o objeto da execução for obrigação de fazer, o devedor será citado para satisfazê-la no prazo que o juiz lhe assinar, se outro não estiver determinado no título executivo.

Se, no prazo fixado, o devedor não satisfizer a obrigação, é lícito ao credor, nos próprios autos do processo, requerer que ela seja executada à custa do devedor, ou haver perdas e danos, caso em que ela se converte em indenização. Parágrafo único. O valor das perdas e danos será apurado em liquidação, seguindo-se a execução para cobrança de quantia certa (art. 633, do CPC).

Conforme o art. 635 do CPC: "Prestado o fato, o juiz ouvirá as partes no prazo de 10 (dez) dias; não havendo impugnação, dará por cumprida a obrigação; em caso contrário, decidirá a impugnação".

Se o devedor não satisfizer a obrigação no prazo assinalado esta se converterá em perdas e danos.

Se a obrigação puder ser prestada por terceiro (obrigação fungível), pode exigir o credor que o terceiro a execute às expensas do devedor (arts. 634 e 635 do CPC).

Se a obrigação for personalíssima e o credor não a satisfizer, a obrigação se converterá em perdas e danos, conforme dispõe o art. 638 do CPC, *in verbis*:

> Nas obrigações de fazer, quando for convencionado que o devedor a faça pessoalmente, o credor poderá requerer ao juiz que lhe assine prazo para cumpri-la. Parágrafo único – Havendo recusa ou mora do devedor, a obrigação pessoal do devedor converter-se-á em perdas e danos, aplicando-se outrossim o disposto no art. 633.

Embora não esteja expresso no CPC são possíveis os embargos à execução em se tratando de obrigação de fazer ou não fazer, no prazo de cinco dias, a partir da prestação da obrigação (obrigação de fazer) ou do desfazimento do ato a que está obrigado a não praticar (obrigação de não fazer), que equivale à garantia do juízo (art. 884, da CLT).

O procedimento das obrigações de não fazer é fixado nos arts. 642 a 645 do CPC.

Conforme o art. 642 do CPC se o devedor praticou o ato, a cuja abstenção estava obrigado pela lei ou pelo contrato, o credor requererá ao Juiz que lhe assine prazo para desfazê-lo.

Segundo o art. 643 do CPC, havendo recusa ou mora do devedor, o credor requererá ao Juiz que mande desfazer o ato à sua custa, respondendo o devedor por perdas e danos. Parágrafo único. Não sendo possível desfazer-se o ato, a obrigação resolve-se em perdas e danos.

Atualmente, tanto nas obrigações de fazer como de não fazer, o Código de Processo Civil privilegiou o cumprimento específico da obrigação pelo devedor, para tanto, fixou as "astreintes", pena pecuniária, consistente em multa diária a fim de forçar o devedor ao adimplemento específico da obrigação. Não obstante, hipóteses há em que o devedor não cumpre de forma alguma especificamente a obrigação de fazer ou não fazer. Como não é possível ser constrangido pessoalmente (manu militari), ao cumprimento pessoal da obrigação, o CPC determina a conversão da obrigação em indenização (art. 461, parágrafo único do CPC), sem prejuízo da multa pecuniária (art. 287, do CPC).

## 20. Execução em face da Fazenda Pública

Os bens da Fazenda Pública são impenhoráveis, em razão da supremacia do interesse público e da indisponibilidade do interesse público pela Administração Pública.

Exceto para os servidores públicos que mantêm vínculo de natureza estatutária com a Administração Pública, a Justiça do Trabalho, por força do inciso I do art. 114, da Constituição Federal, é competente para dirimir as controvérsias entre servidores celetistas e Administração Pública, e as execuções decorrentes de tais processos serão processadas na Justiça do Trabalho até o final, mas aplicando-se o rito especial previsto nos arts. 730 e 731 do CPC.

Como destaca *Carlos Henrique Bezerra Leite*[104]:

"É de se registrar que no novo iniciso I do art. 114 da CF com a redação dada pela EC n. 45/04, prevê a competência da Justiça do Trabalho para as ações oriundas da relação de trabalho entre a Administração Pública e os servidores investidos em cargos públicos, chamados 'estatutários'. O STF, por meio da ADI n. 3.395, não permite qualquer intepretação que dê à Justiça do Trabalho competência para jular ações envolvendo servidores estatutários".

---
(104) BEZERRA LEITE, Carlos Henrique. *Curso de direito processual do trabalho.* 7. ed. São Paulo: LTr, 2009. p. 931.

Dispõe o art. 730 do CPC:

> Na execução por quantia certa contra a Fazenda Pública, citar-se-á a devedora para opor embargos em 10 (dez) dias; se esta não os opuser, no prazo legal, observar-se-ão as seguintes regras: I – o juiz requisitará o pagamento por intermédio do presidente do tribunal competente; II – far-se-á o pagamento na ordem de apresentação do precatório e à conta do respectivo crédito.

Conforme *Nelson Nery Júnior*[105], compreendem-se no conceito de Fazenda Pública as pessoas jurídicas de direito público interno: A União, os Estados, os Municípios, o Distrito Federal, os Territórios e suas respectivas autarquias, bem como as fundações instituídas pelo poder público que tenham o regime de direito público quanto a seus bens.

No nosso sentir, a execução somente se processará pelo rito especial quando se tratar da Administração Direta, autárquica ou fundacional, para as empresas públicas que explorem atividade econômica, como as empresas públicas e sociedades de economia mista, a execução se processará pelo regime da CLT, nos termos do art. 173, da Constituição Federal, pois tais entidades seguem o regime das empresas privadas. Com efeito, dispõe o referido dispositivo constitucional:

> Ressalvados os casos previstos nesta Constituição, a exploração direta de atividade econômica pelo Estado só será permitida quando necessária aos imperativos da segurança nacional ou a relevante interesse coletivo, conforme definidos em lei. § 1º – A lei estabelecerá o estatuto jurídico da empresa pública, da sociedade de economia mista e de suas subsidiárias que explorem atividade econômica de produção ou comercialização de bens ou de prestação de serviços, dispondo sobre: I – sua função social e formas de fiscalização pelo Estado e pela sociedade; *II – a sujeição ao regime jurídico próprio das empresas privadas, inclusive quanto aos direitos e obrigações civis,* comerciais, trabalhistas e tributários; III – licitação e contratação de obras, serviços, compras e alienações, observados os princípios da administração pública; IV – a constituição e o funcionamento dos conselhos de administração e fiscal, com a participação de acionistas minoritários; V – os mandatos, a avaliação de desempenho e a responsabilidade dos administradores. (o grifo é nosso)

No mesmo sentido destacamos a seguinte ementa:

> Autarquia estadual — Execução. Autarquia estadual que explora atividade econômica, como a bancária, refoge ao fim a que fora legalmente destinada, identificando-se, na prática, ao regime jurídico próprio das empresas privadas. Na condição de devedora, não se equipara à Fazenda Pública Estadual para fins de execução, tendo em vista sua natureza jurídica, pois, como instituição bancária, não presta serviços específicos da Administração Pública. Não há como se conceder a Segurança para ver sustado o Mandado de Penhora de bens da autarquia para garantia de débito trabalhista. Recurso ordinário desprovido. (TST – SBDI2 – Ac. n. 3124/97 – Rel. Min. José Luciano de Castilho Pereira – DJ 12.9.97 – p. 43.996)

Na Justiça do Trabalho o processo em face da Fazenda Pública se processa pelo regime da Consolidação das Leis do Trabalho até a fixação do valor devido, após seguirá a execução pelo rito especial (arts. 730 e 731 do CPC).

---

(105) NERY JÚNIOR, Nelson. *Código de Processo Civil comentado*. 10. ed. São Paulo: RT, 2007. p. 1.063.

Fixado o valor devido, a Fazenda Pública será citada para, em querendo opor embargos à execução, sem garantia do juízo, no prazo de 10 dias (art. 730 do CPC).

A Lei n. 9.494/97 alterou o prazo dos embargos para 30 dias. Pensamos aplicável, mesmo no Processo do Trabalho, o prazo de 30 dias, pois previsto em lei especial. Não obstante, alguns autores argumentam que o prazo para a fazenda opor embargos é de 5 dias previsto no art. 884 da CLT em razão do princípio da isonomia.

Nesse diapasão é a visão de *Nelson Nery Júnior*[(106)]: "A execução contra a Fazenda Pública na Justiça do Trabalho se faz sob o rito procedimental do CPC, arts. 730 e 731 e 741 a 746, por força do princípio da especialidade, sendo inaplicável o regime da CLT, arts. 880 e 884. Nada obstante, o prazo para a Fazenda Pública embargar a execução, na Justiça do Trabalho é igual ao do CPC, art. 730, isto é, de trinta dias (...)".

O Tribunal Superior do Trabalho, no entanto, firmou jurisprudência no sentido de que, no proceso do trabalho, o prazo para apresentar de embargos para a Fazenda Pública é de 10 dias por força da aplicação do art. 730 do CPC, conforme se constata da redação das seguintes ementas:

RECURSO DE REVISTA. PROCESSO DE EXECUÇÃO. ELASTECIMENTO DO PRAZO PARA APRESENTAÇÃO DE EMBARGOS À EXECUÇÃO PELA FAZENDA PÚBLICA. ART. 4º DA MEDIDA PROVISÓRIA N. 2.180/2001. INCONSTITUCIONALIDADE. 1. *In casu*, discute-se a validade do elastecimento do prazo para a oposição dos Embargos à Execução pela Fazenda Pública. 2. O art. 4º da Medida Provisória n. 2.180/2001 acresceu o art. 1º-B à Lei n. 9.494/1997, elastecendo o prazo para a apresentação dos Embargos à Execução por parte da Fazenda Pública. 3. O art. 62, *caput*, da Constituição Federal autoriza a edição de medida provisória somente em casos de relevância e urgência. 4. Depreende-se que o art. 4º da Medida Provisória n. 2.180/2001 não preenche nenhum dos requisitos elencados no art. 62, *caput*, da Carta Magna. Por esse motivo, o Pleno desta Corte, quando do julgamento do RR-70/1992-011-04-00.7, Rel. Min. Ives Gandra Martins Filho, declarou incidentalmente a sua inconstitucionalidade. 5. Tendo em vista a declaração de inconstitucionalidade do art. 4º da Medida Provisória n. 2.180/2001, esta Corte pacificou o entendimento de que a decisão que reconhece a intempestividade dos Embargos à Execução ofertados pela Fazenda Pública, no prazo de trinta dias, não viola a literalidade dos arts. 5º, LIV e LV, e 62 da Constituição Federal. Recurso de Revista não conhecido. (TST. Processo: RR – 262/1999-029-04-00.8 Data de Julgamento: 27.5.2009, Relª Min. Maria de Assis Calsing, 4ª Turma, Data de Divulgação: DEJT 126.2009)

AGRAVO DE INSTRUMENTO EM RECURSO DE REVISTA. EMBARGOS À EXECUÇÃO. FAZENDA PÚBLICA. PRAZO. Encontra-se pacificado nesta Corte o entendimento de que o prazo para oferecimento de embargos à execução pela Fazenda Pública é de 10 dias, conforme ficou decidido pelo Plenário do TST, por ocasião do julgamento do incidente de uniformização de jurisprudência suscitado no Processo TST-RR-70/1992-011-04-00.7, em que restou declarada a inconstitucionalidade do art. 4º da Medida Provisória n. 2.180-35/01. Assim, intempestivos os embargos à execução opostos pelo reclamado, resta prejudicada a análise das demais alegações

---

(106) *Op. cit.*, p. 1.064.

suscitadas. Agravo de instrumento desprovido. (TST. Processo: AIRR – 1718/2005-008-19-40.8 Data de Julgamento: 19.11.2008, Rel. Min. Vantuil Abdala, 2ª Turma, Data de Divulgação: DEJT 19122008)

O Supremo Tribunal Federal, no entanto fixou entendimento, em controle concentrado de constitucionalidade, no sentido de que o prazo para os embargos à execução por parte da Fazenda Pública é de 30 dias, conforme, a seguinte ementa:

> FAZENDA PÚBLICA. PRAZO PROCESSUAL. EMBARGOS À EXECUÇÃO. Prazos previstos no art. 730 do CPC e no art. 884 da CLT. Ampliação pela Medida Provisória n. 2.180-35/2001, que acrescentou o art. 1º-B à Lei Federal n. 9.497/97. Limites constitucionais de urgência e relevância não ultrapassados. Dissídio jurisprudencial sobre a norma. Ação direta de constitucionalidade. Liminar deferida. Aplicação do art. 21, *caput*, da Lei n. 9.868/99. Ficam suspensos todos os processo em que se discuta a constitucionalidade do art. 1º-B da Medida Provisória n. 2.180-35. (STF Pleno ADC-MC 11/DF, Rel. Min. César Peluso, j. 28.3.2007. DJ de 29.6.2007)

No mesmo sentido, destaca-se a seguinte ementa:

> DO PRAZO PARA EMBARGOS À EXECUÇÃO OPOSTOS POR AUTARQUIA ESTADUAL. A Lei n. 9.494/97 teve o seu art. 1º-B alterado pela Medida Provisória n. 2.180-35, de 24.8.2001, que passou à seguinte redação: "O prazo a que se refere o *caput* dos arts. 730 do Código de Processo Civil, e 884 da Consolidação das Leis do Trabalho, aprovada pelo Decreto-lei n.5.454, de 1º de maio de 1943, passa a ser de trinta dias." A constitucionalidade dessa MP vem sendo questionada em diversas ações. No entanto, o STF concedeu medida cautelar no sentido de suspender todos os processos em que se discuta a constitucionalidade do art. 1º-B da Medida Provisória n.2.180-35, de forma que se encontra ainda em vigor. Ademais, o art. 889 da CLT remete, como fonte subsidiária aos trâmites e incidentes do processo da execução, os preceitos que regem o processo dos executivos fiscais para a cobrança judicial da dívida ativa da Fazenda Pública Federal, Lei n.6.830/80, que em seu art. 16 prevê o prazo de 30 dias para apresentação de embargos pelo executado. Destarte, considero o prazo de 30 dias para a oposição de embargos à execução pela Fazenda Pública (TRT/SP – 01444003619965020077 (01444199607702008) – AP – Ac. 4ª T. 20110243174 – Relª. Ivani Contini Bramante – DOE 22.3.2011).

A matéria dos embargos à execução em face da Fazenda Pública está disciplinada no art. 741 do CPC, que assim dispõe:

> Na execução contra a Fazenda Pública, os embargos só poderão versar sobre: (Redação dada pela Lei n. 11.232/05 – DOU 23.12.05):
>
> I – falta ou nulidade da citação, se o processo correu à revelia; (Redação dada pela Lei n. 11.232/05 – DOU 23.12.05);
>
> II – inexigibilidade do título;
>
> III – ilegitimidade das partes;
>
> IV – cumulação indevida de execuções;
>
> V – excesso de execução; (Redação dada pela Lei n. 11.232/05 – DOU 23.12.05);
>
> VI – qualquer causa impeditiva, modificativa ou extintiva da obrigação, como pagamento, novação, compensação, transação ou prescrição, desde que superveniente à sentença; (Redação dada pela Lei n. 11.232/05 – DOU 23.12.05);

VII – incompetência do juízo da execução, bem como suspeição ou impedimento do juiz.

Parágrafo único. Para efeito do disposto no inciso II do caput deste artigo, considera-se também inexigível o título judicial fundado em lei ou ato normativo declarados inconstitucionais pelo Supremo Tribunal Federal, ou fundado em aplicação ou interpretação da lei ou ato normativo tidas pelo Supremo Tribunal Federal como incompatíveis com a Constituição Federal. (Redação dada pela Lei n. 11.232/05 – DOU 23.12.05)

Havendo embargos, o Juiz do Trabalho os apreciará, e da decisão será cabível o Agravo de Petição para o TRT.

Dirimidos os embargos, a execução se processará pelo regime do precatório, devendo o Juiz do Trabalho requisitar o pagamento por intermédio do presidente do Tribunal competente, que mandará expedir o precatório, que será cumprido pela Administração Pública, segundo a ordem cronológica de apresentação.

O precatório é um instrumento expedido pelo TRT a fim de que a Fazenda Pública pague os créditos trabalhistas, observando-se a ordem cronológica de pagamentos, fixada na Constituição Federal.

Para *José Augusto Rodrigues Pinto*[107] precatório é documento em que se pede alguma coisa. É, portanto, instrumento de uma deprecação, ato de pedir. No Direito Processual e no Direito Constitucional do Processo a acepção se conserva exatamente a mesma. De fato, por meio de tal tipo de instrumento, um órgão jurisdicional pede a outro, da mesma ou de distinta esfera de poder, que pratique determinado ato no interesse de relação jurídica processual.

Na definição de *Renato Saraiva*[108], o precatório consiste na requisição, feita pelo Poder Judiciário ao Poder Executivo respectivo, de numerário suficiente para arcar com as condenações impostas à Fazenda Pública mediante sentença judicial contra a qual não cabia mais recurso.

Nos termos do art. 731 do CPC, se o credor for preterido no seu direito de preferência, o presidente do Tribunal, que expediu a ordem, poderá, depois de ouvido o chefe do Ministério Público, ordenar o sequestro da quantia necessária para satisfazer o débito.

Da decisão que determina o sequestro dos bens da Administração Pública, conforme sustenta *Pedro Paulo Teixeira Manus*[109], é cabível o agravo regimental, por se tratar de decisão que não comporta recurso específico.

O art. 100 da Constituição Federal fixa a ordem cronológica dos pagamentos dos precatórios. Dispõe o referido dispositivo:

---

(107) RODRIGUES PINTO, José Augusto. *Execução trabalhista*. Estática — dinâmica — prática. 10. ed. São Paulo: LTr, 2007. p. 345-346.

(108) SARAIVA, Renato. *Curso de direito processual do trabalho*. 4. ed. São Paulo: Método, 2007. p. 625.

(109) *Execução de sentença no processo do trabalho*. 2. ed. São Paulo: Atlas, 2005. p. 156.

Os pagamentos devidos pelas Fazendas Públicas Federal, Estaduais, Distrital e Municipais, em virtude de sentença judiciária, far-se-ão exclusivamente na ordem cronológica de apresentação dos precatórios e à conta dos créditos respectivos, proibida a designação de casos ou de pessoas nas dotações orçamentárias e nos créditos adicionais abertos para este fim.

§ 1º Os débitos de natureza alimentícia compreendem aqueles decorrentes de salários, vencimentos, proventos, pensões e suas complementações, benefícios previdenciários e indenizações por morte ou por invalidez, fundadas em responsabilidade civil, em virtude de sentença judicial transitada em julgado, e serão pagos com preferência sobre todos os demais débitos, exceto sobre aqueles referidos no § 2º deste artigo.

§ 2º Os débitos de natureza alimentícia cujos titulares tenham 60 (sessenta) anos de idade ou mais na data de expedição do precatório, ou sejam portadores de doença grave, definidos na forma da lei, serão pagos com preferência sobre todos os demais débitos, até o valor equivalente ao triplo do fixado em lei para os fins do disposto no § 3º deste artigo, admitido o fracionamento para essa finalidade, sendo que o restante será pago na ordem cronológica de apresentação do precatório.

§ 3º O disposto no *caput* deste artigo relativamente à expedição de precatórios não se aplica aos pagamentos de obrigações definidas em leis como de pequeno valor que as Fazendas referidas devam fazer em virtude de sentença judicial transitada em julgado.

§ 4º Para os fins do disposto no § 3º, poderão ser fixados, por leis próprias, valores distintos às entidades de direito público, segundo as diferentes capacidades econômicas, sendo o mínimo igual ao valor do maior benefício do regime geral de previdência social.

§ 5º É obrigatória a inclusão, no orçamento das entidades de direito público, de verba necessária ao pagamento de seus débitos, oriundos de sentenças transitadas em julgado, constantes de precatórios judiciários apresentados até 1º de julho, fazendo-se o pagamento até o final do exercício seguinte, quando terão seus valores atualizados monetariamente.

§ 6º As dotações orçamentárias e os créditos abertos serão consignados diretamente ao Poder Judiciário, cabendo ao Presidente do Tribunal que proferir a decisão exequenda determinar o pagamento integral e autorizar, a requerimento do credor e exclusivamente para os casos de preterimento de seu direito de precedência ou de não alocação orçamentária do valor necessário à satisfação do seu débito, o sequestro da quantia respectiva.

§ 7º O Presidente do Tribunal competente que, por ato comissivo ou omissivo, retardar ou tentar frustrar a liquidação regular de precatórios incorrerá em crime de responsabilidade e responderá, também, perante o Conselho Nacional de Justiça.

§ 8º É vedada a expedição de precatórios complementares ou suplementares de valor pago, bem como o fracionamento, repartição ou quebra do valor da execução para fins de enquadramento de parcela do total ao que dispõe o § 3º deste artigo.

§ 9º No momento da expedição dos precatórios, independentemente de regulamentação, deles deverá ser abatido, a título de compensação, valor correspondente aos débitos líquidos e certos, inscritos ou não em dívida ativa e constituídos contra o credor original pela Fazenda Pública devedora, incluídas parcelas vincendas de parcelamentos, ressalvados aqueles cuja execução esteja suspensa em virtude de contestação administrativa ou judicial.

§ 10. Antes da expedição dos precatórios, o Tribunal solicitará à Fazenda Pública devedora, para resposta em até 30 (trinta) dias, sob pena de perda do direito de abatimento, informação sobre os débitos que preencham as condições estabelecidas no § 9º, para os fins nele previstos.

§ 11. É facultada ao credor, conforme estabelecido em lei da entidade federativa devedora, a entrega de créditos em precatórios para compra de imóveis públicos do respectivo ente federado.

§ 12. A partir da promulgação desta Emenda Constitucional, a atualização de valores de requisitórios, após sua expedição, até o efetivo pagamento, independentemente de sua natureza, será feita pelo índice oficial de remuneração básica da caderneta de poupança, e, para fins de compensação da mora, incidirão juros simples no mesmo percentual de juros incidentes sobre a caderneta de poupança, ficando excluída a incidência de juros compensatórios.

§ 13. O credor poderá ceder, total ou parcialmente, seus créditos em precatórios a terceiros, independentemente da concordância do devedor, não se aplicando ao cessionário o disposto nos §§ 2º e 3º.

§ 14. A cessão de precatórios somente produzirá efeitos após comunicação, por meio de petição protocolizada, ao tribunal de origem e à entidade devedora.

§ 15. Sem prejuízo do disposto neste artigo, lei complementar a esta Constituição Federal poderá estabelecer regime especial para pagamento de crédito de precatórios de Estados, Distrito Federal e Municípios, dispondo sobre vinculações à receita corrente líquida e forma e prazo de liquidação.

§ 16. A seu critério exclusivo e na forma de lei, a União poderá assumir débitos, oriundos de precatórios, de Estados, Distrito Federal e Municípios, refinanciando-os diretamente. (NR)

Conforme o § 1º do dispositivo constitucional, os créditos de natureza alimentícia não seguirão a ordem cronológica de pagamento dos precatórios. Segundo a Constituição Federal, são débitos de natureza alimentícia aqueles decorrentes de salários, vencimentos, proventos, pensões e suas complementações, benefícios previdenciários e indenizações por morte ou invalidez, fundadas na responsabilidade civil, em virtude de sentença transitada em julgado. Desse modo, o precatório do credor trabalhista não observará a ordem cronológica dos precatórios comuns, salvo o disposto no § 2º do referido art. 100, da CF. Não obstante, haverá ordem cronológica de precatórios entre os credores de verba alimentar, aí incluído o trabalhista.

No mesmo sentido dispõem as Súmulas ns. 655, do STF e 144 do STJ, *in verbis*:

> Súmula n. 655 do STF: "A exceção prevista no art. 100, *caput*, da Constituição, em favor dos créditos de natureza alimentícia, não dispensa a expedição de precatório, limitando-se a isentá-los da observância da ordem cronológica dos precatórios decorrentes de condenação de outra natureza".

> Súmula n. 144 do STJ: "Os créditos de natureza alimentícia gozam de preferência, desvinculados os precatórios de ordem cronológica dos créditos de natureza diversa".

No mesmo diapasão sentido, destacamos a seguinte ementa:

> Constitucional — Precatório — Crédito de natureza alimentícia: atualização monetária do principal e juros até a data do seu efetivo pagamento. CF, art. 100, § 1º, art. 165,

> § 8º. I – Créditos de natureza alimentícia: os seus precatórios, que observarão a ordem cronológica própria, serão pagos de uma só vez, devidamente atualizados até a data do efetivo pagamento. Inocorrência de ofensa à Constituição, art. 100, § 1º, art. 165, § 8º. II – Precedente do STF: RE n. 189.942-SP, Pertence, Plenário, 1.6.95. III – RE não conhecido. (STF RE n. 146943/SP – Rel. Min. Carlos Velloso). (TRT 10ª R. – 3ª T. – Ap. n. 2344/1991.007.10.00-0 – Rel. Douglas A. Rodrigues – DJDF 11.6.04 – p. 42) (RDT n. 7 – Julho de 2004)

Para os créditos trabalhistas de pequeno valor não se aplica a execução pelo regime dos precatórios, conforme o citado § 3º do art. 100 da Constituição Federal.

Como bem adverte *Carlos Henrique Bezerra Leite*[110]: o fato da dispensa do precatório nas execuções trabalhistas referentes a créditos considerados de pequeno valor, não elide a necessidade de observância do disposto no art. 730 do CPC, haja vista que os bens públicos continuam sendo impenhoráveis. Dito de outro modo, apurado o *quantum debeatur*, deverá o ente público ser citado para, querendo, oferecer embargos à execução.

Primeiramente, o art. 17, § 1º, da Lei n. 10.259/01, regulamentou o § 3º, o art. 100, da CF, fixando o conceito de obrigações de pequeno valor como sendo as que não ultrapassarem 60 salários mínimos. Com efeito, dispõe o referido dispositivo legal:

> Tratando-se de obrigação de pagar quantia certa, após o trânsito em julgado da decisão, o pagamento será efetuado no prazo de sessenta dias, contados da entrega da requisição, por ordem do Juiz, à autoridade citada para a causa, na agência mais próxima da Caixa Econômica Federal ou do Banco do Brasil, independentemente de precatório. § 1º Para os efeitos do § 3º do art. 100 da Constituição Federal, as obrigações ali definidas como de pequeno valor, a serem pagas independentemente de precatório, terão como limite o mesmo valor estabelecido nesta Lei para a competência do Juizado Especial Federal Cível (art. 3º, *caput*).

Posteriormente, veio a lume o art. 87, do ADCT, com a redação dada pela EC n. 37/02 fixando valores diferentes para os Estados, Distrito Federal e Município. Com efeito, dispõe o referido dispositivo legal:

> Para efeito do que dispõem o § 3º do art. 100 da Constituição Federal e o art. 78 deste Ato das Disposições Constitucionais Transitórias serão considerados de pequeno valor, até que se dê a publicação oficial das respectivas leis definidoras pelos entes da Federação, observado o disposto no § 4º do art. 100 da Constituição Federal, os débitos ou obrigações consignados em precatório judiciário, que tenham valor igual ou inferior a: I – quarenta salários-mínimos, perante a Fazenda dos Estados e do Distrito Federal;

> II – trinta salários-mínimos, perante a Fazenda dos Municípios. Parágrafo único. Se o valor da execução ultrapassar o estabelecido neste artigo, o pagamento far-se-á, sempre, por meio de precatório, sendo facultada à parte exequente a renúncia ao crédito do valor excedente, para que possa optar pelo pagamento do saldo sem o precatório, da forma prevista no § 3º do art. 100.

---

(110) BEZERRA LEITE, Carlos Henrique. *Curso de direito processual do trabalho*. 5. ed. São Paulo: LTr, 2007. p. 1.012.

Confrontando-se a Lei n. 10.259 com a EC n. 37/02, temos como créditos de pequeno valor:

a) 60 salários mínimos para a União;

b) 40 salários mínimos para os Estados e Distrito Federal;

c) 30 salários mínimos para os Municípios.

Nesse sentido também é o art. 3º, da Instrução Normativa n. 32/07 do Tribunal Superior do Trabalho, *in verbis*:

> Reputa-se de pequeno valor o crédito cuja importância atualizada, por beneficiário, seja igual ou inferior a: I – 60 (sessenta) salários mínimos, se a devedora for a Fazenda Pública Federal; II – 40 (quarenta) salários mínimos, ou o valor estipulado pela legislação local, se as devedoras forem as Fazendas Públicas Estadual e Distrital; e
>
> III – 30 (trinta) salários mínimos, ou o valor estipulado pela legislação local, se a devedora for a Fazenda Pública Municipal.

Em se tratando de crédito de pequeno valor, após fixado o valor do crédito trabalhista, ou havendo embargos, após a sua apreciação e do eventual agravo de petição, o Juiz do Trabalho expedirá requisição judicial para pagamento do crédito, notificando a Fazenda Pública, devendo esta pagar o crédito no prazo de 60 dias (*caput* do art. 17 da Lei n. 10.259/01). Desatendida a requisição judicial, o Juiz do Trabalho determinará o sequestro do numerário suficiente para cumprimento da decisão (§ 2º do art. 17, da Lei n. 10.259/01).

No mesmo sentido, destacamos as seguintes ementas:

> Execução — Fazenda Pública — Crédito trabalhista — Pequeno valor — Precatório — Dispensa. 1. Na omissão de normas específicas, aplica-se ao processo trabalhista o art. 87 do ADCT, de sorte a afastar o regime do precatório para o pagamento dos débitos da Fazenda dos estados de pequeno valor, até quarenta salários mínimos, na Justiça do Trabalho. 2. Desarrazoado admitir que o crédito trabalhista de pequeno valor, junto a ente público, cuja pronta satisfação deriva da sua natureza alimentar, deva submeter-se às delongas e incertezas características do execrável sistema do precatório, enquanto o titular de crédito também de pequeno valor, mas na órbita da Justiça Federal, mesmo que não ostenta idêntica natureza, prescinde de precatório e haverá de ser satisfeito no prazo de sessenta dias. 3. Nesse sentido já se posicionou o Tribunal Superior do Trabalho, ao adotar o entendimento de que "há dispensa da expedição de precatório, na forma do art. 100, § 3º, da Constituição Federal, quando a execução contra a Fazenda Pública não exceder os valores definidos, provisoriamente, pela Emenda Constitucional n. 37/02, como obrigações de pequeno valor, inexistindo ilegalidade, sob esse prisma, na determinação de sequestro da quantia devida pelo ente público" (Orientação Jurisprudencial n. 1 do Tribunal Pleno). 4. Agravo de instrumento a que se nega provimento. (TST – 1ª T. – AIRR n. 522/1997.161.17.00-9 – Rel. Min. João Oreste Dalazen – DJ 9.9.05 – p. 788) (RDT n. 09 – Setembro de 2005)
>
> Remessa *ex officio* — Execução direta contra a Fazenda Pública Estadual — Débito de pequeno valor — Descabimento. Esta colenda SBDI-2 tem perfilhado a tese de que não se reveste de ilegalidade ou abusividade o ato emanado da Autoridade Coatora,

determinando que a Impetrante — Fazenda Pública Estadual —, na execução, efetue, de imediato, o pagamento de créditos trabalhistas, sem a observância da formalidade da requisição do respectivo precatório, quando estes forem iguais ou inferiores ao limite legal. Na questão *sub judice*, o valor da execução está abrangido pelo montante definido no § 3º do art. 100 da Constituição Federal de 1988 (alterado pela Emenda Constitucional n. 37/00). (TST – SBDI-2 – RXOFROMS n. 61.261/2002.900.21.00-5 – Rel. Emmanoel Pereira – DJ 5.12.03 – p. 602) (RDT n. 2 – Fevereiro de 2004)

## 21. Da execução de parcelas sucessivas

A execução de parcelas sucessivas pressupõe uma relação jurídica continuativa, de trato sucessivo, ou seja: que envolve parcelas futuras.

A CLT disciplina a execução de parcelas sucessivas por tempo determinado (art. 891, da CLT) e por tempo indeterminado (art. 892, da CLT).

A CLT disciplina a questão nos arts. 890 a 892.

Dispõe o art. 891, da CLT: "Nas prestações sucessivas por tempo determinado, a execução pelo não pagamento de uma prestação compreenderá as que lhe sucederem".

Como exemplo de execução de prestações sucessivas por tempo determinado, temos os acordos judiciais parcelados (art. 831 da CLT) ou as transações levadas a efeito nas Comissões de Conciliação Prévia (Lei n. 9.958/00). Nessa hipótese, determina a lei que o inadimplemento de uma parcela provocará o vencimento antecipado de todas as demais parcelas, que serão englobadas na execução.

Nesse sentido destacamos a seguinte ementa:

> O inadimplemento ou atraso no pagamento de uma prestação, prevista em transação judicial, implica a execução da parcela vencida, bem como daquele que lhe sucederem nos termos do art. 891, da CLT. (TRT-PR – AP 40/93 – Ac. 3ª T. –T. 7.427/93 – Rel. Juiz João Oreste Dalazen)[111]

Conforme o art. 892 da CLT: "Tratando-se de prestações sucessivas por tempo indeterminado, a execução compreenderá inicialmente as prestações devidas até a data do ingresso na execução".

Se as prestações forem ajustadas por tempo indeterminado, e houver o inadimplemento de uma ou mais parcelas, como na hipótese de o trabalhador não receber as parcelas decorrentes da complementação da aposentadoria, são devidas as parcelas até a data do ingresso da execução.

Quanto às parcelas que se vencerem no curso da execução, pensamos que elas podem ser incluídas na execução em razão dos princípios da celeridade, economia processual e efetividade da jurisdição trabalhista, restando aplicáveis à hipótese os arts. 290 e 892 do CPC, que assim dispõem:

---

(111) In: OLIVEIRA, Francisco Antonio de. *Comentários à Consolidação das Leis do Trabalho*. 3. ed. São Paulo: RT, 2005. p. 868.

Art. 290 do CPC: Quando a obrigação consistir em prestações periódicas, considerar-se-ão elas incluídas no pedido, independentemente de declaração expressa do autor; se o devedor, no curso do processo, deixar de pagá-las ou de consigná-las, a sentença as incluirá na condenação, enquanto durar a obrigação.

Art. 892 do CPC: Tratando-se de prestações periódicas, uma vez consignada a primeira, pode o devedor continuar a consignar, no mesmo processo e sem mais formalidades, as que se forem vencendo, desde que os depósitos sejam efetuados até 5 (cinco) dias, contados da data do vencimento.

Concordamos integralmente com as conclusões de *Carlos Henrique Bezerra Leite*, no aspecto, quando assevera: "Surge a pergunta inevitável: o que acontece com as prestações que se vencerem depois de iniciada a execução? Será que o credor deverá promover nova ação de conhecimento ou nova ação de execução? Será possível a execução prosseguir no mesmo processo? Cremos, porém que o art. 892 da CLT, é omisso a respeito das indagações acima formuladas, razão pela qual se impõe a aplicação subsidiária dos arts. 290 e 892 do CPC (...)".

## 22. Execução da parcela previdenciária

Dispõe o art. 114, VIII, da Constituição Federal, com a redação dada pela EC n. 45/04, competir à Justiça do Trabalho a execução, de ofício, das contribuições sociais previstas no art. 195, I, *a*, e II, e seus acréscimos legais, decorrentes das sentenças que proferir.

A matéria é tratada no art. 43, da Lei n. 8.212/91, *in verbis*:

> Nas ações trabalhistas de que resultar o pagamento de direitos sujeitos à incidência de contribuição previdenciária, o juiz, sob pena de responsabilidade, determinará o imediato recolhimento das importâncias devidas à Seguridade Social. (Redação dada pela Lei n. 8.620, de 5.1.93) § 1º Nas sentenças judiciais ou nos acordos homologados em que não figurarem, discriminadamente, as parcelas legais relativas às contribuições sociais, estas incidirão sobre o valor total apurado em liquidação de sentença ou sobre o valor do acordo homologado. (Incluído pela Lei n. 11.941, de 2009). § 2º Considera-se ocorrido o fato gerador das contribuições sociais na data da prestação do serviço. (Incluído pela Lei n. 11.941, de 2009) § 3º As contribuições sociais serão apuradas mês a mês, com referência ao período da prestação de serviços, mediante a aplicação de alíquotas, limites máximos do salário-de-contribuição e acréscimos legais moratórios vigentes relativamente a cada uma das competências abrangidas, devendo o recolhimento ser efetuado no mesmo prazo em que devam ser pagos os créditos encontrados em liquidação de sentença ou em acordo homologado, sendo que nesse último caso o recolhimento será feito em tantas parcelas quantas as previstas no acordo, nas mesmas datas em que sejam exigíveis e proporcionalmente a cada uma delas. (Incluído pela Lei n. 11.941, de 2009). § 4º No caso de reconhecimento judicial da prestação de serviços em condições que permitam a aposentadoria especial após 15 (quinze), 20 (vinte) ou 25 (vinte e cinco) anos de contribuição, serão devidos os acréscimos de contribuição de que trata o § 6º do art. 57 da Lei n. 8.213, de 24 de julho de 1991. (Incluído pela Lei n. 11.941, de 2009). § 5º Na hipótese de acordo celebrado após ter sido proferida decisão de mérito, a contribuição será calculada com base no valor do acordo. (Incluído pela Lei n. 11.941, de 2009). § 6º Aplica-se

o disposto neste artigo aos valores devidos ou pagos nas Comissões de Conciliação Prévia de que trata a Lei n. 9.958, de 12 de janeiro de 2000. (Incluído pela Lei n. 11.941, de 2009).

Conforme o referido dispositivo legal, o fato gerador de incidência das contribuições previdenciárias das sentenças proferidas na Justiça do Trabalho é a prestação de serviços. Não obstante, a competência da Justiça do Trabalho para executar essas contribuições está limitada ao contorno do título executivo judicial trabalhista.

A Lei n. 10.035/00, com as alterações da Lei n. 11.457/07, regulamentou a execução *ex officio* das parcelas previdenciárias incidentes sobre os créditos trabalhistas das sentenças proferidas pela Justiça do Trabalho.

Os títulos judiciais que embasam a execução de ofício das contribuições previdenciárias são:

*1. Termos de conciliação homologados na Justiça do Trabalho (art. 831, da CLT) contento parcelas objeto de incidência de INSS:* O INSS poderá recorrer das decisões homologatórias de acordo quanto à natureza das parcelas do acordo fixadas pelas partes.

Conforme o art. 832, § 4º, da CLT, com a redação dada pela Lei n. 11.457/07: "A União será intimada das decisões homologatórias de acordos que contenham parcela indenizatória, na forma do art. 20 da Lei n. 11.033, de 21 de dezembro de 2004, facultada a interposição de recurso relativo aos tributos que lhe forem devidos."

Nos termos do § 7º, do art. 832, da CLT, com a redação dada pela Lei n. 11.457/07: "O Ministro de Estado da Fazenda poderá, mediante ato fundamentado, dispensar a manifestação da União nas decisões homologatórias de acordos em que o montante da parcela indenizatória envolvida ocasionar perda de escala decorrente da atuação do órgão jurídico."

Conforme o § 3º do art. 832 da CLT as decisões cognitivas ou homologatórias deverão sempre indicar a natureza jurídica das parcelas constantes da condenação ou acordo homologado, inclusive o limite de responsabilidade de cada parte pelo recolhimento da contribuição previdenciária se for o caso.

Desse modo, havendo conciliação, as partes devem discriminar a natureza das parcelas objeto da avença. Se não houver discriminação, o INSS incidirá sobre o valor total do acordo.

Deve ser destacado que as partes poderão mencionar, no acordo, verbas que não foram postuladas, pois a conciliação pode abranger verbas não postas em juízo. Além disso, a conciliação, como regra abrange todos os direitos decorrentes do extinto contrato de trabalho.

No aspecto, cumpre destacar as seguintes ementas:

> ACORDO ANTES DA SENTENÇA. Contribuição. Incidência. Acordo CONTRIBUIÇÕES PREVIDENCIÁRIAS. ACORDO REALIZADO ANTES DA SENTENÇA.

INEXISTÊNCIA DE COISA JULGADA. AUSÊNCIA DE OFENSA A DIREITOS DE TERCEIRO. Considerando que esta Justiça Especializada prima pela conciliação entre as partes e que antes da prolação da sentença não há reconhecimento de direito a qualquer das partes envolvidas no litígio, menos ainda a terceiros, o acordo realizado entre as partes deve ser respeitado. Discriminadas as verbas abrangidas pelo acordo e tendo as mesmas natureza indenizatória, não há que se falar em recolhimento de contribuição previdenciária sobre o valor total acordado. Recurso improvido. (TRT/SP – 00868200449202001 – RO – Ac. 12ª T. – 20080086718 – Relª Sonia Maria Prince Franzini – DOE 11.4.2008.

RECURSO ORDINÁRIO. ACORDO. AUSÊNCIA DE DISCRIMINAÇÃO DAS VERBAS DE NATUREZA SALARIAL. Não há que se falar em obrigatoriedade de se respeitar os pedidos elencados que o segundo reclamado na inicial, porquanto o acordo fora firmado antes da sentença e ante a ausência de coisa julgada. A composição amigável põe fim à lide e, não havendo coisa julgada, as partes possuem autonomia para a conciliação quanto aos valores e natureza jurídica das verbas. Somando-se a isso, inexiste preceito legal obrigando que a transação judicial observe os pedidos elencados na peça inaugural. As partes possuem inteira liberdade para efetivarem composição amigável, na qual há concessões mútuas, sendo a finalidade essencial da Justiça do Trabalho a conciliação. (TRT/SP – 01089200647202000 – RO – Ac. 12ª T. – 20080090340 – Rel. Marcelo Freire Gonçalves – DOE 11.4.2008.

CONTRIBUIÇÃO PREVIDENCIÁRIA. O acordo a título indenizatório (indenização por perdas e danos), sem reconhecimento do vínculo empregatício ou de qualquer relação de trabalho, não é fato gerador da contribuição previdenciária. (TRT/SP – 01941200637302008 – RS – Ac. 12ª T. – 20080140704 – Rel. Adalberto Martins – DOE 11.4.2008).

Não obstante, a Justiça do Trabalho não tem aceitado discriminação muito divorciada do pedido, cuja intenção é nitidamente evitar a incidência previdenciária, tal como discriminação do valor integral do acordo como sendo reparação por danos morais ou indenização civil nos termos do art. 186 do Código Civil.

O Tribunal Superior do Trabalho firmou entendimento no sentido de que haverá incidência da parcela previdenciária sobre os acordos homologados pela Justiça do Trabalho sem reconhecimento de vínculo de emprego, conforme a redação da recente OJ n. 398, da sua SDI-I, *in verbis*:

> Contribuição previdenciária. Acordo homologado em juízo sem reconhecimento de vínculo de emprego. Contribuinte individual. Recolhimento da alíquota de 20% a cargo do tomador e 11% a cargo do prestador de serviços. (DeJT 2.8.2010)

Nos acordos homologados em juízo em que não haja o reconhecimento de vínculo empregatício, é devido o recolhimento da contribuição previdenciária, mediante a alíquota de 20% a cargo do tomador de serviços e de 11% por parte do prestador de serviços, na qualidade de contribuinte individual, sobre o valor total do acordo, respeitado o teto de contribuição. Inteligência do § 4º do art. 30 e do inciso III do art. 22, todos da Lei n. 8.212, de 24.7.1991.

Havendo acordo, na execução, após o trânsito em julgado da decisão, as partes não poderão alterar a natureza jurídica das parcelas, pois a parcela previdenciária que incide sobre tais verbas não pertence às partes do processo, não estando mais sobre a livre disposição destas por meio da transação.

Nesse sentido, o § 6º do art. 832 da CLT, com a redação dada pela Lei n. 11.457/07, pacificou a questão. Dispõe o referido dispositivo, *in verbis*:

> O acordo celebrado após o trânsito em julgado da sentença ou após a elaboração dos cálculos de liquidação de sentença não prejudicará os créditos da União.

De outro lado, o cálculo da parcela previdenciária será sobre o valor do acordo, observada a proporcionalidade das verbas salariais e indenizatórias fixadas no título executivo. Nesse sentido, o § 5º do art. 43, da Lei n. 8.212/91, *in verbis*:

> Na hipótese de acordo celebrado após ter sido proferida decisão de mérito, a contribuição será calculada com base no valor do acordo.

O Tribunal Superior do Trabalho, recentemente, pacificou a questão por meio da OJ n. 376, da SDI-I, *in verbis*:

> Contribuição previdenciária. Acordo homologado em juízo após o trânsito em julgado da sentença condenatória. Incidência sobre o valor homologado. (Divulgada em 19.4.2010 e publicada DeJT 20.4.2010)

É devida a contribuição previdenciária sobre o valor do acordo celebrado e homologado após o trânsito em julgado de decisão judicial, respeitada a proporcionalidade de valores entre as parcelas de natureza salarial e indenizatória deferidas na decisão condenatória e as parcelas objeto do acordo.

**2.** *Acordo celebrado perante a Comissão de Conciliação Prévia*: Embora não conste expressamente da Lei (art. 876, da CLT), pensamos ter a Justiça do Trabalho competência para executar a contribuição Previdenciária sobre os termos de conciliação firmados perante as Comissões de Conciliação Prévia. Ora, se a Justiça do Trabalho pode executar o próprio crédito trabalhista, não há por que não se deferir tal competência para a parcela objeto de incidência previdenciária. A contribuição previdenciária incidirá sobre as parcelas pagas perante a Comissão de Conciliação prévia que tenham natureza salarial.

Nesse sentido, é o recente § 6º do já citado art. 43, da Lei n. 8.212/91.

**3.** *Sentença trabalhista transitada em julgado, contendo parcelas objeto de incidência de INSS*: Nos termos do § 3º do art. 832 da CLT as decisões cognitivas ou homologatórias deverão sempre indicar a natureza jurídica das parcelas constantes da condenação ou acordo homologado, inclusive o limite de responsabilidade de cada parte pelo recolhimento da contribuição previdenciária se for o caso.

A contribuição previdenciária incide sobre as parcelas de natureza salarial.

Salário é a contraprestação devida ao empregado paga diretamente pelo empregador em razão da prestação de serviços. Nos termos do art. 457, da CLT: "compreendem-se na remuneração do empregado, para todos os efeitos legais, além do salário devido e pago diretamente pelo empregador, como contraprestação do serviço, as gorjetas que receber".

Na definição clássica de *José Martins Catharino*[112], salário é *contraprestação devida a quem põe seu esforço pessoal à disposição de outrem em virtude do vínculo jurídico de trabalho, contratual ou instituído.*

As verbas objeto de incidência da contribuição previdenciária são previstas no art. 28, da Lei n. 8.212/91 (salário-contribuição), não se aplicando o conceito de salário previsto na Consolidação das Leis do Trabalho, uma vez que o crédito pertence à Autarquia Previdenciária, aplicando-se o princípio da especialidade.

O salário de contribuição é a base de cálculo expressa em moeda corrente, sobre a qual incidirá a alíquota da contribuição social para a seguridade social, e servirá de parâmetro para cálculo do valor dos benefícios previdenciários, servindo, ainda, como limite mínimo e máximo das contribuições e dos benefícios.

O conceito legal de salário de contribuição está no art. 28, da Lei n. 8.212/91, que assim dispõe:

> Art. 28 – Entende-se por salário de contribuição:
>
> I – para o empregado e trabalhador avulso: a remuneração auferida em uma ou mais empresas, assim entendida a totalidade dos rendimentos pagos, devidos ou creditados a qualquer título, durante o mês, destinados a retribuir o trabalho, qualquer que seja a sua forma, inclusive as gorjetas, os ganhos habituais sob a forma de utilidades e os adiantamentos decorrentes de reajuste salarial, quer pelos serviços efetivamente prestados, quer pelo tempo à disposição do empregador ou tomador de serviços nos termos da lei ou do contrato ou, ainda, de convenção ou acordo coletivo de trabalho ou sentença normativa;
>
> II – para o empregado doméstico: a remuneração registrada na Carteira de Trabalho e Previdência Social, observadas as normas a serem estabelecidas em regulamento para comprovação do vínculo empregatício e do valor da remuneração;
>
> III – para o contribuinte individual: a remuneração auferida em uma ou mais empresas ou pelo exercício de sua atividade por conta própria, durante o mês, observado o limite máximo a que se refere o § 5º;
>
> IV – para o segurado facultativo: o valor por ele declarado, observado o limite máximo a que se refere o § 5º.
>
> § 10. Considera-se salário de contribuição, para o segurado empregado e trabalhador avulso, na condição prevista no § 5º do art. 12, a remuneração efetivamente auferida na entidade sindical ou empresa de origem.

Caso a sentença não fixe as parcelas objeto de incidência previdenciária, bem como a responsabilidade das partes, o Juiz na execução poderá fazê-lo, pois se trata de matéria de ordem pública, não havendo preclusão. Nesse sentido dispõe o art. 401, do C. TST *in verbis*:

> "AÇÃO RESCISÓRIA. DESCONTOS LEGAIS. FASE DE EXECUÇÃO. SENTENÇA EXEQUENDA OMISSA. INEXISTÊNCIA DE OFENSA À COISA JULGADA. (conversão da Orientação Jurisprudencial n. 81 da SDI-2) Os descontos previdenciários

---

(112) CATHARINO, José Martins. *Tratado jurídico do salário*. São Paulo: LTr, 1997. p. 90.

e fiscais devem ser efetuados pelo juízo executório, ainda que a sentença exequenda tenha sido omissa sobre a questão, dado o caráter de ordem pública ostentado pela norma que os disciplina. A ofensa à coisa julgada somente poderá ser caracterizada na hipótese de o título exequendo, expressamente, afastar a dedução dos valores a título de imposto de renda e de contribuição previdenciária. (ex-OJ n. 81 – inserida em 13.3.02)".

A forma de liquidação do crédito previdenciário está prevista no art. 879 da CLT, que assim dispõe:

> Sendo ilíquida a sentença exequenda, ordenar-se-á, previamente, a sua liquidação, que poderá ser feita por cálculo, por arbitramento ou por artigos. (Redação dada pela Lei n. 2.244/54). § 1º Na liquidação, não se poderá modificar, ou inovar, a sentença liquidanda, nem discutir matéria pertinente à causa principal. § 1º-A. A liquidação abrangerá, também, o cálculo das contribuições previdenciárias devidas. (Acrescentado pela Lei n. 10.035/00 – DOU 26.10.00). § 1º-B. As partes deverão ser previamente intimadas para a apresentação do cálculo de liquidação, inclusive da contribuição previdenciária incidente. (Acrescentado pela Lei n. 10.035/00 – DOU 26.10.00). § 2º Elaborada a conta e tornada líquida, o Juiz poderá abrir às partes prazo sucessivo de 10 (dez) dias para impugnação fundamentada com a indicação dos itens e valores objeto da discordância, sob pena de preclusão. § 3º Elaborada a conta pela parte ou pelos órgãos auxiliares da Justiça do Trabalho, o juiz procederá à intimação da União para manifestação, no prazo de 10 (dez) dias, sob pena de preclusão. (Redação dada pela Lei n. 11.457/07 – DOU 19.3.07). § 4º A atualização do crédito devido à Previdência Social observará os critérios estabelecidos na legislação previdenciária. (Acrescentado pela Lei n. 10.035/00 – DOU 26.10.00). § 5º O Ministro de Estado da Fazenda poderá, mediante ato fundamentado, dispensar a manifestação da União quando o valor total das verbas que integram o salário de contribuição, na forma do art. 28 da Lei n. 8.212, de 24 de julho de 1991, ocasionar perda de escala decorrente da atuação do órgão jurídico. (Acrescido pela Lei n. 11.457/07 – DOU 19.3.07).

O referido art. 879, parágrafo segundo, da CLT, prevê dois procedimentos alternativos e facultativos para o Juiz do Trabalho adotar na liquidação por cálculos. São eles:

a) apresentados os cálculos pelo reclamante, intimar o reclamado para impugná--los em 10 dias sob pena de preclusão[113]. Posteriormente à impugnação ou não a havendo, o juiz do trabalho homologará a conta de liquidação[114].

---

(113) No nosso entendimento, preclusão não é pena e sim a perda de uma faculdade processual que gera consequências processuais, por não ter a parte a praticado no prazo legal (preclusão temporal), por já ter praticado o ato (consumativa), ou por ter praticado uma das duas ou mais faculdades que a lei possibilitava (lógica). A preclusão pela não contestação dos cálculos é a temporal.

(114) A jurisprudência não tem admitido a impugnação genérica dos cálculos, sem especificar os títulos e valores objeto da discordância. Na praxe, o reclamado apresenta um novo cálculo, com os valores que entende devidos. Nesse sentido, destacamos a seguinte ementa: Cálculos de liquidação – Impugnação genérica pelos executados em embargos à execução. Não merecem acolhimento os embargos à execução opostos pelos executados que fazem, de modo genérico e inespecífico, impugnação ao cálculo de liquidação homologado. (TRT – 3ª R. – 1ª T. – Ap. n. 4135/94 – Relª Juíza Denise A. Horta – DJMG 25.05.2000 – p. 5) (RDT 06/00 – p. 57).

b) apresentados os cálculos pelo reclamante, o juiz do trabalho os homologará, determinando a citação do reclamado para pagamento nos termos do art. 880, da CLT, podendo a conta de liquidação homologada ser discutida nos embargos à execução pelo reclamado e pelo exequente na impugnação à sentença de liquidação, nos termos do § 3º do art. 884 da CLT.

Diante da redação do § 3º[115] do art. 879 da CLT, pode parecer que o Juiz do Trabalho deve, obrigatoriamente, intimar o INSS para impugnar os cálculos[116], mesmo que adote a postura de postergar a impugnação dos cálculos após a garantia do juízo; entretanto, não nos parece que tal providência seja obrigatória, pois poderá o magistrado intimar o INSS para impugnar a conta de liquidação após a garantia do juízo, não havendo qualquer prejuízo às partes e também ao INSS (art. 794, da CLT[117]). Desse modo, no nosso sentir, a interpretação do § 3º do art. 879 da CLT deve ser conjugada com o § 2º do referido dispositivo, no sentido de cumprir, discricionariamente, ao magistrado a faculdade de estabelecer o momento para a Autarquia Previdenciária se manifestar sobre os cálculos de liquidação.

Nos termos do art. 889-A da CLT: "Os recolhimentos das importâncias devidas, referentes às contribuições sociais, serão efetuados nas agências locais da Caixa Econômica Federal ou do Banco do Brasil S.A., por intermédio de documento de arrecadação da Previdência Social, dele se fazendo constar o número do processo. (Redação dada pela Lei n. 10.035/00 – DOU 26.10.00). § 1º Concedido parcelamento pela Secretaria da Receita Federal do Brasil, o devedor juntará aos autos a comprovação do ajuste, ficando a execução da contribuição social correspondente suspensa até a quitação de todas as parcelas. § 2º As Varas do Trabalho encaminharão mensalmente à Secretaria da Receita Federal do Brasil informações sobre os recolhimentos efetivados nos autos, salvo se outro prazo for estabelecido em regulamento" (Redação dos §§ 1º e 2º dada pela Lei n. 11.457/07 – DOU 19.3.07).

O art. 878-A da CLT faculta ao devedor o pagamento imediato da parte que entender devida à Previdência Social, sem prejuízo da cobrança de eventuais diferenças encontradas na execução *ex officio*.

---

(115) § 3º, do art. 879, da CLT: "Elaborada a conta pela parte ou pelos órgãos auxiliares da Justiça do Trabalho, o juiz procederá a intimação, da União para manifestação, no prazo de 10 dias, sob pena de preclusão" (redação dada pela Lei n. 11.457/07).

(116) Edilton Meirelles e Leonardo Dias Borges sustentam que diante do § 3º do art. 879, da CLT, entendem ser imperativo o disposto no § 3º do art. 879, da CLT e, portanto, o contraditório deve ser deferido antes da homologação dos cálculos (*Nova reforma processual e seu impacto no processo do trabalho*. 2. ed. São Paulo. LTr, 2007. p. 59). No mesmo sentido é a visão de Carlos Henrique Bezerra Leite: "Em se tratando de execução de contribuição previdenciária, tal faculdade não é conferida ao juiz, uma vez que o § 3º do art. 879 da CLT estabelece norma cogente em relação à União, ou seja, elaborados os cálculos, deverá a União ser imediatamente intimada para, querendo, impugná-los, sob pena de preclusão" (*Curso de direito processual do trabalho*. 6. ed. São Paulo: LTr, 2008. p. 1.039).

(117) Art. 794 da CLT: "Nos processos sujeitos à apreciação da Justiça do Trabalho só haverá nulidade quando resultar dos atos inquinados manifesto prejuízo às partes litigantes".

Fixado o valor da quantia devida ao INSS, a execução prosseguirá pelo rito da execução por quantia certa contra devedor solvente (arts. 880 e seguintes da CLT), podendo o Juiz do Trabalho determinar, de ofício (art. 878, da CLT), o início da execução.

Uma vez garantido o juízo, poderá o INSS embargar a execução e também impugnar a decisão de homologação da liquidação (§ 3º do art. 884, da CLT). Da decisão proferida nos embargos, o INSS poderá interpor Agravo de Petição (art. 897, § 8º, da CLT).

Embora seja relevante o papel social da Justiça do Trabalho na execução das parcelas previdenciárias, deve o Juiz do Trabalho dar primazia ao credor trabalhista. Por isso, em primeiro lugar deve o Juiz direcionar a execução a fim de satisfazer o crédito trabalhista e, posteriormente, o crédito previdenciário. Como bem adverte *Wagner D. Giglio*[118]: "o bom senso recomenda que as Varas deem preferência à execução do débito trabalhista ou, pelo menos, procedam ao desmembramento dos autos, para que a execução das contribuições previdenciárias não interfira com a dos direitos reconhecidos ao trabalhador".

## 23. Execução das multas administrativas aplicadas ao empregador pelos órgãos de fiscalização do trabalho

A EC n. 45/04 atribui competência à Justiça do Trabalho para processar e julgar as ações relativas às penalidades administrativas impostas aos empregadores pelos órgãos de fiscalização das relações do trabalho.

Assevera o inciso VII do art. 114 da CF:

> Compete à Justiça do Trabalho processar e julgar: (...) VII – as ações relativas às penalidades administrativas impostas aos empregadores pelos órgãos de fiscalização das relações de trabalho.

Embora não esteja explícita no inciso VII do art. 114 da Constituição Federal a competência para execução das multas administrativas aplicadas ao empregador, no nosso sentir a execução dessas multas (em razão do não pagamento e inscrição de certidão da dívida ativa da União, decorrente de autuações do Ministério do Trabalho) está implicitamente prevista no referido inciso VII, uma vez que a redação do artigo fala em *ações*, e a execução também é uma *ação*. De outro lado, não teria sentido a Justiça do Trabalho poder desconstituir as penalidades administrativas aplicadas ao empregador se não pudesse executar as multas. Além disso, mesmo na execução, o empregador também poderá tentar desconstituir o título que embasa a multa e eventual infração. A cisão de competência entre a Justiça do Trabalho e a Justiça Federal para questões que envolvem a mesma matéria provoca insegurança jurídica, decisões conflitantes sobre a mesma matéria e falta de efetividade da jurisdição.

---

(118) GIGLIO, Wagner D. *Direito processual do trabalho*. 15. ed. São Paulo: Saraiva, 2005. p. 548.

A Justiça do Trabalho, embora não tenha grande tradição na aplicação da Lei de Execução Fiscal à fase de execução trabalhista, no art. 889, da CLT, há determinação expressa para que, nos casos omissos, o juiz do trabalho aplique a Lei n. 6.830/80 na execução trabalhista.

Embora os títulos executivos extrajudiciais constem no art. 876, da CLT, não se trata de um rol taxativo, e sim exemplificativo, não vedando que outros títulos executivos extrajudiciais possam ser executados no foro trabalhista, como o executivo fiscal oriundo dos atos de fiscalização do trabalho. Após a EC n. 45/04, a certidão da dívida ativa da União decorrente de infrações aplicadas ao empregador pelos Órgãos de fiscalização do trabalho constitui um novo título executivo extrajudicial que será executado na Justiça do Trabalho, segundo a Lei n. 6.830/80. Por se tratar de ação de rito especial, o juiz do trabalho não aplicará a CLT.

Nesse sentido é o art. 1º da Instrução Normativa n. 27/05 do Tribunal Superior do Trabalho:

> Art. 1º As ações ajuizadas na Justiça do Trabalho tramitarão pelo rito ordinário ou sumaríssimo, conforme previsto na Consolidação das Leis do Trabalho, excepcionando-se, apenas, as que, por disciplina legal expressa, estejam sujeitas a rito especial, tais como o Mandado de Segurança, *Habeas Corpus*, *Habeas Data*, Ação Rescisória, Ação Cautelar e Ação de Consignação em Pagamento.

Quanto à sistemática recursal, deverá ser aplicada a da Consolidação das Leis do Trabalho, conforme o art. 2º, da Instrução Normativa n. 27/05 do C. TST, *in verbis*:

> A sistemática recursal a ser observada é a prevista na Consolidação das Leis do Trabalho, inclusive no tocante à nomenclatura, à alçada, aos prazos e às competências. Parágrafo único. O depósito recursal a que se refere o art. 899 da CLT é sempre exigível como requisito extrínseco do recurso, quando houver condenação em pecúnia.

Desse modo, resta aplicável ao Processo do Trabalho, o art. 585, VII, do CPC, que assim dispõe:

> São títulos executivos extrajudiciais:
>
> VII – a certidão de dívida ativa da Fazenda Pública da União, dos Estados, do Distrito Federal, dos Territórios e dos Municípios, correspondente aos créditos inscritos na forma da lei; (Redação dada pela Lei n. 11.382/06 – DOU 7.12.06).

Na Justiça do Trabalho, a execução fiscal das multas administrativas seguirá o seguinte procedimento:

a) A petição inicial da execução, conforme o art. 6º, da Lei n. 6.830/80 será instruída com a Certidão da Dívida Ativa, que dela fará parte integrante, como se estivesse transcrita.

A certidão da dívida ativa tem presunção de certeza e liquidez.

Nesse sentido, o Enunciado n. 58 da 1ª Jornada de Direito Material e Processual do Tribunal Superior do Trabalho, *in verbis*:

> AÇÃO DE EXECUÇÃO FISCAL. PRESUNÇÃO DE CERTEZA E LIQUIDEZ DA EXISTÊNCIA DA DÍVIDA. Não é dado ao Juiz retirar a presunção de certeza e

liquidez atribuída pela lei, nos termos do arts. 204 do CTN e 3º da Lei n. 6.830/80, à dívida ativa inscrita regularmente. Ajuizada a ação de execução fiscal — desde que presentes os requisitos da petição inicial previstos no art. 6º da Lei n. 6.830/80 —, a presunção de certeza e liquidez da Certidão de Dívida Ativa somente pode ser infirmada mediante produção de prova inequívoca, cujo ônus é do executado ou do terceiro, a quem aproveite. A ação deve ser proposta no foro do domicílio do réu;

b) O executado será citado para pagamento em cinco dias para pagar a dívida com os juros e multa de mora e encargos indicados na Certidão de Dívida Ativa, ou garantir a execução, nos termos do art. 8º, da Lei n. 6.830/80;

c) Não ocorrendo o pagamento, seguir-se-á a penhora nos termos do art. 11, da Lei n. 6.830/80;

d) Uma vez garantido o Juízo, o executado poderá apresentar embargos à execução no prazo de 30 dias (art. 16, da Lei n. 6.830/80);

e) Decididos os embargos, seguir-se-á a expropriação de bens, conforme os arts. 22 e seguintes da Lei n. 6.830/80;

f) Será cabível o Agravo de Petição em face das decisões proferidas nos embargos à execução e também das decisões terminativas do processo após a fase dos embargos.

## 24. Execução de sentença trabalhista por quantia certa contra devedor solvente

### 24.1. Do procedimento da CLT

A Consolidação das Leis do Trabalho apresenta exatamente 17 arts. sobre a execução (arts. 876 a 892).

Conforme o procedimento da CLT, podemos dividir a execução trabalhista nas seguintes fases:

*a) quantificação* — Nesta fase o título executivo será liquidado para se chegar ao valor a ser executado (art. 879, da CLT[119]). Embora a CLT inclua a liquidação

---

(119) Art. 879, da CLT: Sendo ilíquida a sentença exequenda, ordenar-se-á, previamente, a sua liquidação, que poderá ser feita por cálculo, por arbitramento ou por artigos. (Redação dada pela Lei n. 2.244/54)

§ 1º Na liquidação, não se poderá modificar, ou inovar, a sentença liquidanda, nem discutir matéria pertinente à causa principal.

§ 1º-A. A liquidação abrangerá, também, o cálculo das contribuições previdenciárias devidas. (Acrescentado pela Lei n. 10.035/00 – DOU 26.10.00)

§ 1º-B. As partes deverão ser previamente intimadas para a apresentação do cálculo de liquidação, inclusive da contribuição previdenciária incidente. (Acrescentado pela Lei n. 10.035/00 – DOU 26.10.00)

§ 2º Elaborada a conta e tornada líquida, o Juiz poderá abrir às partes prazo sucessivo de 10 (dez) dias para impugnação fundamentada com a indicação dos itens e valores objeto da discordância, sob pena de preclusão.

NOTA – Redação dos §§ 1º e 2º dada pela Lei n. 8.432/92 – DOU 12.06.92.

no capítulo da execução, conforme já nos manifestamos, a liquidação não faz parte da execução, pois é um procedimento imediatamente anterior ao início da execução;

b) *citação para pagamento* — A Consolidação das Leis do Trabalho exige a citação do executado para pagamento da execução ou nomeação de bens à penhora (arts. 880[120] e 881, da CLT[121]), garantindo, com isso, o juízo;

c) *constrição patrimonial* — Nesta fase, ser realizará a penhora dos bens do executado, tantos quantos bastem para o pagamento do crédito (arts. 882[122] e 883, da CLT[123]);

d) *defesa do executado* — Dá-se por meio de embargos à execução e impugnação à conta de liquidação: A CLT disciplina os embargos à execução, bem como a

---

§ 3º Elaborada a conta pela parte ou pelos órgãos auxiliares da Justiça do Trabalho, o juiz procederá à intimação da União para manifestação, no prazo de 10 (dez) dias, sob pena de preclusão. (Redação dada pela Lei n. 11.457/07 – DOU 19.3.07)

§ 4º A atualização do crédito devido à Previdência Social observará os critérios estabelecidos na legislação previdenciária. (Acrescentado pela Lei n. 10.035/00 – DOU 26.10.00)

§ 5º O Ministro de Estado da Fazenda poderá, mediante ato fundamentado, dispensar a manifestação da União quando o valor total das verbas que integram o salário de contribuição, na forma do art. 28 da Lei n. 8.212, de 24 de julho de 1991, ocasionar perda de escala decorrente da atuação do órgão jurídico. (Acrescido pela Lei n. 11.457/07 – DOU 19.3.07)

(120) Art. 880, da CLT: Requerida a execução, o juiz ou presidente do tribunal mandará expedir mandado de citação do executado, a fim de que cumpra a decisão ou o acordo no prazo, pelo modo e sob as cominações estabelecidas ou, quando se tratar de pagamento em dinheiro, inclusive de contribuições sociais devidas à União, para que o faça em 48 (quarenta e oito) horas ou garanta a execução, sob pena de penhora. (Redação dada pela Lei n. 11.457/07 – DOU 19.3.07)

§ 1º O mandado de citação deverá conter a decisão exequenda ou o termo de acordo não cumprido.

§ 2º A citação será feita pelos oficiais de diligência.

§ 3º Se o executado, procurado por duas vezes no espaço de 48 horas, não for encontrado, far-se-á a citação por edital, publicado no jornal oficial ou, na falta deste, afixado na sede da Junta ou Juízo, durante cinco dias.

(121) Art. 881, da CLT: No caso de pagamento da importância reclamada, será este feito perante o escrivão ou chefe da Secretaria, lavrando-se termo de quitação, em duas vias, assinadas pelo exequente, pelo executado e pelo mesmo escrivão ou chefe da Secretaria, entregando-se a segunda via ao executado e juntando-se a outra ao processo. (Redação dada pela Lei n. 409/48 – DOU 1.10.48)

Parágrafo único. Não estando presente o exequente, será depositada a importância, mediante guia, em estabelecimento oficial de crédito ou, em falta deste, em estabelecimento bancário idôneo. (Redação dada pela Lei n. 7.305/85 – DOU 03.04.85)

(122) Art. 882, da CLT: O executado que não pagar a importância reclamada poderá garantir a execução mediante depósito da mesma, atualizada e acrescida das despesas processuais, ou nomeando bens à penhora, observada a ordem preferencial estabelecida no art. 655 do Código Processual Civil. (Redação dada pela Lei n. 8.432/92 – DOU 12.6.92).

(123) Art. 883, da CLT: Não pagando o executado, nem garantindo a execução, seguir-se-á penhora dos bens, tantos quantos bastem ao pagamento da importância da condenação, acrescida de custas e juros de mora, sendo estes, em qualquer caso, devidos a partir da data em que for ajuizada a reclamação inicial. (Redação dada pela Lei n. 2.244/54 – DOU 30.6.54)

impugnação da conta de liquidação no art. 884, da CLT[124]. Tanto o exequente como o executado poderão impugnar a conta de liquidação.

*e)expropriação* — praça e leilão: A CLT, no art. 888[125], disciplina a forma de expropriação de bens, por meio de praças e leilões únicos.

## 24.2. Do início da execução trabalhista e da citação do executado

A Consolidação regulamenta o início da execução e dispõe sobre a possibilidade de o executado pagar a execução ou garantir o juízo, dispondo de forma expressa sobre a necessidade da citação do devedor. Assim preconizam os arts. 880 e 882 da CLT, abaixo transcritos:

Art. 880, da CLT:

> O juiz ou presidente do tribunal, requerida a execução, mandará expedir mandado de citação ao executado, a fim de que cumpra a decisão ou o acordo no prazo, pelo modo e sob as cominações estabelecidas, ou, em se tratando de pagamento em dinheiro, incluídas as contribuições sociais devidas ao INSS, para que pague em quarenta e oito horas, ou garanta a execução, sob pena de penhora.

Art. 882 da CLT:

> O executado que não pagar a importância reclamada poderá garantir a execução mediante depósito da mesma, atualizada e acrescida das despesas processuais, ou

---

(124) Art. 884, da CLT: Garantida a execução ou penhorados os bens, terá o executado cinco dias para apresentar embargos, cabendo igual prazo ao exequente para impugnação. (Vide MP n. 2.180-35/01)

§ 1º A matéria de defesa será restrita às alegações de cumprimento da decisão ou do acordo, quitação ou prescrição da dívida.

§ 2º Se na defesa tiverem sido arroladas testemunhas, poderá o juiz ou o presidente do Tribunal, caso julgue necessários seus depoimentos, marcar audiência para a produção das provas, a qual deverá realizar-se dentro de cinco dias.

§ 3º Somente nos embargos à penhora poderá o executado impugnar a sentença de liquidação, cabendo ao exequente igual direito e no mesmo prazo. (Redação dada pela Lei n. 2.244/54 – DOU 30.6.54)

§ 4º Julgar-se-ão na mesma sentença os embargos e as impugnações à liquidação apresentadas pelos credores trabalhista e previdenciário. (Redação dada pela Lei n. 10.035/00 – DOU 26.10.00)

§ 5º Considera-se inexigível o título judicial fundado em lei ou ato normativo declarados inconstitucionais pelo Supremo Tribunal Federal ou em aplicação ou interpretação tidas por incompatíveis com a Constituição Federal. (Redação dada pela MP n. 2.180-35/01)

(125) Art. 888, da CLT: Concluída a avaliação, dentro de dez dias, contados da data da nomeação do avaliador, seguir-se-á a arrematação, que será anunciada por edital afixado na sede do Juízo ou Tribunal e publicado no jornal local, se houver, com a antecedência de vinte (20) dias.

§ 1º A arrematação far-se-á em dia, hora e lugar anunciados e os bens serão vendidos pelo maior lance, tendo o exequente preferência para a adjudicação.

§ 2º O arrematante deverá garantir o lance com o sinal correspondente a 20% (vinte por cento) do seu valor.

§ 3º Não havendo licitante, e não requerendo o exequente a adjudicação dos bens penhorados, poderão os mesmos ser vendidos por leiloeiro nomeado pelo Juiz ou Presidente.

§ 4º Se o arrematante, ou seu fiador, não pagar dentro de 24 (vinte e quatro) horas o preço da arrematação, perderá, em benefício da execução, o sinal de que trata o § 2º deste artigo, voltando à praça os bens executados.

nomeando bens à penhora, observada a ordem preferencial estabelecida no art. 655 do Código Processual Civil.

Na execução, determina a CLT que a citação seja pessoal e cumprida por oficial de justiça, o que onera a execução e, praticamente, não tem resultados práticos.

Dispõe a CLT: se o executado, procurado por duas vezes no espaço de 48 horas, não for encontrado, far-se-á a citação por edital, publicado no jornal oficial ou, na falta deste, afixado na sede da Junta ou Juízo, durante cinco dias (§ 3º do art. 880, da CLT).

Ora, é sabido que a citação por Edital está em pleno desprestígio por ter, raramente, algum resultado. A própria jurisprudência já tinha transportado para a execução trabalhista a citação com hora certa para evitar a citação por Edital, sendo essa modalidade de citação utilizada somente quando se esgotassem todas as formas de citação pessoal.

Embora o art. 880 da CLT determine que o devedor seja citado sobre a execução trabalhista para pagar em 48 horas, ou nomear bens à penhora, pensamos que a exigência da citação para a execução não adotou a melhor técnica, pois a execução trabalhista, conforme já sedimentado em doutrina, em razão de título executivo judicial nunca foi, efetivamente, considerada um processo autônomo em relação ao processo de conhecimento.

Parece-nos que o termo *citação* deve ser entendido como *notificação*. Tampouco a CLT menciona o termo *citação* (art. 841, da CLT) quando chama o réu a juízo, para, querendo, vir se defender na fase de conhecimento.

De outro lado, a própria jurisprudência trabalhista vem abrandando a necessidade da citação pessoal do executado, admitindo-se que ela seja realizada na pessoa de qualquer preposto do empregador, conforme se constata da redação das seguintes ementas:

> Citação — Execução. No processo do trabalho, a citação para a execução pode ser feita através de qualquer preposto do empregador, sendo desnecessária a citação pessoal, eis que a relação jurídica é impessoal quanto ao empregador. (TRT – 3ª R. – 4ª T. – Ap. n. 5215/99 – Rel. Juiz Salvador V. Conceição – DJMG 20.5.2000 – p. 1) (RDT 06/00, p. 57)

> Execução trabalhista — Citação. Embora a citação na execução trabalhista seja diferente daquela realizada na fase cognitiva, exigindo a presença do Oficial de Justiça, tal fato não implica que ela deva ser pessoal, podendo recair sobre qualquer pessoa que responda pelo empregador. (TRT – 3ª R. – 2ª T. – AP n. 1013/2005.048.03.00-2 – Rel. Anemar Pereira Amaral – DJ 13.9.06 – p. 11) (RDT n. 10 – outubro de 2006)

Com os avanços do Direito Processual Civil rumo à efetividade e celeridade processuais, garantindo o acesso real do cidadão à Justiça e minorando o estigma negativo do processo de execução no sentido de *ganhar mas não levar*, pensamos que não há necessidade de citar o reclamado para se iniciar a execução.

Como bem assevera *Luciano Athayde Chaves*[126]:

"Ora, não faz sentido algum se manter o intérprete fiel ao disposto no art. 880 da CLT, enquanto o processo comum dispõe, agora, de uma estrutura que superou a exigência de nova citação para que se faça cumprir as decisões judiciais, expressando, assim, maior sintonia com as ideias de celeridade, economia e efetividade processuais. É a hipótese mais do que evidente de lacuna ontológica do microssistema processual trabalhista".

Nesse sentido é o Enunciado n. 12 da 1ª Jornada Nacional de Execução Trabalhista, realizada em novembro de 2010, *in verbis*:

> CUMPRIMENTO DA SENTENÇA. INTIMAÇÃO DA PARTE PELO ADVOGADO. I – Tornada líquida a decisão, desnecessária a citação do executado, bastando a intimação para pagamento por meio de seu procurador. II – Não havendo procurador, far-se-á a intimação ao devedor prioritariamente por via postal, com retorno do comprovante de entrega ou aviso de recebimento, e, depois de transcorrido o prazo sem o cumprimento da decisão, deverá ser expedida ordem de bloqueio de crédito pelo sistema Bacen Jud.

## 24.3. Do procedimento de cumprimento de sentença previsto no CPC – Art. 475-J do CPC

Dispõe o art. 475-J do Código de Processo Civil:

> Caso o devedor, condenado ao pagamento de quantia certa ou já fixada em liquidação, não o efetue no prazo de quinze dias, o montante da condenação será acrescido de multa no percentual de dez por cento e, a requerimento do credor e observado o disposto no art. 614, inciso II, desta Lei, expedir-se-á mandado de penhora e avaliação. (Incluído pela Lei n. 11.232/05 – DOU de 23.12.05) § 1º – Do auto de penhora e de avaliação será de imediato intimado o executado, na pessoa de seu advogado (arts. 236 e 237), ou, na falta deste, o seu representante legal, ou pessoalmente, por mandado ou pelo correio, podendo oferecer impugnação, querendo, no prazo de quinze dias. (Incluído pela Lei n. 11.232/05 – DOU de 23.12.05) § 2º – Caso o oficial de justiça não possa proceder à avaliação, por depender de conhecimentos especializados, o juiz, de imediato, nomeará avaliador, assinando-lhe breve prazo para a entrega do laudo. (Incluído pela Lei n. 11.232/05 – DOU de 23.12.05) § 3º – O exequente poderá, em seu requerimento, indicar desde logo os bens a serem penhorados. (Incluído pela Lei n. 11.232/05 – DOU de 23.12.05) § 4º – Efetuado o pagamento parcial no prazo previsto no *caput* deste artigo, a multa de dez por cento incidirá sobre o restante. (Incluído pela Lei n. 11.232/05 – DOU de 23.12.05) § 5º – Não sendo requerida a execução no prazo de seis meses, o juiz mandará arquivar os autos, sem prejuízo de seu desarquivamento a pedido da parte. (Incluído pela Lei n. 11.232/05 – DOU de 23.12.05)

O dispositivo acima mencionado alterou de forma significativa a espinha dorsal da execução por título executivo judicial no Processo Civil, que antes era um processo

---

(126) CHAVES, Luciano. *A recente reforma no processo civil:* reflexos no direito judiciário do trabalho. 3. ed. São Paulo: LTr, 2007. p. 56.

autônomo em face do de conhecimento, tendo início com a petição inicial e terminando por sentença, para transformá-lo numa fase do processo, qual seja, a do *cumprimento da sentença*. Desse modo, o CPC retornou ao chamado *sincretismo processual* ou *procedimento sincrético*, em que as fases de conhecimento e execução se fundem num único processo.

Como bem destacam *J. E. Carreira Alvim e Luciana Contijo Carreira Alvim Cabral*[127], "o acréscimo de uma multa de dez por cento sobre o valor da condenação, no prazo estabelecido pelo juiz, constitui mais uma tentativa de evitar que a execução se arraste por anos, quiçá lustros, ou décadas; se bem que, mau pagador é, sempre, mau pagador, em juízo ou fora dele, com multa ou sem ela. Embora resulte em benefício do credor, a imposição da multa independe de pedido da parte, devendo ser imposta de ofício pelo juiz".

Conforme o *caput* do art. 475-J do CPC, uma vez transitada em julgado a sentença líquida, ou fixado o valor a partir do procedimento de liquidação, o executado deve, independentemente de qualquer intimação, realizar o pagamento da quantia em 15 dias, sob consequência de multa de 10%, que será imposta, de ofício, pelo juiz.

Caso o devedor não realize o pagamento, haverá incidência da multa de 10% sobre o valor total da execução, e mediante requerimento do credor, expedir-se-á mandado de penhora e avaliação, prosseguindo-se a execução nos seus ulteriores termos.

Como bem adverte *Luiz Rodrigues Wambier*[128], a sentença prolatada *ex vi* do art. 475-J do CPC é dotada de duas eficácias executivas distintas: é sentença imediatamente executiva no que respeita à incidência da medida coercitiva; é sentença meramente condenatória, logo, mediatamente executiva, em relação à realização da execução por expropriação.

A multa de 10% tem natureza jurídica híbrida, tanto de "astreinte", ou seja, de coerção pecuniária para cumprimento da obrigação, como de sanção pecuniária pelo não cumprimento espontâneo do pagamento. Portanto, a natureza da multa é inibitória (evitar que a obrigação não seja cumprida) e sancionatória (pena para o descumprimento da obrigação). O valor da multa será revertido para o exequente.

Nesse sentido, bem adverte *Cléber Lúcio de Almeida*[129]:

"A multa aludida no texto legal em questão é imposta como medida de pressão psicológica, destinada a compelir o devedor a cumprir a sua obrigação de pagar quantia certa (trata-se de medida de coerção indireta, por incidir sobre a vontade do devedor). Se, mesmo diante da cominação da multa, a obrigação

---

(127) *Cumprimento da sentença:* comentários à nova execução da sentença e outras alterações introduzidas no Código de Processo Civil (Lei n. 11.232/05). Curitiba: Juruá, 2006. p. 65.

(128) WAMBIER, Luiz Rodrigues. *Sentença civil:* liquidação e cumprimento. 3. ed. São Paulo: RT, 2006. p. 421.

(129) ALMEIDA, Cléber Lúcio de. *Direito processual do trabalho.* 2. ed. Belo Horizonte: Del Rey, 2008. p. 49.

não for cumprida, a multa será cumulada ao valor do crédito (nesse momento, a multa assume a feição de sanção pecuniária pelo inadimplemento da obrigação imposta na decisão judicial)".

## 24.4. Da aplicabilidade do art. 475-J do CPC ao Processo do Trabalho

Diante do avanço do Processo Civil, ao suprimir o processo de execução, transformando-o em fase de cumprimento da sentença, com medidas para forçar o devedor a cumprir a decisão, há grandes discussões na doutrina e na jurisprudência sobre a possibilidade de transportar o art. 475-J do CPC para o Processo do Trabalho.

Autores de nomeada como *Manoel Antonio Teixeira Filho* respondem negativamente. Aduz o jurista[130]:

"Todos sabemos que o art. 769, da CLT, permite a adoção supletiva de normas do processo civil desde que: a) a CLT seja omissa quanto à matéria; b)a norma do CPC não apresente incompatibilidade com a letra ou com o espírito do processo do trabalho. Não foi por obra do acaso que o legislador trabalhista inseriu o 'requisito da omissão antes da compatibilidade: foi, isto sim, em decorrência de um propósital critério lógico-axiológico. Dessa forma, para que se possa cogitar da compatibilidade, ou não, de norma do processo civil com a do trabalho, é absolutamente necessário, *ex vi legis*, que antes disso, se verifique se a CLT se revela omissa a respeito da material. Inexistindo omissão, nenhum intérprete estará autorizado a perquirir sobre a mencionada compatibilidade. Aquela constitui, portanto, pressuposto fundamental desta".

Nesse sentido, há alguns acórdãos recentes do Tribunal Superior do Trabalho. São eles:

I – AGRAVO DE INSTRUMENTO EXECUÇÃO INAPLICABILIDADE DO ART. 475-J DO CPC AO PROCESSO DO TRABALHO. Ante possível violação ao art. 5º, inciso LIV, da Constituição da República, dá-se provimento ao Agravo de Instrumento para determinar o processamento do apelo denegado. II – RECURSO DE REVISTA EXECUÇÃO INAPLICABILIDADE DO ART. 475-J DO CPC AO PROCESSO DO TRABALHO 1. Segundo a unânime doutrina e jurisprudência, são dois os requisitos para a aplicação da norma processual comum ao Processo do Trabalho: i) ausência de disposição na CLT a exigir o esforço de integração da norma pelo intérprete; ii) compatibilidade da norma supletiva com os princípios do processo do trabalho. 2. A ausência não se confunde com a diversidade de tratamento: enquanto na primeira não é identificável qualquer efeito jurídico a certo fato a autorizar a integração do direito pela norma supletiva na segunda se verifica que um mesmo fato gera distintos efeitos jurídicos, independentemente da extensão conferida à eficácia. 3. O fato juridicizado pelo art. 475-J do CPC não pagamento espontâneo da quantia certa advinda de condenação judicial possui disciplina própria no âmbito do Processo do

---

(130) TEIXEIRA FILHO, Manoel Antonio. Processo do trabalho – Embargos à execução ou impugnação à sentença? (A propósito do art. 475-J, do CPC). In: *Revista LTr* 70-10/1180.

Trabalho (art. 883 da CLT), não havendo falar em aplicação da norma processual comum ao Processo do Trabalho. 4. A fixação de penalidade não pertinente ao Processo do Trabalho importa em ofensa ao princípio do devido processo legal, nos termos do art. 5º, inciso LIV, da Constituição da República. Recurso de Revista conhecido e provido. (TST – 3ª T. – RR – 765/2003-008-13-41 – Relª Ministra Maria Cristina Irigoyen Peduzzi – DJ 22.2.2008).

RECURSO DE REVISTA. MULTA DO ART. 475-J DO CPC. INCOMPATIBILIDADE COM O PROCESSO DO TRABALHO. REGRA PRÓPRIA COM PRAZO REDUZIDO. MEDIDA COERCITIVA NO PROCESSO TRABALHO DIFERENCIADA DO PROCESSO CIVIL O art. 475-J do CPC determina que o devedor que, no prazo de quinze dias, não tiver efetuado o pagamento da dívida, tenha acrescido multa de 10% sobre o valor da execução e, a requerimento do credor, mandado de penhora e avaliação. A decisão que determina a incidência de multa do art. 475-J do CPC, em processo trabalhista, viola o art. 889 da CLT, na medida em que a aplicação do processo civil, subsidiariamente, apenas é possível quando houver omissão da CLT, seguindo, primeiramente, a linha traçada pela Lei de Execução fiscal, para apenas após fazer incidir o CPC. Ainda assim, deve ser compatível a regra contida no processo civil com a norma trabalhista, nos termos do art. 769 da CLT, o que não ocorre no caso de cominação de multa no prazo de quinze dias, quando o art. 880 da CLT determina a execução em 48 horas, sob pena de penhora, não de multa. Recurso de revista conhecido e provido para afastar a multa do art. 475-J do CPC (TST – RR – 668/2006-005-13-40 – DJ – 28.3.2008, Acórdão – 6ª T. – Rel. Ministro Aloysio Corrêa da Veiga).

INAPLICABILIDADE DO ART. 475-J DO CPC AO PROCESSO DO TRABALHO — EXISTÊNCIA DE REGRA PRÓPRIA NO PROCESSO TRABALHISTA. 1. O art. 475-J do CPC dispõe que o não pagamento pelo devedor em 15 dias de quantia certa ou já fixada em liquidação a que tenha sido condenado gera a aplicação de multa de 10% sobre o valor da condenação e, a pedido do credor, posterior execução forçada com penhora. 2. A referida inovação do Processo Civil, introduzida pela Lei n. 11.232/05, não se aplica ao Processo do Trabalho, já que tem regramento próprio (arts. 880 e seguintes da CLT) e a nova sistemática do Processo Comum não é compatível com aquela existente no Processo do Trabalho, onde o prazo de pagamento ou penhora é apenas 48 horas. Assim, inexiste omissão justificadora da aplicação subsidiária do Processo Civil, nos termos do art. 769 da CLT, não havendo como pinçar do dispositivo apenas a multa, aplicando, no mais, a sistemática processual trabalhista. 3. Cumpre destacar que, nos termos do art. 889 da CLT, a norma subsidiária para a execução trabalhista é a Lei 6.830/80 (Lei da Execução Fiscal), pois os créditos trabalhistas e fiscais têm a mesma natureza de créditos privilegiados em relação aos demais créditos. Somente na ausência de norma específica nos dois diplomas anteriores, o Processo Civil passa a ser fonte informadora da execução trabalhista, naqueles procedimentos compatíveis com o Processo do Trabalho (art. 769 da CLT). 4. Nesse contexto, merece reforma o acórdão recorrido, para que seja excluída da condenação a aplicação do disposto no art. 475-J do CPC. Recurso de revista parcialmente conhecido e provido (TST – RR – 2/2007-038-03-00.0 – Data de Julgamento: 14.5.2008 – Relator Ministro: Ives Gandra Martins Filho – 7ª T. – DJ 23.5.2008).

No mesmo sentido, há acórdãos dos Tribunais Regionais do Trabalho que seguem abaixo:

Multa do art. 475-J do CPC — Inaplicabilidade no processo de execução trabalhista. A existência de omissão no texto legal especializado é pressuposto para a aplicação subsidiária das normas processuais comuns. Em vista disso, havendo regramento próprio na CLT acerca da execução (arts. 876 e 892), independentemente da maior ou menor eficácia em relação às novas regras do processo civil, não há falar em aplicação subsidiária da norma prevista no art. 475-J do CPC. (TRT 12ª R. – 3ª T. – Relª. Juíza Mari Eleda Migliorini – Doc. n. 1028846 em 17.11.08 – AP n. 1927/2003.039.12.85-4) (RDT n. 01 – Janeiro de 2009)

Inaplicabilidade do art. 475-J do CPC. A aplicação dos dispositivos do Direito Comum no Processo do Trabalho submete-se ao regramento previsto no art. 769 da CLT, de modo que havendo determinação na CLT, para a execução em 48 horas, sob pena de penhora (arts. 880/883 da CLT), não há lacunas a ser preenchida, sendo inaplicável o teor do art. 475-J do CPC. (TRT 15ª R. – 1ª T. – Rel. Des. Luiz Antonio Lazarim (designado) – DJ n. 203 – 31.10.08 – p. 11 – 2593/2006.135.15.00-2) (RDT n. 11 – novembro de 2008)

Agravo de petição – Aplicação da multa disposta no art. 475-J do CPC. Inaplicável no processo do trabalho a cominação estabelecida no art. 475-J do CPC, pois há disposição expressa sobre a matéria, não se aplicando subsidiariamente as normas contidas no Código de Processo Civil. Agravo de petição da executada provido. (TRT 4ª R. – 7ª T. – Relª Desª Flávia Lorena Pacheco – 23.10.08 – AP n. 279/2006.005.04.00-5) (RDT n. 11 – novembro de 2008)

AGRAVO DE PETIÇÃO. DESCUMPRIMENTO DE ACORDO. MULTA DE 10% PREVISTA NO ART. 475-J DO CPC. As disposições do Código de Processo Civil na fase de execução são aplicáveis subsidiariamente ao Processo do Trabalho apenas na hipótese de omissão da Consolidação das Leis do Trabalho e da Lei n. 6.830/1980, conforme art. 889 da CLT. No caso em questão não há omissão da CLT, eis que o art. 883 da CLT é enfático ao estipular que no caso de o executado não pagar a quantia cobrada, nem garantir a execução, seguir-se-á a penhora de bens suficientes ao pagamento do valor executado, não havendo qualquer previsão de multa processual no caso de inadimplemento do valor cobrado, o que por si só desautoriza a utilização subsidiária do art. 475-J do CPC. Por fim, vale acrescentar que a disposição contida no art. 475-J do CPC é absolutamente incompatível com a execução trabalhista, pois enquanto nesta o art. 880 da CLT concede ao executado o prazo de 48 horas para pagar a dívida ou garantir a execução, naquele dispositivo do CPC o prazo é de 15 dias. Assim, por qualquer ângulo que se examine a questão fica evidente a incompatibilidade do art. 475-J do CPC com a execução trabalhista. (TRT/SP. Tipo: Agravo de Petição. Data de julgamento: 14.2.2008. Rel. Marcelo Freire Gonçalves. Revisor: Davi Furtado Meirelles. Acórdão n. 20080090308. Processo n. 02527-2006-090-02-00-7. Ano: 2007. Turma: 12ª. Data de publicação 22.2.2008)

Argumentam os defensores da inaplicabilidade do art. 475-J do CPC ao processo do trabalho que a CLT não é omissa, pois os arts. 880 e seguintes da CLT determinam a citação do executado para pagar, sob consequência de penhora e que o sistema da execução civil diverge do sitema processual trabalhista, pois no CPC a liquidação é decidida de forma definitiva antes da execução, enquanto na CLT a liquidação pode ser impugnada após o início da execução, com a garantia do juízo (art. 884, § 3º, da CLT). Sustentam, ainda que não é possível se aplicar a multa se a própria liquidação ainda não está resolvida de forma definitiva.

Outros autores se mostram favoráveis à aplicabilidade do art. 475-J do CPC ao Processo do Trabalho.

Nesse sentido sustentam *Ivani Contini Bramante* e *Rodrigo Adélio Abrahão Linares*[131]:

"Segundo o art. 769 da CLT, que trata do princípio da subsidiariedade do Direito Processual Comum, deve haver omissão e compatibilidade. E, o art. 889 da CLT diz que a aplicação subsidiária, em sede de execução, privilegia a Lei de Execuções Fiscais ao CPC. De início, já chama a atenção à autorização concedida ao juiz do trabalho, na fase cognitiva, de fixer prazo e condições para o cumprimento da sentença conforme o disposto nos arts. 832, § 1º, e 835, da CLT. Denota possibilidade implícita de estabelecer multas coercitivas para as hipóteses de não observância do prazo estabelecido judicialmente, na fase cognitiva. Sendo assim, se o juiz pode aplicar multa de ofício na fase cognitiva, não há motivo para lhe negar tal prerrogativa na fase executória. Por essa razão, há compatibilidade na aplicação do art. 475-J do CPC com os princípios processuais trabalhistas, haja vista que o processo do trabalho também é sincrético, visionário de efetividade no cumprimento da sentença, embora esta como fase procedimental, somente tenha recebido esquadro regular com a Lei n. 11.232, de 22.12.2005. Afora isso, a multa de 10% coage o executado, em regra o empregador, a pagar rapidamente o valor da condenação ao exequente, em regra o empregado, sendo, portanto, instrumento eficaz à relação concreta do direito. Ademais, há omissão por falta de previsão explícita da multa do art. 475-J do CPC".

Para nós, o art. 475-J do CPC se encaixa perfeitamente ao Processo do Trabalho, pois compatível com os princípios que regem a execução trabalhista, quais sejam:

a) ausência de autonomia da execução em face do processo de conhecimento;

b) lacuna de efetividade da legislação trabalhista;

c) celeridade, efetividade e acesso real do trabalhador à Justiça do Trabalho;

d) Interpretação sistemática dos arts. 841 e 880 da CLT.

O fato de a liquidação poder ser discutida após o início da execução e garantia do juízo no Processo do Trabalho, no nosso sentir, não impede a aplicabilidade da cominação do art. 475-J do CPC, pois o executado também sofre prejuízos com a penhora de bens para poder discutir, de forma definitiva, a liquidação (art. 884, § 3º, da CLT). Além disso, a multa também poderá ser discutida nos embargos à execução e, verificando-se que havia algum valor a ser alterado na liquidação, o valor da multa poderá ser reduzido pelo juízo na decisão dos embargos. Sob outro enfoque, nos embargos, o próprio título que embasa a execução pode ser desconstituído.

Estamos convencidos de que o Juiz do Trabalho não deve se apegar à interpretação literal da CLT e bloquear os avanços da Legislação Processual Civil na

---

(131) A multa do art. 475-J do CPC e o princípio da tutela mais adequada ao empregado. In: *Revista Synthesis* n. 46/08. São Paulo: Portal Jurídico, 2008. p. 12.

Execução. O credor trabalhista, na quase totalidade das vezes, tem um crédito alimentar cuja satisfação não pode esperar, sob consequência de ineficácia de todo o esforço judicial para se fazer justiça na fase de conhecimento.

Diante de todas as transformações das relações do direito material do trabalho, inclusive com acentuada perda de eficácia da legislação trabalhista, a cada dia são necessários instrumentos processuais mais eficazes para a garantia de efetividade do Direito Material do Trabalho e como fim último da dignidade da pessoa humana do trabalhador.

O Direito Processual do Trabalho tem sua razão de ser na garantia do cumprimento da legislação social e resguardar os direitos fundamentais do trabalhador. Desse modo, a partir do momento que o Direito Processual Civil dá um grande passo no caminho da modernidade, deve o Processo do Trabalho se valer de tais benefícios, sob consequência de desprestígio e ineficácia da Ordem Jurídica Trabalhista.

De outro lado, há, na própria CLT, mecanismos que possibilitam ao Juiz do Trabalho impor cominações para que a sentença trabalhista, efetivamente, seja cumprida de forma célere e com resultados práticos. São eles os arts. 832, § 1º e 652, *d*, ambos da CLT, que assim dispõem:

Art. 832, § 1º, da CLT:

> § 1º Quando a decisão concluir pela procedência do pedido, determinará o prazo e as condições para o seu cumprimento.

Art. 652, *d*, da CLT:

> Compete às Juntas de Conciliação e Julgamento: (...) (d) impor multas e demais penalidades relativas aos atos de sua competência.

A própria CLT, quando trata das condições para cumprimento do acordo (conciliação ou transação judicial), faz menção à multa pecuniária, para cumprimento da obrigação de pagar. Com efeito, aduz o art. 846:

> Aberta a audiência, o juiz ou presidente proporá a conciliação. (Alterado pela Lei n. 9.022, de 05-4-95, DOU 06-04-95). § 1º Se houver acordo lavrar-se-á termo, assinado pelo presidente e pelos litigantes, consignando-se o prazo e demais condições para seu cumprimento. (Acrescentado pela Lei n. 9.022, de 5.4.95, DOU 6.4.95); § 2º Entre as condições a que se refere o parágrafo anterior, poderá ser estabelecida a de ficar a parte que não cumprir o acordo obrigada a satisfazer integralmente o pedido ou pagar uma indenização convencionada, sem prejuízo do cumprimento do acordo. (Acrescentado pela Lei n. 9.022, de 5.4.95, DOU 6.4.95)

Diante do que dispõem os referidos artigos da CLT, o Juiz do Trabalho poderá, no dispositivo da sentença, fixar multa pecuniária para o cumprimento da obrigação de pagar. Não dispondo a CLT sobre o percentual da multa, o Juiz do Trabalho deverá se valer do percentual fixado no art. 475-J do CPC (arts. 769 e 889, da CLT).

Em que pesem o respeito que merecem os entendimentos em contrário, não há incompatibilidade da fixação de multa pecuniária para o cumprimento da sentença trabalhista, pois a fase de cumprimento espontâneo da execução pelo devedor antecede o próprio início da execução trabalhista, vale dizer: o cumprimento da sentença e a fixação da multa pelo seu inadimplemento, antecedem o início da execução trabalhista e a aplicabilidade dos arts. 880 e seguintes da CLT.

O que foi dito acima não significa desconsiderar o Processo do Trabalho ou dizer que a CLT está ultrapassada ou revogada, mas reconhecer que o Processo do Trabalho deve ser um instrumento efetivo de distribuição de justiça e pacificação do conflito trabalhista, dando a cada um o que é seu por Direito. Sendo assim, pensamos que o art. 475-J do CPC e a sua consequente multa devem ser aplicados ao Direito Processual do Trabalho.

A fim de se evitarem eventuais nulidades, acreditamos que deva constar da própria sentença de mérito, na parte dispositiva da sentença, a advertência ao reclamado, que fica notificado que deverá efetuar o pagamento da condenação em 15 dias se a decisão for líquida, ou após a liquidação do crédito do reclamante[132], sem necessidade de nova intimação do advogado após o trânsito em julgado. Caso haja necessidade de liquidação, o prazo de 15 dias deve incidir a partir da intimação do executado sobre a homologação dos cálculos[133].

Como bem adverte *Carlos Henrique Bezerra Leite*[134]: "(...) a *mens legis* extraída do art. 475-J do CPC teve como objetivo imediato tirar o devedor da passividade em relação ao cumprimento da sentença condenatória, impondo-lhe ônus de tomar a iniciativa e cumprir a sentença rapidamente e de forma voluntária".

Defendendo a desnecessidade de intimação do executado para a fluência do prazo para cumprimento da decisão, destacamos o entendimento vazado na seguinte ementa que é majoritário também na jurisprudência:

> Multa. Termo Inicial. Desnecessidade de intimação. Independe de intimação pessoal a contagem do prazo de 15 (quinze) dias para pagamento da condenação de quantia certa, após o que será acrescida a multa de 10% prevista no CPC 457-J. O termo inicial do prazo de 15 (quinze) dias deve ser o trânsito em julgado da sentença. Passado o prazo, independentemente de nova intimação do advogado ou do devedor para cumprir a obrigação, incide a multa de 10% sobre o valor da condenação (...). Cabe

---

(132) Nesse sentido bem adverte Luciano Athayde Chaves: "Acresço que, por se tratar de um instituto tomado por supletividade do processo comum, é muito interessante que os Juízes do Trabalho já façam constar de suas sentenças a expressa advertência da incidência da multa após o mencionado prazo, a fim de se evitarem, pelos menos nesses primeiros momento, incompreensões e dúvidas".

(133) Para parte da doutrina, o devedor deve ser intimado para realizar o pagamento, tratando-se de decisão líquida ou ilíquida. Nesse sentido é a posição de Nelson Nery Júnior: "O devedor deve ser intimado para que, no prazo de quinze dias a contar da efetiva intimação, cumpra o julgado e efetue o pagamento da quantia. A intimação do devedor deve ser feita na pessoa de seu advogado" (*Código de Processo Civil comentado*. 10. ed. São Paulo: RT, 2007. p. 733). No mesmo sentido Antonio Cláudio da Costa Machado (*Código de Processo Civil interpretado e anotado:* artigo por artigo, parágrafo por parágrafo. São Paulo: Manole, 2006. p. 875).

(134) *Curso de direito processual do trabalho.* 8. ed. São Paulo: LTr, 2010. p. 951.

ao vencido cumprir espontaneamente a obrigação em quinze dias, sob pena de ver sua dívida automaticamente acrescida de 10%. (STJ – 3ª T. – REsp n. 954.859-RS – Rel. Min. Humberto Gomes de Barros – j. 16.8.2007, v. u., DJU 27.8.2007, p. 252)

AGRAVO REGIMENTAL — AGRAVO DE INSTRUMENTO — RECURSO ESPECIAL PROVIDO — ART. 475-J DO CPC — TERMO INICIAL PARA A INCIDÊNCIA DA MULTA. O termo inicial do prazo de que trata o art. 475-J, *caput*, do Código de Processo Civil é o próprio trânsito em julgado da sentença condenatória, não sendo necessário que a parte vencida seja intimada pessoalmente ou por seu patrono para saldar a dívida. Agravo improvido. (STJ – AgRg no Ag 1064064/RJ – AGRAVO REGIMENTAL NO AGRAVO DE INSTRUMENTO 2008/0127272-7, 3ª T. – Rel. Min. Sidnei Benedeti – DJe 3.3.2009)

Desse modo, no nosso sentir, o art. 475-J do CPC deverá ser aplicado no processo do trabalho com a seguinte sistemática:

a) a sentença trabalhista, na parte dispositiva, deverá, à luz dos arts. 652, *d*, e 832, § 1º, ambos da CLT, fazer menção ao prazo de 15 dias para cumprimento espontâneo da sentença, sob consequência de multa de 10% (art. 475-J do CPC), sobre o total da condenação liquidado;

b) menção no dispositivo da sentença de que a multa de 10% incide após 15 dias, contados a partir do trânsito em julgado se a decisão for líquida;

c) menção na sentença que o prazo de 15 dias, se inicia após a homologação da conta de liquidação, se a sentença não for ilíquida. Por cautela, o executado deverá ser intimado da decisão de homologação dos cálculos de liquidação.

d) se não estiver mencionado no dispositivo da sentença o prazo para cumprimento da sentença e a multa de 10%, pensamos, que antes de aplicá-la, na execução, deverá o Juiz, uma vez fixado o valor devido, notificar o reclamado para pagar o *quantum* devido em 15 dias, sob consequência da multa, nos termos do art. 475-J do CPC.

A jurisprudência trabalhista vem evoluindo neste sentido, conforme se constata da redação das seguintes ementas:

Honorários periciais. Nos termos do art. 790-B da CLT, a responsabilidade pelo pagamento dos honorários periciais é da parte sucumbente na pretensão objeto da perícia, que, no caso dos autos recai sobre a executada. Multa – Art. 475-J do CPC. A multa prevista no art. 475-J do CPC, com redação dada pela Lei n. 11.232/05, aplica-se ao Processo do Trabalho, pois a execução trabalhista é omissa quanto a multas e a compatibilidade de sua inserção é plena, atuando como mecanismo compensador de atualização do débito alimentar, notoriamente corrigido por mecanismos insuficientes e com taxa de juros bem menor do que a praticada no mercado. A oneração da parte em execução de sentença, sábia e oportunamente introduzida pelo legislador através da Lei n. 11.232/05, visa evitar arguições inúteis e protelações desnecessárias, valendo como meio de concretização da promessa constitucional do art. 5º, LXXVIII pelo qual "A todos, no âmbito judicial e administrativo, são assegurados o tempo razoável do processo e os meios que garantam a celeridade de sua tramitação." Se o legislador houve por bem cominar multa aos créditos cíveis, com muito mais razão se deve aplicá-la aos créditos alimentares, dos quais o cidadão-trabalhador depende para ter existência digna e compatível com as exigências da vida. A Constituição brasileira considerou o trabalho fundamento da República – art. 1º, IV e da ordem econômica – art. 170. Elevou-o ainda a primado da ordem social – art. 193. Tais valores devem ser trazidos para a vida concreta, através de medidas objetivas que tornem realidade a mensagem ética de dignificação do trabalho, quando presente nas relações jurídicas. (TRT – 3ª R. – 4ª T. – AP n. 1263/2003.111.03.00-2 – Rel. Antonio Álvares da Silva – DJ 2.12.06 - p. 17) (RDT n. 01 – Janeiro de 2007)

MULTA PREVISTA NO ART. 475-J DO CPC – APLICAÇÃO NO PROCESSO DO TRABALHO. A multa estipulada pela r. sentença somente incidirá se a reclamada não cumprir o dispositivo sentencial no prazo fixado. Além do que, sua aplicação no processo do trabalho é incensurável, pois contribui para concretizar o princípio constitucional da duração razoável do processo. (TRT –21ª R. RO 00611-2006-021-21-00-8 – Rel. Juiz José Barbosa Filho – DJRN 1.3. 2007)

MULTA LEGAL. 10%. Art. 475-J DO CPC. APLICÁVEL NA SEARA LABORAL. A multa capitulada no art. 475-J do CPC tem plena incidência na esfera laboral, porque o que se busca na execução trabalhista é verba alimentar, sendo a multa em questão mais um meio coercitivo ao pagamento da obrigação pelo devedor, que vem ao encontro do princípio da celeridade, elevado ao patamar constitucional. Assim, todo e qualquer dispositivo legal que venha a abreviar o cumprimento da decisão deve ser adotado pelo Judiciário Trabalhista, ainda mais quando a CLT, em seu art. 769 admite a aplicação subsidiária de dispositivo do Processo Civil no Direito do Trabalho. (TRT 23ª Re. RO 00244.2006.005.23.00-2 – Desª. Leila Calvo)[135]

Multa — Art. 475-J do CPC. A multa prevista no art. 475-J do CPC, com redação dada pela Lei n. 11.232/05, aplica-se ao Processo do Trabalho, pois a execução trabalhista é omissa quanto a multas e a compatibilidade de sua inserção é plena, atuando como mecanismo compensador de atualização do débito alimentar, notoriamente corrigido por mecanismos insuficientes e com taxa de juros bem menor do que a praticada no mercado. A oneração da parte em execução de sentença, sábia e oportunamente introduzida pelo legislador através da Lei n. 11.232/05, visa evitar arguições inúteis e protelações desnecessárias, valendo como meio de concretização da promessa constitucional do art. 5º, LXXVIII pelo qual "A todos, no âmbito judicial e administrativo, são assegurados o tempo razoável do processo e os meios que garantam a celeridade de sua tramitação". Se o legislador houve por bem cominar multa aos créditos cíveis, com muito mais razão se deve aplicá-la aos créditos alimentares, dos quais o cidadão-trabalhador depende para ter existência digna e compatível com as exigências da vida. A Constituição brasileira considerou o trabalho fundamento da República — art. 1, IV e da ordem econômica – art. 170. Elevou-o ainda a primado da ordem social — art. 193. Tais valores devem ser trazidos para a vida concreta, através de medidas objetivas que tornem realidade a mensagem ética de dignificação do trabalho, quando presente nas relações jurídicas. (TRT 3ª R. – 4ª T. – Rel. Des. Antonio Álvares da Silva – DJ n. 209 – 11.11.08 – p. 19 – APPS n. 229/2007.111.03.00-4) (RDT n. 01 – Janeiro de 2009)

MULTA DO ART. 475-J DO CPC. APLICABILIDADE NO PROCESSO DO TRABALHO. A multa prevista no art. 475-J do CPC, segundo as diretrizes estabelecidas no

---

(135) CHAVES, Luciano Athayde. *A recente reforma no processo civil:* reflexos no direito judiciário do trabalho. São Paulo: LTr, 2007. p. 61.

art. 769 da CLT, aplica-se subsidiariamente ao processo do trabalho, uma vez que o arcabouço normativo que regulamenta esse processo não contempla uma penalidade específica para a hipótese de inadimplemento voluntário de condenação ao pagamento de quantia certa. A matéria, portanto, não é disciplinada pela legislação laboral, o que equivale dizer que está presente, na espécie, o pressuposto da omissão. No que tange ao requisito da compatibilidade, vale lembrar que o escopo nuclear da instituição de referida multa consiste em obter, de forma célere, a quitação do débito exequendo. Sendo assim, torna-se inquestionável que a norma em exame se amolda à realidade do processo trabalhista, onde os títulos judiciais, por contemplarem, via de regra, obrigação de natureza alimentar, reclamam, com maior razão, adimplemento imediato pelo devedor. (TRT 23ª R. – 1ª T. – AP – 00065.2008.021.23.00-6. Rel. Des. Tarcísio Valente. Publicado em 12.6.2009)

ART. 475-J DO CPC: VIABILIDADE DA APLICAÇÃO NO PROCESSO TRABALHISTA. EXISTÊNCIA DE LACUNAS ONTOLÓGICAS E AXIOLÓGICAS. Considerando que em face das fases reformistas do Código de Processo Civil em busca de maior efetividade do processo, revelando a existência de lacunas ontológicas e axiológicas no processo trabalhista, entendo perfeitamente viável a heterointegração dos subsistemas do direito processual civil e do direito processual do trabalho, através de normas que garantam maior efetividade e celeridade processual na execução trabalhista, dentre as quais, aquela prevista no art. 475-J do Código de Processo Civil, que, nesse aspecto, afigura-se absolutamente compatível. (TRT/SP. Tipo: Agravo de Petição. Data de julgamento: 19.2.2009. Relª Vania Paranhos. Revisor: Marcelo Freire Gonçalves. Acórdão n. 20090102686. Processo n. 02354-2007-034-02-00-0. Ano: 2008 Turma: 12ª. Data de publicação: 6.3.2009)

MULTA DO ART. 475-J DO CPC — OMISSÃO DA CLT — APLICAÇÃO ANALÓGICA AO PROCESSO DO TRABALHO - ARTS. 8º, PARÁGRAFO ÚNICO E 769 DA CLT — ABUSO DE DIREITO DE DEFESA — PRINCÍPIO DA DURAÇÃO RAZOÁVEL DO PROCESSO — ART. 5º, INCISO LXXVIII, DA CONSTITUIÇÃO FEDERAL. A multa instituída pelo art. 475-J, do CPC, foi criada com fundamento no dever de boa-fé e lealdade processuais e tem por escopo estimular o devedor a cumprir, voluntariamente, a condenação estabelecida pela sentença. Não há prejuízo ao direito de defesa e ao contraditório, cujo exercício é delimitado conforme o devido processo legal, que prevê meios de reprimir abusos. Após a prolação da sentença condenatória, a possibilidade de insurgência restringe-se, devendo fundamentar-se em motivos robustos, suficientes e concretos, a fim de não se dilatar a solução do processo. Se o devedor acarretar, injustificadamente, a demora na solução processual, em prejuízo da parte contrária e da própria atividade jurisdicional, deve arcar com os ônus de sua atitude, que traz prejuízos de ordem individual e coletiva. A CLT não prevê a multa, especificamente em razão dos efeitos dilatórios na interposição de embargos, e tratando-se de um meio de constrangimento legalmente previsto, de prévio conhecimento do devedor, vindo ao encontro dos princípios protetivos que guiam o Direito do Trabalho, a mesma deve ser aplicada, pois de conformidade com o estabelecido pelos arts. 5º, incisos II, LIV, LV e LXXVIII, da Constituição Federal, e arts. 8º, parágrafo único e 769, da CLT. (TRT/SP. Tipo: Agravo de Petição. Data de julgamento: 17.2.2009. Rel. Paulo Augusto Camara. Revisor: Carlos Roberto Husek. Acórdão n. 20090091129. Processo n. 00079-1992-004-02-00-0. Ano: 2008. Turma: 4ª. Data de publicação 6.3.2009).

EXECUÇÃO. ALTERAÇÕES DO CPC. ART.475-J, § 1º. APLICAÇÃO NA JUSTIÇA DO TRABALHO. O processo civil, notadamente quanto à fase de execução, sofreu transformações recentes, que não podem ser descartadas de plano pela Justiça do Trabalho, até porque muitas delas foram notoriamente inspiradas no processo trabalhista. O art. 475-J, § 1ª, do CPC traz inovação no intento de conferir maior efetividade ao provimento judicial: a intimação da parte na pessoa do patrono já constituído nos autos para cumprimento da decisão, no prazo de 15 dias, não apresentando qualquer incompatibilidade com o processo trabalhista. Nem mesmo à luz do art. 769 da CLT justifica-se a resistência à aplicação do art.475-J do CPC. Com feição inovadora, referido dispositivo cria uma tramitação prévia, no interstício temporal que antecede a execução forçada, prescrevendo ato a ser praticado após a liquidação da sentença, que se materializa pela expedição de simples intimação à parte a fim de que se disponha a cumprir o comando sancionatório contido na decisão cognitiva, sob pena de multa. A CLT não traz qualquer dispositivo legal semelhante, não havendo, portanto, a suposta incompatibilidade. Os dispositivos existentes na CLT incidem a partir da execução forçada do decisum (art. 880 e seguintes), e portanto, somente após a regular intimação da parte para depositar o valor de condenação. Vê-se, então, que o disposto no art. 475-J tem incidência antes das demais disposições constantes na CLT e mesmo aquelas de que trata a Lei n. 8.630/80 que trata dos executivos fiscais, aplicados subsidiariamente. Daí porque concluímos que (1) o portal do art. 769 da CLT, por ser anterior, não pode engessar o direito processual do trabalho, mantendo-o hermeticamente fechado a todas as inovações posteriores ocorridas na legislação processual; (2) a CLT e a Lei n. 6.830/80 não tratam especificamente dessa modalidade de cobrança diretamente na pessoa do patrono constituído, de sorte que o art. 475-J, § 1ª, do CPC veio preencher um vazio legal, restando autorizada sua aplicação subsidiária ao processo trabalhista; (3) as modificações sofridas pelo processo civil representam um aporte legal vanguardista, harmônico com a instrumentalidade, celeridade e efetividade que se busca imprimir ao processo trabalhista, mormente no que concerne à fase de execução em que via de regra intenta-se a satisfação de créditos de natureza alimentar. (TRT/SP. Tipo: Agravo de Petição. Data de julgamento: 28.4.2009. Relator: Ricardo Artur Costa e Trigueiros. Revisora: Ivani Contini Bramante. Acórdão n. 20090312427. Processo n. 02366-2005-022-02-00-2. Ano: 2009. Turma: 4ª. Data de publicação 8.5.2009)

Multa prevista no art. 475-J do CPC — Aplicabilidade ao processo de execução trabalhista. Esta relatora considera inaplicável ao processo do trabalho a disposição contida no art. 475-J do CPC, porque a CLT possui regramento próprio sobre o assunto, contido no art. 882 da CLT, o qual dispõe especificamente sobre os efeitos do descumprimento da ordem de pagar. O c. TST, inclusive, tem-se manifestado contrariamente à aplicação da multa, nas seguintes decisões: RR n. 765/2003-008.13.41, DJ 22.2.08, Acórdão 3ª Turma, Relª Ministra Maria Cristina Irigoyen Peduzzi; RR n. 214/2007.026.13-40, DJ 30.5.08, Acórdão 5ª Turma, Relator Ministro Emmanoel Pereira; RR n. 668/2006.005.13-40 Publicação: DJ 28.3.08, Acórdão 6ª Turma, Relator Ministro Aloysio Corrêa da Veiga; RR n. 2/2007.038.03-00, DJ 23.5.08, Acórdão 7ª Turma, Relator Ministro Ives Gandra Martins Filho. Ressalvado o ponto de vista desta Relatora, a d. maioria da eg. 7ª Turma tem adotado posicionamento diverso, considerando o dispositivo em estudo plenamente compatível com o processo trabalhista, ao argumento de que se alinha com os princípios da celeridade e da simplicidade. No entender do d. Colegiado, cabe ao intérprete promover a atualização das normas processuais trabalhistas, tornando possível a aplicação dos novos instrumentos destinados à concretização do princípio da efetividade da tutela jurisdicional. Constatado, portanto, que a ré desrespeitou o prazo judicial concedido no art. 475-J do CPC para pagamento do débito trabalhista, impõe-se a aplicação da multa prevista no diploma processual em comento. (TRT 3ª R. – 7ª T. – Relª. Juíza Alice Monteiro de Barros (convocada) – 20.5.10 – p. 102 – Processo AP n. 1343/2001.060.03.00-8) (RDT n. 6 – junho de 2010)

> AGRAVO DE PETIÇÃO. MULTA DO ART. 475-J DO CPC. APLICÁVEL AO PROCESSO TRABALHISTA. A multa prevista no art. 475-J é plenamente aplicável ao processo trabalhista, porquanto em caso de omissão da norma consolidada, são subsidiariamente aplicáveis as normas relativas à execução fiscal da Fazenda Pública Federal (Lei n. 6.830/80), e caso essa ainda seja silente sobre determinados procedimentos, serão utilizadas as disposições previstas na lei adjetiva civil. Recurso conhecido e não provido. (TRT 2ª Região. Tipo: AGRAVO DE PETICAO. Data de Julgamento: 1º.7.2010. Rel. Benedito Valentini. Revisor: Celso Ricardo Peel Furtado de Oliveira. Acórdão n. 20100618272. Processo n. 01887-2005-432-02-00-2. Ano: 2010. Turma: 12ª. Data de publicação: 13.7.2010)

> MULTA DO ART. 475-J DO CPC. APLICAÇÃO NO PROCESSO DO TRABALHO. Não há óbice à aplicação, no processo do trabalho, do art. 475-J do CPC, por existir omissão na CLT (art. 769). Nem a lei celetista, nem a Lei n. 6.830/80, tratam especificamente sobre a forma preliminar de cobrança de dívida certa ou já liquidada, procedimento este que na verdade é anterior à execução propriamente dita. Não há qualquer incompatibilidade, portanto, com o processo trabalhista. A Lei n. 11.232/05 acresceu diversos dispositivos ao Código de Processo Civil, justamente com a intenção de facilitar a satisfação do crédito exequendo. É de primordial importância que o Judiciário Trabalhista atue na mesma linha de raciocínio que a instância civil, visando garantir a efetividade do comando judicial, a fim de evitar prejuízos não passíveis de reparação, como, por exemplo, o perigo da demora do efetivo pagamento do débito ao credor. (TRT 2ª Região. Tipo: AGRAVO DE PETICAO. Data de Julgamento: 25.5.2010 Rel. Sergio Winnk. Revisor: Paulo Sérgio Jakutis. Acórdão n. 20100469633. Processo n. 02381-2003-032-02-00-6. Ano: 2010. Turma: 4ª. Data de Publicação: 11.6.2010).

No mesmo sentido, o Enunciado n. 71 da Primeira Jornada de Direito Material e Processual na Justiça do Trabalho, *in verbis*:

> Art. 475-J do CPC. Aplicação no processo do trabalho.
>
> A aplicação subsidiária do art. 475-J do CPC atende às garantias constitucionais da razoável duração do processo, efetividade e celeridade, tendo, portanto, pleno cabimento na execução trabalhista.

Desse modo, pensamos ser perfeitamente compatível o art. 475-J com o Direito Processual do Trabalho, com algumas adaptações:

a) O prazo de 15 dias para pagamento, sob consequência da multa de 10%, se mostra razoável e compatível, não sendo aplicável o prazo de 48 horas previsto no art. 880 da CLT ou dos recursos trabalhistas de 8 dias;

b) Se o executado não pagar, o Juiz do Trabalho pode iniciar a execução de ofício (art. 878, da CLT), expedindo-se mandado de penhora a avaliação.

Por fim, relevante destacar recentes pronunciamentos do Tribunal Superior do Trabalho, vazado nas seguintes ementas:

AGRAVO DE INSTRUMENTO. RECURSO DE REVISTA. EXECUÇÃO PROVISÓRIA. MULTA PREVISTA NO ART. 475-J CPC. VIOLAÇÃO DO ART. 5º, LIV E LV DA CF. OFENSA DIRETA. CONFIGURAÇÃO. Demonstrado no agravo de instrumento que o recurso de revista preenchia os requisitos do art. 896 da CLT, ante a constatação, em tese, de afronta ao art. 5º, LIV e LV, da CF. Agravo de instrumento provido. RECURSO DE REVISTA. MULTA PREVISTA NO ART. 475-J DO CPC. EXECUÇÃO TRABALHISTA. SITUAÇÕES DE COMPATIBILIDADE. EXECUÇÃO PROVISÓRIA E DE ACORDO JUDICIAL. NÃO INCIDÊNCIA. A multa executória do novo art. 475-J do CPC (Lei n. 11.232/2005), instituída para dar efetividade às decisões judiciais relativas ao pagamento de quantia certa ou já fixada em liquidação, em obediência a comando constitucional enfático (art. 5º, LXXVIII, da CF), não se aplica ao processo do trabalho quando for *incompatível*, seja por se tratar de execução meramente provisória (Súmula n. 417,III, TST), seja por se tratar de execução de acordo, quando este já estabelecer cominação específica (*non bis in idem*). Tratando-se, porém, de execução definitiva, determinante do pagamento *incontinenti* em dinheiro, conforme jurisprudência firmemente consolidada (Súmula n. 417, I e II, TST, ratificando as anteriores OJs n. 60 e 61 da SBDI-2 da Corte Superior), que autoriza, inclusive, o imediato bloqueio bancário do valor monetário correspondente à conta homologada (convênio BACEN-JUD), desponta clara a compatibilidade da nova regra cominatória do CPC com o processo executório trabalhista, que sempre priorizou a celeridade e efetividade da prestação jurisdicional. Em consequência, sendo definitiva a execução e não adimplido em dinheiro o crédito exequendo, seja por depósito espontâneo, seja por bloqueio via BACEN-JUD, tendo sido o executado intimado cominatoriamente para o adimplemento monetário até 15 dias, incidirá a multa estipulada pelo art. 475-J do CPC, no importe de 10% sobre o montante da condenação. Na hipótese dos autos, contudo, além de se tratar de execução provisória, o executado sequer foi notificado da possibilidade de sofrer a majoração da execução pela imposição da referida multa, o que de fato evidencia a afronta aos princípios do devido processo legal, do contraditório e da ampla defesa, insculpidos no art. 5º, LIV e LV, da CF. Recurso de revista provido. (TST – Processo: RR – 314/2005-023-03-41.0 Data de Julgamento: 17.9.2008, Rel. Min. Mauricio Godinho Delgado, 6ª Turma, Data de Publicação: DJ 26.9.2008)

Primeira Turma decide por maioria a aplicação da multa do 475-J do CPC ao processo do trabalho – 11.3.2010. Por considerar aplicável ao processo trabalhista a multa do art. 475-J do Código Processo Civil, a Primeira Turma do TST concluiu que o Banco ABN AMRO Real S/A ficará sujeito a essa pena caso não satisfaça espontaneamente créditos reconhecidos em sentença trabalhista. O art. 475-J do Código Processo Civil estabelece que, sendo o devedor condenado ao pagamento de quantia certa ou já fixada em liquidação e não o efetue no prazo de quinze dias, haverá acréscimo de multa no percentual de dez por cento, podendo ser expedido mandado de penhora e avaliação. A Turma acolheu por maioria o voto divergente do Ministro Luiz Philippe Vieira de Mello Filho (redator designado do acórdão) e rejeitou (negou provimento) o recurso interposto pelo banco, mantendo-se a decisão de primeiro grau que impôs à instituição financeira o pagamento da multa de 10%, caso não pague espontaneamente ao trabalhador verbas rescisórias como participação nos lucros, auxílio cesta-alimentação e auxílio-refeição. O banco recorreu ao TST, sustentando a inaplicabilidade do artigo ao processo trabalhista. (RR – 135800-87.2006.5.13.0006 – Fase Atual: ED). In: <www.tst.jus.br> Acesso em: 15 mar. 2010)

No mesmo sentido, decidiu, recentemente, o Superior Tribunal de Justiça, cuja ementa vale ser transcrita:

> PROCESSO DO TRABALHO. APLICAÇÃO SUBSIDIÁRIA DO CÓDIGO DE PROCESSO CIVIL. I – A aplicação analógica do art. 475-J do Código de Processo Civil ao Processo do Trabalho além de propiciar a realização dos princípios que informam esse ramo do direito processual e o próprio direito fundamental a uma tutela jurisdicional adequada e efetiva, não encontra nenhum obstáculo de ordem técnica sendo, por isso, perfeitamente possível. II – Recurso especial improvido. (STJ – REsp n. 1.111.686/RN – 3ª T. – Rel. Min Sidnei Benedeti – DJe 25.6.2010).

É polêmica na doutrina e jurisprudência, a possibilidade de aplicação da multa de 10% ao executado que não cumpre a sentença em sede de execução provisória.

Dentre os argumentos contrários à aplicação da multa na execução provisória, destacamos: a) possibilidade de modificação da decisão; b) onerosidade excessiva ao executado; c) violação do devido processo legal.

Em que pesem os argumentos em sentido contrário, pensamos que, na execução provisória trabalhista, incidirá a multa de 10%, pois o art. 475-J não faz qualquer ressalva, tampouco o art. 475-O do CPC. Além disso, no Processo do Trabalho, os recursos não têm efeito suspensivo (art. 899 da CLT). Ainda que se possa argumentar que a decisão poderá ser alterada, o prosseguimento da execução é medida que se impõe rumo à efetividade processual e prestígio da decisão de primeiro grau. Sobrevindo modificação da decisão, o exequente responderá, sob a modalidade da responsabilidade objetiva, pelos danos causados ao executado (arts. 475-O, I, e 811, do CPC).

De outro lado, em se tratando de execução provisória, por não haver certeza da obrigação e pela responsabilidade objetiva que pode acarretar ao exequente pelos danos causados ao executado caso seja alterada a decisão, a iniciativa dos atos executivos depende de requerimento do reclamante no Processo do Trabalho. Portanto, o executado deverá ser intimado, na pessoa de seu advogado, para depositar em juízo o valor da execução provisória, no prazo de 15 dias, sob consequência de multa de 10%. O valor depositado poderá ser liberado ao reclamante, no valor máximo de 60 salários mínimos, se presentes as hipóteses do § 2º do art. 475-O do CPC.

Nesse sentido, sustenta com propriedade *Cassio Scarpinella Bueno*[136]:

> "É importante destacar, até para, com as devidas vênias, afastar as críticas que alguns autores lançaram a este entendimento, que a circunstância de a execução 'ser' provisória não significa que ela não seja uma verdadeira execução em todo o sentido da palavra. Está-se a falar, mesmo nestes casos, da necessidade do exercício de atividade jurisdicional substitutiva da vontade do devedor para

---

(136) SCARPINELLA BUENO, Cassio. *Aspectos polêmicos da nova execução*. Vol. 3. Coordenação: Teresa Arruda Alvim Wambier. São Paulo: RT, 2006. p. 150-151.

realizar concretamente o direito tal qual reconhecido em prol do devedor para realizar concretamente o direito qual reconhecido em prol do devedor. Não há rigorosamente falando, nada de 'provisório' em uma execução como estas, ora regida pelo art. 475-O do CPC, mas, bem diferentemente, de uma execução imediata ou antecipada que pode até mesmo independentemente de caução, ser plenamente satisfatória para o credor independentemente da prestação de cauação. O que é provisório, na espécie, é o título que fundamenta a execução, sendo certo que o risco de ele vir a ser modificado ou alterado ainda que parcialmente com o desfecho do seguimento recursal, foi expressamente assumido pelo legislador. Não há, portanto, e neste sentido, um apequenamento da eficácia do título executivo nos caso de execução provisória quando comparado com os títulos já transitados em julgado. Assim, a ideia de facultatividade da execução 'provisória' não deve causar qualquer estranheza quanto à circunstância de seu cumprimento observar o modelo executivo do art. 475-J, inclusive no que diz respeito à incidência da multa de 10% a que se refere o *caput* do art. 475-J. Até porque, vale a pena o destaque, a execução 'não provisória' de pagamento de soma em dinheiro também é uma 'faculdade' do credor, já que o *caput* do art. 475-J reclamada, nestes casos, que ela seja requerida ao juiz, vedada a atuação judicial de ofício para tanto".

Nesse sentido é a visão de *Júlio César Bebber*[137], revendo com dignidade posicionamento anterior:

"Na primeira edição deste livro disse que na execução antecipada (provisória) não haveria imposição imediata da multa de 10% de que trata o art. 475-J do CPC, uma vez que a obrigação ainda não restaria consolidada pelo trânsito em julgado. Em reflexão mais detida sobre o tema, porém percebi a incoerência interna de ideias e, mais uma vez, o difícil desprendimento de velhos conceitos e antigos preconceitos. Se há possibilidade de execução provisória (CPC, art. 475-O), é porque a sentença produz o efeito da exigibilidade independentemente do trânsito em julgado. Assim, se a exigibilidade da sentença constitui o termo inicial para a contagem do prazo para o seu cumprimento (supra, n. 5.1), evidente que a multa do art. 475-J incide na execução provisória. O demandado que quiser se eximir do pagamento da multa, portanto, deverá cumprir a sentença, mesmo tendo interposto recurso. Não vejo necessidade alguma de que o pagamento seja feito com ressalva ou advertência, como meio de evitar a aplicação do art. 503 do CPC (aceitação tácita da decisão), que ensejaria juízo de admissibilidade negativo do recurso interposto. Os atos, por si, são inconciliáveis e revelam, diante do sistema legal implantado, o desejo da parte. Exigir manifestação explícita da parte é impor formalismo desnecessário. Vale lembrar que no processo do trabalho a exigibilidade da sentença

---

(137) BEBBER, Júlio César. *Cumprimento da sentença no processo do trabalho*. 2. ed. São Paulo: LTr, 2008. p. 98-99.

(desde que seja líquida) é imediata, uma vez que os recursos trabalhistas não possuem efeito suspensivo (CLT, art. 899)".

No mesmo sentido, são os ponderáveis argumentos de *Luciano Athayde Chaves*[138]:

"Pode se objetar que a aplicação da multa em execução provisória é excessiva e gravosa ao devedor. Não penso assim. Há muito se clama por efetividade processual, mas esta jamais terá lugar enquanto a decisão de primeiro grau for apenas um ritual de passagem, pouco se podendo fazer até sua confirmação. Precisamaos avançar numa interpretação conforme a Constituição, que nos permita prestigiar as decisões judiciais, todas elas. Isso não somente reduzirá o número de recursos, mas elevará substancialmente a qualidade das tutelas jurisdicionais. A imposição da multa na execução provisória, além de necessária, não implica esvaziamento da execução, pois o art. 475-O, nomeadamente seu § 2º, estabelece os limites de liberação de crédito sem caução, quadro que costumamos encontrar na jurisdição trabalhista. Cabe ao juiz, em seu prudente arbítrio, examinar, diante do caso concreto, a oportunidade e a abrangência da liberação do crédito constritado do patrimônio do devedor em execução provisória, observando, em todo caso, a *equidade*, que deve presidir a atividade jurisdicional"[139].

## 24.5. Protesto extrajudicial da sentença trabalhista não cumprida

A Lei n. 9.492/97, em seu art. 1º, por meio de interpretação autêntica, nos dá o conceito de protesto, nos seguintes termos:

> Protesto é o ato formal e solene pelo qual se prova a inadimplência e o descumprimento de obrigação originada em títulos e outros documentos de dívida.

Atualmente, muitos Tribunais Regionais do Trabalho firmaram convênios com Cartórios Extrajudiciais para viabilizar o protesto de sentença trabalhista não cumprida pelos reclamados como medida de forçar o devedor a quitar a obrigação trabalhista.

Inegavelmente o protesto extrajudicial da sentença trabalhista não cumprida é um meio de coerção indireta ao devedor, pois, com ele, há publicidade da dívida, e esta estará disponível aos órgãos de consulta de proteção ao crédito.

Trata-se de um poderoso aliado em prol da efetividade da execução, propiciando coerção indireta ao executado e também a máxima efetividade do princípio da publicidade processual consagrado no art. 93, IX, da Constituição Federal.

---

(138) CHAVES, Luciano Athayde. *Estudos de direito processual do trabalho*. São Paulo: LTr, 2009. p. 238.
(139) No mesmo sentido são as conclusões de Marcelo Freire Sampaio Costa (*Execução provisória no processo do trabalho*. São Paulo: LTr, 2009. p. 67-69, e BEZERRA LEITE, Carlos Henrique. *Curso de direito processual do trabalho*. 7. ed. São Paulo: LTr, 2009. p. 825).

Nesse sentido dispõe o art. 29, da Lei n. 9.492/97, *in verbis*:

> Os cartórios fornecerão às entidades representativas da indústria e do comércio ou àquelas vinculadas à proteção do crédito, quando solicitada, certidão diária, em forma de relação, dos protestos tirados e dos cancelamentos efetuados, com a nota de se cuidar de informação reservada, da qual não se poderá dar publicidade pela imprensa, nem mesmo parcialmente. § 1º O fornecimento da certidão será suspenso caso se desatenda ao disposto no *caput* ou se forneçam informações de protestos cancelados. § 2º Dos cadastros ou bancos de dados das entidades referidas no *caput* somente serão prestadas informações restritivas de crédito oriundas de títulos ou documentos de dívidas regularmente protestados cujos registros não foram cancelados.

Com a publicidade do inadimplemento da sentença trabalhista, o devedor terá dificuldades em realizar transações comerciais e em obter crédito, o que pode contribuir para a quitação da dívida trabalhista.

O protesto extrajudicial da sentença trabalhista é medida que se encaixa ao Processo do Trabalho, sendo a Lei n. 9.492/97 aplicável à execução trabalhista por força dos arts. 769 e 889 da CLT.

Nesse sentido o Enunciado n. 14 da Jornada Nacional de Execução Trabalhista, realizada em novembro de 2010, *in verbis*:

> PROTESTO NOTARIAL. Frustrada a execução, poderá ser efetuado o protesto notarial do crédito exequendo, tanto em relação ao devedor principal quanto aos devedores corresponsáveis.

A realização do protesto extrajudicial pode ser determinado de ofício pelo Juiz do Trabalho (art. 878, da CLT) no momento em que o devedor, instado a pagar, não o faz, tampouco garante a execução indicando bens à penhora. No nosso sentir, não há necessidade de se esgotarem os meios de execução para levar o título executivo judicial a protesto, basta que tenha havido o inadimplemento por parte do devedor.

A jurisprudência trabalhista já começa a se pronunciar sobre o tema. Nesse sentido decidiu o Tribunal Regional do Trabalho da 3ª Região, 7ª Turma – AP 01676-2004-077-03-00-1, Rel. Juiz convocado Jesse Claudio Franco de Alencar, julgado em 11.2.2010, cuja ementa vale ser transcrita:

> PROTESTO EXTRAJUDICIAL. TÍTULO JUDICIAL TRABALHISTA EM EXECUÇÃO. A Lei n. 9.492/97 não restringe o protesto extrajudicial em face do devedor, reconhecido como tal em título judicial, já tendo sido, inclusive, celebrado convênio entre este Eg. TRT e os tabeliães de protesto do Estado de Minas Gerais visando à implementação de protestos decorrentes de decisões proferidas pela Justiça do Trabalho da 3ª Região, com expressa permissão para a inclusão de nomes de devedores em listas de proteção ao crédito. A medida constitui importante instrumento de coerção indireta do executado ao pagamento da dívida, em face da publicidade de que se reveste e da sua repercussão nas relações sociais, civis e comerciais do devedor. Agravo de petição provido para determinar o protesto extrajudicial do título, verificada a tentativa frustrada de localização do devedor e de bens passíveis de penhora.

## 24.6. Da certidão negativa de débitos trabalhistas

A Lei n. 12.440 de 7 de julho de 2011 institui a Certidão Negativa de Débitos Trabalhista, com a finalidade de prestigiar os empregadores e tomadores de serviços que cumprem, espontaneamente, as execuções trabalhistas, ou não criam embaraços para o adimplemento do crédito trabalhista.

Trata-se de medida de grande alcance social, utilizando o princípio da publicidade do processo com o intuito de contribuir para a efetividade da execução trabalhista.

Com efeito, dispõe o art. 642-A da CLT, com a redação dada pela Lei n. 12.440:

> "É instituída a Certidão Negativa de Débitos Trabalhistas (CNDT), expedida gratuita e eletronicamente, para comprovar a inexistência de débitos inadimplidos perante a Justiça do Trabalho. § 1º O interessado não obterá a certidão quando em seu nome constar: I – o inadimplemento de obrigações estabelecidas em sentença condenatória transitada em julgado proferida pela Justiça do Trabalho ou em acordos judiciais trabalhistas, inclusive no concernente aos recolhimentos previdenciários, a honorários, a custas, a emolumentos ou a recolhimentos determinados em lei; ou II – o inadimplemento de obrigações decorrentes de execução de acordos firmados perante o Ministério Público do Trabalho ou Comissão de Conciliação Prévia. § 2º Verificada a existência de débitos garantidos por penhora suficiente ou com exigibilidade suspensa, será expedida Certidão Positiva de Débitos Trabalhistas em nome do interessado com os mesmos efeitos da CNDT. § 3º A CNDT certificará a empresa em relação a todos os seus estabelecimentos, agências e filiais. § 4º O prazo de validade da CNDT é de 180 (cento e oitenta) dias, contado da data de sua emissão."

Conforme o referido dispositivo, a certidão será expedida de forma gratuita e eletrônica, propiciando agilidade e simplicidade no procedimento.

A certidão será positiva quando o executado não cumprir espontaneamente a obrigação consagrada no título executivo trabalhista, tanto judicial como extrajudicial.

Nos termos do art. 580 do CPC, de aplicação subsidiária ao processo do trabalho, a execução pode ser instaurada caso o devedor não satisfaça a obrigação certa, líquida e exigível, consubstanciada em título executivo. Desse modo, será considerado inadimplente o devedor que não cumprir a obrigação consagrada no prazo estipulado no título líquido certo e exigível, que, na nossa opinião, se dá quando o devedor não cumpre a obrigação liquidada no título executivo no prazo nele estipulado.

Na esfera processual trabalhista, para os que entendem aplicável o procedimento da CLT, o inadimplemento se dá quando o devedor não cumpre a obrigação no prazo de 48 horas, tampouco garante a execução, após a citação (art. 880, da CLT). Já para os que entendem, como nós, que resta aplicável o Código de Processo Civil, subsidiariamente (art. 475-J do CPC), o inadimplemento se dá quando o devedor não faz o pagamento no prazo de 15 dias, a partir da liquidação do valor da execução.

A inserção do devedor trabalhista no cadastro positivo de devedores dependerá de decisão fundamentada do Juiz, poderá ser realizada de ofício (art. 878 da CLT), ou a requerimento da parte.

Nesse sentido dispõe o art. 2º, da Resolução Administrativa n. 1.470/11 do TST, *in verbis*:

> A inclusão, a alteração e a exclusão de dados no Banco Nacional de Devedores Trabalhistas serão sempre precedidas de determinação judicial expressa, preferencialmente por meio eletrônico.

Caso haja penhora em montante suficiente para garantia da execução, incluindo-se todas as despesas processuais, haverá a emissão de certidão positiva, mas com efeitos de negativa.

Paga a dívida ou satisfeita a obrigação, o Juiz da execução determinará a imediata exclusão do devedor do Banco Nacional de Devedores Trabalhistas, nos termos do art. 4º, § 3º, da Resolução Administrativa n. 1.470/11 do TST.

Nos termos do art. 2º, da Lei n. 12.440 de 7 de julho de 2011, para as empresas poderem participar do processo de licitação, deverão comprovar, por meio da presente certidão, a inexistência de débitos trabalhistas.

## 25. Da penhora

### 25.1. Conceito e efeitos da penhora

Conforme *Francisco Antonio de Oliveira*[140], "a penhora traduz meio coercitivo do qual se vale o exequente para vencer a resistência de devedor inadimplente e renitente à implementação do comando judicial".

Na visão de *Pedro Paulo Teixeira Manus*[141], *penhora é a apreensão física de bens do executado para satisfação do julgado.*

A penhora é um ato de império do Estado, praticado na execução que tem por finalidade vincular determinados bens do devedor ao processo a fim de satisfazer o crédito do exequente. Trata-se de um ato de afetação de determinados bens do devedor que provoca o gravame de vinculá-los ao processo em que processa a execução.

Segundo a melhor doutrina, são efeitos da penhora:

a) individualizar o bem ou bens: a partir da penhora, os bens do executado que responderão pela satisfação do crédito do exequente são individualizados e especificados;

b) garantir o juízo: Há a garantia do juízo quando o montante de bens penhorados é suficiente para pagamento do crédito do exequente e demais despesas processuais. Conforme destacam *Bruno Garcia Redondo* e *Mário Vitor Suarez Lojo*[142]: "a garantia do juízo tem por objetivo dar ao processo a segurança

---

(140) OLIVEIRA, Francisco Antonio de. *Execução na Justiça do Trabalho*. 5. ed. São Paulo: RT, 2006. p. 120.
(141) *Op. cit.*, p. 66.
(142) *Penhora*. São Paulo: Método, 2007. p. 46.

necessária, a fim de que os bens reservados sejam suficientes à realização do direito do executado. Considera-se garantido o juízo quando são penhorados bens cujos valores igualam ou excedem o valor executado";

c) <u>gerar preferência ao credor</u>: O credor que primeiramente obtiver a penhora sobre o bem terá preferência sobre os demais credores que vierem a penhorar o mesmo bem (princípio da preferência pela anterioridade da penhora). Nesse sentido dispõem os arts. 612 e 613 do CPC, *in verbis*:

> Art. 612, do CPC: Ressalvado o caso de insolvência do devedor, em que tem lugar o concurso universal (art. 751, III), realiza-se a execução no interesse do credor, que adquire, pela penhora, o direito de preferência sobre os bens penhorados.

> Art. 613, do CPC: Recaindo mais de uma penhora sobre os mesmos bens, cada credor conservará o seu título de preferência.

d) <u>privar o devedor da posse dos bens</u>: Assevera doutrina que a penhora tem efeito de <u>retirar do devedor a posse do bem penhorado</u>.

O Código de Processo Civil, alterado pela Lei n. 11.382/06, no art. 666, dispõe que o bem penhorado fique depositado, preferencialmente, em poder do depositário judicial. Com efeito, assevera o art. 666 do CPC:

> Os bens penhorados serão preferencialmente depositados: (Redação dada pela Lei n. 11.382/06 – DOU 7.12.06) I – <u>no Banco do Brasil</u>, na Caixa Econômica Federal, ou em um banco, de que o Estado-Membro da União possua mais de metade do capital social integralizado; ou, em falta de tais estabelecimentos de crédito, ou agências suas no lugar, em qualquer estabelecimento de crédito, designado pelo juiz, as quantias em dinheiro, as pedras e os metais preciosos, bem como os papéis de crédito; II – em poder do <u>depositário judicial,</u> os móveis e os imóveis urbanos; III – em mãos de <u>depositário particul</u>ar, os demais bens. (Redação dada pela Lei n. 11.382/06 – DOU 7.12.06). § 1º Com a expressa anuência do exequente ou nos casos de difícil remoção, os bens poderão ser depositados em poder do executado. (Redação dada pela Lei n. 11.382/06 – DOU 7.12.06) § 2º As joias, pedras e objetos preciosos deverão ser depositados com registro do valor estimado de resgate. (Redação dada pela Lei n. 11.382/06 – DOU 7.12.06)

Não obstante a preferência do referido dispositivo legal, e, ao contrário do que pensa a doutrina majoritária, nem sempre a penhora provoca a privação dos bens por parte do executado, ou seja, a perda da posse, pois, muitas vezes, <u>o próprio executado fica como depositário dos bens</u>. Além disso, há expressa previsão legal para isso (§ 1º do art. 666, do CPC). Esta regra tem sido seguida no Processo do Trabalho, máxime pelo fato de <u>nem sempre a Justiça do Trabalho possuir local para depósito dos bens e raramente o exequente aceita ficar como depositário</u>.

Nesse sentido é a posição de *Valentin Carrion*[143]:

> "<u>A penhora identifica os bens e lhes dá uma destinação específica, preparando a desapropriação.</u> Por isso, o executado está impedido de qualquer ato que

(143) *Op. cit.*, p. 735.

prejudique a execução ou desvalorize o objeto; não obstante não tenha perdido a propriedade, perde a disponibilidade naquilo que prejudicar a penhora, posto que seus atos não terão eficácia contra ela; poderá vendê-lo, mas o adquirente se sujeitará aos efeitos da penhora. O exequente obtém, pela penhora, a prioridade sobre os demais credores que não tenham melhor privilégio. A penhora é ato próprio do oficial de justiça com arrombamento, se necessário (CPC, art. 660)";

e) tornar ineficazes em relação ao processo a alienação de bens constritados:

O executado poderá alienar o bem penhorado. Entretanto, tal alienação será ineficaz em face do processo, ou seja: é como se não tivesse sido realizada, pois não produzirá nenhum efeito. O bem transferido a terceiro continuará vinculado ao processo pela penhora.

Como bem destacam *Bruno Garcia Redondo* e *Mário Vitor Suarez Lojo*[144]:

"O sistema processual brasileiro, de igual forma que o italiano, não impede que o executado possa alienar o bem penhorado, mas concede ao exequente o direito de requerer, por simples petição, a ineficácia da alienação, que pode até mesmo ser reconhecida de ofício pelo magistrado".

## 25.2. Da indicação de bens à penhora, constrição e garantia do juízo

Assevera o art. 882 da CLT: "O executado que não pagar a importância reclamada poderá garantir a execução mediante depósito da mesma, atualizada e acrescida das despesas processuais, ou nomeando bens à penhora, observada a ordem preferencial estabelecida no art. 655 do Código Processual Civil".

Dispõe o art. 655 do CPC:

> A penhora observará, preferencialmente, a seguinte ordem: I – dinheiro em espécie ou em depósito ou aplicação em instituição financeira; II – veículos de via terrestre; III – bens móveis em geral; IV – bens imóveis; V – navios e aeronaves; VI – ações e quotas de sociedades empresariais; VII – percentual do faturamento de empresa devedora; VIII – pedras e metais preciosos; IX – títulos da dívida pública da União, Estados e Distrito Federal com cotação em mercado; X – títulos e valores mobiliários com cotação em mercado; XI – outros direitos.

Se o executado não nomear bens à penhora, o oficial de justiça penhorará tantos bens quantos bastem à garantia do juízo. Assevera o art. 883, da CLT:

> Não pagando o executado, nem garantindo a execução, seguir-se-á penhora dos bens, tantos quantos bastem ao pagamento da importância da condenação, acrescida de custas e juros de mora, sendo estes, em qualquer caso, devidos a partir da data em que for ajuizada a reclamação inicial.

---

(144) *Op. cit.*, p. 56.

Conforme o procedimento da CLT, o executado tem a faculdade de pagar ou nomear bens à penhora, observando a ordem do art. 655 da CLT.

Atualmente, dispõe o § 3º do art. 475-J do CPC que o exequente poderá, em seu requerimento, indicar desde logo os bens penhorados.

No mesmo sentido é o art. 652, § 2º, do CPC, com a redação dada pela Lei n. 11.382/2006:

O credor poderá, na inicial da execução, indicar bens a serem penhorados (art. 655).

No nosso sentir, diante do caráter publicista da execução trabalhista, da efetividade da execução e da utilidade dos atos executórios, pensamos ser possível ao exequente declinar bens a serem penhorados, mesmo antes de o executado fazê-lo. Não obstante, o executado poderá impugnar a indicação e indicar outros bens, mas para tanto deverá obedecer à ordem legal de indicação prevista no art. 655 do CPC.

Além disso, como cabe ao Juiz do Trabalho promover a execução de ofício (art. 878, da CLT), a ele compete velar pelo resultado útil da fase de execução, devendo rejeitar de ofício nomeação de bens que não tenham liquidez e determinar de ofício a penhora de bens que possam solucionar mais rapidamente a execução.

Sob outro enfoque, a ordem de penhora prevista no art. 655, do CPC, não é absoluta, vale dizer: o Juiz do Trabalho poderá aceitar bem que esteja abaixo da ordem legal de outro bem indicado, se, no caso concreto, tiver maior liquidez. Não se trata aqui de benefício do executado, mas de maior eficiência da execução para o credor. Somente quando possível a penhora de dois bens de ordens diversas, mas que propiciam a mesma efetividade para o credor, o Juiz preferirá o meio menos oneroso ao devedor.

Nesse sentido, o Superior Tribunal de Justiça editou a Súmula 417, *in verbis*:

Na execução civil, a penhora de dinheiro na ordem de nomeação de bens não tem caráter absoluto. (DJEletrônico 11.3.2010).

Como bem adverte *Jorge Luiz Souto Maior*[145]:

"A penhora é ato de extrema importância para a efetividade da execução. Não se deve encarar a penhora como um mero *iter* do procedimento, pois que isso implica, muitas vezes, negar a própria utilidade de todos os atos subsequentes da execução. Em outras palavras, pouco adianta cumprir o preceito legal, penhorando-se um bem que não possui a mínima chance de ser convertido em dinheiro, mediante venda em hasta pública. Grande parte dos problemas vividos nas execuções trabalhistas situa-se no fato da realização de penhora de bens de baixo interesse comercial. O importante não é garantir a execução,

---

(145) SOUTO MAIOR, Jorge Luiz. Teoria geral da execução forçada. In: NORRIS, Roberto (Coord.). *Execução trabalhista:* visão atual. Rio de Janeiro: Forense, 2001. p. 58.

sob o ponto de vista formal, mas estabelecer uma garantia de que o crédito em questão será satisfeito após obedecidas as formalidades legais subsequentes".

Serão penhorados tantos bens quantos bastem para garantia do juízo. O juízo encontra-se garantido quando o montante dos bens penhorados cobre todo o valor da execução. Nesse sentido é o art. 659, *caput* do CPC, de aplicação subsidiária no Direito Processual do Trabalho *in verbis*:

> A penhora deverá incidir em tantos bens quantos bastem para o pagamento do principal atualizado, juros, custas e honorários advocatícios.

A Consolidação das Leis do Trabalho não disciplina a forma da intimação do executado sobre a penhora. Desse modo, pensamos ser perfeitamente compatível com o Processo do Trabalho, o disposto no § 1º do art. 475-J, do CPC, por imprimir maior celeridade ao procedimento executivo, ressalvando-se que o prazo para oposição de embargos à execução é de cinco dias no Processo do Trabalho (art. 884, da CLT). Assevera o referido dispositivo legal do CPC:

> Do auto de penhora e de avaliação será de imediato intimado o executado, na pessoa de seu advogado (arts. 236 e 237), ou na falta deste, do seu representante legal, ou pessoalmente, por mandado ou pelo correio, podendo oferecer impugnação, querendo, no prazo de quinze dias.

### 25.3. Dos bens impenhoráveis

Dispõe o art. 649 do CPC:

> São absolutamente impenhoráveis: I – os bens inalienáveis e os declarados, por ato voluntário, não sujeitos à execução; II – os móveis, pertences e utilidades domésticas que guarnecem a residência do executado, salvo os de elevado valor ou que ultrapassem as necessidades comuns correspondentes a um médio padrão de vida; III – os vestuários, bem como os pertences de uso pessoal do executado, salvo se de elevado valor; IV – os vencimentos, subsídios, soldos, salários, remunerações, proventos de aposentadoria, pensões, pecúlios e montepios; as quantias recebidas por liberalidade de terceiro e destinadas ao sustento do devedor e sua família, os ganhos de trabalhador autônomo e os honorários de profissional liberal, observado o disposto no § 3º deste artigo; V – os livros, as máquinas, as ferramentas, os utensílios, os instrumentos ou outros bens móveis necessários ou úteis ao exercício de qualquer profissão; VI – o seguro de vida; VII – os materiais necessários para obras em andamento, salvo se essas forem penhoradas; VIII – a pequena propriedade rural, assim definida em lei, desde que trabalhada pela família; IX – os recursos públicos recebidos por instituições privadas para aplicação compulsória em educação, saúde ou assistência social; X – até o limite de 40 (quarenta) salários mínimos, a quantia depositada em caderneta de poupança. § 1º A impenhorabilidade não é oponível à cobrança do crédito concedido para a aquisição do próprio bem.
>
> § 2º – O disposto no inciso IV do *caput* deste artigo não se aplica no caso de penhora para pagamento de prestação alimentícia.

O referido dispositivo legal se aplica ao Processo do Trabalho, em razão de omissão da CLT e também da Lei n. 6.830/80 e por ser compatível com os princípios do Processo do Trabalho (arts. 769 e 889, da CLT), máxime o da proteção da dignidade da pessoa humana do executado e humanização da execução.

Não obstante, pensamos que o Juiz do Trabalho deve interpretar a cláusula de impenhorabilidade dos incisos do art. 649 do CPC com reservas, utilizando-se do bom senso e razoabilidade, considerando-se o caráter alimentar do crédito trabalhista bem como as vicissitudes que enfrenta o exequente na execução trabalhista.

Com relação ao inciso V do art. 649 do CPC, este somente é aplicável ao prestador de serviço pessoa física, que utilizar de tais instrumentos para o exercício da sua profissão, não se aplicando às máquinas e bens da atividade empresarial. Nesse sentido, destacamos a seguinte ementa:

> Bem necessário ao exercício da profissão — Impenhorabilidade — Inteligência do inciso VI do art. 649 do CPC — Interpretação estrita. A impenhorabilidade absoluta dos bens necessários ao exercício de profissão não se aplica à pessoa jurídica. Firma individual ou coletiva, ou pequeno empresário, comercial ou prestadora de serviços, não exercem atividade profissional, e sim atividade econômica. Logo, os seus bens respondem por suas dívidas e não se caracterizam como bens impenhoráveis, conforme estabelece o disposto do art. 649, inciso VI, do CPC. (TRT – 3ª R. – 6ª T. – Ap. n. 2700/03 – Relª. Emília Fachini – DJMG 3.6.03 – p. 16) (RDT n. 8 – agosto de 2003)

Quanto ao salário, parte da doutrina e jurisprudência tem admitido a penhora em certo percentual, aplicando-se os princípios da razoabilidade e proporcionalidade. Desse modo, segundo o caso concreto, a situação econômica do reclamante e do reclamado, pensamos ser possível a penhora de parte do salário do executado. Hoje, assistimos, muitas vezes, em audiências trabalhistas, o reclamado dizer que irá cumprir o acordo entabulado na audiência ou a condenação com um percentual do salário.

Se o dinheiro estiver em caderneta de poupança e aplicações financeiras, pensamos que ele não está protegido pela impenhorabilidade, uma vez que perde a natureza alimentar do salário, devendo o Juiz do Trabalho interpretar o inciso X do art. 649 do CPC com extrema cautela, pois, muitas vezes, o dinheiro em caderneta de poupança possibilita fraudes e é uma válvula de escape para o inadimplemento do crédito trabalhista.

Nos termos do art. 650 do CPC, podem ser penhorados, à falta de outros bens, os frutos e rendimentos dos bens inalienáveis, salvo se destinados à satisfação de prestação alimentícia.

## 25.4. Da impenhorabilidade do bem de família

Como nos ensina *Maria Helena Diniz*[146]:

"O bem de família é um prédio ou parcela do patrimônio que os cônjuges, ou entenidade familiar, destinam para abrigo e domicílio desta, com cláusula de

---
(146) *Código Civil anotado*. 11. ed. São Paulo: Saraiva, 2005. p. 1.400.

ficar isento da execução por dívidas futuras (CC, art. 1.715). Esse instituto visa a assegurar um lar à família, pondo-a ao abrigo de penhoras por débitos posteriores à instituição, salvo os que provierem de impostos relativos ao prédio. Trata-se de bem inalienável e impenhorável".

A impenhorabilidade do bem de família tem fundamento no princípio da humanização da execução e proteção da dignidade da pessoa humana do executado. Desse modo, o imóvel residencial, se for o único, não pode ser penhorado.

Conforme vêm entendendo acertadamente a doutrina e a jurisprudência, a impenhorabilidade do bem de família também é estendida às pessoas solteiras, separadas, etc., que residem no imóvel, pois a finalidade da impenhorabilidade é a proteção à moradia e à dignidade da pessoa humana do devedor.

Nesse sentido dispõe a Súmula n. 364 do STJ:

> O conceito de impenhorabilidade de bem de família abrange também o imóvel pertencente a pessoas solteiras, separadas e viúvas.

Dispõe o art. 1º da Lei n. 8.009/90:

> O imóvel residencial próprio do casal, ou da entidade familiar é impenhorável e não responderá por qualquer tipo de dívida civil, comercial, fiscal, previdenciária ou de outra natureza contraída pelos cônjuges ou pelos pais ou filhos que sejam seus proprietários e nele residam, salvo nas hipóteses previstas nesta Lei.

Há doutrinadores que sustentam a inaplicabilidade da lei do bem de família na Justiça do Trabalho, considerando-se o caráter alimentar do crédito trabalhista, bem como o privilégio típico da verba alimentar.

Nesse diapasão é a posição de *Francisco Antonio de Oliveira*[147]:

"Temos para nós, também, que a referida lei, ao investir contra o crédito trabalhista, desrespeita mandamento constitucional, que premia os créditos de natureza alimentícia (art. 100), aí incluído o crédito trabalhista em sua inteireza, não somente aquele do trabalhador na residência. E mais: ao se impedir que seja penhorado bem do sócio, cuja empresa desapareceu com o fundo de comércio, estar-se-á transferindo para o trabalhador o risco do empreendimento. Quando o empreendimento não dá certo e a empresa não se mostra idônea, financeira e economicamente, pouco importando o motivo ou causa do insucesso, o trabalhador nunca responderá, e isso porque jamais corre os riscos do empreendimento, porque jamais participou do lucro da empresa".

No nosso sentir, o fato de o crédito trabalhista ter natureza alimentar não é suficiente para fundamentar a inaplicabilidade da Lei n. 8.009/90 ao Processo do Trabalho, uma vez que a finalidade social da norma é a proteção da dignidade da pessoa humana do executado, evitando que este fique sem teto para morar.

---

(147) OLIVEIRA, Francisco Antonio de. *Execução na Justiça do Trabalho*. 5. ed. São Paulo: RT, 2006. p. 155.

Nesse diapasão, o art. 3º da Lei n. 8.009/90 assevera que a impenhorabilidade é oponível em qualquer processo de execução civil, fiscal, previdenciária, trabalhista ou de outra natureza.

No mesmo sentido vale destacar recente acórdão da mais alta corte trabalhista do país a respeito, *in verbis*:

> AGRAVO DE INSTRUMENTO. PROCESSO DE EXECUÇÃO. PENHORA DE BEM DE FAMÍLIA. Agravo provido para determinar o exame do recurso de revista em face de ofensa ao art. 5º, XXII, da Constituição Federal. RECURSO DE REVISTA. PROCESSO DE EXECUÇÃO. PENHORA DE BEM DE FAMÍLIA. Para os efeitos da impenhorabilidade de que trata a Lei n. 8.009/90, o art. 5º do referido diploma legal exige que o bem indicado à penhora seja o único imóvel utilizado pelo casal ou pela entidade familiar para moradia permanente. A necessidade de inscrever no Registro de Imóveis que o bem é de família, constitui exceção prevista expressamente no parágrafo único do mencionado art. 5º, e refere-se à hipótese de o casal possuir vários imóveis utilizados como residência. No presente caso, alegou o executado que o bem penhorado é seu único imóvel, onde reside com sua esposa. Depreende-se da leitura do acórdão recorrido que o Tribunal Regional adotou como fundamento para manter a penhora o fato de o réu não ter comprovado que não possuía outros bens. Frise-se que não se discute nos autos a destinação residencial do imóvel. Ora, exigir-se prova de que o bem onde o executado afirma residir é de família é o mesmo que exigir-se prova negativa de que não possui outros bens. Tal exigência não é juridicamente razoável, razão por que extrapola os limites do art. 5º, XXII, da Constituição da República. Cabe ao exequente provar que o imóvel em discussão não se trata de bem de família, indicando outros bens de propriedade do executado. Recurso de revista conhecido e provido (TST – RR- 486/1984-045-02-40. Ac. 1ª T. – Rel. Ministro Lélio Bentes Corrêa. DJ 7.3.2008).

Não obstante, pensamos não ser absoluta a impenhorabilidade do bem de família, pois deve o Juiz do Trabalho sopesar o caso concreto e, em determinadas circunstâncias autorizar a penhora, utilizando os princípios da razoabilidade e equidade.

A Lei do Bem de Família não pode ser utilizada para inviabilizar o recebimento do crédito trabalhista, nem ser um manto para encobrir injustiças.

De outro lado, como bem entendo corretamente a jurisprudência trabalhista, a impenhorabilidade do bem de família só abrange os bens indispensáveis à existência digna do executado. Desse modo, podem ser penhorados bens móveis que guarneçem a residência, que não são indispensáveis à convivência digna do executado e sua família, considerando-se os parâmetros médios da sociedade.

Nesse sentido, destacamos as seguintes ementas:

> Bem de família — Impenhorabilidade legal. A impenhorabilidade de que trata a Lei n. 8.009/90 incide apenas e tão somente sobre o bem imóvel residencial próprio do casal ou da entidade familiar que nele resida, a fim de lhe resguardar condições mínimas de conforto e de dignidade pessoal, não se estendendo aos demais bens da entidade familiar. Evidenciado que o objetivo da penhora não é utilizado para

moradia permanente dos agravantes, estando alugado, não cabe falar em sua impenhorabilidade, pois não sendo o referido bem utilizado para moradia, não se encontra abrangido pela proteção da Lei n. 8.009/90, que visa a proteger a subsistência da entidade familiar, e não favorecer o devedor inadimplente. (TRT – 3ª R. – 1ª T. – AP n. 600/2004.057.03.00-4 – Relª Camilla Guimarães P. Zeidler – DJMG 17.5.05 – p. 17) (RDT n. 09 – Setembro de 2005).

Penhora — Bem de família. O disposto no parágrafo único do art. 1º da Lei n. 8.009/90 não se aplica indistintamente a todos os móveis que guarnecem o imóvel do devedor. A proteção atribuída pelo referido dispositivo de lei tem o escopo de resguardar tão somente aqueles móveis indispensáveis à vida familiar, não estando abrangidos, assim, aqueles bens cuja utilidade, embora possa trazer benefícios e comodidades à família, não é considerada imprescindível. (TRT – 12ª R. – 1ª T. – AG-PET n. 775/1999.011.12.00-7 – Ac. n. 8.349/04 – Rel. Marcos V. Zanchetta – DJ 3.8.04 – p. 155) (RDT n. 9 – Setembro de 2004)

Conforme o art. 3º, I, da Lei n. 8.009/90, a impenhorabilidade não se aplica para trabalhadores da própria residência, como o caso dos trabalhadores domésticos. Nesse sentido a seguinte ementa:

Bem de família — Penhorabilidade. A Lei n. 8.009, de 29 de março de 1990, em seu art. 3º, I, declara que a impenhorabilidade do bem de família não é oponível no processo executivo trabalhista quando se trata dos "(...) créditos de trabalhadores da própria residência e das respectivas contribuições previdenciárias (...)". Dispositivo aplicável quando a execução trata dos créditos da ex-empregada doméstica da executada. (TRT – 10ª R. – 2ª T. – Ap. n. 112/2002.821.10.00-2 – Relª Flávia S. Falcão – DJDF 17.10.03 – p. 13) (DT n.11 – Novembro de 2003)

Quando a família possuir mais de um imóvel, poderá destinar um deles para ser o bem de família, o qual será protegido pela cláusula da impenhorabilidade, nos termos do art. 1.711 do Código Civil, *in verbis*:

Podem os cônjuges, ou a entidade familiar, mediante escritura pública ou testamento, destinar parte de seu patrimônio para instituir bem de família, desde que não ultrapasse um terço do patrimônio líquido existente ao tempo da instituição, mantidas as regras sobre a impenhorabilidade do imóvel residencial estabelecida em lei especial. Parágrafo único. O terceiro poderá igualmente instituir bem de família por testamento ou doação, dependendo a eficácia do ato da aceitação expressa de ambos os cônjuges beneficiados ou da entidade familiar beneficiada.

Nos termos do artigo art. 1.712 do CC, o bem de família consistirá em prédio residencial urbano ou rural, com suas pertenças e seus acessórios, destinando-se em ambos os casos a domicílio familiar, e poderá abranger valores mobiliários, cuja renda será aplicada na conservação do imóvel e no sustento da família.

Conforme o artigo art. 1.714 do CC, o bem de família, quer instituído pelos cônjuges ou por terceiro, constitui-se pelo registro de seu título no Registro de Imóveis.

Se o executado tiver mais de uma residência e não registrar uma delas como o bem de família, a impenhorabilidade recairá sobre o de menor valor, nos termos do art. 5º, parágrafo único do Lei n. 8.009/90, *in verbis*:

Na hipótese de o casal, ou entidade familiar, ser possuidor de vários imóveis utilizados como residência, a impenhorabilidade recairá sobre o de menor valor, salvo se outro tiver sido registrado, para esse fim, no Registro de Imóveis e na forma do art. 70 do Código Civil.

De outro lado, no nosso sentir, mesmo que um dos imóveis tenha sido registrado em cartório como bem de família, se o valor dos demais imóveis não for suficiente para a quitação da execução trabalhista, o Juiz do Trabalho, valendo-se dos princípios da razoabilidade proporcionalidade no caso concreto, poderá aplicar a cláusula de impenhabilidade do bem de família para o imóvel de menor valor, penhorando-se o imóvel que fora registrado, pois, assim, o direito à moradia estará satisfeito (art. 6º, da CF) e também a quitação das verbas trabalhistas.

No aspecto, vale destacar a seguinte ementa:

> BEM DE FAMÍLIA — CONDIÇÕES PARA OPOSIÇÃO DA GARANTIA COM EFEITO *ERGA OMNES* — MANUTENÇÃO DA PENHORA — DIREITO DE PROPRIEDADE DEPENDENTE DE SUA FUNÇÃO SOCIAL E QUE SUCUMBE DIANTE DE CRÉDITO ALIMENTAR. Como toda exceção à regra de que o devedor responde para o cumprimento de suas obrigações com todos os seus bens, presentes e futuros (art. 591 do CPC), as garantias que excepcionam a submissão patrimonial, para que tenham eficácia *erga omnes*, devem estar instituídas na forma como delimitado na própria lei, sob pena de nítida ofensa ao art. 5º, inciso II, da Constituição Federal. A questão já era tratada pelo art. 73 do Código Civil de 1916 e permanece disciplinada pelo Código Civil em vigor, que manteve a exigibilidade de instituição através de escritura pública, pelo registro de seu título no Registro de Imóveis (art. 1714) resguardados dois terços do patrimônio líquido existente por ocasião da instituição (art. 1.711), com destinação para domicílio familiar (art. 1.712), surtindo eficácia jurídica apenas em relação a dívidas posteriores à sua instituição (art. 1.715). Não cumpridas tais exigências e considerando-se que a propriedade deve atender à sua função social (art. 5º, inciso XXIII, da Constituição Federal), a penhora há de ser mantida, em razão do caráter alimentar que emerge do crédito trabalhista, em confronto com o direito patrimonial do devedor. (TRT/SP – 00445003620065020043 – AP – Ac. 4ª T. 20110425094 – Rel. Paulo Sérgio Jakutis – DOE 15.4.2011)

## 25.5. Da penhora de dinheiro e bloqueio de contas bancárias

O dinheiro é o bem que satisfaz a execução por quantia. Em razão disso, todo o esforço judicial na execução deve convergir para a penhora de dinheiro do executado. Não foi por outro motivo que o Legislador colocou o dinheiro, em espécie ou em depósitos ou aplicação em instituição financeira, como o primeiro bem na ordem da penhora (art. 655, I, do CPC).

Atualmente, a jurisprudência trabalhista vem convergindo no sentido da admissão da penhora de dinheiro, ainda que o executado tenha declinado outros bens à penhora, em razão da efetividade e celeridade que devem ser imprimidas pelo Juiz do Trabalho à execução. Nesse sentido a seguinte ementa:

> Penhora em dinheiro — Obediência à gradação legal. A penhora em dinheiro obedece à gradação legal prevista no art. 655 do CPC. Assim, não há ilegalidade na constrição

judicial que recai sobre dinheiro do agravante junto à própria agência bancária, pois não configuradas as hipóteses do art. 649 do mesmo diploma legal. Cálculos judiciais — Excesso de horas extras. A coisa julgada é a eficácia que torna imutável e indiscutível a sentença, não mais sujeita a recurso ordinário ou extraordinário (art. 467 do CPC). Acolher a pretensão de exclusão de verbas que compõe a remuneração deferida no título judicial, implica vulneração ao disposto no art. 5º, XXXVI da CF. (TRT – 10ª R. – 1ª T. – AP. n. 478.2002.811.10.00-4 – Relª Maria Regina G. Dias – DJDF 12.3.04 – p. 9) (RDT n. 4 – Abril de 2004)

Considerando-se o caráter alimentar do crédito trabalhista, a celeridade que deve ser imprimida ao procedimento de execução e a efetividade do processo, deve o Juiz do Trabalho, de ofício (art. 878, da CLT) ou a requerimento do exequente, determinar providências para viabilizar a penhora de dinheiro do executado.

Uma providência efetiva que vem dando bons resultados na Justiça do Trabalho foi a penhora *on line* no sistema *Bacen-Jud*, por meio do qual o Juiz do Trabalho, mediante senha personalizada, consegue ter acesso aos dados de contas bancárias do executado no âmbito do território nacional e determinar o bloqueio de numerário até o valor da execução.

Não há ilegalidade ou arbitrariedade no bloqueio de contas, pois o Juiz do Trabalho está cumprindo sua função institucional de dar efetividade ao crédito trabalhista.

Nesse sentido, destacam-se as seguintes ementas:

> Penhora — Dinheiro — Instituição bancária — Art. 5º, II e LIV, da Constituição Federal — Violação — Não configuração. Toda a controvérsia está assentada no fato de que o v. acórdão recorrido não considerou irregular a penhora sobre dinheiro do reclamado, instituição financeira, sob o fundamento de que não foi provado que ele era contabilizado em conta; que "não há prova, nos autos, de que a importância objeto da constrição esteja contabilizada em conta Reservas Bancárias" (fls. 652) e, ainda, que o art. 620 do CPC não se aplica ao caso porque "o fato de a execução dever seguir da forma menos gravosa possível ao executado, não significa que a este seja dado o direito de ver penhorado o bem que lhe aprouver, porque se assim o fosse, a exceção resvalaria para tornar-se gravosa só ao exequente". Nesse contexto, verifica-se que a matéria tem cunho nitidamente infraconstitucional, não havendo que se falar em afronta ao art. 5º, II e LV, da Constituição Federal, de forma que a viabilidade da Revista está subordinada à demonstração primeira de que o julgado *a quo* tenha violado os preceitos infraconstitucionais para, reflexa e, portanto, indiretamente, concluir-se pela ofensa a norma constitucional, o que não autoriza o processamento do recurso de revista, diante dos expressos termos do art. 896, § 2º, da CLT, bem como da jurisprudência consolidada no Enunciado n. 266 do TST, ambos no sentido de que, em processo de execução, só é cabível a revista quando houver ofensa direta e literal a dispositivo constitucional. Agravo de instrumento não provido. (TST – 4ª T. – AIRR n. 1.054/1996.581.05.00-1 – Rel. Milton de Moura França – DJ 12.3.04 – p. 597)
>
> Execução — Bloqueio de dinheiro pelo sistema *on-line* — Legalidade. Reveste-se de legalidade a determinação de bloqueio de dinheiro do devedor em face da gradação prevista pelo art. 655 do CPC, quando não há prova de que a constrição possa inviabilizar

seu negócio. Os créditos trabalhistas, em face da sua natureza, são considerados privilegiados. Se não forem quitados oportunamente, sujeita-se o responsável pelo inadimplemento à execução forçada. (TRT – 3ª R. – 6ª T. – AP n. 495/2002.005.03.00-2 – Rel. Sebastião G. de Oliveira – DJMG 16.6.05 – p. 9)

Atualmente o Código de Processo Civil incorporou a penhora *on line*, no art. 655-A, *in verbis*:

> Para possibilitar a penhora de dinheiro em depósito ou aplicação financeira, o juiz, a requerimento do exequente, requisitará à autoridade supervisora do sistema bancário, preferencialmente por meio eletrônico, informações sobre a existência de ativos em nome do executado, podendo no mesmo ato determinar sua indisponibilidade, até o valor indicado na execução. § 1º – As informações limitar-se-ão à existência ou não de depósito ou aplicação até o valor indicado na execução.

Ao comentar o referido dispositivo, *Nelson Nery Júnior*[148] destaca que a penhora *on line* é "instituto já testado na Justiça do Trabalho, agora incorporado à sistemática do processo civil como um todo, visa a acelerar a busca de numerário do executado e, por consequência, a solução da obrigação pendente".

Embora o art. 655-A do CPC exija requerimento da parte, no Processo do Trabalho, como já salientamos, o bloqueio pode ser determinado de ofício (art. 878, da CLT).

O Código de Processo Civil ao incorporar a penhora *on line* dá um avanço rumo à modernidade e à efetividade processual. Além disso, reconhece expressamente os ótimos resultados que tal prática obteve na Justiça do Trabalho. A experiência na execução trabalhista tem nos mostrado que processos que estavam na fase executiva, praticamente no arquivo sem encontrar bens do executado, começaram a se movimentar em razão da penhora *on line*, muitos acordos começaram a sair na fase executiva e a Justiça do Trabalho ganhou mais respeitabilidade com o jurisdicionado, reduzindo o estigma do processo do "ganha mas não leva".

Como destaca com propriedade *Estêvão Mallet*[149]:

> "A penhora realizada por meio eletrônico, dita penhora *on line*, que tanta celeuma gerou, por conta, em particular, de sua eficácia, aplicada que foi com grande êxito no processo do trabalho, já não mais comporta questionamentos. Encontra-se prevista nos arts. 655-A, *caput* e 659, § 6º, dispositivos que explicitam o que já continha na redação dada pela Lei n. 11.280, ao parágrafo único do art. 154 do CPC. É salutar a nova previsão legal. Conforme se anotou em outra oportunidade, 'o procedimento para realização da penhora não pode ficar imune aos avanços tecnológicos. Pelo contrário, a adoção de novas e mais rápidas técnicas de transferência de valores, produzidas por expeditos recursos de informática, recomenda e até impõe igual criação, pelo direito,

---

(148) *Op. cit.*, p. 1.039.
(149) MALLET, Estêvão. *Novas modificações no Código de Processo Civil e o processo do trabalho* — Lei n. 11.382/2006. In: *LTr* 71-05/529-530.

de meios mais eficazes de apreensão de valores. Como é intuitivo, créditos e lançamentos contábeis podem ser ocultados ou transferidos com grande facilidade e com enorme rapidez, sem nenhuma outra operação, nos dias de hoje, do que meros comandos emitidos, do que qualquer computador ligado à *internet*. Não custa nada nem toma tempo, em consequência, remeter valores de uma parte a outra do mundo ou trazê-los de onde estiverem ou enviá-los novamente para onde bem se quiser. Em semelhante contexto, imaginar que o procedimento para formalização da penhora possa continuar a se fazer sem nenhuma alteração, como há quatro séculos ocorria, mediante expedição de mandado, a ser fisicamente entregue pelo oficial de justiça à instituição detentora dos créditos constitui verdadeira irrisão. Não faz sentido, tanto mais quando é certo que, diversamente do que ocorre com bens imóveis, a transferência de crédito fica praticamente imune à sequela judicial, pela dificuldade de apreensão de valores existentes apenas contabilmente".

## 25.6. Da penhora de salário e do salário depositado em caderneta de poupança

Na definição clássica de *José Martins Catharino*[150], salário é *contraprestação devida a quem põe seu esforço pessoal à disposição de outrem em virtude do vínculo jurídico de trabalho, contratual ou instituído*.

O salário destina-se à subsistência do trabalhador. Por isso, a legislação lhe atribuiu caráter alimentar e disciplinou mecanismos para sua proteção, visando a resguardar a dignidade da pessoa humana do trabalhador.

Dentre as medidas legais destinadas à proteção do salário está a impenhorabilidade.

Nesse sentido dispõe o art. 649, IV, do CPC, que assim dispõe:

> São absolutamente impenhoráveis:
>
> (...) IV – os vencimentos, subsídios, soldos, salários, remunerações, proventos de aposentadoria, pensões, pecúlios e montepios; as quantias recebidas por liberalidade de terceiro e destinadas ao sustento do devedor e sua família, os ganhos de trabalhador autônomo e os honorários de profissional liberal, observado o disposto no § 3º deste artigo; (Redação dada pela Lei n. 11.382/06 – DOU 7.12.06).

Como adverte *Amauri Mascaro Nascimento*[151], justifica-se a medida em parte. A impenhorabilidade visa à preservação do salário como meio de subsistência do empregado. Há leis de outros países que permitem a penhora nos mesmos casos em que são permitidos descontos, e estes só são admitidos de acordo com percentuais que se alteram na ordem inversa dos salários, critério que é melhor.

---

(150) CATHARINO, José Martins. *Tratado jurídico do salário*. São Paulo: LTr, 1997. p. 90.
(151) NASCIMENTO, Amauri Mascaro. *Salário: conceito & proteção*. São Paulo: LTr, 2008. p. 217.

Conforme o referido inciso IV do art. 649 do CPC, adotou-se na legislação processual civil a teoria da impenhorabilidade absoluta do salário, não havendo exceções na legislação que permitam a penhora de percentual dos salários.

A CLT não disciplina as hipóteses de impenhorabilidade do salário. Desse modo, por força dos arts. 769 e 889, da CLT, aplica-se à execução trabalhista o art. 649, IV, do CPC.

Nesse sentido, destacamos a seguinte ementa:

> Mandado de segurança — Penhora e bloqueio em conta-salário — Inadmissibilidade. Dispõe o art. 649 e inciso IV do Código de Processo Civil serem absolutamente impenhoráveis as provisões de alimento necessárias à manutenção do servidor e de sua família, bem como os vencimentos (inclusive proventos de aposentadoria – RJTJESP n. 110/286) dos servidores públicos. A imperatividade e cogência da norma assim abrangem salário a qualquer título, com maior rigor em se tratando de servidores, expressamente nela incluídos, como é o caso destes autos, seja no presente, passado, futuro, pago ou não, na constância do emprego ou por despedida (RT n. 618/198, JTJ n. 205/231), não sendo pois possível penhora de saldo em conta corrente bancária se proveniente de salário (Lex-JTA n. 148/160) (apud NEGRÃO, Theotônio. *Código de Processo Civil e Legislação Processual em Vigor*. 31. ed. atual., São Paulo: Saraiva, 2000. p. 676, n. 25 ao art. 649). (TRT 10ª R. – TP-MS n. 31/2005.000.10.00-9 – Rel. Paulo H. Blair – DJDF 24.6.05 – p. 9) (RDT n. 07 – Julho de 2005).

Mesmo diante do princípio da impenhorabilidade absoluta do salário, é possível se sustentar a tese da possibilidade da penhora em parte do salário?

Não nos parece que seja justo e razoável o trabalhador não receber seu crédito em razão de impenhorabilidade do salário do devedor, se este possa viver de forma digna, abrindo mão de parte de seus ganhos para satisfazer o crédito do exequente.

Pensamos ser possível a penhora de parte do salário do executado. Hoje, assistimos muitas vezes, em audiências trabalhistas, o reclamado dizer que irá cumprir o acordo entabulado na audiência ou a condenação com um percentual do salário. De outro lado, a penhora de dinheiro é o meio mais eficaz de solucionar a execução, conforme o ordem do art. 655, I, do CPC.

Considerando-se o caráter alimentar do crédito trabalhista, diante da possibilidade da penhora de parte do salário para satisfazer o crédito trabalhista e o direito do executado de não ter penhorado o salário, deve o Juiz do Trabalho dirimir a questão à luz do princípio da proporcionalidade.

À luz dos princípios da razoabilidade, da equidade e da justiça no caso concreto, pensamos que a regra da impenhorabilidade absoluta do salário deve ser relativizada na execução trabalhista, uma vez que tanto o reclamante como o executado postulam verbas de índole alimentar, o exequente buscando a satisfação do seu direito e o executado visando à defesa da verba alimentar. Inegavelmente, o Juiz do Trabalho está diante de dois males, prestigiar o credor trabalhista, ou imunizar o salário do devedor do crédito trabalhista, devendo adotar a teoria do mal menor, constritando parte do salário do reclamado, em percentual que não atente contra sua existência digna. Quanto ao percentual da penhora do valor do salário, somente o caso concreto irá revelar.

Nesse sentido, o Enunciado n. 70, da 1ª Jornada de Direito Material e Processual do Trabalho do TST, *in verbis*:

> EXECUÇÃO. PENHORA DE RENDIMENTOS DO DEVEDOR. CRÉDITOS TRABALHISTAS DE NATUREZA ALIMENTAR E PENSÕES POR MORTE OU INVALIDEZ DECORRENTES DE ACIDENTE DO TRABALHO. PONDERAÇÃO DE PRINCÍPIOS CONSTITUCIONAIS. POSSIBILIDADE. Tendo em vista a natureza alimentar dos créditos trabalhistas e da pensão por morte ou invalidez decorrente de acidente do trabalho (CF, art. 100, § 1º-A), o disposto no art. 649, inciso IV, do CPC deve ser aplicado de forma relativizada, observados o princípio da proporcionalidade e as peculiaridades do caso concreto. Admite-se, assim, a penhora dos rendimentos do executado em percentual que não inviabilize o seu sustento.

No mesmo sentido, a seguinte ementa:

> Execução — Salário — Penhorabilidade em favor do crédito trabalhista — Natureza alimentar — CPC, art. 649, IV, parte final — Conta-salário e saldo — Distinção — Penhorabilidade das sobras existentes — Descaracterização da natureza alimentar do valor excedente ao usado mensalmente para sustento e sobrevivência — Efeitos. O art. 649, IV, do CPC revela serem absolutamente impenhoráveis "os vencimentos dos magistrados, dos professores e dos funcionários públicos, o soldo e os salários, salvo para pagamento de prestação alimentícia". A índole do referido dispositivo legal foi garantir ao devedor seu sustento e o de sua família, ainda que constrangido por execução que lhe fora dirigida, de modo a não ter perturbado os meios de sobrevivência. No entanto, a exceção contida na parte final do dispositivo enuncia que, em se tratando a dívida de prestação alimentícia, como o crédito trabalhista, a impenhorabilidade não se efetiva, já que também é necessário resguardar as condições de sustento e sobrevivência àquele declarado credor alimentício. Logicamente, não preferiu a lei o devedor ao credor, mas enunciou apenas que as verbas de sustento devem ser preservadas, para ambos. O critério razoável para enunciar o valor de penhora é aceito como de 15% do percebido mensalmente, que não se aplica às sobras não utilizadas. Esta egrégia Terceira Turma tem considerado razoável o percentual de 15% sobre os salários em folha de pagamento, ou o que exceder do valor nominal de 85% do percebido a título de subsídios, vencimentos, soldos ou salários, em conta corrente bloqueada, não significando, contudo, que tal percentual não possa ser, numa ou noutra situação, reduzido ou majorado, conforme se apresentem os valores salariais percebidos pelo devedor, sobretudo o valor líquido percebido, suas condições de vida e outros elementos que possa o Juiz da Execução vislumbrar como necessários para o sustento do executado e de sua família, sem afetar, na outra linha de raciocínio, a reconstrução do crédito alimentar devido ao trabalhador exequente. Agravo de petição do executado conhecido e parcialmente provido. (TRT 10ª R. – 3ª T. – AP n. 763/2003.002.10.00-0 – Rel. Alexandre Nery de Oliveira – DJDF 1º.4.05 – p. 44) (RDT n. 05 – Maio de 2005).

Acompanhando o mesmo entendimento, destacamos a seguinte ementa:

> PENHORA SOBRE PENSÃO. POSSIBILIDADE: "Insustentável a tese de impenhorabilidade absoluta de pensões prevista no art. 649, IV, do CPC. A alteração

promovida pela Lei n. 11.382/2006, que acrescentou o § 2º, ao artigo em questão, estabeleceu expressamente que a impenhorabilidade deixa de subsistir em caso de 'penhora para pagamento de prestação alimentícia', conceito abrangente que inclui os créditos trabalhistas, os quais ostentam inequívoca natureza alimentar. Necessário se faz interpretação que possibilite o resultado útil da jurisdição. (TRT 2ª Região. Processo TRT/SP n. 00173.2004.255.02.00-3. Agravo de petição Relª Dora Vaz Trevino, j. 10.1.09)

O Tribunal Superior do Trabalho, no entanto, firmou direcionamento diverso, acolhendo a tese da impenhorabilidade absoluta do salário, conforme a OJ n. 153, da sua SDI-II, *in verbis*:

> Mandado de segurança. Execução. Ordem de penhora sobre valores existentes em conta salário. Art. 649, IV, do CPC. Ilegalidade. (De JT 3.12.2008)
>
> Ofende direito líquido e certo decisão que determina o bloqueio de numerário existente em conta salário, para satisfação de crédito trabalhista, ainda que seja limitado a determinado percentual dos valores recebidos ou a valor revertido para fundo de aplicação ou poupança, visto que o art. 649, IV, do CPC contém norma imperativa que não admite interpretação ampliativa, sendo a exceção prevista no art. 649, § 2º, do CPC espécie e não gênero de crédito de natureza alimentícia, não englobando o crédito trabalhista.

Se o salário for transferido para caderneta de poupança e aplicações financeiras, pensamos que ele não está protegido pela impenhorabilidade, uma vez que perde a sua natureza alimentar.

Não obstante, dispõe o inciso X do art. 649 do CPC: *São absolutamente impenhoráveis: X – até o limite de 40 (quarenta) salários mínimos, a quantia depositada em caderneta de poupança*. (Redação dada pela Lei n. 11.382/06 – DOU 7.12.06)

Pensamos que o inciso X do art. 649, do CPC não se aplica ao Processo do Trabalho, em razão do caráter alimentar do crédito trabalhista. De outro lado, o referido dispositivo mostra-se incompatível com os princípios da execução trabalhista, devendo não ser aplicável (arts. 769 e 889, da CLT).

Ainda que se entenda aplicável a impenhorabilidade do inciso X, do art. 649, do CPC, deve o Juiz do Trabalho interpretá-lo com extrema cautela, pois, muitas vezes, o dinheiro em caderneta de poupança possibilita fraudes e é uma válvula de escape para o inadimplemento do crédito trabalhista.

Como bem adverte *Estêvão Mallet*[152]: "a criação de nova hipótese de impenhorabilidade, para as aplicações de até 40 salários mínimos em caderneta de poupança (art. 649, inciso X), não faz nenhum sentido, muito menos no processo do trabalho. Qual a razão para dar ao devedor o direito de não pagar seus credores e permanecer com investimentos financeiros? Se o que se quis foi estimular ainda mais a aplicação em caderneta de poupança, investimento que já conta com larga preferência entre pessoas, o caminho escolhido não poderia ser pior. Leva à inadimplência das obrigações legitimamente assumidas, com enfraquecimento do vínculo jurídico obrigacional".

---

(152) MALLET, Estêvão. *Revista LTr* 71-05/526.

No mesmo sentido é o Enunciado n. 23 da 1ª Jornada Nacional de Execução Trabalhista, realizada em novembro de 2011, *in verbis*:

> EXECUÇÃO. PENHORA DE CADERNETA DE POUPANÇA. INCOMPATIBILIDADE DO ART. 649, INCISO X, DO CÓDIGO DE PROCESSO CIVIL (CPC) COM OS PRINCÍPIOS DO DIREITO E PROCESSO DO TRABALHO. I – A regra prevista no art. 649, X, do CPC, que declara impenhorável a quantia depositada em caderneta de poupança até o limite de 40 (quarenta) salários mínimos, é incompatível com o direito e o Processo do Trabalho. II – A incompatibilidade com os princípios do direito e do Processo do Trabalho é manifesta, pois confere uma dupla e injustificável proteção ao devedor, em prejuízo ao credor, no caso e em regra, o trabalhador hipossuficiente. A proteção finda por blindar o salário e o seu excedente que não foi necessário para a subsistência e se transformou em poupança. Há, na hipótese, manifesta inobservância do privilégio legal conferido ao crédito trabalhista e da proteção do trabalhador hipossuficiente.

## 25.7. Penhora de bens imóveis

Dispõem os § 4º e 5º do art. 659 do CPC:

> § 4º A penhora de bens imóveis realizar-se-á mediante auto ou termo de penhora, cabendo ao exequente, sem prejuízo da imediata intimação do executado (art. 652, § 4º), providenciar, para presunção absoluta de conhecimento por terceiros, a respectiva averbação no ofício imobiliário, mediante a apresentação de certidão de inteiro teor do ato, independentemente de mandado judicial. (Redação dada pela Lei n. 11.382/06 – DOU 7.12.06).
>
> § 5º Nos casos do § 4º, quando apresentada certidão da respectiva matrícula, a penhora de imóveis, independentemente de onde se localizem, será realizada por termo nos autos, do qual será intimado o executado, pessoalmente ou na pessoa de seu advogado, e por este ato constituído depositário. (Incluído pela Lei n. 10.444, de 7.5.2002).

Conforme o referido dispositivo legal, a penhora do bem imóvel será efetuada por meio de auto de penhora.

O auto de penhora deverá observar o art. 665, do CPC, que assim dispõe:

> O auto de penhora conterá: I – a indicação do dia, mês, ano e lugar em que foi feita; II – os nomes do credor e do devedor; III – a descrição dos bens penhorados, com os seus característicos; IV – a nomeação do depositário dos bens.

Deverá o auto de penhora conter a descrição detalhada do imóvel, conforme sua matrícula, os limites de confrontação com os imóveis vizinhos, sua destinação, estado de conservação etc. Outrossim, o auto também deverá descrever as benfeitorias existentes no imóvel, como as eventuais construções, ainda que não averbadas.

Nesse sentido a seguinte ementa:

> Penhora — Bem imóvel. Para a realização de penhora sobre bem imóvel é necessário prova da propriedade do referido bem, de suas medidas, especificações e confrontações. (TRT – 12ª R. – 3ª T. – Ac. n. 379/00 – Rel. Juiz Hamílton Adriano – DJSC 19.1.2000 – p. 208).

Deve ser destacado que o termo de penhora, mesmo diante da matrícula do imóvel (§ 5º do art. 659, do CPC), não dispensa o oficial de justiça de proceder à constatação do imóvel *in loco* como sustentam alguns entendimentos, não devendo a lei ser interpretada na sua literalidade. O referido § 5º pretendeu apenas a agilização da penhora, mas não dispensar as cautelas que devem ser tomadas no auto de penhora e de um futuro edital de praça e leilão, pois, muitas vezes, a descrição que está na matrícula do imóvel está desatualizada, sem averbação das construções ou benfeitorias.

De outro lado, na avaliação do imóvel, deve o Oficial de Justiça mencionar as condições de conservação deste, a topografia do terreno e o estado das eventuais construções. Tais fatores podem influir, significativamente, no valor da avaliação.

Reputamos temerária a realização da penhora de imóvel sem a descrição física e vistoria deste. Primeiro, porque a Lei não a dispensa. Segundo, porque a simples matrícula pode não refletir a realidade do imóvel.

A falta de vistoria no local do imóvel, no nosso sentir, pode acarretar a nulidade da penhora, quando a matrícula do imóvel não refletir seu estado atual, por violação do art. 665, III do CPC.

Nesse sentido, adverte *Humberto Theodoro Júnior*[153]:

"Se a penhora se faz apenas com base na certidão da matrícula, pode acontecer que construções, plantações e outras acessões industriais não sejam mencionadas no respectivo termo. A parte poderá comunicar a existência desses bens acessórios para oportuna inclusão no gravame. E mesmo ocorrendo omissão, será ela suprida por ocasião da avaliação para preparar a arrematação. Ao avaliador, caberá descrever e estimar o imóvel tal como ele se encontrar no momento. Da perícia, ou seja, com todos os seus acréscimos ou supressões, de modo a retratar a realidade contemporânea à venda judicial".

Caso exista no imóvel construção não averbada, pensamos que tal fato não impede a penhora. Deve ser averbada a penhora do terreno no cartório de registro imobiliário. O oficial de justiça lavrará no mesmo auto de penhora, após a descrição do terreno, a penhora da construção, descrevendo-a em detalhes, bem como o seu valor. Outrossim, no Edital de praça e leilão deve ser mencionada a existência da construção não averbada, sua descrição, bem como sua avaliação.

Nesse sentido sustenta com propriedade *José Antonio Ribeiro de Oliveira Silva*[154]:

"A solução que nos parece mais adequada, considerando que a averbação da construção não é forma de aquisição da propriedade sobre ela, exigida apenas,

---

(153) THEODORO JÚNIOR, Humberto. *Processo de execução e cumprimento da sentença*. 25. ed. São Paulo: Leud, 2008. p. 295.

(154) OLIVEIRA SILVA, José Antonio de. *Manual da penhora de bem imóvel na execução trabalhista*. Rio de Janeiro: Renovar, 2002. p. 85-86.

para a regularização da matrícula do imóvel, em observância ainda ao princípio da especialidade, que trata da individualização ou identificação do imóvel, é a de fazer constar do auto de penhora que ela incide sobre o terreno devidamente inscrito no domínio do devedor, em cujo solo há uma edificação incorporada ao patrimônio dele pelo instituto da acessão, porém, não averbada, razão pela qual a penhora incide sobre o terreno e sobre o direito aquisitivo da construção, a qual deverá ser averbada posteriormente pelo adquirente, após a inscrição da carta de arrematação ou de adjudicação. São dois os bens penhorados: o terreno e o direito sobre a construção, que devem ser descritos em separado, embora no mesmo auto de penhora (arts. 664 e 665, inciso III, do CPC)".

Deve ainda ser observada a formalidade do art. 655, § 2º, do CPC, que assim dispõe: *Recaindo a penhora em bens imóveis, será intimado também o cônjuge do executado.* (Redação dada pela Lei n. 11.382/06 – DOU 7.12.06).

Intimado da penhora do imóvel, o cônjuge do executado poderá opor embargos à execução se pretender discutir os vícios da penhora ou embargos de terceiro, se pretender excluir da penhora a sua meação.

O Oficial de Justiça procederá à avaliação do imóvel no próprio auto de penhora, conforme dispõe o art. 681, do Código de Processo Civil, *in verbis*:

> O laudo da avaliação integrará o auto de penhora ou, em caso de perícia (art. 680), será apresentado no prazo fixado pelo juiz, devendo conter: (Redação dada pela Lei n. 11.382/06 – DOU 7.12.06). I – a descrição dos bens, com os seus característicos, e a indicação do estado em que se encontram; II – o valor dos bens. Parágrafo único. Quando o imóvel for suscetível de cômoda divisão, o avaliador, tendo em conta o crédito reclamado, o avaliará em partes, sugerindo os possíveis desmembramentos. (Acrescido pela Lei n. 11.382/06 – DOU 7.12.06).

No mesmo sentido é o disposto no art. 13, da Lei n. 6.830/80, aplicável ao processo do trabalho por força do art. 889, da CLT, *in verbis*:

> O termo ou auto de penhora conterá, também a avaliação dos bens penhorados, efetuada por quem o lavrar.

Diante do citado dispositivo do § 5º do art. 659 do CPC, pensamos que o depositário natural do bem imóvel é o próprio executado proprietário do imóvel, que será nomeado pelo Juiz do Trabalho mediante intimação, o qual não poderá recusar o encargo sem justificativa plausível.

Caso a justificativa não seja plausível, o Juiz do Trabalho, à luz do § 5º do art. 659 do CPC, poderá nomear compulsoriamente o proprietário do imóvel penhorado como depositário.

Nesse diapasão, destacam-se as seguintes ementas:

> Nomeação compulsória do encargo de depositário — Sócio da executada — Possibilidade. Com a finalidade precípua de evitar que a responsabilidade decorrente de título executivo judicial seja postergada pelo devedor que, por mero capricho,

procura se beneficiar da própria torpeza, com sérios prejuízos à efetividade da tutela jurisdicional, poderá, o magistrado, determinar a nomeação compulsória de depositário, valendo-se do inescusável interesse jurídico de que as suas decisões sejam cumpridas, sob pena de descrédito do Poder Judiciário e de consequências nefastas para toda a sociedade. (TRT – 15ª R. – 5ª T. – AP n. 336/1998.124.15.00-1 – Relª Elency P. Neves – DJSP 5.11.04 – p. 52) (RDT n. 01 de Janeiro de 2005).

Execução – Recusa em assinar o auto de depósito. Se o executado recusa assinar o auto de depósito, sem qualquer justificativa, com o único intuito de prejudicar a execução, cabe ao juízo nomear compulsoriamente o depositário, suprindo a falta de assinatura e resguardando o bom andamento do processo executório. (TRT – 3ª R. – 5ª T .– Ap. n. 2778/97 – Rel. Fernando Ferreira – DJMG 23.0.98 – p. 8).

Caso o executado apresente justificativa plausível para não figurar como depositário do bem imóvel, deverá indicar um depositário, ou se tal não se der, o Juiz nomeará um depositário judicial que ficará na posse do bem e cujas despesas correrão por conta do executado.

### 25.7.1. Do registro da penhora do imóvel e consequências

Dispõe o § 4º do art. 659 do CPC:

§ 4º A penhora de bens imóveis realizar-se-á mediante auto ou termo de penhora, cabendo ao exequente, sem prejuízo da imediata intimação do executado (art. 652, § 4º), providenciar, para presunção absoluta de conhecimento por terceiros, a respectiva averbação no ofício imobiliário, mediante a apresentação de certidão de inteiro teor do ato, independentemente de mandado judicial. (Redação dada pela Lei n. 11.382/06 – DOU 7.12.06).

Diante da seriedade da transmissão da propriedade imóvel e da segurança dos negócios jurídicos, exige a lei que a transferência da propriedade imóvel seja acompanhada da formalidade essencial do registro no Cartório de Registro Imobiliário. A escritura de compra e venda do imóvel deve ser transcrita na matrícula do imóvel do registro, a fim de proteção do terceiro de boa-fé e também para maior segurança do comprador.

O registro da penhora, atualmente denominado averbação, não é requisito da penhora, tampouco é ato constitutivo para validade da penhora entre exequente e executado, mas é condição de eficácia da penhora em face de terceiros (*erga omnes*).

Desse modo, se o executado alienar o imóvel em que houve registro de penhora, há a fraude de execução de pleno direito, inclusive as sanções criminais e civis decorrentes do ato.

Se a penhora ainda não foi registrada e o executado alienar o bem, há presunção de boa-fé do terceiro adquirente.

No Processo do Trabalho em razão de o exequente não possuir meios de providenciar o registro da penhora e arcar com as despesas dele decorrentes, o Juiz do Trabalho expedirá mandado para registro da penhora, ressalvando-se que as despesas decorrentes do registro ficarão a cargo do executado e pagas ao final.

Nesse sentido é o disposto no art. 7º, IV, da Lei n. 6.830/80, *in verbis*:

> O despacho do juiz que deferir a inicial importa em ordem para:
>
> (...) IV – registro da penhora ou do arresto, independentemente do pagamento de custas ou outras despesas, observado o disposto no art. 14.

A averbação da penhora do imóvel, conforme dispõe o § 6º do art. 659 do CPC, pode ser levada a efeito por meios eletrônicos. Com efeito, dispõe o referido dispositivo legal:

> Obedecidas as normas de segurança que forem instituídas, sob critérios uniformes, pelos Tribunais, a penhora de numerário e as averbações de penhoras de bens imóveis e móveis podem ser realizadas por meios eletrônicos. (Acrescido pela Lei n. 11.382/06 – DOU 7.12.06)

## 25.8. Da penhora do imóvel hipotecado

Trata-se a hipoteca de uma garantia real que grava bens imóveis. O credor hipotecário terá preferência sobre os demais credores do imóvel e poderá exigir a execução da hipoteca caso o valor da dívida não seja pago.

Ressalvados alguns entendimentos da jurisprudência[155], o bem hipotecado pode ser penhorado, entretanto, o credor hipotecário, como regra geral, terá preferência sobre os demais credores, vale dizer: primeiro será pago o valor da hipoteca e, posteriormente, os demais credores.

Nesse sentido, o art. 333, II, do Código Civil:

> Ao credor assistirá o direito de cobrar a dívida antes de vencido o prazo estipulado no contrato ou marcado neste Código: (...) II – se os bens, hipotecados ou empenhados, forem penhorados em execução por outro credor.

Diante do caráter alimentar do crédito trabalhista, da relevante função social na satisfação deste, o imóvel hipotecado tem sido penhorado com maior flexibilidade na Justiça do Trabalho.

No aspecto, relevante destacar as seguintes ementas:

> Bem gravado com ônus real — Possibilidade de penhora. A impenhorabilidade da cédula de crédito industrial (Decreto-lei n. 413/69) não atinge o débito fiscal, porquanto não se trata de impenhorabilidade absoluta. Com maior razão esse mesmo entendimento se aplica ao crédito trabalhista, diante dos expressos termos do art. 186 do CTN. (TRT – 12ª R. – 1ª T .– Ac. n. 3750/2001 – Relª Maria do Céo de Avelar – DJSC 26.4.2001 – p. 117) (RDT 5/2001 – p. 62).

---

(155) Penhora – Impossibilidade – Bem gravado por hipoteca judicial – Impossível a realização de penhora sobre bem imóvel que se tornou indisponível e foi gravado por hipoteca judicial anterior, por determinação do Juízo Falimentar. Sem a desconstituição desses atos judiciais, na via competente, não há como efetuar a constrição judicial no Juízo Trabalhista, pois isso importaria em modificação da decisão proferida no Juízo Comum, competência que não foi atribuída à Justiça do Trabalho pela Constituição Federal de 1988. (TRT 3ª R. – 4ª T. – AP n. 1957/1997.108.03.00-8 – Relª. Matha H. Furtado de M. Schimit – DJMG 6.8.05 – p. 11) (RDT – n. 09 – Setembro de 2005)

Penhora sobre bem gravado com ônus real — Preferência do crédito trabalhista. O crédito trabalhista por ser privilegiado, em face de seu caráter alimentar, tem preferência sobre todos os outros. Não há em nosso ordenamento legal vedação à penhora de bem imóvel gravado com ônus real. Ao contrário, o art. 30 da Lei n. 6.830/80, aplicável ao processo da execução trabalhista, por força do art. 889 da CLT, estabelece para o crédito tributário a possibilidade de penhora sobre bem gravado com hipoteca, seja qual for a data da constituição do ônus ou da cláusula, ressalvando apenas os bens que a lei declara absolutamente impenhoráveis. Logo, com maior razão, não há impedimento para que o mesmo ocorra com o crédito trabalhista, que se sobrepõe inclusive ao crédito tributário. (TRT – 3ª R. – 4ª T. – Ap. n. 1493/2001 – Rel. Juiz Júlio Bernardo do Carmo – DJMG 12.5.2001 – p. 10) (RDT n. 6/2001 – p. 58).

Nesse sentido também é a OJ n. 226, da Seção de Dissídios Individuais do Tribunal Superior do Trabalho, *in verbis*:

> Crédito trabalhista. Cédula de crédito rural. Cédula de crédito industrial. Penhorabilidade. (Inserida em 20.6.2001. Nova redação – Res. n. 129/2005, DJ 20.4.2005). Diferentemente da cédula de crédito industrial garantida por alienação fiduciária, na cédula rural pignoratícia ou hipotecária o bem permanece sob o domínio do devedor (executado), não constituindo óbice à penhora na esfera trabalhista. (Decreto-lei n. 167/1967, art. 69; CLT, arts. 10 e 30 e Lei n. 6.830/1980).

Como formalidade de aperfeiçoamento da penhora do bem hipotecado, o credor hipotecário deve ser intimado da penhora, conforme determinam os arts. 615, II[156] e 619[157], ambos do Código de Processo Civil. A intimação do credor hipotecário é formalidade essencial que, uma vez inobservada, pode acarretar a nulidade da penhora e da eventual hasta pública. Uma vez intimado, o credor hipotecário poderá exigir seu direito de preferência.

Já está sedimentado na doutrina trabalhista o entendimento de que o crédito trabalhista, por ser superprivilegiado, prevalece sobre o crédito hipotecário. Desse modo, indo o bem a leilão e sendo arrematado, primeiro se paga o credor trabalhista, e, posteriormente, o credor hipotecário, se houver alguma sobra.

No aspecto, relevante destacar os fundamentos de *Francisco Antonio de Oliveira*[158]:

> "O crédito trabalhista goza de superprivilégio e está colocado na ordem de preferência acima do próprio executivo fiscal pelo art. 186 do CTN, diploma legal hierarquicamente superior às Leis do Executivos Fiscais (Lei n. 6.830/80). A preferência trabalhista opõe-se, inclusive aos credores com garantia real

---

(156) Art. 615, do CPC: Cumpre ainda ao credor: (...) II – requerer a intimação do credor pignoratício, hipotecário, ou anticrético, ou usufrutuário, quando a penhora recair sobre bens gravados por penhor, hipoteca, anticrese ou usufruto.

(157) Art. 619, do CPC: A alienação de bem aforado ou gravado por penhor, hipoteca, anticrese ou usufruto será ineficaz em relação ao senhorio direto, ou ao credor pignoratício, hipotecário, anticrético, ou usufrutuário, que não houver sido intimado.

(158) OLIVEIRA, Francisco Antonio de. *Execução na Justiça do Trabalho:* doutrina, jurisprudência, súmulas e orientações jurisprudenciais. 6. ed. São Paulo: RT, 2007. p. 161.

— penhora, anticrese hipoteca, etc. — e subsiste ainda que a garantia tenha sido constituída antes. Nesse sentido dispõem os arts. 10 e 30 da Lei 6830/80, aplicáveis ex vi art. 889 da CLT. O crédito acidentário perdeu a preferência, desde que a responsabilidade passou para a União".

Nesse sentido a seguinte ementa:

> Execução — Penhora de bem imóvel hipotecado — Crédito trabalhista — Direito de preferência. Os créditos trabalhistas têm caráter privilegiado e se sobrepõem a qualquer outro, inclusive ao do credor com garantia real decorrente de hipoteca de bem imóvel. (TRT – 12ª R. – 2ª T. – AG-PET n. 1511/2006.035.12.00-0 – Ac. n. 13076/06 – Relª Ione Ramos – DJ 4.10.06 – p. 31) (RDT n. 11 – novembro de 2006).

Discute-se na doutrina e jurisprudência se a expropriação do bem em hasta pública extingue a hipoteca. Há duas correntes a respeito. São elas:

a) extingue-se a hipoteca, pois em hasta pública, a aquisição da propriedade é originária, sub-rogando a hipoteca no valor do preço. Nesse sentido é o art. 130 do CTN, que assim dispõe:

> Os créditos tributários relativos a impostos cujo fato gerador seja a propriedade, o domínio útil ou a posse de bens imóveis, e bem assim os relativos a taxas pela prestação de serviços referentes a tais bens, ou a contribuições de melhoria, sub--rogam-se na pessoa dos respectivos adquirentes, salvo quando conste do título a prova de sua quitação. Parágrafo único. No caso de arrematação em hasta pública, a sub-rogação ocorre sobre o respectivo preço.

b) somente se extinguirá a hipoteca, se com o valor da arrematação ela for quitada, após o pagamento do crédito trabalhista. Caso contrário, a hipoteca acompanhará o bem, mesmo no caso da arrematação.

No nosso sentir, caso o valor da hipoteca não seja quitado com o produto da arrematação, a expropriação não extingue a hipoteca, pois esta grava o bem independentemente de quem seja o seu titular. Além disso, quando o bem hipotecado vai a leilão, há menção quanto à existência de hipoteca que o grava. Entendimento diverso nos parece injusto, pois o credor hipotecário deixará de receber seu crédito, caso não haja sobras após o pagamento do credor trabalhista.

No mesmo sentido é a visão de *Francisco Antonio de Oliveira*[159]:

> "(...) quando se cuida de crédito trabalhista, posto que o credor hipotecário não tem sequer o direito de sub-rogar-se no preço (preferência do crédito). Só poderá fazê-lo no que sobejar entre o valor arrecadado na rematação e o crédito trabalhista. Em suma, se, intimado, o credor hipotecário atender ou não à intimação, o credito hipotecário só se extinguirá em havendo a sub-rogação no preço depositado. Em não havendo a sub-rogação no preço, o ônus segue o bem alienado (direito de sequela). Esse o melhor entendimento, em face da dignidade do direito real".

---

(159) OLIVEIRA, Francisco Antonio de. *Execução na Justiça do Trabalho*. 6. ed. São Paulo: RT, 2007. p. 163.

No mesmo sentido manifesta-se *Manoel Antonio Teixeira Filho*[160]:

"O que se deve destacar é a particularidade de a hipoteca, como direito real de garantia, passar com o imóvel para o domínio do arrematante. Assim, dizemos, porque, a nosso ver, o Código atual recepcionou, de maneira tácita, a regra inscrita no art. 677, *caput*, do Código revogado. Por outras palavras: a expropriação transfere o domínio do imóvel hipotecado, mas o gravame passa ao arrematante (*transit cum onere suo*). A arrematação só extinguirá a hipoteca (Cód. Civil, art. 1.499, VI) quando ocorrer na execução do próprio crédito hipotecário".

## 25.9. Penhora de bem gravado com alienação fiduciária em garantia

Ensina *Maria Helena Diniz*[161] que alienação fiduciária em garantia é "transferência feita pelo devedor ao credor da propriedade resolúvel e da posse indireta de um bem móvel infungível ou de um bem imóvel como garantia do seu débito, resolvendo-se o direito do adquirente com o adimplemento da obrigação, ou melhor, com o pagamento da garantia. É um negócio jurídico uno, apesar de composto de duas relações jurídicas: uma obrigacional, que se expressa no débito contraído, e outra real, representada pela garantia, que é um ato de alienação transitória, uma vez que o fiduciário recebe o bem não para tê-lo como próprio, mas com o fim de restituí-lo com o pagamento da dívida".

Há grande dissenso na jurisprudência sobre a possibilidade de penhora do bem gravado com alienação fiduciária.

A Orientação Jurisprudencial do Tribunal Superior do Trabalho vem sendo contrária à penhora de tais bens.

Nesse sentido a OJ n. 226, da SDI-I, do TST, *in verbis*:

> Crédito trabalhista. Cédula de crédito rural. Cédula de crédito industrial. Penhorabilidade. Diferentemente da cédula de crédito industrial garantida por alienação fiduciária, na cédula rural pignoratícia ou hipotecária o bem permanece sob o domínio do devedor (executado), não constituindo óbice à penhora na esfera trabalhista. (Decreto-Lei n. 167/1967, art. 69; CLT, arts. 10 e 30 e Lei n. 6.830/1980)

No mesmo sentido, destacam-se as seguintes ementas:

> Execução — Alienação fiduciária — Impenhorabilidade. O bem gravado com alienação fiduciária em garantia não pode ser objeto de constrição judicial porque não integra o patrimônio do devedor, que é o possuidor direto e depositário do bem. A propriedade, até que seja saldado o financiamento, pertence ao agente fiduciário, terceiro não integrante da lide. (TRT – 12ª R. – 3ª T. – AG-PET n. 4324/2003 – Relª. Mª. de Lourdes Leiria DJSC 13.5.2003 – p. 177) (RDT n. 6 – junho de 2003).

---

(160) TEIXEIRA FILHO, Manoel Antonio. *Execução no processo do trabalho*. 9. ed. São Paulo: LTr, 2005. p. 447.
(161) DINIZ, Maria Helena. *Dicionário jurídico*. São Paulo: Saraiva, 1998. v. 1, p. 166.

Execução. Penhora. Alienação fiduciária. O bem alienado fiduciariamente não pode ser objeto de penhora em execução de terceiros, alheios ao contrato de alienação, em face do devedor fiduciário. (TRT – 3ª R. – 4ª T. – AgP n. 2535/96 – Rel. Juiz P. de Magalhães – DJMG 17.5.97 – p. 8)

Não obstante o respeito que merecem os que pensam em sentido contrário, acreditamos que o bem objeto de alienação fiduciária possa ser penhorado. Embora o executado possa ter apenas a posse direta, mas não a propriedade do bem, inegavelmente tem direitos sobre o bem, pois paulatinamente vai adquirindo a propriedade deste.

De outro lado, a lei não exclui expressamente a impenhorabilidade do bem alienado fiduciariamente. Ainda que se possa argumentar a impossibilidade da penhora, pode-se sustentar a possibilidade da penhora do crédito do executado em face do bem objeto de alienação fiduciária.

Como destaca *Cléber Lúcio de Almeida*[162]:

Como o crédito resultante da relação de emprego goza de privilégio especial, impõe-se a sua satisfação antes da do credor fiduciário no caso de penhora de bem objeto de alienação fiduciária em garantia. Na alienação em garantia, não são transferidos ao credor todos os poderes que resultam ao domínio, ou seja, os poderes de uso de usufruto. Nela, dá-se uma transferência de domínio que fica condicionada ao não cumprimento da obrigação do devedor. Na alienação, o devedor perde apenas o poder de dispor do bem, poder que também o credor não detém.

No sentido da possibilidade da penhora, destacam-se as seguintes ementas:

Veículo — Alienação fiduciária — Penhora — Possibilidade. Não há óbice legal para autorizar a efetivação da penhora sobre o crédito executado em razão do bem objeto da alienação fiduciária, dada a privilegiadíssima condição dos créditos trabalhistas, consoante o disposto nos arts. 449 da CLT e 186 do CTN. (TRT – 3ª R. – 2ª T. – AP n. 435/2004.001.03.00-6 – Rel. Jorge Berg de Mendonça – DJ 16.5.07 – p. 7) (RDT n. 06 – junho de 2007)

Penhora — Alienação fiduciária como garantia de débito renegociado. Apesar de a Súmula n. 28 do STJ firmar o entendimento de que o contrato de alienação fiduciária em garantia pode ter por objeto bem que já integrava o patrimônio do devedor, não deve prevalecer essa operação se ela foi utilizada no intuito de garantir débito renegociado, prejudicando o direito dos demais credores, especialmente aqueles com garantias, preferências e privilégios creditórios. (TRT – 12ª R. – 2ª T. – AP n. 823/2006.008.12.00-4 – Documento n. 460960 em 5.06.07) (RDT n. 7 – Julho de 2007)

Bem indisponível. Não é nula penhora que recai sobre bem oferecido em alienação fiduciária, se antes já havia sido declarado indisponível pelo Juízo Trabalhista. (TRT – 12ª R. – 3ª T. Ac. n. 1857/96 – Rel. Juiz Paulo Sventnickas – DJSC 2.04.96 – p. 84)

---

(162) ALMEIDA, Cléber Lúcio de. *Direito processual do trabalho*. 2. ed. Belo Horizonte: Del Rey, 2008. p. 782.

Agravo de petição — Da fraude à execução — Bem garantido por alienação fiduciária. Comprovado que não houve a transferência de bem garantido fiduciariamente a terceiros, no registro próprio, antes do início da execução, necessário o reconhecimento da fraude, que tem por consequência lógica a declaração judicial de ineficácia do negócio jurídico entabulado perante o juízo da execução. Da existência de crime em tese. Tendo em vista que o magistrado, assim como qualquer autoridade pública, tem não só a faculdade, mas o dever de comunicar atos irregulares que possam, em tese, configurar crime ao órgão responsável pela apuração, necessário o envio de ofício ao Procurador-Geral do Ministério Público do Estado de Tocantins, para a verificação da existência, em tese, de crime tipificado no art. 171 do Código Penal, consoante disposições do § 8º do art. 66 da Lei n. 4.728/65. Agravo de petição conhecido parcialmente, e ao qual se nega provimento. (TRT – 10ª R. – 2ª T. – AP n. 547/2004.821.10.00-9 – Rel. Mário Macedo F. Caron – DJDF 1º.4.05 – p. 41) (RDT n. 05 – Maio de 2005).

De outro lado, o bem alienado fiduciariamente somente deve ser penhorado diante da inexistência de outros bens livres do executado. Caso seja o único bem existente, deve o Juiz do Trabalho proceder a penhora, notificando a instituição financeira sobre tal constrição.

## 25.10. Penhora de bem gravado com leasing

*Leasing* é termo inglês que significa arrendamento mercantil.

Ensina *Maria Helena Diniz*[163] que o *leasing* financeiro é "o contrato pelo qual uma pessoa jurídica ou física, pretendendo utilizar determinado equipamento, comercial ou industrial, ou certo imóvel, consegue que uma instituição financeira o adquira, arrendando-o ao interessado por tempo determinando, possibilitando-se ao arrendatário, findo tal prazo, optar entre a devolução do bem, a renovação do arrendamento, ou a aquisição do bem arrendado mediante um preço residual, previamente fixado no contrato, isto é, o que fica após a dedução das prestações até então pagas".

O bem objeto do contrato de *leasing* pode ser penhorado, basicamente pelos mesmos fundamentos que defendemos para o bem objeto de alienação fiduciária.

Entretanto, pensamos haver flexibilidade maior na penhora do bem gravado com *leasing*, pois a propriedade vai sendo paulatinamente adquirida pelo arrendatário.

Quanto ao *leasing* de veículos, este não impede a penhora, pois não é um verdade contrato de arrendamento mercantil, uma vez que as sobras finais já vão sendo pagas durante as parcelas, o que desnatura o próprio *leasing* transformando-o em verdadeira venda com reserva de domínio.

Nesse diapasão, oportunas as palavras de *Francisco Antonio de Oliveira*[164]:

"(...) existe uma nova espécie de *leasing*, muito usado atualmente sobre veículo, em que o valor residual, que haveria de ser pago no final, é pago mensalmente

---

(163) DINIZ, Maria Helena. *Dicionário jurídico*. São Paulo: Saraiva, 1998. v. 3, p. 69.
(164) OLIVEIRA, Francisco Antonio de. *Execução na Justiça do Trabalho*. 6. ed. São Paulo: RT, 2007. p. 198.

em parcelas que se somam ao aluguel mensal. Disso decorre que, ao final do contrato, o cliente será o proprietário do bem. Tem-se, pois, que a parte adquire mês a mês aquele patrimônio, não havendo por que não se aplicarem em tais casos as mesmas regras da alienação fiduciária".

Penhorado o bem gravado com *leasing*, o oficial de justiça deverá mencionar tal situação no auto de penhora, bem como deverá intimar a instituição financeira da penhora.

## 25.11. Penhora de crédito

Ensina *Maria Helena Diniz*[165] que crédito sob o enfoque do Direito Civil é "a) Direito do credor de exigir a prestação do devedor; b) prazo para pagamento". Sob o aspecto do direito comercial destaca a autora que é confiança na solvabilidade.

Como destacam *Bruno Garcia Redondo* e *Mário Vitor Suarez Lojo*[166], "a penhora de crédito torna-se mais útil ao processo nos casos em que o executado não dispõe, de imediato, de dinheiro ou de bens que possam ser convertidos rapidamente em pecúnia. O crédito que virá sofrer a penhora, representa a própria expressão pecuniária".

A penhora de crédito é disciplinada pelo Código de Processo Civil, cujo art. 671 assim dispõe:

> Quando a penhora recair em crédito do devedor, o oficial de justiça o penhorará. Enquanto não ocorrer a hipótese prevista no artigo seguinte, considerar-se-á feita a penhora pela intimação: (Redação dada pela Lei n. 5.925, de 1º.10.1973); I – ao terceiro devedor para que não pague ao seu credor; (Redação dada pela Lei n. 5.925, de 1º.10.1973); II – ao credor do terceiro para que não pratique ato de disposição do crédito. (Redação dada pela Lei n. 5.925, de 1º.10.1973).

Nos termos do art. 672 do CPC, "A penhora de crédito, representada por letra de câmbio, nota promissória, duplicata, cheque ou outros títulos, <u>far-se-á pela apreensão do documento,</u> esteja ou não em poder do devedor. § 1º Se o título não for apreendido, mas o terceiro confessar a dívida, será havido como depositário da importância. § 2º O terceiro só se exonerará da obrigação, depositando em juízo a importância da dívida. § 3º Se o terceiro negar o débito em conluio com o devedor, a quitação, que este lhe der, considerar-se-á em fraude de execução. § 4º A requerimento do credor, o juiz determinará o comparecimento, em audiência especialmente designada, do devedor e do terceiro, a fim de lhes tomar os depoimentos".

Conforme o art. 673 do CPC, "Feita a penhora em direito e ação do devedor, e não tendo este oferecido embargos, ou sendo estes rejeitados, o credor fica sub-rogado nos direitos do devedor até a concorrência do seu crédito. § 1º O credor pode preferir, em vez da sub-rogação, a alienação judicial do direito penhorado,

---

(165) DINIZ, Maria Helena. *Dicionário jurídico*. São Paulo: Saraiva, 1998. v. 1, p. 328.

(166) *Op. cit.*, p. 190.

caso em que declarará a sua vontade no prazo de 10 (dez) dias contados da realização da penhora. § 2º A sub-rogação não impede ao sub-rogado, se não receber o crédito do devedor, de prosseguir na execução, nos mesmos autos, penhorando outros bens do devedor".

## 25.12. Penhora no rosto dos autos

Ensinam *Bruno Garcia Redondo e Mário Vitor Suarez Lojo*[167]:

"Cuida-se a penhora no rosto dos autos de espécie de penhora de crédito do executado junto a terceiro, quando esse crédito estiver sendo objeto de litígio entre o executado e terceiro. Deve o juiz responsável por essa demanda ficar ciente de que o eventual produto favorável ao executado (credor do terceiro), deverá reverter em prol da execução".

A penhora no rosto dos autos é modalidade de penhora de crédito, e encontra suporte no art. 674, do CPC, que assim dispõe:

> Quando o direito estiver sendo pleiteado em juízo, averbar-se-á no rosto dos autos a penhora, que recair nele e na ação que lhe corresponder, a fim de se efetivar nos bens, que forem adjudicados ou vierem a caber ao devedor.

Conforme o referido dispositivo legal, há a penhora no rosto dos autos quando se penhoram créditos do devedor que possui em processo judicial no qual figura como credor. Vale dizer, são penhorados créditos que possui o executado em outro processo em que figura como autor.

A penhora no rosto dos autos tem sido aplicada na Justiça do Trabalho, pois compatível com o Processo do Trabalho (arts. 769 e 899, ambos da CLT), mas de forma tecnicamente incorreta, pois normalmente se determina a expedição de "mandado de penhora no rosto dos autos" de sobra de dinheiro ou bens que existe em processo que figuram outro trabalhador e o mesmo reclamado que figura no polo passivo do processo em que o Juiz expediu a ordem. Na verdade, não se trata de penhora no rosto dos autos, pois não se está penhorando créditos do executado e sim penhora dos bens que sobraram ou até mesmo de concurso de credores (art. 711, do CPC).

## 25.13. Penhora de faturamento

Houve, recentemente, certa resistência da doutrina e também da jurisprudência do STJ em admitir a penhora em faturamento da empresa, uma vez que a constrição incide sobre coisa futura e indeterminada, ou seja, é penhora condicional, pois a empresa pode ou não ter faturamento. Até mesmo parte da jurisprudência trabalhista se mostrou refratária diante das vicissitudes que tal penhora pode acarretar à empresa.

Nesse sentido a seguinte ementa:

---

(167) *PENHORA*. São Paulo: Método, 2007. p. 196.

A penhora do faturamento da empresa pode vir a acarretar reflexos de difícil ou impossível reparação nas finanças de uma empresa, até mesmo inviabilizando o seu funcionamento, assim, esperar que se opere a penhora do montante da execução para discutir a regularidade ou não do procedimento de tal penhora implicaria em permitir-se cristalizar uma possível violação de direito, cujas consequências de há muito já teriam produzido efeitos e cuja reversão seria difícil ou mesmo impossível. Agravo regimental a que se dá provimento, revogando a r. decisão que indeferiu a inicial e determinando o regular processamento do feito. (TRT – 1ª R. – SEDI – MS n. 129/2000 – Red. Juiz João Mário de Medeiros – DJRJ 19.1.2000 – p. 162) (RDT 02/00, p. n. 63)

Atualmente dispõe o art. 655-A, § 3º do CPC:

> Na penhora de percentual do faturamento da empresa executada, será nomeado depositário, com a atribuição de submeter à aprovação judicial a forma de efetivação da constrição, bem como de prestar contas mensalmente, entregando ao exequente as quantias recebidas, a fim de serem imputadas no pagamento da dívida.

Conforme o referido dispositivo legal, na penhora de faturamento, o Juiz do Trabalho nomeará um depositário, que pode ser um perito do juízo, especializado em administração, que ficará incumbido de prestar conta mensalmente do faturamento, bem como da forma da constrição, a fim de que o crédito da execução seja quitado com maior celeridade. O perito deverá realizar um relatório detalhado e demonstrar qual a porcentagem do faturamento que deverá ser constritado a fim de não inviabilizar a atividade econômica do empresário, mas também solucionar o crédito trabalhista. Trata-se de providências compatíveis com os fins da execução trabalhista.

Antes mesmo do § 3º do art. 655-A do CPC, a jurisprudência do TST havia pacificado no sentido da admissão da penhora de faturamento, conforme a Orientação Jurisprudencial n. 93 da SDI-2, *in verbis*:

> MANDADO DE SEGURANÇA. POSSIBLIDADE DE PENHORA SOBRE PARTE DA RENDA DE ESTABELECIMENTO COMERCIAL. É admissível a penhora sobre renda mensal ou faturamento de empresa, limitada a determinado percentual, desde que não comprometa o desenvolvimento de suas atividades.

Nesse sentido também vem se alinhando a jurisprudência dos Tribunais Regionais do Trabalho, conforme se constatam das seguintes ementas:

> Penhora de parte do faturamento da empresa. O art. 591 do CPC diz que o devedor responde com todos os seus bens presentes e futuros. A penhora em faturamento da empresa, nada mais é que a penhora de crédito autorizada pelo art. 655, X e § 1º, IV, CPC. Depois, a determinação cuidadosa do juízo em penhorar 10% do faturamento não inviabiliza a continuidade dos negócios da empresa, atendendo ao que dispõe o art. 11, § 1º, da Lei n. 6.830/80. (TRT – 15ª R. – 3ª T. – Ac. n. 6618/2002 – Rel. Flávio A. de C. Cooper – DJSP 27.6.2002 – p. 33) (RDT n. 7, 31 de julho de 2002)

> Penhora sobre faturamento da empresa. Se os bens oferecidos à penhora são de difícil comercialização, afigura-se plausível a constrição sobre 10% do faturamento da empresa. (TRT – 12ª R. – AG-PET n. 1890.1999.037.12.00-1 – Rel. Dilnei Ângelo Biléssimo – DJSC 16.4.04 – p. 192) ( RDT n. 5 – Maio de 2004)

Penhora — Faturamento mensal. É possível a penhora sobre parte do faturamento da empresa executada, pois não se pode perder de vista que a execução realizar-se-á no interesse do credor, conforme dispõe o art. 612 do CPC, não podendo a aplicação do princípio da execução menos gravosa para o devedor, previsto no art. 620 do CPC, chegar ao ponto de impedir a aplicação de outras normas legais que regem a execução forçada. O que não se pode admitir é que o crédito trabalhista, superprivilegiado, fique à mercê de uma execução demorada e infrutífera quando há dinheiro suficiente para satisfazer o crédito trabalhista de caráter alimentar. (TRT – 3ª R. – 2ª T. – AP n. 1369/2003.053.03.00-0 – Rel. Hegel de B. Boson – DJMG 6.5.05 – p. 6) (RDT n. 06 – Junho de 2005).

## 25.14. Da penhora de empresa e do estabelecimento comercial

Empresa é unidade econômica de produção destinada ao lucro. Trata-se de entidade abstrata, cuja existência é reconhecida pelo Direito.

Nesse sentido dispõe o art. 966 do Código Civil:

> Considera-se empresário quem exerce profissionalmente atividade econômica organizada para a produção ou a circulação de bens ou de serviços. Parágrafo único. Não se considera empresário quem exerce profissão intelectual, de natureza científica, literária ou artística, ainda com o concurso de auxiliares ou colaboradores, salvo se o exercício da profissão constituir elemento de empresa.

Estabelecimento é o conjunto de bens materiais e imateriais destinados a atividade econômica empresarial. Trata-se de unidade corpórea, contendo os bens necessários para o exercício da atividade empresarial.

O Código Civil, no art. 1.142, nos define, por meio de interpretação autêntica, o conceito de estabelecimento. Dispõe o referido dispositivo legal:

> Considera-se estabelecimento todo complexo de bens organizado, para exercício da empresa, por empresário, ou por sociedade empresária.

O Código de Processo Civil diz que a penhora pode recair tanto em empresa como estabelecimento.

Com efeito, dispõem os arts. 677 e 678, ambos do Código de Processo Civil:

> Art. 677, do CPC: Quando a penhora recair em estabelecimento comercial, industrial ou agrícola, bem como em semoventes, plantações ou edifício em construção, o juiz nomeará um depositário, determinando-lhe que apresente em 10 (dez) dias a forma de administração. § 1º Ouvidas as partes, o juiz decidirá. § 2º É lícito, porém, às partes ajustarem a forma de administração, escolhendo o depositário; caso em que o juiz homologará por despacho a indicação.

> Art. 678, do CPC: A penhora de empresa, que funcione mediante concessão ou autorização, far-se-á, conforme o valor do crédito, sobre a renda, sobre determinados bens ou sobre todo o patrimônio, nomeando o juiz como depositário, de preferência, um dos seus diretores.

> Parágrafo único. Quando a penhora recair sobre a renda, ou sobre determinados bens, o depositário apresentará a forma de administração e o esquema de pagamento

observando-se, quanto ao mais, o disposto nos arts. 716 a 720; recaindo, porém, sobre todo o patrimônio, prosseguirá a execução os seus ulteriores termos, ouvindo-se, antes da arrematação ou da adjudicação, o poder público, que houver outorgado a concessão.

A possibilidade da penhora de estabelecimento também está prevista no art. 11, § 1º, da Lei n. 6.830/80, que assim dispõe:

> Excepcionalmente, a penhora poderá recair sobre estabelecimento comercial, industrial ou agrícola, bem como em plantações ou edifícios em construção.

Alguns autores sustentam a impossibilidade de penhora de empresa, pois não tem existência corpórea, e sim o estabelecimento.

Nesse sentido é a visão de *Manoel Antonio Teixeira Filho*[168]:

> "(...) a empresa, em rigor, não pode ser objeto de penhora, como supôs o legislador processual civil (art. 678); passível de apreensão judicial é, isto sim, o estabelecimento (comercial, industrial, etc.) com base física da empresa, que é integrado por elementos corpóreos, aglutinados para o exercício de uma atividade empresarial produtiva."

No nosso sentir, tanto a empresa como o estabelecimento são passíveis de penhora, pois o CPC assim o diz. Além disso, não há impedimentos para se efetivar a penhora de empresa, que é uma entidade, cuja existência é reconhecida pelo Direito.

Nesse sentido dispõe a Súmula n. 451 do STJ, *in verbis*:

> É legítima a penhora da sede do estabelecimento comercial. (DJEletrônico 18.6.2010)

Os arts. 677 e 678 do CPC e § 1º do art. 11, da Lei n. 6.830/80 são perfeitamente compatíveis com o Processo do Trabalho, nos termos dos arts. 768 e 889, da CLT.

Em razão de ser medida extrema a penhora de estabelecimento e de todas as vicissitudes que ela acarreta, deve o Juiz do Trabalho utilizar tal medida com bom senso e equilíbrio, devendo tentar, primeiramente, a penhora de outros bens. Esgotadas as possibilidades sem sucesso, o Juiz poderá determinar a penhora do estabelecimento.

Para efetivação da penhora de estabelecimento, o Juiz do Trabalho nomeará um depositário, de preferência um perito especialista em Administração, que apresentará em juízo um plano de administração que prestará contas mensalmente ao Juízo. Uma vez pago o crédito do autor, cessará a penhora.

## 25.15. Substituição de penhora

Dispõe o art. 668, do CPC, com a redação dada pela Lei n. 11.382/2006:

> O executado pode, no prazo de 10 (dez) dias após intimado da penhora, requerer a substituição do bem penhorado, desde que comprove cabalmente que a substituição

---

(168) TEIXEIRA FILHO, Manoel Antonio. *Execução no processo do trabalho*. 9. ed. São Paulo: LTr, 2005. p. 483.

não trará prejuízo algum ao exequente e será menos onerosa para ele devedor (art. 17, incisos IV e VI, e art. 620). (Redação dada pela Lei n. 11.382/06 – DOU 7.12.06) Parágrafo único. Na hipótese prevista neste artigo, ao executado incumbe: (Redação dada pela Lei n. 11.382/06 – DOU 07.12.06) I – quanto aos bens imóveis, indicar as respectivas matrículas e registros, situá-los e mencionar as divisas e confrontações; (Redação dada pela Lei n. 11.382/06 – DOU 07.12.06) II – quanto aos móveis, particularizar o estado e o lugar em que se encontram; (Redação dada pela Lei n. 11.382/06 – DOU 07.12.06) III – quanto aos semoventes, especificá-los, indicando o número de cabeças e o imóvel em que se encontram; (Redação dada pela Lei n. 11.382/06 – DOU 07.12.06) IV – quanto aos créditos, identificar o devedor e qualificá-lo, descrevendo a origem da dívida, o título que a representa e a data do vencimento; e V – atribuir valor aos bens indicados à penhora. (Redação dada pela Lei n. 11.382/06 – DOU 07.12.06).

O presente dispositivo exterioriza o princípio da execução menos gravosa ao devedor, podendo este requerer a substituição da penhora, desde que não haja prejuízo ao exequente e propicia a mesma efetividade à execução.

A CLT não contém regra a respeito. No entanto, por força dos arts. 769 e 889, da CLT ele se mostra aplicável à execução trabalhista, pois não traz prejuízo ao exequente e possibilita menor onerosidade ao devedor (arts. 612 e 620 do CPC). Não obstante, deve o Juiz do Trabalho ter cautela. Determinar, previamente, a oitiva do credor sobre a substituição e analisar se não haver prejuízos ao credor trabalhista, bem como à celeridade do procedimento executivo.

A substituição de penhora por dinheiro é sempre possível no Processo do Trabalho, inclusive de ofício, em razão de ser o dinheiro o primeiro bem na ordem de preferência da penhora (art. 655, do CPC).

O executado também pode requerer a qualquer tempo a substituição do bem penhorado por dinheiro, por ser o dinheiro o bem que soluciona a execução com mais eficácia e também por ser meio menos gravoso ao executado, não causando prejuízo ao exequente (arts. 612 e 620 do CPC).

Nesse sentido dispõe a seguinte ementa:

> Execução — Substituição da penhora por dinheiro. E razoável, para o atendimento dos escopos da execução, notadamente aqueles que envolvem o interesse público em que o Estado-juiz faça cumprir o teor de suas decisões, que se substitua por dinheiro, mediante ordem de bloqueio, a penhora existente nos autos, quando o processo já se encontra em sua fase final, esgotadas todas as vias impugnatórias. (TRT – 3ª R. – 2ª T. – AP n. 343/2002.089.03.00-3 – Relª Mônica S. Lopes – DJMG 4.2.04 – p. 8) (RDT n. 3 – março de 2004)

Dispõe o art. 656 do CPC, com a redação dada pela Lei n. 11.382/2006:

> A parte poderá requerer a substituição da penhora:
>
> I – se não obedecer à ordem legal; II – se não incidir sobre os bens designados em lei, contrato ou ato judicial para o pagamento; III – se, havendo bens no foro da execução, outros houverem sido penhorados; IV – se, havendo bens livres, a penhora

houver recaído sobre bens já penhorados ou objeto de gravame; V – se incidir sobre bens de baixa liquidez; VI – se fracassar a tentativa de alienação judicial do bem; ou VII – se o devedor não indicar o valor dos bens ou omitir qualquer das indicações a que se referem os incisos I a IV do parágrafo único do art. 668 desta Lei. § 1º – É dever do executado (art. 600), no prazo fixado pelo juiz, indicar onde se encontram os bens sujeitos à execução, exibir a prova de sua propriedade e, se for o caso, certidão negativa de ônus, bem como abster-se de qualquer atitude que dificulte ou embarace a realização da penhora (art. 14, parágrafo único). § 2º – A penhora pode ser substituída por fiança bancária ou seguro garantia judicial, em valor não inferior ao do débito constante da inicial, mais 30% (trinta por cento). § 3º – O executado somente poderá oferecer bem imóvel em substituição caso o requeira com a expressa anuência do cônjuge.

O referido dispositivo é aplicável ao Processo do Trabalho por força do permissivo dos arts. 889 e 769, da CLT, uma vez que compatível com os princípios da execução trabalhista.

## 25.16. Mais de uma penhora sobre o mesmo bem (concurso de credores na Justiça do Trabalho)

Quando há mais de uma penhora sobre o mesmo bem tem lugar o chamado "concurso de credores", que encontra suporte nos arts. 613 e 711 do CPC, que assim dispõem:

> Art. 613, do CPC: Recaindo mais de uma penhora sobre os mesmos bens, cada credor conservará o seu título de preferência.
>
> Art. 711, do CPC: Concorrendo vários credores, o dinheiro ser-lhes-á distribuído e entregue consoante a ordem das respectivas prelações; não havendo título legal à preferência, receberá em primeiro lugar o credor que promoveu a execução, cabendo aos demais concorrentes direito sobre a importância restante, observada a anterioridade de cada penhora.

Os créditos trabalhistas não têm preferência entre si, por isso, recaindo mais de uma penhora sobre o mesmo bem, os créditos trabalhistas devem ser pagos segundo a anterioridade da penhora, nos termos dos arts. 612 e 711, do CPC.

Não obstante, em algumas situações, considerando-se o número de execuções em face de uma mesma empresa e a escassez de bens, pode o Juiz do Trabalho adotar, em razão da razoabilidade e equidade, que o valor do produto dos bens seja dividido de forma proporcional entre os credores trabalhistas. Para tanto, devem todos os processos trabalhistas, na fase de execução, serem reunidos no mesmo juízo, se tramitarem em juízos diferentes, devendo ser realizada uma única hasta pública para todos os bens do executado.

O concurso de credores pode ser realizado por portaria da Vara do Trabalho ou até mesmo mediante provimento expedido pelo Tribunal Regional do Trabalho, quando os feitos trabalhistas tramitarem em Varas distintas.

Nesse sentido, sustenta *Pedro Paulo Teixeira Manus*[169]:

"Mesmo não havendo previsão legal para o concurso de credores no processo do trabalho, não vislumbramos ilegalidade em sua realização, exatamente porque, como assevera parte da doutrina, não há prejuízo para sua realização. Prevalecendo, contudo, a vedação ao concurso de credores no processo, resulta em prejuízo de alguns ou até da maioria dos credores, pelo fato de as execuções singulares ocorrerem em feitos distintos"[170].

A jurisprudência trabalhista tem admitido o concurso de credores no Processo do Trabalho, conforme se constata da redação das seguintes ementas:

> Penhoras sucessivas sobre um mesmo bem — Possibilidade. A existência de penhoras anteriores sobre o bem do executado não impede a realização de novas penhoras, observada sempre a preferência das que forem precedentes e o privilégio dos créditos trabalhistas sobre os demais. Aplicação subsidiária dos arts. 612 e 613 do CPC ao processo do trabalho. (TRT – 12ª R. – 3ª T. – Ac. n. 4804/99 – Rel. Juiz João Barbosa – DJSC 26.5.99 – p. 224)

> No concurso de credores, estabelecido pela penhora sobre o mesmo bem, o produto da expropriação deve ser entregue ao credor, que promoveu a execução, sobretudo, em não havendo provas que a execução da primeira penhora esteja paralisada por fato alheio à vontade deste credor. O remanescente, se houver, será entregue aos demais credores, na ordem de preferência. Inteligência dos arts. 711 e 712, CPC. (TRT – 15ª R. – 3ª T. – Ac. n. 27926/99 – Relª Luciane Storel da Silva – DJSP 28.9.99 – p. 75) (RDT 11/99, p. 58)

Situações existem, entretanto, em que o mesmo bem (imóvel ou móvel) está penhorado tanto pelo Juiz do Trabalho, como pelo Juiz de Direito. Nesse caso, tanto a Jutiça do Trabalho, como a Justiça Comum podem apreciar o concurso de credores. Não há deslocamento da competência para um determinado juízo, uma vez que a competência de ambos é concorrente. Processará o concurso de credores o Juiz que levar à hasta pública o bem em primeiro lugar. Nessa hipótese, serão pagos, primeirmamente, os credores com crédito privilegiado (trabalhista) e, posteriormente, os credores que não têm privilégio de preferência, considerando-se a ordem preferencial pela anterioridade da penhora.

## 25.16.1. Do arresto cautelar (art. 653 do CPC)

O arresto cautelar tem previsão no art. 653 do CPC, que assim dispõe:

> O oficial de justiça, não encontrando o devedor, arrestar-lhe-á tantos bens quantos bastem para garantir a execução. Parágrafo único. Nos 10 (dez) dias seguintes à efetivação do arresto, o oficial de justiça procurará o devedor três vezes em dias distintos; não o encontrando, certificará o ocorrido.

---

(169) MANUS, Pedro Paulo Teixeira. *Execução de sentença no processo do trabalho*. 2. ed. São Paulo: Atlas, 2005. p. 149.

(170) Admite também o concurso de credores no Processo do Trabalho Wagner D. Giglio. In: *Direito processual do trabalho*. 15. ed. São Paulo: Saraiva, 2005. p. 563-564.

Trata-se de providência acautelatória da execução, que tem por objetivo garantir a penhora de bens do executado que não se encontra presente no local dos bens.

O presente dispositivo não se confunde com a medida cautelar de arresto que objetiva a apreensão de bens do devedor, tantos quantos bastem para garantia de uma futura execução por quantia certa. Dispõe nesse sentido o art. 813 do CPC, *in verbis*:

> O arresto tem lugar:
>
> I – quando o devedor sem domicílio certo intenta ausentar-se ou alienar os bens que possui, ou deixa de pagar a obrigação no prazo estipulado;
>
> II – quando o devedor, que tem domicílio:
>
> a) se ausenta ou tenta ausentar-se furtivamente;
>
> b) caindo em insolvência, aliena ou tenta alienar bens que possui; contrai ou tenta contrair dívidas extraordinárias; põe ou tenta pôr os seus bens em nome de terceiros; ou comete outro qualquer artifício fraudulento, a fim de frustrar a execução ou lesar credores;
>
> III – quando o devedor, que possui bens de raiz, intenta aliená-los, hipotecá-los ou dá-los em anticrese, sem ficar com algum ou alguns, livres e desembargados, equivalentes às dívidas;
>
> IV – nos demais casos expressos em lei.
>
> Para a concessão do arresto é essencial: a) prova literal da dívida líquida e certa; b) prova documental ou justificação de algum dos casos mencionados no art. 813 do CPC.
>
> O arresto cautelar é providência que decorre do próprio cumprimento do mandado de penhora, não dependendo para sua efetivação dos requisitos do art. 813 do CPC e também do *fumus boni juris* e do *periculum in mora*.

O art. 653 do CPC é perfeitamente compatível com o processo do trabalho em razão de omissão e compatibilidade com os princípios deste (arts. 769 e 889 da CLT), não necessitando o Oficial de Justiça de ordem específica do Juiz do Trabalho para realizá-lo. Não obstante, caso repute necessário, o Oficial de Justiça poderá solicitar ao Juiz do Trabalho ordem específica para o arresto cautelar.

Após a realização do arresto, nos 10 (dez) dias seguintes à efetivação do arresto, o oficial de justiça procurará o devedor três vezes em dias distintos; não o encontrando, certificará o ocorrido.

A intimação do executado sobre o arresto cautelar poderá ser efetivada na pessoa de seu advogado, e se o executado não tiver advogado e estar em local incerto ou não sabido, será intimado por meio de Edital e a execução prosseguirá nos seus ulteriores termos.

## 25.17. *Do auto de penhora*

O auto de penhora deverá observar o art. 665, do CPC, que assim dispõe:

> O auto de penhora conterá: I – a indicação do dia, mês, ano e lugar em que foi feita; II – os nomes do credor e do devedor; III – a descrição dos bens penhorados, com os seus característicos; IV – a nomeação do depositário dos bens.

Deverá o auto de penhora conter a descrição detalhada do bem, sua destinação, estado de conservação, qualidade e quantidade, etc. Também deverá conter a avaliação dos bens penhorados e a nomeação do depositário. Por ser lavrado por Oficial de Justiça o auto tem fé-pública e presunção de legitimidade.

Nesse sentido as seguintes ementas:

> Penhora – Bem imóvel. Para a realização de penhora sobre bem imóvel é necessário prova da propriedade do referido bem, de suas medidas, especificações e confrontações. (TRT – 12ª R. – 3ª T. – Ac. n. 379/00 – Rel. Juiz Hamílton Adriano – DJSC 19.1.2000 – p. 208).

> Auto de penhora — Validade das informações. As informações passadas por Oficial de Justiça, que tem fé pública, são consideradas verdadeiras e, consequentemente válidas, salvo robusta prova em contrário. (TRT – 3ª R. – 4ª T .– Ap. n. 756/97 – Rel. Maurício Pinheiro de Assis – DJMG 9.8.97 – p. 4)

> Auto de penhora e depósito — Assinatura do depositário fiel. O art. 665 do CPC enumera os requisitos do auto de penhora, quais sejam: "I – a indicação do dia, mês, ano e lugar em que foi feita; II – os nomes do credor e do devedor; III – a descrição dos bens penhorados, com os seus característicos; IV – a nomeação do depositário dos bens. Assim, o CPC não exige que o auto de penhora e depósito tenha a sua validade ligada à assinatura do depositário, bastando para a sua validade a nomeação pelo oficial de justiça do fiel depositário. (TRT – 12ª R. – 3ª T. – Ac. n. 7989/2002 – Relª. Sandra Márcia Wambier – DJSC 25.7.2002 – p. 14) (RDT n. 08 – 31 de agosto de 2002).

A Consolidação das Leis do Trabalho não disciplina a forma da intimação do executado sobre a penhora. Desse modo, pensamos ser perfeitamente compatível com o Processo do Trabalho, o disposto no § 1º do art. 475-J, do CPC, por imprimir maior celeridade ao procedimento executivo, ressalvando-se que o prazo para oposição de embargos à execução é de cinco dias no processo do trabalho (art. 884, da CLT). Assevera o referido dispositivo legal:

> Do auto de penhora e de avaliação será de imediato intimado o executado, na pessoa de seu advogado (arts. 236 e 237), ou na falta deste, o seu representante legal, ou pessoalmente, por mandado ou pelo correio, podendo oferecer impugnação, querendo, no prazo de quinze dias.

## 26. Da avaliação dos bens penhorados

No processo do trabalho, a avaliação se realiza pelo próprio oficial de justiça, que recebe o nome de oficial de justiça avaliador.

O art. 887 da CLT, que determinava que a avaliação dos bens fosse levada a efeito por avaliador, restou tacitamente revogado pelo art. 721 da CLT, que assim dispõe:

> *Incumbe aos Oficiais de Justiça e Oficiais de Justiça Avaliadores da Justiça do Trabalho a realização dos atos decorrentes da execução dos julgados das Juntas de Conciliação e Julgamento e dos Tribunais Regionais do Trabalho, que lhes forem cometidos pelos respectivos Presidentes (...) § 3º No caso de avaliação, terá o Oficial de Justiça Avaliador, para cumprimento do ato, o prazo previsto no art. 888.* (grifo nosso)

O art. 13, da Lei n. 6.830/80, aplicável ao Processo do Trabalho, menciona que a avaliação deve constar do próprio auto de penhora. Dispõe o referido dispositivo legal: "O termo ou auto de penhora conterá, também, a avaliação dos bens penhorados por quem o lavrar".

No mesmo sentido é o art. 475-J, do CPC, em seus parágrafos: § 1º Do auto de penhora e de avaliação será de imediato intimado o executado, na pessoa de seu advogado (arts. 236 e 237), ou, na falta deste, o seu representante legal, ou pessoalmente, por mandado ou pelo correio, podendo oferecer impugnação, querendo, no prazo de quinze dias. § 2º Caso o oficial de justiça não possa proceder à avaliação, por depender de conhecimentos especializados, o juiz, de imediato, nomeará avaliador, assinando-lhe breve prazo para a entrega do laudo.

Caso o oficial de justiça não tenha elementos no ato da penhora para realizar a avaliação poderá fazê-lo no prazo de 10 dias (*caput* do art. 888, da CLT).

Caso a avaliação seja complexa, poderá o Juiz do Trabalho determinar que ela seja feita por perito, fixando-se prazo para confecção do laudo, restando aplicável à hipótese, por compatibilidade com o Processo do Trabalho o § 2º do art. 475-J do CPC.

Também a Lei n. 6.830/80, no art. 13, §§ 2º e 3º, possibilita ao Juiz do Trabalho nomear um perito avaliador, caso a avaliação seja complexa. Com efeito, dispõem os referidos dispositivos legais:

> § 2º Se não houver, na Comarca, avaliador oficial ou este não puder apresentar o laudo de avaliação no prazo de 15 (quinze) dias, será nomeada pessoa ou entidade habilitada a critério do Juiz.
>
> § 3º Apresentado o laudo, o Juiz decidirá de plano sobre a avaliação.

Conforme destaca *Valentin Carrion*[171], o juiz lançará mão livremente da provas de que necessite para formar sua convicção sobre a avaliação (perícia inclusive) que poderá ser atacada como os demais atos da execução.

A impugnação à avaliação poderá ser realizada por petição, sem necessidade dos embargos à execução, entretanto, nada obsta que ela seja realizada junto com os embargos.

Como o oficial de justiça avaliador tem fé-pública, a impugnação à avaliação deve ser devidamente fundamentada em critérios objetivos e documentos que demonstrem que a avaliação do bem penhorado está aquém ou além do valor de mercado do bem. A jurisprudência trabalhista não tem admitido a impugnação genérica à avaliação, conforme se constata da seguinte ementa:

> Avaliação efetuada por oficial de justiça — Presunção *juris tantum* de veracidade. A avaliação efetuada por Oficial de Justiça Avaliador goza de presunção *juris tantum*

---

(171) CARRION, Valentin. *Comentários à Consolidação das Leis do Trabalho*. 30. ed. São Paulo: Saraiva, 2005. p. 749.

de veracidade, porquanto os atos desse servidor no desempenho de seu mister estão revestidos de fé pública, acrescida ao fato de que a executada não se desincumbiu de desconstituir os valores por ele atribuídos aos bens penhorados; tampouco restaram demonstradas as demais hipóteses da nova avaliação previstas no art. 683 do CPC. (TRT – 12ª R. – 2ª T. – AG-PET n. 1.0073/03 – Rel. Dilnei A. Biléssimo – DJSC 17.10.03 – p. 211).

Caso, no curso da execução, em razão das variações de mercado, o bem constritado tenha sofrido diminuição ou majoração do valor, o Juiz do Trabalho, de ofício, ou a requerimento de uma das partes, deverá determinar a reavaliação dos bens penhorados pelo Oficial de Justiça Avaliador.

Nesse sentido dispõe o art. 683, II, do CPC, com a redação dada pela Lei n. 11.382/06, *in verbis*:

> É admitida nova avaliação quando:
>
> (...) II – se verificar posteriormente à avaliação, que houve majoração ou diminuição do valor atribuído ao bem (art. 668, parágrafo único, inciso V).

No mesmo sentido as seguintes ementas:

> Agravo de petição — Avaliação do bem penhorado. Na dicção do art. 683 do CPC, de aplicação subsidiária ao Processo do Trabalho, repetir-se-à a avaliação apenas se ficar provada a ocorrência de erro ou dolo do avaliador, se for constatado, ulteriormente à avaliação, que houve diminuição do valor do bem, ou se houver fundada dúvida sobre o valor que lhe foi atribuído. Ausentes tais hipóteses, torna-se impossível acolher o pedido de reavaliação formulado pelos executados. Agravo de petição a que se nega provimento. (TRT 3ª R. – 1ª T. – Ap. n. 130.1999.030.03.00-1 – Rel. Márcio Flávio S. Vidigal – DJMG 10.6.04 – p. 12) (RDT n. 7 – Julho de 2004)
>
> Penhora. Avaliação — Oficial de Justiça. O Oficial de Justiça é dotado de fé pública e a penhora e avaliação de bens constituem atividades inerentes ao seu cargo (CLT, art. 721), cujas tarefas desempenha no dia a dia, razão pela qual detém conhecimento técnico específico para atribuir valor aos bens penhorados. (TRT – 12ª R. – 2ª T. – AP n. 666/2004.032.12.00-9 – Doc. n. 621885 em 8.11.07) (RDT n. 1 – Janeiro de 2008)
>
> Execução — Avaliação dos bens penhorados — Art. 887, § 2º, CLT. — O dispositivo, que vedava a avaliação aos servidores da Justiça do Trabalho, foi revogado tacitamente pela Lei n. 5.442/68, que deu nova redação ao art. 721. E não se aplica a Lei n. 6.830/80 (art. 13, parágrafos), que trata da nomeação obrigatória de avaliador oficial, porque há norma própria no processo trabalhista a esse respeito. Excesso de penhora não constitui matéria para embargos à execução (art. 884, § 1º, CLT) e, consequentemente, para o agravo de petição superveniente. Diz respeito à faculdade deferida pelo legislador ao Juiz (art. 685, CPC), a ser exercida de ofício ou a requerimento do interessado, após a juntada do auto respectivo. (TRT – 2ª R. – 6ª T. – Ac. n. 02960564574 – Rel. Carlos F. Berardo – DJSP 20.11.96 – p. 49)
>
> Ônus da prova. Para ensejar a repetição da avaliação a prova de erro deve ser robusta, consubstanciada, por exemplo, em laudos de avaliação de profissionais especializados que, harmônicos entre si, apontassem para uma discrepância de razoável expressão entre a avaliação oficial e o preço de mercado, de modo a induzir a uma dúvida fundada quanto à exatidão daquela. No caso o ônus da prova é do executado. (TRT – 18ª R. – TP Ac. n. 940/96 – Rel. Juiz Josias M. Xavier – DJGO 10.5.96 – p. 81)

## 27. Do depósito dos bens penhorados e depositário

Ensina *José Frederico Marques*[172]:

"O depósito é elemento indefectível da penhora e caracteriza, ainda, a perda da administração e disponibilidade da coisa por parte do devedor (...). Trata-se de ato executório material, com a função conservativa, e ainda com a de tornar concreta e mais efetiva a apreensão da coisa, para completar, dessa maneira, a operação expropriatória com que se demarca a sujeição patrimonial do devedor ao processo de execução forçada". Com o depósito a penhora se aperfeiçoa, estando o bem apto para, após o julgamento dos incidentes de penhora (embargos), passar o processo à fase de expropriação de bens".

Nesse sentido dispõe o art. 664, do CPC:

> Considerar-se-á feita a penhora mediante a apreensão e o depósito dos bens, lavrando-se um só auto se as diligências forem concluídas no mesmo dia.

Conforme *Araken de Assis*[173], o objeto do depósito é a *res pignorata*, seja móvel ou imóvel, fungível ou infungível, e corpórea. Compreende o bem e seus acessórios, em perfeita harmonia com a extensão da penhora.

O depositário é a pessoa que, voluntariamente, aceitará o encargo de zelar pela guarda e conservação dos bens penhorados, devendo colocá-los à disposição da Justiça quando instado para tal finalidade. Trata-se de um auxiliar da Justiça, que exerce serviço público relevante. Deve o depositário guardar, conservar, administrar, prestar conta e restituir a coisa depositada.

Nesse sentido é o art. 148 do CPC: "A guarda e conservação de bens penhorados, arrestados, sequestrados ou arrecadados serão confiadas a depositário ou a administrador, não dispondo a lei de outro modo".

Embora não seja comum no Processo do Trabalho, pensamos aplicável o disposto no art. 149 do CPC que dispõe sobre a remuneração do depositário em valor a ser arbitrado pelo Juiz, a cargo do executado.

Conforme o art. 150 do CPC: O depositário ou o administrador responde pelos prejuízos que, por dolo ou culpa, causar à parte, perdendo a remuneração que lhe foi arbitrada; mas tem direito a haver o que legitimamente despendeu no exercício do encargo.

Dispõe o art. 666, do CPC, com a redação dada pela Lei n. 11.382/06:

> Os bens penhorados serão preferencialmente depositados: I – no Banco do Brasil, na Caixa Econômica Federal, ou em um banco, de que o Estado-Membro da União possua mais de metade do capital social integralizado; ou, em falta de tais estabelecimentos de crédito, ou agências suas no lugar, em qualquer estabelecimento de

---

(172) MARQUES, José Frederico. *Instituições de direito processual civil.* São Paulo: Millennium, 2000. v. V, p. 183-184.

(173) ASSIS, Araken de. *Manual do processo da execução.* 13. ed. São Paulo: RT, 2007. p. 624.

crédito, designado pelo juiz, as quantias em dinheiro, as pedras e os metais preciosos, bem como os papéis de crédito; II – em poder do depositário judicial, os móveis e os imóveis urbanos; III – em mãos de depositário particular, os demais bens. (Redação dada pela Lei n. 11.382/06 – DOU 7.12.06). § 1º Com a expressa anuência do exequente ou nos casos de difícil remoção, os bens poderão ser depositados em poder do executado. (Redação dada pela Lei n. 11.382/06 – DOU 7.12.06) § 2º As joias, pedras e objetos preciosos deverão ser depositados com registro do valor estimado de resgate. (Redação dada pela Lei n. 11.382/06 – DOU 7.12.06) § 3º A prisão de depositário judicial infiel será decretada no próprio processo, independentemente de ação de depósito. (Redação dada pela Lei n. 11.382/06 – DOU 7.12.06)

Pelo art. 666 do CPC, há preferência de que os bens fiquem depositados a cargo do depositário judicial (móveis e imóveis urbanos), no Banco do Brasil e Caixa Econômica Federal, preferencialmente com o exequente os bem móveis e imóveis, ou com autorização do exequente em poder do executado os bens de difícil remoção.

No Processo do Trabalho, se a penhora recair sobre bens móveis e imóveis, pensamos ser conveniente que figure como depositário o próprio sócio da empresa, pois é quem detém a posse dos bens e é a melhor pessoa para zelar pelo bem penhorado. O trabalhador dificilmente tem condições materiais de ficar com o bem, sem falar das despesas decorrentes da remoção destes. Não é conveniente que figure como depositário empregado da empresa, pois não são raros os casos em que o empregado depositário é dispensado e, posteriormente, continua como depositário dos bens, entretanto não tem mais qualquer ligação com a empresa e com os bens que foram penhorados.

Nesse sentido, a seguinte ementa:

> Depositário infiel — Prisão ex-empregado. Não se sustenta o entendimento de que o paciente deveria ter informado o Juízo sobre a sua dispensa e, por não o fazer, deve arcar com as consequências do não cumprimento da ordem judicial. Compete à executada, ex-empregadora, providenciar a alteração do depositário e a notificação do juízo. Prisão ilegal, salvo na hipótese de comprovação de fraude objetivando apenas a recusa na entrega do bem penhorado. A rescisão do contrato de trabalho extingue para o empregado a disponibilidade sobre o bem. Cabível a concessão da ordem de *habeas corpus*. (TRT – 15ª R. – 1º SDI-HC n. 1355/2004.000.15.00-6 – Relª Regina Dirce G. de F. Monegatto – DJSP 3.9.04 – p. 1) (RDT n. 10 – Outubro de 2004)

Como bem adverte *Carlos Henrique Bezerra Leite*[174]:

"São raros os lugares em que a Justiça do Trabalho dispõe de um depositário judicial, razão pela qual, na maioria dos casos, o próprio executado com a concordância do exequente, ou nos casos de difícil remoção (CPC, art. 666, § 1º), acaba assumindo o encargo de depositário dos bens penhorados".

Se a penhora recair sobre dinheiro, deverá o Juiz do Trabalho determinar a transferência do numerário para a conta do Juízo.

---

(174) *Op. cit.*, p. 935.

A jurisprudência fixou o entendimento de não ser possível a nomeação compulsória do depositário ainda que ele seja o próprio proprietário do bem ou sócio da empresa, pois o encargo tem que ser voluntariamente aceito.

Nesse sentido, destacamos a seguinte ementa:

> *Habeas corpus* — Preventivo — Depositário infiel — Recusa do encargo. Está consubstanciado no art. 5º, II, da Constituição Federal que "ninguém será obrigado a fazer ou deixar de fazer alguma coisa senão em virtude de lei". Não há no ordenamento jurídico pátrio qualquer norma estabelecendo a obrigatoriedade do executado ou, principalmente, seu cônjuge, assinar auto de constrição judicial de bem em seu nome, máxime quando há prova de que o bem que se pretende penhorar é objeto de alienação fiduciária. Sem a assinatura do depositário no auto, sequer se pode dizer que há penhora, pois esta — a assinatura — é imprescindível para a validade do ato. Inteligência da OJ n. 89 da SDI-2 do c. TST. (TRT –10ª R. – TP – HC n. 394/2004.000.10.00-3 – Rel. Pedro Luís V. Foltran – DJDF 4.10.04 – p. 22) (RDT n. 11 – Novembro de 2004)

No mesmo sentido, dispõe a OJ n. 89, da SDI-II, do C. TST, *in verbis*:

> HABES CORPUS — DEPOSITÁRIO — TERMO DE DEPÓSITO NÃO ASSINADO PELO PACIENTE — NECESSIDADE DE ACEITAÇÃO DO ENCARGO — IMPOSSIBILIDADE DE PRISÃO CIVIL. A investidura do encargo de depositário depende de aceitação do nomeado, que deve assinar Termo de Compromisso no auto de penhora, sem o que é inadmissível a restrição do seu direito de liberdade.

No mesmo sentido é a Súmula n. 319 do C. STJ, *in verbis*:

> O encargo de depositário de bens pode ser expressamente recusado.

De outro lado, pensamos, caso não haja nenhum depositário e o executado não aceite o encargo, deve o Juiz nomear um depositário particular, às expensas do executado, ou até mesmo em casos extremos nomear compulsoriamente o próprio executado quando restar convencido, diante dos elementos dos autos, que a recusa é injusta, e tem a finalidade de protelar a execução.

No mesmo sentido argumenta *Júlio César Bebber*[175]:

> "(...) Neste processo especializado permite-se a recusa ao encargo de depositário unicamente diante de motivo justificado. Não se admite a recusa pura e simples. E isso ocorre em virtude do princípio da cooperação inscrito no art. 645 da CLT, segundo o qual, *o serviço da Justiça do Trabalho é relevante e obrigatório, ninguém dele podendo eximir-se, salvo motivo justificado*. Como bem observa Russomano, o art. 645 da CLT tem por escopo 'valorizar o serviço da Justiça do Trabalho, estimulando o seu exercício (...). Por isso o legislador tornou-o obrigatório. Aquele que for chamado para prestar à Justiça do Trabalho sua colaboração não se pode furtar a esse chamamento'. Desse modo, a recusa sem motivo justificado pode dar ensejo à nomeação compulsória do depositário. Vinculando-se à sua validade e eficácia unicamente à ciência inequívoca deste acerca do encargo".

---

(175) *Op. cit.*, p. 177-178.

Nesse diapasão, destacam-se as seguintes ementas:

> Nomeação compulsória do encargo de depositário — Sócio da executada — Possibilidade. Com a finalidade precípua de evitar que a responsabilidade decorrente de título executivo judicial seja postergada pelo devedor que, por mero capricho, procura se beneficiar da própria torpeza, com sérios prejuízos à efetividade da tutela jurisdicional, poderá, o magistrado, determinar a nomeação compulsória de depositário, valendo-se do inescusável interesse jurídico de que as suas decisões sejam cumpridas, sob pena de descrédito do Poder Judiciário e de consequências nefastas para toda a sociedade. (TRT – 15ª R. – 5ª T. – AP n. 336/1998.124.15.00-1 – Relª Elency P. Neves – DJSP 5.11.04 – p. 52) RDT n. 01 – Janeiro de 2005)

> Nomeação do depositário. Não há que se falar em nulidade da nomeação compulsória do executado como depositário do bem penhorado sem justificativa para a negativa de aceitação do encargo, ainda mais considerando-se que a nomeação, nestes termos, é benéfica ao executado, já que não retira de sua posse o bem constrito, possibilitando ao mesmo o auferimento de possíveis rendimentos. (TRT – 3ª R. – 5ª T. – Ap. n. 3.997/97 – Rel. Juiz Fernando E. P. Magalhães – DJMG 3.10.98 – p. 8) (RDT 11/98, p. 50).

## 28. Depositário infiel – prisão determinada pelo Juiz do Trabalho

Dispõe o art. 5º, LXVII, da Constituição Federal:

> Não haverá prisão civil por dívida, salvo a do responsável pelo inadimplemento voluntário e inescusável de obrigação alimentícia e a do depositário infiel.

A Constituição Federal consagra a possibilidade de prisão civil do depositário infiel que, instado pelo Juiz a entregar o bem, não o faz.

Trata-se de exceção ao princípio da patrimonialidade da execução (art. 591 do CPC), tendo por escopo a prisão que é de índole processual, e não penal, forçar o depositário a entregar o bem que está sob sua guarda, garantindo-se a dignidade do processo e a efetividade da jurisdição.

Nesse sentido adverte *Júlio César Bebber*[176]:

"A prisão civil (ou ameaça de prisão) embora constitua medida privativa de liberdade de locomoção física, não tem natureza jurídica de penalidade. Trata-se de *técnica processual de coerção* adotada com o escopo de constranger o depositário a restituir os bens depositados".

Como destaca *Humberto Theodoro Júnior*, "sem embargo de permitido o decreto incidental da prisão civil do depositário judicial que não restitui os bens sob sua custódia, não cabe ao juiz fazê-lo sem antes ensejar-lhe o direito de defesa esclarecimento sobre o desaparecimento dos objetos penhorados. A garantia do contraditório e ampla defesa não lhe pode ser negada, sob pena de grave ofensa aos incisos LIV e LV do art. 5º, da Constituição. Até mesmo a possibilidade de depositar

---
(176) *Op. cit.*, p. 198.

o praço do bem penhorado deve ser admitida como defesa capaz de evitar a prisão, na espécie"[177].

O prazo da prisão será determinado discricionariamente pelo Juiz do Trabalho não podendo exceder um ano. Nesse sentido dispõe § 1º, do art. 902 do Código de Processo Civil, *in verbis*:

> No pedido poderá constar, ainda, a cominação da pena de prisão até 1 (um) ano, que o juiz decretará na forma do art. 904, parágrafo único. (Redação dada pela Lei n. 5.925, de 1º.10.1973).

Nos termos do art. 905 do CPC, sem prejuízo do depósito ou da prisão do réu, é lícito ao autor promover a busca e apreensão da coisa. Se esta for encontrada ou entregue voluntariamente pelo réu, cessará a prisão e será devolvido o equivalente em dinheiro.

Atualmente, a questão da possibilidade da prisão do depositário fiel se mostra polêmica na jurisprudência.

Dispõe a Convenção Americana sobre Direitos Humanos — Pacto de San José de Costa Rica, no art. 7, item 7:

> Ninguém deve ser detido por dívidas. Este princípio não limita os mandados de autoridade judiciária competente expedidos em virtude de inadimplemento de obrigação alimentar.

A jurisprudência do Supremo Tribunal Federal vinha admitindo a prisão do depositário infiel diante da autorização constitucional, do relevante encargo que presta o depositário judicial e também da frustração da execução quando o depositário não apresenta os bens que lhes foram entregues para guarda. Nesse sentido a Súmula n. 619 do STF:

> A prisão de depositário judicial pode ser decretada no próprio processo em que se constituiu o encargo, independentemente da propositura de ação de depósito.

Recentemente o Supremo Tribunal Federal mudou entendimento para fixar posicionamento no sentido de que a prisão do depositário infiel não é mais possível no ordenamento jurídico brasileiro diante do que dispõe a Convenção Americana sobre Direitos Humanos (art. 7, item 7). Entendeu a suprema corte que os tratados internacionais de direitos humanos ratificados pelo Brasil estão acima da Constituição Federal (supralegalidade).

Nesse sentido, o Informativo n. 531 do Surpemo Tribunal Federal[178]:

> Prisão Civil e Depositário Infiel – 3
>
> Em conclusão de julgamento, o Tribunal concedeu *habeas corpus* em que se questionava a legitimidade da ordem de prisão, por 60 dias, decretada em desfavor do paciente

---

(177) THEODORO JÚNIOR, Humberto. *Processo de execução e cumprimento da sentença*. 25. ed. São Paulo: Leud, 2008. p. 316.

(178) Disponível em: <http://www.stf.jus.br> Acesso em: 6 jul. 2009.

que, intimado a entregar o bem do qual depositário, não adimplira a obrigação contratual — v. Informativos 471, 477 e 498. Entendeu-se que a circunstância de o Brasil haver subscrito o Pacto de São José da Costa Rica, que restringe a prisão civil por dívida ao descumprimento inescusável de prestação alimentícia (art. 7º, item 7), conduz à inexistência de balizas visando à eficácia do que previsto no art. 5º, LXVII, da CF ("não haverá prisão civil por dívida, salvo a do responsável pelo inadimplemento voluntário e inescusável de obrigação alimentícia e a do depositário infiel;"). Concluiu-se, assim, que, com a introdução do aludido Pacto no ordenamento jurídico nacional, restaram derrogadas as normas estritamente legais definidoras da custódia do depositário infiel. Prevaleceu, no julgamento, por fim, a tese do status de supralegalidade da referida Convenção, inicialmente defendida pelo Min. Gilmar Mendes no julgamento do RE 466343/SP, abaixo relatado. Vencidos, no ponto, os Ministros Celso de Mello, Cezar Peluso, Ellen Gracie e Eros Grau, que a ela davam a qualificação constitucional, perfilhando o entendimento expendido pelo primeiro no voto que proferira nesse recurso. O Min. Marco Aurélio, relativamente a essa questão, se absteve de pronunciamento. (HC 87585/TO, Rel. Min. Marco Aurélio, 3.12.2008. (HC-87585).

Na mesma sessão de julgamento, a plenária do STF, determinou o cancelamento da Súmula n. 619 de sua jurisprudência, vencido o Ministro Menezes Direito, conforme se constata do referido Informativo n. 531, *in verbis*:

> Prisão de Depositário Judicial Infiel e Revogação da Súmula n. 619 do STF. Na linha do entendimento acima sufragado, o Tribunal, por maioria, concedeu *habeas corpus*, impetrado em favor de depositário judicial, e averbou expressamente a revogação da Súmula 619 do STF ("A prisão do depositário judicial pode ser decretada no próprio processo em que se constituiu o encargo, independentemente da propositura de ação de depósito"). Vencido o Min. Menezes Direito que denegava a ordem por considerar que o depositário judicial teria outra natureza jurídica, apartada da prisão civil própria do regime dos contratos de depósitos, e que sua prisão não seria decretada com fundamento no descumprimento de uma obrigação civil, mas no desrespeito ao múnus público." (HC n. 92.566/SP, rel. Min. Marco Aurélio, 3.12.2008)

Em julgamentos mais recentes, o STF vem seguindo a mesma tendência, conforme se constata da redação da seguinte ementa:

> EMENTA: PRISÃO CIVIL. Inadmissibilidade. Depósito judicial. Depositário infiel. Infidelidade. Ilicitude reconhecida pelo Plenário, que cancelou a Súmula n. 619 (REs ns. 349.703 e 466.343, e HCs ns. 87.585 e 92.566). Constrangimento ilegal tipificado. HC concedido de ofício. É ilícita a prisão civil de depositário infiel, qualquer que seja a modalidade do depósito. (STF. HC n. 94.307/RS – Rio Grande do Sul, *Habeas Corpus*. Rel. Min. CEZAR PELUSO, Julgamento: 19.2.2009 Órgão Julgador: Tribunal Pleno Publicação DJe-084. Divulg. 7.5.2009. Public. 8.5.2009)

No mesmo sentido, está se posicionando o STJ:

> *HABEAS CORPUS*. DEPOSITÁRIO INFIEL. PRISÃO CIVIL. IMPOSSIBILIDADE. ENTENDIMENTO DO STF. STATUS DE NORMA SUPRALEGAL. PACTO DE SAN JOSE DA COSTA RICA. MODIFICAÇÃO DO ENTENDIMENTO DO STJ. Tendo em conta a adoção pelo STF do entendimento de que os tratados e convenções internacionais sobre direitos humanos, aos quais o Brasil aderiu, gozam status de

norma supralegal, deve ser revisto o posicionamento adotado pelo STJ a fim de impossibilitar a prisão civil do depositário infiel. Ordem concedida – *HABEAS CORPUS* 122.251 – DF (2008/0265144-6) – STJ – Ministra Nancy Andrighi – Relatora. DJU de 3.3.2009 – (DT – Abril/2009 – vol. 177, p. 147).

O Tribunal Superior do Trabalho vem seguindo a nova diretriz do Supremo Tribunal Federal:

*HABEAS CORPUS* — SUBSTITUTIVO DE RECURSO ORDINÁRIO. DEPOSITÁRIO JUDICIAL. PRISÃO CIVIL. IMPOSSIBILIDADE. A matéria referente à prisão do depositário infiel não mais comporta interpretação nos Tribunais, tendo em vista o entendimento esposado pelo Supremo Tribunal Federal em recentes julgados. A jurisprudência da Suprema Corte evoluiu no sentido de que a prisão civil por dívida é aplicável apenas ao responsável pelo inadimplemento voluntário e inescusável de obrigação alimentícia. Tal entendimento redundou, inclusive, no cancelamento da Súmula n. 619 daquele Tribunal. Precedentes. Ordem de *habeas corpus* concedida, para fim de manter o salvo conduto expedido em favor da Impetrante e Paciente Sandra Maria Elicker. (TST Processo: HC - 207020/2009-000-00-00.6 Data de Julgamento: 26.5.2009, Rel. Min. Alberto Luiz Bresciani de Fontan Pereira, Subseção II Especializada em Dissídios Individuais, Data de Divulgação: DEJT 5.6.2009).

*HABEAS CORPUS* — DEPOSITÁRIO INFIEL. Não obstante o anterior entendimento desta Corte, acerca da legalidade da prisão do depósitário fiel, não há como não se curvar à decisão do Supremo Tribunal Federal, no sentido de que devem ser observadas as convenções e os tratados internacionais sobre direitos humanos — dos quais o Brasil é signatário e, portanto, ele os ratifica —, como é a hipótese do Pacto de São José da Costa Rica. Nesse pacto, está previsto que, apenas quando se tratar de devedor de alimentos, pode ser considerada legal a prisão civil. *Habeas corpus* concedido. (TST – Processo: HC – 202941/2008-000-00-00.1. Data de Julgamento: 5.5.2009, Rel. Min. Pedro Paulo Manus, Subseção II Especializada em Dissídios Individuais, Data de Divulgação: DEJT 15.5.2009)

*HABEAS CORPUS* PREVENTIVO SUBSTITUTIVO DE RECURSO ORDINÁRIO. DEPOSITÁRIO INFIEL. NÃO CONFIGURAÇÃO. À luz das normas internacionais em que o Brasil é signatário, o Supremo Tribunal Federal vem decidindo que, notadamente após a edição da Emenda Constitucional n. 45/2004, em atenção ao disposto no art. 5º, § 3º, da CF/88, restaram derrogadas as normas definidoras da custódia do depositário infiel. Assim, desde a ratificação pelo Brasil do Pacto Internacional dos Direitos Civis e Políticos (art. 11) e da Convenção Americana sobre Direitos Humanos — Pacto de San José da Costa Rica (art. 7º, item 7), não haveria mais base legal para a prisão civil do depositário infiel. Em Informativo do STF ficou consignado voto do Min. Marco Aurélio no sentido de que a -circunstância de o Brasil haver subscrito o Pacto de São José da Costa Rica, que restringe a prisão civil por dívida ao descumprimento inescusável de prestação alimentícia, conduziria à inexistência de balizas visando à eficácia do que foi previsto no art. 5º, LXVII, da CF —, dispositivo este não autoaplicável, porquanto dependente de regulamentação, por texto legal, acerca dessa prisão, inclusive quanto ao seu período. Diante deste contexto, entende-se razoável a concessão da ordem *habeas corpus*. (TST – Processo: HC – 199439/2008-000-00-00.1 Data de Julgamento: 2.12.2008, Rel. Min. José Simpliciano Fontes de F. Fernandes, Subseção II Especializada em Dissídios Individuais, Data de Divulgação: DEJT 12.12.2008)

Em que pese o respeito que merecem as decisões do Supremo Tribunal Federal, do Superior Tribunal de Justiça e do Tribunal Superior do Trabalho, pensamos em sentido contrário.

No nosso sentir, o prisão do depositário infiel deve ser mantida pelos seguintes argumentos:

a) O art. 7, item 7, da Convenção Interamericana de Direitos Humanos proíbe a prisão por dívidas. O depositário tem uma obrigação processual de natureza pública para entrega do bem penhorado que está sob sua guarda. Não se trata, no nosso sentir, de prisão por dívida, mas pelo não cumprimento de um encargo público;

b) A prisão do depositário infiel está prevista no art. 5º, LXVII, da CF, que consagra os direitos fundamentais do cidadão. Portanto, trata-se de cláusula pétrea da Constituição Federal, nos termos do art. 60, § 4º, inciso IV, da CF, que assim dispõe:

> Não será objeto de deliberação a proposta de emenda tendente a abolir: (...) IV – os direitos e garantias individuais;

c) O caráter publicista da jurisdição, a efetividade processual, e a própria dignidade da Justiça justificam a medida extrema de prisão quando o depositário não entrega o bem que está sob sua guarda.

d) Os tratados internacionais sobre Direitos humanos ingressam no ordenamento jurídico com *status* de emenda constitucional, não podendo contrariar as cláusulas pétreas da Constituição Federal.

Nesse sentido dispõem os §§ 2º e 3º do art. 5º, da Constituição Federal:

> § 2º Os direitos e garantias expressos nesta Constituição não excluem outros decorrentes do regime e dos princípios por ela adotados, ou dos tratados internacionais em que a República Federativa do Brasil seja parte.
>
> § 3º Os tratados e convenções internacionais sobre direitos humanos que forem aprovados, em cada Casa do Congresso Nacional, em dois turnos, por três quintos dos votos dos respectivos membros, serão equivalentes às emendas constitucionais. (Redação dada pela EC n. 45/04 – DOU 31.12.04)

No mesmo sentido, destacamos a seguinte ementa:

> *Habeas Corpus* — Depositário — Prisão civil — Tratado internacional que proíbe prisão por dívida — Norma infraconstitucional — Exegese do art. 5º, inciso LXVII, e seu § 2º da Constituição Federal. A Convenção Americana sobre Direitos Humanos, conhecida como Pacto de São José da Costa Rica, não suplantou o inciso LXVII da Constituição Federal, daí sendo possível a prisão depositário infiel. Essa norma internacional passou a integrar o sistema jurídico brasileiro com *status* de norma ordinária; raciocínio diverso consagraria total subversão da rigidez constitucional, prevista no art. 60 e seus parágrafos da Carta Política. (Prof. Luiz Alberto David Araújo – PUC-SP). Ademais, na esteira de inúmeros precedentes do e. STF e desta c. Corte Regional, a matéria já não comporta maiores e alongadas discussões, sendo,

pois, nítida a intenção da paciente de buscar derradeiro remédio para a inafastável constrição justificada de sua liberdade. Ordem de *habeas corpus* denegada. (TRT 15ª R. – 1ª SDI – HC n. 642/03 – Rel. José Pedro de C. R. de Souza – DJSP 3.10.03 – p. 3) (RDT n.11 – Novembro de 2003)

Além dos argumentos acima declinados, a experiência tem nos demonstrado que a determinação da prisão do depositário que não entrega o bem que está sob sua guarda mediante determinação judicial é um poderoso instrumento de efetividade processual.

Sem a possibilidade de prisão do depositário infiel, há grande risco para a efetividade processual e desprestígio da dignidade da Justiça, bem como satisfação do crédito do exequente.

Pelo exposto, pensamos que a possibilidade de prisão do depositário infiel judicial é constitucional. Concordamos com o Supremo Tribunal Federal no sentido de que não se deve permitir a prisão do devedor depositário do bem em contratos com cláusula de alienação fiduciária, pelo princípio da vedação da prisão por dívida. Não obstante, concordamos com a posição do Ministro Menezes Direito no sentido de que a prisão do depositário infiel judicial encontra fundamentação diversa em razão do múnus público que exerce.

A prisão do depositário infiel pode se dar nos próprios autos da execução trabalhista, conforme o art. 666, § 3º do CPC, de aplicação subsidiária ao processo do trabalho, *in verbis*:

> A prisão do depositário judicial infiel será decretada no próprio processo, independentemente de ação de depósito.

Eventual ilegalidade da prisão ou abuso de poder por parte do Juiz do Trabalho deverá ser questionada por meio do *habeas corpus*.

O Tribunal Superior do Trabalho fixou entendimento no sentido de não haver configuração do depositário infiel sobre coisa futura, conforme a OJ n. 143, da SDI-II, *in verbis*:

> HABEAS CORPUS — PENHORA SOBRE COISA FUTURA — PRISÃO — DEPOSITÁRIO INFIEL. Não se caracteriza a condição de depositário infiel quando a penhora recair sobre coisa futura, circunstância que, por si só, inviabiliza a materialização do depósito no momento da constituição do paciente em depositário, autorizando-se a concessão de *habeas corpus* diante da prisão ou ameaça de prisão que sofra.

Em que pese o respeito que merece, não podemos concordar com o posicionamento do Tribunal Superior do Trabalho, pois atualmente, a penhora de faturamento está disciplinada pela Lei[179]. Além disso, não se atribuir responsabilidade ao depositário que ficou incumbido de apresentar o faturamento, desprestigia a justiça e

---

(179) Art. 655-A, § 3º, do CPC: "Na penhora de percentual do faturamento da empresa executada, será nomeado depositário, com a atribuição de submeter à aprovação judicial, bem como de prestar contas mensalmente, entregando ao exequente as quantias recebidas, a fim de serem imputadas no pagamento da dívida".

contribuiu para a ineficácia da penhora. Por isso, no nosso sentir, o depositário da penhora sobre faturamento da empresa pode ser preso, caso não preste contas ao juízo do faturamento da empresa. Nesse sentido destacamos as seguintes ementas:

> Penhora sobre faturamento — Sócio-gerente — Depositário infiel — Caracterização. O sócio-gerente que assume o encargo de depositário sobre a penhora de parte do faturamento da empresa e deixa de depositar o valor em juízo, caracteriza-se como infiel, justificando o decreto de sua prisão. (TRT – 15ª R. – SEDI – Ac. n. 156/2003 – Rel. Luiz A. Lazarim – DJSP 7.3.2003 – p. 3)

> Depositário — Infiel — Penhora em faturamento — Caracterização. A penhora em faturamento goza de legalidade (Orientação Jurisprudencial do Tribunal Superior do Trabalho — SBDI n. 93) e o depositário que deixa sem qualquer justificativa comprobatória de atender a ordem judicial para depósito em juízo de parte do faturamento, caracteriza-se como depositário infiel, não havendo que se falar em ilegalidade da ordem de prisão contra o mesmo emitida pelo juiz da execução. (TRT – 15ª R. – 1ª SDI – HC n. 387/2003 – Rel. Luiz Antônio Lazarim – DJSP 13.6.2003 – p. 4)

Se o depositário apresentar os bens deteriorados, discutível se mostra a possibilidade da prisão.

Como adverte *Júlio César Bebber*[(180)]:

"O perecimento e a desvalia do bem objeto do depósito pelo desmonte e sucateamento (cuja consequência é a perda da utilidade da coisa), além de desaguar na prisão civil do depositário, enseja a responsabilidade deste pela reparação dos danos causados (CC, art. 186) e autoriza a imposição de sanção criminal, se for constatado o dolo (CP, art. 163). Não basta ao depositário fazer a simples entrega do bem. É necessário que não estejam presentes avarias, danificações e deteriorações injustificadas. Seria um achincalhe ao Estado se este, após fazer justiça às partes, por intermédio do Poder Judiciário, fosse impedido de efetivamente entregar a prestação jurisdicional pela má-fé, desídia ou ato criminoso de mero auxiliar do juiz".

Em que pesem alguns posicionamentos em sentido contrário, pensamos não ser possível a prisão do depositário que restitui o bem danificado, mas sim atribuição de responsabilidade patrimonial pelos danos a ser liquidada nos próprios autos do processo trabalhista.

Nesse sentido, destacam-se as seguinte ementa:

> Depositário infiel — Depreciação de bem penhorado. Restando constatado que a deterioração do bem penhorado ocorreu por negligência do depositário ou por razões intencionais, deve ele arcar com o valor equivalente à depreciação, que corresponde à diferença entre o valor da avaliação procedida no momento da penhora e o valor da reavalidação feita após os estragos. (TRT 12ª R. – 3ª T. – AG-PET n. 890/2001.011.12.85-0 – Ac. n. 3555/05 – Rel. Roberto B. Leite – DJSC 8.4.05 – p. 163) (RDT n. 05 de Maio de 2005).

---

(180) *Op. cit.*, p. 187-188.

Entretanto, atualmente, nossos argumentos favoráveis à prisão do depositário infiel ficaram vencidos pela edição da Súmula Vinculante n. 25 do STF, *in verbis*:

> É ilícita a prisão civil de depositário infiel, qualquer que seja a modalidade do depósito. (Divulgada em 22.12.2009 e publicada no DJe do STF de 23.12.2009) Precedentes: RE n. 562.051 RG/MT, Tribunal Pleno, rel. Min. Cezar Peluso, DJ 12.9.2008; RE n. 349.703/DF, Tribunal Pleno, rel. Min. Sydney Sanches, DJ 5.6.2009; RE n. 466.343/SP, Tribunal Pleno, rel. Min. Cezar Peluso, DJ 5.6.2009; HC n. 87.585/TO, Tribunal Pleno, rel. Min. Marco Aurélio, DJ 26.6.2009; HC n. 95.967MS, 2ª Turma, relª. Min. Ellen Gracie, DJ 28.11.2008; HC n. 91.950/MS, 2ª Turma, rel. Min. Eros Grau, DJ 14.11.2008; HC n. 93.435/MG, 2ª Turma, rel. Min. Cezar Peluso, DJ 7.11.2008; HC n. 96.687 MC/MG, rel. Min. Celso de Mello, DJ 19.11.2008; HC n. 96.582/DF, rel. Min. Marco Aurélio, DJ 7.11.2008; HC n. 90.172/SP, 2ª Turma, rel. Min. Gilmar Mendes, DJ 17.8.2007; HC n. 95.170 MC/RS, Rel. Min. Carlos Britto, DJ 4.8.2008.

No mesmo sentido, sumulou o STJ, por meio do Verbete n. 419, *in verbis*:

> Descabe a prisão civil do depositário judicial infiel. (DJEletrônico 11.3.2010).

No mesmo sentido, as seguintes ementas:

> É ilícita a prisão civil de depositário infiel, qualquer que seja a modalidade do depósito, *ex vi* da Súmula Vinculante n. 25 do Supremo Tribunal Federal. (TRT/SP – 10212201000002004 – HC01 – Ac. SDI 2010008292 – Rel. Sergio J. B. Junqueira Machado – DOE 27.5.2010).

> *Habeas corpus*. Depositário infiel. Não se aplica mais o comando legal que permite a prisão civil por dívida. Chegou-se a tal conclusão após vários julgados do Supremo Tribunal Federal no sentido de reconhecer que o art. 5º, inciso LXVII, da Constituição Federal, é norma de "eficácia restringível" e o disposto no § 2º do art. 5º, da Lei Maior, não deixa dúvida da integração na ordem jurídica dos Tratados Internacionais do qual o Brasil faça parte, como é o caso do Pacto de São José da Costa Rica, cuja proteção volta-se aos direitos humanos e exclui em seu art. 7º, que dispõe sobre a liberdade pessoal (item 7), a possibilidade de prisão por dívidas, exceto a do inadimplemento de obrigação alimentar, assim considerado em sentido estrito (o que exclui o crédito trabalhista). Referido entendimento, a bem da verdade, não mais encontra discussão após o advento da Súmula Vinculante n. 25, do C. STF. Ordem de *habeas corpus* concedida. (TRT/SP – 12785200900002009 – HC01 – Ac. SDI 2010008942 – Relª. Maria Aparecida Duenhas – DOE 8.6.2010).

> Prisão. Depósito infiel. *Habeas Corpus*. Ante a ilicitude da prisão civil do depositário infiel, em qualquer modalidade de depósito, conforme entendimento consubstanciado pelo STF, impõe-se a concessão de salvo conduto para a revogação da ordem prisional do paciente. Aplicação da Súmula Vinculante n. 25 do STF (publicada em 22.12.2009 no DJe do STF). (TRT/SP – 12743200900002008 – HC01 – Ac. SDI 2010006168 – Rel. Rafael E. Pugliese Ribeiro – DOE 6.5.2010).

Diante do atual panorama jurisprudencial, sendo impossível a prisão do depositário, restam algumas alternativas possíveis ao Juiz do Trabalho para evitar o esvaziamento da execução, quais sejam:

a) nomear, sempre que possível, o depositário judicial oficial, e a transferência dos bens penhorados para o depósito da Justiça;

b) intensificar os esforços para a penhora de dinheiro;

c) aplicar sanções pecuniárias ao depositário infiel.

Resta ainda a possibilidade de prisão do depositário infiel em razão do crime de desobediência à ordem judicial, que é de ordem penal (art. 330 do CP), exigindo toda dilação probatória, bem como o direito de defesa do réu, em razão do princípio constitucional de presunção de inocência. Entretanto, esta prisão, certamente, não tem a mesma efetividade, tampouco a rapidez da prisão de índole processual do depositário infiel prevista no Código de Processo Civil.

Não obstante o respeito que merecem o Supremo Tribunal Federal e o Superior Tribunal de Justiça, não nos mostramos otimistas com a impossibilidade de prisão do depositário infiel judicial na execução trabalhista.

Nesse sentido é o Enunciado Propositivo n. 2 da 1ª Jornada Nacional de Execução Trabalhista, realizada em novembro de 2010, *in verbis*:

> PRISÃO POR *CONTEMPT OF COURT* NO PROCESSO DO TRABALHO. PRISÃO DO DEPOSITÁRIO JUDICIAL INFIEL ECONOMICAMENTE CAPAZ. POSSIBILIDADE JURÍDICA. NECESSIDADE DE REVISÃO PARCIAL DA SÚMULA VINCULANTE N. 25 DO SUPREMO TRIBUNAL FEDERAL (STF). A prisão civil do depositário judicial infiel economicamente capaz, por estar autorizada pela norma do art. 5º, LXVI, parte final, da Constituição Federal, não se resume à mera "prisão civil por dívidas". Tem natureza bifronte, consubstanciando também medida de defesa da autoridade pública e da dignidade do Poder Judiciário, à maneira de "contempt of court", o que não está vedado pelo Pacto de San José da Costa Rica.

## 29. Dos meios de defesa do executado e terceiro em face da execução

### 29.1. Embargos à execução (título executivo judicial)

Ensina *Humberto Theodoro Júnior*[181]: "os embargos, tal como indica o léxico, são obstáculos ou impedimentos que o devedor procura antepor à execução proposta pelo credor".

Em se tratando de execução por título judicial, antes da Lei n. 11.232/2005, entendia a doutrina processual civil que a natureza jurídica dos embargos era de ação de cognição incidental, de caráter constitutiva-negativa que tinha por objeto desconstituir total ou parcialmente o título executivo.

A CLT disciplina a questão no art. 884, *in verbis*:

> Garantida a execução ou penhorados os bens, terá o executado 5 (cinco) dias para apresentar embargos, cabendo igual prazo ao exequente para impugnação; § 1º – A matéria de defesa será restrita às alegações de cumprimento da decisão ou do acordo, quitação ou prescrição da dívida. § 2º – Se na defesa tiverem sido arroladas testemunhas, poderá o Juiz ou o Presidente do Tribunal, caso julgue necessários seus

---

(181) THEODORO JÚNIOR, Humberto. *Curso de direito processual civil*. 41. ed. Rio de Janeiro: Forense, 2007. v. II, p. 429.

depoimentos, marcar audiência para a produção das provas, a qual deverá realizar-se dentro de 5 (cinco) dias. § 3º – Somente nos embargos à penhora poderá o executado impugnar a sentença de liquidação, cabendo ao exequente igual direito e no mesmo prazo. § 4º – Julgar-se-ão na mesma sentença os embargos e as impugnações à liquidação apresentadas pelos credores trabalhista e previdenciário.

A doutrina costuma denominar os *embargos à execução*, no Processo do Trabalho, como *embargos do devedor* ou *embargos do executado*. Preferimos a expressão *embargos à execução* por já consagrada na jurisprudência e no foro trabalhista.

Autores há que sustentam a existência dos embargos à penhora, em que são discutidos os incidentes sobre a penhora. Não obstante o respeito que merecem, pensamos que os incidentes da penhora devem ser deduzidos no próprio bojo dos embargos à execução, não existindo os embargos à penhora como uma categoria autônoma de embargos.

No nosso sentir, os embargos à execução, em se tratando da execução por título executivo judicial, no Processo do Trabalho não constituem ação autônoma e sim um incidente da fase executiva, com a mesma natureza da impugnação no Processo Civil. A doutrina trabalhista buscava a natureza jurídica dos embargos à execução como ação autônoma no Direito Processual Civil, não obstante, sempre foi dominante na doutrina trabalhista que a execução trabalhista não era um processo autônomo e sim fase do processo. Além disso, no Processo do Trabalho, os embargos à execução, em razão dos princípios da celeridade e simplicidade, sempre foram opostos por petição nos próprios autos do processo e nele processados. Sob outro enfoque, o § 1º do art. 884, da CLT alude à *matéria de defesa* que pode ser invocada nos embargos, o que denota não ter os embargos natureza jurídica de ação autônoma e sim de impugnação.

No mesmo sentido é a posição de *Pedro Paulo Teixeira Manus*[182]:

"A denominação embargos à execução é utilizada pelo legislador para designar os meios de defesa colocados à disposição do executado, após garantido o juízo, aí incluídos os embargos à execução, à penhora e a impugnação à sentença de liquidação, como decorre do art. 884 da CLT. Eis porque os embargos à execução no processo do trabalho têm natureza de incidente da execução, configurando simples meio de defesa e não uma ação, não obstante assim entenda parte da doutrina. Concebida a execução como simples fase do processo do trabalho, não tendo natureza de ação independente, não seria compatível com a diretriz dada a este processo tratar os embargos à execução como ação, não obstante assim entenda uma parcela da doutrina".

A CLT (parágrafo primeiro do art. 884) limita as matérias que podem ser invocadas pelo embargante nos embargos à execução, quais sejam: *cumprimento da decisão ou do acordo, quitação ou prescrição da dívida*.

---

(182) MANUS, Pedro Paulo Teixeira. *Execução de sentença no processo do trabalho*. 2. ed. São Paulo: Atlas, 2005. p. 123.

Pensamos, conforme já sedimentado na doutrina, que o rol do § 1º do art. 884, da CLT não é taxativo. Acreditamos que o referido dispositivo legal não veda que as matérias que o Juiz possa conhecer de ofício possam ser invocadas, como os pressupostos processuais e as condições da ação, e também as matérias previstas na impugnação do Processo Civil desde que não acarretem demora no curso do processo. Se hoje a jurisprudência trabalhista admite que tais matérias possam ser invocadas por meio da exceção de pré-executividade, não há razão para não se admiti-las nos embargos.

Desse modo, pensamos que possam ser invocadas nos embargos as matérias invocadas no art. 475-L, do CPC, que assim dispõe: "A impugnação somente poderá versar sobre: I – falta ou nulidade da citação, se o processo correu à revelia; II – inexigibilidade do título; III – penhora incorreta ou avaliação errônea; IV – ilegitimidade das partes; V – excesso de execução; VI – qualquer causa impeditiva, modificativa ou extintiva da obrigação, como pagamento, novação, compensação, transação ou prescrição, desde que superveniente à sentença. § 1º –Para efeito do disposto no inciso II do caput deste artigo, considera-se também inexigível o título judicial fundado em lei ou ato normativo declarados inconstitucionais pelo Supremo Tribunal Federal, ou fundado em aplicação ou interpretação da lei ou ato normativo tidas pelo Supremo Tribunal Federal como incompatíveis com a Constituição Federal. § 2º – Quando o executado alegar que o exequente, em excesso de execução, pleiteia quantia superior à resultante da sentença, cumprir-lhe-á declarar de imediato o valor que entende correto, sob pena de rejeição liminar dessa impugnação."

Detém legitimidade para a propositura dos embargos à execução o devedor, ou seja, o executado que está sofrendo os efeitos da constrição patrimonial decorrente do procedimento executivo. Não obstante, como bem adverte *Manoel Antonio Teixeira Filho*[183]: "não só o devedor, em sentido estrito, mas todos aqueles que, por uma razão ou outra, sejam legalmente responsáveis pelo adimplemento da obrigação, embora possam não ter participado da relação jurídica de direito material, reconhecida pela sentença exequenda. O próprio mandado executivo de citação identifica o devedor, ao mesmo tempo em que define a sua legitimidade para efeito de opor-se mediante embargos que são característicos, à execução forçada. O autor de constrição de bens reafirma essa legitimidade".

## 29.1.1. Do conteúdo dos embargos à execução

1. *Nulidade da citação se processo correu à revelia.* No nosso sistema processual, máxime os princípios do contraditório e ampla defesa, consubstanciados no art. 5º, LV, da CF impõem que o réu seja cientificado da demanda e possa apresentar sua resposta[184].

---

(183) TEIXEIRA FILHO, Manoel Antonio. *Execução no processo do trabalho*. 9. ed. São Paulo: LTr, 2005. p. 588.

(184) No mesmo sentido o art. 214: "Para a validade do processo é indispensável a citação inicial do réu". Desse modo, a citação do réu é um pressuposto processual de validade da relação jurídica processual.

Diante da importância da citação, o CPC, no art. 215, determina que a citação seja pessoal, com as formalidades do art. 285 do CPC.[185]

Na CLT, a citação não é pessoal, recebe o nome de notificação (art. 841, da CLT) e é realizada pelo Diretor de Secretaria da Vara do Trabalho. Como regra geral, é realizada por meio do Correio com aviso de recebimento (AR ou SEED). Na execução, o comando do art. 880, § 2º, da CLT, determina que a citação sobre a execução seja pessoal.

Por estar inserida no rol do art. 301 do CPC, a nulidade da citação pode ser alegada a qualquer tempo e em qualquer grau de jurisdição, inclusive reconhecida de ofício pelo Juiz.

No Processo Civil, se o processo correu à revelia do réu por nulidade de citação, este vício pode ser arguido pelo réu até em sede de embargos à execução, nos termos do art. 475-L, I, do CPC. De outro lado, se o réu intervier no processo antes do trânsito em julgado, deve arguir a nulidade, sob consequência de preclusão, nos termos do art. 245 do CPC.

No Processo do Trabalho, antes do trânsito em julgado, a nulidade da citação pode ser arguida pelo reclamado a qualquer tempo. Após o trânsito em julgado, mostra-se discutível a aplicabilidade do art. 475-L, I do CPC.

Com efeito, o art. 884, da CLT, no § 1º, assevera que a matéria de defesa será restrita às alegações de cumprimento da decisão ou do acordo, quitação ou prescrição da dívida. Com suporte no referido dispositivo legal, parte da doutrina e jurisprudência sustentam a inaplicabilidade do art. 475-L, I do CPC ao Processo do Trabalho diante da não existência de omissão da CLT. Além disso, argumentam que, no Processo do Trabalho, ao contrário do que ocorre no Processo Civil, onde o revel não é notificado dos atos subsequentes do processo, tampouco da sentença (art. 322 do CPC), determina o art. 852, da CLT que o revel seja notificado da sentença.

Nesse sentido, destacamos a seguinte ementa:

> Nulidade da citação — Impossibilidade de arguição pelo revel na fase executória. Após o trânsito em julgado da sentença, a fase executória é inadequada para o revel arguir a nulidade por defeito da notificação para prestar depoimento pessoal. Na esfera do processo do trabalho, o momento processual oportuno para tal desiderato é o do recurso ordinário, porque a parte, mesmo revel, é intimada da sentença de mérito (art. 852 da CLT). (TRT –12ª R. – 1ª T. – AG-PET n. 206/2002.015.12.02-9 – Ac. n. 11421/04 – Relª Maria do Céo de Avelar – DJSC 14.10.04 – p. 279) (RDT n. 11 – Novembro de 2004)

A nosso ver, o art. 475-L, I, do CPC resta aplicável ao Processo do Trabalho na hipótese da notificação da sentença, na forma do art. 852, da CLT não tenha

---

(185) Art. 285 do CPC: "Estando em termos a petição inicial o juiz a despachará, ordenando a citação do réu, para responder; do mandado constará que, não sendo contestada a ação, se presumirão aceitos pelo réu, como verdadeiros, os fatos articulados pelo autor"

sido válida. Uma vez citado corretamente o reclamado revel sobre a sentença e este se mantiver inerte, não há como se arguir a nulidade da citação em sede de embargos à execução, por preclusa a oportunidade. Nesse sentido é a visão de *Valentin Carrion*[186]:

> "As possibilidades de impugnação à execução, por razões formais, são ainda mais numerosas que as do direito material: a) nulidades referentes ao título em si (falta de peças essenciais na carta de sentença ou de assinatura do Juiz e até a falta de citação no processo de conhecimento, à revelia — conforme o CPC, art. 741, I, salvo se foi validamente intimado da sentença, CLT, art. 852, exercendo função rescisória, segundo *Coqueijo Costa*, Ação Rescisória)"

No mesmo sentido se manifesta *Eduardo Gabriel Saad*[187]: "A falta de citação só é alegável por quem não fez qualquer intervenção em todo o processo de conhecimento e cujo curso foi inteiramente à sua revelia. Só nessa hipótese o incidente provoca a nulidade de todo o processo desde a peça inicial do processo de conhecimento".

2. *Prescrição da dívida*: A prescrição a que alude o § 1º do art. 884, da CLT é a intercorrente, ou seja, a que se configura no curso do processo. Embora o TST tenha firmado posicionamento de que a prescrição intercorrente não se aplica ao Processo do Trabalho (Súmula n. 114 do C. TST), pensamos, conforme já mencionamos, que deve prevalecer o entendimento consubstanciado na Súmula n. 327 do STF, uma vez que se encontra em compasso com a diretriz do art. 884, § 1º, da CLT.

É bem verdade que o Juiz do Trabalho, promovendo a execução de ofício (art. 878, da CLT) e havendo a suspensão da execução quando o executado não apresenta bens ou não é encontrado (art. 40, da Lei n. 6.830/80), são restritas as hipóteses de pronunciamento da prescrição intercorrente. Não obstante, hipóteses há ocasião em que ela pode ser levada a efeito, além da fase de liquidação, como já mencionados. Podemos citar, por exemplo, a não apresentação pelo reclamante dos documentos necessários para o registro da penhora, no prazo de dois anos após a intimação judicial. Esta providência somente poderá ser levada a efeito pelo exequente, ou quando, o exequente não indica os bens a serem penhorados, os possuindo o executado.

Assim como a prescrição da pretensão, a prescrição intercorrente não pode ser conhecida de ofício pelo Juiz do Trabalho.

Nesse sentido, destacamos as seguintes ementas:

> Execução trabalhista — Prescrição intercorrente. Ainda que o entendimento jurisprudencial sedimentado no Enunciado n. 114 do c. TST seja no sentido de ser inaplicável a prescrição intercorrente, na Justiça do Trabalho, entendemos que a mesma foi expressamente contemplada pelo legislador no § 1º do art. 884 da CLT, ao

---

(186) CARRION, Valentin. *Comentários à Consolidação das Leis do Trabalho*. 30. ed. São Paulo: Saraiva, 2005. p. 743.
(187) SAAD, Eduardo Gabriel. *CLT comentada*. 38. ed. São Paulo: LTr, 2005. p. 800.

dispor que a matéria de defesa será restrita às alegações de cumprimento da decisão ou do acordo, quitação ou prescrição da dívida (grifo nosso). Ora, o dispositivo legal em referência somente pode reportar-se à prescrição intercorrente, haja vista que a ordinária apenas pode ser arguida na fase de conhecimento, inadmissível que é a modificação ou inovação da sentença exequenda, na fase de liquidação do julgado, ex vi do § 1º do art. 879 da CLT. A corroborar esse entendimento, temos a Súmula n. 327 do c. STF, a qual estabelece expressamente que o direito trabalhista admite a prescrição intercorrente. Desse modo, tendo a execução permanecido paralisada por cinco anos e nove meses, por absoluta incúria da parte interessada, que deixou de manifestar-se nos autos, em que pesem as reiteradas notificações — e a despeito da existência de veículos em nome da executada —, correta a r. decisão de 1º grau, ao reconhecer o aludido instituto, com a consequente extinção da execução. Agravo de petição do exequente a que se nega provimento. (TRT – 15ª R. – 3ª T. – Ap. n. 1179/1992.019.15.00-2 – Relª Ana Paula P. Lockmann – DJSP 8.10.04 – p. 68) (RDT n. 11 – Novembro de 2004)

EXECUÇÃO. PRESCRIÇÃO INTERCORRENTE NA FASE DE LIQUIDAÇÃO/EXE-CUÇÃO. DECLARAÇÃO DE OFÍCIO. IMPOSSIBILIDADE. Incabível a declaração de ofício da prescrição intercorrente em sede de liquidação/execução trabalhista pois, mesmo admitindo a aplicação do art. 219, § 5º, do Código de Processo Civil, não se esquece que tal regramento incide na chamada "fase de conhecimento", até porque decorre da citação inicial e seus efeitos (art. 213 do CPC). A interpretação, portanto, é sistemática. (TRT/SP – 00720199400202006 – AP – Ac. 5ª T. – 20100355638 – Rel. José Ruffolo – DOE 7.5.2010).

**3. Cumprimento da decisão ou quitação da dívida:** Deverá o executado demonstrar, nos embargos, a quitação ou o cumprimento da decisão, apresentando na petição de embargos o recibo da quitação (arts. 320 e 477, § 2º, da CLT), bem como do cumprimento da decisão.

Quanto à novação da dívida a que se refere, o art. 475-L do CPC, também resta aplicável ao Processo do Trabalho, entretanto, em se tratando do crédito trabalhista esta há que ser vista com reservas, pois a novação extingue a obrigação inicial e em lugar dela nasce uma nova. Desse modo, deve o Juiz do Trabalho tomar as cautelas necessárias a fim de avaliar se não houve prejuízo ao trabalhador, bem como se a nova obrigação está cercada das mesmas garantias da obrigação originária.

**4. Inexigibilidade do título:** O título não será exigível quando estiver sujeito a condição ou termo. Está sujeito a condição, quando a exigibilidade estiver atrelada a evento futuro e incerto. Está o título sujeito a termo quando sua exigibilidade estiver atrelada a evento futuro e certo, como o advento do prazo para cumprimento.

**5. Penhora incorreta ou avaliação errônea:** A incorreção do bem penhorado ou a avaliação incorreta também podem ser invocadas nos embargos à execução. Para tanto deve o embargante declinar as razões da incorreção da penhora ou do valor da avaliação.

**6. Excesso de execução:** Há excesso de execução quando se pleiteia quantia superior à mencionada no título, se executado objeto diverso do mencionado no título, quando se processa de modo diferente do que foi determinado em sentença, quando o credor, sem cumprir a prestação que lhe corresponde, exige o adimplemento da do devedor ou se o credor não provar que a condição se realizou (art. 743 do CPC).

O excesso de execução não se confunde com o excesso de penhora, pois neste o excesso se dá quando o valor ou a quantidade de bens penhorados excede em muito o valor da execução. Embora não conste da lei, o excesso de penhora também pode ser invocado nos embargos à execução.

De outro lado, considerando-se que em hasta pública os bens nunca são alienados pelo valor da avaliação, as despesas processuais com custas, editais e ainda a correção monetária do crédito e a incidência de juros de mora, é recomendável e conveniente que sejam penhorados bens de valor que excedam, em patamar razoável, o valor do crédito, somente havendo excesso de penhora se houver exagero. Nesse sentido, destacamos a seguinte ementa que reflete nosso pensamento, *in verbis*:

> EXCESSO DE PENHORA. INEXISTÊNCIA DE NULIDADE. É normal a penhora de bens cujo valor supere o crédito em execução, sendo certo que só haverá nulidade em relação ao excesso de penhora, se, e somente se, os bens penhorados excederem exageradamente o crédito exequendo, de modo a causar inequívoco prejuízo à parte devedora. Importa lembrar que o *caput* do art. 659 do CPC, aplicável ao processo trabalhista por força do art. 769 da CLT, dispõe que a penhora deverá incidir em tantos bens quantos bastem para o pagamento do principal atualizado, juros, custas e honorários de advocatícios. Em outras palavras, o produto da execução deverá ser suficiente para o pagamento, além do débito do executado, das demais despesas do processo. Também nesse sentido o art. 883 da CLT. Releva notar, ainda, que a penhora de bens no exato valor da dívida, sem considerar a incidência dos juros, da correção monetária e outras obrigações legais acessórias (como a parcela dos encargos previdenciários devidos pelo empregador-executado), conduziria, necessariamente, à realização de novas penhoras sobre outros bens do executado, ocasionando, assim, uma indesejável demora na solução definitiva da lide trabalhista. Tal situação, isto é, a penhora de bens no valor preciso da obrigação reconhecida judicialmente, resultaria em óbvia violação ao princípio da celeridade processual, um dos princípios basilares do Direito Processual do Trabalho. Além disso, é cediço de todos que militam na seara trabalhista que os bens penhorados quando vendidos em hasta pública ou leilão não costumam atingir o valor da avaliação, situação esta que recomenda a penhora de bens em valor superior ao crédito em execução. (TRT/SP – 01989200303002000 – AP – Ac. 3ª T. – 20091011846 – Relª. Mércia Tomazinho – DOE 1º.12.2009).

Nos termos do art. 475-L, § 2º, do CPC, que resta aplicável no Processo do Trabalho (arts. 769 e 889 da CLT): "Quando o executado alegar que o exequente, em excesso de execução, pleiteia quantia superior à resultante da sentença, cumprir-lhe-á declarar de imediato o valor que entende correto, sob pena de rejeição liminar dessa impugnação".

7.*Impugnação à liquidação:* Dispõe o art. 884, § 3º, da CLT:

> Somente nos embargos à penhora poderá o executado impugnar a sentença de liquidação, cabendo ao exequente igual direito e no mesmo prazo.

Conforme já mencionado no capítulo da liquidação, nos embargos à execução, o executado também poderá impugnar os cálculos de liquidação, nos termos do § 3º do art. 884 da CLT.

Também o exequente poderá impugnar a conta de liquidação, apontando incorreções de cálculo e também matéria de ordem pública.

A impugnação da conta pelo exequente é peça autônoma e independe de ter o executado, ou não, ofertado embargos à execução.

Nos termos do § 4º, do art. 884 da CLT, julgar-se-ão na mesma sentença os embargos e as impugnações à liquidação apresentadas pelos credores trabalhista e previdenciário.

A jurisprudência, acertadamente, não tem admitido impugnações genéricas, sem especificar os itens e os valores objeto da discordência.

Nesse sentido, vale transcrever o Enunciado n. 44 da 1ª Jornada Nacional de Execução Trabalhista, realizada em novembro de 2010, *in verbis*:

> EMBARGOS DO DEVEDOR À CONTA DE LIQUIDAÇÃO. INSURGÊNCIA GENÉRICA SEM INDICAÇÃO DO VALOR DEVIDO. INADMISSIBILIDADE. AUSÊNCIA DE PRESSUPOSTO E REJEIÇÃO LIMINAR DO QUESTIONAMENTO (CLT, art. 879, § 2º, e art. 884, §§ 3º e 4º). Utilizada ou não a faculdade da Consolidação das Leis do Trabalho (art. 879, § 2º), não se admitem insurgências ao valor devido sem a apresentação do montante da divergência e do importe exato do item impugnado. Os embargos que discutam o cálculo têm por pressuposto processual a indicação precisa dos itens e valores devidos. A ausência desse pressuposto motiva o indeferimento liminar da medida.

**8. O § 5º do art. 884, da CLT:** Nos termos do citado dispositivo legal, "considera-se inexigível o título judicial fundado em lei ou ato normativo declarados inconstitucionais pelo Supremo Tribunal Federal ou em aplicação ou interpretação tidas por incompatíveis com a Constituição Federal".

No mesmo sentido é a redação do art. 475-L, § 1º do CPC *in verbis*: "Para efeito do disposto no inciso II do caput deste artigo, considera-se também inexigível o título judicial fundado em lei ou ato normativo declarados inconstitucionais pelo Supremo Tribunal Federal, ou fundado em aplicação ou interpretação da lei ou ato normativo tidas pelo Supremo Tribunal Federal como incompatíveis com a Constituição Federal".

Pelos referidos dispositivos, o título executivo judicial fundado em lei ou interpretação tidas por incompatíveis com a Constituição Federal pelo Supremo Tribunal Federal é inexigível. Tal interpretação se fundamenta no princípio de que não há exigibilidade de título fundado em norma incompatível com a Constituição Federal, no chamado controle concentrado da Constitucionalidade pelo Supremo Tribunal Federal que tem efeito *erga omnes*, ou quando o STF pacificou a interpretação de determinada norma em que se baseou a sentença como incompatível com a Constituição Federal.

Nesse sentido, destaca *Humberto Theodoro Júnior*[188]:

"De minha parte, penso que, cabendo ao Poder Judiciário velar pela supremacia da Constituição, há de se empenhar em evitar e reparar qualquer ofensa às regras e princípios por ela ditados, sempre que deparar com tal tipo de agressão jurídica. Se o legislador ainda não cuidou de instituir um remédio processual específico para tanto, os órgãos jurisdicionais terão de cumprir sua imissão de guardiães da Constituição com os meios e instrumentos de que dispõem, adaptando-os às necessidades do caso concreto, mas nunca se negando a reprimir o mais grave atentado contra o Estado Democrático de Direito que é o desprezo pela prevalência do primado da ordem constitucional".

Pensamos não ser constitucional a possibilidade de desconstituição da coisa julgada nos embargos à execução, pois a proteção à coisa julgada tem assento constitucional (art. 5º, XXXVI). Além disso, tal possibilidade desconstitui todo o esforço processual que foi realizado na fase de conhecimento, a fim de que se formasse a coisa julgada material.

Parece-nos muito perigoso desconstituir a coisa julgada material, na fase executória, por simples decisão em embargos à execução.

Como destaca com propriedade *Jorge Luiz Souto Maior*[189]:

"Ao aplicar a lei para solução de um conflito, o juiz avalia sua constitucionalidade, por meio do controle difuso, mesmo que não o diga, expressamente. Em outras palavras, o juiz só aplica a lei que considera constitucional. Proferida a decisão, em contraditório, com respeito à ampla defesa e ao duplo grau de jurisdição, uma vez transitada em julgado, deve esta ser respeitada. Não há sentido em negar eficácia executiva a esta decisão mesmo se, posteriormente, o Supremo Tribunal Federal, venha declarar a lei, sobre a qual se baseia a decisão, inconstitucional ou lhe der um interpretação conforme a Constituição, pois que tentando preservar a autoridade da Constituição acaba-se negando um dos direitos que a própria Constituição estabelece na qualidade de direitos fundamentais, que é o respeito à coisa julgada".

Não somos contrários à desconstituição de uma decisão inadequada, injusta ou fora da realidade, mas pensamos que tal deverá ser realizado por meio de ação rescisória ou até mesmo pela ação de *querella nulitatis*.

Nesse mesmo sentido é a posição de *Luiz Guilherme Marinoni* e *Sérgio Cruz Arenhart*[190]:

"(...) O § 1º do art. 475-L é, a nosso ver, inconstitucional, por pretender dar à jurisdição o poder de controlar a compatibilidade das suas próprias decisões,

---

(188) *Op. cit.*, p. 63.
(189) SOUTO MAIOR, Jorge Luiz. Reflexos das alterações do Código de Processo Civil no processo do trabalho. In: *Revista LTr*, 70-09/924.
(190) *Curso de direito processual civil*. v. 3. Execução. São Paulo: RT, 2007. p. 296.

já acobertadas pela coisa julgada material, com as posteriores manifestações do Supremo Tribunal Federal, o poder de impor a sua decisão sobre a coisa julgada, fazendo surgir uma espécie de controle da constitucionalidade das decisões jurisdicionais revestidas pela coisa julgada material".

No mesmo sentido são as lúcidas conclusões de *Estêvão Mallet*[191]:

"A Medida Provisória n. 2.180, ao introduzir o § 5º, do art. 884, da CLT, porque editada sem que estivesse presente o pressuposto da urgência, é formalmente inconstitucional. É, ademais, materialmente inconstitucional, quando pretende afastar a exequibilidade de sentenças já transitadas em julgado. Esses vícios, enquanto não reconhecidos em ação direta, podem e devem ser reconhecidos incidentalmente, por meio de controle difuso, para que não se afaste a exequibilidade de sentença fundada em lei ou ato normativo declarados inconstitucionais pelo Supremo Tribunal Federal ou em aplicação ou interpretação tidas por incompatíveis com a Constituição Federal".

9. *Matérias de ordem pública:* Também nos embargos à execução o executado poderá invocar as matérias de ordem pública como os pressupostos processuais e condições da ação e também os requisitos indispensáveis do título executivo como a certeza, a exigibilidade e a liquidez.

## 29.1.2. Do processamento dos embargos à execução

A competência para julgamento dos embargos à execução é do juízo onde se processa a execução.

Se a execução se der por carta, os embargos podem ser propostos tanto no juízo deprecante como deprecado, mas o julgamento deve ser levado a efeito pelo juízo deprecante, salvo se os embargos versarem unicamente sobre vícios da penhora.

Nesse sentido é o art. 20, da Lei n. 6.830/80, *in verbis*:

> Na execução por carta, os embargos do executado serão oferecidos no juízo deprecado, que os remeterá ao juízo deprecante, para instrução e julgamento. Parágrafo único. Quando os embargos tiverem por objeto vícios ou irregularidades de atos do próprio juízo deprecado, caber-lhe-á unicamente o julgamento da matéria.

No mesmo sentido é o art. 747 do CPC:

> Na execução por carta, os embargos serão oferecidos no juízo deprecante ou no juízo deprecado, mas a competência para julgá-los é do juízo deprecante, salvo se versarem unicamente vícios ou defeitos da penhora, avaliação ou alienação dos bens.

No mesmo diapasão, a Súmula n. 419 do C. TST, *in verbis*:

> COMPETÊNCIA. EXECUÇÃO POR CARTA. EMBARGOS DE TERCEIRO. JUÍZO DEPRECANTE (conversão da Orientação Jurisprudencial n. 114 da SBDI-2) – Res. n. 137/2005, DJ 22, 23 e 24.08.2005. Na execução por carta precatória, os embargos

---

(191) MALLET, Estêvão. A dupla inconstitucionalidade do § 5º do art. 884, da CLT. In: *Direito, trabalho e processo em transformação*. São Paulo: LTr, 2005. p. 262.

de terceiro serão oferecidos no juízo deprecante ou no juízo deprecado, mas a competência para julgá-los é do juízo deprecante, salvo se versarem, unicamente, sobre vícios ou irregularidades da penhora, avaliação ou alienação dos bens, praticados pelo juízo deprecado, em que a competência será deste último. (ex-OJ n. 114 da SBDI-2 – DJ 11.08.2003)

Os embargos à execução devem ser opostos no prazo de 5 dias, contados a partir da intimação da penhora, que garantiu o juízo.

Constitui pressuposto processual a garantia do juízo, que se dá quando se penhoram tantos bens quantos bastem para a garantia do crédito, de modo que o valor dos bens constritados sejam suficientes para cobrir o valor da execução, bem como as despesas processuais como custas, emolumentos, editais etc.

Se o executado não tiver bens suficientes que garantam o juízo, mas uma boa parte deles, sem perspectiva de possuir outros bens que garantam o juízo, pensamos que os embargos poderão ser processados, mesmo sem a garantia integral do juízo, uma vez que o prosseguimento da execução não pode ficar aguardando eternamente o executado conseguir ter bens para a garantia do juízo.

Nesse sentido, destacamos a seguinte ementa:

> Embargos à execução — Penhora insuficiente. Dispõe o art. 884, da CLT que "garantida a execução ou penhorados os bens" o executado terá o prazo de cinco dias para apresentar embargos. Portanto, ainda que os bens penhorados não possuam valor suficiente à garantia do crédito exequendo, mas sendo os únicos existentes, inicia-se o prazo para a proposição dos embargos à execução. (TRT – 1ª R. – AcP 2715-1999-244-01-00-6 – Ac. 8ª T. – Relª. Desig. Juíza Maria de Lourdes Sallaberry – DJRJ 28.1.04 – p. 286)

No mesmo sentido é o Enunciado n. 55 da 1ª Jornada Nacional de Execução Trabalhista, realizada em novembro de 2010, *in verbis*:

> EMBARGOS À EXECUÇÃO. GARANTIA DO JUÍZO. A garantia integral do juízo é requisito essencial para a oposição dos embargos à execução. Entretanto, na hipótese de garantia parcial da execução e não havendo outros bens passíveis de constrição, deve o juiz prosseguir à execução até o final, inclusive com a liberação de valores, porém com a prévia intimação do devedor para os fins do art. 884 da Consolidação das Leis do Trabalho (CLT), independentemente da garantia integral do juízo.

O embargado será intimado para impugnar os embargos no prazo de cinco dias (art. 884, da CLT).

Quanto ao prazo, cumpre destacar que a Medida Provisória n. 2.180-35/01 alterou o art. 884, da CLT com relação ao prazo para os embargos à execução, dilatando-o de cinco para trinta dias. Há duvidosa constitucionalidade da referida MP, pois não houve urgência nem relevância para sua edição (inconstitucionalidade formal). Não obstante, a finalidade da referida Medida Provisória foi dilatar o prazo para a Fazenda Pública e não para o particular. Por isso, acreditamos que o prazo de 30 dias somente se aplica para a Fazenda Pública. Nesse sentido destacamos as seguintes ementas:

Medida Provisória n. 2.180-35/01 — Prazo para oposição de embargos à execução. O intuito do legislador ao aprovar a MP n. 2.180-35/01 foi o de privilegiar o interesse público e, por essa razão, buscou dilatar o prazo para a interposição de embargos à execução somente para a Fazenda Pública, desde que parte integrante da Administração Pública direta. Sendo a agravante pessoa jurídica de direito privado, está sujeito ao prazo peremptório de 5 dias para oposição de embargos à execução, nos termos do art. 882 da CLT. Agravo não provido. (TRT – 10ª R. – 2ª T. – AP n. 87/2004.802.10.00-0 – Relª Heloísa P. Marques – DJDF 2.9.05 – p. 27) (RDT n. 09 – Setembro de 2005).

Embargos à execução — Prazo. O art. 1º-B da Lei n. 9.494, de 10.9.97, acrescentado pela Medida Provisória n. 2.180-35, de 24.8.01, que dilatou de 5 (cinco) para 30 (trinta) dias o prazo preconizado no art. 884 do Estatuto Consolidado, refere-se, tão somente, à Fazenda Pública e não às pessoas físicas/jurídicas de Direito Privado. (TRT – 15ª R. – 1ª T. – AP n. 83/2003.123.15.00-8 – Rel. Eduardo Benedito de O. Zanella – DJSP 17.6.05 – p. 11) (RDT n. 07 – Junho de 2005)

Pensamos que os embargos à execução não têm efeito suspensivo da execução, pois o art. 884 da CLT não atribui tal efeito, se presentes os requisitos legais. Desse modo, pensamos aplicável à espécie o art. 475-M, do CPC, que assim dispõe:

> A impugnação não terá efeito suspensivo, podendo o juiz atribuir-lhe tal efeito desde que relevantes seus fundamentos e o prosseguimento da execução seja manifestamente suscetível de causar ao executado grave dano de difícil ou incerta reparação. § 1º – Ainda que atribuído efeito suspensivo à impugnação, é lícito ao exequente requerer o prosseguimento da execução, oferecendo e prestando caução suficiente e idônea, arbitrada pelo juiz e prestada nos próprios autos. § 2º – Deferido efeito suspensivo, a impugnação será instruída e decidida nos próprios autos e, caso contrário, em autos apartados. § 3º – A decisão que resolver a impugnação é recorrível mediante agravo de instrumento, salvo quando importar extinção da execução, caso em que caberá apelação.

No mesmo sentido é o Enunciado n. 54 da 1ª Jornada Nacional de Execução Trabalhista, realizada em novembro de 2010, *in verbis*:

> EMBARGOS À EXECUÇÃO. EFEITOS SUSPENSIVOS. APLICAÇÃO DO ART. 475-M E 739-A, § 1º, DO CÓDIGO DO PROCESSO CIVIL (CPC). O oferecimento de embargos à execução não importa a suspensão automática da execução trabalhista, aplicando-se, subsidiariamente, o disposto nos arts. 475-M e 739-A, § 1º, do CPC.

Se não impugnar, não há os efeitos da revelia, uma vez que os embargos visam a desconstituir o título judicial que usufrui de presunção de veracidade.

Tanto o embargante como o embargado poderão arrolar testemunhas, até o limite de 3. Desse modo, em havendo prova oral a produzir, deve o Juiz do Trabalho designar audiência de instrução e julgamento dos embargos à execução e prolatará a decisão no prazo de 48 horas (art. 886 da CLT).

Se não tiverem sido arroladas testemunhas, o Juiz do Trabalho apreciará os embargos em cinco dias, após transcorrido o prazo para o embargante ofertar impugnação (art. 885, da CLT).

Da decisão dos embargos é cabível o Agravo de Petição para o TRT, sem efeito suspensivo da execução.

## 30. Embargos à execução por título executivo extrajudicial

Quanto aos embargos articulados em execução por título executivo extrajudicial, é bem verdade que a CLT não diferencia a amplitude de matérias. Não obstante, pensamos ser compatível com o Processo do Trabalho o rol invocado no CPC, art. 745-A, uma vez que a consolidação não foi idealizada para a execução por título executivo extrajudicial e eventual restrição violaria o direito de defesa constitucionalmente albergado (art. 5º, LV).

Mesmo que se trate de título executivo extrajudicial trabalhista, o executado poderá opor os embargos no prazo de 5 dias, após a garantia do juízo (art. 884, da CLT).

Os embargos à execução por título executivo extrajudicial não terão efeito suspensivo, conforme dispõe o art. 739-A do CPC, que resta aplicável ao Processo do Trabalho. Dispõe o referido dispositivo legal:

Os embargos do executado não terão efeito suspensivo.

Pensamos que, em hipóteses excepcionais, o Juiz do Trabalho possa atribuir efeito suspensivo aos embargos à execução por título executivo extrajudicial, aplicando o § 1º, do art. 739-A que assim dispõe:

> § 1º – O juiz poderá, a requerimento do embargante, atribuir efeito suspensivo aos embargos quando, sendo relevantes seus fundamentos, o prosseguimento da execução manifestamente possa causar ao executado grave dano de difícil ou incerta reparação, e desde que a execução já esteja garantida por penhora, depósito ou caução suficientes.

Conforme já mencionamos, o executado pode invocar nos embargos as matérias previstas no art. 745 do CPC, por serem compatíveis com o Processo do Trabalho. Com efeito, dispõe o referido dispositivo legal.

Nos embargos, poderá o executado alegar:

> I – nulidade da execução, por não ser executivo o título apresentado; II – penhora incorreta ou avaliação errônea; III – excesso de execução ou cumulação indevida de execuções; IV – retenção por benfeitorias necessárias ou úteis, nos casos de título para entrega de coisa certa (art. 621); V – qualquer matéria que lhe seria lícito deduzir como defesa em processo de conhecimento.

### 30.1. Parcelamento da execução (art. 745-A do CPC) e sua compatibilidade com o Processo do Trabalho

Dispõe o art. 745-A, do CPC:

> No prazo para embargos, reconhecendo o crédito do exequente e comprovando o depósito de 30% (trinta por cento) do valor em execução, inclusive custas e honorários

de advogado, poderá o executado requerer seja admitido pagar o restante em até 6 (seis) parcelas mensais, acrescidas de correção monetária e juros de 1% (um por cento) ao mês.

§ 1º – Sendo a proposta deferida pelo juiz, o exequente levantará a quantia depositada e serão suspensos os atos executivos; caso indeferida, seguir-se-ão os atos executivos, mantido o depósito.

§ 2º – O não pagamento de qualquer das prestações implicará, de pleno direito, o vencimento das subsequentes e o prosseguimento do processo, com o imediato início dos atos executivos, imposta ao executado multa de 10% (dez por cento) sobre o valor das prestações não pagas e vedada a oposição de embargos.

Pode-se argumentar que o presente dispositivo é incompatível com o Processo do Trabalho, pois, pela sistemática da execução trabalhista, o reclamante não está obrigado a receber parcelado o valor da execução, e sim de uma única vez.

Nesse sentido, a seguinte ementa:

> IMPOSSIBILIDADE DE APLICAÇÃO DO ART. 745-A DO CPC NA ESFERA TRABALHISTA. A reforma processual proporcionada pela Lei n. 11.382/06 não me parece nem um pouco ofensiva aos trâmites processuais previstos na CLT, haja vista que tal inovação apenas e tão somente buscou acelerar o curso da fase executória dos autos, prestigiando sua celeridade sem comprometer a inconteste garantia do contraditório e da ampla defesa assegurada a todos os litigantes. Não se há falar, portanto, em violação aos princípios da legalidade e do devido processo legal. O princípio da celeridade impõe-se no processo trabalhista e necessita da utilização de todos os meios mais eficazes à satisfação do crédito, porque este se reveste de caráter eminentemente alimentar, não podendo ficar submisso às delongas processuais, mais do que o processo comum. Nego provimento. (TRT 23ª R. – RO – 01677.2006.009.23.00-0 – Rel. Des. Osmair Couto – P. 30.10.2008)

No nosso sentir, o presente dispositivo é compatível com o procedimento trabalhista para execução por título executivo extrajudicial, considerando-se que não há a fase de conhecimento em tal processo, não sendo possível, em tese, o Juiz tentar a conciliação em audiência, e que o parcelamento não causa prejuízo ao reclamante, pois o valor total do crédito do exequente está reconhecido e, além disso, propicia maior celeridade na execução. Não obstante, deve o parcelamento ser apreciado livremente pelo Juiz do Trabalho, segundo seu livre convencimento, podendo indeferi-lo se considerar prejudicial ao credor trabalhista.

Por aplicação analógica, também podemos transportar o presente dispositivo para a execução por título executivo judicial, considerando-se a ausência de prejuízo para o exequente e a efetividade que pode trazer para o processo.

Deve o Juiz do Trabalho, em se tratando de título executivo judicial, analisar o requerimento de parcelamento com razoabilidade e proporcionalidade, segundo as circunstâncias do caso concreto e a capacidade econômica do devedor. Em se tratando de devedor que, notoriamente, possui patrimônio elevado, a exemplo de grandes grupos econômicos ou bancários, o juiz não deverá deferir o parcelamento.

Mas, para o executado que não possui patrimônio elevado, mas que, de boa-fé, se esforça para cumprir a execução, deve ser concedido o parcelamento.

A jurisprudência vem se pronunciando, favoravelmente, sobre o instituto, conforme as ementas que seguem:

> PARCELAMENTO DA EXECUÇÃO — ART 745-A DO CPC — APLICABILIDADE AO PROCESSO DO TRABALHO. O parcelamento criado pelo art. 745-A do Código de Processo Civil é compatível com o princípio da efetividade da execução com o da menor onerosidade ao devedor, que se enredam aos princípios da economia e celeridade processuais. Tanto a CLT quanto a Lei n. 6.830/80 são silentes a respeito da possibilidade de parcelamento na execução, o que não significa a impossibilidade de tal procedimento, desde que se coadune com os princípios basilares do direito laboral. O art. 475-R do CPC torna possível a aplicação do art. 745-A à execução de título judicial, pois permite a aplicação subsidiária das normas que regem o processo de execução de título extrajudicial ao judicial e o art. 769 da CLT permite a aplicação subsidiária de tal regramento ao processo laboral. (TRT 12ª R. – AP 01503-2002-006-12-85-8 – 2ª T. – Rel. Luiz Carlos Roveda – DJe 2.6.2009)

> ART. 745-A DO CPC — PARCELAMENTO DA DÍVIDA — APLICAÇÃO AO PROCESSO DO TRABALHO — COMPATIBILIDADE. O art. 745-A do CPC é plenamente aplicável ao Processo do Trabalho, haja vista os termos do art. 769 da CLT, bem como o fato de imprimir celeridade à execução, traduzindo não só faculdade assegurada por lei ao devedor, bem como garantia ao exequente do recebimento do crédito de forma mais rápida, através do levantamento do depósito exigido de 30% do valor da execução e sem que haja discussão acerca do montante da dívida. Assim, merece acolhida o pedido de parcelamento do débito, nos moldes previstos no referido dispositivo de lei. (TRT 09ª R. – ACO 05823-2005-007-09-00-0 – Rel. Dirceu Pinto Junior – J. 5.9.2008)

Nesse sentido também é o Enunciado n. 39 da 1ª Jornada Nacional de Execução Trabalhista, realizada em novembro de 2010, *in verbis*:

> RECONHECIMENTO DO CRÉDITO DO EXEQUENTE POR PARTE DO EXECUTADO. PARCELAMENTO DO ART. 745-A DO CÓDIGO DE PROCESSO CIVIL (CPC). É compatível com o Processo do Trabalho o parcelamento previsto na norma do art. 745-A do Código de Processo Civil.

## 31. Da exceção de pré-executividade na Justiça do Trabalho

Diante da atividade coercitiva do Estado na busca da satisfação da obrigação consagrada no título executivo, podem surgir arbitrariedades praticadas por parte da Justiça, pois muitas vezes a execução se inicia sem nenhuma viabilidade de prosseguimento, ou em razão da nulidade do título, falta de interesse processual, prescrição da dívida, quitação da obrigação, dentre outras hipóteses que trancam o processo executivo.

Como, na execução, o contraditório é limitado e praticamente o executado não pode se insurgir contra a execução, sem constrição patrimonial, a doutrina criou a figura da "exceção de pré-executividade", ou "objeção de pré-executividade", amplamente acolhida pela jurisprudência, que objetiva a possibilidade de defesa do executado sem constrição patrimonial, tendo por objetivo a proteção da propriedade e dignidade da pessoa humana do executado.

Como menciona *Yone Frediani*[192], "o primeiro jurista que traçou os contornos do referido instituto foi *Pontes de Miranda*, ao admitir a possibilidade de defesa do devedor no processo de execução, independentemente de embargos. Mais tarde, o mesmo jurista reforçou esse entendimento em parecer oferecido nos idos de 1966 em processo no qual figura a Siderúrgica Mannesmann, que sofria inúmeras execuções em diversos Estados com base em título que continha assinatura falsa de um de seus diretores. Assim, com base na existência de defeito no título ou em sua inexequibilidade, permite-se ao executado o direito de demonstrar liminarmente a falta dos pressupostos que autorizariam o prosseguimento da execução de forma anômala, eis que dispensável a prévia garantia do juízo."

Concordamos com a definição de *Hélcio Luiz Adorno Júnior*[193], para quem a exceção de pré-executividade "se trata de objeção suscitada pelo suposto devedor, na fase preliminar da execução ou nela propriamente dita, para apontar questão de ordem pública ou de prova pré-constituída, antes da garantia do juízo".

Acreditamos ser possível a oposição da exceção de pré-executividade antes da constrição patrimonial, pois após ela ocorrer não haverá interesse processual por parte do executado.

A doutrina diverge com relação às matérias que podem ser invocadas na exceção de pré-executividade. Para parte da doutrina, apenas as matérias de ordem pública, ou seja, aquelas que o Juiz do Trabalho possa conhecer de ofício são objeto da exceção, como as condições da ação e os pressupostos processuais, pois atacam a validade e existência do título executivo. Já matérias que não atacam a validade e existência do título, mas prejudicam os seus efeitos, como a quitação, transação, devem ser deduzidas nos embargos.

Nesse sentido é a posição de *Estêvão Mallet*[194]:

"Nenhuma relevância tem que a oposição, fundada no questionamento da obrigação, esteja amparada em prova documental, pré-constituída, de facial exame. Não importa a profundidade da cognição, importa sim a matéria a ser examinada. Se é preciso desconstituir o título, os embargos tornam-se inevitáveis. Permitir a discussão em torno da subsistência da obrigação no próprio processo de execução, com possibilidade de desconstituição do título, seria aberrante e desnaturaria a ação de execução, reduzindo-a, injustificada

---

(192) FREDIANI, Yone. *Exceção de pré-executividade no processo do trabalho.* São Paulo: LTr, 2002. p. 41.

(193) ADORNO JÚNIOR, Hélcio Luiz. *A exceção de pré-executividade no processo do trabalho.* Dissertação de Mestrado. Faculdade de Direito da Universidade de São Paulo. São Paulo, 2002. p. 27.

(194) MALLET, Estêvão. Oposição à execução fora dos embargos e sem garantia do juízo. In: *Direito, trabalho e processo em transformação.* São Paulo: LTr, 2005. p. 226-227.

e desnecessariamente, a mera reiteração da ação condenatória, com característica a *actio judicati* romana. Em síntese, a oposição à execução, deduzida independentemente de embargos e sem necessidade de garantia do juízo, em rigor não abrange outras matérias que não as relacionadas com os pressupostos processuais e as condições da ação de execução"[195].

Outros autores admitem amplitude maior para as matérias que podem ser invocadas na exceção de pré-executividade, com causas extintivas da obrigação (quitação, transação, novação e prescrição). Nesse sentido defende *Júlio César Bebber*[196]:

"Nada impede a alegação de causas extintivas da obrigação por meio de exceção de pré-executividade, desde que supervenientes à sentença (no caso de o título executivo ser sentença)".

No mesmo sentido é a visão de *Yone Frediani*[197]:

"No que pertine às hipóteses cabíveis para arguição de pré-executividade no processo do trabalho, destacam-se: o pagamento, a prescrição, a transação ocorridas após a decisão no processo de conhecimento (...). Relativamente ao pagamento, ocorrido após a prolação da sentença de mérito, pouco importando se já iniciada a execução, não necessitará o executado aguardar a constrição patrimonial para que possa opor exceção de pré-executividade comprovando o pagamento do crédito, pleiteando, por conseguinte, seja declarada extinta a execução em face da extinção da obrigação".

No nosso sentir a exceção de pré-executividade caracteriza-se como meio de resistência à execução, por parte do devedor, sem constrição patrimonial, invocando matérias de ordem pública, ou outras matérias que neutralizam a execução (cumprimento da obrigação, quitação, novação, prescrição e decadência) que não necessitam de dilação probatória. Somente se admite na exceção de pré-executividade, a prova documental e pré-constituída.

Acreditamos que seja possível invocar matérias de mérito (prejudiciais) como a quitação, novação, transação e prescrição, se estiver fundamentada em prova robusta documental pré-constituída, uma vez que tal previsão possibilita maior efetividade processual, justiça na decisão e economia dos atos executivos de constrição patrimonial.

Não obstante, deve o Juiz do Trabalho ter muita cautela na admissão de outras matérias na exceção de pré-executividade, a fim de não transformar a exceção nos embargos à execução. Somente quando estiver convencido, *prima facie*, de forma absoluta da existência de quitação da dívida, novação etc., deverá acolher a exceção. Se estiver em dúvida, deve deixar a decisão da matéria para os embargos.

---

(195) No mesmo sentido é a visão de Manoel Carlos Toledo Filho (*Fundamentos e perspectivas do processo do trabalho brasileiro*. São Paulo: LTr, 2006. p. 158).

(196) BEBBER, Júlio César. *Exceção de pré-executividade no processo do trabalho*. São Paulo: LTr, 2005. p. 222-223.

(197) FREDIANI, Yone. *Exceção de pré-executivade no processo do trabalho*. São Paulo: LTr, 2002. p. 70.

A exceção de pré-executividade vem sendo admitida no Processo do Trabalho tanto pela doutrina como pela jurisprudência trabalhista, conforme se constata pelas seguintes ementas:

> Exceção de pré-executividade — Arguição de ilegitimidade passiva *ad causam* em razão de sucessão empresarial operada — Preclusão. O instituto da execução de pré-executividade, de criação doutrinária e ampla aceitação pretoriana, permite que certas matérias — como, por exemplo, a inexistência de título executivo, de pressupostos processuais e de condições da ação — sejam objeto de ampla análise pelo julgador, mediante simples petição, de modo a possibilitar o trancamento de execuções ilegais. Nada obstante, tratando-se de execução de título judicial, não há como admitir-se a arguição de ilegitimidade passiva *ad causam*, em exceção de pré-executividade, quando os fatos que a justificam poderiam ter sido suscitados na contestação apresentada na ação cognitiva. Nesse caso, a preclusão para o debate é manifesta (CPC, art. 474), inviabilizando a cognição reclamada, sob pena de ofensa à coisa julgada (CPC, art. 467) e ao devido processo legal (CF, art. 5º, LIV). Agravo de petição conhecido e desprovido. (TRT – 10ª R. – 3ª T. – AP n. 1500/2002.101.10.00-9 – Rel. Douglas A. Rodrigues – DJDF 10.9.04 – p. 23) (RDT n. 10 – Outubro de 2004)

> Exceção de pré-executividade. A exceção de pré-executividade não se presta ao revolvimento de matéria já apreciada e decidida na fase de conhecimento. (TRT – 3ª R. – 2ª T. – AP n. 941/2003.110.03.00-3 – Rel. Ricardo Marcelo Silva – DJMG 4.2.04 – p. 9) (RDT n. 3 – março de 2004)

Acreditamos ser possível a oposição da exceção de pré-executividade antes da constrição patrimonial, pois após ela ocorrer não haverá interesse processual por parte do executado. Embora se possa argumentar que no tocante às matérias de ordem pública possam ser invocadas a qualquer tempo, o momento por excelência para invocá-las é o dos embargos à execução.

Nesse diapasão, concordamos com as conclusões de *Nelson Nery Júnior*[198]: "O *dies ad quem* para a oposição da exceção de executividade coincide com o término do prazo para a oposição dos embargos do devedor: ultrapassado o prazo dos embargos, o devedor não mais poderá opor a exceção de executividade. Isso porque as matérias que podem ser arguidas na exceção são as mesmas que podem fundamentar os embargos, vale dizer, são de direito disponível que dependem da alegação do devedor para que o juiz possa decidir, e, portanto, devem obedecer o prazo legal para tanto, que é o do CPC, art. 738".

Nesse sentido, destacamos a seguinte ementa:

> Exceção de pré-executividade. Momento oportuno. Preclusão. A novel arguição só encontra colhida quando interposta no momento adequado, ou seja, antes da efetivação da penhora, sendo a sua insurgência preclusão quando já há garantia do juízo. (TRT – 14ª R. – Ap n. 286/00, Ac. n. 292/01 – Relª Juíza Rosa Maria Nascimento Silva – julg em 22.1.01. In DJE/RO de 22.3.01)

Não obstante, autores defendem a oposição da exceção a qualquer momento, não necessariamente antes da constrição patrimonial, ou até mesmo após a constrição

---

[198] NERY JÚNIOR, Nelson. *Código de Processo Civil comentado*. 10. ed. São Paulo: RT, 2007. p. 1.074.

ocorrida e da fase dos embargos à execução, uma vez que a exceção de pré-executividade tem por objeto invocar matérias de ordem pública. Nesse sentido é a opinião de *Estêvão Mallet*[199]:

> "(...) o fato de já haver penhora, com ou sem embargos, não obsta, diversamente do que já se decidiu certa feita, oposição fundada em falta dos pressupostos processuais ou ausência das condições da ação de execução. Na mesma linha, opostos e rejeitados os embargos à execução ou eventual impugnação à sentença de liquidação, indo a causa ao tribunal, por meio de recurso interposto por qualquer das partes, permanece a possibilidade de apresentar-se, ainda que apenas nesse momento, a oposição à execução".

Quanto ao procedimento da exceção de pré-executividade, pensamos que ela deve ser oposta em petição escrita, em que deve o excipiente declinar os motivos e fazer o pedido de declaração da nulidade da execução. Recebida a exceção, o Juiz do Trabalho poderá rejeitá-la liminarmente se estiver convencido de que ela não é cabível, ou se entender presentes os requisitos de admissibilidade da exceção, notificar o excepto para contestação em 5 dias (prazo aplicável analogicamente dos embargos à execução do art. 884, da CLT), e após decidir.

A exceção de pré-executivade não suspende a execução, por ausência de garantia do juízo. Além disso, se os próprios embargos à execução, conforme nos pronunciamos acima, não suspendem a execução, não há fundamento para que a exceção a suspenda. De outro lado, entendendo relevante o fundamento da exceção, o Juiz, como diretor do processo, poderá suspendê-la.

Em face da decisão que rejeita a exceção de pré-executividade, não cabe recurso, pois se trata de decisão interlocutória (art. 893, § 1º, da CLT). Além disso, toda a matéria pode ser renovada nos embargos à execução.

Nesse sentido, destacamos as seguintes ementas:

> Exceção de pré-executividade — Cabimento e recorribilidade no processo do trabalho. A chamada exceção de pré-executividade constitui inovação doutrinária pela qual se pretende a cognição de temas obstativos da execução sem que seja necessária a garantia do Juízo. Seu uso indiscriminado, entretanto, tem causado graves prejuízos à celeridade necessária ao processo do trabalho, e por isso deve ser restrita somente àquelas situações em que se pode aferir, de plano, pelo descabimento da execução da forma como processada. Isso, a rigor, sempre foi praticado no processo laboral, sem o pomposo nome hoje dado pelos processualistas, sempre que o devedor aponta fatores relevantes capazes de obstacularizar a execução, como, p. ex., a inequívoca demonstração do pagamento da dívida. Qualquer situação que dependa de uma cognição abrangente, inclusive com coleta de provas orais, refoge totalmente à pertinência da dita exceção, e por isso não se deve processar medida nesse sentido. De qualquer sorte, ainda que seja assumido o uso da exceção citada, não se pode desconsiderar outro princípio típico do direito processual do trabalho, que é o da irrecorribilidade interlocutória, consubstanciado no § 1º do art. 893 da

---

(199) *Op. cit.*, p. 237.

CLT. Nesse sentido, todos os incidentes da execução só são passíveis de debate por ocasião do recurso principal, de sorte que se a decisão da exceção for meramente interlocutória, nenhum recurso imediato é pertinente. Somente será admissível o Agravo de Petição se da exceção eventualmente acolhida resultar decisão definitiva ou terminativa da execução. (TRT – 15ª R. – 3ª T. – Ac. n. 6805/2002 – Rel. Carlos Eduardo O. Dias – DJSP 18.2.2002 – p. 79)

Exceção de pré-executividade — Decisão interlocutória — Não cabimento de agravo de petição sem a garantia do juízo. A decisão que rejeita a exceção de pré--executividade, por referir-se a incidente no curso do processo, tem caráter de decisão interlocutória que poderá ser questionada após a decisão definitiva, em embargos à execução, e não em agravo de petição, especialmente por não encontrar-se garantido o juízo, de acordo com a exigência do § 1º do art. 897 da CLT. (TRT – 15ª R. – 1ª T. – AIAP n. 207/1993.047.15.01-7 – Rel. Eduardo Benedito de O. Zanella – DJSP 22.3.05 – p. 6) (RDT n. 04 – Abril de 2005)

Nesse sentido, vale destacar o Enunciado n. 48 da 1ª Jornada Nacional de Execução Trabalhista, *in verbis*:

EXCEÇÃO DE PRÉ-EXECUTIVIDADE. MANDADO DE SEGURANÇA. INCABIMENTO. Incabível mandado de segurança da decisão que rejeita ou que não admite exceção de pré-executividade.

Em face da decisão que acolhe a exceção de pré-executividade por colocar fim ao procedimento executivo, é cabível o Agravo de Petição (art. 897, *a*, da CLT).

Nesse sentido é o Enunciado n. 47 da 1ª Jornada Nacional de Execução Trabalhista, realizada em novembro de 2010, *in verbis*:

EXCEÇÃO DE PRÉ-EXECUTIVIDADE. AGRAVO DE PETIÇÃO. HIPÓTESE DE CABIMENTO. Cabe agravo de petição de decisão que acolhe exceção de pré-executividade (CLT, art. 897, "*a*"). Não cabe, porém, da decisão que a rejeita ou que não a admite, por possuir natureza interlocutória, que não comporta recurso imediato.

## 32. Dos embargos de terceiro

Os embargos de terceiro constituem ação autônoma de natureza possessória, incidental ao processo de conhecimento ou de execução, que tem por finalidade desconstituir constrição judicial (penhora, arresto, sequestro) de bens pertencentes a terceiros que não têm relação com o processo, tampouco respondem patrimonialmente pela dívida.

Trata-se de um procedimento especial de jurisdição contenciosa, previsto no Código de Processo Civil no Título dos procedimentos especiais de jurisdição contenciosa, que tutela a posse ou propriedade que estão sendo molestadas (turbação ou esbulho[200]) indevidamente por ato judicial.

Não se confundem os embargos de terceiro com a oposição. Em primeiro lugar, enquanto o terceiro deseja, com seus embargos, promover a defesa da posse

---

(200) Diz a doutrina que a turbação é molestar a posse sem perda da propriedade e o esbulho é a perda da propriedade.

— e eventualmente da propriedade do bem —, o opoente intervém na causa para pretender, para si, a coisa ou o direito sobre que controvertem autor e réu (art. 56 do CPC).[201]

Conforme ensina *José Augusto Rodrigues Pinto*[202]: "Os embargos de terceiro são meio processual utilizável por quem, não sendo parte no processo, nem tendo interesse particular no seu desfecho, se veja perturbado no exercício do direito de posse de seus bens por turbação ou esbulho provenientes de ato judicial".

Muitas vezes, na execução trabalhista, em razão da dinâmica das relações jurídicas, o patrimônio de terceiro é penhorado indevidamente, sendo os embargos de terceiro o remédio processual para desconstituir constrição judicial sobre o bem. Não obstante, também na fase de conhecimento, em razão de cumprimento de medida cautelar de arresto, por exemplo, o patrimônio de terceiro pode ser constritado. Como destaca *Antonio Carlos Marcato*[203], ajuizando ação de embargos de terceiro busca o embargante a obtenção de tutela jurisdicional de natureza constitutiva, com o fito de excluir bem ou direito seu da ilegítima constrição judicial realizada em qualquer processo ou procedimento (e não exclusivamente processos de conhecimento ou de execução) do qual não participe, ou dele tenha participado, tenha reconhecida sua condição de terceiro (CPC, art. 1.046, § 2º).

A CLT não disciplina os embargos de terceiro. Desse modo, por aplicação dos arts. 769 e 889, da CLT, eles são compatíveis com o Processo do Trabalho. Por se tratar de ação de rito especial, não se aplicam as regras da CLT, e sim o procedimento próprio previsto no Código de Processo Civil.

Assevera o art. 1.046 do Código de Processo Civil:

> Quem, não sendo parte no processo, sofrer turbação ou esbulho na posse de seus bens por ato de apreensão judicial, em casos como o de penhora, depósito, arresto, sequestro, alienação judicial, arrecadação, arrolamento, inventário, partilha, poderá requerer lhe sejam mantenidos ou restituídos por meio de embargos. § 1º – Os embargos podem ser de terceiro senhor e possuidor, ou apenas possuidor. § 2º – Equipara-se a terceiro a parte que, posto figure no processo, defende bens que, pelo título de sua aquisição ou pela qualidade em que os possuir, não podem ser atingidos pela apreensão judicial. § 3º – Considera-se também terceiro o cônjuge quando defende a posse de bens dotais, próprios, reservados ou de sua meação.

Conforme o referido dispositivo legal, tem legitimidade para propositura dos embargos o terceiro. Conforme a precisa definição de *Nelson Nery Júnior*[204]: "é terceiro quem não é parte na relação jurídica processual, quer porque nunca o foi, quer porque dela tenha sido excluído". Além do terceiro, pode opor os embargos a

---

(201) TEIXEIRA FILHO, Manoel Antonio. *Execução no processo do trabalho*. 9. ed. São Paulo: LTr, 2005. p. 645-646.
(202) RODRIGUES PINTO, José Augusto. *Execução trabalhista*. 11. ed. São Paulo: LTr, 2006. p. 389-390.
(203) MARCATO, Antonio Carlos. *Procedimentos especiais*. 10. ed. São Paulo: Atlas, 2004. p. 271.
(204) *Op. cit.*, p. 1.219.

parte que, posto figure no processo, defende bens que, pelo título de sua aquisição ou pela qualidade em que os possuir, não podem ser atingidos pela apreensão judicial. A mulher casada pode opor os embargos para que seja excluída da constrição sua meação (Súmula n. 134 do STJ). Além do requisito de ser terceiro, deve o embargante ser possuidor ou senhor do bem que sofreu a constrição judicial.

Nos termos do art. 1.048 do CPC, os embargos podem ser opostos a qualquer tempo no processo de conhecimento enquanto não transitada em julgado a sentença, e, no processo de execução, até 5 (cinco) dias depois da arrematação, adjudicação ou remição, mas sempre antes da assinatura da respectiva carta.

Portanto, o prazo para oposição dos embargos de terceiro no Processo do Trabalho e até o trânsito em julgado da sentença, na fase de conhecimento e, na execução até 5 dias depois da expropriação, mas sempre antes da assinatura da respectiva Carta. Decorridos os prazos acima, somente por ação própria, no Juízo competente, o embargante poderá postular a reparação de seu direito.

Nesse sentido é o Enunciado n. 42 da 1ª Jornada Nacional de Execução Tabalhista, realizada em novembro de 2010, *in verbis*:

> EMBARGOS DE TERCEIRO. PRAZO PARA AJUIZAMENTO. I – Os embargos de terceiro podem ser opostos a qualquer tempo, com termo final em 5 (cinco) dias contados da arrematação, adjudicação ou remição, desde que antes da assinatura da respectiva carta. II – O conhecimento posterior da apreensão ou do ato expropriatório não enseja a oposição de embargos de terceiro, cabendo eventual ação anulatória, de competência da Justiça do Trabalho.

Os embargos de terceiros podem ser opostos a partir da efetiva constrição judicial, ou seja, após a lavratura do auto de penhora com a assinatura de compromisso do depositário. Alguns autores defendem que os embargos de terceiro podem ser opostos já na iminência da constrição, não necessitando haver efetivamente a penhora. No nosso sentir, há a necessidade da efetiva constrição para a oposição dos embargos, pois é a partir daí que surge o interesse processual.

Nesse sentido, destacamos as seguintes ementas:

> Embargos de terceiro — Oportunidade. A faculdade de interposição dos embargos de terceiro se abrem com a consumação do ato judicial constritivo e encerra-se com a assinatura da carta de arrematação, adjudicação ou remição, a ocorrer nos cinco dias seguintes dos mencionados atos, nos termos do art. 1.048 do CPC. (TRT – 12ª R. – 2ª T. – Ac. n. 276/04 – Relª Lourdes Dreyer – DJSC 15.1.04 – p. 90) (RDT n. 2 – Fevereiro de 2004)

> Agravo de petição — Embargos de terceiro preventivos — Ausência de preparo — Não conhecimento. Não tendo havido apreensão de bens nos autos da execução, não há como analisar o mérito dos embargos de terceiro, por ausência de preparo. Veja-se que não há no ordenamento jurídico pátrio a figura dos embargos de terceiro preventivos, sendo a extinção do recurso sem julgamento do mérito medida que se impõe. Litigância de má-fé — Não caracterização. O mero exercício do direito de ação, com a interposição de embargos de terceiro, não constitui motivo ensejador

da condenação do agravante ao pagamento de indenização por litigância de má-fé. Embargos de terceiro — Honorários advocatícios — Descabimento. Os honorários advocatícios nesta Justiça Especializada são devidos tão somente em favor do Sindicato de Classe que prestar assistência judiciária ao trabalhador que perceber remuneração inferior a dois salários mínimos ou comprovar insuficiência econômica para arcar com as despesas do processo, nos termos do art. 14 da Lei n. 5.584/70 e a iterativa jurisprudência cristalizada nos Enunciados ns. 219 e 329, do c. Tribunal Superior do Trabalho. (TRT – 15ª R. – 6ª T. – AP n. 284/2003.001.15.00-0 – Relª. Olga Aída J. Gomieri – DJSP 13.2.04 – p. 42) (RDT n. 3 – março de 2004)

Os embargos de terceiros devem ser elaborados em petição escrita, dirigida ao Juiz do Processo que ordenou a apreensão dos bens (competência funcional), com os requisitos do art. 282, do CPC, na qual o embargante fará prova de sua posse, e da qualidade de terceiros, oferecendo documentos que comprovem a posse ou propriedade, bem como a constrição judicial, o rol de testemunhas (art. 1.050 do CPC) e indicará o valor da causa[205]. Caso não possua prova documental, faculta-se ao embargante produzi-la em audiência (§ 1º do art. 1.050 do CPC).

Caso entenda que a posse e a qualidade de terceiro estão suficientemente provadas na petição inicial dos embargos, o Juiz do Trabalho poderá deferir liminarmente os embargos até a decisão final do processo, mediante caução (art. 1.051 do CPC).

Por ser um procedimento de natureza especial, aplicam-se integralmente as disposições do Código de Processo Civil, e não o art. 840, da CLT. Outrossim, há necessidade de advogado, não se aplicando o *jus postulandi* da parte (art. 791 da CLT).

A necessidade do advogado se justifica, pois os embargos de terceiros constituem procedimento especial cível de jurisdição contenciosa, não sendo uma controvérsia entre empregado e empregador.

Recebendo os embargos, o Juiz do Trabalho determinará a intimação do embargado para contestação no prazo de dez dias, sob consequência de revelia (arts. 1.053, c/c. 803 do Código de Processo Civil). Desse modo, caso o embargado não conteste os embargos, reputar-se-ão verdadeiros os fatos afirmados pelo autor. Entretanto, conforme já nos posicionamos anteriormente, a presunção de veracidade decorrente da revelia é relativa, podendo o Juiz do Trabalho determinar provas caso não esteja convencido da verossimilhança das alegações.

Os embargos serão distribuídos por dependência e correrão em autos distintos perante o mesmo Juiz que ordenou a apreensão (art. 1.049 do CPC).

Como bem adverte *Manoel Antonio Teixeira Filho*[206]: "na execução por carta precatória, a competência será do juízo deprecado, exceto se o bem apreendido

---

(205) Como destaca Francisco Antonio de Oliveira: "o valor da causa deve ser o valor do bem que o terceiro pretende desatrelar da penhora. A prática registra que boa parte dos embargos de terceiro é utilizada com objetivo procrastinatório, para sobrestar praça já designada. A cobrança de custas, além de ser legal, é forma de coibir o uso indiscriminado do remédio processual" (*Execução na justiça do trabalho*. 5. ed. São Paulo: RT, 2006. p. 272).

(206) *Op. cit.*, p. 652.

houver sido indicado pelo deprecante, hipótese em que este será competente para processar e julgar os embargos de terceiros. Essa é a orientação sedimentada na Súmula n. 33 do extinto Tribunal Federal de Recursos" (*Op. cit.*, p. 652). No mesmo sentido foi pacificada a jurisprudência do Tribunal Superior do Trabalho, conforme a redação da Súmula n. 419, e sua jurisprudência, *in verbis*:

> COMPETÊNCIA. EXECUÇÃO POR CARTA. EMBARGOS DE TERCEIRO. JUÍZO DEPRECANTE. (conversão da Orientação Jurisprudencial n. 114 da SDI-2). Na execução por carta precatória, os embargos de terceiro serão oferecidos no juízo deprecante ou no juízo deprecado, mas a competência para julgá-los é do juízo deprecante, salvo se versarem, unicamente, sobre vícios ou irregularidades da penhora, avaliação ou alienação dos bens, praticados pelo juízo deprecado, em que a competência será deste último. (ex-OJ n. 114 – DJ 11.8.03). (Res. n. 137/2005 – DJ 22.8.2005)

Os embargos de terceiros suspenderão o processo se versarem sobre todos os bens; se não versarem sobre todos, o processo prossegue em face dos bens não embargados (art. 1.052 do CPC).

No Processo do Trabalho, da decisão proferida nos embargos de terceiro na fase de conhecimento, caberá Recurso Ordinário (art. 895 da CLT). Se os embargos de terceiros forem na fase de execução, da decisão, será cabível o Agravo de Petição, ambos no prazo de 8 dias, observada sistemática recursal da Consolidação das Leis do Trabalho. Não há necessidade de depósito recursal, pois não se trata de decisão condenatória pecuniária. Não obstante as custas são devidas à razão de 2% sobre o valor da causa na fase de conhecimento (art. 789, da CLT) e de R$ 44,26, na fase de execução (art. 789-A, V, da CLT), a cargo do executado.

## Da Fase de Expropriação de Bens

### 33. Da hasta pública

*José Augusto Rodrigues Pinto*[207], com suporte em *Celso Neves*, assevera que "praça ou hasta pública dos bens é todo ato concreto por meio do qual se torna possível a transferência coativa do patrimônio do devedor".

Conforme *Pedro Paulo Teixeira Manus*[208], "a expressão hasta vem do latim e significa venda, praça, daí por que se denomina hasta pública a venda dos bens garantidores do crédito pelo juízo da execução. A utilização da expressão é conveniente pois encerra duas hipóteses de alienação judicial dos bens, que podem ser a 'praça' ou o 'leilão', conforme prevê a CLT".

Segundo a *Enciclopédia Saraiva do Direito*[209], praça "na acepção do direito processual civil, é modalidade de arrematação na qual bens imóveis são alienados

---

(207) RODRIGUES PINTO, José Augusto. *Execução trabalhista*. 9. ed. São Paulo: LTr, 2002. p. 247.
(208) MANUS, Pedro Paulo Teixeira. *Execução de sentença no processo do trabalho*. São Paulo: Atlas, 2005. p. 181.
(209) FRANÇA, Rubens Limongi. *Enciclopédia Saraiva do direito*. v. 59, São Paulo: Saraiva, 1981. p. 462.

a quem der o maior lance acima da avaliação (CPC, arts. 686, IV, 701 e 704). Distingue-se do leilão no qual se entrega o bem (móvel) ao licitante que mais der (CPC, arts. 686, VI, 704 e 705). A praça realizar-se-á no átrio do Fórum; o leilão, onde estiverem os bens, ou no lugar designado pelo juiz (CPC, art. 686, § 2º)".

Para *Manoel Antonio Teixeira Filho*[210], "certo segmento da doutrina brasileira ainda manifesta forte apego à locução hasta pública, sempre que pretende referir-se ao local em que se dá a expropriação dos bens penhorados ao devedor; nos dias atuais, contudo, já não se justifica o uso dessa expressão, oriunda do Direito Romano, em que a arrematação era, realmente, efetuada em praça, afixando-se uma lança (hasta) [211]. Hoje como sabemos, o ato expropriatório não é realizado em praça (no sentido de local ou espaço público aberto) e sim no átrio do Fórum (CPC, art. 686, § 2º) e sem se fixar lança alguma".

Na nossa opinião, hasta pública é gênero, do qual praça e leilão são espécies.

A praça é realizada no átrio do Fórum e se destina à expropriação de bens imóveis (art. 686, § 2º do CPC, c/c. art. 701 do mesmo Código), já o leilão se destina à expropriação de bens móveis, podendo ser realizado onde se encontram os bens (art. 686, § 2º, c/c. art. 705 do mesmo Código). Há autores que utilizam indistintamente a expressão praça e hasta pública[212].

Na CLT, conforme a leitura do § 4º, do art. 888[213], a praça pode ser realizada tanto para a expropriação de bens móveis como de bens imóveis.

Para a CLT, a praça é realizada no próprio Fórum trabalhista por funcionário da Secretaria, já o leilão é realizado por leiloeiro, podendo ser realizado fora das dependências do fórum, independentemente de o bem ser imóvel ou móvel[214].

Algumas Varas do Trabalho adotam o procedimento de praça seguida de leilão, sendo o leilão realizado pelo próprio funcionário da Vara. Na praça, os bens somente podem ser alienados pelo valor da avaliação e, no leilão, se admitem lances inferiores ao do valor da avaliação.

---

(210) TEIXEIRA FILHO, Manoel Antonio. *Execução no processo do trabalho*. 7. ed. São Paulo: LTr, 2001. p. 501.

(211) "Em Roma faziam-se as vendas judiciais na praça pública, ao pé de uma lança (hasta) afixada no chão, lança essa que era símbolo da fortaleza com que a lei defendia e conservava sua autoridade (*ius imperi*), e disso provém a expressão hasta pública" (Amílcar de Castro). (*apud*, DINAMARCO, Cândido Rangel. *Instituições de direito processual civil*. v. IV, São Paulo: Malheiros, 2004. p. 558).

(212) RODRIGUES PINTO, José Augusto. *Execução trabalhista*. 9. ed. São Paulo: LTr, 2002. p. 242.

(213) "Se o arrematante, ou seu fiador, não pagar dentro de 24 (vinte e quatro) horas o preço da arrematação, perderá, em benefício da execução, o sinal de que trata o § 2º, deste artigo, *voltando à praça os bens executados*" (o grifo é nosso).

(214) Nesse sentido é o § 3º, do art. 888, da CLT, *in verbis*: "Não havendo licitante, e não requerendo o exequente a adjudicação dos bens penhorados, poderão os mesmos ser vendidos por leiloeiro nomeado pelo Juiz Presidente".

Nesse sentido sustenta *Valentin Carrion*[215]:

"É que o legislador do art. 888 deixa ampla iniciativa ao juiz, para melhor adaptar-se às circunstâncias próprias dos bens penhorados, do tempo e do lugar; inexiste assim qualquer irregularidade do hábito de que o leilão seja efetuado pelo próprio aparelho judiciário, constituindo-se na verdade em uma praça".

Em que pese a praxe de determinadas Varas do Trabalho, parece-nos que a praça no Processo do Trabalho é única (§ 1º, do art. 888, da CLT), não havendo necessidade de leilão. A hasta pública é realizada pela própria Secretaria da Vara, não se admitindo praças sucessivas. Portanto, não se aplica o art. 686, VI, do CPC.

Na única praça, os bens serão vendidos pelo maior lance. Se não houver nenhum licitante, ou o exequente não requerer a adjudicação, o juiz poderá designar nova data, desta vez para o leilão, que pode ser realizado pela Secretaria da Vara[216] ou por leiloeiro particular, consoante lhe faculta o § 3º, do art. 888, da CLT.

Em sentido contrário, *Manoel Antonio Teixeira Filho*[217] adverte: "se considerarmos a pessoa que conduz o ato expropriatório, somente poderemos pensar em leilão se houver leiloeiro; caso contrário, teremos duas praças. Se, contudo, levarmos em conta o lanço em si, concluiremos que no processo do trabalho não há, em rigor, praça, mas dois leilões, pois na primeira tentativa o bem será arrematado por quem ofertar o lanço de maior valor".

## 34. Formalidades da hasta pública

Diz o *caput* do art. 888, da CLT: "Concluída a avaliação, dentro de dez dias, contados da data da nomeação do avaliador, seguir-se-á a arrematação que será anunciada por edital afixado na sede do Juízo ou Tribunal e publicado no jornal local, se houver, com a antecedência de 20 (vinte dias)".

Conforme ensina *José Augusto Rodrigues Pinto*[218], "sendo um ato público destinado a proporcionar a aquisição da propriedade de bens penhorados, num processo de livre concorrência, como se vem de explicar, a praça ou hasta pública deve ser precedida da divulgação indispensável para assegurar-lhe caráter. A publicidade é garantida, no processo em geral, mediante a difusão por editais que a anunciam com as necessárias identificações do processo, das partes, do local e da hora de realização do ato, além, é claro, da perfeita individualização dos bens patrimoniais envolvidos".

---

(215) CARRION, Valentin. *Comentários à Consolidação das Leis do Trabalho*. 30. ed. São Paulo: Saraiva, 2005. p. 754.

(216) "É prescindível a nomeação de particular para a função de leiloeiro, sendo preferível que a nomeação recaísse sobre oficial de justiça, servidor público já remunerado, com isso não se elevando o custo do processo executivo"(NEGRÃO, referindo jurisprudência) *(apud* DINAMARCO, Cândido Rangel. *Instituições de direito processual civil.* v. IV. São Paulo: Malheiros, 2004. p. 560).

(217) TEIXEIRA FILHO, Manoel Antonio. *Execução no processo do trabalho*. 7. ed. São Paulo: LTr, 2001. p. 508.

(218) RODRIGUES PINTO, José Augusto. *Execução trabalhista*. 9. ed. São Paulo: LTr, 2006. p. 242.

Lembra com propriedade *Wilson de Souza Campos Batalha*[(219)], "os editais de praça conterão: a) a descrição do bem penhorado com os seus característicos e, tratando-se de imóvel, a situação, as divisas e a transcrição aquisitiva ou inscrição (se se tratar de compromisso ou cessão de compromisso de compra e venda, ou promessa de cessão); b) o valor dos bens; c) o lugar onde estiverem os móveis, veículos e semoventes e, sendo direito e ação, os autos do processo em que foram penhorados (penhora no rosto dos autos); d) o dia, o lugar e a hora da praça; e) a menção da existência de ônus, bem como recurso pendente de julgamento (CPC, art. 686); f) a menção da existência de ônus, recurso ou causa pendente sobre os bens a serem arrematados; g) a comunicação de que, se o bem não alcançar lanço superior à importância da avaliação, seguir-se-á, em dia e hora que forem desde logo designados entre os 10 e os 20 dias seguintes, a sua alienação pelo maior lanço (Lei n. 8.953/94)".

Conforme o *caput* do art. 888 da CLT, o Edital de praça deve ser publicado no jornal local, não há necessidade de ser jornal oficial, entretanto, nas Comarcas em que não há circulação de jornal, o edital pode ser publicado em jornal oficial (Diário Oficial).

O Edital deve ser preciso, devendo constar a descrição detalhada do bem, e também a menção da existência de ônus, recurso ou causa pendente sobre os bens a serem arrematados (art. 686, V, do CPC), sob pena de nulidade da hasta pública.

Embora seja silente a CLT, entendemos aplicável ao Processo do Trabalho a disposição do art. 687, § 5º, do CPC, com a redação dada pela Lei n. 11.382/06 que assevera que o executado terá ciência da hasta pública na pessoa de seu advogado, se não tiver procurador constituído nos autos por meio de mandado, carta registrada, edital ou outro meio idôneo. Tal providência elimina parte do serviço da Secretaria do cartório e também propicia maior agilidade na hasta pública.

O exequente, também deverá ser notificado da data da hasta pública por seu advogado. Se o reclamante ou o executado não possuírem advogado constituído nos autos, a intimação deverá ser pessoal.

Nesse sentido, vale transcrever a seguinte ementa:

> Ciência da hasta pública. Necessidade de citação pessoal. Ausência de nulidade. Nada obstante o recorrente tenha sido intimado via postal (fl. 171), à fl. 170 está encartada, também, cópia da publicação via Diário Oficial ao patrono do executado até àquele momento (10.06.2009) constituído nos autos, Dr. Edson Roberto da Silva, consoante instrumento de fl. 106. Ademais, a notificação através do DOE é meio legítimo e legalmente previsto para ciência dos atos processuais, consoante art. 236 do Código de Processo Civil. O agravante confunde citação pessoal para pagamento ou garantia da execução (art. 880 da CLT) com a cientificação de atos que lhe são posteriores (no caso, a realização de praça e leilão) e que não exigem tal procedimento específico. A par disso, o art. 888 da CLT, o qual regula a hasta pública, dispõe que "(...), seguir-se-á a arrematação que será anunciada por edital afixado na

---

(219) CAMPOS BATALHA, Wilson de Souza. *Tratado de direito judiciário do trabalho.* v. II, 3. ed. São Paulo: LTr, 1995. p. 769-770.

sede do Juízo ou Tribunal e publicado no jornal local (...)". Nessa toada, resta claro que o dispositivo legal enfocado não acolhe a tese relativa à ciência pessoal, ainda mais porque o Diploma Consolidado, quando pretendeu que assim fosse, previu de forma expressa. E, como é lição clássica de hermenêutica, a lei não possui palavras inúteis. (TRT/SP – 01326200204902000 – AP – Ac. 9ª T. – 20100140216 – Relª. Maria da Conceição Batista – DOE 9.3.2010).

O Tribunal Superior do Trabalho, entretanto, em posicionamento recente, tem exigido a intimação pessoal das partes sobre a data da hasta pública, conforme se constata da redação da seguinte ementa:

AGRAVO DE INSTRUMENTO. RECURSO DE REVISTA. HASTA PÚBLICA. AUSÊNCIA DE INTIMAÇÃO DO DEVEDOR. ARREMATAÇÃO. INVALIDADE. O art. 888 da CLT não é exaustivo quanto aos atos de alienação judicial, tanto que o art. 889 expressamente determina a aplicação dos preceitos que regem o processo dos executivos fiscais para a cobrança da dívida ativa da Fazenda Pública Federal. E o art. 22, § 2º, da Lei n. 6.830/80 determina a intimação pessoal do representante judicial da Fazenda Pública. Infere-se daí a necessidade de as partes serem comunicadas da praça pessoalmente em face da incidência supletiva de referido dispositivo legal. No mesmo sentido, o art. 687, § 5º, do CPC, cujo conteúdo não transgride nenhuma norma celetista afeta à execução, nos seguintes termos: O executado terá ciência do dia, hora e local da alienação judicial por intermédio de seu advogado ou, se não tiver procurador constituído nos autos, por meio de mandado, carta registrada, edital ou outro meio idôneo. A intimação das partes, nesse contexto, visa a possibilitar o exercício das prerrogativas de remição (pelo devedor - art. 651 do CPC) e de adjudicação (pelo credor — art. 888, § 1º, da CLT). Já o art. 888, *caput*, da CLT, estipula que a arrematação será anunciada por edital afixado na sede do Juízo ou Tribunal e publicado no jornal local, se houver, com a antecedência de vinte dias. Diferentemente da intimação pessoal das partes, o edital de praça objetiva dar publicidade do ato a terceiros, a fim de que possam, caso interessados nos bens a serem expropriados, oferecer lanços. Portanto imprescindível a intimação do devedor quando da realização da hasta pública, por força do § 5º do art. 687 do CPC, aplicável ao processo do trabalho em razão da omissão da CLT sobre o tema (art. 769 da CLT). Intimação por via postal, evidentemente, e não por mandado (oficial de justiça), respeitado o critério geral das intimações trabalhistas. Estando assente no acórdão a circunstância de não ter havido intimação do devedor proprietário do bem, sequer de seu advogado, deve ser mantida a decisão que considerou nula a arrematação e os atos a ela subsequentes. Agravo de instrumento desprovido. (TST – Processo: AIRR - 8360/2005-034-12-40.9 Data de Julgamento: 6.5.2009, Rel. Min. Mauricio Godinho Delgado, 6ª Turma, Data de Divulgação: DEJT 5.6.2009.

Pensamos perfeitamente aplicável ao Processo do Trabalho, embora haja grande resistência da doutrina[220], o disposto no § 3º, do art. 686 do CPC[221], que dispensa

---

(220) Nesse sentido sustenta Marcelo Papaléo de Souza (*Manual da execução trabalhista*. São Paulo: LTr, 2005. p. 106): "não há, na sistemática trabalhista, possibilidade da dispensa da publicação do edital, prevista para os bens que não excedam o valor de vinte salários mínimos, situação referida no art. 686, § 3º, do CPC, em face do disposto no art. 888, da CLT. Ademais, a dispensa do edital no processo civil é sempre parcial, pois, no mínimo, fixar-se-á no local de costume (art. 687, *caput*, do CPC)".

(221) Art. 686, § 3º, do CPC, com a redação dada pela Lei n. 11.382/06: "Quando o valor dos bens penhorados não exceder 60 (sessenta) vezes o valor do salário mínimo vigente na data da avaliação, será dispensada a publicação de editais; neste caso, o prazo a arrematação não será inferior ao da avaliação".

a publicação de editais, mas não sua afixação no átrio do Fórum, quando o bem penhorado não exceder ao valor de 60 salários mínimos, embora a CLT (art. 888, *caput*), não seja omissa a respeito. A aplicação do CPC na hipótese é benéfica e prestigia a celeridade e utilidade do processo executivo, vez que o Edital tem custo elevado, e onera em demasia a execução. Além disso, atende ao princípio da execução menos onerosa ao executado, consubstanciado no art. 620 do CPC.

Nos termos do § 2º do art. 687 que resta aplicável ao Processo do Trabalho, atendendo ao valor dos bens e às condições da comarca, o Juiz poderá alterar a forma e a frequência da publicidade na imprensa, mandar divulgar avisos em emissora local e adotar outros providências tendentes à mais ampla publicidade da alienação, inclusive recorrendo a meios eletrônicos de divulgação.

## 35. Expropriação

A fase de expropriação de bens, pouco explorada pela doutrina, e, muitas vezes, esquecida pelas Varas Trabalhistas, é de fundamental importância para a efetividade do processo. De nada adianta todo o esforço judicial para fazer justiça na fase de conhecimento se, no momento máximo de satisfação do crédito do exequente, não se obtiver êxito.

Há um certo desencanto por parte de juízes e advogados nesta fase processual em razão de sua pouca efetividade. Por isso, devem os operadores do direito intensificar os estudos e buscar meios que promovam a eficiência da expropriação de bens no processo do trabalho.

A Consolidação das Leis do Trabalho disciplina uma única forma de expropriação de bens, que se dá em hasta pública.

Com efeito, dispõe o art. 888 da CLT, *in verbis*:

> Concluída a avaliação, dentro de dez dias, contados da data da nomeação do avaliador, seguir-se-á a arrematação, que será anunciada por edital afixado na sede do Juízo ou Tribunal e publicado no jornal local, se houver, com a antecedência de vinte (20) dias. § 1º A arrematação far-se-á em dia, hora e lugar anunciados e os bens serão vendidos pelo maior lance, tendo o exequente preferência para a adjudicação. § 2º – O arrematante deverá garantir o lance com o sinal correspondente a 20% (vinte por cento) do seu valor. § 3º Não havendo licitante, e não requerendo o exequente a adjudicação dos bens penhorados, poderão os mesmos ser vendidos por leiloeiro nomeado pelo Juiz ou Presidente. § 4º Se o arrematante, ou seu fiador, não pagar dentro de 24 (vinte e quatro) horas o preço da arrematação, perderá, em benefício da execução, o sinal de que trata o § 2º deste artigo, voltando à praça os bens executados.

Trata-se a expropriação do ponto culminante do processo, onde os bens do executado, compulsoriamente, por ato de império do Estado, serão transferidos para terceiro ou para o próprio exequente para quitação da execução.

Segundo o art. 647 do CPC expropriação é gênero, do qual são espécies: alienação de bens do devedor por iniciativa particular; alienação em hasta pública;

adjudicação em favor do credor; adjudicação em favor das pessoas (indicação no § 2º do art. 685, do CPC); usufruto de imóvel ou de empresa.

## 35.1. Arrematação – conceito e legitimidade para arrematar

É o ato que consuma a expropriação de bens do devedor mediante alienação em hasta pública. Trata-se de transferência forçada dos bens do devedor ao arrematante para pagamento do crédito do exequente.

Conforme *Carlos Henrique Bezerra Leite*[222], arrematação "é o ato processual que implica a transferência coercitiva dos bens penhorados do devedor a um terceiro. Trata-se, em linhas gerais, de uma venda do patrimônio do devedor realizada pelo Estado, por intermédio de praça ou leilão, àquele que maior lanço (preço) oferecer. A arrematação, a rigor, tem caráter dúplice. Para o devedor, constitui verdadeira expropriação. Para o terceiro adquirente, caracteriza-se como modo de aquisição da propriedade (CPC, art. 647, I)".

A CLT não disciplina a legitimidade para a arrematação, apenas, no § 1º do art. 888, diz que o exequente terá prioridade para a adjudicação pelo maior lance.

Desse modo, pensamos aplicável ao Processo do Trabalho (arts. 769 e 889) o art. 690-A, do CPC, que assim dispõe:

> É admitido a lançar todo aquele que estiver na livre administração de seus bens, com exceção: (Redação dada pela Lei n. 11.382/06 – DOU 7.12.06); I – dos tutores, curadores, testamenteiros, administradores, síndicos ou liquidantes, quanto aos bens confiados a sua guarda e responsabilidade; (Redação dada pela Lei n. 11.382/06 – DOU 7.12.06); II – dos mandatários, quanto aos bens de cuja administração ou alienação estejam encarregados; (Redação dada pela Lei n. 11.382/06 – DOU 7.12.06); III – do juiz, membro do Ministério Público e da Defensoria Pública, escrivão e demais servidores e auxiliares da Justiça. (Redação dada pela Lei n. 11.382/06 – DOU 7.12.06). Parágrafo único. O exequente, se vier a arrematar os bens, não estará obrigado a exibir o preço; mas, se o valor dos bens exceder o seu crédito, depositará, dentro de 3 (três) dias, a diferença, sob pena de ser tornada sem efeito a arrematação e, neste caso, os bens serão levados a nova praça ou leilão à custa do exequente. (Redação dada pela Lei n. 11.382/06 – DOU 7.12.06).

Nos termos do art. 691 do CPC, se a praça ou o leilão for de diversos bens e houver mais de um lançador, será preferido aquele que se propuser a arrematá-los englobadamente, oferecendo para os que não tiverem licitante preço igual ao da avaliação e para os demais o de maior lanço.

Parte da doutrina sustenta que o credor trabalhista (reclamante) não pode arrematar em hasta pública, pois a CLT no art. 888, parágrafo primeiro, diz que o

---

(222) BEZERRA LEITE, Carlos Henrique. *Curso de direito processual do trabalho*. 3. ed. São Paulo: LTr, 2005. p. 770.

exequente tem preferência sobre a arrematação. Portanto, não haveria interesse processual deste em arrematar bens, já que sempre terá preferência para a adjudicação.

Nesse sentido sustenta *Ísis de Almeida*[223]:

"O § 1º do art. 888, da CLT, *in fine*, estabelece que o exequente terá preferência para a adjudicação. Isso significa que ele não é um licitante. Aguarda a conclusão da praça e, antes da lavratura do auto de arrematação — que só pode ocorrer vinte e quatro horas após o encerramento da praça (art. 693 do CPC) —, requerer adjudicação do bem praceado, o que lhe será deferido pelo valor do maior lance, preterido, portanto, o arrematante".[224]

Não obstante a autoridade do autor acima mencionado, entendemos que não há vedação legal para o exequente participar da arrematação, o fato de ele poder adjudicar pelo maior lance não significa que ele não possa lançar, mormente em casos em que não há lanço algum. Para nós, o art. 690-A, parágrafo único, do CPC[225] é compatível com o Processo do Trabalho, por força dos arts. 769 e 899, ambos da CLT. Além disso, também atende aos princípios da efetividade e utilidade da execução.

No mesmo sentido *Manoel Antonio Teixeira Filho*[226]:

"O credor também pode arrematar os bens; ao contrário dos demais licitantes, não está obrigado a exibir o preço (CPC, art. 690, § 2º); mas se o valor dos bens penhorados exceder ao do seu crédito, deverá depositar, no prazo de três dias, a diferença, sob pena de desfazer-se a arrematação, hipótese em que os bens serão remetidos à praça ou a leilão a expensas do credor".

Para *Jorge Luiz Souto Maior*, no CPC não há vedação para o devedor lançar, pois isso é benéfico, inclusive para se evitar o preço vil.

Sustenta o professor *Souto Maior*[227]:

"Quanto à arrematação pelo próprio devedor a argumentação pode suscitar perplexidade maior. Mas isto, como já dito, somente em razão de uma constatação de ordem prática, porque, em verdade, no sistema jurídico não há

---

(223) ALMEIDA, Ísis. *Manual de direito processual do trabalho*. v. 2, 9. ed. São Paulo: LTr, 1998. p. 513.

(224) No mesmo sentido a seguinte ementa: "Arrematação realizada pelo próprio exequente. Na arrematação o exequente tem preferência para a adjudicação oferecendo preço igual ao do maior lance, podendo ainda promovê-la mesmo na ausência de licitantes, conforme se extrai dos §§ 1º e 3º do art. 888 da CLT. Diante da norma expressa, falar não há em direito de arrematar, por aplicação de interpretação do direito processual comum" (TRT – AP-2968/02 – 5ª T. – Rel. Juiz José Murilo de Morais – Publ. Mg. 13.7.02).

(225) Art. 690-A, parágrafo único do CPC: "O exequente, se vier a arrematar os bens, não estará obrigado a exibir o preço; mas, se o valor dos bens exceder o seu crédito, depositará, dentro de 3 (três) dias, a diferenças, sob pena de ser tornada sem efeito a arrematação e, neste caso, os bens serão levados a nova praça ou leilão á custa do exequente".

(226) TEIXEIRA FILHO, Manoel Antonio. *Op. cit.*, p. 514.

(227) SOUTO MAIOR, Jorge Luiz. *Execução trabalhista:* visão atual. Coordenador Roberto Norris. Rio de Janeiro: Forense, 2001. p. 62-63.

uma norma sequer que proíba o devedor de lançar para arrematar seu próprio bem. Vale lembrar que o bem levado a praça ou leilão, embora mantenha-se na propriedade do devedor, está em processo de venda pública e deve ter o devedor a oportunidade de arrematar tal bem, para mantê-lo em seu patrimônio. Dir-se-á que a formam que o devedor possui para evitar a alienação do bem é quitar a dívida, mas pode ocorrer do devedor não ter como fazê-lo e, por isso, optar por arrematar o bem, com o propósito de não perdê-lo. Nenhum prejuízo essa situação causa ao credor, que deve ser visto, como já dito, como verdadeiro beneficiário da atividade jurisdicional executiva. Não lhe advém prejuízo porque o bem permanece no patrimônio do devedor e do ato público já sai mediante nova penhora. Se o bem fosse arrematado por um terceiro, no valor lançado pelo devedor (esclarecendo-se que entre ambos não há preferência) o valor arrecadado seria passado ao devedor e na hipótese desse valor não integralizar seu crédito corre-se o risco do devedor não o receber caso o devedor não tiver nenhum outro bem penhorável. Além disso, o devedor, participando da licitação pode força que o bem seja arrematado por valor mais elevado, o que se fará, evidentemente, em benefício da execução e do próprio exequente. A prática criada, de não se permitir que o exequente e o executado participem da licitação, acaba favorecendo a existência de arrematações por valor vil, sem a possibilidade concreta de que os maiores interessados diretos adquiriam, no caso do exequente, ou mantenham em seu patrimônio, no caso do executado, os bens por tais valores. Em outras palavras, o resultado dessa prática é que todas as pessoas que estejam na livre administração de seus bens podem 'comprar' um bem avaliado em, por exemplo, R$ 5.000,00, por R$ 3.500,00, menos o exequente, que só poderia adjudicar esse bem por R$ 5.000,00 e o executado, que só poderia evitar essa venda, pagando, em dinheiro, a totalidade da dívida. Mas, na realidade, sabe-se bem, exequente e executado acabam participando da licitação, quando isso lhes interessa, pelo conhecidos 'laranjas', o que demonstra que o procedimento adotado na prática, além de não possuir razão lógico-jurídica, é burlado com o pleno conhecimento de todos aqueles que o mantêm".

No mesmo sentido é a opinião de *Vicente Greco Filho*[228]: "O texto legal não é expresso, mas também não proíbe que o devedor participe como licitante. Pode parecer incongruente que isso possa ocorrer. Em tendo dinheiro para lançar, poderia o devedor pagar a dívida. Todavia, apesar de não ser a situação muito comum, pode ocorrer que o devedor tenha recursos obtidos posteriormente à penhora ou resultantes de vencimentos ou salários impenhoráveis, mas que não sejam suficientes para a remição da execução (art. 651). A remição de bens individualizados o devedor, pelo sistema do Código, não pode mais fazer (art. 787). Daí concluir-se que pode lançar. Esta possibilidade é do interesse do credor e também do interesse público, que recomenda a maior amplitude possível na arrematação, na qual a concorrência

---

(228) GRECO FILHO, Vicente. *Direito processual civil brasileiro*. 12. ed. São Paulo: Saraiva, 1997. p. 86.

e a emulação facilitam a obtenção da melhor proposta possível. É certo, contudo, que o bem arrematado pelo devedor, se este vencer a praça ou leilão, retorna a seu patrimônio e poderá ser novamente penhorado se houver credor ou credores com saldos não liquidados. Pode acontecer, porém que haja licitação para outros bens e que o débito seja todo pago com a colaboração do devedor".

Para nós, embora o art. 690-A, do CPC não preveja a possibilidade de o devedor participar da hasta pública, também não vedou a sua participação. Desse modo, para maior efetividade e moralidade da hasta pública, entendemos que o devedor pode lançar, inclusive para se evitar que o bem seja arrematado ou adjudicado por preço vil. Como sustenta com propriedade *Alexandre Allipriano Medeiros*[229], a busca da efetividade, contudo, pressupõe o desapego à inexorável observação da adequação da natureza deste ou daquele ato, sempre e somente quando esse desapego vier ao encontro dos objetivos ora propostos: viabilização da instrumentalidade do processo, busca da efetividade e obtenção do pleno acesso à ordem jurídica justa. Assim sendo, e para a materialização de uma hasta pública mais consentânea com aquilo que dela se espera, imperiosa se faz a admissão da participação do devedor no momento do ato de alienação judicial, com oferta de lanços e potencial arrematação de bens.

Conforme o § 2º do art. 888, da CLT, o arrematante deve, no ato da arrematação, garantir um sinal de 20% do valor do lance e depositar o restante em 24 horas (§ 4º do art. 888, da CLT), sob consequência de perder o valor do sinal em benefício da execução. Não obstante, se preferir, pode o arrematante pagar o valor total do lance imediatamente.

## 35.2. Da arrematação parcelada de bens imóveis (art. 690, do CPC, com a redação dada pela Lei n. 11.382/06) e sua compatibilidade com o Processo do Trabalho

Dispõe o art. 690 do CPC:

> A arrematação far-se-á mediante o pagamento imediato do preço pelo arrematante ou, no prazo de até 15 (quinze) dias, mediante caução. § 1º – Tratando-se de bem imóvel, quem estiver interessado em adquiri-lo em prestações poderá apresentar por escrito sua proposta, nunca inferior à avaliação, com oferta de pelo menos 30% (trinta por cento) à vista, sendo o restante garantido por hipoteca sobre o próprio imóvel. I – (revogado). II – (revogado). III – (revogado). § 2º – As propostas para aquisição em prestações, que serão juntadas aos autos, indicarão o prazo, a modalidade e as condições de pagamento do saldo. § 3º – O juiz decidirá por ocasião da praça, dando o bem por arrematado pelo apresentante do melhor lanço ou proposta mais conveniente. § 4º – No caso de arrematação a prazo, os pagamentos feitos pelo arrematante pertencerão ao exequente até o limite de seu crédito, e os subsequentes ao executado.

---

(229) MEDEIROS, Alexandre Allipriano. *A efetividade da hasta pública no processo do trabalho.* São Paulo: LTr, 2003. p. 64.

Pode ser questionável a aplicabilidade dos §§ 1º, 2º, 3º e 4º do art. 690 ao Processo do Trabalho, uma vez que a CLT não contém omissão quanto ao pagamento do lance (§§ 2º e 4º, do art. 888). Além disso, a CLT não faz distinção entre arrematação de bens imóveis ou móveis.

Não obstante, no nosso sentir, o parcelamento da arrematação, em se tratando de bens imóveis, considerando-se o valor e as dificuldades de se alienar tal bem em hasta pública, o Juiz do Trabalho possa, conforme o caso concreto, deferir a arrematação parcelada, uma vez que a Consolidação não disciplina a arrematação de bens imóveis. De outro lado, quem vive o dia a dia da Justiça do Trabalho sabe o quanto é difícil a expropriação de bens imóveis em hasta pública e, muitas vezes, tal bem é o único passível de execução. Além disso, o parcelamento pode ser benéfico à execução, evitar a arrematação por preço vil e pode solucionar mais rapidamente o crédito trabalhista.

Como destaca *Estêvão Mallet*[230]:

"A facilitação de aquisição em prestação, com redução das formalidades, admitida proposta apresentada na própria praça, e diminuição da parcela a ser paga à vista (antes 40%, agora 30%), permite, ao mesmo tempo, ampliar o rol de pretendentes e elevar o valor das ofertas. Providência de alto significado prático, favorável ao exequente e ao próprio executado beneficiado por arrematações mais elevadas, até porque havendo saldo lhe será entregue (art. 690, § 4º) (...). Deve considerar-se a medida compatível com o processo do trabalho, mediante interpretação construtiva do § 4º do art. 888, da CLT, que alude a preço, sem excluir parcelamento devendo-se entender que o prazo de 24 horas, mencionado na referida norma, aplica-se em caso de arrematação em parcelas, ao vencimento de cada uma delas".

No mesmo diapasão é a visão de *Luciano Athayde Chaves*[231]:

"(...) o exame do tema na esfera laboral, reconhecendo que o problema da arrematação parcelada sempre foi aspecto muito presente na execução trabalhista, porquanto já consignei, nunca foi tarefa fácil expropriar bens de valor elevado tendo como pressuposto o pagamento, pelo arrematante, em prazo exíguo. No caso dos bens imóveis, cuida-se de tarefa ainda mais difícil pelas razões apontadas. Não é por outra razão que a Justiça do Trabalho, manipulando um objeto de natureza ontologicamente histórica como o Direito Processual, tratou de aprimorar seus mecanismo, de modo a viabilizar a arrematação de bens de forma parcelada (...). Em que pese o disposto no art. 888, da CLT é manifesta a lacuna jurídica da regra processual trabalhista, em especial em relação aos bens imóveis, quanto à possibilidade de arrematação parcelada".

---

(230) MALLET, Estêvão. Novas modificações no Código de Processo Civil e o processo do trabalho. In: *Revista LTr* 70-05/531.

(231) CHAVES, Luciano Athayde. *A recente reforma no processo civil:* reflexos no direito judiciário do trabalho. 3. ed. São Paulo: LTr, 2007. p. 285-287.

## 35.3. Adjudicação

Ensina *Carlos Henrique Bezerra Leite*[232], que adjudicação "é ato processual pelo qual o próprio credor incorpora ao seu patrimônio o bem constrito que será submetido a hasta pública.

O credor tem direito à adjudicação, mesmo se o bem já tiver sido arrematado por outrem, desde que formule requerimento ao juiz antes da assinatura do respectivo auto de arrematação".

A adjudicação é modalidade de dação em pagamento e será feita pelo credor tendo à vista o valor da avaliação[233]. No Processo do Trabalho, o exequente tem preferência para a adjudicação (§ 1º, do art. 888, da CLT), que deve ser deferida pelo maior lance.

No Direito Processual Civil, o art. 685-A assevera que é lícito ao exequente, oferecendo preço não inferior ao da avaliação, requerer lhe sejam adjudicados os bens penhorados. Como bem adverte *Cândido Rangel Dinamarco*[234], "sabendo-se que praça é a sessão destinada à alienação de bens imóveis, não móveis. Como porém não há uma boa razão lógica para essa limitação, a jurisprudência admite francamente no sentido de admitir a adjudicação tanto de imóveis, quanto de móveis".

No Processo do Trabalho o art. 888, § 1º, da CLT aduz que os bens serão vendidos pelo maior lance, tendo o exequente preferência na adjudicação. Ora, se não houver lance, no Processo do Trabalho, o exequente tem direito a adjudicar os bens pelo valor da avaliação, por força do art. 24, da Lei n. 6.830/80, aplicável subsidiariamente por força do art. 889, da CLT.

Nesse sentido a seguinte ementa:

> Praça e Leilão — Adjudicação pelo credor — CPC, art. 714. Não tendo havido arrematação do bem, por recusa dos lances oferecidos pelos licitantes, a adjudicação só pode ser deferida ao credor pelo valor correspondente ao da avaliação (CLT, art. 889, e Lei n. 6.830/80, art. 24). Não pode o credor requerer adjudicação com base no lance mínimo fixado pelo juízo, mas não aceito por nenhum dos licitantes. (TRT – 2ª R. – AP 00501199731602007 – Ac. 9ª T. – 20040146434 – Rel. Juiz Luiz Edgar Ferraz de Oliveira – DJSP 16.4.04, p. 38)

No Processo do Trabalho, sejam quantos forem os números de lances ou os valores, o exequente sempre tem preferência para a adjudicação (art. 888, § 1º, da

---

(232) BEZERRA LEITE, Carlos Henrique. *Curso de direito processual do trabalho*. 3. ed. São Paulo: LTr, 2005. p. 774.

(233) Para Coqueijo Costa (*Direito judiciário do trabalho*. Rio de Janeiro: Forense, 1978. p. 596.), "a adjudicação é uma dação em pagamento judicial que não demanda a concordância do executado. Dispensa sentença homologatória, bastando a assinatura do auto (CPC, art. 715). Seu efeito capital é transmitir a propriedade ao adjudicatário, o que se aperfeiçoa, em se tratando de móveis, pela tradição e, de imóveis, pela transcrição. Julgada válida a adjudicação, lavra-se o respectivo auto, e, não tendo interposto recurso, expede-se o mandado de entrega, tendo o adjudicante direito, também, à carta de adjudicação".

(234) DINAMARCO, Cândido Rangel. *Instituições de direito processual civil*. v. 4. São Paulo: Malheiros, 2004. p. 574.

CLT), malgrado parcela significativa da jurisprudência, não obstante a posição em contrário de *Ísis de Almeida*, tem entendido que o exequente também pode participar do leilão, restando aplicável subsidiariamente o art. 690-A do CPC.

Caso pretenda adjudicar o bem, conforme bem adverte *Pedro Paulo Teixeira Manus*[235], apenas exige-se que o exequente manifeste-se no prazo de 24 horas subsequentes à praça, pois este é o prazo que é concedido ao arrematante para aperfeiçoar seu ato, depositando o saldo devedor do lance.

Entretanto, cumpre destacar que há entendimentos no sentido de que o pedido de adjudicação deve ser levado a efeito tão logo termine a praça, conforme se extrai da seguinte ementa:

> Adjudicação — Prazo para o seu requerimento. A CLT nada diz a respeito do prazo em que pode ser requerida a adjudicação de bens levados à hasta pública, sendo igualmente omissos o CPC e a Lei n. 6.830/80, na hipótese de não haver licitantes — lembra-se de que o art. 714 do código de rito se refere à existência de "lançador", afigurando-se razoável aceitar, portanto, que o pedido se faça logo após a praça. (TRT – 15ª R. – 6ª T. – AP n. 99/1999.086.15.85-0 – Relª Mª Cecília F. A. Leite – DJSP 14.11.03 – p. 71) (RDT n. 1 – Janeiro de 2004)

Em sentido contrário, sustenta *Wilson de Souza Campos Batalha*[236], "o exequente só tem direito à adjudicação se comparecer ao leilão e concorrer com os demais pretendentes em igualdade de condições (CLT, art. 888, § 1º e CPC, art. 690, § 2º)".

Temos para nós que o pedido de adjudicação pelo exequente pode ser efetuado logo após a praça, mas também no prazo de 24 horas que segue a hasta pública, ainda que o exequente não tenha participado da praça, já que a arrematação somente se aperfeiçoa após a complementação do valor do lance (art. 888[237], § 4º, da CLT). Se o Juiz entender que houve fraude ou o valor do lance fora demasiadamente baixo, cumpre rejeitar o pedido de adjudicação ou deferi-lo pelo valor da avaliação.

No mesmo sentido, a seguinte ementa:

> ADJUDICAÇÃO — PRAZO PARA REQUERIMENTO — A CLT não regula o instituto da adjudicação, apenas fazendo referência a ele em seu art. 888, sem qualquer estipulação de prazo para que o exequente requeira o recebimento dos bens em pagamento de seu crédito. Sendo assim, a interpretação que se pode extrair desse dispositivo é que o pedido de adjudicação pelo credor deve ser feito após a praça, não havendo, contudo, um prazo fixo em dias no qual esse direito deve ser exercido, devendo ser realizado, entretanto, antes da assinatura do auto de arrematação. (TRT – 3ª R. – AP 7403/01 – 1ª T. – Relª. Juíza Maria Auxiliadora M. de Lima – DJMG 8.2.2002 – p. 08)

---

(235) MANUS, Pedro Paulo Teixeira. *Execução de sentença no processo do trabalho*. São Paulo: Atlas, 2005. p. 186-187.

(236) CAMPOS BATALHA, Wilson de Souza. *Tratado de direito judiciário do trabalho*. v. II, 3. ed. São Paulo: LTr, 1995. p. 779.

(237) "Se o arrematante, ou seu fiador, não pagar dentro de 24 (vinte e quatro) horas o preço da arrematação, perderá, em benefício da execução, o sinal de que trata o § 2º deste artigo, voltando à praça os bens executados."

O art. 693 do CPC, com a redação dada pela Lei n. 11.382/2006, exige que o auto de arrematação seja lavrado de imediato tão logo termine a hasta pública. Portanto, é possível se sustentar, à luz do referido dispositivo, que o requerimento de adjudicação deve ser levado a efeito na própria hasta pública, não no prazo de 24 horas.

## 35.4. Remição da execução

É o pagamento da execução pelo executado. Conforme o art. 13, da Lei n. 5.584/70, a remição só será deferível ao executado se este oferecer preço igual ao valor da condenação em qualquer hipótese.

Para remir a execução, deverá o executado pagar não só o valor do crédito do exequente, mas também todas as despesas processuais, como custas, editais, eventual parcela previdenciária, eventuais honorários periciais e do depositário etc.

Nesse sentido, cumpre destacar as seguintes ementas:

> Remição — Atualização da dívida — Efeitos. O ato de remir a execução corresponde simplesmente ao de quitar a dívida, pagando-a ou consignando o seu importe, dando voluntário cumprimento à obrigação prevista no título para pôr fim à execução, o art. 651 do CPC refere-se a pagar ou consignar 'o valor atualizado da dívida, mais juros, custas e honorários advocatícios'. Todavia ante a circunstância da ausência dos autos para o cálculo da atualização, nada impede que a executada depositasse o valor então conhecido a fim de impedir a expropriação do bem penhorado, protestando pela posterior atualização. Esse ato era que teria o efeito de obrigar a suspensão da praça, independentemente da prévia manifestação judicial. (TRT 10ª R. – 1ª T. – Relª Desª Flávia Simões Falcão – DJe n. 137 – 18.12.08 – p. 18 – AP n. 606/2002.013.10.00-7) (RDT n. 2 – fevereiro de 2009)

> Execução trabalhista — Remição — Critérios. A remição, na Justiça do Trabalho, encontra-se regida pelo art. 13 da Lei n. 5.584/70 e somente poderá ser deferida ao executado 'se este oferecer preço igual ao valor da condenação', ou seja, quando o preço ofertado englobar, não só a verba principal, como também a correção monetária, os juros de mora e as despesas do processo. Nesse passo, a liberação de qualquer bem penhorado — tanto para o executado quanto para o cônjuge, ascendente e descendente — encontra-se adstrita à remição total da execução, em observância à legislação própria dos processos que tramitam nesta Justiça Especializada. (TRT 12ª R. – 3ª T. – AP n. 1429/2004.031.12.00-9 – Ac. n. 17428/06 – Relª Lília Leonor Abreu – DJ 13.12.06 - p. 7) (RDT n. 2 – fevereiro de 2007)

Dispõe o art. 651 do CPC, com a redação dada pela Lei n. 11.382/2006, *in verbis*:

> Antes de adjudicados ou alienados os bens, pode o executado, a todo tempo, remir a execução, pagando ou consignando a importância atualizada da dívida, mais juros, custas e honorários advocatícios.

Pensamos que o prazo para remição deve ser até o próprio ato da hasta pública, uma vez que o auto de arrematação ou adjudicação será assinado imediatamente pelo Juiz do Trabalho no próprio ato da hasta pública, conforme dispõe o art. 693

do CPC, com a redação dada pela Lei n. 11.382/06, que resta perfeitamente aplicável ao Processo do Trabalho, *in verbis*:

> A arrematação constará de auto que será lavrado de imediato, nele mencionadas as condições pelas quais foi alienado o bem.

No mesmo sentido as seguintes ementas:

> Remição da execução — Prazo. O direito do devedor remir a execução pode ser exercido até a assinatura do auto de arrematação ou e adjudicação, prazo esse que resulta da conjugação o disposto nos arts. 651 e 694, *caput*, do CPC, exceto e configurada a oposição maliciosa à execução. (TRT – 12ª R. – 1ª T. – Ac. n. 10264/2002 – Relª. Licélia Ribeiro – DJSC 13.9.2002 – p. 193) (RDT n. 10 – outubro de 2002).

> Execução – Remissão. A teor do disposto no art. 788/CPC, aplicado subsidiariamente ao processo trabalhista, a remissão somente é cabível antes da assinatura do auto de arrematação, sob pena de preclusão. (TRT – 3ª R. – 4ª T. – Ap. n. 6856/2001 – Rel. Caio L. de A. Vieira de Mello – DJMG 15.9.2002 – p. 5) (RDT n. 10 – outubro de 2002).

No mesmo sentido, pronunciou-se, recentemente, a mais alta corte trabalhista do Brasil, conforme a seguinte ementa:

> RECURSO DE REVISTA — EXECUÇÃO — REMIÇÃO DE DÍVIDA APÓS A ARREMATAÇÃO — INVALIDADE. A Corte Regional considerou eficaz a arrematação do bem penhorado, considerando impróprios os efeitos conferidos pelo juízo de execução à remição da dívida operada após a arrematação, encetada na análise das circunstâncias fáticas dos autos e da legislação infraconstitucional (arts. 694 do CPC e 888 da CLT). Se a arrematação ainda não foi desconstituída, o que vale é a decisão que a homologou. Nesse contexto, não há como se negar a intempestividade do pedido de remição formulado pelo executado após a entrega da Carta de Arrematação. Saliente-se que poderá o executado, para evitar a alienação judicial, remir a execução, pagando ou consignando a importância atualizada da dívida, mais juros, custas e honorários advocatícios, todavia, desde que o faça, a qualquer tempo, antes de adjudicados ou alienados os bens, em conformidade com o art. 651 do CPC. A admissibilidade do recurso de revista contra acórdão proferido em agravo de petição, na liquidação de sentença ou em processo incidente na execução, incluindo os embargos de terceiro, depende de demonstração de violação direta e literal de norma da Constituição Federal, a teor do art. 896, § 2º, da CLT e da Súmula n. 266 do TST. Recurso de revista não conhecido. TST. (Processo: RR – 356/2002-001-22-00.0. Data de Julgamento: 18.3.2009. Relator Ministro: Luiz Philippe Vieira de Mello Filho. 1ª Turma. Data de Divulgação: DEJT 27.3.2009.

De outro lado, pensamos que o Juiz do Trabalho poderá, valorando as circunstâncias do caso concreto, deferir a remição até o prazo de 24 horas após a hasta pública, pois é o lapso temporal que a arrematante tem para complementar o valor total do lance, conforme interpretação sistemática dos §§ 2º e 4º do art. 888, da CLT.

### 35.5. Remição de bens

É um *favor pietatis* deferido às pessoas mencionadas no art. 787, do CPC de resgatar todos ou alguns bens que foram objeto de arrematação[238]. Pensamos, não

---

238 Para Amilcar de Castro (*apud* SOUZA, Marcelo Papaléo. *Manual da execução trabalhista*. São Paulo: LTr, 2005. p. 182-183), "a remição de bens em execução é, pois, direito instituído *pietatis causa*, para

obstante a regra do art. 13, da Lei n. 5.584/70 e a opinião de significativa parcela da doutrina em sentido contrário, ser o referido instituto compatível com o Processo do Trabalho, por não causar prejuízo ao exequente, e também não conflitar com o art. 13, da Lei n. 5.584/70 que trata da remição da execução pelo executado e não por terceiros. Além disso, os arts. 769 e 889 da CLT possibilitam a aplicação dos arts. 787 a 790 do CPC ao Processo do Trabalho.

A Lei 11.282/06 revogou os arts. 787 a 790 do CPC. Desse modo, não cabe mais no Processo Civil nem no Processo do Trabalho a remição de bens.

Doravante, as pessoas que tiverem ligações sentimentais com os bens penhorados como o cônjuge, descendentes somente poderão adjudicar os bens antes da hasta pública, nos termos do § 2º do art. 685-A do CPC, que assim dispõe:

> É lícito ao exequente, oferecendo preço não inferior ao da avaliação, requerer lhe sejam adjudicados os bens penhorados. (Redação dada pela Lei n. 11.382/06 – DOU 7.12.06)
>
> (...) § 2º do art. 685-A do CPC: Idêntico direito pode ser exercido pelo credor com garantia real, pelos credores concorrentes que hajam penhorado o mesmo bem, pelo cônjuge, pelos descendentes ou ascendente do executado.

A Lei n. 11.382/06 ao extinguir a remissão de bens (arts. 787 e 790) possibilitou que as pessoas vinculadas sentimentalmente a determinados bens possam adjudicá-los em concorrência com as demais pessoas mencionadas no § 2º do art. 685-A do CPC. Doravante, a remição da execução somente poderá ser levada a efeito pelo próprio executado.

Pensamos que no Processo do Trabalho, em razão do caráter alimentar do crédito trabalhista, o reclamante terá preferência para a adjudicação em face das pessoas mencionadas no § 2º do art. 685-A do CPC, desde que haja entre eles a mesma oferta (§ 3º do art. 685-A do CPC). Se a oferta dos outros credores for maior que a do reclamante, desde que seja integralmente quitado o crédito trabalhista, adjudicará o que fizer a melhor proposta, pois não haverá prejuízo ao reclamante que receberá o valor de seu crédito em dinheiro e ainda será mais efetivo para a execução.

## Prioridade no Processo do Trabalho

No Processo do Trabalho a remição prevalece sobre a adjudicação de bens e esta última prevalece sobre arrematação (interpretação sistemática dos arts. 620, 651 do CPC, 13, da Lei n. 5.584/70 e § 1º, do art. 888, da CLT).

> que os bens penhorados, de afeição ou estimação, não saiam da família; é benefício ou favor ao executado e a seus parentes próximos, em consideração a interesse de ordem moral e econômica, sem qualquer prejuízo no resultado prático da função jurisdicional. Deve-se, por conseguinte, interpretar a lei que a regula, facilitando-se sua concessão em favor dos pretendentes, e não a dificultando, em benefício do arrematante, ou do adjudicatário, estranhos à família do executado, pois o Estado deve quanto possível reintegrar o direito do exequente com o mínimo de despesas, de incômodo e de sacrifício do executado".

## 36. Lance mínimo

Tanto o Direito Processual do Trabalho (art. 888, § 1º, da CLT) quanto o Direito Processual Civil (art. 692, do CPC) não fixam o valor do lance mínimo.

Ensina *Jorge Luiz Souto Maior*[239]:

"Não há um limite mínimo fixado por lei para o lance. Caberá ao juiz avaliar, mediante os parâmetros de razoabilidade e sopesando o objetivo da execução, o princípio da execução e o princípio da execução do modo menos oneroso, a validade do lance, para considerá-lo, ou não, vil (art. 692, CPC). A expressão, 'satisfação de parte razoável do crédito', foi suprimida do CPC. Agora, analisa-se o lance tendo à vista as características do bem e não o valor da execução, ou seja, mesmo que o lance cubra parte razoável do crédito poderá ser considerado vil e vice-versa".

A praxe das Varas do Trabalho revela que cada Vara tem o seu lance mínimo. Geralmente, antes de aceitar o lance, o funcionário costuma consultar o Juiz para saber se o valor do lance é aceito ou não.

No Processo Civil, quanto a bens imóveis de incapaz, o art. 701 do CPC[240] não admite lance inferior a 80% do valor da avaliação.

Conforme ensina *Cândido Rangel Dinamarco*[241], "tanto a praça quanto o leilão se iniciam com a oferta do bem pelo valor da avaliação. Na primeira sessão que for realizada não se aceitam lances inferiores a esse valor, quer se trate de leilão ou de praça (art. 686, inc. VI)[242]; na segunda praça ou segundo leilão o rigor é menor, sendo possível alienar por valor que, embora não atinja o da avaliação, não seja acintoso...".

No Processo do Trabalho, não existe valor mínimo para o lance inicial (art. 888, § 1º, da CLT), mas a hasta começa pelo valor da avaliação, e este valor também serve de parâmetro para os lances que forem ofertados.

O lance mínimo depende de cada Juiz, por isso é conveniente que o Juiz esteja nas imediações do local onde se realiza a hasta pública, embora a lei não exija a presença do Juiz no local da hasta pública. Por isso, é conveniente que as praças e

---

(239) SOUTO MAIOR, Jorge Luiz. *Op. cit.*, p. 65.

(240) "Quando o imóvel de incapaz não alcançar em praça pelo menos 80% (oitenta por cento) do valor da avaliação, o juiz o confiará à guarda e administração de depositário idôneo, adiando a alienação por prazo não superior a 1 (um) ano".

(241) DINAMARCO, Cândido Rangel. *Instituições de direito processual civil*. v. IV. São Paulo: Saraiva, 2004. p. 560.

(242) O inciso VI do art. 686 diz nominalmente que se exige um lance "superior à importância da avaliação", mas não é bem isso: basta que seja igual. De todo modo, essa é uma questão sem relevância prática, porque um centavo a mais do valor da avaliação já torna a oferta superior a ele.

leilões na Justiça do Trabalho sejam realizados no horário das audiências, quando o Juiz se encontra no Fórum[243].

Nesse sentido também a visão de *Christovão Piragibe Tostes Malta*[244]: "havendo várias ofertas, seguindo o rito dos leilões em geral, o funcionário que estiver procedendo à praça deverá levar a de maior valor ao juiz, para que este examine a conveniência de autorizar a arrematação. Constatando-se apenas uma oferta, é ela encaminhada da mesma forma ao juiz".

Procedendo-se desta maneira, o valor do lance mínimo passa pelo crivo do Juiz, evitando-se a anulação posterior da arrematação ou adjudicação dos bens ou do bem praceado ou leiloado.

## 37. Lance vil

Ensina *Celso Neves*[245]: "a noção de preço vil, sem embargo da sua aparente objetividade, é perplexiva em razão da subjetividade de que depende. O que será preço vil? Relaciona-se à apreciação com o valor em execução. Assim, deverá ser considerado vil o preço que, em face dos valores dos bens penhorados, seja exorbitantemente inferior ao da sua avaliação e, em face da pretensão executória, se mostre insuficiente para atender, como parte ponderável dela, à satisfação do exequente".

Para *Cândido Rangel Dinamarco*[246], "como preço vil é um conceito juridicamente indeterminado, os lances de valor abaixo da avaliação devem ser examinados caso a caso pelo juiz, a quem compete aprovar ou não o resultado da hasta pública. Esse juízo é feito no momento da assinatura do autor de arrematação (art. 693), não o assinando o juiz quando entender que o lance vencedor na praça ou no leilão haja sido vil. Há decisões afirmando ser vil uma oferta abaixo de 25% do valor da avaliação, ou abaixo de 50%, ou mesmo abaixo de 60%. O valor oferecido sendo assim acintosamente baixo, ele se considerará vil ainda quando baste para a satisfação do credor"[247].

O Código de Processo Civil, em sua redação atual, não diz o que quer dizer preço vil. Diz o art. 692, do CPC:

> Não será aceito lanço que, em segunda praça ou leilão, ofereça preço vil.

---

(243) "Embora a lei não exija a presença do juiz a nenhuma das modalidades da hasta pública, a realização no fórum é havida pelo legislador como fato de maior segurança e idoneidade, daí por que ali são licitados os imóveis; mas, na prática, a realização nesse lugar, que deveria ser muito respeitado por todos, não tem impedido muitas desonestidades que notoriamente correm na própria praça" (DINAMARCO, Cândido Rangel, *Op. cit.*, p. 559).

(244) TOSTES MALTA, Christovão Piragibe. *Prática do processo trabalhista*. 31. ed. São Paulo: LTr, 2002. p. 858.

(245) NEVES, Celso. *Comentários ao Código de Processo Civil*. v. VII, 7. ed. Rio de Janeiro: Forense, 2000. p. 105.

(246) DINAMARCO, Cândido Rangel. *Op. cit.*, p. 560.

(247) "Sérgio Bermudes, *A reforma do CPC*, 1995, Comentário ao art. 692 — 'Vil será o preço amesquinhado, a tal ponto diminuído que não corresponda ao valor da coisa, pelo qual o homem comum não a alienaria, aferidas essas circunstâncias, à luz da realidade do lugar e do momento, pelo prudente arbítrio do juiz'" (THEODORO JÚNIOR, Humberto, *Código de Processo Civil anotado*. 9. ed. Rio de Janeiro: Forense, 2005. p. 473).

Como a lei não diz o que é preço vil, essa árdua tarefa cabe à doutrina e jurisprudência.

Lembra *Araken de Assis*[248], "inicialmente, a Lei n. 6.851/80 tornou letra expressa a proibição, inserindo uma segunda parte no art. 692, o qual, na sua primeira parte, cuidava de assunto totalmente diferente — o encerramento da arrematação, como hoje acontece com o parágrafo único daquele dispositivo. No entanto, o texto apresentava grosseira impropriedade, definindo preço vil como aquele que 'não bastasse para a satisfação de parte razoável do crédito'. Em outras palavras, penhorado bem valendo o dobro do crédito, sua alienação por metade do valor de mercado, consideravelmente inferior ao justo, não caracterizaria preço vil, pois solveria, integralmente, o crédito".

Nesse sentido a seguinte ementa:

> O conceito de preço vil resulta da comparação entre o valor de mercado do bem penhorado e aquele da arrematação, motivo por que é incorreto afirmar que determinada arrematação deixou de ser vil, porque o lance vitorioso cobriu parte do crédito na execução. (STJ – 1ª T. – Resp. 64.181-0-SP – 15.5.95 – Rel. Min. Gomes de Barros – DJU 19.6.95, p. 18.664)

Para *Wilson de Souza Campos Batalha*[249], "leilão a preço vil equivale a leilão negativo, não facultando a adjudicação por preço simbólico em face da disparidade entre a avaliação do bem e o maior lanço oferecido (Proc. TRT-SP n. 10.583/78)".

Poderíamos dizer de forma sintética que preço vil é aquele muito abaixo do valor do bem ou da avaliação.

Mas quais seriam os critérios para avaliar que o lance mínimo está ou não muito abaixo do valor da avaliação?

Parte da doutrina adota postura objetiva quanto à questão do lance vil, considerando-se um percentual mínimo, independentemente do caso concreto, e parte da doutrina adota a teoria subjetiva, valorando-se o caso concreto, emitindo-se um juízo de valor sobre a natureza do bem, sua comerciabilidade, o resultado útil que trará para o processo, dentre outros critérios que desenvolveremos abaixo.

Traçando um critério objetivo, dispunha o art. 37 da antiga lei de execuções fiscais, que era o Decreto-lei n. 960/38, que preço vil é o inferior à avaliação, menos 40%, o que, na verdade era 60% do valor da avaliação.

Também o art. 692 do CPC de 1973, em sua redação original, dispunha: "será suspensa a arrematação, logo que o produto da alienação dos bens bastar para o pagamento do credor".

---

(248) ASSIS, Araken de. *Manual do processo de execução*. 7. ed. São Paulo: RT, 2001. p. 698.
(249) CAMPOS BATALHA, Wilson de Souza. *Tratado de direito judiciário do trabalho*. v. II, 3. ed. São Paulo: LTr, 2005. p. 779-780.

Dentre os objetivistas podemos citar *Nelson Nery Júnior*[250]:

"Preço vil. O que é inferior a 60% do mercado".

No mesmo sentido é a opinião de *Manoel Antonio Teixeira Filho*:

"O que se pode discutir é a propósito da elaboração do conceito processual de lanço vil, na medida em que a norma legal que a ele se refere não nos fornece nenhum critério quanto a isso. Pessoalmente, acreditamos que melhor teria agido o legislador se fixasse um critério (objetivo) pelo qual se pudesse aferir se o lanço ofertado é vil ou não; como não o fez, essa providência incumbirá aos juízes, que deverão levar em conta as peculiaridades de cada caso concreto (dentre as quais se inclui a facilidade ou dificuldade de comercialização dos bens penhorados, riscos de depreciação futura; as despesas necessárias à sua conservação etc.).

No sentido da teoria objetiva, a seguinte ementa:

> Arrematação — Lance vil. Preocupados com a diversidade dos critérios estabelecidos em razão do subjetivismo de cada magistrado que enfrenta a questão em comento, alguns tribunais regionais do trabalho resolveram fixar um percentual mínimo incidente sobre a avaliação do bem penhorado para que o lance ofertado não fosse considerado vil. No âmbito deste Regional, a Primeira Turma editou o Verbete n. 30, *in verbis*: "Lance vil — Parâmetro. Considera-se vil o lance para arrematação de bens quando inferior a 30% (trinta por cento) do valor da avaliação". Se a arrematação se deu por preço que não se insere no conceito de lance ou preço vil, ainda mais quando atinge parte razoável do débito em execução, não há que se falar em nulidade daquele ato de expropriação. (TRT – 10ª R. – 1ª T. – AP n. 96/2003.802.10.00-0 – Rel. Pedro Luís V. Foltran – DJDF 26.11.04 – p. 12) (RDT n. 01 – Janeiro de 2005)

Dentre os subjetivistas podemos citar o professor *Dinamarco* para quem, conforme anteriormente mencionado, o valor mínimo do lance deve ser analisado pelo Juiz segundo o caso concreto.

Sustenta com propriedade *Cassio Scarpinella Bueno*[251]:

"É difícil — senão impossível — definir o que é preço vil em abstrato. E isso porque se trata de conceito vago e indeterminado que, como tantos outros do próprio CPC, pressupõem um fato concreto, certo e delimitado no tempo e no espaço para ser expresso, definido, concretizado. É conceito que só existe na aplicação do direito, em sua dinâmica".

Para nós, a razão parece estar com a doutrina subjetiva, pois estabelecer um percentual mínimo para o lance independentemente do caso concreto e da natureza do bem, não nos parece ser o critério mais justo e razoável. Se a lei não diz o que

---

(250) NERY JÚNIOR, Nelson. *Código de Processo Civil comentado e legislação processual extravagante*. 7. ed. São Paulo: RT, 2003. p. 1.034.

(251) SCARPINELLA BUENO, Cassio. *Código de Processo Civil intepretado.* Coord. Antonio Carlos Marcato. São Paulo: Atlas, 2004. p. 1.964.

é preço vil (art. 692 do CPC), cabe ao Juiz fazê-lo no caso concreto, segundo seu prudente arbítrio, não podendo desconsiderar os princípios da utilidade da execução, do meio menos gravoso para o executado, da dignidade da pessoa do executado, da moralidade da Justiça e efetividade do cumprimento da decisão judicial.

No mesmo diapasão, oportunas as considerações de *Alexandre Alliprandino Medeiros*[252]:

> "A apreciação da matéria em apreço não pode tanger unicamente a um critério percentual. Parece mais acertado que permeie, também, um juízo de valor, estribado, todavia, em alguns critérios de ordem objetiva, quais sejam: a) facilidade de alienação do bem; b) estado de conservação do bem; c) valor total da execução — onde se verificará se o lanço proporcionará, pelo menos de uma forma razoável, a satisfação da execução, ou parte dela; d) necessidade do credor, condição financeira do devedor e as respectivas consequências materiais do deferimento ou indeferimento do lanço ofertado; e) depreciação do valor do bem no mercado, dado o lapso de tempo entre a avaliação e a efetiva realização da hasta pública".

Para *Pedro Paulo Teixeira Manus*[253], "com relação à quantificação do que seja lance vil, a praxe forense o fixa de forma genérica como valor inferior a 30% ou 20% do valor da avaliação. Há de se observar, porém, que existem entendimentos diversos, bem como devemos lembrar que o Juiz da execução examina cada caso considerando o tipo de bem executado; a relação entre o valor do lance e o crédito do exequente; a situação financeira do devedor; seu procedimento nesta e em outras execuções, a fim de evitar que ocorra retardamento da satisfação do crédito por artifício do devedor, valendo-se de argumento apenas formal do valor irrisório da arrematação"[254].

Nesse sentido, as seguintes ementas:

> É vil o lance que embora basta para a satisfação da condenação, encontra-se muito abaixo do valor avaliado do bem, e mais ainda em relação ao seu valor de mercado.

---

(252) MEDEIROS, Alexandre Alliprandino. *A efetividade da hasta pública no processo do trabalho.* São Paulo: LTr, 2003. p. 65.

(253) MANUS, Pedro Paulo Teixeira. *Execução de sentença no processo do trabalho.* São Paulo: Atlas, 2005. p. 183.

(254) Para Francisco Antonio de Oliveira, "A execução é meio pelo qual se possibilita ao credor o recebimento daquilo que lhe é devido, transformando-se em realidade o comando emergente da sentença com trânsito em julgado. Não é lugar para levar-se vantagem. Assim, a arrematação que não proporcione satisfação razoável do crédito não deve ser referendada pelo juízo. Nesse sentido dispõe o art. 692 do CPC, conforme a redação dada pela Lei n. 8.953/94. A definição de preço vil ficará ao douto critério do juízo, levando em conta a espécie de bem levado à praça, a sua liquidez no mercado, seu grau de aceitação ou de rejeição. Terá sempre em mente que o bem levado à hasta pública sempre alcançará valor muito aquém do real. E, principalmente o crédito trabalhista que é de natureza alimentar. A proteção não poderá levar ao absurdo de paralisar-se a execução, mesmo porque o executado poderá sempre usar do favor legal e remir a execução" (OLIVEIRA, Francisco Antonio de. *Comentários à Consolidação das Leis do Trabalho.* 3. ed. São Paulo: RT, 2005. p. 856).

Aplicação da Justiça inadmite que o executado sofra prejuízo irreparável e desnecessário. (TRT – 3ª R. – 1ª T. – Proc n. 536/94 – Rel. Juiz Saulo J. G de Castro)[255]

Agravo de Petição. Arrematação. Preço vil não caracterizado. O conceito de preço vil depende do discernimento da magistrado, devendo este atentar para as circunstâncias em que se desenvolve a execução, especialmente com relação à existência, ou não de liquidez dos bens penhorados. (TRT – 4ª R. – 4ª T. – Ap n. 090033.000//91-8 – Relator Juiz Fabiano de Castilhos Bertolucci – DJU, 26.1.1998)

PREÇO VIL. Deixou a lei processual civil ao prudente arbítrio do Juiz o conceito de preço vil, não lançando nenhum entendimento a respeito. Ao Magistrado caberá apreciar, em cada caso, o valor estimado, o estado de conservação do bem e o valor médio de mercado, para que possa concluir, com segurança sobre a proporcionalidade entre a dita avaliação e o preço ofertado no lanço. (AgPet n. 02349-1997-005-00-2 – Ac. 11.169/03 – 1ª T. – j. 10.07.2003 – TRT – 5ª R. – Rel. Juiz Valtércio de Oliveira – DJT 21.7.2003)

## 38. Lance vil no Processo do Trabalho

Partindo-se da interpretação de que no Processo do Trabalho a arrematação é deferida pelo maior lance (art. 888, § 1º, da CLT), não havendo necessidade de segunda praça ou segundo leilão (art. 692, do CPC), parte da doutrina sustenta a inaplicabilidade do lance vil no Processo do Trabalho, vez que não há omissão da CLT no aspecto (arts. 769 e 889, da CLT). Partindo-se dessa interpretação, não há limitação do valor do lance na arrematação.

Nesse sentido sustenta *Sérgio Pinto Martins*[256]:

"O § 1º do art. 888 da CLT faz referência a arrematação pelo maior lanço. Logo fica excluído o conceito de preço vil no processo do trabalho, pois não se aplica o CPC (art. 899, da CLT). Assim, inexiste, no processo do trabalho, a ideia de preço vil para desqualificar a arrematação, podendo esta ser feita pelo maior valor obtido na praça e leilão.

Se a CLT trata do tema ao dizer que a arrematação será feita pelo maior lance, não é omissa, inexistindo necessidade de complementação pelo CPC. O argumento de que haveria uma proliferação de arrematações por preços irrisórios e iria formar a 'máfia da arrematação' não convence, pois mesmo quando não há lanço por preço vil, existem pessoas especializadas em arrematação, que todos os dias vão às Varas, além do que o argumento não é jurídico. De outro lado, pode-se dizer que se o devedor não quer que arrematem o seu bem por preço vil deveria se socorrer da remição. Mesmo que exista apenas um lance na praça, esse será considerado o maior valor obtido, ainda que seja vil o preço alcançado, devendo se proceder à arrematação do bem. Ressalte-se, ainda, que o § 1º, do art. 888, da CLT não dispõe expressamente que o bem deva ser

---

(255) *Revista Synthesis*, v. 20/95. p. 234.

(256) MARTINS, Sérgio Pinto. *Comentários à CLT*. 6. ed. São Paulo: Atlas, 2003. p. 879.

vendido, como valor mínimo, pelo valor da avaliação, mas pelo maior valor, que até poderá ser inferior ao da avaliação".

Nesse sentido, cumpre destacar as seguintes ementas:

> A teor do art. 888 da CLT, não cabe cogitar, no processo trabalhista, de preço vil, se a execução aparelhada cumpriu seu objetivo de satisfazer o credor, parte mais fraca na relação de direito material. Agravo Provido. (TRT – 4ª R. – AP 12.205-4/93 – Ac. 1ª T. – j. 7.4.1994 – Relª. Juíza Carmem Camino – LTr, 59(1)/71)

> Processo do Trabalho — Lei aplicável — CLT — lance vil — inexistência. Não há lance vil no Processo do Trabalho, posto que a CLT dizer que o bem será vendido pelo maior lance e não prever leilões sucessivos, à moda do CPC, que é inaplicável à espécie, em face da não omissão da CLT, norma protetora do hipossuficiente e da celeridade processual. (Ac. TRT da 19ª R. – AP 535/95 – 93050770-71 – j. 23.1.1996 – Rel. Juiz José Cirilo dos Santos)

Em sentido contrário se posiciona *Manoel Antonio Teixeira Filho*[257]:

"Consentir-se que os bens apreendidos judicialmente ao devedor possam ser arrematados por preço vil, vale dizer, por preço irrisório, infinitamente inferior ao da importância da avaliação, será, a um só tempo:

a) Render ensejo ao surgimento e à proliferação de verdadeiros ratos de arrematação, ou licitantes profissionais, que comparecerão à praça para tirar proveito do infortúnio do devedor. Nem se diga que nossos argumentos ignoram o fato de que: 1) tais pessoas não são as únicas a comparecer à praça, motivo por que, se, concorrendo com as demais, vierem a oferecer o maior lanço, nada há que lhes impeça o objetivo de arrematar os bens; 2) o devedor pode, para evitar a arrematação por preço vil, remir a execução. Ora, no primeiro caso, parte-se do pressuposto falso de que à praça concorrem inúmeras pessoas, quando a realidade prática demonstra que, ao contrário, apenas umas poucas participam desse ato — exatamente aquelas que, afeitas à leitura de jornais que costumam publicar editais de praça e leilão, têm ciência do dia, hora e local em que será realizada; no segundo, pensar-se que o devedor possua condições financeiras ou econômicas para remir a execução é algo que peca por fazer tábua rasa da realidade prática, a que há pouco nos referimos, onde, não raro, muitos devedores se encontram à míngua, quase sem recursos materiais para prover a subsistência pessoal ou familiar; afinal de contas, vivemos no Brasil.

b) Fazer com que o Poder Judiciário seja utilizado como meio de propiciar aos arrematantes um enriquecimento fácil e imediato, que beira, muitas vezes, as fímbrias da locupletação. Esse enriquecimento cômodo não pode, por outro lado, ser dissociado da ideia de degradação moral e de depauperamento econômico-financeiro do devedor, porquanto, arrematados os bens por preço vil, nova penhora seguirá, pois o produto da expropriação terá sido insuficiente

---

(257) TEIXEIRA FILHO, Manoel Antonio. *Execução no processo do trabalho*. 7. ed. São Paulo: LTr, 2005. p. 515.

para saldar a dívida (CPC, art. 667, II). Pense-se na sucessão de penhoras e de arrematações por preço vil, em relação a um mesmo devedor, na mesma execução, e ter-se-á uma nítida noção das consequências desastrosas para ele, advindas do predomínio da opinião de que o art. 692 do CPC é inaplicável, em sua parte final, ao processo do trabalho".

No mesmo diapasão, oportunas as palavras de *Francisco Antonio de Oliveira*[258]:

"Pela disposição celetista, os bens serão vendidos pelo maior lanço (art. 888, § 1º). Não faz referência, pois, ao preço vil, e a rigor, nem mesmo deixa margem à aplicação subsidiária. Todavia, a não admissão do instituto em sede trabalhista poria a perder o próprio objetivo da execução, já que, não raro, dilapidado restaria o patrimônio do executado, sem que lograsse alcançar a satisfação do débito objeto da execução.

A execução é meio pelo qual se possibilita ao credor o recebimento daquilo que lhe é devido, transformando-se em realidade o comando emergente da sentença com trânsito em julgado. Não é lugar para se levar vantagem. Assim a arrematação que não proporcione satisfação razoável do crédito não deve ser referendada pelo juízo".

Para nós a aplicação do art. 692 do CPC é perfeitamente compatível com o Processo do Trabalho pelos seguintes argumentos:

a) o art. 888, § 1º, da CLT não faz menção a preço vil. Portanto, perfeitamente compatível o art. 692, do CPC com o Processo do Trabalho, à luz do art. 899, da CLT;

b) interpretação sistemática dos arts. 612 e 620 do CPC. Proteção do exequente, utilidade da execução e meio menos gravoso para o executado;

c) moralidade da hasta pública. Caso contrário, haveria uma proliferação de arrematações por preços irrisórios;

d) dignidade da pessoa humana do executado (art. 1º, III, da CF) e humanização da execução. Conforme lembra *Estêvão Mallet*[259], "com a *Lex Poetelia*, no entanto, inicia-se movimento de abrandamento das formas do processo de execução, suprimindo-se a possibilidade de venda e de morte do devedor. Volta-se a execução, doravante, não mais à punição do devedor, mas ao *soddisfacimento del creditore mediante i beni del debitore medesimo*";

e) razões de justiça e equidade. Conforme sustenta *Estêvão Mallet*[260] com suporte no jurista português *Manuel de Almeida e Sousa*, "permanece atual,

---

(258) OLIVEIRA, Francisco Antonio de. *A execução na Justiça do Trabalho*. 4. ed. São Paulo: Revista dos Tribunais, 1999. p. 269.

(259) MALLET, Estêvão. Preço vil e processo do trabalho. In: *Revista Trabalho & Doutrina*, n. 18. São Paulo: Saraiva, 1998. p. 67.

(260) MALLET, Estêvão. *Op. cit.*, p. 69-70.

portanto, a advertência do Alvará Régio de 22 de fevereiro de 1979 que, lembrando destinar-se a arrematação não apenas à tutela dos credores, como também à tutela dos devedores, assinalava: 'não é justo seja maior o damno d'este do que a utilidade dos outros".

Podemos aplicar ainda a máxima do direito segundo a qual se deve prestigiar aquele que terá um prejuízo ao invés daquele que terá um lucro exagerado em razão do prejuízo de outrem.

Nesse sentido, a seguinte ementa:

> DA CONFIGURAÇÃO DO LANÇO OFERTADO COMO VIL. Determinar-se se o lanço ofertado em arrematação há de ser reputado vil é tarefa que requer, à míngua de definidos parâmetros legais, o exercício de razoabilidade e de equidade. Cumpre levar em consideração a natureza alimentar dos créditos exequendos no Processo do Trabalho, bem como o fato de que a executada, por não se achar insolvente, poderia, em tese, ter exercido a faculdade de remir o bem penhorado mediante depósito do valor do débito, caminho que menos expunha seu patrimônio aos riscos de hasta pública. Não havendo ela trilhado este caminho, há de se sujeitar, dada a natureza alimentar de seu débito, às incertezas do praceamento do bem penhorado. O reconhecimento de lanço com vil, tendo-se em mente a natureza especialíssima de que se reveste o crédito trabalhista, somente ocorrerá quando o preço ofertado for cristalinamente inferior a toda razoável depreciação admissível. A meu ver, é acertado o parâmetro jurisprudencial mínimo de 20% do valor de avaliação do bem, fixado em precedente anterior, oriundo desta mesma Eg. Turma julgadora. (TRT – 10ª R. – AP 00822-1995-006-10-85-7 – Juiz rel. João Luis Rocha Sampaio – j. em 23.4.2003). (AP 0198-2002-011-10-00-0 – 3ª T. – TRT – 10ª R. – Rel. Juiz Paulo Henrique Blair de Oliveira – DJU 13.6.2003)

f) efetividade da execução e resultado útil do processo: Também o valor da arrematação deve ser suficiente para cobrir parte razoável do crédito e solucionar a execução.

## 39. Impugnação da expropriação no Processo do Trabalho

Para *Valentin Carrion* o remédio para impugnar a hasta pública é o Agravo de Petição. Aduz o saudoso jurista[261]:

> "Inexistência de embargos à arrematação ou adjudicação. O CPC os admite fundado em nulidade de execução, pagamento, novação, transação ou prescrição, mas desde que supervenientes à penhora (art. 746). No processo do trabalho haver-se-ia que levar em conta a preclusão, quanto às nulidades que não foram alegadas na primeira vez em que deveria falar nos autos (CLT, art. 795, c/c o CPC, art. 245): não havendo outra determinação explícita, o prazo para prática de ato processual a cargo da parte é de 5 dias. Entretanto, os embargos à arrematação não são cabíveis no processo do trabalho, pois o art. 897, *a*, da CLT, simplificando o procedimento, concedeu o agravo de petição contra as

---

(261) CARRION, Valentin. *Comentários à CLT.* 30. ed. São Paulo: Saraiva, 2005. p. 755.

decisões do juiz na execução. Prevalece a norma específica laboral e não a do processo comum".

Em que pese a autoridade do jurista acima mencionado, a doutrina e jurisprudência majoritárias entenderam aplicável ao Processo do Trabalho o art. 746, do CPC, que trata dos embargos à arrematação, alienação e adjudicação, também chamados pela doutrina processual trabalhista como *embargos à praça*, ou *embargos à hasta pública*, ou *embargos à expropriação* fundados em nulidade de execução, pagamento, novação, transação ou prescrição, desde que supervenientes à penhora, por haver compatibilidade com o Processo do Trabalho (arts. 769 e 889, da CLT).

Assevera o referido dispositivo legal, com a redação dada pela Lei n. 11.386/06:

> É lícito ao executado, no prazo de 5 (cinco dias), contados da adjudicação, alienação ou arrematação, oferecer embargos fundados em nulidade da execução, ou em causa extintiva da obrigação, desde que superveniente à penhora, aplicando-se, no que couber, o disposto neste capítulo. § 1º – Oferecidos os embargos, poderá o adquirente desistir da adjudicação. § 2º – No caso do § 1º deste artigo, o juiz deferirá de plano o requerimento, com a imediata liberação do depósito feito pelo adquirente (art. 694, § 1º, inciso IV). § 3º – Caso os embargos sejam declarados manifestamente protelatórios, o juiz imporá multa ao embargante, não superior a 20% (vinte por cento) do valor da execução, em favor de quem desistiu da aquisição.

Como bem adverte *Nelson Nery Júnior*[262]:

"Há dois momentos para se arguir nulidades em processos de execução por meio de embargos: primeiro, nos embargos do devedor, depois da citação; depois, nos embargos à adjudicação, alienação ou arrematação, após aquela. A norma fala impropriamente 'penhora', que deixou de ser requisito para a oposição de embargos do devedor, que dela independem. Incorreta, portanto, a referência da lei à penhora: a referência deve ser à citação".

> No processo do trabalho poderá o executado opor os embargos à hasta pública no prazo de 05 dias (aplicação analógica do art. 884, da CLT)[263], a ser contado da adjudicação, alienação ou arrematação, independentemente de intimação[264].

Nesse sentido, a seguinte ementa:

> EMBARGOS À ADJUDICAÇÃO — INTEMPESTIVIDADE. A teor do art. 154 do CPC, os atos e termos processuais não dependem de forma determinada, senão quando a lei expressamente exigir, sendo válidos desde que cumpram sua finalidade essencial. A lei processual em nenhum momento impõe a obrigatoriedade de que a parte executada seja notificada da assinatura da carta de adjudicação, restando

---

(262) NERY JÚNIOR, Nelson. *Código de Processo Civil comentado*. São Paulo: RT, 2007. p. 1.091.

(263) "Em consequência, quer esteja embargando a arrematação ou a adjudicação, dispõe o devedor de cinco dias, contados da assinatura do respectivo auto, para embargar" (RODRIGUES PINTO, José Augusto. *Execução trabalhista*. 9. ed. São Paulo: LTr, 2002. p. 282).

(264) Nesse sentido, a seguinte ementa: "Arrematação por preço vil. "É causa de nulidade da execução fiscal, legitimando a oposição dos competentes embargos" (REsp n. 41.550, rel. Min. Demócrito Reinaldo, j. 21.2.1994. p. 4.488)

válido o ato e intempestivo os embargos à adjudicação opostos, vez que o prazo para impugnação dos atos de arrematação, adjudicação ou remissão correm da própria praça, sem necessidade de intimação. (AgPet 00807-1996-012-16-01-9 – Ac. 01390/2004 – TRT – 16ª R. – Relª. Juíza Kátia Magalhães Arruda – DJ 24.6.2004)

No aspecto, vale transcrever o Enunciado n. 41 da 1ª Jornada Nacional de Execução, realizada em novembro de 2010, *in verbis*:

> EMBARGOS À ARREMATAÇÃO. PRAZO. MARCO INICIAL. INTIMAÇÃO DO EXECUTADO. O prazo para oposição de embargos à arrematação é de cinco dias contados da assinatura do respectivo auto, que deverá ocorrer no dia da arrematação. Ultrapassada essa data, sem que o auto tenha sido assinado, caberá intimação das partes, a partir do que passará a fluir o prazo para oposição dos embargos à arrematação.

A SDI-II do C. TST, pacificou a interpretação no sentido de serem admitidos os embargos à praça, por meio da OJ n. 66, *in verbis*:

> Mandado de segurança. Sentença homologatória de adjudicação. Incabível o mandado de segurança contra sentença homologatória de adjudicação, uma vez que existe meio próprio para impugnar o ato judicial, consistente nos embargos à adjudicação (CPC, art. 746).

Pode-se questionar, no Processo do Trabalho, a possibilidade de o arrematante desistir da aquisição em havendo embargos, uma vez que o § 4º do art. 888 da CLT é taxativo ao determinar que o arrematante complemente o lance no prazo de 24 horas, sob consequência de perder o valor do sinal de 20% em favor da execução. Não obstante a CLT não disciplina a hipótese da desistência do adquirente do bem em havendo embargos. Desse modo, pensamos haver compatibilidade com o Processo do Trabalho também o disposto no § 1º do art. 746 do CPC.

Nesse sentido é a opinião de *Manoel Antonio Teixeira Filho*[265]:

"Havendo oferta de embargos à expropriação, caberá ao adquirente dos bens adotar uma destas atitudes: a) manifestar, ao Juiz, desistência da aquisição com imediata liberação do valor depositado (§ 2º), com possibilidade, ainda, de receber o valor da multa imposta ao embargante, caso os embargos por este oferecidos venham a ser considerados manifestamente protelatórios (§ 3º); b) não desistir da aquisição e aguardar o julgamento dos embargos. A desistência da aquisição, para os efeitos do § 1º do art. 746 do CPC, não é um dever do arrematante, senão que uma sua faculdade. Perceba-se que o legislador, ao elaborar a norma citada utilizou o verbo *poder* ('poderá')".

O § 3º do art. 746 do CPC que determina a imposição de multa ao embargante caso os embargos forem manifestamente protelatórios tem aplicação no Processo do Trabalho (arts. 769 e 889, da CLT), pois confere maior efetividade e celeridade processual.

---

(265) TEIXEIRA FILHO, Manoel Antonio. *Execução de título extrajudicial:* breves apontamentos à Lei n. 11.382/06, sob a perspectiva do processo do trabalho. São Paulo: LTr, 2007. p. 136.

Também a CLT, alterada pela Lei n. 10.537/02, passou a admitir a possibilidade dos embargos à arrematação, conforme o art. 789-A, V, fixando custas para os embargos à execução, embargos de terceiro e embargos à arrematação.

A arrematação poderá ser desfeita nas hipóteses do art. 694 do CPC, com a redação dada pela Lei n. 11.382/06. Com efeito, dispõe o referido dispositivo legal:

> Assinado o auto pelo juiz, pelo arrematante e pelo serventuário da justiça ou leiloeiro, a arrematação considerar-se-á perfeita, acabada e irretratável, ainda que venham a ser julgados procedentes os embargos do executado. § 1º – A arrematação poderá, no entanto, ser tornada sem efeito:
>
> I – por vício de nulidade;
>
> II – se não for pago o preço ou se não for prestada a caução;
>
> III – quando o arrematante provar, nos 5 (cinco) dias seguintes, a existência de ônus real ou de gravame (art. 686, inciso V) não mencionado no edital;
>
> IV – a requerimento do arrematante, na hipótese de embargos à arrematação (art. 746, §§ 1º e 2º);
>
> V – quando realizada por preço vil (art. 692);
>
> VI – nos casos previstos neste Código (art. 698).
>
> § 2º – No caso de procedência dos embargos, o executado terá direito a haver do exequente o valor por este recebido como produto da arrematação; caso inferior ao valor do bem, haverá do exequente também a diferença.

Uma vez transcorrido o prazo dos embargos previstos no art. 746 do CPC, restará apenas ao devedor tentar anular a arrematação, alienação ou alienação por meio da ação anulatória (art. 486 do CPC).

Se a execução se processar por meio de Carta Precatória, o juízo competente para apreciar os embargos sob a alegação de preço vil é do próprio juízo deprecado, nos termos do art. 747, do CPC, pois se trata de mero incidente da alienação dos bens.

## 40. Da adjudicação antes da hasta pública (art. 685-A do CPC, com a redação dada pela Lei n. 11.382/06) e o Processo do Trabalho

Dispõe o art. 685-A do CPC:

> É lícito ao exequente, oferecendo preço não inferior ao da avaliação, requerer lhe sejam adjudicados os bens penhorados.
>
> § 1º Se o valor do crédito for inferior ao dos bens, o adjudicante depositará de imediato a diferença, ficando esta à disposição do executado; se superior, a execução prosseguirá pelo saldo remanescente. (Redação dada pela Lei n. 11.382/06 – DOU 7.12.06)
>
> § 2º Idêntico direito pode ser exercido pelo credor com garantia real, pelos credores concorrentes que hajam penhorado o mesmo bem, pelo cônjuge, pelos descendentes ou ascendentes do executado. (Redação dada pela Lei n. 11.382/06 – DOU 7.12.06)
>
> § 3º Havendo mais de um pretendente, proceder-se-á entre eles à licitação; em igualdade de oferta, terá preferência o cônjuge, descendente ou ascendente, nessa ordem. (Redação dada pela Lei n. 11.382/06 – DOU 7.12.06)

§ 4º No caso de penhora de quota, procedida por exequente alheio à sociedade, esta será intimada, assegurando preferência aos sócios. (Redação dada pela Lei n. 11.382/06 – DOU 7.12.06)

§ 5º Decididas eventuais questões, o juiz mandará lavrar o auto de adjudicação. (Redação dada pela Lei n. 11.382/06 – DOU 7.12.06)

Trata-se de inovação da Lei n. 11.382/2006 que possibilita ao exequente adjudicar o bem antes da hasta pública, o que contribuiu para a celeridade processual e supressão das despesas para realização da hasta pública, como editais, intimações, pagamento de leiloeiros particulares etc.

No processo do trabalho, tal prática se mostra salutar, considerando que o exequente tem preferência para adjudicar na hasta pública (art. 888, § 1º, da CLT). Além disso, na hasta pública, dificilmente os bens são alienados por valor superior ao da avaliação. Sob outro enfoque, a adjudicação antecipada impõe maior prestígio à expropriação judicial de bens, evita que o bem seja expropriado por preço vil e dá maior dignidade à execução, considerando-se todas as vicissitudes da hasta pública.

A Consolidação não prevê a possibilidade de adjudicação fora da hasta pública, mas também não veda, pois o art. 888, § 1º, apenas diz que o exequente terá preferência para adjudicar os bens em hasta pública pelo maior lance. Sendo assim, pensamos ser perfeitamente compatível ao processo do trabalho o disposto no art. 685-A, do CPC (arts. 769 e 889, da CLT).

Desse modo, no Processo do Trabalho, uma vez perfeita e acabada a penhora, e decorrido o prazo para os embargos, ou se já apreciados, pensamos que o exequente poderá, independentemente de intimação, antes da designação da hasta pública pela Vara do Trabalho, requerer a adjudicação dos bens pelo preço equivalente ao da avaliação.

Conforme o § 1º do art. 685-A, do CPC, se o valor do crédito for inferior ao dos bens, o adjudicante depositará de imediato a diferença, ficando esta à disposição do executado; se superior, a execução prosseguirá pelo saldo remanescente.

O § 2º do art. 685-A do CPC possibilita a adjudicação por outros credores do executado e também pelo cônjuge e pelos ascendentes e descendentes do executado. Assevera o referido dispositivo:

> Idêntico direito pode ser exercido pelo credor com garantia real, pelos credores concorrentes que hajam penhorado o mesmo bem, pelo cônjuge, pelos descendentes ou ascendente do executado.

Nos termos do § 3º do art. 685-A do CPC, havendo mais de um pretendente, proceder-se-á entre eles à licitação; em igualdade de oferta, terá preferência o cônjuge, descendente ou ascendente, nessa ordem.

A Lei n. 11.382/06, ao extinguir a remissão de bens (arts. 787 e 790), possibilitou que as pessoas vinculadas sentimentalmente a determinados bens possam adjudicá-los em concorrência com as demais pessoas mencionadas no § 2º do art.

685-A do CPC. Doravante, a remição da execução somente poderá ser levada a efeito pelo próprio executado.

Pensamos que no Processo do Trabalho, em razão do caráter alimentar do crédito trabalhista, o reclamante terá preferência para a adjudicação em face das pessoas mencionadas no § 2º do art. 685-A do CPC, desde que haja entre eles a mesma oferta (§ 3º do art. 685-A do CPC). Se a oferta dos outros credores for maior que a do reclamante, adjudicará o que fizer a melhor proposta, desde que seja quitado em primeiro lugar o crédito trabalhista, pois não haverá prejuízo ao reclamante que receberá o valor de seu crédito em dinheiro e ainda será mais efetivo para a execução.

Decididos eventuais incidentes da adjudicação, o Juiz do Trabalho a homologará (§ 5º do art. 685-A c/c. art. 685-B, ambos do CPC).

A adjudicação dos bens antes da hasta pública, poderá ser impugnada pelos embargos à adjudicação que serão cabíveis no prazo de cinco dias, contados da homologação do ato. Como a adjudicação independe da anuência do executado, a fim de propiciar o contraditório, deve o Juiz do Trabalho intimar o executado sobre a homologação da adjudicação para que a partir daí flua o prazo para os embargos.

## 41. Alienação por iniciativa particular (art. 685-C do CPC, com a redação dada pela Lei n. 11.382/06) e o Processo do Trabalho

Dispõe o art. 685-C do CPC:

> Não realizada a adjudicação dos bens penhorados, o exequente poderá requerer sejam eles alienados por sua própria iniciativa ou por intermédio de corretor credenciado perante autoridade judiciária.

Conforme o referido dispositivo, a alienação por iniciativa particular somente tem lugar se não houve adjudicação de bens, o que denota a preferência do legislador pela adjudicação.

A CLT, no art. 888, § 3º possibilita a alienação por leiloeiro particular nomeado pelo Juiz, caso não haja licitante e o exequente não requeira a adjudicação.

A alienação dos bens por leiloeiro particular, em centrais de leilões integrados, já vem sendo aplicada por alguns TRTs, inclusive o da 2ª Região com excelentes resultados. Não obstante, a supervisão do leilão fica a cargo de um Juiz designado para tal ato processual e ele é realizado no próprio Fórum. As despesas com o pagamento dos leiloeiros são pagas com parte do produto da alienação.

No nosso sentir, a alienação por iniciativa particular é perfeitamente compatível com o Processo do Trabalho, por propiciar maior efetividade à execução. Além disso, há permissivo no § 3º do art. 888, da CLT para que o leilão seja levado a efeito por iniciativa particular.

Nesse sentido é a visão de *Luciano Athayde Chaves*[266] ao comentar o art. 685-C do CPC:

> O instituto é inteiramente aplicável ao Processo do Trabalho, inclusive em potencial ainda maior que no processo comum. Isso porque, se nada requer o credor, é possível que o Juiz autorizado por lei a atuar de ofício na execução (art. 878, da CLT) determine a alienação através de corretores credenciados na respectiva jurisdição. Ora, se dispõe o Juiz do Trabalho de um meio de viabilizar a venda do bem penhorado, móvel ou imóvel, independentemente de hasta pública, através do concurso de um profissional especializado e de presumido conhecimento no mercado, é de se receber com grandes expectativas a chegada e o transporte dessa ferramenta ao Direito Processual do Trabalho.

Conforme o § 1º do art. 685-C do CPC, o Juiz fixará o prazo em que a alienação deve ser efetivada, a forma da publicidade, o preço mínimo (art. 680), as condições de pagamento e as garantias, bem como, se for o caso, a comissão de corretagem.

Embora o dispositivo não diga expressamente, o valor do lance mínimo, deve ser o valor da avaliação realizada pelo Oficial de Justiça.

Conforme o § 3º do art. 685-C do CPC, os Tribunais poderão expedir provimentos detalhando o procedimento da alienação prevista neste artigo, inclusive com o concurso de meios eletrônicos, e dispondo sobre o credenciamento dos corretores, os quais deverão estar em exercício profissional por não menos de 5 (cinco anos).

Como bem adverte *Luciano Athayde Chaves*[267]: "seria muito importante, por outro lado, que fosse providenciado um processo público de credenciamento de corretores das mais diversas estirpes de bens (móveis, imóveis, embarcações, automóveis, etc.), de modo que possam os Juízes dispor, nos limites de cada jurisdição, de profissionais devidamente cadastrados e aptos a desenvolverem esse importante mister de auxiliar da Justiça".

## 42. Alienação por rede mundial de computadores

Dispõe o art. 689-A, com a redação dada pela Lei n. 11.386/06:

> O procedimento previsto nos arts. 686 a 689 poderá ser substituído, a requerimento do exequente, por alienação realizada por meio da rede mundial de computadores, com uso de páginas virtuais criadas pelos Tribunais ou por entidades públicas ou privadas em convênio com eles firmado.

O referido dispositivo legal possibilita, a requerimento do exequente, que a hasta pública seja realizada por meio da *internet*, com uso de páginas virtuais criadas pelos Tribunais.

---

(266) CHAVES, Luciano Athayde. *A recente reforma no processo civil:* reflexos no direito judiciário do trabalho. 3. ed. São Paulo: LTr, 2007. p. 269.

(267) *Op. cit.*, p. 271.

Trata-se de providência que pode agilizar as alienações de bens na execução trabalhista, diminuindo os custos, bem como possibilitando a participação de maior número de licitantes.

Como destaca *Luciano Athayde Chaves*[268], é muito interessante a disponibilização desse meio virtual para a realização de um procedimento de alienação de bens através da *internet*, tendo em vista, em tese, o menor custo e um maior alcance em termos de público, o que poderá provar um aumento de interesse pela arrematação judicial e uma elevação dos valores dos lances".

No nosso sentir, o presente dispositivo pode ser aplicado ao Processo do Trabalho, em razão de omissão da CLT e por interpretação evolutiva e construtiva dos arts. 769 e 889, da CLT. Além disso, trata-se de providência que pode propiciar maior eficiência à execução trabalhista e menor custo do procedimento executivo.

Conforme o parágrafo único do art. 689-A do CPC, o Conselho da Justiça Federal e os Tribunais de Justiça, no âmbito das suas respectivas competências, regulamentarão esta modalidade de alienação, atendendo aos requisitos de ampla publicidade, autenticidade e segurança, com observância das regras estabelecidas na legislação sobre certificação digital. (Redação dada pela Lei n. 11.382/06 – DOU 7.12.06).

No âmbito da Justiça do Trabalho, o procedimento da alienação de bens deve ser regulamentado pelo Conselho Nacional da Justiça do Trabalho que deverá fixar procedimento uniforme para todos os Tribunais Regionais do Trabalho do país, atendendo aos princípios da moralidade, impessoalidade, publicidade e eficiência da Administração Pública (art. 37, da CF) e também da segurança do procedimento.

## 43. Suspensão e extinção da execução no Processo do Trabalho

Dispõe o art. 791, do CPC: "Suspende-se a execução: I – no todo ou em parte, quando recebidos com efeito suspensivo os embargos à execução (art. 739-A); (Redação dada pela Lei n. 11.382/06 – DOU 7.12.06) II – nas hipóteses previstas no art. 265, I a III; III – quando o devedor não possuir bens penhoráveis".

O art. 40 da Lei n. 6.830/80, que resta integralmente aplicável ao Processo do Trabalho (art. 889, da CLT), assim dispõe:

> O juiz suspenderá o curso da execução, enquanto não for localizado o devedor ou encontrados bens sobre os quais possa recair a penhora e, nesses casos, não correrá o prazo de prescrição.
>
> (...) § 2º – Decorrido o prazo máximo de 1 (um) ano, sem que seja localizado o devedor ou encontrados bens penhoráveis, o juiz ordenará o arquivamento dos autos.
> § 3º – Encontrados que sejam, a qualquer tempo, o devedor ou os bens, serão desarquivados os autos para prosseguimento da execução.

O referido dispositivo se aplica ao Processo do Trabalho por força do art. 889, da CLT. Desse modo, não encontrando o devedor ou bens que possam ser penhorados, o Juiz do Trabalho decretará a suspensão da execução pelo prazo de um ano. Decorrido esse prazo, os autos serão encaminhados ao arquivo. No período de suspensão do processo também ficará suspensa a prescrição.

---

(268) *Op. cit.*, p. 281.

Pensamos que o Juiz do Trabalho não deverá suspender a execução se o executado possuir bens, mas o exequente, podendo, não os indicar.

A jurisprudência trabalhista tem admitido a suspensão da execução, conforme se constata da redação das seguintes ementas:

> Suspensão da execução — Possibilidade. Diante das circunstâncias que envolvem o processo, pode o juiz executor da sentença suspender a execução amparado no art. 265, I, combinado com o art. 791, II ambos do Código de Processo Civil. (TRT – 12ª R. – AGPET n. 1068/1998.008.12.00-4 – Ac. n. 4784/05 – Rel. Amarildo Carlos de Lima – DJSC 5.5.05 – p. 190) (RDT n. 06 – Junho de 2005)

> Suspensão da execução. De acordo com o preconizado no art. 792 do CPC, de aplicação subsidiária no processo do trabalho, é lícito às partes convencionarem acerca da suspensão da execução durante o prazo concedido pelo credor para que o devedor cumpra voluntariamente a obrigação. O presente edital encontra-se afixado na sede deste Tribunal, à Rua Barão de Jaguará, 901 – 2º andar – Campinas (SP). Campinas, 24 de junho de 2005 (sexta-feira). (TRT – 15ª R. – 1ª T. – AP n. 143/2002.033.15.00-0 – Rel. Eduardo Benedito de O. Zanella – DJSP 1º.7.05 – p. 14) (RDT n. 07 – Julho de 2005)

Quanto à extinção da execução, dispõe o art. 794 do CPC:

> Extingue-se a execução quando: I – o devedor satisfaz a obrigação; II – o devedor obtém, por transação ou por qualquer outro meio, a remição total da dívida; III – o credor renunciar ao crédito.

O inciso I do referido art. 794 do CPC se aplica integralmente ao Processo do Trabalho.

Quanto aos incisos II e III, devem ser vistos com reservas no Processo do Trabalho, em razão do caráter alimentar do crédito trabalhista, da irrenunciabilidade do crédito trabalhista e da hipossuficiência do reclamante. Desse modo, se transação houver na execução, deve sempre o Juiz do Trabalho ouvir o reclamante e verificar se este não está sendo lesado com a transação. Se esta for prejudicial ao exequente, não deve homologá-la.

Quanto à renúncia ao crédito, deve o Juiz do Trabalho ter extrema cautela e verificar quais os motivos que levaram o autor a renunciar ao crédito. Se necessário, deve designar audiência para tal finalidade e tomar a decisão, à luz dos elementos de prova que colheu nos autos. Como já mencionamos anteriormente, o Juiz do Trabalho não está obrigado a homologar acordo ou renúncia no Processo do Trabalho.

Conforme preconiza o art. 795, do CPC:

> A extinção só produz efeito quando declarada por sentença.

No nosso sentir, a extinção da execução se dá com o cumprimento da obrigação consagrada no título e demais despesas processuais (custas, editais, emolumentos etc.). A referida sentença tem natureza declaratória, pois reconhece um estado preexistente do processo que é a satisfação do crédito do credor trabalhista.

Pensamos não ser necessário, no Processo do Trabalho, o Juiz declarar extinta a execução por sentença. Um simples despacho, contendo: "declaro extinta a execução em razão da satisfação da execução e despesas processuais e em razão disso, remetam-se os autos ao arquivo. Intimem-se", é suficiente para que o processo seja encerrado. Da decisão que declara extinta a execução é possível a interposição pelas partes do Agravo de Petição (art. 897, *a*, do CPC).

# Capítulo XXI
# Procedimentos Especiais Trabalhistas

## 1. Inquérito judicial para apuração de falta grave

O inquérito judicial para apuração de falta grave consiste numa ação de rito especial trabalhista, de jurisdição contenciosa destinada a pôr fim ao contrato de trabalho do empregado estável. Em razão disso, a natureza do inquérito é de ação constitutiva negativa ou desconstitutiva do contrato de trabalho.

Falta grave é todo ato doloso ou culposamente grave, previsto na lei, praticado pelo empregado, violando obrigações legais trabalhistas ou inerentes do contrato de trabalho, tornando insuportável a manutenção do vínculo de emprego por abalar, de forma indelével, a confiança do empregador.

Parte da doutrina distingue a falta grave da justa causa, argumentando que a falta grave tem intensidade maior que a justa causa. Filiamo-nos à corrente que não faz distinção entre justa causa e falta grave, entendendo as expressões como sinônimas, considerando-se que o rol de condutas que ensejam a justa causa e a falta grave está previsto no art. 482, da CLT.

Segundo o consagrado *Evaristo de Moraes Filho*[1], a justa causa "é todo ato doloso ou culposamente grave, que faça desaparecer a confiança e boa-fé que devem entre elas existir, tornando, assim impossível o prosseguimento da relação".

Dispõe o art. 482, da CLT:

> Constituem justa causa para rescisão do contrato de trabalho pelo empregador: a) ato de improbidade; b) incontinência de conduta ou mau procedimento; c) negociação habitual por conta própria ou alheia sem permissão do empregador e quando constituir ato de concorrência à empresa para a qual trabalha o empregado, ou for prejudicial ao serviço; d) condenação criminal do empregado, passada em julgado, caso não tenha havido suspensão da execução da pena; e) desídia no desempenho das respectivas funções; f) embriaguez habitual ou em serviço; g) violação de segredo da empresa; h) ato de indisciplina ou de insubordinação; i) abandono de emprego; j) ato lesivo da honra ou da boa fama praticado no serviço contra qualquer pessoa, ou ofensas físicas, nas mesmas condições, salvo em caso de legítima defesa, própria ou de outrem; k) ato lesivo da honra e boa fama ou ofensas físicas praticadas contra

---

(1) MORAES FILHO, Evaristo de. *A justa causa na rescisão do contrato de trabalho*. 2. ed. Rio de Janeiro: Forense, 1968. p. 105.

o empregador e superiores hierárquicos, salvo em caso de legítima defesa, própria ou de outrem; I) prática constante de jogos de azar.

Para a doutrina, são elementos para valoração da justa causa: gravidade, imediatidade, proporcionalidade entre a falta e punição e também as condições em que se deu a falta grave.

Adverte *Délio Maranhão*[2], com suporte em *Evaristo de Moraes Filho*: "a culpa do empregado deve ser apreciada em concreto, isto é, levando-se em conta não a medida padrão — *bonus pater familias* — como também a personalidade do agente, suas condições psicológicas, sua capacidade de discernimento, e assim por diante".

A Constituição de 1988 pôs fim à estabilidade decenal e, em razão disso, o inquérito judicial para apuração de falta grave praticamente não é mais utilizado.

Atualmente, apenas os empregados que já possuíam a estabilidade decenal quando da vigência da Constituição de 1988, têm estabilidade definitiva, entretanto, a Constituição de 1988 e a Lei Ordinária preveem algumas hipóteses de estabilidades provisórias, também denominadas garantias de emprego.

De outro lado, os empregados públicos concursados, cujo regime é o da CLT, por força do art. 41, da Constituição Federal, gozam da estabilidade definitiva.

Rememorando as lições do professor *Mauricio Godinho Delgado*, as estabilidades são em caráter geral e definitivo, já as estabilidades provisórias, também denominadas garantias de emprego, são em caráter provisório e atendendo a determinada situação especial do empregado. Como exemplos de garantias de emprego temos a do dirigente sindical (art. 8º, da CF c/c. art. 543, da CLT); gestante (art. 10, II, *b*, do ACDT), membro de CIPA (art. 10, II, *a*, do ADCT c/c. art. 165, da CLT), empregado acidentado (Lei n. 8.213/91); empregado integrante de Comissões de Conciliação Prévia (Lei n. 9.958/00) e membro do conselho curador do FGTS (Lei n. 8.036/00).

Há discussões na doutrina se o inquérito judicial para apuração de falta grave é aplicável somente para o empregado estável ou também para o empregado que detém alguma garantia de emprego (estabilidade provisória).

Para parte da doutrina, o inquérito também é necessário para as chamadas estabilidades provisórias. Nesse sentido sustenta *Wagner D. Giglio*[3]:

"A ação de inquérito é admissível somente contra empregado estável: dirigente sindical (Lei n. 5.107/66), dirigente de cooperativa ou outros empregados beneficiados por estabilidade criada por convenção coletiva, acordo coletivo, decisão normativa ou cláusula de contrato individual do trabalho".

Outros defendem a necessidade do inquérito somente nas hipóteses de estabilidades definitivas, ou quando a lei o exigir, como na hipótese do dirigente sindical,

---

(2) MARANHÃO, Délio. *Instituições de direito do trabalho*. 19. ed. São Paulo: LTr, 2000. p. 575.

(3) GIGLIO, Wagner D. *Direito processual do trabalho*. 15. ed. São Paulo: Saraiva, 2005. p. 291.

porquanto o § 3º do art. 543 da CLT exige que a falta grave do dirigente sindical seja apurada *nos termos da Consolidação*, e a referida expressão reporta-se ao inquérito, que é o meio de que dispõe a CLT para apurar a falta grave.

No nosso sentir, a razão está com os que pensam ser cabível o inquérito somente nas hipóteses que a lei expressamente o exigir, quais sejam:

a) estabilidade decenal (arts. 478 e seguintes da CLT);

b) dirigente sindical (art. 543, § 3º, da CLT c/c. Súmula n. 197 do STF[4]);

c) empregado público celetista concursado (art. 41, da CF[5]), salvo quando houver previsão legal de apuração da falta grave mediante procedimento administrativo ou sindicância administrativa.

Nesse sentido destacamos as seguintes ementas:

> Inquérito judicial — Cabimento. O inquérito judicial para a apuração de falta grave somente se justifica quando comprovado que o trabalhador está em gozo de estabilidade trabalhista definitiva. (TRT – 15ª R. – 3ª T .– Ac. n. 25514/2001 – Rel. Luiz Antônio Lazarim – DJSP 25.6.2001 – p. 35) (RDT 07/2001, p. 55)
>
> Falta grave — Estabilidade provisória — Inquérito judicial. Em se tratando de empregado detentor de estabilidade provisória, necessário o inquérito judicial de que trata o art. 543, § 3º, da CLT c/c a Súmula n. 197 do STF e OJ da SDI n. 114/TST, para demonstrar, de forma insofismável, a falta grave, a ter por correta a demissão por justa causa. (TST – 3ª T – RO n. 1526/2001 – Rel. Leônidas José da Silva – DJ 21.9.2001 – p. 38) (RDT n. 10/2001, p. 58)
>
> Estabilidade — Cipa — Justa causa — Inquérito para apuração de falta grave — Desnecessidade. Adequada exegese do parágrafo único do art. 165 da Consolidação das Leis do Trabalho e de alínea b do inciso II do Ato das Disposições Constitucionais Transitórias é contrária à obrigatoriedade da instauração de inquérito para apuração de falta grave cometida por empregado eleito para integrar Comissão Interna de Prevenção de Acidentes de Trabalho. Dentre as hipóteses da estabilidade provisória que exige tal formalidade, prevista para a demissão dos empregados detentores de estabilidade decenal, não se encontra incluída a estabilidade do cipeiro eleito. (TRT – 15ª R. – 5ª T. – Ac. n. 11675/2002 – Rel. José Antônio Pancotti – DJSP 18.3.2002 – p. 83) (RDT n. 04 – abril de 2002)
>
> Inquérito judicial — Trabalhador não detentor de estabilidade — Ausência de interesse processual. Segundo art. 853 da CLT, o inquérito judicial para apuração de falta

---

(4) Súmula n. 197 do STF: "O empregado, com representação sindical só pode ser despedido mediante inquérito em que se apure falta grave".

(5) Pensamos que todo servidor celetista, seja da Administração direta ou indireta, adquire a estabilidade definitiva. Entretanto, o TST entende que só adquire a estabilidade o servidor da administração direta. Nesse sentido dispõe a Súmula n. 390, do TST: ESTABILIDADE. ART. 41 DA CF/1988. CELETISTA. ADMINISTRAÇÃO DIRETA, AUTÁRQUICA OU FUNDACIONAL. APLICABILIDADE. EMPREGADO DE EMPRESA PÚBLICA E SOCIEDADE DE ECONOMIA MISTA. INAPLICÁVEL. I – O servidor público celetista da administração direta, autárquica ou fundacional é beneficiário da estabilidade prevista no art. 41 da CF/1988; II – Ao empregado de empresa pública ou de sociedade de economia mista, ainda que admitido mediante aprovação em concurso público, não é garantida a estabilidade prevista no art. 41 da CF/1988. (Res. n. 129/2005 – DJ 22.4.2005)

grave é exigido para a extinção motivada do contrato de trabalho do empregado detentor de estabilidade no emprego, de sorte que, não sendo o trabalhador detentor da estabilidade consagrada no art. 8º, VIII, da CF, impõe-se a decretação da extinção do feito, sem julgamento do mérito, por ausência de interesse processual, já que o provimento jurisdicional mostra-se desnecessário porquanto a dispensa pode ser promovida imediatamente sem a instauração de inquérito judicial. Sustentação oral: sustentaram oralmente o Dr. Alcides Carlos Bianchi e o Dr. Antônio Carlos Aguiar. (TRT – 15ª R. – 3ª T. – Ac. n. 24619/2002 – Rel. Lorival F. dos Santos – DJSP 25.10.2002 – p. 29) (RDT n. 11 – novembro 2002)

## 1.1. Do procedimento do inquérito judicial para apuração de falta grave

Dispõe o art. 853 da CLT:

> Para a instauração de inquérito para apuração de falta grave contra empregado garantido com estabilidade, o empregador apresentará reclamação por escrito à Junta ou Juízo de Direito, dentro de 30 dias, contados da data da suspensão do empregado.

Parte da doutrina entende que a prévia suspensão do empregado é requisito para a propositura da ação de inquérito, vale dizer: trata-se de um pressuposto processual de validade do processo.

Nesse sentido é a visão de *Eduardo Gabriel Saad*[6]:

"Escoado o prazo de 30 dias, e não tomando o empregador as providências necessárias para que se instaure o respectivo inquérito, está de forma tácita reconhecendo que o deslize atribuído ao empregado não é daqueles que tornam impossível o prosseguimento da relação de emprego. Dentro desta linha de raciocínio, entendemos, ainda, que o inquérito judicial para apuração da falta grave deve ser, sempre, precedido da suspensão do empregado".

No nosso sentir, conforme pensa, acertadamente, a doutrina dominante, a prévia suspensão do empregado não é requisito do inquérito, pois, se preferir, o empregador poderá ingressar com o inquérito sem a prévia suspensão do empregado, conforme lhe faculta o art. 494 da CLT: *in verbis*:

> O empregado acusado de falta grave poderá ser suspenso de suas funções, mas a sua despedida só se tornará efetiva após o inquérito em que se verifique a procedência da acusação.

Não obstante, se preferir o empregador não suspender previamente o empregado, apesar de a ação poder ser ajuizada no prazo de cinco anos (art. 7º, XXIX, da CF), deverá fazê-lo logo, sob consequência de perda do requisito da imediatidade da punição, podendo o empregador correr o risco da sua demora ser interpretada como *perdão tácito*, ou *renúncia do direito de punir* na expressão de *Wagner D. Giglio*.

Nesse sentido, destaca-se a seguinte ementa:

> Inquérito para apuração de falta grave — Ajuizamento sem a prévia suspensão do contrato de trabalho — Nulidade da dispensa. Inocorrência de ofensa à literalidade

---

(6) *CLT comentada*. 40. ed. São Paulo: RT, 2007. p. 985.

dos arts. 492 e 853 da CLT, tendo em vista a nulidade da dispensa de empregada estável, porque concretizada sem a prévia suspensão do contrato de trabalho (art. 494 da CLT) ou instauração de inquérito judicial. (TST – 3ª T. – AIRR n. 643772/2000-0 – Rel. Min. Carlos Alberto R. de Paula – DJ 10.11.2000 – p. 650) (RDT n. 6 – Dezembro de 2000)

Se houver a prévia suspensão do empregado, o empregador terá que propor o inquérito no prazo de 30 (trinta) dias, contados da suspensão do empregado. Esse prazo, conforme já sedimentado na doutrina e jurisprudência, tem natureza decadencial.

Nesse sentido, destaca-se a seguinte ementa:

Inquérito judicial para apuração de falta grave — Prazo decadencial — Início da contagem. Segundo o art. 583 da CLT, o prazo decadencial de (30) trinta dias para ajuizamento de inquérito judicial para apuração de falta grave tem início a partir da suspensão do empregado. (TST – 1ª T. – RR n. 497.152/1998-0 – Rel. Min. Aloysio Silva C. da Veiga – DJ 14.2.2003 – p. 466) (RDT n. 3 – Março de 2003)

Nos termos do art. 854 da CLT: "O processo do inquérito perante a Junta ou Juízo obedecerá às normas estabelecidas no presente Capítulo, observadas as disposições desta Seção".

A petição do inquérito deve ser escrita, não se admitindo a petição verbal, acompanhada dos documentos em que se fundar.

Proposta a ação de inquérito, o empregado (requerido) será notificado para comparecer em audiência, facultando-lhe apresentar contestação, que pode ser escrita ou verbal. A audiência deve ser designada no prazo mínimo de 5 dias após a notificação do empregado (art. 841 da CLT).

Aberta a audiência, o Juiz proporá a conciliação. Se não aceita, o requerido apresentará a contestação e se instruirá o processo, ouvindo-se as partes e até seis testemunhas de cada parte e posteriormente proferirá a decisão.

Nos termos do art. 855 da CLT: "Se tiver havido prévio reconhecimento da estabilidade do empregado, o julgamento do inquérito pela Junta ou Juízo não prejudicará a execução para pagamento dos salários devidos ao empregado, até a data da instauração do mesmo inquérito."

A redação do referido dispositivo não é clara. Não obstante, pensamos que se houver sido reconhecida a estabilidade, caso tenha havido a prévia suspensão, os salários são devidos até a data da suspensão do empregado, pois enquanto não julgado o inquérito, o contrato de trabalho se encontra suspenso. De outro lado, não havendo suspensão, pensamos que os salários são devidos durante a tramitação do inquérito, pois a propositura do inquérito, nesta hipótese, não suspenderá o contrato de trabalho.

As custas no inquérito devem ser pagas ao final, conforme o art. 789 da CLT, com a redação dada pela Lei n. 10.537/02.

## 1.2. Efeitos da decisão proferida no inquérito para apuração de falta grave

Tendo havido prévia suspensão do contrato de trabalho, a decisão de improcedência do pedido formulado no inquérito transforma a suspensão do empregado em interrupção, tendo direito o empregado à reintegração no emprego, bem como todos os salários e demais vantagens do período de afastamento.

Caso seja julgado procedente o pedido do inquérito, o contrato de trabalho restará rescindido por culpa do empregado na data da suspensão do contrato de trabalho, se tiver havido suspensão prévia, ou na data da sentença, caso não tenha havido suspensão prévia do empregado.

## 1.3. Inquérito judicial para apuração de falta grave (natureza dúplice) e reconvenção

No inquérito judicial para apuração de falta grave com prévia suspensão do empregado, se o pedido do requerente for julgado improcedente, vale dizer: o Juiz entender que não houve falta grave, condenará o requerente a pagar ao requerido os salários do período de afastamento, que podem ser executados nos próprios autos de inquérito, sem a necessidade de reconvenção, uma vez que tal ação tem a chamada "natureza dúplice".

Discute-se na doutrina e jurisprudência se a reconvenção pode ser cabível no inquérito judicial. Conforme já nos pronunciamos anteriormente, acreditamos que a reconvenção seja compatível com o inquérito judicial para apuração de falta grave, quando o objeto da reconvenção seja mais amplo do que o recebimento dos salários do período de afastamento ou da reintegração do empregado estável, como por exemplo: em razão dos motivos da falta grave, o requerido (empregado), por meio de reconvenção, pleiteia a reparação de danos morais e patrimoniais que tenham conexão com a matéria versada no Inquérito.

## 2. Dissídio coletivo

## 2.1. Dos conflitos coletivos trabalhistas e do interesse coletivo

A doutrina costuma classificar os conflitos coletivos em: "conflitos jurídicos ou de direito", que não têm por objeto a criação de novas condições de trabalho, apenas de interpretação e aplicação da legislação já existente; e os "conflitos de interesse ou econômicos", que visam à criação de novas condições de trabalho. Há ainda os conflitos de greve que são um misto de interesse coletivo e interesse jurídico.

A atuação das entidades sindicais é desenvolvida, via de regra, em torno da proteção de interesses coletivos do grupo por elas representado. Não só assim, entretanto, pois, como adverte o art. 8º, III, da Constituição Federal de 1988, é tarefa do sindicato a defesa, também, dos interesses individuais da categoria[7].

---

(7) BRITO FILHO, José Cláudio Monteiro. *Direito sindical*. São Paulo: LTr, 2000. p. 249.

A doutrina sempre se esforçou para definir o que seja o interesse coletivo, pois este transcende a esfera individual para atingir um número significativo de pessoas.

O Direito do Trabalho, desde o seu surgimento, convive com os interesses coletivos, que tanto podem ser concretos, ou seja, quando há lesão coletiva de um direito já existente, ou quando o interesse se dá em abstrato, visando à criação de novas normas para a categoria.

Com efeito, diz o art. 8º, III, da CF: "ao sindicato cabe a defesa dos direitos e interesses coletivos ou individuais da categoria, inclusive em questões judiciais ou administrativas".

Conforme o referido dispositivo constitucional, ao sindicato cabe a defesa dos direitos individuais e coletivos da categoria. No aspecto coletivo, a legitimação do sindicato é própria para a defesa da categoria por mandamento constitucional, podendo defender os interesses concretos e abstratos da categoria. Para a defesa de direitos individuais homogêneos, o sindicato o faz na qualidade de substituto processual, ou seja: defende em nome próprio direito alheio (art. 6º, do CPC), sendo, atualmente, o entendimento do Supremo Tribunal Federal que a legitimidade do sindicato para a defesa dos direitos individuais homogêneos da categoria é ampla.

*Pedro Paulo Teixeira Manus*, em obra lapidar,[8] nos traz a seguinte definição do interesse coletivo no aspecto trabalhista:

"O interesse coletivo, no direito do trabalho é aquele de que é titular a categoria, ou uma parcela da categoria, como o grupo de empregados de algumas empresas, de uma empresa, ou grupo de empregados de um ou alguns setores de uma empresa. Esse interesse ultrapassa as pessoas que a integram porque indeterminado, sendo titular o grupo, cujos integrantes podem vir a ser determinados a cada momento e estão ligados entre si por pertencerem à mesma empresa, setor ou categoria profissional".

Como bem adverte *Antonio Monteiro Fernandes*[9], "não existe, pois, um critério para a determinação da existência de interesses colectivos. Pode, sim, deduzir-se pela via (sindical) pela qual se afirmam as pretensões, do método pelo qual são prosseguidas (a negociação nos termos regulados pela lei) e da amplitude dos efeitos que se vise desencadear com o resultado final: efeitos destinados a cristalizarem em certos contratos individuais, ou, invés, os efeitos de um padrão geral para um conjunto abstracto de relações laborais (efeitos normativos, portanto). São estes traços os que particularmente definem o fenómeno de superação (e, em certa medida, apagamento) dos interesses singulares ou individuais que leva à afirmação de interesses colectivos e às correspondentes formas de prossecução".

---

(8) MANUS, Pedro Paulo Teixeira. *Negociação coletiva e contrato individual de trabalho*. São Paulo: LTr, 2001. p. 27.

(9) *Op. cit.*, p. 842.

*Interesse coletivo é uma espécie de direitos transindividuais.*

O art. 81, da Lei n. 8.078/90, define, por meio de interpretação autêntica, os interesses transindividuais, dos quais o interesse coletivo é uma das suas espécies.

Com efeito, aduz o referido dispositivo legal:

> A defesa dos interesses e direitos dos consumidores e das vítimas poderá ser exercida em juízo individualmente, ou a título coletivo.
>
> Parágrafo único. A defesa coletiva será exercida quando se tratar de:
>
> (...) II – interesses ou direitos coletivos, assim entendidos, para efeitos deste Código, os transindividuais de natureza indivisível, de que seja titular grupo, categoria ou classe de pessoas ligadas entre si ou com a parte contrária por uma relação jurídica base.

Diante do referido dispositivo legal, pensamos ser interesse coletivo para fins trabalhistas: *o que transcende o aspecto individual para irradiar efeitos sobre um grupo ou categoria de pessoas, sendo uma espécie de soma de direitos individuais, mas também um direito próprio do grupo, cujos titulares são indeterminados, mas que podem ser determinados, ligados entre si (ou com a parte contrária) por uma relação jurídica base. Em razão disso, no Direito do Trabalho, cada categoria pode defender o próprio interesse e também, por meio de negociação coletiva, criar normas a viger no âmbito da categoria.*

Atualmente, há grande onda de impulso das ações coletivas tanto na doutrina como na jurisprudência, a ponto de a doutrina defender a existência de um *devido processo legal coletivo* que disciplina o acesso à jurisdição coletiva, bem como o procedimento das ações coletivas no âmbito do judiciário. Esse devido processo legal coletivo é decorrência do próprio princípio da inafastabilidade da jurisdição previsto no art. 5º, XXXV, da CF.

## 2.2. Do poder normativo da Justiça do Trabalho brasileira

Como destaca *Walter Wiliam Ripper*[10], "o poder normativo da Justiça do Trabalho, desde seu surgimento, é objeto de críticas de um lado (*Waldemar Ferreira*) e defesas de outro (*Oliveira Viana*). Discussões sobre seu banimento ou manutenção são largamente debatidas na doutrina jurídica e, sobretudo, na política nacional. Um instituto originado no Estado Novo, durante o governo de Getúlio Vargas, assim como nossa Consolidação das Leis do Trabalho, onde, principalmente em matéria coletiva, deixa sensíveis rastros do pensamento político de Getúlio e do fascismo consagrado por Mussolini".

Para *Henrique Macedo Hinz*, "a unanimidade da doutrina encontra na concepção corporativista da sociedade a origem do poder normativo atribuído à Justiça do Trabalho"[11].

Inegavelmente, o poder normativo constitui uma intervenção do Estado nas relações de trabalho e máxime no conflito coletivo para solucioná-lo, substituindo a vontade das partes, e submetendo-as, coativamente, à decisão judicial.

---

(10) RIPPER, Walter Wiliam. Poder normativo da Justiça do Trabalho: análise do antes, do agora e do possível depois. In: *Revista LTr* 69-07/848.

(11) HINZ, Henrique Macedo. *O poder normativo da Justiça do Trabalho.* São Paulo: LTr, 2000. p. 50.

Trata-se de uma competência anômala conferida à Justiça do Trabalho para, uma vez solucionando o conflito de interesse, criar normas que irão regular as relações entre as categorias profissional e econômica. Não se trata apenas de aplicar o direito preexistente, mas de criar, dentro de determinados parâmetros, normas jurídicas. Por isso, se diz que o poder normativo da Justiça do Trabalho atua no vazio da lei, ou seja: quando não há lei dispondo sobre a questão. Em razão disso, a Justiça do Trabalho detém a competência constitucional para criar normas por meio da chamada sentença normativa.

*Amauri Mascaro Nascimento* enxerga o Poder Normativo como "a competência constitucional dos Tribunais do Trabalho para proferir decisões nos processos de dissídios econômicos, criando condições de trabalho com força obrigatória".[12]

Para *José Augusto Rodrigues Pinto*, o poder normativo "é a competência determinada a órgão do poder judiciário para, em processo no qual são discutidos interesses gerais e abstratos, criar norma jurídica destinada a submeter à sua autoridade as relações jurídicas de interesse individual concreto na área da matéria legislativa"[13].

Há argumentos favoráveis e desfavoráveis ao poder normativo da Justiça do Trabalho brasileira.

Dentre os argumentos favoráveis ao poder normativo, podemos apontar:

a) acesso à Justiça do Trabalho[14];

b) garantia de efetividade dos direitos trabalhistas;

c) garantia de equilíbrio na solução do conflito coletivo, máxime quando uma das categorias é fraca;

d) tradição dos países de Terceiro Mundo em solucionar o conflito por meio do Poder Judiciário;

e) não impede que trabalhadores e empregadores criem consciência de classe e regulem seus próprios interesses;

f) redução da litigiosidade e pacificação social[15];

---

(12) NASCIMENTO, Amauri Mascaro. *Curso de direito processual do trabalho*. 21. ed. São Paulo: Saraiva, 2002. p. 633-634.

(13) RODRIGUES PINTO. *Direito sindical e coletivo do trabalho*. São Paulo: LTr, 1998. p. 370.

(14) Como bem adverte Amauri Mascaro Nascimento: "Não se pode deixar de lado a tendência do direito processual civil com a denominada coletivização das ações. Que vem se revelando tão intensa, entre outros meios, pela substituição processual aplicada aos processos individuais trabalhistas, para a defesa, pelo sindicato, em nome próprio, de direitos difusos, coletivos e até mesmo individuais homogêneos" (A questão do dissídio coletivo "de comum acordo". In: *Revista LTr* 70-06/649)

(15) Segundo Amauri Mascaro Nascimento: "Ninguém pode duvidar que esteja praticamente afetado o próprio direito de propor dissídio coletivo caso se conclua que a sua propositura deve ser autorizada pelo suscitado. Nesse caso, os Sindicatos de trabalhadores, frustrada a negociação coletiva e impossibilitado o dissídio coletivo, terão de encontrar uma desembocadura para o conflito. Certamente, à falta de negociação, os

g) sindicalização por categoria e unicidade sindical;

h) fragilidade do movimento sindical brasileiro[16];

i) tendência universal do acesso à Justiça para a defesa dos interesses difusos, coletivos e individuais homogêneos[17].

Dentre os argumentos desfavoráveis à existência do Poder Normativo, destacamos:

a) interferência indevida do Poder Judiciário na atividade legislativa;

b) morosidade do judiciário trabalhista;

c) falta de efetividade da sentença normativa, pois muitas vezes divorciada da realidade. Oscar Ermida Uriarte[18] utilizou a expressão *brecha entre derecho y realidad* (lacuna entre direito e realidade);

d) despreparo técnico dos juízes em conhecer efetivamente o conflito coletivo e a realidade da categoria[19];

e) engessamento da negociação coletiva;

f) acomodação das categorias profissional e econômica;

---

Sindicatos só terão uma alternativa, a greve, o que não é do interesse social e econômico do País. Desse modo, dar validade à exigência do ajuizamento bilateral do dissídio coletivo pode funcionar como um incentivo ao grevismo. Como demonstram Cândido Rangel Dinamarco e Kazuo Watanabe, a litigiosidade contida é perigoso fator de infelicidade pessoal e desagregação social e, por isso, constitui missão e dever do Estado à eliminação desses estados de insatisfação. O escopo de pacificar as pessoas mediante a eliminação de conflitos com justiça, é, em última análise, a razão mais profunda pela qual o processo existe e se legitima na sociedade (Cândido Dinamarco)" (In: *Revista LTr* 70-06/656).

(16) Como destaca João Oreste Dalazen: "conforme alerta, acertadamente, Antonio Álvares da Silva, 'nenhum país civilizado do mundo ocidental chegou ao estágio atual de sua evolução sem contar com a participação dos sindicatos como meio eficiente de solução dos problemas sociais'. Manifesto que um sindicalismo genuíno e representativo pode atenuar a conflituosidade permanente entre o Capital e o Trabalho, como nos ensina o bem-sucedido exemplo da Espanha. A reforma do modelo sindical, portanto, é a palavra de ordem e deveria constituir uma das prioridades da nação" (Reflexões sobre o poder normativo da Justiça do Trabalho e a emenda constitucional n. 45/04. In: *Revista da Academia Nacional de Direito do Trabalho*, ano XIII, n. 13. São Paulo: LTr, 2006. p.135).

(17) Inegavelmente, tem sido uma tendência do direito processual, a chamada "coletivização do processo", principalmente na esfera trabalhista, em que o trabalhador enfrenta grandes dificuldades no acesso à Justiça e também, em razão do vínculo de emprego, há sempre o temor de sofrer retaliações, se ingressar com uma ação durante o contrato de trabalho. Além disso, na esfera trabalhista, há uma certa peculiaridade de normatividade nas decisões, ainda que se refiram à interpretação e aplicação do direito. Como, por exemplo, as ações declaratórias de representação sindical (art. 114, III, da CF), ações anulatórias de acordos e convenções coletivas de trabalho. Ações civis públicas, impondo obrigações de fazer ou não fazer aos empregadores ou tomadores de serviços. Sendo assim, a restrição do poder normativo da Justiça do Trabalho estaria na contramão da tendência universal do acesso ao judiciário e à coletivização das ações.

(18) *Caracteres, tendencias y futuro del derecho del trabajo*. Palestra proferida no Congresso Internacional de Direito do Trabalho promovido pela AMATRA 15 em 10.11.2006 em Campinas.

(19) De outro lado, também não se exige que o juiz conheça a essência dos conflitos, pois o juízo tem que conhecer a realidade do processo, aplicando-se o antigo aforismo: *o que não está nos autos não está no mundo*.

*Arion Sayão Romita* destaca quatro antinomias constitucionais:

"1ª – entre o art. 1º, parágrafo único, e o art. 114, § 2º: se o povo exerce poder por intermédio de seus representantes eleitos, o poder normativo, exercido pelos juízes, não poderia ser acolhido pela Constituição, pois juízes não são representantes do povo; 2ª – entre o art. 5º, inciso LV, que reconhece o princípio do contraditório sem qualquer exceção, e o art. 114, § 2º: no exercício do poder normativo, a Justiça do Trabalho não é obrigada a observar o referido princípio, pois exerce jurisdição de equidade, dispensando a manifestação de contrariedade por parte da categoria econômica suscitada no dissídio coletivo; 3ª – entre o art. 93, inciso IX e o art. 114, § 2º: como decisão judicial, a sentença normativa não pode deixar de ser fundamentada, sob pena de nulidade; entretanto, o poder normativo se exerce como meio de solução de controvérsia coletiva, mediante edição de normas (poder legislativo delegado), tarefa que dispensa fundamentação; 4ª – entre o art. 9º e o art. 114, § 2º: enquanto o primeiro dispositivo assegura o exercício do direito de greve pelos trabalhadores, o outro o inviabiliza, pois o poder normativo é utilizado para julgar a greve, inibindo o entendimento direto entre os interlocutores sociais".[20]

Não temos dúvidas de que a melhor solução do conflito coletivo se dá por meio da negociação coletiva, máxime quando há equilíbrio entre as categorias profissionais e econômicas[21].

Aliás, bem antes da EC 45, a jurisprudência do TST só vinha admitindo o dissídio coletivo de natureza econômica, quando o sindicato suscitante comprovasse que esgotou a possibilidade da negociação coletiva (Instrução Normativa n. 4/93 do TST — hoje cancelada).

Nesse sentido é o art. 219 do Regimento Interno do TST: "Frustrada, total ou parcialmente, a autocomposição dos interesses coletivos em negociação promovida diretamente pelos interessados ou mediante intermediação administrativa do órgão competente do Ministério do Trabalho, poderá ser ajuizada a ação de dissídio coletivo. § 1º Na impossibilidade real de encerramento da negociação coletiva em curso antes do termo final a que se refere o art. 616, § 3º, da CLT, a entidade interessada poderá formular protesto judicial em petição escrita, dirigida ao Presidente do Tribunal, a

---

(20) ROMITA, Arion Sayão. O poder normativo da Justiça do Trabalho: antinomias constitucionais. In: *Revista LTr*, São Paulo: LTr, vol. 65, n. 03, mar. 2001. p. 268.

(21) Ensina Jorge Luiz Souto Maior: "Quando há poder de fogo para negociar, a negociação ocorre e tem sido largamente utilizada. Quando essa situação não existe é que surge o campo de atuação do poder normativo da Justiça do Trabalho. De qualquer modo, não é o poder normativo que cria a realidade. Essa realidade lhe é subjacente e é fruto do conhecido baixo nível cultural da população brasileira. Não é a extinção do poder normativo que vai alterar essa realidade sociocultural, que se apresenta, no Brasil, um caso crônico. A grande atuação do poder normativo é o reflexo dessa situação e não o inverso" (Poder normativo da Justiça do Trabalho: uma questão política. *Jornal do XI Congresso Brasileiro de Direito Coletivo do Trabalho*, LTr. p. 42).

fim de preservar a data-base da categoria. § 2º Deferida a medida prevista no item anterior, a representação coletiva será ajuizada no prazo máximo de trinta dias, contados da intimação, sob pena de perda da eficácia do protesto".

Não obstante, o nosso sistema sindical apresenta alguns entraves para que a negociação coletiva seja efetiva como a unicidade sindical, negociação por categoria, participação obrigatória dos sindicatos na negociação coletiva, falta de tradição na utilização da arbitragem como meio de solução dos conflitos e um sindicalismo ainda em desenvolvimento, em que falta consciência e informação da classe trabalhadora.

Em que pesem os ponderáveis argumentos em sentido contrário, embora possa ser restringido, o poder normativo ainda se faz necessário, como o último subterfúgio de garantia do equilíbrio na solução justa do conflito coletivo.

Vale lembrar que a solução judicial do conflito coletivo pela Justiça do Trabalho é uma faculdade das partes e, embora o instituto tenha origem fascista, ele deve ser interpretado segundo o atual estágio que vive o direito do trabalho. Cumpre lembrar que a lei, uma vez editada, se desvincula do seu criador para adquirir vida própria.

Nesse sentido é a advertência de *Henrique Macedo Hinz*[22]: "... a realidade fática de nosso gigante país, com suas gritantes diferenças sociais, políticas e econômicas, não permite que o Estado, especialmente o Judiciário Trabalhista, simplesmente saia de cena no que se refere aos conflitos coletivos de trabalho, sob pena de aleijar, ainda mais, aqueles pertencentes a categorias menos organizadas e reivindicativas. Se século atrás o distanciamento do Estado das relações sociais mostrou ser desastrosas como um todo, os que militam diuturnamente na área trabalhista sabem, sem sombra de dúvida, as consequências advindas da eliminação pura e simples do poder normativo atribuído à Justiça do Trabalho. Não se pode, pura e simplesmente, em face de suas origens, ou de vícios que já vêm sendo eliminados, extinguir aquele que é o único meio de progresso à significativa parcela dos trabalhadores brasileiros".

## 2.3. Do dissídio coletivo – conceito e espécies

O dissídio coletivo, conforme previsto na Consolidação das Leis do Trabalho, é uma ação de rito especial, proposta perante a Justiça do Trabalho, tendo por objetivo solucionar o conflito coletivo de trabalho.

Ensina *Amauri Mascaro Nascimento*[23]:

"Dissídio coletivo é um processo judicial de solução dos conflitos coletivos econômicos e jurídicos que no Brasil ganhou a máxima expressão como um importante mecanismo de criação de normas e condições de trabalho por meio dos tribunais trabalhistas, que proferem sentenças denominadas normativas quando as partes que não se compuseram na negociação coletiva acionam a jurisdição".

---

(22) HINZ, Henrique Macedo. *O poder normativo da Justiça do Trabalho*. São Paulo: LTr, 2000. p. 71.

(23) NASCIMENTO, Amauri Mascaro. *Curso de direito do trabalho*. 22. ed. São Paulo: Saraiva, 2007. p. 769.

Para *Carlos Henrique Bezerra Leite*[24]: o dissídio coletivo é uma espécie de ação coletiva conferida a determinados entes coletivos, geralmente os sindicatos, para a defesa de interesses cujos titulares materiais não são pessoas individualmente consideradas, mas sim grupos ou categorias econômicas, profissionais ou diferenciadas, visando à criação, interpretação de normas que irão incidir no âmbito dessas mesmas categorias.

Se o conflito for econômico ou de interesse, o dissídio coletivo terá por objeto criar novos direitos no âmbito das categorias profissional e econômica, exercendo a Justiça do Trabalho o chamado *poder normativo*.

Caso o conflito for jurídico ou de interpretação, o objeto do dissídio será apenas declarar o alcance de determinado dispositivo legal, convencional ou regulamentar no âmbito das categorias profissional e econômica. Nesta modalidade, a Justiça do Trabalho não exercerá o poder normativo.

Na greve, o dissídio coletivo (art. 8º da Lei n. 7.783/89) tem natureza híbrida, pois, num primeiro plano, a Justiça do Trabalho irá dirimir a controvérsia jurídica, declarando ou não a greve abusiva e, num segundo plano, irá apreciar as cláusulas econômicas, exercendo o poder normativo (dissídio de natureza econômica).

Segundo a doutrina, os dissídios coletivos de natureza econômica, podem ser:

*a) originários:* quando se buscam normas para a categoria ainda não existentes (art. 867, *a*, da CLT).

Segundo *Ives Grandra da Silva Martins Filho*[25], é o dissídio originário quando inexistente norma coletiva anterior (primeira vez que a categoria profissional litiga contra a categoria econômica), quer seja acordo, convenção ou sentença coletiva.

*b) de revisão:* buscam alterar cláusulas fixadas na sentença normativa já fixadas pelo judiciário na sentença normativa (arts. 873 a 875 da CLT).

Ensina *Amauri Mascaro Nascimento*[26]:

"Revisão é o ato mediante o qual o órgão jurisdicional, considerando que houve sensível alteração nas condições de fato que determinaram a estipulação de certas normas numa regulamentação coletiva de trabalho, dispõe-se a modificá-las, para uma atualização, segundo as necessidades e os imperativos de interesse social".

Por ter natureza econômica, o dissídio de revisão deve estar condicionado à exigência do comum acordo, nos termos do § 2º do art. 114 da Constituição Federal.

---

(24) BEZERRA LEITE, Carlos Henrique. *Curso de direito processual do trabalho.* 5. ed. São Paulo: LTr, 2007. p. 1.030.

(25) MARTINS FILHO, Ives Gandra. *Processo coletivo do trabalho.* 3. ed. São Paulo: LTr, 2003. p. 80.

(26) NASCIMENTO, Amauri Mascaro. *Curso de direito processual do trabalho.* 22. ed. São Paulo: Saraiva, 2007. p. 807.

Dispõe o art. 873, da CLT:

> Decorrido mais de um ano de sua vigência, caberá revisão das decisões que fixarem condições de trabalho, quando se tiverem modificado as circunstâncias que as ditaram, de modo que tais condições se hajam tornado injustas ou inaplicáveis.

Conforme o art. 874 da CLT: "A revisão poderá ser promovida por iniciativa do tribunal prolator, da Procuradoria da Justiça do Trabalho, das associações sindicais ou de empregador ou empregadores interessados no cumprimento da decisão. Parágrafo único. Quando a revisão for promovida por iniciativa do Tribunal prolator ou da Procuradoria, as associações sindicais e o empregador ou empregadores interessados serão ouvidos no prazo de 30 (trinta) dias. Quando promovida por uma das partes interessadas, serão as outras ouvidas também por igual prazo".

A competência funcional para o dissídio de revisão é a mesma do Tribunal que julgou o dissídio coletivo de natureza econômica.

*c) de extensão:* que têm por objeto estender as cláusulas fixadas na sentença normativa para toda a categoria (arts. 868 a 871 da CLT).

Como bem adverte *Martins Filho*[27], a extensão de normas tem se dado dentro do próprio dissídio revisional, consistente na aplicação impositiva a toda a categoria, de acordo firmado em relação à parte dela, com base no tratamento isonômico dos trabalhadores a ela pertencentes.

Dispõe o art. 868 da CLT:

> Em caso de dissídio coletivo que tenha por motivo novas condições de trabalho, e no qual figure como parte apenas uma fração de empregados de uma empresa, poderá o tribunal competente, na própria decisão, estender tais condições de trabalho, se julgar justo e conveniente, aos demais empregados da empresa que forem da mesma profissão dos dissidentes. Parágrafo único. O Tribunal fixará a data em que a decisão deve entrar em execução, bem como o prazo de sua vigência, o qual não poderá ser superior a quatro anos.

Nos termos do art. 869 da CLT, a decisão sobre novas condições de trabalho poderá também ser estendida a todos os empregados da mesma categoria profissional compreendida na jurisdição do Tribunal:

a) por solicitação de um ou mais empregadores, ou de qualquer sindicato destes;

b) por solicitação de um ou mais sindicatos de empregados;

c) *ex officio* pelo Tribunal que houver proferido a decisão;

d) por solicitação da Procuradoria da Justiça do Trabalho.

Nos termos do art. 870 da CLT, "Para que a decisão possa ser estendida, na forma do artigo anterior, torna-se preciso que três quartos dos empregadores e três quartos dos empregados, ou os respectivos sindicatos, concordem com a extensão

---

(27) *Op. cit.*, p. 81.

da decisão. § 1º O tribunal competente marcará prazo, não inferior a trinta nem superior a sessenta dias, a fim de que se manifestem os interessados. § 2º Ouvidos os interessados e a Procuradoria da Justiça do Trabalho, será o processo submetido ao julgamento do Tribunal".

Como bem adverte *Carlos Henrique Bezerra Leite*[28]:

> "A validade da extensão dos efeitos da sentença normativa a todos os empregados da mesma categoria profissional, segundo o art. 870 da CLT, depende de concordância dos sindicatos que figurarem nos polos ativo e passivo da lide coletiva ou, se o dissídio coletivo decorrer de acordo coletivo frustrado, de pelo menos três quartos dos empregadores e três quartos dos empregados. Essa norma, a nosso ver, está em harmonia com a nova redação dada pela EC n. 45/04 ao art. 114, § 2º, da CF".

O Tribunal Superior do Trabalho dispõe a respeito no art. 220 do seu Regimento Interno, *in verbis*:

> Os dissídios coletivos podem ser: I – de natureza econômica, para a instituição de normas e condições de trabalho; II – de natureza jurídica, para interpretação de cláusulas de sentenças normativas, de instrumentos de negociação coletiva, acordos e convenções coletivas, de disposições legais particulares de categoria profissional ou econômica e de atos normativos; III – originários, quando inexistentes ou em vigor normas e condições especiais de trabalho, decretadas em sentença normativa; IV – de revisão, quando destinados a reavaliar normas e condições coletivas de trabalho preexistentes, que se hajam tornado injustas ou ineficazes pela modificação das circunstâncias que as ditaram; e V – de declaração sobre a paralisação do trabalho decorrente de greve.

## 2.4. A questão do comum acordo para ajuizar o dissídio coletivo de natureza econômica

Como destaca *Amauri Mascaro Nascimento*[29], a questão do comum acordo é uma das mais importantes questões processuais dentre as que ultimamente têm surgido, não só pelos reflexos econômicos e sociais do dissídio coletivo econômico nas relações de trabalho e na vida das empresas, como pelos singularíssimos aspectos que estão subjacentes às dimensões jurídicas.

À primeira vista parece causar espécie a redação do § 2º do art. 114, pois o dissídio pressupõe lide, que é o conflito de interesses qualificado por uma pretensão resistida. Como pode haver comum acordo para ajuizamento de dissídio, se este pressupõe o dissenso entre as partes?

---

(28) BEZERRA LEITE, Carlos Henrique. *Curso de direito processual do trabalho.* 5. ed. São Paulo: LTr, 2007. p. 1.051.

(29) NASCIMENTO. Amauri Mascaro. A questão do dissídio coletivo de "comum acordo". In: *Revista LTr*, São Paulo: LTr, 2006. p. 70-06/647.

Diz a atual redação do art. 114, § 2º, da CF: "Recusando-se qualquer das partes à negociação coletiva ou à arbitragem, é facultado às mesmas, de comum acordo, ajuizar dissídio coletivo de natureza econômica, podendo a Justiça do Trabalho decidir o conflito, respeitadas as disposições mínimas legais de proteção ao trabalho, bem como as convencionadas anteriormente".

Diante da nova redação do citado dispositivo legal, foram muitas as interpretações da expressão "comum acordo".

Alguns intérpretes têm considerado que a expressão ajuizar de comum acordo não produz nenhuma alteração, pois o dissídio coletivo pressupõe conflito. Além disso, argumentam que a exigibilidade de consenso para ingresso do dissídio coletivo de natureza econômica fere um direito maior que é o do acesso à Justiça do Trabalho, previsto no art. 5º, XXXV, da CF. Portanto, nesta linha de argumentação é inconstitucional a exigência do comum acordo para ajuizamento do dissídio coletivo de natureza econômica. Ou seja, trata-se de uma emenda constitucional inconstitucional.

Nesse sentido, cumpre destacar a seguinte ementa:

> Preliminar de extinção do feito por ausência de comum acordo para a instauração do dissídio — Rejeição — Compreensão do tema à luz do princípio de inafastabilidade da jurisdição. Em razão do princípio da inafastabilidade da jurisdição (Constituição, art. 5º, XXXV), não segue, do texto do art. 114, § 2º, da Constituição da República, que o dissídio coletivo só possa resultar, já para a sua instauração, de mútuo acordo entre partes contravindas. É que a jurisdição, a principal garantia dos direitos subjetivos, não se afasta, nem cessa de poder ser invocada, em caso de lesão ou ameaça, a significar também que não a condiciona uma qualquer restrição, menos ainda o veto que uma parte queira apor à pretensão da outra que já não pode prescindir da tutela jurídica. Não obtida a conciliação, abre-se a via judicial, inclusive, por comum acordo. Esta cláusula, como decorre do art. 114, § 2º, concerne a uma faculdade das partes ("é facultado", diz a norma) e, portanto, não exclui o exercício da jurisdição para assegurar a tutela coletiva, que é direito fundamental, como fundamentais são os direitos sociais dos trabalhadores, aos quais se negaria, em última análise, proteção e, em certa medida, expansão sempre que se lhes recusasse, enquanto categoria, o acesso à via judicial. Neste caso, o veto em que o comum acordo se transformara passaria a expressar uma recusa peremptória à prestação de justiça, função ontológica e indeclinável do Estado. (TRT 3ª R – Seção Especializada de Dissídios Coletivos – Rel. Des. Marcus Moura Ferreira – 6.11.09 – p. 98 – Processo DC n. 569/2008.000.03.00-4) (RDT n. 12 – dezembro de 2009).

A nosso ver, o § 2º do art. 114 da CF não atrita com o princípio da inafastabilidade da jurisdição previsto no art. 5º, XXXV, da CF, que é dirigido à lesão de direito já existente (positivado no ordenamento jurídico), pois o dissídio coletivo de natureza econômica tem natureza dispositiva (ou constitutiva para alguns), já que visa à criação de norma aplicável no âmbito da categoria e não de aplicação do direito vigente a uma lesão de direito. Além disso, se trata de competência atribuída à Justiça do Trabalho, por exceção, para criar normas jurídicas no âmbito das categorias profissional e econômica, no chamado vazio da lei e solucionar o conflito coletivo de natureza econômica, quando fracassarem as tentativas de negociação direta e arbitragem voluntária.

Nesse sentido é o Enunciado n. 35, da 1ª Jornada de Direito Material e Processual do Trabalho realizada no Tribunal Superior do Trabalho *in verbis*:

> DISSÍDIO COLETIVO. COMUM ACORDO. CONSTITUCIONALIDADE. AUSÊNCIA DE VULNERABILIDADE AO ART. 114, § 2º, DA CRFB. Dadas as características das quais se reveste a negociação coletiva, não fere o princípio do acesso à Justiça o pré-requisito do comum acordo (§ 2º, do art. 114, da CRFB) previsto como necessário para a instauração da instância em dissídio coletivo, tendo em vista que a exigência visa a fomentar o desenvolvimento da atividade sindical, possibilitando que os entes sindicais ou a empresa decidam sobre a melhor forma de solução dos conflitos.

No mesmo sentido o parecer do Procurador Geral da República na ADI n. 3432-4/DF, vazado nos seguintes argumentos:

> Ação direta de inconstitucionalidade em face do § 2º do art. 114 da Constituição, com a redação dada pelo art. 1º da Emenda Constitucional n. 45, de 8 de dezembro de 2004. O poder normativo da Justiça do Trabalho, por não ser atividade substancialmente jurisdicional, não está abrangido pelo âmbito normativo do art. 5º, XXXV, da Constituição da República. Assim, sendo, sua restrição pode ser levada a efeito por meio de reforma constitucional, sem que seja violada a cláusula pétrea que estabelece o princípio da inafastabilidade do Poder Judiciário (In: BEZERRA LEITE, Carlos Henrique. *Curso de direito processual do trabalho.* 7. ed. São Paulo: LTr, 2009. p. 976).

De outro lado, muitos entendem, diante da clareza do texto constitucional, que não há como se negar a exigência de tal requisito, divergindo quanto ao momento em que ele deve ser preenchido, se como condição de ingresso da ação, ou pode ser obtido *a posteriori*.

Para parte da doutrina o comum acordo não precisa ser prévio.

Nesse sentido é a posição de *Pedro Paulo Teixeira Manus*[30]:

"A Emenda Constitucional n. 45/2004 condiciona o exercício do poder normativo ao ajuizamento do dissídio coletivo por ambas as partes, de comum acordo, conforme o art. 114, § 2º, da CF. Devemos compreender a expressão comum acordo, a nosso ver, à concordância da parte contrária e não obrigatoriamente ao ajuizamento conjunto do dissídio, o que tornaria na maior parte dos casos inviável o ajuizamento".

No mesmo sentido, destacam-se as seguintes ementas:

> Dissídio Coletivo. Ajuizamento de comum acordo. Ajuizamento unilateral. Possibilidade. CF. Art. 8º, III x EC. 45/2004, Art. 114, § 2º. Compreensão. Possível o ajuizamento unilateral do dissídio coletivo porque foi mantido mais que o poder normativo, ou seja, o inciso III do art. 8º da Constituição, quer dizer, a defesa pelo sindicato de interesses — e não de direitos — coletivos — não meramente individuais — em

---

(30) MANUS, Pedro Paulo Teixeira. *Direito do trabalho.* 10. ed. São Paulo: Atlas, 2006. p. 244.

questões judiciais. Trocando em miúdos, dissídio coletivo de iniciativa do sindicato para a defesa das reivindicações da coletividade representada. Se o adversário recusa a arbitragem privada e também a jurisdicional, o conflito se mantém e os interesses dos trabalhadores, de melhores condições de salário e de trabalho, com apoio na ordem econômica, fundada na valorização do trabalho e social, que tem como base o primado do trabalho e como objetivo o bem-estar e a justiça social, são lesados, sem que se permita o acesso ao Poder Judiciário para defendê-las, como assegura a Constituição, no inciso XXXV do art. 5º. (TRT – 2ª R. – AC 2005001595 – 21.7.2005 – DCE – SDC – DOE SP – Pj – 9.8.2005 – Relator José Carlos da Silva Arouca)

Dissídio coletivo econômico. Comum acordo. Faculdade: A faculdade de ajuizamento conjunto (de comum acordo) não exclui o ajuizamento unilateral, cujo amparo decorre de cláusula pétrea constitucional, até porque estabelecer a exigência do prévio comum acordo como *"conditio sine qua non"* para a instauração do dissídio coletivo implica forjar uma antinomia entre o art. 114 e a cláusula pétrea da indeclinabilidade da jurisdição, contemplada no inciso XXXV do art. 5º da Carta Magna, resumida no princípio segundo o qual a lei não excluirá da apreciação do Poder Judiciário lesão ou ameaça a direito. 2) Categoria diferenciada. Parte legítima: Os trabalhadores que tenham condições de vida singulares e possuem estatuto profissional próprio e distinto daqueles pertencentes às categorias profissionais preponderantes nas empresas onde se ativam, integram uma categoria profissional diferenciada, nos termos previstos no § 3º, do art. 511 da CLT. 3) "Quorum". Art. 612, da CLT: Obedecido o "quorum" estatutário, não há que se falar em descumprimento da norma contida no art. 612, da CLT, vez que o "quorum" mínimo ali previsto não foi recepcionado pelo art. 8º, da Constituição Federal, sendo certo que as Orientações Jurisprudenciais n. 13 e 21, da SDC, do C. TST, foram canceladas. 4) Negociação prévia. Exaurimento: O não comparecimento a reunião agendada junto à Delegacia Regional do Trabalho impossibilita qualquer composição e a ausência de acordo perante o Tribunal, demonstra, inequivocamente, o exaurimento da negociação prévia. 5) Sindicato estadual. Múltiplas assembleias. Desnecessidade. Edital veiculado por jornal de circulação estadual: Uma vez obedecidas as normas estatutárias, é desnecessária a realização de múltiplas assembleias, vez que se trata de questão "interna corporis", ressaltando-se que a OJ n. 14, da SDC, do C. TST, foi cancelada. Tendo sido publicado o edital em jornal de circulação em toda a base territorial do sindicato, observa-se o cumprimento à OJ n. 28, da SDC, do C. TST. 6) Data-base. Manutenção. Prazo previsto pelo art. 616, § 3º, da CLT: A data-base já reconhecida na norma coletiva anterior deve ser mantida, até mesmo para evitar maiores disparidades ou dificuldades no próprio seio da atividade econômica, que firma normas coletivas com os demais empregados na mesma data-base. Porém, sendo o dissídio coletivo ajuizado fora do prazo previsto pelo art. 616, § 3º, da CLT, e não tendo o suscitante noticiado protesto ou acordo garantindo a vigência a partir da data-base, a norma proferida vigerá a partir de sua publicação, nos termos do art. 867, parágrafo único, a, da CLT. 7) Manutenção de cláusulas preexistentes. Aplicação dos Precedentes do Tribunal: Dissídio coletivo que se julga parcialmente procedente. (TRT – 2ª R. – Acórdão n. 2006000061 – Processo n. 20222-2005-000-02-00-0 – Ano 2005 – Turma: SDC – Data de publicação: 24.1.2006 – Relª Juíza Wilma Nogueira de Araújo Vaz da Silva)

Para outros, o comum acordo a que se refere a EC n. 45/04 pode ser obtido até de forma tácita, o que equivale à ausência de oposição. Desse modo, se o suscitado comparecer à audiência de conciliação, apresentar defesa e não se opuser ao prosseguimento do processo, tacitamente está anuindo, pois não praticou nenhum ato incompatível com a aceitação em se submeter à decisão judicial.

Nesse sentido, a seguinte ementa:

> Dissídio coletivo de natureza econômica. Art. 114, § 2º, da CF. Comum acordo não significa necessariamente, petição conjunta. Interpretação história. Aplicação do princípio da inafastabilidade da jurisdição. Precedente desta C. SDC. Dissídio que é conhecido e julgado procedente em parte. (TRT – 2ª R. – DCE 17.11.2005 – Rel. Carlos Francisco Berardo)

Por outro lado, há entendimentos no sentido de que o comum acordo tem que ser prévio, vale dizer: obtido quando do ajuizamento do dissídio coletivo, como sendo um pressuposto processual. Em sendo um pressuposto processual, o requisito do "comum acordo" deve estar presente já no ingresso do dissídio, sob consequência de nulidade do processo, uma vez que os pressupostos processuais são requisitos de existência, regularidade de desenvolvimento da relação jurídica processual.

A nosso ver, se prevalecer o entendimento de que deve haver acordo prévio para a instauração do dissídio coletivo de natureza econômica, o poder normativo da Justiça do Trabalho foi praticamente extinto, pois dificilmente haverá tal requisito na instauração do litígio, já que, se o conflito chegou até a Justiça do Trabalho, é porque, presumivelmente, fracassaram as tentativas de solução amigável do litígio ou de arbitragem voluntária.

No campo da processualística talvez não seja difícil "escapar" do requisito do comum acordo prévio, pois, interpretando-se tal requisito como sendo uma condição da ação, esta pode ser preenchida no curso do processo. Segundo *Liebman*, as condições da ação ainda que não presentes quando da propositura da ação, podem ser preenchidas até o julgamento.

No nosso sentir, o poder normativo não fora extinto, pois se assim quisesse o legislador ele o teria feito expressamente. Inegavelmente, houve uma restrição do poder normativo, ou, melhor dizendo, ao acesso a ele.

A EC n. 45 visou a restringir o acesso à Justiça do Trabalho para resolução dos conflitos coletivos de interesse, prestigiando a autocomposição.

Interpretando-se literalmente o § 2º do art. 114 da CF nos parece que não há dúvidas de que o "comum acordo" tem que ser prévio, pois a lei fala em *ajuizar, de comum acordo*.

A nosso ver, o comum acordo não é um pressuposto processual, e sim uma condição da ação, ou, melhor dizendo, um óbice à apreciação da pretensão coletiva trazida em juízo. Por isso não se trata de um requisito de validade da relação jurídica processual, mas uma condição prévia para a apreciação da pretensão. Cumpre destacar que o "comum acordo" se assemelha ao compromisso arbitral e, pelo art. 301, § 4º, do CPC, o Juiz não pode conhecê-lo de ofício. Como destaca

*Fredie Didier Júnior*[31]: "o compromisso arbitral, embora seja exceção (matéria que o magistrado pode conhecer *ex officio*), deve ser alegado na contestação e não por exceção instrumental. O silêncio do demandado quanto ao compromisso não gera qualquer nulidade".

Assim, não há necessidade de o comum acordo ser prévio ao ajuizamento do dissídio, podendo tal condição da ação ser preenchida no curso do processo, inclusive de forma tácita, pela não oposição do suscitado.

Recentemente, pronunciou-se o C. TST, exigindo a presença do comum acordo quando do ajuizamento do dissídio, conforme a dicção da seguinte ementa:

> DISSÍDIO COLETIVO. PARÁGRAFO 2º DO ART. 114 DA CONSTITUIÇÃO DA REPÚBLICA. EXIGIBILIDADE DA ANUÊNCIA PRÉVIA. Não demonstrado o comum acordo, exigido para o ajuizamento do Dissídio Coletivo, consoante a diretriz constitucional, evidencia-se a inviabilidade do exame do mérito da questão controvertida, por ausência de condição da ação, devendo-se extinguir o processo, sem resolução do mérito, à luz do art. 267, inciso VI, do CPC. Preliminar que se acolhe. (PROC. DC 165049/2005-000-00-00.4 – TST – Carlos Alberto Reis de Paula – Ministro Relator – DJU 29.9.2006) (DT – Novembro/2006 – vol. 148, p. 165).

No mesmo sentido, as seguintes ementas, oriundas de Tribunais Regionais do Trabalho:

> Dissídio coletivo — Falta de comum acordo. Em que pesem as posições contrárias em defesa do princípio da inafastabilidade da jurisdição (art. 5º, inciso XXXV, da CRFB), não se pode desconsiderar que a Emenda n. 45/04 impôs a observância de comum acordo para o ajuizamento de dissídio coletivo. Por conseguinte, o não cumprimento dessa exigência impõe a extinção do processo sem julgamento do mérito por ausência de pressuposto válido e regular do feito. (TRT – 12ª R. – Seção Especializada 1 – Rel. Juiz Garibaldi T. P. Ferreira – Doc. n. 1068010 em 7.1.09 – DC n. 588/2007.000.12.00-0) (RDT n. 03 – março de 2009)

> Dissídio coletivo de natureza econômica — Emenda Constitucional n. 45/04 — Comum acordo — Pressuposto processual para o ajuizamento da ação coletiva. A Emenda Constitucional n. 45/04, modificadora da redação contida no § 2º do art. 114, previu pressuposto processual específico para o ajuizamento de dissídio coletivo de natureza econômica, consubstanciado na necessidade de demonstração de comum acordo entre os sindicatos envolvidos no impasse negocial. Considerando que há nos autos expressa discordância da entidade patronal com a instauração da instância coletiva, verifica-se ausente pressuposto processual intransponível ao ajuizamento do presente dissídio coletivo, devendo o feito ser extinto sem resolução de mérito, na forma do inciso IV do art. 267 do CPC. (TRT – 10ª R. – 1ª Seção Especializada – Relª. Desª. Maria Regina Machado Guimarães – 11.3.10 – Processo DC n. 53900-79/2009.5.10.0000) (RDT n. 4 – abril de 2010).

O Tribunal Superior do Trabalho fixou jurisprudência no sentido de que a expressão *comum acordo*, configura pressuposto processual, mas não há necessidade

---

(31) DIDIER JÚNIOR, Fredie. *Pressupostos processuais e condições da ação*. O juízo de admissibilidade do processo. São Paulo: Saraiva, 2005. p. 341.

de que este requisito seja preenchido quando ao ingresso da ação, podendo ser preenchido no curso do processo. Nesse sentido destacamos as seguintes ementas:

> Dissídio coletivo — Falta de comum acordo. Em que pesem as posições contrárias em defesa do princípio da inafastabilidade da jurisdição (art. 5º, inciso XXXV, da CRFB), não se pode desconsiderar que a Emenda n. 45/04 impôs a observância de comum acordo para o ajuizamento de dissídio coletivo. Por conseguinte, o não cumprimento dessa exigência impõe a extinção do processo sem julgamento do mérito por ausência de pressuposto válido e regular do feito. (TRT 12ª R. – Seção Especializada 1 – Rel. Juiz Garibaldi T. P. Ferreira – Doc. n. 1068010 em 7.1.09 – DC n. 588/2007.000.12.00-0) (RDT n. 03 – Março de 2009)
>
> DISSÍDIO COLETIVO DE NATUREZA ECONÔMICA. AUSÊNCIA DE COMUM ACORDO. PRESSUPOSTO PROCESSUAL. EXTINÇÃO DO PROCESSO. Conforme a jurisprudência firmada pela Seção Especializada em Dissídios Coletivos do Tribunal Superior do Trabalho, a partir da exigência trazida pela Emenda Constitucional n. 45/04 ao art. 114, § 2º, da Constituição Federal, o comum acordo constitui pressuposto processual para o ajuizamento do dissídio coletivo de natureza econômica. No caso concreto, verifica-se que o não preenchimento desse requisito, ora renovado em preliminar, foi expressamente indicado por alguns dos suscitados desde a contestação, o que implica óbice ao chamamento desta Justiça Especializada para exercício de seu Poder Normativo. Assim, reformando a decisão do Tribunal Regional que rejeitou a preliminar de ausência de comum acordo, em relação aos suscitados que renovaram a arguição, julga-se extinto o processo, sem resolução de mérito, a teor do art. 267, IV, do CPC, ressalvadas as situações fáticas já constituídas, nos termos do art. 6º, § 3º, da Lei n. 4.725/65. Recursos ordinários aos quais se dá provimento. AUSÊNCIA DE COMUM ACORDO. INOVAÇÃO RECURSAL. CONCORDÂNCIA TÁCITA. Ao interpretar o art. 114, § 2º, da Constituição da República, esta Corte Superior tem admitido a hipótese de concordância tácita com o ajuizamento do dissídio coletivo, consubstanciada na inexistência de oposição expressa do suscitado à instauração da instância no momento oportuno, e a qual não se desconstitui mediante a arguição tardia e inovatória em sede de recurso ordinário. LEGITIMIDADE PASSIVA. CATEGORIA DIFERENCIADA. Em face da Lei n. 7.410/85 e da Norma Regulamentar n. 27 do Ministério do Trabalho e Emprego, os técnicos de segurança do trabalho constituem categoria profissional diferenciada, na forma do art. 511, § 3º, da CLT, o que lhes permite ajuizar dissídio coletivo econômico, a fim de serem fixadas condições de trabalho específicas, a despeito da diversidade das atividades econômicas desenvolvidas pelas empregadoras, de forma que a legitimidade passiva não se sujeita à correspondência entre as categorias econômica e profissional. Recursos ordinários conhecidos e parcialmente providos. (TST – Processo: RODC – 20244/2007-000-02-00.2 Data de Julgamento: 11.5.2009, Rel. Min. Walmir Oliveira da Costa, Seção Especializada em Dissídios Coletivos, Data de Divulgação: DEJT 29.5/2009)
>
> RECURSOS ORDINÁRIOS. DISSÍDIO COLETIVO. AUSÊNCIA DE COMUM ACORDO. ART. 114, § 2º, DA CONSTITUIÇÃO FEDERAL. EMENDA CONSTITUCIONAL N. 45/2004. EXTINÇÃO DO PROCESSO SEM RESOLUÇÃO DO MÉRITO. A discordância dos Suscitados com o ajuizamento do dissídio coletivo, oportunamente manifestada em contestação, determina o decreto de extinção do processo sem resolução do mérito, por ausência de pressuposto processual: comum acordo previsto no art. 114, § 2º, da Constituição Federal, com a redação conferida pela Emenda Constitucional n. 45/2004. Inconstitucionalidade dessa exigência, ante o disposto no

art. 5º, XXXV, da Constituição Federal, que não se verifica. Precedentes desta Corte. Recursos ordinários aos quais se dá provimento. (TST Processo: RODC – 20315/2007-000-02-00.7 Data de Julgamento: 13.4.2009, Rel. Min. Fernando Eizo Ono, Seção Especializada em Dissídios Coletivos, Data de Divulgação: DEJT 30.4.2009)

RECURSO ORDINÁRIO. FALTA DE COMUM ACORDO. ART. 114, § 2º, DA CONSTITUIÇÃO FEDERAL. EMENDA CONSTITUCIONAL N. 45/2004. Hipótese em que se configura a falta do comum acordo exigido no art. 114, § 2º, da Constituição Federal, com a redação conferida pela Emenda Constitucional n. 45/2004. Expressa e oportuna discordância dos suscitados com a instauração do dissídio coletivo. Dissídio coletivo extinto, sem resolução do mérito, nos termos do art. 267, IV, do CPC. Recurso ordinário a que se dá provimento. (TST – Processo: RODC – 2521/2007-000-04-00.4 Data de Julgamento: 13.4.2009, Relª Min. Kátia Magalhães Arruda, Seção Especializada em Dissídios Coletivos, Data de Divulgação: DEJT 24.4.2009)

DISSÍDIO COLETIVO. EMPREGADOS VENDEDORES E VIAJANTES DO COMÉRCIO NO ESTADO DO RIO GRANDE DO SUL. RECURSOS ORDINÁRIOS INTERPOSTOS PELOS SINDICATOS PATRONAIS. 1) AUSÊNCIA DE COMUM ACORDO ARGUIDA POR ALGUNS DOS SUSCITADOS. ART. 114, § 2º, DA CONSTITUIÇÃO FEDERAL. JURISPRUDÊNCIA DO TST. EXTINÇÃO. O comum acordo, pressuposto específico para o ajuizamento do dissídio coletivo, exigência trazida pela Emenda Constitucional n. 45/04 ao art. 114, § 2º, da CF, embora a maneira ideal devesse ser materializado sob a forma de petição conjunta da representação, é interpretado de modo mais flexível pela Justiça do Trabalho, que admite a concordância tácita na instauração da instância, desde que não haja a oposição expressa do suscitado, na contestação. Respeitando, pois, a vontade soberana da Constituição Federal que, em seu art. 114, erigiu a negociação coletiva como método privilegiado de composição dos conflitos coletivos de trabalho, reforma-se parcialmente a decisão regional, para julgar extinto o processo, sem resolução de mérito, nos termos dos arts. 114, § 2º, da CF e 267, IV, do CPC, apenas em relação aos suscitados que expressamente apontaram, em suas defesas, a não concordância com o ajuizamento da ação como causa extintiva do feito, e que, ratificaram seu dissenso nas razões recursais. Ressalvam-se, contudo, as situações fáticas, já constituídas, nos termos do art. 6º, § 3º da Lei n. 4.725/1965. 2) RECURSOS ORDINÁRIOS INTERPOSTOS PELOS DEMAIS SUSCITADOS. Dá-se provimento parcial, para adaptar algumas das cláusulas impugnadas à jurisprudência normativa desta Corte. (TST/SDC, RODC, 201100-29.2007.5.04.0000, Relª. Dora Maria da Costa, j. 12.4.2010, DEJT 23.4.2010)

RECURSO ORDINÁRIO. DISSÍDIO COLETIVO. AUSÊNCIA DE COMUM ACORDO. ART. 114, § 2º, DA CONSTITUIÇÃO FEDERAL. EMENDA CONSTITUCIONAL N. 45/2004. EXTINÇÃO DO PROCESSO SEM RESOLUÇÃO DO MÉRITO. A discordância da Suscitada com o ajuizamento do dissídio coletivo, oportunamente manifestada em contestação, determina o decreto de extinção do processo sem resolução do mérito, por ausência de pressuposto processual: comum acordo previsto no art. 114, § 2º, da Constituição Federal, com a redação conferida pela Emenda Constitucional n. 45/2004. Inconstitucionalidade dessa exigência, ante o disposto no art. 5º, XXXV, da Constituição Federal, que não se verifica. Precedentes desta Corte. Recurso ordinário a que se nega provimento. (TST/SDC, RO 25500-98.2009.5.12.0000, Rel. Fernando Eizo Ono, j. 10.5.2010, DEJT 28.5.2010).

Embora não sejamos otimistas com a exigência do "comum acordo" para o ajuizamento do dissídio coletivo de interesse, talvez a jurisprudência poderia experimentar ser mais rígida com a interpretação da expressão "comum acordo" e exigi-lo quando do ingresso do dissídio, como forma de estimular a negociação direta das partes.

Também com a escassez do poder normativo, poderiam eclodir outras formas de negociação coletiva, rompendo com o paradigma da negociação por categoria, como a representação direta dos trabalhadores na empresa (art. 11 da CF), participação dos trabalhadores na gestão da empresa (art. 7º, XI, da CF), negociação direta entre trabalhadores e empresa (art. 617 da CLT).

Restringindo-se o poder normativo, a Justiça do Trabalho exerceria um controle *a posteriori*, anulando, por meio de ações anulatórias, as eventuais cláusulas de acordos e convenções coletivas que extrapolem os limites constitucionais mínimos ou não cumpram sua função social. Esta é, aliás, a atuação precípua do Judiciário, máxime considerando-se o princípio da liberdade de contratar (arts. 421 e seguintes do Código Civil).

Caso tal interpretação mais rígida quanto ao ingresso do dissídio coletivo não funcione, havendo um aumento significativo da litigiosidade, perpetuação do conflito e grande instabilidade social, e até mesmo o aniquilamento de direitos sociais, a interpretação pode retroceder, admitindo o ajuizamento do dissídio sem o comum acordo, podendo este ser obtido *a posteriori*, ou seja, no curso do processo, ou até mesmo ser suprido judicialmente.

Como bem adverte *Mozart Victor Russomano*[32]:

"Na solução dos conflitos de trabalho, em particular dos conflitos coletivos de natureza econômica, se reitera a velha e válida ideia de que não basta que existam leis boas. É preciso que existam bons cidadãos e bons juízes, dispostos a respeitá-las e a fazê-las respeitar. Bons cidadãos que dispensem a interferência dos maus juízes e bons juízes que reprimam a conduta dos maus cidadãos. A sentença sempre é página arrancada da vida de algum homem. A sentença coletiva é página arrancada da história de um povo. Nele se reflete ou dela resulta o drama que chega ao último ato ou tragédia, de final desesperador. Nossa experiência de juiz, durante quarenta anos, permite que a palavra final deste livro seja de advertência: "Nós os juízes do século XX, viemos do povo, pois em seu seio nascemos e nos formamos. Para o fiel desempenho de nossa missão social, devemos continuar ao lado dele, sentindo-lhe o calor, o suor, a pulsação, o sofrimento. O verdadeiro juiz, neste final de século, é aquele que consegue incorporar em sua alma a alma coletiva, anônima e comunitária das multidões. Esse é o juiz que enfrentará, certo dia, com tranquilidade, a face severa do Juiz que o acompanha, o avalia e o qualifica. Foi dito alhures: 'O povo é o juiz dos juízes'. Deveria ter sido acrescentado: E suas sentenças são inapeláveis, porque são as sentenças da história".

---

(32) RUSSOMANO, Mozart Victor. *Princípios gerais de direito sindical*. 2. ed. Rio de Janeiro: Forense, 2002. p. 293.

Concluindo, a exigência do *comum acordo* previsto no § 2º do art. 114 da CF não extinguiu o poder normativo. Mas, sem dúvida, o acesso a ele foi restringido e se criou um obstáculo à sua instauração, que para alguns é uma condição da ação, para outros um pressuposto processual.

Embora a jurisprudência possa adotar uma posição mais restritiva quanto à exigência do *comum acordo*, como se trata, conforme fixamos entendimento acima, de uma condição da ação, não há necessidade dele ser obtido quando do ajuizamento do dissídio, podendo tal condição da ação ser preenchida no curso do processo, inclusive de forma tácita, pela não oposição do suscitado.

Assim, não há necessidade de o comum acordo ser prévio ao ajuizamento do dissídio, podendo tal condição da ação ser preenchida no curso do processo, inclusive de forma tácita, pela não oposição do suscitado. O Tribunal não pode declarar de ofício a falta do comum acordo, devendo este ser invocado em defesa pelo próprio suscitado, sob consequência de preclusão.

Nesse sentido, destacamos a seguinte ementa da lavra do Ministro Mauricio Godinho Delgado:

> DISSÍDIO COLETIVO DE NATUREZA ECONÔMICA. AJUIZAMENTO. COMUM ACORDO. NOVA REDAÇÃO DO § 2º DO ART. 114 DA CONSTITUIÇÃO ATUAL APÓS A PROMULGAÇÃO DA EMENDA CONSTITUCIONAL N. 45/2004. MANI-FESTAÇÃO APÓS A APRESENTAÇÃO DA DEFESA. PRECLUSÃO. Ressalvado o entendimento pessoal deste Relator, a Seção Especializada em Dissídios Coletivos deste Tribunal Superior do Trabalho firmou jurisprudência no sentido de que a nova redação do § 2º do art. 114 da Carta Política do país estabeleceu o pressuposto processual intransponível do mútuo consenso dos interessados para o ajuizamento do dissídio coletivo de natureza econômica. Entretanto, deve haver manifestação expressa dissentindo da instauração da instância até o prazo para a apresentação da defesa. Não havendo, surge a preclusão, entendendo-se que houve a concordância tácita ao ajuizamento do dissídio coletivo. Na hipótese dos autos, um dos suscitados (embora não os demais) não dissentiu expressamente do ajuizamento da instância coletiva no momento oportuno, consoante os termos da peça de defesa apresentada às fls. 469-472. Não cabe agora, em sede de recurso ordinário, apresentar tal manifestação. A questão está preclusa. Houve o consentimento tácito para a instauração da instância coletiva, especificamente quanto ao recorrente. Rejeita-se a preliminar quanto ao sindicato empresarial que incidiu em preclusão, extinguindo-se o processo, sem resolução do mérito, no tocante aos recorrentes restantes, que apresentaram tempestivamente sua irresignação. (TST – Processo: RODC – 1793/2006-000-04-00.6 Data de Julgamento: 9.10.2008. Rel. Min. Mauricio Godinho Delgado, Seção Especializada em Dissídios Coletivos, Data de Divulgação: DEJT 24.10.2008)

## 2.5. *A questão do comum acordo nos dissídios de greve e a legitimidade do Ministério Público do Trabalho*

Muito tem sido discutido se no dissídio de greve há a necessidade do comum acordo para o Tribunal apreciar as cláusulas econômicas.

O art. 114, § 3º, da CF dispõe:

> Em caso de greve em atividade essencial, com possibilidade de lesão do interesse público, o Ministério Público do Trabalho poderá ajuizar dissídio coletivo, competindo à Justiça do Trabalho decidir o conflito.

A greve pode envolver atividades essenciais e não essenciais. Em se tratando de greve em atividades não essenciais, poderão instaurar o dissídio de greve as partes envolvidas no conflito, nos termos do art. 8º da Lei n. 7.783/89.

Nesse sentido, valem destacar as seguintes ementas, oriundas da mais alta Corte Trabalhista do país:

> RECURSO ORDINÁRIO EM DISSÍDIO COLETIVO - LEGITIMIDADE DO SINDICATO PATRONAL PARA AJUIZAR DISSÍDIO COLETIVO DE GREVE. O direito de greve previsto no art. 9º e parágrafos da Constituição Federal foi regulado pela Lei n. 7.783/89, que continua em vigor. E, consoante o disposto no art. 8º do citado diploma legal, a legitimação ordinária para o ajuizamento do dissídio coletivo de greve é das partes envolvidas, sendo que ao Ministério Público cabe a legitimidade ativa, no caso de greve em serviço essencial (art. 114, § 3º, da CF/88). Desse modo, não há como negar a legitimidade ativa do sindicato patronal para ajuizar dissídio de greve, sob pena de violação da garantia constitucional prevista no art. 5º, XXXV, da CF/88. Recurso ordinário conhecido e provido. (Processo: RODC – 105500-29.2007.5.09.0909 – Data de Julgamento: 15.12.2009 – Relª. Ministra Kátia Magalhães Arruda – Seção Especializada em Dissídios Coletivos – Data de Divulgação: DEJT 5.3.2010)

> RECURSO ORDINÁRIO. AÇÃO DECLARATÓRIA DE ABUSIVIDADE DE GREVE. COMPETÊNCIA DA JUSTIÇA DO TRABALHO. ILEGITIMIDADE ATIVA *AD CAUSAM*. ART. 114, INC. II e § 3º, DA CONSTITUIÇÃO FEDERAL. EMENDA CONSTITUCIONAL N. 45/2004. 1. A Justiça do Trabalho, mesmo após a edição da Emenda Constitucional n. 45/2004, é competente para declarar a abusividade, ou não, de movimento grevista. 2. É concorrente a legitimidade do Ministério Público do Trabalho e do empregador para ajuizamento de ação declaratória de abusividade de greve em atividades consideradas essenciais. Precedente desta Seção Normativa. Nas atividades não essenciais permanece a legitimidade do empregador individualmente considerado ou do sindicato representante da categoria econômica para ajuizamento dessa ação coletiva. 3. Hipótese em que o Tribunal Regional decretou a extinção do processo sem resolução do mérito, por ilegitimidade ativa *ad causam*, sob o entendimento de que, após o advento da Emenda Constitucional n. 45/2004, em que se acrescentou o inc. II e o § 3º ao art. 114 da Constituição Federal, a Justiça do Trabalho não detém mais competência para declarar a abusividade, ou não, de movimento grevista, e a legitimidade para ajuizar dissídio coletivo de greve é exclusiva do Ministério Público do Trabalho. Recurso ordinário a que dá provimento, para afastar a declaração de ilegitimidade ativa *ad causam* e determinar o retorno dos autos ao Tribunal Regional de origem, a fim de que prossiga no exame da presente ação coletiva, como entender de direito. (Processo: RODC – 61300-97.2008.5.09.0909 – Data de Julgamento: 9.11.2009 – Rel. Ministro Fernando Eizo Ono – Seção Especializada em Dissídios Coletivos – Data de Divulgação: DEJT 28.5.2010)

De outro lado, o Ministério Público do trabalho, diante do comando constitucional, somente poderá ajuizar dissídio coletivo de greve em atividades essenciais.

É de intuitiva compreensão que, no caso de greve que afetar o interesse público, a sociedade não pode sofrer as graves consequências da paralisação indefinida de uma atividade que lhe é essencial, como nas áreas de saúde, energia elétrica, comunicação, transporte coletivo etc.[33].

Sem dúvida, foi restringida a legitimidade do MP do Trabalho para ajuizar o dissídio de greve. Agora, o MP do Trabalho somente pode atuar quando a greve eclodir em atividades essenciais, definidas de forma exemplificativa na Lei n. 7.783/83. A legitimidade do Ministério Público do Trabalho somente se justifica na defesa da ordem jurídica, no aspecto jurídico do conflito, a fim de buscar que a greve transcorra dentro da legalidade. Não é função institucional, tampouco missão constitucional do *parquet* a defesa de cláusulas econômicas no dissídio de greve. Além disso, há necessidade de comum acordo das partes para o Tribunal apreciar tais cláusulas.

No mesmo sentido é a posição de *Pedro Carlos Sampaio Garcia*[34]: "A instauração do dissídio coletivo pelo Ministério Público do Trabalho visa ao julgamento dos atos relacionados ao exercício do direito de greve, pois é apenas na defesa do interesse público que age esse órgão nessa hipótese. Não cabe ao Ministério Público defender interesse econômico das partes envolvidas no conflito".

Pensa de forma contrária *João Oreste Dalazen*[35]: "(...) o novel preceito apenas elevou à dignidade constitucional a legitimação ativa do Ministério Público do Trabalho para instaurar dissídio coletivo, em caso de greve, já assegurada anteriormente em lei. Uma vez que a norma insculpida no § 3º do art. 114 não outorgou legitimação *exclusivamente* ao Ministério Público do Trabalho, creio que persiste a legitimação *concorrente* também de qualquer das partes para suscitar dissídio coletivo em caso de greve, como já dispõe expressamente a atual Lei n. 7.783/89 (art. 8º)".

A questão que se coloca é a seguinte: Pode a Justiça do Trabalho, em dissídio de greve, sem a existência do comum acordo, apreciar as cláusulas econômicas?

Parte da jurisprudência tem interpretado o § 3º do art. 114, sistematicamente com o inciso II, do art. 114 da Constituição Federal[36][37], dizendo que não há necessidade do comum acordo e que a Justiça do Trabalho pode apreciar as cláusulas econômicas do dissídio de greve.

---

(33) DALAZEN, João Oreste. *Op. cit.*, p. 144.

(34) GARCIA, Pedro Carlos Sampaio. O fim do poder normativo. Justiça do Trabalho. In: *Justiça do trabalho competência ampliada*. Coordenação de Grijalbo Fernandes Coutinho e Marcos Neves Fava. São Paulo: LTr, 2005. p. 394-395.

(35) *Op. cit.*, p. 144.

(36) TRT/SP n. 20086200500002009 – AC. 2005000777 – SDC – Relª Juíza Wilma Nogueira de Araújo Vaz da Silva – DOE 13.5.2005: "(...) Em relação à primeira preliminar arguida pela PUC, no sentido da extinção do dissídio ante a falta de comum acordo entre as partes, a preliminar fica desde já rejeitada, nos termos do que dispõe a Emenda n. 45 em seu art. 114 no inciso II que prevê textualmente "compete à Justiça do Trabalho processar e julgar as ações que *envolvam exercício do direito de greve (...)*".

(37) TRT/SP n. 20007200500002000 – AC. 2005000360 – SDC – Relª. Juíza Wilma Nogueira de Araújo Vaz da Silva – DOE 15.3.2005: "(...) em caso de greve com possibilidade de lesão ao interesse público, o Ministério Público do Trabalho poderá ajuizar dissídio coletivo, competindo à Justiça do Trabalho decidir o conflito."

A questão é complexa. Primeiramente, no caso do dissídio de greve, nos parece dispensável o comum acordo, tanto no ajuizado pelo MP como pelos Sindicatos. Acreditamos que num primeiro momento nos sentimos tentados a dizer que as cláusulas econômicas também podem ser apreciadas no dissídio de greve mesmo sem o *comum acordo*, pois o § 3º do art. 114 diz que a Justiça do Trabalho decidirá o conflito, assim, como o § 2º, entretanto, no § 3º, o art. 114 silencia sobre os parâmetros de decisão do conflito, "respeitando as disposições mínimas (...)". Em razão disso, a nosso ver, a competência da Justiça do Trabalho em dissídios de greve se restringe a declarar a legitimidade ou não do movimento paredista. Caso contrário, a greve seria a via lateral para o ajuizamento do dissídio coletivo de natureza econômica, suprindo a necessidade do "comum acordo".

## 2.6. Limites da competência normativa da Justiça do Trabalho brasileira

Diz o art. 114, § 2º, da CF, em sua redação atual: "Recusando-se qualquer das partes à negociação coletiva ou à arbitragem, é facultado às mesmas, de comum acordo, ajuizar dissídio coletivo de natureza econômica, podendo a Justiça do Trabalho decidir o conflito, respeitadas as disposições mínimas legais de proteção ao trabalho, bem como as convencionadas anteriormente".

De início, constata-se que o Poder Normativo deve respeitar as disposições legais mínimas, ou seja, os direitos consagrados à classe trabalhadora tanto na Constituição Federal, como nas leis infraconstitucionais[38].

Também segundo a redação do aludido § 2º, o Poder Normativo não pode contrariar as cláusulas objeto de acordo ou convenções coletivas que estão em vigor quando do ajuizamento do dissídio coletivo[39].

Nesse sentido cumpre destacar o Enunciado n. 34 da 1ª Jornada de Direito Material e Processual do Trabalho do Tribunal Superior do Trabalho *in verbis*:

> DISSÍDIO COLETIVO – CLÁUSULAS PREEXISTENTES. O § 2º do art. 114 da CF impõe aos Tribunais do Trabalho que, no julgamento dos dissídios coletivos, respeitem as disposições convencionadas anteriormente. Idêntico entendimento deve ser aplicado às cláusulas preexistentes previstas em sentenças normativas.

O art. 766 da Consolidação das Leis do Trabalho estipula as balizas do poder normativo da Justiça do Trabalho, determinando que sejam utilizados pelo julgador

---

(38) Por isso se tem dito que o Poder Normativo atua no chamado *vazio legislativo* ou *branco da lei*.

(39) A jurisprudência se firmou no sentido de que os direitos previstos nos acordos e convenções coletivas, bem como em sentenças normativas, por serem instrumentos normativos de vigência temporária não integram os contratos individuais de trabalho de forma definitiva. Nesse sentido é a Súmula n. 277 do C. TST: "SENTENÇA NORMATIVA — VIGÊNCIA — REPERCUSSÃO NOS CONTRATOS DE TRABALHO. As condições de trabalho alcançadas por força de sentença normativa vigoram no prazo assinado, não integrando, de forma definitiva, os contratos". (Res. n. 10/1988 – DJ 1.3.1988)

a razoabilidade e a equidade. Aduz o referido dispositivo: *"Nos dissídios sobre estipulação de salários, serão estabelecidas condições que, assegurando justos salários aos trabalhadores, permitam também justa retribuição às empresas interessadas".*

Em decisão da lavra do Ministro *Coqueijo Costa*, encontramos um interessante raciocínio sobre os limites do poder normativo:

> EMENTA: "Poder Normativo. 1. O poder normativo atribuído à Justiça do Trabalho, limita-se, ao norte, pela Constituição Federal; ao sul, pela lei, a qual não pode contrariar; a leste, pela equidade e bom senso; e a oeste, pela regra consolidada no art. 776, conforme a qual nos dissídios coletivos serão estipuladas condições que assegurem justo salário aos trabalhadores, mas 'permitam também justa retribuição às empresas interessadas'"[40].

Quanto ao limite máximo do poder normativo, ou seja, o seu teto, sempre houve divergências e discussões acaloradas.

O § 2º do art. 114 da Constituição Federal, que suprimiu a expressão *estabelecer normas e condições* por *decidir o conflito.*

No projeto de lei da reforma sindical, o art. 188 tem a seguinte redação:

> No fracasso da negociação coletiva destinada à celebração ou à renovação de norma coletiva, os atores coletivos em conflito poderão, de comum acordo, provocar a atuação do tribunal do trabalho, de árbitro ou de órgão arbitral *para o fim de criar, modificar ou extinguir condições de trabalho.* (grifou-se)

Inegavelmente, decidir o conflito econômico é criar normas e condições de trabalho. Mas qual o teto máximo do poder normativo, ou seja, quais são os limites da atividade criativa do judiciário trabalhista?

O Supremo Tribunal Federal, mesmo antes da EC n. 45/04, dirimiu a questão, conforme a ementa abaixo transcrita:

> EMENTA "Dissídio coletivo. Recursos extraordinários providos para excluir as cláusulas 2ª (piso correspondente ao salário mínimo acrescido do percentual) e 24ª (estabilidade temporária), por contrariarem, respectivamente, o inciso IV (parte final) e I do art. 7º da Constituição, este último juntamente com o art. 10 do ADCT, bem como a cláusula 29ª (aviso prévio de 60 dias), por ser considerada invasiva da reserva legal específica, instituída no art. 7º, XXI, da Constituição. Recursos igualmente providos, quanto à cláusula 14ª (antecipação para junho, da primeira parcela do 13º salário), *por exceder seu conteúdo a competência normativa da Justiça do Trabalho, cujas decisões a despeito de configurarem fonte do direito objetivo, revestem o caráter de regras subsidiárias, somente suscetíveis de operar no vazio legislativo, e sujeitas à supremacia da lei formal (art. 114, § 2º, da Constituição).* Recursos de que não se conhece no concernente à cláusula (reajuste salarial), por ausência e pressupostos de admissibilidade, e, ainda, no que toca às cláusulas 52ª (multa pela falta de pagamento de dia de trabalho), 59ª (abrigos para a proteção dos trabalhadores), 61ª (fornecimento de listas de empregados), 63ª (fixação de quadro de aviso), visto não

---

(40) TST RODC n. 30/82, em 27.5.82, T. Pleno Rel. Min. Coqueijo Costa. DJ 12.8.82.

contrariarem os dispositivos constitucionais contra elas invocados, especialmente o § 2º do art. 114.[41] (grifo nosso)

É bem verdade que a referida decisão do Supremo Tribunal Federal, seguida por outros acórdãos na mesma linha, esvaziaram em muito os limites do poder normativo, uma vez que, por ser este uma verdadeira atividade legislativa, deve atuar no chamado *branco da lei*, não podendo invadir matérias reguladas pela lei, nem regulamentar matérias que a Constituição reservou para a lei ordinária. Também, à luz do art. 766, da CLT, o poder normativo deve estar balizado pelo justo salário e também a justa retribuição da empresa. Desse modo, na sentença normativa, o Tribunal se valerá de regras de equidade e razoabilidade, para encontrar um equilíbrio entre a pretensão do trabalhador (classe trabalhadora) e as possibilidades do capital (empregador).

Conforme destaca com propriedade *Octavio Bueno Magano*[42], "o poder regulamentar e de organização do empregador é outra limitação ao poder normativo, cujas decisões não podem ter um grau de interferência que se reflita sobre a própria organização da empresa e o seu regulamento interno diante dos princípios constitucionais do art. 170 e ss.".

## 2.7. O poder normativo se transformou em arbitragem judicial após a EC n. 45/04?

Após a EC n. 45/04, muitos já estão sustentando que o poder normativo da Justiça do Trabalho se transformou em arbitragem judicial facultativa, pois há a necessidade de se provocar a intervenção judicial, por mútuo acordo.

Desse modo, a expressão "comum acordo" equivaleria a uma cláusula compromissória ou ao compromisso arbitral, previstos na Lei n. 9.307/1996.

Assim, não seria mais o dissídio coletivo um processo propriamente dito, e sim uma arbitragem pública. Portanto, praticamente estariam revogados os arts. 856 a 875, da CLT que disciplinam o procedimento do dissídio coletivo.

Nesse sentido é a posição abalizada de *Pedro Carlos Sampaio Garcia*[43]:

"Com a nova redação do art. 114, § 2º, da Constituição Federal, tudo mudou. O texto é claro e não permite dúvidas. Agora é facultado às partes, de comum acordo, suscitar o dissídio coletivo. É facultado. Suscita de comum acordo se quiser. Se não quiser, não suscita e aí não há dissídio coletivo. Nenhuma outra alternativa se colocou no texto constitucional. Somente esta existe. Diante do novo sistema estabelecido em nossa Constituição, a parte apenas se submete à

---

(41) STF, Reclamação n. 197.911-9, Rel. Min. Octávio Gallotti, DJU 7.11.1997.

(42) MAGANO, Octavio Bueno. *Manual de direito do trabalho*. v. IV. São Paulo: LTr, 1994. p. 245, *apud* HINZ, Henrique Macedo. *O poder normativo da Justiça do Trabalho*. São Paulo: LTr, 2000. p. 61.

(43) GARCIA, Pedro Carlos Sampaio. *Op. cit.*, p. 391.

sentença normativa voluntariamente. Não sendo assim, não está a parte obrigada a participar de dissídio coletivo e a se submeter à decisão normativa ali proferida. Não há mais imposição obrigatória de sentença normativa. Portanto, não há mais poder (...). A atuação da Justiça do Trabalho nos dissídios coletivos passa a ter a natureza de uma arbitragem pública. As partes escolhendo o árbitro, concordam em se submeter à decisão por ele proferida".

Em que pesem as opiniões em contrário, e os sólidos fundamentos apontados por *Sampaio Garcia*, o poder normativo e o dissídio coletivo continuam mantidos pelos seguintes argumentos:

a) o dissídio coletivo de natureza jurídica em nada foi alterado pela EC n. 45/04;

b) o legislador não extinguiu expressamente o Poder Normativo, tampouco o transformou em arbitragem. Além disso, disciplinou expressamente a possibilidade de arbitragem facultativa, fora da Justiça do Trabalho, no § 2º do art. 114;

c) continua vigente o dissídio de revisão;

d) o § 2º do art. 114, da CF diz ajuizar dissídio coletivo. Ora, somente se ajuíza uma ação. E também se refere à *decisão do conflito* pela Justiça do Trabalho.

Desse modo, o poder normativo não fora transformado em arbitragem, embora dela se tenha aproximado muito.

## 2.8. Como resolver o impasse se o sindicato forte se recusa a negociar?

Indaga: se uma das partes recusar-se à negociação, à arbitragem e ao dissídio, como resolver o impasse? Se a categoria operária é forte, decreta-se a greve; mas se for fraca, ficará à mercê da parte adversa? Em geral, quem está em vantagem não negocia e quem se recusa a negociar também não dá a cabeça a prêmio num processo judicial. A greve não interessa à sociedade, e a indiferença do mais forte gera injustiça. Logo, parece-nos que a solução do constituinte derivado não se harmoniza com a finalidade da Justiça, que é manter e restabelecer a paz social[44].

Partindo-se da premissa da necessidade do comum acordo, se houver discordância do suscitado, o Tribunal não poderá julgar o dissídio coletivo de natureza econômica. O ordenamento jurídico trabalhista não prevê mecanismos de solução deste impasse. O conflito prolongado pode gerar litigiosidade contida e desembocar em greve sem precedentes.

Na Espanha e em Portugal, quando a greve perdura por lapso de tempo considerável, sem consenso, há a obrigatoriedade de instauração de arbitragem compulsória. Esta solução é possível de ser aplicada no Direito Brasileiro, embora não haja tradição,

---

(44) MARQUES DE LIMA, Francisco Meton; MARQUES DE LIMA, Francisco Gérson. *A reforma do poder judiciário.* São Paulo: Malheiros, 2005. p. 127.

pois o direito comparado é fonte do direito material e processual do trabalho, conforme disciplina no art. 8º da CLT, *in verbis*:

> As autoridades administrativas e a Justiça do Trabalho, na falta de disposições legais ou contratuais, decidirão, conforme o caso, pela jurisprudência, por analogia, por equidade e outros princípios e normas gerais de direito, principalmente do direito do trabalho, e, ainda, de acordo com os usos e costumes, o direito comparado, mas sempre de maneira que nenhum interesse de classe ou particular prevaleça sobre o interesse público.

Não obstante, pensamos que, nesta hipótese, caberá, também, o suprimento de outorga judicial para instauração do dissídio coletivo de natureza econômica. O Judiciário, analisando o caso concreto, a razoabilidade, justiça e equidade, pode deferir o suprimento de outorga, nos termos do art. 461, do CPC, e admitir o dissídio de natureza econômica, mesmo não havendo o *comum acordo*.

Nesse sentido é a visão de *Enoque Ribeiro dos Santos*[45]:

"Se o sindicato profissional for fraco e não tiver densidade suficiente para impor pressão por meio da greve, poderá instaurar o dissídio coletivo de natureza econômica no Tribunal, suscitando, de foram incidental, o suprimento judicial do 'comum acordo', por meio de tutela específica, com fulcro no art. 461 do Código de Processo Civil, que trata das obrigações de fazer, bem como com fundamento em imposição de uma condição meramente potestativa do empregador, na denegação do aludido comum acordo. Restaria, dessa forma, superado o óbice do 'comum acordo' para que o Tribunal conhecesse do dissídio coletivo de natureza econômica".

No aspecto, vale destacar a seguinte ementa:

> Comum acordo. Abuso de direito. Interpretação do art. 114, § 2º, da CF. Colisão de Direitos Fundamentais. Efeitos. Dissído coletivo — A reiterada recusa injustificada à participação em processo negocial afasta a aplicação do disposto no parágrafo único e inciso *a* do art. 867 da CLT e leva à manutenção da data base — Também implica na concordância que configura comum acordo, devendo ser rechaçada a preliminar de ausência de pressuposto processual para instauração de instância, sob pena de configurar cerceamento do direito de acesso à jurisdição, garantido como fundamental pela CF — Intepretação dos arts. 5º, XXXV e LXXVIII, 8º, III e 114, § 2º, da CF/1988. A comprovada recusa reiterada do sindicato patronal em participar do procedimento negocial afasta a aplicação do disposto no parágrafo único e inciso *a* do art. 867 da CLT, e leva à manutenção da data-base. Também configura comum acordo para a instauração do dissídio coletivo, pois o abuso de direito de uma das partes não pode levar ao cerceamento do acesso à jurisdição para a outra parte, direito fundamental garantido pela CF em vigor. A aplicação da norma infraconstitucional e a interpretação do preceituado no § 2º do art. 114 da CF/1988 não pode levar à coisão dos direitos fundamentais assegurados pelos arts. 5º,

---

(45) SANTOS, Enoque Ribeiro dos. Dissídio coletivo e emenda constitucional n. 45/04. Considerações sobre as teses jurídicas da exigência do comum acordo. In: *Revista do Advogado*, Ano XXVI, Julho de 2006, n. 86, São Paulo, AASP. p. 22.

XXXV e LXXVIII, 8º, III da CF/1988, devendo ser pautada pelos princípios de hermenêutica constitucional, notadamente o da concordância prática e da efetividade, a fim de preservar a unidade da Carta Constitucional da República. (TRT – 15ª Reg. (Campinas/SP) Proc. 1260-2009-000-15-00-7 – (AC. 198/10 – PADC, SDC.) – Relª. Tereza Aparecida Asta Gemignani. DEJT 10.5.10, p. 24. In: *Suplemento de Jusiprudência LTr* n. 32/2010, p. 254)

## 2.9. Do procedimento no dissídio coletivo e questões processuais

A competência originária (funcional) para apreciar os dissídios coletivos é dos Tribunais Regionais do Trabalho, no âmbito de suas competências territoriais. Se o conflito envolver a jurisdição de mais de um Tribunal Regional do Trabalho, a competência para julgar e processar o dissídio será do Tribunal Superior do Trabalho.

Conforme destaca *Ives Gandra Martins Filho*[46]:

"Só têm competência para apreciar dissídios coletivos os Tribunais do Trabalho, ou seja, TRT e TST. A ação coletiva é, pois, ajuizada originariamente, num tribunal. A competência hierárquica varia conforme o âmbito do dissídio:

a) TRT – somente aprecia e julga os dissídios de âmbito regional (ligados ao território sobre o qual tem jurisdição) (CLT, art. 678, I, *a*, e Lei n. 7.701/88, art. 6º); e

b) TST – decide originariamente sobre os dissídios de âmbito suprarregional (que abrange mais de um Estado Federado) ou nacional (toda a categoria do Brasil) (CLT, art. 702, I, *b*, e Lei n. 7.701/88, art. 2º, I, *a*)".

As Varas do Trabalho poderão, entretanto, praticar alguns atos processuais no dissídio coletivo, como instruir o processo por delegação do Tribunal. Nesse sentido dispõe o art. 866 da CLT, *in verbis*:

> Quando o dissídio ocorrer fora da sede do Tribunal, poderá o presidente, se julgar conveniente, delegar à autoridade local as atribuições de que tratam os arts. 860 e 862. Nesse caso, não havendo conciliação, a autoridade delegada encaminhará o processo ao Tribunal, fazendo exposição circunstanciada dos fatos e indicando a solução que lhe parecer conveniente.

Têm legitimidade para instaurar o dissídio coletivo e nele figurarem como partes autora (suscitante) e ré (suscitado), como regra geral, os Sindicatos, que são os representantes legais da categoria, tendo uma espécie de mandato legal para defendê-la (art. 8º, III, da CF)

Dispõe o art. 856 da CLT:

> A instância será instaurada mediante representação escrita ao presidente do Tribunal. Poderá ser também instaurada por iniciativa do presidente, ou, ainda, a requerimento da Procuradoria da Justiça do Trabalho, sempre que ocorrer suspensão do trabalho.

---

(46) *Processo coletivo do trabalho*. 3. ed. São Paulo: LTr, 2003. p. 107.

Mesmo em caso de suspensão do trabalho, como na greve, o Presidente do Tribunal Regional do Trabalho não mais poderá instaurar o dissídio, pois o art. 856 da CLT foi revogado no aspecto pela Lei de Greve (Lei n. 7.783/89).

Em caso de paralisação, podem instaurar a instância os sindicatos e o Ministério Público do Trabalho.

O Ministério Público do Trabalho somente poderá ingressar com o dissídio de greve em atividade essencial, conforme já nos pronunciamos anteriormente, nos termos do § 3º, do art. 114, da CF, com a redação dada pela EC n. 45/04, *in verbis*:

> Em caso de greve em atividade essencial, com possibilidade de lesão do interesse público, o Ministério Público do Trabalho poderá ajuizar dissídio coletivo, competindo à Justiça do Trabalho decidir o conflito.

Nos termos do art. 857, da CLT: A representação para instaurar a instância em dissídio coletivo constitui prerrogativa das associações sindicais, excluídas as hipóteses aludidas no art. 856, quando ocorrer suspensão do trabalho. Parágrafo único. Quando não houver sindicato representativo da categoria econômica ou profissional, poderá a representação ser instaurada pelas federações correspondentes e, na falta destas, pelas confederações respectivas, no âmbito de sua representação.

Conforme o referido dispositivo legal, se a categoria não estiver organizada em sindicato, podem instaurar o dissídio coletivo a federação e, na falta, a confederação que representa a categoria. A doutrina tem criticado o parágrafo único do art. 857, da CLT, argumentando a possibilidade de desconhecimento das federações ou confederações sobre a real dimensão do conflito da categoria não organizada em sindicato, sendo ideal que os próprios trabalhadores instaurassem o dissídio coletivo.

A doutrina e jurisprudência têm admitido que as próprias empresas possam ajuizar o dissídio coletivo em caso de inexistência de sindicato patronal, ou em caso de greve, e figurar no polo passivo como suscitada, uma vez que a empresa pode firmar acordo coletivo, sem a representação sindical patronal (art. 611, § 1º, da CLT c/c art. 7º, XXVI, da CF).

Como adverte *Ives Gandra Martins Filho*[47], hipótese que pode ocorrer é a do descontentamento de parte da categoria com o sindicato que a representa. Caberia, então, a fundação de outro sindicato, que congregasse maior número de associados e obtivesse reconhecimento como único e legítimo representante da categoria. O que o TST não admite, no entanto, é que esse conflito entre sindicato e parte da categoria atraia a legitimidade ativa para a federação.

A petição inicial do dissídio coletivo deve ser escrita e observar os requisitos do art. 858, da CLT, devendo conter a causa de pedir, os pedidos e, principalmente, as bases para conciliação. Admite-se o *jus postulandi* da parte (art. 791, da CLT), não havendo necessidade de advogado. Nesse sentido dispõe o art. 858 da CLT, *in verbis*:

---

(47) *Op. cit.*, p. 109.

A representação será apresentada em tantas vias quantos forem os reclamados e deverá conter:

a) designação e qualificação dos reclamantes e dos reclamados e a natureza do estabelecimento ou do serviço;

b) os motivos do dissídio e as bases da conciliação.

Conforme o art. 859, da CLT: "A representação dos sindicatos para instauração da instância fica subordinada à aprovação de assembleia, da qual participem os associados interessados na solução do dissídio coletivo, em primeira convocação, por maioria de 2/3 (dois terços) dos mesmos, ou, em segunda convocação, por 2/3 (dois terços) dos presentes".

Além disso, conforme comentamos em item específico, há a necessidade do comum acordo, como condição da ação para o julgamento do dissídio coletivo de natureza econômica, o que não é exigido no dissídio de natureza jurídica.

Após proposto o dissídio, o Tribunal designará audiência de conciliação, dentro de dez dias, notificando o suscitado para, em querendo, comparecer e apresentar defesa. A audiência deve ser designada no prazo mínimo de 5 dias contados a partir da notificação do suscitado (arts. 860 c/c. 841 da CLT).

Conforme o art. 861 da CLT: "É facultado ao empregador fazer-se representar na audiência pelo gerente, ou por qualquer outro preposto que tenha conhecimento do dissídio, e por cujas declarações será sempre responsável".

A jurisprudência do TST exige que o preposto seja empregado (Súmula n. 377) para que tenha conhecimento dos fatos.

Na audiência designada, comparecendo ambas as partes ou seus representantes, o Presidente do Tribunal as convidará para se pronunciarem sobre as bases da conciliação. Caso não sejam aceitas as bases propostas, o presidente submeterá aos interessados a solução que lhe pareça capaz de resolver o dissídio (art. 862 da CLT).

Havendo acordo, o presidente o submeterá à homologação do Tribunal na primeira sessão (art. 863 da CLT). Uma vez homologado o acordo, a decisão se revestirá do efeito da coisa julgada, sendo, portanto, irrecorrível.

Não havendo acordo, ou não comparecendo ambas as partes ou uma delas, o presidente submeterá o processo a julgamento, depois de realizadas as diligências que entender necessárias e ouvida a Procuradoria (art. 864 da CLT).

Conforme o art. 867 da CLT:

> Da decisão do Tribunal serão notificadas as partes, ou seus representantes, em registro postal, com franquia, fazendo-se, outrossim, a sua publicação no jornal oficial para ciência dos demais interessados.
>
> Parágrafo único. A sentença normativa vigorará:
>
> a) a partir da data de sua publicação, quando ajuizado o dissídio após o prazo do art. 616, § 3º, ou quando não existir acordo, convenção ou sentença normativa em vigor na data do ajuizamento;

b) a partir do dia imediato ao termo final de vigência do acordo, convenção ou sentença normativa, quando ajuizado o dissídio no prazo do art. 616, § 3º.

## 2.9.1. Da revelia no dissídio coletivo

Nos dissídios coletivos, tanto nos de natureza jurídica e econômica, como no de greve, não há se falar em revelia. O de natureza jurídica, pois a controvérsia é jurídica e o de natureza econômica por não ter natureza condenatória e sim dispositiva, ou seja, o de criar uma norma jurídica no âmbito de determinada categoria. Já o dissídio de greve é um misto de natureza jurídica (declaração ou não do caráter abusivo do movimento paredista) e dispositiva (apreciação das reivindicações dos grevistas).

Nesse mesmo sentido leciona *Ives Gandra Martins Filho*[48]:

"O Processo Coletivo não comporta a figura da revelia. No Processo Civil, 'se o réu não contestar a ação, reputar-se-ão verdadeiros os fatos afirmados pelo autor' (CPC, art. 319). Assim, a causa será julgada aplicando-se o direito aos fatos, tais como reportados pelo autor. Assim, a confissão ficta oriunda da revelia diz respeito exclusivamente aos fatos e não ao direito. A única exceção se refere à chamada prova de direito, quando a parte invoca direito municipal, estadual, estrangeiro, consuetudinário (ou convencional), caso em que deverá fazer prova do mesmo (CPC, art. 337), pois ao magistrado apenas se obriga o conhecimento do direito federal. Nos dissídios individuais trabalhistas há previsão expressa da revelia para os casos de não comparecimento à audiência inaugural, *verbis*: 'Art. 844. O não comparecimento do reclamante à audiência importa o arquivamento da reclamação, e o não comparecimento do reclamado importa revelia, além de confissão, quanto à matéria de fato'. Enquanto o Capítulo III do Título X, da CLT, que trata 'Dos Dissídios Individuais' (arts. 837-855), prevê, pois, expressamente, a aplicação da confissão ficta ao revel, o Capítulo IV do mesmo título consolidado não contém qualquer disposição sobre a revelia ao disciplinar os 'Dissídios Coletivos' (arts. 856-875). Assim, no Processo Coletivo não há revelia. O não comparecimento dos suscitados apenas compromete a possível conciliação, levando o Tribunal a ter de julgar o dissídio coletivo. A não previsão da revelia para o dissídio coletivo está ligada ao fato de que, no processo coletivo, não está em discussão o direito existente, mas a elaboração originária da norma jurídica. Nesse sentido, como se trata de um juízo de equidade, fundado na conveniência e oportunidade de estabelecer novas condições de trabalho e remuneração, os fatos não se referem ao desrespeito de uma norma existente (mais fácil de se provar e concretizar), mas às alterações gerais da prestação de serviços num determinado setor produtivo (passível de conhecimento público e notório, mas sujeito a variações menos perceptíveis e, por conseguinte, menos propícias à comprovação concreta)".

---

(48) MARTINS FILHO, Ives Gandra. *Processo coletivo do trabalho*. 3. ed. São Paulo: LTr, 2003. p. 141/142.

## 2.9.2. Da sentença normativa, recursos e coisa julgada no dissídio coletivo

Tem o nome de "sentença normativa", a decisão dada no dissídio coletivo, acolhendo ou rejeitando as cláusulas postuladas no dissídio coletivo de natureza econômica ou interpretando e aplicando o direito já existente no dissídio coletivo de natureza jurídica.

Diverge a doutrina sobre a natureza jurídica da sentença normativa. Quanto ao dissídio coletivo de natureza jurídica, não há controvérsia sobre a natureza declaratória da sentença normativa. Quanto à sentença que aprecia o dissídio de natureza econômica, há divergências na doutrina. Para alguns ela é constitutiva por criar direito novo, para outros é dispositiva, pois a Justiça do Trabalho criará, no branco da lei, direito novo, sendo certo que sentença constitutiva apenas cria uma relação jurídica e não direito ainda não existente.

Mesmo apreciando cláusulas econômicas, a jurisprudência, acertadamente, tem exigido que a sentença seja fundamentada, atendendo ao mandamento constitucional previsto no art. 93, IX, da Constituição Federal.

É da essência da sentença normativa ser provisória e precária, pois, conforme reiteradamente vem decidindo o STF, o poder normativo da Justiça do Trabalho atua no branco da lei. Porém, editada a lei, norma de caráter imperativo, esta se sobrepõe a todas as demais fontes secundárias do direito, como a norma coletiva e a sentença normativa.

Mostra-se discutível a seguinte questão: A sentença normativa faz coisa julgada material?

Respondendo afirmativamente a esta questão, temos a respeitável doutrina de *Carlos Henrique Bezerra Leite*[49]:

> "Para nós, a sentença normativa faz coisa julgada material (e, logicamente, formal), pois o art. 2º, I, *c* da Lei n. 7.701/88 dispõe expressamente que compete, originariamente, à sessão especializada em dissídios coletivos 'julgar as ações rescisórias propostas contra sua própria sentenças normativas', cabendo-lhe, nos termos do inciso II, alínea b, do referido artigo, julgar em última instância, 'os recursos ordinários interpostos contra as decisões proferidas pelos Tribunais Regionais do Trabalho em ações rescisórias e mandados de segurança pertinentes a dissídios coletivos'. Ora, se cabe ação rescisória contra sentença normativa, então ela está apta a produzir coisa julgada material (CPC, art. 269)".

No mesmo sentido, é a posição de *Raimundo Simão de Melo*[50], defendendo a formação de coisa julgada material nos dissídios coletivos com os seguintes argumentos:

---

(49) BEZERRA LEITE, Carlos Henrique. *Curso de direito processual do trabalho*. 6. ed. São Paulo: LTr, 2008. p. 1.091.

(50) *Processo coletivo do trabalho*. São Paulo: LTr, 2009. p. 162-163.

"a) Primeiro, porque o cumprimento antes do trânsito em julgado é uma faculdade decorrente da peculiaridade da criação de normas para solucionar conflitos coletivos de trabalho; b) segundo, porque a revisão de que trata o art. 873 da CLT em fundamentos restritos à alteração das circunstâncias do momento da sua criação, o que é diferente das hipóteses previstas no art. 485 do CPC, para o corte rescisório; c) terceiro, porque o fato de não permitir execução é despiciendo, pois não se trata de sentença condenatória, mas, constitutiva-dispositiva, permitindo o seu cumprimento por meio de uma ação de cumprimento; d) quatro, porque a vigência temporária de até 4 anos não impede a formação da coisa julgada material dentro e fora desse prazo, sendo certo que há normas coletivas que produzem seus efeitos fora do seu prazo de vigência (OJ n. 41 da SDI-I/TST); e) quinto, porque o art. 872, parágrafo único da CLT, veda que na ação de cumprimento da sentença normativa sejam discutidas questões de fato e de direito já decididas na sentença normativa; f) sexto, porque a lei assegura esse feito e permite o seu corte por meio de ação rescisória (Lei n. 7.701/1998, art. 2º, I, c)".

A doutrina majoritária à qual nos filiamos tem se posicionado no sentido de que a sentença normativa não faz coisa julgada material, somente formal, referente ao esgotamento das vias recursais existentes. Como bem adverte *Ives Gandra Martins Filho*[51], "a coisa julgada material, no caso da sentença normativa, fica jungida às vantagens já recebidas pelo empregado durante sua vigência, não, porém, em relação às parcelas que poderia vir a perceber durante o prazo total de sua vigência. O art. 6º, § 3º, da Lei n. 4.725/65, vai ainda mais longe em relação a tais pagamentos já efetuados pelo empregador com base em sentença normativa regional, quando impede a repetição do indébito se houver reforma da decisão pelo TST".

Nesse sentido dispõe a Súmula n. 397 do C. TST, *in verbis*:

> AÇÃO RESCISÓRIA. ART. 485, IV, DO CPC. AÇÃO DE CUMPRIMENTO. OFENSA À COISA JULGADA EMANADA DE SENTENÇA NORMATIVA MODIFICADA EM GRAU DE RECURSO. INVIABILIDADE. CABIMENTO DE MANDADO DE SEGURANÇA. (conversão da Orientação Jurisprudencial n. 116 da SDI-2) Não procede ação rescisória calcada em ofensa à coisa julgada perpetrada por decisão proferida em ação de cumprimento, em face de a sentença normativa, na qual se louvava, ter sido modificada em grau de recurso, porque em dissídio coletivo somente se consubstancia coisa julgada formal. Assim, os meios processuais aptos a atacarem a execução da cláusula reformada são a exceção de preexecutividade e o mandado de segurança, no caso de descumprimento do art. 572 do CPC. (ex-OJ n. 116 – DJ 11.8.03) (Res. n. 137/2005 – DJ 22.8.2005)

Diante do exposto, no nosso sentir, a sentença normativa não faz coisa julgada material, apenas formal, e, portanto, não pode ser objeto de ação rescisória, e sim de revisão, caso as condições de trabalho sejam alteradas.

---

(51) MARTINS FILHO, Ives Gandra. *Processo coletivo do trabalho*. 3. ed. São Paulo: LTr, 2003. p. 211.

De outro lado, para os que pensam ser cabível a Ação Rescisória para questionar a sentença normativa, ela poderia ser cabível em tese nas seguintes situações, previstas no art. 485 do CPC, quais sejam: se verificar que foi dada por prevaricação, concussão ou corrupção do juiz; proferida por juiz impedido ou absolutamente incompetente; resultar de dolo da parte vencedora em detrimento da parte vencida, ou de colusão entre as partes, a fim de fraudar a lei; se fundar em prova, cuja falsidade tenha sido apurada em processo criminal ou seja provada na própria ação rescisória; houver fundamento para invalidar confissão, desistência ou transação, em que se baseou a sentença.

O Tribunal Superior do Trabalho firmou entendimento no sentido de ser possível ação rescisória em face de sentença normativa, quando se tratar de documento novo. Nesse sentido dispõe a Súmula n. 402 de sua jurisprudência, *in verbis*:

> AÇÃO RESCISÓRIA. DOCUMENTO NOVO. DISSÍDIO COLETIVO. SENTENÇA NORMATIVA (conversão da Orientação Jurisprudencial n. 20 da SBDI-2 – Res. n. 137/2005, DJ 22, 23 e 24.8.2005). Documento novo é o cronologicamente velho, já existente ao tempo da decisão rescindenda, mas ignorado pelo interessado ou de impossível utilização, à época, no processo. Não é documento novo apto a viabilizar a desconstituição de julgado: a) sentença normativa proferida ou transitada em julgado posteriormente à sentença rescindenda; b) sentença normativa preexistente à sentença rescindenda, mas não exibida no processo principal, em virtude de negligência da parte, quando podia e deveria louvar-se de documento já existente e não ignorado quando emitida a decisão rescindenda. (ex-OJ n. 20 da SBDI-2 – inserida em 20.9.2000)

Por ter a sentença normativa vigência temporária, suas cláusulas, conforme entende o Tribunal Superior do Trabalho, não integram os contratos de trabalho, conforme dispõe a Súmula n. 277 do C. TST, *in verbis*:

> Sentença normativa, convenção ou acordo coletivos. Vigência. Repercussão nos contratos de trabalho. (Res. n. 10/1988, DJ 1º.3.1988) (Redação alterada na sessão do Tribunal Pleno em 16.11.2009 – Res. n. 161/2009). I – As condições de trabalho alcançadas por força de sentença normativa, convenção ou acordo coletivos vigoram no prazo assinado, não integrando, de forma definitiva, os contratos individuais de trabalho. II – Ressalva-se da regra enunciada no item I o período compreendido entre 23.12.1992 e 28.7.1995, em que vigorou a Lei n. 8.542, revogada pela Medida Provisória n. 1.709, convertida na Lei n. 10.192, de 14.2.2001.

Da decisão proferida em dissídio coletivo da competência dos TRTS, caberá o recurso ordinário para o TST (art. 895, II, da CLT), que não terá efeito suspensivo, apenas devolutivo. Entretanto, o Presidente do Tribunal Superior do Trabalho poderá, desde que relevante o fundamento, atribuir efeito suspensivo ao recurso ordinário, nos termos do art. 14, da Lei n. 10.192/01.

Dispõe o art. 14, da Lei 10.192/01:

> O recurso interposto de decisão normativa da Justiça do Trabalho terá efeito suspensivo, na medida e extensão conferidas em despacho do Presidente do Tribunal Superior do Trabalho.

Diante do que dispõe o referido dispositivo legal, pensamos que o recurso ordinário terá efeito apenas devolutivo. O efeito suspensivo depende de manifestação expressa do Presidente do TST. Desse modo, o efeito suspensivo não é automático, pois os recursos trabalhistas têm, como regra, apenas o efeito devolutivo (art. 899, da CLT). Se a lei atribuísse, automaticamente, o efeito suspensivo, não haveria necessidade de despacho do presidente do tribunal.

Pensa de forma diversa *Carlos Henrique Bezerra Leite*[52]: "(...) o recurso ordinário interposto da sentença normativa terá sempre efeito suspensivo, cabendo ao Presidente do Tribunal ad quem (TST) em despacho (*rectius*, em decisão fundamentada), estabelecer, discricionariamente, as consequências concretas do feito suspensivo, como, por exemplo, indicar as cláusulas que podem produzir efeito de imediato e as que deverão aguardar o trânsito em julgado da decisão a ser proferida pela SDC".

Se o dissídio for de competência originária do TST, o recurso cabível é o de embargos para o próprio TST, que recebem o nome de *embargos infringentes*, tendo por objeto modificar a decisão proferida pelo TST em dissídios coletivos não unânimes, conforme o art. 894, I, *a*, da CLT c/c. art. 2º da Lei n. 7.701/88 que assim dispõe:

> Compete à seção especializada em dissídios coletivos ou seção normativa: (...) II – em última instância julgar: c) embargos infringentes interpostos contra decisão não unânime proferida em processo de dissídio coletivo de sua competência originária, salvo se a decisão atacada estiver em consonância com precedente jurisprudencial do Tribunal Superior do Trabalho ou da Súmula de sua jurisprudência predominante.

Desse modo, os embargos infringentes são cabíveis para a seção de Dissídios Coletivos do TST, quando a decisão proferida pelo Tribunal Superior do Trabalho em dissídios coletivos de sua competência originária, ou rever ou estender as sentenças normativas, não unânimes, salvo se a decisão recorrida estiver em consonância com precedente jurisprudencial do TST ou Súmula.

## 3. Da ação de cumprimento

Ensina *Antonio Lamarca*[53]:

"A sentença coletiva é lei categorial, dissémo-lo inúmeras vezes. Comando genérico e abstrato, com eficácia *erga omnes* e efeitos *ex nunc*, não contém ingrediente condenatório; portanto inexequível, senão através de dissídios individuais denominados de cumprimento. A chamada *ação de cumprimento de sentença coletiva* — doutrinam *Orlando Gomes* e *Élson Gottschalk* — é a prova de que os seus preceitos, quando violados, se cumprem através do dissídio individual, tal como ocorre com a violação da lei. Se a sentença contém um comando geral e abstrato, a sua execução e realização se cumprem através de casos particulares, nos dissídios individuais. Apenas as sentenças condenatórias comportam propriamente execução em forma direta, imediata ou específica".

---

(52) BEZERRA LEITE, Carlos Henrique. *Curso de direito processual do trabalho.* 7. ed. São Paulo: LTr, 2009. p. 984.

(53) LAMARCA, Antonio. *O livro da competência.* São Paulo: RT, 1982. p. 437.

A ação de cumprimento constitui ação individual de conhecimento, de rito especial trabalhista destinada ao cumprimento das cláusulas constantes da sentença normativa e dos acordos e convenções coletivas de trabalho.

Trata-se de ação de natureza condenatória proposta pelos empregados ou pelo Sindicato, com a finalidade de fazer cumprir as cláusulas constantes dos instrumentos normativos coletivos (acordos coletivos, convenções coletivas e sentenças normativas).

A Consolidação das Leis do Trabalho disciplina a presente ação no art. 872, *in verbis*:

> Celebrado o acordo, ou transitada em julgado a decisão, seguir-se-á o seu cumprimento, sob as penas estabelecidas neste Título. Parágrafo único – Quando os empregadores deixarem de satisfazer o pagamento de salários, na conformidade da decisão proferida, poderão os empregados ou seus sindicatos, independentes de outorga de poderes de seus associados, juntando certidão de tal decisão, apresentar reclamação à Junta ou Juízo competente, observado o processo previsto no Capítulo II deste Título, sendo vedado, porém, questionar sobre a matéria de fato e de direito já apreciada na decisão.

Conforme previsto no referido dispositivo legal, embora tenha a denominação de ação de cumprimento, sua natureza não é executiva, pois os instrumentos normativos coletivos não têm natureza executória. Além disso, trata-se de ação individual, embora se destine ao cumprimento de instrumentos coletivos normativos, ela não tem por objeto criar direito novo e sim fazer cumprir direitos que já estão normatizados para a categoria. Desse modo, a natureza jurídica da ação de cumprimento é condenatória, seguindo o rito processual da reclamação trabalhista (ordinário, sumário ou sumaríssimo).

Nesse sentido é a posição majoritária da doutrina e de *Manoel Antonio Teixeira Filho*, *in verbis*:

> A ação de cumprimento é, pois, de natureza condenatória, por visar a um pronunciamento jurisdicional que imponha ao réu acatamento a cláusulas constantes de acórdãos normativos, podendo, essa condenação, implicar obrigação de pagar quantia certa, de fazer ou não fazer e o mais. Conseguintemente, a sentença emitida na causa converter-se-á em título executivo judicial, assim que se submeter ao fenômeno da coisa julgada material (CLT, art. 876; CPC, art. 467, nessa ordem). Com base nela, o autor formulará uma nova pretensão, desta feita de índole executiva, cujo objetivo será o de conduzir o réu a realizar, de maneira coacta, forçada, a prestação correspondente à obrigação contida no título executivo, inclusive mediante equivalente expropriação patrimonial, se necessária.

Outrossim, aplica-se a lei do rito sumaríssimo à ação de cumprimento, se o seu valor for de até 40 salários mínimos, pois o seu procedimento é da CLT e da ação de conhecimento, não havendo motivo para se excluir a aplicação do rito sumaríssimo.

Conforme a jurisprudência predominante do TST, a ação de cumprimento pode ser proposta antes do trânsito em julgado da sentença normativa. Nesse sentido é a Súmula n. 246 do C. TST:

AÇÃO DE CUMPRIMENTO. TRÂNSITO EM JULGADO DA SENTENÇA NORMATIVA — É dispensável o trânsito em julgado da sentença normativa para a propositura da ação de cumprimento.

Nesse sentido também a seguinte ementa:

> Ação de cumprimento — Objeto — Limites. Não havendo o efeito suspensivo da decisão normativa objeto de recurso, a lei permite o ajuizamento de ação de cumprimento a partir do 20º dia subsequente ao julgamento (Lei n. 7.701/88), não tendo sido revogado o parágrafo único do art. 872 da CLT, que veda que se discuta nela matéria de fato ou de direito já apreciado na decisão impugnada. (TRT – 12ª R. – 1ª T. – Ac. n. 9801/97 – Rel. César Nadal de Souza – DJSC 1.9.97 – p. 132)

Se houver alteração na sentença normativa, pensamos que perderá efeito a sentença proferida na ação de cumprimento que se baseava na decisão normativa que fora alterada, já que se trata de execução precária, que tem inserida a cláusula *rebus sic stantibus*, à semelhança do que ocorre com a execução provisória de título executivo judicial, não havendo necessidade de propositura de ação rescisória.

Parte da doutrina, entretanto, defende a propositura de ação rescisória, se houver o trânsito em julgado na ação de cumprimento e, posteriormente a ele, a sentença normativa tiver sido alterada em grau de recurso, em razão do princípio da segurança nas relações jurídicas.

O Tribunal Superior do Trabalho dirimiu a questão, na Súmula n. 397, *in verbis*:

> AÇÃO RESCISÓRIA. ART. 485, IV, DO CPC. AÇÃO DE CUMPRIMENTO. OFENSA À COISA JULGADA EMANADA DE SENTENÇA NORMATIVA MODIFICADA EM GRAU DE RECURSO. INVIABILIDADE. CABIMENTO DE MANDADO DE SEGURANÇA. (conversão da Orientação Jurisprudencial n. 116 da SDI-2) Não procede ação rescisória calcada em ofensa à coisa julgada perpetrada por decisão proferida em ação de cumprimento, em face de a sentença normativa, na qual se louvava, ter sido modificada em grau de recurso, porque em dissídio coletivo somente se consubstancia coisa julgada formal. Assim, os meios processuais aptos a atacarem a execução da cláusula reformada são a exceção de pré-executividade e o mandado de segurança, no caso de descumprimento do art. 572 do CPC. (ex-OJ n. 116 – DJ 11.8.03) (Res. n. 137/2005 – DJ 22.8.2005)

Pensamos ser correto o entendimento do TST, pois o título executivo que se forma na ação de cumprimento, cuja norma que lhe dava suporte tenha sido alterada pelo TST, torna inexigível o título executivo, já que a coisa julgada na ação de cumprimento estava sujeita à condição resolutiva, nos termos do art. 572 do CPC.

Da decisão proferida na ação de cumprimento é cabível recurso ordinário para o Tribunal Regional do Trabalho (art. 895 da CLT). A execução da ação de cumprimento segue o rito da execução por título judicial na Justiça do Trabalho.

## 3.1. Competência da Justiça do Trabalho para a ação de cumprimento

Até a Lei n. 8.984/95, a doutrina e jurisprudência praticamente só aceitavam a competência da Justiça do Trabalho para as ações de cumprimento para sentenças normativas, pois o art. 114 da CF, com a redação dada em 1988, restringia a competência da Justiça do Trabalho para as controvérsias entre empregados e empregadores.

Posteriormente, veio a Lei n. 8.984/95, cujo art. 1º dispõe: "Compete à Justiça do Trabalho conciliar e julgar os dissídios que tenham origem no cumprimento de convenções coletivas de trabalho ou acordos coletivos de trabalho, mesmo quando ocorram entre sindicatos ou entre sindicatos de trabalhadores e empregador".

Nesse sentido a Súmula n. 286 do C. TST, *in verbis*:

> SINDICATO. SUBSTITUIÇÃO PROCESSUAL. CONVENÇÃO E ACORDO COLETIVOS — A legitimidade do sindicato para propor ação de cumprimento estende-se também à observância de acordo ou de convenção coletivos. (Redação dada pela Res. n. 98/2000, DJ 18.9.2000)

Atualmente, o art. 114, III, da Constituição Federal, com a redação dada pela EC n. 45/04, dispõe: "as ações sobre representação sindical, entre sindicatos, entre sindicatos e trabalhadores e entre sindicatos e empregadores".

Diante da EC n. 45/04, a Justiça do Trabalho detém competência material para as ações de cumprimento que envolvem sentenças normativas, acordos e convenções coletivas, inclusive as ações envolvendo sindicato patronal e empresa, tendo por objetivo pretensões referentes a obrigações de pagar, fazer ou não fazer constantes de convenções, acordos coletivos ou sentenças normativas.

A competência funcional é do primeiro grau de jurisdição, uma vez que não se trata de ação coletiva. Além disso, provimento buscado é condenatório.

### 3.2. Legitimidade

Segundo o art. 872 da CLT, podem propor a ação de cumprimento os empregados, individualmente, ou em litisconsórcio ativo facultativo e o sindicato da categoria.

Para alguns autores, a legitimidade do sindicato para propositura da ação de cumprimento advém da lei (*ad litem*)[54]. Para o entendimento majoritário, trata-se de substituição processual, uma vez que o Sindicato pleiteia em nome próprio direito alheio (art. 6º do CPC).

No nosso sentir, efetivamente, o Sindicato, na ação de cumprimento, atua como substituto processual, pois defende direitos individuais de seus associados, quais sejam: direitos individuais homogêneos que têm origem comum. Além disso, o direito não pertence ao sindicato e sim aos trabalhadores. A legitimidade do Sindicato se dá por força de lei (art. 8º, III, da CF, e 872, parágrafo único da CLT).

---

(54) Nesse sentido é a posição de Antonio Lamarca: "o sindicato possui, no caso, mandato *ad litem*, decorrente de norma legal; não é substituto processual, mas mandatário legal, que não necessita de outorga de poderes de seus associados" (*Op. cit.*, p. 437).

De outro lado, pensamos que, a teor do disposto no inciso III do art. 8º da CLT e do cancelamento da Súmula n. 310 pelo TST, a substituição processual da categoria também abrange os não associados na ação de cumprimento.

A jurisprudência tem fixado entendimento no sentido de que o número de substituídos na ação de cumprimento possa ser limitado para não prejudicar a celeridade processual e a efetividade do processo.

Nesse sentido, a seguinte ementa:

> Ação de cumprimento — Substituição processual de número reduzido de trabalhadores. A ação de cumprimento está disciplinada pelo art. 872 e parágrafo único, da CLT, que asseguram aos sindicatos a defesa dos interesses da categoria para exigirem a observância das convenções, acordos ou sentenças normativas. Nesse sentido, a Súmula n. 286 do c. TST. Além de o ordenamento jurídico não estabelecer que a substituição processual deva abranger toda a categoria num único processo, tem-se que os princípios da economia e celeridade não restam prejudicados com o ajuizamento da ação de cumprimento com número menor de substituídos. Ao contrário, o número reduzido de substituídos processuais até torna mais eficiente e expedita a prestação jurisdicional, sendo mais razoável e de mais fácil exequibilidade, inclusive por ocasião da liquidação. Dessarte, a ação ajuizada para diminuto número de substituídos processuais não padece de inadequação de procedimento. (TRT – 3ª R. – 2ª T. – RO n. 904/2005.097.03.00-1 – Rel. Sebastião Geraldo de Oliveira – DJ 10.3.06 – p. 9) (RDT n. 4 – Abril de 2006)

Por falta de menção no parágrafo único do art. 872 da CLT, a jurisprudência havia fixado entendimento no sentido de que a Federação não detém legitimidade para atuar na qualidade de substituta processual na ação de cumprimento[55].

No nosso sentir, caso a categoria não seja organizada por Sindicato não há vedação para que a Federação atue como substituta processual, uma vez que o art. 872, parágrafo único da CLT não veda. Além disso, pensamos que o termo sindicato deve ser interpretado como entidade sindical, o que abrange as federações e confederações sindicais.

O TST, em boa hora, cancelou a Súmula n. 359 de sua jurisprudência, que vedava a substituição processual pela Federação. Dizia a referida Súmula:

> SUBSTITUIÇÃO PROCESSUAL. AÇÃO DE CUMPRIMENTO. ART. 872, PARÁGRAFO ÚNICO, DA CLT. FEDERAÇÃO. LEGITIMIDADE — CANCELADA — Res. n. 121/2003, DJ 21.11.2003 – A federação não tem legitimidade para ajuizar a ação de cumprimento prevista no art. 872, parágrafo único, da CLT na qualidade de substituto processual da categoria profissional inorganizada.

---

(55) Nesse sentido a seguinte ementa: "Substituição processual — Ação de cumprimento — Art. 872, parágrafo único, da CLT — Federação — Legitimidade. A federação não tem legitimidade para ajuizar ação de cumprimento prevista no art. 872, parágrafo único, da CLT na qualidade de substituto processual da categoria profissional inorganizada". (TST – OE – Ac. n. 304/97 – Rel. Min. José Luiz Vasconcellos – DJ 13.2.98 – p. 78)

### 3.3. Dilação probatória

Na ação de cumprimento não há dilação probatória, uma vez que a prova é documental e pré-constituída. Deve o autor juntar aos autos cópia do instrumento normativo e também por parte do réu também é documental, qual seja o cumprimento dos pedidos postulados pelo autor.

### 3.4. Prescrição

Nos termos da Súmula n. 350 do C. TST:

> PRESCRIÇÃO. TERMO INICIAL. AÇÃO DE CUMPRIMENTO. SENTENÇA NORMATIVA — O prazo de prescrição com relação à ação de cumprimento de decisão normativa flui apenas da data de seu trânsito em julgado. (Res. n. 62/1996, DJ 4.10.1996)

O prazo prescricional é de dois anos contados do trânsito em julgado da sentença normativa, não obstante a execução da sentença normativa independa do trânsito em julgado do dissídio coletivo.

# Capítulo XXII
# Ações Civis Admissíveis no Processo do Trabalho

## Das Tutelas de Urgência Previstas no Código de Processo Civil e o Processo do Trabalho

### 1. Conceito e espécies

A fim de que seja observado o devido processo legal, que é um mandamento constitucional e uma garantia da cidadania, o processo deve obedecer aos trâmites legais, passando por todas as fases até atingir uma decisão definitiva, com o trânsito em julgado.

Não obstante, situações há em que o direito postulado não pode aguardar o regular desenrolar do processo, sob consequência de perecimento. Desse modo, há instrumentos processuais destinados a tutelar pretensões que não podem esperar a tramitação do processo, muitas vezes, nem sequer aguardar a citação do réu. Tais medidas processuais são chamadas pela doutrina de *tutelas de urgência*, que têm por objetivo resguardar direito (tutela cautelar), antecipar o próprio provimento de mérito (tutela antecipatória) ou impedir que um dano iminente aconteça (tutela inibitória).

Como destaca *José Roberto dos Santos Bedaque*[1]:

"Os provimentos antecipatórios urgentes são cabíveis em qualquer forma de tutela e podem antecipar totalmente os efeitos da tutela final. Essa circunstância confere à instrumentalidade, característica fundamental das cautelares, conotação pouco diversa daquela atribuída tradicionalmente a essa modalidade de tutela, se analisadas as medidas meramente conservativas. Aliás, exatamente em razão desse fator, passou a doutrina a pensar em outra categoria de proteção jurisdicional — a tutela de urgência — destinada a abranger todas as medidas

---

[1] BEDAQUE, José Roberto dos Santos. *Tutela cautelar e tutela antecipada:* tutelas sumárias e de urgência. 3. ed. São Paulo: Malheiros, 2003. p. 158.

necessárias a evitar risco de dano ao direito. Caracterizam-se não pela sumariedade da cognição, circunstância também presente em tutelas não cautelares, mas pelo *periculum in mora*. Analisa-se a situação substancial e verifica-se a necessidade de proteção imediata, em sede cautelar, ante a impossibilidade de se aguardar o tempo necessário para a entrega da tutela final".

A Consolidação das Leis do Trabalho contém disposição sobre tutela de urgência no art. 659, incisos IX e X, que tem a seguinte redação:

> Competem privativamente aos Presidentes das Juntas, além das que lhes forem conferidas neste Título e das decorrentes de seu cargo, as seguintes atribuições:
>
> IX – Conceder medida liminar, até decisão final do processo em reclamações trabalhistas que visem a tornar sem efeito transferência disciplinada pelos parágrafos do art. 469 desta Consolidação. (Acrescentado pela Lei n. 6.203/75 – DOU 18.4.75)
>
> X – conceder medida liminar até decisão final do processo, em reclamações trabalhistas que visem reintegrar no emprego dirigente sindical afastado, suspenso ou dispensado pelo empregador. (Acrescentado pelo Decreto n. 9.270/96 – DOU 18.4.96)

Conforme o referido dispositivo legal, o Juiz do Trabalho poderá conceder liminares, antes da decisão final, a fim de evitar a transferência abusiva do empregado, ou para reintegrar dirigente sindical.

Há divergência na doutrina sobre a natureza da *liminar* mencionada nos incisos IX e X, do art. 659, da CLT, não obstante, conforme acertadamente se posicionou a doutrina majoritária, não se trata de tutela cautelar, pois não é providência de cautela a fim de assegurar a efetividade da tutela jurisdicional, mas de concessão da própria tutela de mérito, antes da sentença. Em razão disso, tal liminar tem contornos de tutela antecipada.

Nesse sentido destacamos a seguinte ementa:

> A antecipação de tutela prevista no art. 273 do CPC, é instituto do Processo Civil, que deve sofrer adaptação no Processo do Trabalho. Segundo o art. 769 da CLT, o Processo Civil é fonte subsidiária do Processo do Trabalho, sendo que a transposição de seus institutos deve se dar em consonância com as normas, princípios e peculiaridades a ele inerentes. O art. 659 da CLT, que, em seus incisos IX e X, contempla providência cuja natureza é verdadeira antecipação de tutela, atribui ao juiz presidente das Juntas a competência privativa para concedê-la (TST, RO-MS 417.142/98.7, Milton de Moura França, Ac. SBDI-2)[2].

## 1.1. Da fungibilidade das tutelas de urgência

Considerando-se o caráter urgente das tutelas antecipatórias, cautelares e inibitórias, o resultado útil de tais medidas, a instrumentalidade do processo, e a efetividade processual, a moderna doutrina, à luz das recentes alterações do Código de Processo Civil pelas Leis ns. 10.444/2002 e 11.280/06, consagrou o chamado princípio da *fungibilidade das tutelas de urgência*.

---

(2) In: CARRION, Valentin. *Comentários à CLT*. 30. ed. São Paulo: Saraiva, 2005. p. 674.

Ensina *Plácido e Silva*[3]:

> "Coisa fungível é substituível. A coisa consumível é a que se anula ou desaparece desde que cumpra a sua finalidade ou dela se tenha tirado a sua utilidade. Mas, o direito emprega fungível para significar substitutibilidade de uma coisa por outra, sem alteração de seu valor, desde que possa contar, medir ou pesar".

Pelo princípio da fungibilidade das tutelas de urgência é possível que o Juiz possa conceder uma medida de urgência no lugar de outra postulada, desde que presentes os requisitos para concessão.

Como bem adverte *Cândido Rangel Dinamarco*[4], a fungibilidade entre duas tutelas deve ser o canal posto pela lei à disposição do intérprete e do operador para a necessária caminhada rumo à unificação da teoria das medidas urgentes — ou seja, para a descoberta de que muito há na disciplina explícita das medidas cautelares que comporta plena aplicação às antecipações de tutela.

Nesse sentido é o § 7º do art. 273 do CPC, incluído pela Lei n. 10.444, de 2002:

> Se o autor, a título de antecipação de tutela, requerer providência de natureza cautelar, poderá o juiz, quando presentes os respectivos pressupostos, deferir a medida cautelar em caráter incidental do processo ajuizado.

Conforme o referido dispositivo, é possível ao Juiz, de ofício, converter o pedido de tutela antecipada em cautelar, desde que presentes os requisitos para concessão da medida cautelar. Pensamos que o referido dispositivo é de mão dupla, vale dizer: se o autor pedir provimento cautelar, mas se estiverem presentes os requisitos da tutela antecipada, o Juiz poderá conceder o provimento antecipatório.

Nesse sentido é a visão de *Dinamarco*[5]:

> "O novo texto não deve ser lido somente como portador da autorização a conceder uma medida cautelar quando pedida a antecipação de tutela. Também o contrário está autorizado, isto é: também quando feito um pedido a título de medida cautelar, o juiz estará autorizado a conceder a medida a título de antecipação de tutela, se esse for seu entendimento e os pressupostos estiverem satisfeitos. Não há fungibilidade em uma só mão de direção. Em direito, se os bens são fungíveis isso significa que *tanto se pode substituir um por outro, como outro por um*".

No mesmo diapasão é a redação do art. 489 do CPC, com a redação dada pela Lei n. 11.280/2006, *in verbis*:

> O ajuizamento da ação rescisória não impede o cumprimento da sentença ou acórdão rescindendo, ressalvada a concessão, caso imprescindíveis e sob os pressupostos previstos em lei, de medidas de natureza cautelar ou antecipatória de tutela.

---

(3) *Vocabulário jurídico*. 12. ed. Rio de Janeiro: Forense, 1996. v. II, p. 336.
(4) DINAMARCO, Cândido Rangel. *A reforma da reforma*. São Paulo: Malheiros, 2002. p. 91.
(5) *Op. cit.*, p. 92.

O referido dispositivo ratificou a existência do princípio da fungibilidade das tutelas de urgência, consignando que é possível tanto a concessão de tutela antecipada como da cautelar, desde que presentes os requisitos legais, a fim de suspender o cumprimento da sentença que está sendo objeto de ação rescisória.

O Tribunal Superior do Trabalho consagrou o princípio da fungibilidade, conforme a redação da Súmula n. 405, de sua jurisprudência *in verbis*:

> AÇÃO RESCISÓRIA. LIMINAR. ANTECIPAÇÃO DE TUTELA. (conversão das Orientações Jurisprudenciais ns. 1, 3 e 121 da SDI-2). I – Em face do que dispõe a MP n. 1.984-22/00 e reedições e o art. 273, § 7º, do CPC, é cabível o pedido liminar formulado na petição inicial de ação rescisória ou na fase recursal, visando a suspender a execução da decisão rescindenda; II – O pedido de antecipação de tutela, formulado nas mesmas condições, será recebido como medida acautelatória em ação rescisória, por não se admitir tutela antecipada em sede de ação rescisória. (ex-OJs n. 1 – Inserida em 20.09.00, n. 3 – inserida em 20.09.00 e n. 121 – DJ 11.8.03) (Res. 137/2005 – DJ 22.8.2005)

Diante da redação clara do art. 489 do CPC, parece-nos que o inciso II da Súmula n. 405 do C. TST foi tacitamente revogado, pois restou expressamente consignado na lei a possibilidade de concessão de tutela antecipada na ação rescisória, para o fim de suspender a execução da sentença.

Nesse sentido é a visão de *Luciano Athayde Chaves*[6], ao comentar a Súmula n. 405 do TST: "parece-me superado, em parte, o entendimento sumular, exatamente quanto à impossibilidade legal de antecipação de tutela em sede rescisória, agora expressamente previsto no art. 489, do CPC".

Também diante do princípio da fungibilidade, pensamos ser possível a concessão de tutela inibitória (preventiva) quando presentes os requisitos, quando o autor equivocadamente formular pedido de tutela antecipada ou cautelar.

## 2. Da tutela antecipada e o Processo do Trabalho

Segundo *Carnellutti: o tempo é um inimigo do Direito contra o qual o juiz deve travar uma guerra sem tréguas.*

Antes da existência da tutela antecipada doutrina e jurisprudência utilizavam o art. 798, da CLT como válvula de escape para a adoção de medidas cautelares com natureza satisfativa.

Consiste a tutela antecipada na concessão da pretensão postulada pelo autor, antes do julgamento definitivo do processo, mediante a presença dos requisitos legais. Trata-se de medida satisfativa, pois será entregue ao autor o bem da vida pretendido antes da existência do título executivo judicial[7].

---

(6) CHAVES, Luciano Athayde. *A recente reforma no processo comum:* reflexos no direito judiciário do trabalho. 3. ed. São Paulo: LTr, 2007. p. 153

(7) Para Chiovenda só há jurisdição onde havia coisa julgada. A tutela antecipada rompe com o mito da coisa julgada material. As novas exigências do mundo contemporâneo não mais podem esperar a coisa julgada

Conforme a definição de *Nelson Nery Júnior*[8]:

"Tutela antecipatória dos efeitos da sentença de mérito, espécie do gênero *tutelas de urgência*, é providência que tem natureza jurídica *mandamental*, que se efetiva mediante execução *lato sensu*, com o objetivo de entregar ao autor, total ou parcialmente, a própria pretensão deduzida em juízo ou os seus efeitos. É tutela satisfativa no plano dos fatos, já que realiza o direito, dando ao requerente o bem da vida por ele pretendido com a ação de conhecimento".

Como bem adverte *Luiz Guilherme Marinoni*[9], a tutela antecipatória produz o efeito que somente poderia ser produzido ao final. Um efeito que, por óbvio, não descende de uma eficácia que tem a mesma qualidade e eficácia da sentença. A tutela antecipatória permite que sejam realizadas antecipadamente as consequências concretas da sentença de mérito. Essas consequências concretas podem ser identificadas com os efeitos externos da sentença, ou seja, com aqueles efeitos que operam fora do processo e no âmbito das relações de direito material.

A tutela antecipada, prevista no CPC, é compatível com o Processo do Trabalho, por força da aplicação do art. 769 da CLT.

Dispõe o art. 273 do CPC:

> O juiz poderá, a requerimento da parte, antecipar, total ou parcialmente, os efeitos da tutela pretendida no pedido inicial, desde que, existindo prova inequívoca, se convença da verossimilhança da alegação e:
>
> I – haja fundado receio de dano irreparável ou de difícil reparação; ou
>
> II – fique caracterizado o abuso de direito de defesa ou o manifesto propósito protelatório do réu.
>
> § 1º – Na decisão que antecipar a tutela, o juiz indicará, de modo claro e preciso, as razões do seu convencimento.
>
> § 2º – Não se concederá a antecipação da tutela quando houver perigo de irreversibilidade do provimento antecipado.
>
> § 3º – A efetivação da tutela antecipada observará, no que couber e conforme sua natureza, as normas previstas nos arts. 588, 461, §§ 4º e 5º, e 461-A. (Redação dada pela Lei n. 10.444, de 2002)
>
> § 4º – A tutela antecipada poderá ser revogada ou modificada a qualquer tempo, em decisão fundamentada.
>
> § 5º – Concedida ou não a antecipação da tutela, prosseguirá o processo até final julgamento.
>
> § 6º – A tutela antecipada também poderá ser concedida quando um ou mais dos pedidos cumulados, ou parcela deles, mostrar-se incontroverso. (Incluído pela Lei n. 10.444, de 2002)

---

material. A cognição sumária também pode dar guarida à pretensão, dentro da moderna teoria geral do processo que prima pelo resultado útil do processo e sua efetividade.

(8) *Código de Processo Civil comentado*. 10. ed. São Paulo: RT, 2007. p. 523.

(9) MARINONI, Luiz Guilherme. *Antecipação da tutela*. 9. ed. São Paulo: RT, 2006. p. 50.

§ 7º – Se o autor, a título de antecipação de tutela, requerer providência de natureza cautelar, poderá o juiz, quando presentes os respectivos pressupostos, deferir a medida cautelar em caráter incidental do processo ajuizado. (Incluído pela Lei n. 10.444, de 2002).

Conforme o referido dispositivo legal, são pressupostos para a concessão da tutela antecipada:

*a) Requerimento do autor:* a tutela antecipada necessita de pedido expresso do autor, não podendo o Juiz concedê-la de ofício. Pensamos que mesmo no Processo do Trabalho, há necessidade de requerimento. Não obstante, nos casos em que o autor estiver sem advogado, pensamos, com suporte em autores de nomeada como *Jorge Luiz Souto Maior, Francisco Antonio de Oliveira, Estêvão Mallet, Armando Couce de Menezes* e *Pedro Paulo Teixeira Manus*, que o Juiz do Trabalho possa conceder a medida de ofício, com suporte nos arts. 765 e 791, da CLT, considerando-se ainda a função social do Processo do Trabalho e a hipossuficiência do trabalhador.

Somente o autor poderá requerer a antecipação de tutela. Entretanto, havendo reconvenção ou nas ações de natureza dúplice, o réu também poderá formular o requerimento.

*b) Prova inequívoca:* é a capaz de convencer o juiz da verossimilhança da alegação. Como bem adverte *Jorge Luiz Souto Maior*[10], a prova inequívoca aqui se refere não à impossibilidade de o fato vir a ser desconstituído por prova da outra parte, mas à idoneidade da prova produzida, no sentido de ser clara, inequívoca.

A prova não necessita ser documental, pode ser testemunhal, pericial etc., desde que apta a convencer o juiz sobre a versão narrada pelo autor.

*c) Verossimilhança da alegação:* conforme *Plácido e Silva*[11], entende-se por verossimilhança "a plausibilidade, a probabilidade de ser. A verossimilhança resulta das circunstâncias que apontam certo fato, ou certa coisa, como possível, ou como real, mesmo que não tenham delas provas diretas. No entanto, conforme é assente na jurisprudência, sendo a verossimilhança uma questão de fato, não se podem sobre ela estabelecer regras doutrinárias. Deve, portanto, ser deixada ao prudente arbítrio do juiz, que a resolverá segundo as circunstâncias que cercam cada caso, diante do exame das relações existentes entre as provas feitas e os fatos que se pretende provar".

Aparentemente, prova inequívoca está em confronto com a definição de verossimilhança. Para conciliar esta contradição, a doutrina chegou ao conceito de *probabilidade*, que, segundo *Nelson Nery Júnior*, é mais forte que verossimilhança, mas não tão contundente como a prova inequívoca.

---

(10) SOUTO MAIOR, Jorge Luiz. *Direito processual do trabalho:* efetividade. Acesso à Justiça. Procedimento oral. São Paulo: LTr, 1998. p. 187.

(11) *Vocabulário jurídico.* v. IV., 12. ed. Rio de Janeiro: Forense, 1996. p. 482.

Acreditamos que na avaliação da verossimilhança, conforme a doutrina de *Malatesta*, o Juiz deve verificar se há mais motivos para crer do que para não crer na veracidade da versão do autor. Estando em dúvida quanto à probabilidade da existência do direito do autor, deve o Juiz proceder à dilação probatória antes de conceder a antecipação da tutela.

Segundo a melhor doutrina, na avaliação da verossimilhança, deve o Juiz considerar: a) o valor do bem jurídico ameaçado; b) dificuldade do autor provar sua alegação; c) a credibilidade da alegação, de acordo com as regras de experiência; d) a própria urgência da alegação.

No aspecto, destacamos as seguintes ementas:

> Para a concessão da tutela antecipatória é necessário que exista uma situação de probabilidade das alegações do autor, ou seja, que os motivos que apresenta não apenas se equiparem, mas suplantem os argumentos em contrário. Em se tratando de pedido de readmissão de empregado anistiado pela Lei n. 8.878/94, se de um lado existem fundamentos juridicamente razoáveis para a exigência do retorno ao emprego, de outro o art. 3º da Lei n. 8.878/94 e o art. 6º do Decreto n. 1.499/95 são sérios motivos para que a empresa pública se oponha à readmissão. Havendo, deste modo, equivalência entre pretensão e resistência, constitui ilegalidade a antecipação da tutela. (TRT – 18ª R. – Ac. n. 1285/96 – Rel. Juiz Azevedo Filho – DJGO 5.6.96 – p. 36)

> Ação cautelar — Tutela antecipada concedida em sentença. O art. 273 do CPC autoriza a antecipação parcial ou total dos efeitos da tutela pretendida quando o juízo, diante de prova inequívoca, se convença da verossimilhança da alegação e desde que haja fundado receio de dano irreparável ou de difícil reparação, fique caracterizado o abuso de direito de defesa ou o manifesto propósito protelatório do réu. A prova inequívoca é aquela cujo grau de convencimento não comporta nenhuma dúvida razoável. A verossimilhança, por seu turno, assenta-se no juízo de probabilidade, ou seja, "quando há preponderância de motivos convergentes à aceitação de determinada proposição, sobre os motivos divergentes" (DINAMARCO, Cândido Rangel. *A reforma do Código de Processo Civil*. São Paulo: Malheiros, 1995. p. 143). Logo, quando sobressaírem os motivos capazes de conduzir ao convencimento de que a lesão do direito foi verdadeira, impõe-se o deferimento da tutela antecipada. O deferimento da reintegração ao empregado reconhecidamente portador de estabilidade pré-aposentadoria está em conformidade com as disposições acima, devendo ser mantida a tutela antecipada deferida pelo Juízo de origem. (TRT – 3ª R. – 7ª T. – Relª. Juíza Alice Monteiro de Barros (convocada) – 18.5.10 – p. 98 – Processo n. 260/2010.000.03.40-3) (RDT n. 6 – junho de 2010)

Conforme os incisos I e II do art. 273 do CPC, são requisitos alternativos para a concessão da tutela antecipada:

*a) haja fundado receio de dano irreparável ou de difícil reparação*: Trata-se do perigo da demora. Caso a tutela não seja concedida antes do provimento final, haverá grande risco de perecimento do direito.

Como bem adverte *Nelson Nery Júnior*[12], essa urgência não tem o condão de transmudar sua natureza satisfativa-executiva em medida cautelar. Esse perigo, como requisito para a concessão da tutela antecipada, é o mesmo perigo exigido para a concessão de qualquer cautelar.

*b) fique caracterizado o abuso de direito de defesa ou o manifesto propósito protelatório do réu:* embora o direito à ampla defesa seja um cânone constitucional (art. 5º, LV, da CF), o abuso desse direito, ou seu exercício manifestamente protelatório, autorizam o Juiz a conceder a tutela.

Abusa do direito de defesa o réu que invoca teses infundadas, sem consistência jurídica, ou sustenta argumentos divorciados da realidade do processo com a finalidade de protelar o feito.

Segundo *Marinoni*, tal antecipação é possível quando os fatos constitutivos do direito do autor estão provados e os fatos modificativos, impeditivos ou extintivos alegados pelo réu em uma avaliação de cognição sumária, são considerados infundados. O critério é racional e tem por objetivo evitar que o réu abuse do direito de defesa.

A tutela antecipada é cabível em todas as espécies de provimentos, sejam condenatórios, declaratórios ou constitutivos.

A tutela antecipada pode ser concedida antes da citação do réu (*inaudita altera parte*), antes da sentença, na própria sentença e após a sentença. Na hipótese do inciso II do art. 273 do CPC, a concessão da tutela somente ocorrerá após a apresentação da defesa. Pode ser requerida na segunda instância, ocasião em que a competência será do relator. Nesse sentido a OJ n. 68 da SDI-II, do C. TST, *in verbis*:

> Antecipação de tutela. Competência. Inserida em 20.9.00. Nos Tribunais, compete ao relator decidir sobre pedido de antecipação de tutela, submetendo sua decisão ao colegiado respectivo, independentemente de pauta, na sessão imediatamente subsequente.

Alguns autores dizem que a tutela antecipada no processo civil não pode ser concedida na sentença, pois a apelação tem efeito suspensivo. A nova redação do art. 520, inciso VII, do CPC, espancou qualquer dúvida no sentido de que a antecipação da tutela pode ser deferida na sentença. Quanto à parte que antecipou a tutela, a apelação interposta em face da sentença não terá efeito suspensivo.

No Processo do Trabalho, praticamente, não há divergência no sentido de que a tutela antecipada pode ser concedida na sentença, em razão do recurso ordinário não ter efeito suspensivo. Nesse sentido, está pacificada a jurisprudência do Tribunal Superior do Trabalho, conforme se constata da redação da Súmula n. 414, *in verbis*:

> MANDADO DE SEGURANÇA. ANTECIPAÇÃO DE TUTELA (OU LIMINAR) CONCEDIDA ANTES OU NA SENTENÇA. (conversão das Orientações Jurisprudenciais ns. 50, 51, 58, 86 e 139 da SDI-2) I – A antecipação da tutela concedida

---

(12) *Op. cit.*, p. 529.

na sentença não comporta impugnação pela via do mandado de segurança, por ser impugnável mediante recurso ordinário. A ação cautelar é o meio próprio para se obter efeito suspensivo a recurso. (ex-OJ n. 51 – inserida em 20.9.00); II – No caso da tutela antecipada (ou liminar) ser concedida antes da sentença, cabe a impetração do mandado de segurança, em face da inexistência de recurso próprio. (ex-OJs ns. 50 e 58 – ambas inseridas em 20.9.00); III – A superveniência da sentença, nos autos originários, faz perder o objeto do mandado de segurança que impugnava a concessão da tutela antecipada (ou liminar). (ex-OJs ns. 86 – inserida em 13.3.02 e 139 – DJ 4.5.04) (Res. n. 137/2005 – DJ 22.8.200)

Na decisão que antecipar a tutela, o juiz indicará, de modo claro e preciso, as razões do seu convencimento, conforme exige o art. 93, IX, da CF.

Segundo a doutrina, a decisão que aprecia a tutela antecipada tem natureza interlocutória. Conforme o § 4º do art. 273 do CPC, a tutela antecipada poderá ser revogada ou modificada a qualquer tempo, em decisão fundamentada. Concedida ou não a antecipação da tutela, prosseguirá o processo até final julgamento.

Diz o § 2º do art. 273 do CPC que *não se concederá a antecipação da tutela quando houver perigo de irreversibilidade do provimento antecipado.*

Trata-se de requisito que deve ser avaliado discricionariamente pelo Juiz, analisando o custo benefício de se conceder a medida, sempre atento aos princípios da razoabilidade e efetividade processual. Como adverte *Alice Monteiro de Barros*[13], "a questão do perigo de irreversibilidade deverá ser examinada com reserva, mesmo porque, em sentido inverso, enquanto não ultrapassado o prazo legal para a ação rescisória, também não poderia uma sentença ser executada de forma definitiva, dada a possibilidade de sua desconstituição".

Conforme *Nelson Nery Júnior*[14], essa irreversibilidade não é óbice intransponível à concessão do adiantamento, pois, caso o autor seja vencido na demanda, deve indenizar a parte contrária pelos prejuízos que ela sofreu com a execução da medida.

A responsabilidade do autor caso a decisão de concessão da tutela seja reformada é objetiva pelos prejuízos causados ao réu (art. 811, do CPC), vale dizer: independe de culpa.

Nos termos do § 6º, do art. 273 do CPC, a tutela antecipada também poderá ser concedida quando um ou mais dos pedidos cumulados, ou parcela deles, mostrar-se incontroverso.

Pedido incontroverso é o que não foi contestado ou que foi admitido pelo réu. Conforme tem salientado a melhor doutrina, havendo incontrovérsia, a decisão da antecipação da tutela será definitiva.

Segundo a doutrina, a decisão que concede a antecipação da tutela tem natureza mandamental, pois determina uma ordem imediata para cumprimento da medida.

---

(13) BARROS, Alice Monteiro de. Tutela antecipada no processo do trabalho. In: *Revista LTr* 60-11/1164.
(14) *Op. cit.*, p. 529.

Conforme o § 3º do art. 273, nas obrigações de fazer, não fazer, ou de entrega de coisa e até mesmo nas obrigações de pagar, para a efetivação da tutela antecipada, o Juiz tomará as medidas necessárias, fixando, de ofício, ou a requerimento da parte, multa pecuniária pelo descumprimento da medida, nos termos dos arts. 461, §§ 4º e 5º, e 461-A, ambos do CPC.

## 2.1. Da impugnação da medida que aprecia a tutela antecipada no Processo do Trabalho

Em face da decisão que aprecia a tutela antecipada, no processo civil, é cabível o agravo de instrumento, por se tratar de decisão interlocutória. Não pode ser o agravo retido, pois a parte não terá interesse processual em tal medida processual.

No Processo do Trabalho as decisões interlocutórias não são recorríveis de imediato (art. 893, da CLT). Admite-se a interposição de mandado de segurança, se presentes os requisitos deste, caso a concessão ou a não concessão da tutela cause dano irreparável à parte, ou seja concedida ou negada de forma abusiva. Se a tutela antecipada for concedida na sentença, conforme pacificado na Jurisprudência, será cabível o recurso ordinário. Nesse sentido o inciso II da Súmula n. 414 do C. TST: "No caso de a tutela antecipada (ou liminar) ser concedida antes da sentença, cabe a impetração do mandado de segurança, em face da inexistência de recurso próprio". (ex-OJs ns. 50 e 58 — ambas inseridas em 20.9.00).

A fim de obstar os efeitos da tutela antecipada deferida na sentença, a jurisprudência tem admitido a propositura de medida cautelar inominada para atribuir efeito suspensivo ao recurso ordinário interposto em face de tal decisão. Nesse sentido o inciso I, da Súmula n. 414 do C. TST, *in verbis*:

> A antecipação da tutela concedida na sentença não comporta impugnação pela via do mandado de segurança, por ser impugnável mediante recurso ordinário. A ação cautelar é o meio próprio para se obter efeito suspensivo a recurso. (ex-OJ n. 51 – inserida em 20.9.00)

Por outro lado, não há previsão de recurso, na legislação processual trabalhista, em face da decisão que indefere o pedido liminar de tutela antecipada.

A jurisprudência do Tribunal Superior do Trabalho firmou-se no sentido de que concessão de liminar é medida discricionária do Juiz e, portanto, não é impugnável pela via do Mandado de Segurança. Nesse sentido é a redação da Súmula n. 418 do Tribunal Superior do Trabalho, *in verbis*:

> MANDADO DE SEGURANÇA VISANDO À CONCESSÃO DE LIMINAR OU HOMOLOGAÇÃO DE ACORDO (conversão das Orientações Jurisprudenciais ns. 120 e 141 da SBDI-2) – Res. n. 137/2005, DJ 22, 23 e 24.8.2005 .
>
> A concessão de liminar ou a homologação de acordo constituem faculdade do juiz, inexistindo direito líquido e certo tutelável pela via do mandado de segurança. (ex--Ojs da SBDI-2 ns. 120 – DJ 11.8.2003 – e 141 – DJ 4.5.2004).

Em que pese o respeito que merece a referida Súmula, no nosso entendimento, diante da principiologia constitucional do processo, máxime do acesso à justiça para evitar lesão ou ameaça de perecimento de direito (art. 5º, XXXV, da CF), pensamos que, presentes os requisitos legais, o direito à liminar constitui direito processual subjetivo da parte e não discricionariedade do Juiz. Portanto, no processo do trabalho, se a liminar da tutela antecipada for indeferida, quando presentes os requisitos legais, a parte lesada poderá ingressar com mandado de segurança em face dessa decisão.

Como bem adverte *Luiz Guilherme Marinoni*[15]:

"(...) a busca da efetividade do processo é necessidade que advém do direito constitucional à adequada tutela jurisdicional, indissociavelmente ligado ao *due process of law*, e ínsito no princípio da inafastabilidade, que é garantido pelo princípio da separação dos poderes, e que constitui princípio imanente ao próprio Estado de Direito, aparecendo como contrapartida à proibição da autotutela privada, ou ao dever que o Estado se impôs quando chamou a si o monopólio da jurisdição. A tutela antecipatória, portanto, nada mais é do que instrumento necessário para a realização de um direito constitucional".

## 2.2. Da execução da tutela antecipada no Processo do Trabalho

Dispõe o § 3º do art. 273 do CPC que a efetivação da tutela antecipada observará, no que couber e conforme sua natureza, as normas previstas no art. 588 do CPC.

O art. 588 do CPC foi revogado pelo art. 475-O do CPC[16], que trata da execução provisória.

---

(15) *Antecipação da tutela*. 6. ed. São Paulo: RT, 2006. p. 174.

(16) Dispõe o art. 475-O do CPC: A execução provisória da sentença far-se-á, no que couber, do mesmo modo que a definitiva, observadas as seguintes normas: (Incluído pela Lei n. 11.232/05 – DOU 23.12.05)

I – corre por iniciativa, conta e responsabilidade do exequente, que se obriga, se a sentença for reformada, a reparar os danos que o executado haja sofrido; (Incluído pela Lei n. 11.232/05 – DOU 23.12.05)

II – fica sem efeito, sobrevindo acórdão que modifique ou anule a sentença objeto da execução, restituindo-se as partes ao estado anterior e liquidados eventuais prejuízos nos mesmos autos, por arbitramento; (Incluído pela Lei n. 11.232/05 – DOU 23.12.05)

III – o levantamento de depósito em dinheiro e a prática de atos que importem alienação de propriedade ou dos quais possa resultar grave dano ao executado dependem de caução suficiente e idônea, arbitrada de plano pelo juiz e prestada nos próprios autos. (Incluído pela Lei n. 11.232/05 – DOU 23.12.05)

§ 1º – No caso do inciso II deste artigo, se a sentença provisória for modificada ou anulada apenas em parte, somente nesta ficará sem efeito a execução. (Incluído pela Lei n. 11.232/05 – DOU 23.12.05)

§ 2º – A caução a que se refere o inciso III do *caput* deste artigo poderá ser dispensada: (Incluído pela Lei n. 11.232/05 – DOU 23.12.05)

I – quando, nos casos de crédito de natureza alimentar ou decorrente de ato ilícito, até o limite de sessenta vezes o valor do salário-mínimo, o exequente demonstrar situação de necessidade; (Incluído pela Lei n. 11.232/05 – DOU 23.12.05)

Não obstante o CPC aludir às regras que regem a execução provisória para execução da tutela antecipada, pensamos que a efetivação da tutela antecipada irá até a entrega do bem da vida postulado ao requerente, inclusive a liberação de quantias em dinheiro, mesmo sem caução, pois o provimento antecipatório tem índole satisfativa. De nada adianta todo o esforço judicial para se conceder a tutela antecipada se o autor não puder obter a satisfação do seu direito. A possibilidade de irreversibilidade do provimento não pode ser óbice para a efetivação da medida, pois a Lei atribui responsabilidade objetiva ao autor pelos danos causados à parte contrária em caso de alteração da decisão.

Conforme as palavras de *Marinoni*, o tempo do processo sempre prejudicou o autor que tem razão. É necessário que o Juiz compreenda que não há efetividade sem riscos. O Juiz que se omite é tão nocivo quanto o Juiz que julga mal. Prudência e equilíbrio não se confundem com medo, e a lentidão da Justiça exige que o Juiz deixe de lado o comodismo do antigo procedimento ordinário no qual alguns imaginam que ele não erra — para assumir as responsabilidades de um novo Juiz, de um Juiz que trata dos novos direitos e que também tem que entender para cumprir sua função, sem deixar de lado sua responsabilidade social. O Juiz moderno é um Juiz mais ativo, principalmente o Juiz do Trabalho, que tem maior responsabilidade social; por isso o Juiz do Trabalho tem que ser irreverente, desbravar caminhos. Se a execução da tutela antecipada para na penhora, esta se equipara à medida cautelar de arresto ou outras cautelares. O autor, no caso de antecipação de tutela não pode esperar, sem dano grave, a realização do direito de crédito. A doutrina alemã já deixou claro que o arresto não obsta a antecipação do pagamento de soma em dinheiro, demonstrando que o fim da antecipação não é cautelar o direito de crédito, mas proteger o direito, que somente por meio da realização do direito de crédito pode ser adequadamente tutelado.

No mesmo sentido são os sólidos argumentos invocados por *Jorge Luiz Souto Maior*[17]:

> II – nos casos de execução provisória em que penda agravo de instrumento junto ao Supremo Tribunal Federal ou ao Superior Tribunal de Justiça (art. 544), salvo quando da dispensa possa manifestamente resultar risco de grave dano, de difícil ou incerta reparação. (Incluído pela Lei n. 11.232/05 – DOU 23.12.05)
>
> § 3º – Ao requerer a execução provisória, o exequente instruirá a petição com cópias autenticadas das seguintes peças do processo, podendo o advogado valer-se do disposto na parte final do art. 544, § 1º: (Incluído pela Lei n. 11.232/05 – DOU 23.12.05)
>
> I – sentença ou acórdão exequendo; (Incluído pela Lei n. 11.232/05 – DOU 23.12.05)
>
> II – certidão de interposição do recurso não dotado de efeito suspensivo; (Incluído pela Lei n. 11.232/05 – DOU 23.12.05)
>
> III – procurações outorgadas pelas partes; (Incluído pela Lei n. 11.232/05 – DOU 23.12.05)
>
> IV – decisão de habilitação, se for o caso; (Incluído pela Lei n. 11.232/05 – DOU 23.12.05)
>
> V – facultativamente, outras peças processuais que o exequente considere necessárias. (Incluído pela Lei n. 11.232/05 – DOU 23.12.05)

---

(17) *Op. cit.*, p. 191.

"O avanço da efetividade no procedimento trabalhista requer um passo audacioso, que não se dará, entretanto, fora dos parâmetros legais. Ora, quando se pensa no 'requisito negativo' do perigo da irreversibilidade dos efeitos da antecipação concedida, para efeito de concedê-la ou não, há de se avaliar, por critérios de proporcionalidade, o que é mais maléfico: o dano de não se antecipar efetivamente a tutela, ou o dano de não se poder reverter os efeitos da antecipação concedida. Chegando-se à conclusão de que os efeitos devem ser antecipados, ainda que sejam irreversíveis, por consequência óbvia a execução deverá ser completa e não meramente provisória — ou incompleta — pois, do contrário, a consideração de se proteger, prioritariamente, o risco do autor, transforma-se em mera figura de retórica".

## 2.3. Da tutela antecipada das obrigações de fazer e não fazer e dar no Processo do Trabalho

Dispõe o art. 461 do CPC:

> Na ação que tenha por objeto o cumprimento de obrigação de fazer ou não fazer, o juiz concederá a tutela específica da obrigação ou, se procedente o pedido, determinará providências que assegurem o resultado prático equivalente ao do adimplemento. (Redação dada pela Lei n. 8.952, de 1994)
>
> § 3º – Sendo relevante o fundamento da demanda e havendo justificado receio de ineficácia do provimento final, é lícito ao juiz conceder a tutela liminarmente ou mediante justificação prévia, citado o réu. A medida liminar poderá ser revogada ou modificada, a qualquer tempo, em decisão fundamentada. (Incluído pela Lei n. 8.952, de 1994)
>
> § 4º – O juiz poderá, na hipótese do parágrafo anterior ou na sentença, impor multa diária ao réu, independentemente de pedido do autor, se for suficiente ou compatível com a obrigação, fixando-lhe prazo razoável para o cumprimento do preceito. (Incluído pela Lei n. 8.952, de 1994)
>
> § 5º – Para a efetivação da tutela específica ou a obtenção do resultado prático equivalente, poderá o juiz, de ofício ou a requerimento, determinar as medidas necessárias, tais como a imposição de multa por tempo de atraso, busca e apreensão, remoção de pessoas e coisas, desfazimento de obras e impedimento de atividade nociva, se necessário, com requisição de força policial. (Redação dada pela Lei n. 10.444, de 2002)
>
> § 6º – O juiz poderá, de ofício, modificar o valor ou a periodicidade da multa, caso verifique que se tornou insuficiente ou excessiva. (Incluído pela Lei n. 10.444, de 2002)

O referido dispositivo, aplicável ao Processo do Trabalho, possibilita que o Juiz do Trabalho, ao antecipar a tutela das obrigações de fazer ou não fazer, fixe multa diária para o descumprimento da ordem judicial *(astreintes)*, que devem ser fixadas em valor razoável para a efetividade da tutela.

Atualmente, não mais se questiona, no Processo do Trabalho, a possibilidade de deferimento da tutela antecipada nas obrigações de fazer, pois a própria CLT, no art. 659, incisos IX e X, prevê a possibilidade do Juiz do Trabalho conceder liminares, até a decisão final, em reclamações trabalhistas que visem a tornar sem efeito transferências abusivas e reintegrar no emprego dirigente sindical afastado, suspenso ou dispensado pelo empregador. Não há se falar em possibilidade de dano irreparável ao empregador, pois a determinação de reintegração do empregado lhe possibilita usufruir da mão de obra deste, apesar de ter que lhe pagar os salários devidos.

O Tribunal Superior do Trabalho uniformizou sua jurisprudência no sentido de ser possível a reintegração de empregado em sede de antecipação de tutela, o que denota ser possível a execução de obrigação de fazer antes do trânsito em julgado da decisão, conforme a OJ n. 142, de sua SDI-II, *in verbis*:

> Inexiste direito líquido e certo a ser oposto contra ato de Juiz que, antecipando a tutela jurisdicional, determina a reintegração do empregado até a decisão final do processo, quando demonstrada a razoabilidade do direito subjetivo material, como nos casos de anistiado pela Lei n. 8.874, aposentado, integrante de comissão de fábrica, dirigente sindical, portador de doença profissional, portador de vírus HIV ou detentor de estabilidade provisória prevista em norma coletiva.

No mesmo sentido dispõe a Orientação Jurisprudencial n. 65, da SDI-II do C. TST:

> Mandado de Segurança. Reintegração liminarmente concedida. Dirigente sindical. Ressalvada a hipótese do art. 494, da CLT, não fere direito líquido e certo a determinação liminar de reintegração no emprego de dirigente sindical, em face da previsão do inciso X do art. 659 da CLT.

Quanto às obrigações de entrega de coisa, também poderão ser objeto de tutela antecipada no Processo do Trabalho. Como exemplo: os pedidos de entrega de CTPS que está em poder do empregador, uniformes, ou até pertences do empregado que estão em poder da empresa. O art. 461-A do CPC, que resta aplicável ao Processo do Trabalho (art. 769 da CLT) disciplina a questão. Dispõe o referido dispositivo legal:

> Na ação que tenha por objeto a entrega de coisa, o juiz, ao conceder a tutela específica, fixará o prazo para o cumprimento da obrigação. (Incluído pela Lei n. 10.444, de 2002)
>
> § 1º – Tratando-se de entrega de coisa determinada pelo gênero e quantidade, o credor a individualizará na petição inicial, se lhe couber a escolha; cabendo ao devedor escolher, este a entregará individualizada, no prazo fixado pelo juiz. (Incluído pela Lei n. 10.444, de 2002)
>
> § 2º – Não cumprida a obrigação no prazo estabelecido, expedir-se-á em favor do credor mandado de busca e apreensão ou de imissão na posse, conforme se tratar de coisa móvel ou imóvel. (Incluído pela Lei n. 10.444, de 2002)
>
> § 3º – Aplica-se à ação prevista neste art. o disposto nos §§ 1º a 6º do art. 461. (Incluído pela Lei n. 10.444, de 2002)

## 2.4. *A tutela antecipada em face da Fazenda Pública*

A Lei n. 9.494/97 veda em seu art. 1º a concessão de tutelas antecipadas em face da Fazenda Pública. Dispõe o referido dispositivo legal:

Aplica-se à tutela antecipada prevista nos arts. 273 e 461 do Código de Processo Civil o disposto nos arts. 5º e seu parágrafo único e 7º da Lei n. 4.348, de 26 de junho de 1964, no art. 1º e seu § 4º da Lei n. 5.021, de 9 de junho de 1966, e nos arts. 1º, 3º e 4º da *Lei n. 8.437, de 30 de junho de 1992.*

Dispõe o art. 1º da Lei n. 8.437/92:

> Não será cabível medida liminar contra atos do Poder Público, no procedimento cautelar ou em quaisquer outras ações de natureza cautelar ou preventiva, toda vez que providência semelhante não puder ser concedida em ações de mandado de segurança, em virtude de vedação legal. § 1º Não será cabível, no juízo de primeiro grau, medida cautelar inominada ou a sua liminar, quando impugnado ato de autoridade sujeita, na via de mandado segurança, à competência originária de tribunal. § 2º O disposto no parágrafo anterior não se aplica aos processos de ação popular e de ação civil pública. § 3º Não será cabível medida liminar que esgote, no todo ou em qualquer parte, o objeto da ação. § 4º Nos casos em que cabível medida liminar, sem prejuízo da comunicação ao dirigente do órgão ou entidade, o respectivo representante judicial dela será imediatamente intimado. (Parágrafo incluído pela Medida Provisória n. 2.180-35, de 24 de agosto de 2001) § 5º Não será cabível medida liminar que defira compensação de créditos tributários ou previdenciários. (Parágrafo incluído pela Medida Provisória n. 2.180-35, de 24 de agosto de 2001)

No nosso sentir, em que pese a disposição expressa da Lei n. 9.494/97, mesmo havendo a necessidade de precatório para a execução por quantia em face da Fazenda Pública, tal fato não inibe a possibilidade de concessão de tutela antecipada em desfavor da Fazenda Pública em razão dos princípios constitucionais do acesso à justiça e efetividade. Além disso, nas tutelas antecipadas visando à obrigações de fazer ou não fazer, não há necessidade do precatório para se executar a tutela, tampouco nas condenações de valores até 60 salários mínimos, também não há a necessidade do precatório.

Desse modo, embora o STF tenha declarado a constitucionalidade da Lei n. 9.494/97, pensamos não ser ela constitucional, por violar o princípio do acesso à Justiça e por não ter a Constituição Federal inibido a possibilidade de tutelas de urgênica em face da Fazenda Pública. Ainda que se elegue a constitucionalidade da referida lei, ela não deve ser aplicada quando o valor da tutela concedida não exceder 60 salários mínimos ou em se tratando a tutela antecipada de obrigações de fazer ou não fazer e também de provimentos declaratórios ou constitutivos.

Nesse sentido, defendem *Luiz Guilherme Marinoni* e *Daniel Mitidiero*[18] referindo-se à restrições estabelecidas pela Lei n. 9.497/1997 à concessão de tutelas antecipadas em face da Fazenda Pública:

> "Essas restrições, contudo, não têm o condão de excluir o cabimento de antecipação de tutela contra a Fazenda Pública. São inconstitucionais. Frise-se que o direito de ação, compreendido como direito à técnica processual adequada, não depende do reconhecimento do direito material. O direito de

---

(18) *Código de Processo Civil:* comentado artigo por artigo. São Paulo: RT, 2008. p. 276-277.

ação exige técnica anteciparatórioa para a viabilidade do reconhecimento da verossimilhança do direito e do fundado receio de dano, sentença idônea para a hipótese de sentença de procedência e meio executivo adequado a ambas as hipóteses. Se o direito for reconhecido como suficiente para a concessão da antecipação da tutela ou da tutela final, não há sequer como pensar em tais técnicas processuais. A norma do art. 5º, XXV, CRFB, ao contrário das normas constitucionais anteriores que garantiam o direito de ação, afirmou que a lei, além de não poder exluir lesão, está proibida de excluir 'ameça de lesão' da apreciação jurisdicional".

## 3. Da tutela inibitória e sua aplicação no Processo do Trabalho

Faz parte do gênero das tutelas de urgência a chamada *tutela inibitória*, ainda pouco estudada, mas que tem sido utilizada com eficácia, inclusive no Processo do Trabalho.

Ao contrário das tutelas cautelares e antecipatórias que pressupõem um direito já violado que merece imediata tutela, a tutela inibitória é preventiva.

Como destaca *Luiz Guilherme Marinoni*[19]:

"A tutela inibitória é caracterizada por ser voltada para o futuro, independentemente de estar sendo dirigida a impedir a prática, a continuação ou a repetição do ilícito. Note-se, com efeito, que a inibitória, ainda que empenhada apenas em fazer cessar o ilícito ou a impedir a sua repetição, não perde a sua natureza preventiva, pois não tem por fim reintegrar ou reparar o direito violado (...). A tutela inibitória funciona, basicamente, através de uma decisão ou sentença capaz de impedir a prática, a repetição ou a continuação do ilícito, conforme a conduta ilícita temida seja de natureza comissiva ou omissiva, o que permite identificar o fundamento normativo-processual desta tutela nos arts. 461 do CPC e 84 do CDC".

Na tutela inibitória ainda não há um dano, pois este é dispensável, basta a probabilidade do ilícito. Não há necessidade de culpa, pois esta é critério para apuração da sanção pelo dano.

A tutela inibitória tem suporte no princípio constitucional do acesso à Justiça (art. 5º, XXXV, da CF), e na efetividade da tutela jurisdicional.

A tutela inibitória tem aplicação na esfera trabalhista, exemplificativamente, como medida preventiva das seguintes condutas: a) antissindicais, que atentam contra a liberdade sindical; b) discriminatórias na relação de emprego; c) cláusulas contratuais abusivas; d) interdito proibitório em caso de greve (art. 932 do CPC), dentre outras hipóteses.

---

(19) MARINONI, Luiz Guilherme. *Tutela inibitória:* individual e coletiva. 3. ed. São Paulo: RT, 2003. p. 38-39.

Segundo a doutrina, a tutela inibitória encontra eco no já citado art. 461 do CPC[20] e se efetiva por meio da ação inibitória, que é ação de conhecimento de cunho condenatório, podendo ser concedida a liminar, presentes os requisitos do § 3º do art. 461, do CPC. A natureza do provimento é mandamental, independendo para sua efetivação de posterior processo de execução. Conforme *Nelson Nery Júnior*[21], a sentença inibitória prescinde de posterior e sequencial processo de execução para ser efetivada no mundo fático, pois seus efeitos são de execução *lato sensu*".

No aspecto, relevante destacar a seguinte ementa:

> Tutela inibitória — Previsão no ordenamento jurídico — Desnecessidade do dano. A necessidade do provimento inibitório, buscado na presente ação, é patente na medida em que direitos básicos dos empregados cooperados estavam sendo sonegados, inviabilizando, inclusive, o próprio objeto do contrato de trabalho, a prestação de serviços, conforme se constata dos procedimentos investigatórios juntados aos autos. Desse modo, a pretensão do autor é exatamente obter a tutela inibitória, preventiva, voltada para o futuro, impondo-se à recorrente a observância dos ditames legais para contratação de mão de obra, por meio de interposta pessoa, inclusive cooperativas de trabalho, para a execução de suas atividades finalísticas. (TRT – 3ª R. – 7ª T. – RO n. 921/2004.079.03.00-6 – Relª Wilmeia da Costa Benevides – DJ 5.7.05 – p. 12) (RDT n. 08 – Agosto de 2005)

## 4. Da tutela cautelar. Medidas cautelares e o Processo do Trabalho

### 4.1. Teoria geral do Processo Cautelar

A tutela cautelar, mais conhecida como medida cautelar, faz parte do gênero *tutelas de urgência*, sendo uma providência eminentemente acautelatória, tendo por objetivo resguardar um direito, ou o resultado útil de um processo. Desse modo, as cautelares, como regra geral, não se destinam à satisfação do direito, como objetiva a tutela antecipada, mas sim à sua conservação. Desse modo, o Processo Cautelar tem natureza acessória e instrumental, não sendo um fim em si mesmo.

---

(20) Art. 461 do CPC: Na ação que tenha por objeto o cumprimento de obrigação de fazer ou não fazer, o juiz concederá a tutela específica da obrigação ou, se procedente o pedido, determinará providências que assegurem o resultado prático equivalente ao do adimplemento. (Redação dada pela Lei n. 8.952, de 1994). § 3º – Sendo relevante o fundamento da demanda e havendo justificado receio de ineficácia do provimento final, é lícito ao juiz conceder a tutela liminarmente ou mediante justificação prévia, citado o réu. A medida liminar poderá ser revogada ou modificada, a qualquer tempo, em decisão fundamentada. (Incluído pela Lei n. 8.952, de 1994). § 4º – O juiz poderá, na hipótese do parágrafo anterior ou na sentença, impor multa diária ao réu, independentemente de pedido do autor, se for suficiente ou compatível com a obrigação, fixando-lhe prazo razoável para o cumprimento do preceito. (Incluído pela Lei n. 8.952, de 1994). § 5º – Para a efetivação da tutela específica ou a obtenção do resultado prático equivalente, poderá o juiz, de ofício ou a requerimento, determinar as medidas necessárias, tais como a imposição de multa por tempo de atraso, busca e apreensão, remoção de pessoas e coisas, desfazimento de obras e impedimento de atividade nociva, se necessário com requisição de força policial. (Redação dada pela Lei n. 10.444, de 2002) § 6º – O juiz poderá, de ofício, modificar o valor ou a periodicidade da multa, caso verifique que se tornou insuficiente ou excessiva. (Incluído pela Lei n. 10.444, de 2002).

(21) *Op. cit.*, p. 671.

Como bem assevera *Humberto Theodoro Júnior*[22]:

"Se os órgãos jurisdicionais não contassem com um meio pronto e eficaz para assegurar a permanência ou conservação do estado das pessoas, coisa e provas, enquanto não atingido o estágio último da prestação jurisdicional, esta correria o risco de cair no vazio, ou transformar-se em providência inócua. Surge, então, o processo cautelar, como uma nova face da jurisdição e como um *tertium genus*, contento *a um tempo as funções do processo de conhecimento e de execução* e tendo por elemento específico a prevenção (...). A atividade jurisdicional cautelar dirige-se à segurança e garantia do eficaz desenvolvimento e do profícuo resultado das atividades de cognição e execução, concorrendo, dessa maneira, para o atingimento do escopo da jurisdição".

São características da ação cautelar:

a) *acessoriedade e provisoriedade:* A ação cautelar é acessória a uma ação principal e provisória, pois sua existência é temporária. Tem vigência, enquanto houver necessidade de resguardar uma pretensão.

Nesse sentido dispõe o art. 796 do CPC, *in verbis*:

> O procedimento cautelar pode ser instaurado antes ou no curso do processo principal e deste é sempre dependente.

Como destaca *Humberto Theodoro Júnior*[23], a eficácia da medida preventiva obtida por meio da ação cautelar é essencialmente temporária e provisória: só dura enquanto se aguarda a solução do processo de cognição ou de execução, que é o principal, o que soluciona realmente a lide; e destina-se forçosamente a ser substituída por outra medida que será determinada em caráter definitivo, pelo processo principal.

No aspecto, destaca-se a seguinte ementa:

> Medida cautelar — Requisitos. As medidas cautelares, por suas características de acessoriedade e instrumentalidade, têm por objetivo garantir o resultado útil da ação principal, evitando que eventual sucesso nesta se torne frustrada pela impossibilidade de sua efetividade prática ante óbices que impeça seus efeitos. No caso dos autos, percebe-se desde logo a presença do *fumus boni iuris* em razão da probabilidade de êxito da requerente em sua pretensão rescisória. De outro lado, o eventual pagamento das parcelas, objeto da execução, acarretaria dano de difícil reparação, considerando-se o montante do crédito, o que certamente tornará penosa a empreitada da autora para obter a devolução dos valores recebidos pelo empregado, restando caracterizado o *periculum in mora*. (TRT – 10ª R. – Pleno – ACI n. 0149/98 – Rel. Juiz João Mathias de Souza Filho – DJDF 6.11.98 – p. 8)

b) *instrumentalidade:* O Processo Cautelar não é um fim em si mesmo, pois objetiva garantir o resultado de um outro processo.

---

(22) THEODORO JÚNIOR, Humberto. *Processo cautelar.* 19. ed. São Paulo: Leud, 2000. p. 43.

(23) *Op. cit.*, p. 15.

Nesse sentido, destacam-se as seguintes ementas:

> Ação cautelar — Natureza instrumental. A ação cautelar, apesar de autônoma, é de natureza instrumental, tendo por finalidade garantir o resultado útil do processo principal, sendo imprópria a sua utilização quando visa à satisfação do direito. (TRT – 12ª R. – 1ª T. – ROV n. 1342/2006.037.12.00-1 – Ac. n. 13.143/06 – Rel. Marcus P. Mugnaini – DJ 6.10.06 – p. 52) (RDT n. 11 – novembro de 2006).
>
> MEDIDA CAUTELAR. 1) INSTRUMENTALIDADE. A ação cautelar não constitui um fim em si mesmo, tendo por escopo assegurar o resultado útil do processo principal, servindo para afastar ameaça de lesão ao direito ou para restabelecer, em caráter provisório, o direito violado. Assim, ela é utilizada como meio para garantir o bom resultado de um outro processo principal, constituindo, portanto, o instrumento de outro instrumento. 2) DILAÇÃO PROBATÓRIA. INCOMPATIBILIDADE. Diante dos termos do pedido, que inclusive pugna pela necessidade da realização de prova pericial nos computadores do requerido (fl. 213), não se vislumbra o *fumus boni juris*, vez que a constatação de suposto prejuízo à parte depende de instrução probatória incompatível com o rito célere da medida cautelar. MEDIDA CAUTELAR QUE SE JULGA IMPROCEDENTE. (TRT/SP – 00197200900002002 – CauInom – Ac. 4ª T. – 20100143495 – Relª. Wilma Nogueira de Araujo Vaz da Silva – DOE 12.3.2010).

Como bem adverte *Humberto Theodoro Júnior*[24], o fim último do processo cautelar é manter, quanto possível, o equilíbrio inicial das partes, pondo a situação de fato em que elas se encontram a salvo das contingências temporais que envolvem necessariamente a prestação jurisdicional definitiva.

*c) revogabilidade:* Diante do caráter precário da ação cautelar, a tutela pode ser revogada a qualquer momento, bem como substituída por outra medida. Não há formação de coisa julgada material no Processo Cautelar.

Nesse sentido dispõe o art. 807 do CPC, *in verbis*:

> As medidas cautelares conservam a sua eficácia no prazo do artigo antecedente e na pendência do processo principal; mas podem, a qualquer tempo, ser revogadas ou modificadas.
>
> Parágrafo único. Salvo decisão judicial em contrário, a medida cautelar conservará a eficácia durante o período de suspensão do processo.

*d) fungibilidade:* As medidas cautelares são fungíveis entre si, vale dizer: presentes os requisitos, o Juiz poderá deferir tanto uma quanto outra tutela cautelar. Por exemplo: o Juiz pode conceder o arresto se for pedido o sequestro, desde que presentes os requisitos daquele. Outrossim, a medida cautelar também é fungível em face da tutela antecipada e da tutela inibitória, conforme já nos pronunciamos, por aplicação do § 7º do art. 273 e art. 489, ambos do Código de Processo Civil.

Nesse sentido dispõe o art. 805 do CPC:

> A medida cautelar poderá ser substituída, de ofício ou a requerimento de qualquer das partes, pela prestação de caução ou outra garantia menos gravosa para o requerido, sempre que adequada e suficiente para evitar a lesão ou repará-la integralmente. (Redação dada pela Lei n. 8.952, de 13.12.1994)

---

(24) *Op. cit.*, p. 63.

*e) autonomia:* Embora tenha caráter instrumental e precário, o processo cautelar tem existência própria, inclusive há um título próprio no Código de Processo Civil que trata do processo cautelar. Conforme *Theodoro Júnior*[25], essa autonomia decorre dos fins próprios perseguidos pelo processo cautelar que são realizados independentemente da procedência ou não do processo principal.

No aspecto, destaca-se a seguinte ementa:

> Processo cautelar — Defesa — Conteúdo. O objeto do processo cautelar e o da ação principal em curso ou a ser ajuizada são diversos: naquela se pede o acautelamento, não apenas em face da existência do *fumus boni juris* e do *periculum in mora*, mas sobretudo no fundado receio de que uma parte, antes do julgamento da lide, cause ao direito da outra lesão grave e de difícil reparação, e não a definição da existência do direito subjetivo propriamente dito. No processo cautelar o objeto da defesa serão as razões pelas quais não se deve conceder a cautela e não a defesa do próprio direito que será ou é objeto da ação principal. Assim não ocorrendo, tem-se como não contestado o pedido, presumindo-se aceitos como verdadeiros os fatos alegados pelo autor como justificadores da concessão da medida cautelar (art. 803/CPC). (TRT. – 10ª R. – Pleno – ACI n. 1.196/97 – Rel. Juiz Fernando Américo Veiga Damasceno – DJDF 24.7.98 – p. 3)

Segundo a doutrina, são requisitos específicos da ação cautelar, também chamados de pressupostos, ou até mesmo condições da ação cautelar:

*a) periculum in mora:* É o perigo da demora. Como sendo uma medida de urgência, a medida cautelar destina-se a resguardar um direito que não pode esperar a regular tramitação do processo.

*b) fumus boni iuris:* Significa a fumaça do bom direito. É a plausibilidade do direito a ser resguardado.

No nosso sentir, o perigo da demora e a fumaça do bom direito constituem o próprio mérito da pretensão cautelar, não sendo apenas uma condição específica da ação cautelar ou um pressuposto processual. Se não estiverem presentes, pensamos que o Juiz deverá julgar improcedente o pedido cautelar.

Nesse diapasão, concordamos com as palavras expendidas por *Theodoro Júnior*[26]:

"No âmbito exclusivo da tutela preventiva ela contém uma pretensão de segurança, traduzida num pedido de medida concreta para eliminar o dano. Assim, esse pedido, em sentido lato, constitui o mérito da ação cautelar, que nada tem que ver com o mérito da ação principal. Analisando-se, pois, a ação preventiva de per si, é perfeitamente possível afirmar-se que também nela se pode separar o mérito das preliminares relativas aos pressupostos processuais e condições da ação propriamente ditas. Dentro desse prisma, o *fumus boni juris* e o *periculum in mora* devem figurar no mérito da ação cautelar, por serem requisitos do deferimento do pedido e não apenas da regularidade do processo ou da sentença".

---

(25) *Op. cit.*, p. 68.
(26) *Op. cit.*, p. 73.

No mesmo diapasão, destacam-se as seguintes ementas:

> Ação cautelar — Improcedência. Para lograr êxito em sua pretensão, ou seja, alcançar a medida cautelar almejada, é condição *sine qua non* que o autor demonstre de forma inequívoca a presença dos requisitos necessários à sua concessão, quais sejam, o *periculum in mora* e o *fumus boni iuris*. Não se desincumbindo desse ônus, há ser julgada improcedente a ação aforada. (TRT – 12ª R. – SEDI – Ac. n. 14/00 – Rel. Juiz Gilmar Cavalheri – DJSC 14.0.2000 – p. 163)

> Processo cautelar — Requisitos — Ausência. 1. Inexistindo elementos que evidenciem a plausibilidade das alegações da parte, não demonstrados, assim, os requisitos do *fumus boni iuris* e o do *periculum in mora*, a medida cautelar não pode ser concedida. 2. Ação cautelar julgada improcedente. (TRT – 10ª R. – 1ª Seção Esp. – AC n. 241/2005.000.10.00-7 – Rel. Braz Henriques de Oliveira – DJ 12.5.06 – p. 4) (RDT n. 6 – junho de 2006)

## 4.2. Do poder geral de cautela do Juiz do Trabalho

Dispõe o art. 798 do CPC:

> Além dos procedimentos cautelares específicos, que este Código regula no Capítulo II deste Livro, poderá o juiz determinar as medidas provisórias que julgar adequadas, quando houver fundado receio de que uma parte, antes do julgamento da lide, cause ao direito da outra lesão grave e de difícil reparação.

> Conforme art. 799, do CPC, presentes os requisitos do art. 798 do CPC, *poderá o juiz, para evitar o dano, autorizar ou vedar a prática de determinados atos, ordenar a guarda judicial de pessoas e depósito de bens e impor a prestação de caução*. (grifo nosso)

Os presentes dispositivos consagram o chamado *poder geral de cautela do Juiz*, devendo este, sempre que necessário, tomar medidas no processo, de ofício[27], ou a requerimento das partes, destinadas a preservar o processo de eventuais danos que possam ocorrer durante sua tramitação.

Como bem adverte *Carlos Henrique Bezerra Leite*[28]: o poder geral de cautela não é arbitrário. Ao revés, é um poder discricionário que deve ser exercido com a indispensável prudência e de acordo com critérios de oportunidade e conveniência.

O art. 798 também possibilita as chamadas *medidas cautelares inominadas*, que não estão enumeradas na lei processual civil, mas que podem ser utilizadas, desde que presentes a fumaça do bom direito e o perigo da demora.

## 4.3. Espécies de medidas cautelares

Segundo a doutrina, quanto à espécie, temos as medidas cautelares *nominadas* e as *inominadas*.

---

(27) O art. 765 da CLT possibilita ao Juiz do Trabalho poderes mais dilatados na direção do processo, podendo exercer o poder geral da cautela.

(28) BEZERRA LEITE, Carlos Henrique. *Curso de direito processual do trabalho*. 5. ed. São Paulo: LTr, 2007. p. 1.171.

Nominadas ou típicas, são as medidas cautelares específicas previstas no Código de Processo Civil, como o arresto, o sequestro, o protesto etc.

Dentre as medidas cautelares nominadas previstas no CPC, são aplicáveis ao Processo do Trabalho: arresto (art. 813 do CPC); sequestro (art. 822, do CPC); busca e apreensão (art. 839, do CPC); exibição (art. 844, do CPC); produção antecipada de provas (art. 846 do CPC); justificação (art. 861 do CPC); protesto (art. 867) e atentado (art. 879 do CPC). As demais medidas cautelares nominadas previstas no CPC não têm aplicação na Justiça do Trabalho.

Inominadas ou atípicas são as medidas cautelares não previstas no Código de Processo Civil, mas encontram fundamento no poder geral de cautela, previsto no art. 798 do CPC.

Tanto as cautelares nominadas como inominadas podem ser preparatórias: quando ainda não existe uma ação principal ajuizada; incidentais: são as medidas cautelares propostas no curso da ação principal.

## 4.4. Do procedimento das medidas cautelares no Processo do Trabalho

A ação cautelar, por ser de rito especial, deve seguir o procedimento previsto no Código de Processo Civil, não se aplicando o procedimento da CLT. Nesse sentido o art. 1º, da Instrução Normativa n. 27/05 do TST:

> As ações ajuizadas na Justiça do Trabalho tramitarão pelo rito ordinário ou sumaríssimo, conforme previsto na Consolidação das Leis do Trabalho, excepcionando-se, apenas, as que, por disciplina legal expressa, estejam sujeitas a rito especial, tais como o Mandado de Segurança, *Habeas Corpus*, *Habeas Data*, Ação Rescisória, Ação Cautelar e Ação de Consignação em Pagamento.

Conforme o art. 800 do CPC, as medidas cautelares serão requeridas ao Juiz da causa; e, quando preparatórias, ao Juiz competente para conhecer da ação principal. Parágrafo único. Interposto o recurso, a medida cautelar será requerida diretamente ao tribunal.

Desse modo, a competência funcional para a ação cautelar é do juízo onde tramita a causa principal, ou onde esta deveria ser proposta no caso da medida cautelar preparatória. Havendo recurso da decisão no processo principal, a medida cautelar deve ser proposta no Tribunal competente para julgar o recurso.

Mesmo o recurso ordinário tendo apenas efeito devolutivo, podendo o juiz de primeiro grau oficiar no processo durante a tramitação do recurso, penso que a competência funcional para a medida cautelar havendo interposição do recurso é do Tribunal, pois o parágrafo único do art. 800 do CPC não excepciona regra diversa para o recurso que tem efeito apenas devolutivo.

Nesse sentido é a visão de *Luiz Guilherme Marinoni* e *Daniel Mitidiero*[29]:

"Não há dúvida que, uma vez interposto o recurso de apelação, mesmo que o processo ainda esteja em primeiro grau de jurisdição, a medida cautelar deve ser requerida ao tribunal. Nesse caso, como não há apelação distribuição e, portanto, relator, a medida cautelar deve ser requerida ao tribunal para o qual a apelação deverá ser encaminhada, notadamente, ao presidente do tribunal competente para conhecer da apelação"[30].

No aspecto, destacam-se as seguintes ementas:

> À luz do art. 800 do CPC, compete o julgamento da ação cautelar ao juiz que seria competente para o julgamento da ação principal. Sendo a ação principal uma ação rescisória, cuja competência é do eg. Tribunal Pleno, somente este poderia extinguir o feito sem julgamento do mérito. (TRT – 10ª R. – TP – Ag. 27/96 – Rel. Juiz Braz H. de Oliveira – DJDF 22.3.96 – p. 3.998)

> As medidas cautelares têm como regra geral de competência o juiz da causa principal — art. 800, *caput* do CPC, de aplicação subsidiária no processo trabalhista. O deslocamento da competência ao tribunal, parágrafo único do art. 800 do CPC, é de ser interpretada como exceção à regra geral, devendo ser aplicada enquanto pendente de julgamento o recurso. Exaurida a função jurisdicional do tribunal, com o julgamento do recurso deve prevalecer a regra geral para o julgamento das medidas cautelares. (TRT – 15ª R. – 1ª T. – Ac. n. 5618/96 – Rel. Antonio Lazarim – DJSP 25.3.96 – p. 81)

Nos termos da Súmula n. 635 do Supremo Tribunal Federal, cabe ao Presidente do Tribunal de origem decidir o pedido de medida cautelar em recurso extraordinário ainda pendente do seu juízo de admissibilidade. No mesmo sentido é a Súmula n. 634 deste mesmo tribunal: "não compete ao Supremo Tribunal conceder medida cautelar para dar efeito suspensivo a recurso extraordinário que ainda não foi objeto de juízo de admissibilidade na origem".

Os entendimentos vazados nas referidas súmulas são aplicáveis à medida cautelar requerida durante a tramitação do recurso de competência do TST e para atribuir efeito suspensivo ao recurso de revista perante a Justiça do Trabalho. Desse modo, se o juízo de admissibilidade do recurso de revista ainda não foi apreciado pelo Tribunal Regional do Trabalho, compete ao presidente deste apreciar a medida cautelar. Uma vez apreciado o juízo de admissibilidade do recurso de revista e encaminhado o processo ao Tribunal Superior do Trabalho, competirá ao Ministro relator do recurso, ou ao próprio presidente do TST apreciar a medida cautelar, caso o recurso ainda não tenha sido distribuído ao relator.

---

(29) *Código de Processo Civil:* comentado artigo por artigo. São Paulo: RT, 2008. p. 748.

(30) Em sentido contrário, entendendo, na hipótese de o recurso ter apenas efeito devolutivo ser a competência funcional do Juiz de primeiro grau, pensa Humberto Theodoro Júnior: "Não há mais dúvidas, portanto, de que a competência cautelar, durante a tramitação recursal, é do tribunal e não do juiz de primeiro grau (salvo, é claro, o caso em que o recurso, por não ter efeito suspensivo, como o agravo, não impede que o juiz de origem continue a oficiar no processo)" (*Processo cautelar.* 19. ed. São Paulo: Leud, 2000. p. 118).

No mesmo sentido pronunciam-se *Eduardo Gabriel Saad, José Eduardo Duarte Saad* e *Ana Maria Saad Castelo Branco*(31):

> "(...) somos de pensamento em que, estando em face de processamento perante um Tribunal Regional do Trabalho o recurso interposto em dissídio individual ou plúrimo, deve a medida cautelar ser requerida a este Tribunal e não diretamente perante o TST. Sendo processado o recurso e remetido pelo TRT para o TST, entendemos que a partir deste momento a ação cautelar deverá ser requerida a este Tribunal e não àquele primeiro. Contudo, na hipótese de dissídio coletivo, deve a ação cautelar ser apresentada, diretamente, no TST, mesmo estando o recurso ordinário na fase de processamento perante o TRT, em virtude de regramento próprio acerca da matéria. Nesse sentido, leia-se o disposto no art. 14, da Lei n. 10.192/01, *verbis:* 'Art. 14. O recurso interposto de decisão normativa da Justiça do Trabalho terá efeito suspensivo, na medida e extensão conferidas em despacho do Presidente do Tribunal Superior do Trabalho'".

No aspecto, cumpre destacar a seguinte ementa:

> Ementa: AGRAVO REGIMENTAL. AÇÃO CAUTELAR. DECISÃO MONOCRÁTICA, EXTINGUINDO O PROCESSO, SEM JULGAMENTO DO MÉRITO, EM FACE DA AUSÊNCIA DO JUÍZO DE ADMISSIBILIDADE *A QUO* DO RECURSO ORDINÁRIO EM MANDADO DE SEGURANÇA. A competência funcional do TST, para examinar ação cautelar incidental ao processo principal de mandado de segurança, será definida, quando esgotada a jurisdição da instância *a quo,* que no caso dos autos ocorrerá após o pronunciamento do Juiz-Presidente do TRT da 5ª Região, quando da admissibilidade do Recurso Ordinário em Mandado de Segurança interposto pela ora Agravante. No ponto em discussão, cumpre citar as Súmulas ns. 634 e 635 do excelso Supremo Tribunal Federal que, tratando de situação análoga ao caso vertente, firmou jurisprudência, no sentido de que ao Tribunal *a quo* compete examinar medida cautelar em recurso extraordinário que ainda não foi objeto de admissibilidade na origem. Ressalte-se, por fim, que ainda que se admitisse, como pretende a Agravante, que *in casu* a falta de competência funcional deste Tribunal para examinar o pedido cautelar pode ser mitigada, em razão da urgência da medida perseguida, o pedido cautelar, na hipótese, encontra um segundo obstáculo, qual seja, o não cabimento de medida cautelar para imprimir efeito suspensivo a recurso interposto contra decisão proferida em mandado de segurança, nos termos da Orientação Jurisprudencial n. 113 desta c. SBDI-2. Agravo Regimental desprovido. (AG-AC – 144615/2004-000-00-00.1 – Data de Julgamento: 9.11.2004 – Rel. Ministro José Simpliciano Fontes de F. Fernandes – Subseção II Especializada em Dissídios Individuais – DJ 26.11.2004)

A petição inicial da medida cautelar deve ser escrita e conter os requisitos do art. 801 do CPC, que assim dispõe:

> O requerente pleiteará a medida cautelar em petição escrita, que indicará:
>
> I – a autoridade judiciária, a que for dirigida;
>
> II – o nome, o estado civil, a profissão e a residência do requerente e do requerido;

---

(31) *Curso de direito processual do trabalho.* 6. ed. São Paulo: LTr, 2008. p. 1.094.

III – a lide e seu fundamento;

IV – a exposição sumária do direito ameaçado e o receio da lesão;

V – as provas que serão produzidas.

Parágrafo único. Não se exigirá o requisito do n. III senão quando a medida cautelar for requerida em procedimento preparatório.

Em razão de ser autônoma a medida cautelar, no Processo do Trabalho, a jurisprudência tem exigido que se indique o valor da causa e se individualize o pedido (art. 840, § 1º, da CLT). Não se exige o requerimento de citação do réu.

Recebida a inicial, se houver pedido liminar, o Juiz deve apreciá-lo de plano. A liminar da medida cautelar se refere à antecipação do provimento postulado na ação cautelar.

O art. 804 do CPC possibilita ao Juiz conceder a tutela, liminarmente, ou após justificação prévia, sem a oitiva do requerido quando este, sendo citado, poderá torná-la ineficaz, caso em que poderá determinar que o requerente preste caução real ou fidejussória de ressarcir os danos que o requerido possa vir a sofrer.

Em face da decisão que concede ou rejeita a liminar não cabe recurso no Processo do Trabalho, por se tratar de decisão interlocutória (art. 893, da CLT). Não obstante, a jurisprudência tem admitido a impetração de mandado de segurança em face de tal decisão, caso haja ilegalidade ou abuso de poder por parte do magistrado.

Concedida ou não a liminar, o requerido será citado, qualquer que seja o procedimento cautelar, para, no prazo de 5 (cinco) dias, contestar o pedido, indicando as provas que pretende produzir (art. 802, do CPC). No Processo do Trabalho, o prazo é contado a partir da própria citação, que não necessita ser pessoal.

Não contestando o pedido, conforme dispõe o art. 803 do CPC, o requerido será reputado revel, e presumir-se-ão aceitos pelo requerido, como verdadeiros, os fatos alegados pelo requerente (arts. 285 e 319); caso em que o Juiz decidirá dentro em 5 (cinco) dias.

Contestando a cautelar, o Juiz do Trabalho, caso entenda que não há necessidade de provas em audiência, chamará o prazo à conclusão e prolatará a decisão. Havendo provas a serem produzidas em audiência, deve o Juiz do Trabalho designar audiência de instrução e julgamento.

Nos termos do art. 797 do CPC, só em casos excepcionais, expressamente autorizados por lei, determinará o Juiz medidas cautelares sem a audiência das partes.

Sendo preparatória a medida cautelar, cabe à parte propor a ação, no prazo de 30 (trinta) dias, contados da data da efetivação da medida cautelar, conforme determina o art. 806 do CPC.

Nos termos do art. 807 do CPC, as medidas cautelares conservam a sua eficácia no prazo do artigo antecedente (30 dias quando preparatórias), e na pendência do processo principal; mas podem, a qualquer tempo, ser revogadas ou modificadas. Parágrafo único. Salvo decisão judicial em contrário, a medida cautelar conservará a eficácia durante o período de suspensão do processo.

Conforme o art. 808 do CPC, cessa a eficácia da medida cautelar quando:

> I – se a parte não intentar a ação no prazo estabelecido no art. 806; II – se não for executada dentro de 30 (trinta) dias; III – se o juiz declarar extinto o processo principal, com ou sem julgamento do mérito. Parágrafo único. Se por qualquer motivo cessar a medida, é defeso à parte repetir o pedido, salvo por novo fundamento.

Os autos do procedimento cautelar serão apensados aos do processo principal.

O indeferimento da medida não obsta a que a parte intente a ação, nem influi no julgamento desta, salvo se o Juiz, no procedimento cautelar, acolher a alegação de decadência ou de prescrição do direito do autor (art. 810 do CPC). Desse modo, caso, no processo cautelar, o Juiz acolha decadência ou prescrição, a parte não poderá ingressar com a ação principal postulando o direito que visava a ser protegido pela tutela cautelar.

Nos termos do art. 811 do CPC, sem prejuízo do disposto no art. 16, o requerente do procedimento cautelar responde ao requerido pelo prejuízo que lhe causar a execução da medida: I – se a sentença no processo principal lhe for desfavorável; II – se, obtida liminarmente a medida no caso do art. 804 deste Código, não promover a citação do requerido dentro em 5 (cinco) dias; III – se ocorrer a cessação da eficácia da medida, em qualquer dos casos previstos no art. 808, deste Código; IV – se o Juiz acolher, no procedimento cautelar, a alegação de decadência ou de prescrição do direito do autor (art. 810). Parágrafo único. A indenização será liquidada nos autos do procedimento cautelar.

Ocorrendo as hipóteses previstas no art. 811 do CPC, a responsabilidade do requerente pelos danos causados ao requerido é objetiva, vale dizer: independe de culpa.

Da sentença proferida no processo cautelar é cabível recurso ordinário para o TRT, sem efeito suspensivo (art. 895 da CLT).

## 4.5. Das medidas cautelares em espécie

### a) Arresto

O arresto tem sido a espécie de medida cautelar mais utilizada na Justiça do Trabalho, pois objetiva a apreensão de bens do devedor, tantos quantos bastem para garantia de uma futura execução por quantia certa.

O art. 813 do CPC disciplina os requisitos para a concessão do arresto. Dispõe o referido dispositivo legal:

> O arresto tem lugar:
> 
> I – quando o devedor sem domicílio certo intenta ausentar-se ou alienar os bens que possui, ou deixa de pagar a obrigação no prazo estipulado;

II – quando o devedor, que tem domicílio:

a) se ausenta ou tenta ausentar-se furtivamente;

b) caindo em insolvência, aliena ou tenta alienar bens que possui; contrai ou tenta contrair dívidas extraordinárias; põe ou tenta pôr os seus bens em nome de terceiros; ou comete outro qualquer artifício fraudulento, a fim de frustrar a execução ou lesar credores;

III – quando o devedor, que possui bens de raiz, intenta aliená-los, hipotecá-los ou dá-los em anticrese, sem ficar com algum ou alguns, livres e desembargados, equivalentes às dívidas;

IV – nos demais casos expressos em lei.

Para a concessão do arresto é essencial: a) prova literal da dívida líquida e certa; b) prova documental ou justificação de algum dos casos mencionados no art. 813 do CPC.

Conforme o parágrafo único do art. 814 do CPC, equipara-se à prova literal da dívida líquida e certa, para efeito de concessão de arresto, a sentença, líquida ou ilíquida, pendente de recurso, condenando o devedor ao pagamento de dinheiro ou de prestação que em dinheiro possa converter-se.

A prova literal da dívida, no Processo do Trabalho, consiste nos títulos executivos judiciais e extrajudiciais previstos no art. 876 da CLT e a sentença em que ainda não houve o trânsito em julgado.

A jurisprudência trabalhista tem interpretado com maior flexibilidade o requisito da prova literal da dívida, para considerá-lo presente quando o empregado junta à petição inicial do arresto documentos que comprovem o inadimplemento do empregador de verbas trabalhistas.

Nos termos do art. 820 do CPC, cessa o arresto pelo pagamento, pela novação ou pela transação.

Julgado procedente o pedido na ação principal, o arresto se convolará em penhora.

No aspecto, destacamos as seguintes ementas:

> Ação cautelar de arresto — Não preenchimento dos requisitos dos arts. 813 e 814 do CPC. O arresto constitui medida cautelar de garantia da futura execução por quantia certa, que consiste na apreensão judicial de bens indeterminados do patrimônio do devedor, a fim de assegurar a viabilidade da futura penhora, na qual virá converter-se ao tempo da efetiva execução. É instrumento de garantia e não de execução, portanto se trata de medida de exceção que somente pode ser concedida mediante o preenchimento dos requisitos essenciais previstos nos arts. 813 e 814 do CPC, que pressupõem situações específicas, em que o devedor, efetivamente, está-se furtando, ou na iminência de furtar-se ao cumprimento de uma obrigação consistente em dívida líquida e certa. Assim, o simples fato de a Fundação, ora recorrente, ser absorvida pelo Estado, o que importaria na obrigatoriedade de submissão dos créditos trabalhistas dos autores ao regime de execução por precatórios, não justifica a

concessão da medida, porque, a admitir-se tal tese, estar-se-ia apenas favorecendo a maior comodidade para o recebimento de tais créditos, e não afastando o risco do crédito, que, na verdade, inexiste, já que o Estado, ao absorver uma fundação, passa a ser seu sucessor, e, consequentemente, em tese, não poderá fraudar os créditos, cujo pagamento se pretende assegurar através do arresto. Além disso, a incorporação, mediante lei, da Fundação, implicará um ato de intervenção do Estado com nítida finalidade pública, o que afasta a possibilidade de fraude. Recurso ordinário a que se dá provimento. (TST – SBDI2 – ROAC n. 417.494/98-3 – Red. Min. Ronaldo Leal – DJ 27.8.99 – p. 49)

Medida cautelar de arresto — Requisitos. A presença de fortes indícios de utilização da máquina judiciária para prática de ato simulado (art. 129 do CPC) e a falta de preenchimento dos requisitos elementares para a caracterização do pleito cautelar (fumus bonis iuris e periculum in mora) conduzem à extinção do feito sem julgamento do mérito, com base no art. 267, inciso I, do CPC. (TRT – 12ª R. – 2ª T. – Ac. n. 11.194/2000 – Relª Juíza Mª C. de Avelar – DJSC 21.11.2000 – p. 86) (RDT 01/2001 – p. 53)

## b) Sequestro

Trata-se de medida cautelar nominada que tem por objeto a apreensão e guarda de um bem a fim de evitar que ele pereça, danifique ou se extravie, quando houver discussão sobre sua posse ou propriedade.

Dispõe o art. 822 do CPC:

O juiz, a requerimento da parte, pode decretar o sequestro:

I – de bens móveis, semoventes ou imóveis, quando lhes for disputada a propriedade ou a posse, havendo fundado receio de rixas ou danificações;

II – dos frutos e rendimentos do imóvel reivindicado, se o réu, depois de condenado por sentença ainda sujeita a recurso, os dissipar;

III – dos bens do casal, nas ações de separação judicial e de anulação de casamento, se o cônjuge os estiver dilapidando;

IV – nos demais casos expressos em lei.

Determinado o sequestro, o bem apreendido ficará em poder de um depositário nomeado pelo Juiz.

Aplicam-se ao sequestro, no que couber, as disposições sobre o arresto.

O sequestro é de raríssima utilização no Processo do Trabalho[32], entretanto, pode ser utilizado como medida preparatória ou incidental quando por exemplo: trabalhador e empregador discutem a propriedade de determinada máquina ou ferramenta de trabalho e há fundado receio de danificação ou extravio desse bem enquanto não houver a decisão judicial atribuindo a propriedade a um deles.

## c) Da busca e apreensão

Dispõe o art. 839 do CPC que o Juiz pode decretar a busca e apreensão de pessoas ou de coisas.

---

(32) Em mais de 14 anos de militância na Justiça do Trabalho nunca vimos uma medida cautelar de sequestro.

A busca e apreensão tem por objetivo a captura de um bem ou de uma pessoa quando houver receio de dano. Como destaca *Francisco Gérson Marques de Lima*[33], busca é a procura, a caça de um bem, de uma coisa ou de uma pessoa. Sucede-lhe a apreensão, que é o aprisionamento daqueles. Apreendido o objeto da busca, será ele entregue ao juiz, guardado em depósito ou entregue ao interessado.

Diante da competência material da Justiça do Trabalho (art. 114 da CF), não é cabível em tese, segundo a doutrina, no Processo do Trabalho a busca e apreensão de pessoas, somente sendo possível quanto a coisas, como por exemplo: documentos que interessam para o processo, CTPS, ferramentas de trabalho etc.

Entretanto, em casos excepcionais, pensamos que seja possível ao Juiz do Trabalho determinar, por exemplo, a busca e apreensão da testemunha pelo tempo suficiente para que preste depoimento, quando, reiteradamente, se oculta para não comparecer em juízo, não sendo encontrada por diversas vezes quando determinada sua condução coercitiva.

Na petição inicial exporá o requerente as razões justificativas da medida e da ciência de estar a pessoa ou a coisa no lugar designado.

Conforme o art. 841 do CPC, a justificação prévia far-se-á em segredo de Justiça, se for indispensável. Provado quanto baste o alegado, expedir-se-á o mandado que conterá: I – a indicação da casa ou do lugar em que deve efetuar-se a diligência; II – a descrição da pessoa ou da coisa procurada e o destino a lhe dar; III – a assinatura do juiz, de quem emanar a ordem.

## d) Exibição

Trata-se a exibição de medida cautelar preparatória que tem por objetivo a exibição judicial de coisa móvel ou documento em poder de outrem para o fim de propositura de futura ação judicial.

Dispõe o art. 844 do CPC:

> Tem lugar, como procedimento preparatório, a exibição judicial:
>
> I – de coisa móvel em poder de outrem e que o requerente repute sua ou tenha interesse em conhecer;
>
> II – de documento próprio ou comum, em poder de cointeressado, sócio, condômino, credor ou devedor; ou em poder de terceiro que o tenha em sua guarda, como inventariante, testamenteiro, depositário ou administrador de bens alheios;
>
> III – da escrituração comercial por inteiro, balanços e documentos de arquivo, nos casos expressos em lei.

A presente medida se aplica ao Processo do Trabalho (art. 769 da CLT), quando por exemplo: o empregado necessita da exibição de um documento que está em posse do empregador para embasar futura reclamação trabalhista.

---

(33) MARQUES DE LIMA, Francisco Gérson. *Lineamentos de direito processual do trabalho*. São Paulo: Malheiros, 2005. p. 132.

## e) Da produção antecipada de provas

A produção antecipada de provas se trata de medida cautelar preparatória que tem por objetivo a produção de determinada prova, antes da propositura da ação, pois há fundado risco de que, quando da instrução processual da causa, a prova não mais seja possível de ser produzida.

Como bem adverte *Francisco Gérson Marques de Lima*[34], o que justifica a produção antecipada de provas é o risco de se perderem os vestígios indispensáveis à comprovação da existência de fatos que sejam de fundamental importância ao deslinde da querela a ser levada a juízo. O risco há de ser iminente e real. Não basta a mera impressão ou o perigo de um dia vir a desaparecer a prova.

A produção antecipada da prova pode consistir em interrogatório da parte, inquirição de testemunhas e exame pericial (art. 846 do CPC).

Nos termos do art. 847 do CPC, far-se-á o interrogatório da parte ou a inquirição das testemunhas antes da propositura da ação, ou na pendência desta, mas antes da audiência de instrução: I – se tiver de ausentar-se; II – se, por motivo de idade ou de moléstia grave, houver justo receio de que ao tempo da prova já não exista, ou esteja impossibilitada de depor.

O requerente justificará sumariamente a necessidade da antecipação e mencionará com precisão os fatos sobre que há de recair a prova. Tratando-se de inquirição de testemunhas, serão intimados os interessados a comparecer à audiência em que prestará o depoimento.

A prova pericial realizar-se-á conforme o disposto nos arts. 420 a 439.

Tomado o depoimento ou feito exame pericial, os autos permanecerão em cartório, sendo lícito aos interessados solicitar as certidões que quiserem.

A produção antecipada de prova é perfeitamente compatível com o Processo do Trabalho (art. 769 da CLT). São comuns os exemplos de produção antecipada da prova pericial em casos de insalubridade ou periculosidade, quando o local de trabalho do empregado está prestes a ser desativado.

## f) Da justificação

Dispõe o art. 861 do CPC:

> Quem pretender justificar a existência de algum fato ou relação jurídica, seja para simples documento e sem caráter contencioso, seja para servir de prova em processo regular, exporá, em petição circunstanciada, a sua intenção.

Trata-se de medida cautelar de pouca utilização e também de raríssima aplicabilidade no Processo do Trabalho, entretanto, é com ele compatível (art. 769 da CLT).

---

(34) *Op. cit.*, p. 134.

Como bem adverte *Marques de Lima*⁽³⁵⁾, a justificação, no Processo do Trabalho é de pouquíssima aplicabilidade, porque o ajuizamento da reclamação trabalhista, por si só, já basta para cumprir o objetivo da cautelar. Poderia, todavia, ser utilizada pelo empregado no fito de comprovar seu tempo de serviço, o que teria reflexos nos órgãos da Previdência Social.

## g) Protestos, notificações e interpelações

Dispõe o art. 867 do CPC:

> Todo aquele que desejar prevenir responsabilidade, prover a conservação e ressalva de seus direitos ou manifestar qualquer intenção de modo formal, poderá fazer por escrito o seu protesto, em petição dirigida ao juiz, e requerer que do mesmo se intime a quem de direito.

Valendo-nos dos conceitos de *Nelson Nery Júnior*⁽³⁶⁾: *Protesto* é medida acautelatória de direitos. Por sua vez tem eficácia subordinada ao fato de corresponder à intenção de quem o maneja e à correspondência perfeita dos atos que se alega terem ocorrido. *Interpelação* é ato pelo qual se dá a conhecer a pretensão de exercer direito. Muitas vezes, a eficácia da cláusula penal depende de interpelação. *Notificação* é ato formal de comunicação que provoca a atividade positiva ou negativa de alguém e que, em alguns casos, contém também a interpelação.

Trata-se o protesto, as notificações e interpelações de procedimentos não contenciosos destinados à conservação de direitos.

O protesto tem sido utilizado com frequência na Justiça do Trabalho a fim de interromper a prescrição (art. 202, II, do CC) e também contra a alienação de bens pelo empregador, quando este está prestes a se tornar insolvente.

O protesto contra alienação de bens é menos rigoroso que o arresto, pois não se exige prova literal da dívida. Por isso, pensamos que o Juiz do Trabalho, quando não presentes os requisitos do arresto, mas que há risco de insolvência na alienação de bens por parte do empregador, poderá, à luz do art. 805 do CPC que consagra o princípio da fungibilidade, convolar o arresto em protesto contra a alienação de bens.

Nos termos do art. 871 do CPC, o protesto ou interpelação não admitem defesa, nem contraprotesto nos autos; mas o requerido pode contra protestar em processo distinto.

## h) Do atentado

Dispõe o art. 879 do CPC:

> Comete atentado a parte que no curso do processo:
>
> I – viola penhora, arresto, sequestro ou imissão na posse;
>
> II – prossegue em obra embargada;
>
> III – pratica outra qualquer inovação ilegal no estado de fato.

---

(35) *Op. cit.*, p. 135.
(36) *Código de Processo Civil comentado*. 10. ed. São Paulo: RT, 2007. p. 1.140.

A ação cautelar de atentado se trata de medida cautelar de natureza incidental tendo por objetivo preservar a dignidade do processo e também prevenir danos de ordem processual, evitando a eficácia do provimento final.

Conforme o art. 880 do CPC, "A petição inicial será autuada em separado, observando-se, quanto ao procedimento, o disposto nos arts. 802 e 803. Parágrafo único. A ação de atentado será processada e julgada pelo Juiz que conheceu originariamente da causa principal, ainda que esta se encontre no Tribunal".

A sentença que julgar procedente a ação ordenará o restabelecimento do estado anterior, a suspensão da causa principal e a proibição de o réu falar nos autos até a purgação do atentado (art. 881 do CPC).

A ação de atentado é perfeitamente compatível com o Processo do Trabalho (art. 769 da CLT).

## 5. Da ação rescisória na Justiça do Trabalho

### 5.1. Conceito e natureza jurídica

A ação rescisória deriva da *querella nullitatis* (século XII), cabível contra as sentenças nulas, enquanto a apelação era o remédio contra as sentenças injustas. Isso decorreu na Idade Média, das transformações provenientes do contato entre o direito romano e o de outros povos, notadamente o germânico, desenvolvendo-se a *querella nullitatis* no direito estatutário como meio de ataque à sentença nula transitada em julgado que contivesse *error in procedendo*[37].

Ainda há, atualmente, entendimentos doutrinário e jurisprudencial admitindo a ação de *querella nullitatis* nas hipóteses de sentenças inexistentes. Esta ação de natureza declaratória, visa à declaração da nulidade da decisão, não tendo prazo prescricional. Por exemplo, a ação seria cabível, exemplificativamente, no caso de sentença proferida por Juiz que não tem jurisdição, e também em processo em que não houve citação do réu.

Nesse sentido é a visão, dentre outros, de *Francisco Antonio de Oliveira*[38]:

"A nulidade ou anulabilidade da decisão é atacável por meio de recurso próprio, enquanto não transitado em julgado. Após constituir coisa julgada passa a ser rescindível. E decorrido o prazo decadencial, regra geral, não mais rescindível será (...). Sentença inexistente é sempre sentença nenhuma. Ora se é ato inexistente, não está no mundo jurídico. Se não está no mundo jurídico, não transita em julgado. E se não transita em julgado, não poderá ser alvo de ação rescisória. Não se insinua em plano de direito material, posto que não provida de qualquer eficácia. Decidiu o STF que 'é desnecessária a

---

(37) COQUEIJO COSTA, Carlos. *Ação rescisória*. 7. ed. São Paulo: LTr, 2002. p. 21.

(38) OLIVEIRA, Francisco Antonio de. *Ação rescisória:* enfoques trabalhistas. 2. ed. São Paulo: RT, 1996. p. 44-45.

ação rescisória contra sentença que julgou procedente ação de usucapião em que não foram citados os proprietários em nome de quem estava transcrito o registro de imóvel, pois, em relação a eles, ela não transita em julgado por ausência de pressuposto de existência. Admite-se que os não citados ajuízem diretamente, a ação reivindicatória' (STF, 1ª T. RE 96.696-0, Rel. Min. Alfredo Buzaid; DOU 22.10.82)".

Diante do fortalecimento do Poder Judiciário, como sendo o órgão encarregado de dirimir os conflitos de interesses de forma definitiva, no decorrer dos séculos, a proteção à coisa julgada foi adquirindo maior prestígio nas legislações, como sendo uma garantia da cidadania e destinada à manutenção da segurança das relações jurídicas.

Atualmente, no Direito brasileiro, a proteção à coisa julgada tem assento constitucional (art. 5º, inciso XXXVI, da CF), como sendo uma garantia fundamental do indivíduo e uma cláusula pétrea constitucional (art. 60, § 4º). Desse modo, somente nas hipóteses taxativas que a lei disciplinar, diante de um vício grave existente na decisão transitada em julgado e diante das circunstâncias socialmente inadequadas em que ele se formou, é possível o manejo da chamada ação rescisória para desconstituir uma sentença ou acórdão já transitados em julgado.

Ensina *José Carlos Barbosa Moreira*[39]:

"Chama-se rescisória à ação por meio da qual se pede a desconsideração de sentença trânsita em julgado, com eventual rejulgamento, a seguir, da matéria nela julgada".

Conforme *Coqueijo Costa*[40]:

"A ação rescisória tem por escopo fazer com que o interesse de justiça prevaleça sobre o interesse de segurança. A sentença, imutável embora, mostra-se tisnada por vícios fundamentais, justifica-se que o ordenamento jurídico preveja um remédio específico para repará-la: é a ação rescisória. A sentença deve ser justa, mas precisa ser certa. Daí a coisa julgada cobrir os defeitos da sentença, passível esta, entretanto, de corte pela rescisórias, assim o autor demonstre, no prazo preclusivo para a sua proposição, um dos vícios que a maculam".

No nosso sentir, a ação rescisória consiste em:

Ação de rito especial destinada a desconstituir a coisa julgada material, nas hipóteses previstas em lei. Sua natureza é constitutivo-negativa, ou desconstitutiva. Portanto, não se trata de recurso, pois não é destinada a neutralizar a sentença dentro da mesma relação jurídico-processual em que ela se formou, mas uma ação autônoma que tem por objetivo desconstituir a coisa julgada material.

---

(39) BARBOSA MOREIRA, José Carlos. *Comentários ao Código de Processo Civil.* v. V, 12. ed. Rio de Janeiro: Forense, 2005. p. 100.

(40) COQUEIJO COSTA. *Ação rescisória.* 7. ed. São Paulo: LTr: 2002. p. 27.

Nesse sentido, bem adverte *Pontes de Miranda*[41]:

"A ação rescisória, julgamento de julgamento como tal, não se passa dentro do processo em que se proferiu a decisão rescindenda. Nasce fora, em plano pré-processual, desenvolve-se em torno da decisão rescindenda, e, somente ao desconstituí-la, cortá-la, rescindi-la, é que abre, no extremo da relação jurídica processual examinada, se se trata de decisão terminativa do feito, com julgamento, ou não, do mérito, ou desde algum momento dela, ou no seu próprio começo (*e. g.*, vício da citação, art. 485, II e V) a relação jurídica processual".

Desse modo, somente a sentença de mérito[42] (art. 269 do CPC) pode ser objeto da ação rescisória. As sentenças terminativas (art. 267 do CPC), as proferidas em processos de jurisdição voluntária e as decisões interlocutórias não podem ser objeto da ação rescisória.

Nos termos do art. 486 do CPC: "Os atos judiciais, que não dependem de sentença, ou em que esta for meramente homologatória, podem ser rescindidos, como os atos jurídicos em geral, nos termos da lei civil".

Conforme o referido dispositivo legal, os atos judiciais meramente homologatórios, em que simplesmente é chancelada a vontade das partes, como na homologação de transação, ou na homologação de um ato processual, como a arrematação ou adjudicação, a ação rescisória é incabível, podendo tais atos processuais serem desconstituídos pela ação anulatória.

No aspecto, cumpre destacar nesse sentido a Súmula n. 399 do C. TST, *in verbis*:

> AÇÃO RESCISÓRIA. CABIMENTO. SENTENÇA DE MÉRITO. DECISÃO HOMOLOGATÓRIA DE ADJUDICAÇÃO, DE ARREMATAÇÃO E DE CÁLCULOS. (conversão das Orientações Jurisprudenciais ns. 44, 45 e 85, primeira parte, da SDI-2) I – É incabível ação rescisória para impugnar decisão homologatória de adjudicação ou arrematação. (ex-OJs ns. 44 e 45 — ambas inseridas em 20.9.00) II – A decisão homologatória de cálculos apenas comporta rescisão quando enfrentar as questões envolvidas na elaboração da conta de liquidação, quer solvendo a controvérsia das partes quer explicitando, de ofício, os motivos pelos quais acolheu os cálculos oferecidos por uma das partes ou pelo setor de cálculos, e não contestados pela outra. (ex-OJ n. 85, primeira parte — inserida em 13.3.02 e alterada em 26.11.02). (Res. 137/2005 – DJ 22.8.2005)

No Processo do Trabalho, a nosso ver, acertadamente, a jurisprudência posicionou-se no sentido de que o termo de homologação da conciliação somente pode ser atacável pela ação rescisória, independentemente de tratar-se de conciliação

---

(41) PONTES DE MIRANDA. *Tratado da ação rescisória*. 2. ed. Campinas: Bookseller, 2003. p. 92.

(42) Tanto as decisões de mérito sobre questões de direito material como processual podem ser objeto da ação rescisória. Nesse sentido a Súmula n. 412 do C. TST *in verbis*: "AÇÃO RESCISÓRIA. SENTENÇA DE MÉRITO. QUESTÃO PROCESSUAL. (conversão da Orientação Jurisprudencial n. 46 da SDI-2) Pode uma questão processual ser objeto de rescisão desde que consista em pressuposto de validade de uma sentença de mérito". (ex-OJ n. 46 — inserida em 20.9.00) (Res. n. 137/2005 – DJ 22.8.2005)

ou transação[43], considerando-se que, faticamente, é praticamente impossível se investigar se a decisão que homologa o acordo foi simplesmente homologatória ou o Juiz do Trabalho investigou o mérito da questão. Vale destacar que o art. 269, III do CPC assevera que haverá resolução de mérito quando as partes transigirem não fazendo diferenciação entre transação e conciliação. Nesse sentido dispõe o parágrafo único do art. 831 da CLT, *in verbis*:

> No caso de conciliação, o termo que for lavrado valerá como decisão irrecorrível, salvo para a Previdência Social quanto às contribuições que lhe forem devidas. (Redação dada pela Lei n. 10.035/00 – DOU 26.10.00).

No mesmo diapasão, é a doutrina de *Manoel Antonio Teixeira Filho*[44]:

"No que toca às sentenças homologatórias de transação, a doutrina e a jurisprudência, em atitudes contestes, vinham consolidando engenhosa construção, por elas efetuada, baseada na separação entre as origens do ato que se visa a desfazer: se o objetivo era cassar os efeitos de ato praticado pelas partes (a transação em si), o meio adequado seria a ação anulatória, em consonância com a declaração emanante do art. 486 do CPC; se, ao contrário, se desejava atacar o ato judicial (homologatório) em virtude de algum vício nele existente, o caminho correto seria o da ação rescisória. Pessoalmente, divergíamos dessa opinião em outras ocasiões. Entendíamos que, indistintamente, a transação como negócio jurídico bilateral, ou a sentença que a homologava, deveriam ser desconstituídas pela rescisória"[45].

No mesmo diapasão, a Súmula n. 259 do C. TST:

> TERMO DE CONCILIAÇÃO. AÇÃO RESCISÓRIA — Só por ação rescisória é impugnável o termo de conciliação previsto no parágrafo único do art. 831 da CLT. (Res. n. 7/1986, DJ 31.10.1986)

A ação rescisória vem sendo amplamente utilizada no Processo do Trabalho, havendo inúmeros acórdãos e várias Súmulas do TST sobre a presente ação, embora a CLT tenha um único dispositivo versando sobre a questão (art. 836), o qual determina a aplicação do Código de Processo Civil para regulamentar a presente ação.

Segmentos da doutrina têm criticado a utilização intensa da ação rescisória no Processo do Trabalho, dizendo que ela se transformou, na verdade, em mais um recurso, e uma medida recursal mais acessível ao empregador, pois não havia a necessidade de depósito recursal, tampouco o pagamento de custas.

---

(43) Conforme a doutrina, a transação é o acordo firmado pelas próprias partes e a conciliação é o acordo firmado com a intervenção ativa do Juiz.

(44) TEIXEIRA FILHO, Manoel Antonio. *Ação rescisória no processo do trabalho*. 4. ed. São Paulo: LTr, 2005. p. 127.

(45) Em sentido contrário Nelson Nery Júnior: "Com a devida vênia, o termo de conciliação de que trata a CLT, art. 831 parágrafo único tem natureza jurídica de transação, motivo por que a eles se aplicam as regras de impugnação dos negócios jurídicos em geral, vale dizer, é atacável por meio de ação anulatória, CPC, art. 486 e não da rescisória do CPC, art. 485" (*Código de Processo Civil comentado e legislação extravagante*. 10. ed. São Paulo: RT, 2007. p. 791).

Como forma de inibir a utilização maciça da ação rescisória de forma, muitas vezes, abusiva, veio a lume a Lei n. 11.495/07, que passou a exigir o depósito prévio de 20% sobre o valor da causa como pressuposto processual para ingresso da ação rescisória, salvo se a parte autora for beneficiária da Justiça Gratuita.

Dispõe o art. 836 da CLT:

> É vedado aos órgãos da Justiça do Trabalho conhecer de questões já decididas, excetuados os casos expressamente previstos neste Título e a ação rescisória, que será admitida na forma do disposto no Capítulo IV do Título IX da Lei n. 5.869, de 11 de janeiro de 1973 — Código de Processo Civil, sujeita ao depósito prévio de 20% (vinte por cento) do valor da causa, salvo prova de miserabilidade jurídica do autor.
>
> Parágrafo único. A execução da decisão proferida em ação rescisória far-se-á nos próprios autos da ação que lhe deu origem, e será instruída com o acórdão da rescisória e a respectiva certidão de trânsito em julgado. (Redação dada pela MP n. 2.180-35/01).

No Processo do Trabalho, portanto, a ação rescisória é disciplinada pelos arts. 485 a 495 do CPC.

## 5.2. Hipóteses de cabimento da ação rescisória

A ação rescisória é cabível nas hipóteses taxativas do art. 485 do CPC. Trata-se de rol *numerus clausus*, não se admitindo interpretação extensiva ou aplicação analógica.

Dispõe o art. 485 do CPC:

> A sentença de mérito, transitada em julgado, pode ser rescindida quando:
>
> I – se verificar que foi dada por prevaricação, concussão ou corrupção do juiz;
>
> II – proferida por juiz impedido ou absolutamente incompetente;
>
> III – resultar de dolo da parte vencedora em detrimento da parte vencida, ou de colusão entre as partes, a fim de fraudar a lei;
>
> IV – ofender a coisa julgada;
>
> V – violar literal disposição de lei;
>
> VI – se fundar em prova, cuja falsidade tenha sido apurada em processo criminal ou seja provada na própria ação rescisória;
>
> VII – depois da sentença, o autor obtiver documento novo, cuja existência ignorava, ou de que não pôde fazer uso, capaz, por si só, de lhe assegurar pronunciamento favorável;
>
> VIII – houver fundamento para invalidar confissão, desistência ou transação, em que se baseou a sentença;
>
> IX – fundada em erro de fato, resultante de atos ou de documentos da causa;
>
> § 1º – Há erro, quando a sentença admitir um fato inexistente, ou quando considerar inexistente um fato efetivamente ocorrido.
>
> § 2º – É indispensável, num como noutro caso, que não tenha havido controvérsia, nem pronunciamento judicial sobre o fato.

## a) Se verificar que foi dada por prevaricação, concussão ou corrupção do juízo

O inciso I do art. 485 do CPC se refere a crimes praticados pelo Juiz, no exercício da jurisdição. Vale dizer: o Juiz que prolatou a decisão objeto da ação rescisória praticou conduta criminosa.

Concussão significa exigir, para si ou para outrem, direta ou indiretamente, ainda que fora da função ou antes de assumi-la, mas em razão dela, vantagem indevida (art. 316 do Código Penal).

A corrupção pode ser ativa ou passiva.

A corrupção passiva caracteriza-se quando o agente solicita ou recebe, para si ou para outrem, direta ou indiretamente, ainda que fora da função ou antes de assumi-la, mas em razão dela, vantagem indevida, ou aceitar promessa de tal vantagem (art. 317 do Código Penal).

Há corrupção ativa quando o agente oferece ou promete vantagem indevida a funcionário público, para determiná-lo a praticar, omitir ou retardar ato de ofício (art. 333 do CP).

Caracteriza-se a prevaricação quando o agente retarda ou deixa de praticar indevidamente, ato de ofício, ou praticá-lo contra disposição expressa de lei, para satisfazer interesse ou sentimento pessoal (art. 319 do CP).

Como bem adverte *Nelson Nery Júnior*[46], não se exige que o Juiz tenha sido previamente condenado pela prática de um dos crimes referidos acima, pois a prova pode ser feita na própria ação rescisória, cujo resultado independe da solução de eventual processo criminal. Condenado o Juiz no crime, projeta-se aquela decisão no cível; absolvido o magistrado na esfera criminal, pode ser julgada procedente a pretensão rescisória no cível. No caso de membro de órgão colegiado, basta que um dos prolatores de voto vencedor tenha cometido o crime para que seja rescindível o acórdão.

## b) Proferida por Juiz impedido ou absolutamente incompetente

O inciso II do art. 485 do CPC possibilita a propositura da ação rescisória quando o Juiz que prolatou a decisão for absolutamente incompetente.

Segundo a sistemática do Código de Processo Civil, são modalidades de incompetência absoluta: material, funcional e pessoal.

A incompetência relativa (em razão do território ou do valor da causa) não desafia a ação rescisória.

---

(46) *Op. cit.*, p. 778.

Também é possível a ação rescisória quando o Juiz que prolatou a decisão for impedido. As hipóteses de impedimento do Juiz, que também se aplicam ao Processo do Trabalho (art. 769 da CLT), estão mencionadas no art. 134 do CPC, que assim dispõe:

> É defeso ao juiz exercer as suas funções no processo contencioso ou voluntário: I – de que for parte; II – em que interveio como mandatário da parte, oficiou como perito, funcionou como órgão do Ministério Público, ou prestou depoimento como testemunha; III – que conheceu em primeiro grau de jurisdição, tendo-lhe proferido sentença ou decisão; IV – quando nele estiver postulando, como advogado da parte, o seu cônjuge ou qualquer parente seu, consanguíneo ou afim, em linha reta; ou na linha colateral até o segundo grau; V – quando cônjuge, parente, consanguíneo ou afim, de alguma das partes, em linha reta ou, na colateral, até o terceiro grau; VI – quando for órgão de direção ou de administração de pessoa jurídica, parte na causa. Parágrafo único. No caso do n. IV, o impedimento só se verifica quando o advogado já estava exercendo o patrocínio da causa; é, porém, vedado ao advogado pleitear no processo, a fim de criar o impedimento do juiz.

As hipóteses de suspeição do Juiz não são passíveis de ação rescisória.

## c) Resultar de dolo da parte vencedora em detrimento da parte vencida, ou de colusão entre as partes, a fim de fraudar a lei

Segundo *Nelson Nery Júnior*[(47)] o dolo rescisório consiste na prática, pela parte vencedora, além das condutas vedadas pelo CPC 17, de ardis, maquinações e atividades enganosas em geral, capazes de subtrair da parte contrária o direito de produzir atos e provas no processo, reduzindo-lhe a capacidade de defesa e afastando o Juiz de uma decisão de acordo com a verdade.

A existência de processo simulado também enseja a ação rescisória (art. 129 do CPC). Como exemplo, o conluio entre reclamante e reclamado que entabulam acordo simulado para fraudar a lei.

No aspecto, relevante destacar a Súmula n. 403 do C. TST, *in verbis*:

> AÇÃO RESCISÓRIA. DOLO DA PARTE VENCEDORA EM DETRIMENTO DA VENCIDA. ART. 485, III, DO CPC. (conversão das Orientações Jurisprudenciais ns. 111 e 125 da SDI-2) I – Não caracteriza dolo processual, previsto no art. 485, III, do CPC, o simples fato de a parte vencedora haver silenciado a respeito de fatos contrários a ela, porque o procedimento, por si só, não constitui ardil do qual resulte cerceamento de defesa e, em consequência, desvie o juiz de uma sentença não condizente com a verdade. (ex-OJ n. 125 – DJ 9.12.03); II – Se a decisão rescindenda é homologatória de acordo, não há parte vencedora ou vencida, razão pela qual não é possível a sua desconstituição calcada no inciso III do art. 485 do CPC (dolo da parte vencedora em detrimento da vencida), pois constitui fundamento de rescindibilidade que supõe solução jurisdicional para a lide. (ex-OJ n. 111 – DJ 29.4.03) (Res. n. 137/2005 – DJ 22.8.2005)

---

(47) *Op. cit.*, p. 778-779.

## d) Ofender a coisa julgada

Ofende a coisa julgada a decisão que for proferida entre as mesmas partes, com o mesmo pedido e mesma causa de pedir de processo anterior, cuja decisão já transitara em julgado.

Para parte da doutrina, a sentença proferida em violação à coisa julgada nem sequer chega a se formar, não necessitando, portanto, de declaração de nulidade. Não obstante, enquanto não rescindida a segunda sentença transitada em julgado, ela produzirá efeitos. Por isso, necessária a ação rescisória para desconstituí-la.

No conflito entre duas coisas julgadas prevalece a primeira, pois a segunda decisão foi proferida violando a coisa julgada.

## e) Violar literal disposição de lei

A ação rescisória não tem por objetivo fazer justiça, tampouco avaliar a equidade da decisão ou a correta interpretação do conjunto probatório do processo. Nesse sentido destacamos as seguintes ementas:

> Ação rescisória — Violação a literal dispositivo de lei — Art. 485, V, do CPC — Análise das provas dos autos. A suposta má apreciação da prova não enseja a rescisão do julgado com base em violação a dispositivo de lei. As provas são produzidas para o convencimento do Juiz. É do Magistrado a prerrogativa de valorar e apreciar livremente as provas dos autos. (TRT – 12ª R. – SEDI – AT-RES n. 480/2002.000.12.00-3 – Relª. Mª. de Lourdes Leiria – DJSC 8.7.03 – p. 165) (RDT n. 8 – agosto de 2003)

> Ação rescisória — Transferência — Real necessidade de serviço — Violação de lei e erro de fato não configurados. 1. A ação rescisória visa a rescindir o acórdão que manteve a condenação da reclamada a anular a transferência do reclamante, repondo-o às condições anteriores e restaurando os direitos respectivos, consignando a insuficiência de prova quanto à real necessidade do serviço. 2. A violação ensejadora da rescisão de decisão de mérito deve estar ligada à literalidade do preceito legal, conforme o disposto no art. 485, V, do CPC. No caso, resta inviável a conclusão acerca da ocorrência de violação literal dos arts. 444 e 468 da CLT, uma vez que, na decisão rescindenda, não houve pronunciamento específico sobre as matérias disciplinadas pelos dispositivos. 3. A teor da OJ n. 136 da SBDI-2 do TST, o fato afirmado pelo julgador, que pode ensejar ação rescisória calcada no inciso IX do art. 485 do CPC, é apenas aquele que se coloca como premissa fática indiscutida de um silogismo argumentativo, não aquele que se apresenta ao final desse mesmo silogismo, como conclusão decorrente das premissas que especificaram as provas oferecidas. No caso, a decisão rescindenda se baseou no conjunto probatório para concluir pela nulidade da transferência, sendo certo que eventual injustiça da decisão, bem como a má apreciação da prova, não autoriza o corte rescisório. Recurso ordinário desprovido. (TST – ROAR n. 176/2005.000.21.00-0 – Rel. Min. Ives Gandra Martins Filho – DJ 10.11.06 – p. 933) (RDT n. 01 – Janeiro de 2007)

A palavra *lei* deve ser interpretada em sentido amplo, para abranger tanto as leis materiais como processuais, assim como todas as espécies normativas (art. 59 da Constituição Federal).

Considerando-se que toda lei pode ser interpretada, não mais se aplicando o princípio *in claris cessat interpretatio*, não são muitas as hipóteses de ações rescisórias em razão de violação literal da lei. Desse modo, pensamos que somente quando houver conduta do Juiz ao negar vigência à lei ou contrariar flagrantemente seu texto, a ação rescisória será cabível.

Não se mostra cabível a ação rescisória quando a interpretação da lei for controvertida nos tribunais. Nesse sentido a Súmula n. 83 do Tribunal Superior do Trabalho, *in verbis*:

> AÇÃO RESCISÓRIA. MATÉRIA CONTROVERTIDA. (incorporada a Orientação Jurisprudencial n. 77 da SDI-2). I – Não procede pedido formulado na ação rescisória por violação literal de lei se a decisão rescindenda estiver baseada em texto legal infraconstitucional de interpretação controvertida nos Tribunais. (ex-Súmula n. 83 – Res. n. 121/03, DJ 21.11.03); II – O marco divisor quanto a ser, ou não, controvertida, nos Tribunais, a interpretação dos dispositivos legais citados na ação rescisória é a data da inclusão, na Orientação Jurisprudencial do TST, da matéria discutida. (ex-OJ n. 77 – inserida em 13.03.02) (Res. 137/2005 – DJ 22.8.2005)

O TST tem exigido, a nosso ver acertadamente, o prequestionamento da matéria objeto da violação literal de lei na decisão rescindenda. Nesse sentido dispõe a Súmula n. 298 de sua jurisprudência, *in verbis*:

> AÇÃO RESCISÓRIA. VIOLAÇÃO DE LEI. PREQUESTIONAMENTO. (incorporadas as Orientações Jurisprudenciais ns. 36, 72, 75 e 85, parte final, da SDI-2) I – A conclusão acerca da ocorrência de violação literal de lei pressupõe pronunciamento explícito, na sentença rescindenda, sobre a matéria veiculada. (ex-Súmula n. 298 – Res. n. 8/89, DJ 14.4.89); II – O prequestionamento exigido em ação rescisória diz respeito à matéria e ao enfoque específico da tese debatida na ação e não, necessariamente, ao dispositivo legal tido por violado. Basta que o conteúdo da norma, reputada como violada, tenha sido abordado na decisão rescindenda para que se considere preenchido o pressuposto do prequestionamento. (ex-OJ n. 72 — inserida em 20.9.00); III – Para efeito de ação rescisória, considera-se prequestionada a matéria tratada na sentença quando, examinando remessa de ofício, o Tribunal simplesmente a confirma. (ex-OJ n. 75 — inserida em 20.4.01); IV – A sentença meramente homologatória, que silencia sobre os motivos de convencimento do juiz, não se mostra rescindível, por ausência de prequestionamento. (ex-OJ n. 85 — parte final — inserida em 13.3.02 e alterada em 26.11.02); V – Não é absoluta a exigência de prequestionamento na ação rescisória. Ainda que a ação rescisória tenha por fundamento violação de dispositivo legal, é prescindível o prequestionamento quando o vício nasce no próprio julgamento, como se dá com a sentença *extra, citra e ultra petita*. (ex-OJ n. 36 — inserida em 20.9.00) (Res. n. 137/2005 – DJ 22.8.2005)

Nos termos da Súmula n. 410 do TST a ação rescisória calcada em violação de lei não admite reexame de fatos e provas do processo que originou a decisão rescindenda. (ex-OJ n. 109 – DJ 29.4.03) (Res. 137/2005 – DJ 22.8.2005)

## f) Se fundar em prova, cuja falsidade tenha sido apurada em processo criminal ou seja provada na própria ação rescisória

A ação rescisória pode ser proposta quando a sentença ou o acórdão se baseou em prova falsa.

A falsidade da prova tem que ter nexo causal com a decisão proferida, ou seja: a decisão deve estar fundamentada na prova falsa.

A falsidade pode ser provada na própria ação rescisória ou ter sido apurada em processo criminal. Neste último caso, exige-se a coisa julgada.

## g) Depois da sentença, o autor obtiver documento novo, cuja existência ignorava, ou de que não pôde fazer uso, capaz, por si só, de lhe assegurar pronunciamento favorável

O documento a que se refere o presente inciso não é o documento cronologicamente novo, mas o documento que já existia à época da ação, mas a parte dele não pôde fazer uso ou cuja existência ignorava.

Outrossim, o documento, por si só, deve assegurar à parte o pronunciamento favorável. Por exemplo, o recibo de quitação das verbas rescisórias devidamente homologado (art. 477, § 1º, da CLT) que não pôde ser juntado aos autos, mas comprova a quitação de tais verbas em processo no qual o objeto era o pagamento dos títulos rescisórios.

No aspecto, destaca-se a Súmula n. 402 do C. TST, *in verbis*:

> AÇÃO RESCISÓRIA. DOCUMENTO NOVO. DISSÍDIO COLETIVO. SENTENÇA NORMATIVA. (conversão da Orientação Jurisprudencial n. 20 da SDI-2) Documento novo é o cronologicamente velho, já existente ao tempo da decisão rescindenda, mas ignorado pelo interessado ou de impossível utilização, à época, no processo. Não é documento novo apto a viabilizar a desconstituição de julgado: a) sentença normativa proferida ou transitada em julgado posteriormente à sentença rescindenda; b) sentença normativa preexistente à sentença rescindenda, mas não exibida no processo principal, em virtude de negligência da parte, quando podia e deveria louvar-se de documento já existente e não ignorado quando emitida a decisão rescindenda. (ex-OJ n. 20 — inserida em 20.09.00) (Res. 137/2005 – DJ 22.8.2005)

## h) Houver fundamento para invalidar confissão, desistência ou transação, em que se baseou a sentença

Nesta hipótese a ação rescisória é cabível se houver motivo para invalidar transação, desistência ou confissão em que se baseou a sentença.

Há fundamento para invalidar tais atos, na hipótese dos vícios do consentimento como o erro, dolo ou coação.

No aspecto, relevante destacar a Súmula n. 404 do TST, *in verbis*:

> AÇÃO RESCISÓRIA. FUNDAMENTO PARA INVALIDAR CONFISSÃO. CONFISSÃO FICTA. INADEQUAÇÃO DO ENQUADRAMENTO NO ART. 485, VIII, DO CPC. (conversão da Orientação Jurisprudencial n. 108 da SDI-2) O art. 485, VIII, do CPC, ao tratar do fundamento para invalidar a confissão como hipótese de rescindibilidade da decisão judicial, refere-se à confissão real, fruto de erro, dolo ou coação, e não à confissão ficta resultante de revelia. (ex-OJ n. 108 – DJ 29.4.03) (Res. 137/2005 – DJ 22.8.2005)

Quanto à hipótese de *desistência*, conforme já sendimentado na doutrina, na verdade, ela deve ser interpretada como *renúncia*, pois a desistência é hipótese de extinção do processo sem resolução de mérito (art. 267 do CPC), não justificando sua desconstituição por ação rescisória, sendo certo que a renúncia sim extingue o processo com resolução de mérito (art. 269 do CPC).

### i) Fundada em erro de fato, resultante de atos ou de documentos da causa

Conforme o § 1º do art. 485 do CPC, há *erro, quando a sentença admitir um fato inexistente, ou quando considerar inexistente um fato efetivamente ocorrido.*

Nos termos do § 2º do art. 485 do CPC, é indispensável, num como noutro caso, que não tenha havido controvérsia, nem pronunciamento judicial sobre o fato.

## 5.3. Legitimidade para propor a ação rescisória

Nos termos do art. 487 do CPC, tem legitimidade para propor a ação:

> I – quem foi parte no processo ou o seu sucessor a título universal ou singular;
>
> II – o terceiro juridicamente interessado;
>
> III – o Ministério Público:
>
> a) se não foi ouvido no processo, em que lhe era obrigatória a intervenção;
>
> b) quando a sentença é o efeito de colusão das partes, a fim de fraudar a lei.

Nos termos do referido dispositivo legal, podem propor a ação rescisória: as partes do processo em que a coisa julgada se formou, o terceiro juridicamente interessado, vale dizer: o que sofrerá os efeitos da sentença e o Ministério Público quando era necessária sua intervenção no processo em que se formou a coisa julgada, ou quando houver colusão das partes para fraudar a lei.

Quanto à legitimidade do Ministério Público do Trabalho, vale consignar a Súmula n. 407 do TST, *in verbis*:

> AÇÃO RESCISÓRIA. MINISTÉRIO PÚBLICO. LEGITIMIDADE *AD CAUSAM* PREVISTA NO ART. 487, III, A E B, DO CPC. AS HIPÓTESES SÃO MERAMENTE EXEMPLIFICATIVAS. (conversão da Orientação Jurisprudencial n. 83 da SDI-2). A legitimidade *ad causam* do Ministério Público para propor ação rescisória, ainda que não tenha sido parte no processo que deu origem à decisão rescindenda, não está limitada às alíneas a e b do inciso III do art. 487 do CPC, uma vez que traduzem hipóteses meramente exemplificativas. (ex-OJ n. 83 — inserida em 13.3.02) (Res. 137/2005 – DJ 22.8.2005)

## 5.4. Competência

A competência funcional para a ação rescisória na Justiça do Trabalho é dos Tribunais Regionais do Trabalho ou do Tribunal Superior do Trabalho. As Varas do Trabalho não julgam ação rescisória.

Os Tribunais Regionais do Trabalho julgam as ações rescisórias propostas em face das sentenças de primeiro grau e as ações rescisórias dos seus próprios acórdãos.

O Tribunal Superior do Trabalho julga as ações rescisórias propostas em face dos seus acórdãos.

O TST disciplinou a questão da competência por meio da Súmula n. 192 de sua jurisprudência, *in verbis*:

> AÇÃO RESCISÓRIA. COMPETÊNCIA E POSSIBILIDADE JURÍDICA DO PEDIDO. (incorporadas as Orientações Jurisprudenciais ns. 48, 105 e 133 da SDI-2). I – Se não houver o conhecimento de recurso de revista ou de embargos, a competência para julgar ação que vise a rescindir a decisão de mérito é do Tribunal Regional do Trabalho, ressalvado o disposto no item II. (ex-Súmula n. 192 – Res. n. 121/03, DJ 21.11.03); II – Acórdão rescindendo do Tribunal Superior do Trabalho que não conhece de recurso de embargos ou de revista, analisando arguição de violação de dispositivo de lei material ou decidindo em consonância com súmula de direito material ou com iterativa, notória e atual jurisprudência de direito material da Seção de Dissídios Individuais (Súmula n. 333), examina o mérito da causa, cabendo ação rescisória da competência do Tribunal Superior do Trabalho. (ex-Súmula n. 192 – Res. n. 121/03, DJ 21.11.03); III – Em face do disposto no art. 512 do CPC, é juridicamente impossível o pedido explícito de desconstituição de sentença quando substituída por acórdão Regional. (ex-OJ n. 48 — inserida em 20.9.02); IV – É manifesta a impossibilidade jurídica do pedido de rescisão de julgado proferido em agravo de instrumento que, limitando-se a aferir o eventual desacerto do juízo negativo de admissibilidade do recurso de revista, não substitui o acórdão regional, na forma do art. 512 do CPC. (ex-OJ n. 105 – DJ 29.4.03); V – A decisão proferida pela SDI, em sede de agravo regimental, calcada na Súmula n. 333, substitui acórdão de Turma do TST, porque emite juízo de mérito, comportando, em tese, o corte rescisório. (ex-OJ n. 133 – DJ 4.5.04) (Res. n. 137/2005 – DJ 22.8.2005)

## 5.5. Da revelia na ação rescisória

Diante da magnitude da coisa julgada material e da presunção de legitimidade da decisão judicial, no nosso sentir, não há lugar para a aplicação dos efeitos da revelia em sede de ação rescisória. Além disso, o prestígio da coisa julgada tem assento constitucional (art. 5º, XXVI, da CF), ganhando contornos de indisponibilidade e interessando à sociedade como um todo.

O TST pacificou a questão por meio da Súmula n. 398, abaixo transcrita:

> Na ação rescisória, o que se ataca na ação é a sentença, ato oficial do Estado, acobertado pelo manto da coisa julgada. Assim sendo e considerando que a coisa julgada envolve questão de ordem pública, a revelia não produz confissão na ação rescisória.

## 5.6. Procedimento na Justiça do Trabalho

Conforme o art. 836 do CLT, aplica-se à ação rescisória na Justiça do Trabalho o procedimento previsto no CPC, sujeitando o autor ao depósito prévio de 20% (vinte por cento) do valor da causa, salvo prova de miserabilidade jurídica. Parágrafo único – A execução da decisão proferida em ação rescisória far-se-á nos próprios autos da ação que lhe deu origem, e será instruída com o acórdão da rescisória e a respectiva certidão de trânsito em julgado.

O depósito de 20% tem por objetivo inibir eventuais ações rescisórias protelatórias ou sem fundamento legal e será revertido à parte contrária, como indenização por perdas e danos (multa) nos casos em que a ação rescisória, por unanimidade de votos, for declarada inadmissível ou improcedente (inciso II do art. 488 do CPC).

Trata-se o presente depósito de um pressuposto de validade e desenvolvimento da ação rescisória, visando a coibir sua utilização abusiva.

A Instrução Normativa n. 31/07 do Tribunal Superior do Trabalho regulamentou o depósito de que trata o art. 836 da CLT, nos seguintes termos:

> Art. 1º O depósito prévio em ação rescisória de que trata o art. 836 da CLT, com redação dada pela Lei n. 11.495, de 22 de junho de 2007, deverá ser realizado na forma preconizada na Instrução Normativa n. 21 desta Corte, observando-se as seguintes peculiaridades quanto ao preenchimento da guia de acolhimento de depósito judicial: 1º – nos campos relativos à identificação do processo deverão ser informados os dados do processo em que foi proferida a decisão rescindenda; 2º – o campo "Tipo de Depósito" deverá ser preenchido com o número 1 (primeiro depósito), ainda que outros depósitos judiciais tenham sido efetuados no processo originário; 3º – o campo "Motivo do Depósito" deverá ser preenchido com o número 4 (Outros).
>
> Art. 2º O valor da causa da ação rescisória que visa desconstituir decisão da fase de conhecimento corresponderá: 1º – no caso de improcedência, ao valor dado à causa do processo originário ou aquele que for fixado pelo Juiz; 2º – no caso de procedência, total ou parcial, ao respectivo valor arbitrado à condenação.
>
> Art. 3º O valor da causa da ação rescisória que visa a desconstituir decisão da fase de execução corresponderá ao valor apurado em liquidação de sentença.
>
> Art. 4º O valor da causa da ação rescisória, quer objetive desconstituir decisão da fase de conhecimento ou decisão da fase de execução, será reajustado pela variação cumulada do INPC do IBGE até a data do seu ajuizamento.
>
> Art. 5º O valor depositado será revertido em favor do réu, a título de multa, caso o pedido deduzido na ação rescisória seja julgado improcedente.
>
> Art. 6º O depósito prévio não será exigido da massa falida e quando o autor perceber salário igual ou inferior ao dobro do mínimo legal, ou declarar, sob as penas da lei, que não está em condições de pagar as custas do processo sem prejuízo do sustento próprio ou de sua família.

Conforme o art. 488 do CPC:

> A petição inicial será elaborada com observância dos requisitos essenciais do art. 282, devendo o autor:
>
> I – cumular ao pedido de rescisão, se for o caso, o de novo julgamento da causa;
>
> II – depositar a importância de 5% (cinco por cento) sobre o valor da causa, a título de multa, caso a ação seja, por unanimidade de votos, declarada inadmissível, ou improcedente.

Parágrafo único – Não se aplica o disposto no n. II à União, ao Estado, ao Município e ao Ministério Público.

Na petição inicial, deve o autor postular o juízo rescindendo (*iudicium rescindens*), que é o pedido de rescisão da coisa julgada, podendo cumulá-lo com o pedido de nova decisão, que é o rejulgamento da causa (*iudicium rescissorium*).

O Tribunal competente para julgamento da ação rescisória, se entender por rescindir a coisa julgada, deve prolatar nova decisão. Nem sempre será possível cumular o pedido de rescisão com o de novo julgamento, como no exemplo de ação rescisória cujo fundamento é a violação da coisa julgada.

Como documento essencial à propositura da ação rescisória, deve o autor juntar a comprovação do trânsito em julgado da sentença ou acórdão objeto da rescisão.

No aspecto, relevante destacar a Súmula n. 299 do TST:

> AÇÃO RESCISÓRIA. DECISÃO RESCINDENDA. TRÂNSITO EM JULGADO. COMPROVAÇÃO. EFEITOS. (incorporadas as Orientações Jurisprudenciais ns. 96 e 106 da SDI-2) I – É indispensável ao processamento da ação rescisória a prova do trânsito em julgado da decisão rescindenda. (ex-Súmula n. 299 – RA n. 74/80, DJ 21.7.80); II – Verificando o relator que a parte interessada não juntou à inicial o documento comprobatório, abrirá prazo de 10 (dez) dias para que o faça, sob pena de indeferimento. (ex-Súmula n. 299 – RA n. 74/80, DJ 21.7.80); III – A comprovação do trânsito em julgado da decisão rescindenda é pressuposto processual indispensável ao tempo do ajuizamento da ação rescisória. Eventual trânsito em julgado posterior ao ajuizamento da ação rescisória não reabilita a ação proposta, na medida em que o ordenamento jurídico não contempla a ação rescisória preventiva. (ex-OJ n. 106 – DJ 29.4.03); IV – O pretenso vício de intimação, posterior à decisão que se pretende rescindir, se efetivamente ocorrido, não permite a formação da coisa julgada material. Assim, a ação rescisória deve ser julgada extinta, sem julgamento do mérito, por carência de ação, por inexistir decisão transitada em julgado a ser rescindida. (ex-OJ n. 96 – inserida em 27.9.02) (Res. n. 137/2005 – DJ 22.8.2005)

Por ser tratar de procedimento especial, à inicial da ação rescisória não se aplica o art. 840 da CLT.

Será indeferida a inicial da ação rescisória quando houver uma das hipóteses do art. 295 do CPC, ou não realizando a parte o depósito do art. 836 do CPC, salvo se beneficiária da Justiça Gratuita.

Não há necessidade de se indicarem os dispositivos legais em que se funda a ação rescisória, salvo a hipótese de violação literal de lei, conforme a Súmula n. 408 do C. TST, *in verbis*:

> AÇÃO RESCISÓRIA. PETIÇÃO INICIAL. CAUSA DE PEDIR. AUSÊNCIA DE CAPITULAÇÃO OU CAPITULAÇÃO ERRÔNEA NO ART. 485 DO CPC. PRINCÍPIO *IURA NOVIT CURIA*. (conversão das Orientações Jurisprudenciais ns. 32 e 33 da SDI-2). Não padece de inépcia a petição inicial de ação rescisória apenas porque omite a subsunção do fundamento de rescindibilidade no art. 485 do CPC ou o capitula erroneamente em um de seus incisos. Contanto que não se afaste dos fatos

e fundamentos invocados como causa de pedir, ao Tribunal é lícito emprestar-lhes a adequada qualificação jurídica (*iura novit curia*). No entanto, fundando-se a ação rescisória no art. 485, inc. V, do CPC, é indispensável expressa indicação, na petição inicial da ação rescisória, do dispositivo legal violado, por se tratar de causa de pedir da rescisória, não se aplicando, no caso, o princípio *iura novit curia*. (ex-Ojs ns. 32 e 33 — ambas inseridas em 20.9.00) (Res. n. 137/2005 – DJ 22.8.2005)

Recebida a inicial da ação rescisória, o relator mandará citar o réu, assinando-lhe prazo nunca inferior a 15 (quinze) dias nem superior a 30 (trinta) para responder aos termos da ação. Findo o prazo procederá à instrução da ação rescisória (art. 491 do CPC).

O prazo para contestação da ação rescisória é fixado pelo relator, sendo o mínimo de 15 e o máximo de 30 dias.

O TST, acertadamente, firmou entendimento no sentido de que o litisconsórcio ativo na ação rescisória é sempre facultativo, conforme a dicção da Súmula n. 406 de sua jurisprudência, *in verbis*:

> AÇÃO RESCISÓRIA. LITISCONSÓRCIO. NECESSÁRIO NO POLO PASSIVO E FACULTATIVO NO ATIVO. INEXISTENTE QUANTO AOS SUBSTITUÍDOS PELO SINDICATO. (conversão das Orientações Jurisprudenciais ns. 82 e 110 da SDI-2).
> I – O litisconsórcio, na ação rescisória, é necessário em relação ao polo passivo da demanda, porque supõe uma comunidade de direitos ou de obrigações que não admite solução díspar para os litisconsortes, em face da indivisibilidade do objeto. Já em relação ao polo ativo, o litisconsórcio é facultativo, uma vez que a aglutinação de autores se faz por conveniência e não, pela necessidade decorrente da natureza do litígio, pois não se pode condicionar o exercício do direito individual de um dos litigantes no processo originário à anuência dos demais para retomar a lide. (ex-OJ n. 82 — inserida em 13.3.02) trabalhista, em cujos autos fora proferida a decisão rescindenda, possui legitimidade para figurar como réu na ação rescisória, sendo descabida a exigência de citação de todos os empregados substituídos, porquanto inexistente litisconsórcio passivo necessário. (ex-OJ n. 110 – DJ 29.4.03) (Res. n. 137/2005 – DJ 22.8.2005)

Se os fatos alegados pelas partes dependerem de prova, o relator delegará a competência ao Juiz do Trabalho da Vara onde ela deva ser produzida, fixando prazo de 45 (quarenta e cinco) a 90 (noventa) dias para a devolução dos autos (art. 493 do CPC).

Concluída a instrução, será aberta vista, sucessivamente, ao autor e ao réu, pelo prazo de 10 (dez) dias, para razões finais. Em seguida, os autos subirão ao relator, procedendo-se ao julgamento.

Julgando procedente a ação, o tribunal rescindirá a sentença, proferirá, se for o caso, novo julgamento e determinará a restituição do depósito; declarando inadmissível ou improcedente a ação, a importância do depósito reverterá a favor do réu, sem prejuízo do disposto no art. 20 (art. 494 do CPC).

Conforme o art. 489 do CPC, o ajuizamento da ação rescisória não impede o cumprimento da sentença ou acórdão rescindendo, ressalvada a concessão, caso imprescindíveis e sob os pressupostos previstos em lei, de medidas de natureza cautelar ou antecipatória de tutela.

Não se aplica à ação rescisória o *jus postulandi* da parte, havendo necessidade de advogado (Súmula n. 425 do TST).

Sob outro enfoque, cabem honorários advocatícios, nos termos da Súmula n. 219, II, do Tribunal Superior do Trabalho, *in verbis*:

> É cabível a condenação ao pagamento de honorários advocatícios em ação rescisória no processo trabalhista.

Em face das decisões da ação rescisória proferidas pelos TRTs, cabe recurso ordinário para o TST.

Nesse sentido, a Súmula n. 158 do C. TST, *in verbis*:

> AÇÃO RESCISÓRIA — Da decisão de Tribunal Regional do Trabalho, em ação rescisória, é cabível recurso ordinário para o Tribunal Superior do Trabalho, em face da organização judiciária trabalhista. (RA n. 102/1982, DJ 11 e 15.10.1982)

Se a competência originária para a ação rescisória for do TST, o recurso cabível será o de embargos para o próprio TST.

No aspecto, relevante destacar a Súmula n. 99 do C. TST, *in verbis*:

> AÇÃO RESCISÓRIA. DESERÇÃO. PRAZO. (incorporada a Orientação Jurisprudencial n. 117 da SDI-2) Havendo recurso ordinário em sede de rescisória, o depósito recursal só é exigível quando for julgado procedente o pedido e imposta condenação em pecúnia, devendo este ser efetuado no prazo recursal, no limite e nos termos da legislação vigente, sob pena de deserção. (ex-Súmula n. 99 – RA n. 62/80, DJ 11.6.1980 e alterada pela Res. n. 110/02, DJ 11.4.02 e ex-OJ n. 117 – DJ 11.8.03). (Res. n. 137/2005 – DJ 22.8.2005)

A jurisprudência tem admitido ação rescisória de ação rescisória, conforme a Súmula n. 400 do C. TST *in verbis*:

> AÇÃO RESCISÓRIA DE AÇÃO RESCISÓRIA. VIOLAÇÃO DE LEI. INDICAÇÃO DOS MESMOS DISPOSITIVOS LEGAIS APONTADOS NA RESCISÓRIA PRIMITIVA. (conversão da Orientação Jurisprudencial n. 95 da SDI-2) Em se tratando de rescisória de rescisória, o vício apontado deve nascer na decisão rescindenda, não se admitindo a rediscussão do acerto do julgamento da rescisória anterior. Assim, não se admite rescisória calcada no inciso V do art. 485 do CPC para discussão, por má aplicação dos mesmos dispositivos de lei, tidos por violados na rescisória anterior, bem como para arguição de questões inerentes à ação rescisória primitiva. (ex-OJ n. 95 — inserida em 27.9.02 e alterada DJ 16.4.04) (Res. n. 137/2005 – DJ 22.8.2005)

### *5.7. Prazo para a propositura da ação rescisória*

Dispõe o art. 495 do CPC:

> O direito de propor ação rescisória se extingue em 2 (dois) anos, contados do trânsito em julgado da decisão.

Conforme a doutrina amplamente majoritária, o prazo de 2 anos tem natureza decadencial, por isso, não se prorroga nem se suspende, não obstante o TST tem admitido prorrogação do prazo decadencial nas hipótese do art. 775, da CLT.

A Súmula n. 100 do Tribunal Superior do Trabalho uniformizou o entendimento sobre a contagem do prazo para a ação rescisória, assim dispondo:

> AÇÃO RESCISÓRIA. DECADÊNCIA. (incorporadas as Orientações Jurisprudenciais ns. 13, 16, 79, 102, 104, 122 e 145 da SDI-2). I – O prazo de decadência, na ação rescisória, conta-se do dia imediatamente subsequente ao trânsito em julgado da última decisão proferida na causa, seja de mérito ou não. (ex-Súmula n. 100 – Res. n. 109/01, DJ 18.4.01); II – Havendo recurso parcial no processo principal, o trânsito em julgado dá-se em momentos e em tribunais diferentes, contando-se o prazo decadencial para a ação rescisória do trânsito em julgado de cada decisão, salvo se o recurso tratar de preliminar ou prejudicial que possa tornar insubsistente a decisão recorrida, hipótese em que flui a decadência a partir do trânsito em julgado da decisão que julgar o recurso parcial. (ex-Súmula n. 100 – Res. 109/01, DJ 18.4.01); III – Salvo se houver dúvida razoável, a interposição de recurso intempestivo ou a interposição de recurso incabível não protrai o termo inicial do prazo decadencial. (ex-Súmula n. 100 – Res. n. 109/01 – DJ 18.4.01); IV – O juízo rescindente não está adstrito à certidão de trânsito em julgado juntada com a ação rescisória, podendo formar sua convicção através de outros elementos dos autos quanto à antecipação ou postergação do *dies a quo* do prazo decadencial. (ex-OJ n. 102 – DJ 29.4.03); V – O acordo homologado judicialmente tem força de decisão irrecorrível, na forma do art. 831 da CLT. Assim sendo, o termo conciliatório transita em julgado na data da sua homologação judicial. (ex-OJ n. 104 – DJ 29.4.03); VI – Na hipótese de colusão das partes, o prazo decadencial da ação rescisória somente começa a fluir para o Ministério Público, que não interveio no processo principal, a partir do momento em que tem ciência da fraude. (ex-OJ n. 122 – DJ 11.8.03); VII – Não ofende o princípio do duplo grau de jurisdição a decisão do TST que, após afastar a decadência em sede de recurso ordinário, aprecia desde logo a lide, se a causa versar questão exclusivamente de direito e estiver em condições de imediato julgamento. (ex-OJ n. 79 — inserida em 13.3.02); VIII – A exceção de incompetência, ainda que oposta no prazo recursal, sem ter sido aviado o recurso próprio, não tem o condão de afastar a consumação da coisa julgada e, assim, postergar o termo inicial do prazo decadencial para a ação rescisória. (ex-OJ n. 16 — inserida em 20.9.02); IX – Prorroga-se até o primeiro dia útil, imediatamente subsequente, o prazo decadencial para ajuizamento de ação rescisória quando expira em férias forenses, feriados, finais de semana ou em dia em que não houver expediente forense. Aplicação do art. 775 da CLT. (ex-OJ n. 13 — inserida em 20.9.00); X – Conta-se o prazo decadencial da ação rescisória, após o decurso do prazo legal previsto para a interposição do recurso extraordinário, apenas quando esgotadas todas as vias recursais ordinárias. (ex-OJ n. 145 – DJ 10.11.04) (Res. n. 137/2005 – DJ 22.8.2005)

## 6. Da Ação Civil Pública na esfera trabalhista

### 6.1. Do conceito de Ação Civil Pública. Natureza jurídica e aplicabilidade no Processo do Trabalho

No âmbito trabalhista, as ações coletivas são muito peculiares, e, historicamente, influíram no próprio surgimento do Direito do Trabalho. São exemplos evidentes as greves e o direito de associação.

O acesso à justiça não pode ficar limitado à tutela do interesse individual, pois abrange, necessariamente, a tutela dos interesses coletivos, pertencentes ao grupo.

Vivemos, hoje, uma sociedade de massas, onde os conflitos se propagam em diversas regiões e atingem muitas pessoas ao mesmo tempo. Isso se deve, em muito, ao próprio sistema capitalista e à propagação intensa da comunicação e da informação. Inegavelmente, estamos na sociedade de informação, onde as pessoas parecem estar ligadas a uma rede comum.

Diante da multiplicidade de conflitos de origem comum ou que atingem um número indeterminado de pessoas, ou até mesmo um grupo determinado, há necessidade de se criar mecanismos para o acesso coletivo à justiça, como forma de garantir a efetividade dos direitos fundamentais.

A tutela dos direitos coletivos perante o Poder Judiciário representa, segundo *Mauro Cappelletti e Bryant Garth*[48], a segunda onda do acesso à justiça. Dizem os juristas:

"(...) O segundo grande movimento de esforço de melhorar o acesso à justiça enfrentou o problema da representação dos interesses difusos, assim chamados os interesses coletivos ou grupais, diversos daqueles dos pobres. Nos Estados Unidos, onde esse mais novo movimento de reforma é ainda provavelmente mais avançado, as modificações acompanharam o grande quinquênio de preocupações e providências na área da assistência jurídica (1965-1970). Centrando seu foco de preocupação especificamente nos interesses difusos, esta segunda onda de reformas forçou a reflexão sobre noções tradicionais muito básicas do processo civil e sobre o papel dos tribunais. Sem dúvida, uma verdadeira revolução está-se desenvolvendo dentro do processo civil (...). A concepção tradicional do processo civil não deixava espaço para a proteção dos interesses difusos. O processo era visto apenas como um assunto entre duas partes, que se destinava à solução de uma controvérsia entre essas mesmas partes a respeito de seus próprios interesses individuais. Direitos que pertencessem a um grupo, ao público em geral ou a um segmento do público não se enquadravam bem nesse esquema. As regras determinantes da legitimidade, as normas de procedimento e a atuação dos juízes não eram destinadas a facilitar as demandas por interesses difusos intentadas por particulares (...). A proteção de tais interesses tornou necessária uma transformação do papel do juiz e de conceitos básicos como 'citação' e o 'direito de ser ouvido'. Uma vez que nem todos os titulares de um direito difuso podem comparecer em juízo — por exemplo, todos os interessados na manutenção da qualidade do ar, numa determinada região — é preciso que haja um 'representante adequado' para agir em benefício da coletividade, mesmo que os membros dela não sejam 'citados' individualmente. Da mesma forma, para ser efetiva, a decisão deve obrigar a todos os membros do grupo, ainda que nem todos tenham tido a oportunidade de ser

---

(48) *Acesso à justiça.* Tradução e revisão de Ellen Gracie Northfleet. Porto Alegre: Sérgio Fabris, 2002. p. 49.

ouvidos. Dessa maneira, outra noção tradicional, a de coisa julgada, precisa ser modificada, de modo a permitir a proteção judicial efetiva dos interesses difusos. A criação norte-americana da *class action*, abordada a seguir, permite que, em certas circunstâncias, uma ação vincule os membros ausentes de determinada classe, a despeito do fato de eles não terem tido qualquer informação prévia sobre o processo. Isso demonstra as dimensões surpreendentes dessa mudança no processo civil. A visão individualista do devido processo judicial está cedendo lugar rapidamente, ou melhor, está fundindo com uma concepção social, coletiva".

Atualmente, diante na necessidade de se garantir o acesso à justiça, bem como de tutela dos direitos difusos, coletivos e individuais homogêneos, a moderna doutrina vem sustentando a existência do chamado *devido processo legal coletivo* que disciplina o conjunto de regras para a tutela processual desses direitos.

Nesse sentido, destaca *Raimundo Simão de Melo*[49]: O processo, como não se pode negar, é um instrumento de aplicação do direito material violado, o qual, não cumprindo o seu papel, torna-se um instrumento inútil e até odiado pelo jurisdicionado, que vê o seu direito tornar-se algo ineficaz. A solução, portanto, é a aplicação da jurisdição coletiva como corolário do princípio do devido processo legal no processo do trabalho, para prevenir a defesa dos direitos metaindividuais e buscar coletivamente as reparações consequentes.

A Ação Civil Pública consiste numa ação prevista em lei especial, de natureza condenatória, destinada à tutela dos interesses transindividuais.

Para *Carlos Henrique Bezerra Leite*[50], *ação civil pública é o meio constitucionalmente assegurado ao Ministério Público, ao Estado ou a outros entes coletivos autorizados por lei, para promover a defesa judicial dos interesses ou direitos metaindividuais.*

Como destaca *Raimundo Simão de Melo*[51], "a ação civil pública, como gênero das ações coletivas, tem por finalidade proteger os direitos e interesses metaindividuais — difusos, coletivos e individuais homogêneos — de ameaças e lesões".

Dispõe o art. 1º da Lei n. 7.347/85:

> Regem-se pelas disposições desta Lei, sem prejuízo da ação popular, as ações de responsabilidade por danos morais e patrimoniais causados: l – ao meio ambiente; ll – ao consumidor; III – à ordem urbanística; IV – a bens e direitos de valor artístico, estético, histórico, turístico e paisagístico; V – a qualquer outro interesse difuso ou coletivo; VI – por infração da ordem econômica. Parágrafo único – Não será cabível ação civil pública para veicular pretensões que envolvam tributos, contribuições previdenciárias, o Fundo de Garantia do Tempo de Serviço — FGTS ou outros fundos de natureza institucional cujos beneficiários podem ser individualmente determinados.

---

(49) MELO, Raimundo Simão de. *Ação civil pública na Justiça do Trabalho*. São Paulo. 3. ed. São Paulo: LTr, 2008. p. 42-43.

(50) BEZERRA LEITE, Carlos Henrique. *Ação civil pública:* nova jurisdição trabalhista metaindividual. Legitimação do Ministério Público. São Paulo: LTr, 2001. p. 97.

(51) MELO, Raimundo Simão de. *Ação civil pública na Justiça do Trabalho*. 2. ed. São Paulo: LTr, 2004. p. 87-88.

A natureza jurídica da ação civil pública é condenatória, pois tem por objeto reparar a lesão dos interesses que transcendem aspecto individual, por meio de imposição de obrigações de fazer, não fazer e pecuniárias ao causador do dano. Nesse diapasão, dispõe o art. 3º da Lei n. 7.347/85: "A ação civil poderá ter por objeto a condenação em dinheiro ou o cumprimento de obrigação de fazer ou não fazer".

Esta ação é plenamente compatível na defesa dos interesses difusos, coletivos, que são da competência da Justiça do Trabalho, por força dos arts. 769, da CLT, 83, da LC n. 75/93 e 129, III da CF. Vale consignar que a Ação Civil Pública, prevista na Lei n. 7.347/85, pertence à teoria geral do direito, aplicável a todos os ramos do direito.

A ação civil pública pode ter natureza cautelar, como medida destinada a prevenir ou evitar o dano, desde que presentes o *fumus boni juris* e o *periculum in mora*. Nesse sentido dispõe o art. 4º da Lei n. 7.347/85:

> Poderá ser ajuizada ação cautelar para os fins desta Lei, objetivando, inclusive, evitar o dano ao meio ambiente, ao consumidor, à ordem urbanística ou aos bens e direitos de valor artístico, estético, histórico, turístico e paisagístico.

No nosso sentir, a ação civil pública de natureza cautelar pode ter caráter satisfativo quando a pretensão posta em juízo seja apenas a prevenção do dano ou minorar sua dimensão. Por exemplo: o Ministério Público do Trabalho poderá ingressar com ação civil pública de natureza cautelar objetivando o bloqueio de transferência do patrimônio de determinada empresa, que não vem cumprindo direitos trabalhistas, defendendo, desse modo, direito coletivo dos trabalhadores, mas seu interesse se exaure em tal bloqueio. Cumprirá a cada trabalhador postular individualmente, ou por meio do seu Sindicato, o ressarcimento de suas pretensões violadas, mas não ao Ministério Público.

O art. 81, da Lei n. 8.078/90, que é aplicável ao Processo do Trabalho (art. 769, da CLT), define, por meio de interpretação autêntica, os interesses transindividuais. Com efeito, aduz o referido dispositivo legal:

> A defesa dos interesses e direitos dos consumidores e das vítimas poderá ser exercida em juízo individualmente, ou a título coletivo.
>
> Parágrafo único. A defesa coletiva será exercida quando se tratar de:
>
> I – interesses ou direitos difusos, assim entendidos, para efeitos deste Código, os transindividuais, de natureza indivisível, de que sejam titulares pessoas indeterminadas e ligadas por circunstância de fato;
>
> II – interesses ou direitos coletivos, assim entendidos, para efeitos deste Código, os transindividuais de natureza indivisível, de que seja titular grupo, categoria ou classe de pessoas ligadas entre si ou com a parte contrária por uma relação jurídica base;
>
> III – interesses individuais homogêneos, assim entendidos os decorrentes de origem comum[52].

---

(52) Tanto o inciso VI do art. 6º, como o art. 81, ambos da Lei n. 8.078/90 são aplicáveis ao Direito Material e ao Direito Processual do Trabalho, por força dos arts. 8º e 769, ambos da CLT.

Os interesses difusos são transindividuais de natureza indivisível, cujos titulares são indeterminados e ligados entre si por uma situação fática.

Ensina *Nelson Nery Júnior* referindo-se aos direitos difusos[53]: "são direitos cujos titulares não se pode determinar. A ligação entre os titulares se dá por circunstâncias de fato. O objeto desses direitos é indivisível, não pode ser cindido. É difuso, por exemplo: o direito de respirar ar puro; o direito do consumidor de ser alvo de publicidade não enganosa e não abusiva".

Como exemplos de interesses difusos na esfera trabalhista temos a greve em serviços essenciais que pode colocar em risco toda a população, o meio ambiente do trabalho, contratação de servidores públicos sem concurso, combate à discriminação no emprego etc.

Segundo *Nelson Nery Júnior*[54]:

"Os direitos coletivos são, assim como os difusos, transindividuais e indivisíveis, mas seus titulares são grupo, classe ou categoria de pessoas ligadas entre si ou com a parte contrária por uma relação jurídica base (CDC, art. 81, parágrafo único, II). É coletivo, por exemplo, o direito dos alunos de determinada escola de ter assegurada a mesma qualidade de ensino em determinado curso. Os direitos individuais homogêneos são os direitos individuais, divisíveis, de que são titulares pessoas determinadas, mas que podem ser defendidos coletivamente em juízo em razão de serem direitos que têm origem comum (CDC, art. 81, parágrafo único, III). Não se trata de pluralidade de demandas (litisconsórcio), mas de uma única demanda, coletiva, objetivando à tutela dos titulares do direitos individuais homogêneos. É a *class action* brasileira. São individuais homogêneos, por exemplo, os direitos de proprietários de automóveis que foram produzidos com defeito de fábrica, de obter indenização quanto ao prejuízo que tiveram com o defeito"[55].

Como bem advertem *Nelson Nery Júnior* e *Rosa Maria de Andrade Nery*[56]:

"O que qualifica o direito como difuso, coletivo ou individual homogêneo é o conjunto formado pela causa de pedir e pelo pedido deduzido em juízo. O tipo de pretensão material, juntamente com o seu fundamento é que caracterizam a natureza do direito".

---

(53) NERY JÚNIOR, Nelson; NERY, Rosa Maria. *Código Civil comentado e legislação extravagante*. 3. ed. São Paulo: Saraiva, 2005. p. 1.011.

(54) *Op. cit.*, p. 64-02/155.

(55) Para Ronaldo Lima dos Santos: "Os direitos individuais homogêneos, assim, são individuais em sua essência (com titulares determinados, divisíveis, de fruição singular e disponíveis), sendo que somente adquire feição coletiva a forma processual pela qual podem ser tratados, dada a sua homogeneidade decorrente da origem comum e a expressão social que adquirem (Amplitude da coisa julgada nas ações coletivas. In: *Ação coletiva na visão de juízes e procuradores do trabalho*. Coordenadores: José Hortêncio Ribeiro Júnior, Juliana Vignoli Cordeiro, Marcos Neves Fava e Sebastião Vieira Caixeta. São Paulo: LTr, 2006. p. 303).

(56) *Código Civil comentado e legislação extravagante*. 3. ed. São Paulo: RT, 2005, p. 1.010-1.011.

Frequentemente, as ações civis públicas, na defesa de interesses difusos e coletivos, buscam a imposição de obrigações de fazer ou não fazer ao causador do dano. Já na ação coletiva para a defesa de interesses individuais homogêneos a pretensão é de ressarcimento pecuniário para as vítimas.

Como já no pronunciamos anteriormente, pensamos ser interesse coletivo para fins trabalhistas: o que transcende o aspecto individual para irradiar efeitos sobre um grupo ou categoria de pessoas, sendo uma espécie de soma de direitos individuais, mas também um direito próprio do grupo, cujos titulares são indeterminados, mas que podem ser determinados, ligados entre si, ou com a parte contrária, por uma relação jurídica base. Em razão disso, no Direito do Trabalho, cada categoria pode defender o próprio interesse e também, por meio de negociação coletiva, criar normas a viger no âmbito da categoria.

São exemplos de interesses coletivos na esfera trabalhista, conforme enumera *Raimundo Simão de Melo*[57]: eliminação dos riscos no meio ambiente de trabalho, no interesse exclusivo dos trabalhadores da empresa; demissão coletiva de trabalhadores durante uma greve; descumprimento generalizado de cláusula convencional.

O interesse individual homogêneo, no nosso sentir, é o que tem origem comum, envolvendo diversas pessoas determinadas, interligadas entre si por uma relação fática, buscando a mesma pretensão. Trata-se de interesse divisível e disponível, entretanto a soma dos interesses individuais adquire feição coletiva, configurando uma espécie de feixe de direitos individuais.

Como exemplos de interesses ou direitos individuais homogêneos na esfera trabalhista temos pedidos de pagamento de adicionais de periculosidade, insalubridade a trabalhadores de uma empresa, pagamento de horas extras etc. Nos interesses individuais homogêneos, a pretensão posta em juízo tem natureza condenatória pecuniária.

Conforme o Código de Defesa do Consumidor, a defesa dos interesses individuais homogêneos se faz por meio da chamada *Ação Civil Coletiva*, que segue o procedimento fixado nos arts. 91 a 100 do Código de Defesa do Consumidor, que não difere substancialmente da Ação Civil Pública, sendo esta última destinada à defesa de interesse difuso e coletivo.

Na Justiça do Trabalho, a Ação Civil Pública será processada pelo rito da CLT, pois a Lei n. 7.347/85 não disciplina rito especial. Entretanto, o rito será ordinário, pois a Lei n. 9.957/00 somente se aplica aos conflitos individuais trabalhistas.

Se a ação civil pública for de rito cautelar, será observado o rito do Código de Processo Civil que trata das ações cautelares. No mesmo sentido é o art. 1º, da Instrução Normativa n. 27/05 do TST.

Quanto ao sistema recursal, tanto na ação civil pública como na ação civil coletiva, resta aplicável o do Processo do Trabalho (Instrução Normativa n. 27/05

---

(57) *Op. cit.*, p. 32.

do TST), inclusive quanto à questão da irrecorribilidade imediata das decisões interlocutórias..

Nas ações civis públicas, não haverá adiantamento de custas, despesas processuais e honorários periciais, e não haverá condenação da associação autora em custas ou honorários advocatícios, salvo na hipótese de litigância de má-fé (art. 18, da Lei n. 7.347/85). A finalidade da isenção de despesas processuais e ônus de sucumbência para o legitimado que, de boa-fé, busca a defesa de interesses difusos, coletivos e individuais homogêneos é estimular a utilização das ações coletivas e facilitar o acesso à justiça. Em razão de existir norma específica regendo a matéria para as ações coletivas, não se aplicam as regras do CPC ou da CLT no aspecto.

## 6.2. Competência para as ações coletivas na Justiça do Trabalho

### a) Material

Sendo os interesses difusos ou coletivos oriundos ou decorrentes da relação de trabalho ou relacionados com os incisos do art. 114, da Constituição Federal, a competência material para a ação civil pública será da Justiça do Trabalho.

Nesse sentido, as seguintes ementas:

> Ministério Público. Legitimidade. Ação civil pública. Competência. O Ministério Público do Trabalho possui legitimidade ativa para figurar como parte em Ação Civil Pública, tendo como objeto a defesa da ordem pública protetora dos interesses coletivos de empregados cujos contratos de trabalho estejam em vigor, uma vez que os direitos destes são irrenunciáveis. A competência para apreciar a Ação Civil Pública ajuizada nesses moldes é da Justiça do Trabalho. Inteligência dos arts. 1º, IV, da Lei n. 7.347/95 e 83, item III, c/c. art. 6º, VII, d, da Lei Complementar n. 75/93. (TRT – 2ª R. 4ª T. – Ac. n. 2960339031 – Relª Prince Franzini – DJSP 12.7.96 – p. 31)

> Ação civil pública — Competência material da Justiça do Trabalho. 'Irrecusável competência da Justiça do Trabalho para instruir e julgar a ação civil pública 'trabalhista', ajuizada pelo Ministério Público do Trabalho, objetivando resguardar interesses difusos e interesses coletivos, se e quando vulnerados os respectivos direitos sociais de matriz constitucional' (João Oreste Dalazen) – (Ementa do Acórdão RR n. 359.351/97, decidido em 28.6.2000 – Relator: Ministro José Luciano de Castilho Pereira). Recurso provido. (TRT – 10ª R. – 2ª T. – RO n. 110/2002 – Relª Heloísa P. Marques – DJDF 2.8.2002 – p. 11) (RDT n. 09 – setembro 2002)

Como bem adverte *Carlos Henrique Bezerra Leite*[58], a única condição para a sua adequada utilização da Ação Civil Pública no Processo do Trabalho é que a matéria nela tratada tenha conteúdo trabalhista, pois somente assim poderá adequar-se à moldura do art. 114 da CF, que trata da competência da Justiça do Trabalho.

### b) Funcional

A competência funcional para a Ação Civil Pública que envolve matéria trabalhista é do primeiro grau de jurisdição, ou seja: das Varas do Trabalho, uma vez que,

---

[58] BEZERRA LEITE, Carlos Henrique. *Curso de direito processual do trabalho*. 5. ed. São Paulo: LTr, 2007. p. 1.154.

embora a pretensão tenha natureza coletiva, não se equipara a um dissídio coletivo de natureza jurídica. Além disso, não se trata de criar uma norma aplicável ao âmbito das categorias profissional ou econômica e sim aplicar o direito preexistente.

Nesse sentido a seguinte ementa:

> Ação civil pública — Competência hierárquica. Cabe ao Juízo de primeira instância a competência para dela conhecer originariamente, porque assim dispõe o art. 2º da Lei n. 7.347/85, não havendo norma específica que desloque a competência para os Tribunais, sendo certo que, embora esta ação vise à tutela de direitos de uma pluralidade de indivíduos, não se confunde com o dissídio coletivo, que possui natureza e finalidade diversas. (TRT – 3ª R. – 3ª T. – RO n. 1.125/03 – Rel. Sebastião G. de Oliveira – DJMG 22.3.2003 – p. 8) (RDT n. 4 – abril de 2003) (RDT n. 4 – abril de 2003)

O C. Tribunal Superior do Trabalho fixou entendimento no sentido de que a Ação Civil Pública para a defesa de direitos coletivos e difusos, também deve seguir a mesma regra do art. 93 da Lei n. 8.078/90[59], conforme se extrai da leitura da OJ n. 130, da SDI-II, do C. TST:

> Ação Civil Pública. Competência Territorial. Extensão do dano causado ou a ser reparado. Aplicação analógica do art. 93 do Código de Defesa do Consumidor. Para a fixação da competência territorial em sede de ação civil pública, cumpre tomar em conta a extensão do dano causado ou a ser reparado, pautando-se pela incidência analógica do art. 93 do Código de Defesa do Consumidor. Assim, se a extensão do dano a ser reparado limita-se ao âmbito regional, a competência é de uma das Varas do Trabalho da Capital do Estado, se for de âmbito suprarregional ou nacional, o foro é o do Distrito Federal.

Não obstante as ponderações a OJ n. 130, da SDI-II, do C. TST, ousamos divergir, pois a Lei n. 7.347/95 tem regra própria sobre o foro competente para as ações coletivas em que se busca a tutela de direitos difusos e coletivos.

Com efeito, diz o art. 2º da Lei n. 7.347/85:

> As ações previstas nesta lei serão propostas no foro do local onde ocorrer o dano, cujo juízo terá competência funcional para processar e julgar a causa. Parágrafo único. A propositura da ação coletiva prevenirá a jurisdição do juízo para todas as ações posteriormente intentadas que possuam a mesma causa de pedir ou o mesmo objeto.

Deve ser destacado, também, que a regra de competência fixada no art. 93 da Lei n. 8.078/90 teve à vista a ação civil coletiva para a defesa de interesses individuais homogêneos, e não a defesa de direitos difusos e coletivos, a serem defendidos pela Ação Civil Pública que tem regramento próprio de competência no referido art. 2º da Lei n. 7.347/85. Por ser específica a regra da Lei n. 7.347/85, esta prevalece sobre a da Lei n. 8.078/90.

---

(59) Dispõe o art. 93, da Lei n. 8.078/90: "Ressalvada a competência da Justiça Federal, é competente para a causa a justiça local: I – no foro do lugar onde ocorreu ou deve ocorrer o dano, quando de âmbito local; II – no foro da Capital do Estado ou no do Distrito Federal, para os danos de âmbito nacional ou regional, aplicando-se as regras do Código de Processo Civil aos casos de competência concorrente".

Portanto, no nosso sentir, as ações coletivas para a defesa de direitos difusos e coletivos devem ser propostas no foro do local do dano, a fim de facilitar o acesso à Justiça dos lesados e onde há melhores possibilidades para a produção das provas.

Como bem assevera *Ronaldo Lima dos Santos*[60] em estudo exaustivo sobre o tema:

> "A competência territorial para julgamento da ação civil pública na Justiça do Trabalho é da Vara do Trabalho ou do Juiz de Direito investido da jurisdição trabalhista (art. 668, da CLT) do local do dano, independentemente da extensão da lesão aos interesses transindividuais; há hipótese em que esta lesão ultrapasse a área de jurisdição da Vara do Trabalho que conheceu da demanda, o primeiro juízo que recebeu a ação está prevendo (...) Consideramos não aplicável analogicamente a regra do inciso II do art. 93 da Lei n. 8.078/90; primeiro, porque o *caput* deste dispositivo excepcionou a competência da Justiça Federal e, em sendo as ações civis públicas para a tutela de direitos transindividuais trabalhistas de competência da Justiça do Trabalho, a especificidade da matéria suscita a mesma exceção, pois é inegável o interesse público no resguardo das competências específicas; segundo, porque a regra do art. 2º da Lei n. 7.347/85, ao aproximar o juízo competente do local dos fatos, traçou os mesmos objetivos almejados pelo legislador trabalhista ao editar as regras de competência do art. 651 da CLT — local da prestação de serviços —, consistentes na facilitação da produção probatória e na abertura dos canais de acesso à justiça".

Nesse sentido, cumpre destacar a seguinte ementa:

> Ação civil pública — Decisão com efeito suprarregional — Competência territorial — Concorrente — Prevenção. A regra de competência, em se tratando de decisão a ser proferida em ação civil pública, com efeito suprarregional, é concorrente, podendo ser fixada pelo local do ilícito ou da capital do Estado, em prol da efetividade jurisdicional, de modo a favorecer o acesso ao Judiciário e habilitar o juízo do local do dano, funcionalmente, na colheita dos elementos de convicção para o deslinde da lide. Necessário, contudo, a observância de certa peculiaridade no Estado de São Paulo, acerca da existência de 2 Tribunais Regionais do Trabalho, com abrangência territorial bastante distinta. Assim, considerando que os efeitos da decisão a ser proferida na ação civil pública extrapolam a jurisdição da Vara de Bauru, mas que estariam limitados a outros municípios integrantes da jurisdição do TRT da 15ª Região, a prevenção ocorreu com o MM. Juízo de Bauru, razão pela qual deve ser aplicado o art. 2º da Lei n. 7.347/85 e inciso I do art. 93 do Código de Defesa do Consumidor, sendo deste Juízo a competência para dirimir o conflito. (TRT – 15ª R. – 4ª T. – RO n. 509/2006.005.15.00-6 – Relª Elency Pereira Neves – DJ 30.11.07 – p. 27) (RDT n. 1 – Janeiro de 2008)

A competência territorial fixada no art. 2º da Lei n. 7.347/85, segundo a melhor doutrina, tem *status* de competência funcional e, portanto, é absoluta.

---

(60) SANTOS, Ronaldo Lima dos. *Sindicatos e ações coletivas*. 2. ed. São Paulo: LTr, 2008. p. 371-372.

Se mais de uma Ação Civil Pública com o mesmo objeto forem propostas pelos legitimados legais, aplica-se a regra da competência pela prevenção, prevalecendo aquela que foi proposta em primeiro lugar.

## 6.3. Da legitimidade para a propositura da Ação Civil Pública

Dispõe o art. 5º, da Lei n. 7.347/85 com a redação dada pela Lei n. 11.448/2007:

> Têm legitimidade para propor a ação principal e a ação cautelar: I – o Ministério Público; II – a Defensoria Pública; III – a União, os Estados, o Distrito Federal e os Municípios; IV – a autarquia, empresa pública, fundação ou sociedade de economia mista; V – a associação que, concomitantemente:
>
> a) esteja constituída há pelo menos 1 (um) ano nos termos da lei civil; b) inclua, entre suas finalidades institucionais, a proteção ao meio ambiente, ao consumidor, à ordem econômica, à livre concorrência ou ao patrimônio artístico, estético, histórico, turístico e paisagístico. § 1º O Ministério Público, se não intervier no processo como parte, atuará obrigatoriamente como fiscal da lei. § 2º Fica facultado ao Poder Público e a outras associações legitimadas nos termos deste artigo habilitar-se como litisconsortes de qualquer das partes. § 3º Em caso de desistência infundada ou abandono da ação por associação legitimada, o Ministério Público ou outro legitimado assumirá a titularidade ativa. § 4º O requisito da pré-constituição poderá ser dispensado pelo juiz, quando haja manifesto interesse social evidenciado pela dimensão ou característica do dano, ou pela relevância do bem jurídico a ser protegido. § 5º Admitir-se-á o litisconsórcio facultativo entre os Ministérios Públicos da União, do Distrito Federal e dos Estados na defesa dos interesses e direitos de que cuida esta lei. § 6º Os órgãos públicos legitimados poderão tomar dos interessados compromisso de ajustamento de sua conduta às exigências legais, mediante cominações, que terá eficácia de título executivo extrajudicial".

O art. 82 do Código de Defesa do Consumidor dispõe sobre a legitimidade para a defesa dos interesses difusos, coletivos e individuais homogêneos:

> Para os fins do art. 81, parágrafo único, são legitimados concorrentemente: I – o Ministério Público; II – a União, os Estados, os Municípios e o Distrito Federal; III – as entidades e órgãos da Administração Pública, direta ou indireta, ainda que sem personalidade jurídica, especificamente destinados à defesa dos interesses e direitos protegidos por este código; IV – as associações legalmente constituídas há pelo menos um ano e que incluam entre seus fins institucionais a defesa dos interesses e direitos protegidos por este código, dispensada a autorização assemblear. § 1º – O requisito da pré-constituição pode ser dispensado pelo juiz, nas ações previstas nos arts. 91 e seguintes, quando haja manifesto interesse social evidenciado pela dimensão ou característica do dano, ou pela relevância do bem jurídico a ser protegido.

Desse modo, têm legitimidade ativa para a Ação Civil Pública, os entes mencionados nos arts. 5º da Lei n. 7.347/85 e 82 do Código de Defesa do Consumidor (Lei n. 8.078/90).

A legitimidade para a defesa dos interesses difusos e coletivos na esfera trabalhista é autônoma e concorrente dos entes mencionados no art. 82 da Lei n. 8.078/90, das quais destacamos a legitimidade tanto do Ministério Público do Trabalho (arts. 129,

III, da CF, 82, da Lei n. 8.078/90 e LC n. 75/93) e também dos Sindicatos (art. 8º, III, da CF e IV, do art. 82 da Lei n. 8.078/90).

Já para a defesa de interesse individual homogêneo a legitimidade dos entes mencionados no referido art. 82 se dá sob a modalidade de substituição processual (art. 6º, do CPC), já que o direito não lhes pertence e sim aos substituídos.

Quanto à legitimidade do Ministério Público do Trabalho para a defesa de direitos individuais homogêneos na esfera trabalhista, há certo dissenso na doutrina e jurisprudência, uma vez que o interesse é divisível e, em regra, disponível. Além disso, há uma tendência doutrinária de se prestigiar a tutela do direito individual homogêneo na esfera trabalhista, a cargo dos Sindicatos (art. 8º, III, da CF).

Não obstante, a nosso ver, o interesse individual homogêneo é uma subespécie de interesse transindividual arrolado no art. 81 da Lei n. 8.078/90, tendo, portanto, feição coletiva. Além disso, o art. 129, III, da Constituição Federal atribui legitimidade ao Ministério Público "para promover o inquérito civil público e a ação civil pública, para a proteção do patrimônio público e social, do meio ambiente *e de outros interesses difusos e coletivos*" (o grifo é nosso). Ora, outros interesses coletivos somente podem ser os interesses individuais homogêneos. Em suma, quando há lesão individual homogênea, há o interesse social que justifica a legitimidade do *Parquet*.

Nesse sentido, destacamos a seguinte ementa:

> Ação civil coletiva — Natureza — Defesa de direitos e interesses individuais homogêneos — Legitimidade do Ministério Público do Trabalho para ajuizá-la — Necessidade de uma interpretação sistemática e teleológica das normas constitucionais e infraconstitucionais que regulam a matéria. Nos últimos quinze anos, o Brasil conheceu importantes inovações legislativas a respeito dos chamados direitos e interesses difusos e coletivos e dos mecanismos de tutela coletiva desses direitos, destacando-se a Lei n. 7.347, de 24 de julho de 1985, que disciplina a conhecida ação civil pública, e a Lei n. 8.078, de 11 de setembro de 1990, que instituiu o Código de Proteção e Defesa do Consumidor. Este, entre outras novidades, introduziu um importante mecanismo de defesa coletiva para direitos individuais homogêneos: a ação civil coletiva (arts. 91 a 100). São características dessa última categoria de direitos ou interesses a possibilidade de perfeita identificação do sujeito, assim como da relação dele com o objeto do seu direito, sendo que a ligação com os demais sujeitos decorre da circunstância de serem todos titulares individuais de direitos com "origem comum" e são divisíveis, pois podem ser lesados e satisfeitos de forma diferenciada e individualizada, satisfazendo ou lesando um ou alguns titulares sem afetar os demais. Portanto, por serem individuais e divisíveis, fazem parte do patrimônio individual do seu titular e, por isso, são passíveis de transmissão por ato inter vivos ou mortis causa e, regra geral, suscetíveis de renúncia e transação. Quanto a sua defesa em juízo, geralmente, são defendidos pelo próprio sujeito detentor do direito material, sendo que a defesa por terceiros será sob a forma de representação ou, quando houver previsão legal, sob a forma de substituição processual. Assim sendo, no que concerne à legitimidade do parquet laboral para a propositura da ação civil coletiva, mostra-se mais coerente com o direito hodierno o entendimento de que o art. 83, inciso III, da Lei Complementar n. 75/93, ao dispor, entre outras atribuições, que é

incumbência do Ministério Público do Trabalho "propor ação civil pública no âmbito da Justiça do Trabalho, para defesa de interesses coletivos, quando desrespeitados os direitos sociais constitucionalmente garantidos" (grifei), utilizou a expressão "interesses coletivos" na sua acepção lato, abrangendo, outrossim, tanto os interesses coletivos *stricto sensu*, quanto os difusos e os individuais homogêneos, uma vez não se poder restringir a legitimidade que foi amplamente concedida pelo art. 129, inciso II, do Texto Ápice, sem qualquer discriminação entre os diversos ramos do Parquet. À mesma conclusão chega-se após o exame do art. 6º, inciso VII, alínea *d*, da Lei Complementar n. 75/93, que, ao disciplinar os instrumentos de atuação do Ministério Público da União, em todos os seus ramos, aponta a ação civil pública para a defesa de "outros interesses individuais indisponíveis, homogêneos, sociais, difusos e coletivos". Ademais, não há olvidar que, após a promulgação da Lex Fundamentalis de 1988, o Ministério Público foi guindado à "instituição permanente, essencial à função jurisdicional do Estado, incumbindo-lhe a defesa da ordem jurídica, do regime democrático e dos interesses sociais e individuais indisponíveis". Vale dizer, portanto, que, ao tutelar os direitos elencados ao trabalhador no art. 7º da Constituição Federal vigente, ele atua, sem dúvida alguma, na defesa dos direitos sociais e, por conseguinte, também na defesa dos direitos e garantias fundamentais conferidos aos cidadãos, bem assim na concretização dos objetivos fundamentais da República Federativa do Brasil previstos no art. 3º. (TRT – 12ª R. – 1ª T. – Ac. n. 31.21/98 – Rel. Juiz Dilnei Biléssimo – DJSC 23.4.98 – p. 336)

No mesmo sentido é o Enunciado n. 75 da 1ª Jornada de Direito Material e Processual do Trabalho, realizada no TST, *in verbis*:

> AÇÃO CIVIL PÚBLICA. INTERESSES INDIVIDUAIS HOMOGÊNEOS. LEGITIMAÇÃO DO MINISTÉRIO PÚBLICO. I – O Ministério Público do Trabalho detém legitimidade para defender direitos ou interesses individuais homogêneos, assim entendidos os decorrentes de origem comum, nos exatos termos do art. 81, inciso III, do CDC. II – Incidem na hipótese os arts. 127 e 129, inciso III, da Constituição Federal, pois a defesa de direitos individuais homogêneos quando coletivamente demandada se enquadra no campo dos interesses sociais previstos no art. 127 da Magna Carta, constituindo os direitos individuais homogêneos em espécie de direitos coletivos *lato sensu*.

A jurisprudência do TST tem firmado entendimento de não cabe ao Ministério Público do Trabalho defender direito que não é individual homogêneo, conforme a seguinte ementa:

> EMBARGOS EM RECURSO DE REVISTA — NEGATIVA DE PRESTAÇÃO JURISDICIONAL. O acórdão recorrido procedeu ao completo e fundamentado desate da lide. Não há falar, portanto, em nulidade por negativa de prestação jurisdicional. AÇÃO CIVIL PÚBLICA — DIREITOS INDIVIDUAIS NÃO HOMOGÊNEOS — ILEGITIMIDADE DO MINISTÉRIO PÚBLICO 1. Conforme dispõe o art. 81, inciso III, do CDC, são direitos individuais homogêneos aqueles decorrentes de origem comum. Quer isso dizer, a *contrario sensu*, que, verificada em certa hipótese não haver circunstância única — comum — de fato e de direito da qual decorram as pretensões individuais, não há falar na implementação da figura. 2. Na espécie, pretende o Ministério Público obter determinação judicial para que a empresa vede a realização de horas extraordinárias além do limite legal de duas horas diárias e respeite os intervalos intrajornada de uma e entrejornada de onze horas (fls. 15/16).

3. O fato constitutivo do direito alegado (causa de pedir remota) não se resume à identidade do empregador — origem comum apontada pelo *parquet* —, mas sim à eventual inobservância, por parte da Reclamada, de normas legais que guardam direitos individuais de cada um dos empregados. A causa de pedir remota — fática — diz respeito, em verdade, à suposta situação experimentada, individualmente, por cada um dos trabalhadores da empresa. 4. Não se cogita, pois, da existência de certo aspecto fático-jurídico — origem comum — cuja demonstração daria ensejo ao reconhecimento de todos os direitos individuais em questão, a evidenciar sua homogeneidade. 5. Não há falar, portanto, em legitimação extraordinária do Ministério Público do Trabalho para atuar na condição de substituto processual. Embargos parcialmente conhecidos e providos. (TST – Processo: E-ED-RR – 1630/2000-007-17-00.1 Data de Julgamento: 15.9.2008, Relª Min. Maria de Assis Calsing, Subseção I Especializada em Dissídios Individuais, Data de Divulgação: DEJT 10.10.2008)

No polo passivo da Ação Civil Pública pode figurar qualquer pessoa, física ou jurídica, de direito público ou privado.

## 6.4. Litispendência entre a Ação Civil Pública e a Ação Individual

O fato de existir ação coletiva de reparação por danos não impede que o lesado, individualmente, proponha a ação de reparação dos danos.

Com efeito, preconiza o art. 104 do CDC, aplicável subsidiariamente à Lei de Ação Civil Pública:

> As ações coletivas, previstas nos incisos I e II do parágrafo único do art. 81, não induzem litispendência para as ações individuais, mas os efeitos da coisa julgada *erga omnes* ou *ultra partes* a que aludem os incisos II e III do artigo anterior não beneficiarão os autores das ações individuais, se não for requerida sua suspensão no prazo de trinta dias, a contar da ciência nos autos do ajuizamento da ação coletiva.

Da análise do dispositivo legal sob comento, constata-se que não há litispendência entre as ações coletivas e individuais. Entretanto, nas hipóteses dos incisos II e III da Lei n. 8.078/90 (defesa dos direitos coletivos e individuais homogêneos), os autores da ação individual somente se beneficiarão da coisa julgada coletiva se requererem a suspensão das ações individuais no prazo de 30 dias a contar da ciência da ação coletiva. Desse modo, em se tratando de direitos coletivos e individuais homogêneos, não há litispendência entre ação individual e coletiva, não obstante, a vítima, individualmente, pode optar pela suspensão de seu processo e se beneficiar da decisão no processo coletivo, *secundum eventum litis* (segundo o resultado da lide).

No mesmo sentido é o Enunciado n. 78 da 1ª Jornada de Direito Material e Processual do Trabalho:

> INEXISTÊNCIA DE LITISPENDÊNCIA ENTRE AÇÃO COLETIVA E AÇÃO INDIVIDUAL. Às ações coletivas ajuizadas pelos sindicatos e pelo Ministério Público na Justiça do Trabalho aplicam-se subsidiariamente as normas processuais do Título III do Código de Defesa do Consumidor. Assim, não haverá litispendência entre ação coletiva e ação individual, devendo o juiz adotar o procedimento indicado no art. 104 do CDC: a) o autor da ação individual, uma vez notificado da existência de ação

coletiva, deverá se manifestar no prazo de trinta dias sobre o seu prosseguimento ou suspensão; b) optando o autor da ação individual por seu prosseguimento, não se beneficiará dos efeitos da coisa julgada da ação coletiva; c) o autor da ação individual suspensa poderá requerer o seu prosseguimento em caso de decisão desfavorável na ação coletiva. Secundum eventum litis.

Vale mencionar as seguintes ementas sobre a questão:

AÇÃO INDIVIDUAL E AÇÃO COLETIVA. INEXISTÊNCIA DE LITISPENDÊNCIA. A litispendência, nos termos do art. 301, §§ 2º e 3º do CPC somente se verifica quando se reproduz ação em curso, com as mesmas partes, mesma causa de pedir e mesmo pedido, o que não se verifica quando ajuizada ação coletiva pela Associação de Aposentados e Pensionistas, representante dos empregados do reclamado. A legitimidade extraordinária conferida ao Ministério Público e às associações de classe, como na presente hipótese, para propositura de ação civil pública ou ações coletivas (art. 82 do Código de Defesa do Consumidor, aplicável subsidiariamente ao processo trabalhista por força do art. 769 da CLT) tem por objetivo facilitar o acesso à Justiça e não criar obstáculo ao trabalhador que opta pelo exercício individual do direito de ação constitucionalmente garantido (art. 5º, inc. XXXV da Constituição Federal em vigor). O art. 104 da Lei n. 8.078/90 preconiza que as ações coletivas não induzem litispendência para as ações individuais. A higidez do pronunciamento jurisdicional, isento de eventual contradição com outros julgados, é garantida pela lei sob comento, cujo art. 103 estabelece os contornos da coisa julgada no âmbito da coletivização de direitos. Ainda que assim não fosse, caso os autores recebessem algum tipo de pagamento em razão da ação civil pública intentada, caberia àquele que o efetuou noticiá-lo como causa extintiva da obrigação, por simples petição ou na forma do art. 741 do CPC. Ementa 2. ABONO COMPLEMENTAÇÃO DE APOSENTADORIA. PARÂMETROS PARA O CÁLCULO. APLICAÇÃO DAS NORMAS VIGENTES POR OCASIÃO DA ADMISSÃO DO EMPREGADO. Devidas as diferenças verificadas em prejuízo do empregado, derivadas da utilização de uma fórmula de cálculo para pagamento do abono aposentadoria que contempla apenas a norma estabelecida em Regulamento de Pessoal criado posteriormente aquele vigente por ocasião da admissão. Afigura-se inadmissível o procedimento inovador adotado pelo empregador, porquanto, alterações supervenientes dispondo em evidente prejuízo aos empregados, certamente, não alcançam os contratos de trabalho vigentes anteriormente, como no caso em apreço. A questão encontra-se pacificada na jurisprudência sedimentada através da Súmula n. 288 do C. TST. (TRT/SP – 01326200704602005 – RS – Ac. 4ª T. – 20090544646 – Rel. Paulo Augusto Camara – DOE 31.7.2009)

LITISPENDÊNCIA — AÇÃO CIVIL PÚBLICA COLETIVA AJUIZADA PELO MINISTÉRIO PÚBLICO DO TRABALHO — AÇÃO INDIVIDUAL AJUIZADA PELO TRABALHADOR — INOCORRÊNCIA — PRAZO PRESCRICIONAL DA AÇÃO INDIVIDUAL NÃO INTERROMPIDO. É bastante firme a jurisprudência do C. TST no sentido da inexistência de litispendência entre a ação civil pública ajuizada pelo Ministério Público do Trabalho e a ação trabalhista individual que pode ser ajuizada pelo empregado, seja porque não há identidade de partes entre a ação pendente (ação civil pública do MPT) e a demanda individual posterior, seja porque o art. 104 da Lei n. 8.078/90 (CDC), aplicável subsidiariamente ao processo do trabalho, dispõe expressamente que as ações coletivas previstas nos incisos I e II e Parágrafo Único do art. 81 do referido Diploma Legal não induzem litispendência para as ações individuais. Assim, se não há falar-se, de um lado, em empecilho, por motivo de litispendência, ao ajuizamento da ação individual trabalhista por parte do trabalhador, igualmente descabe falar-se, de outro lado, em interrupção do prazo de prescrição de 2 anos para essa ação individual pelo só fato de existir ação civil pública ajuizada pelo MPT, ainda que alguns direitos trabalhistas (como o FGTS) constituam objeto tanto de uma quanto de outra demanda. Recurso Ordinário obreiro conhecido e não provido. (TRT/SP – 01423200900402008 – RO – Ac. 5ª T. – 20100384085 – Relª. Anelia Li Chum – DOE 14.5.2010).

Nesse passo, cumpre trazer à colação o ensinamento de *Ada Pellegrini Grinover*[61]:

"A primeira regra do dispositivo é no sentido da exclusão da litispendência, no cotejo entre as ações coletivas em defesa de interesses difusos e coletivos e as ações individuais, numa perfeita aplicação do disposto nos parágrafos 1º, 2º e 3º, do art. 301, do CPC, que exigem, para caracterização do fenômeno, a tríplice *eadem* (partes, objeto e causa de pedir), inocorrente na hipótese: aqui, o objeto dos processos é inquestionavelmente diverso, consistindo nas ações coletivas na reparação ao bem indivisivelmente considerado, ou na obrigação de fazer ou não fazer, enquanto as ações individuais tendem ao ressarcimento pessoal. (...). Todavia, o Código oferece duas opções ao demandante a título individual: a) pretendendo o autor prosseguir em sua ação individual, ficará excluído da extensão subjetiva do julgado prevista para a sentença que vier a ser proferida na ação coletiva. Mesmo sendo ela favorável e projetando seus efeitos *erga omnes* ou *ultra partes* (nos termos dos incs. I a III do art. 103, c/c. seus §§ 2º e 3º), o autor que propôs em juízo sua ação individual e pretenda vê-la prosseguir em seu curso não será beneficiado pela coisa julgada que poderá eventualmente formar-se na ação coletiva. A ação individual pode continuar seu curso, por inexistir litispendência, mas o autor assume os riscos do resultado desfavorável (excepcionando expressamente o Código ao princípio geral da extensão subjetiva do julgado, *in utilibus*); b) se o autor preferir, poderá requerer suspensão do processo individual, no prazo de 30 dias a contar da ciência, nos autos, do ajuizamento da ação coletiva. Nesse caso, será ele beneficiado pela coisa julgada favorável que se formar na ação coletiva. Sendo improcedente a ação coletiva, o processo individual retomará seu curso, podendo ainda o autor ver acolhida sua demanda individual. Tudo coerentemente com os critérios da extensão subjetiva do julgado *secundum eventum litis*, adotado pelo Código. A suspensão do processo individual, no caso da alínea *b*, *supra*, não tem limites temporais, perdurando pelo tempo necessário ao trânsito em julgado da sentença coletiva".

### 6.5. Prescrição da pretensão nas ações coletivas trabalhistas

As pretensões para a defesa de danos coletivo e difusos são imprescritíveis, já que o interesse é indisponível. No tocante ao direito individual homogêneo, incide a prescrição, pois os direitos são divisíveis e disponíveis.

---

(61) GRINOVER, Ada Pellegrini. *Código Brasileiro de Defesa do Consumidor*. Comentado pelos autores do anteprojeto. 7. ed. Rio de Janeiro: Forense Universitária, 2001. p. 864-865.

Conforme *Raimundo Simão de Melo*⁽⁶²⁾, "(...) não há falar em prescrição ou decadência com relação às obrigações de fazer ou não fazer referentes aos interesses difusos e coletivos, inclusive com referência à reparação genérica por danos morais e/ou materiais irreparáveis, causados a tais interesses. Diferentemente ocorre no tocante às ações coletivas (CDC, art. 91) atinentes à reparação dos danos individualmente sofridos pelos trabalhadores, os quais, pela Constituição Federal de 1988 (art. 7º, inciso XXIX, letras *a* e *b*), submetem-se à prescrição quinquenal durante a vigência do contrato de trabalho e bienal, após a extinção do mesmo".

## 6.6. Sentença e coisa julgada na Ação Civil Pública

A sentença, nas ações coletivas para a defesa de interesses difusos e coletivos, é certa e, havendo condenação, a obrigação imposta ao demandado será de fazer ou não fazer (arts. 3º c/c 11 da Lei n. 7.347/85), podendo haver, também, condenação no pagamento de indenização que é revertida, em regra, ao FAT (Fundo de Amparo ao Trabalhador), conforme previsão do art. 13, da Lei n. 7.347/85. De outro lado, havendo condenação, a sentença deve fixar multa pecuniária (*astreintes* — art. 84, da Lei n. 8.078/90 e arts. 461 e seguintes do CPC) para o seu efetivo cumprimento e máxima efetividade da jurisdição coletiva.

Como destaca *Carlos Henrique Bezerra Leite*⁽⁶³⁾:

"Na esteira do didatismo dos arts. 3º e 11 da Lei n. 7.347/85, vê-se que o pedido na ação civil pública, inclusive no âmbito da Justiça do Trabalho, terá conteúdo primordialmente cominatório (ou condenatório), na medida em que impõe ao réu uma obrigação de fazer ou não fazer. Logo, a 'sentença civil pública' terá, em regra, efeito condenatório".

O Processo Civil tradicional, de caráter individualista, não disciplinou a possibilidade de a coisa julgada atingir pessoas que não fizeram parte da relação jurídica processual. Nesse sentido dispõe o art. 472 do CPC, *in verbis*:

> A sentença faz coisa julgada às partes entre as quais é dada, não beneficiando, nem prejudicando terceiros. Nas causas relativas ao estado de pessoa, se houverem sido citados no processo, em litisconsórcio necessário, todos os interessados, a sentença produz coisa julgada em relação a terceiros.

Conforme destaca o referido dispositivo legal, a coisa julgada somente vincula as partes que participaram do processo e também os litisconsortes que nele intervieram. A coisa julgada não pode vincular quem não participou do processo.

Não obstante, em determinadas hipóteses, os efeitos da coisa julgada material se projetam sobre terceiros, como espécie de efeito reflexo da coisa julgada mesmo

---

(62) MELO, Raimundo Simão de. *Ação civil pública na Justiça do Trabalho*. 2. ed. São Paulo: LTr, 2004. p. 184.

(63) *Ação civil pública:* na perspectiva dos direitos humanos. 2. ed. São Paulo: LTr, 2008. p. 166.

que eles não tenham participado do processo. Tal acontece com os terceiros que tenham interesse jurídico no processo em que se formou a coisa julgada material, como o sócio da empresa demandada, a empresa do mesmo grupo econômico, etc.

Nas ações coletivas em que se discutem direitos difusos, coletivos e individuais homogêneos, a coisa julgada tem efeitos *erga omnes* e *ultra partes*, ou seja, tem efeitos sobre pessoas que não participaram da relação jurídica processual, nos termos dos arts. 16, da Lei n. 7.347/85 e 103 da Lei n. 8.078/90.

Art. 16 da Lei n. 7.347/85:

> A sentença civil fará coisa julgada *erga omnes*, nos limites da competência territorial do órgão prolator, exceto se o pedido for julgado improcedente por insuficiência de provas, hipótese em que qualquer legitimado poderá intentar outra ação com idêntico fundamento, valendo-se de nova prova.

Art. 103 da Lei n. 8.078/90:

> Nas ações coletivas de que trata este código, a sentença fará coisa julgada:
>
> I – *erga omnes*, exceto se o pedido for julgado improcedente por insuficiência de provas, hipótese em que qualquer legitimado poderá intentar outra ação, com idêntico fundamento, valendo-se de nova prova, na hipótese do inciso I do parágrafo único do art. 81;
>
> II – *ultra partes*, mas limitadamente ao grupo, categoria ou classe, salvo improcedência por insuficiência de provas, nos termos do inciso anterior, quando se tratar da hipótese prevista no inciso II do parágrafo único do art. 81;
>
> III – *erga omnes*, apenas no caso de procedência do pedido, para beneficiar todas as vítimas e seus sucessores, na hipótese do inciso III do parágrafo único do art. 81. § 1º Os efeitos da coisa julgada previstos nos incisos I e II não prejudicarão interesses e direitos individuais dos integrantes da coletividade, do grupo, categoria ou classe. § 2º Na hipótese prevista no inciso III, em caso de improcedência do pedido, os interessados que não tiverem intervindo no processo como litisconsortes poderão propor ação de indenização a título individual. § 3º Os efeitos da coisa julgada de que cuida o art. 16, combinado com o art. 13 da Lei n. 7.347, de 24 de julho de 1985, não prejudicarão as ações de indenização por danos pessoalmente sofridos, propostas individualmente ou na forma prevista neste código, mas, se procedente o pedido, beneficiarão as vítimas e seus sucessores, que poderão proceder à liquidação e à execução, nos termos dos arts. 96 a 99. § 4º Aplica-se o disposto no parágrafo anterior à sentença penal condenatória.

Pensamos não ter seguido a melhor diretriz do art. 16, da Lei n. 7.347/85, pois a coisa julgada proferida em ações civis públicas não tem efeito somente no limite da competência territorial do órgão julgador, pois é da essência dos interesses difusos e coletivos gerarem consequências em limite territorial indeterminado. Portanto, no nosso sentir, a coisa julgada na Ação Civil Pública produz efeitos em todos os lugares onde houve a eclosão dos danos de ordem difusa ou coletiva. Nesse sentido, são os incisos I e II do referido art. 103 do Código de Defesa do Consumidor.

Como bem adverte *Ronaldo Lima dos Santos*[64] em precioso trabalho sobre o tema:

"Essa inoperância da alteração introduzida no art. 16 da LACP decorre igualmente da própria natureza indivisível dos interesses tutelados, os quais não encontram fronteiras em regras de competência (...). A extensão da coisa julgada é determinada pelo pedido e não pela competência, que corresponde a uma simples adequação entre o processo e juiz, sem nenhuma influência sobre o objeto do processo".

Desse modo, o referido art. 16 colide com o sistema das ações coletivas, limitando a eficácia da tutela jurisdicional coletiva e também violando os princípios constitucionais do acesso à justiça e da ordem jurídica justa (art. 5º, XXXV, da CF).

A coisa julgada nas Ações Coletivas, conforme os parágrafos do art. 103 da Lei n. 8.078/90, pode ser *erga omnes* (direitos difusos); *ultra partes* (direitos coletivos) e *erga omnes* no caso de procedência do pedido (direitos individuais homogêneos — *secundum eventum litis,* ou seja, conforme o resultado da lide).

Para melhor compreensão, destacam-se os efeitos, conforme os interesses difusos, coletivos ou individuais homogêneos abaixo:

a) direitos difusos: A coisa julgada se dará *erga omnes*, exceto se o pedido for julgado improcedente por insuficiência de provas, hipótese em que qualquer legitimado poderá intentar outra ação com idêntico fundamento, valendo-se de nova prova.

A doutrina tem classificado a coisa julgada para os direitos difusos de coisa julgada *secundum eventum probationis*, ou seja, a coisa julgada segundo o resultado da prova. Desse modo, se o processo for extinto sem resolução de mérito, haverá apenas a formação da coisa julgada material. Se o pedido for julgado improcedente por insuficiência de provas, haverá apenas coisa julgada formal, pois qualquer legitimado poderá propor nova ação, produzindo novas provas. No caso de improcedência por outro motivo que não a insuficiência de provas, mediante ampla produção probatória, haverá formação de coisa julgada material, não podendo os legitimados propor nova ação. Havendo procedência do pedido a coisa julgada terá efeitos *erga omnes*.

b) interesses coletivos: A coisa julgada se dará *ultra partes*, mas limitadamente ao grupo, categoria ou classe, salvo improcedência por insuficiência de provas.

Aqui também a coisa julgada se formará *secundum eventum probationis*, ou seja, conforme o resultado das provas, da mesma forma que os direitos difusos.

c) direitos individuais homogêneos: A coisa julgada será *erga omnes*, apenas no caso de procedência do pedido, para beneficiar todas as vítimas e seus sucessores.

---

(64) *Sindicatos e ações coletivas:* acesso à justiça, jurisdição coletiva e tutela dos interesses difusos, coletivos e individuais homogêneos. 2. ed. São Paulo: LTr, 2008. p. 399-400.

A coisa julgada aqui se dá, segundo expressão da doutrina, *secundum eventum litis*, ou seja, segundo o resultado da lide. Desse modo, a decisão fará coisa julgada *erga omnes* apenas no caso de procedência do pedido. Se o pedido for julgado improcedente, inclusive por insuficiência de provas, fará coisa julgada apenas para os legitimados para a ação coletiva, mas não para terceiros.

Outrossim, a coisa julgada na ação civil pública não impede que os lesados procurem o ressarcimento do dano em ações individuais. Entretanto, em caso de direitos individuais homogêneos, os lesados que figuraram na ação coletiva como litisconsortes não poderão propor ações individuais de reparação dos danos.

Nas hipóteses de interesses coletivos e individuais homogêneos, havendo ações individuais em curso, os autores desta não poderão se beneficiar dos efeitos da coisa julgada na ação coletiva se não for requerida sua suspensão no prazo de trinta dias, a contar da ciência nos autos do ajuizamento da ação coletiva (art. 104 da Lei n. 8.078/90).

O § 3º do art. 103 da Lei n. 8.078/90 consagra o que a doutrina denomina de transporte "*in utilibus* da coisa julgada coletiva", ou seja, o transporte útil da coisa julgada. Dispõe o referido dispositivo legal:

> Os efeitos da coisa julgada de que cuida o art. 16, combinado com o art. 13 da Lei n. 7.347, de 24 de julho de 1985, não prejudicarão as ações de indenização por danos pessoalmente sofridos, propostas individualmente ou na forma prevista neste código, mas, se procedente o pedido, beneficiarão as vítimas e seus sucessores, que poderão proceder à liquidação e à execução, nos termos dos arts. 96 a 99.

Diante do referido dispositivo legal, havendo procedência do pedido na ação coletiva, as vítimas individualmente poderão dela se beneficiar, procedendo diretamente a liquidação do valor da reparação, que será realizada por artigos, sem necessidade de ingressar com processo de conhecimento sobre a matéria.

No anteprojeto do Código Brasileiro de Ações Coletivas, a matéria é tratada no art. 13 que assim dispõe:

> Art. 13. *Coisa julgada* — Nas ações coletivas de que trata este código, a sentença fará coisa julgada *erga omnes*, exceto se o pedido for julgado improcedente por insuficiência de provas, hipótese em que qualquer legitimado poderá intentar outra ação, com idêntico fundamento valendo-se de nova prova.
>
> § 1º Tratando-se de interesses ou direitos individuais homogêneos (art. 3º, III, deste Código), em caso de improcedência do pedido, os interessados poderão propor ação a título individual.
>
> § 2º Os efeitos da coisa julgada nas ações em defesa de interesses ou direitos difusos ou coletivos (art. 4º, I e II, deste Código) não prejudicarão as ações de indenização por danos pessoalmente sofridos, propostas individualmente ou na forma prevista neste Código, mas, se procedente o pedido, beneficiarão as vítimas e seus sucessores, que poderão proceder à liquidação e à execução, nos termos dos arts. 34 e 35.
>
> § 3º Aplica-se o disposto no parágrafo anterior à sentença penal condenatória.

§ 4º A competência territorial do órgão julgador não representará limitação para a coisa julgada erga omnes.

§ 5º Mesmo na hipótese de sentença de improcedência, fundada nas provas produzidas, qualquer legitimado poderá intentar outra ação, com idêntico fundamento, no prazo de 2 (dois) anos contados do conhecimento geral da descoberta de prova nova, superveniente, que não poderia ser produzida no processo, desde que idônea para mudar seu resultado.

§ 6º A faculdade prevista no parágrafo anterior, nas mesmas condições, fica assegurada ao demandado da ação coletiva julgada procedente.

A redação do citado dispositivo simplifica a compreensão do instituto da coisa julgada nas ações coletivas, facilita o acesso à justiça e propicia maior efetividade da jurisdição coletiva.

Não há grandes alterações quanto ao sistema já vigente, entretanto, alguns aspectos merecem atenção especial, quais sejam:

a) inexistência de limitação dos efeitos da coisa julgada à competência do órgão jurisdicional prolator da decisão coletiva, o que está em compasso com o sistema das ações coletivas e com o princípio constitucional do acesso à justiça (art. 5º, XXXV, da CF);

b) inexistência de litispendência entre ação coletiva e individual;

c) possibilidade de extensão dos efeitos benéficos da coisa julgada a todas a vítimas individuais;

d) possibilidade de revisão da sentença coletiva de improcedência do pedido fundada em ampla dilação probatória, sem surgirem novas provas que não foram produzidas no processo originário.

## 7. Da Ação Civil Coletiva

Ensina *Raimundo Simão de Mello*[65]:

"A ação civil coletiva, como espécie do gênero ação civil pública, é instrumento novo de defesa dos interesses metaindividuais, destinado especificamente à tutela dos interesses individuais homogêneos".

Esta ação não difere ontologicamente da Ação Civil Pública. Não obstante, é destinada à tutela de direitos individuais homogêneos, por força do que dispõe o art. 91, da Lei n. 8.078/90.

Trata-se de ação de natureza condenatória, tendo por objeto ressarcir as vítimas dos danos sofridos que têm origem comum. Seu objeto é a condenação do ofensor em importância pecuniária.

---

(65) MELLO, Raimundo Simão de. *Ação civil pública na Justiça do Trabalho*. 2. ed. São Paulo: LTr, 2004. p. 211.

Nesse sentido dispõe o art. 91, da Lei n. 8.078/90:

> Os legitimados de que trata o art. 82 poderão propor, em nome próprio e no interesse das vítimas ou seus sucessores, ação civil coletiva de responsabilidade pelos danos individualmente sofridos, de acordo com o disposto nos artigos seguintes.

A presente ação é perfeitamente compatível com o Processo do Trabalho (art. 769, da CLT) e tem sido muito utilizada pelos Sindicatos, a quem cabe a defesa, por excelência, dos direitos individuais homogêneos da categoria, sendo a substituição processual ampla para tal finalidade (art. 8º, III, da CF e cancelamento da Súmula n. 310 do C. TST).

O Ministério Público, se não ajuizar a ação, atuará sempre como fiscal da lei.

Podem propor a Ação Civil Coletiva, segundo o art. 82, da Lei n. 8.078/90:

a) Ministério Público;

b) União, os Estados, os Municípios e o Distrito Federal;

c) As entidades e órgãos da Administração Pública, direta ou indireta, ainda que sem personalidade jurídica, especificamente destinados à defesa dos interesses e direitos protegidos por este código;

d) As associações legalmente constituídas há pelo menos um ano e que incluam entre seus fins institucionais a defesa dos interesses e direitos protegidos por este código, dispensada a autorização assemblear. O requisito da pré--constituição pode ser dispensado pelo Juiz, nas ações previstas nos arts. 91 e seguintes, quando haja manifesto interesse social evidenciado pela dimensão ou característica do dano, ou pela relevância do bem jurídico a ser protegido.

Segundo a melhor doutrina, os legitimados para a Ação Civil Coletiva, defendem interesses individuais homogêneos, por meio de substituição processual, uma vez que postulam em juízo em nome próprio, defendendo direito alheio (art. 6º do CPC).

A competência funcional para a Ação Civil Coletiva é disciplinada no art. 93, da Lei n. 8.078/90, que assim dispõe:

> Ressalvada a competência da Justiça Federal, é competente para a causa a justiça local:
>
> I – no foro do lugar onde ocorreu ou deva ocorrer o dano, quando de âmbito local;
>
> II – no foro da Capital do Estado ou no do Distrito Federal, para os danos de âmbito nacional ou regional, aplicando-se as regras do Código de Processo Civil aos casos de competência concorrente.

A sentença proferida na ação em que se postula a defesa de interesses individuais homogêneos é genérica, conforme dispõe o art. 95, da Lei n. 8.078/90, *in verbis*:

> Em caso de procedência do pedido, a condenação será genérica, fixando a responsabilidade do réu pelos danos causados.

Nos termos do art. 97 da Lei n. 8.078/90, *a liquidação e a execução de sentença poderão ser promovidas pela vítima e seus sucessores, assim como pelos legitimados de que trata o art. 82.*

A liquidação da sentença genérica pode ser feita por cálculo, arbitramento ou artigos.

Como na decisão os substituídos não são nominados, eles devem ser individualizados na liquidação e na subsequente execução.

Embora a Súmula n. 310 tenha sido cancelada, pensamos que, na liquidação, deva ser aplicado o entendimento vazado no seu inciso VII que assim dispõe: *Na liquidação da sentença exequenda, promovida pelo substituto, serão individualizados os valores devidos a cada substituído, cujos depósitos para quitação serão levantados através de guias expedidas em seu nome ou de procurador com poderes especiais para esse fim, inclusive nas ações de cumprimento.*

Sendo assim, transitada em julgado a decisão, o Juiz do Trabalho deverá conceder um prazo razoável para que todos os substituídos sejam individualizados e especificados os créditos de cada um na liquidação. Os que não se habilitarem não perderão o direito, apenas não poderão executar o crédito no processo em questão.

Fixados os valores de cada substituído, a execução deve prosseguir pelo rito da CLT (execução por quantia).

No anteprojeto do Código Brasileiro de Ações Coletivas, a matéria é trata no art. 32, que assim dispõe:

> Art. 32. Sentença condenatória — Sempre que possível, o juiz fixará na sentença o valor da indenização individual devida a cada membro do grupo, categoria ou classe. § 1º Quando o valor dos danos individuais sofridos pelos membros do grupo, categoria ou classe for uniforme, prevalentemente uniforme ou puder ser reduzido a uma fórmula matemática, a sentença coletiva indicará o valor ou a fórmula de cálculo da indenização individual. § 2º O membro do grupo, categoria ou classe que divergir quanto ao valor da indenização individual ou à fórmula para seu cálculo, estabelecidos na sentença coletiva, poderá propor ação individual de liquidação. § 3º Não sendo possível a prolação de sentença condenatória líquida, a condenação poderá ser genérica, fixando a responsabilidade do demandado pelos danos causados e o dever de indenizar.

Houve aqui esforço no sentido de facilitar a liquidação do valor fixado na sentença genérica, bem como de se efetivar a tutela coletiva para os direitos individuais homogêneos, pois uma das maiores dificuldades da sentença genérica é o procedimento de liquidação, que, normalmente, é realizado por artigos, já que há necessidade de ser provar fato novo, qual seja, o enquadramento na situação prevista na sentença, bem como a extensão da indenização.

No entanto, em que pese a boa intenção da lei, dificilmente o Juiz do Trabalho terá condições de prolatar sentença líquida, ou de fixar parâmetros uniformes para sua liquidação.

Em caso de procedência do pedido, a condenação será genérica, fixando a responsabilidade do réu pelos danos causados (art. 95 da Lei n. 8.078/90).

A liquidação e a execução de sentença poderão ser promovidas pela vítima e seus sucessores, assim como pelos legitimados de que trata o art. 82 (art. 97 da Lei n. 8.078/90).

Nos termos do art. 98 da Lei n. 8.078/90, "A execução poderá ser coletiva, sendo promovida pelos legitimados de que trata o art. 82, abrangendo as vítimas cujas indenizações já tiverem sido fixadas em sentença de liquidação, sem prejuízo do ajuizamento de outras execuções. § 1º A execução coletiva far-se-á com base em certidão das sentenças de liquidação, da qual deverá constar a ocorrência ou não do trânsito em julgado. § 2º É competente para a execução o juízo: I – da liquidação da sentença ou da ação condenatória, no caso de execução individual; II – da ação condenatória, quando coletiva a execução".

Conforme já nos pronunciamos anteriormente, não há litispendência entre a ação individual e a coletiva para a defesa dos direitos individuais homogêneos (arts. 103 e 104 do CDC), pois o objetivo das ações coletivas é facilitar o acesso do trabalhador à Justiça evitando-lhe eventuais retaliações por parte do empregador ou tomador de serviços. Entrementes, os autores das ações individuais não poderão se beneficiar da coisa julgada na ação coletiva se não requererem a suspensão das ações individuais quando souberem da existência da ação coletiva com o mesmo objeto.

## 8. Da ação de consignação em pagamento na Justiça do Trabalho

A ação de consignação em pagamento constitui ação de rito especial, prevista no Código de Processo Civil que tem por objeto o depósito de quantia ou da coisa devida que o credor se recusa a receber, a fim de desonerar o devedor da obrigação.

A presente ação é compatível com o Processo do Trabalho, por força do art. 769 da CLT e tem sido muito utilizada pelo empregador para se desonerar da obrigação de pagamento das verbas rescisórias, quando o empregado recusa as receber; quando há dúvida sobre quem deva receber as parcelas trabalhistas (morte do empregado).

Carlos Henrique Bezerra Leite[66] nos traz exemplo de ação consignatória proposta pelo empregado: poderá ocorrer quando o empregado necessitar devolver ferramentas de trabalho à empresa, encontrando nisso alguma dificuldade que o torne inadimplente na obrigação.

Dispõe o art. 890 do CPC:

> Nos casos previstos em lei, poderá o devedor ou terceiro requerer, com efeito de pagamento, a consignação da quantia ou da coisa devida. § 1º – Tratando-se de obrigação em dinheiro, poderá o devedor ou terceiro optar pelo depósito da quantia devida, em estabelecimento bancário, oficial onde houver, situado no lugar do pagamento, em conta com correção monetária, cientificando-se o credor por carta com aviso de recepção, assinado o prazo de 10 (dez) dias para a manifestação de recusa. § 2º – Decorrido o prazo referido no parágrafo anterior, sem a manifestação de recusa,

---

(66) *Op. cit.*, p. 1.130.

reputar-se-á o devedor liberado da obrigação, ficando à disposição do credor a quantia depositada. (Incluído pela Lei n. 8.951, de 13.12.1994). § 3º – Ocorrendo a recusa, manifestada por escrito ao estabelecimento bancário, o devedor ou terceiro poderá propor, dentro de 30 (trinta) dias, a ação de consignação, instruindo a inicial com a prova do depósito e da recusa. § 4º – Não proposta a ação no prazo do parágrafo anterior, ficará sem efeito o depósito, podendo levantá-lo o depositante.

A Lei n. 8.951/94 institui o chamado procedimento extrajudicial da ação de consignação em pagamento, que é opção do devedor[67], conforme o citado § 1º do art. 890 do CPC.

O procedimento extrajudicial da ação de consignação em pagamento, no nosso sentir, não é compatível com o Processo do Trabalho, uma vez que a legislação trabalhista exige formalidades especiais para a quitação de parcelas trabalhistas, máxime a homologação do pagamento de verbas rescisórias (§ 1º do art. 477, da CLT)[68].

Nesse sentido, destacamos a seguinte ementa:

> QUITAÇÃO — CONSIGNAÇÃO EM PAGAMENTO EXTRAJUDICIAL — EMPREGADO COM MAIS DE UM ANO DE TEMPO DE SERVIÇO. 1. A quitação de parcelas oriundas do contrato de trabalho, mediante consignação em pagamento extrajudicial, na hipótese o empregado contar com tempo de serviço superior a 01 (um ano), é incompatível com o direito e o processo do trabalho porquanto devem ser satisfeitas as exigências do art. 477, §§ 1º e 2º, da CLT, Não viola o art. 890 §§ 1º e 2º do CPC e art. 769 da CLT decisão nesse sentido. 2. Recurso de Revista não conhecido. (TST – RR 599554 – 1ª T. – Rel. Min. João Oreste Dalazen – DJU 2.2.2001 – p. 5.777)

No Processo do Trabalho, embora a ação de consignação em pagamento seja regida por rito especial, o costume tem aplicado o mesmo procedimento da reclamação trabalhista, com designação de audiência, onde se tentará principalmente a conciliação, o consignado apresentará a contestação, instruir-se-á o processo e proferir-se-á a decisão.

Nesse sentido, a seguinte ementa:

> O procedimento da ação de consignação em pagamento, nesta Justiça especializada, é o mesmo da ação trabalhista. (TRT – 12ª R. – 3ª T. – Ac. n. 000623/95 – Relª. Juíza Almeida Ribeiro – DJSC 16.3.95 – p. 60)

---

(67) Nesse sentido destaca-se a seguinte ementa: "Ação de consignação em pagamento — Prova da recusa do credor — Desnecessidade. A obrigatoriedade do consignante para o ajuizamento da consignatória consiste apenas em alegar a recusa do credor e efetivar o depósito da importância devida. O ordenamento legal não exige prova, na inicial, da recusa do pagamento, considerando que outro dispositivo de lei permite a alegação em sentido contrário da parte adversa, sem impor-lhe o ônus da contraprova (art. 896, inciso I, do CPC). A consignação bancária, que permitiria a produção da prova negativa, é opção do devedor (§ 1º do art. 890), não constituindo pressuposto necessário para a utilização da via jurisdicional. Ademais, a legislação permite ao devedor receber o pagamento e dar quitação (art. 897, parágrafo único, do CPC), o que foi obstado pelo indeferimento da inicial. Recurso conhecido e provido". (TRT – 10ª R. – 2ª T – RO n. 23/99 – Rel. Juiz Ricardo Alencar Machado – DJDF 12.3.99 – p. 20).

(68) Nesse sentido é opinião de José Augusto Rodrigues Pinto *(Processo trabalhista de conhecimento*. 7. ed. São Paulo: LTr, 2005. p. 350-351).

Pensamos que na Justiça do Trabalho, a competência territorial reger-se-á pelo disposto no art. 651 da CLT que determina, como regra geral, a competência da Vara do local da prestação de serviços.

A inicial da ação consignatória deve ser elaborada obedecendo-se aos requisitos do art. 893, do CPC, não se aplicando a disposição do art. 840 da CLT, que faculta a petição inicial verbal. Dispõe o referido dispositivo do CPC:

> O autor, na petição inicial, requererá: (Redação dada pela Lei n. 8.951, de 13.12.1994)
>
> I – o depósito da quantia ou da coisa devida, a ser efetivado no prazo de 5 (cinco) dias contados do deferimento, ressalvada a hipótese do § 3º do art. 890;
>
> II – a citação do réu para levantar o depósito ou oferecer resposta.

Na contestação, o réu poderá alegar: I – não houve recusa ou mora em receber a quantia ou coisa devida; II – foi justa a recusa; III – o depósito não se efetuou no prazo ou no lugar do pagamento; IV – o depósito não é integral. Parágrafo único. No caso do inciso IV, a alegação será admissível se o réu indicar o montante que entende devido (art. 896 do CPC).

Não oferecida a contestação, e ocorrentes os efeitos da revelia, o Juiz julgará procedente o pedido, declarará extinta a obrigação e condenará o réu nas custas e honorários advocatícios (art. 897 do CPC).

Nos termos do art. 899 do CPC: quando na contestação o réu alegar que o depósito não é integral, é lícito ao autor completá-lo, dentro em 10 (dez) dias, salvo se corresponder a prestação, cujo inadimplemento acarrete a rescisão do contrato. § 1º – Alegada a insuficiência do depósito, poderá o réu levantar, desde logo, a quantia ou a coisa depositada, com a consequente liberação parcial do autor, prosseguindo o processo quanto à parcela controvertida. (Incluído pela Lei n. 8.951, de 13.12.1994) § 2º – A sentença que concluir pela insuficiência do depósito determinará, sempre que possível, o montante devido, e, neste caso, valerá como título executivo, facultado ao credor promover-lhe a execução nos mesmos autos.

Conforme o § 2º do art. 899 do CPC, a ação de consignação tem natureza dúplice, pois a sentença que concluir pela insuficiência do depósito, condenará o consignante a completá-lo nos mesmos autos da consignação, independentemente de reconvenção ou pedido contraposto na contestação.

Nesse sentido, a seguinte ementa:

> Ação de consignação em pagamento — Reconvenção — Desnecessidade. A ação de consignação em pagamento tem caráter dúplice, sendo dispensável a oposição de reconvenção, nos termos dos arts. 896 e 899 do CPC. No caso de o consignatário alegar a não integralidade do depósito e indicar o montante que entende devido (art. 896, IV e parágrafo único, do CPC), o Juízo poderá proceder à instrução processual e apreciar amplamente as questões concernentes à existência e à quantificação do débito, competindo lhe determinar caso conclua pela insuficiência do

depósito, o montante devido. (art. 899, § 2º, do CPC). (TRT – 3ª R. – 1ª T. – RO n. 15/2005.073.03.00-4 – Rel. Marcus Moura Ferreira – DJ 15.7.05 – p. 7) (RDT n. 08 – Agosto de 2005)

Discute-se na doutrina e jurisprudência, se a reconvenção pode ser cabível na Ação de Consignação em Pagamento na Justiça do Trabalho. Pugnam alguns pela impossibilidade, argumentando que a reconvenção é incabível em tal procedimento, pela incompatibilidade de ritos processuais e da falta de interesse processual, pois tal ação tem natureza dúplice.

Pensamos que o consignado, na ação de consignação em pagamento, pode por meio de reconvenção formular pretensão mais ampla do que a discutida nos autos da consignatória, desde que guarde conexão com os fatos deduzidos na Ação de Consignação. Por exemplo: por meio de reconvenção, o consignado, além de não concordar em receber as verbas rescisórias, formula pedido de reintegração no emprego em razão de doença profissional e indenização por danos materiais decorrentes da alegada doença.

A jurisprudência trabalhista tem, acertadamente, admitido a reconvenção na consignação, convertendo o rito especial em ordinário, o que, no nosso sentir, está correto, pois facilita o acesso do trabalhador à Justiça, e também prestigia os princípios da efetividade e celeridade processual, bem como evita decisões conflitantes sobre a mesma matéria na mesma Vara do Trabalho.

Sobre a consignação em pagamento, relevante destacar as seguintes ementas:

> Ação de consignação em pagamento — Recebimento de verbas rescisórias — Recusa — Inexistência. A ação de consignação em pagamento tem por objetivo exonerar o empregador do pagamento de juros e correção monetária ao empregado, já que efetuado o depósito, as verbas consignadas correm por conta do banco depositário. A fim de evitar a multa pelo atraso no pagamento das verbas rescisórias o empregador pode consignar o pagamento devido ao empregado, caso este se recuse a comparecer para receber. É, pois, a recusa no recebimento das verbas devidas que se justifica o ajuizamento da ação de consignação em pagamento. Na hipótese dos autos, não obstante a consignante insistir na afirmação de que por diversas vezes tentou entrar em contato com a consignada, inexiste qualquer prova documental nesse sentido. (TRT – 10ª R. – 3ª T .– RO n. 1.856/98 – Rel. Juiz Jairo Soares dos Santos – DJDF 7.7.98 – p. 30)

> Ação de consignação em pagamento — Condição da ação — Prova da recusa. O Código de Processo Civil prevê a ação de consignação em pagamento para as hipóteses nas quais o devedor quer pagar a quantia devida ao credor, mas este se recusa a recebê-la, subordinando a propositura da ação à recusa pelo credor e condicionando a instrução da inicial à juntada da prova do depósito e da recusa (art. 890, § 3º, do CPC). Na hipótese dos autos, não obstante a consignante ter afirmado na exordial que houve a recusa do empregado, não produziu prova a respeito. Ausente, portanto, condição da ação, é correta a r. sentença que extinguiu o processo sem exame do mérito. (TRT – 10ª R. – 3ª T .– RO n. 24/99 – Rel. Juiz Isaú Joaquim Chacon – DJDF 9.4.99 – p. 47) (RDT 5/99 – p. 60)

## 9. Ação anulatória na Justiça do Trabalho

A ação anulatória tem fundamento no art. 486 do CPC, prevista para desconstituição dos atos jurídicos em geral, onde não há intervenção do judiciário, ou quando a decisão judicial for meramente homologatória.

Ensina *De Plácido e Silva*[69] que ação de anulação:

"(...) é o remédio jurídico, de que se utiliza alguém para anular ato jurídico, que lhe traga prejuízo, ou que não tenha sido formulado segundo os princípios de direito. Por essa forma, a ação de anulação tem sempre o objetivo de anular atos jurídicos que não se tenham composto consoante as regras de direito ou que foram praticados em contravenção às obrigações contraídas. Basta que o ato se mostre fundado em vício ou defeito para que seja passível de anulação".

O art. 104 do Código Civil diz serem requisitos de validade do negócio jurídico, agente capaz, objeto lícito, possível, determinado ou determinável, e forma prescrita ou não defesa em lei.

Ao comentar o citado artigo, *Nelson Nery Júnior*[70] aduz que "a norma ao tratar da validade, tomou esse termo em sentido amplo, pois enumera elementos de existência, bem como os requisitos de validade do negócio jurídico. É-nos permitido, portanto, fazer distinção entre os três planos do negócio jurídico (existência, validade e eficácia), a fim de determinar-se o alcance do dispositivo legal sob análise. Por exemplo, sob a expressão agente capaz, entende-se: a) qualidade de sujeito do agente (personalidade e capacidade de direito; elemento existência); b) a efetiva manifestação de vontade (elemento existência); c) capacidade de consentir e de dar função ao negócio, manifestando o seu querer (dar causa ao negócio – elemento de existência); d) aptidão para praticar atos da vida civil (capacidade de fato: requisito de validade); e) manifestação livre da vontade, imune de vícios, ou seja, vontade não viciada (requisito de validade)".

A ação anulatória *lato sensu* se destina à anulação de um ato jurídico que não preenche os requisitos de validade previstos no art. 104 do CC. Tanto os atos nulos (art. 166, do CC[71]) como os anuláveis (art. 171 do CC[72]) podem ser desfeitos

---

(69) SILVA, De Plácido e. *Vocabulário jurídico*. 12. ed. Rio de Janeiro: Forense, 1996. v. I, p. 23.

(70) NERY JR., Nélson; NERY, Rosa Maria de Andrade. *Código Civil Comentado e legislação extravagante*. 3. ed. São Paulo: RT, 2005. p. 221.

(71) Art. 166 do CC: "É nulo o negócio jurídico quando: I – celebrado por pessoa absolutamente incapaz; II – for ilícito, impossível ou indeterminável seu objeto; III – o motivo determinante comum a ambas as partes for ilícito; IV – não revestir a forma prescrita em lei; V – for preterida alguma solenidade que a lei considera essencial para a sua validade; VI – tiver por objetivo fraudar lei imperativa; VII – a lei taxativamente o declarar nulo, ou proibir-lhe a prática, sem cominar sanção".

(72) Art. 171 do CC: "Além dos casos expressamente declarados na lei é anulável o negócio jurídico: I – por incapacidade relativa do agente; II – por vício resultante de erro, dolo, coação, estado de perigo, lesão ou fraude contra credores".

por meio da ação anulatória. Embora o ato nulo não possa produzir efeito e cuja nulidade pode ser declarada de ofício, como bem adverte *Nelson Nery Júnior*[73], "caso tenha produzido efeitos no mundo fático, o reconhecimento judicial dessa nulidade retira esses efeitos, pois esse reconhecimento tem eficácia *ex tunc*, isto é, retroativa, retroagindo à data da celebração do negócio nulo".

Diz o art. 486 do CPC:

> Os atos judiciais, que não dependem de sentença, ou em que esta for meramente homologatória, podem ser rescindidos, como os atos jurídicos em geral, nos termos da lei civil.

Embora a CLT seja omissa a respeito, no nosso sentir, o referido dispositivo legal é perfeitamente aplicável ao Processo do Trabalho, por haver lacuna na legislação processual trabalhista e por ser compatível com os princípios que regem o Direito Processual do Trabalho nos termos do art. 769 da CLT.

A natureza da ação anulatória é constitutiva negativa. Ensina *Valentin Carrion*[74] que as ações constitutivas "sem se limitarem a simples declaração de um direito e sem estatuírem condenação ao cumprimento de uma prestação, criam, modificam, ou extinguem uma relação jurídica (Gabriel de Rezende); distinguem-se das declaratórias, em que estas têm por base uma situação que já existia e apenas declaram".

No Processo do Trabalho, a ação anulatória tem sido utilizada para desconstituir atos jurídicos firmados no âmbito da relação de trabalho e também atos judiciais em que a decisão é meramente homologatória[75], sem enfretamento do mérito. São exemplos:

a) ação de nulidade de termo de conciliação firmado perante a Comissão de Conciliação Prévia;

b) ação de nulidade de termo de homologação de rescisão de contrato de trabalho;

c) nulidade de decisão que homologa, na execução, arrematação e adjudicação, quando já passada a oportunidade para os embargos[76];

d) ação anulatória de acordos ou convenções coletivas, ou de algumas de suas cláusulas.

---

(73) NERY JR., Nélson. *Op. cit.*, p. 166.

(74) CARRION, Valentin. *Comentários à CLT.* 30. ed. São Paulo: Saraiva, 2005. p. 661.

(75) Nesse sentido, a seguinte ementa: "É cabível ação anulatória contra 'os atos judiciais, que não dependem de sentença, ou em que esta for meramente homologatória', a teor do disposto no art. 486 do CPC" (TRT – 12ª R. - 1ª T. - Ac. n. 004425/95 – Rel. Juiz Câmara Rufino – DJSC 3.7.95 – p. 190).

(76) "Ação anulatória — Competência da Vara do Trabalho para apreciar e julgar, originariamente, ato de arrematação. As ações anulatórias têm sua apreciação e julgamento, originariamente, nas Varas do Trabalho, visando a anular atos praticados no iter da execução, como soem ostentar os de arrematação e de adjudicação." (TRT – 12ª R. – SEDI-AT-NUL. n. 456/2002.000.12.00-4 – Rel. Gilmar Cavalheri – DJSC 11.3.04 – p. 214) (RDT n. 4 – Abril de 2004)

propriedade *Pedro Paulo Teixeira Manus*[83], "a nosso ver não permite o legislador constitucional, ainda que por instrumento coletivo, simples redução ou supressão de garantia constitucional ou legal, mas negociação que altere certo benefício em troca de outra vantagem, ou retire certo direito em favor de outra garantia compensatória"[84].

Nesse sentido vale consignar a seguinte ementa:

> RECURSO ORDINÁRIO EM AÇÃO ANULATÓRIA. A Carta Política do país reconhece os instrumentos jurídicos clássicos da negociação coletiva - convenções e acordos coletivos de trabalho (art. 7º, inciso XXVI, CF/88). Entretanto, existem limites jurídicos objetivos à criatividade normativa da negociação coletiva trabalhista. As possibilidades e limites jurídicos para a negociação coletiva são orientados pelo princípio da adequação setorial negociada. Ou seja, os critérios da harmonização entre as normas jurídicas oriundas da negociação coletiva (através da consumação do princípio de sua criatividade jurídica) e as normas jurídicas provenientes da legislação heterônoma estatal. A adequação setorial negociada não prevalece se concretizada mediante ato estrito de renúncia (e não de transação). Também não prevalece a adequação setorial negociada se concernente a direitos revestidos de indisponibilidade absoluta, os quais não podem ser transacionados nem mesmo por negociação sindical coletiva. Nesse sentido, norma coletiva que prevê o labor em horas suplementares excedentes às duas permitidas em lei obviamente traduz-se em prejuízo para a saúde do trabalhador, pelo que deve ser invalidada. Recurso ordinário parcialmente provido. (TST – ROAA/659/2007-909-09-00.2 – TRT 9ª R. – SDC – Rel. Ministro Mauricio Godinho Delgado – DEJT 20.8.2009 – p. 49)

Sendo assim, mesmo nas hipóteses autorizadas de flexibilização, a norma coletiva pode ser anulada se não houve uma efetiva negociação, com concessões recíprocas, mas simples supressão de direito.

### 9.1.1. Legitimidade

Podem propor a ação anulatória de cláusulas convencionais, a nosso ver, as partes que firmaram o instrumento normativo coletivo, os empregados e empregadores individualmente e o Ministério Público.

---

Juiz José Carlos da Silva Arouca, 22.1.01" (REVTRIM. Ementário Oficial do TRT da 2ª Região – São Paulo, 02/04, São Paulo: LTr, 2004. p. 158)

(83) MANUS, Pedro Paulo Teixeira. *Direito do trabalho*. 8. ed. São Paulo: Atlas, 2003. p. 127.

(84) No mesmo sentido é a visão de Cláudio Armando Couce de Menezes: "Contudo, poder-se-ia, talvez afirmar que o art. 7º, XXVI, da CF, ao reconhecer as convenções e acordos coletivos, permitiria a negociação coletiva derrogatória. Não e não! Em primeiro lugar, essa regra constitucional apenas reafirmou o que já estava no art. 611 *caput*, da CLT, que jamais autorizou a supressão ou redução de qualquer direito trabalhista. Em segundo lugar, o inciso XXVI, da CF, não pode ser lido, interpretado e aplicado fora do artigo em que está inserido, onde o legislador constituinte ressalvou expressamente, as hipóteses de derrogação de direitos trabalhistas pela via coletiva. A tal se opõe a interpretação lógico-sistemática, tão (convenientemente) esquecida por alguns... Em terceiro lugar, se o aludido inciso XXVI tivesse derrogado pura e simples dos direitos trabalhistas pela negociação coletiva, não teria procurado o governo através de projeto de Emenda Constitucional, inserir na Carta Magna a ampla supressão ou redução dos direitos trabalhistas" (O negociado sobre o legislado. In: *Revista do Tribunal Superior do Trabalho* n. 68/2. Porto Alegre: Síntese, 2002. p. 158).

Sustentam alguns que somente o Ministério Público pode intentar tal ação, pois os Sindicatos não têm interesse processual, já que firmaram a negociação. Além disso, argumentam que somente há previsão legal para o MP do Trabalho intentar tal ação (art. 83, IV, da LC n. 75/93).

Nesse sentido sustenta *Ives Gandra Martins Filho*[85], referindo-se à ação para nulidade de cláusula coletiva que fixa desconto compulsório de contribuição assistencial à categoria[86]:

> "A ação anulatória será proposta pelo Ministério Público do Trabalho contra ambas as entidades convenentes — obreira e patronal —, pois somente assim haverá litígio trabalhista passível e apreciação pela Justiça do Trabalho, de vez que a ação estará sendo intentada contra os patrões que efetuam o desconto (ainda que a favor do sindicato), na defesa dos empregados que, nessa hipótese, têm interesse conflitante com a entidade de classe".

O C. TST, recentemente, decidiu que somente o Ministério Público do Trabalho pode intentar ação anulatória de Normas Convencionais, conforme a seguinte ementa:

> AÇÃO ANULATÓRIA. LEGITIMIDADE ATIVA EXCLUSIVA DO MINISTÉRIO PÚBLICO DO TRABALHO (ARTS. 127 E SEGUINTES DA CONSTITUIÇÃO FEDERAL, C/C. O ART. 83 DA LEI COMPLEMENTAR N. 75, DE 20.5.93). ILEGITIMIDADE ATIVA DO EMPREGADO. O membro de uma categoria, seja econômica seja profissional, não tem legitimidade para pleitear, em ação anulatória, a declaração de nulidade, formal ou material, de uma ou de algumas das condições de trabalho constantes de instrumento normativo. Se entende que seu direito subjetivo está ameaçado ou violado, cabe-lhe discutir, por meio de dissídio individual, a validade, formal ou material, seja da assembleia geral, seja das condições de trabalho, postulando, não a sua nulidade, mas sim a sua ineficácia, com efeitos restritos no processo em que for parte. Realmente, permitir que o trabalhador ou uma empresa, isoladamente, em ação anulatória, venha se sobrepor à vontade da categoria, econômica ou profissional, que representa a legítima manifestação da assembleia, quando seus associados definem o objeto e o alcance de seu interesse a ser defendido, é negar validade à vontade coletiva, com priorização do interesse individual, procedimento a ser repelido nos exatos limites da ordem jurídica vigente. Ação anulatória extinta sem apreciação do mérito, nos termos do art. 267 do CPC. (PROC ROAA 771/2002-000-12-00.1 – TST – João Oreste Dalazen – Ministro Relator. Milton de Moura França – Redator Designado. DJU de 11.4.2006) (DT – Outubro/2006 – vol. 147, p. 62).

---

(85) MARTINS FILHO, Ives Gandra. *Processo coletivo do trabalho*. 3. ed. São Paulo: LTr, 2003. p. 267.

(86) Nesse sentido também é a visão de José Cláudio Monteiro de Brito Filho: "No caso específico da ação anulatória de cláusulas convencionais, prevista no art. 83, IV, da Lei Complementar n. 75/93, é o Ministério Público do Trabalho que age por seus órgãos, conforme visto no 1º capítulo, o legitimado ativo. Isso não significa que outros interessados não possam pleitear a nulidade de cláusulas de norma coletiva que fira seus direitos. Os trabalhadores, individualmente ou em grupo, têm legitimidade para deduzir tal pretensão em juízo. Fá-lo-ão, todavia em ação própria, por meio de reclamação trabalhista. A ação anulatória, como defendida pela LC n. 75/93, tem um único legitimado ativo: o Ministério Público do Trabalho" (*O Ministério Público do Trabalho e a ação anulatória de cláusulas convencionais*. São Paulo: LTr, 1998. p. 70).

No nosso sentir, a legitimidade do Ministério Público do Trabalho se justifica na hipótese de interesse público, defesa da ordem jurídica e interesses sociais individuais indisponíveis (art. 127 da CF e art. 83 da LC n. 75/93), vale dizer: quando se tratar de interesse público.

Nesse diapasão, oportuna a seguinte ementa:

> Ação anulatória — Cláusula de instrumento coletivo — Legitimidade ativa do Ministério Público do Trabalho. O Ministério Público do Trabalho, no exercício de suas funções institucionais, conforme determinam os arts. 127 da CF e 83, IV, da Lei Complementar n. 75/93, detém legitimidade para ajuizar ação anulatória de cláusula de contrato, acordo ou convenção coletiva que violem direitos individuais dos trabalhadores, mas, também, quando ocorrer violação das liberdades individuais e coletivas, tanto de trabalhador quanto de empregador. Embargos declaratórios parcialmente acolhidos para prestar esclarecimentos. Esta Seção, pelo acórdão de fls. 172-178, negou provimento ao recurso relativamente à preliminar de ilegitimidade do Ministério Público do Trabalho para ajuizar Ação Anulatória. O recorrente opõe embargos declaratórios, apontando omissão no julgado, requerendo a análise da legitimidade do Ministério Público à luz do disposto no art. 127 da Constituição Federal (fls. 182-184). (TST – DC – ED-ROAA n. 781.709/2001-6 – Rel. Min. Rider N. de Brito – DJ 7.2.2003 – p. 507)

A nosso ver, a legitimação do Ministério Público para propor ação anulatória não é exclusiva e sim concorrente, pois todas as pessoas que sofrem os efeitos da norma coletiva têm legitimidade para postular sua anulação.

Nesse sentido, argumenta *Indalécio Gomes Neto*[87]:

"Paradoxal, à primeira vista, admitir-se possa uma entidade sindical que firmou a convenção coletiva ajuizar ação própria visando à nulidade de uma de suas cláusulas. É bom lembrar, entretanto, que o Código Civil brasileiro, ao tratar das nulidades, considera nulo o ato jurídico, quando a lei lhe negar eficácia (art. 145), admitindo que elas sejam alegadas por 'qualquer interessado, ou pelo Ministério Público, quando lhe couber intervir' (art. 146).

Pode acontecer, entretanto, que uma entidade sindical ajuste uma convenção coletiva sem autorização da assembleia geral e esse fato só vem ao conhecimento da outra entidade pactuante após a formalização da convenção. É uma hipótese que pode autorizar a entidade que não deu causa à preterição dessa solenidade legal (art. 612 da CLT), pedir nulidade, inclusive, de toda a convenção coletiva".

No mesmo diapasão destacamos a seguinte ementa:

> Ação anulatória — Associação representativa — Legitimidade. A Associação dos Magistrados da Justiça do Trabalho da 8ª Região, sendo entidade de classe representativa dos magistrados daquela Região, tem legitimidade para propor a anulação

---

(87) GOMES NETO, Indalécio. Anulação de cláusula de convenção coletiva de trabalho. In: *Curso de direito coletivo do trabalho*. Estudos em homenagem ao Ministro Orlando Teixeira da Costa. São Paulo: LTr, 1998. p. 443.

de ato administrativo, no caso, aquele que restringiu o auxílio de ajuda de custo aos casos de promoção, já que atua ela em defesa de seus associados. Recurso a que se dá provimento. (TST – TP – ROAA n. 4202/2002.900.08.00-0 – Rel. Min. José Luciano de C. Pereira – DJ 16.5.2003 – p. 287) (RDT n. 6 – junho de 2003)

De outro lado, também entendemos que os empregados e empregadores, individualmente, podem ingressar com ações anulatórias de norma coletiva, já que sofrem os efeitos do referido instrumento[88]. Se preferirem, o que é mais usual, podem ingressar com reclamação trabalhista, pretendendo *incidenter tantum* a anulação de determinada cláusula coletiva. Nessa hipótese, a ação é individual e não coletiva. Também os efeitos da sentença são *inter partes*. Se o pedido de nulidade for incidente, sequer haverá coisa julgada a respeito, salvo se houver ação declaratória incidental (arts. 5º e 325 do CPC).

No polo passivo da ação anulatória devem figurar, obrigatoriamente, as partes que firmaram o instrumento normativo coletivo (sindicato dos empregados e empregadores em caso de convenção coletiva ou sindicato dos empregados e empresa na hipótese de acordo coletivo)[89]. Trata-se de litisconsórcio necessário, cuja eficácia da decisão depende da participação das partes que firmaram o instrumento coletivo, nos termos do art. 47 do CPC[90].

É discutida a legitimidade da Associação sem caráter sindical para propor ação anulatória de cláusulas convencionais, pois ela não tem legitimidade para pactuar acordo ou convenções coletivas (arts. 8º, VI, da CF e 513, letra *b*, da CLT). Também não participou da negociação coletiva, tampouco firmou o instrumento coletivo (convenção ou acordo coletivo). Sob outro enfoque, a associação não sofrerá diretamente os efeitos da norma coletiva, pois apenas representa a vontade de seus associados, estes sim destinatários dos efeitos da norma coletiva.

---

(88) Acompanhando o mesmo raciocínio destaca Mário Gonçalves Júnior: "com referência às partes convenentes, é preciso destacar que uma determinada empresa pode também propor a ação anulatória, ainda que a convenção ou acordo coletivo de trabalho tenha sido firmado por sindicatos, desde que a ela se aplique a cláusula impugnada. O empregado, diretamente atingido pela cláusula impugnada, também tem legitimidade, a nosso ver, para propor a ação, desde que integrante da categoria profissional representada pelo sindicato convenente" (Ação anulatória de cláusulas convencionais. In: *Revista Trabalho & Doutrina* n. 13. São Paulo: Saraiva, 1997. p. 20). Nesse mesmo sentido Eduardo de Azevedo Silva: "Nada impede, da mesma forma, que o próprio trabalhador, ainda na vigência do contrato de trabalho, reclame em juízo a reparação decorrente da violação dos direitos assegurados na lei, cumprindo ao juiz, ainda que em caráter incidental, reconhecer a invalidade da cláusula viciada. Além disso, o trabalhador tem legitimação para a ação de anulação de cláusula convencional, hipótese em que devem figurar, no polo passivo, as entidades sindicais convenentes, pois a hipótese é de litisconsórcio necessário" (Anulação de cláusula convencional. In: *Revista Trabalho & Doutrina* n. 13. São Paulo: Saraiva, 1997. p. 10).

(89) No mesmo sentido Carlos Henrique Bezerra Leite (*Ministério Público do Trabalho*. Doutrina, jurisprudência e prática. 2. ed. São Paulo: LTr, 2002. p. 271).

(90) Art. 47 do CPC: "Há litisconsórcio necessário, quando, por disposição de lei ou pela natureza da relação jurídica, o juiz tiver de decidir a lide de modo uniforme para todas as partes; caso em que a eficácia da sentença dependerá da citação de todos os litisconsortes no processo".

Também pode-se questionar que, diante do dispositivo do art. 8º, III, da CF, somente ao Sindicato, que também tem natureza jurídica de associação, cabe a defesa dos membros de categoria, o que fica robustecido em razão do princípio da unicidade sindical (art. 8º, II, da CF).

Não obstante o princípio da unicidade sindical consubstanciado no art. 8º, II da CF, e também a disposição do art. 8º, III, da CF, a associação tem legitimidade para defesa de seus associados, nos termos do art. 5º, XXI, da CF e art. 92, da Lei n. 8.078/90. Aqui, não se está defendendo interesses da categoria e sim interesses dos associados, que, muitas vezes, podem ter interesses divergentes do Sindicato que os representa no âmbito da categoria profissional ou econômica. Além disso, muitos dos filiados à Associação podem não ser filiados ao Sindicato, ou nem sequer conhecer a existência deste último. Ora, se empregado e empregador podem individualmente propor ação anulatória da norma coletiva, por que a Associação não pode ingressar com uma ação coletiva representando seus associados?

A nosso ver, a Associação não está defendendo direito coletivo[91], pois, diante do imperativo do art. 8º, III, da CF, a defesa desse interesse cabe ao Sindicato. Entretanto, perfeitamente possível se mostra a defesa de direitos individuais homogêneos dos filiados à Associação, pois o próprio art. 8º, *caput*, da CF reconhece não só o direito à associação sindical mas também à profissional. Ao invés de cada empregado ou empregador prejudicado pela norma coletiva ingressar individualmente, a Associação ingressará com uma única ação coletiva, defendendo os interesses individuais homogêneos de seus associados e os efeitos dessa ação somente abrangerão os referidos associados, uma vez que, em se tratando de direitos individuais homogêneos, os titulares do direito discutido são determinados. De outro lado, as Associações, na maioria das vezes, detêm maior representatividade e refletem melhor a vontade de seus filiados do que o Sindicato da categoria, vez que defendem apenas os interesses de seus associados e não de toda a categoria profissional ou econômica.

Como sustenta com propriedade *Rodolfo de Camargo Mancuso*[92]: "Após certa resistência doutrinária e jurisprudencial, passou-se a admitir que os sindicatos estão legitimados a representar os interesses coletivos da categoria. Para isso muito contribuiu o entendimento de que, no caso, trata-se de uma representação institucional, ou mesmo legal. Outra coisa se passou com as associações: aqui, a filiação é eminentemente facultativa, de modo que maiores são as resistências para nelas se reconhecer o poder de representação do interesse coletivo de que elas se fazem portadoras. Se, nas associações, o exercício dos direitos remanesce individual, é compreensível bem mais difícil se afigure a tarefa de nelas reconhecer capacidade de representação de interesse coletivo".

---

(91) Não se pode olvidar que hoje a tendência tem sido a liberdade sindical plena e os sindicatos defenderem os interesses tão somente de seus associados.

(92) MANCUSO, Rodolfo de Camargo. *Interesses difusos*. 6. ed. São Paulo: RT, 2004. p. 74.

Para nós, sustentar a ilegitimidade da associação para defesa em juízo dos direitos de seus filiados viola os princípios do devido processo legal e acesso à Justiça (art. 5º, XXXV, da CF). Além disso, viola um direito fundamental que é o da liberdade de associação e reconhecimento às entidades associativas o direito de representar seus filiados judicial ou extrajudicialmente (art. 5º, XX e XXI, da CF).

No nosso sentir, a Associação sem caráter sindical pode defender direitos individuais homogêneos dos seus associados, podendo ingressar com ações anulatórias de normas convencionais coletivas. Entretanto, por não ser a representante da categoria, os efeitos da decisão somente abrangerão os associados (art. 103, III, do CPC).

Diante do exposto, têm legitimidade para propor ação anulatória de normas convencionais:

a) O Ministério Público do Trabalho;

b) as partes que firmaram a norma coletiva: Sindicato dos Empregados e Empregadores;

c) os empregados e empregadores individualmente;

d) as associações sem caráter sindical na defesa de direitos individuais homogêneos dos seus filiados.

Nesse sentido também destacamos o art. 4º do Código de Processo do Trabalho Português:

> As entidades de outorgantes de convenções colectivas de trabalho, bem como os trabalhadores e as entidades patronais directamente interessados, são partes legítimas nas acções respeitantes à anulação e interpretação de cláusulas daquelas convenções.

## 9.1.2. Competência material

A Lei n. 8.984/95 dilatou a competência da Justiça do Trabalho para dirimir conflitos atinentes a convenções e acordos coletivos. Com efeito, aduz o art. 1º da referida lei:

> Compete à Justiça do Trabalho conciliar e julgar os dissídios que tenham origem no cumprimento de convenções coletivas de trabalho ou acordos coletivos mesmo quando ocorram entre sindicatos ou entre sindicato de trabalhadores e empregador.

Diante do art. 1º da Lei n. 8.984/95 e da antiga redação do art. 114 da CF, nunca tivemos dúvida de que a competência material para as ações anulatórias de norma coletiva é da Justiça do Trabalho, mesmo as propostas pelo empregado, pelo empregador, pelas associações sem caráter sindical, sindicatos e Ministério Público[93].

---

(93) Ensina Carlos Henrique Bezerra Leite: "Se o objeto da ação reside na anulação de cláusula de contrato individual, convenção ou acordo coletivo, ou seja, versando a demanda sobre direitos trabalhistas fundados na lei, a competência material para apreciar a controvérsia é da Justiça do Trabalho (LC n. 75/93, art. 83, IV, c/c. CF, art. 114). Até aqui não há maiores controvérsias, mormente com o advento da Lei n. 8.984/95, de 7.2.1995, que estende a competência da Justiça do Trabalho para 'conciliar e julgar os dissídios que

Atualmente, parece-nos fora de dúvida de que a competência é da Justiça do Trabalho, diante da redação do inciso III do art. 114 da CF, assim redigido:

> Compete à Justiça do Trabalho, processar e julgar:
>
> I – (...)
>
> II – (...)
>
> III – as ações sobre representação sindical, entre sindicatos, entre sindicatos e trabalhadores, e entre sindicatos e empregadores.

No nosso sentir, as ações atinentes à representação sindical envolvem qualquer controvérsia decorrente da atuação dos Sindicatos defendendo os interesses da categoria, ou representando-a, nas hipóteses de dissídios coletivos, negociações coletivas, substituição processual etc., bem como questões *interna corporis*, como, por exemplo, eleições sindicais.

Nesse mesmo diapasão, oportunas as palavras de *Estêvão Mallet*[94]:

> "A Emenda Constitucional n. 45 corrige o erro do direito anterior. Compete à Justiça do Trabalho, em consequência, julgar ações em que discutia, como questão incidental ou principal, a representação de entidades sindicais, tanto quando diretamente em confronto os sindicatos como, igualmente, em caso de dúvida sobre a entidade legitimada ao recebimento de parcelas devidas por integrantes da categoria. Também compete à Justiça do Trabalho resolver os conflitos sobre eleições sindicais, como questionamento de inscrições de candidatos, provimentos urgentes requeridos no curso do processo eleitoral ou impugnação de resultados, além de outras. Mais ainda, a alusão ampla à 'representação sindical', contida no art. 114, III, permite afirmar que a impugnação judicial de atos da direção do sindicato ou da assembleia da entidade — que envolvem a representação da categoria —, alegadamente contrários à lei ou aos estatutos, deve ser resolvida pela Justiça do Trabalho".

Ainda que se possa argumentar que a competência para a ação anulatória de norma coletiva não está prevista no inciso III do art. 114, da CLT, inegável que se trata de controvérsia oriunda da relação de trabalho, restando aplicável à hipótese o inciso I, do art. 114, da Constituição Federal.

Nesse sentido, destacamos a seguinte ementa:

> É competente a Justiça do Trabalho para julgar Ação Anulatória de cláusulas de convenção coletiva, eis que seus efeitos se farão sentir na relação trabalhador/empregador, unidos por contrato de trabalho. Sendo certo que os dissídios individuais decorrentes da execução da convenção coletiva terão competência no foro

---

tenham origem no cumprimento de convenções coletivas de trabalho ou acordos coletivos de trabalho mesmo quando ocorram entre sindicatos ou entre sindicatos de trabalhadores e empregador" (*Curso de direito processual do trabalho*. 4. ed. São Paulo: LTr, 2006. p. 1.071).

(94) MALLET, Estêvão. *Direito, trabalho e processo em transformação*. São Paulo: LTr, 2005. p. 176.

trabalhista, outro não pode ser o competente para dirimir-lhe a validade, *ex-vi* o art. 114, da Constituição Federal. (TRT – 11ª R. – Ac. n. 4.346/95 – Rel. Juiz Mello Júnior – DJAM 5.10.95 – p. 07)

## 9.1.3. Competência hierárquica ou funcional

A competência funcional ou hierárquica é a que deflui da hierarquia dos órgãos judiciários. É a competência em razão dos graus de jurisdição ou das instâncias a que cabe conhecer da matéria (instâncias de conhecimento)[95].

Há duas vertentes preponderantes de entendimentos quanto à competência hierárquica ou funcional para as ações anulatórias de normas convencionais. Para uma primeira vertente, o litígio tem natureza coletiva, já que a norma coletiva tem natureza normativa e vincula a categoria. Outros sustentam que, diante da falta de previsão legal excepcionando a competência do segundo grau de jurisdição, a competência é do primeiro grau.

Defendendo a competência do segundo grau de jurisdição destacamos a posição de *Valentin Carrion*[96], "a anulação de cláusula coletiva, por iniciativa do empregado ou do empregador, pertence à competência dos Tribunais e não à da primeira instância".

Nesse sentido, destacamos a seguinte ementa:

> Ação anulatória — Competência funcional. A competência funcional para análise e julgamento da ação anulatória de cláusula de acordo ou convenção coletiva do trabalho é, originariamente, dos Tribunais Trabalhistas, pois somente estes têm competência funcional para criar, modificar, manter ou extinguir condições de trabalho, via poder normativo, sendo, portanto, sua atribuição originária anular cláusulas de instrumentos normativos. Acordo coletivo do trabalho — Análise das cláusulas. É de se salientar que não há de se falar em anulação parcial do acordo coletivo firmado entre as partes, eis que sua análise deve ser feita no conjunto, visto que em sede de tais acordos as partes transacionam os seus direitos e deveres até que cheguem a um patamar comum, não podendo, após, qualquer delas, pleitear a anulação daquilo que lhe prejudique, mas pretendendo a continuidade daquilo que lhe beneficia. A alteração do acordo coletivo deve ser buscada pela sua denunciação ou pela mesma via pelo qual aquele foi firmado, ou seja, pela negociação direta entre as partes. (TRT – 15ª R. – SDC – AA n. 610/2003.000.15.00-2 – Rel. Flávio N. Campos – DJSP 19.12.04 – p. 53)[97]

---

(95) RODRIGUES PINTO, José Augusto. *Processo trabalhista de conhecimento*. 7. ed. São Paulo: LTr, 2005. p. 159-160.

(96) CARRION, Valentin. *Comentários à CLT*. 30. ed. São Paulo: Saraiva, 2005. p. 711.

(97) No mesmo sentido: "Ação anulatória — Competência. Se compete originariamente aos Tribunais Regionais do Trabalho dirimir dissídios coletivos (art. 678, I, *a*, da CLT), é lógico que a eles também compita solucionar as lides decorrentes de litígios resultantes da aplicação dos demais instrumentos normativos que, prevenindo a possibilidade de dissídios dessa natureza, solucionem questões coletivas de trabalho. Portanto, a eles compete originariamente julgar as ações anulatórias de acordos coletivos de trabalho" (TRT – 10ª R. – Pleno – AA n. 0232/2000 – Rel. Juiz Fernando A. V. Damasceno – DJDF 1.12.2000 – p. 3). "Ação anulatória — Competência funcional. É do Tribunal Regional do Trabalho, e não das Varas do Trabalho, a competência

O Tribunal Superior do Trabalho acolheu a competência funcional dos TRTs para as ações anulatórias de normas convencionais, conforme os arts. 224 e 225 do seu Regimento Interno, que seguem.

> Art. 224: Cabe recurso ordinário para o Tribunal das decisões definitivas proferidas pelos Tribunais Regionais do Trabalho em processos de sua competência originária, no prazo legal, contado da publicação do acórdão ou de sua conclusão no órgão oficial.
>
> Art. 225: É cabível recurso ordinário em: I – ação anulatória.

Conjugando-se os referidos dispositivos, constata-se, de forma nítida, a competência originária dos TRTs para as ações anulatórias de normas convencionais, pois foi prevista a competência funcional do TST para julgamento de recurso ordinário em face dos acórdãos proferidos nessas ações.

Sustentando a competência do primeiro grau de jurisdição se pronuncia *Sérgio Pinto Martins*[98]:

> "Entendemos que quando a Constituição ou a lei não dispuserem onde uma ação deve ser proposta, aplica-se a regra geral que deve ser ajuizada na primeira instância, isto é, no caso do processo do trabalho, nas Juntas de Conciliação e Julgamento. Quando a norma legal dispuser de forma contrária, por exceção, deve ser proposta a ação onde o preceito determinar. No caso, inexiste previsão, por exceção, de que a anulatória deve ser proposta nos tribunais. Logo, aplica-se a regra geral: a ação deve ser proposta no primeiro grau, nas Juntas de Conciliação e Julgamento (...). Destaca-se ainda, que inexiste mais necessidade de homologação das convenções e acordos coletivos pelos tribunais, para que possam ter validade. Basta que haja o depósito na Delegacia Regional do Trabalho, para que tenham vigência dali a três dias (§ 1º do art. 614 da CLT). Esse é mais um argumento de que não se trata de sentença, por inexistir necessidade da sua homologação.
>
> Os arts. 678 a 680 da CLT não dispõem que a ação anulatória é de competência originária dos Tribunais, ao contrário dos dissídios coletivos, do mandado de segurança ou da ação rescisória. Assim, só pode ser das Juntas de Conciliação e Julgamento".

Nesse mesmo diapasão, a seguinte ementa:

> Ação anulatória — Competência funcional — Juízo de primeira instância. Inexiste previsão legal de competência originária deste Tribunal para processar e julgar ações que visam a declarar a nulidade de atos judiciais ocorridos em dissídios individuais. A competência para apreciação de Ação Anulatória será, portanto, do Juízo em que para apreciar originariamente ação que visa a anular cláusula contida em acordo ou convenção coletiva de trabalho, aplicável no âmbito de sua jurisdição" (TRT – 1ª R. – SEDIC – AADC n. 159/2000 – Rel. Juiz Carlos Alberto A. Drummond – DJRJ 15.3.2001– p. 181) (RDT N. 04 – p. 54).

---

(98) MARTINS, Sérgio Pinto. Anulação de cláusulas convencionais. In: *Revista Trabalho & Doutrina* n. 13. São Paulo: Saraiva, 1997, p. 41-42.

se tenha praticado o ato supostamente eivado de vício. Pouco importa, para sua apreciação, se o deferimento do pedido acarretará também a nulidade de decisões de outras instâncias, porquanto será esta decorrente e consequência do pedido principal (art. 798 da CLT) (TRT – 12ª R. – SEDI-AT-NUL. n. 64/2003.000.12.00-6 – Relª. Sandra M. Wambier – DJSC 4.3.04 – p. 246).

A competência funcional para as ações anulatórias de cláusulas convencionais, segundo entendimento dominante antes da EC n. 45/04 dependia da abrangência da decisão. Se a ação for proposta por empregados e empregadores individualmente, a competência, inegavelmente, é do primeiro grau, ou seja, da Vara do Trabalho, já que o efeito da anulação da cláusula coletiva só terá eficácia nos limites da lide. Também se a ação for proposta pela Associação sem caráter sindical, a competência, a nosso ver, também é do primeiro grau de jurisdição, pois a eficácia da decisão não abrange toda a categoria e sim titulares determinados, quais sejam, os associados, já que o objeto da ação é a defesa de direitos individuais homogêneos, restando aplicável a regra de competência do art. 93, da Lei n. 8.078/90. Além disso, tanto nas ações individuais como na promovida pela Associação, a norma coletiva não é retirada do ordenamento jurídico, já que continua a valer para os empregados e empregadores que não fizeram parte do processo. Caso a ação anulatória fosse proposta pelo Ministério Público do Trabalho ou pelos Sindicatos pactuantes da norma coletiva, a competência seria do segundo grau de jurisdição, pois os efeitos desta decisão vinculariam toda a categoria, à semelhança do dissídio coletivo de natureza jurídica.

A nosso ver, se a ação anulatória for promovida pelo Ministério Público do Trabalho ou pelos Sindicatos ela não adquire contornos de dissídio coletivo de natureza jurídica, já que o pedido não se trata de criação de nova norma jurídica ou delimitar a aplicabilidade de determinada cláusula no âmbito das categorias. Além disso, somente o Judiciário vai declarar que determinada cláusula normativa não observou a legalidade ou está fora do limite de disposição pelos Sindicatos. Como a lei não fixa o critério de competência funcional, aplica-se a regra geral que é o primeiro grau de jurisdição.

Além disso, a nova redação do art. 114, III, da CF ao tratar da competência da Justiça do Trabalho para as ações de representação sindical não deixa dúvidas quanto à competência do primeiro grau de jurisdição para as ações anulatórias de normas convencionais. Segundo *João Oreste Dalazen*[99], deve-se interpretar o dispositivo de forma que inclua na competência da Justiça do Trabalho quaisquer outros dissídios intrassindicais, intersindicais ou entre sindicato e empregador, que envolvam a aplicação do direito sindical, de que é mero exemplo a disputa sindical de representatividade. Abrange as ações que envolvem a representação sindical e o exercício do Direito Sindical. Acreditamos que não há como se interpretar isoladamente o inciso

---

(99) DALAZEN, João Oreste. A reforma do judiciário e os novos marcos da competência material da Justiça do Trabalho no Brasil. In: *Nova competência da Justiça do Trabalho*. Coords. Grijalbo Fernandes Coutinho e Marcos Neves Fava. São Paulo: LTr, 2005. p. 166-167.

III do art. 114 e sim em cotejo com os incisos I, II, IX e §§ 2º e 3º, ambos da CF. No referido dispositivo há dois núcleos: a) ações sobre representação sindical; b) ações entre sindicatos, entre sindicatos e trabalhadores e entre sindicatos e empregadores.

Ora, se cabe ao primeiro grau de jurisdição decidir sobre questões de representação sindical e também controvérsias entre sindicatos entre si e entre empregados e empregadores e sindicato, parece-nos fora de dúvida que todas as ações anulatórias de normas convencionais devem ser julgadas pelo primeiro grau de jurisdição da Justiça do Trabalho.

## 10. Correição parcial na Justiça do Trabalho

Correição provém do latim *correctio*, que significa corrigir, reformar, eliminar erros[100].

Ensina *Amauri Mascaro Nascimento*[101]:

"Correição parcial não é recurso, mas um meio assegurado aos interessados para provocar a intervenção de uma autoridade judiciária superior, em face de atos que tumultuam o processo praticados por autoridade jurisdicional inferior. Frederico Marques entende que correição parcial não passa de um recurso supletivo, ou sucedâneo de recurso: em não havendo recurso previsto nas leis de processo, lança-se mão desse procedimento recursal camuflado de providência disciplinar".

Trata-se de uma ação especial que se assemelha ao mandado de segurança, tendo por objetivo fazer cessar ato tumultuário praticado pelo Juiz no Processo que subverter a boa ordem processual.

Conforme *Sérgio Pinto Martins*[102], ato tumultuário da boa ordem processual é o que não observa as regras legais previstas para o processo, como, por exemplo, retirar a contestação do processo quando ela já foi apresentada e já estiver juntada aos autos.

A correição parcial não tem uma regulamentação específica, está prevista de forma esparsa na Constituição Federal (art. 96, I, da CF), e na CLT (arts. 682, XI, 678, I, *d*, 2 e 709, II da CLT), sendo disciplinada, como regra geral, nos Regimentos Internos dos Tribunais Regionais do Trabalho.

Dispõe o art. 682, XI, da CLT:

> Competem privativamente aos presidentes dos Tribunais Regionais, além das que forem conferidas neste e no título e das decorrentes do seu cargo, as seguintes atribuições: (...). XI – exercer correição, pelo menos uma vez por ano, sobre as Juntas,

---

(100) MARTINS, Sérgio Pinto. *Direito processual do trabalho*. 26. ed. São Paulo: Atlas, 2006. p. 460.
(101) NASCIMENTO, Amauri Mascaro. *Curso de direito processual do trabalho*. 22. ed. São Paulo: Saraiva, 2007. p. 639.
(102) *Op. cit.*, p. 461.

parcialmente, sempre que se fizer necessário, e solicitá-la, quando julgar conveniente, ao presidente do Tribunal de Justiça, relativamente aos juízes de Direito investidos na administração da Justiça do Trabalho.

Assevera o art. 678, I, *d*, da CLT:

> Aos Tribunais Regionais, quando divididos em Turmas, compete: I – ao Tribunal Pleno, especialmente: d) julgar em única ou última instância: 1. os processos e os recursos de natureza administrativa atinentes aos seus serviços auxiliares e respectivos servidores; 2. as reclamações contra atos administrativos de seu presidente ou de quaisquer de seus membros, assim como dos juízes de primeira instância e de seus funcionários.

Nos termos do art. 709, II, da CLT:

> Compete ao Corregedor, eleito dentre os Ministros togados do Tribunal Superior do Trabalho: (...) II – decidir reclamações contra os atos atentatórios da boa ordem processual praticados pelos Tribunais Regionais e seus presidentes, quando inexistir recurso específico; § 1º – Das decisões proferidas pelo corregedor, nos casos do artigo, caberá o agravo regimental, para o Tribunal Pleno.

Dispõe o art. 96, I, *b*, da Constituição Federal:

> Compete privativamente: I – aos tribunais: b) organizar suas secretarias e serviços auxiliares e os dos juízos que lhes forem vinculados, velando pelo exercício da atividade correicional respectiva.

O Ministro Corregedor do TST julgará as correições parciais contra atos dos Juízes dos TRT e o Corregedor Regional dos TRTs julgará as correições contra atos dos Juízes das Varas do Trabalho.

A inicial da correição parcial deve ser elaborada com os requisitos do art. 282 do CPC, não se exigindo o valor da causa. O prazo para sua interposição é fixado nos Regimentos Internos dos Tribunais. O prazo mais usual é de cinco dias. O Juiz corrigindo apresentará suas razões no mesmo prazo.

A correição parcial não será cabível quando houver recurso específico para a decisão e não se presta a atacar decisão interlocutória no Processo do Trabalho.

Nesse sentido, destacam-se as seguintes ementas:

> Correição parcial — Indeferimento de perguntas formuladas em audiência instrutória — Poder diretivo do juiz — Encerramento da instrução processual — Valoração dos elementos probatórios — Existência de recurso próprio — Não cabimento da medida correicional. O deferimento ou não de perguntas formuladas em audiência de instrução, compete ao Juiz-Presidente da Junta, ao qual é atribuído legalmente o poder de dirigir o processo, indeferindo, se for o caso, provas e outras providências que entender inadequadas ou desnecessárias. Já o encerramento da instrução processual constitui ato judicial resultante da análise e valoração dos elementos existentes nos autos e que levaram o juiz a concluir que o feito está pronto para ser julgado, não havendo neste convencimento do Magistrado qualquer *error in procedendo*, capaz de justificar a sua impugnação através de correição parcial. Tal matéria refoge do raio de alcance do instrumento correicional, podendo, contudo,

ser levantada, oportunamente, perante a instância superior, mediante a interposição de recurso próprio. Medida correicional que se julga incabível. (TRT – 15ª R. – CP n. 014/98-9 – Prolatª Irene Luz – DJSP 5.3.98 – p. 52)

Correição parcial — Determinação de juntada de certidão de dependentes de reclamante falecido, constantes na Previdência Social, para fins de deferimento de habilitação incidental — Observância do disposto na Lei n. 6.858/80 e no art. 1.060, inciso I, do CPC — Embasamento legal — Medida correicional improcedente. Decisão que não se afigura atentatória e nem tampouco tumultuária à boa ordem processual. Pelo contrário, corretamente determinada a apresentação da certidão dos dependentes do reclamante falecido, habilitados perante a Previdência Social, na forma do que dispõe o art. 1º da Lei n. 6.858/80. Para que possa ser deferida a habilitação incidental, promovida pelo cônjuge e herdeiros necessários, é preciso que estes comprovem, através de documentos, não só o óbito do falecido, mas também a sua qualidade de dependentes, conforme preceitua o art. 1.060, inciso I, do CPC. O ato impugnado possui embasamento legal, razão pela qual julga-se improcedente a medida correicional. (TRT – 15ª R. – CP n. 38/98-7 – Prolatª Irene Luz – DJSP 5.3.98 – p. 52)

Correição parcial — Arguição de incidente de falsidade de prova testemunhal — Rejeição em conformidade com o art. 390 e seguintes do CPC — Embasamento legal da decisão — Medida correicional improcedente. De acordo com o art. 390 e seguintes do CPC o incidente de falsidade tem lugar em qualquer tempo e grau de jurisdição, porém só pode ser suscitado em relação à prova documental produzida no processo, não sendo cabível em face de prova testemunhal. O ato impugnado tem embasamento legal, tendo sido plenamente observadas as normas procedimentais pertinentes à arguição de falsidade, estabelecidas na legislação processual civil, razão pela qual julga-se improcedente o pedido correicional. (TRT – 15ª R. — CP n. 39/98-0 — Prolatª Irene Luz — DJSP 5.3.98 – p. 52)

Das decisões proferidas pelos Juízes corregedores dos Tribunais, nas correições parciais, será cabível o Agravo Regimental.

## 11. *Habeas Corpus* na Justiça do Trabalho

### 11.1. *Conceito e natureza jurídica*

O instituto do *habeas corpus* tem sua origem remota no Direito Romano, pelo qual todo cidadão podia reclamar a exibição do homem livre detido ilegalmente por meio de uma ação privilegiada que se chamava *interdicutum de libero homine exhibendo*. Ocorre, porém, que a noção de liberdade da Antiguidade e mesmo da Idade média em nada se assemelhava com os ideais modernos de igualdade, pois, como salientado por *Pontes de Miranda*, naquela época, os próprios magistrados obrigavam os homens livres a prestar-lhes serviços[103].

Alguns autores apontam como lugar de origem do *habeas corpus* a Inglaterra, na Magna Carta, no ano de 1215 do rei João Sem Terra. Como destaca *André Ramos*

---

(103) MORAES, Alexandre de. *Direito constitucional*. 15. ed. São Paulo: Atlas, 2004. p. 138.

*Tavares*⁽¹⁰⁴⁾, referindo-se à Carta do Rei João sem Terra, assevera que "esta assegurava aos indivíduos garantias, como a do devido processo legal, devendo o acusado ser submetido a um Tribunal competente. Tal proteção evoluiu até que a liberdade de locomoção foi protegida por remédio específico, com o *Habeas Corpus Amendment Act*, de 1.679. Na História jurídica pátria, essa garantia foi prevista originariamente no Código de Processo Criminal do Império de 1.832, em seu art. 340. Apenas no art. 72, § 22 da Constituição de 1891 é que alcançou *status* constitucional".

Nossa Constituição Federal consagra o *habeas corpus* no art. 5º, inciso LXVIII, como um direito fundamental e uma garantia que tutela o bem mais caro do ser humano, que é a liberdade. Aduz o referido dispositivo constitucional: "conceder-se-á *habeas corpus* sempre que alguém sofrer ou se achar ameaçado de sofrer violência ou coação em sua liberdade de locomoção, por ilegalidade ou abuso de poder".

Conforme destaca *Fernando da Costa Tourinho Filho*: "A liberdade é um dos direitos fundamentais do homem, direito que não pode sofrer restrições, senão previstas em lei, e para assegurar tal direito, de maneira pronta e eficaz, a própria Constituição, que é a Lei das Leis, deu ao homem, nacional ou estrangeiro, a garantia do *habeas corpus*. Este, embora não seja o único meio capaz de fazer cessar um constrangimento ao direito de liberdade de locomoção, é, contudo, o mais rápido, o mais eficaz e o mais singelo"⁽¹⁰⁵⁾.

Para *Júlio César Bebber*: "o *habeas corpus* é, na verdade, ação mandamental, que integra a chamada jurisdição constitucional das liberdades e que tem por escopo a proteção da liberdade de locomoção, quando coarctada (limitada, restringida, reprimida) ou ameaçada de sê-lo, por ilegalidade ou abuso do Poder Público"⁽¹⁰⁶⁾.

No nosso sentir, o *habeas corpus* é um remédio constitucional, exercido por meio de uma ação mandamental que tem por objetivo a tutela da liberdade do ser humano, assegurando-lhe o direito de ir, vir e ficar, contra ato de ilegalidade ou abuso de poder. Poder ser preventivo, quando há iminência da lesão do direito de liberdade, ou repressivo, quando já tolhida a liberdade.

Quanto à natureza jurídica do *habeas corpus*, em que pese a opinião majoritária da doutrina e jurisprudência em sentido contrário⁽¹⁰⁷⁾, não se trata de uma ação

---

(104) TAVARES, André Ramos. *Curso de direito constitucional.* 3. ed. São Paulo: Saraiva, p. 405.

(105) TOURINHO FILHO, Fernando da Costa. *Processo penal.* v. IV, 17. ed. São Paulo: Saraiva, 1995. p. 445.

(106) BEBBER, Júlio César. *Mandado de segurança. Habeas corpus. Habeas data* na Justiça do Trabalho. São Paulo: LTr, 2006. p. 167.

(107) Por todos, destacamos a opinião de Alexandre de Moraes: "O *habeas corpus* é uma ação constitucional de caráter penal e de procedimento especial, isenta de custas e que visa evitar ou cessar violência ou ameaça na liberdade de locomoção, por ilegalidade ou abuso de poder. Não se trata, portanto, de uma espécie de recurso, apesar de regulamentado no capítulo a eles destinado no Código de Processo Penal" (*Direito constitucional.* 15. ed. São Paulo: Atlas, 2004. p. 141).

criminal[108] e sim um remédio constitucional para tutelar a liberdade de locomoção contra ato ilegal ou de abuso de poder, não sendo exclusivamente uma ação de natureza penal. Nesse sentido é a posição de *Estêvão Mallet*[109]:

> "O *habeas corpus* não é ação penal. Defini-lo assim é inaceitável. Diminui sua relevância, teórica e prática. Caracteriza o *habeas corpus*, na verdade 'privilege', como referido no art. 1º, Seção IX, n. 2, da Constituição dos Estados Unidos da América, ou *'safeguard of personal liberty'*, segundo a doutrina, ou, se se quiser, remédio ou garantia constitucional. Aliás, nem a origem do *habeas corpus* permite vinculá-lo apenas ao direito penal, já que surgiu o *writ* como processo de caráter mais amplo, *'by which courts compelled the attendance of parts whose presence would facilitate their proceedings'*".

## 11.2. Competência da Justiça do Trabalho

Partindo-se da premissa de que o *habeas corpus* tem natureza de ação penal, parte significativa da jurisprudência anterior à EC n. 45/04 entendia que a Justiça do Trabalho não tinha competência para apreciar o *habeas corpus*, mesmo que a prisão emanasse de ato de Juiz do Trabalho, devendo a Justiça Federal apreciar o *writ*.

Nesse sentido a seguinte ementa:

> Sendo o *habeas corpus*, desenganadamente, uma ação de natureza penal, a competência para seu processamento e julgamento será sempre de juízo criminal, ainda que a questão material subjacente seja de natureza civil, como no caso de infidelidade do depositário, em execução de sentença. Não possuindo a Justiça do Trabalho, onde se verificou o incidente, competência criminal, impõe-se reconhecer a competência do Tribunal Regional Federal para o feito. (STF – CC n. 6979-DF – Ac. TP – 15.8.91 – Relator Min. Ilmar Galvão)

Após a EC n. 45/04, não há mais dúvidas de que a Justiça do Trabalho tem competência para apreciar o *habeas corpus*, para as matérias sujeitas à sua jurisdição.

Com efeito, assevera o art. 114, IV, da CF competir à Justiça do Trabalho, processar e julgar os mandados de segurança, *habeas corpus* e *habeas data*, quando o ato questionado envolver matéria sujeita à sua jurisdição".

Pela dicção do referido dispositivo legal, cabe o *habeas corpus* na Justiça do Trabalho toda vez que o ato envolver a jurisdição trabalhista, vale dizer, estiver sujeito à competência material da Justiça do Trabalho.

O eixo central da competência da Justiça do Trabalho, após a EC n. 45/04 encontra suporte na relação de trabalho (inciso I do art. 114, da CF) e também nas demais matérias mencionadas nos incisos I a VIII do art. 114, da CF.

---

(108) Talvez a doutrina majoritária fixe a natureza jurídica criminal do *habeas corpus*, em razão de seu procedimento estar regulamentado no Código de Processo Penal (arts. 647 a 667).

(109) MALLET, Estêvão. *Direito, trabalho e processo em transformação*. São Paulo: LTr, 2005. p. 177.

## 11.3. Hipóteses de cabimento na Justiça do Trabalho

### a) Ato da autoridade judiciária trabalhista

Na Justiça do Trabalho, as hipóteses de prisões determinadas pelo Juiz do trabalho são em decorrência ou do descumprimento de uma ordem judicial para cumprimento de uma obrigação de fazer ou não fazer, ou do depositário infiel.

Inegavelmente, a hipótese mais comum da utilização do *habeas corpus* na Justiça do Trabalho é em decorrência da prisão do depositário infiel, que se dá na fase de execução de sentença trabalhista[110].

Como destaca *Antonio Lamarca*[111]: "no curso da ação ou execução surgem incidentes que, em princípio, nada tem a ver com a competência constitucional da Justiça do Trabalho. O tema aqui, ao que me parece, é outro: é jurisdicional e não competencial" (...). A Justiça do Trabalho, como outros órgãos do Poder Judiciário, no exercício da jurisdição, deve ir até o final da entrega do bem arrematado, sejam quais forem as consequências daí advindas. A Constituição, por exemplo, não prevê que a Justiça do Trabalho possa decretar a prisão de testemunha ou depositário infiel, no entanto, defere-se tranquilamente essa faculdade. Foi-se o tempo do ranço administrativo a que alguns ainda se apegam, hoje a Justiça do Trabalho executa suas próprias decisões; então, ou vai até o final ou é justiça por metade (...)".

As prisões determinadas pelo Juiz do Trabalho decorrem do cumprimento das decisões trabalhistas, são de natureza cautelar e não penal, uma vez que a Justiça

---

(110) Destacam-se, no aspecto as seguintes ementas: "*Habeas corpus*. Prisão de depositário. Ilegalidade se não foi assinado termo de compromisso. CPP, art. 648, I, e OJ n. 89 da SDI-2 do C. TST. Só pode ser considerado depositário infiel quem dá o consentimento e assume o compromisso perante o juiz, entrando na posse do bem que se pretende guardar ou conservar. É indispensável a assinatura do termo compromisso para que o depositário assuma a obrigação de fidelidade com o juízo e possa ser responsabilizado na forma da lei. Não tem amparo legal nomear compulsoriamente uma pessoa, ou empresa, fiel depositária do juízo". TRT/SP – 12271200600002000 – HC01 – Ac. SDI 2006019226 – Rel. Luiz Edgar Ferraz de Oliveira – DOE 13.12.2006. "*Habeas Corpus*. Depositário. Infidelidade não configurada — O depositário de bens penhorados é, por imperativo legal, responsável pela sua guarda e conservação, tendo o dever de restituí-los, de pronto, sempre que determinado pelo juízo da execução. Na hipótese vertente, embora a paciente tenha resistido, inicialmente, a entregar o bem que estava sob sua guarda, acabou por entregá-lo ao arrematante, que recebeu o bem, sem qualquer objeção, inclusive auferindo lucro com sua venda. Desincumbiu-se a depositária, ora paciente, do '*munus*' assumido e não pode ser considerada infiel. Não há como deixar de reconhecer a arbitrariedade da ordem de prisão exarada pela D. Autoridade coatora. Concedido o salvo conduto, em definitivo". TRT/SP – 11684200500002007 – HC01 – Ac. SDI 2006018947 – Relª Maria AParecida Duenhas – DOE 13.12.2006. Prisão civil. Depositário infiel. Penas alternativas. Inaplicabilidade. Não se aplica ao depositário infiel a faculdade prevista nos arts. 43 e ss. do Código Penal. A lei penal prevê aumento de pena (art. 168) e não penalidades alternativas em caso de infidelidade nas funções de depositário judicial". TRT/SP – 12829200600002008 – HC01 – Ac. SDI 2006019277 – Rel. Luiz Edgar Ferra de Oliveira – DOE 13.12.2006.

(111) LAMARCA, Antonio. *O livro da competência*. São Paulo: RT, 1979. p. 145.

do Trabalho, em que pesem algumas vozes em contrário[112], após a EC n. 45/04 não tem competência criminal[113].

Caso o Juiz do Trabalho decrete a prisão de testemunha em flagrante delito cometendo crime de falso testemunho, ou em razão de flagrante delito (art. 301 do CPP[114]) contra a organização do trabalho ou administração da Justiça do Trabalho, a competência para apreciar o mandado de segurança não será da Justiça do Trabalho, mas sim da Justiça Estadual ou da Justiça Federal, conforme a natureza do delito, pois são hipóteses de prisões em razões de crimes contra a organização do trabalho e organização da Justiça do Trabalho e não estão sujeitos à jurisdição trabalhista[115].

---

(112) Nesse sentido, é a posição de José Eduardo de Resende Chaves Júnior: "Após a Emenda Constitucional n. 45 a situação ganhou contornos bem distintos. Com a elisão dos vocábulos 'empregador' e 'trabalhador' do art. 114 da Constituição, a competência da Justiça do Trabalho deixou de se guiar pelo aspecto subjetivo (sujeitos ou pessoas envolvidas na relação de emprego), para se orientar pelo aspecto meramente objetivo, qual seja, as ações oriundas da relação de trabalho, sem qualquer referência à condição jurídica das pessoas envolvidas no litígio. Assim, a ação penal oriunda da relação de trabalho, que processualmente se efetiva entre Ministério Público e réu, passou a ser da competência da Justiça do Trabalho, em decorrência da referida mutação do critério de atribuição. Isso porque o critério objetivo, dessa forma, se comunica com a natureza da infração, que é uma das formas de fixação da competência nos termos do art. 69, III, do Código de Processo Penal" (A emenda constitucional n. 45/2004 e a competência penal da Justiça do Trabalho. In: *Nova competência da Justiça do Trabalho*. Coordenação de Grijalbo Fernandes Coutinho e Marcos Neves Fava. São Paulo: LTr, 2005. p. 222).

(113) No nosso sentir, a expressão "relação de trabalho" envolve a prestação de trabalho de uma pessoa física em prol de outra pessoa física ou jurídica, não abrangendo terceiros, como o Estado, que é titular exclusivo do direito de punir. Ainda que o inciso IX do art. 114, da CF atribua à lei ordinária disciplinar outras controvérsias decorrentes da relação de trabalho, esta lei a nosso ver não tem o condão de atribuir competência criminal à Justiça do Trabalho, pois somente a Constituição Federal poderá atribuir tal competência ao Judiciário Trabalhista, assim como o inciso VI, do art. 109 da CF atribuiu competência material à Justiça Federal para os crimes contra a organização do trabalho. No nosso sentir, o art. 69, III, do CPP não regulamenta o inciso IX, do art. 114, da CF e não altera a regra Constitucional da competência da Justiça Federal.

(114) Art. 301 do Código de Processo Penal: "Qualquer do povo poderá e as autoridades policiais e seus agentes deverão prender quem quer que seja encontrado em flagrante delito".

(115) A jurisprudência firmou entendimento de que se os crimes contra a organização do trabalho ofenderem uma coletividade de trabalhadores, a competência é da Justiça Federal, se atingir um único trabalhador, a competência é da Justiça Estadual. Nesse sentido Fernando Capez, citando a jurisprudência a respeito: "Crime contra a organização do trabalho: depende. Se ofender a organização do trabalho como um ato, a competência será da justiça federal (STJ, 3ª Séc., CComp 10.255/RS, rel Min. Edson Vidigal, *v. u.*, DJ, 20 fev. 1995); se atingir direito individual do trabalho, a competência será da justiça comum estadual (STJ, 3ª Séc., Ccomp 388, DJU, 16 out. 1989. p. 15854; Ccomp 1.182, RSTJ, 18/2001)" (*Curso de processo penal*. 6. ed. São Paulo: Saraiva, 2001. p. 2001). A Súmula n. 62 do STJ diz que "Compete à Justiça Estadual processar e julgar o crime de falsa anotação na Carteira de Trabalho e Previdência Social, atribuído à empresa privada". A Súmula n. 200 do extinto TFR aduz: "Compete à Justiça Federal processar e julgar o crime de falsificação ou uso de documento perante a Justiça do Trabalho". Quanto ao delito de falso testemunho, assevera a Súmula n. 165 do STJ que "compete à Justiça Federal processar e julgar crime de falso testemunho cometido no processo trabalhista".

## b) Possibilidade de impetração contra ato de particular na Justiça do Trabalho

Há, a nosso ver, a possibilidade de impetração de *habeas corpus* na Justiça do Trabalho quando o empregador ou tomador de serviços restringirem a liberdade de locomoção do empregado ou trabalhador por qualquer motivo, como por exemplo em razão de não pagamento de dívidas. A Justiça do Trabalho neste caso não está apreciando matéria criminal, ou se imiscuindo em atividade policial, mas julgando ato que está dentro de sua competência material, pois cumpre à Justiça do Trabalho defender a liberdade ao trabalho, os valores sociais do trabalho e a dignidade da pessoa humana do trabalhador (art. 1º, incisos III e IV, da CF). Nessa hipótese, o mandado de segurança é cabível contrato ato de ilegalidade.

Como bem destaca *Carolina Tupinambá*[116], "contrariamente ao que comumente se imagina, a ação de *habeas corpus* pode ser impetrada contra pessoa alheia ao organograma político estatal, que seja, o empregador privado. Obviamente que, nesse caso, somente a eventual ilegalidade poderá propiciar a impetração do *writ* constitucional".

A doutrina e jurisprudência têm entendido que é possível a impetração de *habeas corpus* se o constrangimento emanar de ato de particular[117], pois o inciso LXVIII, do art. 5º, da CF não fala em ato de autoridade. Nesse sentido é a visão de *Aderson Ferreira Sobrinho*: "concordamos inteiramente com esta última posição doutrinária, pois nem a Constituição Federal, nem a lei processual penal, restringem a aplicação do *habeas corpus* aos atos praticados por autoridade ou que exerça função pública. E nem mesmo quando a coação configurar crime, não deve ser obstado uso do *writ*, independentemente da ação policial"[118].

No mesmo sentido é a opinião de *Fernando da Costa Tourinho Filho*, com suporte em *Costa Manso, Pedro Lessa, Aureliano Guimaraens, João Mendes Júnior* e *Magalhães Noronha*. Aduz o referido jurista: "De fato, o art. 5º, LXVIII, da Magna Carta não fala em autoridade. Entretanto, no inciso seguinte, ao cuidar do mandado de segurança, e *habeas data*, acrescenta: '... quando o responsável pela ilegalidade

---

(116) TUPINAMBÁ, Carolina. *Competência da Justiça do Trabalho à luz da reforma constitucional*. Rio de Janeiro: Forense, 2006. p. 405.

(117) Nesse sentido, destacamos as seguintes ementas: "STJ: O HC é ação constitucional destinada a garantir o direito de locomoção, em face de ameaça ou de efetiva violação por ilegalidade ou abuso de poder. Do teor da cláusula constitucional pertinente (art. 5º, LXVIII) exsurge o entendimento no sentido de admitir-se o uso da garantia provenha de ato de particular, não se exigindo que o constrangimento seja exercido por agente do Poder Público. Recurso ordinário provido" (RT n. 735/521). No mesmo sentido (RT n. 577/329) e (RT n. 574/400). Internação em hospital – TJSP: "Constrangimento ilegal. Filho que interna os pais octogenários, contra a vontade deles em clínica geriátrica. Pessoas não interditadas, com casa onde residir. Decisão concessiva de *habeas corpus* mantida" (RT n. 577/329)

(118) FERREIRA SOBRINHO, Aderson. *O habeas corpus na Justiça do Trabalho*. São Paulo: LTr, 2003. p. 39.

ou abuso de poder for autoridade pública ou agente de pessoa jurídica no exercício de atribuições do Poder Público"[119].

Sob o aspecto trabalhista, destaca-se a posição de *Edilton Meireles*: "(...) o constituinte derivado assegurou a competência da Justiça do Trabalho para conhecer do *habeas corpus* 'quando o ato questionado envolver matéria sujeita à sua jurisdição'. Logo, essa competência não envolve tão somente os atos praticados pela autoridade judiciária, mas de qualquer autoridade ou pessoa que esteja, ilegalmente ou em abuso do poder, restringindo a liberdade de outrem. Assim, como já exemplificado, tem-se a possibilidade da Justiça do Trabalho julgar o *habeas corpus* impetrado em face do empregador que restringe a liberdade de locomoção do empregado (mantém o empregado no ambiente de trabalho, quando do movimento grevista) em face dos atos por este praticados durante o movimento paredista (ação que envolve o exercício do direito de greve, aliás); o remédio heroico em face da autoridade pública que restringe a liberdade de locomoção do servidor público (impede, ilegalmente ou em abuso do poder, dele se ausentar da cidade, da localidade etc.). Em suma, alargou-se a competência da Justiça do Trabalho para julgar o *habeas corpus* para além dos atos praticados pela autoridade judiciária trabalhista"[120].

## 11.4. *Competência funcional e procedimento*

A competência funcional ou hierárquica é a que deflui da hierarquia dos órgãos judiciários. É a competência em razão dos graus de jurisdição ou das instâncias a que cabe conhecer da matéria (instâncias de conhecimento)[121].

Se o *habeas corpus* foi impetrado contra ato de particular, a competência hierárquica será das Varas do Trabalho, sendo apreciadas pelo Juiz monocrático.

O TRT julga *habeas corpus* impetrado em face de ato de Juiz do Trabalho de Vara do Trabalho (art. 666 do Código de Processo Penal).

O TST julga *habeas corpus* impetrado em face de Tribunal Regional do Trabalho. Diante da EC n. 45/04 (art. 114, IV, da CF) a nosso ver, o STJ não tem mais competência para apreciar *habeas corpus* impetrado contra ato de Juiz de Tribunal Regional do Trabalho, restando derrogado o art. 105, I, *c*, da CF. Como destaca *Júlio César Bebber*[122], "a incompatibilidade entre as duas regras constitucionais, obrigatoriamente, exclui a primeira em favor da mais moderna".

O STF julga *habeas corpus* impetrado em face de atos dos Ministros do TST (art. 102, I, "i", da Constituição Federal).

---

(119) TOURINHO FILHO, Fernando da Costa. *Processo penal.* v. IV, 17. ed. São Paulo: Saraiva, 1995. p. 478.

(120) MEIRELES, Edilton. *Competência e procedimento na Justiça do Trabalho.* Primeiras linhas da reforma do judiciário. São Paulo: LTr, 2005. p. 70.

(121) RODRIGUES PINTO, José Augusto. *Processo trabalhista de conhecimento.* 7. ed. São Paulo: LTr, 2005. p. 159-160.

(122) BEBBER, Júlio César. *Op. cit.*, p. 202.

O *habeas corpus* é uma ação de natureza mandamental e de rito especial. Por isso, mesmo sendo a Justiça do Trabalho que irá apreciá-lo, o Juiz do Trabalho não aplicará o procedimento da CLT (arts. 643 e seguintes) mas sim o procedimento previsto no Código de Processo Penal (arts. 647 e seguintes), por força do art. 769, da CLT, uma vez que a CLT é omissa a respeito, e o Código de Processo Penal tem natureza de direito processual comum e se mostra efetivo para tutelar a liberdade da pessoa se o ato estiver sujeito à jurisdição trabalhista.

O *habeas corpus* pode ser impetrado por qualquer pessoa na esfera trabalhista, em seu favor ou de outrem e também pelo Ministério Público do Trabalho (art. 654 do CPP)[123] deve conter os requisitos do art. 654 do Código de Processo Penal. Os Juízes e Tribunais do Trabalho têm competência em razão da matéria, para expedir de ofício, ordens de *habeas corpus* no curso do processo que têm jurisdição, quando verificarem que a prisão se deu em razão de ilegalidade ou abuso de poder (art. 654, § 2º, do CPP).

Como destaca *Júlio Fabbrini Mirabete*[124], "o direito constitucional de impetrar *habeas corpus* é atributo da personalidade. Qualquer pessoa do povo, independentemente de habilitação legal ou de representação por advogado, de capacidade política, civil ou processual, de idade, sexo, profissão, nacionalidade ou estado mental, pode fazer uso do remédio heroico, em benefício próprio ou alheio".

Quanto à legitimidade passiva, o *habeas corpus* poderá ser impetrado contra ato de autoridade e contra ato de particular. Como destaca *Alexandre de Moraes*[125], "o *habeas corpus* deverá ser impetrado contra ato do coator, que poderá ser tanto autoridade (delegado de polícia, promotor de justiça, juiz de direito, tribunal etc.) como particular. No primeiro caso, nas hipóteses de ilegalidade e abuso de poder, enquanto no segundo caso, somente nas hipóteses de ilegalidade".

O *habeas corpus* poderá ser preventivo (salvo-conduto), quando houver ameaça iminente de a pessoa sofrer violência ou coação em sua liberdade, como por exemplo quando expedido mandado de prisão em face do depositário infiel, mas ainda não cumprido. Também poderá ser liberatório ou repressivo quando a pessoa já estiver sofrendo coação em sua liberdade de locomoção.

Não há pagamento de custas ou de qualquer outra taxa judiciária no *habeas corpus*, em razão do disposto no art. 5º, LXXVII, que prevê gratuidade para as ações de *habeas corpus*.

Embora não conste da lei, a doutrina e jurisprudência já consagraram a possibilidade do deferimento de liminar em *habeas corpus*. Como destaca *Júlio César*

---

(123) A jurisprudência tem exigido que sejam identificados o paciente e a autoridade coatora, bem como haja a assinatura do impetrante.

(124) MIRABETE, Júlio Fabbrini. *Código de Processo Penal interpretado*. 6. ed. São Paulo: Atlas, 1999. p. 854.

(125) MORAES. Alexandre de. *Direito constitucional*. 15. ed. São Paulo: Atlas, 2004. p. 144.

*Bebber*[126], "a ação de *habeas corpus*, já o disse, integra a jurisdição constitucional da liberdade. Desse modo, se o magistrado, mediante cognição sumária, se convencer da ilegalidade do constrangimento, poderá conceder a segurança liminarmente, antecipando, assim, a tutela final requerida".

Concedendo ou não a liminar, o Juiz deverá notificar o coator para, em querendo, prestar as informações que julgar necessárias.

Da decisão proferida em sede de *habeas corpus* comporta os seguintes recursos:

a) se a decisão for de Juiz de Vara, caberá recurso ordinário (art. 895 da CLT);

b) se a decisão for do TRT (caberá recurso ordinário para o TST, se a competência originária for do TRT);

c) recurso ordinário para o STF, se a competência originária para conhecer do *mandamus* for do TST;

d) há a possibilidade do recurso de agravo regimental, se o TRT conceder a liminar no *writ* em sede de decisão interlocutória.

## 12. Ação Monitória

A Ação Monitória foi inserida no Direito Processual Civil Brasileiro por meio da Lei n. 9.079/1995, que acrescentou as letras *a*, *b* e *c* ao art. 1.102 do CPC, como sendo uma ação de rito especial, figurando no rol dos procedimentos especiais de jurisdição contenciosa.

Como destaca *Manoel Antonio Teixeira Filho*[127], "no período medieval, os legisladores, preocupados com a lentidão do procedimento ordinário, instituíram os de caráter sumário, que se caracterizavam, dentre outros traços, pela simplificação dos atos pela realização de audiência única. Uma dessas ações sumárias se fundava em escrituras públicas (ou mesmo privadas), vale dizer, em prova pré-constituída, cuja certeza da existência do direito alegado permitia ao juiz proferir, desde logo, sentença de natureza executiva, tanto que citado o réu (...). A ação monitória do direito brasileiro, trazida pela Lei n. 9.079, de 14 de julho de 1995 (DOU de 17 do mesmo mês), deriva de uma espécie de uma série de procedimentos medievais descritos, porquanto deve se basear em prova escrita (CPC, art. 1.102-A), podendo o réu oferecer embargos, hipótese em que a eficácia do mandado inicial ficará suspensa, resolvendo-se em simples instrumento de citação (art. 1.102-C)".

Dispõe o art. 1102-A do CPC: "A ação monitória compete a quem pretender, com base em prova escrita sem eficácia de título executivo, pagamento de soma em dinheiro, entrega de coisa fungível ou de determinado bem móvel".

---

(126) BEBBER, Júlio César. *Op. cit.*, p. 205.

(127) TEIXEIRA FILHO, Manoel Antonio. *Ação monitória*. Curso de processo do trabalho. Perguntas e respostas sobre assuntos polêmicos em opúsculos específicos. v. 19. São Paulo: LTr, 1997. p. 5.

Conforme se constata do referido dispositivo legal, a ação monitória é uma ação de rito especial destinada a propiciar a quem tem prova escrita de uma dívida sem força de título executivo extrajudicial, a possibilidade de ingressar com um procedimento mais simplificado, a fim de que o devedor cumpra a obrigação ou transformar a prova escrita em título executivo judicial.

A ação monitória se situa entre os processos de conhecimento e execução, tendo por objeto abreviar o caminho processual daquele que possui prova escrita, sem eficácia de título executivo, o pagamento de soma em dinheiro, entrega de coisa fungível ou de determinado bem móvel.

Diverge a doutrina sobre a natureza jurídica da ação monitória. Para alguns ela é uma ação executiva[128], para outros de conhecimento[129]. Há, ainda, os que sustentam que é uma ação de natureza híbrida, pois se trata de um misto de execução e conhecimento[130].

No nosso sentir, a ação monitória não tem natureza de conhecimento, ou execução. É uma ação de rito especial que se situa entre os processos de cognição e execução.

Deve ser destacado que o procedimento monitório é uma faculdade do autor e não uma imposição legal. Se preferir pode juntar a prova escrita no próprio procedimento ordinário, sumário ou sumaríssimo, conforme o valor da causa ou a natureza da obrigação[131].

O objeto da ação monitória é o pagamento em quantia em dinheiro, entrega de bem fungível, que se identifica pelo gênero, qualidade e quantidade, ou coisa

---

(128) Nesse sentido argumenta Edilton Meireles: Em suma, só se entendendo a ação monitória como de natureza executiva, tal como trazida para nosso ordenamento jurídico, estaremos alcançando o objetivo da reforma processual (...) (*Ação de execução monitória*. 2. ed. São Paulo: LTr, 1998. p. 67).

(129) Nesse sentido é a visão de Nelson Nery Júnior: "A ação monitória é ação de conhecimento, condenatória, com procedimento especial de cognição sumária e de execução sem título" (*Código de Processo Civil comentado*. 7. ed. São Paulo: RT, 2003. p. 1206). No mesmo diapasão é a opinião de Estêvão Mallet: "Constitui a tutela monitória verdadeira ação condenatória, diferenciando-se tão somente pela particular forma processual de que se reveste" (*Procedimento monitório no processo do trabalho*. São Paulo: LTr, 2000. p. 38).

(130) Nesse diapasão é a respeitada opinião de Antonio Carlos Marcato: "O procedimento monitório foi introduzido no sistema jurídico-processual brasileiro pela Lei n. 9.079, de 14.7.95, e resulta da fusão de atos típicos de cognição e de execução, sendo informado, ainda pela técnica da inversão do contraditório. Dotado de uma estrutura procedimental diferenciada, o processo monitório representa o produto final da conjugação de técnicas relacionadas ao processo de conhecimento e de execução, somadas à da inversão do contraditório, aglutinando, em uma só base processual, atividades cognitivas e de execução" (*Procedimentos especiais*. 10. ed. São Paulo: Atlas, 2004. p. 299).

(131) Nesse sentido destaca Nelson Nery Júnior: "A utilização da via especial da ação monitória é faculdade do credor, que pretende obter título executivo mais rapidamente e de forma especial, e que está sujeita à não oposição de embargos pelo devedor. Pode o credor, também, ajuizar a sua pretensão pelo procedimento comum" (*Código de Processo Civil comentado e legislação extravagante*. 7. ed. São Paulo: RT, 2003. p. 1.208).

móvel determinada. Desse modo, não é cabível a referida ação para obrigações de fazer ou não fazer e também para bens imóveis.

A expressão *prova escrita*, pensamos ser prova documental escrita[132], pré-constituída[133] que, em análise perfunctória, convença o Juiz sobre a verossimilhança[134] da obrigação. "Não se trata de certeza", pois esta só se constata nos títulos que a Lei atribui força executiva (judiciais e extrajudiciais).

Embora haja divergência na doutrina, acreditamos que o documento escrito não precisa emanar do devedor, ou ser firmado pelo devedor em conjunto com o credor, pois a Lei não faz tal distinção. Pode emanar do próprio credor ou até mesmo de terceiro[135]. Basta que o documento escrito convença o Juiz sobre a verossimilhança da obrigação[136]. De outro lado, se o documento for emanado do próprio devedor, o poder de convicção do Juiz é mais acentuado.

Nesse diapasão, destacamos a seguinte ementa:

> Ação monitória — Cobrança de contribuição sindical — Não cabimento. A ação monitória, como um atalho processual, se vale da prova pré-constituída, que equivaleria à prova ou forte probabilidade do direito e da relação jurídica de crédito e débito, para conferir ao credor o célere adimplemento de uma determinada obrigação. Aliás, esse é o argumento fundamental para que se negue a possibilidade da utilização do procedimento monitório para a cobrança da contribuição sindical. Quando um Sindicato alega que a empresa a ele vinculada não recolheu as contribuições sindicais respectivas, não há prova pré-constituída a ser produzida nos autos que possa gerar no espírito do julgador o juízo de plausibilidade exigido pela ação monitória. A apresentação de uma guia de recolhimento ou mesmo de uma notificação para pagamento de dívida não são documentos, hábeis para criar uma hipótese de verossimilhança da existência de um crédito entre a entidade sindical e a empresa notificada, na qualidade de credor e devedor, respectivamente. Afinal, trata-se de documentos confeccionados unilateralmente pelo credor e não contêm nenhuma fumaça de direito capaz de fundamentar o procedimento injuntivo. (TRT – 15ª R. – 2ª T. – ROPS n. 510/2006.109.15.00-4 – Relª. Mariane Khayat – DJ 2.2.07 – p. 84)

---

(132) Para Adalberto Martins, a expressão "prova escrita" não se confunde com prova documental, eis que fitas cassetes, fitas de vídeo e CD-Rom são considerados documentos. Igualmente não se admite o mero "começo de prova por escrito", de que trata o art. 402, I, do Código de Processo Civil (*Manual didático de direito processual do trabalho*. 2. ed. São Paulo: Malheiros, 2007. p. 324).

(133) Não há vedação na lei para que a prova escrita seja constituída de mais de um documento.

(134) Verossimilhança é aquilo que tem probabilidade forte de veracidade. Aquilo que "cheira a verdade". O Juiz terá mais motivos para crer do que para não crer.

(135) Exemplifica Adalberto Martins que o documento pode emanar de terceiro como é o caso de uma ata de audiência em reclamação anterior, e na qual o empregador confirma o direito do empregado (*Op. cit.*, p. 324).

(136) Nesse mesmo diapasão pensa Estêvão Mallet: "O documento poderá ser confeccionado pelo próprio devedor e por ele assinado, isoladamente ou em conjunto com terceiros, ou mesmo confeccionado por terceiro e apenas assinado pelo devedor. Também se admite o documento elaborado e assinado não pelo próprio devedor, mas por seus representantes. Na verdade, sequer a assinatura do devedor, que serve muito mais para determinada proveniência do documento é imprescindível" (*Procedimento monitório no processo do trabalho*. São Paulo: LTr, 2000. p. 66).

Diz o art. 1.102-B do CPC: "Estando a petição inicial devidamente instruída, o Juiz deferirá de plano a expedição do mandado de pagamento ou de entrega da coisa no prazo de quinze dias." (Incluído pela Lei n. 9.079, de 1995).

Como se constata do citado dispositivo legal, a petição inicial deve estar instruída com a prova escrita da dívida. Se o objeto do pedido for de obrigação de pagar, o pedido deve estar devidamente liquidado[137], pois ato contínuo ao despacho da inicial, se presentes os requisitos da Lei, o Juiz expedirá o Mandado para o pagamento, no prazo de 15 dias. A decisão que determina a expedição do mandado deve ser fundamentada, ainda que de forma concisa (art. 93, IX, da CF).

Se a prova escrita não for juntada, por ser um documento essencial, ao contrário do que sustentam alguns, pensamos que não deve o Juiz extinguir a ação desde logo e propiciar o prazo de 10 dias para o autor juntar tal documento, com suporte no art. 284 do CPC e também entendemos que o Juiz do Trabalho deve adotar o mesmo procedimento, com fulcro na Súmula n. 263 do C. TST.

A decisão do Juiz que determina a expedição do Mandado Monitório é proferida em cognição sumária, sem observância do contraditório prévio, que fica diferido para a fase dos embargos. Conforme tem acertadamente se posicionado a doutrina, a decisão que determina a expedição do mandado é irrecorrível. Embora possa ter contornos de decisão interlocutória, o contraditório não pode ser exercido de imediato, ficando postergado para a fase dos embargos. Não há se falar em cerceamento de defesa, em razão da não possibilidade de recurso imediato, pois o contraditório será exercido amplamente nos embargos, que "independem de garantia do juízo"(§ 2º do art. 1.102 do CPC).

Se o réu cumprir espontaneamente o mandado, extingue-se o processo com resolução de mérito, bem como a obrigação, ficando isento do pagamento das custas e honorários advocatícios (art. 1.102, § 1º, do CPC).

Pode também o réu optar por embargar por intermédio dos embargos monitórios, que suspenderão a eficácia do mandado e serão processados pelo rito do procedimento ordinário, independentemente de garantia do juízo (art. 1.102-C do CPC[138]).

Discute a doutrina a natureza jurídica dos embargos monitórios. Para alguns é uma verdadeira ação, para outros tem índole de defesa. Acreditamos que os embargos

---

(137) Não há a possibilidade de pedido ilíquido na Ação Monitória. Se o pedido for ilíquido, pensamos dever o magistrado extinguir a ação sem resolução de mérito, por falta de pressuposto processual de desenvolvimento da relação jurídica processual (art. 267 do CPC).

(138) Art. 1.102-C, do CPC: No prazo previsto no art. 1.102-B, poderá o réu oferecer embargos, que suspenderão a eficácia do mandado inicial. Se os embargos não forem opostos, constituir-se-á, de pleno direito, o título executivo judicial, convertendo-se o mandado inicial em mandado executivo e prosseguindo-se na forma do Livro I, Título VIII, Capítulo X, desta Lei. (Redação dada pela Lei n. 11.232, de 2005). § 1º – Cumprindo o réu o mandado, ficará isento de custas e honorários advocatícios. (Incluído pela Lei n. 9.079, de 14.7.1995). § 2º – Os embargos independem de prévia segurança do juízo e serão processados nos próprios autos, pelo procedimento ordinário. (Incluído pela Lei n. 9.079, de 14.7.1995).

possuem natureza jurídica de defesa, ou de impugnação, como disciplina a Lei n. 11.232/2005. Não se trata de ação, pois a ação monitória não tem natureza executiva, como se dá na execução por título executivo extrajudicial. Além disso, não nos parece compatível com a agilidade e com o caráter desburocratizado do procedimento monitório[139] se entender que a partir da oposição dos embargos tem início uma nova ação incidental no curso da ação monitória. Pensamos ser a ação monitória um procedimento único de rito especial e, sendo assim, os embargos constituem modalidade de defesa ou de impugnação.

Rejeitados os embargos, ou se eles não forem opostos, constituir-se-á, de pleno direito, o título executivo judicial, intimando-se o devedor e prosseguindo-se na forma prevista no Livro I, Título VIII, Capítulo X, desta Lei (§ 3º do art. 1102-C do CPC).

Se os embargos não forem opostos, há a revelia. Os efeitos da revelia são muito mais drásticos na Ação Monitória do que no rito ordinário, pois enquanto neste há uma presunção ficta de veracidade dos fatos (art. 319 do CPC), na Monitória, há a transformação da prova escrita em título executivo judicial. Deve ser destacado que a não oposição dos embargos monitórios não obriga o Juiz a converter a prova escrita em título executivo, pois deve avaliar a revelia segundo o seu livre convencimento motivado e se entender que a prova escrita não guarda verossimilhança, pode decretar a improcedência do pedido (arts. 130 do CPC e 765 da CLT). Mesmo já tendo expedido o mandado monitório em análise superficial, pode o Juiz, em análise mais acurada, mesmo não havendo apresentação dos embargos, revogar o mandado já expedido.

Se forem acolhidos os embargos monitórios, o Juiz julgará improcedente o pedido formulado na Ação Monitória, extinguindo-se o processo com resolução de mérito (art. 269 do CPC).

## 12.1. A Ação Monitória no Direito Processual do Trabalho

Antes da Lei n. 9.958/00 que inseriu no rol dos títulos executivos previstos no art. 876 da CLT, dois títulos extrajudiciais, quais sejam: os termos de ajustes de conduta firmados pelo Ministério Público do Trabalho e os Termos de Acordos não Cumpridos nas Comissões de Conciliação Prévia[140], havia uma certa resistência

---

(139) Nesse sentido o item 3, da Exposição de Motivos do Projeto de Lei da Ação Monitória (PL n. 3.805-A/93) que foi aprovado, sem emenda no congresso, que assevera que a ação monitória tem por objetivo *desburocratizar, agilizar e dar efetividade ao processo civil*. In: PAULA, Alexandre de. *Código de Processo Civil anotado*. v. 4, 7. ed. São Paulo: RT, 1998. p. 4.051.

(140) Embora os títulos executivos extrajudiciais constem no art. 876, da CLT, a nosso ver, não se trata de um rol taxativo e sim exemplificativo, não vedando que outros títulos executivos extrajudiciais possam ser executados no foro trabalhista, como o executivo fiscal oriundo dos atos de fiscalização do trabalho. Após a EC n. 45/04, a certidão da dívida ativa da União decorrente de infrações aplicadas ao empregador pelos Órgãos de fiscalização do trabalho constitui um novo título executivo extrajudicial que será executado na Justiça do Trabalho, segundo a Lei n. 6.830/80. Por se tratar de ação de rito especial, o Juiz do Trabalho não aplicará a CLT.

da doutrina em admitir a Ação Monitória no Direito Processual do Trabalho, pois se a Justiça do Trabalho não tinha competência para a execução de títulos executivos extrajudiciais, também não teria para a Ação Monitória[141]. Não obstante, mesmo antes da Lei n. 9.958/00, a doutrina de forma majoritária e também a jurisprudência admitiam a Ação Monitória no âmbito da Justiça do Trabalho, em razão de omissão da CLT e compatibilidade com os princípios do Direito Processual do Trabalho (art. 769, da CLT), uma vez que a Ação Monitória não se trata de ação para execução de título executivo extrajudicial[142]. Além disso, a Ação Monitória propicia maior efetividade e celeridade do processo[143].

Como bem adverte *Wilson de Souza Campos Batalha*[144]: "o Direito Processual do Trabalho tem características próprias que lhe asseguram relativa autonomia (...). Bastaria uma referência ao art. 769 da nossa Consolidação das Leis do Trabalho para tornar fora de dúvida a relatividade da autonomia do Direito Processual do Trabalho (...). Autonomia, como obtempera *De Litala* (*Op. cit.*, p. 19), autonomia de uma disciplina jurídica não significa independência absoluta em relação às outras disciplinas. Assim, não obstante dotado de autonomia, o direito processual do trabalho está em situação de interdependência com as ciências processuais particulares, notadamente com o direito processual civil, com o qual tem muitíssimos pontos de contato".

No nosso sentir, a Ação Monitória se encaixa perfeitamente ao Processo do Trabalho, pois facilita o acesso à Justiça do trabalhador que possui prova escrita da

---

(141) Nesse sentido, por todo, vide MARTINS, Sérgio Pinto. *Direito processual do trabalho.* São Paulo: Atlas, 1997. p. 430. Manoel Antonio Teixeira Filho admitia a competência da Justiça do Trabalho para a Ação Monitória, mas não para a execução de Títulos Executivos Extrajudiciais (*Ação monitória.* Curso de processo do trabalho. Perguntas e respostas sobre assuntos polêmicos em opúsculos específicos. São Paulo: LTr, 1997. v. 19, p. 16).

(142) Nesse sentido a visão de Jorge Luiz Souto Maior: "A aplicação da Ação Monitória na Justiça do Trabalho não colide com a noção de que títulos extrajudiciais não se executam na esfera trabalhista. Primeiro, porque a ação monitória se destina exatamente aos títulos que não possuem força executiva, servindo tais títulos apenas como prova da veracidade dos fatos alegados pelo autor, como forma de abreviar a fase cognitiva. (Ação monitória na Justiça do Trabalho. In: SENTO-SÉ, Jairo Lins de Albuquerque (Coord.). *A efetividade do processo do trabalho.* São Paulo: LTr, 1999. p. 40).

(143) Nesse sentido, destacamos as seguintes ementas: "É cabível a ação monitória quando se pretende obter, com base em prova escrita e sem eficácia de título executivo, pagamento de soma em dinheiro" (art. 1.102, a, do CPC). (TRT – 1ª R. – 8ª T. – RO n. 13.234/96 – Relª Juíza Eva Marta C. de Brito – DJRJ 26.11.98 – p. 163). "Ação monitória — Processo do trabalho — Cabimento. Se a demanda versa sobre verbas rescisórias trabalhistas não pagas, compete à Justiça do Trabalho conciliar e julgá-la (CF, art. 114, *caput*), afastando--se o argumento da reclamada de que a ação monitória caberia ao Juízo Cível. O documento apresentado pela autora, TRCT, expedido por seu ex-empregador, e devidamente homologado pelo sindicato de classe, confere-lhe um crédito em decorrência da rescisão contratual, sem o pagamento das verbas rescisórias às quais tem direito. Com efeito, considerando-se que o art. 769 da CLT prescreve que nos casos omissos, o direito processual comum será fonte subsidiária do direito processual do trabalho, exceto naquilo em que for incompatível, há que se amparar o ajuizamento de ação monitória nessa Justiça Especializada" (TRT – 15ª R. – 5ª T. – Ac. n. 9387/2001 – Relª Olga Aída J. Gomieri – DJSP 19.3.2001 – p. 35).

(144) BATALHA, Wilson de Souza Campos. *Tratado de direito judiciário do trabalho.* 2. ed. São Paulo: LTr, 1985. p. 139.

dívida, mas sem eficácia de título executivo judicial ou extrajudicial, simplificando o procedimento e abreviando o curso do procedimento.

Apesar de pouco utilizada na Justiça do Trabalho[145], a ação monitória é um precioso instrumento a ser prestigiado, tanto pelo trabalhador como para o tomador dos serviços a fim de abreviar o curso do processo trabalhista e efetividade processual, sem necessidade de se recorrer ao procedimento ordinário. Nesse sentido, destacamos a seguinte ementa:

> Ação monitória — Cabimento. A ação monitória prevista no CPC para cobrança de soma em dinheiro, com base em prova escrita e sem eficácia de título executivo, constitui moderno avanço processual, que não conflita com o art. 876 da CLT, porque é perfeitamente aplicável ao procedimento trabalhista com fundamento no art. 114 da Constituição Federal, nos arts. 769 e 877-A da CLT, na celeridade e na economia processual. (TRT – 15ª R. – 1ª T .– Ac. n. 6.130/2001 – Rel. Antônio M. Pereira – DJSP 5.3.2001 – p. 6)

Acreditamos que a competência material da Justiça do Trabalho se fixa se o documento escrito, sem eficácia de título executivo extrajudicial for oriundo ou decorrente da *relação de trabalho*[146], ou estiver relacionado com os incisos II a VIII do art. 114, da Constituição Federal.

Nesse sentido, destacamos a seguinte ementa:

> Ação monitória — Competência da Justiça do Trabalho — Natureza da relação obrigacional revelada pela prova. Reputa-se imprescindível à definição da competência material — se da Justiça Comum ou da Justiça do Trabalho — saber-se a natureza da relação obrigacional emanada da prova escrita em que se baseia o autor para a proposição da ação monitória. Esse entendimento, mesmo preteritamente à edição da Emenda Constitucional n. 45, de 8.12.05, já predominava no Superior Tribunal de Justiça, a quem ainda incumbe, em seara cível, a uniformização jurisprudencial

---

(145) Em treze anos de militância na Justiça do Trabalho, tivemos a oportunidade de tomar contato com não mais do que meia dúzia de Ações Monitórias, sendo que algumas, por desatenção, foram para a audiência sem a expedição do Mandado Monitório. Até mesmo com a Lei n. 9.958/00, em muitas Execuções de acordos não cumpridos junto às Comissões de Conciliação Prévia, nas Varas por que passamos, adotava-se o procedimento de designação de audiência, antes da expedição do mandado. Acreditamos que isso se deve à falta de tradição da Justiça do Trabalho, pois, por anos, somente conviveu com a execução de títulos executivos judiciais.

(146) Entendemos que a interpretação da expressão "relação de trabalho" para fins da competência material da Justiça do Trabalho, abrange: As lides decorrentes de qualquer espécie de prestação de trabalho humano, preponderantemente pessoal, seja qualquer a modalidade do vínculo jurídico, prestado por pessoa natural em favor de pessoa natural ou jurídica. Abrange tanto as ações propostas pelos trabalhadores, como as ações propostas pelos tomadores dos seus serviços. Pensamos que as ações oriundas da relação de trabalho envolvem diretamente os prestadores e tomadores de serviços e as ações decorrentes envolvem controvérsias paralelas, em que não estão diretamente envolvidos tomador e prestador, mas terceiros. Até mesmo a lei ordinária poderá dilatar a competência da Justiça do Trabalho para outras controvérsias que guardam nexo causal com o contrato de trabalho. Não há contradição ou desnecessidade da existência do inciso IX, pois o legislador, prevendo um maior crescimento da Justiça do Trabalho e maior desenvolvimento das relações laborais deixou a cargo da lei ordinária futura, dilatar a competência da Justiça do Trabalho, desde que dentro dos parâmetros disciplinados pelos incisos I a VIII, do art. 114, da CF.

em matérias afetas à Justiça Comum e à Justiça Federal (inciso III, *caput* e alínea *c*, do art. 105, da Constituição da República) — suas decisões, não obstante a consabida não subsunção dos órgãos judiciários trabalhistas aos posicionamentos, ainda que iterativos ou mesmo sedimentados, da referida Corte, consubstanciam potente balizador para a apreciação e o julgamento de questões congêneres por esta especializada, merecendo ser sopesadas. Da posição do STJ o Tribunal Superior do Trabalho não discrepa, tendo, inclusive, com base no princípio da celeridade e da economia processual — hoje elevados ao patamar constitucional por meio do inciso LXXVIII do art. 5º, acrescentado a este dispositivo pela EC n. 45/04 —, albergado a conversão de ação monitória em reclamação trabalhista, mitigando, com isso, os rigores da processualística, na medida em que, de acordo com o art. 295, inciso V, do CPC, aplicado subsidiariamente ao processo do trabalho, a petição inicial não será indeferida quando a ação puder adaptar-se ao tipo de procedimento legal. Neste contexto jurídico, se o objeto da ação proposta é — à luz do art. 1.102-A, e seguintes, do CPC — o pagamento de soma em dinheiro, com base em prova escrita do crédito que o autor possui diante do devedor-réu, porém sem eficácia de título executivo, e a relação que existiu entre eles opõe, de um lado, no polo ativo, o ex-empregado, e de outro, no polo passivo, o ex-empregador, sendo, ademais e essencialmente, a pretensão deduzida diretamente relacionada, de acordo com a prova produzida nos autos, ao vínculo empregatício que existiu entre eles, a competência material é, inegavelmente, da Justiça do Trabalho. (TRT – 3ª R. – 3ª T. – RO n. 330/2006.056.03.00-7 – Rel. Irapuan de Oliveira T. Lyra – DJ 2.12.06 – p. 5)

Com a EC n. 45/04 são inúmeras as hipóteses de cabimento da ação monitória na Justiça do Trabalho. Por exemplo, se um trabalhador, em razão de um contrato de prestação de serviços por empreitada, recebeu um cheque sem fundos em pagamento de seus serviços. Não poderá executar o cheque na Justiça do Trabalho, pois o cheque, embora tenha força executiva, não é um título eminentemente causal, e em razão disso, não há competência material da Justiça do Trabalho para executá-lo (art. 876, da CLT), não obstante, pode o trabalhador optar por ingressar com a Ação Monitória na Justiça do Trabalho para receber o valor dos serviços, sendo o cheque prova escrita da dívida.

Não obstante, pensamos que o trabalhador possa optar em executar o cheque na Justiça Comum, se ele ainda não estiver prescrito. Caso o cheque dado em pagamento pela execução dos serviços esteja prescrito, o trabalhador somente poderá ingressar com a Ação Monitória na Justiça do Trabalho, pois o cheque é prova da dívida oriunda da relação de trabalho, restando aplicável à hipótese o art. 114, I, da Constituição Federal.

Acreditamos ser cabível também a Ação Monitória para cobrança de contribuições de INSS incidentes sobre os acordos firmados perante a Comissão de Conciliação Prévia quanto às parcelas do INSS, pois o parágrafo único do art. 876 da CLT com a redação dada pela recente Lei n. 11.457, de 15 de março de 2007[147], não estendeu a competência da Justiça do Trabalho para executar tal parcela.

---

(147) Diz o parágrafo único do art. 876 da CLT: "Serão executadas *ex officio* as contribuições sociais devidas em decorrência de decisão proferida pelos Juízes e Tribunais do Trabalho, resultantes de condenação ou homologação de acordo, inclusive sobre os salários pagos durante o período contratual reconhecido".

Desse modo, pode o Procurador da Fazenda, munido do acordo firmado perante a Comissão de Conciliação Prévia, ingressar com a Ação Monitória para cobrança da parcela previdenciária incidente sobre as verbas de índole salarial.

Quanto à competência territorial, devem ser aplicadas as regras do art. 651 da CLT, sendo a regra geral de competência o local da prestação dos serviços[148].

Acreditamos que, na Justiça do Trabalho, a ação monitória pode ser utilizada tanto pelos trabalhadores como pelos tomadores de serviços. Não há como se restringir tal ação para o trabalhador, pois a norma não restringe. Mesmo considerando os princípios da proteção e irrenunciabilidade de direitos próprios do Direito do Trabalho, pensamos poder o empregador se utilizar da ação monitória para pagamento de soma em dinheiro, entrega de coisa fungível ou de determinado bem móvel. Entretanto, deve o Juiz do Trabalho ter cuidado mais acentuado quando analisar a seriedade e verossimilhança da prova documental juntada pelo empregador.

Nesse mesmo diapasão, destacamos a opinião de *Estêvão Mallet*[149]:

"O procedimento monitório não está a serviço apenas do empregado, para cobrança de seus créditos, admitindo-se igualmente seja utilizado pelo empregador. A legislação processual comum não contém qualquer restrição no particular, não havendo incompatibilidade alguma entre os princípios informativos do Processo do Trabalho e a demanda monitória proposta pelo empregador em face do empregado. Justifica-se, de todo modo, a menção expressa dessa possibilidade, dado encontrarem-se procedimentos passíveis de utilização somente por um dos sujeitos da relação de emprego. O inquérito para apuração de falta grave, por exemplo, somente pode ser proposto pelo empregador, como resulta de sua finalidade e, bem assim, dos próprios termos do art. 853, da CLT. Decorre do exposto que, contando o empregador com prova escrita e presentes os demais requisitos mencionados no art. 1.102, *a* do CPC, poderá cobrar o empregado a satisfação da obrigação mediante procedimento monitório, consistente, por exemplo, na devolução de vestimentas ou utensílios cedidos para uso durante a vigência do contrato de trabalho".

## 12.2. Do procedimento da Ação Monitória na Justiça do Trabalho

O Processo do Trabalho sempre conviveu com a aplicabilidade do Código de Processo Civil, por força do art. 769, da CLT. Quando é criado um novo instituto processual civil, ele é transportado para o direito processual do trabalho com as adaptações necessárias.

---

(148) Nesse sentido é a visão de Estêvão Mallet (*Procedimento monitório no processo do trabalho*. São Paulo: LTr, 2000. p. 48).

(149) *Op. cit.*, p. 55.

Não há como se aplicar totalmente o procedimento da Ação Monitória prevista no Código de Processo Civil[150], por colidir com alguns dispositivos do Processo do Trabalho, como os prazos, audiência e necessidade de propostas de conciliação.

Pensamos que o procedimento Monitório do Processo do Trabalho deve seguir as seguintes etapas:

a) propositura da ação, tendo a inicial que preencher os requisitos do art. 840 da CLT e 1102-A do CPC, com a juntada da prova escrita sem eficácia de título executivo extrajudicial;

b) apreciação da inicial, pelo Juiz do Trabalho e, segundo seu livre convencimento, determinar ou não a expedição do mandado monitório em decisão irrecorrível. Caso o Juiz indefira de plano a inicial, esta decisão pode ser atacada pelo Recurso Ordinário (art. 895 da CLT);

c) expedição do Mandado monitório, assinalando o prazo de 15 dias para cumprimento pelo reclamado, podendo este apresentar embargos, em audiência, que já deve ser previamente designada. A audiência é necessária, pois este é momento da apresentação da defesa (arts. 841 e 847, ambos da CLT) e também a apresentação das provas;

d) se o mandado for espontaneamente cumprido pelo reclamado, extingue-se o processo, com resolução de mérito;

e) havendo os embargos, o Juiz do Trabalho decidirá o pedido por sentença, recorrível mediante Recurso Ordinário;

f) se não houver a apresentação dos embargos em audiência, haverá a revelia (arts. 844 da CLT e 319 do CPC), transformando a prova escrita, em título executivo judicial;

g) após o trânsito em julgado da decisão proferida pela Vara ao apreciar os embargos monitórios, a execução da decisão se faz pelas regras da CLT (Capítulo V "Da execução"), aplicando-se em caso de omissão e compatibilidade (arts. 889 e 769, da CLT), as regras da Lei n. 6.830/80 e do Cumprimento da Sentença, fixadas no CPC, pela Lei n. 11.232/2005.

## 12.3. Da ação monitória em face da Fazenda Pública

Há controvérsias sobre ser cabível a ação monitória em Face da Fazenda Pública. Sustenta parte da doutrina que ela se mostra incabível em razão da necessidade de

---

(150) Embora a Ação Monitória seja processada por Rito Especial, o seu rito não foi excepcionado da regra geral de aplicação do Procedimento trabalhista pelo TST. Nesse sentido, o C. Tribunal Superior do Trabalho, por meio da Instrução Normativa 27 (Resolução n. 126/2005 – DJ 22.2.2005), disciplinou a questão, *in verbis*: "Ementa Dispõe sobre normas procedimentais aplicáveis ao processo do trabalho em decorrência da ampliação da competência da Justiça do Trabalho pela Emenda Constitucional n. 45/2004. Art. 1º – As ações ajuizadas na Justiça do Trabalho tramitarão pelo rito ordinário ou sumaríssimo, conforme previsto na Consolidação das Leis do Trabalho, excepcionando-se, apenas, as que, por disciplina legal expressa, estejam sujeitas a rito especial, tais como o Mandado de Segurança, *Habeas Corpus*, *Habeas Data*, Ação Rescisória, Ação Cautelar e Ação de Consignação em Pagamento".

precatório para a execução em face do Poder Público, e da necessidade do duplo grau de jurisdição para eficácia da decisão na fase de conhecimento.

Em que pesem os argumentos contrários, pensamos que a ação monitória se mostra cabível em face da Fazenda Pública, pois a referida ação tem natureza híbrida, pois é um mito de ação de conhecimento e execução e, por isso, não há vedação para ser utilizada em face da Fazenda Pública. Além disso, a ação monitória pode ter por objeto a entrega de coisa e também postular crédito de pequeno valor (até 60 salários salários mínimos), situações em que não há necessidade do precatório.

No aspecto, concordamos com Carlos Henrique Bezerra Leite[151] quando assevera:

"(...)Para os que, como nós, enaltecem que a monitória tem natureza de ação cognitiva condenatória, não há qualquer vedação ou incompatibilidade quanto ao seu manejo em face das pessoas jurídicas de direito público, uma vez que em qualquer caso o mandado de citação, caso não haja apresentação de embargos, tem eficácia de título executivo judicial. É por isso que a decisão judicial que determina a expedição do mandado citatório para pagamento ou entrega de coisa possui natureza de sentença condenatória, que produzirá coisa julgada material, desafiando, portanto, ação recisória de que trata do art. 485 do CPC".

Nesse sentido, dispõe a Súmula n. 339 do STJ, *in verbis*:

> É cabível ação monitória contra a Fazenda Pública. (DJ 30.5.2007).

## 13. Mandado de Segurança na Justiça do Trabalho
### 13.1. Conceito de Mandado de Segurança

O mandado de segurança é uma ação constitucional, de natureza civil, regulamentada em lei especial, destinada a tutelar direito líquido e certo contra ato praticado por autoridade pública.

Na definição de Hely Lopes Meirelles[152]:

"Mandado de segurança é o meio constitucional posto à disposição de toda pessoa física ou jurídica, órgão com capacidade processual, ou universalidade reconhecida por lei, para a proteção de direito individual ou coletivo, líquido e certo, não amparado por *habeas corpus* ou *habeas data*, lesado ou ameaçado de lesão, por ato de autoridade, seja de que categoria for e sejam quais forem as funções que exerça".

Diz o art. 5º, LXIX, da Constituição Federal:

> Conceder-se mandado de segurança para proteger direito líquido e certo, não amparado por *habeas corpus* ou *habeas data*, quando o responsável pela ilegalidade ou abuso de poder for autoridade pública ou agente de pessoa jurídica no exercício de atribuições do Poder Público.

---

(151) BEZERRA LEITE, Carlos Henrique. *Curso de direito processual do trabalho*. 7. ed. São Paulo: LTr, 2009. p. 113.
(152) MEIRELLES, Hely Lopes. *Mandado de segurança*. 22. ed. São Paulo: Malheiros, 2000. p. 21-22.

No mesmo sentido dispõe o art. 1º, da Lei n. 12.016/09:

> Conceder-se-á mandado de segurança para proteger direito líquido e certo, não amparado por habeas corpus ou habeas data, sempre que, ilegalmente ou com abuso de poder, qualquer pessoa física ou jurídica sofrer violação ou houver justo receio de sofrê-la por parte de autoridade, seja de que categoria for e sejam quais forem as funções que exerça. § 1º Equiparam-se às autoridades, para os efeitos desta Lei, os representantes ou órgãos de partidos políticos e os administradores de entidades autárquicas, bem como os dirigentes de pessoas jurídicas ou as pessoas naturais no exercício de atribuições do poder público, somente no que disser respeito a essas atribuições. § 2º Não cabe mandado de segurança contra os atos de gestão comercial praticados pelos administradores de empresas públicas, de sociedade de economia mista e de concessionárias de serviço público. § 3º Quando o direito ameaçado ou violado couber a várias pessoas, qualquer delas poderá requerer o mandado de segurança.

O novo texto da lei esclarece que a ilegalidade poder partir de qualquer autoridade pública, *seja de que categoria for e sejam quais forem as funções*. Há nítido propósito da Lei ao não restringir a possibilidade de utilização do *writ* em razão da natureza da autoridade pública ou de sua funções.

A doutrina tem classificado o mandado de segurança como sendo uma ação constitucional, de natureza mandamental, processada por rito especial destinada a tutelar direito líquido e certo contra ato de autoridade praticado com ilegalidade ou abuso de poder.

Nos termos do art. 2º da Lei n. 1.016/09, considerar-se-á federal a autoridade coatora se as consequências de ordem patrimonial do ato contra o qual se requer o mandado houverem de ser suportadas pela União ou entidade por ela controlada.

Conforme o art. 3º da Lei n. 1.016/09, o titular de direito líquido e certo decorrente de direito, em condições idênticas, de terceiro poderá impetrar mandado de segurança a favor do direito originário, se o seu titular não o fizer, no prazo de 30 (trinta) dias, quando notificado judicialmente. Parágrafo único. O exercício do direito previsto no caput deste artigo submete-se ao prazo fixado no art. 23 desta Lei, contado da notificação.

## 13.2. Do direito líquido e certo

Não há uniformidade na doutrina sobre o significado da expressão *direito líquido e certo*.

A lei não nos dá essa definição. Portanto, cumpre à doutrina e à jurisprudência delinear o conceito.

Nas precisas palavras de *Hely Lopes Meirelles*[153],

"*direito líquido e certo* é o que se apresenta manifesto na sua existência, delimitado na sua extensão e apto a ser exercido no momento da impetração. Por outras

---

(153) *Op. cit.*, p. 36.

palavras, o direito invocado, para ser amparável por mandado de segurança, há de vir expresso em norma legal e trazer em si todos os requisitos e condições de sua explicação ao impetrante: se sua existência for duvidosa; se sua extensão ainda não estiver delimitada, se seu exercício depender de situações e fato ainda indeterminados, não rende ensejo à segurança embora possa ser defendido por outros meios judiciais".

Conforme a definição acima, direito líquido e certo é o que não se contesta, pois se apresenta expresso em texto legal. Não admite dilação probatória, pois esta somente pode ser documental e pré-constituída. Nessa ótica, se controvérsia houver sobre o direito, não caberá o mandado de segurança.

Nesse sentido, dispõe a seguinte ementa:

> O direito à estabilidade no emprego, se controvertido, deverá ser definido em ação trabalhista e não em mandado de segurança, pois este procedimento se limita a examinar as violações ou as ameaças ao direito líquido e certo. Inexistindo ato destinado a promover a despedida, sem justa causa, de empregado que se diz estável, ele não pode invocar justo receio de sofrê-la. (TRT – 12ª R. – SE – Ac. n. 000406/95 – Rel. Juiz Moreira Cacciari – DJSC 22.2.95 – p. 99)

Não obstante, em razão da liberdade de interpretação da lei, dificilmente, teremos um direito que não possa ser contestável. Ainda que não exista controvérsia fática, a lei sempre poderá ser interpretada em vários sentidos, podendo-se chegar a conclusões diversas sobre o mesmo texto legal.

Diante disso, atualmente, a doutrina tem flexibilizado o conceito de direito líquido e certo para admitir manejo do Mandado de Segurança quando não houver discussão fática sobre a questão invocada. Desse modo, pode haver controvérsia sobre o direito, mas não sobre os fatos.

Nesse sentido dispõe a Súmula n. 625 do STF, *in verbis*:

> Controvérsia sobre matéria de direito não impede a concessão de mandado de segurança.

Diante do exposto, o direito líquido e certo não caracteriza condição da ação no mandado de segurança, sendo questão de mérito. Vale dizer: caso entenda o Juiz pela inexistência de direito líquido e certo deverá julgar rejeitar o pedido e não decretar carência da ação.

Nesse sentido é visão de *Lúcia Valle Figueiredo*[154]:

> "Direito líquido e certo, suficientemente para possibilitar o writ, é o que não se submete a controvérsias factuais. E outro falar: o direito deve ser certo quanto aos fatos, muito embora possa haver — e efetivamente haja — controvérsia de direito."

---

(154) FIGUEIREDO, Lúcia Valle. *Mandado de segurança*. 6. ed. São Paulo: Malheiros, 2009. p. 31.

No mesmo sentido sustentam *José Miguel Garcia Medina* e *Fábio Caldas de Araújo*[(155)]:

> "A expressão 'líquido e certo' sempre foi alvo de críticas, todas procedentes. Na verdade, não é 'o direito' que deverá ser 'líquido e certo'. O texto legal sempre o é. Aliás, assenta-se o princípio da constitucionalidade das leis em nosso sistema, bem como da presunção de legitimidade dos atos administrativos. Até prova em contrário, toda lei é constitucional e certa quanto ao seu conteúdo. A expressão, assim, deve ser interpretada sistemática e finalisticamente: o ato considerado ilegal ou abusivo é aquele que pode ser demonstrado de plano, mediante prova meramente documental. Tutela-se um direito evidente. Caso exista a necessidade de cognição profunda para a averiguação da ilegalidade ou prática de abuso, a situação não permitirá o uso da via estreita do mandado de segurança".

De outro lado, para que se justifique o interesse processual no mandado de segurança, deve haver violação concreta da lei, não se admitindo o *mandamus* para se discutir a lei em tese. Nesse sentido, dispõe a Súmula n. 266 do Supremo Tribunal Federal, *in verbis*:

> Não cabe mandado de segurança contra lei em tese.

Na ação de mandado de segurança não cabe dilação probatória, admitindo-se apenas a prova documental, que deve ser pré-constituída.

Nesse sentido, dispõe a Súmula n. 415 do TST, *in verbis*:

> MANDADO DE SEGURANÇA. ART. 284 DO CPC. APLICABILIDADE (conversão da Orientação Jurisprudencial n. 52 da SBDI-2) – Res. 137/2005, DJ 22, 23 e 24.8.2005. Exigindo o mandado de segurança prova documental pré-constituída, inaplicável se torna o art. 284 do CPC quando verificada, na petição inicial do *mandamus*, a ausência de documento indispensável ou de sua autenticação. (ex-OJ n. 52 da SBDI-2 – inserida em 20.9.2000).

No mesmo sentido, destacam-se as seguintes ementas:

> Mandado de segurança — Prova documental pré-constituída — Ausência. 1. O mandado de segurança exige prova documental pré-constituída do acenado direito líquido e certo afirmado na petição inicial (Lei n. 1.533/51, art. 6º). Não se cogita de ofensa a direito líquido e certo da impetrante se a petição inicial do mandado de segurança não vem instruída com documento que ateste a data em que proferida a decisão impugnada, documento essencial inclusive para contagem do prazo decadencial para a impetração do mandado de segurança. 2. Recurso ordinário a que se nega provimento. (TST – SBDI2 – ROMS n. 645011/2000-4 – Rel. Min. João Oreste Dalazen – DJ 14.9.2001 – p. 568) (RDT n. 10/2001 – p. 60)

> Mandado de segurança — Petição inicial — Prova pré-constituída. A ação mandamental requer prova pré-constituída, o que implica a comprovação de plano do sustentado direito e na incontrovérsia quanto aos fatos articulados via remédio heroico. A

---

(155) *Mandado de segurança individual e coletivo:* comentários à Lei n. 12.016 de 7 de agosto de 2009. São Paulo: RT, 2009. p. 34.

ausência de exibição de documentos imprescindíveis à compreensão da lide torna deficitária a formação do *mandamus*, atraindo à hipótese os comandos do art. 8º da Lei n. 1.533/51 e do inciso I do art. 267 do CPC, a teor da OJ n. 52 da egrégia SDI-2 do colendo TST. (TRT 10ª R. – TP – MS n. 329/2002.000.10.00-6 – Relª. Mª. Regina G. Dias – DJDF 8.8.03 – p. 3) (RDT n. 9 – Setembro de 2003)

## 13.3. Das competências material e funcional para o mandado de segurança

Antes da EC n. 45/04, praticamente, o mandado de segurança era utilizado tão somente contra ato judicial e apreciado pelo Tribunal Regional do Trabalho. Somente em algumas hipóteses restritas, como por exemplo, se o Diretor de Secretaria, praticando um ato de sua competência exclusiva poderia figurar como autoridade coatora, quando recusasse, injustificadamente, a conceder carga do processo a um advogado que está no seu prazo falar nos autos[156].

Em razão do aumento da competência da Justiça do Trabalho, os Mandados de Segurança passam a ser cabíveis contra atos de outras autoridades, além das judiciárias, como nas hipóteses dos incisos III e IV do art. 114, da CF, em face dos Auditores Fiscais e Delegados do Trabalho, Oficiais de Cartório que recusam o registro de entidade sindical, e até mesmo atos do membros do Ministério Público do Trabalho em Inquéritos Civis Públicos, uma vez que o inciso IV do art. 114 diz ser da competência da justiça trabalhista o *mandamus* quando o *ato questionado envolver matéria sujeita à sua jurisdição.*

Nesse mesmo sentido é a visão de *Sérgio Pinto Martins*[157]:

"O mandado de segurança poderá ser impetrado contra auditor fiscal do trabalho ou o Delegado Regional do Trabalho em decorrência de aplicação de multas provenientes da fiscalização das relações de trabalho (art. 114, VII, da Constituição), na interdição de estabelecimento ou setor, de máquina ou equipamento, no embargo à obra (art. 161 da CLT), será proposta na primeira instância e não no TRT)".

Sob outro enfoque, embora o art. 114, IV, da CF diga caber o mandado de segurança quanto o ato questionado estiver sob o crivo da jurisdição trabalhista,

---

(156) Em razão do art. 114, da CF/88 se referir a dissídios entre trabalhadores e empregadores, a Justiça do Trabalho não tinha competência para Mandados de Segurança, cujas autoridades coatoras fosse outras autoridades federais. Nesse sentido destacamos a seguinte ementa: "CONFLITO NEGATIVO DE COMPETÊNCIA. JUSTIÇA DO TRABALHO E JUSTIÇA FEDERAL. MANDADO DE SEGURANÇA CONTRA DELEGADOS REGIONAIS DO TRABALHO. RELAÇÃO EMPREGATÍCIA. NÃO CARACTERIZAÇÃO. COMPETÊNCIA DA JUSTIÇA FEDERAL. 1. O julgamento de mandado de segurança impetrado contra atos de Delegados Regionais do Trabalho, consistentes na fiscalização e aplicação de sanções administrativas, não é da competência da Justiça Trabalhista, pois não se relaciona à demanda entre empregado e empregador. Portanto, compete à Justiça Federal apreciá-lo e julgá-lo. 2. Conflito conhecido e declarada a competência do Juízo Federal da 8ª Vara da Seção Judiciária do Estado de Minas Gerais, o suscitado". STJ, CC 40216, Proc. n. 200301678278, MG, Rel. Min. Teori Albino Zavascki, *v. u.*, DJU. 2.8.04).

(157) MARTINS, Sérgio Pinto. *Direito processual do trabalho*. 26. ed. São Paulo: Atlas, 2006. p.119.

também se a matéria for administrativa[158] "interna corporis" o mandado será cabível. Não há como se interpretar o referido inciso de forma literal.

Como destaca *Antonio Álvares da Silva*[159]:

> "Seria o maior dos absurdos que os tribunais do trabalho não pudessem julgar, por exemplo, um mandado de segurança impetrado contra seu presidente, numa questão administrativa, nem que ao órgão especial não pudesse ser dada competência para julgar questões administrativas internas em geral".

A competência para o mandado de segurança se dá como regra geral em razão da qualidade da autoridade coatora. Nesse sentido é a visão de *Hely Lopes Meireles*[160] que foi consagrada pelos Tribunais: "A competência para julgar mandado de segurança define-se pela categoria da autoridade coatora e pela sua sede funcional.

No mesmo sentido, sustentam *José Miguel Garcia Medina* e *Fábio Caldas de Araújo*[161]:

> "(...) é correto afirmar que a competência no mandado de segurança é definida pela qualificação da autoridade coatora (*rationae auctoritatis*). No mandado de segurança, a análise da competência exige o exame do plexo da competência atribuída à autoridade coatora, de tal forma que a primeira investigação deverá levar em consideração a esfera à qual está vinculada".

Nesse sentido também destacamos a seguinte ementa:

> Irrelevante, para fixação da competência, a matéria a ser discutida em Mandado de Segurança, posto que é em razão da autoridade da qual emanou o ato, dito lesivo, que se determina qual o Juízo a que deve ser submetida a causa[162].

Na Justiça do Trabalho, a competência para o mandado de segurança se fixa, diante da EC n. 45/04 em razão da matéria, ou seja, que o ato praticado esteja submetido à jurisdição trabalhista. O critério determinante não é a qualidade da autoridade coatora, mas sim a competência jurisdicional para desfazer o ato praticado. Desse modo, ainda que a autoridade coatora seja Municipal, Estadual ou Federal, se o ato questionado estiver sujeito à jurisdição trabalhista, a competência será da Justiça do Trabalho e não das Justiças Estadual ou Federal.

---

(158) Ensina Lúcia Figueiredo do Valle que ato administrativo "é norma concreta, emanada pelo Estado ou por quem esteja no exercício de função administrativa, que tem por finalidade criar, modificar, extinguir ou declarar relações entre este (o Estado) e o administrado, suscetível de ser contrastada pelo Poder Judiciário" (*Curso de direito administrativo*. 4. ed. São Paulo: Malheiros, 2000. p. 151-152).

(159) SILVA, Antonio Álvares da. *Op. cit.*, p. 208.

(160) MEIRELLES, Hely Lopes. *Op. cit.*, p. 65.

(161) *Mandado de segurança individual e coletivo:* comentários às Lei n. 12.016 de 7 de agosto de 2009. São Paulo: RT: 2009, p. 54.

(162) (STJ, CComp n. 17.438-MG, Rel. Min. Felix Fischer, DKI 20.10.97, p. 52.969).

Não obstante, fixada a competência material da Justiça do Trabalho, a competência funcional será a Vara do Trabalho do foro do domicílio da autoridade coatora, salvo as hipóteses de foro especial, conforme disciplinado na Constituição Federal[163].

Como bem sintetiza *Bebber*[164], "se o ato administrativo questionado envolver matéria sujeita à jurisdição da Justiça do Trabalho, a competência funcional será aferida por exclusão, segundo a autoridade apontada como coatora. Desse modo, não havendo disposição específica em contrário (como, v. g., ato de Ministro de Estado — competência do TST por aplicação analógica do art. 105, I, *b* da CF — ou do Presidente da República — competência do STF por aplicação do art. 102, I, *d*, da CF), a competência será da Justiça do Trabalho de 1º grau (CF, art. 109, VIII — aplicação analógica), com o foro determinado pelo critério territorial".

Se o ato impugnado for de autoridade judiciária, a competência está disciplinada nos arts. 678 e seguintes, da CLT e Lei n. 7.701/88, bem como nos Regimentos Internos dos TRTs e TST.

Desse modo, se o mandado de segurança, na Justiça do Trabalho for em razão de ato de autoridade judiciária, a competência será:

a) da Vara do Trabalho localizada no domicílio da autoridade coatora, salvo os casos de prerrogativa de foro por função, quanto aos mandados de segurança impetrados em face de autoridades que não façam parte do Judiciário trabalhista, se o ato praticado estiver sob o crivo da jurisdição trabalhista;

b) do TRT, se a autoridade coatora for Juiz de Vara do Trabalho, ou desembargador do próprio TRT;

c) do TST, contra atos praticados por seus próprios ministros.

## 13.4. Mandado de segurança em face de decisão interlocutória e na execução da sentença trabalhista

A doutrina e a jurisprudência, expressamente admitem a possibilidade de impetração de mandados de segurança na execução trabalhista em razão de decisões do Juiz do Trabalho que violem direito líquido e certo da parte e não sejam recorríveis por meio do Agravo de Petição.

No processo do trabalho, em razão de não haver recurso para impugnar decisões interlocutórias (art. 893, § 1º, da CLT), o mandado de segurança tem feito as

---

(163) Como destaca Júlio César Bebber: "é das Varas do Trabalho a competência para julgar mandados de segurança contra atos administrativos praticado no âmbito ou em decorrência da relação de trabalho, em que seja questionada manifestação ou omissão de autoridade pública ou agente de pessoa jurídica no exercício de atribuições do Poder Público" (A competência da Justiça do Trabalho e a nova ordem constitucional. In: COUTINHO, Grijalbo Fernandes; FAVA, Marcos Neves (Coords.). *Nova competência da Justiça do Trabalho*. São Paulo: LTr, 2005. p. 258).

(164) BEBBER, Júlio César. *Mandado de segurança. Habeas corpus. Habeas data* na Justiça do Trabalho. São Paulo: LTr, 2006. p. 31-32.

vezes do recurso em face de decisão interlocutória que viole direito líquido e certo da parte, como no deferimento de liminares em Medidas Cautelares e Antecipações de Tutela, embora, não seja esta sua finalidade constitucional[165].

Como bem destaca *Suely Ester Gitelman*[166]: "É bem verdade que em diversas ocasiões, no processo trabalhista, tal remédio legal vem sendo utilizado como sucedâneo recursal, em absoluta desarmonia aos princípios norteadores do sistema jus-laboralista".

Nesse sentido, é a visão do próprio TST, no inciso III, da Súmula n. 417 de sua jurisprudência:

> Em se tratando de execução provisória, fere direito líquido e certo do impetrante a determinação de penhora em dinheiro, quando nomeados outros bens à penhora, pois o executado tem direito a que a execução se processe da forma que lhe seja menos gravosa, nos termos do art. 620 do CPC." (ex-OJ n. 62 da SBDI-2 — inserida em 20.9.2000)

No mesmo sentido a seguinte ementa:

> Mandado de segurança — Entidade que presta serviços na área de saúde — Bloqueio de conta corrente — Inviabilidade — Oferecido bem móvel — Veículo. À penhora, não se afigura razoável, a requerimento do credor, determinar a penhora de dinheiro de pessoa jurídica que presta serviços na área de saúde, um dos direitos sociais (Constituição Federal de 1988, art. 6º, *caput*). Interpretação relativa do art. 655, inciso I, do CPC, que possibilita o não seguimento da gradação prevista no dispositivo legal por força de circunstância e tendo em vista a atividade desenvolvida pela impetrante, segundo majoritário entendimento desta Seção. Recurso ordinário em mandado de segurança provido. (TST – SBDI2 – ROMS n. 564611/99-0 – Rel. Min. José Luciano de Castilho Pereira – DJ 8.9.2000 – p. 325) (RDT 10/00 – p. 56)

## 13.5. Procedimento do mandado de segurança na Justiça do Trabalho

Na Justiça do Trabalho, o mandado de segurança, é processado pelo rito da Lei n. 12.016/09, conforme o art. 1º, da Instrução Normativa n. 27/05 do C. TST, não se aplicando o procedimento da CLT. Não obstante, aplica-se a sistemática recursal do Processo do Trabalho.

Dispõe o art. 6º da Lei n. 12.016/09:

> A petição inicial, que deverá preencher os requisitos estabelecidos pela lei processual, será apresentada em 2 (duas) vias com os documentos que instruírem a primeira reproduzidos na segunda e indicará, além da autoridade coatora, a pessoa jurídica que esta integra, à qual se acha vinculada ou da qual exerce atribuições.

---

(165) Principalmente, o mandado de segurança é manejado no processo do trabalho na fase de execução, muitas vezes de forma abusiva, dificultando a celeridade e efetividade da execução. De outro lado, há uma tolerância bem acentuada da jurisprudência, inclusive muitas vezes se aprecia o próprio mérito da questão no *mandamus*.

(166) GITELMAN, Suely Ester *et al. Competência da Justiça do Trabalho e a EC n. 45/2004*. São Paulo: Atlas, 2006. p. 57.

§ 1º No caso em que o documento necessário à prova do alegado se ache em repartição ou estabelecimento público ou em poder de autoridade que se recuse a fornecê-lo por certidão ou de terceiro, o juiz ordenará, preliminarmente, por ofício, a exibição desse documento em original ou em cópia autêntica e marcará, para o cumprimento da ordem, o prazo de 10 (dez) dias. O escrivão extrairá cópias do documento para juntá-las à segunda via da petição.

§ 2º Se a autoridade que tiver procedido dessa maneira for a própria coatora, a ordem far-se-á no próprio instrumento da notificação.

§ 3º Considera-se autoridade coatora aquela que tenha praticado o ato impugnado ou da qual emane a ordem para a sua prática.

§ 4º (VETADO).

§ 5º Denega-se o mandado de segurança nos casos previstos pelo *art. 267 da Lei n. 5.869, de 11 de janeiro de 1973 — Código de Processo Civil*.

§ 6º O pedido de mandado de segurança poderá ser renovado dentro do prazo decadencial, se a decisão denegatória não lhe houver apreciado o mérito.

A petição inicial do Mandado de Segurança deve observar os requisitos dos arts. 282 e 283 do CPC, inclusive com a indicação do valor da causa, não se aplicando o art. 840 da CLT.

Há entendimentos no sentido de que o mandado de segurança impetrado em face de ato judicial não há necessidade de indicação do valor da causa, pois a autoridade judiciária está isenta de custas. Além disso, não há conteúdo econômico do pedido. Nesse sentido, destaca-se a seguinte ementa:

> Mandado de segurança — Valor da causa. O mandado de segurança que visa apenas à fixação de competência para a apreciação de reclamatória trabalhista não tem conteúdo pecuniário, pelo que é totalmente despicienda a atribuição de valor à causa, além do que o ato impugnado decorre de manifestação judicial de autoridade vinculada à União, e esta é isenta de custas. (TRT – 12ª R – SBDI – Ac. n. 12797/2002 – Rel. Godoy Ilha – DJSC 13.11.2002 – p. 160) (RDT n. 12 – dezembro de 2002)

Não obstante, pensamos que a inicial do mandado de segurança deve contar o valor da causa, pois a toda causa deve contar um valor ainda que ela não tenha conteúdo econômico, nos termos do art. 258, do CPC, *in verbis*:

> A toda causa será atribuído um valor certo, ainda que não tenha conteúdo econômico imediato.

Outrossim, embora silente a Lei, aplica-se ao Mandado de Segurança, o regime das custas judiciais, previstas na CLT.

Nesse sentido dispõe a OJ n. 148, da SDI-II, do C. TST, *in verbis*:

> Custas. Mandado de Segurança. Recurso Ordinário. Exigência do pagamento. (Conversão da Orientação Jurisprudencial n. 29 da SDI-1 – Res. 129/2005, DJ 20.4.2005). É responsabilidade da parte, para interpor recurso ordinário em mandado de segurança, a comprovação do recolhimento das custas processuais no prazo recursal, sob pena de deserção.(ex-OJ n. 29 – Inserida em 3.6.1996)

Os documentos devem vir acompanhados de cópias juntamente com a inicial. O próprio advogado poderá declarar a autenticidade dos documentos, nos termos do art. 830, com a redação dada pela Lei n. 11.925/09, *in verbis*:

> O documento em cópia oferecido para prova poderá ser declarado autêntico pelo próprio advogado, sob sua responsabilidade pessoal. Parágrafo único. Impugnada a autenticidade da cópia, a parte que a produziu será intimada para apresentar cópias devidamente autenticadas ou o original, cabendo ao serventuário competente proceder à conferência e certificar a conformidade entre esses documentos.

Doutrina e jurisprudência têm exigido que se indique o dispositivo legal violado na petição inicial do Mandado de Segurança, não se aplicando no aspecto o princípio *juria novit curia*.

Conforme o art. 7º da Lei n. 12.016/09: "Ao despachar a inicial, o juiz ordenará: I – que se notifique o coator do conteúdo da petição inicial, enviando-lhe a segunda via apresentada com as cópias dos documentos, a fim de que, no prazo de 10 (dez) dias, preste as informações; II – que se dê ciência do feito ao órgão de representação judicial da pessoa jurídica interessada, enviando-lhe cópia da inicial sem documentos, para que, querendo, ingresse no feito; III – que se suspenda o ato que deu motivo ao pedido, quando houver fundamento relevante e do ato impugnado puder resultar a ineficácia da medida, caso seja finalmente deferida, sendo facultado exigir do impetrante caução, fiança ou depósito, com o objetivo de assegurar o ressarcimento à pessoa jurídica. § 1º Da decisão do juiz de primeiro grau que conceder ou denegar a liminar caberá agravo de instrumento, observado o disposto na Lei n. 5.869, de 11 de janeiro de 1973 – Código de Processo Civil. § 2º Não será concedida medida liminar que tenha por objeto a compensação de créditos tributários, a entrega de mercadorias e bens provenientes do exterior, a reclassificação ou equiparação de servidores públicos e a concessão de aumento ou a extensão de vantagens ou pagamento de qualquer natureza. § 3º Os efeitos da medida liminar, salvo se revogada ou cassada, persistirão até a prolação da sentença. § 4º Deferida a medida liminar, o processo terá prioridade para julgamento. § 5º As vedações relacionadas com a concessão de liminares previstas neste artigo se estendem à tutela antecipada a que se referem os arts. 273 e 461 da Lei n. 5.869, de 11 janeiro de 1973 – Código de Processo Civil".

Consoante o referido dispositivo legal, a autoridade coatora será oficiada para responder ao mandado de segurança em dez dias, podendo o órgão julgador do mandado de segurança, de ofício, ou havendo requerimento, determinar, liminarmente, sem a oitiva da autoridade coatora, a suspensão do ato impugnado quando for relevante o fundamento ou puder resultar ineficácia da medida.

A liminar pode ser concedida, discricionariamente pelo órgão julgador desde que presentes o *fumus boni juris* e o *periculum in mora*.

Concedida ou não a liminar, o processo prosseguirá até o julgamento final.

Por envolver o mandado de segurança matéria de direito e ser a prova nele produzida documental e pré-constituída, não há espaço para aplicação dos efeitos da revelia (v. arts. 319 e seguintes do CPC e art. 844, da CLT). Por isso, ainda que a autoridade coatora não preste as informações devidas, não haverá possibilidade de presunção de veracidade da matéria entabulada no *mandamus*.

O Ministério Público do Trabalho será sempre ouvido nas ações de mandado de segurança no âmbito da competência da Justiça do Trabalho.

Nos termos do art. 5º da Lei n. 12.016/2009: "Não se concederá mandado de segurança quando se tratar: I – de ato do qual caiba recurso administrativo com efeito suspensivo, independentemente de caução; II – de decisão judicial da qual caiba recurso com efeito suspensivo; III – de decisão judicial transitada em julgado".

Diante do referido dispositivo legal, não será cabível o mandado de segurança, se o ato impugnado for passível de questionamento por recurso administrativo com efeito suspensivo, de decisão judicial que admita recurso com efeito suspensivo e de decisão judicial transitada em julgado. Nota-se que a lei, acertadamente, restringe a utilização do mandado de segurança, quando a decisão, judicial ou administrativa, for passível de impugnação por medida recursal específica. Além disso, se o ato objeto de questionamento já tiver adquirido a qualidade da coisa julgada material, também não será possível de impugnação pela via do mandado de segurança, uma vez que a coisa julgada material tem presunção de legitimidade.

A jurisprudência do Supremo Tribunal Federal já havia pacificado nesse sentido, conforme a Súmula n. 267, *in verbis*:

> Não cabe mandado de segurança contra ato judicial passível de recurso ou correição.

No mesmo sentido é a OJ n. 99, da SDI-II, do C. TST:

> Mandado de segurança. Esgotamento de todas as vias processuais disponíveis. Trânsito em julgado formal. Descabimento. (Inserida em 27.9.2002). Esgotadas as vias recursais existentes, não cabe mandado de segurança.

O inciso II do art. 5º da Lei n. 12.016/09 que possibilita a impetração de mandado de segurança em face de decisão judicial da qual caiba recurso com efeito suspensivo não pode ser aplicado integralmente ao Processo do Trabalho, pois, como visto, os recursos no processo do trabalho têm apenas o efeito devolutivo (art. 899, da CLT).

Desse modo, não é possível o cabimento do Mandado de Segurança para questionar decisões judiciais trabalhistas que são recorríveis por medidas recursais previstas na lei, mas que não tenham efeito suspensivo. Aplicação literal da Lei do Mandado de Segurança possibilita que todas as decisões judiciais trabalhistas, praticamente, desafiem o Mandado de Segurança, o que atenta contra o sitema recursal trabalhista, criando instabilidade, demora na prestação jurisdicional e desprestígio do processo do trabalho. Além disso, o Mandado de Segurança não pode, e não deve, no Processo do Trabalho, fazer as vezes de um recurso que não está previsto em lei.

Mesmo sendo aplicável, na Justiça do Trabalho, o procedimento do Mandado de Segurança previsto na Lei n. 12.016/09, a sistemática do cabimento do mandado de segurança na esfera recursal trabalhista deve ser compatibilizada com os princípios dos recursos trabalhistas.

Nesse sentido, concordamos com os sólidos argumentos lançados por *Paulo Eduardo Vieira de Oliveira*[167]:

"Há que se diferenciar, aqui, entre o Processo Civil e o Processo do Trabalho, vez que se trata de realidades completamente distintas".

No Processo Civil, no qual a regra é a de que os recursos são recebidos com efeito suspensivo e devolutivo, a intenção da norma constante do inciso II do art. 5º é a de que o recurso munido com efeito suspensivo tem aptidão para evitar lesão ou ameaça ao direito do impetrante, de sorte que não pode produzir qualquer efeito imediato em prejuízo do recorrente.

No Processo do Trabalho, por sua vez, pode parecer, à primeira vista, que houve amplicação das hipóteses de cabimento do mandado de segurança, dada a inexistência de qualquer recurso judicial com efeito suspensivo, sendo os recursos recebidos no efeito meramente devolutivo.

Ocorre que isso, na verdade, não aconteceu.

Referido dispositivo, para o Processo do Trabalho, não pode representar a ampliação das hipóteses de cabimento do mandado de segurança de forma generalizada, a partir do pressuposto de que os recursos, neste ramo do Direito, são recebidos apenas com efeito devolutivo (art. 899 da CLT).

Admitir, portanto, no Processo do Trabalho, que apenas não caberia mandado de segurança nas hipóteses em que o recurso fosse recebido no efeito suspensivo quebraria a razão de ser da própria peculiaridade do Processo do Trabalho e seria, de outra forma, admitir o cabimento do *mandamus* em todas as hipóteses recursais o que, em última análise, violaria o princípio da unirrecorribilidade.

Destarte, entendemos que, no Processo do Trabalho, continuará não se concedendo mandado de segurança, quando da decisão houver recurso previsto na Lei processual, visto que a nova norma deve ser interpretada de acordo com as peculiaridades deste ramo do Judiciário.

Nos termos do art. 21 da Lei n. 12.016/09, *aplicam-se ao mandado de segurança os arts. 46 a 49 da Lei n. 5.869, de 11 de janeiro de 1973 – Código de Processo Civil.*

Desse modo, ao mandado de segurança, aplica-se o regime de o litisconsórcio previsto no Código de Processo Civil.

Conforme já sedimentado na jurisprudência, há necessidade de o litisconsorte passivo necessário figurar no processo sob consequência de nulidade. Será litisconsorte

---

(167) Comentários à nova lei do mandado de segurança (Lei n. 12.016/2009). In: *Revista do TRT da 2ª Região*, São Paulo, Órgão Oficial, n. 3/2009, p. 372.

necessário, a pessoa física ou jurídica que foi beneficiada pelo ato praticado pela autoridade questionado no mandado de segurança.

Nesse sentido dispõe a Súmula n. 631 do STF, *in verbis*:

> Extingue-se o processo de mandado de segurança se o impetrante não promove, no prazo assinado, a citação do litisconsorte passivo necessário.

Nos termos do art. 47 do CPC:

> Há litisconsórcio necessário, quando, por disposição de lei ou pela natureza da relação jurídica, o juiz tiver de decidir a lide de modo uniforme para todas as partes; caso em que a eficácia da sentença dependerá da citação de todos os litisconsortes no processo. Parágrafo único. O juiz ordenará ao autor que promova a citação de todos os litisconsortes necessários, dentro do prazo que assinar, sob pena de declarar extinto o processo.

Discute-se na doutrina como resolver o impasse se a lei exigir que mais de um litigante figure no polo ativo da relação jurídica processual como condição de validade do processo, uma vez que ninguém pode ser obrigado a litigar contra sua vontade. Nesta hipótese, têm entendido a doutrina e a jurisprudência que basta que o litisconsorte necessário que deve figurar no polo ativo seja citado para participar do processo, para que o requisito da lei esteja suprido.

Nos termos do art. 25 da Lei n. 12.016/09, *não cabem, no processo de mandado de segurança, a interposição de embargos infringentes e a condenação ao pagamento dos honorários advocatícios, sem prejuízo da aplicação de sanções no caso de litigância de má-fé.*

O referido dispositivo deixa claro o entendimento sedimentado no Supremo Tribunal Federal[168] no sentido de não ser cabível honorários advocatícios na ação de mandado de segurança.

No nosso sentir, não agiu com acerto o legislador no aspecto, pois o mandado de segurança é ação judicial que exige a presença do advogado. Por isso, não há motivos para não serem cabíveis os honorários advocatícios. A inexistência da verba honorária desprestigia a atuação do advogado, que é essencial à Administração da Justiça (art. 133 da CF).

## 13.6. Da liminar e da recorribilidade da decisão que a aprecia

Dispõe art. 7º da Lei n. 12.016/2009:

> Ao despachar a inicial, o juiz ordenará: I – que se notifique o coator do conteúdo da petição inicial, enviando-lhe a segunda via apresentada com as cópias dos documentos, a fim de que, no prazo de 10 (dez) dias, preste as informações; II – que se dê ciência do feito ao órgão de representação judicial da pessoa jurídica interessada, enviando-lhe cópia da inicial sem documentos, para que, querendo, ingresse no feito; III – que

---

(168) Súmula n. 512 do STF: "Não cabe condenação em honorários de advogado na ação de mandado de segurança".

se suspenda o ato que deu motivo ao pedido, quando houver fundamento relevante e do ato impugnado puder resultar a ineficácia da medida, caso seja finalmente deferida, sendo facultado exigir do impetrante caução, fiança ou depósito, com o objetivo de assegurar o ressarcimento à pessoa jurídica. § 1º Da decisão do juiz de primeiro grau que conceder ou denegar a liminar caberá agravo de instrumento, observado o disposto na *Lei n. 5.869*, de 11 de janeiro de 1973 – Código de Processo Civil. § 2º Não será concedida medida liminar que tenha por objeto a compensação de créditos tributários, a entrega de mercadorias e bens provenientes do exterior, a reclassificação ou equiparação de servidores públicos e a concessão de aumento ou a extensão de vantagens ou pagamento de qualquer natureza. § 3º Os efeitos da medida liminar, salvo se revogada ou cassada, persistirão até a prolação da sentença. § 4º Deferida a medida liminar, o processo terá prioridade para julgamento. § 5º As vedações relacionadas com a concessão de liminares previstas neste artigo se estendem à tutela antecipada a que se referem os arts. *273* e *461* da *Lei n. 5.869*, de 11 janeiro de 1973 – Código de Processo Civil.

Conforme o referido dispositivo, da decisão do juiz de primeiro grau que conceder ou denegar a liminar caberá agravo de instrumento, observado o disposto na *Lei n. 5.869*, de 11 de janeiro de 1973 – Código de Processo Civil.

Desse modo, ficou expressamente previsto o agravo de instrumento para impugnação da decisão que concede ou rejeita a liminar. Inegavelmente, a decisão que concede ou rejeita a liminar tem "status" de decisão interlocutória, nos termos do art. 162, § 2º, do CPC:

> Decisão interlocutória é o ato pelo qual o juiz, no curso do processo, resolve questão incidente.

A sistemática recursal da Lei do Mandado de Segurança deve ser compatibilizada com a sistemática recursal trabalhista.

No processo do trabalho, como é sabido, as decisões interlocutórias não são recorríveis, do art. 893, § 1º, da CLT, que assim dispõe:

> Os incidentes do processo são resolvidos pelo próprio Juízo ou Tribunal, admitindo-se a apreciação do merecimento das decisões interlocutórias somente em recursos da decisão definitiva.

No Processo do Trabalho, há previsão nos Regimentos Internos dos Tribunais sobre o cabimento do Agravo Regimental para atacar decisão do relator no Mandado de Segurança que rejeita ou concede a liminar, não sendo cabível novo mandado de segurança para tal finalidade.

Nesse sentido dispõe a OJ n. 140, da SDI-II do C. TST, *in verbis*:

> Mandado de segurança contra liminar, concedida ou denegada em outra segurança. Incabível. (Art. 8º da Lei n. 1.533/51) (DJ 4.5.2004). Não cabe mandado de segurança para impugnar despacho que acolheu ou indeferiu liminar em outro mandado de segurança.

Diante da EC n. 45/04, conforme já destacado, o Mandado de Segurança pode ser cabível em face de autoridade diversa da judiciária no primeiro grau de jurisdição.

Desse modo, não há, na lei processual trabalhista, recurso cabível para a decisão do Juiz do Trabalho de 1º grau que aprecia ou indefere a liminar no Manado de Segurança, uma vez que se trata de decisão interlocutória. Portanto, cabível, no aspecto, novo mandado de segurança para impugnar a decisão que aprecia a liminar, não se aplicando a OJ n. 140, da SDI-II.

Nesse sentido, é a posição de *Carlos Henrique Bezerra Leite*[169] que pensamos correta, *in verbis*:

> "(...) por força da EC n. 45/04, o Juiz da Vara do Trabalho também passou a ser competente para processar e julgar mandado de segurança, mormente se este tiver por objeto atacar decisão dos órgãos de fiscalização do trabalho (CF, art. 114, VII). Neste caso, da decisão do Juiz de primeira instância que deferir ou indeferir liminar em mandado de segurança, por ser tipicamente interlocutória e não desafiar nenhum recurso, afigura-se-nos cabível, em tese, o mandado de segurança para atacá-la".

## 13.7. Da recorribilidade da decisão no mandado de segurança

Dispõe o art. 14 da Lei n. 12.016/09:

> Da sentença, denegando ou concedendo o mandado, cabe apelação. § 1º Concedida a segurança, a sentença estará sujeita obrigatoriamente ao duplo grau de jurisdição. § 2º Estende-se à autoridade coatora o direito de recorrer. § 3º A sentença que conceder o mandado de segurança pode ser executada provisoriamente, salvo nos casos em que for vedada a concessão da medida liminar. § 4º O pagamento de vencimentos e vantagens pecuniárias assegurados em sentença concessiva de mandado de segurança a servidor público da administração direta ou autárquica federal, estadual e municipal somente será efetuado relativamente às prestações que se vencerem a contar da data do ajuizamento da inicial.

No Processo do Trabalho, das decisões dos mandados de segurança dos Juízes das Varas do Trabalho, caberá Recurso Ordinário para o TRT das decisões dos Juízes dos TRTs em mandados de segurança caberá Recurso Ordinário para o TST.

A sentença que concede a ordem de segurança está sujeita ao duplo grau de jurisdição obrigatório. Enquanto a decisão não for confirmada pela instância, não haverá o trânsito em julgado da decisão.

Nos termos do § 2º do referido dispositivo legal estende-se à autoridade coatora o direito de recorrer, pondo fim às discussões a respeito. Antes da referida lei, havia entendimentos de que a autoridade coatora recorreria como terceira interessada, nos termos do § 1º do art. 499 da CLT. Agora, pensamos que a legitimidade da autoridade coatora para recorrer é direta, com status de parte processual, para questionar quaisquer decisões que lhe sejam desfavoráveis no processo.

---

(169) BEZERRA LEITE, Carlos Henrique. *Curso de direito processual do trabalho*. 7. ed. São Paulo: LTr, 2009. p. 1.019.

## 13.8. Do prazo para impetração do mandado de segurança

Dispõe o art. 23 da Lei n. 12.016/09:

> O direito de requerer mandado de segurança extinguir- se-á decorridos 120 (cento e vinte) dias, contados da ciência, pelo interessado, do ato impugnado.

A lei disciplina apenas o prazo para o mandado de segurança repressivo, ou seja, quando já houve lesão concreta ao direito. Desse modo, o prazo de 120 dias começa a fluir a partir da ciência do interessado do ato impugnado.

Para o mandado de segurança preventivo, onde não houve a lesão concreta ao direito, não há prazo estipulado para sua impetração.

Parte da doutrina sustenta não ter sido recepcionado o prazo de 120 dias pela Constituição Federal, pois o mandado de segurança é uma ação constitucional e por ter previsão no art. 5º da CF é um direito fundamental do cidadão. Como a Constituição não fixa prazo, a lei ordinária não pode fazê-lo.

Nesse sentido defende *Cassio Scarpinella Bueno*[170]:

> "Como a nova regra pretende, a exemplo das que eram anteriores, limitar o exercício do mandado de segurança a determinado prazo, não há como negar a sua inconstitucionalidade. A previsão do mandado de segurança como direito e garantia individual e coletivo não aceita, máxime diante do que se extrai do § 1º do art. 5º, da Constituição Federal, limitações temporais".

Pensamos que o prazo de 120 dias restou recepcionado pela Constituição Federal, pois é um prazo razoável que não impede o exercício do mandado de segurança.

No mesmo sentido foi pacificada a jurisprudência do Supremo Tribunal Federal, conforme sua Súmula n. 632 do Supremo Tribunal Federal:

> É constitucional lei que fixa o prazo de decadência para a impetração de mandado de segurança.

Outrossim, este prazo, como já sedimentado em doutrina, tem natureza decadencial, não sendo objeto de suspensão ou prorrogação.

Nesse sentido destacam-se as seguintes ementas:

> Mandado de segurança — Decadência. Impetração do mandado de segurança após transcorrido o prazo decadencial previsto no art. 18 da Lei n. 1.533/51. Decadência — Remessa necessária a que se nega provimento. (TST – SBDI-2 – RXOFMS n. 436/2003.909.09.00-1 – Rel. Gelson de Azevedo – DJ 6.5.05 – p. 729) (RDT n. 06 – Junho de 2005)

> Recurso ordinário — Mandado de segurança — Decadência — Início da contagem do prazo — Primeiro ato que firmou a tese recorrida. Mandado de segurança impetrado contra ato do Juiz, mediante o qual se indeferiu pedido de reconsideração da decisão proferida em liquidação de sentença determinando que a atualização monetária do

---

(170) BUENO, Cassio Scarpinella. *A nova lei do mandado de segurança*. São Paulo: Saraiva, 2009. p. 142.

débito observasse o mês trabalhado pelos reclamantes e que os descontos fiscais e previdenciários se fizessem mês a mês. Ocorre que, nos termos da pacífica jurisprudência desta Corte, ainda que posteriormente ao ato que firmou a tese recorrida tenham sido proferidas outras decisões, a contagem do prazo decadencial, para impetração do mandado de segurança, tem como marco inicial o primeiro ato dito coator (OJ n. 127/SBDI-2). Impetrado o remédio heróico, após ultrapassados 120 dias da ciência pela interessada do ato impugnado, deve ser mantida a decadência declarada no acórdão recorrido. Recurso ordinário não provido. (TST – SBDI-2 – ROMS n. 10.207/2002.000.02.00-1 – Rel. Min. José Simpliciano F. de F. Fernandes – DJ 17.6.05 – p. 782) (RDT n. 07 – Julho de 2005)

## 13.9. Do Mandado de Segurança Coletivo

Dispõe o art. 5º, LXX, da Constituição Federal: *o mandado de segurança coletivo pode ser impetrado por: a) partido político com representação no Congresso Nacional; b) organização sindical, entidade de classe ou associação legalmente constituída e em funcionamento há pelo menos um ano, em defesa dos interesses de seus membros ou associados.*

A Constituição de 1988 disciplinou o mandado de segurança coletivo como um direito fundamental do cidadão, destacando a moderna tendência do acesso coletivo à justiça quando há violação de direito líquido e certo de uma coletividade de pessoas. O texto constitucional tem aplicação imediata, entretanto, somente em 2009, a legislação ordinária veio disciplinar o mandado de segurança coletivo.

Dispõe o art. 21 da Lei n. 12.016/09: "O mandado de segurança coletivo pode ser impetrado por partido político com representação no Congresso Nacional, na defesa de seus interesses legítimos relativos a seus integrantes ou à finalidade partidária, ou por organização sindical, entidade de classe ou associação legalmente constituída e em funcionamento há, pelo menos, 1 (um) ano, em defesa de direitos líquidos e certos da totalidade, ou de parte, dos seus membros ou associados, na forma dos seus estatutos e desde que pertinentes às suas finalidades, dispensada, para tanto, autorização especial. Parágrafo único. Os direitos protegidos pelo mandado de segurança coletivo podem ser: I – coletivos, assim entendidos, para efeito desta Lei, os transindividuais, de natureza indivisível, de que seja titular grupo ou categoria de pessoas ligadas entre si ou com a parte contrária por uma relação jurídica básica; II – individuais homogêneos, assim entendidos, para efeito desta Lei, os decorrentes de origem comum e da atividade ou situação específica da totalidade ou de parte dos associados ou membros do impetrante".

O referido texto legal dispõe sobre os entes legitimados para impetração, quais sejam: a) partido político com representação no Congresso Nacional, na defesa de seus interesses legítimos relativos a seus integrantes ou à finalidade partidária; b) organização sindical, entidade de classe ou associação legalmente constituída e em funcionamento há, pelo menos, 1 (um) ano, em defesa de direitos líquidos e certos da totalidade, ou de parte, dos seus membros ou associados, na forma dos seus estatutos e desde que pertinentes às suas finalidades, dispensada, para tanto, autorização especial.

Conforme o art. 21 da Lei n. 12.016/09, podem ser defendidos, por meio de mandado de segurança coletivo, os direitos:

a) *coletivos:* assim entendidos, para efeito desta Lei, os transindividuais, de natureza indivisível, de que seja titular grupo ou categoria de pessoas ligadas entre si ou com a parte contrária por uma relação jurídica básica.

Como já nos pronunciamos anteriormente, pensamos ser interesse coletivo para fins trabalhistas: o que transcende o aspecto individual para irradiar efeitos sobre um grupo ou categoria de pessoas, sendo uma espécie de soma de direitos individuais, mas também um direito próprio do grupo, cujos titulares são indeterminados, mas que podem ser determinados, ligados entre si ou com a parte contrária por uma relação jurídica base.

b) *individuais homogêneos:* assim entendidos, para efeito desta Lei, os decorrentes de origem comum e da atividade ou situação específica da totalidade ou de parte dos associados ou membros do impetrante.

O interesse individual homogêneo, no nosso sentir, é o que tem origem comum, envolvendo diversas pessoas determinadas, interligadas entre si por uma relação fática, buscando a mesma pretensão. Trata-se de interesse divisível e disponível, entretanto a soma dos interesses individuais adquire feição coletiva, configurando uma espécie de feixe de direitos individuais.

Dispõe o art. 22 da Lei n. 12.016/09:

> No mandado de segurança coletivo, a sentença fará coisa julgada limitadamente aos membros do grupo ou categoria substituídos pelo impetrante.
>
> § 1º O mandado de segurança coletivo não induz litispendência para as ações individuais, mas os efeitos da coisa julgada não beneficiarão o impetrante a título individual se não requerer a desistência de seu mandado de segurança no prazo de 30 (trinta) dias a contar da ciência comprovada da impetração da segurança coletiva.
>
> § 2º No mandado de segurança coletivo, a liminar só poderá ser concedida após a audiência do representante judicial da pessoa jurídica de direito público, que deverá se pronunciar no prazo de 72 (setenta e duas) horas.

O referido dispositivo destaca os efeitos da coisa julgada no mandado de segurança coletivo no sentido de beneficiar o acesso à justiça dos membros da categoria (direito coletivo) ou substituídos processualmente (direito individual homogêneo), não havendo litispendência entre o mandado de segurança coletivo e o individual. Entretanto, para os impetrantes de mandados de segurança individuais se beneficiarem da decisão no mandado de segurança coletivo, devem requerer a desistência de suas ações individuais no prazo de 30 dias a contar da ciência comprovada da impetração da segurança coletiva.

Pensamos, no aspecto, que melhor seria a lei tivesse previsto a possibilidade de suspensão das ações de mandado de segurança individuais para a extensão do benefício da decisão no mandado de segurança coletivo, a fim de facilitar o acesso à justiça dos lesados de forma individual, como ocorre com as ações coletivas em geral.

Sendo o ato questionado no mandado de segurança coletivo relativo à matéria sujeita à jurisdição trabalhista, a competência será da Justiça do Trabalho (art. 114, IV, da CF).

As regras de competência para o mandado de segurança individual são as mesmas para o mandado de segurança coletivo.

## 14. O *habeas data* na Justiça do Trabalho

Na definição de *Alexandre de Moraes*[171]:

"Pode-se definir o *habeas data* como direito que assiste a todas as pessoas de solicitar judicialmente a exibição dos registros públicos ou privados, nos quais estejam incluídos seus dados pessoais, para que deles tome conhecimento e se necessário for, sejam retificados os dados inexatos ou obsoletos ou que impliquem em discriminação".

Diz o inciso LXXII da Constituição Federal: "Conceder-se-á *habeas data:* a) para assegurar o conhecimento de informações relativas à pessoa do impetrante, constantes de registros ou bancos de dados de entidades governamentais ou de caráter público; b) para retificação de dados, quando não se prefira fazê-lo por processo sigiloso, judicial ou administrativo".

No mesmo sentido dispõe o art. 7º da Lei n. 9.507/97:

> Conceder-se-á *habeas data*: I – para assegurar o conhecimento de informações relativas à pessoa do impetrante, constantes de registro ou banco de dados de entidades governamentais ou de caráter público; II – para a retificação de dados, quando não se prefira fazê-lo por processo sigiloso, judicial ou administrativo; III – para a anotação nos assentamentos do interessado, de contestação ou explicação sobre dado verdadeiro mas justificável e que esteja sob pendência judicial ou amigável.

O *habeas data* tem raríssima utilização, pois na maioria dos casos o mandado de segurança resolve o problema. Na esfera trabalhista, por exemplo, podem ocorrer hipóteses de utilização como por exemplo: um determinado empregador que não tem acesso a uma lista de "maus empregadores" do Ministério do Trabalho[172], ou um servidor celetista que não tem acesso ao seu prontuário no Estado.

Em face de empregador (pessoa física ou jurídica de direito privado)[173], diante da redação do texto constitucional, não cabe o *habeas data*. Como destaca

---

(171) MORAES, Alexandre. *Direito constitucional*. 15. ed. São Paulo: Atlas, 2004. p. 154.

(172) Nesse sentido destaca Júlio César Bebber: "Dar-se-á *habeas data*, entretanto, para conhecimento, retificação e complementação de informações, bem como para anotação de contestação ou explicação, sobre dados registrados pelo Ministério do Trabalho e Emprego constantes do *'cadastro de empregadores que tenham mantido trabalhadores em condições análogas à de escravo'* (Portaria n. 540 de 15.10.2004)" (*Mandado de segurança. Habeas corpus. Habeas data* na Justiça do Trabalho. São Paulo: LTr, 2006. p. 228).

(173) Nesse sentido a seguinte ementa: "*Habeas data*. Ilegitimidade passiva do Banco do Brasil S.A. Para revelação a ex-empregada, do conteúdo da ficha de pessoal, por não se tratar, no caso, de registro de caráter público, nem atual o impetrado na condição de entidade governamental" (RE n. 165.304-MG – TP – Rel. Min. Octavio Gallotti – DJU 15.12.2000 – p. 105).

*Sérgio Pinto Martins*[174]: "Se a Justiça do Trabalho fosse competente para analisar questões de funcionários públicos, seria razoável a retificação de banco de dados de entidades governamentais ou de caráter público (art. 5º, LXXII, da Lei Maior). O empregador não tem esse banco de dados ou informações constantes de registros públicos. Seus dados ou registros são privados. A Lei n. 9.507/97 mostra que o banco de dados é público. Faz referência à autoridade coatora, que é um agente público e não privado. Não penso que o *habeas data* servirá para obtenção de dados da empresa para fins do estabelecimento de participação nos lucros. O empregado poderá se utilizar de medida cautelar de exibição de documentos para obter certas informações da empresa constantes de documentos".

Quanto ao procedimento do *habeas data* na Justiça do Trabalho, aplica-se a Lei n. 9.507/97, por ser uma ação constitucional de natureza civil regida por lei especial, conforme o art. 1º, da Instrução Normativa n. 27/05 do C. TST.

A petição inicial, que deverá preencher os requisitos dos arts. 282 a 285 do Código de Processo Civil será apresentada em duas vias, e os documentos que instruírem a primeira serão reproduzidos por cópia na segunda. Parágrafo único. A petição inicial deverá ser instruída com prova: I – da recusa ao acesso às informações ou do decurso de mais de dez dias sem decisão; II – da recusa em fazer-se a retificação ou do decurso de mais de quinze dias, sem decisão; ou III – da recusa em fazer-se a anotação a que se refere o § 2º do art. 4º ou do decurso de mais de quinze dias sem decisão (art. 8º, da Lei n. 9.507/97).

Nos termos do art. 9º da Lei n. 9.507/97, ao despachar a inicial, o Juiz ordenará que se notifique o coator do conteúdo da petição, entregando-lhe a segunda via apresentada pelo impetrante, com as cópias dos documentos, a fim de que, no prazo de dez dias, preste as informações que julgar necessárias.

Findo o prazo mencionado no artigo acima, o Juiz ouvirá o Ministério Público do Trabalho e prolatará a decisão.

Conforme o art. 13 da Lei n. 9.507/97, na decisão, se julgar procedente o pedido, o Juiz marcará data e horário para que o coator: I – apresente ao impetrante as informações a seu respeito, constantes de registros ou bancos de dados; ou II – apresente em juízo a prova da retificação ou da anotação feita nos assentamentos do impetrante.

## 15. Ações Possessórias na Justiça do Trabalho

Não há uniformidade na doutrina sobre o conceito de posse. Há a teoria subjetiva e a teoria objetiva.

Como nos ensina *Antonio Carlos Marcato*[175]:

"Para os subjetivistas, a posse é, concomitantemente, um fato e um direito; fato enquanto considerada em si mesmo; direito, quando analisada à luz dos efeitos

---

(174) MARTINS, Sérgio Pinto. Competência da Justiça do Trabalho para analisar mandados de segurança, *habeas corpus* e *habeas data*. In: *Revista Legislação do Trabalho*. São Paulo: LTr, ano 69, v. 7, 2005. p. 180.

(175) *Procedimentos especiais*. 14. ed. São Paulo: Atlas, 2010. p. 139.

que produz; já os objetivistas identificam-na como direito, posto representar um interesse juridicamente protegido. Hodiernamente, a doutrina inclana-se para a posição objetivista, perdurando ainda dissenco, contudo, se se trata de direito real ou pessoal".

O Código de Processo Civil dedica o capítulo V inserido nos Procedimentos Especiais de Jurisdição Contenciosa, às ações possessórias.

Dispõe o art. 926 do CPC:

> O possuidor tem direito a ser mantido na posse em caso de turbação e reintegrado no de esbulho.

O turbador perturba, limita o livre exercício da posse pelo seu legítimo titular, sem implicar tal perturbação, contudo, a perda daquela. Finalmente, a mais grave ofensa à posse é o esbulho, a espoliação, a perda da posse em virtude da ofensa consumada pelo terceiro[176].

Sempre houve dicussões sobre as ações possessórias na Justiça do Trabalho.

A Justiça do Trabalho convive com ações possessórias que guardam nexo causal com as relações de trabalho ou de emprego. Como exemplos típicos, temos o da moradia cedida pelo empregador para o empregado caseiro, para melhor comodidade na prestação do trabalho, ou a residência concedida a um alto empregado para exercer sua função fora do seu domicílio, ou até mesmo a moradia concedida como salário *in natura* (art. 458, da CLT). Uma vez cessado o vínculo de emprego, muitas vezes, diante da recusa do empregado em devolver a moradia, o empregador ingressa com reclamações trabalhistas ou reconvenções para a reintegração da posse.

A competência material para as ações possessórias que sejam oriundas ou decorrentes das relações de trabalho ou de emprego é da Justiça do Trabalho, nos termos dos incisos I e IX do art. 114 da CLT.

Nesse sentido, vale destacar as seguintes ementas:

> Conflito positivo de competência — Reintegração de posse — Reclamação trabalhista — Comodato — Relação de trabalho. Compete à Justiça do Trabalho apreciar e julgar controvérsia relativa à posse do imóvel cedido em comodato para moradia durante o contrato de trabalho, entendimento firmado em virtude das alterações introduzidas pela Emenda Constitucional n. 45/04, art. 114, inciso VI, da Constituição Federal. Conflito conhecido para declarar competente o Juízo da Vara do Trabalho de Araucária/PR. (STJ CC 57.524 – PR (2005/214814-0) – Ac. 2ª S., 27.9.06 – Relator: Ministro Carlos Alberto Menezes Direito. In: *Revista LTr* 70-11/1365)

Cobrança de aluguéis referentes a período em que ex-empregado ocupou imóvel pertencente ao seu ex-empregador após a rescisão do contrato de trabalho. Competência da Justiça do Trabalho.

> Ementa: Justiça do Trabalho — Cobrança de aluguéis referentes a período em que ex-empregado ocupou imóvel pertencente ao seu ex-empregador após a rescisão do contrato de trabalho — Competência. É da Justiça do Trabalho a competência para

---

(176) MARCATO. Antonio Carlos. *Procedimentos especiais*. 14. ed. São Paulo: Atlas, 2010. p. 148.

apreciar questão relativa à cobrança de indenização perseguida por empresa, referente ao período em que ex-empregado permaneceu em imóvel a ela pertencente após o término da relação de trabalho, desde que essa condição tenha constado expressamente entre as cláusulas extintas contratuais, conforme a atual redação do art. 114, I, da Constituição da Republicana de 1988. (TRT 15ª Reg. (Campinas) Proc. 102700-47.2009.5.15.0147 RO (AC. 42700/10-PATR, 9ª C.) – Rel. Gérson Lacerda Pistori. DEJT 22.7.10, p. 638. In: *Suplemento de Jurisprudência LTr* n. 35/2010, p. 274)

No mesmo sentido, praticamente pacificando a competência da Justiça do Trabalho temos a Súmula Vinculante n. 23 do Supremo Tribunal Federal, *in verbis*:

> A Justiça do Trabalho é competente para processar e julgar ação possessória ajuizada em decorrência do exercício do direito de greve pelos trabalhadores da iniciativa privada. (Divulgada em 10.12.2009 e publicada no DJe do STF de 11.12.2009). Precedentes: RE n. 579.648/MG, Tribunal Pleno, rel. orig. Min. Menezes Direito, Relª. para acórdão Min. Cármen Lúcia, DJe 6.3.2009; CC n. 6.959/DF, Tribunal Pleno, Rel. orig. Min. Célio Borja, Rel. para acórdão Min. Sepúlveda Pertence, DJ 21.2.1991; RE n. 238.737/SP, 1ª Turma, Rel. Min. Sepúlveda Pertence, DJ 5.2.1999; AI n. 611.670/PR, Rel. Min. Ricardo Lewandowski, DJ 7.2.2007; AI n. 598.457/SP, Rel. Min. Sepúlveda Pertence, DJ 10.11.2006; RE n. 555.075/SP, Relª. Min. Ellen Gracie, DJe 11.11.2008; RE n. 576.803/SP, Rel. Min. Eros Grau, DJe 28.2.2008.

Conforme a redação da referida Súmula, se o Supremo Tribunal Federal fixou entendimento no sentido de que a Justiça do Trabalho detém competência material para as ações possessórias propostas em razão do movimento grevista da iniciativa privada, inegavelmente, a competênica da Justiça do Tabalho para as ações possessórias que tenham causa com a relação de trabalho, são da competência do Judiciário Trabalhista.

O pedido possessório pode ser realizado no corpo de uma reclamação trabalhista, como obrigações de fazer, não fazer, ou até mesmo indenizatório. Não obstante, no Código de Processo Civil, disciplina procedimento especial para as ações possessórias, que pode ser aplicado na Justiça do Trabalho, por força do art. 769 da CLT.

Desse modo, o pedido fundamentado na posse ou na propriedade que guarde nexo causal com a relação de trabalho poderá ser postulado, na Justiça do Trabalho, na própria reclamação trabalhista, até mesmo por reconvenção por parte do reclamado, ou pelo procedimento especial previsto no Código de Processo Civil.

O procedimento de rito especial no CPC somente será aplicado se o esbulho ou a turbação da posse datarem de menos de ano e dia. Se o prazo for superior, o rito será o ordinário, conforme dispõe o art. 924 do CPC, *in verbis*:

> Regem o procedimento de manutenção e de reintegração de posse as normas da seção seguinte, quando intentado dentro de ano e dia da turbação ou do esbulho; passado esse prazo, será ordinário, não perdendo, contudo, o caráter possessório.

Aplicando-se o rito especial do CPC para as ações possessórias, temos as seguintes regras:

a) fungibilidade das ações possessórias: art. 920 do CPC: *A propositura de uma ação possessória em vez de outra não obstará a que o juiz conheça do pedido e outorgue a proteção legal correspondente àquela, cujos requisitos estejam provados.*

Diante da própria dinâmica da tutela da posse, o fato do autor ingressar uma espécie de ação possessória não impede que o Juiz conceda a tutela adequada ao direito. Por exemplo, se for intentada ação de reintegração de posse, presentes os requisitos, o Juiz poderá conceder apenas a manutenção da posse.

b) possibilidade de cumulação de pedidos: art. 921 do CPC: É lícito ao autor cumular ao pedido possessório o de: I – condenação em perdas e danos; II – cominação de pena para caso de nova turbação ou esbulho; III – desfazimento de construção ou plantação feita em detrimento de sua posse.

O autor da ação possessória poderá cumular pedido reparação de danos e desfazimento de construção ou benfeitoria, na própria ação possessória.

c) natureza dúplice: art. 922 do CPC: *É lícito ao réu, na contestação, alegando que foi o ofendido em sua posse, demandar a proteção possessória e a indenização pelos prejuízos resultantes da turbação ou do esbulho cometido pelo autor.*

Considerando-se o caráter dúplice da ação possessória, o réu pode demandar pedido possessório em face do autor, sem a necessidade de reconvenção.

d) Matéria probatória: Dispõe o art. 927 do CPC: *Incumbe ao autor provar: I – a sua posse; II – a turbação ou o esbulho praticado pelo réu; III – a data da turbação ou do esbulho; IV – a continuação da posse, embora turbada, na ação de manutenção; a perda da posse, na ação de reintegração.*

e) concessão de liminar: *Conforme o art. 928 do CPC, estando a petição inicial devidamente instruída, o juiz deferirá, sem ouvir o réu, a expedição do mandado liminar de manutenção ou de reintegração; no caso contrário, determinará que o autor justifique previamente o alegado, citando-se o réu para comparecer à audiência que for designada.*

Quanto à sistemática recursal, aplicam-se as regras do Processo do Trabalho, por força da Instrução Normativa n. 27/05 do TST.

Na sistemática do Código de Processo Civil, a competência funcional para a ação possessória é o foro da situação da coisa, nos termos do art. 95 do CPC, *in verbis*:

> Nas ações fundadas em direito real sobre imóveis é competente o foro da situação da coisa. Pode o autor, entretanto, optar pelo foro do domicílio ou de eleição, não recaindo o litígio sobre direito de propriedade, vizinhança, servidão, posse, divisão e demarcação de terras e nunciação de obra nova.

No nosso sentir, as regras de competência funcional e territorial para as ações possessórias na Justiça do Trabalho devem ser compatizadas com a sistemática processual trabalhista. Desse modo, devem ser aplicadas as regras do art. 651 da CLT, sendo, como regra geral, o foro do domicílio do empregado.

No mesmo sentido, é a visão de *Cléber Lúcio de Almeida*[177]:

"A competência para a cão deve ser fixada com esteio nas regras ditadas pelo art. 651, da CLT".

---

(177) *Direito processual do trabalho*. 3. ed. Belo Horizonte: Del Rey, 2009. p. 1.060.

De outro lado, se as ações possessórias forem intentadas em razão do movimento grevista, pensamos que a competência é da Vara do Trabalho do local onde se realiza a greve, em razão de facilitar o acesso à justiça e a efetividade da decisão.

## 15.1. Do interdito proibitório

Dispõe o art. 932 do CPC:

> O possuidor direto ou indireto, que tenha justo receio de ser molestado na posse, poderá impetrar ao juiz que o segure da turbação ou esbulho iminente, mediante mandado proibitório, em que se comine ao réu determinada pena pecuniária, caso transgrida o preceito.

Trata-se o interdito proibitório de ação contenciosa de natureza inibitória, de rito especial, de índole possessória, tendo por objeto impedir a molestação (esbulho ou turbação) da posse.

Como se nota, não chegou a acontecer a turbação da posse, mas ela está na iminência de ocorrer.

A presente ação é compatível com o Processo do Trabalho, em razão de omissão normativa da CLT e compatibilidade com a principiologia do processo do trabalho (art. 769 da CLT).

O procedimento do interdito proibitório segue o das ações possessórias, por força do art. 933 do CPC.

A presente ação tem sido muito utilizada na Justiça do Trabalho durante o movimento grevista.

A questão da competência da Justiça do Trabalho, para os interditos que visam à defesa da posse durante o movimento paradista, foi pacificada pela Súmula Vinculante n. 23, *in verbis*:

> A Justiça do Trabalho é competente para processar e julgar ação possessória ajuizada em decorrência do exercício do direito de greve pelos trabalhadores da iniciativa privada. (Divulgada em 10.12.2009 e publicada no DJe do STF de 11.12.2009)

A Constituição Federal assegura, no art. 5º, a proteção ao direito de propriedade, como um direito fundamental da cidadania. Por isso, quando a greve violar o direito do propriedade, ou estiver na iminência de fazê-lo, é possível à Justiça do Trabalho conceder os interditos possessórios ou proibitórios para proteção desse direito fundamental.

Não obstante, o direito de propriedade deve ser valorado em cotejo com o direito fundamental de greve, que é um direito social fundamental (art. 9º da CF). Desse modo, somente quando for indispensável à proteção da posse ou propriedade, ou houver iminência de dano comprovado ao patrimônio do empregador, deve o Juiz do Trabalho restringir o movimento grevista e conceder medidas para tutela do direito de propriedade.

No nosso sentir, não há antinomia entre o direito de propriedade e o direito de greve. Ambos são classificados como direitos fundamentais, mas, em determinado caso concreto, o Juiz poderá dar primazia a um ou a outro, conforme as circunstâncias fáticas assim o exigirem, valendo-se de critérios de justiça, razoabilidade e proporcionalidade.

No aspecto, vale transcrever a seguinte ementa:

> Ementa. Interdito Proibitório. Greve. Nos termos do art. 9o da Constituição Federal, o Direito de Greve é um Direito Social Fundamental, e seu regular exercício dá-se sob disciplina do Estado de Direito, portanto, sem se relegar ao oblívio a responsabilização jurídica decorrente de seus abusos e distorções. Até porque, nem mesmo o mais fundamental dos Direitos Fundamentais — a dignidade da pessoa humana como medida de todas as coisas — possui conotação absoluta, posto contemporizar simultaneamente todos os indivíduos, dessa forma, sem poder exceder em proveito de uns e consequentemente em detrimento de outros. Situação distinta é o fechamento de agências bancárias pelo esvaziamento do quadro de seus funcionários, em meio ao movimento paredista, sem violência verbal ou física. Assim consideradas aquelas que suscitem a invocação policial ou judicial espontânea, por parte daqueles que venham realmente a ser ameaçados em sua integridade física ou emocional, mas sem perderem a devida noção de proporcionalidade e indivíduos, dessa forma, sem poder exceder em proveito de uns e consequentemente em detrimento de outros. Situação distinta é o fechamento de agências bancárias pelo esvaziamento do quadro de seus funcionários, em meio ao movimento paredista, sem violência verbal ou física. Assim consideradas aquelas que suscitem a invocação policial ou judicial espontânea, por parte daqueles que venham realmente a ser ameaçados em sua integridade física ou emocional, mas sem perderem a devida noção de proporcionalidade e razoabilidade inerentes à natural tensão das circunstâncias da greve. Nem mesmo o interesse dos correntistas ou da clientela do Banco possui legitimidade jurídica para impedir a adesão da categoria ao movimento grevista, com natural fechamento das agências — pelo esvaziamento do quadro de seus funcionários — e cessação temporária das atividades laborativas, e muito menos o interesse do empregador. A crescente informatização do setor bancário, inclusive com perda de centenas de milhares de postos de trabalho azoabilidade inerentes à natural tensão das circunstâncias da greve. Nem mesmo o interesse dos correntistas ou da clientela do Banco possui legitimidade jurídica para impedir a adesão da categoria ao movimento grevista, com natural fechamento das agências — pelo esvaziamento do quadro de seus funcionários — e cessação temporária das atividades laborativas, e muito menos o interesse do empregador. A crescente informatização do setor bancário, inclusive com perda de centenas de milhares de postos de trabalho nas últimas décadas, tornou menos vulnerável a premência no atendimento físico da clientela dos Bancos. Estes devem suportar os desdobramentos do embate institucionalizado entre o capital e o trabalho, cujo último recurso previsto em lei é a greve, uma vez frustrada a negociação coletiva. (TRT/SP – 01244200600802003 – RO – Ac. 6a T. – 20100211091 – Rel. Valdir Florindo – DOE 26.3.2010).

# Bibliografia

ABELHA, Marcelo. *Manual de direito processual civil*. 4. ed. São Paulo: RT, 2008.

_____. *Manual de execução civil*. 2. ed. Rio de Janeiro: Forense Universitária, 2008.

AMARAL, Júlio Ricardo de Paula. *Eficácia dos direitos fundamentais nas relações de trabalho*. São Paulo: LTr, 2007.

ALEXY, Robert. *Teoria dos direitos fundamentais*. Trad. Virgílio Afonso da Silva. 2. ed. São Paulo: Malheiros, 2011.

ALMEIDA, Amador Paes. *Curso prático de direito processual do trabalho*. 14. ed. São Paulo: Saraiva, 2002.

_____. *CLT comentada*. 2. ed. São Paulo: Saraiva, 2004.

ALMEIDA, Cléber Lúcio. *Direito processual do trabalho*. Belo Horizonte: Del Rey, 2006.

_____. *Direito processual do trabalho*. 2. ed. Belo Horizonte: Del Rey, 2008.

_____. *Direito processual do trabalho*. 3. ed. Belo Horizonte: Del Rey, 2009.

ALMEIDA, Ísis. *Manual de direito processual do trabalho*. 9. ed. São Paulo: LTr, 1998. v. 1.

_____. *Manual de direito processual do trabalho*. 9. ed. São Paulo: LTr, 1998. v. 2.

_____. *Manual das provas no direito processual do trabalho*. 2. ed. São Paulo: LTr, 1998.

ALMEIDA, Renato Rua de. Visão histórica da liberdade sindical. In: *Revista Legislação do Trabalho*. São Paulo: LTr, ano 70, v. 3, 2006.

ALMEIDA, Lúcio Rodrigues de. *Guia do processo do trabalho*. 4. ed. São Paulo: LTr, 2005.

ALVIM, Agostinho. *Da inexecução das obrigações*. 3. ed. São Paulo: Jurídica e Universitária, 1965.

ALVIM, J. E. Carreira; CABRAL, Luciana G. Carreira Alvim. *Código de Processo Civil reformado*. 6. ed. Curitiba: Juruá, 2007.

AMARAL, Augusto Pais de. *Direito processual civil*. 3. ed. Lisboa: Almedina, 2002.

ARENDT, Hannah. *A condição humana*. 10. ed. Rio de Janeiro: Forense Universitária, 2005.

ARRUDA ALVIM. *Manual de direito processual civil*. 9. ed. São Paulo: RT, 2005. v. 1.

_____. *Manual de direito processual civil*. 9. ed. São Paulo: RT, 2005. v. II.

_____. *Manual de Direito Processual Civil*. 13. ed. São Paulo: RT, 2010.

ASSIS, Araken de. *Manual da execução*. 11. ed. São Paulo: RT, 2007.

_____. *Comentários ao Código de Processo Civil*. Rio de Janeiro: Forense, 2001. v. VI.

_____. *Doutrina e prática do processo civil contemporâneo*. São Paulo: RT, 2001.

ÁVILA, Humberto. *Teoria dos princípios*: da definição à aplicação dos princípios jurídicos. 11. ed. São Paulo: Malheiros, 2010.

BANDEIRA DE MELLO, Celso. *Curso de direito administrativo*. 8. ed. São Paulo: Malheiros, 1997.

BARBIERI, Maurício Lindenmeyer. *Curso de direito processual trabalhista*. São Paulo: LTr, 2009.

BARIONI, Rodrigo. *Efeito devolutivo da apelação civil*. São Paulo: RT, 2007.

BARROS, Alice Monteiro de. *Curso de direito do trabalho*. São Paulo: LTr, 2005.

_____. *Proteção à intimidade do empregado*. São Paulo: LTr, 1997.

_____. (Coord.). *Compêndio de direito processual do trabalho*. Estudos em Homenagem a Celso Agrícola Barbi. 3. ed. São Paulo: LTr, 2002.

_____. (Coord.). *Processo de execução aplicado*. São Paulo: LTr, 2000.

_____. Confissão. Documentos. Prova técnica: sistemática da realização das perícia, In: *Revista Trabalho & Doutrina* n. 25. São Paulo: Saraiva, 2000.

BARROS, Cássio Mesquita. A reforma judiciária da Emenda Constitucional n. 45. In: *Revista Legislação do Trabalho*. São Paulo: LTr, ano 69, v. 3, 2005.

BARROSO, Luís Roberto. *Interpretação e aplicação da Constituição*. 6. ed. São Paulo: Saraiva, 2004.

BASTOS, Guilherme Augusto Caputo. *O dano moral no direito do trabalho*. São Paulo: LTr, 2003.

BEBBER, Júlio César. *Procedimento sumaríssimo no processo do trabalho*. São Paulo: LTr, 2000.

_____. *Processo do trabalho*: adaptação à contemporaneidade. São Paulo: LTr, 2011.

_____. *Princípios do processo do trabalho*. São Paulo: LTr, 2007.

_____. *Mandado de segurança. Habeas corpus. Habeas data* na Justiça do Trabalho. São Paulo: LTr, 2006.

_____. A competência da Justiça do Trabalho e a nova ordem constitucional. In: COUTINHO, Grijalbo Fernandes; FAVA, Marcos Neves (Coords.). *Nova competência da Justiça do Trabalho*. São Paulo: LTr, 2005.

_____. *Cumprimento da sentença no processo do trabalho*. São Paulo: LTr, 2006.

_____. *Cumprimento da sentença no processo do trabalho*. 2. ed. São Paulo: LTr, 2008.

_____. *Exceção de pré-executividade no processo do trabalho*. São Paulo: LTr, 2005.

_____. *Processo do trabalho*: temas atuais. São Paulo: LTr, 2003.

_____. *Recursos no processo do trabalho*. 2. ed. São Paulo: LTr, 2009.

_____. *Recursos no processo do trabalho*. 3. ed. São Paulo: LTr, 2011.

BEDAQUE, José Roberto dos Santos. *Tutela cautelar e tutela antecipada*: tutelas sumárias e de urgência. 3. ed. São Paulo: Malheiros, 2003.

_____. *Poderes instrutórios do juiz*. 3. ed. São Paulo: RT, 2001.

_____. *Efetividade do processo e técnica processual*. São Paulo: Malheiros, 2006.

BEGALLES, Carlos Alberto. *Lições de direito processual do trabalho*. São Paulo: LTr, 2005.

BENEDETI, Sidnei Agostinho. *Da conduta do juiz*. São Paulo: Saraiva, 2003.

BERMUDES, Sérgio. *A reforma do judiciário pela Emenda Constitucional n. 45*. Rio de Janeiro: Forense, 2005.

BEZERRA LEITE, Carlos Henrique. *Curso de direito processual do trabalho*. 3. ed. São Paulo: LTr, 2005.

_____. *Curso de direito processual do trabalho*. 5. ed. São Paulo: LTr, 2007.

_____. *Curso de direito processual do trabalho*. 2. ed. São Paulo: LTr, 2004.

_____. *Ministério público do trabalho:* doutrina, jurisprudência e prática. 2. ed. São Paulo: LTr, 2002.

_____. *Ministério público do trabalho:* doutrina, jurisprudência e prática. 4. ed. São Paulo: LTr, 2010.

_____. *Ação civil pública:* nova jurisdição metaindividual, legitimação do Ministério Público. São Paulo: LTr, 2001.

_____. *Curso de direito processual do trabalho*. 6. ed. São Paulo: LTr, 2008.

_____. *Curso de direito processual do trabalho*. 7. ed. São Paulo: LTr, 2009.

_____. *Curso de direito processual do trabalho*. 8. ed. São Paulo: LTr, 2010.

_____. *Curso de direito processual do trabalho*. 9. ed. São Paulo: LTr, 2011.

_____. *Recursos no processo do trabalho*. 2. ed. São Paulo: LTr, 2009.

BONFIM, Edílson Mougenot. *Curso de processo penal*. 2. ed. São Paulo: RT, 2007.

BORGES, Leonardo Dias; MEIRELES, Edilton. *A nova reforma processual e seu impacto no processo do trabalho*. 2. ed. São Paulo: LTr, 2007.

_____. *Primeiras linhas de processo do trabalho*. São Paulo: LTr, 2009.

BORGES, Marcos Afonso. In: FRANÇA, Rubens Lomonji (Coord). *Enciclopédia Saraiva do direito*. São Paulo: Saraiva, 1977. v. 47.

BOUCINHAS FILHO, Jorge Cavalcanti; PEREIRA, José Luciano Castilho; FAVA, Marcos Neves (Orgs.). *O direito material e processual do trabalho dos novos tempos:* estudos em homenagem ao professor Estêvão Mallet. São Paulo: LTr, 2009.

BRAMANTE, Ivani Contini; CALVO, Adriana (Coords.). *Aspectos polêmicos e atuais do direito do trabalho:* homenagem ao professor Renato Rua de Almeida. São Paulo: LTr, 2007.

BRANCO, Ana Paula Tauceda. *A colisão de princípios constitucionais no direito do trabalho*. São Paulo: LTr, 2007.

BRESOLIN, Umberto Bara. *Revelia e seus efeitos*. São Paulo: Atlas, 2006.

BUENO, Cassio Scarpinella. *Curso sistematizado de direito processual civil*. São Paulo: Saraiva, 2007. v. 1.

_____. *Curso sistematizado de direito processual civil*. São Paulo: Saraiva, 2007. v. 2.

BUENO, J. Hamilton (Coord.). *Curso de direito processual do trabalho*. Em homenagem ao Ministro Pedro Paulo Teixeira Manus. São Paulo: LTr, 2008.

CAHALI, Yussef. *Dano moral*. 3. ed. São Paulo: RT, 2005.

CALAMANDREI, Piero. *Instituições de direito processual civil*. 2. ed. Campinas: Bookseller, 2002. v. II.

CALMON DE PASSOS, José Joaquim. *Da revelia do demandado*. Bahia: Livraria Progresso, 1960.

_____. *Comentários ao Código de Processo Civil*. 8. ed. Rio de Janeiro: Forense, 2001.

_____. Cidadania e processo. In: SENTO-SÉ, Jairo Lins de Albuquerque (Coord.). *A efetividade do processo do trabalho*. São Paulo: LTr, 1999.

CALVET, Otávio Amaral. Nova competência da Justiça do Trabalho: relação de trabalho X relação de consumo. In: *Revista Legislação do Trabalho*. São Paulo: LTr, ano 69, v. 1, 2005.

CÂMARA, Alexandre Freitas. *Lições de direito processual civil*. 14. ed. Rio de Janeiro: Lumen Juris, 2006. v. I.

_____. *Lições de direito processual civil*. 2. ed. Rio de Janeiro: Lumen Juris, 2006. v. II.

_____. *Lições de direito processual civil*. 10. ed. Rio de Janeiro: Lumen Juris, 2006. v. III.

CAMBI, Eduardo. *A prova civil*: admissibilidade e relevância. São Paulo: RT, 2006.

_____. *Neoconstitucionalismo e neoprocessualismo*. São Paulo: RT, 2010.

CAMPOS BATALHA, Wilson de Souza. *Tratado de direito judiciário do trabalho*. 2. ed. São Paulo: LTr, 1985.

_____. *Tratado de direito judiciário do trabalho*. 3. ed. São Paulo: LTr, 1995. v. 1.

_____. *Tratado de direito judiciário do trabalho*. 3. ed. São Paulo: LTr, 1995. v. 2.

_____. Instrumentos coletivos de atuação sindical. In: *Revista Legislação do Trabalho*. São Paulo: LTr, ano 60, v. 2, 1996.

_____. A greve sem a Justiça do Trabalho. In: *Revista Legislação do Trabalho*. São Paulo: LTr, ano 61, v. 2, 1997.

CANARIS, Claus-Wilhelm. *Pensamento sistemático e conceito de sistema na ciência do direito*. Trad. A. Menezes Cordeiro. 4. ed. Lisboa: Fundação Calouste Gulbenkian, 2008.

CANOTILHO, J. J. Gomes. *Direito constitucional e teoria da Constituição*. 7. ed. Coimbra: Almedina, 2003.

CAPEZ, Fernando. *Curso de processo penal*. 6. ed. São Paulo: Saraiva, 2001.

CAPELLETTI, Mauro; GARTH, Bryant. *Acesso à justiça*. Porto Alegre: Sérgio Fabris, 2002.

CARDOSO, Luciane. *Prova testemunhal*: uma abordagem hermenêutica. São Paulo: LTr, 2001.

CARNEIRO, Athos Gusmão. *Jurisdição e competência*. 14. ed. São Paulo: Saraiva, 2005.

_____. *Intervenção de terceiros*. 12. ed. São Paulo: Saraiva, 2001.

_____. *Audiência de instrução e julgamento e audiências preliminares*. 12. ed. Rio de Janeiro: Forense, 2005.

CARNELLUTTI, Francesco. *Instituições do processo civil*. Campinas: Servanda, 1999. v. I.

CARMONA, Carlos Alberto. *Arbitragem e processo*. 2. ed. São Paulo: Atlas, 2006.

CARREIRA ALVIM, J. E.; CABRAL, Luciana G. Carreira Alvim. *Código de Processo Civil reformado*. 6. ed. Curitiba: Juruá, 2007.

CASSAR, Vólia Bomfim. *Direito do trabalho*. 2. ed. Niterói: Impetus, 2008.

CASTELO, Jorge Pinheiro. *O direito processual do trabalho na moderna teoria geral do processo*. 2. ed. São Paulo: LTr, 1996.

_____. *Tutela antecipada na teoria geral do processo*. São Paulo: LTr, 1999. v. I.

_____. *Tutela antecipada no processo do trabalho*. São Paulo: LTr, 1999. v. II.

CASTRO, Carlos Roberto Siqueira. *O devido processo legal e os princípios da razoabilidade e proporcionalidade*. 5. ed. Rio de Janeiro: Forense, 2010.

CESÁRIO, João Humberto. *Provas e recursos no processo do trabalho*. São Paulo: LTr, 2010.

CHAVES, Luciano Athayde. *Direito processual do trabalho*: reforma e efetividade. São Paulo: LTr, 2007.

_____. *A recente reforma no processo civil*: reflexos no direito judiciário do trabalho. São Paulo: LTr, 2006.

_____. *A recente reforma no processo civil*: reflexos no direito judiciário do trabalho. 3. ed. São Paulo: LTr, 2007.

_____. *Estudos de direito processual do trabalho*. São Paulo: LTr, 2009.

_____ (Org.). *Curso de processo do trabalho*. São Paulo: LTr, 2009.

CHAVES JÚNIOR, José Eduardo de Resende. A Emenda Constitucional n. 45/2004 e a competência penal da Justiça do Trabalho. In: COUTINHO, Grijalbo Fernandes; FAVA, Marcos Neves. *Nova competência da Justiça do Trabalho*. São Paulo: LTr, 2005.

CHIOVENDA, Giuseppe. *Instituições de direito processual civil*. 3. ed. Campinas: Bookseller, 2002. v. II.

CHOHFI, Thiago; CHOHFI, Marcelo Chaim. *Prática forense trabalhista*. 2. ed. Rio de Janeiro: Forense, 2009.

CINTRA, Antonio Carlos de Araújo; GRINOVER, Ada Pellegrini; DINAMARCO, Cândido Rangel. *Teoria geral do trabalho*. São Paulo: Malheiros, 2005.

CINTRA, Antonio Carlos de Araújo. *Comentários ao Código de Processo Civil*. Rio de Janeiro: Forense, 2001. v. IV.

CÓDIGO DO TRABALHO. Instituto de Direito do Trabalho da Faculdade de Direito de Lisboa. In: *Revista Legislação do Trabalho*. 2. ed. Lisboa: Principia, 2004.

CÓDIGO DE PROCESSO DO TRABALHO. 3. ed. Coimbra: Almedina, 2006.

CORDEIRO, Wolney de Macedo. *Fundamentos do direito processual do trabalho*. São Paulo: LTr, 2005.

_____. *Manual de execução trabalhista*. Rio de Janeiro: Forense, 2008.

CARVALHO, Régis Franco e Silva. *Relação de trabalho à luz do novo art. 114 da Constituição Federal*. São Paulo: LTr, 2008.

CORREA DA SILVA, Floriano Vaz. O poder normativo da Justiça do Trabalho. In: SILVA, Georgenor de Souza Franco (Coord.). *Curso de direito coletivo do trabalho*: estudos em homenagem ao Ministro Orlando Teixeira da Costa. São Paulo: LTr, 1998.

COSIN, Aline; PENTEADO, Camila Fogagnoli; SILVA, Maria Antônia; MARIANI, Regiane dos Santos. Perfil do processo trabalhista argentino. In: *Revista Legislação do Trabalho*. São Paulo: LTr, ano 70, v. 12, 2006.

COSTA, Carlos Coqueijo. *Direito judiciário do trabalho*. Rio de Janeiro: Forense, 1978.

_____. *Ação rescisória*. 7. ed. São Paulo: LTr, 2002.

_____. *O direito processual do trabalho e o Código de Processo Civil de 73*. São Paulo: LTr, 1975.

COSTA, Armando Casimiro; FERRARI, Irany; MARTINS, Melchíades Rodrigues. *CLT-LTr*. 4. ed. São Paulo: LTr, 2007.

COSTA, Marcelo Freire Sampaio. *Reflexos da reforma do CPC no processo do trabalho*: leitura constitucional do princípio da subsidiaridade. São Paulo: Método, 2007.

_____. *Execução provisória no processo do trabalho*. São Paulo: LTr, 2009.

_____. Eficácia *dos direitos fundamentais entre particulares*: juízo de ponderação no processo do trabalho. São Paulo: LTr, 2010.

_____.*Dano moral (Extrapatrimonial) coletivo*. São Paulo: LTr, 2009.

COUCE DE MENEZES, Cláudio Armando. *Direito processual do trabalho*. São Paulo: LTr, 2002. v. 2.

_____. *Teoria geral do processo e execução trabalhista*. São Paulo: LTr, 2003.

COUCE DE MENEZES, Cláudio Armando; BORGES, Leonardo Dias. *O moderno processo do trabalho*. São Paulo: LTr, 1997.

_____. *O moderno processo do trabalho*. São Paulo: LTr, 2000. v. 2.

_____. *O moderno processo do trabalho*. São Paulo: LTr, 1999.v. 3.

COUTINHO, Aldacy Rachid. *Invalidade processual*: um estudo para o processo do trabalho. Rio de Janeiro: Renovar, 2000.

COUTURE, Eduardo. *Introdução ao estudo do processo civil*. 3. ed. Tradução de: Mozart Victor Russomano. Rio de Janeiro: Forense, 1998.

DAIDONE, Décio Sebastião. *Direito processual do trabalho*: ponto a ponto. 2. ed. São Paulo: LTr, 2001.

_____. *A súmula vinculante e impeditiva*. São Paulo: LTr, 2006.

DALAZEN, João Oreste. *Competência material trabalhista*. São Paulo: LTr, 1994.

_____. A reforma do judiciário e os novos marcos da competência material da Justiça do Trabalho no Brasil. In: *Revista do Tribunal Superior do Trabalho*. v. 71. Porto Alegre: Síntese, 2005.

_____. Reflexões sobre o poder normativo da Justiça do Trabalho e a Emenda Constitucional n. 45. In: *Revista da Academia Nacional de Direito do Trabalho*. São Paulo: LTr, ano XIII, n. 13, 2005.

_____. Aspectos do dano moral trabalhista. In: *Revista Legislação do Trabalho*. São Paulo: LTr, ano 64, v. 01, 2000.

DALLEGRAVE NETO, José Affonso. *Responsabilidade civil no direito do trabalho*. São Paulo: LTr, 2005.

_____. *Responsabilidade civil no direito do trabalho*. 3. ed. São Paulo: LTr, 2008.

_____. *Responsabilidade civil no direito do trabalho*. 4. ed. São Paulo: LTr, 2010.

D'AMBROSO, Marcelo José Ferlin. Competência criminal na Justiça do Trabalho e legitimidade do Ministério Público do Trabalho em matéria penal: elementos para reflexões. In: *Revista Legislação do Trabalho*. São Paulo: LTr, ano 70, v. 2, 2006.

DELGADO, Gabriela Neves. *O direito fundamental ao trabalho digno*. São Paulo: LTr, 2006.

DELGADO, Mauricio Godinho. *Curso de direito do trabalho*. 4. ed. São Paulo: LTr, 2005.

_____. *Direito coletivo do trabalho*. 2. ed. São Paulo: LTr, 2003.

DIDIER JR., Fredie. *Pressupostos processuais e condições da ação*: o juízo de admissibilidade do processo. São Paulo: Saraiva, 2005.

_____. *Curso de direito processual civil*: teoria geral do processo e processo de conhecimento. Salvador: Jus Podivm, 2007.

DINAMARCO, Cândido Rangel. *A instrumentalidade do processo*. 12. ed. São Paulo: Malheiros, 2005.

_____. *Instituições de direito processual civil*. São Paulo: Malheiros, 2001. v. I.

_____. *Instituições de direito processual civil*. São Paulo: Malheiros, 2001. v. II.

_____. *Instituições de direito processual civil*. São Paulo: Malheiros, 2001. v. III.

_____. *Instituições de direito processual civil*. São Paulo: Malheiros, 2004. v. IV.

_____. *Fundamentos do direito processual civil moderno*. 4. ed. São Paulo: Malheiros, 2001. v. II.

_____. *Fundamentos do direito processual civil moderno*. 4. ed. São Paulo: Malheiros, 2001. v. I.

_____. *Intervenção de terceiros*. 2. ed. São Paulo: Malheiros, 2000.

_____. *A reforma da reforma*. São Paulo: Malheiros, 2002.

_____. *Capítulos de sentença*. 4. ed. São Paulo: Malheiros, 2009.

_____. *Nova era do processo civil*. 3.ed. São Paulo: Malheiros, 2009.

DINIZ, Maria Helena. *Código Civil comentado*. 11. ed. São Paulo: Saraiva, 2005.

_____. *Compêndio de introdução ao estudo do direito*. 18. ed. São Paulo: Saraiva, 2007.

_____. *As lacunas do direito*. 5. ed. São Paulo: Saraiva, 1999.

_____. *Conflito de normas*. 8. ed. São Paulo: Saraiva, 2008.

DINIZ, José Janguiê Bezerra. *Os recursos no processo do trabalho*. 4. ed. São Paulo: LTr, 2005.

DONATO, Messias Pereira. *Curso de direito individual do trabalho*. 6. ed. São Paulo: LTr, 2008.

DORIA, Rogéria Dotti. O direito processual civil e a ampliação de competência da Justiça do Trabalho. In: *Processo e constituição*. Estudos em homenagem ao professor José Carlos Barbosa Moreira. Coordenação de Luiz Fux, Nelson Nery Júnior e Teresa Arruda Alvim Wambier. São Paulo: RT, 2006.

DOTE, Renato. Boa-fé no processo do trabalho. In: *O direito material e processual do trabalho dos novos tempos*. Estudos em homenagem a Estêvão Mallet. São Paulo: LTr, 2009.

DUARTE, Bento Herculano. *Poderes do juiz do trabalho*. Direção e protecionismo processual. São Paulo: LTr, 1999.

DUBUGRAS, Regina Maria Vasconcelos. *Substituição processual no processo do trabalho*. São Paulo: LTr, 1998.

DWORKIN, Ronald. *Levando os direitos a sério*. Trad. Nélson Boeira. 2. ed. São Paulo: Martins Fontes, 2007.

_____. *Levando os direitos a sério*. Trad. Nélson Boeira. São Paulo: Martins Fontes, 2010.

EÇA, Vitor Salino de Moura. Jurisdição e competência trabalhistas no direito estrangeiro. In: *Suplemento Trabalhista*. São Paulo: LTr, 07/06, 2006.

_____. *Prescrição intercorrente no processo do trabalho*. São Paulo: LTr, 2008.

ENGISCH, Karl. *Introdução ao pensamento jurídico*. Trad. J. Baptista Machado. 10. ed. Lisboa: Fundação Calouste Gulbenkian, 2008.

FABRÍCIO, Adroaldo Furtado. *Comentários ao Código de Processo Civil*. 8. ed. Rio de Janeiro: Forense, 2001. v. VIII, t. III.

FAVA, Marcos Neves. As ações relativas às penalidades administrativas impostas aos empregadores pelos órgãos de fiscalização das relações de trabalho – primeira leitura do art. 114, VII, da Constituição da República. In: COUTINHO, Grijalbo Fernandes e FAVA, Marcos Neves. *Justiça do Trabalho:* competência ampliada. São Paulo: LTr, 2005.

_____. *Ação civil pública trabalhista*. São Paulo: LTr, 2005.

_____. *Execução trabalhista efetiva*. São Paulo: LTr, 2009.

FELICIANO, Guilherme Guimarães. Aspectos penais da atividade jurisdicional do juiz do trabalho. In *Revista Legislação do Trabalho*. São Paulo: LTr, ano 66, v. 12, 2002.

FERNANDES, Antonio Monteiro. *Direito do trabalho*. 13. ed. Coimbra: Almedina, 2006.

FERNANDES JÚNIOR, Raimundo Itamar Lemos. *O direito processual do trabalho à luz do princípio constitucional da razoável duração*. São Paulo: LTr, 2008.

FERRARI, Irany; MARTINS, Melchíades. *CLT*. São Paulo: LTr, 2006. v. I.

_____. *CLT*. São Paulo: LTr, 2007. v. II.

_____. *CLT*. São Paulo: LTr, 2007. v. III.

FERRAZ JÚNIOR, Tércio Sampaio. *Introdução ao estudo do direito*. 5. ed. São Paulo: Atlas, 2007.

FERREIRA SOBRINHO, Anderson. *O habeas corpus na Justiça do Trabalho*. São Paulo: LTr, 2003.

FIGUEIRA JR., Joel Dias. *Comentários ao Código de Processo Civil*. 2. ed. São Paulo: RT, 2007. v. 4, t. II.

_____. FIGUEIREDO. Lúcia Valle. *Mandado de segurança*. 6. ed. São Paulo: Malheiros, 2009.

FILOMENO, Geraldo Brito et al. *Código de Defesa do Consumidor comentado pelos autores do anteprojeto*. 7. ed. Rio de Janeiro: Forense Universitária, 2001.

FLORINDO, Valdir. *Dano moral e o direito do trabalho*. 4. ed. São Paulo: LTr, 2002.

FREDIANI, Yone. *Exceção de pré-executividade no processo do trabalho*. São Paulo: LTr, 2002.

FREIRE, Rodrigo Cunha Lima. *Condições da ação*: enfoque sobre o interesse de agir. 3. ed. São Paulo: RT, 2005.

FUX, Luiz; NERY JÚNIOR, Nelson; WAMBIER, Teresa Arruda Alvim (Coords.). *Processo e Constituição*: estudos em homenagem ao professor José Carlos Barbosa Moreira. São Paulo: RT, 2006.

FUX, Luiz. *Curso de direito processual civil*. Rio de Janeiro: Forense, 2004.

GARCIA, Pedro Carlos Sampaio. Publicado no livro *Justiça do Trabalho*. O fim do poder normativo. In: COUTINHO, Grijalbo Fernandes; FAVA, Marcos Neves (Coords.). *Competência ampliada*. São Paulo: LTr, 2005.

GARCIA, Gustavo Filipe Barbosa. *Curso de direito do trabalho*. São Paulo: Método, 2007.

_____. *Cumprimento da sentença e outros estudos da terceira fase da reforma do Código de Processo Civil*. 2. ed. São Paulo: Método. 2009.

GIANESINI, Rita. *Da revelia*. Dissertação de mestrado apresentada na PUC/SP. São Paulo: 1976.

GIGLIO, Wagner D. Nova competência da Justiça do Trabalho: aplicação do processo civil ou trabalhista? In: *Revista Legislação do Trabalho*. São Paulo: LTr, ano 69, v. 3, 1995.

_____. *Processo do trabalho na América Latina*. Estudos em homenagem a Alcione Niederauer Corrêa. São Paulo: LTr, 1992.

_____. *Direito processual do trabalho*. 15. ed. São Paulo: Saraiva, 2005.

GOMES, Orlando. *Contratos*. 17. ed. Rio de Janeiro: Forense, 1997.

GOMES, Orlando; GOTTSCHALK, Élson. *Curso de direito do trabalho*. 16. ed. Rio de Janeiro: Forense, 2000.

GONÇALVES, Carlos Roberto. *Direito civil*. parte geral. 10. ed. São Paulo: Saraiva, 2003. v. 1.

GONÇALVES, Marcus Vinicius. *Novo curso de direito processual civil*. 4. ed. São Paulo: Saraiva, 2007. v. 1.

_____. *Novo curso de direito processual civil*. 3. ed. São Paulo: Saraiva, 2007. v. 2.

GRECO FILHO, Vicente. *Direito processual civil brasileiro*. 14. ed. São Paulo: Saraiva, 1999. 1. v.

_____. *Direito processual civil brasileiro*. 11. ed. São Paulo: Saraiva, 1996. 2 v.

GRINOVER, Ada Pellegrini. *O processo em evolução*. 2. ed. Rio de Janeiro: Forense Universitária, 1998.

GRINOVER, Ada Pellegrini; CINTRA, Antonio Carlos de Araújo; DINAMARCO, Cândido Rangel. *Teoria geral do processo*. 21. ed. São Paulo: Malheiros, 2005.

_____; WATANABE, Kazuo; NERY JUNIOR, Nelson. *Código brasileiro de Defesa do Consumidor comentado pelos autores do antreprojeto*. 10 ed. Rio de Janeiro: Forense, 2011. v. 2.

GUERRA, Marcelo Lima. *Execução indireta*. São Paulo: RT, 1998.

GUIMARÃES, Mário. *O juiz e a função jurisdicional*. Rio de Janeiro: Forense, 1958.

GUERRA FILHO, Willis Santiago. *Processo constitucional e direitos fundamentais*. 4. ed. São Paulo: RCS, 2005.

GUNTHER, Luiz Eduardo; ZORING, Cristina Maria Navarro. Revelia e confissão no processo do trabalho. In: *Revista do Direito Trabalhista* n. 1, ano 10, janeiro de 2004. Brasília: Consulex, 2004. p. 10-01/14.

HINZ, Henrique Macedo. *O poder normativo da Justiça do Trabalho*. São Paulo: LTr, 2000.

HOUAISS, Antonio. *Dicionário Houaiss da língua portuguesa*. Rio de Janeiro: Objetiva, 2000.

LACERDA, Galeno. *Comentários ao Código de Processo Civil*. 8. ed. Rio de Janeiro: Forense, 2001. v. VIII, t. I.

LAMARCA, Antonio. *Processo do trabalho comentado*. São Paulo: RT, 1982.

_____. *O livro da competência*. São Paulo: RT, 1979.

LAURINO, Salvador Franco de Lima. A competência da Justiça do Trabalho: o significado da expressão 'relação de trabalho' no art. 114 da Constituição e as relações de consumo. In: *Revista Legislação do Trabalho*. São Paulo: LTr, ano 69, v. 05, 2005.

LARENZ, Karl. *Metodologia da ciência do direito*. 5. ed. Lisboa: Fundação Calouste Gulbenkian, 2009.

LIEBMAN, Enrico Túlio. *Processo de execução*. São Paulo: Bestbook, 2001.

_____. *Manual de direito processual civil*. 3. ed. Tradução e notas de Cândido Rangel Dinamarco. São Paulo: Malheiros, 2005. v. I.

_____. *Eficácia e autoridade da sentença e outros escritos sobre a coisa julgada*. 4. ed. Rio de Janeiro: Forense, 2006.

_____. *Estudos sobre o processo civil brasileiro*. São Paulo: Bestbook, 2001.

LIMA, Alcides de Mendonça. *Processo de conhecimento e processo de execução*. Rio de Janeiro: Forense, 1992.

LIMA, Francisco Meton; LIMA, Francisco Gérson Marques de. *A reforma do poder judiciário*. São Paulo: Malheiros, 2005.

LINDOSO, Alexandre Simões. *Técnica dos recursos trabalhistas extraordinários*. São Paulo: LTr, 2010.

LOPES, João Batista. *Princípio de proporcionalidade e efetividade do processo civil*. Estudos de direito processual civil. Homenagem ao professor Egas Dirceu Moniz de Aragão. Coordenação de Luiz Guilherme Marinoni. São Paulo: RT, 2005.

_____. *Curso de direito processual civil*. parte geral. São Paulo: Atlas, 2005.v. I.

_____. *A prova no direito processual civil*. 2. ed. São Paulo: RT, 2002.

LOPES, Otavio Brito. A Emenda Constitucional n. 45 e o Ministério Público do Trabalho. In: COUTINHO, Grijalbo Fernandes; FAVA, Marcos Neves. *Justiça do Trabalho competência ampliada*. São Paulo: LTr, 2005.

MACHADO JR., César P. S. *Ônus da prova no processo do trabalho*. 3. ed. São Paulo: LTr, 2001.

MACHADO, Antônio Cláudio da Costa. *Código de Processo Civil interpretado artigo por artigo, parágrafo por parágrafo*. 4. ed. São Paulo: Manole, 2004.

_____. *Código de Processo Civil anotado e interpretado*. São Paulo: Manole, 2006.

MACHADO, Costa; ZAINAGHI, Sávio Domingos (Coords.). *CLT interpretada*: artigo por artigo, parágrafo por parágrafo. São Paulo: Manole, 2007.

MAGANO, Octavio Bueno. *Manual de direito do trabalho*. Direito individual do trabalho. 2. ed., 3. tiragem. São Paulo: LTr, 1988. v. II.

_____. *Manual de direito do trabalho*. Direito coletivo. 4. ed. São Paulo: LTr, 1994. v. IV.

_____. *Manual de direito do trabalho*: parte geral. São Paulo: LTr, 1980.

_____. *Os grupos de empresas no direito do trabalho*. São Paulo: RT, 1979.

MAIA, Jorge Eduardo de Sousa. *O sistema recursal trabalhista brasileiro*. São Paulo: LTr, 2006.

MAIOR, Jorge Luiz Souto. *Relação de emprego & direito do trabalho*. São Paulo: LTr, 2007.

_____. Em defesa da ampliação da competência da Justiça do Trabalho. In: *Revista do Direito Trabalhista*. Brasília: RDT, ano 11, v. 8, 2005.

_____. *O direito do trabalho como instrumento de justiça social*. São Paulo: LTr, 2000.

_____. Justiça do Trabalho: a justiça do trabalhador? In: COUTINHO, Grijalbo Fernandes; FAVA, Marcos Neves (Coord.). *Nova competência da Justiça do Trabalho*. São Paulo: LTr, 2005.

_____. *Direito processual do trabalho*: efetividade, acesso à Justiça e procedimento oral. São Paulo: LTr, 1998.

_____. *Petição inicial no processo do trabalho e no processo civil*. São Paulo: LTr, 1996.

_____. Teoria geral da execução forçada. In: NORRIS, Roberto (Coord.). *Execução trabalhista*: visão atual. Rio de Janeiro: Forense, 2001.

_____. *Curso de direito do trabalho*. v. II: A relação de trabalho. São Paulo: LTr, 2008.

_____. *O mundo do trabalho*. v. 1: Leituras críticas da Jurisprudência do TST em defesa do direito do trabalho. São Paulo: LTr, 2009.

MALHADAS, Júlio Assumpção. *Justiça do Trabalho*: sua história, sua composição, seu funcionamento. São Paulo: LTr, 1997.

MALLET, Estêvão. Apontamentos sobre a competência da Justiça do Trabalho após e Emenda Constitucional n. 45. In: *Direito, trabalho e processo em transformação*. São Paulo: LTr, 2005.

_____. Penhora de bens imóveis. In: NORRIS, Roberto (Coord.). *Execução trabalhista*: visão atual. Rio de Janeiro: Forense, 2001.

_____. Novas modificações no Código de Processo Civil e o processo do trabalho — Lei n. 11. 382/2006. In: *Revista LTr* 71-05/520.

_____. *Do recurso de revista no processo do trabalho*. São Paulo: LTr, 1995.

_____. *Procedimento sumaríssimo trabalhista*. São Paulo: LTr, 2002.

_____. *Procedimento monitório no processo do trabalho*. São Paulo: LTr, 2000.

_____. *Ensaio sobre a interpretação das decisões judiciais*. São Paulo: LTr, 2009.

MANUS, Pedro Paulo Teixeira. *Direito do trabalho*. 10. ed. São Paulo: Atlas, 2006.

_____. *Negociação coletiva e contrato individual de trabalho*. São Paulo: Atlas, 2001.

_____. *Execução de sentença trabalhista*. 2. ed. São Paulo: Atlas, 2005.

MANUS, Pedro Paulo Teixeira; ROMAR, Carla Teresa Martins. *CLT e legislação complementar em vigor*. 6. ed. São Paulo: Malheiros, 2006.

MANUS, Pedro Paulo Teixeira; ROMAR, Carla Teresa Martins; GITELMAN, Suely Ester. *Competência da Justiça do Trabalho e EC n. 45/2004*. São Paulo: Atlas, 2006.

MANNRICH, Nelson. *Consolidação das Leis do Trabalho*. 8. ed. São Paulo: RT, 2007.

MARANHÃO, Délio et al. *Instituições de direito do trabalho*. 22. ed. São Paulo: LTr, 2005.

MARCATO, Antonio Carlos. *Procedimentos especiais*. 10. ed. São Paulo: Atlas, 2004.

_____. *Código de Processo Civil interpretado*. São Paulo: Atlas, 2004.

_____. *Código de Processo Civil interpretado*. 3. ed. São Paulo: Atlas, 2008.

_____. *Procedimentos especiais*. 14. ed. São Paulo: Atlas, 2010.

MARINONI, Luiz Guilherme; ARENHART, Sérgio Cruz. *Curso de processo civil*: execução. São Paulo: RT, 2007. v. 3.

_____. *Curso de direito processual civil*. v. 2: Processo de conhecimento. 6. ed. São Paulo: RT, 2007.

_____. *Prova*. São Paulo: RT, 2009.

MARINONI, Luiz Guilherme. *Teoria geral do processo*. São Paulo: RT, 2006.

_____. *Antecipação da tutela*. 9. ed. São Paulo: RT, 2006.

_____. *Tutela inibitória*. 3. ed. São Paulo: RT, 2003.

_____. *Novas linhas do processo civil*. São Paulo: RT, 1993.

MARINONI, Luiz Guilherme; MITIDIERO, Daniel. *Código de Processo Civil*: comentado artigo por artigo. São Paulo: RT, 2008.

_____. *O projeto do CPC*: crítica e propostas. São Paulo: RT, 2010.

MARQUES, Gérson. *Processo do trabalho anotado*. São Paulo: RT, 2001.

_____. *Lineamentos de direito processual do trabalho*. São Paulo: Malheiros, 2005.

_____. *Direito processual do trabalho*. 3. ed. São Paulo: Malheiros, 2001.

MARQUES, José Frederico. *Da competência em matéria penal*. Campinas: Millennium, 2000.

_____. *Instituições de direito processual civil*. Campinas: Bookseller, 2000. v. I.

_____. *Manual de direito processual civil*. Campinas: Bookseller, 1997. v. I.

MARQUES DE LIMA, Francisco Meton. *Manual sintético de processo e execução do trabalho*. São Paulo: LTr, 2004.

_____. *Manual de processo do trabalho*. 2. ed. São Paulo: LTr, 2008.

_____. *Fundamentos do processo do trabalho*. São Paulo: Malheiros, 2010.

MARTINS, Adalberto. *Manual didático de direito processual do trabalho*. 2. ed. São Paulo: Malheiros, 2005.

MARTINS FILHO, Ives Gandra. *Processo coletivo do trabalho*. 3. ed. São Paulo: LTr, 2003.

_____. *Processo coletivo do trabalho*. 4. ed. São Paulo: LTr, 2009.

MARTINS, Melchíades Rodrigues. *Fiscalização trabalhista*. São Paulo: LTr, 2006.

_____. *O preposto e a representação do empregador em juízo trabalhista e órgãos administrativos*. São Paulo: LTr, 2002.

MARTINS, Sérgio Pinto. *Comentários à CLT*. 6. ed. São Paulo: Atlas, 2003.

_____. *Direito processual do trabalho*. 26. ed. São Paulo: Atlas, 2006.

_____. *Direito Processual do trabalho*. 28. ed. São Paulo: Atlas, 2008.

_____. *Comentários à CLT*. 15. ed. São Paulo: Atlas, 2008.

MASCHIETTO, Leonel. *A litigância de má-fé na Justiça do Trabalho*: princípios, evolução histórica, preceitos legais e análise da responsabilização do advogado. São Paulo: LTr, 2007.

MATIELLO, Fabrício Zamprogna. *Código Civil comentado*. 2. ed. São Paulo: LTr, 2005.

MAXIMILIANO, Carlos. *Hermenêutica e aplicação do direito*. 19. ed. Rio de Janeiro: Forense, 2003.

MAZZILLI, Hugo Nigro. *Introdução ao Ministério Público*. São Paulo: Saraiva, 1997.

_____. *O inquérito civil*. São Paulo: Saraiva, 1999.

_____. *A defesa dos interesses difusos em juízo*. São Paulo: Saraiva, 2005.

MEDEIROS, Alexandre Alliprandino. *A efetividade da hasta pública no processo do trabalho*. São Paulo: LTr, 2003.

MEDEIROS, Maria Lúcia L. C. de. *A revelia sob o aspecto da instrumentalidade*. São Paulo: RT, 2003.

MEDINA, José Miguel Garcia; WAMBIER, Teresa Arruda Alvim. *Processo civil moderno*. São Paulo: LTr, 2008. v. 1.

MEIRELES, Edilton. *Competência e procedimento na Justiça do Trabalho*. São Paulo: LTr, 2005.

_____. *Ação de execução monitória*. 2. ed. São Paulo: LTr, 1998.

MEIRELLES, Hely Lopes. *Mandado de segurança*. 22. ed. São Paulo: Malheiros, 2000.

MELHADO, Reginaldo. *Metamorfoses do capital e do trabalho*. São Paulo: LTr, 2006.

MELO, Raimundo Simão de. *A greve no direito brasileiro*. Ações judiciais cabíveis – EC n. 45/04. Atuação do Ministério Público do Trabalho. São Paulo: LTr, 2006.

_____. *Ação civil pública na Justiça do Trabalho*. 2. ed. São Paulo: LTr, 2004.

_____. *Ação Civil Pública na Justiça do Trabalho*. 3. ed. São Paulo: LTr, 2008.

_____. *Dissídio coletivo de trabalho*. São Paulo: LTr, 2002.

_____. *Direito ambiental do trabalho e a saúde do trabalhador*. 2. ed. São Paulo: LTr, 2006.

MELO FILHO, Hugo Cavalcanti. Nova competência da Justiça do Trabalho: contra a interpretação reacionária da Emenda n. 45/04. In: COUTINHO, Grijalbo Fernandes; FAVA, Marcos Neves. *Justiça do trabalho*: competência ampliada. São Paulo: LTr, 2005.

MELLO FRANCO, Guilherme Alves de. *Direito processual do trabalho*. São Paulo: Thomson IOB, 2005.

MIRABETE, Júlio Fabbrini. *Código de Processo Penal interpretado*. 6. ed. São Paulo: Atlas, 1999.

MIRANDA, Francisco Cavalcanti Pontes de. *Tratado de direito privado*. Campinas: Bookseller, 2000. v. 6.

_____. *Comentários ao Código de Processo Civil*. 3. ed. Rio de Janeiro: Forense, 1996. t. IV.

_____. *Tratado da ação rescisória*. 2. ed. Campinas: Bookseller, 2003.

MONIZ DE ARAGÃO, Egas Dirceu. *Comentários ao Código de Processo Civil*. 9. ed. Rio de Janeiro: Forense, 2000.

MONTOYA MELGAR, Alfredo. *Derecho del trabajo*. 22. ed. Madri: Tecnos, 2001.

MORAES, Alexandre de. *Direito constitucional*. 15. ed. São Paulo: Atlas, 2004.

MORAES, José Diniz de. *Confissão e revelia de ente público no processo do trabalho*. São Paulo: LTr, 1999.

MOREIRA, José Carlos Barbosa. *O novo processo civil brasileiro*. 21. ed. Rio de Janeiro: Forense, 2001.

MORGERO, Samuel Angelini. *Intervenção de terceiros no processo do trabalho*. São Paulo: LTr, 2006.

NASCIMENTO, Amauri Mascaro. *Curso de direito do trabalho*. 19. ed. São Paulo: Saraiva, 2004.

_____. *Curso de direito processual do trabalho*. 20. ed. São Paulo: Saraiva, 2001.

_____. *Curso de direito processual do trabalho*. 22. ed. São Paulo: Saraiva, 2007.

_____. *Curso de direito processual do trabalho*. 24. ed. São Paulo: Saraiva, 2008.

_____. Alterações do Código Civil e seus reflexos nas relações de trabalho. In: *Revista do Tribunal Regional do Trabalho da 15ª Região*. São Paulo: LTr, n. 21, 2003.

_____. *Compêndio de direito sindical*. São Paulo: LTr, 2000.

_____. Dos princípios do direito processual do trabalho. In: ROMAR, Carla Teresa Martins; SOUSA, Otávio Augusto Reis de (Coords.). *Estudos relevantes de direito material e processual do trabalho*: estudos em homenagem ao prof. Pedro Paulo Teixeira Manus. São Paulo: LTr, 2000.

_____. A questão do dissídio coletivo de comum acordo. In: *Revista Legislação do Trabalho*. São Paulo: LTr, ano 70, v. 6, 2006.

_____. *Teoria geral do direito do trabalho*. São Paulo: LTr, 1998.

NEGRÃO, Theotonio. *Código de Processo Civil e legislação processual em vigor*. 36. ed. São Paulo: Saraiva, 2004.

NEVES, Celso. *Comentários ao Código de Processo Civil*. 7. ed. Rio de Janeiro: Forense, 2000. v. VII.

NEVES, Daniel Amorim Assumpção. *Competência no processo civil*. São Paulo: Método, 2005.

_____. *Manual de direito processual civil*. São Paulo: Método, 2009.

NERY JÚNIOR, Nelson; NERY, Rosa Maria de Andrade. *Código de Processo Civil comentado e legislação extravagante*. 7. ed. São Paulo: RT, 2003.

_____. *Código de Processo Civil comentado e legislação extravagante*. 10. ed. São Paulo: RT, 2007.

_____. *Constituição Federal comentada*. São Paulo: RT, 2006.

_____. *Código de Processo Civil comentado e legislação extravagante*. 3. ed. São Paulo: RT, 2005.

_____. *Código de Processo Civil comentado e legislação extravagante*. 11. ed. São Paulo: RT, 2010.

NERY JÚNIOR, Nelson. *Princípios de processo civil na Constituição Federal*. 8. ed. São Paulo: RT, 2004.

_____. *Teoria geral dos recursos*. 6. ed. São Paulo: RT, 2004.

NEVES, Daniel Amorim Assumpção. *Competência no processo civil*. São Paulo: Método, 2005.

NETO, Francisco Ferreira Jorge; CAVALCANTE, Jouberto de Quadros Pessoa. *Direito processual do trabalho*. 3. ed. Rio de Janeiro: Lumen Juris, 2007.t. I e III.

_____. *Direito processual do trabalho*. 4. ed. Rio de Janeiro: Lumen Juris, 2009. t. I e II.

NOBRE, George de Oliveira. *O preposto na Justiça do Trabalho*. São Paulo: LTr, 2000.

NORRIS, Roberto. *Emenda Constitucional n. 45 e as relações de trabalho no novo Código Civil*. Rio de Janeiro: Forense, 2006.

NUCCI, Guilherme de Souza. *O valor da confissão como meio de prova no processo penal*. 2. ed. São Paulo: RT, 1999.

_____. *Manual de processo e execução penal*. São Paulo: RT, 2005.

OLIVEIRA, Débora Costa. *O juiz e a prova trabalhista*. São Paulo: LTr, 2005.

OLIVEIRA, Eudes. *A técnica do interrogatório*. 5. ed. Fortaleza: ABC, 2001.

OLIVEIRA, Francisco Antonio de. *Comentários à Consolidação das Leis do Trabalho*. 3. ed. São Paulo: RT, 2005.

_____. *Tratado de direito processual do trabalho*. São Paulo: LTr, 2008. v. I.

_____. *Tratado de direito processual do trabalho*. São Paulo: LTr, 2008. v. II.

_____. *Execução na Justiça do Trabalho*. 5. ed. São Paulo: RT, 2006.

_____. *Execução na Justiça do Trabalho*. 6. ed. São Paulo: RT, 2007.

_____. *Manual de direito processual do trabalho*. 3. ed. São Paulo: RT, 2005.

_____. *O processo na Justiça do Trabalho*. 4. ed. São Paulo: RT, 1999.

_____. *O processo na Justiça do Trabalho*. 5. ed. São Paulo: LTr, 2008.

_____. *Comentários às súmulas do TST*. 6. ed. São Paulo: RT, 2005.

_____. *Manual de audiências trabalhistas*. 2. ed. São Paulo: RT, 1999.

_____. *Manual de audiências trabalhistas*. 6. ed. São Paulo: RT, 2008.

_____. *Manual de revelia*. São Paulo: RT, 2002.

_____. Prescrição com nova cara. In: *Revista LTr* 70-05/519.

_____. *Ação civil pública*: enfoques trabalhistas. São Paulo: RT,1999.

_____. *Ação rescisória*: enfoques trabalhistas. 2. ed. São Paulo: RT, 1996.

_____. *Mandado de segurança e controle jurisdicional*. 3. ed. São Paulo: RT, 2001.

OLIVEIRA, Sebastião Geraldo de. Prescrição nas ações indenizatórias decorrentes de acidente de trabalho ou doença ocupacional. In: *Revista LTr* 70-05/523.

_____. *Proteção jurídica à saúde do trabalhador*. São Paulo: LTr, 2002.

_____. *Indenizações por acidente de trabalho e doença profissional*. São Paulo: LTr, 2006.

PAIM, Nilton Rangel Barreto. A competência criminal da Justiça do Trabalho — uma discussão antiga que se reafirma em face da emenda constitucional n. 45/2004. In: *Competência da Justiça do Trabalho aspectos materiais e processuais*. De acordo com a EC n. 45/2004. São Paulo: LTr, 2005.

PAMPLONA FILHO, Rodolfo. A nova competência da Justiça do Trabalho (uma contribuição para a compreensão dos limites do novo art. 114 da Constituição Federal). In: *Revista Legislação do Trabalho*. São Paulo: LTr, ano 70, v. 1, 2006.

_____. *O dano moral na relação de emprego*. 2. ed. São Paulo: LTr, 1999.

PANCOTTI, José Antonio. *Institutos fundamentais de direito processual civil*. São Paulo: LTr, 2002.

PASCO, Mário. *Fundamentos do direito processual do trabalho*. São Paulo: LTr, 1997.

PASTORE, José. Onde estão os trabalhadores informais? In: *O Estado de S. Paulo*: Economia. 3.6.2003.

PEIXOTO, Bolívar Viégas. *Curso de processo individual do trabalho*. 5. ed. Rio de Janeiro: Forense, 2009.

PEREIRA, Caio Mário da Silva. *Instituições de direito civil*. 10. ed. Rio de Janeiro: Forense, 1999. v. III.

PEREIRA, Leone. *Manual de processo do trabalho*. São Paulo: Saraiva, 2011.

PIMENTA, José Roberto Freire. A nova competência da Justiça do Trabalho para as lides não decorrentes da relação de emprego: aspectos processuais e procedimentais. In: *Revista do Tribunal Superior do Trabalho*, ano 71, n. 1, jan./abr. 2005. Porto Alegre: Síntese, 2005.

PINHEIRO, Augusto Campana (Coord.). *Competência da Justiça do Trabalho aspectos materiais e processuais*. De acordo com a EC n. 45/04. Amatra XXIII. São Paulo: LTr, 2005.

PINHO PEDREIRA, Luiz. A greve sem a Justiça do Trabalho. In: *Revista Legislação do Trabalho*. São Paulo: LTr, ano 61, v. 23, 1997.

_____. *A reparação do dano moral no direito do trabalho*. São Paulo: LTr, 2004.

PINTO, José Augusto Rodrigues. *Processo trabalhista de conhecimento*. 7. ed. São Paulo: LTr, 2005.

_____. *Manual dos recursos nos dissídios do trabalho*. São Paulo: LTr, 2006.

_____. *Tratado de direito material do trabalho*. São Paulo: LTr, 2007.

_____. *Execução trabalhista*: estática – dinâmica – prática. 11. ed. São Paulo: LTr, 2006.

_____. Reconhecimento *ex officio* da prescrição e processo do trabalho. In: *Revista LTr* 70-04/391.

PINTO, Raymundo Antonio Carneiro. *Súmulas do TST comentadas*. 8. ed. São Paulo: LTr, 2005.

PIZZOL, Patrícia Miranda. *Competência no processo civil*. São Paulo: RT, 2003.

PLÁ RODRIGUEZ, Américo. *Princípios de direito do trabalho*. 3. ed. São Paulo: LTr, 2000.

POZZOLO, Paulo Ricardo. *Ação inibitória no processo do trabalho*. São Paulo: LTr, 2001.

PRATA, Marcelo Rodrigues. *A prova testemunhal no processo civil e trabalhista*. São Paulo: LTr, 2005.

PORTANOVA, Rui. *Princípio do processo civil*. 7 ed. Porto Alegre: Livraria do Advogado: 2008.

PRUNES, José Luiz Ferreira. *Absenteísmo, revelia e confissão no direito brasileiro do trabalho*. 2. ed. São Paulo: LTr, 1999.

PUGLIESE, Márcio. *Por uma teoria geral do direito*. Aspectos microssistêmicos. São Paulo: RCS, 2005.

RÁO, Vicente. *O direito e a vida dos direitos*. 5. ed. São Paulo: RT, 1999.

REDONDO, Bruno Garcia; LOJO, Mário Vitor Suarez. *Penhora*. São Paulo: Método, 2007.

REIS, Sérgio Cabral dos. *Defesa do executado no curso da execução*: cível e trabalhista. São Paulo: LTr, 2008.

REIS DE PAULA, Carlos Alberto. Revelia. In: BARROS, Alice Monteiro de (Coord.). *Compêndio de direito processual do trabalho.* Obra em Homenagem a Celso Agrícola Barbi. São Paulo: LTr, 1998.

_____. *A especificidade do ônus da prova no processo do trabalho.* São Paulo: LTr, 2001.

RIBEIRO, Fábio Túlio Correia. *Processo do trabalho básico* – da inicial à sentença. São Paulo: LTr, 1997.

RIBEIRO, Rafael Edson. Comissão de conciliação prévia: faculdade ou obrigatoriedade. In: *Revista Trabalho & Doutrina* n. 26. São Paulo: Saraiva, 2002.

RIBEIRO DE VILHENA, Paulo Emílio. *Relação de emprego, estrutura legal e supostos.* 2. ed. São Paulo: LTr, 1999.

_____. *Contrato de trabalho com o Estado.* São Paulo: LTr, 2002.

RIPPER, Walter Wiliam. *Poder normativo da Justiça do Trabalho após a EC 45/2004.* São Paulo: LTr, 2007.

_____. Poder normativo da Justiça do Trabalho: análise do antes, do agora e do possível depois. In: *Revista Legislação do Trabalho.* São Paulo: LTr, ano 69, v. 7, 2005.

RIZZATTO NUNES, Luis Antonio. *Curso de direito do consumidor.* São Paulo: Saraiva, 2004.

_____. *Manual da monografia jurídica.* 5. ed. São Paulo: Saraiva, 2007.

_____. *Comentários ao Código de Defesa do Consumidor.* São Paulo: Saraiva, 2000.

ROBORTELLA, Luiz Carlos Amorim. *Sucessão trabalhista e denunciação da lide.* In: ROMAR, Carla Teresa Martin; SOUZA, Otávio Augusto Reis de (Coords.). *Temas relevantes de direito material e processual do trabalho:* estudos em homenagem ao professor Pedro Paulo Teixeira Manus. São Paulo: LTr, 2000.

ROCHA, Andréa Presas. *Manual de competências da justiça do trabalho.* São Paulo: Campus, 2008.

ROMAR, Carla Teresa Martins. *Direito processual do trabalho.* 5. ed. São Paulo: Atlas, 2009.

ROMITA, Arion Sayão. O poder normativo da Justiça do Trabalho: antinomias constitucionais. In: *Revista Legislação do Trabalho.* São Paulo: LTr, ano 65, v. 3, 2001.

_____. *Direitos fundamentais nas relações de trabalho.* São Paulo: LTr, 2005.

RUPRECHT, Alfredo J. *Os princípios do direito do trabalho.* São Paulo: LTr, 1995.

RUSSOMANO, Mozart Victor. *Comentários à Consolidação das Leis do Trabalho.* 6. ed. Rio de Janeiro: José Konfino, 1963. v. IV e VI.

_____. *Princípios gerais de direito sindical.* 2. ed. Rio de Janeiro: Forense, 2002.

SAAD, Eduardo Gabriel. *Direito processual do trabalho.* 3. ed. São Paulo: LTr, 2002.

_____. *CLT comentada.* 38. ed. São Paulo: LTr, 2005.

_____. SAAD, José Eduardo Duarte; BRANCO, Ana Maria Saad Castelo. *CLT.* 40. ed. São Paulo: LTr, 2007.

_____. *Curso de direito processual do trabalho.* 5. ed. São Paulo: LTr, 2007.

_____. *Curso de direito processual do trabalho.* 6. ed. São Paulo: LTr, 2008.

SAKO, Emília Simeão. *A prova no processo do trabalho*: os meios de prova e ônus da prova nas relações de emprego e trabalho. São Paulo: LTr, 2006.

SANTOS, Hermelino de Oliveira. *Desconsideração da personalidade jurídica no processo do trabalho*. São Paulo: LTr, 2003.

SANTOS, José Aparecido dos (Coord.). *Execução trabalhista*. São Paulo: LTr, 2008.

SANTOS, Moacyr Amaral. *Primeiras linhas de direito processual civil*. São Paulo: Saraiva, 1985.

_____. *Primeiras linhas de direito processual civil*. 25. ed. São Paulo: Saraiva, 2007. v. 1.

_____. *Primeiras linhas de direito processual civil*. 24. ed. São Paulo: Saraiva, 2007. v. II.

_____. *Comentários ao Código de Processo Civil*. 2. ed. Rio de Janeiro: Forense, 1977. v. IV.

_____. *Prova judiciária no cível e comercial*. São Paulo: Saraiva, 1983. v. I.

_____. *Primeiras linhas de direito processual civil*. 17. ed. São Paulo: Saraiva, 1995. v. 2.

SANTOS, Ronaldo Lima dos. *Teoria das Normas Coletivas*. São Paulo: LTr, 2007.

_____. *Sindicatos e Ações Coletivas*: acesso à justiça, jurisdição coletiva e tutela dos interesses difusos, coletivos e individuais homogêneos. 2. ed. São Paulo: LTr, 2008.

SARAIVA, Renato. *Curso de direito processual do trabalho*. 3. ed. São Paulo: Método, 2006.

_____. *Curso de direito processual do trabalho*. 4. ed. São Paulo: Método, 2007.

_____. *Curso de direito processual do trabalho*. 5. ed. São Paulo: Método, 2008.

_____. *Curso de direito processual do trabalho*. 6. ed. São Paulo: Método, 2009.

_____. *Curso de direito processual do trabalho*. 7. ed. São Paulo: Método, 2010.

SARLET, Ingo Wolfgang. *Dignidade da pessoa humana e direitos fundamentais*. 4. ed. Porto Alegre: Livraria do Advogado, 2006.

_____. *A eficácia dos direitos fundamentais*: uma teoria geral dos direitos fundamentais na perspectiva constitucional. 10. ed. Porto Alegre: Livraria do Advogado, 2009.

SARMENTO, Daniel. *Direitos fundamentais e relações privadas*. Rio de Janeiro: Lumen Juris, 2004.

SCHIAVI, Mauro. *A revelia no direito processual do trabalho*: legalidade, justiça e poderes do juiz na busca da verdade. São Paulo: LTr, 2006.

_____. *Manual de Direito Processual do Trabalho*. 2. tir. São Paulo: LTr, 2008.

_____. *Execução no Processo do Trabalho*. São Paulo: LTr, 2008.

_____. *Execução no Processo do Trabalho*. 2. ed. São Paulo: LTr, 2010.

_____. *Execução no Processo do Trabalho*. 3. ed. São Paulo: LTr, 2011.

_____. *Princípios do Processo do Trabalho*. São Paulo: LTr, 2012.

_____. *Ações de reparação por danos morais decorrentes da relação de trabalho*. São Paulo: LTr, 2007.

_____. *Ações de reparação por danos morais decorrentes da relação de trabalho*. 3. ed. São Paulo: LTr, 2009.

_____. *Ações de reparação por danos morais decorrentes da relação de trabalho.* 4. ed. São Paulo: LTr, 2011.

_____. *Competência material da Justiça do Trabalho brasileira.* São Paulo: LTr, 2007.

_____. *Comentários às questões polêmicas e atuais das provas da magistratura e Ministério Público do Trabalho.* São Paulo: LTr, 2008. v. 1.

_____. *Comentários às questões polêmicas e atuais das provas da magistratura e Ministério Público do Trabalho.* São Paulo: LTr, 2008. v. 2.

_____. *Comentários às questões polêmicas e atuais das provas da magistratura e Ministério Público do Trabalho.* São Paulo: LTr, 2009. v. 3.

_____. *Comentários às questões polêmicas e atuais das provas da magistratura e Ministério Público do Trabalho.* São Paulo: LTr, 2009. v. 4.

_____. *Comentários às questões polêmicas e atuais das provas da magistratura e Ministério Público do Trabalho.* São Paulo: LTr, 2010. v. 5.

_____. *Provas no processo do trabalho.* São Paulo: LTr, 2010.

_____. *Provas no processo do trabalho.* 2. ed. São Paulo: LTr, 2011.

_____. O alcance da expressão relação de trabalho e a competência da Justiça do Trabalho um ano após a promulgação da EC. 45/04. In: *Revista Legislação do Trabalho.* São Paulo: LTr, ano 70, v. 2, 2006.

_____. Aspectos polêmicos do acidente de trabalho: responsabilidade objetiva do empregador pela reparação dos danos causados ao empregado. Prescrição. In: *Revista Legislação do Trabalho.* São Paulo: LTr, ano 70, v. 5, 2006.

_____. Os princípios do direito processual do trabalho e a possibilidade de aplicação subsidiária do CPC quando há regra expressa na CLT em sentido contrário. In: *Suplemento Trabalhista.* São Paulo: LTr n. 21/07, 2007.

_____. Aspectos polêmicos da competência material da Justiça do Trabalho: competência penal. In: *Suplemento Trabalhista.* São Paulo: LTr n. 25/07, 2007.

_____. Aspectos polêmicos da execução trabalhista: hasta pública, lance mínimo e lance vil no processo do trabalho. In: *Revista LTr* n. 69, São Paulo: LTr, dezembro de 2005, p. 69-12 e 1.435-1.445.

_____. O art. 285-A do CPC com a redação dada pela Lei n. 11.277/2006 e o processo do trabalho. In: *Suplemento Trabalhista* n. 137/2006. São Paulo: LTr, 2006. p. 573.

_____. A nova redação do art. 322 do CPC, dada pela Lei n. 11.280/2006 e seus reflexos no direito processual do trabalho. In: *Suplemento Trabalhista* n. 139/06. São Paulo: LTr, 2006. p. 585.

_____. Aspectos polêmicos do *habeas corpus* na Justiça do Trabalho. In: *Suplemento Trabalhista* n. 40/07. São Paulo: LTr, abril de 2007.

_____. O contrato de pequena empreitada previsto no art. 652-A, III, da CLT e a competência da Justiça do Trabalho à luz da EC n. 45/04. In: *Suplemento Trabalhista* 48/07. São Paulo: LTr, 2007.

_____. Novas reflexões sobre a prescrição de ofício no direito processual do trabalho. In: *Suplemento Trabalhista* n. 49/2007. São Paulo: LTr, 2007.

_____. Aspectos polêmicos da intervenção de terceiros no processo do trabalho após a EC 45/04 e o cancelamento da OJ 227, da SDI-I, do C. TST. In: *Revista LTr* n. 71-05/555. São Paulo: LTr, maio de 2007.

_____. Saneamento das nulidades processuais na esfera recursal e a aplicabilidade do § 4º do art. 515 do CPC no processo do trabalho. In: *Suplemento LTr* n. 69/07. São Paulo: LTr, 2007.

_____. Aspectos polêmicos da prova emprestada no direito processual do trabalho. In: *Suplemento Trabalhista* n. 71/07. São Paulo: LTr, 2007.

_____. A questão do comum acordo para instaurar o dissídio coletivo de natureza econômica. In: *Jornal do 47º Congresso Brasileiro de Direito do Trabalho*. São Paulo: LTr, 2007.

_____. Aspectos polêmicos do interrogatório e do depoimento pessoal no processo do trabalho. In: *Revista LTr* n. 71-07/789.

_____. Aspectos polêmicos da reconvenção no direito processual do trabalho. In: *Suplemento Trabalhista* n. 94/07.

_____. Novas reflexões sobre a ação monitória no processo do trabalho. In: *Revista LTr* 71-08/916. São Paulo: LTr, 2007.

_____. Aspectos polêmicos da liquidação por cálculos de sentença trabalhista à luz da Lei n. 11.232/2005. In: *Suplemento Trabalhista* 109/07.

_____. Aspectos polêmicos e atuais da arbitragem no direito processual do trabalho. In: *Suplemento Trabalhista* n. 125/07.

_____. A súmula impeditiva de recurso prevista no § 1º do art. 518 do CPC e o processo do trabalho. In: *Suplemento Trabalhista* n. 127/07.

_____. A inversão do ônus da prova no processo do trabalho. In: *Suplemento Trabalhista* n. 132/07.

_____. Aspectos polêmicos e atuais da fraude de execução no processo do trabalho. In: *Suplemento Trabalhista* n. 146/07.

_____. Aspectos polêmicos das exceções de impedimento, suspeição e incompetência no processo do trabalho à luz da CLT, do TST e do CPC. In: *Revista LTr*, novembro de 2007.

_____. Aspectos polêmicos e atuais da hasta pública no processo do trabalho à luz da Lei n. 11.382/2006. In: *Suplemento Trabalhista* n. 151/07.

_____. Aspectos polêmicos e atuais da sucessão de empresas no direito do trabalho — direito material e processual do trabalho. In: *Suplemento Trabalhista* n. 100/08, p. 499/505.

_____. Aspectos polêmicos e atuais da nova redação da Súmula n. 377 do Tribunal Superior do Trabalho: Deve o preposto ser empregado do reclamado? In: *Suplemento Trabalhista* n. 112/08, p. 555/562.

_____. Modulação dos efeitos da sentença nas ações diretas de inconstitucionalidade e os possíveis efeitos no processo do trabalho. In: *Revista LTr* 72-09/1042/1045.

_____. Novas reflexões sobre a aplicabilidade do art. 475-J do CPC ao processo do trabalho à luz da recente jurisprudência do TST. In: *Revista LTr* n. 72/03/271, de março de 2008.

_____. Dano moral reflexo ou em ricochete decorrente da relação de trabalho. In: *Suplemento Trabalhista* n. 43/08, p. 213/215.

_____. Aspectos polêmicos e atuais da penhora de salário no processo do trabalho — reflexões sobre o Enunciado n. 70, da 1ª Jornada de Direito Material e Processual do Trabalho do Tribunal Superior do Trabalho. In: *Suplemento Trabalhista* n. 55/08, p. 271-274.

_____. Aspectos polêmicos e atuais da exceção de pré-executividade na Justiça do Trabalho. In: *Suplemento Trabalhista* n. 64/08.

_____. Aspectos polêmicos e atuais da execução da contribuição previdenciária na justiça do trabalho à luz da EC n. 45/04 e da Lei n. 11.457/07. In: *Suplemento Trabalhista* n. 84/08, p. 409/413.

_____. Aspectos polêmicos e atuais das tutelas de urgência no processo do trabalho à luz das recentes alterações do Código de Processo Civil. In: *Suplemento Trabalhista* n. 90/08, p. 441/450.

_____. Aspectos polêmicos e atuais da penhora de imóvel na justiça do trabalho. In: *Suplemento Trabalhista* n. 97/08.

SERAFIM JÚNIOR, Arnor. *A prescrição na execução trabalhista*. São Paulo: LTr, 2006.

SICA, Heitor Vitor Mendonça. *Preclusão processual civil*. São Paulo: Atlas, 2006.

SILVA, Antônio Álvares da. *Pequeno tratado da nova competência trabalhista*. São Paulo: LTr, 2005.

_____. *Competência penal da Justiça do Trabalho*. São Paulo: LTr, 2006.

_____. *Execução provisória trabalhista depois da reforma do CPC*. São Paulo: LTr, 2007.

SILVA, Homero Batista Mateus da. *Estudo crítico da prescrição trabalhista*. São Paulo: LTr, 2004.

_____. *Responsabilidade patrimonial no processo do trabalho*. São Paulo: Campus, 2008.

_____. *Curso de direito do trabalho aplicado*: justiça do trabalho. São Paulo: Campus, 2010.

_____. *Curso de direito do trabalho aplicado*: processo do trabalho. São Paulo: Campus, 2010.

_____. *Curso de direito do trabalho aplicado*: execução trabalhista. São Paulo: Campus, 2010.

SILVA, Luciana Aboim Machado Gonçalves da. *Termo de ajuste de conduta*. São Paulo: LTr, 2004.

SILVA, Otávio Pinto e. *Subordinação, autonomia e parassubordinação nas relações de trabalho*. São Paulo: LTr, 2004.

SILVA, Ovídio A. Baptista da. *Comentários ao código de processo civil*. 2. ed. São Paulo: RT, 2005. v. 1.

SILVA, Ovídio A. Baptista da; GOMES, Fábio. *Teoria geral do processo civil*. 3. ed. São Paulo: RT, 2002.

SILVA, José Antônio Ribeiro de. *Questões relevantes do procedimento sumaríssimo*: 100 perguntas e respostas. São Paulo: LTr, 2000.

_____. *Manual da penhora de bem imóvel na execução trabalhista.* Rio de Janeiro: Renovar, 2002.

SILVA, José Antonio Ribeiro de Oliveira; COSTA, Fábio Natali; BARBOSA, Amanda. *Magistratura do trabalho:* Formação humanística e temas fundamentais do direito. São Paulo: LTr, 2010.

SILVA NETO, Manoel Jorge e. *Constituição e processo do trabalho.* São Paulo: LTr, 2007.

SÍMON, Sandra Lia. O devido processo legal e a tutela dos interesses metaindividuais. In: *Revista do Ministério Público do Trabalho.* n. 15. São Paulo: LTr, 1998.

SOUZA, Artur César de. *Contraditório e revelia.* Perspectiva crítica dos efeitos da revelia em face da natureza dialética do processo. São Paulo: RT, 2003.

SOUZA, Marcelo Papaléo de. *A nova lei de recuperação e falência e as suas consequências no direito e no processo do trabalho.* São Paulo: LTr, 2006.

_____. *Manual da execução trabalhista.* São Paulo: LTr, 2005.

SÜSSEKIND, Arnaldo. *Curso de direito do trabalho.* Rio de Janeiro: Renovar, 2002.

_____. *Direito constitucional do trabalho.* Rio de Janeiro: Renovar, 1999.

TAVARES, André Ramos. *Curso de direito constitucional.* 3. ed. São Paulo: Saraiva, 2006.

TEIXEIRA FILHO, Manoel Antonio. *Breves comentários à reforma do poder judiciário.* São Paulo: LTr, 2005.

_____. A Justiça do Trabalho e a Emenda Constitucional n. 45/2004. In: *Revista Legislação do Trabalho.* São Paulo: LTr, ano 69, v. 1, 2005.

_____. As novas leis alterantes do processo civil e sua repercussão no processo do trabalho. In: *Revista LTr* 70-03/298.

_____. *Assistência e intervenção de terceiros.* Curso de processo do trabalho. Perguntas e respostas sobre assuntos polêmicos em opúsculos específicos. v. 4. São Paulo: LTr, 1997.

_____. *Litisconsórcio, assistência e intervenção de terceiros no processo do trabalho.* 3. ed. São Paulo: LTr, 1995.

_____. *Execução de título extrajudicial:* breves apontamentos à Lei n. 11.382, sob a perspectiva do processo do trabalho. São Paulo: LTr, 2007.

_____. *Execução no processo do trabalho.* 9. ed. São Paulo: LTr, 2005.

_____. *O procedimento sumaríssimo no processo do trabalho.* São Paulo: LTr, 2000.

_____. *Ação rescisória no processo do trabalho.* 4. ed. São Paulo: LTr, 2005.

_____. *Sistema dos recursos trabalhistas.* 10. ed. São Paulo: LTr, 2003.

_____. *Ações cautelares no processo do trabalho.* 5. ed. São Paulo: LTr, 2005.

_____. *A sentença no processo do trabalho.* 3. ed. São Paulo: LTr, 2004.

_____. *Liquidação da sentença no processo do trabalho.* 3. ed. São Paulo: LTr, 1988.

_____. *A prova no processo do trabalho.* 8. ed. São Paulo: LTr, 2003.

_____. *Curso de direito de processual do trabalho*. São Paulo: LTr, 2009. v. I.

_____. *Curso de direito de processual do trabalho*. São Paulo: LTr, 2009. v. II.

_____. *Curso de direito de processual do trabalho*. São Paulo: LTr, 2009. v. III.

THEODORO JÚNIOR, Humberto. *O cumprimento da sentença*. 2. ed. São Paulo: Mandamentos, 2006.

_____. *Processo cautelar*. 19. ed. São Paulo: Leud, 2000.

_____. *Processo de execução e cumprimento da sentença*. 25. ed. São Paulo: Leud, 2008.

_____. *Curso de direito processual civil*. 41. ed. Rio de Janeiro: Forense, 2007. v. II.

_____. *Comentários ao Código de Processo Civil*. 2. ed. Rio de Janeiro: Forense, 2003. v. IV.

_____. *Curso de direito processual civil*. 37. ed. Rio de Janeiro: Forense, 2006. v. III.

_____. *Curso de direito processual civil*. 24. ed. Rio de Janeiro: Forense, 1998. v. I.

TOLEDO FILHO, Manoel Carlos. *Fundamentos e perspectivas do processo trabalhista brasileiro*. São Paulo: LTr, 2006.

TOSTES MALTA, Christovão Piragibe. *Prática do processo trabalhista*. 31. ed. São Paulo: LTr, 2002.

_____. *Prática do processo trabalhista*. 41. ed. São Paulo: LTr, 2007.

TOURINHO FILHO, Fernando da Costa. *Processo penal*. 17. ed. São Paulo: Saraiva, 1995. v. 4.

TUPINAMBÁ, Carolina. *Competência da Justiça do Trabalho à luz da reforma constitucional*. Rio de Janeiro: Forense, 2006.

VIANA, Márcio Túlio. Relações de trabalho e competência: esboço de alguns critérios. In: *Revista Legislação do Trabalho*. São Paulo: LTr, ano 69, v. 6, 2005.

VIANA, Márcio Túlio; RENAULT, Luiz Otávio Linhares. *Manual da audiência trabalhista*. São Paulo: LTr, 1997.

VIDIGAL, Márcio Flávio Salem. *Sentença trabalhista*. 2. ed. Belo Horizonte: Mandamentos, 2007.

WAMBIER, Teresa Arruda Alvim; WAMBIER, Luiz Rodrigues; GOMES JR., Luiz Manoel; FISCHER, Octavio Campos; FERREIRA, Wiliam Santos (Coords.). *Reforma do judiciário*. Primeiras reflexões sobre a Emenda Constitucional n. 45/2004. São Paulo: RT, 2005.

WAMBIER, Teresa Arruda Alvim. *Aspectos polêmicos da nova execução*. São Paulo: RT, 2006. v. 3.

_____. *Nulidade do processo e da sentença*. 6. ed. São Paulo: RT, 2007.

_____. *Recurso especial, recurso extraordinário e ação rescisória*. 2. ed. São Paulo: RT, 2008.

WATANABE, Kazuo. *Da cognição no processo civil*. 2. ed. Campinas: Bookseller, 2000.

YARSHELL, Flávio Luiz e GARCIA, Pedro Carlos Sampaio. Competência da Justiça do Trabalho nas ações decorrentes da relação de trabalho. In: *Suplemento Trabalhista*. São Paulo: LTr, n. 48/05, 2005.

YOSHIDA, Márcio. *Arbitragem trabalhista*. São Paulo: LTr, 2006.

ZAINAGHI, Domingos Sávio. *Consolidação das Leis do Trabalho*. 2. ed. São Paulo: LTr, 2002.

_____. *Processo do trabalho*. São Paulo: RT, 2009.

_____. A revelia no processo do trabalho e o comparecimento do advogado da reclamada. In: *Aspectos polêmicos e atuais do direito do trabalho*. Homenagem ao professor Renato Rua de Almeida. São Paulo: LTr, 2007.

ZANGRANDO, Carlos Henrique da Silva. *Processo do trabalho:* moderna teoria geral do direito processual. Rio de Janeiro: Forense Universitária, 2007.

_____. *Direito processual do trabalho*. São Paulo: LTr, 2009. v. I.

_____. *Direito processual do trabalho*. São Paulo: LTr, 2009. v. II.